中華大典

農業典

河南大學出版社
西南師範大學出版社

中華人民共和國國務院批準的重大文化出版工程

國家文化發展規劃綱要的重點出版工程項目

新聞出版總署列爲『十一五』國家重大工程出版規劃之首

國家出版基金重點支持項目

《中華大典》工作委員會

主　任：柳斌傑　金人慶

副主任：李　彦　于永湛　鄔書林　張少春　李衛紅

周和平　陳金泉　李静海

委　員：張小影　伍　傑　朱新均　吴尚之　孫　明

王家新　徐維凡　劉小琴　毛群安　遲　計

曹清堯　彭常新　王志勇　潘教峰　姜文明

王　正　石立英　安平秋　陳祖武　詹福瑞

戴龍基　宋焕起　孫　顒　陳　昕　魏同賢

王建輝　朱建綱　高紀言　莫世行　段志洪

譚　躍　羅小衛　王兆成

《中華大典》編纂委員會

總主編：任繼愈

副主編：席澤宗　程千帆　戴　逸　吳文俊　柯　俊
傅熹年

編　委：卞孝萱　任繼愈　李明富　余瀛鰲　林仲湘
郁賢皓　馬繼興　袁世碩　席澤宗　陳美東
黃永年　章培恒　張永言　張晋藩　葛劍雄
董治安　程千帆　傅世垣　曾棗莊　龐　樸
趙振鐸　劉家和　潘吉星　錢伯城　戴　逸
楊寄林　穆祥桐　吳文俊　金正耀　戴念祖
柯　俊　金維諾　白化文　汪子春　周少川
孫培青　朱祖延　傅熹年　李　申　郭書春
熊月之　柴劍虹　吳子勇　寧　可　江曉原
鄭國光　吳征鎰　尹偉倫　魏明孔

《中華大典》前言

《中華大典》是運用我國歷代漢文古籍編纂的一部大型工具書。其目的是爲學術界及願意瞭解中國古代珍貴文化典籍的人士提供準確詳實、便於檢索的漢文古籍分類資料。

中國是世界文明古國之一，幾千年來纂寫和聚集的文化典籍浩如烟海。我國歷代都有編纂類書的優良傳統，具有代表性的《永樂大典》等大多已佚失，現存《古今圖書集成》編就距今也已數百年。爲了適應今天和以後研究和檢索的需要，一九八八年海内外三百多位專家學者和各古籍出版社同仁倡議，在已有類書的基礎上，用現代科學方法編纂一部新的類書《中華大典》。

國務院在關於編纂《中華大典》問題的批復中指出，編纂《中華大典》『是我國建國以來最大的一項文化出版工程』。本書所收漢文古籍上起先秦，下迄清末，約三萬種，達七億多字，分爲二十四個典，近百個分典，内容廣博，規模宏大，前所未有。

《中華大典》的編纂工作堅持科學態度和百花齊放、百家争鳴方針。儘量采用古精校精刻本，優先采用我國建國後文獻學和考古學的優秀成果。對傳統文化中重要的不同學派的資料，兼收并蓄。運用現代圖書分類的方法，對收集到的資料，精選、精編，力求便於檢索、準確可信。

這項工作從開始起就受到中共中央、國務院和有關部門的重視和支持。國家主席江澤民、國務院總理李鵬分別爲《中華大典》題詞。江澤民的題詞是：『同心同德群策群力認真編好中華大典爲建設有中國特色的社會主義服務』。李鵬的題詞是：『繼承和弘揚民族優秀傳統文化』。全國政協主席李瑞環、國務委員李鐵映也作了重要指示，要求抓緊辦理。一九九零年五月，國務院批准《中華大典》爲國家重點古籍整理項目。一九九二年九月，正式成立了《中華大典》工作委員會和《中華大典》編纂委員會，召開了《中華大典》工作、編纂會議。自此，《中華大典》的編纂工作由試點轉入正式啓動，逐步鋪開。

編纂《中華大典》，學術性很强，工作量很大，工程十分艱巨，全賴廣大專家學者和全國各有關高等院校、科研院所、圖書館、出版單位的鼎力支持與積極參與。大家本着弘揚中華民族優秀文化的心願，發揚奉獻精神，克服各種困難，團結協作，給這部巨大類書的出版提供了根本保證。在此謹表示誠摯的謝意。對本書的批評與建議，我們將十分歡迎。

《中華大典》編纂委員會

一九九七年四月

二〇〇六年十一月修訂

《中華大典》編纂通則

一、性質：《中華大典》（以下簡稱《大典》）是對漢文古籍（含已翻譯成漢文的少數民族古籍）進行全面的、系統的、科學的分類整理和彙編總結的新型類書，是在繼承歷代類書優良傳統、考慮漢文古籍固有特點的基礎上，借鑒和參照近代編纂百科全書的經驗和方法編纂而成。編纂《大典》的目的，是爲學術界及願意瞭解中國古代珍貴文化典籍的人士提供各種分門別類的、準確詳細的古代漢文專題資料。

二、規模和體例：《大典》所收古籍的時限，上自先秦，下迄辛亥革命。全書共收各類漢文古籍三萬餘種，七億多字。全書體例，着重汲取清代《古今圖書集成》所采用的經目和緯目相交織這一統一框架結構的模式，同時參照現代科學的學科、目録分類方法，并根據各類學科内容的實際情況，一般將每一大類學科輯爲一典，也有將幾個相關學科共輯爲一典的。對各典名稱，均以現代學科命名，對於所收入的各種古籍資料，亦儘可能納入現代科學分類體系之中。

三、經目：大典共分二十四個典，即哲學典、宗教典、政治典、軍事典、經濟典、法律典、教育典、語言文字典、文學典、藝術典、歷史典、歷史地理典、民俗典、數學典、物理化學典、天文典、地學典、生物學典、醫藥衛生典、農業典、林業典、工業典、交通運輸典、文獻目録典。典以下以分典、總部、部、分部分級，分部之下的標目根據各學科特點由各典自行擬定。

四、緯目：共設置九項緯目，用以包容各級經目的具體内容：

①題解：對有關學科的名稱、概念、涵義、特點等作總體介紹的資料。

②論説：有關理論部分的資料。

③綜述：有關學科或事物的系統性資料，凡有關學科或事物的性狀、制度、範疇、特點及學科地位、發展情況等具體内容均編入此緯目中。

④傳記：有關人物的傳記資料。

⑤紀事：有關學科或事物的具體活動或事例的資料。

⑥著録：重要人物或文獻的有關著作資料，如專集介紹、序跋、藏書題記，以及有關著作的成書經過、版本源流等。

⑦藝文：有關屬於文學欣賞性的散文或韻文。

⑧雜録：凡未收入以上各緯目，而又有較高參考價值的資料，均入雜録。

⑨圖表：根據有關經目的内容需要，圖與表附於相關專題之下，或集中彙總於某級經目之後。

《大典》以内容分類安排各級緯目，各級緯目的正文，一般以原書爲單位，按時代順序排列。每一條資料前標明出處，包括書名或作者名、篇名或卷次，以利讀者核對原書。

五、書目：每分典後附有該分典所收書之書目，書目包括書名、作者、時（年）代、版本等内容。時代以成書時代爲準，成書時代不詳者，以作者主要活動時代爲準，并遵從歷史習慣。

六、版本：《大典》在選用版本時儘量采用古人的精校精刻本，亦采用學術界通用的近、現代整理圈點本及現代學者校點整理本。

七、校點：爲儘可能保存古籍原貌，《大典》祇對底本中明顯的脱、訛、衍、倒進行勘正。古本中的避諱字一般不作改動，祇對缺筆字補足筆劃。後人刻書時避當朝人諱而改動的字，據古本改回。《大典》采用新式標點法。

一九九六年八月

二〇〇六年十一月修訂

《中華大典·農業典》編纂出版領導小組

組　　長： 張寶明　靳玉樂　王增恂

副組長： 馬小泉　周安平　張雲鵬　鄭家福　楊國安
米加德

成　　員（按姓氏筆畫排序）：

于　傑　王本朝　王學春　吕剛武　李　森
李偉昉　周志欽　苗書梅　秦紅雨　郭　亮
袁凱强　展　龍　陳廣勝　陳隆予　孫　曉
黄　璜　葛鄭偉　湯興華　鄒芙都　靳宇峰
鄧章應　聶昌紅　龍玉明

《中華大典·農業典》編纂委員會

主　　編：穆祥桐　曹幸穗

副 主 編：張雲鵬　周安平　袁喜生　張顯成　唐志强　鄭家福　劉坤太　董小玉

委　　員（按姓氏筆畫排序）：

王化平　毛　春　仝相卿　吕　進　杜　鋒
杜顏璞　李曉亮　李世持　李遠毅　何　新
汪劉峰　李棟輝　虎維鐸　胡　波　胡　琳
馬　劍　袁　政　展　龍　高國金　卿　磊
秦紅雨　孫運君　郭麗華　陳安民　陳廣勝
竟　霞　惠　冬　祁琛雲　張敏傑　張　健
張　松　張新超　敬　德　靳宇峰　路　煒
寧智鋒　趙　梅　趙軍慧　趙佩霞　鄭　鵬
劉小敏　錢振宇　羅鐵家　蘇文英　鍾維克

《中華大典·農業典》序

農業是中國古代的重要生産部門，它關係到人的生存、社會的安定和政權的穩定。因此，它被社會上的全體人員所關注。在中國最早的文字——甲骨文中，就有關於農業生産内容的記載。

中國農業歷史學界按照古籍所載内容的具體情況，將涉農古籍分爲兩類：一類是專門記載中國古代傳統農業科學技術、生産知識和經營管理的著作，即中國古代農書；一類是書中存有涉及農業内容的一般古籍。

據考古資料顯示，中國農業産生於舊石器時代晚期與新石器時代早期交替的階段，距今已有一萬多年的歷史。到了青銅時代，即歷史上的夏、商、周時期（公元前二一—前八世紀），中國的傳統農業已經形成，并且發展爲社會的主要産業。到了春秋戰國時期（公元前七七〇—前二二一年），不僅在諸子百家中出現了農家學派，而且還出現了專門的農書。在《漢書·藝文志》中著録有成書於『六國時』的《神農》《野老》兩種和『不知何世』的《宰氏》《尹都尉》《趙氏》《王氏》等四種。上述書籍今已失傳。

由秦漢時期至清代，據《中國農業百科全書·農業歷史卷》統計，就有六百九十七種之多，按其數量多少排列依次爲：園藝類農書一百六十六種，蠶桑類農書一百五十二種，綜合類農書一百一種，竹木、茶類農書五十五種，耕作、農田水利類農書五十二種，農作物類農書四十七種，畜牧獸醫類農書三十八種，植物、氣象、占候類農書三十一種，荒政、治蝗類農書二十七種，水産類農書二十二種，農具類農書六種。如果按時代進行劃分，元代及以前農書的種類及數量依次爲：園藝類農書三十二種，綜合類農書二十種，畜牧獸醫類農書十一種，植物、氣象、占候類農書十一種，竹木、茶類農書十種，耕作、農田水利類農書三種，蠶桑類農書三種，水産類農書三種，荒政、治蝗類農書二種，農作物類農書一種，農具類農書一種。明清時期農書的種類及數量依次爲：蠶桑類農書一百四十九種，園藝類農書一百三十四種，綜合類農書八十一種，耕作、農田水利類農書四十九種，農作物類農書四十六種，竹木、茶類農書四十五種，畜牧獸醫類農書二十七種，荒政、治蝗類農書二十五種，植物、氣象、占候類農書二十種，水産類農書十九種，農具類農書五種。從上述農書的種類及變化，我們可以看到中國傳統農業的結構、地位及變化。

由於農業對於經濟、政治的影響巨大，因此中國古代社會中上至帝王將相，下至布衣百姓，無不對其給予重大關注，在他們的著作中或多或少地涉及了中國古代農業的內容。這些內容涵蓋了中國傳統農業的方方面面。

在春秋戰國時期，由於傳統農業的性質發生了明顯的變化，因此此時的農業生産有了明顯的進步，人們對於自然界的干預增强了。在先秦諸子的著作中，有不少對人與自然界關係的論述，是中國古代農業生態思想的萌芽。在一貫相承的紀傳體史書二十四史中，詳細準確地記載了中國古代歷年的風、水、雹、旱、蟲等各種農業自然灾害的發生及影響。沈括《長興集》卷九《萬春圩圖記》和胡仔《苕溪漁隱叢話前集》卷二七中詳細地講述了圩田、葑田等中國古代的土地利用。在《莊子・天運》、周去非《嶺外代答》卷四、《蘇東坡全集・後集》卷四中分別介紹了中國古代農具桔槔、踏犁和秧馬。范成大《石湖居士詩集》卷一六《勞畬耕并序》中詳細記載了三峽地區八個水稻品種；陸九淵《象山先生全集》卷三四記載了自家水稻深耕易耨的豐産經驗；高斯得《恥堂存稿》卷五最早記載了水稻生産中的烤田技術；莊綽《鷄肋編》卷上《説蕨》中有關於利用雜草作肥料的經驗。陳舜俞《都官集》卷一四《山中咏橘長咏》中記述了宋代柑橘栽培、貯藏和銷售的一整套經驗；張世南《游宦紀聞》卷五介紹了柑嫁接的經驗；莊綽《鷄肋編》卷下《韓昷論茶》記載了宋代建溪茶場的生産情况，趙希鵠《調燮類編》卷三《清飲》介紹了花茶的製作方法；周密《齊東野語》卷一六介紹了當時著名花卉産地馬塍藝花法。莊綽《鷄肋編》卷下《養柑蟻》介紹了古代的生物防治經驗。周密《癸辛雜識別集上・魚苗》記載了宋代對魚苗的生活特點已經有較深的認識，因此總結出了一套魚苗長途運輸技術，劉恂《嶺表録異》卷上介紹了唐代稻田養魚經驗，龐元英《文昌雜録・養珠法》介紹了人工養殖珍珠的經驗。王禹偁《小畜集》卷一四《記蜂》一文，詳細地描述了蜜蜂的習性、組織、蜂王、分窠、蜜蠟等方面的知識。張舜民的《使遼録》記載了遼國人用麻醉法施行馬肝部病灶切除手術。這些資料，涉及了古代農業的各個專業。

對於古籍中農業資料的整理古已有之，在晚清『富國强兵』的努力中，一些學者也整理出版農業古籍。現代著名的農業農史學家萬國鼎先生于一九二四年開始，從事祖國農學遺産的搜集整理工作，共搜集整理出三千萬字，彙編爲《先農集成》，分成若干專輯，裝訂成四百二十册，現存于南京農業大學中國農業遺産研究室。一九五五年四月，農業部農業科學院籌備小組在北京召開整理祖國農業遺産座談會。一九五八年，在周恩來同志的關懷下，國務院古籍整理出版規劃小組成立，并制定了第一個十年規劃。同年，農業出版社（今中國農業出版社）在北京成立，依靠各農業院校農史研究專業隊伍，開始系統整理出版農業古籍。截至二〇一四年，已出版農業古籍近二百種，涵蓋了十一類古代農書，整理方式有標點校勘、注釋、今譯、影印、輯佚與資料彙編等。

《中華大典》是在黨中央、國務院領導下的新中國成立以來最大的古籍整理出版工程，農史研究者有幸參與其中，在前人的基礎上，對祖國的農業遺産以新編類書的形式進行整理出版，無疑對於廣大農業工作者瞭解中國國情、促進農史研究的發展均有不可估量的作用。

《中華大典·農業典》設糧食作物、蠶桑、茶業、藥用作物、救荒植物、園藝作物、漁業水産、農田水利、農業灾害、畜牧獸醫、農具倉儲和農書十二個分典，基本涵蓋了農業各要素。如前所述，中國古代農業文獻既有一定數量的專書，又或多或少地存在於浩如烟海的經史子集當中。如果繼續使用傳統的手段和出版工作流程，在短時間内利用有限的力量是難以完成編纂工作的。所以《農業典》在編纂之初，就采取了利用數字化編纂的方式。二〇〇六年七月開始由中國社會科學院李根蟠研究員任主編，依靠各高等農業院校農史研究專業人員，編定了編纂大綱，我和蘇金花研究員編定了《農業典》專用書目，各分典在此基礎上又補充了本專業的書目，依托社會上反響較好的古籍數字平臺開始了試編工作。在隨後的實際工作中，我們發現《農業典》編纂所需資料屢屢受制於商業化的數字平臺，尤其在《茶葉總部》的試編寫中遇到了引文難以核對的問題，遂於二〇〇九年底決定自主研發工作平臺，并由我和曹幸穗研究員出任主編，按照新的思路開展編纂出版工作。二〇一一年，按照國家新聞出版總署和國家出版基金規劃管理辦公室的統一部署，與未完成的各典一起納入國家出版基金管理。

《農業典》是《中華大典》確定的數字化編纂出版工作試點，任繼愈先生説：『農業典的試點工作如能成功，其意義將遠遠超越中華大典本身，它對於今後我國整個古籍整理工作，都會産生深遠的影響。』因此出版項目承擔者河南大學出版社組織了由編委會、出版社和數字編纂平臺共同參加的編纂隊伍，打破傳統編者、編輯、出版分離的做法，首先選擇《農業典·蠶桑分典》作爲試點，組織編纂者從一開始就介入平臺建設，平臺也按實際工作需求隨時調整功能，各項工作交叉進行，全面推進編纂工作。二〇一六年十月，經基金辦同意，增加西南師範大學出版社爲《農業典》出版單位，承擔《糧食作物分典》《藥用作物分典》《救荒植物分典》《園藝作物分典》《漁業水産分典》

方式的創新。

《農具倉儲分典》的編纂任務。組織形式和工作機制的改進既是本書得以順利面世的原因，又是大型出版物出版工作

雖然全體編纂人員竭盡全力開展工作，但因此工作爲首創之舉，加之本人水準有限，疏漏之處在所難免，懇請讀者不吝指正。

穆祥桐

二〇一七年六月

《中華大典·農業典》凡例

一、收録範圍。《中華大典·農業典》以《中華大典》的編纂宗旨爲依據，彙編中國從先秦到清末有關農業的文獻，包括古代外國人用漢語所寫的涉及中國農業的作品和少量近代翻譯以資中國農業借鑒的國外著述，以供農業、歷史工作者和一般讀者參考和檢索。

二、結構。《農業典》分爲十二個分典，分典之下設總部、部、分部、專題四級經目。在專題之下，根據内容不同，設置題解、論説、綜述、傳記、紀事、著録、藝文、雜録、圖表等緯目。由於各分典的内容差異很大，因此各分典經、緯目的設置存在一定的不同。

三、用字。經目、緯目、標目等屬今人編寫的文字一概使用規範漢字，對所引用原文中的通用字、假借字、古今字、俗體字和舊字形等，爲最大程度保留文獻原貌，基本不作修改。

四、標目。資料標明出處，依次爲：作者生活朝代、作者及編著方式、書名、卷次、篇名。并列的資料選自同書而卷次不同，則不再另標作者及書名，僅用『又』字表示。書名與篇名加書名號《》。如果此書不分卷，將書名與篇名放在一個書名號内，中間用分隔號『·』隔開。此外，先秦典籍、二十四史、十通等大型官修書不標朝代與作者。志書前標加圓括號的年號，不加朝代與作者。對類書、志書或總集類文獻，收録其中單篇文獻時，以文章朝代與作者、文章名（加書名號）作主標目，以類書、志書或總集類文獻的書名與卷次作次標目，用小號字跟在主標目下面，省去編者、篇名。

五、校勘。脱字，在方括號内寫出補入的字。訛字，將錯字寫在圓括號中，後面在方括號中寫出改正的字。衍字，將衍字寫在圓括號中。倒字，在該字的正確位置按脱字的辦法用方括號補上，其錯誤的位置用圓括號作爲衍字處理。在使用前人校勘本時，直接使用校勘後的文字，均不再出校記。

六、節選。對古籍的省略處，用『【略】』標出。中間省略文字用『【略】』。有整段省略者，『【略】』放在上段末尾，不單獨占行。同一標目内，節選内容首尾不加『【略】』。古籍中的原注，用小號字排。

七、古籍中漫漶不可識處，以□代替。

八、數字。對古籍的卷次，用一、二、三、四、五、六、七、八、九、〇標出，不用十、百、千、萬。書名與篇名中照原版保留十、百、千、萬等。

九、以上諸項是《農業典》的通例。各分典因所涉文獻不同，各依據實際情況加以補充説明。

中華大典·農業典

農書分典

主編：寧智鋒
鄭鵬

《中華大典·農業典·農書分典》編纂委員會

主　編：寧智鋒　鄭　鵬

副主編：李棟輝　卿　磊　竟　霞

學術指導：肖克之　吴建新

《中華大典·農業典·農書分典》説明

《農書分典》是《中華大典·農業典》的分典之一。中國是歷史悠久的農業大國，歷代遺留下來的農業古籍十分豐富，它們是中國傳統農業精髓的主要載體，也是我國文化遺産的重要組成部分，史料價值極高。從時間上看，農書所述上溯遠古，近及民國，跨越幾千年；就内容來説，不僅涉及農、林、牧、副、漁等自然和技術科學，還包括農業政策、田制賦税、救荒賑灾等社會科學的方面。我國農業古籍豐富而龐雜，正如紀昀在《四庫全書總目》中所言：『農家條目至爲蕪雜，諸家著録，大抵輾轉旁牽，因耕而及《相牛經》，因《相牛經》及《相馬經》《相鶴經》《鷹經》《蟹録》至于《相貝經》，而《香譜》、《錢譜》相隨入矣。因五穀而及《圃史》，因《圃史》而及《竹譜》《荔支譜》《橘譜》至于《梅譜》《菊譜》，而《唐昌玉蘂辨證》《揚州瓊花譜》相隨入矣。因蠶桑而及《茶經》，因《茶經》及《酒史》《糖霜譜》至于《疏食譜》，而《易牙遺意》《飲膳正要》相隨入矣。觸類蔓延，將因《四民月令》而及算術、天文，因《田家五行》而及風角鳥占，因《救荒本草》而及《素問》《靈樞》乎。』因類而及的現象非常突出。另外，分布也甚廣，除了主要分布在史、子等部外，甚或經部、集部亦有相關内容。

相比其他分典，《農書分典》在《農業典》中所占字數雖然不多，却是《中華大典·農業典》的重要組成部分，意在全面介紹我國傳統農業典籍的形態、源流、傳承與分布，也兼及晚晴時期翻譯的一些國外農業資料。

《農書分典》根據古籍農書的内容特點并結合現代學科分類，采用經緯交織的形式進行分類編排，共設十七個部，分别是綜合類農書部、農政農經類農書部、物産類農書部、時令占候類農書部、農具類農書部、水利營田類農書部、土壤耕作類農書部、救荒賑灾類農書部、農作物類農書部、園藝類農書部、茶書類農書部、竹木類農書部、畜牧獸醫類農書部、蠶桑類農書部、水産類農書部、飲食與加工類農書部和其他農書部。每部根據具體情况，對種類較多者再增加一級分類，同一類别下按時間排序。最終以每種圖書爲最小一級經目的形式表現出來。經目之下分緯目，根據文獻内容，選擇設置題解、論説、綜述、傳記、紀事、著録、藝文、雜録等緯目。緯目之下的條目則貫徹大典編纂要求『内容單一、叙述完整』的原則輯録文獻，每一條目須契合緯目主題，而且文獻來源均標明出處，包括朝代、作者、書名、卷次和篇名。

本書的編纂得到了業内許多專家的啓發和幫助。華南農業大學吴建新教授將其本人多年收集的農書序跋及其他文獻資料貢獻出來，全國農業展覽館肖克之研究員設計了現有框架并對部分文獻給予標點整理，在類目設置及選目上參考了《中國農業古籍目録》（張芳、王思明，北京圖書館出版社，二〇〇三年）及《中國農學書録》（王毓瑚，中華書局，二〇〇六年）等研究成果，在此一并致謝。本書最終由河南大學組織力量編寫，作者均爲年富力强的古典文獻學博士，他們的專業素養和治學態度保證了本書的品質，但囿于學科界限和專業水準，不當之處在所難免，懇請方家不吝賜教。

總目

目録

農政農經類農書部

農具類農書部

水利營田類農書部

土壤耕作類農書部

救荒賑災類農書部

荒政類農書

治蝗類農書

救荒野菜類農書

農作物類農書部

糧食作物類農書

經濟作物類農書

園藝類農書部

園藝通論類農書

果類農書

蔬菜類農書

茶書類農書部

竹木類農書部

畜牧獸醫類農書部

蠶桑類農書部

水産類農書部

飲食與加工類農書部

其他農書部

農書分典　引用書目

綜合類農書部

神農書

綜述

《尸子》卷下　有虞氏，身有南畝，妻有桑田，神農並耕，而王所以勸耕也。

《呂氏春秋》卷二六《士容論・上農》　古先聖王之所以導其民者，先務於農。民農非徒為地利也，貴其志也。民農則樸，樸則易用，易用則邊境安，主位尊。民農則重，重則少私義，少私義則公法立，力專一。民農則其產復，其產復則重徙，重徙則死處而無二慮。舍本而事末則不令，不令則不可以守，不可以戰。民舍本而事末則其產約，其產約則輕遷徙，輕遷徙則國家有患，皆有遠志，無有居心。民舍本而事末則好智，好智則多詐，多詐則巧法令，以是為非，以非為是。

又　神農之教曰：士有當年而不耕者，則天下或受其饑矣。女有當年而不績者，則天下或受其寒矣。故身親耕，妻親績，所以見致民利也。

《白虎通義》卷一　神農因天之時，分地之利。制耒耜，教民農，作神而化之，使民宜之，故謂之神農也。

《太平御覽》卷七八　《尸子》曰：『神農氏，夫負妻戴以治天下，堯曰：「朕之比神農猶旦之與昏也。」又曰：「神農氏七十世有天下，豈每世賢哉，牧民易也。」』

又　《禮含文嘉》曰：神者，信也。農者，濃也。始作耒耜，教民耕，其德濃厚，若神故謂神農也。

宋　王應麟《漢書藝文志考證》卷七　《神農》，二十篇。《孟子》：『有為神農之言者許行』。《食貨志》鼂錯引：『神農之教曰：「有石城十仞，湯地百步，帶甲百萬而亡粟弗能守也。」』《呂氏春秋》引：『神農之教曰：「士有當年而不耕者，則天下或受其饑矣。女有當年而不績者，則天下或受其寒矣。」』管子引：『神農之教曰：「一穀不登，減一穀，穀之法十倍。」』《氾勝之書》亦引『神農之教』，《劉子》引『神農之法』，《淮南子》曰：『世俗之人多尊古而賤今，故為道者，必託之于神農、黃帝而後入說。』

《四庫全書總目》卷一〇二　《管子》、《呂覽》所陳種植之法，並文句典奧，與其他篇不類。蓋古者必有專書，故諸子得引之，今已佚不可見矣。

清　馬國翰《玉函山房輯佚書目》卷六九子編農家類《〈神農書〉輯録序》　《神農書》一卷，相傳炎帝神農氏撰。案：《漢書・藝文志農家》神農二十篇，兵、陰陽家，神農、兵法一篇。五行家神農大幽五行二十六卷，雜占家神農教田相土耕種十四卷，經方家神農黃帝食禁七卷，神仙家神農雜子技道二十三卷。其農家二十篇注六國時，諸子疾時怠於農業，道耕農事託之神農。師古曰：劉向《別録》云疑李悝及商君所説，由此類推，凡志所載，篇目大抵皆依附爲之。今其書並佚，考唐《開元占經》載有八穀生長一篇，差爲完具。又亟引神農占數節。《管子》、《淮南子》、《漢食貨志》等書，或引神農之數，或引神農之法，或引神農之教。又《藝文類聚》引神農《求雨書》得有篇目，可稱者凡六，其他佚文、散句時見傳注所引，併據輯録不可區分，統入農家。至他書所引食禁、別採集與本草相次，不録於茲云。歷城馬國翰竹吾甫。

清　嚴可均《全上古三代文》卷一《炎帝》　帝生於姜水（《説文》），因姓姜．以火德王，稱炎帝。一云赤帝，一云有焱氏，始作耒耜，號神農氏。一云農皇。以起烈山，亦號烈山氏。一云厲山氏，一云連山氏，一云朱襄氏。初都陳，後居曲阜。在位百二十年，傳八世五百三十年。一云傳十七世，一云七十世：。（謹案：《漢書・藝文志》『農家』有《神農》二十篇，本《注》云：『六國時，諸子疾時怠於農業，道耕農事，托之神農。』師古引劉向《別録》云：『疑李悝及商君所説。』兵陰陽家又有《神農兵法》一篇，五行家有《神農大幽五行》二十七卷，雜占家有《神農教田相土耕種》十四卷，經方家有《神農黃帝食禁》七卷，《周禮・醫師疏》引《食禁》作《食藥》。神仙家有《神農雜子技道》二十三卷。獨《本草》不見，見《平帝紀》及《樓護傳》，蓋《食禁》《食藥》即《本草》矣。倉頡造字在黄帝時，前此未有文字。神農之言，皆後人追録。晁錯所引，顯是六國時語。即《六韜》及《管子》《文子》所載，亦不過謂神農之法，相傳如是。豈謂神農手撰之文哉？今除《本草》見存外，皆入録。

雜録

《神農之禁》《六韜・虎韜篇》　春夏之所生，不傷不害。

《管子》卷二三《揆度》　一穀不登，減一穀，穀之法什倍。二穀不登，減二穀，穀之法再什倍。夷疏滿之，無食者予之陳，無種者貸之新。

《神農之教》《吕氏春秋》卷二一　士有當年而不耕者，則天下或受其饑矣；女有當年而不織者，則天下或受其寒矣。

漢　晁錯《神農之教》《漢書》卷二四上　有石城十仞，有湯池百步，帶甲百萬，而亡粟，弗能守也。

《開元占經》一一一　正月上朔，有風雨。三月谷貴，石五百錢。八月有三卯，旱，麥大善。無三卯，麥不善。凡蟲食李，則黍貴。食棗，粟貴。食杏，麥貴。食荊，麻貴。食桑，絲貴。正月上朔日，風從東來，植禾善。從南來，植黍善。從北來，稚禾善。四月四日，風從東來，植豆善。西來，四日至七日，中豆善。七日至十日，稚豆善。十四日無風，不種豆。從冬至日到來年，滿六十日，有大風雨折樹木，麥大善。從平朔至食時，植麥善。至日中，中麥善。至日入，稚麥善。常以夏至後九十日可種。四月朔日，風從東來，從平明至辰時，植黍善。至日中，中黍善。至日入，稚黍善。月朔日入，清明蠶善。正月有甲子，糴初貴後賤。正月上辛，溫者善，風寒者不好。

《莊子・天運》　聽之不聞其聲，視之不見其形。充滿天地，苞裹六極。

宋　羅泌《路史》卷三九《神農求雨書》　大旱雩祭而祈雨，大水鳴鼓而攻社。被雩以青衣，繫社以朱索，此陰陽之義也。《神農求雨書》曰：春夏雨日而不雨，甲乙命為青龍，又為火龍，東方小童舞之；丙丁不雨，命為赤龍，南方壯者舞之；戊己不雨，命為黄龍，壯者舞之；庚辛不雨，命為白龍，又為火龍，西方老人舞之；壬癸不雨，命為黑龍，北方老人舞之。如此不雨，潛處，闔城門，置水其外，開北門，取人骨埋之。如此不雨，命巫祝而暴之。如此不雨，神仙積薪，擊鼓而焚之。漢董仲舒為請雨法，春令縣以水日，禱社稷山川，家人祠户禁伐，聚虵八日，為壇東門，植八蒼繒，祠共工八生魚、玄酒、膊脯，甲乙日，共十一青龍，東方東鄉八僮衣青舞之，田嗇夫青衣立里社，通溝池，置五蝦蟆，焚雄雞老猳，闔南門，置水其外，開里北門，焚老猳，埋骨開泉；夏令縣邑以水日，家人祀竈暴釜，為壇南門外，植十赤繒，祠蚩尤十赤雞，丙丁日，共七赤龍，南方南鄉七壯衣赤舞之，赤衣而立通社，燔雞猳如春祠；季夏禱山陵，無舉土，令縣邑十日一徙市南門外，五日家人祠中霤及稷，以母鮀五壇帝，旁植五黄繒，戊己日為五黄龍，中央南鄉五丈夫衣黄舞之，老者黄衣立通社；立秋暴兵厖巫，無舉火煎金器，家人祀門祠太昊，以九桐魚植九白繒，庚辛日，為九白龍，西方西鄉九鰥白衣舞之，司馬白衣；立冬舞龍六日，禱名山以助之，家人祠井無壅水，祠玄冥以雛犬六，壬癸日，立六黑龍，北方北鄉六老人衣黑舞之，尉黑衣立。他隨方色，蝦蟆池皆如春儀。雨至，報以豚酒黍茅席，無斷衣物鄉位，各從方色，四時皆以水日，為龍開陰閉陽，焚薪薤骨，十日各異。又奏江都王母收廣陵女子為人祝者，視一月，諸巫母聚郭門，為壇，以脯酒祭，女擇寬便徙市，毋納丈夫，丈夫毋相從。飲令吏妻各往視其夫，到即起雨而止。劉歆致雨，其作土龍吹律，諸方備具，蓋本諸此。漢世旱則公卿官長以次雩禮，士人舞僮七日，一易如故事。自立春盡立秋，郡國上雨澤以為農也。故《尸子》云神農之理天下，欲雨則雨，五日為行雨，旬日為穀雨，旬五日為時雨，萬物咸利，故曰神雨。五日一風，十日一雨，豈非太平之應哉？

著録

《漢書・藝文志》卷三〇　《神農》二十篇。六國時，諸子疾時怠於農業，道耕農事，託之神農。師古曰：『劉向《别録》云：「疑李悝及商君所説。」』

《清續文獻通考》卷二七〇《經籍考一四》　《神農書》一卷。

《農學報》一九〇五年第二九三期　《神農書》一卷（馬國翰輯本）

野老書

綜述

南朝梁　劉勰《文心雕龍》卷四《諸子》　逮及七國，力政俊乂蠭起，孟軻膺儒以磬折，莊周述道以翱翔，墨翟執儉確之教，尹文課名實之符。尹文課名實之符，野老治國於地利，騶子養政於天文，申商刀鋸以制理，鬼谷脣吻以策勳，尸佼兼總於雜術，青史曲綴以街談，承流而枝附者，不可勝算。

南齊　劉晝《劉子》卷一〇　農者，《神農》、《野老》、《宰氏》、《范勝》之類也。其術在於務農，廣為墾闢，播植百穀，國有盈儲，家有畜積，倉廩充實，則禮義生焉。然而薄者又使王侯與庶人並耕，於野無尊卑之別，失君臣之序也。

《太平御覽》卷五一〇　野老，六國時人。遊秦楚間，年老隱居，掌勸為務，著書言農家事，因以為號。

宋　王應麟《漢藝文志考證》卷七《農》　《野老》十七篇　《真隱》傳六國時人。遊秦楚間，年老隱居，掌勸爲務。著書言農家事，因以為號。

清　章學誠《校讐通義》內篇卷三　農家託始神農遺教緒言，或有得其一二，未可知也。書之《無逸》，詩之《豳風》，《大戴記》之《夏小正》，《小戴記》之《月令》，《爾雅》之《釋草》，《管子》之《牧民》篇，《呂氏春秋》《任地》諸篇，俱當用裁篇別出之法，冠於農家之首者也。《神農》、《野老》之書既難憑信，故經言不得不詳。

清　馬驌《繹史》卷一四六《呂不韋相秦》　蓋故農家野老之言，而呂子述之。

清　馬國翰《玉函山房輯佚書目》子編農家類卷六九《野老書輯録序》　《野老書》一卷，撰人名氏闕。案：《漢志・農家》有《野老》十七篇注，六國時在齊楚間。應劭曰：年老居田野，相民耕種，故號野老。隋唐志皆不著録，書佚已久。考《呂氏春秋》載『上農』、『任地』、『辯土』、『審時』四篇，家宛斯先生《繹史》云：蓋古農家野老之言，而呂子述之。茲據補録書中稱：后稷語古奧精微，其腐論得時失時，行色情狀，洵非老農不能道，以此勞民勸，相洵堪矜式，宜呂氏賓客，各取載多篇，與周公《月令》相輔而行也。歷城馬國翰竹吾甫。

著録

《漢書》卷三〇《藝文志》　《野老》十七篇。六國時，在齊楚間。應劭曰：年老居田野，相民耕種，故號野老。

《清續文獻通考》卷二七〇《經籍考》　《野老書》一卷。

宋　陳振孫《直齋書録解題》卷一〇　農家者流，本於農稷之官。勤耕桑以足衣食，神農之言許行學之，漢世野老之書不傳於後。

宰氏

《宰氏》原書已佚。

《漢書・藝文志》卷三〇　《宰氏》十七篇。不知何世。

董安國

《董安國》原書已佚。

《漢書》卷三〇《藝文志》　《董安國》十六篇。漢代內史。不知何帝時。

趙氏

《趙氏》原書已佚。

《漢書》卷三〇《藝文志》　《趙氏》五篇，不知何世。

王氏《王氏》原書已佚

《漢書》卷三〇《藝文志》　《王氏》六篇，不知何世。

蔡癸書

綜述

清　馬國翰《玉函山房輯佚書目》子編農家類卷六九《蔡癸書輯録序》　《蔡癸書》一卷，漢蔡癸撰。《漢志·農家》有蔡癸一篇注，宣帝時以言便宜，至宏農太守。師古曰：劉向《別録》云邯鄲人，其書隋唐志皆不著録，佚已久。考賈思勰《齊民要術》，引崔寔《政論》有趙過教民耕殖其法，三犂共一牛云云，而《太平御覽》引，作宣帝使蔡癸校民耕事，文正同。蓋癸書述趙過法，而崔氏引之也。又《漢書·食貨志》詳言趙過代田之法。後次以蔡癸以好農使勸郡國至大官，知當日校民耕植，不外代田也。茲據採補附録，漢志俾有徵攷農圃，小道亦具見師承如此。歷城馬國翰竹吾甫。

傳記

《漢書》卷二四上《食貨志第四上》　漕事果便，壽昌遂白令邊郡皆築倉，以谷賤時增其賈而糴，以利農，谷貴時減賈而糶，名曰常平倉。民便之。上乃下詔，賜壽昌爵關内侯。而蔡癸以好農使勸郡國，至大官。

著録

《漢書》卷三〇《藝文志》　宣帝時，以言便宜，至弘農太守。

范子計然

綜述

清　馬國翰《玉函山房輯佚書目》子編農家類卷六九《范子計然輯録序》　《范子計然》三卷，周范蠡爲越大夫，事績詳《史記·越王句踐世家》及《貨殖列傳》。裴駰集解引太史公素王妙論曰：蠡，南陽人。列仙傳曰：蠡，徐人。張守節《正義》引《會稽典録》云：范蠡，字少伯，楚宛三户人。又引《越絶》云：在越爲蠡，在齊爲鴟夷子皮，在陶，曰朱公。又曰：居楚爲范伯，書名計然者。據本書，計然，葵邱濮上人，姓辛氏，字文子。徐廣《史記音義》云：范蠡之師也，名研。司馬貞《史記索隱》：計然，《吴越春秋》謂之計倪。又謂：倪與研是一人。漢、隋志皆不著録。《唐書·藝文志》有《范子計然》十五卷注。范蠡問，計然答。馬總《意林》云：《范子》十二卷。案鄭樵《通志·氏族略》云：越有范蠡著書，曰《計然》。又宰氏注引《范蠡傳》：范蠡師事計然，姓宰氏，字文子。意者辛爲宰字之誤。《漢志·農家》：宰氏十七篇，或即計然歟？賈思勰《齊民要術》嘗引之。是北魏時其書尚行，《隋志》偶未及載耳。今久散佚。《越絶書》載是本書之一篇。《吴越春秋》、《史記》、《藝文類聚》、《初學記》、《太平御覽》等書亦多引之，輯爲三卷。書於物之出，皆用郡縣。后人羼入者有之，至其熟悉物情而善觀時變，其真自不可掩也。歷城馬國翰竹吾甫。

著録

《新唐書》卷五九　《范子計然》十五卷，范蠡問計然答。

《通志》卷六八　《范子計然》十五卷，問答。

《文獻通考》卷二一三　《范子計然》十五卷

高氏《子略》：曰計然遨遊海澤，自稱『漁父』。范蠡有請曰：『先生有陰德，願令越社稷長保血食。』計然曰：『越王烏喙，不可以同利。』蠡之智其有決於此乎。此編卷十有二，往往極陰陽之變，窮曆數之微。其言之妙者，有曰：『聖人之變，如水隨形』。蠡之所以俟時而動，以見幾而作者，其亦有得乎此。計然，濮上人，姓辛名文子，其先晉國公子。

容齋洪氏《隨筆》曰：《漢書·貨殖傳》：『粵王句踐困於会稽之上，廼用范蠡、計然，遂報彊吳。』孟康注曰：『姓計名然，越臣也。』蔡謨曰：『「計然」者，范蠡所著書篇名耳，非人也。謂之計然者，所計而然也。羣書所稱句踐之賢佐，種、蠡為首，豈復聞有姓計名然者乎？若有此人，越但用半策，便以致霸，是功重於范蠡，而書籍不見其名、史遷不述其傳乎？』顏師古曰：『蔡説謬矣。《古今人表》計然列在第四等，一名計研。班固《賓戲》：「研、桑心計於無垠。」即謂此耳。計然者，濮上人也，嘗南遊越，范蠡卑身事之，其書則有《萬物録》，事見《皇覽》及《晉中經簿》。又《吳越春秋》及《越絶書》並作計倪。此則倪、研及然，聲皆相近，實一人耳，何云書籍不見哉？』

予按唐貞元中馬總《意林》一書，抄類諸子百餘家，有《范子》十二卷，云，計然者，葵邱濮上人，姓辛字文子，其先晉國之公子也。為人有內無外，狀貌似不及人。少而明，學陰陽，見微知著。其志沉沉，不肯自顯，天下莫知，故稱曰計然。時遨遊海澤，號曰『漁父』。范蠡請其見越王，計然曰：『越王為人烏喙，不可與同利也。』據此則計然姓名出處，皎然可見。裴駰註《史記》，亦知引《范子》。《北史》蕭大圜云『留侯追踪於松子，陶朱成術於辛文』，正用此事。曹子建表引《文子》，李善註以為計然。師古蓋未能盡也。而《文子》十二卷，李暹註，其序以謂《范子》所稱計然，但其書一切以《老子》為宗，略無與范蠡謀議之事。《意林》所編《文子》正與此同。所謂《范子》，乃別是一書，亦十二卷，馬總只載其敍計然及他三事，云『餘並陰陽歷數，故不取則與《文子》了不同，李暹之説誤也。』《唐藝文志范子計然》十五卷，註云：『范蠡問，計然答。』列於農家。其是矣，而今不存。

宋 王應麟《漢藝文志考證》卷六　《文子》九篇，與孔子並時而稱，周平王問似依託今本十二篇。《道原》至《上禮》李暹注。豈暹析之歟？其傳曰：姓辛氏，葵丘濮上人，號曰計然，范蠡師事之。本受業於老子，《文子》録其遺言，為十二篇。名研，文子其字也。志注謂：似依託。晁氏曰：三代之書經秦火之後幸而存者，錯亂參差。如《爾雅》，周公作，而有張仲孝友是也。柳宗元以為駁書，曹子建表引《文子》，李善註以為《計然》今其一以老子為宗，略無與范蠡謀議之事。《貨殖傳》注《計然》其書則有《萬物録》著，五方所出皆述之事，見《皇覽》及《晉中經簿》《唐志》。農家《范子計然》十五卷，注云：范蠡問計然荅，則與《文子》了不同，北史蕭大圜曰：陶朱成術於辛文。

宋 洪邁《容齋隨筆》續筆卷一六《計然意林》

《漢書·貨殖傳》：『粵王句踐困於会稽之上，廼用范蠡、計然，遂報彊吳。』孟康注曰：『姓計名然，越臣也。』蔡謨曰：『「計然」者，范蠡所著書篇名耳，非人也。謂之計然者，所計而然也。羣書所稱句踐之賢佐，種、蠡為首，豈復聞有姓計名然者乎？若有此人，越但用半策，便以致霸，是功重於范蠡，而書籍不見其名、史遷不述其傳乎？』顏師古曰：『蔡説謬矣。《古今人表》計然列在第四等，一名計研。班固《賓戲》：「研、桑心計於無垠。」即謂此耳。計然者，濮上人也，嘗南遊越，范蠡卑身事之，其書則有《萬物録》，事見《皇覽》及《晉中經簿》。又《吳越春秋》及《越絶書》並作計倪。此則倪、研及然，聲皆相近，實一人耳，何云書籍不見哉？』

予按唐貞元中，馬揔所述《意林》一書，抄類諸子百餘家，有《范子》十二卷，云：『計然者，葵邱濮上人，姓辛字文子，其先晉國之公子也，為人有內無外，狀貌似不及人，少而明，學陰陽，見微知著，其志沈沈，不肯自顯，天下莫知，故稱曰「計然」。時遨遊海澤，號曰「漁父」。范蠡請其見越王，計然曰：「越王為人烏喙，不可與同利也。」』據此則計然姓名出處，皎然可見，裴駰注《史記》，亦知引《范子》。《北史》蕭大圜云：『留侯追蹤於松子，陶朱成術於辛文。』正用此事。曹子建表引《文子》，李善注，以為計然，師古蓋未能盡也。而《文子》十二卷，李暹注，其序以謂《范子》所稱計然。但其書一切以老子為宗，略無與范蠡謀議之事，《意林》所編《文字》正與此同，所謂《范子》，乃別是一書，亦十二卷，馬揔只載其敘計然及他三事，云：『餘並陰陽歷數，故不取。』則與《文子》了不同，李暹之説誤也。《唐藝文志》、《范子》、《計然》十五卷，注云：『范蠡問，計然答。』列於農家，其是矣，而今不存。唐世未知尊孟氏，故《意林》亦列其書，而有差不同者，如伊尹不以一介與人，亦不取一介於人之類。其他所引書。如

《胡非子》、《隨巢子》、《纏子》、《王孫子》、《公孫尼子》、阮子《正部》、姚信《士緯》、殷興《通語》、《牟子》、《周生烈子》、《秦菁子》、《梅子》、《任奕子》、《魏朗子》、《唐滂子》、《鄒子》、孫氏《成敗志》、《蔣子》、《譙子》、《鍾子》、張儼《默記》、《裴氏新言》、袁淮《正書》、袁子《正論》、《蘇子》、《陸子》、張顯《析言》、《干子》、《顧子》、《諸葛子》、《陳子要言》、《符子》諸書，今皆不傳於世，亦有不知其名者。

明 焦竑《國史經籍志·子類·農家》卷四 《范子計然》十五卷。

問答。

傳記

《史記》卷四一《越王勾踐世家》 范蠡事越王句踐，既苦身戮力，與句踐深謀二十餘年，竟滅吴，報會稽之恥，北渡兵於淮以臨齊、晉，號令中國，以尊周室，句踐以霸，而范蠡稱上將軍。還反國，范蠡以為大名之下，難以久居，且句踐為人可與同患，難與處安，為書辭句踐曰：『臣聞主憂臣勞，主辱臣死。昔者君王辱於會稽，所以不死，為此事也。今既以雪恥，臣請從會稽之誅。』句踐曰：『孤將與子分國而有之。不然，將加誅於子。』范蠡曰：『君行令，臣行意。』乃裝其輕寶珠玉，自與其私徒屬乘舟浮海以行，終不反。於是句踐表會稽山以為范蠡奉邑。

范蠡浮海出齊，變姓名，自謂鴟夷子皮，耕於海畔，苦身戮力，父子治產。居無幾何，致產數十萬。齊人聞其賢，以為相。范蠡喟然嘆曰：『居家則致千金，居官則至卿相，此布衣之極也。久受尊名，不祥。』乃歸相印，盡散其財，以分與知友鄉黨，而懷其重寶，閒行以去，止於陶，以為此天下之中，交易有無之路通，為生可以致富矣。於是自謂陶朱公。復約要父子耕畜，廢居，候時轉物，逐什一之利。居無何，則致貲累巨萬。天下稱陶朱公。

朱公居陶，生少子。少子及壯，而朱公中男殺人，囚於楚。朱公曰：『殺人而死，職也。然吾聞千金之子不死於市。』告其少子往視之。乃裝黃金千溢，置褐器中，載以一牛車。且遣其少子，朱公長男固請欲行，朱公不聽。長男曰：『家有長子曰家督，今弟有罪，大人不遣，乃遺少弟，是吾不肖。』欲自殺。其母為言曰：『今遣少子，未必能生中子也，而先空亡長男，奈何？』朱公不得已而遣長子，為一封書遺故所善莊生。曰：『至則進千金於莊生所，聽其所為，慎無與爭事。』長男既行，亦自私齎數百金。

至楚，莊生家負郭，披藜藋到門，居甚貧。然長男發書進千金，如其父言。莊生曰：『可疾去矣，慎毋留！即弟出，勿問所以然。』長男既去，不過莊生而私留，以其私齎獻遺楚國貴人用事者。

莊生雖居窮閻，然以廉直聞於國，自楚王以下皆師尊之。及朱公進金，非有意受也，欲以成事後復歸之以為信耳。故金至，謂其婦曰：『此朱公之金。有如病不宿誡，後復歸，勿動。』而朱公長男不知其意，以為殊無短長也。

莊生閒時入見楚王，言『某星宿某，此則害於楚』。楚王素信莊生，曰：『今為奈何？』莊生曰：『獨以德為可以除之。』楚王曰：『生休矣，寡人將行之。』王乃使使者封三錢之府。楚貴人驚告朱公長男曰：『王且赦。』曰：『何以也？』曰：『每王且赦，常封三錢之府。昨暮王使使封之。』朱公長男以為赦，弟固當出也，重千金虛棄莊生，無所為也，乃復見莊生。莊生驚曰：『若不去邪？』長男曰：『固未也。初為事弟，弟今議自赦，故辭生去。』莊生知其意欲復得其金，曰：『若自入室取金。』長男即自入室取金持去，獨自歡幸。

莊生羞為兒子所賣，乃入見楚王曰：『臣前言某星事，王言欲以修德報之。今臣出，道路皆言陶之富人朱公之子殺人囚楚，其家多持金錢賂王左右，故王非能恤楚國而赦，乃以朱公子故也。』楚王大怒曰：『寡人雖不德耳，柰何以朱公之子故而施惠乎！』令論殺朱公子，明日遂下赦令。朱公長男竟持其弟喪歸。

至，其母及邑人盡哀之，唯朱公獨笑，曰：『吾固知必殺其弟也！彼非不愛其弟，顧有所不能忍者也。是少與我俱，見苦，為生難，故重棄財。至如少弟者，生而見我富，乘堅驅良逐狡兔，豈知財所從來，故輕棄之，非所惜吝。前日吾所為欲遣少子，固為其能棄財故也。而長者不能，故卒以殺其弟，事之理也，無足悲者。吾日夜固以望其喪之來也。』故范蠡三徙，成名於天下，非苟去而已，所止必成名。卒老死於陶，故世傳曰陶朱公。

太史公曰：禹之功大矣，漸九川，定九州，至於今諸夏艾安。及苗裔句踐，苦身焦思，終滅彊吴，北觀兵中國，以尊周室，號稱霸王。句踐可不謂賢哉！蓋有禹之遺烈焉。范蠡三遷皆有榮名，名垂後世。臣主若此，欲毋顯得乎！

越祖少康，至於允常。其子始霸，與吴爭彊。檇李之役，闔閭見傷。會稽之恥，句踐欲當。種誘以利，蠡悉其良。折節下士，致膽思嘗。卒復讎寇，遂殄大邦。後不量力，滅於無彊。

又 卷一二九《貨殖列傳》 昔者越王句踐困於會稽之上，乃用范蠡、計然。計然曰：『知鬥則修備，時用則知物，二者形則萬貨之情可得而觀已。故歲在金，穰；水，毀；木，饑；火，旱。旱則資舟，水則資車，物之理也。六歲穰，六歲旱，十二歲一大饑。夫糶，二十病農，九十病末。末病則財不出，農病則草不辟矣。上不過八十，下不減三十，則農末俱利，平糶齊物，關市不乏，治國之道也。積著之理，務完物，無息幣。以物相貿易，腐敗而食之貨勿留，無敢居貴。論其有餘不足，則知貴賤。貴上極則反賤，賤下極則反貴。貴出如糞土，賤取如珠玉。財幣欲其行如流水。』修之十年，國富，厚賂戰士，士赴矢石，如渴得飲，遂報彊吴，觀兵中國，稱號『五霸』。

范蠡既雪會稽之恥，乃喟然而歎曰：『計然之策七，越用其五而得意。既已施於國，吾欲用之家。』乃乘扁舟浮於江湖，變名易姓，適齊為鴟夷子皮，之陶為朱公。朱公以為陶天下之中，諸侯四通，貨物所交易也。乃治產積居。與時逐而不責於人。故善治生者，能擇人而任時。十九年之中三致千金，再分散與貧交疏昆弟。此所謂富好行其德者也。後年衰老而聽子孫，子孫脩業而息之，遂至巨萬。故言富者皆稱陶朱公。

明 胡應麟《少室山房筆叢》正集卷一五 按《文子》《漢書》不注姓名，而馬總《意林》有《范子計然》十三卷云：『計然，姓莘，氏文子。』李暹所注，蓋實因之。然《意林》別出《文子》十二卷，其語政與今傳本同，則《計然》之書，非此明甚。而暹輩直以名字偶合當之，故歷世承其謬，至洪野處宋景濂而後定。嘻！甚矣！第兩公言猶有未盡。余以不直《文子》非《計然》，即計然名文子，吾弗敢信也。《漢志》惟兵家有《范子》二篇，而農、雜、道家並亡，稱《計然》者，今《意林》所録，乃陰陽歷數之書，必魏晉處士因《班傳》依託為此。其姓名率烏有類，惡足據哉。

明 宋濂《文憲集》卷二七 《諸子辯》《文子》十二卷，老子弟子所撰，不知氏名。徐廣曰：『名銒。』李暹曰：『姓辛，葵丘濮上人，號曰計然，范蠡師事之。』裴駰曰：『計然姓辛，字文子，其先晉國公子也。』孟康曰：『姓計名然，越臣也。』蔡謨曰：『《計然》者，范蠡所著書篇名，非人也。謂之「計然」者，所計而然也。』顏師古曰：『蔡說謬矣。《古今人表》計然列在第四等。計然一名計研。《吴越春秋》及《越絕書》並作計倪。倪與研、然三音皆相近，故訛耳。』由是觀之，諸說固辯矣，然是書非計然之所著也。予嘗考其言，壹祖老聃，大概《道德經》之義疏爾。所謂『體道者不怒不喜，其坐無慮，寢而不夢，見物而名，事至而應』，即『載營魄抱一，專氣致柔，滌除玄覽』也。所謂『上士先避患而後就利，先遠辱而後求名，故聖人常從事於無形之外而不留心於已成之內，是以禍患無由至，非譽不能塵垢』，即『知白守黑，知雄守雌，知榮守辱』之義也。所謂『靜則同，虛則通，至德無為，萬物皆容』，即『道常無為而無不為，侯王若能守，萬物將自化』也。所謂『道可以弱，可以強，可以柔，可以剛，可以陰，可以陽，可以幽，可以明，可以包裹天地，可以應待無方』，即『道沖而用之或不盈，淵乎似萬物之宗』也。其他可以類推。蓋《老子》之言宏而博，故是書雜以黄、老、名、法、儒、墨之言以明之，毋怪其駁且雜也。計然與范蠡言，皆權謀術數，具載於書，絕與此異，予固知非著是書者也。黄氏屢發其偽，以為唐徐靈府作，亦不然也。其殆文性之人，祖老聃而托之者歟？抑因裴氏『姓辛，字文子』之說，誤指為范子《計然》十五卷者歟？

計然萬物録

綜述

清 茆泮林《計然萬物録·序》 計然，晉三公子。姓辛名文，稱曰計然。《漢書·古今人表》，一號計研。葵邱濮上人。《史記索隱》說與曹子建《求通親親表》注竝同。其人博學無所不通，尤擅計算。嘗南游越，范蠡卑身事之。《御覽》九百二十四引范子云：『請受道藏於石室，邪白鷊而盟焉。』蓋謂此也。其書則有《萬物録》。著五方所出皆述之，説見《史記正義》。王伯厚《玉海》五十八引之。廣志有《范子計然》十五卷，范蠡問，計然答。今全書已佚，惟《御覽》所引『九田隨時盛衰』條，與《唐志》説合。竊疑二人生春秋末，所述地名，不應皆出《漢志》，則其書定為後人僞托無疑。但《史記正義》云，事見《皇覽》及《晉中經薄》，故自《齊民要術》、《北堂書鈔》、《藝文類聚》、《初學記》、《御覽》、《文選註》并皆引，是已漢魏來未斷缺遺籍也。茲不仍《唐志》舊名，而以《萬物録》名其書者，非特溯是書著録之始，抑以為儒生博物之一助云耳。道光七年六月二十六日。時患暑眩方解，起而録此。高郵茆泮林自識。

計然者，葵邱濮上人，姓辛名文子。其先晉國公子也，為人有內無外，形狀似不及人。少而明學陰陽，見微而知著。其行浩浩，其志汎汎。不昔自顯，諸侯陰取所利者七國。天下莫知。故稱曰計然。時遨遊海澤，號曰『漁父』。范蠡請見越王，計然曰：越王為人鳥喙不可同利也。馬總《意林》卷一，案《意林》卷數字句與《容齋》題跋所引亦微有不同。惟跋語云：馬總只載其敘及他三事，此當是敘，予故依其文録於卷首。

雜録

《玉海》卷五八《越計然萬物録》《史記正義》云《方物録》。漢《貨殖傳》粵王句踐用范蠡、計然。計然曰：知鬬則修備，時用則知物，二者形則萬貨之情可得見矣。故旱則資舟，水則資車，物之理也，修之十年國富。范蠡曰：計然之策十，用其五而得意。注孟康曰：姓計，名然，越臣也。師古曰：《古今人表》計然列在第四等，一號計研，故《賓戲》云研桑心計於無垠。計然者，濮上人也，博學無所不通，尤善計算。嘗南游越，范蠡卑身事之，其書則有《萬物録》著五方所出皆述之。事見《皇覽》及《晉中經簿》。又《吴越春秋》、《越絶書》並作計倪，實一人耳。《唐志》農家，《范子計然》十五卷，范蠡問，計然答。

《文選注》引范子曰：文子姓辛，癸丘濮上人。稱曰計然。馬總《意林》云：姓辛名文子，北史蕭大圜云：陶朱成術於辛文。王元長策文注李善引《范子計然》曰：五穀者，萬民之命，國之重寶也。《風賦》注引《范子計然》曰：秦衡出於隴西天水，《班固傳》注引《范子計然》、《太平御覽》引《范子計然》曰：地有五土之宜，各有上下。《初學記》引日居晝而為明。

呂氏春秋上農等四篇

綜述

宋 韓淲《澗泉日記》卷中 神農、許行之學他無所攷。《呂氏春秋》上農、任地、辨土、審時四論，必其書也。

明 方以智《通雅》卷一二 《呂覽・任地》篇：『草端大月』。高誘注曰：『大月孟冬月也。』『端』字，無訓。智疑《長笛賦》『冬雪揣封』之『揣』，音團。秦以十月為首，故曰大月。韓鄂以十月為良月，傳曰使以十月入良月也，就盈數焉。秦二年後九月，即歸餘於終之法也。高后文帝時，屢書後九月，則漢猶未改秦歷也。

《四庫全書總目提要》卷一一七 《呂氏春秋二十六卷兩江總督採進本》

舊本題秦呂不韋撰，考《史記・文信侯列傳》，實其賓客之所集也。太史公自序又稱不韋遷蜀，世傳呂覽。考序意篇，稱維秦八年，歲在涒灘，是時不韋未遷蜀，故自高誘以下，皆不用後説，蓋史駁文耳。《漢書・藝文志》載《呂氏春秋》二十六篇。今本凡十二紀，八覽，六論。紀所統子目六十一，覽所統子目六十三，論所統子目三十六，實一百六十篇。《漢志》蓋舉其綱也。其十二紀，即禮記之月令。顧以十二月割為十二篇，每篇之後，各間他文四篇。惟夏令多言樂，秋令多言兵，似乎有義，其餘則絕不可曉，先儒無説，莫之詳矣。又每紀皆附四篇，而季冬紀獨五篇。末一篇標識年月，題曰《序意》，為十二紀之總論。殆所謂紀者猶內篇，而覽與論者為外篇、雜篇歟？唐劉知幾作《史通》內外篇，而《自序》一篇亦在內篇之末，外篇之前，蓋其例也。不韋固小人，而是書較諸子之言獨為醇正。大抵以儒為主而參以道家、墨家，故多引六籍之文與孔子、曾子之言。其他如論音則引《樂記》，論鑄劍則引《考工記》，雖不著篇名，而其文可案。所引莊、列之言，皆不取其放誕恣肆者。墨翟之言，不取其非儒、明鬼者。而縱横之術，刑名之説，一無及焉。其持論頗為不苟。論者鄙其為人，因不甚重其書，非公論也。自漢以來，注者惟高誘一家，訓詁簡質。於引證顛舛之處，如《制樂篇》稱成湯之時穀生於庭，則據書序以駁之；稱南子為厘夫人，則據《論語》《左傳》以駁之；稱西門豹在魏襄王時，則據《魏世家》《孟子》以駁之；稱晉襄公伐陸渾，稱楚成王慢晉文公，則皆據《左傳》以駁之；稱顔闔對魯莊公，則據《魯世家》以駁之；稱衛逐獻公立公子黚，則據《左傳》《衛世家》以駁之；皆不蹈注家附會之失。然如稱魏文侯虜齊侯，獻之天子，傳無其事，不知誘何以不糾。其謂梅伯説鬼侯之女好，妲己以為不好，因而見醢，謂白乙丙、孟明皆蹇叔子，謂寧戚扣角所歌乃碩鼠之詩，謂公孫龍為魏人，並不著所出，亦不知其何所據。又共伯得乎共首及張毅、單豹事，均出《莊子》，乃於共伯事則曰不知其出何書，於張毅、單豹事則引班固《幽通賦》，竟未見漆園之書，亦為可異。若其注五世之廟曰逸書，則梅賾僞本尚未出。引詩庶薑孽孽作巘巘，鼉鼓逢逢作韸韸，則經師異本。均不足為失也。

清《淵鑑類函》卷三五五 《吕覽·任地》篇曰：『上田棄畝，下田棄甽。五耕五耨，必審。』

清 惠士奇《禮説》卷一二 野禁卽大司寇之野刑。所謂上功糾力者，謂民農則重本，重本則少私義，少私義則公法立。力乃專一，是故丈夫不織而衣，婦人不耕而食，男女貿功以長生敬，時愛日，非老不休，非疾不息，非死不舍，故謂之糾力。《吕覽·上農》篇：『野禁有五』。古之禁書猶存其略焉。庶人不冠弁，娶妻嫁女不酒醴，聚衆農不上聞，不敢私籍於庸，地未辟易，不操麻，不出糞，齒年未長不敢爲園囿。量力不足不敢渠地而耕。農不敢越畔，賈不敢爲異事。山不敢伐材下木，澤人不敢灰僇羅網，罝罦不敢出於門，罛罟不敢入於淵，爲害於時也。苟非同姓，男不出御，女不外嫁，以安農也。灰僇者，月令仲夏，母燒灰，燒灰者僇。庸謂傭賃者，而云不敢私籍，則古有在官之傭。故遂師得移用之以救其時事歟。男女嫁娶不出鄉里，則民無百里之戚，不敢越鄉而交，大司徒所謂聯兄弟以安民，蓋如此。孔子曰：入其境，田疇易，草萊辟，溝洫治，此在上者恭敬以信，故其民盡力也。入其邑，墻屋完固，樹木甚茂，此在上者忠信以寬，故其民不偷也。是爲野禁，亦曰野刑。不禁以法，而禁以身，不刑其體，而刑其心，故其時野無曠土，國無罷民。康成以田律當之誤矣。

又 澤地為稼，其説見《吕覽·任地》篇。以窐為突，挹之以陰，保濕而處，雚夷毋淫，使子之野畫為泠風。五耕五耨，盡其深殖。陰土必得，大草不生，又無螟蜮。

又 卷五 大喪及窆遂師抱磨。案：磨當作秝。《説文》：秝稀疏適也。從二，禾讀，若歷。適者，適均。《吕覽·辨土》篇曰：『稼疏而不適』。謂分布不均，故二禾相比稀疏，乃適也。然則執紼者，千人分布於六綍，如禾稼有行，勿使疏，勿使密，衡行必得，縱行必術。正其行齊其力，廵行挍録，遂師之職，執書數之名曰抱秝。

清 惠棟《惠氏春秋左傳補註》卷一 《吕覽·任地》曰：『大草不生，又無螟蜮。』高誘曰：『蜮作螣，食心曰螟，食葉曰螣。』兖州人謂蜮為螣，音相近也。螟蜮皆害苗者，故書於春秋，若是短狐不須記也。

清 陸世儀《思辨録輯要》卷一一 耘苗法，《吕覧·辨土》篇最詳。其言曰：苗其弱也欲孤，其長也欲相與居，其熟也欲相扶。孤謂相懸去如孤也，相與居則漸近矣。相扶則叢立如軋，蓋初時耘之使稀，則後來長開，方有地步，否則根軋而不實矣。又曰：三以為族，禾乃多粟。大約耘苗當存三莖為一簇，其傍相去五寸，此為要法。今蒔秧者，亦大約三四莖一蒔。

《吕覽》又曰：凡禾之患，不俱生而俱死。是以先生者美米，後生者為粃，是故其耨也。長其兄而去其弟，謂存其長大而去其弱小者也。若弱小者不去，則長大者亦因之而多粃矣。又曰：樹肥無使扶疏，樹磽不欲專生而族居。肥而扶疏則多粃，磽而專生則多死。蓋肥磽之地，其禾根株易盛，故立苗欲稀，不然，則氣鬱而不展，故多粃。磽確之地，其苗根株難盛，故欲相援以立。不然則氣弱而不能自存，故多死。《吕覽》之言亦精矣。

予嘗行田間，見溝間有禾，長茂特盛於他禾。顧問之曰：此秧之餘，未違他蒔者也。予曰：長茂如此，他日收穫亦必倍他禾。鄉人曰：不然。雖長而軋，他日蓋多粃耳。此即《吕覽》『肥而扶疏則多粃』之説也。使如長兄去弟之法，則何至聽其多粃哉。

又 卷三五 《吕覽》審時、任地、辨土三篇，眞精於農田之言，無一語非實用，而文字亦精絶。《考工》以後僅見此矣。

傳記

《史記》卷八五《呂不韋列傳》 呂不韋者，陽翟大賈人也。往來販賤賣貴，家累千金。

秦昭王四十年，太子死。其四十二年，以其次子安國君為太子。安國君有子二十餘人。安國君有所甚愛姬，立以為正夫人，號曰華陽夫人。華陽夫人無子。安國君中男名子楚，子楚母曰夏姬，毋愛。子楚為秦質子於趙。秦數攻趙，趙不甚禮子楚。

子楚，秦諸庶孽孫，質於諸侯，車乘進用不饒，居處困，不得意。呂不韋賈邯鄲，見而憐之，曰『此奇貨可居』。乃往見子楚，説曰：『吾能大子之門。』子楚笑曰：『且自大君之門，而乃大吾門！』呂不韋曰：『子不知也，吾門待子門而大。』子楚心知所謂，乃引與坐，深語。呂不韋曰：『秦王老矣，安國君得為太子。竊聞安國君愛幸華陽夫人，華陽夫人無子，能立適嗣者獨華陽夫人耳。今子兄弟二十餘人，子又居中，不甚見幸，久質諸侯。即大王薨，安國君立為王，則子毋幾得與長子及諸子旦暮在前者爭為太子矣。』子楚曰：『然。為之柰何？』呂不韋曰：『子貧，客於此，非有以奉獻於親及結賓客也。不韋雖貧，請以千金為子西遊，事安國君及華陽夫人，立子為適嗣。』子楚乃頓首曰：『必如君策，請得分秦國與君共之。』

呂不韋乃以五百金與子楚，為進用，結賓客；而復以五百金買奇物玩好，自奉而西遊秦，求見華陽夫人姊，而皆以其物獻華陽夫人。因言子楚賢智，結諸侯賓客遍天下，常曰『楚也以夫人為天，日夜泣思太子及夫人』。夫人大喜。不韋因使其姊説夫人曰：『吾聞之，以色事人者，色衰而愛弛。今夫人事太子，甚愛而無子，不以此時蚤自結於諸子中賢孝者，舉立以為適而子之，夫在則重尊，夫百歲之後，所子者為王，終不失勢，此所謂一言而萬世之利也。不以繁華時樹本，即色衰愛弛後，雖欲開一語，尚可得乎？今子楚賢，而自知中男也，次不得為適，其母又不得幸，自附夫人，夫人誠以此時拔以為適，夫人則竟世有寵於秦矣。』華陽夫人以為然，承太子間，從容言子楚質於趙者絕賢，來往者皆稱譽之。乃因涕泣曰：『妾幸得充後宮，不幸無子，原得子楚立以為適嗣，以讬妾身。』安國君許之，乃與夫人刻玉符，約以為適嗣。安國君及夫人因厚餽遺子楚，而請呂不韋傅之，子楚以此名譽益盛於諸侯。

呂不韋取邯鄲諸姬絕好善舞者與居，知有身。子楚從不韋飲，見而説之，因起為壽，請之。呂不韋怒，念業已破家為子楚，欲以釣奇，乃遂獻其姬。姬自匿有身，至大期時，生子政。子楚遂立姬為夫人。

秦昭王五十年，使王齮圍邯鄲，急，趙欲殺子楚。子楚與呂不韋謀，行金六百斤予守者吏，得脱。亡赴秦軍，遂以得歸。趙欲殺子楚妻子。子楚夫人，趙豪家女也，得匿，以故母子竟得活。

秦昭王五十六年薨，太子安國君立為王，華陽夫人為王后，子楚為太子。趙亦奉子楚夫人及子政歸秦。

秦王立一年，薨，謚為孝文王。太子子楚代立，是為莊襄王。莊襄王所母華陽後為華陽太后，真母夏姬尊以為夏太后。莊襄王元年，以呂不韋為丞相，封為文信侯，食河南雒陽十萬戶。

莊襄王即位三年，薨，太子政立為王，尊呂不韋為相國，號稱『仲父』。秦王年少，太后時時竊私通呂不韋。不韋家僮萬人。

當是時，魏有信陵君，楚有春申君，趙有平原君，齊有孟嘗君，皆下士喜賓客以相傾。呂不韋以秦之彊，羞不如，亦招致士，厚遇之，至食客三千人。是時諸侯多辯士，如荀卿之徒，著書布天下。呂不韋乃使其客人人著所聞，集論以為八覽、六論、十二紀，二十餘萬言。以為備天地萬物古今之事，號曰『呂氏春秋』。布咸陽市門，懸千金其上，延諸侯遊士賓客有能增損一字者予千金。

始皇帝益壯，太后淫不止。呂不韋恐覺禍及己，乃私求大陰人嫪毐以為舍人，時縱倡樂，使毐以其陰關桐輪而行，令太后聞之，以啗太后。太后聞，果欲私得之。呂不韋乃進嫪毐，詐令人以腐罪告之。不韋又陰謂太后曰：『可事詐腐，則得給事中。』太后乃陰厚賜主腐者吏，詐論之，拔其鬚眉為宦者，遂得侍太后。太后私與通，絕愛之。有身，太后恐人知之，詐蔔當避時，徙宮居雍。嫪毐常從，賞賜甚厚，事皆決於嫪毐。嫪毐家僮數千人，諸客求宦為嫪毐舍人千餘人。

始皇七年，莊襄王母夏太后薨。孝文王后曰華陽太后，與孝文王會葬壽陵。夏太后子莊襄王葬芷陽，故夏太后獨別葬杜東，曰：『東望吾子，西望吾夫。後百年，旁當有萬家邑』。

始皇九年，有告嫪毐實非宦者，常與太后私亂，生子二人，皆匿之。與太后謀曰『王即薨，以子為後』。於是秦王下吏治，具得情實，事連相國呂不韋。九月，夷嫪毐三族，殺太后所生兩子，而遂遷太后於雍。諸嫪毐舍人皆沒其家而遷之蜀。王欲誅相國，為其奉先王功大，及賓客辯士為遊説者眾，王不忍致法。

秦王十年十月，免相國呂不韋。及齊人茅焦説秦王，秦王乃迎太后於雍，歸複咸陽，而出文信侯就國河南。

歲餘，諸侯賓客使者相望於道，請文信侯。秦王恐其為變，乃賜文信侯書曰：『君何功於秦？秦封君河南，食十萬戶；君何親於秦？號稱仲父。其與家屬徙處蜀！』呂不韋自度稍侵，恐誅，乃飲酖而死。秦王所加怒呂不韋、嫪毐皆已死，乃皆複歸嫪毐舍人遷蜀者。

始皇十九年，太后薨，謚為帝太后，與莊襄王會葬茝陽。

太史公曰：不韋及嫪毐貴，封號文信侯。人之告嫪毐，毐聞之。秦王驗左右，未發。上之雍郊，嫪毐恐禍起，乃與黨謀，矯太后璽發卒以反蘄年宮。發吏攻毐，毐敗亡走，追斬之好時，遂滅其宗。而呂不韋由此絀矣。孔子之所謂『聞』者，其呂子乎？

著録

《史記》卷一四《諸侯年表》　呂不韋者，秦莊王相，亦上觀尚古，刪拾《春秋》，集六國時事，以爲『八覽』、『六論』、『十二紀』爲《呂氏春秋》。

又　卷八五《呂不韋列傳》　呂不韋乃使其客人人著所聞，集論以爲『八覽』、『六論』、『十二紀』，二十餘萬言。以爲備天地萬物古今之事，號曰《呂氏春秋》。布咸陽市門，懸千金其上，延諸侯游士賓客有能增損一字者，予千金。

《漢書》卷三〇《藝文志·諸子略（雜家）》　《呂氏春秋》十六篇。注云：秦相呂不韋輯智略士作。

漢　高誘《呂氏春秋序》　呂不韋者，濮陽人也，爲陽翟之富賈，家累千金。秦昭襄王者，孝公之曾孫，惠文王之孫，武烈王之子也。太子死，以庶子安國君柱爲太子。柱有子二十餘人，所幸妃號曰華陽夫人，華陽夫人無子。安國君庶子名楚，其母曰夏姬，不甚得幸，令楚質於趙而不能顧質，數東攻趙趙不理楚。時不韋賈於邯鄲，見之，曰：『此奇貨也，不可失。』乃見楚曰：『吾能大子之門。』楚曰：『何不大吾之門乃大君之門耶？』不韋曰：『子不知也，吾門待子門大而大之。』楚默幸之。不韋曰：『昭襄王老矣，而安國君爲太子，竊聞華陽夫人無子，能立適嗣者獨華陽夫人耳，請以千金爲子西行事安國君，令立子爲適嗣。』不韋乃以寶玩珍物獻華陽夫人，因言楚之賢，以夫人爲天母，日夜涕泣，思夫人與太子。夫人大喜，言於安國君，於是立楚爲適嗣，華陽夫人以爲己子，使不韋傳之。不韋娶邯鄲姬，已有身，楚見説之，遂獻其姬。至楚所生男，名之曰正，楚立之爲夫人。暨昭襄王薨，太子安國君爲王，華陽夫人爲后，楚爲太子。安國君立一年薨，謚爲孝文王，太子楚立，是爲莊襄王，以不韋爲丞相，封爲文信侯，食河南洛陽十萬戶。莊襄王立三年而薨，太子正立，是爲秦始皇帝，尊不韋爲相國，號稱仲父。不韋乃集儒者使著其所聞，爲『十二紀』、『八覽』、『六論』，訓解各十餘萬言，備天地萬物古今之事，名爲《呂氏春秋》。暴之咸陽市門，懸千金其上，有能增損一字者與千金，時人無能增損者。誘以爲時人非不能也，蓋憚相國畏其勢耳。然此書所尚，以道德為標的，以無為為綱紀，以忠義為品式，以公方為檢格，與孟軻、孫卿、淮南、揚雄相表裏也，是以著在録略。誘正《孟子章句》，作《淮南》、《孝經》解畢，訖家有此書，尋釋案省，大出諸子之右，既有脱誤，小儒又以私意改定，猶慮傳義失其本真，少能詳之，故復依先師舊訓，輒乃爲之解焉，以述古儒之旨，凡十七萬三千五十四言。若有紕繆不經，後之君子斷而裁之，比其義焉。

南朝梁　庾仲容《子鈔》　《呂氏春秋》三十六卷。

《隋書》卷三六《經籍志》雜部　《呂氏春秋》二十六卷。秦相呂不韋撰，高誘注。

唐　馬總《意林》卷二　《呂氏春秋》二十六卷。

《舊唐書》卷四七《經籍志》　《呂氏春秋》二十六卷。呂不韋撰。

《新唐書》卷五七《藝文志》　《呂氏春秋》二十六卷。呂不韋撰，高誘注。

《文獻通考·經籍考》　《呂氏春秋》二十卷。

《通志·藝文略》卷六八　《呂氏春秋》二十六卷。秦相呂不韋撰，高誘注。

宋　晁公武《郡齋讀書志·雜家類》　《呂氏春秋》二十六卷。右秦相呂不韋撰，後漢高誘注。

宋　陳振孫《直齋書録解題卷一〇·雜家類》　《呂氏春秋》三十六卷。其書有十二紀、八覽、六論，十二紀者即今《禮記》之《月令》也。

《宋史·藝文志》　呂不韋《呂氏春秋》二十六卷。注云：高誘注。

案：唐宋藝文志俱作二十六卷，誤，今改正。秦相呂不韋撰，後漢高誘注。

宋　王應麟《漢藝文志考證》卷七　《史記》：呂不韋招致士厚遇之，至食客三千人。是時諸侯多辯士，如荀卿之徒著書布天下，不韋乃使其客人人著所聞，集論以爲『八覽』『六論』、『十二紀』二十餘萬言。以爲備天地萬物古今之事，號曰《呂氏春秋》。『索引』曰『八覽』者，《有始》、《孝行》、《慎大》、《先識》、《審分》、《審應》、《離俗》、《恃君》凡三十八篇。『六論』者，《開春》、《慎行》、《貴直》、《不苟》、《似順》、《士容》凡三十六篇。『十二紀』者，記十二月也有《孟春》等紀凡六十一篇。是書以月紀爲首，故以《春秋》名。高誘注二十六卷。《月令》本十二月紀之首章。東萊呂氏曰：不韋《春秋》成於始皇八年。按：《呂氏春秋》：維秦八年，歲在涒灘秋甲子朔朔之日，良人請問『十二紀』。此其書成之歲月也。不韋引《夏書》曰：天子之德廣，運乃神乃武乃文。《尚書》曰：五世之廟可以觀怪，萬夫之長可以生謀。仲虺有言曰：諸侯之德能自爲取師者王，能自爲取友者存，其所擇而莫如己者亡。《周書》曰：若臨深淵，若履薄冰。舜自爲詩曰：普天之下，莫非王土，率土之濱，莫非王臣。其舛異如此，豈一字不能增損乎？

明　蔡瑷《洨濱先生語録》卷一五　呂不韋，秦莊襄以爲相，始皇立，尊爲相國，著書二十六卷。其書云：得地千里不如得一賢人。觀其事有大不然者，其人品最下。所著《月令》，皆其門客爲之。

清　盧文弨《抱經堂集》卷五　《玉海》云：《書目》是書凡百六十篇，今書篇數與《書目》同。然《序意》舊不入數，則尚少一篇。此書分篇極爲整齊，『十二紀』紀各五篇，『六論』論各六篇，『八覽』覽當各八篇。今第一覽止七篇，正少一。考《序意》本明『十二紀』之義，乃未忽載豫讓一事，與《序意》不類。且舊校云一作《孝廉》。與此篇更無涉，即豫讓亦難專有其名。因疑《序意》之後半篇俄空焉，別有所謂《廉孝》者，其前半篇亦簡脱，後人遂強相附和，併《序意》爲一篇，以補總數之缺。然《序意》篇首無『六曰』二字，後人於目中專輒加之，以求合其數，而不知其跡有難掩也。今故略爲分別，正以明不敢妄作之意云耳。

清　章學誠《文史通義·内篇·繁稱》　有書名本全而爲人偏舉者：《呂氏春秋》有『十二紀』、『八覽』、『六論』，而後人或稱《呂覽》。

又《言公》上　《呂氏春秋》，先儒與《淮南鴻烈》之解同稱，蓋謂集衆賓客而爲之，不能自命專家，斯固然矣。然呂氏、淮南未嘗以集衆爲諱，如後世之掩人所長以爲己有也。二家固以裁定之權自命家言，故其宗旨未嘗不約於一律，呂氏將爲一代之典要。劉安託於道家之支流。斯又出於賓客之所不與也。

又《詩教》下　《呂氏春秋自序》以爲良人問『十二紀』，是『八覽』、『六論』未嘗入序次也。

清　姚振宗《漢書藝文志條理》卷二上　《呂氏春秋》二十六篇。秦相呂不韋輯智略士作。《史本傳》：呂不韋者，陽翟大賈也。往來販賤賣貴，家累千金。秦昭王以安國君爲太子，安國君中男名子楚，爲質子於趙。不韋聞安國君愛幸華陽夫人，華陽夫人無子，不韋乃行千金入秦說華陽夫人姊，立子楚爲嫡嗣。昭王薨，太子安國君立爲王，華陽夫人爲王后，子楚爲太子。秦王立一年薨，謚爲孝文王，太子子楚代立，是爲莊襄王。莊襄王元年以不韋爲丞相，封爲文信侯，食河南洛陽十萬戶。莊襄王即位三年薨，太子政立爲王，尊不韋爲相國，號稱仲父。當時是魏有信陵君，楚有春申君，趙有平原君，齊有孟嘗君，皆下士喜賓客以相傾。不韋以秦之強羞不如，亦招致士厚遇之，至食客三千人。是時諸侯多辯士，如荀卿之徒著書布天下，不韋乃使其客人人著所聞，集論以爲『八覽』、『六論』、『十二紀』，二十餘萬言。以爲備天地萬物古今之事，號曰《呂氏春秋》。布咸陽市門，懸千金其上，延諸侯游士賓客有能增損一字者，予千金。始皇十年十月以嫪毐事免，就國河南，歲餘，諸侯賓客使者相望於道，請文信侯。秦王恐其爲變，乃賜書與家屬徙處蜀。不韋自度稍侵恐誅，乃飲酖而死。又《十二諸侯年表》：呂不韋者，秦莊襄王相，亦上觀尚古，删拾《春秋》，集六國時事以爲『八覽』、『六論』、『十二紀』，爲《呂氏春秋》。本書《人表》：呂不韋列第五等中中。梁玉繩曰：不韋始見《秦》、《楚策》，濮陽人，封文信侯。亦曰呂子，亦曰呂氏。始皇稱爲仲父，飲酖死，葬洛陽北邙道西。妻先葬，故其冢名呂母也。高誘注書《序》曰：此書所尚，以道德爲標的，以無爲爲綱紀，以忠義爲品式，以公方爲檢格，與孟軻、孫卿、淮南、楊雄相表裏也。是以著在錄略。誘家有此書，尋釋案省，大出諸子之右，故依先師舊訓，輒乃爲之解焉。王氏考證：東萊呂氏曰：不韋《春秋》成於始皇八年。按《呂氏春秋》：維秦八年，歲在涒灘，秋，甲子朔，朔之日，良人請問『十二紀』。此其書成之歲月也。《四庫提要》曰：《藝文志》載《呂氏春秋》二十六篇，今本凡『十二紀』、『八覽』、『六論』。『紀』所統子目六十一，『覽』所統子目六十三。『論』所統子目三十六。實二百六十篇。《漢志》舊舉其綱也。其『十二紀』即《禮記》之《月令》，顧以十二月割爲十二篇，每篇之後各間以他文四篇。惟夏令多言樂，秋令多言兵，似乎有義。其餘則絕不可曉。先儒無說，莫之詳矣。又每紀皆附四篇，而《季多紀》獨五篇，末一篇標識年月，題曰《序意》，爲『十二紀』之總論。殆所謂『紀』者，猶內篇，而『覽』與『論』者，爲外篇、雜篇歟？不韋固小人，而是書較諸子之言獨爲醇正，大抵以儒爲主，而參以道家、墨家，故多引六籍之文與孔子、曾子之言。其他如莊、列之言，不取其放誕恣肆者。墨翟之言，不取其非儒明鬼者。而縱横之術，刑名之說，一無及焉。其持論頗爲不苟，論者鄙其爲人因不甚重其書，非公論也。

清 周中孚《鄭堂讀書紀》卷五二 《呂氏春秋》二十六卷經訓堂叢書本。舊題秦呂不韋撰，實其賓客之所集也。《四庫全書》著錄。《漢志》作二十六篇，篇即卷也。《隋志》所載二十六卷，高誘注。《新舊唐志》、《崇文目》、《讀書志》、《通志》、《宋志》俱同。《書錄解題》作二十六卷，《通考》作二十六卷，皆字之誤脱耳。是書首爲『十二紀』，每紀各分五目，終以序意。次爲『八覽』，各分八目，惟首一覽止七目。亦爲『六論』，每論各分六目，大凡一百六十篇。《漢志》惟舉其『十二紀』、『八覽』、『六論』之數也。其以月紀爲首，故以《春秋》名書。『十二紀』篇首與《月令》同。書成於始皇八年，有《序意》篇可證。而《太史公自序》及漢書遷傳載《報任安書》俱云『不韋遷蜀，世傳《呂覽》』，蓋欲遷就蒙難著書之意，而非其實也。方希直《遜志齋集》有《呂氏春秋》篇，稱：『不韋以大賈乘勢市奇貸致富貴，而行不謹，其功業無足道者，特以賓客之書顯其名於後世，況乎人君任賢以致治者乎？然其書誠有足取者，其《節喪》、《安死》篇譏厚葬之弊，其《勿躬》篇言人君之要在任人，《用民》篇言刑罰不如德禮達爵分職，皆盡人君之道，切中始皇之病，其後秦卒以是數者俱敗亡國，非知幾之士，豈足以爲之哉。第其時去聖人稍遠，論德皆本黄老書，出於諸人之所傳聞，事多舛謬，而其時竟無敢易一字者，豈畏不韋勢而然耶。』余謂希直所論能抉作者之旨。高續古《子略》，黄東發《日鈔》所未見及者也。誘所著書如《孟子章句》《孝經解》久佚不傳，《國策注》亦非足本。唯此書及《淮南子注》最爲可信。其注二書亦閒有不同，此蓋隨文生義，或又各依先師舊訓爲解，故錯而不相害歟。前有誘自序，末有送元祐壬申後三年鏡湖遺老跋，不著名氏，當記於紹聖乙亥云。鎮洋畢秋帆撫豫時，取元人大字本以下八種悉心校勘，盧抱經等又各有所訂正，遂據以付梓。冠以乾隆己酉新校正序，及時考並新校所據舊本，審正參訂姓氏。其附載『馬端臨曰』一則，即《通考》所載『晁氏曰』一則，張冠李戴莫此爲甚，而當時參訂十二人中竟無有爲之審正者，豈亦畏其勢而然耶。別有明雲間宋邦乂等校刊本，前有王弇州序，秋帆所據舊本內有宋啓明本，注云不刻年月，與此本相合，而其名各異，或邦乂等又取啓明本而重刻之耳。

又 《呂子校補》二卷清白士集本。國朝梁玉繩撰。諫庵爲畢秋帆檢讎《呂氏春秋》即授梓人，未及覆審，鐫成，重讀又得廣義二百六十餘條，因慕亦爲二卷。已刻者不錄。學者讀畢本《呂覽》當取是書以訂正之。惟是《呂氏春秋》之稱，《史記表傳》、《漢藝文志》、桓譚《新論》、《禮運》鄭注及高誘序俱同。或稱《呂覽》者，本於《太史公自序》及《漢書遷傳》載《報任安書》，俱云：『不韋遷蜀，世傳《呂覽》也。』諫庵若欲省文正可稱《呂覽校補》耳。乃本《不韋傳》贊語而稱《呂子校補》，此明人刻書之陋習，何可襲之。

《四庫全書總目》卷一一七《雜家類一·呂氏春秋二十六卷》 舊本題秦呂不韋撰。考《史記·文信侯列傳》，實其賓客之所集也。《太史公自序》又稱：『不韋遷蜀，世傳《呂覽》。』考《序意》篇稱『維秦八年歲在涒灘」，是時不韋未遷蜀，故自高誘以下皆不用。後説蓋史駁文耳。《漢書・藝文志》載：《吕氏春秋》二十六篇。今本凡『十二紀』、『八覽』、『六論』。『紀』所統子目六十一，『覽』所統子目六十三，『論』所統子目三十六，實一百六十篇。《漢志》蓋舉其綱也。其『十二紀』即《禮記》之《月令》，原以十二月割爲十二篇，每篇之後各間它文四篇。惟夏令多言樂，秋令多言兵，似乎有義，其餘則絕不可曉。先儒無説莫之如。又每紀皆附四篇，而季冬紀獨五篇，末一篇標識年月，題曰《序意》，為『十二紀』之總論。殆所謂『紀』者，猶內篇，而『覽』與『論』者，爲外篇、雜篇歟？不韋固小人，而是書較諸子之言獨爲醇正，大抵以儒爲主，而參以道家、墨家，故多引六籍之文與孔子、曾子之言。【略】莊、列之言，不取其放誕恣肆者。墨翟之言，不取其非儒、明鬼者。而縱横之術，刑名之説，一無及焉。其持論頗爲不苟，論者鄙其爲人因不甚重其書，非公論也。自漢以來，註者惟高誘一家，訓詁簡質，於引證頗舛之處，如《制樂》篇稱成湯之時，穀生於庭，則據《書序》以駁之；稱南子爲釐夫人，則據《論語》、《左傳》考證，稱西門豹在魏襄王時，則據《魏世家》、《孟子》以駁之，稱晉襄公伐陸渾，稱襄成王慢晉文公，則皆據《左傳》以駁之；稱顏闔對魯莊公，則據魯世家以駁之；稱衛逐獻公立公子黚，則據《左傳》《衛世家》以駁之，皆不蹈註家附會之失。然如稱魏文侯虜齊侯獻之天子，《傳》無其事，不知誘何以不糾？其謂梅伯説鬼侯之女好，妲己爲不好，因而見醢，謂白乙丙、孟明皆蹇叔子，謂甯戚扣角所歌乃《碩鼠》之詩，謂公孫龍爲魏人，並不著所出，亦不知其何所據？又共伯得乎共首及張毅、單豹事，則引班固《幽通賦》，竟未見漆園之書，亦謂可異。若其注『五世之廟』曰逸書，則梅頤僞本尚未出。引《詩》『庶姜孽孽』，作『钀钀』，『鼉鼓逢逢』，作『辥辥』，則經師異本，均不足爲失也。

雜録

《吕氏春秋》卷一二《序意》 維秦八年，歲在涒灘，秋，甲子朔，朔之日，良人請問《十二紀》，文信侯曰：嘗得學黃帝之所以誨顓頊矣；爰有大圜在上，大矩在下。汝能法之，為民父母。蓋聞古之清世，是法天地。凡《十二紀》者，所以紀治亂存亡也，所以知壽夭吉凶也。上揆之天，下驗之地，中審之人，若此則是非可不可無所遁矣。天曰順，順維生；地曰固，固維寧；人曰信，信維聽。三者咸當，無為而行。行也者，行其理也。行數，循其理，平其私。夫私視使目盲，私聽使耳聾，私慮使心狂，三者皆私設精，則智無由公。智不公，則福日衰，災日隆，以日倪而西望知之。

明　王世貞《重刻吕氏春秋序》 《吕氏春秋》一曰《吕覽》，故秦相國文信侯不韋與其客所著書也。當書成，而不韋縣之咸陽市肆，曰：『疇有能損益一字者，予千金。』而竟莫能損益一字也。其書今頗行，屬傳梓，久不能無譌誤，而雲間宋光禄邦乂徐太學益孫輩相與校訂重梓之，而問叙於余。余讀之未嘗不掩卷三歎也。穆叔之次立言於品三，而操觚之士若為之小屈，然子桓以雄豪創起鼎革間，顧欿然不自挾其有，而以經世大業，不朽盛事舉而屬之文章，彼誠有以見之也。不韋者一賈人子爾，操子母之術，以間行於秦，而得志焉。舉秦之國於股掌間，挾其勁東向而瓜剖天下，位相國，號仲父，爵通侯十萬户。彼豈有所不足哉？而顧孜孜焉，思成一家言，以與諸儒生角，而割後世名，此猶未也。不韋固莊生所不道。莊生之識至欲齊死生，平物我，舉一切有為之跡而空之，乃亦孜孜焉而務欲成一家言。度其於辭不工不止。故夫古之稱立言者，未有不為名使者也。且以不韋之詭譎、狙詐，豈其果與聞於道，而其客亦務相尚為權，奇錯厠於雞鳴狗盜之雄。雖間採聖賢之長，辭以文之，即中夜一静思念，其言於所為之跡有不淟涊汗浹者耶。惟其機心之發觸而為機言，覈削之於申韓，辨巧之於儀秦，有不知其所以合者，則固其恒也。且也不韋之所為千金者再耳，一用之而聾瞽秦王，割其國柄，再用之而聾瞽一世之士而割其名，雖得之而俛失之。雖失之而終微得之，不韋固賈人子，要亦其雄哉。宋子、徐子，與其儕二三子，俱能文章。嗜古若渴，慕先聖不以人廢言之義，而梓行之，所謂芙蓉發於淤泥，採之而已，置淤泥勿問可也。

尹都尉書

综述

清 馬國翰《玉函山房輯佚書・子編農家類》卷六九《尹都尉輯録序》 《尹都尉書》一卷，漢尹氏撰。名字里居俱無攷，都尉其官號也。《漢志農家》有《尹都尉》十四篇注，不知何世。考《氾勝之書》曰：驗美田至十九石，中田十三石，薄田一十石。尹澤取減法神農，復加之尹澤疑都尉之名，意其爲漢成帝以前人也。其書《隋志》不著録，唐志三卷今佚。案：《藝文類聚》、《太平御覽》並引，劉向《别録》云：尹都尉書有種瓜篇，種芥、葵、蓼、薤、蔥諸篇。今所傳《齊民要術》備載其法，據補得六。學圃雖細人之事，而勸課農夫亦君子所不廢也。歷城馬國翰竹吾甫。

著録

《漢書》卷三〇《藝文志》 《尹都尉》十四篇。不知何世。

宋 王應麟《漢藝文志考證》卷七 《尹都尉》十四篇，劉向《别録》雲：《尹都尉書》有種芥葵蓼韭葱諸篇。北史蕭大圜雲：穫菽尋《氾氏之書》，露葵徵尹君之録，唐志《尹都尉書》三卷。

《玉海》卷一七八 《唐志》《尹都尉書三卷》《隋志》無。

《新唐書》卷五九 《尹都尉書》三卷。

明 焦竑《國史經籍志》卷四《子類》 《氾勝之書》二卷，漢氾勝之撰。

清 沈炳震《唐書合鈔》卷七四 《尹都尉書》三卷，從《新書》增

清 姚振宗《隋書經籍志考證・叙録》 《尹都尉書》三卷。

清 佚名《唐書藝文志注》卷三 《尹都尉書》三卷，《漢藝文志》尹都尉十四篇不知何世。

家政法

综述

清 馬國翰《玉函山房輯佚書目》卷六九《家政法》提要 《家政法》一卷，撰人名氏闕。隋唐志無此書之目，唯賈思勰《齊民要術》引之。輯得十一節，言種葵、蓼、芋、蔗之候，與夫養羊雞之法。案：《隋志》醫方類梁有家政方十二卷亡，又農家類有月政、畜牧、栽種法一卷亡。此書名家政似與家政方同，而初不及醫療書之所言，頗與月政、畜牧、栽種法合，而書題實作家政疑不能定，姑依賈氏題録列於農家焉。歷城馬國翰竹吾甫。

清 姚振宗《隋書經籍志考證》卷三一《子部八》 馬國翰曰家政法一卷，撰人名氏闕。隋唐志皆無此書之目，唯賈思勰《齊民要術》引之，輯得十一節，言種葵、蓼、芋、蔗之候，與夫養羊雞之法，案隋志醫方家梁有家政方十二卷亡，又農家類有月政、畜牧、栽種法一卷亡，此書名家政似與家政方同，而初不及醫療書之所言，頗與月政、畜牧、栽種法合，而書題實作家政疑不能定姑，依賈氏題録列於農家焉。

齊民要術

综述

北魏 賈思勰《齊民要術・序》 《史記》曰：齊民無蓋藏。如淳注曰：齊，無貴賤，故謂之齊民者。若今言平民也。蓋神農為耒耜，以利天下；堯命四子，敬授民時；舜命后稷，食為政首；禹制土田，萬國作乂；殷周之盛，詩書所述，要在安民，富而教之。

《管子》曰：『一農不耕，民有饑者；一女不織，民有寒者。倉廩實，知禮節；衣食足，知榮辱。丈人曰：四體不勤，五穀不分，孰為夫子？傳

曰：人生在勤，勤則不匱。古語曰：力能勝貧，謹能勝禍。蓋言勤力可以不貧，謹身可以避禍。故李悝為魏文侯作盡地力之教，國以富強；秦孝公用商君急耕戰之賞，傾奪鄰國而雄諸侯。

《淮南子》曰：聖人不耻身之賤也，愧道之不行也；不憂命之長短，而憂百姓之窮。是故禹為治水，以身解於陽盱之河；湯由苦旱，以身禱於桑林之祭。神農憔悴，堯瘦癯，舜黎黑，禹胼胝。由此觀之，則聖人之憂勞百姓亦甚矣。故自天子以下，至於庶人，四肢不勤，思慮不用而事治求贍者，未之聞也。故田者不強，囷倉不盈；將相不強，功烈不成。

《仲長子》曰：天為之時而我不農，穀亦不可得而取之。青春至焉，時雨降焉，始之耕田，終之簠簋，惰者釜之，勤者鍾之。矧夫不為，而尚乎食也哉？《譙子》曰：朝發而夕異宿，勤則菜盈傾筐。且苟無羽毛，不織不衣；不能茹草飲水，不耕不食，安可以不自力哉？

鼂錯曰：聖王在上而民不凍不饑者，非能耕而食之，織而衣之，為開其資財之道也。夫寒之於衣，不待輕暖；饑之依食，不待甘旨；饑寒至身，不顧廉耻；一日不再食則饑，終歲不製衣則寒。夫腹饑不得食，體寒不得衣，慈母不能保其子，君亦安能以有民？夫珠、玉、金、銀，饑不可食，寒不可衣。【略】粟、米、布、帛【略】一日不得而饑寒至。是故明君貴五穀而賤金玉。劉陶曰：民可百年無貨，不可一朝有饑，故食為至急。陳思王曰：寒者不貪尺玉而思短褐，饑者不願千金而美一食。千金、尺玉至貴而不若一食、短褐之惡者，物時有所急也。誠哉言乎！

神農、倉頡，聖人者也；其於事也，有所不能矣。故趙過始為牛耕，實勝耒耜之利；蔡倫立意造紙，豈方縑、牘之煩？且耿壽昌之常平倉，桑弘羊之均輸法，益國利民，不朽之術也。諺曰：智如禹、湯，不如嘗更。是以樊遲請學稼，孔子答曰：吾不如老農。然則聖賢之智，猶有所未達，而況於凡庸者乎？

猗頓，魯窮士，聞陶朱公富，問術焉。告之曰：欲速富，畜五牸。乃畜牛羊，子息萬計。九眞、廬江，不知牛耕，每致困乏。任延、王景，乃令鑄作田器，教之墾闢，歲歲開廣，百姓充給。燉煌不曉作耬犂，及種，人牛功力既費而收穀更少。皇甫隆乃教作耬犂，所省庸力過半，得穀加五。又燉煌俗，婦女作裙，攣縮如羊腸，用布一匹。隆又禁改之，所省復不貲。茨充為桂陽令，俗不種桑，無蠶織絲麻之利，類皆以麻枲頭貯衣。民惰窳羊主切，少粗履，足多剖裂血出，盛冬皆然火燎炙。充教民益種桑、柘，養蠶，織履，復令種紵麻。數年之間，大賴其利，衣履温暖。今江南知桑蠶織履，皆充之教也。五原土宜麻枲而俗不知織績；民冬月無衣，積細草，臥其中，見吏則衣草而出。崔寔為作紡績、織絍之具以教，民得以免寒苦。安在不教乎？

黃霸為潁川，使郵亭、鄉官，皆畜雞、豚，以贍鰥、寡、貧窮者；及務耕桑，節用，殖財，種樹。鰥、寡、孤、獨，有死無以葬者，鄉部書言，霸具為區處：某所大木，可以為棺；某亭豚子，可以祭。吏往皆如言。龔遂為渤海，勸民務農桑，令口種一樹榆，百本䪥，五十本葱，一畦韭，家二母彘，五雞。民有帶持刀劍者，使賣劍買牛，賣刀買犢，曰：何為帶牛佩犢？春夏不得不趣田畝，秋冬課收斂，益蓄菓實、菱、芡。吏民皆富實。召信臣為南陽，好為民興利，務在富之。躬勸農耕，出入阡陌，止舍離鄉亭，稀有安居。時行視郡中水泉，開通溝瀆，起水門、提閼，凡數十處，以廣溉灌，民得其利，蓄積有餘。禁止嫁娶送終奢靡，務出於儉約，郡中莫不耕稼力田。吏民親愛信臣，號曰『召父』。僮種為不其令，率民養一豬，雌雞四頭，以供祭祀，死買棺木。顏斐為京兆，乃令整阡陌，樹桑果；又課以閑月取材，使得轉相教匠作車；又課民無牛者，令畜豬，投貴時賣，以買牛。始者民以為煩，一二年間，家有丁車、大牛，整頓豐足。王丹家累千金，好施與，周人之急。每歲時農收後，察其強力收多者，輒歷載酒肴，從而勞之，便於田頭樹下飲食勸勉之，因留其餘肴而去；其惰嬾者，獨不見勞，各自耻不能致丹，其後無不力田者，聚落以至殷富。杜畿為河東，課民畜牸牛、草馬，下逮雞、豚，皆有章程，家家豐實。此等豈好為煩擾而輕費損哉？蓋以庸人之性，率之則自力，縱之則惰窳耳。

故《仲長子》曰：叢林之下，為倉庾之坻；魚鱉之堀，為耕稼之場者，此君長所用心也。是以太公封而斥鹵播嘉穀，鄭、白成而關中無饑年。蓋食魚鱉而藪澤之形可見，觀草木而肥墝之勢可知。又曰：稼穡不修，桑果不茂，畜產不肥，鞭之可也；杝落不完，垣牆不牢，掃除不淨，笞之可也。此督課之方也。且天子親耕，皇后親蠶，況夫田父而懷窳惰乎？

李衡於武陵龍陽汎洲上作宅，種甘橘千樹。臨死勑兒曰：吾州里有千頭木奴，不責汝衣食，歲上一匹絹，亦可足用矣。吳末，甘橘成，歲得絹數千匹。恆稱太史公所謂『江陵千樹橘，與千户侯等』者也。樊重欲作器物，先種梓、漆，時人嗤之。然積以歲月，皆得其用，向之笑者，咸求假焉。此種植之不可已已也。諺曰：一年之計，莫如樹穀；十年之計，莫如樹木。此之謂也。

書曰：稼穡之艱難。《孝經》曰：用天之道，因地之利，謹身節用，以養父母。《論語》曰：百姓不足，君孰與足？漢文帝曰：朕為天下守財矣，安敢妄用哉！孔子曰：居家理，治可移於官。然則家猶國，國猶家，是以家貧則思良妻，國亂則思良相，其義一也。

夫財貨之生，既艱難矣，用之又無節；凡人之性，好懶惰矣。率之又不篤；加以政令失所，水旱為災。一穀不登，胔腐相繼：古今同患，所不能止也，嗟乎！且饑者有過甚之願，渴者有兼量之情。既飽而後輕食，既暖而後輕衣。或由年穀豐穰，而忽於蓄積；或由布帛優贍，而輕於施與；窮窘之來，所由有漸。故《管子》曰：桀有天下而用不足；湯有七十二里而用有餘。天非獨為湯雨菽、粟也。蓋言用之以節。

《仲長子》曰：鮑魚之肆，不自以氣為臭；四夷之人，不自以食為異；生習使之然也。居積習之中，見生然之事，夫孰自知非者也？斯何異蓼中之蟲而不知藍之甘乎？今採捃經傳，爰及歌謠，詢之老成，驗之行事，起自耕農，終於醯醢，資生之業，靡不畢書，號曰《齊民要術》。凡九十二篇，束為十卷。卷首皆有目録，於文雖煩，尋覽差易。其有五穀、果蓏非中國所殖者，存其名目而已；種蒔之法，蓋無聞焉。捨本逐末，賢哲所非，日富歲貧，饑寒之漸，故商賈之事，闕而不録。花草之流，可以悦目，徒有春花，而無秋實，匹諸浮僞，蓋不足存。鄙意曉示家童，未敢聞之有識，故丁寧周至，言提其耳，每事指斥，不尚浮辭。覽者無或嗤焉。後魏高陽太守賈思勰撰。

宋 葛祐之《齊民要術·序》 紹興甲子夏四月十八日，龍舒張使君專使貽書曰：比因暇日以《齊民要術》刊板成書，將廣其傳，求僕爲序，以冠其首。謹按《齊民要術》舊多行於東州，僕在兩學時，東州士夫有以要術中種植蓄養之法，爲一時美談。僕喜聞之欲求善本，寓目而不得。今使君得之於蘄林居士向伯恭，伯恭自少留意問學，故一時名士大夫多與之遊而喜傳之書。蓋此書乃天聖中崇文院校本，非朝廷要人不可得。使君得之刊於州治，欲使天下之人皆知務農重穀之道。使君之用心可知矣。僕嘗觀周公戒成王以無逸之書。有曰：不知稼穡之艱難，乃逸乃諺既誕否，則侮厥父母。曰：昔之人無聞知夫，惟不知稼穡之艱難，其禍至於侮厥父母而不知懼其害，教豈小小者哉。嘗謂古今親民之官，莫如守舍，故守令皆以勸農爲職。漢循吏如召信臣、龔遂輩類皆躬勸耕農。出入阡陌，至於使民賣刀買犢，賣劍買牛者。今使君以書載耕稼之要，足以爲齊民法其爲賢，當不在西漢循吏之下。况舒之爲州，沃壤千里，富饒魚稻，爰自吴魏以來爲耕戍實邊之地，又得賢使君勸相乎其間，其爲舒緩不疑矣。僕流落州縣間晚得小壘而爲之，有民人社稷於此得使君所遺墨本，曰：以縱觀庶有補於斯民，且無負於勸農之官，不亦幸乎。使君名轔彦聲其字，濟南佳士也。嘗爲越之上虞令，縣多力穡之農而令實爲之勸，故租賦之入不勞而辦。又嘗爲九江郡丞而化行乎江漢之間。自九江擢守龍舒，聞譽益美功利益博，又以其餘力刊書累編，貽訓於後。他日得君行道，豈易量哉。四月十八日，左朝散郎、權發遣無爲軍主管、學事兼管內勸農營田事、鎮江葛祐之序。

《文獻通考》卷二一八《經籍考》 齊民要術十卷。鼂氏曰：元魏賈思勰撰。記民俗、歲時、治生、種蒔之事，凡九十二篇。農家者，本出於神農氏之學。仲尼既稱『禮義信足以化民，焉用稼』以誚樊須，而告曾參以『用天之道，分地之利，為庶人之孝』。言非不同，意者以躬稼非治國之術，乃一身之任也。然則仕之倦游者，詎可不知乎？故今所取，皆種藝之書也。前世録史部中有歲時，子部中有農事，兩類實不可分，今合之農家。又以錢譜寘其間，今以其不類，移附類書。

陳氏曰：起自耕農，終於醯醢，資生之業，靡不畢書。其曰：『治生之道，不仕則農。』蓋名言也。

巽岩李氏序《孫氏齊民要術音義解釋》曰：賈思勰著此書，專主民事，又旁摭異聞，多可觀。在農家最嶤然出其類，而近世學者忽焉。第竒字錯見，往往艱讀。今運使秘丞孫公為之音義解釋，略備其正名辨物，蓋與揚雄、郭璞相上下，不但借助於思勰也。此書李淳風嘗演之。淳風書遂亡，韓諤又撮思勰所記，別著《四時纂要》五卷。本朝天禧四年，詔並刻二書以賜勸農使者，然其書與律令俱藏，衆弗得習，市人輒抄《要術》之淺近者，摹印相師，用才一二，此有志於民者所當惜也。今公幸以稽古餘力，悉發其隱，盍併刻焉，豈惟決疑糾繆，有益學者，抑使斯民日用知所本末，更被天禧遺澤，不亦可乎？

《四庫全書總目提要》卷一〇二《齊民要術》　《齊民要術》十卷浙江巡撫採進本，後魏賈思勰撰。思勰始末未詳，惟知其官為高平太守而已。自序稱『起自耕農，終於醯醢，資生之業，靡不畢書，凡九十二篇。』今本乃終於五穀果蓏非中國物者。自序又稱：『商賈之事，闕而不録。』今本《貨殖》一篇，乃列於第六十二，莫知其義。中第三十篇為《雜説》，而卷端又列雜記數條，不入篇數。一名再見，於例殊乖。其詞亦鄙俗不類，疑後人所竄入。然陳振孫《書録解題》稱其『治生之道，不仕則農』為名言，正見於卷端雜説中，則宋本已有之矣。思勰序不言作註，亦不云有音。今本句下之註，有似自作，然多引及顔師古者。考《文獻通考》載李燾《孫氏齊民要術音義解釋序》曰：『賈思勰著此書，專主民事。又旁摭異聞，多可觀。在農家最嶢然出其類，奇字錯見，往往艱讀。今運使秘丞孫公為之音義解釋。略備其正名小物，蓋與揚雄、郭璞相上下，不但借助於思勰也。』則今本之註，蓋孫氏之書，特《宋藝文志》不著録，其名不可考耳。董穀《碧里雜存》以註中一石，當今二斗七升之文，疑其與魏時長安童謠百升飛上天句不合。案：斛律光，齊人，非魏人，此語殊誤。蓋未知註非思勰作也。錢曾《讀書敏求記》云：嘉靖甲申，刻《齊民要術》於湖湘，首卷簡端《周書》曰云云，原係細書夾註，今刊作大字。毛晉《津逮祕書》亦然。今以第二篇至六十篇之例推之，其説良是。蓋唐以前書，文詞古奧，校勘者不盡能通。輾轉譌脱。因而譌異。固亦事所恆有矣。

清　耿文光《萬卷精華樓藏書記》卷七七《齊民要術提要》　《齊民要術》十卷，葛氏序曰：此書乃天聖中，崇文院板本，非朝廷要人不可得。張使君轔字彦升，濟南佳士也，嘗為越之士虞令，自九江郡丞擢守龍舒得善本，於向伯恭刊於州治。王氏序曰：是書播殖五種，畜字六擾，區灌蓏蔬，栽樹果實，條貫時宜，靡不該載。侍御鈞陽馬公直卿，按治湖湘獲古善本，乃命刻梓。沈氏跋曰：此北俗之法，南方非宜，第其所引如《氾勝之書》、崔實《四時月令》、雜《五行占候》、《食經》等書皆世所罕。覩其他記傳亦多與今本不同，可互相考證，蓋操觚家所不能廢也。胡氏跋曰：宋孫祕丞有音義解釋，今已失傳。王元美言，所載謂無音切，則亦未見注本矣。此特農家書耳，又身是北傖乃援引史傳、雜記不下百欲種方言，奇字雜復，盡通原本。第二卷脱雲二幅，假得善本足之。文光案：此本正文自注中有闕字，以墨覆之。

清　陸心源《皕宋樓藏書志》卷四二《齊民要術》　《齊民要術》十卷，後魏高平太守賈思勰撰。張氏手跋曰：近見嘉靖時刻《齊民要術》即錢遵王《讀書敏求記》所云之湖湘間刻本也，脱落、舛譌、空格、墨釘，悉與此同。始知胡轅即從此出，惟改其行欵耳。湖湘本每葉二十行，每行十七字。數年前我友黄蕘翁購得一校本，首葉簡端記有宋本行欵，中間正譌補脱甚多，至第七卷之半，作秦州春酒麴法一段止已後未校，不知出於誰氏之手，或所據殘闕之本歟？或有故而中輟歟？惜未詳記其原委也。玆從黄君借歸，手臨於此。本憶《農桑輯要》中多引《要術》，因取以參對校本所補脱落，一一俱在。蓋信此校本，字可珍也。覆勘畢後，爰記其緣起云。道光新元三月十九日，書於仁壽里之讀異齊訒庵。張紹仁。

清　姚振宗《隋書經籍志考證》卷三一《子部八》　《齊民要術》十卷，賈思勰撰。賈思勰始末未詳。《自序》略曰：今採捃經傳，爰及歌謡，詢之老成驗之行事，起自耕農，終於醯醢，資生之業靡不畢。書號曰《齊民要術》，凡九十二篇，分為十卷，卷首皆有目録，於文雖煩，尋覽差易。其有五穀果蓏非中國所植者，存其名目而已，種植之法，蓋無聞焉。捨本逐末，賢哲所非，日富歲貧，飢寒之漸。故商賈之事闕而不録，花草之流可以悦目，徒有春華而無秋實。匹諸浮偽，蓋不足存鄙意。曉示家童，未敢聞之有識。故丁寧周至言提其耳，每事指斥，不尚浮辭，覽者無或嗤焉。《唐書·經籍志》：《齊人要術》十卷。賈勰撰。敚思字。《唐書·藝文志》：賈思協《齊民要術》十卷。宋《藝文志》同《通志·藝文略》誤以爲後漢人。晁氏《讀書志》：《齊民要術》十卷。元魏賈思勰撰。記民俗、歲時、治生、種蒔之事。凡九十二篇。陳氏《書録解題》：《齊民要術》十卷。後魏高陽太守賈思勰撰。起自耕農，終於醯醢，資生之業，靡不畢。書凡九十三篇。其曰治生之道不仕則農。蓋名言也。《文獻經籍考》：巽岩李氏序《孫氏齊民要術音義解釋》曰賈思勰著此書專主民事，又旁推摭異聞，多可觀，在農家最嶢然出其類，而近世學者忽焉。第奇字錯見，往往艱讀，今運使祕丞孫公為之音義解釋略備。又曰：此書李淳風嘗演之淳風書，逺亡。韓諤又撮思勰所記別著《四時纂要》五卷云。《四庫提要》曰：賈思勰始末未詳。惟知其官為高陽太守而已。自序稱起自耕農，終於醯醢，凡九十二篇。今本乃終於五穀果蓏，非中國物者。案：此《自序》亦明言之非由錯誤也。《自序》又稱商賈之事闕而不録，今本貨殖一篇，乃列於第六十二，莫知其義。書中第三十篇為雜説，而卷端又列雜説。數條不入篇數，一名再見，其例殊乖，其詞亦鄙俗不類，疑後人所竄入。然陳振孫稱其治生之道不仕則農為名言，正見於卷端雜説中，則宋本已有之矣。又《簡明目録》曰：書凡九十二篇。於農圃衣食之法纖悉畢備。又文章古雅，援據博奧，農家諸書，無能出其上者。其注不題撰人。以《文獻通考》所載李燾序證之知爲孫氏所作。其名則不可考矣。歸安陸心源《羣書校補》曰：《齊民要術》今所見皆祖明胡震亨刊本。脱落舛譌，空格墨釘，幾不可讀。余所蓄黄蕘圃校殘宋本可以正譌補敚甚多。惟黄氏所見宋本至卷七，作秦州春酒麯法，止惜無全本耳。今校補以宋本爲正云。案：《魏書》有賈思伯字士休，齊郡益都人。弟思，同字士明。孝明帝時，並為侍講。授静帝杜氏春秋，思伯謚文貞，思同謚。文獻已在魏之季，世當南朝梁武帝天監普通大同之時，思勰或與之同時同族，為郡守以後不仕而農者歟。

清 顧棟高《毛詩類釋》卷一一《釋農器》 厥後王弼傳易以為稼穡之資，宋景文公祁闢之曰：『古者牛惟服車，書肇牽車牛易服牛乘馬。漢趙過始教民牛耕。蓋本賈思勰《齊民要術》。予謂輔嗣固失，賈氏及景文亦未為得也。案：《論語》曰：『犁牛之子，騂且角』。蓋犁田之牛純雜、牝牡皆可用；祭牛則非純非牡不可。故曰：『騂且角』也。注疏乃以犁為雜色，近世諸儒並從此義。今考《周禮》牧人時祀牲必用牷牲。純色外祭，毁事用尨。尨雜色，是則純雜之辨，雜色謂之尨，不謂之犁也。竊疑犁起於春秋之世。故孔子有犁牛之言，而弟子冉耕，亦字伯牛。《禮記・月令》季冬出土牛，示農耕早晚。賈誼《新書》，劉向《新序》俱載：『鄒穆公曰：「百姓飽牛而耕，暴背而耘。」』大率在秦漢之際，何待趙過，過特教人耦犁共二牛，費省而功倍爾。《易傳》出於魏晉，第見牛耕，不復考其初，而賈公彦《考工正義》遂謂起於後漢，其失尤甚。臣案益公之言甚辨，以犁牛為耕田之犂，冉耕字伯牛說極新異可喜。然孔子之世，沮溺耦耕，又云耰而不輟，皆用人力，不聞其以牛也。又賈思勰、宋景文俱云博雅，但說牛耕起於趙過，而不及王景，豈未讀《後漢書》此傳耶？景傳云：『先是百姓不知牛耕，則自秦及西漢，其不用牛耕審矣。』益公之言聊備異聞云爾。又云耦犁共二牛，詢之老農未嘗有此。謹書之以俟知者。晁氏曰：『元魏賈思勰撰《齊民要術》十卷。凡九十二篇。』

著録

《隋書》卷三四 《齊民要術》十卷。

《舊唐書》卷四七 《齊民要術》十卷，賈思勰撰。

《新唐書》卷五九 賈思協《齊民要術》十卷。

《宋史》卷二〇五 賈思勰《齊民要術》十卷。

《通志》卷六八 《齊民要術》十卷，後漢賈思勰撰。

《崇文總目》卷五 《齊民要術》十卷。

宋 王堯臣《崇文總目輯釋》卷三 《齊民要術》十卷。賈思勰。

【原釋】 記民俗歲時治生、種蒔之事，凡九十二卷。見《玉海・食貨》。侗按《玉海》引崇文目同《舊唐書》，『齊民』，作『齊人』，避太宗諱也，下書同。

宋 陳振孫《直齋書録解題》卷一〇 《齊民要術》十卷，後魏高陽太守賈思勰撰，起自耕農，終於醯醢，資生之業，靡不畢書。凡九十三篇，其曰治生之道不仕則農。蓋名言也。

宋 晁公武《郡齋讀書志》卷三上 《齊民要術》十卷，右元魏賈思勰撰，記民俗、歲時、治生、種蒔之事，凡九十二篇。

《文獻通考・經籍考四十五》卷二一八 《齊民要術》十卷。晁氏曰：元魏賈思勰撰。記民俗、歲時、治生、種蒔之事，凡九十二篇。

明 祁承㸁《澹生堂藏書目》 齊民要術十卷 四册 後魏賈思勰又新板一部十四卷

明 高儒《百川書志》卷一〇 《齊民要術》十卷。後魏高陽太守賈思勰撰。旁搜經史，遠摭異聞，人力所成，方物自產，花果蔬草之屬，栽種修溉之法，靡不該載，凡九十二篇。

明 周弘祖《古今書刻》南京國子監 《農桑撮要》。

又 淮安府 《農桑撮要》。

又 揚州府 《農桑撮要》。

又 瑞州府 《農桑撮要》。

又 建寧府書坊 《農桑撮要》

又 懷寧府 《農桑撮要》

明 趙用賢《趙定宇書目》《農桑撮要》一本。

明 焦竑《國史經籍志》卷四《子類・農家》 《農桑撮要》七卷。羅文振。

明 柯維騏《宋史新編》卷五〇 《齊民要術》十卷。

明 朱睦㮮《萬卷堂書目》卷三 《齊民要術》十卷。賈思勰。

（嘉靖）《青州府志》卷一七 賈思勰著齊民要術十卷

清 吴偉業《吴詩集覽》卷八上《五言律詩》一之上 《齊民要術》十卷賈思勰撰

清 錢曾《讀書敏求記》卷三 賈思勰《齊民要術》十卷。嘉靖甲申，此書於湖湘，惜乎注中删落頗多，如首卷簡端《周書》曰：『神農之時天雨粟』云云，原條細書夾注，竟刊作大字等類文注混，淆殊可笑也。

清 錢曾《錢遵王述古堂藏書目録》卷六 賈思勰《齊民要術》十卷，四本。

清 徐乾學《傳是樓書目》 《齊民要術》十。後魏賈思勰。二本

清 范邦甸《天一閣書目》卷三《子部》 《齊民要術》十卷。刊本。後魏高平太守賈思勰撰并自序。其書起自耕桑，終於醯醢，資生之業靡不畢。書凡九十二篇。分爲十卷，卷首皆列目録，於文雖繁，尋覽甚易。

《四庫全書總目》卷一〇二 《齊民要術》十卷，浙江巡撫採進本。

《文淵閣書目》卷三 《齊民要術》一部。五冊。

清 莫友芝《郘亭知見傳本書目》 《齊民要術》十卷，後魏賈思勰撰。嘉靖甲申馬氏刊。胡震亨刊《津逮秘書》本、學津討源本、昭文張氏有黄廷鑑精校本。《敏求記》云：嘉靖甲申刊於湖湘。』卷首簡端『《周書》曰』云云，原系細書夾註，今刊作大字。謂汲古本也。汲古、《津逮》本，即胡震亨《秘冊匯函》本。元刊本《要術》每頁二十行，行大字十八字。

清 祁嶲藻《馬首農言》 後魏賈思勰《齊民要術》十卷。

（咸豐）《青州府志》青州府志卷三三 賈思勰齊民要術十卷 見臨淄縣志。

清 丁申、丁丙《八千卷樓書目》卷一〇《子部》 《齊民要術》十卷。後魏賈思勰撰。明刊本。學津討原本子書百種本。

清 洪頤煊《讀書叢録》卷二四 《齊民要術》十卷。題後魏高陽太守賈思勰撰。前有思勰自序。此書世有明胡震亨刻本。第三卷闕第二葉，此本亦闕，中多未刻字校者，俱注於當行之上。元刊本每葉廿行，行大字十八字。

清 瞿鏞《鐵琴銅劍樓藏書目録》卷一四《子部二》 《齊民要術》十卷。校宋本。後魏賈思勰撰并序。又葛祐之序。華亭沈氏竹東書舍刻本，較胡氏震亨刻本，脱文脱字尤多。《桑柘》篇中脱去一葉，與胡本，同陳子準氏以宋槧殘本一一校補。案錢氏《敏求記》謂嘉靖湖湘本文注混淆，首卷端周書曰『神農之時天雨粟』云云，原係雙行夾注，不當刊作大字。今案宋本良然惜後四卷宋本亦闕，不獲校全，然其佳處已不勝僂指矣。卷首有邵彌《藏書畫記》朱記。

農政全書

綜述

明 張國維《張忠敏公遺集》卷五《農政全書序》 班固《藝文志》列農書爲諸家之一，後世因之隋唐所收僅十有九家，宋中興書演至六十四家，鄭漁仲博精載籍，其所裒乃僅得十二部四十七卷。內最著者如漢議郎《氾勝之書》三卷，後魏賈思勰《齊民要術》十卷，又有李淳風續賈書若干卷，李書當時已湮没而賈氏所傳在宋遂爲祕本，非勸農使者不得受賜。民間傳寫紕陋，特贋本耳，而賈元道《農經》，王珉《要術》及何亮本書流行最廣，下迨《禾譜》、《耕織圖》併花木竹藥諸譜，各隨好事之手以闢新領異，合之則皆農家言也。今爲末作奇巧者，一日作而五日食，農夫終歲之作不足

以自食也。然則民舍本事而事末作，則田荒國貧之患誰實受之。故凡農者月不足而歲有餘者也。語亦有之，農之氣杲乎如登於天，杳乎如入於淵，淖乎如在於海，卒乎如在於己。是故此氣也，不可止以力，而可安以德，不可呼以聲，而可迎以音。非舉八政四術之要，以安集而招徠之。則民腹嘗餒，民情嘗迫，而尚可諭以仁義，懾以刑威乎？且人所以惡雀鼠者，謂其有攘竊之行，雀鼠所以疑人者，謂其懷盜賊之心。上以食而辱下，下以食而欺上，上不得不惡下，下不得不欺上，各有所切也。則何不舉其平日所切而豫爲訓之戒之，且圖之策之。是以《無逸》首陳艱難而《王制》急先儲蓄，思文率育則上配昊穹，分地用天則敦立人極，下至霸國之佐盡力之教。莫不辨壚沙塥之形，討蚼蛆狼穗之實，故曰智如禹湯不如嘗耕，聖如宣尼不如農圃，夫有所用之也。國家當經綸之始，首重民事以農桑責諸郡邑，以屯種責之衛所，合文武氓兵而總囿於滋源固本之內，此王業所繇寖昌也。高皇帝有所復井田之舊，其於驗丁限畝，酌古準今，既嚴禁抛荒又深惡侵占。而於郡國水利設有專官，誠見陂塘池堰無可蓄之利，則溝遂疆理無可劃之防。水利不興而欲挈農政之要領，此必不得之術也。江南千古稱爲樂國，不第廣川大澤，晝斷戎馬卽有鯨鯢，封豕無所縱其馳驅。至於物產所宜，稅賦所出，地無不耕之土，而農無不貢之毛，假令惠綏拊循利濟率作，猶可息其疲轍而責以重擔。今如病尫之人日行百里，巾箱囊篋喘汗臨深而猶鞭叱不令稍止，噫，亦危矣。余前刻有《水利全書》，所謂急則治標，因病立劑者，今又得徐少保農政全帙，所謂緩則治本，懸方救病者也。雲間陳臥子以彌綸巨手羽翼經術，博綜羣雅而尤留心於經濟之書，是帙則其手加闡提要鉤玄，農扈之言纖悉備具。余同年方君守松，扶衰起敝治以驗方，欲公之同志謀梓之於余，余讀之而矙然喜，僭爲敘數言以付剞。厥氏典型具在，亦唯漁陽蒲亭愛民之長實，實舉行之耳，豈僅列籤揷軸誇爲百家之一而已哉。崇禎己卯歲仲秋，總理糧儲提督軍務兼巡撫應天等處地方都察院右僉都御史張國維書於蘇署之待旦堂。

明 張國維《張忠敏公遺集》卷一〇《年譜》 崇禎十二年己卯 三月上請吳縣崑山漕折蠲免疏。輯《吳中水利全書》三十卷書成，進呈帝覽焉。刻徐文定《農政全書》六十卷。

明 張溥《農政全書·序》 予生也晚猶獲侍先師徐文定公，葢歲辛未之季春也。公時以春官尚書，守詹次當讀卷，亟賞予廷對一策，予因得以謁公京邸。公進予而前，勉以讀書，經世大義，若謂孺子可教者，予退而矢感，早夜愓勵。聞公方究泰西麻學，予邀同年徐退谷往問所疑，見公掃室端坐，下筆不休。室廣僅丈，一榻無帷，則公臥起處也。公初筮仕入館職，卽身任天下，講求治道。博極羣書，要諸體用，詩賦書法素所善也。既謂雕蟲不足學，悉屏不爲專，以神明治歷律兵農，窮天人旨趣，堯典敬授，洪範厚生，古今大業莫有先也。文孫磬之旋之嘗言，公精默好學，冬不爐、夏不扇，予在長安親見，公推筭緯度昧爽細書迄夜半乃罷。登政府日惟一老班役，衣短後衣應門出入傳語，易簀旅舍槖中不盈十金，古來執政大臣廉仁博雅，鮮公之比趙孟、公孫寧足道哉。《農政全書》公經綸之一種，張大中丞與方郡伯兩公篤念民生，屬陳臥子進士編次廣傳刻。竟，予得卒讀，益歎，吾師命指深遠，周天際地也。農家者流出自稷官，班史記之其後，種樹、試穀、育蠶、養魚、耕牛之經、花竹之譜人各有書。然碎布民間事不相攝，耕奴、織婢號爲小道，雅人墨士或諱而不言。若總自王朝，編於太府，採明農之衆篇，勒一代之大典，上探井田下殫荒政，鳧茈可食螽螟不憂率天下而豐衣食，絕飢寒，使盜賊屏息，禮樂盛興，非至治乎。卽名卿大儒，亦何庸陵蓋也。公察地理，辨物宜，攷之載記，訪之土人，輶軒襏襫，盡列筆削，氾崔賈韓方此蔑如，揆厥制作，其豳風之嗟農夫，無逸之知小人乎。公爲諸生時，有田數弓，苐不治稍施疏鑿功，植柳其地，歲獲薪燒，利反倍於租入，因悟世無棄土人病坐食。李悝之法至今可行，後官翰林適議拯遼患，屯田津門。功半被沮，豈眞東屯之效，反難於沮洳三百步哉，言易而行難，獨成而衆敗，事無大小，顧所任者何如耳。卽今幅員，關陜襄鄧許雒齊魯，與夫朔方五原雲代遼西其地可耕等於東南。設倣耕植導水利，近給京師，大省輓輸，何所不贍，而空以委盜害莫鉅焉。公書不尚奇華言，期可用，使早究其業，塞下民，實五穀，土價非虛談也。遲之七十之年始登鼎軸復不久慭遺，予所爲抱書而泣也。公一子五孫皆當代賢傑，推廣先志尤兢兢八政云。婁東門人張溥西銘謹序。

明 王大憲《農政全書·序》 當神廟時，海上徐文定公以命世大儒，讀書中祕，抒其天人之學治安之才，受知宸眷，因從金馬玉堂旁，領振旅芟舍之司卓著嘉猷至今。上遂晉翼青宮，論思鰲禁，天下人士咸想望以爲姚、宋、韓、范於今再見，憲雖生晚，仰止久矣。及承乏而入公之里，不意典型雲逸，僅得瞻拜廡下。恭遇聖天子悼念重臣，遣官爲築神道，循故事建坊邑。吏幸得爲元老襄事諸簡役庀工，繕修唯謹因獲識。嗣君安友翁曁諸孫五文學咸繼序，思不忘竊意手澤，昭垂當有奏對語録傳之通都大邑。俾章不朽，私心直寤寐不釋焉，茲縻之氏以大中丞張公郡大尊方公梓。公平日所著《農政全書》相示余手，讀竟益欽。公之經國務，大體重本，計直上符有邰氏之立我烝民也。墾治邁金城之方畧，占候宛玉燭之燮，調水利救荒直挽神化功用，蠶桑樹畜弘挈衣食源流，將使游惰輩知淬胼胝而趨事矣。末作輩知謝奇贏而轉緣南畝矣，屯興而溝塍列，家給而牛犢佩又何戎馬之，敢牧而潢池之生心哉。公所以安國家而厚蒼生，其大端已見於是書。宜乎卧子先生心公之心，覆較而詳爲裒次，令天下人士因得見公之心，較昔姚、宋、韓、范綿亘尤稱遠大，何者？謀斷經畧功在一時，立我烝民功在萬世，惟萬世之功當食萬世之報。今安友翁璞玉渾金清愼一節而縻之，諸君俱昂然龍鳳不減忠彥，諸公子行見天下鼓腹而樂，十千之耦且加額而祝畢萬之大。崇禎己卯長至日，上海縣知縣盧陵王大憲頓首拜書。

明 方岳貢《農政全書·序》 平天下章言人言土言農也，生衆四句，其孔夫子之農書乎？得乎邱民而爲天子邱民農也。不違農時章，易其田疇章，其孟夫子之農書乎？《周禮》及漢唐宋諸儒，所著論煩簡不一，其兩夫子農書之疏解乎？農者，王業之根本也。爲天子之命吏而農書未之讀，惡在其爲愛養元元也。卽所爲讀《大學》、讀《孟子》者安在也？亦知今之農視昔有間乎？國初人民稀少又無處不屯，所以穀值恒平，上下饒樂，今生齒且百倍矣。地日以蕪，夫日以遊，而亦止仰食於農，金賤穀貴，舉火之家日兼三日之用，閭左安得不貧？度支安得不匱？而且今日議生，生則取之農耳，明日議節，節究亦取之農耳，加榷稅加捐助，究亦加之農耳。豳風陳詩使人主知稼穡艱難，而詎知今日之農更有此不可計數之艱難也哉。以天下之大，時事之棘，一農夫支撐之忍弗與之究心農書也。間從卧子先生處得徐文定公所輯數十卷，自夫溝封景候器物，皆可伸指知寸，舒掌知尺，既悉其事，復列其圖，農之爲道，凡既備矣。蠶桑以勤女紅，六畜以供祭祀，羞耇老皆農之所有事也。故次之，水毀木饑火旱，天行何常，故常平社倉之制，蹲鴟蒲蛤之屬，以備荒政終焉。公昔嘗小試之，三輔現有成績倣而準之，庶幾天下無石田穰凶無艱食斯，亦上下兩利之道也已。是以大中丞張公保釐南土，適見此書大加會賞，亟命梓之。所以率羣吏以惠黔首，奉承天子德意至渥。予不佞亦得遵弘訓而觀成事焉。嗟乎！治亂無象，農之獲安於農與否是卽其象。彼罹虜罹寇者，以死亡轉徙失先疇而不獲安，幸而免此。又以勦餉練餉急罹虜罹寇者之患而岌岌乎，不獲安愛養元元者，其務所以安之哉。松江府知府襄西方岳貢題於雲間公署。

《四庫全書總目提要》卷一〇二《農政全書提要》 《農政全書》六十卷，兵部侍郎紀昀家藏本，明徐光啟撰。光啟有《詩經六帖》，已著録。是編總括農家諸書，裒為一集。凡農本三卷，皆經史百家有關民事之言，而終以明代重農之典。次田制二卷，一為井田，一為歷代之制。次農事六卷，自營制開墾以及授時占候，無不具載。次水利九卷，備録南北形勢，兼及灌溉器用諸圖譜。後六卷則為《泰西水法》。考《明史》光啟本傳，光啟從西洋人利瑪竇學天文歷算火器，盡其術。崇禎元年，又與西洋人龍華民、鄧玉函、羅雅谷等同修《新法歷書》。故能得其一切捷巧之術，筆之書也。次為農器四卷，皆詳繪圖譜，與王楨之書相出入。次為樹藝六卷，分穀、蓏、蔬、果四子目。次為蠶桑四卷，又蠶桑廣類二卷。廣類者，木棉、麻苧之屬也。次為種植四卷，皆樹木之法。次為牧養一卷，兼及養魚、養蜂諸細事。次為製造一卷，皆常需之食品。次為荒政十八卷，前三卷為備荒，中十四卷為救荒本草，末一卷為野菜譜，亦類附焉。其書本末咸該，常變有備。蓋合時令、農圃、水利、荒政數大端，條而貫之，匯歸於一。加採自諸書，而較諸書各舉一偏者，特為完備。《明史》稱光啟編修《兵機》、《屯田》、《鹽策》、《水利》諸書，又稱其負經濟才，有志用世，於此書亦略見一斑矣。

又《別本農政全書》提要 明徐光啓撰，陳子龍刪補。子龍有《詩問畧》已著録。初光啓作《農政全書》凡六十卷，光啓没後，子龍得本於其孫爾爵，與張國維方岳貢共刊之，既而病其稍冗乃重定此本。子龍所作凡例有曰：文定所集，襍採眾家，兼出獨見，有得卽書，非有條貫，故有畧而未詳者，有重複而未及刪定者，中丞公屬子龍以潤飾之。友人謝廷正、張密皆博雅多識，使任旁搜覆挍之役，而子龍總其大端，大約刪者十之三，增者十之二。其評點俱仍舊觀，恐有深意，不敢臆易云云。所謂文定者光啓之謚，所謂中丞公者卽國維也。今原書有刊版，而此本乃出傳鈔，併其評點失之，核其體例較原書頗爲清整，然農圃之事本爲瑣屑，不必遽厭其詳而所資在於實用，亦不必以考核典故爲優劣，故今仍録原書而此本則附存其目焉。

清　耿文光《萬卷精華樓藏書記》卷七七《農政全書提要》　《農政全書》六十卷，明徐光啟撰。明本前有方岳貢序。是書農本三卷，曰經史典故、曰諸家雜論、曰重農考。田制二卷，曰井田考、曰田制篇。農事六卷，曰營治、曰開墾、曰授時、曰占候。水利九卷，曰總論、曰西北水利、曰東南水利、曰水利策、曰水利疏、曰灌溉圖譜、曰利用圖譜、曰太西水法。農器四卷，皆圖譜。樹藝六卷，曰穀部、曰蓏部、曰蔬部、曰果部。蠶桑四卷，曰總論、曰養蠶法、曰栽桑法、曰蠶事圖譜、曰桑事圖譜、曰織紝圖譜。蠶桑廣類二卷，曰木棉、曰麻。種植四卷，曰總論、曰木部、曰雜種。牧養壹卷，曰六畜。制造壹卷，曰食物。荒政十八卷，曰備荒總論、曰備荒攷、曰荒政本草、曰野菜譜。方氏序曰：從臥子先生處得徐文定公所輯農書數十卷，既悉其事，複列其圖，農事備矣。蠶桑六畜皆農所有，事故次之，水旱何常故，以備荒終焉。此本《泰西水法》三卷，《救荒本草》十四卷。僉事李濂序曰：《救荒本草》二卷，永東間周憲王集而刻之，今亡其板。濂訪求善本，巡撫畢公重爲刊布。是書有圖有説，按圖採食，隨地皆可以活命。

清　潘曾沂《重刻徐文定公農政全書·序》　國家設官分職之始，某地當置某官，某官當專某事，蓋莫不有深識遠慮，使百世因之而不能變。是一官有一官之所當，爲處常固宜使之盡職。即遇變亦豈可一日忘親民之官，不然倉猝之頃常職俱廢，而羣然注目於所急勢，必置民事民情於弗問，當其時難保無朝令暮改之事。種種有妨於便民之道，民俗之敝漸由此起，是不待兵革有所傷殘而事平之後元氣已不易復。語曰急則治標，緩則治本，乃有事愈急而愈不能一日忘者，體察民情講求民事二者而已。然講求民事必先朝廷尊農夫貴五穀，有無以尚之之勢，而後百姓以惰農爲可恥，恥爲惰農則田野治，田野治則穀土王，穀土王則民命立。昔唐杜甫志春陵行謂得結輩十數公，落落然參錯天下，爲邦伯天下可安，今若擇一二得民心之督撫。畀以居中阨要之地，求西北水利稻田寓兵於農之法，變而通之使民宜之，則民自緩急可用，而不必臨事調兵於千里萬里之外。然居今之世，安得有講求實用，如前明徐文定公其人者，而與之談經世之學也。公生平不輕著述，嘗謂文之當物者，必使人汕然以思，若潤於膏澤，入心者必使人惕然以動，若中於肌骨，致用者必使人俯拾仰取，歡然而各足。所著《農政全書》六十卷，不第載農事而多及於政典，故以農政爲名，蓋國家無論閒暇與否，不得有所輕重者，農政也。子曰：好仁者無以尚之，在上位之君子，苟不能無一豪之欲，有之而不能克，則凡可與並重者，紛然日起而尚之者，至不得有其權。古今所患貴珠玉而賤五穀，蓋有由來。且愈久而逐末者愈眾。利之所在，亦紛然日起而難，吾之出政，天下騷然，前車可鑒也。全書版已漫漶殘缺，王君壽康校覈重梓而乞序於余，蓋知余嘗勸行區田法，用心有合於其書者，非謂能知公天人之學也。昔婁東張西銘序其書，曰命指深遠，周天際地，又曰堯典敬授，洪範厚生，古今大業莫有先焉者，王君寶之此謂知本矣。喜而爲之序。時道光癸卯五月之望，吴門後學潘曾沂譔。

清　徐如璋《重刻徐文定公農政全書·序》　明特進光禄大夫太子少保、禮部尚書兼東閣大學士、贈少保加贈太保先文定公所著。諸書除《後樂堂集》未刻，餘當公世俱經鏤版，而《農政全書》六十卷則刻於公歿之後六年。今其版亦久失傳，如璋於公爲七世孫，嘗欲糾族人重梓之，貧不能也。同邑王君二如績學好義，尤喜古經濟書，嘗謂如璋農書援據古今，包揝鉅細中詳，西北水利尤見切要，誠行其言，天下有五利焉。西北獲一石之粟，東南省數石之費，利一；溝洫既成，水有所洩，外可以防海患，而內可以防河患，利二；阡陌既成，寇盜不能馳驟，利三；江淮，有警，無咽喉之慮，利四；由幾甸而推之河北，由河北而推之關陝，上下殷富，南北同風，利五。蓋舉本朝陸清獻公語以相推也，君既雅重此書，遂以道光十八年十月獨資開彫。屬如璋與君所嘗受業者鐘丈霖溥與校勘，如璋義不容以鄙陋辭。獨念此書係前明張方兩公屬陳忠裕删潤發刻，而《明史》稱公歿久之，莊烈帝念公，索其家遺書，得農書若干卷，詔令有司刊布。本朝《四庫全書》提要又稱原書賅備，則知四庫所收者必公之原書，或即詔刊之本典。按：《明史》公傳，公卒贈少保久之加贈太保，而此書結銜止稱贈少保，則知刊布之令在張方發刻之後矣，而進呈遺書必原書也。抑即明季進呈之遺書與？惜乎，家集不載，其詳不可得聞。而海上藏書家亦無原書可據，以校今本之異同，得失俾悉反舊觀也。然即忠裕删潤之書，行之其利益亦正甚大，奚必盡出於公哉。且如璋嘗考《後樂堂集》序，農書之成實在天啟五年以後，崇禎元年之前，其時公方以禮部右侍郎被奄黨劾罷閒住，則公著書之意本非專爲一時也。今得王君重刻以廣其傳，幸何如之。輒於挍勘既竟，附識數言著王君之好義，亦媿如璋之不能也。道光元默攝提格病月，七世孫如璋謹識。

明 徐光啟《農政全書・陳子龍凡例》 古之聖人，曷不重農政哉？垂於詩書者，彰彰也。然其文煩，其旨約。故經典之言，著其尤要者，以明所始。

《漢書・藝文志》載農家者流，其書多不傳。今所採全篇者，惟《管子》、《呂覽》。其單辭雜說，諸子百家皆有之，如氾勝之之流最多。然散見於諸書，不備論。後之彙其全者，則後魏賈思勰《齊民要術》也。宋元以後，為農書者，孟祺苗好謙、暢師文、王禎之流也。國朝為種藝之書者，俞貞木、黃省會之屬也。外若馮應京《月令廣義》雖紀歲時，李時珍《本草綱目》雖為醫藥，而取材甚博，故多採擇焉。

夫金銀錢幣，所以衡財也，而不可為財。方今之患，在於日求金錢，而不勤五穀，宜其貧夜已甚。此不識本末之故也。二祖列宗，明農知依，著於功令者煌煌；而莫詳於馮慕岡先生《重農考》，故全載之。

井田之制，不可行於今，然川遂溝澮，則萬古不易也。今西北之多荒蕪者，患正坐此。

內則關陝襄鄧許洛齊魯，外則朔方五原雲代遼西，皆耕地也。棄而無之，專仰輪輓，國何得不重困？與語開墾播植之事，則疑駭而弗信。不知古者列國之時，何以自立？豈皆倚糴於鄰境耶？國家設官，多兼領營田、屯田之職，撫道皆載勑書。今則掛壁耳。然愚以為當專責之賢守令。古之修厥績者，史不勝書。今列林侍御、諸葛令及玄扈先生之論，以其近而切也。

《管子》曰：『不知四時，乃失治國之基。不知五穀之故，國家乃路。』夫氣序占測，豈必季多所頒，疇人所習哉？農師耕父，能言之矣。故載其易通而驗者。

水利這，農之本也，無水則無田矣。水利莫急於西北，以其久廢也；西北莫先於京東，以其事易興而近於郊畿也。其議始於元虞集，而徐孺東先生《潞水客談》備矣。

玄扈先生嘗試於天津三年，大獲其利，會有尼之者而止。此已然之成效也。謀國者，其舉而措之。

或曰：『鄭國於關中，史起於鄴，李冰於蜀，召信臣於南陽，宇內之可興水利者多矣，何獨於京東？曰：曷能盡哉！此可類推也。因時勢，察土宜，弗棄利，弗鑿空，是在良有司耳。

東南水利，莫重於農澤三江，張大中丞《三吳水利全書》詳矣，茲其大略焉。附以越東滇南，則溪澗陂池之制可摧也。

灌溉之有圖也，江河溪澗塘濼井櫃之異其用。焉利用之？有圖也，因勢制器，各極巧焉，是不可以言詳也。雖機而樸矣，奚必抱甕而搰搰哉？

泰西之學，輪墨遜其巧矣。水法數卷，採其有裨於農者。其文則騣騣乎《考工》之亞哉？豈曰禮失而求諸夷？

《易》曰：耒耨之利，以教天下，盡取諸益。後世代以增制，其用日備。夫耕耘之物，刈穫之具，田夫野稚能辨之，而薦紳大夫有見而不能名者矣。故據王禎所圖，稍刪其繁，使覽之者，愓然稼穡之艱難焉。然禎，元之魯人也，或有北拙而南巧，古繁而今簡者，未敢妄增，以俟博雅。

穀以百者，所以別地宜，防水旱也。今北多黍稷，南僅稌稻，乖備種之義矣。

蔬蓏，所以助饔飧，禦凶饉也。五果，所以備籩豆，輔時氣也。故次百穀。夫一女不織，必有受其寒者。樹牆下以桑，周制也；民田五畝，栽桑半畝，高皇帝令甲也。今栽桑最盛者，惟稱湖閩，欲以供天下之織，安得不空杼軸乎？蠶事載圖者，欲廣其事，且使內子命婦之屬，皆知勤於其業也。

古之爲布，麻薴之屬耳，皆踈薄不堪禦寒。今之木棉，其用薄矣，尤莫盛於吾鄉。其所以供重賦執煩役者，率賴於此。故玄扈先生所著《農遺雜疏》首詳之。今竝採焉。

《周禮・太宰》以九職任萬民，二曰園圃毓草木，三曰虞衡作山澤之材。蓋或勤樹藝之功，或收自然之力，百姓之所給也，工師之所化也，器用物採之所自出也。安可以忽諸！

畜牧者，大以修兵農而極富強，小以養老疾而備讌享。帝舜有益之命，《魯頌》有《駉》之篇，《周禮》有圉人、較人之屬。是可見也。下至蟲魚、荀力資用，糜弗及焉。

製造、食物、器用者，《齊民要術》所記也。採其切於農事者一卷，其濃腆而淫其者，雖典如《內則》，侈如《食經》，巧於工垂，神於歐冶，非野人之所知也。

《周禮·大司徒》：『以荒政十有二聚萬民。』其説詳矣。以愚計之：預弭爲上，有備爲中，賑濟爲下。預弭者，濬河築堤，寬民力，祛民害也。有備者，尚蓄積，禁奢侈，設當平，通商販也。賑濟者，給米煮糜，計戶而救之。苟非綜密有法，不煩不遺，民之死者過半矣。此編，凡本朝詔令，前賢經畫，條目詳實，所以重民命而遏亂萌也。

饑饉之歲，凡木葉草實，皆可以濟農。民之能通其性味，辨其形質者鮮矣。周藩憲王有《救荒本草》一書，既著其説，復圖其狀。任哉，其用心乎！但所載皆河洛秦晉之產，南方草木，多所未備。後之君子，其以所知而補焉。

徐文定公忠亮匪躬之節，開物成務之姿，海内具瞻久矣。其生平所學，博究天人，而皆主於實用。至於農事，尤所用心。蓋以爲生民率育之源，國家富強之本。故常躬執耒耜之器，親嘗草木之味，隨時採集，兼之訪問，綴而成書。往，公以大公伯掌詹，子龍謁之都下，問當世之務。時秦盜初起。公曰：自今以往，國所患者貧，而盜未易平也。中原之民，不耕久矣，不耕之民，易與爲非，難與爲善。因言所緝農書，若己不能行其言，當俟之知者。後三年，公薨。又三年，子龍於公次孫爾爵得農書而錄焉。偶以呈大中丞張公，公以爲經國之書也，亟以示郡大夫方工。公亦大喜，共謀梓之。嗚呼，食爲民天，雖百世不易也。有輔世之責者，豈徒託諸空言而已哉？

文定所集，雜採衆家，兼出獨見，有得即書，非有條貫，固有略而未詳者，有重複而未及刪定者。初中丞公屬子龍以潤飾也，自愧不敏，則以文人謝茂才廷禎、張茂才密，皆博雅多識，使任旁搜覆較之役，而子龍總其大端，遂燦然成書矣。大約刪者十之三，增者十之二。其評點俱仍舊觀，恐有深意，不敢臆易也。中丞公與大夫公所以闡揚前哲，加惠元元之意，庶幾無負乎！外若相與商榷者，李孝廉待問、徐太學字遠、宋孝廉徵璧、徐太學鳳彩也。校訂者，文定之甥陳貢士於階，暨其長嗣陰君驥，諸孫爾覺、爾爵、爾斗、爾默、爾路也。華亭陳子龍漫記。

清 陳錦《勤餘文牘》卷三《附慮俿銅尺考》 至徐文定《農政全書·井田考》所摹周尺亦據貨布而尤弱，則誤於輪廓不同，或貨布失眞，與要之東塘所得，建初尺準以貨布而本於玉律，實爲周尺無疑。

《續文獻通考》卷一八一《經籍考》 徐光啓《農政全書》六十卷。光啓見經類。臣等謹案是編摠括農家諸書哀為一集。凡農本三卷，田制二卷，農事六卷，水利九卷，農器四卷，樹藝六卷，蠶四卷，蠶桑廣類二卷，種植四卷，牧養一卷，製造一卷，荒政十八卷，別有陳子龍刪補本四十六卷。子龍所作凡例稱刪者十之三，補者十之二。今祇有傳鈔之本，要不及光啓原本之詳悉也。

（嘉慶）《松江府志》卷八二 徐文定好經濟之學，及拜詹事，著《農政全書》成，達於乙覽，上喜曰：『向聞翰林以飲酒賦詩多受書帕爲能事，今何緣得此人？乃知宋臣呂夷簡輩，固代不乏賢。』遂即大拜。（《澤國紀聞》）

清 陳忠倚《清經世文三編》卷三四《戶政一三》 三古農書不可考已，今所傳者如《齊民要術》、《農桑輯要》、《農政全書》亦多精要。大抵文人學士博覽所資，而犂雲鋤之儔何能家喻而戶曉，況勞農相勸，虛有其文，補助巡游，今無其事，民亦因循簡陋，聊畢此生，蓋官民之相去遠矣。

傳記

《明史》卷二五一《徐光啓傳》 徐光啓，字子先，上海人。萬曆二十五年舉鄉試第一，又七年成進士。由庶吉士歷贊善。從西洋人利瑪竇學天文、歷算、火器，盡其術。遂徧習兵機、屯田、鹽策、水利諸書。

楊鎬四路喪師，京師大震。累疏請練兵自效，神宗壯之，超擢少詹事兼河南道御史。練兵通州，列上十議。時遼事方急，不能如所請。光啓疏爭，乃稍給以民兵戎械。

未幾，熹宗即位。光啓志不得展，請裁去，不聽。既而以疾歸。遼陽破，召起之。還朝，力請多鑄西洋大礮，以資城守。帝善其言。方議用，而光啓與兵部尚書崔景榮議不合，御史邱兆麟劾之，復移疾歸。天啓三年起故官，旋擢禮部右侍郎。五年，魏忠賢黨智鋌劾之，落職閒住。

崇禎元年召還，復申練兵之説。未幾，以左侍郎理部事。帝憂國用不足，敕廷臣獻屯鹽善策。光啓言屯政在乎墾荒，鹽政在嚴禁私販。帝褒納之，擢本部尚書。時帝以日食失驗，欲罪臺官。光啓言：『臺官測候本郭守敬法。元時嘗當食不食，守敬且爾，無怪臺官之失占。臣聞歷久必差，宜及時修正。』帝從其言，詔西洋人龍華民、鄧玉函、羅雅谷等推算歷法，光啟為監督。

四年春正月，光啟進《日躔歷指》一卷、《測天約説》二卷、《大測》二卷、《日躔表》二卷、《割圜八綫表》六卷、《黄道升度》七卷、《黄赤距度表》一卷、《通率表》一卷。是冬十月辛丑朔日食，復上測候四説。其辯時差里差之法，最為詳密。

五年五月，以本官兼東閣大學士，入參機務，與鄭以偉並命。累加太子太保，進文淵閣。光啟雅負經濟才，有志用世。及柄用，年已老，值周延儒、温體仁專政，不能有所建白。明年十月卒，贈少保。

雜録

清 李顒《二曲集》卷七《體用全學》 《農政全書》《水利全書》《泰西水法》《地理險要》。以上數種咸經濟所關宜，一一潛心，然讀書易，變通難，趙括能讀父書，究竟何補實際。神而明之，存乎其人識，時務者在於俊傑。夫豈古板書生所能辦乎噫！

清 劉獻廷《廣陽雜記》卷三 今之學者，率知古而不知今。縱使博極羣書，亦衹算半個學者。然知今之學甚難也，農政一事，今日所最當講求者。然舉世無其人矣，即專家之書，今日甚少，以余所聞，惟此帙耳。徐玄扈先生有《農政全書》，予求之十餘年，更不可得，紫庭在都時，於無意中得之，予始得稍稍翻閲。玄扈天人，其所箸述，皆迥絶千古，然此書先生未竟之稿，而張國維、方岳貢重為編輯者也。故讀之不能暢人，間或一引先生獨得之言，則皆令人拍案叫絶，念欲摘其數十則録於日知録內，而卒不暇也，意將芟水圖記所標古今沿革城池里至提防等，更摘水經注中有合於今日者，更録一通，分為四册，以江漢沅湘為之經，而諸水緯之，亦少可觀矣。

著録

明 陳子龍《陳忠裕公全集》年譜卷上《自撰年譜》 〔崇禎十二年己卯〕讀書南園，編《農政全書》。

《明史》卷九八《藝文三》 徐光啟《農政全書》六十卷

《清續通志》卷一六〇 《農政全書》六十卷，明徐光啓撰。《別本農政全書》四十六卷，明徐光啟撰。

（乾隆）《江南通志》卷一九二 《農政全書》六十卷

《續文獻通考》卷一八一 徐光啟《農政全書》六十卷，光啟見經類。臣等謹案：是編搃括農家諸書，裒為一集，凡農本三卷，田制二卷，農事六卷，水利九卷，農器四卷，樹藝六卷，蠶四卷，蠶桑廣類二卷，種植四卷，牧養一卷，製造一卷，荒政十八卷。別有陳子龍删補本四十六卷子，龍所作凡例稱删者十之三，補者十之二。今衹有傳鈔之本，要不及光啟原本之詳悉也。

清 徐乾學《傳是樓書目》 《農政全書》六十 明徐光啟

清 黄虞稷《千頃堂書目》卷一二 徐光啟《農政全書》六十卷。

清 曹寅《楝亭書目》卷二 《農政全書》明徐光啟纂輯，六十卷二函十二册。

清 莫友芝《郘亭知見傳本書目》 《農政全書》六十卷 平露堂刊本、道光中貴州刊本、道光癸卯滬上曙海樓刊本。

《四庫全書簡明目録》卷一〇 明徐光啟撰。凡農本三卷，田制二卷，農事六卷，水利九卷，農器四卷，樹藝六卷，蠶桑六卷，種植四卷，牧養、製造各一卷，荒政十八卷。諸書所載不過農事，而此書多及於政典，故以農政為名。陳子龍嘗病其浩博而删之，然終以原本為賅備也。

《五禮通考》卷一二五 《農政全書》：宣宗時，禮部進《藉田儀注》上觀之，謂侍臣曰：先王制藉田，以供粢盛，以率天下農務，天子、公卿躬秉耒耜，貴有實心耳，不然三推五推何益於事。

清 耿文光《萬卷精華樓藏書記》 文光案：《泰西水法》採入《農政全書》。初徐光啟之著《農政全書》也，臥子謂其有得即書，非有條貫，別著凡例數十條删其十之三，增其十之二，其例具載，其書未見。

清 丁申、丁丙《八千卷樓書目》卷一〇《子部》 《農政全書》六十卷。明徐光啓撰。平露堂刊本。

清 張之洞《書目答問》子部 《農政全書》六十卷。明徐光啟。通行本。

（**光緒**）《**青浦縣志**》**卷二七** 《別本農政全書》。四十卷本。徐光啟著，陳子龍刪補兼作凡例。張國維方岳貢梓之。文淵閣存目。

（**光緒**）《**重修華亭縣志**》**卷二〇** 《別本農政全書》。四十六卷。上海徐光啟著，陳子龍刪補，凡例亦子龍所作。今《四庫全書》存目。

（**嘉慶**）《**松江府志**》**卷七二** 《別本農政全書》。四十六卷。按：是書爲陳子龍刪補，凡例卽陳子龍作。今入《四庫全書》存目。

（**乾隆**）《**婁縣志**》**卷一二** 《農政全書》陳子龍撰。上海徐文定纂輯。此書子龍病其浩博，而增刪之，今《文淵閣》著録。

四時纂要

綜述

唐 韓鄂《**四時纂要·序**》 夫有國者莫不以農為本，有家者莫不以食為本。□□舜禹胝胼，神農憔悴，后稷播植百穀，帝堯恭受四時，是以德邁百王，澤流萬世者也。復有商鞅務耕織，遂成秦帝之基；范蠡開土田，卒報越王之恥。下及祖龍狼顧四海蠶食諸侯，遂焚詩書欲愚黔首，唯種樹之法、卜筮之文免陞秦坑，不藏魯壁。故知賢愚共守之道也。若父母凍於前妻子餓於後，而為顔閔之行亦萬無一焉。設此帶甲百萬金城湯池，軍無積糧，其何以守？雖有羲軒之德，龔黄之仁，民無粒儲，其何以教？知貨殖之術實教化之先，且商辛之有八荒而國用不足；姬昌之王百里而兵食有餘，非夫天雨菽粟於周而降水旱於紂，蓋不務勸農之術而無節財之方。余是以編閱農書搜羅雜訣，《廣雅》、《爾雅》則定其土産，《月令》、《家令》則叙彼時宜；採氾勝種樹之書，掇崔寔試穀之法；而又韋氏《月録》，傷於簡閲，《齊民要術》弊在迂疎。今則删兩氏之繁蕪，撮諸家之術數；諱〔農則〕可嗤孔子，速富則安問陶朱；加以占八節之風雲，卜五穀之貴賤，手試必成之醯醢，家傳立效之方書；至於相馬、醫牛、飯雞毚既資博識，豈可棄遺？事出千門，編成五卷，雖慙老農老圃但冀傳子傳孫，仍希好事英賢，庶幾不罪於此。故目之為《四時纂要》云耳。

宋 施元吉《**四時纂要·後記**》 余今雕印此書，蓋欲盛傳於世，廣利於人助國勸農，冀萬姓同躋富壽者也。凡百君子依而行之，則乃子乃孫定無饑凍橫夭之患。大宋至道大歲丙申九月十五日記，施元吉雕字。

明 柳希潛《**四時纂要·跋**》 余嘗得《四時纂要》於客中。尋常閒俯而讀仰而思，則實是農家書也。其耕種耘獲之侯，風雨霜露之節，與夫蠶桑、醫藥家忌俗諱無不備載。今甚愛之，以為雖百金不願易也，而第恨卽本無傳，知者蓋寡，遂絕人事而書得之。欲入其梓壽其傳與一國公共之，而間或有無稽怪誕之説，不經虛僞之言，故欲撰抄要語以便考覽。而澗海之心雖明於涇渭之分，相馬之眼尚暗於驪黄之辨，則有志未就者日月多矣。僚友樸宣氏分憂朔州，求得書本以充行橐。余知樸侯謹慤好書人也，其不秘於家而刊行於世，可知矣。自慶其夙好之篤，於是乎副而公共之，心庶幾伸矣。萬曆五年丁丑中元日，儒州後裔八十歲老翁通訓大夫行繕工監副正柳希潛謹跋。

明 樸宣《**四時纂要·跋**》 往在丁丑歲，余以繕工判官授朔州。之歸同官柳正希潛氏袖一書，屬余曰：君其壽傳，為一國公共之資。吾觀是書信農家纂要之説也。昔孟軻氏曰：雖有鎡基不如乘時。夫察寒暑之氣占風霜之侯，耕種及時鋤耘有節，其有補於三農之事，豈不大哉！與夫樹植畜牧蓍筮忌諱微不俱載，最所切於日用之中者也。余謹授而歸寶而愛之，期布於世以售吾君不秘之志也。第以朔邑凋弊無以為措，厥後連任邊帥□□無暇，每恨未酬吾君付托之意，尋常耿耿於懷，蹔不忘心。未幾柳君亦捐世，嗚呼！痛哉！今者幸忝授鉞於兹，聖明在上不見兵革，籌邊之余捐俸鳩工以鋟於梓。不月而訖功，於是自喜其平生寶藏之書得以刊行，而吾君地下之魂亦可以慰矣。時萬曆十八年庚寅仲春，慶尚左兵使樸宣謹跋。

著録

《**新唐書·藝文志**》**卷五九** 韓鄂《四時纂要》五卷。

宋 尤袤《**遂初堂書目·農家類**》 《四時纂要》。

《**崇文總目·歲時**》**卷四** 《四時纂要》五卷，韓鄂撰。

宋 陳騤《**中興館閣書目·農家**》 《四時纂要》十卷，韓鄂。

陳氏曰：雖時令之書，然皆為農事也。

宋 晁公武《**郡齋讀書志**》**卷三上** 《四時纂要》五卷，右唐韓諤撰。諤徧閱農書，取《廣雅》、《爾雅》定土産，取《月令》、《家令》敘時宜，採《氾勝》種樹之書，掇崔實試穀之法，兼删韋氏《月録》、《齊民要術》編成。

宋 陳振孫《**直齋書録解題**》**卷一〇** 《四時纂要》五卷。案：《宋史·藝文志》作十卷。雖曰歲時之書，然皆為農事也。

《**通志**》**卷六四** 《四時纂要五卷》韓鄂撰。

《**文淵閣書目**》**卷三** 《四時纂要》一部一冊。

《**太平御覽·經史圖書綱目**》 《四時纂要》

《**玉海**》**卷一二** 唐《四時纂要》：志農家韓鄂五卷。《中興書目》：（崇文目歲時類）鄂採諸家農書紀風雲之候，録種殖之法，下及方書蓄産之事，皆載。天禧中，頒其書於諸道。鄂自序曰：『偏閱羣書，《爾雅》則言其土産，《月令》則序彼時宜，採《氾勝》種藝之書（二卷），崔寔試穀之法。』

宋 周應合《**景定建康志**》**卷三三** 《四時纂要》。

《**文獻通考**》**卷二一八** 鼂氏曰：唐韓諤撰。諤徧閱農書，取《廣雅》、《爾雅》定土産，取《月令》、《家令》敘時宜，採氾勝種樹之書，掇崔寔試穀之法，兼删韋氏《目録》《齊民要術》編成。

《**宋史·藝文志**》**卷二〇五** 韓鄂《四時纂要》十卷。

明 葉盛《**菉竹堂書目**》**卷五** 《四時纂要》，一冊。

明 陳第《**世善堂書目**》 《四時纂要》。

《**文淵閣書目**》**卷一五**《**農圃**》 《四時纂要》一部一冊。

明 焦竑《**國史經籍志**》**卷三**《**史類**》 《四時纂要》五卷韓諤。

明 柯維騏《**宋史新編**》**卷五〇**《**志三六**》 韓鄂《四時纂要》十卷。

明 李時珍《**本草綱目**》**卷一上** 《四時纂要》

《**清續文獻通考**》**卷二七〇**《**經籍考十四**》 《四時纂要》一卷唐韓鄂。

清 沈炳震《**唐書合鈔**》**卷七四** 韓鄂《四時纂要》五卷。

清 吴士玉《**駢字類編**》**卷二九**《**時令門八**》 韓鄂《四時纂要》五卷。

清 佚名《**唐書藝文志注**》**卷三** 韓鄂《四時纂要》五卷。

清 傅維鱗《**明書·經籍志**》 《四時纂要》一部一冊。殿閣皇史宬内通籍藏書。

《**清續通志**》**卷一六四** 韓鄂《四時纂要》五卷。

《**文淵閣書目**》**卷三**《**農圃**》 《四時纂要》，一部一冊。

雜録

《**宋史**》**卷四〇四**《**張巡傳**》 丁母及父憂，服除，起知桂陽監，五月而境内稱治。與部使者奏升監為軍，大修庠序之教，祠漢以來守令有功德於桂陽者。衛颯、唐羌等七人於學，刻續《顔氏家訓》、《四時纂要》等書散之民間，使之修德而務本。

《**宋會要輯稿·食貨一·農田雜録**》（天禧四年四月二十二癸卯）利州路轉運使李防上言：『近覩敕命，就差提點刑獄官充勸農使，以見國家務農之道。臣三紀外任，每見州縣之民，多不諳會播種，覽《四時纂要》、《齊民要術》，并是古書，備陳耕耨栽種之法。又覩先降《農田敕》，條貫甚精。蓋止約於刑禁，顯諸程式；復置於常平倉，亦慮其乏絶。今請取此二書雕印，頒付諸路勸農司。』詔令館閣校勘雕印，賜與諸處。

宋 陳造《**江湖長翁集**》**卷三一**《題〈四時纂要〉書》

不正而富，苟焉。而貧君子不予。用是書未必遽富，按圖從事十舉三四，其不貧必矣。不貧而義，毋惡也。然必以甲乙占驗冠於月始，亦六經史漢備天人意耶。於此而拘則害乃事讀之者，謹之。

藝文

宋 洪適《**盤洲文集**》**卷三**《**次韻景思謝送四時纂要并惠乳泉且許見顧**》 其一斷壺食鬱遵時令，蓮芡棗韜辨土宜。若解養生供伏臘，自然卜築數期頤。其二我無卮茜等通侯，不作多田望蓐收。松菊漫成三徑夢，煙蓑已失五湖秋。其三青編送似補山房，妙語相酬掩夜光。盜甕不須睎吏部，將軍何日命元方。

氾勝之書

綜述

清 馬國翰《玉函山房輯佚書目》卷六九《氾勝之書提要》 《氾勝之書》二卷。漢氾勝之撰。《漢書》注，成帝時為議郎。劉向《别録》使教田三輔，女有好田者師之，徙為御史。《晉書・食貨志》昔漢遣輕車使者氾勝之，督三輔種麥而關中穰。《文選注》引王隱，《晉書》云：氾勝之敦睦九族，廣韻二十九，凡氾字注又，姓出炖煌濟北二望。皇甫謐云：本姓凡氏曹，秦亂避地於氾水，因改焉。漢有氾勝之撰書，言種植之事。子輯為炖煌太守，子孫因家焉。鄭樵《通志氏族略》漢有氾勝之為黄門侍郎。此其事績可考者。其書舊列農家《漢志》十八篇，隋唐志並兩卷，今無傳本，散見賈思勰《齊民要術》。按：賈書篇輯録猶得十四篇，文又從《黍穄》篇别出種稗，從《種穀》篇别出區田法，為篇十六。又從《文注選》、《藝文類聚》、《太平御覽》所引，綴為雜篇上下十八篇。之書猶完依《隋志》分為兩卷，書言樹藝之法，親切詳明。鄭康成注禮亟引之，賈公彦謂漢時農書有數家，氾勝為上洵不虚也。歷城馬國翰竹吾甫。

著録

《漢書》卷一〇《藝文志》 《氾勝之》十八篇。成帝時為議郎。

《隋書》卷三四《經籍志》 《氾勝之書》二卷，漢議郎氾勝之撰。

《舊唐書》卷四七 《氾勝之書》二卷，氾勝之撰。

《通志》卷六八 《氾勝之書》二卷，漢議郎氾勝之撰。

清 陸曾禹《康濟録》卷四 《氾勝之書》

宋 葉廷珪《海録碎事》卷一八 《氾勝之書》《氾勝書》十八篇，亦云《九穀書》。

明 焦竑《國史經籍志》卷四《子類・農家》 《氾勝之書》二卷。漢氾勝之撰。

清 沈炳震《唐書合鈔》卷七四《志五〇》 《氾勝之書》二卷，氾勝之撰。

雜録

《漢藝文志考證》卷七 孟子有為神農之言者，許行《食貨志》：鼂錯引神農之教曰：有石城十仞、湯地百步、帶甲百萬而亡，粟弗能守也。《呂氏春秋》引神農之教曰：士有當年而不耕者，則天下或受其饑矣；女有當年而不績者，則天下或受其寒矣。管子引神農之教曰：一穀不登，減一穀，穀之法十倍。《氾勝之書》亦引神農之教，劉子引神農之法，淮南子曰：世俗之人多尊古而賤今，故為道者必託之於神農黄帝而後入説。

宋 陳翥《説郛》卷一〇五《桐譜》 古者《氾勝之書》今絶傳者，獨《齊民要術》行於世。雖古今之法小異，然其言亦甚詳矣。雖茶有經，竹有譜，吾皆畧而不具。植桐乎西山之南，乃述其桐之事十篇，作《桐譜》一卷。其植桐則有紀誌存焉，聊以示於子孫，庶知吾既不能干祿以代耕，亦有補農之説云耳。皇祐元年十月七日夜。

清 徐樹穀、徐炯《李義山文集箋註》卷一 《漢・藝文志》農家《氾勝之》十八篇，成帝時為議郎，師古曰劉向《别録》使教田三輔，女有好田者師之，徙為御史。氾音凡又音敷劒反。

藝文

明 曹學佺《石倉歷代詩選》卷五〇〇 《南星别業樹藝覽氾勝之書》

少小愛桑麻，農書凡幾家。圃栽常抱露，池步屢逢霞。青粉衣沾竹，紅烟醆媚花。山圖還種藥，不遺鬢生華。

農書（王禎）

綜述

元 王禎《農書·原序》 農天下之大本也，一夫不耕或授之飢，一女不織或授之寒。古先聖哲敬民事也。首重農其教民耕織、種植、畜養至纖至悉。禎不揆愚陋，搜輯舊聞爲集三十有七，爲目二百有七十，嗚呼！備矣躬任民事者，儻有取於斯與。皇慶癸丑三月望日，東魯王禎書。

明 閻閎《新刻元王氏農書·序》 巡撫山東右副都御史安州邵公得元王禎氏《農書》，顧右布政使長興，顧公謂：兹實大關民事而政之首也，當轉寫善本，即布政使司刻之以廣流布，示吾民勤衣食之原而期享樂利之休盛心也。刻半左布政使固始李公至，乃趣完刻。邵公以余在告或暇，印寄一部謂宜校勘，脱誤庶以信傳顧，數十萬字病又時作不能卒，辨而繼使督取急，乃先爲言以著公意。言曰：天之生也，與以所長，則限之以短，其於人也，賦性獨靈而制生養之材甚艱，故鳥羽獸毛而人需衣，蛟龍毒而嗜止血，虎熊猛而嗜止肉，人無所不嗜而能饑終日難，故需食。無食無衣胥及亂亡。人之欲生也固不待，聖人有作，孰不求所以自活，而聖人者亦人之欲生者也。今無論羲農軒堯以來，想巢燧之初觀時造始，實求自永其生而天遂命之人，遂宗之君。臣道興衣食之原漸以開矣，是故食五種而五肉輔疏，五蔬而五果助五味調焉，食之需廣而安飽難也。五土以居五物以用，五貨以通，五金以易，衣服、器使、屋廬、舟車之需廣而備稱難也。是故耕穫鉏報陰陽，蚤莫之節宜順也，高下原隰燥溼寒燠之氣宜候也，洩制生化土木金石之物宜悉也，糞灌培蒔剛柔疏密之性宜辨也，水旱蟲盗捍禦守視之役宜力也，採摘修捋生熟急緩之度宜中也，飲飼閑放好惡新故之情宜調也，牝牡生息老嫩去留之班宜審也，堆攤曬風雨霧露之防宜豫也，碾碡碓磑精麤篩簸之計宜準也，倉窖轉般鼠雀浥漏之虞宜察也，積散出内盈縮低翔之數宜算也。是故農事修則食用贏，衣用裕，器用精，財用饒，而生養遂矣。是故天子則君人養人者也，士以上皆裨君長民者也。君不知稼穡，逞欲殄物民因以極，民火動而元命□醫論且然，況君以民爲命者乎。故君知稼穡則知懼，長民而斁民事衣食，縣官不宣心力，猶傭者懈主人將轉雇，君子當廉勤自樹，忍以穀恥乎？故仕知民事則知媿，是故聖人之重衣食也。王公躬藉以先耕，后夫人親蠶以先織，卿大夫士以及内子胥與事焉而治本重矣。於是乎有勸相之法焉，饗勞之具焉，督察簡閲之罰焉，祈報禳息之祀焉，庶富而教禮樂興矣。故曰：民事不可緩也。今簡王氏書，首以通訣繼以器譜而終以諸種，民事通諸上下者蓋備矣。是故得嘉種而缺利器則難播，與失種同。制利器而昧要訣，則逆時與無器同。故得其訣，器可假而使，利諸器種可糴而下也。度要訣以達沖和之化，儲利器以運制用之機富，嘉種以取十千之報比屋上農矣。吾又恐浮食末作未緣南畝藝，將孰載方農之殷，使輒不時則功孰與成，今民不但六也盡歸而農誠未卽得，盍若寬見農而不妨其務，俾自趨利而樂生乎？是故解内之遠重也，點集之煩數也，迎候之紛沓也，力役之勤悴也，守戍之隔離也，讞報之留滯也，六者於古已然，而害農一也。嗚呼！誦六經以詔萬世，孔子之意無窮而後人未能依，則雖孔子之意窮。是書據六經該羣史旁兼諸子百家，以及殊方異俗咸著亦用心矣。從政者無害農皆以此利農者，訓農則王氏撰述之。初意邵公刊布之盛心，當惠徧吾人，豈有窮乎！雖然以今昏旦之中考農祥則失度，西凉白麥之熟，較南夏則違時，故□而迅霆桃源之夫呼！凍雷父椎牛骨而子漸之，谿峒土人數十年而食，假鬼或羸馬驢耕或鴨羣鉏稻，稻一熟也；或三熟，蕎秋種也；或春種是以有老媼插秧，有少婦列肆，有以蕨肥田又淋其灰汁作葅。南河之南有車鐵輪，野馬之川牛服鞍，甌越之黴塗篋釜；或隔牛見茄樹；或二月食櫻桃，蜑家於舟，苗獨藏穗。關隴之野，尚營窟而土處。則九域民事物候固多端而難律也。中土耕一犂三牛，水田水牛故一犂一牛，一牛三犂耬犂也，而載之墾耕篇則誤矣。王氏又謂餘甘獨泉產，民往泛昆明則食之。是猶賈勰要術附槃多摩廚徒示博耳。故擊壤食葵今俗所少，葛籠牧笛取具事耳聞之。農老曰：必母倉生炁下種，則一年可耕之日少。余亦嘗曰：必草人法糞田亦恐渴澤不得，鹿墳壤之不得麋也。故曰：通其變使民不倦，神而明之存乎？其人眞知農哉？邵公名錫，李公名緋，顧公名應祥皆以進士顯，余往給事中邵公則都給事中云。嘉靖庚寅十有一月丙午，山東臨清閻閎力疾謹序。

清 錢曾《讀書敏求記》卷三 《王氏農書》十卷。農桑通訣六，農器圖譜二十，穀譜十。總名曰《農書》。元豐城縣尹東魯王楨撰。所載牛耕蠶事本及譜圖之詳，而有法民事不可緩，其學識定乎乎日非聊爾成書者也。

清　王士禎《分甘餘話》卷三　《王氏農書》吾鄉前輩所撰，今傳於世。宋時有鄧御夫者，字從義，隱居不仕，作《農曆》百二十卷較《齊民要術》尤詳，濟守王子韶上之於朝，其書不傳，濟上人亦無知者，僅墨莊漫録載其名字，惜哉。

《四庫全書總目提要》卷一〇二《農家類》　《農書》二十二卷，永樂大典本。元王楨撰。楨字伯善，東平人。官豐城縣尹。《文淵閣書目》曰：『王楨《農書》一部，十冊。』《讀書敏求記》曰：『《農桑通訣》六，《穀譜》四，《農器圖譜》十二，總名曰《農書》。』《永樂大典》所載併為八卷，割裂綴合，已非其舊。今依原序條目，以類區別，編為二十二卷。其書典贍而有法，蓋賈思勰《齊民要術》之流。《圖譜》中所載水器，尤於實用有裨。又每圖之末，必系以銘、贊、詩、賦，亦風雅可誦。今外間所有王楨《農務集》，即從是書摘鈔者也。唐中和節所進農書，世無傳本。宋人農書惟陳旉所作存。元人農書存於今者三本。《農桑輯要》、《農桑衣食撮要》二書，一辨物產，一明時令，皆取其通俗易行。惟楨此書，引據賅洽，文章爾雅，繪畫亦皆工緻，可謂華實兼資。明人刊本，舛訛漏落，疑誤宏多，諸圖尤失其眞。《永樂大典》所載，猶元時舊本。今據以繕寫校勘，以還其舊觀焉。

《四庫全書簡明目録》卷一〇《農書》　元王楨撰，原本訛脱，今以永樂大典校正。凡《農桑通訣》六卷、《穀譜》四卷、《農器圖譜》十二卷。其書於農事極詳所載，櫸水諸器尤切民用。附而叙述古雅，引據博贍，每圖之末附以銘贊詩賦，亦詞採蔚然，蓋《齊民要述》之亞也。

清　耿文光《萬卷精華樓藏書記·農書提要》　《農書》二十二卷，元王楨撰，聚珍本。提要曰：農書二十二卷，《永樂大典》所載並爲八卷，割裂綴合已非其舊。今依原序條目以類區別，編爲二十二卷。其書典贍而有法，蓋《齊民要術》之流，圖譜中所載水器，尤於實用有稗。又每圖之末必系以銘贊詩賦亦風雅可誦。今外間所有王楨《農務集》即從是書摘抄者也。唐中和節所進《農書》世無傳本。宋入《農書》惟陳旉所作存。元人農書存於今者三本，《農桑輯要》、《農桑衣食撮要》二書壹辨物產，壹明時令，皆取其通俗易行。惟楨此書引據賅洽，文章爾雅繪畫亦皆工致，可謂華實兼營資。明人刊本舛僞漏落，疑誤宏多諸圖尤失真，《永樂大典》所載猶元時舊本，今據以繕寫勘以還其舊觀焉。謹案：《天祿琳琅書目》《農書》壹函五冊，農桑通訣五卷，農桑圖譜二十卷，共三十五卷。前有楨序，後有山東巡撫準刊文移，卷末有大明萬曆二載甲戌濟南府章邱縣刊行本記。據此則元本爲三十五卷而孫氏書目合三十七卷，不可詳矣。錢氏曰：王氏《農書》十卷，農桑通訣六，農器圖求記。莫氏曰：《農書》二十二卷，凡農桑通訣六卷，穀譜四卷，農器圖譜十二卷，每卷題集之壹，集之二。附説云：古之文字皆用竹帛，後漢始紙乃成卷軸，以其可以舒卷也。至五代板行於世，俱作集冊。今宜改卷爲集，首載嘉靖庚寅臨清閻閎序，蓋山東巡撫邵錫布政使顧應祥始刊，而左布政使李緋成之。板心頗大，至萬曆末鄧溪刊本，刪並爲十卷。四庫本依大典用王氏元注重編，恐未能悉還其舊，惜未見此本耳。録於經眼録。文光案：《農書》有戴表元序，此本無之。又《農桑通訣》有刻本，未見閻閎序云。首以通訣，繼以器譜而終以諸種。民事通諸上下者益備矣。是書據六經該群史，旁兼諸子百家以及殊方異俗，鹹著邵公刊布之，盛心惠偏吾人有窮乎？

清　陸心源《皕宋樓藏書志·農書提要》　《農書》壹函五冊，元王禎著。農桑通訣五卷，農器圖譜二十卷，穀譜十卷共三十五卷，前禎自序，後山東巡撫準刊文移此。書卷末有大明萬曆二載甲戌，濟南府章邱縣刊行木記二卷，首則載嘉靖九年，山東巡撫邵準布政司顧應祥申請文移壹通，內稱元豐城縣尹王禎所著《農書》三部久無刻本，應再加校正，命工翻刻，於嘉靖九年。而章邱縣署又翻刻於萬曆二年，故無印字畫俱不能工整，然實爲重農務本之書，固自可寶。考《泰安府志》稱：王禎字伯善，東平人，官旌德令再調永豐，不言其爲豐城尹。按：永豐、豐城二邑皆隸江西，名複相近其中所載或各有謬誤也。禎爲山左人，其書自盛傳於故土，官山左者因爲刻梓以表章之。第惜木記中未載章邱縣尹之名，遂不可考其人，固勤於民事者矣。顧應祥字惟賢，長興人，宏治己丑進士，累官南京刑部尚書贈太子少保，著有《崇雅堂集》見《浙江通志》。

著録

明 高儒《百川書志》卷一〇《子部・農家》 《農桑通訣》六集。元東魯王禎編撰。凡十六篇。前有起本圖。

《谷譜》十一集。王禎編集。凡八十二條。是書據六經。該羣史，旁兼諸子百家，以及殊方異域咸著，首通訣，繼器譜，終諸種，民事通著上下者蓋備矣。茲實大關民事為政之首也。亦用心良矣。

明 焦竑《國史經籍志》卷四《子類・農家》 《農桑通訣》二十卷。元王禎。

明 陳第《世善堂藏書目録》卷下 《王氏農書》五卷，王楨。

明 祁承㸁《澹生堂藏書目》 《東魯王氏農書全集》六卷。六冊。

明 晁瑮《晁氏寶文堂書目》卷下《農圃》 東魯《王氏農書》。

明 朱睦㮮《萬卷堂書目》卷三 東魯王氏農書十卷王楨

《清續通志》卷一六〇 《農書》二十二卷，元王禎撰。

《清續文獻通考》卷一八一 王禎《農書》二十二卷，禎字伯善，東平人，官豐城縣尹，臣等謹案是書凡《農桑通訣》六、《穀譜》四、《農器圖》十二。每圖之末系以銘賛詩賦。所載水器，尤於實用有裨。

清 于敏中《天禄琳琅書目》卷九 《農書》（一函五冊）元王禎著，《農桑通訣》五卷、《農桑圖譜》二十卷、《穀譜》十卷，共三十五卷。前禎自序，後山東巡撫準刊文移。

此書卷末有大明萬歷二載，甲戌濟南府章邱縣刊行木記。而卷首則載嘉靖九年，山東巡撫邵準布政司顧應祥申請文移一通，内稱元豐城縣尹王禎所著《農書》三部，久無刻本，應再加校正，命工翻刻，分發所屬附州縣掌印治農等官云云。是此書初刻於嘉靖九年，而章邱縣署又翻刻於萬歷二年，故橅印字畫俱不能工整。然實為重農務本之書，固自可寶。考泰安府志稱王禎字伯善，東平人。官旌德令再調永豐，不言其為豐城尹。按永豐豐城二邑皆隸江西，名復相近，其中所載或各有訛誤也。禎為山左人，其書自盛傳於故土，官山左者，因為刻梓以表章之苐。惜木記中未載章邱縣尹之名，遂不可考其人，固勤於民事者矣。顧應祥字惟賢，長興人，弘治乙丑進士，累官南京刑部尚書，贈太子少保，著有《崇雅堂集》見《浙江通志》。

清 黄虞稷《千頃堂書目》卷一二 王楨東魯《王氏農書》三十六卷，又《農桑通訣》二十卷，又《農器圖譜》二十卷，又《穀譜》十一卷。

清《遼海叢書》 《農書》二十二卷 元王楨撰

清 莫友芝《郘亭知見傳本書目》 《農書》二十二卷 元王楨撰，聚珍本、明刊本。《農桑通訣》六卷，《農器圖譜》二十卷，盒三十六卷。嘉靖庚寅刊本，萬歷四十五年鄧漢重刊本，元刊本。

清 慶桂《國朝宮史續編》卷八〇 明版王氏農書三十六卷重本凡二部

清 范邦甸《天一閣書目》卷三《子部》 《農書》六卷。刊本。元王禎撰。嘉靖十九年重刊。

清 丁丙《善本書室藏書志》卷一六《子部四・農家類》 《農書》三十六卷，明嘉靖刊本。東魯王禎撰。泰安府志王禎。

農書（陳旉）

綜述

宋 陳旉《農書・洪興祖序》 古者四民農處其一，《洪範》八政，《食貨》居其一。食謂嘉轂可，《食貨》謂：布帛可衣，蓋以生民之本，衣食爲先，而王化之源，飽煖爲務也。上自神農之世，斫木爲耜揉爲耒，耒耜之利以教天下，而民始知有農之事。堯命羲和以欽授民時，東作西成使民知耕之勿失其時。舜命后稷黎民阻飢播時百穀，使民知種之各得其宜。及禹平洪水制土田定貢賦，使民知田有高下之不同，土有肥磽之不一而又有宜桑、宜麻之地，使民知蠶績亦各因其利。殷周之盛書、詩所稱井田之制詳矣。周衰魯宣稅畝，春秋議之。洎李悝盡地力，商君開阡陌而井田之法失之，至於秦始而蕩然矣。漢唐之盛，損益三代之制，而孝第力田之舉，猶有先王之遺意焉，此載之史冊可攷而知也。宋典承五代之弊，循唐漢之舊，追虞周之盛，列聖相繼惟在務農桑足衣食。此禮義之所以起，孝弟之所以生，教化之所以成，人情之所以固也。然士大夫每以耕桑之事爲細民之業，孔門所不學，多忽焉而不復知，或知焉而不復論，或論焉而不復究，旉躬耕西山，心知其故撰爲《農書》三卷，區分篇目條陳件別而論次之。是書也非苟知之，蓋嘗允蹈之，確乎能其事，乃敢著其説以示人。孔子曰：蓋有不知而作者我無是也，多聞擇其善者而從之，多見而識之以言聞見。雖多必擇其善者，乃從而識其不善者也，若徒知之雖多曾何足用。文中子曰：蓋有慕名掠美攘善矜能盜譽而作者，其取譏後世寧有已乎？若葛抱樸之論神仙，陶隱居之疏本草，其謬悠之説荒唐之論，取誚後世不可勝紀矣。僕之所述深以孔子不知而作爲可戒，文中子慕名而作爲可恥與夫，葛抱樸、陶隱居之述作皆在所不取也。此蓋敘述先聖王撙節愛物之志，固非騰口空言誇張盜名，如《齊民要術》、《四時纂要》迂疎不適周之比也，實有補於來世云爾。自念人微言輕，雖能爲可信可用而不能使人必信，必用也。惟藉仁人君子能取信於人者，以利天下之心，爲心庶能推而廣之，以行於此時而利後世。少裨吾聖君賢相財成之道輔相之，宜以左右斯民，則旉飲天和食地德亦少効物職之宜，不虛爲太平之幸民爾。西山隱居全眞子陳旉題。

此書成於紹與十九年，真州雖曾刊行，而當時傳者失真、首尾顛錯、意義不貫者甚多。又為或人不曉旨趣，妄自刪改，徒事絺章繪句，而理致乖越。是書也，將以曉農事之大，使人人心喻志解；今乃反惑其説，使老於農圃，而視效於斯文者，方且嗤鄙不暇，其肯轉相讀説勸勉而依倣之耶。僕誠優之，故將家藏副本繕寫成帙以待當世之君子探取以獻於上，然後鍥板流布，必使天下之民咸究其□，則區區之志願畢矣。後五年甲戌元日。如是庵，全真子題陳旉。

西山陳居士於六經諸子百家之書，釋老氏黃帝神農氏之學，貫串出入，往往成誦，如見其人，如指諸掌下至術數小道亦精其能，其尤精者易也。平生讀書不求仕進，所至即種藥治圃以自給，紹與己巳，自西山來訪予於儀真，時年七十有四。出所著《農書》三卷，曰：『此吾閒中事業不足拈出，然使沮溺耦耕之徒見之，必有忻然相契處，樊遲請學稼，子曰：吾不如老農。先聖之言，吾志也；樊遲之學，吾事也，是或一道也。僕喜其言，取其書讀之三復，曰如居士可謂士矣。因以儀勸農文附其後，傳屬邑刻而傳之。丹陽洪興祖序。

宋　陳旉《農書・洪真州後序》　致治之要在夫民由常道，欲民由常道必先使之有常心，欲使民有常心必先制之有常產，有常產則家給人足，養備動時，斯乃能有常心矣。有常心則父父子子，兄兄弟弟，夫夫婦婦上下輯睦，斯乃能行常道矣。苟無常產則衣食不給飢寒交迫，父母兄弟妻子離散而禮義不率，其能守常心耶？因無常心則放僻邪侈無所不爲，尚何常道之能行耶？是故聖王以服田穡勤勞農桑爲急先務。其所以著爲法式，布在方策，教之委曲纖悉施用於始中終，無所不用其至而誠盡者，誠以崇本之術，莫大乎是也，傳不云乎？民之大事在農，上帝之粢盛於是乎出，民之蕃庶於是乎生，事之供給於是乎在，和協輯睦於是乎興，財用蕃殖於是乎始，厚龐純固於是乎成，則民爲邦本，本固邦寧之道。廣至治之要其有不在茲乎？雖然農事備載方冊，聖人或因時以設教，因事而爲辭，其文散在六籍子史，廣大浩博，未易倫類而究覽也，賢士大夫固常熟復之矣，宜不待申明然後知。乃若農夫野叟不能盡皆周知，則臨事不能無錯失，故余纂述其源流，敘論其法式，詮次其先後，首尾貫穿，俾覽者有條而易見，用者有序而易循，朝夕從事，有條不紊，積日累月功有章程。不致因循苟簡倒置先後緩急之敘，雖甚慵惰疲怠者且將曉然。心喻志適欲罷不能，知夫聖王務農重穀勤勤在此，於是見善明而用心剛卽志好之行。安之父教子習知世守而愈勵，不爲異端紛更其心，亦管子分四民羣萃而州處之意也。洪眞州題後。

宋　陳旉《農書・全真子序》　此書成於紹興十九年，眞州雖曾刊行而當時傳者失眞，首尾顛錯意義不貫者甚多。又爲或人不曉旨趣妄自刪改，徒事絺章繪句而理致乖越，是書也。將以曉農事之大，使人人心喻志解。今乃反惑其説，使老於農圃而視效於斯文者，方且嗤鄙不暇其肎，轉相讀説勸勉而依倣之耶。僕誠憂之故取家藏副本繕寫成帙，以待當世君子採取以獻於上，然後鍥版流布必使天下之民咸究其利，則區區之志願畢矣。五年甲戌元日如是菴全眞子題。

宋　陳旉《農書・汪綱序》　高沙素號沃壤，中更兵火土曠人稀，東作西成既不盡力，而蠶桑之務，亦不加意。雖廣種薄收，然每遇豐歲，長淮所賴以儲蓄者，猶糴於此以取足焉。如使種藝有其方，耕穫得其便，地利既已無遺而又知所謂有蠶之事，則衣食充足，公私兼裕，寧有盡藏耶？余曩得《農書》一帙，凡耕桑種植之法纖悉無遺，揭來守此，視事之初，急鋟諸木以爲邦人。勸爾父兄子弟其相與勉之，是郡守拳拳之意也。甲戌冬至日，新安汪綱書。

《四庫全書總目提要》卷一〇二《農書》 《農書》三卷、附《蠶書》一卷，江蘇巡撫採進本。此書影宋抄本，題曰陳旉撰，《宋史·藝文志》亦同。陳振孫《書録解題》作，西山隱居全真子陳雱撰，未詳何人。《永樂大典》所載則作陳敷。考漢郊祀歌，朱明旉與顔師古注曰：旉古敷字。《永樂大典》蓋改古文從今文。陳氏作雱，則字形相近而誤也。首有自序，佚其前二頁，末有洪興祖後序及旉自跋。興祖序稱西山陳居士，於六經諸子百家之書，釋老氏黄帝神農氏之學，貫穿出入往往成誦。下至術數小道亦精其能。平生讀書不求仕進，所至即種藥治圃以自給。又稱其紹興己巳年七十四，則南北宋間處士也。自跋云此書成於紹興十九年，真州雖曾刊行而當時傳者失真，首尾顛倒意義不貫者甚多。又為或人不曉旨趣妄自刪改，徒事絺章繪句而理致乖越。故取家藏副本繕寫成帙，以待當世之君子採取以獻於上。則興祖所刊之本，有所點竄，旉蓋不以為然。其自序又稱此書，非騰口空言誇張盜名，如《齊民要術》、《四時纂要》，迂踈不適用之比。其自命殊高，今觀其書上卷泛言農事，中卷論養牛，下卷論養蠶。大抵泛陳大要，引經史以證明之，虛論多而實事少，殊不及《齊民要術》之典賅詳明。遽詆前人殊不自量，然所言亦頗有入理者。宋人舊帙久無刊本，姑存備一家可也。末有《蠶書》一卷，宋秦湛撰。湛字處度，高郵人，秦觀之子。所言蠶事頗詳，《宋志》與旉書各著録。不知何人綴旉後合為一編。其説與旉書下篇可以互相補苴，今亦仍並録之焉。

清 耿文光《萬卷精華樓藏書記》卷七七《農書提要》 《農書》三卷，宋陳旉撰。知不足齋本，依仁和趙氏小山堂鈔本開雕。上卷十四篇曰財力之宜、曰地勢之宜、曰耕得之宜、曰天時之宜、曰六種之宜、曰居處之宜、曰糞田之宜、曰薅耘之宜、曰節開之宜、曰功之宜、曰器用之宜、曰念慮之宜、曰祈報篇、曰善其報苗篇，中卷三篇曰牛説、曰牧養役用之宜、曰醫治之宜，下卷五篇曰種桑之法、曰收蠶之法、曰育蠶之法、曰用火採桑之法、曰簇箔藏繭之法。是書言簡意明文詞暢茂，皆取材於經子非野老之謾辭。觀其前後序並自題甚自矜貴，又有丹陽洪興祖序，新安汪綱跋。陳氏自序曰：耕桑之事為細民之業旉，躬耕西山心知其故。撰為《農書》三卷，區分篇目條陳件別而論次之，是書也。非苟知之蓋嘗尤蹈之，確乎能其事乃敢著其説以示人。若葛抱樸之論神仙隱居之疏本草，其謬悠之説，荒唐之論取誚後世，不可勝記矣。此蓋敘述先聖王撙節愛物之志，詈非騰口空言誇張盜名。如《齊民要術》、《四時纂要》迂疏不適用之此也，實有補於來世云爾。陳氏後序曰：農事備載方冊，農夫野叟不能周知，余故纂述其源流，敘論其法式，詮次其先後首尾貫穿，俾覽者有條而易見用者，有序而易循。知聖王務農重穀勸勸在此。此書成於紹興十九年，真州雖會刊行而當時傳者失真，首尾頭緒意義不貫者甚多，又為或人不曉旨趣妄自刪改，徒事絺章繪句而理致乖越。僕誠憂之，故取家藏副本繕寫成帙，以待當世君子採取以獻於上。然後鍥板流布必使天下之民鹹究其利，則區區之志願畢矣。後五年甲戌元日，如是菴全真子自題。洪氏序曰：西山陳居士於六經、諸子百家之書，釋老氏、黄帝、神農氏之學貫穿出入，下至術數小道亦精其能，其尤精者易也。平生讀書不求仕進，所至即種藥治圃以自給。紹興已巳自西山來訪予於儀真，時年七十四，出所著農書，余讀之三複，因以儀徵勸農文附其後，俾邑刻而傳之。汪氏跋曰：余得農書一帙，凡耕桑種植之法纖悉無遺。揭來守高沙視事之初，急鋟諸本以為邦人勸。

清 陸心源《皕宋樓藏書志》卷四二《農蠶書提要》 《農蠶書》一百一冊，宋陳旉《農書》三卷，秦觀《蠶書》一卷，附樓璹《耕織圖詩》。按《宋史·藝文志》：《陳旉農書》三卷，陳振孫書録解題云：《農書》三卷，稱西山隱居全真子陳旉撰，未詳何人。其書曰田、曰牛、曰蠶。洪慶善為之後序，係洪興祖字。又云：秦少遊《蠶書》見少遊《淮海集》第六卷。云云本二書合刻，係宋汪綱守高郵時所編，其跋《農書》略云：高沙素稱沃壤，每遇豐歲則長淮所賴以儲蓄者，雜於此以取足焉。余曩得《農書》一帙，凡耕桑種植之法悉無遺。揭來守此視事之初，急鋟諸木以為邦人勸。孫鏞《蠶書》跋云：高沙之俗耕而不蠶，郡太守汪公，取秦淮海《蠶書》示余曰：子謂高沙不可以蠶，此書何為而作乎，乃命鋟木與《農書》並傳焉。二跋俱為嘉定甲戌，按：甲戌為宋寍宗嘉定七年。後附樓璹《耕織圖詩》，並録璹孫洪鐫石題識，稱嘉定庚午荔汪綱刻書，時見此石刻遂併取之，以附於二書之末耳。宋史汪綱字仲舉，黟縣人，淳熙中中銓試，調鎮江司戶參軍，歷知平陽、弋陽、蘭溪、太平諸縣，又以選知高郵軍，進直煥章閣知紹興府，權戶部侍郎致仕。綱學有本原，多聞博記，兵農醫卜，陰陽律歷諸書靡不研究。所著有《恕齊集》、《左帑志》、《漫存録》史雖未載此書而記其知高郵時，嘗增修興化堤堰以興水利，政績甚多。蓋留心經濟，宜以勸課農桑為急務也。檇李項氏泰興季氏藏本，有印記禦史振宜之印白文，《農書》序季振宜藏書朱文。《農書》上《萬卷堂藏書記》朱文，《農書》中項靖之印、檇李項藥師藏俱朱文，《農書》下。

清 萬作霖《農蠶書・跋》 聖祖仁皇帝南巡時，江南人士出其藏書進獻者甚多，內有陳旉《農書》、於潛公《耕織二圖詩》。三書皆宋版也。

清 周廣業《四部寓眼録補遺》 宋紹興年，西山隱居全真子陳旉撰。《中卷・牛説》言牧養役使之宜甚悉。大意言牛血氣與人均也，稾秸不足以充其饑，水漿不足以禦其渴。天寒嚴凝，而凍慄之，天時酷暑，而曬曝之，因瘠羸劣疫癘結瘴氣，以致斃踣，田畝不治，無足怪者。余四月中旬，由四安至桐川，道中見夫婦共事一牛者，其牛羸瘠已甚。夫操縱帚拂拾其項頷，妻以手抓搔其股腳間，許久無倦容，似護惜之不遺餘力矣。不知前此之苦飢渴而侵寒暑者多矣。時方插秧，急需其力，將驅策之，知羸瘠乃爾。恐不任勞，從而拂拭撫摩之。無論暫時之噢咻，無救於病，即使牛感主人之意，竭其垂斃直力，以運犁起墢，終亦踣耳。彼夫婦豈不對之增愧乎。飯牛而肥，吾懷百里奚矣。

著録

宋 陳振孫《直齋書録解題》卷一〇 《農書》三卷，稱西山隱居全真子陳旉撰。案：《農書》係陳旉撰，原本誤作雱今改正。未詳何人，其書曰田、曰牛、曰蠶，洪慶善為之後序。

《宋史》卷二〇五 陳旉《農書》三卷

明 焦竑《國史經籍志・子類・農家》卷四 《農書》三卷。宋陳雱。

清 于敏中等《天禄琳琅書目》卷二 《農蠶書》。宋陳旉《農書》三卷。秦觀《蠶書》一卷。附樓璹《耕織圖詩》一函一冊。按：《宋史・藝文志》：陳旉《農書》三卷。陳振孫《書録解題》云：《農書》三卷。稱西山隱居全真子陳旉撰。未詳何人。其書曰田，曰牛，曰蠶。洪慶善為之後序。慶善係洪興祖字。又云秦少游《蠶書》見少游《淮海集》第六卷云云。此本二書合刻係宋汪綱守高郵時所編，其跋《農書》略云：『高沙素稱沃壤【略】每遇豐歲，長淮所賴以儲蓄者，糴於此以取足焉。余曩得《農書》一帙，凡耕桑種植之法纖悉無遺，揭來守此視事之初，急鋟諸木以為邦人勸。』

又 二跋俱為嘉定甲戌。按：甲戌為宋寧宗嘉定七年。後附樓璹《耕織圖詩》並録璹孫洪鑴石題識，稱嘉定庚午。蓋汪綱刻書時見此石刻，遂併取之以附於二書之末耳。《宋史》：『汪綱，字仲舉，黟縣人。』淳熙中中銓試，調鎮江司戶參軍，歷知平陽、弋陽，蘭溪、太平諸縣，又以選知高郵軍進直煥章閣知紹興府權戶部侍郎致仕。綱學有本原，多聞博記，兵、農、醫、卜、陰陽、律歷諸書靡不研究。所著有《恕齋集》、《左帑志》、《漫存録》。史雖未載此書，而記其知高郵時，嘗增修興化堤堰，以興水利，政績甚多。蓋留心經濟，宜以勸課農桑為急務也。檇李項氏泰興季氏藏本有印記。

《四庫全書簡明目録》卷一〇《子部四・農家類》 農書三卷附蠶書宋陳旉撰，《書録解題》作陳雱蓋傳寫之誤。上卷論農事、中卷論養牛、下卷論養蠶，多發揮其理，與他書兼舉其法者為例稍殊，末綴《蠶書》一卷，則秦湛所作，後人附入也。

《清續通志》卷一六〇 《農書》三卷，舊本題陳敷撰，不著時代。

清 法式善《陶廬雜録》卷四 陳旉農書三卷

清 閻若璩《潛邱札記》卷六 至宋史始有陳旉農書三卷

清 趙魏《竹崦盦傳鈔書目・子部農家類》 《農書》三卷，宋陳旉撰，四十八。

清 莫友芝《郘亭知見傳本書目》 《農書》三卷附《蠶書》一卷《農書》宋陳旉撰。《蠶書》秦湛撰。《四庫》依影宋抄本，知不足齋本、《龍威秘書》本。函海僅刊《農書》。路小洲有影宋抄本，諸家書目俱以《蠶書》為秦觀作，附刊《淮海集》內，《四庫目》以為秦湛，字處度，乃觀之字，未知孰是。

農桑輯要

綜述

宋 熊禾《勿軒集》卷一《農桑輯要序》 右《農桑輯要》一編，迺大司農頒行之書也。前建安郡丞張侯某刻而傳之，將以廣朝廷務農重本之意於天下。誠使家置一本，奉行惟謹，則人人衣食以足，而風俗可厚，教化可興矣。抑孟子之言，田必百畝，桑必五畝，雞豚狗彘之畜，必不失時。然後黎民可以不飢不寒，老者可以衣帛食肉。葢三代所以極其品節制度之詳，以盡其輔相裁成之道，有天下者，萬世所當取法也。嗟夫二千年疆理之政，一壞於戰國之慢經界，再壞於秦人之開阡陌董仲舒限田之策，既不行於國實民富之時，荀悦均田之論，又不用於土曠人稀之後。舉天下農桑大利，上不在國，下不在民，而悉歸於兼并封君之家。奴婢厭綺紈，犬馬飫粱肉。而耕夫織婦，終歲絲絲而計，粒粒而數。有不得以遂其一日之温飽者矣。不反其本，而汲汲焉末節之是詳，不能制民之産則雖朝講夕究，徒為空言，月要歲成，亦無益於實政也。横渠張夫子必欲驗之一鄉，以行之天下者，夫豈無所俟哉。每愛元魏後周，口分世業之法，至桑麻田産，亦各有給，一時斯民，生意津津，可以三代。使自隋迄唐，守而不失，勿開賣買之門，勿變兩税之法，雖至今存可也。夫豈寥闊而難行哉？老瘞遺氓，欽覩詔書，蠲農租十分之二，永為定式，不覺舉手欣賀曰：此王政之始也。何也？南北風氣雖殊，大抵農户之食，主租已居其力之半，主户奉公上之餘，誠能復損其二以益之。則所得佃租，視採地之禄，亦畧相當矣。誠能舉而行之，以漸復古者五畝百畝之制，使貧者得以受野人之田，而食其餘；富者得以享君子之禄，而不失其養。賦税可均，徭役可省，地不改辟，民不改聚，經制一定，豈惟三代可復。雖為上古耕鑿擊壤之民可也，何幸身親見之。

元 王磐《農桑輯要序》《荆川稗編》卷四五 聖天子臨御天下，欲使斯民生業富，樂而永無饑寒之憂。詔立大司農司，不治他事而專以勸課農桑爲務，行之五六年功效大著，民間墾闢種藝之業增前數倍。農司諸公又慮夫田里之人，雖能勤身從事而播殖之宜，蠶繅之節或未得其術，則力勞而功寡獲約而不豐矣。於是徧求古今所有農家之書，披閱參考刪其繁重，摭其切要纂成一書，目曰：《農桑輯要》凡七卷，鏤爲版本進呈畢，將以頒布天下。屬予題其卷首，予嘗讀豳詩知周家所以成八百年興王之業者，皆由稼穡艱難積累以致之。讀《孟子》書見其論説王道，丁寧反覆皆不出乎，夫耕婦蠶五雞二彘，無失其時老者衣帛食肉，黎民不饑不寒，數十字而已大哉。農桑之業眞斯民衣食之源，有國者富強之本，王者所以興教化，厚風俗，敦學悌，崇禮讓致太平，躋斯民於仁壽未有不權輿於此者矣。然則是書之出其利益天下，豈可一二言之哉。施於家則陶朱猗頓之實術也，用於國則周成康漢文景之令軌也，又何待夫序引贊揚而後知其可重哉。至元癸酉歲季秋中旬日，翰林學士王磐題。

元 蒲道源《閑居叢稿》卷二〇《農桑輯要序》 《虞書》六府，一乃穀。《洪範》八政，首曰食。蓋生民以為天，有國之所先，務不可一日而後也。宣尼語冉有，以富之而教，言上之人，使人勤力田畆，是以仰事俯育，無至饑寒，然後暇治禮義，風化可行。由此觀之，誠乃王道之始，三代之盛，曷嘗不以養民，為致治之本，與皇元建極神聖相承，一以仁覆天下。聖上欽明，《無逸》尤知稼穡之艱，以農桑委大司農丁寧，勉飭猶恐，行之未至，爰命宰執，擇能吏楷正農書。溥覃率土教以種養之方，期於家給人足，與堯舜命后稷以播植，其揆一也。主者頒於郡縣城，固達嚕噶齊赫嚕公，時領農事，謂同署曰：『此聖天子惠養元元之善政，天日煥然，使民家有是書，則耕者盡地利，蠶者富繭絲，不待春秋廵督，而勸課之効已具於目前矣。豈非事簡而功著者乎。』縣尹康公簿，尉文賓二宰，共成其志，資以俸金。鳩工鏤梓，不踰月而告畢。僕忝聞議論之餘，輙序於後。作牧之良，有司皆以誕敷帝德左右，斯民為念，則於萬世太平之治，未為無小補雲。

元 蘇天爵《元文類》卷三六《農桑輯要序》 農為天下之大本。有國家者所當先務。蓋宗廟之粢盛，軍國之經用，生民之衣食，皆於是乎出。故古之王者親耕籍田以為農，先俾人知務本盡力南畆而基太平之治也。洪惟世祖皇帝誕膺，景命惠養，黎元立大司農司以修古九扈氏之政，迺詔參稽古今農書。芟其煩而撮其要，類萃成書曰《農桑輯要》。若夫耕蠶之術，畜孳之方，天時地利之所宜，莫不畢具用之則，力省而功倍，刊行四方，灼有明效。逮我仁宗皇帝，克繩祖武，軫念民事，以舊板本弗稱，詔江浙省臣端楷大書更鋟諸梓，仍印千五百帙，頒賜朝臣及諸牧守，令知稼穡之艱難，以勸諭民。聖天子嗣大歷服祇遹先猷，特命中書左丞相臣，拜珠領大司農，司事越至治。改元之明年，丞相暨大司農臣協謀奏旨復印千五百帙，凡昔之未霑賜者，制悉與之。且敕翰林臣文淵序諸卷首，臣竊惟聖聖相承，愛民之心其歸一揆，老稚熙熙含哺鼓腹於春風田里間，而不知為有帝力，何其幸哉。臣抑聞天生民而立之君，以司牧之必有命，世大賢左右贊襄，而後能樹裁成輔相之功，皇上宵旰圖治，垂意乎制民之産，賢相忠誠為國慮一夫之不獲，同心同德，計安天下，誠可謂千載一時也。使在位者皆體吾君相之心，推廣是術，開導農民，靡身從事，以致公私饒給，禮讓興行，還風俗於唐虞三代之隆，則聖元配天其澤維億萬年寧有既哉！

清 錢曾《讀書敏求記》卷三 《農桑輯要》七卷。延祐元年，皇帝聖旨裏這農桑册子，字様不好，教真謹大字書寫開本。蓋元朝以此書爲勸民要務，故鄭重不苟。如此序後資行結銜，皆江浙等處行中書省事官。則知是板刊於江南，當日流布，必廣今所行，唯小字本，而此絶不多見何耶。

《四庫全書總目提要》卷一〇二《農桑輯要》 《農桑輯要》七卷，《永樂大典》本，元世祖時官撰，頒行本也。前有至元十年翰林學士王磐序，稱詔立大司農司，不治他事，專以勸課農桑為務。行之五六年，功効大著。農司諸公又慮夫播植之宜，蠶繰之節未得其術，於是徧求古今農家之書，删其繁重摭其切要，纂成一書鏤為板本進呈，將以頒布天下云云。案：《元史》司農司設於至元七年，分布勸農官巡行郡邑，察舉農事成否，達於户部，以殿最牧民長官。史又稱世祖即位之初，首詔天下崇本抑末，於是頒《農桑輯要》之書於民，均與王磐所言合。惟至元七年至十年不足五六年之數，磐蓋據建議設官之始約畧言之耳。焦竑《國史經籍志》、錢曾《讀書敏求記》皆作七卷，《永樂大典》所載僅有二卷，蓋編纂者所合併非有闕佚。《永樂大典》又載有至順三年印行萬部官牒。蘇天爵《元文類》又載有蔡文淵序一篇，稱延祐元年，仁宗特命刊板於江浙行省，明宗、文宗復申命頒布。蓋有元一代以是書為經國要務也。書凡分典訓、耕墾、播種、栽桑、養蠶、瓜菜、果實、竹木、藥草、孳畜十門，大致以《齊民要術》為藍本，芟除其浮文瑣事而襍採他書以附益之，詳而不蕪，簡而有要，於農家之中最為善本。當時著為功令，亦非漫然矣。

清 耿文光《萬卷精華樓藏書記》卷七七 文光案。此序質而無致，後半更砌湊，亦可見元世之文教矣。凡農桑歷象醫卜諸術，非經歷驗試，無補於用。棄書耳不可，泥書亦不可也。戊寅大祲之秋，吾邑初試區田，苗肥葉茂，粒則空虛。蓋習之未熟，疏密不合。故徒勞耳枉費。其時亦按法行之，非無書也。延祐五年四月廿七日，上御嘉禧殿，集賢大學士臣邦甯，大司農臣源，進呈農桑圖。上披覽再三，問作詩者何人？對曰：翰林承旨臣趙孟頫。作圖者何人？對曰：諸色人匠提舉臣楊叔謙。上嘉賞久之。人賜文綺一段，絹一段。又命臣趙孟頫序其端。『欽惟皇上以賢士豐年為上瑞。嘗命作七月圖，以賜東宮，又屢降旨設勸農之官，其於王業之艱難，蓋已深知所本矣。此圖寔臣源建意，令臣叔謙因大都風俗，隨十有二月分農桑為廿有四圖。因其圖像，作廿有四詩。正《豳風》因時紀事之義。又俾翰林承旨，臣阿憐帖木兒用畏吾兒文字譯於左方，以便御覽。臣學術荒陋，乃過蒙聖獎，且拜綺帛之賜臣，既敘其事，無任榮幸感恩之至。』文光案此《農桑圖序》録於《松雪齋外集》，乃明本所無，其題耕織圖二十有四首，為五言古詩，在本集第二卷内。戴植曰：今所傳《齊民要術》可想農圃之梗概。《管子・地員》一篇載土地所宜，比《禹貢》尤詳。悉《亢倉子》説農道大有意義，其説禾黍稻麻菽麥得時失時尤詳。且悉與《吕氏春秋》大概略同。《漢志》《神農》二十篇，《野老》十七篇，《董安國》十六篇，《尹都尉》十四篇，《趙氏》五篇，《氾勝之》十八篇，《王氏》六篇，《葵葵》一篇，九家百十四篇。要之，各有傳授，不可例以夫子鄙須，遂謂無此學也。元扈先生曰：《書》不删《無逸》，《詩》不删《豳風》。夫子告須之辭，亦猶孟子不欲并耕之意耳。

清 周中孚《鄭堂讀書記》卷四〇《子部四》 《農桑輯要》七卷，武英殿聚珍版本。元司農官撰。《四庫全書》著録。倪氏、錢氏補《元志》俱載之。乃世祖至元十年，官撰頒行之本也。凡分十門：曰典訓，曰耕墾，曰播種，曰栽桑，曰養蠶，曰瓜菜，曰果實，曰竹木，曰藥草，曰孳畜。每門又各分子目，大致本《齊民要術》而附益以他書，並删其今古異宜及瑣屑繁重之處，使簡而易行，蓋農桑之業，眞斯民衣食之源，有國者富強之本，王者所以興教化、厚風俗、敦孝悌、崇禮讓、致太平，躋斯民於仁壽，未始不權輿於此者矣。然則是書之出，其利益天下，豈可一二言之哉。前有至正癸酉翰林學士王磐序，蘇氏元文類，又有蔡文淵序，歷述仁宗、明宗、文宗相繼頒布，則已在順帝時作云。

著録

明 焦竑《國史經籍志》卷四〇《子類》 《農桑輯要》七卷，元司農輯。

明 孫能傳《内閣藏書目録》卷八 《農桑輯要》十四册。元至元間農諸公編輯，古今耕蠶書也。

明 晁瑮《晁氏寶文堂書目》卷下《農圃》 《農桑輯要》。

《四庫全書簡明目録》卷一〇 《農桑輯要》七卷，元至元十年官撰。原本久佚，今從《永樂大典》録出，元史稱世祖即位詔天下崇本抑末，又頒《農桑輯要》於民，即此本也。凡十門，大致以《齊民要術》為藍本，而删其今古異宜及瑣屑繁重之處，使簡而易行。

《續通志》卷一六〇 《農桑輯要》七卷，元世祖時官撰頒行本。

清 孫馮翼《四庫全書輯永樂大典本書目》（遼海叢書） 《農桑輯要》七卷，元世祖時官撰

清 郝慶柏《永樂大典書目考》卷一（遼海叢書） 《農桑輯要》七卷，元至元十年官撰。聚珍本、閩覆本、蘇杭縮本、格致叢書本。

《續文獻通考》卷一八一 《農桑輯要》七卷，元世祖時官撰頒行本。臣等謹案：是書前有至元十年翰林學士王磐序，稱詔立大司農司，不治他事，專以勸課農桑為務，行之五六年，功效大著。農司諸公又慮播植之宜，蠶繰之節，未得其術，於是徧求古今農家之書，摭其切要，纂成一書，鏤為板本，進呈將以頒布天下。考元史，稱世祖即位之初，首詔天下，崇本抑末。於是頒《農桑輯要》之書於民。即是書也，書凡分典訓、耕墾、播種、栽桑、養蠶、瓜菜、果實、竹木、藥草、孳畜十門。

《文淵閣書目》卷三 《農桑輯要》一部七册，《農桑輯要》一部九册，《農桑輯要》一部五册

清 徐乾學《傳是樓書目》 《農桑輯要》七卷。陳無松。二本。

清 黄虞稷《千頃堂書目》卷一二 《農桑輯要》七卷，司農輯。羅文振《農桑輯要》七卷。

清 張英《淵鑑類函》卷五四 《農桑輯要》元世祖惓惓於農桑一事，頒《農桑輯要》之書於民。

清 莫友芝《郘亭知見傳本書目》 《農桑輯要》七卷，元至元十年官撰，聚珍本、閔覆本、蘇杭縮本、《格致從書》本。徐氏《傳是樓書目》有此七卷。胡文煥校本，即《格致》本也。錢曾《敏求記》有元刊大字本，云近年所行惟小字本，而此刻不多見，小字本疑即胡文焕本也。

清 丁申、丁丙《八千卷樓書目》卷一〇《子部・農家類》 《農桑輯要》七卷。元至元十年官撰。聚珍板本。杭刊本閩刊本。

《清續文獻通考》卷二七〇《經籍考十四》 《農桑輯要》七卷。元司農司。

清 繆荃孫《藝風堂文續集》卷四 《農桑輯要》七卷。元世祖時官撰。

清 倪燦《補遼金元藝文志》 元司農司《農桑輯要》七卷。世祖時頒行。

清 錢大昕《元史藝文志》卷三 元《農桑輯要》書七卷。至元十年大司農輯。

清 慶桂《國朝宫史續編》卷一《訓諭》 《農桑輯要》一部。元至元時官撰。

清 魏源《元史新編》卷九三《志十之三》 至元《農桑輯要》書七卷。至元十年大司農輯。

清 葉昌熾《緣督廬日記抄》卷四 《農桑輯要》七。延祐七年刊。四册。

清 曾廉《元書》卷二三 至元《農桑輯要》書七卷。

清 朱學勤、朱澄《結一廬書目》卷三《子部・農家類》 《農桑輯要》七卷，計四本。元至元十年官撰。元延祐七年大字刊本。《四庫全書》著録者係從《永樂大典》録出，此則元刊本原帙也。

四民月令

綜述

明 高儒《百川書志》卷一〇《子志四・四民月令序》《四民月令・序》 子輯《四民月令》，以《玉燭寶典》為主；用《齊民要術》校補。至刻成覆勘，間有啟後之疑，不能不註明者，今并異同之字，補記於此。至《北堂書鈔》、《藝文類聚》、《初學記》、《太平御覽》所引，除了刺取坿注外，概不録。因各書摘引，不免牽連紕繆；玩其語氣，殊有齟齬。是知掇採古籍，固當精心參證，孰復本文，期於辭達義舉，正未可專事攟摭也。爰就所見，臚如左。嘉平月朔，百川識。

清 嚴可均《全後漢文》卷四七《四民月令提要》 《四民月令》謹案：《隋志・農家》，《四人月令》一卷。後漢大尚書崔寔撰。《舊唐志》同；《新唐志》作崔湜，誤；宋志不著録。近人任兆麟、王謨皆有輯本：編次不倫，且多罣漏。王本又誤以《齊人月令》謂即《四民月令》；而所採《齊民要術》，有今本所無者六事，其文不類，未知何據？余既輯崔寔《政論》二卷，因兼及此書，蒐録遺佚，得二百許事；省并重複，逐月分章，為十二章，定著一卷。有注，疑即崔寔撰；徵用者，都以注為正文，今加『注』字間隔之。而王本所採《齊民要術六事》，附存俟考。又《齊人月令》一卷，唐孫思邈撰。《宋志》在時令類，本今亡，並附於後，免與崔寔書混。

夫農為邦本，食為民天。洪範八政，一曰食；孔子論政，先足食。自古及今，未有不知稼穡之艱難，而能有國有家者也！惜古書流傳日少，《漢志・農》九家，見於《隋志》者，僅《氾勝之》一家；見於《新唐志》者，僅《尹都尉》、《氾勝之》二家，而多出《漢志》。《范子計然》一家。至宋時著録，乃起《齊民要術》，前此數家，絕無傳本；顧乃增收晚出空疏不適用之書，濫及茶、蟹、花、石不急之務，殊非農家本意。同硯生洪頤煊，始輯《范子計然》一卷、《氾勝之書》二卷；及余所輯此書，雖皆殘缺，然而網羅散失舊聞，竊有力焉。數十百年後，未知能廣為傳布否也？嘉慶己亥歲，秋九月，烏城嚴可均謹敍。

清 唐鴻學《四民月令》題記 崔寔《四民月令》任氏兆麟、王氏謨、嚴氏可均皆有輯本，三家之中嚴氏較善。然其中有誤注為正文，誤正文為注者；又有誤引佗書，入文入注者。余輯是篇，一皆釐正；而以《玉燭寶典》為主。若《齊民要術》、（校宋本）《北堂書鈔》、（舊鈔本南海孔氏刻本）《藝文類聚》、（校宋本）《初學記》、（舊校本）《太平御覽》（明補宋刻本）所引，但刺取坿注而已。蓋各書多系摘割或牽連枝蔓，故考索辭氣，時有齟齬；即嚴氏所謂『其文不類也』。是知掇採古籍，固當精心孰審，玩其本文，期於辭達義舉；正未可專事攟摭矣。辛酉三月，大關唐鴻學，斠訖並記。

傳記

《後漢書》卷八二《崔寔傳》 寔字子真，一名臺，字元始。少沉靜，好典籍。父卒，隱居墓側。服竟，三公并辟，皆不就。

桓帝初，詔公卿郡國舉至孝獨行之士。寔以郡舉，征詣公車，病不對策，除為郎。明於政體，吏才有余，論當世便事數十條，名曰《政論》。指切時要，言辯而確，當世稱之。仲長統曰：『凡為人主，宜寫一通，置之坐側。』其辭曰：自堯、舜之帝，湯、武之王，皆賴明哲之佐，博物之臣。故皋陶陳謨而唐虞以興，伊、箕作訓而殷、周用隆。及繼體之君，欲立中興之功者，曷嘗不賴賢哲之謀乎！凡天下所以不理者，常由人主承平日久，俗漸敝而不悟，政寖衰而不改，習亂安危，怢不自睹。或荒耽嗜欲，不恤萬機；或耳蔽箴誨，厭偽忽真；或猶豫歧路，莫適所從；或見信之佐，括囊守祿；或疏遠之臣，言以賤廢，是以王綱縱弛於上，智士鬱伊於下。悲夫！

自漢興以來，三百五十余歲矣。政令垢翫，上下怠懈，風俗凋敝，人庶巧偽，百姓囂然，咸復思中興之救矣。且濟時拯世之術，豈必體堯蹈舜然後乃理哉？期於補綻決壞，枝柱邪傾，隨形裁割，要措斯世於安寧之域而已。故聖人執權，遭時定制，步驟之差，各有云設。不強人以不能，背急切而慕所聞也。蓋孔子對葉公以來遠，哀公以臨人，景公以節禮，非其不同，所急異務也。是以受命之君，每輒創制；中興之主，亦匡時失。昔盤庚愍殷，遷都易民；周穆有闕，甫侯正刑。俗人拘文牽古，不達權制，奇偉所聞，簡忽所見，烏可與論國家之大事哉！故言事者，雖合聖德，輒見掎奪。何者？其頑士暗於時權，安習所見，不知樂成，況可慮始，苟云率由舊章而已。其達者或矜名妒能，恥策非已，舞筆奪辭，以破其義，寡不勝衆，遂見擯棄。雖稷、契復存，猶將困焉。斯賈生之所以排於絳、灌，屈子之所以攄其幽憤者也。夫以文帝之明，賈生之賢，絳、灌之忠，而有此患，況其余哉！

量力度德，《春秋》之義，今既不能純法八代，故宜參以霸政，則宜重賞深罰以御之，明著法術以檢之。自非上德，嚴之則理，寬之則亂。何以明其然也：近孝宣皇帝明於君人之道，審於為政之理，故嚴刑峻法，破奸軌之膽，海内清肅，天下密如。薦勛祖廟，享號中宗。算計見效，優於孝文。及元帝即位，多行寬政，卒以墮損，威權始奪，遂為漢室基禍之主。政道得失，於斯可監。昔孔子作《春秋》，褒齊桓，懿晉文，嘆管仲之功。夫豈不美文、武之道哉？誠達權救敝之理也。故聖人能與世推移，而俗士苦不知變，以為結繩之約，可復理亂秦之緒，《干戚》之舞，足以解平城之圍。

夫熊經鳥伸，雖延歷之術，非傷寒之理；呼吸吐納，雖度紀之道，非續骨之膏。蓋為國之法，有似理身，平則致養，疾則攻焉。夫刑罰者，治亂之藥石也；德教者，興平之粱肉也。夫以德教除殘，是以粱肉理疾也；以刑罰理平，是以藥石供養也。方今承百王之敝，值厄運之會。自數世以來，政多恩貢，馭委其轡，馬駘其銜，四牡橫奔，皇路險傾。方將柑勒鞬鞆以救之，豈暇鳴和鑾，清節奏哉？昔高祖令蕭何作九章之律，有夷三族之令，黥、劓、斬趾、斷舌、梟首，故謂之具五刑。文帝雖除肉刑，當劓者笞三百，當斬左趾者笞五百，當斬右趾者棄市。右趾者既殞其命，笞撻者往往至死，雖有輕刑之名，其實殺也。當此之時，民皆思復肉刑。至景帝元年，乃下詔曰：『加笞與重罪無異，幸而不死，不可為人。』乃定律，減笞輕捶。自是之后，笞者得全。以此言之，文帝乃重刑，非輕之也；以嚴致平，非以寬致平也。必欲行若言，當大定其本，使人主師五帝而式三王，蕩亡秦之俗，遵先聖之風，棄苟全之政，蹈稽古之蹤，復五等之爵，立井田之制。然後選稷、契為佐，伊呂為輔，樂作而鳳皇儀，擊石而百獸舞。若不然，則多為累而已。

其後辟太尉袁湯、大將軍梁冀府，并不應。大司農羊傅、少府何豹上書薦寔才美能高，宜在朝廷。召拜議郎，遷大將軍冀司馬，與邊韶、延篤等著作東觀。出為五原太守。五原土宜麻枲，而俗不知織績，民冬月無衣，積細草而臥其中，見吏則衣草而出。寔至官，斥賣儲峙，為作紡績、織紝、練緼之具以教之，民得以免寒苦。是時胡虜連入雲中、朔方，殺略吏民，一歲至九奔命。寔整厲士馬，嚴烽候，虜不敢犯，常為邊最。

以病徵，拜議郎，復與諸儒博士共雜定《五經》。會梁冀誅，寔以故吏免官，禁錮數年。

時，鮮卑數犯邊，詔三公舉威武謀略之士，司空黄瓊薦寔，拜遼東太守。行道，母劉氏病卒，上疏求歸葬行喪。母有母儀淑德，博覽書傳。初，寔在五原，常訓以臨民之政，寔之善績，母有其助焉。服竟，召拜尚書。寔以世方阻亂，稱疾不視事，數月免歸。

初，寔父卒，剽賣田宅，起冢塋，立碑頌。葬訖，資產竭盡，因窮困，以酤釀販鬻為業。時人多以此譏之，寔終不改。亦取足而已，不致盈余。及仕官，歷位邊郡，而愈貧薄。建寧中病卒。家徒四壁立，無以殯斂，光祿勛楊賜、太僕袁逢、少府段熲為備棺槨葬具，大鴻臚袁隗樹碑頌德。所著碑、論、箴、銘、答、七言、祠、文、表、記、書凡十五篇。

《太平御覽·經史圖書綱目》 崔寔《四民月令》。

宋 章如愚《群書考索》卷九 《四民月令》之作於崔寔。

著録

《舊唐書》卷四七 《四民月令》一卷，崔寔撰。

《通志》卷六四 崔實《四民月令》一卷。

明 焦竑《國史經籍志》卷三《史類》 崔寔《四民月令》一卷。

《清續通志》卷一六四 崔寔《四民月令》一卷。

清 翁方綱《經義考補正》卷一一 崔氏寔《四民月令》。此《四民月令》以下至水月令凡一十三種，皆不應入擬，經當刪。

清 嚴可均《鐵橋漫稿》卷三《文類一》 崔寔《四民月令》一卷，可均輯。

清 朱彝尊《經義考》卷二七四《擬經》 崔氏寔《四民月令》《隋志》一卷，佚。《隋書》：後漢大尚書崔寔撰。按《四民月令》其書雖佚，而賈思勰《齊民要術》引之特多，合以《太平御覽》所載。好事者尚可捃拾成卷也。

雜録

《四庫全書總目》卷一〇二《子部一二・農家類》 農家條目，至為蕪雜。諸家著録，大抵輾轉旁牽。因耕而及《相牛經》，因《相牛經》及《相馬經》、《相鶴經》、《鷹經》、《蟹録》至於《相貝經》，而《香譜》、《錢譜》相隨入矣。因五穀而及《圃史》，因《圃史》而及《竹譜》、《荔支譜》、《橘譜》至於《梅譜》、《菊譜》，而《唐昌玉蘂辨證》、《揚州瓊花譜》相隨入矣。因蠶桑而及《茶經》，因《茶經》及《酒史》、《糖霜譜》至於《蔬食譜》，而《易牙遺意》、《飲膳正要》相隨入矣。觸類蔓延，將因《四民月令》而及《算術》、《天文》，因《田家五行》而及《風角》、《鳥占》，因《救荒本草》而及《素問》、《靈樞》乎？今逐類汰除，惟存本業。用以見重農貴粟，其道至大，其義至深，庶幾不失《豳風》、《無逸》之初旨。茶事一類，與農家稍近，然龍團鳳餅之製，銀匙玉碗之華，終非耕織者所事。今亦別入譜録類，明不以末先本也。

農桑衣食撮要

綜述

《四庫全書總目提要》卷一〇二・農桑衣食撮要》 《農桑衣食撮要》二卷，永樂大典本，元魯明善撰。明善，《元史》無傳，其始末未詳。此本有其幕僚導江張㮚序一篇。稱『明善威烏爾舊作畏吾兒。今依元國語解改正。人以父字魯爲氏，名鐵柱，以字行。於延祐甲寅出監壽郡，始撰是書，且鋟諸梓。』又有明善自序，則稱叨憲紀之任，取所藏《農桑撮要》，刊之學官，末署至順元年六月，蓋自壽陽刊版之後，閱十有七年而重付剞劂者也。考《豳風》所紀，皆陳物候，《夏小正》所記，亦多切田功。古來《四民月令》、《四時纂要》諸書，蓋其遺意，而今多不傳。至元中，頒行《農桑輯要》，於耕種樹畜之法，言之頗詳。而歲用雜事，僅列爲卷末一篇，未爲賅備。明善此書分十二月令，件繫條別，簡明易曉。使種藝斂藏之節，開卷了然。蓋以陰補《農桑輯要》所未備，亦可謂留心民事，講求實用者矣。

元 魯明善《農桑衣食撮要・序》 農桑衣食之本，務農桑則衣食足，衣食足則民可教以禮義，民可教以禮義，則家國天下可久安長治也。虞夏殷周之興罔不由此，秦漢而降知恤鮮哉。我世祖皇帝中統建元之初，首詔有司歲時勸課以厚民生，立大司農司以專其任，列聖相承式遵祖訓，凡我臣子孰敢不虔。乃者叨蒙憲紀之任，因思衣食之本，取所藏《農桑撮要》刋之學官，所以欽承上意而教民務本也。凡天時地利之宜，種植斂藏之法纖悉無遺，具在是書。苟為民者人習其業，則生財足食之道仰事俯育之資，將隨取而隨足庶乎，教可行而民安於下矣，固久安長治之策也。其可以農圃細事而忽之哉！雖然，遊末是趨舍是書而不務，以自取貧困固吾民之罪，而奪其時，以落其事，使是書為徒設，則有司之咎也。於戲！時和歲豐家給人足，與吾民相忘於謡衢擊壤之域，顧不美歟？謹題其篇端以告來者，庶牧民者知所勸也。至順元年六月甲申謹敍。

元 魯明善《農桑衣食撮要・張㮚序》 皇宋混一四海，以耕桑爲生民之本，勸以守令，督以風憲，統以大農，非不重也。然務農之書，或繁或簡，田疇之人，往往多不能悉，有司點視雖頻，勞而寡效。延祐甲寅，明善魯公出監壽郡，職思其憂，莫此爲急。乃謀諸同列，訪諸耆艾，考種藝斂藏之節，集歲時伏臘之需，以事繫月，編類成帙，繁簡得中，名爲《撮要》，且鋟諸梓，用廣其□。□□□幅之楮，而備□□之計；黃童白叟，日用不知，一覽瞭然也。□□□用天時，因地利，使斯民不飢不寒，以固邦本，視彼施鞭撲、頻點集者，其用心之誠否爲何如？繼自今家有此書，於民既便，方當爲諸郡式，豈壽陽之所能獨有乎？公名鐵柱，畏吾兒人，以父字『魯』爲氏，明善其字也。導江張曾忝郡幕，喜公之志，故爲之序。

元 魯明善《農桑衣食撮要・紀振跋》 昔日，胡元入主華夏，其父子夫婦之倫雖漠如，而司家勸農之職猶自若是。故當時魯公明善《農桑撮要》之作，亦有所由然也。

元 魯明善《農桑衣食撮要・錢保塘序》 《農桑衣食撮要》二卷，

簡要淺顯。皆四民日用切近之事。雖不及《齊民要術》之備，然時代不遠，語多可曉，行之亦易。向惟刻於《墨海金壺》、《殊叢別録》、《長恩室叢書》中，印行無多，别無單刻通行之本。因取《珠叢別録》本重録付梓。原有校語，悉仍其舊；間有参以鄙見者，以名別之。《四庫總目》所稱導江張曾序，此本佚去，無從校補。世有好事者，廣爲刊布，亦民間衣食之一助也。光緒十五年九月，海寧錢保塘序於大足官廨。

清 瞿鏞《鐵琴銅劍樓藏書目録》卷一四 《農桑撮要》兩卷，元魯明善撰並序。案：元時官頒《農桑撮要》一書，以《齊民要術》為藍本，共分六門。而卷末載歲用雜事猶略此本。則分十二月令，案時件繫詳，言種植斂藏之事，足補輯要所未備。卷中十一月修池塘一條，謂宜於農隙之時填補塘岸令高，中間要挑掘令深，則聚水寬廣所以預備乾旱，此真耕農要務也。書初刻於延祐甲寅，又刻於纖順元年，此其再刻本也。

清 周中孚《鄭堂讀書記》卷四〇《子部四・農家類》 《四庫全書》著録、倪氏、錢氏補元志俱載之。是編乃其延祐甲寅出監壽郡時所作。以農圃諸務，分繫於十二月。凡天時地利之宜，種植斂藏之法，纖悉無遺，所以使民及時趨事也。苟爲民者，人習其業，則生財足食之道，仰事俯育之資，將隨取而隨足，庶乎教可行而民安於下矣。固久安長治之策也。其可以農圃細事而忽之哉。考至元官撰《農桑輯要》末載歲用雜事一卷，尚未詳備，此足以補其闕，前有至順庚午元年自序，蓋重刊時所加入云。

傳記

元 虞集《道園類稿》卷四三《靖州路達魯花赤魯公神道碑》

國家郡縣天下，置首令以治之，又以國人為監於其上。其初置監，非不信於守而置也，言語文字有不及者，監通之。今天下一家，表里無二。監之於守，勢均位敵，惟其所能用之，監通於守，亦人材之盛者。然必其敏於文學、達於政事，而后足以當之，至公之道也。若魯公明善氏，以世家子執筆抽簡於天子左右。亦為外宰，相屬連六郡，五為監，一為守，治政悉盡其道。其天資之美，要其學問，亦有以通之也。公諱鐵柱，以明善為字，而以誠名其齋，蓋嘗學於曾子、子思之書者也。公之先人伽魯納答思，以高昌令族，通竺乾之奧學，明於物理，達於事變。受知於世祖皇帝，出納君命，以通四方之使，以達萬國之情。受貢獻，錫燕饗，寬足以懷遠，辯足以專對，明足以察其微，廉足以結其信。內無不虞之戒，外無弗率之征者。未必非得人之功也，故自禁衛領行人之使，積官至於開府儀同三司、大司徒之貴。而不設他職者，信之深而用之專也。居漢地久，其子又為聖賢之學，乃因父字，取魯以為氏。文質彬彬，無用而不宜者。內廷大臣有必闍赤之官，為天子主文史，任甚貴重，明善以父任從其長。久之，天子察其賢，以奉議大夫使佐江西行省。獄訟之事，日麗間，試用於昔日，而時稱之曰能。延祐中，歸見天子，天子思其父而憐其才也。特命爲中順大夫、安豐路達魯花赤，所謂監也。且行，上曰：尚方有白玉之鞍，嘗賜爾父乘之，今以付爾。又以御服賜之，曰：以傳爾子子孫孫於方來，使毋忘也。其在安豐，修學校，親帥師弟子，爲之講明。修農書，親勸耕稼；從義役，而民力始均；理獄訟，而曲直立判。凡郡之當爲者，如橋，如驛，如官舍，如蒙古、陰陽、醫學，修之以序，民不告勞。慈姥碳爲長江之險，始鑿分流以避之。去淫祠，不竭山澤之利，大槩有儒者之設施焉。郡人懼其去，而後來者改其成法，乃刻石以識。秩滿報政，入見上，益以爲能，非文吏所及。命以亞中大夫爲太平守。於是，國人自監而通爲守者，濟濟而出矣。然而，太平去南行臺近，郡事小不便，悉得有所稟。無賴奪貨於市，豪民奪人之妻，皂隸旁午索錢民間。監郡者嘗仕於東朝，有所恃於政府，以撓其政。公直道而行，按以天子之法，而郡以治。凡守之所當爲，視安豐爲尤沛然，監亦不能有加於人也。郡有峨眉亭，郡人爲之立碑，而公政繫焉。故翰林學士臨川吳文正公爲之文，後世之信使也。公之於當塗，亦幾於桐鄉矣。轉監池州。池多火，公下車問其故，民咸曰：良是矣。乃疏溝渠、積塘沼，謹救援，嚴鄰保。簡民之遊惰喜生事者，居以業守，復知樂之亭。至於今二十餘年，池不復火。民亦不忘，石刻之，刓即重刻；治池之可書者，具在是矣。閩有獄不決，浙省以其郡之無事也，檄往治之。從容得其情，多所平反，使者薦其名，不可及也。繼以嘉議大夫監衢州。郡有古堰，水可灌田數百頃。土民有擅其利者，民不敢言，吏不敢制。公按以法，水利均及，於民不待治而安矣。三年，轉監桂陽。前所治四郡皆大郡，桂陽最遠小，不足煩公。命下，公曰：亦天子之民也，何敢忽乎？及至，會大旱，朝廷出不得已之政，試納粟者以官。公親勸之，絕與吏爲欺，文具者得粟充積，郡人活焉。饑後火，禱而息，旱，禱而雨，如響斯答。桂陽安而蠻獠起，道州帥府檄公督之。公明賞罰，示好惡，絕姦吏。兵法嚴整，而力求所以生之之道。叛者悅服，不戰而定，鄰郡除干戈，公處之皆按堵。平日好鼓琴，得古人之意。至是，親定其譜爲八卷，而鄭衛之音，不得少於雅、頌者矣。此其所以善爲政，而異於常人者歟？及還京師，故人有執政者，見而嘆曰：司徒公，國之舊臣，大夫治郡有異政，寧久崎嶇於江海間邪？公曰：爲政可以及人，庶幾先君之意也。丞相欲留爲某部郎官，公嘆曰：吾老而貧，得一小郡以治，斯足矣。乃得靖州，靖迫西南夷。公至，不履而化。然五溪故地千八百里，有山溪之險。靖所領也，及田氏內附，潛侵而有之。公曰：此則不可不治，他日無窮之害也。乃畫地圖，考案牘，究其歲月，定地犬牙相制狀，上諸行省以聞。三月不報，公曰：吾得言之矣，行不行，天也。乃解組還太平，逍遥山水間，揮五絃而疊飛鴻，遂終其身矣。得年六十有七，以禮葬於姑孰石城鄉武林山之原。公雖不得大有爲於時，六郡之政，班班明白，可示於後世矣，亦何憾乎？公娶畏吾氏，封雲中郡夫人。子三人：長重喜，廢絳縣長，今監撫之崇仁；次仁；次曰曼陀羅釋理，通蒙古字學。女適廣壽海牙。孫四：某，某，某，某。重喜簡靜明敏，世其父學，化之以弦歌，守之以忠信，百里何有哉！集昔在著廷，知司徒之事。今得書靖侯之遺重喜焉。君子之論賢者，知世臣之可貴也。銘曰：江淮之間，名郡十數。昔保南土，恃以爲固。淮水湯湯，壽爲富疆，池於姑孰，江之腹腰。皇有萬方，撤其險防。歷監至守，安輯盡有。公生高昌，世有令望。力學稽古，父字氏魯。天子見之，憶其父時。世祖神武，柔遠不怒。蹕惟司徒，受貢考圖。進其輶軒，德音是宣。尚論其世，民社攸寄。自淮歷江，三治其邦。建學興禮，以作民紀。三加彌尊，上意所存。三郡之績，刻在金石。迺監於衛，積官以除。又遷桂陽，服嶺上荒。救災去癘，鳴琴以禮。鬢髮蒼浪，歸見廟堂。天子求舊，留在左右。公請小郡，乃命於靖。茫茫山溪，慨久不治。親至其封，以絕蟻封。上言不報，即理歸道。山曰峨眉，桐鄉在茲。長原幽宅，寧爾體魄。求諸前聞，爲萬石君。教忠之訓，賢子收命。推以治邦，再世同風。太史載事，以告來世。

（嘉靖）《壽州志》卷八《管守紀·秩官列傳》 魯明善，元時出監壽郡，編集《農桑撮要》傳於世。

清 周中孚《鄭堂讀書記》卷四〇《子部四·農家類》

元魯明善撰。明善，威烏爾人。亶作畏吾兒，今依元國語解改正。其父字魯爲氏，名鐵柱，以字行。延祐甲寅出監壽郡。

元 成功允《太平路魯總管德政碑》（康熙）《太平府志》卷三七

延祐二年，中順大夫、安豐路達魯花赤魯公鐵柱改授亞中大夫、太平路總管。五年春，按行屬邑，至無湖邑，父老合詞於分司，請總管德政碑。六年春，父老請邑文學掾撰碑詞。父老曰：侯至吾邑，講學勸農，問孤恤寡，平反獄詞，宣剔德化。豪而疆者，屏息自悔；貧且弱者，拜手交慶。凡有便於民者，侯一切行之無留難。不數日而百姓為之改視易聽。天下州郡長吏賢與否，愚所不得知，國家開運以來，吾邦太守公敏清勤如我侯者，政不多見。邑有孝子奉母謹，我侯聞之，命母子至於庭，深加獎掖，助以供養費，於是邑官吏捐捧各有差，吾聞老吾老以及人之老，我侯以之。邑有遊惰濫名皂隸，什伍為朋，怙勢用威，肆為奸宄，交結蟠固，習為故常，良善側足而立，莫之誰何，我侯之至，小懲大誡，輕者書過，重者拘役。吾聞惡不仁所以為仁，我侯以之。邑有站驛，役使不均，富者巧計自暇逸，貧者奔走困供給，我侯之至，安其餘糧，第其高下，役有常數，日有多寡，悉釐舊弊。吾聞惟公生明，我侯以之。浮橋主渡為客舟，往來害者甚夥，牙儈罔利為民間貿易害者，甚不便，侯皆斥遣之。矧侯於學校尤用情，新士服，制祭器，葺講堂、齋廡各如度，刊大學經傳授諸生，朔望講說，下至小學皆成誦；復葺農桑為書以教人，皆我侯勸勉之力。郡臨江有磯，曰望夫，曰磯，曰磧磯，懸崖千尺，危逕一線，泝流挽纜，遭跌蹶而溺者，往往而有，我侯捐貲募工，倡率僚屬，鑿險開道，如履平地。是又為操舟者永久之利噫！侯惡惡至矣，而復有依憑軍勢，朋為凶兇狡，肆行横逆，侯痛懲之。邑賴以清，昔之賢守，如文翁之興學、龔遂之勸農、朱邑之廉節、召信臣之興利，彼皆有其一，而人誦之，至今我侯則兼有之。今三年秩滿，行將代去而厲操益清，存心益厚，去之日如始至時焉。余因思為政之道，得民且難，得其心為尤難。侯非眞有以得其心，能至是乎？侯為人慈祥，豈弟簡易，廉謹，不事邊幅，專務以德化人，至於用刑，乃其不得已。者公退之暇日，撫琴書字為常，澹然無營利意，是可尚也已。

著録

明　高儒《百川書志》卷一〇《子部・農家》　《農桑四時撮要》一卷。不知作者。按《月令》敘事。幾二百條。

明　周弘祖《古今書刻》南京國子監　《農桑衣食》《農桑撮要》。

又　淮安府　《農桑撮要》。

又　揚州府　《農桑撮要》。

又　瑞州府　《農桑撮要》。

又　建寧府書坊　《農桑撮要》

又　懷寧府　《農桑撮要》

明　趙用賢《趙定宇書目》《農桑撮要》一本。

明　焦竑《國史經籍志》卷四《子類・農家》　《農桑撮要》七卷。羅文振。

明　晁瑮《晁氏寶文堂書目》卷下《農圃》　《農桑撮要》

《四庫全書簡明目録》卷一〇　《農桑衣食撮要》二卷，元魯明善撰。原本久佚，今從永樂大典録出，其書以農圃諸務分繫十二月令，使民及時趨事，農桑輯要未載，歲月襍事一卷，未為賅備，此足以補其闕也。

《清續通志》卷一六〇　《農桑衣食撮要》二卷，元魯明善撰。

《清續文獻通考》卷一八一　魯明善《農桑衣食撮要》二卷，明善輝和爾舊作畏吾兒今改正人，父字魯遂，以為氏，名鐵柱。以字行，延祐甲寅出監壽郡撰此書。臣等謹案是編循十二月令，件繫條別，蓋猶《四民月令》、《四時纂要》諸書之遺意也。

清　周中孚《鄭堂讀書記》卷四〇《子部四・農家類》　農桑衣食撮要二卷墨海金壺本。元魯明善撰。

清　莫友芝《郘亭知見傳本書目》　《農桑衣食撮要》二卷　魯明善撰。《墨海金壺》本、《珠從別録》本、長恩書室本、元延祐甲寅刊本、至順元年重刊本。

清　郝慶柏《永樂大典書目考》　《農桑衣食撮要》二卷　魯明善撰。《墨海金壺》本、《珠從別録》本、長恩書室本、元延佑刊本、至順重刊本、半畝園刊本。

清　丁申、丁丙《八千卷樓書目》卷一〇《子部》　《農桑衣食撮要》二卷，元魯明善撰，抄本，守山閣本，曾氏叢書本，半畝園本。

清　黄虞稷《千頃堂書目》卷一二　魯明善農桑機要，監壽州時編。

清　孫馮翼《遼海叢書》　《農桑衣食撮要》二卷　元魯明善撰。

清　繆荃孫《藝風堂文續集》卷四　《農桑衣食撮要》二卷，元魯明善。

清　倪燦《補遼金元藝文志》　魯明善《農桑衣食撮要》二卷。新從《永樂大典》鈔出者。黄氏《書目》作《農桑機要》亡卷數。

清　祁寯藻《馬首農言》　明善《農桑衣食撮要》二卷。

清　錢大昕《補元史藝文志》卷三　魯明善《農桑衣食撮要》二卷，一作《農桑機要》畏吾人，以魯爲氏，名鐵柱。

清　魏源《元史新編》卷九三　魯明善《農桑衣食撮要》二卷，一作《農桑機要》畏吾人，以魯爲氏，名鐵柱。

種樹書

元　俞宗本《種樹書敘》　易氣從下生，善察氣候者，常眎其消長詘信之數，以制動靜修養之宜。五日而成一候，三五而成一氣，其象滋著。氣之壹壹根柢潛，而未見者，爲本。木下亦曰本，苟得其本，則生勝之分數可預知。而攝衛之和理乃日濟也。董子繁露言：陰陽之氣澹澹常漸人者，若水之常漸魚也。特水可見，氣不可見耳。人游是澹澹之中，殽天地之化，天有兩和，以成二中。生於仲春，成於仲秋，是也。太西農家種植，醫家攝生。爲炭養氣之説，乃胚胎於此。萬物盜天地之氣以生，故曰天地大果蓏元氣毓艸木。人得艸木之滋以養。故人家拓椶圃多種樹，則艸木得吸人之炭氣，人得吸艸木之生氣，而交相養。鴻範五行家言，木氣上爲雨，故種樹又可以捄熯旱。燕代土坌山童而常苦旱，嶺海艸榴木翳而易致雨，此其驗矣。郭橐它之法，亦度物性。辨土宜、相天時、乘生氣，而用之耳，豈有他異術哉？弢廬子校元俞氏書，精於天機，暢於物理。農九家百一十四篇，今亡佚多矣。得如一鱗片甲，猶可持以順百昌之機，溉蕓蕓之生乎。且物各有性矣，梏之則閼其天倪，而不得製造之用。彼蠶沙可以蓄桂，貓瘞可以引竹，堅椰以鹽，鑽榕出火，柘不採經年則毒蠶。梓爲綜行海則召蜃，棉北靭而南鬆，櫰育炕而晝聶，物既爾矣。人亦宜然，夫順物之自然者，乃能官陰陽以遂羣生。物梏其性，則其生不遂；人梏其性，則士不樂爲用。吾於種樹得官人術焉。爰校刊以裨世之治植物學者，光緒丙申冬至，漸西村人漫書。

清　佚名《種樹書·安徽撫憲鄧札》　照得周禮任民九職，園圃虞衡，並於三農。廣其養生之道，厥後農書迭作，如後魏賈思勰《齊民要術》、元司農司《農桑輯要》，言藝穀兼及種樹，無曠土自少遊民。皖省居腹地之中，沃壤千里，乃自兵燹後三十餘年。地廣而荒穢仍多，民貧而饑寒生盜，上虧正賦，下蹙生機，揆厥由來，皆因民情游惰。官意因循，勸相之事不行，而樹藝之法不講也。近歲奉詔墾荒，迭經轉飭遵辦，而汙萊不治，民氣蕭條如前，此非爲事而無功，實皆奉行之不力也。自通商以來，利源外溢，民生日蹙，失業日多。然則未盡之田功，固有之地方，可不亟爲之計哉！本部院顧此時艱，軫懷民瘼，知富國以足民爲本，開源在節流之先。自古理財大經，未有不以生之者衆爲亟亟也。是惟盡因利而利之心，守民勤不匱之訓，所謂墾荒者，豈必合高原下隰而盡樹藝五穀哉？貴能相度土宜，講求各項植物，衆材成而工資造作，物產盛而商廣懋遷，致富之道，莫切於此。泰西各國，廣植樹林，民之嗇者豊，莠者良，地之瘠者肥，荒者熟舉國共享大利。而其化學之士，又謂樹之本能培土脈，爛沙石，蟠根入地，磽确可變膏腴。樹之陰能生潤澤，吸水氣，衆木成林，旱潦咸資補救。且長林蔚秀，收濁化清，有益人身，其理碻然可信也。牧令與民最近，勸農職有專司應各督率紳耆，辨明土性，宜於五穀田畝，固當墾闢力耕，此外則分栽樹木，如茶桑松竹，桐梓漆柏，樟樱杉柳等類；次及麻棉蔗靛，曁一切果實瓜菓藥草各物，凡童山曠野，隙地高岡，屋角塍間，隄邊岸側，隨地所宜，聽民自擇。業戶或人工不足則典地而與人自栽，官荒及無主之區，則減租而任人領種。自接札之日，予限兩個月，由該州縣認眞查勘，切實規畫，將遵辦大概情形稟覆察核，認定可栽何項。能植若干，無論城鄉，一律選購各項秧子。講求種法，依時徧栽。《農桑輯要》一書，福前部院曾經通發，本部院另發農學報，冊內多新法，皆堪互證參稽。而較之播種稻田，均屬本輕力省。近者一年獲利，遠者數歲成材。務在迎機善導，逐漸擴充，行之十年，地無餘利，民生皆裕。自無逋糧，土物日饒。可敵洋產，此本部院爲民興利之要計，所望賢有司相與有成者也。官能推誠勸導，民必合力奮興，所種各樹，每屬以三十萬株爲率，全在該州縣不憚煩瑣。實力奉行，董戒兼施，振興衆志，俟舉報種植數目。半年之後，本部院當委員覆查，以樹之多寡爲勸懲，以事之虛實定功過。果能踴躍從事，自應據實奏明，擇尤請獎，以示鼓勵，至既種以後，應禁毀傷，擅伐一株，責種十株，以資保護而暢生機，除通飭各州縣，外合就行知。

著録

明　祁承㸁《澹生堂藏書目》　《種樹書》一卷，俞宗本。

清　丁申、丁丙《八千卷樓書目》卷一二《子部》　《種樹書》一卷，明俞宗本撰，廣百川本。

清　黃虞稷《千頃堂書目》卷一二　俞貞木《種樹書》三卷。

清　錢曾《錢遵王述古堂藏書目録》卷六　俞宗本《種樹書》一卷一本。

清　萬斯同《明史》卷一三五　俞貞木《種樹書》三卷。

《明史》卷九八　俞貞木《種樹書》三卷。

耕織圖詩

綜述

宋　樓洪《耕織圖詩·序》　周家以農事開國，《生民》之尊祖，《思文》之配天。后稷以來，世守其業。公劉之厚於民，太王之於疆於理，以致文、武、成、康之盛。周公《無逸》之書，切切然欲君子知稼穡之艱難。至《七月》之陳王業，則又首言『九月授衣』。與夫無衣無褐，何以卒歲？『條桑』，『載績』，又兼女紅而言之。是知農桑為天下之本。孟子備陳王道之始，由於『黎民不飢不寒』。而『百畝之田』、『墻下之桑』，言之至於再三。而天子三推，皇后親蠶，遂為萬世法。高宗皇帝身濟大業，紹開中興，出入兵間，勤勞百為，櫛風沐雨，備知民瘼。尤以百姓之心為心，未皇他務，下務農之詔，行親蠶之典。於時先大父為臨安於潛縣令，勤於民事，諮訪田夫蠶婦，著為耕、織二圖詩。凡耕之圖廿有一，織之圖廿有四；詩亦如之。圖繪以盡其狀，詩歌以盡其情。一時朝野傳誦幾遍。尋因薦入召對，進呈禦覽。大加嘉獎，即以宣示後宮。則是圖是詩宜與《周書·無逸》之篇、《豳風·七月》之章並垂不朽者矣！亦何藉於金石而後久永？第洪等每懷祖德，不忘國恩。用鐫諸石，自有所不能已者耳。嘉定庚午十月，望孫洪謹識。

宋 樓鑰《跋揚州伯父耕織圖》 周家以農事開國，《生民》之尊祖，《思文》之配天。后稷以來，世守其業。公劉之厚於民，太王之於疆於理，以致文、武、成、康之盛。周公《無逸》之書，切切然欲君子知稼穡之艱難。至《七月》之陳王業，則又首言『授衣』。與夫無衣無褐，何以卒歲？『條桑』、『載績』，又兼女工而言之。是知農桑為天下之本。《孟子》備陳王道之始，由於『黎民不飢不寒』。而『百畝之田』、『牆下之桑』，言之至於再三。而天子三推，皇后親蠶，遂為萬世法。高宗皇帝身濟大業，紹開中興，出入兵間，勤勞百爲，櫛風沐雨，備知民瘼。尤以百姓之心爲心，未遑他務，下重農之詔，躬耕耤之勤。伯父時爲臨安於潛令，篤意民事，慨念農夫蠶婦之作苦。究訪始末，爲耕、織二圖。耕自浸種以至入倉，凡二十一事；織自浴蠶以至剪帛，凡二十四事。事爲之圖，繫以五言詩一，章章八句。農桑之務，曲盡情狀。雖四方習俗間有不同，其大略不外於此，見者固已韙之。未□朝廷遣使循行郡邑，以課最聞，尋又有近臣之薦。賜對之日，遂以進呈。即蒙玉音嘉獎，宣示後宮，書姓名屏間。初除行在審計司，後歷廣閩舶使，漕湖北、湖南、淮東，攝長沙，帥維揚。麾節十有餘載，所至多著聲績實基於此。晚而退閒，斥俸餘以為義莊。宗黨被賜者近五紀，則其居官時惠利之及民者多矣。孫洪、深等慮其久而湮沒，欲以詩刊諸石，鑰為之書丹，庶以傳永久云。嗚呼！士大夫飽食煖衣，猶有不知耕織者，而況萬乘主乎？累朝仁厚，撫民最深，恐亦未必盡知幽隱。此圖此詩，誠為有補於世。夫霑體塗足，農之勞至矣，而粟不飽其腹；蠶繅織紝，女之勞至矣，而衣不蔽其身！使盡如二圖之詳。勞非敢憚，又必無兵革力役以奪其時，無汙吏暴胥以肆其毒，則足以坐享農桑之利，而無衣食之艱矣。然人事既盡，而天時不可必。旱、潦、螟、螣，既有以害吾之農。若夫桑遭雨而葉不可食，蠶有變而壞於垂成，此實斯民之困苦，上之人尤不可以不知。此又圖之所不能述也。伯父諱璹，字壽玉，一字國器。官至朝議大夫。嘉定三年八月朔，從子正奉大夫、參知政事兼太子賓客、奉化郡開國公、食邑三千一百戶、食實封六百戶鑰謹書。

又跋 樓杓 男耕女桑，勤苦至矣。聲詩以達其情，繪事以圖其狀。刻置左右，以便觀省。庶幾飽食暖衣者知所自雲。嘉熙改元正月中浣從曾孫朝散郎、權知南康軍事杓謹題。

《四庫全書總目提要》卷一二〇《子部·農家類存目·耕織圖詩》 《耕織圖詩》無卷數，浙江巡撫採進本，宋樓璹撰。璹，鄞縣人，鑰之伯父也。《文獻通考》載是書，引陳氏之言曰『於潛令鄞樓璹玉撰。』今檢《永樂大典》所載陳振孫《書録解題》，乃作『於潛令鄞樓璹壽玉撰』。是壽玉乃璹之字，刊《通考》者誤落一壽字也。此本後有嘉定庚午璹孫洪跋。又有作霖跋，不著其姓，謂公孫洪跋語未載公名，引樓鑰後序及宋濂《題耕織圖後》，以證此書為璹所作。蓋作霖並未見《通考》耳。璹原書凡耕圖二十一，織圖二十四，各系以詩。今內府所藏畫本尚在，業經御題勒石。此本僅存詩三十五首，不載其圖，蓋非原本矣。

清 耿文光《萬卷精華樓藏書記》卷七七《耕織圖詩提要》 《耕織圖詩》一卷，宋樓璹撰，知不足齋本。首題於潛令樓公進耕織二圖，詩前有乾隆三年荊溪萬作霖甘來氏跋。萬氏跋曰：樓公孫洪跋語未載，公名按樓大防論。《耕織圖》後序云：高宗皇帝紹開中興，備知民瘼，伯父時為於潛令，念農夫蠶婦之作苦，究訪始末為耕織二圖。耕自浸種以至入倉，凡二十一事；織自浴蠶以至剪帛凡二十四事。事為之圖系以五言詩賜對之。曰：遂以進呈玉音嘉獎，宣示後宮。又按：宋濂題《耕織圖》卷後，去宋高宗時四明樓璹作《耕織圖》，上進，今觀此卷蓋所謂織圖也。逐璹之下有憲聖慈烈皇后題字。皇后姓吳，配高宗其書絕相類。豈璹進圖之後，或命翰林待詔重摹高后題之耶。向以此書世所罕見，或有疑為大防，作者同寓張子崐喬攷訂確據幫並識之。

萬氏又跋曰：聖祖仁皇帝南巡時，江南人士出其藏書，進獻者甚多，內有《農書》、《蠶書》、《耕織圖詩》三書，皆宋板也。奉勅合為一編，付内庭收貯藏。按：三書積書家罕有，著録者《耕織圖詩》、《説郛》，止載其目，其文闕焉。

樓公行狀曰：公之伯父，故楊州太守璹為於潛令時，圖耕織之勞因事為詩。嘗以進禦，公重繪二圖，仍書舊詩而跋其後獻之東宮，請時時省閲知民之艱難。太斂衽聽受且致謝焉。

文光案：此狀録於《絜齋集》據此，則進禦者為璹之圖，有大防後序，進東宮者為大防之圖，有跋。圖有二而詩則一也。今聚珍本《玖瑰集》有跋，伯父耕織圖詩一篇而無自跋，豈佚之歟。璹藏書甚多亦好事者。

清　周中孚《鄭堂讀書記》卷四〇《子部四》　《耕織圖詩》一卷，知不足齋叢書本。宋樓璹撰，璹字壽玉，一字國器，鄞縣人。官於潛令。《四庫全書》存目，《書録解題》、《通考》、《宋志》所載，俱無『詩』字，此本僅有《耕圖詩》二十一首，《織圖詩》二十四首。詩皆五言，短古體，蓋非原本矣。未有嘉定庚午其從子綸後序，其孫洪暨其從曾孫杓二跋，又有乾隆戊午荊谿萬竹霖二跋。

清　胡敬《胡氏書畫考三種》卷二《西清劄記》　趙孟頫書《耕織圖詩》卷絹本小楷，書《耕織圖二十四首詩》未録款。奉懿旨撰并書集賢直學士臣趙孟頫。後幅題跋：『元延祐間，治道成，農桑作，民安物阜，四方於以觀德焉。夫治莫先於農，故漢有力田之詔，所以示無逸也。春而耕，秋有穫，民食攸賴，可弗勤歟！且百室婦子，勞瘁七襄而後得被服之安，則是鳴機夜績，固其素優因而倉廩實，錦繡充貢賦之所由出也。君子讀《豳風》之詩而知化行俗美，不暇於暫安，有如是矣。趙文敏奉懿旨撰《耕織圖詩》，楷法端嚴，古秀可愛。雖莊敬之意，出於典貴，而一種藹然景色，溢於毫素。蓋欲使（損二字）之重如覩作息之勞，其精切爲何如耶。予凡見文敏所書内典經文，或碑銘傳記，皆極遒勁，總未若是卷之軼妙造神也。因爲謹跋於尾。成化辛未陽月八日。』吳寛印一：『吳寛』。

謹案：趙孟頫《松雪齋外集·農桑圖序》云：『延祐五年，大學士臣邦寧，大司徒臣源，進《農桑圖》。上問：作詩者何人？對曰：翰林承旨，臣趙孟頫。作圖者何人？對曰：諸色人匠，提舉臣楊叔謙。則詩前當有圖，今失矣。又案《困學記聞》：仁宗實元初圖農家耕織於延春閣，此《耕織圖》所自昉也。樓鑰《耕織圖後序》，高宗皇帝紹開中興備知民瘼，伯父璹時爲於潛令，念農夫婦之作苦，究訪始末，爲耕織二圖。耕自浸種以至入倉，凡二十一事、織自浴以至翦帛，凡二十四事。事爲一圖，係以五言詩一章，章八句。未幾以課最聞，賜對之日遂以進呈。玉音嘉奬，宣示後宮，書姓名屏閒，宋濂題織圖卷後。宋高宗時，四明樓璹繪耕織圖，上進此卷，織圖逐段之下有憲聖慈烈皇后題字。豈璹進圖之後或命翰林待詔重摹，而后遂題之耶。朱彝尊跋趙子昂書《十二月織圖》後云：『奉懿旨作。』又云：『此卷風骨成削，當屬晚年家居時筆宋所見。』是樓璹本，朱所見，是趙孟頫題，而皆不及耕圖，或因臨摹不全，或因副本流傳後又軼其半歟。

傳記

清　陸心源《宋史翼》卷二〇　樓璹字壽玉，一字國器，樓鑰《跋耕織圖》：案樓鑰《跋嵩嶽圖》：伯父生於元符二年，小名曰嵩。异之子。以父任得官，佐婺州幕。州歲貢素羅數頗多，民不能輸。璹為州將作，奏自詣行在，所具言利害，朝廷為損其數。州縣輸納至者多不省輕重，子奪在吏，璹以其多寡所當出者，大書揭之，民甚悦。蘭溪大猾造亂，璹即日行縣，盡得其情，誅之。除知於潛縣。劉岑撰《墓誌》：篤意民事，爲耕、織二圖。耕，自浸種以至入倉，凡二十一事。織，自浴蠶以至翦帛，凡二十四事。事為之圖，繫以五言詩各一章，章八句。雖四方習俗間有不同其大略不外乎此。未幾，朝廷遣使巡行，郡邑以課最聞，尋又有近臣之薦，賜對之日，遂以進呈。即蒙嘉奬，宣示後宮，書姓名屏間。《圖跋》：改通判邵州。《墓志》：除行在審計司。《圖跋》：廣州賈胡訟市舶使無狀，上命選使者，參知政事孫近薦璹，遂提舉廣南。到官，盡削前弊，較量珍貨，使賈胡自持權衡，諸蕃咸服。《墓志》：紹興十五年，為福建市舶。樓鑰撰《蔣孺人墓誌》：歷荊湖北路、南路、淮南路。案《圖跋》作淮東三轉運判官。其漕湖南，適安撫使以病死，攝州事。獄訟淹滯，一日而決遣之。時以戶部所降滴乳為道里費，璹言諸朝，罷之。淮南殘於兵，多曠土，朝廷令起賦。璹第以墾耕者聞，無一毫加增。《墓志》：二十五年，案璹撰《馮恭人歲月記》：『紹興乙亥，余叨守維揚。』遷知揚州，兼淮東安撫使。況逵《義莊記》：明年春，《馮恭人歲月記》。主管臺州崇道觀，遂致仕，積官右朝議大夫，爵奉化縣開國男，食邑三百户。《墓志》：璹持節十有餘載，所至多著聲績。《圖跋》：襟度高勝，喜與雅士遊。樓鑰《跋伯父所藏畫卷》：晚自揚州歸，畫《六逸四賢圖》以寄興。樓鑰《跋六逸四賢圖》：家居，優游自適。《墓志》：置腴田五百畝，《義莊記》：取范仲淹規模為義莊，以活宗族之不給者。濱江有堤壞，以錢百萬倡率里人共為之。三十二年卒，年七十三。《墓志》：子鐘，字仲宏，資孝謹，事親敬，遇臧獲亦未嘗失色。嘗受詩於柯宋英，宋英亟稱之。鐘子淵，文辭蔚然，鄉評甚休。由承議郎知浦江縣，歷五任，所至以賢稱。職事無不辦。《孺人墓志》：廉介謙恭，樓鑰《送從子淵宰浦江詩》。行已無毫髮之玷云。

（康熙）《鄞縣志》卷二三　高宗即位江南，下勸農之詔。鄞樓璹字壽玉，宣獻鑰之伯父也。時爲杭之於潛令，繪獻耕織圖農事，自浸種以至登廩，凡二十有一。蠶事自浴種以至剪帛，凡二十有四且各繫五言八句詩於左。

著録

明　高儒《百川書志》卷十《子部·農家》　《耕織圖》二卷。宋知揚州軍事樓璹上進。凡四十六圖。

明　焦竑《國史經籍志·子類·農家》卷四　《耕織圖》一卷。宋樓璹。

明　晁瑮《晁氏寶文堂書目》卷下《農圃》　耕織啚。

《清通志》卷一一六　按耕織二圖，每圖二十三事，首幅恭刻康熙三十五年。

清　丁申、丁丙《八千卷樓書目》卷一〇《子部》　耕織圖詩，不分卷，宋樓璹撰，龍威秘書本。

（乾隆）《鄞縣志》卷二一　樓璹耕織圖一卷

雜録

宋　樓鑰《攻媿集》卷三三　《進東宮耕織圖劄子》某衰遲之蹤，叨逾過分，自塵樞筦即備儲寮，仰蒙令慈眷顧加渥，退念略無毫髮可以補報，每切慚悚。某伯父故淮東安撫璹。嘗令於潛，深念農夫蠶婦之勞苦，畫成耕織二圖，各為之詩，尋蒙高宗皇帝召對，曾以進呈亟加睿獎，宣示後宮，至今尚有副本。某嘗書跋其後，仰惟皇太子殿下淵沖玉裕，學問日益密，侍宸旒恤下愛民固已習熟聞見，究知世務惟是農桑為天下大本，或恐田里細故未能盡見，某輒不揆傳寫舊圖，親書詩章并録跋語，裝為二軸，伏望講讀，餘閒俯賜觀覽，或可備知稼穡之艱難及蠶桑之始末，寘諸幾案，庶幾少裨聰明之萬一，亦以見下寮拳拳之誠。

《清續通志》卷一六〇　蠶桑之利養育萬民，王政要務故以親桑率之而必報功於始為其事者，誠不忘本也。伏讀聖祖仁皇帝《耕織圖詩》二十三首，自浴種以至成衣備悉蠶女之情狀，其第十五圖為祀謝。

藝文

清　斌良《抱沖齋詩集》卷二三　《雲司僚直飯後偕大樹庵侍者普瑞同游昆明湖過青龍橋繞湖岸至西方寺看淩霄花並賞珍藏米蹟復游大悲庵觀稻田入織染局觀織還至大樹庵小憩雜題》機聲鴉軋勞絲匠，稻隴縱横集稼夫。耕織開圖欽帝德，誰將樓鑰句重摹。稻田廠招民耕種，每歲納租，內務府管理織染局，有江蘇浙江江甯織匠織作以供尚衣。

清　高晉享《南巡盛典》卷九　烟絲罥柳柳絲濛，雨意迎人人意通。自是雲容盟水態，並宜草緑藉花紅。奚稱處括沔陽彼，總屬天高地厚中。耕織圖詩屏宛在，不殊惇史惕深宮。

雜録

明　王一槐《玉唾壺》卷上　《馬明王考》田家杞蠶神馬明王，妄誕可笑，樓鑰《耕織圖詩》亦曰：『馬革裹玉肌，能神不為辱。』按《周禮》：『馬質，掌質馬。禁原蠶者。』蠶者龍之精，與馬同氣，禁原蠶恐耗馬也。豈有馬革裹女化蠶之理哉。

又　《畫家説》　樓鑰《耕織圖》播種作前進勢，不知布種乃卻行。

農圃便覽

清 丁宜曾《農圃便覽·王縈緒序》 余卯冬客濟上，獲睹樹圃丁先生《農圃便覽》一書，爰掩卷而起曰：先生以名門世胄，其平昔所講貫者，固皆經世之鴻，猷乃積學。工文衣裳在□不獲博一第，以稍展其底蘊，至晚年退而著書，徒斷斷於野老園叟□，為其亦有甚不得已者矣。乃取其編而一再讀□，又有以知其不盡然也。夫族之始大也，其先世類皆勤勤懇懇，本務是敦迨。其後衣冠不安淳樸，燕會漸事奢華，以田產委他人而坐享。夫庸庸之福故有一傳而膏腴無存者矣，有再傳而流離殆盡者矣□。□□之家不飽半舞紈褲之儩致嗟。懸鶉□非不知農圃之過歟，先生殆亦有鑒乎，此而時事其昆□咄嗟言之，而又以為見之於言，不若筆之於書也。爰是薈三禮之精，倣七月之遺旁，採諸子百家之所撰著。因天垂地源，開流節，蓋其事易曉而其言易入，即以飛普天下之膏粱子弟，迷津寶筏也可。不然先生□遊半天下，其之蜀之閩之海外，凡所謂山奔水立異獸奇葩，一切可驚可諤可喜可歌之狀，靡不可所形之竹素，以澆胸中之塊壘，亦河取者□□者為而覼縷也耶。記云太上立德，其次立功，其次立言，夫言也。而□□與功并稱不朽，□謂其有當於實用，而不同與好言之過可也。先生之言，其亦可以壽世也夫。東武王縈緒撰。

清 丁宜曾《農圃便覽·歐陽廷珍序》 丙戌仲春，丁君瑞埜與余會於都門，以令舛椒圃先生《農圃便覽》序屬余為之。且為余具道先生之為人。余因喟然曰：農圃之事固有道也，先王經理天下，物土之宜而布其利。月令、紀穀、登菜秀之文而於耜，舉趾、烹葵、食菽更諄諄於邠風諸章，乃知因天時乘地利盡人土。其事固非淺鮮，所以賢者猶待問也。特以大聖人之説，世遂謂細業非儒者所宜，道不知此鄙其志也，非斥其事也。令遲果篤志於大人之學，即置身農圃中豈遂見，非於聖人乎哉。且士君子處世，顯晦屈伸亦視乎時耳。其在上則黼黻皇猷安民阜物各得其所，其在下則優游卒歲問□話麻自樂其天，彼風浴詠歸之賢，更超於兵農禮樂之彥者道，即此而存不待外求也。故農圃之道，其道小，值農圃之地，講農圃之道，其道大也。先生為閥閱華胄，自少習舉子業，蜚殽藝苑，富於著作，屢滯棘圍。晚幽棲於石梁村，伴奐之暇遂成是書。觀其辨別宜忌占驗災祥間附以詩歌，先生自序謂：殫心諮詢所得，又曰非石梁者槩不録。可見平日自足於巳典慕乎外，嗚呼！可不謂素位而行者，與古今來名人畸士不得志於時，輒憤懣抑欝不可奈何，有所著述率皆牢騷不平，借以發洩其胸臆。有如此之循日用俯仰自得者哉。既以示子孫又不欲自私，付諸剞劂以曲三百里，余未穫登先生之堂，然有以知先生之制道也。故不揣固陋而為之序，俾世知先生積學工文，有志建立而山林韜晦，迹類於田夫園叟之，為者其道未嘗不在。琅邪年眷姪歐陽廷珍拜撰。

清 丁宜曾《農圃便覽·自序》 吾五歲入家塾，先大夫為之訓詁，至學稼章。聞聖人不如老農考圃之言，輒詡詡以為人當事大人之事，安用此瑣瑣者。為少長從宦游，讀書官署不暇分五穀，迨先大夫効力之後，餘產無幾，遽捐館舍，吾兄弟卜居西石梁村，數年後生齒日繁，家計愈拙，讀書之志易為謀食，乃躬親農圃之事。自悔少未習慣，因殫心諮詢，凡有所得輒筆之於冊，或採農經花史以補諮詢，所未及先外祖松菴公，外叔祖滄溟公，堂族祖野鶴公，農書亦併謹録久而成，帙名之曰《西石梁農圃便覽》以事皆身歷，非西石梁土所宜，及未經驗者概不録也。客見而悅之，予謝曰：此吾三十歲後，二十年來拮據卒瘏之暇所記，求田問舍量晴較雨，瑣瑣事耳，不足為君道。君欲調和二氣治鑄萬有，則盍請之爲大人者。乾隆二十年歲次乙亥冬月，丁宜雲椒圃氏書於西石梁之強善齋。

山居四要

綜述

元 汪汝懋《新刻山居四要·劉仁本序》 桐江汪君以敬著《山居四要》一編，凡四卷。蓋增廣前太史令楊元誠所作以成書也。元誠舊嘗爲其郡牧，以敬居邑官務仁厥政，故民生日用之道，仰事俯育之教，朝夕相與講議者悉矣！今始鋟梓以傳。其曰：攝生者爰取人事儀則興居，防範勞佚節宣之度也。其曰：養生者具飲食宜制精，慎去取之法以節嗜慾也。審藥石膏液主療諸疾病者，目曰：衛生。暨老農老圃四時氣候藝植，斂藏伏獵之計者爲治生。鳥條分類拆舉要詠慱粲然畢載，樂與眾共之終篇乃纂，附省心造道慮事應物慎修，古今格言不一而足，皆可踐履，其用心亦云至矣。暇日携以詣余徵序引，惟天地大德曰生：天地能生之不能全之，聖人有作財成輔相左之右之使民宜之，然後無過不及而正德，利用厚生之道淂矣。雖然修己治人之學，固不拘拘事爲之末而性命道德之懿，未嘗不見諸日用常行之間。故自格物致知窮理盡性，參天地賛化育者，迹其麤以造於精，資於外以養其內，則汪君是書之編有裨政教，誠非細故也。豈惟用諸山居而已。詩曰：民之質矣，日用飲食。群黎百姓徧爲爾德其斯之謂歟。至正庚子歲臘月，奉訓大夫江浙行樞家院判官天臺劉仁本序。

傳記

元　戴良《九靈山房集》卷一五　《故翰林待制致仕汪君墓誌銘》

前定海縣尹、翰林待制致仕淳安汪君。既卒之明年，其子循，屬君之從甥俞溥，考次君之官氏邑里，與其行事之實為狀，以書來告曰先君之葬既得日月，不可以不銘，銘之莫如子宜，孤也敢請。葢予嘗由海道往山東，候海風於鄞，君時治定海。朝夕過從甚相好，予後復客鄞，而君之去定海已久，鄞之人談君之政，猶亹亹不釋口。若君者非獨平生之舊可哀，而其為政於定海者，皆宜見於予文，宜其來請於予也，乃為誌其墓而銘之。君諱汝懋，字以敬，其先歙人，唐忠武將軍越國公之子廣，遷睦之青溪，今淳安縣也。曾大考南强，宋户部架閣官，大考夢發考斗建，倜儻有奇志，在京學。嘗率同舍生，伏闕上書，攻賈似道誤國，至元內附，從蛟峰方公講道石峽書院。君自幼端謹，不好戲弄，而警敏絕人，讀書數過輒不忘，稍長從吴朝陽、夏大之、洪本一三先生學治經。後以春秋試江浙鄉闈不售，僅中庚寅乙榜，考官柳公道傳有遺才之憾，特薦君行中書，授丹陽縣學教諭，再調青陽。會壬辰兵起，率鄉兵捍縣境，平章伊嚕布哈爾公統大軍至，以功舉陞鄉郡教授。僉憲哈喇琿公又舉充浙東帥府令史，副都元帥巴延布哈德濟公又舉攝鄉縣。君初不欲就，元帥公素奇君，謂曰：親老顧擇祿耶，君矍然起就之，後調將仕佐郎、浙東帥府都事，未幾授登仕郎、慶元路定海縣尹。兼勸農防禦事，居位五年，乃以老病乞致仕，守不從，即扁舟宵逝，朝廷嘉之。以前職致仕，階文林郎，已而版圖内附，君間關歸故里，明年己酉七月十有六日，以疾卒於家，享年六十有二。某年月日葬某鄉某原，君於書無所不觀，為文章操筆布紙，數百言立就。事父以孝聞，為人恂恂蹈規矩，持己約而廉，與人交盡其義，或有所不合，遇之無厚薄，居官一以樂易為務，而按姦發伏，世吏莫能抗。御吏不察察，然終任之間，不使能得一錢，於刑寧失有罪，不肯法外傷人。於賦斂度民所當輸，乃與為期□，未嘗取疾爭先，其為民興利除害。若嗜欲疾痛之在己，所至必以教養為職業，始任丹陽，復侵田一百八十畝脩先聖廟，建先賢祠宇，作禮器與其邑人春秋釋奠興於學，其在浙東在鄉縣，皆有聲。浙東以慈恕簡靜賛上官，釋温慶之民被誣以盜者數十百人，鄉縣甲民誣乙民聚衆為不軌，守檄君覈，君還力白其實，非守是。君所白悉縱之，乙德之曰：非汪公吾屬如何矣，在定海時，益以禮讓化其民民，有兄弟既分而復合者，有讓爭田而不取者，亦有婦勸其夫以和義者君，皆造門奬厲，不使有所懈。他郡富人僑居縣南鄙，同邑子盡殺一家，而以其貲去，久之，罪不正逮，繫且百人。君驗治三歲兒，盡得其隱伏，殺人者論死，餘皆釋不問。有盜夜刼民財，民疑其鄰，愬之官。君時適公出，其僚鞫鄰使當罪，君察其冤為變其獄辭，僚恚。出語訕君，君不為動，既而鄞縣獲真盜，事遂白。民有酤釀佃人家，佃人被醉夜歸，以杖擊其壁，壁壞，甕缶盡傾，壓酤釀人，亟起護其器，偶中擊即死。縣議以故殺，君從容一言使吐實，得減死論。一嫗有布在機，夜失去，嫗愬外人盜，君往視之，獨鞫其壻，使首服，後果得布。人問之，君曰：吾視其竇不可以容人，而室中他器無所取，故知非他盜聞，者皆歎服。縣多虎，或入市郭為民害，君齋戒禱之神。明日，衆見虎浮江往他境，嘗宿南鄉廣嚴寺，聞虎咆哮，君衣冠夜起禱之如前時，詰朝有樵入山，見虎伏地臥，集衆逐之，乃死虎也。事傳京師，翰林承旨張公翥為作贊。歲比旱，君行赤日禱鴈潭，見雙鴈飛舞導前，有雲勃勃起潭所，雨乃旋作，後復禱十龜潭，有龜浮水出，其雨亦大至，君之為政類如此。娶方氏，贈恭人，子男三，長曰復，出為伯父後，次即請銘者，季曰徽。女二人，長適方翊，次適胡斌，孫男二鑄、鉦。孫女二俱在室，初京學公無子，晚歲始得君。當君未生時，嘗抱胡氏甥，會之為之後，會之又無子，因遂命君後之，君以父命，事之如親生。其後會之欲正其昭穆，乃為文囑君，俾復為兄弟，君泣拜已，謂諸子曰：終吾身以父事之，死後正名可也。故當屬纊時，始命子復後會之，天倫父命，庶幾兩盡之矣。君所著書，有《春秋大義》百卷、《深衣圖考》三卷、《禮學幼範》四卷、《善行啟蒙》四卷、《歷代紀年》四卷、《山居四要》四卷、《遯齋稾》三十卷，藏於家。觀君之所立，可謂有古君子之遺風非耶？然自顧利冒恥之俗興，士多矜智飾名，譁世以取寵。行己居官，一切從事空文，而不忌其能，嗇外脩內，蒸蒸德讓如君者，世固不之貴，而亦莫能知之也。故於君之事，予喜為之見於文，使後之知君者得覽焉。其銘曰。神徂聖伏道久瘵，士俗靡靡日以卑，外固藩飾內則非，謂名可盜世可欺。衆方慕效君獨違，顧取絃歌化海陲，棄捐斤斧引纆徽，竅實靡訂識者誰，有儒一生心獨知。為編墜行述銘詩，聲名自可百代垂，噫君雖死其何悲。

《明一統志》卷四一　汪汝懋，淳安人，宦至翰林待制兼國史院編修官，所著有《山居四要》。

清　黃宗羲《宋元學案》卷七四《慈湖學案》　縣尹汪遯齋先生汝懋

汪汝懋，字以敬，本歙人，後徙淳安。其父斗建，受業方蛟峯之門，而先生從遊吳朝陽、夏大之、洪本一三君之門。以鄉薦爲推官，攝淳安縣事。尋爲定海縣尹，以慈恕簡靜稱，而折獄如神明，境內無冤，此縣多虎，或入市郭爲民害，先生齋戒禱之社。明日，居民見虎浮江去，嘗宿南鄉廣嚴寺，夜聞虎聲，衣冠起禱之。詰朝，有虎死山中，張承旨翥記其事。暇則與諸生講學，在定海凡五年，以老病請致仕，不許。先生一夕扁舟宵遯，客於鄞之沈氏，因講學焉。所著有《春秋大義》百卷、《深衣圖攷》三卷、《禮學幼範》四卷、《善行啟蒙》四卷、《歷代紀年》四卷、《山居四要》四卷、《遯齋稾》三十卷。其弟子曰沈源、唐轅，皆鄞人。

著録

明　晁瑮《晁氏寶文堂書目》　《山居四要》

明　陳第《世善堂藏書目録》卷下　《山居四要》汪汝懋。

明　高儒《百川書志》卷九子　《山居四要》四卷。元桐江野客遯齋汪汝懋編輯，分攝生、養生、衛生、治生之要，又附文房備急之事，省心法言之條，格物家。

（成化）《寧波府簡要志》卷四　汪汝懋，桐廬人，定海令，著《山居四要》。

明　劉若愚《酌中志》卷一八　《山居四要》一本八十三。

《續文獻通考》卷一七九《經籍考》　《山居四要》汪汝懋著。汝懋，淳安人。

明　楊士奇《文淵閣書目》卷四　《山居四要》一部一冊。

明　朱睦㮮《萬卷堂書目》卷三　《山居四要》四卷汪以敬。

明　呂毖《明宮史》　《山居四要》一部一冊。

明　戴璟《博物策會》卷九《嚴州府人物》　著《山居四要》者汪汝懋也。

清　傅維鱗《明書》卷七七志一七　《山居四要》八十三葉。

清　黃虞稷《千頃堂書目》卷一二　汪汝懋《山居四要》四卷。字以敬，浮梁人。至正中國史院編修官。

（雍正）《浙江通志》卷二四四　《山居四要》，《嚴陵志》：元汪汝懋著，字以敬，淳安人。

清　倪燦《補遼金元藝文志》　汪汝懋《山居四要》四卷，字以敬，浮梁人。至正中國史院編脩官。

清　錢大昕《元史藝文志》卷三　汪汝懋《山居四要》四。字以敬，浮梁人。國史院編修。

清　孫承澤《春明夢餘録》卷一三《文淵閣》　《山居四要》一本八十三葉。

清　魏源《元史新編》卷九三志十之三　汪汝懋《山居四要》四卷。字以敬，浮梁人，國史院編修。

清　曾廉《元書》卷二三　汪汝懋《山居四要》。字以敬，浮梁人，國史編修。

雜録

（雍正）《浙江通志》卷一七〇　汪汝懋，戴良《汪汝懋墓誌》：字以敬，淳安人，以薦授青陽縣教諭。會壬辰兵起，僉憲哈喇呼舉充浙東帥府令史。未幾，授定海縣尹，居官一以樂易為務，於刑寧失有罪，不肯法外傷人，於賦斂度民所當輸，乃與為期會，未嘗取疾。争先其在浙東，釋温慶之民被誣為盜者數千百人，在定海，益以禮讓化其民，有古君子之遺風。

明 凌迪知《萬姓統譜》卷四六 汪汝懋，字子敬，淳安人。至正間以春秋中乙榜，值鄰境有警省命汝懋領鄉兵禦之。有功，陞教授□軍謀，尋改浙東閫帥掾。以老親辭歸，攝本邑，命未下，御史高納麟辟南臺掾，遷定海尹，興學校理寃枉理軍儲修戰具去虎害，善政甚多，累官至翰林待制兼國史院編修致仕。所著有《山居四要》行於世。

明 高儒《百川書志》卷九 《山居四要》四卷，元桐江野客遯齋，汪汝懋編輯。分攝生養生衛生治生之要，又附文房備急之事，省心法言之條。

多能鄙事

綜述

明 劉基《多能鄙事・范惟一序》 《多能鄙事》十二卷，括蒼文成劉公所編。公以鴻才碩畫與諸賢豪乘運並起，佐我高皇帝耆定大業，銘勳旂常傳爵苗裔，煌煌哉。上追周召太公之烈矣，且公於學無所不窺，自天文經史以至九流百家之言，罔不汎獵其華而掇其指要，既有鬱離覆瓿諸集行世。是書蓋公微時手輯，因題曰《多能鄙事》，以自附於孔子少賤之義。今觀其書，凡飲食、服餙、居室、器用、農圃、醫卜之類，咸所營綜，其身至微細，若無關於天下國家，然跡民生日用之常，則資用甚切而溉益頗弘，其義曷可少焉。嗟乎，夫宇宙内孰非吾人本分事哉。君子欲類物情達世故，通乎萬方之畧難矣。古之聖賢多能無如孔子，其顯達而經世則莫有踰周公。以今考《周禮》一書，皆其治天下之具，閎博委瑣條列而櫛比何其設也。謂曰：鄙事可哉。乃孔子教學者，畜德樹業當先，其遠者大者而不徒藝能之尚，故曰君子不多也。劉公是書，業以多能自許，而復目之爲鄙事，意亦謂此。往余在京師從友人所偶見二冊非全書，已視學浙中屬青田尹購得之，然亦多錯亂脱落，携至汝南，因稍爲校訂而刻焉，其脱無考者仍闕之。嘉靖癸亥夏四月既望，河南布政使司右叅政吴郡范惟一撰。

《四庫全書總目》卷一三〇 《多能鄙事》十二卷浙江汪啟淑家藏本舊本題明劉基撰。基有《清類天文分野之書》，已著録。是書凡飲食、器用、方藥、農圃、牧養、陰陽、占卜之法無不備載，頗適於用。然體近瑣碎，若小兒四季關、百日關之類俱見臚列，殊失雅馴。立名取孔子之言，亦屬僭妄，殆託名於基者也。

傳記

《明史》卷一二八 劉基，字伯溫，青田人。曾祖濠，仕宋為翰林掌書。宋亡，邑子林融倡義旅。事敗，元遣使簿録其黨，多連染。使道宿濠家，濠醉使者而焚其廬，籍悉毁。使者計無所出，乃為更其籍，連染者皆得免。基幼穎異，其師鄭復初謂其父爚曰：君祖德厚，此子必大君之門矣。元至順間，舉進士，除高安丞，有廉直聲。行省辟之，謝去。起為江浙儒學副提舉，論御史失職，為臺臣所阻，再投劾歸。基博通經史，於書無不窺，尤精象緯之學。西蜀趙天澤論江左人物，首稱基，以為諸葛孔明儔也。

方國珍起海上，掠郡縣，有司不能制。行省復辟基為元帥府都事。基議築慶元諸城以逼賊，國珍氣沮。及左丞帖里帖木兒招諭國珍，基言方氏兄弟首亂，不誅無以懲後。國珍懼，厚賂基。基不受。國珍乃使人浮海至京，賄用事者。遂詔撫國珍，授以官，而責基擅威福，覊管紹興，方氏遂愈横。亡何，山寇蜂起，行省復辟基勦捕，與行院判石抹宜孫守處州。經略使李國鳳上其功，執政以方氏故抑之，授總管府判，不與兵事。基遂棄官還青田，著鬱離子以見志。時避方氏者争依基，基稍為部署，寇不敢犯。

及太祖下金華，定括蒼，聞基及宋濂等名，以幣聘。基未應，總制孫炎再致書固邀之，基始出。既至，陳時務十八策。太祖大喜，築禮賢館以處基等，寵禮甚至。初，太祖以韓林兒稱宋後，遥奉之。歲首，中書省設御座行禮，基獨不拜，曰：牧豎耳，奉之何為！因見太祖，陳天命所在。太祖問征取計，基曰：士誠自守虜，不足慮。友諒劫主脅下，名號不正，地據上流，其心無日忘我，宜先圖之。陳氏滅，張氏勢孤，一舉可定。然後北向中原，王業可成也。太祖大悦曰：先生有至計，勿惜盡言。會陳友諒陷太平，謀東下，勢張甚，諸將或議降，或議奔據鍾山，基張目不言。太祖召入內，基奮曰：主降及奔者，可斬也。太祖曰：先生計安出？基曰：賊驕矣，待其深入，伏兵邀取之，易耳。天道後舉者勝，取威制敵以成王業，在此舉矣。太祖用其策，誘友諒至，大破之，以克敵賞賞基。基辭。友諒兵復陷安慶，太祖欲自將討之，以問基。基力贊，遂出師攻安慶。自旦及暮不下，基請逕趨江州，擣友諒巢穴，遂悉軍西上。友諒出不意，帥妻子奔武昌，江州降。其龍興守將胡美遣子通欵，請勿散其部曲。太祖有難色。基從後蹋胡牀。太祖悟，許之。美降，江西諸郡皆下。

基喪母，值兵事未敢言，至是請還葬。會苗軍反，殺金、處守將胡大海、耿再成等，浙東搖動。基至衢，為守將夏毅諭安諸屬邑，復與平章邵榮等謀復處州，亂遂定。國珍素畏基，致書唁。基答書，宣示太祖威德，國珍遂入貢。太祖數以書即家訪軍國事，基條答悉中機宜。尋赴京，太祖方親援安豐。基曰：漢、吴伺隙，未可動也。不聽。友諒聞之，乘間圍洪都。太祖曰：不聽君言，幾失計。遂自將救洪都，與友諒大戰鄱陽湖，一日數十接。太祖坐胡牀督戰，基侍側，忽躍起大呼，趣太祖更舟。太祖倉卒徙別舸，坐未定，飛礮擊舊所御舟立碎。友諒乘高見之，大喜。而太祖舟更進。漢軍皆失色。時湖中相持，三日未決，基請移軍湖口扼之，以金木相犯日決勝，友諒走死。其後太祖取士誠，北伐中原，遂成帝業，略如基謀。

吴元年以基為太史令，上戊申大統曆。熒惑守心，請下詔罪己。大旱，請決滯獄。即命基平反，雨隨注。因請立法定制，以止濫殺。太祖方欲刑人，基請其故，太祖語之以夢。基曰：此得土得衆之象，宜停刑以待。後三日，海寧降。太祖喜，悉以囚付基縱之。尋拜御史中丞兼太史令。

太祖即皇帝位，基奏立軍衞法。初定處州稅糧，視宋制畝加五合，惟青田命毋加，曰：令伯溫鄉里世世為美談也。帝幸汴梁，基與左丞相善長居守。基謂宋、元寬縱失天下，今宜肅紀綱。令御史糾劾無所避，宿衞宦侍有過者，皆啟皇太子置之法，人憚其嚴。中書省都事李彬坐貪縱抵罪，善長素暱之，請緩其獄。基不聽，馳奏。報可。方祈雨，即斬之。由是與善長忤。帝歸，愬基僇人壇壝下，不敬。諸怨基者亦交譖之。會以旱求言，基奏：士卒物故者，其妻悉處別營，凡數萬人，陰氣鬱結。工匠死，胔骸暴露，吴將吏降者皆編軍戶，足干和氣。帝納其言，旬日仍不雨，帝怒。會基有妻喪，遂請告歸。時帝方營中都，又鋭意滅擴廓。基瀕行，奏曰：鳳陽雖帝鄉，非建都地。王保保未可輕也。已而定西失利，擴廓竟走沙漠，迄為邊患。其冬，帝手詔叙基勳，伐召赴京，賜賚甚厚，追贈基祖、父皆永嘉郡公。累欲進基爵，基固辭不受。

初，太祖以事責丞相李善長，基言：善長勳舊，能調和諸將。太祖曰：是數欲害君，君乃為之地耶？吾行相君矣。基頓首曰：是如易柱，須得大木。若束小木為之，且立覆。及善長罷，帝欲相楊憲，憲素善基，基力言不可，曰：憲有相才無相器。夫宰相者，持心如水，以義理為權衡，而己無與者也，憲則不然。帝問汪廣洋，曰：此褊淺殆甚於憲。又問胡惟庸，曰：譬之駕，懼其僨轅也。帝曰：吾之相，誠無逾先生。基曰：臣疾惡太甚，又不耐繁劇，為之且孤上恩。天下何患無才，惟明主悉心求之，目前諸人誠未見其可也。後憲、廣洋、惟庸皆敗。三年授弘文館學士。十一月大封功臣，授基開國翊運守正文臣、資善大夫、上護軍，封誠意伯，祿二百四十石。明年賜歸老於鄉。

帝嘗手書問天象。基條答甚悉而焚其草。大要言霜雪之後，必有陽春，今國威已立，宜少濟以寬大。基佐定天下，料事如神。性剛嫉惡，與物多忤。至是還隱山中，惟飲酒弈棋，口不言功。邑令求見不得，微服為野人謁基。基方濯足，令從子引入茆舍，炊黍飯令。令告曰：某青田知縣也。基驚起稱民，謝去，終不復見。其韜跡如此，然究為惟庸所中。

初，基言甌、括間有隙地曰談洋，南抵閩界，為鹽盜藪，方氏所由亂，請設巡檢司守之。奸民弗便也。會茗洋逃軍反，吏匿不以聞。基令長子璉奏其事，不先白中書省。胡惟庸方以左丞掌省事，挾前憾，使吏訐基，謂談洋地有王氣，基圖為墓，民弗與，則請立巡檢逐民。帝雖不罪基，然頗為所動，遂奪基祿。基懼入謝，乃留京，不敢歸。未幾，惟庸相，基大慼曰：使吾言不驗，蒼生福也。憂憤疾作。八年三月，帝親製文賜之，遣使護歸。抵家，疾篤，以天文書授子璉曰：亟上之，毋令後人習也。又謂次子璟曰：夫為政，寬猛如循環。當今之務在修德省刑，祈天永命。諸形勝要害之地，宜與京師聲勢連絡。我欲為遺表，惟庸在，無益也。惟庸敗後，上必思我，有所問，以是密奏之。居一月而卒，年六十五。基在京病時，惟庸以醫來，飲其藥，有物積腹中如拳石。其後中丞涂節首惟庸逆謀，并謂其毒基致死云。

基虬髯，貌修偉，慷慨有大節，論天下安危，義形於色。帝察其至誠，任以心膂。每召基，輒屏人密語移時。基亦自謂不世遇，知無不言。遇急難，勇氣奮發，計畫立定，人莫能測。暇則敷陳王道。帝每恭己以聽，常呼為老先生而不名，曰：吾子房也。又曰：數以孔子之言導予。顧帷幄語秘莫能詳，而世所傳為神奇，多陰陽風角之説，非其至也。所為文章，氣昌而奇，與宋濂並為一代之宗。所著有覆瓿集，犁眉公集傳於世。子璉、璟。

璉，字孟藻，有文行。洪武十年授考功監丞，試監察御史，出為江西參政。太祖常欲大用之，為惟庸黨所脅，墮井死。璉子廌，字士端，洪武二十四年三月嗣伯，食祿五百石。初，基爵止及身，至是帝追念基功，又憫基父子皆為惟庸所厄，命增其祿，予世襲。明年坐事貶秩歸里。洪武末，坐事戍甘肅，尋赦還。建文帝及成祖皆欲用之，以奉親守墓力辭，永樂間卒。子法停襲。景泰三年命録基後，授法曾孫祿，世襲五經博士。弘治十三年以給事中吴士偉言，乃命祿孫瑜為處州衛指揮使。

正德八年加贈基太師，謚文成。嘉靖十年，刑部郎中李瑜言，基宜侑享高廟，封世爵，如中山王達。下廷臣議，僉言：高帝收攬賢豪，一時佐命功臣並軌宣猷。而帷幄奇謀，中原大計，往往屬基，故在軍有子房之稱，剖符發諸葛之喻。基亡之後，孫廌實嗣，太祖召諭再三，鐵券丹書，誓言世祿。廌嗣未幾，旋即隕世，褫圭裳於末裔，委帶礪於空言。或謂後嗣孤貧，弗克負荷；或謂長陵紹統，遂至猜嫌。雖一辱泥塗，傳聞多謬，而載書盟府，績效具存。昔武王興滅，天下歸心，成季無後，君子所歎。基宜侑享太廟，其九世孫瑜宜嗣伯爵，與世襲。制曰：可。瑜卒，孫世延嗣。嘉靖末，南京振武營兵變，世延掌右軍都督府事，撫定之。數上封事，不報，忿而恣横。萬曆三十四年，坐罪論死，卒。適孫萊臣年幼，庶兄藎臣借襲。藎臣卒，萊臣當襲，藎臣子孔昭復據之。崇禎時，出督南京操江，福王之立，與馬士英、阮大鋮比，後航海不知所終。

著録

明　晁瑮《晁氏寶文堂書目》　《多能鄙事》

明　高儒《百川書志》卷一一《子・雜藝》　《多能鄙事》十二卷。大明括蒼誠意伯劉基類編。十類，四十五門。

明　祁承㸁《澹生堂藏書目》　《多能鄙事》十二卷。四冊。

明　朱睦㮮《萬卷堂書目》卷三　《多能鄙事》十二卷劉基。

清　范邦甸《天一閣書目》卷三之一《子部》　《多能鄙事》十三卷。刊本。明誠意伯劉基撰。嘉靖十九年青田縣儒學訓導，浮梁魯軒程法《序》云：『孔子曰：「吾少也賤，故多能鄙事。」是則孔子之謙而玆録亦從之。大勳伯文成劉公，練達元老也，爲我朝第一流人物。百執事無能抗者，敢以賤目之。矧所編之録有曰飲食，所以衛性也；有曰服飾，所以華躬也；有曰器用，所以贍日給也；有曰百藥，所以防時虞也；有曰農圃、牧養，則植材之根本；有曰陰陽、占卜，與占斷神之類，則演易之支流，凡若此者皆切於民生日用之常，不可一闕者。事雖微而繫甚大，苟斥曰鄙吾豈敢哉。

清　黄虞稷《千頃堂書目》卷一二　劉基《多能鄙事》，十二卷。

（雍正）《浙江通志》卷二四七　《多能鄙事》十二卷，百川書志劉基類編。

《續文獻通考》卷一七七《經籍考》　《多能鄙事》十二卷，舊題劉基撰，今審為偽託之書

《續通志》卷一六〇《藝文畧》　《多能鄙事》十二卷，舊本題明劉基撰。

清　毛扆《汲古閣珍藏秘本書目》　《多能鄙事》二本。舊抄六錢。

清　錢謙益《絳雲樓書目》卷二　《多能鄙事》。

清　阮元《文選樓藏書記》卷一　《多能鄙事》三卷。明太史劉基著。青田人刊本。是書詳於服食器、用醫、約農、圃之事。

清　阮元《兩浙金石志》卷八　《多能鄙事》聖人曲意，惟其知之是以不試，宗魯雖友弔，必以義尚師嘉言祀亦罔替。

清　孫星衍《平津館鑒藏書籍記・補遺》　《多能鄙事》十二卷。題括蒼誠意伯劉基類編。前有嘉靖十九年，魯軒《序》。嘉靖癸亥范惟一《序》，稱刻於汝南，書分飲食、服飾、器用、百藥、農圃、陰陽六類，黑口

巾箱本。每葉廿四行行，廿三字有朱筆，依舊本校字。

《明史》卷九八　劉基《多能鄙事》十二卷。

清　徐乾學《傳是樓書目》　《多能鄙事》十二。劉基。二本。

清　莫友芝《郘亭知見傳本書目》　《多能鄙事》十二卷，舊題明劉基撰，皆言家常瑣碎，頗適於用。《四庫》存目，郘亭有舊抄本

農説

綜述

明　馬一龍《農説·序》　孟河子曰：力田養母，此吾今日第一義也。家貧親老屢疏乞恩侍養，歸而無所取，備以供甘旨，上負吾君下負吾母，皇皇然不能一朝甯處也。昔吾有先君大艱，外兄史玉陽氏及二揚子，憐吾貧助之金百余，不足複繼之粟，及是捐其償。乃與田老講求資身充養之計，衆指荒蔓一區，曰是田也。統順至於今不畊，民以賦稅累而外亡者殆盡，得是可畊亦可富矣。衆爭歸之，罄將前玉陽所遺物易大武十元，約議畊者各取田收之半，一歲盡墾而大有獲焉。日共諸傭在畎畝，視其所爲則皆農也，視其所爲事皆非農者也。農不知道，知道者不屑明農，故天下昧昧不務此業而他圖賈人之利，率爲世途閭閻之間，力倍而功不半，十室九空，知道者之所深憂。就田廬作《農説》一章，以示傭之人。書生言過文致逐條更爲詳説，好事者多來索書，因命工刻版，布諸鄉人有志於農者。

《四庫全書總目提要》卷一〇二《農説》　《農説》一卷，浙江鮑士恭家藏本，明馬一龍撰。一龍字負圖，溧陽人，嘉靖丁未進士，官至國子監司業。自序謂：農不知道，知道者又不明農，故天下不務此業而他圖賈人之利。閭閻之間力倍而功不半，十室九空，知道者之所深憂。因就田廬作《農説》一章，逐條自爲之註，文頗簡略。

傳記

元　陶宗儀《書史會要·續書史會要》　馬一龍，字負圖，號孟河，別號玉華子，溧陽人。嘉靖時以解元登進士，仕至國子司業。公之生也有龍祥因名龍。垂髫能詩，長而博綜羣籍，詩類太白，文類莊孟，不屑摹擬前人。直寫胸中所得，作字懸腕運肘落管如飛，頃刻滿幅。初覽若不可辯，細玩則條理脈絡俱可尋。識非苟然者，自謂懷素以後一人，然評者謂其奇怪為書法一大變。

（乾隆）《江南通志》卷一五八　馬一龍，字應圖，溧陽人。父性魯，自給諫出，知尋甸府，以苗變誣繫獄：一龍時為諸生，走長安，上執政書，情辭哀迫，執政憫之，父獄得解。嘉靖丁未成進士，由詞林仕至南國子監司業。

著録

《續通志》卷一六〇　《農説》一卷，明馬一龍撰。

《續文獻通考》卷一八一　馬一龍《農説》一卷，一龍字負圖，溧陽人，嘉靖進士，官至國子監司業。

清　黄虞稷《千頃堂書目》卷一二　馬一龍《農説》一卷。

雜録

清　陸世儀《思辨録輯要》卷三五　馬一龍《農説》不特析理之精，而文辭之妙亦幾與靈樞素問同科矣。格物之功至於如此，亦農家之聖也。呂覽審時任地辨土三篇，眞精於農田之言，無一語非實用，而文字亦精絶，考工以後僅見此矣。讀《海剛峰集》無一句閒言語，此眞躬行君子訥於言而敏於行者，今之聞人，一行不修而詩文累尺，見之豈不可愧。

授時通考

綜述

清 愛新覺羅・弘曆《授時通考・原序》 孟子言：不違農時，穀不可勝食。蓋民之大事在農，農之所重惟時。敬授人時，載於《堯典》，周公《七月》一篇，於日、星、霜、露之候，昆蟲、草木之化，詳哉其言之。故先王之民，莫不震動恪恭於農，以修其事者，懼失時也。

我聖祖仁皇帝，勤咨民隱，首重農桑，率育蒸黎，涵濡德澤，六十餘載，户慶盈寧。皇考世宗憲皇帝，歲舉耕耤之儀，率先天下。興水利，廣儲蓄，為萬世規。凡茲薄海蒼生，得荷鋤饁餉，優游隴畝之間，樂生遂性，衣食滋豐者，何莫非我祖宗宵旰勤勞，以貽樂利於無疆耶！

朕纘承基緒，鑒前代生深宮之中，長阿保之手，誠知稼穡艱難，日與中外臣工，為斯民籌食用至計；胼胝機杼之作苦，日厪於懷。因檢前人《農桑通訣》、《農政全書》諸編，嘉其用意勤而於民事切也，命内廷詞臣，廣加蒐輯。舉物候早晚之宜，南北土壤之異，耕耘之節，儲偫之方，蠶織蓄牧之利。自經史子集以及農家者流，凡言之關於農者，彙萃成編，命之曰《授時通考》。夫天道廣運於上，而四時行，萬彙生；地道發育於下，而庶品蕃，百昌遂；人事參贊其中，而六府修，三農殖。輔相裁成，固國家之大政也；趨事赴功，亦閭閻之本業也。貴穀劭農，服田力穡，上下交勉，弗懈於時，以副朕阜成海宇之至願。覽斯編者，尚有取焉。

乾隆七年歲在壬戌春正月下澣八日御筆

又《授時通考・凡例》 一、敬授人時，農事之本，故是編冠以天時。土會、土宜，辨其名物，物土次焉。誕降嘉種，百穀用成，穀種次焉。力穡有秋，良耜畟畟，功作次焉。簡器修政，保介是咨，勸課次焉。餘三餘九，家有蓋藏，蓄聚次焉。場圃無棄地，林麓無棄材，農之餘也，故列為『農餘』。蠶織之事，授衣所先，故次以蠶。桑棉葛之利，近世尤蕃，故附諸『桑餘』。凡以備法制、品節之詳，俾知所盡心云。

一、是編以致用為主，凡採摭經史，但取其切於實用及名物根據所自，詩文藻麗之詞，槩置弗録。惟歷代詔令章奏，有關農事者，詳悉採入。至我朝重農務本，超越千古，凡布諸綸綍者，無不曲盡民情，周知稼穡。聖祖仁皇帝御製耕織圖、詩，咏農人胼胝之勞，織女機絲之瘁，周詳往復，田家作苦，瞭然在目。世宗憲皇帝敬和於前，我皇上敬和於後，敦崇本業，不啻《豳風》、《無逸》諸篇矣。敬謹編輯為本朝重農五卷，固非尋常詩文可擬也。

一、百穀、九穀、五穀，註家詮解不一，且南北異宜，即老農亦未能悉辨。今取其廣種而利溥者，羅列於前，而附以直省土産。至瑞穀、嘉禾、瑞麥雖靈異攸鍾，迥異凡品，然亦如人類之有聖賢，鱗羽之有麟鳳，其莖苗秀實，固非別為一種也。故以冠於穀種之首。

一、物土之宜，水利為重，然惟陂池、渠岸，溝洫，畎澮之用，切近農功者，始為採輯。至河道、海塘，雖關係民生大利，而非農家所能講求，不具録焉。

一、民間儲蓄，歷代以常平、社倉為要，其斂散糴糶，與閭閻休戚相關，司牧者所當留意。農書所載甚畧，今益加增輯。至《農政全書》中有救荒振卹諸條，今已刊行《康濟録》一書，救饑條件畧具，是編不復採入。蓋徐書以『農政』為名，自不得獨遺賑贍，是編以『授時』為重，惟取家裕蓋藏，固各有義例也，又《農政全書》載明周憲王《救荒本草》多至四百餘種，固仁者之用心。然使政事克修，自可無憂捐瘠；若令糠覈不飽，延喘須臾，何暇按圖考傳？今曰性味若何，烹芼若何，是鳴和鸞於救焚拯溺之時，而論殽蔌於羅雀掘鼠之日也！亦從删省。

一、農餘以蔬茹，果蓏為主，而材木之用，漆蠟之饒，牧字之蕃息，生計咸所取資，弗可遺也。惟飲食製造之方，雖備載於《齊民要術》諸書，然古今異宜，南北異嗜。且籩豆之司，非所重也。亦槩弗録。

一、桑餘之利，木棉最廣，麻葛蕉桐次之。若裘褐氈罽之番薯、既非草野所需，並非紅女所辦，更不採入。

一、分門編纂。凡所採經書諸説，有不能不互見，數見之處惟於節録原文，中各從本門所重，以免複出。其必不可節者，乃並載焉。至如畜牧，種植，皆農餘也。而耕牛之飼養歸於功作，桑柘之栽培詳於蠶事，亦各舉其重言之。

《四庫全書總目》卷一〇二　《欽定授時通考》七十八卷，乾隆二年奉敕撰，乾隆七年進呈欽定，禦制序文頒行。凡八門。曰天時，分四子目，明耕耘收獲之節也。曰土宜，分六子目，盡高下燥濕之利也。曰穀種，凡九子目，別物性也。曰功作，分十子目，盡人力也。曰勸課，分九子目，重農之政也。曰蓄聚，分四子目，備荒之制也。曰農餘，分五子目，種植畜養之事也。曰蠶桑，分十子目，族箔織紝之法也。天時冠以總論，餘七門各冠以彙考，而詔諭禦制詩文，並隨類恭録焉。昔周公作書，以《無逸》爲永年之本而所謂《無逸》，在先知稼穡之艱難，故重農貴粟，治天下之本也。《管子》、《吕覽》所陳種植之法，並文句典奧與，其他篇不類。蓋古者必有專書，故諸子得引之，今已佚不可見矣。劉向《七略》，綜別九流，以農家自爲壹類，其書亦無壹存。今所傳者，以賈思勰《齊民要術》爲最古，而名物訓估，通儒或不盡解，無論耕夫織婦也。沿而作者，不可殫數，惟王楨、徐光啓書爲最著而疏漏冗雜，亦不免焉。我皇上禦極之次年，即深維《堯典》授時之義，虞廷命稷之心，特詔刪纂諸書，編爲此帙。準今酌古務期於實用有裨，又詳考舊章，臚陳政典，不僅以自生自息聽之閭閻，尤見軫念民依之至意，非徒農家言矣。

清　耿文光《萬卷精華樓藏書記》卷七七《授時通考·提要》　《授時通考》七十八卷，乾隆二年勅撰，江西本。首禦制序，上諭次凡例奏摺經理諸臣銜名。目録凡八門曰天時、曰土宜、曰穀種、曰功作、曰勸課、曰蓄聚、曰耕余、曰蠶桑，每門各分子目，天時冠以總論，余七門各冠以彙考而詔諭、禦制詩文，並隨類恭録焉。謹案八卷爲方輿、圖說，十三、十四爲田制圖說，五十二三爲耕織圖，五十七爲社義倉圖式。乾隆七年江西巡撫陳宏謀校刊。又案：《田家五行》農家諺語至今猶驗。例曰：是編採摭經史，俱取其切於實用及名物根據。所自詩文藻麗之詞，概致弗録，惟曆代詔令章奏有關農事者詳悉採入。百穀、九穀、五穀注家詮解不壹，且南北導師宜，即老農亦未能悉辨，今取其廣種而利溥者羅列於前，而附以直省土産。瑞穀佳和冠於穀種之首，曆代以常平倉爲要，農書所載甚略，今益加增輯救荒諸條。今已刊行《康濟録》壹書，是編不複採入，又《救荒本草》多至四百余種，固仁者之用心。然延喘須臾何暇。按：圖考傳今曰：性味若何，烹芼若何，是鳴和鸞於救焚拯溺之時，而論殺藏於羅雀掘鼠之日也。亦從刪省。

《四庫全書簡明目録》卷一〇　乾隆二年，奉勅撰。乾隆八年，告成。御製序文頒行。凡八門：曰天時，曰土宜，曰穀種，曰功作，曰勸課，曰蓄聚，曰農餘，曰蠶桑，皆本諸天道，修人事以盡地力，《豳風》、《無逸》敦本重農之至意具備於是焉。

《續文獻通考》卷二二八　乾隆六年，大學士鄂爾泰、張廷玉等，奉敕撰《皇上御製序》曰：『孟子言不違農時，穀不可勝食。蓋民之大事在農，農之所重惟時，敬授人時，載於堯典。周公《七月》一篇於日星霜露之候，昆蟲草木之化，詳哉其言之。故先王之民，莫不震動。恪恭於農，以修其事者，懼失時也。我聖祖仁皇帝，勤咨民隱，首重農桑，率育烝黎，涵濡德澤，六十餘載，戶慶盈寧。皇考世宗憲皇帝，歲舉耕耤之儀，率先天下，興水利，廣儲蓄，為萬世規。凡茲薄海蒼生，得荷鋤饁餉，優游隴畝之間，樂生遂性，衣食滋豐者，何莫非我祖宗，宵旰勤勞，以貽樂利於無疆耶。朕纘承基，緒鑒前代，生深宮之中，長阿保之手，誠知稼穡艱難，日與中外臣工，為斯民籌食用至計，胼胝機杼之作苦，日廑於懷，因檢前人《農桑通訣》、《農政全書》諸編，嘉其用意勤，而於民事切也。命內廷詞臣廣加蒐輯，舉物候早晚之宜，南北土壤之異，耕耘之節，儲偫之方，蠶織畜牧之利，自經史子集，以及農家者流，凡言之關於農者，彙萃成編，命之曰《授時通考》。夫天道廣運於上，而四時行，萬彙生，地道發育於下，而庶品蕃百，昌遂人事，參贊其中。而六府修三農殖，輔相裁成，固國家之大政也。趨事赴功亦閭閻之本業也。貴穀劭農，服田力穡，上下交勉，弗懈於時，以副朕阜成海宇之至。願覽斯編者尚有取焉。』按：是書凡分八門，一曰天時，二曰土宜，三曰穀種，四曰功作，五曰勸課，六曰蓄聚，七曰農餘，八曰蠶桑。自土宜以下七門，各冠以彙考一卷。我皇上軫念民依首殷農政，爰命儒臣刪纂諸書輯成是帙，斟酌古今之制，調劑天地之宜，凡舊章政典之有裨於日用者，罔不臚陳，垂美利於萬年。溥盈寧於六合聖人之心，抑何其詳且盡也。

《乾隆二年五月十四日諭總理事務王大臣》　農桑為致治之本，我皇祖聖祖仁皇帝，嘗繪『耕織圖』，以示勸農德意。皇考世宗憲皇帝，屢下勸農之詔，親耕耤田，率先天下，所以敦本計而即田功，意至厚也。朕思為耒耜教樹藝，皆始於上古聖人；其播種之方，耕耨之節，與夫備旱、驅蝗之術，散見經籍，至詳且備。後世農家者流，其説亦各有可取。所當薈萃成書，頒布中外。庶三農九穀，各得其宜；望杏瞻蒲，無失其候。著南書房翰林同武英殿翰林，編纂進呈。欽此。

清《國朝宫史》卷三四《書籍·類書》 《欽定授時通考》一部。皇上念切民依，懋昭勸相，特命詞臣詳稽書傳紀事纂言有關於農桑者，彙萃成編。分爲八門曰：天時，六卷；曰土宜，十二卷；曰穀種，十二卷；曰功作，十一卷；曰勸課，十二卷；曰蓄聚，四卷；曰農餘，十四卷；曰蠶桑，七卷，凡七十八卷。乾隆七年校刊。

清 丁申、丁丙《八千卷樓書目》卷一〇《子部·農家類》 《欽定授時通考》七十八卷。乾隆二年奉敕撰。殿刊本。江西刊本。

《清通志》卷一〇一《藝文略》 《欽定授時通考》七十八卷，乾隆二年奉敕撰。

著録

《清國子監志》卷五二《經籍·板片》 《欽定授時通考》板二千二百一十四面，乾隆七年刊。

《清通志》卷一〇一 《欽定授時通考》七十八卷，乾隆二年奉敕撰。

清 莫友芝《郘亭知見傳本書目》 《欽定授時通考》七十八卷，乾隆二年奉敕撰。內府刊本 乾隆九年江西巡撫刊本。

便民圖纂

綜述

明 鄺璠《新校便民圖纂·歐陽鐸序》 夫有生必假物以爲用，故雖細心必有所資。百工制物五材並用而聖人實作之。雖有巧慧不能臆創，雖有彊敏不能自食，是故業有世守，其人無貴賤，皆足爲師。藝有顯門，其言無精粗，皆足爲經。兩之伍之異事而同功，然當其無用三家之市猶自給焉。一物適屈而須者方急，通都大邑病矣。況知有所弗逮力，有所弗豫，一人之身而取辦於倥偬，僻陋之際奚以濟哉？仁人知民用之不可已也，平其政矣。猶曲爲之慮，將無弛若具逆若時而徒從事者邪？將無觸凶蹈禁恣者欲昵邪説而戕其生者邪？將無不若物性以墮其樹事畜事者邪？之誠不藝乃其説具在，會粹而提其要，使夫人得比類而求庶其少濟乎？此固仁人之心哉。今民間傳農圃卜書，未有若《便民圖纂》識本末輕重言備而指要也。農務女紅有圖有詞，以形其具以作其氣。有耕穫、蠶織以盡其事，衣食之源固宜重哉。繼之樹藝則園輔毓草木之義，亦民用之不能闕焉者，曰雜占、曰月占，其畏天威以豫人事，然而非僭矣。祈禳祈且禳也，涓吉以吉行也，其諸趨避之常情，然而非褻矣。起居於格言自養也，於忌自衛也，於調攝輔以醫藥也。言牧養者五十有七，言製造者百有七，若疑於煩碎，然大者乃繫耕稼，其瑣瑣又非民生所能去者。是書余得諸吴下，明農以來屢試之，其非虚語哉！侍御少岳陳君維一，按廣右，振揚風紀官治肅給。行部以六條察吏，至潯有治迹，進其守王子貞吉授是編，刻焉。惟國家勸課農桑，有詔陰陽若醫有學職爲民故，而有司或末視之。況廣西遠中國，俗尚弋獵，鮮事耕織，疾病不知醫藥，貧於禱祀夭於巫覡者其常也，盜賊又不與焉！少岳蓋傷之。是役也以正令典以通民志，自淺近要切者以達於廣大悠久。嗚呼仁哉！嘉靖甲辰秋八月乙未，賜進士通議大夫、吏部右侍郎致仕泰和石江歐陽鐸敍。

明 鄺璠《便民圖纂·吕經序》 嘉靖丁亥冬翻刊《便民圖纂》成。或曰：今明詔禁刻書，若此者無乃違禁乎？經曰：大哉王言，非尋常所可測也！或曰：何與？夫書之於民，猶植之於聱綸音云爾，得非以不急與無益之言，加災於木而病民者紛紛乎？《便民圖纂》果因而可止邪！則夫見刖廢屨因噎廢食者，亦何怪是書也。兄我有生皆不可無，如衣食資於耕種蠶桑，彼則標揭於首，天下外此以務衣食者，誰邪？曰雜占、曰祈涓及起居調攝，以至牧養製造之類，民生一日不能已者，皆精擇而彪分昭列焉。故它書可缺此書似不可缺，況滇國之於此書尤不可缺，是豈可一例禁邪？蓋上之懲病民之弊，正所以爲利民之圖耳，豈拘拘而爲之者哉？經所以將順而干冒爲之，匠用公役梓用往年試録及曆日板，可者或聞之亦悦遂布諸民。原本出三厓歐陽氏，若託始則任邱鄺廷瑞氏，選刻於吴者雲南左布政使。北池九川吕經書。

明 鄺璠《便民圖纂·于永清序》 昔漢天子家令晁錯，紆籌計邊事，募民徙塞，實廣虛以威匈奴。先為居室，置田具器，相其陰陽之和，流泉之味，土地之宜，草木之饒，使民樂其業，有長居心，無他使之也。上谷雲中，壤接三輔，扆漢控胡，巍然西北重鎮，於今稱絶塞焉。虜款以來，烽燧無警者二十餘年矣，完固阜殷，宜益倍曩昔。乃閈陌秏敝，罄懸抒倚。蒲、嬴、襏襫，不給於南畝，而庾、䰛、韋、複，告匱於北山。闕以北，石田敝土，蕪穢汙萊，無耕桑林澤之業，一切機利，悉倒制於借壤雁民。白登於西，計文讕滿，羼名規役租，積逋且萬計。尺伍執殳之夫，雕劬脱巾。單産孱民，飴堇荼，綀緼不銖於體。乃裔徼習呰窳，猥云輸財効力，疆腹殊共。藉令方内有數千里水旱之災，大庾之金，不輂於塞，林林寄生之衆，將安所哺啜衪，慰啼號哉？《氾勝》、《齊民》之術，顧安可置弗講也？鄺廷瑞《便民圖纂》，凡三卷，分類凡一十有一，列條凡八百六十有六。自樹藝占法，以及祈涓之事，起居調攝之節，蒭牧之宜，微瑣製造之事，捆摭該備，大要以衣食生人為本，是故繪圖篇首，而附纂其後。歌咏嗟嘆，以勸勉服習其艱難。一切日用飲食治生之具，展卷臚列，無煩咨諏。所稱便民者非耶？雖然，是便民者也，非民所能自便者也。長民者衣食縣官，受若值而斁民事，不幾以穀恥乎？其務宣厥心力，以惠綏拊循若人。期會必審，毋奪時；徵發有度，毋盡力；約束有章，毋煩令。故曰：表地掩畝，剌草殖穀，農夫庶衆之事也；利濟百姓，使民不偷，將率之事也。農夫庶衆之事，《圖纂》既纚纚詳之矣，將率之事，長人者其勖諸！王禎《農桑通訣·孝弟力田篇》曰：孝弟力田，古人曷為而並言也？孝弟為立身之本，力田為養身之本，二者可以相資，而不可以相離也。聖人使天下之人，莫不衣其衣而食其食，親其親而長其長。然其教之者，莫先於士；養之者，莫重於農。士之本在學，學之本在耕。是故士為上，農次之，工商為下。本末輕重，昭然可見者。田有井，黨有庠，遂有序，家有塾。新穀既入，子弟始入塾，距冬至四十五日而出。聚則行鄉飲，正齒位，讀教法；散則從事於耕。故天下無不學之農。《詩》曰：『黍稷薿薿，攸介攸止，烝我髦士。』即漢力田之科是已。帝舜，聖人也。萬世而下，言孝者莫加焉，而耕歷山。伊尹之訓曰：『立愛惟親，立敬惟長。』而耕於莘野。其他如冀缺、長沮、桀溺、荷蓧丈人之徒，皆以耕為事。故天下亦少不耕之士。《周官·大司徒》：『三歲大比，考其德行、道藝，而先孝友。』即漢孝悌之科是已。古者崇本抑末。其教民也，以孝弟為先。其制形也，亦以不孝不弟為重。加意於立身之本如此。當其生也，宅不毛者，有里布。田不耕者，出屋粟，民無職事者，出夫家之征。及其死也，不畜者，祭無牲；不耕者，祭無盛；不樹者，無槨；不蠶者，不帛；不績者，不衰。加意於養身之本又如此。於斯時也，家給人足，上下有序，親疎有禮。末作之流亦鮮矣，又安有游惰者哉？至於瘖聾跛躃，斷趾侏儒，各以其器食之。彼廢疾之人，猶有所事而後食，況於手足耳目無故者哉？漢代去古未遠，立為孝弟力田之科。高帝令賈人不得衣絲乘車，重租稅以困辱之。惠帝雖稍弛商賈之禁，然猶市井子孫不得為官仕。皆所以崇本而抑末也。至文帝時，風俗之靡，公私之匱，賈誼尚以為言。帝感其說，乃開籍田。嘗詔曰：孝弟，天下之大順也。其遣謁者勞賜。又詔曰：力田，民生之本也。其賜力田，帛二匹。而以户口率，置力田常員，各率其意，以導民焉。唐太宗亦詔：民有見業農者，不得轉為工賈。工賈有舍見業而力田者，免其調。夫末作之民，尚有益於世用，古人且若是抑之，而況世降俗末，又有出於末作之外者！舍其人倫，惰其身體，衣食之費，反侈於齊民。以有限之物，供無益之人。上之人，不惟不抑之，反從而崇之，何哉？農人受飢寒之苦，見游惰之樂，反從而羨之，至去隴畝棄耒耜而趨之，是民之害也，又豈特逐末而已哉！《四庫全書總目》，卷一百三十　不著撰人名氏。第一卷爲農務，圖十五；第二卷爲女紅，圖十六。每圖皆係以竹枝詞一首，第三卷以下分十一：曰耕穫，曰桑蠶，曰樹藝，曰雜占，日月占，曰祈禳，曰涓吉，曰起居，曰調攝，曰牧養，曰製造。嘉靖壬子刻於貴州。前有左布政使李涵序，稱鄺廷瑞始刻於吴中，吕經又刻於滇省，其中利民用者甚多，然意求全備，往往冗瑣。如末卷載辟鬼魅法，用桃枝灑雄黃水。蓋據《本草》桃枝殺鬼，雄黃殺精魅之說。已爲迂濶，又有祛狐狸法，云妖狸能變形，惟千年枯木能照之，可尋得年久枯木擊之，其形自見。則據張華然華表照斑狸事，衍爲此法，殆於兒戲矣。其書本農家者流，然旁及祈福、擇日及諸格言，不名一家，故附之雜家類焉。

明　鄺璠《便民圖纂·黃昭道跋》　右《便民圖纂》一書，集厥天之時，地之理，而吾人者之事，最號極備；而又纂以歸其要，圖以示其事者：蓋深論，民於道者之意也。得而讀之者，當必因事以求其理，制外以養其中，順天因地，以升大猷，則吾民之命脈，可以壽天地於無窮矣！此為可傳之書，雖家置一通可也。故窮簷蔀屋，恐亦有未見者，矧此遐僻之鄉邪？予九川吕方伯先生，蓋鋭意於便民者：嘉靖丁亥八月，先生赴瓜期，值憲使歐陽三厓於曲靖行署，便以是書出之觀，若意與之會者。先生愛之深，遂欲傳之廣，而亟付之梓焉，亦可謂用心於密者矣。意書固有可範，而人弗以傳者。固心私爾笥者也。君子者，公天下為心，於凡書之可範者必傳，而傳之必欲博焉。雖涉多事，亦何遑恤？此刻行已，人亦當知三厓非私笥而九川豈亦公天下者與？因書殿以識歲月。雲南右布政使湖南梅嵒黄昭道跋。

明・鄺璠《便民圖纂・王貞吉後跋》　右《便民圖纂》二十卷，少岳陳公按潯，命刻之潯也；亦貽所屬，俾不迷於所適云。嗟乎美哉！公之意也，切而廣矣。夫傳言者，貴裨於用；通治者，不遺於暇。秦人殘諸子百家語，而獨存醫卜之書，謂其利民也。使不並殘六經，秦何罪哉？《圖纂》之編，揭圖繫詞，分門指事，皆日用之不可缺者。其為民利，又不但醫卜耳，然而少刻焉者。顧所刻，又多諸子百家語；士之聰慧者，得之亦足矣洽知見，民生顓蒙，辭且不解，既飢餓焉，亦無用之識耳。刻奚不可已哉？可已而不已，而不可已之刻，乃僅見於公。謂公非切生民之慮者乎。公之屬刻於貞吉也，謂之曰：『正朔所不加，則人不知時；六經所不及，則人不知學。昔者滇也，當刻是矣，吾有取焉爾，謂其開遠人之謎也。粤猶之滇；荒裔僻壤，墳典且少，而謂有是書乎？刻而布之，家傳而人誦之；則豈惟耕織不忒；凡百利害，皆知趨避，民其有攸奠矣。聖天子昭予惠遠之意，庶亦不負矣！』貞吉曰：廣覆之謂天，廣栽之謂地，廣於宣力之謂臣，公豈非其人乎？於是祗承而刻之，刻完而摹之。工價楮費，皆奉命以官；公蓋不以利民之為而先損民也。嘉靖甲辰冬十月朔廣西潯州府知府屬吏泰河王貞吉頓首撰。

《四庫全書總目》卷一三〇《子部・雜家類存目》　便民圖纂十六卷，安徽巡撫採進本不著撰人名氏。第一卷爲農務，圖十五；第二卷爲女紅，圖十六。每圖皆係以竹枝詞一首，第三卷以下分十一：曰耕穫，曰桑蠶，曰樹藝，曰雜占，日月占，曰祈禳，曰涓吉，曰起居，曰調攝，曰牧養，曰製造。嘉靖壬子刻於貴州。前有左布政使李涵序，稱鄺廷瑞始刻於吳中，吕經又刻於滇省，其中利民用者甚多，然意求全備，往往冗瑣。如末卷載辟鬼魅法，用桃枝灑雄黄水。葢據《本草》桃枝殺鬼，雄黄殺精魅之說，已爲迂闊。又有祛狐狸法，云妖狸能變形，惟千年枯木能照之，可尋得年久枯木擊之，其形自見。則據張華然華表照斑狸事，衍爲此法，殆於兒戲矣。其書本農家者流，然旁及祈福、擇日及諸格言，不名一家，故附之雜家類焉。

清　錢曾《讀書敏求記》卷三《子・農家》　《便民圖纂》十六卷。《便民圖纂》不知何人所輯，鏤板於弘治壬戌之夏。首列農務女紅圖二卷，凡有便於民者莫不具列爲人上者，《豳風圖》等觀可也。

清　耿文光《萬卷精華樓藏書記》卷七七　《漢志》著《神農》二十篇如醫家之依託皇帝而其書不傳。《唐志》雜以歲時月令及牛馬諸書，至於錢譜相貝之屬。觸類蔓延，直齋譏之誠當矣。然書録所載《桐譜》、《橘録》、《糖霜》、《蟹略》之類亦與農務無涉。今所録九家務農之本，業有裨實用者。其餘悉為删退，明人刻《便民圖纂》十六卷，首列農務、女圖二卷，凡有便於民者，莫不具列，其意可佳，而書不易得。愚謂農書宜取其便，他非所急也。

傳記

明　過庭訓《本朝分省人物考》卷六《北直隸河間府》　鄺璠，字廷瑞，別號阿陵。其先世爲廣東高安人，至大父始徙任丘。璠方孕時，其母夢異人，以犢角、馬蹄、麋身、牛尾書其門，覺而璠生。自幼以穎異聞，淹貫羣籍。弘治壬子中順天鄉試，明年登進士，出知吳縣，下車即有能名。中使道吳知其不可犯，例給外，一無所索。或冒貴戚來謁，勢張甚發。其奸幷餘黨，擬配朱氏子，以販漆富，謀殺弟母，曲庇之，官數易弗得其情。御史以屬璠，夜夢所殺來愬語，含糊莫辨，似謂其嫂氏兄子害之。璠曰：『是必斷其舌矣。』明日使人抉其口驗之，果然，獄遂成。御史神之。邑五萬戶，其貧富璠輒知之，及定役參之。里甲不數日而竣，無以不均愬者。閶門富室沉甲規避，重差詐爲懸鶉狀，匍匐庭下。璠曰：『若顧欲欺我，若嚮嘗紈綺而嬉於市，謂我不能記乎？』遂惶懼，自占上戶。蓋璠嘗一見之，遂不忘，其聰明識事類如此。在吳八年，奏蠲洞庭荒山之稅，六千三百石，梁西成之渡，疏普安歸涇之壅，皆便於民。闢學宮，建社學、公署、壇壝、祠宇鉅麗，皆加於故。以忤權貴，僅轉徽州府同知，暨至徽，值大司馬彭公方典郡，一見莫逆，疑牒輒移決焉。武弁之獄，恃貲多數年不決，及璠至乃決。郡俗，送葬輿馬咸辦自喪家，貧者病焉，寧緩葬，至有三喪弗克舉者。璠以禮刻期，諭戒踰月葬者萬計。壬戌進表入京，故事，率挾當輸之稅利，其羨爲道里費，凡數百金。璠卻之道，聞父憂歸，終喪，改金華。俗嚚訟，璠嘗署篆，郡庭闃然，中人家以厚嫁破產，故女多不育。璠嚴諭之屬縣。蘭溪民居櫛比，素弗戒於火，乃拓其衢，率五門瀦水一甕，自是不復延燒邑人。因命曰『鄺公街』。正德丁卯，以母憂歸。終喪，改河南府。初河南有督驛傳馬價於吳者，鄰盜竊其百金易以磚櫝，封如故，罪其主，且逾歲。璠驗諸鄰竈，有取磚，故隙與所櫝封者合，盜遂服。嘗署篆事，辨治如金華。辛未擢守瑞州府，時盜魁陳福一等，塞華林，擁衆來犯，璠親擐甲冑登譙樓禦之。毒矢雨下，殪三十餘人。賊縱火，且逼樓。璠籲天風，反賊乃退。追數十里多所擒獲。總制都御史陳金奇之，上其功，嗣是築城浚隍爲固守計。又於治東阜，建明遠樓、演武亭，以時訓練，嚴賞罰，勁卒日多。壬申六月，率衆薄華林，分令僚屬營於渚嶺，檄鄉人隨，城地分戍。適獲賊諜，斬以徇仍，焚近山之積聚，賊大懼，乃分寨瑪瑙山、仙女嶺。璠復攻圍之，擒斬無算。福一等窮蹙，率妻孥降璠。卽遣降者，攻其餘孽，而陳於其後，鼓行而前，連大捷，蓋大小百餘戰。璠濱於死者至再，僕勤竟死之。時饒之姚源，盜方熾，提督都御史俞諫，又檄璠往勦。璠提兵夜入三十里，賊諜知曰：『瑞兵至矣。』相戒勿動。旦日悉衆來犯，璠揮兵奮擊，斬首數百，參將桂勇與璠連營，亦服璠之神速。暨還瑞，盜復百人，挾異術撼衆，璠殲之。御史以聞，武宗降溫旨犒獎。府面錦江，春夏漲輒没兩崖廬舍。璠廉得其故，以市河爲豪強所侵，悉力浚之，淹患遂絕。飭新學宮，創建書院，延經師以課諸生，置黠吏及奸民於理，珥筆之風少衰。乙亥考績北上，亡賴子汪鳳等乘閒縱橫，璠旋悉磔於市。逆濠以親藩怙寵，朘削郡縣，屬邑新昌劉氏以富聞，濠利其財，遣校尉持僞券責償。璠密令抗而毆之，一無所得，乃譟而之璠愬焉。璠曰：『彼敢抗親藩，何有於郡吏耶？某固靖民者，華林幸輯而敢激彼使變乎？』濠聞恚甚，欲致璠以洩其怒，璠峻絕不爲所動，又喻象賢者以非罪忤濠，捕急連及姻友，破數十家。璠庇之獲免。濠智竭不得逞，乃嗾當道罷之。璠曰：『吾活瑞百萬生靈，功成身退，抑復何愧？當臥視此輩敗矣。』瑞民聞其去，徬徨若失父母，乃建祠肖像事之。里居數年，猶問遺不絕。璠精於吏事，而每以儒術緣飾，彬彬可觀。晚歸亦唯以觴詠自適，性孝友，終其身與兄弟相愛不衰。仕宦幾三十年未嘗厚自封殖，與人交洞見肝膈，而言議爽萬，風格出塵。爲政主於愛民，終於靡懈，義所不可甘，與時忤不阿徇爲自全計。故雖爲逆黨所中，而君子深惜之。春秋僅六十有四。弟珩，字廷用，登弘治己未進士。歷工部郎中，平涼知府，致仕嘉靖中，奏舉修河有功，收入史館，縉紳咸重之。

著録

明　朱睦㮮《萬卷堂書目》卷三　《便民圖纂》十六卷。

《續通志》卷一六〇　《便民圖纂》十六卷，不著撰人名氏。

《清續文獻通考》卷一七七　《便民圖纂》十六卷，不著撰人名氏

清　錢謙益《絳雲樓書目》卷二　《便民圖纂》

清　范邦甸《天一閣書目》卷三　《便民圖纂》十六卷。刊本。明陳維一編，歐陽鐸序。嘉靖丁亥冬翻刻。吕經序。原本出三厓歐氏若托，始則任邱鄺廷瑞氏選刻於吳。

清　黄虞稷《千頃堂書目》卷一二《農家類》　鄺璠《便民圖纂》十六卷，字廷瑞，任丘人。弘治癸丑進士，吳縣知縣，止官河南右參政。

清　錢曾《錢遵王述古堂藏書目録》卷六　《便民圖纂》十六卷，二本。

《明史》卷九八　鄺璠《便民圖纂》十六卷。

清　萬斯同《明史》卷一三五　鄺璠《便民圖纂》十六卷。字廷瑞，弘治癸丑進士，任丘人，任吳縣知縣，後官河南右參政。

（乾隆）《任丘縣志》　《便民圖纂》十六卷。見《明史·藝文志》。

清　莫友芝《郘亭知見傳本書目》　《便民圖纂》十六卷，不著撰人。第一卷《務農圖》十五，第二卷《女紅圖》十六，第三卷以下分十一類。弘治壬戌刊本，嘉靖壬子重刊於貴州。其中利民用者頗多，《四庫》存目。

遵生八箋

綜述

明 高濂《遵生八箋·屠隆序》 夫人生實難，有生必滅。亭毒虔劉，遞相推賣。何晝弗悔？何流弗東？朝市喧囂，舟車雜沓，轉盼之間，悉為飛塵。若朝花之謝夕英，後浪之推前浪。無問韶姱醜姿，王侯廝養，同掩一丘，大期既臨，無一得免者。智氏作達，委而任之，順自然之運，聽必至之期，靡貪靡怖，時到即行。或縱娛樂，取快目前；或寶榮名，不朽身後。命曰曠達，亦庶幾賢於火宅煎優，土灰泯没者矣。然若曹必無可奈何，而姑為此托寄，語雖近似，理則未然。不知命有可延之期，生有可遵之理，人患昧理而不能研討，知其理矣，又或修持而不能精堅，卒之命先朝露，骨委黄壚，良可邑邑。

夫藏寶於篋者，揮擲則易空，吝嗇則難盡，此人所共識也。人稟有限之氣神，受無窮之薄蝕，精耗於嗜欲，身疲於過勞，心煩於營求，智昏於思慮。身坐幾席而神馳八荒，數在刹那而計營萬祀，攬其所必不任，覬其所必不可得。第動一念，則神耗於一念；第著一物，則精漏於一物。終日營營擾擾，翕翕熠熠，塊然方寸，迄無刻寧。即雙睫甫交，魂夢馳走，四大稍定，丹府驛騷。形骸尚在，精華已離，猶然不省，方將爲身外無益之圖，勞擾未已也。譬之迅飆之振槁籜，衝波之泐頹沙，烈火之燎鴻毛，初陽之晞薤露，性命安得不傷，年齡安得不促乎！至人知滔淫之蕩精，故絕嗜寡欲以處清靜；知沈思之耗氣，故戒思少慮以宅恬愉；知疲勞之損形，故節慎起居以寧四大；知貪求之敗德，故抑遠外物以甘蕭寥。畏侵耗如利刃，避傷損如寇仇，護元和如嬰兒，寶靈明如拱璧，防漏敗如航海，嚴出入如圍城。而觀竅妙，明有無，媾陰陽，煉神氣，成聖結丹，抱元守一，以至混沌如綿，虛空粉碎而後已，如是乃謂之尊生。自軒後柱下以來，維三光而後天地者，代有其人，甯可盡目之爲誕謾不經乎！

虎林高深父，博學宏通，鑒裁玄朗。少嬰羸疾，有憂生之嗟，交遊湖海，咨訪道術，多綜霞編雲笈，秘典禁方。家世藏書，資其淹博，雖中郎至賞，束晳通微，殆無以過。乃念幻泡之無常，傷蜉蝣之短晷，悟攝生之有道，知人命之可長，剖晰玄機，提拈要訣，著爲《遵生八箋》。恬寂清虛，道乃來舍，故有一清修妙論；陰陽寒暑，妙在節宣，故有四時調攝；養形以無勞爲本，故有起居安樂；學道以治病爲先，故有延年卻病；消煩去一悶，丹境怡愉，故有燕閑清賞；戒殺除羶，髒腑澄澈，故有飲饌服食；補髓還精，非服藥不效，故有靈秘丹藥；調神去殼，非脫塵不超，故有塵外遐舉。繼之修身煉性，養氣怡神，以了道還元，長生度世，洵人外之奇書，玄中之寶策也。

或謂大道以虛無爲宗，有身以染著爲累，今觀高子所敘，居室運用，遊具品物，寶玩古器，書畫香草花木之類，頗極煩冗。研而討之，馳擾神思；聚而蓄之，障閡身心，其於本來虛空，了無一法之旨，亦甚戾矣，何遵生之爲？余曰不然，人心之體，本來虛空，奈何物態紛拏，汩没已久，一旦欲掃而空之，無所栖泊。及至馳驟漂蕩而不知止，一切藥物補元，器玩娛志，心有所寄，庶不外馳，亦清淨之本也。及至豁然縣解，躍然超脫，生平寄萬之物，並劃一空，名爲舍筏，名爲甩手，嗟乎，此惟知道者可與語此耳。抱樸子、陶都水得道至人，鹹究心古今名物，陰陽術數，醫藥方藥，一事不知，以爲深恥，不聞障心而累道，何疑於深甫乎！

昔蔡邕秘王充《論衡》以爲至寶，今觀《論衡》，間有名言，未關至理，頗事搜獵，終屬冗猥。令中郎得見深甫《八箋》，當何以云。余恐寶《論衡》者，雖得《八箋》，未必知寶也。萬曆辛卯孟夏之吉。弢光居士屠隆緯真父撰，瑞南道人高濂深甫隸古。

明 高濂《遵生八箋·李時英敘》 不佞束髮探壁中科斗，旌陽師八誡，神魂寄之。辛未，叨一第，官欽州，去家萬里而遥，島夷猖狂，歲坐烽火中，調兵食，即往來勾漏，悠然會心，而有生之樂無幾矣。已而官爽鳩氏，載書乞南官，水廳無事，閉影總交，日取二藏書服習之，其於遵生旨稍稍窺一斑。庚辰春三月，夢陶貞白，坐語良久，即上書，不待報，歸武林。斯時也，五柳依依，與張緒争少年矣。壬午春，坐圓中百日，大悟遵生口訣，以省中風塵起，未竟此緣，至今殊怏怏也。年來上武夷，過雁蕩，求出塵如管涔童子、靈威丈人者，冀旦莫遇之，而龍沙八百尚在渺茫間。庚寅秋杪，自白岳歸，有天際真人之想，適瑞南高子詣余曰：子虛往而實歸矣。吾所集《遵生八箋》，皆生平所得實際語，子爲我彈射之。余挑燈夜讀，如入五都之市，畢陳衆寶，如睟盤示兒，種種成在，洛陽紙貴自今始矣。余謝玄晏，烏能爲子重，余癖嗜《抱樸子》，勤力著十萬言，今千載又獲睹遵生大編，且得嘗禁臠焉。其一曰《清修妙論箋》，出入乎二氏，而耀寶珠以照濁世者也。其二曰《四時調攝箋》，貫徹乎陰陽，而運殺機以全生機者也。其三曰《起居安樂箋》，蘧廬乎天地，麗借幻境以養真詮者也。其四曰《延年卻病箋》，橐鑰乎三寶，以壽天命者也。其五曰《飲饌服食箋》，化工乎群品，以完天倪者也。其六曰《燕閑清賞箋》，遨遊乎百物，以葆天和者也。其七曰《靈秘丹藥箋》，借軒岐之梯航，以渡無量衆生乎？其八曰《塵外遐舉箋》，樹箕潁之風聲，以昭儒家功令乎？瑞南子良苦心矣。余筮仕天涯，即五嶺八桂，盡入奚囊，歸來無歲不出遊名山洞府，足迹殆遍，未得窺二酉以印證了了於胸中者，幸而得《八箋》咀嚼之，洋洋灑灑，然遵生之旨大備矣。試展《清修妙論》，所以羽翼許師八誡者，功豈淺淺乎哉，他可知矣。余不敏，敢終身誦之，且乞壽之梓，以公天下具只眼者。高子曰：唯唯。萬曆辛卯歲仲夏之辛卯日貞陽道人仁和李時英撰。

明　高濂《遵生八箋·自敘》　自天地有生之始，以至我生，其機靈自我而不滅。吾人演生生之機，俾繼我後，亦靈自我而長存。是運天地不患之神靈，造化無疆之竅，二人生我之功，吾人自任之重，義亦大矣。故尊生者，尊天地父母生我自古，後世繼我自今，匪徒自尊，直尊此道耳。不知生所當尊，是輕生矣。輕生者，是天地父母罪人乎！何以生爲哉？然天地生物，鈞窮通壽夭於無心，俾萬物各得其禀。君子俟命，聽富貴貧賤於賦畀，順所適以安其生。彼生於富貴者，宜享榮茂之尊矣，而貧賤者，可忘閑寂之尊哉？故余《八箋》之作，無問窮通，貴在自得，所重知足，以生自尊。博採三明妙論，律尊生之清修；備集四時怡養，規尊生之調攝；起居宜慎，節以安樂之條；卻病有方，導以延年之術；虞燕閑之溺邪僻，敘清賞，端其身心；防飲饌之團膏腴，修服食，苦其口腹；永年以丹藥爲實，得靈秘者乃神，故集奇方於二藏；隱德以塵夕蔔爲尊，惟遐舉者稱最，乃録師表於百人。八者出入玄筌，探索隱秘，且每事證古，似非妄作。大都始則規以嘉言，繼則享以安逸，終則成以善行。吾人明哲保身，息心養性之道，孰過於此？謂非住世安生要徑哉？是誠出世長生之漸門也。果能心悟躬行，始終一念，深造道妙，得意忘言，俾妙論合得，調攝合序，所居常安，無病可卻。謝清賞玩好，俾視空幻花；辟飲饌腥膻，而味餐法喜。丹藥懷以濟人，遐舉逸吾高尚。向之藉窺尊生門戶者，至則登其徑奧矣。到此則心朗太虛，眼空天界，物吾無礙，身世兩忘。坐致岡陵永年，鮐龐住相。逍遙象外，遊息人間，所謂出塵羅漢，住世真仙，是即《八箋》，他日證果。諺云：得魚忘筌。文字其土苴哉？箋帙當爲覆瓿矣。故知尊生之妙者，毋於此過求，亦毋以此爲卑近也，乃可與談道。湖上桃花漁高濂深甫瑞南道人撰。

《四庫全書總目》卷一二三《子部·雜家類》　《遵生八牋》十九卷，（通行本）明高濂撰。濂字深父，錢塘人。其書凡為八目。卷一、卷二曰《清修妙論牋》，皆養身格言，其宗旨多出於二氏。卷三至卷六曰《四時調攝牋》，皆按時修養之訣。卷七、卷八曰《起居安樂牋》，皆寶物器用可資頤養者。卷九、卷十曰《延年卻病牋》，皆服氣導引諸術。卷十一至十三曰《飲饌服食牋》，皆食品名目，附以服餌諸物。卷十四至十六曰《燕閒清賞牋》，皆論賞鑒清玩之事，附以種花卉法。卷十七、十八曰《靈秘丹藥牋》，皆經驗方藥。卷十九曰《塵外遐舉牋》，則歷代隱逸一百人事蹟也。書中所載，專以供閒適消遣之用。標目編類，亦多涉纖仄，不出明季小品積習，遂為陳繼儒、李漁等濫觴。又如張即之宋書家，而以為元人。範式官廬江太守，而以為隱逸。其訛誤亦復不少。特抄撮既富，亦時有助於檢核。其詳論古器，彙集單方，亦時有可採。以視勦襲清言，强作雅態者，固較勝焉。

著録

明　徐𤊹《徐氏家藏書目·卷四子部·小説類》　《遵生牋》二十卷，高濂撰。

明　徐𤊹《徐氏紅雨樓書目·卷四子部·小説類》　《遵生牋》二十卷，高濂撰。

明　祁承㸁《澹生堂藏書目》　《子部二》《遵生八牋》十六卷，十六冊。

《四庫全書簡明目録》卷一二三《子部一〇·雜家類》　《遵生八牋》

十九卷。明高濂撰。以閒適消遣之事分為八類，故曰八牋。其標目纖俗，不出明季小品積習，而考論古器，彙集單方，亦時有可採，久為世所行用，今亦過而存之焉。

清 徐乾學《傳是樓書目》卷三 《遵生八箋》二十卷。明高濂。八本。

清 丁申、丁丙《八千卷樓書目》卷一三 《遵生八箋》二十卷。明高濂撰。明刊本。嘉慶刊本。

《續通志》卷一六〇 《遵生八箋》十九卷，明高濂撰。

（雍正）《浙江通志》卷二四五 《遵生八箋》十六卷，澹生堂書目，高濂撰。

《續文獻通考》卷一七七 高濂《遵生八牋》十九卷。

《孫氏祠堂書目外編・類書九》卷三 《遵生八箋》十九卷，明高濂撰。

清 王國維《傳書堂藏書志》卷三 《遵生八箋》十九卷，明刊本。古杭高濂深甫氏編次。

雜録

清 陸廷粲《續茶經》卷上 高濂《遵生八牋》茶具十六事，收貯於器局內，供役於苦節君者，故立名管之。蓋欲歸統於一，以其素有貞心，雅操而自能守之也。

齊民要書

綜述

明 温純《温恭毅集》卷一五《刻齊民要書引》 孔子曰：道之以德，齊之以禮，有恥且格，有味乎其言之也。德吾何有？有先王之禮在學士家，日誦説宜興起者衆，窮鄉委巷，黃童野叟，以經曲禮道之難矣。故遵聖諭，衍通俗歌，附諸賢關風化，詩文併世，傳八行圖家，禮節要庶，幾易曉而以勸農桑終焉。為民不富不可與教也，儻亦有味吾言而恥且格者乎。雖然，遺厥本矣，民即以徒言責我，我何詞？今以徃吾守吾禮而已矣。吾脩吾德而已矣。

傳記

《明史》卷二二〇 温純，字景文，三原人。嘉靖四十四年進士。（略）純清白奉公。五主南北考察，澄汰悉當。肅百僚，振風紀，時稱名臣。卒，贈少保。天啟初，追謚恭毅。

明 沈鯉《亦玉堂稿》卷一〇《明光禄大夫柱國太子太保都察院左都御史贈少保一齋温公墓誌銘》 明萬歷丁未閏六月初三日，故都察院掌院事左都御史温公考終於三原里第。（略）適江陵相公不欲為三年之喪，公與諸部寺規以大義，江陵公不説，公請告歸。建學一草堂讀書課士。嘗閉閣靜思，至不知晷刻，蚤暮一夕，而怳然有悟。與天臺耿公語，耿公大奇之，而以書寄江陵，亟稱其所得如是。李漸菴公亦以為言，而江陵終不釋。迨江陵公歿，始起太常卿轉大理加通議大夫，尋陞兵部右侍郎巡撫浙江。浙當兵民兩變之後，公至，著《齊民要書》。獎忠義，褒孝廉，禁淫祀，而又改漕折，減織造，修陂塘，興利除其積蠹，人情欣然便焉。

著録

《明史》卷九八 温純《齊民要書》一卷

明 祁承㸁《澹生堂藏書目》 《齊民要書》一卷 一冊。温純。

清 黃虞稷《千頃堂書目》卷一二 温純《齊民要書》一卷。

清 徐乾學《傳是樓書目》 《齊民要書》，明温純，一本。

清 范邦甸《天一閣書目》卷一 《齊民要書》一冊。

清 阮元《文選樓藏書記》卷四 《齊民要書》一冊，明温純輯刊本。是書前載勸諭詩文，後有家禮節要及蠶桑諸法。

（乾隆）《三原縣志》卷一八 《齊民要書》温純著。

清　萬斯同《明史》卷一三五　溫純《齊民要書》一卷。

山居清賞

《四庫全書總目》卷一三四　《山居清賞》二十八卷，內府藏本明程榮編。榮，字伯仁，歙縣人，是編列《南方草木狀》至《禽蟲述》凡十五種，多農圃家言，中惟《茶譜》一種爲榮所自著，採摭簡漏，亦罕所考據。《續通志》卷一六〇　《山居清賞》二十八卷，明程榮編。

《續文獻通考》卷一七八　程榮《山居清賞》二十八卷。榮字伯仁，歙縣人。臣等謹案是編列《南方草木狀》至《禽蟲述》凡十五種中，惟《茶譜》一種為榮所自著。

臞仙神隱書

明　李時珍《本草綱目》卷一上　《臞仙神隱書》。

《明史》卷九八　寧獻王《臞仙神隱書》四卷。

又　卷一一七　寧獻王權。高廟第十六子也，封於大寧。大寧即朵顔等三衞之地。靖難師起，與之協謀，蓋燕時兵力不敵，特藉大寧胡將指揮兀良哈人馬，以取中原耳。太宗登極，寧王入見，願以遷國入內地。於是遂居南昌，一以註書作畫為事，以消朝廷相疑之心。而大寧之地，既無王府，又無守將，原得其兵之力也，因棄與之矣。正德末年，寧王之孫宸濠叛逆，賜死。

清　黃虞稷《千頃堂書目》卷一一　寧獻王《臞仙神隱書》四卷。

山居瑣言

清　王晉之《山居瑣言·李江序》　同治九年予乞病歸里，買田穿芳峪，闢龍泉園以居其地。山水清妙，果木繁盛，民醕俗樸，可居可游，雖王維之輞川，李願之盤谷無以過也。越一年，友人王子竹舫，自薊城奉二親，挈兩弟築室山中，亦來偕隱。予與竹舫皆書生，不諳農事，顧已入山，不能不以園田佐誦讀。乃參之古書，詢之老農，驗之土性。未一二年耕種之宜，樹藝之法，及凡山農所宜從事者，予兩人粗悉其概，竹舫則視予尤精焉。暇則本其所得著爲一書名曰《山居瑣言》。舫蓋已自知非遠大之務矣，然其言由粗及精，由養及教，事則俚俗，義則正大，實可與張楊園先生《農書》、《訓子語》，張文端公《恒產瑣言》、《聰訓齋語》諸書并傳。予維今之讀書者不知，守魯齋先生治生之說，往往棄本業營末務，卒致喪其生平，所得者少所失者多。使本此書以求之，將約之爲家庭日用之需，推之即經理家國之本，豈止爲由仕而隱，由讀而耕。自城而鄉，自鄉而山，如余兩家者之萬不可少者哉。光緒七年正月，李江觀瀾序。

清　王晉之《山居瑣言·張諧之序》　治家之與治國，事有大小理無精粗，一本故也。家之事耕讀而已，國之事教養事已。其理一原即其事無二致。友人王子竹舫與李子觀瀾素倡正學，於漁陽會移家穿芳峪，躬耕自給，始講農作樹藝之宜。如楊園先生遺法，戊寅秋，余改官昌黎，獲至其處，行其野，其田園整以飭，禾稼秀發，雜果成列，登其堂，少長有禮，絃誦之聲相聞。覘其俗，胥敬以和，社倉之粟方日積而未有艾也。因喟然曰：斯吾友厚生正德之用乎，吾昌士華而囂，農勤而不知務不得計，則人倡明正學督課田功，使此邦人士知本業之可安，俗其少變乎。越明年，禮延王子來昌，主講三樹山房，非聖書戒勿讀，非正學噤弗講也。暇日手此編，視予大抵皆治生教家，日用平常之事而於《孟子》所謂制田、里教、樹畜、庠序孝弟之義，若合符契，則知始於耕讀之常經而擴之。卽教養之實政體用一原家國一理，吾儒之學無顯晦一也。亟鐫諸木，願吾昌人士信而守之。光緒七年孟秋宏農張諧之敬齋甫敘。

清　王晉之《山居瑣言·序》　謀道不謀食，無恒產而有恒心。修德之士固宜，以之自勵豈可責之。家人婦子乎，舍養而圖教無此治法，即無此家法。張楊園先生欲子孫固守農士家風，謂耕則無游惰之患，無飢寒之憂，無外慕失足之虞，無驕侈黠詐之習，其言可謂深切著明。晉之由薊城徙家穿芳峪數年以來，講求樹藝，以爲仰事俯畜之資。與延之二弟從事課讀，而農事則專責之於三弟翼。於楊園先生耕而田疇就蕪讀而詩書義塞兩語殊兢兢焉，課讀之餘成瑣言一冊，以示兩弟並貽同志。光緒六年冬十月王晉之識。

清　王晉之《山居瑣言·毛慶蕃序》　薊州王君竹舫所著《山居瑣言》一書，語皆質實，不外教養兩端，而於種樹為治生之法，尤三致意驗。近年疊奉明詔，振興農務。大府講求種植，誠念小民困乏，生計日艱，不得不謀諸地利。嘗考泰西種植，列為專門，其理多出於格致化學，然欲聚取以語野老田夫，非可遽解，而是書之淺而質簡而易行，有不難家喻戶曉者。因刺取其書中言種樹者若干條，俾廣流布。雖王君是書多為山居者言，而原野之區，亦無不可兼師其意。況畿輔郡縣西接太行，東臨碣石，峰巒綿恒，材木果實之屬，實為土產大宗。當世士大夫倘有志，於是提倡勸導，廣其推行而益精其研究。則是編不恃為治生之一助，或亦興利致富之權輿也夫。光緒癸卯冬月，豐城毛慶蕃識。

清　王晉之《山居瑣言·雷孟瀛跋》　王竹舫先生自同治甲戌主我樂尊道書院，凡六載，瀛獲列門牆，先生立學規八條曰：定趨向，曰養精力、曰謹儀容、曰敦行誼、曰習文藝、曰循等級、曰辨誠僞、曰竟功修舉。凡修身之法窮理之方，莫不委曲詳盡，確有途轍可循。一洗時學徒攻浮文以弋科名之陋，於講學之餘又必兼及治生持家之道，謂以家事繁劇爲有妨於舉業者，其説最爲紕繆。國與天下胥由家而推暨之，若置家事於不問，則家尚不能教政，能教人求得科名將何爲乎。間著《山居瑣言》一書，反覆推闡耕讀相兼不可偏廢之義。言務淺近而意寓遠大，事若瑣屑而理極宏通。凡我同人知重本業務正學，實自先生開之，使先生得展懷抱則興養立教，所及益廣亦何至。在山言山僅爲一鄉告，則讀是書而不爲先生惜者，不知先生者也。然讀是書而但爲先生惜者，猶淺之乎視先生者也，何也？在山言山是亦政也。誰謂瑣言一書祇爲居山者告乎？光緒辛巳四月朔日，樂亭受業雷孟瀛謹跋。

清　王晉之《山居瑣言·張耀春跋》　同治甲戌吾師王竹舫先生主講尊道書院，耀春實負笈從先生，誤以爲可教課藝之餘，開示正學門徑，而於治生之方持家之法，並反覆而致其詳。先生故城居，近移家穿芳峪，務農桑重本業。舉凡愷切告人者，心體焉靡不周也，力行焉靡有怠也。間著《山居瑣言》精粗畢貫鉅細不遺，蓋將耕山、藝樹、養性、讀書以詠歌，先王之風匪欲膏肓泉石也。每當晴窗淨幾朗誦一過，便覺白鹿武夷去人不遠，竊慕其勝，購三樹山房於碣石之，麓妄思步趨適張公之地甚盛舉也。比觀《山居瑣言》稿，喜其與己所欲行者，若合符節。可爲厚生正德之本，亟付梓工。俾昌邑士民式作模楷嗟乎！自正學不明，學者務攻浮文，弋科名不知窮理修身爲何事，而尚曠達者，又往往以不事家人生產爲高習俗，所趨積而難返。茲得是書，力救當時之弊，則凡讀是書者悉識本業之當守，正學之可修，庶有瘳乎？刻將竣用識其後。光緒辛巳七月，樂亭受業張耀春謹跋於三樹山房之退藏書舍。

馬首農言

清　祁寯藻《馬首農言·序》　幼從京宦，稍長歸里，五載家塾，未親耒耜。弱冠遊宦，二十餘年，還家如客，遑問及田。請假侍親，讀禮守墓，寒暑四周，惟農是務。農家者言，質而不文，因時度地，各述所聞。耳目既習，徵驗亦久，煩言碎辭，以筆代口。古馬首邑，今曰壽陽，先疇世服，詒自黃羊。道光十有六年歲次丙申季春之月，祁寯藻記

清　祁寯藻《䜱九亭集》卷二七　《馬首農言》余里居時所輯，亦爲辨證數十條。

又　《彭蘊章序》　五方之氣候不齊，故其樹藝亦各異，先王所為物土之宜而布其利也。壽陽踞太行之項，環山為邑。獨西北通黃嶺一峽，故其氣候特寒。穀雨播種，秋分隕霜，傳諸農諺者，言穡事之尤艱也。淳甫相國居邑之平舒村，民風淳樸，比戶勤農，人無『猗頓』之資，家有『山樞』之儉，上自鮐背，下至垂髫，莫不以占晴雨、力耕耘為治生之務，此《農言》一書所由作也。其書先辨種植，次及農器，繼採古諺方言，附以占驗之術，畜牧之方，水利救荒之策，於農事本末，既賅備矣。複録前賢訓俗之文，以敦規勸。如戒淹喪，禁囤積，懲遊蕩，儆刻薄；又於務本之中約舉大端，與世指迷。是有裨於風俗人心，豈可與《齊民要術》等書同類而觀哉？夫晉人多居積，善行賈，今漸有中於奢靡而入於匪僻者矣。壽陽之土獨瘠，此天與以嚮義之資而使之無過也。生斯土者，誠知稼穡之惟寶，抑末技而重本圖，庶幾災禍不侵，人登仁壽也夫。長洲彭韞章敬題。

又《崔庭獻序》 五邑劉君蘊真、霍君子俊擬復刊祁文端公《馬首農言》一書，囑余為之序。余讀之而有感者約十餘事。適客至，相與縱談及之。文瑞公以大學士致仕，惟農是務，有文中子親耕之風。吾人一入仕途，便汲汲不可終日，解組之後，亦為聞及於農事。何古今人之相殊如此？感想一。吾邑種植，以穀、豆為大宗，麥類次之，故餐餐有小米，甚則雜以糠秕。壬戌歲，余由政務聽長出守河東道尹。丁卯，移鹽運使。居晉南者六七年。巡行所至，見人民之所食者，皆麥飯。同一省也，而民食之不同有如此？感想二。吾邑犁田，淺者寸餘。古人重深耕，謂為能加收穫。吾鄉收至薄，殆淺耕之故歟？感想三。農具不加改良，用力多而收效少。今雖不能外國之大農業，純用機器，亦當研求省力之器械，感想四。農之有諺，人每視鄙語，不值得記載。余以為農諺者，即農人之文學，其言有實用，較勝於文人之文學，感想五。五穀多病害，若得良法以除之，則產量多有增益，感想六。五邑志載物產，有桑、有絲絹，諺有『小滿花，不回家』之語。則養蠶，栽桑，種棉，必為舊有之業，何以今竟寥寥，豈地利之失宜？抑後人之廢事乎？感想七。自正太軌成，孟及吾邑之糧，皆便於外運。買空賣空，昔年之患在病民者，今則患在病商。若夫囤積居奇，亦糧商操縱之故技，乃世界之事，更有可驚可愕者。數年前聞美國因產麥過多，竟以一百二十萬噸付之一炬。而同時他國及我國人民之死於饑饉者，實繁有徒。亦見商無中外，私立而已。今欲將生產平均調劑，自非實行地自治民生主義不為功，感想八。吾邑土質故不宜多雨，然一遇久旱，亦復束手無策，諺謂靠天吃飯者也。是故變土壤與辦水利，有待乎實地之講求，感想九。吾邑宜牧羊，毛亦美，惟每頭僅剪一二近。如果改牧美利奴養種，則可增至十倍，感想十。積谷備荒，我國有『三倉』之舊制，亦即近世合作之先聲。乃合作之新制未興，而舊制有之社倉亦廢，是退化也，感想十一。吾邑自藍公教織以來，織布大興，民賴其利。乃因習用外貨之故，織土布者，亦見希矣。民國初年，余以河北高陽織布獲大利，擬仿而效之。商之官紳，初以款絀為詞，繼乃獨立遣人至高陽，購機覓匠，設立益壽工廠。命名益壽者，取益利壽陽意也，董其事者為王君潤齋、武君煥章，助之者白君子平、趙君龍友及族叔大年公，固未嘗不慘淡經營也。乃試辦兩年，徒靡數千元之巨款，不得已改營花布業。事與願違，至今引以為憾，果邑人之生計不需此乎？抑辦理者之未能因地制宜歟？感想十二。言至此，客去，因筆之以為序。吾鄉貧瘠久矣，菽稷外鮮大宗出產。近年農村負擔加重，借貸利高，費用日增，生產如故。雖勤勞慣性，尚在保存而游惰奢靡之風，亦漸漸長矣。長此以往，一縣之財政，各村之經濟，欲不其不困也得乎？為今之計，惟有提倡增加生產，促進鄉村合作，救濟農村金融，使人盡其力，地盡其利。吾知馬首父老，從此農業進化必更有新興之農言以餉來者。

寶坻勸農書

綜述

明 袁黃《寶坻勸農書·楊起元序》 吾師近溪羅先生常言：『天下有至易爲之事，而人莫之肯爲者二焉：爲學而至聖人，爲治而致太平是也。』或問二者曷爲其易，先生曰：『聖人之學，只在愚夫、愚婦身上；太平之治，只在耕夫、織婦身上，不亦易乎？』斯言也，聞之者其能信乎？不能信，則且笑之矣。

孟夫子之學，傳於此子，吾人所尊信也。至觀其陳王道於齊、梁，所謂五畝之宅，樹墻下以桑，鷄、豚、狗、彘之畜以時等事，曾有不疑其迂者乎？曾有不擬其得志行道，必有出此數語之外者乎？嗟乎，疑其迂猶可也，擬其必有出此數語之外，是以孟子爲誑當時之主也。君子誑乎哉？不誑也，蓋其說曰：民非水火不生活。昏暮叩人之門户求水火，無弗與者，以其至足故也。聖人治天下，使有菽粟如水火，菽粟如水火，而民焉有不仁者乎！夫民求之而不與，强則奪，弱則怨。不與者不仁，奪且怨亦不仁。天下至於仁則治矣；始於求之而肯與也；求之而肯與，始於至足也。然則治天下之大本，真在於使天下菽粟如水火而已，豈有異術哉？

予賦性極拙，一無所長。至於强仕之年，始聞師說。證之孟夫子而確守之，雖守史局不治民，不獲自試，然傾耳以聽四方賢者，倘有一焉，留心於此者，喜動顏色，至忘寢食，且欲挈身家而從此處也。今而見《寶坻勸農書》快哉！吾非寶坻之與而誰與？人生宇宙之間，何事多求，但得居樂土，飽食暖衣，優游百年之内亦足矣，吾何足以知天下事哉。顧吾嶺以南人也，安能適此，吾將挾此書以告父母吾土者，推而行之，以與吾土之人人共樂之，吾願亦足矣。袁寶坻嘗以西方大慈氏之法化民，愛民之深也大。慈氏法以喜捨爲最，今此書行於寶坻，則所謂叩門户無弗與者，行且見之，是速化之道也。歸善楊起元書。時萬曆辛卯長至後五日。

明 袁黄《寶坻勸農書·自序》 古者田有井，黨有庠，遂有序，家有學（塾）。新谷既入，子弟始入塾。距冬至四十五日而出。聚則行鄉飲，正齒位，謹教法；散則從事於耕，蓋農與士未分也。《詩》云：『黍稷薿薿，攸介攸止，烝我髦士。』《書》云：『惟土物愛，厥心臧。』豈非農為本業，而務之者可養德歟？漢取士以孝悌、力田同科，此意猶未失也。高帝令賈人不得衣絲乘車，重租稅以困辱之。唐太宗亦詔：民有見業農者。不得轉為工賈；工賈有舍見業而力田者，免其調，猶具重本抑末之意。

今天下租稅皆出於田，故惟農受累最深。而富商大賈錦衣玉食，而無上供之費，幾何不馳力本之農而盡歸末作也？予為寶坻令，訓課農桑，予得專之。今以農事列為數款，里老以下，人給一冊。有能遵行者，免其雜差。如農人與工商訟，必稍右農。游手及在官之人與農訟，必重責之。國家之制。惟農為良家子，豈可與雜流為伍哉！

考古制：民之生也，宅不毛者有里布，田不耕者出屋業，民無職事者出夫家之徵；及其死也，不畜者祭無牲，不耕者祭無盛，不樹者無槨，不蠶者不帛，不績者不衰。古人之重本如此。今知縣勸勸汝輩耕織。有事到縣者必右力本之農，其能從鄉約保正勸息者，知縣所甚喜，即與準行。而但令兩造各罰種樹百株，非以厲汝也，欲以厚汝之生也，汝輩宜悉此意。寶坻知縣袁黄書。

傳記

明 吕毖《明朝小史》卷一二《罪不在桀下》 吳郡袁黄，號了凡，丁丑會場中作《我亦欲正人心》，題結云：『韓愈謂孟子之功不在禹下，愚謂孟子之罪不在桀下。』房考陳三謨閱之喜甚，力薦爲會元。

清 阮元《疇人傳》卷三〇 袁黄，字坤儀，號了凡，嘉善人也。神宗丙辰進士，授寶坻縣知縣，陞兵部職方主事，師事陳壤，著《秝法新書》五卷。鎔回回法入授時術，其積年以七千二百五十七萬六千爲三元之總，平分天地人三元，各得二千四百十九萬二千，自太乙甲子至嘉靖四十三年甲子，歷過五千二百九十五萬八百四十，已逾天地二元矣。今當人元内四百五十六萬六千八百四十歲差之法，起於子半虛□，以六十六年零差一度，削去最高不用，其周天三百六十度而分秒俱析，百分入算，列□積度起寶缾宫，虛六度，餘與回回術同。《秝法新書》、《嘉興府志》、《蘇州府志》。論曰：梅文鼎曰：《了凡新書》通回回之立，成於大統，可謂苦心，然竟削去最高之算，又直用大統之歲，餘而棄授時之消長，將逆推數百年已不效，況數萬年之久乎？』誠篤論也。

清 查繼佐《罪惟録》卷一八《列傳》 袁黄，字了凡，浙江嘉善人，萬曆丙戌進士，有《史論》及《四書》。極詆程朱，至盡竄註解，更以己意，坐非儒見，黜焚其書。子儼，天啟乙丑進士。論曰：負畸性外名教豈有樂地，以爲可以嚴凡聽，卽衆射不慴。顧卓吾、了凡，其至性或不爲聖賢所誅，而頗爲僞務聖賢者所誅。

（光緒）《順天府志》卷四八 明袁黄爲寶坻令，開疏沽道，引庠潮流於壺盧窩等邨，教民種稻。按《寶坻志》，黄知縣事在萬麻十六年，刋《勸農書》，水利說行之有效。

清 董康《曲海總目提要》卷一六 袁黄、字坤儀。別號了凡。浙江嘉善人。隆慶庚午舉人。萬曆丙戌進士。官兵部職方主事。贊畫征倭。有名聲。所著兩行堂集、功過格。盛傳於世。記中所載。乃據其所作立命篇。始末皆實事也。袁黄自敍訓子云。

著録

《明史》卷九八 袁黄《寶坻勸農書》二卷。

（光緒）《順天府志》卷一二二 袁黄《寶坻勸農書》二卷。存《了凡雜著》本。袁黄事蹟見《官吏傳》。是編知寶坻縣時所作，嘗因賦役繁重具疏乞減，其於利弊素所究心。

（同治）《蘇州府志》卷一三八 《寶坻勸農書》二卷。

（乾隆）《吴江縣志》卷四六　《寶坻勸農書》二卷并見《明史》。

清　萬斯同《明史》卷一三五　袁黄《寶坻勸農書》二卷。

清　黄虞稷《千頃堂書目》卷一二　袁黄《寶坻勸農書》二卷。

清　錢謙益《絳雲樓書目》卷三《寶坻勸農書》。

雜録

《授時通考》卷一〇　袁黄《寶坻勸農書》禹别九州之土色，辨為九等。蓋風行地上，各有方位土性所宜，因隨氣化，所以九州之土各有别也。然禹亦辨其大槩耳。一州之中，土脈各異，豈惟一州，即一縣之土，亦有不齊。寶坻縣西北之地白而壤，東南之地黑而塗泥。就西北之中，高者白壤而或兼赤，下者青壚；就東南之中，高者埴壚，下者純塗泥，而近海者則鹹潟而斥鹵；此皆地氣之不齊也。《周禮》司稼『掌巡邦野之稼，而辨種稑之種，周知其名與其所宜地以為法，而教於邑閭』，故耕稼得宜而閭閻充實。後世此官不設，此政不修，而農民狃於故見，不察土脈，茫昧而種，北方尤甚。今吾寶邑，高鄉宜麥宜麻宜黍宜穀宜棉花者，悉仍其舊；低鄉宜蔔宜秔宜稗者，亦且隨意植之。但稗之入最薄，惟初開荒地宜種之，鹵氣既盡，即當種穀矣。種蔔亦不若種秔，但開井於隴首，旱則每月澆三四次，無不成熟者。海濱一帶，皆為鹹鹵之地，棄而不耕，荒蕪彌目，此與抛黄金於路旁而自傷窮窘者何異哉！

農圃六書

綜述

明　陳繼儒《農圃六書·周之璵序》　粤稽神農雨粟别穀，倕作耒耜，丞民乃粒，棄爲農師，教民樹藝、環廬、植桑、果蓏菜茹，爰有腸圃之利，厥後箕疇八政，首列《食貨》、《豳風·七月》備述農功。夫姬公以王佐元聖為新天子。陳謨而詹，詹於條桑播穀，斵壺剝棗之務，下逮腐史艷稲。貨殖亦津，津於橘栗，竹漆薑韭，巵茜之倫。命曰：素封其人與千戸侯等，即漢興循吏若龔、黄、召、杜輩，治行卓越而夷攷政績，咸以耕桑為本務，則農輔諸事豈細故哉。余自幽棲以來，曰：唯與二三田畯課，晴量雨占星望歲。竊自附於負苓抱甕之流，暇則搜覽先民遺書，有涉於農圃樹藝者摘之，鉛槧且成帙矣。而友人浦石隱氏校輯眉公舊編而梓行之，余喜其有同心也，遂操管為之序。明農老人周之璵漫題。

《陳繼儒序》　范大夫扁舟五湖，人謂其鴻冥蟬蛻，付興亡於醉月眠花，澹功名於波濤縹緲，孰知屈伸變化已展，而剩枝遺謀，亦隨試輒效如史載，良不誣也。徙於陶遂號陶朱氏，陶朱效法辛父猗頓，又問術焉奇書之遁傳所由來已。夫春秋之世用舍進退，如陶朱卒以智全者，指未可多下，豈其貨殖之心不能自已，而亦托之瑣屑者歟，抑寓言富疆於畜牧樹藝歟。十九年間無秩祿之奉，爵邑之入，而坐而待收資累鉅萬。太史公紀其牧馬、食牛、牢羊、庖陂魚、障材以及安邑棗，燕秦栗，蜀漢江陵橘，淮北、常山、河濟荻，陳夏漆，渭川竹，齊魯桑麻，若巵茜薑韭，或以百計或以千計，不歷歷具在牒乎。惜舊本鄙譌未有正之者，今余年七十有九，山居無事為手訂其誤，别採農桑月令諸集補之。凡兩閲月而竣事焉，首之以種植以畜牧，俾知百穀五□之有方。次之以占候以紀事，俾知乘時倣古之有則。又次之以攝生以救荒，則宜忌考而陰陽無患也，儲蓄預而旱澇無恐也。《孝經》云：用天之道，分地之利，謹身節用，於以厚生正德，不有餘裕哉。請質之山林經濟者。崇禎丙子夏日，華亭陳繼儒題於頑仙廬。

傳記

《明史》卷二九八　陳繼儒，字仲醇，松江華亭人。幼穎异，能文章，同郡徐階特器重之。長爲諸生，與董其昌齊名。太倉王錫爵招與子衡讀書支硎山。王世貞亦雅重繼儒，三吴名下士争欲得爲師友。繼儒通明高邁，年甫二十九，取儒衣冠焚棄之。隱居昆山之陽，構廟祀二陸，草堂數椽，焚香晏坐，意豁如也。時錫山顧憲成講學東林，招之，謝弗往。親亡，葬神山麓，遂築室東佘山，杜門著述，有終焉之志。工詩善文，短翰小詞，皆極風致，兼能繪事。又博文强識，經史諸子、術伎稗官與二氏家言，靡不較核。或刺取瑣言僻事，詮次成書，遠近競相購寫。征請詩文者無虚日。性喜奬掖士類，屨常滿户外，片言酬應，莫不當意去。暇則與黄冠老衲窮峰泖之勝，吟嘯忘返，足迹罕入城市。其昌爲築來仲樓招之至。黄道周疏稱『志尚高雅，博學多通，不如繼儒』，其推重如此。侍郎沈演及御史、給事中諸朝貴，先后論薦，謂繼儒道高齒茂，宜如聘吳與弼故事。屢奉詔征用，皆以疾辭。卒年八十二，自爲遺令，纖悉畢具。

（嘉慶）《清一統志》卷五九　陳繼儒，字仲醇，别字眉公，華亭人。少與董其昌齊名，工詩善畫。重然諾，饒智勇，王錫爵王世貞雅重之，名動一時。四方缙紳及山人遊客過從無虚日，下至野店僧寮悉縣其畫像。崇禎中，公卿交薦，屢奉詔徵用不赴，年八十餘卒。

《安得長者言》　陳繼儒字仲醇，號眉公，又號麋公，松江華亭人。諸生，隱居崑山之陽，後築室東佘山，杜門著述，工詩善文，書法蘇米，能兼繪事，名重一時。或刺瑣言僻事，詮次成書，遠近爭相購寫，屢奉詔徵用，皆以疾辭。崇禎十二年卒，年八十二。有《眉公全集》。

清　董康《曲海總目提要》卷一六　陳繼儒。松江華亭人。萬曆間諸生。隱居佘山。奉詔徵聘，不仕。時稱徵君。

《海外慟哭記·附録一》　陳繼儒，字仲醇，華亭人，以諸生有盛名。上自缙紳大夫，下至工賈倡優，經其題品，便聲價重於一時。故書畫器皿，多假其名以行世。歲戊辰，余入京頌冤，遇之於西湖。畫船三隻，一頓襆被、一見賓客、一載門生故友，見之者雲集。陶不退挺謂先生曰：先生來此近十日，山光水影，當領略遍矣。先生笑曰：迎送不休，數日來只看得一條跳板。余時寓太平里小巷，先生答拜，乘一小轎，門生徒步隨其後。天寒涕出，藍田叔瑛即以袍袖拭之。余出頌冤疏，先生從座上隨筆改定。己巳秋，余至雲間。先生城外有兩精舍，一頑仙廬、一來儀堂，相距里許。余見之於來儀堂。侵晨，來見先生者，河下泊舶數里。先生櫛沐畢，次第見之。午設十餘席，以款相知者。飯後即書扇，亦不下數十柄，皆先生近詩。書余扇為弔熊襄愍詩：男兒萬里欲封侯，豈料君行萬里頭。家信不傳黄耳犬，遼人都唱白浮鳩。一腔熱血終難化，七尺殘骸莫敢收。多少門生兼故吏，孤墳何處插松楸。余留信宿而别。明年書來，歉不曾過弔云：豈無田僮一束芻，彼磨鏡者何人哉？許為先忠端公作傳，寄於宋氏；後見宋子建集，有先忠端公傳，不知即先生之文否？而以列之宋集，何也？

清　計六奇《明季北略》卷一五　陳繼儒，字仲醇，號眉公，南直華亭人。少英異，好讀書，長於詩歌文辭，頃刻萬言。弱冠補諸生，年二十八，裂其冠，投呈郡長，有雲住世出世，喧靜各别，祿養色養，潛見則同。揣摩一世，直如對鏡空花，收拾半生，皆作出小草。一郡驚其言。當事勉留，卒不聽，退而躬奉菽，永結茅小昆山之陽，修竹白雲，焚香宴坐豁如也。父歿，哀毁欲死，負土為壘，弟之子，姊之孤，賴之得存。時顧端文，高忠顯招繼儒入講社，繼儒曰：願士大夫有此行，不必有此名。所知交遍天下，四方求文者，履日滿户外。然絶妄漁愧干請。嘗云：王公布衣之交，僅存一線於天壤，寧使訝其不來，毋使厭其不去。又云：躑躅公庭，必為雙鶴所笑。郡守李三式其廬，謝不見。既李以事去，繼儒送之千里，勞藉如平生歡，而方岳貢尤神交二十年。一時撫按交章奏薦，請照吳與弼例，特行聘徵，屢奉俞旨，固辭不就。惟與山水為緣。每當春秋佳日，月夕花朝，非操舸龍潭，即卜築曠野，一時名姝騷客，輻湊而至。或匿蒹葭蘋藻間，長歌短笛，鷗鷺驚翔，累日經旬，興盡方止。己卯病卒，得年八十有二。藏無餅金，惟留遺編數卷，未歿前，召子孫賓朋曰：汝曹逮死而祭我，不若生前醉我一杯酒。於是群從雁行洗爵，次第而獻，如俎豆狀，繼儒仰天大嚼。叱曰：何不為哭泣之哀，左右皆大慟，或為薤歌以佐觴，歌愈悲，醉愈進，繼儒起而喜舞，簪帽以花，婆娑佻達，盡醉乃罷。將瞑目，又暢言無鬼之旨，鼓掌大笑而逝。所著有秘笈品外文集幾百卷行世。當啟、禎間，婦人豎子，無不知有眉公者，至飲食器皿，悉以眉公名。比於東坡學士矣。其與董思白交最厚。在前喆中，又比沈石田之於王文恪公云。先是，王徵君稚登，文章翰墨妙天下。交遊在公卿間，差似眉公，而蒲輪不就，為岩穴光，眉公加人一等矣。

天工開物

綜述

明　宋應星《天工開物·序》　天覆地載，物數號萬，而事亦因之曲成而不遺，豈人力也哉。

事物而既萬矣，必待口授目成而後識之。其與幾何？萬事萬物之中，其無益生人與有益者，各載其半。

世有聰明博物者，稠人推焉。乃棗梨之花未賞，而臆度楚萍；釜鬵之範鮮經，而侈談莒鼎；畫工好圖鬼魅而惡犬馬，卽鄭僑、晉華，豈足爲烈哉？

幸生聖明極盛之世，滇南車馬，縱貫遼陽；嶺徼宦商，衡遊薊北。爲方萬里中，何事何物不可見見聞聞？若爲士而生東晉之初、南宋之季，其視燕、秦、晉、豫方物，已成夷產，從互市而得裘帽，何殊肅愼之矢也。且夫王孫帝子，生長深宮。御厨玉粒正香，而欲觀耒耜；尚宮錦衣方剪，而想像機絲。當斯時也，披圖一觀，如獲重寶矣！

年來著書一種，名曰《天工開物》卷。傷哉貧也！欲購奇攷證，而乏洛下之資；欲招致同人，商畧贋眞，而缺陳思之館。隨其孤陋見聞，藏諸方寸而寫之，豈有當哉？吾友涂伯聚先生，誠意動天，心靈格物，凡古今一言之嘉，寸長可取，必勤勤懇懇而契合焉。昨歲《畫音歸正》，繇先生而授梓。兹有後命，復取此卷而繼起爲之，其亦夙緣之所召哉！卷分前後，乃『貴五穀而賤金玉』之義。《觀象》、《樂律》二卷，其道太精，自揣非吾事，故臨梓刪去。

丐大業文人，棄擲案頭！此書於功名進取毫不相關也。時崇禎丁丑孟夏月，奉新宋應星書於家食之問堂。

又 《天工開物》卷上《乃粒第一·宋子曰》 宋子曰：上古神農氏若存若亡，然味其徽號，兩言至今存矣。生人不能久生，而五穀生之。五穀不能自生，而生人生之土脉。歷時代而異，種性隨水土而分。不然，神農去陶唐，粒食已千年矣。耒耜之利，以教天下，豈有隱焉。而紛紛嘉種必待后稷詳明，其故何也？紈絝之子以赭衣視笠簑，經生之家以『農夫』爲詬詈。晨炊晚餉，知其味而忘其源者衆矣。夫先農而繫之以神，豈人力之所爲哉。

又 《天工開物》卷上《粹精第二·宋子曰》 宋子曰，天生五穀以育民，美在其中，有『黃裳』之意焉。稻以糠為甲，麥以麩為衣。粟、粱、黍、稷毛羽隱焉。播精彩而擇粹，其道寧終秘也。飲食而知味者，食不厭精。杵臼之利，萬民以濟，蓋取諸『小過』。為此者，豈非人貌而天者哉？

又 《天工開物》卷上《甘嗜第一·宋子曰》 宋子曰，氣至於芳，色至於艷，味至於甘，人之大欲存焉。芳而烈，艷而艷麗，甘而甜，則造物有尤異之思矣。世間作甘之味，十八產於草木，而飛蟲竭力爭衡，採取百花釀成佳味，使草木無全功。孰主張是，而頣養遍於天下哉？

又 《天工開物》卷上《乃服第六·宋子曰》 宋子曰：人爲萬物之靈，五官百體，賅而存焉。貴者垂衣裳煌煌山龍，以治天下。賤者裋褐、枲裳，冬以禦寒，夏以蔽體，以自別於禽獸。是故其質則造物之所具也。屬草木者爲枲、麻、苘、葛，屬禽獸與昆蟲者爲裘、褐、絲、綿。各載其半，而裳服充焉矣。天孫機杼，傳巧人間。從本質而見花，因繡濯而得錦。乃杼柚遍天下，而得見花機之巧者，能幾人哉？『治亂經綸』字義，學者童而習之，而終身不見其形像，豈非缺憾也！先列飼蠶之法，以知絲源之所自。蓋人物相麗，貴賤有章，天實爲之矣。

著録

《續文獻通考》卷二七五 《天工開物》卷三卷。明宋應星著，應星，字長庚，江西奉新人，明萬歷乙卯舉人，官至安徽亳州知州。入國朝隱居不仕。臣謹案：應星此書於耕種、製造、採冶諸術皆剖析精微，並各附圖，尤切實用，而佳兵一門，於地雷、水雷之搆造，亦羅舉靡遺，可知今世之所謂科學者，我國早已濫觴。惜此書久佚，流入日本，國人至不能舉。學生震於泰西新製之精，以爲望塵莫及，數典而忘其祖，其亦可慨矣。

古穰雜録

《四庫全書總目》卷一二七《子部三七·雜家類存目》 《古穰雜録》三卷，浙江范懋柱家天一閣藏本，明李賢撰。賢有《天順日録》，已著録。是編乃所著筆記，間抒議論，而述時事者為多。中多不滿三楊。其謂『李時勉自仁宗譴怒以後，不復直言。自王振誣搆以後，卽乞歸，有明哲保身之義。』亦頗著微詞。三楊固時有短長，若時勉，恐非賢所能議也。其自稱『土木之役隨軍過雞鳴山時，欲邀三五御史以一勇力之士捽王振而碎其首於帝前，即挾駕還大同，俗謀於英國公不得」云云。恐亦文飾之說耳。

傳記

《明史》卷一七六　李賢，字原德，鄧人。舉鄉試第一，宣德八年成進士。奉命察蝗災於河津，授驗封主事。少師楊士奇欲一見，賢竟不往。

正統初，言：『塞外降人居京師者盈萬，指揮使月俸三十五石，實支僅一石，降人反實支十七石五斗，是一降人當京官十七員半矣。宜漸出之外，省宂費，且消患未萌。』帝不能用。時詔文武臣誥敕，非九年不給。賢言：『限以九年，或官不能滿秩，或親老不待，不得者十八九，無以勸臣下。請仍三年便。』從之。遷考功郎中，改文選。扈從北征，師覆脫還。

景泰二年二月上正本十策，曰勤聖學，顧箴警，戒嗜慾，絕玩好，慎舉措，崇節儉，畏天變，勉貴近，振士風，結民心。帝善之，命翰林寫置左右，備省覽。尋又陳車戰火器之利，帝頗採納。是冬，擢兵部右侍郎，轉戶部。也先數貢馬，賢謂輦金帛以強寇自弊，非策。因陳邊備廢弛狀，於謙請下其章厲諸將。轉吏部，採古二十二君行事可法者，曰鑑古録，上之。

英宗復位，命兼翰林學士，入直文淵閣，與徐有貞同預機務。未幾，進尚書。賢氣度端凝，奏對皆中機宜，帝深眷之。山東饑，發帑振不足，召有貞及賢議，有貞謂頒振多中飽。賢曰：『慮中飽而不貸，坐視民死，是因噎廢食也。』遂命增銀。

石亨、曹吉祥與有貞爭權，並忌賢。諸御史論亨、吉祥，亨、吉祥疑出有貞、賢意，訴之帝，下二人獄。會有風雷變，得釋，謫賢福建參政。未行，王翺奏賢可大用，遂留為吏部左侍郎。踰月，復尚書，直內閣如故。亨知帝嚮賢，怒，然無可如何，乃佯與交驩。賢亦深自匿，非宣召不入，而帝益親賢，顧問無虛日。

孛來近塞獵。亨言傳國璽在彼，可掩而取，帝色動。賢言釁不可啟，璽不足寶，事遂寢。亨益惡賢。時帝亦厭亨、吉祥驕橫，屏人語賢曰：『此輩干政，四方奏事者先至其門，為之奈何？』賢曰：『陛下惟獨斷，則趨附自息。』帝曰：『向嘗不用其言，乃怫然見辭色。』賢曰：『願制之以漸。』當亨、吉祥用事，賢顧忌不敢盡言，然每從容論對，所以裁抑之者甚至。

及亨得罪，帝復問賢『奪門』事。賢曰：『迎駕則可，「奪門」豈可示後。天位乃陛下固有，奪即非順。且爾時幸而成功，萬一事機先露，亨等不足惜，不審置陛下何地。』帝悟曰：『然。』賢曰：『若郕王果不起，羣臣表請陛下復位，安用擾攘為。此輩又安所得邀陞賞，招權納賄。安自起。老成耆舊依然在職，何至有殺戮降黜之事，致干天象。易曰『開國承家，小人勿用』，正謂此也。』帝曰：『然。』詔自今章奏勿用『奪門』字，併議革冒功者四千餘人。至成化初，諸被革者愬請。復以賢言，并奪太平侯張瑾、興濟伯楊宗爵，時論益大快之。

帝既任賢，所言皆見聽。于謙嘗分遣降人南征，陳汝言希宦官指，盡召之還。賢力言不可。帝曰：『吾亦悔之。今已就道，後當聽其願去者。』帝憂軍官支俸多，歲入不給。賢請汰老弱於外，則費省而人不覺。帝深納焉。時歲有邊警，天下大水，江南北尤甚。賢外籌邊計，內請寬百姓，罷一切徵求。帝用其言，四方得蘇息。七年二月，空中有聲，帝欲禳之，命賢撰青詞。賢言君不恤民，天下怨叛，厥有鼓妖。因請行寬恤之政，又請罷江南織造，清錦衣獄，止邊臣貢獻，停內外採買。帝難之。賢執爭數四，同列皆懼。賢退曰：『大臣當知無不言，可卷舌偷位耶？』終天順之世，賢為首輔，呂原、彭時佐之，然賢委任最專。

初，御史劉濬劾柳溥敗軍罪，觸帝怒。賢言御史耳目官，不宜譴。石亨譖賢曲護。帝寖疎賢，尋悟，待之如初。每獨對，良久方出。遇事必召問可否，或遣中官就問。賢務持大體，尤以惜人才、開言路為急。所薦引年富、軒輗、耿九疇、王竑、李秉、程信、姚夔、崔恭、李紹等，皆為名臣。時勸帝延見大臣，有所薦，必先與吏、兵二部論定之。及入對，帝訪文臣，請問王翺；武臣，請問馬昂。兩人相左右，故言無不行，而人不病其專，惟羣小與為難。

曹欽之反也，擊賢東朝房，執將殺之，逼草奏釋己罪。賴王翺救，乃免。賢密疏請擒賊黨。時方擾攘，不知賢所在。得疏，帝大喜。裹傷入見，慰勞之，特加太子太保。賢因言，賊既誅，急宜詔天下停不急務，而求直言以通閉塞。帝從之。

門達方用事，錦衣官校恣橫為劇患，賢累請禁止，帝召達誡諭之。達怙寵益驕，賢乘間復具陳達罪，帝復召戒達。達銜次骨，因袁彬獄陷賢，賢幾不免，語載達傳。

帝不豫，臥文華殿。會有間東宮於帝者，帝頗惑之，密告賢。賢頓首伏地曰：『此大事，願陛下三思。』帝曰：『然則必傳位太子乎？』賢又頓首曰：『宗社幸甚。』帝起，立召太子至。賢扶太子令謝。太子謝，抱帝足泣，帝亦泣，讒竟不行。

憲宗即位，進少保、華蓋殿大學士，知經筵事。是年春，日黯無光，賢偕同官上言：『日，君象。君德明，則日光盛。惟陛下敬以修身，正以御下，剛以斷事，明以察微，持之不怠，則天變自弭，和氣自至。』翌日又言：『天時未和，由陰氣太盛。自宣德至天順間，選宮人太多，澣衣局沒官婦女愁怨尤甚，宜放還其家。』帝從之，中外欣悅。五月大雨雹，大風飄瓦，拔郊壇樹。賢言：『天威可畏，陛下當凜然加省，無狎左右近幸。崇信老成，共圖國是。』有司請造鹵簿。賢言：『內庫尚有未經御者，今恩詔甫頒，方節財用，奈何復為此。』帝即日寢之。每遇災變，必與同官極陳無隱，而於帝初政，申誡尤切。

門達既竄，其黨多投匿名書搆賢。賢乞罷，有詔慰留。吳后廢，言官請誅牛玉，語侵賢，又有造蜚語搆賢者。帝命衞士宿賢家，護出入。成化二年三月遭父喪，詔起復。三辭不許，遣中官護行營葬。還至京，又辭。遣使宣意，遂視事。其年冬卒，年五十九。帝震悼，贈太師，謚文達。

賢自以受知人主，所言無不盡。景帝崩，將以汪后殉葬，用賢言而止。惠帝少子幽禁已六十年，英宗憐欲赦之，以問賢。賢頓首曰：『此堯、舜用心也，天地祖宗實式憑之。』帝意乃決。帝嘗祭山川壇，以夜出未便，欲遣官代祀。賢引祖訓爭之，卒成禮而還。嘗言內帑餘財，不以卹荒濟軍，則人主必生侈心，而移之於土木禱祠聲色之用。前後頻請發帑振貸卹邊，不可勝計。故事，方面官敕三品京官保舉。賢患其營競，令吏部每缺舉二人，請帝簡用。並推之例始此。

自三楊以來，得君無如賢者。然自郎署結知景帝，超擢侍郎，而所著書顧謂景帝為荒淫。其抑葉盛，擠岳正，不救羅倫，尤為世所惜云。

清 湯斌《擬明史稿》卷一一《李賢彭時商輅列傳》 李賢，字原德，鄧州人。生而奇敏，舉河南鄉試第一，宣德八年進士，使察河津蝗災，得就見薛瑄，瑄甚加器重。（略）

自賢秉政前後，發帑金救荒、□邊，凡數十萬計，賢皆與有力，故事方面官勅三品京官舉保，賢改令吏部，每缺舉二人，請上簡用，並推之例。始此自三楊以來，得君無逾賢者。隨事進言往往切中，素好汲引，獨葉盛以丘濬一言遂見齟齬，羅倫坐論起復謫官。王翺引文彥博待唐介故事，請留倫。賢謝曰：『潞公市恩，歸怨朝廷，吾不可以效之。』竟不為救，當世亦以是少之。所著有《古穰雜錄》、《天順日錄》各三卷。賢爲救時名相，敘筆簡括，善無毛髮之遺，亦是佳搆。

著録

明 焦竑《國史經籍志》卷四《子類·小說家》 《古穰雜錄》二卷。李賢。

明 祁承㸁《澹生堂藏書目》 《古穰雜錄》二卷，一冊。

《明史》卷九八 李賢《古穰雜錄》一卷。

清 張岱《石匱書》卷三七《小說》 《古穰雜錄》二卷。李賢。

清 丁申、丁丙《八千卷樓書目》卷一二《子部》 《古穰雜錄》三卷。明李賢撰。紀錄彙編本。

清 范邦甸《天一閣書目》卷一之一 《古穰雜錄》三卷。

《續通志》卷一六〇《藝文畧》 《古穰雜錄》三卷。明李賢撰。

《續文獻通考》卷一七七《經籍考》 李賢《古穰雜錄》三卷。

清 錢謙益《絳雲樓書目》卷三 《古穰雜録》

清 阮元《文選樓藏書記》卷四 《古穰襍錄》三卷。明大學士李賢著，南陽人。抄本。是書襍記朝野故事。

郊外農談

《四庫全書總目提要》卷一二七《子部三七》 《郊外農談》三卷，

浙江范懋柱家天一閣藏本。明張鈇撰。鈇字子威，慈谿人。嘉靖丙戌進士。此書『有文章不在高古』、『作詩亦要平易』二條，蓋為當時王、李之學而發，其他議論，多以朱子為宗，亦無姚江末派之弊，然持論往往迂緩。如引《詩》田畯之文，謂『明代不設勸農之官，殊為闕典』。夫耕耘收穫，民間自有常期。宋世勸農使等亦止守令兼銜，徒為具文。如一邑專設一官，課其勤惰，非惟冗員糜祿，且恐轉滋之擾，勸農適以妨農。明初定制，因其無益而廢之，不可反譏為漏略也。

明 晁瑮《晁氏寶文堂書目》 《郊外農談》。

明 祁承㸁《澹生堂藏書目》 《郊外農談》一卷，一冊。

明 王圻《續文獻通考》卷一七七《經籍考》 《郊外農談》。

明 朱睦㮮《萬卷堂書目》卷三 《郊外農談》三卷。張鈇。

清 黃虞稷《千頃堂書目》卷一二 張鐵《郊外農談》三卷，慈溪人。

清 范邦甸《天一閣書目》卷一之一 《郊外農談》三卷。

《續通志》卷一六〇《藝文畧》 《郊外農談》三卷，明張欽撰。

（雍正）《浙江通志》卷二四六 《郊外農談》三卷，嘉靖寧波府志張鈇著。

《續文獻通考》卷一七七《經籍考》 張鈇《郊外農談》三卷，鈇字子威，慈谿人，嘉靖進士。

清 阮元《文選樓藏書記》卷四 《郊外農談》三卷。明張鈇著，慈谿人。刊本。是書雜記種植，考據經史、詩文并古今逸事。

清 萬斯同《明史》卷一三五《志一〇九》 張鈇《郊外農談》三卷，慈谿人。

農田餘話

《四庫全書總目提要》卷一四三《子部五三》 《農田餘話》二卷兩江總督採進本。舊本題明長谷眞逸撰。不著名氏。所記多元末及張士誠竊據時事。中一條記至正壬辰紅巾入寇。又一條記至正甲申流星墜地事。皆所親歷。則其人生於元末。而下卷內一條。稱正德庚午九月一日蘇臺張翼南伯志云云。相距一百五十八年。年月殊爲牴牾。或後人有所增入歟。

清 周中孚《鄭堂讀書記》卷六五《子部十二之三》 《農田餘話》二卷。廣祕笈本。舊題長谷眞逸撰。不著名氏。《四庫全書》存目。其書雜記瑣聞軼事，而元末及張士誠竊據時事爲多。中述至正壬辰，紅巾寇入杭。丙申，淮寇入姑蘇。事皆所親歷，而又述及洪武甲寅、乙卯之事。蓋元明間人也。後有正德庚午蘇臺張翼南伯志一條，疑卽張氏所附益，斷非原書所應有矣。

明 祁承㸁《澹生堂藏書目》 《農田餘話》二卷，一冊。長谷真逸輯。

清 丁申、丁丙《八千卷樓書目》卷一四《子部》 《農田餘話》二卷。明長谷真逸撰。秘笈本。

（同治）《蘇州府志》卷一三七 張翼《農田餘話》二卷。一稱長谷眞逸。

清 黃虞稷《千頃堂書目》卷一二 張翼《農田餘話》二卷，吳人，一稱長谷真逸。

《續文獻通考》卷一七九《經籍考》 《農田餘話》二卷，題明長谷真逸撰。不著名氏。臣等謹案：是書所紀多元末及張士誠竊據時事。

清 毛扆《汲古閣珍藏秘本書目》 《農田餘話》一本。長谷真逸。四錢。

清 錢謙益《絳雲樓書目》卷三 《農田餘話》。

清 萬斯同《明史》卷一三五《志一百九》 張翼《農田餘話》二卷，吳人，一稱長谷真逸。

沈氏農書

《四庫全書總目》卷一〇二《子部一二》 《沈氏農書》一卷，編修程晉芳家藏本。案此編爲桐鄉張履祥所刊，稱漣川沈氏撰。不知沈氏爲誰也。其書成於崇禎末；履祥以其有益於農事，因重爲校定，具列藝穀、栽桑、育蠶、畜牧諸法，而首以月令，以辨趨事赴功之宜。

沈氏爲湖州人，故所述皆吳中土宜。與陳旉、王禎諸本互有出入。近時朱坤已刻入《楊園全書》中，而曹溶《學海類編》亦備載之云。

清 張履祥《沈氏農書・跋》 案此書。大約出於漣川沈氏，而成於崇禎之末年，正與吾鄉土宜不遠。其藝穀、載桑、育蠶、畜牧諸事，俱有法度，甚或老農蠶婦之所未諳者。首列月令，深得授時赴功之義。以次條列事。力織悉委盡心計周矣。

予學稼數年，諮訪得失，頗識其端；而幼不習耕，筋骨弗任，雇人代作。厥功已疏，自非講求精審，與石田等耳。因手是編，與家之人共明斯義，校言之説，益為有征。《詩》曰：『雖無老成人，尚有典型』，將適桑田，其奉以為高矩。戊戌首秋考夫氏跋。

清 丁申、丁丙《八千卷樓書目》卷一〇《子部》 《沈氏農書》一卷。明漣川沈氏撰。《學海類編》本。《楊園全集》本。《昭代叢書》本。

《續通志》卷一六〇《藝文畧》 《沈氏農書》一卷，不著撰人名氏。

《續文獻通考》卷一八一《經籍考》 《沈氏農書》一卷，題漣川沈氏撰。臣等謹案是書成於崇禎末，沈氏為湖州人，故所述皆吳中土宜云。

清 莫友芝《郘亭知見傳本書目》 《沈氏農書》一卷，題漣川沈氏原撰。張履祥校定，附刊《楊園全書》中。又有《學海類編》本。

補農書

清 張履祥《補農書・陳克鑑序》 農書之補何爲而作也？昔吴康齋先生講濂、洛、關、閩之學，而隱於農，率弟子以躬耕。先生慕而效之。讀書館課之余，凡田家纖悉之務無不習其事，而能言其理。諄諄以耕讀二字教後人者，於《初學備忘》、《訓子語》中載之備矣。而田里樹畜之法，則取《沈氏農書》爲本，更致詳於末務，所謂『廊廟山林俱有事』也。或者目爲長沮、桀溺之流，豈知先生者哉！後學陳克鑒謹識。

清 張履祥《補農書・序》 予録《農書》既畢，徐子敬可將卜居於鄉，屬予曰：『農書有未備者，盍補之？』余謂土壤不同，事力各異，沈氏所著，歸安、桐鄉之交也，予桐人，諳桐業而已，施之嘉興、秀水，或未盡合也。然其纖悉可得而舉。因以身所經歷之處，與老農所嘗列論者，筆其概，而徐予擇取焉。雖然，農有本有末；本事，沈氏備之矣；予之所言，抑末耳。戊戌仲秋考夫氏識。

清 張履祥《補農書・跋》 按此書太約出於漣川沈氏，而成於崇禎之末年。正興吾鄉土宜不違，其藝穀栽桑、育蠶畜牧諸事，俱有法度。甚或老農蠶婦之所未諳者，首列《月令》，深得《授時》赴功之義。以次條列事，力織悉委盡心計周矣。予學稼數年，諮訪得失，頗識其端，而幼不習耕，筋骨弗任，僱人代作。厥功已疏，自非講求精審，與石田等耳。因手是編，與家之人共明斯義，校言之説，益爲有徵，詩曰雖無老成人，尚有典型，將適桑田，其奉以爲高矩。戊戌首秋考夫氏跋。

清 徐珂《清稗類鈔》 楊園學派張履祥，字考夫。居桐鄉之楊園，學者稱楊園先生。幼孤，母口受四子書，曰：孔孟只兩家無父兒也。后受業於蕺山，聞慎獨之説，晚乃肆力紫陽。當時東南文社各立門户，履祥退然如不勝，惟與同里顔統、錢寅以文行相砥礪，繼與海鹽何汝霖、凌克貞切磋講習，益務躬行。嘗謂人多讀書則識進，且能自見瑕疵，故終身都無足處。又曰：稼穡者，治生之大端也。務稼穡，則無求於人，而廉耻立。不妄取於人，而禮讓興。廉耻立，禮讓興，然后風俗淳懿，而古道可復。因著《補農書》以勸其子弟。朱竹垞曰：考夫講學，一以鹿洞爲宗，仁宅義根，言規行矩，間作詩，不沿安樂窩頭巾語也。著有《楊園備忘録》三十四卷。

清 張履祥《楊園先生全集・序》 先生歲更耕田十餘畝、地數畝。種獲兩時，在館必躬親督課。草履、箬笠，提筐佐饁。其修桑枝，則老農不逮也。種蔬、蒔藥、畜雞、鵝、羊、豕無不備。先生自奉甚儉，終身布衣、蔬食，非祭祀不割牲，非客至不設肉。然蔬食為多。惟農工以酒肉餉。雖佳辰節令，未嘗觴酒豆肉以自奉。

農丹

清 張標《農丹・自序》 天下本富出於農而農有名有實。古者，户有田，家自耕，人人農也。今則不然，富者連阡盈陌，貧者至無立錐。又疑力田未必逢年，相與棄本逐末。必材智最駑，下資身絶無策者，始甘心為人傭耕而不辭。此輩名雖為農，實則大姓之奴隸也。其視主田，無異傳舍，鹵莽從事，不惟農之人亡，農之理盡亡矣。故有田者不習耕而耕者悉無田。是二者，農之蠹也。顧名核實，今天下正患無一農耳。總由不知農之道，與力田之利以至此。以余所訂諸先正農説，天有時，地有氣，物有情，悉以人事司其柄，大約治田一畝，足食三人，最宜小户貧家，販夫販婦。移其微貲，無不可為。治田與治雜業不同，雜業獨男子任之，餘則坐食耳。治田，男婦老幼俱可合作，家無閒人。又水草塗糞，咸天地自然之利。不比他業，動須錢買。種田愈少，其事彌精，其獲彌厚，此務農之利，收於富人者恒薄，而在於小户貧家，獨數倍而莫算也。士君子居父母之邦，有志移風易俗，躬治數畝，為閭井倡。歲時復為社會講説其義，同儕則觀摩，易生嚮利，則趨赴偏捷。俾轉轉相效，一鄉以及一邑，一邑以及他方，家給人足，盗賊不生，風日醇厚。我亦優游桑梓，不失為太平之人。豈不休哉！以此厲志，則高士之風也。以此養親供賦，則忠臣孝子之行也。先儒謂復井田，自限民名田始。識此意者，定不揶揄予言。順治庚子，清和既望，賜進士出身、承德郎奉敕提督浙江抽分兼管河道工部虞衡清吏司主事江都張標撰。

（乾隆）《江南通志》卷一九二《藝文志》 《農丹》江都張標。

（嘉慶）《揚州府志》卷六二 《農丹》一卷。國朝張標撰。

（光緒）《增修甘泉縣志》卷二三 張標《農丹秋實堂文集》，《續志》考正《農丹》論農事當入子類《農丹秋實賞文集》也。

致富奇書

明 陳繼儒《致富奇書·逸叟序》 致富亦多術矣而世之艷稱者必曰陶朱公，其以不逐時而責於人，有所以致之之道也。觀其自言曰：計然之策七，越用其五而得意，既用之國，欲施諸家。乃治產積居擇人任時而家遂饒足，由此言之治家之道，通於治國，豈尋常意計所能及哉。況格物之性辨土之宜，一人之識有窮，而野老牧豎或反。得傲以所知則至庸者，皆至奇之。所寓不有其書，後之欲師其智者，將焉取之。《致富奇書》由來舊矣，雲間陳眉公先生博物君子也，性嗜山林閑暇，無事得以窮究譜牒，訂正編集廣為令書。然猶惜其於方藥之用，尚未及採且間有遺失，使後之考者不能無憾於此。余不揣以燕閒之，日復為增其未備，雖於古之作者，未敢云有功要其於世之。讀是書者，亦不無小補云。時康熙戊午春日，鐘山逸叟漫識。

農言著實

清 楊士果《農言著實·跋》 先君子舌耕半生，因待養缺然，四十後即決計歸耕。定省外，日興力作人為伍，早作夜休，無間寒暑，雖極細事，亦必躬親歷試，期得當而後快。以故苐豐種茂，有相之道，鄉之老於隴畝者，咸愧嘆弗如，貼然心服。迨先祖棄養，先君子精力亦頓減矣。嘗輯素所心得確有成效者，勒為一編，語不尚文，易取易曉。顏之曰《農言著實》，手授果等，俾藏弆焉，存之家宬。果慮後嗣子孫不昏作勞，或至拉雜摧燒之焉，則益重果之戾矣！爰付梓人，用存手澤，亦無忘半半山莊命名之遺意云爾。咸豐六年冬十二月，男士果謹跋。

清 楊士果《農言著實·劉青藜跋》跋 古人重本輕末，人盡歸農，而家給人足。漢時，猶重農貴粟，人賤商賈，天下殷實。我朝乾嘉，此風猶存，民最富庶。自人情遊惰，羨千萬中倖致奇贏之一二以焉常，遂舍本逐末，爭趨若鶩。及至無成，雖欲歸農，而力不任勞，又格不相入，傭工焉之，恒受欺慢。其所謂農者，亦習於安逸而不昏作勞。有良田沃壤，而前人以是興，後人以是敗者；有連畔同種，而彼穫則甚豐，此穫則甚歉者，豈農固不可富哉？本業輕而用力不勤也。余歲壬午，初蒞原任，荒穢過半，清丈開墾，均以次告成。歷發桑秧數十萬株，勤者亦皆茂盛。養蠶取絲，織綢亦佳。乃嘆田本上上，嘉種咸宜，特人事不勤，未能盡農之利，遂覺農無利也。勤辨蠶桑業，刊刻圖書徧給矣。思欲刊農政諸書以代口舌，或於此地未盡相宜。茲得仲仙別駕手鈔邑人揚一臣先生《農言著實》一書，讀之事事精祥，語語切實。老農閱歷，日起有功。如此為農，方可曰勤；如此力農，斷無不富；使農民家置一編，以為程式，再並蠶桑而且成焉。則不出里門而自然富足，又何事跋山涉水，傍人門戶，以希冀蠅頭之利而不可必哉！仲仙別駕關切民瘼，願捐資刊刻，以嘉惠農民，洵有用之書，宏濟之事也。因跋支言於後。光緒十九年十月既望，知太原事大同劉青藜乙觀氏識。於月白風清軒。

《重修三原縣新志》卷六《人物・揚一臣傳》 揚秀元，字一臣，本名恒孝。諸生。事父甚謹，尤善奉繼母，友愛諸弟，持身儉約，處家無私畜，不妄取，接人直諒。鄉人某，素無賴，人勸其宜避，然卒面規之，某也感悟。晚不復興科舉。曰：『吾躬耕養親而已，奚名利為！』乃買田獻陵側，顏其居曰：半半山莊。蓋欲半耕半讀云。農暇輒手抄顔之推《家訓》、李二曲《反身録》等書。又著有《農言著實》一編，言歲時占驗、早晚種植與一切耰鋤耕穫之事特詳。老於農者，或不能知也。精地理家言，為父擇葬地曰：『此地，堪與書所謂不利地師者，然吾冀安吾親，果有之，徒父地下亦所願也。』葬四日而卒。

救貧捷法

清 馮祖繩《救貧捷法・序》 民生日用所必需，穀、米、肉、菜、油、鹽、糖、茶、布、帛而已，自有則不費錢，有餘兼可獲利。祿邑餘米之地，穀米而外，均無所出。油糖取諸易門，布帛仰於河西。合邑一萬一千家有奇，每年所需油、糖、布帛，從至少者計之，每家油糖二千文、布帛二千文，則出境錢已四萬四千千有餘矣。況不止此也。予攝篆此邦，見俗淳則愛之，見民貧又憂之。徒憂而無術以相救，虛有愛之心耳。去秋周歷各鄉，觀風問俗，求民疾苦，編排保甲。所到之處，集老幼訓諭，教以安貧守法，教子睦鄰，務農以濟目前，種樹以裕日後，皆欣喜樂從，然務農未知畜糞畜水之方，種樹未知栽丁栽根之法也。簿書稍暇，取《農政全書》、《致富奇書》、《羣芳譜》、《本草》、《草木狀》諸書觀之，摘穀、菜、樹、牲四者，參以見聞，録而編之。但四者之類甚多，不能備載，擇其切於日用，既為有益兼可獲利者，不嫌煩瑣，詳細條列，名曰《救貧捷法》。聽吾民自度時勢，自揣情形，因土性之宜否、地段之廣狹、人力之眾寡，不必貪多，執一二端以從事，專心致力，始終不倦，自有效驗。由自用而有餘，由有餘而獲利，至他年即可致富，在今日先為救貧計。今日之所急者，除種穀為根本外，先從花生、桐、杉、棉、油、菜、蔗、豬始，而徐及他物焉。加以勤儉，男耕女織，食時用禮，民富民仁，其由此矣。豈僅救貧而已哉？書成刊發，願吾民明者講之，勤者聽之，如法樹畜，效速且大。則貧者可富，富者益富，又安見祿豐名邑者之不實稱其名也耶？時道光丙午花朝知祿豐縣事龍平述齋馮祖繩書於官署之五知軒。

御製耕織圖

綜述

清 愛新覺羅・玄燁《御製耕織圖・序》 朕早夜勤毖研求治理，念生民之本以衣食為天。嘗讀豳風無逸諸篇，其言稼穡、蠶桑纖悉具備。昔人以此被之管絃列於典誥，有天下國家者，洵不可不留連三復於其際也。西漢詔令最為近古，其言曰：農事傷則饑之本也，女紅害則寒之原也。又曰：老耆以壽終，幼孤得遂長，欲臻斯理者，舍本務其曷以哉。朕每巡省風謠樂觀農事，於南北土疆之性，黍稌播種之宜節候，早晚之殊蝗蝻捕治之法。素愛諮詢，知此甚晰，聽政時恒與諸臣工言之。於豐澤園之側，治田數畦，環以溪水，阡陌井然在目，桔槔之聲盈耳，歲收嘉禾數十種。隴畔樹桑，傍列蠶舍，浴蠶繅絲，恍然如茆簷蔀屋，因構知稼軒秋雲亭以臨觀之。古人有言衣帛當思織女之寒，食粟當念農夫之苦。朕惓惓於此，至深且切也。爰臨《耕織圖》各二十三幅，朕每幅製詩一章，以吟詠其勤苦而書之於圖。自始事迄終事，農人胼手胝足之勞，蠶女繭絲機杼之瘁，咸備極其情狀。復命鏤板流傳，用以示子孫臣庶，俾知粒食維艱，授衣匪易。書曰：惟土物愛，厥心臧庶。於斯圖有所感發焉，且欲令寰宇之內，皆敦崇本業，勤以謀之，儉以積之，衣食豐饒以共躋於安和富壽之域，斯則朕嘉惠元元之至意也夫。康熙三十五年春二月社日題。

清 汪志伊《稼門詩文鈔》卷五《跋・書後・恭跋〈御製耕織圖詩〉》 臣惟圖象之設原於河洛，蓋河圖洛書五，居中以建皇極而馭乎四方，用敷錫厥庶民，昭然立君師之統焉。土居中以含元氣而旺於四時，普美利於不言，隱然寓農桑之經焉。欽惟我皇上苞符闡蘊茂育，因時纘三聖之鴻謨，覃八紘之駿惠。《御製耕織圖詩》四十有六章，教敦本業，誨勗民功，纖悉靡遺。同化工之肖物，艱難畢照，若事之親，經臣迴環恭誦，仰見皇上本欽若昊天之心，爲敬授人時之政。萬黎獻固已涵濡於化育，周浹於生成，猶必頒發，睿藻宣示。臣隣欽念乎康功，勤思乎道濟，誠欲俾小大庶官，敷繹敬天之心，以寅清於作，訛成易恪守勤民之政，以永賴於平成修和也。臣謹按：周官三百有六十，而農桑之官數幾什一，大司徒之職掌，建土地之圖，辨其山林川澤，原隰之名物，其在遂人，則又以土地之圖經田野，其在土訓，則又道地圖以詔地事。夫圖之藏於官府，達於邦國者，豈繄司徒遂人土訓所自爲哉。周頌有之曰：『王釐爾成』，言君命其臣也。曰：『來咨來茹』，言臣受命於君也。又曰：『既昭假爾，率時農夫』，言臣既受命於君，卽不可不致君命於其民也。然則象魏縣書正歲頒朔其圖，布自朝廷，司徒建之遂人經之土訓道之，凡以宣君德，慰民望，爾今封疆大吏仰蒙聖天子，俯賜篇章，如親訓迪，豈覩丁男丁女之辛勞，能忘三耘三眠之節候，導揚盛美勸相精勤固其職也。竊聞漢代循吏，率以農桑課最黃覇，有鄉亭條教，召信臣有均水約束，九真牛耕教於任延也，桂陽蠶織教於茨充也。唐宋以來，則如李大亮墾田之法，王方翼關鍵之編，王愷之勸課藝植，姜彧之新桑，偏野非弗，播厥循聲。無忝司牧顧或奏績一邑，未能澤被九州，或收效一時，無由綿延，萬載何則，桔槔之用不足，以爲霖也。絡緯之鳴，不足以爲績也，非有旰食宵衣良法，美意振興而恢廣之小惠未徧，民奚以孚哉。至德太和，厥惟盛世，聖主以軫念，民依之實訓，昭示諸臣。諸臣奉以勵厥吏，暨厥民，敷天之下，至於海隅日出，寒耕暑織，蔚爲醇風，同穎八蠶，臻茲上瑞矣。臣出身田畝，忝任封圻，謹率所司，勸課原野，肅捧瑤朗，暢誦韶欣，見夫戴茅蒲，衣襏襫，具曲植籧筐者，靡不翹首企足，樂聞天語敬。告以御製浸種、耕耘諸章，知詩之所云。秬秠糜芑者，未若我皇上之講明其氣候也。敬告以御製耙耨、碌碡諸章，知詩之所云。畟耜趙鎛者，未若我皇上之詳核其器用也。敬告以御製春籭、簸礱諸章，知詩之所云。春揄簸蹂者，未若我皇上之備述其成功也。敬告以御製浴蠶、炙箔諸章，知詩之所云。懿筐萑葦者，未若我皇上之曲喻其經營也。敬告以御製染色、攀花諸章，知詩之所云。載績孔陽者，未若我皇上之賁飾其文章也。敬告以御製翦帛、成衣諸章，知詩之所云。流火授衣者，未若我皇上之彌綸其函被也。敬告以御製祭神、祀謝諸章，知詩之所云。飶香椒馨者，未若我皇上之釐定其報祀也。於是，穀人、絲人樂事勸功鼛乎鼓之，軒乎舞之，莫不躋堂稱觥羣，祝萬壽無疆。臣用是敬，録天章謹橅圖帙，勉効司徒遂人土訓之職，遠紹周頌，昭假釐成之規，以期仰副聖天子歛福錫極之德意於萬一。湖廣總督臣汪志伊拜手稽首恭跋。

著録

清　陶樑《紅豆樹館書畫記》卷八《畫徵録》：『焦秉貞，濟甯人，欽天監五官正，工人物。其位置自近而遠，由大及小，不爽毫髮，蓋西洋法也。康熙中秖候内廷聖祖《御製耕織圖》四十六幅，秉貞奉詔所作。村落風景，田家作苦，曲盡其致。』

（光緒）《順天府志》卷一二七《金石志一》　《御製畊織圖詩帖》。行書。乾隆四年。按《耕》、《織》二圖，每圖二十三事，首幅恭刻康熙三十五年聖祖御書序文，乾隆四年高宗御書序文。每帖首列緣起，聖祖御製七言絶句一章，高宗御製七言絶句一章末刻，于敏中等恭跋在大内。

藝文

清　陳夢雷《松鶴山房詩文集·詩集》卷三《同余惕齋讀御製耕織圖詩恭紀己卯仲冬》　九歌紹帝典，七月續《豳風》。誰悉艱難事，皆歸宵旰中。憂勞周蔀屋，疾苦繪深宫。聖訓垂千祀，揮絃解愠同。

清　張廷玉《皇清文穎》卷六六《恭讀御製耕織圖詩敬成二律》怡賢親王允祥　歷歷三時況，如陳《七月》篇。秋雲青甸裏，春雨緑疇邊。聖政先無逸，皇心重有年。孜孜宵旰意，總向畫圖傳。

玉帛梯航遠，山龍繪繡工。豈知寒女事，猶入睿吟中。勤儉昭淳俗，勞思愛古風。垂裳開至治，衣被萬方同。

梭山農譜

綜述

《四庫全書總目提要》卷一〇二《子部一二》 《梭山農譜》三卷，江西巡撫採進本，國朝劉應棠撰。應棠字又許，奉新人。梭山其所居地也。其書分耕、耘、穫三卷，詳其器與其事，而每條綴以贊詞。每卷又各有小序，詞多借題抒憤，不盡切於農事也。

清 帥承發《梭山農譜・序》 劉子又許農譜，當耕梭山時所著也。乙卯適予播遷石溪，揣來請正。凡三卷，其往言寓言危言諷言，皆有系於世道人心，蓋有德者之言也。予序之注之，亦自附於元嬰郭象之間，義實起予耳。丙辰劉子遭寇亂喪，此書及所著《史記選讀》、《春秋言選》、《兵選》、《讀雲樓草》諸書，走白水村，寇焚白水，書俱燼。造物劫灰，文字不免惜哉。無何複徙避晏嶂僧舍，乘間歸梭山，僅得其《農譜》原稿於瓦礫中。今秋大兵進剿，諸寇潰，劉子始得脫虎口，踉蹌到予圃而園，相對唏嘘，泣數行下，孑然無一有，惟守此本，並石山近作而已。予因得閱此。至予所序注者，不複記憶一字。但覺天地造化之理，古今人物之情又有新義。相契如登峰涉海，愈入愈深，觀彼風雲月露，再過則塵飯土羹，豈但霄壤。斯亦立言者之標準矣。嗟乎！天之厄劉子者，至矣，室中婦不祿，穉子失恃，梭山茅屋頹圮，數十畝鞠爲茂草而又許狀貌衝然，意致瀟灑，無殊平昔山中近作，亦複溫厚和平，無一毫慍怒意。曰與兒輩讀古人書，論天下事，豪壯慷慨，不屑作晉人清談，又何其天不能厄劉子哉！楊子曰：耕道而得道。劉子得道於耕者久，固歲凶能自豐。是譜也，自譜也，他日上之闕廷，進與《豳風・七月》並傳，劉子勉乎哉！余獲知言之名矣。雖然，海內名碩更有共知劉子之爲人，又不獨予獲知言之名也矣。康熙丁巳歲仲秋月，穀旦睡道人帥承璣書於圃而園。

清 劉應棠《棱山農譜・耕卷序》 盛德在木，天子秉承，庶人終畝，於是普天下皆耕。是耕也，三時首焉。雖然，耕、大綱耳，尚有耕事，有耕器；維器與事，是耕目也，附於耕後，成耕譜。

又 三時並峙無低昂，然耘承耕而起穫，厥任尤重。子嘗悉其利害，正如吾身之有關候脉然。蓋關上有寸，關下有尺，猶農、耘前有耕，耘後有穫。人、關部不傷則土位靜，腎不受剋，水生矣；肝木不搖，木爲火母，母安子順，火亦靜矣，水火既調，陰陽不愆，病安從生？農家耘時不失，則東作精神至此完好，西成穎栗自此胎仁，三時一氣，民安苦饑？不幸天地人併災奪而芒焉，則拮據徒爾，子粒絕望，舉家一哭，四國同哀；將見貧者盡死，富者獨生，究且富者亦死，盜賊獨生。是失耘之害，有什伯於關候之繫窨身者矣。山鄉幸免刀兵，得終厥畝，竊幸子耘時之未奪，又未敢的之鹵莽，熟悉耘之境也，乃作耘譜，事與器亦附。

清 劉應棠《梭山農譜・穫卷序》 古者一夫百畝，則望熟者一身。身之上有父母，身之下有妻子，同此情焉耳；外此餘夫有田，已不在此望數焉；則言『八口』者，亦舉成數也。幸而有年，樂矣。縱不逢年，『餘一』、『餘三』之粟且陳陳也，民安有苦饑而死者？今則不然。一入當家，公私責之，禾未登而八口望焉矣。豈惟八口？夏秋兩稅望焉輸矣，一稔日用飲食之貸望焉償矣。登場一清，不足之苦，已在歲暮，奚待來春哉？諺曰：『鐮上壁，無飯喫』，一字一血也！梭山年來鹵莽，今歲學農，不幸『青風』作祟，勤動徒爾；然公私之逋，不以無年免也。守禮義而甘壁立，荼亦三黃飲矣。或曰：『子作農譜，將通天下農以爲計也，奚爲一身言哉？』予敬應曰：『根本而近功利，後世之行也；在三代時，不以爲悖德，則以爲亂民。梭山敢乎哉？』故作農譜、穫一卷，以終三時。譜皆務本意也，器與事亦從同附。

清 唐仲冕《陶山文録》卷五《序跋・〈梭山農譜〉跋》 劉應棠，字又許，奉新人。農事通於學卽通於政，然非精於物理，別有懷抱者，不能道也。《商書》謂：服田力穡乃亦有秋。周任謂：芟夷蘊崇，則善者伸。孟子謂：美穀不熟，不如荑稗。舍已蕓人自任者，輕皆可通於學者也。管子曰：一農之事，必有一耜、一鎌、一耨、一銚、一銍。《戴記》曰：修禮以耕，陳義以種，講學以耨，本仁以藝。《淮南子》曰：苅先稻熟，耨之者不以小利害大穫。朱虛侯曰：深耕溉種，蕓苗欲疏，非其種者，鋤而去之，此可通於政者也。他若《呂氏春秋》、《氾勝之書》大抵時其節物辨其種類，稽其功緒，沈博精確，爲農家者言耳。梭山劉又許先生抱其夙蘊，躬畊岩谷，鄭子眞、淳于恭之流也。乃著《農譜》曰：『耕、耘、穫三卷，各有綱目，以耕字從井發論，井田廢而耒僅存，古制難復。若耕之浸苞、饁餉；耘之□稗、梳蟲；穫之藏種、報賽諸篇。禮、樂、刑、政，意在言表，尤三致意於牛宮，亦足見忠國愛民之懷，而以其尊甫怡齋公風車詞終焉。本厥菑之肯播服先疇，而無荒志念深矣。考梭山前序，在康熙甲寅，後序在康熙丁酉，相距四十餘年，用功最勤，卒得採進《四庫全書》館，以傳於世。夫梭山豈果農家者流哉。余讀是書，而竊自歎也。《傳》曰：是穮是蓘，必有豐。《年語》曰：雖有鎡基，不如待時。爲壯者言之也。余老矣，異丈人之植杖，類宋人之守株。既無見於事功，復有傷於素抱，當與惰農自安，同譏承萬。念亭司馬見屬泚顏，而爲之□。

觸處洞然，自有條理，非深於學，深於政，不能有此見解，而書與筆又足以達之一結，悠然意遠。孫淵如。

傳記

（同治）《奉新縣志》卷一二　劉應棠，字又許，號嘯民，奉化鄉人。幼穎異，長習舉子業，不屑時趨，好讀周秦兩漢書，其餘汎濫而已。應童子試不遇，邑宰李芳辰奇其文，當歲試欲拔之冠軍。案未發，會他有齮齕者，李怒取卷數十火之，應棠文以誤在焚中，不錄。自是絶意進取，攜妻子隱梭山讀書、飲酒，以文史自娛，學者稱『梭山先生』。無何，滇粵叛，所在盜蠭起，應棠攜兩兒上晏嶂絶頂，寄居白雲寺之尺五樓，草衣木食，益讀書苦吟不輟。環四面皆賊壘，相戒無敢犯劉先生者。性孝友，嘗割股療母疾，居喪哀毀，守禮無少渝。少師事帥石柱承發，以詩古文名重一時，詩尤高古，硬語盤空，不假粉飾。論者謂其高者在韓杜間，間入於文昌、東野，亦性之所近也。年八十餘終。

著録

《清通志》卷一一四《圖譜略》　劉應棠《梭山農譜》。謹按是書分耕耘、穫三卷，詳其器與其事，每條綴以贊詞。

《續文獻通考》卷二二八　《梭山農圃》三卷，劉應棠撰。應棠字又許，奉新人。

（光緒）《江西通志》卷一〇五　《梭山農譜》三卷。劉應棠撰。《四庫全書》存目《提要》。字又許，奉新人。

農桑經

清　蒲松齡《農桑經·序》　居家要務，外惟農而内惟蠶。昔韓氏有《農訓》，其言井井，可使紈袴子弟、抱卷書生，人人皆知稼穡。余讀而善之。中或言不盡道，或行於彼，不能行於此；固妄為增删。又博採古今之論蠶者，集為一書，附諸其後，雖不能化行天下，庶可以貽子孫爾。康熙四十四年，歲在乙酉，正月念四月。柳泉氏誌。

清　蒲松齡《農桑經·適奚跋》　淄川蒲留仙先生著《農桑經》一編，其名見張元所撰墓及李桓《耆獻類徵》，世亦間有傳鈔而無足本。先生九世孫文珊家遜東之西豐，辛卯以《聊齋誌異》原稿半部歸之東北圖書館，另殘篇一册謂即《農桑經》，據云是其祖賈人清季移家關外時，以二稿與《聊齋行樂圖三事》携之篋中，於茲三世矣。《志異》遭依氏之厄，僅餘其半；《農桑經》分農桑、草蟲二篇，上篇已失，今所餘又草蟲之半云，其稿楮素斷爛，觸手碎落，首尾皆缺無書名。首章篇目亦不存，實為農國月令，次為救荒、辟穀諸方，又次為蓄養，為諸花譜，為書齋雅製及字畫裝潢珍玩石譜等。九九章。不盡關農桑，亦不知何以名為草蟲篇，然字畫疏秀，的是留仙手跡。既為之裝裱聯綴，復手録一過，留為山家清課。月令正月之首缺落數段，種榆法前尚餘三十餘字，係摘鈔諸農書嫁果騸樹之法，以缺字太多，故不録。又書齋雅製中，有臘納麝犀數則，皆藥物與前後不類，疑當別是一章。令置之雅製之後，另夾紙條一，大字書云：『或南瓜裏面肉或胡蘿白蒸糜爛加粉薄糊為衣側碗拖入滾湯煮出加汁』共二十九字，知尚有食譜未録入。槀中雜採諸書，隨手摭拾，似未經釐定。有前後重出者，有行間添注者，輒稍為梳剔，月令占騐之文悉併之每月之首，惟正月無首，則仍其舊。闕文為書角磨滅之處，留俟他日為檢諸書補之。辛卯十月，適奚識於蕉覆軒中。

農桑易知録

清 鄭之僑《農桑易知録・序》 土地一也，勢有高下而燥濕肥瘠異。民風一也，力有强弱而勤惰豐嗇殊。列子曰：有形者生於無形。天地人參之爲三才，天之生物無弗同也，而土地民風可知矣。聖人疆理天下，相其土宜，權其人力，缺者補之，塞者通之，而高與下齊，弱與强合。陰陽和而風雨時，剛柔劑而物産出，其農桑之道乎？夫衣食操生人之命，一歲不耕不織，受之饑寒。山農播種之書，葢可忽乎哉？昔周以農桑開基，書陳無逸詩作豳風，良以耕於井邑即可。遊於黨癢士大夫公堂之躋，半出於農，此農之所以重也。而蠶事與農並重，天下無不可桑之地。鄭衛界屬河南，桑土桑中業有明指山東隸於青齊。孟子對齊君務農必及樹桑，則知農桑之業，民之本也，國之經也。若謂五穀偏盛南方，絲蠶獨擅浙省，則如詩所詠柔桑、苞桑，《尚書》所傳桑土是蠶等事，豈其誣哉！欲謀民命，輒以燥濕肥瘠之土壤，判人事之豐嗇而謂宜農不宜農，宜桑不宜桑，人自失其利也。地豈爲之任咎哉？葢地有其宜，人能擇之，人有其巧，地能顯之，何分土分民之有焉？僑生長海濱，農桑素略講求，每就人情之所近，推測物理之自然。參以典籍，訪之老成，謬編一帙，顔之曰《農桑易知録》，葢欲使民易知則易行，足衣食而興禮義，庶可上慰聖天子教養元黎之至意也。程子曰：一命之士，苟有心於愛物，於物必有所濟。僑思必有濟而後用我愛，雖濟而愛，亦僅矣。因不揣固陋，鋟於木而布之民，俾山村僻壤，習之而好，好之而業盛，業盛則天下同風。朱子曰：教他有飯喫，有衣著，五方各得其所，然後可去教他。僑亦遵此志也歟，是爲序。乾隆庚辰三月望日，韓江鄭之僑書於寶慶官署。

清 張之洞《書目答問》 《農桑易知録》三卷。鄭之僑。乾隆六年刻本。

三農紀

清 鑿雒山房主人《三農紀・序》 法也生長農家，終身畎畝，與鳥獸同其休息，與草木共其春秋，業業小人而已。時秋九日，有二三農老耕父相邀，登高曠飲，踞箕笞石，舞掌藤陰，又有一二牧童，左相問答，理辨紛紛，晰明耕術，各執己見。一收童進而言曰：今之所話者，得其人述之，不枉苦談一夕矣。農老曰：述者非吾輩事，且不識字，敢言乎！耕父曰：吾病且懶，亦無樂趣，不能爲之，我輩中或者師古翁可乎。予曰：不能也。吾輩生於草莽之間，未嘗聖賢之書，不聞高明之論，弗覽山川之蹟，無能粗識其用，將何以深探知之，唾吾徒小人不知量也。牧童怫然曰：人各有志，志各不同，各行其志，芳亦隨之，臭亦隨之，聞之王處叔云：古人遭時則以功達共道，不遇則以言達其才，故素否不窮也。有著者，便為歿而不朽，當其同時人豈少哉！而皆無聞，由於無所述也。子何妨述之，亦吾徒今日之幸耳。予搖首曰：否！否！非不爲也，是不能也。耕父勃然曰：子之田吾其治之，農老相和曰：子之苗吾其理之，牧童在傍笑云：飯牛者，我之職也。衆囂囂曰：留子偷閑以成其著，但限期見效。予已醉，不能應，辭歸家，酒醒以其事告諸婦，婦曰：噫！危哉！子難爲逃矣。進取者誚，退讓者非，將作欺世盜名之輩也。且益我名者損我神，生我名者殺我身，一旦然何忘乎自燒自銷之誡。予聞而甚慚且悔。明日，農昨議者畢集，執雞携酒，賢紙抱筆，相來旋廬，固是以無所辟爲甚憾。其素之無養也，於是汲汲乎乃採俗説、方言、耆説、童言，捃收補綴，近似依倣，牽挽强彙，自信闞見寡聞，學不足以當著，較而比之形似，影響之間豈以區區為是，敢倨然自謂，使君子閲之，終不能無憾扵此，徒災筆墨以貽玷於農也。予歷經寒暑，茫茫完稿，竟日不能成叙，正處疑難，忽聞籬外謳聲，農老耕父已來於庭矣。卒然問曰：著稿成否？予應之曰已矣。即乞飲，牧童入而見喜，皆壽相慶，各話勞逸，以盡其歡，飲畢求覽稿，延入著座，牧童曰：昔出自勉強，今既聊就，亦僥倖耳。只此一試之可也，再無衒弄，誠可藏乖矣。是以火其筆，斷其硯，以笠吾戴，以杖吾策，欣欣然衆將予推而出之，引入田間，復振從前之舊業，故就其事而爲之叙云。時大清乾隆二十五年歲次庚辰冬至日，題於鎣雒山房。

修齊直指

清　楊屾《修齊直指·張元際序》　先生姓楊名屾字雙山，興平桑家鎭人，鎭舊名三家鎭，先生務蠶桑改今名。少出盩厔大儒李二曲之門，二曲許爲命世才，遂潛心聖學不應科舉，自天人性命之旨，以逮農桑、禮樂、靡不洞究精微。桂林陳尚書撫陝時，聘至會城就館，訪道代爲納粟，入太學手題堂額楹聯，以旌其居。一時要人顯宦爭慕名來謁，非同契者概郤不見，然與人和易不爲矯，異之行化行一鄉，鄉人有事謀焉，有爭決焉。善攝生，年九十猶童顔，著書之暇恒鼓琴自娱，每夜深揮弦輒有雙鶴舞於庭。著《豳風廣義》四卷，言蠶桑要法，躬自植桑數畝，飼蠶抽絲光亮而紉，上憲嘉納，三秦取以爲法。《知本提綱》十卷，明五倫三序爲政教，敦倫之統宗。經國五政以農、工、禮、樂與學爲五，而皆本之帝命也。嘗維先儒禮論，酌立喪祭儀式，又疾女子裹足爲敝俗，請禁未果，皆自行於家。尤深於醫，鄰牛誤吞釘，先生開一方藥，僅常吕釘應時下，醫者皆不解。卒於乾隆五十九年，年九十六。疾革時戒家人，勿棺歛，勿穴葬，舁尸於所築之明經洞極裏，甎砌，隔前爲供案，至七世必有理我葬事者。道光中陝撫楊名揚，下令興蠶桑，見《豳風廣義》大善之，並所著各書及奏疏二篇上聞，宣宗手諭褒嘉，命入祀鄉賢。子生洲亦聰穎好學，嘗遊楊太眞墓，閲石刻詩百首，歸録之不遺一字。先生著書，其注疏多生洲與門人長安鄭世鐸、臨潼、齊倬之手。光緒二十六年，官紳久欽其學爲實學，業爲實業，於洞前接檐四楹，再前廂廈大廳，又前花園門樓，額曰：楊雙山先生祠。於洞上築墓立石，每年四月四日官紳致祭，禮行樂作以表欽仰之誠，爲之後者十二家，自先生歿，至是適七世也。咸歎先生有先知之明云。

清　楊屾《修齊直指·齊倬序》　帝降生民修齊定命賦，在人身燦然共見，但倬賦質愚昧兼以功利，昏心囿於見聞。每以天命生人身心，性命之理爲高遠難測，非我輩庸流所易知，遂棄置不講。日以帖切時藝爲事業，以廣博多聞爲聖學。雖攻苦燈窗十餘年來茫無所知，延至戊子歲從學於我茂陵夫子，授以《知本提綱》，倬俯讀仰思質疑問難，親炙三載，見理推精詳事，皆落實發天命之本。序闡修齊之要旨，生人入世定規儼然如畫，頭面耳目身體手足無不全備，始見天命至道，極顯明、極平易，並非難知。卽婦女童蒙皆能通曉，以之修齊治平眞有示掌之易，我夫子猶以卷帙浩繁，恐童蒙難以誦記，遂挈其綱要括爲短帙，直指修齊之實，故名曰《修齊直指》。因謂倬曰：此帙言簡意該，再加以俚言註釋，婦孺愈便於通曉，惟子爲能倬捧讀之。下竊歎婦孺之學千古未見，我夫子以至仁居心，以大公施教，不使一人失學，致有干化擾治之虞。倬仰體我夫子一體，無我之心殫思竭慮，夙夜不敢暇逸。用功五載稾凡七易，許可而後止，非敢陳之大方。不過爲子弟童蒙，使知天命修齊治平，不假外求自臻，良富、良貴如此躬修。則家無棄人，人無失教，共樂休和，咸遊大化，以弼聖天子風草之化於萬一云。乾隆四十一年歲次丙申辛卯月春分日，臨邑門人齊倬頓首拜譔。

清　劉光蕡《修齊直指評》　雙山先生，生近二曲之鄉，以反身爲學。故其所著《知本提綱》皆從日用事物上指出天命流行，日用事物皆吾身涉世自具之跡，而無一非天命之精微，極淺近，極高深。蓋卽聖門中庸之旨。而先生特於『庸』上精察力行也。二曲先生當明之季，仍守心學之説，近日講學家多非之。不知前明諸儒言心，是因舉世馳於詞章，惟勤記誦不求心得，故矯以反求諸心，爲學者指出千古學聖之源，卽孟子聖人先得我心同然之旨也。末流之弊，或流於空虚，然國初諸儒，俱矯之，以讀書窮理，而諱言心。則終流於記誦詞章，高者亦不過訓詁、考據而已。二曲先生不言心，而言身，從日用行習之際，實見天命精微之理，則無一毫空虚影響之談，而亦不流於詞章記誦。此書純發此旨，二曲之學，雙山爲得其精也。

二曲門人，惟豐川，最知名《反身録》亦豐川所傳，二曲著有《學髓》與此書之説爲近。《反身録》盛行，《學髓》不甚著者，《反身録》依於《四書》猶能入帖括家之止。《學髓》則心學之餘波也，且爲負重名之儒者所指摘，誰復寓目乎！

又　由形入衣食，由衣食入農工，先生一生講學之旨，盡出耕桑樹畜。凡此後所言皆身親試驗而實獲其效者，非空言也。此爲王政之本，原《孟子》書三見，既以告齊梁之君，又以爲西伯養老之政。近世儒者，有志經世不暇及此，失其本矣。

近因貧弱屈於外洋，始有議及農學者，竊謂宜合。農於學不必專立農學，每村設學一，延師三人，一主教訓讀書之事，令文生爲之；一主耕耘賦稅之事，如今之里長倉正；一主戢捕盜賊之事。皆日居學中，每晨暮督促農夫耕作，如《漢書·食貨志》法，而講求其土宜及耕桑各法，隨教隨試，則無惰農而學漸生矣。

鄉學之師，不重訓蒙，而重訓壯者；里長不重收租，而重督耕耘；團練不重戢盜賊，而重懲游惰，此今日急務也。

區田法傳爲伊尹救旱法，省城西倉中有碑，雍正時試其法，有收至十餘石者。先生云：『收八石其可信也，隔一區種一區，繁難勞人不如仿趙過代田之法。隔一行種一行，簡捷數倍，且易灌溉爲易行也。』此法今渭水南咸陽興平農人多用之。陝省渭北地勢高燥，宜講水利。光緒十九年，陝西亢旱，涇陽民爲猴井，其法度井深淺，如深四丈，則兩井相去四丈，井各置一滑車，綆長八丈，兩頭各繫桶一。桶入此頭之井，一桶入彼頭之井，繩之中間繫牛馬拽之，中行至此頭，則彼頭之桶汲水而出，行至彼則此頭之桶汲水而出。兩頭各立一人瀉水於田，一童子牽牛往來行走，較水車費人而價廉，倉猝可辦此亦救荒法也。

糞田中國古法，孟子以糞田爲治田，曰糞其田而不足，又以百畝之糞分別上下農夫。知戰國時極講究糞田也。糞田之法不可不講求。今日中國宜講求耕耘機器，一日能作數日之工，一畝能得數畝之收，一人能兼數人之勤。則不廣土而土自廣，不衆民而民自衆，不永日而日自永。天時、地利、人工得一機器而增數倍，何快如之此，亦上帝助修之命也。中國不急遵帝命，自收助修之利，悖矣。

織以爲衣，固爲先務，然今中國一婦織不足供一家之衣，或僅供一家而無餘布。織工且拙，不能敵外人之巧織，具不精利也。今日農桑二業，均當以造器之工爲急。木工、鐵工先講求耕織之器，使耕巧不亞西人，然後再及一切工藝。陝西則尤以取水器爲先。先生但知酒蔫之害，其時鴉片未盛行也，使先生生於今日，親見吸鴉片之人，志氣懶惰，形容枯槁，吸之成癮，欲罷不能，其費百倍於酒焉。中人之產，有不數年流爲乞丐、盜賊者。先生當如何痛心疾首，深惡而痛絕之也？

清 張元際《楊雙山先生事略》 先生姓楊名屾，字雙山，興平桑家鎮人，鎮舊名三家鎮。先生務蠶桑，改今名，少出盩厔大儒李二曲之門。二曲許爲命世才，遂潛心聖學，不應科舉，自天人性命之旨以逮農桑、禮樂，靡不洞究精微。桂林陳尚書撫陝時，聘至會城就館訪道，代爲納粟入太學，手題堂額楹聯以旌其居。一時要人顯宦爭慕名來謁，非同契者，概卻不見。然與人和易，不爲矯異之行。化行一鄉，鄉人有事謀焉，有爭決焉。善攝先年九十，猶童顏，著書之暇，恒鼓琴自娛。每夜深揮弦，輒有雙鶴舞於庭。著《豳風廣義》四卷，言蠶桑要法。躬自植桑數畝，飼蠶抽絲光亮而韌，上憲嘉納，三秦取以爲法。《知本提綱》十卷，明五倫三序，爲政教敦倫之統，宗經國五政，以農、工、禮、樂與學爲五，而皆本之帝命也。嘗約先儒禮論酌家，尤深於醫，鄰牛誤吞釘，先生開一方藥，僅常品釘，應時下醫者，皆不解。卒於乾隆五十九年，年九十六。疾革時，戒家人：『勿棺，斂勿穴，葬尸於所築之明經洞。極裹甎砌，隔前爲供案，至七世必有理我葬事者。』道光中，陝撫楊名揚下令興蠶桑，見《豳風廣義》，大善之。並所著各書及奏疏二篇，上聞宣宗，手諭褒嘉，命入祀鄉賢。先生著書其注疏多生洲與門人長安鄭世鐸，臨潼齊倬之手。光緒二十六年，官紳久欽其學爲實學，業爲實業，於洞前接檐四楹，再前廂廈大廳，又前化園門樓額曰：『楊雙山先生祠』於洞上，築墓立石。每年四月四日，官紳致祭，禮行樂作，以表欽仰之誠。爲之後者，十二家自先生歿至是，適七世也。咸歎先生有先知之明雲。

教稼書

綜述

清 孫宅揆《教稼書·叙》 辛丑仲夏，於平恩劉君處見太原副守朱公區田說，詳而有理，皆近世老農所未聞。劉君言其試種之效，雖未能盡如圖說，然較尋常之畝所獲則數倍，乃初種尚未得法而糞又未蒸，且天旱未澆之故也。聞山西頗有依法種者，所獲仍如圖說。余因思此乃古人教民稼穡之良法，於是又為詳考畎畝糞種諸法，亦為圖說附於其後，并授之梓。庶可由近及遠，以漸而公諸天下也。康熙六十年五月壬申館陶孫宅揆熙載氏敘。

清 孫宅揆《教稼書朱公區田引》 昔伊尹以天下大旱，乃作區田，教民糞種，雖山陵邱壟側坡傾坂，皆可為之。歷七年之久而無失職之民，恃有此具也。龍耀於康熙四十六年丁亥，待罪蒲邑。處萬山之中，皆高山陡坡，非雨澤時降，不能有秋。人力窮而無所用，三四年間祈求者，數矣。乃取區田之法，反覆玩味，得其詳要。苟非聖人，斷不能作。每於朔望，講讀聖論，舉以告士民，而習俗苟且不能信從。癸巳夏，於邑後隙地，布種數區。意待秋成，習士子以觀成效。至六月，升太原府同知，隨本引見。十月歸來，已經收穫。核其數，每區四升五升不等。然無確據，不足以信士民，為悵然久之。今分防平定，仍於隙地，依法布種，大約一區可收穀五升，一畝可三十石用，省功倍實，備荒之奇策，亦救荒之捷法。又招撫流移之善術也。圖說具左。

清 沈叔埏《頤彩堂文集》卷八《書教稼書後》 區種增耕法見《後漢書·劉般傳》注云：《氾勝之書》上農區田法，區方深各六寸，間相去七寸，一畝三千七百區，丁男女種十畝，至秋收區三升粟，畝得百斛。中農區田法，方七寸，深六寸，間相去二尺。一畝千二十七區，丁男女種十畝，秋收粟畝得五十一石。下農區田法，方九寸，深六寸，間相去三尺，秋收畝得二十八石，旱即以水沃之。據此則東漢明帝時以牛疫水旱，墾田多減，欲藉區種以增進頃畝，曾詔郡國行之矣。此書所引《文選注》祇載上農區田法，而缺中農、下農，似猶未全。又晉征西將軍鄧艾，臿屯上邽，爲區種之法，元泰定二年右丞趙簡，請行區田法，則不特後魏兗州刺史劉仁之已也。

國朝雍正二年十月十四日，吾鄉李遯麓維鈞制府撫直隸時，亦曾奏請畧云：『臣稽之往昔伊尹耕莘之時，有區田之法，收穫倍蓰。臣在保定城內，賃地二畝，雇人試行之，其播種、灌溉尚未如法而已，收穀十六石。若無地窮民，得荒廢之地數畝，俾其區種，則數口之家，即能養贍，或歲遇旱澇，仿而行之，於農功大有裨益。奉硃批區田一說，向日視爲迂濶之談，亦未聞有行之者。觀爾所奏收穫倍蓰，此法倘能通行，獲益良匪淺。鮮恭讀我世宗憲皇帝諭旨，則凡有牧民之責者，尤當考知其詳。謹案：區田之法，始於伊尹，田長十有八丈分，十有五町，中間十四道，其法有三等，以上農、中農、下農爲別。漢成帝時，議郎氾勝之奏曰：『昔成湯時伊尹善區田，教民糞種，歲收粟畝百石。勝之試爲之，得四十石。』此見於諸子史傳，班班可考也。又案：曲禮稻曰：『嘉蔬、註蔬與疏同謂，立苗疏，則茂盛，嘉美也。』己亥夏盛，柚堂先生從歷下寄示續訂孫穀齋《教稼書》，首述區田法，適余於京邸讀范史因備書之。

著録

（嘉慶）《東昌府志》卷四〇 孫宅揆《教稼書》一卷。

（光緒）《嘉興府志》八一 《盛百二增訂〈教稼書〉》二卷。伊志。《自序》曰：館陶穀齋孫氏《教稼書》，辛卯歲得之東郡，可與吾鄉張楊園《農書》並傳，恐區田之說，人未深信，又宜北者，未必宜南，爰為續訂數條。取其近而有徵，及南北可通行者，又治沙鹼，及溝渠為北地切要之務，故特詳焉。其間甘薯、蜀黍，種瓠及開井法，乃戊戌歲補錄。

農雅

清 何學林《農雅·序》 訓詁之書始於《爾雅》，倣其體者有孔鮒《小爾雅》，劉熙《逸雅》，張揖《廣雅》陸佃《埤雅》所言皆不專主農事。然於節候寒暑，原隰燥濕，銍鎌鋤耰，斗斛注之屬時或散見於諸書。蓋古人著述雖一名一物之細，必有關於民生之要務，而不肯爲無益之言。否則載籍極博，惟是佃經漁史以自炫，其該洽譬猶疊文錦於綺席，列珍羞於廣筵，曾不若布帛菽粟之有裨於日用也。青浦倪生倬余，典試江南時所得士也，嘗以所纂《農雅》問序於余，其書倣《爾雅》之體爲農家之言，樸而彌文，質而不俚。余考漢史藝文志農九家百一十四篇，隋經籍志載農家書凡五部一十九卷，今惟賈思勰《齊民要術》十卷尚傳於世，他如氾勝之農書、崔實《四民月令》之類全書已軼而僅附載於他說。若夫唐宋以後，著録流傳則有《農器圖譜》、《農桑集要》、《便民圖纂》、《農政全書》，諸家別土宜辨物性，備旱澇議蓄洩。凡除田擊菒霑體塗足者，流所習其業而不能筆之於書者，罔不覼縷而剖析之。倪生此書殆堪接武，惟其學務求爲有用之學，故其言不同於無益之言也。夫四民首列士農，《管子》有言野處而不暱其秀民之能，爲士者必足賴也。今倪生帶經而鋤藝黍，孝養克知稼穡之艱難，異日自田間來仰體，聖天子重農貴粟，惠養黎元之至。意以敦風俗而勸農桑，卽以是書作豳圖之獻可也。余故樂從其請而爲之序。嘉慶十有八年癸酉仲冬月下澣，書於虞山官舍友生何學林頓首拜撰。

清 倪倬《農雅・序》 《爾雅》十九篇，其言關農事者於釋詁，曰：苞蕪豐茂也，饁餉也，穧穫也。於釋言曰：畯，農夫也，絢，絞也，畇，畇田也，畟，耜也，郝，郝耕也，繹，繹生也，穟，穟苗也，穮，穮穮也，挃，挃穫也，栗，栗眾也，溞，溞淅也，烰，烰蒸也。於釋器曰：斪斸謂之定斫，謂之鐯，謂之鍤。於釋天曰：穀不熟爲饑，蔬不熟爲饉，果不熟爲荒，仍饑爲薦。於釋地曰：下濕曰隰，大野曰平，廣平曰原，高平曰陸，可食者曰原田。一歲曰菑，二歲曰新田，三歲曰畬。於釋草曰：粢、稷、眾秫、戎菽謂之，荏菽虋、赤苗、白苗、秬黑黍、秠一稃、二米稌稻。於釋蟲曰：食苗心螟，食葉蟘，食節賊，食根蟊如是而已，他無聞焉。倬農家者流耳，兒時嬉戲常在阡陌間，及長筆耕四方。每當歲暮言還從耕甿，野老後蠟報賽，因是以辨土宜、考稼政，或時與家人婦子，操一杵一臼脫粟，而謀將母之需者遽數之，不能終其物矣。爰取經傳及注疏，家言凡未見《爾雅》與見而不詳者，彙書之輒復參以他所見聞，名曰《農雅》。昔後魏高允對太武曰：臣少也賤，所知惟田，請言農事。時方封禁良田。允之言蓋以諷也，今倬生聖人之世，以三寸不律爲耒耜而不至，有石田之慮者，豈非幸哉。茲之所輯庶幾農服，先疇之畎畝云爾，然考《漢書・藝文志》農九家，《神農》二十篇，《野老》十七篇，《宰氏》十七篇，《董安國》十六篇，《尹都尉》十四篇，《趙氏》五篇，《氾勝之》十八篇，《王氏》六篇，《蔡癸》一篇，凡百一十四篇。《唐志》農家類十九家二十六部三百三十五卷，始《范子計然》終武后《兆人本業》而不著録者，又有王方慶《草木疏》以下十一家六十六卷。及考《通志》藝文略，並有宋之書農家存十二部四十七卷而已。蓋古作者甚多而佚者亦不少，況以倬之譾陋並其所存者而未之卒業耶！其有而不書而不實，尚求當世老農爲樊遲之請。嘉慶柔兆執徐辜月南至每一日倪倬識。

豐豫莊本書

綜述

清 潘曾沂《豐豫莊本書》呈 豐豫莊屬潘陞呈：為試行區田之始，叩賜獎賞。佃農以廣效法事，竊惟民生在勤稼穡，惟寶深耕易耨，自古有年，乃吳農狃於咫見，貪獲小利，兼種宿麥，因廢春耕，或耘或耔，動輒鹵莽，多種多荒大概皆是。古稱：麥備金氣而生，稻乘木旺而長，乃自然之妙。用不易之訓言。今常田，夏始種稻，秋後樹麥，愆時乖理，習焉不察。及其成功，兩者俱失。雖無水旱，常患歉收，積歉愈窮。積窮愈惰，農無所資，遂荒力作。用天之道，因地之利，盡人之力，三者之廢，莫甚於茲，所關甚大。本莊捐設豐豫義田，自為積儲以周貧乏，而涓涓之流其涸可待。土壤之積，無補泰山，思欲開利之原，務在道民之路，易其田疇，民可使富。章章前訓，事至亟也！查有區田一法，創自古聖，稱於漢儒，地少收倍，事理確然。本年陞在婁門外，曾以其法課種稻禾，及時耕植，果獲豐收。遠近村農，皆所目擊。該佃等劬勞終歲，踴躍爭先，志堪嘉尚。現在正當力務區種之始，亟應示以獎賞，俾廣信從。惟獎賞之道，出自憲慈，必多感悅，尤易激勸。今將承種區田之佃戶查繼昌等，開列都圖姓名於後，由本莊備具花紅銀兩，呈遞憲案，相應叩請，飭傳該佃等於迎春吉日，至婁門外迎春。所準其跪接憲駕，聽候獎賞。東郊典禮，專重劭農，仁政所先，睹聞昭著，莫不鼓舞興起。是則是效，即難概行；古聖之法，亦當稍知耕種之理。庶幾野無惰農，歲有餘穀，屢豐多富，長樂太平，桑梓幸甚！為此合行具呈，伏乞電鑒，俯賜準行。道光八年十二月十四日。

清 佚名《豐豫莊本書・批據》 署蘇州府知府俞批：據禀區田之法已有成效，自宜廣勸鄉農仿照耕種，共冀豐收。該莊佃戶查繼昌等，劬勞終歲，創始爭先。準於迎春所聽候獎賞，以示鼓勵而昭激勸。署蘇州府知府俞，為示諭事案，據豐豫莊屬潘陞具禀，本年曾以區田一法課稻禾，及時耕植果獲豐收。呈明備具花紅銀兩，請將承種區田之佃戶查繼昌等獎賞，等情。當經批示，準於迎春所聽候獎賞，以示鼓勵而昭激勸，在案。茲將屆期，合行示諭，為此示仰潘陘知悉，屆期帶同佃戶查繼昌等，至迎春所聽候本府獎賞，毋違，特諭。道光八年十二月二十五日示。

為區田之法再試再驗，叩憲示諭鄉農以廣效法事。竊陘於上年十二月，曾將本莊試行區田成效，稟明前府憲俞，蒙批示區種一法。自宜廣觀鄉農仿照耕種，共冀豐收并示諭承種各佃，至迎春所聽候獎賞，在案。嗣於道光九年，陘又在葑門外擇田仿種再試再驗，實較常田倍多收穫。同里縉紳務本之家，留心經濟者，皆願仿行此法。現據本莊所知，副貢沈傳桂、歲貢尤嵩鎮、沈秉鈺、彭蘊璨，并城外葉姓、吳姓等所種亦有成效。自此推廣互相勸導，將來似屬可行。蓋區田，首重春耕，播種極早，秧不移插，新苗在四五月間已高數尺，根深榦大。設遇小小水旱不能損傷，此實早種之效。昔宋朱文公在官日，刊刻印榜諭民務敦本業，大旨在播種及時，深耕易耨數條。又恭查雍正八年上諭，以民間四月下旬播種，怠惰遲延自誤生計，諄諄訓誡纖悉備。至今吳人貪有小麥以為接濟，直待刈麥畢後時蒔秧，近有遲延至六月內，方得蒔秧者。正當吃緊之時，旱潦難必苗嫩根淺，極易受傷。古稱其穀宜稻，為此地生計之本而麥非所重。且南方種麥法亦多不合，大概所收寥寥，仍屬無補。乃因狃於咫見，習慣自安，遂至失時拋本，不顧其後，大為可惜。但今欲革而信之，非朝夕之故，只好因民所利，善為勸導。如有田十畝者，勸其半種區田，以備不虞。半仍照常插蒔，聽其兼種春花，以為接濟。如此者，即有小小水旱，或插蒔之田，竟遇歉收而區種所得，已足償其所失，則亦有備無患之上策也。近就吾郡三邑而論，吳縣沿山一帶田畝，受旱較易，向來報災最先。即如本年夏秋缺雨，打塘壩起水，備極疲勞，茲際秋禾，間有被傷小麥，尚未下種，此等田畝，儘可酌量仿行，庶幾變通盡利。現在各鄉農於本莊所試區種之法，雖經睹有成效，究未深悉其詳，故猶疑信參半。一則謂春花棄之可惜；一則嫌工本費而用力煩。因此視為難事，不甚踴躍。今本莊酌議簡便規條數則，開列於後，凡區制播種耕耘糞治諸法，大略可見。呈候憲案鑒定，叩賜給示，曉諭本郡各鄉農，俾悉古聖良法，易知易從，無論沃土瘠土，皆可仿照耕種，實有利益所，以昭敦勸而策本富，仁政所先，莫此為重，桑梓切望。為此合行，具稟伏乞，恩準施行，道光九年九月十五日。

清 佚名《豐豫莊本書·批據》 署蘇州府知府王批：除由本府查照該莊所議簡便規條，給示曉諭鄉農仿照耕種外，準該莊即行刊刻規條，照録本府示諭，一并刊行廣為勸導，漸推漸遠共冀豐收，所以策本富而振惰農法，良意美利國裕民，有厚望焉。

署蘇州府知府王，為據稟示諭事。據豐豫莊屬潘陘稟稱：竊於上年十二月，曾將本莊試行區田成效稟明前府憲俞，蒙批區種一法，自宜廣勸鄉農仿照耕種，共冀豐收。并示諭承種各佃至迎春所聽候獎賞，在案。本年又在葑門外擇田仿種，實較常田倍多收穫，同里皆願仿行。現據本莊所知，副貢沈傳桂、尤嵩鎮、沈秉鈺、彭蘊璨，并葉姓、吳姓所種，亦有成效。蓋區田播種極早，秧不移插，新苗在四五月間已高數尺，根深榦大。設遇小小水旱，不能損傷。吳人貪有小麥接濟，近且遲至六月內蒔秧，旱潦難必苗嫩根淺，極易受傷。且南方種麥，所收寥寥，仍屬無補。今欲善為勸導，如有田十畝者，勸其半種區田，半仍照常插蒔，聽其兼種春花以為接濟。近就吳縣沿山一帶田畝，受旱較易，即如本年缺雨，備極疲勞，秋禾間有被傷，小麥尚未下種。此等田畝儘可酌量仿行。現在各鄉農雖經睹有成效，究未深悉其詳，故猶疑信參半。今酌議簡便規條開列，呈賜給示曉諭仿照耕種，實有利益等情具稟前來。查區田之法，自古稱善，蘇屬農民未見奉行，諒亦創始為難，稟承無自。今豐豫莊試種兩載，獲息倍於常歲，實效已見，即播種之法，亦屬易於講求。各鄉農自可仿照耕種，共冀豐收。據稟前情，合就粘列規條，出示曉諭。為此示，仰闔屬農佃人等知悉：爾等即按照後開規條，於今冬為始，酌量仿種。如業田十畝者，半種區田，半仍照常插蒔，兼種春花，來年稻穀登場，兩相比較盈絀自見。如果區田之穀，倍於常田，則此後即可一律改種。至沿山田畝，患在乾旱，區田之法，尤屬相宜，更應首先仿種，俾瘠土化為腴壤，樂利有方，維人自圖。其各遵諭奉行本府，有厚望焉。切切特示。道光九年九月二十六日示。

傳記

清 馮桂芬《顯志堂稾》卷七《功甫潘先生墓志銘》 士博一科一第，綰一職，朝不坐，燕不與，手不操尺寸之柄，雖有康濟天下之願，無所於施。則退而爲善，於一鄉所持，既甚約，所被又不遠。而居然行其法足以澤一時，存其書足以利天下，後世可不謂賢乎？如吾鄉功甫潘先生是已。先生諱曾沂，初名遵沂，功甫其字。嘗夢前身爲浮渡山僧，自號小浮山人。太傅武英殿大學士文恭公冢子，籍系官閥，詳余所爲《文恭公墓志》。年二十有一舉茂才，二十有五登賢書，尋以例得内閣中書。道光元年入直，四年假歸，遂不出，久之以災賑議敍光禄寺署正銜。先生孝友仁慈，出於天性，生八日而母謝夫人卒，終身以爲隱痛。事文恭公暨繼母汪夫人，得其懽心，居輦下三載，交海内諸名公，以文章道義相切劘要路，雖父執不一謁。一日入朝，與友俱，一達官出，友趨而與之言，既去，問：『何人？』友駭曰：『英中堂不識邪？』英固文恭公同年，時爲樞相云。嘗例謁於閣師松筠公，會軍機需人，行選而試之。公素與文恭公善，因問曰：『考軍機乎？』先生愕然曰：『未也。』公深悔失言。與人交，貴游寒畯如一，僮僕亦化之，一矯驕諂之俗。厥後家居，值文恭公當國，彌自韜匿，就所居鳳池園構一椽曰：『船庵』。鍵關謝人事，焚香讀書，澆花洗竹，一家如在深山中。一童子應門，客至受東門隙，無貴賤。一不報中閒省侍京邸者，再往返數千里，亦不見一客。俗所用署名小紅箋，擯不具者二十餘年。中歲以後，長齋禮佛，究心内典，嘗曰：『二教功夫，總自腳踏實地做起。』又作『放生會』，曰：『天人感應之理，惟此最顯最速，大用莫如仁，當於此處著意，使其長養而擴充之。』生平爲善如日用飲食之不能輟。罄其田二十有五頃建豐豫莊，備平糴諸用，歲小歉輒弛佃租。先後十餘年閒，蠲米凡四五萬石。里中水旱舉賑，留養他郡流民。以若施衣食、饋醫藥、建義塾、育棄嬰、義善舉，吾吳故多好善者，類能爲此，不足爲先生紀。顧自先生倡之，則一郡應如響，率欣然輦錢粟踵至，以是事易集而效彌廣。修大佛支七世宗譜謀於族，立松麟義莊。族屬之貧者，有常餼區田法，見賈思勰《齊民要術》、王楨《農書》，先生謂：『田之賤、土之瘠、收之薄、賦之重，莫甚於吾吳，惟區田法行而後穀可多，田可貴。』作課耕會，試行於葑婁之郊，果倍獲。遂著《豐豫莊本書》，列直講三十二條，以貽農人。濬興福塘河，十有二里曰堯峯河。旁近資灌溉之，利箸蘇松。減賦說又謂：『宜亟行於減賦之先者，曰農田、曰水利；先於近水諸郡，督種稻田，一二年後成效衆著。』乃上聞推其法於西北，漸令水利日興，稻田益廣，則西北之米自足，而東南之賦可減，可謂探本之論。喜游名山水，嘗北登太山，觀日出，自武林而西，歷徑山七峰、兩天目；東遥海昌，陟大尖山觀潮；又過錢塘至桐廬釣臺，折而東渡曹娥江，躡天臺，步石梁觀瀑布；又嘗泝大江，上匡廬，游潯陽庾樓琵琶亭，黄州赤壁，漢陽黄鶴樓，浮洞庭，達岳州，偏覽岳陽樓君山諸勝。遂訪銅陵浮渡山，尋前身涅槃處。迤北越清流關，由臨淮以歸。所至蕭然，行李晦名姓，獨故人林文忠公方帥兩楚，偵知之，屏騶從訪於舟次，留之不可，賦詩唱和而别，爲一時佳話。先生不爲術數之學，而自言夢輒驗，仿東坡夢齋作《正續三十六夢龕圖》。弟少宰公曾瑩之舉京兆，從子侍讀，君祖蔭之。捷南宫咸預知，次第不爽。壬子春趣工治義井，鑿新渫，舊凡四五十區，人莫測也。無何秋八月不雨，至冬十有一月，城中擔水直百錢，遠近賴以得飲，始大異之。殆佛家所謂習虚静而成通照邪？抑吾儒所謂至誠之道，可以前知邪？詩文澹遠名雋，自成一家，中多憂時感事之言。尤惓惓於東南賦重財竭，農田水利之不講，民生之日蹙，思有以挽回而補救之，幾於舉筆不忘。蓋先生學問經濟之大者實在於是，稱之者曰高隱，曰好佛，曰詩人，皆目論。《小浮山夢志》一卷，《護生庵集》一卷，藏於家。先生貌腴而體孱，晚得肺疾，咸豐二年冬疾大作。聞粤警力疾，寓書楊中丞文定於江寧，言防堵事甚悉。於是先生不與當事通書者十餘年，而亦遂以此絶筆矣。臨殁爲儀鳳舉温良恭儉讓君子，懷刑出門，如見大賓，數語且曰：『吾念汝祖父神明湛然。』時十二月二十日也。春秋六十有一，其明年八月葬吳縣，二下五都一圖維字圩，茭白蕩和祥濱之。

著録

（同治）《蘇州府志》卷一三六　潘曾沂《豐豫莊本書》一卷。

浦泖農咨

清　姜皋《浦泖農咨·茸歸叟序》　余無田亦非農，且無農田之責者也。然生平好知農事，以爲今之四民無負於天下國家者，惟農而已矣。壬癸以來見鄉農之凋敝日甚也，遂弔之而細詢其故，彼欺淩駁削種種情事，如所謂報荒遭笞，納糧無照者恐不至若是之甚。余不之信，惟所言人工貴地力薄，天時不均，萬農則如出一口，故録以告世之有心農事者。甲午春月雲間穀梁古勞自記農事重，我鄉尤重，業儒者類有硯田而累世不自耕，且不知耕，有愧農夫多矣。今讀《浦泖農咨》一書最爲切要，入後當米債米各，條條是血，遇當代負轉移風化之權，而以飢溺爲己任者，必有取焉，豈非仁人之言其利溥哉。甲午秋九五茸歸叟題。

清　姜皐《浦泖農咨·白石生序》　吾鄉談田事者以徐文定公《農政全書》爲稱首，其書本末詳備，讀者或憚其繁弗能卒業。今此《浦泖農咨》尤爲切近時事，復以簡要出之，弗爲過激之言足動傾聽之耳。有大力者起而救之，豈非古者遒人振鐸之遺與。甲午秋季白石生題。

清　姜皐《浦泖農咨·金粟山人跋》　古者士農合一，其升而爲士，即具明農教稼之學焉。今之策士猶曰：士從田間來。士大夫仕宦而歸亦曰：歸田也。然農之子恒爲農，非是者不詳也。吾松居東南最下游，潮水挾淤泥而入，塗蕩盡田，且奪水爲田，故水亦反奪之，又地濱海，常苦風，其發在六七月間，於早禾爲不宜。且苦苦霧穀吐穗時，經霧即浥，霧即蒙，故是咎徽所宜惟晚稻。若飽綻之後淫雨相循，農又傷焉矣。是書於土壤之宜，種植之利，工力之勤，既詳且盡。不特吾松爲然。即毘連如蘇州嘉禾諒無不同，然謂宜家録一冊，傳示子孫，俾識士農合一之旨，且使驕惰淫佚之子弟知所警省，他日不失爲恒農，而此鄉近今凋敝情形，亦使明農教稼者共悉焉，則是書之所裨當匪淺鮮也夫。

武林退守跋，嘗閲農政諸書，備知稼穡之艱難，茲誦《浦泖農咨》一冊，凡於天時之寒燠，地利之高低，人力之勤惰若何，而豐收若何，而歉薄以及近年困苦情形詳晰言之，鉅細無遺。可補農政諸書之所未及。一種仁慈慨惻之心尤溢於楮墨間，吾鄉重民事者不可不三復斯編。秋圃叟題。

農之爲道，習天時審土宜，辨物性而後可以爲良農。是數者因地各異，故農又遷地而弗能爲良，即良矣，而人事之盈絀，地氣之變遷，天時之旱澇從而制乎其後，故天下勞苦而寡獲者莫農若也。浦泖處三江五湖之匯，昔稱上腴，今彫瘵若此。營田水利，固有職其咎者設，又從而掊剋取盈，農何堪哉。今議者曰：是人力之弗勤也，趨時之弗蚤，簡種之弗良也，試取五土之種，鹵莽而雜揉之，穀弗習地，農弗習穀，早晚寒燠，皆違其性，篝車之獲必無倖矣。或又取趙過代田之陳迹以爲秘術，曰民何憚而不爲，此是直糠覈不飽而勸其食肉糜耳。故今日之劭農者，其上修復水利以補捄之，其次減省徭賦以保安之，其次去其泰甚以撙節之，勿朘其生而已。噫，東南民病亟矣，浦泖云乎哉。金粟山人跋。

清　姜皐《浦泖農咨·滄田農跋》　《宋文鑑》載張白雲先生俞蠶婦詩云：昨日入城市，歸來淚滿巾。徧身羅綺者，不是養蠶人。蓋謂享之之逸，不知作之之勞也。噫。撰此冊者，其亦爲天下之食粟者告與。滄田農跋。

清　姜皐《浦泖農咨·欣齊跋》　古稱吴粳，蓋謂米之最上也。故今例江南漕糧，惟遇歲荒歉始準紅白兼收秈粳並納，否則不得攙用紅秈也。秈者宜於高亢之地，米色先多紅者，吾鄉故謂秈曰赤。鄉亦有種之者，然收雖早而穫米不豐，性雖堅而作飯不粹，故勿貴之。至於早稻晚稻之宜，皆在天處，去年晚者傷於雨，今年早者敗於風矣，榮廢書爲農十年，於茲文木兄以此書見詢，喜其能言吾農之苦，是天下之有心人也。更舉一二事以備參採，尤願天下有心人見之，軫念吾農，此則榮之私心也夫。道光甲午初冬欣齊跋。

清　嵇文煒《多稼集·序》　余年老倦遊，因識奚君子明於金閶寓齋，挹其言論風採，上下千古，慷慨自任，余心然之。遂叩其所學，而見其所作大都以經世爲務。然終落落寡合，殆蘇長公所謂『肚皮不合時宜』者歟？茲出其所著《多稼集》一帙示余。予非老農，初讀之似亦人云亦云之作，再讀之覺有理法之相承，又讀之而始知其心良苦；妙在不泥於古而用古法，有異於俗而與俗宜，誠非苟作者也。蓋《禹貢》一書亦衹言水土之不同，種植之宜異，以教九州之人民耳。苟東南沃壤而盡行此法，則西北亦可免饑饉之虞，斯功斯德，又何可限量哉！子明其力行之！俾築耦耕堂共話桑麻，可追步古賢無媿矣。是爲序。大清道光丁未冬日，梁溪嵇文煒天眉氏題，時年七十有六。

（光緒）《松江府續志》卷三七　《浦泖農咨》國朝姜皐著。

（光緒）《重修華亭縣志》卷二〇　《浦泖農咨》姜皐著。

郡縣農政

綜述

清　包世臣《郡縣農政·自序》　敘曰：明農之教熄久矣。樊遲親炙至聖，欲深究稼圃之法，以安集流亡。而至聖謂民之所以流亡者，由上不依於禮、義、信，多虐使以致之，非僅農事不明之咎也。蓋好禮必正其經界，好義必取民有制，好信必不違農時，則其民莫不敬服用情，力勤所事，懷土歸業，固無待上之教以稼圃也。近者農民之苦劇矣，爲其上者，莫不以漁奪牟侵爲務，則以不知稼穡之艱難而各急子孫之計故也。僕深以爲憂，故少小講求農事，爲《郡縣農政》一書。近世人心趨末富，其權加本富之上，則制幣以通民財，使公私交裕，實治道之宜急者。農事修矣而天災流行，代事也；救荒之政，所宜豫慮。至關榷，近唯主於益上，然或有新設而利民，或有仍貫而害民，事異農，而農之利害係焉。盜臣輕於聚斂，故記之言傷已。若聚斂既非以益上，仍復不免於盜。官吏之弊藪各半，知其藪則宜求所以塞之。然而萊蕪遊魚，非恒情所堪，則養廉之術必出於儉。有能留心民瘼著成績者，是前事師也；故並檢集其書，以廣農政之所極，庶使已仕者有所取法而改其素行，未仕者知學古入官之不當專計筐篋以兼並農民。果有能好禮、義、信之君子出而爲上，鄙僕爲小人，則固僕所願望未見而不敢辭者也。

清　包世臣《小倦遊閣集》卷三《下篇農政門序目》　周公曰：『先知稼穡之艱難，逸則知小人之依。』孔子曰：『使民以時，既庶矣，又何加焉？』曰：『富之。』孟子曰：『民事不可緩也。』易其田疇，薄其稅斂，民可使富也。夫民歸農則穀植繁，奸邪息；上民明農，則力作。勸侈靡衰，倉廩實而知禮莭，先王之本政矣。本政衰於上□，民盛於。曠土則州郡荒蕪，稠鄉則榱檐比櫛；又水穀之區，遂絶草種樣之土，不識桑麻，各蔽土風，曷由濟弊？故穀賤者薪貴，蓄豐者衣窶，肥磽各殊，疾苦同貫，是故君子之主其土也省，偏枯之失，宜酌高下之定勢。精其所習，興其所缺，因地制利，以力待歲。使民困少瘳則國脉益厚，自士不興學。鄙夷田事，高者談性命，卑者矜詞章，洎乎通籍，兼併農民。蓋田輸兩稅，復攤丁徭，則一田而三征，內外正供，取農十九而官吏徵收，公私加費往往及倍。紳富之户以銀米數多而耗折較輕，力作之民以銀米數少而耗折倍重。是故鬻獄賣法，分紳富之膏腴，折銀糧，加漕浚，煢獨之膂血。至於申訴所及紳，則勢脅富則利誘，聽論常速以助其踰逿武，□之威鄉里，愚民不識城市之區，未覩官吏之面，自非極屈鮮敢籲號，而官則受詞若罔聞，吏則居奇以責賂。偶有蹈觸厥罰必行。故農民終歲勤動，幸不離天於災，而父母妻子已廹飢寒，又竭其財以給，貪婪出其身，以快慘酷歲率為常。何以堪此？推原初心匪盡無良知識，溺於俗學，性情汩於師友見聞，所限釀此伊戚不亦傷矣。余居家瘠野，且以食貧□親，園圃近歲客遊頗究吏術，足跡所及，東西越數千里，訪其風俗，驗其得失，爰証舊聞，殊不相遠。謂治平之樞，在郡縣，而郡縣之治，首農桑。裒集農說，斷以今宜，條毖□趣，務在易曉，其有驗而不切日用用者，則從芟除。言必切實，非文獻之無徵法可舉行，無迂濶而遠事。别為《郡縣農政》，詳其莭目，使勸課有方，而懲罰可據。士君子或有所採擇焉。其目有七：曰辨穀，曰任土，曰養種，曰作力，曰蠶桑，曰種樹，曰畜牧。

傳記

清　丁晏《頤志齋感舊詩》　包慎伯大令，名世臣，涇縣人，嘉慶戊辰舉人，官江西新喻知縣，以詿誤歸。君憐才，好奇於書，無所不讀，爲文下筆千言，敍事有法，直追馬班。留心經世之學，凡河漕、榷鹽、農桑、兵刑鉅典，靡不練習。著《安吴四種》數十卷，允爲有用之書。余服膺其言，卷中有體裁近纖，神鋒太儁者，嘗規其削存十之七。則如精金美玉，卓然爲一代傳人。慎翁雖心是之，而不能割愛也。書法肆力北碑，遠法二王，近宗□禮，奇險既臻復歸平正。刻帖具在，自名一家。客南河節署數年，余每來作十日談，常至夜分不倦。癸丑季冬，年七十九卒於海州。倅次子家丞官署。

包咸漢通儒，檃括達時務。古學識夷途，瑣碎圖章句。坐言當起行，取法遵王路。敝屣棄一官，斯文兼金鑄。

清　包世臣《中衢一勺·與秦學士書》　世臣自十二三歲時，則慨然有志於用世，不肯枉己以端其基。迄今年逾強仕，讀先聖之書，通今時之制，究生民之利病，驗風土之淳磽，凡以為吾儒分內事耳，求爲可知，非以干祿。

清 包世臣《藝舟雙楫·再與楊季子書》 足下謂聖道卽王道，研究世務，擘畫精詳，則道已寓於文，故更無道可言，固非世臣所任，而亦非世臣意也。世臣生乾隆中，比及成童，見百爲廢弛，賄賂公行，吏治汙而民氣鬱，殆將有變，思所以禁暴除亂，於是學兵家。又見民生日蹙，一被水旱，則道殣相望，思所以勸本厚生，於是學農家。又見齊民跬步卽陷非辜，奸民趨死如鶩而常得自全，思所以飭邪禁非，於是學法家。既已求三家之學於古，而飢驅奔走者數十年，驗以人情地勢，殊不相遠，斟古酌今，時與當事論說所宜。雖補偏救弊之術，偶蒙採納，皆有所效。然極世臣學識之所至，尚未知其能爲富强否耶？民富則重犯法，政强則令必行，故過富强者爲覇，過於霸者爲王，詩人之頌王業曰：『如茨如梁』。又曰：『莫不震疊』。未有既貧且弱，而可言王道者也。故謂富强非王道之一事者，陋儒也。若遂以富强爲王道，古先其可誣乎？荀子曰：『學始於誦詩，終於安禮，學至於禮而止。』孟子曰：『動容周旋中禮者，盛德之至也。』孔子曰：『齊之以禮，有禮則安。以禮為國乎何有？』世臣溯自有識，迄於中身，非禮之念，時生於心，非禮之行，時見於事，惟不敢蕩檢踰閑，竊自附於鄉黨自好之末而已。而足下乃取文以載道之卮言，致其推崇。前書方以言道自張，爲前哲之病，而足下更爲此說，是重吾過也。

雜録

清 楊鞏《中外農學合編·例言》 一長編以振興農業爲宗旨，故採摭不厭細微，凡中土所生，外洋所產，皆極力蒐求以期略備。

一是編專重明法，故於書未經載而試驗，確有明效者，必細爲揭出，卽向所流傳而未見實效，亦不濫輯。緣此爲應用之書必以徵實為斷。舉凡古籍之奧義良法之深理，一時不能遽過者，概未輯錄。

一是編期於家喻戶曉，文字不敢略深，卽外洋極善譯書，而詞旨非農民所易解者，概置勿錄。

一是編於中土成法，標題直書於譯本，或外洋學士所傳，則標外洋法以別之。不願隱善亦無尊抑之見存。

一食爲民天，以穀菽蔬果爲首，其間氣候之占驗，功作之講求，以及肥料之性質，各有應用定程，亦有因時地而異者，不可不庠爲研究。各處童山彌望，森林急待講求，地處温帶，蠶桑最宜，且出口利權自我操之，而他莫奪者，無過於此。故蠶桑言之獨詳，至畜牧一業，實爲厚利，農可兼營，中外書籍發明甚夥，依次並錄，以備農家選擇。

一農業貴在實行，而農政端貴勸勵。我朝列祖列宗訓農諭旨，周詳剴切，士民感奮，固已薄海同深。近今設農局，立農會，日增月盛，規條粲具，皆可推行。外洋撿查、保護亦爲要圖，採錄譯陳，以資借鏡。

一是編採輯詣書，自《荀子》、《韓子》、《淮南子》、《古今注方言》、《說文》、《埤雅》、《爾雅》、《翼種樹書》、《羣芳譜》、《博物志》、《物類相感志》、《唐本草》、《救荒本草》、《本末國經》、《本草衍義》、《本草拾遺》、《本草綱目》及《毛詩》、《數記》、《爾雅》各注疏而外，如前漢之《氾勝之書》，後漢之《齊民要術》，宋元明之陳旉《農書》、陸游《農書》、《沈氏農書》、《務本新書》、《士農必用》、《四時類要》、《博聞錄》、《農桑要旨》、《農桑輯要》、《農桑遺訣》、《農政全書》，國朝之《授時通攷》，各省志書，《豳風廣義》、《沈氏農書補》等書。皆言農事，兼言蠶桑《淮南蠶經》，宋元明之《蠶書》、《桑蠶直說》、《桑事國譜》、《蠶事國譜》、《藝桑總論》、《養蠶總論》，國朝之《蠶桑實要》、《蠶桑輯要》、《蠶桑簡編》、《蠶桑備覽》、《蠶桑實際》、《蠶桑須知》、《種桑詩說》、《飼蠶詩說》、《實蠶桑說》、《輯補蠶桑易知錄》、《農行山蠶檄》、《養山蠶事宜》等書，皆專言蠶桑，薈萃成編，無一字無來歷，但諸必鈎元全錄原文者固多，融會數說爲一則者，亦不尠，皆於段末注明。

一是編甄錄東西譯本，以求略備。除採輯動植物各普通教科書外，農類爲《農學教科書》、《農學初階》、《農學大全》、《農事綱要》、《栽培原論》、《栽培各論》、《圓藝要論》、《圃業改良》、《圃鑑麥作全譜》、《種葡萄法》、《美國植棉》各書，至肥料散見於各類者甚多。其專言者，僅《肥料篇》、《肥料效用》、《肥料製造法》三種。林類爲《果樹栽培》、《種樹牧科》、《森林學》、《學校造林種橡法》、《桑樹栽培》、《種桑新論》各書。蠶類爲《喝茫蠶書》、《意大利蠶書》、《微粒子肉眼鑑定法》、《養蠶法》、《養蠶新論》、

《蠶外紀》、《蠶體生理》、《蠶體病理》、《蠶體解剖》、《製種法》、《製絲法》、《養夏蠶法》、《四化蠶法》、《多化蠶法》各書。外洋以畜牧爲農東副業，書籍不多，僅採《養畜法》、《畜牧各論》、《淡水養魚法》、《殖雞秘法》、《養蜂法》五種。第原書類多直譯，佶屈聱牙，非以中文易之，難期雅俗共賞，書中凡引外洋法處，雖多刪汰，概未竄易原文。

一是編就所見聞，隨時甄擇，登集物產，富饒法則，繁眾非一人一時所能周知所望。環球同志不吝金玉俾入續編，以期完善而供眾覽。

一是編天時地質，多據原文所載，未敢擅改，然古今異宜，南北異性，是在同志因地制宜，攷驗改良亦公益也。

農學纂要

清　陳恢吾《農學纂要・傅增湘序》　嘗覽萬國咼表，中國人民之等第一，土字之尋第三，種植之類，號為二十六萬，固自謂六千年古農國也。然通觀近代絲茶之利，寖奪於印日米麥之用，時仰於南洋。即以內地行省測之，揚粵楚蜀而外能盡地力，擅農利者蓋鮮。非夫龍舊法，持拙器，益以頑鈍愚獰之農夫所致與，中國教農之書最該博者無如《農政全書》、《授時通考》，然篇帙繁重，士夫頗難畢覽，而以責之不識字之農，難矣。前歲羅、蔣二君剏農會於海上，頗採譯東西洋書報，月成《農報》，三朝以餉遺中土，中土人士迺益知中外之不敵者，非獨工商然也，農亦少拙焉。顧其為書，理新而辭奧，事譯而文繁，又流行遍江海之濱，而吾蜀崎嶇山國迂遠難致。陳子恢吾憫之，迺以讀報之隙，刺取新法妙理，依類排輯，語質可曉，事簡易行，不備者又取它書附益之，為纂要一編，苟得粗識文字者，為農人誦説之不難。去故法啓新機，為強黃富亞之先導也。嗚呼！齠齔之士不親牛犁，胼胝之子未通格化，前聖耕讀之法，離判數千年不可復合。今羅、蔣二子首為會報，闢農學而新之，而陳子又能賡續為書以會其道，農儒兩家置驛可達，匪惟求新之效宏，抑亦古之功茂矣。夫據廣土撫眾，民苟得其道，則百物繁富邁亞墨之兩洲，四民豐衍突英倫之三島，失此不治而聽其凋瘠困敗，本業荒土產絀轉皇皇焉。增製造廠闢貿易場，吾恐富強不可幾而工商先受其病，然則讀是篇者，無徒以田家言，視之斯可耳。光緒二十七年歲在辛丑五月二十二日，江安傅增湘敘。

清　陳恢吾《農學纂要》卷一《農學總論》　化學家謂苟盡地力，每十方里所產可養人至一萬六千。西人謂尋常農法，推之中國，每縣每年可增銀七十五萬。中國地開方計之約三十兆，可耕者二十兆。中國講求農學，每歲一畝所產其中數約當得九十兩。以地在温帶，生物繁盛故也。外國則不過四十九兩，惟泰西最沃菜圃。每畝歲產有值七千五百兩者。上農必察土宜，同一地而所產之物，爲貴爲賤，相懸乃至百二十倍。

亞洲草木有一萬四千餘種，泰西大農擁地數百千頃者，利用機器，若小農衹有數畝之地，則種有利之樹如葡萄加非之屬數畝足供八口或事畜牧，樹木不亞桑麻，蔗靛優於五穀柑利三倍，蒲葵五倍，桑十倍，火力農器，貴而易壞。中國不必用。可用以墾荒馬力者可倣造。

日本種稻用新法，較中國每畝率多收二石至三石。據日本驗場成蹟表與中畝中量比較。

農工商部農事實驗

清　農工商部《農工商部農事實驗・序略》　中國農國也。帝以農神后以稷聖，詩書所載詳哉，言之矣。自周官而降，魏詳地力之教，漢設力田之科，農家者流漢志著録九家百一十四篇，猶班班可放也。魏晉不綱，流風頓歇，政不修而農僿學不講而農愚。違新而舊背巧而拙卻富而貧，大農不出，惡在其爲農國乎？然則因天時規地利，京師而有農場，而有報告，振俗之蒙而行古之道，誠今日之急務也。博矣哉。皇朝之重農也，雍乾間屢詔天下以時墾田，光緒三十二年遂特設農事試驗場於京師，由農工商部奏準，即樂善園故址改而新之。距西直門徑二里許，面積一千零六十二畝，土味腴瘠相錯，地勢高下不等，惟荒蕪年久，瓦礫而外半皆蒲盧。本場從事經營，窪者疏以爲溝，宣以爲澮，溝上有路，澮上有道，如周官遂大夫畛遂之制。高者樹以爲園蓺以爲圃，園圃之外有宮有室，有亭有臺，如周官匠人營之制。土之性沃而質鬆者，厥樹宜桑可以育蠶，土之味鹹而質磽者，厥樹宜椿枸白楊之屬可以取材，並附設動物園講求畜牧。蓋古者草木鳥獸各有專司，無容偏廢，成周以稼穡開基而靈囿載詠魯頌，以稻秬誌美而野陳詩畜牧之利，蓋與蠶桑並重矣。至光緒三十四年三月田功始畢，是歲四月九月。

中外農學合編

清 楊鞏《中外農學合編·序》 班孟堅有言，農家者流蓋出農稷之官，播百穀勸耕桑以足衣食，其所著録起於神農九家百十四篇，書闕有間矣。西漢之後號稱良史者《隋經籍志》、《唐藝文志》及私家紀載。《通志》、《通考》目録諸書，率沿班氏體例，旁徵農家之言而亡佚亦居泰半，其存者又散見於叢書之中，大抵經師考校異同而不必實見諸行用。元明以來官私圖譜後先競出，是爲單行本之始。至國朝乾隆二年敕撰《授時通考》一書，殿本、官本轉相流布而經濟名儒，著書立説搜求遺籍，刊刻通行海內，臣民咸憬。然貴粟重農蹈揚聖德宏篇鉅製，亦粲乎明備矣。道光中葉互市約成，西儒文字萌芽中土，比然覩明治維新之盛，生徒東渡留學，校社遂得師授農林諸新法。益周覽農部規則，社會報紙歸而教習其鄉人士，蓋自歐美諸儒倡言物理推行盡利。日本既取法於前，而我國即以取法日本者兼及泰西，不惟讀其書知其人，抑亦身歷其境而將坐收其效，於是言農政者。上溯二千餘年，旁及五大洲，講通新舊之交而恢張膠固之習，遂人人有富强之思想焉。前湘撫趙中丞勵治勤民，百度具舉，設農務總公司於會垣而鞏適承其乏，既編纂條教與吾湘人。講求農桑之業，復以爲中古遺書歷世久，遠而國朝官私本及教科譯本又皆卷帙繁重，民間或不經見。爰採中西成法，擇尤録要務臻簡易分。其類爲四，爲目十，爲卷十有二，復節取中外公私著録附記於後，付之剞劂以補文誥所不及，使窮鄉僻壤家喻戶曉，竭智盡力開闢利源。豐年則物取其盈，荒歉亦有備無患，由一鄉一邑而國而天下。家給人足，是謂大同，駸駸乎，比權列强希蹤隆古矣。大吾湘人終歲勤動米穀饒富，轉漕相望，實甲於十九行省，因勢利導軌跡易循，所願聞風興起者，以是編爲最初之階級，進而與專科畢業之士。窺中外農學之大成，是則鞏私心遠矚者也。光緒三十四年歲次戊申仲秋月長沙楊鞏序。

清 孫寶瑄《忘山廬日記》卷二 初七日雨。覽包慎伯《齊民四術·農政篇》。中國士大夫留心此道者蓋罕。慎伯之言曰：『近者農民之苦劇矣，爲其上者莫不以漁奪牟侵爲務，則以不知稼穡之艱難，而各急子孫之計故也。僕深以爲憂，故少小講求農事，爲《郡縣農政》一書其用意深遠矣。』

農務實業新編

清 王上達《農務實業新編·王豐鎬序》 農之病有二，曰惰曰拙，惰則人力不足，拙則地力不盡，中國農務坐此二病。人滿土滿之譏，遂無以雪。《尚書·洪範》農用八政註，農者所以厚生也。中國農民既惰且拙，其奚以厚民生，豐鎬年逾弱冠，隨使倫敦執掌之餘，肄業格外大學。歷覽彼都農校農會，見種植有學，畜牧有學，無論至微至纖，動植各物，上至士大夫下至田家翁，類皆潛心研究，苟有新知，莫不發現於農學各報，以開民智而利民用，心甚羨之，顧其時究心鉛槧，課無餘晷從事。末由迨乙巳歲，端午橋制軍戴少懷尚書銜命考察政治，豐鎬隨軺歐美，周歷十餘國，得與泰東西農學名家，上下其議論，舉凡養土膏、選佳種、儲肥料、留水澤、治害蟲、避風雨、引陽光諸法，略知梗概。豐鎬私心擬編譯成書，餉遺同胞，以藥農惰農拙之病，事機紛沓而卒不果，丁未戊申之間，筦理浙省農工商礦事務，與是邦賢士大夫，共謀農務之改良。迺調查隙地於宗陽宮艮山門外，得荒蕪不治者計十餘頃，欲創農務試驗場所，公帑支絀而又不果。豐鎬環遊海外，實則來自田間，夙稔利用厚生，農爲要素，然提倡素具熱腸而終無效果，用自恧焉。今年秋王君春亭，出示《農務實業新編》，凡種植、畜牧農家所應有者莫不賅，洋洋數千言詞，明理顯皆自道其心得。王君結廬於余家橋之東，塍雨畦風躬親栽植，又能以實地試驗之，餘筆之成書。勤而不惰智而不拙，中國農民皆能效法，王君厚生之道，可立而待也，是爲序。宣統元年九秋中澣上海王豐鎬。

又《秦家穆序》 農學之書汗牛充棟，《豳風》、《月令》實爲濫觴，其最著者《三農記》、《齊民要術》尚矣迨至。有明《農政全書》國朝《授時通考》，鴻篇鉅製洋洋大觀。二十世紀歐美各國農務蒸蒸日上而工藝商業亦因之以發達，若《富國策》、《續富國策》、《農學新書》、《農業經學》、《栽培叢書》、《農家百事問答》等書，靡不鈎心鬬角，闡發無遺。然此皆學士大夫，旁搜博採得諸傳聞，著爲紀載，求其來自田間徵諸閱歷者，百不得一焉。故農家者流，每視爲高遠而難行而一二，豪傑有爲之士，又以爲淺近而不屑爲。農學不講，農政日衰，有心人所爲長太息焉。穆於蜀越得友兩人焉，曰陳君宛溪，曰王君春亭。之二人者，皆篤行君子焉。宛溪蜀之三臺人，二十年前以土法種桑育蠶，著《裨農最要》一書而蜀中風氣爲之一變。春亭越之會稽人，十餘年前於浙杭艮山門外，參以新法種植畜牧，著《農務實業新編》一書而吴越風氣爲之一變。所謂時勢造英雄，英雄造時勢，其在斯乎！其在斯乎！觀王君所著書實事求是，處處皆從經驗而來而其所新發明者尤在種貝母一條，空前絶後，美利無窮。彼侈談實業，尚形式而不尚精神者，安能望其肩背哉。當道諸公如王省三觀察，董季友觀察，皆以振興實業爲己任，重其人益重其書，爲之延譽於大中丞增公，中丞命梓其書行於世，以公諸同好。此固大中丞率郡吏以惠黔首之至意，而春亭之名乃益彰，於以知春亭之所造當更有進也。使春亭而在高位，當此提倡實業不遺餘力。山林逸勞得備顧問，苟能盡其所長，坐言起行以爲富强之一助，中國實業進步安知不駕歐美而上。使春亭而終老田園，則與二三同志驗物性辨土宜，商量舊學參考新書，得以組織公益，利己利人。倘推行盡善，則服先疇之畝，食舊德之名氏，是亦隱君子之所樂爲也。穆潛心實業歷有年，所乃困於風塵末吏，不得一伸其素志，良可慨也。今冬春亭近其人，相見恨晚，讀其書相得益彰，老農老圃之事業，當不置我於局外也。爰走筆而爲之。宣統元年冬十二月，西蜀秦家穆序於武林之桑隱廬。

又《涂承玉序》　國於地球之上必有所資以立者，商競盈，工競巧，農競力，三者具備則國大富。得其一則裕，無一焉則民必貧且病，而國亦不可爲也。故昔之泰西各國羣雄角逐，以相兼并爲能事，至於今日，微論列强，卽蕞爾小邦，且有不供其吞噬者。豈曰智勇抑以立國，有其本而所資者非工卽商，非商卽農也。吾國向亦勵工商矣，然獨以務農爲敦本，故三皇特以神農稱，五臣則以后稷著，由是農業大興。其於官也，則有田畯林師牧人獸醫。其於書也，則有『豳風』、『月令』、《夏小正》。而其於政也，天子五年一巡狩，入其疆土地闢田野，治則有慶否則讓，故其盛也。家給人足，禮樂彬彬，諸夏樂貢百蠻執摯，國無凶荒夭札之患，而人民無死亡轉徙之愁，撰厥所元終都攸卒。無他，蓋其所務者本也。降及後世，官失其守，民惰其業，士君子競以浮華相尚，而不復明衣食之原。其移根播種之方，水耨火耕之法，蘩騰伏乳之術，一任殘農敗圃，竊謀生計以自消長於其間。而天下誰復知農爲大謀，閭閻誰復知農爲盛業，一遇水旱偏災則餓殍流離道殣相望；設彊鄰壓境欲興十萬之師，動數千之衆，司農一爲仰屋，萬民卽不聊生，孰此以前，國將何有?吁其嘅矣。王君春亭竊悼於此，參鵷鷺之列而親場之勞，搆一廛之居，而勤十年之力，舉凡植者、動者、飛者、潛者莫不悉心研究，以辨其物之性而審其土之宜，於是本其歷驗之功，勒爲成書一冊，不矜淹雅，不事雕飾，不襲取泰西可能中國暫不可能之光電汽化諸新法，惟使閲者易知而仿行者易能。誠中國今日實業之金繩，農學之寶筏也。使當世士夫皆得如王君之用心，在上則日以農事爲提倡，在下則日以農業爲攻究。吾知相勸旣深，相勉益力，他日因地、因時之精進，俾王君書所未備者，必有能更繼起而擴張之，安見今日之中國不再覩古昔明王盛時之政，而富强之道不遠軼萬國上哉。余與王君性情之契也，樂其書之成，謬爲之序，非以示表彰也。願讀是書者識爲遠大之謀，而勿以淺近忽之，則幸甚云。宣統二年歲次庚戌七月，混仙弟涂承玉序於杭垣寄廬。

又《嶽山樵子序》　今日天下，一貧弱之天下也。國帑告罄民不聊生久矣。以七十萬方里之地，四百餘兆之衆，坐令國有曠土，野多游民，非惟可憂抑亦可恥。當此强鄰偪處，虎視鷹瞵加諸肘腋之間，玩於股掌之上。縱詭隨之民恣凶饑之毒，削我藩屬，侵我邊陲，分我沃饒，據我要隘，甚之竭有限之脂膏，填無窮之慾壑。貪其利而行詐，乘其會以爭權不及此。而圖富强將有不堪設想者，會稽王君春亭有見於此，留心經世有用之學，不拘拘以文字見長，日求所以厚生而利用者。以謂舍種植、畜牧諸端他無要術。於是結廬於杭之艮山門外，購地樹藝、辨土、宜詳物性，驗星期占氣候，參考舊聞啟發新知，研究十年筆以成書。顔曰《農務實業新編》，體天地生物之心，隨施而各得其妙，生生化化色色形形，栽培及時發榮滋長，舉凡露化物之草雪，化物之木雨，化物之走風，化物之飛罔，不徵驗微，至課收成以益賦貢。勤教育以漸推廣，所謂利己利人而利國者，非耶！一日過其廬，見夫牆外之桑翳翳然，園中之果纍纍然，其間誦讀聲、琴瑟聲、機杼聲、雞鳴犬吠聲，雜以鳥聲，移人絕無城市闤俗之氣。出而迓客則質實而文，彬彬有禮，供雞黍以話桑麻。感時會而言，補救隱君子也，有心人也，吾願人人皆仿而行之，可以濟天下之貧，可以扶天下之弱。是爲序。宣統二年七月嶽山樵子。

又《徐國光序》　兵以保國，農以立國，兵以衛民，民以養兵，農業之所關重也。但這地試驗原係老農、老圃之職業，非文人學士所能者，故坐言不能起行而王君春亭獨能。庚子歲擇地，在杭興桑育蠶，事必躬親。種接諸法，深知理由貝母，爲浙杭早失之利權而能挽回。種復成效昭著，漸推漸廣，美利無限。經驗各法，人多秘之，而王君從十餘載試驗筆記成編以公同好。雖荷當道諸公之激勸，究屬素性所公善，況論極至當，法皆精良，勝聚千百老農老圃於一堂而折中取法，勸種物產易於採辦。光深知王君素精醫學，早年曾著有《濟生集》，示胎產生育保嬰之方，爲居家所必需，出書萬冊全活甚衆。刊《延壽録》爲勸懲之助輯傳家必讀，啟迪童蒙甯屬婚嫁浮華，定中常小戶節儉章程，當道深嘉其善，一體爲之曉示，刊成刷本家喻戶曉，頹風賴以漸挽，置備山場不拘地價之多寡，聽人購求。安葬骸骨避去義名，此皆十餘年前王君春亭所爲。其餘傳方捨藥濟人利物等，事有悉數而難終者，茲《農務實業新編》成。體古聖養民之心，參歐西興利之法，使人人得而講求，則中國之農務必能從此振興。吾知不數年間，地少曠土可養無算之間民，廣無涯之生計，收無窮之大利，塞無限之漏卮，故樂爲之序。宣統二年歲在庚戌仲夏，古越徐國光。

又《序》　農學之書多矣，古有之遺法非不詳盡而義理深奧，士大夫不屑顧問焉。農人識字不多，未能悉心考求。成法失傳，地利未盡，沃土荒廢，深爲可惜。達素性愚鈍，課讀之餘兼營耕種，諸凡培壅之法，栽接之參舊法考新知，互相兼施，十載辛勤，農業之利病略有所知，於是筆記成編爲家傳計。西法所注重我國可仿行者，亦採輯以傳其法。適朝旨飭各省振興農林實業，蒙農工商礦總局暨勸業道董季友觀察及當道諸公嘉我所爲，命將所著《農務實業新編》付梓，欲廣其傳，爲吾民導實業。大中丞增公熱心提倡，欲使民無凍餒而國常富裕並賜題書籤，因此勉付剞劂，以備初級農家有所印證。其間呈漏尚多但未經見效者，不敢廣爲搜羅，所望講求實業諸君子從而匡正之。是爲序。宣統二年歲次庚戌桂月，會稽王上達春亭謹識。

農學報（農學叢書）

綜述

梁啟超《論學會》 光緒二十二年十月初一《時務報》第十冊。　道莫善於群，莫不善於獨。獨故塞，塞故愚，愚故弱；群故通，通故智，智故強。星地相吸而成世界，質點相切而成形體。數人群而成家，千百人群而成族，億萬人群而成國，兆京陔秭壤人群而成天下。無群焉，曰鰥寡孤獨，是謂無告之民。虎豹獅子，象駝牛馬，龐大傀碩，人檻之駕之，惟不能群也。非洲之黑人，印度之棕色人，美洲、南洋、澳島之紅人，所占之地，居地球十六七，歐人剖之鈐之，若檻獅象而駕駝馬，亦曰惟不能群之故。群之道，群形質為下，群心智為上。群形質者，蝗蚊蜂蟻之群，非人道之群也，群之不已，必蠹天下，而卒為群心智之人所制。蒙古、回回種人，皆以眾力橫行大地，而不免帖耳於日耳曼之裔，蝗蚊蜂蟻之群，非人道之群也。群心智之事則賾矣。歐人知之，而行之者三：國群曰議院，商群曰公司，士群曰學會。而議院、公司，其識論業藝，罔不由學；故學會者，又二者之母也。學校振之於上，學會成之於下，歐洲之人，以心智雄於天下，自百年以來也。學會起於西乎？曰：非也，中國二千年之成法也。《易》曰：『君子以朋友講習。』《論語》曰：『有朋自遠方來。』又曰：『君子以文會友。』又曰：『百工居肆以成其事，君子居學以致其道。』孔子養徒三千，孟子從者數百，子夏西河，曾子武城，荀卿祭酒於楚、宋，史公講業於齊、魯，樓次子之著録九千，徐遵明之會講逾萬，鵝湖、鹿洞之盛集，東林、幾、複之大觀，凡茲前模，具為佐證。先聖之道所以不絕於地，而中國種類不至夷於蠻越，曰惟學會之故！學會之亡，起於何也？曰：國朝漢學家之罪，而紀昀為之魁也。漢學家之言曰：今人但當著書，不當講學。紀昀之言曰：『漢亡於黨錮，宋亡於偽學，明亡於東林。』嗚呼，此何言耶？此十常侍所以傾李膺、范滂，蔡京、韓侂冑所以錮司馬公、朱子，魏忠賢、阮大鋮所以陷顧、高、陳、夏，而為此言也。吾不知小人無忌憚之紀昀，果何惡於李、范諸賢，而甘心為十常侍、蔡京、韓侂胄、魏忠賢、阮大鋮之奴隸也。而舉天下綴學之士，猶群焉宗之，伈俔低首，為奴隸之奴隸，疾黨如仇，視會為賊。是以金壬有黨，而君子反無黨；匪類有會，而正業反無會。是率小人以食君子之肉，驅天下之人而為鰥寡孤獨，而入於象駝牛馬，而曾蜂蝗蚊蟻之不若，而後稱善人。嗚呼，豈不痛哉，豈不痛哉！今天下之變亟矣。稍達時局者，必曰興礦利，築鐵路，整商務，練海軍。今試問驅八股八韻考據詞章之士，而屬之以諸事，能乎否乎？則曰：有同文館、水師學堂諸生徒在。今且無論諸生徒之果成學與否，試問以區區之生徒，供天下十八行省變法之用，足乎否乎？人才乏絕，百舉具廢，此中國所以講求新法三十年而一無所成，卒為一孔守舊之論間執其口也。今海內之大，四萬萬人之眾，其豪傑之士，聰明材力足以通此諸學者，蓋有之矣。然此諸學者，非若考據詞章之可以閉戶獺祭而得也。如礦利則必遊歷各省，察驗礦質，博求各國開礦、分礦、煉礦之道，大購其機器儀器而試驗之，盡購其礦務之書而翻譯之，集陳萬國所有之礦產而比較之。練軍則必集萬國兵法之書而讀之，集萬國製造槍炮藥彈、築修營壘船艦之法而學之。學此諸法，又非徒手而學也，必遊歷其國，觀其操演，遍覽各廠，察其製造，大陳汽機，習其用式。自餘群學，率皆類是。故無三十七萬金之天文臺，三十五萬金之千里鏡，則天學必不精；不能環遊地球，即遊矣，而不能遍各國，省府州縣皆有車轍馬跡，則地學必不精。試問一人之力，能任否乎？此所以雖有一二有志之士，不能成學，不能致用，廢棄以沒世也。彼西人之為學也，有一學即有一會。故有農學會，有礦學會，有商學會，有工學會，有法學會，有天學會，有地學會，有算學會，有化學會，有電學會，有聲學會，有光學會，有重學會，有力學會，有水學會，有熱學會，有醫學會，有動、植兩學會，有教務會，乃至於照像、丹青、浴堂之瑣碎，莫不有會。其入會之人，上自后妃王公，下及一命布衣，會眾有集至數百萬人者，會資有集至數百萬金者。會中有書以便翻閱，有器以便試驗，有報以便布知新藝，有師友以便講求疑義，故學無不成，術無不精，新法日出，以前民用，人才日眾，以為國幹，用能富強甲於五洲，文治軼於三古。今夫五印度數萬里之大，五十年間，晏然歸於英國；廣州之役，割香港，開口岸，舉動轟赫，天下震慴，而不知皆彼中商學會為之也。通商以來，西人領文憑，遊歷邊腹各省，測繪輿圖，考驗物礦者，無歲無之；中國之人，疑其奸細，而無術以相禁，百不知皆彼中地學會為之也。故西國國家之於諸會也，尊重保護而獎借之，或君主親臨，以重其事，或撥帑津貼，以助其成。會日盛而學日進，蓋有由也。今欲振中國，在廣人才；欲廣人才，在興學會。諸學分會，未能驟立，則先設總會。設會之日：一曰臚陳學會利益，專折上聞，以定眾心；二曰建立孔子廟堂，陳主會中，以著一尊；三曰貽書中外達官，令鹹損輸，以厚物力；四曰函招海內同志，鹹令入會，以博異才；五曰照會各國學會，常通音問，以廣聲氣；六曰函告寓華西士，邀致入會，以收他山；七曰咨取官局群籍，概提全分，以備儲藏；八曰盡購已翻西書，收庋會中，以便借讀。九曰擇購西方各書，分門別類，以資翻譯；十曰廣翻地球各報，布散行省，以新耳目；十一曰精搜中外地圖，懸張會堂，以備流覽；十二曰大陳各種儀器，開博物院，以助試驗；十三曰編纂有用書籍，廣印廉售，以啟風氣；十四曰嚴定會友功課，各執專門，以勵實學；十五曰保選聰穎子弟，開立學堂，以育人才；十六曰公派學成會友，遊歷中外，以資著述。舉國之大，而僅有一學會，其猶一蚊一虻之勞也。今以四萬萬人中，憂天下求自強之士，無地無之，則宜所至廣立分會。一省有一省之會，一府有一府之會，一州縣有一州縣之會，一鄉有一鄉之會，雖數十人之客，數百金之微，亦無害其為會也。積小高大，擴而充之，天下無不成學之人矣。遵此行之，一年而豪傑集，三年而諸學備，九年而風氣成。欲興農學，則農學會之才，不可勝用也；欲興礦利，則礦學會之才，不可勝用也；欲興工藝，則工藝會之才，不可勝用也；欲興商務，則商務會之才，不可勝用也；欲求使才，則法學會之才，不可勝用也；欲整頓水陸軍，則兵學會之才，不可勝用也；欲制新器，廣新法，則天、算、聲、光、化、電等學會之才，不可勝用也。以雪仇恥，何恥不雪！以修庶政，何政不成！若徇紀昀之謷言，率畏首之舊習，違樂群之公理，甘無告之惡名，則非洲、印度、突厥之覆轍，不絕於天壤。西方之人，豈有愛乎？一木只柱，無所砥於橫流；佩玉鳴琚，非所救於急難。《詩》曰：『迨天之未陰雨，徹彼桑土，綢繆牖戶。今此下民，或敢侮予？』嗚呼！凡百君子，其無風雨漂搖，乃始曉音瘏口，而莫能相救也。

清　梁啟超《農學報・序》光緒二十三年　通商數十載，海內之士，抵掌談洋務者項相望，總其言論，不逾兩途：一曰練兵，以敵外陵；二曰通商，以杜內耗，百廢不舉，而言練兵，平日所購無之物於人以靡費，臨事則饋所有之物於人以資敵。其明效大驗，天下所共聞矣。勸商固今之所急圖也，然聞之萬國商務贏絀之率，則恒視出口土貨之多寡為差。工藝不興，而欲講商務，土產不盛，而欲振工藝，是猶割棄臂脛而養其指趾，雖有聖藥，終必潰裂。今之言商務者，大率類是也。地球摶摶，百物盱盱，人取其精，以食以居，愚者天陵，智者天媢，雍冀之間，古號天府，兩京三都之所艷述，芳草甘木質所灌聚，今幾不毛焉，紅人宅墨洲數千載。全墨榛莽，舍獸蹄鳥跡外，更無長物，白恩取而代之。僅四百年，遂以富庶甲天下。等一地也，而轉移之間，榮瘁霄壤，則地力之盡與不盡也。中國今日，動憂人滿，然以地址方積，計其每里所有人數，與歐洲英、法、德、連、比諸國相比例，其繁盛未彼若也。西國地文學家，謂盡地所受日之熱力，每一英里，可養至一萬六千人。今以中國之地，養中國之人，充類盡義，其貨之棄於地者，豈可數計？蒙盟各部，奉、黑、吉各省，青海、西藏、苗、回各疆，瓊、澳各島，其萬里灌莽，未經墾開者不必論。即湘、鄂腹地，江南天府，閩粵澤國，以余所聞見，其荒而不治治第，所在皆是。烏在其為人滿也？不寧唯是，即已治之地，亦或淤其溝洫，蕪其隰岸，溉糞無術，擇種不良，地中應有之利，仍十不得五，又烏在其為人滿也？故西人推算中國今日之地，苟以西國農學新法經營之，每年增款可得六十九萬一千二百萬兩。見李提摩太所著八星之一綜論。雖生齒增數倍，豈憂饑寒哉？昔《管子》輕重之篇，史公《貨殖》之傳，於種植畜牧，視為重圖，子輿氏以好辨聞天下。其言仁政，則必自五畝之桑，百畝之田始，乃至雞豚狗彘，材木魚鱉，靡千靡巨，津津道之。蓋信乎治天下之第一義，舍是末由也。秦漢以后，學術日趨無用，於是農工商之與士，劃然分為兩途，其方領矩步者，麥菽猶昔，靡識樹藝。其服袯襫，役南畝者，不論一字，與犁牛相去一間。安望讀書創新之法哉？故學者不農，農者不學，而農學之統，遂數千年絕與，重可慨矣。本會思與海內同志，共講此意，遵麗澤之古訓，儀合群之公理，起點海上，求友四方，將以興荒澁之墾利，抉種產之所宜。肆化學以糞土疆，置機器以代勞力。志願宏大，條理萬端，經費綿薄，未克其具舉，既念發端經始，在開廣風氣，維新耳目，譯書印報，實為權輿。故遠法《農桑輯要》之規，近依《格致彙編》之例，區其門目，約有數端：曰農理、曰動物植物學、曰樹藝、麥果桑茶品皆歸此類等曰畜牧、牛羊彘駝峰歸此類曰林材、曰漁務、曰製造酒糖酪屬之類。曰化料、曰農器、曰博議、海內通人，有貽書撰文論農務者，皆複印報中，謂之博議、月泐一遍，布諸四海，近師日本，以考其通變之所由。遠摭歐墨，以得其立法之所自，追三古之實學，保天府之腴壤，其諸務本之君子，或有樂於是歟？

清　張之洞《勸學篇》卷下外篇　上海《農學報》多採西書，甚有新理新法，講農政者宜閱之。

雜録

《本館所售報及寄售書藉價目》《農學報》第一〇三期　本年《農學報》全年三十九册，洋五元四角。丁酉至己亥《農學報》九十三册，洋十四元。《農學叢刻》每部四本，洋七角。農學叢書每部二十册，洋十元。《蠶學叢刻》每部四册，洋三角五分。

清　成本璞《九經今義》卷七　人徒詫西人商務之盛，雄視地球，不知其講求農學、動物學、植物學，最爲精密，以是爲富國之本。雖地瘠人稀，不逮中國，而農款歲入實爲大宗，較中國之錢漕收數反旺。中國荒土不墾，惰氓滿野，無所得食，反有人滿之患。宜專設農部大臣，督率之令以西法電氣耕種。又令精於化鍊之學者，講求種植，驅游民以墾荒土，農學既振，國自富矣。今滬上已設農學會，《農學報》，而鄂督南皮尚書，遂聘西人為農學教習，遍教鄂民以耕植之法。數年之後，當收奇效，可謂知本之治矣。竊意今天下郡縣，宜多立農學學堂，令鄉氓之秀穎，咸來就學，學成之後，歸以遍皆其鄉之人。不及十年鄉僻愚氓，皆知西人耕植之法。各致力於南畝，所獲倍屣而利莫大焉。

農政農經類農書部

商君書論農政四篇

綜述

漢 桓寬《鹽鐵論》卷二《非鞅第七》 大夫曰：昔商君相秦也，內立法度，嚴刑罰，飭政教，奸偽無所容。外設百倍之利，收山澤之稅，國富民強，器械完飾，蓄積有餘。是以征敵伐國，攘地斥境，不賦百姓而師以贍。故利用不竭而民不知，地盡西河而民不苦。鹽、鐵之利，所以佐百姓之急，足軍旅之費，務蓄積以備乏絶，所給甚眾，有益於國，無害於人。百姓何苦爾，而文學何憂也？

文學曰：昔文帝之時，無鹽、鐵之利而民富；今有之而百姓困乏，未見利之所利也，而見其害也。且利不從天來，不從地出，一取之民間，謂之百倍，此計之失者也。無異於愚人反裘而負薪，愛其毛，不知其皮盡也。夫李梅實多者，來年為之衰；新穀熟而舊穀為之虧。自天地不能兩盈，而況於人事乎？故利於彼者必耗於此，猶陰陽之不並曜，晝夜之有長短也。商鞅峭法長利，秦人不聊生，相與哭孝公。吳起長兵攻取，楚人搔動，相與泣悼王。其後楚日以危，秦日以弱。故利蓄而怨積，地廣而禍構，惡在利用不竭而民不知，地盡西河而人不苦也？今商鞅之冊任於內，吳起之兵用於外，行者勤於路，居者匱於室，老母號泣，怨女歎息；文學雖欲無憂，其可得也？

大夫曰：秦任商君，國以富強，其後卒并六國而成帝業。及二世之時，邪臣擅斷，公道不行，諸侯叛弛，宗廟隳亡。春秋曰：『末言爾，祭仲亡也。』夫善歌者使人續其聲，善作者使人紹其功。椎車之蟬攫，相土之教也。周道之成，周公之力也。雖有裨諶之草創，無子產之潤色，有文、武之規矩，而無周、呂之鑿枘，則功業不成。今以趙高之亡秦而非商鞅，猶以崇虎亂殷而非伊尹也。

文學曰：善鑿者建周而不拔，善基者致高而不蹶。伊尹以堯、舜之道為殷國基，子孫紹位，百代不絶。商鞅以重刑峭法為秦國基，故二世而奪。刑既嚴峻矣，又作為相坐之法，造誹謗，增肉刑，百姓齋栗，不知所措手足也。賦斂既煩數矣，又外禁山澤之原，內設百倍之利，民無所開說容言。崇利而簡義，高力而尚功，非不廣壤進地也，然猶人之病水，益水而疾深，知其為秦開帝業，不知其為秦致亡道也。狐刺之鑿，雖公輸子不能善其枘。畚土之基，雖良匠不能成其高。譬若秋蓬被霜，遭風則零落，雖有十子產，如之何？故扁鵲不能肉白骨，微、箕不能存亡國也。

大夫曰：言之非難，行之為難。故賢者處實而效功，亦非徒陳空文而已。昔商君明於開塞之術，假當世之權，為秦致利成業，是以戰勝攻取，并近滅遠，乘燕、趙，陵齊、楚，諸侯斂衽，西面而向風。其後，蒙恬征胡，斥地千里，踰之河北，若壞朽折腐。何者？商君之遺謀，備飭素修也。故舉而有利，動而有功。夫畜積籌策，國家之所以強也。故弛廢而歸之民，未睹巨計而涉大道也。

文學曰：商鞅之開塞，非不行也；蒙恬卻胡千里，非無功也；威震天下，非不強也；諸侯隨風西面，非不從也；然而皆秦之所以亡也。商鞅以權數危秦國，蒙恬以得千里亡秦社稷：此二子者，知利而不知害，知進而不知退，故果身死而眾敗。此所謂戀朐之智，而愚人之計也，夫何大道之有？故曰：『小人先合而後忤，初雖乘馬，卒必泣血。』此之謂也。

大夫曰：淑好之人，戚施之所妒也；賢知之士，闒茸之所惡也。是以上官大夫短屈原於頃襄，公伯寮愬子路於季孫。夫商君起布衣，自魏入秦，期年而相之，革法明教，而秦人大治。故兵動而地割，兵休而國富。孝公大說，封之於、商之地方五百里，功如丘山，名傳後世。世人不能為，是以相與嫉其能而疵其功也。

文學曰：君子進必以道，退不失義，高而勿矜，勞而不伐，位尊而行恭，功大而理順；故俗不疾其能，而世不妒其業。今商鞅棄道而用權，廢德而任力，峭法盛刑，以虐戾為俗，欺舊交以為功，刑公族以立威，無恩於百姓，無信於諸侯，人與之為怨，家與之為讎，雖以獲功見封，猶食毒肉愉飽而罹其咎也。蘇秦合縱連橫，統理六國，業非不大也；桀、紂與堯、舜並稱，至今不亡，名非不長也；然非者不足貴。故事不苟多，名不苟傳也。

大夫曰：縞素不能自分於緇墨，賢聖不能自理於亂世。是以箕子執囚，比干被刑。伍員相闔閭以霸，夫差不道，流而殺之。樂毅信功於燕昭，而見疑於惠王。人臣盡節以徇名，遭世主之不用。大夫種輔翼越王，為之深謀，卒擒強吴，據有東夷，終賜屬鏤而死。驕主背恩德，聽流説，不計其功故也，豈身之罪哉？

文學曰：比干剖心，子胥鴟夷，非輕犯君以危身，強諫以幹名也。憯怛之忠誠，心動於內，忘禍患之發於外，志在匡君救民，故身死而不怨。君子能行是不能禦非，雖在刑戮之中，非其罪也。是以比干死而殷人怨，子胥死而吴人恨。今秦怨毒商鞅之法，甚於私仇，故孝公卒之日，舉國而攻之，東西南北莫可奔走，仰天而歎曰：『嗟乎，為政之弊，至於斯極也！』卒車裂族夷，為天下笑。斯人自殺，非人殺之也。

漢 賈誼《新論·過秦》 秦孝公據崤函之固，擁雍州之地，君臣固守以窺周室，有席捲天下，包舉宇內，囊括四海之意，併吞八荒之心。當是時也，商君佐之，內立法度，務耕織，修守戰之具；外連衡而鬥諸侯。於是秦人拱手而取西河之外。

《史記》卷六八《商君列傳》索隱 按《商君書》，開謂刑嚴峻則政化開，塞謂布恩賞則政化塞，其意本於嚴刑少恩。又為田開阡陌，及言斬敵首賜爵，是耕戰書也。

《史記》卷七六《平原君虞卿列傳》 夫商君為秦孝公明法令，禁姦本，尊爵必賞，有罪必罰，平權衡，正度量，調輕重，決裂阡陌，以靜生民之業而一其俗，勸民耕農利土，一室無二事，力田蓄積，習戰陳之事，是以兵動而地廣，兵休而國富，故秦無敵於天下，立威諸侯，成秦國之業。功已成矣，而遂以車裂。

漢 王充《論衡》卷一三《效力篇》 故夫商鞅三説孝公，後説者用，前二難用，後一易行也。觀管仲之《明法》，察商鞅之《耕戰》，固非弱劣之主所能用也。

又 卷一三《超奇篇》 周世著書之人皆權謀之臣，漢世直言之士皆通覽之吏，豈謂文非華葉之生，根核推之也？心思為謀，集紮為文，情見於辭，意驗於言。商鞅相秦，致功於霸，作《耕戰》之書。虞卿為趙，決計定説，行退作春秋之思，起城中之議。《耕戰》之書，秦堂上之計也。

又 卷二八《書解篇》 夫稟天地之文，發於胸臆，豈為間作不暇日哉？感偽起妄，源流氣。管仲相桓公，致於九合。商鞅相孝公，為秦開帝業。然而二子之書，篇章數十。【略】古作書者，多立功不用也。管仲、晏嬰，功書並作；商鞅、虞卿，篇治俱為。

又 卷二九《案書篇》 商鞅相秦，作《耕戰》之術；管仲相齊，造《輕重》之篇。富民豐國，強主弱敵，公賞罰，與鄒衍之書（不可）並言，而太史公兩紀，世人疑惑，不知所從。

《漢書》卷二四上《食貨志》 及秦孝公用商君，壞井田，開仟伯，急耕戰之賞，雖非古道，猶以務本之故，傾鄰國而雄諸侯。然王制遂滅，僭差亡度。庶人之富者累鉅萬，而貧者食糟糠；有國彊者兼州域，而弱者喪社稷。【略】至武帝之初七十年間，國家無事【略】是後，外事四夷，內興功利，役費並興，而民去本。董仲舒説上曰：『春秋它穀不書，至於麥禾不成則書之，以此見聖人於五穀最重麥與禾也。今關中俗不好種麥，是歲失春秋之所重，而損生民之具也。願陛下幸詔大司農，使關中民益種宿麥，令毋後時。』又言：『古者稅民不過什一，其求易共；使民不過三日，其力易足。民財內足以養老盡孝，外足以事上共稅，下足以畜妻子極愛，故民説從上。至秦則不然，用商鞅之法，改帝王之制，除井田，民得賣買，富者田連仟伯，貧者亡立錐之地。又顓川澤之利，管山林之饒，荒淫越制，踰侈以相高；邑有人君之尊，里有公侯之富，小民安得不困？又加月為更卒，已復為正，一歲屯戍，一歲力役，三十倍於古；田租口賦，鹽鐵之利，二十倍於古。如淳曰：「秦賣鹽鐵貴，故下民受其困也。」或耕豪民之田，見稅什五。如淳曰：「十稅其五。」故貧民常衣牛馬之衣，而食犬彘之食。重以貪暴之吏，刑戮妄加，民愁亡聊，亡逃山林，轉為盜賊，赭衣半道，斷獄歲以千萬數。漢興，循而未改。古井田法雖難卒行，宜少近古，限民名田，以澹不足，塞并兼之路。鹽鐵皆歸於民。去奴婢，除專殺之威。薄賦斂，省繇役，以寬民力。然後可善治也。』

《通典》卷一《食貨一·田制上》 穀者，人之司命也；地者，穀之所生也；人者，君之所治也。有其穀則國用備，辨其地則人食足，察其人則徭役均，知此三者，謂之治政。夫地載而不棄也，一著而不遷也，安固而不動，則莫不生殖。聖人因之設井邑，列比閭，使察黎民之數，賦役之制，昭然可見也。自秦孝公用商鞅計，乃隳經界，立阡陌，雖獲一時之利，而兼并踰僭興矣。降秦以後，阡陌既弊，又謂隱覈【略】秦孝公任商鞅，鞅以三晉地狹人貧，秦地廣人寡，故草不盡墾，地利不盡出，於是誘三晉之人，利其田宅，復三代，無知兵事而務本於內，而使秦人應敵於外，故廢井田，制阡陌，任其所耕，不限多少。數年之間，國富兵強，天下無敵。

又 卷四《食貨四·賦稅上》 秦孝公十二年，初爲賦納商鞅說，開阡陌，制貢賦之法。

又 卷一三《選舉一·歷代制上》 秦自孝公納商鞅策，富國強兵爲務。仕進之途，唯闢田與勝敵而已。以至始皇，隧平天下。

宋 蘇軾《東坡文集》卷四三《韓非論》 聖人之所為惡夫異端，盡力而排之者，非異端之能亂天下，而天下之亂所由出也。昔周之衰，有老聃、莊周、列禦寇之徒，更為虛無淡泊之言，而治其猖狂浮游之說，紛紜顛倒，而卒歸於無有。由其道者，蕩然莫得其當，是以忘乎富貴之樂，而齊乎死生之分。此不得志於天下，高世遠舉之人，所以放心而無憂。雖非聖人之道，而其用意，固亦無惡於天下。

自老聃之死百餘年，有商鞅、韓非著書，言治天下無若刑名之賢。及秦用之，終於勝、廣之亂，教化不足而法有餘，秦以不祀，而天下被其毒。後世之學者，知申、韓之罪，而不知老聃、莊周之使然。何者？仁義之道，起於夫婦、父子、兄弟相愛之間；而禮法刑政之原，出於君臣、上下相忌之際。相愛則有所不忍，相忌則有所不敢。夫不敢與不忍之心合，而後聖人之道得存乎其中。今老聃、莊周論君、臣父子之間，汎汎乎若萍浮於江湖而適相值也。夫是以父不足愛，而君不足忌。不忌其君，不愛其父，則仁不足以懷，義不足以勸，禮樂不足以化。此四者皆不足用，而欲置天下於無有。夫無有，豈誠足以治天下哉！商鞅、韓非求為其說而不得，得其所以輕天下而齊萬物之術，是以敢為殘忍而無疑。

又 卷一〇五《論古》 商鞅用於秦，變法定令，行之十年，秦民大悦，道不拾遺，山無盜賊，家給人足，民勇於公戰，怯於私鬭，秦人富彊，天子致胙於孝公，諸侯畢賀。

蘇子曰：此皆戰國之游士邪説詭論，而司馬遷闇於大道，取以為史。吾嘗以為遷有大罪二，其先黄老後六經，退處士進姦雄，蓋其小小者耳。所謂大罪二，則論商鞅、桑弘羊之功也。自漢以來，學者恥言商鞅、桑弘羊，而世主獨甘心焉，皆陽諱其名而陰用其實，甚者則名實皆宗之，庶幾其成功，此則司馬遷之罪也。

秦固天下之彊國，而孝公亦有志之君也，修其政刑十年，不為聲色畋游之所敗，雖微商鞅，有不富彊乎？秦之所以富彊者，孝公務本力穡之效，非鞅流血刻骨之功也。而秦之所以見疾於民如豺狼毒藥，一夫作難而子孫無遺種，則鞅實使之。至於桑弘羊，斗筲之才，穿窬之智，無足言者。而遷稱之曰：不加賦，而上用足善乎。司馬光之言也曰：天下安有此理，天地所生財貨、百物止有此數，不在民，則在官，譬如雨澤夏澇則秋旱，不加賦而上用足，不過設法陰奪其民，其害甚於加賦也。二子之名在天下者，如蛆蠅糞穢也，言之則汙口舌，書之則汚簡牘。二子之術，用於世者，滅國殘民，覆族亡軀者相踵也。而世主獨甘心焉，何哉？樂其言之便己也。

夫堯、舜、禹、湯，世主之父師也。諫臣拂士，世主之藥石也。恭敬慈儉，勤勞憂畏，世主之繩約也。今使世主日臨父師而親藥石、履繩約，非其所樂也。故為商鞅、桑弘羊之術者，必先鄙堯笑舜而陋禹也，曰：『所謂賢王者，專以天下適己而已。』此世主之所以人人甘心而不悟也。

世有食鍾乳、烏喙而縱酒色以求長年者，蓋始於何晏。晏少而富貴，故服寒食散以濟其欲，無足怪者。彼其所為，足以殺身滅族者，日相繼也，得死於寒食散，豈不幸哉？而吾獨何為效之？世之服寒食散疽背嘔血者，相踵也；用商鞅、桑弘羊之術破國亡宗者，皆是也。然而終不悟者，樂其言之美便而忘其禍之慘烈也。

又 卷九二《商君功罪》 商君之法，使民務本力農，勇於公戰，怯於私鬭，食足兵強，以成帝業。然其民，見刑而不見德，知利而不知義，卒以此亡。故帝秦者，商君也；亡秦者，亦商君也。其生有南面之福，既足以報其帝秦之功矣；而死有車裂之禍，蓋僅足以償其亡秦之罰。理勢自然，無足怪者。後之君子，有商君之罪，而無商君之功；饗商君之福，而未受其禍者；吾為之懼矣。元豐三年九月十五日，讀《戰國策》書。

宋　朱熹《晦庵先生朱文公文集》卷七二《開阡陌辯》　漢志言，秦廢井田。開阡陌。説者之意，皆以開為開置之開，言秦廢井田而始開阡陌也。故白居易云：人稀土曠者，宜修阡陌；户繁鄉狹者，則復井田。葢亦以阡陌為秦制，井田為古法，此恐皆未得其事之實也。

按阡陌者，舊説以為田間之道，葢因田之疆畔，制其廣狹，辨其縱横，以通人物之往來。即周禮所謂遂上之徑，溝上之畛，洫上之涂，澮上之道也。然風俗通云，南北曰阡，東西曰陌。又云河南以東西為阡，南北為陌，二説不同。今以遂人田畝夫家之數攷之，則當以後説為正。葢陌之為言百也；遂洫從而徑涂亦從，則遂間百畝，洫間百夫，而徑涂為陌矣。阡之為言千也，溝澮横而畛道亦横，則溝間千畝，澮間千畝，而畛道為阡矣，阡陌之名，由此而得。至於萬夫有川，而川上之路，周於其外；與夫匠人井田之制，遂溝洫澮，亦皆四周，則阡陌之名，疑亦因其横從而命之也。然遂廣二尺，溝四尺，洫八尺，澮二尋，則丈有六尺矣。徑容牛馬，畛容大車。涂容乘車一軌，道二軌，路三軌，則幾二丈矣。此其水陸占地，不得為田者頗多。先王之意，非不惜而虚棄之也，所以正經界，止侵爭，時畜洩，備水旱，為永乆之計，有不得不然者，其意深矣。

商君以其急刻之心，行苟且之政，但見田為阡陌所束。而耕者限於百畝，則病其人力之不盡；但見阡陌之占地太廣，而不得為田者多，則病其地利之有遺；又當世衰法壞之時，則其歸授之際，必不免有煩擾欺隱之姦；而阡陌之地，切近民田，又必有陰據以自私，而税不入於公上者。是以一旦奮然不顧，盡開阡陌，悉除禁限，而聽民兼并買賣，以盡人力，墾闢棄地，悉為田疇，而不使其有尺寸之遺，以盡地利；使民有田即為永業，而不復歸授，以絶煩擾欺隱之姦；使地皆為田，而田皆出税，以覈陰據自私之幸。此其為計，正猶楊炎疾浮户之弊；而遂破租庸以為兩税，葢一時之害雖除，而千古聖賢傳授精微之意，於此盡矣。

故秦紀鞅傳皆云，為田開阡陌封疆，而賦税平。蔡澤亦曰：决裂阡陌，以静生民之業，而一其欲。詳味其言，則所謂開者，乃破壞剗削之意，而非創置建立之名。所謂阡陌，乃三代井田之舊，而非秦之所置矣。所謂賦税平者，以無欺隱竊據之姦也。所謂静生民之業者，以無歸授取予之煩也。以是數者，合而証之，其理可見；而蔡澤之言，尤為明白。且先王疆理天下，均以與民，故其田間之道，有經有緯，不得無法。若秦既除井授之制矣，則隨地為田，隨田為路，尖斜屈曲，無所不可。又何必取其東西南北之正，以為阡陌，而後可以通往來哉？此又以物情事理推之，而益見其説之無疑者。

或乃以漢世猶有阡陌之名，而疑其出於秦之所置，殊不知秦之所開，亦其曠僻，而非通路者耳。若其適當衝要，而便於往來，則亦豈得而盡廢之哉？但必稍侵削之，不使復如先王之舊耳。

或者又以董仲舒言，富者連阡陌，而請限民名田，疑田制之壞，由於阡陌，此亦非也。葢曰，富者一家，而兼有千夫百夫之田耳。至於所謂商賈，無農夫之苦，有阡陌之得，亦以千夫百夫之收而言。葢當是時，去古未遠，此名尚在，而遺迹猶有可考者；顧一時君臣，乃不能推尋詳究而修復之耳，豈不可惜也哉！

宋　黎靖德編《朱子語類》卷一三四　問：『關中形勝，周用以興，到得後來，秦又用以興。』曰：『此亦在人做。當春秋時，秦亦為齊晋所軋，不得伸。到戰國時，六國又皆以夷狄擯之，使不得與中國會盟。及孝公因此發憤，致得商鞅而用之，遂以强大。後來又得惠文武昭襄，皆是會做底，故相繼做起來。若其間有一二君昏庸，則依舊做壞了。以此見得形勝也須是要人相副。』因言：『昭王因范睢傾穰侯之故，卻盡收得許多權柄，秦遂益强，豈不是會？』

陳仲亨以義剛所疑問云：『商鞅説孝公帝王道不從，乃説以伯道。鞅亦不曉帝王道，但是先將此説在前者。渠知孝公決不能從，且恁地説。庶可以堅後面伯道之説耳。』先生曰：『鞅又如何理會得帝王之道！但是大拍頭去揮那孝公耳。他知孝公是行不得，他恁地説，只是欲人知道我無所不曉。』義剛問：『不知温公削去前一截，是如何？』曰：『他説無此事，不肯信。』又問：『如子房招「四皓」，伊川取之，以為得「納約自牖」之義，而温公亦削之，如何？』曰：『是他意裏不愛，不合他意底，則削去。某常説，陳平説高祖曰，項王能敬人，故多得廉節之士。大王慢侮人，故廉節之士多不為用，然廉節士終不可得。臣願得數萬斤金以間疏楚君臣。這便是商鞅説孝公底一般。他知得高祖決不能不嫚侮以求廉節之士。但直説他，則恐未必便從，故且將去嚇他一嚇。等他不從後，却説之，此政與商鞅之術同。而温公也削去。若是有此一段時，見得他説得有意思；今削去了，則都無情意。

他平白無事，教把許多金來用，問高祖便肯。如此等類，被他削去底多，如何恁地得？善善惡惡，是是非非，皆着存得在那裏。其間自有許多事，若是不好底便不載時，孔子一部《春秋》便都不是了。那裏面何所不有！』義剛。元本云：『商鞅先以帝王説孝公，此只是大拍頭揮他底。它知孝公必不能用得這説，話且説這大話了，却放出那本色底來。《通鑑》削去前一節，温公之意謂鞅無那帝王底道理，遂除去了。温公便是不曉這般底人。如條侯擊吴楚，到洛陽，得劇孟，隱若一敵國，亦不信。他説道，如何得一箇俠士，便隱若一敵國！不知這般人得之未必能成事，若為盜所得，煞會撓人。蓋是他自有這般賓客，那一般人都信向他。若被他一下鼓動得去，直是能生事。又如陳平説高帝，謂項王下人，能得廉節之士。大王慢侮人，故嗜利無恥者歸之。大王誠能去而短，集而長，則云云。然大王恣侮慢，必不得廉節之士。故勸捐數萬斤金以間楚君臣。這也是度得高祖必不能下士，故先説許多話，教高祖亦自知做不得了，方説他本謀來，故能使人聽信。某説此正與商鞅之術同，而温公亦削了。』夒孫録同。但云：『温公性樸直，便是不曉這般底人。得劇孟事也不信，謂世間都無這般底人。』

以今觀之，秦取六國當甚易，而秦甚難之。以古來無此様，不敢輕易因説後世篡奪難。大凡事前未有様者，不易做。

仲亨問開阡陌。曰：『阡陌便是井田。陌，百也；阡，千也。東西曰阡，南北曰陌。或謂南北曰阡，東西曰陌。未知孰是。但却是一箇横，一箇直耳。如百夫有遂，遂上有涂，這便是陌；若是十箇涂，恁地直在横頭，又作一大溝，謂之洫，洫上有路，這便是阡。阡陌只是疆界。自阡陌之外有空地，則只恁地閒在那裏。所以先王要如此者，也只是要正其疆界，怕人相侵互。而今商鞅却開破了，遇可做田處，便墾作田，更不要恁地齊整。這「開」字非開創之「開」乃開闢之「開」。《蔡澤傳》曰：「破壞井田，決裂阡陌。」觀此可見。這兩句自是合掌説，後人皆不曉。唐時却説寬鄉為井田，狹鄉為阡陌。東萊論井田引《蔡澤傳》兩句，然又却多方回互，説從那開阡陌之意上去。』

問井田阡陌。曰：『已前人都錯看了。某嘗攷來，蓋陌者，百也；阡者，千也。井田一夫百畝，則為遂，遂上有徑；此是縱，為陌；十夫千畝，則為溝，溝上有畛，此是横，為阡。積此而往，百夫萬畞，則為洫，洫上有涂，涂縱，又為陌；千夫十萬畝，則為澮，澮上有道，道横，又為阡。商鞅開之，乃是當時井田既不存，便以此物為無用，一切破蕩了。《蔡澤傳》云：「商君決裂阡陌」，乃是如此，非謂變井田為阡陌也。』

阡陌是井田路，其路甚大。廢田，遂一齊開小了作田，故謂之：『破井田，開阡陌。』

宋 黄震《黄氏日抄》卷五五《商子》

《商子》者，公孫商鞅之書也。始於《墾草》，督民耕戰。其文煩碎，不可以句。至今開卷於千載之下，猶為心目紊亂，況當時身被其禍乎！然殿中與御史之號，實用此書；事必問法官，亦出此書；後世一切據法為斷者，亦合省所自出矣。或疑鞅亦法吏之有才者，其書不應煩亂若此，真偽殆未可知。（書以《詩》、《書》、禮、樂、善、修、仁、廉、辨、惠十者皆避農戰而禁之。）

明 楊慎《丹鉛摘録》卷九《管商論金粟》

《管子》曰：『野與市爭民，金與黍爭貴。』又曰：『狄諸侯，畝鍾之國也，故粟十鍾而錙金。程諸侯，山東之國也，故粟五釜而錙金。』《商子》曰：『金生而粟死，粟死而金生。金一兩生於境内，粟十二石死於境外；粟十二石生於境内，金一兩死於境外。國好生金於境内，則金粟兩死，倉府兩虚，國弱；好生粟於境内，則金粟兩生，倉府兩盈，國强。』管、商皆功利之流，故其術先後若合符，然其文亦不易及也。

《四庫全書總目》卷一一《子部一〇一》

《商子》五卷。兩江總督採進本。舊本題秦商鞅撰。鞅事蹟具《史記》。鞅封於商，號商君，故《漢志》稱《商君》二十九篇。《三國志·先主傳註》亦稱《商君書》。其稱《商子》，則自《隋志》始也。陳振孫《書録解題》云：『《漢志》二十九篇，今二十八篇，已亡其一。』晁公武《讀書志》則云：『本二十九篇，今亡者三篇。』《讀書志》成於紹興二十一年，既云『已闕三篇』，《書録解題》成於宋末，乃反較晁本多二篇。蓋兩家所録各據所見之本，故多寡不同歟。此本自更法至定分目，幾二十有六，似卽晁氏之本。然其中第十六篇，第二十一篇，又皆有録無書，則併非宋本之舊矣。《史記》稱讀鞅《開塞》書，在今本為第七篇，文義甚明，而司馬貞作《索隱》乃妄為之解。為晁公武所譏，知其書唐代不甚行。故貞不及睹。又《文獻通考》引《周氏涉筆》以為鞅書多附會後事，疑取他詞，非本所論著。然周氏特據文臆斷，未能確證其非。今考《史記》，稱秦孝公卒，太子立，公子虔之徒告鞅欲反，惠王乃車裂鞅以徇。則孝公卒後，鞅卽逃死不暇，安得著書？如為平日所著，則必在孝公之世，又安得《開卷》第一篇卽稱孝公之謚。殆法家者流，掇鞅餘論，以成是編，猶管子卒於齊桓公前，而書中屢稱桓公耳。諸子之書如是者多，既不得撰者之主名，則亦姑從其舊，仍題所託之人矣。

清 章炳麟《訄書》第三五《商鞅》 商鞅之中於讒誹也二千年，而今世為尤甚。其説以為自漢以降，抑奪民權，使人君縱咨者，皆商鞅法家之説為之倡。烏乎！是惑於淫説也甚矣！

法者，制度之大名。周之六官，官別其守而陳其典，以擾乂天下，是之謂法。故法家者流，則猶西方所謂政治家也，非膠於刑律而已。

後世之有律，自蕭何作《九章》始，漢《地理誌》：『「箕子作」樂浪朝鮮民犯禁八條』。李悝、高祖皆嘗有作。然或行於小國，或草創未定之制。若漢、唐及今變本加厲之法，則皆萌芽於何。遠不本鞅，而近不本李斯。張湯、趙禹之徒起，踵武何説而文飾之，以媚人主，以震百辟，以束下民，於是乎廢《小雅》。此其罪則公孫弘為之魁，而湯為之輔，於商鞅乎何與？

鞅之作法也，盡九變以籠五官，覈其憲度而為治本。民有不率，計畫至無俚，則始濟之以擢殺援噬。此以刑維其法，而非以刑為法之本也。故大史公稱之曰：『行法十年，秦民大説，道不拾遺，山無盜賊，家給人足。』今夫家給人足，而出於虔劉之政乎？功堅其心，糾其民於農牧，使鄉之遊惰無所業者，轉而傅井畝。是故蓋臧有余，而賦税亦不至於缺乏。其始也觳，其終也交足，異乎其厲民以鞭箠而務充君之左臧者也。

及夫張湯，則專以見知、腹誹之法，震怖臣下，誅鉏諫士，艾殺豪傑，以稱天子專制之意。此其鵠惟在於刑，其刑惟在於簿書筐篋，而五官之大法勿與焉，任天子之重征斂、咨調發而已矣。有拂天子意者，則已為天子深文治之，並非能自持其刑也。是故商鞅行法而秦日富，張湯行法而漢日貧，觀於汲黯之所譏，則可知矣。繇湯之法，終於盜賊滿山，直指四出，上下相蒙，以空文為治。何其與鞅反也？鞅知有大法，而湯徒知有狴獄之制耳。法家與刀筆吏，其優絀誠不可較哉！

且非特效之優絀而已，其心術亦殊絕矣。迹鞅之進身與處交遊，誠多可議者，獨其當官，則正如檠榜而不可紾。方孝公以國事屬鞅，鞅自是得行其意，政令出內，雖乘輿亦不得違法而任喜怒。其賢於湯之闚人主意以為高下者，亦遠矣。辱大子，刑公子虔，知後有新主能為禍福，而不欲屈法以求容閱。烏乎！其魁壘而骨骾也，庸渠若弘、湯之徒，專乞哀於人主，藉其苛細以行佞媚之術者乎？

夫鞅之一日刑七百人以赤渭水，其酷烈或過於湯，而苛細則未有也。觀其定令，如《列傳》所言，略已具矣。吾以為酷烈與苛細者，則治亂之殊，直佞之所繇分也。何者？誅意之律，反脣之刑，非有所受也。湯以為不如是不足以媚人主，故瘁心力而裁制之，若鞅則無事此矣。周興、來俊臣之酷烈也，又過於鞅，然割剝之憯，亂越無條理。且其意亦以行媚，而非以佐治，則鞅於此又不屑焉。嗟乎！牛羊之以族蠡傳者，慮其敗群，牧人去之而無所遴。刑七百人，蓋所以止刑也。俄而家給人足、道不拾遺矣，雖不刑措，其勢將偃齊斧以攻榱桷。世徒見鞅初政之酷烈，而不考其後之成效，若鞅之為人，終日持鼎鑊以宰割其民者，豈不繆哉！余觀漢氏以降，刀筆吏之説，多傅《春秋》。其義恣君抑臣，流貤而及於民。湯之用《決事比》，其最傚矣。自是可稱道者，特旌旗之以文無害之名，而不能謂之有益於百姓。是其於法家，則猶大巖之與壑也。今綴學者不能持其故，而以『抑民咨君』蔽罪於商鞅。烏乎！其遠於事情哉！且亦未論鞅之世矣。

夫使民有權者，必有辯慧之士可與議令者也。今秦自三良之死，後嗣無法，民無所則效，至鞅之世，而冥頑固以甚矣。後百余歲，荀子猶曰『秦無儒』，此其蠢愚無知之效也。以蠢愚無知之民，起而議政令，則不足以廣益，而祇以殽亂是非。非禁之，將何道哉？後世有秀民矣，而上必彊閼之，使不得與議令。故人君尊嚴若九天之上，萌庶縮朒若九地之下。此誠昉於弘、湯之求媚，而非其取法於鞅也。

藉弟令效鞅，鞅固救時之相而已。其法取足以濟一時，其書取足以明其所行之法，非若儒墨之箸書，欲行其説於後世者也。後世不察鞅之用意，而強以其物色效之，如孫復、胡安國者，則謂之愚之尤；如公孫弘、張湯者，則謂之佞之尤。此其咎皆基於自取，而鞅奚罪焉？

吾所為讞鞅者，則在於毀孝弟、敗天性而已。有知其毒之酉臘而制之，其勿害一也。昔者蜀相行鞅術，至德要道弗踣焉。賈生亦好法矣，而非其遺禮義、棄仁恩。乃若夫輓近之言新法者，以父子異財為憲典，是則法乎鞅之秕稗者也。賨其秕稗而於其善政則放絕之，人言之戾也，一至是哉！

夫民權者，文祖五府之法，上聖之所以成《既濟》也。有其法矣，而無其人，有其人矣，而無其時，則三統之王者起而治之。降而無王，則天下蕩蕩無文章綱紀，國政陵夷，民生困敝，其危不可以終一餔。當是時，民不患其作亂，而患其駘蕩姚易，以大亡其身。於此有法家焉，雖小器也，能綜核名實，而使上下交蒙其利，不猶愈於蕩乎？荀曰：『吾寧國政之不理，民生之不遂，而必不欲使法家者整齊而撙絀之』，是則救饑之必待於侊飯，而誠食壺飧者以寧為道謹也。

悲夫！以法家之鷙，終使民生；以法家之刻，終使民膏澤。而世之仁人流涕洟以憂天下者，猥以法家與刀筆吏同類而醜媒之，使九流之善，遂喪其一，而莫不府罪於商鞅。

嗟乎！鞅既以刑公子虔故，蒙惡名於秦，而今又蒙惡名於後世。此骨骾之臣所以不可為，而公孫弘、張湯之徒，寧以佞媚持其祿位者也。

清 麥孟華《商君評傳》第七章《商君之行政》

英儒斯賓塞之言曰：天下之人群有二，一曰殖產之群，一曰尚武之群；二者皆人群所恃以成立，並用之而不可闕一者也。商君之治國也，日日諄諄以農戰爲務，故其內治之大體，要不出於重農、尚武兩大主義。斯賓塞又言曰：『殖產、尚武二者，皆爲群治所不能偏廢，然亦相時爲輕重。上古野蠻之世，戰爭常而和平暫，其產業所以供武備，故其群可命爲尚武之群。晚世開明之世，和平常而戰爭暫，其武備皆所以護產業，故其群可命爲殖產之群。』商君當戰國時代，其一切內治皆將以實行其帝國政略者也，故其重農之政策，亦以達其尚武之目的而已。今本此意，以察商君行政之次序。

第一節 農政

商君之爲俗儒所詬病者，曰廢井田而開阡陌，商君能成強國之霸政者，亦曰廢井田而開阡陌之法。日即馳墜，疆界慢亂，輕重既失均平，地廣人衆，還授復極姦幣，蓋法幣而勢將窮變矣。且均產之法，可杜豪強兼併之患，然亦足阻國民競進之心，故行之閉關則人心可靜，行之戰國則民力必衰。阿里士多德駁共產之説曰：『人類之有利己性，實爲萬事發達之原，均產歸公，則滅殺其自利之心，而人道將有所大害。爲一人計，爲一國計，皆宜保護其私有之權。』商君深明斯義，且知循用井田之制，則地利不能盡出，人力不能盡奮，而國富不能增殖也。乃盡破均產限制之法，而與國民以產業自由，聽民佔田，世爲永業，務使地盡爲田，田皆出稅。太史公之頌之曰：爲開阡陌封疆而賦稅平。蔡澤之論之也，亦曰決裂阡陌，靜生民之業而一其俗。蓋墾開棄地，不使有尺寸之荒遺，獎勵農氓，悉使之競爭以趨業，墾草之令一下，而富國之效已見矣。

夫土地私有權，與階級制度不能相容者也。泰西各國之土地大半爲貴族僧侶所壟斷，而人民皆爲隸農，社會上種種不平之慘狀，皆緣是生焉。此弊亦於近二三百年間，始漸次削除，而至今未能盡。俄羅斯解放農民之令，不過行之數十餘年前以。德國號稱文明之中樞，而其土地制度，猶有種種束縛。直至維廉第二，實行內地殖民政策，發國帑以買貴族之土地，而轉賣之於細民，然後農業乃次第勃興焉。則土地私有權之影響與經濟者至鉅，可以見矣。而我國則自商君而確定此權者也，然則商君者非特爲我國政治上開一新紀元，抑亦爲我國經濟上開一新紀元者也。

中國向守重農主義之國也。以農業爲國本，故工商諸業皆斥爲玩巧事末，謂其足以蠹本而病農。漢法商人不得乘車衣繡，賤商之律，著之法令，務摧辱之，驅而歸之農業，此例之尤著者也。彼之勸農抑末，故謂農人出勞力，不用之土地，以產有形之物品，可謂生力而富國者矣。商人者轉移物品之位而增其價，買賤賣貴，逐時射利，絕無生產之力，而農本天然之力，反爲所分，是分利而無益於國者耳。以今觀之，其偏謬之見。誠乖於生計之學理。當土地曠荒，交運未便之時，其重農抑商勢殆有不得不然者。商君者固亦專持此主義，以保護農業者也。

使商無得糴，農無得糶，農無得糶則窳惰之勉疾；商不得糴，則多歲不加樂，則饑歲無裕利，無裕利則商怯則欲農，窳惰之農勉疾商欲農，則草必墾矣。墾令篇。

民之內事莫善於農，故輕治不可使之，奚謂輕治，其農貧而商富。故其實賤者錢重則商富。末事不盡則技巧，技巧之人利，而游食者衆之謂也。故農之用力最苦，而贏利少，不如商賈技巧之人，苟能令租太重，則民不得無田，田不得不易其食，食貴者則田者利，田者利則事者衆。食貴糴食不利，而又加重，徵則民不得無去其商賈技巧而事地利矣。外內篇。

且商君非但窘商人以護農也。凡學問技藝之士，亦皆視爲分利不生產之人，必斥困之，無使得與農爭利。

今境內之民，皆曰農戰可避，而官爵可得也。是故豪傑皆可變業，務學詩書隨從外權，要靡事商賈，爲技藝皆以避農戰具備，國之危也。中略故曰農戰之民千人，而憂詩書辯慧者一人焉，千人者皆怠於農戰矣。農戰之民，百人而有技藝者一人焉，百人者皆怠於農戰矣。中略雖有詩書鄉一束家一負，獨無益於治也。故先王反之於農戰。中略説者得意，道路由辯，輩輩成羣，民見其可以取王公大人也。而皆學之，夫人聚黨與説讓於國，故其民農者寡而游食者衆。衆則農者殆，農者殆則土地荒，學者成俗，則民舍農從事於談説高言僞議。舍農游食，而以言相高也。農戰篇。

此商君之摶民於農所謂利出一孔者也。由今觀之，其偏激而不適於中道，固無待言。雖然，商君之主張此策，則於經濟上之理由外，别有政治上之理由存焉。曰：『民屬於農則樸則生勞而易力。』算地篇又曰：『技藝之士用。則民剽而易徙』同上夫民之樸而耐勞，土着而不輕棄其居，此有國者之不可不務也，近者英人以廢農之故。民皆輻輳於都邑，或轉徙於他邦，而田野半荒，鞠爲獵場，其都邑之民，日處湫隘囂塵之中，吸污濁之空氣，體魄日以廷弱，較諸德民之矯健，彼日進而此日退矣。英之識者，以此爲國家莫大之憂，而各國之大政治家，近且日夕晝策，以求保護中農小農，毋使爲豪強所兼併。蓋謂此爲一國元氣之中堅，苟其無之，國將不可以立於天地也。由此言之，則商君之政策，又豈徒適用於戰國之時代而已哉。

抑商君之重農，非徒以爲對內政策也，以爲對外政策焉。其言曰：『天地狹而民衆者，民勝其地，地廣而民少者，地勝其民。民勝其地者務開，地勝其民這事徠。』算地篇此言各國之國勢不同而政策亦隨之而異也。夫富之所自出者有三：一曰土地，二曰勞力，三曰資本。三者相合而富乃成。雖有土地之饒，勞力不足以出之，則土地亦皆石田，而國終不可以致富。秦國地廣人稀，其人力不足以產地利。商君知人口爲國力之要素，無人力是無地利也。乃利用鄰民之勞力，吸集他國之人口，以增殖內國之富源。其策曰：

『地方百里者，山陵處什一，數澤處什一，溪谷流水處什一，都邑蹊道處什一，惡田處什一，良田處什四。以此食作夫五萬。其山陵數澤溪谷，可以給其材。都邑蹊道足以處其民，先王制土分民之律也。今秦之地，方千里者五，而穀土不能處二，田數不滿百萬。其數澤蹊谷名山大川之財務貨寶，又不盡爲用，此人不稱土也。今秦之所與鄰者三晉也，彼土狹而民衆，其宅參居而並處，此其土之不足以生其民也。似有過秦民之不足以定其土也。意民之情，其所欲者田宅也，而晉之無有也，信秦之有餘也。必若此，而民不西者，秦氏戚而民苦也。今利以田宅，而復之三世，此必與民所欲而不使行其所惡也。然則山東之民，無不西者矣。』徠民篇。

夫今世之政治家，皆務殖己民於鄰地，而商君之政略，乃務徠鄰民於己國，其道乃適相反。由今觀之，一何可笑。且三晉方患人滿，而秦乃自爲之尾閭，則三晉豈非不勞而坐得殖民地乎？而抑知不然，殖民云者，謂以吾民殖於人地，能治服彼地之民，而握其主權也。而不然者，吾民入人國而服屬於其主權之下，是則減少吾國之分子，而增益人國之分子耳。非所謂殖民也。近數十年，德國以人滿之故，其人民散而之四方者，歲以千萬計。德人憂之，誠以此乃失民而非殖民也。反之，如美國自建國後百年間，汲汲以徠民爲政略，歐洲盈溢之民，湊而集之，若水就壑。而美國不聞以此之故，喪其主權而變成他國之殖民地也。夫美國前此之國勢，正商君所謂地勝其民者，當事徠也。使美國不用徠民政略，安能有今日？今則反是漸有民勝其地之勢矣。而商君時之秦，則正與美國初建國時，同一情勢者也。此其所以與今世之殖民政策，用術適相反也。然此策必待商民而始實行者，則亦有故。

王吏之説曰：『三晉之所以弱者，其民務樂而復爵輕也。秦之所以強者，其民務苦而復爵重也。今多爵而久復，是釋秦之所以強，而爲三晉之所以弱也。』此王吏重爵愛復之説也。而臣竊以爲不然，夫所以爲苦民而強兵者，將以攻敵而成所欲也。今三晉不勝秦四世矣。若此而不服，秦能取其地而奪其民也。今王發明惠，諸侯之士來歸義者，後之三世，無與軍事，則民無不西矣。夫實曠土，而百萬事本，其所益多也。豈徒不失其所以攻乎？夫秦之所患者，興兵而伐則國家貧。安居而農，則敵得休息。此王所以不能兩成也。故三世戰勝而敵不服。今以故秦事敵，案故秦者謂秦國本有之民也。而使新民作本。案本者農也兵雖百宿於外，竟內不失須臾之時。案竟即境字時農時也此富強兩成之效也。中略周軍之勝，秦斬首而東之，東之無益亦明矣。而吏猶以爲大功者，爲其損敵也。今以草茅之地，徠三晉之民，而使之專本。此其損敵也，與戰勝同實。而秦得之以爲粟，此反行兩登之計也。且周軍之勝、華軍之勝、長平之勝。秦所網民者幾何。民客之兵，不得事本者幾何？臣竊以爲不可數矣。假使王之羣臣，有能用之費此之半。弱晉強秦若三戰之勝者，王必加大賞焉。今臣之所言，民無一日之繇，官無數錢之費。其弱晉強秦，有過三戰之勝。而王猶以爲不可，則臣愚不能知已。徠民篇。

由此觀之，則此政策實爲當時一大問題，而盈廷力爭以爲不可者也。商君熟察彼己，指陳利害，逐層駁詰，有快刀斷麻之樂，非高掌遠蹠者，安得有此言哉！其所謂弱晉強秦，與戰勝等，殆以是爲無形之侵略，以陰行其帝國主義者乎。然其招募外人，不以爲客兵而以爲客農，但使務本於內，專任供給。而兵役義務，仍必則諸國民，則又可謂深知國民軍之義，而善於謀國者也。

又 第九章《結論》 烏乎！商君固法學之巨子而政治家之雄也。世人之詬之也，曰破壞井田，曰慘刻寡恩，曰輕棄禮義。夫井田之積弊不可行，與法治者執法無寬縱，俗儒之論，固不足以置辯矣。獨其闕於德義之教，誠不可謂非商君之缺點。然《管子》不云乎：『倉廩實而知禮節，衣食足而知榮辱。』秦民僻處雍西，崎嶇山谷，商君方內務耕織，力擴其生計之源，則所謂施教行化者，或亦牽於事勢，而不能不少有所待。且秦人與西戎錯處，素習蠻風，獷野蠢蒙，固未能遽受高等之教育。彼商君之語趙良曰：『始秦戎翟之教，父子無別，同室而居。今我更制其教，而爲之男女之別，大築冀闕，如魯、衛矣。』由是觀之，則商君固非盡棄禮義。徒以野蠻之俗，其程度之高下自有所宜。文化者，積漸而致，是固未足盡爲商君病也。嗚呼！彼一國之輿論，毅然曾不少撓，卒以拓霸國之規模，立一統之基礎，使其生於今日，固建造德國之俾斯麥也。權貴之怒睨其旁，新主之積怨其後，危如朝露，商君固慮之熟矣。然寧以身殉國，不肯屈法以求榮，忠於謀國，勇於任事，以視後世之尸竊高位，伺權貴之喜怒以媕媚取容者何如矣？後人日詆法家，謂非儒者所宜道，遂使我中國積弊而莫之革，衰薾渙靡，蕩然無紀以至於今日也，悲夫！

清 康有為《孔子改制考》卷四〇 故曰農戰之民千人，而有詩書辯慧者一人焉，千人者皆怠於農戰矣。《商君書·農戰》

詩、書、禮、樂善修仁廉辯慧，國有十者，上無使守戰，國以十者治敵，至必削不至心貧。同上。

攻儒者亦多端，然無有商韓之無道者，詩、書、禮、樂固勿論，仁廉善修亦惡之，此真异聞，戰國時精論、謬論無所不有如此。

雖有詩書，鄉一束家一員獨無益於治也。非所以反之術也。《商君書·農戰》。

國有禮、有樂、有詩、有書、有善、有修、有孝、有悌、有廉、有辯，國有十者，上無使戰，必削至亡國，無十者，上有使戰必興至王。《商君書·去彊》。

國用詩書禮樂孝悌善修治者，敵至必削國，不至必貧。同上

攻及孝悌尤爲悖謬，豈秦固貴不孝不悌乎？相攻至此，固不可以理論矣。

仁者能仁於人而不能使人仁義者，能愛於人而不能使人相愛，是以知仁義之不足以治天下也。《商君書·畫策》。

辯慧亂之贊也，禮樂淫佚之征也，慈仁過之母也，任譽奸之鼠也。《商君書·說民》

故事詩書談說之士，則民游而輕其君。《商君書·算地》。

六蝨曰禮樂，曰詩書，曰修善，曰孝悌，曰誠信，曰貞廉，曰仁義，曰非兵，曰羞戰，國有十二者，上無使農戰，必貧至削十二者成群，此謂君之治不勝其臣，官之治不勝其民，此謂六蝨。勝其政也，十二者成樸必削。《商君書·靳令》。

詩書禮樂仁義，皆棄絕亦不復責誠信貞廉，亦以爲蝨則是以欺貪爲能治乎。橫議之無理，至此孟子所謂於禽獸奚難也。然敢發此論其心思亦不可解矣。

傳記

《史記》卷六八《商君列傳》 商君者，衛之諸庶孽公子也，名鞅，姓公孫氏，其祖本姬姓也。【略】太史公曰：商君，其天資刻薄人也。跡其欲幹孝公以帝王術，挾持浮說，非其質矣。且所因由嬖臣，及得用，刑公子虔，欺魏將卬，不師趙良之言，亦足發明商君之少恩矣。余嘗讀商君《開塞》、《耕戰》書，與其人行事相類。卒受惡名於秦，有以也夫！

著録

《漢書》卷三〇《藝文志第十》 《商君》二十九篇。名鞅，姬姓，衛后也，相秦孝公，有《列傳》。【略】法家者流，蓋出於理官。信賞必罰，以輔禮制。《易》曰：『先王以明罰飭法。』此其所長也。及刻者爲之，則無教化，去仁愛，專任刑法而欲以致治，至於殘害至親，傷恩薄厚。』

《舊唐書》卷四七《經籍志下》 《商子》五卷。商鞅撰。

《新唐書》卷五九《藝文志》 《商君書》五卷。商鞅。或作《商

子》。

《崇文總目》卷五 《商子》五卷。【略】法家者流，以法繩天下，使一本於其術。商君、申、韓之徒，乃推而大之，挾其説以干世主，收取功名。至其尊君抑臣，辨職分，輔禮制，於王治不為無益。然或狃細苛，持刻深，不可不察者也。

宋 王堯臣《崇文總目輯釋》卷三 《商子》，五卷，商鞅撰。

《通志》卷六八《藝文略第六》 《商君書》五卷。秦相衛鞅撰，漢有十九篇，今亡三篇。

宋 陳振孫《直齋書録解題》卷一〇 《商子》五卷。秦相衛公孫鞅撰，或稱商君者，其封邑也。《漢志》二十九篇，今二十六篇，又亡其一。

宋 晁公武《郡齋讀書志》卷三上 《商子》五卷。右秦公孫鞅撰。衛之庶孽，相秦，封商，好刑名之學，秦委以政，遂致富彊，卒以刻薄致誅。所著本二十九篇，今亡者三篇。

宋 王應麟《漢藝文志考證》卷六 《商君》二十九篇。太史公曰：『嘗讀商君《開塞》、《耕戰》書，與其人行事相類。』《正義》云：『《商君書》五卷。』《館閣書目》：『今是書具存，共二十六篇（三篇亡）。』《後魏·刑罰志》：『商君以《法經》六篇入説秦，設參夷之誅，連相坐之法。』

《文獻通考》卷二一二《經籍考·三九》 《商子》五卷。鼂氏曰：『秦公孫鞅撰。鞅衛之庶孽，好刑名之學。秦孝公委以政，遂致富強，後以反誅。鞅封於商，故以名。其書本二十九篇，今亡者三篇。太史公既論鞅『刻薄少恩』，又讀鞅《開塞》書，謂：『與其行事相類，卒受惡名，有以也。』《索隱》曰：開謂刑嚴峻則政化開，塞謂布恩惠則政化塞。今考其書，司馬貞蓋未嘗見之，妄爲之説耳。《開塞》乃其第七篇，謂：『道塞久矣，今欲開之。必刑九而賞一，刑用於將過則大邪不生，賞施於告姦則細過不失。大邪不生，細過不失則國治矣。』由此觀之，鞅之術無他，特恃告訐而止耳。故其治不告姦者，與降敵同罰；告姦者，與殺敵同賞。此秦俗所以日壞，至於父子相夷，而鞅不能自脱也。太史公之言信不誣矣。《周氏涉筆》曰：『《商鞅書》亦多附會後事，擬取他辭，非本所論著也。其精確切要處，《史記》列傳包括已盡。今所存大抵汎濫淫辭，無足觀者。』蓋有地不憂貧，有民不憂弱，凡此等語，殆無幾也。此書專以誘耕督戰爲根本，今云使商無得糴農，無得糶農，無糶則窳，惰之農勉商，無糴則多歲不加樂。夫積而不糶，不耕者誠困矣。力田者何利哉？暴露如邱山，不時焚燒，無所用之。《管子》『謂積多而食，寡則民不力』，不知當時何以爲餘粟地也。貴酒肉之價，重其租令，十倍其樸，則商估少而農不酣然則酒肉之用廢矣。凡《史記》所不載往往爲書者所附合，而未嘗通行者也。秦方興時，朝廷官爵豈有以貨財取者，而賣權者以求貨下官者以冀遷，豈孝公前事耶？陳氏曰：『《漢志》二十九篇，今二十八篇，又亡其一。』

《宋史》卷二〇五《藝文志》四 《商子》五卷衛公孫鞅撰。

明 焦竑《國史經籍志》卷四下 《商君書》五卷漢十九篇，今亡三篇。

明 陳第《世善堂藏書目録》卷上 《商子》五卷。

明 祁承㸁《澹生堂藏書目》 《商子》五卷。

《文淵閣書目》 卷二《商子》一部一冊。

明 朱睦㮮《萬卷堂書目》卷二 《商子》一冊。

清 丁丙《善本書室藏書志》卷一六 《商子》五卷明刊本。秦商君公孫鞅著。明錢塘馮覲晉叔點評。《漢志》稱商君。《隋志》始稱商子。皆載二十九篇，今篇目二十有六，與晁氏《讀書志》合，而第十六第二十一兩篇已有目無書。元刊外有范欽本秦四麟本，此爲吾鄉馮氏評本。前附《史記·商君傳》及嘉靖已未小海道人馮覲自序。天啓丙寅覲之。孫贄始序而刊行。覲有廉訪使者木印，其評點皆尚筆氣文法，而其間錯誤不能句讀者，或圈以隔之，豎以斥之，與乾隆時西吳嚴萬里校本往往多合。

清 丁申、丁丙《八千卷樓書目》卷一〇《子部》 《商子》五卷。秦商鞅撰。漢魏叢書本。明天啓馮氏刊本。浙局本子書百種本。

清 范邦甸《天一閣書目》卷三之一《子部》 《商子》五卷。刋本。秦商鞅撰。明司馬公校刻。

清 季振宜《季滄葦藏書目》 抄本《商子》一本。

清 瞿鏞《鐵琴銅劍樓藏書目録》卷一四《子部二》 《商子》五卷。舊鈔本。《漢志》稱商君。《隋志》始稱商子。皆載有二十九篇，今篇目有二十六，與晁氏《讀書志》合，而第十六第二十一篇，已有目無書，此邑入馮知十所錄，以宋本校過。卷首有彦淵馮知十讀書記，二朱記。

清 陸心源《皕宋樓藏書志》卷四二《子部》 《商子》五卷。明天一閣刊本。秦商鞅撰。《商子》五卷。嚴可均手抄本。秦商鞅撰。

清 彭元瑞《天禄琳琅書目後編》卷一六《明版子部》 《商子》五卷。

清 錢謙益《絳雲樓書目》卷二 《商子》五卷。

清 錢曾《錢遵王述古堂藏書目録》卷五 法家 《商子》五卷。一本抄。

清 徐乾學《傳是樓書目》 《商子》五卷。

清 孫星衍《孫氏祠堂書目・内編》卷二 《商子》五卷一、明緜眇閣刊本；一、明程榮刊本；一、明吴勉學刊本；一、明朱蔚然二卷刊本；一、孫馮翼刊本。

清 孫星衍《廉石居藏書記・内篇》卷上 右《商子》五卷，緜眇閣所刻《先秦諸子》本。又有程榮校本，在《漢魏叢書》。又有吴勉學刊本。又有二卷本，以《更法》至《修權》為卷上，《來民》至《定分》為卷下；朱蔚然校刊覺按：孫説誤。該二卷本以《更法》至《勒令》為卷上，《修權》至《定分》為卷下；卷上為朱蔚然校訂，卷下為朱錫綸校訂。子又從朱舍人文翰借得鄭寀刊本。合四本校之，各有所長，惜無宋本可校矣。其文證之《太平御覽》之文，似此書為後人有節删之處。諸子書由後人追輯，惟《墨子》、《商子》由其手定，其詞反復詳明，真三代以前古書，竝非僞作，急宜校付剞劂云。

雜録

《三國志》卷三二《蜀志・先主傳・遺詔敕後主》 朕初疾，但下痢耳，後轉雜他病，殆不自濟。人五十不稱夭，年已六十有餘，何所復恨？不復自傷，但以卿兄弟爲念。射君到，説丞相歎卿智量，甚大增修，過於所望；審能如此，吾復何憂！勉之，勉之！勿以惡小而爲之，勿以善小而不爲。惟賢惟德，能服於人。汝父德薄，勿效之。可讀《漢書》、《禮記》，閑暇歷觀諸子及《六韜》、《商君書》，益人意智。聞丞相爲寫《申》、《韓》、《管子》、《六韜》一通已畢，未送，道亡，可自更求聞達。

宋 王楙《野客叢書》卷四《蜀先主讀書》 《蜀書》言先主不甚樂讀書，喜狗馬。僕觀三顧草廬，與夫用兵行師甚有得於書之旨，先主豈真不樂讀書哉？蓋當吴魏相持之際，正藉武人以輸其力，一示以讀書之説，此曹將至解體，此正與漢高罵儒之意同，不然臨終何以戒其子曰：『可讀《漢書》、《禮記》，歷觀諸子、《六韜》、《商君書》，益人意智。』觀此，可見先主之本心矣。

《册府元龜》卷一九六《誡勵》 蜀先主遺詔後主曰：『勿以惡小而爲之，勿以善小而不爲。惟德能服於人，汝父德薄，勿效之。可讀《漢書》、《禮記》，閑暇歷觀諸子及《六韜》、《商君書》益人意智。』

經世民事録

綜述

《四庫全書總目》卷一〇二《子部一二》 《經世民事録》十二卷，浙江范懋柱家天一閣藏本，明桂萼編。萼有《桂文襄奏議》已著録。是書乃萼為武康知縣時，按明大統曆所載逐月節氣，各注事宜刊布曉諭。故每卷之首皆稱湖州府武康縣，據本縣陰陽呈某時為某節，當奉時令施行云云。後嘉靖七年蔣瑜知鄱陽縣，萼以是本授之，瑜遂重刊以行。其中每月冠以《月令》全文一段，與民事無關。且居青陽左個云云與明制亦絶不相合也。

（同治）《湖州府志》卷五九 桂萼。《經世民事録》十二卷。《四庫》存目。是書乃萼為武康知縣時，按明大統歷所載，逐月節氣各註事宜，刊布曉諭。故每卷之首皆稱：湖州府武康縣，據本縣陰陽呈某時為某節，當奉時令施行云云。後嘉靖七年，蔣瑜知鄱陽縣，萼以是本授之。瑜遂重刊以行。其中每月冠以月令全文一段，與民事無關，且居青陽左個云云，與明制亦絶不相合也。

傳記

《明史》卷一九六《桂萼傳》 桂萼，字子實，安仁人。正德六年進士。【略】萼所論奏，帝王心學論、皇極論、易復卦、禮月令及進禹貢圖、輿地圖説，皆有裨君德時政。性猜狠，好排異己，以故不為物論所容。始與璁相得歡甚，比同居政府，遂至相失。

明 何喬遠《名山藏》卷七三《臣林記》 桂萼，字子實，安仁人。仕至少保、太子太傅、吏部尚書、武英殿大學士；卒，贈太傅，謚文襄。萼自進士起家，三調邑令，頗廉潔，恤民而好剛使氣，多忤上官，被都御史知府笞責污白簡者再三。其於張孚敬非素交，既言禮合，同貴幸，乃相昵，爲人險忮，行恩怨。其尚書吏部，逐都御史之見笞者孽而戍知府，獨以名薦魏挍爲國子祭酒，挍爲萼草奏，往往精深當上意。孚敬閑者覺弗如，知而意恨之。而挍與新建伯王守仁争名不相下，萼爲之構守仁，奪世封。當孚敬之入内閣，上外禮楊一清，而内親孚敬及萼。爲同官，孚敬與萼同攻一清，直欲出其上，然萼有建白孚敬，又多絀之，萼又内憾孚敬。三人者，鼎而相詆諆，雖上亦厭之。孚敬還相，萼亦被召還，然氣黯然，不復振。復請告歸，病羸卒。萼精悍狷隘，少事吴與弼之門人張方，布衣時即以學術經濟自許。既受上知，直躬無顧忌，乃志遠才疏，所規畫多迂滯不適用，然身没之后其家灊然，士大夫亦多焉。

明 唐樞《國琛集》 桂萼，安仁人。家學懋修，自少負奇志，動以古人爲慕，常謂事必有法，必豫爲理會，以儲經世之具。三任縣令，所至政善民安。會議繼統，禮群疏不伸，臺閣布忿，天子方持終天之快，公袁衆論以上，而謂强臣執國柄，欺天子幼冲，上奮乾綱。大禮立就，乃眷注。公歷擢冢宰，入内閣。公引拔賢才，温裕識治體。

明 王世貞《弇山堂别集》卷四五《内閣輔臣年表叙》 桂萼字子實，江西安福人。由正德辛未進士，嘉靖八年以少保武英殿學士入閣，九年致仕，本年復入再致仕，卒年五十四。

《授時通考》卷三 《經世民事録》：二月内有三卯則宜豆；無則旱種禾。

著録

明 晁瑮《晁氏寶文堂書目·農圃》 《經世民事録》

明 祁承㸁《澹生堂藏書目》 《經世民事録》二卷一册，桂見山。

《續通志》卷一六〇 《經世民事録》十二卷。

《續文獻通考》卷一八一 桂萼《經世民事録》十二卷。是書乃萼為武康令時所編。

清 倪燦《補遼金元藝文志》 桂見山《經世民事録》二卷。

清 黄虞稷《千頃堂書目》卷一二 桂見山經世民事録二卷。

（光緒）《江西通志》卷一〇五 《經世民事録》十二卷。桂萼撰。

《四庫全書》存目。萼見史部奏議類。

牧令書

綜述

清 徐棟《牧令書·自序》 天下事莫不起於州縣，州縣理則天下無不理，稱州縣之職大約不外於吏事久讀書多，而讀書更要。蓋吏事在既事之後，讀書在未事之先，且讀書雖未吏事，而可收吏事之效。所謂前事爲後事師也。昔有見乎此，言刑名錢谷有書，言興利除害有書，甚至記功過因果有書，當事者皆可奉為龜鑒矣。顧其書或列敘前代事，或自成一家言，而朝二百年來循積嘉言未有人起而萃之。余不揣固陋，取暇參稽捃摭漸多，遂依類相從分為若干卷，綜既往以待將來。集衆長以求一是，以此勸吏而福民，庶幾爲千里之跬步乎。若夫得前人之良法美意而申明變化之則，存乎讀是書者。

又《牧令書例言》 一州縣事宜爲欽頒之書，應與《會典》、《律例》、《洗冤録》等書同奉全编，以為法守，故不恭載。

一桂林陳文恭公《從政遺規》包括精密，當湖屈培齋先生《守令垂範》備著楷模，黄思湖《給諫福惠全書》遂稍陳冗而又條有理、鉅細靡遺，《荒政叢書》、《康濟録》、《荒政輯要》皆切實可見諸施行。以上各書務宜購閲全函，方無掛漏之憾。他如《居官必覽》、《治鏡録集解》以及兵行錢谷之各有專書者，自爲始終無煩割取，從政有暇，瀏覽及之可耳。

又《牧令書總目録》 卷九《農桑上》

卷十農桑下

卷十一賦役

卷十二籌荒上

卷十三籌荒中

卷十四籌荒下

清 徐棟《牧令書・楊以增序》 自《史記》創為循吏傳，歷代因之而西京為盛。益西漢生古未遠淵源，經術具有師承，吏治蒸蒸不懈而及於古。國朝重熙累洽列聖相承，以察吏為圖治之先務，皇上禦極以來慎簡牧令，其課最者往往恩予召對，不次擢遷尤，稱異數，誠以牧令迺親民之官，以保赤之心為心則一邑治，即推之天下而天下無不治。高安朱文端公輯歷代循吏傳，始漢終元皆録舊史，益取散見他書者，以附益之而。朱及於昭代，吴江陸朗甫中丞切問壘文，鈔長沙賀耦耕制府《經世文編》。於我朝政良規，搜羅宏富然非專為治之。難水旱盜賊自古有之，治亂相因，其吴以濟而籌荒戢暴備武具於是書，複以保甲總其綱。無事則豫切備求，有事則不虞扡格其善。三夫牧令與興唐虞之十有二，牧春秋之令尹不同，今特一邑之任耳，顧社稷民人惟牧令是寄本是書而遵行之，因時制宜精義致用，彼西京之通於世務，明習文法以經術，潤飾吏事者何以加茲。餘與太守荅岑至契，夙稔其有體有用，由工曹出守興安，量移首郡，渭川共楫雅慕前修，今以是書付之剞劂。用之一邑而治，推之天下而無不治，將見進而益上大其設施。仰聖天子察吏安民邁古循良之績，匪直謨猷入告得拜獻之先資已也。是為序。道光歲在著雍涒灘壯月日吉，聊攝年愚弟楊以增書於中即署之四來堂。

又《李文瀚序》 古之言治道者要在於養民而已。牧令養民者也，以仁心為之質而又有其才，以佐之；斯利與弊除家給人足而治蒸蒸日上焉，此其道徐致初太守得之。太守粹於學精於治積，數十年之所得於心者，輯《牧令》一書。其發明古人之良法，美意為天下後世治道之準繩，吏知有所持循而民鹹被其福猗歟。休哉！功可量歟！文瀚譾劣謬膺牧民之責，十年於茲矣，猶憶宰時家君將南旋，授吕公心行實政焉耳。文瀚退而凜之昕夕閲臨覽兢，以求於治而恒愧無所發明，及讀此書始益曉然於良法，美意之所在有如斯之，詳且盡者。文瀚雖無似，竊願奉為準繩，身體力行之於養民之道，庶有得乎？道光中秋八月戊申秋八月，後學李文瀚謹序。

又《江開跋》 甚矣，吏治之難也。子僑鄭卿黄霸，漢相，乃子長孟堅修史不列於卿相，而退見《循吏》何哉？想其秉筆時深知循吏之難得。無子僑，黄霸則傳爲減色，此子長孟堅之苦心不謀而合者也。吏治豈易言哉！夫至作吏之時，始習爲吏治，其生平所讀何書，所學何事，以古循良自待者，當早計之矣。今天下制科之文，淪入肌骨，一第之後，所學盡爲無用，而所用皆非所學。非具過人之才，鮮不茫然失據，況又有聲色貨利，以汩其心，卽不然溺情文墨，肆志風雅，其廢失時事，較好聲色、貨利者，有清濁之分，無是非之别也。使易其所好，而講求實事，初雖茫然，久則了然。且仕且學，亦未爲晚。蓋一州一邑之中，自錢穀、兵刑、農田、水利、蠶桑、學校、捕盜、救荒諸大政，是六官庶司之所分職，而州縣獨兼之甚矣。州縣之難也，天下者州縣之所積，牧令得其人則州縣治，州縣無不治，則天下治矣。顧安所得牧令之賢且多耶。世之業醫者眾矣，好弈者亦眾矣，豈必人人皆扁鵲，人人皆弈秋？然扁之方爲病設病，已而方傳；秋之譜以弈成弈，久而譜備。人苟以扁之方，秋之譜，思之思之，神明而變化之，其於病未有不宜，於弈未有不勝，較私心之創，爲方與譜者，其難易工拙何如耶？致初先生潛心吏治，數十餘年，輯成《牧令》一書，採自當代名賢，法不拘古，言不託空，廣益集，思美矣，備矣！不以爲不才，屬參訂，其用之州縣，誠爲扁之方，秋之譜。然二子之方與譜雖善，苟用違其宜，猶將敗厥事。若此書則隨地隨時，信手展閲，皆能益人神智，固爲牧令之津梁，而括而通之天下無餘事矣。《牧令》云乎哉？先生可謂不惜金鍼者矣。畱心吏治者，當鑄金事之。戊申八月。

清 陳其元《庸閒齋筆記》卷一二 同治六年，余初任南滙縣時，厲精圖治，遇民間訟事一經控訴立卽提訊，隨到隨審，隨審隨結。三月之間除尋常自理之案外，審結歷任積案三百八十餘起，案牘一清。民間頗著頌聲。丁雨生中丞，奏予獎敘。余私心亦未嘗不自喜也。洎調青浦，仍不肯少怠，攔輿喊稟無不立爲了結，甚至南滙舊部民訟獄者，有不之本縣而來青浦求余判斷。心益喜，自負。至九年丁中丞以所刊《牧令書》頒發各縣内，有南豐劉廉舫先生《衡庸吏庸言》一册，余受而讀之不禁悵然自失，通身汗下，自是不敢自詡精明，輕受民詞矣。先生之言曰：尋常案件定於三八，當堂收呈，此外各日切勿濫收。夫小民錢債田土口角，一切細故，一時負氣，旁有匪人聳之遂爾，貿貿來城，忿欲興訟，實則事不要緊，所欲訟者，非親即友。時過氣平，往往悔之。官若隨時收呈，則雖有親鄰，不及勸阻，而訟成矣。一經官爲訊斷，曲直分明，勝者所值無多，負者頓失顔面。蓄忿漸深，其害有不可勝言者。且官即清廉，結案亦極神速，訟者自田間來，人地生疏，斷不能一無所費，此官長任事太勇之過也。若官非三八日斷不收呈，則訟者欲告之日，未必適逢放告之期。此數日中有關愛之親戚、鄰里，爲之勸解，則狀詞未投，欲告者舊情未斷，爲所欲告者，顔面無傷，不難杯酒釋憾矣。夫如是，則訟端漸少，和氣所蒸，可以兆豐年，而釀厚俗，又不僅惜民之財已也。此愛民者，所宜體諒及之者也，倘自詡聰强收呈，不以其時，能則能矣，毋亦不恤民隱乎。況更有藉此巧取者，吾烏乎知之。至如命盜鬥傷搶親等案，則應就地方情形擇其尤要者，酌定十條或八九條，刊刻宣示，準其隨時喊禀，則又不必具呈矣，云云。此眞閱歷有得藹然仁者之言。嗣余宰上海，即遵其言行之。上海五方雜處，華夷交涉，事件尤多，聽訟不勝其煩，嘗有攔輿控會項不還者。余閱其呈曰：爾理可準，然細故可於明日告期上來。明日其人不至。又嘗於鞫獄時，有呼冤入者，詢其故，則被人霸占房屋不還之故，亦令其俟告期來，到期亦不至，蓋俱有人相爲調息矣。此等事不一而足，不特民免訟累即官，亦省聽斷之煩，仁人之言，其利溥哉。特記之。以志吾過，並諗後之有志恤民者。

傳記

（光緒）《保定府志》卷五六　徐棟號致初，道光壬午進士，授工部主事，擢都水司郎中。二十一年外授興安府知府，調漢中西安府知府。二十七年，大計卓異。己酉以病歸。咸豐三年，奉旨督辦本省團練。四年修直隸省城得旨嘉奬。同治元年奉旨録用，以老病辭。是年卒，年七十四《興安府舉名宦册》棟在工部時，究心吏治，以爲天下事莫不起於州縣，州縣理，則天下無不理。稱州縣之職，不外於更事久讀書多。然更事在既事之後，讀書在未事之先，則讀書尤要。乃滙諸家之説成《牧令書》二十三卷。

著録

《續文獻通考》卷二六五　《牧令書》二十三卷。徐棟撰。

清　丁申、丁丙《八千卷樓書目》卷九《史部》　《牧令書輯要》十卷。國朝徐棟編。刊本。

（光緒）《鎮安府志》卷一五　《牧令書輯要》十卷。國朝徐棟原編。

清　張之洞《書目答問補正》　《牧令書》二十三卷。《保甲書》四卷。徐棟輯。通行本。淺而切用。補蘇州局本。武昌局本。

（光緒）《保定府志》卷四四　《牧令書》二十三卷。徐棟撰。採訪册。徐棟字致初，安肅人。道光壬午進士，官興安府知府。

農政發明

清　奚誠《農政發明·嵇文煒序》　予年老倦游因識奚君子，明於金闐寓齋。其爲人也好學深思，有分陰自惜之概，挹其言論風採，上下千古慷慨獨任。予心善之，遂詢其所學而見其所作，大都以經世爲務，内一種《農政發明》推原，所以實得古人之心法，然終落落寡合殆蘇長公，所謂『滿肚皮不合時宜者』歟此。將平日博採衆義，自成一家之《畊心農話》一帙示予。予非老農初讀之，似亦人云亦云之作；再讀之覺有理法之相承；又讀之而殆知其用心良苦，妙在不泥而古而用古法，有异於□而與□宜，可謂匡時而不戾於時，誠非苟作者也。蓋《禹貢》一書，亦只言水土之不同，種植之宜异，此教九州之人民耳。苟東南沃壤而盡行此法，則西北亦可免饑饉之虞。斯功此德又何可限量哉！子明其力行之，俾築耦畊堂共話桑麻，可進步古賢無愧矣。是爲序。時道光歲次丁未冬日，梁谿嵇文煒蔑眉氏題時年七十有六。

清　奚誠《農政發明·吕承賢序》　天下之病惟在於不足，不足者補之補莫如治本，本源在農是也。古之務本者，比重農而貴粟，后世生齒日繁，農政廢弛雖欲足食不亦難乎？吾友奚君子明，醫國手也。其論十三科八法，發古人之未發，其治病也目無難症，著子成眷真有洞垣之明，起死回生之術。而又好學深思安貧樂道，其於三教聖人之道，靡不通徹尤精元學。惜落落寡合所行軌阻，雖貧不自瞻泊如也，蓋不爲一身一家計而爲天下行其志，大矣。近出其所著《破火攻》、《治河渠》等書，惜原稿爲人購去，維《畊心農話》一帙，讀者無不笑其妄而嘆其愚，故玉今猶在篋中也。其中井田論，復井田法，種田新法，原原本本酌古斟今，誠救世之神丹養生之妙劑也。夫世之好爲大言者，每以井田爲必可行，后者譏之，蓋明知其必不可行而言之，亦借是以欺世盜名耳。今觀斯集亦言井田而有變通之法洵，非紙上空談。嘗有實效者如果信行，將見倉廪實而禮教興，則其所補於天下者，不小可佐我道以活乎而甦其蒼黎之疾，有何難哉！故樂而志之。是爲序。道光己酉孟冬，吴孫吕承賢禧年氏題於南濠一卷石山房。

清　奚誠《農政發明·自序》　厚生者所以培斯民之元氣也。論厚生之道，曰：足食足食之本，則在乎種植之得宜。夫農者力耕，固莫不有年是望而卒無倍蓰之獲者，則種植之宜或未盡善。小民無知，莫之切究而士大夫又不屑言。予醫也竊思神農教民，始藝五穀食味草木之滋，以治民病。苟本其醫人之術，推而醫國其補救之大，更何如也。或曰：不在其位，不謀其政，聖人所戒。子僅草澤一民，見聞未廣，自謀之不暇，迺欲推醫人之術，以醫國？豈非妄言以取利乎？予應之曰：此言誠是。然亦思予之所以呶呶不已者，切有慨乎。吴中漕賦甲於天下張士誠據吳，以祖爲賊，自有明至國朝，雖屢減其賦，然今一郡之額猶抵一省，官逋日積，民不聊生，抑且中外無限，漏卮日竭，吁民病幾不可治矣。求治其原莫先民富，民富莫先勸農，講求樹藝之法，以調劑而疏通之。民氣既蘇民心自固，所以養國脉於太和者，實系乎此。予雖至愚，輒敢貢其一得焉。孟子曰：民之爲道也，有恒產者，有恒心；無恒產者，無恒心。苟無恒心，放辟邪侈，無不爲己。愚民非不愛親也，仰事無資，則孝道難全於凍餒；頑民非不畏法也，謀生乏術則爲非，實廹於饑寒。世道之衰其何以振？誠重農以敦本，立鄉長里正之法而督率之（其法，從鄉里擇身家殷實，德行并優者，爲鄉長，生監才能出衆，守正不阿者，爲里正，酌捐助法，置辦義田，教之屯種）。使地無曠廢民無游惰，各保身家勸功興業，王道之行不外是矣。道也者，君子學之則愛人，小人學之則易使。士爲四民之首，有轉移風化之權，小民所視爲標準者也。故欲正民心必先端士習，如能束修其身，使一鄉之人熏其德而善良，推而至於天下則此户可封矣。然后别其流品，重材器使，得人之效於此可觀，則朱子所謂使士居之無异處，取之無异路，官之無异術，亦即周官教以德行道藝而具其賢者。能者之義人心日習於正，以之致天下治平不難也。然則富民之道實所以壽民。予之所謂喋喋農事者，其救時之良藥也夫。咸豐壬子年嘉平月抄，吴郡奚誠子明氏自序。

農事私議（附墾荒裕國策）

清　羅振玉《農事私議·自序》　理國之經，先富後教，治生之道，不仕則農。予束髮受書，不辨菽麥，長更世故，思歸隴畝。爾來外侮頻仍，海内虚耗，利用厚生尤為要圖。爰就斯業竱慮探討，偶有造述之無文，一得之愚，差同獻曝。世有達者舉而行之，空言之誚，庶幾免夫。光緒庚子冬上虞羅振玉。

清　羅振玉《農事私議·目録》卷上

清 端方《進呈農學書籍摺》 奏爲京員講求農學輯成書進呈。御覽恭摺仰祈聖鑒。事竊據候選光祿寺署正羅振玉呈稱：於光緒二十三年春間邀集同志於上海剏立農學會，考究農學新理、新法，譯印報章兼譯農學新書。二十四年經已故督臣劉坤一奏明改為江南總農會。數年以來所譯農新書日以增多，茲特彙齊裝訂，都爲五集。懇請進呈御覽。前來臣伏查該員羅振玉，力學深純，心術正大。曾赴日本遊歷於學堂，教育之法夙有探討。近年在江浙、廣東等省辦理學務，皆相倚重。該員剏設農學會，業已有年。家本寒畯，雖經改為江南總農會，公家並未助給經費，而所譯農書裒然成帙，皆係該員獨力支持，未嘗中綴。且以實業提倡天下，較之妄出報章，有害人心，希圖漁利者，其用心相去不啻霄壤。方今朝廷振興實學不遺餘力，農學最為民生切要之圖，而以剏辦維艱，言者寥寥無幾。該員獨能悉心考輯爲成書，觀其考覈之勤、採取之博，自應將原書恭呈御覽。倘蒙幾餘翻閱則其所譯各書，自不難風行海內，俾有志之士得以相率考求，逐漸推廣，於齊民生計必能大有裨益。所有京員彙譯農書進呈御覽。各緣由理合摺具陳伏祈皇太后、皇上聖覽訓示。謹奏。

圖民録

綜述

清 袁守定《圖民録·自序》 余弱冠幸售未嘗學問，年未三十即登仕版，爾時實無所挾持，以爲長民之具。幸所歷三縣一州，民淳俗美，因得藏拙，與士民相調習。而一時當事大人，大加器異，至不以所屬之禮待之，可謂逾分矣。既而老母抱疴，違例乞養，撫軍虞城許公謬以通省第一賢能之員入告。當日竊不自虞，謂上官之稱許若此，自當無負斯民，可告無罪。嗣蒙聖主召見，恩予歸養，菽水承歡之暇，靜對古人景。彼嘉行增我愧怍，譬如十夫業歌，一夫入調，枯口幹喉之中，自矜絕唱，遂大發舒以爲吳歈越吟，無所不可。若引而置之，王豹、綿駒、陳左、秦青之間則捫舌而不敢發聲矣。由今觀昔，何以異此？今予又將作吏一方，與一方之民相左右，思欲臻夫大醇以彌既往，因以閱歷所得證之經史之中知其決可施行，可遵守者，筆墨記之，編爲四卷。常欲系之肘後，以自鏡見，或者亦裨益斯民之一助乎。古人有言：夫苟中心圖民，智雖不及，必將至焉。余之才誠不能及此，而所以樹於中者，不敢不堅也。因取圖民之義，以弁其編云。時乾隆二十一年丙子正月既望豐城袁守定自序。

清 袁守定《圖民録·孫銘泰跋》 先曾祖易齋公《圖民録》四卷，往栞於新城。陳約堂廉訪最後，劉簾舫觀察，得趙君惕爾手録本，複栞之墊江縣署。遺書不傳而是編僅存，二君子力也。庚辰歲鄰人不戒於火，家所刻藏板蕩然無存。故吉光片羽見者寶之。曾祖博聞強識，經史子集而外旁及青烏之術，靡不精究。學博而能約，不空談性命而歸於明體，以達於用。莅楚省芷江諸邑，不延幕賓而通達治體，洞悉利弊，深得民心，邑人敬愛之。乞養歸，攀轅泣送，戶祀袁青天神位。今湘浦祠宇，猶歲時饋豚，禱祀不絕。故當日上官虞城許公稱爲『通省賢能第一』。南昌龔畏齋先生以王佐才許之，而鉛山蔣清容先生懷人詩亦曰『儀曹宰相才，惜哉兩爲吏。』且一再詠之不已。三君子者，豈無所信而溢美與？是編蓋莅民時舉平日見之當官者，證以夙昔所學，信其決可施行，著之簡端録中。所謂『在官不廢學』，又曰『歷練後好讀書』也。昔潘安仁有家風之述，陸平原有世德之詠，前型具在，諸君子尚珍而栞之，爲子孫者，任其放失而莫爲搜輯，罪將焉諉。且泰初隸仕版，國計民生，迂疏不達，將何恃以告無過。爰取劉觀察栞本，重付剞劂，朝夕省覽，庶幾有所遵循，不致遺羞於先人云爾。其《占畢叢談》、《説雲詩鈔》、《時文稿》俟他日重梓，以公同好。曾孫銘泰謹識。

清　袁守定《圖民録·劉良駒跋》　豐城袁祠部易齋先生《圖民録》四卷，家君曾刻於墊江官署。歲辛卯良駒攜來京邸，時先生之曾孫補之大令銘泰方候試春明。詢其家無藏本，贈以一編補之。旋成癸巳進士，宰河南林縣，有聲，複就墊江本影刻之，郵書惠余數帙，爲戚友求取殆盡。都門同人，謀再付剞劂，各裒貲若幹，分任校對，屬良駒審定。爰取鉛山蔣心余太史所撰先生志銘登諸簡端，俾讀是録者，知先生行誼本末，至其存心利濟，實有惠政及民，而非徒載之空言已也。道光己亥季夏南豐後學劉良駒恭識。

又《劉衡謹跋》　歲壬戌衡在京師，得蕭山汪龍莊先生所撰《學治臆説》。時方攻舉子業，顧喜讀之，置案頭暇輒一省覽。癸酉令廣東嘗校刊之，庚辰先君子見背，踉蹌歸里，年家子趙君惕爾手《圖民録》見示，録爲豐城袁易齋先生撰。先生學術醇正，其爲吏介而不戾，於俗故能以令名終。此篇所言切當，治理大要以愛民爲主，妙義精思，發人深省。則汪君治譜之粉本也。作吏如此，其庶幾寡過矣乎。録凡四卷。新城陳約堂廉訪官兵部郎時有刻本，今已佚脱，此從趙君手録本，校正刻之。道光四年甲申閏月白露後二日南豐後學劉衡謹識於四川墊江縣署，告之以有過之軒。

清　陳用光《太乙舟文集》卷六《重刻居官寡過録序》　余先友袁易齋先生，嘗宰湖南以治行，最擢禮部主事，嘗著《圖民録》一書，亦深言誠求之道者。余先君子嘗梓藏其書，今舉以贈肖庵，乃言及格臣是書夫寡過者，所以誠求之。階也能寡過，而後能誠求勤。勤民之君子，其有取於余言也已。道光庚寅季秋月下浣督學使者新城陳用光序。

傳記

清　李祖陶《國朝文録續編·香國集文録·袁叔論小傳》　袁守定，字叔論，性孝，通經術，爲文力追先民，矯矯出塵然。不急於用世，以母命應制科，登雍正庚戌進士，任會同知縣，潔己愛民，舉念從百姓起見，制變之才又足以達之。

清　戴肇辰《學仕録》卷六　袁守定字易齋，江西豐城人。雍正庚戌進士，官至禮部祠祭司主事，有《圖民録》等書。

著録

清　丁申、丁丙《八千卷樓書目》卷九《史部》　《圖民録》四卷。國朝袁守定撰。江西局本。

《清續文獻通考》卷二六五《經籍考九》　《圖民録》四卷。袁守定撰。守定字叔論，號易齋，江西豐城人。雍正庚戌進士，禮部主事。

（光緒）《江西通志》卷一〇四　《圖民録》四卷。袁守定撰。

（同治）《豐城縣志》卷二四　《讀易豹窺》、《雩上詩説》、《圖民録》俱袁守定著。

藝文

清　蔣士銓《忠雅堂文集》卷二三《寄懷袁丈易齋八首》　先生學道人，情性得天厚。閲世七十年，物新我仍舊。太虚轉氣機，默默欣所受。但存悲憫懷，變滅皆可宥。心和生理長，不借服食壽。所以蒼松姿，僉同紫芝秀。

知足屏外營，内視知不足。平生經世心，所學異干禄。小用獲得效，觀物亦已熟。喬林漸迴青，芳艸忽盡緑。豈不感遷流，聊且澹榮辱。水雖無波汲，静泉始復。

佇立秋風前，每憶林慮叟。心同古人師，敢曰君子友。夢寐時復見，言行恐相負。箯輿赴鵝湖，信宿事亦偶。奄忽十三載，熱淚墮尊酒。可憐出處懷，脈脈契已久。

山中築艸堂，道味老益腴。悠然寫心懷，雲行水舒舒。靈源澹空明，不見淵與魚。所言孕名理，妙義煩含咀。蘇公和陶詩，尚落迹象餘。至論歸自然，不在通羣書。

每對南山雲，動我依依想。況開尺素書，目共征鴻往。上言會晤難，下言衰病長。平生故舊情，規戒一何讜。願翁享修齡，手握伏生杖。國老乘安車，去就臨雍養。

隨化盡則已，未化樂我生。如何作達翁，尚有歌哭情。世無不死藥，賢哲皆長庚。各自具修短，不在骸與形。政事文字間，翁壽逾籛鏗。嗟我詹詹言，竊比候蟲鳴。翁當憫蜉蝣，老淚爲吾傾。

貧居十五載，寂寞心已妥。天語及姓名，感激淚頻墮。志節難遽明，知遇敢終苟。仍趨文字職，竊恐深願左。平生胞與懷，施設期一可。與翁疇昔言，老矣鐙前我。

治譜存一編，題曰《圖民録》。利導信有方，與聚隨其欲。馴養如孩提，無取官吏俗。我持痌瘝念，展向茅檐讀。堂堂陳仲子，殺青付守牧。同我官戒詩，刻石摹萬幅。但願專城人，平心爲三復。

雜録

清　李元度《天岳山館文鈔》卷三六《答馬太守毓華書》　守令為親民之官，寬一分則民受一分之賜，時賢治譜，若徐氏棟之《牧令全書》，袁氏守定之《圖民録》，汪氏輝祖之《學治肊説》，劉氏衡之《庸吏庸言》皆樸實精當，可以坐言起行，計必飫觀而力行之，如尚有未寓目者，望即加意購求可也。

清　朱壽朋《東華續録·光緒朝光緒一〇二》　又《圖民録》一書，敷陳治理深切著明，為居官之寶鑒，亦已刻成，任地方者各手一篇，於吏治不無裨益。此外應刊之書，仍陸續籌款刊發，以臻賅備，而便士林。合併陳明報聞。

安吴四種

綜述

清　包世臣《安吴四種·總目序》　《中衢一勺》三卷，附録四卷。

《藝舟雙楫》論文四卷，論書二卷，附録三卷。

《管情三義》賦三卷，詩三卷，詞一卷，《濁泉編》一卷。

《齊民四術》農三卷，禮三卷，刑三卷，兵四卷。

共三十六卷。

序曰：乾隆己亥，先君子抱世臣於膝上，授以句讀。壬寅，侍游白門，為八比、六韻。乙巳，再游白門，誦選詩而好之。戊申，誦選賦又好之。丁未，見調駐防赴臺灣，慨然有志於權家，求其書於市，并得法家言，私兼治之。壬子，先君子病甚歸里，無生計，藝蔬以易藥餌，因究農家利病。甲寅，先君子棄養。丁巳，負笈出遊，始見毛鄭氏《詩》、鄭氏《禮》。戊午入楚，己未入蜀，倥偬戎馬間，謂可試所學，而有言不信。辛酉冬遊江浙，見官擅漕利，民冒死與官爭，心憂之甚。壬戌，世臣避暑浮玉山，洋盜蔡牽犯上海，炮子入城如雨。鎮道遣四櫓快艇延世臣，而蔡逆於遣使之次日外竄。世臣至，鎮道請閱并海島嶼，見北洋沙船數千艘停泊黄埔，因發海運可救漕弊之議。乙丑，游袁浦，河事亟，從司河事者問訊，莫能言其故。後遇郭君，得悉成敗之所以然。中間往來揚州，見鹽事日否，梟徒常滿囹圄，而綱日絀；聞之司鹽者，惟言緝私不力而已。蓋鹽系利事，官商夥廝，司事者各懷利心，又由竈而場，由場而垻，由垻而所，由所而岸，各司一事，莫能兼通，間有流寓之名者，又以志在攘利，所言率抹殺心得，惟取悦商以遂己求。世臣滯跡既久，分詢合稽，略悉其本末。道光甲申，年且五十。高堰決，糧艘不達河北。當事採及海運之議，而舉行多不如指，於民仍無益。故有《中衢一勺》三卷之刻。閲數年，揚州柳蔭庵主持性恬，字碧溪，嗜詩與書，見世臣論文論書諸說，抄録十數首為二卷，付梓人，名之曰《藝舟雙楫》，以配《中衢一勺》。二書既出，外間欲得者多，閩、粵、浙皆有翻板，然二書於鄙說實未詳備，故校正錯誤而附益之，較舊刻倍有差。

世臣以乾隆癸丑成《兩淵》十六篇，五千余言。攙論古兵事得失，為書五篇，亦五千余言。嘉慶丁巳、巳未間，為當路條列時事，又五千余言。謬以知兵明於時。辛酉，教授鳩茲者半年，為姚生論說入長出治之事，始於綱羅曠軼，以備急需而杜後患；繼之造就烝髦，以育人材而善民俗，為《說儲》一篇，五六萬言。又以郡縣至為樞要，詳說保甲、學政、戎政、課績、農政五事，為《說儲》下篇，又五六萬言。嗣蓬轉江湖，見山川要害，有古今不易者，有隨時輕重者，驗之已成事，為《形勢考異》一書，序說羸就。繼見《郡國利病書》、《讀史方輿紀要》，其說大都相出入，遂輟業。又見民間紅白事，繁簡豐儉多失中，且儀節無成式，欲斟酌今古忖度貧富，為《鄉人禮》一卷，再三改竄，卒不敢定其本。復刪採自漢迄明正史刑法志，及詔令章奏傳記所載，據《唐律疏義》參互錯綜，審查其世，輕世重而衡當否，於以推測人心風俗隆污之源，則是非不謬，而遍求淳熙式不可得，未能排比成書。

世臣奔走數十年，既負米鮮優暇，又經歷日衰，乃欲裒生平論說以為《齊民四術》。四術者，農以養之禮以教之，不率教則有刑，刑之大則為兵。而艱於寫定，蹉跎及甲辰，年政七十，不能自已。以《說儲》上篇體大事叢，不可分散，唯前後序及序目附論成文者，摘入附錄，以示端緒，其下篇，則與舊著類集之。中不無繁碎，姑勿加芟薙，庶備有心世道者採覽而已。至詩賦，業之最早，似有得於作者之意，即其辭涉哇靡，要皆義存諷喻，并集錄之曰《管情三義》。大凡三十六卷，卷約萬余言，總名為《安吳四種》。吾涇本秦縣，季漢分安吳，敝居附近其治，故以為名。擬求活字板排出數百部，以防散失。此外，大小雜文與《四種》無可附麗者，尚十數萬言，別錄清本，與《說儲上》并藏於家。

世臣於經則《詩》、《禮》，於史則《國語》、《國策》、馬、班、陳、范、《資治通鑒》，於子則孫、吳、孟、荀、韓、呂，於總集則《文選》、《古文苑》，於彙編則《通典》、《冊府元龜》、《山堂考索》稍見其深，其餘冊籍，徒供涉獵，未有其得。敝帚之享，固為有識者所笑，然猶賢乎已也。道光甲辰秋九月二十六日，涇包世臣慎伯甫書。

清 包世臣《齊民四術·序言》 敘曰：明農之教熄久矣，樊遲親炙至聖，欲深究稼圃之法，以安集流亡。而至聖謂民之所以流亡者，由上不依於禮義信，多慮使以致之，非僅農事不明之咎也。蓋好禮必正其經界，好義必取民有制，好信必不違農時，則其民莫不敬服用情，力勤所事，懷土歸業，固無待上之教義稼圃也。近者農民之苦劇矣，為其上者，莫不以漁奪牟侵爲務，則以不知稼穡之艱難，而各急子孫之計故也。僕深以為憂，故少小講求農事，為《郡縣農政》一書。近世人心趨末富，其權加本富之上，則製幣以通民財，使公私交裕，實治道之宜急者。農事修矣，而天災流行，代事也，救荒之政，所宜豫慮。至關榷近唯主於益上，然或有新設而利民，或有仍貫而害民，事異農二農之厲害繫焉。盜臣輕於聚斂，故記之言傷已。若聚斂既非以益上，仍復不免於益，官吏之弊藪各半，知其藪則宜求所以塞之。然而萊無游魚，非恒情所堪，則養廉之術必出於儉，有能留心民瘼著成績者，是前事師也。故并檢集其書，以廣農政之所極，庶使已仕者有所取法而改其素行，未仕者知學古入官之不當專計筐篋以兼併農民。果有能好禮義信志君子出而為上，鄙僕爲小人，則固僕所冤枉未見而不敢辭者也。農事不緩，為小民籌生計者得矣。

孟子曰：『人之為道，飽食暖衣，逸居無教，則近於禽獸。』孔子曰：『為國以禮，安上治民，莫善於禮。』《記》曰：『君子觀於鄉而知王道之易易。』孟子曰：『鄉田同井，出入相友，守望相助，疾病相扶持，則百行親睦。』鄉田同井，禮之制也；百姓親睦，禮之行也。然鄉田同井之制，後世不可復，而近似於此者，則有保甲是宜。最先科目之設千有餘載，為民擇吏，而進以一日之文，其法已非盡善。然鄉舉里選，以此日之人心士習言之，斷不可行已，則謹學政以上教士，亦在綱知說也。無貴賤一，古惟喪服，周工作《喪服》一經，以維持萬世之世道人心，而國家編於律例之首，其用意至深遠。士大夫忌為凶事，置之不講，則其去野人父母何算者幾何矣？科目進身，原其本意，欲因父以觀學，使出學以為治。是故領於禮部，以驅率天下之人才，大而封圻，小而州縣，什七八出於此。然而決得失於一夫之目，且弊端百出，以壞廉恥之妨於就傅挾策時，推其究竟，可不為之寒心哉！課績者，考之始事，而所系至大，故首列之。孔子論士曰：『行己有恥。』士人不勉養而類充之，其何以長人以教人哉？至韋布下士，食力小民，閭閻秀異，或守陳規以自淑，或本至性而成文，亦足以見禮教本在人心，非由外鑠我者。故並採錄焉。語曰：『齊之以禮。』斥齊刑之政為不足得民恥，故曰刑自反此作，則刑與禮固對待之具也。治獄之於治民末已，然萬民托命於此。而撓小民之生計者，尤以此為大端，不必至鬻獄賣法也。稽延之苦，實遍閭閻，居癡床首，已罕計及，況士人未習吏職，而計專筐篋，則邪説熒之，匪人比之矣。至失刑之甚者，一成不可變，前此君子，不知盡心，以為後世戒。苟無紀載，且何戒之有？凡是編録，庶使秉禮以司刑者，有所鑒擇焉。

大刑之原野，為其悖禮已甚，非常刑所能制，於是乎有兵。兵者，禁暴除亂而非得已也。故老子曰：『戰勝以喪禮處之。』孟子曰：『善戰者服上刑。』古人之言兵事，如此其慎也。然人使長之，出使治之，左之左之，君子宜之，右之右之，君子有之，則其事固宜豫立也。僕少小有所戒而究斯術，未幾，兵事連起，前後與當路陳説機宜，條別得失，不幸而言多中。近則閲世稍多，聞警而懼，非復少壯豪舉矣。夫兵之為費甚大，其及人至慘烈，故以能銷兵於未形者爲上；朕兆已見而能彌者次之；兵勢已成，而能謹守吾圉不被蹂躪者，又次之。至置身鋒鏑之中，與士卒同心戮力，百戰以悍疆埸，尤近日所罕見，故并録之編後。嗚呼！明農以養之，貴禮以教之，刑且可以不施，何論於兵？僕老矣，況廢棄之余乎！然生平所學，或亦有足裨當路君子之節取者。生民之難，庶其小有瘳乎？

清　劉師培《説儲·跋》　右《説儲》一書，安吴包慎伯先生著。其刻於《安吴四種》中者，僅其序例。至其篇中多改制之言，嘉、道之際，文網尚密，故未刊行。吾觀此書精義，大抵在與重官權、達民情二端，其説多出於昆山顧氏，行之於今，頗與泰西憲政之制相合。當嘉、道之世，中國之局方守其老洫不化，而先生已見及此，仁和龔氏之外，一人而已。

清　丁紹儀《聽秋聲館詞話》卷一〇　古人以經術飾吏治，今則政事、文學判若兩途，殊不可解。以余所見，蔡君笛椽下筆滔滔，清辨而吏事，非所長，辛江陵以拘緩被黜。包丈慎伯世臣，究心世務，與先伯父同舉戊辰秋榜，所著《安吴四種》，於水利農田尤致意焉。

清　方濬師《蕉軒隨録》卷四《徐文誥案》　文人欺世盗名古今一轍，涇縣包慎伯大令世臣，先世父戊辰同歲生。所著《安吴四種》隱然以兵農、禮樂自任，兼有杜陵許身，社稷之想其實迂謬不通。所謂待腰裹飛兔，而駕之則世莫乘車也。

傳記

（光緒）《重修安徽通志》卷二二〇　包世臣，字慎伯，涇縣舉人，官新喻知縣。學問精博淹貫經史，文筆古雋，兼工書法，為當世所推服。著有《安吴四種》《倦遊閣文集》類關體國經野之務。

清　齊學裘《見聞隨筆》卷一一《包大令》　安徽涇縣包慎伯大令，世臣，先子之故人也。著有《安吴四種》，集傳世工書法，中歲爲江西縣令，因漕挂誤去職，歸田流寓揚州白下等處。

著録

清　丁申、丁丙《八千卷樓書目》卷一三《子部》　《安吴四種》，三十六卷。國朝包世臣撰，刊本。

（光緒）《重修安徽通志》卷三四二　《安吴四種》包世臣著

清　張之洞《書目答問》集部　《安吴四種》《中衢一勺》七卷《藝舟雙楫》九卷《管情三義》八卷《齊民四術》十二卷，包世臣，道光丙午活字版本，武昌局本。

藝文

清　葛嗣浵《廬書畫補録續録別録》　人多瑤草琪花氣，家有蘭臺石室書。莘民四兄雅鑑。倦翁包世臣。

按世臣字慎伯，涇人。嘉慶十三年戊辰舉人，官江西大挑知縣。精通史學，又善兵家，言與完白山人友善，學書三十年，備得古人執筆、運鋒、結體、分行之奇，遂稱書學大家。此聯無處不轉，無微不到，和易近人，自然高峻。著有《安吴四種》、《倦遊閣文集》。

牧令書輯要

綜論

《牧令書輯要・例言》 一是書專言州縣，蓋州縣親民之官，較諸督撫司道尤爲切近。故書中自治原以迄事彙，皆爲州縣，而設未附憲綱，祇大略言之，亦行遠自邇之意也。

一是書爲徐致初太守原編，分類一十有八，分卷二十有三。採摭極爲宏富，令芟無佴複類，仍其舊而卷存其十。蓋蒐羅者懼軼其美，故不厭繁而致用者，在取其精故，宜提要也。

一《廮吏庸言》爲劉簾舫觀察除蠹保民之實政。原編多載其文，今以劉書另司全刊，是書不復重選，亦原編中，不選黄給諫《福惠全書》之意。

一前哲選文多有評點，以便觀覽，是書原編評語略具，而圈點不施。今於全篇眼目處，扼要處，議論之剴切懇摯處悉加圈點。附以散總各評，既發明作者苦心且推廣行政實用，庶使閱者披卷了然。

一是書原編爵里、姓氏，列於每篇之首。今仿《經世文编》例，另立一卷，弁之簡端以便檢閱。

一是書名篇妙諭多前賢閱歷有得之言，前事之不忘後事之師也。遵而行之無難。近軼唐俗神而明之更將遠媲龔黄。若夫博考昭代，詳明之典制，研究前史，得失之圖籍，知古知今有體有用，則是書者又爲其嚆矢也夫。

清 徐棟《牧令書輯要・丁日昌書後》 皇帝御極之七載，日昌由蘇藩司蒙恩擢任巡撫，奏請於省城開設書局首刊吏治諸書。既奉俞旨，爰將安肅徐氏棟所輯《牧令書》删存十卷，詳加評語，揭明肯綮，以爲凡有州縣責者先路之導。夫積州縣爲府，積府爲行省，積行省爲天下，故天下者，州縣之積也。自古及今，天下治亂未有不起於州縣者。州縣無不治，而天下治矣。江蘇兵燹之餘，僅裹下河一隅未經蹂躪，又有決隄泛溢之患，其他州縣則皆殘喘未復，汙萊未闢，所以撫摩創痍翦除蠹害，望怡於賢牧令者尤亟。綜今兩藩司所屬實任需次之員，殆逾數百，其學優從政，斟酌古今，以求治理者，固不敢必其無願。以吴中仕宦，習爲侈蕩，無論公趨私聚但言某人之聲氣通與不通，車裘之麗與不麗，趨蹌應對之工與不工，其一二談及民生利弊，則羣起侮笑之，指目爲矯且腐，風氣所趨，牢不可破。於是有志者，亦復噤不敢發，隨風而靡逌，至身膺民社，懵然不知刑名錢穀爲何事，催科撫字爲何物。凡與上交接者，不能不聽之幕友，與下交接者不能不聽之門丁，中行則書吏主之，勾攝則胥役主之。遲之又久受餌益深，牢籠益固，雖欲自圖振拔，而有所不能。揆之筮仕之初，心豈願碌碌如此哉！而卒至如此者，則山居恆於從政之體用綱目，並未講求。故一旦得所藉手，有如盲夫夜行，不能不聽命於他人之指揮。夫治宫室必延工師，治疾病必延巫醫，夫人知之也。今以工師治疾病，匪惟病夫色然駭，工師亦必遜謝不敢往。術藝之微尚且如此，其慎顧於臨民大事，舉漫不相習之人，亦且毅然受之，而不辭其發之於己，而施之於人者，抑可不問而知己。嗚呼！吾民之疾困如此，學優從政者，已未易一二。覯卽以政學者，亦復寥落其人。此余於《牧令》一書，所以不能不亟亟出，而與學治諸君子共勉之也。是書所載皆我朝名臣循吏懿蹟嘉言，施之尚今無虞開格。太史公云：『為其近已，而俗變相類。』比物此志也。竊願同志者潛心玩繹，身體力行。由是而採精遺粗，沿流溯源，勤求民隱，飾以經術。其始以是書爲楷模，其終且不僅以是書自封域，濡染所及，將向之侮且笑者，亦復視此爲切己之學，則舉州縣皆無不治，豈特吾江蘇哉。工既竣，謹書數語於後。同治八年春正月，豐順丁日昌。

著録

清 丁申、丁丙《八千卷樓書目》卷九《史部》 《牧令書輯要》十卷。國朝徐棟编刊本。

（同治）《上海縣志》卷九 《牧令書輯要》

（光緒）《鎮安府志》卷一五 《牧令書輯要》十卷。國朝徐棟原編。

福惠全書

清　黄六鴻《福惠全書・自序》　夫是書也，乃政治之事也，而顔之福惠何？居曰：福者言乎造福之心也；惠者言乎施惠之事也。夫人有是心而後有是事，無是心而即無是事，故在上者必先存有造福地方之心，而後能有施惠百姓之事。事者心之推，而惠者福之實也。昔子輿氏所謂『以不忍人之心，行不忍人之政』，非即此意乎？以之為政，宜莫要於此矣。然則書而言全，又何居曰全者。統一州邑之政，而皆具是也。夫州邑之政大，而錢穀、刑名、教養、風俗小，而建制、修舉、科條、庶務，靡不欲利興而害除，以暨捧檄而蒞官，及爪而受代，靡不欲謹始而慎終。夫欲存興利除害，謹始慎終之心，是即造福之心也。及乎利之興，害之除，始終之克謹克慎，是即推造福之心，而行施惠之事也。合政之大小，任之始終，無一心而不存，造福即無一事而不為。施惠如是，而謂之全也不亦宜乎。雖然州邑蕞土耳牧，宰微員耳，以微員而當蕞土，以云造福而施惠，其所及也亦隘矣。嗚呼！是未知其州邑之所系於民者亦大矣。夫州邑者天下之分也，分天下之疆土以為州邑，即分天下之州邑以任牧宰。牧宰者，造福之心以施惠於百姓。一州邑如是，一州邑蒙其福；天下州邑如是，天下州邑蒙其福；天下州邑蒙其福，則天下之民皆在其造福施惠之中矣。如是又豈可以蕞土微員，而少之耶。粤稽公孤秉鈞坐論六卿，分職宣猷，督撫大吏，總握綱領，提衡庶政，要皆欽承朝廷，德意經畫，昭垂以為令典，而頒之州邑。若夫輿情之好惡、安危、苦樂、憂患，惟牧宰之於民最為親切，莫不躬覩而熟悉之。為牧宰者，視其所好樂而安者，予之其所患苦而危者，去之已所弗獲。自主申明大吏而請之於朝，必予之、去之而後已。譬之一家之長，其室中之老幼男女，饑寒疾厄，莫不環向而相呼。為之長者，務必使之飽暖康強而其心乃大慰。是則牧宰之職，以上循公孤六卿，督撫大吏之揆法，而下遂斯民之幽隱，不重且要哉！我國家計吏考課，興廉舉卓，每加意於有司錫之章服、之榮超，以臺省之職，以其心勞，撫字惠澤流於百姓也。我皇上孜孜圖治，念切民生，遇荒歉則輸金輦粟，弗啻數千萬；逢水旱則蠲新免舊，動輒十餘年，以暨畿甸，巡行擴視，民如傷之仁，若迫閭閻之艱苦，特命大吏察省拯助，頻加深宮默慮，宏無遠弗屆之德；每惓畎畝之災，眚分遣廷臣督勘，殷憂備至。其所以愛育元元，自書契以來未嘗有也。故凡屬在有司者，觀國家酬庸之異，數宜何如？體皇上勤民之盛，念宜何如？共相激勸，共切拊摩，俾治績悉，奏循良節屋咸登康阜，於以躋唐虞雍熙之世無難爾。然而督撫露章，時形貪瀆，部寺繩例，每掛處分。是豈盡天資頑鈍，不愛功名之士哉！其弊由於心攖利欲而無慈惠之為懷，治乏精明而鮮區畫之悉。當所以穢跡貽譏，罣誤致累，而百姓並受其摧戕也。鴻昔待罪郯東二邑，值沖煩之地，處凋敝之餘，日鞅掌於簿書，犇馳於負弩。一不幸而讀禮，一未幾而量移，求其所以仰副皇上，愛民之盛心以施惠於百姓者，已茫無可舉。及荷蒙禦試，以行人特授諫垣，竊祿數載，惟日恭覩皇上恤民之美政，以覃敷於四海。又毫無一得，以仰贊高深，撫躬自慚，捫心滋懼，尋因沉疾乞假南歸。經年支枕荒山，靜憶曩時愆戾，傷既往之莫追，撫良圖之難再。凡士之服古入官，已幸身膺民社，則上報君恩，而下酬所學，正在茲時。於此而不以造福，存心施惠為政，微獨時，移事去詩書志業，追悔無從，恐即當前。利欲之萌，精明之蔽，鮮有不喪失所守，而隕越厥職者。其為地方流毒遺害，又不可勝言矣。鴻興思及此，不禁愁然憂之，乃不揣愚陋，為之撰次是書。自筮仕以迄升遷，為部一十有四。自謁選以迄辭上官，為條二百一十有九。於錢穀、刑名之大，又分晰為條一百一十有九。每部首綴以總論，如部條之總論凡四。餘論凡五，說凡五，為卷三十有二。其各條之内俱謬抒狂瞽之見，及鴻之已試而有效者，附載之天下。賢牧宰誠能仰體聖天子愛民之心，覽是書或亦有所觀感興起，堅窒乎利欲之萌，力刷乎精明之蔽。務期政之大小，必利興而害除，任之始終，必克謹而克慎。一本於存造福之心，行施惠之事，而與子輿氏推不忍人之一念而竊有合焉。則天下之民咸沐浴於循良樂愷之休，共歌舞乎唐虞雍熙之世。所以荅君恩而酬所學均於是並著之矣；將見國家褒榮超擢之典，不更偏被於魯恭卓茂之儔哉！鴻偃臥林泉，希覩太平盛事，乃樂於有言，緣手腕拘強，不能拈管，遂口授童子而命書之語，皆鄙俚且多沉複，未暇裁擇，擬欲公諸同志，濫登諸梓，因敘其撰次，所由並顔書之意如此。

康熙歲次甲戌工科掌印給事中前知郯城東光兩縣事黄六鴻授書。

清　黄六鴻《福惠全書・凡例》

一　玆集惟詳於州縣之事，蓋州縣上承欽部憲件，下理民情大要。其事錢糧則地丁、漕雜，徭產則編審、清丈，刑名。大而命盜逃奸，小而款蠹雜犯。其反叛一條，固屬大案，然非盛世所有，姑置刑名之末，以示備而不用。夫保甲亦刑名類也，玆獨表而出之者，蓋保甲為弭盜逃、戢奸宄、安善良之要術，願司牧者尤宜力行無倦焉。夫觀計祀祈、賓飲、旌崇諸大典，均至於教養之事，今之有司惟簿書期會是急，而其所以為教為養，皆置而弗問，是昧其為治之本也。玆恭奉講讀上諭為立教之首，而設義學，講學課藝之類，繼之以勸農功為致養之源。而修水利墾荒田，敦節儉之類繼之，願在上者之並宜勉圖也。他如荒政為備災之至計，郵驛為沖劇之深累，俱可弗預謀而亟厘乎？故次教養而並列之。夫其謁選乃吾儒仕進之始，而始事之謹，必井井而有條。其之官，乃士民屬望之初，而初事之防，必秩秩而有序。其卸事，乃居官一任之終，而終事之慎必楚楚而不紊。今以謁選諸條，列於筮仕之官，諸條列於蒞任、卸事諸條，列於升遷以類相從也。然最要者在蒞任之交盤。升遷之受代。故於本部是條言之獨晰以彼此，授受分明，免後愆也。所謂州縣之事，上承欽憲，而下理民情者，實不越乎此。鴻因並詳之，以明撰次之不敢漏云。若夫方面以上，職在察吏安民，振肅紀綱，激揚清濁為任。匪敢下同末吏，妄擬高深。至於州邑僚佐，亦所當知，如攝理篆務皆其所必資者歟？

一　一事有一事之法，一法有一法之利與弊。善行其法務在剔弊而興利，然剔弊貴在其有要。始以其數大者言之，如錢糧征比，弊在朦混，即於朦混剔之，而民無累矣，，賦有逋而不清者乎。如編丈丁田，弊在隱漏，即於隱漏剔之，而民無欺矣，徭與畝有偏而不均者乎？如人命弊在假捏，盜逃弊在誣扳，即於假捏、誣扳剔之，真偽可立辨矣，猶有冤枉者乎？如保甲弊在騷擾，賑荒弊在虛冒，即於騷擾虛冒剔之，實惠可共沾矣，猶有需侵者乎？今撰次諸條皆首嚴於剔弊，而興利即在其中矣，賜覽者希詳擇焉。庶無負病殘野老之一片苦心。幸甚。

一　凡牧宰之治州邑，如主翁之治家，無論大事經心，即瑣屑亦須留意，所以家道漸致興旺，門庭氣象亦自整飭可觀，以治家之勤而有才也。每見牧宰於錢穀刑名而外，多非所計，如集中之藝果木、植桑榆、禁淫祀、嚴邪教、禮耆德、恤孤貧、立義塚，平治道塗、建立坊鋪、修葺館署、嚴飭關津、禁溺子女、育養嬰兒，禁止婦女燒香、淩錮僕婢等事。皆於政教風俗，煞有攸關，固當亟為留意者也。昔成湯解網、西伯瘞骨，皆屬末節，一以胡大聖之仁，一以動諸侯之慕，至今史冊稱之。可知事切民風，政關治體者，即偶爾遇目，未可忽畧放過。雖其職任之宜然，抑亦長才之肆應云爾。

一　有司以錢穀、刑名為重，而刑名較錢穀為尤重。夫錢穀不清，弊止在於累民輸納，刑名失理害，即至於陷人性命。故是集於刑名一條，更為加意。如命盜逃奸等獄審鞫，不厭煩瑣，務期必得真情；問擬須別重輕，務期吻合律例。然獄情之似是而非，與律例之似同而異，所謂毫釐千里之差者。鴻謬抒管見，據事批劃，逐條簡勘。俾當日之情形，如見讞獄之下無冤民，古人之命意良深。令典之中無疑義方為勝任而愉快也，所以然者，總歸於寧出毋入，與寧出不經之意，惟識者鑒焉。

一　是集類分各部，部分各條，條必盡部，俾覽者無遺漏之憾；義必盡條，俾行者有採掇之益。故凡入仕當官有所關係之事，雖屬細微末節，亦必指陳其要，俾司牧者觸目警心，而不致於臨事忽畧，貽日後之悔。所以稱精明而昭譽，聞皆在乎是，不獨刑名、錢穀諸大務，造福施惠於百姓已也。古云：『清、慎、勤乃居官之要。』夫既清且勤，已於操履無瑕，叢脞無虞矣。而苟或弗慎，其功令之幹，輿論之摘，寧能免乎？故事無纖巨，而必以慎心處之，則庶乎令始令終矣。每見才大者，恃其才而履事多疏；智淺者，昧乎智而遇事不察，往往涉嫌蹈疑，滋累貽戚。遂有以清操勤職而隳乃任者，皆不慎之故也。是集每條，不啻諄諄饒舌，蓋有切於慎之意焉。願司牧賢侯，降心俯電，毋以為迂闊、瑣猥，哂而擲之。

一　舊刻諸集多以文告、判牘擅長，雖字珠句玉、燿燦可觀，然語必貼題，意必切事，非可漫為引用。鴻謂：所難者在於每事必得其情理之是非，必審其行為之可否。情理得而是非定，行為審而可否決。其所謂文告、判牘，特據事敷說易耳。故一切未敢濫收，惟古杭潘君月山《未信編》，指陳事理，深中利病，頗多採入。間有鴻在郯時一二看詳稟示，因藉以取格，姑附載之，非所當於用云。

一　官潔己愛民，力行善事，原屬士君子所應為，非要名，非求報也。然名猶影也，實猶物也，焉有物而無影者乎？報猶響也，施猶聲也，焉有聲而無響者乎？故牧宰以造福存心，必能潔己愛民，有其實矣。以惠為政，是能力行善事，有其施矣。其意不過欲百姓蒙其休澤，地方弘其樂利，而孰知造禮者即為福之所基，施惠者即為惠之所及。從此譽聞丹陛，榮祿膴於鼎鍾者，感徹蒼穹，慶澤綿於孫子，其名與報猶影之隨物，響之答聲也，又何俟於要而求乎？每見居官者，貪小獲而忘厚集，騁己虐而弗恤天刑，抑何計之拙而思之左耶？前敘止云福惠於民，未及言利實歸己。故茲特為拈出，願卓識賢侯目是書作一篇當官功過格可也。

一　是集有一事兩處互見者，如蒞任部查閱監倉，暨刑名部之監禁防範，蒞任部查閱驛局，暨郵政部之驛站餵養；典禮部賓興考試，暨教養部之生童課試。皆因類以為言，本欲過於詳明，遂致蹈於重複。諸如此者，集內頗多。伏枕之中，難辭草率，識者鑒之。

一　品衡文字，多用丹鉛，以標精採，茲集敷詞，粗俚期於明白而已。然其間有、者句讀也，有△者欵目也，有○者醒豁也，有連、者緊切也。取其便於披覽，無所侈乎文藻。六鴻再識。

又　卷一《筮仕部・總論》　夫萬里之程，必始於跬步。千仞之峻，必積於培塿。蓋非近無以致其遠，非卑無以成其高也。然則投牒需銓乃宦途之跬步，捧檄司牧乃入仕之培塿。將來之宏偉業登極品者，非此其發軔乎。故士君子服古入官，毋以一命為微員，百里為易治。方其待次之時，必先有以定其志，而後敷政臨民皆有所從事，而不為境遇邪説所惑。其於自奉也，須拚咬斷菜根，仍是窮酸本色。其於愛民也，務令家豐俗厚，不為荒陋頹風。其於政事也，率身為之先，而夙興夜寐，不敢云瘁。如是而志既定，則筮仕之地，無論其沖僻瘠饒，何往而不可安，何事而不可治哉。然而尤必持其行漸習而堅之，其飲食則甘於粗糲，衣服則耽於樸素。應酬日用則敦於節儉。於是獲善地而不為加喜，獲惡地而不為增戚。與夫選後應行料理者，須漸次料理，早為束裝，□曠有限之光陰，勿疲有用之精神，勿多無益之冗費至□賢士大夫，虛心而請教之。且使得覩吾之言論豐採，而知為遠大之器。是未任之前而已收既仕之譽矣。若夫指一官以求温飽，甫就選以事奢靡，流連幹酣宴之場，而不恤蒞官之務者，是其志不先自定矣。求其後不為境遇邪説所惑，幾何乎？吾知其宏偉業而登極品不在此而在彼矣。

物産類農書部

南方草木狀

綜述

《四庫全書總目》卷七〇《史部二六·地理類》 含事蹟附載《晉書·嵇紹傳》。考《隋志》、《舊唐志》俱有含集十卷，《隋志》云『其集已亡』，但附載《郭象集》下。《舊唐志》仍著録而不載此書。至《宋志》始著録。觀此書載：『指甲花自大秦國移植南海。』是晉時已有是花。而唐段公路《北戶録》乃云『指甲花本出外國，梁大同二年始來中國』。知公路未見此書。蓋唐時尚不甚顯，故史志不載也。考書中所載，皆嶺表之物，則疑襄陽或誤題也。其書凡分草、木、果、竹四類，共八十種。敘述典雅，非唐以後人所能偽，不得以始見《宋志》疑之。其本亦最完整。蓋宋以後花譜、地志援引者多，其字句可以互校，故獨鮮訛闕云。

清 耿文光《萬卷精華樓藏書記》卷四四《史部一一·地理類》 凡分草、木、果、竹四類，共八十種。敘述典雅，本亦完整，花譜、地志多引之，絕非偽書也。

論説

《四庫全書總目》卷五五《史部一一·地理類》 《南方草木狀》，但誌物宜。

傳記

《晉書》卷八九《嵇含傳》 含，字君道。祖喜，徐州刺史。父蕃，太子舍人。含好學能屬文，家在鞏縣亳丘，自號亳丘子，門曰『歸厚之門』，室曰『慎終之室』。楚王瑋辟為掾。瑋誅，坐免。舉秀才，除郎中。時農王粹以貴公子尚主，館宇甚盛，圖莊周於室，廣集朝士，使含為之讚。含援筆為弔文，文不加點，其序曰：『帝壻王宏遠，華池豐屋，廣延賢彦，圖莊生垂綸之象，記先達辭聘之事，畫真人於刻桷之室，載退士於進趣之堂，可謂託非其所，可弔不可讚也。其辭曰：邁矣！莊周天縱特放，大塊授其生，自然資其量，器虛神清，窮元極曠，人偽俗季，真風既散，野無訟屈之聲，朝有爭寵之歎，上下相陵，長幼失貫，於是借元虛以助溺，引道德以自獎，户詠恬曠之辭，家畫老莊之象。今王生沉淪名利，身尚帝女，連耀三光，有出無處，池非巖石之溜，宅非茅茨之宇，馳屈産於皇衢，畫茲象，其焉取嗟乎！先生高跡何局？生處巖岫之居，死寄彫楹之屋，託非其所，沒有餘辱，悼大道之湮晦，遂含悲而吐曲，粹有愧色。齊王冏辟為征西參軍，襲爵武昌鄉侯。長沙王乂召為驃騎記室督、尚書郎。乂與成都王穎交戰，穎軍轉盛，尚書郎旦出督戰，夜還理事，含言於乂曰：『昔魏武每有軍事，增置掾屬。青龍二年，尚書令陳矯以有軍務，亦奏增郎。今奸逆四逼，王路擁塞，倒懸之急，不復過此。但居曹理事，尚須增郎。況今郎官中騎三曹晝出督戰，夜還理事，一人兩役，內外廢乏，含謂今有十萬人，都督各有主帥，推轂授綏，委付大將，不宜復令臺僚雜與其間。』乂從之，乃增郎及令史。懷帝為撫軍將軍，以含為從事中郎。惠帝北征，轉中書侍郎。及蕩陰之敗，含走歸滎陽。永興初，除太弟中庶子，西道阻閡，未得應召。範陽王虓為征南將軍，屯許昌，復以含為從事中郎。尋授振威將軍，襄城太守。虓為劉喬所破，含奔鎮南將軍劉弘於襄陽。弘待以上賓之禮。含性通敏，好薦達才賢，常欲崇趙武之謚，加臧文之罪，屬陳敏作亂，江揚震蕩，南越險遠，而廣州刺史王毅病卒。弘表含為平越中郎將、廣州刺史。假節未發，會弘卒，時或欲留含領荊州。含性剛躁，素與弘司馬郭勱有隙。勱疑含將為己害，夜掩殺之，時年四十四。懷帝即位，謚曰『憲』。

《四庫全書總目》卷七〇《史部二六·地理類》　諸本但題『譙國嵇含』，惟宋麻沙舊版前題曰『永興元年十一月丙子振威將軍、襄陽太守嵇含撰』云云。載其年月仕履，頗為詳具。蓋舊本如是，明人始刊削之。然《晉書·惠帝本紀》永寧二年正月改元永安，七月改建武，十一月復為永安，十二月丁亥立豫章王熾為太弟，始改永興，是永興元年不得有十一月。又永興二年正月甲午朔，以干支推之，丙子當在上年十二月中旬，尚在改元前十二日，其時亦未稱永興。或其時改元之後，並十二月一月皆追稱永興而輾轉傳刻，又誤十二月為十一月歟？惟《隋志》『稱廣州太守嵇含』而此作『襄陽太守』。

《明一統志》卷七　嵇含，紹從子，好學能文，自號亳丘子。舉秀才，除郎中，惠帝朝為中書侍郎，累官至平越中郎將、廣州刺史。

（嘉慶）《清一統志》卷八八　嵇含，字君道，紹從子。好學能屬文，家於鞏縣亳邱，自號亳邱子。累官襄城太守，性通敏，好薦達才賢，為郭勱所害。

著録

宋　尤袤《遂初堂書目·地理類》　晉嵇含《南方草木狀》。

宋　陳振孫《直齋書録解題》卷八《地理類》　《南方草木狀》一卷，晉襄陽太守嵇含撰。

《宋史》卷二〇五《藝文志四》　嵇含《南方草木狀》三卷。

《文獻通考》卷二〇五《經籍考》　《南方草木狀》一卷，陳氏曰：『晉襄陽太守嵇含撰。』

明　晁瑮《晁氏寶文堂書目》卷下《藝譜》　《南方草木狀》，無卷數。

明　陳第《世善堂書目》卷上　《南方草木狀》一卷，嵇含。

明　高儒《百川書志》卷一〇《子部·農家類》　《南方草木狀》三卷。後魏襄陽太守嵇含撰。四類五十四種。

明　毛晉《汲古閣珍藏善本書目》　《南方草木狀》一本，叢書堂抄本。

明　徐𤊹《徐氏紅雨樓書目·子部·農圃類》　《南方草木狀》三卷。

明　徐𤊹《徐氏家藏書目》卷三《子部·農圃類》　《南方草木狀》三卷，晉嵇含撰。

明　祁承㸁《澹生堂藏書目·子部一》　《南方草木狀》三卷，嵇含。

明　焦竑《國史經籍志》卷三《史類·種藝》　《南方草木狀》三卷，晉嵇含。

明　柯維騏《宋史新編》卷五〇《藝文志四·農家類》　嵇含《南方草木狀》三卷。

清　錢謙益《絳雲樓書目》卷二　《南方草木狀》。

清　曹寅《楝亭書目》卷二《地輿類附》　《南方草木狀》，晉譙國嵇含，三卷一册。

清　錢曾《錢遵王述古堂藏書目録》卷六《花木》　嵇含《南方草木狀》三卷。一本，抄。

清　錢曾《虞山錢遵王藏書目録彙編》卷三　嵇含《南方草木狀》三卷，述花木鈔。

（乾隆）《江南通志》卷一九二《藝文志》　晉《南方草木狀》一卷。

清　孫星衍《孫氏祠堂書目内編》卷四　《南方草木狀》二卷，晉嵇含撰。

《四庫全書總目》卷七〇《史部二六·地理類》　《南方草木狀》三卷，兩江總督採進本，晉嵇含撰。

《四庫簡明目録》卷七　《南方草木狀》三卷，晉嵇含撰。凡分草、木、果、竹四類，共八十種，皆嶺南土産也。敘述簡雅，非唐以後人所能僞，不得以隋唐志皆不著録為疑。

清　莫友芝《郘亭知見傳本書目·地理類》　《南方草木狀》三卷，晉嵇含撰。

清　陸心源《皕宋樓藏書志》卷二九《史部六·地理類》　《南方草木狀》三卷，宋刊本。永興元年十一月丙子，振威將軍、襄陽太守嵇含撰。

清　耿文光《萬卷精華樓藏書記》卷四四《史部一一·地理三》　三

卷，晉嵇含撰，明本。漢魏叢書之一種，宋麻沙舊板。前題『永興元年十一月丙子，振威將軍、襄陽太守稽含撰』。諸本但題『譙國稽含』，陳《録》但題『晉襄陽太守』。此書自《宋志》始著録，唐以前不甚顯，故史志不載。

清 沈德壽《抱經樓藏書志》卷二七《史部・地理四》《南方草木狀》三卷，宋刊本，楊夢羽舊藏。晉永興元年十一月丙子振威將軍、襄陽太守嵇含撰。

又《南方草木狀》三卷，曹夢山手抄本。晉譙國嵇含撰。

清 丁日昌《持靜齋書目》卷二《史部一一・地理類》《南方草木狀》三卷，《漢魏叢書》刊本，晉嵇含撰。

清 周中孚《鄭堂讀書記補逸》卷一八《史部・地理類八・雜記》

《南方草木狀》三卷，《百川學海》本。晉嵇含撰。含字君道，自號亳丘子紹從子也。舉秀才。惠帝時，歷官平越中郎將、廣州太守。《四庫全書》著録，隋唐《志》俱未載。《書録解題》、《文獻通考》作一卷，《宋志・農家類》所載與此本同。按：君道有集十卷，見於《隋志》及《舊唐志》，此書或載其集中，後乃録出專行，故宋人始著録。今其集已亡，不可考矣。所記皆南越交趾植物，乃其為廣州太守時所作。凡草類三十種、木類二十八種、果類十六種、竹類六種，文筆古雅，決出君道手。視戴凱之之《竹譜》，可謂異曲同工。而卷帙完整，尤克珍之古笈矣。君道有小序，即載上卷之首，此本首署永興元年十一月丙子振威將軍、襄陽太守嵇含撰。《説郛》、《漢魏叢書》所收者，刊削其年月結銜。然其年月與史不合，疑有誤云。

清 丁丙《善本書室藏書志》卷一二《史部十一下》《南方草木狀》三卷，明翻宋本，永興元年十一月丙子振威將軍襄陽太守嵇含撰。書前自引雲南越交趾植物有四裔，最爲奇。周秦以前，無稱焉。自漢武帝開拓封疆，搜采珍異，取其尤者，充貢中州之人。或昧其狀，乃以所聞詮敘有裨子弟云爾。卷上草類二十九，卷中木類二十八，卷下果類十七、竹六，共八十種。敘述典雅，非唐以後人筆也，含事蹟附《晉書・嵇紹傳》。

清 丁申、丁丙《八千卷樓書目》卷八《史部・地理類》《南方草木狀》三卷，晉稽含撰。明刊本。《説郛》本。《龍威秘書》本。《百川》本。

清 丁辰《補晉書藝文志》卷二《南方草木狀》一卷，襄陽太守嵇含，謹按見《文獻通考》宋本題：永興元年十一月振威將軍襄陽太守嵇含撰。家大人曰：本書含傳，永興初，除中庶子，道阻未應，召尋授振威將軍、襄城太守。是則舊題襄陽，實襄城之誤。含拜廣州刺史，未發被害，《七録》雖有廣州太守之目，實則含未蒞南方也。

（光緒）《廣州府志》卷九一《藝文略二》《南方草木狀》三卷，晉譙郡稽含撰。據《四庫全書目》：《欽定四庫全書提要》曰：《隋志》、《舊唐志》俱有含集十卷。《隋志》云：『其集已亡，但附載郭象集下。』《舊唐志》仍著録，而不載此書。至宋志始著録。觀此書載，指甲自大秦國移植南海，是晉時已有是花。而唐段公路《北户録》乃云：『指甲花本出外國，梁大同二年，始來中國。』知公路未見此書。蓋唐時尚不甚顯，故史志不載也。諸本但題譙國嵇含，惟宋麻沙舊版前題曰『永興元年十一月丙子，振威將軍、襄陽太守嵇含撰』云云。載其年月仕履頗為詳具，蓋舊本如是，明人始刊削之。然《晉書・惠帝本紀》：『永甯二年正月，改元永安，七月改建武，十一月復爲永安，十二月丁亥立豫章王熾爲太弟，始改永興』。是永興元年，不得有十一月，又永興二年正月甲午朔，以干支推之，丙子當在上年十二月中旬，尚在改元前十二日，其時亦未稱永興，或其時改元之後併十二月、一月，皆追稱永興，而輾轉傳刻，又誤十二月爲十一月歟？惟《隋志》稱廣州太守，而此作襄陽太守，考書中所載者，皆嶺表之物，則疑襄陽或誤題也。其書凡分草、木、果、竹四類，共八十種，敘述典雅，非唐以後人所能僞，不得以始見宋志疑之。其本亦最完整，蓋宋以後花譜、地志援引者，多其字句可以互校，故獨尠譌闕云。

（光緒）《重修安徽通志》卷三三九《藝文志・史部二》《南方草木狀》三卷，晉譙國嵇含著。

清 張之洞《書目答問》卷二《史部》《南方草木狀》三卷，晉稽含，《漢魏叢書》本。

清 王國維《傳書堂藏書志》卷三《南方草木狀》三卷，永興元年十一月丙子，振威將軍、襄陽太守嵇含撰。

雜録

《續通志》卷一七四《藝文略》《南方草木狀》以『蒟醬』、『華芟』為一物。《鄭志》云『篘醬狀似蓽撥，故有「土蓽撥」之號』，則係二物矣。故補輯於此。

晋 嵇含《南方草木狀・序》 南越交趾植物，有四裔最爲奇，周秦以前無稱焉。自漢武帝開拓封疆，搜來珍異，取其尤者充貢，中州之人或昧其狀，乃以所聞詮敘，有裨子弟云爾。

北户録

題解

宋 葉廷珪《海録碎事》卷四下 唐段文昌之孫段公路有《北户雜録》三卷。《音訓》云『南夷在日之南，故户北向為暖』。

明 方以智《通雅》卷一四 按，古曰『北户』，謂開北户以向日。唐萬年縣尉段公路，文昌之孫，作《北户録》是也。

綜述

《四庫全書總目》卷八六《史部二四・地理類》 自桂林、象郡之名著於《史記》，厥後南荒輿志漸有成編。其存於今者，如唐莫休符之《桂林風土記》、段公路之《北户録》、宋范成大之《桂海虞衡志》、明魏濬之《嶠南瑣記》、張鳳鳴之《桂故桂勝》，皆叙述典雅，掌故可稽。

（乾隆）《江南通志》卷一九二 是書載嶺南風土頗為賅備，而於物産為尤詳。其徵引亦極賅洽。如《淮南》、萬畢術《廣志》、《南越志》、《南裔異物志》、《會要靈枝圖説》、陳藏器《本草唐韻》、郭緣生《述征記》、《臨海異物志》、《陶朱公養魚經》、《名苑毛詩義》、《船神記》、《字林》、《廣州記》、《扶南傳》諸書，今皆散佚，藉此畧見一二。即所引張華《博物志》，多今本所無，亦藉此以考證真偽。條下註文頗為典贍，題登仕郎，前叅軍瞐圖傳，不題其姓，似為公路之族。然《唐書宰相世系表》不載其名，莫知其審矣。

傳記

（乾隆）《江南通志》卷一九二 唐段公路撰。《學海類編》作公璐，蓋字之訛。《新唐書・藝文志》稱為宰相文昌之孫，則當為臨淄人。《學海類編》作東牟人，亦未詳所本。其歴仕始末不可考。惟據書首結銜，知官京兆萬年縣尉。據書中稱『咸通十年』，知為懿宗時人而已。

著録

《新唐書》卷五七《藝文志》 《北戶雜錄》一卷，唐段公路撰。

《宋史》卷二〇五《藝文志》 《北戶雜錄》一卷，唐段公路撰。

《崇文總目》 《北戶雜錄》三卷。

宋 陳振孫《直齋書錄解題》卷六 《北戶雜錄》三卷。唐段公路撰。

《文獻通考》卷二〇六《經籍考》 《北戶雜錄》三卷，唐段公路撰。

《文淵閣書目》 《北戶錄》一冊。

明 毛晉《汲古閣珍藏秘本書目》 《北戶錄》三卷一本，段公路撰，宋板抄出。

明 徐𤊹《徐氏紅雨樓書目・經部・月令類》 《北戶錄》一卷，唐段公路撰。

明 徐𤊹《徐氏家藏書目》卷四《子部・小説類》 《北戶錄》一卷，唐段公路撰。

清 錢曾《虞山錢遵王藏書目録》卷三 段公路《北戶錄》三卷，述小説家鈔。

清 于敏中《天録琳瑯書目》 《北戶錄》一函二冊。

唐段公路纂《圖註》三卷，前唐陸希聲序。公路，《唐書》無傳。陸希聲序稱為鄴平公之孫。考《唐書》，段文昌於唐文宗時以御史大夫進封鄒平郡公，則公路乃文昌之孫矣。其書皆採嶺南民風、土俗、飲食、衣製、歌謡、哀樂有異於中夏者録而誌之。至於草、木、果、蔬、蟲、魚、羽、毛之類，有瑰形詭狀者，亦莫不畢載。謂之『北户録』者，蓋取《淮南子》云『南方之極，自北户之界至炎風之野，赤帝祝融之所司也』。希聲，吳人，善屬文。由右拾遺歷官至同中書門下平章事，《唐書》有傳。

清 耿文光《萬卷精華樓藏書記》卷四四《史部一一·地理三》 三卷，唐段公路撰，《古今說海本》。是書記嶺南風土甚詳，《學海類編》作公璐蓋字之偽其書。徵引極博，如《淮南》、《海畢術》、《廣志》、《南越志》、《南裔異物會要》、《靈枝圖記》、《陳藏器本草》、《唐韻》、郭緣生《述征記》、《臨海異物志》、《陶朱公養魚經》、《名苑》、《毛詩》、《義船神記》《字林廣記》、《扶南傳》諸書，今皆不傳，藉此以存，其注為段龜圖所撰。

（乾隆）《江南通志》卷一九二 《唐書·藝文志》作《北户襍録》，疑傳寫誤衍一『襍』字。其作三卷，則與此本合。《學海類編》所載惟存一卷，凡物産五十一條，不為完本。曹溶所録古書，往往如是，不足深詰也。

清 曹寅《楝亭書目》卷二 《北戶錄》，唐東牟段公路著，二卷一冊。

（雍正）《山東通志》卷三四《經籍志》 段公路《北戶雜錄》三卷。

清 張金吾《愛日精廬藏書志》卷一七 《北戶錄》三卷。文瀾閣傳抄本，從陳君子準藏舊抄本校。唐段公路撰，崔龜圖注。閣本姓缺，據舊抄本補。舊抄本目錄後有『臨安太廟前尹家書籍鋪刊行』一條，陸希聲序。

清 沈德壽《抱經樓藏書志》卷二七《史部·地理四》 《北戶錄》三卷，鈔本。唐萬年縣尉段公路纂，登仕郎前京兆府參軍崔龜圖註。

清 王國維《傳書堂藏書志》卷二 《北戶錄》三卷，明景宋鈔本。萬年縣尉段公路纂。登仕郎前京兆府參軍崔龜圖注。陸希聲序。每半葉十行，行十八字。目錄後有『臨安太廟前尹家書籍鋪刊行』一行。有『席存□』、『琴川席氏子臨珍藏』二印。

清 陸心源《皕宋樓藏書志》卷二九《史部六·地理類》 《北戶錄》三卷，影宋抄本，汲古閣舊藏。唐萬年縣尉段公路纂。登仕郎前京兆府參軍崔龜圖註。陸希聲序。

明 佚名《稗統目録》卷二二 《北戶錄》無卷數。

清 周中孚《鄭堂讀書記補逸》卷一八《史部·地理類八·雜記》 《北戶錄》一卷，《說郛》本。唐段公路撰。公路，臨淄人，宰相文昌之孫。懿宗時，官京兆萬年縣尉。《四庫全書》著錄，作三卷，蓋足本也。《新唐志》作《北戶雜錄》一卷，《宋志》同，《崇文總目》作《北戶雜錄》三卷，《書錄解題》、《文獻通考》俱作《北戶雜錄》三卷。此本作一卷，雖與唐、宋《志》合，其實止刪存其記嶺南物產者五十一條耳。若其全書，則詳載風土，多所引徵，並有登仕郎前參軍龜圖注不著姓。而是本皆無之，《說海》所收，亦即此本也。嶺南謂之『北戶』者，見於《爾雅·釋地》及《史記·秦本紀》云。

清 瞿鏞《鐵琴銅劍樓藏書目錄》卷一一《史部四·地理類》 《北戶錄》三卷。舊鈔本。題『萬年縣尉段公路纂，登仕郎前京兆府參軍崔龜圖注』。有陸希聲《序》。公路是書，作於廣州，皆紀其地物產。案：《史記·秦紀》『南盡北戶』，顏師古注《漢書》，日南郡，在日之南，所謂開北戶以向日者。書名『北戶』，以此。別本題名中，脫去『崔』字，遂致誤仞公路同族。此本目錄後有『臨安府太廟前尹家書籍鋪刊行』一行，是從宋本傳錄者。

唐 段公路《北户録·陸希聲序》 詩人之作，本於風俗。大抵以物類比興，達乎情性之源。自非觀化察時，周知民俗之事，博聞多見，曲盡萬物之理者，則安足以蘊為六義之奧，流為絃歌之美哉！由是言之，則古之學者固不厭博，博而且信，君子難之。東牟段君公路，鄒平公之孫也。自未能把筆，愛以指畫地如文字。及六七歲受學，果能强力不罷，其學尤長仄僻，人所不能知者。薅乎羣籍之中，仡仡然有餘力問者。以事南遊五嶺間，常採其民風、土俗、飲食、衣製、歌謠、哀樂有異於中夏者，録而志之，至於草木果蔬蟲魚羽毛之類，有瑰形詭狀者，亦莫不畢載。非徒止於所聞見而已，又能連類引證，與奇書異説相叅驗，真所謂博而且信者矣！噫！近日著小説者多矣，大率皆鬼神變怪，荒唐誕妄之事；不然則滑稽詼諧，以為笑樂之資。離此二者，或强言故事，則皆詆訾前賢，使悠悠者以為口實。此近世之通病也。如君所言，皆無有是。其著於録者，悉可考驗。此蓋博物之一助，豈徒為譚端而已乎！君以予往從事嶺南，備覈其實，請予序以為證。予嘗觀圖於書府，君狀貌一似鄒平公，而又能以文學世其家，於乎鄒平公為有後矣！因為之序而不辭。右拾遺内供奉陸希聲撰。

桂海虞衡志

題解

《四庫全書總目》卷五五《史部一一・地理類》 自序謂『凡所登臨之處風物土宜，方志所未載者，萃為一書，蠻陬絕徼，見聞可紀者亦附著之』。共十三篇，曰《志岩洞》、《志金石》、《志香》、《志酒》、《志器》、《志禽》、《志獸》、《志蟲魚》、《志花》、《志果》、《志草木》、《雜誌》、《志蠻》，每篇各有小序，皆志其土之所有。惟《志岩洞》僅去城七八里，內嘗所遊者。《志金石》準《本草》之例，僅取方藥所須者。《志蠻》僅錄聲問相接者，故他不備載。《志香》多及海南。以世稱二廣出香，而不知廣東香自舶上來，廣右香產海北者皆凡品。《志器》兼及外蠻兵甲之制，以為司邊鎮者所宜知，故不嫌旁涉。諸篇皆敘述簡雅，無誇飾土風、附風會古事之習。

宋 范成大《桂海虞衡志・序》 始余自紫薇垣出帥廣右，姻親故人張飲松江，皆以炎荒風土爲戚。余取唐人詩考桂林之地，少陵謂之宜人，樂天謂之無瘴，退之至以湘南江山勝於驂鸞仙去，則宦遊之適寧有踰於此者乎？既以解親友而遂行。乾道八年三月，既至郡，則風氣清淑，果如所聞，而巖岫之奇絕，習俗之醇古，府治之雄勝，又有過所聞者。余既不鄙夷其民，而民亦矜予之拙，而信其誠，相戒毋欺侮，歲比稔。幕府少文書，居二年，余心安焉。承詔徙鎮全屬，亟上疏，固謝，不能留。再閱月，辭，勿獲命，乃與桂民別。民觴客於途，既出郭，又留二日，始得去。航瀟湘，絕洞庭，泝灩澦，馳驅兩川，半年達於成都。道中無事時念昔游，因追記其登臨之處與風物土宜，凡方志所未載者，萃爲一書，蠻陬絕徼見聞可紀者亦附著之，以備土訓之圖。噫，錦城以名都樂國聞天下，余幸得至焉。然且惓惓於桂林，至爲之綴緝瑣碎如此。蓋以信余之不鄙夷其民，雖去之遠，且在名都樂國，而猶弗忘之也。淳熙二年長至日。

明 王士性《桂海志續序》《粵西文載》卷五二 昔宋范成大帥粵，愛其土之山川，及移蜀，猶不忘憶，而作《桂海虞衡志》。稱其勝甲於天下。余以萬曆戊子典蜀，試攬勝，紀遊樂焉，忘死已。自蜀改粵，時猶恍惚行巫山錦水中也，亦為刻入蜀三記於郡齋，是何與范先生易地而同思邪？其後范鎮蜀，未知志蜀山川否？余乃為《粵游志》，首獨秀山，次疊綵，次寶積，次七星巖，次省春，次灕山，次隱山，次龍隱，次伏波，次白龍，次虞山，又次堯山，而終以訾家洲。

傳記

《宋史》卷三八六《范成大傳》 范成大，字致能，吳郡人。紹興二十四年擢進士第，授戶曹，監和劑局。隆興元年，遷正字。累遷著作佐郎，除吏部郎官。言者論其超躐，罷奉祠，起知處州。陛對，論力之所及者三，曰日力，曰國力，曰民力，今盡以虛文耗之。上嘉納。

處民以爭役囂訟，成大為劃義役，隨家貧富輸金買田，助當役者，甲乙輪第，至二十年。民便之。其後入奏，言及此，詔頒其法於諸路。處多山田，梁天監中，詹南二司馬作通濟堰，在松陽、遂昌之間。激溪水四十里，溉田二十萬畝。堰歲久壞，成大訪故迹，疊石築防，置提閘四十九所，立水則上中下，灌溉有序，民食其利。除禮部員外郎，兼崇政殿說書。乾道令以絹計贓，估價輕而論罪重。成大奏承平時絹匹不及千錢，而估價過倍。紹興初年，遞增五分，為錢三千足。今絹實貴，當倍時直。上驚曰：『是陷民深文。』遂增為四千，而刑輕矣。

隆興再講和，失定受書之禮，上嘗悔之，遷成大起居郎，假資政殿大學士，充金祈請國信使。國書專求陵寢，蓋泛使也。上面諭受書事。成大乞幷載書中，不從。金迓使者慕成大名，至求巾幘効之。至燕山，密草奏，具言受書式，懷之入。初進國書，詞氣慷慨，金君臣方傾聽，成大忽奏曰：『兩朝既為叔姪，而受書禮未稱，臣有疏。』搢笏出之。金主大駭曰：『此豈獻書處耶？』左右以笏標起之，成大屹不動，必欲書達。既而歸館所，金主遣伴使宣旨取奏。成大之未起也，金庭紛然，太子欲殺成大，越王止之，竟得全節而歸。

除中書舍人。初上書崔寔《政論》賜輔臣，成大奏曰：『御書《政論》，意在飭綱紀，振積敝。而近日大理議刑，遞加一等，此非以嚴致平，乃酷也。』上稱為知言。張説除簽書樞密院事，成大當制留詞。頭七日不下，又上疏言之，説命竟寢。知靜江府。廣西窘匱，專藉鹽利。漕臣盡取之，於是屬邑有增價抑配之敝。詔復行鈔。鹽漕司拘鈔錢，均給所部，而錢不時至。成大入境，曰：『利害有大於此乎？』奏疏謂能裁抑漕司强取之數以寬郡縣，則科抑可禁。上從之。數年，廣州鹽商上書，乞復令客販。宰相可其説，成大出銀錢助之，人多以為非。下有司議，卒不易成大説。

舊法，馬以四尺三寸為限，詔加至四寸以上。成大謂互市四十年，不宜驟改。除敷文閣待制。四川制置使疏言『吐蕃、青羌兩犯黎州，而奴兒結蕃列等尤桀黠，輕視中國。臣當教閱將兵，外脩堡砦，仍講明教閱團結之法，使人自為戰，三者非財不可』。上賜度牒錢四十萬緡。成大謂『西南諸邊黎為要地，增戰兵五千，奏置都監路，分吐蕃入寇之路十有八。悉築柵分戍』。奴兒結擾安靜砦，發飛山軍千人赴之。料其三日必遁，已而果然。白水砦將王文才私娶蠻女，常導之寇邊。成大重賞檄羣蠻，使相疑貳。俄禽文才以獻，即斬之。蜀北邊舊有義士三萬，本民兵也。監司郡守雜役之，都統司又俾與大軍更戍。成大力具其不可，詔遵舊法。蜀知名士孫松壽，年六十餘，樊漢廣，甫五十九，皆掛冠不仕，表其節。詔召之，皆不起。蜀士由是歸心。凡人才可用者，悉致幕下。用所長，不拘小節。其傑然者露章薦之，往往顯於朝。

位至二府，召對，除權吏部尚書，拜參知政事。兩月為言者所論，奉祠，起知明州。奏罷海物之獻。除端明殿學士，尋帥金陵。會歲旱，奏移軍儲米二十萬振饑民，減租米五萬。水賊徐五竊發，號靜江大將軍。捕而戮之。以病請閑，進資政殿學士，再領洞霄宮。紹興二年，加大學士。四年，薨。成大素有文名，尤工於詩。上嘗命陳俊卿擇文士掌内制。俊卿以成大及張震對。自號『石湖』。有《石湖集》、《攬轡録》、《桂海虞衡集》行於世。

著録

宋 晁公武《郡齋讀書志》卷五 《桂海虞衡志》三卷，右范文穆公成大帥靜江日，志其風物土宜也，自為之序。

宋 陳振孫《直齋書録解題》卷八 《桂海虞衡志》二卷。

《宋史》卷二〇四《藝文志》 范成大《桂海虞衡志》三卷。

明 陳第《世善堂書目》卷上 《桂海虞衡志》二卷。

明 徐𤊹《徐氏紅雨樓書目·史部·分省》 《桂海虞衡志》一卷。

又《各省雜誌》 《桂海虞衡志》二卷。

明 徐𤊹《徐氏家藏書目》卷二《史部·各省雜誌》 《桂海虞衡志》一卷，宋范成大撰。

清 汪森《粵西叢載》卷一 《桂海虞衡志》二卷，『府帥吳郡范至能撰。成大自桂移蜀，道中追記昔遊』。

《續通志》卷一七七《昆蟲草木略》 范成大《桂海虞衡志》一卷。

清 黃虞稷《千頃堂書目》卷一五 《桂海虞衡志》，宋范成大撰。

清 阮元《文選樓藏書記》卷三 《桂海虞衡志》一卷，宋范成大著。吳郡人，抄本。是書志採桂山水、風俗、物產、服食諸類。

清 孫星衍《孫氏祠堂書目内編》卷四 《桂海虞衡志》一卷，宋范成大撰。

清 錢曾《虞山錢遵王藏書目録彙編》卷三 《桂海虞衡志》一卷，越別志鈔。

清 沈德壽《抱經樓藏書志》卷二八《史部·地理五》 《桂海虞衡志》一卷，明刊本。宋范成大紀。

《四庫全書總目》卷五五《史部一一·地理類》 《桂海虞衡志》一卷，兩江總督採進本，宋范成大撰。乾道二年，成大由中書舍人出知靜江府。淳熙二年，除敷文閣待制、四川制置使。是編乃由廣右入蜀之時，道中追憶而作。

成大《石湖詩集》，凡經歷之地，山川風土多記以詩，其中第十四卷，自注皆桂林作。而詠花惟有《紅豆蔻》一首，詠果惟有《盧橘》一首，至詠遊覽，惟有《棲霞洞》一首、《佛子岩》一首。其見於詩注者，亦僅蠻茶、老酒、蚺蛇皮腰鼓、象皮兜鍪四事，不及他處之詳，疑以此志已具，故不更記以詩也。其盧橘一種，《志果》不載，觀其《志花》小序，稱『北州所有皆不録』，或《志果》亦用此例。蠻茶一種，《志草木》中亦無之。考詩注稱，蠻茶出修仁大，治頭風。而《志草木》中有鳳膏藥，亦云葉如冬青，治太陽痛、頭目昏眩，或一物二名耶？然檢《文獻通考・四裔考》中引《桂海虞衡志》幾盈一卷，皆《志蠻》之文，而此本悉不載。其餘諸門，檢《永樂大典》所引，亦多在此本之外。蓋原書本三卷，而此本並為一卷，已刊削其大半。則諸物之或有或無，亦非盡原書之故矣。

清 張之洞《書目答問》卷二《史部》 《桂海虞衡志》一卷，宋范成大。

清 王國維《傳書堂藏書志》卷三 《桂海虞衡志》一卷，宋吳郡范成大，明新安吳琯校。盧氏手跋：乾隆丁丑二月，盧文弨以李際期本校。周氏手跋：同治乙丑五月二十九日，以舊鈔本及鮑氏知不足齋本校，鈔本每葉十八行，行二十字，各志各自為卷，不相聯屬。每卷表題曰『桂海某志』，另一行題『宋范成大』，或出自宋本舊式也。周星詒在邵武記。

清 陸心源《皕宋樓藏書志》卷二九《史部六・地理類》 《桂海虞衡志》一卷，明抄本淡生堂舊藏。宋吳郡范成大紀。

《浙江採集遺書總録・地理類・戊集》 《桂海虞衡志》一卷，寫本。右宋范成大撰。淳熙二年自序，謂乾道間出帥廣右，既徙鎮蜀。追記其登臨之處與風土物宜，凡方志所未載者，蠻陬絕徼，見聞可紀者，亦附著之。以備土訓之圖。

明 佚名《稗統目録》卷七 《桂海虞衡志》無卷數。

清 丁日昌《持靜齋書目》卷二《史部一一・地理類》 《桂海虞衡志》一卷，《古今逸史》刊本，宋范成大撰。

藝文

宋 范成大《驂鸞録序》《說郛》卷六五 石湖居士以乾道壬辰十二月七日發吳郡，帥廣西。泊舟姑蘇館。十七日至湖州，十九日遊北山石林。乘輕舟十里餘，登籃輿，小憩牛氏歲寒堂。自此入山，松桂深茂，幽絕無塵事。過大嶺，乃至石林。則棟宇傾頽，兩廊盡拆去成菜畦矣。正堂無恙，亦有舊牀榻在，凝塵中堂。正面十山，高峰層巒，空翠照衣袂，略似上天竺白雲堂所見而加雄尊。自堂西過二小亭，佳石錯立，道周至西巖，石益奇，而多有小堂，曰『承詔葉公自玉堂歸守先隴，經始之初，刱有此堂，後以天官召還，受命於此，因以爲志焉』。其旁登高有羅漢巖，石狀怪詭，皆嵌空裝綴，巧過鑱劖。自西巖回步至東巖，石之高壯礌硊，又過西巖，小亭亦頽矣。葉公好石，力剔山骨，森然發露若林，而開徑於石間，亦有自他所移徙置道旁以補缺空者。方公著書譯經於堂上，四方學士聞風仰之如璇璣景星，語石林所在，又如仙都道山，欲至不可得。蓋棺未幾而其家不能守，委而棄之，灌莽叢薄間，遊子相與徘徊，歎息不能去。或謂『此地離人太遠，岑蔚荒虛，非大官部曲衆多者難久處』。又云『公没後，山鬼搶攘，暮夜與人錯行，婦子不能安室，故諸郎去之云』。

出石林，飯旌善寺，葉氏墳祠也。霅川有兩玲瓏山，石林爲大玲瓏。又有小玲瓏，在長興縣界路口。聞其山尤勝。小玲瓏今屬沈氏。沈氏之父死，二子幼，方檢校於官，此山石色微黄而更奇古。一丘在空中，洞穴十數，皆旁相通貫，故名玲瓏。泉聲瀉壞嶝中，窈如深谷。堂前小池，石如馬虺隤。其中池後山屏上洗出之石，皺積嵌巖，巧怪萬狀，缺罅清泉渟泓，叢桂覆其上，亭館既無人居，亦漸荒廢。霅川特無好事者，能損厚資買之。沈氏雖不得山，亦足以豪矣。杜牧之所遊玲瓏，即石林是也。小玲瓏晚出而加勝。

由沈家步登舟，回至城下，一鼓後矣。二十一日宿德清縣。泊舟左顧亭。孔愉放毦處也。庭前兩大枯木，可千年而挺立不朽。德清，古之餘不地，今孔侯墓廟在焉。廟居墓前，與其夫人像皆盤膝坐。

二十三日宿餘杭縣苕溪館，二十八日宿富陽縣，三十日發富陽，雪滿千山，江色沉碧，夜小霽，風急寒甚，披使北時所作錦袍，戴氈帽，坐船頭，縱觀不勝清絕。剡溪夜汎景物，未必過此。晚宿嚴州桐廬縣。

癸巳歲正月一日巳午間至釣臺。率家人子登臺講元正禮，謁三先生祠。登絕頂，掃雪平石上。諸山縞然，凍雲不開，境過清矣。臧獲亦貪殊景，皆忍寒犯滑來登，始予自紹興己卯歲以新安户曹沿檄來，始識釣臺，題詩壁間。後十年，以括蒼假被召，復至，自和二篇。及今又四年，蓋三過焉。復自和三篇。薄宦區區如此，豈惟愧羊裘公？見篙師灘子，慚顔亦厚！

二日至嚴州，泊定川館。七日至蘭溪，泊澄江館。九日至婺州，泊金華驛。十二日宿龍遊縣龍丘驛。十三日至衢州，十八日過常山縣，十九日宿信州玉山縣玉川驛。二十五日過弋陽縣，二十六日過貴溪縣，二十七日過饒州安仁縣，二十八日至餘干縣。閏月一日宿鄔子口。鄔子者，鄱陽湖尾也。名爲盜區，非便風張帆及有船伴不可過。四日至隆興府，泊南浦亭。五日登滕王閣，其故址甚侈，今但於城上作大堂耳。十一日過豐城縣，十二日宿臨江軍，十六日宿新喻縣，十七日宿分宜縣。

十八日至袁州。聞仰山之勝久矣，去城雖遠，特往遊之。二十五里，先至季惠廟。廟祠兄弟二王，不血食。其神龍也。舊傳二龍昔居仰山中，以其地施仰山祖師。遷居於此廟。有陽氏神，稱『吳時加封司徒竹册尚存』，又稱『保大元年，余向居鄉，得吳江村寺石幢所記，亦以保大紀年』。蓋錢氏有浙時，或嘗用楊氏正朔。此二證爲甚確也。出廟三十里，至仰山。履喬松之磴甚危，嶺阪之間皆田。層層而上，至頂，名梯田。晚出山，復入袁州。

二十六日宿萍鄉縣萍實驛。人以此地爲楚王得萍實之地。然去大江遠，非是。三十日宿潭州醴陵縣。二月三日泛湘江，七日宿衡山縣，十二日至衡州，北行岡隴將盡，忽一峰特起，如大磯，浸江中。蒸水自邵陽來，繞其左，瀟湘自桂林零陵來，繞其右，而皆會於合江亭之前，併爲一水以東去。石鼓雄踞要會，大畧如春秋霸主，號令諸侯勤王，蒸湘如兄弟同奔來會，禀命載書，乃同軌以朝宗。蓋其形勝如此。

十五日捨舟遵陸，登回鴈峰。十八日宿永州祁陽縣，十九日遊浯溪，浯溪近山石澗也。噴薄有聲，流出江中，臨石崖數壁，纔高尋丈，《中興頌》在最大一壁，碑之上餘石無幾，所謂『石天齊』者，説者謂或是天然整齊之義。

二十日渡湘水，即至愚溪。二十六日入桂林界。有大石表跨官道，榜曰廣南西路。家人舉頭驚咤，以爲何爲至於此也。二十八日至靈州縣，又六十里至八桂堂。桂林北城之外圃也。未至桂林二三里，泊八桂堂旬日。三月十日入城交府事。郡治前後，萬峰環列，與天無際。按桂林自唐以來以山川奇秀稱，韓文公雖不到，然在潮熟聞之，故詩有『参天帶水、翠羽黄柑』之語，末句乃曰『飛鸞不暇驂』，蓋歆羡之如此。故余行記以『驂鸞』名之。若其風土之詳，則有《桂海虞衡志》焉。

雜録

《四庫全書總目》卷五五《史部一一・地理類》 其論辰砂、宜砂，地脈不殊，均生白石第上，訂《本草》分別之訛。邕州出砂，融州實不出砂，證圖經同音之誤。零陵香產宜、融諸州，非永州之零陵。《唐書》稱林邑出結遼鳥，即邕州之秦吉了。佛書稱象有四牙、六牙，其說不實。桂嶺在賀州，不在廣州，亦頗有考證。

益部方物略記

綜述

宋 宋祁《益部方物畧記・序》 益爲西南一都會，左阻劍門，右負夷蕃。內坦夷數百里，環以長江裹以複岑，川陸盛氣礙而不得東。回薄蜿蜒，還負一方，爲珍木，爲怪草，爲鳥魚，芋稻之饒。日暘雨雨，噓和吐妍，層出雜見，不可勝狀，殆岷精緼靈示〔闕〕璚於茲壤也。嘉祐建元之明年，予來領州得東陽沈立所録《劍南陽物二十八種》，按名索實，尚未之盡，故遍詢西人，又益數十物，列而圖之。物爲之贊，圖視狀贊言生之，所以然更名《益部方物畧記》。凡東方所無，及有而自異者，皆取之，冀裨風上聚邱之遺云。

宋 宋祁《益部方物略記・胡震亨跋》 萬震《南州志》以韻語紀物，質雅可誦。後來惟江文通《吳興草木頌》僅足嗣響。頃復得宋子京《益部方物略記》，凡草木蟲魚六十五條，而寫色奏音一倣於震。第見《白氏長慶集》、《木蓮樹詩》叙云『木蓮樹，一呼黄心樹。大者高五丈，涉冬不凋，身如青楊，有白文。葉如桂，厚大無脊。花如蓮，香色豔膩皆同獨房，蘂有異視。』宋註最詳。宋又註『聖瑞花』云『率以秋開』，『夗央草』云『春葉晚生』，而范成大《詠聖瑞花》云『挽春同住夏，看到火雲流』，薛濤《詠夗央草》云『但娛春日長，不管秋風早』，是春夏便已著花，春葉非晚生矣。

至若改『羞天』為『羞寒』，猶不失以妍易俚。其改『虞美人』為『娛美人』，則『虞』之與『娛』，兩義自通，得無更遺宵寐匪禎之誚？海鹽胡震亨題。

《四庫全書總目》卷一九〇《集部四三・總集類》　夫鳥獸草木，學詩者資其多識，孔門之訓也。郭璞作《山海經贊》，戴凱之作《竹譜》，宋祁作《益部方物畧記》，並以韻語叙物產，豈非以諧諸聲律，易於記誦歟？

又《史部一一・地理類》卷五五　因東陽沈立所撰《劍南方物二十八種》補其闕遺。凡草木之屬四十一，藥之屬九，鳥獸之屬八，蟲魚之屬七，共六十五種，列而圖之，各系以贊，而附注其形狀於題下。贊居前，題列後，古書體例大抵如斯。今本《爾雅》猶此式也。其圖已佚。贊皆古雅，蓋力摹郭璞《山海經圖贊》，往往近之。注則頗傷謇澀，亦每似所作《新唐書》。蓋祁敘記之文類如是也。

傳記

《宋史》卷二八四《宋庠傳》　祁字子京，與兄庠同舉進士。禮部奏祁第一，庠第三。章獻太后不欲以弟先兄，擢庠第一，寘祁第十。授直史館。後修《唐書》，遷右諫議大夫，翰林學士。景祐中，詔求直言。祁奏切中時病，又言天下根本在河北，河北根本在真定，請擇將練卒，積餉以待戰。《唐書》成，遷左丞，進工部尚書。以羸疾請便醫，拜翰林學士承旨。詔遇入直，許一子主湯藥。尋卒。遺奏立儲嗣以定人心，又自為誌銘，戒其子勿請謚，勿受贈典。學士張方平言法應得謚，謚曰景文。贈尚書。

（天順）《明一統志》卷二七　庠弟，與兄同時舉進士。歷官太常博士，詔定新樂，權度支判官。上言三冗三費。進翰林學士、禮部侍郎。上《禦戎七論》，累加龍圖閣學士，知鄭州。與歐陽修同修《唐書》。書成，遷左丞，進工部尚書，學士承旨。卒，謚景文。

又　卷六一　宋雍丘人。父杞，為應山令。庠、祁隨父僑寓安陸，並以文學顯。庠進士第一，嘉祐中拜相，封鄭國公。卒，謚元憲。祁累官知成都府，終翰林學士承旨，卒，謚景文。

（嘉慶）《清一統志》卷一五二　宋祁，字子京。庠之弟。與庠同時舉進士。人呼曰『二宋』。以大小別之。釋褐復州推官，遷太常博士。詔定新樂，遷尚書工部員外郎，權三司度支判官。方陝西用兵，調費日蹙，上書請去三冗節三費。為翰林學士，改龍圖閣學士，史館修撰。修《唐書》。累遷工部尚書，拜翰林學士承旨。卒。祁兄弟皆以文學顯，而祁尤能文，善議論。修《唐書》十餘年，出入內外，常以槀自隨。所至，治事明峻，好作條教。追謚曰景文。

又　卷二六七　宋祁，字子京。庠弟。與兄庠同舉進士，禮部奏祁第一，章獻太后不欲以弟先兄，乃擢庠第一，而寘祁第十。累遷太常博士。李照定新樂，胡瑗鑄鍾磬，祁皆典之。改龍圖學士，史館修撰。修《唐書》。景祐中，詔求直言，祁上奏，主於強君威、別邪正、急先務，皆切中時病。《唐書》成，遷左丞，進工部尚書。卒。遺奏請擇宗室賢材進爵為王，為匕鬯之主。又自為誌銘及治戒，以授其子。祁兄弟皆以文學顯，而祁尤能文，善議論，後謚景文。

著録

《四庫全書總目》卷五五《史部一一・地理類》　《益部方物略記》一卷，江蘇巡撫採進本，宋宋祁撰。祁字子京，雍邱人，天聖二年進士，官至翰林學士承旨，謚景文。事蹟具《宋史》本傳。是編乃嘉祐二年，祁由端明殿學士、吏部侍郎知益州時所作。

（雍正）《四川通志》卷七　沈立，東陽人。慶歷間，知洪雅，有政聲。著《海棠記》、《劍南風物録三十六種》。

明　曹學佺《蜀中廣記》卷九六　《蜀江志》十卷，《劍南風物録二十八種》，並宋東陽沈立撰。慶歷間知洪雅縣事。

《續文獻通考》卷一八〇　宋祁《益部方物略記》一卷。祁字子京，雍邱人。天聖進士，官至翰林學士承旨，謚景文。是編乃祁知益州時所作。

《續通志》卷一五九　《益部方物略記》一卷，宋宋祁撰。

清　陸心源《皕宋樓藏書志》卷二九《史部六・地理類》　《益部方物略記》一卷，宋端明殿學士、吏部侍郎知益州安陸宋祁子京撰。

清　沈德壽《抱經樓藏書志》卷二七《史部・地理四》　《益部方物

署記》一卷，抄本。宋宋祁撰。

清 周中孚《鄭堂讀書記補逸》卷一八《史部·地理類八·雜記》

《益部方物略記》一卷，《說郛》本。宋宋祁撰，仕履見正史類。《四庫全書》著錄。益為西南一大都會，珍木怪草、鳥獸蟲魚之饒，不可勝數。嘉祐二年，子京出知益州，得東陽沈立所録《劍南方物》，僅二十八種，尚多遺漏，乃遍索西人，增益至六十五種，各為之圖及贊，并注其形狀於贊後。今圖已佚，惟贊與注存。贊詞古雅，真追郭氏《山海經圖贊》。注亦簡樸而不近澀。惟其改『虞美人』為『魚美人』，『虞』與『娛』義雖相通，然是草本借人名物，今乃立異以為訓，深無取焉。陶氏《說郛》中，書多刪節，惟此為原帙。《津逮秘書》、《學津討原》所收録，均有脱字，轉不及是本之完整也。

雜録

《四庫全書總目》卷七〇《史部一一·地理類·益部方物略記》 胡震亨跋引范成大《聖瑞花詩》，證是花開於春夏間，祁注稱率以秋開為非，殆由氣候不齊，各據所見。又引薛濤《鴛鴦草詩》『但娛春日長，不管秋風早』句證祁注是『草春葉晚生』之非，則橫生枝節。夫春日已長，非春晚而何歟？至虞美人草，自屬借人以名物，如菊號西施之類，必改為娛美人草，曲生訓釋，是則支離無所取耳。

全芳備祖

綜述

宋 陳景沂《全芳備祖·韓境序》 類書之作，其來尚矣。自唐率更有《藝文類聚》，白傅有《六帖》，至我朝元獻有《類要》，宜無復加矣。建章《萬花谷》、《事類本末》諸書，大槩誇多於品彙，競美於纂輯，而原本祖萃群芳者闕焉。天臺陳君，少負傑特，讀書數萬卷。目力之所及，如富人坐日中之肆，細大涵蓄，感萬物敷榮，乃獨致意於草木蕃廡。積而為書，思襲前賢之躅，以補後來者之闕。意客游江淮，縱觀宇宙山川之盛，凡舟車之會人力所及，可以廣紀載、備討論者，畢録無遺。於是物推其祖，詞掇其芳，數十大家之作具在，而騷人墨客之詠亦不廢。不知螢幾聚，雪幾映，剡溪之藤凡幾閲，而《全芳備祖》之意成矣。

陳君益斂華就實，由博趨約，研精洙泗、濂洛之書，折衷於渡江諸老，凡昔之泥於物者，今皆反諸心矣。心有經，困知有録，凡昔之會於心者，今皆筆於書矣。名公鉅卿嘉嘆不少置，嘗以塵大子之覽，陳君不可謂不過矣。一日陳君過予山陰澤中，貌癯氣腴，神採内澤，有道之士也。手數巨編，以示且歎曰：『吾不幸少事華藻，勤半生以資口耳之談，猶幸晚歸樸素，持一念心窮性理之蘊。然少年之書雖吾甚悔，好事者或取焉。欲續而藏之，不可得也。』予拱而曰：『盈天壤間皆物也，物具一性，性得則理存焉。《大學》所謂「格物」者，格此物也。今君晚而窮理，其昭明貫通，儵然是非得喪之表，毋亦自其少時區別草木，有得於格物之功歟？』昔孔門《學記》之訓有曰：『多識於鳥獸草木之名。』陳君於是書也，奚其悔？寶祐元年癸丑中秋，安陽老圃韓境序。

宋 陳景沂《全芳備祖·序》 古今類書不勝汗牛而充棟矣。録此遺彼，不可謂全；取末棄本，不可謂備；皆纂集之病也。姑以生植一類言之：史傳雜記之所編摩，騷人墨客之所諷詠，非家藏萬卷，目閲群書，祇是其擇焉不精，語焉不群耳。余束髮習雕蟲，弱冠游方外。初館兩浙，繼寓京庠，暨姑蘇、金陵、兩淮諸郷校，晨窓夜燈，不倦披閲，記事而得其要，纂言而鉤其玄，獨於花果草木尤全且備，所集凡四百餘門。非『全芳』乎？凡事實賦詠，樂府必稽其始，非『備祖』乎？嘗謂大地生物，豈無所自？拘目睫而不究其本原，則與朝菌為何異？竹何以虚？木何以實？或春發而秋凋，或貫四時而不改柯易葉，此理所難知也。且桃李産於玉衡之宿占，為東方歳星之精，凡有花可賞，有實可食者，固當録之而不容後也。至如潔白之可取，節操之可嘉，英華之夐出，香色之俱全者，是者稟天地之英，皦然殊異，尤不可不列之於先也。梅仙孤芳，松友後凋，蘭有國香，菊存晚節，紫薇雖粗而獨貴於所托，黃葵無知而不昧於所向，草傷柳別，紫笑萱忘，韭蓮最幽於相遇，藜藿甘貧而自得，苜蓿、薏莎，可食可飼，茯苓、黃精，通神通靈，凡若是者，遽數之不能終其物也。或曰：『瓊花蘂玉，胡為而躐處其上？』答曰：『此尊尊也。』或曰：『牡丹、芍藥之無實，海棠無香，胡為而亦處其上？』答曰：『此貴貴也。』是皆奇葩異卉，特立迥出，胡可以一説拘也？或曰：『子之説則信辨而美矣，子之書則信全而備矣。不幾於玩物喪志乎？』答曰：『余之所纂，蓋昔人所謂寓意於物而不留意於物者也，惡得以玩物為譏乎？且《大學》之教，格物為先。而多識於鳥獸草木之名，亦學者之當務也。自太極剡而兩儀分，五行布而萬物具，凡散在兩間，物物各具，以太極也。太極動而生陽，則元亨誠之通而萬物所資始也。靜而生陰則利正誠之復，而萬物所以各正性命也。稟乎乾者為木果；稟於震者為蒼莨竹、為萑葦；稟於巽者為木；稟於坎者為堅多心；稟於離者為科上槁；稟於艮者為堅多節、為果蓏；根而幹，幹而枝，枝而葉，葉而華，華而實。初者為陰，次者為陰，闔者為陰，承者為陰，得陽之剛則為堅耐之木，得陽之柔則為附蔓之藤，無非陰陽者，則無非太極也。以此觀物，庸非窮理之一事乎？程先生語上蔡云：『賢，卻記得多許事，謂玩物喪志，合止纂許多，姑以便檢閱，備遺忘耳，何至流而忘返，而喪志焉？』卑於《爾雅》蟲魚註，可憐無補費精神，觀者幸勿以為誚。有宋寶祐丙辰孟秋，江淮肥遯愚一子陳景沂謹識。

《四庫全書總目》卷一三五《子部・類書類》　凡前集二十七卷，所記皆花，後集第一卷至八卷為果部，十卷至十二卷為卉部，十三卷為草部，十四卷至十九卷為木部，二十卷至二十二卷為農桑部，二十三卷至二十七卷為蔬部，二十八卷至三十一卷為藥部。其例，每一物分事實祖、賦詠祖二類。事實祖中分碎録、紀要、雜著三子目。賦詠祖中分五言散句、七言散句、五言散聯、七言散聯、五言古詩、七言古詩、五言八句、七言八句、五言絶句、七言絶句十子目。

著録

《文淵閣書目》卷三　《全芳備祖》一部，八冊。

《續通志》卷一六一　《全芳備祖》前集二十七卷，後集三十一卷，宋陳景沂撰。

（雍正）《浙江通志》卷二四四　《全芳備祖》前集二十七卷，後集三十一卷。《黄氏書目》陳景沂著，天臺人，寶祐元年韓境序。

《續文獻通考》卷一八六　陳景沂《全芳備祖》五十八卷。景沂號肥遯，天臺人。是書前有寶祐元年韓境序，言理宗時曾進於朝。前集二十七卷，所記皆花，後集三十一卷，果卉、草木、農桑、蔬藥凡七部，每一物分事實祖、賦詠祖二類。

清　黄虞稷《千頃堂書目》卷一五　陳景沂《花木果卉全芳備俎》，前集二十七卷。天臺人，稱江淮肥遯，愚一子，寶祐元年癸丑安陽老圃韓境序。

《四庫全書總目》卷一三五《子部・類書類》　案《全芳備祖》前集二十七卷，後集三十一卷。宋陳景沂撰。景沂號肥遯，天臺人。仕履未詳。是書前有寶祐元年韓境序。據序所言，此書於理宗時嘗進於朝。其事亦無可考。

唐以前事實，賦詠紀録寥寥，北宋以後特為賅備，而南宋尤詳。多有他書不載及其本集已佚者，皆可以資考證焉。

清　曹寅《楝亭書目》卷三《雜部》　《全芳備祖》，抄本二函十二冊。宋天臺陳景沂序輯，安陽老圃韓境序。

清　瞿鏞《鐵琴銅劍樓藏書目録》卷一七《子部五・類書類》　《全芳備祖》五十八卷。舊鈔本。宋陳景沂撰並序。又韓境序。《前集》二十七卷，為花部；《後集》三十一卷，為果部、卉部、草部、木部、農桑部、蔬部、藥部。每部分事實、賦詠二門，而事實又分碎品、紀要、雜著諸目，賦詠分各體詩及詞，採南宋人作為多，間有本集已佚者。

清　周中孚《鄭堂讀書記補逸》卷六〇《子部・類書類》　《全芳備祖前集》二十七卷，《後集》三十一卷，寫本。宋陳景沂撰。景沂，號肥遯，愚一子，天臺人。《四庫全書》著録，倪氏《宋志補》亦載之。是書成於寶祐丙辰，前有自序，稱『古今類書，録此遺彼，不可謂全；取末棄本，不可謂備；余晨窓夜燈，不倦披閲，記事而得其要，纂言而鈎其玄，獨於花果草木尤全且備，所集凡四百餘門。非『全芳』乎？凡事實賦詠，樂府必稽其始，非『備祖』乎？』今觀其書，前集為花部，後集為果部九卷、卉部三卷、草部一卷、木部六卷、農桑部三卷、蔬部五卷、藥部四卷，每部所列花果草木之屬，各分事實始、賦詠祖二類，而事實始又分碎錄、紀要、雜著三目，賦詠祖又以五七言各體詩分十目，所載事實，與諸書相出入，賦詠則採錄宋詩特詳類別門分，條例該括，而廣搜博採，實無忝全備之稱。後來王堇臣因之以撰《群芳譜》，而諸家甄錄宋詩亦多據此為典要焉。前又有寶祐癸丑安陽老圃韓境序，稱其嘗以塵天子之覽云。

《浙江採集遺書總録·類事類·庚集》 《全芳備祖前集》二十七卷，《後集》三十一卷。右宋天臺陳景沂撰。寶祐丙辰自序云：『於花果草木必全且備，所集凡四百餘門，非全芳乎？凡事實賦詠樂府必稽其始，非備祖乎？』又寶祐癸丑安陽韓境序。

清 徐乃昌《積學齋藏書記·子部·類書類》 《全芳備祖前集》二十七卷，《後集》三十一卷，子部類書類。天臺陳景沂編，建安祝穆訂正。傳鈔本。首有寶祐丙辰自序，又寶祐元年安陽老圃韓敬序。明王象晉《群芳譜》即採自此書也。景沂，號江淮肥遯，愚〔一〕子

清 鄧邦述《寒瘦山房鬻存善本書目》卷四 《全芳備祖前集》二十七卷，《後集》三十一卷，十冊。宋陳景沂編。鈔本。前有寶祐癸丑韓境序，又丙辰景沂自序。有『一六淵海』、『閩海清源浯水江夏派麗澤居四部匯覽』兩印。類書自《藝文類聚》、《白孔六帖》起，自唐賢哀輯，逮至有宋，著者益夥。其足以為世重者，以其徵引載籍或為後世已佚之書，或為通人未見之祕，將籍以蒐遺訂墜，非僅為文人獺祭之用也。此編尤少刻本，採錄則頗可觀。往歲京師收得，其直彌昂，書從閩海來，不免蠹蝕，幸未損字。抱殘守闕，自是吾輩之責，我其為脈望仙乎？甲寅七月曝書之夕，羣碧居士。

石湖品類

宋 范成大《石湖品類·序》《百菊集譜》卷一 山林好事者或以菊比君子，其說以為歲華晼晚，草木變衰，乃獨奕然秀發，傲睨風露，幽人逸士之操。雖寂寥荒寒而味道之腴不改，其樂者也。《神農》書以菊為養性上藥，能輕身延年。南陽人飲其潭水，皆壽百歲，使夫人者有為於當年，醫國庇民亦猶是而已，菊於君子之道誠有臭味哉云云。

案：《石湖品類》不是一部書，《四庫全書》收在《百菊集譜》卷一。

石湖紀行三録

明 范成大《石湖紀行三録·盧襄跋》《石湖紀行三録》 右《紀行三録》，宋參知政事石湖范公作也。公隆興中以起居郎使金，有《攬轡録》，乾道中赴帥桂林，有《驂鸞録》，淳熙中自蜀帥還吳，有《吳船録》。凡山川、風俗、物產、古跡與所遊從，論述可喜可感，隨筆占記，事核詞雅，實具史法。讀之若履其地、覿其人，有不知曠數世隔千里者，前輩臥遊之說有足徵已。予家石湖，與公別業相望，少從提學家兄往來湖上，撫其遺址，思欲有所興理。比兄爲御史在告，特剏書院，以俎豆公。既手摹公之象，與所書《田園雜興》刻之石，又手校此《三録》，欲並刻，未果。予來京師，借他本校寫，以寄同年項建陽秉仁、夏建安國符，即書坊刻焉，承兄志也。二君飾政以文，公之文其又弗傳矣乎？嘉靖丁亥二月，禮部員外郎前進士盧襄書。

明 鮑廷博《〈石湖紀行三録〉跋》《知不足齋叢書》第二三集 《石湖三録》，明嘉靖間吳郡盧襄曾合刻於建安書坊。去今二百餘年，流傳絕少，此本其僅見也。外此惟寶顏堂先後刻入《祕笈》，傳世尚多。然《祕笈》所刊書，草率誤人，往往失昔人面目，是爲古書一厄，有識者恨之。此《三録》中《吳船録》尤繆戾，有脫去數行者。予得是本即刊正之矣，今竝《攬轡》、《驂鸞》二録補入叢書，而附以《桂海虞衡志》，仍盧氏之舊也。惟《攬轡録》元本二卷，晁氏《讀書志》著於録。今盧氏所刻，卷帙寥寥，與《祕笈》本相同。視二録詳略迥殊，眉公云蓋鈔自《說郛》，則元本之亡，由來舊矣，惜哉！嘉慶乙丑重九後一日，通介叟鮑廷博寓友人趙晉齋竹崦盦識。

撫郡農產考略

清 何剛德《撫郡農產考略·序》 今天下競言農戰矣。設農會，購

農報，莫不以考求新法為急務。然法有新必有舊。法可守者守之，不可守者從而改良之。所謂最新理想，莫不自舊理想來也。中國農書具在，士人讀者少，問之農人，更茫然也。去歲守撫州，奉文勸辦農務。郡歲遭水患，多童山赤壤，臨川隄工、崇仁橋工，既竭力以贊其成，又於府義倉側，建屋數楹為農局，拓地數十弓，備作試驗場之用。並墾辟官荒四處，試種麻麥黍豆，以為屬縣倡。時學堂初成，拔諸生尤異者讀書其中，公餘日與之論古今、別名物。人人讀《禹貢》矣，而土壤之辨，語焉不詳；人人讀《周禮》矣，而土化之學，習焉弗察；人人讀周詩矣，而螟特蟊賊之名，知之而未親見也。舊法不明，遑問新法？乃設農學課，迭以辨土、用肥、殺蟲三格，考證異同，並劄撫邑，信訪紳耆，考求農產，刷單分項填注，積帙盈尺，意欲考證成書，俾作根據，以資印證。時閱數旬，屢易稿而未就。適奉檄回建昌任，乃以其事屬之鄉紳黃申甫駕部，削繁補遺，往返函商。又五月而書告成，臚舉土風，略具大概，學者循是求其意，不泥其跡，而思所以變通之，則於此事思過半矣。是書編於壬寅六月，訖癸卯三月蕆事。知臨川縣事江君雲卿，繪說最詳。其所撰種田雜說，尤為樸茂，若張大令蓀、張大令海樓、王大令綱峰、夏大令輔宜、馮大令驥，呈孫大令伯瑜，採風問俗，亦與有勞焉，因並識之。光緒癸卯夏，古閩何剛德識於郡署西偏之課耕居。

清　何剛德《撫郡農產考略·黃維翰序》　農有學乎？曰有。農學者農人之學耶？抑儒者之學耶？曰儒者學也。農人惡足以教之？《漢志》農書百四十一篇，皆先聖昔賢之所說也。俗儒鄙農學，不肯事事，一不遇而遂至於困；戮力隴畝者，又安其所習，設所不見，終於自蔽，即或心知其意而口不能傳，故農學日寖衰微。古之聖賢，多以耕稼發跡，而後世儒與農分，不相為謀，此農學興衰之大原因也。撫州於江右為著郡，物產繁富，欽定《授時通考》中多採之。農不加勤，有司亦不之督，利源遂日湮塞而不可復問。證諸今日，橘餅歲入數千金，而郡人不多樹橘；夏布歲入三四十萬金，而積布之麻，來自他處；庸非可惜事耶？辛醜秋，古閩何公來知郡事，日汲汲以興學勸農為事，且謂農天下大利所歸，亦吾人為亡之學也。抵郡之明年，編輯《撫郡農產考略》一書，郡屬物產，收討甚勤，其脫遠不及載者，則屬吏未之告。又一時信訪未能盡悉者也。以維翰讀禮家居，粗知田間事，命與其役。自維智學淺略，不足以究萬物資始資生之義蘊。乃授舊好饒諧五、李靜孫、鄒冕堂諸君子為助，而受其成於公。其所書者，與古籍時有異同，然皆鄉農所口陳，文人所身驗，當不謬也。古之治郡者，類以不親吏事為高，其能飭吏治，親庶務者，十二三焉。至於興學勸農，以垂教育於無窮，孳孳為之，惟日不足，求之晚近，蓋不多見，若何公者可謂賢矣。維翰鈍拙，無當於當世之用，行將退老鄉閭，以力耕自給。風朝雨夕，挾此冊以俱，或免於鹵莽而畊、滅裂而耘之誚乎？郡人黃維翰拜識。

《清史稿·藝文志三》卷一四七　《撫郡農產考略》二卷。何剛德撰。

山陽風俗物產志（吴昆田）

山陽縣屬淮安府附郭，在京師南少東一千九百七十五里，江甯布政司治北五百里，東西廣百有七里，南北袤百八十里。境內平衍沃饒，無山而多水，後倚淮流，右帶清泗。昔楊行密據淮南，常倚以爲清口門戶。宋室南遷，韓世忠駐兵三萬，淮東得以少安。元末喪亂，戶口衰耗。自明以來數百年，疆宇安謐，兵革不興，始無復曩時之多事矣。舊時，漕舟抵境，率陸運過壩，踰淮達清，勞費甚鉅。明永樂十三年，陳瑄始自城西管家湖鑿渠二十里，導湖入淮，由是漕舟直達於河，南北經行，遂爲孔道。東南匯巨浸，沮洳彌望，有萑葦菱蒲之屬，居民伐葦取魚，待日而飽，或編葦作箔，織蘆爲藩，以食其業。其城北接壤安東地，地高亢，有鹵確。而城西北關廂之盛，獨爲一邑冠。始明季，迨乎國朝，綱鹽集頓，商販闐咽，關吏頤指，喧嘩叱咤。春夏之交，糧艘牽挽，回空載重，百貨出列，市宅競雕畫，被服窮纖綺，歌伶嬉優，靡宵沸旦，居民從而效之，甚有破貲隳業以供一日之費。豈非澆瀨之漸，不學而然者哉！土風在昔，重禮教，崇信義，衣冠禮樂之美甲於東南，其顓蒙，務農桑，習醇謹。張士誠之亂，城郭邱墟。明初招徠墾闢，五方雜處。初時土著之戶蕩析，罕有存者。至於家各殊尚，戶各殊禮，積習薰染，囂陵日甚，而其賢者乃能節制謹度，恂恂退讓，反樸有冀焉。然風俗與世移易，自票運經西壩而綱鹽廢，河決銅瓦廂而漕運停，居民專一弦誦佃作，無地冀倖。間藝園、圃課、紡績，貧者或肩傭自給，曾不數十年堅貧守約，耳目易觀。昔之漕鹽雜遝，浩穰百端，則相與忘之稔矣。咸豐庚申之歲，豫逆東竄，北郭外燬於火，高梁大棟鬱爲戰場，迺益編茅菅，立圍砦，刀弓結束，布衣帛冠，一洗綺靡之舊。其士人修尚學業，向以結納長官爲非。至團練之役興，官民相習，伍冠蓋而走胥吏，勢則然矣。豈必無因緣藏蕆，要以斤斤不遠繩墨云。禮俗大都與揚徐無殊異。婚不親迎，用門戶相重。少習禮者，不責取財物，然亦不苟爲簡慢。貧家下戶草草任情者有之。喪禮斂用時服，焚用楮帛，陰陽鼓吹，習遵故常。惟一二特立之士，守古變俗，終已不能相勝。三日而祖餞，芻靈輿馬，暮夜燈火，過市廛焚拜。七七之期，浮屠追薦。葬不以時日，顧頗好形家言覶土面勢。弔賻者至，治酒供具，豐腆有加。祭禮不立家廟，以時節祭於寢，或有立宗祠，乃先日戒備牲醴潔羞惟謹，略準古制焉。舊謂，淮人冠服樸素，非仕宦不衣繒帛，饌飲極約儉。而後來狃於習尚，爭爲侈靡。近兵燹殘破，稍稍復古矣。然輕紈綺縠，豐狐大貂，婦女錦繡，飾緣值過衣材；賓朋高燕，鮭珍奇腆，一飯之費至兼金以上，則猶未盡革也，豈果積習之難回乎？農田之利，十一二躬親，他多責租於佃，富家子弟不履原隰，倚人以辦，至有受狙詐，蕩生產而不知者。工技，古有鎏金器皿爲世所重，近惟攻弓矢、攻韋者。良商販民憚遠涉，稻菽園蔬水鮮越境而止。近榷稅益嚴，十里之外，民跬步無敢動，冀益以困商而返本，商民率收其值於農，農卒以重困。歲時，上元燈火；清明，日上冢墓；五月五日，菖蒲艾酒，婦女簪彩勝，小兒佩五毒百索；中秋設瓜果；及中元節、朔日、冬至日祀其先，皆恆俗也。物產五穀，則東南鄉宜秔稻，西北鄉宜麥菽，黍稷麻秫間亦有之，非特產也。蔓有野芋長生。蔬有菌菰蕨莧蔞篙菘茄韭茭芹芥瓜瓠，而西瓜利良溥。果有桃杏銀杏胡桃，菱芡蓮藕尤美，絲絮之屬有麻有棉。木則有松柏椿榆槐柏梧桐桑柘。藥物有山柰，產於府學者爲上。薄荷、首烏、枳實、括蔞，延蔓於野，蓄而不良。卉有芍藥、芙蓉、紫薇、淩霄，近尤尚四季花，城內人多蒔之。獸則六畜。富擾，農業戶豢牛若豕，以其糞溉田，亦有貍兔貛猬鶩鴈雉鶉之儔，散布四野。鱗族滋生，鮰鯉鯿鯽蝦蟹蚌蛤，號腴品焉。綜覽前後得失之數，地不加廣而蕪蕆多，齒不加聚而生計蹙，俗不加灕，物產不加耗而疆壤蕭條，百度廢弛，固十載兵荒之所致。然家鮮蓋藏，田多閒曠，人事亦有責焉。然則如之何而可？曰：重禮教，務農桑。蓋重禮教則不期儉而自儉，務農桑則不期裕而自裕。其流風播於上而沈疴起於下，所由來久，非一朝夕之故也。今故總次其事，冀有心之人起而挽之者。

清　孫雄《道咸同光四朝詩史》乙集卷一　吳昆田，字稼軒。江蘇清河人。道光甲午舉人，官至刑部河南司員外郎。有《漱六山房詩文集》。高延第作《墓誌》云：『壯從潘先生德輿遊，同試禮部，盡交當時賢豪。時海內稱治平，交遊競逐聲氣。君抗節守高，非其人不往還。座主某方當國，出其門者多致顯宦。一日出貲，欲爲君營外秩，君不應也。某公去位，人皆遠避，君存問益密。自少至老，無一日廢學。所刊經史及故人遺集數十種。子涑，字温叟。詩學深邃，不媿名父之裔。』

《清史稿》卷四八六《吳昆田傳》　門人清河吳昆田，字雲圃。舉人，刑部員外郎。晚年家居，賊犯清河，團練防守，邑賴以安。著《漱六軒集》。

清河風俗物產志（魯一同）

清河縣在京師南少東一千九百四十二里，江甯布政司治北五百三十里，淮安府治西北三十里。今治在舊治之東二十五里，在舊淮陰東二十里。東西廣六十里，南北袤百八十里。境內少山而多水，襟淮帶河，二流交會，漕渠迆邐而右轉，洪湖瀠瀠而北注。可耕之田少，官隄湖堧，綺脈交錯。其東南所分，皆山陽下鄉磽鹵。舊縣迆北，積水汙萊，灌莽彌望。獨東北境，組三數十里地，地稍亢。百餘年來，黃流移奪，一經過輒爲䆗空，長溪大澤旁壅沙爲岸，民少佃作。其中阡陌相屬，春或不雨，嗚沙蔽天；暑潦驟降，數里不通牛馬。昔志所謂『四鄉無十里之田，中農無一歲之蓄』，賦三倍於鄰，封漕遠糴於他郡。農欲無病不可得也。其風，在昔尚廉恥，重然諾。強者俠烈負氣，有西楚之遺。弱者守文拘墨，醇謹自喜。自縣治左移，官省吏舍，冠蓋相望，市廛雜遝，浩穰百端。春夏有糧艘之載挽，秋冬有鹽引之經通。河防草土之事，四時之中無日休息。貧民失業力食致飽，或白手空游而得厚實，民乍富乍貧，日月異趣。於是四方游士、文人墨客、鄭商秦賈、奇工異匠總集，利於重貲也。豪胥小吏，材官令史，輕衣綠鞲，便捷巧慧，權傾府僚，意色高下，憑藉者，厚也。閭左大駔，市井姦黠，俳優技巧，長袖垂襳，雲霧晝冥，華燭宵列，爭佼而競妍者，羶其餘也。瑰金異石，秦銅漢璆，鏘鳴而列肆，作僞變眞，眞乃不及，隨時易尚，傾囊而不怍，競於所好也。山珍海鮮，肴鼎如沸，損夭殺胎，棄脂流於衢巷，饜所厭也。財或有時而匱矣，故積貲久久乃更貧，釜或生塵，與服兼金，主與客相耀，野與市相驅。士有閉蓬戶，然膏油，不入公卿之門，則僕隸笑之，然其賢者猶能專已自好，衣布履絢，踽踽塵土之中，終歲不踵府寺，彼豈樂藜藿而惡華腴哉！土瘠而俗重，變之百年而未改，厭者自厭，歆者自歆，各有巧拙，非一情也。禮俗大都淮楚同風。無冠禮，童子勝衣則纓冠垂帶，容遂如成人。婚不責財物，士人知重門戶。市垣坌雜，望富求婚者眾矣。其鄉里愚民指腹贈杯，苟且任情，或奠鴈未除，增病成禮。小家孤嫠，甚相劘奪，雖嚴法峻刑猶未能禁也。喪禮，浮屠、陰陽，鼓吹習遵常俗。三日而祖餞，芻靈輿馬望空焚拜。七七之期，酒脯向夕，葬時，牲牢品物，富者維備，近士大夫遵古變俗一二有之，然終不能返。至治酒食供張具，不則爲恡，莫敢議也。祭之日，清明、七月望、十月朔、冬至、除夕，以時供物。弗先事戒備四仲之卜、特牲三獻之儀，希有行之者也。故老言，初時清人衣冠樸素，富家一羊裘，夏葛衫、草笠，齊民等列，婦女無華錦，髻不盈握，裳不曳地，萬金之家，農節餉饁，其風甚古。近月異而歲不同矣，其風流自上，少年爭效爲。官人輕紈綺縠，映空自舉，冬有狐白猞猁，豐毛大貂。婦人衣不呈質，錦純繡領，費過其材。至如清門素士，縞綦椎髻，則少與婚對矣，長老亦相戒遠之。今舊族亦漸靡改易矣，懼卒以不勝。故曰，惟貧可以已奢，彫敝之漸，返古之資也。物產五穀，宜麥菽秫，下隰產稻十一，其蔓野芋長生，貧者賴以卒歲。果有桃杏李柰，木多椿欀白粉青楊。有桑而不蠶。蔬有菘韭紫茄赤莧瓜瓠之屬。水浮菱藕，然在處有之，非特產也。藥物茺蔚薄荷膚括蔞之類，蕃而不良。六畜富擾，尤多羊馬，每歲邊馬至，或數千百蹏。色別爲羣，縱牧河岸，望若雲錦。亦有雉兔，鶉鴈，燕雀。水族滋生，美者鯝魴鱸鱖黃瓜白小，白小之臘行天下，介之大者黿，洪澤中多有之，莫敢侮也。自淮湖漲溢，西南諸鄉沉沒，民稍綱罟漁獵。而河北廢鹵宜畜牧，家有牛欄豕牢，藉以糞漬，要皆農事。餘業而貨之，大者棉靛紅花，利良薄。民間尤好釀酒榨油，或致殷實。地通南北，小農去而販，大農去而賈，貪多取贏則折閱隨之，故城市貧於官，鄉野貧於商，蘊利之所致也。昔者凋落綿延也若彼，今茲浩蕃擁潰也若此。是以殷勤史冊，採詠風謠，要其盛衰之端，參諸人事。

《清史稿》卷四八六《魯一同傳》　魯一同，字通甫，清河人。善屬文，師事潘德輿。道光十五年舉人。時承平久，一同獨深憂，謂『今天下多不激之氣，積而不化之習；在位者貪不去之身，陳說者務不駭之論。風烈不紀，一旦有緩急，莫可倚仗。』既再試不第，益研精於學。凡田賦、兵戎諸大政，及河道遷變、地形險要，悉得其機牙。為文務切世情，古茂峻厲，有杜牧、尹洙之風。漕督周天爵見之，曰『天下大材也，豈直文字哉！』曾國藩尤歎異之。

試禮部，入都，國藩數屏騶從就問天下事。粵逆踞金陵也，同年生吳棠方宰清河，一同為草檄，傳示列縣，辭氣奮發，江北人心大定。江忠源師抵廬州，友人戴鈞衡為書通國藩之指，欲其起佐忠源。一同謝不出，復書極論用兵機宜，謂當緩金陵，專攻旁郡。其後大兵築長圍，期旦夕破金陵，一同獨決其必敗。未幾，果潰裂，蘇、浙淪陷。已而國藩克安慶，復金陵，一如所論。同治二年，卒年五十九。著《邳州志》、《清河志》、《通甫類稿》。

南豐風俗物產志（魯琪光）

南豐自設縣以來，唐有遊茂洪，獨孤汜褚賢令，善政及人，而民務農工。宋有曾文定兄弟，倡賦文教，而士勤學問。風氣和平。故其人多秉清淑，農工商賈各安其業。簪纓韋布各循其分。耕氓勤力作播穫之際，荷鍤如雲，故野無飢夫，婦女以紡績習勤，城鄉皆是。雖殷富巨族，莫不鳴機丙夜，習以爲常。此風至今猶未替也。仕宦至顯達，無異儒素。禮下寒畯，周卹族鄰，唯恐不逮。學者潔身自好，恥入公門，素封之家，擁厚貲而不敢妄爲，玩法細民，尊官長順令而易使，比屋絃誦，儒風尤盛。婦人女子亦多明詩書、達禮義，摯孝與烈，時時震，發其間，以故遭逢變亂而蹈白刃，罵賊殉難，盡室沈溺者不下萬人。蓋其氣節之士，互相激厲於平日，故閨壼亦知重名節若此焉。惟自道光之季，宦遊歸里者，函林下之盛居，華服食偶異尋常，而齊民遞相倣效，漸形侈靡。故富厚不及鄰封，此則習俗之寖失者也。至於喪葬之事，務爲奢易。婚姻之際，多事財賄。昔儒有云，嫁娶之禮儉，則婚者以時矣。喪祭之禮約，則終者掩藏矣。侈於殯埋之飾，民遂至不葬其親。豐於資送之儀，民遂多不舉其女。《鹽鐵論》所謂『送死殫家，遺女滿車者，』厚之之過，其流必反至薄之矣。《宋史》載孫覺知福州，其俗婚喪費無藝覺裁爲中法，使資裝，無得過百千。令下，嫁娶以百數，葬埋之費亦率減什五。然則導民善俗，固長吏師帥之任。而高明之家，鄉里所矜式，崇羔羊素絲之風以爲倡勸，尤所賴於巨室豪宗也。歲時伏臘，與他邑無異。物産以邑，非沃土。民自耕種外，惟以閩山摘茶，省會業箔爲生。無富商大賈以通羨於四方，故民鮮蓋藏。所産皆世所恒有，無特異之物。載其稍殊者，其穀曰秔稻，收有早晚，色分紅白。以得種於占國，今廣東瓊州府，故名占穀。早稻喜南風，晚喜北風。歲二收，春種夏收，隨時下秧。十月穫，謂之兩番。穀差小而力薄，又有大禾稻，香軟宜人，播以仲夏。穫以季秋。其布曰棉布，城鄉婦女皆治之。曰夏布，佳者細密如絹，不易成也。近有種木棉者，亦土所宜。山多産茶，香味略減於閩。必運入閩茶，聚處售之，蘭叢生於山凹間，芬馥襲人，謂之山蘭。又名一枝春。四鄉多有之。草可爲藥者，如羌活、獨活、藿香諸品，多涼劑，亦見地土之寒溼。甘蔗東郭外沙地與縣西二十里種之，菸草必種以沃田，利倍於穀。不費工力，惰農之所貪也。蔬之美者曰茅筍，菰春，雨乍晴叢生茅草間，滑澤鮮美，味勝常蔬，曰黃芽白菜，種來自北，清腴可口，惟種之三年，其質漸變，鱗族惟鯇至多，大者鰉魚，春漲初落間有之。遇試禮部，歲俗以其來占，進士多驗，果則有橘，四方知名，秋末籬落，丹碧纍纍，閩廣所産，遜其甘芳。近城水南楊梅村人，不事農功，專以爲業。器用則有油紙扇，歲充貢貨者工倍而價昂，反不如次下者之通行遠近也。東鄉蓮塘，排通小港，二十餘里，産鐵沙治之日，可千斤費柴。故恐不能久。土人多治粉皮，名曰土鏡。行於閩楚。而河南來者自是稀矣。幽菽以配鹽，曰豆豉。製殊他處，然産豆無多，故不能及遠。覺源寺有方竹，相傳孟太后以箸插地，祝以還朝，則箸為竹，未幾，竹生體如削。成鄉人或取以供杖策。凡此皆土物之稍殊，與近年所增有者。若夫元州志所載白舍之白，瓷器瑤田墟之苧，布瞿村之白箇紙，當時已稱其苦，寙稀薄，不足應四方之求。其他曰毛竹，生軍峰之頂，謁神者取歸，謂之仙帚。其葉冬夏常青，若以掃葷腥，卽脫苦。甘筍生軍峰下，食之微苦，久而清美。蔬味珍之曰米綫，細如索，粉滑如蓴，絲曰召伯，藕出慮遠，耆荂不結實，而藕味殊甘。曰荂錦燭，曰珍珠粉，曰鋼條鍼，曰青緋紙，曰錢絲器，曰牛頭菱，曰佛眼蓮，曰貓頭筍，以及廖氏所製鬃硯，今則米綫而外無有知其名者矣。

清 黃叔璥《國朝御史題名》『光緒八年』 魯琪光，字芝友，號巘珊。江西南豐縣人。戊辰科進士，由翰林院編修補授陝西道御史。現任山東登州府。

湖南方物志

傳記

（光緒）《湖南通志》卷一八〇《人物二十一》 黃本驥，字虎癡，道光辛巳舉人。授黔陽教諭，建教澤堂，課士多所成就。同郡各屬，咸進謁門牆。性嗜古，於歷朝尺式、刀布、琴甎各為題識，其金石集古，諸錄皆收入叢書中。校刊行世，兄弟均抱經濟才，卒困閒曹，士論惜之。《縣志》。

著録

清 丁申、丁丙《八千卷樓書目》卷九《史部・政書類》 《湖南方物志》八卷，國朝黃本驥撰，《三長物齋》本。

（光緒）《湖南通志》卷二四八《藝文志四》 《湖南方物志》八卷，寧鄉黃本驥撰，《三長物齋叢書》之一。

（光緒）《湖南通志・藝文志八・子部・譜録類》卷二五二 《湖南方物志》八卷，甯鄉黃本驥撰。嘉慶末修省志，本驥分纂『物産』一門，纂修以其文繁，刪削以入志，本驥乃取舊囊編為此書，前有自序。

《清續文獻通考・經籍考十一》卷二六七 《湖南方物志》八卷，黃本驥撰。本驥見上政書類儀制。

《清史稿》卷一四六《藝文志二》 《湖南方物志》八卷，黃本驥撰。

藝文

清 黄本驥《三長物齋詩略》卷五《古杉歌次鄧湘皋學博韻》 邵陽黑田鋪有枯杉二株，鐵立道左。南宋陳簡齋與義寓邵時，留詩別之，題曰『古杉』，蓋千年物也。余嘉慶己巳主講濂溪，嘗往來其下，近編拙著載入《湖南方物志·寓稿湘皋》，時湘皋適以院長主修郡志，因作長歌紀事，又用其嗣君仲權韻，別作一詩寄余，一時和者盈帙。

憶昔行蹤憩古驛，道旁雙幹成舊識，別來三十有九年。夢想喬柯撐鐵石，昨編長説志方物，寸草不遺况松栢，録副馳寄南村翁，更加考訂秋毫析，始知此杉在南宋，蒼髯久耐風霜，逼簡齋遊邵賸藁，多，往往青天飛霹靂，訂交雖在野人居，無異雙牙標畫戟，凡物顯晦自有時。今古茫茫渺何極。禹碣不遇韓昌黎，岣嶁雲封幾萬億，藐兹一木細已甚，安望摎羅到詞客，即今唱和張一軍，爭據吟壇築堅壁，如讀漢魏古樂章，不負離奇舊風格。我嘗遍歷燕晉秦，到眼虬枝總千尺，華陽商栢緜陽槐，今日迴思等陳迹何如，太學留遺陰仰藉，天章壯聲色魯齋，手植纔幾秋。終古長為髦士惜，須知樹木即樹人，木豈徒供人偃息？南村學不讓前儒，講道枌榆更難得。比皋坐擁希濂溪，兼以文獻為己責。董狐史筆成鄉評，力與山川斬荆棘，搜奇也到梁棟材，景仰芳徽護遺墨，要將古栢詠孔明，不獨甘棠歌召伯。嘉樹能徵楚有材，孫枝定作邦之直。詩人往矣迹長留。紹前闢後賴君力，愧我曾為一日師。於今桃李少餘澤，烺君問訊兩故人，倔强猶當似疇昔，得毋笑我一氈寒，老大還爭雞鶩食，君家驥子好男兒，作詩能觸乃翁癖，長篇寄我萬斛珠，倚聲欲繼吟喉塞，何當共坐古杉根，狂歌不覺桑榆迫。

雜録

清 鄧顯鶴《南村草堂文鈔》卷二《古杉倡和詩序》 適吾友黄虎癡黔陽書來，訊雙杉無恙，并以所著《三長物齋長語》見示，知已纂入《湖南方物志》。竊幸好古有同心，顧其語詳於杉而未及詩，以虎癡博覽耆奇尚如此，又何以責諸尋常佔畢之侶。

清 鄧顯鶴《南村草堂文鈔》卷一一《新建杉木鋪參政祠碑》 土人亭其下呼為乾杉樹，黔陽學博黄君虎癡，稱其大十餘圍，高十餘丈，霜皮盡褪，鐵骨高撐，可入畫境，為採入《湖南方物志》。

閩産録異

清 郭柏蒼《閩産録異·序》 飛、潛、動、植，盈天地間，不養人卽害人，吾人多識其名，則一也。凡日用養生所需，上古帝王天生明聖，盡性窮理，爲生民立命，早已取義命名，如粟菽、布帛、六畜、百草，以至蟲魚之細，見於岐黄，述於孔孟者，其名千古從同，義亦如一。後人寧有呼粟菽爲『糠秕』，金銀爲『銅汞』者乎？諸子百家出而疏證焉，其名始別；又從而辯駁焉，其義始繁。山陬海澨，續入版圖，所産非人世所急，或仍名國之名目，或以方言爲記載，如今之臺南、臺北是矣。物一名殊，義亦因之而別，非周歷廣見，烏足以通於古而知其用？亦有古所無今始傳者；又有限於地而文不達者。北人著書不及南品，奇特之物匿於志乘，弗得備《本草》、列《群芳》者，又不知凡幾。學人俯首道旁，只識荆棘，不知階前小草得以備用，視薄宦無益於時者，遠矣。林諝《閩中記》、曾師建《閩中記》、林世程續收《閩中記》、王應山《閩大記》、陳鳴鶴《閩中考》，其書皆久亡。舊志略引一二，各郡縣志遂互相鈔襲，無其物亦記其名，且引某志所載，某志則非本志明矣。卽如《三山記》一書，志「福州，本州也」。各郡、縣無其物，亦引用之；且援《爾雅》、《説文》、《埤雅》，强所産之物與古合，夸多而失之僞。七閩、八蠻，梁、隋以前不入内州，其土物多經典、史册所不載，又何必諱今以造古？吾生既晚，忽忽數十年，有限之歲月，不欲虛度，是則吾念也。少壯登山臨水，協村人之壽而略文者，隨遇磋切，互相窮詰。今老矣，耳目所及，猶能記憶，比而訂之，附於《海錯百一錄》之後。名曰『閩産』，不以廣而濫；名曰『錄異』，不以同而襲。異者固錄，然亦有不異亦錄者。吾說甚創，則不異爲異矣。亦有異而不錄者，所産之地既多，率見焉，則復不足爲異。後世著書重證據，惟是方物之生，知其性，乃有其用。首錄之則異矣。夫首錄奚從證據乎？《山海經》、《博物志》，古書之最異者，所載荒遠。通人不履其地，以方輿測之，以迹象推之，知耳目所不及，必有其物，世久乃竟得其物以實之。蒼之所錄，不臆斷，不求文，書成分類，以便探討。曰《穀屬》、《貨屬》、《蔬屬》、《果屬》、《藥屬》，日用養生所需者列於前；曰《木屬》、《竹屬》、《藤屬》、《花屬》、《草屬》、《毛屬》、《羽屬》、《鱗屬》、《蟲屬》，人世不急者列於後。鱗之産於海，産於潮汐、鹹淡水者，已見《海錯百一錄》，不重出。視此哀然，無益於人心世道，亦災梨棗，不覺啞然。然皆出於不欲虛度歲月之一念成之也，遑暇計其是非：工拙哉？時光緒丙戌冬日，郭柏蒼自序於閩山之蕉雨宦。

荊楚歲時記

綜述

宋 王觀國《學林》卷八 《荊楚歲時記》多穿鑿不可信。

《四庫全書總目》卷七〇《史部·地理類》 此書皆記楚俗，自元日至除日，凡三十六事，故陳《錄》列之時令類。但其所記者為一方之故事，與《小正》、《月令》意不同，似為改入地理類最為允當。

傳記

《梁書》卷四一《宗懍傳》 宗懍，字元懍。八世祖承，晉宜都郡守，屬永嘉東徙，子孫因居江陵焉。懍少聰敏好學，晝夜不倦，鄉里號為『童子學士』。普通中，為湘東王府兼記室，轉刑獄，仍掌書記。歷臨汝、建成、廣晋等令，後又為世祖荆州別駕。及世祖即位，以為尚書郎，封信安縣侯，邑一千戶。累遷吏部郎中，五兵尚書，吏部尚書。承聖三年，江陵沒，與瑴俱入於周。

《周書》卷四二《宗懍傳》 宗懍字元懍，南陽涅陽人也。八世祖承，永嘉之亂，討陳敏有功，封柴桑縣侯，除宜都郡守。尋卒官，子孫因居江陵。父高之，梁山陰令。懍少聰敏，好讀書，晝夜不倦。語輒引古事，鄉里呼為『小兒學士』。梁普通六年，舉秀才，以不及二宮元會，例不對策。及梁元帝鎮荆州，謂長史劉之遴曰：『貴鄉多士，為舉一有志少年。』之遴以懍應命。即日引見，令兼記室。嘗夕被召宿省，使制龍川廟碑，一夜便就，詰朝呈上。梁元帝歎美之。及移鎮江州，以懍為刑獄參軍，兼掌書記。歷臨汝、建成、廣晉三縣令。遭母憂去職，哭輒歐血。兩旬之內，絶而復蘇者三。每有羣烏數千，集於廬舍，候哭而來，哭止而去。時論稱之，以為孝感所致。梁元帝重牧荆州，以懍為別駕、江陵令。及帝即位，擢為尚書侍郎。又手詔曰：『昔扶柳開國，止曰故人，西鄉胙土，本由賓客。況事涉勲庸，而無爵賞？尚書侍郎宗懍，亟有帷幄之謀，誠深股肱之寄。從我於邁，多歷歲時。可封信安縣侯，邑一千户。』累遷吏部郎中，五兵尚書、吏部尚書。初侯景平後，梁元帝議還建業，唯懍勸都渚宮，以其鄉里在荆州故也。及江陵平，與王裒等入關。太祖以懍名重南土，甚禮之。孝閔帝踐阼，拜車騎大將軍、儀同三司。世宗即位，又與王裒等在麟趾殿刊定羣書。數蒙宴賜。保定中卒，年六十四。有集二十卷，行於世。

又《柳莊傳》 宗懍幹局才辭見稱於梁元之世。逮乎俘囚楚甸，播越秦中，屬太祖思治之辰，遇世宗好士之日，在朝不預政事，就列纔忝戎章。豈懷道圖全，優遊卒歲，將用與不用，留滯當年乎？

《北史》卷七〇《列傳第五十八·宗懍傳》 宗懍字元懍，南陽涅陽人也。八世祖承，永嘉亂，討陳敏有功，封柴桑縣侯，除宜都郡守。卒官。子孫因居江陵。父高之，梁山陰令。懍少聰敏，好讀書，晝夜不倦，語輒引古事，鄉里呼為『小兒學士』。梁大同六年，舉秀才，以不及二宮元會，例不對策。及梁元帝鎮荆州，謂長史劉之遴曰：『貴鄉多士，為舉一有意少年。』之遴以懍應命，即日引見，令兼記室。嘗夕被召宿省，使製《龍川廟碑》，一夜便就。詰朝呈上，梁元帝歎美之。後歷臨汝、建城、廣晉三縣令。遭母憂去職，哭輒嘔血，兩旬之內，絶而復蘇者三。每旦有羣烏數千集於廬舍，候哭而來，哭止而去，時論以為孝感所致。梁元帝即位，擢為尚書侍郎，封信安縣侯，累遷吏部尚書。懍父高之先為南臺書侍御史，犯憲。懍願『父釋罪，當終身菜食』。高之理雪，故懍菜食，鄉里稱之。在元帝府，府中多言其矯。至是，大進魚肉，國子祭酒沛國**【劉】**瑴讓之曰：『本知卿不忠，猶謂卿孝。今日便是忠孝並無。』懍不能對。懍博學有才藻。口未嘗譽人，朋友以此少之。初，侯景平後，梁元帝議還建鄴，唯懍勸都渚宮，以鄉在荆州故也。及江陵平，與王褒等入關。周文帝以懍名重南土，甚禮之。周孝閔帝踐阼，拜車騎大將軍、儀同三司。明帝即位，又與王褒等在麟趾刊定羣書，數蒙宴賜。保定中，卒。有集二十卷行於世。

明 徐光啓《山堂肆考》卷一〇八 宗懍字元懍，少聰明，鄉里呼為『小兒學士』。梁元帝鎮荆州，令兼記室，遷吏部尚書。撰《荆楚歲時記》。（《氏族大全》卷一『小兒學士』條目）

梁宗懍，字元懍。少聰敏，好讀書，語輒引古事。鄉里呼為『小兒學士』。梁元帝鎮荆州，謂劉之遴曰：『貴卿多士，謂我舉一少年』，乃以懍應。即令兼記室。所撰有《荆楚歲時記》。

《四庫全書總目》卷七〇《史部・地理類》 舊本題晉宗懍撰。《書錄解題》作梁人。考《梁書・元帝本紀》載承聖三年秋七月甲辰，以都官尚書宗懍為吏部尚書。又《南史・元帝本紀》載武陵之平，議者欲因其舟艦還都建鄴，宗懍、黃羅漢皆楚人，不願移。此書皆記楚俗，當即其人。舊本題晉人，誤也。

著録

宋 王堯臣《崇文總目》卷四 《荆楚歲時記》二卷

《舊唐書・經籍志》卷四六 《荆楚歲時記》一〇卷，宗懔撰。

《新唐書・藝文志》卷五七 宗懔《荆楚歲時記》一卷。

宋 陳振孫《郡齋讀書志》卷一二《雜家類》 《荆楚歲時記》四卷，右梁宗懔撰。其序云：『傅玄之《朝會》，杜篤之《上巳》，安仁《秋興》之敘，君道《娛蠟》之述；其屬辭則已洽，其比事則未弘，其率為小記，以錄荆楚歲時。自元日至除夕，凡二十餘事。』

宋 晁公武《直齋書録解題》卷六 《荆楚歲時記》六卷。梁吏部尚書宗懔撰。記荆楚風物故事。

《宋史・藝文志》卷二〇五 宗懔《荆楚歲時記》一卷。

《文獻通考》卷二〇六《經籍考》 《荆楚歲時記》四卷，『鼂氏曰：梁宗懔撰。其序云：傅元之《朝會》，杜篤之《上巳》，安仁《秋興》之叙，君道《娛蠟》之述，其屬辭則已洽，其比事則未弘。率為小說，以録荆楚歲時風物故事，自元日至除日，凡二十餘事』。

明 徐𤊹《徐氏紅雨樓書目・經部・月令類》 《荆楚歲時記》一卷。

明 陳第《世善堂書目》卷下 《荆楚歲時記》四卷，宗懔。

《四庫全書總目》卷七〇《史部二六・地理類》 《荆楚歲時記》一卷，兩江總督採進本，唐、宋《志》皆作一卷，與今本合。而《通考》乃作四卷。考《書錄解題》載懔自序曰：『傅元之《朝會》、杜篤之《上巳》、安仁《秋興》之敘、君道《娛蠟》之述，其屬辭則已洽，其比事則未宏。率為小說以錄荆楚歲時風物故事』。自元日至除日，凡二十餘事。然則必無四卷，知《通考》為傳寫之訛。又檢今本實有三十六事，並知陳振孫所記懔序，亦以三字訛為二字，然周密《癸辛雜識》引張騫乘槎至天河，見織女得支機石事，雲出《荆楚歲時記》，今本無之。則三十六事尚非完本也。其注相傳為隋杜公瞻作，故多引開皇中杜臺卿《玉燭寶典》。然《唐志》宗懔《荆楚歲時記》一卷下，又出杜公瞻《荆楚歲時記》二卷，豈原書一卷，公瞻所注分二卷，後人又合之歟？

清 曹寅《楝亭書目》卷二 《荆楚歲時記》，晉宗懷撰，一卷一冊。

《續通志・校讎略》卷一六四 宗懔《荆楚歲時記》一卷。

清 莫友芝《郘亭知見傳本書目》 《荆楚歲時記》一卷，梁宗懍撰。

清 錢曾《虞山錢遵王藏書目録》卷二 宗懔《荆楚歲時記》一卷，述歲時鈔，敏時令。

清 耿文光《萬卷精華樓藏書記》卷四四《史部一一・地理三・荆楚歲時記提要》 一卷，梁宗懔撰，談生堂本。余苑之一種。宗懔本梁人，官吏部尚書。見於《梁書》及《南史》元帝本紀，舊本題晉人誤也。此書皆記楚俗，自元日至除日，凡三十六事，故陳《錄》列之時令類。但其所記者為一方之故事，與《小正》、《月令》意不同，似為改入地理類最為允當。今敬遵之其注，相傳為隋杜公瞻所撰，故多引杜臺卿《玉燭寶典》。《唐志》：『宗懔《荆楚歲時記》一卷』，又出『杜公瞻《荆楚歲時記》二卷，』蓋注本分二卷，今又合為一卷也。《直齋書錄》載懔自序，凡五十九字，今聚珍本陳錄自序止一句，《癸辛雜識》引張騫乘槎事，謂出自《荆楚歲時記》，而今本無之。則所佚恐不止此也。宗懔自序曰：『傳元之《朝會》、杜篤之《上巳》、安仁《秋興》之敘，君道《娛蠟》之述，其屬辭則已洽，其比事則未宏。率為小說以錄荊楚歲時風物故事」，《序》凡四十八字。

清 周中孚《鄭堂讀書記補逸》卷一八《史部・地理類八・雜記》

《荊楚歲時記》一卷，廣祕笈本。梁宗懍撰。隋杜公瞻注。懍，楚人，承聖中，官至吏部尚書。公瞻，京兆人，大業中，官著作佐郎，兼散騎常侍。《四庫全書》著錄，《新唐志・農家類》、袁本《讀書後志・農書類》、《宋志・農家》俱載之。《舊唐志・雜家》作十卷，衢本《讀書志・農家》、《通考・時令》俱作四卷。《書錄解題》亦時令作六卷，皆字之誤也。諸家所記，俱不言有杜氏注，惟《新唐志》別載杜公瞻《荊楚歲時記》二卷，當即其注本。《崇文總目》載是書二卷，當亦有注之本，而未注明杜氏爾。今仍作一卷，後人併之也。書中載其鄉歲時故事，凡三十六事，而晁氏引宗氏《自序》作「二十餘事」，《通考》同，亦字之誤也。然今本無自序，蓋已佚矣。宗氏所記，言甚簡，故杜氏逐條引徵而為之注，舊亦不著注人名，今為補題焉。《說郛》、《漢魏叢書》所載者，俱誤題宗氏為晉人雲。

清 王謨《江西考古錄》卷二 右宗懍《荊楚歲時記》一卷，《文獻通考》本作四卷。其序略雲雲：「傅玄之《朝會》，杜篤之《上巳》，安仁《秋興》之敘，君道《娛蠟》之述，其屬辭則已洽，其比事則未宏。率為小記，以錄荊楚歲時風物故事。自元曰至除曰，凡二十餘事。」謨嘗以唐人諸類書備載四時十二月令節而獨不及中秋為憾，今考是記，亦只載八月十四曰作眼明囊事，於十五曰亦無聞焉。竊意自唐以前，世俗尚無中秋故事，不宜荊楚別有沿革也。但如韓諤《歲華紀麗》所引是記，於二月八曰雲：「釋氏下生之曰，迦文成道之時，信舍之家，建八關齋戒，車輪寶蓋，七變八會之燈。平旦，執香花繞城一匝，謂之『行城』。」於四月八曰雲：「諸寺各設香湯浴佛，共作龍華會，以為彌勒之征；而長沙寺閣下有九子母神。是曰，市肆之人無子者供養薄餅以乞子，往往有驗。」於七月十五曰雲：「是曰，僧尼坐草為一歲。雲四月八曰結夏，至七月十五曰解，眾僧長養之節；在外恐傷草木蟲類，故九十曰安居。」又『七夕庭中乞巧』下有『或雲：見天河中有奕奕白氣，或耀五色，以為征。見便拜，得福』數語，今本皆無之。則是記文已多殘缺，抑或如《唐志》所載，《荊楚歲時記》原有宗懍、杜公瞻兩本，故所據不同耶？而本記間引杜公瞻說，則又似只一書。故《通志・藝文略》以為宗懍撰、公瞻注也。今特抄補闕文，並存其說於此。

清 丁日昌《持靜齋書目》卷二《史部一一・地理類》 《荊楚歲時記》一卷，《漢魏叢書》刊本，梁宗懍撰。

清 張之洞《書目答問》卷二《史部》 《荊楚歲時記》一卷，梁宗懍。

雜録

《訂偽襍録》卷七《乘查》 乘槎至天河，得織女支機石歸。問成都嚴君平曰：某時客星犯斗牛，即此人也。此係海客事，見《博物志》。案漢《張騫傳》及《西域傳》竝不言博望乘槎，自宗懍《荊楚歲時記》謁為張騫，雖少陵大家，亦承襲用之。如『乘槎有漢臣，槎上似張騫，奉使虛乘八月槎，乘槎斷消息，無處覓張騫』之類。東坡有次韻。陳海州《乘槎亭詩》無一字謬涉張騫，真卓識也。應作查。張、嚴不同時，安得相見，可笑其妄。

宋 陳鬱《藏一話腴・內編》卷下 《荊楚歲時記》云：「黃姑織女時相見」，太白云『黃姑與織女相去不盈尺』，皆以牽牛爲黃姑明矣。及讀李後主詩，乃云『迢迢牽牛星，杳在河之陽，粲粲黃姑女，耿耿遥相望』，如此，則以織女爲黃姑矣。宗壇又云『黃姑即河鼓』，未知孰是。

清 王士禛《香祖筆記》卷一〇 《荊楚歲時記》：「河鼓謂之牽牛。」黃姑即河鼓也。古詩云『黃姑織女時相見』，李後主詩云『迢迢牽牛星，渺在河之陽，粲粲黃姑女，耿耿遥相望』，則又以黃姑為織女，不知何據。

元 陶宗儀《說郛》卷八一 古樂府云『東飛伯勞西飛燕，黃姑織女時相見』，予初不曉黃姑為何等語，因讀杜公瞻所注宗懍撰《荊楚歲時記》，乃知黃姑即河鼓也。亦猶桑落之語轉呼為索郎也。

清 張英《淵鑑類函》卷五 《荊楚歲時記》曰：「漢武帝令張騫使大夏，尋河源。乘槎經月而至一處。見城郭如州府，室內有一女織，又見一丈夫牽牛飲河。騫問曰：『此是何處？』答曰：『可問嚴君平。』織女取搘機石與騫，俱還。後至蜀，問君平。君平曰：『某年某月客星犯牛女』。搘機石為東方朔所識。

又 卷二六 《荆楚歲時記》曰：張騫尋河源，得一石，示東方朔。朔曰：『此天上織女支機石，何至於此？』

宋 周密《葵辛雜識》前集 《荆楚歲時記》雲：『黄姑織女時相見』，太白詩雲『黄姑與織女，相去不盈尺』，是皆以牽牛爲黄姑。然李後主詩雲『迢迢牽牛星，杳在河之陽，粲粲黄姑女，耿耿遙相望』，若此，則又以織女爲黄姑，何耶？

又 乘槎之事，自唐諸詩人以來皆以爲張騫。雖老杜用事不苟，亦不免有『乘槎消息近，無處問張騫』之句。按，《騫本傳》止曰：『漢使窮河源』而已。張華《博物志》雲：『舊説天河與海通，有人賫糧乘槎而去，十餘月至一處，有織女及丈夫飲牛於渚。因問此是何處。答曰：「君還至蜀，問嚴君平，則知之。」還問，君平曰：「某年月日，有客星犯牽牛宿。」』然亦未嘗指爲張騫也。及梁宗懍作《荆楚歲時記》，乃言武帝使張騫使大夏，尋河源，乘槎見所謂織女、牽牛，不知懍何所據而雲。

宋 黄朝《靖康緗素雜記》卷四 宗懍《荆楚歲時記》云：『正月七日謂之人日。採七種菜以為羹，剪綵為人，或鏤剪金薄為人，以貼屏風，亦戴之頭鬢。』求之經典，罕有此事。唯魏東平王倉為安仁峰銘云：『正月元七，厥日惟人。乘我良駟，陟彼安仁。』載在名集，此為證矣。又《北史魏收傳》雲『魏帝宴百寮，問何故名人日，皆莫能知。收曰「晉議郎董勛《荅問禮俗》云「正月一日為雞，二日為狗，三日為豬，四日為羊，五日為牛，六日為馬，七日為人。」』然東方朔占書有『八日為穀』，而魏收所引董勛之語止及於七日，何邪？然安仁峰銘所用亦云『七日為人』。而宗懍指此為證。蓋宗懍又未嘗見東方朔占書而妄為之説也。

宋 高承《事物紀原》卷八《爆竹》 《歲時記》曰：『元日爆竹於庭，以辟山臊』。山臊，惡鬼也。《神異經》曰『犯人則病，畏爆竹聲』。宗懍乃云『爆竹然草，起於庭燎』。《風俗通》謂『起於庭燎，不應濫王『者也。按：周衰之末，大夫而僭天子，庶人而服侯服者皆是也。奚獨燎明為不然乎？懍之所記理或然矣。

宋 祝穆《古今事文類聚·前集》卷一〇《乘槎犯斗牛》 舊説天河與海通。近世有人居海渚者，年年八月，有乘槎去來不失期。人有奇志，立飛閣於槎上，多齎糧，乘槎而去。十餘月至一處，有城郭，狀屋舍甚嚴。遙望宫中有織婦。見一丈夫，牽牛渚次飲之。牽牛人乃驚問曰『何由至此？』此人為説來意，并問此是何處。答曰：『君還至蜀都，訪嚴君平則知之。』竟不止岸，因還如期。後至蜀問，君平曰：『某年某月有客星犯牽牛宿』，計年月正是此人到天河時也。漢武帝令張騫使大夏。尋河源。乘槎經月而至一處。見城郭如官府。室内有一女織。又見一丈夫牽牛飲河，君問雲『此是何處』，荅曰『可問嚴君平』。按張華《博物志》即無張騫之名，而《張騫傳》又無乘槎之説。宗懍作《荆楚歲時記》未知何所據而雲。

《太常續考》卷七 陳三謨，浙江仁和人。乙丑萬歷八年任。

明 沈德符《萬曆野獲編》卷二一 給事陳三謨者，本高新鄭入室弟子，以郎署改至吏科都，比丁艱歸出補，則高已敗，又為張所愛，複補吏垣。而奪情事起，群議保留，十三道已有公疏矣。

清 曹寅《楝亭書目》卷三《雜部》 《歲序總考》，舊本一函五册。明太常陳三謨編，十一卷。

清 黄虞稷《千頃堂書目》卷九 陳三謨《歲序總考》七卷。

歲華紀麗

論説

清 王士禎《居易録》卷六 萬歷間，學士多撰偽書以欺世。如《天祿閣外史》之類，人多知之。今類書中所刻唐韓鄂《歲華紀麗》，乃海鹽胡震亨孝轅所造。《於陵子》，其友姚士粦叔祥作也。然李太常中麓云：『韓熙載撰《歲華紀麗》』，豈另有一書耶？姚有《後梁春秋》如千卷，惜未見。

綜述

唐 韓鄂《歲華紀麗·序》 夫以氤氳未判，混然標有物之名，清濁肇分，炳爾載流形之域。自此二儀並建，五德相生，星躔潛運於璿璣，日舍不停於黄道。春萌夏育，八節爰授於人時，秋肅冬終，四氣克成於歲序。泊乎時新舜曆，蓂換堯階，均陰陽於十二管，中分晝夜於一百刻。內光陰電逝，難量開闢之功，霜露回環，莫測幾終之極。良由機張造化，織出年華，英雄假之以建功建名，賢達競之而立言立德。遂至天文再鬱，人道中興，編修不泯於鉛毫，述作薦輝於霜簡。深惟後覺，難以周知，伏覩昌黎韓公著《歲華紀麗》者，擷奧典之雅言，具聯文而廣記，所以發詞林之蓊蔚，湊學海以汪洋。起自元正，訖於除歲，總成數卷，列乃多門。非惟鼓吹於詩風，抑亦條網乎事類。是使古先之言行聚集於見聞，成章頗異於編年，舉旨無逾乎繫日。茲所謂摭時歲華，煥之事紀，聖賢美麗之言云耳。謹序。

又《沈士龍序》 自駢麗之體盛，文士往往採集語對，以資窘腹。如《珠叢》、《採璧》諸書，即休文、子慎亦復不廢，編纂至唐，而俳偶益工，《初學》等書，便專取事對。今觀《歲時》一部，便有專帙，當時崇尚可知已。孝轅語予，編此書者以作記事珠可耳，若欲借之為四六津梁，則去之愈遠，信哉！繡水沈士龍識。

又《胡震亨序》 吾鹽藏書，推鄭簡公家最多。其孫蓋伯名忠，材博，雅能讀祖書。余借觀其書錄，有《歲華紀麗》目，所未覩其本，從宋刻抄得，爛去末卷二紙。又差訛特甚。蓋伯命余即從原本校正，凡改易增減千三百字，汝納及友人姚孟承又改五百許字，然後可讀。時俞羡長刻《唐類函》併寫一通，貽之令入歲時部也。海鹽胡震亨識。

宋 章如愚《群書考索》卷五五 唐韓鄂有《歲華紀麗》，探經史歲時雜事，述以駢儷之語。

《玉海》卷一二 志又有《歲華紀麗》二卷，書目四卷。鄂採經史歲時雜事，述以駢儷之語。

著録

《新唐書》卷五九《藝文志》 韓鄂《歲華紀麗》二卷

《崇文總目》卷四《歲時類》 《歲華紀麗》二卷

《郡齋讀書志・雜家類》卷一二 《歲華紀麗》四卷，右唐韓諤撰，分四時十二月節，序以事實，為偶儷之句附著之。

宋 陳振孫《直齋書録解題》卷六 《歲華紀麗》七卷，唐韓鄂撰。採經子史傳歲時事，類聚而以儷語間之。案《唐書藝文志》作二卷，《宋史藝文志》作四卷。

《宋史》卷二〇五《藝文志》 韓鄂《歲華紀麗》四卷

《通志》卷六四《藝文略》 《歲華紀麗》二卷，韓鄂撰

《文獻通考》卷二〇六《經籍考》 《歲華紀麗》四卷，鼂氏曰：唐韓諤撰。分四時，十二月節，序以事實，為偶儷之句，附著之。陳氏曰：其書採經子史傳歲時事，類聚而以儷語間之。

明 徐𤊹《徐氏紅雨樓書目・經部・月令類》 《歲華紀麗》四卷。

《續通志》卷一六四《校讎略》 韓鄂《歲華紀麗》二卷。

清 錢謙益《絳雲樓書目・子部・農家類》 《歲華紀麗》二卷。唐韓鶚撰。分四時十二節，序以事實，以偶儷之句附著之。

清 錢曾《虞山錢遵王藏書目録》卷二 韓鶚《歲華紀麗》三卷，述時令。韓鶚《歲華紀麗》七卷鈔。敏時令韓鶚《歲華紀麗》七卷舊鈔本。

《四庫全書總目》卷一三七《子部四七・類書類存目》 《歲華紀麗》四卷（內府藏本）。舊本題唐韓鄂撰。考《唐書・宰相世系表》載韓休之弟殿中丞倩，倩之子河南兵曹參軍滌，鄂乃滌之曾孫也。其書以四時節候分門隸事，各編為駢句，略如《北堂書鈔》、《六帖》之體，《唐志》、《宋志》皆列其名，陳振孫《書錄解題》亦載之，然久無傳本。此本為胡震亨秘冊函中所刻，毛晉收其殘版，以入《津逮秘書》者。震亨跋稱得之鄭曉家，王士禎《居易錄》以為即震亨偽造。案錢曾《讀書敏求記》云，《歲華紀麗》舊抄，卷終，闕字數行，又失去末葉，後見章邱李中麓藏宋刻本，脫落正同，是此書確出宋本，不由震亨之依託。然《書錄解題》稱其採經史子傳歲時事，類聚而以儷句間之，此本乃全作儷句，已不相合，又儷句拙陋殊甚，所引書不過數十種，而割裂餖飣往往不成文句。且《杜陽雜編》，蘇鶚所作。鶚，僖宗光啟中進士，已屆唐末。《摭言》，王定保所作。定保，昭宗光化三年進士，已入五代。鄂安得引二人之書？至中引《四時纂要》一條，考之《唐志》，是書即鄂所作。鄂又何至自引己作？況鄂既唐人，不應稱唐玄宗及唐時，均屬疑竇。曾所云云，正未可據為定論也。

清 姚際恒《好古堂書目》 《歲華紀麗》（唐）韓鶚，無卷數。

清 沈初《浙江採集遺書總録》庚集《類事類》 《歲華紀麗》

四卷。

清 陸心源《皕宋樓藏書志》卷二九《史部一・時令類》 《歲華紀麗》四卷，張訒庵校本，唐韓鄂撰。張氏手跋曰：「《歲華紀麗》，余家舊藏有明人鈔本，取以對勘一過，此本尚無大差繆處。補録前後序跋，遂成完璧。彙函各種，每多脱偽，則此書尚為其中之佳本也。訒庵居士記。」

清 丁日昌《持靜齋書目》卷三《子部一一・類書類》 《歲華記麗》四卷，汲古閣刊本，後附《玉蘂辨證》。又《津逮秘書》刊本。唐韓鄂撰。入存目。

清 周中孚《鄭堂讀書記補逸》卷一〇《史部・時令類》 《歲華紀麗》四卷，《津逮祕書》本。舊題唐韓諤撰。諤一作鄂。昌黎人。宰相休弟。殿中丞倩之裔孫。《四庫全書存目》、《新唐志・農家類》、《崇文總目・歲時類》俱作二卷，《郡齋讀書志・農家類》、《通考・時令》、《宋志・農家》俱作四卷。《書録解題・時令類》作七卷。是其本不一矣。晁氏云：「分四時十二節序，以事實為偶儷之句附著之。」今按其書，分目凡五十有四，徵引諸書，有杜楊編摭言之名，乃唐宋五代間人所作，韓氏不應引及。又有所謂《四時要》者。按韓氏又作《四時纂要》五卷，亦見《唐志》。而晁氏、馬氏及《宋志》猶載之。逸於宋以後。豈有自引其書之理？又編中稱「唐玄宗」及「唐時」之類不一而足。疑其原書已逸，此本為後人所依託也。前有一序，中稱「昌黎韓公」云云，似同時人所作，而不著名氏。殆係原佚。明胡孝慎震亨始刻入《祕冊函彙》，毛子晉曾《讀書敏求記》載有是書，作七卷，稱是舊鈔。卷終闕字數行，又失去末葉，無從補入。後見章丘李中麓宋刻本脱落正同云云，與孝轅之言相合，惟卷數異耳。其書所載儷句，俱不成文，故秀水沈士龍識語有雲「孝轅語予，此編書者以作記事珠可耳。若借之為四六津梁，則去之愈遠」。信哉！王阮亭《居易録》謂即孝轅偽造者，非是。至《説郛》中所收，與此本同，疑是陶珽所增，《唐宋叢書》、《學津討原》亦俱收入。

清 周中孚《鄭堂讀書記補逸》卷六〇《子部・類書類》 《歲華紀麗》四卷，津逮祕書本。舊題唐韓諤撰。諤一作鄂。昌黎人。宰相休弟。殿中丞倩之裔孫。《四庫全書存目》、《新唐志・農家類》、《崇文總目・歲時類》俱作二卷，《郡齋讀書志・農家類》、《通考・時令》、《宋志・農家》俱作四卷。《書録解題・時令類》作七卷。今案其書分四時各一卷，則作二卷、七卷俱誤也。然晁氏「分四時十二節序，以事實為偶儷之句附著之」，陳氏亦謂「採經子史傳，歲時類聚，而以儷語間之」，兩家皆自見其書而言之如是，核之今本，雖以歲時節候分門隸事，而全作儷語，夾注故實，其體已大不相合，況詞句拙陋殊甚，注亦割裂不成句，其斷非韓氏所作甚明。且斷非晁、陳所見本亦甚明。至明胡震亨始刻入秘冊函中，故王文簡《居易録》以為即震亨偽造也。《説郛》、《唐宋叢書》、《學津討原》均收入之。《説郛》本蓋亦明季人據胡刻補入耳。是本又從《説郛》本刊入，前有無名氏序及沈士龍、胡震亨二跋。

海虞物産志

清 龐鴻文《海虞物産志・敘》 敘曰：吾邑夙稱澤國，而虞山峙於中央，羣山環於四境，其脈絡聯屬，基址鬱盤，可望而知也。宜其為靈氣鍾焉，故所産物丹砂、水銀、鍾乳，雖不多見，亦往往而有。地脈之厚，其材木負輪囷離奇之姿。梁時之檜，唐代之桂若梅。經粤寇亂，始遭伐，土膏之腴，其禾稼偏野，彌望無尺寸隙。天庾白量，率少半採於是。又饒湖陂之利，凡生殖品彙，所以資邑人之食用及運販而之他方者，殆不可勝數。茲略舉而著於篇首列五穀，示崇本務、重民食也。為《物産志》。

清 龐鴻文《海虞物産志・學稼翁跋》 近年講求農政，郡縣多編纂物産表者，吾邑亦曾有之，顧尚略而未詳。近龐通政重修《常昭合志》中有《物産》一卷，雖採摭或猶未備，而搜羅較富，爰取而附刊於後，以為研求吾邑物産之張本云爾。光緒乙巳秋日，學稼翁跋。

時令占候類農書部

夏小正戴氏傳

綜述

《新唐書・曆志三上》卷二七上　《夏小正》雖頗踈簡失傳，乃羲和遺跡。何承天循戴之説，復用夏時，更以正月甲子夜半合朔雨水為上元，進乖《夏曆》，退非周正，故近代推《月令》、《小正》者，皆不與古合。

《四庫全書總目》卷二一《經部二十一・禮類三・夏小正戴氏傳四卷》　崧卿，字子駿，山陰人。官至給事中。《夏小正》本《大戴禮記》之一篇，《隋書・經籍志》始於《大戴禮記》外別出《夏小正》一卷，註云『戴德撰』。崧卿序謂『隋重賞以求逸書，進書遂多，以邀賞帛，故離析篇目而為此。有司受此又不加辨，而作志者亦不復考』。是於理亦或然。然考吳陸璣《詩草木鳥獸蟲魚疏》曰：『《大戴禮・夏小正傳》云「繁，遊胡。游胡，旁勃也」』，則三國時已有《傳》名。疑《大戴禮記》舊本但有《夏小正》之文而無其傳。戴德為之作《傳》別行，遂自為一卷。故《隋志》分著於録。後盧辯作《大戴禮記注》，始採其傳編入書中。故《唐志》遂不著録耳。又《隋志》根據《七録》，最為精核。不容不知《夏小正》為三代之書，漫題德撰。疑《夏小正》下當有『傳』字或『戴德撰』字，當作『戴德傳』字，今本訛脱一字，亦未可定。觀《小爾雅》亦《孔叢》之一篇，因有李軌之注，遂別著録，是亦旁證矣。崧卿以為隋代誤分，似不然也。惟是篇屢經傳寫，傳與本文混淆為一。崧卿始仿杜預編次《左氏春秋》之例，列正文於前而列傳於下，每月各為一篇而附以注釋。又以關澮藏本與集賢所藏《大戴禮記》本參校異同，注於下方。其闕本注釋二十三處亦併附録，題曰『舊注』以別之，蓋是書之分經傳，自崧卿始。朱子作《儀禮經傳通解》，以《夏小正》分析經傳，實沿其例。其詮釋之詳亦自崧卿始。金履祥《通鑑前編》所注實無以勝之。於是書可謂有功。儒者盛稱朱子考定之本與履祥續作之注，而不以創始稱崧卿，蓋講學家各尊所聞，非公論也。

清　瞿鏞《鐵琴銅劍樓藏書目録》卷四《經部四》　舊時《小正》經文，錯置《傳》中，崧卿仿《左氏春秋傳》例，列正文於前，附以《傳》而為之注。所雲『舊注』者，乃其所得外兄關澮之本有之也。舊有至大年刻本，明嘉靖間袁尚之重翻，郡人吳志忠復以玉磬山房影宋鈔本校勘一過。近時郡中黃氏覆刻袁本，後有《校録》一卷，與此本大略相同。惟卷一《傳》『見遭而後為數之』注『圓東』二字，乃『關本』之誤，以形近而謬也。此條未經標出。『採蕓』，舊注『蕓似邪曰』，校本『曰』改『臼』，黃氏校改『蒿』，與宋刻本、通釋本合。此本及校宋本俱誤。又卷末《校勘》一條，『修仁縣』下此本增一『尉』字，與徐氏《經解》刻本合。黃氏亦未標出。卷首有『姚舜諮印』、『茶夢散人』二朱記。

清　周中孚《鄭堂讀書記》卷五《經部三之三・禮類》　《四庫全書》著録。按《夏小正》為《大戴禮記》之四十七篇，《漢志》不載《大戴禮記》，至《隋志》始載之。又別載《夏小正》一卷，注云『戴德撰』。王厚齋《玉海》正之曰：『德取以為《記》，云撰，誤矣。』然新舊《唐志》、《崇文目》、《讀書志》祇載《大戴禮記》而不及《夏小正》，蓋久無單行本矣。子駿所見《大戴禮》，有集賢殿藏本及其外孫關澮藏本，皆以《夏小正》文錯諸《傳》中。乃仿《左氏春秋》，列正文其前，而附以傳，月為一篇，凡十有二篇。又以關本簡編失倫，悉以集賢本是正。兩書互有得失，或字衍脱不同，則擇其善者從之，仍注其下，而闕其可疑者。集賢本無注釋，關本注釋二十三處，懼其與今注相糅，則標『舊註』以別之。其書，《書録解題》、《通考》、《宋志》俱載之，故是編各以三月分卷，而於正月、四月、七月、十一月之前，分冠春、秋、冬、夏字，當是子駿所加。故朱子《儀禮經傳通解》刪之。其所為注，但注其各本異同，不加以訓詁，故金仁山録入《通鑑前編》，仍別為訓釋也。吳縣黃蕘圃丕烈得明嘉靖丙午吳郡袁尚之褧重刊宋本，因取《通志堂經解》本及惠松厓手鈔本并校袁本異同，録得若干條，遂用袁本影寫付梓。其中字畫缺誤，前後岐出，悉仍其舊，不敢添改。

於校錄中但正袁刻之誤，而不著傅氏之失者，蓋是書之刻，意在流傳舊本餉世也。前宣和辛丑傅氏原序，後有舊跋，不著名氏，但有印文曰『石湖漫士』，又有尚之重刻跋，并蕘圃識語及校錄。

清 耿文光《萬卷精華樓藏書記》卷四一《時令類》 紀候之書，今冠於時令之首，最為允當。《史記》『孔子夏正時，學者多傳《夏小正》云』。是其書本自別行，漢人採入《記》中，戴德為《傳》，亦別行。故《隋志》載《大戴禮》十三卷，別出《夏小正》一卷。政和中，關澮所藏亦別為一卷，惟《傳》與本文混淆為一。崧卿因關本分別之，列正文於前，列傳於下，且為之注。關本原注二十三處，則云『舊注』別之，月為一篇，凡十二篇，釐為四卷。是書成於宣和辛丑，《夏小正》經傳之分實始於此，注釋之詳亦自崧卿始。關本舊注無考。厥後朱子有考定之本，見《儀禮》、《經傳通解》。金履祥有續作之注，見《通鑑前編》。世皆重之。《宋志》：『《夏時考異》一卷，其書已佚。』元末史季敷《經傳攷》三卷，危素為之序。其書證以傅氏本，採《儀禮集解》參究同異，附以《音釋》。復取先儒解經所引語及事相附，近者綴於傳文之下，脫衍者列敘於後。明趙有桂《集解》一卷，王褘序之，以為卓絕，而真本不傳。王廷相《集解》病諸注疏謬誤，因傳其義之通者，闕其不可知者。楊慎《解》一卷，因王氏訛謬未訂，遂是正之。國朝張氏爾岐取金履祥注，輯為一卷，黃氏叔琳增訂之，養素堂單行本。乾隆乙未年刊。畢氏《夏小正考注》一卷，刻入《經訓堂叢書》。李氏《箋》一卷，刻入《函海》。莊氏《攷釋》十卷，刻入《珍執宧遺書》。洪氏《疏義》四卷，刻入《學海堂經解》。王氏《正義》為《鄂宰四種書》之一，蓋至今益精益密矣。人但知《夏小正》為《大戴禮》之一篇，第四十七，經傳不別。而不知別行之本其來已久。古有李軌注，久佚。夏四時之書也。此本出於汲古影宋鈔，面題《夏小正解》，每頁二十行，行二十字，正文並傳皆傳注。前有宣和辛丑九月崧卿序，第四卷末題『男右通直郎知泉州晉江縣事⿰耒員刊版，孫右迪功郎前靜江府修仁縣尉⿰耒會校勘。』降四格雙行平書。⿰耒員，《說文》：『耘』本字。⿰耒會，《玉篇》：音『儈』，耕具。父子同部。傅氏序曰：『鄭注《月令》，引《小正》者八，欲睹其全，未之得。政和中，閱外兄關澮藏書，始得而讀之。關本合傳為一卷而不著作傳人名氏。漢唐《志》不載，惟《隋志》有其目，曰「《夏小正》一卷，戴德撰」，疑澮所藏即此書。後讀孔達《禮記正義》，其疏《月令注》曰：「《夏小正》，《大戴禮》之篇名也。」因求集賢所藏《大戴禮》版本參校，信然。關本《戴禮》皆以《夏小正》文雜諸傳中，文辭弗類，且所訓疑有失本指者，乃倣《左氏春秋》列正文於前而附以《傳》，月為一篇，凡十有二篇，釐為四卷，名曰《夏小正戴氏傳》。《大戴禮》無注釋，關文注釋二十三處，懼與今注相糅，則云舊注別之。』

論説

《四庫全書總目·經部二十一·禮類三》卷二一 然《大戴》之學，治之者稀。《小正》文句簡奥，尤不易讀。崧卿獨稽核舊文，得其端緒，俾讀者有徑之可循，固考古者之所必資矣。

傳記

（嘉泰）《會稽志》卷二 傅崧卿，建炎四年二月以朝奉郎直龍圖閣知，四月，移婺州。

又 卷一五 傅崧卿，字子駿。墨卿從父弟。省試第一，擢甲科，除辟雍正，改婺州州學教授，遷國子正，充校正御前文籍。以憂去職，服除，召為考功員外郎，兼太子舍人。方士林靈素得幸，造符書，號《神霄録》。自三公輔臣以下皆從靈素師授，崧卿與曾幾獨不行。被譖，出為鄂州蒲圻縣丞。高宗初，除知太平州，數日罷。久之，召為中書門下省檢正諸房公事。詔問羣臣：『居建康與趨鄂岳、吳越孰便？』崧卿以建康古建國，宜定基本以濟中興為對。金渡江，上自越將幸四明，崧卿殿後乘障，盡死力，以為浙東及衢信州防御使。明年，罷防遏使，除直龍圖閣，知越州。上自永嘉還越，供億用度，崧卿乞悉從蠲減。雖中旨，有不便輒執奏，皆賜可。改知婺州。召拜秘書監，兼權戸部侍郎，尋除宣諭淮南東路。左僕射呂頤浩都督江淮荆浙諸軍事，崧卿以徽猷閣待制充參謀官。頤浩還行在，以崧卿管都督事，尋權知建康府。有言使淮南日奏事失實，降秩，提舉洪州玉隆觀。頤浩安撫荆湖，更辟參謀官。詔復集英殿修撰，固辭不拜。夂之，召為中書舍人。詔以强敵入冦，將親撫六師。崧卿入對，言留都管鑰，旁郡輔翼，當及鑾輿未發，亟圖之，庶無後慮。上稱善，進給事中，兼史館。御史常同論其懷姦如王安石，罷歸。崧卿謂鄉人曰：『王公名世大儒，言者以僕比之，但有媿耳。』怡然不少動。崧卿自國家多事，常慷慨欲以功名自見。與客言及國事，輒憤詫或至流涕。覽鏡見齒髮衰落，歎曰：『吾遂無以報國家而死乎？』在上前，論議尤感激，未及大用而卒，時人惜之。有《樵風溪堂集》六十卷、奏議十五卷、《西掖制誥》三卷，又作《夏小正傳》，最行於世。

宋 陳騤《南宋館閣録》卷七 傅崧卿，字子駿。會稽人。何㮚榜進士及第。元年十月除。二年閏四月為徽猷閣待制、都督府參議官。

又 卷八 傅崧卿，七年十二月以給事中兼。八年正月除徽猷閣待制，提舉太平觀。

明 凌迪知《萬姓統譜》卷九五 傅崧卿，字考，字子駿。墨卿從兄弟。省試第一，擢甲科，累遷考功員外郎。方士林靈素得幸，造符書。自三公輔臣以下皆從靈素師授，崧卿與曾幾獨不行。被譖，出為鄂州蒲圻縣丞。高宗召為中書門下省檢正諸房公事。詔問建都就便，崧卿以建康建國，宜定基本，以濟中興為對。北敵渡江，上自越將幸四明，崧卿為浙東及衢信州防遏使。明年知越州。金師大舉入寇，高宗將親撫六師，崧卿入對，言留都管籥，旁郡輔翼，當及鑾輿未發，亟圖之，庶無後慮。上稱善。進給事中。自國家多事，常慷慨欲以功名自見。與客言及國事，輒憤詫或至流涕。覽鏡見齒髮衰落，歎曰：『吾遂無以報國家而死乎？』未及大用而卒，時人惜之。所著有《樵風溪堂集》六十卷、《西掖制誥》三卷，其《夏小正傳》最行於世。

（雍正）《浙江通志》卷一六〇《人物一》 傅崧卿，《嘉泰會稽志》：字子駿，山陰人。省試第一，擢甲科，除辟雍正，遷考功員外郎兼太子舍人。方士林靈素得幸，造符書，號《神霄録》。自三公輔臣以下皆從靈素師授，崧卿與曾幾獨不行。被譖，出為蒲圻縣丞。高宗初，除直龍圖閣，知越州。帝自永嘉還越，供億用度，崧卿請悉從蠲減。雖中旨，有不便輒執奏，皆賜可。改知婺州。召為中書舍人，進給事中。崧卿常慷慨欲以功名自見。與客言及國事，輒至流涕。在上前，議論尤感激，未及大用而卒，時人惜之。有《樵風溪堂集》六十卷、奏議五卷、《西掖制誥》三卷，所作《夏小正傳》最行於世。

（嘉慶）《清一統志》卷二二七 傅崧卿，字子駿。山陰人。政和中，擢甲科，授考功員外郎兼太子舍人。以不從方士林靈素授符録，被譖，出為蒲圻縣丞。高宗初，除直龍圖閣，知越州。常慷慨欲以功名自見，在上前議論尤感激，未及大用而卒，時人惜之。有《溪風集》六十卷，所作《夏小正傳》最行於世。

著録

漢 戴德《夏小正戴氏傳·傳崧卿序》 崧卿少時讀《禮記》，著孔子得《夏時》於杞，鄭氏注曰：『夏四時之書也。其存者有《小正》。』而鄭注《月令》引《小正》者八。如注孟春『東風解凍，蟄虫始振，魚上冰』云：『《夏小正》：「正月啟蟄」，「魚涉負冰」。』注『田事既飭，先定準，直農乃不惑』云：『《夏小正》：「農率均田。」』注仲春『上丁，命樂正習舞，釋菜』云：『《夏小正》曰：「丁亥萬舞入學。」』注季春『后妃齋戒，親東鄉躬桑，禁婦女毋觀，省婦使，以勸蠶事』云：『《夏小正》：「妾子始蠶，執養宮事。」』注孟夏『王瓜生』云：『《夏小正》曰：「王萯莠。」』注仲夏『令民毋艾藍以染』云：『《夏小正》曰：「五月啟灌藍蓼。」』注季夏『鷹乃學習』云：『《夏小正》：「六月，鷹始摯。」』注仲秋『群鳥養羞』云：『《夏小正》：「九月，丹鳥羞白鳥。」說曰：「丹鳥也者，謂丹良也。白鳥也者，謂閩蚋也。其謂之鳥者，重其養者也。有翼為鳥，養也者，不盡食也。」』凡引《夏小正》以注《月令》者八。辭大氏約嚴，不類。秦漢以來文章，信其為有夏氏之遺書，顧欲睹其全，未之得。政和中閱外兄關澮藏書，始得而讀之。星昏旦伏見、中正當鄉，若寒暑日風、冰雪雨旱之節，草木稊莠之候，羽毛鱗蠃蠕動之屬，蟄興粥伏、鄉遰陟降、離隕鳴呴之應，罔不具紀，而王政民事擊焉。蓋夏之月令也，志時之有是物，往往以見言之，豈謂據人所見者，辭固當爾耶？關本合傳為一卷，而不著作傳人名氏，按，漢、唐《藝文志》不載，惟《隋志》有其目，曰：『《夏小正》一卷，戴德撰。』疑澮所藏即此書。後讀孔穎達《禮記正義》，其疏《月令注》曰：『《夏小正》，《大戴禮》之篇名也，因求集賢所藏《大戴禮》版本參校，信然。漢唐《志》既録戴氏《禮》矣，此書宜不別見，抑不知取戴《禮》為此書，自何代始。意者隋重賞以求逸書，進書者務多以徼賞帛，故離析篇目而為此乎？有司受之，既不加辨，而作志者亦不復考。且《小正》，夏書，德所撰傳爾。而《隋志》云然，可謂踈矣。德，西漢梁人，與聖俱受《禮》后蒼，號大戴，嘗為信都太傅。而集賢《大戴禮》其前乃云『漢九江太守戴德撰』，以《儒林傳》考之，為九江太守者，聖也。書藏集賢蓋久，率無有正其訛謬者。使世亡漢史而《大戴禮》獨傳，後人渠復有知德為信都太傅者歟？繇是知前代書因陋承訛，流傳及今，不可復辨者蓋多矣，豈特是書也哉？闕本戴《禮》皆以《夏小正》文錯諸傳中，渾渾之書雜以漢儒文辭，醇駁弗類且所訓疑有失本指者。乃倣《左氏春秋》，列正文其前而附以傳，月為一篇，凡十有二篇，釐為四卷，名曰《夏小正戴氏傳》。闕本簡編失倫，悉以《大戴禮》是正。兩書互有得失，或字衍脱不同，則擇其善者從之。仍注其下而闕其可疑者，《大戴禮》無注釋，闕本注釋二十三處，懼與今注相揉，則云『舊注』別之，來者宜詳焉。宣和辛丑九月一日，山陰傅崧卿序。

又《夏小正戴氏傳·袁褧跋》　《文獻通考》書目《夏小正》四卷，陳氏曰：漢戴德傳，宋給事中山陰傅崧卿注此書。書本在《大戴禮記》。鄭玄注《禮運》『夏時』曰：夏四時之書。其存者有《小正》，後人以《大戴禮》抄出別行。崧卿以正文與傳相雜，倣《左氏經傳》刊正文其前，時附以傳且為之注。

《隋書》卷三二《經籍志一》　《夏小正》一卷，戴德撰。

《通志》卷六四《藝文略第二·禮類第二》　《夏小正》一卷，戴德撰。

宋　陳振孫《直齋書録解題》卷六《時令類》　《夏小正傳》四卷，漢戴德傳，給事中山陰傅崧卿注。此書本在《大戴禮》。鄭康成注《禮運夏時》曰：『夏四時之書也，其存者有《小正》。』後人於《大戴禮》鈔出別行。崧卿以正文與傳相雜，倣《左氏經傳》，列正文其前，而附以傳，且為之注。

《宋史》卷二〇五《藝文志》　《夏小正戴氏傳》四卷，傅崧卿注。

《文獻通考》卷二〇六《經籍考三十三》　《夏小正傳》四卷。陳氏曰：『漢戴德傳，給事中山陰傅崧卿注。此書本在《大戴禮》，鄭玄注《禮運》「夏時」曰：「夏四時之書也，其存者有《小正》。」後人以《大戴禮》抄出別行。崧卿以正文與傳相雜，倣《左氏經傳》，列正文其前，時附以傳，且為之注。』

元　吴萊《夏小正注後序》　《稗編》卷五一《夏小正》本古書殘缺，近會稽傅崧卿頗就《大戴禮》校讎刊注，刻在會稽學宫。蓋昔孔子嘗曰『我欲觀夏道，是故之杞。杞不足徵也，吾得《夏時》焉』。説者則謂『夏時，《夏小正》也』。聖人當春秋之世，每告顔淵以『王者百世通行之道，首曰行夏之時』，殆取其歲時之正，政事之善也。此豈果謂《夏小正》之一書哉！周公之《時訓》、吕不韋之《月令》，類若一本於《夏小正》而又加詳。漢魏以降，嘗建讀時令之官。凡以夏禹周公之典，世宜守之而不敢有逸故也。後世儒者若柳宗元輩，乃欲舉《時訓》、《月令》而盡黜之，且曰『天時之運行有常，而王政之設施者無常。起居號令、慶賞刑威，惟其所值而即行之，誠不可以非時而暫廢，苟不即行而蹔廢，則天下多滯事矣』。予試論之，天之與人，一理與氣而已。蓋惟理常為主，而氣之所運，一屈一伸，一開一闔，暑焉而土山焦爍，寒焉而川澤凝沍，天下肖翹蠉蠕，根荄浮生之物，無不薰蒸融液，周流交灌而舉，不得逃焉，理固在是也。聖人之所以為人，每全其理之所賦，而又順其氣以行之，不敢少逆。因時制法，按月布政，春夏陽舒而賞慶行，秋冬陰慘而刑威作。是皆悉本乎天之一屈一伸、一開一闔，而固非我有作為於其間。萬一有逆乎此而天道遽為之變，一言之發與某休協，一事之動與某咎應，春秋《洪範》家類能言之，而後儒或譏其泥者，此猶嚮謂《時訓》、《月令》之可盡黜者也。嗚呼！夏禹、周公之典，不幾於遽逸矣乎！夫夏后氏之政典，嘗曰『先時者殺無赦，不及時者殺無赦』，然所謂『先時』、『不及時』者，豈有他哉？春養孤子，秋食耆老，每事不敢有違其時者，是謂經制。盛夏非行師之期而出師，窮冬非肆眚之日而肆赦，則是一時之所值，有不容不舉其事者，是謂權術。自天道而觀雷霆、霜雪，一切各以時至者，則理之常；不以其時至者，則氣或有以激之，而理則非常。聖人之典亦道其常者而已矣。今而曰『天時之運行有常，而王政之設施者無常，起居號令、慶賞刑威，惟其所值而即行之，誠不可以非時而蹔廢』，是徒苟用乎一時之權術而終不得乎王者之經制。且夏禹、周公之世，因時制法，按月布政，天下亦何嘗多滯事哉！為此説者，殆不究乎天人之一致，而務欲裂而二之者也。然而，古者聖人之道每與天地之化相為流通，泊然而神明内居，窅然而氣化外變。是故冬而震雷，夏而造冰，宜若或違於天，而天固不能違之，此不可以一概論也。自惟聖人知其理之若是而必道其常，以垂世立教。陽氣一通則鑽燧出火，陰氣一斂則築室藏冰，觀其所以彌綸匡贊，節宣調燮於天地陰陽之間者，豈為無所用其心哉？達賢君子治其一身且順天地四時之變，調其居處，節其飲食，禁其嗜欲，適其志意，一國之政，辟之治身，則又大矣！《傳》不云乎，『周歲多燠，秦年多寒』，是特昧乎夏禹、周公之典，或流於舒縱遲緩，或陷於嚴酷刻深而不自覺焉者也。由此觀之，孔子嘗有取於夏時者，天時與王政相糸。王政得則天道自應，後世儒者乃欲與《時訓》、《月令》而盡黜之，則先聖人不謂其歲時之正，不謂其政令之善哉！嗚呼，此亦不得其説矣！

明 楊士奇《文淵閣書目》卷一　《夏小正戴氏傳》一部一冊。

明 祁承㸁《澹生堂藏書目》　《戴氏夏小正傳注》四卷，一册，傅崧卿。

明 朱睦㮮《授經圖》卷二〇　《夏小正解》四卷，傅崧卿。

明 柯維騏《宋史新編·藝文四》卷五〇　傅崧卿注《夏小正戴氏傳》，四卷。

清 錢謙益《絳雲樓書目》卷二《子農家》　《夏小正戴氏傳》。

（雍正）《浙江通志》卷二四二《經籍二》　《夏小正戴氏傳》四卷，《書録解題》：『山陰傅崧卿注。』

《續通志》卷一五七《藝文略》　《夏小正戴氏傳》四卷，宋傅崧卿撰。

《續文獻通考》卷一五二《經籍考》　傅崧卿《夏小正戴氏傳》四卷。崧卿字子駿，山陰人。舉進士，累官給事中。

清 徐乾學《傳是樓書目》　《夏小正戴氏傳》四卷，宋傅崧卿，一本。

《四庫全書總目》卷二一《經部二十一·禮類三》　《夏小正戴氏傳》四卷。宋傅崧卿撰。

清 錢曾《讀書敏求記》卷二《時令》　《夏小正戴氏傳》四卷。《夏小正》，《大戴禮》之篇名也。政和中，山陰傅崧卿從其外兄關澮得之。關本合傳爲一卷，不著作傳人名氏。崧卿倣《左氏春秋》列正文於前而附以傳，月爲一篇，凡十有二篇，釐爲四卷。重刊於至大元年。

又《虞山錢遵王藏書目録彙編》卷二　《夏小正戴氏傳》四卷。《述·禮》：夏小正戴氏傳，五卷，一本，元板。《敏·時令》：元刊本。

清 沈德壽《抱經樓藏書志》卷五《經部·禮類》　《夏小正戴氏傳》四卷，士禮居本。王芣未舊藏。山陰傅崧卿著。傅崧卿序宣和五年，黄丕烈序。

卷首有『右通直知泉州晉江縣事賴刊版，孫右迪功郎前靜江府修仁縣稽校勘，至大元年二月校録二行。』

卷首有閩中王芣未『藝文金石記』朱文長印，『拙春氏書籍印』朱文方印。

清 鄒百耐《雲間韓氏藏書題識彙録·經類》　《夏小正戴氏傳》四卷。明嘉靖袁褧刊本。每半葉八行，每行十七字，小注同。板心上刊一『經』字。卷一末有『皇明嘉靖丙午孟夏吳郡袁氏刊』十三字。末有袁褧序。魚尾下刊『夏小正第幾卷』，並有刻工姓氏。《士禮居叢書》即覆刻此本。藏章有『欽氏之印』白文方印，『不爲章句之學』朱文長方印，『葉可徵氏』白文，『葉印獻臣』、『修竹軒』朱文，『洞庭葉氏』、『可徵文房』白文，『葉氏可徵』白文六方印，『遠游子』朱文圓印，『蕘圃過眼』、『黄印丕烈』、『蕘翁』白文三方印，『聞伯夷之風』朱文長方印。欽氏手跋曰：『《夏小正》經文簡奥雋永，實爲夏后氏之遺書，非後人所能措筆者。其傳亦似子夏、公、穀之徒所爲。宋人謂戴氏所撰，非也。蓋二戴《禮記》，但爲删述，未嘗有作。此本參正《大戴》所存訛文失字十之五六，如「獺」、「獸」、「祭」、「魚」、「緹」、「縞」之類，使人躍然稱快，如撥雲霧而見日月，信書之不可無善本也。庚子九月九日得之於虎丘山塘書肆。旅人欽揖。』下有『欽揖印字遠猷』白文方印。此跋後有署名『抑』者記語云：『壬寅七月廿又五日，同新本《大戴禮》校一過。抑。』計十八字。黄氏手跋曰：『癸亥重陽前一日，訪友上津橋，過一骨董鋪中，適見是書，知爲嘉靖時我郡袁氏所刊。主人重其有欽遠游跋，索青蚨三星，余遂攜歸。明日，瞿木夫招爲登高之會，泛舟楞伽山下，坐間知有袁壽階，壽階固謝湖公族孫也，因攜示彼。壽階一見稱快，云此刻家藏尚未收得，欲豪奪而去。余亦許之，但須作跋數語以紀其事。余思謝湖一號石湖漫士，而壽階云謝湖草堂離石湖不遠，今此書因放舟石湖爲壽階所見，仍歸袁氏，可謂遇合之奇矣。蕘翁黄丕烈識。』下有『黄丕烈』白文方印。又跋曰：『越歲己巳，壽階遽殁，遺籍失守，此書余仍易得。蓋在袁氏爲家刻之可寶，而在人間爲古本之難求，因代儲之，暇日當倩人影寫一本，以廣其傳。近聞江丈艮廷家有傅崧卿本，不知即是此刻否。袁刻《大戴禮》世尚有流傳者，此《夏小正》竟絶無僅有矣，勿輕視之。丁丑仲夏，復翁記。』

清 傅以禮《華延年室題跋》卷上《夏小正戴氏傳》 先族祖給事公《夏小正戴氏傳》四卷，又名《夏小正解》。宋時刻在會稽學宫，重鋟於元至大戊申，再刊於明嘉靖丙午。我朝康熙癸丑，長白納蘭性德刊入《通志堂經解》。道光辛丑，吴縣黄丕烈又刊入《黄氏叢書》。由宋迄今，五經剞劂，第明已前舊籍傳世日尠。而納蘭氏、黄氏兩書，部帙過侈，流布亦不甚廣。是雖著録《四庫》而專刻闕如，固後人之責也。以禮疇昔家居，曾謀重刻。中更患難，稿本散失。客冬需次來閩，復從友人假得《經解》、《叢書》。兩本雖同祖宋槧，而黄本又從明刻翻雕，故得失互見。惟卷末所附校録，兼據惠棟抄本參訂，是正良多。今惠本雖不得見，藉此頗資考證。爰反覆審定，手寫清本，以墨於版。並輯《考異》如干卷，則詳列異同。間有各本皆譌奪者，祇著其誤，不敢輒改，存舊本之眞也。按，元吴萊《存心堂遺集》有是書後序，諸刻向未載及，今併舊跋補入。簡末而以歷代敘録弁首，用志板本流傳之概。公生平撰述見《宋史·藝文志》者，更有《樵風溪堂集》六十卷、《奏議》二卷、《嘉泰會稽志》作十五卷。《制誥》三卷。又《外制集》、《竹友詩稿》兩種，宋陸游嘗爲序跋，見《渭南文集》，惜久佚不可復覩。公《宋史》無傳，事迹散見李心傳《建炎以來繫年要録》、施宿《嘉泰會稽志》、張淏《寶慶續志》。謹摭拾遺文，傳畧附後，俾讀是書者，兼得考見公之行誼云。

清 耿文光《萬卷精華樓藏書記》卷四一《時令類》 《夏小正戴氏傳》四卷，傅崧卿撰，通志堂本。

又 文光案，《夏小正傳》一卷。戴德撰。《史記》：『孔子正夏時，學者多傳《夏小正》云。』《宋志》：『《夏時考異》一卷。』張方撰。名『夏時』者，僅此一種。《夏小正辨》一卷。吴觀萬撰。《夏小正傳》一卷。朱申撰。《宋志》三書俱佚。《夏小正經傳考》三卷。元末鄞人史季敷撰，危素序。取傳本及朱子《通解》，參究同異，附以釋音，復取先儒解經所引《小正》語及事相附近可以考訂者，綴於傳文之下，此本惜不傳。《夏小正集解》一卷。明趙有桂撰。王禕序，稱其考嚴詳、論辨密，卓見絶識往往而是。《夏小正集解》一卷。王廷相撰，正德庚辰自序。《夏小正解》一卷。楊慎撰。自序云：『宋金履祥、王應麟嘗為斯學，予病二氏本訛謬未訂，乃是正之。提經於上，抑傳於下。』凡此皆單行之本，王本所未及者，因詳著之。余家所藏有《夏小正注》一卷、宋金履祥注，張爾岐輯定，黄叔琳增定，乾隆乙未年養素堂刊本，此即王氏所云三家注本也。《夏小正疏義》四卷，洪震煊撰，附釋音、異字記。合所録四本為六本，而《夏小正》可讀矣。諸本以國朝名家所定者為精密，明人讀書鹵莽，所著多不足據，此經非聖人不能作。上通天時，下達地理，昆蟲之情狀、草木之變動，無不詳悉。非聖人其孰能知此乎？於此可以治歷明時，可以格物致知，其所關豈淺鮮哉！古書雖散佚之餘，只患不讀，不患不能考也，多聚善本，詳玩衆説，則諸家之見解皆我之見解矣。予於此書識之甚細，故所録不厭其復云。

清 瞿鏞《鐵琴銅劍樓藏書目録》卷四《經部四》 《夏小正戴氏傳》，校宋本。漢戴德傳，宋傅崧卿注。

清 周中孚《鄭堂讀書記》卷五《經部·禮類·》 《夏小正傅氏傳》四卷，道光元年士禮居刊本。

清 季振宜《季滄葦藏書目》 《夏小正解》四卷，宋傅崧卿。

清 丁申、丁丙《八千卷樓書目》卷二《經部》 《夏小正戴氏傳》四卷，宋傅崧卿撰，刊本。抄本。通志堂本。士禮居本。傅氏刊本。

清 傅維鱗《明書》卷七五《經籍志》 《夏小正戴氏傳》。

藝文

明 方孝孺《遜志齋集》卷四《讀〈夏小正〉》 《夏小正》凡三百九十餘言，先儒以孔子所謂『行夏之時者』即此書。且以『時之正、令之善』釋之。自今觀之，其書記十二月之候，有關於人事者二十有七，若採芸、採蘩、祭鮪、攝桑、剥瓜、剥棗、納蔚、取荼之類，皆備記之。求其大者，惟服公田、綏士女、萬用入學、剥鱓、頒冰、始蠶、祈麥、攻駒、頒馬、王狩、陳筋革十一事而已，豈所謂令之善者止於斯乎？孔子有取於《夏時》，以建寅之月為歲首耳，豈誠謂此書乎？使此書果夏之遺書，孔子曷不編於《禹貢》、《胤征》之間乎？孔子倘見此書，奚不曰『得《夏小正》』，而曰『得《夏時》』乎？孔子未嘗指而言之，後乎孔子者，乃從而實之，豈固别有所受乎？或者信其説，遽謂《汲冢書》之《周月解》、吕不韋之《月令》皆本諸此。果何以定其先後乎？聖人之經，傳之萬世而無惑者，以其明道也。於道苟無損益，雖謂出於孔氏之壁，成於堯舜之時，謂之古書則可矣，吾安敢信哉！

雜録

清 朱彝尊《經義考》卷一四七 王褘序曰：《夏小正》，世以為夏書。其書在《大戴禮》中。傳之者，戴氏也。鄭康成為之注。或曰盧辨注，謂為鄭氏，非也。潁川韓元吉氏嘗以范太史家藏舊本校定之，然與故所傳關本訛舛不同。會稽傅崧卿氏又據關本而為訓釋，實多所補正。及考亭朱子集《儀禮》，尊信《小正》而用之。經其論定者，旨益加明矣。今括蒼趙君復集諸家之説而為之解，於是為尤詳密者也。

又《紹興府志》：『傅崧卿，字子駿，山陰人。擢甲科，累遷考功員外郎。為林靈素所譖，出為蒲圻縣丞。後官至給事中。』

按，傅氏書，余見宋時録本，後題『男右通直郎知泉州晉江縣事䄂刊板，孫右廸功郎前靜江府修仁縣尉穡校勘』。

又 危素序曰：『素昔從翰林學士吳先生學禮，得所校《大戴禮》。先生曰：「猶幸此書《夏小正》存焉。然嘗患其經傳相混而注釋未詳。」嗚呼，古書之存者鮮矣！而是書歷三代，脱秦火，而未至於泯滅，況於日星之行、氣候之節、國家之政、生民之業，具列於此。學者可不務之乎？句東史君季敷甫，嗜古學，作《夏小正經傳攷句》，証以山陰傅氏本，及採《儀禮集解》，糸究同異，附以釋音，復取先儒解經所引《小正》語及事相附近可以考訂者，隨事疏於傳文之下，脱衍者列叙於後，即其採摭之詳、訓詁之密，非篤於古學不能然也。素以使事求史館遺書，過句東，得是書於君子塾孫，讀之旬日，乃因其請叙於篇端。』

《四庫全書總目》卷二一《經部二十一·禮類三》 其中如『正月之斗柄縣在下，五月之萩將間諸，則九月之辰繫於日，十一月之於時日也，萬物不通』皆宜為經文而誤列於傳，其『正月之始用暢，乃以解初歲祭耒，明用暢以祭自此始』宜為傳文，而誤列於經，皆為未允。

清 姚振宗《漢書藝文志拾補》卷一《六藝略第一》 《夏小正戴氏傳》一卷。《史·夏本紀》：『太史公曰：「孔子正夏時，學者多傳《夏小正》云。」』裴駰《集解》：『《禮運》稱孔子曰：「我欲觀夏道，是故之杞，而不足徵也。吾得《夏時》焉。」』鄭玄曰：「得夏四時之書，其存者有《小正》。」』

戴德傳曰：何以謂之《小正》？以小著名也。曷以小之掌故失其傳，太史遺其籍，宗國墜其徵，儒宿荒其訓，小之云者，弗詳之云爾，非其微之云也。

《隋書·經籍志》：《夏小正》一卷，戴德撰

宋傅崧卿校注序曰：『崧卿少時讀《禮記》，著孔子得《夏時》於杞。鄭氏注曰：「夏四時之書也，其存者有《小正》。」而鄭注《月令》引《小正》者，辭大抵嚴約，不類秦漢以來文章，信其為有夏氏之遺書，而王政民事繫焉，蓋夏之《月令》也。』

《四庫提要》曰：《夏小正》本《大戴禮記》之一篇，《隋志》始於《大戴禮記》外別出《夏小正》一卷，注云『戴德撰』。傅崧卿序謂『隋懸重賞以求逸書，進書者遂多，以邀賞帛，故離析篇目而為此。有司受此又不加辨，而作志者亦不復考』。是於理亦或然。然考吳陸璣《詩疏》曰：『《大戴禮·夏小正傳》云：「蘩，游胡。游胡，旁勃也。」』則三國時已有傳名。疑《大戴禮記》舊本但有《夏小正》之文而無其傳。戴德為之作傳別行，遂自為一卷。故《隋志》分著於録，後盧辨作《大戴禮注》，始採其傳，編入書中。故《唐志》遂不著録耳。又《隋志》根據《七録》，最為精核，不容不知《夏小正》為三代之書，漫題『戴德撰』，疑《夏小正》下當有『傳』字，或『戴德撰』字，當作『戴德傳』字。今本譌脱一字，亦未可定。觀《小爾雅》亦《孔叢》之一篇，因有李軌之注，遂別著録，是亦旁證矣。崧卿以為隋代誤分，似不然也。

清 葉昌熾《緣督廬日記抄》卷二『八月初十日』條 初十日得薌生書，坿來保越録一冊，大興傅節子長恩閣鈔本，又贈《夏小正戴氏傳》一冊，亦傳君所刻，以琉球綿紙印，楮墨極精。

夏小正集解（夏小正解）

綜述

明 王廷相《王氏家藏集》卷三八《夏小正集解序》　《夏小正》者，夏時之小記也。繹其辭旨，信為古籍。周公之《時訓》、《呂氏》之《月令》皆其流也。蓋古之聖人，仰觀星日霜露之變，俯察昆虫草木之化，驗天時，授民事，此其要約爾。欽昊敷政，實所不可闕者。余讀諸家注解，病其踈謬穿鑿，是以稽其義之通者傳之，闕其不可知者以俟博達焉。月為一篇，凡十有二篇。正德庚辰八月一日，浚川王廷相子衡父序。

明 王禕《王文忠集》卷五《夏小正集解序》　《夏小正》世以為夏書。其書在《大戴禮》中，傳之者，戴氏也。鄭康成為之註。或曰盧辨註，謂為鄭氏，非也。潁川韓元吉氏嘗以范太史家藏舊本校定之，然與故所傳闕本訛舛不同。會稽傅崧卿氏又據闕本而為訓釋，實多所補正。及考亭朱子集《儀禮》，尊信《小正》而用之。經其論定者，旨益加明矣。今括蒼趙君復集諸家之說而為之解，於是為尤詳密者也。

以予論之，《小正》之為夏書，不可無疑者。孔子定《書》，斷自唐虞。虞書以歷象日月星辰、敬授人時為重事。《小正》其遺法也。孔子嘗曰：『我欲觀夏道，是故之杞，而不足徵也，吾得《夏時》焉。』及答顏淵，以為邦曰『行夏之時』，而作《春秋》，用夏時以冠月，其有取於夏時如此。設《小正》誠夏書，則在孔子所必取。然而不與《禹貢》同列於百篇，何耶？鄭氏謂『夏時者，夏四時之書。其書存者有《小正》』，則以《小正》為夏書者，鄭氏也。不信聖人，而漢儒是信，可不可耶？《禮記・月令》，漢儒皆以為周公作，而其中雜有虞夏商周秦漢之制，殆漢末諸儒採《呂氏・十二月紀》、《淮南子・時則訓》等書為之耳。《大戴禮》之有《小正》，《小戴禮》之有《月令》，烏知其非類耶？或曰《呂氏》據《夏小正》以正四時，或曰《小正》具十二月而無中氣，有應候而無日數，至《時訓》乃五日為候，三候為氣，六十日為節，因《小正》而加詳也。意者《小正》特出於《月紀》、《時訓》之前者耶？是則以《小正》為夏書，誠有可疑者也。

趙君之言，謂鄭氏以《小正》為夏書，本無左驗。所紀昏旦中星與星之見伏率與《月令》、《月紀》、《時訓》不合。唐一行推以歷術，知其實在夏時，其為夏書無疑。是又不然。天雖高，星辰雖遠，苟求其故，則精歷數者悉所能考。蓋自上古以來，天行日至，星辰之次舍，其度數無不可知。況在夏后之世，安知非精歷數者逆考而遡推之，求其故以著於書，亦豈可遂信之而不疑乎？世以《本草》為神農之書，《素問》為黃帝之書，其果出於神農、黃帝否乎？《本草》、《素問》不可必其出於神農、黃帝，《月令》不可必其出於周公，則《小正》之為夏書，予固不敢不致疑其間也。惜乎趙君已不可作，不得以予所疑者質之。然君之為此書，則既考覈詳而論辨密，卓見絕識往往而是，不其有可傳者歟？苐其真本及所著他書皆厄於兵，而此篇者乃其伯氏掇拾遺藁，重所繕錄，章句字畫之脫誤不能無之，覽者擇焉而已。君諱有桂，詵仲其字，學行志業具載宋太史所為墓志，玆故弗道，而論予所疑者，序其書焉。

傳記

明 何喬遠《名山藏》卷七四『王廷相』條　王廷相，字子衡，儀封人。豐姿奇秀，讀書日記千言。十二歲為邑庠生，文有英氣。繼進古文，詩賦雅暢。弘治十五年進士，選翰林庶吉士，與李夢陽、何大復、崔銑號為『四傑』。授兵科給事中，條論時政，不避危忌。父疾，疏歸。既卒，哀痛踰禮。正德中起服，謫判亳州。政暇誨生徒，得薛蕙為名士，陞高淳知縣。選御史，巡鹽山東，裁勢豪、私販諸弊。巡按陝西，憲度益振。鎮守太監廖鑾煽虐關中，廷相隨事禁革，鑾殊暂恨。提學京畿，中官王、劉納賄屬事，廷相焚其書。適鑾誣奏廷相，王、劉合力搆之，下詔獄，謫贛榆丞。陞寧國知縣，松江府同知。僉事四川，副使山東，皆提督學政，敦士節，振萎習，諸生翕然化之。嘉靖初，陞湖廣按察使。李見招亡納叛，拒殺軍人，捕獲絕其患。陞山東右布政。丁内艱，服闋，陞副都御史，巡撫四川。沙保、向汎，倡亂日久，廷相舉何卿故事，以勵諸將，遂剿平之。宥降散衆，夷境以安。進兵部右侍郎。尋轉左，陞南兵部尚書。改左都御史，兼兵部尚書，領十二團營。以臺政分條類奏，上充行之。六年考滿，加太子少保。會吏部五察内外官，簡覈當去留。扈蹕幸承天，時承召問，以直對，沿途裁省甚多。滿三考，加太子太保，賜玉帶、廄馬。二十年，郭勛坐罪下獄，上詰其領營勑事，因責廷相黨附，不行白奏，革職為民。給事中劉繪疏捄，不允。廷相歷事三朝，以忠誠不欺為先，御下則剛直不虐，遇事之當為，弊之當祛，毅然必行。自謂大舜雞鳴而起，周公坐以待旦，不予過也。博古通經，究諸實用，禮樂、律歷、象緯、醫卜，靡不穿通，所著有《禮樂雜論》四十篇，《夏小正解》十三篇，《荅天問》一篇，《雅述》、《慎言》十五篇，自言知道以來仰觀俯察二十餘年，言積數萬，其於仲尼之道，衛守之嚴，不敢異端雜之，蓋竊附孔氏之徒云。

《明史》卷一九四《王廷相傳》　王廷相，字子衡，儀封人。幼有文名，登弘治十五年進士，選庶吉士，授兵科給事中。以憂去。正德初，服闋至京，劉瑾中以罪，謫亳州判官，量移高淳知縣。召為御史，疏言：『大盜四起，將帥未能平。由將權輕，不能御敵；兵機疏，不能扼險也。盜賊所至，鄉民奉牛酒，甚者為効力。盜有生殺權，而將帥反無之，故兵不用命。宜假便宜，退却者必斬。河南地平曠，賊易奔，山西地險阻，亦縱深入，將帥罪也。若陳兵黄河之津，使不得西，分扼井陘、天井，使不得東，而主將以大軍蹙之，則賊進退皆窮，可不戰禽矣。』帝切責總督諸臣，悉從其議。已，出按陝西，裁抑鎮守中官廖堂，被誣。時已改督京畿學校，逮繫詔獄，謫贛榆丞。屢遷四川僉事、山東副使，皆提督學校。

嘉靖二年舉治行卓異，再遷山東右布政使。以右副都御史巡撫四川，討平芒部賊沙保。尋召理院事。歷兵部左、右侍郎，遷南京兵部尚書，叅贊機務。初有詔，省進貢快船，守備太監賴義復求增，廷相請酌物輕重以定船數，而大減宣德以後傳旨非祖制者。龍江、大勝、新江、浦子、江淮五關守臣，藉稽察榷利，安慶、九江藉春秋閲視索賂廷，相皆請革之。草場、蘆課銀率為中官楊奇、卜春及魏國公徐鵬舉所侵蝕。以廷相請，逮問奇、春，奪鵬舉祿。三月，入為左都御史，疏言南京守備權太重，不宜令魏國世官。給事中曾忭亦言之，遂解鵬舉兵柄。居二年，加兵部尚書兼前官，提督團營，仍理院事。兩考滿，加太子少保。畿民盜天壽山陵樹，巡按楊紹芳引盜大祀神御物律斬。廷相言：『大祀神御物者，指神御在内祭器帷帳之物而言。律文盜陵木者，止杖一百，徒三年。今舍本律，非刑之平。』忤旨，罰俸一月。帝將幸承天，廷相與諸大臣諫，不納。扈從還，以九年滿，加太子太保。雷震奉先殿，廷相言：『人事修而後天道順，大臣法而後小臣廉。今廉隅不立，賄賂盛行，先朝猶暮夜之私，而今則白日之攫。大臣汚則小臣悉傚，京官貪則外臣無畏。臣職憲紀，不能絶其弊，乞先罷斥。』用以刺尚書嚴嵩、張瓚輩。帝但諭留而已。

初，廷相請以六條考察差還御史。帝令疏其所未盡，編之憲綱。乃取張孚敬、汪鋐所奏列，及新所定凡十五事以進，悉允行之。及九廟灾，下詔修省。因敕廷相曰：『御史巡方，職甚重。卿總憲有年，自定六條後，不考黜一人，今宜痛修省。』廷相惶恐謝。廷相掌内臺最久，有威重。督團營，與郭勛共事，逡巡其間，不能有所振飭。給事中李鳳來等論權貴奪民利，章下都察院，廷相檄五城御史覈實，遲四十餘日。給事中章允賢遂劾廷相徇私慢上。帝方詰責，而廷相以御史所覆聞，惟郭勛侵最多。帝令勛自奏，於是劾勛者羣起。勛復以領敕稽留觸帝怒，下獄。責廷相朋比阿黨，斥為民。越三年卒。

廷相博學，好議論，以經術稱。於星歷、輿圖、樂律、河圖、雒書及周、邵、程、張之書皆有所論駁，然其說頗乖僻。隆慶初，復官，贈少保。謚『肅敏』。

贊曰：喬宇守南京，從容鎮静，内嚴警備，可謂能當大事者矣。覲宇與孫交等砥節奉公，懇懇廷諍，意在杜塞倖門，裨益國是。雖得君行政，未能媲美蹇、夏，要其清嚴不苟，行無瑕尤，於前人亦不多讓。蔣瑤為尚書，功名損於治郡，王廷相掌内臺，風力未著，是殆其時為之歟。

著録

明　晁瑮《晁氏寶文堂書目》　《夏小正解》。

明　朱睦㮮《授經圖》卷二〇　《夏小正解》一卷，王廷相。

《明史》卷九六《藝文志一》　王廷相《夏小正集解》一卷。

清　黄虞稷《千頃堂書目》卷二《三禮類》　王廷相【略】《夏小正解》一卷。

清 朱彝尊《經義考》卷一四七 王氏廷相《夏小正集解》一卷。自序曰：『《夏小正》者，夏時之小記也。繹其辭旨，信為古籍。周公之《時訓》、呂氏之《月令》，皆其流也。蓋古之聖人，仰觀星日霜露之變，俯察昆蟲草木之化，驗天時，授民事，此其要約爾。欽昊敷政，實所不可闕者。予讀諸家注解，病其疎謬穿鑿，是以稽其義之通者傳之，闕其不可知者以俟博達焉。月為一篇，凡十有二篇，正德庚辰八月廷相。』

清 曹寅《楝亭書目》卷一《禮》 《夏小正集解》，抄本一册，明浚川王庭相序集，一卷。

清 秦蕙田《五禮通考》卷二 王廷相《夏小正集解》一卷。

夏小正解

綜述

清 周中孚《鄭堂讀書記》卷五《經部・禮類》 為《升庵雜錄》二十二種之一。《明史・藝文志》著錄，朱氏《經義考》亦載之。前有自序，稱『戴德之後，宋金氏履祥、王氏應麟嘗為斯舉矣。余病戴記本經傳弗分，二氏本錯謬失據，乃左右採獲以是正之。提經於上，抑傳於下，法當爾，非變古也。』是序《升庵文集》亦載之。其於卷端，亦題王氏應麟集校，金氏履祥輯。案王氏《玉海》附刻十四種，從無《小正》集校本，惟《玉海十二・履歷門》載有《小正》經注本，惟《通鑑前編三》於夏禹元年全載《小正》經文，而採摭傳文及《月令》、《爾雅》諸書，并自下案語以注之。升庵未見傅崧卿注本，乃僅據《前編》所載，而全錄傳文於下，并删取金注，以他書為之解，有案語亦甚寥寥。但以《小正》單注本，自傅氏後，明代惟此一家，存之亦可備一種也。

傳記

《明史》卷一九二《楊慎傳》 楊慎，字用修，新都人，少師廷和子也。年二十四，舉正德六年殿試第一，授翰林修撰。丁繼母憂，服闋，起故官。十二年八月，武宗微行，始出居庸關，慎抗疏切諫，尋移疾歸。世宗嗣位，起充經筵講官。常講《舜典》，言聖人設贖刑，乃施於小過，俾民自新。若元惡大奸，無可贖之理。時大璫張鋭、于經論死，或言進金銀獲宥，故及之。嘉靖三年，帝納桂萼、張璁言，召為翰林學士。慎偕同列三十六人上言：『臣等與萼輩學術不同，議論亦異。臣等所執者，程頤、朱熹之説也。萼等所執者，冷褒、段猶之餘也。今陛下既超擢萼輩，不以臣等言為是，臣等不能與同列，願賜罷斥。』帝怒，切責，停俸有差。踰月，又偕學士豐熙等疏諫，不得命，偕廷臣伏左順門力諫，帝震怒，命執首事八人下詔獄。於是慎及檢討王元正等撼門大哭，聲徹殿庭，帝益怒，悉下詔獄，廷杖之。閲十日，有言前此朝罷，羣臣已散，慎、元正及給事中劉濟、安磐、張漢卿、張原，御史王時柯實糾衆伏哭，乃再杖七人於廷。慎、元正、濟竝謫戍，餘削籍。

慎得雲南永昌衛。先是，廷和當國，盡斥錦衣冒濫官。及是伺諸途，將害慎。慎知而謹備之。至臨清，始散去。扶病馳萬里，憊甚。抵戍所，幾不起。

五年，聞廷和疾，馳至家，廷和喜，疾愈。還永昌，聞尋甸，安銓、武定鳳朝文作亂，率僮奴及步卒百餘馳赴木密所，與守臣擊敗賊。

八年聞廷和訃，奔告巡撫歐陽重請於朝，獲歸葬，葬訖復還。自是或歸蜀，或居雲南會城，或留戍所。大吏咸善視之。及年七十，還蜀。巡撫遣四指揮逮之還。嘉靖三十八年七月卒，年七十有二。

慎幼警敏，十一歲能詩，十二擬作《古戰場文》、《過秦論》，長老驚異。入京賦《黄葉詩》，李東陽見而嗟賞，令受業門下。在翰林時，武宗問欽天監及翰林：『星有注張，又作汪張，是何星也？』衆不能對。慎曰：『柳星也。』歷舉《周禮》、《史記》、《漢書》以復。預修《武宗實録》，事必直書，總裁蔣冕、費宏盡付稾草，俾削定，嘗奉使過鎮江，謁楊一清，閲所藏書。叩以疑義，一清皆成誦。慎驚異，益肆力古學。

既投荒多暇，書無所不覽，嘗語人曰：『資性不足恃，日新德業，當自學問中來。』故好學窮理，老而彌篤。

世宗以議禮故，惡其父子特甚。每問慎作何狀，閣臣以老病對，乃稍解。慎聞之，益縱酒自放。明世記誦之博，著作之富，推慎為第一。詩文外，雜著至一百餘種，竝行於世。隆慶初，贈光禄大夫。天啟中，追謚『文憲』。

清　周中孚《鄭堂讀書記》卷五《經部・禮類》　慎，字用修，號升庵，新都人。正德辛未進士第一，官翰林院修撰。以議大禮泣諫，謫戍永昌，天啟初，追謚文獻。

著録

明　胡纘宗《鳥鼠山人小集》卷一四《夏小正解跋》　纘宗嘗讀《大戴禮》而見是篇，簡也而非略也，微也而非隱也。天人之禮，君民之事咸備焉。蓋古書也，夫簡而該，微而彰，後人之所不逮也。升菴楊子直以為古書，信矣！今見其解，或得其大義，或得其奥旨，或不得其錯甸訛字。夫得其說則信，不得其說則疑。信則信，疑則疑，而其理與事固皆可考。可以開來學矣。可以傳矣。升菴子之為是書，其有功哉！乃因龍厓楊子之命而遂付之刻者。隴西胡纘宗跋。

明　祁承㸁《澹生堂藏書目》　《夏小正解》一卷，楊慎，見《升庵襍録》。

《明史》卷五一《藝文志》　《夏小正解》一卷，楊慎撰。

《清文獻通考》卷二一四《經籍考》　楊氏《夏小正解》一卷，存。

清　周中孚《鄭堂讀書記》卷五《經部・禮類》　《夏小正解》一卷，原刊本。明楊慎撰。

夏小正註

綜述

明　楊慎《升庵集》卷三《夏小正序録》　孔子曰：『我欲觀夏道，是故之杞。而不足徵也，吾得《夏時》焉。』學者多傳《夏小正》云。戴德曰：『何以謂之「小正」？以小著名也。』曷以小之？掌故失其傳，太史遺其籍，宗國墜其徵，儒宿荒其訓。小之云者，弗詳之云爾，非其微之云也。昔《唐典》首授時，《虞典》首璣衡。首之者，大之也，何獨至於夏正而小之乎？《春秋外傳》單穆公嘗引《夏令》，又引《時儆》：收塲功，峙畚挶，營土功，期司里，皆於天象乎取之。用玆以推孔子所稱《夏時》，不啻是也。舉其全者大之與？惜無聞焉耳。古者紀候之書，《逸周書》有《時訓》，《吕覽》有《月紀》，《易緯》有《通卦驗》，管敬仲有《時令》，《鴻烈》有《時則訓》，同異互出，大抵宗《小正》而詳。還觀《小正》，規畫遠矣！其昏旦伏見，中正當鄉，候在星；寒暑風日，氷雪雨旱，候在氣；梯秀榮華，候在草木；蟄粥伏遰，陟降離隕鳴呴，候在禽獸；王政達焉，民事法焉，故曰規畫遠矣。小戴氏取吕氏《月紀》改為《月令》，著之《禮記》。此周月也。儷於夏正，法非重習，然卷帙虛存，傳習者鮮，吁可異哉！戴德之後，宋金氏履祥、王氏應麟嘗為斯學矣。余病戴記本經傳弗分，二氏本訛謬未訂，乃左右採獲，以是正之。提經於上，抑傳於下，法當爾，非變古也。語曰：『與其過而廢之也，寧過而存之。』斯籍也，其宜存而不廢哉！

《四庫全書總目》卷二四《禮部存目二》　叔琳有《硯北易鈔》，已著録。《夏小正》一書，原載《大戴禮》中，自《隋志》始別為一卷。宋傅崧卿始分別經傳而爲之注。朱子沿用其例，稍加考定，附於《儀禮經傳通解》中，而未言所本。元金履祥亦未見傅氏之書，遂以為朱子舊本，採附《通鑑前編》『夏禹元年』下。而句為之注，與傳頗有異同。國朝濟陽張爾岐合輯傳注為一编，附以己說，叔琳以傳注多相重複，乃汰其繁蕪，以成是注。亦以己説附之。其稱『傳』者，《大戴禮》之文，其稱『注』者，履祥之說。注中稱『張氏曰』者，爾岐説。稱『案』者，叔琳説也。其中如改『種黍菽糜』作『菽糜』，而下『菽糜』作『菽糜』；『鹿人從』，引《易》『卽鹿從禽』；『丹鳥、白鳥』，不主螢火、蝙蝠及蚊蚋之說；以匽為蟬；以『納卵蒜』為二物；皆與舊説不同。至『鳴蜮』，《傳》中『屈造』之屬，引《淮南子》『鼓造』之文，謂爲蝦蟆，則牽合甚矣。

清　周中孚《鄭堂讀書記》卷五《經部三之三》　案，仁山注不見於諸家書目，其作《通鑑前編》，據朱子《儀禮經傳通解》所定，繫『夏禹元年正月』下，而別爲之注。與是注頗有異同。稷若因就是注，合傅仁卿注及前編所載，附以己說，輯定成帙。至崑圃復取其本而增訂之。其注與傳文重出者，於義無取，概從刪薙。又，注應在經下者，張本併列傳後。特別出之，繫於經下。凡注義與傳違異者，稷若既有論說，崑圃更折以舊聞。并備錄諸家之說，參證同異，以求其是。旁搜眞討，以析其疑。亦足為後學之津梁焉。前有稷若原序，并崑圃序及凡例。

傳記

清 周中孚《鄭堂讀書記》卷五《經部三之三》 履祥，字吉父，號仁山，蘭溪人。從學於王柏。寶祐初以史館編修召，不赴，入元，隱居教授以終。爾岐，字稷若，濟陽人。叔琳，字宏猷，號崑圃，大興人。康熙辛未賜進士第三，官至詹事府詹事。加侍郎銜。

《清史稿》卷二九〇《黃叔琳傳》 黃叔琳，字昆圃，順天大興縣人。康熙三十年一甲三名進士，授編修，累遷侍講。丁父憂，服除，起原官，遷鴻臚寺少卿。五遷刑部侍郎。雍正元年，調吏部。命偕兩淮鹽政謝賜履赴湖廣，與總督楊宗仁議鹽價，革除陋規，從所請。疏言：『各省支撥兵糧，布政使、糧道為政，先期請託，方撥近營。否則撥遠汛，加運費，民既重累輸輓，兵亦苦待餉。請敕督撫察兵數，先撥本州縣衛、所，不敷，於附近州縣撥運。』下部議行。旋授浙江巡撫。時禦史錢廷獻請濬浙江東西湖，蓄水灌田，命叔琳會總督滿保勘議。叔琳等奏言：『西湖居會城西，週三十餘里，南北山泉入湖處，舊皆設閘以阻浮沙，水得暢流。又有東湖為之停蓄，湖水分出上下塘河，農田資以灌溉。自閘廢土淤，民占為田，築埂圍蕩，栽荷蓄魚。請照舊址清釐，去埂建閘，濬城內河道，並疏治上塘河各支港，及自會城至江南吳江界運河港汊壩堰。』部議從之。

叔琳疏薦人才，有廷臣嘗言於上者，上疑叔琳請託先容，諭戒鄭重。會有言叔琳赴湖廣時，得鹽商賕，俾充總商，及為巡撫，庇海甯陳氏僕。其弟禦史叔璥巡視臺灣，過杭州，僕鬨於市，叔琳皆以罪商，有死者，商為罷市。上命解叔琳任，遣侍郎李周望與將軍安泰分案按治。安泰等奏叔琳以陳氏僕與商爭毆，逮商杖斃，事實，無與叔璥事，亦未嘗罷市。周望等奏叔琳貸金鹽商，非行賄，上命毋窮究。三年，命赴海塘效力。乾隆元年，授山東按察使。疏言：『舊例州縣命案，印官公出，由鄰封相驗。嗣廣西巡撫金鉷奏請改委佐雜，夤緣賄囑，難成信讞。』又言：『審案舊有定限，逾限議處。嗣河東總督田文鏡題定分立解府、州、司、院限期，雖意在清釐，適啟通融挪改之弊，請皆仍舊為便。』從之。二年，遷布政使。四年，丁母憂。服除，授詹事。以在山東誤揭屬吏諱盜，奪官。叔琳登第甫二十，十六年，重遇登第歲，命給侍郎銜。二十一年，卒，年八十三。

叔琳富藏書，與方苞友。苞治諸經，叔琳皆與商榷。子登賢，字筠盟。乾隆元年進士，授戶部主事。累遷左副都禦史，督山東學政。康熙間，叔琳來督學，立三賢祠，祀胡瑗、孫複、石介，以式諸士。後六十年，登賢繼之，訓士遴才，皆循叔琳訓。四十九年，卒。

著録

《清通志》卷九八《藝文略》 《夏小正註》一卷，黃叔琳撰。

《清文獻通考》卷二一四《經籍考》 《夏小正註》一卷，黃叔琳撰，叔琳見易類。《夏小正》一書，原載《大戴禮》中，《隋志》始別為一卷。宋傅崧卿作註。朱子嘗仿其例復加訂定，附於《儀禮經傳通解》。元金履祥未見傅氏書，以為朱子舊本，採附《通鑑前編》『夏禹元年』下，句為之注，與傳多有異同。國朝張爾岐合傳注輯為一編，以己說附之。叔琳刪其重複而作是編，其自為之說者則稱『案』以別之。

《四庫全書總目》卷二四《禮部存目二》 《夏小正注》一卷，編脩勵守謙家藏本，國朝黃叔琳撰。

清 周中孚《鄭堂讀書記》卷五《經部三之三》 《夏小正注》一卷，養素堂刊。宋金履祥注，國朝張爾岐輯定，黃叔琳增訂。

《清史稿》卷一四五《藝文志》 《夏小正註》一卷。黃叔琳撰。

夏小正箋

綜述

清　耿文光《萬卷精華樓藏書記》卷四一《時令類》　前有自序。李氏序曰：《隋志》始於《大戴禮》外別出《夏小正》一卷。注云戴德撰。吳陸氏《草木鳥獸蟲魚疏》引《大戴禮》、《夏小正》傳，言舊本無傳，戴德為之作傳，遂自為一卷。後盧辨作注，始採其傳入經文下。《隋志》所謂『撰』者，乃『傳』也。以其傳別於經者，實自崧始。

《夏小正》，或云子夏作，雖未必然，然文句簡奧，實三代之書。近有徐氏傳之解、黃叔琳之注、諸錦之詁，雖傳稽廣注，苦多穿鑿，未愜於心，且舛訛脫淆，如經傳有合為一行者，有經大書而傳小書者，亦無定本。近得《永樂》副本，經文抬頭而傳空一字，俱大書，此可遵也。因云其繁蕪，約為之箋，以正諸家之鑿。至於徐氏之以爽死為爽鳩，以五日為夏五，黃氏以丹白鳥為螢火，納卵蒜為兩物，諸氏之以雉震斷為兩句，孚粥之斷為祝雞，通則通矣，其如鑿何？故曰：予之為箋也，所以正諸家之鑿也。《七十二候考》、《易緯通卦驗》所記氣候，與《夏小正》互有同異。《月令疏》多引之，說者謂比之《逸周書》、《時訓》，晚者二十有四，早者三，未嘗定五日一候也。《呂氏春秋》有《十二月紀》，漢馬融取以入《小戴記》中，每月之候與《夏小正》略同。《月令》雖出《呂覽》，而今《禮記》所載有與《呂覽》互異者而敘次同。漢初無五日一候之說，惟《逸周書》分五日一候。盧氏曰『戴氏之傳《夏小正》可謂精矣，所辨析不過字句之間，而有以通乎古人之本意』。張氏爾岐採金仁山之注，附於傳而又為之說。今崐圃黃先生復因其本增訂之，於綏多女士，見夏道尊命，近人而忠焉。於豺祭獸，見夏之先賞後罰，先祿後威焉。於終篇再書隕麋角，以為聖人扶陽抑陰之意，故於夏不言隕鹿角，且證以姤複之義焉。又如公田人學之制，可以考見，明王廷相、楊慎皆有纂輯，未見錄於《抱經堂集》。

著録

清　李調元《童山集·文集》卷四《夏小正箋序》　《夏小正》者，所謂夏之時也。而曰：小正，何也？言政令之小者也。本《大戴禮》之一篇，《隋書·經籍志》始於《大戴禮》外，別出《夏小正》一卷，註云戴德撰，宋傅崧卿序。謂隋重賞以求逸書，進書者多離拆篇目以邀賞，故別出此篇，於理或然。考吳陸璣《草木鳥獸蟲魚疏》引《大戴禮》、《夏小正傳》，言《大戴禮》舊本但有《夏小正》之文，而無其傳，戴德爲之作傳，遂自爲一卷。後盧辨作註，始採其傳入經文下。隋所謂戴德撰者，乃傳也，當誤『傳』作『撰』。其以傳別於經者，寔自崧卿始。其爲一卷，亦猶之《小爾雅》乃《孔叢子》之一篇，因李軌之註，遂別爲一卷也。《夏小正》或云子夏作，雖未必然，然文句簡奧，寔三代之書。自傅崧卿撰《戴氏傳》四卷外，近有徐氏傳之解、黃叔琳之註、諸錦之詁，雖博稽廣註，苦多穿鑿，未愜於心，且多舛訛脫漏，如經傳有合爲一行者，有經大書而傳小書者，亦無定本。因得《永樂》副本，經文抬頭而傳空一字，俱大書，此可遵也。因去其繁蕪，約爲之箋，以通其義。夫古人之書，殘篇斷簡，詰曲聱牙，其不盡可箋也明矣。若必一一而強爲之注，不至於鑿不止，此聖人之所以甚重乎史闕文也。予之所以爲箋也，正所以正諸家之鑿也。彼夫徐氏之以爽死爲爽鳩，以五日爲夏五，黃氏之以丹白鳥爲螢火，納卵蒜爲兩物，諸氏之以雉震斷爲兩句，孚粥之斷爲祝鷄，通則通矣，其如鑿何？故曰：予之所以爲箋也，所以正諸家之鑿也。西蜀李調元童山撰。

清　耿文光《萬卷精華樓藏書記》卷四一《時令類》　《夏小正箋》一卷，漢戴德傳，國朝李調元注，函海本。

清　丁申、丁丙《八千卷樓書目》卷二《經部》　《夏小正箋》一卷，國朝李調元撰，函海本。

《清續文獻通考》卷二五八《經籍考二》　《夏小正箋》一卷，李調元撰。調元見易類。

夏小正考注

綜述

清 耿文光《萬卷精華樓藏書記》卷四一《時令類》 前有序，是本經用篆書，遵《說文》也；《傳》用隸書，與經文相聯，注以「沅曰」別之，另行降一格。予所見金履祥本，即黄氏所增訂。案，畢序則金本、黄本為兩本，未知畢氏所見黄本為何本也。畢本有經無傳者四條，畢氏序曰：「《大戴禮》八十一篇，今止四十篇，《小正》蓋其弟四十七篇也。」唐《大衍曆·日度》議曰：「《小正》雖頗疏略失傳，乃羲和遺跡，今檢所列觀象、授時諸事，與《堯典》之旨合。稽之《明堂月令》有所不同，後世歲差之論當有所自矣。天時有不同，物候亦因之而換，《小正》於天象、時制、人事、衆物之情，無不具稽，洵一代之巨憲。」司馬遷曰：「孔子正《夏時》，學者多傳《夏小正》，此書之所由來歟？」《小正》經為禹、啟所制，曆二千餘年而戴始作《傳》。沅所見各家《大戴記》外，其專本有宋朱子本、刻入《儀禮通解》。關澮本、傅崧卿本、王應麟本，元金履祥本，本朝黄氏叔琳本、秦氏蕙田本、戴氏震本，今學士盧文弨本、主事孔繼涵本，皆分經傳，亦並有異同。案，引者又有鄭康成、郭璞、孔穎達、歐陽詢、徐堅、李善、一行諸人，因加參校，附以鄙釋，名曰《夏小正考注》。今經既殘破，傳復偽亂，盧辨注又不傳，若據考不精，是誣之矣。戴氏曰：「建寅之月，夏以為正月，於時日躔降婁，初昏日已過中，猶云參中者，舉大體言之，非若後代求諸度分之細也。」凡夏時日躔所在，與今差二次，與周時差一次，星之見伏旦昏中，悉因之而異。錄於《東原集》。任氏曰：「朱子集《禮》，別其經傳，列《月令》前。」朱子定《小正》之文，無「囿有見韭」四字，無「蜉蝣之時也」一句。金氏因之採入《通鑒》，於《傳》稍有異同。北平黄師以張氏爾岐本見示，因遂成之，弁數言。鈞臺序錄於清芬樓遺稿。畢氏曰：《大戴禮》有兩七十三，或云兩七十四。按，《漢志》：「七十子後學者所記。」《禮》百三十一篇，別無《大戴》之目。今《禮小戴》四十九，《大戴》八十一，合之正得百三十篇之數，較《漢志》少一篇，即後學者所記與？

傳記

《清史稿》卷三三八《畢沅傳》 畢沅，字纕蘅，江南鎮洋人。乾隆十八年舉人，授内閣中書，充軍機處章京。二十五年一甲一名進士，授修撰，再遷庶子。三十一年授甘肅鞏秦階道。從總督明山出關勘屯田，調安肅道。擢陝西按察使。上東巡，覲行在，備言甘肅旱，諭治賑，並免逋賦四百萬。擢布政使，屢護巡撫。師征金川，遣沅督餉，軍無匱，授巡撫。河、洛、渭並漲，朝邑被水，治賑，全活甚衆。募民墾興平、盩厔、扶風、武功荒地，得田八十餘頃。濬涇陽龍洞渠溉民田。嘉峪關外鎮西、迪化士子赴鄉會試者奏請給驛馬。置姬氏《五經》博士，奉祀文、武、成、康四王及周公陵墓。修華嶽廟暨漢唐以來名迹，收碑碣，儲學宫。屢署總督。四十一年賜孔雀翎。四十四年丁母憂去官。四十五年陝西巡撫缺員，諭：「沅在西安久，守制將一年，命往署理，非開在任守制例也。」四十六年甘肅撒拉爾回蘇四十三爲亂，沅會西安將軍伍彌泰、提督馬彪發兵討之，事平，論功，賜一品頂帶。甘肅冒賑事發，御史錢灃劾沅瞻徇，降三品頂戴。四十八年，復還原品，尋實授巡撫。四十九年，甘肅鹽茶廳回田五復亂，沅遣兵分道搜剿。上命大學士阿桂視師，沅治軍需及驛傳供億，屢得旨奬勵。沅先後撫陝西十年，嘗奏：「足民之要，農田爲上。關右大川，如涇、渭、灞、滻、澧、滈、潦、潏、河、洛、漆、沮、汧、汭諸水，流長源遠。若能就近疏引，築堰開渠，以時蓄洩，自無水旱之虞。古來雲中、北地、五原、上郡諸處畜牧，爲天下饒，若酌籌閒款，市牛羊駝馬，爲畀民試牧，俟有孳生，交還官項，餘則畀其人以爲資本，耕作與畜牧相兼，實爲邊土無窮之利。」議未行。五十年調河南巡撫，奏：「河北諸府患旱，各屬倉儲蠲緩賑恤所存無多，請留漕糧二十萬備賑。」既又請緩徵民欠錢糧，並展賑，上温諭嘉之。命詣胎簪山求淮水眞源，御製《淮源記》以賜。五十一年，賜黄馬褂，授湖廣總督。伊陽盜秦國棟戕官，上責沅捕治，未得，命仍回巡撫。五十三年，復授湖廣總督。江決荆州，發帑百萬治工。沅奏：「江自松滋下至荆州萬城隄，折而東北流，南逼窖金，荆水至無所宣洩。請築對岸楊林洲土壩、鷄嘴石壩，逼溜南趨，刷洲沙，無致壅遏。又請修襄陽老龍隄、常德石櫃隄、潛江仙人隄，鑿四川湖北大江險灘，便雲南銅運。五十九年，陝西安康、四川大甯邪教並起，稱傳自湖北。沅赴襄陽、鄖陽按治，降授山東巡撫。上以明年歸政，令督撫察民欠錢糧豁免。奏蠲山東積逋四百八十七萬，常平社倉米穀五十萬四千餘石。六十年仍授湖廣總督。湖南苗石三保等爲亂，命赴荆州常德督餉，以運輸周妥，賜孔雀翎。嘉慶元年，枝江民聶人傑等挾邪教爲亂，破保康、來鳳、竹山，圍襄陽。沅自辰州至枝江捕治。當陽又陷，復移駐荆州。上命解沅總督，旋克當陽，獲亂渠張正謨等。復命沅爲總督如故，予二等輕車都尉世職。尋奏亂渠石三保、吳半生、吳八月等皆就獲，惟石柳鄧未獲，請撤各省兵，留二三萬分駐苗疆要隘。上諭曰：『撤兵，朕所願。但平隴未克，石柳鄧未獲，豈能遽議及此？』尋獲石柳鄧，上命沅馳赴湖南鎮撫。疏言：『樊城爲漢南一都會，請建磚城，以工代賑。』二年，請以提督移辰州，增設總兵，駐花園汛。尋報疾作，手足不仁，賜活絡丸。旋卒，贈太子太保。四年，追論沅教匪初起失察貽誤，濫用軍需帑項，奪世職，籍其家。沅以文學起，愛才下士，職事修舉。然不長於治軍，又易爲屬吏所蔽，功名遂不終。

（光緒）《湖南通志》卷一〇五　畢沅，鎮陽人。乾隆五十年任湖廣總督，五十九年左遷山東巡撫，六十年再任湖廣總督。初入楚境，聞苗疆有警，馳赴常德，籌畫轉餉。既大學士福康安、四川總督和琳先後至，檄調六省兵會勦，供支日不下數萬，沅移駐辰州，督運軍儲。大兵既禽首逆吳半生等，乾州、永順、永綏、保靖、諸苗五百餘寨先後詣辰州乞降，沅承詔撫諭，咸感泣叩頭去。嘉慶元年，湖北枝江賊起，沅馳勦枝江，平之。未幾，大兵破平隴，斬石柳鄧等。詔沅馳往苗疆，籌議善後及撤兵事。二年春，抵三廳，撫諭苗寨，清釐民苗地畝，各省兵次第撤回。沅留駐辰州，奏請移提督駐辰州，而以辰州協駐乾州，洞庭協駐常德，添設總兵花園汛，以永綏協保靖營隸之。撥兵屯守諸要隘，苗寨酌設土弁，估修城堡、營房，賑難民，卹徇難官弁及紳士婦女，皆得旨敕部議行。以炎瘴致疾，卒於軍。

清　梁章鉅纂輯，朱智增補《樞垣記略》卷一八《題名四》　畢沅，字湘蘅，江蘇鎮洋人。乾隆二十二年　月由内閣中書入直，複中庚辰狀元，官至湖廣總督。

著録

清　畢沅《夏小正考注敘》　《大戴記》八十一篇，今止四十篇。其篇自三十九始，無四十三、四、五及六十一四篇，有兩七十三，或云兩七十四，《小正》蓋其第四十七篇也。案，《漢書·藝文志》：『七十子後學者所記。』《禮》百三十一篇，別無大小戴之目。今所記《小戴》有四十九篇，《大戴》有八十一篇，合之正得百三十篇之數。較《藝文志》所說止少一篇，并此二書卽後學者所記歟？唐《大衍歷·日度》議曰：『《小正》雖頗疎略失傳，乃羲和遺蹟。』今檢論經月所列觀象、授時諸事，有正月啟蟄，鞠則見，初昏參中，科杓縣在下；三月參則伏；四月昴則見，初昏南門正；五月參則見，初昏大火中；六月初昏科杓正在上；七月漢案户，初昏織女正東鄉，科杓縣在下則旦；八月辰則伏，參中則旦；九月内火，辰繫於日；十月初昏南門見，織女正北鄉，則旦云云，與《尚書·堯典》日中星鳥，日永星火，宵中星虚，日短星昴之旨合。稽之《明堂月令》則三月日在胃參不必伏，五月昏亢中非大火中，八月日在角辰，亦未伏，有所不同。以宋何承天、隋袁充之說考之，知堯時冬至日在須女十度。劉歆《三統》、揚雄《太玄》又推周時冬至日在牽牛初度，賈逵云『初度者，牽牛中星也。』然則其間實差十度有奇。又《大衍》推《小正》三月日在昴，五月日在鬼，天行遲速，今古不能相同。後世歲差之論，當有所自矣。《三統》記十二次，諏訾，立春節，驚蟄中；降婁，雨水節，春分中；大梁，穀雨節，清明中。《太初後術》則云諏訾，立春節，雨水中；降婁，驚蟄節，春分中；大梁，清明節，穀雨中。又異者。古歷皆如《三統》所稱，改之者，自《後術》始。《月令》曰：『正月蟄蟲始振，二月始雨水，不符於《小正》耶？』汲郡所出《周書》，有《時則解》一篇，云雨水之日，獺祭魚；驚蟄之日，桃始華；清明之日，桐始華；穀雨之日，萍始生。亦次驚蟄、穀雨於雨水、清明後。後人剽取《月令》竄入《周書》，又分五日為一候，讖緯之談，無所關乎經制焉。《月令》十二月有雉雊雞乎卵，《小正》則在正月；二月有鷹化爲鳩，桃始華，《小正》亦在正月；五月有游牝別其羣，執騰駒，班馬政，《小正》則在四月；九月有豺祭獸，《小正》則在十月。

天行有不同，物候亦因之換耶？《小正》於天象、時制、人事、衆物之精無不具紀，洵爲一代之巨憲。故夫子稱之曰：『欲觀夏道，吾得《夏時》焉。』又曰：『行夏之時。』司馬遷曰：『孔子正《夏時》，學者多傳《夏小正》。』此書之所由來歟【略】！沅所見各家自今所行《大戴記》外，其專本有宋朱子本，有關澮本，有傳崧卿本，有王應麟本，有元金履祥本，本朝有故尚書大興黃叔琳本，有故尚書無錫秦蕙田本，有今學士錢塘盧文弨本，有故編修休寧戴震本，有今主事曲阜孔繼涵本，並有異同。案，引者又有鄭康成、郭璞、孔穎達、歐陽詢、徐堅、李善、一行諸人，因遷加參校，附以鄙釋，名曰《夏小正考注》。《小正》有戴氏傳之於前，又有北周盧辯注之於後。今經既殘破，傳復譌亂。辯注又不傳，若據考不精，各以私意類分互證，是誣之矣。沅於詁訓，信好雅言。文字默守許解，經禮則專宗鄭學。戴之說是，必曲證以申明之。偶得一閒，又求之諸經，以附合本旨，庶得尊經後傳之義。夫由今以溯傳，既二十年矣，由傳以溯經又二千年，歷四千餘年之久，而通之者卒不多見其人，蓋信古者少矣，可不探嘆哉！癸卯歲乾隆四十有八年四月日。

清　孫星衍《孫氏祠堂書目外編》卷一　　《夏小正考注》一卷，畢沅撰。

清　耿文光《萬卷精華樓藏書記》卷四一《時令類》　　《夏小正攷注》一卷，國朝畢沅撰，經訓堂本。乾隆四十八年校刊。

（嘉慶）《直隸太倉州志》卷五四《藝文志三》　　《夏小正考注》一卷，畢沅著。

（同治）《蘇州府志・藝文志四》卷一三九　畢沅【略】《夏小正考注》一卷。

清　丁申、丁丙《八千卷樓書目》卷二《經部》　　《夏小正考註》一卷，國朝畢沅撰，經訓堂本。

清　張之洞《書目答問》卷一《經部》　　《夏小正考注》一卷，畢沅校。經訓堂本。

《清史稿》卷一四五《藝文志》　　《夏小正考注》一卷，畢沅撰。

夏小正經傳考釋

綜述

清　耿文光《萬卷精華樓藏書記》卷四一《時令類》　　前有述祖自序，第一卷為《夏時明堂陰陽經》，首經文一篇，名曰《夏時》，無注。次《大禮記》、《夏小正》、《經傳考異》，先考經，次考傳，注於各句下，所據者惟《集賢》本與關本。此卷凡三篇，每篇後各有論說。第二、三卷為《夏時說義》上、下。第四卷至第九卷為《夏小正》等，例文句音義。第十卷為《夏小正》等，例有補，此十卷凡四種，總名《夏小正經傳考釋》。是書考各本之同異，明《小正》之大義，正文句，辨音義，凡句之應斷者皆提行，又另行注曰絕句。凡脫文、誤文悉為是正，終之以例。曰大正之例，如正歲年、正四時等例是也；曰小正之例，如正五時之物、正五地之物等例是也。曰王事三例言之，惟大正有補，自序云因何氏《公羊解詁》條例為之。其《夏時雜議》則未卒業。莊氏於《小正》用功甚，至考訂亦精。惟戴聖刪《大戴》之書為《小戴記》，其說出於《隋志》，決不可從。陸氏《釋文》誤引，而莊氏《載籍足徵錄》仍之，不能正也。莊氏序曰：『崧卿得《小正》於關澮，校以集賢所藏《大戴禮》，以為《小正》夏書，德所撰《傳》耳。謂之《夏小正戴氏傳》，其實不然。《夏小正》當屬明堂陰陽禮家錄之，謂之《禮記》，非戴氏作也。孔子得夏四時之書而正之，是謂《夏時》。其後為《夏小正》，自隋以來不詳其所授。崧卿僅得一錯譌舊帙，參考慎擇而析之，間誤以經為傳，以傳為經，莫能是正。世所傳《夏小正》傳寫失真，今以古文大小篆校正，其經文共四百六十五字，定為《夏時》。而以《夏小正》為傳，考其異同，稽其義例，名曰《明堂陰陽夏小正經傳考釋》。』《大戴禮》盧辨注《夏小正》闕不具，關澮本有注解音，崧卿所云舊注是也。亦間見於他書所引，今以『某本』、『某書注』別之，未敢質為盧注也。《困學紀聞》云『《大戴禮》盧辨注，非鄭氏注』，朱文公引《明堂篇》鄭氏注云『法龜文』，未考《北史》也。《盧辨傳》，《周書》與《北史》同。孔氏書太史公云『孔子正《夏時》，學者多稱《夏小正》』，今其遺篇，上紀星文之昏旦、雨澤之寒暑，下陳草木稊秀之候、蟲羽飛伏之時，旁及冠昏祭耕獲蠶桑之節，先王所以敬授人時，與《明堂》、《月令》實表里焉。漢世諸經解詁皆與本書別行，故熹平石經《春秋傳》不載經文，《小正》亦別有全經，此特其傳耳。傳或一事分釋，或兩言兼訓，後人復就此篇分別經傳，失其真矣。記本文頗脫誤，單行《夏小正》惟崧卿所定可取。莊氏曰：『傳崧卿，字子駿，山陰人，宋政和中為考功員外郎。林靈素作《神霄錄》，公卿以下群造其盧拜受，崧卿與李綱、曾幾移疾不行，為所譖，出為蒲圻縣丞。自序題宣和辛丑蓋謫蒲圻時作也。《大戴禮》舊本，宋淳熙中韓元吉刊於建安郡齋，即《中興書目》所云四十篇者。傳崧卿校關澮書，有集賢所藏《大戴禮》校本，與韓本互有得失，其錯脫略同關本。前後失倫尤甚，然多古字古言，此皆舊本之未經改竄可依據者也。《夏時》古經傳自孔氏，出於秦火之餘，故有古籀之異、隸草之譌，俗師曲為之說，駁而不純，固宜。』以上莊氏之說，錄於本書，下同。十有二月隕麋角失也。《易》終《未濟》，《書》終《秦誓》，《詩》終《商頌》，《春秋》終於『西狩獲麟』，《夏小正》終於隕麋角，戒之哉！隕，墜也，先隕而後麋角者，有命之者也。文光案，此說甚好，因此隕字可識《姤》卦有隕自大之隕，血象傳命字亦得其解。隕麋角，或以為聖人扶陽抑陰之義，或以為失閏，皆臆說也。

傳記

清 李兆洛《養一齋集·文集》卷一五《珍藝先生傳》 先生姓莊氏，名述祖，字葆琛。先世自金壇遷常州府武進縣，遂著籍。五世祖廷臣，天啟中名臣，終湖廣左布政。祖柱皇，贈光祿大夫，浙江海防兵備道。父培因，翰林院侍講學士。世父存與，禮部侍郎。先生十歲而孤，力學自守，不屑榮利。乾隆丁酉中，江南鄉試，庚子成進士。歸班銓選。庚戌謁選，得山東昌樂縣。辛亥之任逾年，調濰縣。明暢吏治，刑獄得中，豪猾斂跡。嘗勘鹻地，衆以為斥鹵也。先生指路旁草，問何名，曰『馬帚』，先生笑曰：『此於經名荓。《夏正》「荓秀」記時，凡沙土草荓者宜禾，何謂鹻？』衆皆服。甲寅以卓異引見。還檄授曹州府桃源同知。不一月，呈請終養。丁巳七月歸，著書色養者十六年，未嘗一日離左右。嘉慶二十一年六月廿三日卒。侍郎公博通六藝，高朗闊達，於聖人微言奥義能深探而擴言之。先生淵源既邃，益研求精密，於世儒所忽不經意者，蹈間覃思，獨闢天地。以為《連山》亡而尚存《夏小正》，《歸藏》亡而尚有倉頡古文，略可稽求義類。故著《夏小正經傳考釋》。以斗柄南門織女記天行之不變，以參中火中紀日度之差，以二月丁卯知夏時以正月甲寅啟蟄為歷元，歲祭為郊，萬用入學為禘，傳覽載籍，精思而串貫之。著《古文甲乙篇》，謂許叔重始一終亥，偏旁條例所由出，日辰干支，黄帝世大撓所作，沮誦、倉頡名之以易結繩，伏羲畫八卦作十言之教之後，以此三十二類為正名百物之本。故《歸藏》為黄帝《易》，就許氏偏旁條例以干支別為序次，凡許書所存及見於金石文字者，分別部居，各就條理，皆義理宏達，洞見原本，為前賢所未有。五經悉有所撰著。旁及《逸周書》、《尚書大傳》、《史記》、《白虎通》，於其舛句訛字，佚文脫簡，易次換弟，草薙腋補，咸有證據，無不疏通。曠然思慮之表，若面稽古人而整比之也。所著書三十七種若干卷。惟《夏小正》已具，《甲乙篇》未竟而條理粗備俟。有志者成之，餘皆啟其端緒，引而申之者，存乎其人焉。

李兆洛曰：今世所謂學者，求其嚮慕於古初，難矣。其有綜覽多聞，希自標異，或襲古獵說，因而重之，或貌古色，取竄而有焉，皆未嘗求之於心，而苟恣於口耳之間者也。心求之者，神與古冥，念之所發，思之所觸，回翔反覆，無不於是。而後精融形釋，不期而與之化焉。而後古人之神與之相通，動念措思，無不古人也。於是著之於言，高薄穹顥，微入翾忽，悉成典要。讀其書者，遂若接古人於一室，可與酬酢晤言。而凡猥之識、鄙悖之想，不自知其泯焉盡也。兆洛蓋讀先生諸書而恍然遇之焉。

《清史稿》卷四八七《莊述祖傳》 莊述祖，字葆琛，武進人。世父存與，官禮部侍郎。自有傳。述祖，乾隆四十五年進士，官山東濰縣知縣。明暢吏治，刑獄得中，豪猾斂迹。嘗勘鹼地，衆以爲斥鹵也，述祖指路旁草，問何名？曰『馬帚』。述祖笑曰：『此於經名「荓」。《夏正》「荓秀」記時，凡沙土草荓者宜禾，何謂鹼？』衆皆服。

甲寅，以卓異引見。還，檄授桃源同知。不一月，乞養歸。著書色養者十六年，未嘗一日離左右。二十一年卒。

述祖傳存與之學，研求精密，於世儒所忽不經意者，覃思獨闢，洞見本末。著述皆義理宏達，爲前賢未有。以爲《連山》亡而尚存《夏小正》，《歸藏》亡而尚有倉頡古文，略可稽求義類。故著《夏小正經傳考釋》，以斗柄南門織女記天行之不變，以參中大中記日度之差，以二月丁卯知夏時，以正月甲寅啓蟄爲曆元，歲祭爲郊，萬用入學爲禘。著《古文甲乙篇》，謂許叔重始一終亥，偏旁條例所由出，日辰干支，黄帝世大撓所作，沮誦、蒼頡名之以易結繩，伏羲畫八卦作十言之教之後，以此三十二類爲正名百物之本。故《歸藏》爲黄帝《易》，就許氏偏旁條例，以干支別爲序次，凡許書所存，及見於金石文字者，分別部居，書未竟，而條理粗具。其餘五經，悉有撰著。旁及《逸周書》、《尚書大傳》、《史記》、《白虎通》，於其舛句譌字，佚文脱簡，易次换弟，草薙腋補，咸有證據，無不疏通。曠然思慮之表，若面稽古人而整比之也。所著《夏小正經傳考釋》十卷，《尚書今古文考證》七卷，《毛詩考證》四卷，《毛詩周頌口義》三卷，《五經小學述》二卷，《歷代載籍足徵録》一卷，《弟子職集解》一卷，《漢鐃歌句解》一卷，《石鼓然疑》一卷，《文鈔》七卷，《詩鈔》二卷。

著録

清 莊述祖《珍埶宧文鈔》卷五《夏小正經傳考釋序一》 《夏小正》經傳之分自宋傅崧卿始。《隋·經籍志》：《夏小正》一卷，戴德撰。與《大戴禮記》十三卷别行。傅崧卿得其本於關澮，校以集賢所臧《大戴禮》，以爲《小正》夏書，德所撰傳爾，謂之《夏小正戴氏傳》。其實不然，《夏小正》於别録當屬明堂陰陽禮家録之，謂之《禮記》，非戴氏作也。太史公曰：『孔子正《夏時》，學者多傳《夏小正》。蓋孔子得夏四時之書而正之。』是爲《夏時》，其傳爲《夏小正》，自漢以來不詳其所授受。崧卿僅得一錯譌舊帙，獨參考慎擇而釐析之，誠異於俗學所爲。閒誤以經爲傳，以傳爲經，疑傳之失，本恉終莫能有所是正。然賴以知古經，猶幸未泯滅，不得槪視爲傳記之書。彼其表章之功，顧又何可少哉？《禮運》記云：『孔子曰：「我欲觀夏道，是故之杞。而不足徵也，吾得《夏時》焉。我欲觀殷道，是故之宋。而不足徵也，吾得《坤乾》焉。《坤乾》之義，《夏時》之等，吾以是觀之。」』鄭康成以爲其書存者有《小正》、《歸藏》。《隋·經籍志》云『《歸藏》漢初已亡，晉中經有之，惟載卜筮，不似聖人之旨。』孔潁達亦謂《歸藏》僞妄之書。《隋志》：《歸藏》十三卷，晉太尉叅軍薛貞注。宋《中興書目》有《初經》《齊母》《本蓍》三篇，今佚。是孔子所以觀夏殷之道者，其幸而僅存於今，惟《夏小正》而已。世所傳《夏小正》既傳寫失真，今以古文大小篆校正其經文，共四百六十三字。定爲《夏時》。而以《夏小正》爲傳，考其異同，釋其義例，名曰《明堂陰陽》、《夏小正經傳考釋》、《大戴禮盧辯注》。周書本傳云，盧辯字景宣，范陽涿人。博通經籍，爲太學博士。以《大戴禮》未有解詁，乃注之。其兄景裕謂曰：『昔侍中注《小戴》，今爾注《大戴》。庶纂〔彝〕修矣。』累遷尚書右僕射，進位大將軍。卒，謚曰『獻』。《北史同》。《北史·儒林傳》云：『永熙中，孝武釋奠於國學，又於顯陽殿詔中書舍人盧景宣講《大戴禮·夏小正篇》』。《魏書》同。王應麟《困學紀聞》云：『《大戴禮》，盧辯注，非鄭氏，朱文公引《明堂篇》，鄭氏注云『法龜文』，未考《北史》也。《夏小正》闕不具，關澮本有注音。傅崧卿所云舊注是也。亦閒見於它書所引，今以某本某書注别之，未敢質爲盧注也。傅崧卿字子駿，山陰人。宋政和中爲考功員外郎。林靈素作《神霄録》，公卿以下羣造其廬拜受，崧卿與李綱、曾幾移疾不行。爲所譖，出爲蒲圻縣丞。後官至給事中。見王應麟《困學紀聞》及《宋史·曾幾傳》，崧卿自序題『宣和辛丑』，蓋謫蒲圻時作也。重其掇遺經於廢墜之餘以扶絶學，故備論其世云。

又《夏小正經傳考釋序二》 述祖少失學，長習進士業。及舉於禮部，退歸後乃求所以闚古人之學，莫得其階，不能自已。始從事於漢人所謂小學家者。先治許氏《説文解字》，稍稍識所附古文，以爲此李斯未改三代之制，以萠倉籒遺文，留什一於百者也，欲究心焉。偶憶《夏小正》『納卯蒜』『卯』字，與古文『民』字相近，蒜卽《説文》祘數字之訛。由以知納民祘卽《周官禮》『司民』之獻民數是也。周正建子，故以孟冬；夏正建寅，故以季冬；其事正合。然亦未敢質諸人也。於是盡取《夏小正》中經文，重釐正之，以爲《夏時明堂陰陽經》。又爲之説義，數易寒暑，猶未竟其學。嗣以吏部選人，爲吏山左，日從事於簿書，然車中枕上，固未嘗少置也，亦時有所增益。迄終養歸，復爲修改，至嘉慶十四季之冬始以所録《夏時明堂陰陽經》及《夏小正》諸本異同并所爲説義，先刻三卷。他若《夏小正音讀考》四卷，《夏小正等例》一卷，《汪補夏小正等例》二卷，《夏時雜義》□卷，皆未卒業。以纂集《古文甲乙篇》中輟，今遭大故，艸土餘生，僅留殘喘，恐旦莫填溝壑。乃取所未刻各種更加芟并，益以近日所見，與前所刻三卷往往多不合者。然今之所見未必盡是，昔之所見未必盡非，即一人之管闚蠡測，猶復岐出不倫如此，况敢質諸人而自信以爲必然者耶？言之不文，略舉前後之所以不相顧者以示兒曹云。

又《夏小正經傳考釋序三》 《夏小正音讀考》四卷，往者考《夏時》經文，爲之說義，頗以隸古。校定恐滋後來者之疑，復以世所傳韓元吉本《大戴禮記·夏小正》坿於其後，備載傅崧卿所引集賢本《大戴禮》及關澮本《夏小正》異同，蓋以古書之僅存，婁爲後人所亂，校書者又各以其意定之，是其所是而非其所非，迄無所取正，而亂益甚。於是伏而思之，《春秋》之義，以三傳而明，而三傳之中，又以《公羊》家法爲可說。其所以可得而說者，實以董大中綜其大義，胡母生析其條例，後進遵守，不失家法。至何邵公作《解詁》，悉隱括就繩墨。而後《春秋》非常異義可怪之論皆得其正。凡學《春秋》者莫不知公羊家，誠非穀梁所能及。况左氏本不傳春秋者哉？假設無諸儒之句剖字析，冥心孤詣以求聖人筆削之旨，則緣隙奮筆者，皆紛紛籍籍以爲左氏可興，公羊可奪矣！《夏時》亦孔子所正。《夏時》之取夏四時之書，猶《春秋》之取魯史也。聖人之旨於是乎在！其以大正、小正、王事科爲三等，蓋出於游夏之徒、高赤之等。兩漢時猶有能言之者，故蔡中郎以爲有陰陽生物之候、王事之次。然吕不韋造《月令》，亂《夏時》之等，并滅其書，其臧於民間者簡斷字脫，不可句度。時師各以意讀之，丹烏元駒菽糜卵蒜瑣類農家，碎同小說，且改傳文，前後以傳會之。又曰：『《小正》者，以小箸名也。』豈不謬哉？述祖病此久矣，欲疏通而證明之。而以一人之力欲兼儒者數十輩之勤，亦不自諒之甚也。但不能默默而已，故先列其等，次求其例，有不可通者，尋繹其次序，解剝其句讀。剔抉其古字、古音，然後古聖王所以省躬、所以授時、所以敷政，皆可得而說。庶幾或附任城之後塵，如曰不然，以俟來哲。

清 耿文光《萬卷精華樓藏書記》卷四一《時令類》 《夏小正經傳考釋》十卷，國朝莊述祖撰，原本。

《清史稿·藝文志》卷一四五 《夏小正經傳考釋》十卷，莊述祖撰。

夏小正正義

綜述

清 耿文光《萬卷精華樓藏書記》卷四一《時令類》 前有道光二十九年自序二首，凡例五條，次經文一篇，凡四百六十三字。總列此篇，以明經傳別行之意，蓋古書之體例也。次正義，先經文，傳降一格，冠以『傳曰』，經傳皆有注，春夏秋冬，分冠四時，傳氏所為也。按，《鄂宰四種》，一曰《夏小正正義》，二曰《弟子職正音》，三曰《毛詩重言》，四曰《毛詩雙聲疊韻譜》，皆著於錄。王氏序曰：『宋淳熙中，韓元吉刻《大戴禮》十三卷，《夏小正》在其中，乃前此《隋志》亦十三卷，而《夏小正》別出，蓋齋梁間久有單行本矣。傳文《小正》字凡四見，《竹書》亦云頒《小正》，知此書本以《小正》名。今冠以夏者，蓋《大戴》以其書最古，特題曰「夏」也。嘉慶四年，筠得《夏小正》鈔本，傳文多刪節，有金仁山說、張爾岐說、黃叔琳說，頗為詳備。今夏覆檢《大戴》本，有傳無經，僞越經傳，始於後漢之費直。《儀禮經傳通解》於傳中別出之為經，而間有遺漏。仁山之說不甚考，故實峴圃考之矣，而或以己意竄易舊文。余乃合抄為一本，異文則參合用之。疏解概用三家之說，間亦竊附己意。疑者仍闕之。命之曰《正義》，竊取唐宋經疏之名也。』王氏又序曰：『越歲庚戌，復取傅氏本讀之。傅氏名崧卿，山陰人，官給事中。其序曰：「政和宋徽宗年號。中得關澮本，有注釋二十三處，以集賢《大戴禮》參校，兩書互有得失。」傅氏所校雖不精，而古本之誤具見於此矣。黃蕘圃得明袁尚之所刻傅氏本，以通志堂本、惠定宇手抄本校正數十事，又以長川顧梧生鳳藻所撰《夏小正經傳集解》並鋟板行之。顧氏所據，以韓元吉所刻《大戴禮》為主，其或謬誤，則正以傳本，博觀約取，體例謹嚴，稱其為經生家言也。予讀《集解》，於素所未明者，已多辨晳。《小正》必無古於宋本者，故予再抄撮之，於諸本不同之字句詳悉書之，即其謬誤顯然者亦皆甄錄，反覆改之至八九過，亦僅略可屬讀而已。』

傳記

《清史稿》卷四八八《王筠傳》 王筠，字貫山，安丘人。道光元年舉人，後官山西鄉甯縣知縣。鄉甯在萬山中，民樸事簡，訟至立判。暇則抱一編不去手。權徐溝，再權曲沃，地號繁劇，二縣皆治然。亦未嘗廢學。筠少喜篆籀，及長，博涉經史，尤長於《說文》。《說文》之學，世推桂、段兩家，嘗謂：『桂氏專臚古籍，取足達許說而止，不下己意。惟是引據失於限斷，且泛及藻繢之詞。段氏體大思精，所謂通例，又前人所未知。惟是武斷支離，時或不免。』又謂：『文字之奧，無過形、音、義三端。古人之造字也，正名百物，以義爲本，而音從之，於是乎有形。後人之識字也，由形以求其音，由音以考其義，而文字之說備。六書以指事、象形爲首，而文字之樞機即在乎此。其字之爲事而作者，即據事以審字，勿由字以生事。其字之爲物而作者，即據物以察字，勿泥字以造物。且勿假他事以成此事之意，勿假他物以爲此物之形，而後可與蒼頡、籀、斯相質於一堂也。今《說文》之詞，足從口，木從中，鳥、鹿足相似從匕，苟非後人所竄亂，則許君之意荒矣。』乃標舉分別疏通證明，著《說文釋例》二十卷。《釋例》云者，即許書而釋其條例，猶杜元凱之於《春秋》也。又以二徐書多涉草略，加以李燾亂其次第，致分別部居之脉絡不可推尋。段玉裁既創爲通例，而體裁所拘，未能詳備。乃採桂、段諸家之說，著《說文句讀》三十卷。『句讀』云者，用張爾岐《儀禮鄭注句讀》之名。謂『漢人經說，率名章句，此書疏解許說，無章可言，故曰「句讀」也』。筠治《說文》之學垂三十年，其書獨闢門徑，折衷一是，不依傍於人，論者以爲許氏之功臣，桂、段之勁敵。又有《說文繫傳校録》三十卷，《文字蒙求》四卷。他著有《毛詩重言》一卷，附《毛詩雙聲疊韻說》一卷，《夏小正正義》四卷，《弟子職正音》一卷，《正字略》二卷，《蛾術編》、《禹貢正字》、《讀儀禮鄭注句讀刊誤》、《四書說略》。咸豐四年卒，年七十一。

著録

清 耿文光《萬卷精華樓藏書記》卷四一《時令類》 《夏小正正義》一卷，國朝王筠撰，原本鄂宰四種之一，咸豐二年刊於鄉甯。

清 丁申、丁丙《八千卷樓書目》卷二《經部》 《夏小正正義》一卷，國朝王筠撰，天壤閣本。

清 張之洞《書目答問》卷一《經部》 王筠《夏小正正義》無卷數，《鄂宰四種》本。

《清史稿》卷一四五《藝文志一》 《夏小正正義》四卷。王筠撰。

夏小正疏義

綜述

清 周中孚《鄭堂讀書記》卷五《經部三之三》 《夏小正疏義》四卷，原刊本。國朝洪震煊撰。震煊字百里，號樾堂，臨海人，頤煊弟也。嘉慶癸酉科拔貢生。樾堂以《夏小正》經文簡質，傳義奧深，習其讀者已難通，其說者卒尠，因撰是編。分為四卷，從傅氏所釐也；而不從其分冠春夏秋冬字，以傅氏所妄加也。惟是傅氏以來，傳者代出，點畫滋繁，因一以傅氏所引關澮本爲主，而參考各本，以傅益之。并撰《音釋》一篇，《異字記》一篇，《暨天象圖》附焉。《自序》稱解必衷諸古訓，說或資乎時賢，但蕲依傳釋經，以希篤信好古，不至爲向壁虛造之說，並盡黜不知而作之論。達義者雖梁唐舊說必舉正焉，鮮依據者雖朱金大儒不敢從焉。恪守疏家之前規，冀表行時之絕學云爾。余謂釋《小正》者多矣，從未有是書之集大成者。雖孔顨軒補注，尚不及其精細，而何有於諸家？此編出，而諸本皆可廢矣。

清　洪頤煊《筠軒文鈔》卷八《昆季别傳》　第五弟諱震煊，字百里，一字楙堂。少刻苦好學，嘗讀書，夜分以錐自刺，達旦不寐。每有所搆思，研求忘食，不得其解不止。及補博士弟子員，與余同以治經受知於阮雲臺學使，檄調杭州，肄業敷文書院，時有大小洪之目。戊午夏爲學使，校《經籍纂詁》，與臧君在東、丁君小雅，晨夕辨難。臧君嘗歎曰：『大洪淵博，小洪精鋭，兩君之卓識，吾不及也。』庚申夏，阮公以少司農撫浙，建詁經精舍。復檄調視學時識拔之士肄業其中，余兄弟與焉，弟試輒冠軍。辛酉余拔貢，而弟下第，中丞撰《十三經校勘記》，弟分校《禮記》，人皆服其精審。甲子冬，邵楚帆少司馬視學福建，延弟校文，遂窮入閩之勝，間。亦發爲歌咏。弟性孤介，嘗曰：『讀書貴自得，何以名爲？』是以撰述頗寡。癸酉周廉堂學使至浙，久知弟績學，因得拔貢。甲戌入都朝考，弟素精制藝，又善楷書，而卒下第。周大宗伯歎曰：『洪生之不獲雋，其命也夫！』弟亦以此鬱鬱。乙亥冬從杜學使校文順天，卒於保定旅邸，年四十六。所著有《夏小正疏義》四卷，《楙堂詩鈔》一卷。論曰：余少年隨侍先君新昌學署，兄弟之樂，怡怡如也。及壯，兄弟讀書少固山房，兄躬自督課，兄長於治劇，家中米鹽細務皆手檢校。雖酬應忙冗，終未嘗廢學。迨庚戌入都，留滯京邸，而卒成永訣，痛何如也！後余與弟游學武林，對床風雨，每讀書有得，輒共相拊掌。及余辛酉拔貢，壬戌入都，應朝考報罷，薄游山東，館孫淵如觀察幕中凡七年。弟亦作入閩之游。甲戌，余以直隸州州判分發粤東，引假回里，弟亦匆匆入都，就試雲山。迢阻見面遂艱，今墓有宿草，余髮亦斑白。回念曩時兄弟之樂，恒惓惓於懷。因撰此别傳，以見余手足之痛。其所遭不幸有如此云。

《清史稿·文苑傳三》卷四八六《洪震煊傳》　震煊，字百里。精《選》學，詩才敏贍。阮元修《經籍籑詁》、《十三經校勘記》皆任其役。後頤煊十二年充選拔貢生。既廷試，貧不克歸，遂以客死。著《夏小正疏義》。

著録

清　洪震煊《夏小正疏義·序》　《禮》徵《夏時》，學傳《小正》，尼山舊業，由來久矣。嗣是《戴記》繫其篇，《隋志》出其目，二本並行，不相蹈襲。唐人引經，或稱《夏小正》，或稱《大戴禮·夏小正》，或稱《大戴禮》。當由專行本《小正》與《大戴》本《小正》時有不同，諸家引稱，各據本文，無俾混淆。宋傅崧卿得其外兄關澮所藏《小正》，即隋唐以來相承專行之舊本。錯簡誤字既為是正，邃旨隱義不可盡通，輒取《大戴》改易闕字，所幸去留並存注記。迄今關本雖亡，梗概猶在，傳之力也。自傳以來，傳述代出，點竄茲繁，或移傳義作篇題，或列經文於訓解。『荼秀』致隔『薦、蔣』一章，『滌凍』擬删『寒日』兩字。不知『也云』之例，動立『云斗』之名，未悉『焉者』之文，輒稱『者古』之倒。至於『雞粥粥以相呼』，『蟲魂魂而欲動』，由胡而重煩其採，菽糜而竟絀於經；上屬下屬既附會以顛連，重字重文更任意而增減。雉何取元，烏重言黑，『二月』稷寧有黍，『八月』伏豈為心。此皆《戴記》之駁文，奚煩校者之重訂？今傅氏原本亦不可得，世所通傳惟《通志堂經解》中刻本，脱節、闕書、譌文、羨字又不免焉。今為校讎，一主關本，有顯係關本脱誤者，始為據《大戴》增訂。其本可通，初無違舛，悉從關氏，不援《大戴》。何則？關既前傳，戴有後校，集賢藏板於今多見異同，政和原書别本並存注釋。有關、戴二本並脱，無可取證者，則取朱子《儀禮經傳通解》補之，以大賢所訂，猶有可信也。傳本有不注關、戴之異而與今《大戴》板本不同者，或係通志堂刊板之譌，或係今《大戴》重校之改，擇善而從，並注其下，升經抵格，以傳低行，從陽湖夫子校本例也。惟是經文簡質，傳義奧深，習其讀者已難，通其說者卒尠，不揣譾陋，為作疏義，分為四卷，從傳釐也。辭必衷諸古訓，或資乎時賢，但蕲依傳釋經，以希篤信好古，不至為向壁虛造之談。並盡黜不知而作之論，違傳義者，雖梁、唐舊說，必舉正焉。鮮依據者，雖朱、金大儒，不敢從焉。恪守疏家之前規，冀表行時之絶學。音讀懼有失真，爲撰《釋音》一卷，星躔慮其乖次，併圖天象附焉。非敢謂可持問世，亦聊以自記所學云爾。

清 張之洞《書目答問》卷一《經部》 《夏小正疏義》四卷，附《釋音異字記》，洪震煊撰。傳經堂本，學海堂本。

清 莫友芝《郘亭知見傳本書目》卷二《經部》 《夏小正戴氏傳》四卷。宋傅崧卿撰。通志堂本、明袁褧本、士禮居重刊袁本，黄氏又附刻顧鳳藻《夏小正經傳集解》本，經訓堂有《校刊考注》本，又莊述祖《考釋》本，又洪震煊《義疏》本。盧抱經云，此書明王廷相、楊慎皆有纂輯。明顧起經有《夏小正補解據録》一卷。金履祥注一卷。宋有抄本。

《清史稿・藝文志一》卷一四五 《夏小正疏義》四卷，洪震煊撰。

夏小正通釋

傳記

（光緒）《永嘉縣志》卷一八《人物志》 梁章鉅，字茝鄰，福建閩縣人。嘉慶辛未進士，由部曹歷官江蘇巡撫，以病乞休。歸。子恭辰甲午舉人，候補知府，署温州府事。迎養在署，仿宋趙抃迎清獻故事，作《戲綵亭》，爲一時佳話。杖履所至，隨處題詠，嘗哀集《永嘉遺事》，刻《浪跡續談》中。湯《志》稾。

著録

《清續文獻通考》卷二五八《經籍考二》 《夏小正通釋》一卷，梁章鉅撰。章鉅，字茝林，福建長樂人，嘉慶壬戌進士，官至江蘇巡撫。

《清史稿》卷一四五《藝文志一》 《夏小正經傳通釋》四卷。梁章鉅撰。

夏小正分箋　夏小正異義

傳記

清 潘衍桐《兩浙輶軒續録》卷二〇 黄模，字相圃，號書厓。錢塘歲貢。著《壽德堂詩集》八卷。《府志》：模詩法沈廷芳、吴穎芳諸先輩，少時與舒紹言、吴錫麒、姚思勤、項朝棻、吴錫麟稱『城西六子』。同賦新年雜詠，徵據賅博，可與南宋雜事詩並傳。生平淡於榮利，奉諱後不復應舉。研精覃思，一意著述。所著有《三家詩補考》、《夏小正分箋》、《異義》、《國語補韋》、《竹書詳證》、《蜀書箋略》、《武林先雅》，皆極精核，於詩律最細，一時稱模與吴錫麒有李杜之目。

著録

清 丁申、丁丙《八千卷樓書目》卷二《經部》 《夏小正分箋》四卷，《異義》二卷，國朝黄模撰，刊本。續經解本。許齋叢書本。

清 張之洞撰，范希曾補正《書目答問補正》卷一《經部》 黄模《夏小正分箋》四卷、《夏小正異義》二卷，《續經解》本。

《清續文獻通考》卷二五八《經籍考二》 《夏小正分箋》四卷，《異義》二卷，黄模撰。模，字相圃，號書崖，浙江錢塘人，嘉慶中歲貢。

《清史稿》卷一四五《藝文志一》 《夏小正分箋》四卷，《異義》二卷。黄模撰。

雜録

清 張雲璈《簡松草堂詩文集・文集》卷五《壽華堂詩序》 予嘗見《夏小正分箋》、《異義》初稿，蠶紋細書，字篦句櫛，說經硜硜而仍無累於風雅之作。洵乎，賢者不可測也！今《夏小正》亦梓行，嘉惠後學匪淺。

夏小正補傳

論説

清 李慈銘《越縵堂讀書記·經部·禮類》 《夏小正補傳》，朱駿聲撰。閲朱豐芑《夏小正補傳》。朱氏精於形聲、訓詁，故推闡古人文字，頗有創解。其解『匽之興五日翕，望乃伏』，《傳》曰『五日也者，十五日也』，謂『望』讀為『朢』。古以五月十五日為五日節，故《淮南》高誘注『五月望作梟羹』。《文子·上德篇》『詹諸辟兵壽盡五月之望』。匽讀爲蝘，蝘蜓，守宮也，在壁曰蝘蜓，在艸曰蜥易。世稱它蠍之類，五日節必伏，興生者也。此説為前人所未發。

傳記

《清史稿·儒林傳三》卷四八一《朱駿聲傳》 朱駿聲，字豐芑，吴縣人。年十三，受許氏《説文》，一讀即通曉。從錢大昕游，錢一見奇之，曰『衣鉢之傳，將在子矣』。嘉慶二十三年舉人，官黟縣訓導。咸豐元年，以截取知縣入都，進呈所著《説文通訓定聲》及《古今韻準》、《柬韻》、《説雅》共四十卷。文宗披覽，嘉其洽。賞國子監博士銜。旋遷揚州府學教授，引疾未之官。八年卒，年七十一。

駿聲著述甚博，不求知於世。兼長推步，明通象數，嘗論《爾雅》『太歲在寅』，推大昕説，謂其時自以實測之歲星在亥，定太歲在寅，命之曰攝提格以紀年，歲星所合之辰，即為太歲。然歲星閲百四十四年而超一辰，至秦漢而甲寅之年歲星在丑，太歲應在子。漢詔書以太初元年為攝提格者，因六十紀年之名，歷年以次排敍，不能頓超一辰，故仍命以攝提格也。於是後人以寅、卯等為太歲，強以攝提格等為歲陰，其實《爾雅》所云歲陽、歲陰，非如後人説也。他著有《左傳旁通》十卷、《左傳識小録》三卷、《夏小正補傳》一卷、《離騷補法》一卷。

著録

清 朱駿聲《傳經室文集》卷四《夏小正補傳序》 《堯典》授時，而後紀候之書《小正》爲古。孔子曰：『我欲觀夏道，是故之杞。而不足徵也，吾得《夏時》焉。』《史記·夏本紀》：『孔子正《夏時》，學者多傳《小正》。』《汲冢紀年》：禹元年『頒《夏時》於邦國』。稽厥謩勳，宜列經典。顧其篇僅具《大戴禮記》中，而漢以後，《大戴》不立學官。書未尊顯，古注闕如，至宋傅子駿得關澮所藏單行本，以校戴書，乃取經與傳之錯廁混淆者，釐而訂焉。然斯傳之作，疑出《公羊》、《穀梁》二子手筆，思表纖旨，與《春秋傳》異曲同工，實非延君饌箸也。知者《大戴》所存三十九篇，皆述而不作，不應獨釋《小正》。且萬用入學，《傳》稱今時大舍菜夫。大舍菜禮，秦漢寖已不行。所言今時，宜謂春秋時矣。余慚弇陋而性嗜古，小時讀黄叔琳輯本，繼復閲近儒箸述，擇善而從，因心為則，手稿一冊，以課家僮。問業者見而善之，遽為授梓。爰墨數語於耑，覬博通之士有以裨補其闕失云。

清 丁申、丁丙《八千卷樓書目》卷二《經部》 《夏小正補傳》一卷，國朝朱駿聲撰。朱氏羣書本。

（同治）《蘇州府志》卷一三七《藝文志二》 朱駿聲【略】《夏小正補傳》二卷。

《清續文獻通考》卷二五八《經籍考二》 《夏小正補傳》一卷，朱駿聲撰，駿聲見上《儀禮》。

《清史稿》卷一四五《藝文志一》 《夏小正補傳》三卷，朱駿聲撰。

夏小正詁

綜述

清 諸錦《夏小正詁·沈懋蕙跋》 《夏小正》與小戴之《月令》、

《逸周書》之《時訓解》相為表里，周盧辨注，最為古訓。取盧注而駁之，而增損之，無慮數十家。秀水諸草盧先生薈萃羣說，約之，作《夏小正詁》。其間物類榮槁、風土氣候之異同，博究體要，瞭如指掌。先生之論曰：古有作者，籍吾注以明，而吾即以注為作，則有不必附所注，自可傳於後者。旨哉斯言！可以得解經之要矣。翠嶺沈懋惠。

《四庫全書總目》卷二四《經部二四·禮類存目二》 是編解《夏小正》之文。或採他說，或出己意，欲仿鄭玄之説《檀弓》，注簡於經，故所注最略。然頗斷以臆見，如『正月雉震呴』，此自感陽氣而震動。舊解謂雷在地中，人不聞而雉聞之，已為穿鑿。錦乃斷『雉』為一句，『震』為一句，『呴』為一句，意訓震為雷。正月安得有雷乎？『雞乎粥』讀『粥』如字，解為祝雞聲，引韓愈詩『群雌粥之』為證。然則『二月出初俊羔，助厥母粥』，亦解『粥』為祝雞聲乎？古文簡奧，傳寫多訛，固不必一一強為之辭。必欲盡通之，則不鑿不止耳。

傳記

《四庫全書總目》卷一《經部一八·詩類存目二》 錦字襄七，號草廬，秀水人。雍正甲辰進士，改庶吉士。散館，外補知縣，改補教授。乾隆丙辰召試博學鴻詞，授翰林院檢討，官至右春坊右贊善。

（雍正）《浙江通志》卷一四二 諸錦，秀水人，庶吉士，金華教授。

《清文獻通考》卷二一三 錦字襄七，號草廬，秀水人。雍正甲辰進士，改庶吉士，散館，外補知縣，改補教授。乾隆丙辰，復舉博學鴻詞，授翰林院檢討，官至右春坊右贊善。

清 唐鑒《學案小識·經學學案》卷一二《秀水諸先生》 先生諱錦，字襄七。進士，官至贊善。著《毛詩說》二卷，以小序為主，序文惟存首句，用蘇轍之例，不釋全經，惟有所心得則說之，用劉敞《七經小傳》例也。首爲《通論》九篇，上卷《周南》至《曹風》，所説凡五十八篇；下卷《豳風》至《商頌》，所説凡二十七篇。疏證旁通，時有新意。而附會古義，强經從我者，亦在所不免焉。又有《補饗禮》一卷，以《周禮》補《儀禮》無訾於不類，而分注之《傳》、《記》，證佐天然，咸有條理，尤非牽强附會之比。雖寥寥不滿二十頁，而古典所存，足資考證焉。又有《夏小正詁》一卷。

清 李放《皇清書史》卷二 諸錦，字襄七，號草廬，秀水人。雍正二年進士。由庶常改金華教授，乾隆元年舉鴻博，授編修，曆贊善。書法腴潤，得虞秘監筆意。官金華八年，士論翕然歸之，至今猶有傳其遺著墨蹟者。

清 福格《聽雨叢談》卷四 諸錦，浙江秀水人，甲辰進士。金華府教授。取一等三名，用檢討。

《清史稿》卷二七二《文苑傳二·諸錦傳》 諸錦，字襄七，秀水人。少時家貧陋，輒就讀書肆，主人敬其勤學，恣所觀覽。顧嗣立為之延譽，名大起。雍正二年進士。乾隆初，試鴻博，授編修。閉門撰述，不詣權要。至左贊善，遂告歸。著有《毛詩說》、《饗禮補亡》、《夏小正注》及《絳跗閣集》。先是康熙己未徵博學鴻儒，得人稱盛。高宗御極，復舉行焉，內外薦達二百六十七人，試列一等者五人，錦第三；二等十人。明年補試，續取四人，錢塘陳兆侖、仁和沈廷芳、高郵夏之蓉，皆試列二等者也。

著録

《清通志》卷九八《藝文略二》 《夏小正詁》一卷，諸錦撰。

《清文獻通考》卷二一三《經籍考》 《夏小正詁》一卷，諸錦撰。

《四庫全書總目》卷二四《經部二四·禮類存目》 《夏小正詁》一卷，浙江巡撫採進本，國朝諸錦撰。錦有《毛詩說》，已著錄。

清 丁申、丁丙《八千卷樓書目·經部》卷二 《夏小正詁》一卷，國朝諸錦撰。昭代叢書本。賜硯堂本。

《清史稿·藝文志一》卷一四五 《夏小正詁》一卷。諸錦撰。

夏小正解

綜述

《四庫全書總目》卷二四《經部二四・禮類存目二》 世溥字巨源，新建人，前明諸生。是編總題曰《榆墩集選》，蓋其集中之一卷也。其注『鳴蜮』曰：『凡釋者貴以邇言土名通之。釋紮以寧縣，釋蜮以屈造，是猶釋苻菜以接餘彌，令人不可解矣。』其注『匽之興，五日翕，望乃伏』曰：『六字以為夏五可也。』是亦不務奧僻、不尚穿鑿之旨。然注『爽死』以為爽鳩祭鳥，恐古文雖奥，不至此。解『俊風』為俊美之風，是又未考《尚書大傳》『時有俊風，俊者大也』之文，而以意解之矣。

傳記

清 裘君弘《西江詩話》卷一〇《徐世溥》 字巨源，新建人。少司空良彦季子也。早絕慧，熊司馬明遇奇之，以長女字焉。八九歲，身短而捍，雙眸光四射，便能談書史。舊事課時藝，語必驚人。司空方官閩臬緘寄熊曰『阿溥殊有食牛氣』，然輕弓短箭，自是門風。不能如丈人行。博大也，時艾東鄉以操觚名天下，方許慎可，獨才巨源，與爲昆弟。常熟錢謙益、長州姚希孟，皆司空，鄉闈分校士，每見巨源詩文，極相仰重，於是四方名士，競以斗杓歸焉。才本雄健，少而知名，無所摧抑，伸紙奮迅，一往自遂，兼工書法。性冲雅善下，益爲人所向慕。求詩字古文者，屨滿户外。崇禎末，應徵北上，慷慨論時事，忤烏程意，遂拂袖歸，自是匿影窮山。後溧陽秉政，欲脩故事。屬直指使者親持禮幣詣山中達意，或勸駕，則蹙額曰：『吾乃老婺婦也，歷盡孤燈夜雨，倏抹粉登車，無論爲道傍觀者所唾，即清夜自思，何地可入耶？』堅謝不起。以一詩見意。順治戊戌，為盜所殺。子元晟，元景先卒。遺文散落，惟陳伯璣所評《榆溪集》行於世。越三十年，中丞商丘宋公撫江西，搜遺詩序，刻之，為《榆溪詩抄》二卷。更訪得其孫於別邑，爲之娶，而恤其家。

榆溪詩，意必刻劃，句必鍛鍊，而出之渾然天成。絕無痕跡。大類宋之劍南、商丘公。今詩人中之昌黎、廬陵也。評巨源詩勝於其鄉侯朝宗，知言哉！先是巨源慘死，内兄熊伯甘即序刻其詩文，已云所存不過十之三四，至七古法，初唐者尤佳，竟不復可得。蓋兵燹以來，江右名士遺文散佚，不知凡幾，如巨源其一也。巨源嘗云，萬曆五十年無詩，濫於王李，佻於袁徐，纖於鍾譚，此其無足大置數者，其持論精確如此。

至妾父楊翁宅二絕云：『弱息離親已換朝，亂餘長是夢啼嬌。多年不到門前路，只記雙楓夾板橋。』一『剌促墻東語不休，隣家油髻滿墻頭。多應浪擬夫君偉，那識蕭然鬢也秋。』『美人別路經春草，遊子歸心滿夕陽』句。『犬與村童俱帶柳，鳥如遊女亦窺花』句。

巨源與茂先爲金石友。每一詩文就，必立馳質，二十年無間也。茂先嘗語巨源曰：『吾他日刻集，當署子名。曰某共著。子刻集，亦當署我名，曰某同譔。』其相與如此。

（雍正）《江西通志》卷七〇《人物五》 徐世溥，字巨源，新建人，良彦季子。幼隨父任，學殖日富。年十六，補博士弟子員。時東鄉艾南英以時文奔走一世，聞世溥名，與約為兄弟。江南若陳子龍、姚希孟，里中若萬時華、康小范輩，無不以杓斗歸之。世溥才雄氣盛，一往自遂，兼工書法，户外屨常滿，繼而屢困鎖闈。旋值滄桑之變，匿景杜門，絕意進取。順治辛卯壬辰，溧陽柄政，欲修徵辟故事。直指使者親式其閭，又作手書遣司理持禮幣往山中致之，堅拒不納。司理去後，盜乘夜入室，索其禮幣。不知初未嘗受也。盜不之信，以火炙之，至死乃去。所著有《榆溪集外集》及詩若干卷。采盧宜所撰《徐徵君傳》。

清 徐鼒《小腆紀傳》卷六九 徐世溥，字巨源，新建人。父良彦，官工部侍郎。世溥年十六，補諸生。好學，能詩文。自明季公安、竟陵之説盛行，文體日瑣碎，世溥與同里陳宏緒、歐陽斌元輩均能獨開風氣，東鄉艾南英、江左錢謙益、姚希孟、里中萬時華皆以杓門歸之。南贛巡撫潘曾紘得祥符王維儉所修《宋史》，屬世溥及晉江曾異撰重加更定。世溥才雄氣盛，一往自遂，屢試不第。鼎革後，遯居山中，絕意進取。我大學士溧陽陳名夏欲修征辟故事，巡按御史親式其閭，又作手書遣推官持禮幣往山中致之，拒不納。推官去，盜蹠至，曰：『金幣安在？』世溥辭無有。盜怒，炙之死。所著曰《榆溪集》。

清 李放《皇清書史》卷三 徐世溥，字巨源，新建人，明諸生。國初，征辟不起，旋死於盜。工書法，有書名。

清 西亭凌雪《南天痕》卷一九 江西建昌有徐世溥者，字巨源。父良彥，官工部侍郎。世溥名家子，好學能詩文，名傾一時。國亡，遁居山中。巡按御史遣推官持禮幣迎之，世溥不受。既去，而盜蹠至，索金帛。世溥言未嘗受，盜怒，炙之至死。嗚呼！人患無名，而世溥以名殺其身，昭法亦幾殆。甚矣！名之為累也。必若古之蘇雲卿之屬，斯為能隱者矣。

著録

《清通志》卷九八《藝文略二》 《夏小正解》一卷，徐世溥撰。

《四庫全書總目》卷二四《經部二四・禮類存目》 《夏小正解》一卷，江西巡撫採進本，國朝徐世溥撰。

《清史稿》卷一四五《藝文志一》 《夏小正解》一卷。徐世溥撰。

夏小正集說

著録

清 丁申、丁丙《八千卷樓書目》卷二《經部》 《夏小正集說》四卷，國朝程鴻詔撰，刊本。

（光緒）《重修安徽通志》卷三三六《藝文志・經部二》 《夏小正集說》四卷，黟縣程鴻詔著。

《清續文獻通考》卷二五八《經籍考二》 《夏小正集說》四卷，程鴻詔撰。鴻詔字伯敷，順天大興人，原籍安徽黟縣，道光己酉舉人，江蘇候補知府。

《清史稿》卷一四五《藝文志一》 《夏小正集說》四卷。程鴻詔撰。

夏小正經傳集解

綜述

清 周中孚《鄭堂讀書記》卷五《經部三之三・禮類三》 前有其師吳縣夏文壽序，末有自撰後序。梧生以傅崧卿《大戴禮》本從諸本，參言其採擇未盡精審，惟宋韓元吉所刊猶爲近古，因取爲主，而以傅本原注參考是非，以正其失，而仍注韓本原本於下。篇第標題，悉仿傅氏為之。每篇首列經文，據傳義更定，故與傅氏不同。又集先故訓，及近代各家之注，博訪衆論，參以己見，更名《夏小正經傳集解》。黃蕘圃即取以附刊傅氏本後。案，傳本加時於月不過增多四字，離傳於經，則總增其本文。如正月啟蟄傳云，言始發蟄也，傳不以傳繫經，則傳中又增正月啓蟄四字，而所謂傳曰云云者，翻增一部經文在內矣。更不比《十翼》附經，但增彖曰象曰，左氏附經，但增經字傳字也。竊謂考校經傳，惟孫氏岱南閣本最善，榕生與蕘圃爲友，祇知尊宋刻而昧於考古，故不改而從之。惟其解釋尚爲簡明，固可存備一種耳。

傳記

清 王培荀《聽雨樓隨筆》卷六 顧鳳藻，號梧生，長洲人。署溫江令。有《雙桐書屋圖》，少年讀書處也。爲題七言長句，同人亦多題咏。梧生和章山甫《梅花雜咏》『憶梅』云：『春風小別又年年，何處重逢縞袂仙。月影三更添好夢，香魂一縷繞寒煙。相思只自尋籬落，消息還應問水邊。翠羽啾嘈但惆悵，幾生修到悟前緣。』《探梅》云：『寂寞疎籬興不賒，香心淺逗水之涯。春光報道林梢到，疎影先看竹外斜。踏雪且從橋畔覓，尋芳不礙樹枝遮。空山斷岸無人過，中有荒寒處士家。』

著録

清　顧鳳藻《夏小正經傳集解・夏文壽序》　《禮運》『吾得《夏時》焉』，鄭注：『得夏四時之書也。其書存者有《小正》云。』存者有《小正》，明夏四時之書實不止有《小正》也。《戴延君傳》有『大正』之文，以此推之，《夏時》之等，其即此小大之等乎？或者不察，別求所為等，而於此篇務恢廓言之。竊恐於當日名篇之義弗合，又安所謂等也？梧生裒集諸家之注，用何平叔《論語》、范武子《穀梁》之例，名曰《集解》，仍各標姓氏，擇善而從，要於不失《小正》本旨而後傳云。《大正》所取法者，其義可通。且孔子所謂等者，亦於是思過半矣。傅崧卿得外兄關滄本，傳之至今。梧生為先妣外祖之曾孫，歐陽、夏侯說《書》，『九族，母之母姓為一族』，予年長於梧生，今亦稱外兄。又嘗負笈從予遊，顧不能如關之蓄善本以相畀，而輒為弁語於首，予胡得不恧，重光大芒落歲五日，吳縣夏文燾序。

清　顧鳳藻《夏小正經傳集解跋》　《小正》夏時古書，漢信都王太傅戴德作傳，蓋受之先秦孔子之徒。大戴之書，漢以後不立學官，學者遂失其傳，唯北周盧辯嘗為之注。今已脫誤特多。而《小正》一篇，注獨闕如。宋山陰傅崧卿閱其外兄關澮藏書，得《夏小正》單行本。識其為即《隋志》所載一卷者，以集賢《大戴禮》本校之。傅氏以正文與傳相雜，因分為四卷，標以四時，月為一篇，凡十二篇。仿《左氏春秋》列正文其前而附以傳，名曰《夏小正戴氏傳》。於是文義始顯。惜其採擇未盡精審，故或誤從關本，或誤從集賢，或以意更改。且兩本互勘，義猶未可盡通。今世所行《大戴禮》，唯宋淳熙中韓元吉刊本猶為近古，即《中興書目》所云四十篇者，顧亦不能無謬訛。合此三本參校，庶幾近之。思欲重為厘正，恐紊傅本之舊。因取韓本為主，而以傅本所載集賢、關澮異同，及關本原注一作某云云，參考是非以正其失，而仍注韓本原文於下，其字句小異，義得兩通，無關大要者，悉仍韓本。或傅、韓本俱誤，則酌採古書所引注於其下，不敢竄改，以所見非《小正》本書也。篇卷標題悉倣傅氏為之。每篇首列經文，竊據傳義更定，故與傅氏不同。是書古奧難讀，謹集先儒故訓及近代各家之注，博訪眾論，參以管見，攷之於師，更名《夏小正經傳集解》。蒙見聞淺陋，曩歲借窗於黃氏士禮居。主人蕘圃主政，藏書富有，竊資稽覽，綴輯是編。今主政已將所藏傳本刊行，復索鄙著附梓。自審未可問世，聊以就正博雅云爾。道光元年辛巳夏五月庚戌朔，長洲顧鳳藻記。

清　周中孚《鄭堂讀書記》卷五《經部三之三・禮類三》　《夏小正經傳集解》四卷，士禮居刊本，國朝顧鳳藻撰。鳳藻，字梧生，長洲人。

清　丁申、丁丙《八千卷樓書目》卷二《經部》　《夏小正經傳集解》四卷，國朝顧鳳藻撰。士禮居本。

清　莫友芝《郘亭知見傳本書目・經部・禮類》　《夏小正戴氏傳》四卷，宋傅崧卿撰。通志堂本，明袁褧本，士禮居重刊袁本。黃氏又附刻顧鳳藻《夏小正經傳集解》本。

清　張之洞《書目答問》卷一《經部》　《夏小正》四卷，《校錄》一卷，《集解》四卷，顧鳳藻。士禮居本。

《清續文獻通考》卷二五八《經籍考二》　《夏小正》四卷，《校錄》一卷，《集解》四卷，顧鳳藻撰。

《清史稿》卷一四五《藝文志一》　《夏小正集解》四卷，校錄一卷。顧鳳藻撰。

相雨書

傳記

清　李斗《揚州畫舫錄》卷一五　李子治觀，字叔平，幼能讀書，著《毛詩草木蟲魚疏補正》十卷、《□爾雅》一卷、《楚辭芳草譜今釋》一卷，注黃子發《相雨書》一卷。年十九歿，死之日賦《絕命詞》十章，傳於世。

著録

唐　黃子發《相雨書・方回序》　《相雨書》十篇，候氣者三十，觀雲者五十有二，察日月并宿星者三十有一，會風者四，詳聲者七，推時者十二，雜觀者十四，候雨止天晴者七，禱雨者三，祈晴者九，共為百六十有九，皆有準驗，為唐人黄子發所著。夫唐三百年間，論天文者寥寥可數，況卜陰晴於俄頃，辨風雨於一時乎？歷朝以來，惟漢東方曼倩著《風雨書》二卷，京房著《占》一卷，訖今不傳，固可惜也。嗣後七八百年之間，絶而不彰，即淳風天綱天文之士所著，亦不過占星候氣而已，未嘗究竟於風雨也。夫風雨之候，有關於國者最大，軍期祭日，率有所資；下至野老農夫，無不秉耒而觀晴雨。是以曠代不聞者，或恐占之而不驗，或疑五行之不詳而不知天日之理，有不然者。往年予適楚，偶於故家敗篋中得是書，殘編斷簡，僅十四頁，披閲其目，校之，祇闕數行而已。於是手録一過，并贅以贊云：天地之大，萬物俱載，不風不雨民復食土，既風既雨乃得其所，數風數雨人民其苦。若夫太平之世，五風十雨市井晏安之時，得是書以課卜陰晴，亦是隱居一樂耳。大德八年，歲次閼逢執徐，八月仲秋，紫陽山虚谷叟方回序。

清 周亮工《因樹屋書影》卷一 《相雨書》曰：『河有三雲，相連如浴豨，三日必雨。』按，《相雨書》今不傳，僅存此句。

養餘月令

綜述

明 戴羲《養餘月令·序》 余夙備員禁邃，日覲朝常，以曁膳羞燕饗，供億浩穰，蚤莫勤渠，惟日不足，匪直如記如覽，所稱説乞養歸盧，一無所事，菽水外，有軟飽黑甜已耳。因取眉睫間率履印之諸書，上肇軒農，下屆輓近，穆雅葳瑣，罔不蒐獵，輯成爲目者十，總顔之曰《養餘月令》。夫素位而行，聖訓具在，然不月爲程，而優游度之，白駒遄飛，黄鸝狂罵，其何以翕此居諸？矧里門所見，碧落玄穹，一垣闕也；暘雨風霆，一恩威也；閭師鄉耆，一尊顯也；癖王佐魁，一先達也；烟沙星渚，一雉堞也；弱柳古槐，一衙仗也；鵲噪烏啼，一漏箭也；箬笠荷裳，一章甫也；語鴈盟鷗，一僚寀也；黄犬烏鬼，一胥靡也；出作入息，一功令也；分至炁信，一資格也；鶴欄蟹籪，一職掌也；運甓擔鉏，一簿書也；較雨量晴，一揣摩也；堅好滅裂，一黜陟也；慶吊問遺，一酬酢也；藥拯黍餉，一惠澤也；拍酒烹羔，一酺脯也；蕪闢防成，一勳業也。於無所事事之地，作惟日不足之課，亦以素貧賤，行此貧賤而已。若曰致力有待，不宜痼此泉石，則卿大夫之憂樂，非吾黨所得聞，天之戮民，自墮世已來然矣，更復何言？崇禎癸秋禊日，漱園灌叟戴羲書。

又《養餘月令·又序》 往輯諸品爲月程矣，晷嚮所須，蓄租未既，亦其鉅者，自有顓書，固毋爲事煩也。唯是蠶魚二類，可襄服穡之餘，而習故莫譚，幾亡美利；又竹卉種種，悦目曠心，昔人所嗜，因併採録以志夫飽食之所爲者，抑或擥此以適博奕，其有然與！庚辰醉竹日，灌叟載書。

著録

清 黄虞稷《千頃堂書目》卷一二《農家類》 戴羲《養餘月令》三十卷。

《續通志》卷一五七《藝文略》 《養餘月令》二十九卷，明戴羲撰。

《續文獻通考》卷一七二《經籍考》 戴羲《養餘月令》二十九卷。羲字馭長，里貫未詳。崇禎中，官光禄寺典簿。

《四庫全書總目·史部二三》卷六七《時令類存目·養餘月令提要》 《養餘月令》二十九卷，浙江巡撫採進本，明戴羲撰。羲字馭長，里貫未詳。崇禎中官光禄寺典簿。其書分紀歲序，而附以蠶、魚、竹、牡丹、芍藥、蘭、菊諸《譜》。鈔撮舊籍，無所發明。

清 沈初《浙江採集遺書總録·農家類》庚集 《養餘月令》三十卷，刊本。右明戴羲撰。所記皆種植、畜牧、養生諸事。

月令廣義

綜述

清 朱彝尊《經義考》卷一四九 馮氏應京《月令廣義》二十四卷。

黄虞稷曰：應京，字可大，盱眙人。萬歷壬辰進士，湖廣按察僉事，學者稱慕岡先生。

按，馮公講學，条研於主靜窮理之間，乃所輯《月令廣義》冗襍不倫，至採及帝釋天神誕日，是豈儒者之言乎？

《四庫全書總目》卷六七《史部二三·時令類》 應京有《六家詩名物疏》，已著録。任始末未詳，惟卷端有二私印，一曰『肩吾父』，一曰『新安布衣』而已。是書前有任《敘由》一篇，稱應京初為《士民月令》一卷，凡十有二令，今益以閏月而增五紀，篇冠以圖，統之以歲。總約十二月文義之同者，括為每月令，領於春令之前。復概每月三十日所同者，立晝夜令，而一十二時區為時令，系諸篇終，共為卷二十有五。則應京原書只一卷，此本皆任所增加。而卷首馮沾《紀略》，乃稱『應京在鎮撫司作此書二十四卷』，應京自序又稱『任僅增三之二』。大抵二人先後成之，而彼此均欲據以為功，故其說矛盾也。

清　周中孚《鄭堂讀書記》卷二七《史部十三·時令類》 《四庫全書存目》總作二十五卷，《明史·藝文志》農家類作二十四卷，蓋不數《圖說》也。慕岡以盧子羽翰《月令通考》尚未詳備，復冥搜而博採之，以廣授時之義。其書草創未潤，乃付肩吾增修，又至數倍。凡《月令統記》及《歲令》為二卷，每月令一卷，四時令各一卷，王令一卷，十二月令各一卷，晝夜令二卷，時令一卷，共二十二門。每門又各分子目，以隸事實。冠以《敘由》一篇，編端二十一條，圖說三十五首。大旨為供詞章之用。即道書異說，亦所不遺。雖詳備勝於盧氏，而蕪累彌甚矣。前有慕岡自序及顧起元、李登二序。卷首之《敘由》，即肩吾之序例也。

清　耿文光《萬卷精華樓藏書記》卷四一《時令類》 前有萬曆壬寅顧起元、陳九鼎、李登序並馮氏自序，凡四首。首卷《敘由》一首，《廣義》篇端即《凡例》二十一首，《圖說》凡四十一圖。馮氏序曰：『予取《禮記·月令》，匯古今事變以利民用。』戴山人文光案，末有戴任記。實同筆研，增三之二，就厥師如真翁。文光案，李登號如真焉。馮氏《例》云：『占候之文，曆無明效。而雜說謬陳，互相矛盾，陰陽家煩說歧宗，甲可乙否，亡所適從。』太史公謂『使人拘疑畏忌』，信然。楊氏以十三忌日惑世，似此之類，斷不可憑佳詞麗句附錄百一。百家醫方，效者略載之，衛生之要，大都以靜心寡欲為本。而服食節宣之宜亦所不廢。戴氏《記》曰：『是集昉於《禮記》，上自經史，下及百家類書小說凡二百餘種，不贅其目。』『《廣義》之概，稽天時，襲地利，資政教，勅身心，治人情，寫物理，裨術藝，燭百工，搜故實，供藻繪，要之撮簡括綱，非曰具籍。每令大目則政教文言、古事藻林、名數氣候、主屬物理、衛生起居、宜忌授時、藥食服食、陰陽占候等篇，其遺逸不倅者，別為雜記以終焉。初名《士民月令》。大都草創未潤，乃付新安戴肩吾購求百家，起凡立，例增修，又至數倍，冠以諸圖。屬陳大來氏付梓於留。

（光緒）《廣州府志》卷九一《藝文略二》 《月令廣義》二十五卷，明番禺馮應京撰。據《番禺志》、《欽定四庫全書提要》曰：明馮應京撰。戴任續成之。應京有《六家詩名物疏》，已著録。任始末未詳。惟卷端有二私印，一曰『肩吾父』，一曰『新安布衣』而已。是編前有任《敘由》一篇，稱應京初爲《士民月令》一卷，凡十有二令。今益以閏月而增五紀，篇冠以圖，統之以歲。總約十二月文義之同者，括爲每月令，領於春令之前。復概每月三十日所同者，立晝夜令，而一十二時區爲時令，系諸篇終。共爲卷二十有五。則應京原書祇一卷，此本皆任所增加。而卷首馮霑《紀略》乃稱『應京在鎮撫司作此書二十四卷』，應京《自序》又稱『任僅增三之二』。大抵二人先後成之，而彼此均欲據以為功，故其說矛盾也。其書較盧氏《月令通考》差詳備，而亦多猥雜。如諸神誕之類，皆本道書，而非可筆之儒籍者也。

論說

《四庫全書總目·史部二三·時令類》卷六七 其書較盧氏《月令通考》差詳備而亦多猥雜，如諸神誕辰之類，皆本道書而非可筆之儒籍者也。

清　周中孚《鄭堂讀書記》卷二七《史部十三·時令類》 馮氏《月令廣義》、陳氏《日涉編》、董氏《古今類傳》雖排日編次，而事多瑣屑，無關經常之大。

傳記

《明史》卷二三七《馮應京傳》 馮應京，字可大，盱眙人。萬歷二十年進士，為户部主事。督薊鎮軍儲，以廉幹聞。尋改兵部，進員外郎。二十八年，擢湖廣僉事，分巡武昌、漢陽、黄州三府，繩貪墨，摧奸豪，風採大著。

稅監陳奉恣横，巡撫支可大以下唯諾惟謹，應京獨以法裁之，奉捂克萬端，至伐塚毀屋，刳孕婦，溺嬰兒。其年十二月，有諸生妻被辱，訴上官，市民從者萬餘，哭聲動地，蠭涌入奉廨，諸司馳救乃免。應京捕治其爪牙，奉怒，陽餉食而置金其中，應京復暴之，益慚恨。

明年正月，置酒邀諸司，以甲士千人自衛，遂舉火箭焚民居，民羣擁奉門，奉遣人擊之，多死。碎其屍，擲諸途。可大噤不敢出聲，應京獨抗疏，列其十大罪。奉亦誣奏應京撓命凌敕使。帝怒，命貶雜職，調邊方。給事中田大益、御史李以唐等交章劾奉，乞宥應京。帝益怒，除應京名。是時，襄陽通判邸宅、推官何棟如、棗陽縣知縣王之翰亦忤奉被劾，詔宅、之翰為民，棟如遣逮。俄以都給事中楊應文論救，遂并逮應京、宅、之翰三人。頃之，奉又誣劾武昌同知卞孔時抗拒，孔時亦被逮。

緹騎抵武昌，民知應京獲重譴，相率痛哭。奉乃大書應京名，列其罪，榜之通衢。士民益憤，聚數萬人圍奉廨，奉窘，逃匿楚王府。遂執其爪牙六人，投之江，并傷緹騎，詈可大助虐，焚其府門，可大不敢出。奉濳遣參隨三百人引兵追逐，射殺數人，傷者不可勝計。日已晡，猶紛拏。應京囚服坐檻車，曉以大義，乃稍稍解散。奉匿楚府，逾月不敢出，亟請還京。大學士沈一貫因極言奉罪，請立代還。言官亦爭以為請，帝未許。俄江西稅監李道亦奏奉侵匿狀，乃召還，隸其事於承天守備杜茂。頃之，東廠奏緹騎有死者，帝愠甚，手詔内閣，欲究主謀。一貫言民心宜靜，請急遣重臣代可大撫循，因以侍郎趙可懷薦。帝乃褫可大官，令可懷馳往。未至，可大已遣兵護奉行，舟車相銜，數里不絶。可懷入境，亦遣使護之。奉得迤邐去。

應京之就逮也，士民擁檻車號哭，車不得行，既去，則家為位祀之。三郡父老相率詣闕訴冤，帝不省。吏科都給事中郭如星、刑科給事中陳維春更連章劾奉，帝怒，謫兩人邊方雜職，繫應京等詔獄拷訊，久之不釋。應京乃於獄中著書，昕夕無倦。

三十二年九月，星變修省。廷臣多請釋繫囚，於是應京及宅、棟如獲釋。之翰先瘐死，而孔時繫獄如故。應京志操卓犖，學求有用，不事空言，為淮西士人之冠。出獄三年，卒。天啟初，贈太常少卿，謚恭節。

清 黄宗羲《明儒學案》卷二四《僉憲馮慕岡先生應京》 馮應京，字大可，號慕岡，盱眙人也。萬歷壬辰進士，授户部主事，改兵部。稅監陳奉播惡楚中，朝議恐地方激變，移先生僉事，鎮武、漢、黄三郡。先生下車，約束邑令於學宫曰：『邑故無鑛，而每邑歲輸金四千餘緡，豈天降地出乎？吾以三尺從事矣！』於是邑令以無鑛移稅監，稅監雖怒而無以難也。即走鄖、襄以避先生。

辛丑孟春，三司宴稅監，陳奉兵舉炮，思洩怒於先生。百姓聚而噪之，奉黨鈎其聚者，殺傷百餘人。先生因疏奉不法九大罪，奉亦疏阻撓國課，惡語相加，詔遂逮先生下鎮撫司獄。三楚之民叩闕鳴冤，哭聲震地，上不為省。先生在獄四年，與同事司李何棟如華珏講學不輟。甲辰始出，卒於家。先生師事鄒東皐，其《拘幽書草》，皆從憂患之際，言其得力。棟如字子極，號天玉。官至太僕寺卿，亦講學於廣陵，則先生之傳也。

清 沈佳《明儒言行録續編》卷二 馮應京，字可大，南直盱眙人。萬歷壬辰進士，仕至湖廣僉事。才高學博，早歲知名。由户曹擢湖廣按察僉事。率紳士講行鄉約，務以化民成俗，心苦力勤。值稅璫陳奉貪噬無厭，先以好語諭之，再嚴祛其狐鼠，奉終勿悛。乃疏其違旨九事，未得命，竟為奉黨誣傷。

初僅降謫，楚士民伏闕，交章乞還原職者以數十萬計。上愈怒，逮訊，下錦衣獄，坐以擅殺中使罪禁錮八年。日與同逮襄陽司李何棟如、荆州司李華鈺講學論《易》，參研於主靜窮理之間，更詳考太祖制度而表章之。

甲辰，上感天變，放還里。復冠帶，以疾終。學者稱慕岡先生。所著述有《朱子録要》、《經濟實用》、《月令廣義》等書行於世。

清 周中孚《鄭堂讀書記》卷二七《史部十三·時令類》 應京，字可大，號慕岡，盱眙人。萬曆壬辰進士，官至湖光按察使僉事。任字肩吾，新安人。

著録

明 陳第《**世善堂藏書目録**》**卷上**《**經類**》　《月令廣義》一卷。

明 祁承爜《**澹生堂藏書目・史部下**》　《月令廣義》廿四卷，七冊。

《**明史・藝文志**》**卷八九**　馮應京《月令廣義》二十四卷

清 黄虞稷《**千頃堂書目**》**卷九**《**時令類**》　馮應京《月令廣義》二十四卷。

清 萬斯同《**明史**》**卷一三四**《**藝文志二**》　馮應京《月令廣義》二十四卷。

清 曹寅《**楝亭書目**》**卷三**《**雜部・天文志**》　《月令廣義》，明盱眙馮應京序輯，新安戴任增釋。二十四卷，一函八冊。

《**續通志**》**卷一五七**《**藝文略**》　《月令廣義》二十五卷，明馮應京撰。

《**續文獻通考**》**卷一七二**《**經籍考**》　馮應京《月令廣義》二十五卷。

《**四庫全書總目**》**卷六七**《**史部二三・時令類**》　《月令廣義》二十五卷，直隸總督採進本，明馮應京撰。戴任續成之。

（**乾隆**）《**江南通志**》**卷一九〇**《**藝文志**》　《月令廣義》，盱眙馮應京。

清 周中孚《**鄭堂讀書記**》**卷二七**《**史部十三・時令類**》　《月令廣義》二十四卷，《圖記》一卷，原刊本。明馮應京撰，其門人戴任增釋。

清 耿文光《**萬卷精華樓藏書記**》**卷四一**《**時令類**》　《月令廣義》，明本二十四卷，明馮應京撰，秣陵陳邦泰校刊。

清 丁申、丁丙《**八千卷樓書目**》**卷五**《**史部・時令類**》　《月令廣義》二十五卷，明馮應京撰，明刊本。

（**光緒**）《**重修安徽通志**》**卷三三九**《**藝文志**》　《月令廣義》二十五卷，盱眙馮應京著。

雜録

清 趙吉士《**寄園寄所寄**》**卷七**《**獺祭寄**》　冬至夏至諺語，與今南北俗傳不一，今揭其二。冬至：一九二九，行人不出手。三九二十七，籬頭吹觱栗。四九三十六，方才凍得熟。五九四十五，窮漢街頭舞。六九五十四，乞兒爭志氣。七九六十三，破衲足頭簷。八九七十二，貓狗尋陰地。九九八十一，犁耙一齊出。夏至：一九二九，扇子不離手。三九二十七，吃水甜如蜜。四九三十六，爭向露天宿。五九四十五，樹頭秋葉舞。六九五十四，乘涼不入寺。七九六十三，床頭尋被單。八九七十二，夜眠添夾被。九九八十一，家家打炭圾。俗語止傳冬至，不傳夏至，讀馮慕岡《月令廣義》，因得見此俗談巷語，必有來歷。

清 方濬師《**蕉軒隨録**》**卷一二**　接樹曰騸樹，《月令廣義》有騸樹法，一作扇。《五代史・郭崇韜傳》：『謂繼岌曰：「當盡去宦官，至於扇馬亦不可用。」』

御定月令輯要（御製月令輯要、月令輯要）

綜述

《**御定月令輯要提要**》（《四庫全書》史部一〇）　是編因明臣馮應京、戴任《月令廣義》刪蕪補闕，別起義例，凡所徵引首本經訓，次及史傳，下逮諸子百家、方言地志，靡不畢採用，以課農時、驗物候。上可以資欽若而下可以訓作息，固非徒覼縷歲華而已也。乾隆四十五年十月恭校上。

清 周中孚《**鄭堂讀書記**》**卷二七**《**史部十三・時令類**》　《御定月令輯要》二十四卷，《圖說》一卷，武英殿刊本。康熙五十四年，大學士李光地等奉敕撰。僅按，是編卷首為《圖說》，計十八圖。卷一、卷二為歲令，分天道、政典、民用、物候、占驗、雜記六目。卷三為每月令，則於天道下增日次一目，凡七目。卷四、卷八、卷十三、卷十七為四時令，卷十二為土王令，皆如歲令分六目，卷五至卷七，卷九至卷十一，卷十四至卷十六，卷十八至卷二十為十二月令，卷二十一為閏月令。又皆於天道下增節序、日次二目，凡八目。卷二十二、卷二十三為晝夜令，卷二十四為時刻令，亦皆如歲令分六目，皆因明馮應京等《月令廣義》一書而刪其猥雜，補其闕遺，援據詳明，條理賅貫。於授時、政典尤為該備。回視《廣義》原編，真已陳之土苴矣。卷首冠以御製序文，次為閱纂、校對、監造諸臣職名。

論説

《四庫全書總目》卷五四《史部二十三・時令類》 各援引圖籍，注明出典，具有根據，其為舊本所有者，標題原字，今本所加者，標題增字，亦不掩古人所長。本本元元，條分縷析，用以乘時布政，順五氣之宜，趨事勸功，裨四民之業，敬天出治，敦本重農之淵衷，具見於是。固不僅點綴歲華，採擷詞藻，徒供翰墨之資焉。

著録

清 李光地《御製月令輯要・序》 古者於明堂之中，施十二月之令，本堯典授時之意而推廣之。今所傳《大戴禮・夏小正》篇、《小戴禮・月令》篇，三代之遺文大略可見矣。《月令》雖出《呂覽》而蔡邕次其章句，孔穎達定其正義，推明周公品制列之於經，漢晉而下若《四民月令》、《四時纂要》以及《千金錦帶》、《歲華紀麗》、《歲時雜記》諸書代有撰述，未睹賅備。前明之季馮應京、戴任始輯《月令廣義》二十四卷，為士庶通用。觀其原本，紀訓推衍義類用意亦云勤矣。顧其採摭既多蕪累間出，爰命儒臣重加編輯，次第呈覽，親為裁定，正譌芟複，一歸雅馴，別起義例，補所未備，博觀約取，務合於體要而切於實用，庶幾古者《明堂月令》之遺式矣。書成，名曰《月令輯要》，舊本圖説並為釐正，列説卷端，因天時而課治功，察物候以盡人事，自國家政典，下逮甿庶作息，均可参驗，而閎覽博物之學，亦於是乎有取焉。由今而後言紀時之書者，其必以此為權輿也夫。康熙五十四年四月初九日。

《清文獻通考》卷二二四《經籍考》 《欽定月令輯要》二十四卷，《圖説》一卷。康熙五十四年聖祖仁皇帝御定。聖祖仁皇帝御製序曰：古者於明堂之中施十二月之令，本堯典授時之意而推廣之。今所傳《大戴禮・夏小正》篇、《小戴禮・月令》篇，三代之遺文，大畧可見矣。《月令》雖出《呂覽》，而蔡邕次其章句，孔穎達定其正義，推明周公品制，列之於經。漢晉而下，若《四民月令》、《四時纂要》以及《千金錦帶》、《歲華紀麗》、《歲時雜紀》諸書代有撰述，未睹賅備。前明之季，馮應京、戴任始輯《月令廣義》二十四卷，爲士庶通用。觀其原本經訓，推衍義類，用意亦云勤矣。顧其採摭既多，蕪累間出，爰命儒臣，重加編輯，次第呈覽，親爲裁定，正譌芟複，一歸雅馴，別起義例，補所未備，博觀約取，務合於體要而切於實用。庶幾古者《明堂月令》之遺式矣。書成，名曰《月令輯要》。舊本圖説并爲釐正，列諸卷端。因天時而課治功，察物侯以盡人事。自國家政典，下逮甿庶作息，均可参驗。而閎覽博物之學，亦於是乎有取焉。由今而後，言紀時之書者，其必以此爲權輿也夫。

《四庫全書總目》卷五四《史部二十三・時令類》 初，明馮應京與戴任共輯《月令廣義》二十五卷，體例粗備而所錄繁簡失中，雅俗弗別，頗不免於蕪雜，未可以前民利用。我聖祖仁皇帝欽崇天道，敬授人時，特命儒臣別爲編纂，門目雖仍其舊，而刊除無稽之論，增補未備之文，定爲圖説一卷，歲令二卷，每月令一卷，春、夏、秋、冬令及土王令五卷，十二月令及閏月令十三卷，晝夜令二卷，時刻令一卷。每類分天道、政典、民用、物候、占驗、雜記六子目，每月令則六子目外增日次一子目，十二月令、閏月令則六子目外增節序、日次二子目。

（嘉慶）《直隸太倉州志》卷五三《藝文二》 《月令輯要》。

（道光）《濟南府志》卷一七 《月令輯要》十二本。

清 丁申、丁丙《八千卷樓書目》卷五《史部・時令類》 《御定月令輯要》二十四卷，《圖説》一卷，康熙五十四年奉敕撰，殿刊本。

《清史稿》卷一四六《藝文志二》 《月令輯要》二十四卷，《圖説》一卷，康熙五十四年李光地等奉敕撰。

月令章句

綜述

清 耿文光《萬卷精華樓藏書記》卷四一《史部十·時令類》 漢蔡邕撰，國朝馬國翰輯，玉函山房本。前有馬氏序，蔡邕有自序未採。是書《隋志》十二卷，《唐志》無之，別有戴顒《月令章句》十二卷，恐誤題蔡邕為戴顒也。其書已佚，馬氏蒐採遺說，並錄問答於後。伯喈作《月令章句》，又設為問答以明之，凡十三則，《蔡中郎集》載之。陶宗儀刻《說郛》皆非完本，然吉光片羽尤可珍也。《華陽國志》載景鸞《月令章句》、《後漢書》亦云。

紀事

清 朱彝尊《經義考》卷一四九 邕自述曰：予幼讀記，以為《月令》體大經同，不宜與記書雜錄並行，而記家記之又略，及前儒特為章句者，皆用其意，傳非其本旨。光和元年，予被謗章，罹重罪，徙朔方。危險凛凛，死亡無日，過被學者聞家，就而考之，亦自有所覺悟。庶幾頗得事情，而訖未有注記著於文字也。竊誠思之，書有陰陽升降、天文歷數、事物制度，可假以為本。敦辭託說，審求歷象，其要者莫大於《月令》。故遂於憂怖之中晝夜密勿，昧之成之，旁貫五注，參互群書，至及國家律令制度，遂定歷數，盡天地三光之情，辭繁多而蔓衍，非所謂理約而達也。道長日短，危殆兢惕，取其心盡而已。故不能復加刪省，蓋所以探賾辨物，庶幾多識前言往行之流，苟便學者，以為可覽，則予死而不朽也。

著録

《隋書》卷三二《經籍志》 《月令章句》十二卷，漢左中郎將蔡邕撰。

《舊唐書·經籍志》卷四六 《月令章句》十二卷，戴顒撰。

《新唐書·藝文志》卷五七 戴顒《月令章句》十二卷。

宋 王應麟《玉海》卷一二《律曆·時令》 《儒林傳》：景鸞作《月令章句》。《隋志》：蔡邕《月令章句》十二卷。十三篇。《中興書目》今存一卷。《唐志》：戴顒《月令章句》十二卷。《晉·天文志·十二次度數》：蔡邕《月令章句》所言頗有先後。《記月令正義》引蔡邕云：法象莫大乎天地，變通莫大乎四時，懸象著明莫大乎日月。故先建春以奉天，奉天然後立帝，立帝然後言佐，言佐然後列昆蟲之別。物有形可見，然後音聲可聞，故陳音，有音然後清濁可聽，故言鐘律均聲可以章，故陳酸羶之屬也。羣品以著，五行為用於人，然後宗而祀之，故陳五祀。此以上者，聖人記事之次也。『東風』以下，效初氣之序也。二者既立，然後人君承天時，行庶政，故言帝者居處之宜，衣服之制，布政之節明，欽若昊天，然後奉天時也。

宋 章如愚《群書考索》卷五五 《月令章句》，東漢蔡邕撰。分十二月，以中央附夏季之末，合十三篇，各以章句解之。今一卷，非邕全書也。

《通志》卷六四《藝文略》 《月令章句》十二卷，漢蔡邕撰。《月令章句》十二卷，戴顒撰。

《宋史》卷二〇五《藝文志》 蔡邕《月令章句》一卷。

明 焦竑《國史經籍志》卷二《經類》 《月令章句》十二卷，蔡邕。《月令章句》十二卷。戴顒。

明 柯維騏《宋史新編》卷五〇《藝文志四·農家類》 蔡邕《月令章句》一卷。

明 朱睦㮮《授經圖義例》卷二〇 《月令章句》十二卷，蔡邕撰。

明 朱彝尊《經義考》卷一四九 蔡氏邕《月令章句》，《隋志》：十二卷，佚。

（乾隆）《江南通志》卷一九〇 《月令章句》十二卷。

清 丁申、丁丙《八千卷樓書目》卷二《經部》 《月令章句》二卷，漢蔡邕撰，國朝臧庸輯。許齋叢書本

又 《月令問答》一卷，《月令章句》一卷，漢蔡邕撰，國朝馬國翰輯。古經解彙函附刻本。

（同治）《蘇州府志》卷一三九《藝文志四》　蔡邕《月令章句》十二卷。《宋志》一卷。

清 張之洞《書目答問》卷上　蔡邕《月令章句》二卷。蔡雲輯。道光四年王氏刻本，又馬瑞辰輯注本。

清 莫友芝《郘亭知見傳本書目》　《蔡氏月令》二卷。國朝蔡雲輯，漢蔡邕所著。採自群書，補綴成篇。曰《明堂月令論》，曰《月令章句》、《月令問答》，而以《月令集證》附之。道光四年王氏刊本。

《清史稿·藝文志》卷一四五　《蔡氏月令章句》一卷。臧庸撰。

月令氣候圖說

綜述

清 周中孚《鄭堂讀書記》卷五《經部三之三·禮類三》　前有自序，謂《月令》載於《呂覽》，大都紀候之書。唐李林甫亂其篇次，增益其文，不值一笑。自唐以後言《月令》者率駁李氏而從不韋之舊，亦間有抒發己見、有所廣益者，因即會萃其意，刪繁薙蕪，衷以己見而爲之說。凡總說一篇，分說二十四則，并冠《中星氣候圖》於首，凡陰陽消長、景物移易、星辰出入，無不可按圖而知之矣。

又《鄭堂讀書記補逸》卷一〇《史部·時令類》　前有自序，謂《月令》載於《呂覽》，大都紀候之書。唐李林甫亂其篇次，增益其文。自唐以後言《月令》者率駁李氏而從不韋之舊，亦間有抒發己見、有所廣益者，因即會萃其意，刪繁薙蕪，衷以己見而爲之說。并冠《中星氣候圖》於首，則凡陰陽消長、景物移易、星辰出入，無不可按圖而知之矣。其書凡總說一篇，分說二十四則，融會衆說成文，雖未能該備，亦頗有發明。

傳記

清 周中孚《鄭堂讀書記》卷五《經部三之三·禮類三》　調元，字羹堂，號雨邨，羅江人。乾隆癸未進士，官至直隸通永道。

著録

清 李調元《月令氣候圖說·序》　《月令》載於《呂覽》，大都紀候之書，不過《周官》中一事耳。然千百年民咸鹹用之，誠不以人廢言也。唐李林甫譏呂氏纂輯舊儀，以孟春日在營室，有拘恒檢，無適變通，乃更定節候，亂其篇次，增益其文。顧以天氣上騰，地氣下降爲一候，閉塞而成冬爲一候，此固弄麞杖杜之故智，不足當通人之一笑者。竊以巢居知風、穴居知雨，將雨而魚噞，將風而鵲下，雞知將旦，鶴知夜半，微物何知，尚關占候！況乎天時之寒暖，民事之先後，與夫鳥獸草木之凋榮，尤大彰明較著，雖農夫野老類能言之而能知之者乎？自唐以後，言《月令》者無慮數十百家，卒皆駁李氏而從不韋之舊，亦間有發抒己見、有所廣益者，予暇卽會萃其意，刪繁薙蕪，衷以鄙見而爲之說。並冠《中星氣候圖》於首，則凡陰陽消長、景物移易、星辰出入，無不可按圖而知之。或於是書之舊，不無小補云。又按錢氏著《月令說》，謂《月令》於劉向《別錄》屬《明堂陰陽記》，則是篇本古明堂遺制，呂氏從而錄之。而蔡邕、王肅、張華皆言是周公作，或必有據云。童山李調元序。

清 周中孚《鄭堂讀書記》卷五《經部三之三·禮類三》　《月令氣候圖說》一卷，函海本。國朝李調元撰。

又 卷一〇《史部·時令類》　《月令氣候圖說》一卷，函海本。國朝李調元撰。

清 丁申、丁丙《八千卷樓書目》卷二《史部·禮類》　《月令氣候圖說》一卷，國朝李調元撰，函海本。

《清續文獻通考》卷二五八《經籍考二》　《月令氣候圖說》一卷，李調元撰。

月令粹編

綜述

清 周中孚《鄭堂讀書記》卷二七《史部十三・時令類》 味芸以《歲華紀麗》見類書類。簡而未備，《古今類傳》雜而不純，因為是編。第一冊為圖說，不入卷數，歲令總次、每月令二卷；第二冊至第五冊為四時，總四卷，每月日次十二卷；第六冊為閏月令及晝夜時刻二卷；第七八冊為補遺三卷；附編蔡邕《明堂月令章句》一卷，《圖說》二十，即宋槧本陳元靚《歲時廣記》之首卷。今提要陳氏本已佚其卷前之圖說，此可以補其闕。是書大都仿董氏之歲時部，而先後準乎時代，採摭必照原書，較之董氏書微有體例，故能擇其尤雅，正其疵謬。其取去頗精當，足資修詞章之需矣。前有吳穀人錫麒、陳綦甫壽祺二序及自撰凡例。

清 耿文光《萬卷精華樓藏書記》卷四一《時令類》 是書『圖說』一卷，不在卷內。歲令總一卷，每月令一卷，春夏秋冬總四卷，每月日次十二卷，閏月令一卷，晝夜時刻一卷，補遺三卷，附《明堂月令章句》。是書《唐志》已佚，然其文多散見於諸史類書中。秦氏拾若干條，輯為一卷，宜與玉函山房本互觀之，《章句》首為《明堂月令論》，見《中郎集》。次集諸書，末為《月令問答》，引《中郎集》。

秦氏例曰：『《歲華紀麗》簡而未備，古今類傳雜而不純，是書意在博取，尤在去瑕。《月令廣義》首載政典，次載養生，無補詞章，不敢沿襲董書，於每段末妄附自著，腐詞俚句任意採入，是為狗尾。麗句通用，亦屬惡劄。是編不敢襲。』

又 文光謹案，《月令輯要》二十四卷，圖一卷，康熙五十四年御制序。首十八圖，並說歲令二卷，每月令一卷，春令一卷，正月、二月、三月令各一卷，夏令一卷，四月、五月、六月令各一卷，王令一卷，秋令一卷，七月、八月、九月令各一卷，冬令一卷，十月、十一月、十二月令各一卷，閏月令一卷，晝夜令二卷，時刻令一卷。每類分六子目，曰天道、曰政典、曰民用、曰物候、曰占驗、曰雜記。每月令天道下增日次一子目，十二月令、閏月令天道下增節序、日次二子目，門目仍《月令廣義》之舊刊。除蕪雜增所未備，其為舊本所有者標題原字，今本所加者標題增字。秦曰：『《廣義》，戴任所續成其書，較盧翰《月令通考》差詳，而亦多猥雜，如諸神誕辰之類，皆本道書非可筆之儒籍者也。』《粹編補遺》有《月令考》、《考月令》與《夏小正通卦驗》、《呂覽》、《淮南》、《戴記》及諸史之不同者。又《月令》雖出《呂氏春秋》，而皆《禮記》所載，有與《呂氏春秋》互異者，亦一一證出字句，雖小異而敘次同。每月應候之多寡仍無一定，是漢初尚未有五日一候之說也，惟《周書》分七十二候，自北魏後所行時令皆因之。唐初所用傅仁均之戊寅術、李淳風之麟德術，與《時訓》、《月令》皆不符，故唐《大衍術議》其不合經義，且其中十候，有唐宋以後所不用者。今所用之十候，又皆《北魏志》、《隋志》所不用者。夫《北魏書》所載各候，既取之《月令》，即宜每月用六候，乃五候、四候、八候、九候，既已參差分配，節氣亦不能適，均匪特此也。蟄蟲鹹動，啟戶始出，詞本相連而分為兩候，既收蟄蟲啟戶矣，何以獨遺蟄蟲謹戶？既收戴勝降於桑矣，何以獨遺鳴鳩拂其羽？此皆義有未協者也。若《唐志》所載之七十二候，係一行所定之《大衍術》，不用魏隋相承之節候，而取之《周書・時訓》，然亦有未安處，《金志》、《元志》略同唐史，皆有所改。

論說

清 耿文光《萬卷精華樓藏書記》卷四一《時令類》 陳氏序曰：『是書仿《歲華紀麗》古今類傳，擇其尤雅，正其疵謬，其去取頗精當。』生之言曰：『古之以時序著說者，《管子・五政》與《小正》、《月令》相表里，《呂氏》、《淮南》祖之，京房治《易》，首重卦氣，中郎釋《禮》，則有問答，經籍之膏腴也。下至《荊楚歲時》、《齊民要術》、《四民月令》，大之關乎朝廷政事之美，小之切乎民生日用之實。生所輯掇拾糟粕烏道。』予謂不然，日用之不知，遑言高遠乎？其書良完美，因以予與生所言者，筆諸簡端。吳氏序曰：『伏讀《欽定月令輯要》一書，帝典授時，明堂施政，體大思精，固非里巷小儒所能窺於萬一也。惟生當明備之世，讀聖賢書，且無論其遠者大者，即此日用飲食，必求所以無失乎人者，而後可以自立，其不肯玩時而愒日也明矣。』

著録

清 秦嘉謨《月令萃編·陳壽祺序》 歲庚午，晤秦生味芸於都門。生出所業問於予，温雅純粹不苟作，其他詩文辭皆有法度。信佳士。偶訪生於寓齋，見手輯《月令粹編》二十卷未成，蓋遠仿《歲華紀麗》，近仿《古今類傳》，而擇其尤雅，正其疵謬，其去取頗精當，益信生爲篤學士，並恿其成以付梓。生之言曰：『古之以時序著説者，《管子·五政》與《小正》、《月令》相表裏，《吕氏》、《淮南》祖之，京房治《易》，首重卦氣，中郎釋《禮》，則有問答，經籍之膏腴也。下至《荊楚歲時》、《齊民要術》、《四民月令》，大之關乎朝廷政事之美，小之切乎民生日用之實。生所輯掇拾糟粕，烏足道。』予謂：『不然。同生此歲月中，而於前人此歲此月之著於史籍者，茫然不能數一二。是日見蒼昊，不識漢大也。日用之不知，遑言高遠乎？』生韙予言。是年秋予遭大故，南旋。明年，生亦歸里門。全書郵示，兼請序言。閲其書良完美，因即以予與生所言者筆諸簡端。至於充生之才，則將入承明、金馬之庭，覩鴻都、石渠之富，其所著必遠於是，是書特嚆矢耳！嘉慶壬申花朝前二日，同學弟陳壽祺序於藴經閣。

清 秦嘉謨《月令萃編·吴錫麒序》 秦生味芸以所輯《月令粹編》問序於余，蓋其捃摭也富矣，其選擇也詳矣。歲華於以紀，雅材於以徵，劉舍人云，才高者菀其鴻裁，中巧者獵其豔詞，窺生之志，非不有取乎？是然，余固不羡其稽古之力而特以其惜陰之功爲難得也。古來紀時令者有《四民月令》、《四時纂要》。昭明之《錦帶》、思邈之《千金》，繁簡各殊，雅俗亦判。伏讀《欽定月令輯要》一書，帝典授時，明堂施令，備敬天了治、敦本重農之意賅。《小正》、《豳風》、《月令》之全，其體大、其思精，固非里巷小儒所能窺測於萬一者也。惟是生當明備之世，日讀賢聖之書，且無論其遠者、大者，即此日用飲食之恒，要必求所以無失乎人者，而後可以自立。《記》曰『人者天地之心也，天地之心既寄之於人，則衾影之間終食之，頃方將事事而度之，物物而權之，猶恐黽勉之，不暇其不肯玩時而愒日也明矣』！然則是書也，不即秦子治心之書也哉？余忝竊臯比，坐荒歲月，既無所益於生，又豈敢以榮華之言爲生導？雖然，四時之氣常流行於天地間，或榮而爲春，或實而爲秋，亦在適逢其候耳。生但涵養以深之，貞固以守之，舉萬有不齊之數而陶之以神明，以俟吾學之成焉，斯上而爲聖天子宣德導和，下而爲百姓立綱陳紀。藉此區區一編而推而闡之，無有窮極，則信乎時之爲義大也！壬申冬十月同學吴錫麒序。

清 周中孚《鄭堂讀書記》卷二七《史部十三·時令類》 《月令粹編》二四卷，琳瑯仙館刊本，國朝秦嘉謨撰。

清 耿文光《萬卷精華樓藏書記》卷四一《時令類》 《月令粹編》二十四卷，國朝秦嘉謨撰，琳琅仙館本。前有嘉慶壬申吴錫麒、陳壽祺序，凡例，總目，宋本《歲時廣記》二十圖。

清 張之洞《書目答問·別録》附一 《月令粹編》，秦嘉謨。

《清續文獻通考》卷二六八《經籍考十二》 《月令粹編》二十四卷，秦嘉謨撰。嘉謨見上別史類。

《清史稿》卷一四六《藝文志二》 《月令粹編》二四卷，秦嘉謨撰

唐月令

綜述

唐 李隆基《唐月令·茆泮林序》 《唐書·藝文志》載《唐月令》一卷，唐明皇御刊定。自《禮記》中第五易為第一，厥後屢請更正，直至宋景祐初，始復舊文，則是書亦一代流傳舊籍也。雖改亂篇次，增損經文，沿及宋元，諸儒移易《尚書》，離析《大學》，筆削《孝經》，變置《周官》，出入《風》、《雅》，誠不免後人作俑之譏。至首為注解者，如李哥奴弄麞杖杜，尤卑鄙不足道。然朱子作《儀禮經傳通解》，載《禮記·月令》鄭注，並附注唐本於《吕覽》、《淮南》之後，且其中經文有依《唐月令》刪定者，似亦僅有足取者焉。況定立春為正月之節，至今時憲相承不改，茲故録其文而並考之。博雅君子或者其不余責也。夫時道光丁亥二月既望，高郵茆泮林

自識。

又《茆泮林再序》 泮林檢《唐書・藝文志》，載《御刊定月令》一卷，自《禮記》第五易爲第一。又讀鄭樵《六經奧論》，知宋時監本仍用唐注。朱竹垞《經義考》載《唐月令》云：『林甫等注，未見。』泮林素好事，因留意於唐人類書、宋人類書中求之，果所在多有。而《太平御覽》一書引涉《唐月令》之跡尤顯，蓋引《禮記》多先《月令》而後《曲禮》、《王制》也。惜其中兩引『祀行』，不作『祀井』，注亦俱仍鄭注，作行此種處多爲後人妄改所失。茲特細加別白，抉出注文。更採《白帖》、《歲華紀麗》及《事類賦》諸書注中引涉《唐月令》與鄭注不同者，亦間有依鄭注竄改者，併《唐月令》經文一併錄之。課讀之暇，謬詡鈔胥，而卑鄙不識字之譏，余固不能無滋愧云。泮林再識。

又《茆上林跋》 予兄輯《唐月令》注成，授弱弟上林讀之，並示以注中所採者，多古義焉。其中如『乃擇元辰』，注『辰，亥也』，說本盧植，見《禮記正義》。《齊書・禮志》引盧注『吉亥』之說尤詳。又如『其性義，其事言』，注引《洪範・五行傳》說，與《事類賦》所引蔡邕《月令章句》『視明禮修則麟臻』互相證合，是其說亦自原本漢人。朱竹垞《經義考》未見唐注，極詆分辨節氣七十二候之謬，然唐注實本周公《時訓》，不得以一人無學，概議陸善經等爲不經之甚者也。上林因書其語，識之卷末，謹跋。

紀事

宋 呂夷簡《三朝國史・藝文志》 初，《禮記・月令篇第六》即鄭注，唐明皇改黜舊文，附益時事，號《御刪月令》，升為首篇。集賢院別為之注。厥後學者傳之，而釋文義疏皆本鄭注，遂有別注小疏者，詞頗卑鄙。淳化初，判國子監李至請復行鄭注。詔兩制、三館、祕閣集議，史館修撰韓丕、張佖、胡旦條陳唐本之失，請如至奏，餘皆請且如舊以便宣讀時令。大中祥符中，龍圖閣待制孫奭又言其事，羣論復以改作為難，遂罷。

（雍正）《陝西通志》卷七四 晁氏曰：唐明皇刪定，李林甫等注。序謂：『呂氏定以孟春日在營室，不知氣逐閏移，節隨斗建，於是重有刪定，俾林甫同陳希烈等八人為之解。』國朝景祐初，改從舊文，由是別行。初，《禮記・月令篇第六》即鄭注，唐明皇改黜舊文，附益時事，號《御刪月令》，升為首篇，集賢院別為之注。厥後學者傳之，而釋文義疏皆本鄭注，遂有別注、小疏者，詞頗卑鄙。淳化初，判國子監李至請復行鄭注。詔兩制、二館、祕閣集議，史館脩撰《讀書志》，韓丕、張佖、胡旦條陳唐本之失，請如至奏，餘皆請且如舊便，以宣讀時令。大中祥符中，龍圖閣待制孫奭又言其事，羣論復以改作為難，遂罷。

著録

《新唐書》卷五七《藝文志》 《御刊定禮記月令》一卷，集賢院學士李林甫、陳希烈、徐安貞，直學士劉光謙、齊光乂、陸善經，修撰官史玄晏，待制官梁令瓚等注解。自第五易為第一。

宋 尤袤《遂初堂書目・農家類》 《唐月令》。

宋 晁公武《郡齋讀書志》卷五上 右《禮記》二十卷，經註十九萬六千七百五十一字。卷首題曰『《御刪定禮記月令第一》，集賢院學士、尚書左僕射兼右相、吏部尚書、修國史、上柱國、晉國公臣林甫奉勑註』，《曲禮》為第二。蓋唐明皇刪定之本也。將仕郎試秘書省校書郎張紹文書。

《文獻通考》卷一八一《經籍考》 《唐月令》一卷。鼂氏曰：唐明皇刪定，李林甫等注。《序》謂『《呂氏》定以孟春日在營室，不知氣逐閏移，節隨斗建，扵是重有刪定，俾林甫同陳希烈等八人為之觧』。國朝景祐初改從舊文，由是別行。

雜録

元 王惲《秋澗集》卷九九《土牛制義》 《月令》：『季冬命有司出土牛以送寒氣。』《正義》曰：『出，猶作也。丑為牛，牛可牽止也。送，猶畢也。其月建丑，又土能剋水，持水之陰氣，故時作土牛以畢送寒氣也。土勝水，故可以勝寒，又且以升陽。』《唐月令》：『季冬出土牛以示農耕之早晚。』若立春在十二月望，則策牛人近前，示其農早。立春在十二月晦及正月朔，則策牛人當中，示其農平。立春近正月望，則策牛人近後，示其農晚也。《後漢書》：『季冬作土牛六頭於國都郡縣城外丑地。』

明 楊慎《丹鉛餘録》卷二《續録・五祀》 《禮記・月令》冬祀行，《淮南・時則訓》冬祀井，《太玄》數曰『冬為井』，《白虎通》曰『春祭户，夏祭竈，秋祭門，冬祭井，六月祭中』，《唐月令》冬祀井而不祀行。愚案，井，即行也。蓋行、井間道也。古者八家同井，由家而至井，井有八道，八家所行也。故井之為字，有八角，井甃亦八角。祭井即祭行也。《月令》與《時訓》互言之，非有異也。

月令采奇

綜述

明 李一楫《月令采奇・李光縉序》 是書也，吾邑學博巨川李先生所輯而著也。聞之先生蚤歲治博士家言，喜觀古人書，客有語先生讀《呂氏春秋》者，曰：『是書當秦世，懸之國門，予千金，人莫增減一字。』先生亟取讀之。心知無奇，第秦法重，國人畏威，箝口無敢雌黄耳。書則可增減多矣，於是本《月令》紀候之意，博採群書，匯而集之。歲分季，季有總敘；季分月，月有月令；月分日，日有雜記；而又有五行生旺論、調攝、占候諸說各附於月日之末。凡有一事一奇可前民用者，靡不攟摭，種種具載，大都先生意亦欲以補《呂覽春秋》之所未備，而破其千金不增減一字之說。粗末露其奇於千百載之下，故書成而自名曰《採奇》。噫！揚扢亦已勤矣。余謂：儒者載籍極博，當以六經為正。今按六經中多虞夏商周之文，或混言其理，或詳紀其事，或全録其辭，或分析其義，沿革相仍，世代相次有之，然弗詳其年月。編年紀事之體自《春秋》始，其後《左氏傳》、司馬《通鑒》因焉，於年月則詳矣，而時日尚缺。至於一年十二月三百六十日，無一掛漏，可與《大統曆書》相表里，惟此書為然。余嘗讀《月令》、《通考》、《歲時廣記》，以為明天道，察民故，可一覽而盡。乃其精而有要，詳而不煩，尤不若先生是書。是書出，使賢知之人讀之，可以昭昭脩德；使愚不肖之人讀之，不至冥冥舉事；使上之人讀之，可以茂對時育物之政；使下之人讀之，不至犯非時妄作之令。其於開物成務誘知破愚至矣！然吾夫子有言『民可使由，不可使知』，以為知則鑿也。老氏亦曰『聖人於民皆愚之』。先生欲使人日日而省，事事而遵，得無與使由不使知之意異？先生蓋欲使小人由而但令君子知也，非故語災、語詳、語怪、語神而以駴不可知之民也。先生靈心爽性，博學宏詞，以道提躬，惟日不足，有鄒魯時習風。來訓吾邑，誘進多士，誨人不倦，無亦於是書若有助雲。萬曆己未冬至日，晉江儒林門人友弟李光縉頓首撰。

又《鄭維嶽序》 余從二三兄弟論學於王、羅二先生之祠，晉學博高濟李先生預焉，蓋篤信躬行君子也。已而出所纂《月令採奇》一書相示，上自天道，下逮人事，靡不周浹，又斐蔚贍博宿學也。有疑者曰：『謝顯道精誦子史，程明道譏其玩物。先生得無類此乎？』余受卒業，作而曰：先生非直為博也，深於學者也，是其有至教乎！夫《月令》傳於《戴記》，或詆其偽。余觀其所施為，奉順天行，多得《虞書》『欽若』、『秩祀』之意。明堂，王者之堂，見於《孟子》。鷹、鳩、鼠、鴽、鶬、鵙、蜩、蟀，四時物變，治蠶餙農，亦《豳風》、《豳雅》、《豳頌》之遺也。至其所為齋戒，掩身耜耒，待陰陽之定，則於大《易》『至日閉關』之訓合焉。又安得耜耒？其紀秦官，而盡疑其為呂氏附會之書也。雖然，余所喜先生是書，有進於是。余治《易》者也，六十四卦，規為圜圖，則四時八節，一歲周運，天行具焉。是亦一無文字之《月令》也，舒之則為十二萬一千六百之元會，運世縮之為一剎那。邵子因而得探月窟，躡天根。弄丸之秘，按實而言，則吾二三兄弟，日所講時習之學也。楊慈湖曰『時習者，無時而不習也』。性命流行而不息，無時不習，吾人日用其妙而不知，不著，不察。孔子曰『民可使由之，不可使知之』。欲使知之，其道何繇？余觀是書，舒卷陰陽，通幽洞冥，至如土方、喜尚、時禁忌，亦在捜羅，眎若淺近，使其信而好之，亦所以收斂逸志，漸引之於瞬存息、養性命，時習之境而不自知也。夫三《易》妙理在圖像，而各有蔔筮之繇，使循其繇而讀之，『涉川』、『婚媾』等語，豈玄旨所存哉？而先王以為舍是，亦無所繇以窺圖像之奧也，先生之意蓋在於是。嗚呼！先生深於學者也，不孤二三兄弟論學之意矣，因為序之。七十僉父鄭維岳書於圭峰古室。

又《黄文炤序》 所謂天人相與之際者，何也？《記》曰：『天道至教，聖人至德。』又曰：『天有四時，春秋冬夏，風雨霜露，無非教也。』夫四時化育，昭昭也，乃至德至教於是乎在。時乎！時乎！其三才所以效靈，而萬化之所以鹹若者乎！六經皆聖人若時書也。聖人動靜不失其時，其微言在《易》，而顯洩於《禮記》之《月令》。《月令》者，王事之本，群生之命，聖人躋世仁壽之域之言。世儒乃謂書出《呂覽》，不知《呂覽》取《禮記》，非《禮記》援《呂覽》，論其世則知之矣。第書多有國者，吉、凶、軍、賓、嘉大典攸存，至於四業九土，利用厚生，葳烏能周羅？後之君子，衍為《月令廣義》，臚為《月令通考》，似矣。而《通考》一書耑詳占候，《廣義》一書，頗炫該博。讀者每河漢其說，且簡衺重大，不淂與編戶齊民共之。噫，此臣川先生《月令搜奇》所以作也！奇之者，何語？曰：扼要爭奇，峻語稱奇，簡要之語亦稱奇。然亦烏乎其不備也！十二令昭揭而外，語相候，則自一跂、一蠕、一夭、一右，都鄙歲徵之俚言舉之矣。語調攝，則自一嘘、一噏、一盥、一饋，以逮《肘後》，藺易之方言舉之矣。紀先師、先聖誕，俾景行有所觀瞻，列一切神誕，俾容止有所禁忌。噫，盡之矣！人人淂是說而存之，按候體驗，防已冰兢，庶幾免陰陽之患。民無夭劄、無疵厲者，雖然，時之義止此乎？兹堇載其所可言者，而其所不可言者則先生默識之矣。先生生於程旼之鄉，修《齊稟》、《二南》之訓，表帥遵藍田之規。其來司教吾泉也，炤追隨講學末席者三年於斯矣。先生之學，不吐不茹，有體有用，吾不淂而窺其際也。是編其對時育物之書乎！必至誠無妄，然後可與道對時育物，噫，未易言也！炤所謂先生默識之者，其在斯乎！其在斯乎！同安後學黃文炤拜書。

又《吴亮朱跋》 朱生平頗好古，閱先正著作，悉論世考心，知人乃快。翅占□辭章，賞識春葩已也。兹讀巨川李師翁《月令採奇》，知師不得志於時而為。細心研理，斅印真諦，不爭奇於字句，未嘗與《呂氏》相蠻觸。蓋師翁舞象泮遊，即見知督學使。暨良守令，連上七科不第。歎曰：天之抗我乃爾耶。遂圖不朽筭，投禪剎方丈。自經史子集、天文地志，垍震旦內典、苦縣漆園、列仙玄籙、孤樹草木、稗官小說，搜羅披瀝者七越祀。闕世教者悉採，匯輯成稿，藏之書樓。斅此稿攜入吾泉，呈與吾鄉縉紳先生閱。閱畢僉曰：此書可庀騷人採擇，可前編泯日用，宜傳也。師乃索貲家橐爰付剞劂焉。小子朱乃知師稔者何以故。繇叔祖練石以進士宰師邑，師之學行雙麗，知最悉。而靈山叔又緣會試合簪，遂成莫逆。三世通家，故可繹已。如徒以博學為師稱，詎足以罄師之妙。師之妙，誠超然於尋常世味表者。此知師者宜莫朱若也。晉江門生吴亮朱頓首拜書。

著録

清 朱彝尊《經義考》卷一四九 佚。李光縉曰：邑博士巨川李生所輯也。本《月令》紀候之意，博採羣書彙而集之。歲分季，季有總序，季分月，月有月令，月分日，日有雜記。而又有五行生旺論、調攝、占候諸説各附於日月之末。凡有奇事可前民用者，靡不摭載。

《御定月令輯要提要》《四庫全書》史部一〇 昔人以《月令》起義成書者指不勝屈。李巨川《採奇》一編，季有總序，月有月令，日有雜記，而又附以五行、生旺、調攝、占候諸説，體例頗可觀採，惜其書不傳。

月令通考

綜述

《四庫全書總目》卷六七《史部二三·時令類存目》 此書以一歲十二月，每月雜採故事，兼及流俗舊聞。首記天道，次治法，次地利，次民用，次攝生，次涓吉，次占候，次跡往，次考言，次擴聞，謂之『十例』，頗為龐雜。其自序云：『因見家塾《事親》一書而廣之為此。』則託始已為俗學，其不能精核宜矣。

傳記

（乾隆）《江南通志》卷一五〇《人物志》 盧翰，字子羽，潁州人。嘉靖甲午舉應天鄉試，授兖州府推官，署滕縣事。有巨盜難獲，廉其出沒踪跡，盡擒之。當事比之虞詡。復署曹縣，抗疏發賑，全活萬人。齊魯之士不遠數百里來受業門下，翰教以孝友，力行親為，証解六經，告歸。後汝潁淮泗間有學行者，多出其門。

著録

明 盧翰《月令通考·秦鳴雷序》 昔在有虞用璿璣玉衡以治，比至姬公益尤光大之。嘗觀《周禮》一書，上自日月星辰之運，下至昆蟲艸木之變，大而體國經野之規，細而農圃工虞之務，莫不講求申令以垂畫一，蓋詳哉乎。其言之矣，迺《月令》載於《呂覽》，大都亦紀候之書，不過《周官》中之一事耳。然千餘年來，民咸用之，誠不以人廢言矣。而潁有盧君者，嫌其局而未通，眇聞而不廣，於是不憚旁搜博採，凡稗官野史、博物雜記，苟一言一事足前民用者，靡不攟摭而兼蓄之，附於各月之下，曰天道，曰治法，曰地利，曰民用，曰攝生，曰涓吉，曰占侯，曰跡往，曰攷言，曰擴聞。眒列星布，燦然具備，經以十二辰，緯以十事，用配支干，自謂獲免掛一漏萬之誚，命之曰《月令通攷》。其用心良廑矣哉！茲侍御王公識徹天人，雅善是編，因觀風至臺，出以示余，仍索余序之。余不佞，曩典秩宗時，其於時令之說，亦嘗究心，然徒得其概耳。則未有該括靡遺，條分縷析，若斯之備且晰者，誠梓者以嘉惠人人，所謂警聵之鈴、導南之車非耶？雖然，余又有庚進者，邇瀕苦無歲民，往往登首山呼庚癸，又沴烝流行，四方災異，日形奏牘，即天心仁愛而民用頗僻，動不由《禮經》者，或足以致然也。王公深識遠慮，察見標本所在，故加意此編行之，非獨有位藉以善治即閭閻之衆得，相時戒事以不奸陰陽之和，以漸返淳龐之理，庶幾虞周之盛，可復睹乎？審是則此書之有補於世也。非眇少矣，爰書以弁其首。萬曆歲在己丑仲秋吉旦，賜進士及第資政大夫南京禮部尚書前吏部左侍郎翰林院學士掌詹事府事兩京國子祭酒春坊太子左諭德會典國史纂修官臨海秦鳴雷撰。

明 盧翰《月令通考·序》 病間無寄意者，命僕抽書，得家塾事親。余嘗謂其事義欠切，欲輯而擴之，以體大未易就，且屢困於病而未逮也。閱間見十二月占候及十二月雜事，因思《農桑撮要》，亦列歲務，惜皆各據一事而未廣焉。爰是主之以《月令》，博之以群書，以十二月應十二地支以為經，又各隸以十類以應天之十干而為緯。彙附區別，順天時以授人事，則氣運可得而察，功可因而興，物情可藉而悉，庶無掛一漏萬之嘆。噫！支經干緯，而地天之泰寓矣；一經一緯，而天地之文備矣。名之曰《月令通攷》。潁人盧翰書。

又《月令通考·王道增敘略》 《呂氏月令》載在《禮經》，繁有章程矣。然略而罔備，民咸用之。利用出入，則掛一漏萬者不尠也。中菴先生軫憫人窮之意，於是著《通攷》云。為經者十二以應地支，為緯者十以應天干。蓋自天道迄於擴聞，井井敘焉。由是無失時，無悮事，按月分如龜鑒然。示人切要甚盛惠哉！若夫日用之常，可通於四時，可服之終身。聖有謨訓，悉置而不錄，蓋凡衆之動，或有失焉可後時而補，或有悮焉，可後事而濟也。豈如《月令》局焉而不通，難以假借者哉！此《通攷》所由述也，爰命梓以廣其傳。萬曆己丑仲秋吉旦同郡嵩淮王道增識。

又《月令通考·李國士跋》 侍御王公刻《月令通攷》成，士得讀而卒業焉。嘆曰：詳哉！盧君之言之也。夫二氣有盈縮，萬類有參錯，而觀象察時，若物惠事，匪伊他責，緊參天者，是賴堯曆舜璣，理參元化民用協乂旨哉。淵乎莫可尚矣。呂不韋氏拾先聖之緒言，著為《月令》，列在聖經，其言至於今不廢，顧局識偏旨，儒者病焉。吾鄉盧子羽氏，閎覽博物君子也。因呂氏書衍為十二經，而緯以十事，自墳典制書以及稗官野史，靡不旁魄而彙附也。其取類博而其寄意遠，而愚夫愚媍率利用之璅之乎，其若歷師淺之乎，其若方家曲說而經世治身之則舉，莫可外也。於乎何其勤也。夫聖人在上安能使陽無僭，陰無伏，萬物畢無瘥癘，要以節天地之氣，辨物土之宜，對時育物，無或變道絕紀，而民用無逢其菑害，則裁成輔相之，道之所存焉耳。盧君之為是編也。意在茲乎，意在茲乎。今寰宇多沴烝庶告艱，侍御公所至蒿目怵心，無寧夙夜，又命公是編於此方之人，若曰布德和令，無悖於時於以佑四方民而上紓九重也。是在吾肉食者相與勉焉。士不佞安能仰佐下風萬一也。古亳李國士謹跋。

明 楊道會《書〈月令通考〉後》 盧子之為《月令通攷》也，古乎？曰：吾弗知也，然而義則幾矣。《易》有之曰：聖人以茂對時育萬物。時也者，王事之本也，群生之命也。在昔明王瑾於尊天故立官乘時以節授民事，而其臣民亦各項與恬然而諭於上之教令以奉順陰陽而無有變道擾紀干於其間者，夫是以三辰得序風雨時節，菑害不生；夫是以五穀孰桑麻長鳥獸蕃，馴民無疾，夭年壽永，究於乎治之極也。自天子侯王有土之君，下及於齊民，未有不繇者也。虞周之隆也，燦然備矣。意其所以宣氣道和，懸象觀民以為上下兼利之具者，必詳有其書，而今不可攷矣。其散見諸經者，時或窺其一二而恨不見古人之大全。其為《呂氏》所收撮者，其猶有古之遺焉，而於民用靡適也。輓近諸家，多得一察，焉以自好而莫知先王精意之所在，通而攷之，斯為難已有意乎？盧子之推言之也，該而寡漏，泛取而善擇。蓋不必盡古之義而要為，不悖於古，神而明之。自天子侯王有土之君及於齊民，未有不繇者也，亦未有不可以召和而臻理者也。吾聞濠潁間多奇士，其在濠梁八公山所論著，猶足以沾丐千古，君豈其流亞耶？今天子方欽崇天道以和柔萬邦，是書猶不為無助，是宜侍御君之所為序而刻也。知臺州府楊道會謹書。

明　祁承㸁《澹生堂藏書目·史部下》　《月令通考》十六卷，十六冊，盧翰。

《明史》卷九六《藝文志》　盧翰《月令通考》十六卷。

清　黄虞稷《千頃堂書目》卷九《時令類》　盧翰《月令通考》十六卷。

清　朱彝尊《經義考》卷一四九　盧氏翰《月令通考》十六卷。

清　萬斯同《明史》卷一三四《藝文志二》　盧翰《月令通考》十六卷。

《續通志》卷一五七《藝文略》　《月令通考》十六卷，明盧翰撰。

《續文獻通考》卷一七二《經籍考》　盧翰《月令通考》十二卷。

《四庫全書總目》卷六七《史部二三·時令類存目》　《月令通考》十六卷，內府藏本，明盧翰撰。

（乾隆）《江南通志》卷一九〇《藝文志》　《月令通考》，潁州盧翰。

（光緒）《重修安徽通志》卷三三九《藝文志·史部二》　《月令通考》十六卷，潁州盧翰著。

廣月令

綜述

《四庫全書總目》卷六七《史部二三·時令類存目》　其書採掇傳記，欲為《月令》通考諸家廣所未備。而好取新奇，轉成淺陋，如十二月云：『大茅君降白鶴』，『吐火烘客』，『老子降九十六種魔』，皆道家無稽之談，尤為荒誕。其標目曰『別有天』，曰『有本如是』，曰『山外山』，曰『眾香國逸史』，皆佻纖尖巧，亦不出明季小品習徑也。

傳記

明　郭朴《知州王勳傳》《國朝獻徵録》卷八九　王勳，湯陰人。少為諸生，納粟入太學，銓授淶水知縣。慈於撫字，明於聽斷，眾稱其才。正德初，宦官用事，有歸葬其親者，有旨令眾閹會葬。所過州縣，競事奢媚。勳恐厲民，止備牲醴數事。逆瑾聞之，忿怒欲立加顯禍。時閹人有家於淶水者，屢以勳清廉解瑾，俾邏校入縣署覘之，室中蕭然，惟衣帶掛壁，婦子紡績爾。瑾始信其廉，犒以肉帛。勳分給里甲，一無所留，詭言曰『令眾感劉之惠也』。時優伶有進戲御前者，一鬼躍舞於途，諸達官過之，鬼恬不畏，忽傳呼王勳來，鬼亟趨避之。問何故？鬼曰『官不要錢，神鬼皆怕』。由是勳廉名徹於內廷矣。特蒙旌奬，且令吏部移文天下諸官式，擢知汾州。勳堅持廉操，終始如一。無何，去官，歸來躬耕食力，不履城市幾三十年，始卒。崔文敏公嘗謂朴曰：『王汾州之廉介苦節，不可及也。向者面語云，兄若終於予前，當以兄作傳。』崔舊贈勳詩曰：『地僻雲遮屋，臺高月作鄰。昔為強項令，今愧折腰人。勤力畦中菜，生涯壠上耘。明廷知已少，誰復問沉淪。』惜崔沒先勳二年也。予嘗著《三士歎》，蓋述勳廉介有士行云：『太守剛者流，質樸矯頹俗。終歲衣巾袍，朝夕飯脫粟。抗厲觸權貴，惠澤洽鰥獨。歸來耕石田，蕭然一茅屋。崔史今已亡，誰哉闡高躅。』

（雍正）《畿輔通志》卷七〇　王勲，湯陰人。弘治間，知淶水。清介勤敏，陞兗州判。民遮道哭擁，至不能行。

（嘉慶）《清一統志》卷一五七　王勲，字世臣。湯陰人。由太學生為淶水知縣。正德初，以事忤劉瑾。瑾欲加罪，陰使人入縣署覘之，婦子紡績，惟衣掛壁，乃釋之。清名徹於内庭。擢汾州知府，尋去官。躬耕食力，不履城市者三十年。

著録

《續通志》卷一五七《藝文略》　《廣月令》三卷，《後集》二卷。明王勲撰。

《續文獻通考》卷一七二《經籍考》　王勲《廣月令》三卷，《後集》二卷。勲字曰放，黟縣人。

《四庫全書總目》卷六七《史部二三・時令類存目》　《廣月令》三卷，《後集》二卷，安徽巡撫採進本，明王勲撰。《後集》則其子璞所補。勲字曰放，璞字伯懷，黟縣人。

（光緒）《重修安徽通志》卷三三九《藝文志・史部二》　《廣月令》三卷，後集二卷，明黟縣汪勳著。

唐月令注續補遺

清　茆泮林輯，成蓉鏡增訂《唐月令注續補遺・成蓉鏡跋》　右《唐月令注》一卷，高郵茆君雩水所輯也。蓉鏡案，此書經、注非一時作。明皇栞定《月令》當成於開元十三年以前，李林甫等注當作於開元二十二年以後。開元九年，詔僧一行作新曆，十五年草成，而一行卒。十六年八月特進，張說上而行之。十七年頒於有司。史稱《大衍曆》是也。

據其術，推之立秋日，躔距中星百一十三度十九分。是時昏尾中曉婁中。《新唐書》載大衍黄道度婁，十二太胃、十四太昴、十一畢、十六少觜觿、一參、九少東井、三十輿鬼、二太柳、十四少、七星、六太婁星。加午東距百一十三度十九分。是為七星一度奇，而《唐月令》則云七月之節日在張。考《麟德術》，冬至日躔黄道南斗十二度，每加十五度二百九十二分，小分五，依法去二百二十八度三百六十七分小分五，得立秋日。躔黄道張六度三十九分小分五。然則《唐月令》所用尚是《麟德曆》。據此知明皇栞定經文在開元十六年以前無疑，匪直此也。徐堅《初學記》題曰『光祿大夫，行右散騎常侍，集賢院學士，副知院事，東海郡國公徐堅等奉勑撰』，其卷弟三，春夏秋冬皆冠以《禮記・月令》，列諸《尚書》、《夏小正》之前。此書之例，唐世御制咸置列朝之上，所引《月令》既同此例，其為明皇栞定可知。而其稱日躔中星，復與《唐月令》無異。據此知《初學記》之成，後於《唐月令》。

考《新唐書》徐堅本傳稱：『堅遷秘書監，右散騎常侍，玄宗改麗正書院為集賢院，以堅充學士，副張說，知院事。』《資治通鑒》綴此事於開元十三年四月下，故曰明皇栞定《月令》當成於開元十三年以前也。開元十年，明皇御注《孝經》，其栞定《月令》，或即在御注《孝經》之後。

又考《新唐書・百官志》，高宗後為宰相者必加同中書門下三品。《玄宗本紀》開元二十二年五月戊子，李林甫為禮部尚書同中書門下三品，而進注表署銜兼右相，故曰注之作當在二十二年以後也。《本紀》二十四年十一月，李林甫兼中書令、朔方軍節度副大使。進注表不列此銜，則注之成在二十四年十一月以前又可知矣。抑更有進焉，《初學記》成於《唐月令》之後，所引注語多用鄭玄、高誘說，設林甫等注已成，斷無棄此不録而遠征高、鄭者。以是益知經、注非一時作矣。憑肊之譏，所不敢辭，願更為茆君質之。寶應成蓉鏡跋。

節宣輯

綜述

《四庫全書總目》卷六七《史部二三・時令類存目》　其書專記時令，多襲舊文。

著録

《續通志》卷一五七《藝文略》 《節宣輯》四卷，明王朝䐤撰。

《續文獻通考》卷一七二《經籍考》 朱朝瞌《節宣輯》四卷。朝瞌，明周定王橚七世孫，橚曾孫同鏉始分封上洛，萬歷三十二年，朝瞌襲封。

《四庫全書總目》卷六七《史部二三・時令類存目》 《節宣輯》四卷，內府藏本，明上洛王朝䐤撰。朝䐤，周定王橚七世孫，成化三年，橚曾孫同鏉始分封上洛，萬曆三十二年朝䐤襲封。

田家五行志

論説

明 長谷逸《**農田餘話**》**卷上** 故眷家伯翔陸先生嘗著《田家五行志》若干卷，專述田家俗談，爲農家占候，一家之書，率多可驗。

著録

清 黃虞稷《**千頃堂書目**》**卷一二**《**農家類**》 陸泳《田家五行拾遺》一卷。字伯翔。錢惟善序。

（**乾隆**）《**江南通志**》**卷一九二**《**藝文志**》 元《田家五行》，華亭陸泳撰。

清 倪燦《**補遼金元藝文志・子部・農家類**》 陸泳《田家五行拾遺》一卷，字伯翔。

清 錢大昕《**元史藝文志**》**卷三**《**農家類**》 陸泳《田家五行》一卷。字伯翔，松江人。

清 曾廉《**元書**》**卷二三**《**藝文志二**》 陸泳《田家五行》一卷。字伯翔，松江人。

清 魏源《**元史新編**》**卷九三**《**藝文志三・農家類**》 陸泳《田家五行》一卷。字伯翔，松江人。

新增月日紀古

清 蕭智漢《**新增月日紀古・鍾昌世序**》 從來紀歲時者，搬衍佳辰令節，拮藻摛華，大略可睹矣。自董農山兄弟所著《古今類傳》，其積日累月，編月成歲，可謂條分件繫也。然識者每歎其約而未能遍該。則甚矣，著述之難也！若吾湘上蕭君五江先生，學富才雄，卓然大雅之選，雖早飲香名，輝騰仕籍，猶待聘安閒，下帷著書，卷軸盈架，寧非浸淫於古者多乎？綜其為文，悉本先民矩範。沉實高華，兼擅其勝，尤工於書法，行乎神之，自得不讓右軍專美也。而且隨景題吟，援琴鼓瑟，無不出人意表，此其什伯庸眾之姿，可以窺一班云。

余夙叨戚好，因館於令兄曲江公之淩雲書屋，聚首愈多，常以文翰共賞，乃出其《月日紀古》一編見示。余覽而歎曰：『異哉，斯善著述者矣！夫自元旦至歲除，排其節序，比次其旬，日徵事綴言，有如觀武庫之兵，而大阿、龍泉，莫非神器。如沃仙廚之果，而火棗、冰桃皆成奇味。讀之，能不稱快乎？蓋其所取材，自正史、稗官、山經、地志、九流、百氏之書，古今名人之集，靡不旁搜博討，匯纂故實而成帙。此非家藏萬卷，目了十行，兼以多歷年所，曷由有斯精詳也？則觀蕭君之一編，其他書之未刊行者，概可知矣。噫，稽古之儒生乎！今日而以著述名家，推陳出新，令人美不勝採，不大有稗於聞見者哉！乾隆五十九年甲寅夏六月，鳳園姻愚弟鍾昌世頓首拜題。

又《**張博序**》 從來學者，矜言著作，不必抽秘騁妍，盡出心裁，始足以傳不朽也。即或於一事一物中，標題立義，摭拾故實，薈萃成編，如古人類書之作，亦足以廣見聞，為藝林所矜重。然非旁搜遠覽，集惠子之車，探鄴侯之架，加以歲月浸淫，欲求其典雅該洽，殆戛戛乎難之！湘邑蕭公五江，以磊落不羈之才，鍵戶邃脩，手不釋卷，篋中廣蓄書史，調鉛弄槧，取資甚富。暇日輒以著述自娛，藉抒其胸中底蘊，流輩每心折之。甲寅歲，予握篡是邦，與五江接見，殊疎。然其嗜古不倦，久已得於耳屬。一日忽持其所撰《月日紀古》一書，問敘於予。披閱一過，如開群玉之府，琳琅滿目，使人應接不暇。噫嘻，斯誠可謂能廣人見聞者矣！夫攝提遷次，黃龍移辰而歲以名，自一歲以至千萬歲，何莫非積日累月，相衍於無窮。其間時序之推遷，人事之繁變，雜見於傳記百家之篇，未有專集。每苦其散而無紀，難以涉獵。近世婁東凝瑞堂《月令纂》一書，意在集腋，而部帙簡略，不免遺漏。是書分為十二卷，每卷以月為綱，析其節候，次即逐日，紀之徵典，於古不為臆說。並採其言之雅馴者，條分件繫，美不勝收。殆不知幾經搜羅，幾曆寒暑始能得此淹博。夫豈若餖飣剽竊，擇焉不精，語焉不詳，適以形其淺陋哉？五江工詩文，尤擅長書法，聞其生平著作甚夥，予未及窺全豹。然就是書而推，如飫鼎中一臠矣。世之覽者相與寶貴之，可以助清談，可以供吟詠。即謂是編足補古人類書所未備也，可是為序。歲在甲寅季秋，下浣知湘鄉縣事，年家眷弟約齋張博拜撰。

又《蕭智漢自序》 余未弱冠，先大夫瀛洲府君捐館，即棄舉子業，廣購書籍，日以自娛。甲寅間，偶輯《月日紀古》一書，問序於約齋張夫子。即加歎賞，勉余付梓。余每歉焉，因於明窗淨幾下又增而廣之，日月之災異、寒暑之變遷、良辰之吟詠，及古帝名賢之生忌，悉為登錄。余非自矜其博也，要補前編之未備云爾。是為序。時道光十四年甲午歲季秋月，朝議大夫蕭智漢雲澤氏書於聽濤山房。

著録

清 丁申、丁丙《八千卷樓書目》卷五《史部・時令類》 《月日紀古》十二卷，國朝蕭智漢撰，刊本。

（光緒）《湖南通志》卷二五二《藝文志》 《月日紀古》二十七卷，湘鄉蕭智漢撰。張博序是書，分為十二卷。每卷以月為綱，析其節候，次即逐日紀之。徵典於古，不為臆說。《湘鄉新志》：「案，是書後又增爲二十七卷。」

《清續文獻通考》卷二六八《經籍考十二》 《月日紀古》十二卷，蕭智漢撰。

《清史稿》卷一四六《藝文志二》 《月日紀古》十二卷，蕭智漢撰。

玉燭寶典

綜述

清 耿文光《萬卷精華樓藏書記》卷四一《時令類》 遵義黎氏覆刊舊抄卷子，陳錄十二卷，今缺第九卷。臺卿字少山，博陵人，官著作郎。此《古逸叢書》之十四，杜氏自序不著年月。書內亦不署名。每月為一卷，序後為《正月孟春第一》。先《禮・月令》，有注；次蔡邕《月令章句》；次總釋，春時在孟春之末；次集諸說，間有注。各月皆然。每葉十八行，行大小皆二十字，如其手書刻之。書末有星吾「東瀛訪古記」印。杜氏自序曰：「昔因典掌餘暇，考校藝文，《禮記・月令》最為備悉。分諸月，各以冠篇首，先引正注，逮及眾說，續書月別之下，增廣其流。史傳百家，時亦兼採。詞賦綺靡，動過其意，除非顯著，一無所取。載風土者，體民生而積習，論俗誤者，勉之以知方。始自孟陬，終於大呂，以中央戊己附季夏之末，合十二卷，總為一部，其文不審則注稱「今案」以明之，若事涉疑殆，理可容河漢，則起「正說」以釋之。世俗所行節者，雖無故實，伯升之諺載於經史，亦觸類援引，名為「附說」，又有「序說」、「終篇」括其首尾。按，《爾雅》「四氣和為玉燭」，《周書》武王說周公「推道以為寶典」，因以《玉燭寶典》為名焉。黎氏序目曰：其書用《小戴記・月令》為主，博引經典集證之，較《周書・月令解》、《呂覽四時紀》、《淮南・時則訓》加詳，比為專書故也。開皇中奏上，號為詳洽。《直齋書錄》猶載之，其亡當在宋以後耳。《經籍訪古志》：《玉燭寶典》十二卷，貞和四年鈔本，楓山官為藏，末有貞和四年某月某日校合畢。《四面山叟記》：五卷末有嘉保三年六月七日書寫並校畢。舊跋按，此書元明諸家書目不載之，則彼土早已亡佚耳。此本為佐伯元利氏獻本之一，從加賀侯家藏卷子本抄出，原按，嘉保三年，宋哲宗紹聖三年。貞和四年，元順帝至正八年也。

傳記

《隋書》卷五八《杜臺卿傳》 杜臺卿，字少山，博陵曲陽人也。父弼，齊衛尉卿。臺卿少好學，博覽書記，解屬文。仕齊奉朝請，歷司空西閤祭酒、司徒戶曹、著作郎、中書黃門侍郎。性儒素，每以雅道自居。及周武帝平齊，歸於鄉里，以《禮記》、《春秋》講授子弟。開皇初，被徵入朝。臺卿嘗採《月令》，觸類而廣之，為書，名《玉燭寶典》十二卷。至是奏之，賜絹二百匹。臺卿患聾，不堪吏職，請脩國史，上許之，拜著作郎。十四年，上表請致仕，勑以本官還第。數載，終於家。有集十五卷，撰《齊記》二十卷，並行於世。

《北史》卷五五《杜臺卿傳》 臺卿，字少山。好學博覽，解屬文。仕齊，位中書黃門侍郎，修國史。既居清顯，忌害人物。趙彥深、和士開、高阿那肱等親信之。後兼尚書左丞，省中以其耳聾，多戲弄之。下辭不得理者，乃至大罵。臺卿見其口動，謂為自陳。令史又故不曉喻，訓對往往乖越，聽者以為嗤笑。及周武平齊，歸鄉里，以《禮記》、《春秋》講授子弟。隋開皇初，被徵入朝。臺卿採《月令》，觸類廣之，為書，名《玉燭寶典》十二卷。至是奏之，賜帛二百疋。患耳，不堪吏職。請修國史，拜著作郎，後致仕，終於家。有集十五卷，撰《齊記》二十卷，竝行於世。無子。

《通志》卷一六三《列傳第七十六》 杜臺卿，字少山。博陵曲陽人也。父弼，齊膠州刺史，自有傳。臺卿少好學，博覽書記，解屬文。仕齊，位中書黃門侍郎。修國史。性儒素，每以雅道自居。既居清憲，忌害人物。趙彥深、和士開、高阿那肱等親信之。後兼尚書右丞。省中以其耳聾，多戲弄之。下辭不得理者，乃至大罵。臺卿見其口動，謂為自陳，令史又故不曉喻，訓對往往乖越，聽者以為嗤笑。齊平，歸於鄉里。以《禮記》、《春秋》講授子弟，開皇初，被徵入朝。嘗採《月令》，觸類而廣之，為書，名《玉燭寶典》十二卷。至是奏之，賜絹二百疋。臺卿患耳，不堪吏職，請修國史。上許之，拜著作郎。後致仕，終於家。有文集十五卷，撰《齊記》二十卷，並行於世。無子。

明 郭孔延評釋《史通評釋·外篇·古今正史第二》卷一二 曲陽杜臺卿，字少山。齊中書侍郎，修國史。隋開皇初，採《月令》，觸類廣之，為書，名《玉燭寶典》十二卷。拜著作郎，撰《齊記》二十卷。

著録

隋 杜臺卿《玉燭寶典·序》 《易·繫辭》云：「庖羲氏之王天下也，仰則觀象於天，俯則觀法於地。」《書·堯典》云：「曆象日月星辰，敬授民時。」此明自古帝皇皆以節候為重，故《春秋》每年書「春，王正月言，王者上奉天時，下布政於十二月也。」橫被四表，奄有萬方，品物嘉榮，率土照潤。昔因典掌餘暇，考校藝文，《禮記·月令》最為備悉，遂分諸月，各以冠篇首，先引正經，逮及眾說，續書月別之下，增廣其流。史傳百家，時亦兼採。詞賦綺靡，動過其意，除非顯著，一無所取。載土風者，體民生而積習，論俗，誤者，冀勉之以知方。始自孟陬，終於大呂。以中央戊己附季夏之末，合十二卷，惣為一部。至如雷雲霜雨，減降參差，鳥獸魚蟲，鳴躍前後，春生夏長，草榮樹實，孟仲之際，晏早不同者，或敘其發初，或錄其尤盛，或據在周雒，或旁施邊裔，縱令小舛，差可弘通。若乃鄭俗秦聲，楚言越服，湏觀同異，的辯華戎，並存舊命，無所改創。其單名手出，其文不審則注稱「今案」以明之，若事涉疑殆，理容河漢，則別起「正說」以釋之。世俗所行莭者雖無故實，伯升之諺載於經史，亦觸類援引，名為「附說」。又有「序說」、「終篇」括其首尾。案，《爾雅》「四氣和為玉燭」，《周書》武王說周公「推道德以為寶典」。玉貴精自壽長，寶則神靈滋液，將令此作義兼眾美，以《玉燭寶典》為名焉。昔商湯左相稱日新而獻善，姬穆右史陳朔望以官箴。降在嬴劉，迄於曹馬。多歷年所，代有著述。幸以石扉鑽仰，金府味思，覽其事要，撮其精旨。上極玄靈，下苞赤縣。雖冤梳統纘，天宗帝籍之宜，吒耕饁畝，條桑剗草之務。森羅區別咸集於茲矣。世外討論，緬踰積載，唐老歌戲，絕笔時未墜在人，傳聞竟爽，知音好事，無或廢言。《序說》曰：先儒所說《月令》，互有不同，鄭玄以孟夏命太尉，周無此官。季秋為來歲受朔日，隨秦十月為歲首，遂云作《禮記》者，取《呂氏春秋》。蔡邕以為《月令》自周時典藉，《周書》有《月令第五十三》，《呂氏春秋》取周之《月令》，其或與秦相似者，是其時所改定也。束晳又云：案《月令》四時之月，皆夏數也，殆夏時之書而後人治。益略檢三家，並疑不盡。何者？案《春秋》：運門樞，舜以太尉受號，即位為天子。然則堯時已有此職。其十月歲首。王肅難云：始皇十二年，呂不韋死。廿六年，秦並天下，然後以十月為歲首。不韋已死十五年，便成乖謬。蔡云周典藉者，案《周書・序》，周公制十二月，賦政之法作《月令》，自《周書・月令》耳。且《論語》注云：《周書・月令》有更火之文。今《月令》聊無此語，明當是異。束云：四時皆夏數者。孔子云行夏之時。以夏數得天，后王宜其遵用，非必依夏正朔。即為夏典，其夏時書者《小正》，見存文字多古，與此敘事亦別，唯《皇覽》所引《逸禮》仿佛相應，當是七十弟子之徒，及其時學者雜為記錄，無以知其姓氏。呂氏取為篇目，或因治改，遂令二本俱行於世。恐猶有拘執，故辨明焉。

《隋書》卷三四《經籍志》　《玉燭寶典》十二卷，著作郎杜臺卿撰。

《舊唐書》卷四七《經籍志》　《玉燭寶典》十二卷，杜臺卿撰。

《新唐書》卷五九《藝文志》　杜臺卿《玉燭寶典》十二卷。

《通志》卷六四《藝文略第二》　《玉燭寶典》十二卷，杜臺卿撰。

宋　陳振孫《直齋書録解題》卷六　《王燭寶典》十二卷，隋著作郎博陵杜臺卿少山撰。以《月令》為主，觸類而廣之。博採諸書，旁及時俗，月為一卷，頗號詳洽，開皇中所上。

宋　尤袤《遂初堂書目・農家類》　《玉燭寶典》。

《宋史》卷二〇五《藝文志》　杜臺卿《玉燭寶典》十二卷。

《文獻通考》卷二〇六《經籍考》　《玉燭寶典》十二卷。陳氏曰：隋著作郎博陵杜臺卿少山撰。以《月令》為主，觸類而廣之，博採諸書，旁及時俗，月為一卷，頗號詳洽。開皇中所上。

明　陳第《世善堂藏書目録》卷上《諸子百家類》　《玉燭寶典》十二卷。

明　焦竑《國史經籍志》卷三《史類》　《玉燭寶典》十二卷，杜臺卿。

明　柯維騏《宋史新編》卷五〇《藝文志四》　杜臺卿《玉燭寶典》十二卷。

《續文獻通考》卷一七九《經籍考》　《玉燭寶典》，杜臺卿著。

清　朱彝尊《曝書亭集》卷三五《杜氏編珠補序》　惟隋著作郎杜臺卿所撰《玉燭寶典》十二卷，見於連江陳氏《世善堂書目》。予嘗入閩，訪陳後人，已不復可得。

《續通志》卷一六四《校讎略》　《玉燭寶典》十二卷，《四時録》十二卷。焦竑曰：「入雜家，非，改時令。」

清　耿文光《萬卷精華樓藏書記》卷四一《時令類》　《玉燭寶典》十一卷，隋杜臺卿撰。《古逸叢書》本。

清　丁申、丁丙《八千卷樓書目》卷五《史部・時令類》　《玉燭寶典》十二卷，隋杜臺卿撰。古逸叢書本。

清　葉昌熾《藏書紀事詩》卷七　覆舊鈔卷子本《玉燭寶典》十一卷。

雜録

清　姚振宗《隋書經籍志考證》卷三〇《子部七》　《玉燭寶典》十一卷，著作郎杜臺卿撰。《隋書》本傳：『臺卿字少山，博陵陽曲人也。父弼，齊衛尉卿。臺卿少好學，博覽書記，解屬文。仕齊奉朝請，歷中書黃門侍郎。周武平齊，歸鄉里，以《禮記》、《春秋》講授子弟。開皇初，被徵入朝。臺卿嘗採《月令》，觸類廣之，為書，名《玉燭寶典》十二卷。至是奏之，賜絹二百匹。臺卿患聾，不堪吏職，請修國史。上許之，拜著作郎。十四年致仕，數載終於家。』

臺卿自序略曰：『昔因典掌餘暇，考校藝文。《禮記・月令》最為備悉。遂分諸月，各以冠篇首。先引正注，逮及衆說。續書月別之下，增廣其流。史傳百家，時多兼採。詞賦綺靡，動過其意。除非顯著，一無所取。載土風者，體民生而積習；論俗誤者，冀勉之以知方。始自孟陬，終於大呂。以中央戊己附季夏之末，合十二卷，總為一部。至如雷雲霜雨，減降參差，鳥獸魚蟲，鳴躍前後，春生夏長，草榮樹實，孟仲之際，晏早不同者，或敘其發初，或錄其尤盛，或據在周雒，或旁施邊裔，縱令小舛，差可弘通。若乃鄭俗秦聲，楚言越服，須觀同異，的辨華戎，並存舊命，無所改創。其單名互出，即文不審，則注稱「今案」以明之。若事涉疑殆，理容河漢，則別起

「正說」以釋之。世俗所行節者雖無故實，伯升之諺載於經史，多觸類援引，名為「附說」。又有「序說」、「終篇」括其首尾。案《爾雅》「四氣和為玉燭」，《周書》武王說周公「推道德以為寶典」。將令此作義兼衆美。以《玉燭寶典》爲名焉。

《唐日本國見在書目》：《玉燭寶典》十二卷。隋著作郎杜卿撰。

《唐書·經籍志》：《玉燭寶典》十二卷，杜臺卿撰。

《唐書·藝文志·農家》：杜臺卿《玉燭寶典》十二卷，《宋志·農家》著錄同。

陳氏《書錄·史部·時令類》：《玉燭寶典》十二卷。隋著作郎，博陵杜臺卿少山撰。以《月令》爲主，觸類而廣之。博採諸書，旁及時俗。月爲一卷，頗號詳洽。開皇中所上。

日本國人澀江全善森立之《經籍訪古志》曰：《玉燭寶典》十二卷，貞和四年抄本。隋著作郎杜臺卿撰。缺第九一卷。每冊末有貞和四年某月日校合畢。而《山叟記》：五卷末有嘉保三年六月七日書寫并校畢。舊跋案，此書元明諸家書目不載之，則彼土蚤已亡佚耳。此本為佐伯毛利氏獻本之一。聞加賀侯家藏卷子本，未見。黎氏刊《寶典》卷後附記曰：「嘉保三年，宋哲宗紹聖三年。貞和四年，元順帝至正八年也。」

光緒十年出使日本大臣遵義黎庶昌刻《古佚叢書敍目》曰：覆舊鈔卷子本《玉燭寶典》十一卷。原十二卷，今缺第九卷。其書用《小戴記·月令》為主，博引經典集證之，較《周書·月令解》、《呂覽·四時紀》、《淮南·時則訓》加詳，此為專書故也。開皇中奏上，號為詳洽。陳直齋《書錄解題》猶載之，其亡當在宋已後耳。

四時氣候集解

綜述

明 王謹《重刊四時氣候集解序引》 予適晴窗燕寢，因誦程伯子「睡覺東窗日已經」之句。忽內豎候啟，大方伯陳公惠書至，喜而速輿衣冠。開覽，乃所謂《四時氣候集解》，為河南前進士李君泰作，公今所重刊也。公所著序引，辭理明備，援引該博，可愛可式。此書則前此未聞。第嘗於義門鄭君柏《續文章正宗》內見勝國儒者胡君炳文二十四氣之論，而七十二候之說未及也。然此之類皆窮理致知之事，誠亦吾儒所當知者。每見理學大儒，於凡陰陽星曆之間無不通考，故有曰『儒者恥一物而不知』，言不可也。今若節至氣候之說惟屬之，作曆之家每於授時曆所見者，不過看月日節令可已，其於理之所自，率皆漫不加省，豈非於理有所未窮者哉！今大方伯公乃能重刊是書，用廣其傳而嘉惠學者，甚盛舉也。《傳》謂『學優則仕，仕優則學』，公實兼有之。與凡平日之篤意斯文，留心篇翰，蓋又不一而足。特書以復公，用附序引之前云。是月中旬二日，河東王謹識。

明 李泰《四時氣候集解·序》 竊謂陰陽之推移，一氣易則一氣至；歲時之代謝，一季往則一季來。震於春而萬物始生，離於夏而萬物長養。萬物已成而兌於秋，萬物歸根而坎於冬。果可易言哉？是知四時氣候見於周公之《時訓》，呂不韋取以為《月令》焉。蘊造化之幾微，著候時之應驗。前人訓釋又各異同，考之《易經》不得其詳，稽之《禮記》僅知其概，深可虞也。乃復於暇中，檢閱群籍，凡於事物該載明白議論詳細者，悉錄出之。間有未備，足以己意，日積月累，彙輯成編，目之曰《四時氣候集解》。雖未能盡發其玄，而於舊本頗加詳焉。然不敢私秘，願與朋儕共之。其有搜採未盡、剖析未明者，尤竢夫博知君子附益於中，同成厥志，斯為美矣。或曰：朱文公註《楚辭》未免闕疑，鄭康成釋《禮經》亦或舛誤，況吾輩乎？書以識之。洪熙元年歲次乙巳冬臘月中吉前進士河南李泰書。

又《姚福後序》 《月令》之疑，古今卒無定論。然以七十二候之文觀之，則亦《堯典》『羲和察鳥獸孳尾、希革、毛毨、氄毛』之遺意，不害其為周書也。故今曆家分載於十二月之下，蓋所以順陰陽、本四時、效氣物、立王政，取萬物屈伸變見生育交接之大者，以驗其氣之寒溫而教乎其民也。先儒雖屢辨之，終以其為古書而莫之廢，然而候中所載昆蟲鳥獸草木之名，博雅之士尚或歉焉，而況於凡民乎？是以河南李先生嘗勒為一家之書，為之注釋。顯其為書，格物精到，剖理明白，校之舊注，實為詳密，無復遺憾。學者雖互相抄謄，□傳之不廣。友人劉孟堅因與濟川撫□胡公冢子廷璨語偶及之，廷璨遂慨□捐貲，使鏤於梓。先生以為抄謄之久，不無舛誤，又命門人許子貞再加正是，復命福為序於後。嗚呼！以福之言，奚足以取信於人哉！特以先生嘉惠學者之意，與夫胡氏父子義舉之心，皆人所難能者，不可缺於書。若夫造化之樞機，鬼神之消息，福不足以知也。矧福又忝於廷璆，其好學而尚義之篤，而敢有所多美耶？姑書此以塞命。景泰六年龍集乙亥孟春吉日，門人武略將軍鳳陽姚福世昌書。

《四庫全書總目》卷六七《史部二三・時令類》　是書成於洪熙元年，大旨以《月令》諸書紀載時物，僅得其大略，前人訓釋又互有異同，因搜採群籍以為考證，然篇幅太隘，未能詳核。

傳記

明　凌迪知《氏族博考》卷四　兩李泰，一洪武户部尚書。一成化詹事府詹事，兼學士。

（雍正）《河南通志》卷四五　李泰，鹿邑人，縣丞。

又　卷四九　李泰墓在鹿邑縣城幕府山，泰，詹事府詹事。

《續文獻通考》卷一七二《經籍考》　李泰《四時氣候集解》四卷。泰，字文通，鹿邑人。洪武進士，官詹事府通事舍人。臣等謹案，詹事府通事舍人，明初嘗設此官，附識備考。

著録

明　晁瑮《晁氏寶文堂書目・子雜》　《四時氣候集解》。

又《陰陽》　《四時氣候集解》。

明　高儒《百川書志》卷五《史部・時令類》　《四時氣候集解》四卷。皇朝進士，河南李泰通叔集解，引用諸說甚詳。

明　焦竑《國史經籍志》卷三《史類・時令》　《四時氣候解》四卷，李泰。

明　祁承㸁《澹生堂藏書目・史部下》　《四時氣候》四卷，一冊，李泰。

清　錢謙益《絳雲樓書目》卷二《子農家》　《四時氣候解》。

清　萬斯同《明史》卷一三四《藝文志二》　李泰《四時氣候解》四卷。

清　黄虞稷《千頃堂書目》卷九《時令類》　李泰《四時氣候解》四卷。

清　錢曾《錢遵王述古堂藏書目録・歲時》卷六　《四時氣候》一卷，一本，抄。

又《讀書敏求記・史・時令》卷二　李泰《四時氣候》四卷。書成於洪熙乙巳，刋於景泰乙亥，視前人訓釋《月令》，頗加詳焉。

清　范邦甸《天一閣書目》卷二之一《史部・時令類》　《氣候集解》一卷，刊本，殘，明李泰撰。

又　《四時氣候集解》四卷，刋本，明李某撰。姚福序云：《月令》之疑，古今卒無定論。然以七十二候之文觀之，則亦《堯典》羲和察鳥獸孳尾、希革、毛毨、氄毛之遺意，不害其爲周書也。故今歷家分載於十二月之下。然候中所載昆蟲鳥獸草木之名，博雅之士尚或慊焉。河南李先生嘗爲之註釋。撫軍胡公家子廷燦鏤梓，先生又命門人許子貞再加校正，福爲之序。

《續通志》卷一五七《藝文略》　《四時氣候集解》四卷，明李泰撰。

《續文獻通考》卷一七二《經籍考》　李泰《四時氣候集解》四卷。

清　徐乾學《傳是樓書目・史部・時令》　《四時氣候集解》四卷，明季本，一本。

《四庫全書總目・史部二三・時令類》卷六七　《四時氣候集解》四卷，江西巡撫採進本，明李泰撰。泰字淑通，鹿邑人，洪武丁丑進士。姚福《青溪暇筆》稱其官為詹事府通事舍人，其事蹟則無考也。

七十二候考（曹仁虎）

綜述

清　周中孚《鄭堂讀書記》史部四卷一八　《七十二候考》一卷，《藝海珠塵》本。國朝曹仁虎撰。仁虎，字來應，號習庵，嘉定人，乾隆辛巳進士，官至翰林院侍講學士。按，七十二候，始見於《周書·時訓解》，蓋即《禮記·月令》之文而分之。自漢以後，應候之書，又各互異。習庵詳加考證，而折衷於高宗純皇帝《御製七十二候詩》，以正其譌，而紀其實。然吾友陳穆堂猶謂其祇詳歷代異同增損，而於時應概無發明云。見《逸周書補注》。

又《**鄭堂讀書記補逸**》**卷一〇**《**史部·時令類**》　《七十二候考》一卷，《藝海珠塵》本。國朝曹仁虎撰。仕履見《經部·小學》類。按，七十二候之說，始見於《周書·時訓解》，蓋即《禮記·月令》之文而分之。自漢以後，應候之書，所言又各互異。習菴歷舉諸說，詳加考證，而折衷於高宗純皇帝《御製七十二候詩》，以正其僞，而紀其實焉。

清　耿文光《**萬卷精華樓藏書記**》**卷四一**《**時令類**》　《七十二候考》一卷，國朝曹仁虎撰，《藝海珠塵》本。此可與葉氏《七十二候贊》參看。葉氏藏書甚富，徵引浩博，可廣見聞，予所藏初印本甚佳，因記於此，以告同志。月令、氣候互有不同，蓋周因《小正》而作《月令》，秦又更定之，故有二本。分五日一候，為七十二候，後儒疑為東漢人偽託，非周公之舊。自北魏頒為時令，至今因之，大同小異，正如周秦《月令》之互有乘除也。《直齋書錄》前史時令之書皆入子部農家類。今案，諸書上自國家典禮，下及里閭風俗，悉載之，不專農事也。故《中興館閣書目》別為一類，列之史部，是矣。今從之。文光案，陳《錄》每門總論或有或無，豈有所佚與？

傳記

清　李賡芸《**稻香吟館集**》**卷七**《**嘉定四賢傳**》　曹仁虎，字來殷。少好學沈靜。年十六，試於縣，下筆千言，令驚嘆，置第一。學使、副都御史崔紀目爲奇才。以文望檄入蘇州紫陽書院。肄業，學使、副都御史雷鋐舉優貢。乾隆廿二年應南巡召試，列一等二名。特賜舉人，授內閣中書。二十六年成進士，改庶吉士。散館，授編修。擢右中允，充日講官。歷侍講、侍讀、右庶子、侍講學士。五十一年，命督廣東學政。與前學政受業弟子少詹事平恕交代。五十二年夏，方試連州，母卒。踉蹌戴星冒暑旋省，遽卒。乃八月八日也。年五十七。仁虎在翰林，每撰代言之文，皆典重清切。兩與大考，皆列二等。教習庶吉士者凡七科，乾隆庚子以侍讀分校順天鄉試，己丑以編修分校會試，辛丑甲辰以侍讀分校會試，辛卯以編修充江西副考官，癸卯以侍讀充山西正考官，又嘗爲武會試總裁。官翰林久，與諸詩人仿韓孟聯句，遠近傳誦。所著有《宛委山房集》、《春槃瑤華倡和集》、《秦中雜稿》、《鳴春集》、《蓉鏡堂文稿》、《轉注古音考》，後爲湖廣總督畢沅索去，校刊未果，既而畢卒於軍營，歸而籍沒，稿遂失去。青浦副榜王繼成抄撮掇拾存詩文數卷，非全豹矣。惟《輶韶集》、《七十二候考》有刊本。詩多雅秀清麗而少雄傑之作。與平湖沈初蘭韻堂集絕相似。頻主文衡，浮薄之士多奔走門下，士論以此少之。

清　錢大昕《**潛研堂集**》**卷四三**《**日講〈起居注〉官翰林院侍講學士曹君墓志銘**》　翰林院侍講學士曹君習庵，予同里總角交也。君之高祖母，予曾祖姑。而予曾祖母，則君高祖姑。君之尊人檀漘公為先大父入室弟子。予又受業於檀漘公。君少於予三歲，相視若昆弟然。已而同客吳門，先後以召試通籍。又同在詞館，應制詩文，互相商榷，游覽宴集，出入必偕者，蓋四十年。予視學東粵，僅半載，奉諱歸里，遂不復出。又十餘年，習庵亦視學於粵。臨行貽書告予，謂任滿日，當乞養南歸，相從尋山水之盟。乃到任僅半載，奉太夫人之諱，馴至不起。嗚呼！當代失一大手筆，聞者無不盡傷。況交親至厚如予者乎？孤子臣晟以志銘見屬，誼不可辭。

君諱仁虎，字來應，別號習庵。本姓杭氏，世居嘉定之周公村。十世祖維德，幼孤，依母氏居外家。子孫因以曹為氏。五世祖元嘏移居城西之外岡，高祖國正贈武德將軍，曾祖錫命，康熙壬戌武進士，湖廣撫標中營游擊，祖源歲，貢生，以君貴累贈中憲大夫。父檀漘公，文行為士林推重，弟子著錄最盛。歲貢生候選訓導，以君貴，誥封奉直大夫，晉贈中憲大夫。母程氏，累封太恭人。君少而好學，沈靜不妄出一語，而於所讀書悉能貫串。同邑王君鳴盛，少負才，俯視儕輩，獨偁君與予為二友。年十六，補博士弟子。學使蒲州崔公紀有奇才之目。中丞覺羅雅公樗亭選高才，入紫陽書院肄業。州縣以君名應時，青浦王君昶與予亦同入院。三人者，食則同爨，夜則聯牀。而長洲吳君泰來、上海趙君文哲，及王君鳴盛數過從，相與鏃厲，為古學。君在院尤久。院長沈文愨公數稱其詩，學使寧化雷公鋐舉君優行。乾隆二十二年，聖駕南巡。君獻賦行在，召試列一等。特賜舉人，授內閣中書。儤直之暇，刻意吟咏，未嘗造請貴游。二十六年成進士，改翰林院庶吉士。散館，授編修。君詞賦久為海內傳誦。及在禁林，每遇大禮，高文典冊多出其手。館閣代言之文，院長輒委屬草，皆典重清切，宜古宜今。擢右春坊，右中允。充日講《起居注》官，扈蹕盤山，有奉敕賡和諸作。遷翰林院侍講，轉侍讀，進右春坊右庶子，擢侍講學士。五十一年，奉命視學廣東，與平少詹恕交代。少詹為諸生時嘗受業於君，粵人傳為美談。明年程太恭人終於官署，君方按試連州，不及視含斂，聞訃，晝夜號泣，甫匝月，竟以毀卒。時乾隆五十二年八月八日。距生於雍正九年五月五日，春秋五十有七。娶陸氏，繼娶申氏、董氏，皆前卒。子臣晟，女二人。君起家儒素，以文字受主知。久列承明著作之廷，京察常居一等。兩遇大考，皆列二等。教習庶吉士凡七科，前後典鄉試者二，分校順天鄉試者一，分校會試者三，總裁武會試者一，後進得其品題，便成佳士。舟車所至，乞詩文者屨滿戶外，博極群書，精於證據。詩宗三唐而神明變化，一洗粗率佻巧之陋。格律醇雅，醞釀深厚，卓然為一時宗。少時與王、吳、趙諸君唱酬，彙刻其詩，流傳海舶。日本國相以餅金購之，在京華與館閣諸同好及同年友為詩社，率旬日一集。或分題，或聯句，或分體，每一篇出，傳誦日下。今所傳《刻燭》、《炙硯》二集是也。其事二親孝，所得俸錢，分寄諸弟，無私藏焉。所著詩有《宛委山房》、《春槃瑶華倡和》、《秦中雜稿》、《轅韶鳴春》諸集，又有《蓉鏡堂文稿》、《二十四氣》、《七十二候考》、《轉注古音考》。學士在唐宋時預聞機密，今則專以文字為職。然亦惟鴻筆麗藻，斯與職稱。學優如君，其不謂之真學士也夫。銘曰：威鳳五採，鳴於朝陽。詞臣報國，厥惟文章。漢廷枚馬，鄴下陳王。詩歌元白，制誥常楊。慶歷歐梅，元祐蘇黃。虞楊範揭，高楊徐張。淵哉若人，文苑之英，名位未極，令聞不忘，誰其銘之，疇昔雁行，竹林路杳，懸河淚滂。

清 錢林《文獻徵存録》卷四 曹仁虎，字來應，又字來殷，號習庵，嘉定人。本杭姓，少讀書，辨悟通達。同里王鳴盛才氣豪邁，儕輩中少敢當者，獨稱錢大昕與仁虎，呼爲二友。每同人分韻聯句，爭奇鬭巧，自詡絶出。及見仁虎作，咸退避無閒言。年十六補諸生，學使崔紀目爲異才，舉優行紫陽書院。院長沈德潛見其詩，咨賞之。乾隆二十二年，應南巡召試，列一等，授中書。二十六年成進士，改庶吉士。散館，授編修，遷右中允。進侍講，轉侍讀。遷右庶子，再遷侍讀學士。五十一年督學廣東，方按部連州，遭母憂解職，晝夜號泣如孺子，甫匝月，遂以哀毀卒。年五十五。仁虎少爲詩，酷學三唐，與鳴盛、王昶、趙文哲、吳泰來倡和成集，舟車所至，乞詩文者滿户外。其詩流傳海舶，日本國相以餅金購之，亦嘉話也。所著有《宛委山房》、《春槃瑶華倡和》、《秦中雜藁》、《轅韶鳴春》諸集，有金山詩云『水連鐵甕無邊白，山到金陵不斷青』，又有《蓉鏡堂文藁》、《二十四氣》、《七十二候考》、《轉注古音考》並行於世。

《清史稿》卷四九〇《曹仁虎傳》 曹仁虎，字來殷，嘉定人。少稱奇才。乾隆二十二年南巡，獻賦。召試，列一等，賜舉人，授內閣中書。二十六年成進士，選庶吉士，授編修。每遇大禮，高文典册，多出其手。擢右中允，充日講《起居注》官。累遷侍講學士。五十一年，視學粵東，方按試連州，聞母訃，酷暑奔喪，晝夜號泣，竟以毀卒於途。仁虎以文字受主知，聲華冠都下。屢典文衡，詩宗三唐，而神明變化，一洗粗率佻巧之習。格律醇雅，醞釀深厚，爲一時所推。著有《宛委山房詩集》、《蓉鏡堂文稿》，與王鳴盛、王昶、錢大昕、趙文哲及吳泰來、黄文蓮稱『吳中七子』。

著録

（嘉慶）《直隸太倉州志》卷五六《藝文志五》 《七十二候考》。

清 丁申、丁丙《八千卷樓書目》卷二《經部》 《七十二候考》一卷，國朝曹仁虎撰。藝海珠塵本。昭代叢書本。

《清續文獻通考》卷二五八《經籍考二》 《七十二候考》一卷，曹仁虎撰。仁虎，字殷來，號習庵，江蘇嘉定人。乾隆辛己進士，官至翰林院侍講學士。

《清史稿》卷一四五《藝文志一》 《七十二候考》一卷，曹仁虎撰。

七十二候考（俞越）

《清史稿》卷一四五《藝文志一》 《七十二候考》一卷，俞越撰。

月令七十二候集解

論説

《四庫全書總目》卷二四《經部二四·禮類存目》　其説以經文所記多指北方，非南方之所習見，乃博考《説文》、《埤雅》諸書，兼訪之於農牧，著爲此編。然考證名物，罕所發明，又既以螻蟈爲土狗，又載鼫鼠五技之説，自相矛盾。既以虹爲日映雨氣，又引虹首如驢之説，兼採雜書，亦乖解經之法，疑託名也。

傳記

《元史》卷一七一《吴澄傳》　吴澄，字幼清。撫州崇仁人。【略】至元十三年，民初附，盜賊所在蜂起。樂安鄭松招澄，居布水谷。乃著《孝經章句》，校定《易》、《書》、《詩》、《春秋》、《儀禮》及大小《戴記》。侍御史程鉅夫奉詔求賢江南，起澄，至京師。未幾，以母老辭歸。鉅夫請置澄所著書於國子監以資學者。朝廷命有司即其家録上。

元貞初，游龍興。按察司經歷郝文迎至郡學，日聽講論，録其問答凡數千言。行省掾元明善以文學自負，嘗問澄《易》、《詩》、《書》、《春秋》奥義，歎曰：『與吴先生言，如探淵海！』遂執子弟禮，終其身。左丞董士選延之於家，親執饋食，曰：『吴先生，天下士也。』既入朝，薦澄有道，擢應奉翰林文字。有司敦勸，久之乃至，而代者已到官，澄即日南歸。未幾，除江西儒學副提舉。居三月，以疾去官。【略】於《易》、《春秋》、《禮記》各有《纂言》，盡破傳註穿鑿，以發其蘊。條歸紀敘，精明簡潔，卓然成一家言。作《學基》、《學統》二篇，使人知學之本，與為學之序。尤有得於邵子之學。校定《皇極經世書》，又校正《老子》、《莊子》、《太玄》、《經樂律》及《八陣圖》、郭璞《葬書》。初澄所居草屋數間。程鉅夫題曰『草廬』，故學者稱之為『草廬先生』。

明　楊士奇《名臣經濟録》卷三〇《吴文正公祀議》　欽奉聖旨，命臣等考究元儒吴澄應否從祀，議擬奏聞。臣士奇等欽遵。考得元翰林學士吴澄所著書及奎章閣侍書學士虞集所狀澄事行。蓋澄自十歲得宋朱熹所註《大學》讀觀之，即知為學之要，專勤誦讀。次讀《語》、《孟》、《中庸》亦然。遂大肆力於諸經。十五，專務聖賢之學，致踐履之實，以道自任。其所自勵，有《勤謹敬和》、《自新自脩》、《消人欲》、《長天理》、《克己悔過》、《矯輕警惰》、《顔冉理一》等銘。其教學者，有《學基》、《學統》等篇。深究濂洛關閩之旨，考正《孝經》，校定《易》、《書》、《詩》、《春秋》，修正《儀禮》、《小戴記》及邵雍、張載之書。有《易》、《書》、《春秋》、《禮記》纂言，及《易纂言外翼家》。所以啓大道之堂奥，開來學之聰明，傳之百世而無斁也。時朝廷屢起之，乃就國子監司業。一言不合，即自解去。後屢徵復起，亦不久於位。進退之際，卓然君子。蓋元之正學大儒，許衡及澄二人。遭際世祖，功在朝廷。澄在朝之日雖淺，其職論思教成均，勸講經筵，咸積誠意。預議論大事，咸引古道，而功在學者尤多。故二人之没，皆謚文正。衡在當時已列從祀。澄既後出，又卒於元衰之際，當時已有建議宜列從祀者。屬元綱日頽，未及舉行。今澄所著諸書具在，我國家崇儒重道，大明四書五經及性理之旨，凡澄所言，皆見採録以恵學者。蓋澄學問之功，朱熹以來莫或過之。而從祀諸儒，自荀況下至范甯，語其事功，皆未及澄。今若升澄從祀孔子，庭列諸許衡之次，允愜斯文之公議，昭國家之盛典。謹具奏聞，伏候勅旨。《東里文集》

明　俞汝楫《禮部志稿》卷八五下《覆吴澄從祀議》　弘治十四年，禮部議覆，掌國子監事，禮部右侍郎謝鐸所陳三事。謂叔梁紇立廟及吴澄從祀事。鐸與學士程敏政嘗言之，俱以廷議不合而止，今請再集廷議。歲貢生員，入監一年，方許告就教職，請如鐸議。餘皆有不可行者。惟論吴澄不當從祀，時尚書傅瀚力詆鐸言為謬，侍郎焦芳曰：『鐸言誠有難行者。但草廬先生苦心著述，雖若有功，而出處大節則真有可議。鐸言不當從祀是。』已，瀚力稱前人之請為有見，今不可遽易。芳曰：『所謂前人者，蓋楊士奇也。今天下方議其當柄用之際，雖從祀大事，猶能私庇其鄉人，可又襲其非耶？』瀚曰：『薛文清學徒博而少著述，人猶曰能繼道統，為之請列從祀。況草廬著述之多，可不祀乎？』芳曰：『不然。文清著述雖少於草廬，而出處之正，則加草廬之上矣。況以盡心知性之學，達窮神知化之妙。其《讀書》一録皆寫其身心之所得。葢在聖人所必與者，豈常人所能識也？然至今猶未躋之從祀。草廬者，著述其何以加之？且道統者，謂深達往聖之域而身有之者也。傳聖門之道者，莫加於顔子。後世稱未達一間。彼豈以著述為達耶？今欲尚言而不尚行，則取尋常士且不應如此，而況道統之大，顧謂能修辭立言者即是，而不復論其節？豈不悖乎！』瀚不能應。於是會集諸廷臣議，而芳不與。瀚竟引《禮》所謂『凡祭有其舉之，莫敢廢』，《詩》、《書》所謂『率由舊章』、『監於成憲』以文其説，而於澄忘宋事元之大節略不及。澄遂仍舊從祀，而鐸議皆寢。論者謂士奇之以澄欺宣廟，非特私其鄉人，而措意亦有在。瀚不悟此有，惟溺鄉里之私而不顧君臣之大倫，正道統之攸繫，乃據為舊章、成憲，再不可議。然則楊時奏黜王安石之配享，當時安石豈無朝命而配享哉？特其命雖出自朝廷，而事實由臣下阿私所親以誤朝廷，而非天下之公議所以易之，後世竟不以為過也。此豈横私意於胸中者所能與哉！

清 黄宗羲《宋元學案》卷九二《草廬學案》 吴澄，字幼清，撫州崇仁人。年二十，應鄉試中選，春省下第。越五載而元革命，程鉅夫求賢江南，起先生至京師。以母老辭歸。鉅夫請置先生所著書於國子監。左丞董士選薦授應奉翰林文字。至官而去。除江西提學副提舉，居三月，又以疾去。至大元年，召為國子監丞，陞司業。為學者言：『朱子於道問學之功居多，而陸子以尊德性為主。問學不本於德性，則其蔽必偏於語言訓釋之末，故學必以德性為本，庶幾得之。』議者遂以先生為陸氏之學，非許氏崇信朱子本意，然亦莫知朱、陸之為何如也。先生一日謝去。未幾，以集賢直學士召，不果行。英宗即位，遷翰林學士，進階太中大夫。泰定元年，為經筵講官。至治末，請老而歸。先生嘗曰：『道之大原出於天，神聖繼之，堯、舜而上，道之元也；堯、舜而下，道之亨也；洙、泗、魯、鄒，其利也；濂、洛、關、閩，其貞也。分而言之，上古則羲皇其元，堯、舜其亨，禹、湯其利，文、武、周公其貞乎！中古之統：仲尼其元，顔、曾其亨，子思其利，孟子其貞乎！近古之統：周子其元也，程、張其亨也，朱子其利也，孰為今日之貞乎？』其自任如此。元統元年卒，年八十五。追封臨川郡公，謚文正。初，先生所居草屋數間，鉅夫題曰『草廬』，故學者稱為『草廬先生』。

清 朱軾《史傳三編》卷八 論曰：古者大夫七十而致政。當澄之為司業，年已七十矣，曾不早引懸車之義。自是而後，立於朝者猶十有餘年，是何濡滯也！讀其《纂言》諸編，天聰廓開，異穎獨發，時足以賡續前人之所未至。推其妙悟，殆方駕許衡而上之，又何其有勞於經耶！

著録

元 吴澄《月令七十二候集解·序》 夫七十二候，吕不韋載於《吕氏春秋》，漢儒入於《禮記·月令》，與六經同傳不朽。後魏載之於曆，欲民皆知，以驗氣序。然其禽獸草木，多出北方，葢以漢前之儒皆江北者也。故江南老師宿儒，亦難盡識。況陳澔之注，多為謬説，而康成、穎達，亦有訛處。予因是廣取諸家之解，並《説文》、《埤雅》等書，而又詢之農牧，似得所歸。然後並將二十四氣什之於稾，以俟博識者鑒焉。

《續通志》卷一五七《藝文略》 《月令七十二候集解》一卷，舊本題元吴澄撰。

《續文獻通考》卷一五二《經籍考》 吴澄《禮記纂言》三十六卷，《月令七十二候集解》一卷。

《四庫全書總目》卷二四《經部二四·禮類存目二》 《月令七十二候集解》一卷，通行本，舊本題元吴澄撰。

清 丁申、丁丙《八千卷樓書目》卷二《經部》 《月令七十二候集解》一卷，元吴澄撰，學海類編本。

時節氣候抄

著録

清 喻端士《時節氣候抄·序》 讀《農桑通訣》，推本璿璣玉衡，爲之圖説。所謂一年四時、八節、二十四氣、七十二候。五日爲候，三候爲氣，六氣爲時，四時爲歲，其推移遷變如環之循，如輪之轉，詳哉！言之謂務農之家，當家置一本。因攷之《羣芳譜》諸書，節抄氣候之驗於物者，作而嘆曰：善言天者必有驗於人而攷諸物。天道遠，人道邇，在璣衡，齊七政，上聖之事也。下此或能言其義而不習於器術者，推測求之，往往昧於道。聖人敬授人時，所以稽諸天者曰『日中星鳥，日永星火，宵中星虛，日短星昴』，其言甚簡。其次卽驗之人事，曰『厥民析，厥民因，厥民夷，厥民隩』，寒暑出入，氣候易知也。又其次，卽驗諸曰『鳥獸孳尾，鳥獸希革，鳥獸毛毨，鳥獸氄毛』，此則愚夫愚婦皆可考而知也。蓋草野不識陰陽和、寒暑極之爲分、至，未有不知元鳥至、鴻雁來之爲春秋也。不識日躔實沈之次，析木之次，未有不知麥秋至之爲夏，水始冰之爲冬也。故後之人推廣授時之意，多考驗於鳥獸、草木、蟲魚之間，著爲《月令》，以爲山澤物產之異，四方氣候不齊，不得之於此，卽可考之於彼，此七十二候所以詳驗於物也。至於勞農勸民，勞農休息，與夫處臺榭，民皆入室，則推析因夷隩之意，順時而布政也。或曰：蓂莢知時露，何以不爲徵引。曰：聖人之道中庸而已。蓂莢瑞草，如景星，卿云，鶴非燕雁比，不驗之於尋常所有之物，非所以牖民也。

又《時節氣候抄・卷首・月令源流》 帝王因時布政之大略，仿於唐堯之命羲和，故曰『月者，天之運，令者，君之政。王者之政，其道莫大於因天』。嗣後夏有《小正》，商有《王居明堂禮》，周有《時訓》，有《月令》，至秦而有《呂氏春秋》，漢有《淮南・時則訓》，唐亦有《唐月令》。遞相祖述，而損益更變之。今惟《王居明堂禮》不存，而諸書具在。取以相質，則《小正》、《時訓》文字與此迥異，而《呂氏春秋》與此大同。則此取之《呂氏春秋》無可疑者。《淮南・時則訓》取此而稍變之，《唐月令》則取此而并參以鄭說，更其前後。今取呂氏本文及四書互相參考，以通其說云。

四時宜忌

綜述

《四庫全書總目》卷六七《史部二三・時令類》 此書記十二月所宜所忌，曆引《孝經緯》、《荊楚歲時記》、《玉燭寶典》，而兼及於《濟世仁術》、《法天生意》、《指月錄》、《白雲雜忌》諸書，甚至道家符錄亦皆載入，徵引雖博，究不免傷於蕪雜也。

傳記

（天順）《明一統志》卷三八 瞿佑，錢塘人。洪武中為宜陽縣學教諭，遷國子助教。永樂初，推周府長史，致仕，卒。佑博學能文，有集數卷。

明 王世貞《明詩評》卷四 瞿佑，字宗吉，錢塘人。累官周王左長史。

明 蔣一葵《堯山堂外紀》卷八〇 瞿佑，字宗吉，號存齋，錢唐人。鄉前輩淩彥鐘、丘彥能、吳敬夫咸與為忘年友。

瞿宗吉少不為其父所知，鄉人章彥復自福建檢校回，瞿翁設雞酒待之。宗吉年十四，適自學舍歸，彥復即席指雞為題，宗吉應聲云：『宋宗窗下對談高，五德聲名五彩毛。自是范張情義重，割烹何必用牛刀？』彥復大加稱賞，手寫桂花一枝並題其上以贈云：『瞿君有子早能詩，風採英英蘭玉姿。天上麒麟元有種，定應高折廣寒枝。』瞿翁遂構傳桂堂。

楊廉夫嘗過杭州訪瞿士衡，士衡，宗吉從祖也。時宗吉尚少，廉夫示以所作《香奩八詠》，宗吉乃悉和之，其《花塵春跡》云：『燕尾點波微有暈，鳳頭踏月悄無聲。』《黛眉顰色》云：『恨從張敞毫邊起，春向梁鴻案上生。』《金錢蔔歡》云：『織錦軒窗聞笑語，採蘋洲渚聽愁簫。』《香頰啼痕》云：『班班湘竹非因雨，點點楊花不是春。』廉夫嘆服曰：『此瞿家千里駒也。』

瞿士衡一日飲，楊廉夫以鞋杯行酒，廉夫命宗吉詠之，宗吉席上作《沁園春》以呈，廉夫大喜，即命侍妓歌以侑觴，因袖其稿而去。詞云：『一掬嬌春，弓樣新裁，蓮步未移。笑書生量窄，愛渠僅小，主人情重，酌我休遲。醞釀朝雲，斟量暮雨，能使曲生風味奇。何須去，向花塵留跡，月地偷期。風流到手偏宜，便豪吸雄吞不用辭。任淩波南浦，惟誇羅襪，賞花上苑，秪勸金卮。羅帕高擎，銀瓶低注，絕勝翠裙深掩時。華筵散，奈此心先醉，此恨誰知！』

丘彥能文雅好古，所藏圖書，非遇賞鑒者不出示。嘗有《蘆花被圖》一幅，蓋模寫酸齋梁山濼故事，上惟貢泰甫、吳子立數詩而已。後遇吳敬夫，出而求題，敬夫為賦數首，皆不愜意，最後一首云：『秋風吹就蘆花被，一落人間知幾年？澤國江山今入畫，詩人毛骨久成仙。高情已落滄洲外，舊夢猶迷白鳥邊。展卷不知時世換，水光山色故依然。』彥能喜，始請登卷。他日，又以《唐三學士弈棋圖》求瞿宗吉題，宗吉為賦一絕云：『三人當局各藏機，思入幽玄下子遲。畢竟是誰高一著，風簷日影靜中移。』彥能歎賞曰：『不辱吾卷矣。』

宋熙甯中，余杭進士洪浩游太學，十年不歸，其父作詩寄浩曰：『太學何蕃且一歸，十年甘旨誤庭闈。休辭客路三千遠，須念人生七十稀。腰下雖無蘇子印，篋中幸有老萊衣。歸時定約春前後，免使高堂賦式微。』浩得詩，即歸養。錢塘吳糙，洪武間官四川，其父敬夫思之，作詩云：『劍閣淩雲鳥道邊，路難聞說上青天。山川萬里身如寄，鴻雁三秋信不傳。落葉打窗風似雨，孤燈背壁夜如年。老懷一掬鍾情淚，幾度沾衣獨泫然。』敬夫卒，而糙始以丁尤還家。一日，見瞿宗吉，自誦其詩云：『薄宦蕭然作遠遊，行囊那得一錢留？孟光不比蘇秦婦，肯笑歸來只敝裘。』宗吉因舉敬夫前詩，謂曰：『尊翁有念子之情，而子乃獨歸美其婦耶！』糙大慚而去。

瞿宗吉嘗與黃體方過汴梁相國寺，將謂有南方花木之勝，香茗之供，而鄙陋殊甚。僧皆氈帽皮靴，發長過寸，言貌粗俗。體方呼為惡僧，口占云：『步入空門見惡僧，紅氈被體髮鬅鬙。』宗吉續之曰：『一言能得君王意，安得當年老贊寧。』汴梁為宋東京，士人遊宦者少得清暇，以遂宴賞之樂。當時有『賣花簷上觀桃李，拍酒樓前聽管弦』之句。體方續之云：『雨後淤泥填紫陌，風前塵土障青天。』蓋街道無溝渠，又不用磚石甃，遇雨則行潦縱橫。而地迫黃河，風起則塵沙蔽日，不可開口。嘗集體仁門，體方戲語同列云：『此所謂東華軟紅塵也。』

杭州男女瞽者多學琵琶，唱古今小說、平話以覓衣食，謂之陶真，大抵說宋時事。蓋汴京遺俗也。瞿宗吉過汴梁詩云：『歌舞樓臺事可誇，昔年曾此擅豪華。尚余艮嶽排蒼昊，那得神霄隔紫霞？廢花草荒堪牧馬，長溝柳老不藏鴉。陌頭盲女無愁恨，能撥琵琶說趙家。』

吳歌，惟蘇州為佳。杭人近有作者，往往得詩人之體。如云：『月子彎彎照幾州，幾人歡樂幾人愁。幾人高樓行好酒，幾人飄蓬在外頭。』此賤體也。瞿宗吉往嘉興，聽故妓歌之，遂翻以為詞云：『簾卷水西樓，一曲新腔唱打油。宿雨眠雲年少夢，休謳。且盡生前酒一甌。明日又登舟，卻指今霄是舊遊。同是他鄉淪落客，休愁。月子彎彎照幾州？』又：『送郎八月到揚州，長夜孤眠在畫樓。女子拆開不成好，秋心合著卻成愁。』此亦賤體。而黃山谷之詞先有之：『你共人，女邊著子；爭知我，門里挑心』是也。又：『約郎約到月上時，看看等到月蹉西。不知奴處山低月出早，還是郎處山高月出遲。』此詞雖淫奔，然怨而不怒，愈於鄭風狂童之訕。又：『高山頂上鵓鴣啼，聞說親爺娶晚妻。爺娶晚妻猶自可，前娘兒子好孤淒。』此興體也。又：『樹頭掛網枉求蝦，泥裡無金空撥沙。刺潦樹邊栽枸橘，幾時開得牡丹花。』此比體也，有守一而終之意。

杭妓朱觀奴頗通文義，嘗欲構室而募緣於人。求題詞於瞿宗吉，援筆書云：『傾國傾城美貌，為雲為雨芳年。金沙灘上舊因緣，重到人間示現。欲構雲窗霧閣，奈慳賓鈔金錢。諸公有意與周旋，請看桃花好面。』人以宗吉故，喜捐貲焉。

鳳仙花，有紅、白、紫數種，宋時謂之金鳳花，其葉可以染指甲為紅色。瞿宗吉詩：『金盆玉露搗仙葩，解使纖纖玉有瑕。一點愁凝鸚鵡喙，十分春上牡丹芽。嬌彈粉淚拋紅豈，戲掐花枝鏤絳霞。女伴相逢頻借問，幾回錯認守宮砂。』又《玉簪花》詩：『白露初凝氣候涼，花神獻寶助新妝。移來銀色三千界，壓盡金釵十二行。秋水為神冰琢骨，龍涎作炷麝傳香。不須石上尤磨折，長在佳人鬢髻傍。』

瞿宗吉《熨斗》詩：『有柄何曾挹酒漿，隨時用舍屬閨房。幹旋天上陽和氣，平帖人間錦繡香。翠袖卷紗移玉釧，金篝分火近牙床。衣成遠寄征夫去，印顆何時肘後黃？』

瞿宗吉《殘蝶》詩：『飛鳥曾聞載鬼車，粉香何事亦隨邪。傷生不惜身投火，抵死猶將命乞花。望帝精靈枝上血，韓憑魂魄墓前沙。一般有恨難消滅，夢裡相逢更可嗟。』

永樂間，瞿宗吉以詩禍下獄。已而謫戍保安。時興河失守，邊境蕭條，朝廷方降佛曲於塞下，選子弟唱之。遇元宵，宗吉淒然作《望江南》五首云：『元宵景，野燒照山明。風陣摩天將夜半，鬥杓插地過初更。燈火憶杭城。』『元宵景，巷陌少人行。舍北孤兒偎冷炕，牆東嫠婦哭寒檠。士女憶杭城。』『元宵景，刀鬥擊殘更。數點夕烽明遠戍，幾聲寒角響空營。歌舞憶杭城。』『元宵景，默坐自傷情。破竈三杯黄米酒，寒窗一盞濁油燈。宴賞憶杭城。』『元宵景，淡月伴疏星。戍卒抱關敲木柝，歌童穿市唱金經。簫鼓憶杭城。』

清 黄虞稷《千頃堂書目》卷一八 瞿佑，字宗吉，錢塘人。洪武中以薦歷仁和、臨安、宜陽訓導，陞周府右長史。永樂間謫戍保安。洪熙乙巳赦還。

清 萬斯同《明史》卷三八七《瞿佑傳》 瞿佑字宗吉，錢塘人也。元季楊維楨遊杭，訪佑從祖士衡。佑時年十四，見維楨《香奩八題》，即席倚和，俊語疊出，維楨大嗟賞。同邑凌雲翰，佑大父行也，嘗作梅詞、柳詞各百首，號梅柳争春。佑方年少，一日並和之，遂有盛名。洪武中用薦授仁和訓導。歷臨安教諭、周府右長史。永樂時坐事下詔獄，編管保安者十年。嘗值元宵，作《望江南》五首，聞者多為泣下。洪熙改元，英國公張輔為請，得放還。遂館輔家塾。歸卒於家，年八十七。佑風情麗逸，嘗作《剪燈新話》及《樂府歌詞》，盛為時俗所傳，又有《春秋貫珠》、《閲史管見》、《存齋詩集》，並行於世。

清 沈季友《檇李詩繫》卷三九 瞿佑，字宗吉，錢塘人。洪武中周府長史。

（雍正）《浙江通志》卷一七八 瞿佑，萬歷《杭州府志》：『字宗吉，錢塘人。學博才贍。年十四，鄉人張彦復命賦雞，詩美甚，遂有名。洪武中以薦累遷周府右長史。永樂間，詩禍作，編管保安。久之釋歸。復原職，内閣辦事。年八十七卒。所著有《春秋貫珠》、《詩經正葩》、《閲史管見》、《鼓吹續》、《音存齋詩集》行世。

《續文獻通考》卷一七二《經籍考》 瞿佑《四時宜忌》一卷。佑字宗吉，錢塘人。洪武初官國子助教，永樂初官周王府右長史，謫戍保安。洪熙初赦還。

著録

《續通志》卷一五七《藝文略》 《四時宜忌》一卷，明瞿佑撰。

《續文獻通考》卷一七二《經籍考》 瞿佑《四時宜忌》一卷。

《四庫全書總目》卷六七《史部二三・時令類》 《四時宜忌》一卷，編修程晉芳家藏本，明瞿佑撰。

清 丁申、丁丙《八千卷樓書目》卷五《史部・時令類》 《四時宜忌》一卷，明瞿佑撰，學海類編本。抄本。

日涉編

综述

明 畢自嚴《石隱園藏稿》卷二《類選四時絶句序》 先是，余見崇雅山人有四時絶三百六十首。每月止三十首，邉幅太窄，譬之鼎臠味美而嫌掛漏。嗣見徐司馬京咸所梓有《日涉編》，雖以四時為主，而諸體兼收，譬之凌雲搆具而乏剪裁。

《四庫全書總目・史部二三・時令類存目》卷六七 是書雜採故實、詩歌，按時令編次，每一月為一卷，先敘月令節侯而三十日以次列之，皆以故實居前詩歌居後，所採頗為蕪雜。前有康熙二十七年鞏昌知府文安紀元重刊序，乃惜其列代事蹟有關勸戒者尚未詳録，非也。至謂其不載閏月為疎漏，則所言當矣。

清 周中孚《鄭堂讀書記補逸・史部十三・時令類・》卷二七 其事與詩，迄元而止。至有關勸懲者，俱未詳録。蓋以供詞賦慶賀之需，故專取吉祥善事，猶王伯厚《玉海》意也。唯不載閏月，殊屬闕典。且所採又頗蕪雜，其去唐宋人類書，誠不可以道里計矣。

著録

清 曹寅《楝亭書目》卷三《類書》 《日涉編》，明應城陳階編輯，十二卷。九峯白輝補輯，一函十二册。

《續通志》卷一五七《藝文略》 《日涉編》十二卷，明陳堦撰。

《續文獻通考》卷一七二《經籍考》 陳堦《日涉編》十二卷。堦，字升也，應城人。

清 孫星衍《孫氏祠堂書目外編》卷三《類書九》 《日涉編》十二卷，明陳階撰。

清 阮元《文選樓藏書記》卷二 《日涉篇》十二卷。明陳堦著。應城人。刊本。是書分十二月典故，每月又各載故寔、詩詞。

《四庫全書總目》卷六七《史部二三・時令類存目》 《日涉編》十二卷，內府藏本，明陳階撰。階字升也，應城人。

清 周中孚《鄭堂讀書記補逸》卷二七《史部十三・時令類》 《日涉編》十二卷。點城徐氏重校刊本。明陳階撰。階字升也，應城人。《四庫全書存目》。升也每涉一日，必攷一日古人之事，記之簡册，積而成編，故曰『日涉』。其次序首以某月事，次以某月之逐日事。某月某日字面各揭其前，至所遞載處不重書。月日正旦、上元、端午、七夕、中秋、重九，此數節事多錄其一二，亦或分析門類，自數節外事少，但就逐日事編次，末有門類。事內有詩賦等類。或錄其全，其長篇難以備錄，止摘數句以見大意，總列在故實之後。

又 前有自作凡例及康熙戊辰紀子相元重刊序。

清 沈初《浙江採集遺書總録・類事類》庚集 《日涉編》十二卷，刊本。右明應城陳堦撰。乃分記十二月典故。每日又各載故寔、詩詞。

清 范邦甸《天一閣書目》卷二之一《史部・時令類》 《日涉編》十五卷，刊本。明應城陳堦撰。弟坤校其書，雜採故實、詩歌，按時令編次，每一月爲一卷。先叙月令節候，而三十日以次列之，皆以故實居前，詩歌居後，凡例十條，有自序。

清 丁丙《善本書室藏書志》卷一一《史部十・時令類》 《日涉編》十二卷，明刊本，楚應城陳堦升也甫編輯。其書雜採故實、詩歌，按時令編次，每一月爲一卷。先叙月令節候，而三十日以次列之。惟不載閏月，未免疏漏矣。卷首署名，後有邑人徐養基叔宏、周化惟南、張崇烈抑之，弟陳坤順也，晉石艾白輝九峰校刻補輯題字。

清 丁申、丁丙《八千卷樓書目》卷五《史部・時令類》 《日涉編》十二卷，明陳堦撰，明刊本。

古今類傳歲時部

綜述

清 董穀士《古今類傳・自序》 扶輿剖而乾坤立，混沌開而闔辟分。織以烏春，以兔幻，以楓天棗地，窮以熊經鳥伸，亙古及今，無有終極，皆時之為也。故曰其來也扶桑，其入也北陸。景圭莫測，亥步靡形，大哉，時乎！時如輪行而轂轉，奔走於天地古今，時朝、時晝、時夕、時夜、時閏、餘時、終歲時、温時、寒時、晴煦時、陰霾時、風時、雷時、龍鳳樓臺時、魚莊蟹舍時、青時、赤時、白時、黑時、五彩錯雜成文章時、后王時、君公時、將時、相時、民時、人時、聖賢時、仙佛時、鬼神時、草木時、蠕動時、山時、海時、陸地時、舟楫時、車輿東馳西驅時、經時史時、諸子百家鼇擲而鯨呿時、詔時、制時、賦時、詩時、詞曲時、駢語絡繹月改星移時、黄農時、虞夏時、唐宋元明以迄於今，國家千秋萬歲。與時偕行、於時閔子耐庵曰：『吾聞之先儒之言曰：「日星不行，天地晦明。」時儆詳於夏政，時訓紀於周詩。漢立舉時之官，唐申讀令之制。或泥於古，或盭於今，有志於月緯而年經者，其毋乃合我孔子之惜分陰乎！』余弟霞山爰瞿然而前曰：『雕繪風雲，組繡月露，君其任之。考索成言，字編句纂，潤色太和，標新領異，余與農山伯氏效厥勞焉。』於是農山子听然而興曰：『大哉，時乎！《易》之言曰「觀天文以察時變，觀人文而化成天下」，於以奉若，於以禔身，於以問世。凡百君子，其鑒余與霞山今日敘時之心。時康熙壬申十一月朔日，農山董穀士題。

清 潘耒《〈古今類傳〉序》《古今類傳》 自歐陽率更有《藝文類聚》，虞永興有《北堂書鈔》，而類書始行於世。其後踵而為者滋多。如聚百藥於籠，唯醫師之所用；列五兵於庫，惟勇夫之所操。於纂言家固甚便也。無如編輯者，難得通人，罕能持擇，譾言長語，陳陳相因，令人易生厭，倦識者病之。苕上董子農山，學富才雄，大雅之士。聞其年來撰次類書，余曰：『是必有異。』頃乃先以《歲時日次》一編見示，余覽而歎曰：『奇哉，古未有也！從來紀歲時者，不過令節佳辰，略摭故實。為類書者，縱復旁搜博採，及於風土之記，占候之書，亦月數日焉止矣。未有旬旬而比之，日日而排之，自元旦至歲除，徵事綴言，條分件繫，無一欠缺如此書者也。觀其所取材，自正史、稗官、山經、地志、九流百氏之書，古今名人之集，無不披覽，無不採拾，此非家藏萬卷之書，目有十行之敏，棄絕人事，為之十數年，而能精詳若是乎！而董子之言曰：「吾之全書曰《古今類傳》。分天、地、人、物為四部，《歲時》特《天部》之一耳。其它悉類是。是非吾一人所能就。吾弟霞山實共成之。雖因也而實剏，雖故也而實新。」嗟乎！士生今日，而著書必補古人所未及為，而後可以名世。迭床架屋，徒勞人耳。若農山兄弟，得不謂善著書者哉！嘗一臠而知鼎味，一類如此，全書可知。吾嘗勸人勿輕著述。若董子所為，愈多愈善，吾將引領疾呼，督促其成。如海舶初至，已見火浣木難，非傾筐倒篋，盡發其藏，不快矣。康熙壬申仲冬松陵潘耒撰。

《四庫全書總目》卷六七《史部二三・時令類存目》 是書前有潘耒序，稱其『兄弟共撰類書，分天、地、人、物為四部，名曰《古今類傳》。先以《歲時日次》一編見示，乃天部中之一種』，然則未成之書也。其例首為歲序總類，次為春、夏、秋、冬四時類，每於一時一月又先為總類，後以一月分三十日，各纂輯典故詩文，略注所出，而以通用麗句附諸簡末，其所出則咸不注焉。

論說

《四庫全書總目》卷六七《史部二三・時令類存目》 搜採頗為繁富。然隸事在其意義，不在其字句，是書所摭往往乖其本旨。如王羲之春蚓秋蛇，本論書法，乃以春、秋二字入之歲序類中，是可為得古人之意哉？

著録

《清文獻通考》卷二二四《經籍考》 《古今類纂歲時部》四卷，董穀士、董炳文同編。穀士，字農山。炳文，字霞山，烏程人。潘耒序曰：『穀士兄弟共撰類書，分天、地、人、物爲四部，名曰《古今類傳》。先以《歲時日次》一編見示，乃《天部》中之一種。自元旦至歲除，徵綴條繫，無有缺者，其蒐採致爲繁富。』

《清通志》卷九八《藝文略》 《古今類纂歲時部》四卷，董穀士、董炳文同編。

《四庫全書總目》卷六七《史部二三・時令類存目》《古今類傳歲時部提要》 《古今類傳歲時部》四卷，浙江巡撫採進本，國朝董穀士、董炳文同編。穀士字農山，炳文字霞山，烏程人。

清 丁申、丁丙《八千卷樓書目》卷六《史部・時令類》 《古今類傳歲時部》四卷，國朝董穀士、董炳文同編，原刊本。

《清史稿》卷一四六《藝文志二》 《古今類傳歲時部》四卷，董穀士、董炳文同編。

節序同風録

論說

《四庫全書總目》卷六七《史部二三・時令類存目》 頗為詳備。然人事今古不同，方隅各異，尚任不分其時、其地，比而同之，又不著其所出，未免失之淆雜，不足以為典據也

傳記

《清文獻通考》卷二二一《經籍考》　孔尚任，號東塘，又號雲亭山人。曲阜人，官至户部郎中。

清　李放《皇清書史》卷二三　孔尚任，字季重，號東塘，一號岸舫，別號雲亭山人。曲阜人。至聖裔。官戶部員外郎。工詞翰，行楷秀潤，近趙董。

著録

《清朝通志》卷九八《藝文略》　《節序同風録》無卷數，孔尚任撰。

《清文獻通考》卷二二四《經籍考》　《節序同風録》，無卷數，孔尚任撰。尚任見傳記類。臣等謹按是書以十二月爲綱，以節令爲目，各紀其風俗事宜於下，蓋仿《荆楚歲時記》例也。

《四庫全書總目》卷六七《史部二三·時令類存目》　《節序同風録》無卷數，衍聖公孔昭煥家藏本，國朝孔尚任撰。尚任有《人瑞録》，已著録。是書仿《荊楚歲時記》為之，以十二月為綱，而以佳辰、令節分列為目，各載其風俗事宜於下。

《清史稿》卷一四六《藝文志二》　《節序同風録》十二卷，孔尚任撰。

時令匯記

論説

《四庫全書總目》卷六七《史部二三·時令類存目》　然所引神仙降誕飛升之期既為荒誕，又多以古人行記，如范成大《吳船錄》之類，所載每日至某處者，取為其日之故實，殊為假借也。

著録

《清通志》卷九八《藝文略》　《時令彙記》十六卷，【略】朱濂撰。

《清朝文獻通考》卷二二四《經籍考》　《時令彙紀》十六卷，《餘日事文》四卷，朱濂編。濂爵里未詳。

《四庫全書總目》卷六七《史部二三·時令類存目》　《時令匯紀》十六卷，《餘日事文》四卷，兩淮馬裕家藏本，國朝朱濂編。濂爵里未詳。是編所採皆四時十二月事實、詩賦，全用《藝文類聚》之體。復以是書但分節候而無日次，故更作《餘日事文》四卷，每月三十日皆。摭拾事實、詩賦以補之。

《清史稿》卷一四六《藝文志二》　《時令彙紀》十六卷，《餘日事文》四卷，朱濂撰。

卜歲恒言

綜述

清　汪曾孝《〈卜歲恒言〉序》（卜歲恒言）　吳子斗文，余嘉先生之令嗣也。性純孝，其交友也必誠必信，見富貴驕人者，則疏而遠之，見困苦無告者，必竭力以拯救之。少隨余嘉先生讀書，於愛日堂徹夜不眠，經書制藝而外，凡一切子史以及農圃醫卜之書，罔不究心焉。未幾，補揚郡博士弟子員，後因思慮過甚而成心疾。往師於無我道人，而得精導引之術，嘗於山莊習靜，值彌月不雨，農人咸怨之曰：『早知如是其旱乾也，則當取穀之宜於旱者而藝之，今苗將稿矣，可若何！』未期年而值霖雨不止，農人又怨之曰：『早知如是其陰雨也，則當取穀之宜於雨者而藝之，今禾將腐矣，可若何？』吳子曰：『曷不豫卜之乎？』農人曰：『何以卜之？』吳子曰：『天文有志，卜筮有書，恒其理深，其文奥，恐非爾農人所能粹解也。而欲其言之最明而最驗者，其惟方言諺語乎？』因取方言諺語之載於簡編者，匯為一冊，名曰《卜歲恒言》，農人爭而録之。且即取所言而卜其陰晴，陰晴驗焉；又取所言而卜其寒燠，寒燠又驗焉；更取所言而卜歲之豐歉，豐歉又靡不驗焉。客聞之趨而進曰：『先生澤及一鄉，何不梓之以公之天下乎？』吳子猶然笑曰：『此俗語也，烏足以行世？』客曰：『先生此書原為農人設也，何傷乎？』固請之，爰不得已而付之梓。時予與吳子砥礪文字，相與最善，欲予一言以冠篇首。予不敢辭，爰即其本末而為之序。年家同學弟汪曾孝升氏撰。

著録

（道光）《廣東通志》卷二七　吳鵠，江南合肥人。選貢二十五年任。

清　丁申、丁丙《八千卷樓書目》卷六《史部・時令類》　《卜歲恆言》二卷，國朝吳鵠撰，刊本。

《清續文獻通考》卷二六八《經籍考十二》　《卜歲恆言》二卷，吳鵠撰。

農候雜占

綜述

清　俞樾《春在堂雜文・續編》卷二《梁茝林先生〈農候雜占〉序》

《漢・藝文志》有泰壹《襍子候歲》二十六卷，《隋・經籍志》有東方朔《歲占》一卷，此皆唐以前古籍，今雖亡佚，然可見雨暘寒燠，關乎農事，推測占驗，著有成書，自昔然矣。長樂梁茝林先生，八閩碩彥，敭歷封疆，政績彪炳，弱冠卽嗜筆墨。五十餘年手不釋卷。蓋仕學兼優者矣。撰述之富，我朝居一，其已刻各種，風行海內，已不下六十餘種。而嗣君敬叔觀察，以名孝廉，筮仕之江。三十年來一官需次，藉得清閒，從事鉛槧，近復蒐輯其未刻之書，手自編纂次弟刊佈，《農候雜占》其一也。是書自正月至十二月，自天文、地理、人事、時令、至草木蟲魚，凡有涉占驗者，旁徵博引，備列無遺，分別部居，有條不紊，視《隋志》所收《田家歷》十二卷或加詳矣。昔齊有一足之鳥，孔子以童謠占之曰：『天將大雨，商著起舞。』於是諸國水溢，齊獨有備無患。劉子政載其事於《說苑》，而曰：『聖人非獨守道而已，睹物紀卽得其應矣。』夫欲睹物而得其應，非求之占驗不可。然則先生此書，其有裨於旱潦之備，而足以爲聖天子敬授民時之助者，豈小也哉！樾幸與觀察爲同年生，託於年家子之末，得與校讎之役。既畢，書數語於其簡端，異日買田數畝，歸老於烏巾山之陽，攜此書與村夫子共讀之，課晴雨，話桑麻，不至爲老農老圃所笑，則先生之惠我多矣。同治十有二年正月穀日，年家子俞樾謹序。

著録

清　丁申、丁丙《八千卷樓書目》卷一〇《子部・農家類》　《農候雜占》四卷，國朝梁章鉅撰，刊本。

《清續文獻通考》卷二七四《經籍考十八》　《農候雜占》四卷，梁章鉅撰，章鉅見經部論語類。

《清史稿》卷一四七《藝文志三》　《農候雜占》四卷，梁章鉅撰。

蔡氏月令

綜述

清　李慈銘《越縵堂讀書記・經部・禮類》　其書共二卷：上卷為《明堂月令論》，從《續漢志》劉昭注中録出者；次為《月令章句》，乃剌取《獨斷》及鄭氏《月令注》劉氏《續志》注陸氏《釋文》、孔氏《正義》、《初學記》、《藝文類聚》、《北堂書鈔》、《通典》、《白帖》、《太平御覽》諸書所引中郎遺文斷句，附以疏證。下卷為《月令問答》，從《中郎集》及《說郛》本録出者。次附以《月令集證》，乃採取古今及近儒之言《月令》者，以證《月令》非秦制。條理秩然，可以推見中郎一家之學。

其《章句》中辨正經文數字，如孟春之月鴻雁來，據《呂氏春秋》、《淮南子》作候雁北。此因鄭注止言今《月令》鴻皆為候而不言來北字之異，則《戴記》經文本亦作北也。王厚齋《困學紀聞》已言之。還反賞公卿諸侯大夫於朝，據陸氏釋文《唐石經》及《呂氏春秋》作還乃，以《正義》引夏秋冬皆作還乃，則知經文本亦作還乃也，《欽定石經》、《考文提要》已言之。措之於參保介之禦間，據注疏及《東京賦》作參保介禦之間，段氏玉裁已言之。仲夏之月仲冬之月處必掩身，據注疏及《呂氏春秋》皆作處必掩為句，嚴氏可均、盧氏文弨已言之，孟秋之月壞垣牆，據《正義》、《釋文》及《白帖》皆作壞牆垣，阮氏元《校戡記》已言之。此皆蔡氏述前人說已有定論者也。仲春之月玄鳥至至之日，據《初學記》引《月令章句》作玄鳥至之日；《毛詩》、《生民》傳玄鳥至之日云云，《疏》云皆《月令》文；《說文》乙部引《明堂月令》以及《續漢志注》、《北堂書鈔》、《藝文類聚》、《左傳正義》、《周禮疏》、《通典》、《白帖》、《太平御覽》引《月令》，皆作玄鳥至之日。考孔《疏》此段標經起止云自玄鳥至之日至高禖之前；又仲秋玄鳥歸，《疏》云玄鳥至不為仲春之候，則經文本作玄鳥至之日，不重至字作兩句甚明也。仲夏之月以定晏陰之所成，據《疏》引《章句》晏謂（謂本作為字，誤，蔡氏改正。）以安定陰陽之所成，因謂中郎訓晏為安定，則經無定字可知；釋義兼陰陽，則經有陽字可知。擬經文本作以晏陰陽之所成，與仲冬一例。陰陽方爭，一挨其定，一安其成，義皆蒙上，此二字可稱精心卓識矣。

清　周中孚《鄭堂讀書記》卷五《經部三之三·禮類三》　《蔡氏月令》二卷，道光甲申王氏校刊本。漢蔡邕撰。（邕字伯喈，陳留人，官左中郎將。）國朝蔡雲編。（雲字立青，號鐵耕，元和人。）《隋志》載蔡邕《月令章句》十二卷，《玉海》同。注云『十三篇』，（三當爲二字之誤也。）蓋中央篇與季夏卷合，而篇仍分也。考《新舊唐志》宋人書目即罕著錄，則其書久佚。王氏不過就《隋志》著之耳。王氏又引《中興書目》云：『今存一卷。』豈當時即有輯錄本，久之亦佚之歟？立青自謂伯喈之遠裔，承其家學，於是徧考經史，博採通人，取《明堂月令論》暨《月令問答》而詳訂之。《月令章句》暨經文之散在各書者，辨其異同而裒集之。上卷為《明堂月令論》，及《明堂月令章句》上下卷。爲《明堂月令章句》下及《月令問答》，又復博考羣書，反覆申究，旁及枝條，為以《月令集證》附焉。大都蒐輯精勤，討論詳審。其於一家之學，可謂深且醇矣。與同　時陸二疋堯春所輯本大同小異，皆有功於蔡氏者也。前有總目案語。及道光甲申江鐵君沅、顧澗蘋千里二序。又有無名氏所作傳後，有嘉慶戊寅自記。

傳記

（同治）《蘇州府志》卷九〇《人物十七》　蔡雲，原名靖，字立青。後更今名。仍其字。嘉慶甲子優貢生。最工制義。歲科試，及書院課，屢冠其曹。門下多知名士子，錫昌吳庠生早卒，亦善攷據。梁氏庭立紀聞採其說。

著録

清　顧廣圻《思適齋集》卷一一《蔡氏月令序》（甲申九月）　左中郎將撰集。漢事多湮沒於李郭之亂，太學七經四十六石，至洪供丞相蓬萊閣重鐫，乃百不逮一。《月令章句》十二卷、集十二卷，梁有二十卷，錄一卷，皆在《隋書·經籍志》。今集既非舊，而章句自唐宋以來即罕著錄。籲，可稀已！同邑蔡立青雲，陳留之裔也，於是乎有《蔡氏月令》之作，經疏史注，搜輯徵引。遺文佚句，補綴發揮。論及問答，成篇具在。大義冠端，祛疑連後。散者獲整，廢而復起。又復博考群書，反覆申究，旁及枝條，詳哉言之！豈徒述祖，恭承緒論？實亦著書可名一家也。

手稿授弟子程賡堂。而立青下世，賡堂不死，其師屬江鐵君沅寫定，將用刊行，以問序於予。予向者不撥檮昧，禮文經記，粗綜諸說。竊以為北海鄭君，時代正接，月令兩注，抑何徑庭？蓋中郎之學以今文家為主，鄭君之學以古交家為主，理自有此異同，言非故相出入，求其宏通，竝行不悖。觀北海之典單行，念高陽之著若墜，於立青此書，故樂觀其成之。且以為中郎於今文家之學可謂集其大成，作為文章，闡通經義。而天聖中歐靜所序十卷本集續者，往往不識家法，以致誤改，漸將失傳。輒欲校定，遺諸方來丹鉛曆歲，未逮汗青。每興吊於東都，期勒成於舊業。立青往矣！輿正奚從？綴筆之下，感慨系之焉。

道光四年重九後三日顧千里書於楓江僦儲舍之思適齋。

清 臧庸《拜經堂文集》卷二《刻蔡氏月令章句叙》己未季冬 余讀《後漢書·蔡邕傳》，而歎中郎生不逢時，有匡濟之略不見用，有纂述之才不能成。且脅於權奸，死於牢獄。後世不諒其志，復加以黨惡之名。未嘗不為之太息痛恨，悲感交集也。中郎母病，不解帶者三年，不寢寐者七旬。母卒，廬冢，馴兎擾室，木生連理，非至孝之感乎？密詔稽問，直對無隱，首揭妖祥災變之原，歷指貪濁佞邪之輩。明知言出禍隨，而冒死不避，非致身之忠乎？去聖人久遠，經籍多謬，俗儒穿鑿，疑誤後進，奏求正定六經，而手自書碑，命工鐫刻，俾後生晚學咸知取正，則有功聖經也。史才之難，莫難於志。師資胡廣，得其舊事，起自布衣，歷於患難，積累思惟，以成《十意》。又作《靈帝紀》及補傳四十二篇，則有功漢史也。詎以姦仇讒譖，始議大不敬棄市，後與家屬髡鉗徙朔方，明年宥還，又以閹黨銜怨，而亡命江海，遯跡吳會，困阨至矣！董卓一旦入朝，辟書先下，分明枉結，信宿三遷，匡導既申，狂僭屢革，六本史語，論卓雖權奸，而上有獻帝，猶漢相也。可不謂知己之遇乎！且史言董卓聞邕名高，辟之，稱疾不就，卓大怒詈曰：『我力能族人。』又切敕州郡舉邕詣府，是其迫脅之，以不得不進也。既如彼，又言卓多自很，用邕，恨其言少，從謂從弟谷曰：『董公性剛，而遂非終難濟也。吾欲遯逃山東以待之，何如？』谷曰：『君狀異恒人，每行，觀者盈集，以此自匿，不亦難乎？』邕乃止。是其既進而不能，退也又如此。驟聞卓誅，動色而歎，意氣之感，孰能忘情？設無此一歎，其事君必不能忠，其事親必不能孝，乃遽執此指為同逆，不亦冤乎？且同時盧鄭大賢咸與中郎交好，史云：『邕死，搢紳諸儒莫不流涕，北海鄭元聞而歎曰：「漢世之事，誰與正之？」』然則先師得壹意研經而不治史者，以有中郎在也。又《盧植傳》曰：『卓將誅植，植素善邕，邕前徙朔方，植獨上書請之。邕時見親於卓，故往請植事，卓乃止。』然則卓之不殺子幹，中郎請救之力也。語云，不知人，視其友。而范氏史贊與馬融並論，贊云：『藉梁懷董，名澆、身毀，顏誅。』擬人不倫矣。《顏氏家訓·文章篇》亦云：『馬季長佞損獲誚，蔡伯喈同惡受誅。』史言邕收付廷尉，乞黥首刖足，續成漢史。太尉馬日磾馳謂王允：『伯喈曠世逸才，多識漢事。當成後史，為一代大典。』是中郎垂死，惓惓漢記。寧嬰金鐵斷支體以成之。馬太尉深知，力救弗得，不能如司馬子長之下蠶室而成《史記》也，為千古恨事矣！中郎著《月令章句》，本傳失載。集言光和元年徙朔方，懼顛蹶隕墜，無以示後，遂於憂怖之中，成《月令說》，苟使學者以為可覽，則雖死而不朽。然則章句之作在患難中，葢深慮旦夕不測，草木同腐，將託是以表見，庶幾身毀名立也。鏞堂敬其人，悲其志，惜其書之不成，其所成者，後世復散亡。因採輯羣書所引，并録集中《月令問荅》、《明堂月令論》二首為二卷，以存中郎梗概焉。鏞堂年二十，始知治經，即捌端《月令》。據《呂氏春秋》以挍《小戴記》，塾師鄭清如、鄉先生莊保琛見而獎異之，遂欣然有志於學。後録成此本，十餘年於今矣。暇日重勘一過，擬付剞劂氏，學者讀其書，不可不知其人，竊為論及之。

（同治）《蘇州府志》卷一三七《藝文志二》 蔡雲《蔡氏月令章句》十四卷顧廣圻序。

清 張之洞《書目荅問》卷一《經部》 蔡邕《月令章句》二卷。蔡雲輯。道光四年王氏刻本，又馬瑞辰輯注本。

清 莫友芝《郘亭知見傳本書目·經部四·禮類》 《蔡氏月令》二卷。國朝蔡雲輯。漢蔡邕所著。採自群書，補綴成篇。道光四年王氏刊本。

清 李慈銘《越縵堂讀書記·經部·禮類》 閱蔡氏雲所輯《蔡氏月令》。雲字立青，吳縣人，錢竹汀弟子，嘉慶甲子優貢生。

歲序總考

明 陳三謨《新刻歲序總考·序》 余歸田十餘載，優游林藪，歷冬而夏，由秋而春，寒暑涼暄，遞相更代。余既謝交往，復寡經營，斗室爐香，恬然偃息。追憶昔年，奔走長安，晝則疲神章牘，勞形應酬，夜則枕榻清夢，數數驚回，披衣躍馬，倥傯就列，瘁逸閒劇，倍蓰殊矣。靜觀四時之序，檢閱曆書。考鏡往古，如天地干支，節氣中氣，月令分候，歲時令節，厥有奧義存焉。百姓日用而不知，自兒童以迄白首，不能窺析旨蘊。嗟夫！人本天地有生，而於陰陽之理憒憒其識，貿貿其趨，何以稱靈秀於群彙哉？余訂覈參伍，用成是編，題曰《歲序總考》，用以喻茫昧，而意則尤於業農桑者是急。蓋余方親耒耜，稔阡陌，故於陰陽之宜，更周事討論。粵維天地，化生萬物，以陰陽闔闢為樞機，二氣協和則八風之序立，萬物之性成，各循常軌，無相干奪。古昔帝王，謹於敬天，篤於養民，爰建羲和之官，順陰陽，察盈縮，乘時令以授民事。故二曜光明，風雨時若，寒暑適調，咎沴消泯，五穀熟，絲麻遂，草木茂，鳥獸蕃，民不疾夭，衣食贏贍。由是君尊於上，民安於下，政教洽，禮讓孚，熙熙太和之風，極治之世也。故曰：陰陽者，王事之本，羣生之命。詎不信乎？唐虞以後，是道或合或否，治忽迭見。今聖天子欽若之政，遠契唐堯海禹，涵泳太和盛化，邑謠里頌。主守曆象之官，兢兢奉職，罔或稍愆於占步。而中外撫字臣工，重民所天勞來勸相蒼赤胥知嚮，方樂有振掖具，皆恥游惰，習勤劬，循曆辨時，循時抒力，觸氣候之協應而志與俱興，因物理之潛通而功與俱樹。則余是編所列詁解，諸凡目視而心維，因疑而質問，種種有助賴焉。天運人從，時至事起，家鮮凍餒，賦免敲樸，居恒產以存恒心，豈不稱盛世良民哉？匪徒望以究討名義，逞資談吻已也。時將就梓，先請正於達觀大夫。謂是編也，小人固藉此以興利樂生，君子亦資之以養身育德。日積為月，月積為歲，由一歲以至百歲，俾窮簷蔀屋，田夫野老，各手一編而貽之子孫，共免日用不知之患。是刻誠不容已也。余則媿汗，罔敢當尚。冀博雅君子，有以教我焉。萬曆貳拾叁年，歲乙未，七月既望，賜乙丑進士前中順大夫太常寺少卿，歲在壬申，奉使頒詔朝鮮加一品服，虎林靈鷲峰山人錦江陳三謨自序。

歲時廣記

《四庫全書總目》卷六七　四卷　編修程晋芳家藏本

宋陳元靚撰。元靚不知其里貫，自署曰廣寒仙裔，而劉純作後序稱為隱君子，其始末亦未詳言，莫之考也。書前又有知無為軍巢縣事朱鑒序一篇。鑒乃朱子之孫，即嘗輯《詩傳遺說》者，後仕至湖廣總領。元靚與之相識，則理宗時人矣，其書《宋志》不著録，惟見於錢曾《讀書敏求記》，稱『前列圖説分四時為四卷』。今此本乃曹溶《學海類編》所載，卷首並無圖說，蓋傳抄者佚之。書中摭《月令》《孝經緯》《三統歷》諸書為綱，而以雜書所記涉於節序者，按月分隸。凡春令四十六條，夏令五十條，秋令三十二條，冬令三十八條，大抵為啟劄應用而設，故於稗官說部多所徵據。而《爾雅》《淮南》諸書所載足資考證者反多遺缺，未可以稱善本，特其於所引故典尚，皆備録全文，詳記所出，未失前人遺意，與後來類書隨意刪竄者不同，姑録存之以備參考焉。

宋　陳元靚《歲時廣記・朱鑒序》　有天之時，有人之時。寒暑之推遷，此時之運於天者也。曆書所載，蓋莫詳焉。至於因某日而載某事，此時之系於人者，端千緒萬，非托之記述，則莫能探其源委耳。噫！慶道長於一陽之生，謹履端於一歲之始，是蓋天時人事之相參，尤有可據。彼仲夏之重五，季秋之重九，豈天之氣候然也？而人實為之。使微考訂，孰知競渡之繇，楚靈均登高之因，費長房乎引類而伸，若此者眾。雖然荊楚歲時之所記善矣，惜乎失之拘也。秦唐歲時之所記夥矣，惜乎未之備也。今南潁陳君搜獵經傳，以至野史異書，凡有涉於節序者，萃為巨帙，殆靡一遺。仰以稽諸天時，俯以驗之人事。題其篇端，曰《歲時廣記》。求予文而序之。予惟陳君嘗編博聞三錄，盛行於世。況此書該而不冗，雅而不俚，自當與並傳於無窮云。宣教郎、特差知無為軍巢縣事，兼義武民兵軍正總轄、屯戍兵馬、借緋新安朱鑒撰。

又《劉純錫序》　識貴乎博，書患乎略。故入鄧林則知杞梓之良，窺武庫則識甲兵之富，此太平時祖所以廣其記也。然或紀錄雖詳，而採擇之未精，或條目雖備而顛末之多舛，覽者病焉。龜峰之麓，梅溪之灣，有隱君子，廣寒之孫，涕唾功名，金玉篇籍，採九流之秀潤，擷百氏之英華，輔以山經海圖，神錄怪牒，窮力積稔，萃成一書目，曰《歲時廣記》。搜節物之異聞，考風俗之攸尚，手編心緝，博而不凡，補白孔之或遺，續晏曾之未備，亦後來雜家者流之奇書也。誠使操觚之士得之，非特可施於竿櫝之貽，抑且有助於江山之詠。至於芳辰麗景，懷古感今，以心鏡之微，敷粲花之論，隨叩隨應，取之不窮。當有發久『不見異人必有得異書』之歎者矣！其有詢故實，則筆閣而不書，質異聞則口呿而莫對，此記問不廣之由。故曰：書不負人而人負書。文林郎新行在太平惠民和劑局監門劉純君錫撰。

歲時雜記

綜述

《四庫全書總目》卷一二〇《子部三十·雜家類四》　希哲少從焦千之、孫復、石介學，又從二程子、張子及王安石父子游，故其學問亦出入於數家之中，醇疵互見。《朱子語錄》稱其學於程氏，意欲直造聖人，盡其平生之力，乃反見佛與聖人合。今觀此書，喜言禪理，每混儒、墨而一之，誠不免如朱子所言。又《宋史》載王安石欲薦希哲為講官，希哲辭曰：『辱與公相知久，萬一從仕，將不免異同，則疇昔相與之意盡。』安石乃止。故所記安石父子事，亦無譏訶之詞。然其記顧臨使北之對，則謂為世教者當重儒，又謂祖孔宗孟，學之正也，苟異於此，皆學之不正。又記司馬光辟佛之語，又斥老子剖斗折衡之説，而深辨孔子非師老子。又極論禮樂之不可廢。則其所見特如蘇軾、蘇轍之流，時時出入二氏，固未可盡以異學斥。至於直載劉經《太學頌》，以見過尊安石，直載程公遜賀待制詩，以見過諛王雱，則於荊舒父子亦有微詞，非竟相黨附者矣。其他所記家世舊聞，朝廷掌故，多可與史傳相參考。中如『杞柳湍水』一條，『喜怒哀樂』一條，『耕莘釣渭』一條，今皆誤入《程氏遺書》中，殆以詞旨相近，故不及辨别耶？是書《宋志》不著錄。《通考·歲時類》中有呂原明《歲時雜記》二卷。考陸游《渭南集》有《歲時雜記》跋，稱太平無事之日，故都節物及中州風俗，人人知之，若不必記。自喪亂來七十餘年，遺老凋落無在者，然後知此書之不可闕。則當如《夢華錄》之韻。又周必大《平園集》有《歲時雜記》序，稱上元一門，多至五十餘條，則分門輯類之書，與此不合。惟《文淵閣書目》載《呂原明雜記》一曲，蓋即此本。其中所載詩話，如王逵贈蔡襄作，元絳賀王安石作，呂公弼遊東園作諸篇，厲鶚《宋詩紀事》皆未採入，知近代久無傳本。今以《永樂大典》所載，裒合成帙，編為二卷。間有呂氏他書之文，而《永樂大典》誤標此書者，疑以傳疑，亦並錄之，而各附案語訂正焉。

傳記

元 張光祖《言行龜鑒》卷四　呂原明，正獻公之長子也。正獻公居家，簡重寡默，不以事物經心，而申國夫人性嚴有法度，雖甚愛公，然教公事事循蹈規矩。甫十歲，祁寒暑雨，侍立終日，不命之坐，不敢坐也。日必冠帶以見長者，平居雖天時甚熱，在父母長者之側，不得去巾襪縛袴，衣服唯謹。行步出入，無得入茶肆酒肆，市里井巷之語，鄭衛之音，未嘗一經於耳；不正之書，非禮之色，未嘗一接於目。正獻公通判潁州，歐陽文忠公適知州事，焦先生千之伯強，客文忠公所，嚴毅方正。正獻公招延之，使教諸子。諸生小有過差，先生端坐，召與相對，竟夕不與之語。諸生恐懼畏伏，先生方略降詞色。時公方十餘歲，內則正獻公與申國夫人教訓如此之嚴，外則焦先生化導如此之篤，故公德器成就，大異衆人。公嘗言，人生內無賢父兄，外無嚴師友，而有成者，少矣。呂正獻公公著，年三十餘，通判潁州，已有重名。范文正知青州，過潁，來汶謁公，呼公謂曰：『太博，近朱者赤，近墨者黑。歐陽永叔在此，太博宜近筆硯。』申國夫人在廳後，聞其語，以教滎陽公。

《宋史》卷三三六《呂希哲傳》　希哲，字原明。少從焦幹之孫復、石介、胡瑗學，復從程顥、程頤、張載遊，聞見由是益廣。以蔭入官。父友王安石勸其勿事科舉以僥倖利祿，遂絶意進取。安石為政，將寘其子雱於講官。以希哲有賢名，欲先用之。希哲辭曰：『辱公相知久，萬一從仕，將不免異同，則疇昔相與之意盡矣。』安石乃止。公著作相，二弟已官省寺，希哲獨滯管庫久，乃判登聞鼓院。力辭，公著歎曰：『當世善士，吾收拾略盡，爾獨以吾故，置不試命也夫。』希哲母賢明有法度，聞公著言，笑曰：『是亦未知其子矣！』終公著喪，始為兵部員外郎。范祖禹，其妹婿也，言於哲宗曰：『希哲經術操行，宜備勸講，其父常稱為不欺暗室。臣以婦兄之故，不敢稱薦，今方將引去，竊謂無嫌。』詔以為崇政殿説書。其勸導人主以修身為本，修身以正心誠意為主。其言曰：『心正意誠，則身修，而天下化，若身不能修，雖左右之人且不能諭，況天下乎！』擢右司諫，辭，未聽。私語祖禹曰：『若不得請，當以揚畏來之邵為首。』既而不拜，會紹聖黨論起，御史劉拯論其進不由科第，以秘閣校理知懷州，中書舍人林希又言呂大防由公著援引，故進希哲，以酬私恩，凡大防輩欺君賣國，皆公著為之倡，而公著之惡，則希哲導成之，豈宜汙華職於是，但守本秩。俄分司南京，居和州。徽宗初，召為秘書少監。或以為太峻，改光祿少卿。希哲力請外，以直秘閣知曹州，旋遭崇寧黨禍奪職。知相州，徙邢州，罷為宮祠。羇寓淮泗間十餘年，卒。希哲樂易簡儉，有至行，晚年名益重，遠近皆師尊之，子好問，有傳。

清 黃宗羲《宋元學案》卷二三《滎陽學案》 祖望謹案，滎陽少年，不名一師。初學於焦千之，廬陵之再傳也。已而學於安定，學於泰山，學於康節，亦嘗學於王介甫，而歸宿於程氏。集益之功，至廣且大。然晚年又學佛，則申公家學未醇之害也。要之，滎陽之可以為後世師者，終得力於儒。述《滎陽學案》。梓材案：《呂侍講傳》及《呂氏雜誌》、《附錄》原在《安定學案》，謝山《序錄》別定為《滎陽學案》。

呂希哲，字原明，河南人。梓材案：呂氏世為東萊人，自文靖公始居京師，為河南人。正獻公之長子也。正獻相哲宗，先生交當世之學者。與伊川俱事胡安定，在太學並舍，年相若也。其後心服伊川學問，首師事之。梓材案：《伊洛淵源錄》先生《家傳》略云：『公始從安定胡先生瑗於太學，後遍從孫先生復、石先生介、李先生覯、王公安石學。』又言：『師事程先生頤，而明道程先生顥及橫渠張先生載兄弟、孫先生覺、李公常皆與公遊。』第考先生之於徂徠、盱江，蓋在師友之間，與范忠宣同，故謝山《序錄》特著『學於安定，學於泰山』，而不及石、李二先生也。王荊公謂：『士未官而事科舉者，為貧也。有官矣，而復事於此，是僥倖富貴利達，學者不由也。』先生聞之，遂棄科舉，以蔭入官。荊公為政，將置其子雱於講官，以先生有賢名，欲先用之。先生辭曰：『辱公相知久，萬一從仕，將不免異同，則疇昔相與之意盡矣。』荊公乃止。元佑中，伊川歸洛，貽書范內翰祖禹曰：『丞相久留左右所助，一意正道者，在原明爾。』父喪後，祖禹始薦為崇政殿說書，言：『正心誠意，天下自化。身不能修，雖左右之人且不能喻，況天下乎！』擢右司諫，累辭未獲，蘇文忠戲之曰：『法筵龍象，眾當觀第一義。』先生曰：『苟不得辭，當以楊畏為首。』以畏為文忠所厚也。會紹聖黨論起，出知懷州，謫居和州。徽宗初，復官知單州，召為光祿少卿，以直秘閣知曹州。尋奪職，知相州、邢州。奉祠，流寓淮、泗間。日讀《易》一爻，默坐沈思。政和中，卒，年七十八。晚年嘗言：『十餘年前在楚州，橋壞墮水，時覺動心。數年前大病，已稍稍勝前。今次疾病，全不動矣。』其自力如此。禮部尚書豐稷嘗舉先生自代，詞云：『心與道潛，湛然淵靜。所居則躁人化，聞風則薄夫敦。』

《四庫全書總目》卷一二〇《子部三十·雜家類四》 希哲字原明，先世萊州人，後家壽州。夷簡其祖，公著其父也。初以父蔭入官。公著為相之日，不肯求進取。公著沒，始為兵部員外郎，進崇政殿說書。紹聖初，以秘閣校理出知懷州，旋分司南京，居和州。徽宗初，召為光祿少卿。力請外補，以直秘閣知曹州，坐黨籍奪職。後複曆知相、邢二州，罷奉宮祠，羈寓淮、泗間以卒。事蹟具《宋史》本傳。

著録

宋 陳振孫《直齋書録解題》卷六《時令類》 《歲時雜記》二卷，侍講東萊呂希哲原明撰。希哲正獻公公著之子。號滎陽公。在歷陽時，與子孫講誦，遇節日則休。學者雜記風俗之舊，然後團坐飲酒以為樂，久而成編，承平舊事，猶有攷焉。

元 馬端臨《文獻通考》卷二〇六《經籍考》 《歲時雜記》二卷。陳氏曰：侍講東萊呂希哲原明撰。希哲，正獻公公著之子，呂滎陽公。在曆陽時與子孫講誦，遇節日則休學者，雜記風俗之舊，然後團坐飲酒以為樂，久而成編。承平舊事，猶有考焉。

明 楊士奇《文淵閣書目》卷八 《呂原明雜記》一部一冊【闕】。

明 陳第《世善堂藏書目録》卷下《各家六·時令》 《歲時雜記》二卷，呂希哲。

《四庫全書總目》卷一二〇《子部三十·雜家類四》 《呂氏雜記》二卷，永樂大典本，宋呂希哲撰。

（光緒）《重修安徽通志》卷三三八《藝文志·史部一》 《歲時雜記》二卷，呂希哲著。

藝文

宋 陸游《**渭南文集**》**卷二八**《**跋呂侍講〈歲時雜記〉**》 承平無事之日，故都節物及中州風俗，人人知之，若不必記。自喪亂來七十年，遺老凋落無在者，然後知此書之不可闕。呂公論著實崇寧大觀間，豈前輩達識，固已知有後日邪？然年運而往，士大夫安於江左，求新亭對泣者，正未易得。撫卷累欷，慶元三年二月乙夘，笠澤陸某書。

宋 朱熹《**晦菴先生朱文公文集**》**卷八四**《**跋呂氏〈歲時雜記〉**》 右呂公《歲時雜記》，熹得而伏讀之，既於周退傳、陸放翁之所嘆，竊亦深有感焉。又意公之爲此，亦前賢集録方書之遺意也。然則後之君子，又將有感於余言也。夫慶元巳未二月辛巳新安朱熹書。

宋 周必大《**文忠集**》**卷四八**《**題呂侍講希哲〈歲時雜記〉後**》 本朝承平歲久，斯民安生樂業，凡遇節物，隨時制宜。雖有古有今，或雅或鄙，所在不同。然上而朝廷，次而郡國，下逮民庶，歡娱熙洽，未嘗虛度，則一也。侍講呂公，當全盛時，食相門之德，既目擊舊禮，又身歷外官，四方風俗，皆得周知。追記於冊，殆無遺者。惟上元一門，多至五十餘條，百年積累之盛，故家文獻之餘，茲可推矣。慶元戊午秋，公之玄孫仙游，邑大夫祖平，以示平園老叟，周某竊有生晚不及見之歎云。

天文占驗

傳記

清 倪濤《**六藝之一録**》**卷三七二** 周履靖，字逸之，嘉興人。去經生業，專力為古文詞詩，編茅引流，雜種梅竹，讀書其中，自號『梅癲道人』。工隸章草行楷，與文休承、王元美相友善。

（雍正）《**浙江通志**》**卷一七九**《**人物六**》 周履靖，字逸之，少羸，去經生業，專力為古文詞，廢箸千金，庋古今典籍，編茆引流，雜植梅竹，讀書其中。所著詩盈百卷，手書金石古篆隸晉魏行楷及畫史稱是。劉鳳嘗作《貧士傳》遺之。

《**四庫全書總目提要**》**卷六〇**《**史部十六・傳記類存目二**》 履靖字逸之，能詩好事，與其妻桑貞白自相唱和，多刊書籍以行。《夷門廣牘》即其所编。蓋亦趙宧光、陳繼儒之流，明季所謂山人者也。

又 卷一九二《**集部四十五・總集類存目二**》 履靖在隆、萬間號為隱士，而聲氣頗廣，凡有著作，必請勝流為之題詠序跋。

著録

明 祁承㸁《**澹生堂藏書目・子部三・天文家**》 《天文占驗》一卷，又《占驗録》一卷。

清 錢謙益《**絳雲樓書目**》**卷二**《**天文類**》 《天文占驗》。

清 萬斯同《**明史**》**卷一三五**《**藝文志三**》 《天文占驗》二卷。

清 黃虞稷《**千頃堂書目**》**卷一三**《**天文類**》 《天文占驗》二卷，周履靖撰。

清 張廷玉《**明史**》**卷九八**《**藝文志三**》 《天文占驗》二卷，周履靖撰。

古今諺

綜述

《**四庫全書總目**》**卷一四四**《**子部五十四・小説家類存目二**》 是書採錄古今謠諺各為一編。然《賈子》及《太公兵法》引黃帝語，自屬巾機銘之遺文，或《列子》所謂黃帝書者，不得謂之為諺。且是書成於嘉靖癸卯，即載正德、嘉靖時諺，然則慎自造數語亦可入之矣。此蓋久居戍所，借編錄以遺歲月，不足以言著書。其孫宗吾誤刻之耳。

傳記

《明史》卷一九二《楊慎傳》 楊慎，字用修，新都人，少師廷和子也。年二十四，舉正德六年殿試第一，授翰林修撰。丁繼母憂，服闋，起故官。十二年八月，武宗微行，始出居庸關，慎抗疏切諫，尋移疾歸。世宗嗣位，起充經筵講官。常講《舜典》，言聖人設贖刑，乃施於小過，俾民自新。若元惡大奸，無可贖之理。時大璫張鋭於經論死，或言進金銀獲宥，故及之。嘉靖三年，帝納桂萼、張璁言，召為翰林學士。慎偕同列三十六人上言：『臣等與萼輩學術不同，議論亦異，臣等所執者，程頤、朱熹之説也。萼等所執者，冷褒、段猶之餘也。今陛下既超擢萼輩，不以臣等言為是，臣等不能與同列，願賜罷斥。』帝怒，切責停俸有差。踰月，又偕學士豐熙等疏諫，不得命。偕廷臣伏左順門力諫，帝震怒，命執首事八人下詔獄。於是慎及檢討王元正等撼門大哭，聲徹殿庭，帝益怒，悉下詔獄廷杖之。閲十日，有言前此朝罷，羣臣已散，慎、元正及給事中劉濟、安磐、張漢卿、張原、御史王時柯實糾衆伏哭，乃再杖七人於廷。慎、元正、濟竝謫戍，餘削籍。

慎得雲南永昌衛。先是廷和當國，盡斥錦衣冒濫官。及是，伺諸途將害慎。慎知而謹備之，至臨清，始散去。扶病馳萬里，憊甚。抵戍所，幾不起。

五年，聞廷和疾，馳至家，廷和喜，疾愈。還永昌，聞尋甸、安銓、武定、鳳朝文作亂，率僮奴及步卒百餘馳赴木密所，與守臣擊敗賊。

八年聞廷和訃，奔告。巡撫歐陽重請於朝，獲歸，訖復還。自是或歸蜀，或居雲南會城，或留戍所。大吏咸善視之。及年七十，還蜀。巡撫遣四指揮逮之還。嘉靖三十八年七月卒，年七十有二。

慎幼警敏，十一歲能詩，十二擬作《古戰場文》、《過秦論》，長老驚異。入京賦《黄葉詩》，李東陽見而嗟賞，令受業門下。在翰林時，武宗問欽天監及翰林星有注張，又作汪張，是何星也？衆不能對。慎曰：『柳星也。』歷舉《周禮》、《史記》、《漢書》以復。預修《武宗實録》，事必直書，總裁蔣冕、費宏盡付稾草，俾削定。嘗奉使過鎮江，謁楊一清，閲所藏書，叩以疑義。一清皆成誦。慎驚異，益肆力古學。

既投荒多暇，書無所不覽，嘗語人曰：『資性不足恃，日新德業，當自學問中來。』故好學窮理，老而彌篤。

世宗以議禮故，惡其父子特甚，每問慎作何狀。閣臣以老病對，乃稍解。慎聞之，益縱酒自放。明世記誦之博，著作之富，推慎為第一。詩文外，雜著至一百餘種，竝行於世。隆慶初，贈光禄大夫，天啟中，追謚『文憲』。

著録

清 李調元《〈古今諺〉序》（古今諺） 《古今諺》及《古今風謡》，乃升庵在滇採集諸書諺語，以娛目遣懷，非著書也。其孫刻之，焦氏因之，遂有單行本。其書本始於黄帝。考其首三條，則焦氏所附録先生論諺語，而後人添入壓卷者也。今仍之。按《賈子》引黄帝語，乃《巾機銘》、孔甲《盤盂書》也，不可謂之諺。意者先生論諺語所由起，故以之弁首乎？羅江李調元雨村撰。

《續通志》卷一六〇《藝文略五》 《古今諺》二卷，《古今風謡》二卷。明楊慎撰。

《續文獻通考》卷一八〇《經籍考》 楊慎《古今諺》二卷，《古今風謡》二卷。

《四庫全書總目》卷一四四《子部五十四·小説家類存目二》 《古今諺》二卷，《古今風謡》二卷。浙江汪啟淑家藏本，明楊慎編。

清 丁日昌《持靜齋書目》卷四 《古今諺》一卷，明楊慎撰。

清 丁申、丁丙《八千卷樓書目》卷一四《子部》 《古今諺》二卷，《古今風謡》二卷，明楊慎撰。《函海》本。《藝海珠塵》本。

清 季振宜《季滄葦藏書目》 《古今諺》《古今風謡》一本。

田家五行田家雜占

明 晁瑮《晁氏寶文堂書目・子雜》 《田家五行》。

又《農圃》 《田家五行》并拾遺。

明 祁承㸁《澹生堂藏書目・子部一・農家》 《田家五行》二卷。

明 朱睦㮮《萬卷堂書目》卷三《農家》 《田家五行》二卷，婁元禮。

清 黃虞稷《千頃堂書目》卷一五《類書類》 《田家五行》，婁元禮撰。

清 法式善《陶廬雜録》卷四 婁元禮《田家五行》。

清 錢曾《錢遵王述古堂藏書目録》卷六《農家》 婁元禮《田家五行》二卷，一本。

清 丁日昌《持靜齋書目》卷五 《田家五行》，明婁元禮撰。

占候成書

傳記

《四庫全書總目提要》卷一一四《子部二十四・藝術類存目》 文煥，字德甫，號全菴，一號抱琴居士，錢塘人。

著録

明 祁承㸁《澹生堂藏書目・子部三・天文家》 《卜家萃覽》十五卷，八冊。**【略】**《占候成書》二卷。

月令演

《婦德四箴》：徐士俊，原名翽，字三有，一字野君，仁和人。工書、畫，署款必曰『西湖某人』。詩文跌宕自喜。讀書日有程課，至老不倦。年近八旬，貌如嬰兒。四方才士常主其家。著《雁樓集》，又輯有《五君詠》。皆其知交中善畫而已逝者，曰楊澍、周跋、孫鶴霞骨、沈洪芳、趙養志。

海虞農家占驗

清 鄧琳《海虞農家占驗・學稼翁跋》 農家占驗，散見舊籍。雖不盡可據，皆要老農問晴課雨，閱歷有得，始播爲謠諺，以爲水旱之備者也。力田者所宜究心焉。顧地有山國、澤國之殊，又有寒帶、溫帶之別，驗於此者，不必驗於彼。吾邑鄧廣文琳輯《虞鄉誌略》，於占候一門，專就驗於一邑者録之，於吾鄉農事頗有關係，特別出印行，以資留心穡事者觀覽。題曰《海虞農家占驗》，非欲掠美，蓋紀實也。光緒乙巳仲春，虞山學稼翁跋。

農具類農書部

耒耜經

綜述

《四庫全書總目》卷一〇二《子部十二・農家類》 是編記犁制特詳，犁與耒耜，今古異名也。次及鑱，因又及爬與礰礋，而以磟碡終焉。敘述古雅，其詞有足觀者。舊載《笠澤叢書》中，故唐宋《藝文志》皆不載。陳振孫《書錄解題》始自出一條，意宋末乃別行也。

清 周中孚《鄭堂讀書記》卷四〇《子部四・農家類》 《四庫全書》存目，前有自序：稱耒耜者，古聖人之作也。自乃粒以來，生民賴之，曾不求命稱之義。非揚子所謂如禽者邪，因書爲經以備遺忘。今按其書皆詳釋農器之義，文筆頗爲古雅，本載《笠澤叢書》中，故唐宋史志諸家書目俱不著錄。且寥寥兩頁，幾不成卷。《津逮祕書》、《學津討原》均收入之，不過愛古之深情而已。

傳記

唐 陸龜蒙《甫里集》卷一六《江湖散人傳》 散人者，散誕之人也。心散、意散、形散、神散，既無羈限，為時之怪民。束於禮樂者外之，曰『此散人也』。散人不知耻，乃從而稱之。人或笑曰：『彼病子之散而目之，子反以為其號，何也？』散人曰：『天地，大者也，在太虛中一物耳。勞乎覆載，勞乎運行。差之晷度，寒暑錯亂。望斯須之散，其可得耶？水土之散，稽有用乎？水之散為雨、為露、為霜雪。水之局為瀦、為洳、為潢汙。土之散，封之可崇，穴之可深，生可以藝，死可以入。土之局，埴不可以為埏，甓不可以為盂。得非散能通於變化，局不能耶？退若不散，守名之筌。進若不散，執時之權，筌可守耶？權可執耶？』遂為《散歌》、《散傳》，以志其散。

又《甫里先生傳》 甫里先生者，不知何許人也。人見其耕於甫里甫里，松江上村墟名，故云。先生性野逸，無羈檢。好讀古聖人書，探六籍，識大義，就中樂《春秋》，抉擿微旨，見文中子王仲淹所為書云『三傳作而春秋』，散深以為然。貞元中，韓晉公嘗著《春秋通例》，刻之於石今在潤州文宣王廟，意以是學為己任，而顛倒、漫漶、翳塞無一通者，殆將百年，人不敢指斥疵纇。先生恐疑誤後學，乃著書摭而辯之。

先生平居以文章自怡，雖幽憂疾病中，落然無旬日生計，未嘗暫輟。點竄塗抹者，紙札相壓，投於筐箱中，歷年不能淨寫一本。或好事者取去，後於他人家見，亦不復謂己作矣。

少攻歌詩，欲與造物者爭柄，遇事輒變化不一。其體裁始則輘轢波濤，穿穴險固，囚鎖怪異，破碎陣敵，卒造平澹而後已。

好潔，几格、窗户、硯席，剪然無塵埃。得一書詳熟，然後寘於方册。值本即校，不以再三為限。朱黄二毫，未嘗一日去手。所藏雖少，咸精實正定可傳。借人書，有編簡斷壞者緝之，文字謬誤者刋之。樂聞人為學，講評通借不倦。有無賴者毀折揉汙，或藏去不返，先生戚然自咎。

先生貧而不言利，問之，對曰：『利者，商也。今既士矣，奈何亂四人之業乎？且仲尼、孟軻氏所不許。』

先生之居，有池數畝，有屋三十楹，有田奇十萬步吳田一畝當二百五十步，有牛不減四十蹄，有耕夫百餘指。而田汙下，暑雨一晝夜，則與江通，無別己田他田也。先生由是苦飢困，倉無斗升蓄積，乃躬負畚鍤，率耕夫以為具具區之具。且每歲波雖狂，不能跳吾防，溺吾稼也。或譏刺之，先生曰：『堯舜黴明飢切瘠，大禹胼胝，彼非聖人耶？吾一布衣耳，不勤劬，何以為妻子之天乎？且與蚉虻名器，雀鼠倉庾者何如哉？』

先生嗜荈，置園於顧渚山下。歲入茶在吳興郡，歲貢茶之所。租十許薄，為甌犧之實。自為品第書一篇，繼《茶經》、《茶訣》之後，《茶經》，陸羽撰。《茶訣》，皎然撰。南陽張又新嘗為《水說》凡七等，其二曰惠山寺石泉無錫縣，其三曰虎丘寺石井，其六曰吳松江。是三水距先山生遠不百里，高僧逸人，時致之以助其好。

先生始以喜酒得疾，血敗氣索者二年，而後能起。有客至，亦潔罇置觶，但不復引滿向口爾。性不喜與俗人交，雖詣門不得見也。不置車馬，不務慶弔。內外姻黨伏臘喪祭，未嘗及時往。或寒暑得中，體性無事。時乘小舟，設篷席，齎一束書、茶竈、筆牀、釣具、櫂船郎而已。所詣小不會意，徑還不留。雖水禽戛起，山鹿駭走之不若也。人謂之江湖散人，先生乃著《江湖散人傳》而歌詠之。由是毀譽不能入，利口者亦不復致意。先生性狷急，遇事發作，輒不含忍。尋復悔之，屢改不能矣。先生無大過，亦無出入事。不傳姓名，無有得之者。豈涪翁漁父，江上丈人之流者乎？

《新唐書》卷一九六《隱逸傳》 陸龜蒙，字魯望，元方七世孫也。父賓虞，以文曆侍御史。龜蒙少高放，通《六經》大義，尤明《春秋》。舉進士，一不中，往從湖州刺史張摶遊。摶曆湖、蘇二州，辟以自佐。嘗至饒州，三日無所詣。刺史蔡京率官屬就見之，龜蒙不樂，拂衣去。

居淞江甫里，多所論撰，雖幽憂疾痛，貲無十日計，不少輟也。文成，竄稿篋中，或歷年不省，為好事者盜去。得書熟誦乃錄，讎比勤勤，朱、黃不去手。所藏雖少，其精皆可傳。借人書，篇秩壞舛，必為輯褫刊正。樂聞人學，講論不倦。

有田數百畝，屋三十楹。田苦下，雨潦則與江通，故常苦饑。身畚鍤，薅刺無休時，或譏其勞，答曰：『堯、舜黴瘠，禹胼胝。彼聖人也，吾一褐衣，敢不勤乎？』嗜茶，置園顧渚山下，歲取粗茶，自判品第。張又新為《水說》七種，二慧山泉，三虎丘井，六松江。人助其好者，雖百里為致之。初，病酒，再期乃已，其後客至，挈壺置杯不復飲。不喜與流俗交，雖造門，不肯見。不乘馬，升舟設蓬席，齎束書、茶竈、筆床、釣具往來。時謂江湖散人，或號天隨子。後以高士召，不至。李蔚、盧攜素與善，及當國，召拜左拾遺。詔方下，龜蒙卒。光化中，韋莊表龜蒙及孟郊等十人，皆贈右補闕。

陸氏在姑蘇，其門有巨石，遠祖績嘗事吳為鬱林太守，罷歸無裝，舟輕不可越海，取石為重，人稱其廉，號『鬱林石』，世保其居云。

《太平廣記》卷二三五 吳郡陸龜蒙，字魯望，父賓虞，進士甲科，浙東從事。家於蘇臺，龜蒙幼精六籍，長而攻文。與顏蕘、皮日休、羅隱、吳融為益友。性高潔，家貧，思養親之祿，與張摶為廬江、吳興二郡倅。丞相李蔚、盧攜景重之。羅隱寄龜蒙詩云：『龍樓李丞相，昔歲仰高文。黃閣今無主，青山竟不焚。』蓋嘗有徵聘之意。唐末以左拾遺授之，詔下之日，疾終於家。與皮日休為詩友。

宋　計有功《唐詩紀事》 陸龜蒙，字魯望，父虞賓，浙東從事，居蘇臺。龜蒙攻文，與顏蕘、皮日休、羅隱、吳融友善。家貧，與張博為廬江、吳興二郡丞，李蔚、盧攜景重之。羅隱寄詩曰：『龍樓李丞相，昔歲仰高文。黃閣今無主，青山竟不焚。夜船乘海月，秋寺伴江雲。只恐塵埃裏，浮名點污君。』唐末以左拾遺授之，詔下日，以疾終於家。

皮日休《松陵唱和集序》云：『咸通十年，日休為吳郡郡從事，有進士陸龜蒙，以其業見造，其才之變，真天地之氣也。近代稱溫飛卿、李義山為之最，俾生參之，未知孰為後先。』

龜蒙，三吳人也。博雅多文，尤善談笑，嘗體江、謝賦事，名振吳下。藏書萬餘卷，詩篇清麗，與皮日休為友，唱和若干卷，號曰《松陵集》。中和初，遇疾而卒。陳給事為文志其墓矣。吳子華奠文千餘言，略曰：『大風吹海，海波淪漣，涵為子文，無偶無邊。長松倚雪，枯枝半折，挺為子文，真上巔絕。風下霜晴，寒鐘自聲，發為子文，鏗鏘杳清。武陵深間，川長晝白，問為子文，渺茫岑寂。豕突鯨狂，其來莫當。雲沉鳥沒，去其倏忽。膩若凝脂，軟於無骨。霏漠漠，澹涓涓，春哆治，秋鮮妍。觸即碎，潭下月，拭不滅，玉上煙。』

龜蒙少高放，從張摶遊，曆、湖蘇二州，辟以自佐。嘗至饒州，三日無所詣，刺史蔡京率官屬就見之，龜蒙不樂，拂衣去。不喜交流俗，不乘馬，升舟設蓬席，齎束書、茶竈、筆床、釣具往來，時謂『江湖散人』，或號『天隨子』、『甫里先生』，自比涪翁、漁父、江上丈人。

宋　馬永易《實賓録》卷二《甫里先生》 唐陸龜蒙，少高放，通六經大義，舉進士一不中，居松江甫里。往從張博遊，不喜與流俗交，雖造門，不肯見。不乘馬，升舟設蓬席，賚束書、茶竈、筆床、釣具往來，時謂江湖散人。散人者，散誕之人也。心散，意散，形散，神散。既無羈限，為時之怪，遂為《散人歌》。或號天隨子、甫里先生。後以高士召，不至。

宋 黄震《古今紀要》卷一四　陸龜蒙，字魯望，元方七世孫。高放，通六經，尤明春秋。一舉進士，不中。從湖州刺安張。嘗至饒州三日，無所詣。刺史蔡京率官屬就見，拂衣去。居松江甫里，多所論譔，憂貧不少輟。得書熟讀讎比，朱、墨不去手，所藏雖小，皆精可傳。借書必為輯褫刊正，樂講學。田數百，多苦雨潦，故常苦饑，身畚鍤。嗜茶，置園顧渚山下，自判品第，助其好者，百里致水。張又新為《水說》。病酒，不復飲。不交流俗，雖造門，不見。不乘馬，升舟束書、茶竈、釣具，時謂江湖散人、天隨子、甫里先生。以高士召，不至。召拜拾遺，已卒。逺祖績，自鬱林歸，舟輕，取石為重，召當龜門。

元 辛文房《唐才子傳》卷八　龜蒙字魯望，姑蘇人。幼而聰悟，有高致。藏書萬卷，無聲色之娱。舉進士不中，從張搏遊湖、蘇，又至饒州。三日無所詣，刺史率官屬就見，龜蒙不樂，拂衣去。居松江甫里，多所撰論。性不喜與俗流交，雖造門，亦罕納。不乘馬，每寒暑得中，體無事時，放扁舟，挂篷席，齎束書、茶竈、筆牀、釣具，鼓棹鳴榔，太湖三萬八千頃，水天一色，直入空明。或往來別浦，所詣小不會意，徑往不留。自稱江湖散人。中和初，遘疾卒。吴融誄文曰：『霏漠漠，淡涓涓，春融冶，秋鮮妍。觸即碎，潭下月；拭不滅，玉上煙。』

著録

《新唐書》卷六七《藝文志》　陸龜蒙《笠澤叢書》三卷，又詩編十卷，賦六卷。

宋 王堯臣《崇文總目》　陸龜蒙《笠澤叢書》三卷。陸龜蒙詩十卷。賦六卷。

宋 鄭樵《通志》卷七〇　陸龜蒙《笠澤叢書》三卷，又《詩編》十卷。

宋 晁公武《郡齋讀書志》卷一八　陸龜蒙《笠澤叢書》四卷。右唐陸龜蒙，魯望也。蘇州人。少高放，通六經大義，尤明春秋。舉進士一不中，從張摶為藴湖從事，居松江甫里。以文章自怡，少工歌詩，其體裁不一，卒造乎平淡而已。自號江湖散人，或號甫里先生，皆為之傳。新史多取之，而獨不云工歌詩。笠澤者，松江地名也。其集《自序》云：『自乾符六年春，卧病笠澤時，亦隱几著書，詩賦銘記，往往雜發，混而録之，故曰《叢書》。今按其集，歌詩為多，又比他文最工，新史疎漏如此。』

宋 陳振孫《直齋書録解題》卷一六　《笠澤叢書》四卷，《補遺》一卷。唐處士吴郡陸龜蒙魯望撰。為甲乙丙丁，詩文雜編。政和中，朱衮刋之吴江。末有四賦，用蜀本增入。

《笠澤叢書》，蜀本十七卷，元符中，郫人樊開所序。龜蒙自號天隨子，甫里先生、江湖散人。與皮日休善，有《松陵唱和集》，皆不在《文藪》、《叢書》中。

元 馬端臨《文獻通考》卷二三三《經籍考六十》　陸龜蒙《笠澤叢書》四卷。鼂氏曰：唐陸龜蒙，魯望也。蘇州人。少高放，通六經大義，尤明春秋。舉進士一不中，從張摶為藴湖從事，居松江甫里。以文章自怡，少工歌詩，其體裁不一，卒造乎平淡而已。自號江湖散人，或號甫里先生，皆為之傳。新史多取之，而獨不云工歌詩。笠澤者，松江地名也。其集《自序》云：『自乾符六年春，卧病笠澤時，亦隱几著書，詩賦銘記，往往雜發，混而録之，故曰《叢書》。今按其集，歌詩為多，又比他文最工。新史疎漏如此。』

清 黄虞稷《千頃堂書目》卷一五《類書類》　《耒耜經》，陸龜蒙。

《四庫全書總目》卷一〇二《子部十二・農家類》　《耒耜經》一卷，内府藏本，唐陸龜蒙撰。龜字魯望，吴江人，事蹟具《唐書・隱逸傳》。

清 周中孚《鄭堂讀書記》卷四〇《子部四・農家類》　《耒耜經》，《説郛》本，唐陸龜蒙撰。龜蒙，字魯望，吴江人。

清 丁申、丁丙《八千卷樓書目》卷一〇《子部・農家類》　《耒耜經》一卷，唐陸龜蒙撰，《學津討原》本，《百川》本。

清 孫星衍《孫氏祠堂書目外編》卷二《農家》　《耒耜經》一卷，唐陸龜蒙撰。

清 丁日昌《持靜齋書目》卷三　《耒耜經》一卷，津逮秘書刊本。唐陸龜蒙撰。入存目。

（同治）《蘇州府志》卷一三七《藝文二》　陸龜蒙【略】《耒耜經》一卷。

宋 范成大《吴郡志》卷二 吴農器甚備，以其地平夷，盡為田也。唐陸龜蒙有《耒耜經》，今具載之。

曰：農之言也。民之習，通謂之犁。冶金而為之者曰犁鏡，曰犁壁。斵木而為之者曰犁底，曰壓鑱，曰策額，曰犁箭，曰犁轅，曰犁梢，曰犁評，曰犁建，曰犁槃。木與金凡十有一事。耕之土曰墢，墢猶塊也。起其墢者，鑱也。覆其墢者，壁也。草之生必布於墢，不覆之則無以絶其本根，故鑱引而居下，壁偃而居上。鑱表上利，壁形下圓。負鑱者曰底，底初實於鑱中，工謂之鼈肉。底之次曰壓鑱，背有二孔，係於壓鑱之兩旁。鑱之次曰策額，言其可以扞其壁也，皆貼然相戴。自策額達於犁底，縱而貫之曰箭。前如桯而樛者曰轅，後如柄而喬者曰梢。轅有越，加箭可弛張焉。轅之上又有如槽，形亦如箭焉。刻為級，前高而後庳，所以進退曰評。進之則箭下，入土也淺。以其上下類激射，故曰箭。以其淺深類可否，故曰評。評之上曲而衡之者曰建。建，捷也，所以柅其轅與評。無是，則二物躍而出，箭不能止。横於轅之前末曰槃，言可轉也。左右繫以樫乎軛也。轅之後末曰梢，中在手，所以執耕者也。轅取車之胸，梢取舟之尾，止乎此平。鑱長一尺四寸，廣六寸，壁廣長皆尺，微橢。底長四尺，廣四寸，評底過壓鑱二尺，策減壓鑱四寸，廣狹與底同。箭高三尺，評尺有三寸，槃增評尺七焉。建雄稱絶。轅修九尺，梢得其半。轅至梢中間掩四尺。犁之終始丈有二，耕而後有爬，渠疎之義也，散墢去芟者焉。爬而有礰礋焉，有磟碡焉，自爬至礰礋皆有齒，磟碡觚稜而已，咸以木為之，堅而重者良。江東之田器盡於是。

明 徐光啓《農政全書》卷二一 磟碡，又作碌碡。陸【龜】蒙《耒耜經》云：耙而後有磟碡焉，有礰礋焉。自爬至礰礋皆有齒，磟碡觚稜而已，咸以木為之，堅而重者良。余謂磟碡，字皆從石，恐本用石也。然北方多以石，南人用木。蓋水陸異用，亦各從其宜也。其制長可三尺，大小不等。或木或石，刊木栝之，中受簨軸，以利旋轉。又有不觚稜，混而圓者，謂混軸，俱用畜力輓行，以人牽傍。輆打田疇上，塊岱易為破爛。及碾捍塲圃間，麥禾即脱稃穗，水陸通用之。

《欽定授時通考》卷三二 《犁圖説》：『犂，墾田器。犂以牛，故從牛。』《山海經》曰：『后稷之孫叔平始教牛耕。』注曰用牛犂。王楨曰：『易耒耜而為犂。不問地之堅强輕弱，莫不任使。欲淺欲深，求之犂箭；欲廉欲猛，取之犂梢。』犂之為器，豈不簡易而利用哉！其制詳陸龜蒙《耒耜經》。

唐 陸龜蒙《耒耜經》《説郛》卷一〇九 耒耜者，古聖人之作也。自乃粒以來至於今，生民賴之。有天下國家者，去此無有也。飽食安坐，曾不求命稱之義，非揚子所謂如禽者耶？余在田野間，一日呼耕甿，就而數其目，恍若登農皇之庭，受播種之法，淳風泠泠，聳豎毛髪。然後知聖人之旨趣，樸乎其深哉！孔子謂『吾不如老農』，信也。因書為《耒耜經》，以備遺忘，且無愧素食。

經曰耒耜，農書之言也。民之習通謂之犂。冶金而爲之者曰犂鑱，曰犂壁。斵木而為之者曰犂底，曰壓鑱，曰策額，曰犁箭，曰犁轅，曰犁梢，曰犁評，曰犁建，曰犂槃。木與金凡十有一事。耕之土曰墢，墢猶塊也。起其墢者，鑱也。覆其墢者，壁也。草之生必布於墢，不覆之則無以絶其本根，故鑱引而居下，壁偃而居上。鑱表上利，壁形下圓。負鑱者曰底，底初實於鑱中，工謂之鼈肉。底之次曰壓鑱，背有二孔，係於壓鑱之兩旁。鑱之次曰策額，言其可以扞其壁也，皆貼然相戴。自策額達於犂底，縱而貫之曰箭。前如桯而樛者曰轅，後如柄而喬者曰梢。轅有越，加箭可弛張焉。轅之上又有如槽，形亦如箭焉。刻為級，前高而後庳，所以進退曰評。進之則箭下，入土也淺。以其上下類激射，故曰箭。以其淺深類可否，故曰評。評之上曲而衡之者曰建。建，揵也，所以柅其轅與評。無是，則二物躍而出，箭不能止。横於轅之前末曰槃，言可轉也。左右繫以樫乎軛也。轅之後末曰梢，中在手，所以執耕者也。轅取車之胸，梢取舟之尾，止乎此平。鑱長一尺四寸，廣六寸，壁廣長皆尺，微橢。底長四尺，廣四寸，評底過壓鑱二尺，策減壓鑱四寸，廣狹與底同。箭高三尺，評尺有三寸，槃增評尺七焉。建雄稱絶。轅修九尺，梢得其半。轅至梢中間掩四尺。犂之終始丈有二，耕而後有耙，渠疎之義也，散墢去芟者焉。耙而後有礰礋焉，有磟碡焉，自耙至礰礋皆有齒，磟碡觚稜而已，咸以木為之，堅而重者良。江東之田器盡於是。《耒耜經》終焉。

《御定淵鑑類函》卷三五六　《耒耜經》，陸龜蒙曰：耒耜者，古聖人之作也。余在田間，一日呼耕甿，就而數其目，恍若登農里之庭，受播種之法。因書為《耒耜經》，以備遺忘。

《御定佩文韻府》卷二四　《耒耜經》，陸龜蒙序：余在田野間，一日呼耕甿，就而數其目，恍若登農皇之庭，受播種之法，淳風泠泠，聳堅毛髮。因書為，以備遺忘。

清　陳元龍《格致鏡原》卷四八　《耒耜經》：耒耜，農書之言也。民之習通謂之犁，冶金而為之者曰犁鑱，曰犁壁，斲木而為之者曰犁底，曰壓鑱，曰策頟，曰犁箭，曰犁轅，曰犁梢，曰犁評去聲，曰犁建，曰犁槃。木與金，凡十有一事，耕之土曰墢，猶塊也，起其墢者鑱也，覆其墢者壁也。故鑱引而居下，壁偃而居上。鑱之次曰策頟，言可以扞其壁也，皆貤然相戴。自策頟達於犁底，縱而貫之曰箭。前如程而樛者曰轅，後如柄而喬者曰梢，轅有越加箭可弛張焉。轅之上又有如槽形亦加箭焉，刻為級，前高而後庳，所以進退曰評。進之則箭下入土也深，退之則箭上入土也淺，以其上下類激射，故曰箭。以下淺深數可否，故曰評。評之上曲而衡之者曰建。建，揵也，所以抳其轅與評。無是則二物躍而出，箭不能止。橫於轅之前末曰槃，言可轉也。左右繫以樫乎軛。轅之後末曰梢，中在手，所以執耕者也。轅取車之胷，梢取舟之尾。

又　總論。《物原》：叔均作耖耙。《逸雅》：『杷，播也，所以播除物也。』《種蒔直説》：『犁一耙六，今人只知犁深為功，不知耙細為全功，耙功不到則土粗不實，後雖見苗立根，根不相著，土不耐旱，有懸死、蟲咬、乾死等病。蓋耙偏數惟多為熟。』

名類。《釋名》：『齊魯謂四齒杷曰欋。』郭璞《方言注》：『無齒為朳。』《急就章》注：『無齒為朳，有齒為杷，皆所以推引聚禾穀也。』《齊民要術》：『杷謂之鐵齒鎘錈。』《方言》：『杷，宋魏間謂之渠挐，或謂之渠疏。』《三才圖會》：『杷之制，直柄橫首，柄長四尺，首闊一尺五寸，列鑿方竅，以齒為節。夫畦畛之間，鎪剔塊壤，疏去瓦礫。場圃之上，耬聚麥禾，擁積稭穗，皆賴杷之用也。復有穀杷，或謂透齒杷，用攤曬穀。又耘杷以木為柄，以鐵為齒，用耘稻禾。又竹杷，場圃樵野間用之。』《農政全書》：『耙制有方耙，有人字耙，如犁亦用牛駕，但橫闊多齒犁，後用之，蓋犁以起土惟深為功，耙以破塊惟細為功。耙之後又用耖、用耮。耖如耙，其齒更長，所以耖土益細。耮，摩田器。』《耒耜經》：『耙而後有磟碡焉，有礰礋焉。自耙至礰礋皆有齒，磟碡，觚棱而以木為之，堅而重者良。』

《四庫全書總目·笠澤叢書提要》　陳氏曰：《叢書》為甲、乙、丙、丁，詩文雜編。政和中，朱衮刊之吳江。末有四賦，用蜀本增入。蜀本七卷，郫人樊開所序。龜蒙自號天隨子、甫里先生、江湖散人。與皮日休善，有《松陵唱和集》，皆不在《文藪》、《叢書》中。

臣等謹案：《笠澤叢書》四卷，《補遺》一卷，唐陸龜蒙撰。龜蒙有《耒耜經》，已著錄。此集為龜蒙自編，以其叢脞細碎，故名『叢書』。以甲、乙、丙、丁為次，後又有《補遺》一卷。宋元符間蜀人樊開始序而梓之。政和初，毘陵朱衮復行校刊，止分上、下二卷，及《補遺》為三。此本為元季龜蒙裔孫德原重鐫。既依蜀本釐為四卷，而序仍毘陵本作三卷者，字偶誤也。王士禎《漁洋文略》有此書。跋謂得都穆重刊蜀本，内《紀錦裙》在丙集，《迎潮詞》在丁集，而此本《錦裙》乙集，《迎潮詞》在丙集，敘次又不盡依蜀本之舊。疑德原又有所竄亂矣。龜蒙與皮日休相倡和，見於《松陵集》者，工力悉敵，未易定其甲乙。惟雜文則龜蒙小品為多，不及日休《文藪》時標偉。然閒情別致，亦復自成一家。固不妨各擅所長也。

藝文

宋　范成大《石湖居士詩集》卷三一《三次喜雨詩韻少伸善頌》　鄉非賢牧政通靈，幾負松陵《耒耜經》。天籟侵晨占少女，雨師連夜檄元冥。作霖豈必求商野，召見誰能右漢庭。聞道追鋒傳好語，從今側耳為君聽。

宋　林希逸《竹溪鬳齋十一藁續集》卷二《再和后村三絶句》其三　少小田家有熟緣，自騎牛背賦犂轅。閒思《耒耜經》高古，朗誦龜蒙數百言。

元　胡祗遹《紫山大全集》卷七《題張公佐〈江山歸棹圖〉》　遥岑寸碧有無中，遠水長空一色同。寫盡江湖蕭散意，前身應是陸龜蒙。

元　王惲《秋澗集》卷四《飼牛辭》　我性本疏拙，壯年樂郊居。況茲二頃田，近在城之隅。兩紀官為家，耕牛老無餘。

秋翻已失計，春種烏可虛。浮陽漲林坰，我甽猶荒蕪。傾囊買雙㸬，典卻杯與壺。

齒歲固云稺，野牧多形癯。角浪黯無光寒，毾躁不濡服。未試壠頭，喘息久未蘇。

田家作雖苦，大本誠在渠。嘗聞老農言，力盛出壯軀。時時過皂隖，付囑飲食劬。

早晏日有常，鎖屑豆與芻。均勻細為和，回嚥皆至腴。顧立終所舐，對之為嘻吁。

半生遊宦間，代耕竊官租。雖乏濟物功，遇事多直愚。鬬怯公戰勇，不知夏畦謏。

古人發畎畝，開務荷天衢。有莘伊衡耕，南陽孔明廬。大賢吾敢望，恥作遊說徒。

咄哉奚戚輩，販鬻庸自汙。百里西入秦，炊扊感妻孥。養生五羖皮，其志還自如。

越褐不掩骭，夜半歌嗚嗚。應憐南山粲，中有尺半魚。一朝遇霸主，立談開遠圖。

我歌意有在，歸來事耕鋤。水溢繼旱乾，二年儉餅儲。力田漢重科，躬耕需壯夫。

我老理當佚，反與若等俱。塗霑固不及，風日儘瘁枯。筋力日衰耗，毛髮不滿顱。

平頭七十數，溫煖帛肉須。舉家二百指，張口待爾餔。田間一笑起，謀生太區區。

非闗效周人，白首悲窮塗。庶配《耒耜經》，因之補《叢書》。

清 曹寅《楝亭詩文鈔·詩鈔》卷四《夜坐限螢字》 夜久覺無露，層霄微隱星。暗涼通井澤，聯坐度風螢。衹作菰蘆語，旁疏《耒耜經》。吾人常不襪，箕踞已忘形。

清 查禮《銅鼓書堂遺稿》卷二〇《鑄農具》 蕃俗少牛耕，民力苦胝胼。牯犢咋已買，農具今須全。製造宜法古，鑄器師任延漢任延爲九真太守，其俗燒草種田，不知牛耕，且無農具。延令鑄作田器，教之墾闢田疇，歲歲開廣，百姓充給，見《後漢書》。更稽天隨子，經傳《耒耜篇》唐陸龜蒙著有《耒耜經》。自此黃農庭，凜然拓極邊。於以資墾闢，於以成陌阡。鎛犂硐鐮鋤，善事必在先。置鑪毀鋒鏑，刀劍隨青煙。荷鍤如執銳，鑿井如攻堅。鳥耘察進退，嘉種等求賢。播種事南畝，稼穡期豐年。綢繆苦寒地，室毋嗟磬懸。

清 陳大章《玉照亭詩鈔·敝帚前集一》卷五《行菜》 雨甲烟苗嶄嶄青，槿籬竹柵日長扃。年華已悟隨朝菌，生事真宜作圃丁。抱甕百畦行自灌，提壺一醉欲無醒。邇來漸熟幽居味，擬續神農《耒耜經》。

清 陳瑚《確庵文稿》卷二《陸龜蒙》 天隨一怪民自號天隨子，又自謂怪民，翦然抱幽素性好潔，几格硯席，翦然無涘。叢脞笠澤書著《笠澤叢書》自序云：叢脞之書，囚鎖窊陵句《甫里先生傳》云：囚鎖怪異。又與皮日休有窊陵唱和。祝牛耒耜親廢自胼胝，著《耒耜經》，又著《祝牛宮辭》，鬬鴨筆茶舉今鬬鴨欄尚存，出必以筆床茶爐自隨。掩戶卻擊鮮，空腸貯詩賦日採杞菊自給，好事家擊鮮延致，閉関不出，率空腸貯，古聖賢道德語。

清 沈楳《題狄曉山先生歸課圖其二》《沅湘耆舊集》卷一五三 湖上君家聚德星，鯉庭長對簡編青。倦遊我亦思歸去，自讀天隨《耒耜經》。

清 胡鳳丹《退補齋詩文存二編》卷一〇《閩遊月餘將歸東浙別何筱宋尚書其三》 卅年知己少，寥落似晨星。鼎古分眞贗，流長識渭涇。我今懷莫白，公獨眼垂青。自顧山林老，勤披《耒耜經》咸豐初年都中締交將三十年矣。

清 黃釗《讀白華草堂詩二集》卷七《前溪即事四首其二》 桑疇□東南，彌望一何綠。時雨潤朝陽，葱倩出膏沐。桑翁抱□來，見客稍稍熟。我本耕田夫，《耒耜經》曾讀。欣然問田蠶，老翁轉□蹙。年年誇種桑，衣食尚難足。種藜得充腸，種麥得果腹。種桑為養蠶，成敗正難卜。

清 鈕琇《臨野堂詩文集·詩集》卷一二《春日湖村雜咏十六首其二》 板橋通枉渚，葦屋帶疎汀。蠶忌看門彩，農占說瓦靈。字浮蝌蚪黑，錢散蘚苔青。嬴得東皋子，新成《耒耜經》。

清 祁寯藻《饅飢亭集》卷一五《〈笠澤叢書〉題後》 夙慕天隨子，曾編《耒耜經》。豈眞甘笠澤，或亦比唐亭。阮籍非忘世，靈均本獨醒。筆牀容易辦，吾志在揚舲。

清 秦瀛《小峴山人集·詩集》卷六《寄山中人》 巖邊小小縛茅亭，日日呼童劚茯苓。岸幘時沾嵐氣白，芒鞵亂踏蘚痕青。窗前摩詰芭蕉畫，架上龜蒙《耒耜經》。似此閒居閒亦得，莫教猿鶴惱山靈。

清　沈叔埏《頤綵堂詩鈔》卷九《題袁春圃方伯鴛湖茶舫圖謹次韓城座師元韻》其二　㴲湖湖畔望湖亭，歸計閒繙《耒耜經》。水是還鄉偏有味，品泉底用問中泠。

清　石韞玉《獨學廬稿·三稿》卷三《林和靖有深居雜興詩十章愛其間適依韻和之》其二　銅山金穴苦嫌腥，仰看焦明入杳冥。泉石一區容我老，風塵雙眼為誰青。襄陽自著山林集，笠澤兼傳《耒耜經》。更愛顏公有家法，一篇遺誥在門庭。

清　宋琬《安雅堂未刻稿》卷五《春日田家二首》其二　白石青沙接草亭，槿籬疎密柳青青。閒來散帙憑烏几，自寫龜蒙《耒耜經》。

清　宋琬《安雅堂未刻稿·入蜀集下·鷓鴣天》陳叔明行年七十有三，邑宰高其誼，聘為鄉飲，介賓固辭不就，其殆隱君子之流歟。其二　俛仰乾坤一草亭，科頭箕踞眼還青。休妨南郭先生睡，不羨東吳處士星。泥藥竈，護花鈴。春來蜂蝶共經營。兒孫功課無他事，熟讀龜蒙《耒耜經》。

清　譚瑩《樂志堂詩集》卷一二《春日過何氏村居悦其風物之美將移寓焉賦贈》其九　課耕佳節不曾停，花外流鶯亦懶聽。人稱韶年新巷陌，風存太古舊門庭。石湖居士村田序，甫里先生《耒耜經》。老死未知離別苦，清明挿柳話長亭。

清　湯貽汾《琴隱園詩集》卷一一《別塔屹枝田家》渾源東　滾水當門撼夢醒，宿雲先出小茅亭。幾年壁上煙蘿子，一卷窗前《耒耜經》。春後桃花兼雨白，酒邊山色落衫青。鞭絲慣作無情別，回首煙村似畫屏。

清　湯貽汾《琴隱園詩集》卷一一《刈黍一斗》　舍東五畝蓬茅圃，去年種穀今年黍。去年刈穀兩斛餘，今年刈黍只供鼠。刈多刈少殊歡愁，人惰人勤底風雨。呼童洗甕舁糟牀，淙淙屋角泉聲長。夜來清夢向秋菊，明月半籬含酒香。不知禁得幾回醉，鸝鶹姑免朝來貰。學士非關佳醞留，步兵且博卑官利。嗟予少小未食力，老大徒慚太倉粒。牆陰亦有數畦蔬，懶廢惟餘三九碧韭名懶人菜，以其不須歲種也。幸有三男今長成，讀書但讀《耒耜經》。鋤犂便重勝戈戟，巾褐雖麄暖紱纓。山妻笑我空奢望，爾田不識東西向。孟光還是賃舂儔，人世浮雲飽即休。若待有田始解組，只怕白頭貪斗黍。

清　湯貽汾《琴隱園詩集》卷一九《題陸賫薌鐀鋤經圖》　金光瑶□呼龍耕，神仙不讀《耒耜經》。藥苗蔬甲春烟碧，老圃功成費筋力。何如經訓作菑畬，書田矻矻窮三餘。千倉萬箱此中獲。不比羸牛耕白石。一編在手鋤在肩，奈何辛苦無豐年。披圖一笑疑君顛，何如種酒淵明田，拋書醉倒黃花前。

又　卷二一《謝和甫贊府讀書小照》　不習《耒耜經》，必攻《貨殖傳》。此外讀何書，眼中殊未見。誰識哦松人，十年破萬卷。進忠退補過，二者當熟爛。愧予廢學久，《論語》不憶半。父書行復賣，半世悲貧宦。腹負甯辭嘲，披圖發三歎。

又　卷二九《沈春朝壽曾明府緑天補讀圖》　一行作吏此事廢，把卷何人向松桂。清秋幕府吟聲高，不信書城有君在。緑天無縫塵難侵，書聲出沒誰相尋。一時裙屐盡名士，多君獨惜分寸陰。慨我青氈少年棄，但讀陰符世無濟。即今臥病老滄江，風雨蕉窗感孤寄。牀頭一劍中宵鳴，幾時快意屠長鯨。貧無儋石百口餓，恨不窮研《耒耜經》。知君愛讀循吏傳，貨殖於今能弭亂。得慰司農仰屋嗟，不愁四野哀鴻喚。

清　田雯《古歡堂集》卷七《種瓜行贈韓坡》　韓坡種瓜不一種，瓜熟摘得千百筐。小者斑青成行隊，大者君蠢排兩廂。河村連亘十餘里，騎驢打門來拍張。自誇其瓜美無亞，東陵五色非尋常。十字巷中浪花少，椰子萍實皆傖荒。《耒耜經》與《齊民術》，此事久書於左方。一般更有西洋種，剖之如乳傾壺漿。子面有紋細於髮，蒼頡鳥篆爭微芒。雨後纍纍歲豐稔，扛來送與山薑嘗。日正卓午縱饞口，撑拄蟬腹兼龜腸。面上堆塵苦炎熱，御風濺齒生清涼。似與高士共晨夕，紅泉緑樹心徜徉。明年我亦學老圃，犂鋤自操身手彊。與君入山稱瓜隱，徒駭水上歌滄浪。

清　童槐《今白華堂詩録》卷八《晚步谿上過方氏園林小酌》　新雁幾時到，長空如此青。疏鐘沈遠水，高樹接秋星。生脫刀兵劫，談資《耒耜經》。停杯祇惆悵，垂白尚飄萍。

清　汪琬《堯峰文鈔》卷五〇《和説巖先生見寄絶句次韻六首》其一　白版雙扉晝亦扃，姓名羞入長官廳。只拈舊日陽秋筆，箋徧田家《耒耜經》。

清　張世進《著老書堂集》卷六《風車聯句》　嘗讀《耒耜經》張世進，農具皆有法。水車製已良王藻，茲乃更便捷。八風供使令陳章，萬澮隨歎欿。不藉黄犢牽陳皐，無煩赤脚踏。其下圓輪揉張四科，其上直木插。交縈縄纚纚蔣德，分張帆葉葉。軸斡聲呀呀萬涵，機觸齒業業。蜿蜒龍骨修世進，翩翻鴉翅接。厥工舟輿兼藻，爲用巽坎合。健行左右旋章，順動萬千匝。形既相烏肖皐，意仍轉蓬協。碌碌不恐泥四科，泛泛非利涉。田頭響刁調德，塍畔走鞺鞳。桔槔勞俯仰涵，轆轤困疲薾。遥睇誤連檣世進，側聽疑放閘。袖手夏畦閑藻，瞥眼秋稼納。爰知備物妙章，始識因地愜。作甘資灌輸皐，恒暘賴調燮。噫氣任自然四科，導流常不乏。溝車慶滿盈德，梁梠置妥帖。蠟祭從此修涵，飛廉貺宜荅世進。

清　張祥河《小重山房詩詞全集·詩舲詩續》卷一《陳芝楣中丞海塘竣工紀事和韻其二**》**　如鏡波恬島嶼青，迎騶歌頌徧滄溟。海疆喜見衣裳會，鹵地重修《耒耜經》。賫壤移圖來滬瀆，淮防分力到塘丁寶山海塘先成，此次興工多役淮夫。請看倬漢天章煥，出曙雲霞為列屏。

雜録

清　王士禎《帶經堂集》卷五〇《跋〈笠澤叢書〉》　康熙甲子春，予在成均，從温陵黄俞邰借《笠澤叢書》，係江西士夫家藏鈔本，以甲乙丙丁為次。喜其古雅可寶惜録而藏之，然舛午甚多，如乙集中《寒泉子》一篇脱落竟至十餘行，頗取文粹補正。又附録《小名録序》一篇，《夏五月端午後二日倈人顧淵自虞山來得毛扆斧季書見寄》，此本蓋宋元符蜀人樊開本，而都穆重校刊者，二本編次，篇目略同。惟《耒耜經》，江西本分耒耜數另為一篇；而蜀本甲集有樊序，丁集末有王益祥、陸德原及玄敬三跋。又有續補遺賦四篇，皆江西本所無。又《紀錦裙》在丙集，《迎潮詞》在丁集，《築城詞》在補遺中，與黄本次第小異耳。予舊藏皮襲美文藪舊版本，獨恨不得叢書合為一函，今一旦獲雙璧，快何如邪？因揮汗志之，時陪祀方澤齋宿國子監東廂書。

清　吴騫《愚谷文存》卷四《〈笠澤藂書〉題辭》　《笠澤藂書》，世尠善本也久矣。昔王阮亭司寇酷愛此書，嘗從黄俞邰徵君借鈔，所謂金陵餅肆本也。其後又得毛斧季寄本，所謂都元敬刊本也。書皆四卷，相傳出自天隨子手编。都本校黄本不同者，惟多王益祥跋，少《憶白菊閒吟》一絶句，及丙、丁二集中篇章前後少異耳。近時，三吴顧氏有刋本，紙墨雖精好，而亥豕舛錯殊甚，亦無王益祥跋，似從黄本翻雕。予恒欲訪求善本，是正而未果，以文嘗言鬱君陛宣收藏抄本最佳。秋日因偕過鬱君東歗軒，借得視顧本洵善，後有王益祥跋，已缺七十餘字，省其篇章次第，似據都本傳録，但不見南濠跋耳。校畢復出，予拜經樓所有舊人鈔本覆校，始知前二本，字句間爲後人率意竄改正復不少。予此本洵乎可珍，惜阮亭司寇不及見矣。按陳直齋《書錄解題》云：《叢書》爲甲、乙、丙、丁，詩文雜編。政和中，朱衮刋於吴江，《補遺》一卷，用蜀本增入。又云蜀本七卷，元符中郫人樊開所序。此本正七卷，第八卷爲《補遺》，不知出自誰手。視顧本少古近體詩十二首、送小雞山樵人序及樊朱諸人序跋，合諸樊序所云八十餘篇者，則定爲蜀本無疑。惜卷尾零落《耒耜經》，自散墢去芟者以下缺五歌，序一首亦缺，然而世無都本，已不知黄本之紕繆若此，又孰知尚有蜀本者存於今日以匡二本之失。屈指自樊氏爲序以來，已閲六百七十餘載，豈非所謂在在處處，有神物護持者耶？手較既訖，因跋其後，并以示以文。云時乾隆甲午秋日。

機汲記

唐　劉禹錫《劉賓客文集》卷九《機汲記》　瀕江之俗，不飲於鑿而皆飲之流。予謫居之明年，主人授館於百雉之内，江水沄沄，周墉間之。一旦有工爰來，思以技自賈，且曰：『觀今之室廬及江之涯，間不容畝，顧積塊峙焉而前耳。請用機以汲，俾矗然之狀莫我遏已。』予方異其說，且命之飭力焉。

工也儲思環視，相面勢而經營之。由是比竹以為畚，寘於流中，中植數尺之臬，輦石以壯其趾，如建標焉。索綯以為絙，縻於標垂，上屬數仞之端，亘空以峻其勢，如張弦焉。鍛鐵為器，外廉如鼎耳，内鍵如樂鼓，牝牡相函，轉於兩端，走於索上，且受汲具。及泉而修綆下縋，盈器而圓軸相上引。其往有建瓴之駛，其來有推轂之易。瓶繘不羸，如搏而升，枝長瀾，出高岸，拂林杪，逾峻防。刳蟠木以承澍，貫修筠以達脈。走下潺潺，聲寒空中，通洞環折，唯用所在。周除而沃盥以蠲，入爨而錡鍋釜以盈。飪餗之餘，移用於湯沐。涑澣之末，泄注於圃畦，雖濱湧於庭，莫尚其霈洽也。

昔予嘗登陴，擱然念懸流之莫可遽挹，方勉保庸，督臧獲，斠而絜之，至於裂肩龜手，然猶家人視水如酒醪之貴。今也一任人之智，又從而信之，機發於冥冥而形於用物。浩漾東流，赴海而期；斡而遷焉，逐我頤指。歸之所謂阻且艱者，莫能高其高而深其深也。

觀夫流水之應物，植木之善建，繩以柔而有立，金有剛而無固，軸卷而能舒，竹圓而能通，合而同功，斯所以然也。今之工，咸盜其古先工之遺法，故能成之，不能知所以為成也。智盡於一端，功止於一名而已，噫，彼徑始者，其取諸『小過』歟！

傳記

《舊唐書》卷一六〇《劉禹錫傳》 劉禹錫，字夢得，彭城人。祖雲，父漵，仕歷州縣令佐，世以儒學稱。禹錫貞元九年擢進士第，又登宏辭科。禹錫精於古文，善五言詩，今體文章復多才麗。從事淮南節度使杜佑幕，典記室，尤加禮異。從佑入朝，為監察御史。與吏部郎中韋執誼相善。

貞元末，王叔文於東宮用事，後輩務進，多附麗之。禹錫尤為叔文知獎，以宰相器待之。順宗即位，久疾不任政事，禁中文誥，皆出於叔文，引禹錫及柳宗元入禁中，與之圖議，言無不從。轉屯田員外郎、判度支鹽鐵案，兼崇陵使判官。頗怙威權，中傷端士。宗元素不悅武元衡，時武元衡為御史中丞，乃左授右庶子。侍御史竇群奏禹錫挾邪亂政，不宜在朝，群即日罷官。韓皋憑藉貴門，不附叔文黨，出為湖南觀察使。既任喜怒淩人，京師人士不敢指名，道路以目，時號『二王、劉、柳』。

叔文敗，坐貶連州刺史。在道，貶朗州司馬。地居西南夷，土風僻陋，舉目殊俗，無可與言者。禹錫在朗州十年，唯以文章吟詠，陶冶情性。蠻俗好巫，每淫祠鼓舞，必歌俚辭。禹錫或從事於其間，乃依騷人之作，為新辭以教巫祝。故武陵谿洞間夷歌，率多禹錫之辭也。

初，禹錫、宗元等八人犯衆怒，憲宗亦怒，故再貶。制有『逢恩不原』之令。然執政惜其才，欲洗滌痕累，漸序用之。會程异復掌轉運，有詔以韓皋及禹錫等為遠郡刺史。屬武元衡在中書，諫官十餘人論列，言不可復用而止。

禹錫積歲在湘、澧間，鬱悒不怡，因讀《張九齡文集》，乃敘其意曰：『世稱曲江為相，建言放臣不宜於善地，多徙五谿不毛之鄉。今讀其文章，自內職牧始，安有瘴癘之歎，自退相守荊州，有拘囚之思。托諷禽鳥，寄辭草樹，鬱然與騷人同風。嗟夫，身出於遐陬，一失意而不能堪，矧華人士族，而必致醜地，然後快意哉！議者以曲江為良臣，識胡雛有反相，羞與凡器同列，密啟廷諍，雖古哲人不及，而燕翼無似，終為餒魂。豈忮心失恕，陰謫最大，雖二美莫贖耶？不然，何袁公一言明楚獄而鍾祉四葉。以是相較，神可誣乎？』

元和十年，自武陵召還，宰相復欲置之郎署。時禹錫作《游玄都觀詠看花君子詩》，語涉譏刺，執政不悅，復出為播州刺史。詔下，御史中丞裴度奏曰：『劉禹錫有母，年八十餘。今播州西南極遠，猿狖所居，人迹罕至。禹錫誠合得罪，然其老母必去不得，則與此子為死別，臣恐傷陛下孝理之風。伏請屈法，稍移近處。』憲宗曰：『夫為人子，每事尤須謹慎，常恐貽親之憂。今禹錫所坐，更合重於他人，卿豈可以此論之？』度無以對。良久，帝改容而言曰：『朕所言，是責人子之事，然終不欲傷其所親之心。』乃改授連州刺史。去京師又十餘年，連刺數郡。

太和二年，自和州刺史徵還，拜主客郎中。禹錫銜前事未已，復作《游玄都觀詩序》曰：『予貞元二十一年為尚書屯田員外郎，時此觀中未有花木。是歲出牧連州，尋貶朗州司馬。居十年，召還京師，人人皆言有道士手植紅桃滿觀，如爍晨霞，遂有詩以志一時之事。旋又出牧，於今十有四年，得為主客郎中。重遊茲觀，蕩然無復一樹，唯兔葵燕麥動搖於春風，因再題二十八字，以俟後遊。』其前篇有『玄都觀裏桃千樹，總是劉郎去後栽』之句，後篇有『種桃道士今何在，前度劉郎又到來』之句，人嘉其才而薄其行。禹錫甚怒武元衡、李逢吉，而裴度稍知之。太和中，度在中書，欲令知制誥。執政又聞《詩序》，滋不悅。累轉禮部郎中、集賢院學士。度罷知政事，禹錫求分司東都。終以恃才褊心，不得久處朝列。六月，授蘇州刺史，就賜金紫。秩滿入朝，授汝州刺史，遷太子賓客，分司東都。

禹錫晚年與少傅白居易友善，詩筆文章，時無在其右者。常與禹錫唱和往來，因集其詩而序之曰：『彭城劉夢得，詩豪者也。其鋒森然，少敢當者。予不量力，往往犯之。夫合應者聲同，交爭者力敵。一往一復，欲罷不能。由是每製一篇，先於視草，視竟則興作，興作則文成。一二年來，日尋筆硯，同和贈答，不覺滋多。大和三年春以前，紙墨所存者，凡一百三十八首。其餘乘興仗醉，率然口號者，不在此數。因命小侄龜兒編錄，勒成兩軸。仍寫二本，一付龜兒，一授夢得小男侖郎，各令收藏，附兩家文集。予頃與元微之唱和頗多，或在人口。嘗戲微之云：「僕與足下二十年來為文友詩敵，幸也，亦不幸也。吟詠情性，播揚名聲，其適遺形，其樂忘老，幸也！然江南士女語才子者，多云元、白，以子之故，使僕不得獨步於吳、越間，此亦不幸也！今垂老復遇夢得，非重不幸耶？」夢得夢得，文之神妙，莫先於詩。若妙與神，則吾豈敢？如夢得「雪裏高山頭白早，海中仙果子生遲」、「沉舟側畔千帆過，病樹前頭萬木春」之句之類，真謂神妙矣。在在處處，應有靈物護持，豈止兩家子弟秘藏而已！』其為名流許與如此。夢得嘗為《西塞懷古》、《金陵五題》等詩，江南文士稱為佳作，雖名位不達，公卿大僚多與之交。

開成初，復為太子賓客分司，俄授同州刺史。秩滿，檢校禮部尚書、太子賓客分司。會昌二年七月卒，時年七十一，贈戶部尚書。子承雍，登進士第，亦有才藻。

《新唐書》卷一六八《劉禹錫傳》 劉禹錫，字夢得，自言系出中山。世為儒。擢進士第，登博學宏辭科，工文章。淮南杜佑表管書記，入為監察御史。素善韋執誼。時王叔文得幸太子，禹錫以名重一時，與之交，叔文每稱有宰相器。太子即位，朝廷大議秘策多出叔文，引禹錫及柳宗元與議禁中，所言必從。擢屯田員外郎，判度支、鹽鐵案，頗馮藉其勢，多中傷士。若武元衡不為柳宗元所喜，自御史中丞下除太子右庶子；御史竇群劾禹錫挾邪亂政，群即日罷；韓皋素貴，不肯親叔文等，斥為湖南觀察使。凡所進退，視愛怒重輕，人不敢指其名，號『二王、劉、柳』。

憲宗立，叔文等敗，禹錫貶連州刺史，未至，斥朗州司馬。州接夜郎諸夷，風俗陋甚，家喜巫鬼，每祠，歌《竹枝》，鼓吹裴回，其聲傖儜。禹錫謂屈原居沅、湘間作《九歌》，使楚人以迎送神，乃倚其聲，作《竹枝辭》十餘篇。於是武陵夷俚悉歌之。

始，坐叔文貶者八人，憲宗欲終斥不復，乃詔雖後更赦令不得原。然宰相哀其才且困，將澡濯用之，會程异復起領運務，乃詔禹錫等悉補遠州刺史。而元衡方執政，諫官頗言不可用，遂罷。

禹錫久落魄，鬱鬱不自聊，其吐辭多諷托幽遠，作《問大鈞》、《謫九年》等賦數篇。又敘：『張九齡為宰相，建言放臣不宜與善地，悉徙五谿不毛處。然九齡自內職出始安，有瘴癘之歎；罷政事守荊州，有拘囚之思。身出遐陬，一失意不能堪，矧華人士族必致醜地，然後快意哉！議者以為開元良臣，而卒無嗣，豈忮心失恕，陰責最大，雖它美莫贖邪！』欲感諷權近，而憾不釋。久之，召還。宰相欲任南省郎，而禹錫作《玄都觀看花君子》詩，語譏忿，當路者不喜，出為播州刺史。詔下，御史中丞裴度為言：『播極遠，猿狖所宅，禹錫母八十餘，不能往，當與其子死訣，恐傷陛下孝治，請稍內遷。』帝曰：『為人子者宜慎事，不貽親憂。若禹錫望它人，尤不可赦。』度不敢對，帝改容曰：『朕所言責人子事，終不欲傷其親。』乃易連州，又徙夔州刺史。

禹錫嘗歎天下學校廢，乃奏記宰相曰：

言者謂天下少士，而不知養材之道，鬱堙不揚，非天不生材也。是不耕而歎廩庾之無餘，可乎？貞觀時，學舍千二百區，生徒三千餘，外夷遣子弟入附者五國。今室廬圮廢，生徒衰少，非學官不振，病無貲以給也。

凡學官，春秋釋奠於先師，斯止辟雍、頖宮，非及天下。今州縣咸以春秋上丁有事孔子廟，其禮不應古，甚非孔子意。漢初群臣起屠販，故孝惠、高后間置原廟於郡國，逮元帝時，韋玄成遂議罷之。夫子孫尚不敢違禮饗其祖，況後學師先聖道而欲違之。《傳》曰：『祭不欲數。』又曰：『祭神如神在。』與其煩於薦饗，孰若行其教？今教頹靡，而以非禮之祀媚之，儒者所宜疾。竊觀歷代無有是事。

武德初，詔國學立周公、孔子廟，四時祭。貞觀中，詔修孔子廟兗州。後許敬宗等奏天下州縣置三獻官，其他如立社。玄宗與儒臣議，罷釋奠牲牢，薦酒脯。時王孫林甫為宰相，不涉學，使御史中丞王敬從以明衣牲牢著為令，遂無有非之者。今夔四縣歲釋奠費十六萬，舉天下州縣歲凡費四千萬，適資三獻官飾衣裳，飴妻子，於學無補也。

請下禮官博士議，罷天下州縣牲牢衣幣，春秋祭如開元時，籍其資半畀所隸州，使增學校，舉半歸太學，猶不下萬計，可以營學室，具器用，豐饌食，增掌故，以備使令，儒官各加稍食，州縣進士皆立程督，則貞觀之風，粲然可復。

當時不用其言。

由和州刺史入為主客郎中，復作《游玄都》詩，且言：『始謫十年，還京師，道士植桃，其盛若霞。又十四年過之，無復一存，唯兔葵、燕麥動搖春風耳。』以詆權近，聞者益薄其行。俄分司東都。宰相裴度兼集賢殿大學士，雅知禹錫，薦為禮部郎中、集賢直學士。度罷，出為蘇州刺史。以政最，賜金紫服。徙汝、同二州。遷太子賓客，復分司。

禹錫恃才而廢，褊心不能無怨望，年益晏，偃蹇寡所合，乃以文章自適。素善詩，晚節尤精，與白居易酬復頗多。居易以詩自名者，嘗推為『詩豪』，又言：『其詩在處，應有神物護持。』

會昌時，加檢校禮部尚書。卒，年七十二，贈戶部尚書。始疾病，自為《子劉子傳》，稱：『漢景帝子勝，封中山，子孫為中山人。七代祖亮，元魏冀州刺史，遷洛陽，為北部都昌人，墳墓在洛北山，後其地狹不可依，乃葬榮陽檀山原。德宗棄天下，太子立，時王叔文以善弈得通籍，因間言事，積久，衆未知。至起蘇州掾，超拜起居舍人、翰林學士，陰薦丞相杜佑為度支、鹽鐵使。翌日，自為副，貴震一時。叔文，北海人，自言猛之後，有遠祖風，東平呂溫、隴西李景儉、河東柳宗元以為信然。三子者皆予厚善，日夕過，言其能。叔文實工言治道，能以口辯移人，既得用，所施為人不以為當。太上久疾，宰臣及用事者不得對，宮掖事秘，建桓立順，功歸貴臣，由是及貶。』其自辯解大略如此。

藝文

宋 樓鑰《攻媿集》卷七三《書〈機汲記〉贈姜子陽題其後》 乾道五六年間，先光祿守括蒼兄弟隨侍，郡齋中無處不對谿山之勝，而山無水源，取汲於谿。一日，試同仲兄步至谿滸，一下數百步，又攀援而歸，喘汗久不定。相顧曰：『徒手上下猶如此。彼卒輩負水而登日不下數四，其勞甚矣。』思有以免之，竟無策而止。後偶讀《劉賓客集》有《機汲記》，聱牙難曉。詳究其說，則啞然曰：『是可施於括蒼無疑。』然久無所告語，姜子陽鈐轄沿檄來歸，因語及此。詢問甚悉，是有心於利物者。因為録賓客所記，又命工作小式以遺之。歸見黃堂，儻獻其說而贊成茲事。縱未能筧以達於正堂，但得引寘山上而運之，比汲於谿者大有間矣。外而公廚及公帑釀酒之須皆可以濟，下至巖居而谷汲者亦可倣此。若小有不合，則又在潤澤之功，子陽幸加之意焉。

農器譜

著録

宋 尤袤《遂初堂書目·農家類》《農器譜》。

宋 陳振孫《直齋書録解題》卷一〇《農家類》 《農器譜》三卷，續二卷，耒陽令曾之謹撰。安止之姪孫也，追述東坡作歌之意，為此編。周益公為之序，陸務觀亦作詩題其後。

元 馬端臨《文獻通考》卷二一八《經籍考四五》 《農器譜》三卷，續二卷。陳氏曰：耒陽令曾之謹撰。安止之姪孫也。追述東坡作歌之意，為此編。周益公為之序，陸務觀亦作詩題其後。周平園序曰：紹聖初元，蘇文忠公軾南遷，過太和，邑人宣德郎致仕，曾公安止獻所著《禾譜》，文忠美其溫雅詳實，為作《秧馬歌》，又惜不譜農器。時曾公已喪明，不暇為也。後百餘年，其姪孫耒陽令之謹始續成之。凡耒耜、耨鎛、車戽、蓑笠、銍刈、篠簣、杵臼、斗斛、釜甑、倉庾，厥類惟十，附以雜記，勒成三卷，皆考之經傳，參合今制，無不備者，是可補伯祖之書，成蘇公之志矣。其序牛犂，蓋一編之管轄，予嘗學稼，因演其說。《山海經》曰：『后稷之孫叔均，始作牛耕。』世以為起於三代，予謂不然。牛若常在畎畝，武王平定天下，胡不歸之三農，而放之桃林之野乎？故《周禮》祭牛之外，以享賓、駕車、犒師而已，未及耕也。不然，牽以蹊田，正使藉稻，何足為異，乃設『奪而罪之』之喻邪？在《詩》有云：『載芟載柞，其耕澤澤。千耦其耘，徂隰徂畛。』又曰：『有略其耜，俶載南畝。』以明竭作於春，皆人力也。至於『穫之積之，如墉如櫛』，然後『殺時犉牡，有捄其角』，以為社稷之報。若使之耕，曾不如迎猫迎虎，列於蠟祭乎？厥後王弼傳《易》，以為稼穡之資。宋景文公祁闢之曰：『古者牛惟服車，《書》「肇牽車牛」，《易》「服牛乘馬」，漢趙過始教牛耕』，蓋本賈思勰《齊民要術》。予謂輔嗣固失矣，賈氏及景文亦未為得也。按《論語》子謂仲弓曰：『犂牛之子，騂且角，雖欲勿用，山川其舍諸？』此聖人格言也。蓋犂田之牛，純雜牝牡皆可，祭牛則非純非牡不可，故曰『騂且角』也。注疏乃以犂為雜色，騂為赤純色，角為周正，近世諸儒並從此義。今觀《周禮·牧人》，時祀牲必用牷，牷，純色也；外祭毁事用尨，尨，雜色也。是則純雜之辨也。《封人》『設其楅衡』，《魯頌》『夏而楅衡，白牡騂剛』，是則言角之意也。竊疑犂起於春秋之間，故孔子有犂牛之言，而弟子冉耕亦字伯牛。彼《禮記》、《呂氏月令》，季冬出土牛示農耕早晚。賈誼《新書》、劉向《新序》俱載鄒穆公曰：『百姓飽牛而耕，暴背而耘。』大率在秦漢之際，何待趙過？過特教人耦犂共二牛，費省而功倍爾。《易傳》出於魏晉，第見牛耕，不復考其初。而賈公彦《考工正義》，遂謂起於後漢，其失尤甚。

《宋史》卷二〇五《藝文志四》 曾之謹《農器譜》三卷。

明 陳第《世善堂藏書目錄》卷下《農圃》 《農器譜》五卷，曾之謹。

明 焦竑《國史經籍志》卷四《子類》 《農器譜》五卷，曾之謹。

明 柯維騏《宋史新編》卷五〇《藝文志四》 曾之謹《農器譜》三卷。

清 陳昌圖《南屏山房集》卷二一 《農器譜》三卷，續二卷，宋曾之謹撰。按：之謹，温陵人，官耒陽令。先是紹聖時，曾安止作《禾譜》五卷，蘇軾惜其不譜農器，爲賦《秧馬歌》。之謹，安止之姪孫，追述東坡作歌之意，爲此編。周益公爲之序，陸務觀題詩其後。

清 嵇璜《續通志》卷一六六《圖譜畧》 宋曾之謹續《農器譜》。

（同治）《泰和縣志》卷二二《藝文録》 《農器譜》三卷，又續二卷，曾之謹撰。見《宋史·藝文志》。

（光緒）《江西通志》卷一〇五《藝文略三》 《農器譜》三卷，續二卷，曾之瑾撰。《書録解題》：之瑾，安止姪孫。

藝文

宋 陸游《劍南詩稿》卷六七《耒陽令曾君寄〈禾譜〉、〈農器譜〉二書求詩》 歐陽公譜西都花，蔡公亦記北苑茶。農功最大置不録，如棄六經崇百家。曾侯奮筆譜多稼，儋州讀罷深咨嗟。一篇秧馬傳海內，農器名數方萌芽。令君繼之筆何健，古今一一辨等差。我今八十歸抱耒，兩編入手喜莫涯。神農之學未可廢，坐使末俗慙浮華。

宋 周必大《文忠集》卷五四《曾氏〈農器譜〉題辭》 紹聖初元，蘇文忠公軾南遷，過太和，邑人宣德郎致仕，曾公安止獻所著《禾譜》，文忠美其温雅詳寔，為作《秧馬歌》，又惜不譜農器。時曾公已喪明，不暇為也。後不餘年，其姪孫耒陽令之謹始續成之。凡耒耜、耨鎛、車戽、簑笠、銍刈、篠蕢、杵臼、斗斛、釜甑、倉庾，厥類惟十，附以雜記，勒成三卷，皆考之經傳，參合今制，無不備者，是可補伯祖之書，成蘇公之志矣。

其叙牛犂，蓋一編之綰鎋，予嘗學稼，因演其說。《山海經》云：『后稷之孫叔均，始作牛耕。』世以為起於三代，予謂不然。牛若常在畎畝，武王平定天下，胡不歸之三農，而放之桃林之野乎？故《周禮》祭牛之外，以享賓、駕車、犒師而已，未及耕也。不然，牽以蹊田，正使藉稻，何足為異，乃設『奪而罪之』之喻耶？在《詩》有云：『載芟載柞，其耕澤澤，千耦其耘，徂隰徂畛。』又曰：『有畧其耜，俶載南畝。』以明竭作於春，皆人力也。至於『穫之積之，如墉如櫛』，然後『殺時犉牡，有捄其角』，以為社稷之報。若果使之耕，曾不如迎猫迎虎，列於蠟祭乎？厥後王弼傳《易》，以為稼穡之資。宋景文公祁闢之曰：『古者牛惟服車，《書》「肇牽車牛」，《易》「服牛乘馬」，漢趙過始教牛耕』，蓋本賈思勰《齊民要術》。予謂輔嗣固失矣。賈氏及景文亦未為得也、按《論語》子謂仲弓曰：『犂牛之子，騂且角，雖欲勿用，山川其舍諸？』此聖人格言也。

蓋犂田之牛，純雜牝牡皆可，祭牛則非純非牡不可，故曰『騂且角』也。注疏乃以犂為雜色，騂為赤純色，角為周正，近世諸儒並從此義。今觀《周禮·牧人》，時祀牲必用牷，牷，純色也；外祭毁事用尨，尨，雜色也。是則純雜之辨也。

《封人》『設其楅衡』，《魯頌》『夏而楅衡，白牡騂剛』，是則言角之意也。竊疑耕犂起於春秋之間，故孔子有犂牛之言，而弟子冉耕亦字伯牛。彼《禮記》、《吕氏月令》，季冬出土牛示農，知耕早晚。賈誼《新書》、劉向《新序》俱載鄒穆公曰：『百姓飽牛而耕，暴背而耘。』大率在秦漢之際，何待趙過？特教人耦犂共二牛，費省而功倍爾。《易傳》出於魏晉，第見牛耕，不復考其初。而賈公彦《考工正義》，遂謂起於後漢，其失尤甚。

然則《山海經》果荒唐歟？曰班固《藝文志》：《山海經》十三篇，而劉歆所校，凡三十二篇，定為一十八篇，固已不同歆。又云：出於唐虞之際，今考《史記》以不窋為稷子，譙周已謂世代不合，況叔均乎？故無錫尤袤定為先秦之書，非夏禹及伯翳所作，甚明。其在春秋之後，無可疑者。世人習熟見聞，多惑是説，予之譫諄亦可哂哉！若杷之屬，揚雄《方言》往往三名，耒陽既書之矣。宧游寖遂，他日所至，枚舉名物，採方言而附之，非所謂後世復有子雲者耶！嘉泰辛酉八月。

清 楊深秀《雪虚聲堂詩鈔》卷一《童心小草·題劉景韓師像師名仰斗》其二 青鐙如豆雪初晴，夜作蠅頭老眼明。案上一編《農器譜》，剛逢春及恰鈔成。

雜録

明 胡直《衡廬精舍藏稿》卷三〇《雜著》 吳門之貴胄，其先世田廬、貲藏稱雄，膴而有三子。其伯長，唯日鶩飲，慱恣聲伎，駘宕不返，卒為窶夫，莫以享其業。其仲懲之，則卸醴絶聲，身不離闠，研稽業籍，窮所自出，晝畆而記，刻銖而題，下逮於瓮盤穀枷之微，簿札充楹，自謂握祖父之遺算矣。然而田卒汚萊，泉貨内耗，事至必曰俟。案籍為之籍，日紛紜而家隳，猶伯兄也。至季弟則大懲，曰：『吾二兄均左矣。』於是躬履南畮，目徵貨器，日課子母，錢不多載記，而先業益充妻孥享其嬴，隣里食其餘。伯兄恚曰：『是齪齪者異我。』仲兄鄙曰：『是未嘗觀《農器譜》，而妄治農也；未嘗讀《貨殖傳》，而遽治貨也。』

農具記

清 陳玉璂《農具記》《檀几叢書》卷四二 農之爲具不一，而負牛之具曰犁。犁，利也。利發土絶草根也。《山海經》曰：『后稷之孫叔均，始教牛耕。』陸龜蒙《耒耜經》云：『耒耜通謂之犁。』耒耜即《易》所稱：『神農氏斲木爲耜，楺木爲耒也。』其制有冶金而爲之者，曰犁鑱，曰犁壁。斲木而爲之者，曰底，曰壓鑱，曰策額，曰箭，曰轅，曰梢，曰犁評，曰建，曰槃，如是而犁之事畢。

服牛之具曰軛，曲木竅其兩旁，通貫耕索，下繫以控牛項。潘岳《籍田賦》『葱犗服於縹軛』是也。驅牛之具曰鞭，紉麻合鞭，鞭有鳴鞘，人以聲相之，用警牛行也。衣牛之具曰衣，牛於牧養中，毛最疎畏寒。每冬月編織冗麻衣之，如裋褐，所云牛衣也。漢王章嘗卧牛衣中，晋劉實口誦手繩，賣牛衣自給，牛衣之制最近古也。如是而牛之事畢。

耕田之器則有若耙，以耘也。有若钁，主誅也。《爾雅》則謂之鐯也。有若臿，顔師古曰：『鍬也，有若鏵。』古農法云：鏵地宜深，鏵苗宜淺，以其柄如耒，首如刃，故名也。有若搭，農家不能盡有牛耕，嘗數家爲朋，工力相易，日可劚地數畝，以其齒劚土如相荅，故名也。有若田盪，均泥器也。使和水土，凹凸相平也。又鐵齒兩行列盪去草根也。計插秧之始，一月之内，凡三盪。越數日曰頭盪，越十日曰二盪，又越十餘日曰三盪也。有若長鑱，後偃而曲，上横木如拐，兩手按之，捩柄以起墢。杜少陵歌『長鑱長鑱白木柄』，是也。有若錢，《詩》曰『庤乃錢鎛』，錢與鏟同體而異名也。有若鎛，《詩》又曰：『其鎛斯趙，以薅荼蓼。』鎛，迫也，迫去地草也。《考工記》：『凡器皆有國工，獨無鎛。』非無鎛也，夫人而能爲鎛，不必國工也。有若耨，制與鎛略同。《易·繫》曰『耒耨之利以教天下』，是也。有若耰鉏，制又與耨略同。賈誼云『秦人借父耰鉏』，是也。如是而耕之事畢。

灌田之器則有若桶，箍木爲之，糞其田也。有若杓，亦箍木如盂，置之柄首，佐桶爲用也。有若瓦竇，置塘堰中，放水使入亦使出也。有若筐，若籃。郭璞云：『一器也，所以實灰土，使肥田也。』如是而灌之事畢。

藏種之器則有若蓧，若蕢。《魯論》：『丈人以杖荷蓧，又荷蕢而過孔氏之門。』器之從草者也。有若種箄，形如甓，用貯穀種，庋之風處，不致鬱浥，器之從竹者也。有若穀盅，編竹作圍，長短無定，入穀中以通氣，亦器之從竹者也。有若畚，晋王猛少貧賤，嘗鬻畚，此也。南方以蒲竹爲之，北方以荆柳爲之也。有若稻包，種之將布，必先浸之水際三日，以俟其萌，而以草束爲裹，俗曰稻包，無定制也。如是而藏種之器畢。

布種之器則有若瓠種，竅瓠貯種，穿兩首以木箪爲貫，瀉種於耕，犁隨掩過，覆土深，則雖暴雨，不至槌撻也。有若秧馬，榆棘爲腹，楸梧爲首，昂共首尾，以便兩髀，較之傴僂而作者，勞佚殊也。有若耨馬，似籃而長，兩端攀以竹系，寘跨間，餘裳斂之於内，使不礙留行也。有若臂篝，狀同魚笱，穿臂於内，卷衣袖便插苗也。有若簑，雨具也。有若笠，避雨亦蔽日也。二者自耕而穫皆相需，而布種尤急也。如是而布種之器畢。

收穫之器則有若推鐮，形如偃月，作兩股短叉，架以横木，兩首穿小輪，中嵌鐮刃，前向以斷禾莖也。有若籠，構竹木如屋，禾悉倒，控其穗。久雨之際，比積垛爲有功也。有若喬扦，竹長短相等，每三爲數，架田中控禾把，以風沮濕也。有若杌，平木爲之，平土壤之聚穀，便曝日也。有若竹杷，如童子聚薪之物，亦以攤穀也。有若曬槃，形廣而圓，邊緣微起，下繫竹二，兩端俱出，利扛移攤布也。有若摜箄，摜，抖擻也；箄，承所遺稻也。置木石之物於箄，舉稻把摜之，子粒隨落也。有若稻牀，制如鞍而大，足前昂後低，以竹爲界，而中空之，亦摜稻落子粒也。有若搭爪，如刀環以擐草禾之束，或積或擲，速於手挈也。有若杈，木幹鐵首，二其股，利如戈戟，箝取禾穗也。有若帚，掃遺穗也。有若擔，負禾具也。有若鈎，禾既成稛，鈎而負之也。有若連耞，用木條四，以生革編之，又或獨梃，皆於柄首造擐軸，舉而轉之，以撲禾也。有若風車，如馬牛蹲立，中使圓轉受風，以米穀漸加於背，而落於口，濕可使乾，雜可使净也。有若銍，若艾，詩曰『奄觀銍艾。』釋云：『穫禾短鐮也。』有若斗，若斛，以量穀知多寡也。有斛盪，制如尺，量穀使平也。如是而收穫之器畢。

作場之器則有若碌碡，或木或石，刊木括之，中受簨軸，利旋轉以碾捍場圃也。有若平板，長廣相稱，兩耳繫索，摩土使平也。有若捶，沉重之木數尺，刳項爲鈕以執手，兩人共舉，聲相呼答，用築田岸使堅，或用築場也。有若耰，《呂氏春秋》曰：『椎也。』摩田亦擊壤也。如是而作場之器畢。

戽水之器則若有桔槔，長木爲箱，三面如墻堵，仰而缺，置小板數十如斗，而以木貫之如索。水間以架相承，岸横輥軸，二寸木制如椎者十七八。又立横木，衆人俯之，而以足踐椎，首尾旋轉如轆轤，以引水上田也。有若水車，桔槔置之近水旁，用篾篷如風帆者五六，相爲牽絆，使乘風引水也。有若牛車，制如前，第以牛引之，省人力也。如是而戽水之器畢。

治穀之器則有若臼，杵臼也。有若碓，臼之變也。《廣雅》云：『臼，碻下力切，碓也。』有若碾，制如磟碡，碾穀出米也。有若篩箉，比篩疎而深，上有長係，可掛以篩穀也。有若磨，以竹爲齒，外實以土，下架木爲牀，以磨穀出米，俗呼礱，或曰龍也。有若竹揚鍁，剡木爲首，謂之木鍁，可撩穀物。又或以竹爲之，即云颺籃也。有若箕簸，揚米去糠也。《莊子》曰：『箕之簸物，去粗留精。』是也。如是而治穀之器畢。

余廬墓旁課奴子耕田，見農具凡若干，詢之老農，又考之古昔所稱，圖畫所載，有合有不合。有名異而實同，有名實俱異，而所用亦殊者。因爲文記之，使知所考云。

論説

李研齋云：『文字有經有緯，雖極考核、極典古、極長、極奥，使人讀之，自有線路可尋。』又云『文字碎而愈樸。』

嗚夏云：『於瑣屑處見奇古，於物俗處見精詳，是註《爾雅》之才，記《考工》之法。』原評

傳記

《清文獻通考》卷二三二《經籍考》 玉璂，字賡明，號椒峯，武進人。康熙丁未進士，官中書舍人。

清 秦瀛《己未詞科録》卷六 陳玉璂，字賡明，號椒峯，江南武進人。康熙丁未進士，授内閣中書舍人，著有《學文堂集》四十三卷。

《四庫全書總目》卷一八三《集部三十六》 玉璂，字賡明，號椒峰，

武進人。康熙丁未進士，官中書舍人。

清 沈德潛《清詩別裁集》卷九 陳玉璂，字賡明，江南武進人。康熙丁未進士，官中書舍人。

舍人於天文、地理、禮樂、兵農、河渠諸務，無不講求。賓客雜集，應酬不倦，暇則成詩，旬日之間，動至盈寸，遠近目爲才人。

清 王昶《國朝詞綜》卷五 陳玉璂，字賡明，武進人。康熙六年進士，官中書舍人，有《耕煙詞》一卷。

清 張維屏《國朝詩人徵略》卷七 陳玉璂，字賡明，號椒峰，江南武進人。康熙六年進士，官中書，有《學文堂集》。

雜録

清 海圃主人《續紅樓夢新編》第二九回《以道事君敢言簮職 遇禮而止解組歸農》 賈政教他二月間將善種地的人著一兩個來京，是賈政親口吩咐，莊頭敢不留意？正月底，就送了兩個人來。一個叫劉必顯，一個叫葉子富。約四十上下年紀，林之孝稟了賈璉轉稟，賈政那日正在稻香村內看閲農器，聽見甚喜，就叫帶他二人進來。林之孝把他領人，替賈政磕頭。賈政問了姓名，便將階下農器指著問他，並問其如何使用。那二人一一指說，賈政未能驟解。適值賈蘭在側，說道：『他二人只能用此器而不能舉其名，且鄉下人的稱謂亦多於古語不合。老爺若問其名而考所用，有毗陵陳椒峰先生所著《農具記》，最為詳博。孫兒查出，與老爺一看，便明晰了。』賈政甚喜，就叫：『你取來我看。』上寫道：《農具記》【略】

水利營田類農書部

吴中水利書（單鍔）

綜述

宋 薛季宣《浪語集》卷二七《書單鍔〈吴中水利書〉後》 走遊淛西，行湖瀼上，常怪其地庳下，古人何以能田，道吳江間，知長隄之障水也。《禹貢》：『三江既入，震澤底定。』諸家注疏，其言三江皆不可詳，第未之考見。震澤定於三江之已入，求之經旨，三江在震澤下為之敘矣。酈道元《水經注》松江奇分謂之三江口，引《吳越春秋》范蠡乘舟出三江之口，謂此別為三江，與《職方》稱謂相亂，庾仲方《吳都賦》注：『松江下七十里有水口，分流東北入海為婁江，東南入海為東江，與松江而三。』按《姑蘇圖經》，范文正恨不得導江入海，則吳中之水害救之，誠有道矣。昔者鯀堙洚水，禹行其所無事，三江入而震澤定，真無事也。比年，吳中薦澇，詔書詳求利害而疏通之，惜無一人能以古道言者，天子之澤從不下究，廢格明詔，甚無謂也。因讀東坡奏議，得元祐中去浙西後所上單鍔《吳中水利書》，其言宣洩陂堰之宜，曲盡古今之變，即採而用，禹蹟無難復者。所患國家重擾，有司憚煩，豪強不便己私，此事之所以難立也，走為三復單説，把翫不能釋手，惜乎禹書之説，單忘援以為據，故為表見，以備水官之採焉。世傳東坡工為文章，於政事蓋亡可述，誦其奏草自可不攻而破。蜩鷃笑鯤鵬之大亦何至哉？禹之功，范公、蘇公之志，單君之論，於吳之水害真膏肓之鍼石也，讀其書者，其可忽諸。

明 歸有光《震川集》卷三《水利論》 宜興單鍔著書，為蘇子瞻所稱，然欲修五堰，開夾苧幹瀆以截西來之水，使不入太湖。殊不知揚州藪澤，天所以瀦東南之水也。今以人力遏之，夫水為民之害，亦為民之利，就使太湖乾枯，於民豈為利哉？太史公稱河菑衍溢，害中國也尤甚，唯是為務，禹治四海之水而獨以河為務。余以為治吳之水，宜專力於松江，松江既治，則太湖之水東下，而餘水不勞餘力矣。

明 徐獻忠《讀單鍔〈水利書〉》（雍正）《浙江通志》卷一六八 獻忠讀此書，知東南水利莫詳於此。今昔雖有少殊，而源委蓄泄之大勢固猶同也。今世吳江隄岸日益堙塞，視鍔建議之時又不知其幾何矣。疏鑿之功既不能復舉，則湖州泄水之利自有不容以不講者。夫溧陽五堰西受高淳宣城，引入九陽江諸湖之水，東注震澤，此單鍔所謂上源之患也。明初鑿諸溧水石河遞引而北注，而於五堰築成堅壩，似乎太湖之患可泄矣，然太湖之源實出於天目及宜興以西諸山，方春夏水發之時，洪流奔放，悉注太湖，五堰之害雖息，而湖州之害固不可免也。今吳江隄岸既不可復鑿，豈可不思其泄注之故哉？湖州運河東抵平望幾一百二十里，太湖之水半泄其間。自運河以南，諸溪港會同北流，餘不諸溪及運河之水一派皆南出於石門，一派出於皁林，一派由巖墓東南出諸嘉興，一派東出王江涇，一派出平望。其間港汊經泄之處為民間所佔，日漸狹小，而上源諸漾積受洪流之處，漸至填塞，為蘆埂圍築，為藕蕩者又不知其幾也，是可不為厲禁以防閼閉之患哉！大抵歲多南風，則水患多在姑蘇，歲多北風，則水患多在吳興，此又分別所加之患也。防患之道自宜周詳，故宋乾道二年，詔漕臣王炎相視開掘浙西世家、新圍、草蕩、菱藕諸陂及岸際圍築耕種者所至，令守倅、縣令同共措置。淳熙三年，御史傅淇言近臣奏諸圍田堙塞水道之害，務在禁止，此乃拔本塞源之要術。然豪右之家未有無所憑依而肆意圍築者，聞浙西諸縣江湖草蕩計畝納錢，利其所入給據付之，望條約諸縣毋得給據與官民戶，茲皆前朝防患之道。及今禁約猶可消滅未來之患，若視為末務，等於故常，而不加之意，則吳興他日之患更有不可勝言者矣。夫吳興水利，更與蘇、松不同。蘇、松有海潮，淤塞之患不盡出於人為。吳興本無此患，惟禁絶有力者圍築之患足矣。有為民之仁念者，幸加意於此。

明 谷繼宗《刻單鍔〈水利書〉序》《吳中水利全書》卷二三 皇明永樂改元，太宗以蘇松水沴是憂，遣大司徒夏忠靖公總籌，督公取單書，師其意，東南竟弗魚腹，至今血食。且京闈曾發策試華亭，顧公清掇其言而對，即舉第一，累官少宗伯。野史氏曰：夫天下之學，莫大於水，故窮水績者通乎聖。《禹貢》曰：『三江既入震澤底定。』入者，入於海也。水性必歸於海。順也，順其性而導之，歸行其所無事也。故曰水之道也。單子祖《禹貢》而作書，書成身退，後世有述焉。嗚呼！單子身若屯矣！其書則昌蓋。屯者，命也。昌者，智也。數竒而理符也。雖然，單子之書論三州而止，此其學未通乎聖也，孟軻氏曰，禹以四海為壑，夫推而廣之，仁覆天下矣。

明 龔明之《中吳紀聞》卷六《吳中水利書》 宜興士人單諤嘗著《吳中水利書》，其説謂？蘇、湖、常三州之水瀦為太湖，湖之水溢於松江以入海，故少水患。今吳江岸界於松江太湖之間，岸東則江岸，西則湖江，東則大海也。自慶歷二年，欲便糧道，遂築北隄，橫截江流五六十里，遂致太湖之水常溢而不洩，浸灌三州之田。又覩岸東，江尾與海相接之處汚下，茭蘆叢生，沙泥漲塞，而又江岸之東自築岸以來沙漲，今為民居、民田矣。雖增吳江一邑之賦，而三州之賦不知反損幾百倍邪？今欲洩太湖之水，莫若先開江尾茭蘆之地，遷沙村之民，運其所漲之泥，然後以吳江岸鑿其土為木橋千所，以通糧運，隨橋衹開茭蘆為港走水，仍於下流開白蜆、安亭二江，使太湖水由華亭、青龍入海，則三州水患必滅。元祐中，東坡在翰苑，奏其書請行之。

《四庫全書總目·史部二十五·地理類》卷六九 《吳中水利書》一卷，兩江總督採進本，宋單鍔撰。鍔字季隱，宜興人，嘉祐四年進士，歐陽修知舉時所取士也。得第以後不就官，獨留心於吳中水利。嘗獨乘小舟，往來於蘇州、常州、湖州之間，經三十餘年，凡一溝一瀆，無不周覽其源流，考究其形勢，因以所閱歷著為此書。元祐六年蘇軾知杭州，日嘗為狀進於朝，會軾為李定、舒亶所劾，逮赴禦史臺鞫治，其議遂寢。明永樂中，夏原吉疏吳江水門，浚宜興百瀆。正統中，周忱修築溧陽二壩，皆用鍔說。嘉靖中，歸有光作《三吳水利錄》則稱『治太湖不若治松江。鍔欲修五堰，開夾苧幹瀆，以絕西來之水，使不入太湖。不知揚州藪澤，天所以瀦東南之水也。水為民之害，亦為民之利。今以人力遏之，就使太湖乾枯，於民豈為利哉！』其說稍與鍔異。蓋歲月綿邈，陵穀變遷，地形今古異宜，各據所見以為論，要之，舊法未可全執，亦未可全廢，在隨時消息之耳。蘇軾進書狀載《東坡集》五十九卷中，此書即附其後。書中有『並圖以進』之語，載於其上加貼黃，云：『其圖畫得草略，未敢進上，乞下有司計會單鍔別畫。』此本刪此貼黃，惟存別畫二字自為一行。蓋此書久無專刻，志書從《東坡集》中錄出，此本又從志書錄出，故輾轉舛漏如是也。

《四庫全書簡明目錄》卷七 《吳中水利書》一卷，宋單鍔撰。鍔究心水利三十年，據所目覩，著為此書。蘇軾嘗為奏進，雖不見用，然明夏原吉、周忱皆祖其遺法以成功。據軾進狀稱，原本有圖，今已佚矣。

傳記

《吳中水利書》附 單鍔，字季隱，宜興人。錫之弟，登嘉祐四年進士己亥劉輝榜。不就官，獨乘一小舟，偏歷三州蘓常湖水道，經三十年，一溝一瀆，無不周覽考究，著《吳中水利書》。蘓軾知杭州時嘗錄其書，進於朝，不果行，遂隱居不仕。李公擇誌其墓云：『才不竟於所用，命不副於所學。』後至明時，夏原吉治水疏吳江水門，濬宜興百瀆，周忱撫吳，修築溧陽二壩，皆如鍔策。鍔墓在顧山之右。

（乾隆）《江南通志·人物志》卷一六六 宋單鍔，字季隱，宜興人。兄錫，字君賜，嘉祐二年進士，明陰陽、圖緯、星歷諸書，嘗修周處《陽羨風土記》。鍔嘉祐五年進士，博學明經，著《吳中水利書》，蘇軾錄進於朝，不果行，後言水利者必宗之，子發政和進士，官太學錄。

著錄

《續通志·藝文略》卷一五九 《吳中水利書》一卷，宋單鍔撰。

《續文獻通考·經籍考》卷一七〇 宋單鍔《吳中水利書》一卷。鍔，字季隱，宜興人，嘉祐進士，得第後不就官。臣等謹案：宋元祐六年，蘇軾知杭州日，以鍔是書進於朝。會軾為舒亶所劾，其議遂寢。軾進書狀載《東坡集》五十九卷中，此書即附其後。馬考未著錄，今補入。

（乾隆）《江南通志》卷六一 單鍔著《吳中水利書》謂：五堰廢則宜歙諸水盡入震澤，三州水患無已。

又 卷一九二 《吳中水利書》，宜興單鍔。

清 丁申、丁丙《八千卷樓書目·史部·地理類》卷八　《吳中水利書》一卷，宋單鍔撰。《守山閣叢書》本。《常州先哲遺書》本。

清 陳揆《稽瑞樓書目》　《吳中水利書》一卷，鈔一册。

（同治）《蘇州府志·藝文四》卷一三九　單諤《吳中水利書》，宜興人。

《續文獻通考·經籍考十五》卷二七一　《吳中水利書》一卷，宋單鍔。

雜録

宋 王應麟《玉海》卷二二　元祐六年七月，蘇軾録進單鍔《吳中水利書》一卷。

宋 黃震《黃氏日抄》卷六二　奏開石門河以避浮山嶮，用侯臨之策也；奏鑿吳江以疏太湖之溢，繳單鍔之書也；集衆義以利無窮，用心之廣大如此，乞郡兩劄，平生出處莫詳焉，惜其氣之未平耳。

單鍔論吳中水利大略謂，譬之一身，五堰則首也，荊溪則咽喉也，百瀆則心也，震澤則腹也。傍通太湖，衆瀆則脈絡衆竅也，吳江則足也，五堰以上受宣歙、池陽、九江之水，使入蕪湖。百瀆在宜興今存者四十九條，自西堰之下，衆川由荊溪入震澤注於江以入海，地傾東南，其勢然也。自慶歷二年，欲便糧運，遂築北隄，横截江流五六十里，遂致震澤之水常溢。今欲泄震澤之水，莫若以吳江岸鑿其土為木橋千所以通糧運，而隨橋祺開茭蘆為港走水。

宋 陳傅良《止齋集》卷四三　問昔者大禹排淮決漢，導三江、定震澤而荊揚之患去。方今淮甸爲國藩籬，震澤近在股肱。郡言水利宜無先焉？蓋聞毗陵、吳興之間淪為沮洳者，皆故墟井聚落也。桑田積多，征賦積減，説者頗咎漕堤。曰禹跡三江，僅松江存耳，自堤作而江不足以瀉湖，繇是歲患滂溢，宜決之便是説則然矣。【略】凡見於馬遷之書、班固之志、桑欽之經，何者所當修理科鑽條畫。世所論著，若白氏之記六井，曾鞏之敘鏡湖，單鍔之論西浙，何者所當依用，併幸毋畧。

宋 佚名《京口耆舊傳》卷一　焦千之，字伯強，丹徒人。【略】八年知無錫縣，是歲大旱，運河涸，用單鍔言，車梁溪水灌運河，五日而通流，舟楫無滯。事見蘇文忠公軾録奏單鍔《吳中外水利書》，軾有《從千之求惠山泉詩》，正其作縣時也。

明 徐光啓《農政全書》卷一三　三江即《禹貢》所指者。宜興士人單鍔著《吳中水利書》，其説謂，蘇松常三州之水瀦為太湖，湖之水溢於松江以入海，故少水患。今吳江岸界於松江、太湖之間，岸東則江，岸西則湖，江東則大海也。自慶歷二年，欲便糧道，遂築此隄，横截江流五十里，遂致太湖之水常溢而不洩，浸灌三州之田。又覩岸東江尾與海相接之處茭蘆叢生，沙沱漲塞。而又江岸之東自築岸以來沙漲，今為民居、民田，雖增吳江一邑之賦，而三州之賦不知反損幾百倍矣！今欲洩太湖之水，莫若先開江尾茭蘆之地，遷沙村之民，運其所漲之泥，然後以吳江岸鑿其土為木橋千所，以通糧運，隨橋谹開茭蘆為港走水，仍於下流開白蜆、安亭二江，使太湖之水由華亭青龍入海，則三州水患必滅。元祐中，東坡在翰苑，奏其書，請行之。

明 張内蘊、周大韶《三吳水考》卷八　蘇軾《進單鍔〈水利書〉狀》

又　單鍔《吳中水利書》。

明 楊士奇、黃淮《歷代名臣奏議》卷二五二　蘇軾《進單鍔〈吳中水利書〉狀》。

明 姚文灝《浙西水利書》卷上　蘇文忠公《進單鍔〈吳中水利書〉狀》。

明 歸有光《三吳水利録》卷二　蘇軾奏疏，單鍔書。

明 張國維《吳中水利全書》卷一三　蘇軾《進單鍔〈吳中水利書〉狀》。

又　單鍔《吳中水利書》。

明 韓邦憲《廣通壩考》（《吳中水利全書》卷一九）　廣通鎮在高淳縣東五十里，世所謂五堰者也。西有固城、石臼、丹陽，南湖受宣歙、金陵、姑孰、廣德及大江水，東連三塔蕩、長蕩湖、荊溪、震澤，中可三五里，頗高阜。春秋時吳王闔閭伐楚，用伍員計開河以運糧，今尚名胥溪，及傍有伍牙山云。《左傳》襄公三年，楚伐吳克鳩茲至於衡山。哀公十五年，楚子胥、子期伐吳王桐汭，蓋繇此道。鎮西有固城邑遺址，則吳所築以拒楚者也。自是湖流相通，東南連兩浙，西入大江，舟行無阻矣。而漢唐來，言地理家者遂以為水源本通桑欽。《水經》云：中江在丹陽蕪湖縣東南，至會稽、陽羨入於海。《前漢書・地理志》於『丹陽蕪湖』註云：『中江出西南至陽羨入海。』應劭、顏師古註溧陽云：『溧水出南湖。』《後漢書・郡國志》：『蕪湖中江在西。』孔穎達書：今蕪湖、今烏程、今建平，義疏亦引漢史為證，蓋皆指吳所開者為《禹貢》三江故道耳，後不知何時漸湮。景福三年，楊行密據宣州，孫儒圍之五月不解，密將臺濛作魯陽五堰，拖輕舸饋軍，故得不困，卒破孫儒。魯陽者，銀林分水等五堰壩左右是也。壩西北有吳漕水，言吳王行密所漕也。至宋時不廢，故高淳易洩，民多墾湖為田者，而蘇、常、湖三州承此下流，水患特甚。宜興人進士單鍔採錢公輔議著《吳中水利書》，以為築五堰，使宣歙金陵九陽江之水不入荊溪太湖，則蘇常水勢十可殺其七八。元祐中，蘇軾稱其有水學，並其書薦於朝，詳具東坡奏議中。時用事者方欲興湖田，未之行也。故永豐等圩官司所築無慮數十萬，而固城、石臼、丹陽之間大抵多圩田矣。宣和中待制盧襄奏罷湖田及言開銀林湖為非切務於時，田方屬蔡、秦、韓諸將相家及□行宮，不便塞河，卒未行也。

清 閻若璩《尚書古文疏證》卷六下 又按：三江既定為松江、婁江、東江矣，而此三江亦言人人殊。茲取明嘉靖中王司業同祖考曰：案，太湖自吳江縣長橋東北合龐山湖者為松江，又東南分流出白蜆江入急水港，入澱山湖迤東入海者為東江，此單鍔《吳中水利書》所謂開白蜆江，使水由華亭青龍江入海是也。但澱湖之東已塞，不復徑趨入海，而北流乃合吳淞江，故曰東江已塞也。自龐山湖過大姚浦東北流三折成三江，俗呼為上清江、下清江、吳淞江，其實一江也。入崑山西南又分為二，一名勳娘江，五里許復合為一，經崑山南又東南過石浦，出安亭江，過嘉定縣黃渡入青龍江，由江灣青浦入海者為婁江，其安亭江在宋時已塞，單鍔所謂開安亭江，使水由華亭青龍入海者是也。至吳淞江入海，則今自吳縣西南邐迤而來，過崑山東南以達嘉定縣界曰吳淞江口，甚明，未曾塞。自宋以前，未有以劉家港為古婁江，以之自朱長文《續圖經》，始茲不取。

《吳中水利書・附録》 四庫館臣按：宋神宗元豐間議興水利，蘓文忠公知杭州，上封事獻單鍔書，史不概載，且罷中丞李定、舒亶劾奏，非神宗決桑田之詠，幾釀大禍矣。蓋其時以蘓公見忌，而豈有於録鍔哉？易曰：『屯其膏施未光也。』嗚呼！南渡之治可以鑒矣。

歸震川曰：太湖入海之道獨有一路，所謂吳淞者，顧江自湖口距海不遠，有湖泥填淤反土之患為民所占，所以淞江日隘，昔人別鑿港浦，以求一時之利，而淞江之勢日失，海口遂至湮塞，豈非治水之過歟？宜興單鍔著書為蘓子瞻所稱，然欲修伍堰，開夾苧幹瀆以截西來之水，使不入太湖，不知揚州藪澤，天所以豬東南之水也。今以人力遏之，夫水為民之害，亦為民之利，就使太湖乾枯，於民豈為利哉？治吳之水宜峕力於松江，松江既治，則太湖之水東下，而餘水不勞力矣。或曰，《禹貢》『三江既入震澤底定』。吳地尚有東江、婁江與松江為三，震澤所以入海，非一江也。曰，張守節《史記正義》云：『一、江西南上太湖為松江，一、江東南上至白蜆湖為東江，一、江東北下曰婁江。』本言二水皆松江之所分流。《水經》所謂長瀆歷河口東則松江出焉，江水奇分，謂之三江口者也，而非《禹貢》之三江。大抵説三江者不一，惟郭景純以為岷江、浙江、松江為近，蓋經特紀揚州之水。今之揚子、錢塘江、松江並在揚州之境，而松江由震澤入海，經蓋未之及也。由此觀之，則松江獨承太湖之水，其源近不可比擬楊子江而深潤，當與相雄長。范蠡云：吳之與越，三江環之。夫環吳越之境，非岷江、浙江、松江而何？則古三江並稱無疑。故治松江則吳中必無他水之患，然必令深潤與楊子對埒，而後可言復禹之績也。按此以岷江、松江、錢塘江為三江，與蔡註不同，更參之。按：太湖，《禹貢》曰『震澤』，《爾雅》曰『具區』，《左傳》曰『笠澤』，《史記》曰『五湖』，皆此也。五湖者，張勃《吳録》云：周行五百里，故名。虞仲翔云：東通長洲、松江、南通、烏程、霅溪、西通義興、荊溪，北通晉陵、滆湖，東連嘉興、韭溪。水凡五道，故謂之五湖。按：今湖中自有五湖，曰菱湖、莫湖、游湖、貢湖、胥湖。五湖之外，又有三小湖：梅梁湖、金鼎湖、東臯裡湖，捴謂之太湖。宜興有三湖：太湖、滆湖、洮湖。洮湖又在滆湖西北，《義興記》：『太湖、射湖、貴湖、陽湖、洮湖是謂五湖。』

清 胡渭《禹貢錐指》卷六 宋元祐中，宜興人單鍔著《吳中水利書》以濬松江為第一義。南渡都臨安仰給於浙西者尤重，時人熟見習聞，遂覺□州之水無大且急於松江者，而以為禹時亦然。

清 鄂爾泰《授時通考》卷一七 三江即《禹貢》所指者。宜興士人單諤著《吳中水利書》。其說謂，蘇湖常三州水瀦為太湖，湖之水溢於淞江以入海，故少水患。今吳江岸界於松江太湖之間，岸東則江，岍西則湖，江東則大海也。自慶歷二年，欲便糧道，遂築此隄，横截江流五十里，遂致大湖之水常溢而不洩，浸灌三州之田。又覩岸東江尾與海相接之處菱蘆叢生，沙泥漲塞，而又江岸之東自築岸以來沙漲，今為民居、民田，雖增吳江一邑之賦，而三州之賦不知反損幾百倍矣。今欲洩太湖之水，莫若先開江尾茭蘆之地，遷沙村之民，運其所漲之泥，然後以吳江岸鑿其土為木橋千所，以通糧運，隨橋谹開茭蘆為港走水，仍於下流開白蜆、安亭二江，使太湖之水由華亭青龍入海，則三州水患必減。元祐中，東坡在翰苑奏其書，請行之。

清 閻若璩《潛邱劄記》卷三 單鍔《吳中水利書》曰：嘗觀《考工記》：『善溝者，水漱之；善防者，水淫之。』蓋謂上水湍流峻急，則自然下水泥沙漱去矣。

清 潘天成《鐵廬集》卷一 問理財要道？先生曰：理財之道在先興水利，禹治水而後稷教稼【略】宜興進士單鍔欲於李禹卿所作太湖之堤作千洞石橋，蓄洩太湖之水。東坡愛其書上而行之，今皆壅塞，疏而通之，甚便也。

清 田雯《古歡堂集》卷二二《東壩高堰》 按：江南之有東壩，猶江北之有高堰。無高堰是無淮揚也，無東壩是無蘇常也。東壩在高淳縣東南六十里，與溧陽分界。高淳縣父老言，湖底與蘇州譙樓頂相平，假如水漲時壩一決，蘇常便為魚鼈。《兩河議》曰：高堰去寶應高丈八尺有奇，去高郵高三丈二尺有奇，高寶隄去興化泰州田高丈許或八九尺有奇，則去堰不啻卑三丈有奇矣。昔人築堰，使淮不東下而北趨，不然，淮一東下，安得有淮南數郡縣耶？觀此則壩與堰可廢乎？廢東壩者多出於壩上之人，至追究蘇軾單鍔之言。廢高堰者出於泗州之人，致潘季馴以毀陵之罪，殊可痛恨。

清 陸隴其《三魚堂文集》外集卷四《東南水利》 前代治東南之水者，宋莫詳於郟亶、單鍔，而明莫詳於夏原吉。郟亶主於築隄捍田，而單鍔主於滌源濬流，亶之說可以防一時之害，而鍔之說可以規百世之利。故急則宜從亶，而緩則宜從鍔。二者相時而舉之可也。

清 儲大文《存研樓文集》卷一一《夏忠靖公集序》 公所著詩、雜文暨家乘所録遺事，前賢論之詳矣。其功烈在明史而治兩浙水利，尤有德於吳。公沒幾三百年，遺績塵在。省大吏與鄉之談河渠學者屢議修復，然洮滆、震澤、白茆、瀏山、柘浦諸港，瀆堰【略】日就湮廢，苟非熟考三江名實，倣郟亶、單鍔之書而營畫行之，公之功其可幾哉？予吳人也，公集又常刋於常，既著公之克舉相職而復繫吳人之德公者，以示某君且遺公裔孫某。

明 錢穀《吳都文粹續集》補遺卷上《誼論水利之切於時者》 徐昔下流不疏而水上溢，故鑿直曲港還三江故道，開宜興百瀆，所以順導下流也。惟高原田徑乃瀦堰之爾。昔之言水如單鍔、夾亶皆是也。

藝文

明 曹學佺《石倉歷代詩選》卷四三二《蔣冕・送項德懋丞長洲專管水利》 故人別我長洲去，離觴已盡仍延竚。欲別不別難為情，歧路蕭蕭班馬鳴。矮屋長材君莫怨，錐處囊中末隨見。一官到處可哦松，何況長洲天下雄。君是深翁門下士，經術自優文史事。不見蘇湖治事齋，兵農元與水利偕。單鍔奇謀知滿腹，安得東坡無薦牘。何時推轂早重來，與君還對燕山杯。

河防通議

傳記

宋 楊傑《無為集》卷一二《故右諫議大夫贈工部侍郎沈公神道碑》

沈氏之先出於周文王之子聃季，食採於沈，因而命氏。漢光禄勳戎徙居會稽之烏程，後改烏程爲吳興郡，故沈氏以吳興爲望。由漢以來，世爲右族。宋有慶之，梁有休文。至唐潤州司兵參軍岌生愉，爲懷州都團練判官；愉生僎，爲同州馮翊尉；僎生師舉，爲太常協律郎；師舉生籍，爲衢州常山令，諱籍，即公之高祖考；越州剡縣丞，諱德鐃公，曾祖考也；海州朐山令，諱仁諒，公祖考也，贈工部尚書。諱平公，烈考也；太夫人胡氏，封安定郡太君。自朐山令，徙居歷陽，今爲歷陽人。源流深遠，慶德相承，篤生良臣，器識宏博。公諱立，字立之。少孤，力學。事母至孝，鞠育諸弟，率以懿行，鄉閭耆艾推以爲法。文詞敏贍，場屋有時名。天聖中，登進士第，歷任桐城尉，畿縣主簿，知績溪、洪雅二縣，通判壽州、益州，知池州、杭州、越州、江寧府、宣州、滄州，入爲三司户部鹽鐵判官，判都水監知審官西院，出爲淮南轉運副使，兩浙京西河北都轉運使，充江淮、兩浙、荆湖六路都大制置發運使，提舉商胡埽，提舉崇禧觀以老焉。由大理寺丞、殿中丞、太常博士，歷屯田都官、職方三員外郎、兵部郎中、太常少卿、集賢殿修撰、右諫議大夫贈工部侍郎。公自初仕已能夙夜勤職，廉義自持，孜孜民事，以報國家。故所至郡縣爲部使者皆以才稱。公尉桐城，盗不入境；主畿内，簿吏不敢欺；治小邑，皆興學舍；在商胡，採摭大河事迹、古今利病曰《河防通議》，世之治河者取以爲據。嘗遇蘇湖大水，民多艱食。公爲發倉廩、出餘財，選擇部吏，分主賑貸。時諸縣有率大姓出粟爲助者，公曰官廩充牣，烏用擾民，悉還給之。若積粟之家能自貸借下户者，候其豐歲，官為理償，民以爲便，存活甚衆。初領朔方漕，陛辭日，英宗皇帝曰：『知卿用心公家，故召卿經畫邊事，慎勿張皇。』公遍歷邊郡，經度處置，人不以爲疑，蓋能承上意也。公總外計，舊號冗劇，施設皆有條理。於是綱吏絶僥倖之望，疲兵無凍餒之苦，金帛豐羡，倉廩充溢。天子聞而嘉之。因奏計，上從容慰諭云：『知卿素有才力，更宜爲朕用心。』及存問家屬諸子次第，續遣中使賜中金二百兩以優其勞。鎮金陵日，上曰：『以卿清慎公勤，故以重地委卿。』問所藏書，令進所編《名山都水記》三百卷并家藏書目，乃賜詔書敦奬。公爲北朝正旦國信使。是歲，契丹行册禮。遣儐介曰：『能同北朝百官之服則入見。不爾，當叙班門外。』公正色曰：『遠銜君命，以通兩國之好。安可門外見耶？頃者，迓北使到闕。會本朝講元會之禮，亦未嘗命北使易衣冠，常禮不可遽易。』敵人無以答，遂以常服入焉。使還。賜金紫，旌其不辱命也。公嘗撰《茶法易覽》，具述茶之利害，於今著以爲令。熙寧二年，當轉對，力言邪正治亂之道，語甚切直。識者知其所存。公事三朝，白首一節。生平樂經史，手不釋卷。自奉甚約，其稍廪之餘，皆供紙札之費。故藏書埒於内府，累降中旨，就其第，傳録以補官書之闕。自元獻晏公而下，卿士大夫有歌詩序記百餘篇，以美其嘉尚。既退，歸歷陽。嘗曰：『吾起家寒素，仕宦至兩省。藏書三萬卷以遺子孫，年餘七十而支體康寧，是無一不如意也。』唯日與賓朋詩酒爲樂。所著《名山都水記》《茶法易覽》《河防通議》《鹽筴揔類》《賢牧傳》《稽正辨訛》《香譜》《錦譜》洎《文集》共四百卷。公治家有法度，教子有義方，故内外雍肅，諸子篤學，所至有能聲，皆其善教之致也。娶夫人吴氏，封濮陽郡君；繼娶夫人董氏，封仁壽郡君。男六人，長安國，次安民，早卒，次安道，次安上，次安節，次安禮。女四人，長適進士朱延之，次適宣州旌德縣尉曲師德，次適秘書丞裴維甫，次適濠州司法丁源，並早卒。孫男十四人，慶孫、壽孫、孝孫並試將作監主簿。餘尚幼。孫女三人。公既薨，樞密直學士錢公爲銘以納於壙中。其後鄉人耆舊懷公之德，過公墓下則肅然致敬。其孤請予文以書於碑，其銘曰：沈氏之源，濬於吴興。會稽東陽，令聞繼承。逮於朐山，政肅典刑。德積慶餘，我公以生。起家文儒，策科帝廷。筮仕甸畿，夙夜靡寧，宰牧觀風，若權在衡。進秩侍從，始終不傾。會計外内，轉輸富盈。孝友於家，接物信誠。利在邦國，愛均編氓。典領都水，濬治有經。民乃奠居，以耨以耕。審官進賢，公哉黜陟。奉幣出疆，燁燁旆旌。華服不易，憲度是憑。不辱君命，正色虜庭。書載史官，炳然丹青。功成願歸，請符金陵。天子曰嘻，詔其屢登。昌言啓沃，衮章其榮。惠浹政行，鎮移宣城。囊封乞身，掛冠林坰。天子念勞，嗟其頽齡。俾奉琳宫，燕閒紫清。歸老歷陽，錦繡耀榮。稚耋驩呼，豆觴出迎。公還舊廬，樂康且寧。書三萬卷，充屋架楹。以示子孫，不傳金籯。壽乎有窮，不朽者名。民懷其德，烹牲薦馨。道左豐碑，信辭是銘。

著録

宋 鄭樵《通志·藝文略第四》卷六六 《河防通議》一卷，沈立撰。

《宋史·藝文志二》卷二〇三 沈立《河防通議》一卷。

明 黄佐《南廱志·經籍考》卷一八 《河防通議》一卷，存者二十面。河議制度、料例功輸、運筭法等，每篇又列細條。

明 焦竑《國史經籍志·史部·地里·川瀆》卷三 《河防通議》一卷，沈立。

明 柯維騏《宋史新編·藝文志二》卷四八 沈立《河防通議》一卷。

（乾隆）《江南通志·藝文志》卷一九二　《河防通議》，歷陽沈立。

四明它山水利備覽

綜述

宋 魏峴《四明它山水利備覽·序》 民以食為天，然以滋以灌，生是百穀而粒我蒸民者，非水之功虖？此六府養民所以首水而終穀也。田而不水，雖後稷無所施其功。鄞邑之西，鄉所仰者，惟它山一源。厥初，大碶與江通，涇以渭濁，畊鑿病焉。唐太和七年，邑令瑯琊王公元暐度地之宜，疊石為堰，冶鉄而錮之，截斷江潮而溪之，清甘始得以貫城市，澆田疇，於是瀦為二湖，築為三堨，疏為百港，化七鄉之潟鹵而為膏腴。雖凶年，公私不病，人飽粒食，官収租賦，歲歲所獲為利無窮，可謂功施國，德施民矣。然時有旱潦則當蓄泄，水有通塞則當啓閉，堨埭當修，沙土當捍，不無待於後之人。峴幼嘗奉教於先生長者，以為學道愛人之方，不必拘其事。苟可以致其愛人之心，無非道也。家距堰不數里，自間鑄來歸閒居十餘年，日與田夫野老話井里閑事，且州家嘗屬以任修堨、淘沙、造閘之責，益得以講源委，究利病。又考《圖志》所載及前哲記文，粗知興造增修之繇，參以己見，編為一帙，目曰《四明它山水利備覽》，庶幾講明水政者觀此或易為力云。淳祐二年上元節里人魏峴書

又 蓋溝洫始於夏禹，經界始於商高宗，而水利所繇興，若《周官》營溝行水之制，止水蓄水之令，犂然大備。昔之為民興利者，時行視郡中水泉，開通陂池，起水門提閼數十處以廣灌溉，此王政必務其大也。唐鄮令王公元暐之作堰它山也，關吾鄉旱澇豐歉之數綦鉅，而潭衍不適於度，茨埽不毖於防漏，井匽瀦不平其衡，水屬梢溝不符於則，此不令經界偕溝瀆胥病耶。郡乘間採宋魏峴《它山水利備覽》之說，而全帙漫漶莫稽，顛末頃林，郡公屬吾年友楊齊莊補此志之缺，余過從商榷，繙幾上得之。詢自鍾潭舊家藏此抄本，亦成化間物也。齊莊指示余此即不得為指南車，或亦借作驅山鐸，而余亦驚喜見所未見，因先壽諸鋟以傳。夫志牒之尚於過存也。即如孫叔敖芍陂一事，史僅約畧言之，使不攷《唐六典》，疇知此陂首受□之淠水，又疇知濠水流注陂中；不攷《水經注》，疇知淝水東北，經白芍亭下東集為湖，而芍陂以此得名；不攷《元和志》，疇知此陂外楚相又作陽泉大業諸陂；不讀《鴻烈》，疇知芍陂之即是期思；不攷《三國志》及《鳳陽郡志》，疇知尚書郎鄧艾重修於建安間，旁為五十小陂，利被沿淮廣陵數十鎮；不攷《隋書》，疇知趙軌之修開六門為三十六門，灌田至五千頃。夫以彼章章如是，而博雅君子猶有未能盡臚其事者，何況僻在東南，又僅籍寥寥文獻為足徵討論，功跡吾黨，亦與有其責矣。《禮》有之，上有大澤則夫人待於下流，此即善溝水漱之說也。《易》有之，地中有水師君子以容民畜衆，此即善防水淫之說也。漱則為川、為渠，淫則為澤、為陂，必如此而後盡溝瀆之利，必如此而後倍經界之穫，坎止流行之象不觭為水利設而水利之大通於政矣。漱流之說可以旁通者，余得唐崔巏之記大業陂曰：『揆腐曝淤倍高徹卑。』又曰：『横殺衝波泄流引洫。』即是數語，足賅水經。又得之穆員之記石鬥門曰：『善為水者不與之競。如斧斯鋭，以分其衝，如月斯仰，以折其勢，宛然喉深口速之象猶指諸掌。』玆以備覽方《溝洫志》《河渠書》，或不足以方崔、穆二記有餘矣。而又安知崔穆二記是修溝洫河渠者所必收乎？故此等書，通都大邑未必得而板扉小築中或得之，鍾氏之藏所謂禮失求之野也。余以得購訪遺書之法，玉軸牙籤未足録，而殘篇蠹簡中足録之。齊莊之採所謂謀於野則獲也，余以得網羅舊聞之法，要以水利經畫自叔敖、李冰史起以下漢則有若劉信、文翁、鄭當時、兒寬、召信臣、王景諸人；唐則有若雲、得臣、長孫祥、李襲、黎幹、溫造、孟簡諸人；宋則有若範文正、劉彝、呂頤浩、錢良臣諸人；我明則有宋公禮、劉公大夏、陳公瑄、徐公有貞、朱公衡、潘公季馴諸人；計此一代，遠猷百年，碩畫暇時，並當同齊莊輯成，全部以商治河通漕之畧，俾王公與前後諸賢並垂，又俾此書亦與前後諸賢紀述並傳，是豈在宋徐節孝先生治河議之下，而不遠出我朝戴村白老人獻策之上哉？經濟君子循覽是書，廢修墜舉，當不僅為此地旱澇豐歉之計大埤贊已也，齊莊大小並識，今古兼綜，新志成行，將重於琬琰而借此槁本作津梁，是書之傳又無俟余言之畢矣。崇禎辛巳，七月既望，前柱下史，郡人陳朝輔燮五氏謹序。

《四庫全書總目·史部二十五·地理二》卷六九 《四明它山水利備

覽》二卷，浙江吳玉墀家藏本，宋魏峴撰。峴，鄞縣人。官朝奉郎，提舉福建路市舶。鄞故有它山一水，其始大溪與江通流，鹹潮沖接，耕者弗利。唐太和七年，邑令王瑋始築堰以捍江潮。於是溪流灌注城邑而鄞西七鄉之田，皆蒙其利歲久廢壞。宋嘉定間峴言於府，請重修且董興作之役，因為是書記之。上卷雜誌源流、規制及修造始末，下卷則皆碑記與題詠詩也。案：《新唐書・地理志》載明州鄮縣。案：鄞縣在唐為鄮縣，南二里有小江湖，溉田八百頃。開元中令王元緯置，東二十五里有西湖，溉田五百頃。天寶二年，令陸南金開廣之。今此編稱它山水入於南門，瀦為日月二湖，其日湖即小江湖，月湖即西湖。謂二湖皆王元緯所浚而不言有天寶之陸南金，似有闕略。至其以元瑋為元緯、以開元中為太和七年，則此編所載諸碑記及唐僧元亮詩證佐，顯然足以糾正《唐志》之謬，不得以與史異文為疑矣。此書在地志之中頗為近古，宋《四明郡志》嘗採其說，然傳本頗稀，幾於泯沒而無可考。明崇禎辛巳，郡人陳朝輔始得舊帙梓行，版亦散佚。首有峴及朝輔二序而末以四明志序附焉，蓋即從陳本錄出者也。

《四庫全書簡明目録》卷七　《四明它山水利備覽》二卷。宋魏峴撰。它山水在鄞縣，灌溉七鄉，惟患為江潮所汩。唐時築堰以捍潮，為永利。歲久廢壞，峴請於府重修，因作是書。上卷記源流規制及修築始末，下卷為碑記與題詠。

傳記

清　徐時棟《烟嶼樓文集・四明志作者傳二》卷一二《魏吉州傳》

魏峴，鄞縣人。理宗嘉定間以朝奉郎提舉福建路市舶。見峴所撰《烏金堨記》。紹定初，爲都大坑冶司。按史稱坑冶司在饒者，領江東淮浙七閩。峴蓋治饒州，故淮西路蘄州爲所屬耳。又按：《寶慶志》兩云嘉定十四年，泉使魏峴。似峴在嘉定閒已司坑冶。然《烏金堨記》作於是年，十二月尚以舶司署銜。蓋志作於紹定初，據其現官記舊事耳。又按：《備覽目錄》稱魏都大而趙都承。牒中稱魏都大知府，蓋爲泉使時又兼知府事也。五年五月，臣僚言積陰霖霪，必有致咎之故。比聞坑冶司，抑蘄州進士馮杰爲罏户，其妻以憂死，女繼之，弟大聲赴愬，死於道。杰知不免，毒其二子一妾，舉火自經死。民冤如此，以是干陰陽之和，帝詔峴罷職。見《宋史・理宗本紀》。按此事未可盡信，說見後。淳祐二年，此據《寶慶志》十二及林元晉《迴沙閘記》，起爲直祕閣，以中大夫知吉州軍事兼管内勸農使。見峴所撰《蔣山龍潭廟記》。按：此碑署銜見敬止錄，原本吉作臺，必傳寫形近致譌。據《寶慶志》及林記改正。峴世家光溪之濱，見《烏金堨記》。唐鄮令王元暐築堰其地以界江溪，曰它山，堰溪上苦沙淤，峴常募工淘浚。《備覽》程趙給田條云：近者連歲旱涸，峴多自出力，顧募開淘。又嘉定八年及淯祐元年二年淘沙，竝見《備覽》『淘沙條』。顧以爲私家力弱，不敵於官。始攝守程覃，置淘沙田三十畝有奇。嘉定七年。峴請於守趙以夫，乞增置。以夫復給田三十畝，然田穀掌之丞廳遇旱申請緩不及事，峴請委就近措置。見《備覽》『程趙給田條』。乃以田租責付溪上雲濤觀，竝牒峴照應。嘉熙三年見趙都承米田牒。及制置陳塏將建迴沙閘，適峴述鄉民意，走書白塏，塏因屬峴主其事，而以幕官林元晉、進士安劉佐之。淳祐二年，見《備覽》『建閘條』，《寶慶志》十二及《迴沙閘記》。峴嘗謂君子學道愛人，不拘其事。苟致愛人之心，無非道也。民以食爲天，田以水爲本，六府所以首水而終穀。《備覽》序。故其家居疏它山之澤夙備。見《迴沙閘記》。請於朝得祠牒，使里中朱王二氏，按渠堰隄閘之壞而修之。嘉定十四年《寶慶志》四。又修烏金碶。嘉定十四年，見《備覽》『三堨條』。《寶慶志》十二及《烏金堨記》。又謂洪水灣積爲江水，所衝久之，將泄溪流，宜築隄岍。《備覽》『洪水灣條』。卒告於守黃壯猷成之。淳祐三年，見《備覽》『洪水灣築隄條』。又請加封王侯，《備覽》『請加封善政侯條』。而設齋醮以答神貺，淯祐元年見《備覽》『設醮條』。於是條具造堰始末與其利害以及夫所當興修隄防者，著於篇以告後人，曰《四明它山水利備覽》，凡二卷。淯祐五年旱，峴率里人禱蔣山龍潭得雨，倡眾新其廟。明年春，廟成，峴爲之記，蓋此時尚未之吉州任云。見《蔣山龍潭廟記》。

吾鄉前輩說魏吉州里居官位，雖博雅如全謝山，亦無不錯者，吉州自序《備覽》云：家距堰不數里。其作《烏金碶記》云：峴世居光溪之濱。林制幕《迴沙閘記》云：侯家溪上。《寶慶志》云：泉使魏峴以鄉郡爲念。顯證如此，而謂其寓居溪上，何也？舊志云官至廬陵守，廬陵卽吉州，故林記稱新吉州魏侯。《寶慶志》稱新廬陵魏守，蔣山廟記自署新知吉州軍事。顯證如此，而謂其自吉州來寓溪上，又何也？蓋《寶慶志》第十二卷有溪上寓公新廬陵魏守之語，而林記中所云新吉州魏侯者，一本誤脱新字。語見《六志劄記中》。前輩必本此二者爲詞，不知宋時稱寓不必寄公，或從其自題郡望，或主其應舉籍貫，故《寶慶志・公宇門》稱陳清敏卓爲寓貴，《開慶志・高橋記》稱余尚書晦爲寓橐，按前人呼尚書爲橐。此皆生長四明里籍，又顯著之。史傳者今以偶然之稱，謂與傳寫之誤，本而反没，其人自稱里貫之鐵據可乎？又《寶慶志》嘗稱峴爲泉使，後人相率沿稱之，亦究不知其何官也。余考《理宗紀》，始知其嘗爲都大坑冶司，宋制都大坑冶司掌鑄泉貨，由是而《備覽序》中之所云問鑄，《蔣山廟記》中之所云鍾官。按二字見《史記·平準書》及《漢書·百官公卿表》注云：主鑄錢官也。《寶慶志》中之所云魏泉使《備覽》書中之所云魏都大一皆豁然貫通，無復疑義，不然開卷茫然，恐不知生軍是何物矣。謝山作《甬上族望表》云：『泉使魏氏，吉州人也。』自泉使峴來鄞此數語無一字不錯，泉使雖不錯，然峴官坑冶遠在知吉州之前，何得稱其舊任？蓋亦未知泉使是何官耳？然吾不解謝山何以錯誤至此。

《宋史·真文忠傳》稱：德秀爲江東轉運副使，旱蝗，廣德、太平爲甚。德秀親至廣德與太守魏峴同以便宜發廩，使教授林庠振給。先是胡槻薛極每誚德秀迂儒，試以事必敗。至是，政譽日聞，因倡言旱傷本輕監司好名，振贍太過，乃使峴劾庠以撼德秀。德秀上章自明，朝廷悟，與峴祠，授庠幹官，而擢德秀知泉州云云。夫始既目擊情形，便宜發粟，繼乃爲人指使，彈劾同事，反覆如此，其人殆不足道。後余綜核時事，始知别一魏峴，而非吾鄉之魏吉州也。文忠本傳爲江東轉運副使，在嘉定閒。《宋史·寧宗紀》於嘉定八年書。是歲，兩浙、江東西路旱蝗。又書秋七月丙子，發米三十萬石，振糴江東饑民，紀與傳，合三十萬石。卽文忠與魏峴所發之廩無疑，而《備覽》『淘沙條』云：嘉定乙亥，旱勢如焚，田苗將槁，峴隨宜爲浚沙障水之策。乙亥者八年也，正與《本紀》書兩浙旱蝗之語合。然則是年五六月閒，吉州方以鄉邦憂旱淘沙浚河，而其秋七月，乃卽在江東路廣德軍發粟振貣，此事理所必無者。且發粟雖在七月而其目擊旱蝗與文忠講論荒政，亦必在五六月閒。又況所見所聞吉州從無知廣德及與祠之説，其爲姓名偶同，而别自一人斷斷無疑。至《理宗紀》所書都大坑冶之魏峴。可決爲吾鄉之魏吉州者，以旁證甚多，又且坑冶罷職在紹定五年。《備覽序》作於淳祐二年。序云問鑄來歸，閒居十餘年，其年數又適脗合，則此事固難曲爲吉州諱矣，特吾甚有疑焉。吉州事蹟雖不少概見，讀備覽一書，懃懃懇懇，憂民甚至，當不至以人命爲兒戲，且進士非平民，何至以爐户受逼，卽爲爐户，何至憂死其妻女，其人尚在，何以弟爲代愬，理曲在彼，何以不自申論，坑冶司非赫然在朝之權姦，進士非懦弱無知之編氓，而乃自殺其子又殺其妾，既死其身又火其家，一若死亡，頃刻萬難自全，必不得已而出此者。按之事理劾語，殊恍惚叵信，況此事果實黜免已幸，何以復起知州郡乎？蓋理宗久之，亦悟其冤矣。抑吾又聞吴丞相之兄莊敏者當時所謂正人君子者也，方莊敏官都大坑冶時，臣僚劾其恃才貪虐，籍人家貲以數百萬計。見《宋史·理宗紀》。又有大蜈蚣、小蜈蚣之謠見李有古《杭雜記》。然則當日之彈章固多出於門户，嫌怨不盡，公言而坑冶之司，掌握泉貨，又爲他人所垂涎豔羨者，欲奪其位，尤不能無羅織之詞，此則讀史者所當平情細察，固非阿私鄉賢而故爲之昭雪也。故傳中據事直書，復爲詳論於後。

著録

《續通志·藝文略》卷一五九　《四明它山水利備覽》二卷，宋魏峴撰。

《續文獻通考·經籍考》卷一七〇　魏峴，《四明宅山水利備覽》二卷。峴，鄞縣人。官朝奉郎，提舉福建路市舶。臣等謹案：是書成於宋嘉定閒，《四明郡志》嘗採其説，馬考未著録，今補入。

清　阮元《文選樓藏書記》卷五　《四明它山水利備覽》二卷，宋魏峴著。鄞縣人，抄本。是書詳載《鄞縣水利》。

（乾隆）《鄞縣志·藝文二史》卷二一　魏峴《四明它山水利備覽》二卷。《浙江通志》：峴自序曰【略】。《四庫全書簡明目録》【略】。

清　瞿鏞《鐵琴銅劍樓藏書目録·史部四》卷一一　《四明它山水利備覽》二卷，鈔本。宋魏峴撰并序。又明崇禎辛巳陳朝輔序。書作於淳祐初，《四明舊志》嘗引之。傳本已稀，朝輔得成化間人鈔本，校訂重刻。

清　丁丙《善本書室藏書志·史部十一下》卷一二　《四明它山水利備覽》二卷，舊鈔本。大宋魏峴編輯。峴，鄞人，官朝奉郎，提舉福建路市舶。它山水在鄞縣，灌溉七鄉，惟爲江潮所衝，不利耕作。唐時築堰捍潮，遂爲永利，歲久廢壞，峴請於府重修，因作是書。上卷記源流規制及修築始末，下卷爲碑記與題詠。前有淳祐二年峴自序，明陳朝輔得成化間鈔本重刻，尚有一序。此則無之，有四積堂王氏珍藏印。

清 丁申、丁丙《八千卷樓書目・史部・地理類》卷八 《四明它山水利備覽》二卷，宋魏峴撰。抄本。《守山閣叢書》本。煙嶼樓刊本。

清 陳揆《稽瑞樓書目》《四明它山水利備覽》二卷，鈔一册。

《續文獻通考・經籍考十五》卷二七一 《四明它山水利備覽》二卷，宋魏峴。

上虞縣五鄉水利本末

著録

清 張金吾《愛日精廬藏書志・史部》卷一七 《上虞縣五鄉水利本末》一卷，抄本，從陳君子準藏明嘉靖□本傳錄。【元】陳恬撰。上虞有三湖，曰夏蓋、曰上妃、曰白馬。五鄉民田五鄉者，永豐鄉、上虞鄉、寗遠鄉、新興鄉、孝義鄉也。實賴其利，自唐迄元，興廢不一，恬裒集古今沿革興復事實，暨公牒、訟牘、歌謠、碑刻以及疏濬圍築之規，啟閉蓄泄之法，臚載無遺，俾後之有志水利者，得以攄籍而求是，亦可云留心經濟者矣。

井田廢，阡陌開，而甽澮溝洫之制隳，由諸侯之去其籍也。鄭國、白渠、芍陂之利興，没世不忘。苟求其故不有傳載，亦何所引考諗，此則上虞縣五鄉水利之編所宜作也。縣舊有三湖曰夏蓋，曰上妃，曰自馬。五鄉受田之家，實獲其利，疏治圍築之規，啟閉蓄泄之法。自東漢逮今，既詳且密，間有擅爲覆奪更易者，賴載籍明白，持以證據，於是乎得不泯。鄉之人陳恬又懼其久而或訛也，裒集古今沿革、興復事實以及誌刻左驗，公規訟牘，鋟梓成帙，將垂不朽，俾諗來者，其用心亦溥矣。携求叙引。噫！讀《禹貢》而知河洛，考《水經》而尋源委，詎不信然。夫水利之在天下，善用之則其施博，有考證則靡湮廢。司口受民，寄庸不究其利病耶？是湖也，在往□，嘗有横民獻佃於横政者。適余視師上虞，亟力止之，得弗奪兹，故重其請而輒序焉。不徵不信有如此水。至正二十又二年秋九月望日，奉訓大夫温州路總管、管內勸農防禦事天臺劉仁本書。

士君子有天下國家之責，則當思所以利乎天下國家。無天下國家之責，而能思所以利其鄉者，其賢亦可尚已。而况所利不在於一時，而有以及於後山之遠且博哉？上虞陳晏如以五鄉之水利，具有本末，不徒輯而爲書，又必刻而傳之，以垂永久。是其思以利其鄉於後世之意何如也？蓋夏蓋、上妃、白馬之爲湖於上虞舊矣，幸而不爲田，則其鄉之利甚厚，不幸而不爲湖，則其鄉之害有不可勝言者。利害之分較然明著，奈何細人之膚見往往没於小利，率倒施之，可爲浩歎。此晏如所爲夙夜惓惓，欲使後世長享厚利而毋蹈遺害焉。予見其書而悲其意，曰：『今而見士君子不任天下國家之責而能思於其鄉貽後世之利如斯人者，遂爲題其首，簡俾後世，覽者於是乎尚其賢。』至正二十二年龍集壬寅十二月朔，從仕郎江浙等處儒學提舉楊翮序。

清 瞿鏞《鐵琴銅劍樓藏書目録・史部四》卷一一 《上虞縣五鄉水利本末》二卷，明刊本。元陳恬撰。恬，字晏如，上虞人。其地有三湖，曰夏蓋，曰上妃，曰白馬。邑中永豐、上虞、寧遠、新興、孝義等鄉之田皆賴水利以治，而通塞不常。晏如因撰此書，詳載疏治圍築、啟閉蓄洩之法，兼及沿革興復事實，以至誌刻公牘，前列四圖，俾後人遵行不廢，其有功於是鄉大矣。書成於至正二十二年，有劉仁本、楊翮序，刻板久佚。嘉靖丙申，邑令汝陰張光祖序，而重刻之。舊爲陳子準氏藏書，卷首有稽瑞樓朱記。

河防通議

綜述

元 沙克什《河防通議・原序》 水功有書尚矣，《禹貢》垂統於上，而《河渠書》《溝洫志》續緒於下，後世間亦有述，逮宋金而河徙加數，為害尤劇，故設備益盛，而立法愈密，其疏導則踐禹跡而未臻，其壅塞則擬宣房而過之矣。金時都水監有書詳載其事，目曰《河防通議》，凡十五門，其體制類今簿領之書，不著作者名氏，殆胥史之紀錄也。今都水監亦存而用之。愚少嘗學筭數於真定，壕寨官張祥瑞之授以是書。且曰：此監本也。得之於太史若思，後十五年復得汴本，其中全列宋丞司點檢周俊《河事集》，視監本為小異，雖無門類而援引經史，措辭稍文，論事畧備，其條目纖悉則弗若之矣，署云朝奉郎尚書屯田負外郎騎都尉沈立撰。愚患二本之得失互見，其叢雜紛糾難於討尋，因暇日摘而合之為一，削去冗長，考訂舛訛，省其門析，其類使粗有條貫，以便觀覽，而資於實用云。至治初元，歲在辛酉，四月吉日，真定沙克什序。

《四庫全書總目·史部二十五·地理二》卷六九　案：沙克什原本作贍思，今改正。沙克什，色目人，官至秘書少監，事蹟具《元史》本傳。是書具論治河之法，以宋沈立汴本及金都水監本匯合成編，本傳所稱重訂《河防通議》是也。沙克什系出西域，邃於經學、天文、地理、鐘律、算數無不通曉。至元中，嘗召議河事，蓋於水利亦素所究心。故其為是書，分門者六，門各有目。凡物料功程、丁夫輸運以及安樁下絡、疊埽修堤之法，條例品式，粲然臚備，足補列代史志之闕。昔歐陽元嘗謂司馬遷、班固記河渠、溝洫，僅載治水之道，不言其方，使後世任斯事者無所考。是編所載，雖皆前代令格，其間地形改易，人事遷移，未必一一可行於後世而準今酌古，矩矱終存，固亦講河務者所宜參考而變通矣。

《四庫全書簡明目録》卷七　《河防通議》二卷，元沙克什撰。案：沙克什原作贍思，今改正。原本久佚，今從《永樂大典》録出其書，分六門，門各有目，凡物料、工程、丁夫、輸運以及安樁、下絡、叠埽、修堤之法，一一咸備。

清　耿文光《萬卷精華樓藏書記·河防通議提要》　《河防通議》二卷，元沙克什撰，文瀾閣傳抄本。從《永樂大典》錄出，凡分六門治河之法，無不賅備。前有至治初元真定沙克什自序，至元四年亞中大夫嘉興路總管兼管內勸農事和元昇跋。沙氏自序曰：水功有《尚書·禹貢》垂統於上，而《河渠書》《溝洫志》纘緒於下。後世間亦有術，逮宋金而河徙加數，為害尤劇，故設備益盛，而立法愈密，其疏導則踐禹跡而未臻，其壅塞則擬宣房而過之矣。金時都水監有書詳載其事，目曰《河防通議》，凡十五門，其體制類今簿領之書，不著作者名氏，殆胥史之紀錄也，今都水監亦存而用之。愚少嘗學算數於真定，壕寨官張祥瑞之授以是書，且曰：此盬本也。得於太史若思，後十年復得汴本，其中全列宋丞司點檢周俊《河事集》，視監本為小異，雖無門類而援引經史，措辭梢文，論事略備，其條目纖悉則弗若之矣。署云朝奉郎、尚書屯田員外郎、騎都尉沈立撰。愚患二本之得失互見，其叢雜紛糾難於討尋，因暇日摘而合之為一，削去冗長，考訂舛訛，省其門析，其類使粗有條貫，以便觀覽，而資於實用云。僉憲贍公得之，和氏跋曰：六府三事允治，禹功莫大焉，猶幸其書之存而可考也。講求修齊治平，之暇取金宋《河防通議》一書合而訂正之，可謂有用之實學。僕貳郡真定嘗得而推行之，茲來嘉和鋟梓，於學以廣其傳。《三吳水利》能取則焉，則是編又豈止於防河而已哉？文考案：河防與海防不同，河防防水患也，海防防外患也，河防以治水為要，海防以治兵為要，二書體用迥然不同，故《四庫》列河防於河渠類，列海防於邊防類，以示區別，讀未可混同也。宋有水利書，河防之名始見於此。據沙序則克什合二書為一書，據和序則贍公取金宋通識而訂之，原本署贍思名，其為刻書者亦未可知也，今本題沙克什，則四庫館臣所改正也。凡水利書以後出者為佳，設法則愈想愈奇，議論則愈推愈精，且前人佳本無不備採有所取，則故易為力也。又水利書與兵家書宜有補於實用，紙上空談者不足錄也。

傳記

《元史》卷一九〇《儒學傳·贍思傳》　贍思，字得之，其先大食國人。國既內附，大父魯坤乃東遷豐州。太宗時，以材授真定、濟南等路監榷課稅使，因家真定。父斡直，始從儒先生問學，輕財重義，不幹仕進。贍思生九歲，日記古經傳至千言。比弱冠，以所業就正於翰林學士承旨王思廉之門，由是博極群籍，汪洋茂衍，見諸踐履，皆篤實之學，故其年雖少，已為鄉邦所推重。延祐初，詔以科第取士，有勸其就試者，贍思笑而不應。既而侍御史郭思貞、翰林學士承旨劉賡、參知政事王士熙交章論薦之。泰定三年，詔以遺逸征至上都，見帝於龍虎臺，眷遇優渥。時倒剌沙柄國，西域人多附焉，贍思獨不往見。倒剌沙屢使人招致之，即以養親辭歸。

天曆三年，召入為應奉翰林文字，賜對奎章閣，文宗問曰：『卿有所著述否？』明日，進所著《帝王心法》，文宗稱善。詔預修《經世大典》，以論議不合求去，命奎章閣侍書學士虞集諭留之，贍思堅以母老辭，遂賜幣遣之。覆命集傳旨曰：『卿且暫還，行召卿矣。』至順四年，除國子博士，丁內艱，不赴。

後至元三年，拜陝西行臺監察禦史，即上封事十條，曰：法祖宗，攬權綱，敦宗室，禮勳舊，惜名器，開言路，複科舉，罷數軍，一刑章，寬禁網。時奸臣變亂成憲，帝方虛己以聽，贍思所言，皆一時群臣所不敢言者。侍御史趙承慶見之，歎曰：『禦史言及此，天下福也。』戚里有執政陝西行省者，恣為非道，贍思發其罪而按之，輒棄職夜遁。會有詔勿逮問，然猶杖其私人。及分巡雲南，按省臣之不法者，其人即解印以去，遠藩為之震悚。襄、漢流民，聚居宋之紹熙府故地，至數千戶，私開鹽井，自相部署，往往劫囚徒，殺巡卒，贍思乃擒其魁，而釋其黨。復上言：『紹熙土饒利厚，流戶日增，若以其人散還本籍，恐為邊患，宜設官府以撫定之。』詔即其地置紹熙宣撫司。三年，除僉浙西肅政廉訪司事，即按問都轉運鹽使、海道都萬戶、行宣政院等官贓罪，浙右郡縣，無敢為貪墨者。複以浙右諸僧寺，私蔽猾民，有所謂道人、道民、行童者，類皆瀆常倫，隱徭役，使民力日耗，契勘嘉興一路，為數已二千七百，乃建議請勒歸本族，俾供王賦，庶以少寬民力。朝廷是之，即著以為令。四年，改僉浙東肅政廉訪司事，以病免歸。

贍思歷官臺憲，所至以理冤澤物為己任，平反大辟之獄，先後甚眾，然未嘗故出人罪以市私恩。嘗與五府官決獄鹹寧，有婦宋娥者，與鄰人通，鄰人謂娥曰：『我將殺而夫。』娥曰：『張子文行且殺之。』明日，夫果死，跡盜數日，娥始以張子文告其姑。五府官以為非共殺，且既經赦宥，宜釋之，贍思曰：『張子文以為娥固許之矣。且娥夫死及旬，乃始言之，是娥與張同謀，度不能終隱，故發之也，豈赦可釋哉？』樞密判官曰：『平反活人，陰德也。禦史勿執常法。』贍思曰：『是謂故出人罪，非平反也。且公欲種陰德於生者，奈死者何！』乃獨上議刑部，卒正娥罪。其審刑當罪多類此。

至正四年，除江東肅政廉訪副使。十年，召為秘書少監，議治河事，皆辭疾不赴。十一年，卒於家，年七十有四。二十五年，皇太子撫軍冀寧，承制封拜，贈嘉議大夫、禮部尚書、上輕車都尉，追封恒山郡侯，謚曰文孝。

贍思邃於經，而《易》學尤深，至於天文、地理、鐘律、算數、水利，旁及外國之書，皆究極之。家貧，饘粥或不繼，其考訂經傳，常自樂也。所著述有《四書闕疑》《五經思問》《奇偶陰陽消息圖》《老莊精詣》《鎮陽風土記》《續東陽志》《重訂河防通議》《西國圖經》《西域異人傳》《金哀宗記》《正大諸臣列傳》《審聽要訣》及《文集》三十卷，藏於家。

（雍正）《畿輔通志》卷七二　贍思，字得之，真定人。泰定三年，徵至上都，以養親辭歸。天歷中，召為應奉翰林文字，進所著《帝王心法》，文宗稱善。至元中，拜陝西行臺禦史，即上封事十條，皆人所不敢言者。襄漢流民聚居紹熙府故地至數千戶，私開鹽井，自相部署不法，思擒其魁而釋其黨。復上言：紹熙土饒利厚，若以流戶散還本籍，恐為邊患。宜設官府以撫定之，詔即其地置宣撫司，除僉浙西肅政廉訪司事，即按問官之贓罪，浙右郡縣無敢為貪墨者。改浙東，以病歸，卒。追封恒山郡侯，謚文孝。

（嘉慶）《清一統志》卷一七七　贍思，真定人。後至元二年，拜陝西行臺監察禦史，戚里有執政陝西行省者，恣為非道，贍思發其罪而按之，輒棄職夜遁。有詔勿逮問，然猶杖其私人。

著録

《文淵閣書目》卷一　贍思，《河防通議》一部。一冊。

《續通志・藝文略》卷一五九　《河防通議》二卷，元沙克什撰。

《續文獻通考・經籍考》卷一七〇　沙克實，《河防通議》二卷。沙克實，色目人，官至秘書少監。

《四庫全書總目・史部二十五・地理二》卷六九　《河防通議》二卷，《永樂大典》本，元沙克什撰。

清　黃虞稷《千頃堂書目・地理類下》卷八　贍思重訂《河防通議》。

清　徐乾學《傳是樓書目》　《河防通議》六卷，明詹思，一本。

清　陳揆《稽瑞樓書目》　《河防通議》二卷，鈔一冊。

清　瞿鏞《鐵琴銅劍樓藏書目録・史部四》卷一一　《河防通議》二卷，鈔本，元沙克什撰并序。金人有此書不著撰者，姓氏又有汴本，題沈立撰。沙克什彙二本而釐訂之，書成於至治元年。至元四年，嘉興路總管元昇序，而刻於學。

清　陸心源《皕宋樓藏書志》卷三三　《河防通議》二卷，文淵閣傳抄本。元沙克什撰。水功有書尚矣，《禹貢》垂統於上，而《河渠書》《溝洫志》纘緒於下，後世間亦有述，逮宋金而河徙加數，為害尤劇，故設備益盛，而立法愈密，其疏導則踐禹跡而未臻，其壅塞則擬宣房而過之矣。金時都水監有書詳載其事，目曰《河防通議》，凡十五門，其體制類今簿領之書，不著作者名氏，殆胥史之紀錄也。今都水監亦存而用之。愚少嘗學筭數於真定，壕寨官張祥瑞之授以是書。且曰：此監本也。得之於太史若思，後十五年復得汴本，其中全列宋丞司點檢周俊河事集，視監本為小異，雖無門類而援引經史，措辭稍文，論事畧備，其條目纖悉則弗若之矣，署云奉郎尚書屯田員外郎騎都尉沈立撰。愚患二本之得失互見，其叢雜紛糾難於討尋，因暇日擿而合之為一，削去冗長，考訂舛訛，省其門、析其類，使粗有條貫，以便觀覽，而資於實用云。至治初元，歲在辛酉，四月吉日，真定沙克什序。

六府三事允治，禹功莫大焉。猶幸其書之存而可考也。僉憲贍公得之，講求修齊治平之暇，取金、宋《河防通議》一書合而訂正之，可謂有用之寔學。僕貳郡真定，嘗得而推行之。茲來嘉禾，鋟梓於學，以廣其傳，三吳水利能取則焉，則是編又豈止於防河而已哉。至元四年，戊寅八月望，亞中大夫嘉興路總管兼管內勸農事和元昇跋。

清 倪燦《補遼金元藝文志·史部·地理類》 贍思重訂《河防通議》。

清 錢大昕《元史·藝文志》卷二 贍思《河防通議》二卷。

清 魏源《元史新編·藝文志二》卷九二 贍思《河防通議》二卷。

清 繆荃孫《藝風堂文續集》卷四 《河防通議》二卷，元沙克什。

清 曾廉《元書·藝文志第九上》卷二三 贍思《河防通議》二卷。

《續文獻通考·經籍考十五》卷二七一 《河防通議》二卷，元沙克什。

《清史稿·藝文志二》卷一四六 元沙克什《河防通議》二卷。

浙西水利議答録

綜述

《四庫全書總目·史部三十一·地理存目四》卷七五 仁發，松江人，仕至都水少監。明梁惟樞《內閣書目》云：大德間，都水少監任仁發以吳松江故道陻塞，震澤氾濫為浙西害，乃上疏條利病疏導之法，凡十卷。前有仁發自序，又有許約、趙某二跋。末附宋郟亶及其子僑《水利議約跋》，稱歲甲辰中書以其議，上聞命中書省平章政事董是役。由是震澤無壅與三江之勢接，複朝於海。趙某跋稱，是錄所載，其要有三：一曰浚江河以泄水，二曰築堤岸以障水，三曰置牐竇以限水云。

傳記

元 陶宗儀《書史會要》卷七 任仁發，字子明，號月山，松江人。官至都水庸田副司，以畫馬得名，中年後，方專意學李北海書，即得其法。

明 凌迪知《萬姓統譜》卷六五 元任仁發，上海人，年十八，中鄉試，仕為都水監，自黃河江浙及吳淞江淤塞，皆隨處疏而通之，官至浙東道宣慰副使，所著有《水利書》十卷。

（乾隆）《江南通志》卷一四一 任仁發，字子明，華亭人。年十八中鄉試，元兵南下，大帥見而器之，委招安海島。遷貳都水監，府境開江置牐，皆仁發主其議。大都通惠河，歸德府黃河，杭之鹽官海塘，皆嘗治之，具有蹟效。後以浙東道宣慰副使致仕。有所著《水利書》十卷行於世，今人稱畫馬必曰任水監云。子子昭，亦能畫。

（嘉慶）《清一統志》卷五九 任仁發，字子明，華亭人。世居青龍，年十八，舉於鄉。元兵南下，王帥見而器之，委招安海島，引為青龍水陸巡警，官累遷貳都水監。凡水議皆仁發主之，任守宰具奏政績，後以浙東道宣慰副使致仕。著有《水利書》十卷行世。

著録

《續文獻通考》卷一七〇 任仁發，《浙西水利議答録》十卷。仁發，雲間人，仕至都水少監。

清 黃虞稷《千頃堂書目·地理類下》卷八 任仁發，《水利書》十卷，上海人，官都水監，歷浙江宣慰司副使。

《四庫全書總目・史部三十一・地理存目四》卷七五　《浙西水利議答録》十卷，《永樂大典》本，一名《水利文集》，元任仁發撰。

（同治）《蘇州府志・藝文志四》卷一三九　任仁發《浙西水利議答録》十卷，《四庫總目》。

雜録

明　姚文灝《浙西水利書》卷二《立行都水監》　大德八年，夏五月，中書省準江浙行省諮任仁發言，吳松江淤塞，奏立行都水監，仍於平江路設置直隸中書省，及命行省平章薩裡提督疏濬，繼降詔條云修浚河道，閘壩合用，一切物料，行省即於官錢内收買應付。又浙西苗糧戸内起夫一萬五千名，自備什物，每名工役一年免糧一十五石，其軍站除贍役地外，依上料著僧道伊囉勒琨達實愛滿，不分常住，並權豪官員，不以是何，投下不納，官糧之家，以地五頃，著夫一名，從行都水監選委廉幹官員部夫督役，其有釐事立功廉能稱職者，行都水監具跡舉明其著，夫人戸雜泛，差役權行蠲免。

又《名臣事略・吳松江記》　前海道千夫長任仁發以吳松江故道湮塞，使震澤之水失其就下性，為浙西居民害，垂二十年。慨然上疏，條其利病疏道之法，中書省以聞，特命平章徹里公董其役，公乃相其山川形勢之宜，高深廣狹之度，工役之數，錢穀之費，畚臿之用，飲食之需，命民索綯成屋，厚稾秸以防其卑濕，為醫藥以防其疾疫，時作輟以防其倦怠，上以誠感下，下以誠應上，民乃歡呼，四集，樂於趨事赴工。始於大德八年冬十一月望，西自上海縣界吳松舊江，東抵嘉定石橋，洪迤邐入海，長三十八里，深一丈五尺，濶二十五丈，役夫為數一萬五千，為工一百六十五萬一千六百有奇，至九年二月晦畢，工物無疵癘，民無夭閼，而事竟集。

明　張内蘊、周大韶《三吳水考》卷二　元大德八年，開吳淞江，任仁發有《水利議答》。泰定至正年間，屢濬江海，然比於有宋則為甚畧矣。

又　卷七　元任仁發，都水監，大德間濬吳淞江。泰定初，復濬淞江舊江二道並松江平江通海河道，築海寧縣捍海塘。

又　卷九　元大德間都水任仁發開吳淞江，西自上海縣界吳淞舊江，東抵嘉定石橋洪，邐迤入海，三十八里。

又《松江張汝弼治水議》　曰松江澤國，水利為重。而其水道之要者，則吳淞江也，黄浦也。吳淞江一道，范文正、蘇文忠論之已詳，任仁發輩推之已悉，然當時惟患墊溺而詳於疏導之方，不慮旱暵未及節蓄之策，非慮不及此，方是時，黄浦未開，有墊溺而無旱暵耳。

又　卷一六《吳淞江記》　其畧曰：歲甲辰，前海道千夫長任仁發以吳淞江故道湮塞，使震澤之水失其就下之性，為浙西民害，上疏條其利病疏導之法。中書省以聞，命平章徹里八董役，民歡呼四集，樂於趨事。始於大德八年冬十一月，西自上海縣界吳淞舊江，東抵嘉定石橋洪，迤邐入海，長三十八里一百八十一步三尺，深一丈五尺，濶二十五丈。役夫為數一萬五千，為工一百六十五萬一千六百七十有奇，至九年二月畢工。復置閘竇啓閉以時焉。

明　張國維《吳中水利全書》卷九　泰定元年，復立都水庸田使司，於松江府設置。從中書右丞舒瑪爾節之請，命行省左丞多爾濟巴勒知水利，前都水少監任仁發督治浙西水利。

又　卷一〇　（大德）十年，行都水少監任仁發濬吳淞江，自上海縣界趙屯浦、大盈浦、白鶴滙、分莊嘴、樊浦、西浜、盤龍舊江共長三十七里三百二十一步，闊二十丈，深一丈五尺，役夫二百四十五萬六千四百十九，又於廟涇西盤龍東開挑出水口，並新涇安置木閘二座。

泰定元年，行省左丞多爾濟巴勒知水利，前都水少監任仁發濬治澱山湖。

江浙行省以澱山湖等處比年壅塞，官豪勢戸侵佔水面，揷蒔蘆葦復為蕩田，以致水不通流，旱潦相仍，官民失利，合委官同本處印官勘視，講議開濬。

濬常州路江陰州各通江河港。

二年，多爾濟巴勒、任仁發濬吳淞舊江大盈浦、烏泥涇【略】舊江二道，比大德所開里數三之二，深闊如初。大盈浦長二十五里一百六十丈，與烏泥涇各深一丈，闊一十五丈。

三年，任仁發置趙浦潘家浜烏泥涇三牐，趙浦牐二座，嘉定州造潘家浜南閘一座，上海縣造北牐一座，崇德海鹽州合造烏泥涇南牐一座，嘉興縣造北牐一座，華亭縣造。

疏漕渠修濬練湖：

時湖水淺塞，牽輓不前。浙省平章拉哈謀諸僚屬委任仁發，同總管毛莊計工程。適朝臣溫都爾上奏，命行省叅政董某，行臺侍御史和托拉察噶奉臨視，兼司副使董巴哩巴，僉事華善董治。差倩本路及常州、平江、建康、江陰五路夫萬五千二十二人，工六十日，糜錢六十二萬七百二十緡，米萬八千九百石有奇。繇程公壩抵浦河口百二十里，濬深四尺，廣上五尺，廣下三尺，置函管五十四，又役夫三百，舟千隻，工九十日，糜錢二十七萬緡，米八千一百石，以南湖茭根盤錯，難事畚鍤，止尋上漕堤埂為門門一石，磋六石，函十有三。

（乾隆）《江南通志》卷六四　元至元初，中書省準浙江行省諮任仁發言：吳淞江淤塞，奏立都水監，仍於中江中書以聞特命行省平章徹爾提舉修浚，一切便宜經畫，以松江故道湮塞，西自上海縣界，東抵嘉定石橋洪迤□入海，袤三十有八。附任仁發《水利議答》。

《續文獻通考》卷三　臣等謹按：至元間，海道千夫長任仁發上言呉松治水之法，須識潮水之背，順地形之高低，沙泥之聚散，隘口之緩急，尋源泝流，各得其當，庶不徒勞民力而享無窮之利。又引宋范仲淹開浚太湖法，新導之河必設諸閘，常時扃之，始令潮至沙不能塞，每春理其閘外之沙，工減開浚數倍云云。後大德間，都水庸田使瑪哈穆特嘉集義拯治呉松江方畧，皆從仁發之議。又諭民於嘉定松江通海潮等河港口築疊土壩，安置透水木槽名曰水竇，潮來閉竇，潮退起竇，使沙不停而水常泄。蓋亦置閘之遺意也。又按仁發後即為都水少監，泰定三年，仁發分□諸州縣所造閘，嘉定州二，上海縣一。崇陰、海鹽州合造閘一，嘉興縣一，華亭縣一，計工至二十六萬有餘。天歷元年以無實效，罷其役，然是時於呉松水利亦可謂勤矣。其時知水利人自仁發外，又有張桂榮、朱天祥、何珍、徐鑄諸人皆與謀議，而都水書吏呉執中亦得上言，浙西水患，元代上下之情相達如此。

治河圖略

綜述

元　王喜《治河圖略·敘》　臣竊謂水之在天下有自然之利，亦有自然之害。順而導之者易為力，逆而遏之者難為功。譬猶人之一身，血脈流通則無病，血脈壅滯則病生，審而治之，宣其壅滯，使之流通則病自去。治水之道亦當如此。竊見比年以來，黃河失道汎濫，曹濮間生民墊溺，中原彫耗，莫此為甚。以致上幹宵旰之憂勤，次勞廟堂之軫念。見者、聞者莫不惻然，思有以救之，然未有出一謀、建一策有補於明時者，以其但知河之為害，而未知其所以為害。臣故歷考累代河流變遷之故與浚治之術，粗得其詳而知其有無不可為之理，且何以言之？皆緣下流壅滯，水勢不能自泄，是以決溢為害。為今之計，莫若浚入淮舊河於南以順其流，仍導一新河於北以分其勢。大河既分，其流自緩，無泛濫之患矣。禹之播九河，漢之浚屯氏，宋之導清河於南北者即此道也。猶百鈞之物，一人舉之則力不能勝，兩人舉之則力有餘，此理甚明，可舉而行。今將禹河、漢河、宋河、今河圖陳於左以備睿覽，有以考擇，庶幾拯溺之一助云。臣謹敘。

《四庫全書總目·史部二十五·地理二》卷六九　喜，爵里無考。其書首列六圖，圖末各系以說而附所為《治河方略》及《歷代決河總論》二篇於後。其文稱臣謹敘、臣謹論云云。疑為經進之本。考《元史·順帝紀》及《河渠志》，至正中，河決白茅堤、金堤，大臣訪求治河方略，喜書殆作於其時歟？大旨取李尋因其自然之說，惟以浚新復舊為主。厥後卒用賈魯之策，疏塞並舉，挽河東行，以複故道。與是編持論相合，則當時固已採錄其言矣。特史文闕略，未著其進書本末耳。卷中所圖河源，頗多訛舛，蓋昆侖星宿，遠隔窮荒。自我國家底定西陲，葱嶺、於闐悉歸版籍，於是河有重源之跡，始確然得其明征。元人所述，憑潘昂霄之所記。昂霄所記，憑篤什案：篤什舊作都實，今改正。之所傳，輾轉相沿，率由耳食。撰《元史》者且全錄其文於《河渠志》，以為亘古所未聞。喜之踵訛襲謬，又何怪乎？取其經略之詳而置其考據之疏可也。

《四庫全書簡明目録》卷七 原本久佚，今從《永樂大典》録，列六圖，圖末各係以説而附《治河方畧》及《歷代决河總論》二篇於後。

著録

《文淵閣書目》卷四 《治河圖畧》一冊。

《續通志・藝文略》卷一五九 《治河圖略》一卷，元王喜撰。

《續通志・圖譜略》卷一六五 元王喜《治河圖畧》。

《續文獻通考・經籍考》卷一七〇 王喜，《治河圖略》一卷，喜里貫未詳。

《四庫全書總目・史部二十五・地理二》卷六九 《治河圖略》一卷，《永樂大典》本，元王喜撰。

《四庫全書簡明目録》卷七 《治河圖略》一卷，元王喜撰。

清 陳昌圖《南屏山房集》卷一九 《治河圖畧》一卷，元王喜撰。按：喜爵里無考，其書列五圖，首禹治河圖，次漢宋元治河圖，次河源圖，各係以説，而附《治河方畧》及《歷代决河總論》二篇於後。

清 陳揆《稽瑞樓書目》 《治河圖略》一卷，一册。

清 丁申、丁丙《八千卷樓書目・史部》卷八 《治河圖略》一卷，元王喜撰，抄本。

清 繆荃孫《藝風堂文續集》卷四 《治河圖略》一卷，元王喜。

浙西水利書

綜述

明 姚文灝《浙西水利書序》 三江既入震澤底定者，浙西前古之水道也。海塘南障三江北折者，浙西後世之水勢也。與古小異矣，水已小異，則治不盡同，欲盡同，所以勞大而功微也。夫浙西之於天下重也，水利之於浙西又重也，故為書焉，於宋不取郟議者為其鑿也。是故無書不可也，然有書而謂盡於書其可哉！（弘）治十年冬十月朔旦，提督水利工部主事姚文灝題。

明 蔡清《虚齋集》卷二《寄督學邵先生書》 先生《横渠理窟序》無一字虚下者，向見姚秀夫先生《浙西水利書》引亦然，天地間此等文字，蓋自有數也，二篇清最知玩之，使文皆如此，何厭於文也。又擬《謁李盱江祠詩》，希古慕賢之念出於肺腑之真者，亦自與時文不類，適有絆不能盡，惟倍為吾道自愛，便中更祈無惜教音。

《四庫全書總目・史部二十五・地理二》卷六九 考明《孝宗實録》載，宏治九年七月，提督淞江等處水利工部主事姚文灝言治水六事，上從之。則是書當為是時作也。大旨以天下財賦仰給東南，南直隸之蘇、松、常三府，浙江之杭、嘉、湖三府，環居太湖之旁，尤為卑下。太湖綿亘數百里，受諸州山澗之水，散注澱山等湖，經松江以入海。其稍高昂者，則受杭、禾之水，達黄浦以入海。淫潦時至，輒泛溢為患。蓋以圍田掩遏，水勢無所發洩，而塘港之湮塞故也。因取宋至明初言浙西水利者，輯為一編。大義以開江置閘、圍岸為首務而河道及田圍則兼修之。其於諸家之言間有筆削棄取。如單鍔《水利書》及任都《水利議答》之類，則詳其是而略其非而宋郟氏諸議則以其鑿而不録。蓋斟酌形勢，頗為詳審，不徒採紙上之談云。

清 耿文光《萬卷精華樓藏書記・浙西水利書提要》 《浙西水利書》三卷，明姚文灝撰，明本。前有弘治十年姚文灝自序，弘治戊午葉晨跋。輯宋以來言浙西水利者為一書，時有異宜，故多所筆削。此類書翻刻者少，明本之外未見他本也。葉氏跋云：水利之書一出，非惟見君有益於上下，且其用世之才亦於是可知矣。使天下皆若人焉，則夫許國之誠，忠君之心，順民之意，端可想見。世之君子與我同志則未必以我之為迂而棄之焉云云。此等泛泛跋語毫無當於本書，不存可也。

《四庫全書簡明目録》卷七《浙西水利書》三卷 明姚文灝撰，大旨以南直隸之蘇州、松江、常州，浙江之杭州、嘉興、湖州，環居太湖，最為卑濕，圍田掩遏則水勢無所發洩，而塘港湮塞。因輯宋以來言浙西水利者纂為此編。於諸家之言多所筆削棄取，則以古今異宜也。

傳記

明 凌迪知《萬姓統譜》卷二九 姚文灝，字秀夫，貴溪人。成化甲辰進士，授主事，以詿誤調常州推官，未及任，轉通判，治水有聲，復工部主事，尋陞湖廣提學僉事，慨然以作人自任，崇正學，黜浮靡，規條甚悉。嘗自謂所能者三，『毀譽不入、請託不行、賄賂不通』而已。嘗過洞庭，舟幾危，文灝端坐不動，風止，泊舟，登嶽陽樓云：『來時行李蕭然，去時行李蕭然。嶽陽樓下經過，此心無愧蒼天。』至今人頌之，所著有《學齋稿》《經說》《褋説》《報德録》《中庸本義》藏於家。

《明一統志》卷一〇 姚文灝治間，以刑部主事左遷通判常州府，優於學問，勤於政理，治水有方，以薦陞工部主事，仍督蘇常水利。

又 卷五一 姚文灝，貴溪人，成化間進士，歷官湖廣提學僉事，崇正學、黜浮靡，嘗自謂所能者三，『毀譽不入，請託不行，賄賂不通』而已。所著有《學齋稿》等書。

又 卷五九 姚文灝，湖廣提學僉事，慨然以作人自任，崇正學、黜浮靡，規條甚悉，嘗自謂所能者三，『毀譽不入，請托不行，賄賂不通』而已。

（康熙）《江西通志》卷八六 姚文灝，字秀夫，成化進士。授都水主事，擢湖廣提學僉事。嘗自謂吾無他過人，惟毀譽不入，請託不行，賄賂不通而已。官三載卒。所著有《學齋稿》《經說》《雜說》《中庸本義》。

（嘉慶）《清一統志》卷二五七 姚文灝，貴溪人。總督湖廣，尚書劉大夏子祖修不才，文灝為笞責，再至武昌試，又笞之，禦史某檄召祖修，又灝不允。嘗自謂所能者三：毀譽不入，請托不行，賄賂不通。卒官。貧無以殮。

《湖廣通志》卷四一《名宦志》 姚文灝，《明一統志》：字秀夫，貴溪人，成化甲辰進士。提學湖廣，慨然以作人自任，崇正學，黜浮靡。自謂所能者三：毀譽不入，請託不行，賄賂不通。嘗過洞庭，舟幾危，端坐風止。初出都時，尚書劉大夏曰：僕子祖修為諸生，性慵懶，乞笞之。灝視其文，不得笞特呼笞焉，後卒於官。貧不能殮，僚寀治喪乃還，大夏為文弔之。

《四庫全書總目・史部二十五・地理二》卷六九 文灝，貴溪人，成化甲辰進士，官工部主事。

著録

清 錢謙益《絳雲樓書目》卷一 《浙西水利書》。

《續通志・藝文略》卷一五九 《浙西水利書》三卷，明姚文灝撰。

《續通志・藝文略》卷一五九 《浙西水利書》一卷，不著編輯名氏。

清 黃虞稷《千頃堂書目・地理類下》卷八 姚文灝《水利書》。

又 《水利圖》。

又 《水利事宜》。

清 徐乾學《傳是樓書目》 《浙西水利書》，明姚文灝，一本。

（雍正）《浙江通志》卷二五四 《浙西水利書》一卷，萬曆間人輯，不著名氏，分《宋書》《元書》《今書》，凡四十七篇。

《續文獻通考・經籍考》卷一七〇 姚文灝，《浙西水利書》，無卷數。

《四庫全書總目・史部二十五・地理二》卷六九 《浙西水利書》三卷，兩淮馬裕家藏本，明姚文灝撰。

清 陸心源《皕宋樓藏書志》卷三三 《浙西水利書》三卷，明弘治刊本，菉竹堂舊藏。明姚文灝撰。

又 自序弘治十年。

葉氏手跋曰：凡百典章具有成説，無有蒐輯成書加以議論而一之者。《水利之書》一出，非惟見君有益於上下，且其用世之才亦於是可知矣。使天下皆若人焉，則夫許國之誠，忠君之心，順民之意，端可想見。世之君子與我同志則未必以我之為迂而棄之焉。姚君以晨為世家而均惠焉，其意尤可尚焉。謾記之左，方時弘治戊午夏六月二十三日，葉晨謹志。

清 丁丙《善本書室藏書志・史部十一下》卷一二 《浙西水利書》三卷，影寫明刊本。明宏治十年，提督水利工部主事姚灝撰并序。文灝，貴溪人，成化甲辰進士。是書大旨以天下之賦仰給。江南之蘇、松、常與浙江之杭、嘉、湖六府，環居太湖，最爲卑下，淫潦則泛溢爲患，而圍田掩遏，塘港湮塞，非開江置閘，田岸無以奏功。因分《宋書》《元書》《今書》之言水利者，錄而參酌，實事求是，匪同紙上空言。

清 丁申、丁丙《八千卷樓書目・史部・地理類》卷八 《浙西水利書》三卷，明姚文灝撰，影明抄本。

雜録

（乾隆）《江南通志》卷六三《河渠志・水利治績》 （弘治）九年，工部主事姚文灝築沙湖隄，廣三丈，袤三百六十丈，是年濬白茆塘、福山塘。

十年，姚文灝濬至和塘，委蘇州府通判、崑山知縣募工開濬東自新洋江口起西至九里橋，凡長四千九百六十五丈，用人夫九萬六千五百工，計工授直，用錢一百三十五萬。

又 卷六四《河渠志・水利治績》 九年，水利工部主事姚文灝濬宜興縣仕瀆等四瀆。十年，姚文灝濬宜興縣白龍河。

凡例 一、諸家之書取其是而舍其非，如不録宋郟氏諸議及元人置閘篇是也；一家之書詳其是而畧其非，如刪單書七十二會任書十閘金書順形勢正綱領之類是也；亦有雖是而重言複出者亦畧之，如王徹、趙霖、李結、任古、盧熊等議及重修支川、運河、顧浦、崑山塘等記是也；又有以常事而飾異名，以□人者皆所不録，如橫竪交涇等水，清水、渾水等閘，五爪龍、十翼虎等器是也。

一、郟氏諸議非盡無可取，以其大指失之故，不得而録也，其可取者已畧見於朱秘書《治水篇》及庸田司《水利集》，而大指之失者則在智者辨之可也。

一、此書四十七篇箪有為箪，削有為削，非苟然也。與我同志者詳考而實驗之，自當瞭然，固不能以義例盡也。

河防一覽

綜述

明 于慎行《河防一覽・敘》 《河防一覽》者何？宮保印川潘公志河防之績也。潘公自乙丑迄今，奉三朝簡命，從事河漕之間，前後二十七禩矣，其功難而鉅，其畫詳而深，其耳目之所狎，精神之所寄，若與水相忘者，國家萬萬年大計在焉，志之以示後也，兼漕而專言河者何？防河所以治漕也。河者，漕之藉也。然則古之防河也避其害，今之防河也資其利乎？曰：『唯唯否否』。漕之藉河，《禹貢》以來有之，匪自今也。禹畫九州，冀為都會，河流碣石以入於海，兖、浮、濟、漯、青、浮、汶、濟、徐、浮、淮、泗、揚。浮江漢豫浮於洛梁，浮潛沔以入於渭雍，浮積石至於龍門，未有不通於河者也。漢唐皆都關中，漢漕山東，粟百萬更砥柱之險以達於渭；唐漕江淮之粟由汴入河，由河入洛，以達於渭，亦未嘗不藉河也。獨今日哉？然則公之防河也，奚若曰二十七年之中，有大役於河者三，其功皆成於因始而飛雲之決則開南陽以徃新渠二百里以避河之險，因而避之也。已而清口之役則合河淮之流以趣於海，因而合之也。其後銅瓦之決則隄大名上流以防其潰，因而隄之也。凡公之成功皆因也，而淮河之績為最。即萬世不能易焉。嗟夫，古之聖人見轉蓬而為車，覩落葉而造舟，察列星而分四時，視月行而推晦朔，未有無所因者也。況夫四瀆之流，呼吸吐納天地之性，闕焉者乎？禹能通九道、陂九澤、播九河、疏九川，東注之海而不能使水西流，因其勢也。故曰三代所寶莫如因，因則無敵，此之謂行所無事也。蓋自河淮議興而謀夫盈庭，或以為當瀹海口，不思海口之壅，河淮分也，則以為當開故河，不知河淮之分隄防潰也。是故高堰之隄成而淮不東，崔鎮之隄成而河不北，以河予淮，以淮予河，而以河淮予海，又安用瀹海口，而又安用復故河，為此所謂因也。因者，水之道也。漕渠之要在河淮之交，而公之績亦以此為最，故特著焉。後之防河者第因公之成勢而時修備之，則智亦大矣，故曰志之以示後也。

《四庫全書總目》卷六九《史部二十五・地理二》　《河防一覽》十四卷，江蘇巡撫採進本，明潘季馴撰。季馴有《司空奏議》已著錄。季馴在嘉靖、萬曆間凡四奉治河之命，在事二十七年著有成績。嘗於萬曆七年工成時，彙集前後章奏及諸人贈言，纂成一書，名《塞斷大工錄》。既而以其猶未賅備，復加增削，輯為是編。首《敕諭圖說》一卷，次《河議辨惑》一卷，次《河防險要》一卷，次《修守事宜》一卷，次《河源河決考》一卷，次前人文章之關係河務及諸臣奏議凡八十餘篇，分為九卷。明代仰東南轉漕以實京師。又泗州祖陵，逼近淮、泗，故治水者必合漕運與陵寢而兼籌之。中葉以後，潰決時聞，議者紛如聚訟。季馴獨力主複故道之說，塞崔鎮堤歸仁而黃不北；築高家堰、黃浦八淺而淮不東；創為減水順水壩、遙堤、縷堤之制而蓄泄有所賴。其大旨謂，通漕於河，則治河即以治漕；會河於淮，則治淮即以治河；合河淮而合入於海，則治河淮即以治海。故生平規劃，總以束水攻沙為第一義。考《漢書》載，王莽時征治河者大司馬史張戎已有水自刮除成空語，是借水刷沙，古人已露其意，特從未有見諸行事者。季馴乃斟酌相度，神而明之，永為河渠利賴之策。後來雖時有變通，而言治河者終以是書為準的。閻若璩《潛邱劄記》有《與劉頌眉書》曰：考萬曆六年潘司空季馴河工告成，其功近比陳瑄，遠比賈魯，無可移易矣。乃十四年河決范家口，又決天妃壩，二十三年河、淮決溢，邳、泗、高、寶等處皆患水災，天啟元年河決王公堤，安得雲潘司空治後無水患六十年？大抵潘司空之成規具在，縱有天災，縱有小通變，治法不出其範圍之外，故曰《河防一覽》平成之書云云。若璩居於山陽，於河渠利病得之目睹，斯可謂平情之論矣。

清　耿文光《萬卷精華樓藏書記・河防一覽提要》　《河防一覽》十四卷，明潘季馴撰，明本。萬曆庚寅年刊，陳昌言編次，前有潘季馴自序。伏讀《四庫全書提要》曰：季馴在嘉靖萬曆間凡四奉治河之命。在事二十七年著有成績，嘗於萬曆七年工成時，彙集前後章奏及諸人贈言，纂成一書，名《塞斷大工錄》，既而以猶未賅備，復加增刪，輯為是編。首敕《論圖說》一卷，次《河議辨惑》一卷，次《河防險要》一卷，次《修守事宜》一卷，次《河源決考》一卷，次前人文章之關係河務及諸臣奏議凡八十餘篇，分為九卷。後來言治河者雖時有變通，終以是書為準。謹案：此河防之書與歸震川《三吳分水利錄》同稱佳本，治河者萬不可少是書也。

《四庫全書簡明目錄》卷七　《河防一覽》十四卷，明潘季馴撰。首勅諭圖說，次河議辨惑，次河防險要，次修守事宜，次河源河決考各一卷，次前人治河之議與明代之奏章，共九卷，大旨總主於束水以刷沙。

傳記

《明史》卷二二三《潘季馴傳》　潘季馴，字時良，烏程人，嘉靖二十九年進士，授九江推官，擢禦史，巡按廣東。行均平里甲法，廣人大便，臨代去疏，請飭後至者守其法，帝從之，進大理丞。

四十四年，由左少卿進右僉都禦史，總理河道，與朱衡共開新河。加右副都禦史，尋以憂去。隆慶四年，河決邳州，睢寧，起故官，再理河道，塞決口，明年工竣，坐驅運船入新溜漂沒，多為勘河給事中雒遵劾罷。萬歷四年，夏再起官巡撫江西。明年冬，召為刑部右侍郎。是時，河決崔鎮，黃水北流，清河口淤澱全淮南徙高堰湖隄大壞，淮□、高郵、寶應間皆為巨浸，大學士張居正深以為憂，河漕尚書吳桂芳議復老黃河故道，而總河都禦史傅希摯欲塞決口，束水歸漕，兩人議不合，會桂芳卒。六年夏，命季馴以右都禦史兼工部左侍郎代之，季馴以故道久湮，雖濬復其深廣，必不能如今。河議築崔鎮以塞決口，築遙堤以防潰決。又淮清河濁，淮弱河強，河水一鬥，沙居其六，伏秋則居其八，非極湍急，必至停滯。當藉淮之清，以刷河之濁。築高堰、束淮入清口，以敵河之強，使二水並流，則海口自濬，即桂芳所開草灣亦可不復修治，遂條上六事，詔如議。明年冬，兩河工成。又明年春，加太子太保，進工部尚書兼左副都禦史。季馴初至河上，歷虞城、夏邑、商邱，相度地勢，舊黃河上流自新集，經趙家圈、蕭縣出徐州小浮橋，極深廣。自嘉靖中北徙，河身既淺，遷徙不常。曹、單、豐、沛常苦昏墊，上疏請復故河。給事中王道成以方築崔鎮高堰，役難並舉，河南撫按亦陳三難，乃止。遷南京兵部尚書。十一年正月，召改刑部。

季馴之再起也，以張居正援，居正歿，家屬盡幽繫，子敬修自縊死。季馴言居正母逾八旬，旦暮莫必其命，乞降特恩宥釋。又以治居正獄太急，宣言居正家屬斃獄者已數十人。先是禦史李植、江東之輩與大臣申時行、楊巍相訐，季馴力右時行、巍，痛詆言者，言者交怒，植遂劾季馴黨庇居正，落職為民。十三年，禦史李棟上疏訟曰：隆慶間，河決崔鎮為運道梗，數年以來，民居既奠河水安流，咸曰『此潘尚書功也』。昔先臣宋禮治會通河至於今，是賴陛下允督臣萬恭之請予之謚廕。今季馴功不在禮下，乃當身存之日，使與編戶齒寧，不隳諸臣任事之心，失朝廷報功之典哉！禦史董子行亦言季馴罪輕責重，詔俱奪其俸，其後論薦者不已。

十六年，給事中梅國樓復薦，遂起季馴右都禦史，總督河道。自吳桂芳後，河漕皆總理，至是復設專官。明年，黄水暴漲，衝入夏鎮，壞田廬，居民多溺死，季馴復築塞之。十九年冬，加太子太保、工部尚書兼右都禦史。季馴凡四奉治河命，前後二十七年，習知地形險易，增築設防，置官建閘，下及木石樁埽，綜理纖悉，積勞成病，三疏乞休，不允。二十年，泗州大水，城中水三尺，患及祖陵。議者或欲開傅寧湖至六合入江，或欲濬周家橋及高寶諸湖，或欲開壽州瓦埠河以分淮水上流，或欲弛張福堤以洩淮口。季馴謂，祖陵王氣不宜輕洩，而巡撫周寀陳於陛，巡按高舉謂周家橋在祖陵後，百里可疏濬，議不合。都給事中楊其休請允，季馴去歸三年，卒年七十五。

著録

《明史・藝文志》卷九七　潘季馴《河防一覽》十四卷。

《續通志・藝文略》卷一五九　《河防一覽》十四卷，明潘季馴撰。

（崇禎）《吳興備志》卷二二　潘季馴《留餘堂集》十二卷，《河防一覽》若干卷

（雍正）《浙江通志》卷二四四　《河防一覽》十卷，《治河全書》六卷。

《尤氏藝文志》潘季馴撰。按內閣書目又有《宸斷兩河大工録》。《河防一覽》十二卷，潘季馴子大復輯。

清　黄虞稷《千頃堂書目》卷八　潘季馴《河防一覽》十四卷。

清　丁日昌《持静齋書目》卷二　《河防一覽》十四卷。明刊本。又重刊本。明潘季馴撰。

清　丁日昌《持静齋藏書紀要》卷上　《河防一覽》十四卷，明潘季馴撰。明刊本。

雜録

清　閻若璩《潛邱劄記》卷六《與劉頌眉書》　又考萬歷六年，潘司空季馴河工告成，其功近比陳瑄，遠比賈魯，無可移易矣。乃十四年河決范家口，水灌淮城，全城幾奪。又決天妃壩，尋塞治之。二十三年，河淮決溢，邳、泗、高寶等處皆患水災。以按臣牛應元，河臣楊一魁言，患少息。天啓元年，河決王公堤，水灌淮安新舊二城，水民蟻城而居，裏外河、清河一帶，滙成巨浸。郡守宋统殷等力塞王公堤，患始殺焉。所云蟻城而居者，即余幼聞父老言『人在新城西門城垛上垂足洗滌』是也。安得云『潘司空治後無水患六十年』之說？大抵司空成規具在，縱有天災，縱有小通變治法不出其范圍之外。故曰《河防一覽》為平成之書云。

清　姚之駰《元明事類鈔》卷二　束水刷沙，明潘季馴《河防一覽》：通漕於河，則治河即以治漕；會河於淮，則治淮即以治河；合河淮而同入於海，則治河淮即以治海。惟在築堤束水，借水刷沙，以此奏功，百年可治。

又　《堰帚》。

又　《河防一覽》：凡堤係掃灣，預乾帚以衛堤。根帚須土多料少，椿簽用長，入地須深。

又　卷一〇　四治河。

又　潘季馴《河防一覽》：河性湍悍，善徙者，水漫而沙壅也。法莫若以隄束水，以水攻沙，又循河故道，束而湍之，使水疾沙刷無留行。而又近為縷隄，縷隄之外，復為遙隄，則水益淺，遠不至旁決。蓋季馴凡四治河，河皆治云。

清　儲大文《存研樓文集》卷九《中州河防考》　矧自明萬歷初，河決崔鎮，奪淮入海，淮復決高家堰，右都禦史潘季馴治之，著《河防一覽》十四卷，近日議河渠者胥奉為指南，其書大率詳於徐邳以下，而略於中州。然則中州河防之失考也久矣。

清　靳輔《文襄奏疏》卷四《治河題稿》　國朝漕運因之等語。

又　國朝漕運俱由董口進泇河，並未走徐州月河。你這話是那裏來的？維雅云：這是《河防一覽》上有的。

又　臣又云《河防一覽》，是故明萬歷年間總河潘季馴的書，徐州月河係故明崇禎八年徐標開的，彼時難道潘季馴又活轉來麽？維雅隨云：不是《河防一覽》，想必是《淮安誌書》，隨令伊家人取書來看究竟，伊家人亦未取書來。

臣反覆詰問，彼時維雅舉止張皇，語無倫次，遂云如今，紙上談兵哄。

清　靳輔《治河奏績書》卷四《治紀》　自禹而後，治水之人多矣，而不詳其所治之法。詳所治之法者，蓋自歐陽□至正河防紀始也。夫治水非徒法也，因乎地形，察乎水勢，而加之以精思神用焉。然規矩備而婁之明輪之巧不更加乎《河防一覽》乎？臣不才奉。

又《治紀・開闢海口》　雲梯關者，不知名自何時？乃黄淮二瀆所由以入海者也。【略】又考《河防一覽》，潘季馴有言曰：海無可浚之理，惟有導河以歸之海。然河非可以人力導，惟有善治堤防，俾無旁溢，則水由地中，沙隨水去也。季馴，近世之能臣。其言當不易也。今日之雲梯關外，是即今日之逆河也，而不堤以求其同，不同以求其入海也得乎？爰自清口以下，至雲梯關三百餘里，挑引河以導其流，於關外兩岸築堤一萬八千餘丈，凡出關散淌之水，鹹逼束於中，涓滴不得外溢，從此二瀆就軌，一往急湍，衝沙有力，海口之壅積不浚而盡闢矣。

（雍正）《河南通志》卷一六　潘季馴《河防一覽》曰：水以海為壑，向因海壅河高以致決堤四溢，談河患者皆咎海口，而以濬海為上策。竊謂海無可濬之理，惟當導河以歸之海，則以水治水，即濬海之策也。然河又非可以人力導也，欲順其性，先懼其溢，惟繕治隄防，俾無旁決，則水由地中，沙隨水去，即導河之策也。

又曰，雲梯關不知名自何時？乃淮黄二瀆所由以入海者也【略】又潘季馴《河防一覽》曰：海無可浚之理，惟有導河以歸之海，河非可以人力導，惟有繕治隄防，俾無旁溢，則水由地中，沙隨水去也，季馴近世能臣，其言當不易也。今日之雲梯關外即今日之逆河也，而不堤以求其同不同，以求其入海，得乎？爰自清口以下至雲梯關三百餘里，挑河以導其流，於關外兩岸築堤一萬八十丈，凡出關散淌之水，鹹束於中，涓滴不得外溢，從此二瀆就軌一往，急湍沖沙有力，海口之壅不浚而盡闢矣。

又曰，河決之始，如用埽裹頭以防汕刷，築逼水壩，開引河簽，樁必須深釘入底，以防懸空悮事，《河防一覽》備載矣。至沉繫埽個全在揪頭繩索，其力尤重，樁必多而始壯，埽必重而後沉，宜柳七而草三。塡土之後，倘埽工之外，忽起翻花大浪，急須於堤內下埽塡土，晝夜壓截其浪花，起於數十丈之內猶易，若百丈之外則危矣，其堤工若但坍毁而平下猶可塡土加埽一，若懸空則危矣。若内外傾欹，亦不可救，此《河防》所未載，不可不知也。

清　張伯行《居濟一得》卷二《馬場湖地》　《河防一覽》内載馬場湖中原有高亢，從不上水之田九十三頃。當魚滕被淹之時，曾將此地令人佃種，賠補魚滕二縣之糧。後二縣田地涸出，即將此地仍歸馬場湖，不許耕種。若果有民田被淹，即以此地頂補，似無不可，豈濟寧之田可以賠補魚滕之糧？反不可以賠補濟寧之地乎？況地界相連，畊種為便，又非有隔縣百餘里之遙也。

又　卷七《高堰内水利》　《河防一覽》曰：高堰之内有越城，周家橋一帶地勢稍亢。淮水大漲，從此溢入白馬湖。水消，仍爲陸地。蓋藉此以殺黄，漲即黄河之減水壩也。若一概築堤，非惟高堰難守，即鳳泗不免加漲矣。愚意欲於周家橋一帶設立閘座，多穿河渠以溉民田，則高堰之堤可保，鳳泗之水可消，而民間更獲灌溉之利，是一舉而三善備也，又何憚而不爲？或曰：清口不虞倒灌乎？曰湖水小則閉閘以敵黄，湖水大則開閘以溉田，又何慮乎？

清　傅澤洪《行水金鑑》卷五一《河水》　自禹之後，治水之人多矣。而不詳其所治之法，詳所治之法者蓋自歐陽□至正《河防紀》始也。夫治水非徒法也，因乎地形，察乎地勢，而加之以精思神用焉。然規矩備而婁之明，輪之巧，不更加乎？《河防一覽》備矣。臣不才奉。

又考《河防一覽》，潘季馴有言曰：海無可俊之理，惟有（導）河以歸之海，然河非可以人力。惟有繕治隄防，俾無旁溢，則水由地中，沙隨水去也。季馴，近世之能臣，其言當不易也。

河決之始，如用埽裹頭以防汕刷，築逼水壩，開引河簽，樁必須深釘入底，以防懸空誤事。《河防一覽》所載備矣。

又《行水金鑑》卷五三　四月初四日，尚書王鴻緒謹奏恭請：【略】茲仰體聖慮所及，合諸今昔議論，謹為我皇上陳之。伏查《河防一覽》云：歸仁堤所以捍禦黄水、睢水、湖水，使不得直射泗州並攻高堰，又遏睢水、湖水，使之併入黄河，益助衝刷，關係最為重大等語，自白洋河等處，淤墊堤內之水不入黄河，及由歸仁堤減壩洩入洪澤，而洪澤為之加漲。

三吳水利録

綜述

明　歸輔世《書三吳水利録後》　天下之利有故而害，有由不明其故而妄以私智規小利失大利而遺大害，至於累世不息者，斯其首禍，何如東南澤國水非大利乎？今時被其災反為大害，空思神禹舊跡，莫知所以措，悲夫！亦思水何以泛濫，知其泛濫則可底定矣。何以底定？讞其底定，宜無失其故矣。三代後，漢與唐，獨略於東南之水者，時江水猶循其道，莫為患也。至宋而言水事者紛紛矣。由慶歷時，築長堤於江水之上流，截其入海之勢故也。至於腹內之堰閘不可廢者，反一切廢之，皆為一時轉運之便，不顧失大利而貽大害。壅遏上流之水而彌漫腹內之田，於是四郡之民居卑者盡為魚鼈之宅。治之者又往往不得其領，不惟無益而反滋其以迄於今也。先太僕務經濟之學，於今古遺書無不研究明。禹跡之舊為《禹貢注》，至於東南之水復具論於《三吳水利》中，詳其入海之道，定三江之圖，録水學之最者，彙為一集。能自得其領而後其法可備用。蓋東南之水既滙而為具區，具區實由吳淞一江東入於海，其流迅駛左右南北之水五六里而為一浦者，皆旁支也。更横之每十里而為一塘，塘浦棋布，治水治田之道在是矣。是以原委分而支庶明，先後緩急皆有其序。姑知宋元以來之治水皆不得其分明而失其次序也。隆慶間海忠介公喜得是書，仿而行之。時歲大飢，公多方處費，聽有罪者入贖，助工勤力者，加其稟餼，飢民大濟而江大開，海口至棚橋盡堙為平地矣。不期月而遂通江濤如昔，民誦便利，惜功未竟而公去，任繼之者不復行公之事。公為人廉敏勤毅，親巡視事，無虛日。謂大禹神聖，勞身焦思，胼胝於山水泥陸，我輩何人，食朝廷之禄而勞民自逸，矧又有因而掊克耶？時或有給餉不即應者。公嚴刑以儆無不奮勵，功故垂成而不意有媢嫉者亟奪公去。今幸蒙聖明，深維國計，洞晰民隱，謂天下財賦仰給東南，治東南之水為今經國利民首務，而吳淞一江則水之綱領也。今多湮塞而僅存遺跡，不若旁水之流，此湖之所以時時泛溢而吳民水旱蒙災也。敕行疏濬採酌事宜，聖謨如此，何愁無忠介公以成之乎？茲猶懷杞人之念者，謂古草茅亦切當世之慮。今廟廊之上憂及江湖，處江湖者安敢隱其見聞，不罄芻蕘狂瞽之愚以所聞？吳淞之入海，禹鑿堽阜後無宋之吳江岸，亦猶岷淅之至今長流也。曩時故跡深廣可敵千浦，今堙者已為平地，而通者反從南北支流紆迴入海。昔之塘浦廣猶三十丈，今嫡屈於庶日失其勢而震澤焉有安流？必廣復其故而與岷江相埒，即狹處猶當數里。斯言也，如以為迂狂，則昔日之三江何如耶？古聖王經營天下，九州、九道、九澤、九山為之開通陂障，況東南一水乎？思天下之泛濫，可底於平成，則治一澤之水，不得視為迂闊艱難矣。為之者功期必成，上荅天子下澤蒼生，當仁可讓與。凡江故跡，載自前人，歷有其證。今其為茭蘆阡陌者，何得不悉返東流，俾澤有安瀾而後江之旁，浦與塘可漸次疏治，復置腹內之堰閘。四郡水田蘇為最，仍設吳越錢王時之營田司，督營田軍專為田事，導河築防上流之壅截，既盡疏徹而腹內之堰閘又時其啓閉，則不惟水永無患而旱亦無災，歲歲豐稔。建一時之功，垂萬世之利，拭目以望。崇禎元年戊辰季秋，孫男輔世書。

《四庫全書總目》卷六九《史部二十五·地理二》　《三吳水利録》四卷，江蘇巡撫採進本，明歸有光撰。有光有《易經淵旨》，已著録。是書大旨以治吳中之水，宜專力於松江；松江既治，則太湖之水東下而他水不勞餘力。當時堤防廢壞，漲沙幾與崖平，水旱俱受其病。因採集前人水議之尤善者七篇，而自作《水利論》二篇以發明之，又以三江圖附於其後。蓋松江為震澤尾閭，全湖之水皆從此赴海，所謂塞則六府均其害，通則六府同其利者，前人已備言之。尋其湮塞之流，則張弼《水議》所謂『自夏原吉浚范家浜直接黄浦，浦勢湍急，泄水益徑而江潮平緩，易致停淤，故黄浦之闊，漸倍於舊，吳淞狹處，僅若溝渠』。其言最為有理。有光乃概以為湖田圍占之故，未免失於詳究。然有光居安亭，正在松江之上，故所論形勢脈絡最為明晰。其所云宜從其湮塞而治之，不可别求其他道者，亦確中要害。言蘇松水利者，是書固未嘗不可備考核也。

《四庫全書簡明目録》卷七　《三吳水利録》四卷，明歸有光撰。大旨以吳中之水，宜專力於松江。松江既治，則太湖之水東下，而他水不勞餘力。因採集前人水議之善者七篇，又自作利水論二篇以發明之，而以三江圖附於其後。

傳記

《明史》卷二八七《文苑傳三・歸有光傳》　歸有光，字熙甫，崑山人。九歲能屬文，弱冠盡通《五經》《三史》諸書，師事同邑魏校。嘉靖十九年，舉鄉試，八上春官，不第。徙居嘉定安亭江上，讀書談道，學徒常數百人，稱為震川先生。四十四年始成進士，授長興知縣，用古教化為治，每聽訟引婦女兒童案前刺刺作吳語，斷訖遣去，不具獄大吏令不便輒寢閣不行有所擊斷直行己意，大吏多惡之，調順德通判，專轄馬政。明世進士為令，無遷倅者，名為遷，實重抑之也。隆慶四年，大學士高拱、趙貞吉雅知有光，引為南京太僕丞，留掌內閣制敕房，修《世宗實録》，卒官。

有光為古文，原本經術，好太史公書，得其神理。時王世貞主盟文壇，有光力相觝排，目為妄庸鉅子，世貞大憾。其後亦心折有光，為之贊曰：『千載有公，繼韓歐陽，余豈異趨，久而自傷。』其推重如此，有光少子子慕，字季思，舉萬歷十九年鄉試，再被放，即屏居江村，與無錫高攀龍最善。其歿也，巡按御史祁彪佳請於朝，贈翰林待詔。

有光制舉義湛深，經術卓然成大家，後德清胡友信與齊名，世並稱歸胡。

友信，字成之。隆慶二年進士，授順德知縣，歲賦率奸胥攬輸，稍以所入啗長吏，謂之月錢。友信與民約歲為三限，多寡皆自輸，不取贏，閭里無妄費而公賦以充，海寇竊發官軍，往討，民間驛騷。部內烏洲、大洲，賊所巢穴，諸惡少為賊耳目，友信悉勾得之，捕誅其魁，餘黨解散，鄉立四應社，一鄉有警，三鄉鼓而援之，不援者罪同賊，賊不敢發。歲大凶，民饑死，無敢為惡者。初友信慮民輕法，涖以嚴，後令行禁止，更為寬大。或旬日不笞一人，其縣治如家，弊修墮舉，學校城池咸為更新，督課邑子弟，教化興起，卒官。士民立祠奉祀。友信博通經史，學有根柢。明代舉子業最擅名者，前則王鏊、唐順之，後則震川、思泉。思泉，友信別號也。

清《萬姓統譜》卷六　歸有光，字熙甫，崑山人。嘉靖進士，歷南京太僕寺丞，博學多文，有《震川集》行於世。

著録

《明史》卷九七《藝文志》　歸有光《三吳水利録》四卷。

《續通志》卷一五九　《三吳水利録》四卷，明歸有光撰。

（乾隆）《江南通志》卷一九二　《三吳水利錄》四卷，俱崑山歸有光。

清　黃虞稷《千頃堂書目》卷八　歸有光《三吳水利録》四卷。

清　丁日昌《持靜齋書目》卷二　《三吳水利録》四卷。別下齋刊本。明歸有光撰。

雜録

《四庫全書考證》卷四〇　《三吳水利録》卷一，明歸有光撰。

又　天下之利莫大於水田條，又以上中下一易、再易、不易而去其半，當有十八萬夫之田。原本脱『不易』二字。據《周禮》增。

北河紀

綜述

明　謝肇淛《北河紀・序》　國家漕東南以輸天府，浮會通河晝地而分三都水郎，以時飭其隄防，近稍增置厥員，乃其遡魚臺而亘天津，旁瀹乎汶、泗、洸、沂、濟、漯、淇、衛、漳、洺、滹沱諸水，而悉節制之以為吾用，則北河之履延袤特遠，奉璽書以提衡諸路，蓋其任若斯之重也。賴天子神聖，河伯効靈，使者按故牘，以時疏壅塞決而無復事矣。去黄稍遠，不藉其利，亦不食其害，乃盱衡而尋故轍，則亦有奪張秋，蝕穀亭，漶南陽，負薪、沈璧之不暇者。歲時小梗□箸尤廑藉，非涉歷深攷，究覈胸中，具有全河，庸詎捐金錢而役徒□，漫以填陽矦之壑。為吾譬之人身，凡河渠之支，諸經絡也。河使，引鍼石□治者也。已事，其醫案也。二百年來，病不一症，治不一方，案脉理而檢禁方，而湯液灼熨之用，吾可以無它求矣。鯀河之南北釃也，豈其明德，必禹之功。戊巳築而張秋奠，夏村濬而新河通，蠱而後有事焉。行乎其不得不行，猶之乎，行所無事也。蛇已成，贅足焉。薪不從，爛額焉。不事事與太多事，兩者皆譏，已執其咎，而復貽藉於後之人，是經絡方術之未諳而徒以人費者也。謝君在杭，夙負通才，華實兼茂，閱歷既深，成績可紀，分曹北河，幸平成之多暇，訪古河渠、溝洫之志而更充拓之，釐為八紀，信而可徵，詳而有體，繩繩乎有用之文也。嗣斯職者，展卷而周防蓄洩之術禁圉調集之規方程稍食之覈局以内思過半哉，神而明之，即漕河全局猶是矣。或曰古今無同局，奈何曰治水猶治歷也？天官者流，雖有定度，必時而測之。禹躬胼胝，豈無父書，程於舊章而周爰荒度，以勤於其官，又余所佇望時賢，而共期□圭之錫者。

明 葉向高《蒼霞續草》卷五《北河紀・序》

《北河紀》者，謝大夫在杭治北河之所著也。其稱北河者，國家轉漕之路。自維揚至天津畫而為三，而此直其北也。三河皆治以部使者，而北河所轄千餘里，於賜履最廣，其治所在張秋，即宋景德鎮，明興河屢決其地。徐武功、劉忠宣先後奉命築塞，費金錢無算，易鎮名安平，蓋其重也。自忠宣而後，稍有寧宇，然而汶濟之間，南北建瓴，漕艘徃來，倚諸泉為命，涓滴供之，尾閭洩之，土脈一枯，泉源立涸，故河之患，患在水少。清源以北，漳衛合流，注以滹沱，灌以瀛海，□然巨浸，淫雨一零，千丈立潰，故河之患，患在水多，以歲之而列之曰河程、河源、河工、河防、河臣、河政、河議、河靈，事詳而不枝，記繁而不濫。曰：吾在河言河耳，河之外非吾職也。在昔為河書者始於《禹貢》，『禹貢』所敘次，首九河，次濟漯。孟氏謂疏之，瀹之，以為禹功者，大較皆大夫部内九河故道，雖久已湮沒，而總之併入於衛河，今不用疏而用隄，濟水自任城，漯水自東郡，皆達河入海，今皆逆而為漕，用泗上諸泉，不見於禹貢，亦濟漯之支也。今雖用瀹而兼用積，其治法與禹不盡同。孟氏稱禹行所無事，無事云者，順水之性，為之先驅，以聽其所徃耳，非能有損益於水也。今水少者，欲使多。水多者，欲使少。禹以人為水用，今以水為人用，微但人苦，即水亦甚苦之。由兹以談有事耶？無事耶？使禹生於今日，將安施耶？禹之史臣而紀今日之河事，其能無意於兹編耶？要於率用舊章，因勢順流，毋隳已成之績，毋徼難冀之功，無事有事，有事無事，使河與人兩相習而不相害，則大夫之志也。大夫自為諸生，即工古文辭，所為聲詩靚深婉麗，近世罕見其倫，居官所至，惟好讀書，頃在都門，日從余借秘閣書本，抄録讐校，窮日夜不休，此其人宜置石渠、天禄間，乃通籍二十餘年，更兩郡，歷兩都，皆舉其職而尚淹郎曹，杜陵以工部稱，何遜以水部著，造物者殆以此官重大，夫著述甚多，皆必傳於世，在河言河，亦掌故家所不能廢者。屬余謝事道安平，大夫出以相示使效一言，余不習河事，何以復大夫？然嘗往來河上，有槩於衷，故臆而論之如此，亦談河渠者之一吷也。

又《北河紀・總敘》 國家定鼎燕山，一切軍國之儲，取諸七大藩。舳艫銜尾而入五千里不絕，而江南十七焉。江南之漕，廣陵當其咽喉，上江來者至自儀真，下江來者至自□洲鎮，由廣陵而達淮安為南河，由黄河而達豐沛為中河，由山東而達天津爲北河，由天津而達張家灣為通惠河，之四河者，天子使部院大臣總其政，而分部以四尚書郎，賜之璽書，令得便宜行事，惟是不腆之治。南至魚臺，北至天津，統轄千有餘里，任綦重治綦藹治而不知其政當屍官，知其非所治者當侵官，作《北河紀》。禹畫既界，都邑錯壤，衣帶盈盈，蜿蜒朝宗，各有賜履，無相軼也。紀河程第一，崑崙建瓴，四瀆底定，汶泗如綫，旁及蹄涔，聚毛為裘，蕲於濟耳；紀河源第二，陽侯旱魃，相遞為災，畚鍤歲興，民不堪命，非常之原，衆所懼焉；紀河工第三，乘天之符，相地之行，無實實，無虛虛，因而操之，乃聽節制；紀河防第四，命吏棋置，臂指相帥，省試之，以時黜陟之，以歲歲事不修繇官邪也；紀河臣第五，官常既臚，庶績乃熙，上行令下行意，期無反汗而後即安；紀河政第六，跣者，鹿而舄者，肉聚訟棼，如古人所歎，擇其可見諸行者；紀河議第七，百神受職，允猶翕河籩豆之事，有司存矣，故紀河靈第八終焉。謝肇淛曰：吾今而後知河之難也，善人謀者未必具地利，有地利矣未必得天時，三者既備，有其舉之而物力絀焉。任使之弗臧無論，吏操三尺以從，即旋舉旋躓，空糜金錢，國家亦何利賴之，有鯀以圮族殛，而禹以行無事成，知鯀禹成敗之故者，知河事矣。

《四庫全書總目·史部二十五·地理二》卷六九　《北河紀》八卷，紀餘四卷，江西巡撫採進本，明謝肇淛撰。肇淛有《史觿》已著錄。此書乃其以工部郎中視河張秋時所作。《明史·藝文志》著錄，卷數亦同。首列河道諸圖，次分河程、河源、河工、河防、河臣、河政、河議、河靈八記。詳疏北河源委及歷代治河利病，搜採頗備，條畫亦頗詳明。至山川古跡及古今題詠之屬，則別為四卷附後，名曰《紀餘》。蓋河道之書，以河為主，與州郡輿圖體例各不侔也。國朝順治中，管河主事閻廷謨，益以新製作《北河續紀》四卷。雖形勢變遷，小有同異，要其大致，仍皆以是書為藍本。蓋其發凡起例，具有條理，故續修者莫能易焉。肇淛著作甚夥，而《明史》於《文苑傳》中獨載此書，稱其具載河流原委及歷代治河利病，其必有以取之矣。

《四庫全書簡明目錄》卷七　《北河紀》八卷，《紀餘》四卷，明謝肇淛撰，首列河道諸圖，次分河程、河源、河工、河防、河臣、河政、河議、河靈八紀，至山川古蹟、古今題詠則別為四卷，名曰《紀餘》。蓋治河之書，以河為主，與他地志例異也。

傳記

清　錢謙益《列朝詩集》丁集卷一六『謝布政肇淛』條　肇淛，字在杭，長樂人。萬曆壬辰進士，除湖州推官，量移東昌，遷南京刑、兵二部，轉工部郎中。管河張秋作《北河記略》，詳載河流源委及歷代治河利病，談河工者考焉。升雲南參政，曆廣西按察使至右布政。林若撫曰：在杭詩以年進《下菇集》，司理吳興作也。坐論需，次真州，有《鑒江集》。移東昌有《居東集》，格調漸工，然其詩亦止於此。嘗有寄余詩云：『曾從紫氣識龍文，忽見新詩過所聞。老去自慚牛馬走，書來猶問鹿麋群。春城樹色連吳苑，夜雨鴻聲叫海雲。茘子輕葉紅榕綠，相期同拜武夷君。』在《小草堂全集》中。晚年所作，聲調宛然，不復進矣。余觀閩中詩，國初林子羽、高廷禮以聲律圓穩爲宗，厥後風氣沿襲，遂成閩派。大抵詩必今體，今體必七言，磨礲娑蕩，如出一手。在杭，近日閩派之眉目也。在杭，故服膺王李，已而醉心於王。伯穀風調諧合，不染叫囂之習，蓋得之伯穀者爲多。在杭之後降爲蔡元履，變閩而之楚，變王李而之鍾譚，風雅淩夷，閩派從此熸矣。

《明史》卷二八六《文苑傳二》《謝肇淛傳》　肇淛，字在杭，萬歷三十年進士，官工部郎中，視河張秋，作《北河紀略》，具載河流原委及歷代治河利病，終廣西右布政司。

清　鄭方坤《全閩詩話》卷八《謝肇淛》　謝肇淛，字在杭，長樂人。萬歷壬辰進士，除湖州推官，量移東昌，遷南京刑兵二部，轉工部郎中。管河張秋，作《北河紀畧》，詳載河流原委及歷代治河利病，談河工者考焉。陞雲南參政，歷廣西按察使至右布政。林若撫曰，在杭詩以年進《下菰集》，司理吳興作也。坐論需，次真州，有《鑾江集》。移東昌，有《居東集》，格調漸工，然其詩亦止於此。嘗有寄予詩云：『曾從紫氣識龍文，忽見新詩過所聞。老去自慚牛馬走，書來猶問鹿麋羣。春城樹色連吳苑，夜雨鴻聲叫海雲。茘子輕紅榕葉綠，相期同拜武夷君。』在《小草堂全集》中。晚年所作聲調宛然不復進矣。予觀閩中詩，國初林子羽、高廷禮以聲律圓穩為宗，厥後風氣沿襲，遂成閩派，大抵詩必今體，今體必七言，磨礲娑盪，如出一手。在杭，近日閩派之眉目也。在杭故服膺王李，已而醉心於王伯穀，風調諧合，不染叫囂之習，蓋得之伯穀者為多。在杭之後降為蔡元履，變閩而之楚，變王李而之鍾譚，風雅淩夷，閩派從此熸矣。《稽古堂集》

著録

明　祁承㸁《澹生堂藏書目·史部下》卷六　《北河紀》八卷，四册，謝肇淛。

清　萬斯同《明史·藝文志二》卷一三四　謝肇淛《北河紀》八卷，又《北河紀餘》四卷，為工部郎中管張秋河。

《明史·藝文志》卷九七　謝肇淛《北河紀》八卷，《紀餘》四卷。

《續通志·藝文略》卷一五九　北河紀》八卷，《紀餘》四卷，明謝肇淛撰。

清　黃虞稷《千頃堂書目》卷八　謝肇淛《北河紀》八卷，又《北河紀餘》四卷。

《續文獻通考・經籍考》卷一七〇　謝肇淛《北河紀》八卷，《紀餘》四卷。

清 徐乾學《傳是樓書目》　《北河紀》八卷，明謝肇淛，五本。

敬止集

綜述

《四庫全書總目》卷六九《史部二十五・地理二》　《敬止集》四卷，浙江汪汝瑮家藏本，明陳應芳撰。應芳字元振，泰州衛人，萬曆乙未進士，官福建布政司參政。淮南夙稱澤國，而泰州、興化尤甚。應芳家於泰州，因講求水道源委與河之利害，悉其形勢，集當時奏疏、公移、私劄言河道者為一書，名曰《敬止》重桑梓也。又各繪為圖，曰泰州上河，曰泰州下河，曰高興下河，曰興化下河，曰寶應下河，曰鹽城下河。附論十三首，兼及漕運田賦。雖今昔異宜形勢遞變，核以水道與所圖已不相符，然其書議論詳明，以是地之人言是地之利病，終愈於臨時相度隨事揣摩。因其異同以推求沿革之故，於疏浚築防亦未為無補矣。

《四庫全書簡明目録》卷七　《敬止集》四卷，明陳應芳撰。應芳以泰州之人言泰州水利，故以桑梓敬止之義為名。其書集當時奏疏、公牘、私劄附以六圖十三論，其論又兼田賦、漕運而言之。

著録

《續通志》卷一五九　《敬止集》，無卷數，明陳應芳撰。

《續文獻通考》卷一七〇　陳應芳《敬止集》，無卷數。應芳，字元振，泰州衛人，萬歷進士，官福建布政司參政。

又　臣等謹案：應芳集當時奏疏、公移、私劄成此書，蓋為泰州而作，名曰敬止，重桑梓也。

清 丁丙《善本書室藏書志・史部十一下》卷一二　《敬止集》四卷，精鈔本，明陳應芳撰。《續文獻通考》謂是書無卷數，所見殆初稿也。應芳，字元振，萬歷進士，官福建布政司參政。家於泰州，以淮南夙稱澤國，因講求水道源委與河之利害，集當時奏疏公移私札，成此一編，詳著圖說，自爲之序，名曰《敬止》，重桑梓也。

三吴水考

綜述

明 徐栻《三吴水考序》《吴中水利全書》卷二三　夫予江南，非古所稱塗泥之域哉？然謂厥田下下，厥賦下上，上錯則尤。震澤初定時，充貢未博也。今國家財賦大半出是，所關係鉅計至矣。顧澤國源委，上自天目，下沿東海，相距數百里而遙，瀠洄澎湃，百折而星流，似未易窺其脈胳。予自有四方之役，嘗渡錢塘，涉豫章，浮沅湘，暨淮黄，泝濟膠萊間，試濬水工，則念吾土利病，視之獨難，以地形平壙海，潮上下不常，每當潦集，輒浩漫洚注，四望湖海，非若他有崇崗壘壁，水速來可防御宜引為也。竊謂先正范文正公守呉郡，首疏水利為要務。予每乘間理棹遨遊，目太湖之津煙，慨兩澤之悠瀾，尋三江之故道，望禹跡之茫茫，沈思久之，博聞父老有曰：是夏駕新洋；昔夏忠靖所疏理也；是秀水蒲，滙澱泖諸湖水所經洩也；是呉塘顧浦，劉河所瀦衍也；是白茆，青□西湖毘晉陵所由入江也。是白鶴，荊城孟瀆九曲所由入江注海也。爰稽傳志，三呉之地，惟常熟多有巨滙，而白茆港視他水獨廣闊而順達於此，導之使蘇常東北諸水皆由此港以入海，而震澤上源自可減殺横溢之勢。信乎！白茆，尤呉中水利之要害者也。今流注失宜，高土浸以淪沒而下者又致淤壅，獨柰民生國計何？予歎曰，是即《禹貢》所謂：『三江既入，震澤底定者。』與邇閩懷安林公茂脩簡命治水茲土非底定之一會乎？予撫豫章，公尹南昌，共事治水，卒賴宏濟大畧以相成。今公按呉兩越，歲河工告成，出《水利圖説》示予，乃熟視之，何盡我地宜若是悉哉！公指顧中即貼貼爾席之安抑何神哉！蓋公行水之道與神禹智同，而咨詢營度一不出所云：『三江既入，呉淞江為正□，東婁二江為旁支，支□

分而或疏或濬或節，可次第施矣。以故太湖諸水注吳淞，澱泖諸湖水注黃浦，崑嘉諸水注劉河、白茆，而陽城、昝昆諸水悉便入江入海，則水流導。長蕩、潤州諸水由運河入大江則水源節。公駐節吾邑，督濬白茆，復深且廣，俾可停蓄，渲導以入海，連年大水得藉渲洩之力，不至盡填溝壑者。公疏白茆之功彰彰較著也，大都並流，不至妨礙。野潰不至外逸，平潮不至倒注，要害之衝罔不疏濬，深闊納巨浸，而尾閭奔趨。分支則蕩滌沮洳，取滋灌溉，濬畎澮距川已耳。至疏旁渠築圍埂，俾旱澇有備，高低鄉咸利，則悉載在《治田六事》中。率民力任之，官為量助督率，綱舉而目張，一勞而永逸，吾江南民從此得免魚鼈焉，詎非仁人大惠哉！日者梯航充發，以下下之土田半天下之供奉而國不稱乏，民不告病，而公且屢上蠲恤疏荷俞旨寬恤以蘇孑遺，公有大造於江南矣。所著《水利圖説》為冊十六卷，有詔令、水源、水道、水年、水官、水議、水疏、水移、治水、治田、水績、水文終焉，用以告夫將來官水者。嗟夫！治水猶醫治疾，然圖説，其方也。視民饑溺由已，而抱康濟，實心猶醫活人心也。方策具在，醫國者執而用之，以行其濟人利物之心，要取經用於世間，其所以康濟奕世者博矣，底定□勳，將永賴之。覩河流而思禹績，公之明德遠矣哉！他日洊承簡渥，由司空而宅端，揆以告成功錫□圭豈得擅美於前乎？則有太常金石之勒銘者在，固予夙所首薦，知公、期公者也顯以俟之。萬歷八年庚辰仲冬吉旦，徐栻謹撰。

明 劉鳳《三吴水考·序》 夫水於化育居首焉，五德之運亦惟時所勝，故其迭尚亦因以建遡。在昔五行之官治而世乃用乂，及我明肇造東南，我吳列郡皆為甸服固水地也。川、瀆、藪、汚、穀、壑、澤、壤原隰則圖籍載焉。若司空作治，虞人掌水之禁，以時行視，令甲無不具，其湟遂畎澮溝洫又農正所典司疏導，有程水庸職焉。詳哉！法之善矣。乃邇歲水勢所盪汩，時有變遷，故道多壅閼，不治潦則成浸嘆，乃或無所資。廟議方軫國計，屬有言者，爰命臺臣護作，則閩林公實來遂經度考諮履行詢謀凡水事罔不覽該，其疏導乃自江以逮於海，古謂：『三江震澤，水之大者。』既迄治餘，支渠無慮千百，播為泖蕩湖瀆涇，散溢於諸郡間，壅者資灌溉，利水稻。決者，疏底滯，去滔汩，節宣其流方羊迅通者，因以漕致負海之粟，其在陵，陸水所不及則磽瘠乃空引穿掘使灑濯焉越沙衍蕩為坘墟，流乃細，不任潮所沃，益不能洩其淫，則暴流倒注，乃盡排治淘汰洗滌之，故高高下下，鹹若其性，而土益作乂，水之去留皆為利，斥瀉沮洳，舊坊之湮夷，井疆廢隳者，蓋秩如矣。貫輸交注，雖有堯湯之水旱，可以待諸。乃北向獻功，且最所考度稽謀始卒備成，爰為書用，垂之後，其記別有十二，蓋紀水之所發源，次則所由經帶天之雨暘歲有愆，則水之盈縮為利害，水工之設有常秩，而又有董率鎮撫之，與所為治方畧，乃水之順其性循下也。自昔迄今，其疏鑿之跡，為農田利者，爰逮所列上，請事板下，郡國徵發，因著為令，有所損益因革者。及下所逮，晝笞教頌述功德者乃咸載之。夫是役也，自江以南，則漢之丹陽、會稽二郡地，今之首京潤而連吳浙者也。廣輪千里，凡歷四年，所躬跋涉道塗，相度工之鉅且久，財用未嘗賦於民，而不至匱勞於役，而詠歌作焉。則侍御公亮誠體國，懋規碩慮，忠勤之効、□濟之才具著矣，勒成一家言，為百世憲章，嗣後因而修之補緝，護視可遵而行，即史氏為《河渠》《溝洫書》當取之，盡載公行事之詳，一代社稷功尚有徵哉。萬歷辛巳春日，長洲劉鳳撰。

明 皇甫汸《三吴水考序》 《三吳水考》者，柱下史閩中林公命諸文學所輯也。書成，諸文學持以示余，展圖誦説，歎曰：『此殆經國之宏猷，垂世之彝憲也。』方今聖天子握符纘歷，秉水而王，履靈長之運，值寧宴之時，而四方頻以水患聞，淮海逆流，襄陵是虞，漕河告決，宣房未就。林公首膺簡命，奉璽書，充治水使於江南，當寧切儆予之憂，攬轡恫猶已之溺，周爰畿郡，跋涉山川，悉聽便宜，多歷年所凡七載，奏平成之績，迄漸被之聲，暇準《禹貢》，手輯是書，一曰水源，二曰水道，次以水年，又次以水官，示之經畧，列之膚功，繫之水田，水文終焉，備矣！司勳氏曰：『自大禹作《貢》，史遷著為《河渠》，孟堅演為《溝洫》，邈矣桑經，淵哉庾紀，可綜而条。』夫水非窮源，何由測其濫觴之始而以濬以乂。苟不循其故道，或壅或塞，未得其趨且入也，不亟治之何由？以宣以洩，俾宅陂會，同遵委輸也。治水不田，庶土安正，匪上中下錯，財賦罔登矣。非董之以官，職司其誰，列以等則，庶可以為典要也。紀之以年，一張一弛，因革昭焉，可以稽時而景行也。公又以身喻，腹心腸胃，血脈榮絡，以至尾閭，若指諸掌，殆嘗藥之軒岐，治生之盧扁也。夫遡黃浦劉河，臻於婁淞，曰洋曰港，地有高卑，土有埆瘠，湍有緩急，源有淺深，乃立之墟，築之堤，應之塘，遏之壩，閉之閘，大為之防，水鹹潤下，達於河，入於海，歸墟於□。偉哉！功不與夏忠靖埒乎？在昔肅皇帝之朝，甲辰之歲，侍御史為新昌呂公覩艱於昏墊，興慨於澄清，條陳五利，上請詔，報曰可允。乃施行，逮今三紀餘矣。復遇林公此往鑒也，時蘇守為陽曲王道行氏，採夏謨之州陂，昉周官之藪浸，蒐郟生之畧，補單子之遺，為《三呉水利圖考》，屬余為序，板置郡齊，兩柱史之利民，他日當廟食於三呉，二編將並□於永葉哉！余皆側名其末良幸矣！於是文學張子內蘊、周子大韶持之以復於柱史。萬歷壬午九秋既望，呉郡百泉山人皇甫汸撰。

《三吴水考·紀畧》　水考者，水必考而後明也。東南水利，以百川為支，以震澤為滙，以三江為襟帶，以大海為宗，以常鎮為上源，以蘇松為下委，要其利害之大端，不過視水道之通塞而已。《書》稱：『三江既入，震澤底定。』言巨浸之委輸不壅，而百川通流也。百川之水滙於震澤，震澤洩於三江，三江入於大海，蓄洩以時，灌溉常足，吾見水之為利而不為害也。禹蹟既遠，世代累遷，疏鑿之政廢而不講，上流壅閼，則下流橫溢，一遇淫潦，能不為菑，何也？百川之水道不通，則不能盡趨於震澤，震澤之水口不導，則不能盡洩於三江，三江之咽喉復滯，則不能盡入於大海。而欲其不為菑也得乎？蓋大海之所以能納江湖百川之水者，以其洩於尾閭，如沃焦然，故萬水歸之而不盈也。震澤雖巨，容納百川。苟不得三江以洩之於大海，而欲總三吳之水，積之震澤，勢必不能，內不得洩，外必不復能受，則不惟震澤之溢，能使平陸成川，而一渠一瀆之水皆足以為菑矣，故疏濬之政不可不講也。唐宋無論，即如我明，三吳之興水利者，前有夏忠靖原吉，後有周文襄忱，其所建立宏偉，非不為三吳永利而水道靡常，積歲既久，不無湮塞。至我皇上軫念東南，俯採末議，諮諏經畫，排決疏導，蓋始於萬歷之五年，至十年而後工竣，爰集《水考》一書以告成事。執權秉憲，非命不尊，故先之以詔令。河洛呈祥，會稽制貢，厥有圖書，乃能考究，故繼之以圖說。岷山、桐栢、崑崙、嶓塚，莫不有源，不窮其源，曷泝其流，故次水源。血脈和暢，然後榮衛敷腴，川澤通流，然後灌溉獲利，故次水道。天道□邈，菑祥時有，知而謹之，人事足貴，故次水年。得失殊狀，利害相叅，則有三老，長年可採而用，用罔不臧，故次水議。人臣之義以尊主安民，境外雖專而有不可以不禀令者，非疏不達，故次奏疏。官有專職，斯事有考，成自大禹為司空，代不乏人，諸所豎立，往往垂之史冊，照耀來茲，故次水官。事貴初謀，民難慮始，宣揚德意，以告有衆，以束庶官，則文具不可缺也，故次公移。天下之事，未有不先經畫而能底績者，上以權肅令，下以令趨事，上下之間如指臂然，故次水政。司空作治，虞人掌水，三江九河，疏導有程，畎澮溝洫，瀦瀉有制，手足胼胝，世乃用乂，故次治水。凡志士勞臣之所為，日夕兢兢，不遑啟處，以興水利者，罔非為田工也，治水而不治田，水將曷利，故次治田。以告成事，以開後人，是不可無紀也。若施伐足為引嫌，則《禹貢》可以無作，故次水績。水利聿興，將以永利，非見之文字不傳，非託之金石不固，故次水碑終焉。後之欲求三吳之手鏡者，觀於此書則幾矣。

明　錢有威《三吴水考序》《吳中水利全書》卷二三　皇上軫念江南水利，命侍御閩中林公董理其事。公至之日，釐侵決淤，首闢漕渠，既而念曰：『漕務誠重，隄防川澮，一或不備，旱潦薦臻，民受其饑，漕安所出？』乃相地形，披載籍，決三江之壅蔽，導震澤之委積，其中為塘、為浦、為河、為溪、為涇、為港、為溝、為閘者百有餘所，悉加濬鑿，條引縷析，綱挈目張，蓄洩宣節，各有成式。俾民水不患汩，旱不患槁，公私並利，漕計無虧，詳具諸名公圖序說中。先是，歲穀不登，民雖知水，然狃於故常，驟聞公議，猝有煩言。公毅然曰：『民可與樂成，難與慮始，佚道使民，久當自定，遂跋涉胼胝，首當其衝，決排濬導，以次而舉，厥有成績。而又連值大水，若將試公之功而信公之說者，蓋聞諸故老，東南水患正德庚午為最，次則嘉靖辛酉，以及於今。顧辛酉淫潦，纔及昏旦，遂爾淪沒。乃今雨輒浹旬，甚至彌月。向使川澤不除，有若往昔，民之墊溺將何底？止議者徒知洪水為災，漂溺竟免，而不知廟堂之規畫，我公之濬導有以殺其勢而消其毒也，豈陰受其賜而不及察者與？公乃不張功，不避讓，直以狀聞，竟得賑恤，尤人所難。而又以其餘日，躬歷郡縣，督率屬吏，省巡阡陌，修築隄防，務崇務廣，災而不害。余嘗課築農畝，順流而東，涉沙湖，遡新洋，泛吳淞，閱青浦，往返二百餘里，得以遍覽公所疏濬處，一一與圖符契，兩涯削峙，如墉如櫛，民將自此蘇矣。昔周夏二公治水吳中，民初不便，詢諸父老。父老對曰：『相公開河，功多怨多，千載之後，功在怨磨。』二公斷而行之，功施到今，公踵其後，甫及三載，民已愉懌。然則歌功德者，又豈待於千載哉？繇是知事在天下，患在不為，安有為而不成者也。

明　王穉登《三吴水考序》《吴中水利全書》卷二三　吴故蛟龍之國，三江五湖，濱帶藪澤，於古稱沮洳矣。歲乙卯庚辰之間，蚩尤旗出牛女，霪雨累月，百川橫流，阡陌壞者十五，大司農奏課之不登，天子惻焉，憫元元之墊溺，降德音勞問，江南諸父老咸謂：『水政之不飭，民庶鮮食以貽。』陛下憂，於是詔臺使者出行水釃渠決川，如漢宣房勺陂故事。今侍御林公有聲南臺中籍甚，羣公卿士相與推轂於朝，俾為督公，既奉璽書，殫智術，畢思慮，上下原隰，忘其胼胝，繡斧所臨，悉召文武吏士三老嗇夫，使前諮諏相度，審厥形勢，察利病之原，考通塞之宜，為之弭節迴車者再四。而後三吴水利之説，一經一緯，脈絡井如，曲折縈紆，燦若掌上。然且推擇羣吏，指授機宜，集胥徒，陳畚鍤，土石陶冶竹木槁芻之費一一既具，堙者鑿，瀦者泄，淤者決，半者濬且導，繇川入江，繇江入海，而水之東下若建瓴矣。大要合東南水利而論，首天目而尾閭於海，五湖心腹也。三江，腸胃也。腸胃心腹病，而首尾之脈離，故復吴松之故道，俾走海，分諸浦之亂流，俾走江。吴淞為正脈，東婁二江輔之，諸浦又輔之，在江南北者不同，而治之之法亦異。治江南之浦宜廣而深，欲其引湖東注以壯此江也。治江北之浦宜狹而淺，懼其分水北趨以耗此江也。凡易寒暑者，幾而政平人和，羣僚底績，謳歌載塗，民有生氣。公則恐然罔有德色，曰使者之盡瘁於菰蘆，力且竭矣，其濟則天子之靈也，廟堂之算也，僚佐之賢勞也，民氓兆庶之子來也，於使者何有？雖然，其猶有周爰之二三策，在繼今者，非是，曷取徵焉？乃勒成為書十六卷，使夫覽者若誦《禹貢》於輶中，奏《河渠》於馬首，公之功寧有涯哉？夫水德之在天，壞雖習坎成性而氾濫靡極，涓涓失序，禍終懷襄，非夫略不世出之英疇，克纘神禹之無事，鑒白圭之鄰壑乎？後之行水者，取公是編，世世守之，神明其意，變化其説，無徒枝梧苴塞，以苟目前之安，即七九之阨，何損於堯湯，而吾儕小人抑庶幾哉？其幸而不為魚也已。

《四庫全書總目》卷六九《史部二十五·地理二》　《三吴水考》十六卷，浙江巡撫採進本，明張内藴、周大韶同撰。内藴稱吴江生員，大韶稱華亭監生，其始末則均未詳也。初，萬曆四年，言官論蘇、松、常、鎮諸府水利久湮，宜及時修浚，乞遣御史一員督其事，乃命御史懷安林應訓往。應訓相度擘畫，越六載蕆功屬，内藴等編輯此書。前有萬曆庚辰徐栻序，稱為《水利圖説》。而辛巳劉鳳序、壬午皇甫汸序則稱《三吴水考》，蓋書成而改名也。汸序稱應訓命諸文學作而栻、鳳序皆稱應訓自著，亦複不同。考書中載應訓奏疏、條約，皆署銜署姓而不署其名，似不出於應訓手。殆内藴等纂輯之而應訓董其成爾。其書分十二類，凡詔令考一卷，水利考四卷，水源考一卷，水道考三卷，水年考一卷，水官考一卷，水議考二卷，水疏考三卷，水移考一卷，水田考一卷，水績考一卷，水文考一卷。雖體例稍冗，標目亦多杜撰，而諸水之源流、諸法之利弊，一一詳賅。蓋務切實用，不主著書，固不必以文章體例繩之矣。

《四庫全書簡明目録》卷七　《三吴水考》十六卷，明張内藴、周大韶同撰。萬歷四年命御史林應訓修濬三吴水利。越六載，蕆事因令内藴等編為此書，凡分十二類，詞不甚文而源流利弊一一分明。

著録

《續通志》卷一五九　《三吴水考》十六卷，明張内藴、周大韶同撰。

《續文獻通考》卷一七〇　張内藴、周大韶《三吴水考》十六卷，内藴，吴江人。大韶，華亭人。

吴中水利書（張國維）

綜述

《四庫全書總目》卷六九《史部二十五·地理二》　《吴中水利書》二十八卷，浙江巡撫採進本，明張國維撰。國維字九一，號玉笥，東陽人，天啟壬戌進士，福王時官至吏部尚書。南京破後，從魯王於紹興。事敗投水死。事蹟具《明史》本傳。是書先列東南七府水利總圖，凡五十二幅。次標水源、水脈、水名等目。又輯詔敕、章奏，下逮論議、序記、歌謠，所記雖止明代事，然指陳詳切頗為有用之言。凡例謂崇明、靖江二邑，浮江海之中，地脈不相聯貫，自昔不混東南水政之内。今案：二邑形勢，所説不誣，足以見其明確。《明史》本傳稱國維為江南巡撫時，建蘇州九里石塘及平望內外塘、長洲至和等塘，修松江捍海堤，浚鎮江及江陰漕渠，並有成績。遷工部右侍郎，兼右僉都禦史，總督河道。時值歲旱，漕流涸，浚諸水以通漕。又稱崇禎十六年，八總兵師潰，國維時為兵部尚書，坐解職下獄。帝念其治河功，得釋。則國維之於水利，實能有所擘畫。是書所記，皆其閲歷之言，與儒者紙上空談固迥不侔矣。

《四庫全書簡明目録》卷七　《吳中水利書》二十八卷。明張國維撰，首七府水利總圖，次諸水源，委次藝文，所記僅明一代事，時世較近，頗足以資考驗。

傳記

《明史》卷二七六《張國維傳》　張國維，安玉笥，東陽人。**【略】**國維為人寬厚，得士大夫心。屬郡災傷，輒為請命。築太湖、繁昌二城，建蘇州九里石塘及平望內外塘、長洲至和等塘，修松江捍海堤，浚鎮江及江陰漕渠，並有成績。遷工部右侍郎兼右僉都禦史，總理河道。歲大旱，漕流涸，國維浚諸水以通漕。山東饑，振活窮民無算。

十四年夏，山東盜起，改兵部右侍郎兼督淮、徐、臨、通四鎮兵，護漕運。大盜李青山眾數萬，據梁山濼，遣其黨分據韓莊等八閘，運道為梗。周延儒赴召北上，青山謁之，言率眾護漕，非亂也。延儒許言於朝，授以職。而青山竟截漕舟，大焚掠，迫臨清。國維合所部兵擊降之，獻俘於朝，磔諸市。兵部尚書陳新甲下獄，帝召國維代之。乃定戰守賞罰格，列上嚴世職、酌推升、慎諮題等七事，帝皆報可。會開封陷，河北震動，條防河數策，帝亦納之。

《明史》卷二七六《考證》　《張國維傳》：建蘇州九里石塘及平望內外塘、長洲至和等塘，修松江捍海堤，濬鎮江及江陰漕渠。臣嚴福按：三吳水利，明初設有專官。萬歷間，日就廢弛。農人竭蹶培壅，收穫仍儉。國維徧探河渠，悉為圖說，並搜輯臣僚章奏、官司案牘為《三吳水利全書》三十卷上於朝，見《通鑑紀事》，謹附考。

清　陳鼎《東林列傳》卷二一《張國維傳》　張國維，字玉笥，東陽人。少以理學自勵，慕東林名，走數千里來會講。中天啟壬戌進士，知廣東番禺縣，屢擒巨盜，以卓異擢刑科給事中，遷禮部，改太常少卿。

秦中流賊起，渡河轉戰，蹂躪黃、鳳、滁、泗間，朝廷憂之。遂命國維以僉都禦史巡撫南直，至則察視沿江形勢，而安慶孤懸江北，據陪京上游，楚豫之盜往來窺伺，時調徽寧及吳淞兵戍之，而海寇復竊發。國維乃募壯士，議增馬步二千，於是皖為重鎮。又以羣盜出没，檄濱江諸邑，修城郭建敵樓為永久計，治吳七載，威惠大行，每值旱蝗，則請蠲，請折抗疏入告，而其大者尤在講求水利。蓋吳為澤國，明初開修水利，設有專官。至宣德中，周文襄忱為巡撫，秤土均糧，凡圩塍之灌注湖流者，依重科，畎澮之進退，潮汐者減輕，則其法尤為精密。□正以來，屢命疏鑿，自萬歷戊申後，始漸廢弛。農人竭蹶，培壅收穫仍儉，坐是民多艱食，盜風日熾。國維乘單舸遍探河渠，悉為圖說，凡三吳諸水之故道，曾煩累朝睿畫者，次第編訂，他如臣僚章奏，官司案牘，莫不蒐採，輯為《三吳水利全書》，共計三十卷，上於朝。又疏請修治吳淞、白茆於瀕江、瀕湖、瀕海之隘口，築堤創閘以吐泄節宣之。

（嘉慶）《清一統志》卷四九　張國維，東陽人，崇禎中擢僉都禦史，巡撫應天十府，流寇犯江北，國維往來堵勦，得稍靖。在事六年，以寬惠得民，尤究心水道，輯《三吳水利全書》，建蘇州石塘、松江海堤，濬江陰、鎮江漕渠，立社學，修常平倉，並有成績。

著録

《續通志》卷一五九　《吳中水利書》二十八卷，明張國維撰。

《續文獻通考》卷一七〇　張國維《吳中水利書》二十八卷。國維，字九一，東陽人，天啓進士。福王時官至吏部尚書，南京破後，從魯王於紹興，事敗投水死。

清　黃虞稷《千頃堂書目》卷八　張國維《吳中水利全書》二十八卷。

清　丁日昌《持靜齋書目》卷二　《吳中水利書》二十八卷。刊本。明張國維撰。

通惠河志

綜述

明 吳仲《通惠河志·自序》 茲沙榆諸河源各有自，人見環出都城，水勢旋繞，往往歸之形勝固也。抑豈知天地所設，又將為當代漕運計耶？是故疏川灑澤，神禹之烈也。聖主以之為能成天地之功，引渠通漕，李守、鄭農之業也，諸臣以之不謂能興當世之利哉？顧河渠形勢高下衝擊為患，隨時築、浚，防守之功不無賴於後日置勅使以司之，斯亦重矣。一中不瓚，代置口守職不半歲，漕政何裨繼茲？邵君本以宏才殫心政業，誠足以仰答明命，稱掌漕之寄。公暇出舊圖編，複加考訂，庶軒輶所過，洞見源委，凡所倡議，使後之掌漕之使奉而行之。考所未聞，則振修廢事，弘保漕渠，雖曰在人，其端豈不自茲乎？嘉靖戊午之歲，秋七月望日

明 唐順之《荊川集》卷六《劍泉奏議集序》 劍泉吳公《奏議集》，凡幾卷。在嘉靖初，天子勵精思治，博取俊乂，以充庶位。尤注意臺諫之選，公於是以才召入院，為禦史。凡所建白，多見採納。若茲集所載是也。於戲！公之言備矣。而其大者莫如劾柄臣之奸與請開通惠河諸疏。始柄臣掌營兵，怙勢為奸利，士大夫以為隱憂，而公慨然上疏攻之，其言明白切痛，多人之所難言，已而相繼攻之者益衆，然或過激不足取信，而柄臣益恣不悛，後天子亦自燭其奸，下之獄以死。蓋去公上疏時十五六年，而公之言驗矣。國家運道自通州至京師，故從河運，後乃從陸，其故河廢，閘猶在，議者屢請修復，而京師大猾倚陸運侔利，往往為飛語搖之。公如建議則以身塞利害之衝，又賴天子與相力主其事，迄有成績，其詳具公所上《通惠河志》中。自河功之成也，戶部歲省運錢十二萬緡，此則公言之既效者，公又欲盡轉通州之粟於京師，以消未形之患，則其言未及行，而憂時者多以公言為是也。公始令江山有聲而擢御史，自御史出守處州，歷官南京太僕少卿，而致其事。公為人敏銳澗達，藝於世務而捷於應機，開口抵掌，鋒鍔捷露，課功策效，不爽一髮，非同迂腐拘牽之士，指摩而坐論之者也。公嘗謂余曰：『士大夫談説經濟，指天畫地，貫穿今古，不足為難。惟切中事情，若操刀而割刃，隨手下卒，無一刃不當肯綮乃為難耳。』此蓋公之所自寓乎？曩公在御史時，又嘗為余言：『儻得在塞垣之間，當為國家鞭笞絕域，招烏孫、鄯善之儔而致之闕下。』蓋公自量其方略氣力有足辦此者，以其不至大官，故其所設施者不竟，雖然，是集也，可以觀公之槩矣。

《四庫全書總目》卷七五《史部三十一·地理存目四》 《通惠河志》二卷，附録一卷，南淮馬裕家藏本，明吳仲撰。仲字亞甫，武進人，正德丁丑進士，官至處州府知府。通惠河即元郭守敬所開通州運河，明初湮廢，糧皆由陸以運，費重民勞。仲以御史巡按直隸，疏請重浚，不數月工成，遂至今為水利。其事詳見《明史》。後仲外調處州時，恐久而其法寖弛，故於舟中撰此書奏進，得旨刊行。上卷載閘壩建置開浚事宜而冠以源委圖説，中卷及附録皆諸司奏疏，下卷皆碑記詩章也。

著録

《明史》卷九七《藝文志二》 秦金《通惠河志》二卷。

（乾隆）《江南通志》卷一九一 《通惠河志》二卷，無錫王金。

《續文獻通考》卷一七〇 吳仲《通惠河》二卷附録一卷。仲字亞甫，武進人，正德進士，官至處州府知府。

清 黃虞稷《千頃堂書目》卷八 秦金《通惠河志》二卷。

雜録

《明史》卷八六《河渠志四·運河下》 嘉靖六年，御史吳仲言通惠河屢經修復，皆為權勢所撓，顧通流等八閘遺跡俱存，因而成之，為力甚易，歲可省車費貲二十餘萬。且歷代（漕）運皆達京師，未有貯國儲於五十里外者，帝心以為然。命侍郎王軏、何詔及仲偕相度，軏等言大通橋地形高白河六丈餘，若濬至七丈，引白河達京城諸閘可盡罷，然未易議也。計獨濬治河閘，但通流閘在通州舊城中，經二水門，南浦、土橋、廣利三閘皆闤闠衢市，不便轉輓。惟白河濱舊小河廢壩西不一里至堰水小壩，宜修築之，使

通普濟閘，可省四閘兩關，轉搬力。而尚書桂萼言不便，請改修三里河，帝下其疏於大學士楊一清、張璁，一清言因舊閘行轉搬法，省運軍勞費，宜斷行之，璁亦言此一勞永逸之計。萼所論費廣功難，帝乃卻萼議。明年六月，仲報河成，因疏五事，言大通橋至通州石壩地勢高四丈，流沙易淤，宜時加濬治，管河主事宜專委任，毋令兼他務，官吏閘夫以罷運裁減，宜復舊額。慶豐上閘平津中，閘今已不用，宜改建通州西水關外，剝船造費及遞歲修艌俱宜酌處。帝以先朝屢勘行未即功，仲等四閱月功成，詔予賞，悉從其所請。仲又請留督工留中何棟專理其事，為經久計，從之九年，擢棟右通政，仍管通惠河道。是時，仲出為處州知府，進所編《通惠河志》，帝命送史館，採入會典，且頒工部刊行。自此□艘直達京師，迄於明末，人思仲德，建祠通州祀之。

吴江水利考

綜述

明　沈嵍《吴江水考自序》《吴中水利全書》卷二三　東南水政有書，更何考焉？考者，考吴江水也。吴江奚考，蓋源委之要，瀦洩之樞也。何言乎要樞？夫東南之水，源者天目，委者東海，相距數百里間，瀠洄澎湃，而值其中為吴江。吴江，邑也。邑之西窪而廓如者為太湖，承受源水之來。邑之東紆而條如者為吴淞江，導引委水之去，太湖不能盡容也。亞而為湖、為蕩、為漾、為潭、為坑、為池者二百有奇，皆翕受而分瀦太湖之不盡者也。吴淞江不能盡引也，亞江而為川、為瀆、為溪、為浦、為河、為港、為渠、為涇、為漊、為衖、為浜、為洪者，千計有奇，皆連絡而分泄江之不決者也。東南之區，莫是窟焉，故曰澤國。而邑當夫交會之沖，苟有小水，囊納獨先諸他郡，是以歲之豐凶，民之利害，國計之絀伸，恒是乎先節宣之法，孰茲為最？故善觀水者，觀吴江思過半矣。觀之善者，孰如古聖人。其始之憂水也，曰昏墊，曰阻饑及其治之也；決九川，瀹溝澮，後先有序，大小不遺，要其終底於績也；務奠居，務迺粒，務成賦，中邦而後已。修弛之間，利害攸判，天下治亂所從出也，而肯末焉，視乎哉！繼是迄今，知國之本恒於斯者，必寬農，詔重農官以修水政，以濟民饑，以裕國用。吾未見其有政也，迨至我明尤致重焉。初責守令，繼總撫臣，小潦必除，微堙必濬，共用豐亨，胥忘德恩，久而守令弗遑從役也。添設倅丞撫臣，難親細勞也；添設工官或憲官，於是撫循郡邑，各有所委。水之利害不入於心矣，官水者未必皆不舉職也。每或以節費汰冗，疏而革之，必待極潦大祲，另請複設，寒後索裘，無救卒歲。河清之俟，能免胥溺也乎？方草而設，方設而草，彼間設者，客也；暫差者，寄也；帶攝者，他人之田也。修節宣之政，以為豫遠之圖者，誰歟？無怪乎民逋日竄而督稅之，使時遺而歲不能覆命也。嗚呼！政修奚遺為哉？議者猶歸罪夫天時而不察人政之未修，墜久遐遺，識無什一，可憫也。邇來湖承於源者，賴堰壩之節也，或崩、或占，奔潰日注而無掣江泄於海者，在汀渚之決也。或萑、或葦，淤洽日淺而不通，猶之人也，口鼻浸灌不停，膀胱窒滯，不溲胃腹，能不蠱脹以至於斃者，幾希矣。余歸田數年，躬親鄉國之艱辛，今不圖存，後將焉考為？緝《吴江水考》五卷，凡十條，間為箋，庶前賢之心，與政不盡泯也。若以不合於舊，或陵穀移形，名號易故，猶《水經》之不同於《職方》，《職方》之不同於《禹貢》，勢則然矣。司農者孰而裁制之？斯考或不為東南覆瓿也。噫！嘉靖甲子春日，江村七十四翁沈嵍序。

明　徐大椿《吴江水考序》　江村先生《吴江水考》非特為吴江水利之書，乃蘇、松、常、鎮、杭、嘉、湖七郡水利之書也。惟支流小港，則於吴江尤詳耳。蓋七郡之水，皆瀦湖流江以歸於海，而吴江適當太湖之委，三江之首，為江湖之摠匯，治吴江者，必上窮湖之所出，下究江之所入，則其關連於七郡者無遺焉。故曰七郡水利之書也。其起例也簡而括，其議論也詳而審，其去取也嚴而精明。嘉靖年間家魯菴先生修《吴江邑志》，其水利志屬之公，故其書最為典核，後之談水利者，如林應訓《三吴水利考》、張國維《吴中水利全書》，皆取法公書，以此頗有條理，真東南水利不刊之典也。雖然，讀是書者，尤貴乎善體公意焉。今夫水亦何常之有，雨水暴下，則山泉奮激，風力鼓蕩，則沙泥隨湧，茭葦叢生，則湖口阻塞，怒濤奔注，則岸土傾崩，東流急則西流緩，南流盛則北流衰，故夫盈縮者天之道也；開塞者地之運也；變徙者水之情也；徐疾者風之勢也；過其流而阻之者行之汨也；因其性而道之者功之修也；不知其理而宜通者塞，宜塞者通，以勞民傷財者，國之蠹也。既不可執古以律今，亦不可泥今而忘古，揔以不害水性而有益田疇為本，此公所以著是書之意也。是書向有鋟本，今惟藏書家間有抄錄而已。公之後又有周門墟《水利節略》，其書亦足傳今，亦駸駸不可得見。余向擬續為一冊，志變遷之故，以附公書之末，因循未果。今公之八世孫守義重為開雕，校讐備至，使後人得藉是以行善政，寧止顯揚祖烈而已？是可嘉也。乾隆二年丁巳仲夏，邑後學洄溪徐大椿拜手謹識。

《四庫全書總目》卷七五《史部三十一・地理存目四》　《吴江水利考》五卷，明沈（㫤）撰。（㫤）字子由，號江村，吴江人。嘉靖戊戌進士，官至湖廣按察司副使。是書大旨以吴江爲太湖之委，三江之首。凡蘇、松、常、鎮、杭、嘉、湖七郡之水，其瀦於湖，流於江，而歸於海者，皆總滙於此。故述其源委之要，蓄洩之方，輯爲一編。前二卷曰水圖考、水道考、水源考、水官考、水則考、水年考、隄水岸式、水蝕考、水治考、水栅考；後三卷皆水議考，乃（㫤）晚歲家居所輯。至國朝雍正中，其八世孫守義復爲校正刊行。《江南通志》稱其於水道最爲詳核，今觀其書於治水條規，頗爲明備，於支派曲折，尚不能一一縷載也。

傳記

明　王世貞《弇州四部稿》卷八一《湖廣按察副使沈公傳》　世宗朝，甌閩海之賈於舶者，挾島寇以通我奸民，詔故中丞朱公紈治之。朱公嚴於屬守，吏鮮當意。顧獨賢紹興守，而紹興守亦慨然與朱公合，筴思盡剔其奸弊，守固以三尺奉朱公，然内調劑之，不使盡聽法，而又不欲以己見德當事者為中朱公，以快諸奸民，因併中紹興守，遷為湖廣按察副使矣，竟用守事罷。守固紹興所稱循吏沈公啓者也。沈公雖失官，然不失循吏聲，以老壽終。而諸子孫數十人，亦多顯者。嗚呼！沈氏之天定哉！

沈公，字子由，蘇之吴江人。自其誕時，而母吳夢若麟為廌者，寤生。公弱而父見背，為諸生，朗儁有聲。嘗搆失産勢家，且訟且讀書，訟勝而書亦就，舉應天鄉試，更七舉，始成進士，授南京工部營繕司主事。亡何，而世宗皇帝當幸楚，所從水道則南京具諸樓船以從，具而上，或改道，耗縣官金錢不具，而上猝至，且獲罪，尚書周公用意疑之，以問公。公曰：『召商需材於龍江，闕急驛偵，上所從道以日計，舟可立辦。夫舟而歸直於商，不舟而歸材於商，不難也已。』上果從陸得不匱水衡，周公乃大賢公矣。中貴人請修皇陵，錦衣朱指揮者往視之，而尚書宋公請公與偕往。朱指揮謂公竊有請也，錦衣故當遜部曹而指揮秩高於曹郎請以秩坐，公唯唯，朱指揮大悅。有間，公曰：『竊亦有請於公，高皇帝制皇陵，不得動寸土，違者死。今修不能無動土而死可畏也。』朱指揮色懾。曰：『請如教。』已見中貴人，而公具以前語對。朱指揮復從傍臾之，乃見為飭。垣屋以報，所省復巨萬萬。宋公益賢公，不以官稱，而恒稱為先生。當三載，考北上。宋公餞於郊曰：『主事固不當餞，自為國士耳。』既考最，留主事刑部轉員外郎中。時尚書為聞公淵積已賢公，而公後先所承詔獄三十餘事，讞亭情法，間至損上威以信，所守而聞，公亦時時從中調護，得不罪。無何，用能，舉為紹興守。紹興轄縣八，獨會稽、新昌、蕭山田與賦左累其長至賠産以償，公平其額而殺之，里俾輕而易完蓋久之，人人稱便矣。郡田於山多苦旱室廬櫛比苦火，又濵海苦鯋為虎者，公禱於神，輒應至。虎復為鯋，渡海去，其他政績往往類是。而賈舶之議起，蓋舶客許棟、王直輩挾萬衆雙嶼諸港郡，要縉紳利互市，陰通之而持中旨恫喝。公且授疏稿曰公第上必郡受其利而公得善遷去，公持不可，要薦紳怨之刺骨，公所以調劑，朱公不見德而與朱公俱中者也。公副使湖廣時，督撫侍郎張公岳屬紀功，公即請從中軍往，張公不懌曰：『捷至不遺。若也戰危，事而一旦叵測，奈吾何？』公起謝曰：『故事也，即不在行而以級請賞，誰為辨者，遂與監軍張副使偕之。軍所卒狼跳，挾一首至云：『此黑苗酋某也。』公絀之曰：『黑苗酋某久著勇，而此僅踰冠，必詐也。監軍不自得，引去。俄而黑苗酋某復出抄掠，監軍乃前謝曰：『公寔德我。』時官兵利級賞，多所縱殺。公令生獲，口與級同，自是全活者衆矣。張公亦遂賢公且有薦，而公已用紹興守，罷。公前後四為南北曹屬守郡監司，五受其大吏知，而五公者皆海内稱名臣碩佐，其賢公不啻口出，然不能勝其郡之要縉紳與一二用事者，至使與苛墨選懊吏俱罷，可歎也。公既歸，築室仙人山，結詩社以自娛，快出入倪素，若不為官者，其教子弟治經術，孝弟力田，斬斬有法，不輕出入公府，而使者幹旋以時至，詢即為露見利病，佐其守攤稅已，佐其令築城度行，而有私損，弗恤也。性好義，急人之難甚於已，嘗與計偕還道，遇其師盧生癘，傳其從者舟人業舍之矣，公要之所載舟，旦夕謹視湯藥，未抵舍而愈，癘竟不染也。

公博學，無所不窺。諸經子史、陰陽、律曆、水利、洪範、紫微、堪輿、家言而尤邃於『易』，所著有《家居稿》《南北稿》《西臺淨稿》《越吟稿》《楚吟稿》《雞窠嶺稿》《南廠志》《南船志》《牧越議略》《吳江水利考》《杜律七言註》《晴窓便覽》若干卷。公年七十有八，至老死，視履不衰。四丈夫子，一為鄉貢士，二為太學生。十三孫，一舉經元，二太學生，五為郡邑諸生。十曾孫俱舉，諸女三輩十九人，皆配字名族，所謂天定者此也。

贊曰：蓋沈公嘗為十二議，議海云，具集中。自舶難起，當事者以重屬朱公，朝報可而恨夕不得致之。迨朱公稍欲為所欲為，諸惡朱公者朝報聞而恨夕不得去之。夫以朱公才大，吏人所望，而佐之以沈公，而俱不免，何也？築室道傍，三年不成，厥亦有居其罪者哉！蓋又十餘年，而舶禍大作，乃稍稍稱朱公，晚矣。即沈公十二議，始固落落，卒之龜筴蓍筮，何異焉？然朱公矜峻，重名節，厚責士大夫而深誅小人，卒之義不受獄吏辱以死。沈公恢恢，雖晚達而蚤困，其所以施於後者宏矣。

明　王世貞《弇州四部稿續稿》卷一五〇《像贊》　沈江村公嵍，字子由，吳江人。舉鄉薦，七上春官始第，授南京工部主事，以具上供樓船及修陵寢事，為其尚書所知，考績，改刑部，進員外郎中，察能，出知紹興府，請於臺，平其屬邑會稽、蕭山、新昌賦，其人德之。時朱中丞紈嚴舶禁而郡要路薦紳為恐喝間阻且持美遷啖公，以公能得中丞驩而解之，公不聽，遂銜公刺骨，而公遷湖廣按察副使。公方佐其中丞張公嶽破黒苗寨，以功狀聞，而紹興之間行，公罷而朱公尋坐累不良死。公歸，絶口不言官事。築室仙人山，以著述自娱。耳目聰明，飲啖、步履如少年，久之，卒，年七十八。子孫多顯者，公所著有《家居稿》《南北稿》《西臺稿》《越吟稿》《楚吟稿》《鷄巢嶺稿》《南廠志》《牧越議畧》《吳江水利考》《杜律七言註》《晴（窗）便覽》若干卷。贊曰：弗用之全，乃全其天。雖嗇於官，乃豐其年。

著録

《明史》卷九七《藝文志》　沈嵍《吳江水利考》四卷。

《續通志》卷一五九　《吳江水利考》五卷，明沈嵍撰。

（乾隆）《江南通志》卷一六五　沈嵍，字子由，吳江人。嘉靖戊戌進士，官至湖廣副使。精明英斷，所至有聲，生平博學閎覽，徧窺諸經子史，尤邃於『易』。著書甚多，其《吳江水利考》言水道，最為詳核。

又　卷一九二　《吳江水利考》《南廠志》《南船志》俱吳江沈嵍。

《續文獻通考》卷一七〇　沈嵍《吳江水利考》五卷，嵍見故事類。

清　黄虞稷《千頃堂書目》卷八　沈嵍《吳江水利攷》四卷。

雜録

張國維《吳江水利全書》卷一七《周永年復吳江縣知縣熊開元問水利書》　若講求水利之書，以所見則林江臺所刻《三吳水考》，悉吳中之事，沈憲副所作《吳江水利考》，切邑中之事，皆足資考鏡者也。

東吳水利考

綜述

明　張宗衡《東吳水利考序》　余同寅孫司空職耑河渠，留心水則，上郡先達王公所輯《水利考》，於當事大中丞胡公受□頒行之，東南利害了然指掌。蓋澤國之圖經，旱潦之方書也。古今言水利者，莫善於周漢，然治之者非一人，領之者非一宮，周官營溝行水之制，或任浚導，或任儲蓄，以方井之地，四尺為溝，八尺為洫，二尋為澮，皆捐膏腴棄賦歛以與民共利。漢之京師少府總禁池之事水，衡掌林苑之事，都水以行三輔，太常以領巴渠，其間郡國陂湖之司，碁實林立，內外兼任，勞逸兼收，此灌溉之利，所以在西京也。彼時賢者往往舊跡守令以樹經久，故鄭公在前，白公起後，則有禾黍之謠。前有召父，後有杜毋，則繼稻粱之詠。至於嚴能之穿龍首，兒寬之濬六輔輪臺以東，溉田萬頃，鮮水左右，繕槁七千，地不限京邊而人則需久任，斯跡一時之盛矣。今國家歲轉漕四佰萬石，仰給東南，日享租輸之入而忘蓄泄之，自吏茲土者，幸而雨暘時若，以獲歲登。然自戊子以達戊申，二十年中三見水旱，臨變而思便宜，豈複有安集之鴻雁哉！王公生長水鄉，目擊艱苦，故纂集斯編，膚絡源委，分合出入，無不賅具而挈其大綱，責成守土，偉哉！經國之遠猷，寧直一隅之考鏡耶？嗟夫！九河故道，在前代已湮其八而三江既入之說，儒者紛紛有如聚訟，乃公所規畫，次第鑿鑿，皆可見之施用，惟在能者按而行之耳。司空行河之跡，利在一郡者，可遍式之東南而虛里善受，與余調共嚮之，琴造一車之幅者，亦已久矣。觀其任勞不避遇瑣不厭，王公之成書，往往見於司空之成績。余潯藉其餘庥以臥，治於吏民之上，不可以慰中丞公並州之思於玄後哉？夫周漢遠矣，有許景山而廢壤可修，有趙尚寬而荒瘠可沃，有劉彝而治事、治道之科始不為虛設，顧與司空終交勉之，無徒尚論古昔為矣。雲間守張宗衡書於敬事堂。

《明史》卷二八六《文苑二·王圻傳》 同邑有王圻者，字光翰，嘉靖四十四年進士，除清江知縣，調萬安，擢禦史，忤時相，出為福建按察僉事，謫卭州判官，兩知進賢曹縣，遷開州知州，歷官陝西布政參議，乞養歸。築室淞江之濱，種梅萬樹，目曰梅花源，以著書為事，年踰耄耋，猶篝燈帳中，丙夜不輟，所撰《續文獻通考》諸書行世。初圻以奏議為趙貞吉所推，張居正與貞吉交惡，諷圻，攻之不應，高拱為圻坐主，時方修隙，徐階又以圻為私其鄉人，不助己不能無恚，遂摭拾之。

《四庫全書總目》卷七五《史部三十一·地理存目四》 《東吳水利考》十卷，浙江巡撫採進本，明王圻撰。圻字元翰，上海人，嘉靖乙丑進士，官至陝西布政司參議。《明史·文苑傳》附見《陸深傳》中。其書首列東吳七郡水利總圖，而書中所載止六郡，於杭郡未之及也。六郡中尤詳於蘇、松、常、鎮四郡，嘉、湖則稍略焉。前九卷為圖考，圖各係以說。後一卷為歷代名臣奏議，所採亦複寥寥。圻以吳人而考吳地水利，應無謬誤。然謂錢塘江出寧波之赭山，不知寧波別有赭山，乃混而為一。又引《水經》『東至余姚縣東入於海』，不知姚江源出大菁山，逕寧波入海，並不與浙江通。圻不加辨正，均未免於疎舛。

著録

《明史》卷九七《藝文志》 王圻《東吳水利考》十卷。

《續通志》卷一五九 《東吳水利考》十卷，明王圻撰。

（乾隆）《江南通志》卷一九二 《東吳水利考》、《西浙鹺志》二十四卷、《江船廠志》俱青浦王圻。

《續文獻通考》卷一七〇 王圻《東吳水利考》十卷，圻見故事類。

清 黃虞稷《千頃堂書目》卷八 王同祖《東吳水利攷》一卷。

西瀆大河志

綜述

明 劉士忠《西瀆大河志序》 從公子徵君士鵬所獲一卒業，則喟然歎曰：嗟乎！淵哉！大河志乎！嘗讀典墳，自積石昆侖，見於貢道，乃世儒遂授，博望窮源之說，謂河出昆侖。至班氏引本紀，言日月避隱，為光明其說，抑又玄遠矣。嗟乎！彼安知所謂星宿海哉？龍馬出圖易象，乃著虞羲氏，憲天垂訓，其理精深微渺，即仲尼猶欲假年以學，乃學士家譚何容易？彼又安所究其始也？夫推本窮源，以契於自然之畫，斯於易幾矣，山川丘陵圞國所急，自河套棄而延甯危，分宜擅而夏曾殞，封疆之臣至今扼腕，言之是又為政不在人乎？砱礫金堤等役，前代業已往無論。在我朝洪武有陽武之決，正統有滎陽之決，正德有曹縣之決，嘉靖間歲為兗患，迨於今日，決黃堌，徙蒙牆，潰朱旺，逼泗齒，徐且累累，東梗運道矣。當事之臣，霧宿班荊，襏襫莅事，括內外百十萬之帑錢，竭省直數百萬之民力，填之大河之流，始得一挽回故道，嗟嗟！難言哉。子輿氏曰：天下之生久矣，一治一亂，此生民之劫運，誰能逃乎？余深於大禹之行所無事，揖心歎伏下，此若賈讓之中策，亦庶幾焉。其他典章文物，紛見錯陳，諸所遺逸，靡不搜檃。

按：此篇而有不曜，然概於心者否。余不佞，越在草莽，四十有四，褉蹇衛芒，履典一二，方外士友譚正複，宦心宦相；乃今歲三月，儵徼聖恩，起總河道，因思公志，皆大河事也，在河言河，是公之所以嘉惠，不佞者若有宿緣焉。因攜之濟上，出以視工部管泉主政曹君，兵河道憲副正君，鹹喜其有裨於國運河道謀刻之，而余為弁數語於首。公名光孝，字惟訓，别號左華，仕為西華令，位不滿才，人共惜之。其曾大父咸躋膴仕，為世聞人。公生而聰穎絕倫，豪宕神敏，萬言立就，酷似其外祖對山公。世恒言醴水無源，豈然乎？所著有諸體：賦、頌、古詩、歌行、近體律，並文集數十卷行於世。茲《大河志》特其一斑云。時萬曆三十八年，歲在庚戌，菊月吉旦，欽差總理河道、提督軍務都察院右僉都禦史、前京畿道監察禦史、侍經筵大閱關中華石劉士忠書於受益堂。

《四庫全書總目》卷七五《史部三十一・地理存目四》《西瀆大河志》五卷，兩淮馬裕家藏本，明張光孝撰。光孝字維訓，號左華，自署關中人，不知為何郡縣也。是編志大河源委與決塞修浚之宜，傍及祀典、雜事、藝文，猶屬志書之體。仍復摭入天河星象、龍馬卦畫，繪圖列說，附會支離，是與水官何涉乎？

著録

《明史》卷九七《藝文志》 張光孝《西瀆大河志》六卷。

《續通志》卷一五九 《西瀆大河志》五卷，明張光孝撰。

《續文獻通考》卷一七〇 張光孝《西瀆大河志》五卷。光孝字維訓，里貫未詳。

清 黃虞稷《千頃堂書目》卷八 張光孝《西瀆大河志》六卷。

古今疏治黃河全書

綜述

明 劉士忠《古今疏治黃河全書・序》 漩而不得出，故匯而為洞，達焉彭蠡，以明黃淮分合之利害得失，根極要領，標樹指歸，可謂罕辟而喻彼宿宋，私其人與地，籍口陵寢阻遏河道者，可悚然伏矣。余不佞，代匱濟濱，客歲以運艱，故行筱兩河，條為洳黃，雖用策，以便國興民。既又閱徐城石隄，見水不沒者，僅二版許，私計以為黃且再漲數尺，則徐州數十萬生靈葬之魚腹矣。固移檄司道，轉屬管河崔同知會勘義安山五空橋，果可分黃與否？詎意宿吏嘵嘵數百言，以死生去就爭之。余即批牘初，本院閱河，見徐城石隄傾倒數處，恐黃再大漲，是無徐人矣。故問崔同知殺水之策，崔以義安山對，隨閱五空橋，果可殺黃。故牌行查議，非有適莫也，此正見牛未見羊也。夫徐人既吾人，宿人非吾人乎？利徐以害宿，仁者不為，該州何為盛氣，哆口數百言以泄不平之抱，豈昔年黃決淹宿浸陵，亦由安山入耶？及查國初，全河由汴宿南行，會淮東流同入於海，何彼時不聞有灌陵之說也？既稱不便姑已之，今公書中紀庚辰、辛巳間，黃河下徐州無恙而淮被遏不得出，上浸祖陵松柏枯者數十株。壬寅、癸卯間，河半入淮，以淮之全資河之半，合力駛流，清口沙刷洗殆盡而泗州祖陵瀝水皆涸，河入淮，何嘗為陵病？斯言也，越拘攣之見，覩昭曠之原，誠萬世治河的凖而余言適與之契，豈豪傑所見，不佞偶得以竊附之耶？抑亦大可異矣。余又惟海納百川，尾閭為之渲洩，河逆九支，原隰任其傾瀉，故治河之要關節在海口，脈絡在河身而所以疏關節通脈絡者，又在合淮與黃之流，令其以清滌濁宣，刷速而入海，無難，此非余之臆說也，禹之道也。禹治水自積石至於龍門，南至於華陰，東至砥柱，又東至孟津，過洛、汭，至大伾，北過洚水，至於大陸，始播為九河，以殺其勢，複同為逆河，以迅其趨。禹豈好為是之，搰搰不憚勞哉？蓋海水潮汐勢甚洶湧，必河之眾流合併，方可敵潮而逆以入海，故曰逆河。在昔陳平江治漕於黃淮合流之下，開通濟等閘，以達糧運。其餘官民船盡由五壩盤撥，此正欲使淮黄合流趨海，識得神禹逆河之意。奈之何？今日謀國者，計不出此也。夫河自宿海伏匯昆侖而東入中夏，建機萬里，威挾百川，何嘗一日怠奔逸哉？況先年二洪之石巉岩水上，大稱險阨。今洪石沉淪沙下者四丈餘，河身視昔壅淤至高矣。夫下流壅則上必溢，溢則潰，潰則決，決則徙，此必然之理也。辟之人身咽喉，一梗飲食未有不旁出橫溢者，竊恐數年後，符離泡河宿亳一帶未可安枕而臥也。余姑臆為此說，佐異日經略河漕者，一前箸又以所陳加黄，並用疏附於篇末，見余之赤悃焉。瀕河長老子孫輩，有為分率準望道里高下，方邪迂直之見者，稟上略而踵此以行，或不盡鄙華下士為肉食侶已夫？懸水環流，用忠信而去其私，尚可保其四體，尼父亦然之，矧衡河者之遽遺忠信乎？籲嗟乎，余與黄公知有忠信而已。時萬曆三十九年歲在辛亥，長至吉旦，欽差總理河道提督軍務、都察院右僉都禦史、前京畿道監察禦史、侍經筵大閱關中華石劉士忠書於廣忠堂。

《四庫全書總目》卷七五《史部三十一·地理存目四》　《古今疏治黄河全書》四卷，兩淮馬裕家藏本，明黄克纘撰。克纘字紹夫，晉江人，萬曆庚辰進士，官至工部尚書。事蹟具《明史》本傳。是編乃其巡撫山東時所作。分黄河考略、治河左袒、三吳水利諸目。所載上起祖乙之圮耿，下終萬曆三十二年蘇莊之決，末係以論，陳當時便宜。其大旨主於順河之性以疏之，而歷陳明代河決未疏先塞之害。其引漢武瓠子歌，謂漢時河已通淮泗，又引宋張洎疏，以為《禹貢》九河之外，原引一支南行入淮泗，則未免出於附會也。

著録

《續通志》卷一五九　《古今疏治黄河全書》四卷，明黄克纘撰。

《續文獻通考》卷一七〇　黄克纘《古今疏治黄河全書》四卷。克纘，字紹夫，萬歷進士，官至工部尚書。

清　黄虞稷《千頃堂書目》卷八　黄克纘《疏治黄河全書》二卷。

傳記

《明史》卷二五六《黄克纘傳》　黄克纘，字紹夫，晉江人。萬曆八年進士。

克纘歷官中外，清強有執。持議與爭『三案』者異，攻擊紛起。自是群小排東林，創《要典》，率推克纘為首功。時東林方盛，克纘移疾。詔加太子太傅，乘傳歸。四年十二月，魏忠賢盡逐東林，召克纘為工部尚書。視事數月，復移疾歸。三殿成，加太子太師。崇禎元年，起南京吏部尚書。有劾之者，不就，卒於家。

（乾隆）《江南通志》卷一一七　黄克纘，晉江人。萬歷中知壽州，愛民禮士而不避權要，常語寮佐曰：受職自有定分，名節千古不磨。申請編派等則，名曰一條編，至今賴之。《壽州志》

（嘉慶）《清一統志》卷八八　黄克纘，晉江人。萬歷中壽州知州，好士愛民，申請編定賦額，名曰一條編，至今循守其法。

《福建通志》卷四五　黄克纘，字紹夫，晉江人。萬歷庚辰進士，累官刑部尚書，受神宗顧命，有安邦固本大臣之褒。熹宗即位，拜工部尚書，裁魏璫紫階石費三十萬，璫又欲取南畿舊殿廢銅，克纘不應。璫怒，遂掛冠歸，尋起南塚宰，致仕，卒。子道敬，戶部員外，嘗捐地一百六十餘丈，築岸以蓄□海潮，道爵刑部郎中，嘗劾巡撫熊文燦弁將趙庭貪懦狀，著有《曬矚亭詩集》。

泉河史

明　胡瓚《泉河史序》　雅君子疇克望焉，內兄伯玉氏幼稟家學，世受尚書而遑遑以兼人之資，旁及於左氏，即名專門尚為退舍。余不佞，謬以春秋起家而伯玉後余十年成進士。金馬玉堂購之者，千金伯玉，抑複沉匿已稱行河使者，乘載濟上海上，故號清秩，無簿書錢穀之勞。伯玉賈其餘勇，大肆力於文章，又以□度之役，歲登泰山探玉，簡涉汶泗□洙沂，展闕里過鄒澤，足跡半齊魯之疆，而文益日進，獨內念河上之署三更典籍散亂，慨然發憤，勒成一書。爰收郡國之掌固，遍督野老之叢譚，特載已見，莫贊一辭，為志十有一，為表三，又以身非史官，義存竊取，托為客難以見意，總十六萬言。既乃出水，衡餐錢若干付羅倅，一夔壽諸梓，余得而卒業，見其語典思精，體嚴事核，具茲數美尤瞻三長，真可謂前無古人後無來世者矣。余復掩卷而歎，夫伯玉所據徒郡國之掌固、聖老之叢譚，猶成一家言，以彼其才列在史局，抽蘭臺之寶，帙發石室之秘藏，有詔起草明光述帝紘王會，則其渾渾噩噩為我明襲，亦六而七又當何如也者？惜乎，其兩不相遇也，雖然，伯玉志在春秋，豈徒載之空言？如所為重工役，謹財賦撤棄土厘，逆祀篇中實惓惓焉，則方冊之政已略見諸施行，繇此肩鴻陟要勤宣令，猷立功立言並垂不朽。春秋何負於伯玉哉？顧余徒史氏後，嘗叨大官之奉而二鑒蝕之，無所短長，以此負左氏矣。萬曆戊戌孟冬之吉。

明 于若瀛《泉河史序》 《泉河史》者，志泉河也。河始於引汶入濟通泗，以至於引汶絕濟通漳，蓋數易云。明興鼎於燕，歲需漕米四百餘萬石，宋尚書禮淪山以東諸泉為漕灌輸，遏全汶出南旺析之，又匯水為湖，視漕盈涸瀦泄焉，河既成，特設一行河使者，專督之，蓋其重哉。夫泉涓涓耳，集之為漕，又南北析注，餉萬二千有奇，銜尾穿天井過也，匪竭力疏排之，不足以潤。自永樂戊戌迄今行河使者曆九十餘人矣，未有志者，何也？（曩）者足不能涉諸泉之境則任耳。勤者目不能習掌故之實，則鑿空任耳。鑿空以侶今傳沒能乎？伯玉來濟甫二載，足跡幾遍齊魯，又日與傴僂胼胝之眾委身於撬□畚牐間，且賈其餘力為史，爰稽職制，參之故乘，已見獨裁，不遺巨細，二百餘年心此闕者，一旦大備爛然，成一家言，孰謂馬遷之後無史乎？嘻，余手讀茲編，伯玉蓋有隱憂焉漕南北僅七百里，而強滲汩分下匪極力疏排之，猶不足以潤頃，黃堌決，徐呂間可褰裳涉也。說者謂黃堌不杜勢且易黃而漕藉今漕也，涓涓之泉，能潤千里之外乎？而萬萬千有奇之艘安能及期飛渡也。以斯知伯玉為隱憂矣。史成，俾後來疏排者按籍可考，寧獨以其文重哉？史以泉河名，特序其泉河，如此如此，謂獨瞻三長，立功立言，並垂不朽，則吳太史詳言之矣。萬曆己亥春四月，賜進士南尚寶司卿於若瀛撰。

明 李沐民《泉河史後跋》 《泉河史》成，沐民備屬負當序末簡，乃受本業見而文蔚然而事犂然，贍而不浮約而有體，信來今考鏡之林，已即史遷侵簡寧多讓哉？顧士君子稱三不朽，匪獨言也，謂有所呂傳之。夫泉之為流，涓涓耳，運運艘萬奇，賴斯以濟，斯一重寄也。廼泉政之湮廢久矣，泉之源多在各郡邑竇石隈間，幽忽屈曲，使節嚴重即不及一耳，而目之夫役歲汰泉浮千人，又以微調不時，弗暇以並力□事，而扢通旋塞其將待命於雨集之盈乎？方先生持節視水濟上，時河決黃堌，議者且欲徼會通之水以濟之，先生憮然諮□然惟廣諏其通塞之故，而曰我其濬之因，述行各泉幽遐遍甚以山川阻險舍輿而馬，舍馬而徒，□沐雨風餐寢旅，舍即胼胝之勞於□也。既廼示呂某泉宜開，某泉宜濬，其宜循故道，某宜創新渠合役鳩公，躬自督梭，凡數時報□閘水頓數尺，冬夏不減，河清千里，舟無留行，大司空上之天子，嘉厥債進秩增祿，恩寵煌赫。廼龍慮泉之開而複壅也，檄某泉用夫若干守濬之餘，夫若干輸番微調，獎其勤，懲其惰，時其廩氣而益加意□省金口石櫟之役，漕冗汰浮省銀若干，民居運道百年永利。語曰，盡力溝洫，先生有焉猶未也。先生德業寸□重一時佇耳，秉鈞持輶為霖雨，為舟楫，其勳名嘗省與雲漢昭四金石鏗鏘者，史冊將奉為美談。以覽斯史者，考其人曰，是嘗以治河起家，則先生之可傳在此，不在數也。民屬吏也，□言之，鄰於諛而況言之無以明信，故獨以其質著之篇。萬功己亥仲夏之吉。屬下吏甯陽且知縣李沐民頓首。

《四庫全書總目》卷七五《史部三十一·地理存目四》 《泉河史》十五卷，安徽巡撫採進本，明胡瓚撰。瓚有《禹貢備遺增注》已著錄。是編圖紀一卷，職制一卷，泉源一卷，河渠一卷，職官表二卷，泉河派表一卷，疆域、山川、夫役、漕艘、宮室、人物、秩祀、敘傳各一卷。乃瓚分司南旺時，據《河志》《閘河考》《泉河志》諸書刪輯而作。於河湖閘壩堤防瀦泄之道，載之頗悉，特體例冗雜，尚有待於後人之潤色耳。末附《泉河大事記》一卷，用編年體以總括全書大略，亦近複贅。又《泉源志》後有天啟二年主事薛玉衡新開泉名二十七處，則後人所續入也。

傳記

《明史》卷二二三《胡瓚傳》 胡瓚，字伯玉，桐城人。萬歷二十三年進士，授都水主事，分司南旺司兼督泉閘，駐濟寧。泗水所注，瓚修金口壩遏之，造舟汶上，為橋於寧陽，民不病涉。河決黄堌，瓚憂之。會劉東星來總河漕，瓚與往復論難，謂黄河不杜，勢且易黄而漕，漕南北七百里，以涓滑之泉，安能運萬千有奇之艘？使及期飛渡贊東星，濬賈魯河故道，益治汶泗間泉數百，尋源竟委，著《泉河史》上之。瓚治泉，一夫濬一泉，各有分地，省其勤惰而賞罰之。冬則養其餘力，不征於官，以疏濬運道有功，增秩一等。二十七年督修琉璃河橋，三年橋成，省費七萬有奇。累官江西左參政，予告歸，久之，卒。

（雍正）《山東通志》卷二七　胡瓚，字伯玉，南直桐城人。萬歷時授都水主事，分司南旺自北河而南凡五差兼督泉閘。泉司駐濟寧，當泗水衝注，瓚修金口壩遏之，持議徵稅，濟寧另設□務，瓚力言其不便而止。

（乾隆）《江南通志》卷一四六　胡瓚，字伯玉，桐城人。萬歷乙未進士，授都水主事，分司南旺兼督泉牐泉司，駐濟寧，泗水所注，瓚修金口壩遏之，時議徵稅濟寧，力言不便而止。累擢江西右叅政，告歸。

著録

《續文獻通考》卷一七〇　胡瓚《泉河史》十五卷，瓚，見經類。

補：瓚，字伯玉，桐城人，萬歷進士，官至江西布政司參政。

清　黄虞稷《千頃堂書目》卷八　胡瓚《泉河史》十五卷，桐城人。

《明史》卷九七《藝文志》　胡瓚《泉河史》十五卷。

皇都水利

明　袁黄《皇都水利·序》　水利乃經事第一事，畿内乃天下第一地。我朝都燕又得古今風氣之完備，能講而行之，可以生財足食，可以容民蓄衣，可以限戎禦寇，可以宣化致治，即不耤之天下而功亦偉矣。愚故於皇都獨詳云。

明　袁黄《論建都當興水利》　易重坎象曰：王公設險以守其國，必以水，守國者尚之，其利重矣。自古帝王建都，未有不資水以為固者，堯舜禹皆都冀，三面距河，其險足恃也。河改而南，冀失險矣，殷之五遷，利害惟河。是覩周都關中，涇渭夾原而東入水環繞。漢唐因之，較之冀，弗若也。周之東遷，實蔔澗瀍之間，宋因之，較之關中，又弗若也。燕都古冀州、並州之域，職方氏稱燕，北曰並州，其川嘑沱，滙夷其浸淶易。《禹貢》敘冀州云，恒衛既從大陸，既作故淶，易恒衛燕之寶也。昔召公始封於是，迨其嫋也，秦欲併之，猶懼督亢之地，水綢繆而難入，及荊卿獻圖而大喜，曹胤儒云燕南之地，以水為固，葛莫問諸淑鉤聯，埂道如線耳，陳貫所謂天造地設者也。金元都之異域，膻徒闇於經制不明，古人畫地之法不考。先王經野之宜，棄天險而不守，我成祖皇帝定鼎於燕一百九十餘年矣，田制未定，地利未興，有志者憂之，竊謂宜使蓋臣智士導境內諸川滙成，地險而因興水利，凡荒地可耕者，悉募民耕之，曠野可井者，即井之。井地九百畝，收公田一百畝，每畝收一石，則九百畝中一百石在官也。倘畝二石，則二百石在官也，若收稅而每畝一鬥，民輒告病，又必拋荒公田，但籍民之力而不收民之稅，所上足用而民不知勞，且有溝有洫可以限戎馬，可以消水患，此古人之良法，萬世不可易也。行之於田少人多之處，其勢誠難。今取不耕不守之地而井之易矣。其有水者，依江南水田，如竇斌御用監荒地東西一百三十里，南北一百一十里，畫井以耕，百里萬井，便應得糧八百餘萬石，豐潤、玉田、文安、永清、灤州、無寧等處，各反荒田而與水利，則四百萬石之漕糧可取，足於畿內。又以水田之米充民運之尚糧，是下出口庭而食用常足也。今將各水源流附刻於左。

《四庫全書總目》卷七五《史部三十一·地理存目四》　《皇都水利》一卷。江蘇巡撫採進本，明袁黄撰。黄號了凡，嘉善人，萬曆丙辰進士，官兵部主事。是編曆考北直隸河渠意在興修水利。末載畿内田制、開田賞功、沿海開田諸論，大旨頗與徐貞明《潞水客談》相近。黄嘗任寶坻令，縣賦繁重，具疏乞減，故於畿輔利弊尤所究心。卷首題前進士袁黄撰，旁注云《了凡雜著》，亦疑非完帙也。

傳記

（雍正）《畿輔通志》卷六八　袁黄，嘉靖進士，萬歷間知寶坻縣，嘗捐金以償逋賦，講學造士，歷陞太常寺卿。

（雍正）《浙江通志》卷一六七　袁黄，《嘉興府志》：字了凡，嘉善人，萬歷進士，授寶坻令，縣賦煩重，具疏乞減，上從其請，陞主事，卒。

（乾隆）《江南通志》卷一四〇　袁黄，字坤儀，吴江人，萬歷丙戌進士，授寶坻知縣，省重役，裁苛派，築堤，扞海水，闢曠土。擢兵部職方主事，時有援鮮之師，黄疏請赴軍前贊畫，遣奇士馮仲纓、金相往說倭將，約盟解甲，事垂成，為闖帥所忌，遂落職。天啓改元，追敘東征功，贈尚寶司少卿。黄博學尚奇，尤精律呂歷法。

清　沈辰垣《御選歷代詩餘》卷一一〇　袁黄，字坤儀，吴江人，萬歷丙戌進士，官至兵部職方司主事。

著録

《明史》卷九七《藝文志》　袁黄《皇都水利》一卷。

《續文獻通考》卷一七〇　袁黄，《泉（皇）都水利》一卷，黄號了凡，嘉善人，萬歷進士，官兵部主事。

清　黄虞稷《千頃堂書目》卷八　袁黄《皇都水利》一卷。

南河志

綜述

明　李思誠《南河志序》　南河之視大河若第一衣帶水，余瀋噴沫之緒，然而起昆侖，導積石，滔騰澎湃，播於廣陸，如瓜子之決屯氏之塞，轉從無常動煩辟馬，此大河之神異也。至若□三湘，度七澤，過洞庭，下鼓蠡，飛萬里之帆，破千層之浪，舉吴楚閩粤數百萬石之漕，取道入淮，以達京師，此則南河之神異也。夫大河有患，時有潰決，然所壞官亭、民舍、田里塘落不通，一隅告警而南河一有患，桃花有恙，秋水生塵，南北腰□稊米不通。如目才弓疵喉間有物，此其弊，視大河不能爭巨細而能爭舒迫，故曆考治大河者，自三代以□，唯殷世中□患至□耿遷嚣以辟其横下，此唯漢日與之角淇園之竹，幾□内府之辟長沈北□拮據不可殫述，而南河之編造始於隋煬帝，植堤南巡，始自秦郵貫於淮陽，聯絡五湖，迤邐龍舟自汴逾淮，以看花廣陵，延袤三百餘里，迄唐以降，代藉為運首而遲日錦纜之地，乃屬韓滉運未之區。至我朝龍賴其用，舊堤之外複建越堤，以獲持東南數百萬石之漕粟，而獨以一線長堤與河伯吞天排嶽之勢抗衡，岌岌乎幾於浮罌桑而逼淮泗。我鳴部朱公以郎署出覡都水長丞之使，視事南河，較中北兩河最劇而要，而公精□強幹，荒度無怠，勞不乘署，不盍誓以與河爭，必世之安。灑沉濬菑倍高堙畢，其修墩築堤井渠複閘之工，罔不具贍而複舉其成跡，旁稽余覽匯而為帙，以為《南河志》。夫大河之刱造機務，始自□新疏深壅塞，代有紀錄，而南河之便宜爛事補葺一切，以維今日之急。此其事尤要而瑣，故龍門之河渠書核之溝洫志，雖渭並包陸海，籠罩無垠而我朱公之為此志，上自金科玉條，下至蒿柳揵石，亦皆列若鬚眉，洞然畢見，不可謂陶公竹木之藏，非蕭相轉輸之用也。大率馬班二公，取於成一己之書，不過記故實，敘成事而已，而秉籌樹□者，無資焉。若我公乃心王室，早犯靖共不以官為傳，舍河為畫餅，一日事事期於累世為楷，以放此志，述往業詔來者，不矜誇大之談，不遺纖悉之務，使梯航效，順江洴安流，□此計也。令馬班二家在今日失其鋒矣，則謂我公為河之董賈而此志為何？河之金湯也，豈云□口乎？廣陵李思誠次鄉甫。

《四庫全書總目》卷七五《史部三十一·地理存目四》　《南河志》十四卷，兩淮馬裕家藏本，明朱國盛撰。國盛字敬韜，華亭人，萬曆庚戌進士，官至工部尚書兼理侍郎事。天啟五年，國盛以工部郎中管理南河，創為此志。自敕諭至公移凡三十三門，於黄、淮諸水疏治事宜，頗為詳析。前有自作序例一首，又有李思誠、徐標二序。後有彭期生跋。思誠，揚州人。標與期生皆繼國盛董斯役者也。

著録

《明史》卷九七《藝文志》 朱國盛《南河志》十四卷。

《續通志》卷一五九 《南河志》十四卷，明朱國盛撰。

《續文獻通考》卷一七〇 朱國盛，《南河志》十四卷。國盛字敬韜，華亭人，萬歷進士，官至工部尚書。

雜録

《行水金鑑》卷六七 古人設壩，原以洩異漲之水，非以洩平槽之水也。今冬六壩閉後，來年桃汛，黃淮並漲，渲洩湖水，非壩不可。按《南河志》云：『武家墩、高良澗、周家橋、古溝俱報有閘。』

又 卷一三九 陳銑疏稱，『自天妃閘至淮安，共有五閘必復，天妃閘以塞其罅，然後淮水可出』等語。臣按：《南河志》：平江伯陳瑄建，通濟、新莊、福興、清江、板閘等五閘遞相啓閉，以防黃河之淤。又慮水發湍急，難於啓閉，築壩以遏水衝。每歲至六月初旬，糧艘過盡。伏水將發，即於通濟閘外暫築土壩以遏橫流，一應官民船隻俱暫行盤壩出入，至九月初旬開壩。

又 卷一四〇 二十二日，總河張鵬翮題。臣按：《南河志》清口至淮安建有五閘，遞相啓閉，以防黃水之淤。又慮水發湍急，難於啓閉，築壩以遏水衝。每歲糧船過盡，即於閘外建壩以遏橫流，一應官民船隻俱暫行盤壩，由此而觀則是伏秋水□，黃河倒灌，自古而已然矣。故建閘、築壩以防淤墊之患。今運河初經挑空，俟清水衝刷，使深河底，尺寸既定，方可建閘。

又 卷一七二 題為『酌議淮工夫役事』，竊照江淮河濟謂之四瀆，自明迄今，挽河資運，會淮注海，是以一淮而受兩瀆之全，故桃源之上，但一黃河為害，清河之下，內則淮河渲洩維艱，外則黃淮相濟為暴。每遇泛濫，其患尤烈。查得前代《南河志》《河防一覽》內載淮揚一帶，自平江伯陳瑄經理之後，萬歷三年，河決崔鎮而北，淮決高堰而東，運道梗阻，民生昏墊。特遣河臣潘季馴大行葺理，請帑六十萬金，分委管工。自司道而下共一百八十餘員，徵調徭募等夫八萬名，經營數載，兩河之流，始還故道。

又 卷一七三 《南河志》覈夫役一欵淺閘停溜等。夫專屬河道，邇來各衙門或私自占役，或別為調用，殊壞漕規。今議管河官員須要督率各夫常川應役，不得仍前恣縱，其河夫曠役之罰禁革已久，陰雨空閒時實使然。河官止宜不時點察，偷惰不在工者，量行責警，逃去日久者，以法繩之，自無虛曠。

常熟水論

綜述

明 薛尚質《常熟水論·序》 按：《南畿志》云，江南之水利於田疇不治，則田穀不登，淮南北之水利於運漕不治，則舟楫不通，皆國賦之所深憂也。《禹貢》曰：三江既入震澤，底定厥田惟下，下厥賦下上上錯。《周禮·職方》藪田具區川曰：三江浸曰五湖宜稻，今東南之水瀦於太湖，所謂震澤具區也。雖曰吐納衆流以滋溉三郡，然必三江入而後底定也。一曰五堰在溧水之上節，宣歙金陵九陽江之水也，自五堰廢而水不入蕪湖而反東注太湖矣，太湖卽震澤。又曰五湖一曰百瀆在宜興之下，以泄荊溪之水之東注於太湖者，自百瀆塞而不達於江矣。一曰江尾在吳江之下，以泄太湖之水者，今則茭蘆葑而泥沙壅，震澤騰而三湖墊矣。故治水者必復溧陽之五堰，使三洲之水不得東注於太湖，開宜興之百瀆引荊溪之水以入於江。鑿吳江茭蘆之地，使深闊以泄太湖之水，散入澱山、陽城、昆承等湖。大石趙屯等浦以泄澱山湖之水，由吳松江以入於海，開鹽鐵七浦等塘，泄陽城湖之水以達於江，開白茆港白魚洪鮎魚口，以泄昆承湖之水以注諸江。此東南治水之經也，故曰治水者必究其源，猶治病之必求其本也。夫震澤者受源於西湖南，發泄於東北，復五堰以障三洲之漫，開百瀆以殺荊溪之淫。所以正其源也，鑿吳江澱淤以導太湖之瀦，治通江各浦以渲諸湖之停，所以治其流也。蓋震澤瀦而不泄，吳中所以坐困也，諸浦廢而不治，下邑所以受弊也。此源流之說不可以不究而治浦之策不可以不講也，爰攷國朝名臣奏議，暨唐宋列賢成說，可以行於今日者。凡若干篇，人爲之贊以備於左，以見昔人用心之艱且以明水利之有徵也，復採諸名公之緒言，徵諸畿郡邑之典志，輿地之高下水道之源流，著《水利論》一篇，雜論十條以廁於末，冀有志於斯者便於考索。非敢妄附私見亦不敢過吳事以泥論也，即今天子有宵旰之憂，廟廊行問罪之策指，日殄滅欃槍第念三吳爲國重地，東南魚鼈之民重有四嶽之諮，元圭之下闕命時也，倘芻蕘之言或有取焉者，斯國計生民幸甚。嘉靖歲在辛亥菊月，越朔薛尚質謹序。

《四庫全書總目》卷七五《史部三十一·地理存目四》 《常熟水論》一卷，編修程晉芳家藏本，明薛尚質撰。尚質，常熟人。以白茅、許浦、福山三浦為常熟洹洩所賴，故作此以明其利害。前有自序，言考當代名臣奏議及唐宋諸賢成說，可以行於今者，凡若干條，為之贊論，以備於左。複著《水利論》一篇，雜論十條，以廁於末。此本為曹溶《學海類編》所載，僅有《水利論》及雜論而無所謂名臣奏議及唐宋成說者，蓋刪其前半，非完書矣。

著録

《續通志》卷一五九 《常熟水論》一卷，明薛尚質撰。

《續文獻通考》卷一七〇 薛尚質《常熟水論》一卷。尚質，常熟人。

泰西水法

綜述

明 徐光啟《泰西水法·序》 泰西諸君子，以茂德上才，利賓於國。其始至也，人人共歎異之；及驟與之言，久與之處，無不意消而中悅服者，其實心、實行、實學，誠信於士大夫也。其談道也，以踐形盡性，欽若上帝爲宗。所教戒者，人人可共由，一軌於至公至正，而歸極於『惠迪吉、從逆凶』之旨，以分趨避之路。余嘗謂其教必可以補儒易佛，而其緒餘更有一種格物窮理之學，凡世間世外，萬事萬物之理，叩之無不河懸響答，絲分理解；退而思之，窮年累月，愈見其說之必然而不可易也。格物窮理之中，又復旁出一種象數之學。象數之學、大者爲曆法，爲律呂；至其他有形有質之物，有度有數之事，無不賴以爲用，用之無不盡巧極妙者。昔與利先生游，嘗爲我言：『薄遊數十百國，所見中土土地人民，聲名禮樂，實海內冠冕，而其民顧多貧乏，一遇水旱，則有道殣，國計亦詘焉者，何也？身被主上禮遇隆恩，思得當以報。顧已久謝人間事矣，筋力之用，無所可効。有所聞水法一事，象數之流也，可以言傳器寫，倘得布在將作，即富國足民，或且歲月見效。私願以此爲主上代天養民之助，特恐羈旅孤蹤，有言不信耳。』余嘗留意茲事二十餘年矣，詢諸人人，最多畫餅。驟聞若言，則唐子之見故人也；就而請益，輒爲余說其大指，悉皆意外奇妙，了非疇昔所及。值余銜恤歸，言別，則以其友熊先生來，謂余：『昨所言水法不獲竟之，他日以叩之此公可也！』迄余服闋趨朝，而先生已長逝矣。間以請於熊先生，唯唯者久之，察其心神，殆無吝色也；而顧有作色。余因私揣焉：無吝色者，諸君子講學論道，所求者，亡非福國庇民，矧茲土苴以爲人，豈不視猶敝蓰哉？有作色者，深恐此法盛傳，天下後世見視以公輸墨翟，即非其數萬里東來，捐頂踵，冒危難，牖世兼善之意耳。輒解之曰：人富而仁義附焉，或東西之通理也。道之精微，拯人之神，事理粗跡，拯人之形，並說之，並傳之，以俟知者，不亦可乎？先聖有言：『備物致用，立成器以爲天下利，莫大乎聖人。』器雖形下，而切世用，茲事體不細已。且窺豹者得一斑，相劍者見若狐甲而知鈍利，因小識大，智者視之，又何遽非維德之隅也！先生復唯唯。都下諸公聞而亟賞之，多募巧工，從受其法。器成，即又人人亟賞之。余因筆記其說，實不文。然而諸公實存心於濟物，以命余，其可辭？抑六載成言，亦以此竟利先生之志也。梓成，復命余申言其端。夫諸器利益，諸公已深言之，曷贅爲？然而有兩言焉。嘗試虛心揣之：西方諸君子而猶世局中人也，是者種種有用之學，不乃其祕密家珍乎？亟請之，往往無吝色而有作色，斯足以窺其人矣。抑人情勞則思，佚則忘善，此器也而爲世用，誰則不佚，倘弗思而忘善乎？不乃階之爲厲矣，余願用茲器者，相與共默計之，先生之所爲蹙然而色怍也，將無或出於此？萬曆壬子春月，吳淞徐光啓序。

明　曹於汴《仰節堂集》卷二《泰西水法・序》　惟上帝好生，既生人則為之生食，食出於地，藝於人。人有遺能，地乃有遺利，食乃不足。其不足恒以旱乾天澤既不可徼，則渠塘溉灌急焉。顧亦罕所講究，而西北之鄉尤未閑習，土高泉寡，井有淺深，甘鹻大段不得水之用，即有用之者，工力繁浩，不償所費。然大禹疏治溝洫，必於冀州建都之域，不至獨遺。今胡以一望岡鹵，豈阡陌開後因仍墮廢，遂謂水泉之利，若靳於此，方田家終歲懸懸占雲盼雨，雨愆其期，立視苗槁，猥雲天實為之人力，無可奈何，枵腹菜面，輾轉為溝中之瘠而已矣。太史□扈徐公軫念民隱，於凡人事之可興，靡不採羅，閱泰西水器及水車之法，精巧奇絶，譯為書而傳之，規制具陳，分秒有度，江河之水，井泉之水，雨雪之水，無不可資為用。用力約而收效廣，蓋肇議於利君西泰其同儕共終厥志而器成於熊君有綱，中華之有此法自今始。粤稽曩昔盛世，首重民食，而田器亦有司存。《周禮》：『稻人掌稼，蓄水止水，蕩水均水，舍水瀉水，俱有經畫。』今也牧民之宰，簿書不遑過隴畝，問桑麻亦未多睹，他何論哉？雖前人樹藝之方，載於《月令》諸編，上不倡，下不諳也，食胡以足？竊意冬曹當以此書頒之直省，而方岳之長宜宣告郡邑，倣而行，觸類而長，尚何患粒食之難乎？夫士人談及參贊遜為聖神，若無敢望涯涘者，不知此類事即贊化育，井田壞而經界湮，雖猝不能言復，然崇重農功，固王道之先也。不圖於是而欲睎蹤隆古之治，必弗可覬已，且安有尊處民上，坐享民膏，不為民生熟計，忍令其饑以死，此豈天之意也哉？

明　鄭以偉《泰西水法・序》《明文海》卷二二九　此《泰西水法》，熊先生成利子之志而傳之者也。法五種：曰龍尾圖，凡五，曰玉衡圖，凡四，曰恒升圖，凡四，曰水庫圖，凡三，而終之以藥露諸器圖，凡一，用以取水，力省而功倍。徐太史子先譜之最悉，一開卷則不必見其具，可按文而匠也。書成，中國不憂傳焉。蓋開闢以來，修水用者數易矣。標枝之世掬而飲亡何，蠡焉、盂焉、尊焉、井焉。使掬者視之，不亦最巧也乎？用矣而未廣。其後，偃鴻井其田以受潤廣矣而未備；又其後，阡陌開而陂池興，雨雲從畚鍤中出也，備矣而未有機；又其後桔槔出機矣，而井田陂池亦不可復覯。古者，水土共為一官統之，司空土行不修則水利愈巧，巧固生於窮歟？然未有若此之利者，夫田不可復井，何者？必十年始驅民田入之官，必十年始溝官田畫之，澮墳廬城郭之阻又亡論則必廢二十餘年耕而可此可幾乎？意者水田可也，而予郡徐伯繼尚賓一為而躓，世遂懲噎而廢食，今之農仰天不雨，惟取土龍而祝之耳。予家世農，見鄉土最壚。浹句晴則決江而之田，浹旬雨則又決田而之江，遭苦旱，醵錢為車，如碓加輪焉，寘篇其表，前軒後輊，與水為無窮，一晝夜度灌二十鍾，顧必急流而可，不然則法窮。又山之民覓泉於竹以溉而不費人力，顧必山泉而可，不然則法窮。茲法也而傳急流可，即吳越緩流也亦可。山泉可，即燕齊平蕪也亦可。隨俗之便，或用中土法，或用此法，可以佐水車之不及，而全民用所謂巧生於窮，而窮亦因巧而濟者耶！人云：『《考工記》可補《冬官》。』予直謂：《冬官》未亡，第錯於它官，如稻人瀦溝之類，徐太史文既酷似《考工記》，此法即不敢補《冬官》，或可備稻人之採，非《墨子》『蜚鳶』比也。利先生為歐邏巴人，偕其儕用賓於朝，甲辰予識其人於都中，綠瞳虯鬚，與之言，恂恂有道君子也。予休澣別去，利先生已化，曾為詩以哭之。至壬子復趨朝，則墓草已宿矣。悲愴久之，乃訪熊先生，見其家削者、鬃者、絇者則治水法具也。彼方日以錢易水而飲，顧切切然，思水田之利澤又可遠施，此其人豈復區區踵頂利所可及哉？永樂時，神機火槍法得之交南；嘉靖時，刀法得之佛郎機，鳥觜炮法得之日本，然金火之用耳。師金火以致利，詘水土而廢巧，則為敢於殺人而不敢於養人矣而可乎？大都西洋之學尊天而善歷法，筭精於勾股。予每欲學而苦不得暇，至其言物理，則願與之相質難於無窮，而此不具論，論其水法如此。

《四庫全書總目》卷一〇二《子部十二・農家》　《泰西水法》六卷，兩江總督採進本，明萬曆壬子，西洋熊三拔撰。是書皆記取水蓄水之法。一卷曰《龍尾車》，用挈江河之水。二卷曰《玉衡車》，附以專筩車；曰《恒升車》，附以雙升車；用挈井泉之水。三卷曰《水庫記》，用蓄雨雪之水。四卷曰《水法附餘》，皆尋泉作井之法，而附以療病之水。五卷曰《水法或問》，備言水性。六卷則《諸器之圖式》也。西洋之學，以測量步算為第一而奇器次之。奇器之中，水法尤切於民用，視他器之徒矜工巧為耳目之玩者，又殊固講水利者所必資也。四卷之末有附記云，此外測量水地度形勢高下，以決排江河蓄泄湖澱，別為一法。或於江湖河海之中，欲作橋棵、城垣、宮室，永不圮壞，別為一法。或於百里之遠，疏引源泉附流灌注入於國城，分枝析派任意取用，別為一法。皆別有備論。茲者專言取水，未暇多及云云。則其法尚有全書，今未之見也。

清 耿文光《萬卷精華樓藏書記·泰西水法提要》 《泰西水法》六卷，明熊三拔撰，掃葉房山本。首萬歷壬子徐光啟序，次鄭以偉序，次水法本論。熊撰第一卷《用江河之水為器》一種，第二卷《用井泉之水為器》二種，第三卷《用雨雪之水為法》一種，第四卷《水法附餘》，第五卷《水法或問》，第六卷《水法圖》。陳臥子曰：泰西之學輸墨遜其巧矣，水法數卷，其文則騷乎考工之亞哉？豈曰：禮失而求諸夷？文光案：《泰西水法》採入《農政全書》。初徐光啟之著《農政全書》也，臥子調其有得即書，非有條貫，別著凡例數十條，刪其十之三，增其十之二，其例具載集中，其書未見。

又《萬卷精華樓藏書記·中外水法提要》 《中外水法》一卷，明西洋熊三拔撰，王徵述原本。此薛氏算學全書之一種，可與席氏本參看。席本說詳此本圖備『泰西水法』，著於『四庫書目』，收入《農政全書》，又有席氏單行本流傳於世，此本知者甚少，余故表而出之。薛氏序曰：茲數器者急流與緩流，山泉與平蕪，無不皆宜於，以救火捍患生物養民。神哉！技至此何以加焉？薛氏又序曰：水有為氣所生者，有為氣所升者，雨雪山澤氣之所生者，泉有伏流乘上升故山上有泉成潭，數里流為江河，如人顛頂髓海督脈所起血乘上行，同是為氣不進為水理，西法大抵以氣為之權輿，雖用器其不過以為束水導引之，具不全恃也。諸法力省功多，最切世用。中法有水□見《後漢書》，今治鐵者用之即水法之恒升，有水筩見《蘇文忠公集》。蘇子曰：蜀去海遠，取鹽於井，陵州井最古，淯州富順鹽亦久矣。惟邛州蒲江縣井，乃祥符中民王鱳所開，利入至厚。自慶歷、皇佑以來，蜀始創筒井，用圜刃鑿山如碗大，深者至數十丈，以巨竹去節，牝牡相銜為井，以隔橫入淡水，則鹹泉自上。又以竹之差小者，出入井中為桶，無底而竅。其上懸熟皮數寸，出入水中，氣自呼吸而啟閉之，一桶致水數斛。凡筒井皆用機械，利之所在，人無不知。即水法另為小井之恒升。西法種數甚多，取簡要可用者，全不用人力者三種，曰升曰高升，曰虹吸，各一圖。自升、高升出天步真原穆尼閣譯虹吸，出奇器圖王徵傳，稍用人力而出水甚多。以他機發之亦可不用人力者三種，曰龍尾，凡六圖，曰恒升，凡四圖，曰玉衡，出《泰西水法》，熊三拔譯。曰：水櫃凡四圖，山居必用亦熊所譯。文光案：席本龍尾第六圖，其餘十七皆同。凡圖皆有說，水櫃亦曰水庫。

《四庫全書簡明目錄》卷一〇 《泰西水法》六卷，明西洋熊三拔撰，記取水蓄水之法，皆製造奇器，以捷巧見長，圖說亦極詳備，歐羅巴人所著，自步算諸書外，此為切於實用。

著録

《明史》卷九八《藝文志》 《泰西水法》六卷，熊三拔。

《續通志》卷一六〇 《泰西水法》六卷，明西洋人熊三拔撰。

（乾隆）《江南通志》卷一九二 《農政全書》六十卷，

又《農遺雜疏》

又《宜墾令》

又《泰西水法》一卷，俱上海徐光啓。

《續文獻通考》卷一八一 熊三拔《泰西水法》六卷。三拔，西洋人。臣等謹案，是書成於神宗萬歷壬子，皆記取水蓄水之法。

清 黃虞稷《千頃堂書目》卷一二 徐光啟《農政全書》六十卷。

又《農遺雜疏》五卷。

又《泰西水法》。

又《簡平儀說》一卷，熊三拔。

清 黃虞稷《千頃堂書目》卷一三 《泰西水法》六卷。

清 周中孚《鄭堂讀書記補遺》卷二一 《泰西水法》六卷，天學初函本。明西洋熊三拔撰。三拔，字有綱，歐羅巴人。萬曆壬子入中國。《四庫全書》著錄，《明史·藝文志》亦載之（天文類）。是書肇議於利西太（瑪竇），而同輩中共終其事，器則成於有綱。蓋中華之有此法，自此書始也。卷一用江河之水，為器一種，曰龍尾車；卷二用井泉之水，為器二種，曰玉衡車，專筩車附；曰恒升車，雙升車附；卷三為雨雪之水，為法一種，曰水庫；卷四為水法附餘，高地做井，未審泉源所在，其求之法有四，鑿井之法有五，試水美惡，辨水高下，其法有五，以水療病，其法有二；

卷五為水法或問三十三則；六卷則諸器之圖一十有九，規制具存，分秒有度，其於江河、井泉、雨雪諸水，無不可資為用，用功約而收效廣。惟究極演算法者，故能作此奇器。而龍尾一車，尤於水旱有裨助之功。故戴東原（震）有贏旋車之記也。（見文集）前有萬曆壬子自撰水法本論及曹於汴、徐光啟、鄭以偉三序，又有彭惟成聖德來遠序，及考訂校刻姓氏。

藝文

清　于敏中《日下舊聞考》卷八一　乾隆九年，御製《水木明瑟詞・調寄秋風清》：用《泰西水法》引入室中，以轉風扇，泠泠瑟瑟，非絲非竹，天籟遙聞，林光逾生淨綠。酈道元云：竹柏之懷，與神心妙達。智仁之性，共山水效深。茲境有焉。

林瑟瑟，水泠泠，溪風羣籟動，山鳥一聲鳴。斯時斯景誰圖得，非色非空吟不成。

治河通考

綜述

明　崔銑《治河通考・序》　訒菴吳公巡撫河南之踰年，貞度飭務體宏理，密謂河之災豫，修塞勞煩，足當一邊之憂。既擇才而任，脫夏邑之洳道趙皮之瀦，又命前御史劉隅氏輯河書，開封顧守鐸刻版，畢登良策可稽而法焉。嗟乎！聖神如禹，雖曰十有三載，乃續然不能圖後害。自漢以來知議之能行之，勇力之腐舌刮齒，焦心銷骨，多者十數年，少者一二年，輒決，夷屋寢畝，飄資蕩生。天子親沉璧馬，臨水太息。國家都燕，輓江南之粟，上下鹹寄命焉。既賴河以利舟楫，亦恐其遂齧漕渠，粟至稍後，舉國困憊，一邑一郡之災不暇恤矣。夫濬故道，分横流而後安舍，是亡策矣。然沙積地高，道然後塞，升沙並岸，水至複然，萬人之功，付於烏有。不若隨勢相宜，別就奏下之利而道之，毋與水爭，毋犯水怒，毋惜棄田，毋阻多口，所占田廬，量給之費而蠲其租，民亦樂從。況並河之田，有填淤之饒，可相易乎？夫物敝有因，水決以漸，此塞彼行，非由齊發。蟻穴可以毀防，線隙可以崩郭，故貴乎先事而備。一歲不溢，遂幸無為，玩日愒月，坐待其不支。況乎遷代之速，不盡其才，官設之分，不專其任，卷埽築堤，姑具苟完，買逸騰賈，非利公家乎？今夫農之作垣也，其基厚，其上塗題畚孔良，築削孔力，雖遭秋霖泛潦，亡傷豪末。官府作墉，或破百金，不月而摧，何哉？農自為而官為人也。嘉靖癸巳春二月辛巳，相臺崔銑序。

明　吳山《治河通考・後序》　惟《禹貢》職方之言，導濬經辨之跡，鴻關巨偉矣。固聖人拯世範後，參天契地，神理昭寓，後世凡職紀載者，依焉。然溝洫地理，郡國水利，漢以來冊籍或有志有考，顧於大河無專紀，豈非括細遺大，使後之嗣禹跡者何稽乎？余當北涉趙魏之間九河故跡，西踰成皋鴻溝，觀龍門鑿處，南循淮瀆出呂梁，則喟然歎河之為國家利害大矣。夫安流順軌，則漕輓駛裕，奔潰擁壅，則數省繹騷。國家上都燕薊，全藉東南之賦，故常資河以濟運。又防其沖阻，乃經理督治，必撫臣是寄。其視前代豈不益重哉？河雖經數省，然自龍門，下趨則梁地當其沖。始又壤善潰，故河之患於河南為甚。余受命來撫茲土，固慄慄以河為至慮，防治稍悉，民頗奠。又間閱近時所刻《治河總考》，疏遺混複，字半訛舛，其肇作之意固善，惜其未備晰也。乃命開封顧守符下謫許州判官劉隅重加輯校，匯分序次。一卷曰《河源考》，二卷曰《河決考》，三卷之九卷曰《議河》《治河考》，末卷曰《理河職官考》。上泝夏周，下迄今日，總十卷，更題之曰《治河通考》。庶幾覽者易於探檢，有所式，則以奏平成之勳，聖主之憂，顧四方之屯溺，或從是以紓。而愚之重責亦少塞焉。其仍有未備，則以俟後之淵博大智者爾。賜進士出身、嘉議大夫、都察院右副都史、奉勅巡撫河南等處地方松陵吳山書。

《四庫全書總目》卷七五《史部三十一・地理存目四》　《治河通考》十卷，浙江汪啟淑家藏本，明吳山撰。山，高安人，嘉靖乙未進士，官至禮部尚書，謚文端。是書大旨謂，河雖經數省而自龍門下趨，則梁地當其沖，故河患為甚。前有自序云：近日所刻《治河總考》，疏漏混複乃重加校輯，匯分序次。一卷曰《河源考》，二卷曰《河決考》，三卷至九卷曰《議河治河考》，末卷曰《理河職官考》。上溯夏周，下迄明代，總為十卷。前有崇禎戊寅其曾孫士顔序略，蓋重刊時所作也。

著録

《明史》卷九七《藝文志》　吳山《治河通考》十卷。

《續通志》卷一五九　《治河通考》十卷，明吳山撰。

（乾隆）《江南通志》卷一九二　《治河通考》十卷，吳江吳山。

《續文獻通考》卷一七〇　吳山《治河通考》十卷。山，高安人。嘉靖進士，官至禮部尚書，謚文端。

清 黃虞稷《千頃堂書目》卷八　吳山《治河通攷》十卷，吳江人。

雜録

明 李濂《汴京遺蹟志》卷五　《治河通考》論黃河故道：古自陽武北，新鄉西南入境，東北經延津汲胙城，至北直隸濬縣大伾山北入海，即《禹貢》『導河東過洛汭至於大伾』處。《地志》：『魏郡鄴縣有故大河在東北，直達於海。』疑即禹之故河也。

問水集

綜述

明 胡纘宗《問水集・序》　於齊焉，白若何？濬也。衛若何？洩也。而又問諸縉紳焉，於勞心罔不懃懃焉？而又問於諸閭閻焉，於諸勞力罔不懇懇焉？既而有得，則喟然曰：舜之所以為聖，禹之所以為神者，此也。不本諸此鑿矣。吾聞之先正云：莫與水爭。旨哉！言也。故閘可複也，是可為也。吾為之河，不可引也，是不可為也，吾弗為之矣。不逾年而告底績，天子嘉其成，陟公司空若曰，是水也，是都禦史某所克襄也，而公之賢簡在帝心矣。公暇乃為是集，集凡三卷，其論莫不切於水，詳於治焉。是故於河原其湍焉，於淮達其委焉，於治河察其趨焉，於防河審其向焉，於諸泉輯其出焉，於諸河理其入焉，於諸湖權其蓄焉，於諸閘酌其積焉，於諸洪詳其避焉，其諸告文其以至誠敬於其神焉，其諸奏議其以至智忠其事焉，於乎休哉！公楚人也，蓋嘗俯視洞庭矣，灝灝淵泓，受有定區也，知湖斯知河矣。蓋嘗旁觀楊子矣，瀰瀰奔騰行有定壑也，知江斯知河矣，是故引大河□□，雨驟雨田被其沃者，什四禾被其沖者，什六積小河辟之，雨細雨沃及田者，什八沃不及舊者，什二知此則知公矣。公學為舜禹而取諸人，成諸己，以報諸天子者，此也，此不可及矣。天子晉公司馬勅總戎務三邊有以哉，敢以是復於公。嘉靖十有五年春三月望日，天水胡纘宗世甫神聖序。

清 陳講《問水集・序》　《問水集》者，集松石公之問水也。公起柱史，以亮節著，先朝受知，今上召拜中丞大夫，簡命治河。適黃河南徙，水夫積於漕渠，湮滅濟、甯、徐、沛之間，餽運弗通，國計乏絕。公兩被恩至深，惟托命之重，語人曰：稽於有衆，禹所以底績於治水也。吾不如禹，吾可以自用乎？廼曆汴及淮，浮汶達濟，周回數千里，所至雖斷港故洲，漁夫農叟亦問弗諳，諮罔弗悉，始悟中州地平土疏，河易流徙，時議力主導河以濬漕渠。公曰：今之河惟恐其不南也，既南而顧欲其東，豈達利害之機哉？由是疏請決策濬渠。忘己盡人，殫智畢力，彌三月而即功，百泉會流，千艫飛輓，歲漕四百萬石如期至京，中外神之。公曰：『此予問諸水濱，謀在野，功在百執事，於予一人何有？列狀以聞，晉公司空，貳諸臣咸得受賞增級，人於是又服公之度也。既竣事，凡黃河之遷變，古今治河之同異，隄防疏濬之制，九河之跡，七十二泉之派閘壩湖陂之數，經費漕輓之宜，禁戒論建之例，裒記為集。冬官郎廬山邵子刻以詔後，至公書，屬予為序。予觀國家定鼎，燕冀食於東南，既罷海運轉漕，內河一時為國宣勤，如開渠制閘，則宋司空陳平江蹟跡可考也。河決植防，則徐武功、白康敏、劉忠宣之勞足稱也。以公例之，豈不先後為列哉？噫！《禹貢》者思禹績，後之覽茲集者，雖謂功不在禹下可也。或曰：漕政者，國之所以寄命也，今黃河之徙弗常，安乎之罅，可慮河運，可常恃乎？予曰：然天下事守經常者，必思變憂末流者，必曲防。元人都燕八十年，河海兼運，又通膠乘新河，計亦採矣。孰謂盛世樵運，萬年經國者，可無長慮乎？然公遷開府三邊，不厥計矣，敢僭附其概，惟後之好問者圖利焉。嘉靖丙申夏院庶起士西蜀陳講書。

《四庫全書總目》卷七五《史部三十一·地理存目四》 《問水集》三卷，浙江鄭大節家藏本，明劉天和撰。天和有《仲志》已著録。嘉靖初，黄河南徙，天和以後，副都禦史總理河道。乃疏汴河，自朱仙鎮至沛縣飛雲橋。又疏山東七十二泉，自鳧尼諸山達南旺河。役夫二萬，不三月訖工。詔加工部侍郎。此書蓋據其案視所至形勢利害，及處置事宜詳述之，以示後人。一卷末有《治河本末》一篇，為工部都水郎中鄢城楊旦所作，以紀天和之績。後四卷則皆其前後奏議之文也。

傳記

明 王世貞《弇州四部稿》卷八六《明光録大夫太子太保兵部尚書贈少保劉莊襄公墓誌銘》 公至湖，則首禮一隱碩與謀政所當先復折徵均耗賦，其民大悦，以擬謝太傅安石顔、司徒清臣。為湖守凡五年，考績天下第一，晉山西按察司副使，督學校，公以母老，乞歸養。報聞，尋得旨別用。久之，仍故官督陝學，於其職益稱。明年，遷南太僕少卿，尋改太常。即以其年為都察院右僉都御史，督甘肅屯政，乃條所以當革者五，曰掊尅、曰占役、曰湖場、曰□撥、曰侵漁。所以當興者五，曰開墾、曰墩堡、曰牛種、曰治水、曰屯兵。疏上，以次報可。【略】所著有《問水集》《閟陝奏議》《安夏録》《督府奏疏》若干卷，他詩文亦有存者，不佞所志，志狀畧耳。竊又從諸孫守巽所得《耿中丞紀》而讀之，叅以舊聞，蓋掩卷而三歎曰：嗚呼！公真異人哉！

《明史》卷二〇〇《劉天和傳》 劉天和，字養和，麻城人。正德三年進士。【略】

母憂，服闋以故官總理河道。黄河南徙，曆濟、徐皆旁溢。天和疏汴河，自朱仙鎮至沛飛雲橋，殺其下流。疏山東七十二泉，自鳧、尼諸山達南旺河，浚其下流。役夫二萬，不三月訖工。加工部右侍郎。故事，河南八府歲役民治河，不赴役者人出銀三兩。天和因歲饑，請盡蠲旁河受役者課，遠河未役者半之。詔可。

（乾隆）《江南通志》卷一一四 劉天和，字養和，麻城人。正德中以御史謫丞金壇，安於吏事，忘為遷謫，治行稱最，擢知本縣，築邑城六門兩關，建昌都圩二牐，設鼇弊冊，置義塚。《金壇縣志》

（雍正）《浙江通志》卷一五一 劉天和，名山藏，字養和，麻城人。正德三年舉進士，授湖州知府，縣有高士，天和下車禮之，問所以治湖者，治最，陞山西提學副使，以兵部尚書乞歸，贈少保，謚莊襄。

著録

《續文獻通考》卷一七〇 劉天和《問水集》三卷。天和見傳記類。

清 黄虞稷《千頃堂書目》卷八 劉天和《問水集》六卷。

《明史》卷九七《藝文志》 劉天和《問水集》六卷。

《續通志》卷一五九 《問水集》三卷，明劉天和撰。

雜録

明 潘季馴《河防一覽》卷二 或併水門而淤漫之，且所溉之地亦一再歲而高矣。後將何如哉？矧旱則河水已淺，難於分溉。潦固可泄，而西方地高，水安可往？丘文莊謂古今無出此策，夫乃身未經歷耶？劉中丞《問水集》中言之甚詳，蓋名言也。

（乾隆）《江南通志》卷四九 劉天和《問水集》一，《治河之要》録二條，治河決必先疏支河，以分水勢，必塞始決之口而下流自止。河性湍悍，如欲殺北岸水勢，則疏南岸上流支河，上策也。然支河或不順水勢，則雖開而復淤。

清 張伯行《居濟一得》卷八 王在晉曰：《問水集》謂河流之淤，難復引之以入運。國家治河如尚書平江伯陳瑄，惟導汶濬淤，建閘通運，不復引河。徐有貞、白昂、劉大夏諸公亦不過力塞之而已，不復資以濟運。蓋河至則衝決，去則壅墊，修治之功，無時可已，遷徙不常，害多於利。愚按今日之黄河既不復資之以濟運，惟有塞之一法，涓滴不漏，使淮黄併力以刷海口，海口既深，則上流自無壅滯之患，而潰決之虞庶乎可免矣。

清 薛鳳祚《兩河清彙》卷七 又《問水集》有『引沁至長垣界，經張秋出永通閘入運濟旱』語，亦未知沁之濁也。一溝之渠寧能當此濁流乎？

沁可引，黃亦可引矣。

治河總考

《四庫全書總目》卷七五《史部三十一・地理存目四》　《治河總考》四卷，浙江范懋柱家天一閣藏本，明車璽撰。璽，宛平人，成化戊戌進士，官至河南按察司僉事。是編考歷代治河之事，以時代先後為次。始周定王，終明嘉靖十七年。又以《禹貢》《史記・河渠書》《漢書・溝洫志》《元史・河源附録》、宋濂《治河議》《河南總志》諸條列後。其標題又稱山東兖州府同知陳銘續編。前後無序跋，不知孰為璽之原書，孰為銘之所補，體例參差，刊刻拙陋，蓋當時書帕本也。

《續文獻通考》卷一七〇　車璽《治河總考》四卷。璽，宛平人，成化進士，官河南按察司僉事。

《續通志》卷一五九　《治河總考》四卷，明車璽撰。

漕河圖志

綜述

明　黃訓《名臣經濟録》卷五一《漕河圖志・敘》　予觀《漕河圖志》，未嘗不敬嘆我祖宗之聖謨，神烈之宏遠也。夫漢唐皆當王關中矣，宋嘗都汴矣，而漕挽有三門、七津之險，有海運難，其故道猶存見者罔弗騰駭。惟我國家則不然，跨江入淮，由河達濟，四瀆畢涉，舳艫相望者三千里。雖有呂梁、徐州二洪之險，又皆疏鑿之，命水部臣監臨之，舟航利涉。惟汶濟泉源或遇陽亢，時出微細，則疏沂泗諸水以益助之，築閘置吏以啓閉之，分命水部臣以轄之，總命大臣以督之，深惟均漕舟往來弗滯。官軍樂於用命，吳艭、越艘、燕商、楚賈，珍奇、重貨歲出而時至，言笑自若，視為坦途。於乎！其視漢唐宋之險且難者，奚翅天壤哉？雖然，漕挽者，官軍之勞。輸納者，百姓之力也。古者什而賦，今則不然，計畝輸糧，徵逋索貢，半歸官府，百姓所食，羨餘粃稗耳。官軍兊運，罔知寒暑，牽簟挨柁，百倍其勞。既入太倉，固皆充軍國之用，而冗食者蜂攢而蟻聚，甚至錦衣玉食，大半皆遊手狡滑之徒，是皆小人之所當必去者也。讀聖賢書，食天子祿如吾輩，其亦有《伐檀》之風否乎？

漕河軍衛有司府三，州十一，縣四十，衛二十二，所一。

宛平縣，大興縣，通州，通州左衛，通州右衛，定邊衛，神武中衛，漷縣，香河縣，營州前屯衛，武清縣，武清衛，天津衛，天津左衛，天津右衛，靜海縣，霸州，青縣，興濟縣，滄州，交河縣，南皮縣，東光縣，吳橋縣，景州，德州，德州衛，德州左衛，故城縣，武城縣，恩縣，夏津縣，清河縣，臨清州，堂邑縣，博平縣，東昌府，聊城縣，東昌衛，平山衛，陽穀縣，東阿縣，壽張縣，東平州，東平（守禦千户所），汶上縣，嘉祥縣，鉅野縣，濟寧州，濟寧衛，鄒縣，魚臺縣，碭山縣，蕭縣，豐縣，沛縣，徐州衛，徐州衛，徐州左，邳州，邳州衛，睢寧縣，宿遷縣，桃源縣，清河縣，淮安府，山陽縣，淮安衛，大河衛，寶應縣，高郵州，高郵衛，揚州府，江都縣，揚州衛，儀真縣，儀真衛。

漕河水程自通州至儀真水路三千里，凡為驛四十有二：

通州路河水馬驛至本州和合驛一百里，和合驛至武清縣河西驛九十里，河西驛至本縣楊村驛九十里，楊村驛至本縣陽青驛八十里，陽青驛至靜海縣奉新驛一百里，奉新驛至青縣流河驛七十里，流河驛至興濟縣乾寧驛七十里，乾寧驛至滄州甎河驛七十里，甎河驛至交河縣新橋驛七十里，新橋驛至吳橋縣連□驛七十里，連窩驛至德州良店驛七十里，良店驛至本州安德驛七十里，安德驛至本州梁家莊驛七十里，梁家莊驛至武城縣甲馬營驛一百十五里，甲馬營驛至臨清州渡口驛七十里，渡口驛至本州清源驛七十里，清源驛至清平縣清陽驛六十里，清陽驛至東昌府崇武驛七十里，崇武驛至陽穀縣荊門驛八十五里，荊門驛至東平州安山驛六十里，安山驛至汶上縣開河驛七十里，開河驛至濟寧州南城驛一百十里，南城驛至本州魯橋驛五十五里，魯橋驛至兖州府沙河驛六十五里，沙河驛至沛縣泗亭驛六十里，泗亭驛至徐州夾溝驛七十五里，夾溝驛至本州彭城驛九十里，彭城驛至本州房村驛六十里，房村驛至邳州新安驛六十里，新安驛至本州下邳驛六十里，下邳驛至本州宜河驛六十里，宜河驛至宿遷縣鍾吾驛六十里，鍾吾驛至桃源縣古城驛六十里，古城驛至本縣桃源驛六十里，桃源驛至清河縣清口驛六十里，清口驛至淮安府淮陰驛六十里，淮陰驛至寶應縣安平驛八十里，安平驛至高郵州界首驛六十里，界首驛至本州盂城驛六十里，盂城驛至揚州府邵伯驛六十五里，邵伯驛至本府廣陵驛四十五里，廣陵驛至儀真縣儀真驛七十五里。

《四庫全書總目》卷七五《史部三十一・地理存目四》 《漕河圖志》三卷，浙江鄭大節家藏本，明王瓊撰。瓊有《晉溪奏議》，已著錄。先是成化間三原王恕作《漕河通志》十四卷。宏治九年瓊以工部郎中管理河道，乃因恕之書而增損之。首載漕河圖，次記河之脈絡原委及古今變遷、修治經費以逮奏議碑記，罔不具悉。《明史》本傳稱瓊出治漕河三年，臚其事為志。繼任者案稽之，不爽毫髮，由是以敏練稱，蓋其書之切於實用如此。惜原本八卷，此本止存三卷，非完帙矣。

傳記

《明史》卷一九八《王瓊》 王瓊，字德華，太原人。成化二十年進士。授工部主事，進郎中。出治漕河三年，臚其事為志。繼者按稽之，不爽毫髮，由是以敏練稱。改戶部，曆河南右布政使。正德元年，擢右副都禦史督漕運。明年入為戶部右侍郎。衡府有賜地，蕪不可耕，勒民出租以為常，王反誣民趙賢等侵據。瓊往按，奪旁近民地予之，賢等戍邊，民多怨者。三年春，廷推吏部侍郎，前後六人，皆不允。最後以瓊上，許之。坐任戶部時邊臣借太倉銀未償，所司奏遲，尚書顧佐奪俸，而瓊改南京。已，複改戶部。八年進尚書。

瓊為人有心計，善鉤校。為郎時悉錄故牘條例，盡得其斂散盈縮狀。及為尚書，益明習國計。邊帥請芻糗，則屈指計某倉、某場庤糧草幾何，諸郡歲輸、邊卒歲採秋青幾何，曰：『足矣。重索妄也。』人益以瓊為才。

《山西通志》卷一〇七 《王瓊傳》同上。

著録

《明史》卷九七《藝文志》 王瓊《漕河圖志》八卷。

《續文獻通考》卷一七〇 王瓊《漕河圖志》三卷，瓊見奏議類。

《續通志》卷一百五十九 《漕河圖志》三卷，明王瓊撰。

清 黃虞稷《千頃堂書目》卷八 王瓊《漕河圖志》八卷。

三吳水利論

綜述

明 王圻《續文獻通考》卷五 吳，水國也。軍國之需，仰給於東南，而東南之要莫切於水利。寒泉君之八論殆有見乎！吳之水利論述詳於郡志，茲未暇悉。弘治八年，吳大水，國計告乏，工侍徐公貫奉敕開濬白茅港，水始有歸。繼之者主政姚公文灝議築沙湖隄，用治河卷埽法而事協濟，迄今賴焉。五十餘年來，水災屢見，大約二十年港浦堙塞，水始瀦積汎濫，議者云，必開白茅港、七鴉浦數支，而災至稍可免，然開濬之費浩繁，殆難悅以使民乎？正德初，郡守林公廷棉具奏濬之。嘉靖初，巡撫李公充嗣奉敕開府太倉又一濬，又將其期矣。今歲之水，時屆沍寒，不縮不涸，歲歉已見。意者開濬，茲其時乎？在掌國計者之所當急講也。因梓伍君之論，附姚公之記，以見時政之急。嘉靖己酉歲小除夕，吳汝郡袁生褧題於嘯傲軒。

明 韓邦憲《廣通壩考》《吳中水利全書》卷一九 自前代皆云：中江故道近。內閣王鏊記太湖，以此一源最巨，為蘇常患。而伍餘福著《三吳水利論》，亦諄切言之。嗟乎！以蘇常湖松諸郡所不能當之水，而獨一高淳為之壑，其至於洪漲而廢田也決矣，而稅又弗捐，民何以堪之？自蘇軾、單鍔之言行，所以為壩下諸郡者甚善，而未有為壩上發明者，余觀淳民之日耗，且困於虛糧也。作《廣通鎮壩考》。

《四庫全書總目》卷七五《史部・地理類存目四》 《三吳水利論》

一卷。明伍餘福撰，餘福有《陝西志》，已著録。是書凡分八篇，一論五堰，二論九陽江，三論夾苧幹，四論荊溪，五論百瀆，六論七十三漊，七論長橋百洞，八論震澤，皆吳中水利要害。大旨本宋單鍔所論而推廣之。

著録

明　張國維《吴中水利全書》卷二一　伍餘福《三吳水利論》。

《明史》卷九七《藝文志》　伍餘福《三吳水利論》一卷。

《續通志》卷一五九　《三吳水利論》一卷，明伍餘福撰。

（乾隆）《江南通志》卷一九二　《三吳水利論》，長洲伍餘福

《續文獻通考》卷一七〇　伍餘福《三吳水利論》一卷。餘福，號寒泉，吳縣人。正德進士，官至按察司副使。臣等謹案：明成化間，修《陝西志》之伍餘福與此同姓名，同官副使。惟一為吳縣人，一為臨川人，里貫各異，附識備考。

清　黃虞稷《千頃堂書目》卷八　伍餘福《三吳水利論》一卷。

新河初議

綜述

《四庫全書總目》卷七五《史部三十一·地理存目四》　《新河初議》一卷，浙江范懋柱家天一閣藏本，不著編輯者名氏。明正德間，河決徐沛，運道淤塞，特起盛應期往治之。應期建議於昭陽湖東北進江家口，南出留城口，開浚百四十餘里，較疏舊河力省而利永。計需夫六萬五千人、銀二十萬兩，剋期六月告成。時胡世寧行取進京，道經沛縣親睹情形，因上疏與應期議合。興役垂成，為言者所沮而罷，應期坐奪職。史稱後三十年，朱衡循新河故跡成之，運道終蒙其利。則是舉不為無見而言者，為媢嫉之口可知矣。此編載世甯及應期原議開河疏，並世甯請與應期同罪疏，以見一事之始末。以其事未竟功，故但曰《新河初議》也。應期字新征，吳江人，宏治癸丑進士，官至右副都禦史。事蹟具《明史》本傳。世寧有奏議，已著録。

傳記

《明史》卷一九九《胡世寧傳》　胡世寧，字永清，仁和人。弘治六年進士。性剛直，不畏強禦，且知兵。除德安推官。岐王初就藩，從官驕，世寧裁之。他日複請湖田，持不可。遷南京刑部主事。應詔陳邊備十策，複上書極言時政闕失。時孝宗已不豫，猶頷之。再遷郎中。與李承勳、魏校、余祐善，時稱『南都四君子』。

《明一統志》卷三八　胡世寧，仁和人。（弘）治初登進士，授德安府推官，有政聲。陞南京刑部主事員外，不屈劉瑾黨劉琅，累官江西按察副使，上疏極論宸濠反狀，戍遼東。濠誅，起湖廣按察使，至南京兵部尚書。謚端敏。《省志》

《盛京通志》卷九〇　胡世寧，字永清，仁和人。累官江西副使，以論宸濠不法，謫戍瀋陽，寄居廣寧三年，學者宗之。及宸濠敗，世寧起官至太子太保，兵部尚書。卒謚端敏。

（康熙）《江西通志》卷五八　胡世寧，字永清，仁和人。（弘）治進士，性剛直，不畏強禦且知兵，累官江西副使，與都御史俞諫晝策擒盜，討平王浩八，城廣昌、南豐、新城。時寧王宸濠驕橫有異志，世寧特疏請勅王毋撓有司，以靖亂源，銷意外變。宸濠聞大怒，列世寧罪，偏賂權倖，必殺世寧，命錦衣官逮捕。時世寧已遷福建按察使，取道還里，聞命自投錦衣獄。獄中三上書，言宸濠逆狀，繫歲餘，謫戍瀋陽，居四年，宸濠果反。世寧起戍中為湖廣按察使，擢巡撫四川，歷官太子太保、兵部尚書，卒謚端敏。《白志》

（雍正）《浙江通志》卷一五八　胡世寧，《獻徵録》字永清，號靜菴，仁和人。（弘）治癸丑進士，除德安府推官，時岐王開國，羣從怙勢橫甚，世寧悉以法裁之。王請民間開墾湖田充柴炭，撫巡業予之。世寧指畫利害，乃止。陞主事，歷員外郎。中出，知廣西太平郡。所隸悉土官，世寧推心撫之，夷獠帖然。惟太平知州李（璿）負固跳踉，乃密檄龍英州趙元瑤扼而執之，積禍頓息。又建置壺關，屹然為一方巨防。母喪，服闋補。寶慶初朝岷

王聞岷府受詞，縶人取財。即諭里老，奉有令旨，必並其人送府，驗實啓行，偽者弗貸。岷府人相戒斂手，郡屬糧則繁漫，姦不可詰，乃□田均糧，一色徵之，民省歲供之半。陞江西副使，時羣盜肆抄掠，為饒、信患，世寧設計擒之。又城廣昌、南豐、新城，會宸濠有反狀，人莫敢言，世寧獨上疏曰：江西之禍，不止盜賊，可慮者寧王。臣請勅王自治其國，勿撓有司，以防未然。當事下其章，濠恚甚，搆飛言誣為離間，逮捕禁獄，欲別附他罪，給事御史交訟其冤，得減死，戍遼東。宸濠反，特起戍，中為湖廣按察使，尋進右僉都禦史，巡撫四川。嘉靖元年，晉吏部右侍郎，未任，奔父喪。時議大禮，廷臣諍論，多被擯除名。世寧時家居疏言：『新進議禮，一言適合，未必事事皆是。老成執禮一言過當，未必事事皆非。』凡數千言，上嘉納之。四年，起兵部左侍郎，進備邊二十五事，獻三經講義。辭多中羣忌皆留中。言者劾之，改南吏部左侍郎，徵為左都禦史，掌院事。執政請禁私謁。世寧言臣官以察為名，人非接其貌，聽其言，無以察其心之邪正，才之短長。若屏絶士夫，徒按考語，則毀譽失真，而求激揚之，當難矣。上是其言，改刑部尚書。陳九疇者，故以兵備甘肅，兩敗土魯番兵。土魯番縱反間傾九疇，於是下九疇獄，擬大辟。世寧昌言於朝，曰：『使世寧司刑而殺一忠臣，寧先殺世寧。』執政持不可，乃密疏為申理，九疇得不死，戍邊。轉兵部尚書加太子太保，引疾致仕，卒贈少保，謚端敏。

（嘉慶）《清一統志》卷二一八　胡世寧，字永清，仁和人。（弘）治進士，累官南京刑部主事，上書極言時政闕失，再遷郎中，與李承勛、魏拔、余祐稱『南都四君子』。歷太平寶慶知府，遷江西副使。寧王宸濠驕橫有異志，世寧上疏極言宸濠賄，用事者誣以罪，謫戍瀋陽。居四年，宸濠果反，起戍中，累擢四川巡撫。嘉靖初，召為兵部侍郎，遷左都禦史，持大體，上憲綱十餘條，以清庶獄肅官。方改刑部尚書，每重獄，必別白為帝言之，轉兵部，陳兵政十事。又上備邊三事，以疾乞歸。世寧風格峻整，居官廉，疾惡若仇，而薦賢士如不及。卒贈太保，謚端敏。

明　田汝成《西湖遊覽志餘》卷八　胡世寧，字永清，仁和人。黒面、巉顔、雷眸、獅鼻，見者咤之。（弘）治壬子舉鄉試第二，巡按御史檄計偕銀百兩。世寧曰彭侍郎以災傷故減半，吾不敢盈取，竟却其半。舉進士，授德安府推官，廉明有聞。

清　汪森《粵西文載》卷六五　胡世寧，字永清，仁和人。正德間，知太平府，郡屬土官相習戾鷙，不庭謁太守而守亦防猜，情意益隔。公至，以檄約，如期至。傳令其下，皆甲而入。越翼日出，臨其營，觀蠻長騎射，與欵語良久，乃還。舊以土官世及，輒展轉索賂，公令土官生子即聞府子弟應世及者年十歲朔望或有事調集，偕攜之見太守，為識年數狀貌，父兄有故，按籍為請官於朝，土官大悅服。茗盈州李萬盈與全茗州許榮高仇殺二十餘年，羅陽縣黄景明爭官占地二十餘年，至公始平。太平州李璿拒命，公密檄龍英州趙元瑤討之，生得璿。郡勢面腋阻江而背獨無限。公檄營城，北為壺關，增戍其上，民始帖席，後官至本兵，卒謚端敏。葉性字叔理臺江人，舉人。正德間慶遠知府地瀕猺獞至為難服公馭以恩信，咸得其懽心，城外羣蠻寇掠不時，乃建堡為衛，民安堵焉，思其功者像而祀之。

著録

《續通志》卷一五九　《新河初議》一卷，不著編輯名氏。

（雍正）《浙江通志》卷二五二　《新河初議》一卷，《聚樂堂藝文志》：胡世寧撰。

《續文獻通考》卷一七〇　《新河初議》一卷，不著撰人名氏。

雜録

明　謝肇淛《北河紀》卷七　嘉靖間，刑部尚書胡世寧奏。臣聞河流遷徙不常，自古為患。歷考周漢至今，未有能治久而不決之術。國家救災恤民，亦未有聽其決而不治之理。今之河流漲溢，淹浸豐、沛、徐三州縣地方數年於茲矣，去年以來，復致運道阻塞。夫此三州縣之地，兩京南北衝要，國家咽喉之地。其民常歲為國運道勞苦不息，猶咽喉之氣也。今之被水逃亡過半，是猶咽喉之氣有傷，救之不可以不急也

清　傅澤洪《行水金鑑》卷一一三　己卯，刑部尚書胡世寧疏言，新河之議首倡自臣，既而盛應期先因僉事江良材具疏，偶與臣合。遂爾奏報，為國家興莫大之利。第初議，限以六月，而應期勇於集事，功僅四月，已十

成八九。

浙西水利書

綜述

《四庫全書總目・史部三十一・地理存目四》《浙西水利書》一卷，浙江巡撫採進本，不著編輯者名氏。錄前代治水文字，凡奏記、書狀、疏論、或問之類並列焉。計宋文十九首，元文十五首，明文十二首，而宋以前不採。疑為未成之書。其明文載至宏治間止，則當為正德時所撰集也。

著録

《續通志》卷一五九《浙西水利書》一卷，不著編輯名氏。

（雍正）《浙江通志》卷二五四《浙西水利書》一卷。萬歷間人輯，不著名氏，分宋書、元書、今書，凡四十七篇。

《續文獻通考》卷一七〇《浙西水利書》一卷，不著撰人名氏。

清 黃虞稷《千頃堂書目》卷八《浙西水利書》一卷。

膠萊新河議

綜述

《四庫全書總目》卷七五《史部三十一・地理存目四》《膠萊新河議》一卷，浙江范懋柱家天一閣藏本，明王獻撰。獻字惟從，號南灃，又自號木石子，咸寧人。嘉靖癸未進士，官山東巡察海運副使。初元時海運，經由登萊，避槐子口大石之險，故放洋於三沙黑水，曆成山正東，踰登州東北，又西北抵萊州海倉，然後出直沽，以達天津。後於槐子口西之馬壕別開河道，由麻灣抵海倉，以達直沽，鑿之遇石而止。獻於元人所鑿之西，燒石開道十四里，麻灣以通。於是江淮之舟可至膠萊。餘三十里，功未竟，獻適遷去。有撓之者，案《明史・孫應鼇傳》稱為山東布政使時，有創開膠萊河議者，應鼇力言不可。則撓之者，指應鼇也。功遂不成。獻因敘其案牘為一編，以貽後來，此書上卷是也。其下卷則獻沒之後，膠萊人思其功，祀之名宦。工科給事中李用敬又理其説，奏請續蒇其事。其後人又匯刻之，附獻書以行云。

著録

《續通志》卷一五九《膠萊新河議》二卷，明王獻撰。

《續文獻通考》卷一七〇 王獻《膠萊新河議》二卷，獻字惟從，咸寧人，嘉靖進士，官山東巡察海運副使。

雜録

《山東通志》卷二〇《開膠萊新河議・明尚書劉應節撰節畧》新河係元朝運糧故道，設閘建壩，故蹟猶存。後因淮子口石砑伏石，傷船甚多，因而罷運。至嘉靖初年，海防道王獻議新河，遂開馬家濠以避淮子口伏石之險，今土人猶從淮子口出入，則習知道路而曲避之，終不若馬家濠為便。新河自馬家濠泛海而南以抵淮，□自海倉口泛海而北以抵天津，賈客往來殆無虛日，沿涯循港，萬無一失，無容別議。外南北海口相距中係河道凡三百里，除潮水所至，不須挑濬者不啻百里，應挑濬者不過百五十里，應深挑者約五十里。王獻先已開此河，中間分水嶺未開者僅三十里，今雖稍稍淤塞，勢尚可，因新河全形兩岸之土如膠一水中流，若練下無流沙旁無疏。土諺謂『銅幫鐵底』，殆非虛語。止有沽河一段積沙約長五里，後議開壁溝河十二里直接黑龍潭，正所以避沽河之沙也。又有白河一道，當分水之衝，積沙約長三里，後議開船路溝八里，正所以避白河之沙也。夫水之有沙，猶山之有石也。但問其為害不為害，可開不可開而已。今以數百里之間不知幾經千百年之久客沙之積不過數里，則亦何妨於運道哉？夫地之高下有定形，則水之淺深有定準。衆謂分水嶺視海面高九丈，何以施工？乃不得已酌量地勢，截水為壩，使壩壩水水自為平水，準與海面相照，乃知由麻灣而北以至壁溝地高於海面者得制尺五尺，由壁溝以至吳家口地高於海面者一丈五尺，由吳家口以至分水嶺地高於海面者共得二丈四尺四寸，過此而至崔家口則漸低五尺四寸，至趙家舖漸低一丈五尺，至劉家舖漸低二丈，至海口漸低二丈四尺四寸，又與南海平矣。或謂河船不入海，海船不入河，河海屢經則船當數換，不知此指海運由黑水大洋者說。今開河運，非海運也。雖膠南行海一日，膠北行海五六日，第循海之涯，水勢平淺，掛帆而行，遇港則止，海水猶河水也。轉輸不遲，所載無多，河船即海船也。雖底有平尖，載有輕重，稍稍更之，則河海並運矣。或謂河開則建閘設壩，張官置吏，事端紛起，不無煩費，不知兩潮既通，一河中注水自有餘，但於河之南北建大閘二座，潮至則閉而畜水，潮退則開而放船，子潮甫至，午潮繼之，潮潮相接，萬古不爽。凡西河所謂建閘、壩，設官夫、積水、撈淺、修堤、捲埽等務皆無所用之。將西河戶工郎署裁減二員，移之新河，無餘事矣。國家漕運肆百萬，悉由西河，千里一線，梗塞易作。即過淮後，仍須數月，始達京師，若加以意外旱乾水溢之患，則寄囤對支□端百出矣。合無將浙直漕糧，俾從東河自高郵鹽河入海，一日而抵膠州，三日而抵海倉口，再五七日而抵天津，總之不過半月之程，可省盤剝折耗等費不啻數倍。其江西、湖廣、河南、山東等處漕糧仍由西河，糧數既分，轉輸自速，一切挨幇、閉閘、積水、撈淺等項亦可省往日之半。倘河水壅決，則漕糧暫改東河。若有奸宄謀及餉道，則漕糧盡從東河亦可也。謹分段約畧議之，按：新河南自麻灣，北至海倉，其間相距僅三百五十里許，麻灣把浪廟去官路口約十四五里，水勢甚大。而大姑河屬之東入南海，漂沙之患亦所不免，此處須挽流而北向，方成大通。第大姑河秋水泛漲，極是洶湧，恐為河害。北折而三家口約三十里，水勢匀停，功半事就，殊不為難。又折姑（一作沽）而吳家口至孫家口不足二十里，水微小，奏功甚難，當以人力勝之。又十餘里至分水嶺，水至此幾絶流，然無他故。寔由二三百年壅沙所致。且白河之水直來急衝，濤漲波湧，兩水分而壅閼甚。議者有欲避大姑河（姑一作沽），由陳家村借壁溝河徑上王家邱，船路溝迤，西而入大河者未為無見也。西折而亭口等處三十里，水亦微小，須賴人工挑修。又遡至大成等處約二十餘里，水雖微亦不為難。又至雙廟至元家集，水勢漸大，疏瀹甚易。北至玉皇廟、楊家圈、張家閘、新河，其間寬窄淺深不同，大勢已成河矣，水有一二尺深者，有三四尺深者，不過幇補窊淺之力耳。獨海倉之壅沙從來所苦，但沙逐潮出入，而船行亦借潮往來，海潮朝夕不爽。北潮迤南動以百里計，南潮亦不下五七十里。夏月水發來之甚早，若遲之五六月間，尤稱大便，此寧不可借乎？今計南海至北海地里尺丈約五萬四百尺，作五大工分□。每夫開一尺半，百日計工，共夫三萬三千六百名，每日每人工價伍分，計銀壹拾陸萬捌千兩，杴钁筐繩價銀玖百肆拾兩叁錢玖分，建閘銀玖千陸百餘兩，共計壹拾柒萬捌千伍百肆拾兩有奇，其他立壩撤水須用水車，草木之費又當議處。

《明史》卷一七《河渠志》（嘉靖）三十一年，給事中李用敬言膠萊新河在海運舊道西，王獻鑿馬家壕，張魯白現諸河水益之，今淮舟直抵麻灣，即新河南口也。從海倉直抵天津，即新河北口也。南北三百餘里，潮水深入，中有九穴湖、大沽河，皆可引濟，其當疏濬者百餘里耳，宜急開通。

吳中水利通志

綜述

《四庫全書總目》卷七五《史部三十一・地理存目四》《吳中水利通志》十七卷，浙江巡撫採進本，不著撰人名氏。前七卷分序蘇、松、常、鎮並杭、嘉、湖諸府之水而各以歷代修浚之跡附載於後。次為考議二卷，次為公移三卷，次為奏疏三卷，次為紀述二卷。其敘事皆至嘉靖二年止。每卷之末，題嘉靖甲申錫山安國活字銅版印行。安國嘗翻刻留元剛所編《顏真卿集》及年譜，蓋亦好事之家也。

著録

《續通志》卷一五九《吳中水利通志》十七卷，不著撰人名氏。

《續文獻通考》卷一七〇《呉中水利通志》十七卷，不著撰人名氏。

雜録

《**天禄琳琅書目**》**卷五**　此書亦同前版，內有安氏家藏印，考《常州志》，安國，字民泰，無錫人。居積諸貨，人棄我取，贍宗黨，惠鄉里。乃至平海島，濬白茅河皆有力焉。父喪，會葬者五千人。嘗以活字銅版印《吳中水利通志》，又目録後有表章經史之寶，乃為木刻，係別紙所印，移黏於此，此出書賈作偽之手，不足登載。

全吳水略

综述

《**四庫全書總目**》**卷七五**《**史部三十一・地理存目四**》　《全吳水略》七卷，浙江范懋柱家天一閣藏本，明吳韶撰。韶，華亭人，自號秦阜山人。是書成於嘉靖戊戌。首載蘇、松七府為總圖，次作捍海塘紀，次列太湖三江及諸水原委。凡疏導修築之事以及歷代官司職掌、公移事實，悉採録之。

著録

《**續通志**》**卷一五九**　《全吳水略》七卷，明吳韶撰。

（**乾隆**）《**江南通志**》**卷一九二**　《全吳水畧》吳韶。

《**續文獻通考**》**卷一七〇**　吳韶《全吳水略》七卷。韶，華亭人。

兩河管見

综述

《**四庫全書總目**》**卷七五**《**史部三十一・地理存目四**》　《兩河管見》三卷，浙江范懋柱家天一閣藏本，明潘季馴撰。季馴有《司空奏疏》已著録。此書乃其巡撫廣東時值兩河水決，再以右都禦史督理河道之所建白也。首卷為圖說，冠以敕諭，二卷治河節解，三卷為修守事宜，其大旨與所撰《河防一覽》相同云。

著録

《**續通志**》**卷一五九**　《兩河管見》三卷，明潘季馴撰。

《**續文獻通考**》**卷一七〇**　潘季馴《河防一覽》十四卷，《兩河管見》三卷，季馴見奏議類。

治水或問

综述

《**四庫全書總目**》**卷七五**《**史部三十一・地理存目四**》　《治水或問》四卷，江蘇巡撫採進本，明龐尚鴻撰。尚鴻字少襄，南海人，副都禦史尚鵬之弟。以貢入國學，上書政府，複獻飛車、飛舟諸疏，得旨下部，授鹽城訓導，擢英山知縣。時河決為祖陵患，尚鴻撰進《治河三策》，值巡撫與河臣議不合，移怒尚鴻，謫西安縣教諭，終昆山縣丞。蓋亦好事而兼好議論者也。是編乃其在鹽城時講求治河方略，設為或問，類次成書。其力辟毀高堰之議，大抵與潘季馴相合。末附開泗河疏草一首，則專論泗州祖陵利害云。

著録

《續通志》卷一五九　《治水或問》四卷，明麗尚鴻撰。

《續文獻通考》卷一七〇　麗尚鴻《治水或問》四卷，尚鴻字少襄，南海人，副都御史尚鵬之弟。

清　黄虞稷《千頃堂書目》卷八　《治水或問》。

新浚海鹽内河圖説

綜述

《四庫全書總目》卷七五《史部三十一・地理存目四》　《新浚海鹽内河圖説》一卷，浙江巡撫採進本，不著撰人名氏。前有序略云：海鹽地勢卑下與海沙平，每潮水漲，高出平地丈餘，恃以障蔽者僅石塘。石塘之内有裏土塘，然猶不能禦潮，必有内河以納過塘之水而後泄其横流之勢。萬曆五年海溢，鹽邑受害特甚，是年遂開内河。此編即詳記是役。其説撮舉大要而圖則甚詳。蓋海鹽知縣所刊。稱於時巡撫浙江僉都禦史為徐拭。拭字世寅，常熟人，嘉靖丁未進士。以劾趙文華坐謫者，即其人。後官至南京工部尚書。題名碑録作栻，《明史》本傳亦作栻。此本作拭，刊版誤也。

著録

《續通志》卷一五九　《新濬海鹽内河圖説》一卷，不著撰人名氏。

又　卷一六五　《新濬海鹽内河圖説》。

《續文獻通考》卷一七〇　《新濬海鹽内河圖説》一卷，不著撰人名氏。

新河成疏

綜述

《四庫全書總目》卷七五《史部三十一・地理存目四》　《新河成疏》無卷數，浙江范懋柱家天一閣藏本，明工部都水郎中游季勳、沉子木、朱應時、塗淵，主事陳楠、張純、唐煉同編。初，嘉靖四十四年七月，黄河決浸沛縣諸處，工部尚書朱衡與都禦史潘季馴等相度地勢，議於南陽至留城一帶別開新河，自留城至白洋淺一帶則挑復舊河。於時朝議不一，然迄從衡議。是編皆其前後案牘，凡圖五，奏疏十有一，其稱古之治河，惟避其害，今之治河，則又欲藉以通漕，事與賈讓等異。所言極為明晰。又稱居民之情在新河者，則稱新河可開，在舊河者，則稱舊河可複，皆為市廛之私，非為國家運道之計。亦究悉物情之言也。

傳記

（嘉慶）《清一統志》卷二五九　游季勳，豐城人，成化中，知江夏縣，食不兼味，庭少鞭撲，母喪，去官。行至白滸鎮，暮夜，羣盜至，問其姓名，曰游公廉吏。解散去。

著録

《續通志》卷一五九　《新河成疏》無卷數，明游季勳、沈子木、朱應時、涂淵、陳楠、張純、唐鍊等同編。

《續文獻通考》卷一七〇　《新河成疏》，工部郎中游季勳、沈子木、朱應時、塗淵，主事陳楠、張純、唐鍊同编，無卷數。

黃河圖議

綜述

《四庫全書總目》卷七五《史部三十一・地理存目四》 《黃河圖議》一卷，浙江范懋柱家天一閣藏本，明鄭若曾撰。若曾有《鄭開陽雜著》已著録。是書所列，上起河源，下迄東海，凡為五圖而以歷代防浚得失，附論於後。明代自嘉峪關外，即以為絶域，無由西越昆侖，故所繪河源，仍沿《元史》之誤。至始終力主王獻開膠萊河以通海運之説，亦未必可以施行。黃河湍悍，變態百出，月異而歲不同。區區一卷之書，固未可執為定論也。

著録

《續通志》卷一五九 《黃河圖議》一卷，明鄭若曾撰。

又 卷一六五 鄭若曾《黃河圖議》。

鄭若曾《鄭開陽雜著》卷一〇 《黃河圖議》。

《續文獻通考》卷一七〇 鄭若曾《黃河圖議》一卷。

清 黃虞稷《千頃堂書目》卷八 鄭若曾《黃河圖議》一卷。

治河管見

綜述

《四庫全書總目》卷七五《史部三十一・地理存目四》 《治河管見》四卷，兩淮馬裕家藏本，明潘鳳梧撰。鳳梧，桐鄉人，貴州籍，隆慶庚午舉人。是編末有茅一桂跋，稱為『安邊濟運本書』，蓋鳳梧別有《邊事》一書，合此書而總名之，此則僅存其治河書也。其書多作歌括，立名詭激，而詞意實淺近。後載聘啟之類，尤為蕪雜。

（雍正）《浙江通志》卷一三九 潘鳳梧，桐鄉人，貴州中式。

著録

《續通志》卷一五九 《治河管見》四卷，明浠鳳梧撰。

（雍正）《浙江通志》卷二四四 《治河管見》四卷，《嘉禾徵獻録》桐鄉潘鳳梧著。

又 潘鳳梧《治河管見》四卷。鳳梧，桐鄉人，隆慶時舉人。

雜録

明 徐光啟《農政全書》卷三 潘鳳梧有言：水利微妙，通知者少。自非殫思熟見，鮮能究其源委，試舉嘉湖，餘可類推。夫防護修葺之法，小民最無知，全賴上人真知而禁之。如湖州之圩低，其港常闊，人憚於增外，僅為修內，故水益闊，易衝而湖州多淹。崇桐之土高，其港常窄，人憚於開外，日為填出，故水益窄，易涸而崇桐多乾，此其言，蓋與光洵議互相發云。

潞水客談

綜述

《四庫全書總目》卷七五《史部三十一・地理存目四》 《潞水客談》一卷，兩淮鹽政採進本，明徐貞明撰。貞明字孺東，一曰伯繼，貴溪人，隆慶辛未進士，官至尚寶司少卿。其官工科給事中時，上疏言畿甸水利。大旨開西北之溝洫，以省東南之漕運。廷議不行，會以他事外謫太平府知事，不能再疏理前説。乃於通州旅次作此書，設為賓主荅問之辭，以盡疏中之義。前有萬曆丙子張元忭序，又有俞均重刊序及王祖嫡題詞，末有李世遠、王一鶚二書，李楨、米鴻漢二跋，皆盛推之。然其後貞明複官還朝，更申前請，廷議用其策，即命貞明領之，迄不能成功而罷。又《明史·汪應蛟傳》載應蛟巡撫保定時，奏興畿輔水利，工部尚書楊一魁贊成其事。神宗報許，後亦卒不能行。蓋持是議者，皆妄冀水利一興，即北方之粟足供倉儲，可以省南方之漕運，而不知古今異勢，南北異宜，書生紙上之言，固未可概見諸實事也。

清 朱雲錦《潞水客談·書後》 談畿輔水利者，漢唐無論，雄霸之間，東西兩澱，則宋何承矩始之修溝洫，即以限戎馬，意深矣。京東沿海一帶，則元虞文靖明、左忠毅皆嘗建論舉行，而徐冏卿《潞水客談》尤詳核切實。余既讀《明史》本傳，亟求其書不可得，後得之吳中藏書家，係鈔本精要，畧載本傳，然此更暢耳。

憲廟時，曾修畿內水利，設四局：京東、京西、京東、南京。西南怡賢親王總其成，高安相國爲之輔，簡用才俊爲屬，文安陳子翽先生時爲翰林學士，以本職爲營田觀察使，經理三載得田七千餘頃。□賢王薨逝，繼任無人，事遂中止。然畿輔聞尚有羹魚飯稻之鄉，其遺澤也。子翽先生著《河渠志》並錄其奏稿移牒，大意與冏鄉互發明者多。余嘗妄意欲考訂畿輔水利，撰爲一書，經之以巨川，（如滏陽、滹沱、清河、白溝、桑乾、潞河、灤河是也。）緯之以支流，（如滱溢徐白是也。）廣之以澱泊，（北之澱泊，即南之西澱，寧晉泊、七里海是也。）繼之以水泉，（如雞距牛□是也。）終之以沿海，（如天津靜海、附海是也。）大約經流可用者少，故滏陽、桑乾用於上流南，而不用於下流，支流則爲閘壩用之，澱泊則爲圍圩用之，水泉則載之高地分□用之。沿海則築堰、建閘、蓄清、禦鹹用之。至各書所載多云□江南之農佃，愚謂澱泊沿海則東南之法，而附近西山水泉之鄉。開渠分流則一倣西北，非西北之農人不可也。余因亟鈔是編，與子翽先生《河渠志》並藏，他日拙著若成，將擬爲貂尾之續，並貽同好，有心斯事者或不致河漢共言耶。永清後學朱雲錦書後，時道光元年中秋後一日。

清 伍崇曜《潞水客談·跋》 《潞水客談》一卷，明徐貞明撰。案：貞明，字孺東，貴溪人，事跡具《明史》本傳。舊附錄卷末，今仍之。案：趙誠夫一清事潛文稿有書貞明遺事一篇，稱《史記·河渠書》《漢書·溝洫志》詳關中水利，後代不都，故諸渠廢絕，不復可蹤尋。明定鼎燕京，尤急漕務。惟資給東南之粟，講求輸運之便，已爾濬河以通漕，護漕則河傷，竭三吳之民力，上供天府之儲，而財用常憂其不足。我□朝雍正初元，廑念閭閻之疾，苦思往哲之善政，特開水利營田府於近畿，誠至計也。觀於貞明奏議及其首尾興革之由，實足以資採擇云。又稱終明代良策無有逾此者，至乾隆九年，柴潮生侍御，敬陳《水利救荒疏》乃云：『前明徐貞明行之而立敗。』夫貞明未嘗敗也，特撓於浮議耳。善乎劉繼莊《廣陽雜記》，稱西北乃二帝、三王舊都，二千餘年，未聞仰給於東南，何則？溝洫通而水利修也。故西北非無水也，有水而不能用也。不爲民利，乃爲民害。旱則赤地千里，潦則淹沒民居，無地可瀦，無道可行。虞學士始奮然言之，郭太史始毅然行之，而亦未幾竟廢。則以民可與樂成，難與圖始也。語曰非常之原，黎民懼焉。特重刊貞明是書，俾言西北水利者有所考云。咸豐辛亥孟春雨水節，南海伍崇曜謹跋。

傳記

《明史》卷二二三《徐貞明傳》 徐貞明，字孺東，貴溪人。父九思，見《循吏傳》。貞明舉隆慶五年進士。知浙江山陰縣，敏而有惠。萬曆三年，征為工科給事中。會禦史傅應禎獲罪，貞明入獄調護，坐貶太平府知事。十三年，累遷尚寶司丞。初，貞明為給事中，上水利、軍班二議，謂：

神京雄據上游，兵食宜取之畿甸，今皆仰給東南。豈西北古稱富強地，不足以實廩而練卒乎？夫賦稅所出，括民脂膏，而軍船夫役之費，常以數石致一石，東南之力竭矣。又河流多變，運道多梗，竊有隱憂。聞陝西、河南故渠廢堰，在在有之；山東諸泉，引之率可成田；而畿輔諸郡，或支河所經，或澗泉自出，皆足以資灌溉。北人未習水利，惟苦水害，不知水害未除，正由水利未興也。蓋水聚之則為害，散之則為利。今順天、真定、河間諸郡，桑麻之區，半為沮洳，由上流十五河之水惟泄於貓兒一灣，欲其不氾濫而壅塞，勢不能也。今誠於上流疏渠浚溝，引之灌田，以殺水勢，下流多開支河，以泄橫流，其澱之最下者，留以瀦水，稍高者，皆如南人築圩之制，則水利興，水患亦除矣。至於永平、灤州抵滄州、慶雲，地皆萑葦，土實膏腴。元虞集欲於京東濱海地築塘捍水以成稻田。若仿集意，招徠南人，俾之耕藝，北起遼海，南濱青齊，皆良田也。宜特簡憲臣，假以事權，毋阻浮議，需以歲月，不取近功。或撫窮民而給其牛種，或任富室而緩其征科，或選擇健卒分建屯營，或招徠南人許其占籍。俟有成績，次及河南、山東、陝西。庶東南轉漕可減，西北儲蓄常充，國計永無絀矣。

其議軍班則言：

東南民素柔脆，莫任遠戍。今數千里勾軍，離其骨肉。而軍壯出於戶丁，幫解出於里甲，每軍不下百金。而軍非土著，志不久安，輒賂衛官求歸。衛官利其賂，且可以冒餉也，因而縱之。是困東南之民，而實無補於軍政也。宜仿匠班例，軍戶應出軍者，歲征其錢，而召募土著以足之便。

事皆下所司。兵部尚書譚綸言勾軍之制不可廢。工部尚書郭朝賓則以水田勞民，請俟異日。事遂寢。及貞明被謫，至潞河，終以前議可行，乃著《潞水客談》以畢其說。其略曰：

西北之地，旱則赤地千里，潦則洪流萬頃，惟雨暘時若，庶樂歲無饑，此可常恃哉？惟水利興而後旱潦有備，利一。中人治生，必有常稔之田，以國家之全盛，獨待哺於東南，豈計之得哉？水利興則餘糧棲畝皆倉庾之積，利二。東南轉輸，其費數倍。若西北有一石之入，則東南省數石之輸，久則蠲租之詔可下，東南民力庶幾稍蘇，利三。西北無溝洫，故河水橫流，而民居多沒。修復水田，則可分河流，殺水患，利四。西北地平曠，寇騎得以長驅。若溝洫盡舉，則田野皆金湯，利五。遊民輕去鄉土，易於為亂。水利興則業農者依田里，而遊民有所歸，利六。招南人以耕西北之田，則民均而田亦均，利七。東南多漏役之民，西北罹重徭之苦，以南賦繁而役減，北賦省而徭重也。使田墾而民聚，則賦增而北徭可減，利八。沿邊諸鎮有積貯，轉輸不煩，利九。天下浮戶依富家為佃客者何限，募之為農而簡之為兵，屯政無不舉矣，利十。塞上之卒，土著者少。屯政舉則兵自足，可以省遠募之費，蘇班戍之勞，停攝勾之苦，利十一。宗祿浩繁，勢將難繼。今自中尉以下，量祿之田，使自食其土，為長子孫計，則宗祿可減，利十二。修復水利，則仿古井田，可限民名田。而自昔養民之政漸可舉行，利十三。民與地均，可仿古比閭族黨之制，而教化漸興，風俗自美，利十四也。

譚綸見而美之曰：『我曆塞上久，知其必可行也。』已而順天巡撫張國彥、副使顧養謙行之薊州、永平、豐潤、玉田，皆有效。及是貞明還朝，禦史蘇瓚、徐待力言其說可行，而給事中王敬民又特疏論薦，帝乃進貞明少卿，賜之敕，令往會撫按諸臣勘議。

時瓚方奉命巡關，復獻議曰：『治水與墾田相濟，未有水不治而田可墾者。畿輔為患之水莫如盧溝、滹沱二河。盧溝發源於桑乾，滹沱發源於泰戲，源遠流長。又合深、易、濡、泡、沙、滋諸水，散入各澱，而泉渠溪港悉注其中。以故高橋、白洋諸澱，大者廣圍一二百里，小亦四五十里。每當夏秋淫潦，膏腴變為瀉鹵，菽麥化為萑葦，甚可惜也。今治水之策有三：浚河以決水之壅，疏渠以殺澱之勢，撤曲防以均民之利而已。』帝並下貞明。

貞明乃躬曆京東州縣，相原隰，度土宜，周覽水泉分合，條列事宜以上。戶部尚書畢鏘等力贊之，因採貞明疏，議為六事：請郡縣有司以墾田勤惰為殿最，聽貞明舉劾；地宜稻者以漸勸率，宜黍宜粟者如故，不遽責其成；召募南人，給衣食農具，俾以一教十；能墾田百畝以上，即為世業，子弟得寄籍入學，其卓有明效者，仿古孝弟力田科，量授鄉遂都鄙之長；墾荒無力者，貸以谷，秋成還官，旱潦則免；郡縣民壯，役止三月，使疏河芟草，而墾田則募專工。帝悉從之。其年九月，遂命貞明兼監察禦史領墾田使，有司撓者劾治。

貞明先詣永平，募南人為倡。至明年二月，已墾至三萬九千餘畝。又遍曆諸河，窮源竟委，將大行疏浚。而奄人、勳戚之占閒田為業者，恐水田興而己失其利也，爭言不便，為蜚語聞於帝。帝惑之。三月，閣臣申時行等以風霾陳時政，力言其利。帝意終不釋。禦史王之棟，畿輔人也，遂言水田必不可行，且陳開滹沱不便者十二。帝乃召見時行等，諭令停役。時行等請罷開河，專事墾田。已，工部議之棟疏，亦如閣臣言。帝卒罷之，而欲追罪建議者，用閣臣言而止。貞明乃還故官。尋乞假歸。十八年卒。

貞明識敏才練，慨然有經世志。京東水田實百世利，事初興而即為浮議所撓，論者惜之。初議時，吳人伍袁萃謂貞明曰：『民可使由，不可使知。君所言，得無太盡耶？』貞明問故。袁萃曰：『北人懼東南漕儲派於西北，煩言必起矣。』貞明默然。已而之棟竟劾奏如袁萃言。

（康熙）《江西通志》卷八六　徐貞明，字孺東，貴溪人。父九思。貞明舉隆慶進士，知浙江山陰縣，徵為工科給事中，累遷尚寶司丞。初，貞明上水利軍班二議，謂陝西、河南故渠廢堰在在有之，山東諸泉引之，率可成田。而畿輔諸郡或支河所經，或澗泉自出，皆足以資灌溉，北人未習水利，惟苦水害。不知水害未除，正由水利未興也。今誠於上流疏渠濬溝，引之灌田，以殺水勢，下流多開支河，以泄横流，其澱之最下者，留以瀦水，稍高者皆如南人築圩之制，則水利興，水患亦除矣。其議軍班則言東南民素柔脆，莫任遠戍，今數千里勾軍，離其骨肉，而軍壯出於户丁，幇解出於里甲，每軍不下百金，而軍非土著，志不久安，輒賂衛官求歸，衛官利其賂且可以冒餉也，因而縱之。是困東南之民而實無補於軍政也。宜倣匠班例，軍户應出軍者，歲徵其錢而召募土著以足之，便事皆下所司，又著《潞水客談》凡十有四，利譚綸見而美之，謂其説必可行。已而，順天巡撫張國彦副使顧養謙行之薊州、永平、豐潤、玉田皆有效，乃進貞明少卿，賜之勅令往會撫按諸臣勘議，時御史蘇瓚方奉命巡關，復獻議曰：『治水與墾田相濟，未有水不治而田可墾者，畿輔為患之水，莫如盧溝、滹沱二河，源遠流長又合深易濡泡沙，滋諸水散入各澱而泉渠溪港悉注其中，以故高橋、白洋諸澱大者廣圍一二百里，小亦四五十里。每當夏秋淫潦，膏腴變為瀉鹵，菽麥化為萑葦，甚可惜也。今治水之策有三，濬河以決水之壅，疏渠以殺澱之勢，撤曲防以均民之利而已。』帝並下，貞明乃躬歷京東州縣，相原隰，度土宜，周覽水泉條列事宜以上。户部尚書畢鏘等力贊之，遂命貞明兼監察御史領墾田使，有司撓者劾治貞明，乃先詣永平募南人為倡，至明年二月已墾至三萬九千餘畝，又遍歷諸河，窮源竟委，將大行疏濬，而奄人勛戚之占閒田為業者，恐水田興而己失其利也，爭言不便，為蜚語，聞於帝。御史王之棟，畿輔人也，遂言水田必不可行，乃諭令停役而欲追罪建議者，用閣臣言而止，貞明乃還故官，尋乞假歸，十八年卒。貞明識敏才練，慨然有經世志，京東水田實百世利事，初興而即為浮議所撓，論者惜之。《白志》

著録

清　丁日昌《持静齋書目》卷二　《潞水客談》一卷，粤雅堂刊本。明徐貞明撰。入存目。

《續通志》卷一五九　《潞水客談》一卷，明徐貞明撰。

《續文獻通考》卷一七〇　徐貞明《潞水客談》一卷。貞明字伯繼，貴溪人，隆慶進士，官至尚寶少卿。

清　黄虞稷《千頃堂書目》卷八　徐貞明《潞水客談》三卷。

雜録

清　于敏中《日下舊聞考》卷五　補京東諸州縣，地多卑窪，沮洳彌望。或云可開水田，如江南耕耨法，歲收自倍。而徐尚寶貞明特主其説，具在《潞水客談》。余深是之，乃請旨下，近京郡縣酌量修舉，以尚寶兼憲職董其事。尚寶從河間經始築堤捍水，乃之薊州，招南兵之習農者，使畫地耕作，仍給之餉，一時農兵大集，墾田以億計，畝收一鍾，撫臣及司道方次第開報，而北人官京師者倡言水田既成，則必倣江南起稅，是嫁禍也，乃從中撓之。御史王之棟疏請罷役，而中官在上左右者多北人，争言水田不便，上意亦動，召余及同官於皇極門，面諭以水田當罷。余對言，高田宜黍麥，下田宜粳稻，今民間游惰，下田皆棄不耕，荒蕪寖多，故議開墾，非廢已熟之田也。上云荒田可開，水田不可作。余退而上疏極陳利便，而上意竟不可回。遂切責尚寶以為擾民而初議盡格矣。彼中開墾已成，收穫甚富，一聞詔下，盡撤毁堤岸，斥為間田，垂成之功，廢於一旦，良可惜也。《賜閒堂雜記》

又卷一一〇　原口外諸山之水，自京西盧溝橋而下經固安永清至於信安，滙於三角澱，達於直沽，入於海良涿，九川之水會於胡良河。自楊家務而下經北欒店，東過辛店至於信安，此霸州以北之水也。宣府、紫荆、白溝諸水自新城而下滙於茅兒灣，經保定玉帶河達於苑家口，至於信安直沽入於海，易安、苑肅、唐蠡、九河之水自雄縣而下，東過茅兒灣入於苑家口，山西五臺之水自河間而下經任邱滙於五官澱亦入於苑家口，此霸州以南之水也。南北二川束狹淤淺，堤岸蕩蝕，不足以容萬□之流，水至則瀰漫無際，溢入文安大城，積為巨浸，民不得耕。治之之法不以壅而以導，不先於決口而始於下流。按直沽之上有大澱，有小澱，有三角澱，廣延六七十里，深止四五尺，若因而增益之，又為之堤以停蓄衆水，而以委輸於海。水有所受，然後濬治舊川為長堤以束之高廣，倍於前功，使水有所行。又多開支河，聯絡相屬，使水有所分，見在窪澱，不下數十處。各深而堤之，使水有所積，

則雖有淫潦，大川瀉之，支河析之，諸澱瀦之，高堤防之，可以無患矣。《潞水客譚》

臣等謹按：朱彝尊引《潞水客談》所載口外諸水自盧溝而下至信安者，即永定河下游也，今已北徙。其州北良涿九川會於胡良河，經北樂店至信安者久淤，今則自新城而下會於白溝河，其州南之水，自河間而下至苑家口者即滹沱故道也，亦久淤。今則自真定南至深州衡水北折而逕獻縣入子牙河達直沽，惟宣府、紫荆、白溝及易安、苑肅各河之水自雄縣而下滙於茅兒灣入苑家口者，故道不改。

清《評鑑闡要》卷一二　徐貞明請興西北水利，又著《潞水客談》論水利事目水田雖間可行於西北，然亦惟平流渟瀦者始可引為灌溉之資，非若東南之隨地可施溝□也。蓋水利之興，必先順水土之性。南方土性横，故拖水能行。北方土性立，故滲水而入。且南方港汊瀠洄，澗溪演迆挹注，故易為力。然未聞舉長江大澤悉藉以浸彼稻田也。若北地水勢湍悍，盈涸無常，且多係經流獨貫，雖支河宣洩，止能殺其漫溢之威，而隄堰防遏之餘，淤沙亦惟聞宜麥概，欲蓄陂塘以收稌穱，乃必不然之事也。元時虞集首倡水田之議，而未收其效，已為明驗。徐貞明乃欲遍青徐遼海盡起良田，實未能審形度勢，至其《潞水客談》所載，非不娓娓可聽，而修舉未聞，臚陳大利，紙上空言，仍不離乎書生迂濶之見耳。

清　藍鼎元《鹿洲初集》卷三《論北直水利書》　萬歷中，給事中徐貞明上《水利議》，又著《潞水客談》。言興水田之利十有四，已而進貞明少卿，俾歷京東相原隰，周覽水泉，分合條列事宜以上，命兼御史，領墾田使。先詣永平，受事六，閱月墾成三萬九千餘畝，方遍歷諸河，大加疏濬，而勳戚之占田者病之，為蜚語上聞。御史王之棟，畿輔人也。力言開河不便者十二，帝遂罷役。天下以貞明之策不終為可惜也。

千金堤志

《四庫全書總目》卷七五《史部三十一·地理存目四》　《千金堤志》八卷，浙江范懋柱家天一閣藏本，明謝廷諒、周孔教、姜宏範同撰。廷諒字友可，金溪人，萬曆乙未進士，官至順慶府知府，事蹟具附見《明史·謝廷瓚傳》。孔教有《中丞疏稿》，已著録，宏範，臨川人，仕履未詳。千金堤在撫州府城東，當汝水之沖即唐之千金陂，屢有興廢。萬曆五年，知府古之賢率屬重修，廷諒等因述此志，以紀其事。凡形勝沿革、經畫、人物各一卷，藝文四卷，皆一時頌美之詞也。

《續通志》卷一五九　《千金堤志》八卷，明謝廷諒等撰。

《續文獻通考》卷一七〇　《千金堤志》八卷，謝廷諒、周孔教、姜宏範同撰。廷諒，字友可，金谿人，萬歷進士，官至順天府知府，孔教見奏議類，宏範，臨川人。

《明史》卷二三三《列傳第一百二十一》　廷諒，字友可，萬歷二十三年進士，授南京刑部主事。帝命李廷機入閣，又召王錫爵。廷諒言：廷機才弱而闇，錫爵氣高而揚，均不宜用。又曰，儲君之立為王也，自錫爵始；舉人之有考察也，自廷機始；巡按之久任也，自趙世卿始；章疏之留中也，自申時行始；年例之不舉，考察之不下也，自沈一貫始；此皆亂人國者也。疏入留中，終順慶知府。

（康熙）《江西通志》卷八二　謝廷諒，字友可，萬歷進士，南京刑部主事。帝命李廷機入閣，又召王錫爵，廷諒言：廷機才弱而闇，錫爵氣高而揚，均不宜用。又曰，儲君之立為王也，自錫爵始；舉人之有考察也，自廷機始；巡按之久任也，自趙世卿始；章疏之留中也，自申時行始；年例之不舉，考察之不下也，自沈一貫始；此皆亂人國者也。疏入留中，終順慶知府。

按：謝廷諒，廷讃之兄。所著有《清輝館帶櫑編》《起東草》《逢掖集》。

河漕通考

綜述

清　黃大本《河漕通攷·小序》　崴癸巳欽奉皇上特旨廣羅《四庫全

書》，通都大邑山陬海澨之區，士夫家素有藏書，莫不歡欣鼓舞，彙交書局酌存仰邀睿鑒本。王父贈公諱齊賢手著孝史類編，父名宦公諱華手著《讀易吟》本，年力就衰，艱於杖履，敬命長孫繼坤以前二編呈送學師轉行申繳。時元姪孫瀚過予齊頭商定獻書一事，謂八世祖學士葵陽公藏書甚富，支分派衍存者無多，今家弦戶誦之。陳編雖汗牛充棟曾無補於毫末，瀚七世祖中丞公諱承元著有《盟鷗堂文集》全部，家無副本，抄録頗難，乞裁示以殫厥心本喜其循循規矩，知以祖宗為念，從而告之曰：子引獻書為分內事甚，善學士公《碧山堂文集》浩繁，不妨假手於抄。胥中丞公《盟鷗堂文集》自奏疏迄詩文，不媿先人，家法自足傳世行遠，其最有関於國計民生者，莫如《河漕通攷》書二卷，為不朽之作。時公以郎官經理泇河，八年之久著有成效。在官之日遐稽博採縷晰條分，坐言起行心力交悴，試取是編而讀之跬步不出門庭，九州之大巨浸稽天瞭如指掌。河防巨任相時蓄洩洞若觀火，非徒托諸空言實在，在己見諸行事。子果有志闡揚除《碧山堂文集》外，曷若節取《河漕通攷》之遺編，手自繕寫呈諸當事，則既不失尊王之義，亦不失為中丞公以後之一佳子弟也。瀚唯唯而退，閱旬日以是編請予校訂，予更為之披讀數四，實有見於是書之必傳，不獨為司河務者之津筏也。爰裁敘巔末以弁其首簡云。時乾隆三十有八年歲次癸巳秋七月，曾姪孫大本謹識。七月曾姪孫大本謹識。

《四庫全書總目》卷七五《史部三十一·地理存目四》 《河漕通考》二卷，浙江巡撫採進本，明黃承元撰。承元，秀水人，萬曆丙戌進士，官至副都禦史巡撫福建。上卷論河防，下卷論漕運，皆上溯歷代，下迄萬曆中年。文頗簡潔而傷於太略。

著録

《明史》卷九七《藝文志》 黃承元《河漕通考》四十五卷。

《續通志》卷一五九 《河漕通考》二卷，明黃承元撰。

《續文獻通考》卷一七〇 黃承元《河漕通考》二卷。承元，秀水人，萬歷進士，官至都禦史，巡撫福建。

清 黃虞稷《千頃堂書目》卷八 黃承元《漕河通攷》四十五卷，又《北河紀畧》十四卷。

傳記

（康熙）《江西通志》卷五八 黃承元，字履常，秀水人，萬歷進士。官湖西叅政間，歲遷粵西觀察，湖西父老籲留之，乃復以觀察治湖西，以卹民隱、寬民力為首務，其時潘瑺以督窯至，與陳瑺比。承元移書禁止土青累千百言，瑺斂容遜謝，事竟寢。永新萬安諸材官夤緣作奸，縻屯糈為漕累，或貸富人錢，虛募營卒以應。承元悉加釐革，裒屯益漕自出官鏹為營規三載晉中州右轄，累官福建巡撫，贈工部右侍郎。《吉安府志》

（乾隆）《江南通志》卷一一三 黃承元，字與參，秀水人，萬歷二十年授應天尹，下車首諮民瘼，亟議興革，時屆賓興供億悉出帑金，市廛不擾，為尹僅踰年而德徧風行，士民思之。《江寧府志》

雜録

清 張伯行《居濟一得》卷六 黃承元之言曰：其譬之身乎，曹濮諸州邑，其腹也。張秋，其尾閭也。尾閭下壅而欲腹無中滿得乎？先是司河者執拘攣重爲運道慮而不敢量爲疏通，諸州邑之患遂計畫無復之矣。愚謂前此之決河爲患耳，自黃陵岡一築則河害永絶，而運河之東又設有減水諸閘壩，可恃節宣。即使鄆濮諸水溢而東出，由鹽河入海，豈遂有妨於運乎？奈之何懲噎而廢食也。余初承乏安平，值大滂後，鎮西諸水不得外瀉，率鍾爲汙澤，余爲盡啟沙灣諸堰，聽其常流，諸邑沮洳得見土可藝，即漕河亦稍資其灌輸，此已事之一驗矣。黃承元之言如此。

海塘録

綜述

《**四庫全書總目**》**卷七五**《**史部三十一・地理存目四**》 《海塘録》八卷，江西巡撫採進本，明仇俊卿撰。俊卿，海鹽人，官國子監博士。萬曆十五年，海鹽塘潰重修，俊卿因録其圖式案牘為此書。《浙江通志》已採録其大略。其所紀述距今一百餘載，亦今昔異宜矣。

著録

《**明史**》**卷九七**《**藝文志**》 仇俊卿《海塘録》十卷。

《**續通志**》**卷一五九** 《海塘録》八卷，明仇俊卿撰。

（雍正）《**浙江通志**》**卷二五四** 《全修海塘録》十卷，内閣書目，萬歷間邑人編次，海鹽縣海塘修築事實。《歷修海塘録》九卷，萬歷間纂，不著撰人。《海鹽築塘記》一卷，不著撰人。

《**續文獻通考**》**卷一七〇** 仇俊卿《海塘録》八卷。俊卿，海鹽人，官國子監博士。

清 黄虞稷《**千頃堂書目**》**卷八** 仇俊卿《海塘録》十卷。

傳記

（雍正）《**浙江通志**》**卷一七九** 仇俊卿，《海鹽縣圖經》：字舜徵，舉鄉薦，知惠安縣，終國子助教。好讀書，至老未嘗釋卷，熟練時事，雖家居亦盡言。倭寇時策戰守機宜，上幕府多中窾。隆萬間，海塘圮，上疏請修築。卒年九十有二。所著《瀛仙集》《通史他石》《海鹽縣志》。

雜録

（雍正）《**浙江通志**》**卷六三** 《全修海塘録》，萬歷十五年，嘉興知府龔勉申稱：『海鹽地勢逼臨大海，兩山擁夾，故潮汐獨異於他處，全賴海塘為之。』

河渠志

綜述

《**四庫全書總目**》**卷七五**《**史部三十一・地理存目四**》 《河渠志》一卷，江蘇巡撫採進本，明吴道南撰。道南字會甫，崇仁人。萬曆己丑進士，官至文淵閣大學士，謚文恪，事蹟具《明史》本傳。萬曆甲午，陳於廷建議修國史，令翰林諸臣分門受事。道南領修《河渠志》，此即其原稿也。凡三篇：曰運河，曰黄河，曰通惠河。其餘皆未之及。案：《明史・藝文志》作二卷，則是本已非全帙矣。前有總序，謂冠以圖策，載其領要。今此書無圖，蓋傳寫者失之。考《元史》以前諸志，皆無圖繪，此例蓋道南所首創也。

著録

《**明史**》**卷九七**《**藝文志**》 吴道南《國史河渠志》二卷。

《**續通志**》**卷一五九** 《河渠志》一卷，明吴道南撰。

《**續文獻通考**》**卷一七〇** 吴道南《河渠志》一卷。道南，字會甫，崇仁人。萬歷進士，官至大學士，謚文恪。

清 黄虞稷《**千頃堂書目**》**卷八** 吴道南《國史河渠志》二卷

《明史》卷二一七《列傳第一百五·吳道南傳》 吳道南，字會甫，崇仁人。萬曆十七年進士及第。授編修，進左中允。直講東宮，太子偶旁矚，道南即輟講拱俟，太子為改容。歷左諭德少詹事。擢禮部右侍郎，署部事。曆城、高苑牛產犢，皆兩首兩鼻，道南請盡蠲山東諸税，召還內臣，又因災異言貂璫斂怨，乞下詔罪己，與天下更新。皆不報。尋請追謚建文朝忠臣。京師久旱，疏言：『天下人情鬱而不散，致成旱災。如東宮天下本，不使講明經術，練習政務，久置深閫，聰明隔塞，鬱一也。法司懸缺半載，讞鞫無人，囹圄充滿，有入無出，愁憤之氣，上薄日星，鬱二也。內藏山積，而閭閻半菽不充，曾不發帑振救，坐視其死亡轉徙，鬱三也。累臣滿朝薦、卞孔時，時稱循吏，因權璫構陷，一係數年，鬱四也。廢棄諸臣，實堪世用，一斥不復，山林終老，鬱五也。陛下誠渙發德音，除此數鬱，不崇朝而雨露遍天下矣。』帝不省。

道南遇事有操執，明達政體。朝鮮貢使歸，請市火藥，執不予。土魯番貢玉，請勿納。遼東議開科試士，以岩疆當重武，格不行。父喪歸。服闋，即家拜禮部尚書兼東閣大學士，預機務，與方從哲並命。三辭不允，久之始入朝。故事廷臣受官，先面謝乃蒞任。帝不視朝久，皆先蒞任。道南至，不獲見，不敢入直。同官從哲為言，帝令先視事，道南疏謝。居數日，言：『臣就列經旬，僅下瑞王婚禮一疏。他若儲宮出講、諸王豫教、簡大僚、舉遺失、撤税使、補言官諸事，廷臣舌敝以請者，舉皆杳然，豈陛下簡置臣等意。』帝優詔答之，卒不行。迨帝因『梃擊』之變，召見群臣慈甯宮。道南始得面謝，自是不獲再見。

織造中官劉成死，遣其黨呂貴往護，貴嗾奸民留己督造。中旨許之，命草敕。道南偕從哲爭，且詢疏所從進，請永杜內降，弗聽。鄱陽故無商税，中官為税使，置關湖口征課。道南極言傍湖舟無所泊，多覆沒，請罷關勿征，亦不納。

道南輔大政不為詭隨，頗有時望。歲丙辰，偕禮部尚書劉楚先典會試。吳江舉人沈同和者，副都禦史季文子，目不知書，賄禮部吏，與同里趙鳴陽聯號舍。其首場七篇，自坊刻外，皆鳴陽筆也。榜發，同和第一，鳴陽亦中式，都下大嘩。道南等亟檢舉，詔令覆試。同和竟日構一文。下吏，戍煙瘴，鳴陽亦除名。

先是，湯賓尹科場事，實道南發之，其黨側目。禦史李嵩、周師旦遂連章論道南，而給事中劉文炳攻尤力。道南疏辨乞休，頗侵文炳。文炳遂極詆禦史張至發助之。道南不能堪，言：『臺諫劾閣臣，職也，未有肆口嫚罵者。臣辱國已甚，請立罷黜。』帝雅重道南，謫文炳外任，奪嵩等俸。禦史韓浚、朱堦救文炳，復詆道南。道南益求去。杜門逾年，疏二十七上，帝猶勉留。會繼母訃至，乃賜道里費，遣行人護歸。天啟初，以覃恩即家進太子太保。居二年卒。贈少保，謚文恪。

（雍正）《江西通志》卷八二 吳道南，字會甫，崇仁人。萬歷己丑，廷對第二人，授編修，知經筵日講。一日方進講，光廟忽他屬目，道南輟講，俟改容乃終篇。晉禮部侍郎，請皇太子出講。凡十上拒朝鮮火藥之請，卻吐魯番貢玉，其務持大體如此，艱歸，禫除。即家起為東閣大學士，三疏辭不允。抵京召對慈寧，首請撤税璫，下章奏，補藩臬，釋繫囚，上皆嘉納之。請告疏凡二十上，會母喪。乃得請作《大政議》二十條，則道南絕筆也。贈少保，謚文恪，著有《日講録》《巴山草》《曙穀集》及《奏議》《語録》諸書。《安志》

（嘉慶）《清一統志》卷二四七 吳道南，字會甫，崇仁人。萬歷中進士及第，授編修，歷禮部侍郎，攝部事□事有執，明達政體，數以災異進讜言，請追謚建文朝忠臣。朝鮮貢使歸請市火藥，執不予。土魯蕃貢玉，請勿納。累遷刑部尚書兼東閣大學士，慎密有守，不為詭隨，後以典試事，為言官所攻，力求去。卒贈少保，謚文恪。著有《日講録》《巴山草》《曙穀集》及《奏議》《語録》諸書。

黃運兩河考議

《四庫全書總目》卷七五《史部三十一·地理存目四》 《黃運兩河考議》六卷，浙江汪啟淑家藏本，不著撰人名氏。首總論一篇，次以歷代治河之事編年紀載，始唐堯迄明熹宗。其大旨欲復九河故道，引全河北趨以歸海。所謂紙上空談，不達時變，與欲復井田、封建，同一迂謬耳。

《續通志》卷一五九　《黃運兩河考議》六卷，不著撰人名氏。

《續文獻通考》卷一七〇　《黃運兩河考議》六卷，不著撰人名氏。

兩河清彙

《四庫全書總目》卷六九《史部二十五・地理二》　《兩河清彙》八卷，山東巡撫採進本，國朝薛鳳祚撰。鳳祚有《聖學宗傳》已著錄。鳳祚雖亦從講學者遊，而其學乃出鹿善繼、孫奇逢，講求實用。故其算術受於西洋穆尼閣，以天文名家。國初言曆法者，推為獨絕。梅文鼎《勿庵曆算書記》所謂青州之學也，而亦究心於地理，故能詳究兩河利病以著是書。卷首列黃河、運河兩圖。一卷至四卷為運河修築形勢，北自昌平、通州，南至浙江等處。河、湖、泉、水諸目皆詳載之。五卷六卷則專記黃河職官，夫役、道里之數及歷代至本朝治河成績。七卷則輯錄前明潘季馴《河防辨惑》、國朝崔維雅《芻議或問》二書。八卷則鳳祚所自著也。曰芻論，曰修守事宜，曰河防緒言，曰河防永賴。書中援據古今，於河防得失，疏證頗明。惟海運一篇，欲訪元運故道與漕河並行，蓋猶祖邱浚之舊說，則迂謬而遠於事情，遂為白璧之微瑕，無是可矣。

《四庫全書簡明目録》卷七　《兩河清彙》八卷，國朝薛鳳祚撰。首為黃河運河二圖，一卷至四卷論運河，五卷六卷論黃河，七卷採録潘季馴、崔維雅之說，八卷則鳳祚所著論四篇也。其言率有寔徵，惟欲復海運，殊為紕謬。

《清通志》卷一〇〇　《兩河清彙》八卷，薛鳳祚撰。

《清文獻通考》卷二二三　《兩河清彙》八卷，薛鳳祚撰。鳳祚見經類。鳳祚，字儀甫，益都人。

居濟一得

綜述

《居濟一得・原序》　古人之治河也，治其汎濫橫溢足為民害者，引之於沮洳窪下之處，徐徐焉趨入於海，而治河之事已畢。蓋其時閒曠之地甚多，委而棄之，不與水爭，故得施其疏瀹之功，絕無所顧惜而水亦順性以往，無奔騰衝決之患。今也不然，梁、豫、青、兗、淮、徐之境，郡縣村落，星列碁布，生齒日繁，桑麻遍野。凡昔人所棄以與水者，盡為沃壤，民所必爭。水既無容蓄而又為轉漕必由之要路，不得已而大為之隄防，跬步之間，紆迴屈曲，使俯就吾之約束，幸而數千里間不至有尺寸之滲漏矣，又恐其不足以轉漕而濟運，是必民不病水，水為漕用而後可以言治。夫以今人之才力，遠不逮古人，乃其遭際之艱難似有倍於古人者，奈之何？不智勇坐困用力多而成功少也哉。雖然，滄桑變易，自古有之，彼蒼愛民之心，決不忍使數十郡縣無辜之赤子頻遭昏墊，則所恃以利賴而安全之者，要在人事之補偏救弊，相時度勢，毋拘成格，毋循覆轍，善為之節宣而已矣。豈宜諉之氣數之適然，曰：『古今人不相及耶。』

余自庚辰歲奉命効力河工，日夕奔馳於淮、揚、徐、泗數百里之間，考古人之制度，驗今日之形情，源流、分合、高下、險夷，亦既悉其大概矣。閱四載而膺山東治河之命，甫視事，適遇雨潦，堤埝在在湧溢，民田處處淹沒，夙夜殷憂，求所以無負厥職者。越歲，又值亢旱，運河水涸，致廑宸衷，命廣善庫郎中德成格馳赴封閘催漕並□諭，宜設法蓄水，量塘放船。余與德公恪遵訓旨，體究詳盡，漕運果得無阻，早達神京，此皆聖謨遠照，足為千古之良法者。余不揣固陋，□流窮源，力求有益於民生國計。數年以來，越阡度陌，相度經營，兼詢之故老，攷之□記，凡蓄洩啟閉之方，宜沿宜革，或創或因，偶有所得，輒筆之於書，以備他日叅考，積夂成帙，分為若干卷，敢曰：『遵是說也，將以補偏救弊，獨任其難，而不愧於古人節宣之義乎？亦聊以自盡其一得之愚云爾。』善乎印川潘公有言曰：『時勢可行則行之，不可行則緩之，慎毋使我誤後人，後人更誤後人，此即余之素志也。』抑有説焉，事不久任，權不歸一，則功敗於垂成，如同築舍，前明宋尚書之已事可鑑已。夫以數十郡縣生靈之命而皆仰藉一人之謀畫事，寧有重大於此者，惟在慎擇其人，假以便宜之柄，使得久於其位，而不為浮言衆議所摇奪，凡利多而害少者，毅然獨斷行之，無稍顧忌，建非常之原，以貽千百世生民之福，功孰偉焉？若徒汲汲於補苴罅漏，防護壅塞，歲糜國家無窮之帑，徼倖於旦夕之無事，謂可藉手告無罪於古人，適足貽笑後人而已矣。是烏足與言治河之術哉？康熙戊子三月朔，儀封張伯行書於榕城之正誼堂。

《四庫全書總目》卷六九《史部二十五·地理二》 《居濟一得》八卷，河南巡撫採進本。國朝張伯行撰。伯行有《道統録》，已著録。是編乃伯行為河道總督時相度形勢録之以備參考者。前七卷條議東省運河、壩、閘、堤、岸及修築、疏浚、蓄泄、啟閉之法，於諸水利病，條分縷析，疏證最詳。後附《河漕類纂》一卷，則僅撮大概。蓋伯行惟督河工，故漕政在所略也。大旨謂河自宿遷而下，河博而流迅，法宜縱之；宿遷而上，河窄而流舒，法又宜束之；徐邳水高而岸平，氾濫之患在上，宜築堤以制其上；河南水準而岸高，沖刷之患在下，又宜卷埽以制其下。又有三禁、三束、四防、八因諸條，皆得諸閲歷，非徒為紙上之談者。伯行平生著述，惟此書切於實用。迄今六七十載，雖屢經疏浚，形勢稍殊而因其所記，以考因革損益之故，亦未為無所裨焉。

《四庫全書簡明目録》卷七 《居濟一得》八卷，國朝張伯行撰。乃其總督河道時作，前七卷論東省運河，疏證最詳。末一卷為《河漕類纂》，則僅存梗槩。蓋職在河，不在漕也。伯行平生著作，惟此書切於寔用。

傳記

（嘉靖）《山東通志》卷二七 張伯行，字孝先，河南儀封人。潛心正學，講明誠之實用，故其居官以不欺為本。康熙四十二年，任濟寧河道，凡所疏濬宣洩之宜，古今同異之辨，彙訂成書，名《居濟一得》，司河務者資考鏡焉，至其清操勁節，遠近著聞，閲三年，超擢福建巡撫。

著録

《清文獻通考》卷二二三 《居濟一得》八卷，張伯行撰。伯行見經類等。

臣謹按：是編乃伯行為河道總督時，相度形勢録之以備參考，於諸水利病，條分縷析，疏證頗詳，切於實用。

《清通志》卷一〇〇 《居濟一得》八卷，張伯行撰。

清　丁日昌《持靜齋書目》卷二 《居濟一得》八卷，康熙戊子刊本。國朝張伯行撰。

治河奏績書

綜述

《四庫全書總目》卷六九《史部二十五·地理二》 《治河奏績書》四卷，浙江鮑士恭家藏本，附《河防述言》一卷，内廷藏本。國朝靳輔撰。輔有《奏疏》，已著録。是書卷一為川澤考、漕運考、河決考、河道考；卷二為職官考、堤河考及修防汛地埽規、河夫額數、閘壩修規、船料工值皆附焉；卷三為輔所上章疏及部議；卷四為各河疏浚事宜及施工緩急先後之處。其川澤考所載，於黄河自龍門以下，至淮徐注海，凡分匯各流，悉考古證今，頗為詳盡。於注河各水及河所瀦蓄各水，亦縷陳最悉。其漕運考亦然。河道考於臨河要地及距河遠近，分條序載，較志乘加詳。至於堤工修築事宜，則皆輔所親驗，立為條制者矣。輔自康熙十六年至三十一年，凡三膺總河之任，故疏議獨多，其專以治上河為治下河之策，雖據一時所見，與後來形勢稍殊，然所載修築事宜，亦尚有足資採擇者。與張伯行《居濟一得》，均尚非紙上之空談也。又《河防述言》一卷，為張靄生所撰。皆追述其友陳潢之論，故曰述言。潢字天一，號省齋，錢塘人，為輔之幕客，輔治河多資其經劃。康熙甲子聖駕南巡，輔以潢功上聞，特賜參贊河務按察司僉事銜。

其書凡十二篇，一曰河性，主於順而利導之；二曰審勢，謂凡有所患，當推其致患之所以然；三曰估計，謂省工省料其壞必速，所費較所省為更大；四曰任人，主於慎選擇明賞罰而歸本於正己以率屬；五曰源流，謂河水本清，其淤漲由挾中國之水；六曰堤防，主潘季馴以堤束水，以水刷沙之說而尤以減水壩為要務；七曰疏浚，主於潰決之處先固其兩旁，不使日擴，乃修復故道而借引河以注之；八曰工料，工主於核實，料主於豫備；九曰因革，言今昔形勢不同；十曰善守，謂黄河無一勞永逸之策，在時時謹小慎微而歸重於河員之久任；十一曰雜誌，述治河之委曲；十二曰辨惑，則駁當時之異議也。其言往往中理與靳輔書足相發明，今録附輔書之末，以資參考。書前冠黄河全圖，乃靄生自作，雖不及《欽定河源紀略》之明確而遠勝篤什等之所記。又靳輔奏疏一篇，雖專為潢而發，然頗足見當日治河之始末，今亦並存之焉。

《四庫全書簡明目録》卷七　國朝靳輔撰，卷一為川澤考、漕運考、河決考、河道考，卷二為職官考、堤堰考及諸修防規制，卷三為所上章奏及部議，卷四為疏濬事宜，皆親所閱歷之言。

傳記

（乾隆）《江南通志》卷一一二　靳輔，字紫垣，奉天人。由翰林編修巡撫安徽，晉兵部尚書，總督河道，甫蒞任，即大挑山清高寶等四州縣運河及清口以下至海口河道，詳審兩河全域，上陳經理河工事宜八疏悉奉。

（嘉慶）《清一統志》卷四九　靳輔，漢軍鑲黄旗。康熙中，由安徽巡撫總督河道，大挑山、清、高、寶四州縣運河，詳審兩淮全域，陳經理河工事宜八疏，復請開中河三百餘里，令漕艘由仲家莊牐而上，即入中河，避百八十里黄河湍悍之險，勞績茂著，雍正十二年崇祀賢良祠。

又　卷六五　本朝靳輔，奉天人。康熙間總督河道，上陳河務事宜八疏，悉奉俞允，大發帑金，專任委成。輔治河十七年，經理無不曲當，既老病劇，又疏陳兩河善後之策，請豁開河築堤廢田之糧，沿淮軍民感誦治績不衰，著有《治河書》十二卷、《奏疏》八卷。

著録

《清通志》卷一〇〇　《治河奏績書》四卷，附張靄生《河防述言》一卷，靳輔撰。

《清文獻通考》卷二二三　《治河奏績書》四卷，靳輔撰。輔見奏議類。張大有序曰：輔開白洋清河以東引河水，開清爛泥淺諸引河，開雲梯關出海故道，築周橋六壩堤工，置減水壩，濬中河以避黄河之險，改挑阜河以避駱馬湖之淤墊，皆其仰遵廟算，悉心籌畫者也。

臣等謹按：輔遭逢聖祖仁皇帝平成天地，故能於隄防規畫言所欲言，凡所入告俱蒙俞旨，其論築堤岸疏，下流塞決口有先後而無緩急，具見綱領，十六年間三膺總河之任，成勞懋著。迄今兖豫之間，猶馨香弗替云。

雜録

《八旗通志》卷一二〇　《治河奏績書》四卷，附《河防述言》一卷，靳輔撰。輔已有傳。是書卷一為川澤考、漕運考、河決考、河道考；卷二為職官考、堤河考及修防汛地埽規、河夫額數、閘壩修規、船料工值皆附焉；卷三為輔所上章疏及部議；卷四為各河疏浚事宜及施工緩急先後之處。其川澤考所載，於黄河自龍門以下，至淮徐注海，凡分匯各流，悉考古證今，頗為詳盡。於注河各水及河所瀦蓄各水，亦縷陳最悉。其漕運考亦然。河道考於臨河要地及距河遠近，分條序載，較志乘加詳。至於堤工修築事宜，則皆輔所親驗，立為條制者矣。輔自康熙十六年至三十一年，凡三膺總河之任，故疏議獨多，其專以治上河為治下河之策，雖據一時所見，與後來形勢稍殊，然所載修築事宜，亦尚有足資採擇者。與張伯行《居濟一得》，均尚非紙上之空談也。又《河防述言》一卷，為張靄生所撰。皆追述其友陳潢之論，故曰述言。潢字天一，號省齋，錢塘人，為輔之幕客，輔治河多資其經劃。康熙甲子聖駕南巡，輔以潢功上聞，特賜參贊河務按察司僉事銜。其書凡十二篇，一曰河性，主於順而利導之；二曰審勢，謂凡有所患當推其致患之所以然；三曰估計，謂省工省料其壞必速，所費較所省為更大；

四曰任人，主於慎選擇明賞罰而歸本於正己以率屬；五曰源流，謂河水本清，其淤漲由挾中國之水；六曰堤防，主潘季馴以堤束水，以水刷沙之説而尤以減水壩為要務；七曰疏浚，主於潰決之處先固其兩旁不使日擴，乃修復故道而借引河以注之；八曰工料，工主於核實，料主於豫備；九曰因革，言今昔形勢不同；十曰善守，謂黄河無一勞永逸之策，在時時謹小慎微而歸重於河員之久任；十一曰雜誌，述治河之委曲；十二曰辨惑，則駁當時之異議也。其言往往中理與靳輔書足相發明，今録附輔書之末，以資參考。書前冠黄河全圖，乃靄生自作，雖不及《欽定河源紀略》之明確而遠勝篤什等之所記。又靳輔奏疏一篇，雖專為潢而發，然頗足見當日治河之始末，今亦並存之焉。

急溺瑣言

清 魯之裕《急溺瑣言·序》 溫語移時，諄諄以畿南水患屬治，則夫畿南之民之溺也，裕溺之矣。裕溺之而致廑我聖人之憂，裕能一日安其食息乎？惟是宋元以前之治水也，去其害焉爾矣。由明至今，則且欲兼資其利，一事而兩謀之，去害則難乎，為利而欲收其利，又難免於為害也。乃頽迂如裕，受事一年，竟獲以無愆告。裕能也乎哉？裕蓋幸備員於制河兩大人左右，時奉兩大人教，而因知夫水性之不可違，水勢之不可逆，而水之地之不可與爭也。水欲行，不可以強而障也；水欲止，不可以強而通也。且因而知民力之不可輕勞也，即一溝一洫而推類乎百城之役；國帑之不可虛糜也，即一銖一粟而務核其尺寸之工。於是乎朝焉、夕焉、諮焉、度焉而畿南之水之所以不治與其所以就治者，裕雖不敏，亦漸窺其條理矣。兩大人之啟廸乎？裕也又何如哉！爰輯《急溺瑣言》於左者。乾隆五年歲庚乘申五月朔日，三南魯之裕題並書。

《急溺瑣言·跋》 魯之裕治水至今術備矣。瑣瑣十則而災之木焉，唾余千秋而裕固職於清河者，職清河，思清河，言而行者唯清河，外此而浩瀚乎言之出位矣。是故由漢迄今，水官志籍汗百牛，鹹涉獵之未敢撏撦之也。但期年來瑣瑣於清河者，期於其屬共勉焉。今備書爰刊以布之。裕再書後百字。

直隸河渠志

《四庫全書總目》卷六九《史部二十五·地理二》 《直隸河渠志》一卷，直隸總督採進本，國朝陳儀撰。儀字子翽，號一吾，文安人，康熙乙未進士，官至翰林院侍講學士、充霸州等處營田觀察使。是編即其經理營田時作。所列凡海河、衛河、白河、澱河、東澱、永定河、清河、會同河、中定河、西澱、趙北口、子牙河、千里長堤、滹沱河、滏陽河、甯晉泊、大陸澤、鳳河、牤牛河、窩頭河、鮑邱河、薊河、還鄉河、塌河澱、七里海二十五水，皆洪流巨浸也。雖敘述簡質，但載當時形勢而不詳古跡。又數十年來，屢經皇上軫念民依，經營疏浚久慶安瀾。較儀作書之日，水道之通塞分合，又已小殊。然儀本土人，又身預水利諸事，於一切水性地形，知之較悉，故敷陳利病之議多而考證沿革之文少。録而存之，亦足以參考梗概也。

《四庫全書簡明目録》卷七 《直隸河渠志》一卷，國朝陳儀撰，凡畿輔之水二十五皆巨流也，但詳舉見在形勢，不以徵考古蹟為長。

《清文獻通考》卷二二三 《直隸河渠志》一卷，陳儀撰。儀，字子翽，號一吾，文安人。康熙乙未進士，官至翰林院侍講學士，充壩州等處營田觀察使。

《清通志》卷一〇〇 《直隸河渠志》一卷，陳儀撰。

《詞林典故》卷八 康熙五十四年乙未科。

又 陳儀，順天文安人。

行水金鑒

《四庫全書總目》卷六九《史部二十五·地理二》 《行水金鑒》一百七十五卷，通行本，國朝傅澤洪撰。澤洪字稚君，鑲紅旗漢軍，官至分巡淮揚道按察司副使。是書成於雍正乙巳。全祖望作鄭元慶墓誌，以為出元慶之手。疑其客游澤洪之幕，或預編摹，然別無顯證，未之詳也。敘水道者《禹貢》以下，司馬遷作《河渠書》，班固作《溝洫志》，皆全史之一篇，其自為一書者，則創始於《水經》。然標舉源流，疏證支派而已，未及於疏浚堤防之事也。單鍔、沙克什、王喜所撰，始詳言治水之法。有明以後，著作漸繁，亦大抵偏舉一隅，專言一水。其綜括古今臚陳利病，統前代以至國朝，四瀆分合運道沿革之故，匯輯以成一編者，則莫若是書之最詳。卷首冠以諸圖，次河水六十卷，次淮水十卷，次漢水、江水十卷，次濟水五卷，次運河水七十卷，次兩河總說八卷，次官司、夫役、漕運、漕規凡十二卷。其例皆摘錄諸書原文而以時代類次，俾各條互相證明，首尾貫穿。其有原文所未備者，亦間以己意考核，附注其下。上下數千年間，地形之變遷、人事之得失，絲牽繩貫，始末犁然。至我國家，敷土翕河，百川受職。仰蒙聖祖仁皇帝翠華親莅，指授機宜，睿算周詳，永昭順軌，實足垂法於萬年。澤洪於康熙六十一年以前所奉諭旨，皆恭錄於編，以昭謨訓，尤為疏浚之指南。談水道者觀此一編，宏綱巨目，亦見其大凡矣。

《行水金鑒提要》《萬卷精華樓藏書記》 《行水金鑒》一百七十五卷，國朝傅澤洪撰。原本雍正三年刊。是書可校《水經注》，其綜括古今，臚陳利病，敘水道者未有，若是書之最詳者矣。其摘錄諸書，貫穿首尾，尤有條理。卷首所冠諸圖刻繪皆工，所稱三大奇書皆不及此。

《四庫全書簡明目錄》卷七 《行水金鑒》一百七十五卷，國朝傅澤洪撰，其書綜括古今，臚陳利病，上下數千年中地形之變遷，人事之得失，一一條析分明，言水道者觀此一編，足以見四瀆之大凡矣。

《清通志》卷一〇〇 《行水金鑒》一百七十五卷，傅澤洪撰。

《八旗通志》卷一二〇 《行水金鑒》一百七十五卷。

傅澤洪撰，澤洪，鑲紅旗漢軍，官至分巡淮揚道按察司副使，是書成於雍正乙巳，全祖望作《鄭元慶墓誌》以為出元慶之手，疑其客遊澤洪之幕，或預編摹，然別無顯證，未之詳也。敘水道者，《禹貢》以下，司馬遷作《河渠書》，班固作《溝洫志》，皆全史之一篇，其自為一書者，則刱始於《水經》，然標舉源流，疏證支派而已。未及於疏濬隄防之事也。單鍔、沙克什、王喜所撰，始詳言治水之法。有明以後，著作漸繁，亦大抵偏舉一隅，專言一水，其綜括古今，臚陳利病，統前代以至國朝四瀆，分合運道沿革之故，彙輯以成一編者，則莫若是書之最詳。卷首冠以諸圖，次河水六十卷，次淮水十卷，次漢水、江水十卷，次濟水五卷，次運河水七十卷，次兩河總說八卷，次官司、夫役、漕運、漕規凡十二卷。其例皆摘錄諸書原文，而以時代類次。俾各條互相證明，首尾貫串，其有原文所未備者，亦間以己意考核，附注其下，上下數千年間地形之變遷，人事之得失，絲牽繩貫，始末犁然。至我國家敷土翕河，百川受職。仰蒙聖祖仁皇帝翠華親莅，指授機宜，睿算周詳，永昭順軌，實足垂法於萬年。澤洪於康熙六十一年以前所奉諭旨，皆恭錄於編，以昭謨訓，尤為疏瀹之指南，談水道者觀此一編，宏綱巨目，亦見其大凡矣。

《清文獻通考》卷二二三 《行水金鑑》一百七十五卷，傅澤洪撰。澤洪，字穉君，鑲紅旗漢軍人。官至分巡淮揚道按察副使。

澤洪自序曰：四瀆，古運河也。沿江達淮，亂河浮濟，《禹貢》具載之矣。今之運河用以轉荊揚諸州數十百萬之糧於京師，不猶古之江淮河濟哉？四瀆治運河亦治相因之勢也。顧黃河湍悍為中州病，淮水渟蓄為高堰危，黃強淮弱為清口梗山左，泉涸水匱，濟汶諸水俱不足以濟運而運河淺阻。澤洪為水官二十年，用是遠稽經史，近述訓旨，凡四瀆運河興廢之由，及疏築塞防之宜，皆備載焉。首繪圖，次河淮漢江濟運河，次兩河總說，次官司，次夫役，次河道錢糧，次隄河彙考，次牐壩涵洞彙考，次漕規，次漕運。

清 丁日昌《持靜齋書目》卷二 《行水金鑑》一百七十五卷。雍正三年刊本。國朝傅澤洪撰。

海塘録

《四庫全書總目》卷六九《史部二十五·地理二》 《海塘錄》二十六卷，浙江巡撫採進本，國朝翟均廉撰。均廉有《周易章句證異》，已著錄。浙江海塘在海甯州南，唐宋以來遞有修築。至國朝軫念民依，講求尤備。聖祖仁皇帝暨我皇上均親臨相度，用建萬年保障之基。是編綜括古今，恭錄詔諭聖制以弁冕於卷首。次為圖說一卷，疆域一卷，建築四卷，名勝二卷，古跡二卷，祠祀二卷，奏議五卷，藝文八卷，雜誌一卷。徵引各史紀志及《玉海》，乾道、鹹淳《臨安志》《四朝聞見錄》《明實錄》諸書，其考訂辨證，頗為該洽。如訂正鹽官海塘長百二十四里，唐開元所築，舊志作二百二十四里者誤。引《泊宅編》載宋制有鐵符鎮海，皆史傳所未載。他如海寧之堤築於沈讓諸，又志乘所未備。考《浙江通志》雖有海塘事宜一門，然僅至雍正十一年而止。是編詳敘至乾隆二十九年，凡聖謨指示，睿慮周詳以及臣工奏議，皆謹為詮敘，尤足以昭示後來。其中如建築門，敘述宋制而不及引《咸淳臨安志》所載林大鼐之議。明安然之作石堤，《明實錄》載於洪武十年而書中誤作十一年。間有脫略，然不足累其全書云。

《四庫全書簡明目録》卷七　《海塘録》二十六卷，國朝翟均廉撰。統載浙江海塘形勢，由漢唐以至乾隆二十九年一一臚載，冠以聖諭、聖製，次為圖説，次為疆域、建築、名勝、古蹟、祠祀、奏議、藝文、雜志八門，頗為詳贍。

《清文獻通考》卷二二三　《海塘録》二十六卷，翟均廉撰。均廉見經類。

《清通志》卷一〇〇　《海塘録》二十六卷，翟均廉撰。

河防芻議

清　李霨《河防芻議·序》　自子輿氏稱大禹之治水，曰：行所無事而後世論者，遂曰治水之法古今異宜。古也，唯避其害，今則兼資其利；古也，委之天事，今則純任人功。是以三代以後無善策而四載奏績之難也。余竊以為不然，《禹貢》所紀浮濟達河諸貢道，即浚大河一章，尚當為君誦之。康熙甲寅陽月下澣，高陽李霨拜手題。

清　姚文《河防芻議·序》　黄河天下之險自古記之。昔人言胸有全河而後可以治河，愚謂足遍全河而後可以治河，蓋信耳不如信目，坐論不如起行之實也。自古有治人無治法，法以人行而人亦以法顯。有明三百年治河，如陳平江、劉忠宣輩指不勝屈，而潘尚書季馴名獨著以書存也。今考河防榷書所載，崔鎮、高堰、黄浦口上下數百里間，築隄固防之策較詳而於全河疏濬大勢或多未備，以其書，但紀一時之成功，非立百世之大法。所謂長河數千里，總河足跡所不能到者也。今從學士玉階處得讀觀察崔公《河防芻議》一書，而後知有治人即有治法，始渙然無遺憾也已。觀察材識敏絕，過目不忘，起家儀封令，目覩懷襄之害，視若已溺，所至經營丕著成績，書不勝書。先後洊曆郡佐副憲十餘年，所自榮澤、陽武、中牟、儀封，凡中州河患最劇之地，以逮淮揚兩岸無不躬親，荒度其險阻要害，條分縷晰，因列為圖説，佐以確議辨惑，使人開卷了然，於河之南北高下，疾徐險易，如秦越人之視病肺腑經絡，無不見也。於河之隄岸埽壩疏導築塞，如庖丁之解牛，批郤導窾，無不中也。其綜理縝密，部署精詳，如黄霸之治郡，煩碎米監，無不舉謝康之用材，履屐之間，無不得其任也，真可補前賢之闕略，作後代之津梁。金簡不必挖奇於禹穴，歐陽不必致憾於河渠矣。頻歲淮揚、桃宿、高寶、陽侯為災，漕艘咽喉，劇工浩繁，公私困絀，杞人嵩目，維桑天庾，民命攸系，愧無以仰佐宵旰。誠以是書為拜獻先資，不徒托之空言，將必見諸實效。其所以厝昬墊於平成，而臻允猶翕河之治者，功豈在潘尚書下哉？余不勝試目引領而此筆序之如此。康熙十三年十月，都察院掌院事左都禦史、前兵部督捕左右侍郎、奉命江南察審刑部左侍郎、癸丑會試總裁、刑部右侍郎、都察院右副都禦史、内陞以正四品頂帶食俸，仍管戶科掌印給事中、兵科都給事中，禮、工二科左右給事中，戊子山東典試，内翰林國史院庶起士，皖桐治年家弟姚文然頓首拜撰。

清　崔維雅《河防芻議·自序》　裕前後擇補道廳，三任河官，其於河政不獨耳目濡染，實神明寄之矣。竊嘗謂耕當問奴，織當問婢，服藥者必用耆醫，操舟者必訊二老。諺曰：巧者不過習者之門，雅之於河非敢曰習之，亦庶幾比於耕之奴，織之婢，折肱之良醫，久涉風濤之三老矣。曩在中州身歷河患，疏築告竣，以暨屢閲淮揚，周視博訪險工二十餘處，皆授簡繪圖，復附以説。圖載河患情形，如病者之患症，必察其源而頂沖掃灣土提下坐諸河勢，盡此矣。説載治河事宜如醫者之立方而引河遥隄，月隄、縷隄、格隄，護埽築壩諸治法盡此矣。考潘季《馴河防榷書》，有總圖而無分圖，言築堤而不言引河，然頂衝激汛，隄不能塞，法有時而窮，非疏導不足以分其勢而殺其怒，故長圖不能盡而分圖以晰之，圖不能載而為説以明之，隄不能塞而引河以濟之，所以濟河防榷書之窮而益補其所未備。至正河防記言，治河不出疏濬塞三法，疏與濬無異其實，止疏塞二法圖説，並明疏塞互用，後有作者未能舍此二法，而別有奇謀秘計者也。但疏塞之法不一方，疏塞之工不一事，黃淮之強弱異形，清濁異性，浚築之淺深異宜。遠近異勢大而張，官置吏小而備料鳩工，官府之責成不可不專也，夫役之勞苦不可不恤也，錢糧日憂匱乏，何法以濟之？災黎靡有孑遺，何術以起之？種種未易枚舉，皆悉心籌畫，有在任條議，已見施行，亦有未及敷陳，藏諸篋笥者，合條議五十則而河工先後緩急，官民勤惰勸懲，國計民生，人工物料，條分縷悉，盡此矣。至於治河之家，言人人殊，聚訟盈庭，道旁築舍，或旁觀袖手而止資談柄，或心切時艱而但憑耳食總之，身未親歷，目未及覩，議論雖多而成功者少，最足以撓國是而灰任事者之心。設為或問二十五條而眾議之紛紜，群言之折衷又盡此矣。竊不自揣妄，謂十年服政，盡瘁河官，止此一獲之愚，上報朝廷，下甦民瘼。庶幾仰佐高深，可幾翕河之治，不敢隱默，輒付梓人。亦猶野人炙背，負暄欲獻之，當寧其人，雖愚其心，則誠也。今日河患能為漕梗者，桃清迤帶劇工危急，嘗奉調三次勘工具有末議。猥蒙當事採擇，並前此歷任縣廳以暨監司，皆以河績受知督撫，謬蒙優詡，謹將桃源勘工芻議、督撫薦剡褒語附錄於後，以見一時大臣實心任事，虛懷下問，不遺葑菲之意云爾。時康熙十三年歲次甲寅仲秋月，江南江寧蘇松常鎮淮揚徐等處提刑按察使司按察使、前巡理河南通省河道按察司副使崔維雅謹識。

清 魏裔介撰《兼濟堂文集》卷七《河防芻議·序》 自黃河趨於東南，而漕運資之以為利。故昔人有言歲漕四百萬石，非藉黃不能浮舟。於是言治河者即治漕亦在其中，乃修築方完，潰決立告，費水衡數百萬金錢，罔克奏績。不惟生民昏墊，即漕艘亦有梗阻之患，此聖天子所以側席殷憂，特遣重臣巡視而簡選才猷之鴻碩者徃任其事也。今江南按察使崔子惕菴曾任滎陽令，歷淮安郡丞，改理河務，遷四明太守，特舉河道監司，於是有《河防芻議》一書。自丙辰之春，寄置案頭，問序於余。余方養屙林下，兀坐高齋，數年來不出戶庭，何知河事？顧聞高寶清桃諸邑，時有懷山襄陵之厄，田廬陷沒，室家仳□老幼婦子幾盡化為魚鼈，則不禁心怦怦然惄焉如擣，乃披覽河之全圖暨黃淮交會圖及其條議五十則或問二十五條，知其身親目覩，手口卒瘏，日與河上之勞人瘁吏斟酌籌畫，而苦心以出之，非揣摩嘗試之見可得而比也。昔神禹治水，疏瀹決排而已，今則疏濬之外，必以塞為要法。蓋不塞則漫衍於上，不疏則壅滯於下也。故篇內云在上流則塞之，使歸故道不致中潰而來，在下流則濬之使歸故道，得以順流而去。又云黃河自西北而來，至清口出雲梯關入海，淮水自西南而來，至清口出雲梯關入海，二水並行，清以制濁，水行河底，海口自深，則黃河南北兩岸自無潰決，此故道也，亦舊制也。善哉言乎，蓋已無剩義已。夫河之利害大矣，神禹之功不可復見，武帝築宮宣防，猶有勞心之遺意，彼賈讓放河使北入海，固厲民之妄言，而李仲昌穿六塔渠竟無成功，亦庸人之淺見。惟故明之潘季馴、李化龍諳習河道，疏塞兼施，雖不敢比績平成，亦庶幾安瀾無恙者矣。今惕菴所著，殆與季馴、化龍相表裏，坐而言之，起而可見之行事。居河道之職任者得是書而寶之，奉為指南車，其於國計民生端有攸賴，治法得治人而行河漕，其永無患乎。

《四庫全書總目》卷七五《史部三十一·地理存目四》 《河防芻議》六卷，直隸總督採進本，國朝崔維雅撰。維雅，新安人，順治丙戌舉人，初任儀封縣知縣，升淮安府同知，調開封府南河同知。即以防河功授寧波府知府，因總河王光裕請，再遷管河道僉事，官至布政使。其成是書，則為江蘇按察使司時也。其治河有七法：曰引河，曰遙堤，曰月堤，曰縷堤，曰格堤，曰護埽，曰截壩。前明潘季馴《河防一覽》詳於堤壩之說而不言引河。維雅獨申引河之說，蓋當河流悍激之地，不得不浚此以殺其勢耳。其書前為總圖，後為分圖。總圖所以審其形勢，而分圖所以定其工程。圖各有說，所以明其致治之原。維雅身歷河工二十餘年著為此書。其意見與靳輔頗不相合，康熙二十一年河決蕭家渡，維雅因上疏條奏河務，斥輔所築減水壩為不可用，請變前法而更張之。上特遣大臣履勘，復召輔與維雅廷辨。輔指列情形，具陳維雅剿襲之謬。維雅無以對，卒從輔議而河患以息。是其說亦多出於一偏之見，不可據為定論也。

《清文獻通考》卷二二三 《河防芻議》六卷，崔維雅撰。維雅，新安人，順治丙戌舉人，官至布政使。

《清通志》卷一〇〇 《河防芻議》六卷，崔維雅撰。

《八旗通志》卷一九〇 二十一年五月，上遣尚書伊桑阿，侍□宋文運等閱工，並以□補布政使崔維雅隨往，因其奏上《河防芻議》《兩河治畧》二書及條列二十四事，欲改更輔所行減水壩諸法也。

畿輔水利經

清 林則徐《畿輔水利經・總序》 竊惟國家建都在北，轉粟自南京，倉一石之儲常糜斂石之費，循行既久，轉輸口自不窮。而經國遠猷務為萬年至計，口口更有道也。恭查雍正三年，命怡賢親王總理畿輔水利營田，不數年墾成六千餘頃，厥後功雖未竟而當時效有明徵，至今論者概想遺縱稱道勿絕。蓋近畿水田之利，自宋臣何承矩，元臣托克托、郭守敬、虞集，明臣徐貞明、邱帶、袁黃、汪應蛟、左光鬥、董應舉輩，歷歷議行皆有成績。國朝諸臣章疏文牒，指陳直隸墾田利益者，如李光地、陸隱其、朱試、徐越、楊世罍、胡寶瓊、柴糊生、藍鼎元皆詳乎其言之。竊見南方地畝狹於北方，而一畝之田中熟之歲收穀約有五石，則為米二石五斗矣。蘇松等屬耗漕糧年約一百五十萬石，果使原墾之六千余頃，修而不廢其數即足以當之。又書統計南漕四百萬石之米，如有二萬頃田即敷所運。惟恐厥功不齊，再得一倍之田，亦必無虞短絀。而直隸、天津、河間、永平、遵化四府州，可作水田之地，聞頗有余，或居漥下而淪為沮洳，或納海河而延為葦蕩，若行溝洫之法，皆可成為上腴。謹考宋臣郟亶鄭喬之議，謂治水先治田，自是確論。直隸地畝若俟，眾水全治而後營田則無成田之日。前於道光三年，舉而復輟，職是之故。如仿雍正年間成法，先於官蕩試行，興工之初自須酌給工本，若墾有功效，則花息年增一年。譬如成田千頃，即得米二十餘萬石，或先酌改南漕十萬石，折征銀兩解京而疲帑九運之船，便可停造十隻，此後年收北米若干，概令覈其一半之數，折征南漕，以為歸還原墾工本及續墾佃力之費。行之十年，而蘇松常鎮太杭嘉湖人府州之漕，皆得取給於畿輔。如能多多益善，則南漕折征歲可數百萬兩而糧船既不須起運。凡漕務中例給銀米所省，當亦稱是。且河工經費因此更可大為撙節，上以裕國，下以便民，皆成效之可蔔者。至漕船由漸而減，不應驟散，水手之難而漕弊不禁自除，絕無調劑旗丁之苦。朝廷萬年至計，似在於此。謹薈萃諸書，擇其簡明切要可備設施者，條列事宜，析為十二門，首臚水田利益，國計民生，明當務之急也。次辨土宜，次考成績，因利而利，示已成之事，著必效之券也。次專責成，次優勸獎齊心力，勵勤能也。次輕科則以絕顧慮，次禁擾糴以杜流弊，次破浮議阻撓以防中梗，由是令行禁止而經畫可施，次以田制溝洫而營種之事備焉。經畫既施美利務在均平，故攤撥次之，美利既昭見小終貽遺害，故禁占礙。又次之首善倡行有效，以次推行，各省普享利而營田之能事畢矣。凡所鈔輯博稽約取，匪資考古專尚宜今，冀於裕國便民至計，或稍有裨補云。臣林則徐謹敘。

山東水利管窺略

清 李方膺《山東水利管窺略・自序》 世宗憲皇帝諭修小清河，蒙岳大中丞委膺查勘，乾隆三年奉皇上諭，小清河或分上游，或治下流。又蒙法大中丞委膺復勘，往來河幹首尾五年，上自發源之長白山，下至海口，其中湖泊支河以及被患村莊，凡經身親其地，水泓之淺深，河面之寬窄，悉為丈量。九縣之要害，通局之蓄瀉，詳為相度，匯成一書，以備參考。有識者幸原其謭陋，鑒茲微忱焉。乾隆五年歲次庚申二月，上浣李方膺識。

明 李琪《山東水利管窺略・跋》 此書蓋先叔曾祖晴江公為任蘭山時奉檄親勘小清河而作。凡四卷，共十四篇，指畫六百里之形勢，條陳七邑之利病，大旨以樂安為七邑之下游，下游有所歸，則上游乃有所殺，亦猶浙西水利之先治太湖，三吳水利之先治松江也。雍正十二年十月開工，自樂安石村鎮至龍門口，共五十六里有奇，閱一月告竣，命名曰『福民河』。其餘章邱、鄒平、高苑、長山、新城、博興六邑之水患，以次經理，後因督府某議開墾，公獨梗其議，遂下獄。事白，乃調任安徽。則六邑之以次而行者，未知何如而識者採其說入《山東通志》，樂安人亦奉栗主，入名宦祠，亦可見其策之善矣。公負經世之志而未竟及其用，嘗於乾隆五年以是書刊行而版又湮沒，藏書家亦罕有存者。余亟從紅橋伯處得之，已缺一簡，爰錄之於右，以使後之讀是書者祖其遺法，踵而行之。其比於宋單氏之《水利書》而為明周氏忱、夏氏原吉之所取，則則公之志，亦可以不沒也夫。道光十年，歲次上章，攝提格且月某日，侄曾孫琪謹識。

兩浙海塘通志

清 方觀承《修兩浙海塘通志・序》 天下利害之數水居六七，江河與海尤巨。治河者或疏或浚，恒多其方以圖之，海則惟恃堤捍之。一法一關其防，雖有李冰之神勇，鄭國之精能，束手而無所用，此海之所以獨重於塘也。浙之東負海而居者，為郡有六，曰杭州，曰嘉興，曰紹興，曰寧波，曰溫州，曰臺州，皆賴一線之塘以為保障。而杭州之仁和、海寧，嘉興之海鹽、平湖諸邑，直海之北岸，全勢所超，潮汐沖齧，颶風時作，險要信於他所。自唐宋迄明，代有規畫。國家定鼎，百餘年來，聖聖相承，謨猷廣遠，易土塘為石塘，更民修為官修，巨工疊舉，立制綦詳。我皇上禦極之初，軫念海疆，勤求民瘼，大發司農錢，修建新舊兩塘，蔿一勞永逸計，輿情踴躍，鼛鼓弗勝，海若百靈，奔走率職。杭嘉紹數百里長堤屹如砥柱，而中小亹一夕開通，輸委順利，不啻若尾閭沃焦焉，巍巍乎聖德神功，百世未嘗有也。余承乏浙撫，屬當底寧，念此非常之原，不可不垂竹帛而示來，許因以編輯《海塘通志》，上請既報可，遂與諸僚寀延訪通儒，蒐羅掌故，提綱標目，規模略備。尋奉恩命，急裝北行，以其事屬中丞永公。歲辛未，書既成，永公寄余一帙，俾序簡端。余受而讀之，凡列聖之訏謨，累朝之訟革，形勢之遷變，工程之險夷，與夫經費所出，物料所資，職守所存，祀典所秩，罔不燦若列眉，瞭若指掌。洵可為經國之要典，備來者之參稽矣。夫志水之書，自史遷河渠、班固溝洫，以至桑欽酈道元之所撰述，益博綜兼採，詳於源流典故而略於制度規為。迨元葉恒、明黃光昇、仇後卿諸人，海隄始有專錄，然止記一時補苴之術，未及百年經久之計，是不獨治水之為難而勒成一書，垂法後世之為尤難也。今如海塘一志，成法井然，要領具在，官斯土者，但恪守累朝之聖訓，謹防維勤補葺，將萬載安瀾之慶，展卷求之有餘矣。抑余親行海上，見夫銀濤雪浪奔注於文堂禪機、兩山之麓，而北岸之河莊山疇，昔宛在水中者，今且輿馬可至。其下沮洳斥鹵之區，行變而為膏壤。蓋自中小亹暢然無梗而江流海潮日益南注，仁寧一帶之塘殆若虛設焉。雖然，前事者後事之師也，繼自今，其益求苞桑之固而無忌揵菑土石之勞哉。乾隆辛未仲夏之月，太子少保、總督直隸蕁處地方軍務、兼理糧餉河道、都察院右都御史、前浙江巡撫桐城方觀承謹序。

清 丁日昌《持静齋書目》卷二 《兩浙海塘志》二十卷。乾隆十六年刊本。國朝方觀承編。

北河續記

清 朱紱《北河續紀・序》 閻公嵩嶽本謝在杭先生舊集，刪增稽訂彙輯成書，兼毖在位之謀者也。河者漕之藉也，為漕計久遠，必有事於河溯，儀至津河之受名志三而北河千里，則先喆經營為多。前代漕航，陽武復病陸□康惠平江，諸公採眾議，導齊魯郡邑昌百四十四泉，引出汶濟合於衛，流而北河之勢始滋，嗣後立杭。先生之杜河言河也，是紀亦犂然矣。顧舊刻燬軼，淪蕩無稽，亦皆有今昔受施因故而膠者，公之所以慨然釐正且割養廉以付剞劂也。夫士君子學術經世，期與職業相劑量要，以為實用者為正，雖一文一辭示肯取諸臆說，倘亦以身立政之義在，舊公持衡北河經世之差，裕之既久，必兢兢乎求成事於往獻，凡所為幅錯落會散源流以及修濬建築一本，昔紀裁成之。披卷閱之，纚如也，是嵩嶽之用在紀，而康惠請公之用在□，其於職業各有攸當，所謂後先羽翼以成務者非歟？昔太史公歷覽山川而有《河渠》之篇，謂所至之不虛也，今北河為政嵩嶽以之矣。攷文前事燦若指掌，謝學志詩云淵源，且自徂徠當珍重前人，為國謀，然則公毖厥謀正自有合聖，謹一二簡編已哉。

比來黃流衝潰，霖潦泛溢，曹濮壽範之間滙為巨津，受海乃在北河，議者欲為漕久遠，慎厥底績取諸裕，如將自有道又何事於紀焉。雖然，後之君子觀於紀，而益知治河之匪易易也。順治壬辰季秋漕□使者鍾陵朱紱題於水鑑舟中。

清 傅以漸《北河續紀・序》 讀行所無事之文知治河，河智當圖其大，然不勤則智滲，不敏則智斷，不卓且練智，將流而爲孱爲猛，矜新發之硎弗能深究乎當世之故，底績告幼幸實慮多，況水利精於南而北人久不之講。我國家循元明都□，歲漕四百萬，獨寄命於河流一綫而淺梗多溢，誠勞心積患之。時乃帝俞都水主張秋事者，惟我嵩嶽閻公是賴，公精性命道濟軍民，初抵治，見岸瘠而塗堙輒皇，然切納溝之恥，仰副河撫奔查於千五百里之間，覈水泉徵樁芻嚴工□督築鑿，庚寅九月河決荊，隆寢餐率廢目力殫竭始有樂成。壬辰夏秋霪兩百日，繼以大河□源口之決，又復滔天，公痛加興築，當未卜功成何日，如此其勤殆智所迫而出之者乎，功令嚴切之下疇不經瑩，夙夜而才非倚，焉得毋上絃急而下絃絕。吾觀公之治河也，地分尺丈鹼盡昕夕算如燭照行，若霆發方駐濟沇來幾而抵津門矣，方宿河幹米幾已稽爾泗矣。朝廷之上□共服其才，於本職掌外，益之以臨清閘座，官民□集各依流順去興利除害，如其司安樂者是智之迅而有能也，敏也。年來法紀為姦胥所竊骫者，曷少縢數持之以公平肅之，以體統看功則單寒，皆沐其殊褒有臯即奧援寘之重，法畏若神明而後愛如父母，非智之老且高抑，安能卓若是膺，此道者報最於之載，然不經大變易興年，即偶一不再或幸可恃，公兩遘非常之河決，初猶事事刱造，今則胸有成竹，風土人情世故物理了了。筆下森森，舌下所擊輒應，所發輒收。蓋又熟練圓通而人欽其智之，欠當大成也。試問何以得此，悉心搜訪有謝在杭，先生所著之河程、河源、河政、河議、河工、河靈在準古訂。今吾公又重較增補而壽之梨棗，俾後人有所取法，是更引天下之智於無窮，日勤、日敏、日卓、日練以行地爲經天從。治水作富國宋白諸公豈得耑美於近代哉！大有為於天下，是之謂行所無事於天下。順治九年壬辰陽月之朔，年弟傅以漸拜題。

清 高射鬥《北河續紀·序》 《北河紀》者何？曩謝在杭氏職河時所輯也。其以《續紀》名者何？謝編歷以而簡帙漶矣，惟嵩嶽閻公實踵厥事焉，故被斯稱也。閻公鴻才偉望，隸水部名藉甚，是以天子諮於僉同勑鎮安平。其領厥職也，道漕渠之出入，凡自濟而亂於汶衛以入於海，皆其所有事者也。自閻公來止祇厥職者三載，而天吳潛於□賨璧馬洑乎，駛流蓋大有功於漕也。乃余備兵清源兼有事於河幹，其與閻公固均履畎導澮之勞，即玉版鍤□舉役子之踵趾相錯而約，閣之聲亦相聞也。因得暇從公泛論，凡某某源，某某委，某某創廢，閻公燎然若火之燭物而指之數記也。今來如出是書示予，且欲壽之棗栗，然後知公之研心者素矣。甚昨無所本而云，然者而又公之於世，殆為來者鏡也夫。繼前啟後，而省裨軍國一事，而三善備焉，故不可使無傳也，因公命序，爰為及之，實余志也。雖然，邇者黃河連決，昏墊未已而公適竣事行，將詔承明對宣室，其即以此書為□手之獻焉，烏用余言數□為哉。菊月理曰西蜀岷峨逸耒高射鬥拜譔。

清 彭欽《北河續紀·序》 曩予承乏冬官，讀嵩嶽閻公之文，滔滔汩汩澎湃汪洋，如洪河之奔注而東也，起伏層疊，周折委迤，又如沇濟之倏隱倏溢流行地中而莫可測倪也。迨相與出入承明，周旋廊署，見公之人焉，流動活潑，胸無纖塵，而英氣爽致，鴻論高談，抑又如洞庭之無涯量而灎澦之無從扳躋也，私心儀之，其少年文人遺落世務者耶。予移僉東泉理漕濮水政，公啣使命至督視北河，又同事一方矣。私心儀之公理，學名儒坐論廟堂之上，有餘繁難瑣猥之務或其所習會。沙灣口決河臺檄議修築，委予兩人董其役。公日夜河幹物料，良楛夫役勤惰，既廪出納，凡一切碎細之事心計手畫，靡有遺策，絕無文人高邁之氣，予唯唯觀其成而已。河徙而運道間有非其常者，公多方設法溯流溯洄，使千艢萬艘直達天庾，上自靜海下達徐淮，其間諸水之源流，衆泉之出沒，曲折要害有《水經》之所未紀，父老之所未聞者，而公畢悉之。少年老宿殆天授，非人力與，蓋其文其人皆有似扵水，故藉大之任，衆人苦之而公知者樂此不疲，性之所近與職之所掌相符，故能勝其任而快也，瓜期及矣，將告成事於天子，乃搜比河舊紀而增損之，以付諸梓。紀中河、濟、汶、泗脈絡詳明，修理疏決，次第畢舉，又名公巨卿訏謨碩畫皆運道民生所關，公不敢獨居成勞而裒輯貽諸來者，俾同志之士三復茲集，事半功倍。公忠體國之念，寧僅少年文士之爲乎？順治九年季秌欽差分巡兗西道轄曹濮二州屯田、馬政、河道、水利，今陞福建漳南道叅議，通家舊寅弟嘉定彭欽拜譔。

清 閻廷謨《北河續紀·總序》 粵稽古大禹疏九河，子輿氏稱行所無事，噫此昝伊耆氏之水，非爲今日之漕河言也。計國家轉漕之路北河所轄千餘里，溯臺而亘天津，旁淪乎汶、泗、洮、沂、濟、漯、淇、衛、漳、洺、滹沱諸水而悉節制之，以爲漕用北河之履，延袤特遠往者。按：故牘以行，無復事事。自謨受命涖茲，正值陽矦肆雪，黃河決荊隆，溢溢泛濫，竟走東北，掠汶入海，謨上賴天子聖神，河伯效，仰資總河楊公，洞豁周晰，指授規畧，並偕各屬職司河務者分猷以佐，故雖河失故經而漕未始少愆期也，因當築甃畚鍤之餘，遍及所隸之地，思得一紀以誌其詳，乃搜掌故得謝在杭氏《紀北河》一書，丁燹熖梨棗一炬，簡帙散佚，謨不揣譾陋，重爲纂輯，額曰：《續紀》。然其中稍有增刪，但刪其不宜於今者而增其正行於今者而已矣。此外不敢蛇足也，首璽書重帝命也。次繪圖便瞭睫也，邑繡錯蜿蜒朝宗各有厥守無相軼也；為紀河程，汶泗如綫，旁及蹄岑，聚毛爲裘，期於有濟；爲紀河源，上行令下行，意期無反汗，而後即安。爲紀河政，跣者鹿而舄者，内聚訟棼如古人所嘆，擇其可見諸行者；爲紀河議，陽矦、旱魃，相遞爲災，畚鍤興而民不堪命，衆所懼也；爲紀河工，百神受職，允猶翕河，籩豆之事有司存矣；終紀河靄，至於山川徃跡，古今誌詠別爲一卷曰《紀餘》。大率此紀無所取裁，唯以河事爲主而文附焉，或亦掛一而漏也，潤色損益，俟諸後之君子而予竊有說焉。按：古治河者始於《禹貢》，首九河，次濟漯。子輿氏謂：疏瀹以爲功，言行所無事，然今昝異宜，地勢懸絶，故道已湮，今不用疏而用隄。濟水自任城，漯水自東郡皆達河入海。今皆逆而爲漕用，泗上諸泉不見於《禹貢》，乃亦濟漯之支。今雖用瀹而兼用積其治河與禹不盡同，而子輿氏稱行所無事，夫無事云者順水之性，非能有所撥激。今汶濟之間，南北建瓴漕艘人，諸泉爲命，涓滴供之，尾閭洩之，土脈一枯泉源立涸，故河之患，患在水少。清源以北，漳衛合流，注以滹沱，灌以瀛海，渺然巨浸，滛霖一零，千丈立潰，故河之患，患在水多。兼以歲之不時，馮夷、河伯之不盡如人意，遂使水少者，欲多水，多者欲少，微人苦，將水亦苦。昔禹以人爲水用，今欲以水爲人用，由斯以言有事耶？無事耶？使各史臣而紀今日之河事，又將何如耶？大抵在杭氏之紀，欲人人洞夫河事，隨時置宜，無非使河與人兩相習耳。謨之續是紀不過踵先生之故，智在河言河或亦掌故家所不欲廢者也，書成弁言，用昔揔河潘印川公言以綴之曰：『時勢懸隔，修防異宜，可因則因，如不可則急返焉，勿以僕誤後人，人人而復誤後人也可。』旹順治九年壬辰復月，賜進士出身奉勅提督北河工部都水清吏司主事，天中閻廷謨題並書。

《四庫全書總目》卷七五《史部三十一·地理存目四》　《北河續記》八卷，浙江汪啟淑家藏本，國朝閻廷謨撰。廷謨，孟津人，順治丙戌進士，以工部主事督理河工。是編因謝在杭舊志而修之，又附錄古跡、藝文於其後。廷謨自序，謂刪其不宜於今而增其正行於今者，故所紀形勢頗詳。然正行於今者增之，是也；其不宜於今者，亦當存以備考證，乃協志乘之體，一概刊除，非通論也。

《清文獻通考》卷二二三　《北河續記》八卷，閻廷謨撰。廷謨，孟津人。順治丙戌進士，官工部主事。

《清通志》卷一〇〇　《北河續記》八卷，閻廷謨撰。

清　丁日昌《持靜齋書目》卷二　《北河續記》八卷。刊本。國朝閻廷謨撰。

清　傅澤洪《行水金鑑·略例》　明自洪武開國至崇禎之末，河事頗多，今據《實錄》《會典》《明史稾》以及《直省通志》《府州縣志》《南河全考》《北河續記》《通漕□編》等書旁及傳記、碑版、稗官、小說，猶恐未盡搜羅，竊滋愧矣。

具區志

綜述

清　黄周星《具區志·序》　是書庶幾近之。茲當告成之日，問序於余。余讀而歎曰：嘻，此非所謂勝山水之法乎？夫具區巑岏漭沆，雄視東南，求之荊楚豫章之境，自洞庭彭蠡而外，固未易伯仲也。吾輩幸生長江南，可以朝發夕至。然余自髫時，即響慕兩峰之名，至年曰艾而始，一登縹緲曰耆而始再陟莫厘，則薄海内外之人，其得與於斯遊者，或寡矣。夫思兩峰而不得遊，見具區如見兩峰焉；思具區而不得見，見具區之志如見具區焉。則遊者不必身至其他也，得是書而覽之，將人人有一具區於胸中，即有一具區於目中，具區固寰然大乎而受成於尺幅，列己小具區，固窅然邃乎而奔命於棐，幾則已近。由是觀之，彼山水雖能以靜逸驕人，而人之靜逸乃更過之，則人之勝山水也不問而可知矣。嗚呼！豈非文章之力哉！玄黓困敦之歲，鐘山弟黄周星撰。

清　汪琬《具區志·序》　古揚州之境，踰淮距海，襟帶吳楚，封域最廣而周禮職方氏所表為州之數，漫者曰具區，曰五湖，則皆指太湖一水而言與他州迥異，何也？東南雖號澤國，而水之大者莫過於此湖，故乙太稱焉。中流名山若洞庭，東西若馬跡者，尤為諸峰之冠，入乎其中，即有平疇廣陌，穹林眾落，環湖而家者不勝算也。仰焉而升高，則岩壑之秀，雲霞之變幻，皆在眉睫之間，俯焉而矚遠則波濤之出沒，沙禽水獸之下上，高帆大檣之往來隱見皆在襟舄之下。至於魚蝦之利，橘柚李梅果實之珍，蓮芡芋栗菰蓴之富，甲於三吳，為商賈所輻輳，艫銜肩負，絡繹不絕，加諸巨人長德名儒勝流，與夫士女之卓犖，老釋之奇詭，耀史冊而煒彤管者，後先相望，雖名為湖山一隅而實則與都會比，非小國寡民之所能幾也。是誠不可以無志，然而前之為書者，出於草創，往往略焉未備，最後震澤一編，猶不免乎依據蕞雜，捃摭絓漏。於是東山翁子季霧奮曰：士君子不由戶庭知天下，況吾生長其地而可使湮沒不著哉！乃慨然發凡起例，上參《山海經》，下究太史公、酈道元以來譜書，旁及圖經地記，稗史別集之屬，左右採獲積以歲月，其或未悉者，舉凡山郵旅亭，僧坊肆壁，荒區野家，殘碑斷刻，父老之所傳聞，緇衲之所記憶，邇則□校以求，遠則挐舟以訪，搜剔討論，靡有缺遺。既成，示余，余愛其興雅詳實，成一家言，還應季霖之命，序而行之。季霖博學知名，家多藏書，尤善五七言歌詩，所交率當世賢士大夫，其長固不盡於此書而此書亦非藉余言，然後傳者也。康熙己巳十月三日，長洲汪琬序。

清 翁澍《具區志·自序》 山水得文章而顯，文章得山水而傳，是山水文章交相為助者也。具區之名，昉於《周禮》，自晉鮑照、三國楊泉形之詩賦，由唐宋元以迄於今，題詠不下數十百家，湖山勝概幾與岳瀆齊名，豈非山水以文章重耶？太湖有志，創自蔡景東氏，繼之者守溪王文恪公也。蔡志意匠經營，實為功首；文恪節取其十七，更名《震澤編》，俾洞天福地藉以考名勝，佐遊覽焉。至於阨要兵孩，經濟之學，未之及也。澍從游於妻，東吳梅村先生之門先生方撰《春秋地理志》，網羅吳中典故，澍時過從流連，得習聞一二，適吾友金亦陶授徒山中，素心相對，晨夕優遊，因商榷同事茲役，遂取蔡、王二書，訂其訛舛，芟其紫莇，加之捃摭遺佚，年稽月考，越十載成書。編次得若干卷，竊愧學殖陋劣，何敢以著述自任而亦陶之研心採擭，汲汲孳孳，微斯人，其誰與之觀厥成也？具區雖蕞爾一隅，山川人物有他郡邑之所罕及者，豈非清淑之氣所鐘哉。柳子厚云：山若增而高，水若辟而廣。詎不然與。則是書也，未敢謂有益於山水之高廣，庶幾補蔡、王二志之未逮云。康熙己巳中秋翁澍序。

《四庫全書總目》卷七五《史部三十一·地理存目四》 《具區志》十六卷，兩淮馬裕家藏本，國朝翁澍撰。澍字季霖，吳縣人。是書以明蔡羽《太湖志》、王鏊《震澤編》為本，參酌增損，續成此書。於瀕湖港瀆，區畫獨詳。

著録

《清文獻通考》卷二二三 《具區志》十六卷，翁澍撰。澍，字季霖，吳縣人。

《清通志》卷一 《具區志》十六卷，翁澍撰。

清 丁日昌《持靜齋續增書目》卷五 《具區志》十六卷，翁澍撰。

雜録

清 閻若璩《潛邱劄記》卷六 《具區志序》：『古揚州之境踰淮距海。』『踰』字，不可解。按蔡傳（勝孔傳）：徐州南至淮揚州，北至海。蓋以淮水為分界，非如今淮安府跨淮南淮北而有也。隋煬帝詩：『借問揚州在何處？淮南江北海西頭。』何等工確，不可移易。

渠陽水利

清 伍澤榮《渠陽水利·序》 渠陽為畿輔近邑，逼海濱，地沮洳。伏秋汛發時，遇雨澤滂沱，平壤半成巨寖，歲每不克登。我皇上勤求民莫，興修直省水利。迓億萬年，無疆之休。特命怡賢親王巡行相度遴員到賓，分工築堤。卑者曾之，薄者培之，圮者修之，缺者補之，復於境之南北疏河二道，以泄水勢。比歲連獲有秋，嗣又允大人所請，開浚青龍灣引河，綿亘百餘里，發帑以萬萬計，工力重大。余以荊南下士恭膺，簡命調宰滋土陂塘防障諸務。智所未窺，私心惴惴，只俱病月望日受事，翼晨星赴河工，得覲麓峰程先生。於工次詔余而言曰：同鄉則系桑梓，同寅則分前後。子來暮矣。子知修利之道乎？昔余乏渠陽七載。時以堤河險要，詢於邦之士大夫，頗悉大概。解組後，又邀聖恩擢用河幹，奔走六年，向悉其大概者，今可條分縷析焉。蓋寶邑水利，莫急於堤，堤既築矣。河浚而鮑邱、窩頭諸水，潤下達海矣。香邑七里莊明口既堵而縣北一隅無沖溢之虞矣。雖然，經畫已詳，慮後不可不善，嘗擬切要拾數條，久藏笥篋，膺斯任者，實心實力行之，則保獲得人而金堤鞏固，玉粒豐收。聖天子興修水利之意，洵萬載安瀾也哉！余受而讀之，其間因地制宜，了若指掌，為民請命，剴切敷陳。深服先生積十年經營，心力告闕成功，授我後學之津梁也。昔西門豹宰鄴，開便民十二渠。後人不改其法，逗穀於菟，舊政必告，聖人難之。況先生於一邑水利，指陳鑿鑿，匯為成書，以示來茲，較古人臣功烈更軼而上矣。爰亟勸付梓，俾得遵行，垂諸永久，並不揣蕪陋弁詞以紀其實云。雍正辛亥仲冬同里後學伍澤榮識。

漕運則例纂

清 黃登賢《漕運則例纂·序》 漕運與倉儲並重，京通兩地千囷鱗設歲需，東南轉輸以供天庾而頒糈祿，故倉主收而豫東並三江、全浙江。以迄兩湖幅員遼濶，屯衛紛繁，軍丁衆多，顧念一顆一粒盡屬小民辛苦而措置失宜實爲弊藪肩。斯任者恒惴惴然慮難稱職，賢以菲材濫叨簡命督漕淮上憶。自通籍三十餘載，雖出入承明辱，蒙聖主教育而愚悃樸拙，於外任究未克嫻大懼德薄智小，何堪負荷。清江楊慤勤公本諸學問，以見經濟莅淮十有二年，博採周諏刪繁就簡，編緝『漕運』同纂，凡二十卷，卷中多奏請聖訓仰奉俞旨，及部議諮準之案，未及進呈而賚志云亡老成凋謝，其嘉謨良範意思深遠已。固結淪浹於屯衛丁男賢方景慕希蹤之，不暇矧茲令典可勿圖終，爰為裝滿成帙，恭呈禦覽，睿念周詳，幸邀指誨復加釐訂刊行八省，聿垂永久慤勤公祠巍然，在河幹往來者動古之遺愛之歎焉。賢之來也，監守成憲，竊恐未能發明，抑其未竟之志，弗忍沒未竟之緒，弗敢弗承爾時。乾隆庚寅季春月，督漕使者大興黃登賢撰。

清 楊錫紱《漕運則例纂·序》 國家定鼎燕京，歲漕東南粟四百六十餘萬石，貯京通各倉供度支。其官例之置設，軍屯之清理，丁男之勾僉，米粟之徵兌，艘之修造，倉廒之建置，軍旗之養贍與夫運道之修防，陂湖之豬蓄，要地之盤驗，沿途之催儹，空重之程限，風火之調劑，奸盜之禁飭，並災傷之補救，臨時之截，創制立法一定不易利弊興除，復隨時而斟酌之。政擊軍儲體関重大條例之垂，至詳且盡記載流傳。舊有《漕運議單》，雍正十二年禦史臣夏之芳請纂，全書經部議準纂輯成書，定以十年一次相續編輯，綱舉目張，鉅細秩然矣。顧篇帙浩繁未經板行謄寫之本，止及倉場總漕兩衙門各省糧道間有轉抄，其餘有漕州縣衛所官弁難於購覓定例未盡曉。然吏胥不無因緣滋弊使者，恭膺簡命俾總漕儲十載於茲。公餘即將全書例案逐加校核，刪其繁冗，歸於簡明，補其缺略，務臻詳備。凡三易寒暑，成書二十卷，名曰《漕運則例纂》，事增於前而文較損，庶幾便於繙覽，因付剞劂，通行流布俾司，漕者得所持循異，時即有應增簡者亦得舉是編而考訂之，於漕運不無小補云。時乾隆歲次丁亥孟夏月，督漕使者清江楊錫紱書。

治河方略

清 耿文光《萬卷精華樓藏書記》 《治河方略》十一卷，國朝靳輔撰，聽泉齋本。乾隆丁亥年刊崔應階重編，有序原本八卷，名《治河書》，今合陳潢《河防述言》一卷，《河防摘要》一卷，為十卷。首一卷，前有黃河全圖，張靄主所靄生述，其友陳潢之論，故曰：述言是書與《居濟一得》皆出於親歷，非同紙上空談。潢字天一，靳文襄之幕客，治河多資其經畫。

《盛京通志》卷七七 靳輔祖籍遼陽，鑲黃旗漢軍。順治九年授國史院編修，康熙九年屢擢內閣學士，授安徽巡撫。十三年逆藩吴三桂、耿精忠等反，分宼江西，擒斬歙縣賊，宗鏕等加兵部尚書銜，十六年授河道總督，是時河流橫決清口，運道皆淤，輔受事後，斟酌事宜，相度形勢，興建堤垻，廣疏引渠，排衆議而不撓，竭精勤以自効，大挑山清高寶四州縣運河詳審兩淮全局陳經理河工事宜八疏，復請開中河三百餘里，令漕艘由仲家莊牐而上，即入中河，避一百八十里波濤湍悍之險，勞積茂著。三十一年卒。賜祭葬，謚文襄。四十六年，加贈太子太保，予騎都尉世職。輔治河十七年，經理無不確當，既老病劇，猶疏陳兩河善後之策，及請豁開河築隄廢田之糧沿淮軍民感誦治績不衰，建詞河干，著有《治河方畧》十二卷。雍正十二年，崇祀賢良祠。

《清宮史》卷二五　《治河方略》一部，聖祖仁皇帝巡行，指示河防底績，恭紀方略凡十二卷。自康熙元年至六十一年治黄運兩河諸事備紀焉。附錄一卷，紀八年至四十年治渾河、清河、永定河，三十三年至三十九年治漳河、滏河、滹沱河、子牙河諸事。

清　丁日昌《持靜齋書目》卷二　《治河方略》十卷。刊本。國朝靳輔撰。

水道提綱

綜述

《四庫全書總目·史部二十五·地理二》　《水道提綱》二十八卷，國朝齊召南撰，召南字次風，臺州人。乾隆丙辰召試博學鴻詞，授翰林院編修，官至禮部侍郎，歷代史書各志地理而水道則自《水經》以外無專書，郭璞所注久佚不傳。酈道元所注詳於北而畧於南，且距今千載，陵谷改移，即所述北方諸水亦多非其舊。國初餘姚黄宗羲作《今水經》一卷，篇幅寥寥，粗具梗槩，且塞外諸水頗有舛訛，不足以資考證。召南官翰林時預修《大清一統志》，外藩蒙古諸部是所分校，故於西北地形多能考驗，且天下輿圖備於書局，又得以博考旁稽，乃參以耳目見聞，互相鉤校，以成是編。首以盛京至京東諸水，次爲□沽所滙諸水，次爲北運河，次爲河及入河諸水，次爲淮及入淮諸水，次爲江及入江諸水，次爲南河及太湖源流，次爲浙江閩江，次雲南諸水，次爲西藏諸水，次西北阿爾泰以南水及黑龍江、松花諸江，次東北海朝鮮諸水，次塞北漠南諸水，而終以西域諸水。大抵通津所注，往往袤延數千里，不可限以疆域。召南所敘不以郡邑爲分，惟以巨川爲綱，而以所會衆流爲目，故曰提綱。其源流分合、方隅曲折則統以今日水道爲主，不屑屑附會於古義，而沿革同異亦卽互見於其間。其自序譏古來記地理者志在藝文，情侈觀覽，或於神仙荒怪，遥續《山海》；或於洞天梵宇，揄揚仙佛；或於游踪偶及逞異□奇形容文飾，祗以供詞賦之用故。所敘錄頗爲詳核，與《水經注》之模山範水，其命意固殊矣。然非召南生逢聖代，當敷天砥屬之時，亦不能於數萬里外聞古人之所未聞，言之如指諸掌也。

《水道提綱·提要》《萬卷精華樓藏書記》　《水道提綱》二十八卷，國朝齊召南撰，傳經書屋本。乾隆丙申戴殿海校刊，前有王傑序，辛巳孟春自序，淮南阮學濬序，門人戴海殿泗跋。王氏序曰：息園生曩在一統志館纂《水道提綱》，晚歲養屙山中，益加考覈，簡而能周，博而有要，其援據尤慎。凡書之稍涉荒邈者汰，弗錄，且郡縣之名悉，從皇輿表，以本朝所定為斷，使讀者展卷瞭然，而瀦防宣洩之法，黍粟麥之官，轉運飛之利，胥於此得其概焉。阮氏序曰：先生著述，甚夥而其最大者則《水道提綱》一書，間嘗面叩所以作，是書之由蓋在《一統志》纂修時，同館前輩楊農先、王次山兩先生相與議論，謂天文地理之書愈久愈詳。惟水道未有全書，今欲成一大書，非君莫屬。次山先生之座主也，承命旬日，構就海之一則，兩前輩斂衽嘆服，積十餘年反復攷訂，而後出全書以示人。《一統志》總裁宗伯漂陽任公，凡勘定諸纂修分輯，書俱委之先生問。時總裁一鉅公素負盛名，傲狠不相下，一日忽踵門舉外藩蒙古屬國書，再拜屬之先生，蓋東海徐尚書原稿所未備，而檔冊譯語多不可曉，文人學士所未載筆無可依據，先生迺按內府圖藉獨為之，其圖縱横數丈列之中庭地上，扶服諦審黔識會通，此他人所五色目迷者，先生一覽無遺，亦可見其天資絶異之一端矣。齊氏自序曰：自漢後地志日多，專言水者惟《水經》及酈道元，於西北諸水鉅細不遺，可謂詳矣。後儒言水或解詩書春秋，或釋班志，或於寰宇略撮梗概，或於郡邑各記方隅，其志存經濟者，於治河、防海、水利、守邊、博攷占今暢言得失政理所系。援引雖多，不厭其繁雜，若夫志在藝文、情侈觀覽，或於神怪、荒唐，遥續山海，或於洞天、梵宇、揄揚仙佛，或於遊蹤偶及、逞異炫奇、形容文飾、祇足供詞、賦採用以為美談，從未有將中國所有巨瀆經流實在，共聞共見，可筏可舟，不枯不涸，如孟子所言，源泉混混放乎四海者。用《水經》遺意上法《禹貢》導川總其大，凡芟除地志繁稱遠引，分名號附會穿之陋，務使源委了然，展卷即得，此《水道提綱》之所以作也。戴氏跋曰：先生予告南歸，掌敕敷文書院，編籌書成方□上呈，乙覽旋捐館，舍願未得遂。壬辰歲，恭逢恩旨，搜訪遺書，先生子式遷歇繕潔本送書局，呈先生之願，藉以獲申矣。甲午秋式遷復介槐堂，汪五丈沅寄書來浦陽山中，囑為開雕此海等夙志也。遂奉先生手定原本束裝抵杭，約同志鮑君廷博、周君璠，詳加讐校以授剞，劂氏海為百川之匯，白鴨綠江口西襟盛京，南京師直隸東南，又南襟山東之北而東，古所謂渤海也。東為大海經其東南，又南襟江南浙江之東，又南經福建東折而西經其南，又西經廣東之南。凡兩京五布政司，地際海，《禹貢》：冀、（兗）、青、徐揚五州。漢志：遼東西漁陽廣陽渤海平原千乘，齊郡北海東萊琅琊，東海臨淮廣陵會稽，南海合浦十七郡國也。共得巨川曰九，曰鴨綠、曰大遼、曰天津、曰大清河、曰河、曰淮、曰大江、曰浙江、曰閩江、曰粵江。鴨綠江即古馬訾水也，源出長白山南麓。京畿東南曰直沽，本大河入海之口，河既南徙，衡漳以北，恒衛大陸，諸水悉匯，北為尾閭，實運河南北總會也。黑龍江即古漠北之黑水，靺鞨、室韋所居，亦曰完水，又名室建河。海多河即古葱嶺河，星宿海多泉，若列星。自西安府沙州而西北，沙漠千餘里有大澤曰蒲昌，即古葱嶺干□二河所匯，《水經注》誤。

《四庫全書簡明目録》卷七　《水道提綱》二十八卷，國朝齊召南撰。召南以酈道元《水經注》詳北畧南，黃宗羲《今水經》又知南而不知北，乃作此書，以巨川為綱，而以所會衆流為目，故曰提綱。大旨惟以今日水道為主，不屑屑附會古蹟。

《水道提綱·原序》　大地合水土為體，居天正中，亦若人身，然山其筋骨而水其脈絡也。至靜者山，靜中有動，故為幹為枝，以一而萬，又以萬區界。百川至動者，水動中有靜，故為源為委，以萬而一，又以一遍周六合，陰陽自相經緯，與日月星辰之麗天為經緯者理氣協應，此地道承天，所以含萬物而化光也。志地有書，《九邱》尚矣。治水莫神於大禹，言地亦莫精於《禹貢》，以治水先委後源，則列敘九州，疆域中高山大川，自濱海之冀、兗、青、徐、揚州，西迄梁、雍，以山自有幹與枝，水自有源與委，則總叙導山四列，導水九川，皆起雍、梁而東至於海。詩言：『既景乃岡，相其陰陽，觀其流泉。』古聖人體國經野以建都邑，利農田，濟舟楫，設津梁，轉運阜財，襟帶險固，孰有不於水深究其本末者乎？自漢後地志日多，專言水者，惟有《水經》及酈道元注，道元於西北諸水鉅細不遺，可謂精矣。後儒言水，或解《詩》《書》《春秋》，或釋班志，或於寰宇畧撮梗概，或於郡邑各記方隅，其志存經濟者，於治河防海，水利守邊，博考古今，暢言得失，政理所係，援引雖多，不厭其繁雜。若夫志在藝文，情侈觀覽，或於神怪荒唐，遙續山海，或於洞天梵宇，揄揚仙佛，或於遊踪，偶及逞異□奇，形容文飾，衹足供詞賦採用，以為美談，從未有將中國所有巨瀆經流實在共聞共見，可筏可舟，不枯不涸，如孟子所言『原泉混混，放乎四海者』。用《水經》遺意，上法《禹貢》導川，總其大凡，芟除地志繁稱，遠引分名別號，附會穿鑿之陋，務使源委了然，展卷即得，此《水道提綱》所以紀載。

今日實有之脈絡山川都邑，並用今名，畧識古蹟，取其質不取其文，如河經數徙，濟惟入河，漢有別支，江源非一，黑水未知誰是，積石原在羌中，前賢早有辯論，無煩復贅，取其實不取其虛也，蓋自古帝王功德之盛，莫如我朝。重熙累洽，治致昇平，幅員之廣，盡天所覆，亦莫如我朝。臣召南學識愚淺，自乾隆丙辰蒙恩擢入翰林，纂修《一統志》。伏睹聖祖御製輿圖，東西為地經度，以占節氣後先，南北為地緯度，以測辰極高下。漠北直過和林抵白哈海，西番遙窮拉藏至岡底斯，凡金沙、瀾滄、潞江、崑崙、青海之近在邊陲，黑龍、盧朐、松花、潄尼、按出虎水、烏蘇里江之本屬內地者，源委秩如已逈，非從前史志所能稍及。而我皇上聖神文武，善繼善述，天威遐震，克奏膚功踰流沙，而開四鎮，蕩平伊犁回部，拓地至二萬里，西域並入版圖，濛汜咸受正朔，此豈漢唐元明盛時賓貢享王所能較量濶狹乎哉？即古稱唐虞協和，萬邦義和，所宅章亥所步伯益夷堅所志方斯蔑矣。臣初久在志館，考校圖籍，於直省外，又專輯外藩蒙古屬國諸部道里翔寔，是以志成之，後亦嘗條其水道，惟圖無可據者，闕之。及蒙恩告歸臺山，杜門無事，養病餘暇，時檢篋中舊稿，次第編録，共成二十八卷。

臣思為萬國朝宗者君，為萬川會同者海也，以一水論，發源為綱，其納受支流為目，以羣水論，巨瀆為綱，餘皆為目，如統域中以論則會歸有極，惟海實為綱中之綱，凡巨瀆能兼支流，注海者亦目中有綱，綱中有目耳。是以詮列次第，不依水經，冠以海水。自北而南，并取《禹貢》，首冀次兗之意，內自盛京鴨綠江口，以西而南，而西南至合浦，外自雲南，而西而北，又自漠北阿爾太山、肯忒山，而東至海，又自海而南而西而北包朝鮮至遼陽域中，萬川綱目，畢列。至於葱嶺以西，水入西海，印度水入南海，丁零、黠戛斯以北，水入北海。前史或畧記其地，以我朝之聲名洋溢，凡有血氣莫不尊親，則重譯慕思，盡為彊索占測經緯合寰瀛以成圖，臣固可執筆俟也。《禹貢》曰：聲教訖於四海，說者謂極言之，未可徵實。然則自生民以來，久道化成一統，無外能實有其盛，超越前古，其惟我大清也歟。

著録

《清文獻通考·經籍考》卷二二三　《水道提綱》二十八卷。

又　齊召南撰，召南字次風，臺州人。乾隆丙辰召試博學鴻詞，授翰林院編修，官至禮部侍郎。

《清通志·藝文略》卷一〇〇　《水道提綱》二十八卷。齊召南撰。

清　丁日昌《持靜齋書目》卷二　《水道提綱》二十八卷。刊本，又一部，國朝齊召南撰。

清　丁申、丁丙《八千卷樓書目·史部·地理類》卷八　《水道提綱》二十八卷，國朝齊召南撰。刊本。霞城精舍刊本。活字板本。

黄河圖、黄河舊險工圖、黄河新險工圖、衆水歸淮圖、運河圖、淮南諸運圖

清　崔應階《黄河圖、黄河舊險工圖、黄河新險工圖、衆水歸淮圖、運河圖、淮南諸運圖·序》　自古治河無善策，且昔之治河，治河而已。自明以來，治河兼以治漕，較之昔人更不易也。嘗考馬遷書河渠、班固志溝洫，僅載治水之道，不言其方。至元賈魯治河，歐陽圭齋乃就魯問方略及詢過客，質吏牘，作《至正河防記》，其疏決濬導，埽岸進工之法略備。及明萬歷時，潘印川（季馴）司空之書出，後之治河者，奉以為金科玉律矣。間嘗論之古人事事勝於今人，惟治曆治水，今人往往備於古人。蓋變幻日出不窮，監於成憲，踵事而增，既能兼古人之長，又能補古人之所未備也。我聖祖仁皇帝如天之度，明哲之資，驅策一世之賢豪，知人善任，亘古未有；而一時名臣亦應運而起。方靳文襄公之治河也，正值河政大弊之後，即一日而上八疏，莫不洞中肯綮全河之勢，朗若列眉。當是時，群議蝟起，嘖有煩言，公幾不終，賴聖天子乾綱獨斷，深信不疑，用奏成功，於今為烈，且特命著書，以垂永久。君臣魚水之情，雖古之明良，何以過焉！惜其書未有專梓，雖附見於《行水金鑒》之中，然散漫而無要領，割裂而無次第。余久蒞東土黄運二河，並在封內，又或承乏河務，於河渠一家言，亦復時時究心，購得文襄原本及覆周諷其詞，則簡明直捷，其法則精密周匝，以視《河防一覽》，不覺後來居上矣。遂以暇日博求副本，互相參伍，删其繁冗，揭其精要，或有今昔異勢，因時變遷者，間採圖志以附於篇。卷帙不多，流行亦易，付之剞劂，以廣其傳。後人能讀公之書，知公之意而不泥公之法，又何患治河無良策也。乾隆三十二年丁亥皋月朔日，撫東使者楚鄂崔應階序。

五省溝洫圖説

清　沈夢蘭《五省溝洫圖説·序》　嘉慶四年，歲次己未，衍聖公孔慶鎔從夢蘭讀周官經，以『溝洫』問。蘭曰：此古人平土法也。地之於水，猶人身之血脈，通則利，塞則病。故文：川雍爲□，川亡爲□。三代之時，盡力溝洫，冀、雍、兗、豫諸州，罔非沃土。是以舉方三千里之地，給千八百國諸侯之用而無不足也。今西北水利廢塞不講久矣。余嘗按之古法，考之地勢，準之人功；計不過二十日而周官五溝、五塗之制，可以悉復。公欲聞而知之乎？因爲作圖而條係西北水道於後，名曰《五省溝洫圖説》云。烏程沈夢蘭識。

清　王家坊《五省溝洫圖説·後序》　經生家如聚訟。世傳註、疏、箋、譜等書，往往髫齡就傳，白首茫然，至不能舉其篇目，遑言施於行事哉！夫經者，徑也，萬世不易之常道也。使謂古法必不可行於今日，則經訓似屬空言，祖龍一炬，洵非過舉。然自西漢除挾書令，古經漸出，後代作者創立制度，雖不必盡襲古人蹟，未嘗不師其意，以致治平。其有泥古而害今者，特用法者非其人而不可，謂爲説經者病，且以是病經也。顧經學明矣，其書亦盛傳當時矣，而不能見諸實事，則行不遠；見諸事而行之遠矣，而非有克承家學，公善於世者，則傳之也不永。古今來，著作宏富，身沒而名隨滅，如累代經籍志中空掛書目而無其書者，何可勝數！幸而子若孫克承家

學，抱殘守闕，亦勤亦摯而人不及時，無大有力者爲之提倡而表彰之，抑猶經學之小阸也。夫以解經之難如彼，傳經之難如此而望承學之士，本經術以爲吏治，豈易言哉！霅溪沈君鏡秋，跌宕多才，不屑爲舉子業。由丞尉洊升邑宰，權平陸，有能聲。以辟佐新章改分陝右，遂棄弗顧。挾名法家言，遨遊燕、豫、并、冀間，素善予，相得甚歡。每翦燭論文，心知其學有本原者。己卯春，手一編，示曰：試爲我校之。初不解所謂，亟亟展視，則古村先生所願學齋書鈔，而予十年前曾購得初印本而什襲藏之者也。噫！異矣！吉光片羽，希世之珍，君胡乎得之？既而知先生爲君尊大父。且謂：全稿凡六種。已梓者，《易》《禮》《孟子》學及《五省溝洫圖說》，原板爲六丁取去。《詩》《書學》二稿，先長兄玉士攜至吳中，恐遂散佚。近因三晉大祲，深思善後之策，莫急於興水利；水利之要，莫便於溝洫；溝洫之法，莫詳於圖說。擬先付剞劂，爲善後之一助而次及《易》《禮》《孟子》，何如？予甚服鏡秋之紹家學而善不私己也，謹取舊藏本參互考訂以歸之。即於閏三月始事，朞年成。越三年，辛巳春，恭逢衛中丞涖晉，念切民依。適江蘇吳中丞以蘇局新刊本郵寄宮保曾制府行營，轉諮發局，飭屬仿行。蓋蘇局梓於庚辰春，距鏡秋開梓之期遲一稔，異地同心，先後一揆，文得人而傳，人與時相際。烏虖！盛矣！而鏡秋以《易》《禮》《孟子》等集亦將次告竣，復謂予曰：是書之成有日，子與有勞焉，願丐一言以誌顛末。予維經義炳若日星，坐而言尤貴起而行。古村先生本經術以發爲吏治，談名理而不腐，精考據而不煩。乃若《溝洫圖說》，酌古宜今，其道易明，其教易行，亦既措施於沔陽、荊江等處，至今猶利賴之，則是書有裨實用而非經生家常言也。益信從此承學之士，曉然於古法之果可行於今日，在法古而不泥古，毋使議古者藉爲口實，是則先生著作之本意，亦既鏡秋重刊之盛心也歟？或者，猶以缺《詩》《書》爲憾□□而又何憾也？夫豐城劍氣，歷劫不磨，神物之出，有時離，亦有時合。三吳爲人才淵藪，安知不有珍惜瑯嬛如予者乎？君其勤加搜訪，他時合浦珠還，幸即報予；予雖不敏，猶能吮墨濡毫，以贊全集之成也。光緒七年，歲在辛巳仲春月，分水後學少崖王家坊拜譔。

清　陳儀《溝洫圖說・引》　溝洫為治田，首務旱澇有備，天不能災，神禹所以盡力也。江南澤國，水利皆出自然。惟崇明縣及海門廳，地盡邊海，潮汐所至淤為平陸，率以人力開之。為圖如左。

河干問答

清　陳若疇《始刊河干問答・序》　道光八年六月於官禮部友人處得閱邸抄，知貴州撫臣奏安平縣詳請，康熙癸巳進士、原任已故大名道陳法入祀鄉賢祠，即吾祖學者稱定齋先生者也。內載吾祖箸有《易箋》採入欽定《四庫全書》，又箸《明辨錄》《河幹問答》《醒心集》行世。《易箋》《明辨錄》《醒心集》，久經刊刻布散人間，惟《河幹問答》未及梓行，不絕如綫，數十年前有知之者轉相傳寫，故吾黔中丞得入奏章，而陳氏子孫日久失傳，竟有莫得見者。兄子體正孝廉，適以書來云曾祖所箸《河幹問答》，在黔孫曾均欲索觀，於是若疇梓行之舉從此始。先生於乾隆初年歷任山東運河道，護理東河總督，調任淮揚道，親視隄工，熟爲籌度，乃成此書。甲子乙丑間孫文定公嘉淦，嘗敬呈御覽留中，乙丑秋調直隸大名道，此書遂不果行，於茲八十有五年矣。整襟敬讀，先論南徙與二瀆交流之害，次論河不能分與分黃導淮之難並論河決之由。補偏救弊不易縷列紙上，如數掌紋人人知，爲害有如是者，害既明然後移而就利必樂從。乃論河道變通，其利二十有二，運道變通其說有二，復以漕運調劑之宜，諄諄言之終之，以辨惑論以及開河不宜。築隄經理東南之策，確有可信而治河之道畢焉。中間由漢至明，司河務，箸河論，人名書名近不經見，彙萃言之淵博詳明，無一鑿空語夫事，知之者固難，行之者尤難。即或知其實，當如是而起而行之，需大英豪當斯任無其人，則事終不能行。漢董仲舒所謂，有治人無治法，非無治法也，而行斯法者數百年不一見，孟子所謂，徒法不能以自行也。先生自言存吾說以俟後人，一旦有慨然行之者而是書具存，可取而用之。刊書之意其在斯乎，第十孫男若疇謹序。道光八年孟秋中浣。

續行水金鑒

清　潘錫恩《續行水金鑒・序》　《續行水金鑒》者，續傳稺君之書，竟黎襄勤未竟之業也。穉君之書，巨細兼賅，體用悉備，於黃淮運載之尤詳。蓋昔之治河祛其害，今且資為濟運之利而全域樞機則在淮黃交匯。誠使河能順軌東趨，淮亦會流下注，斯漕運無阻滯之慮，一治無不治矣。自乾隆中，潰決頻聞，河身益墊，於是淤淮不出，無以收刷滌之效而河日病。淮既不能暢出，勢不能不增高堰，以積湖瀦，守五壩，以防減泄。適遇風力猛盛，危險異常，於是河病而淮亦病，河高則易致倒灌，淮淤則專藉南趨，運河兼受二瀆委輸，滿則易溢，於是河淮病而運亦因之。夫欲治運，必先淮，欲治淮，必先河。河以海為歸宿，往者海口近而流行速，又得清口，全淮蕩滌不虞停墊，故河漲非無倒灌，漲消仍復舊觀。惟欲避黃以出淮，移交匯於彭家馬頭，而淮力愈弱，河淤愈墊，河身亦日愈高。故自改移清口之後而治河之局為之一變，於是康熙以前之法，遂不可以治乾隆、嘉慶年間之河。此續書之不可不亟為纂輯也。黎襄勤從事河幹，肫肫懇懇，深悉夫時近則形勢未殊，事詳則稽核較易，援襲往例，排比成文，於江工附錄如前，於永定更增所闕而亦於黃淮運載之特詳，則猶是穉君之志，歲月不居，未及竣事。錫與芥航先生覆加增訂，始竟斯役。既付剞劂，爰志大端。語有之曰：前事之不忘，後事之師。覽者尚以時近事詳而加之意焉，其於行水之機要所補裨，豈淺鮮哉！時道光十一年歲次辛卯秋七月，涇縣潘錫恩謹序。

清 張井《續行水金鑒·序》 《續行水金鑒》一書，經始於黎襄勤為之，多年不克成。道光丙戌吾友潘蕓閣宗丞以學士觀察淮揚，旋奉副總河之命，始躬督其事。汰冗食，核程課，凡三年而後規模大定。及君以憂歸里，復為郵致其書，多所增刪，愈年而後粗完，可繕寫校勘數過，又愈年付剞劂氏。至壬辰十月而後蕆事，蓋成書之難如此。迄於嘉慶庚辰，距今十餘年矣。湖河之利害又異曩時，則其所當措置經營，蓋已非此書之所能盡詁有之。窮則變，變則通，後之視今，或亦難株守成法乎？然自康熙乙卯以來八十餘年，因革損益之蹟，莫不犁然具備於茲編。固得失之林，司河者必當資以考鏡者也。宗丞既為之序，而余特紀其成書之歲月，俾後者有所考云爾。道光壬辰陽月，膚施張井撰。

清 丁日昌《持靜齋書目》 《續行水金鑒》一百五十卷。道光十一年刊本。國朝嚴烺、潘錫恩等編。

重浚江南水利全書

清 梁章鉅《重浚江南水利全書·序》 水為萬物之母而農田利之也尤亟。然水不及固無利，而太過亦非利，故《周官·稻人》有瀦、蓄、防、止、溝、蕩、遂、均、列、舍、澮、寫諸法，而後世疏盈瀉溢，蓄水連泉，諸水令因之。江蘇布政司領蘇、松、常、鎮、太、倉四府一州，為田二十二萬頃有奇，歲征米二百萬石，銀稱是而贏地不越五百里，歲漕恒當天下之半，豈江水宜稻使然哉？抑農之治田，精且勤於江北諸郡哉？蓋自宋范文正公諸人講求宣蓄之道，必使田高於浦，浦高於江，江高於海，以收輸洩之利。中有震澤，廣三萬六千頃，復若澱山、三泖、陳沙、昆承諸巨湖，渟滀涵蓄，滿足以敵渾潮，旱足以灌田野。東南享潤澤之利者，遂數百年。道光癸未霪潦，江湖皆溢，歲以不登。明年，中外諸臣乃爭言濬治之法，時前制府少穆林公方陳臬事，奉綜辦三江水利之命，後以艱去未果行而治水之績從此始。乙酉，陶文毅公來撫吳，即有覆勘黃浦工程之事。丙戌議治泖湖，丁亥重濬吳淞江，戊子濬華婁上青四縣境之蒲匯塘及丹陽之練湖，己丑濬太湖廳之鵬鶚河，庚寅濬常州之孟瀆、德勝、澡港三河，皆余承乏蘇藩時勘夫工，籌經費，佐文毅以成之者。壬辰，余以病歸，文毅既總制兩江，少穆巡撫三吳，陳芝楣、怡悅亭中丞相繼為藩伯，四君者同心合力，又舉劉河、白茆、七浦、陽林及徒陽運河，並治之。丙申，復有重浚蘇、松、太三府州河道之工。寶山、華亭兩海塘亦先後修築，由是而吳之水利大治矣。芝楣自乙酉出守洊至節府，在吳十餘年，於舉諸巨工，皆所親歷而監督者，故得錄其副屬董明經皋編輯之次第付梓，乃刊工未竣，遽歸道山。其事幾輟，今年夏，華亭洪令玉珩慨然願捐廉俸以完之。冬，書成。適余重來，乃以序相屬。嗚呼！言吳之本利者，宋單鍔、郟亶、元任仁發、明姚文灝、張國維，至國朝莊公有恭，不下數十家，其孰者利，孰者不利，班班可考。若以為今昔異宜，通塞異治，則此書中亦詳且盡矣。且芝楣在浙藩時，舉太湖七十二漊之在浙境者，疏治之，是已得治太湖之道。太湖治而吳淞亦治，東南之水利遂無不治。盡水之利，以利斯民，豈不韋哉！監是局者，理問今州牧吳廷榕，曾助刻工者，嘉定令今長洲令張之泉，前婁令毛應觀合併紀之，是為序。道光二十一年，歲在辛丑，冬十月，撫吳使者長樂梁章鉅撰。

黃運河口古今圖說

清　麟慶《黃運河口古今圖說・序》　治河難，治河而兼治漕則尤難。我國家歲漕東南數百萬粟，皆藉淮渡河而北上，達天庾，顧河常強淮常弱，非有人力以低昂之，鮮克有濟。所以三百年來河口情形屢易而成此局也。道光癸巳冬，麟慶仰蒙恩命，簡調南河，適當灌塘，甫定之際，議者蜂起。且承調被責復舊規，履任後殫精竭忱，思所以仰愚實曆，乃規履河溯，測量地勢高下，詳詢古今情形，考諸簡牘，訪之幕僚，僉以為漕。堵雖非長策，舍此現無良法，因而悟今之不能如昔，猶昔之不能為今也。因時制宜人也，而實天也。爰率所屬，將塘之狹者廣之，隄之卑者增之，河淤也而加浚，閘壞也而重修。人事增勤，規模初備，七年以來，灌放空重漕船共啟閉塘河四十八次，幸得仰賴聖主洪福，遄行無悞。獨是袁江為水陸沖衢，冠蓋絡繹，過客問疑，憚於口述。因自前明至今，考其沿革損益，繪為十圖，圖系以說，嗣得徐子仰庭《灌塘說》、沈子香城《河口說》，均於斯事互有發明，因並附錄於冊。庚子春，桃花水發，防汛上游，訪徐子於白洋河，執是編而就正之。徐子以為善，勸付梓且曰：漕治而後河治，非兩事也。歸囑友人鐘子鑒之，重加校訂，聊以備後之君子考核云爾。道光二十年，歲在庚子九月，霜清節前三日，長白麟慶自敘於南河署行所無事之軒。

桑園圍總志

清　明之綱《桑園圍總志・序》　桑園圍隄建始北宋，逮明洪武季年陳東山叟修築全隄，亦未纂輯圍志紀事。厥後分修基段，遇坍決，按基址築復，記載闕如也。昔人論河渠，謂繕完舊隄，增卑培薄為下策。若桑園圍則不然，東西基尊海捍築，偶決依舊加修，不與水爭地，圍東南隅倒流港、龍江滘兩水口不設閘陡水，聽其自為宣洩，受水利不受水害，亦地勢使然，至今稱便。乾隆甲寅，圍決。溫賀坡少司馬倡議籌欵闔圍通修，不分畛域，工程最巨。圍志爰是創始。厥後丁丑志，繼之己卯志，庚辰志，又繼之嘉慶丁丑冬，溫少司馬復在籍，請督撫憲奏準借帑生息，為本圍歲修專款。己卯之役，實為領歲修之嚆矢。歷屆歲修皆有志紀，實奏撥之摺，請領之呈，報銷之冊，莫不詳載，以備征考而圍志遂為歲修必不可缺。是歲，經盧、伍二紳捐銀十萬兩，改建石隄，歲修銀撥歸籌備隄岸款項，從此歲修暫歇，已詳庚辰志內。至道光癸巳，鄧鑒堂觀察、潘思園封翁，援例案請督撫憲奏撥本款而歲修復舊。癸巳一志，裒前志而集大成，分類纂輯，體例最善。即己丑伍紳捐貲修築摺冊，亦備載癸巳志中。嗣是而甲辰志、己酉志俱仿此。迨咸豐癸丑，歲修甫竣，未及紀事，遽遭兵燹，志板遂毀。迄同治丁卯曆十五年，東西基多坍卸，遇潦漲潰決可懼，唯亂後帑本息別經提用。同治三年十二月，督撫憲撥還本款銀貳萬千七百餘兩，照舊發商生息。同治四年閏五月，潘蓮舫侍禦奏請將本款全數撥還。年來督撫憲均籌撥清款，旋於丁卯、己巳頻年請領，歲修前後皆俯準發給應急。紀以志，並查癸丑檔冊補之。諸君子恐舊板無存，圍志湮沒，謀再付劂，以甲寅志板最豁，目各志之大小參差者，悉照甲寅志式翻刻，重者刪之，缺者增之，合而為總志。適盧明經夔石勷理邑志局務，且圍例曉暢，爰請其手校編定卷首，特標列總目，庶易於查覽焉。同治九年歲次庚午蒲月，明之綱謹識。

（光緒）《廣州府志・藝文略二》卷九一　《桑園圍總志》十四卷，國朝南海盧維球輯。據《南海志》。

河工器具圖說

清　麟慶《河工器具圖說・自序》　嘗聞形上者道，形下者器。器非特，各適其用而已，通乎器之為用而道該焉。審乎道之所存而器具焉。水、火、金、木、土，敷日用行習之道，即日用行習之器。道離乎器則不行；器離乎道則不明。一物一名，何莫非至理之所寓哉？道光乙酉春，麟慶仰蒙恩擢，分巡梁、宋諸名郡，繭絲之政繁而保障之責尤重。竊以為聰聽祖彝，習聞庭訓，近復曆守新安、穎川二郡，於治譜尚有稟承而於河防則茫無門徑。恒惴惴焉，時懼勿克勝任，爰陳治河諸書，博觀約取；周曆工所互證，參稽親歷，十有五汛，安瀾幸報。己丑冬改官豫臬，尋晉、黔藩，巡撫楚北。癸巳秋，仲奉命承乏南河洪湖運道，工險政繁，海口江防，地廣任重，每蒞一工，治一事，率循成案，謹慎宣防。凡遇幕僚將佐練達河務者，不憚虛衷延訪越今三載而後知古今殊勢，執陳說不足以圖功也；南北異，宜就一隅不足以定論也。且夫古之治河者，大禹尚矣，厥後始於賈讓，詳於賈魯，大備於潘季馴。至我朝靳文襄公攬全河於在握，匯群策以成謀，筆之於書，陳之於牘，大言炎炎，百餘年來宣防修守，罔有出其範圍。於此而欲逞私智而掠美，言不幾貽續貂之誚乎？顧孔子云：欲善其事，先利其器。嘗於祁寒暑雨，周曆河壖，每遇一器，必詳問而深考之，有專為乎工而別立主名者，有不專為乎工而修而兼用者，有類於古而實創自今者，有宜於今而無異乎古者，其稱名也小，其利用也繁。日積月累，輯為一編。雖未能小物不遺而於工需似已苟完幾備，於是繪圖以尚其象，立說以推其原，庶使覽者援古證今，循名責實，通乎器之為用而道於以該審乎？道之所存，而器於以具。若以為補前人之所未逮，則吾豈敢。道光十有六年，歲在丙申，春三月，長白麟慶自敘於南河節署行所無事之軒。

清 王國佐《河工器具圖說·跋》 《河工器具圖說》四卷，河帥見亭先生所手輯也。分其目為四門，繪其象為一百四十有五幀，中有以類相從者，其得二百八十有九種，物物為之圖，即物物為之說，目睹耳聞，口講指畫，事有繁簡，制有損益，名有雅俗，用有古今，精且審矣，明且備矣。昔宋呂大防撰《考古圖》，王黼等撰《宣和博古圖》，明呂震撰《宣德鼎彝譜》，是亦器具圖也，而近於玩好，無論有說無說，皆與政治無關。至奇器圖說，明鄧玉雨所著，其解木、解石、轉磨、轉碓之屬，共三十九圖，各系以說。《諸器圖說》王征所著，凡十一圖，皆征自造具。見思致然，專尚奇巧，終非日用行習之物，豈若是書為國家之要務，河渠之急需，其信今傳後，大非淺鮮哉？且夫治河之道，曆有成書，元沙克什《河防通議》，分列六門，法則鹹備。明姚文灝《浙西水利書》，歸有光《三吳水利錄》，張內蘊、周大韶《三吳水利考》，俱就一隅而言。國朝張伯行之《居濟一得》，靳輔之《治河方略》，傅澤洪之《行水金鑒》，齊召南之《水道提綱》，熟諳形勢，總括機宜，得失利弊，詳哉言之。然立其說者，未嘗制為圖也，其有圖而兼有說者。宋單鍔作《吳中水利書》，蘇軾嘗奏進狀稱原本有圖，今已從佚。元王喜《治河圖略》，首列六圖，末陳己說。明潘季馴《河防一覽》，其圖說在辨惑檢要之前，謝肇淛《比河紀河道》諸圖之後，分河程、河源等八紀，陳應芳《敬止集》有六圖十三論，張國維《吳中水利書》有《東南七府水利總圖》。國朝薛鳳祚《兩河清匯》，將黃河、運河繪為二圖，又著論四篇之數，書者覽其圖誦其說，不愆不忘，率由舊章，何莫非效法之所在邪？雖然，水道有變遷，人事有因革，非空言可以取驗也，非徒手可以奏功也，且非親歷不能悉其形也，非周諮不能揆其宜也，非好學深思不能知其故也。易有之備物致用，作成器以為天下利。又云：以制器者尚其象，甚矣。器之足以載道而即以行道也。善其器者，貴乎便事而尤貴乎因地隨時，此《河工器具圖說》一書，誠有不容稍緩者爾。見亭河帥巡視南河，已閱三載，蒞工綜務，謹慎周詳，其於治河諸書，早已遍觀盡識，融會貫通；而又於所用器具一一為之循名核實，積久成帙，條分縷析，綱舉目張，即小以見大，由精以及粗，溯流以尋源，明體以達用，燦若列眉，瞭若指掌，是真補前賢所未及，垂後世以其由上，為一人佐平成之績，中為四瀆奏安瀾之效，下為百官著考鏡之資，所謂太平之鴻猷，不朽之盛業，其在斯乎？其在斯乎？國佐承乏下僚，素蒙訓迪。今夏特出是編見示，是不以國佐為不才也。爰請任校勘之役，即付剞劂氏，公諸天下，庶幾哉！河政有全書，河防有良法矣。是為跋。道光柔兆涒灘陽月，同知銜揚糧通判大典王國佐拜撰。

《清史稿》卷三八三《麟慶傳》 麟慶，字見亭，完顏氏，滿洲鑲黃旗人。嘉慶十四年進士，授內閣中書，遷兵部主事，改中允。道光三年，出為安徽徽州知府，調穎州，擢河南開歸陳許道。歷河南按察使、貴州布政使，護理巡撫。十三年，擢湖北巡撫。尋授江南河道總督，丁母憂，改署理，服闋，乃實授。疏陳籌辦南河情形，略曰：『近年河湖交敝，欲復舊制，不外蓄清刷黃。古人引導清水，三分濟運，七分刷黃，得力在磨盤埽。自廢棄後，河務漸壞，擬規復磨盤埽舊制。洪澤湖水甚寬，高家堰工絕險，各壩多封柴土蓄水，盛漲啟放，輒壞壩底，糜費不貲。應仿滾水壩成法，抬高石底，至蓄水尺寸為度。山圩五壩暨下游楊河境內車邏等壩，一遵奏定丈尺啟放，水定即行堵合。至黃河各工，當體察平險，節可緩之埽段，辦緊要之土工。一切疏浚器具，祗備運河挑挖。若黃河底淤，非人力所能強刷，惟儲備料工，遇險即搶，以防為治，而其要全在得人。又以蘆葦為工程必需，右營蕩地荒廢，產蘆不足，請築圩蓄水以資灌溉。』疏入，詔嘉其言正當，勖慎勉從事。

十四年，以洪澤湖老子山西北挑砌石壩，東西沙路加築碎石，高出湖面，以便水師巡哨及商民停泊，疏請淮海、常鎮等道另案用銀。詔以南河連歲安瀾，而工用日增，切責之。十九年，修惠濟正閘、福興越閘。會河湖並漲，險工疊生，請例外撥銀五十萬，詔允之，戒嗣後不得援例。署兩江總督。二十一年，河決祥符，黃水匯注洪澤湖，南河無事，詔嘉其化險為夷，予議敘。二十二年，英吉利兵艦入江，命籌淮、揚防務以保運道，請以鹽運使但明倫備防揚州，以清江為後路策應，捕內匪陳三虎等誅之。秋，河決桃北崔鎮汛，值漕船回空，改由中河灌塘，通行無誤，詔念防務及濟運勞，革職，免罪。二十三年，發東河中牟工效力，工竣，以四品京堂候補。尋予二等侍衛，充庫倫辦事大臣，乞病未行。病痊，仍改四品京堂。尋卒。著有《黃運河口古今圖說》《河工器具圖說》。子崇實、崇厚，並自有傳。

清 震鈞《天咫偶聞》卷五 《河工器具圖說》三卷，麟慶。

清 張之洞《書目答問・史部・地理類》卷二 《河工器具圖說四卷》，麟慶。道光丙午刻本。

河紀

《四庫全書總目・史部三十一・地理存目四》卷七五 《河紀》二卷，山東巡撫採進本，國朝孫承澤撰。承澤有《尚書集解》，已著錄。是書紀黃河遷徙始末，兼及畿輔水利。大旨為籌畫漕運而作也。

《清文獻通考・經籍考》卷二一三 《河紀》二卷，孫承澤撰。承澤見經類。承澤自跋曰：此非如史家河渠，蓋漕政也。漕之通塞視乎河，河安則漕安，河變則漕危，重漕故重河。所紀者，治之人、治之事、治之言。

《清通志・藝文略》卷一〇〇 《河紀》二卷，孫承澤撰。

清 徐乾學《傳是樓書目》 《河紀》二卷，清孫承澤，二本。

清 丁申、丁丙《八千卷樓書目・史部・地理類》卷八 《河紀》二卷，國朝孫承澤撰，抄本。

《清史稿・藝文志二》卷一四六 《河紀》二卷，孫承澤撰。

新劉河志（婁江志）

綜述

《四庫全書總目・史部三十一・地理存目四》卷七五 先是順治十二年，婁江塞，水無所歸。太倉知州白登明開鑿朱涇舊跡而水以安。州人名之曰新劉河，以婁江舊名劉河也。士璉實佐是役，故輯其始末，為志一卷。康熙辛亥，再浚劉河之淤，仍以士璉任其事。工既竣，乃復輯《婁江志》二卷。上卷敘新績，下卷考舊跡而以郟亶、郟僑諸人治水之書附焉。《新劉河志》其稿本出登明，士璉重輯之。《婁江志》則士璉所自輯，以其循登明之法而成功，故亦題曰：登明定，示不忘所自也。前有王瑞國、鬱禾序，皆稱為《吳中開江書》，蓋當時二書合刊，總題此名耳。

清 陸世儀《桴亭先生詩文集・文集》卷三《新劉河志・序》 動民之心存乎誠，成民之利存乎斷，誠則無不徹，斷則無不行。蓋古人致功集事莫不繇此，而今乃於吾州見之也。吾州地濱海爲三吳委輸之區，古婁江適當其境內，婁江者，三江之一也，州人呼之爲劉河。江南形勢凡西南天目、苕、霅諸水悉注震澤，而徐、繇三江以入海，東江漫滅已久，數十年來，中江繼淤，止存婁江。而婁江復成平陸，旱則外水不得入，潦則內水不得出，痞滿之病，六郡同受之，而吾婁爲甚。雖當事者屢疏請濬而利一害百，旋且中止。癸巳夏，州侯白公自三韓來視茲土，即以興修水利，開復婁江爲己任，而親行相度，役大工艱，頗難經畫，予友殷重顧子明於水學，詳視州境，以朱涇請。朱涇者，古婁江北道，邑志猶有北劉河之稱，而歲久湮塞，已成陸壤。兼之河名錯雜，幾不可辨。顧子謂：『婁江南出紆回八十里而遙朱涇直南城之東工，相去什百。又婁江浮沙所積，難施畚鍤。朱涇平地易爲力，且無奏請、酌議、查覆、勘報之勞，命官設吏之煩，牽制、掣肘、詧謀、派擾之弊。惟朱涇便，州侯是其說。卜曰『舉行』，而羣情譁然，咸謂不便。蓋一則州中積荒之後，一則以數十年來未聞大役。一旦興舉，恐漫費無益，雖老成者皆危之，而顧子屹立不動，力排羣議，州侯復堅持之，議遂定。度地糾工不踰月而卒事，崇岡瘠壤頓改舊觀。五十里間渺然巨浸，凡爲工三十六萬有奇而民不知勞，爲費三萬六千餘兩而課不加損，君子謂是役之成，厥有繇焉。有顧子殷重籌畫之善，因得同事諸賢襄事之勤；次則東南之地已爲石田，民居其間，歲苦旱潦，一聞濬令，無不踴躍。雖園林室廬無所顧惜，故不日而成。雖然，役者勞事，勞而不怨。古人猶難之，況今人乎？是非州侯下車之始，即有惻怛愛民之意，浸灌於人心，使人人皆知其公而無私，惠而無虐。則雖家喻戶曉以開河之利，能保其必信乎，民信之矣。而集議之時言人人殊，即所言無非爲公，稍或智弗及，照勇弗及，決彈指之間，成否判矣。雖士謀之善，民信之深乎而必歸本於州侯白公者，以其誠與斷爲不可及也。河成之日，士人名之爲白公渠，以誌侯德，侯曰，是烏足以誌哉，其名之曰新劉河，謂之新者，言有舊也，是有二意焉。使舊河而終無濬歟，吾將以新代之，使舊河而終當濬歟，吾將以新先之。州之人無不聞而樂，樂而欲傳其事，顧子殷重乃輯其開濬之始末而付之梓，遂命之曰《新劉河志》。

清 陳瑚《確庵文稿》卷一二《婁江志·序》 二韓白公治吾州之四年，率州人濬朱涇，既成，州人謂其可以代劉河也，易其名曰新劉河，於是乎有《新劉河志》。又一年直指李公按吳，以公為能令，公以濬朱涇之法濬劉河而劉河亦成，於是乎有《婁江志》。婁江者，劉河也。或曰朞月之間，兩河告成。官不費，民不勞。嗚呼，何其神也。故成此志者，公意也。其春秋所謂自序其績者也。予曰：『否否，不然。公實有懼焉。爾公之言曰：「婁江之通塞東南，六郡之大利大害也。用六郡之民，治六郡之水，已事也。今予獨率一州之民而治其什之七，是勞吾州以安六郡也。予懼一開江經費動言百萬，或頒帑，或截漕。先朝有言之者，今役一州二十九區之佃而受粟於其主，是以豚蹄易篝車也。予懼二，由來命吏必遣大臣，其權重，其責專，權重則無中制，責專則無旁撓，予故州牧也，力小而任艱。予懼三，然則予之幸而成此河者，皆吾州父老力也，其何忍不志？志之者，蓋以志懼也。」雖然，公又有懼焉，公之言曰：「婁江之通塞東南，六郡之大利大害也。百年一治，數十年一治，所以裁成天地而節宣其氣也。然興大役，動大衆，則必有勞，則必有怨。勞與怨，予所不辭也。或以予為口實，而過而不問焉。此又一懼也。天下事有其志矣，難於有其人。有其人矣，難於有其法。倘有踵予而為之者，委任非人，規畫無法，則未見其利，先見其害，蓋有之也。此又二懼也。婁江，六郡之婁江，而非一州之婁江也。或遂以婁江為一州之婁江，而交相諉也。此又三懼也。前乎三懼，懼在事先者也。後乎三懼，懼在事後者也。懼在事先者，今幸告無罪矣。懼在事後者，不能無望於後之君子焉。」此公意也』。故曰『公實有懼焉』。爾若夫成此志者為誰，吾友殷重顧君士璉也。殷重佐公治河，身親其事，故能言之也。上卷，今制也。下卷，古迹也。二郟之論附於其末者，明水學之原，為萬世法也。蔚村老農陳瑚序。

傳記

《四庫全書總目·史部三十一·地理存目四》卷七五 士璉字殷重，太倉州人。

（嘉慶）《直隸太倉州志·人物》卷三六 顧士璉，字殷重，州諸生，練達時務，劉河淤三吳連困於水，當事議浚，以費繁阻，知州白登明用起圩法，先疏朱涇，繼疏劉河，用士璉議也。後吳中潦撫藩復議疏劉河淤段，延士璉問策，士璉請仿海瑞折漕例，約以四萬兩浚淤段五千丈，建閘天妃鎮，以利蓄洩，至今賴之。康熙四十三年，大旱，民無以完漕。士璉與何寧國、陸世儀、江士韶、曹周鈖、王發祥等叩閽，請折州民，醵千金爲費，既得請費，悉散還之。生平以澤物爲念，拯難濟急，有國士風。爲文善條晰事情，又講求性命之學，至老不倦，年八十有四，卒。

著録

《清文獻通考·經籍考》卷二二三 《新劉河志》一卷，《婁江志》二卷。顧士璉撰，士璉，字殷仲，太倉州人。

《清通志·藝文略》卷一〇〇 《新劉河志》一卷，《婁江志》二卷，顧士璉撰。

《四庫全書總目・史部三十一・地理存目四》卷七五　《新劉河志》一卷，《婁江志》二卷，兩江總督採進本，國朝顧士璉撰。

清　阮元《文選樓藏書記》卷二　《開江書》四卷，國朝顧士璉輯，婁縣人，刊本。是書《新劉河志》一卷專記順治間知府白登明開濬事宜。又《婁江志》二卷，統記婁江古今原委，新劉原委，即婁江之尾閭也。

（嘉慶）《直隸太倉州志・藝文二》卷五三　《新劉河志》一卷，《婁江志》二卷，顧士璉撰。

清　丁申、丁丙《八千卷樓書目・史部・地理類》卷八　《婁江志》二卷，國朝白登明撰，刊本。

《清史稿・藝文志二》卷一四六　《新劉河志》一卷，《婁江志》一卷，顧士槤撰。

雜録

《八旗通志》卷二三八《人物志一百十八・循吏三・白登明傳》　州人顧士璉嘗佐登明開二河，又為著《開江書》，以良法貽後云。去太倉任三十餘年，民思念不已，茜涇鎮民肖其像於三官廟，又州城西郊及壽菴沙溪諸處，民並建祠祀之。

山東全河備考

綜述

《四庫全書總目・史部三十一・地理存目四》卷七五　是編乃其督理山東河道時所輯，專言漕河之在山東者。首圖志，次河渠，次職制，次人文。大致採掇明王恕《漕河通志》、王瓊《漕河圖志》、車璽《漕河總考》諸書而稍參以近時之形勢。

傳記

《清文獻通考・經籍考》卷二二三　方恒，字學亭，崑山人，順治戊戌進士，官至山東濟寧道。

《四庫全書總目・史部三十一・地理存目四》卷七五　方恒，字學亭，崑山人，順治戊戌進士，官至山東濟寧道。

清　陸燿《切問齋集》卷一〇《治河名臣小傳・葉方恒》　葉方恒，字嵋初，號學亭，江南崑山縣人。父重華，於前明崇正之末，任濟寧兵河道副使，禦賊有功，濟人德之。方恒以順治十五年進士，由萊蕪縣知縣陞兖州府同知，再遷至濟寧河道，循父遺教，於河防利害，運道通塞，籌畫盡善，悉見施行。其論蓄洩要害，謂微湖之西南，切近黄河。每慮有漫溢之患，苟不堅禦，濁流一入，不特滕嶧為巨浸，而運道必至梗阻。張清恪公伯行因有微山湖南宜築攔黄壩，上接太行堤之說。迨乾隆二十年，孫家集漫口，渾水直趨東南，幾成平陸。乃始堆砌亂石接築七十里，攔截河流，一如方恒所料。又言滕沛魚濟瀕運水田，宜仿東南治田法，開支河，築圩岸。時其耔耘以種秧苗，備其桔槔以資車戽，則水荒棄地，不難變為沃壤。又以嘗令萊邑熟悉地利，山東運河仰藉諸泉，而在萊蕪者其流獨長。志載鑛山産鐵，陰凉山産銅，金為水母，母氣盛，是以泉源得長。開鑛之說，惟萊蕪不可行，挖傷山脉，泉枯礙運，其害匪細，凡所論說皆非一世之利也。後卒於官。所著有《山東全河備考》四卷，《濟寧州志》稱其在濟四年，口不言功，百姓多陰受其惠云。

著録

《清文獻通考・經籍考》卷二二三　《山東全河備考》四卷，葉方恒撰。

《清通志・藝文略》卷一〇〇　《山東全河備考》四卷，葉方恒撰。

《四庫全書總目・史部三十一・地理存目四》卷七五　《山東全河備考》四卷，江蘇周厚堉家藏本，國朝葉方恒撰。

（同治）《蘇州府志・藝文志四》卷一三九　葉方恒《山東全河備考》四卷。

《清史稿・藝文志二》卷一四六　《山東全河備考》四卷，葉方恒撰。

雜録

清　陸隴其《三魚堂日記》卷七　辛酉五月廿七，從侯大年處借《山東全河備考》，係崑山葉方恒所纂，其書頗簡明。

明代河渠考

綜述

《四庫全書總目・史部三十一・地理存目四》卷七五　斯同有《廟製圖考》已著録。是書採取有明列朝實録，凡事之涉於河渠者，悉案年編次。天啟四年以後，則雜取邸鈔野史以足成之。視史志所載稍詳，然頗傷冗雜。考斯同嘗預修《明史》，此本疑即其摘録舊聞備修志之用者，後人取其殘稿録存之也。又兩江總督所採進，亦有此書，題曰《明實録河渠考》，所載止於萬曆四十八年。知當時隨筆鈔録，本未成書，後來傳寫其稿者各據所見之本，故多寡互異，並書名亦小不同矣。

傳記

清　王士禎《香祖筆記》卷一　鄞處士萬斯同，字季野。與其兄斯大，字充宗同游黃太沖之門，充宗研精經學，而季野貫穿史事，於明代三百年典故如指諸掌。史官總裁諸公聘入京師，一切皆取衷焉。初先伯祖太師公諱象乾，列傳汪編修琬，倪檢討粲各有撰述。季野從實録搜採十許事補入，視二君為詳，其所撰《宋季忠義録》十二卷，一卷載《恭帝、端宗、末帝本紀》，《陳仲微二王始末》二卷，迄末自江萬里、文天祥而下逮劉辰翁凡四百六人，皆向來紀載所未備也。所著又有《南宋六陵遺事》一卷，《庚申君遺事》一卷，《補歷代史表》六十卷，《歷代宰輔彙表》八卷，《廟制圖考》四卷，《河渠考》十二卷，《崑崙河源考》二卷，《儒林宗派》八卷，《羣書疑辯》十二卷，《書學彙編》二十四卷，可謂通儒。壬午四月，歿於京邸，甚可惜也。

清　秦瀛《己未詞科録》卷八　萬斯同，字季野，浙江鄞縣人。諸生，著有《廟制圖考》一卷，《崑崙河源考》一卷，《儒林宗泒》十六卷，《明代河渠考》《歷代史表》五十三卷，《石經考》一卷，《聲韻源流考》若干卷，《歷代宰輔彙考》八卷，《書學彙編》十卷。

《清史稿》卷四八三《萬斯同傳》　萬斯同，字季野，鄞縣人。父泰，生八子，斯同其季也。兄斯大，儒林有傳。性彊記，八歲，客坐中能背誦揚子《法言》。後從黃宗羲游，得聞蕺山劉氏學説，以慎獨為宗。以讀書勵名節與同志相劘切，月有會講。博通諸史，尤熟明代掌故。康熙十七年，薦鴻博，辭不就。

初，順治二年詔修《明史》，未幾罷。康熙四年，又詔修之，亦止。十八年，命徐元文為監修，取彭孫遹等五十人官翰林，與右庶子盧君琦等十六人同為纂修。斯同嘗病唐以後史設局分修之失，以謂專家之書，才雖不逮，猶未至如官修者之雜亂，故辭不膺選。至三十二年，再召王鴻緒於家，命偕陳廷敬、張玉書為總裁。陳任本紀，張任志，而鴻緒獨任列傳。乃延斯同於家，委以史事，而武進錢名世佐之。每覆審一傳，曰某書某事當參校，顧小史取其書第幾卷至，無或爽者。士大夫到門諮詢，了辯如響。

嘗書抵友人，自言：『少館某所，其家有列朝實録，吾默識暗誦，未敢有一言一事之遺也。長游四方，輒就故家耆老求遺書，考問往事。旁及郡志、邑乘，私家撰述，靡不搜討，而要以實録為指歸。蓋實録者，直載其事與言，而無可增飾者也。因其世以考其事，覈其言而平心察之，則其人本末可八九得矣。然言之發或有所由，事之端或有所起，而其流或有所激，則非他書不能具也。凡實録之難詳者，吾以他書證之。他書之誣且濫者，吾以所得於實録者裁之。雖不敢具謂可信，而是非之枉於人者蓋鮮矣。昔人於宋史已病其繁蕪，而吾所述將倍焉。非不知簡之為貴也，吾恐後之人務博而不知所裁，故先為之極，使知吾所取者有所捐，而所不取，必非其事與言之真，而不可溢也。』又以：『馬、班史皆有表，而後漢、三國以下無之。劉知幾謂得之不為益，失之不為損。不知史之有表，所以通紀、傳之窮者。有其人已入紀、傳而表之者，有未入紀、傳而牽連以表之者。表立而後紀、傳之文可省，故表不可廢。讀史而不讀表，非深於史者也。』嘗作明開國訖唐桂功臣將相年表，以備採擇。其後《明史》至乾隆初大學士張廷玉等奉詔刊定，即取鴻緒史稿為本而增損之。鴻緒稿，大半出斯同手也。

平生淡於榮利，修脯所入，輒以以周宗黨。故人馮京第死義，其子沒入不得歸，為醵錢贖之。尤喜獎掖後進。自王公以至下士，無不呼曰萬先生。李光地品藻人倫，以謂顧甯人、閻百詩及萬季野，此數子者，真足備石渠顧問之選。而斯同與人往還，其自署則曰『布衣萬某』，未嘗有他稱也。卒，年六十。著《歷代史表》，創為《宦者侯表》《大事年表》二例。又著《儒林宗派》。

著録

《清文獻通考·經籍考》卷二二三　《崑崙河源考》一卷，《明代河渠考》無卷數。

又　萬斯同撰，斯同見經類。斯同，字季野，鄞縣人。

《清通志·藝文略》卷一〇〇　《明代河渠考》無卷數，萬斯同撰。

《四庫全書總目·史部三十一·地理存目四》卷七五　《明代河渠考》無卷數，浙江巡撫採進本，國朝萬斯同撰。

（乾隆）《鄞縣志》卷二一　萬斯同【略】《明代河渠考》四冊，浙江採集，書錄備採。有明歷朝實錄及諸家疏奏，紀述有關河渠漕政者，悉按年入之。起洪武六年，迄崇禎十四年。

清　阮元《文選樓藏書記》卷一　《明代河渠考》四册，國朝萬斯同著，鄞縣人，抄本。是書採明實錄及諸家紀述，凡有関漕渠事宜者，按年續編輯。

明江南治水記

綜述

《四庫全書總目·史部三十一·地理存目四》卷七五　是書大旨主於廣浚分支，共受三江之水，多為尾閭，以殺震澤之怒。故所錄惟以夏原吉議三條為主，而況鐘、李克嗣、呂光、海瑞、許應逵五事附焉。非盡錄明一代治水之政也。

傳記

《清文獻通考·經籍考》卷二二三　士鑛，號宿峯，秀水人，康熙初，以貢生閣試授主事。

《四庫全書總目·史部三十一·地理存目四》卷七五　士鑛，號宿峰，秀水人，康熙初以貢生閣試，授主事。

著録

《清文獻通考·經籍考》卷二二三　《明江南治水記》一卷，陳士鑛撰。

《清通志·藝文略》卷一〇〇　《明江南治水記》一卷，陳士鑛撰。

《四庫全書總目·史部三十一·地理存目四》卷七五　《明江南治水記》一卷，編修程晉芳家藏本，國朝陳士鑛撰。

清　丁申、丁丙《八千卷樓書目·史部·地理類》卷八　《明江南治水記》一卷，國朝陳士鑛撰，學海類編本。

《清史稿·藝文志二》卷一四六　《明江南治水記》一卷，陳士鑛撰。

湘湖水利志

綜述

《四庫全書總目·史部三十一·地理存目四》卷七五 奇齡有《仲氏易》，已著録。蕭山湘湖為一邑水利所資，宋熙寧間縣民殷慶倡議建塘而未行，至楊時為縣令，始舉其役，而明尚書魏驥修築之後，為豪民所占。禦史何舜賓又以死爭復之。舜賓之婿僉事富玹因作《蕭山水利志》，歲久殘闕，奇齡因其舊本，補輯是編。前二卷詳述湘湖沿革條約，第三卷則附録諸湖而終以湘湖歷代禁罰舊例。其大旨以杜侵佔為本。

傳記

清　陸邦烈《毛西河先生事略》《清先正事略》卷三二　先生名奇齡，字大可，一字齊於。又名甡，字初晴，學者稱西河先生，蕭山人。生時，母張夢番僧持度牒入門。四歲，母口授《大學》，卽成誦，乃授書使循所讀，自認之，一再週無不識者，時以篇首后、後、厚三字形異音同爲問，具語之，卽欣然以解。既就塾讀《論語集註》至『有子孝弟』章，愀然請罷，讀，問何故，則曰：『性中止有仁，曷嘗有孝弟，此言不忍聞也。』師大奇之。總角補諸生，與伯兄萬齡齊名，人呼小毛生。華亭陳公子龍評爲才子之文。會明亡，哭學宫三日。時山賊起，先生竄身城南山，與同縣沈禹錫、包秉德、蔡仲光爲四友，築土室，讀書其中。順治三年，王師下江南，杭州不守。山陰鄭秀才遵謙與餘姚熊給事汝霖、孫副使嘉績、上虞徐尚書人龍，括閭左爲民兵，截江抗王師。會武甯侯王公之仁，保定伯毛公有倫初以備倭軍甯波，至是引軍西與民兵合，號西陵軍，共推魯王監國。保定伯至蕭山，移檄購大小毛生，徐尚書薦授先生監軍推官，力辭之。當是時，馬士英奉故福王、太后奔杭州，竄方國安軍中，號方馬軍，與西陵軍相犄角。先生謂保定曰：『方馬，國賊也。明公爲東南建義旗，何可與二賊共事，請絶之。』國安聞言大恨，欲甘心焉，幾被獲。脱之龕山，時保定弟有俶爲靖南將軍，軍龕山也。唐王建號福州，黄公道周以蠟書招先生，又辭之，亡走山寺，祝髮披緇匿坑中。王師破江東，戮留髮者，先生以髡免。歸，母夫人泣曰：『吾向夢僧寄度牒，生兒今竟然矣。』先是明季士林好爲社，先生品目過嚴峻，人多忌之。至是選越郡詩，會稽庶常王自超從賊中歸，投以十詩選其四，中有《鄆城夜走及哭周介生赴西市作》，先生以右丞司戶評其篇，庶常大恚，謂誣其從賊，乃聚諸出社者，首先生抗命，今復抗試，且以浮屠居士林骫壞名教，罪當死。讞者察其枉，得不坐。順治八年，復諸生籍，怨家猶洶洶。布政使張某以從賊歸命爲今官，搆者讒先生張大恨屬提學，仍黜其籍。先生嘗效元人作詞曲自娛，提學摘其語以爲訕謗，謀訐而殺之，制府冤之置不問，仇者憤不得雪。適姻戚有負營丁責者，忽攫先生於途，責以代償，擁而渡江，鄰人追至西陵渡，篡之還。次日，購道殣横所篡處，謂毛生聚眾殺營兵，籍捕四出，乃變姓名爲玉士方，將出亡，仲兄錫齡出《周易》，泣授曰：『古賢處憂患必知易，汝知此足矣。』先生跽受教，乃避地靖江之海陵。逾月渡淮，飲故人所，有客目攝之，酒半，牽之入旁舍勞問，則故靖南將軍有俶也。具言保定死，武甯已殉節，而已以亡軍倖免，將要赴彭城，值山陽令朱禹錫聞先生至，款之。而吏部郎張新標有名園，中秋夜會客數十人，伎樂合作，先生倚醉扣槃，賦《明河篇》凡六百餘言。及旦，傳寫殆徧。施愚山參議還自京師，見之，驚曰：『此必吾友毛生者也。』於是之齊、之楚、之鄭、衛、梁、宋，作《續哀江南賦》萬餘言。嘗登嵩山，越數峯遠望，悽愴不能上，曰：『吾力衰矣。傷哉！貧且多難，芒芒者安歸乎？』乃復之禹州，寓故懷慶王邸之白雲樓，作《白雲樓歌》。未市月，都下伎館酒樓競傳唱，仇者偵知之。去之嵩山，匿道士土室中，苦無書，夜起傍徨，假寐而泣。夢有告之者曰：『盍之嵩陽問之？』踰月，過嵩陽廟市，無書，惟高笠僧貽書一帙，則古本《大學》也。先生憶夢心動，叩所自來，曰：『吾遼人也。天啟末，全家死於兵，遂祝髮竄海濱，少受學義州賀凌臺先生，凌臺爲賀黄門欽之孫，講學醫巫閭，以《大學》古本授予，曰：「古學之失傳，由不知本也」。《大學》不云，壹是皆以修身爲本乎？本該體用而統心意，及家國天下必正心誠意，而學乃有體，必齊家治國平天下，而學乃有用。北宋祖陳摶之學，講性命而略事爲，則專内遺外，不知有身。南宋宗程頤之學，就事物以求心性，則登枝逐流，并不知有本。夫格物者，絜量本末，夲諸身也。致知者，審度先後，以身先之也。《中庸》以誠意爲誠身，《孟子》以存心爲養其大體，是正心誠意，無非身也。』先生受學，心契之。已而應湖西施參議之招，設講鷺洲書院。楚人楊洪才恥庵來講姚江之學，使君雅不善姚江，謂不宜舍事物求心性，恥庵不之辨。會午食，使君曰：『不遷怒實難，吾昨責官庖以闕供也。今又責之，直遷怒矣。宜何以治之？』恥庵乃舉手肅四座，曰：『若此者可仍求之事物否？』時四座闃然，先生大悟，即下拜曰：『受教矣。』歸而惺然坐，通夜不寐。踰年，客崇仁。又客淮西，留三年，淮人有知小毛生者。先生曰：『吾非小毛生，乃毛甡也。』是時，赦屢下，先生禍已解。康熙十七年，詔舉博學鴻儒，先生入都，馮文毅溥辟館相待，而李文定天馥留先生主其家，時應召者駢集，馮公大會城東萬柳堂，先生援筆作《萬柳堂賦》，推座客第一。及試，聖祖方幸霸州，攜諸卷親覽，翼日，下三相國公閱。上忽問曰：『媧皇補天事信乎？』蓋先生卷中用此語也。眾未對，馮公奏《淮南子》有之，上曰：『徒記事邪，則《楚辭》《列子》早及之，何止《淮南》，第未知傳信何如耳。』馮公復奏，賦主鋪張，古籍宜可用，於是先生列上卷，授檢討，纂修《明史》，鬮題得宏正兩朝紀傳，具草二百餘篇。時聖祖精韻學，剖晰精嚴，關中李檢討因篤與吳門顧處士炎武竭終身之力講音韻，然卒狃於陸氏《切韻》二百八部之說，先生詘之。嘗與檢討飲文定宅，論韻不合，李公曰：『吾少讀箕子麥秀歌，惡其無韻，故凡遇論韻者，吾必曰能押是則言，敢請檢討。未即對，先生曰：『禾黍油油者，尤也。不與我好，則蕭、肴、豪、尤之通也。好者，尤三聲也。有證乎』？曰：有詩云：『無言不讐，無德不報。』請益曰：『易云同聲相應，同氣相求，水流溼，火就燥。』公曰：『善』。檢討笑曰：『韻有四聲，未聞三聲也。』先生曰：『四聲起於齊周顒而沈約成之，古無有也。古入自爲韻而多以平上去三聲韻互相通押，謂之三聲。不讀虞廷《賡歌》有「股肱起，元首喜，百工熙乎」。不讀《蔓草》詩有「零露溥，清揚婉，適我願」。《彤弓》詩有「受言藏中，心貺一朝饗」乎？』公與檢討乃大服。先生著《古今通韻》十二卷進呈，上幸南海子，攜書行覽之，稱善，有旨宣付史館并勅禮部知其事。其後嶺南楊生進沈約《原韻》十六卷，上疑其僞，特命取皇史宬所藏通韻本付閣臣參校，以不合斥去。丹陛樂者，黃門鼓吹曲也。設筍簴於午門旁，太常典之而其曲多誤，上命更定之。掌院陳公廷敬以列代樂章配音樂議屬先生條上，多所採用。先生於音律有神悟，二十三年，上諭羣臣以徑一圍三、隔八相生之法。先生遂極意搜討，作《聖諭樂本解說》《皇言定聲錄》及《竟山樂錄》，思進之，太常眾阻之。三十八年，上復南巡。先生進《樂本解說》刻本，詔傳先生至行在。朝門獎勞并勅改刻夲訛字，宣付專行。時蠡吾李塨走三千里受業，凡三日盡得其五音二變四清七調九聲十二管并器色旋宮之法，先生大驚，遂盡出所著，令校輯焉。時值北郊定配位，太常卿徐元珙謂『南郊南向，則三祖配位，固宜以東設西向爲一配，西設東向爲二配，又東設西向爲三配。其日月星辰諸配亦皆始東設而次，四設何則以崇左也。至北郊北向則向所爲左者，今在右矣。乃三祖配位一如南郊，始東設而次西，設其山林川澤亦如之，則在昭、穆爲顛倒而在左右爲偏戾，於禮不合。』疏上，詔學士徐公乾學、韓公菼議。覆上實無改意，而翰林官多各持一議。李文定特召問先生，先生曰：『南郊尚左，故南向而配先左。此東設者，南向之左也。北郊尚有故北向而配先右，此東設者，北向之右也。曰此亦有言之者矣。特以左右言則一左一右，似乎有分。而以東西言，則一東也。天下有南北異向，而一東一西可同偏之禮乎？』曰：『有之。』『在何經？』曰：『在《曲禮》。禮曰：「席南向北向以西方爲上，東向西向以南方爲上。」』語未竟，李公撫掌曰：『有是哉！經之無所不備也。然則仍舊貫而已矣。』議遂定。先生尋乞病歸。越三年，聖祖南巡，謁禹陵。先生迎駕西陵渡，上遙見先生，遣侍衛勞問，此還送駕上，駐馬問所苦，復勞之去。及三巡江浙，先生謁行在，年老矣，命起立勿跪，且賜御書一幅。時皇太子隨駕，亦賜書屏聯各一，其蒙恩遇如此。先生嘗痛易學未明，太史占筮見之大傳及春秋傳者並失傳，而仲兄有五易之說，以移易爲文王，孔子造卦，象詞爲春秋史官立，變解占所自始，遂推衍其義，作《仲氏易》三十卷，《推易始末》四卷，《春秋占筮書》三卷，《河洛原舛编》一卷，《太極圖說遺義》一卷，《易小帖》八卷，《易韻》四卷，《尚書廣聽錄》五卷，《舜典補亡》一卷，《古文尚書冤詞》八卷，《國風省篇》一卷，《毛詩寫官記》四卷，《詩札》二卷，《詩傳詩說駁義》五卷，《白鷺洲主客說詩》一卷，《昏禮辨正》一卷，《廟制折衷》二卷，《大小宗通繹》二卷，《辨定祭禮通俗譜》五卷，《喪禮吾說篇》十卷，《春秋毛詩傳》三十六卷，《春秋條貫篇》十一卷，《春秋屬辭比事記》十卷，《春秋間書刊誤》二卷，《論語稽求篇》七卷，《大學證文》四卷，《大學知本圖說》一卷，《四書賸言》四卷，《聖諭樂本解說》二卷，《皇言定聲録》八卷，《竟山樂録》四卷，《大學問》一卷，《孝經問》一卷，《周禮問》二卷，《明堂問》一卷，《學校問》一卷，《郊社禘祫問》一卷，《經問》十八卷，《彤史拾遺》六卷，《武宗外紀》一卷，《後鑒録》七卷，《蠻司合誌》十五卷，《古今通韻》十二卷，《後觀石録》二卷，《越語肯綮録》二卷，《蕭山縣志刊誤》三卷，《湘湖水利志》三卷，《杭州志三詰三誤辨》一卷，《杭州治火議》一卷，《詩話》八卷，《詞話》三卷，《天問補註》一卷，《曾子問講義》四卷，《韻學要指》十一卷，《策問》一卷，《表》一卷，《雜說》十卷，文一百三十三卷，詩五十六卷，合四百九十有八卷。先生少負奇才，說經長於辨駁，多與宋儒鑿枘而雄辨，足以濟之。晚益樂《易》，好獎借後進，或疑其歷詆古人使氣難近，及親炙，乃爽然出意外。侍史曼殊艷而工詩，諸名士爲文張之，晚歲悼亡，忽忽不自得。先生每作詩文，必陳書滿前，及伸紙疾書，或反不用一字。夫人陳氏性妒，以曼殊故，輒詈於人前曰：『公等以毛大可爲博學耶？渠作七言八句亦必獺祭乃成。』先生笑曰：『握筆一次，展卷一回，積久自能賅博，婦言不足聽也。』嘗僦居屋三間，左右庋圖史，寓眷屬而中爲客次，先生日著書其間，筆不停揮，請業者環坐，問隨答，井井無一誤。夫人在室中，時或詬詈，先生復還詬之，殆五官並用者。始甯女士徐昭華讀《瀨中集》，感歎願受業，稱都講焉。琉球使者過杭州，以兼金購文集，且求見先生，其名動海外若此。自明以來，申明漢儒之學，使儒者不敢以空言說經，實先生開其先路，其文縱橫博辨，傲睨一世，與其《經說》相表裏，自成一格，不可以繩尺求，然議論獨到處，卒不可廢。詩次於文，要亦我用我法，不屑隨人步趨者，卒年八十有五，以兄子遠宗後。康熙庚午，進士弟子陸邦烈、盛唐、王錫章、大來等著録者甚眾。邦烈字又超，平湖人，嘗取先生《經說》所載，裒爲《聖門釋非録》五卷，謂聖門口語，未可盡非云。

（**嘉慶**）《**清一統志·紹興府**》**卷二九五**　毛奇齡，字大可，蕭山人。康熙十七年，以諸生召試博學鴻詞，授翰林檢討，纂修《明史》，嘗以所輯《古今通韻》十二卷進，聖祖稱其淵洽。後以病乞歸，卒年九十四。奇齡博覽載藉，於學無所不窺，好議論，工詩，古文辭撰述之富，為一時冠。門人編輯遺集，分經集、文二部，凡五十種，二百三十四卷。《四庫全書》收奇齡所著書目多至四十餘部。同里來蕃，字成夫，嘗作《故明二饑賦》，與山陰徐鉞並有俊才，奇齡為作《二友銘》。又張杉字南士，亦與奇齡倡和，有詩名。

清　錢林《文獻徵存録》卷一　毛奇齡，字大可，又字初晴，一名甡，字齊於，蕭山人。初，生母夢僧持度牒來，懸於堂，其牒四邊以五螭相銜爲花闌。既生，檢郭璞遊僊詩有『奇齡邁五龍』句，因名奇齡。少與兄萬皆知名，人呼爲小毛公。研究經傳聰慧辨博，推官陳子龍見其文，歎曰：『才子之文也。』毛穉黃嘗道：『吾家大可生負異才，挺然埃壒之表，其頫視鄉之人，猶雕鶚之縶而就雞羣也。』朙季爲諸生，避兵於縣之南山，築土室，讀書其中。炊爨不給，怡然意遠。鎮東將軍方國安以江南新下，倉皇渡江。而故相馬士英奉福王、太后竄其軍中，號方馬軍。奇齡斥爲國賊，國安大恨，將擒殺之。髡而走山寺，寺僧匿之。已而避讐淮上，張吏部有園，抂東湖之濱，中秋夕張燈置酒，集江淮諸名士凡數十人遊飲於其中，酒再行，清歌間作，奇齡扣槃賦朙河篇六百餘言。及旦，則淮上諸家傳寫殆遍，湖西參議施閏章還自京師見之，驚曰：『此必予友毛生也。』題其後云：『但知王烈是名人，不信毛萇本才子。』是時奇齡改姓名爲王彥，字士方也。於是淮上人漸知奇齡。奇齡曰：『予實毛甡也。』又曰：『予瀕□久矣。』甡者，生又生也。』遂又名甡，字齊於。又之齊、之楚、之鄭、衛、梁、宋間，常登嵩山居道士土室中，默念毛詩，作《問答散録》。雖轉徙落魄而不忘其意趣所寄，赴湖西閏章留之一年。會屢更赦，姜黃門以原廩生籍上之成均，乃援舊廩例，輸貲爲廩監生。康熙十七年，薦舉博學鴻詞，徵入京。青州相國馮溥預辟館相待，城東有萬柳園，溥休沐地也。一日，集應召者開宴賦詩，奇齡獨作《萬柳園賦》一篇，溥咨嗟，與宜興陳維崧文並稱之。試擢上等，授翰林院檢討，爲《朙史》纂修官，抂館。著《古今通韻》十二卷，上之聖祖，稱善。宣付史館。二十四年，充會試同考官。尋乞假歸，得痺疾，遂不復出。初，奇齡成《毛詩續傳》三十八卷，俄失其藁，又尋其綱領，鈔其遺緒，別著《詩札》《毛詩寫官記》《國風省篇》三篇。後與楚人楊洪才說詩，又有《白鷺洲主客說詩》一卷。晚僦居杭州昭慶寺，秀水朱彝尊舍抂其左，策杖來往，歡情日接。好事者寫爲圖像，以挹風溯流焉。奇齡是時猶著《仲氏易》，限一日一卦，六十四日書成，託於其兄錫齡所言。故曰：『仲氏。』奇齡自少至壯，躭於著述，不知老之將至也。仗氣負才，多所淩忽。崑山顧炎武、德清胡渭、山陽閻若璩方有盛名，奇齡皆輕之所作，經問以爲非者，若錢丙蔡氏頗隱其名，至於炎武渭，乃指斥唾詘。若璩辨《尚書》古文之僞，奇齡因作《古文尚書寃詞》，蘄勝若璩，或病其忮，終不肎改。若其人非雅士，便擲其書不觀，不屑更置一詞，由此甚忤於物。嘗以《子貢詩傳》《申培詩說》實朙豐坊僞造，將糾正之，作《詩傳詩說駁議》五卷。又發揮荀虞千侯諸家易說，旁參卦變卦綜，及辨先天圖之僞，於是有《春秋占筮書》三卷，《推易始末》四卷，《易小怗》五卷，《易韻》四卷，《河圖洛書原舛編》一卷。又因《春秋》經文自起條例，爲《春秋毛氏傳》三十六卷，《簡書刊誤》二卷，《屬辭比事記》四卷，以破宋胡安國《春秋傳說》，著《禮》經未就，成昏、喪、祭、禮、宗灋、廟制、郊社、禘祫、朙堂、學校問答數篇，頗發前賢所未發。奇齡著述時有可疵，然不失依據，後起者皆用其灋，崇尚漢學，不敢以空言說經，則奇齡爲有功於經義矣。素善樂律，家有朙甯邸所傳《唐樂笛色譜》，據以作《竟山樂錄》四卷。仰聞聖祖論樂及徑一圍三、隔八相生灋，因推闡之《聖諭樂本解說》二卷，《皇言定聲錄》八卷。聖祖南巡浙江，覽其書，奬勞之，并敕改譌字，宣付專行，賜御書一幅，以酬雅意。奇齡卒年九十四，門人蔣樞編次其集，分經集、文集、經集。《仲氏易》以下爲部四十，文集合詩賦序記他雜著凡二百三十四卷，論詩宗初唐、盛唐，不喜蘇軾詩，有譽軾者，諍辨不已。乾隆中輯四庫書，採奇齡書至四十許部，繫弟子籍者又有陸邦烈、盛唐、王錫、章大採、李塨、邵廷宷。邦烈，字又超，平湖人，著《聖門釋非錄》五卷。錫，字百朋，仁和人，諸生，有《嘯竹堂集》。沈德潛稱其詩置西泠十子中，固爲上乘，廷宷塨別見。

清 阮元《揅經室集》續二集卷二 毛奇齡，字大可，又字初晴，蕭山人。康熙十八年，以廩監生召試博學鴻詞科，授翰林院檢討，《四庫書提要·詞杯典故》。充《明史》纂修官，以葬親假歸，得痺疾，遂不復出。《蕭山志》。奇齡少頴悟，明季避兵其縣之南山，築土室，讀書其中。盛唐《西河先生傳》。已著《毛詩續傳》三十八卷。既以避讐，流寓江淮間，失其稿，乃就所記憶，著《國風省篇》《詩札》《毛詩寫官記》。復在江西參議道施閏章處與湖廣楊洪才說詩，作《白鷺洲主客說詩》一卷。明嘉靖中，鄞人豐坊偽造《子貢詩傳》《申培詩說》行世，奇齡作《詩傳詩說駁議》五卷，引證諸書，多所糾正。《四庫書提要·盛傳西河經集凡例》。暨在史館，著《古今通韻》十二卷，進呈聖祖仁皇帝，善之，詔付史館。《盛傳李天馥西河集·序》。歸田後，僦居杭州，著仲民（氏）《易》，一日著一卦，凡六十四日而書成，託於其兄錫齡之緒言，故曰仲氏。又著《推易始末》四卷，《春秋占筮書》三卷，《易小帖》五卷，《易韻》四卷，《河圖洛書原舛篇》一卷，《太極圖說遺議》一卷。其言易發明荀虞干侯諸家，旁通卦、卦變、卦綜之法，是後儒者多研究漢學，不敢以空言說經，實自奇齡始。而辨正圖書，排擊異學，尤有功於經義。《提要》先是奇齡官翰林時，康熙乙丑會試為同考官，分閱春秋房卷，心非胡傳之偏，有意撰述。《盛傳》至是，乃就經文起義，著《春秋毛氏傳》三十六卷，《春秋簡書刊誤》二卷，《春秋屬辭比事記》四卷，條例明晰，考據亦多精核。《提要》又欲全著《禮經》，以衰病不能，乃次第著《昏》《喪》《祭禮》《宗法》《廟制》及《郊》《社》《禘》《祫》《明堂》《學校》諸問答，多發先儒所未及。《盛傳經集·凡例》。至於《論語》《大學》《中庸》《孟子》，多所考證。而《大學證文》及《孝經問》，皆援據古本，力傳後儒改經之非，持論甚正。《提要》。奇齡之學淹貫羣書。《提要》所自負者在經學，數稱東漢人行誼，謂足見人眞性情。《紹興府志》惟好為駁辨以求勝，凡他人所已言者，必力反貢詞，如《古文尚書》，自宋吳棫後，多疑其僞，及閻若璩作《古文尚書疏證》，奇齡則力辨以為眞，遂作《古文尚書寃詞》，又刪舊所作《尚書廣聽錄》為五卷，以求勝於若璩。而《周禮》《儀禮》，奇齡則又以為戰國之書，至所作《經問》，其中所排斥者如錢丙蔡氏之類，多隱其名。而指名攻駁者惟顧炎武、閻若璩、胡渭三人，以三人皆博學重望，足以攻擊而余子則不足齒錄，其傲睨如此。《提要》。故不得為醇儒。沈德潛《別裁集小傳》。奇齡素曉音律，其家有明寧邸所傳《唐樂管色譜》，任史館時，據以作《竟山藥錄》四卷，及花籍。聞聖祖仁皇帝論樂，諭羣臣以徑一圍三、隔八相生之法，因推闡考證，撰《聖渝樂本解說》二卷，《皇言定聲錄》八卷。康熙三十八年，聖祖南巡，奇齡迎駕於嘉興，乃以《樂本解說》二卷進呈，蒙諭奬勞。聖祖三巡至浙，奇齡復謁行在，賜御書一幅。是時奇齡已歸蕭山故居，越數年，卒於家，年九十有四，無子，以兄子遠宗嗣。《盛傳蕭山志》。遺命勿輯文集，沒後，其門人蔣樞編輯，分《經集》《文集》二部，《經集》自仲民（氏）《易》以下，凡五十種。《文集》合詩賦序記及他雜著，凡二百三十四卷。《四庫全書》收奇齡所著書目多至四十餘部。奇齡弟子陸邦烈、盛唐、王錫、章大來、邵廷寀等，著錄者甚衆。李塨最知名，廷寀、塨自有傳。見本集及《四庫書提要》。邦烈字又超，平湖人。嘗取奇齡《經說》所載諸論，裒為《聖門釋非錄》五卷。謂聖門口語未可盡非也。《四庫書提要》

《清史稿》卷四八一《毛奇齡傳》 毛奇齡，字大可，又名甡，蕭山人。四歲，母口授《大學》即成誦。總角陳子龍為推官，奇愛之，遂補諸生。明亡，哭於學宫三日。山賊起，竄身城南山，築土室，讀書其中。

順治三年，明保定伯毛有倫以寧波兵至西陵，奇齡入其軍中。是時馬士英、方國安與有倫犄角，奇齡曰：『方、馬國賊也，明公為東南建義旗，何可與二賊共事？』國安聞之大恨，欲殺之，奇齡遂脫去。後怨家屢陷之，乃變姓名為王士方，亡命浪遊。及事解，以原名入國學。康熙十八年，薦舉博學鴻儒科，試列二等，授翰林院檢討，充明史纂修官。二十四年，充會試同考官，尋假歸，得痺疾，遂不復出。

初著《毛詩續傳》三十八卷，既以避仇流寓江、淮間，失其稿，乃就所記憶著《國風省篇》《詩劄》《毛詩寫官記》。復在江西參議道施閏章所，與湖廣楊洪才說詩，作《白鷺洲主客說詩》一卷。明嘉靖中，鄞人豐坊偽造《子貢詩傳》《申培詩說》行世，奇齡作《詩傳詩說駁議》五卷，引證諸書，多所糾正。洎通籍，進所著《古今通韻》十二卷，聖祖善之，詔付史館。

歸田後，僦居杭州，著《仲氏易》，一日著一卦，凡六十四日而書成，託於其兄錫齡之緒言，故曰『仲氏』。又著《推易始末》四卷，《春秋占筮書》三卷，《易小帖》五卷，《易韻》四卷，《河圖洛書原舛編》一卷，《太極圖說遺議》一卷。其言易發明荀、虞、幹、侯諸家，旁及卦變、卦綜之法。奇齡分校會闈時，閱春秋房卷，心非胡傳之偏，有意撰述，至是乃就經文起義，著《春秋毛氏傳》三十六卷，《春秋簡書刊誤》二卷，《春秋屬辭比事記》四卷，條例明晰，考據精核。又欲全著禮經，以衰病不能，乃次第著昏、喪、祭禮、宗法、廟制及郊、社、禘、祫、明堂、學校諸問答，多發先儒所未及。至於《論語》《大學》《中庸》《孟子》，各有考證，而《大學證文》及《孝經問》，援據古今，辨後儒改經之非，持論甚正。

奇齡淹貫群書，所自負者在經學，然好為駁辨，他人所已言者，必力反其詞。古文尚書自宋吳棫後多疑其偽，及閻若璩作疏證，奇齡力辨為真，遂作古文尚書冤詞。又刪舊所作尚書廣聽錄為五卷，以求勝於若璩，而《周禮》《儀禮》奇齡又以為戰國之書。所作《經問》，指名攻駁者惟顧炎武、閻若璩、胡渭三人。以三人博學重望，足以攻擊，而餘子以下不足齒錄，其傲睨如此。

素曉音律，家有明代宗籓所傳《唐樂笛色譜》，直史館，據以作《竟山樂錄》四卷。及在籍，聞聖祖論樂諭群臣以徑一圍三、隔八相生之法，因推闡考證，撰《聖諭樂本解說》二卷，《皇言定聲錄》八卷。三十八年，聖祖南巡，奇齡迎駕於嘉興，以《樂本解說》二卷進，溫諭獎勞。聖祖三巡至浙，奇齡復謁行在，賜御書一幅。五十二年，卒於家，年九十一。門人蔣樞編輯遺集，分《經集》《文集》二部，《經集》自《仲氏易》以下凡五十種，《文集》合詩、賦、序、記及他雜著凡二百三十四卷。《四庫全書》收奇齡所著書目多至四十餘部。奇齡辨正圖、書，排擊異學，尤有功於經義。弟子李恭、陸邦烈、盛唐、王錫、章大來、邵廷寀等，著錄者甚眾。李恭、廷寀自有傳。

著録

（雍正）《浙江通志·經籍》卷二五四 《湘湖水利志》三卷，蕭山毛奇齡撰。

《清文獻通考·經籍考》卷二一三 《湘湖水利志》三卷，毛奇齡撰，奇齡見經類。

《清通志·藝文畧》卷一〇〇 《湘湖水利志》三卷，毛奇齡撰。

《四庫全書總目·史部三十一·地理存目四》卷七五 《湘湖水利志》三卷，浙江巡撫採進本，國朝毛奇齡撰。

清 丁日昌《持靜齋書目》卷二 《湘湖水利志》三卷。《西河全書》刊本。國朝毛奇齡撰。

清 丁申、丁丙《八千卷樓書目·史部·地理類》卷八 《湘湖水利志》三卷，國朝毛奇齡撰。全集本。

《清史稿・藝文志二》卷一四六　《湘湖水利志》三卷，毛奇齡撰。

雜録

清　毛奇齡《西河集》卷七〇《湘湖水利永禁私築勒石記》　此文縣中藩臬二司敕勒石者，縣復以不便，於已假他紳一文刻縣志中，後改正。

蕭山湘湖，宋邑令楊公所開湖也。公據熙寧、大觀間縣民殷氏等有請築湘湖之奏而下議未決，公決議成之，遂開此湖。用以灌九鄉田一十四萬六千八百餘畝，歷南渡高孝兩朝，邑令顧公諱沖者以九鄉爭水，度地勢高下定諸鄉放水之則，算毫釐酌多寡勒石縣門，因有『劃堤斷臂、穴水鈦趾』之令，而其後郭公淵明於嘉定之末來宰斯邑，則益加疏濬，凡湖傍山足尺寸皆湖，所謂以金線為界者，謂山足黄土外皆湖水也。自明（弘）治間，湖豪孫全等漸起侵佔，鄉官致仕。尚書文靖魏公力為恢復，而禦史何公舜賓繼之，不幸禦史被害，孝子伏闕，孝宗皇帝親遣給事李舉、郎中李時、大理寺曹廉，同外鎮巡官反覆審理，置孫全於辟。敕邑令楊公鐸勒石湖口，毋侵、毋佃、毋私築、毋蝕水涘、毋倚圩傍岸以漁、以草、以栽、以畜，犯則重者辟，輕者釘發遼東衞，永遠充軍，載在實錄，播諸誌傳，彰彰也。今康熙二十八年，距向勒石時幾一百八十餘載，恪遵舊制，無敢越者，乃忽以秋暵湖涸，湖豪孫凱臣等糾集畚鍤一麾而千人，不鳴官，不暴衆，築堤數里。自湖西至東兩山之間，橫跨湖面而攔截之。邑令劉君據水利衙報文申請而無如阻之者之衆也。夫湖職蓄洩，不職行走，況兩山陒塞，従非五達，揣其用心，不過為風水計耳。夫兩山墳墓下有關沙可以動，勢家巨族相助之心而實則倚圩而栽、滙巖而漁，正曩時侵佔所由禁也。夫湖分為三，其於上湖下湖不無偏曲，然且放水早晚，限有時刻，堤截水緩則於限刻最少者，每有水未出堤而即行閘止之患然而九鄉泄泄獨澇湖蔣棫等爭先控告，會郡伯李君初下車時，惑於阻撓，屢敕集議而卒之用予末議始敕令剗削榜枡示衆，而豪黨多力抗拒官法府復據縣申之藩臬二憲司，藩臬二憲司仍下之府縣，剗削按律且為之永禁，以勒之石。夫創始之難，不如守成開之者一時而爭，而守之者乃在萬世。第宋代敕法皆當事主之故，洪武祀功尚有楊趙顧郭之祠建於湖濱，而入明以來則藉鄉官為力持，故（弘）治賜祠特敕名德，惠以祀楊魏，而其後何氏父子得祔其傍，今鄉人委蛇動多退諉築堤變制，無一人為之爭執，而一二州縣守令儻惑於豪強，而動多變法，此則生斯土者之一大患事也。夫以宋世侵牟，雖郡王之尊，招討之貴，一丞尹持之而有餘。而孫氏一佔即極之尚書禦史門生數世之恢復而猶不足。今遺孽復興，幾壞大事，及此不戒，將何底止，因為布諸石，而禁之如右。若其禁條，則具見宋淳熙十一年、嘉定六年、明正統五年、景泰四年、（弘）治十三年、正德十五年，今大清康熙二十八年，禁罰各例載《湘湖水利志》中。

東南水利

綜述

《四庫全書總目・史部三十一・地理存目四》卷七五　是書前四卷録康熙以來太湖、劉河、白茆、孟河諸處興修開浚奏議公牘。第五卷録折解、緩徵、議賑、兵糧、關稅諸奏議。其目録内自注有曰：是卷内有無關水利，因當事大臣仰體主恩，曲為生民請命，俾安樂利，故載入。蓋因水利而附録者也。第六卷、七卷皆前代水利沿革，於郡城修築之外，亦附録賦額、田稅、均糧、鹽口諸事。蓋亦留心於民事者，然志乘皆已具載，此為贅出矣。

傳記

《四庫全書總目・史部三十一・地理存目四》卷七五　愷曾，歸安人，康熙壬戌進士，官至山東道監察御史。

清　黄叔璥《國朝御史題名》『康熙三十年』條　沈愷曾，號樂存，字虞士，浙江歸安人。康熙壬戌進士，由翰林院庶吉士改山東道御史，兩廣巡鹽。

清　潘衍桐《兩浙輶軒續録》卷三　沈愷曾，字樂存，歸安人。康熙壬戌進士，官監察御史。

《**清史稿**》**卷二八二**《**沈愷曾傳**》 沈愷曾，字樂存，浙江歸安人。康熙二十六年進士，選庶起士。三十年，改山東道御史。喀爾喀率屬內附，上親出塞拊循。愷曾疏言：『巡行口外，為蒙古諸臣定賞罰，編戶口，安插新附。但聖躬遠出，間關崎嶇，乘輿勞頓於外，群臣晏息於家，臣心何安？宜遣部院大臣經理，令逐一奏聞，仍與皇上親行無異。乞傳旨暫緩此行。』疏入，不報。上還京師，召愷曾入對，賜宴。三十五年，上親征噶爾丹，歲暮，以餘孽未靖，復出塞。愷曾復上疏請回鑾，語甚剴切。

順天學政侍郎李光地有母喪，命奪情視事，光地請給假九月，言路大譁。愷曾疏言：『學臣關係名教，表率士子。使衰經者衣錦論文，其何以訓？宜令終喪，以隆孝治。閣臣職司票擬，理應委曲奏請，始不當有在任守制之票，既不當有仍遵前旨之擬。科臣職司封駁，閣臣票擬不當，科臣繳旨覆奏，固其職也。乃亦復默然，不知其所謂封駁者何在也？臣不敢以妄擬閣臣為嫌，劾奏同列為咎。』疏入，下九卿議，尋用彭鵬言，令解任在京守制。陝西提督孫思克請令富民納粟佐軍，愷曾論奏乞敕部停止，上是之。

入臺七年，疏數十上，伉直敢言。曆掌山西、江南、浙江、河南道事，管登聞院。三十八年，巡兩廣鹽課，多惠政，商民德之。報滿，留任一年。還京，復掌山西道。丁父憂，以廣東運使罣誤事連坐，罷官。四十四年，上南巡，召試行在稱旨，賜御書。尋卒。

著録

《**清文獻通考・經籍考**》**卷二一三** 《東南水利》八卷，沈愷曾撰。愷曾，歸安人，康熙壬戌進士，官至山東道監察御史。

《**清通志・藝文略**》**卷一〇〇** 《東南水利》八卷，沈愷曾撰。

《**四庫全書總目**》**卷七五**《**史部三十一・地理存目四**》 《東南水利》八卷，浙江巡撫採進本，國朝沈愷曾撰。

（**同治**）《**蘇州府志・藝文志四**》**卷一三九** 沈愷曾《東南水利》八卷。

《**清史稿・藝文志二**》**卷一四六** 《東南水利》八卷，沈愷曾撰。

治水要議

綜述

《**四庫全書總目・史部三十一・地理存目四**》**卷七五** 宗彝有《易宗集注》，已著録。此書載曹溶《學海類編》中。其議治河之法，以築歸仁堤、疏周家橋為主。蓋亦執一偏之見，未坐論起行也。

傳記

清 阮元《**淮海英靈集**》**乙集卷一** 孫宗彝，字孝則，號虞橋，高郵人。順治丙戌舉人，丁亥進士，授中書科中書，掌科事。本州舊有優免馬差、房差、田差、現催丁差等害，孝則首請除之，著爲令。又上請明職業、請歸職掌等疏，擢吏部考功司主事，轉員外郎。時有以城工授官者，力持不可。堂官劉正宗、郎中宋牧民怒之，誣孝則以索詐下部。面質冢宰，議均得罪。上直宗彝，免之。獨坐牧民。調文選司，典試河南，轉稽勳司郎中，又補考功司，外陞薊州分巡道副使，以病歸。適里中水患，孝則為請賑，收活甚多。又建議周橋不可開，宜激淮水刷沙，河流之奠，終用其議。唯論治河之工搜弊太露，觸怒河員，姦民乘隙誣以他事，遂下揚州府獄。總督於成龍知其冤，將昭雪之，會病死獄中。太守崔華傷之，以禮殮葬，州人哭者徧於道路，年七十二。所著有《愛日堂詩集》四卷，《易宗》十二卷，《圖説》一卷，《律數》四卷，《文集》十二卷。

著録

《**清文獻通考・經籍考**》**卷二一三** 《治水要議》一卷，孫宗彝撰。宗彝見經類。宗彝字孝則，高郵人，順治丁亥進士，官吏部郎。

《**清通志・藝文略**》**卷一〇〇** 《治水要議》一卷，孫宗彝撰。

《四庫全書總目・史部三十一・地理存目四》卷七五　《治水要議》一卷，編修程晉芳家藏本，國朝孫宗彝撰。

清　丁申、丁丙《八千卷樓書目・史部・地理類》卷八　《治水要議》一卷，國朝孫宗彝撰。學海類編本。

太湖備考

綜述

《四庫全書總目・史部三十一・地理存目四》卷七五　是書卷首為巡幸圖說，卷一總志太湖，卷二為沿湖水口、濱湖山，卷三為水治、水議，卷四為兵防、湖防、論說、記兵、職官，卷五為湖中山泉、港瀆、都圖、田賦，卷六為坊表、祠廟、寺觀、古跡、風俗、物產，卷七為選舉、鄉飲，卷八為人物，卷九為列女，卷十、十一為詩，卷十二、十三為文，卷十四為書目、災異，卷十五為補遺，卷十六為雜記。大旨為明人《太湖志》《震澤編》，皆詳於湖中而略於湖外，以所重在名勝，而水利、兵防不及悉，故以此書補所闕云。

傳記

《四庫全書總目・史部三十一・地理存目四》卷七五　友理字玉相，吳縣人。

著録

《清文獻通考・經籍考》卷二二三　《太湖備考》十六卷，金友理撰。友理，字玉相，吳縣人。

《清通志・藝文志》卷一〇〇　《太湖備考》十六卷，金友理撰。

《四庫全書總目・史部三十一・地理存目四》卷七五　《太湖備考》十六卷，浙江巡撫採進本，國朝金友理撰。

清　丁日昌《持靜齋書目》卷二　《太湖備考》十八卷。乾隆庚午刊本。國朝金友理撰。

清　丁申、丁丙《八千卷樓書目・史部・地理類》卷八　《太湖備考》十六卷，國朝金友理撰。原刊本。

（同治）《蘇州府志・藝文志四》卷一三九　金友理《太湖備考》十六卷。附其師吳曾所著《湖程紀略》一卷。

《清史稿・藝文志二》卷一四六　《太湖備考》十六卷，金友理撰。

藝文

清　吳錫麒《有正味齋集》卷一八《駢體文・啟・謝朱緩亭惠太湖備考啟》　三萬頃湖環震澤，匹練平鋪。東西而山峙洞庭，雙螺涌現。其中菱蒲之產，橘柚之租，冗毛緐羽之宗，名蟹佳蝦之族。菰敷殷阜，孳育繁昌，居之咸有以怡生，游者亦因而忘返。更有千溇百瀆，往渚還汀。鏘鳴若環，篆折成字。每當荷花消夏，雲錦被唐，梅樹浮春，香雪鋪海。莫不臨風結賞，望景爭途。僕躡屐屢迷，投足無所。欲八山不為生客，須濟勝先。乞導師乃蒙地志，寵貽山經。惠逮能使眼明，粉本指見螺紋。辨廬井而知炊白之鄉，企煙霞而得梯青之路。有時藥勸，可當臥游。如用餽貧，即為詩料。讀教三日，報愧一瓻。雲霧深扃，即是靈威之秘笈。江湖獨浪，此為笠澤之叢書。

蕭山水利書初集

綜述

《四庫全書總目・史部三十一・地理存目四》卷七五　蕭山水利以湘湖為最溥，明初其邑人禦史何舜賓嘗以清理占田被禍，玹為舜賓婿，因取章懋、魏驥所輯《水利事蹟》合梓以行，以備考驗。康熙五十八年，有私決湘湖者，水利幾廢。鴻雯據舊本重加訂正，文瑞又旁搜黄震《萬柳堂記》等文十二篇為續集，並刊行之。雍正十三年，文瑞又以舊作《西江塘》《湘湖紀事稿》二帙輯為三集。其附集則蕭山水利十條，即明紹興知府賈應璧所撰圖説之舊本也。

傳記

（雍正）《浙江通志》卷一三一　成化十七年辛丑科王華榜：富玹，蕭山人，僉事。

《四庫全書總目·集部三十八》卷一八五　文瑞，字雲表，六湖其號也。蕭山人，官青州府同知。

清　阮元《兩浙輶軒録》卷一六　張文瑞，字雲表，號六湖，蕭山人。官青州府同知。著《六湖詩稿》。

（光緒）《重修安徽通志·人物志·宦績十八》卷一九六　王學懋，字德昭，合肥舉人。以團練功洊保道員，署常州知府。時蘇常初復，流亡未歸。學懋招徠安集之，以勞卒官。同治四年，贈光禄寺卿，附祀蘇州無錫昭忠祠。《合肥縣志》。

著録

《清通志·藝文略》卷一〇〇　《蕭山水利書初集》二卷，續集一卷，三集三卷，附集一卷，初集來鴻雯重訂明富玹原本。續集、三集皆張文瑞編，附集文瑞之子學懋編。

《四庫全書總目·史部三十一·地理存目四》卷七五　《蕭山水利書初集》二卷，續集一卷，三集三卷，附集一卷，浙江汪啟淑家藏本，初集明富玹編，國朝來鴻雯重訂。續集、三集，皆國朝張文瑞編。

清　阮元《文選樓藏書記》卷一　《蕭山水利》二卷，《續刻》一卷，《三刻》三卷，刊本。是書記江塘及邑中諸湖水利。前編爲明僉事富法所輯。後二編係邑人張文瑞續纂。

《清史稿·藝文志二》卷一四六　《蕭山水利書》七卷，來鴻雯、張文瑞、張學懋同撰。

治河前策

綜述

《四庫全書總目·史部三十一·地理存目四》　是編乃其肄業中山書院所作。分前策、後策二集。前策三十篇，皆詳述《禹貢》水道及歷代遷徙之跡，而評其得失。後策十一篇，皆條析現在利病。前策大旨主復北派放河使東入海，自不病會通。後策大旨主閉南崖減水壩，不引濁沙入湖，添建北崖減水壩，另辟海口以泄其泛漲。

傳記

《清文獻通考·經籍考》卷二二三　祚泰，字粹中，滁州人，乾隆壬申舉人。

《四庫全書總目·史部三十一·地理存目四》　祚泰，字粹中，滁州人，乾隆壬申舉人。

（光緒）《重修安徽通志·文苑八》卷二二九　馮祚泰，字粹中，滁州人。乾隆壬申舉人。詩文有奇氣，膽略過人，嘗裹糧徒步出游，偏歷沿河各地，探黄淮水道利弊，著《治河前後策》四卷。《四庫全書》存目，《滁州志》。

著録

《清通志·藝文略》卷一〇〇　《治河前策》二卷，後策二卷，馮祚泰撰。

《清文獻通考·經籍考》卷二二三　《治河前策》二卷，後策二卷，馮祚泰撰。

《四庫全書總目·史部三十一·地理存目四》　《治河前策》二卷，

後策二卷，浙江巡撫採進本，國朝馮祚泰撰。

水鑒

綜述

《四庫全書總目・史部三十一・地理存目四》卷七五　皆積水為患之區，因即所見聞，勒為一編。凡論十四篇，說四十四篇，策六篇，考四篇。刻於乾隆癸酉，其論淮徐一路，皆身所閱歷之言。其他如江南、浙江、湖北、山東諸水，則亦傳聞之論。至於黃河源流一篇，仍襲元人舊說，尤未得其真也。

傳記

《四庫全書總目・史部三十一・地理存目四》卷七五　起元，閩縣人，曆官盱眙縣知縣，遷泗州知州、宿虹同知。

（光緒）《重修安徽通志》卷一四六　郭起元，字復齋，福建閩縣人。以賢良方正授舒城知縣，下車，釋冤獄數十人。《福建通志》新增。

（光緒）《重修安徽通志》卷一四九　郭起元，閩縣人。調盱眙，攝泗州知州。淮河泛濫，居民蕩析。起元相度地勢，周知要害，創置盱眙城，延紳纂縣志，遷宿虹同知修隄，力除積弊，築工堅固，大汛無決。《福建通志》新增。

著録

《清文獻通考・經籍考》卷二二三　《水鑑》六卷，郭起元撰。起元，閩縣人，官至宿虹同知。

《清通志・藝文略》卷一〇〇　《水鑑》六卷，郭起元撰。

《四庫全書總目・史部三十一・地理存目四》卷七五　《水鑒》六卷，福建巡撫採進本，國朝郭起元撰。

安瀾文獻

綜述

《四庫全書總目・史部三十一・地理存目四》卷七五　是編輯前明及國朝修治南河大要，分為四篇：一曰分黃，二曰導淮，三曰利運，四曰全下，以皆錄前人奏議之詞，故名曰文獻。其大旨在：於劉老澗多設滾壩，疏通沭河，以六塘清水道之，使疾趨入海，以治河；於張福口、裴家塘等處浚引河，使洪澤之水盡出雲梯關以治淮。又繪圖冠於卷首，末有乾隆十年重刻書後一篇，乃其病中所作。謂潘季馴稱河不兩行，乃泇河未創、中河未開以前，以黃河為運道，故有是說。今則運道自清河、桃源以上，已無藉於黃河，自宜隨時籌畫。又稱惟別穿一渠之說，必不可行。穿則河水橫經，運道挾之而走，實有可虞。黃壩新河之陳跡足鑒云。

傳記

（乾隆）《江南通志・職官志》卷一〇七　吳塔司巡檢一員。沈光曾，秀水人，監生，雍正十年任。【略】沈光曾，雍正十三年，回任。

《四庫全書總目・史部三十一・地理存目四》卷七五　光曾，秀水人，官高郵州知州。

著録

《清文獻通考・經籍考》卷二二三　《安瀾文獻》一卷，沈光曾撰。光曾，秀水人，官高郵州知州。光曾自序曰：潘季馴稱河不兩行，乃泇河未創，中河未開，以前以黃河為運道，故有是說。今則運道自清河桃源以上，已無藉於黃，自宜隨時籌畫。

《清通志·藝文略》卷一〇〇　《安瀾文獻》一卷，沈光曾撰。

《四庫全書總目·史部三十一·地理存目四》卷七五　《安瀾文獻》一卷，兩江總督採進本，國朝沈光曾撰。

畿輔水利輯覽

綜述

清　吴邦慶《畿輔水利輯覽·序》　嘗聞諸鄉前輩云，直隸水道自漢時河改由千乘入海，《禹貢》冀州九河之道不可尋已，至漢建安遏淇水入白溝，通運道於遼東。隋伐高麗，又作永濟渠，餉糧於涿鹿。宋何承矩修理緣邊塘濼，至元成會通河，其後漳流滹沱，朝遷暮徙，水道蓋三四變。歷代《河渠志》及桑經、酈注、《元和郡國圖志》《太平寰宇記》《元豐九域志》歐陽忞之《廣輿志》皆不可執求之，至《水利營田》則惟宋何承矩故跡差可考，餘則陵穀變遷惟傳誌紀載耳。余心識之，然考諸《宋史》及雜説部何承矩之，塘濼爲邊防，起見水田特以餘力及之耳，後之守邊者不知其深意，反洩塘水以爲田，而圖目前之小利，王安石又力主之故，水田較增而塘濼漸廢，坐失地險，可謂不達已繼而講求水利者。元則有郭太史守敬《虞文靖公集》，丞相脱脱第郭太史所陳水利十一事，傳惟載其水道一則，而中統中所上六事，談河道水田者各半，虞文靖公之議頗詳。丞相脱脱卽踵其議而惜未能竟明，則倡其説者爲徐尚寶貞明，試行於天津者，則汪公應蛟、左公光門諸公，或指畫明切，或見諸行事，其言皆可寶貴。愚嘗論用水之法，如吴越之間地勢平衍易於引流，故古稱平江路，此易於見功之地也。然錢氏竊據及宋南渡時皆設撩，淺夫修治湖港，歲費鉅萬亦非坐享樂利已。或謂水在高處難用，則江西湖廣等處引山泉，自上而下鑿山爲田，如列阪然，非用山上泉乎，如謂流激難用。余嘗行閩楚間諸山河，槽置石爲灘以壅其流，旁設風輪激水而上以注於塘，非用急流乎？至運道所關綦重也，而淮揚之間傍運東岸，設閘座涵洞放水灌田，運道亦未嘗有礙也。如謂濱海之地苦於潮鹹，則如通泰之間范公隄設立閘座，隄以禦鹹鹵之潮，閘以洩有餘之水，亦何曾不收其利乎？卽如漳水至今無用者而西門史起用之，於前曹魏用之，於後史言曹公設十二磴轉相灌輸，惜此法不傳耳。余竊嘗留心此事，於直隸水利之説，尤所究心，遇則雜抄之。然如史稱漢張堪爲漁陽刺史，營水田八千餘頃，後魏裴延儁修漁陽堰，又營督亢渠及劉靖修戾陵堰，諸事功有可紀而蹟無可考，徒令人想望美利而已。宋何承矩事錯見於本傳及《河渠志》諸説部，元虞文靖公傳内惟一短疏，亦係節本，然《道園學古録》亦無一語，及此事至明徐貞明本傳，撮其《潞水客談》精要都盡。愚前已刻之不録，惟渠尚有田書不傳爲可惜耳。至汪左兩疏載諸本傳者頗略，然自是史體應爾。余於《續文獻通考》中抄得汪公全疏，於左忠毅公奏疏内抄得屯田，及請立屯學全疏。他如董應舉、張慎言、魏呈潤、葉春及皆有疏，陳水利俱採之，爲《畿輔水利輯覽》一卷。又明袁黄字了凡，嘗宰寶坻，教民引水種稻，並著有《農書》惜未得全本，嘗見《寶坻志》中摘其數則，亦以入編。余備藩豫中時嘗計通省墾熟之田七十二萬餘頃，而盛世滋生人口大小共二千餘萬，人數日增而田不能闢，計惟有營治水田一法，爲補救之良策。蓋陸田每夫可營三十畝，水田不過十畝，而歲入倍之，時朱絅齋居幕中方撰《豫乘識小録》，遂著《田渠説》並將豫省凡有水田之處，皆按志乘臚列其泉水旺弱，及灌田多寡。余將檄行諸邑查報，督率墾治而旋奉命，撫楚南匆匆行矣。至今遺憾焉，茲將其田渠説附於後事，雖無關於畿輔，然於此事亦可取資云。道光三年歲在癸未仲秋益津吴邦慶撰。

傳記

（光緒）《順天府志·人物志十三》卷一〇三　吴邦慶，號霽峰，霸州人。成童而孤，母孟督之嚴。由乾隆五十四年拔貢，官昌黎訓導，六十年舉人。嘉慶元年進士，改庶吉士，授編修，尋擢御史。言軍機章京，宜令大員子弟迴避，以嚴樞密，遂著爲令。十四年，巡漕濟甯，奏請重浚運河，並請復山東春兑春開。舊制，以杜州縣折收虚兑之弊，而蘇丁船守，凍沿河民夫派巡之累。十六年，東河水淺滯運，議先閉分水口迤北之柳林閘，使水南下，俟挽船過，分水口，卽閉迤南之寺前閘，托水北趨而開柳林閘，放船順流以出，如其言，漕得速達。十九年，擢鴻臚寺少卿，偕内閣學士穆□督通永道張五緯濬北運河，事竣，授内閣侍讀學士。二十年，授山西布政使，旋調河南布政使。河南常平倉穀久缺，飭屬補之。又通省地丁三百餘萬，皆由胥役催納，民之全完者，胥役輒蝕其半，以爲民欠。或先期墊交而倍取償於民，民欠日多而力益困。邦慶諭民自納，有胥役包納及多索者，許其首告。於是輸將踴躍，積三年賦無逋者。二十三年，擢湖南巡撫。次年，調福建巡撫，未至閩，授刑部侍郎。途次，命往河南查馬營壩大工。二十五年，授安徽巡撫。時河南蘭儀漫口未合，黄水由亳挾渦以注於淮，洪湖汎溢，浸連鳳、潁，乃與南河總督黎世序商放湖水以洩盛漲，而親往災區賑撫。未幾，以審案被議落職，奉旨賞給編修。道光三年，請假修墓。是年，雨潦盛積，經流支川皆成水患。直隸則滏陽自磁州北至大陸貫二泊，會滹沱以入南運河。而正定宣化古北口關内外諸水或入清河，或入永定，或入北運河，皆與南運河匯於天津，以趨一綫之海河，下流壅而上流益潰。聖天子軫念郊圻，特詔大員疏通河道，並將修復。雍正初年，畿輔水利。邦慶遂著《畿輔水利叢書》。姚元之《吴公墓誌銘》書自序云：本朝定制於經流，則設總河及河道，以司修防，而塘堰圩圍則府州縣佐，皆兼水利之銜以董之。世宗憲皇帝時因興修直隸水田，特設營田水利，並設觀察副使諸官各揚其職。觀建官之制而斯事之各爲一局也。竊欲分水學爲二，如防江之垸，禦海之塘，黄河隄埽及他廣川洪流之分合通塞曰河道，直隸之澱泊，丹陽之圩圍，吴越之漊港，關中六輔龍骨，陳潁鴻卻鉗盧，其設閘、建壩、撩淺、留泥諸法曰水利，各採專門諸書以附之，庶成規犂然，往復講習，可資世用，以合於湖州學治事齋之遺法。《畿輔河道水利叢書序》。其序明徐貞明《潞水客談》云：天下之水未收其利，須先去其患。水利在灌溉而患在衝決淹浸，故興水利者，留水以爲用。而除水患者，則排之而使去也。事雖殊塗而功歸一致，特施工分先後緩急耳。有明一代言水利於畿輔者頗有人，而貴溪徐儒東先生之《潞水客談》爲最著，至所謂致力當先於水之源，源分則流微而易御，田漸成則水漸殺，水無泛濫之虞，田無衝激之患，是興水利卽可除水患，此論祗可施於尋常湖蕩山泉小水，若畿輔諸大川，不能以此説施，當别有疏濬之法在。《潞水客談序》。又跋陳學士儀《直隸河渠志》云：欲治河，莫如先擴達海之口，欲擴海口，莫如先減入口之水，洵可謂片言居要，是以南北運各設減河，皆所以減入口之水也。然此止以減南北運之水耳。七十二清河之匯於東澱，滹沱、滏陽、大陸甯晉二泊之匯於子牙河，專以三岔河一綫爲尾閭，獨無法以減之乎？何公之未嘗言及此也。豈當時澱泊尚不似今日之淤淺，止此已足分其勢而暢其流耶。《直隸河渠志跋》。又跋《陳學士文鈔》云：公居文安城，而祖居則在東澱旁之西馬頭。又自登賢書，後遊於津門者迨二十年，計其扁舟往返，目睹利病者已久。一旦獲佐營田之任，遂抒其素藴，以爲設施。所謂成竹在胸，遂能迎刃而解者，故其論擴海口，論治澱，雖元郭太史、明潘印川殆無以易之。然於其論永定河及文安河道事宜，不能無疑焉。其於永定河謂宜引之南下，束以隄防，於河澱皆無淤墊之害。夫濁性之水流緩則沙停，槽寬則溜緩。永定從前之不能淤墊河澱者，以任其東西蕩漾，故泥沙皆澄沈於固永之間。逮至與清河合流，已漸成清流矣。今若隄以束之則流急，流急則沙泥俱下，迨至入澱，則勢分溜散嗎，有不淤墊者乎？若以隄束永定河而南則濁流闖注，必致高仰立形。竊謂因其故道而變通之，仍用其下口入海之路，未必無策也。至文安爲公桑梓之地，東距東澱，西距五官澱，北距清河，衆水所臨，勢如釜底。公之意則甚惜郡丞徐元禹之議不用，竊謂保定界立閘引水易，龍塘灣立閘洩水難，蓋近日形勢，澱身較高於陸地，則溝渠之水安能瀉之澱中？竊擬文邑宜堅築三面之隄，東防東澱，南防五官澱，北防玉帶河。再於保定東擇地開減河一以洩秋汛盛漲，一以分潤圍田。由左各莊迤下歸入澱池，減河亦宜設立隄堰，然後爲圍田於其兩旁，借隄爲圍，借圍護隄，使一圍之内有田三百頃，則村落必有千家。春之暇，合力修圍。秋水盛，同心防範。減河之旁，或爲涵洞，或爲引渠。旱則分潤，潦則閉關。不惟陽侯不能爲災，卽旱魃無由肆虐矣。《陳學士文鈔跋》。其言皆通達事理，鑿然有裨於實用。蓋邦慶家玉帶、會同河之間，少時嘗究心於畿輔水利，洎通籍，往來淮徐楚豫之地，觀於江淮、河湖、清濁交滙而得其蓄洩、箝制、疏引、灌溉之法，復稽往籍，求今昔之異，與易地而可以相師，同事而不能相襲。或功本可成，以持論未善而爲浮議所撓；或效已漸收，而他事方興，未旋踵而已廢。一切錯綜不齊之，故參互融貫，務使師古而不執。因地以爲宜，取資博故擇之精，發慮審故語之詳。其所謀畫，又皆桑梓素習之處，故文成百數十萬言，而無一言之不可施於用，逾年，書成，思致之當事而未果。九年，授洗馬。十年，授少詹事，旋授貴州按察使。越日命署漕運總，督習聞軍船私載津鹽爲淮綱病，謂當因所利而利之，不可遽禁以法。於是指示開導，令載他物之可以獲利者，而弊遂絶。十二年，授河東河道總督，以山東運河，惟恃四百八十四泉爲灌注，請復設泉河通判，以專責成。修防餘閒，則率道廳捐資，造水車。馬營壩北及蔡家樓大窪積水地七千餘畝爲良田。十五年，以改撥人員被劾，仍賞編修，時年已七十，遂致仕。邦慶官河南布政時，嘗延永清朱孝廉雲錦於幕，考豫省志乘所載有水田處，臚列其泉水旺弱，溉田多寡之數爲《田渠説》，將檄郡邑墾治。以往楚南，未及行，乃以其説附之《畿輔水利集》中。至是始於河堧數千畝廢地一試其端。若著書之志，固未之能滿也。道光二十八年卒，年八十有三。（吴公墓誌銘）

《清史稿》卷三八三《吴邦慶傳》　吴邦慶，字霽峯，順天霸州人。以拔貢官昌黎訓導。嘉慶元年，成進士，選庶吉士，授編修，遷御史。巡視東漕，奏請重浚運河，並復山東舂兑者開舊制。數論河漕事，多被採用。十九年，擢鴻臚寺少卿，命偕内閣學士穆彰阿督濬北運河。累遷内閣侍讀學士。二十年，出為山西布政使，調河南，護理巡撫。二十三年，擢湖南巡撫，調福建，未之任，湘潭土客民群鬬，死傷甚衆。侍郎周系英面陳與邦慶疏奏有異，命總督慶保往按。邦慶亦發系英私書，系英獲譴；邦慶鐫級，以三品京堂用，補通政使。二十五年，擢兵部侍郎，調刑部，尋授安徽巡撫。

黄水注淮，鳳、潁被災，而皖南苦旱，親赴災區賑撫。涇縣民徐飛瀧傷斃，邦慶誤聽承審官謂由於徐孝芳捏傷圖賴，奏捕之，激衆拒捕。命兩江總督孫玉庭鞫治，得其狀，詔斥邦慶幾釀寃獄，部議革職，予編修。累遷少詹事。道光十年，授貴州按察使，未之任，予三品卿銜，署漕運總督，尋實授。禁糧船裝載蘆鹽，請緝拿沿河窩頓。十一年，調江西巡撫。

十二年，授河東河道總督，以不諳河務辭，不許。初，嚴烺在東河，多用碎石拋護，歷年歲料未有節省，詔飭覈減。邦慶疏請：『酌改舊章，每年防料經費四成辦楷，六成辦石。蘭儀、商虞、下北三廳現工險要，仍專案請辦碎石。所議六成之石，積儲數年，使各廳皆存二千，方緩急可恃，則專案之石亦可逐年遞減。』從之。武陟攔黄堰民築民修，嗣歸廳管，工段歲增。十三年，奏定畫界立石，官民分守，如有新生埽工，先借帑辦理，按河北三府攤徵歸欵。以山東運河全賴泉源灌注，請復設泉河通判，以專責成。壽東汛滚水壩外舊有土堰，為蓄汶敵衛，以利漕運，大水鄉民私開釀事，奏立誌樁。濟運之水以七尺為度，重運過竣，啓堰以利農田，如議行。

初，邦慶著《畿輔水利叢書》，後在官，考河南通省志乘所載有水田處，臚列其水之衰旺，溉田多寡之數，為《渠田説》。修防之暇，率道廳捐貲造水車，就馬營壩北及蔡家樓大窪積水地七千餘畝試行墾治。先是，邦慶因碎石工劾嚴烺，罷之。既而給事中金應麟亦劾邦慶保舉過濫，動撥過多，十五年，命大學士文孚、山東巡撫鍾祥按之，坐違例調地方人員改歸河工，及以屬員為幕僚，廳員饋銀不奏參，褫職，詔復斥其參劾嚴烺遲至三年之久，亦屬取巧，念在任三屆安瀾，加恩復予編修。年已七十，遂告歸，二十八年卒。

著録

清　丁申、丁丙《八千卷樓書目·史部·地理類》卷八　《畿輔水利輯覽》一卷，國朝吴邦慶撰，畿輔水利叢書本。

又　《畿輔河道管見》一卷附《水利私議》一卷，國朝吴邦慶撰，畿輔水利叢書本。

（光緒）《順天府志·藝文志五》卷一二六　吴邦慶《畿輔河道水利叢書》十三卷，存。邦慶事蹟詳先賢傳，是書首列陳儀《直隸河渠志》一卷，陳學士《文鈔》一卷，徐貞明《潞水客談》一卷，怡賢親王《疏鈔》一卷，《水利營田圖説》一卷，亦怡賢親王開墾水田時所繪。《畿輔水利輯覽》一卷，《澤農要錄》六卷，《畿輔水道管見》一卷，附《水利私議》，皆邦慶所自撰也。邦慶生自水鄉，深知疾苦，濡染於陳學士儀之緒餘，搜訪夫怡賢親王之舊迹，思擘綜今古，推廣溝洫，水利既興，水患永去，甦桑梓之疾苦，興畿輔以富强，用力搜採，最爲淹博，前五種每種有跋，皆詳論夫今昔異勢，及可行不可行之端，不强爲異同，不輕爲附和，是有心得，豈同夫口給也。《水利要覽》輯宋何承矩、元虞集等之論，皆治水成規之可節取者；《澤農要録》稽魏賈勰、元王楨等之書，皆明農成法之可參考者；《河道管見》、《水利私議》，則邦慶言其所見，改河道、開水田、籌資本、平租仔，經畫井井，不爲無益之談。雖今時易勢殊，今去邦慶之時較邦慶去儀猶為緜遠，所論未必盡屬可用，然留心畿輔河道者，必以此書為總匯焉。

清 張之洞《書目答問·史部》卷二 《畿輔河道水利叢書》十五卷，附圖，吳邦慶。道光四年刻本。九種。

清 劉錦藻《清續文獻通考·經籍考十》卷二六六 《畿輔河道水利叢書》十五卷，吳邦慶編。邦慶，字霽峰，順天灞州人。嘉慶丙辰進士，官至南河河道總督。

《清史稿·藝文志二》卷一四六 《畿輔水利輯覽》一卷，《水利營田圖說》一卷，《畿輔河道管見》一卷，《水利私議》一卷，吳邦慶撰。

水利營田册説補

清 吳邦慶《水利營田册説補·跋》 畿輔水利之議，難之者有三；謂水田胝胼之勞十倍旱田，北方民性習於偷逸，不耐作苦一也。南方之水多清，北方之水多濁，清水安流有定。濁水遷徙不常，又北水性猛，北土性鬆，以鬆土遇猛流，嚙決不常，利不可以久享二也。直隸諸水大約發源西北，地勢建瓴，浮沙堿土挾之而下，石水鬥泥當其下，流尤易淹塞，疏瀹之功難以常施三也。然畿輔諸川非盡可用之水，亦非盡不可用之水，即用水之區不必盡可藝稻之地，亦未嘗無可以藝稻之地，試歷數之滹沱、永定，此以性悍流濁不可用者。南北運河關係漕運，此無庸議者。他如磁州永年之滏河，順德之牛尾阜平完唐之沙河、唐河，淶水之淶河，平谷之泃河，此皆可用河以成田者。邢臺之百泉，正定之大鳴、小鳴，滿城之一畝雞距，望都之九龍堅功，定州之白龍馬跑，平谷之水峪寺，龍家務、灤州之暖泉館水，此皆可用泉以成田者。他如寧河寶坻、天津則可用潮汐以成田。附近澱泊之隆平，寧晉新安，安州及霸州文安等處則皆可築圍通渠以成田。至宣化之蔚州，保安、懷安則並用永定之上游矣。安在其有棄水也，若以一水之不可用，遂並衆水而棄之，見一處之湮塞難通，遂謂通省皆然，則似難語以興修樂利矣。然聽民間自爲灌溉，則必不能極水力之所至，蓋有需建閘壩工程，稍大之處則民力不能獨辦，又水渠有疏濬之虞，則疆界既分，惟就一隅籌利害，不能於通盤計。通塞往往以紛爭聚訟，其勢必須專員周行相度，於工之稍鉅者，或於州縣中計畝出夫協力修理，或爲之申請借帑，分年徵還於水道之宜，疏濬者較量通局利害隄防之宜，修者復之宜，開者決之佔用地畝價，購而豁除之不畏嫌怨不阻浮言，則河道可以暢通而水無遺利矣。然非於通省之河道水利，成竹在胸、源委分明，恐官吏士人或以憚於興作而售，其欺而我不能指畫分明，則無以關其口而奪之氣也。

《畿輔通志》內載《水利營田》一卷，分爲四局，以各州縣列其下，並註明某處用某水，營田若干頃畝。聞修志時載筆者爲文安陳學士儀，蓋嘗爲營田觀察使，故能詳悉言之。然有說無圖，終未盡善。餘更取諸州縣輿地，計里開方成圖三十七幅，其營田坐落村，蔣細爲臚列以說附其後，俾觀者較若列眉瞭如指掌，異時輶軒使者及留心斯事，守土之吏皆可按圖而求之，故蹟雖或湮沒亦無難。上遡成規於百餘載之上，庶畿輔諸川泉之水涓滴皆歸實用，而水性清濁、土性剛柔之說有不可盡信者，至謂北土民惰不耐水耕火耨之勞，夫民豈有定性哉？齊之以法誘之以利，轉變在歲時耳，不足致疑，故無庸置辯云。時道光四年歲在甲申孟春七日，益津吳邦慶跋。

清 丁申、丁丙《八千卷樓書目·史部·地理類》卷八 《水利營田圖說》一卷，國朝吳邦慶撰，畿輔水利叢書本。

《清史稿·藝文志二》卷一四六 《水利營田圖說》一卷，【略】吳邦慶撰。

土壤耕作類農書部

管子

綜述

宋 楊忱《管子·序》 春秋尊王不尊霸，與中國不與夷狄，始於平王避夷難也，是王室遷而微也。見於《周書》《文侯之命》。微王也，是王者失賞也。《費誓》善其備夷，是諸侯之正也。《秦誓》專征伐，是諸侯之失禮也。《書》《春秋》合體而異世也。《書》以《文侯之命》終其治也。《春秋》以平王東遷始其微也。自東遷六十五年，春秋無晉，以其亡護亂也。及其滅中國之國，而後見其行事，譏失賞也，周之微也。幸不夷其宗稷、齊桓之功也。其中國無與加其盛也，其夷狄無與抗其力也，見於《衛詩》。美其存中國也。《春秋》無與辭何異也，存一國之風無其人則衛夷矣。全王道之正，與之霸，是諸侯可專征伐也，夫晉之爲霸也，異齊遠矣。桓正、文譎。夫桓之爲正，抑夷狄，存中國。文之爲譎，陵中國，微王室。晉之風也，無美其美，無功其功，外無他焉，雖國人不與也。然而桓之正，非王道之正也。以文譎而桓正也。桓之功，非王道之功也。以攘狄而存周也，無桓周滅，有周桓賊。桓卒齊衰，楚人滅周。周之不幸，桓之早死也。故曰：周之存，桓之功也，桓之不幸，管仲之早死也。故曰：桓之功，管仲之力也。自是楚滅諸國而熾矣。今得其著書，然後知攘狄之功皆遠略也。儒譏霸信刑賞，豈王者詆民哉；霸嚴政令，豈王者怠忽哉；霸鄉方略，豈王者不先謀哉；霸審勞佚，豈王者暴師哉；霸謹畜積，豈王者使民不足哉！亦時夷狄內聘，大者畏威，小者懷仁，功亦至矣。不幸名之不正，然奈衰世何！孔子曰：『微管仲，吾其被髮左衽。』此其據也。時大宋甲申秋九月二十三日序。

宋 張嵲《管子·跋》 余讀《管子》，然後知莊生、鼂錯、董生之語，時出於管子也。不獨此耳，凡《漢書》語之雅馴者，率多本《管子》。《管子》，天下之奇文也。所以著見於天下後世者，豈徒其功烈哉？及讀《心術》上下，《白心》《內業》諸篇，則未嘗不廢書而歎。益知其功業之所本，然後知世之知管子者殊淺也。《管子》書多古字，如專作摶，忒作貳，宥作侑，況作兄，釋作澤，此類甚衆。《大匡》載召忽語曰：『百歲之後，吾君卜世，犯吾君命，而廢吾所立，奪吾糾也。雖得天下，吾不生也。兄與我齊國之政也。』而注乃謂：『召忽呼管仲為兄。』曰：『澤命不渝。』而注乃以為『澤恩之命。』甚陋，不可偏舉。書既雅奧，難句而為之注者，復繆於訓故，益使後人疑惑不能究知，世傳房玄齡所注者非是。予求管子書久矣。紹興己未，乃從人借得之，伏而讀者累月，始頗窺其義訓，然舛脱甚衆，其所未解尚十二三，用上下文義，參以經史訓，故頗為是正其訛謬，疑者表而發之，其所未解者置之，不敢以意穿鑿也。既又取其間奥於理切於務者，抄而藏於家，將得善本而卒業焉。張嵲跋。

宋 高似孫《子略》卷三《管子》 尹知章注三十卷，又《管氏指畧》二卷。

古者盛衰之變，甚可畏也。先王之制，其盛極於周。后稷、公劉、太王、王季、文武、成康、周公之所以制，周者非一人之力，一日之勤，經營之難，積累之素，況又有出於唐虞夏商之舊者。及其衰也，一夫之謀，一時之利，足以銷靡破鑿變徙剗蝕而迄無餘脉，吁！一何易耶？九合之力，一霸之圖，於齊何有也？使天下一於兵而忘其為農。天下一於利而忘其為義，孰非利也？而乃攻之以貪，騁之以詐，孰非兵也，而乃趨之，以便行之，以一切先王之所以經制天下者，煙散風靡，無一可傳。嗚呼！仲其不仁者哉！而況井田既壞，槩量既立，而商鞅之毒益滋矣。封建既隳，詩書既燎，而李斯之禍益慘矣，果誰之咎耶？漢唐之君，貪功苟利，兵窮而用之無法，民削而誅之無度，又有出於管仲、鞅、斯之所不為者，豈無一士之智，一議之精？區區有心於復古者，而卒不復可行。蓋三代之法其壞而掃地久矣，壞三代之法，其一出於管仲乎？劉劭之志人物也，曰：管仲曰商鞅皆以隷之法家，李德裕以劭之索隱精微，研幾玄妙，實天下奇才。至以管仲與商鞅俱人物之品往往不倫，德裕顧未嘗熟讀其書耳。劭所謂皆出於法者其至論歟！孔子曰：

『齊一變至於魯，魯一變至於道。』，使齊盡變其功利之習，僅庶幾於魯耳，然則安得而變哉？聖人非有志於變齊也，古之不可復也，為可嘆耳。

明　趙用賢《管子・序》　《管子》舊書凡三百八十九篇，漢劉向校，除其重復，定著為八十六篇，今亡十篇。近世所傳往往淆亂至不可讀。余行求古善本，庶幾遇之者幾二十年，始得之友人秦汝立氏。其大章僅完整，而句字復多亂錯，乃為正其脱誤者逾三萬言，而闕其疑不可考者尚十之二。然後《管子》幾為全書。夫五伯莫盛於桓公，而管仲特為之佐。自其事羞稱於聖門而，其言悉見絀以為權謀功利。學者鮮能道之，及余讀是書而深惟其故。然後知王者之法莫備於周公，而善變周公之法者莫精於管子。何者？方周之興，去隆古沕穆之風未遠，而后稷、公劉其深仁厚澤又培之於數百年之久。蓋風會既啟，而文明猶鬱，周公起而當制作之任，其法制之綢繆，文章之繁猥，諸所經畫，莫不犁然具舉，而天下且以鴻龎淳固之俗始嚮利於憲度著明之後。故其法雖密，而其服習者亦能安之而不悖。周室既衰，諸侯日尋於干戈，謀臣晳士競出其智力以相勝，苟必兢兢於先王之約束而執不移等，則勢有所格而其術必有所窮，非救時之宜矣。管子固天下才也，豈其智不及此乎？是故當其謀之於垂纓下衽之日者，不過審舊法，擇其善者而從之。又其要則在事可以隱令，可以寄政，使諸侯不吾虞而吾獸安國富民以取盈於天下。故其書如《牧民》《乘馬》《幼官》、《輕重》諸篇，大抵不離周官以制用，而亦不盡局於周官以通其變。今攷其説，所謂叅國為三軍者，即伍兩卒旅之舊也。因罰備器用者，即兩造兩劑之遺也。選士首以好學慈孝而且及於拳勇股肱，亦興賢之故典也。鑄幣藉以黄金刀布而並及於魚鹽鍼鐵，亦圜府之舊章也。他如五勢三準諸説，不過積餘藏羨待之於國，諸侯不服吾可以戰，諸侯賓服吾可以行仁義。蓋周公之法其樊然結約者，要以率民於善仲，直師其意，不襲其故，一更之為截然夷易而作民於戰，故其言曰：『精時者少日而功多。』又曰：『吾欲正卒伍、修甲兵而大國亦將修之，吾有攻伐之器而諸侯有守禦之備，是難以速得志，此仲之所以立法意也。夫白刄捍胷則目不見流矢，拔戟加首則十指不辭斷，明緩急之有所先也。使仲當諸侯力政之日，必欲舉王制而井田吾民，象刑吾法，毋招權勇，毋榷鹽鐵，不踰時而國且飽於敵矣，安能以區區之齊，伸威海岱而成其一匡之績哉？昔者，蘇軾氏蓋論仲之變法而曰：『王者之兵，非以求勝，故其法繁而曲。霸者之兵，求以決勝，故其法簡而直。』然則謂仲之用法異於周公之意則可，而謂其法之盡詭於周公則不可，故曰古今遞遷，道隨時降，王霸迭興，政由俗革，吾以為周公經制之大備。蓋所以成王道之終，管子能變其常而通其窮，亦所以基伯道之始，夫亦勢之所趨，有不得不然者乎。雖然非仲之輕於悖周也，當太公之治齊，五月而報政曰：『吾因其俗，簡其禮。』至三年，而伯禽之報政。周公且呰之曰：『夫政不簡不易，民不有近，魯終北面而事齊矣。』意者太公之治有不盡倣於周官，而史蓋稱其通商賈之策，便魚鹽之利，人民歸齊，齊稱大國，蓋自太公，而齊故以富彊名於列國。仲特曰齊之故而修業耳，非一無所昉，襲而創為之者也。世之譚者曰：『帝降而王，王降而霸，自仲之説行，一變而入於誇詐之習，其末極於秦鞅，盡去先王之籍而流毒天下，遂以管商為功利之首。』夫商君慘礉少恩，卒受惡名於秦，而仲之政餙四維、固六親，其論《白心》《内業》，不可謂無窺於聖人之道，而徒以刀鋸繩民如商君者，故雖吾夫子亦且大其功，而以如其仁歸之。奈何躋鞅於仲也？余愳夫讀是書者，不揆其修政立事之原，而徒辱之以權謀功利，使管子之所以善用周公者，其道不明於天下也，故為之梓其書而復論著其大略於篇首云。萬歷壬午春三月前史官吳郡趙用賢序。

《四庫全書總目》卷一〇一《子部十一・法家》　舊本題管仲撰。劉恕《通鑒外紀》引傅子曰管仲之書，過半便是後之好事者所加，乃説管仲死後事，《輕重篇》尤復鄙俗。葉適《水心集》亦曰，《管子》非一人之筆，亦非一時之書，以其言毛嬙、西施、吳王好劍推之，當是春秋末年。今考其文，大抵後人附會多於仲之本書。其他姑無論，即仲卒於桓公之前，而篇中處處稱桓公，其不出仲手，已無疑義矣。書中稱經言者九篇，稱外言者八篇，稱内言者九篇，稱短語者十九篇，稱區言者五篇，稱雜篇者十一篇。稱管子解者五篇，稱管子輕重者十九篇。意其中孰為手撰，孰為記其緒言如語錄之類，孰為述其逸事如家傳之類，孰為推其義旨如箋疏之類，當時必有分別。觀其五篇明題管子解者，可以類推，必由後人混而一之，致滋疑竇耳。晁公武《讀書志》曰，劉向所校本八十六篇，今亡十篇。考李善注陸機《猛虎行》曰，江邃《文釋》引《管子》云，夫士懷耿介之心，不蔭惡木之枝，惡木尚能恥之，況與惡人同處？今檢《管子》，近亡數篇，恐是亡篇之内而邃見之。則唐初已非完本矣。明梅士享所刊，又複顛倒其篇次。如以牧民解附牧民篇下，形勢解附形勢篇下之類，不一而足，彌為竄亂失真。此本為萬曆壬午趙用賢所刊，稱由宋本翻雕。前有紹興已未張嵲後跋云，舛脫甚眾，頗為是正。用賢序又云，正其脫誤者逾三萬言。則屢經點竄，已非劉向所校之舊，然終愈於他氏所妄更者，在近代猶善本也。舊有房玄齡注，晁公武以為尹知章所托，然考《唐書・藝文志》，玄齡注《管子》不著錄，而所載有尹知章注《管子》三十卷。則知章本未託名，殆後人以知章人微，玄齡名重，改題之以炫俗耳。案《舊唐書》，知章，絳州翼城人。神龍初，官太常博士。睿宗即位，拜禮部員外郎，轉國子博士。有《孝經注》《老子注》，今並不傳，惟此注藉元齡之名以存。其文淺陋，頗不足採。然蔡絛《鐵圍山叢談》，載蘇軾、蘇轍同入省試，有一題軾不得其出處，轍以筆一卓而以口吹之，軾因悟出《管子注》。則宋時亦採以命題試士矣。且古來無他注本，明劉績所補注，亦僅小有糾正，未足相代。故仍舊本錄之焉。

《四庫全書簡明目錄》卷一〇 《管子》二十四卷，舊本題周管仲撰，然多言管子後事。蓋後人附益者多，故其中往往有鄙語，其標題有經言、外言、內言、短語、區言、雜篇、管子解、管子輕重諸名，在當時必有分別，今混為一耳。原本八十六篇，今佚十篇，其註舊題房元齡撰，據晁氏《讀書志》，蓋尹知章作也。

傳記

《史記》卷六二《管晏列傳》 管仲夷吾者，潁上人也。少時常與鮑叔牙游，鮑叔知其賢。管仲貧困，常欺鮑叔，鮑叔終善遇之，不以為言。已而鮑叔事齊公子小白，管仲事公子糾。及小白立為桓公，公子糾死，管仲囚焉。鮑叔遂進管仲。管仲既用，任政於齊，齊桓公以霸，九合諸侯，一匡天下，管仲之謀也。

管仲曰：『吾始困時，嘗與鮑叔賈，分財利多自與，鮑叔不以我為貪，知我貧也。吾嘗為鮑叔謀事而更窮困，鮑叔不以我為愚，知時有利不利也。吾嘗三仕三見逐於君，鮑叔不以我為不肖，知我不也時遭。吾嘗三戰三走，鮑叔不以我怯，知我有老母也。公子糾敗，召忽死之，吾幽囚受辱，鮑叔不以我為無恥，知我不羞小節而恥功名不顯於天下也。生我者父母，知我者鮑子也。』

鮑叔既進管仲，以身下之。子孫世祿於齊，有封邑者十余世，常為名大夫。天下不多管仲之賢而多鮑叔能知人也。

管仲既任政相齊，以區區之齊在海濱，通貨積財，富國強兵，與俗同好惡。故其稱曰：『倉廩實而知禮節，衣食足而知榮辱，上服度則六親固。四維不張，國乃滅亡。下令如流水之原，令順民心。』故論卑而易行。俗之所欲，因而予之；俗之所否，因而去之。

其為政也，善因禍而為福，轉敗而為功。貴輕重，慎權衡。桓公實怒少姬，南襲蔡，管仲因而伐楚，責包茅不入貢於周室。桓公實北征山戎，而管仲因而令燕修召公之政。於柯之會，桓公欲背曹沫之約，管仲因而信之，諸侯由是歸齊。故曰：『知與之為取，政之寶也。』

管仲富擬於公室，有三歸、反坫，齊人不以為侈。管仲卒，齊國遵其政，常強於諸侯。後百餘年而有晏子焉。

著錄

宋 王堯臣等《崇文總目》卷五 《管子》十八卷，劉向校。

《管子》一十九卷，唐國子博士尹知章註。按吳兢書目凡三十卷，自存十九卷。自形勢解篇而上十一卷亡，又有《管氏指略》二卷，唐杜佑撰，採管氏章句之要為十篇云。

宋 晁公武《郡齋讀書志》卷三上

《管子》十八篇

右齊管夷吾撰，書富國之要，述輕重九府取人之制，劉向校八十一篇。今亡一篇，五十八篇有注解。按杜佑《指畧》序云房（玄）齡所注，或云唐尹知章注，未詳。

宋 尤袤《遂初堂書目》 《管子》。

宋 陳振孫《直齋書錄解題》卷一〇 《管子》二十四卷，案：隋唐《經籍志》俱作十九卷。

齊相管夷吾撰，唐房玄齡注。案《漢志》《管子》八十六篇，列於道家，隋唐志著之法家之首，今篇數與漢志合，而卷視隋唐為多，《管子》似非法家，而世皆稱管商，豈以其操術用心之同故耶？然以為道則不類，今從隋唐志。

區田編

綜述

清 趙夢齡《區田編・帥念祖引》 跨陌連阡，原高而水遠，無蓄無洩，莫捍莫注，翹首跂足以待澤於霖澍之時。行者人事之窮，天工補之也，省工、省水、省人、省牛、省耒耜、桔皐、省租庸賦直，歲不我災而粒食可券者，天事之窮人力補之也。天難必力可自主焉，則區田要矣。區田者約井田而變通立制者也，一成之內澮與道縱横，得九十井之制也。一畝之內修與廣縱横，得二千六百有五十區之制也。井以川塗澮洫，神收洩之，用其利溥。區則以隔行、隔區、合疏密之，宜其精聚。聚人之力以發地之力，聚地之力以副生之力，所謂人定勝天者也。夫井與區皆聖人之制也，井廢而阡陌則水利失，或并阡陌而失之廣種而薄收，固其宜也。井制廣而難復，區田切而易行，連阡跨陌毋餘地利，以盡人事之常，按行分區毋餘人力，以備天道之變，蓋並行而不悖焉，可矣。乾隆七年壬戌秋日，豫章帥念祖書。

傳記

《清文獻通考》卷二三五《經籍考》 念祖，字宗德，號蘭皐，奉新人。雍正癸卯進士，官至陝西布政使，緣事謫戍。

《四庫全書總目》卷一八五《集部三十八》 念祖，字宗德，號蘭皐，奉新人。雍正癸卯進士，官至陝西布政使，緣事謫戍軍臺，沒於塞外。

區田編加注

傳記

（光緒）《直隸絳州志》卷七 李廷樟，廣西陸川縣進士。咸豐十年知絳州。潔己愛民，始下車，即除投到討保吏胥勒索陋規，因完糧加耗過多，定九三銀以加三五為準，飭立碑，永遠遵守。時捻匪未靖，公團練壯丁，防堵津垣，著有《成績輯武經團鏡》，分頒各鄉。又因州城頹圮，守禦維艱。諭民集資修葺，越二年，城牆俱已堅築，陞平陽知府。未幾，捻匪竄境，城完可守，民賴以無虞。

著録

清 李廷樟《區田編加註・序》 同治四年春，予既刻《戒癮良方檄傳本屬》矣。復思得一育民之法，以防旱而救飢。偶檢《皇朝經世文編》見農政門引《齊民要術》云：湯有七年之旱，伊尹作區田法教民，糞種負水澆稼而旱不爲災，嗚虖！此非防旱救飢之法耶？何晉民無行之者，擬於官舍旁試種之，以爲部民倡。適河南許君汝濟奉憲檄，來平治兵，遺予《區田註》一帙，簡明易曉，且言在本籍。初刻是書，人多疑為誕，既而有試種者，事易功倍，計一畝所收，以今市斗折之實獲十六石，自是仿行者日漸多。是年冬，同鄉陳君蔭廬官陝過平告予，曰：『前年道經河南，沿途見田中粟穗大如碗，纍纍長二尺餘，心甚異之，問於農人，始知卽區田法也。』予聞陳君言，益信許君言爲不誣，竊思晉省山多地少，民食仰給關中，近復以罌粟利厚占田過半，市無高廩家鮮宿儲，致令米糧踴貴數倍往年，哀此窮黎將填溝壑。一日進老農之願者而問之曰：『種罌粟一畝獲利幾何？』老農曰：『一畝罌粟可易錢二十千。』予告之曰：『今有一法不種罌粟而種穀，其獲利過罌粟五倍，汝願行乎？』老農曰：『人情趨利若鶩，苟有法焉，使穀之利過於罌粟，則人皆種穀矣。誰肯畜毒物，以殺人造此彌天罪孽哉？』予因晝紙爲區田式，取許君所遺《區田註》，爲之逐條講解。老農始而疑，既而悟，既而喜形顏色，願歸以爲鄉人倡。時予重刻《區田註》方竟事，因敘其緣起於卷端，以告夫世之種罌粟者。同治四年仲冬月穀旦，西粵陸川李廷樟譔。

清　李廷樟《區田編加註・郝聯薇跋》　此編蓋本古法而撮其要，條以已見亦簡切亦詳明。復得李君逐條爲之詳註，尤令人開卷了然，遵而行之，非惟備荒之良策，抑亦裕民之善經。因重付剞劂，裝訂成本，散給城鄉紳耆，俾如法試種，爲鄉人倡，庶期推行，日廣斯民，共享豐亨，永免流瘠，則二君子利物之初心，庶幾其少慰乎？同治五年孟夏中浣，知涿州事山左郝聯薇跋。

區田法（陸我嵩）

綜述

清　陸我嵩《區田法・鄧琛記》　余宰蒲之十有六年，歲丁丑，秦、豫、晉皆旱，而晉尤甚。被災者七十八廳，州縣災黎嗷嗷待哺，適宮保一等威毅伯曾公恭膺簡命來撫是邦，甫下車，卽以晉民困苦顛沛流離之情狀累疏上聞，奉旨發帑銀百萬，並截留江鄂山東漕米，採辦天津米粟裸糧數十萬石，轉運幾二千里以活晉民。復咨請直隸、江浙、兩湖、川廣等省，捐輸以濟晉省賑飢之用。蓋有非常之災，必待非常之人，出而拯救轉危爲安，而後天下乃無憂捐瘠也。蒲故小邑僻在山陬，民貧俗儉邑人士不以余之，薄德十餘年相與習而安之。余亦常念瘠土艱難與民休息，百姓視如家人從未有背而相拒者。同治七年，大司空小山鄭公撫晉，以卓異薦奉文送部引見，旋在京邸改官郎中將。欲藉此乞假省墓，適承鮑華潭中丞以余調補介休，格於吏議咨令來京供職。夏五月，仰蒙宮保中丞，以地方緊要奏明，暫留本任辦理賑撫事，是以仍待罪蒲邑。竊思散倉拯飢，尚屬易涸之流，若能家喻戶曉，盡地利，善種植，使儲蓄在民，取用不匱，方是經久自然之利。今奉宮保示諭，教民植桑種棉，穿井修渠及種冬穀諸法，所以爲民謀蓄積備水旱者甚至。賈誼曰：卽不幸有方二三千里之旱，國胡以相恤。又曰：古之治天下至纖至悉也。故其蓄積足恃胥此志也，因檢舊篋存有《區田法》一書重加校刊，以是書專爲備荒而作也。光緒三年歲次丁丑秋九月，黄岡鄧琛記。

傳記

清　黄燮清《國朝詞綜續編》卷九　陸我嵩，字萊臧，號芳玖，青浦人，道光二年進士，官南臺海防同知。

著録

又《原序》　道光壬辰，余自閩中奉諱歸吳。聞潘功甫舍人行區田法於蘇郡，著有成效，遂乞其書。屬倪九方孝廉、王笠華茂才試其法於青浦，又屬陳蕙園布衣勸嘉定之力穡者。功甫先兆諸夢賦詩以紀其事，會同年友黄心齋司馬入都展覲，將刊《區田法》試行於汾晉而詢以物土所宜。余云攷《農政全書》湯有七年之旱，伊尹教民糞種負水澆稼，實爲區田之權輿。漢趙過爲代田一畮三甽歲代處，隤土以附根苗，猶師區田遺意。國朝康熙間，朱公龍耀爲蒲令，取區田法試之在太原平定，亦然每區收四五升，畝可三十石。爰刊圖説以廣其傳，是區種之宜於厥土，莫汾晉若也。心齋方膺特薦行，且峻擢先以深耕之術化於其鄉，一追唐魏淳厚之俗，他日籌國富民。經綸藉手謀閭閻之積貯，知稼穡之艱難，胥海寓而登豐豫，區種一書，特其嚆矢也夫。癸巳夏，五青浦陸我嵩譔序。

清　陸我嵩《區田法・唐延愷跋》　獻之大令以楚黄名孝廉，作宰蒲邑十餘年，士民愛戴，有政聲。晉省大吏以卓異，薦復簡調介休格，於例不果。余初晤獻之於桐封旅，次知其能詩且精岐黄術，屢分校所得士皆一時之彥。蓋其學問淵博，才質過人，膾炙衆口而猶未見其敷政之實蹟也。歲丁丑，山右大祲，余奉檄辦賑，與獻之朝夕過從，見其撫恤蒲民，事事求實，籌畫切至，飢黎全活甚衆，知其非以無本之治治之者。公餘出所刊《區田法》見示，受而讀之，益知其盡心民事，講求不遺餘力，卽此窺見一斑，亦乎蒲之民歌孔邇也。噫！今之爲吏者，或矯飾外貌，似是而非；或高自矜許，睥睨一切，而侈談仕宦捷徑者更無論矣。嘗嘆古之所稱慈母神君者，非必務高遠難行之事也。惟是民爲邦本，食爲民天，體稼穡之艱難，謀閭閻之蓄貯，平時博稽載籍，擇古法之便於民且利於行者，與吾民相勸導，俾耕田獲倍蓰之粟，而因以免凶歲之死亡，則思患預防所得有深焉者矣。獻之恂恂廉靜，儼如作秀才時，經理田功，條分縷晰又深知作農夫事，以古人區種之法，摘録成帙，多方講求，則其實事虛心，視漢廷循吏斯，亦殆近之矣。固由天性過人，亦讀書窮理之用心者至也。余不敏，思步後塵，其以治縣之譜金針度我也，則幸甚。光緒丁丑仲秋，岐陽愚弟唐延愷謹跋。

澤農要録

綜述

清　吴邦慶《澤農要録·序》　《漢書·藝文志》農九家百一十四篇，今無傳者，即古今公私藏書簿録農家者流，亦寥寥。蓋三代時，春令民畢出在野；冬則畢入於邑。是月餘子亦入於序室而受小學，故古無不學之農，阿衡莘野，周公明農。春秋時，冀缺長沮、桀溺，荷蓧丈人之流，無不從事於耕。降及漢晉，南陽之躬耕，栗里之荷鋤，猶其遺意，是古亦少不農之士，後世農勤耒耜而士習章句，判若二途，故農習其業而不能筆之於書，士鄙其事而未由詳究其理。即今世傳有《齊民要術》《農桑輯要》諸書亦不過供學者之流覽，於服田力穡者毫無裨補也。余家世農，未通籍時，頗留心耕稼之事，客歲以假，旋里松楸附近，緣連年積水，頗有藝治稻畦者，問詢其種藝之方，則有與諸書合者，或取諸書所載而彼未備者，以鄉語告之，彼則躍然，試之輒有效，始知古人不我欺，而農家者流諸書爲可寶貴。方今聖天子軫念郊圻疊遭水患，飭諭直省大吏疏濬河道，並將興修水利，沮洳之區行將變爲稻鄉。但北人藝稻者少，種植收穫之方終多簡略。余因取《齊民要術》《農桑輯要》及王楨《農書》、徐光啟《農政全書》中有關於墾水田、藝秔稻諸法皆詳採之，又恭讀《欽定授時通考》內載列聖題《耕圖詩》節，次詳盡於水耕火耨者，大有裨助。敬録諸卷首，釐爲十門，訂爲六卷，顏之曰《澤農要録》，留心斯事者得是書而考之，暇時與二三父老課晴問雨之餘，詳爲演説，較諸召募農師，其收效未必不較捷，而於古士農合一之制，亦藉以少存餘意云。時道光四年，歲在甲申仲春望日益津吴邦慶撰。

傳記

參見水利農書部分『《畿輔水利輯覽》條』。

著録

清　丁申、丁丙《八千卷樓書目》卷一〇《子部·農家類》　《澤農要録》六卷，國朝吴邦慶撰，《畿輔水利叢書》本。

《清續文獻通考》卷二七四《經籍考十八》　《澤農要録》六卷，吴邦慶撰，邦慶字霽峰，陝西霸州人，嘉慶丙辰進士，官至河東河道總督。

《清史稿》卷一二九《藝文志三》卷一四七　《澤農要録》六卷，吴邦慶撰。

雜録

清　梁章鉅《退庵隨筆》卷七　近吴霽峯中丞邦慶在直北，輯《澤農要録》，李蘭卿都轉彦章在江南，輯《催耕課稻編》，而潘功甫舍人曾沂日以區田之法，勸導其鄉，並詳筆之於書，以貽遠近居官者，果就此悉心講貫，見諸施行使天下之民，皆盡力於南畝，未必於斯世無裨也。

營田四局摘要

綜述

清　陳儀《營田四局摘要·倪承弼跋》　右《營田四局》，係陳學士儀所撰也。學士嘗為營田觀察使，故能詳悉言之。厥後吴河督邦慶為之圖，條分縷晰，燦若列眉，所謂盡溝洫之力，以佐平成之績。讀是書者，罔不可尋其源而泝其流也。諸説謂治水宜從卑下，而種蓺必始低窪。京東、京南、京西三局，尚有地勢高下之不齊，來源遠近之不一，惟天津則三面濱河，地盡膏腴，若以江浙瀕海治地之法行之，穿渠灌水，無不可為稻田，且圍渠舊趾尚有存者。苟於是，而首先創導之，則自易及難，由小至大，即欲復前明汪司農之舊蹟，亦非甚難事也。是在有志者之觀厥成爾。兹將引水洩水之顯而可指者，摘録於溝洫圖説之末，並將開河挖溝等項，丈尺人工，約略計之，繪圖列後，聊以志舉隅之意云。旹維道光十八年戊戌閏夏平湖倪承弼蒼溪氏識。

傳記

（光緒）《順天府志》卷一〇一《人物志十一》　陳儀，字子翽，號一吾，文安人。《畿輔詩傳》三十自爲童子時，已崇本力學，卓然自命，凡經史子集之編，濂洛關閩之學，天文地志河渠樂律之要，兵刑錢穀之詳。坐而言，起而行者靡弗瞭如指掌。于辰《陳學士文鈔序》而以畿輔河道尤關桑梓利害，《畿輔水利叢書》二於一切水性地形知之較悉。《四庫全書提要》六十九：康熙五十四年進士，改翰林院庶吉士。五十七年，散館，授編修。與修三朝實録。《國史·文苑傳》：嗜爲古文辭。相國高安朱文端軾亟賞其文，嘗從容與論經濟，益奇之。雍正三年，畿輔大水，諸河泛溢，壞民田廬無算。世宗憲皇帝軫念民艱，命怡賢親王偕朱軾相度濬治。王欲得善治者，與俱而難其人，軾以儀對。王延見於直廬，訪以治河所宜先。儀對曰：『朱子有言治河先從低處下手，天津上應析木，古渤海逆河之會，百川之尾閭也。今南北二運並漲，東西兩淀爭奔，駢趨於三岔一口。而强潮復來，距之牴牾洄漩而不時下。下隘則上溢，其勢宜然。故欲治河，莫如先擴達海之口。欲擴海口，莫如先減入口之水。入口之水減，則達海之口寬。而北之永定，南之子牙，中之七十二沽，乃得沛然。入三岔口而東注矣。』手畫口陳，洞中機宜，王稱善久之。四年春，隨王行視畿內水利，教令牒奏皆出儀手。王雅重儀，上念治水勞，命以侍講，攝天津同知，轉侍讀，陞庶子。五年，設水利營田，官分四局。符曾《陳學士家傳》以儀領天津局，文安大城隄工皆隸焉。二邑形如釜底，積潦不消。秋復大水，夾隄內外皆巨浸。《文苑傳》波衝浪嚙，勢將不支，儀購菰蔣十餘萬束，立表下楗，以禦險要。《陳學士家傳》隄本民工。《文苑傳》儀言於王，奏請發帑金數萬爲民興修，用以代賑，隄遂完固，至今賴之。南運長屯隄，地隸靜海，不過數武。吏舞法，歲調發霸州文安大城民協修，百里裹糧，疲於奔命。儀除其籍，民以為便。儀既深悉河道。《陳學士家傳》凡桑乾、沽、白、漳、衛、滹沱諸水之脉絡貫注及遷徙壅決之由，疏瀹濬導之法，若燭照數計。《畿輔水利叢書》二畿輔七十餘河，所勘定者十六七。《陳學士家傳》蓋籍文安而祖居則在東淀旁之西，自登賢書後，遊於津門者殆二十年。計其扁舟往返，目覩利病者已久。一旦獲佐營田之任，遂抒其素藴，以為施設。雖元郭太史、明潘印川，殆無以易之。吴邦慶《陳學士文鈔跋》時善來營西有水怪窟焉。頹岸數十丈，隨築輒壞，至於再四。儀投牒河神，期以三日必徙。是夕，雷電大作，怪徙去，隄乃成。八年，陞侍講學士。廷議設營田觀察使二員，分轄京東西，以督率州縣，命儀以僉都御史，領豐潤諸路營田觀察使，儀營田於天津。《陳學士家傳》倣明汪司農蛟遺制，築十字圍，三面開渠，與海河通。潮來渠滿則閉之，以供灌溉。《文苑傳》白塘葛沽之間，斥鹵盡變膏腴，豐潤玉田，負山帶水，湧地成泉，多沮洳之區。儀教之，開渠築圩，皆成良田。十一年大雨，山水暴漲。淹没田廬萬計。儀即草疏，上聞或以侵官爲疑，不顧。詔制府賑之。命儀董其事，凡賑三十四萬七千餘口，所全活甚衆。十二年，田園生螻蛄億萬，閭閻作聲，禾苗大損。儀為文禱方社田祖，一夕寂然。寶坻營田患蝗，忽飛鴉啄食之立盡，咸以為精誠所感，與前驅水怪事，若出一轍。轉侍讀學士，尋罷觀察使，領史職如故。先後所營田七萬畝有奇，民間自營田亦數千畝，溝洫既修，歲以比登。又慮穀賤傷農，奏請發帑金，採買以充天庾，其隨事立效，類如此。《陳學士家傳》篤於內行，先世所遺田數百畝。悉推以讓其兄，既仕禄入，悉分給諸昆弟，無餘財。乾隆七年卒，年七十有三。《文苑傳》平生無聲色博弈之好，性嗜書，手不釋卷，著有集十八卷，季子玉友刻於閩中，其未刻者有《毛詩臆評》《鄉黨私記》《學庸私記》《南華經解》《蘭雪齋讀離騷》《廣前定録》《天游録》，藏於家。子夔友，舉人。鳳友，進士，韶州府知府。玉友，進士，臺灣府知府，所至有惠政，閩人稱之。《陳學士家傳》

《清史稿》卷二九一《陳儀傳》　陳儀，字子翽，順天文安人。康熙五十四年進士，改庶吉士，散館授編修。為古文辭，治經世學，大學士朱軾器之。雍正三年，直隸大水，諸河泛濫，壞田廬。世宗命怡親王允祥偕軾相度濬治。王求諳習畿輔水利者，軾以儀對。延見，諮治河所宜先，儀曰：『朱子言治河先低處。天津為古渤海逆河之會，百川之尾閭。今南北二運河、東西兩澱盛漲，爭趨三岔口，而強潮復來拒之，牴牾洄漩而不時下，下隘則上溢，其勢宜然。故欲治河，莫如先擴達海之口。欲擴海口，莫如先減入口之水。入口之水減，則達海之口寬。北永定，南子牙，中七十二沽，皆得沛然入三岔口而東注矣。』四年春，從王行視水利，教令章奏皆出儀手。軾以憂歸，王薦於朝，命以侍講署天津同知。轉侍讀，擢庶子，仍署同知如故。

五年，王奏設水利營田四局，儀領天津局，兼督文安、大城隄工。二縣地卑下，積潦不消。是秋復大水，隄內外皆巨浸。儀購秫稭十餘萬束，立表下樁以禦水。隄本民工，儀言於王，請發帑興修，招民就工代賑，隄得完固。南運河長屯隄，地隸靜海，吏舞法，歲調發霸州、文安、大城民協修，百里裹糧，咸以為苦，儀為除其籍。畿輔大小諸河七十餘，疏故濬新，儀所勘定殆十六七云。

八年，擢侍講學士。時議設營田觀察使二員，分轄京東西，以督率州縣。命儀以僉都御史充京東營田觀察使，營田於天津。倣明汪應蛟遺制，築十字圍，三面開渠，與海河通。潮來渠滿，閉渠蓄水以供灌溉，白塘、葛沽間斥鹵盡變膏腴。豐潤、玉田地多沮洳，儀教之開渠築圩，皆成良田。十一年，大雨，山水暴發，沒田廬。儀疏聞，諭籌賑，即命儀董其事，凡賑三十四萬餘口。十二年，轉侍讀學士。尋罷觀察使，還京師。

儀篤於內，行先世遺田數百畝，悉推以讓兄。既仕，分祿畀昆弟，周諸故舊。有故人子貧甚，囑門生為謀生業，事為人所訐，吏議當降調。乾隆二年，授鴻臚寺少卿。儀以老乞歸。七年，卒，年七十三。子玉友，雍正八年進士，官臺灣知府，勤其官，有惠政。

營田輯要

綜述

清　黃輔辰《營田輯要·前言》　田久荒則穀貴，貴則民散而兵弱；地闢耕廣則穀賤，賤則人聚而國强。漢唐以來，善爲持久之計者，莫如招墾。大難初夷，閒田尤廣，聚人阜財，當務爲急，良法美意，歷代具詳，因時制宜，在憂國者慮衷，採擇輯成法。

又《鄧瑶序》　去歲余客皖，議者多言興屯田，余謂屯田非今便而招徠流亡墾種荒畝，則今日之急務。其要在於慎選牧令，聞者韙之，今金陵告克，大江南北及全浙東西，既就底定。而數年來糜爛幾徧之，秦中幸亦無賊擾，則正招徠墾種，冀拯殘黎於塗炭之餘矣。顧行之之法與所以行之之弊，又賴有心斯世者爲之，熟籌深慮以求有利無患焉。貴築黃琴塢先生示余以所纂《營田輯要》一書，意在用民而不用兵，與鄙言合其書。凡言成法十有七言，積弊十有四，於制田物土之宜，又博採而詳言之。皆集前人成説著於篇，使人自酌而不參以己論，蓋兢兢焉述而不作之意，故曰述也。夫寇亂之後，民之元氣傷亦甚矣，譬如人之一身久病，尫瘵僅而獲生，必得蓡苓良劑滫瀡，佳羞以滋培之，庶可冀其充復而不至於復病且死。今大亂漸平，爲民上者，欲拊未死之孑遺，保已復之畺土，使凋殘之極元氣漸復，則舍招墾顧何所策，欲議招墾而不取良法，去積弊則又烏以有濟於國而便於民。此先生積不容已之故，而有是編之輯也，抑又嘗疑招墾之令，必使避難之氓歸其本鄉，歸稍遲則田產歸公所，慮者榜諭於本籍遠徙之民，不能遽知，既知亦不能遽歸及其歸也，則無室可棲，無田可耕，訴之官，官又以無契券踰期限斥之，嗟！此殘黎遂有率妻子塡溝壑者。今讓是編於部例定，限五月之外復有舊主，新募分租酬值及斷限二年三年之制，可不謂仁厚之至乎？顧其中紛糾瑣細剖析調劑，非以己心體民隱，治民事如家事之。賢有司起而任之事必不辦，夫有治人無治法，法具而尤賴人以濟之也。昔陳文恭公有言曰：平生於富貴利達不肯著熱，於國計民生，不肯放冷，未必事皆有濟而此心自不容已。瑤嘗服膺斯言，喜為儕輩稱述，先生浮沈郎署至久，既一官出外，旋棄去老作寓公，蕭然塵外而其心若未能一日忘天下，殆庶幾文恭之所語，故序是編輒復津津誦之，使世之覽者知是書之作，蓋於國計民生實有不容已之故云。同治三年十有一月，新化鄧瑤伯昭謹敘。

清　王柏心《百柱堂全集》卷三五《營田輯要序》　《營田輯要》者，黄琴隖年丈所編次也，綜歷代規畫議論詳著之篇，篇分內外，內篇又自分上下卷，半言法，半言弊，爲目者三十有一。外篇則附載制田種植等事，卷首冠以通論度方今時勢，謂民耕勝於兵耕，待推行者擇而用之，大旨取述而不作，然亦時露微意焉。編成命柏心序，諸首簡竊謂茲事體，大益軍國甚鉅，前代行之成效彰彰，非蒙所敢置議也，然嘗求其端矣。自鼂錯建策募民耕塞下，爲屯田之始。趙充國將吏士屯田湟中，則屯而兼營矣。後世行營所在率仿屯田，亦曰：營田大意相類特耕，有民與兵之異。前明別置軍衛就衛立屯，則專主漕運而已要而覈之。其爲田不同有在邊地者，如兩漢之輪臺西域，唐自振武雲中至中受降城是也。有在腹地者，如棗祗任峻，鄧艾屯陳許、淮潁之田，何承矩、李允則屯滄景雄州之田是也。其爲耕亦不同，有募土人及讁戍辠人矣，有將與辛分田而治矣。夫田於邊地奪彼肥饒，取我曠棄以資戰守，以省轉輸利爲上田，於腹地必我強，於彼兼有賢將且耕且戰，乃得積聚利爲。次將卒並耕殖穀必廣，一遇寇警或燒、或芟，則得失常相半也。徙民往耕足以供軍，室廬牛種事須官給，則勞費不勝計也。大約行之軍爭之秋，良將禦於外，良吏督於內，事權一而思慮精，則弊不敵利行之。無事之際冗蠹熾於前後，削乘於後文法多而曠怠啓，則利不敵害此其大較也。今者寇難略平兵燹蹂躪之，區死傷流亾靡有孑遺，三秦兩淮間往往數百里爲邱墟，皆曩日膏腴上產也。此非議興營田之時乎？顧言之，甚易行之，甚難何者，限田定賦法立，弊生有經界，川渠、城堡、井竈、田器、倉庾之役，有守望追胥獄訟簿書之。役有拊循安集勸課督促徵斂之，役凡此非賢能吏莫能任，況猶有阻撓牽制之相隨也乎。又有甚者，急近功務，紛擾食浮，賦張虛額，恐良法適以厲民世。且謂營田不可復行，將奈何不知其要，惟在得人而已。夫營田之善，不傷財，不擾民，無曠土，無遺利，其濟軍國甚鉅方。今時勢尤易舉行賢於墟稅算緡遠矣。是編蓋再三致望焉，誠繹其微意得人以任之，有百利無一害也。明甚。故曰：藥一也或以延年或以速斃，車一也或以致遠或以僨轅，雖有治法尤貴治人，獨營田也乎哉。年家子監利王柏心敘。

清　黄彭年《陶樓文鈔》卷九《營田輯要后序》　家君所著《營田輯要》內外篇，凡四萬餘言。先是湘鄉劉公奉命撫陝，慨念回亂初靖，軍食浩繁，逃亡未復，田野未辟，遂疏請籌辦屯田而以書抵家君詢利弊。家君既爲陣十二難，復徧假官私書雜採輯之成是書。於前人成法，古今積弊以及農家者，流制田物土之宜，大略具備。大旨在於用民而不用兵科，則欲輕起科欲緩，爲民興利而不與民爭利。男彭年校字訖，廢然而歎曰：是非所謂不忍人之政哉，軍興以來民困極矣。府廳州縣之被賊者，或一至或再三至或數十至，賊之所據或數月或數年，老弱之民不死鋒鏑，則死溝壑。其壯健者幸不裹脅，則散之四方，又幸而賊去，富人慮迫以輸助，貧戶多窘於歸資。其來歸者又苦於牛具子種之無出，於是土不得墾，土不得墾則民益不得食，不得食而至人相食。有甚於易子析骸之慘者，遠道聞之猶惻然有動於心，或至欷歔涕下。而況身親見之，而有父母斯民之責者乎夫。濟民之危莫如賑貸，賑貸不可以常，則莫如招墾，朝廷責之大吏，大吏責之守令，爲守令者豈獨無不忍人之心哉。乃或窺上官之意而貌爲儉勤，或慮上官之責而詭爲文飾，顧忌多而詐僞，百出甚至坐視遺黎之顛，連困苦而莫之省憂，仁人固如是乎。夫治事在乎法而行，法在乎心，心有所不能，知者限於智也。心有所不能，至者局於才也。然局有是心，則窮於所不能知而智出焉，迫於所不能至而才出焉。故孟子言：以不忍人之心行不忍人之政，無是心則無是政。吾終不敢謂爲民父母者之無是心也。家君是書於任人得失三致意焉，其以是也夫，其以是也夫。同治三年十有一月男彭年謹記。

傳記

清　黄彭年《陶樓文鈔》卷五《先府君行略》　先君諱輔辰，字琴塢，貴州貴築人。由縣學生中道光壬午科舉人，乙未恩科進士，殿試引見，以主事用籤分吏部，補文選司主事，陞驗封司員外郎，考功司掌印郎中，京察一等，截取記名，以繁缺知府用分發山西，告假回籍，特旨以道員，仍發山西，賞戴花翎，兩次署理山西冀甯道，加鹽運使銜，戊午、己未兩科山西鄉試監試官，調直隸軍營，調山西軍營，告假回籍，寓居成都，特旨簡放陝西鳳邠道。同治五年十一月初六日申時，卒於官，年六十有九。先世自宋代肖三公有子二十一人，遣居四方，授之以詩所謂『三七男兒，總熾昌者』也。明代貴海公自江西瑞安遷湖南醴陵，十五傳至先祖經林公，遷於貴築，經林公子四人，長兄楣公安泰，以先君官封奉直大夫。次石香公輔廷，山西垣曲縣知縣。次斗南公輔相，廣西鎮安府知府，署右江道，殉節，贈卹如例。次即先君。【略】

同治癸亥，劉公蓉奉命撫陝，慨念秦地荒蕪，民食維艱，銳意興辦屯田而以書詢利弊，先君為陳十二難，因採輯官私書，為《營田輯要》。凡言成法者十有七，言積弊者十有四，於制田物土之宜，悉博採而詳言之。大旨在於用民而不用兵，為民興利而不與民爭利，皆集前人成說，著於篇章，使人自酌而不參以己論，識者稱體要焉。及簡授鳳邠，乙丑五月履任，則以所言者，見諸施行，劉公亦深相倚重。時軍事方亟，議者多以軍餉為急，則有設屯招佃諸議，先君既歷言其不便，因謂與其急籌繕兵，存奢望於閭閻而餉需終歸無著，不如寬以待民，使樂趨於隴畝，而餉源或可自充。欲使民樂於墾荒而無畏難，必使民得為世業而有餘利。於是為之正經界、定限制、緩錢糧、定租穀，章程既立，劉公以聞於朝，遂檄各州縣次第舉行。其或狃於積習，或未得肯要，則於公牘內手自批答語之，不憚其詳言之，不嫌其複。又慮其懈弛也，為之嚴考課，以示勸懲。行之期年，計查出叛絕產三十餘萬畝，已認墾田十八萬餘畝，並有一年期滿，陸續輸租者。丙寅秋間，病勢日增，因念征收租穀，弊竇滋多，力疾續擬章程，詳請咨部。及至十月，病篤，稟請開缺，猶以接辦營田，須擇不徇情面，不事更張之員為請，先君殫心於國計民生，功施未竟，蓋不能無遺憾焉。【略】

清 王柏心《百柱堂全集》卷三九《陝西鳳邠道黄公行狀》 公諱輔辰，字琴隝，貴州貴築人。先世顯於宋，至明有貴海公者，自江西瑞安遷湖南醴陵，十五傳至封公，經林公乃遷貴築，有子四，長安泰，以公貴，封奉直大夫。次輔廷，山西垣曲縣知縣。次輔相，廣西鎮安府知府，署右江道，殉節後贈卹如令。典公，其季也。年五歲，有至性，母匡太淑人疾，夜半侍側不寐。左望亭先生者，奇公貌又聞童孺而性至孝，以女字之，即左淑人也。公少貧，溺苦於學，邑試第一，補弟子員，遭封公之喪，不能營窀穸，徒步至雲南，詣所識李都司，貸金三十，歸至安順，足重繭，因卧逆旅，夢封公撫摩之，所苦頓止，往返蓋三千里。始克營葬，逾年，匡太淑人下世，諸兄遠游，褚惟青蚨四百甕，有米三升，家人噉粺餅糠粥，衣不蔽體，公讀書自如。隣有孔先生者，與公書聲相答，嘗停炊二日，孔先生饋庭中桃，其婦亦呼左淑人共食，竟以忘飢。家無書可博覽，其友唐子方廉使遺舁載籍恣披閱。道光壬午舉於鄉，座主光律原先生稱其漢書最精熟。又館丁大令，所多藏書，發篋盡讀之，手纂數十册，自是學益博。仲兄官晉偕之往，慨然有志經世之學，日條所行籍，記其功過，蓋已堅固不摇矣。後在銓曹，持大體治鄉團部，勒以兵法，持節冀甯，佐籌蜀政，規畫遠大。及觀察扶風，興屯勸耕，招徠流亡，一切設施，足利賴百世。又其忠忱所蘊結，莫非宗社大計，人服其才猷智畧，何輻輳若是，不知資學深練事久，蓋講明切究，積數十年，乃屹然負經世望雲。乙未成進士，以主事用籤分吏部補文，撰司主事，轉驗封司員外郎，再轉考功司，掌印郎中。初讀例有疑籤記之遇修改，多采公所更定，吏舞文舍例援案，公與同僚取舊案别銷【略】，奉特旨簡放陝西鳳邠道，始劉公蓉之撫陝也，議興屯田，以書詢公，爲陳十二難，因手輯羣書，爲《營田輯要》，列成法十有七，積弊十有四，經制土宜，罔不備載。大旨主用民不用兵，興利不爭利，博舉成説，不条己論，俟人自酌。劉公韙其説，至公赴秦，乃以屯事倚公，公亦自以所言慷慨發舒，見諸施行，議者紛紛進說。公曰：『使民樂於墾荒而無畏難，使得爲世業而有餘利者上也。』爲正經界、定限制、緩徵收、定租額，規畫井井。劉公聞於朝，檄各州縣，次第舉行，或狃積習，未得肯要，則於公牘，手自批答，肫至周密。又慮懈弛，復嚴考課，示勸懲行之。期年，清出叛絕產三十餘萬畝，承墾者十八萬畝有奇，且有一年期滿陸續輸租者。丙寅秋，公已病作，恐弊竇猶滋，續擬章程，詳請咨部，至冬疾上。牘請開缺，猶以繼任必擇不徇情面不事更張者。爲請大吏，請變陝西叛產濟甘餉事下所司，公條上不能行者一，不可行者四，其畧曰：『今辦營田一年，後按則納租，六年限滿，給契作爲永業。迄今半載，認種寥寥，多因厚實之家焚掠殆盡，已田尚且荒蕪，何暇别圖良産，此不能行者也。至所謂不可行者，量地售賣必待富民，本省無人將求鄰省，官欲速售，不得不減價。良田先售，瘠田不得不再減，奸民愈存希冀之心。歲月躭延，更無人種，其弊一；地之肥磽，里胥糧正知之最悉，乘急售之時，圖遂平時之願，借故延展，日久日荒，何濟急需，其弊二；兵差駱驛，州縣虧挪，此項變價，逐漸投收，恐徒濟州縣之急，未必果濟軍務，其弊三；現報叛産，二十餘州縣，無此多員委派，薪水局費，提用不敷，事必中止，再擬招墾，良田已去，瘠土猶存，限年交租，亦必沮格，其弊四。議上，劉公據以入告，變價議遂止。關中書院膏火軍興移用減三之二，育嬰堂兼種痘及義學積久費虧，有告停者，公與當事寮屬倡捐，先開痘局，復撥咸長兩邑叛産六十頃招種，爲補苴各經費。見孫曾呼寒加衣，則念堂内諸嬰爲增衣襦，視義學如家塾，問親往稽其勤惰。病中猶預籌五百緡助來歲痘局支放，灞岸隄工，外郡邑書院、養濟院、渠工皆由叛絶産内借資。

（同治）《醴陵縣志》卷九《人物志》　黄輔辰，字琴塢，世為醴陵人，寄籍貴築。道光乙未進士，官吏部主事，遷員外郎郎中，以知府發山西。輔辰在吏部，司銓選有年，弊革風清。遇事持大體，論辨侃侃，無所阿。同官竇垿鐫貽小章曰：『硬黄』，昭其直也。甫抵晉，聞黔作亂，遽歸貴築，倡辦團練，躬察形勢，建碉堡，積穀、治垣堞、樓櫓，撫輯清水江諸苗。已而賊犯清水，輔辰急馳，往平其亂，以功擢道員。旋署山西冀甯道，時户部鑄行鐵錢，設寶泉分局於平定州。鐵錢積滯不行，京師錢法大壞，而平定一州，歲銷鐵錢千餘萬。當事請通行各屬，山西錢法亦壞。輔辰以為利無幾而為民害甚大，巡撫英桂用其言，分局遂罷。居久之，川督駱秉章辟佐軍務，粵逆犯蜀，窺黎雅，檄總兵黄友耕馳扼大渡河，賊不得進。渠魁石達開由此就擒。劉蓉巡撫陝西，議興屯田，詢利病。輔辰採輯官私書為《營田輯要》。大旨在用民而不用兵，與民興利而不與民爭利，尋奏授鳳邠道，遂一以營田自任，正經界、定限制，行之期年，查出叛絶産三十餘萬畝，認墾者十八萬畝有奇，區畫未竟，以積勞病卒。輔辰在秦中，凡省城之育嬰堂、種痘局，内外各書院、養濟院，水道、渠工，皆力為整頓，不憚勞瘁，奏祀名宦祠，並請以治行編入循良傳，得旨，褒敘如例。子彭，道光乙巳進士，由編修官，湖北按察使。孫國度，亦進士，官編修。《舊志》。

《清史稿》卷四三四《黄輔辰傳》　黄輔辰，字琴隖，貴州貴築人。原籍湖南醴陵。道光十五年進士，授吏部主事，累遷郎中。遇事侃侃持正論，屢忤上官，不少屈，時稱『硬黄』。咸豐初，以知府分山西。會貴州亂作，遽歸。倡團練，修碉堡，積穀省城二萬餘石，撫清水江諸苗，平巴香亂，以功晉道員。尋赴山西，署冀寧道。餉絀，議加釐捐，輔辰謂晉人皆賈於外，山多地瘠，非他行省比，不宜病民。爭之不得，則請蠲苛細，取大宗，及不切民生日用者。戶部設寶泉分局於平定州，就鑄鐵錢。滯不行，則令分銷諸郡縣，歲收息銀三萬解部。輔辰謂：『京師用鐵錢以濟銅幣之乏，山西勿便也。今行各縣，議令交納錢糧，以三萬之微利，妨數百萬之正供，利一而害百，卽專行平定一州，日積日滯，其患滋大。』議上，遂罷之。九年，調赴直隸軍營，察海口形勢，請以重兵扼北塘，當事迂其言，不用。尋乞假去。至四川，依總督駱秉章。

陝西自回亂，地多荒蕪，巡撫劉蓉議興營田。輔辰書陳方略，採官私書為《營田輯要》三卷，大旨在用民而不用兵，與民興利，不與民牟利，蓉疏薦之。五年，授陝西鳳邠鹽法道，任以西安、同州、鳳翔、延安、乾州、邠州、鄜州七屬營田事。輔辰建議謂：『關中土曠人少，非招徠客民，事末由濟。然耕牛、籽種、農具、棚舍，官不能給，民不樂趨也。莫若卽以地畀之，薄收其租，畝二斗為差，六年後給券，使世其業。慮田無限制，賦無定則，吏得以意高下為民患，當先正經界，略如古井田法，量地百畝為區，編列次第，書賦額於券，視土肥瘠別等則上下授之。凡領墾者以先後為次，十區為甲，十甲為里，置長焉。里長總十甲租課，歲輸之官，凡移徙更替事皆責之。別授田六畝，俾食其入，為庶人在官者之祿，而官總其成。』令下，民皆便之。復定考課舉劾法，策奉行不力者。朞年，凡墾田十八萬餘畝。時軍事急，賴所入租麥以餉之。又撥産給書院、義學、養濟院、育嬰堂、種痘局及灞岸隄工、渠工，諸廢皆舉，尋卒，祀名宦。

著録

（光緒）《湖南通志》卷二五〇《藝文志六》　《營田輯要》三卷，醴陵黄輔辰撰。首卷輯諸家屯田議論，二三卷載辨理屯田事宜。同治二年，輔辰官陝西鳳邠道巡撫，湘鄉劉蓉苦兵食不足，疏請興營田，以輔辰主之。輔辰乃述古今經制有失，為此書。

藝文

清 史夢蘭《爾爾書屋詩草》卷六《讀黃琴隖觀察輔宸〈營田輯要〉書後》

古來耕戰重屯田，救弊新成内外篇。書分内外二篇。安得兵民俱足食，憂時惟祝屢豐年。

力盡東南杼柚空，轉輸無計運關中。一生憂樂繫天下，又見當年司馬公。

十羊九牧意參差，循吏誰為慈惠師。一卷《營田》成法在，後來還賴治人治。

田疇猶是半荒蕪，借箸深期萬姓蘇。不為好名名不朽，始知力學是眞儒。觀察病中，書賜其孫聯云：『讀書有種子，力學為名儒。』繼以好名非所以示子孫，改名為眞。

清 樊增祥《樊山集》卷八《題鶴嶺種梅圖寄懷黃廉訪丈圖記皆子珍所作故弟三首及之》其三

金城上郡久知聞，匹馬西行帶落曛。江樹乍消高士雪，峰蓮遥現美人雲。謾開官閣題新句，欲訪屯田問舊勳。公尊人官鳳邠道時，著有《營田輯要》一書。寄語瑶臺明月下，一枝須與隴頭分。

雜録

清 史夢蘭《爾爾書屋文鈔》卷下《與黃子壽太史》

《畿輔通志》之修於今，已百四十餘年矣。合肥伯相奏請重修，誠爲盛舉。先生以宏博之才領清祕之職，此之秉筆，自是馬班家事。蘭涉獵半生未得體要，恆思就正有道，匡其不逮。客冬伯相屬，任恩二觀察寓書相招，委以分司，志局之事滿，擬趨赴藉，得親炙光風，相與訂正一切。惟以家母年高，不能遠離，言念及之，未嘗不神馳左右也。昨由縣署遞到手書，過蒙藻飾，並承以新修通志凡例相商，盥讀一過，見其體製精嚴，條目詳明，足徵史學之深，史才之富，而又殷殷下問，詢及芻蕘，是真才愈大、心愈細、學愈深、心愈小，不勝欽佩之至，拙編永平詩存廿四卷，其詩不盡可傳，惟藉詩存人，聊盡發潛闡幽之意。前由任觀察送呈一部，亦以此書爲文獻所關，或於修志有裨，而先生又復索取，拙刻別種。道光末，曾梓樂亭四書文鈔人名，繫以小傳，體例與詩存同。年來，未經刷印，兹特送上《全史宫詞》《疊雅異號類編》各一部，希哂存讀來札，知宫詞已早塵青睞，卷中半屬少作，殊不足當大方家一粲。至疊雅二種尤恐不免挂漏舛譌，尙乞從實指疵，俾知改削，勿徒作皮裏春秋也。承賜《楓林家乘》，内附《營田輯要》一書，學問經濟俱屬非凡，而橋梓相承，世濟其美，殊令人額手俟。心氣少清，定當按照行狀及賢母録譜爲歌謠，導揚盛美。特恐筆力孱弱，不能發揮萬一耳。

多稼集

清 奚子明《多稼集・嵇文煒序》

余年老倦遊，因識奚君子明於金閶寓齋，挹其言論風採，上下千古，慷慨自任，余心然之。遂叩其所學，而見其所作大都以經世爲務。然終落落寡合，殆蘇長公所謂『滿肚皮不合時宜』者歟？兹出其所著《多稼集》一帙示余。予非老農，初讀之似亦人云亦云之作，再讀之覺有理法之相承，又讀之而始知其心良苦，妙在不泥於古而用古法，有異於俗而與俗宜，誠非苟作者也。蓋禹貢一書亦祇言水土之不同，種植之宜異，以教九州之人民耳。苟東南沃壤而盡行此法，則西北亦可免饑饉之虞，斯功斯德，又何可限量哉！子明其力行之！俾築耦耕堂共話桑麻，可追步古賢無媿矣。是爲序。大淸道光丁未冬日，梁溪嵇文煒天眉氏題，時年七十有六。

畊心農話（奚誠）

清 奚誠《畊心農話・緒言》

吾吳農務之壞，係春花而稽遲，種稻見小棄大，古法盡廢，以致民貧而田瘠也。今刈稻後，即種冬菜，甘腴香美，塩食甚佳。歲暮收盡，接種油菜，二月苗長尺許，摘供時，新及老根株田，佈結子榨油，較諸油香美，食用燃燈，為吳人必需之品。但不能多種，故兼二麥、蠶豆，蠶豆，得春花之最早。立夏薦新，乃七熟之一，人喜嗜之，於是春花之不能廢者。因此然所種不過十之二三，餘皆栽麥麥，息甚薄，盍以種麥之田，改種二熟稻，豈非兩得乎？夫種田當以稻為主，今不能多獲以備凶荒，又不得蚤種而避旱潦。農貴及時，二月乘土膏發動而耕作，三月即可播種矣。若遲至五六月蒔秧者，未免烈日狂雨之患。早稻至夏已發，科日烈，正所以長養雨大，正所以資生今夏。至前後蒔秧，將命根拔斷，插種再傷，以重傷之弱禾，值其酷暑，葉已焦黃，如遇狂雨則內傷於冷，外傷於損，鹵莽滅裂已甚，而欲望其早成多獲，不亦難乎？此昔人之所憂而今人之故蹈其覆轍也。及至獲時，今農以四五月起，工其蒔也。必過夏至，竟有遲至六月者，其獲也，必至十月，且有遲至十一月者。則嚴霜冷霧，苦雨饕風之厲，歲所恒有，故有垂成而不得下咽者。嗟乎！收獲既艱且少，旅食者又衆吳郡為五方雜處、萬商雲集之所，乃一大都會也。

每遇雨水不調，商賈壟斷，米糧陡貴，故有未荒先竭之患，儻經旱潦，則民不聊生矣。士大夫高尚其志，不屑言農；力作者固守成法，未悉變通。是以農政不明久矣。惟醫者嘗草別穀，固所分內，窮理格物，宜所當知，故予偏攷古今成法，參究諸家精微，纂成此集，名曰《耕心農話》，用治田疾，以救時敝。昔邵康節嘗謂：『但願處處田禾熟，我若貧時也不妨』。江南為古揚州地，厥土塗泥，厥田下下。《周禮·職方》曰：揚州荊州，其穀宜稻，本非二麥之所宜。今為麥收遲，而反誤其種稻之時。《食貨志》曰：收獲如寇之至，謂其早成而收速也。今稽遲若是，諸患叢生，悔奚及乎？賈思勰所謂：四體不勤，心思不用，而能事治求贍者，未之前聞也。是以率循舊章，變通成法，除春花外於不宜之麥，易以所宜之稻。蚤種則先熟，故有麥爭場救公饑之名。用繼青黃不接，則售者獲利，貧者療飢，較種麥之利，不更善乎？或曰：江南春寒，未必宜此，且早稻，秈也。本非吳產，苟其可種，今何罕焉？曰：於耜舉趾，詠於豳風，瞻蒲望杏，詳見《農説》。西北苦寒，尚務春耕，再歷數往事以證之，古人於立春前犂土者，《周禮·稻人》：揚，芟也。先立春前之十日，半月前將田中稻根殘藁刈割務盡，土略燥方始犂。驚蟄鉏地者，春秋啟蟄而耕也。春分浸種者，陶朱公早稻浸種之候也。清明播種者，《齊民要術》以穀雨前種稻也。五六月刈稻者，《淮南子》所謂稹稼成熟之時也《月令輯要》曰：四月四日為熟稻日，喜晴。《嘉定縣志》以五月朔為早禾本命日，忌雨。皆占夏間早熟也，諺云：小暑小熟，大暑大熟。至若穀雨生穀，載於《緯書》；霜止出秧，見於《農説》。諺云：清明斷雪，穀雨斷霜，此言其常也。按祛疑説：以霜降前幾日見霜，則清明前幾日止霜；霜降後幾日見霜，則清明後幾日止霜。每歲推驗前後，同占若合符節，欲出秧苗，必待霜止。田農要月，則宋書言之；候時而種，則崔實志之。蓋春氣盛而草木生，見生而藝生，故三月必可種矣。或又曰：子之所引，皆古法也。第世遷時變，安知不昔是而今非，豈可刻舟以求劍耶？曰：獨不聞兩湖、兩廣、（淅）［浙］、閩、江西、安徽等處皆種兩熟稻耶？即以近地論，如江北下河諸邑無歲不恃早稻為活。又《郡志》載：康熙五十五年頒種御稻，生自苑田，故名。其色微紅，粒長，氣香而味腴。西番秈一名喇嘛稻，乃烏喇樹孔所生，色白，味甘，性柔，較諸米粒倍大，皆三月種，五月熟，一歲兩種而兩熟。今葑門外二十四都，六七圖常佃之，則吾鄉有是種矣。且江南再熟稻，實比他省為尤。《吳都賦》云：國稅再熟之稻。唐時揚州奏再熟稻吳門事類云：吳俗以春分後種，大暑刈者為早稻；芒種後種，白露刈者為中稻；夏至後種，寒露刈者為晚稻。《説文》曰：穀，續也。先種之稹，後種之穉，其有相續之義乎。或以地力不可盡，兩熟之利未必勝於一熟。此論固然，獨不思一麥一稻，豈不兩熟乎？故地力易盡，而所獲少也。我之所謂兩熟者，乃易地而種，雖有兩收其所種之地，終歲只用一次，故地有餘力，而所獲必倍也。邇年，少穆林公撫吳時，與同鄉署臬之李公蘭卿，攜來之四十日籽至六十日籽即宋之占城種，曾賃地傭工課種兩熟稻，著有《江南催畊課稻編》可證。然而或者之疑猶未釋，終以澤土陰寒，兩熟稻決非江南之所宜，雖有一二成效，尚謂偶然得之，如不厭煩絮，再請為君詳晰以言之。予若不深悉其理，焉得變通其法？蓋夫晴雨者，天道之常情也；崎嶇者，地理之形勢也。豐儉雖云歲時，實係人事之工拙也。故君子貴於思患，而預防在乎變通制宜，以人巧可代天工也。所以天時不如地理，地利不如人事焉。須知稻種有水旱。早秈宜旱，晚秔宜水，南方土下塗泥。又因春花而種遲，故多水稻；北方地平土堅，糧輕不妨一熟，劃可種早稻，種植有早晚高仰宜蚤，輕沙宜晚，質性有強弱早稻性強，晚稻性弱，秈硬性強，稉粘性弱，地土有良薄沙土患燥又患濕，沃壤耐燥亦耐濕，隰土忌淫潦，高仰憂亢旱。田雖宜糞，或有甚薄之田不可以糞壯者，山澤有異宜山田種強禾可耐風霜，澤田種弱禾以求華實。順天之時，因地之利，則用力少而成功多。任情返道，徒勞無益，所以我之分行間種者，蓄地力則稻易發，而收成必倍也分行如畦畛，種一行空一行，以所空之糞土培於種所，則倍得土力矣，此乃孟子易耨之心法，浮面三尺，日糞土。隴畂高低者，高則種畎，低則種壟，平地勢可免旱潦也其所以能禦水旱者，不獨伙高田能低，低田能高，即所植之禾使其根深土厚，則力大幹長。旱，不畏酷日之燥，徹其底，水大則根節上生枝，反多數穗矣。蚤晚互種者《齊民要術》：凡田欲早晚相雜，以防歲道之所宜。此長彼生，彼長此收，各無妨礙，兩得其宜也互種之妙，早稻耘芓，便於下脚，天熱容易透風，晚種嫩秧畏日，喜得早禾蔭庇，及長，早稻已刈，即以根土壅覆，工本自省。鍬穴俗謂之打潭糞種者填底下種，即古之糞種壅法，列行便於耘子墊底，則禾秀而實也撒穀艱於耘耔，蒔秧患其根損，今變此法，使根枝得力自然，苗而秀，秀而實矣。此皆人事之可為，克補兩間之不足也。馬氏《農説》曰：知力為上，知土次之，知其所宜，用其不可棄；知其所宜，避其不可為力，亦足以救歲時之偏。今擬種兩熟稻，土不使曠，所謂用其不可棄也。知澤土不宜麥。按麥生四節，故備歷四時，以金旺而生，至火令而死，北方地廣，賦輕且多霜雪，陰從陽化，故花開於晝，食之健脾補中，江南隰土雪少，種遲不能久歷四時，變其物性，故花開於夕，食之發病，新麥尤甚，改種早稻，所謂避其不可為力也。果能啟蟄而耕，則地氣通而春澤沃之，早獲成而晚稼繼之，以符古人穀欲熟得時之稻，易於成熟而收欲速之義也。今所擬兩種而兩熟之，其穀可勝食乎？

民以食為天，國以民為本。本立則道生，民富則好禮，此自然之理也。男不畊則受飢，女失織則受寒，故人莫良於耕織，國莫重於劭農也。古人因地制宜，種法不一，今農不識變通，固守成法，惟畏難而就易，貪多以種淺，一遇雨水不調，年即有虧，若經旱澇，則顆粒無收矣。故殫思畢力，酌古斟今，十更寒暑，以深畊、易耨、稀種、糞美四法，而種兩熟稻，可免水旱温蝗等災，且得倍蓰之。獲法詳於左，定有裨益，願憫民瘼者，以此教農，則誠所深望焉。

開墾水田

清 倪承弼《開墾水田・序》 夫開墾淤地作為水田，使近河、近海之宜稻者，灌溉有資而淹沒無慮，誠古制也。我國家重農務本，凡在内地已無不耕之土，惟沿河海各州縣淤地未治，南北千有餘裡，東西一二百里不等，愈淤而愈廣，愈廣而愈荒，積數千百年之地力鬱勃未發，一朝開墾成熟，盡屬膏腴。引水種稻較南方為尤，稔此真天之所以富我國家也。自初迄今議行水田者屢矣，第以功程浩大難於告成，兼之費用實繁未免有需帑藏，是以屢議屢寢。餘本農家者流，道光六年大桃分發到直，每因地畝訟案：捧檄至天津、豐潤等縣，履畝勘訊每見其地，瀕河瀕海膏沃異於内地，艷羡久之其時。適遇候補令施君名彥士者，江南崇明縣海疆人也，亦以差事至津門旅，寓劇談甚相契合。施君因將河淤、海淤之荒蕪不治者劃以圖，分以區列以溝渠形勢繪成一圖，並綴二説。余亦將開渠、挖溝、墊堤二十則，縷析而條分之，使當世名公卿或見為可行而奏請開墾。俾沿河海各州縣互相倡勸，競闢淤地為水田，不費公帑而官民為之爭赴，不煩漕運而米糧為之饒裕。自此田則井井有條，米則生生不已，而倉庾更陳陳相因，又改南漕為折色，而南方尤加富厚合天下而耕九餘三，不誠為我國家億萬年不拔之基哉。

救荒賑災類農書部

荒政類農書

救荒活民書

綜述

《四庫全書總目》卷八二《史部三十八・政書二》　是書前有自序，謂『上卷考古以證今，中卷條陳救荒之策，下卷備述本朝名臣賢士之所議論施行，可為法戒者』。書中所序，如以常平為始自隋，義倉為始自唐太宗，皆不能遠考本原。然其載常平粟米之數，固《隋書》所未及志也。其宋代蠲免優恤之典，載在《宋史》紀、志及《文獻通考》《續通鑑長編》者，此撮其大要，不過得十之二三。而當時利弊，言之頗悉，實足補《宋志》之闕。勸分亦宋之政令，史失載而此有焉。他若減租貸種、淳熙恤災令格，皆可為史氏拾遺。而宋代名臣救荒善政，亦多堪與本傳相參證，猶古書中之有裨實用者也。

《四庫全書簡明目録》卷八　是書縷陳荒政，上卷考古以證今，中卷條陳救荒之策，下卷述宋代名臣賢士之所議論設施可為法戒者。在南宋人著述之中最切於實用，勝理氣心性之空談。

論説

元　袁桷《清容居士集》卷五〇《書馬元帥救荒事實後》　董煟輯《救荒書》，至盡至美，迄莫能有遵其説而行之者。病在於執一，虛心以求則。

傳記

明　凌迪知《萬姓統譜》卷六八　董煟，字季興，受學沙隨程氏。紹熙間進士。知瑞安，改辰溪。值歲饑，立救荒策，民賴以蘇。寧宗詔褒之，召見，進所撰《活民書》。勑曰：『爾忠惟報國，誠在愛民』云云。

（康熙）《江西通志》卷八八　董煟，字季興，德興人。受學沙隨程氏，紹熙進士，知瑞安，改辰溪，值歲饑行救荒策，民賴以蘇。寧宗褒之，召見，進所譔《救荒活民書》。敕曰：『爾忠為報國，誠在愛民。』自號《南隱集》。《林志》。

《四庫全書總目》卷八二《史部三十八・政書二》　煟字季興，鄱陽人，紹熙五年進士，嘗知里安縣。

（嘉慶）《清一統志》卷三六七《辰州府二》　董煟，德興人。知辰溪縣，值歲饑，荒政備舉，進所撰《救荒活民書》，寧宗手敕褒之。

清　陸心源《宋詩紀事補遺》卷五九　煟，字繼興，號南隱，德興人。紹熙四年進士。知瑞安縣，改辰溪。值歲饑，荒政備舉，進所撰《救荒活民書》，寧宗手勑褒之。有《南隱集》。

清　曾燠《江西詩徵》卷一七　煟，字繼興，號南隱，德興人。紹熙四年進士。知瑞安縣，改辰溪。值歲飢。荒政備舉。進所撰《救荒活民書》，寧宗手勅褒之。有《南穩集》。

著録

宋　董煟《救荒活民書・序》　臣聞水旱霜蝗之變，何世無之，然救荒無術，則民有流離餓莩轉死溝壑之患。臣不才，幼嘗竊慕先朝富弼活河朔，飢民五十餘萬，私心以爲賢，於中書二十四考遠矣。困處閭閻熟視民間利病，與夫州縣施行之善否，心口相誓異。時獲預從政，願少攄活民之志，於是編次歷代荒政釐爲三卷，上卷考古以證今，中卷條陳今日救荒之策，下卷則備述本朝名臣賢士之，所議論施行可鑒可戒可爲矜式者，以備緩急觀覽，名曰：《救荒活民書》。然半生奇蹇，晚叨一第，而憂患熏心，齒髮踈落，深恐蒲柳之資不任風雪，則臣之素志無由獲伸，謹繕寫進呈，伏望聖慈萬機餘閒，俯賜乙夜之覽，倘或可備採擇，乞賜睿旨，頒行州縣，庶幾上助九重惠澤黎元之萬一云。臣誠惶誠恐，頓首頓首，從政郎臣董煟上進。

宋 陳振孫《直齋書録解題》卷七《傳記類》　《救荒活民書》三卷，從政郎鄱陽董煟編進，煟紹熙五年進士，嘗知瑞安縣。

（景定）《建康志》卷三三《文籍志一》　《救荒活民書》。

《宋史》卷二〇三《藝文志二》　董煟《活民書》三卷，又《活民書拾遺》一卷。

《文獻通考》卷一九九《經籍考二六》　《救荒活民書》三卷。陳氏曰：從政。

明 李賢《古穰集》卷九《讀活民書》　予觀董氏所集《救荒活民書》，其用心仁矣哉。凡為君為臣者，不可無此書，而為守為令者，捨是無所用其心矣，奈何？世之人見人文集，雖無益於世者，必汲汲然刻梓以傳，視此反不挂意。蓋不知當務之為急者也。程子云：『一命之士苟存心於愛物於人，必有所濟當時。』若見此書，未必不擊節歎賞也。

明 董裕《董司寇文集》卷一《重刻救荒活民書序》　宋從政郎董公煟，師友考亭、沙隨二氏，而慨然於富鄭公，謂活河朔饑民五十餘萬，賢於中書二十四考，因採摭古今，裁以獨知，為《救荒活民書》三卷，《拾遺》一卷。上之天子，遣使持節旌以縑帛，下之行省，頒示郡國，長吏業章章著矣。余讀董氏《世德錄》，錄其所自為序，心甚艷之，至求其全書，則與其人往矣，又爲之焦然太息。萬曆戊子秋，公裔孫亨者，奉淮藩之命，入賀闕庭，遍閲都市，購而得之，若獲不貲之寶。於既失之餘，忻忻色喜，將更梓之，而徵言於余。觀其板刻楮袠，知為嘉泰故物，而上規姚姒，下括趙宋，取二千餘年荒政得失而軒輊，詔之洞若觀火。其爲當時開陳利便，用裨採擇，眞足出離仳委頓之命，脱諸水火而厝諸衽席之安，彼其才詎昭徹，詎讓鄭公？使底於行，其所全活詎止五十萬衆？當時郡國行之一如公指，將紹休慶曆嘉祐之隆，詎有航海之禍。迺公晚獲一第，終下邑，弗克大暢。厥施而匰匰筆之於書，其書不存於家而幸存於闤闠之間，公之志可悲也已，然不存於家世公之家者，越三百餘年猶然購而得之，亦一奇也。甫得之，即圖梓而傳之，若亨也，亦猶肖公之心者也。夫天地有憾於人，極治之時，不免其咨艱食則水旱疾疫之沴，何代無之？所貴人牧者有所以救之而全活之耳。救之而得則民活，救之而不得則民不活，活則易歉為穰，轉蔙爲安，天下穩於覆盂。不活則羸弱捐瘠，强悍揭竿，天下潰於崩土矣。古稱救荒無奇策，彼未荒而弛備。既荒而莫救，救之而莫得策，洵無奇也。若明君察相隱軫於上，監司守令拊摩於下，即無論常平義倉，繫民大命，若勸分，若弛禁，若通商，若弭盜，若蠲租，若貸種，若平價，若增價，若興大上，若除遏糴，若存無流移，若矯制發倉，若鬻爵度僧。苟利於民，若拯溺救焚，不憚焦濡而實心赴之，則隨所建措，咸有所濟，餓夫甘食，窮民易德，是為續命之膏、中流之壺也。夫安得不謂之奇，視之為奇，膠於一切而瞢於預防，詳於振援之末而忽於調燮之大，使民日阽於危而莫必其命。即謂為無奇，也亦宜然。則是書也，固得失之林而活民之龜鑑也，胡可無梓也。今國家乘隆治之餘，民物殷阜，百十於慶曆、嘉祐之世，乃水旱災異，日形奏牘，流離殍殣，强半天下，主上軫念元元，蠲貸賑卹，千古無兩。又屢發明詔，令所司加意撫摩，海内兆庶顒顒，然切更生之望，乃一時長吏其所設心慨然於富鄭公乎否耶？所在賑卹，律諸是書，能跡其所謂不害爲奇乎否耶？以吾所覩記，大都豐已瘠民，標華撥實，無益於安危之數而實心任民，足以開百姓之麗，而紓九重勤恤之念者，百不一二，覩此於牧民之義何稱焉？是未嘗以活民書示之也。然則是書也，裨益於荒政甚大，又胡可弗梓也哉。裕與公同遠祖，李唐時俱析擴原，子孫世世講之，其慨然有慕於公尤深且親也，謹拜手而序之如此。

郎鄱陽董煟編進，煟紹熙五年進士，嘗知瑞安縣。

明 楊士奇《文淵閣書目》卷一　董煟《活民書》一部三冊。董煟《活民書》一部三冊。董煟《活民書》一部三冊。董煟《活民書》一部二冊。

明 晁瑮《晁氏寶文堂書目》　《救荒活民書》。

明 黄佐《南廱志》卷一八《經籍考》　《救荒活民書》八卷，存者八十六面，脱者四十六面。

明 柯維騏《宋史新編》卷四八《藝文志二》　董煟《活民書》三卷，又《活民書拾遺》一卷。

清　范邦甸《天一閣書目》卷一之一　《救荒活民書》三卷。

《續通志》卷一五九《藝文略》　《救荒活民書》三卷，《拾遺》一卷，宋董煟撰。

《四庫全書總目》卷八二《史部三八・政書二》　《救荒活民書》三卷，浙江范懋柱家天一閣藏本，宋董煟撰。

《四庫全書簡明目録》卷八　《救荒活民書》三卷，宋董煟撰。

清　阮元《文選樓藏書記》卷三　《救荒活民書》三卷，宋從政郎，董煟著抄本。是書上卷備記歷代卹灾之事，中卷條陳救荒之策，下卷述當時名賢議論，見諸施行者。

清　丁申、丁丙《八千卷樓書目》卷九《史部》　《救荒活民書》三卷，宋董煟撰。明刊二卷本，守山閣本，學海類編本，半畝園本，曾氏刊本。

《清續文獻通考》卷二七一《經籍考十五》　《救荒活民書》三卷，拾遺卷，宋董煟。

雜録

元　俞森《荒政叢書》卷二　曰：次貧之民便賑錢者。臣按：董煟《救荒活民書》謂：『支米最不便，弊病又多不係沿流及産米去處搬運脚費甚大，不如支錢最省便，更無偽濫之弊。小民將錢可以抽贖典過斛斗，或一斗米錢可買二三斗雜料，以二三升拌和野菜煮食，則是三斗雜料可供一家五七口數日之費。』其説是矣。

《元史》卷二九《泰定帝紀》　壬寅，大寧路鳳翔府饑，禁釀酒。右丞趙簡請行區田法於内地，以宋董煟所編《救荒活民書》頒州縣。

救荒活民類要

元　張大光《救荒活民類要・完者禿序》　國以民為本，民以食為天。食者，民之所恃以為命，一日不可缺者。天生民而立之，君以司牧之守土之臣，又所以代天子牧養小民者也。舜諮十二牧以食為首，養民之政莫大於是。受王嘉師為之牧之，凶年饑歲立視其溝壑而莫之省憂，豈為人父母之道哉？天災流行，國家代有堯湯聖人，猶所不免。古者三年耕，必有一年之食，是以水旱凶荒，民無菜色，井田既廢，富者益富，貧者益貧，其來久矣。農家終歲勤勤，雖樂歲，狼戾曾不得飽，況望其有當積之備乎？歲或不登，嗷嗷待哺，固其所也。僕至順庚午，蒙恩出守桂陽，適值大歉之歲，悉心賑活，僅得無害。昔富鄭公守青州，活饑民二十余萬，心切慕之，因命郡文學張君致可編集，粹為一書。凡三卷，其目有二十，名之曰《救荒活民類要》，救荒之術備於此書，於每條之左，各系之辭，以寓懲勸之意。於是命工鋟梓，與衆共之，有民社者不幸遇災，講求成法，推而行之，吾民其有瘳乎？雖然春秋之義，大夫出疆可以安國家、利社稷者，專之可也。太史公謂為人臣者，不可以不知春秋，守經事而不知其宜，遭變事而不知其權。鄭子皮以家粟餼國人，漢汲黯矯制開倉，以賑河南，唐蕭複以刺史而發京畿儲粟，宋張紘不候取旨而悉發義倉，是皆公爾忘私家，遭變事而知權明於春秋之義者。若乃拘畏文法，謂倉廪府庫非距心之所得，為則力請於上，斯可矣。此書儻轉而上聞，或可以裨聖政之萬一，是則微臣憂國之愚忠也。書既成，序以識之。元大中大夫、桂陽路總管兼管内勸農事、高麗完者禿書於樂善堂。

拯荒事略

綜述

元　歐陽玄《拯荒事略・書序》　天災流行，雖盛世猶或不免，顧上之人所以拯恤之，何如耳？蕪湖本南方澤國，比鄰數邑，並在水鄉。每當春夏之將，陽侯不戢，田舍漂沒，民不得耕，遂成饑。歲余，忝爲令長，多方補救，亦既心力將疲，究未能保鴻鴈而安宅之也，因輯《拯荒事略》一編以告我同爲民牧者。

《四庫全書總目》卷八四《史部四十・政書類存目二》　是書前有自序，稱『蕪湖本南方澤國，比鄰數邑，並在水鄉。每當春夏之交，陽侯不哉，遂成饑歲。餘忝為令長，因輯《拯荒事略》一編』云云。與本傳稱嘗知蕪湖縣語相合，然其書但引故實二十二條，無一字之擘畫。其『唐天複甲子竹放花結米』一條，尤不近理。竹米偶生，非人力可致。採食竹米，亦何需官為經理耶？《學海類編》所載諸書，十有五僞。此書殆亦託名於元也。

傳記

《元史》卷一八二《歐陽玄傳》 歐陽玄，字原功，其先家廬陵，與文忠公修同所自出。至曾大父新，始遷居瀏陽，故玄為瀏陽人。幼岐嶷，母李氏，親授《孝經》《論語》、小學諸書，八歲能成誦，始從鄉先生張貫之學，日記數千言，即知屬文。十歲，有黄冠師注目視玄，謂貫之曰：『是兒神氣凝遠，目光射人，異日當以文章冠世，廊廟之器也。』言訖而去，亟追與語，已失所之。部使者行縣，玄以諸生見，命賦梅花詩，立成十首，晚歸，增至百首，見者駭異之。年十四，益從宋故老習為詞章，下筆輒成章，每試庠序，輒占高等。弱冠，下帷數年，人莫見其面。經史百家，靡不研究，伊、洛諸儒源委，尤為淹貫。

延祐元年，詔設科取士，玄以《尚書》與貢。明年，賜進士出身，授岳州路平江州同知。調太平路蕪湖縣尹。縣多疑獄，久不決，玄察其情，皆為平翻。豪右不法，虐其驅奴，玄斷之從良。貢賦徵發及時，民樂趨事，教化大行，飛蝗獨不入境。改武岡縣尹。縣控制溪洞，蠻獠雜居，撫字稍乖，輒弄兵犯順。玄至逾月，赤水、太清兩洞聚衆相攻殺，官曹相顧失色，計無從出。玄即日單騎從二人，徑抵其地諭之。至則死傷滿道，戰鬥未已。獠人熟玄名，棄兵仗，羅拜馬首曰：『我曹非不畏法，緣訴某事於縣，縣官不為直，反以徭役横斂掊克之，情有弗堪，乃發憤就死耳。不意煩我清廉官自來。』玄喻以禍福，歸為理其訟，獠人遂安。

召為國子博士，升國子監丞。致和元年，遷翰林待制，兼國史院編修官。時當兵興，玄領印攝院事，日直内廷，參決機務，凡遠近調發，制詔書檄。既而改元天曆，郊廟、建後、立儲、肆赦之文，皆經撰述。複條時政數十事，實封以聞，多推行之。明年，初置奎章閣學士院，又置藝文監隸焉，皆選清望官居之，文宗親署玄為藝文少監。奉詔纂修《經世大典》，升太監、檢校書籍事。元統元年，改僉太常禮儀院事，拜翰林直學士，編修四朝實録，俄兼國子祭酒，召赴中都議事，升侍講學士，復兼國子祭酒。重紀至元五年，足患風痹，乞南歸以便醫藥，帝不允。拜翰林學士，未幾，懇辭去位，帝複不允，免其行朝賀禮。至正改元，更張朝政，事有不便者，集議廷中，玄極言無隱，科目之複，沮者尤衆，玄尤力爭之。未幾南歸，複起為翰林學士，以疾未行。

詔修遼、金、宋三史，召為總裁官，發凡舉例，俾論撰者有所據依。史官中有悻悻露才、論議不公者，玄不以口舌爭，俟其呈稿，援筆竄定之，統系自正。至於論、贊、表、奏，皆玄屬筆。五年，帝以玄歷仕累朝，且有修三史功，諭旨丞相，超授爵秩，遂擬拜翰林學士承旨。及入奏，上稱快者再三。已而乞致仕，帝複不允。禦史臺奏除福建廉訪使，行次浙西，疾複作，乃上休致之請，作南山隱居，優遊山水之間，有終焉之志。複拜翰林學士承旨，玄屢力辭，不獲命。奉敕定國律，尋乞致仕，陳情懇切，乃特授湖廣行中書省右丞致仕，賜白玉束帶，給俸賜以終其身。將行，帝複降旨不允，仍前翰林學士承旨，進階光禄大夫。十四年，汝潁盜起，蔓延南北，州縣幾無完城。玄獻招捕之策千餘言，鑿鑿可行，當時不能用。十七年春，乞致仕，以中原道梗，欲由蜀還鄉，帝複不允。時將大赦天下，宣赴内府。玄久病，不能步履，丞相傳旨，肩輿至延春閣下，實異數也。是歲十二月戊戌，卒於崇教裡之寓舍，年八十五。中書以聞，帝賜賻甚厚，贈崇仁昭德推忠守正功臣、大司徒、柱國，追封楚國公，謚曰文。

玄性度雍容，含弘縝密，處己儉約，為政廉平。歷官四十餘年，在朝之日，殆四之三。三任成均，而兩為祭酒，六入翰林，而三拜承旨。修實録、《大典》、三史，皆大製作。屢主文衡，兩知貢舉及讀卷官，凡宗廟朝廷雄文大冊、播告萬方制誥，多出玄手。金繒上尊之賜，幾無虚歲。海内名山大川，釋、老之宫，王公貴人墓隧之碑，得玄文辭以為榮。片言隻字，流傳人間，咸知寶重。文章道德，卓然名世。羽儀斯文，贊衛治具，與有功焉。玄無子，以從子達老後，複先玄卒。有《圭齋文集》若干卷，傳於世。

《四庫全書總目》卷八四《史部四十·政書類存目二》 元字原功，瀏陽人，延祐二年進士，除同知平江州事，調蕪湖、武岡二縣尹，召為國子博士，遷翰林待制；天曆授藝文少監，纂修《經世大典》，至正初以學士告歸；詔修《宋》《遼》《金》三史，起為總裁官，拜翰林學士承旨；至正十七年卒，謚曰：文。事蹟具《元史》本傳。

著録

《**續通志**》**卷一五九**《**藝文略**》　《拯荒事略》一卷，舊本題元歐陽元撰。

《**續文獻通考**》**卷一六八**《**經籍考**》　歐陽元《拯荒事略》一卷。元，字原功，瀏陽人，延祐進士，官至翰林學士承旨，謚曰文。

《**四庫全書總目**》**卷八四**《**史部四十·政書類存目二**》　《拯荒事略》一卷，編修程晉芳家藏本。舊本題元歐陽元撰。

清　丁申、丁丙《**八千卷樓書目**》**卷九**《**史部·政書類**》　《拯荒事略》一卷，元歐陽元撰，《學海類編》本。

（**光緒**）《**湖南通志**》**卷二五〇**《**藝文志六**》　《拯荒事略》一卷，瀏陽歐陽元撰，四庫全書存目。《提要》曰：舊本題元歐陽元撰。元，字原功，瀏陽人，延祐二年進士。除同知平江州事，調蕪湖、武岡二縣尹，召為國子博士，遷翰林待制。天歷初，藝文少監，纂修《經世大典》。至正初，以學士告歸，詔修宋遼金三史，起為總裁官，拜翰林學士。至正十七年卒，謚曰文。事蹟具元史本傳。是書前有自序稱，蕪湖本南方澤國，比鄰數邑，并在水鄉，敏當春夏之交，陽侯不戢，遂成飢歲。余忝為令長，因輯拯荒事略一編云云。與本傳嘗知蕪湖縣語相合，然其書但引故實二十二條，無一字之擘畫。其『唐天復甲子竹放花結米』一條尤不近理，竹米偶生，非入力可致採食，竹米亦何須官為經理邪？《學海類編》所載諸書，十有五僞，此書殆亦託名於元也。

清　曾廉《**元書**》**卷二三**《**藝文志**》　《拯荒事略》一卷。

救荒活民補遺書

綜述

明　朱熊《**救荒活民補遺書·胡宗洵序**》　《救荒活民書》，乃董煟編集，二百七十八條。至王炳翻刊，又止二百一十四條。今江陰右族朱熊維吉，博雅好古，志圖利澤於方來，遂重加才各有所好，芟其浮靡，補其遺失，增益至三百三十八條。上自唐虞三代，以及漢唐宋元，其君臣論答，凡有益於救荒者録之；間亦附以論斷，并謹録國朝列聖詔敕及《為善陰騭》書內有關於備荒之政者，悉取編入，名曰《救荒活民補遺書》。其用心可謂仁且博矣。凡居祿位而專司牧之任者，獲睹是書而克遵行，罔不有備。雖值旱澇，黎民豈有阻饑之患哉？觀維吉處江湖之遠而惓惓以斯為務，則居廟堂之上總百揆而安養元元者，可不於此加勉？此誠仁政之大端也。維吉平昔操履卓異，篤孝二親，勇於為善。宣德中，母范氏膺疾，百藥不效，維吉盟天刲股者再，疾遂痊。正統辛酉歲歉，維吉即出粟四千石輸官賑給，以祈二親康泰，獲蒙賜敕旌嘉。其父子孝義，光揚閭里，士夫稱頌，播之聲詩，此予所稔知者。今復以是書請於父善慶，致書征予為序，欲鋟梓印行。予弗克辭，遂并書此於卷首，特以旌維吉有篤孝輕財尚義之誠、恤災捍患惠民之志，而尤慶夫天下后世，賴是書而永臻乎熙皞太平之盛矣。是為序。正統七年歲次壬戌七月七日，資德大夫正治上卿、禮部尚書、前太子賓客兼國子祭酒、郡人胡宗洵序。

明　王直《**抑菴文後集**》**卷八**《**救荒活民補遺書序**》　《救荒活民補遺書》者，江陰朱維吉氏所輯也。宋嘉泰中，從政郎董煟有志於惠民，慮夫兇歲或有不遂其生者，乃取歷代救荒之政、賢士大夫議論施設之方，為書三卷，上之朝廷而頒於中外，其用心仁矣。有元張光大又取當時救災恤民之事，編萃而附益之，其心猶煟之心也。至今二百余年矣，維吉得而觀之，曰：是書也，民命之所系也。其可以弗傳？乃為正其僞，補其缺而去其繁文，又以本朝列聖所下詔敕有關於荒政者，及採《為善陰騭》所載前代救荒之人續之，間以己意為之論斷，名曰《救荒活民補遺書》。請於父善慶甫鋟梓以傳四方，欲使天下長民君子，一遇兇年，舉而措之，庶幾斯民無一不得其所。維吉之心何其仁哉！朱氏江陰故家而維吉為最孝，刲肉以愈母疾。蓋士大夫固以歌詠之矣。聖天於篤意養民，慮有水旱之災，詔諸有司豫為備。維吉念父有德，未沾一命，即出谷四千石以歸有司助賑貸，冀假寵以為親榮。乾隆降敕旌其孝義，復其家。維吉初以孝聞而繼以義顯，予嘉其能進於善，皆為文以張之。今觀是書而又知其仁也，然仁必自近始，於遠者或遺，勢有所不逮也，故必思所以繼之。苟有以繼之，則仁之施溥矣，維吉之惠施於鄉而未能及於天下，故繼之以是書。使是書也傳之於無窮，則維吉之惠之及於人者，豈有窮哉？故為序之使傳焉。正統八年十一月朔日，資善大夫、吏部尚書兼經筵官、前國史總裁、泰和王直序。

明　朱熊《救荒活民補遺書·李時勉序》　仁義之施，有可行於一時者，有可行於久遠者。行於一時者，必出於己，盡其力而為之而其惠利及於人者淺以狹；行於久遠者，不必出於己，不費己之力，而其惠利及於人者廣以博。夫以一鄉一隅一閭里之間，遇兇荒之歲，有饑餓流離而不能給者，吾力足以勉而為之；若夫至於一郡一邑，以極於四方，吾雖欲周之而力有不贍焉。今歲饑，吾有以濟之；來歲饑，吾有以濟之；比連歲再饑，吾雖欲濟之而力有不贍焉。然則將奈何？夫事不出於己，不費己之力而能使其惠利及於人者廣而又極於久且遠，是必有其道也。古之人，其在上者，能言之而又能行之；其在下者，能言之而又能行之，其效固已驗白於當時而垂諸簡策。苟能舉而措之，亦猶是也。譬之公輸子之極其巧也，宮室器用之美利於世；師曠之極其聰也，鐘鼓管籥之音被於樂宜，莫能過之。然后世循其規矩而制之，則器宇之利，亦古之公輸子也；比其律呂而調之，則音樂之和，亦古之師曠也。孰謂古今人不相及哉？江陰朱維吉，詩禮右族也。善事父母，以孝聞。與其尊府善慶，尤勇於為義。正統辛酉，朝廷使下郡邑行備荒之政，維吉父子相繼出粟四千石以實官廩。使者以聞朝廷，以其父子能盡孝義降璽書旌異，鄉人榮之。維吉猶以利之及人者淺而國恩深厚，思有以廣之久遠者，以圖其報而不能。及見董煟《救荒活民書》，慨然喜曰：吾思之而未得者，其在茲乎？反覆羨慕，惜乎歲久殘缺而所遺尚多，於是考諸載籍，自唐虞至於今救災備荒之政，採而備述之。有行於一方而可行於天下者，有行於一時而可行於萬世者，在斟酌損益，隨其地之所宜、人之所便而施之，無不可者。如使今之方面大臣與郡縣之吏，留心於此而力行之，則雖九年之水、七年之旱，固無足憂而堯舜亦何所病焉？夫如是，其為利豈不廣且博，而其為惠豈不久且遠哉？吁！維吉之用心亦可謂仁也矣。維吉未有爵祿之榮、職任之寄，徒以一璽書之褒而惓惓思所以效報如此，今有居高位、享厚祿，受褒嘉之命而玩愒歲月、尸居素餐、於民隱略不加之意焉者，觀於此，獨不有愧哉？此維吉之所以可重也歟！維吉既稟命於尊府，以是書鋟諸梓而名之曰《救荒活民補遺書》，遣人走京師求予序，予以其有益於世也，故序之。正統八年朝列大夫、國子祭酒、金陵李時勉序。

明　陳循《芳洲文集》卷四《救荒活民補遺書序》　孟子謂：人皆有不忍人之心。惟聖人全體此心，故其所行無非不忍人之政。觀於聖朝救荒之舉，有足征矣。江陰朱熊維吉，嘗出谷數千石以助有司賑饑，蒙朝廷賜璽書旌其義矣。既而愧其出所以助賑者不廣，復取政郎董煟所纂述《救荒活民書》補其遺逸，鋟梓以行於世，冀有以助行不忍人之政者萬一，其又非所謂『上有好者，下必有甚焉』者歟！嘗觀七八月之間旱，油然作雲，沛然下雨，人知蒙澤潤於天矣，而不知雲，山川之氣所蒸，雨，溪澗之水所升，輸小以成大也。出泰華之產，發江海之藏，人知受惠利於地矣而不知泰華江海，由於涓埃之積，資約以成博也。朱氏欲有助於不忍人之政，其猶山川溪澗之輸於天、涓埃之資於地者乎？況是書有古昔聖賢暨我國家仁民之意，載諸訓典，誰謂不足以弘其所濟邪？在典牧者用之，惟其宜耳。維吉有孝行，見稱於鄉，其所以惓惓於義者，孰非是心之推？間以書求余序，故為之書。正統八年十一月甲寅，翰林學士奉議大夫兼修國史兼經筵官、廬陵陳循序。

明　朱熊《救荒活民補遺書·趙琬序》　歷代荒政，散見於經史傳記，未易遍觀而盡識，況於行乎近世？董煟嘗抽簡冊，撮其機要，輯為救荒活民一書，板行於世，覽者便之。然歲月既久，不無殘缺。比年江陰朱維吉因煟所輯，重加考訂，而益以國朝勤恤民隱詔令與凡《為善陰騭》諸書所載前人救賑民饑良法美意，謂之補遺。由是歷代救荒之政，制度條目，莫不畢具，可舉而行。其用心斯亦勤矣。書成攜至京師，求予序之。予謂維吉布衣之士，坐誦書史，慨然思當世之務，托於此書，以自見志有在焉。蓋朱氏世有及人之功，至維吉孝行尤篤，嘗出粟助官賑貸，於是鄉民賴以存活。朝廷嘉其孝義，旌表其門。維吉方旦夙夜感激，思報國恩，故復為是書，冀少裨政治之萬一。仁人君子有志及民者，誠置一帙，講之於平居無事之時，施之於倉卒應變之際，殆見歲有兇荒而民無菜色，豈非為政之當務哉？嗚呼！使維吉得位行道，舉而措之，其及人之功又何如耶？庸序其概，引諸卷端。正統七年六月初，吉國子司業郡人趙琬序。

明　朱熊《重刊救荒補遺書・唐皋序》　孟子謂：人皆有不忍人之心而以推之於政治，可達之天下。是心也固有之，非本無而責之有也。有是心而行是政，可以除民之害而全其生。小之惠一方，大之澤天下、被后世，與天地所以生物之心無異施焉，斯不謂之仁矣乎？予舟之過浙也，方伯徐公偕其寮佐閔公、潘公、劉公辱左顧，予語及民隱：浙與歙病甚也，財匱於供億也，粟傷於水旱也。不有賑之，轉溝壑者可勝計耶？諸公曰：中丞許公方領巡視之命，悉心民瘼，察知其然，議舉政而修之。吾儕既遵行之，由浙及歙，民駸駸然生意久矣。予喜曰：舟行浹旬，乃今始聞民獲蘇息。於公幸莫大焉！徐公曰：未也。公方以為澤被於一方，孰與浹於天下；利盡於一時，孰與垂於無窮？救荒一書，活民之至要也，其猶醫經之素難矣乎？宋董煟之所編也，元張光大之所續也，我明朱熊氏之所補遺也。其刊布之四方，俾受民社之寄者獲睹是編，當夫災異之侵於歲、老稚之占於亡而為之，司牧相與檢視之，講求其可行者而致之，民於以起之捐瘠之余而納之生全之地，利不博且久哉？且近時廷議所行預荒之策、最吏之宜，蓋我孝宗皇帝洎今上皇帝所以字恤元元之仁於是乎在，皆可示有水之傳者也。因出是書所藏善本，命之校讎并鍥梓焉。予益喜曰：此施藥不如施方之義。是編出，雖有水旱之災，民無菜色，野無饑殍矣，不大幸歟？諸公因以序，屬辭不獲。夫救荒之政與療疾之醫，同一起人於死而生之之術也。荒弗為救，疾弗為療，坐視吾人捐瘠以喪命，伏枕而待斃，所謂不忍人之心將安在哉？故荒政，仁政也；醫，仁術也。醫之救人，近在目前，雖不令之而人多業之者。荒政足以活人多矣，而人往往忽焉不知。講求先事，則視若不切而莫為之備；臨事則漫無所措，卒付之無可奈何而已。心之用與不用而仁澤之流塞隨之。比人之轉死也，可盡委之天邪？於乎惻隱之心，仁之端也，人皆有之也。有是心無是政，徒善爾。有人於此以是心而寓之政，以是政而布之法，由是而垂無窮焉。其仁可勝用也哉？若中丞公慮民之轉乎溝壑，當其事既有以生之而又為之致深長之思，垂悠久之計，其用心之仁也為何如？諸公之心，又皆心公之心而相與圖濟厥美，非同善而必成者歟？異時被災之民，受有司賑恤之仁，以全垂亡未盡之命，固必有賴是書之流布者矣。譬之病者，藥而起之，曰醫之功也。信已而謂注方書者無與焉，可乎哉？正德庚辰三月既望，賜進士及第、翰林院國史修撰、儒林郎新安唐皋序。

明　朱熊《救荒活民補遺書・楊溥跋》　聖賢之道，窮則獨善其身，安於命也。孟子曰：命也，有性焉。君子不謂命也。然則有志之士，固安子所寓，至於濟人利物之心終不能忘者，亦性分之所固有而窮達不與焉。江陰朱維吉，家居奉親，乃取古人所編《救荒活民書》考訂增補，為三百三十八條。古今救荒之道，一展卷而盡得之。復恐其傳之不溥，乃鋟諸梓。其用心為何如？嘗聞維吉再刲股以愈母疾，鄉人稱其孝；出粟四千石人官賑貧民，詔旌其義。是書之作，蓋亦有所本也。吁！世之富家，或假勢力侵漁貧下；士君子有民社之寄者，或視同胞如秦越人，然觀此尚有感焉。正統九年仲秋冬望日，光祿大夫柱國少保、禮部尚書兼武英殿大學士、國史總裁經筵事南郡楊溥跋。

明　朱熊《救荒活民補遺書・王崇慶跋》　跋曰：《救荒補遺》一書，其來自宋元以及隋唐晉漢，達之堯舜乃我聖朝。雖其事論各殊，要之子惠困窮以歸於仁，則一而已矣。嘉靖己丑春，今大巡雙洲先生來按中州，會秋有蝗，民無禾者半。公憂之，舉有司之良而問賑焉。謀及藩臬乃繪圖為説，告司牧以賑窮民之不得所者，各有差。厥事既行，公復以是書關係為切，因命崇慶校正眷錄，將命有司梓之，以遍布二省為長吏者，蓋亦推廣撫公之意云耳。崇慶於此得公三善矣。是故罪人惟贖，廣儲貯也；考郡縣以錢谷責，實政也；慮吾君相之惠不足以遍天下，及后世，又后而梓書焉，示可繼也。可不謂三善矣乎！公淮人也，世有種德。此不贅。河南按察司副使開州王崇慶跋。

《四庫全書總目》卷八四《史部四十・政書類存目二》　熊字維吉，江陰人。取宋從政郎董煟原書，而益以有明恤賑制詔，及前代好施獲福事迹。其立意不爲不善，然序述典故，備録經典重農之語，則迂而不切。雜載諸史賑恤之文，則繁而鮮要，皆不免剿襲陳言，無裨實政。至於盛陳福報，尤涉於有爲而爲，蓋鄉里勸施之格言而非經國之碩畫，二氏因果之緒論而非儒者之正理也。

著録

清　錢謙益《絳雲樓書目》卷二《子農家》　《救荒活民補遺》。

清　萬斯同《明史》卷一三四《藝文志二》　朱繼吉《救荒活民補遺書》三卷。

清　徐乾學《傳是樓書目》　《救荒活民補遺書》二卷，二本。

《續通志》卷一五九《藝文略》　《救荒活民補遺書》三卷，明朱熊撰。

《續文獻通考》卷一六八《經籍考》　朱熊《救荒活民補遺書》三卷。熊，字維吉，江陰人。

《四庫全書總目》卷八四《史部四十·政書類存目二》　《救荒活民補遺書》三卷，浙江範懋柱家天一閣藏本，明朱熊撰。

清　范邦甸《天一閣書目》卷一之一　《救荒活民補遺書》三卷。

清　阮元《文選樓藏書記》卷三　《救荒活民補遺書》三卷，明朱熊著，江陰人。刊本。是書考經史傳記所載歷代荒政，因董煟舊編，重加補輯。

清　葉昌熾《緣督廬日記抄》卷一六　《救荒活民補遺書》明江陰朱維吉補董煟之書，而作有正統七年胡濙、八年王直、李時勉、陳循諸序。又正統七年，其郡人國子司業趙琬序。

荒政彙編

綜述

明　何淳之《重刊荒政彙編·胡宗洵跋》　往丙戌丁亥，中州歲洊饑。公聚朽蠹，閭閻蓋藏若埽，百姓嗷嗷，道殣相望。今大中丞洪翁、衷公時巡撫其地，乃焦勞經理，採古今荒政參以碩畫，率有司相與匡救其災。用是小民自溝壑中復躋衽席，不至大亂。公以天災流行，何代無之，以人勝天，在先時而為之備耳。爰即行之已有明驗者，匯輯成編，殺青以詒來禩。洎公大拜后，中州復饑，有司按公成法，竭蹶奉行，民幸安堵。迄今河洛間萬口一譚，津津頌再生之功不衰。不佞洵夙荷公異知，頃府幕譚子自都門來，公寄我原本一帙。焚盥啟緘，如獲珪璧然，把玩三四過。大都是編，仿《周禮》十二荒政，附以歷朝蠲恤恩例并諸鉅卿權宜故實，分門析類，棋布星列，靡不鑿鑿可行。至篇末救荒一説，俾尊卑上下，人各肩其任，尤為吃緊之譚。即令管晏持籌、賈晁紓策，計亦無出此者。其經濟也周，垂憲也遠，真仁人之用心哉。顧洵尤有感焉。日者敘南大侵，民食糠核藪草，大家苦逋欠，窶戶奉頭鼠竄者十且八九。洵飲水懷懼，頗持蠲賑二議，以佐百姓之急。譬彼中流失舩，一壺千金，亦僅僅補苴罅隙爾爾。倘蚤得是編，其所全活，必不止此，當與中州遺黎相等埒矣。洵拜公明賜，固喜不自勝而尤惜其晚也。夫冥行者，瞇東西南北，見斗極則寤矣。是編固救荒之斗極也，因亟付剞劂氏，以公諸司牧者，且廣公之惠於全蜀云。萬曆乙未秋月之吉，四川敘知府、前南京刑部陝西清吏司郎中、郢人胡宗洵撰。

又《胡士鰲序》　蓋《周禮》荒政十有二而首曰散利，次曰薄征，則蠲賑之説自昔有之。或者謂堯水湯旱，氣數適然而損上益下，主道宜爾。然則司牧者將委運於天而聽命於上乎？今之持議者不言蠲則言賑，大率賑易而蠲難；主計者見謂損正供而詘經費，故非有大祲沴不輕議蠲，誠重之矣。夫散藏、寬賦，自有天下者之常典，然兩者皆以濟荒政之所不及而非可以為恃者。我祖宗以來，累詔蠲租，恩至湛濊，乃汰符簡墨之令，間或舉行。今上寓災，祇懼緩征寬徭，邇者特詔司農分卹郡國，旌別之令，視昔加嚴，其視張頤待哺，不啻如傷而所求諸有司者亦備已，有司者亦將謂恩賚為可恃乎？源本未澄，膏澤為閼，謂主德何？秦越具心，旨牧不上人，謂長民何？是可以悚然思矣。萬曆丙戌，河洛大饑。維時，大中丞南昌衷公實鎮此邦，至則蒿目焦神，下令所司為繕庾、疏渠、峙粻、平糴，諸所劑量贏詘，若操籌握算，纖悉罔遺，請蠲之疏，不厭頻瑣，其為中州赤於請一旦之命，即食寢未遑也。民之賴公以全，若起之溝瘠矣。公嘗採古今救荒故實，積之成帙，已復集我歷朝蠲卹恩例，合為一書，命之曰《荒政匯編》，將付剞，以布之有司。余小子因得援而卒業，則仰而嘆曰：詳哉！公之意念深矣。豈亦有感於國家世澤之隆，即漢文賜租、貞觀遺貸，難埒其渥而勸懲具在，往跡昭如，將后這司牧者，有所惕畏，不為恃恩繳賚而鰓鰓，然古先哲人之求，於以光聖德而禆災祲，則公所以集書之意乎？夫袁昭代典，以廣仁也；作司牧之鑒，以勸忠也。是編備之矣。蓋余讀是編，首漢汲長孺以及先臣周文襄公而竊有慨於古今之際焉。夫漢武雄略，獨憂戇臣。先朝未聞乏才而撫臣經理幾於廿載，今之時則異矣。有矯制發廩粟，不為罪乎？有重臣臨制一方專且久，不易置乎？令老成謀國之臣有所紆謀決筴而逡巡觀望，比於道傍之舍，則議論繁而意見閡也。故夫文法當寬而不為疏弛，便宜當假不為紓遲，要以利社稷而責成功，則重臣得以畢謀竭智而分猷展採，以責之監司及司牧者，是編難與《周禮》并舉可矣。余不敏，謬為天子賑貸，使臣度無以稱塞明詔，輒因敘荒政而僭及之。賜同進士出身、戶部湖廣清吏司郎中、晚生胡士鰲頓首拜撰。

又《袁貞吉〈刻荒政彙編引〉》 蓋聞古言救荒無奇策，豈真無策哉？良以備之不預而倉卒支吾，故難語奇耳。雖然，即病而藥之，視諸坐以待斃者，相去固霄壤也。余自丙戌夏承乏來撫中州，適大旱，赤地千里，群黎嗷嗷，遮道乞哺而懼催并，向南奔者且晝夜不絕於途。余目擊心惻，遂從便宜檄諸司發倉粟，以延居者之命，暫停征，以挽去者之心。已按故籍，察時勢，條為八事，請於上，得俞旨，無論細民，即貧宗疲卒，各獲救燃眉，雖臨病而檢方書於倉扁之技，無當而病者亦藉以少蘇也。奈何秋復大旱，丁亥春夏旱益甚，秋又大水。迄今年幸有麥，迺瘟疫盛行，為毒滋慘。三年間，小民顛連死徙之狀，耳而目之者孰不寒心？矧余忝此重寄，食能下咽哉？故與先后代巡侍御徐公、王公請蠲請賑，疏屢上而不顧其瀆之為罪。仰荷主上勤軫，俱允而行之，且發內幣之金與臨倉之粟，蓋已至再譚者。并以為中州重災，誠數百年所未見而朝廷厚恤，萬千百年所罕覯也。中州尚有孑遺者，孰非皇仁之浩蕩哉？茲幸西成有望，民可更生矣。檢點年來案頭筆記，古今荒政，連篇累牘，曾試而輒效者，不忍棄之如遺也。誠若病者既愈，安忍置方書為長物乎？爰檄開封府何司理匯編成帙，付之梓人，用備考鏡。或曰《周禮·大司徒》以荒政十有二聚萬民，曰散利、曰薄征、曰緩刑、曰弛役、曰舍禁、曰去幾、曰眚禮、曰蕃樂、曰多昏、曰索鬼神、曰除盜賊，備之矣，奚用是為？余曰：唯唯否否。夫方書肇於歧黃而后來以醫名家者，何代無之？要之不然，其方亦不執其方，隨宜而用，咸足以起死而回生。故遡稽近考英君名輔暨良監司守令因時拯救者，誠不能出於十二荒政之範圍而師其意，不泥其跡，以救民於水火者，殆未可以執一論也。是用刊布，以為不虞之備。汴中舊有《救荒補遺活民書》及《救荒本草》，皆於荒政有禆者，可互相參訂云。萬曆戊子閏夏月，欽差巡撫河南等處地方提督軍務、都察院右副都御史、豫章袁貞吉書於壯猷堂。開封府推官何淳之編輯。懷慶府推官王如堅校刻。

傳記

（康熙）《江西通志》卷六九 袁貞吉，字孔安，南昌人，嘉靖進士，授刑部主事，遷南禮部郎中，出知松江府，吳淞江久塞，侵瀕河田，出所節嗇金錢濬之，竣役而民無擾，高新鄭釋憾於故相徐，迎合者上下其手，郡中告密成風，顧獨意無所附，量徙陝西，行太僕少卿。萬曆初，改河南提學副使，精品藻寬，條約詳訓，廸得人士心。歷浙江左布政使，擢右副都御史，巡撫河南，比歲薦饑，請發帑金五萬兩，米九萬餘石，分部周賑，召拜工部侍郎，左都御史，河南人為立生祠。卒贈太子太保，謚簡肅。《豫章書》

（乾隆）《江南通志》卷一一四 袁貞吉，字孔安，南昌人。隆慶初為松江知府，廉靜端慤，時高拱修郄於徐階監司承風旨，多所株引，貞吉獨中立持平，即有所指授，不爲動，人皆服其定力。《松江府志》

（嘉慶）《清一統志》卷二三九 袁貞吉，南昌人，嘉靖進士，知松江府，以廉直聞，累遷河南巡撫。歲薦饑表，請發粟分部周賑，全活數十萬衆，召為左都御史，卒，贈太子太保，謚簡肅。

清 孫岳頒《御定佩文齋書畫譜》卷四四 何淳之，字仲雅，湛之弟，萬曆丙戌進士，司李中州，召授御史，書畫為流輩所推。《江寧府志》

又 卷五七 何淳之，字仲雅（《畫史會要》云號太吳），官至御史，工山水，戲寫蘭竹最有清趣。《江寧志》

清 倪濤撰《六藝之一錄》卷三七一 何淳之，字仲雅，湛之弟，萬曆丙戌進士，司李中州，召授御史，書畫為流輩所推。《江寧府志》淳之行書得晉人意。《續說郛》

荒政要覽

綜述

明 俞汝爲《荒政要覽·劉日升序》 俞毅夫先生示所輯《荒政要覽》，余一讀，心折曰：嗟乎！古今談荒政，不翅詳矣。其間聖哲之所□□□廑於懷忠智之所蒿目□□□□互不洋洋乎？宏謨召（？）□□□者之慈航哉。而慨世者□□□言折衷之，曰：救荒無奇策。夫非策無奇，策於既荒，雖奇不名為奇。至於□世司牧□日一切因循，不講於□□□□，一旦有急，苟且塞局□□□□人之所謂下策與無策，而望其有濟病國病民，不可勝道矣。傳曰：古者稅什一，豐年補助，不外求而上下足，雖累凶年，民弗病也。□□□□荒之說也。雖名為□□□□誼晁錯當文景恭儉□□□□，議積貯、議貴粟，危言激論，皇皇乎如饑饉洊臻，土崩瓦解之當其前，見及此矣。夫儲偫之與拯災難易，豈不逕庭哉。《周禮》荒政十有二而統之曰：聚萬民言。民散矣，而議所為聚之之術雖備，舉十二策以哲后卞臣行之，但及於民之無散，如鴻雁之歌，所稱劬勞安宅而止而上下不遺餘力矣，此聖人之微詞也。國無札瘥，民無捐瘠，及是時，講於農桑衣食，蓄積斂散之法，凡為此者，可無濡手足焦毛髮已，令三年九年，有備無患。突國家不幸，有方二三千里之旱，所在廩庾可以相恤，或至邊境有急，數十百萬之衆饋餉可繼。堯禹湯九年之水，七年之旱，不害為平世，其故可思也。宋臣蘇軾之言曰：救災恤患及於未饑，用物約而所及廣；救於已饑，用物博而所及微旨哉。言乎上下古今，得失之故，舉不出此矣。辟則醫，然脈理不病，時饑寒調營，衛少諳攝生者，足辦矣。迨既病，或病甚，雖秦越人見垣一方，有能有不能，不及時圖事，揆策至其敝而後為之，猥云有裨於人國，吾不信也。是編首詔諭，次奏牘，次救荒總論，平日豫備水旱，扞禦饑饉拯□□，夫荒後寬卹，遇荒得失，荒政樹藝，救荒本草，臚分類列，定為十卷，大都先事有備禦患，有經古今法術，可裨民艱，蒐獵無遺。有經世之志者，家存一帙，如奕有譜，如車有指南，循而用之，變而通之，則存乎其人，毅夫長材大略，此不可以窺一班邪？方今中外，無兼歲之蓄，則儲偫亟；四方無不儉之歲，則拯卹亦亟。國方匱而議拯卹，則難。□議拯□□，議儲偫則尤難。余謂儲偫難，拯卹難，蓋亦道其常耳。至於今日，夫安往而非難者哉？圖難而易者，猶可致以為難而不之圖，國家亦何賴焉？余不敏，然有概於此久矣，因毅夫問序，書以歸之。丁未仲春望後三日，廬陵劉日升撰。

明 張鼐《寶日堂初集》卷一一《俞毅夫先生〈荒政要覽〉序》 《周禮》荒政，聖人補造化之書也。在昔堯水湯旱，其時樹藝未興，或興矣而民間風習古嗇，無窮奇誇斗游惰不經之事，故聖人第以憂勞無為補助之而天下治。迨其后也，地污邪而民淫觴，天災盜賊之不免而聖人始不得已而言救。救，王者有為之道也，然而皆聖人憂勞之精神為之。吾嘗論造化亦至靈變矣，豐穰之不能無饑儉也，猶晴之不能無雨而燠之不能無寒也。乃人則生生而新新，人之精神何所不至矣。聖人作裘以救寒，作宮室以救風雨，作十二政以救荒，大要補造化而設也。而后世乃廣其衣裘之備、宮室之度，積貯、貴粟、平糴、義倉之法，法日益設而患日益多，患益多而仁人君子救之者益無餘策，要以祖聖人補造化之意，而用其生生新新之精神，則是造化生人以救人，雖謂其有全功，可耳。俞毅夫先生舉進士三十余年，體物而大心，經國而重謀，喜任事而不同於衆，是以官為郎而無怨惡善病，而不解其當世之憂，予知先生之精神直能補造化也。予觀當今之世，曹局設而弊孔百出，至引繩批根，牢不可破，河身出入，瞬息易位，雖千季來帝王豪傑，計畫所之，竟同一葦，以至賦重而民淫，祲災靡歲不有，則又禍中在桑麻也。先生為南曹司馬郎而洗艅艎之弊一新，竟因是躓而復起，太息河防之不振，則言於朝，作指掌圖説以告當事。已又念東南雨暘為咎，民苦不飽半菽，則又輯當代荒政詔諭、奏牘、捍御、賑恤之宜列為十卷，以示有民社者有備無患。夫先生之精神，亦可謂至矣。世之衰也，人不能無為，而修政修救者不為者，乃大有益於世。要以種種方略，皆精神能變通之，遇病而為方，不因方而治病。今一一按《周官·十二政》而救今日之荒，荒不可救，如離諸冊子功令，則策又無奇。須知體聖人補造化之意，從心變化，不法於法，即先事后事，焦心盡力，猶然什一補助熙攘無為之初，斯為善讀《周禮》，善解先生之書。夫書則先生自傳其精神也，救民者得先生之精神，無徒以書求先生，則先生之船政、河籌具在也。

明 俞汝爲《荒政要覽・金汝礪序》 説者謂三代以前有荒歲而無荒民，三代以后有荒民而無荒政。夫荒政胡可一日不預講云？而其政綦詳於《周禮》所稱眚禮、緩刑、殺哀、弛禁，終於除盜，而閭受鄙□州恤世，主地祿以利得民，不啻救焚拯溺。何也？民猶子也，子倒懸而父不救，子民之責謂何？顧大司徒懸十二荒政，大都皆治荒耳。聖王以治荒為率計，以備荒為預計，以保息本裕為常計，惟常計廢而議積貯，積貯虛而議救荒，及救荒無□□民始求為生計，不可得□有棄親戚、捐廬墓，吁天呼地，雷□雨注，趣食四方而天下□□多事，茲部僚俞君毅夫所蒿目長慮也者。用是慨然以宇內生靈為己任，嘉與同志者求《周禮》救荒之遺意，博考諸家，歷稽往跡，提契喫要，如昭日星，所列速賑，預奏捕瘞、貸種、續食、安插，不遺余力，而賑糴賑濟，甚者損萬斛、費萬緡而不惜，以至分場分隊，給歷引旗，井井秩秩，有條有要，且一切樵山漁水，修堤浚河，設法□民，多為才略。即水生陸種如□蕨芰筍之屬，莫不原厥根由，餤饑民於萬死一生，故招流給糜，起瘠溝中，掩骼埋胔，推恩枯骨，忍令一夫之不獲乎？是汲長孺、鄭富公之極思而堯舜三王之善政也。其大要尤在修堰閘、浚湖蕩以為暵澇吐納之具，是以特揭綱要，為荒政先。夫豈無□迄於常平、社倉、平糴、義倉，復惓惓計及於公私之貯，收散之策。蓋不以饑穰聽之天行，亟為修備，起季悝、壽昌、長孫、晦翁而謀之，其要領不過如此，非所謂常計、預計，括之篇中而□慶余殃，烱之掌上耶？仁民龜鑒，□以加茲？洎乎汰侈去靡，自乘輿服御、九親供給而下，無所不節，故薄征、散利皆可通融其有無，實為澄本清源之要論，何可目為《周禮》之土苴塵飯云？易曰：后以裁成，輔相天地之宜，以左右民。民之災沴，剪發斷爪，發膚且不足愛，遑恤其他？宜乎毅夫以毛里屬民而聯為我國家無形之郛也。今且次為篇什，垂厥要法，付之剞厥氏，懸於國門，千金不易。行將什□珍之，為官師長人者一助，而仰體祖宗休養元元至意，直貽社稷於苞桑之固，其毅夫仁人之究心哉！是為序。

萬歷丁未仲春日，南京工部都水清吏司主事眷寅弟金汝礪頓首拜撰。

傳記

明 董其昌《容臺集・文集》卷六《僉憲俞毅夫傳》 俞之先爲吳興世家。宋時，有退翁者舉進士，王荆公行新法以御史招之，不就。子有仕郡司理，孫侔龍圖學士，曾孫澄工部侍郎。宋季徙居華亭，終元世，不仕。高皇帝時有山月公允舉，洪武甲戌進士，擢儀曹郎，與祭酒胡公儼、洗馬楊公溥，同纂修大典，儀部公生悅，悅生倫，倫生琳，舉癸卯應天鄉試，官至臨江司理。司理公生郡博士緒，緒生封司馬大夫寅，山公明時，即公之考也。公名汝爲，字毅夫，號新宇。生時，太母宋宜人夢朱衣使者有金盤雙龍之授，字之曰龍，六歲以蚤慧稱，口授書即成誦。十七歲就里中林太常學，與馮無敏稱兩才子。學使者楚黄耿簡肅拔置郡庠，試輒高等，丁卯舉應天鄉試，辛未舉進士，出山陰王文端之門，以才品相器重。壬申，選授德化令。德化，當九江孔道，土瘠民貧。公至，決十年疑獄，老吏喪膽，竟公任，無敢欺紿爲奸。公精心吏事，守藏無踐更之，村農對簿，無追攝之。豪隸行縣，無供餉之。富室書版取絕産之羡金，又作義倉以備歲凶。給囚食以捄疾死，而永賴之利在築堤事。瀕江有田數千頃，每江漲，蕩爲洪流，災民以築堤請監司守長，輒同道謀，公審勢度地，獨稱築之便未有左驗也。會歲饑，使者檄發粟食饑民。公令曰：『能操畚鍤從我爲堤者，倍給之。』赴工者雲集，不日成堤數百丈，乃以濱江可堤，狀爲圖，以請大中丞。楊公大喜，遂定全堤之計。自小池西岸抵德化揹延袤三千八百餘丈，蓄泄有備，旱澇無虞。西距楚黄，東達安慶，上下三四百里間列防如隧，皆象公條畫也。丙子以内艱歸，服除，謁選則故相江陵之客。修隙中以考功法，改令壽陽，公治之如德化。兩臺使者廉治狀，調建德。建德，壯邑也。公治之才益贍，去深文，釋冤獄，育人材，奬後進，兩浙履畝期會迫甚。公以一人總攝三邑，因民情授方畧，竣事旬月間，民不知擾。諸旁邑有大政大獄，當事者必決於公，語具郡志循吏傳中。甲申，量移丞括蒼，與豫章喻公均、楚黄周公弘禴同官，皆名流拙宦，相得甚歡。公事之暇，揚搉風雅，江山開滌，尋補陪京駕部郎。駕部主乘輿侍衛及驛遞諸務，而船政最稱繁鉅，祖制額設風馬快船以千計，夫役以二萬計，武庫支金錢，司農支衣糧，絡繹江淮天津，以中貴輸上供，諸物實備非常，慮至深遠也。久之，役夫多虛額而公家之費如故。先臣王公問議令歲造如干艘，夫役有缺不盡補，垂七十年，庫積至數十萬，有先任駕部者，更足其役夫之籍。不三四年，左藏爲一空。公於是議清虛詭，士大夫有一家而占二三十役者，公所革千餘人，仍還王公故例，而省直歲解以寬，公私兩利，即得罪於巨室，不顧也。又定爲造船之式，爲修船之式，官出緡錢而不以累軍，軍領緡錢赴役而不以累，商賨盡袪矣。因上《船政補救事宜疏》下部具覆，奉俞旨行，吏部紀録。壬辰，擢山東按察司僉事，備兵曹濮。時島夷躝入朝鮮，朝議所在增兵加餉，山東尤急。公亟趨省會，陳議於兩臺，謂：『朝鮮雖弱，我師徂征，合彼土着，倭必不能擄有朝鮮，關白行長各握重兵，不相下，會須有變，奈何聚不逞之徒坐食靡餉，我先自亂已。』兩臺韙之。又時有議征商抑末以裨軍興者，公爭之力，所轄故有張秋稅局，自公在，事始罷。履任甫十月，竟以留都船政，爲前任駕部者所忌，大計得調。是年南察，唯公與閩中李比部多見最爲誣，善人盡寃之，公故怡然以侍養太公爲樂，都無宦情，太公病，公與弟文學汝楫深夜露禱，願以身代，葢周旋子舍者七年。太公捐養遺命，無忘國恩。既服除，出補沁陽，精心吏事，不減筮仕。時如李奉常本寧所爲祠記緩賦期平役法，時散斂招流移，罷行户，絶魄遺，繕城濬隍，說經訓，士復沁，故隸不遠隸汾，條上治河八議，一一中窾，奉有廷俞，皆實録也。直指新安汪公以冀南道請總河，曾公以河道疏請，銓曹亦以岢嵐道疏請，皆不報。公以病歸，徐補司空郎，公堅臥不出，多方外之游，故從耿簡肅講學金陵，邃於性命之旨及是善病，出入空玄衷三教而一之易簀，時屬弟道濟說金剛了義，至應無所住而生其心曰：『止勿復葛藤』，手指其心而化。所著有《皇明史裨》四十卷，《黄河考杞籌》各上下卷，《荒政要覽》《泖記缶音集》《留樞稿》《銅鞮稿》藏於家。憶余以癸巳入都門位，公解組歸晤於淮北，公豪氣薄眘宇間，不作風塵消沮態，惟自敘船政本末甚具，葢最得意之事，最失意之繇也。余既以外補懸車，公賦七言律四首相慰勞，多孤憤不平語。余則何能當然，知己之感深矣。故因長公廷謨之請而傳其大者如此。

明　何三畏《雲間志略》卷二一《俞僉憲新宇公傳》　俞汝爲，字毅夫，號新宇，華亭人。公質美心靈，騰聲弱冠。長爲博士弟子，尢以材敏軼羣，遂登隆慶丁卯鄉書，中辛未榜（榜）進士。初授淛之德化令，勤政愛民，翕然有神明之譽。而同事者不勝側目，遂左遷同守潮州，隨調壽昌、建德知縣。其在壽昌也，築潯陽大江堤，綿亘四十里，貽萬家粒食，民咸尸祝之。在建德，會有清丈之役，積牒旁午，一時邑令投劾去者，署幾爲空。而公以一人董諸邑事，不五月而告竣矣。隨陞處州府同知，在任能肩大事，不顧利害，任怨任勞，為當道所推轂，旋擢南兵部員外郎郎中，時值留樞脫巾鼓噪之後，譚者股慄，莫能爲謀。而公嚴覈兵伍虚濫者一千人計，歲省度支錢八萬，餘刻成一書，著爲令。江楚之間不致取盈，無藝免於驛騷者，孰非公力哉！已陞山東僉事，奉璽書分察齊魯之墟而又中萋菲者口，左遷南兵部，歸矣。夫公稱海内異才，可當分閫，重寄大都，磊落魁梧有弘度雄略，卒能濟緩急者，其人也。藉令建節萬里外，當是鞭風掣電見其所長，而浮沉郡邑者十有六年。始綰兵曹，持憲節未幾且致仕而去，使卓犖通方之略無繇展布，弛張在他人處，此未有不萎薾索然憤憤鬱鬱者。而公獨堅忍以累行，委蛇以從時，當其在事時既杰杰如彼，而歸來既賦又能斂其意氣精神，試之乎擊築、鼓琴、賦詩、飲酒而曾不以摧掊拂抑之故，頽然自喪其生平，譬之松栢處於深山，凌霜傲雪，歷四時而未嘗改柯易葉也，豈非挺挺特立，磊落一丈夫哉！葢雖公之官不躋通顯，公之壽不及古稀，而其子廷謨文既頴發，人復清森，誠有如馮元成學憲所稱：『瓊林玉樹，異時當讓金馬一片席者。』天啓辛酉巳膺選貢，旋登甲子科鄉書，將起而繼公衣鉢，飛騰仕路矣。公所著有《缶音集》行於世。

明　高攀龍《高子遺書》卷九下《俞毅夫先生七十序》　萬曆辛亥，雲間俞毅夫先生年七十，其弟仲濟公，余之心交也。徵言為先生，觴余曰凡為觴者，必有以樂之，吾於先生惡乎樂之，頌先生之往者乎？往者既往，先生視如飄風行雲焉，不屑也，祈先生之來者乎？來者未來，先生視如儻來寄跡焉，不屑也。為詩歌文詞仙靈奇瑞之說乎？詩歌文詞莫有工於先生者，仙靈奇瑞，先生知為文詞之絢藻而非實，不屑也。吾惡乎樂諸吾揭先生者相與樂之可乎？夫人心何以不樂耶？物入焉而膠則不樂，神出焉而騖則不樂。物無入也，以其膠焉而謂之入神無出也，以其騖焉而謂之出知其無入，不必為扞也。知其無出，不必為留也。蕩蕩焉，平平焉，正直焉，目如其目，耳如其耳，心如其心，四體如其四體，是之謂内寧。君臣焉如其君臣，父子焉如其父子，夫婦兄弟朋友焉如其夫婦兄弟朋友，是之謂外寧。如是焉之謂天之道，去其不如是，還其如是，之謂人之道。天之道無所加於人之毫末也，人之道無所損於天之毫末也，未嘗生，不必求佛氏之無生，未嘗不生，不必求老氏之長生，知其未嘗有所於加，有所於損之毫末也，而贅毫末焉。毫末之累如丘山，惡得而樂諸？先生瞿然起曰：『異哉！道乃如是乎？聖如是，凡如是。古如是，今如是。天如是，人如是。幽如是，明如是。吾求吾之所謂不樂者而不可得也。趣觴觴吾，此之謂萬年之觴。

（康熙）《江西通志》卷六四 俞汝為，華亭人，隆慶進士，任德化縣邑，三洲濵江，歲苦水泛，汝為築堤數千丈，以絶産變價為之，不煩公私，人享其利。又改里甲為條鞭，分限納銀，人便之。（《府志》）

（雍正）《山西通志》卷九七 俞汝為，字毅夫，江南華亭人，萬曆間以進士官山東僉事，左遷沁州知州，汝爲敭歷郡縣，威望素著，涖州事，招流移，重學校。術者言漳水徑南下於州不利，州不能蓄衆豐財，以此遂築石渠使東流。汾州改府後，割沁及屬邑隸之，民疲於奔命，為上疏闕下，復舊制，沁陽驛舊設募夫為民累，建議革之，嘗修州志，稱精核，在沁五年，擢工部，去沁，人立祠祀之。

（雍正）《浙江通志》卷一五六《名宦十一》

俞汝為

《建德縣志》：字毅夫，華亭人，由進士先令壽昌，有異政，當道以建德令坐屢代，事多廢弛，疏改建德，在事三載，百廢具興，新黌序，迪正學，改造縣門，𠕁修縣橋，大培風氣，嗣後來者，始獲久事。

（嘉慶）《清一統志》卷一二〇 俞汝為，字毅夫，華亭人，隆慶進士，歷郡縣官數任，有治聲，擢山東按察司，中蜚語左遷沁州知州，以招流移、振士習為先務，術者言漳水直下，沁民不能有蓄藏。汝為築石，俾水東注時，汾州改府以沁及二縣隸焉。士民差徭多累，汝為請復舊制，直隸布政司並改沁陽驛募夫之例，在州五年，召入工部，民為立生祠祀之。

又卷二四四 俞汝為，華亭人，隆慶中知德化縣，濵江有封郭，洲民田其中，歲苦水泛，汝為築堤數千丈，以絶産變價為之，不煩公私，人享其利。

著録

明 祁承㸁《澹生堂藏書目・史部下》 《荒政要覽》十卷，四冊，俞汝為。

清 萬斯同《明史》卷一三四《藝文志二》 俞汝為《荒政要覽》十卷。

《明史》卷九七《藝文志》 俞汝為《荒政要覽》十卷。

清 黄虞稷《千頃堂書目》卷九《典故類》 俞汝為《荒政要覽》十卷。

（乾隆）《江南通志》卷一九二《藝文志》 《荒政要覽》，常熟俞汝為。

雜録

（雍正）《畿輔通志》卷四五 按《荒政要覽》有言，古之立國者必有山林川澤之利，川主流，澤主聚，川則從源頭達之，澤則從委處蓄之，川流淤阻，其害易見，人皆知濬治者，萬頃之湖，千畝之蕩，鮮知究心，甚有縱豪强阻塞，規覔小利，不知澤不得川不行，川不得澤不止，二者相為體用，易卦坎為水，坎則澤之象也，為上流之壑，為下流之源，全繫乎澤，澤廢是無川也。况國有大澤，澇可為容，旱可為蓄，必究晰於此，而水利之説可徐講矣。

清 倪國璉《欽定康濟録》卷四下之一 《荒政要覽》 俞汝為

按地平天成，禹錫元圭，後畢世經營只是濬渠築圩以養稼穡，夫子稱之曰卑宮室而盡力乎溝洫，此之謂也。或疑言疏瀹不兼言封築，則堤圩似屬餘事，不知井田之制，百步為畝，深尺廣尺為田間水道，而不立封限。百畝為遂，遂上有徑十，夫有溝，溝上有畛百；夫有洫，洫上有涂千；夫有澮，澮上有道萬；夫有川，川上有路；言致力溝洫則畛涂在其中。《禹貢》稱九澤必曰既陂是彭蠡、震澤之底定，亦藉陂障，圍瀦成澤，開濬封築，信非兩事也。於是想見唐虞三代之用民力，專用之而已。

清 陸隴其《三魚堂日記》卷七 庚申二月廿五【略】有雲間范名安濟者，以俞汝為所輯《荒政要覽》寄余閲。

救荒事宜（周孔教）

綜述

《四庫全書總目》卷八四《史部四十・政書類存目二》 孔教有《中丞疏稿》已著録。是編乃其官應天巡撫時以三吳被水而作。分目二十三條，附議（三）［九］條，大旨不出《周官》荒政之意。蓋當時所頒條教而其屬官為之刊行也。

傳記

清 萬斯同《明史》卷三三四《周孔教傳》 周孔教，字行再，臨川人。萬曆八年進士，歷知福清、臨海二縣，入為御史。洮河失事，追劾前總督部光先、甘肅巡撫李廷儀養寇貽患，且言副使錢楷李丁非邊吏才。時光先已死，詔奪其誥命，廷儀調南京，而楷等落職。出按河南，崇啟風教，表章先喆，改督畿輔學政，以憂歸，還朝，會日本封貢事敗，勑使李宗城逃歸，石星猶固守前議，孔教抗疏極論之，且曰：『東事之始，首輔趙志臯不顧宗社大計，引用同鄉宋應昌，惡御史郭實，有言排使遠竄。今又力沮群議，附會石星，乞與星亟賜屏斥已。』再用師朝鮮，戶部侍郎周思敬獨言用兵事重，不當疲中國事外夷。孔教謂邪謀悮國，力詆之。又論右都御史李春光不堪寄式政，諸人並乞罷，帝留之。再督畿輔學政，擢太僕少卿，時軍餉乏貸，馬價百萬，孔教争之曰：『太僕之銀，即外廄之馬也。無事徵銀，有事市馬。今諸司歲歲借支，帑竭馬亡何以待變。』帝然之。三十一年，再遷右僉都御史，巡撫應天、蘓州諸府。中使劉成出榷稅，行旅苦之，以孔教言得量減。戶部議漕粟折直徑輸邊鎮，孔教慮病民，奏止之。歲大饑，列上蠲逋、發粟、緩征、弛榷十餘事。又請折漕粟百五十萬石，留關市諸稅二十餘萬，並報從方候，命先發廩賑貸，且括公帑羡金，遣人赴荊襄易米。自是方舟相濟，米價頓平。是歲，吳雖饑不害。孔教為人平易近民，所措置靡不當，吏民立生祠祀。三十六年，進右副都御史，改督河南道，未上被劾，遂累疏乞休歸，久之，卒。

清 陳鼎《東林列傳》卷二一《周孔教傳》 周孔教，字懷魯，江西南昌人。萬曆朝進士，初令臨海，以循卓徵入為御史，適趙南星論時事，忤當路，其客諷孔教糾之，不應。吳比部徹如特疏彈之，時臺省官閧然起曰：『言官論人者也，非論於人者也。奈何壞我體面，將合疏排焉。』孔教又與萬二愚諍，止之曰：『若如是攻擊，則禍在國家矣。』史奉常玉池應召而北，時孔教為督學，約玉池偕許京兆少薇啟諸執政請行東宮三禮。久之，執政議欲先大婚而後冊立，乃與王銓部澹生，力言其不可而止。及巡撫江南，政暇，過東林，率諸士大夫，講正心修身之學，明程朱之正，他如舉劾各屬賢否，請停織造浮派諸疏，言言痛切，至於戊申救荒一事，尤為披瀝肝膽，哀痛迫切，一字一淚，有令人見之而不忍讀，讀而不忍竟者。其為政惟虛衷下物，孜孜求善，常若不及朝有告焉，朝而行之不俟晝矣，晝有告焉，晝而行之不俟夕矣。凡此皆其一片精神所注，非僅僅指陳是非，條晝利害問已也。與顧憲成、高攀龍為石交，每事諮詢，以是善政滿江左，後晉秩總河三吳，諸父老日夜竭蹶北走，相與叫閶闔，乞直指為特疏以請。上不允，特加慰勉，一則曰大得民心，一則曰久著勞績。命下，促赴河任。遂行，後逆璫斥為黨人，削奪，崇禎初乃復。

外史氏曰：吾於先生之為政，而知其所學之正矣。周官有云：學古入官議事以制政乃不迷先生之政，至今百姓猶追述其德不休，至於講學東林，後之人亦有追蹈其跡而邀譽於一時者，不足為先生重也。

（雍正）《江西通志》卷八二 周孔教，號懷魯，臨川人，萬曆進士，為御史差長蘆巡鹽按河南督直隸學政，皆以風采著。倭蹂朝鮮，封貢議起。孔教上言：『古之良臣折衝樽俎之間，見事萬里之外。』今正使已竊逃矣，隨行已被殺矣，沈維敬已被縛矣，乃尚書石星執迷不悟，奉楊方亨片紙為著龜，而按倭之不變，封事之苟成，何其愚乎？今日倭情不封固變封亦變，惟有守朝鮮為上策，朝鮮失則遼陽危，遼危則京師震矣。後皆如其言。晉同卿，巡撫應天，總理河道，回籍卒。《分省人物考》

（雍正）《浙江通志》卷一五四 周孔教

《臺州府志》：號懷魯，江西臨川人，萬曆庚辰進士，十二年知臨海縣。性敏操卓經畫皆可垂久。義倉社學次第舉行，治以教養為先，向來所需器具辦自坊長，日用資於館戶。孔教一切革去，皆官自庀設，不以一毫累民。治事暇，與諸生講學論古，一時士習丕變，後擢御史。

（**乾隆**）《**江南通志・職官志**》**卷一一二**　周孔教，字宗尼，臨川人，萬曆中巡撫江南，時遣中使征榷，行旅苦之。户部議漕折徑輸邊鎮。孔教言其害，皆免。三十六年大水，條上荒政二十三事。又請改折漕米百五十萬，并留榷税及漁課諸色銀二十餘萬以賑，疏入未報，乃先發廩濟貸，又括公帑羡金至荆襄市米，方舟相接，米價頓平。《舊通志》

（**嘉慶**）《**清一統志**》**卷二四七**　周孔教，字懷魯，臨川人。萬曆進士為御史，倭寇朝鮮，朝議封之。孔教上言倭情不封，固變封亦變，惟有守朝鮮為上策，朝鮮失則遼陽危，遼陽危則京師震矣。後皆如其言，歷右僉都御史，巡撫應天，時蘇州大饑，孔教極力賑之，民感其惠。

著録

《**欽定續通志**》**卷一五九**《**藝文略**》　《救荒事宜》一卷，明周孔教撰。

《**欽定續文獻通考**》**卷一六八**《**經籍考**》　周孔教《救荒事宜》一卷，孔教見奏議類。孔教字明行，臨川人，萬曆進士，官至右都御史，總理河道。

《**四庫全書總目**》**卷八四**《**史部四十・政書類存目二**》　《救荒事宜》一卷，江西巡撫採進本，明周孔教撰。

（**同治**）《**蘇州府志**》**卷一三九**《**藝文志四**》　周孔教《救荒事宜》二卷。

救荒事宜（張陛）

綜述

明　張陛《**救荒事宜・王思任引**》　此張登子救荒之十法也。吾不難其一施五百石，而難其五百石一粒一時俱到饑人之腹，博施濟眾，惟其濟而已矣。善濟者，實受其福，何取於東鄰殺牛？不善濟者，有孚失是，不止於小狐濡尾。故濟之義，又惟其實而已矣。有子曰：孝悌也者，其為仁之本與？登子從祖從母從兄起見鼎，有實矣，宜其濟也。陳平割肉，遂以宰天下為己任；司馬公破甕出兒，人即擬之為救時公輔。是濟之之道，一均一速，不但以德，又以才也，才固德之所出。登子此刻，凡以告夫同心濟世者，須善用其才，乃可以大行其德。若夫三年有賞，七日勿逐，登子知之久矣。王思任題。

又《**劉宗周引**》　吾鄉有救荒之議，人情頗在觀望間，即有好行其德者，亦沾沾耳。獨登子成其母若大父芝翁先生志，盡發其家廩，施及一城，不數日而遍。語詳登子自序中。自此人人競勸，自鄉先生以及素封稍有余糧隔宿者，皆爭出其所有以從事，或平糶，或賑口，或設粥，分投互應。又因而及四郊遠近，其為鄉先生以下相勸如是。一時恩膏所被，如法雨慈雲，得之者無不歡忻鼓舞，頓忘其為兇歲之苦也。先是萬曆戊子告饑，相傳富家皆扃門自守，無一相顧者，至死殣載道。今歲斗米數百錢，人情洶洶，不減戊子，實賴當事預為徙薪而我儕士大夫，又有以仰承之，竟無一人填溝壑。世每謂人心不迨古昔，日甚一日如江河。以今而觀，竟何如耶？相距五十余年，昔何以人人秦越，今何以在在恫瘝？倘由此而進，雖我夫子所稱大道之行，當亦只在目前，則士君子挽回風尚之微權，洵有不可誣者。先生立朝，晚以遭讒，不究大用。姑以所未盡者施於鄉，其樂行善事往往類此，鄉人奉之如慈母。然吾不喜先生以一身活滿城百姓，而實喜先生以一人操挽回風尚之權，不難返叔季而三五也。若登子可為善繼乃翁，余又喜先生有孫矣。書以勗登子。劉宗周書。

《四庫全書總目》卷八四《史部四十·政書類存目二》 陛字登子，山陰人。崇禎庚辰，歲大饑。劉宗周及祁彪佳皆里居，宗周倡議煮粥，彪佳倡議平糶，陛更出其家粟五百石，佐二人所不及。慮賑或未周，貲或虛糜，於是斟酌情形，創為十法。一聚米、二踏勘、三優恤、四分別、五散米、六核實、七漸及、八激勸、九平糶、十協力。擘畫具有條理，多所全活，陛因疏其綱要為此書。

傳記

（康熙）《福建通志》卷三一 張陛，字登子，山陰人，隨征入閩。康熙十五年以功授延平同知，十六年攝沙縣篆，時郡邑甫脱兵火，老弱流亡山谷，暴骴相枕也。陛多方招集，使復舊業。又置大塚收瘞之，毁尋卒於官。康熙二十七年，崇祀名宦。

（雍正）《浙江通志》卷一八八

張陛

《舊浙江通志》：字登子，山陰人，元忭孫。崇禎庚辰郡大飢，陛賑米三千餘石，當事建坊以旌。倪元璐題一聯於棹楔云：分人以財由已飢溺笑懷清女師千倉自衞，從父之令與爾鄰里勝麥舟父子一士私沾。

（嘉慶）《清一統志》卷三三〇 張陛，山陰人，任延平同知，康熙十六年攝沙縣篆，時邑初脱兵火，老弱流亡，陛多方招集，又置大塚收瘞暴骴，以勞卒於官，崇祀名宦。

著録

《欽定續通志》卷一五九《藝文略》 《救荒事宜》一卷，明張陛撰。

《欽定續文獻通考》卷一六八《經籍考》 張陛《救荒事宜》一卷，陛，字登子，山陰人。

《四庫全書總目》卷八四《史部四十·政書類存目二》 《救荒事宜》一卷，編修程晉芳家藏本，明張陛撰。

清 丁申、丁丙《八千卷樓書目》卷九《史部·政書類》 《救荒事宜》一卷，明張陛撰，《學海類編》本。

荒政叢言

綜述

明 林希元《林次崖文集》卷一《荒政叢言疏》 臣林希元奏爲應詔陳言以裨荒政事，恭惟陛下堯仁舜孝，出潛御天，敬德日躋，文章虎變，臣民作極，萬國歡心。比聞四川、陝西、湖廣、山西等處，民厄災傷，惻然動念，大沛蠲恩，期於弘濟，博延羣泰，用廣聰明。蓋自三王以降，漢唐宋之君少有子育元元窮神知化如斯者也。自大號渙頒，臣民聳動。凡有寸長，咸思自獻。况臣久甘淪棄，更荷生成，大德莫酬，赤心徒抱。茲承明詔，敢不對揚，夫救荒無善政，古今所病。古以賑濟垂芳史册者，代不數人。然法多醇疵，事難盡述。往時官司賑濟，動費不稽，毫分無補。今皇上不愛太倉百萬之銀以濟蒼生，發自宸衷，誠曠典也。使不精求良法期濟斯人，竊恐故弊仍存，聖心良負，然臣疎淺豈有高論，能裨神謨，顧業尚專門，事諳素練。臣昔待罪泗州，適江北大饑，民父子相食，盜賊蠭起之際，臣之官適當其任，蓋嘗精意講求，於民情吏弊救荒事宜頗聞詳悉。今欲有陳於陛下者，亦負日之暄，以獻吾君之意也。臣聞救荒有二難，曰得人難，曰審户難；救荒有三便，曰極貧之民便賑米，曰次貧之民便賑錢，曰稍貧之民便轉貸；救荒有六急，曰垂死貧民急饘粥，曰疾病貧民急醫藥，曰病起貧民急湯米，曰既死貧民急募瘞，曰遺棄小兒急收養，曰輕重繫囚急寬恤；救荒有三權，曰借官錢以糴糶，曰興工役以助賑，曰借牛種以通變；救荒有六禁，曰禁侵漁，曰禁攘盜，曰禁遏糴，曰禁抑價，曰禁宰牛，曰禁度僧；救荒有三戒，曰戒遲緩，曰戒拘文，曰戒遣使。其綱有六，其目二十有三，備開於後，編次以進，總曰《荒政叢言》，是皆往哲成規，昔賢遺論。臣嘗斟酌損益，或已行而有效，或欲行而未得，或得行而未及，謂可施於今日者也。若夫恐懼修省，降詔求言，蠲租税以舒民，困散居積以厚黎元，皆人主救荒所當行，則陛下已先得之，不容臣言也。至於賣軍職、賣監生、賣吏典，乃不得已救急之弊事，非盛世所當行，則大臣已先言之，不待臣言也。陛下倘不以臣言為愚拙，為迂疎，乞勅部院詳議可否，即賜施行。不惟四省之民獲生全之福，而九重之上亦可以舒四顧之憂矣。

著録

明 晁瑮《晁氏寶文堂書目》 《荒政叢言》。

清 黄虞稷《千頃堂書目》卷九《典故類》 林希元《荒政蕺言》一卷，嘉靖八年，希元為廣東按察使僉事上。凡六綱二十三日（目），參酌古法，體悉民情，帝以其切於救民，從之。

《明史》卷九七《藝文志二》 林希元《荒政叢言》一卷。

清 徐乾學《傳是樓書目》 《荒政叢言》，一本。

雜録

清 張爾岐《蒿庵閑話》卷一 林次崖《荒政叢言》、屠緯真《荒政考》於救荒之道可稱詳盡。萬曆乙卯大饑，吾邑趙令君奉行官糶之法，以故穀價不至大貴。崇禎庚辰，吾邑以抑定官價，粟不入市，民潛持錢入米商家，倍直求之，斗米暴增至銀一兩二錢，正犯二書抑價之戒也。蓋官粟在市平糶，則藏粟之家欲高其直而不能，厚待米商，至者日衆，穀價將自平，亦無事於抑。此吾邑所以頌趙公德不衰，而歎抑價者之有心，斯民而謬於計也。

又 卷二 嘉靖八年林希元上《荒政叢言》，言救荒有二難，曰得人難、審户難；有三便，曰極貧民便賑米，次貧民便賑錢，稍貧民便賑貸；有六急，曰乘死貧民急饘粥，疾病貧民急醫藥，病起貧民急湯米，既死貧民急墓瘞，遺棄小兒急散養，輕忿係囚急寬恤；有三權，曰借官錢以糴糶，興工作以助賑，貸牛種以通變；有六禁，曰禁侵漁，禁攘盜，禁遏糴，禁抑價，禁宰牛，禁度僧；有三戒，曰戒遲緩，戒拘文，戒遣使。屠緯真《荒政考》詳矣，不及次崖之約而盡也。

荒箸略

綜述

明 劉世教《研寶齋遺稿》卷一二《荒箸略·引》 吳越故澤國也，其於國賦則外府也。在昔丁亥，嘗一中於鴻水矣。於時粟價翔踴，斛幾二金，殣殍塞塗，疫厲駢踵郊野之間，四望烟絶，迄今談者猶爲色動。曾未二紀而霪霖復肆虐矣，七郡膏壤一時遂爲巨浸，其未波者百不能一也，有之則高陵荒原不毛之瘠耳。蓋視昔不啻倍已，未魚之氓，誠不能旦暮。自必其命，唯是遺穗未沒而斛且及一金矣。竊恐秋冬之將，納稼之望已絶而待哺者且日益衆焉，寧復知所底止哉！輕餒死而重爲亂，介士之操也，可概望之蚩蚩之衆乎？其能無寒心也者。今遠而遲來牟，則十閱月而盈也。又遠而遲，新穀則歲有五月而盈也。人日不再食而餒，七日而斃矣。引西江以濡涸轍，其能及否乎？且非獨於此也，大祲之後，必有大札，丁亥之已事可鑒也。弱者轉溝壑，強者散而流離焉，勢所必不免也。即幸而無死與徙而札且祟之，即又幸而無及於札，而力能緣南畝者鮮矣。野不闢，不能亡虞。氓野不闢而賦無所自出，不能亡虞。國即復盡蠲賦以寬氓，而氓實重困矣。氓重困則不獨民受之，是又不能亡虞國也。故小潦小暵者，一歲之祲也。而大潦大暵者，數歲之祲也。祲之小者，竭賢有司之力而可辦。乃若非常之祲，則亦必有非常之舉而後濟。自非朝廷沛德音，發帑藏，破拘攣之見，越故常之規而能迓。既乖之天和，收將渙之人心乎？聞之，患貴先防，籌惟預定。芻蕘之賤，廟議所不廢也。爰借前箸，籌之曰蠲、曰賑、曰糴、曰賈、曰禁賑之事，八蠲以下並一，凡十有二篇，用備採擇。

記事

明 劉世教《荒箸略·荒箸略記事》 萬曆戊申夏四月九日，麥秋甫至，雨晝夜不止，凡四十有五日而後霽，於是江以南靡非壑矣。農人無所舉趾，衆心嗸嗸，旦暮莫能必其命。輒不自量，妄欲借前箸籌之而藿食者之謀鄙，曾亡當於千慮之一。又性不能甘獨前，躊躇亡適與，語者第以敝帚，故災木而存之。是歲六月既望，平原劉世教識。

傳記

明 盛楓《嘉禾徵獻録》卷二四 世教，字少彝，號廣乘，炌少子，性沉淡，好讀書。時浙西苦澇，著《荒箸畧》十二篇，獻之當事，欲留浙漕以備荒，不可得，作《幽憤集》。萬曆庚子，中順天鄉試。《家傳》庚子北闈主考為崑山顧公，天埈崑山圖爰立與王公圖角公名在崑山録牒南御史段公然遂中以白簡，癸丑公車後乃謁選知閩清，縣邑處萬山中，無城郭，土多不毛，令民種木棉，備紡績具，進其土之老嫗肄之，使徧告其鄉邑，署侯官尤溪，有聲。世教精於吏治，而其妻輒通賄賂，不能禁，乃乞休歸，有《研寳齋集》。

著録

明 祁承㸁《澹生堂藏書目》 《荒箸》一卷，一冊，劉世教。

清 萬斯同《明史》卷一三四《藝文志二》 劉世教《荒箸》一卷。

清 黄虞稷《千頃堂書目·典故類》卷九 劉世教《荒箸畧》一卷。

（雍正）《浙江通志》卷二五四《經籍》 《荒箸畧》十二篇，《嘉禾徵獻録》：劉世教，字少彝，海鹽人。時浙苦水患，著此獻當事，議欲留浙漕輓粟以備荒，慨不得建明，著《幽憤集》自寓。

清 丁申、丁丙《八千卷樓書目》卷九《史部·政書類》 《荒箸畧》一卷，明劉世教撰，鹽邑志林本。

救荒策會

綜述

明 陳龍正《救荒策會·序》 聖人在上，不能使天無荒歲，可使地無餓夫，以人人得盡才於天地之中而參其時利也。蓄於上以給下，伯者之權；下自蓄而自需之，乃王者之政。古稱三年九年，謂率土之民，各有斯蓄耳。春秋補助，則十一之所余也。備荒之策，無時不豫，曾俟荒而問策哉？然即議救於荒，亦有豫道。自庚午三月朔夜，東南千里鬼哭，荒端俄見。余於時立救饑法數條，稍試之一鄉。又十年，為庚辰之歲而南北俱大荒，辛巳又荒，死人棄孩，盈河塞路，至於因餓而闔戶自經自毒，又古所未聞、口不忍言者。嗚呼！孰非上下無蓄，用心不豫使之然耶？宋臣董煟編輯活民書，用心良至。正統間，布衣朱熊為之搜補，續以本朝詔令。蓋熊曾身行救荒諸善事而又以施藥有盡，施方無窮，復刊布此書。惜多冗泛，且雜以詭説邪教，慮其適滋眾庶之惑。乃乘籃輿之暇，頗為芟次，并就事提要，闡而揚之。君臣士民，皆可以覩，可以行。嗚呼！至其時而克行者，必未至其時而先籌之者也。處今之世，願人人豫救荒之策於懷而已。《周禮》荒政，定自豐年為一時之豫，以昭百世，豫之大者也。嗚呼！今日而懷救荒，且為豫乎哉！崇禎壬午七月十九日，浙嘉善陳龍正題。

明 陳龍正《救荒策會·引》 宋臣董煟原編《古今救荒事》三卷，號曰《活民書》，上於朝，頒於中外。元臣張光大曾續之。本朝朱熊補輯漸備，今復益以近事，無古無今，惟可行之策，則會而存之。其窒礙者、迂緩者、繁複者，皆去之，爲其非策也。其策善而前人未及發明者，則加論焉。或於論中補見近事焉。總號曰《救荒策會》。

《四庫全書總目》卷八四《史部四十·政書類存目二》 宋董煟輯《古今救荒活民書》三卷，元張光大續之，明朱熊復加補綴。龍正是編則合三家之書，刪其繁複而附以崇禎庚辰、辛巳嘉善救荒之事。其斥朱熊之書雜陳詭異之事，持論頗正，然大旨不出董煟書也。龍正喜談經世之術，此亦其一。崇禎末嘗建議開墾畿輔河南、山東荒田，以省轉運。史謂是時中原殘破，有田不得耕，龍正守常理而已，則其所講，亦僅紙上之談矣。

傳記

明　黃宗羲《明儒學案》卷六一『中書陳幾亭先生龍正』條　陳龍正，字惕龍，號幾亭，浙之嘉善人。崇禎甲戌進士，授中書舍人。戊寅，熒惑守心。先生一言民間死罪，細求疑情。一言輔臣不專票擬，居恒則位置六卿，有事則謀定大將。己卯十月，彗星見。先生進言曰：『事天以實不以文』。臣更進之曰：『事天以恒不以暫』。何為實？今日求言恤刑之實是也。何言恒？自今以後弗忘此求言恤刑之心也。其年十一月，上將郊天，先生請正郊期。古帝王郊天不用至日。《家語》孔子對定公曰：『周之始郊，其月以日至，其日以上辛。』《郊特牲》曰：『郊之用辛也。周之始郊日以至。』王肅曰：『周之郊祭於建子之月也。用辛日者以冬至陽氣新用事也。』臣謹按上，辛謂日至之月，第一辛日。如冬至在十一月下旬則用仲辛。冬至在十一月初旬，本月無辛，則用十月下旬，如崇禎十二年十一月二十八日，辛巳冬至，宜十八日辛未郊也。上命諸臣議，先生又上郊祀考辨，上從之，以辛巳南郊。明年乞休，不允。壬午，上言勦寇不在兵多，期於簡練，殲渠非專恃勇，藉於善謀。所云招撫之道，則更有説曰解散，曰安插。解散之法仍屬良將，安插之法專委有司。賊初淫殺，小民苦賊而望兵，兵既無力，民反畏兵而從賊，至於民之望賊而中原不可收拾矣。及墾荒之議起，先生曰：『金非財，唯五穀為財，興屯不足以生穀。唯墾荒可以生穀。起科不可以墾荒。唯不起科，可以墾荒。五穀生則加派可罷。加派罷，然後民生可安。』上以先生疏付金之俊議之。甲申正月，左遷南京國子監丞。國變後，杜門著書，未幾卒。先生師事吳子，往志遠高忠憲，留心當世之務，故以萬物一體為宗，其後始湛心於性命，然師門之旨又一轉矣。

《明史》卷二五八《陳龍正傳》　陳龍正，字惕龍，嘉善人。父於王，福建按察使。龍正游高攀龍門。崇禎七年成進士，授中書舍人。時政尚綜核，中外爭為深文以避罪，東廠緝事尤冤濫。

十一年五月，熒惑守心，下詔修省，有『哀懇上帝』語。龍正讀之泣，上《養和》《好生》二疏。略曰：『回天在好生，好生無過減死。皋陶贊舜曰「罪疑惟輕」，是聖人於折獄不能無失也。蓋獄情至隱，人命至重，故不貴專信，而取兼疑，不務必得，而甘或失。臣居家所見聞，四方罪犯，無甚窮凶奇謀者，及來京師，此等乃無虛月。且罪案一成，立就誅磔，亦宜有所懲戒，何犯者若此累累？臣願陛下懷帝舜之疑，寧使聖主有過仁之舉，臣下獲不經之愆。』蓋陰指東廠事也。越數日，果諭提督中官王之心不得輕視人命云。其冬，京師戒嚴，詔廷臣舉堪任督、撫者。禦史葉紹顒舉龍正。久之，刑部主事趙奕昌請訪求天下真賢才。帝令奕昌自舉，亦以龍正對。帝皆不用。

龍正居冷曹，好言事。十二年十月，彗星見。是歲冬至，大雷電雨雹。十三年二月，京師大風，天黃日眚，浹旬不解。龍正皆應詔條奏，大指在聽言省刑。

十五年夏，帝復下詔求言，云『拯困蘇殘，不知何道』。龍正上言：『拯困蘇殘，以生財為本，但財非折色之謂。以折色為財，則取於人而易盡，必知本色為財，則生於地而不窮。今持籌之臣曰設處，曰搜括，曰加派，皆損下之事，聚斂之別名也。民日病，國奚由足？臣謂宜專意墾荒，申明累朝永不起科之制，招集南人巨賈，盡墾荒田，使畿輔、河南、山東菽粟日多，則京倉之積，邊軍之餉，皆可隨宜取給。或平糴，或拜爵，或中監，國家命脈不專倚數千裡外之轉運，則民間加派自可盡除。』然是時中原多殘破，有田不得耕，龍正執常理而已。翌日復進《用人探本疏》，帝皆優容焉。

給事中黃雲師劾其學非而博，言偽而辯，又以進墾荒議為陵競。帝不問。時議欲用龍正為吏部，禦史黃澍以偽學詆之。十七年正月，左遷南京國子監丞。甫抵家而京師陷。

福王立於南京，用為祠祭員外郎，不就。南京不守，龍正已得疾，遂卒。

清　沈季友《檇李詩繫》卷二〇

陳中書龍正

龍正字惕龍，號幾亭。初名龍致，字發蛟，山毓弟，嘉善人。崇禎甲戌進士，授中書。時政尚綜覈，爭為深文。戊寅，熒惑守心。龍正連進四疏言：『事天惟在好生，致治當責宰輔。』上感動，特諭慎刑。己卯，彗星見。

龍正又應詔極陳。立冬，大雷電。又請正郊期，當用，上辛竟格不行。壬午，因下詔罪己。復三上疏言時政，俱優答。時盜賊滿天下，籌餉無策。龍正著議，極言墾荒為救時本計。朝議相持不決，遂乞歸。甲申，京師陷。南都起為祠部，不赴。賦詩有『京華歌舞新南極，野哭汍瀾舊帝星』之句。乙酉，微疾，死。

龍正天性純篤，講求身心經濟之學。貌癯古，兩眸炯然有心計，善治生，居官甚廉而好施予，著有《學言》《政書》《文錄》凡六十餘卷，輯《程子詳本》《朱子經說語類》《陽明要書》《高子遺書》《皇明儒統》《墾荒兆行》《救荒策會》《陶詩衍》諸書行世。夫講學之流，動稱性道，而其敗類無恥過於庸人，如先生者有幾人哉。

清 陳鼎《東林列傳》卷一一《陳龍正傳》 陳龍正，字惕龍，浙江嘉善人。少師事無錫高攀龍，而與同里魏大中同學。天啟辛酉，舉京闈第三人。乙丑，璫禍作。大中首被逮送至錫山，因謁攀龍，證學累日。初以文章經濟自負，自中年後，悔其無本，一意反求身心，遂悟關鍵在存誠而推行則在於愛人，其所為皆有體有用之學。年五十，登崇禎甲戌進士，授中書舍人。戊寅五月，熒惑守心。龍正上《養和》《好生》二疏，規切時失。六月，進《特簡》《揆職》二疏，申責輔臣以人事君之義，大忤執政。己卯十月，彗星見，詔求直言。龍正上《格心》疏，其略曰：『語云：「事天以實不以文」。臣請曰：「事天以恒不以暫」。何謂實？皇上今日求言卹刑之誠是也。何謂恒？願皇上勿忘此求言卹刑之心是也。蓋星變有時，弭而直言，無時不當受人命，無時不可哀是心也。豈僅覩彗星而動哉？願皇上歲歲存之，日日存之。』疏入，上甚嘉之。未幾，立冬日大雷電雨雹，龍正上請正郊期。疏謂：『先王以至日閉關而後世以至日郊天，於禮殊戾。孔子對魯定公曰：「周之始郊，其月以日至，其日用上辛，夫冬至不恒遇辛，則用辛必冬至之月明矣。云至日者則為冬至之日，云日至者則是日至之月而非本月也。上特命閣臣會部議奏久之，駁上辛不便。應仍用至日，乃再進《郊期考辨疏》。御批數十言，從容清問，閣部皆恚，及三疏四疏上，卒格不行，龍正遂為《郊期咨應》一書，冀此禮明於後世，更著《東天民傳》以見志。庚辰，奉命冊封輝府，因假歸。壬午，入都。應詔陳言進《生財》《平寇》《禦邊》三疏，俱蒙優旨，又有《墾荒議》，投閣未進，而輔臣黃景昉先述以告上，一日舉姓名問他輔，至再無答者。既而戶垣楊枝起疏薦諸正人，復及是議，宜令繕本進呈旨下取覽。龍正補疏上之而終沮於部，又著《掌上錄》，言兼足公私，申明宮府，內平，外却四事，而以格君心、擇治人為本，錄成，晉江蔣德璟請觀而梓傳之。癸未四月，朝局稍轉，進剖析偽學疏。十月，聞闖逆破潼關，為詞衣帶間云：『南箕靜聽常依主，北闕閒居也致身。』甲申正月，調南京國子監丞。三月，抵家求題致仕。五月初，聞國變。驚慟屢絕，遂得疾。七月南渡，遷禮部祠祭司員外，龍正乞休，再三始允。乙酉六月，南都潰，得劉宗周殉節狀，遂絕粒而死。著有《學言》二十卷，《政書》二十卷，《文錄》二十卷，《因述》二卷，為《幾亭全書》行於世，學者稱幾亭先生。

外史氏曰：先生為人內嚴毅而外忠厚者也。觀其輯儒統說，以為本朝學術自白沙傳金針於甘泉，雜禪於儒，其後諸家繁興，立說彌肆，殊為斯道懼，今盡芟其悖道之語，存其正論，俾學者以為宗，雖謂諸家皆醇儒正學可也。噫！觀其絕粒而死，與國偕亡，則節烈又凜然千古矣。

（雍正）《浙江通志》卷一七五

陳龍正

《檇李往哲續編》：號幾亭，嘉善人，從吳志遠遊，師事梁溪高攀龍，得復約身心之學。甲戌成進士，授中書舍人。熒惑守心，龍正麗者古今事應，連進四疏，上感動，特諭廠督慎刑。彗星見，復上疏，帝甚嘉納。壬午因罪己之詔，三上疏言時政。而西北懇荒之議起，遂乞歸。纂輯遺書為忠焉之計。偶感微疾，遂絕飲食，怡然而逝。龍正天性誠篤，通達治體。所奏論皆大本大計，非得於學道者深未易及此。著有《學言》《正書》《文錄》《因述》六十餘卷，輯《程子詳本》《朱子經說》《明儒統》等書行世。

《四庫全書總目》卷八四《史部四十·政書類存目二》 龍正字惕龍，嘉善人，崇禎甲戌進士，授中書舍人，左遷南京國子監丞。福王召為禮部祠祭司員外郎。事蹟具《明史》本傳。

著錄

《欽定續通志》卷一五九《藝文略》 《救荒策會》七卷，明陳龍正撰。

《欽定續文獻通考》卷一六八《經籍考》 陳龍正《救荒策會》七卷。龍正字惕龍，嘉善人，崇禎進士，官南京國子監丞，福王召為禮部祠祭司員外郎。

《四庫全書總目》卷八四《史部四十・政書類存目二》 《救荒策會》七卷，浙江巡撫採進本，明陳龍正撰。

開荒十二政

綜述

《四庫全書總目》卷八四《史部四十・政書類存目二》 純粹，柏鄉人，官永城縣知縣。因萬曆三十六年純粹在永城開墾荒田，招集流民，條上十二議，併以其事繪為圖，其時上官批荅及士民歌頌皆附焉。純粹即大學士裔介祖也。

傳記

（雍正）《畿輔通志》卷七五 魏純粹，字乾仲，柏鄉人，萬曆進士。授陽武令。邑賦役煩重，純粹力請蠲減，立四則十議，積困以蘇，議《開荒十二政》，倣古井田法，刱渠井都堡為均田，給牛餉。墾田三千頃，麥秀兩岐，巡按御史奏治平第一，擢御史，侃侃條議，皆中時弊。聞父病，堅乞歸侍。疏云有子而不奔父之急，世間安容此子；有臣而不盡子之道，皇上安用此臣。拜疏即行，歸里，年餘以疾卒。

清 孫承澤《畿輔人物志》卷一四《魏侍御純粹》 魏純粹，字乾仲，別號見玄，柏鄉人。少司馬槐川名謙吉之孫也。司馬以御史歷官兵部右侍郎，總督陝西三邊。時當多故，公能詰戎繕具，邊陲寧謐歷二十年，無兵戈之警，時論稱之。至公登萬曆甲辰進士，初授陽武縣知縣，以才幹著聞，直指使者，薦循良第一。適永城河決，民苦昏墊乃借才調永，公下車相幾宜，施濬築水，迄循故道向東，救水中男女以千萬計，議《開荒十二政》，倣古井田法，刱渠井，都保爲均田，給牛授餉，開荒三千頃。是歲，麥兩岐，民歌樂之，曰：『永清堡，北岡後。麥穗長皆雙偶，魏公之澤真不朽。』直指使者，又薦公河南治平第一。庚戌選授山西道御史，侃侃條議，皆中窾要，不一謁權貴，出署，閉門焚香讀書而已。時仕途紛襍，邪正相搆，已露幾牙。公遂以父病，堅乞歸侍，其疏云『有子而不奔父之急，則世間安容此子；有臣而不盡子之道，則皇上安用此臣。』不候旨，竟策蹇歸家。居最久，臺劄屢催，竟不出。至癸丑，卒於里。公學術純正，得之家傳。父樂吾先生，嘗著《養生弗佛二論》，其言養生以習靜爲主，無取乎呼吸吐納之術，尤戒任時醫。其言弗佛，謂『禍福怵誘愚人，儒術明則異端息。』公受先人之教，戒家世不得用浮屠，極爲高陽孫愷陽先生所重。平日留心經濟，謂定國宣威，當以兵屯爲勝，故所著屯兵、開荒諸議，鑿鑿可行，未得竟其用，人惜之。余過永城，父老猶有道其遺事者，謂公爲令時，適有遊客暴卒，所携貲甚厚，然不知其姓氏鄉里，人謂公舊例屬無礙，宜佐公費。公曰：『物各有主，生死以之，乃盡以賑貧民，自出己貲，爲置一碑，勒曰：『遠人無名氏之墓』。且爲之銘今道左，遺碑在焉。公真有古人風矣。至於士大夫不爲方士所惑，不溺於浮屠邪説者，尤難其人。公高見卓識，又豈近人所能及？百世所宜取法也。

著録

《欽定續通志》卷一五九《藝文略》 《開荒十二政》一卷，明魏純粹撰。

《欽定續文獻通考》卷一六八《經籍考》 魏純粹《開荒十二政》一卷。純粹，柏鄉人，萬曆間官永城縣知縣。

《四庫全書總目》卷八四《史部四十・政書類存目二》 《開荒十二政》一卷，直隸總督採進本，明魏純粹撰。

救荒本草

綜述

明 朱橚《重刻救荒本草·李濂序》 《淮南子》曰：神農嘗百草之滋味，一日而七十毒，由是《本草》興焉。陶隱居、徐之才、陳藏器、日華子、唐慎微之徒，代有演述，皆為療病也。嗣后，孟詵有《食療本草》，陳士良有《食性本草》，皆因飲饌以調攝人，非為救荒也。《救荒本草》二卷，乃永樂間周藩集録而刻之者，今亡其板。濂家食時，訪求善本，自汴携來。晉臺按察使石岡蔡公，見而嘉之，以告於巡撫都御史蒙齋畢公。公曰：是有裨荒政者。乃下令刊布，命濂序之。按《周禮》大司徒以荒政十二聚萬民，五曰舍禁。夫舍禁者，謂舍其虞澤之厲禁，縱民採取以濟饑也。若沿江瀕湖諸郡邑，皆有魚蝦螺蜆菱芡茭藻之饒，饑者猶有賴焉。齊梁秦晉之墟，平原坦野，彌望千里，一遇大侵，而鵠形鳥面之殍，枕藉於道路，吁可悲已！後漢永興二年，詔令郡國種蕪菁以助食，然五方之風氣異宜，而物產之質異狀，名彙既繁，真贋難別，使不圖列而詳說之，鮮有不以虺床當蘼蕪，薺苨亂人參者，其弊至於殺人，此《救荒本草》之所以作也。是書有圖有說，圖以肖其形，說以著其用。首言產生之壤，同異之名；次言寒熱之性，甘苦之味；終言淘浸烹煑蒸曬調和之法。草木野菜，凡四百一十四種，見舊本草者一百三十八種，新增者二百七十六種云。或遇荒歲，按圖而求之，隨地皆有，無艱得者。苟如法採食，可以活命。是書也，有功於生民大矣。昔李文靖為相，每奏對常以四方水旱為言；范文正為江淮宣撫使，見民以野草煑食，即奏而獻之。畢、蔡二公刊布之盛心，其類是夫！嘉靖四年歲次乙酉春二月之吉，賜進士出身奉政大夫山西等處提刑按察司僉事奉勅提督屯政大梁李濂撰。

又《卞同序》 植物之生於天地間，莫不各有所用，苟不見諸載籍，雖老農、老圃亦不能盡識而可亨、可芼者，皆躪藉於牛羊鹿豕而已。自神農氏品嘗草木，辨其寒温甘苦之性，作為醫藥以濟人之夭札，後世賴以延生而本草書中所載，多伐病之物而於可茹以充腹者，則未之及也。敬惟周王殿下體仁遵義孶孶為善，凡可以濟人利物之事無不留意。嘗讀孟子書，至於五穀不熟，不如荑稗，因念林林總總之。民不幸罹於旱澇，五穀不熟則可以療飢者，恕不止荑稗而已也。苟能知悉而載諸方冊，俾不得已而求食者，不惑甘苦於荼薺，取昌陽棄烏喙哉。於是購田夫野老得甲坼勾萌者，四百餘種植於一圃，躬自閱視俟。其滋長成熟，迺召畫工繪之為圖，仍疏其花實、根榦、皮葉之可食者，彙次為書一帙，名曰：《救荒本草》。命臣同為之序，臣惟人情於飽食暖衣之際，多不以凍餒為虞，一旦遇患難，則莫知所措。惟付之於無可柰何，故治已治人鮮不失所。今殿下處富貴之尊，保有邦域於無可虞度之時，乃能念生民萬一或有之患，深得古聖賢安不忘危之旨，不亦善乎。神農品嘗草木以療斯民之疾，殿下區別草木欲濟斯民之飢，同一仁心之用也。雖然今天下方樂雍熙泰和之治，禾麥產瑞家給人足，不必論及於荒政，而殿下亦豈忍覩斯民仰食於草木哉。是編之作，蓋欲辨載嘉植不沒其用，斯典圖經本草並傳於後世，庶幾萍實有徵而凡可以亨芼者，得不躪藉於牛羊鹿豕苟，或見用於荒歲，其及人之功利，又非藥石所可擬也。尚慮四方所產之多，不能盡録補其未備，則有俟於後日云。永樂四年，歲次丙戌，秋八月，奉議大夫周府左長史臣卞同拜手謹序。

《四庫全書總目》卷一〇二《子部十二·農家》 《明史》本傳稱，橚好學，能詞賦，以國土夷曠，庶草蕃廡，考核其可佐饑饉者四百餘種，繪圖上之，卽此書也。李時珍《本草綱目》，以此書及《普濟方》俱云洪武初周憲王著。考憲王有燉於仁宗初始嗣封，其説殊誤。是編為嘉靖乙卯，陸東所重刊。每卷又分為前後，共成四卷。其見諸舊本草者一百三十八種，新增者二百七十六種，皆詳核可據。前有東序，亦稱周憲王著。蓋當時以親藩貴重，刊書皆不題名，故輾轉傳譌，有所不免。今特為糾正焉。

《四庫全書簡明目録》卷一〇 是書載諸草之可以充食者，以備饑饉，最切實用。其取諸《本草》者一百三十八種，橚所採訪新增者二百七十六種。

傳記

《明史》卷一一六《周王橚列傳》　周定王橚，太祖第五子。洪武三年封吳王。七年，有司請置護衛於杭州。帝曰：『錢塘財賦地，不可。』十一年改封周王，命與燕、楚、齊三王駐鳳陽。十四年就藩開封，即宋故宮地為府。二十二年，橚棄其國來鳳陽。帝怒，將徙之雲南，尋止，使居京師，世子有燉理藩事。二十四年十二月敕歸藩。建文初，以橚燕王母弟，頗疑憚之。橚亦時有異謀，長史王翰數諫不納，佯狂去。橚次子汝南王有爋告變。帝使李景隆備邊，道出汴，猝圍王宮，執橚，竄蒙化，諸子並別徙。已，復召還京，錮之。成祖入南京，複爵，加祿五千石。永樂元年正月詔歸其舊封，獻頌九章及佾舞。明年來朝，獻騶虞。帝悅，宴賜甚厚。以汴梁有河患，將改封洛陽。橚言汴堤固，無重勞民力。乃止。十四年疏辭所賜在城稅課。十八年十月有告橚反者。帝察之有驗。明年二月召至京，示以所告詞。橚頓首謝死罪。帝憐之，不復問。橚歸國，獻還三護衛。仁宗即位，加歲祿至二萬石。橚好學，能詞賦，嘗作《元宮詞》百章。以國土夷曠，庶草蕃廡，考核其可佐饑饉者四百餘種，繪圖疏之，名《救荒本草》。辟東書堂以教世子，長史劉淳為之師。洪熙元年薨。

《四庫全書總目》卷一〇二《子部十二·農家》　橚，太祖第五子。洪武十一年封，十四年就藩開封。建文中，廢徙雲南。永樂初復爵。洪熙元年薨，謚曰定。

著録

明　晁瑮《晁氏寶文堂書目》　《救荒本草》新刻。

明　高儒《百川書志》卷一〇《子·衛生》　《救荒本草》四卷。皇明永樂間周藩購植草木野菜四百一十四種於圃，俟其滋長成熟，圖輯此書，圖以肖其形，說以著其用，俾切於救荒政者。

明　祁承㸁《澹生堂藏書目·史部下》　《救荒本草》四卷，四冊，又一部二卷，二冊。

明　朱睦㮮《萬卷堂書目》卷三《醫家》　《救荒本草》四卷，周憲王。

《明史·藝文志》卷九八　周定王《救荒本草》四卷。

《續通志》卷一六〇《藝文略》　《救荒本草》八卷，明周王橚撰。

《續文獻通考》卷一八一《經籍考》　周王橚《救荒本草》二卷。橚，太祖第五子，洪武十一年封，十四年就藩開封。建文中廢徙雲南。永樂初復爵。洪熙元年薨，謚定。臣等謹案：《明史》稱橚好學能詞賦，以國土坦衍，庶草蕃廡，考核其可佐饑饉者四百餘種，繪圖上之，即此書也。

清　錢謙益《絳雲樓書目》卷二《子農家》　《救荒本草》。

清　萬斯同《明史》卷一三五《藝文志三》　周定王《救荒本草》四卷。王以所封國土曠，庶草蕃廡，多可佐飢饉。乃購之田夫野老，得甲坼、句萌、諸物四百餘種植圃中。躬自辨別，察其滋長成熟，繪圖而並疏之。

清　徐乾學《傳是樓書目》　《救荒本草》二卷，明陸東，嘉靖四本。

清　錢曾《錢遵王述古堂藏書目録》卷六　《救荒本草》四卷，四本。

清　范邦甸《天一閣書目》卷三之一《子部·農家類》　《救荒本草》四卷。

清　黃虞稷《千頃堂書目》卷一二《農家類》　周定王《救荒本草》四卷。王以所封國土曠，庶草蕃廡，多可佐飢饉，乃購之田夫野老得甲坼勾萌諸物四百餘種，植圃中，躬自辨別，察其滋長成熟，繪圖而并疏之。

《四庫全書總目》卷一〇二《子部十二·農家》　《救荒本草》二卷，兩淮鹽政採進本，明周王橚撰。

《四庫全書簡明目録》卷一〇　《救荒本草》八卷，明周定王朱橚撰，或題周憲王者，誤也。

清　丁申、丁丙《八千卷樓書目》卷一〇《子部·農家類》　《救荒本草》八卷，明周定王朱橚撰，日本刊重輯本。

（光緒）《重修安徽通志》卷三四一《藝文志·子部二》　《救荒本草》二卷，鳳陽周定王朱橚著。

雜録

明　李時珍《本草綱目》卷一上

《救荒本草》

時珍曰：洪武初，周憲王因念旱澇民饑，咨訪野老田夫，得草木之根苗花實可備荒者四百四十種，圖其形狀，著其出産、苗葉、花子、性味、食法凡四卷，亦頗詳明。可據近人翻刻，削其大半，雖其淺見，亦書之一厄也。王號誠齋，性質聰敏，集《普濟方》一百六十八卷，《袖珍方》四卷，詩文樂府等書。嘉靖中，高郵王磐著《野菜譜》一卷，繪形綴語以告救荒，畧而不詳。

又 卷二六《目録·菜部》 李時珍曰：草木可茹者謂之菜，韭、薤、葵、葱、藿，五菜也。《素問》：『五穀為養，五菜為充，所以輔穀氣，疏壅滯也。』菜固不止於五而已。我國初，周憲王圖草木之可濟生者四百餘種，為《救荒本草》，厥有旨哉。

清 孫岳頒《御定佩文齋書畫譜》卷二一

周定王橚

周定王橚國開封，以國土遠曠，庶草蕃廡，辨察其可佐饑饉者，種植四百餘種，繪而疏之名《救荒本草》。《珊瑚網》

清 姚之駰《元明事類鈔》卷七《救荒本草》 《獻徵録》：周定王以庶草多可佐饑，乃購諸野人，得四百餘，種植圃中，躬自辨別，察其成熟，繪圖而注疏之，作《救荒本草》四卷。

《欽定四庫全書考證》卷五〇《救荒本草》

明周王朱橚撰

卷一，草部大藍條，所謂葴馬藍是也。刊本『葴』訛『葳』，據《爾雅》改。

卷二，鐵幹蒿條，又似萹蓄葉而短小，刊本『萹』訛『扁』，據《爾雅》改。

卷三，牛妳菜條，又似馬兜鈴，刊本『鈴』訛『零』，據《本草綱目》及《羣芳譜》改。

卷四，回回米條，一名曰注音紺，刊本『紺』訛『縉』，據《證類本草注》及《廣雅注》改。

卷七，果部棗樹條，邊腰棗一名細腰，刊本一名訛『雲子』，據《爾雅注疏》改。

卷八，菜部莧菜條，一名馬莧，一名莫實。按陶隱居《名醫別録》，馬莧即馬齒莧，與莧實名莫實者異，此合為一，誤。

救荒野譜

綜述

清 周中孚《鄭堂讀書記》卷三〇《史部十六·政書類》 可成，里貫未詳。崇禎壬午歲大饑，人相食，可成因從東垣《食物本草》中，輯其草類六十種，又補遺草類四十五種，木類十五種，各爲之圖，冠以歌訣，以便人之易識易記。猶恐人之或未識，莫知所用，且味或螫口，用亦不適，惟得一煑豆之法以通之。則所遇草木，件件可口。故附晉劉景先《救荒辟穀簡易方》，唐孫思邈《救荒辟穀簡便奇方》，宋黄庭堅《救荒煑豆法》三則於後，誠可謂良工用心苦矣。

又 周中孚卷二一《子部·農家類》 明姚可成撰，里貫未詳。崇禎壬午歲大饑，人相食，姚氏因從李東垣《食物本草》中，輯其草類六十種，又補遺草類四十五種，木類十五種，各為之圖，冠以歌訣，以便人之易識、易記。復恐人或未識，莫知所用，或味螫口，用亦不適，乃以煮豆之法通之。則所遇草木，種種可口。故附晉劉景先《救荒辟穀簡易方》，唐孫思邈《救荒辟穀簡便奇方》，宋黄庭堅《救荒煮豆法》於後。其用心良苦，蓋周定王《救荒本草》、王磐《野菜譜》、鮑山《野菜博録》之類，而又詳著其用法者也。

著録

明 姚可成《救荒野譜·引》 炎農興，耒耜藝五穀，天縱神聖，生活斯民。孔子雖疏食菜羹瓜祭不忘本也，顧災荒饑饉氣數所不能無，全賴哲人挽回造化。茲所輯東垣《食物本草》中《救荒野譜》雖不過一時權變之術，亦且令煢煢餓夫少延日歹，以俟豐穰耳。恐貽誕妄之議，故爲粘筆以解，崇禎壬午清明日，蒿萊野人姚可成識。

清 周中孚《鄭堂讀書記》卷三〇《史部十六・政書類》 《救荒野譜》一卷，借月山房彙鈔本。

又 卷二一《子部・農家類》 《救荒野譜》一卷，借月山房彙鈔本。

荒政叢書

綜述

清 俞森《荒政叢書・序》 古稱救荒無奇策，非無奇策也。預為之，雖尋常行事，自有神明莫測之妙。臨時倉卒為之，雖古人已見之效，亦祇具文而已，於生民曾何與焉。所以荒政不可不詳，欲求其詳，不得不預為之備。森嘗觀古今救荒事宜若干卷，無不綱舉目張，施行井井。久矣，會萃成帙，藏之篋中。茲當皇上憂民之切，中外諸鉅公無不亟亟焉，惟荒政是問。森雖承乏河員，敢謂賑濟之事非職所宜盡乎？爰取向所藏本，登之棗梨，期與各屬相為講究而亟圖之，或可措置一二，庶足以仰承宵旰之深衷，亦不負子惠元元之素志。蓋深有望於斯世云。康熙庚午上元節，巡理河南通省河道、提刑按察使司僉事加四級，錢塘俞森謹序。

《四庫全書總目》卷八二《史部三十八・政書二》 是書成於康熙庚午，輯古人救荒之法，於宋取董煟，於明取林希元、屠隆、周孔教、鍾化民、劉世教、魏禧凡七家之言，又自作常平、義倉、社倉三考，溯其源，使知所法復安，其弊使知所戒。蓋其官河南僉事時所撰也。末附鄖襄賑濟事宜，及《捕蝗集要則》，其官分守荊南道時所撰也。救荒之策，古人言之已詳，至積儲尤爲救荒之本，森既取昔人良規，班班具列而於三考尤極詳，晰登之梨棗，俾司牧者便於簡閱，亦可云念切民瘼者矣。

《四庫全書簡明目録》卷八 所輯古人救荒之法，於宋取董煟，於明取林希元、屠隆、周孔教、鍾化民、劉世家，於國朝取魏禧。凡七家之言附以常平、義倉、社倉三考，其官河南時所撰，末附《鄖襄賑濟事宜》及《捕蝗集要》，其官湖廣時所撰也。

傳記

（雍正）《河南通志》卷三五 俞森，浙江錢塘人，監生，按察司僉事，管河道，康熙二十六年任。

《四庫全書總目》卷八二《史部三十八・政書二》 森號存齋，錢塘人，由貢生歷官至湖廣布政司參議。

清 戴肇辰《學仕録》卷四 俞森，號存齋，浙江錢塘人。官至湖廣布政司參議，有《荒政叢書》。

著録

《清文獻通考》卷二二二《經籍考》 《荒政叢書》十卷，俞森撰。森號存齋，錢塘人，由貢生官至湖廣布政司參議。

《清通志・藝文略》卷九九 《荒政叢書》十卷，俞森編。

《四庫全書總目》卷八二《史部三十八・政書二》 《荒政叢書》十卷，山西巡撫採進本，國朝俞森撰。

《四庫全書簡明目録》卷八 《荒政叢書》十卷，國朝俞森編。

清 丁申、丁丙《八千卷樓書目》卷九《史部・政書類》 《荒政叢書》十卷，國朝俞森編。守山閣有附録本，墨海金壺有附録本。

清 張之洞《書目答問》卷三《子部・農家第五》 《荒政叢書》十卷，俞森。守山閣本。金壺本。

《清續文獻通考》卷二七一《經籍考十五》 《荒政□書》十卷，附録二卷，俞森。

《清史稿・藝文志二》卷一四六 《荒政叢書》十卷，附録二卷，俞森撰。

雜録

清 倪國璉《欽定康濟録》卷四下之一 《荒政叢書》 （余）［俞］

森緝　觀朱夫子社倉諸記及各規約法，可謂備矣。然變通亦在其人，隨其時地之宜而用之，未可執一也。按黄震通判廣德軍時，社倉大弊，衆以始自文公，不敢他議。震曰：『法出於聖人，猶有通變，安有先儒為法，遂不得救其弊哉？』即别買田六百畝，以其租代社倉息，非凶年不得輙貸，貸不取息，此可謂善於法朱子者矣。

廣惠編

综述

清　朱軾《廣惠編·序》　福利者，釋氏之説也；感應者，老氏之説也。事不經，固所弗道已。若夫任恤列於六行，惻隱首乎四端，孰能外此以自號為人乎？三晉歲饑，所司繪圖入告。聖天子宵旰憂勤，恫瘝在念，甚至不獲予辜，形於尺一，視堯湯之咨儆而稱切矣。綸音初下，甘霖萬里，天地鬼神，皆為昭假，矧有血氣之倫，其誰不唏嘘感動者乎？使者身在衰絰之中，謬膺拯救之任，畏此簡書，倉皇就道，所至蒿目憂心，罔知所措。幸此方尚義耆民，若蒲州之周起瑜、汾陽之張瑛等，暨一時賢士大夫，踴躍捐輸，相助有成，俾無隕越。非惟高賢古道，度越尋常，抑亦仰體聖心，分憂共患，忠愛之誠，出於不自已也。今者秋成有慶，哀鴻安宅，然瘡痍乍起，元氣未復，使者去矣，所冀諸君子益相懋勉，慷慨者勿懈於將來，吝嗇者并懲其已往，轉此痍傷，共登仁壽，豈徒斯民之為？即使者與二三司牧，均拜其賜。惟是戀戀余息，不獲效仁人之贈言，偶撮舊聞，稍加刪節如左，付之棗梨。而洪洞劉比部復編次，使者先后疏草及所行書檄，匯成一帙。倘賢豪長者流覽及之，樂善之心必有油然莫遏者。若謂老生常談也而置若罔聞，則有財而不善用，必非其財，宛其死矣。他人是愉，使者方將以哀饑民者轉而哀夫人也，而又奚説。時康熙六十年歲次辛丑仲秋中浣，欽差賑濟都察院左都御史棘人朱軾書於平水行署。

傳記

（嘉慶）《清一統志》卷三二五　朱軾，高安人，康熙甲戌進士，授庶吉士，改知潛江縣，入為刑部主事，累遷至通政使，巡撫浙江。雍正初，擢左都御史，入直上書房，尋授文華殿大學士。時興營田水利，以軾視事，凡設施等盡，悉合地宜。乾隆初，疏言直省大吏，爭以開墾為功，實就熟田加增税額，虚報弁科，小民不勝苦累，請清查核實以革厥弊。又言法吏多逞鍛鍊之長，希著明斷之號，宜加警黜，吏治焕然一新。卒謚文端，入祀賢良祠。通疏謂理財以斥浮言為要，用人以辨邪正為先，語極懇至。所著有《周易注解》《儀禮節略》《春秋詳解》《歷代名臣名儒循吏傳》《軺車録》《廣惠編》諸書。

著録

（道光）《濟南府志·學校》卷一七　朱文端公《廣惠編》一部一本。

欽定康濟録

綜述

清　倪國璉《欽定康濟録·序》　吏科給事中臣倪國璉謹奏，為進呈書籍事：仰惟我皇上軫念民瘼，仁恩周浹，遇各省偶有歉收，隨即多方補救，蠲賑備施，不惜宵旰之勤勞，以謀斯民之安飽。然猶聖不自聖，安益求安，旱潦未形，疇咨早切，視民如傷之懷，有加無已，建極錫福之道，曲成不遺。凡屬内外大小臣工，孰不思罄竭愚忱，以仰佐聖治於萬一者？臣忝居言職，輪該進書，因見同鄉已故錢塘縣監生臣陸曾禹所集《救饑譜》一書，未經刊刻。其書每條前列經史，后加論説，與今所進經史之體無異。是以不揣愚昧，録其大要，共為四卷，恭呈睿覽。雖書中所列條目總不出聖政之範圍，然其編輯詳明，似尚有可取者。伏惟聖慈垂鑒，俯採芻蕘之一得，宥其草野之蠢愚，臣曷勝惶悚待命之至。謹奏。乾隆四年十月二十日。

奉上諭：吏科給事中倪國璉奏進《救饑譜》四卷，猶有鄭俠繪圖入告之遺意，甚屬可嘉。著南書房翰林詳加校對，略為刪潤，命名曰《康濟錄》，交與武英殿刊刻頒發。倪國璉着賞賜表里各二匹，以示獎予。欽此。

清 倪國璉《欽定康濟録・王恕序》 臣聞民邦本也，食民天也。是故聖人治天下，以務農重谷為先而講求積貯為要。當是時，三年耕必有一年之食，九年耕必有三年之食，以三十年之通制國用，雖有兇旱水溢，民無菜色。《周禮》大司徒胙土以封諸侯，畫井以授萬民，而以荒政十二聚之，以保息六養之。於以見聖人之心，急恤民也。是故聖人在上，一民饑曰我饑之，一民寒曰我寒之。《周書》曰：如保赤子，心誠求之。蓋聖人之心，與天地準，其所以為民計長久防未然者，補亭毒所不足，致生民於有余，是故天地有待於聖人也。我皇上至聖至誠，子育萬方，自御極以來，勸農桑，講積貯，詔書無歲不下。間遇直省歲儉艱食，遣使振貸；一夫罔或失所，恩蠲逋賦至數十百萬。唐虞三代聖人之用心，蔑以加矣。乾隆四年，嘉納諫臣倪國璉所進《救饑譜》一書，命名曰《康濟錄》。五年冬頒發到閩，臣適奉命巡撫是邦，跪受敬讀。伏見錄中所載，古先哲王良法美，意與夫名臣循吏之建白措施，何一非我皇上聖政之範圍而特旨刊布，欲使封疆之臣，鑒古宜今，圖綢繆而咨雲漢，所以愛民之深、慮民之切而責望於臣工者，聖意厚矣。臣伏自念閩所轄十府二州之地，督撫身駐會城，與民勢遠而分，日孳孳以宣德意、求民瘼為念，而外郡旁縣鄉曲之民，何能戶戶而拊，人人而煦也？古者欲使民無太息愁恨之聲，倚良令長州縣為親民之官，而守牧有董率之責。臣用是仰體聖主惠懷元元之意，恭為校刊，分發郡縣。夫富弼之於青州，趙抃之於越州，蘇軾之於杭州，朱子之於越東，此三四臣者，亦惟以君上愛民之心為心，故當時蒙其福而后世偉其行。臣願七閩之守尹，日奉是書而讀之，亦惟以我皇上愛民之心為心，則蒸為和氣，歲以屢豐，弟力講於先事之政而臨事以下諸條，可百年不用也。此臣恭刊是書，與郡縣交儆之志也。愛拜手稽首而敬序於后云。乾隆七年春二月，巡撫福建等處地方提督軍務都察院右副都御史紀錄十一次臣王恕謹序。

清 倪國璉《欽定康濟録・山本惟恭子序》 天地之大德曰生，聖人之大寶曰位。位之所以為大寶者，能發政施仁以安濟生民也。是故先王奉若天地，建邦國，樹公侯，承以大夫師長，其云為舉措，無非裁成輔相，以左右民者，所以兆民致變雍之化，八荒開仁壽之域，良有以也。泰皇、燧人邈矣，羲農以來，列聖相承，與夫九輔六相五臣十亂之屬，從事於正德利用厚生，其政法布在方策者，彌近彌備，至於有周，蔑以尚焉。后之明后哲相及循吏良二千石，以至效一官、稱一鄉者，孰不聞由古先聖王孜孜焉存心於生民、加志於救荒哉！夷考其事，雖或王霸粹駁之不同，然其期於濟恤，歸乎治安，一也。夫人之讀書學文，多識前言往行以蓄其德，豈特為博物君子稱從行秘書而已哉？固將舉而施諸世也。《大學》之明德親民，《中庸》之成己成物，不其然乎？宋范文正曰：『不為良相，則為良醫。』程明道曰：『一命之士，苟存志於愛物，於人必有所濟。』朱晦翁請以社倉經界之法行於諸路。古人之所自任，可以見已。前輩稱明道、晦翁為真儒而非楊龜山、魏鶴山之徒，空言談道，無撥亂匡時之略者，為是之故也。清錢塘縣監生陸曾禹所集《救荒譜》一書，匯輯歷代濟民之嘉言善政，附以己見，詳明的實，使人展卷，犁然指諸掌，可舉而行焉。厚於天下后世，可謂至矣。吏科給事中倪國璉錄其大要，以為四卷而奏進之，清帝敕為加刪潤，命名曰《康濟錄》，刊而布之。浪華木世肅得一本，日州小田景福與世肅善，覽而好之，謄寫藏於家。景福雄豪好學，慷慨有大志，文武之才也。向委質於吾藩，見為名草郡司。其治郡之略，得於《康濟錄》者多。知之斯好之矣，好之斯樂之矣，獨樂之不若與人，與少樂之不若與眾，乃不秘諸帳中而欲公之海內，與有志於濟民者共之。因自點校而命剞劂氏，如字有漫滅者，無別本可讎校，姑闕之以俟后日。夫陸氏著之日入之邦而景福用之日出之邦，小用之而小有效，安知天下無繼景福大用之而大有效者乎！則猶景福大用之也，景福之志，然后可償矣。梓成，俾余一言以弁其首，余素好程朱之學而恥為二山氏之流，竊喜景福此舉切於濟民，忘其譾陋叨執，簡以承役云。寬政六年甲寅春三月紀陽，山本惟恭子謙甫撰。

《四庫全書總目》卷八二《史部三十八・政書二》 初，仁和監生陸曾禹作《救饑譜》，吏科給事中倪國璉為檢擇精要厘為四卷。會詔翰林科道輪奏經史講義，國璉因恭錄進呈。皇上嘉其有裨於實用，命內直諸臣刪潤其詞，剞劂頒佈，因賜今名。其書凡分四門，一曰前代救援之典，所錄故實，上起唐虞，下及元、明，案朝代先後編次。二曰先事之政，分子目六。三曰臨事之政，分子目二十。四曰事後之政，分子目五。又附録者四事。皆先引古事，後系論斷。案金穰木饑，天道恒然。堯水湯旱，聖朝不免。其挽回氣數，則在於人事之修舉。《周禮》荒政十有二，多主於省事以節財。蓋預備之道，已散見於各職故也。我皇上宵衣旰食，軫念民依。或歲星偶沴，禾麥不登。賜蠲貸者動輒數十百萬，賜賑恤者亦動輒數十百萬。即遇貪墨敗度，借拯災以蝕帑者，尚恐封疆大吏，因噎廢餐，杜侵冒之風，或靳撫綏之費，綸音宣諭，至再至三，含識之倫，罔弗共喻，仁宏博濟，實邁唐虞。是以國璉是編，特邀睿賞。臣等校録之下，仰見勤求民瘼之心，與俯察邇言之意，均迥軼千古也。

清 周中孚《鄭堂讀書記》卷三〇《史部十六・政書類》 初，錢塘縣監生陸曾禹嘗輯《救荒譜》一書，每條前列經史，後加論説。吏部給事中倪國璉復録其大要，恭呈睿覽，命内直諸臣詳加校對，略爲删潤，因賜名曰《康濟録》。第一卷爲前代救援之典；第二卷爲先事之政，其目凡六；第三卷爲臨事之政，其目凡二十；第四卷爲事後之政，其目凡六；又附録四事，一、摘要備觀；二、賑粥須知；三、捕蝗必覽；四、社倉條約。其三四兩卷又各分上下二册，故統爲六卷，於古今荒政，敍述極爲周備，前有國璉進疏併恭録上諭，次刊經理諸臣銜名。

傳記

（雍正）《雲南通志》卷一八下之二 倪國璉，浙江仁和人，庚戌進士，雍正十三年乙卯科，以監察御史充正主考。

（雍正）《浙江通志》卷一四二 倪國璉，仁和人，編修御史。

（雍正）《浙江通志》卷一四四 倪國璉，仁和人，庚戌進士。

清 黄叔璥《國朝御史題名》『雍正十二年』條 倪國璉，字紫珍，號檖疇，浙江仁和人。雍正庚戌進士，由翰林院編修考選山西道御史，通州巡漕，掌江南道。轉吏科給事中，督學湖南，刑科掌印，上江宣諭化導使。

著録

《清通志》卷九九《藝文略》 《御定康濟録》四卷，謹案是編原名《救饑譜》，吏科給事中倪國璉於乾隆四年恭進，命内廷諸臣删訂刊行，因賜今名。

《清文獻通考》卷二二二《經籍考》 《御定康濟録》四卷。乾隆四年吏科給事中倪國璉恭進。臣等謹按：是編四門，一、前代救援之典，二、先事之政，三、臨事之政，四、事後之政，末以《摘要備觀》《賑粥須知》《捕蝗必覽》《社倉條約》附焉。仰見皇上軫念民依，無時或釋，芻蕘可採，真不遺乎一善也。

《四庫全書總目》卷八二《史部三十八・政書二》 《欽定康濟録》六卷，乾隆四年禦定。

清 周中孚《鄭堂讀書記》卷三〇《史部十六・政書類》 《欽定康濟録》六卷，武英殿刊本，乾隆四年御定。

清 丁申、丁丙《八千卷樓書目》卷九《史部・政書類》 《康濟録》六卷，國朝倪國璉撰，京板四卷本。

清 張之洞《書目答問》卷三《子部・農家第五》 《康濟録》六卷，倪國連。通行本。武昌局本。

《清史稿》卷一四六《藝文志二》 《康濟録》六卷，倪國璉撰。

荒政瑣言

綜述

清 萬維翰《荒政瑣言・序》 《周禮》以荒政十二聚萬民，漢唐而降，因時制變之方載在史策者日益詳，后人拾其余瀋，絲綸陳議，轉以循行，行之而弊生，藉口救荒無奇策。嗚呼？策何奇哉！有治人斯有治法。方今版圖既廣，生齒益繁，時異事殊，辦此非易。況天災流行，國家代有，所賴官斯土者設法救濟，非胸有成算，措置咸宜，一時億萬哀鴻宣縟中澤，縱繪鄭俠之圖，貶懷辰之食，亦立而視其死耳。愚謂政在變通，難以膠執。其大端不外出粟、糶借、查災、蠲賑數者，誠得痛癢相關之人，舉公正無私之法，慮其始終，清其弊竇，一如父母之保赤子，誠求曲中，當不至於失乳而號也。否則議論雖多，奚裨於實政哉！茲就現行規條，參之末議，分為十則，附錄成規，以備考核。苟非其人，法不自行，是所望於仁心為質之君子。時乾隆十七年孟秋朔吳江萬維翰題。

著録

清 丁申、丁丙《八千卷樓書目》卷九《史部・政書類》 《荒政瑣言》一卷，國朝萬維翰撰，刊本。

清 劉錦藻《清續文獻通考》卷二六五《經籍考九》 《荒政瑣言》一卷，萬維翰撰。維翰，字楓江，江蘇吳江人。

畿輔義倉圖

綜述

清 周中孚《鄭堂讀書記》卷三〇《史部十六・政書類》 桐城方宜田觀承官直隸總督時，奏請設立各屬義倉，既次第告竣，因按府州所屬州、縣、衛給寫義倉圖，以凡例規條刊成是編，於乾隆十八年奏進。凡州、縣、衛各具一圖，大小村莊並各村到倉里數，悉載焉。統計為圖一百四十有四，合一百四十四州、縣、衛，共村莊三萬九千六百八十七，爲倉一千有五，詳加訂正，鏤版刷印，一貯布政司庫，一貯本州縣衛。按圖以稽倉，而知各村之孰遠孰近；按倉以稽穀，而知四境之或絀或盈，由是儲蓄遞年有增，規畫因時漸擴，而各有司凡於境內賑糶惠民之舉，辨方隅，計道里，披圖瞭然，亦足以資措理矣。此眞古大臣澤潤生民之至計，出於尋常萬萬也。卷首載義倉奏議、所有諭旨、部咨卽恭録於奏議之後，分為三篇。

紀事

清 方觀承《進呈義倉圖說疏》《學仕録》卷七 竊照積貯為本，計所關而推行，惟義倉尤便。葢鄉村分貯，則斂散可以隨時；典守在民，則吏胥無由滋弊。歷稽前代良法具存，自《周禮・遺人》之掌門關鄉閭，各有委積，以待艱阨。隋臣長孫平因之為義倉之制，令諸州百姓當社立倉，隨所收獲，勸課出輸，領之社司，以時賑發。唐宋遞相遵仿，至朱子而規畫備詳。倉雖以社為名，事實與義同例，一切輸受之法，條目兼該而其要尤在地近其人，人習其事，良以官之為民計，不若民之自為計，故守以民而不守以官，城之專為備不若鄉之多所備，故貯於鄉而不貯於城。其輸之也不勞，其散之也易徧，其操之也不迫，其察之也易周。是以積久而蠹不生，施博而澤可繼。雖有水旱不齊之歲，而無倉皇四出之民，制莫有善於此者也。乾隆十一年，特降諭旨，命地方大吏乘時勸導。臣先於直隸布政使任內與督臣那蘇圖酌議條規，以有穀而不籌其地，則霉變可虞，有地而不察其形，則經界莫定，故勸捐必先建倉，建倉必先繪圖，當經指示，屬員通行循照。及擢任畿輔，因復申明前令，次第經理，就其幅員之廣狹，度其道里之均齊，於四鄉酌設倉座，自三四區以至十八區，其地必擇人烟稠密形勢高阜之處，使四面村莊相為附麗；近在十五里內者三十三縣，在二十里內者七十三州縣，在二十里及二十餘里者三十三州縣，在三十里內者三州縣，在四十里內者二縣。期於往返各便，賙捄易通。比年以來，仰賴聖主福庇，年穀豐登，人民和樂。臣與諸有司隨宜勸導，俾各出其有餘而不限以數粟黍，悉從其便，務任樂輸無稍勉强，如一州邑中豐歉不齊，歉處卽停其報捐，選擇倉正專司簿鑰，不許吏胥干預。現據報捐新舊義穀共二十八萬五千三百餘石，而圖與倉先後告成。州、縣、衛各具一圖，大小村莊並各村到倉里數悉載，統計為圖一百四十有四，合一百四十四州、縣、衛，共村莊三萬五千二百一十，為倉一千有五。臣詳加訂正，鏤板刷印。一貯布政司庫，一貯本州、縣、衛。按圖以稽倉，而知各村之孰遠孰近；按倉以稽穀而知四境之或絀或盈。由是儲蓄遞年有增，規畫因時漸擴。而有司凡於境內賑糶惠民之舉，辨方隅，計道里，披圖瞭然，亦足以資措理。臣謹參合新舊事宜，酌籌規條。另摺奏請聖訓，久遠遵循，以仰副我皇上惠保無疆之至意。玆將義倉全圖，按府州所屬，繕寫十四冊，敬列凡例，恭陳御覽。又所刻各州、縣、衛倉圖，謹彙次裝成六軸，一並恭進。

著録

清 周中孚《鄭堂讀書記》卷三〇《史部十六·政書類》 《畿輔義倉圖》，無卷數，乾隆癸酉刊本。不著撰人名氏。

清 丁申、丁丙《八千卷樓書目》卷九《史部·政書類》 《畿輔義倉圖》一卷，國朝方觀承撰，刊本。

《清史稿》卷一四六《藝文志二》 《畿輔義倉圖》六卷，方觀承撰。

雜録

清 查揆《篔穀詩文鈔·文鈔》卷七《成安縣改建常平義倉記》 先是直隸總督方宮保作義倉圖，州縣各於其鄉置倉，捐貯以備賙邺，數十年因之，寖久稍廢。今制府那公方伯屠公督勸修復，咸仍舊貫，而君以其倉厫之在鄉者胥歸於城，非欲自異乎？抑眎其俗與地而亦有説乎大名。

清 吴熊光《伊江筆録》上編 方恪敏觀承官直督時，不許澱沽下游民間私壅，當時怨者頗多。今下游淤墊，水無所洩，民始思之。公所製義倉圖，披閲之下，各州縣四至及村莊烟戶一目了然。又興建留養局，所活貧民不少，局成始生。今總督維甸。

荒政輯要（汪志伊）

綜述

清 汪志伊《荒政輯要序》 嘗見查辦災務，多有不善者。甚至一邑中委員各出意見，參差不齊，非遺即濫。雖上司三令五申，總未妥協，往往滋弊，釀成事端，非盡印委各員之咎也。蓋章程未定，無所適從。此予《荒政輯要》之所由鏤版也。全部八萬二千五百字，每三圖折一字在內，繕貲八千二百五十錢，鐫貲四萬九千五百錢，楪價二千三百五十錢。所費無幾，獲益良多。爰飭江蘇兩藩垣各刻版一副，倘遇偏災，即便刷印。凡被災府州縣，必須各發給全部，以便查照籌畫妥辦。其分查委員，只須各給第三卷，以便遵照辦理。較之漫無成法，各出意見者，迥不相侔矣。汪志伊識。

清 汪志伊《稼門詩文鈔·文鈔》卷四《荒政輯要·序》 嗟乎！天災流行，何代無之。堯水九載，湯旱七祀，不聞有一民之失所者，胥以人事補造化之窮，所謂有荒歲無荒民者此也。我朝聖聖相承，敬天勤民，孜孜夙夜，凡平時所以教農桑，興水利，裕積貯，尚節儉，敦風俗，以為民生計者，精益求精，休養生息百數十年矣。其間偶值旱潦及蝗蛟冰雹颶風等災，一經飛章奏報，上廑宸衷，軫念民困，即不惜千百萬帑金，迅加賑恤。蠲免錢糧，更不計其數。并截撥正供漕糧，及碾運鄰近倉谷，以為平糶煮粥之需。是蠲賑之典，已逾常格。猶且諄諭封疆大臣，不得稍存靳惜，率屬實心經理，毋任胥役侵漁，務使災黎，均沾實惠。是誥誡復極周詳，蓋聖心勤求民瘼者誠也，豈漢、唐、宋、元、明諸代小補之術所能及哉。至若各省大小官吏，身任地方，非無愛民救患之真心。況考核森嚴，何敢泄視而臨時查辦，往往有善有不善者，推原其故，才具有長短，歷練有淺深。兼之災務原屬繁難，民情又多急迫，事本易於滋弊，吏遂緣以為奸。非得其人不能理，非得其法尤不能理。憶乾隆丁未歲，予以霍州牧，赴豐鎮讞案。同知大同府屬上秋霜敗稼，春又渴雨，至六月大饑。牧令諱之，予飛稟撫軍勒宜軒奏明，即命予歷一廳二州六縣，督同查辦。於流民則資送回籍，於貧民則煮粥充饑。區分極重、次重，停征錢糧。戶別極貧、次貧，發倉賑濟。間有倉穀不敷接濟，則借庫項，選殷商，循環糴糶，事竣歸款。凡若此者，或循成例，或出心裁，只求於災民有濟，不計其他。及旋署，考諸古人成法，竟亦有合者。自是留意荒政益勤，由府道，而藩臬，而巡撫，每遇歉年，頗有定見。嘉慶甲子，吳中低窪田畝，或因春夏雨多，或因清黄盛漲，被水偏災者四十二廳州縣。予為此懼，寢食不安。將勘明災田分數及小民拮據情形，據實奏。奉朱批：所見甚是。并頒恩旨，蠲緩與賑糶兼施。計蠲緩銀五十一萬三千余兩，米麥豆五十二萬九千余石，賑恤銀二十九萬四千余兩，平糶谷二十四萬三千余石。於是寮屬與殷實紳士咸知激勸，或損貲煮賑，或出米減糶。士民悅豫，無不感戴皇恩，頌聲洋溢。乙丑春，陰雨頻仍，無傷穡事。惟洪澤湖因暴風掣開義壩，致淮揚極低十一州縣被淹異常。予親往查勘，會同鐵冶亭制軍，奏荷聖恩允撥銀十三萬二千余兩，先行撫恤。并敕仍察看成災輕重，奏請加恩，不可稍有諱飾。當即欽遵行令承辦各官，認真清查，核實辦理。先是鐵制軍防汛，住扎清江，較為切近，會予札委賢能守令及佐雜官，分赴各邑協查，其有邑令不勝任者易之。凡查明極次貧民口數，即臚列榜示村中。迨秋間，江寧、徐州、松江、海州、太倉各州郡，間有山田被旱，棉地被蟲，勘不成災，胥歸淮揚災案辦之。計蠲緩銀四十七萬六千三百余兩，米麥豆二十五萬一千四百二十余石。其淮揚正賑、展賑連前撫恤，共銀一百五十九萬四千八百八十余兩。節次奏蒙聖鑒，疊沛恩旨，有加無已，敬刊謄黄，遍張村鎮，胥吏不能侵蝕，民賴以安。然寸心惴惴，更恐黄河盛漲，湖水溢流，實為數百萬生靈田廬之患。其預籌妥辦之方，尤未可苟且從事也。古人荒政，散見簡編，良法美意固多，偏見私智亦不少。復加揀擇，取其宜古宜今者，別類分門，成書十卷。每卷中但求事有次第可行，而朝代之前后不復拘焉。其叢言不能分者，提作綱目，列於卷首，名曰《荒政輯要》。所有臨時清查妥辦之法，全載於第三、第四兩卷中。地方官及委員必須逐條參究力行，方免遺濫錯誤之咎。其前后八卷，皆載前人良法美意，或以發明三、四卷未盡之意，或以推廣三、四卷未備之法。若因地因時以制其宜，於災黎大有裨益而種德亦無涯涘。要之，予破冗纂輯是書，刊發各屬官，蓋冀歷練深者，益擴其措施；歷練淺者，亦有所依據。諸君子如果善學古人，大發其不忍人之心，實行其不忍人之政，於以仰承聖意，敷布皇仁，將見有荒歲而無荒民，亦如唐虞三代之世矣。豈不懿哉！嘉慶十一年二月朔日，皖江汪志伊敘於蘇州節署之平政堂。

清　汪志伊《荒政輯要・盧刊序》　桐城汪稼門制府明習律令，由州縣歷任封疆治行，皆有可觀。其督楚也，除盜賊，疏積水，楚人至今稱之。所編《荒政輯要》一書，尤裨實用。其講求辦灾之法，可周到詳明，俱由方恪敏公賑紀中繹出而稍變通之。板存江蘇兩藩署中。辛卯暑夏，予持節鄂州，猝遇水溢成灾，集同寮商所以救濟之法，徧覓尤其書因得此卷，擇其切，於現在情形者一二册先刊行各州。反查甚委員俾知，所依據劉默園觀察隨將全部付梓。亦見其留心民事，聞斯行之之意，竊念天下無不可行之法，患無行法之人，此書條理井然，法良意美。有父母斯民之責者，果能深思詳味□酌而會通之。其造福蒼生，豈淺鮮哉。梓成因附書數行於原序之末。道光辛卯秋七月涿州盧刊記。

清　汪志伊《荒政輯要・袁秉直序》　昔元公手定《周禮》一書，綱舉目張，治績犁然，大備然。屢豐之世不諱御荒，大司徒以荒政十二聚萬民與冢宰，以三十年之通制國用，其意相爲表里，誠以用不節雖樂歲亦憂政。有常雖凶年無患，保民之意深切著明，言太平者歷萬世無易也。我朝聖聖相承，媲美唐虞，遠軼成周治譜，方今版圖之擴，户口之繁，亘古莫與化比，而普蠲曠典至再至三用，康兆民家給人足。偶值水旱偏灾，訓諭諄諄，毋令一夫失所【略】君立法於上，大臣奉法於下。經畫盡善不啻堯儆禹都猗歟盛哉。今兩湖制府稼門先生，大臣之有猷有守者也。長法美意模楷群工，方其筮仕之初，即以天下爲己任，公宣藩兩浙開府三山秉直，皆得后先共職於其間，親見公之政績而江南繁庶之地，善政尤多，往歲黄水溢流，淮陽幾成巨浸。公以一心經理，沛帝澤而奠民生，秉直吳人也。桑梓蒙庥見聞較切，竊其御水之法一如從前，御旱必有備而無患，乃易地而皆宜然，后嘆行之一方而善者，行之天下而無不病况也。公愛民之心數十年如一日，本其定見示爲成法，爲《荒政輯要》十卷，吳中山左鏤版傳播。丙寅冬，節制三，制楚秉直，陳臬是邦更得昕夕，稟承勤求治理出此編以示，乃受而卒業。爲因於綱目見備荒之政，有本有原如洪範之九疇，感乎不奮天人之三策，協應有機荒未至而弭之，則吕子預備爲上之説也。荒已成而救之，則荀子轉菑爲福之道也。其中規條悉備，區畫井然，有父母斯民之責者，更宜於三四兩卷，熟讀詳味，身體力行。得其緒余，即成良吏且也，策救援則如繪鄭俠之圖，爲民請命焉？籌糴糶則添用李悝之法，稱物平施焉？而且煮糜粥則有方，豈容木酪行花之妄，嚴防範則有禁，即推青禮藩樂之條，於是以善后之事宜爲一篇之，歸宿公之書成於此公之政，實先於此而每卷之發凡、起例，更能言言扼要，字字謹嚴。即以著述而論，所謂天下文章莫大乎是者，於此編益信善夫公之言。曰：非得其人不能理，非得其法尤不能理，蓋人存則政舉，法立則令行。昔人謂：有治人無治法尚非確論也，何則此書良法也，誠能講求於平日，措置於臨時，即使旱干水溢而民無菜色，不惟是重農桑以開財之源，尚節儉以節財之流，雖大有頻書亦當奉爲寶訓，人與法交得其用則豐，亨豫大之休可長徵也。楚之凋敝有年矣，荆州之域物産之饒，有异於古所云者，無法以馭之之故，公欽承簡命，嘉惠黎元興廉，崇儉以飭。其躬弭盜詰奸以勵，其俗裕常平以足民食，疏積水以復民田，善政宜民，不勝枚舉。如公者，真能以不忍人之心行不忍人之政者也，秉直梼昧寡識，未能仰測高深而於此編。竊有心得，謹綴言簡末，付剞氏以資政治云。嘉慶十二年歲盜伐丁卯仲春月朔，權湖北布政使事按察使屬吏袁秉直頓首謹識。

清　鄧廷楨《重刻荒政輯要序》《因寄軒文集》二集卷三　安徽兼水陸之區，有安慶池州，太平以下達滁和。其地濱大江，鳳潁泗州則淮泗過睢，所出沒而河水挾汴，由泗入淮往往泛溢諸郡，其處陸而遠水者，徽寧、六安、廣德皆山郡也，而民居其間，每不幸而有蛟害，是故以灾言之，中原多旱荒，而安徽多水患，地勢使然，固不盡由於人事也。國家列聖相承愛憫黎庶，每逢直省有水旱，輕則免租，重輒發金，以賑曠蕩之恩，蓋與天地相符，而爲自古帝王所未有者已。然有司奉行往往不力，彼貪墨之官假冒侵蝕，犯國典而千神怒，固不必言其或有心康濟而措置不得其理，或委權於吏胥，或受制於生監。饑者不賑而賑者非饑，流離死亡非可久待也。而舉報不以其時，婦女老稚非可遠行也，而發貸不當之，其地菜色殍面，顛踣哀號，有心者當之，蓋有不忍聞見者焉？嗚乎！爲民父母不能使家給人足，上稱天子惠養元元之意，有饑饉輒仰煩聖慮，朝廷施大惠而有司復視爲具文，縱不得罪其亦何以能安也。往年余爲浙江寧波知府，桐城汪稼門尚書適督閩浙，刊有《荒政輯要》，以一本贈余，余極愛其書，而所至幸無凶歲未之用也。道光六年奉命巡撫安徽，值夏秋之間多霖雨，淮泗之濱多以水灾告矣，余思論荒政之書古今不乏，而掇其菁英綱明目張，斟酌盡善鑿然可見於施行者，莫如汪公之輯要。於是重刊其書以貽安徽之牧令。傳曰：事預則立不預則廢。語曰：前事不忘后事之師，夫有灾而必以聞者，督撫之責也。求荒而必盡其力者，州縣之任也。有法而可循，則易爲功。先事而預籌，則尤不難爲力。此汪公所以贈余而余今日所以貽諸牧令者也，愷悌君子，民之父母，讀之者能無深念也夫。道光六年歲在丙戌冬十月，安徽巡撫兼提督鄧廷楨書。

清　汪志伊《荒政輯要·許乃釗跋》　稼門先生手编《荒政輯要》十卷，捃摭史乘，博採前言，會最宋元以來救荒之書，自董季興熠、歐陽原功元、陳愓龍正，下至吾鄉陸氏曾禹所著，擇其精要者，一皆經歷體驗，確有成效而后筆之書，蓋非空言者比。故列法□周備而分析條目又簡而易知，復於每卷之首鉤元提要，務令讀者一目了然，其救世之心良苦矣。書成，刊版於江蘇兩藩署。先生自書簡端曰：凡被災府州縣，各發給全部，分查委員只須分給第三卷，遵照辦理。今按是書，首列荒政綱目一二卷，通論弭災及用人審戶之法，為后數卷之綱領。三四卷臚敘勘災撫恤事宜及現行成例。此二卷最為切要，所宜加意講求者。五卷以下，言賑貸、言糶糴、言賑鬻、言安流、弭盜、寬疾慈幼之政，坐言起行，皆有已事可師。末卷言善后之事，而終之以農桑水利，崇儉敦化，則又探原之論也。亦詳晰，亦簡要，司牧者人置一编，其有裨於實用者，豈淺少哉！余來大梁，值河水為災，亟付剞劂氏，將分致當事諸公，備採擇云。道光辛丑冬十月錢唐許乃釗識。

論説

清　陳文述《頤道堂集·文鈔》卷五《川府君行狀》　汪稼門制軍所著《荒政輯要》，最爲賅備，宜更擇要刊行之。

傳記

（光緒）《重修安徽通志》卷一八一《人物志·宦績四》　汪志伊，字稼門，桐城舉人，充四庫全書校對，議敘補山西靈石知縣，升霍州知州，代州民孟木成為人誣以殺死，張光裕既定讞矣。志伊訊得其冤，執以為誣，木成卒得釋，名由是起。擢鎮江知府，調蘇州，晉蘇松糧道，漕政肅清。升江蘇按察，擢甘肅布政，調浙江。嘉慶初，以事降江西按察，旋升福建布政，擢巡撫。五年，入都疏陳漳泉積習及應辦事宜，一、慎選守令；二、責成久任；三、革除蠹役；四、整飭營伍。奏入允行，以病乞歸。八年，病痊入都，署副都御史、刑部左侍郎。赴江西鞫案，途次，簡任江蘇巡撫，洪澤湖義壩衝決，亟往履勘，奏請賑卹淮揚十一州縣之被災者。其秋，江、徐、松、海、太被旱，復請緩征賑卹，民慶更生。十一年，升工部尚書，旋授湖廣總督。自昔江漢汎溢，沈浸民田，或數百年，且數百里。志伊涖任，審其要害，奏請建閘濬河涸，出舊田及新淤成田者數百萬畝，其察江盜尤嚴，法密令行，根株盡絕。十五年，調閩浙總督，嚴治洋匪，會匪擒巨盜黃治，誅之降者，奏請發往黑龍江安插。又嚴行懲辦天地、雙刀等會，宵小遠跡。二十二年，以福建藩司李賡蕓為改教知縣朱履中誣訐自盡，鐫職歸。《桐城縣志》兼採姚鼐所作壙銘。

《清史稿》卷三八七《汪志伊傳》 汪志伊，字稼門，安徽桐城人。乾隆三十六年舉人，充四庫館校對，議敘，授山西靈石知縣。除徵糧擾累，刻木為皂隸書裡分糧數，以次傳遞，民遵輸納。調榆次，遷霍州直隸州知州。代州民孟木成殺人，已定讞情實，其弟代呼冤，巡撫勒保檄志伊往按，平反之。承審者護前失，不決，命大臣臨鞫，重違眾議，志伊堅執與爭，孟木成竟得免死。志伊以此負強項名。

擢江蘇鎮江知府，調蘇州，連擢蘇松糧道、按察使。五十八年，遷甘肅布政使，調浙江。江、浙漕重積弊，由官吏規費多。志伊歷任，皆先除規費之在官者，然後以次裁革，嚴設科條。嘉慶元年，以杭州、乍浦駐防營養贍錢三月未放，被劾，議降二級調用，詔以志伊平日操守尚好，加恩授江西按察使。二年，遷福建布政使，未數月，就擢巡撫。

時海盜方張，仁宗於閩事特加意。志伊屢疏陳水師人材難得，請寬疏防處分，變通選補章程，副參以上，兼用本省之人；以下，兩省通融撥用。又州縣徵糧處分過嚴，升調要缺難得合例，請人地相需者，不拘俸滿參罰。皆允行。詔飭嚴懲會匪及械鬥惡習。

五年，疏報漳、泉一帶，匪徒節經剿捕，均知斂跡。諭曰：『滋事不法，有犯必懲，不可無事滋擾。責以鎮靜，不可姑息養奸，亦不可持之太蹙。』尋奏龍溪、詔安、馬港、海澄四廳縣，遴員治理，民不械鬥。諭曰：『一經良有司整飭，改除積習，是小民不難化導，要在親民之官得人。當於平日遴選賢員，俾實心任事，為正本清源之道。』志伊薦閩縣知縣王紹蘭，上素知其人，詔嘉志伊能留心察吏。既而偕總督玉德，疏請泉州知府錢學彬改京職，上斥疏語矛盾。尋究得學彬任聽家人舞弊婪贓事，坐察吏不明，議革任，特寬之。六年，病，請解職。

八年，起署副都禦史、刑部侍郎，授江蘇巡撫。給事中蕭芝請就產米之鄉採買，由海運京，下議，志伊言其不便，罷之。九年，清江浦淤淺，糧船停滯。上慮京倉缺米，詔志伊預籌，請碾常平倉穀三千石備撥。以新漕減運，命酌量採買，志伊疏言：『安徽民田有一歲兩收者，各令七月完納漕糧，九十月可運通。江西、湖廣亦如之。』上以一歲兩徵近加賦，且來歲仍屬短絀，斥為迂謬。尋奏採米十二萬石搭運，報聞。時江北淮、揚水災，徐、海苦旱。志伊手編《荒政輯要》，頒屬吏為賑濟之法。蘇州人文薈萃，增設正誼書院課士。奏請頒禦制詩文集於江南各書院，上勿許，曰：『朕之政治即文章，何必以文字炫長耶？』

十一年，擢工部尚書。未幾，授湖廣總督。川、楚餘匪散匿洞庭湖，環湖數府州多盜。志伊多選幹吏偵訪，檄下分捕，盜無所匿。濱江地自乾隆末大水湮沒，民田未複。親駕小舟，歷勘疏塞，建二閘於第江口、福田寺，以時啟閉。

十六年，調閩浙總督。先是湖北應山民喻春謀殺人，其母以刑求誣服，控於京，命志伊提鞫。同知劉曜唐等誘供翻案，以無辜之葉秀承凶，而無佐證。巡撫同興為之平反，奏劾。至是入覲召對，為劉曜唐等剖辯，原代認處分。上斥其偏執，嚴議革職，改留任。捕誅海盜黃治，其黨吳屬乞降。時降盜多授官，志伊曰：『是獎盜也！』仍依律遣戍。

舊有天地等會匪熊毛者，創立仁義會，授張顯魯傳煽。事覺，顯魯伏誅，毛遁，募甯化生員李玉衡捕殺之，奏賜玉衡舉人。布政使李賡蕓，廉吏也，為志伊所薦舉至監司。會龍溪知縣朱履中以不職劾，因訐賡蕓婪索，遽劾訊。履中已自承誣告，志伊固執駁詰，福州知府塗以輈迎合逼供，賡蕓自經死，輿論大譁。二十二年，命侍郎熙昌、副都禦史王引之往按，得其狀，詔斥志伊衰邁謬誤，褫職永不敘用。逾年，卒。

志伊矯廉好名，自峻崖岸。仁宗初甚鄉用，時論毀譽參半焉。卒以偏執獲咎。

著錄

（光緒）《重修安徽通志》卷三三八《藝文志・史部一》 《荒政輯要》十卷，國朝桐城汪志伊著。

清 張之洞《書目答問》卷三《子部・農家第五》 《荒政輯要》九

卷。汪志伊。嘉慶十一年刻本。

《清續文獻通考》卷二六五《經籍考九》　《荒政輯要》九卷，汪志伊撰。志伊，字稼門，安徽桐城人。乾隆辛卯舉人，官至閩浙總督。

《清史稿》卷一四六《藝文志二》　《荒政輯要》十卷，汪志伊撰。

荒政輯要（姚碧）

綜述

清 周中孚《鄭堂讀書記》卷三〇《史部十六·政書類》　《荒政輯要》八卷，見山樓刊本。國朝姚碧撰。碧字天漢，華亭人。天漢游幕三十載，每見州縣難辦之事，惟災賑爲最，因敬錄歷奉諭旨及通頒條例現行章程，間或參考前人成說，彙爲是編。自災賑章程以迄水利雜說，凡分二十六門，大約清利弊之源，定經權之準，考覈精確，語必根柢，其中緩急輕重，一開卷而綱目分明，瞭如指掌。其書本爲浙省而設，他省地雖不同而人情物理則一，倣而行之，變而通之，以臻乎至當可也。前有乾隆辛巳自序及其子兆蘭例言，又有浙江布政使□□署、嘉興知府高象震、衢州知府張玉範、武康知縣舒希忠、龍游知縣馮碧及仁和李炳、嘉興王一夔七序。

著録

清 姚碧《荒政輯要·序》　碧幕游浙東西又二十余年矣。所至繁劇之區，公務紛雜，其中猝難措置者，災賑為尤。客窗余暇，每見奉行條例，浙省規則及辦過章程，手錄成編，以備臨事稽核。乾隆辛巳歲，襄平高公象震署禾郡，偕碧襄厥事，見之曰：是可為荒政程式也，宜付梓傳。夫碧學識淺陋，乏經世術，即或作嫁多時，偶有所述，曷敢持以問世。惟念惻怛之隱，盡人所同而救荒卒無善策，精明之吏，耳目稍疏，猶不免為胥役所朦，而況仕版初登，未嫻例案。地方偶被災傷，四野嘩然，愴惶失措，自查勘以迄賑恤，茫無頭緒。於是假手經胥，輕重不辨而冒濫遺漏之弊，百端蜂起，不但糜帑，甚至釀事，貽誤匪細。是編覼縷及之，清利弊之源而定經權之準，寓目者自了如也。若夫隨地制宜，因時措置，通變存乎人而奉行必以實，則又非可盡賅者。茲因慫恿刊刻，終恐不足問世，見者諒焉。華亭姚碧天璞氏自識。

又《王一夔序》　自古聖王在上，不能無水旱之災，故備荒有政，救荒有策。《周禮》遺人掌鄉里之委積以恤民囏厄，縣都之委積以待兇荒，此備荒之政也。大司徒以荒政十有二聚萬民，此救荒之策也。漢唐以來，朝廷之詔令，名臣之奏議，載在史冊及杜氏馬氏之書者，皆可以備參稽而資則效。惟今昔異宜，形情判然，故法古者必至戾今。安石以《周禮》國□為息而行青苗，民且受其病，況其他乎！所以救時必遵時政也。我國家愷澤覃敷，於災賑萬加意焉。一方偶被偏災，不惜出帑藏數百萬以救之。辦理之法，至周且備。奉行條例，皆聖天子德意所流布，視大司徒之十二條，又加詳密，此華亭姚君所以成輯要之書也。姚君有經濟才，歷游繁劇，佐有司籌辦災賑者非一。此書即當時奉行成法而編綜之。又參以物土之宜，臚陳其目，要而不煩，洵足為救災程式，意良苦矣。顧辦災者，欲災黎之得所，必先查勘獲實而不假手於吏胥，然后被災之輕重，罔不周知而賑貸皆為實惠。是此蒞治者不在法而在人，不在才而在心。苟司牧得其人而以實心行之，則有法外之仁；此心一不實，即有法中之弊。益之初九日，利用為大作，元吉；九五日，有孚惠心，勿問，元吉，有孚惠。我德。初九者，受任牧民之臣。九五者，行慶施惠之君。君有惠心，尤在受任之實心作事。故施者為德而受者為惠也。夫政之貴乎實，豈但辨災云爾哉。是為序。嘉禾王一夔撰。

又《同德序》　甌郡守俞文漪，治行為浙省第一。蒞任三載，綜理政務，皆有條理。俞以事來謁，自言得幕友姚先生贊助者多，極口稱述，余始知君名。乙亥歲，適予晉秩浙藩，邀君入幕，佐予厘剔利弊。未半載，政務整肅，余益契君之為人。嘗手纂《荒政輯要》數卷，是為救荒楷則。甌括觀察朱公椿，已摘其尤要者三十余條，付之梓，呈中丞周公，屬予復核。予正喜得全编，將斟酌刊布，適獲譴，有塞外之行，不果。瀕行，書數語於簡端，以志心契云爾。乾隆二十一年仲春，白山同德拜手。

又《高象震序》　水旱之虞，堯湯不能免。使士大夫素未究心於捍患御災之有術，兇荒猝至，始悔經理乏術，晚矣！《荒政輯要》一編，悉準我國家現行條例，參考經史，與夫人情風土之各有所宜，滙而輯之，凡以益我民生者為要也。夫歲之有災荒，懼其損我民也。民損者，官為益之。酌盈以劑虛，補偏而救弊，固皆有政。政自官以達之民，貴得其要領。在官為急務，在民為生計。若荒政而不得其要，尚何拯救為哉！握其要而為之，未成災前與既成災后，一切法度規條，無不咸備，舉而措之，裕如也。此《荒政輯要》一編，士大夫所宜講明而切究之不容緩也。余署嘉守篆時，與我華亭姚子天璞共事者凡若干月。一日以是編示余，受而讀之，喜其約而備，簡而有要，兢兢於益我民生也。爰加參訂而為之序。至於因時度勢，變而通之，是又在乎士大夫之善讀是書者。時乾隆二十六年，歲在辛巳正月既望，襄平高象震筠洲氏頓首拜題。

又《李炳跋》 天璞先生少負不羈之才，游荊襄之間。閱歷既久，得江山之所助，故其叢言浩瀚洋灑，與古合亦與今宜，無拘牽澀滯膚廓空疏之病。十余年來，遨游浙中，予於容齋同方伯性齋朱觀察幕府，心折其為人而性情磊落，絕無矜異，故喜從之游。其所著《荒政輯要》一編，予手讀有年矣。大約列時政於前，附古法於后，間參議論，考核精確，語必根柢，洵乎仕路之津梁而拯世之藥石也。嗟乎！以先生之才，出其所學，勒為成書，必歷久而有效。然后從而付剞梓，則世之率爾操觚，自詡為可傳者，問之可以知愧矣。時在戊子朱明節仕和李炳謹跋。

救荒備覽（勞潼）

綜述

清　勞潼《救荒備覽・序》 乾隆戊戌歲，吾粤大饑。潼居佛山鎮，曾隨諸鄉先生后稟憲捐簽賑濟鄉人。襄事之下，因考古事，得蔣、魏、王三家之書有裨於荒政者，鈔集成編。時以見聞寡陋，閱書不多，恐法有未備，未敢刊布。既而丙午歲復饑，仍稟憲僉捐賑濟。至丁未復大饑，僉賑之舉，難以復行。潼與鄉縉紳數輩，聯懇大憲，準於佛山闔鎮鋪店租銀每兩科收五分，共得數千余兩，募人帶往楚南、粤西，買谷回鄉平糶。因恨鄉中先事無預備之策，至臨時周章補救，所裨無幾，遂欲刊布是編，獻其一得之愚，以備當世採擇。既而從舊書鋪購得欽定《康濟錄》，莊誦數次，仰見聖天子覆冒萬方，軫念民瘼至意。先事綢繆，臨事補救，既事善后，無所不用其極。潼所葺是編，不及此書百分之一，且其要處，如林次崖、魏冰叔諸策，此書已具，不覺爽然自失，用是不敢付梓。今年春大旱，夏大水，田禾未熟，識者憂之。友人馮子世則過予書齋，偶見是編，謂可以觸發人善心，設法雖不如《康濟錄》之盡善，然《康濟錄》乃為朝廷及有位者言之，是編乃兼及士庶之微，使有心者得以人人自盡於世，未為無補，勸予亟付之梓。予亦念生平久處困約，徒有人人之心而無濟人之力。居鄉數次救饑，不過因人成事，窮無大補於時，深以自愧。而偶值災祲，鄉里之中，鳩形鵠面，所在多有，又未免為之惻然。且《康濟錄》粤中書賈少有，人罕得見，用是思刻是編，借以補救於萬一。倘有力之家得寓目焉，未必無觸於厥心，鄰里鄉黨或有賴也，不亦萬一之幸乎？若大人君子，俯恤災黎，欲起溝中之瘠而衽席之，則固有欽定《康濟錄》在，法良意美，自可為蒼生造無疆之福，亦奚取乎此。乾隆五十九年歲在甲寅立秋前三日，南海勞潼謹序於羊城書舍。

又《伍崇曜跋》 《救荒備覽》四卷，國朝南海勞潼潤之撰。按：先生孝輿子，乾隆乙酉舉人，受知子武進劉星煒、大興翁方綱、余姚盧文弨。著有《四書擇粹》《孝經考異選注》《四禮翼》《荷經堂稿》等書，現闔邑公舉從祀鄉賢。《魚山文集》稱其得名最早，事母孝，至不肯再應祀闈。以引獎后進為己任，倡率鄉黨備賑，皆有成績。丙午、丁未薦饑，賴以存活者無算。《雁山文集》稱先生憾先事無預備之策，臨時補救，所益無幾，倡立義倉。只請存案，不經官理，司事者公舉輪值，無得擅借升斗，有侵漁者罰之，所以矯社倉之失也。請於上官，皆曰善，悉如所議。又稱先生嘗言三代并田之法，不可復行，所恃以活民者，惟在謀積貯。故生平致力在此，此著書之微旨也。嗟乎！古稱救荒無善策，魏叔子亦稱救荒之策，先事為上，當事次之，事后為下。又稱有治人，無治法。膺民社之寄者，尚慎旃哉。是書雖卷帙無多而援據已詳，特重梓之，使廣為流布焉。道光己酉穀雨令節后學伍崇曜謹跋。

傳記

（道光）《廣東通志》卷二八七《列傳二十》　勞潼，字莪野，孝興子，乾隆乙酉舉人。《魚山文集》受知武進劉星煒，大興翁方綱，餘姚盧文弨，莪野行畧，得名最早，事母孝，至不肯再應禮闈，以引獎後進爲己任。常言讀孔子書，得一言曰：『務民之義』；讀孟子書，得一言曰：『強爲善而已矣』；讀朱子書，得一言曰：『切已體察』。其敬恤宗親，倡率鄉黨，備賑義舉，皆有成績。丙午丁未薦饑，賴以存活無算，著有《孝經考異註》《救荒備覽》《荷經堂古文詩稿》。《魚山文集》

清　桂文燦《經學博採録》卷一　勞阮齋大令，名孝興，南海人也。雍正乙卯拔貢生，乾隆丙辰舉博學鴻詞科，召試未用，旋出宰黔中。【略】大令之子名潼，字潤之，一字莪野，乾隆乙酉由拔貢生中本省第二名舉人，受知於大興翁覃溪、餘姚盧召弓兩學士，得名最早，事母至孝，少時母授以毛詩，後應省試，以詩經溢額見遺者再所知，或勸其改經。孝廉曰：『吾不敢忘母教也。』中舉人後，母在，不肯再應禮闈，以引獎後進為己任。嘗言讀孔子書，得一言曰：『務民之義』；讀孟子書，得一言曰：『强為善而已矣』；讀朱子書，得一言曰：『切已體察』。其敬宗恤族，倡率鄉黨，備賑義舉，皆有成績。乾隆丙午，歲飢，賴以存活者無算。所著有《孝經考異》《選注四禮》《翼孝經》《小學正文》《人生必讀擇要》《救荒備覽》《荷經堂詩文稿》若干卷。

著録

清　丁申、丁丙《八千卷樓書目》卷九《史部・政書類》　《救荒備覽》四卷，國朝勞潼撰，《嶺南遺書》本。

（光緒）《廣州府志》卷九一《藝文略二》　《救荒備覽》四卷，國朝南海勞潼撰。據阮《通志》。

《清續文獻通考》卷二六五《經籍考九》　《救荒備覽》四卷，勞潼撰。

《清史稿》卷一四六《藝文志二》　《救荒備覽》四卷，勞潼撰。

荒政備覽（王鳳生）

綜述

清　吳榮光《石雲山人集・文集》卷三《荒政備覽序》　道光癸未，淫雨告災，自四月初旬以后，竟夕連旬，鮮有晴晷。至六月中旬，太湖涌灌而湖郡成巨浸。七月初旬，颶風海漲而嘉郡亦成巨浸，旁及仁、錢兩邑矣。湖郡被災最先最重，一片滂洋，不辨畦壤。中丞帥仙舟先生以王竹嶼司馬熟練地方情形，檄偕劉司馬肇紳等同往查勘，且授以《災賑條議》《荒政輯要》二書。杭、嘉二郡亦先后檄委丞倅令尉分往，厥后皆以竹嶼總其成。竹嶼以《條議》《輯要》二書證之眾議憶見，參稽以成是編，問序於余。余惟救荒之政，《康濟錄》統之矣，若一邑一區鈎稽考核，貴乎因地制宜，因時立法，神而明之，存乎其人。不能執彼省以行此省，不能泥古時以準今時。《荒政輯要》一書非專為浙省設，而《災賑條議》雖頒自浙省，亦有今昔之不同。今竹嶼所論者，通以輿情，得之目擊，以補所未備，可謂神明規矩矣！本年荒政以湖州為盡善，其以是夫！夫橘枳異地，葛裘異候，天地之氣尚不能強之使同，況人情蕃變，智巧百出，為權衡者竊權衡，為斗斛者竊斗斛，於絲粟銖兩之細、家喻戶曉之事，欲立一法以概天下，難矣！竹嶼此編為浙省今日荒政之書，若能於反正觸背處錯綜通變，乃可為天下荒政之書。故有竹嶼之人，方可行竹嶼之法。夫法也者，魚之筌耳，蹄之涔耳。善夫！泰豆氏之論御也，內得於中心，外合於馬志，故能進退履繩而旋曲中規矩。得之於銜，應之於轡；得之於轡，應之於手；得之於手，應之於心，然后輿論之外無余轍，馬蹄之外無余地。心者，法所出也；余者，弊所出也。竹嶼曰：『此言不獨為荒政也，并可以為治法。』遂書以為之敘。道光三年十一月，南海吳榮光書於嘉禾舟次。

清　王鳳生《荒政備覽・自敘》　鳳生奉職浙中，先后十有九年，凡水旱各災及猝被水災之區，屢經奉檄查勘，然率皆一隅偏災，及收成歉薄或勘不成災者。如本年浙西之水患，接壤連畦皆成巨浸，實未之前聞。昨纂輯《學治體行錄》載有捐糶濟荒、驅逐流丐二條，以為荒政未經閲歷，不敢妄言，蓋紀實也。秋七月，中丞黄梅帥公、方伯長白常公，以湖郡受災最劇，檄鳳生與杭西防司馬劉君肇紳、署溫州司馬呂君樹梅、候補鹽運副吾宗鳴球、署杭州司馬陶甥定求分縣往勘，耳提面命，告誡諄諄，其所以念切民依者至周且渥。奉發《浙省災賑條議》及《荒政輯要》第三卷各一冊，詳明周匝，并并有條。又得杭郡德太守慶先事多方籌議，於是鳳生與同事諸君得以集思廣益，承命以行。惟湖郡自入夏以來，淫雨淋灕者兩閲月，而蘇、松、金陵一帶亦患水災。大江盛漲，海潮挾東風以抗其朝宗之勢，太湖出口水無所歸，反隨之倒灌。以是吳興積潦有長無消、彌望汪洋、莫分阡陌。查勘之法，是又舊章所未及者。爰與同事劉司馬并方郡伯土淦、烏程楊大令德恒、歸安馬大令伯樂互相講習，就各編中意所未竟并難見之行事者，證以勘災途次目見耳聞、民情輿論，略參己見，量為變通，而成是編。雖刻之已晚，未及與杭、嘉兩郡在事諸公講求而歸於一致，然用以質諸來者，或於流覽各編之余，少備參酌，當必有以教我也。道光三年癸未八月朔，婺源王鳳生識。

傳記

清 梅曾亮《柏梘山房全集・文集》卷一二《中憲大夫兩淮鹽運使王君墓誌銘丙申》 君諱鳳生，字竹嶼。先世居婺源縣，祖文德平陽同知，始占籍江甯。考諱友亮，以進士累官通政司副使，配潘淑人，君其次三子也。嘉慶九年，援例以通判試用浙江，君擩梁家澤，文學自將，既累試嗤，不得施則一移心力於民事，寬裕廉斷，處事精覈。至浙未久，聲隆隆曰起。有大疑獄水旱漕糧之不治，大吏及同官議所屬必曰王君，王君其攝州縣，晨起坐廳，事待民訟，訟日稀。時江甯奏逆民方榮昇讞獄者，遷擢而平湖獄有類是。巡撫清安泰欲以爲君功，君訊其非逆，請罪首事者，釋其餘，曰：『某不忍以枉民命得官。』巡撫喜揖謝曰：『君，仁人。仁人之言，吾無可易。』二十五年，補嘉興府通判，權嘉興府，遷玉環同知。巡撫帥公留賑杭，嘉湖水災，改乍浦同知。濬浙水出天目山阻吳淞江者，與江蘇省集議。事未行，擢守歸德。道光二年，擢河北彰衛懷道，俗所稱脂膏地也。不樂是官，以病去，而著《浙西水利考》。兼言棚民開山，山草木竹石皆盡土，易頽散。因甚雨注溪谷中，由溪入江，至海口爲潮水，迎拒不得下，則橫亘如限，流益緩而限益高，微不及覺，著乃費功。識者然其言。時大學士蔣公方總督兩江，薦入都，擢兩淮鹽運使，以黄玉林爲私鹽首，招使捕私，官商大通。丁家灣燈火復盛，如曩時丁家灣商人期會私所也。市常以夜，玉林爲人訐告死，君罷任，以六品職爲總督陶公往理岸鹽，湖北方築漢江隄，奏留監築。陶公又留，定票鹽章程具，後赴工及兩省皆以道員奏，將入都，十五年三月病卒，年五十九。君在浙任繁試艱，所界皆監司大員事，然十餘年乃補六品官，未逾年四遷至三品，若將償其負也，而竟躓。羣公同心交推，卒不克振，命也。夫曾亮嘗於酒次言曰：『陳太守雲深感君。君曰：「何以？」曰：「太守居錢塘，遠游歸，妾死僕逃，君先收鑰而印封其宅，比入齋，閣奩匣物皆有封，具其數。箕帚植戶外如初。」太守乃益悲，獨室無人也。』君憮然久之。配葉氏、邱氏，皆封淑人，子世翰、世幹長者，後其兄麟生帥，公妻以幼女。女四，適泰州儲宗、泗烏程嚴珏、歸安嚴遜、江甯李蓉，將以某年月日葬某所，甥陶定中以狀來曰：『舅氏有言，銘以屬子。』其詞曰：『民功艱哉孰崇起，才豐意貞紹古美。以手起廢捩厥指，焯勤悠悠銘視此。』

（光緒）《重修安徽通志》卷一八七《人物志・宦績十》 王鳳生，字竹嶼，婺源人。官嘉興通判，以能讞獄理漕河知名。升玉環同知，清積案，興水利；擢歸德府知府，濬虞城、夏邑、永城諸河；遷彰衛懷道，轉兩淮鹽運使，條陳淮鹽積弊十八策，均蒙俞允；調湖北，總辦水利，所至治績俱有著錄。《婺源縣志》

《清史稿》卷三九〇《王鳳生傳》 王鳳生，字竹嶼，安徽婺源人。父友亮，乾隆四十六年進士，由中書充軍機章京，累遷刑部郎中，精究法律，治獄矜慎，改御史巡城巡漕，官至通政司副使，有清直聲，以詩名。

鳳生嘉慶中入貲為浙江通判，屢攝知縣事，任蘭溪僅數月，清積案七百餘事。任平湖，有民數百戶，誦經茹素，傳授邪教，鳳生憫其愚惑，開諭利害，治為首數人罪，餘釋之。補嘉興府通判。道光初，浙江清查倉庫，以鳳生總其事。署嘉興知府，遷玉環廳同知。會浙西大水，江浙兩省議合治，調鳳生乍浦同知，勘水道，乃由天目山，歷湖州、嘉興，沿太湖以達松江。計畫甫就，事未行。值淮南高堰潰決，江南大吏疏調鳳生赴南河。未幾，擢河南歸德知府，濬虞城、夏邑、永城三縣溝渠。尋擢彰衛懷道。道屬河工五廳，歲修糜費，春秋防汛，虛應故事。鳳生力矯積習，事必躬親，以歲修有定例，另案無定例，在任三年，力删另案以杜弊，尋以疾乞歸。

九年，兩江總督蔣攸銛薦起原官，署兩淮鹽運使。鳳生以淮鹽極敝，條上十八事。攸銛採其議，改竈鹽，節浮費，濬河道，增屯船，緝場私，隣私之出入，禁江船、漕船之夾帶及清查庫款，督運淮北諸條。疏陳待施行，會詔捕鹽梟巨魁黃玉林，鳳生計招出首，責緝私贖罪。攸銛已入告，旋因告訐置之獄。又得玉林所寄其黨私書，意反復，密疏請處以重法。上以前後歧異，譴攸銛，鳳生亦降調。陶澍繼督兩江，與尚書王鼎、侍郎寶興會籌鹽法，合疏留鳳生襄議，於是大有興革，略與鳳生初議相出入；又奏以鳳生察湖廣銷引，勘議淮北改票事，鳳生雖去官，仍與鹽事終始。十二年，湖北大潦，總督盧坤疏留鳳生治江漢隄工，袤亙數百里，半載告竣。秋水至，新隄有潰者，鳳生引咎乞疾歸。尋淮北票鹽大暢，陶澍以鳳生首議功上聞，促之出，未行而卒。

鳳生以仕為學，尤篤好圖志，成《浙西水利圖說備考》《河北採風錄》《江淮河運圖》《漢江紀程》《江漢宣防備考》《淮南北場河運鹽走私道路圖》。每吏一方，必能指畫其形勢與所宜興革。四方大吏爭相疏調，少竟其用，惟治淮鹽尤為陶澍所倚藉焉。

餘姚捐賑事宜

清 張廷枚《餘姚捐賑事宜·稽茹棻序》 乾隆甲寅年，余姚戴令君下車數月，適秋霖浹旬，大田雖獲，東北兩鄉木棉大減。乙卯春，海鄉艱食，米價漸騰，令君蹙然憂之。縣紳士相與議曰：吾儕幸有恒產，粗具蓋藏，又乘歉歲獲貴糶，是瘠里鄰以自殖也。奚其可！因請捐賑，令君嘉之而欲善其法。適余掌教於斯，故鄉人也，誼不容卻，遂謀於余。余惟國家惠愛黎元，一隅偏災，皇上發帑截漕，奚啻億萬萬計。京師五城，每年例設飯廠，則每日給米若干，不計其人，此以米為經而以丁為緯也。四方水旱災賑，銀米兼施，則計戶造冊，按丁分給，此以丁為經而以銀米為緯也。海鄉偶歉，不過一隅中一之一隅，且大田未有病也。長吏隨時調劑，紳士尚義樂輸，善矣。臺司大吏，念切民瘼，又信戴令君之能盡心也，檄諭再三，匾題嘉獎，司其事者亦倍踴躍。府縣捐俸首倡外，幾輪錢二萬貫有奇，設廠者九，為期一月，加展者八日，計耗米八千二百石有奇。是役也，不按戶、不造冊，計人給籌，計籌給米，綜經緯之法而參用之。凡司事諸君子，半皆倡捐之人。一切需用，多由倡者貸給，故經費亦倍省。至議捐之法，或因田或不因田，集事頗速，皆出於一時慕義之殷，不以貧富限其贏縮。故銖積寸累，悉登於冊，俾知出納細數，無可絲毫欺隱，亦以使后之人食德飲和，綿延瓜瓞。閱是冊者，猶見祖若父之能明大義，慷慨好施，故能澤及云，長享太平之福，未必非維持風教之一助也。夫是為序。乾隆六十年歲次乙卯秋八月，賜進士及第、翰林院修撰、原任山西學政會稽茹棻序。

又《戴廷沐序》 事出有於不得已而決然為之，不敢幾於必成，及成矣，願繼此者之必不遇之而猶恐其萬有一然，則欲以無窮之心，為不匱之惠，此今日之載筆所以不容忽也。姚江東北二鄉，濱海斥鹵，居民皆以木棉為業。邇來連歲歉收，至乙卯春，民幾艱食。時余捧檄攝篆茲土，尚未匝歲，爰以上元蠲潔禱於城隍之神，聚閤邑紳士，謀為粥廠捐賑之舉。院長茹古香先生亦極為慫恿，且力任分勞。余乃毅然捐廉，首倡一切。鉤稽出人，悉董以紳士，官吏絲毫無與。維時以為捐緡數千貫，賑至萬人，於私心已快然無憾，寧敢有奢望。及又二月十二日開賑，自吳山廟至水閣，周袤延百里，凡八廠，又益以附郭接待寺一廠，共九廠。饑民就賑者雲集，每廠多者萬余，少亦不下六七千人。以每口三合計之，每日耗米二百余石不等。且示期放，少遼緩焉，即呼號四起，勢難刻待。巡察不周，又慮東出西入，循轉若環，重支冒領，力有不支。余方蹙然憂之，懼是役之舉而中輟也，詎意下吏微誠，已蒙各臺鑒察，飛檄數下，多方獎勸，各殷紳捐有成數，著有成勞，即立給匾音，用垂不朽。於是闔邑人士，咸歡呼鼓舞，踴躍樂輸，無不勉其有余而恥其不足。初議賑粥一月，又加賑八日，凡三十八日。至三月二十日停廠，計捐錢二萬貫有畸，買米八千二百石有畸。至舍藥數萬丸，給棺數百具，尚不數內。自始至終，得無缺乏。余初願不及此，其及此，幸也。嗚呼！難矣。余惟國家愛養民生，普免天下地丁漕糧，以及議蠲議賑，奚啻億萬萬計，又寧賴此區區豪末，有所加損。顧念姚邑海鄉，原不過一隅中之一隅，又其歉收者僅在木棉，自不值上資國帑而鄉閭慕義，銖積寸累，一月之內，輸錢至二萬余貫。率教向風，深堪嘉尚。其間先事之綢繆，臨事之劑量，終事之補苴，諸董事夙夜勤劬，考其成效，勞費正等，於事皆中書法。語云：救荒無奇策，以余之不敏，得以藉手觀成，仰承憲意，俯對吏民，匪成勞之不泯，抑前事之不忘，或亦採風者之所不廢也。夫其捐賑事宜及臺檄文告，并捐輸姓氏，備列於后。乾隆六十年歲次乙卯冬月，特授文林郎知余姚縣事吳門戴廷沐序。

賑紀

清 方觀承《賑紀・序》 三代以來救荒之政備矣，后之人擇可行而行之，固已無所不宜。然事有宜於古不宜於今者，且五方物產登耗之數、民情舒慘誠偽之殊，皆當隨地異施，泥法太過，與無法等。夫以數百萬人之命，起死回生於呼吸之間，豈易事哉？故必有視民如傷之主咨儆於上而下之宣布德澤者，竭誠致慎和衷集思，參用經權以規盡善，乃克相與以有成也。乾隆八年六月，畿南二十七州縣以旱告，皇上宵旰焦勞，命所司亟籌振救。時觀承監司清河，會同天津道陶君正中總其事，戴星而馳遍歷災所，心計口畫十指布算，集古賑饑成法而參觀之。戶若干，口若干，當核也，則周中丞孔教用之。某也才，某也良，可委也，則林僉事希元用之。賑米有徐寧孫抄劄之法，賑銀有鐘化民督理之法，其展賑也。則陳霽巖之於開州，安流民則滕達道之於鄆州，煮粥則耿橘之於常熟，平糶則文潞公之於成都，貸牛種則定之於越州。他若董江都之廣種宿麥，趙清獻之召興工作，周文襄之省運耗，吳遵路之採芻薪，呂文靖之諭贖農器，樊子鵠之勸富民捐輸，皆次第仿而行之。其或捍格不可行，則以意為變通，蘄於適事而止。制府高公斌、總藩沈君起元同心商榷，朝奏而夕報可，復有不待奏請，我皇上已照臨及之者。蠲租賜賚，動逾距萬，轉輸儲備，罔或后時，事事深愜民隱而意外之恩每加於，其所不及望。蓋以仁愛之天心，兼精詳之睿慮，窮幽極微，無遠不屆，且為之計長久。臣下奉揚德意，風流令行，旬月之間，轉災為福。荀子有言：禹之水、湯之旱而民無菜色者，此道得也。嗣觀承秉節斯土，間遇郡邑偏災，輒用前法，可幸無罪。用是恭輯前后三年中俞旨，下及內外臣僚見之行事者，厘為八卷，名曰《賑紀》。紀之為言，記所以記恩也。又紀與綱相維，敢謂條分縷析，綱目畢具。且是年所遇固旱災也，他若水潦霜雹蟲蠹之屬，概未之及，然使旁通義類，得其意之所存以推行盡利，其於救荒之道亦庶幾矣。時乾隆十九年歲次甲戌十月，太子太保、直隸總督兼理河道都察院右都御史、桐城方觀承撰。

清 方觀承《賑紀・鐵保序》 古稱救荒無奇策，非無策也，自《周官》十二政、《管子》五惠而外，溫賑沾恤，代不乏書。然古今異俗，時勢異宜，區畫有不當，或行之不以實，往往滋弊。若今那繹堂制府之於賑，可謂策之善者矣。先是，庚午歲甘省夏旱，民饑至三十余廳縣。時繹堂初蒞任，亟為請於朝，得旨緩本年征，特命予賑。爰議大賑之先，所在設廠煮粥為急賑，免流民轉徙。既則思賑廣人眾，弊端百出。自點閱戶口，以至按日給賑，一切稽核督飭之法，不可不預定，但其要莫先於杜弊，使不肖官吏無由飽囊橐，始有實濟。日與僚屬講求，集思廣益，先奏定辦賑章程六款：一、被災地畝，責成該管道府親往督勘。一、增設木牌，開明應賑細數，懸掛各保。一、先給賑票，令各戶收執，屆期照票給領。一、擇地分廠，揀派大員，往來督查。一、散放銀糧，務查點足數，嚴禁克扣。一、查災散賑印委各員，裁革夫馬供給。旋奏定煮粥章程八款：一、先示諭流民，使知給賑。一、男婦分廠，毋令混雜。一、印委營員公同監放。一、增設木籌，輪流領繳。一、按五日、十日，開報候查。一、分派營員彈壓。一、酌蓋席棚及空閑寺宇蔽風雨。一、勸諭流民回籍，給口糧資送。又通飭各屬規條十六款，皆次第實力行之。其給賑之期，以九月為普賑，十月至十二月為加賑。又因蘭州、固原兩城，歲久宜修，奏明以工代賑。賑務既舉，民得按口授食，遠近如歸。莫不感頌皇仁，同聲歡忭。凡賑四十七萬六千三百余戶，二百六十五萬五千九百余口。糧用九萬五千六百石有奇，銀用五十七萬一千九百兩有奇。次年辛未正月，上念災黎青黃不接，復加賞口糧一月，并借給籽種，計所以益民而裕食者無弗至。是歲夏、秋二收，豐稔倍常，民之元氣頓復。蓋聖恩有以感召天和，如此其神也。是舉也，政肅而弊除，恩普而民悅。往來於蘭者，莫不嘆其事之善。越二年癸酉，余東歸過蘭，繹堂為余述始末甚詳。余作而言曰：聖天子愛民如子，不惜畀百萬帑金救民饑，為大吏者，體上恩意，盡心襄厥事，俾實惠逮且遍，固其職也。然杜弊之策，若繹堂所定各款，精密周詳，纖悉畢備，洵可為救荒之良策，議賑者皆當以此為法。昔富鄭公在青州，出粟賑民，全活甚眾。當時下其法於諸州，稱為善政。以今視昔，有過之無不及矣，宜撰述以示后人。繹堂瞿然遜謝。余嘉其不居成功而重念聖主活民之賜，不可以無紀，爰就所聞敘之，為斯民幸焉。嘉慶十八年歲次癸酉仲春月，賜進士出身、禮部尚書、通家生鐵保拜撰。

清　方觀承《賑紀・何銑後序》　銑幼讀書，歷隨祖父任，及長登仕版，有志四方，竊願一見當代偉人，以拓胸臆。乾隆壬寅，先大夫任東河總河，時隨阿文成公經理河防，相得甚歡。暇時傾談家事，文成公每以繹堂制府少讀書，有見解，將來可期成立而制府已擢巍科，入詞林。先大夫歸而訓銑兄弟，以世家子弟必應如是，而世家之訓其弟子者，亦必應如是也。銑竊心焉志之，雖未見制府，已不禁景星卿雲仰望之矣。甲辰歲，季弟金以召試授中書，從制府京邸往還無間。銑亦奉職西曹，於制府之文章經濟，得窺一二。迨制府入贊樞密，出擁節麾，凡所建豎，皆表表有聲而銑以宦轍分歧，曾不得望見顏色，一紓數十年仰止之愫以為憾。嘉慶庚午，制府奉命總制陝甘。適甘省旱，飛章請賑，并乞緩入覲，得旨褒嘉，有不愧賡廷相國之孫之論。銑已自陝安道陳臬西江得讀邸抄，不覺矍然起敬，始信制府於臨大事、決大議，卓識鴻猷，真有古大臣器識，益嘆先大夫之言為不爽。愧銑兄弟不能仰承庭訓，如制府之克繼先猷也。壬申冬，銑奉旨擢授甘藩，得隨治中。制府以世交故，一見如舊識。政無鉅細，靡不虛衷商榷，謀定而行，溫容藹言，時以國計民生，與僚屬往復講論。所謂當代偉人，殆有然歟！公余手《賑紀》十卷以示，銑讀之而嘆曰：善為政者，以其心心乎民而已。一民饑由己饑之，聖主保乂之心也。聖主以愛民之責，寄之制府，制府即以愛民之心，答乎天心。甘省地瘠民貧，偏災時有而為民請命，實心實力，舉而登之衽席，如斯紀之所載，固可少哉。銑來蘭遲二載，今春度隴，即聞制府曩時辦賑，實惠及民，全活無算，為斯土從來所未有。茅檐土穴中，父老黔黎，猶有感恩泣下者。今讀是紀，於查散利弊，纖悉畢當，不知當日制府用心，何以能如此之周密而其時殫思竭慮，日昃不遑，又不知若何之勞悴也。邇者聖天子閭澤覃敷，至優極渥，時雨頻沾，屢豐告慶而制府尤不自逸，惟以此心仰對君父，即以此心撫愛斯民。迄今三秦之眾，皞皞熙熙，以日游於太平之宇而不自知。銑不敏，職司佐理，又忝世交之末，得見制府之不墜家聲而上承宵旰，蓋既喜而又竊幸焉。竊惟政貴有恒，制府宣上恩德，無追無荒，與吾民休養而生息之，所以報國家，即所以繼文成公之志。而銑亦得步趨前塵，守先大夫之遺訓，以相勖而相勉，尤私心所冀幸而同是兢兢者耳。嘉慶癸酉八月，甘肅布政使司布政使何銑拜手塵序。

清　方觀承《賑紀・嚴烺後序》　今癸酉之春三月，制府那繹堂師編《賑紀》成，命序於烺。時則春雨優沾，土膏滋潤，隴坂左右，玉關內外，守吏各以甘霖報。師顧而樂之，飛章入告，仰慰聖心。烺於是聽雨而喜，受書而序之曰：方歲之在庚午也，夏大旱，民饑且三十余州邑。師至，請於朝，聖澤立沛，命發帑百萬賑之。其急不能待者，為粥以食之。前后所全活億萬人，老弱得免於流離。是年秋即雨，明年辛未夏雨漸濡，又明年壬申二月雨，雨且遍；八月雨，雨復優，歲報稔。今年三月，雨大足。詢諸父老，僉云甘肅無連年春雨若此者。父老戴天子之仁恩，愈相與樂制府之實政也。烺分巡蘭州於今六年矣，回憶庚午之夏，奉檄巡下縣，勘災輕重，查戶口多寡。跋馬登山，驅車行野，烈日在天，山焦土赤。所至第見饑饉老羸，鳩形菜色，疾痛顛連之狀，呼號泣涕之聲，真有目所未睹、耳所未聞者。非吾師為民請命於聖主，承恩宣德，實心實力，率屬從事其間，當時之民有不止饑餓轉徙者，則此賑之不可以不紀也。今幸雨，雨且足矣，烺得從容襄事，執筆為文章。竊謂昔宋蘇子瞻之喜雨也，僅以名亭，雨不過扶風一邑。今則春澤屢沾，西秦普遍，為十余年來所未有。烺之喜雨也，即以序吾師之《賑紀》。以今視昔，所得不愈多乎？自今以始，歲其有甘膏應候，禾黍油油，秦隴之民，含哺鼓腹，以游仁壽之世，我夫子其永有功焉。爰拜手而序之。若夫稽查之密，散放之實，咨詢之周，調劑之善，載在全書，大宗伯鐵冶亭師序之詳矣，烺不贅。賜進士出身、翰林院庶吉士、戶科給事中出巡甘肅蘭州道受業嚴烺謹識。

清　方觀承《賑紀・龍萬育跋》　古者救荒有書，民命攸關，事甚重也。荒政之最要者，莫切於食。使無法制以相維，則耗食者十之二三，侵食者十之四、五，欲救民，不幾轉致病民乎？育備員隴右，得讀繹堂制府《賑紀》，其間宏綱細目，粲然畢陳，真無弊不除，無一夫不獲其所，是殆己饑己溺之懷與！竊於校讎之余，得其二要，尤為賑務所宜恪遵者。其一在煮粥。集民於未賑之先，使勿流離而户口藉可稽其實。一在懸牒。示民於將賑之際，使共曉諭，而胥吏不得逞其奸。法簡而肅，政詳而明，創前古所未逮。至矣哉！救荒之策，未有若斯之美且備者。夫國以民為本，民以食為天。使為民牧者，能知倉糧顆粒皆民命所系，豐積無缺，偶遇偏災，遵是紀以行之，又何荒年之難救與？管見所及，敬識數言，以紀其盛，并以勖同官云。嘉慶十有八年歲次癸酉，甘肅西寧道龍萬育謹跋。

清　楊錫紱《四知堂文集》卷二一《〈賑紀〉序》　荒政昉於《周禮》，歷代名臣因時著績，其成法多有可採。至我朝則聖聖相承，誠求保赤歲偶不登，即蠲賑頻施恩膏疊沛務登諸衽席而後已。蓋九重之宵旰憂勤，爲史册所未有，而羣工之宣德達情、擘畫區處亦法日以備而事日以詳。乾隆某年，畿輔河間、天津二郡告災，天子惻然已飢，降詔發通倉之粟，截南省之漕。先事預籌至周且備。時桐城方問亭公方任清河監司，奉制軍高東軒先生命，與天津觀察陶未堂公，實總賑務。公受命以後，遍歷郡縣，慎選官吏，詳覈户口，嚴戢刁頑，就古人之成規與現行之事例，叅以地方情形士女風氣，殫心竭力，講求周備，上之制府者曰議、曰詳；下之郡縣者曰檄、曰諭；揭之鄉市者曰示、曰禁；嚴遺濫，明賞罰，吏奉其職，役遵其教，身所未至而心至之，心所未至而法至之。兩郡災黎，無不慶更生者。蓋公與未堂先生皆本經術，爲吏治具仁慈惻隱之心而不以姑息長刁風，有綜核幹辦之才而常於法內留餘地。故九重念切民隱，特遣大臣查覈而一無遺濫。噫！此可以見公之實政矣。今公總督畿輔已若干年，一切宣布德意休養民生者遍於直省，豈特河間、天津二郡家頌户祝已哉！顧念拯災恤患爲當官要務，手所經畫，非及時纂輯，恐久而散佚。於是公餘之下，取昔年賑恤事宜，詳加記載，命曰《賑紀》，刻成，與余相遇於津門，授以一册，且命弁其首。余受而讀之，見公之於是役也，仁之至而有義以裁之，法之窮而有意以通之。體要既得，纖悉必詳。師其法，舉而措之，無弗良也。師其意，神而明之，更無弗美也。豈惟牧民蓍蔡，即一介之士，留心當世，誦而習之，坐而言起而行可矣。余謬辱公知，不敢以媕鄙辭，謹序而歸之。惜乎余老，友未堂不及見此書之成耳。

賑略

清　吴元煒《賑略・序》　救荒無善策，非無策也。倉儲陳陳，饑民滿野，博施病帑，小補無益。茲逢聖天子恫瘝民瘼，每遇偏災，發倉賑濟，借糶蠲糧，動輒數十百萬。歷稽史冊，亘古未有，宜乎民歌挾纊，胥慶更生矣。當讀制府方公《賑紀》一書，上廣皇恩，下流膏澤，綜綱扼要，縷晰條分，遵而行之，民無弗福，安能更贅一詞。緣所載大都章奏率屬之文，若一州一邑，牧令查辦於外，幕友籌度於內，風土腴瘠之不齊，水旱蝗雹之輕重，文冊折結之程式，稟詳后先之次第，設非胸有定衡，猝然辦理，難免周章。煒游幕三十年來，籌災已屢，不揣譾陋，就《賑紀》大意而引伸之，仍附録最要篇章暨捕蝗成效，匯為一帙，以備參考，名曰《賑略》。言州縣辦賑之方略，不外乎是。至於隨時調劑，神而明之，則又存乎其人，庶仰副帝澤汪濊而不負制府己饑己溺之仁心也。夫乾隆三十一年七月既望，德清吴元煒霈蒼氏自敘。

撫豫恤灾録

清　方受疇《撫豫恤灾録・余集序》　大中丞鶴浦先生手輯《撫豫恤灾録》，刻既竣示余，得卒讀焉。有客謂予曰：子知中丞之志乎？曰：不知也。客曰：中丞初秉臬此邦，今來撫豫，固舊治，風土物情，咸周知之。惜當兇札擾攘之后，其他設施有所未及，姑以恤災為先。前田端肅公撫之於休養生息之余，故以宣化著録，寓富教之意。今中丞下車，會逢其難而是録成，中丞又寧異於端肅乎？一客曰：唯唯。猶有說中丞為宫保恪敏公猶子，少秉教節署，恪敏之豐功駿烈濡染既久，一旦舉而措之，雖曰國憲，亦其家規。且恪敏在畿輔嘗治荒矣，世所傳《賑紀》是也。《賑紀》刻於乾隆甲戌，紀八年前后三年中賑政，距今六十年而是書成，若有符合者。然則中丞之紹衣恪敏之燕翼，胥於此見，豈徒沾沾奉端為圭臬哉？是二說者，皆是也。雖然，事因時為變通，器就地為良楛。蓋公黃老，無裨漢治；宋用《周禮》，新法滋紛。必執成法而規仿之，器有不成焉者矣；必泥前事而墨守之，人有譏其后者矣。為政之道莫先乎仁，推此仁以事上則忠，推此仁以愛下則惠，推此仁以制事則義，推此仁以率屬則明。仁也者，心也。端肅存此心而宣化成，恪敏存此心而繼輔治。中丞心二公之心，行二公之政，則此編其明征矣而不但此也。發常平以賑饑，則汲長孺之治河內也；糴存谷以平價，則蘇文忠之在浙中也；樂輸有勸，祿糈有捐，則富鄭公之在青州也；入告而發封樁，則范忠宣之知慶州也；計口以給粟，郊野以設廠，收養無告，掩骼埋胔，方藥療疾，則趙清獻之在越州也；教民植易生，以補五谷之所不及，則又合朱橚救荒、鮑山博錄之遺意也。至於天時和而嘉禾生，二麥秀而雙岐茁，則又張漁陽之瑞應也。凡此者，古人有一端，史書之矣。中丞獨兼眾善焉，可不謂賢乎！然則是編之首列章奏而必冠以睿訓者，明渥恩之出自朝廷也；次錄文移，明非獨斷也；次詳稟，次稟牘，明奉行者之響應也。皆足以見中丞之心而不徒以跡矣。若夫風行而草偃，言出而令行，群有司觀感興起之所自來，則欲讀是編者之深求其故也。敢拜手而為之序。嘉慶十九年歲次甲戌八月，上浣舊治弟仁和余集書於大梁講院。

清　方受疇《撫豫恤災錄·諸以謙跋》　嘉慶癸酉冬十月，先生奉命由兩浙移節來豫。先是豫中夏月苦旱，繼則秋潦連旬，河水泛溢，災連數邑，滑浚莠民因間竊發煽眾肆逆。上廑宸慮，宵旰勤求，申用告誡。先生喬木世臣，公忠體國，甫下車，團練義勇，簡閱軍實，兩閱月而邪氛埽滌。於是招集流亡，振恤寒餓，所以為斯民謀生聚，計安全，昕夕不遑，鉅細咸理。凡易生之物產、備荒之良法，莫不廣咨博採，酌古準今，以期久遠。而自冬仲至夏初，計里設賑，計口授食，凡鳩形鵠面者，得免轉沒壑而登衽席，莫不鼓腹含餔矣。蓋全豫九郡四州，煮賑閱五月之久，先生率屬奉行，獎勸備至，僉各奮興。請展期至再，給米給粥，全活億萬萬計。此《周禮》荒政之所未詳而實惠之足以及於貧民者，實莫善於此。以是休和協應，合穎雙岐，遍於大河南北。先生以聖主之廑切豫民也，據以入告。非以侈陳瑞應，只期仰慰睿懷。皇上特頒明詔，益申勖勉，備迓祥和。天人感應之理，歷歷不爽。聖訓昭垂，誠有當共矢慎清，仰承渥澤。知不徒以是錄為尋常治譜觀也。諸以謙謹跋。

清　方受疇《撫豫恤災錄·張翾跋》　我中丞方公蒞撫中州之明年，歲在甲戌麥書大有，時轉綏豐。乃即舊冬迄今，凡章疏簡牒匯為一書，曰《恤災錄》以示不忘憂患之意，且以見數月來為民謀安集而撫字之者，用心良苦。翾受而讀之，以為公之實心實政固於恤災見之，公之實心實政不徒於恤災盡之也。當公甫至境，環河數十邑饑饉薦臻而河決為災，兵戎猝起。維時議蠲緩，議賑恤，議守防，勞於圖度，罔所措手，民之望公如望歲。然我皇上亦以公曾秉臬是邦，克知民之艱，撫綏而噢咻之，微公莫屬。故救災恤民之政，君以是責之臣，臣即以是任之已。帝曰吁咈，公曰贊襄，虞廷交儆，不過如是。於是辨疆域之咽吭，審征調之緩急，凡境內險要厄塞之圖、軍中資糧扉屨之用，莫不按籍而稽指揮而定。是以不數月間，滑城克復，人心以靖，民無兵燹轉徙之虞，乃得從容而籌其饔飧之計。至若慮貧民之眾多，酌官廩之盈絀，首捐廉金巨萬以為倡，屬吏若民，罔不觀感興起，相與輸粟煮粥。始仲冬以至麥秋，凡六閱月而止，計百余邑中所全活者不可數計。而又令有司給藥石，拯疫厲，有不起者，隨在收瘞之。公之用心於恤災者，委曲纖悉，無不具備。其施雖在豫，其仁足以示天下；其事雖行於一時，其法可傳於后世。不寧惟是公慮豫之民性窳惰，可與處樂歲而不可處兇年，爰飭守令頒示章程，廣立義倉以為備荒之策；又令編查保甲，以清戶籍。自今而后，豫之民將享其利於無窮，而無虞災患之來也已。翾以迂庸，幸得依絳帳，坐春風，知所步趨，無貽隕越羞顧。於公政事文章，莫能窺其萬一。聊綴數語於簡末，以志向往之誠云。兼署河南按察使糧鹽道受業張翾謹跋。

清　方受疇《撫豫恤災錄·唐仁埴跋》　夫非常之原，黎民懼焉。當水旱盜賊疾疫，死亡相繼踵至，棼如亂絲，繁如錯節，心思所不能專，耳目所不能周，自非有非常之人出而肩之，誠足以孚主，仁足以活人，智足以周物，才足以濟變，而又出之以大公，持之以至正，豈能救難扶危，勞徠安集，舉數百萬鳩形鵠面顛踣枕籍之民，起溝壑而衽席之哉！我大中丞方公之撫豫也，值河溢於睢，盜起於滑，加之以饑饉，繼之以疫癘，人方震眩愕眙，莫知其所終極，公則凜然穆然，不動聲色，卒能措之於泰山之安，上抒宸廑，下拯民厄，可不謂難歟！今讀公所示《恤災錄》，而知其致此蓋有由矣。聖天子軫念災區，宵衣旰食，公體德意而廣皇仁，凡可以加惠斯民，無不敷陳剴切而一德所感，輒邀俞允，其誠之足以孚主也。災黎萬億，全活綦難，公則議蠲，議緩，議撫賑，議加展，議捐資，議善后，議積貯，合丸散以救危篤，勤掩埋以恤枯朽，而存者亡者悉蒙其澤，其仁之足以活人也。大河南北，幅員遼闊，勢不能家至戶觀，則寄臂指於寮屬，勵之獎之，勸之德之，雖下吏末弁，無不感激奮發，實力奉行，故千里之外若在堂奥，其智之足以周物也。當戎馬交馳，人心惶懼，公搜軍練勇，邪氛賴以肅清，而地方被瘡痍呼庚癸者，自朝至於日昃，應接不暇，公忘食忘寢，多方籌畫，勿后時，勿緩事，勿生其心，勿掣其肘，而政無不舉，人無不寧，其才之足以濟變也。夫誠足以孚主，仁足以活人，智足以周物，才足以濟變，四者備而非常之災可弭矣。然非大公則有已，有已則不免窒礙難行，非至正則有偏，有偏則不能泛應曲當。公乃準古酌今，旁咨博採，出之以公，持之以正。於奏牘，見公之肫誠懇摯；於文檄，見公之惻怛慈愛；於稟詳，見公之虛懷兼聽；於委任，見公之量能器使。而設義倉、勸種植，更見公之思深慮遠，流澤孔長。是以能感召天和，易災為祥，雙岐呈瑞，率育降康，民生遂而民氣大舒也。所謂惟非常之人克建非常之功，豈不信歟！仁埴備宇下凡，公之碩畫大猷無不目擊心折。茲得黽勉趨承，與全豫士民同享聖世太平之福，非公其能及此哉！用敢覼縷泚筆，謹綴於簡末云爾。署開歸陳許兵備道唐仁埴謹跋。

清　方受疇《撫豫恤灾録・李師舒跋》　舒初仕畿輔，敬讀恪敏公《義倉規條》，法良意美，吏不擾而民自便，朱考亭社倉法復見於今，竊冀他省遵行之不可得。茲我大中丞公著《撫豫恤災録》，首以籌畫義倉為急務，仿照前規，因地制宜，條分縷晰，通變宜民，繼先志也。至若撫難民，恤災黎，買義地，瘞尸骸，粥廠展賑，委曲周詳，惟恐有司不善奉行，一夫不得其所，兢兢業業，仰慰宸衷，忠愛之誠，溢於言表，蓋本恪敏公所以治冀北者治河南也。舒久叨下吏，會屬子民，潛心體玩，精神倍增，曰：古大臣忠貞世篤，惟德動天。曾何恤乎人言！前任直隸大名道李師舒謹跋。

清　方受疇《撫豫恤灾録・祝慶承跋》　伏讀《撫豫恤災録》覆奏各折，語語出於至誠，不假一毫粉飾。至籌辦一切，擘畫周詳，覺人意想所到者，早已先人而為之；其意想所不到，亦皆無微不至。閱者第服吾夫子之才大思精，而所以仰酬宵旰，造福蒼生者，正不知費幾許心血矣。慶承等曷勝欽佩之至。前任直隸通永道祝慶承謹跋。

清　方受疇《撫豫恤灾録・謝學崇跋》　癸酉之秋，公奉天子命，以河南歲比不登，自浙東移撫。未至而睢州河溢，下游郡縣半沒於巨浸。大河以北，兇醜不靖。公自金陵馳至，親歷災邑，騰章入告，發帑振廩，導勵僚屬，勤宣德意，凡七閲月而民氣乃蘇。當公之初莅茲土也，首途歸德。稔知中州被災，歸德為最，親駐旌旄，指授擘畫，保衛撫綏，慮周且備。學崇承乏郡守，從事行臺，聆訓最先，奉行最切。竊窺公之籌運，惟公知蕩析之后，料簡戶口，懼或遺且濫也，乃慎遴賢吏，以厘丁籍；公知祈寒之后，招徠流亡，不能簡稽而家給也，乃遍設粥廠，以養隱民；公知饑饉之后，疫癘所不免也，乃捐貲先購隙地，以掩道殣，宣示方劑藥餌，以療疾苦；公知積歉之后，田廬易棄而難復也，乃誡民毋得輕去恒產，以期還定而安集；公知水旱之后，饑寒迫身，雖慈母不能保也，乃設法收養，俾煢煢有歸而不致離散；公知保息之后，儲蓄不可不講也，乃頒社倉圖說，命有司董勸，俾民知蓋藏而有無足以相恤。他若謀奠廬舍，修葺堤防，以工代賑，善政不可僂數。其間度支帑金須俟朝請者，公既據實以聞。至若便宜集事，先期籌度，凡有益於民者，巨細咸舉，惟以實心行實政，初不欲以瑣瑣者屢吁聖聰。迨奉垂詢，始一一敷陳。公可謂默契聖心而不事矜名飾行者矣。比歲氛祲囂張，大河以南民食不給而卒皆安堵如常，無一人鹿駭狼顧者，實賴公隨時經營，實心撫緝，以定民志而格民情，於焉一迓天和，其效如響。閲歲甲戌，暘雨咸宜，麥禾大有。衆請於公，乃以先后恤災事宜薈萃成編，首諭旨，次章奏，次文檄，次稟申，為《撫豫恤災録》六卷。學崇竊維古之治民者往往謂救荒無善策，若公之澤及斯民，可為天下后世法矣。昔田宮保文鏡著《撫豫宣化録》，為當代名臣著録，裒然聲稱藉甚。夫宣化於無事之時，與撫綏於多事之際，其所處難易，不待衡量。則公之設施，其視田宮保更何如耶？學崇幸服公之教，樂治之有成，乃就平日仰窺所及，附識數語於簡末。若夫慈惠之衷憂勤之意，誠未能宣揚於萬一也。歸德府知府謝學崇謹跋。

海寧州勸賑唱和詩

清　易鳳庭《海寧州勸賑唱和詩·張青選序》　今以天下之大分而為省為郡，又分而為州為邑，使司牧之，欲謀所以安全之者，固守土者之責也。然事有非己所能獨任者，不能不求助於人人。夫求助於人不可必，至求助於人人而愈不可必矣。以不可必之事，毅然行之而無疑者，非有愛民之實心而又有信民之實政，吾未見其有得也。甲戌夏六月，梧岡刺史自德清令遷海寧牧。先是旱魃為虐，不雨者已浹旬矣。人心惶惶，慮無所得食。刺史下車之日，齋戒虔禱，雨輒降而猶憐民之疾苦，白於大府，開倉以振。凡一切所設施有利於民者，無弗舉也；有害於民者，無弗除也。於是州之人士，咸謂刺史真能愛民而信民者矣。夫以愛民信民如刺史，苟有求助於人人而或不之應者，有是理乎？此勸賑之舉，所為不崇朝而事已大集也。是役也，刺史自捐俸若干，闔州之城市鄉鎮捐鈔若干，而各里之自為賑恤者又若干，余亦分俸以襄。刺史先為詩四章，以告州之人士，繼又疊用前韻以嘉美之。惟時遠近和者數百人。余時以公事在湖州，亦樂刺史政之有成而依韻以和。今刺史將匯而刊之，屬余弁言簡端。余惟以刺史之愛民信民所得於州人士者，以復於刺史而已。至其詩，皆一時屬和之作，凡所為感勸激發以詠歌其事而歸美於刺史者，又足以見州人士愛戴之誠，而好行其德者鼓舞於弗衰也。嘉慶乙亥五月順德張青選謹序。

清　易鳳庭《海寧州勸賑唱和詩·自序》　余於甲戌夏由德清遷海寧，適苦旱，禱雨無靈，歲遂歉。哀鴻嗷嗷，而無籍之徒，挾饑民以擾巨室，威之則煢獨堪憐，撫之則博施難繼。夫余本拙於為政，當此繁重之區、兇荒之歲而又初至此，無誠以信於民，此余所以日夜焦思，不遑暇食，幾束手無策也。是年杭嘉湖三郡同被旱，前撫軍陳公檄各屬開倉以振，未幾，調任山東。中丞顔公甫下車，首舉荒政。前觀察魏公，今調江蘇者，相泛關塘至海寧，兼勘荒象，并飭郡伯嚴公留寧三日體訪之。復奏留升任江蘇方伯楊公循行三郡，履畝察災，繪圖入告，奉詔蠲緩，民乃有生機矣。而我寧之殷紳富室，素享熙朝太平之福以保守身家，莫不感激涕零而不能自已。余順其情而開誠道之，其一二藉端滋擾者，戢之以刑，於是翕然共諒余之誠，亦遂安余之拙，各出資以贍鄰里。此固郡人士誼篤桑梓，即以寬余守土之責者也。其曷可忘耶？且夫救荒古無善策，欲以有無相通之義，激勸閭閻，恐待濟者無窮，厚施者已倦，可一而不可再也。乙亥春，蠶麥未登，薪桂米珠，寧民窮迫之象較舊歲更岌岌焉。今方伯額公、觀察何公復飭屬糶常平，并詳請移商汪制府糴閩米濟之。然市價雖平，而赤貧者終無貲以謀升斗。余不得已復為勸賑計，作勸賑詩四律，捐俸倡之。東防張雲巢司馬亦傾俸以助，并出其任余姚時《荒政事宜》一卷示之，余遂得所遵循。然亦何敢必士民之終能安余拙而諒余誠否耶！然而斯文之感通有性情焉，不以跡而以誠，不以巧而以拙。一時文人學士，不問俗吏詩之工與不工，屬而和者數百人，并及鄰壤。因此踴躍樂輸，旬日間集資數萬。擇公正者董其事，分廠賑施，計口授食，災黎賴以活，余亦安然相與共濟時艱。是余之施於寧者薄，而寧之報余者何其厚也，其又曷可忘耶？是舉也，廣文朱少仙、龐少梅共商定之。海防湯守戎以官梓里，故頻傾俸焉。監州宋述堂、鹺尹玉嶧書、州尉田素存，其一時共事之勞均不可沒云。或有笑余者曰：荒政諸書，成法俱在，子獨假呫嗶以從事，毋乃拙於謀？然惟深知州人士能諒余之誠，故不妨行余之拙，又烏知今日之解囊蘇困，一唱群和，藉詠歌以行其惠者，非正樂余之拙而乃諒余之誠耶？如之何其忘之！爰就得詩之先后，編次成帙，囑東海半人鍾箬溪校訂之，付剞劂。君子曰：志義舉也。嘉慶乙亥年夏六月，知海寧州事易鳳庭自記。

清　易鳳庭《海寧州勸賑唱和詩·龐紹福跋》　守土有親民之責，非可以風雅畢乃事也。而惟假風雅以行其愛民之政者，蓋有至性存焉。夫人生之大節有二：曰忠，曰孝。忠之為道也顯，而孝之為理也微。顯可見而微不可見，蓋必有待乎闡揚之者，則海寧州牧梧岡易公之謂也。甲戌夏，公自德清移署海寧，方大旱請於當道平糶，以支一時而民之困於旱者未蘇，又有不逞之徒糾眾索食，為大戶擾，公憂之。作勸賑詩四首刊刻流布，假風雅為勸賑計，并捐俸倡之。由是薦紳先生吐屬雅馴者，悉賡和章而樂善好施遂遍境內矣。今年入春后，甘澍疊沛，四野沾濡，天心應於上，民志和於下，合境乂安，歲則大熟。而太翁適至而后乃今公之喜可知也。太翁樂山水之游，每求天下奇聞壯觀，以知天地之廣大。舟車所屆，凡山川人物之雄偉，與夫都會闤闠之喧闐，無不寓於目而識於心。見公之行事，輾然色喜，猶以慎民命恤刑罰為兢兢，是其心之厚於仁而公之善，體其親之心具見已。今聖天於以孝治天下，奉若天道，軫念民瘼，無不本一孝以格於上下。入臣苟體之以事君治民，雖偏隅下邑，亦足感蒼昊，孚黔黎，風俗蒸蒸而日上。況以公之融融泄泄，推之為友於，普之為慈愛，仁心為質，純任自然，和氣滿一堂，淳風揚四境，是忠臣出孝子之門也。不已立人生之大節而無憾也域！然則勸賑之作，由忠孝而發為文章者也，其感人也固宜。至其養士治民，以實心行實政，不愧乎清慎勤者，有州人士之口碑在，無俟余之附贅縣疣為也。杭州府海寧州學訓導，會稽少梅子龐紹福頓首拜跋并書。

清　易鳳庭《海寧州勸賑唱和詩・鐘大源跋》　蓋聞大田多稼，小匹著於篇；中谷有蓷，風詩感乎物。伊古穰金饑木，代有豐歉。斯人興往情來，若為贈答。然在心為志，衹士女所發抒而以言感人，非上下相酬勸也。即至老元聱叟舂陵傳示吏之行短，李相公秘府有憫農之詠，亦用以下哀疾苦，要未聞群和德音。然則我州牧梧岡易公勸賑之作，與夫群公多士賡和諸篇，洵為千古新聲，八珍異味焉。公桂筅名『賢』，山齋華胄。綺年文採，已膾炙於藝林；早歲科名，復芬芳於蕊榜。紅綾裹餅，錫自天廚；畫竹剖符，分來浙水。初平山畔，仙霞供仙吏之餐；余不溪頭，清水稱清官之飲。固已歌棠遙聽，都云狄使君活予；便思駸筱歡迎，群看真直院至矣。既而懋膺上考，果愜輿情。當慈雲近海之時，正火傘撐空之候，肥遺忽見，三農枉拜田神；屏翳無靈，六月難期雨我。公則戴星而出，暴日以祈，跳珠蘇半槁之禾，炊玉發常平之粟。頓使崑蚩免掘，依然民若小康；究緣獐稻薄收，畢竟年非大有。雪雖呈瑞，凍余村不勝寒；雨已如膏，春后野猶未綠。不有青黃之接，曷消蒼赤之嗟？公乃重頒元淑，倖金幾倍，令恩義廪，願得人人而濟，還多藹藹其言。撫字心勞，品既是救荒之谷；篇章語妙，詩亦為饋貧之糧。灑將十斛廉泉，絕勝八功德水；搖動一枝健筆，如開萬吉祥花。聞君子之風，胥克用勸；廣同患之恤，信可以興。一唱百和者發乎情，千喜萬悅者通乎義。施遂淵成而山積，句因璧合而珠聯。聽司馬之清吟，江州再見；留拔茶之善政，益國重來。安定六經，詩人其余事；弱齊三絕，韻語為最工。孟參謀琢句寧寒，賈長江鑄詞非酸，良以氣求聲，應誼協寅恭宜，其曲異工同，心兼子惠矣。而且耆英先達，咸抒飽德之詞；墨職騷流，競奏飲和之曲。英華咀於倉庫，芳潤漱乎典墳。三味則迥越酸鹽，五音而并含官徵。化鹵田為膏壤，遜此謳吟；彼甘澤與復陂，輸其悅豫。田刺史政成得雨，唱不貧者僅屬蚩蚩；薛滄州惠在通渠，謠無棣者寧皆雅雅。笑葛天之唱和，不過三人；陋松陵之礠確，徒夸百首。布帛菽粟者其質，纂組錦綉者其文。變愁苦作歡愉，前歌后舞；以揄揚宣德意，競美爭奇。都擅三百五篇之長，足補一十二條之闕。真彥和所云，崇文之盛世，招才之嘉惠也。源疾類彥威，學漸仲偉，一人已半，敢夸續晉陽秋；全豹窺斑，謬許作詩評品。曩者蕪辭三獻，踵聲正愧雕龍；今茲錦帙齊繙，目論益欣附驥。等井蛙之說海，莫測濤瀾；類山獺之祭魚，翻資饜飫。抽栗尾而借鈔恐后，付麻沙而閱市紛來。纂入農書，傳為治譜。即此有聲是畫，上襄熙朝耕織之圖；從今無口不碑，再賡樂歲倉箱之什。東海半人鐘大源謹跋。

淳安荒政紀略

綜述

清　王元基《淳安荒政紀略・序》　國家子惠黎元，所以休養生息者至矣。歲或不登，則有救荒十二政以聚之，載在《大清會典》。其法比《周禮》大司徒職為加詳，非漢唐以下所能及也。然而因時地之宜，得變通之道，則又存乎其人。吾師兼山先生學優才敏，博通治體，早歲以孤子從戎。一時名將相若福文襄郡王、孫文靖公皆不遠數千里，馳書招致幕府，自楚而黔而蜀，飛章草檄，廣著聲譽。既而由蔭策名治河，屢有功膺，不次擢。迨通守吾浙，雪枉獄，獲巨梟，防海節帑，善政昭然，在人耳目，而淳安拯荒，尤基所目擊而心服者。癸未夏，淫雨為災。淳居歙浦下流，眾山之水皆集，汎濫特甚。大府以令斯邑者不諳災務，慎簡乃僚，廉吾師克荷厥任，請於朝而代之。師至邑，即散賑、蠲賦、平糶、剔奸，舉措悉當。帑不縻而民氣益舒，若未嘗遇災者。邑之中頌神君焉，其立法之善、宣力之勤、用心之仁，則皆備於稟牘規條中，憂民之心惻然可見。傳曰：仁人之言，其利諸條，成《聚政篋衍》一書，分門別類，朗若列眉。命公子壽昌錄置案頭。基時應禮部試歸，課壽昌讀，得盡觀之，請刊以行世，而師固謙讓未遑也。同門丁君遐福、徐君玉樹凡數十人皆先后繼請，乃始授梓。基因以師治淳安災之稟牘規條見諸行者，仿古紀略體例，編次成帙，同墨諸板。惟我朝五風十雨，大有頻書，而《會典》顧載及荒政者，蓋亦聖天子軫念民瘼，有備無患之至意。今是編出，則前事后師，惠一邑之民，其功小；惠天下之民，其功大。惠一時之民，其澤淺；惠后世之民，其澤深。所為廣德意而奠黔黎者，夫豈有既歟？師姓吳氏，名嵊，字兼山，江蘇蘇州府常熟縣人，今官浙江紹興府南塘海防通判。時道光四年八月，受業王元基謹識。同門謝肇瀛、陳煇、汪光宸、秀山、張瑞藻、許華晉、洪廷祉、馬靈浚、薛吉士、丁遐福、何堃、徐德暉、陳泰登、劉夢蘭、許華觀、三福、呂蘭、李建元、徐玉樹、張觀潮、谷鈺、姜皋、曾志、陳鈞、程金、李紹恭、曾燮、陸嵩、張觀沄、洪舒民校訂。

清 王元基《淳安荒政紀略·丁遐福跋》 皇上御極之三年，歲癸未，浙省災於雨，民乏食。大吏請於朝議賑，有為詩以記者，曰：枯菀不同皆赤子，不須防濫只防遺。當時以為仁人之言，其利溥哉！或曰此有為而言，非正論。今讀同門王君元基所撰吾師《淳邑荒政紀略》而益信。是年浙東諸郡咸災而淳邑尤甚。初議支帑幾二萬余，金而人情洶洶，若不安於其上，觀過知仁，未可責諸愚夫婦。迨吾師攝是邑，節帑幾十之七，事畢去，民之頌聲作焉。夫人情莫不以多與為恩，而以少受為憾，乃亦有不然者，與雖多而中屯其膏，旁奪其利，則與者固屬仁人君子之心，受者轉非瀕死待援之人。夫是故防遺必先防濫，蓋里豪胥猾，敢以一人冒數人之食，即能使數人不得一人之食，師痛革諸弊，而措置在難者，尤為井井。人遂其欲，自無觖望，朝廷之澤，沛乎下究而不壅，三復斯編而后知前詩之所見小也。國僑之治民猛，而孔子稱之曰遺愛，觀此及師他治跡，古今人自無不相及之慨。顧有備者能無患，則前事后師，抑亦凡為民父母者所宜與篋衍一書同置座右也已。時道光四年八月，受業丁遐福謹跋。

著録

清 丁申、丁丙《八千卷樓書目》卷九《史部·政書類》 《淳安荒政紀略》一卷，國朝王元基撰，刊本。

《清續文獻通考》卷二六五《經籍考九》 《淳安荒政紀略》一卷，王元基撰。

籌濟篇

綜述

清 楊景仁《籌濟篇·潘世恩序》 吾友楊君靜閑，曩官比部，著有《式敬編》，治獄者久已奉為圭臬。上年冬，乞假歸省，又以救荒一書向鮮善本，搜羅史籍，薈萃排比，得三十二卷，名曰《籌濟編》。予惟宋司馬康之言曰：自古聖賢之君，非無水旱，惟有以待之，則不為甚害。蓋救之於既荒之后，不如備之於未荒之前。《周禮》十二政尚已，自漢以來，勤求上理，代有循良，農桑水利之經，蠲緩振貸之制，積貯斂散之規，良法美意，備載前史。學古入官者慮無不以民事為兢兢，顧或簿書鞅掌，無暇勤求，不幸而遇偏災，張皇補苴，以救目前，即有毅然敢為，樂以一身救百姓而行之未得其宜，卒至百弊叢生而實惠未逮，始悔講求之不早，晚矣！東坡《贈劉正叔》詩云：『平生學問只流俗，眾里笙竽誰比數。忽令獨奏鳳將雛，倉猝欲吹那得譜？』誠能講求於平日，取用於臨時，仰體聖天子視民如傷之心，下慰吾民慈父母之望，設誠而致行之，則是編固即牧民之譜也夫！道光六年歲在丙戌孟夏之月，愚弟潘世恩識。

清 楊景仁《籌濟篇·林則徐序》 《籌濟編》三十二卷，常熟楊比部靜閑先生輯。蓋取古今荒政之可行者，類次排纂，條分件系之，疏通證明之，良以救荒無善策而自有其策，與其遇荒而補苴，不如未荒而籌備，誠使為民牧者，事理達於平時，偶值偏災，措之有本，上以紓聖天於宵旰之憂，下以托窮黎數十百萬之命。於戲！其用心可不為至哉？今夫牧民之官，民之身家之所寄也。年谷順成，安於無事，民與官若相遠；一有旱干水溢，則哀號之聲、顛連之狀，不忍聞而不能不聞，不忍睹而不能不睹。彼民所冀於官之聞之睹之者，謂必有以生活我也。夫民固力能自生活者也，至力窮而望之於官，良足悲矣。居官者誠知民以生活望我，而我必有以生活之，則籌備之方不可不圖之於早也。良醫之為醫也，布指知脈，取古方損益之，藥性之溫涼，和劑之輕重，了然於胸中，施之以其宜，而后沈疴可蠲，元氣可復。若臨證而取辦，其不殆也僅矣！先生是書，古方之大成也。有未病之方，有既病之方，有病后攝補之方，而醫之道盡。牧民者，民之醫也，庸醫誤一人，病者猶戒而絶之，官之所醫奚翅數十百萬輩？且皆在凋劬困逼，九死一生之時，得其方則生，不得則速之死。既為之官，即為之醫矣，其得謂生死與我無與乎？有是方而無待無用，不失為良醫；有是方而適資其用，又各視夫時與地以損益之，民之疾痛，庶可以少瘳也哉！雖然，法之所以行者意也，必使意之及民無弗實，而法始不為虛文；且必先使意之在己無弗實，而法始不為虛器。夫法本無弊者也，意不實則弊生，因弊而廢法。是以噎廢食也。故官能實一事之意，即民受一事之賜，凡政盡然，況救荒其尤亟者乎？先生是書，感癸未之災而作。是歲也，則徐陳臬江蘇，與賑恤蠲緩之事。邇膺簡命，來撫此邦，甚懼無以樂利吾民，所願牧民之官通民疾苦，而意無弗實，則是書皆扁鵲、倉公所宜讀者也。益願與郡縣諸君共勉之矣！先生諱景仁，嘉慶戊午科舉人，由中書歷官刑部安徽司員外郎，別著有《式敬編》五卷，慎庶獄也。次子希銓，與則徐同歲舉進士，入詞館。季子希鏞，舉辛巳恩科順天鄉試，留心民瘼者，其后必昌。矧有撫字之任者乎？是又可以勸矣！道光壬辰冬十月，年家子林則徐拜撰。

清 楊景仁《籌濟編·序》 粵若虞廷之命五臣也，首以黎民阻饑為慮，而敷教明刑皆后之。誠以民饑則亂之源，無以為生而不樂生，自知必死而不畏死，教無可施，刑無可怵。是以聖人治天下，必先救民饑，以制治於未亂也。惟命稷布穀，只豫謀乎八口之無饑，而臨事救饑之策未備焉。蓋荒政至《周禮》而始詳也，自漢以還，恤災匡乏見於典籍者，善政徽言，班班可考。我朝聖聖相承，敬天勤民，綏豐屢告，偶遇偏災，德洋恩普，物靡不得其所。皇上紹隆前緒，怙冒垓埏。道光三年癸未，直隸、江蘇等省被水，疊沛德意，賑恤蠲緩，補救多方，不惜數百萬帑金以蘇民困。又興水利，慎倉儲，善后之圖，靡不詳盡。知周乎萬物而道濟天下，固宜有荒歲無荒民，沐浴膏澤，皞皞如也。景仁奉職秋曹，於是冬乞假歸省慈闈，適值梓鄉查辦災賑，與二三同志講求利病，因於晨昏之暇，旁搜古今救荒諸書，分條採輯，匯而存之。夫事不監古，無由廣見聞，增識力也。而不驗之當今之務，亦無以審時勢之宜而通其變。然則酌古準今，觀其會通，庶幾臻於美善乎？伏思荒政條件浩繁，而提其綱，詳其目，數大端足以盡之。謹登蠲恤功令於卷首，崇憲典，昭法守也。發端列濟荒總論，舉宏綱，撮機要也。先報災，達下情，去壅蔽也。次救災，急當務，拯艱危也。次勘災，核虛實也。次審戶，防遺濫也。次發賑，恤災之正事，措注必周也。次煮賑，療饑於當厄，接濟孔殷也。次平糶，次通商，劑盈虛，招懋遷也。次勸輸，次任恤，誘好施，切同患也。次借貸，給牛種，計伐匱也。次興工，併畚挶，就傭直也。次議蠲豁額賦，孚惠心也。次議緩息追呼，紓民力也。次輯流移，憐蕩析，免道殣也。次視存亡，憫號寒，悲瘥夭也。次保幼，收棄孩，謀生聚也。次戢暴，鋤強悍，靖囂陵也。此濟荒之大略也。有與災祲若不相涉而適相感者，省愆以格幽，則禱神次之；拔冤以宣滯，則理刑次之。復有與旱潦迭相因而豫相制者，毗於旱而害稼者殄，則除蝗次之；毗於水而殃民者殲，則伐蛟次之。又次曰撫瘡痍，凋瘵初平，亟培養也。又次曰尚淳樸，浮靡是懲，端習俗也。允若茲，荒政具舉矣！然徒法不能以自行，擇人而使資經畫也，任賢能次之；按籍而稽，杜侵冒也，嚴保甲次之。若乃災未至而策於事先，災已弭而防於事后。曰修水利，以時蓄泄；曰勸農功，以課耕獲；曰裕倉儲，以待斂散。此有備無患之永圖也。而又有協濟之權策，以備雜糧，終之虞艱食，充枵腹也。末附救火一條，由救荒推類及之憫焚，如全生命也。各條事實格言，俱按時代編次。國朝則就所見，名臣之嘉謨，碩儒之篤論，分類排纂，而其政跡不詳，懼有掛漏也。前弁以短引，探源經義，后系以按語，竊抒臆見，以究指歸而於當代之章程。所為因時損益，以布諸實政者，每條依次綴緝，用志梗概，敬述列聖諭旨，俾司牧者得所折衷，益穆然於聖天子紹聞衣德言，視民如傷之至意，若合符節也。夫堯水湯旱，雖盛世不能無荒，而唐之民作息相忘，商之民室家相慶，惟堯湯如天之仁，大德之懋，有以補天地之缺憾而厘工熙績，守典承休，亦賴百官修輔焉。程子曰：一命之士，苟存心愛物於人，必有所濟。景仁不揣梼昧，輯成是編，曷敢云有濟也？亦籌其可濟云爾。世有康濟為懷，曲垂省覽，加之裁擇，於以軫民瘼，布皇仁，參考古與今之典，兼權時與地之宜，厘奸剔弊，設誠於內而致行之實政，務矢以實心治人，不虛夫治法，安見苦匏之供不足佐舟楫之用也哉！道光四年甲申季冬立春日，常熟楊景仁自序。

傳記

清 戴肇辰《學仕録》卷一三 楊景仁，字靜閑，江蘇常熟人。□□□臧舉□□至刑部安徽司員外郎。有《籌濟編》《式敬編》。

（同治）《蘇州府志》卷一〇一 楊景仁，字靜巖，嘉慶三年舉人，官內閣中書，仕至刑部員外郎，辦秋審手録全案前，後檢校求其可以生者，簽商駁正。尤體恤犴狴，稽飲食，察五木無不至。採古今治獄事，成《式敬編》五卷。又採救荒善政，成《籌濟編》三十二卷。《李兆洛墓誌》。

著録

清 丁申、丁丙《八千卷樓書目》卷九《史部・政書類》 《籌濟篇》三十二卷，國朝楊景仁撰，刊本。

（同治）《蘇州府志》卷一三八《藝文志三》 楊景仁《式敬編》五卷，《籌濟編》二十二卷。

《清續文獻通考》卷二六五《經籍考九》 《籌濟篇》三十二卷 楊景仁撰。景仁，字靜閒，江蘇常熟人。嘉慶戊午舉人，刑部員外郎。臣謹案：是書論荒政頗備，李鴻章序謂：『景仁學問根柢經史，居鄉居官，講求經世之術，試之輒效。司牧者誠奉而行之，吾民庶有豸乎？』

《清史稿》卷一四六《藝文志二》 《籌濟編》三十二卷，楊景仁撰。

雜録

《清續文獻通考》卷一〇一《學校考八》 光緒四年諭：前據都察院奏主事楊恩海等呈進伊祖楊景仁所輯《籌濟編》二函，當交南書房翰林閱看，據稱是書於荒政事宜極為詳備，實為有用之書，見稱開雕將竣，著沈葆楨、吳元炳酌印若干，咨行各省，用裨荒政。

籌賑事略

綜述

清 章謙存《籌賑事略・序》 籌振有司責也，籌而善著之以貽后來，亦良有司之心也。而王厚齋明府未及蕆事，遽以養歸南陽門，弟子述天語之褒嘉，民心之稱頌，而慫恿刻之，非本意也。故凡一切文移，好義姓氏，皆不録。惟取經畫之大端，與夫經畫之未備而有待將來者著焉。故曰事略云。其時投贈詩文，稱揚溢分，多如束筍。愧不敢承，謹藏之以為秘玩。獨擇其有關於《使足編》者數篇附焉。侵官恥也，近名亦恥也。若曰取其陳跡以備后人之採擇，是余素志也夫，倘亦諸君子稱揚之志也夫。恕老人謙存自記。

清 章謙存《籌賑事略・楊正源跋》 救荒自古無善策，漢以后惟宋差善。富弼之於青州，滕甫之於鄆州，其最著者。然救之於已然，不若籌之於未然。旱澇風雹之在天地，如人之有疾痛然，雖善養生者不能免，而惟善養生者，雖不免而不為害。此我犀臺先生所以有《使足編》之作也。考《周禮》遺人掌鄉里之委積，以恤艱厄；旅師掌聚野鋤粟，春頒而秋斂之。是編大旨，以二者為根柢，而總其綱於知民數。則又以廩人周知民食之法，會其通而酌其宜，不泥古亦不背古，有均平利賴之實，無苛刻繳繞之弊，法而行之。東坡所謂天不能使之災，地不能使之貧者，將於是乎在？賀藕耕方伯見是書，亟收刻之經濟文編中，有以也夫。歲在乙酉冬至后一日。

傳記

（光緒）《重修安徽通志》卷二二七《人物志・文苑六》 章謙存，原名天育，銅陵人。嘉慶元年孝廉方正，任江蘇寶山縣訓導，襄籌賑饑，多所全活。著有《備荒通論》《周官考辨》《鄭風考辨》。《銅陵縣志》

荒政摘要

清　李義文《荒政摘要・楊名颺序》　有不忍仁之心，斯有不忍仁之政，是政本出之於心也。何以有仁心而民不被其澤？蓋從政者之才識有不齊，閱歷有未到，不取前人之仁政，博訪而周咨無惑，事變當前，束手無策也。不忍仁之政，莫大於救荒。何國蔑有陰陽之愆伏，全賴人力以挽回。聖心軫念民瘼，偶遭旱澇，不惜帑金救於水火。有斯民之責者，將何以俾一夫之不失其所？然則荒政可不預為講求哉！汪稼門先生撫吳中時，刊有《荒政輯要》十卷。良法美意，採擇無遺，斟酌盡善，誠宜古宜今之仁政也。仁心不可即是而推乎？惟卷帙較繁，一時未能卒讀。儕農李方伯擇其尤為簡便者，節為一冊，期於一覽輒可見之於行事。蓋當哀鴻嗷嗷，不忍人之心直有迫不及待之勢，必使不忍人之政一舉手而遂登諸衽席，斯為快耳。今遷西蜀將去，猶惓惓於關中，鐫是編以留贈仁人之言，其利不亦溥哉！而吾於以見仁人之行政，即於以見仁人之用心，是以序而行之。道光十三年十二月，既望滇南楊名颺敘於青門節署。

清　李羲文《荒政摘要・跋》　余思治富庶之民易，撫災患之民難。蓋水旱偏災，雖聖世不能無，而匡救、綢繆、撫綏須有道，庶幾災不為害而民無流離。嘗觀《荒政輯要》一書，廣集古今辦災之法，既詳且備。惟繁稱博引處，間有涉乎復者，有錯綜互見處，又有似乎雜者。臨事無一定指歸，辦理轉有歧異。余今擇其尤要者摘錄成編，於大同小異、今古不侔之處概從節芟。至於祈雨之法，須至誠為民請命。若擾龍等法，往往致颶風、冰雹之災，是救民而轉恐有妨於民也。故置而不錄，非敢師心自用，妄竄成書，尚冀力行仁政諸君子擴以良法善政，則縱遇兇荒之歲，無一夫不被其澤矣。道光十三年嘉平月，中浣四川布政使署陝西布政使李羲文跋。

江邑救荒筆記

綜述

清　周存義《江邑救荒筆記・自序》　道光辛卯五月，大雨連朝，江河并漲，兼之山水驟發，鄂城漢口皆成巨浸，哀鴻幾遍原野。宮保盧厚山制府以余歷奉差委，尚實心任事，借署江夏，辦理賑撫。余恐力不勝任，面辭者再。宮保及楊介坪中丞俱云：士為知己用，不容辭也！乃於七月視事。災民就食省垣者，業經龐星齋大令搭蓋棚廠，散給錢米，本已略有頭緒。嗣即認真接辦，親歷各區，逐戶挨查，分別應賑不應賑，冀無遺濫。隨於九月初十日在省城外分設粥廠，立定章程，選派委員紳士督率夫役。余亦隨時隨地，親詣查驗。至正月底，隨節軍營，代理之員照章接辦，至三月乃止，活人無算。蓋賑撫之事，遵照成法，尚易盡心，而施粥則辦理善足以濟人，辦理不善又足以害人。栗樸園方伯前在豫省西華任內，煮粥六月，行之有效，屢荷諄切講求，以期無弊。當照所頒條議，兼採明張司農《救荒十二議》、呂叔簡先生《賑粥十五法》，俯察輿情，稍參己見，次第施行，只求於災民有裨，他弗計也。又得裕魯珊太守多方籌畫，查察精詳，以匡不逮焉。他若制草衣，設留養，則又舊章所未及，量為變通者也。楚省災區甚廣，各牧令莫不竭乃心力，措理咸宜。江夏一邑，敢謂事事盡善，惟或稟成算，或集眾思，或抒管見，半載以來，不遑朝夕。偶於公暇，將江夏自急賑起至撫恤煮賑及安輯流民、施舍棉衣、弭盜輪等各事宜，或由本任，或余署任，或代理任，挨次裒輯成編，以質來者。其於救荒辦賑諸務，庶足為一得之助乎！是為序。時道光十四年六月朔日，署湖北漢陽府同知事同知銜黃州府通判周存義序。

水荒吟

清　鄭鑾匯《水荒吟・序》　興化，澤國也，為淮陽下游。自靳文襄增垻座於郵南，受患最頻且重。頤今昔異勢，苟順其勢而利導之，豈遂無術？而當局者不察，一任吾民與魚蝦為侶。邦之人以得之見聞者，為哀鴻之吟。余游宦久，不盡□憶，因以舊篋所存，與二三同志之士，採輯若干首，付剞劂，并附水利説數則於后。詩不云乎『是用作歌，惟以告哀？』此編亦鄭監門圖也。願仁人君子見而矜之，以大有造於是邦。則幸甚！道光甲午九月，下浣鄭鑾匯刻并敘。

救貧捷法

清　馮祖繩《救貧捷法・序》　民生日用所必需，穀、米、肉、菜、油、鹽、糖、茶、布、帛而已，自有則不費錢，有余兼可獲利。祿邑余米之地，穀米而外，均無所出。油糖取諸易門，布帛仰於河西。合邑一萬一千家有奇，每年所需油、糖、布帛，從至少者計之，每家油糖二千文、布帛二千文，則出境錢已四萬四千千有余矣。況不止此也。予攝篆此邦，見俗淳則愛之，見民貧又憂之。徒憂而無術以相救，虛有愛之心耳。去秋周歷各鄉，觀風問俗，求民疾苦，編排保甲。所到之處，集老幼訓諭，教以安貧守法，教子睦鄰，務農以濟目前，種樹以裕日后，皆欣喜樂從，然務農未知畜糞畜水之方，種樹未知栽子栽根之法也。簿書稍暇，取《農政全書》《致富奇書》《群芳譜》《本草》《草木狀》諸書觀之，摘穀、菜、樹、牲四者，參以見聞，錄而編之。但四者之類甚多，不能備載，擇其切於日用，既為有益兼可獲利者，不嫌煩瑣，詳細條列，名曰《救貧捷法》。聽吾民自度時勢，自揣情形，因土性之宜否、地段之廣狹、人力之眾寡，不必貪多，執一二端以從事，專心致力，始終不倦，自有效驗。由自用而有余，由有余而獲利，至他年即可致富，在今日先為救貧計。今日之所急者，除種穀為根本外，先從花生、桐、杉、棉、油、菜、蔗、豬始，而徐及他物焉。加以勤儉，男耕女織，食時用禮，民富民仁，其由此矣。豈僅救貧而已哉？書成刊發，願吾民明者講之，勤者聽之，如法樹畜，效速且大。則貧者可富，富者益富，又安見祿豐名邑者之不實稱其名也耶？時道光丙午花朝知祿豐縣事龍平述齋馮祖繩書於官署之五知軒。

災賑全書

清　楊西明《災賑全書・初稿自序》　吾聞太平之世，風不鳴條，雨不破塊。當今道光紀元之年，日月合璧，五星聯珠，瑞應呈祥，信且征矣！行見麥秀兩歧，禾登九穗，樂升平而慶大有，何雨暘之失時哉？又聞之，魯恭為中牟令，政成三異，曰：蟲不入境，東海孝婦誣伏，大旱三年。方今賢者，在位修德治政，感召天和，莫不含哺鼓腹，如登春臺，又何饑饉之有哉？然天□循環，雨暘不能必其時若，故聖如禹湯而不免水旱之災。庾文康為豐年玉，稚恭為荒年穀，荒政一道，自古不諱。國朝惠鮮懷保，視民如傷，雖災祲未見，而宵旰每切焦勞，偶有一隅偏災，則恩膏隨即下逮，凡窮檐之疾苦、災戶之饑寒，莫不上廑睿慮。故廷臣修輯條例，載在編冊，至精至當，歷歷如繪，寧可千萬日不用而有所遵循，不可一日不備也。余於嘉慶二十二年，蒙本邑宣明府招至幕中，贊襄金穀。明府勤於政治，精明強干，知遇既深，報稱益難。二十三四丙年，連歲旱災，蠲緩并辦。明府以實心行事，凡事必根求底理，且各邑以明府之賢明，修札下問者無虛日。余不敏，日迷悶於新陳例案，旁及故紙堆中，既足以援引，且以備登答也。嗣后隨見隨錄，有加無已，分門別類，題曰《災賑全書初稿》。曰全書者，意在全備也；曰初稿者，尚須逐加增訂也。質之諸相知，咸稱善，且促余刊刻行世。余謂此成例也，何足異？吾幕中或高年望重，或少年英俊，於災於賑，聞之熟矣，頻年例案，按冊可考，得毋以僕為好事乎？吾聞良賈深藏若虛，吾知勉矣！時在道光三年修禊日，語石生序於奉化官廨。

真州救荒録

清 王檢心《真州救荒録·楊亮序》 《周禮》以荒政十二聚萬民，言聚者不使流亡也。古今宗其意而善法者，光時籌之及時行之耳。又皆謂兇荒之歲不待其困，即有所以蘇之民，得不流亡而上亦寬手足。一旦菑變非常，奔走無路，田廬盡廢。錯壞已非，得免死亡，而出千百為羣號呼入都市。此王政所不及施，守令所不知備者。道光二十八年儀徵江漲之菑也，當是時，運道東洩而下河災，揚子不落而江都災，揚子固門戶，不東下則西溢矣。故沒儀三洲二邉，灘及三十二坊，地災特甚。江北流民不能納，乃資其南渡入蘇松，入宣歙。踰年而后歸，其在道路者半矣。儀則自災及賑，三月而民不流，皆仰路官食。算人則四萬八千百餘口，豈寡弱哉，又何易談也。災民之不出，果不輕去其鄉耶，忍首邱棲大澤瀕死而至此者，豈無為而然哉，不然則非賚而后食之論也。余知司馬治儀，束身如素士，遠請託教，令所必行，二年如一日。及余之去，儀聞諸舟人曰：此南鄙淮海辰湘之逋逃藪也，若侵吾儕業，招携而把持者衆矣。洲捆則飲樂吹笙竽，停捆則群聚而謀夕，今官非前者，日理民，夜則廵江上布絡營汛，水陸聲相通，雖嚴寒除夕不歸息，亡人皆自逸，民不閉戶，而塩仍荒，吾儕之窮命也。於是知司馬得民一言請命而民信矣。知司馬能使人無一夫，或失而食不後時矣。夫荒政，仁政也。自宋以下，言者代出，深明其義者數家，皆自成其孛者也。至司馬之書。一時之公牘文告耳。不落一簡，不易一字，次前后而存之者，使人知反復陳請，得賑之難。丁甯告誡，任人善使之不易也，事不師古則違法，事盡師古則違行，荒政之不合者，曰弛力、曰舍禁、曰青禮、曰殺哀、曰蕃樂、曰索鬼神，故不及設局當耕牛即散利薄征也。禁買災民賑票，即除盜賊也。唯多昏宜亟行，女去，則家減食，禮殺，則民有婦，且群處，又非風俗所宜言。特請通飭行之，澤遠矣，儀之有慈幼堂、育嬰堂，暫棲所。普澤局皆災荒前所立，司馬且於義賑，有以資不足，於是又類恤災民衣、災民藥、是非保息與荒政並耶。聚之必有以養之，大王政也，故慈幼、養老、賑窮、恤貧、寬疾安富之次。於十二政者有以哉。道光二十九年七月，甘泉治晚楊亮頓首序。

清 王檢心《真州救荒録·自序》 嗚呼！吾忍言救荒哉，救荒無善策，吾敢言有善策哉。但救於已救之後，不若救於未荒之前。余涖真兩載，請釐積案，嚴禁私押，馭吏胥以保富，除匪棍以安商，而民不加富，商不加多，心竊憂之。戊申夏，水勢日甚，余恐埂隄不堅，親往督築，吏止之，曰：差催可矣。余弗聽，日自督催，民鼓舞奮興，晝夜修理，而水益大、埂益高，雨益多，決益甚。余益悔督修之晚也。內河外江，廬舍漂沒，尸棺橫流，余駕小舟親自打撈，瘞埋高阜，蓆片饝餅，按名散給。而死者不可復生，存者未必不亡，皆余之罪。請倉穀二萬石，勸捐兩萬餘緡，正賑萬一千餘金，月月放賑，救死弗贍，欲其家給人足，民皆飽煖。余亦未敢信，欲施衣而不能盡人，皆給施藥而不能使人不病。慈幼堂廣收幼孩，而未收者豈皆不宜收？暫棲所棲留殘疾，而當棲者豈能皆棲？卹嫠堂卹嫠於未生之前，而三百名以外，不能使人盡卹。育嬰堂育嬰於已生之後，而一百名以外，不能保嬰皆育。凡此皆吾所日夜兢惕，朝夕企望而有志未逮者也，尚敢言救荒哉？收當耕牛四百餘隻，親往稽查以牛之肥瘦，驗牧夫之勤惰，信賞必罰，令行禁止，活數百物，命免宰殺苦。有耕種樂而已，收當以外，未能盡收。當心無窮，而功則有限，言之滋愧，尚敢言救荒哉？陸制軍為中丞時，嘗謂余曰：汝所秉吾皆批允，果能一一行之否。余曰：已行方敢秉，未行不敢秉也，滿目哀鴻，總竭盡心力，尚未能皆為拯救，徜再摭拾浮詞，空言無補，何以上對大君、中對祖宗、下對萬民乎？今歲己酉，水較去歲更大，民較去歲更窘。余適奉諱，因交代留揚，弗得歸，言救荒者，多艷稱余真州事。且索稿本傳抄，余聞益赧然，謂余尚未得古人救荒之萬一，敢言救荒哉？索者不已，友人曰：此亦一片心血所聚也。當此拯溺如救焚之時，刊而行之，未始不可救千萬人之命也。余乃刪其繁冗，去其重複，存其要旨，標其大綱，兮為八卷，付諸剞劂。知我者諒余苦心，匡所不及，因時制宜，損益變通，余所有志未逮者，皆推而行之，災民之厚幸也。余雖執鞭以從，所甘心焉，是為序。道光二十九年歲次己酉六月，上浣內鄉王檢心謹序於揚州寓邸之稪性書屋。

救荒六十策

綜述

清 王宗壽寄湘漁父《救荒六十策〈重刊救荒六十策序〉》 予乞假西曹侍親歸里，二十餘年矣。讀書餘暇，偶涉荒政諸書，竊歎古賢用意肫摯，立法周詳，顧卷帙甚繁，每欲摘其要者都為一編，以便有心濟世、臨事者之觀覽，而迄未有成。甲申夏年，丈賈跂雲直刺，自甘省大通任奉諱歸，出是策以貽予，曰：此秦州刺史遂安余二田澤春所贈也。惜祇一冊子能付諸手，民以公同好乎？余受而讀之，其策原本，明甯都魏氏所著，旁採他書兼參己見，以備荒為首，賑荒次之，撫荒又次之。立法既詳而用意尤摯，為民父母者，果能常置座右，觸目警心，或未雨而綢繆，或履霜而戒懼，其造福豈有限量哉。遂集資重梓，並叙其緣起以告世之，留心民瘼者。光緒十一年歲在旃蒙作噩陽月上海王宗壽謹序。

又《蓬萊瘦樵序》 古今大災、大荒，或數十百年一有，而吾人賑災、弭荒之念，不可一日或無。必待災荒接於目，始籌所以救之，則緩而罔裨，此立人、達人宣聖推本，諸心而不以博施濟衆，概望之天下後世也。予於辛酉春投筆即戎，由蜀而秦而隴，五六年間車馬戾止。見夫邱墟之壤，兵燹之區，其老羸婦孺轉徙流離，填委於溝壑者，枕相藉夷。考厥故則時之官紳士夫，既不能備荒而治其本，復不能賑荒而圖其急，並不能撫荒而策其全。一旦凶饑洊至，輒束手坐觀，諉諸天災，適然人力無可挽回。間有一二反是者，要不過援例奉行博樂，施市惠之虛譽。故發棠設粥，災黎徒得其名，而猾役奸人，轉因以受其實無惑乎。舉百千萬億之羣生，悉聽其死亡莫惜也。嗚呼！民困於今尚忍言哉？每念及斯，欲為之設法拯救，乃辱於貧，不文，無財、無術，徒託諸空談罔補，蒿目時艱，怏怏久之。甲子冬營次武都，晤嚴州寄湘漁父，過從朝夕，頗洽心談。暇則出其手輯《救荒六十策》一編，囑為點定，予讀之綱舉目張，法良意美，先得我心同然，不禁鼓掌稱快，勸登棗梨。公世俾當時之留心民瘼者，得是編推而行之，廣為流傳。遇凶年飢歲，不患補救無方，於以佐聖朝，子庶恬熙野乏鴻哲，豈不懿歟。越日客難而請曰：寄湘氏之論救荒誠為美備，然必責之官與紳，使官非循良紳，非公正則行之，往往滋弊可奈何。予曰：唯唯夫禹湯文武，文政治周孔曾孟之經，傳其立教非不善，其慮世非不深，然而新莽泥官禮成篡，竊荊公師井田誤蒼生，法之效與不效，抑視乎人為何如耳。傳曰：人存政舉。此之謂歟？今是編之輯，固將以待仁人君子實力體行，徐觀成效。而豈所望於苛吏，錢虜者流？且人之欲善，誰不如我？庸知夫覽是書者，觸目自警有不化其封財專利之心，激而為救敝扶衰之舉耶？倘膠執己見，謂九州四海，遂無其人並其說而廢焉。是自秘其為仁之方，而與立達旨悖，則吾夫子之罪人也。故良醫活人不匿古法，良工傳世必取成規。無人猶可懸其法以坐待無法，雖有人莫之行寄湘氏之蒐輯是編也。意殆斯乎？客默而退，予因摭其顛末贅諸簡端，為世之賢有司鄉善士告。時同治四年歲次乙丑孟夏中澣，蜀北蓬萊瘦樵拜序於階州北山營次。

又《自序》 古之言荒策，行荒政者，周秦而下，代有其書。然其法有初行則效，再行而不效者，有此行則效，彼行而不效者，有言之似有效，行之竟無效者，有行之可以拯歲荒，而不可以濟兵荒者，惟前明甯都魏氏所著《救荒策》。各條分門別類，綱舉目張，既豫備於未荒之前，復廣救於當荒之際，更補救於已荒之後，其法至善，其事易行。匪特以救一時之荒，且足以保富庶而全廉恥，行之久遠而皆效者也。惜遐陬僻壤未能皆有其書，奉為救荒之法。歲癸亥，予隨湘軍駐師隴上，戎事餘，閒擇其言之，尤宜於今者手而輯之，並博採他書，參以管見，都為一編。立法取其周詳，推行期其便易，仍分為三綱，首曰備荒，次曰賑荒，次曰撫荒，蓋即竊比魏氏之意也。編成就正友人邱瑟門、易植庭、施均甫、朱錦江諸君，謬蒙許可為之校正潤色，促予鋟版，因不揣固陋付之手民，並識數語於簡端，亦聊以備有心濟世者，臨事一助云爾。時光緒五年歲次己卯中秋前二日，寄湘漁父序於甘肅棘闈之內供給所。

著録

清 丁申、丁丙《八千卷樓書目》卷九《史部・政書類》 《救荒六十策》一卷。不著撰人名氏，刊本。

雜録

清　寄湘漁父《救荒六十策·凡例》

救荒之策，備荒為上，賑荒次之，撫荒又次之。備荒者何？米價未貴，百姓未饑，有策以備之。四境安飽，即有荒歲，而無荒民。所謂美利不言利是也。賑荒者何？米貴而未盡，民饑而未死，有策以賑之，而民不至重困。所謂急則治其標是也。撫荒者何？饑祲甫過，民尚流離，有策以撫之，則流者可以復歸，離者可以復聚。所謂轉荒郊而成樂土是也。是編採集群言，統彙總要，自籌農事，至誅除旱魃各條，發明備荒之策。自報災傷，至設施棺局各條，發明賑荒之策。自闢荒地，至嚴賞罰各條，發明撫荒之策。但有資於荒政者，蒐輯無遺，惟待其人而行之耳。

備荒，莫如裕倉儲，必先籌農事。籌農事，必須務區種。故是編首論農事，次及區種。其禁遊民、酌遠糴、勸豫糴、節公積、推善舉，以及捕蝗伐蛟、除旱魃諸事，皆籌荒中之要務，故并列於備荒之條。

發賑，最難審戶，審戶不清，不但糴濟不均，抑且慮丁口混亂冒充。是編審戶之法，即寓於四時保甲煙戶冊中。臨災按簿抽造貧戶清冊，於勘災時，便帶挨查，給發賑票，不過一二日內，即可實惠及民。誠不啻探囊之便、折枝之易。

給粥，不如給米。給粥，一家幾口，必須齊出，且以少年婦女，出頭露面。有志者，羞愧飲泣；愚昧者，習成無恥。甚至廝役之夫，喪心評論；兇暴之徒，爭擠調戲。事變叢生，言之足令髮豎，況一日衹一餐，朝赴暮歸，不勝其勞。居城市者猶可，若鄉落斷難行矣。至於疲癃殘疾之輩，心欲行而足不能前，勢必坐以待斃。惟給米，則每戶衹丁首一人，進局請領，其餘家室兒女，皆安居受食，不惟廉恥得全，抑且農桑無廢。較之給粥爲善。故是編給粥之法略，而給米之法詳。

救荒，莫善於各處分地散米，莫不善於城市籠統散米。不但人戶難稽，叢生諸弊，且貧民奔走數十里之遙，而受給一二升之米，往返在道，不免枵腹難支。將米易餅餌以充飢，而家中老幼，仍嗷嗷待餔。若各處分地散米，則無其患，按貧戶冊而分給。委任於公正殷實大戶，則鄰里熟悉，非親即佃，真偽難欺，且相距咫尺，往返甚便。農不荒耕，婦不廢織，生計既裕，賑益省力。較之城市籠統散米，其善為何如哉。故是編城市籠統散米之法，概不採錄。

給米，一日一給，不若五日十日一給之善。一日一給，不但局中值事憚煩，即貧民亦易荒生業。若五日十日一給，與者不過費片刻之工夫，受者亦不曠逐日之工程，奚善如之。故是編一日一給之法，概不採錄。

發賑，人多擁擠，最難約束。是編給米，則倣保甲法，每十戶派一什長率之。給粥，則編戶丁牌，每五十人派一牌頭領之。安插難民，則倣軍旅法，每五百人派一廠總部之。捐養饑民，則論富室舖戶，分布各街空所，酌量派賑，用意極周，舉行極便。留心民瘼者，請觀後列諸條。

古人救荒諸策，多密於當荒之時，而疎於已荒之後。殊不知荒後如病人初起，若不加意撫綏，而小民仍難望生全。是編如闢荒地、給路費、借籽種、租耕牛、給草資、勸減利、通商販，以及蠲糧緩徵，雖未能如賑荒之全備，然爲災黎荒後之計，亦已大費經營。從政者，果能照此舉行，則人不流離，田無荒廢，將見雞犬桑麻，煙火千里，立可登斯民於衽席矣。

是編雖本魏氏救荒策，然於經傳子史，治譜山經，智囊補，牧令書，神異經五種遺規，賑災備覽，福惠全書，資治新書，荒政輯要，洎論義倉、社倉、常平倉諸編，皆有所採擇。或祖其意，而為之發明；或直述其語，而參以末議，均未一一註明出自某氏某書，以免剞劂之繁。

救荒簡易書

清　郭雲陞《救荒簡易書·自序》　光緒丙申六月上旬，予作《救荒簡易書》成，遂借居大梁書院，擬繕清而求刻工。客有問於予曰：『先生之《救荒簡易書》何為而作也？』予曰：『為救荒而作也。』客曰：『古之救荒書，汗牛充棟，令人不勝其煩矣，先生奈何復作，自蹈夫效顰之醜乎？』予曰：『救荒之心同，救荒之術不同，此予《救荒簡易書》所以不揣固陋，不辭冒昧，不度德，不量力，深維苦思，五十餘年，兼學兼問兼閱歷，毅然奮筆而復作也。』客曰：『敢問何術不同，願先生明以教我。』予曰：『施驩虞小補之恩以恩之，用力多而成功少，費而不惠，古今救荒書所操之術也。取天地自然之利以利之，用力少而成功多，惠而不費，《救荒簡易書》所操之術也，此其所以不同也。』客曰：『然則先生之《救荒簡易書》因心作則，前無所師乎？』予曰：『冰出於水而寒於水，青出於藍而愈於藍，如斯而已矣，非敢有矜奇立異、驚世駭俗也。』客曰：『善哉！此喻言之，非質言之也，願先生質言之，詳以教我。』予曰：『旱潦蝗雹，天之窮也；鹻沙水石，地之窮也；遇旱潦蝗雹，及鹻沙水石而俱不能救，人之窮也。三才俱窮，而以儒自鳴自命者，亦相與束手無策，泄泄沓沓，共安於無可如何，此唐宋元明之天下，所以因饑饉而起盜賊，因盜賊而致傾覆也。予能持古聖賢、古豪傑之經濟作用，範圍之，曲成之，補救三四分，挽回三四分，而使旱潦蝗雹、鹻沙水石，去其十之七八，此《救荒簡易書》，在宇宙間所以不可無一，不能有二，而斷斷乎不可少也。』客曰：『古聖賢古豪傑之經濟作用，後人皆不克措之實事，而先生獨能範圍曲成，補救挽回，使旱潦蝗雹、鹻沙水石去其十分之七八，不得復為大災，復為大害，神乎技矣。敢問其綱目次序，果然若何？』予曰：『知時為上，知土次之，知物又次之；用其所宜，避其不可為，又次之；因禍為福，化害為利，又次之；懲前毖後，有備無患，以人勝天，又次之。凡此數條，相需相因，相應相求，如用兵之先偏後伍，互承彌縫，彼此互相借力，則旱潦蝗雹、鹻沙水石，無不受我約束，受我節制，而退處於無權矣。以外無他謬巧也。』客曰：『善哉！句句醒豁，句句含蓄，句句引人入勝，句句引而不發，如劍在匣，如燈在帷，如玉輝山，如珠照水。此孔子之五美四惡，答問政之家風也。敢問何謂五美四惡，何謂惠而不費？願先生剴切質直，無有所隱，以教我也。』予曰：『其一，救荒月令；其二，救荒土宜；其三，救荒耕鑿；其四，救荒種植；其五，救荒飲食；其六，救荒療治，此前半篇文章也。遇小荒年，但用空單空本，印送各村各鎮，斯救荒之諸事畢矣。其七，救荒質買；其八，救荒轉移；其九，救荒興作；其十，救荒招徙；其十一，救荒聯絡；其十二，救荒豫備，此後半篇文章也。遇大荒年，即用實財實力，推行各城各鄉，斯救荒之能事畢矣。至若合前與後，十二條俱舉，雖遇堯湯九年之水，七年之旱，猶不能為大災害，而況尋常旱潦蝗雹、鹻沙水石乎！』客曰：『先生之《救荒簡易書》，仁方智術，誠為盡美盡善矣。然以文法求之，按綱索目，則似有應有不應，敢問何也？或者尚有遺漏乎？』予曰：『何所遺漏？』客曰：『救荒月令，知時也；救荒土宜，知土也；救荒耕鑿，就荒種植，救荒飲食，救荒療治，知物也；救荒質買，救荒轉移，救荒興作，救荒招徙，因禍為福，化害為利也；救荒聯絡，救荒豫備，懲前毖後，有備無患，以人勝天也。此目與綱相應者也。惟剩用其所宜，避其不可為，一條二句，流於有綱無目，大似南陔華黍，夏五郭公，空懸題句，未見文章，此目與綱不相應者也。敢問非遺漏而何？』予曰：『唯唯否否，不然。古文之法，有明應者，有暗應者，有以應為應者，有以不應為應者，變化出沒，不可端倪。蓋此用其所宜，避其不可為，一條二句，橫亙六綱中間，既為前半篇之束上結筆，又為後半篇之起下提筆，乃六綱十二目之總綱也。子如不信，可將《救荒簡易書》，所安排所布置之月令土宜、耕鑿種植、飲食療治、質買轉移、興作招徙、聯絡豫備，其中一切實情實事、實物實理，平心靜氣，細細讀之，細細思之，那一條非用其所宜、避其不可為乎？哪一段非用其所宜、避其不可為乎？那一穀哪一菜哪一果非用其所宜、避其不可為乎？筆筆不粘，筆筆不脫，句句有題，句句無題，此文章之天馬行空，龍跳虎臥，不可羈靮也。子奈何特刻舟求劍、膠柱鼓瑟之智，以觀望而窺測之乎？』客曰：『先生之《救荒簡易書》，其略甚大，其才甚雄，其力量足以斡旋乾坤，參贊化育，洵非世儒所能望其項背也。吾真五體投地，心悅誠服，甘拜下風矣。然而白雪陽春，曲高和寡，數十年後，數百年後，必有奮其私智軨才，謬託討論修飾潤色，或增或減，刪改此書者。』予曰：『鳧脛雖短，不可續也；鶴脛雖長，不可斷也。予之《救荒簡易書》，雖有疵瘰層出，瑕終不能掩其瑜。正世所謂：小事糊塗，不礙其爲呂端；百里不治，無害其為龐士元也。如有斲輪老手，扛鼎大筆，逞其神工仙巧，增減刪改此書，使失廬山真面目，無論其買櫝還珠，點金成鐵，圖形失貌也。即令字字精詳，字字樸茂，字字為吾釋回增美，吾亦厭之惡之，怨之怒之，其人而為數十年後之士，吾將效尤孔宣聖，杖此老而叩其脛；其人為數百年後之士，吾將效尤鄭板橋，為厲鬼以擊腦矣。』客大笑，拜辭而去。及中秋節，鈔胥告竣，刻工前來致詞曰：『言無文者行不遠，願先生從俗，勉作一序，予諾之。執筆終日，竟無一字，不得已，遂備錄答客之言，冠於篇首，未知海內豪傑張江陵、李贊皇、張乖崖、陳同甫、顧亭林、王或菴，以斯言為然焉？否也？光緒二十二年，歲次丙申，中秋後五日，滑縣生員郭雲陞，序於河南省城，大梁書院，聖廟後之據德齋。

救荒輯要初編

清 馮煦《救荒輯要初編・序》 近十餘年來，災祲頻仍，余以衰老之年，竭盡駑鈍，稍稍有所補救。今歲浙省又以巨災告矣，瘡痍蔽野，聞之惻然，上海書業正心團者，系取正本清源之義，組織一下當團體，一面銷毀淫詞，一面擴充善書，用意甚厚。茲以水旱偏災，在所恒有古人，有云救荒如救焚，非有專書奚為之備。舊有荒政各書，不免失之高古，用特另輯數種曰廣惠編、曰救荒備覽、曰粥賑說、曰義賑芻言、曰救荒一得錄、曰慈幼編，洵為救荒要書，匯訂一冊，定名曰《救荒輯要初編》。俟有餘力，尚擬賡輯續編。深冀讀是編者，擴其惻隱之懷，或輸心力，或解囊橐，皆為實在功德，人之樂善，誰不如我。餘故喜述數言以庫之勸。壬戌九月馮煦時年八十敘於滬濱之廣仁堂。

治蝗類農書

撲蝻歷效

清 王勛《撲蝻歷效・序》 《春秋》書『螟』，《爾雅》稱食禾心為『螟』，謂其冥冥難去也。而聚飛掠食，蝗害尤烈。唐太宗吞蝗軼事，傳為美談。我皇上御極以來，榮雲生，甘露降，瑞征史不絕書，蜢昨妖蟲應絕跡盛世而管見所得，雖曾歷驗，則擬為百年備而不用之法，無礙矣。癸酉歲作任邑令，即《禹貢》恒衛，既從大陸農作地，為澧洺等九河下流，漚茹蒸騰，螣蝝易生。七月履境，八月有飛蝗遮擁從東北至，撲滅半月淨。二年驚蟄次日，糧房掾自書，如有蝻子生發，速行呈報，告條百余紙送票。余為駭驚，叱問是物豈尋常所有，何得妄出乃爾耶？掾曰是自來規矩，遂判司放行，年置閏前。四月十六日，俄即有娘娘廟地方走報曰蝻生，星發飛騎，驗即去歲撲飛蝗處。方以為遺種卵生，無何而杜科路莊、北張、牛星寨陸續飛報，零星處未易覆□，余張皇夫役五鼓出漏下，旋有一日遍四境，時連隴畔盤旋，每日有約二三百里不一。時廳憲黃公頗為嘆賞。諸處呟童呼螞蚱廠，則其為土著習見無疑。由上憶之，自首夏徂早秋凡四閱月，而蝻始淨。是年幸得有秋，遠近異焉！復與旅途辟見，出所見一作，竟是柏梁體長篇《捕蝻行》，其制不知出何人手，今并不能復憶其詞數段落。大約稱余世系，則約太原槐蔭；謂余繆列科名，則約攫虎拏龍；謂余乘馬，則曰顧盼矍鑠；謂余撲蝻，則曰迅速如神，奇兵突出。余愧不能當也。偕擬有驟來糾者，酌報防奸恤災，均役成圍，移陣出改，聞報稱買，覆報待委，渥瀨睦鄰，□偽如左。雍正壬子新正三晉丙子□薦前苑鄉□王勛竹坡□偶識於上如□居。

捕蝗考

綜述

《四庫全書總目》卷八二《史部三十八・政書二》 芳生，字漱六，仁和人。蝨蝝之害，春秋屢見於策書。《詩・大田篇》：『去其螟螣，及其蟊賊，無害我田稚。田祖有神，秉畀炎火。』毛鄭之說，以炎火為盛陽，謂田祖不受此害，持之付與炎火，使自銷亡，并非實火。是漢時尚未詳除蝗之制也。至唐姚崇作相，遣使捕蝗，引《詩》此語以為證，《朱子本義》亦從其說，於是捕蝗之法，始稍稍見於紀述。芳生此書，取史冊所載事跡、議論匯為一編，首備蝗事宜十條，次前代捕蝗法，而明末徐光啟奏疏最為詳核，則全錄其文，附以陳龍正語及芳生自識二條。大旨在先事則預為消弭，臨時則竭力剪除，而責成於地方有司之實心經理，條分縷晰，頗為詳備。雖卷帙寥寥，然頗有裨於實用也。

《四庫全書簡明目錄》卷八 首捕蝗事宜十條，次前代捕蝗之法，條分縷析，頗為詳備。

論説

清　張維屏《花甲閑談》卷一一　陳芳生《捕蝗記》最爲詳備，今所錄，有其書所未及者故述之。

傳記

清　錢林《文獻徵存録》卷四　陳芳生，字漱六，有《捕蝗考》一卷。《詩・大田》：『秉畀炎火』，毛鄭之説，以炎火爲盛陽，謂田祖不受此害，持之付於炎火，使自銷亾，竝非實火。漢時尚未詳除蝗之制，故訓詁家爲此説也。唐姚崇作相，遣使捕蝗，引《詩》爲證，《朱子集傳》亦從其説，於是捕蝗之法，稍見記述。芳生取史册所陳事蹟、議論彙爲一編，首備捕蝗事宜十條，次前代捕蝗法，而明末徐光啟奏疏最爲詳覈，則全錄其文，附以『陳龍正語』及『芳生自識』二條。

著録

《清文獻通考》卷二二二《經籍考》　《捕蝗考》一卷。陳芳生撰。芳生，字漱六，仁和人。

《清通志・藝文略》卷九九　《捕蝗考》一卷，陳芳生撰。

《四庫全書總目・史部三十八・政書二》卷八二　《捕蝗考》一卷，編修程晉芳家藏本，國朝陳芳生撰。

《四庫全書簡明目録》卷八　《捕蝗考》一卷，國朝陳芳生撰。

清　丁申、丁丙《八千卷樓書目・史部・政書類》卷九　《捕蝗考》一卷，國朝陳芳生撰。《學海類編》本。《藝海珠塵》本。《昭代叢書》本。《半畝園》本。

清　蔣光煦《東湖叢記》卷四　國朝仁和陳芳生著《先憂集》五十七卷，其《捕蝗考》一卷已錄入。

清　劉錦藻《清續文獻通考・經籍考十四》卷二七〇　《捕蝗考》一卷，陳芳生。

《清史稿・藝文志二》卷一四六　《捕蝗考》一卷，陳芳生撰。

捕蝗彙編

傳記

清　潘衍桐《兩浙輶軒續録》卷二七　陳僅，字餘山，號漁珊，鄞人。嘉慶癸酉舉人，官陝西甯陝廳同知，著《繼雅堂詩集》三十四卷。

清　吴慶坻《蕉廊脞録》卷五　鄞人陳僅，字餘山，又號漁珊。道光間官陝西，歷延長、紫陽、安康諸縣，有惠政，所著《濟荒必備》一卷，《捕蝗彙編》四卷，《南山保甲書》一卷，《竹林答問》一卷，《讀選意籤》一卷，《文莫書屋詹詹言》二卷，《繼雅堂詩集》二十卷，其《王深寧先生年譜》一卷，訂錢竹汀王譜之譌，尤四明文獻所繫也。

著録

清　丁申、丁丙《八千卷樓書目》卷九《史部・政書類》　《捕蝗彙編》一卷，國朝陳僅撰。《餘山全書》本。

《清續文獻通考》卷二六五《經籍考九》　《捕蝗彙編》一卷，陳僅撰。僅見經部詩類。

《清史稿》卷一四六《藝文志二》　《捕蝗彙編》一卷，陳僅撰。

捕蝗圖册

清　李源《捕蝗圖册・序》　一蝗蝻撲滅之後，荒地亟須翻耕，蓋蝗蟲遺子多在板荒地內，不行翻耕，來年勢必復出。應令州縣於捕畢之後，過查未耕荒地，廣為出示勸諭農民盡力翻耕，則土中蝻子一經洩氣不能再生，而翻出之子仍許交官收買，則無不樂為之矣。春融之後又得播種，寔為一舉兩得。再凡低窪積水下濕之地，仲秋以後漸漸涸出，其中或有魚蝦之子，將來變化成蝻，應一並督率耕犁，以絶種類。乾隆己卯仲秋穀旦，淮陰太守李源記。

捕蝗要法

清　楊景仁《捕蝗要法・桂良序》　嘗攷害苗之蟲曰螽、曰蝝、曰螟螣，曰蟊賊，其名不一而實則皆係蝗蝻也。古者邑有良守，蝗避其境致，固足尚焉。然而易粟授錢除蝗災之善，策火焚土瘞殲蝗孽之要，圖撲捕之法不可不講也。我皇上軫念民瘼，凡水旱、疾疫、氷雹、雨雪，聖慮罔弗周。而於捕蝗之政，責望於有司者，尤重蓋其害最烈，不立時撲滅，則延蔓為災。地方官不知搜捕之方，每致束手無策，余向有楊靜閑《除蝗成法》一書，輯古今蝗蝻之事至詳，余甚寶之。嘗於宦轍所至，遇有蟲災，頒令遵辦，歷有成效，茲又得楊米人《捕蝗要説》二十則，理明辭達，足與前篇相表裏，遂併付諸梓。以共守土者至於妙用，其法殫竭其誠，使蝗不為災，魚占吉夢，又余之所厚望於賢牧令也。因綴數語於端。道光十六年仲夏，撫豫使者燕山桂良識。

捕蝗説

清　愛新覺羅・旻寧《捕蝗説》　嘗讀《詩》至《大田之什》，曰：『去其螟螣，及其蟊賊，無害我田穉。田祖有神，秉畀炎火。』則知古人之惡害苗也甚矣。注曰：食心者螟，食葉者螣，食根者蟊，食節者賊。昔人又云此四蟲皆蝗，也而實不同。故分別釋之，且蝗之種類最易繁衍，故其爲災在旬日之間。夫水旱固所以害稼，或遇其年禾稼被隴可冀，有秋乃蝗且出而爲災。飛則蔽天，散則徧野，所至食禾黍苗盡，復移煢煢小民何以堪。此古人欲弭其災，爰有捕蝗之法，朕軫念民食宵旰，不忘每於歲冬即布令民間，令於隴畝之際，先掘蝗種蓋是物也。除之於遺種之時則易除之，於生息之後則難除之，於跳躍之時則易除之，於飛颺之後則難除之，於穉弱之時則易除之，於長壯之後則難。當冬而預掘蝗種，所謂去惡務絶，其本也。至不能盡除而出土，其初未能遠飛，厥名曰蝻，是當掘坑舉火以聚而驅之、殲之。昔姚崇遣使捕蝗，以詩人秉畀炎火之説，爲証夜中設火，火邊掘坑，且焚且瘞蓋祖詩人遺意也。又晨興曰未出，時露氣沾濡，翅濕而不能飛，掘坑以驅之，尤易爲力。漢平帝時詔捕蝗者，詣吏以斗石受錢。朕區畫於衷務，弭其害，每歲命地方官吏督率農夫，於冬則掘蝻蝗之種，毋俾遺育於土中，或時而爲災。則衆用古法多方，以撲滅之計，其所捕多寡，給錢以示勸賞。古人有言曰：螟蝗農夫得而殺之，爲其害稼也。以是觀之捕蝗之事由來舊矣。但自古有治人無治法，惟視力行何如耳，茍奉行不力，雖小災亦大爲民患。朕故詳指其義爲説以示之。

捕除蝗蝻要法三種

清　李煒《捕除蝗蝻要法・沈壽嵩序》　嘗聞事必豫而俊，能有功，法必備而後可除患。蝗蝻傷損禾稼，為害最烈，蓋其叢生皆在夏秋間，正值百穀長養成熟之時。小民終歲勤勞，舉室事畜所資，一旦遇此，俄頃間頓有饑饉之患。攷之載籍所記灾沴由來，悉緣政失其平所致。凡有父母斯民之責者，宜如何其怨懼脩省耶。故前人往往以引過祈禳為挽救之，術愚竊謂懺悔固在吾一心捍禦，則必籌善計。自唐姚梁公詳陳經義，力主捕除之説，雖代有其患，要不過一隅偏歉，終未至如秦漢兩晉六朝以前，動輒赤地千里，草木皆盡。此瞑螣滋生，舍捕蝗除蝻滅種，別無弭患良法也。關中頻年歲收中稔，丁巳秋忽有豫晉飛蝗入境，由潼華延及西南地面，寬廣附也。省城之咸長一帶勢頗滋蔓，賴各憲刊叢章程，嚴督丞倅牧令紳董人等，設法撲擊，懸賞放價收買，維時值大秋刈穫。遇半間被殘蝕莖葉，無損收成，旋亦捕除淨盡。迨重陽後，自冬及春屢飭搜挖遺子，於年終循例結報。外責成鄉農履畝巡查，期於無留餘孽。第其間，平陽處所有業主佃種者，利害切膚其防範固不至踈虞。他如南山岡嶺溝澗，以及沿河荒灘峻阪，非特人迹罕到，亦且人力難施加以。去冬未沾大雪，迨本年甫，交夏令同商興安各府州縣均有蝻子萌生，繼而咸甯、長安、藍田、鄠縣所轄山坡陽面，漸次蠢動。池西各營芻牧之馬厰內，水草藪中亦皆生叢，形如蟻蝿，就地跳躍，猶幸初生尚未著翅，易扵撲擊。再之二麥大都收割，所可慮者夏秋來日方長，粟、黍、秔、稻、包谷，稚苗嫩葉奚堪恣其毒喙，則目前之撲挖查辦尤急，扵上秋之捕除也。長安令李惺甫明府經濟宏深，視治民事直如治家事，扵上年秋冬撲蝗掘子不遺餘力，躬歷田間與父老鄉愚口講指畫，曉以利害，考其勤惰，手胼足胝絶不言苦，紳耆有勸其節勞者，則答曰：吾司民牧乏才德，不能如古良吏使蝗不入境，致吾民罹此灾害。方愧尸素，尚可不竭其心力，為汝等倡哉。於是男婦有聞其言而淚下者，有獲繳蝗蝻數斗至數石而不領值者，是時長安境內停落死蝗最多，蕆事最速。並無一邨一堡成灾者。明府取古人成法就其躬行，收效處或作、或述著，治死蝗捷法，搜挖蝻子章程若干。則今又因境內有新生蝻子，深自引咎，謂遏在秋冬未能净繩根株，致貽民患。扵是捐俸集支，籌挑濠瘞燬之策，復作《除蝻八要》，皆簡便易行，且稽之成書。但統云：蝗蝻今明府則辨明，著翅飛揚者為蝗，遺種地下者，為子迨春夏萌生出土，其形如蟻如蝿者為蝻，各就其勢以捕治之。此仿行古法，而寔有補扵古法之未備，伏思明府以一邑一隅，偶有蟲孽而引為已愆。予則負表，率一郡之責，屬邑報蝗，老幾及其半，伊誰之咎耶，祇以首郡簿書繁冗，弗克如明府一，躬率士民，逐處經理，因將其所議奉程付之剞劂，彙刊成帙，題曰：現行《捕除蝗蝻要法》，分致寅好，仿而行之。俾殲此蟊賊，粒我蒸民。然治法端至，治人有實心，斯有實效。至扵斟酌換益，又在賢有司，目其時與因其地而變通之也，是為序。咸豐六年歲次戊午孟夏，知西安府事歸安沈壽嵩并書。

清　李煒《捕除蝗蝻要法・李嘉端跋》　蝗之名，始見於《月令》。去蝗之術，則《大田》之詩已先之矣。顧其術畧又似歸美田祖，遂為倪若水盧懷慎輩藉口，夫去蝗為其害田稺也。而捕蝗之吏害民或不減於蝗，豈非為守宰者不求方畧之弊哉。歴觀前後《漢書》《東觀漢記》，《唐書》《宋史》《元史》及《通鑑綱目》《册府元龜》《文獻通考》《切問齋文鈔》《康濟錄》所載，惟陸曾禹十所十宜於蝗蝻之事，知之詳而治之切。乃其謂蝗之生子，必擇堅垎黑土高亢之處，殊不盡然，又飛蝗之來以銃擊其前行，後者自退，而未指從中橫擊驚落四散之害。清晨蝗在禾麥之梢飲露，體重不能飛躍而不知。午間蝗交，日落蝗聚皆不飛，卯辰二時向陽曬翅亦易捉也。掘坑焚火傾入其中，或驅而入之，而不知田畔堆柴，爇作烈燄，亦可致蝗，且用火止宜於晴天。黑夜至於未萌將萌，初生成形諸治法，如或審視未細辨認不真，鹵莽以從，亦終有名而無實。若長安現行捕除要法則不然，其書治飛蝗十二則，挖蝻子十二則，除蝻八則而終之，以勸立捕蝗社文。蓋長安宰李君，周巡阡陌，条攷古法，與鄉紳野老一一試之，或作或述，確切有效。太守沈君嘉其能補古法所未備，彙刊成帙，以貽同志者。予維賊為蝗屬，除蝗不異辦賊，何也，束手坐待，姑望轉而之他，是不仁也，畏蝗如虎，莫之敢攖，是不勇也，日生月息，非徒縱寇，而又遺殃，是不知也。仁者有勇，知者利仁，然後能辨賊，能辦賊然後能去蝗。三復此書，如護禾合圍執燈，因風向月，擁雪燒土置抄袋，勤脚踏責常偵皆兵法也，皆非紙上空談，而古法所未有也，果能推此行之，何憂乎螟螣，何畏乎蟊賊，又何賊之不可平耶。然而李君曰：吾以實事求是，身親見之者著之於言耳。沈君亦曰：吾以其先行後言，明效大驗，望人人課諸其事耳，然而賢守宰相與有成，即此一端，不可見其盡心民事乎。抑吾聞李君每至有蝗，地方取蝗之大者，嚼咽數隻。祝曰：願殃我身毋殃我民，又在神禾原為文告蝗，次日原下蝗殭者數畝。先是原北土坑蝗聚數石，鄉人以為神蟲，不敢近至，是亦不知所之二事。舉國傳之比於唐宗之吞蝗，韓公之驅鱷，而書不及此，惟兢兢於為民請命，反躬責己，以視矜神異貪天功者，何如吾。故併書於其後。咸豐八年八月二十八日，大興李嘉端跋於關中講舍。

捕蝗要訣

綜述

清　錢炘和《捕蝗要訣・鄧華熙序》　捕蝗之法，載於籍者夥矣。莫如錢薌士方伯所刻《捕蝗要訣》爲簡明切用。再栞於司徒芷舲，方伯附以《除蝻八要》。其於小民惑於飛蝗有神勿捕之說，尤能剴切開諭，務令曉然於蝗之害我田稺，殺之正所以衛民之意，勿更養以貽患。今歲蘇屬徒陽各邑，間有飛蝗入境，急檄有司撲捕，並籌款收買，去彼螟螣。漸就澌滅，猶恐蝻孽入土，復生爲來歲患，亟刊是編，頒發郡縣，流布民間，俾先事爲備。古語云：不習爲吏，視己成事。此皆昔人勸民禦災之良法，司牧者所宜急講也。光緒十七年秋九月江蘇布政使鄧華熙謹識。

清　錢炘和《捕蝗要訣・司徒照序》　往歲畿輔旱蝗，天子下詔咨嗟賑貸災歉，並申諭捕蝗之策。直隸錢薌士方伯刊《捕蝗要訣》頒發所屬，時吾陝中丞曾卓如先生，爲大京兆見而稱之，謂足禦災捍患也。今閏月之末，同州郡屬五廳州縣，以飛蝗告中丞，出是書命刊行之。昔唐姚崇捕蝗而歲以豐，是蝗非捕不可。聞愚民惟事賽神僉曰：是有神焉，愼勿傷，傷之恐愈多果爾。則田祖有神秉畀炎火之，謂何？且神依人而行，人果不憚，勤勞合力驅除，神必相之，未有不憫小民之疾苦而縱物殃民者也。願各司牧躬率農人，亟仿圖說而行之，以去螟螣而致綏豐庶，仰副聖心之憂，勤惕厲而不負中丞，勤卹民隱之意也夫。咸豐七年夏六月，陝西布政使司司徒照謹識。

清　錢炘和《捕蝗圖說・序》　竊炘和，滇南下士，通藉後發川省備員，十稔調任畿疆，守津九載，深悉民風。本年春，蒙恩超擢，旬宣兢業自持，未嘗稍懈。惟是直隸雖素淳厚，近因水旱頻仍，兵差絡繹，户鮮蓋藏，民多菜色，亟求圖治之方。庶幾，俱臻豐稔，乃入春後雨澤頻沾，來牟有慶。六月，即患雨多，交秋又復熯旱，永定決口，黄水横流，患旱患蟲，不一而足。正深焦灼，忽於七月二十六日申酉之間，又有飛蝗自西南而來，飛過經時，停落何方，未據州縣具報。已分委確查。但民瘼攸關，頗深憂懼。茲查有舊存《捕蝗要說》二十則，圖說十二幅，語簡意賅，實捕蝗之要訣。爰付剞劂，通行查辦，俾各牧令有所依據，仿照撲捕，或亦消患未萌，轉歉為豐之一助云爾。咸豐六年七月抄直隸布政使司錢炘和並識。

傳記

（光緒）《重修天津府志》卷四〇《傳二一・宦績二》　錢炘和，字香士，雲南昆明縣人。咸豐三年知天津府，九月閒粤匪横犯津郡，炘和躬冒矢石，固守濠牆。後卒附祀長蘆鹽政文謙專祠。

雜録

清　方濬頤《二知軒文存》卷三四《河南巡撫錢公行狀》　會歸德、衛輝所屬生蝗，嚴飭撲捕，發款收買蝻子，解省呈驗。仍慮未能淨盡，復刊錢薌士方伯《捕蝗要訣》一書，頒行各邑。

除蝗備考

清　袁青綬《除蝗備考・序》　謹按乾隆二十四年，御史史茂上言：蝗孽飛揚爲害最烈，追捕不力處分甚嚴，凡屬地方官無不周知，而往往官罹嚴譴，民困重災，貽禍於鄰封而莫救，追悔於事後而無及者，其故何也，蓋捕蝗非可鹵莽倉卒從事者也。未發塞其源，既萌絶其類，方熾殺其勢。是故生長必有其地，蠕動必有其時，驅除必有其人，撲滅必有其器，經畫必有其方，乃人多狃於目前而忽於遠慮。平日漫不經心，一聞蝗發則茫然不知所措，竭蹷遲迴，中無成見，以致飛蝗四布，莫可挽回。又言蝗不常有，而地方官不可不時存有蝗之慮，旨哉言乎。況值鄰境蝗發之時，附近蝗過之後，當更不致有目爲過慮而薄爲迂論者矣。咸豐丁巳夏，不佞奉職濟陽，承先年豫東皖吳各省旱蝗之後，頗聞楚北郡縣，閒有萌生。竊嘆治蝗之法，甯備而不用，不可用而無備也。時團防未撤，邑人士昕夕共事，爰採摭舊聞，併參以生平所經歷彙成一帙，質之大雅，庶幾廣爲傳播，共知有備無患，不佞亦藉以匡其所不逮焉。知濟陽縣事興化袁青綬謹識。

（光緒）《湖南通志》卷一〇八《名宦志十七》　袁青綬，興化人。咸豐初，署知華容縣，有循聲，調署瀏陽，復壇祀，除蝗蝝，勸育嬰，縣人德之。時徵義堂遺孽煽亂，青綬率數十騎往擒其渠。會粤賊由江西分道犯瀏陽，青綬躬巡緝勞士卒，調度應時，擢知武岡州，終知寶慶府。《華容》《瀏陽》二縣志。

捕蝗要法

清 顧彥《重印捕蝗要法·尹高儀序》 捕蝗之法前人論之詳矣，然捕蝗或略於捕蝻，捕蝻或略於捕子，似不若此篇言簡法備一目瞭然。光緒三年，儀在桐城六百丈巡檢任時，飛蝗過境，居民惶恐，因出是書爲之講説，捐廉刊印若干本，發給衿保並識字老農，查照捕治，人咸稱便。兹值聽鼓省垣，傳聞萌孽漸生，是蓋天旱蝦魚蟲子爲日蒸曬所致，若獲大雨，即可殄滅，但恐不經事之鄉民猝見駭懼，爰竭棉薄重印分送，以備採擇。愚者一得，當亦仁人君子所不忍擯棄也，是爲序。光緒辛卯年五月十三日，本任六百丈巡檢尹高儀識於皖垣旅次。

清 顧彥《捕蝗要法·尹高儀序》 桐城自咸豐六年迄今二十餘年水災有之，即間旱亦無蝗，是以民於築隄興塘等事，無不講求盡善，而治蝗之法則漫不經心。突今五月八日飛蝗過境，民皆失色，相戒勿犯，惟事禱祈，噫！何其愚也。然非民之愚不知捕治之法也，皆由年久無蝗置捕治之法不講也。余搜藏篋得金匱顧君士美《簡明捕蝗法》二十四條，本前人之成書，以揭其要，凡捕子、捕蝻、捕蝗諸法，縷晰條分，明如指掌，其因地制宜相時而動，尤得治蝗之秘訣也。披閲之餘，寔獲我心，爰付諸梓，竭貲印送，倘仁人君子，採擇廣傳。俾家喻戶曉，仿而行之，未始非捕蝗之一助云。光緒丁丑五月十二日，東陽尹高儀愼詒氏謹識於桐城縣六百丈巡檢署之思勤軒。

救荒野菜類農書

野菜譜

綜述

《四庫全書總目》卷一〇二《子部一二·農家類存目》 《野菜譜》一卷，兩江總督採進本，舊本題高郵王磐鴻漸撰。磐，明正德嘉靖間人，嘗誦詠老人燈詩以譏李夢陽者。非元之王磐也。前有存白山人序，不著年月姓名。辨其私印，微似『李官』二字，不知爲何許人。所記野菜凡六十種，題下有注，注後繫以詩歌，又各繪圖於其下。其詩歌多寓規戒，似謡似諺，頗古質可誦。然所收錄，不及鮑山書之賅博也。

傳記

清 尤侗《明史擬稿》卷六 王磐，字鴻漸，高郵人。家富好學，襟期瀟灑，詩律流麗，有《西樓集》。又著《西樓樂府》，雅善諧謔。李夢陽就醫京口，遇人故自矜重。元夕飲楊文襄家，磐短衣下坐，李傲不爲禮。磐分賦得老人燈，應口而成，云：『形骸憔悴不堪描，還自心頭火未消。自分不知年老大，也隨兒女鬧元宵。』夢陽心知其嘲，默然而罷。

著録

明 王磐《野菜譜·序》 穀不熟曰饑，菜不熟曰饉。饑饉之年，堯湯不免，惟在有以濟之耳。正德間，江淮迭經水旱，饑民枕藉道路，率皆採摘野菜以充食，賴之活者甚衆。但其間形類相似，美惡不同，誤食之或至傷生，此《野菜譜》所不可無也。予雖不爲世用，濟物之心未嘗忘。田居朝夕，歷覽詳詢，前後僅得六十餘種，取其象而圖之。俾人人易識，不至誤食而傷生。且因其名而爲之詠，庶乎因是以流傳，非特於吾民有所補濟，抑亦可以備觀風者之採擇焉。此野人之本意也。同志者，因其未備，而廣之則又幸矣。嘉靖三年歲次甲申春三月下澣四日高郵王磐識。

明 王磐《野菜譜·李宮敘》 王山人埜菜有譜，非徒旨乎藜莧食也，山人蓋脱然直寄焉。而所爲自逃者也，古今稱述遯子之蹟，高者茹芝於商山，下者種瓜於東陵，彼各有托而逃耳。山人嫺於詞高門縣薄無弗走也，不頤指於世之甘膬肥膿。而獨於澗溪沼沚之毛，譜而收之，意且曰：肉食者鄙。吾姑與抱甕者流，相咀嚅焉，如鷗梟之狎於萍，秋蟲之哦於艸，以爲媮快也乎。是則山人澹泊之致，足以媿世之徒膏其口者，然又何其遠覽博物君子也。其書多吐棄不少娱，蓋亦大雅士也。嗟嗟！余因有所感矣。每見當世富腴之家，鐘鳴鼎食，率歲而享千金，日圖飲甘含膬以自膏其口，而田間之味輒吐棄，心殊薄之。脱有任情恬澹者，築數畝之圃，方池曲沚，雜植諸荒薺埜茹其中。朝焉灌，夕焉游，歲時焉採。熙然藜羹藿食而不厭，斯亦足當古者柴桒之興，東陵之隱乎。余雖爲之抱甕，而從所忻慕焉。存白山人李宫。

明 張守中《刻〈菜譜〉後》 嗚呼！飽粱肉者，焉知藜藿；居廣廈者，遑恤閭閻。甚矣！小民之情難與上達也。嘉靖間吾鄉水患頻仍，饑饉薦至，周禮之荒政缺籥；有司之賑貸難周。民採野蔬，或至娱食。外翁西樓先生久報博雅之學，夙存濟利之心，爰著《菜譜》，甚切民用。噫！霜葉露芽，天地之生物不匱；茹草飯蔬，舜孔之樂猶存。以至劉崇龜之苦苣，盧懷謹之數葅；崔瑗愛士，居實惟蔬；吴隱清操，食不過菜。陳去非之賦玉延，蘇易簡之傳冰壺，超然至味，何啻蒻秦哉？乃若南山蕨，西山薇，播往哲之清風；軟底冰，甜底玉，實騷人之雅致也。觀者毋以其微而忽之。嘉靖辛亥重陽日不肖甥高郵張守中頓首拜書。

明 高儒《百川書志》卷一〇 《王西樓野菜譜》一卷，皇明高郵王（盤）［磐］著。凡六十種，圖形詠事，俾人易知。

明 朱睦㮮《萬卷堂書目》卷三 《野菜譜》一卷，王磐。

明 趙用賢《趙定宇書目》 《王西樓野菜記》。

明 祁承㸁《澹生堂藏書目》卷八《子類第四·樹藝》 《王西樓野菜譜》一卷，王磐。《山居雜志》本。

明 焦竑《國史經籍志》卷三《史部·種藝》 《野菜譜》一卷，王磐。

明 徐𤊹《徐氏紅雨樓書目》卷三《農圃類》 《野菜譜》一卷，王磐。

明 徐𤊹《徐氏家藏書目》卷三《農圃類》 《野菜譜》一卷，王磐。

清 黄虞稷《千頃堂書目》卷一二《農家類》 王磐《王西樓野菜譜》一卷，高郵州人。

又 卷一五《類書類》 《野菜譜》，王磐。

清 萬斯同《明史》卷一三五《藝文志三》 王磐《王西樓野菜譜》一卷，高郵州人。

《欽定續通志·藝文略》卷一六〇 《野菜譜》一卷，舊本題王磐撰。

《欽定續通志·圖譜略一》卷一六五 明王磐《野菜譜》。

《欽定續文獻通考·經籍考》卷一八一 王磐《野菜譜》一卷。磐。字鴻漸。高郵人。

清 曹寅《楝亭書目》卷三《子集》 《王西樓野菜録》，明高郵王磐序著，一卷，三冊。

清 徐乾學《傳是樓書目》 《西樓樂府》《野菜譜》，王磐，二本。

又 《禽蟲述酒譜蔬食譜菌譜野菜譜蟹譜》，一本。

（康熙）《延綏鎮志》卷二《食志》 王鴻漸，元高郵人著《野菜譜》。

（乾隆）《江南通志》卷一九二《藝文志》 《野菜譜》一卷，高郵王磐。

清 錢曾《也是園藏書目》卷二《史部·種藝》 王磐《野菜譜》一卷。

清 錢曾《述古堂藏書目》卷四 《野菜譜》一卷，抄。

清 錢曾《錢遵王述古堂藏書目録》卷六《花木》 王磐《野菜譜》一卷，一本，抄。

清 丁申、丁丙《八千卷樓書目》卷一二《子部·譜録類》 《野菜譜》一卷，明王磐撰。刊本。日本救荒本草附刊本。

清 趙魏《竹崦盦傳鈔書目·子部農家類》 《野菜譜》一卷，明王磐著，五十一。

清 丁丙《善本書室藏書志》卷一六《子部四·農家類》 《野菜譜》一卷，明刊本。高郵王磐鴻漸甫著，郡人王應元一之甫校。前有嘉靖三年三月自序云【略】，並有存白山人李宫序，雖不及鮑山博録，然詩歌多寓規戒，似謠似諺，頗古質可誦。

藝文

清 吴嵩梁《香蘇山館詩集·古體詩鈔》卷二《王雅宜山人〈野菜

譜〉元和令賈約園屬題有序》 按譜共二十四幅，前明嘉靖癸未春六日，雅宜山人畫於石湖草堂。其自序云：正德庚辰間，三吳迭遭饑饉，民摘野菜以食，活者甚眾。然或誤採至傷其生，故繪爲譜，俾詳覽焉。畫端各係以詩，獨缺野莧菜一首，嵩梁擬作小樂府，書於册尾并賦長句以歸，約園知昔賢窮居不忘濟物，非僅其詩畫爲可傳也。

譜成有序詩自箋，三十四種羅芳鮮。一莖一葉得真態，墨痕著紙春如煙。雅宜山人王履吉，三絕才名妙無匹。零縑剩楮亦清新，三百年來傳此筆。當時吳中飢饉仍，石田如海無人耕。園蔬再摘苦難繼，野菜一箸甘於羹。西家少女挑菜行，東家病叟攜筐迎。採當易盡擇何暇，食或不慎戕其生。山人體物如老圃，親到畦邊問甘苦。畫成一幅吟一篇，滿硯松花淚如雨。抱蒿孃與看麥孃，聞名觸類皆可傷。官府但知急租稅，骨肉誰與收流亡。此畫持之能救荒，此詩讀之先斷腸。吾儕窮達同一義，於世要當期有濟。不將痛癢關斯民，何取風流詩絕藝。賈侯彈琴坐花縣，士女三吳歌舞徧。生平能領菜根香，讀畫如披循吏傳。豐穰連歲絕追呼，村村泥飲遭田夫。菜花千頃黃金鋪，暖風遲日飄春駒。願攜此册游石湖，艸堂俯仰今昔殊，一笑請畫豳風圖。

又 卷三《**前元和令賈約園寓舍小集同胥大燕亭**》 潘令年來感索居，菜根滋味近何如。恰逢小雨能留客，頻典春衣爲買書。詩思最憐花蘊藉，壯懷同借酒消除。耦耕畢竟江南好，茶磨山前待荷鋤。是日出所藏王雅宜畫《野菜譜》同觀。

清 尤侗《**西堂詩集・看雲草堂集**》**卷六**《**題射陵蔬枰四首**》**其一**

昔讀王磐《野菜譜》，香風黯淡入牙根。今朝又見蔬枰咏，恨不攜鋤到鹿門。

雜録

明 徐㶿《**徐氏筆精**》**卷五** 高郵王磐作《野菜譜》，并綴以詞，雅俗相雜，山家之公案也。

野菜咏

明 祁承㸁《**澹生堂藏書目・子類第四・樹藝**》**卷八** 《野菜咏》三卷。

野菜博録

綜述

明 鮑山《**野菜博録・香林主人序**》 聞上古粒食未興，民藉以生養者，唯是草衣木食。自神農氏作嘗及百草，以療諸疾而民無夭歲，則草木之益於人從古然矣。予性稟澹泊，家常日用，覺與蔬菜宜，諸凡甘毳，不喜縱嗜。及閱王西樓《野菜譜》若干種，每訪採茹植其異者於家圃，以供野味。惜其種類局而未廣，庚戌歲肄業黃山七載，每過普門師道場，見諸方遊釋多採根芽、花實、莖葉，供終日飡，因隨叩索俗嘗之。而識所未識者，若干種。然猶限之境內，境以外輒遺之，又值社友潘稺春出《備荒本草》云，淂關中王府抄本若干種閱之，予益欣艷用是，按時採取，如法調食，雖性有溫平寒熱之異味，有甘苦辛酸之殊，皆清利爽口，揔之宜人，此尤澹泊者之所怡情。其於腥膻之味，直將唾棄之矣。矧夫療醫以愈疾，俗荒以賑饑，種種藉是，益知草木之功，足以廣仁愛，而佐粒食於不窮也已。且孟子曰：五穀者，種之美者也，苟為不熟，不如荑稗，兹採集野蔬以防歲歉，隨處便於民取，豈非過於荑稗者乎。今所淂若干餘種，共四百數十種，皆予親嘗試之。分作草部二卷，木部一卷。次其品彙，別其性味，詳其調製，並圖其形而臚列之，即野叟山童一捜閱而知採茹焉，其於民用未為無補矣。因付之剞劂氏，以廣其傳，而題之曰《野菜博録》，亦謂所遺者尚多，如茹芝餌術飡松實服黃精，能引長年而辟穀者，雖有其理而未徵其事，則猶遺於索取之外，姑竢博雅君子一政之。天啟壬戌仲春香林主人書於天都青蓮庵中。

明 鮑山《野菜博録・程大中跋》 予與元則交，雖忘年而知寂渙，元則賦性穎異，不與流俗伍。自弱冠從太學，歸，益厭囂塵，思離脱，迺入黄山，築室白龍潭上。超超乎欲遐舉而遠引焉。松雲泉石，朝夕吟哦，時同老衲坐蒲團，參禪守寂，而茹淡有年。徧淂菜中味，蓋身涉世中而神已遊物外矣。邇值邊方不寧，慮民艱食，而出素所餐茹而紀載者，名為《野菜博録》。公之梓人，裨資生者，時一披閲，不難博採而調食之，則取不傷廉，野無遺利，不但凶荒足以當裹糧，且不傷生，饜腹而神清氣爽，足為導引，湌霞地迺知。兹録一刻，備種種善根，可以療饑，可以止殺，可以濟世，可以延年，庶幾乎仁者之用心矣。予即不敏亦願釋褐，從遊相與採精茹華，作出世脱離想乎。彼肉食者，直將糟粕而吐棄之，吾不知其人何如也。味玄居士程大中跋。

明 鮑山《野菜博録・趙洪中跋》 余不揣濁質，性嗜玄宗，視身外之浮名，誠如敝屣。故栖遲衡門，忘飢泌水，自覺樂在其中矣。因憶龍沙會讖，及斯時欲訪同志者，兼窮海内諸勝。戊午春，遊白下，聞徽郡有黄山，甲江南之秀，産種種異草，豈無異人居焉？或謂予曰：歙之鮑君在齋，則曾栖隨此山，或跣足石上，或雙髻松間，或呼鶴爾舞，或招猿爾吟，饑食野菜，渴飲澗泉，飄然若神仙中人。且遇至人，授《仙草圖》一帙，服之能輕身永年，彼自著《野菜博録》，數百種茹之，可充饑救荒。予聞之神清骨爽，亦欲仙矣，亟圖荊識而晤在齋。果爾舉動若雲水之間，談吐皆煙霞之語，由是究竟真詮，道從契洽，遂訂物外盟，已越五春秋矣。一日，予索《仙草》《野菜》二書一閲，在齋笑曰：非佛種仙流不可與視。予亦笑而答之：八百地仙出，非我輩其誰歟？徐閲二世，真是靈秀逼人。予謂在齋曰：方今時事弗寧，民多饑色，《野菜》當亟梓以濟世，亦可作脩道功行之一助云。若《仙草》乃服食之旨，不可輕洩，又當秘之，姑俟異日。古臨趙洪中黄子識。

《四庫全書總目》卷一〇二《子部一二・農家類存目》 山字元則，號在齋，婺源人。嘗入黄山，築室白龍潭上七年，備嘗野蔬諸味。因次其品彙，別其性味，詳其調製，著爲是編。分草部二卷，木部二卷。草部葉可食者，自大藍至秋角苗，一百四十二種。木部葉可食者，自茶樹柯至藩籬枝，五十九種。花可食者，自臘梅至欄齒，五種。實可食者，自青舍子條至野葡萄，二十五種。花實可食者，槐樹、欒華木、房木三種。葉實可食者，杏樹至石榴，十九種。花葉實俱可食者，松樹至旁其，五種。葉皮實俱可食者，榆錢至老兒樹，四種。竝圖繪其形，以備荒歲。葢明之末造，饑饉相仍。山作此書，亦仁者之用心乎。自序記所得凡四百數十種，而是編所載僅二百六十二種。葢又有所去取歟。所録廣於王磐《野菜譜》，較周定王《救荒本草》亦互有出入，木饑金穰，理可先知。堯水湯旱，數亦莫遁。有備無患，不厭周詳。苟其有益於民命，則王道不廢焉。書雖淺近，要亦荒政之一端也。

《四庫全書簡明目録》卷一〇 與《救荒本草》互有出入，所載僅及其三之二。然周王多得於採訪，山則皆得於親試，固可相輔為用焉。

著録

《欽定續通志》卷一六〇《藝文略》 《野菜博録》四卷，明鮑山撰。

《欽定續文獻通考》卷一八一《經籍考》 鮑山《野菜博録》四卷。山，字元則，號在齋，婺源人。嘗入黄山，築室白龍潭上七年，備嘗野蔬諸味，因次其品類，別其性味，詳其調製，著為是編。

清 曹寅《楝亭書目》卷三《子集》 《野菜博錄》，明新安鮑山編輯，三卷，三冊。

清 沈初《浙江採集遺書總録庚集・子部・農家類》 《野菜博錄》三卷，刊本，右明新安鮑山編。分草、木二部。草部二卷，木部一卷。各繫圖説。

《四庫全書簡明目録》卷一〇 《野菜博録》四卷，明鮑山撰。

《四庫全書總目》卷一〇二《子部一二・農家類存目》 《野菜博録》四卷，浙江鮑士恭家藏本，明鮑山撰。

清 阮元《文選樓藏書記》卷六 《野菜博錄》三卷，明新安鮑山編，刊本。是書分次草部二卷，木部一卷，各系圖説

清 沈德壽《抱經樓藏書志》卷三四《農家類》 《野菜博錄》四卷，精抄本。明新安鮑山在斎編。程大中跋。趙洪中序。香林主人序，天啟壬戌。

清 丁申、丁丙《八千卷樓書目》卷一二《子部・譜録類》 《野菜

博錄》四卷，明鮑山撰，明刊本。

清 丁丙《善本書室藏書志》卷一六《子部四・農家類》《野菜博錄》三卷，明刊本。新安鮑山在齋編。草部上一百四十種，草部中一百七十六種，木部一百十九種。中兩跋，刊繪極工，汪季青家收藏，有晉賢鑒定圖書，休陽汪氏裘杼樓藏書印。

（光緒）《重修安徽通志》卷三四一《藝文志》《野菜博錄》四卷，婺源鮑山著。

野菜箋

明 屠本畯《野菜箋》小引 按周逸之云：『草生大塊中，不煩灌溉而滋蔓長活，萋萋芊芊，於淡泊之鄉，栖遲而不能爲辱，把玩而不能爲榮。』吾甚賞其言也。夫菜之爲物也，名理談玄，非此無以澄其清素。畸人旅寓，非此無以慰其饔飧。病骨癯骸，非此無以養其冲和。擊鮮嚙肥，非此無以解其腥膻。由是清虛，藉以日來，滓穢因之日去。信乎紈袴膏粱遇而不顧，鐘鳴鼎食擯而不錄也。予四明人也，四明野菜同於王周兩君者不收，收其異者二十二品咏之。非四明所産者曰囊荷，種蒔不煩灌溉者曰甘菊、日露、芫荽，灌溉種蒔而成者曰雪裏蕻、香芋、落花生、芋禾、蹲鴟。

野菜贊

清 顧景崇《白茅堂集》卷四三《野菜譜〈小識〉》 顧子歸里，歲丁壬辰，饑饉無食。藜藿之羹，並日不給，偕婦於野，採草根、實、苗、葉，遂不死焉。鼓腹自得，各爲贊之四十四種。

清 顧景崇《野菜贊・楊復吉跋》 黃公先生爲三楚詩壇鉅手，文亦樸茂古雅。顧皆不甚傳於世，良可歎也。此贊似屬游戲筆墨，而聲情悽楚，急管繁絃，令人不堪卒讀。屈頌橘，宋悲蕙，騷客閒情，自當如是矣。乙未春日震澤楊復吉識。

清 丁申、丁丙《八千卷樓書目》卷一二《子部・譜録類》《野菜贊》一卷，國朝顧景崇撰，昭代叢書本。

《清史稿》卷一五三《藝文志三》《野菜贊》一卷，顧景崇撰。

農作物類農書部

糧食作物類農書

禾譜

傳記

宋 黃履《匡原曾氏重修族譜・宋進士宣德郎移忠公墓誌銘》 曾君諱安止，字移忠，世為廬陵泰和人。曾祖再盈，祖德誼，父肅，皆以善行稱於鄉。君之為人，外和內剛，操行修潔。熙寧登第，同學究出身為恥，不離上庠，勵己修業，夜以繼日，至傷厥明。後三年復登戊科，詔升甲焉。君謝恩畢，即奏：『臣父年已高，久困場屋，願回授臣父一散官』。先帝嘉其誠，以無例止。至父得疾且重，即默禱以身代之，厥疾果瘳。初調洪州豐城主簿，除江州彭澤令，檢身清勤；蒞事端敏，而導民以孝為本，故政譽藹然，而薦者交彰矣。以目疾棄官，授宣德郎，號屠龍翁，傷枝成而無所用心。有《禾譜》五卷，《車說》一卷，《屠龍集》幾卷。東坡蘇公所稱《禾譜》，謂文既溫雅，事亦詳實，惜乎其有所缺，不譜農器也。作《秧馬歌》以附其後。不幸元符戊寅五月十六日以無疾而卒，事年五十有一。娶楊氏生子二人，蟠舉進士，蠟尚幼，女三人，適仕族。三年庚辰十有二月三日葬於千秋鄉武山南。前期乃弟舒州司法參軍安強來請銘，遂從而銘之。銘曰：嗚呼，士莫尚於志，志莫尚於志，志莫本於道，道不可聞，聞而死之矣，況榮辱得失之端乎。君可謂有志之士，而勇於見義者也。惜夫止於斯，而遽終焉，使得聞斯行諸宜何如哉。余司上癢，熟君所為，昭昭無窮，貽以銘詩。

右正議大夫守尚書左丞上柱國會稽郡開國公食邑三千六百戶實封五百戶黃履撰。

右朝議大夫直龍圖閣知福州宣州事兼福建路兵馬鈐轄江夏縣開國男食邑三百戶柯述書。

（同治）《彭澤縣志》卷八　曾安止，太和人，紹聖問令彭澤。留心蔀閭，務先稼穡，著有《禾譜》五卷。蘇文忠稱其文既温雅，事亦詳實。

著録

宋 曾安止《禾譜・程祁題序》　元豐辛酉年，余初舉進士於鄱陽。時泰和曾公安止為考試官。明年南省奏言，以余為第一，既賜集英第。曾公走書，自慶得士，且恨未識余面。及紹聖丙子家君充戶部出使江南，余自大學博士，自乞為發運司，幹當公事，侍親以行。丁丑春，始過螺川。是時，曾公喪明，退居泰和。雖一造其廬，承其語緒，而識面之恨，竟不果償。曾公示余以《禾譜》，屬予為之敘，且許以送其書。未及，而遽以不起。爾後，初心不遂，每載其事，頗佇延陵季子掛劍之想。政和甲午，予假守廬陵郡，會鄉人朱元禮來為泰和宰，遂托尋訪其書。一日元禮得寫本以遺余，亟取讀之，不覺潸然。嗚呼！曾公之墓木拱矣，而其故意，廑廑草草答塞，豈事之流傳有數，其不可知者如此耶？曾公常語余以黃帝問師曠之說，『杏多實不蟲者，來歲秋必善。五木為五穀之先，故欲知五穀，但觀五木，擇其木之盛者，來年必益種之』。此說出《師曠占》中，老農往往以為信。然今其書中無有是事，並秧馬一段，亦不收載。以此頗疑，尚非全書，不然則曾公所自筆削，固不可得而知也。余家舊有曾公所撰《車說》一篇，兼收博引，凡所以為車者，洪纖小大，無不具有。蓋該博曲盡倫類，而於立言不苟。是以創一說，紀一物，必委曲詳到而後止。所謂根底之學者，不幸賦命不偶，不得自見於昭世也。悲夫！賜進士第一集英第大學博士程祁撰。

宋 曾安止《禾譜・序》　江南俗厚，以農為生。吉居其右，尤殷且勤。漕臺歲貢百萬斛，調之吉者十常六七，凡此致之縣官者耳。春夏之間，淮甸荊湖，新陳不續，小民艱食，豪商巨賈，水浮陸驅，通此饒而阜彼乏者，不知其幾千萬億計。朽腐之逮，實半天下，嗚呼盛哉。嘗觀三代之隆，家有宅，夫有田，養生之具，如此其備。垂綏五寸，異服以愧其心；屋粟里布，厚徵以困其財。督責之法，又如此其嚴，猶以為未能丁寧反復，以作其怠惰之氣。田畯至喜，以勸其力，曾孫不怒，以慰其心。故方此時，民無游手，而地無遺利，亦以其法制全而道化行也。滅裂於秦漢，鹵莽於五季，宅不家給，田不夫制，兼併者得以連阡陌，而貧乏者不能有立錐。遊怠者無恥，不耕者無罰，而天下之民，始倡狂汗漫，若牛馬麋鹿群逐於曠野，惟所適往，曾莫之禁。獨吉之民，承離僊之餘，能不謬於所習，盻盻然，惟稼穡之為務。凡髫齔之相與嬉，厘井之相與言，無非耰、鋤、錢、鎛之器，作訛成易之事，故自邑以及郊，自郊以及野，巉崖重谷，昔人足跡所未嘗者。今皆為膏腴之壤，而民生其間者，雖椎魯樸鈍，不覗詩書禮義之文，不哦經生儒士之言，而孝弟之行，誠慤之心，醇然無異於三代之盛時。豈非處中國之一偏，干戈瘡痍所不及，上下日以播種為俗，無流離凍餒之迫，而有飽食逸居之計。是以歷世雖久，去先王雖遠，而餘澤猶在也。豈惟民哉，儒而士者，平居之日，孰不介止以蒸之作，其有政，爰知小人之依，然則有天下之大者，安可旦晝不及乎此也。近時士大夫之好事者，嘗集牡、荔枝與茶之品，為經及譜，以誇於市肆。予以為農者，政之所先，而稻之品亦不一，惜其未有能集之者，適清河公表臣持節江右，以是屬余，表臣職在將明，而恥知物之不博，野人之事，為賊且勞，周爰咨訪，不自倦逸，可謂善究其本者哉，予愛其意，而為之書焉。宣德郎曾安止敘。

《通志》卷六六《藝文略第四》　《禾譜》一卷。

宋　尤袤《遂初堂書目·農家類》　曾安（正）［止］《禾譜》。

宋　陳振孫《直齋書録解題》卷一〇《農家類》　《禾譜》五卷，宣德郎温陵曾安止移忠撰。東坡所為賦《秧馬歌》也。謂《禾譜》文既温雅，事亦詳實，惜其不譜農器，故以此歌附之。安止，熙寧進士，嘗為彭澤令。右丞黃履安中誌其墓。

元　馬端臨《文獻通考》卷二一八《經籍考四五》　《禾譜》五卷，陳氏曰：宣德郎温陵曾安止移忠撰。東坡所為賦《秧馬歌》也。謂《禾譜》文既温雅，事亦詳實。惜其不譜農器，故以此歌附之。安止熙寧進士，嘗為彭澤令。

《宋史》卷二〇五《藝文志四》　曾安止《禾譜》五卷。

元　陶宗儀《説郛》卷一〇下　曾安止《禾譜》

《玉海》卷一七八　曾安止撰《禾譜》五卷

明　陳第《世善堂藏書目録》卷下《農圃》　《禾譜》五卷，溫陵曾安止。

明　焦竑《國史經籍志》卷四《子類》　《禾譜》五卷，曾安止。

明　柯維騏《宋史新編》卷五〇《藝文志四》　曾安（正）［止］《禾譜》五卷。

（同治）《泰和縣志》卷二二《藝文録》　宋《禾譜》五卷，曾安止撰。《四庫［全］書》存目，並見《明史·藝文志》，周必大序文，附土產內。

（光緒）《江西通志》卷一〇五《藝文略三》　《禾譜》五卷，曾安止撰。《書録解題》：字移忠，周益公集，泰和人。

藝文

宋　蘇軾《東坡全集》卷二二《秧馬歌·並序》　過廬陵，見宣德郎致仕曾君安止。出所作《禾譜》文既温雅，事亦詳實，惜其有所缺，不譜農器也。予昔遊武昌，見農夫皆騎秧馬。以榆棗為腹欲其滑，以楸桐為背欲其輕，腹如小舟，昂其首尾，背如覆瓦，以便兩髀，雀躍於泥中，繫束藁其首以縛秧。日行千畦，較之傴僂而作者，勞佚相絶矣。《史記》：禹乘四載，泥行乘橇。解者曰：橇形如箕，擿行泥上，豈秧馬之類乎？作《秧馬歌》一首，附於《禾譜》之末云。春雲濛濛雨淒淒，春秧欲老翠剡齊。嗟我婦子行水泥，朝分一壠暮千畦。腰如箜篌首啄雞，筋煩骨殆聲酸嘶。我有桐馬手自提，頭尻軒昂腹脇低。背如覆瓦去角圭，以我兩足為四蹄。聳踴滑汰如鳧鷖，纖纖束藁亦可齎。何用繁纓與月題，揭從畦東走畦西。山城欲閉聞鼓鼙，忽作的盧躍檀溪。歸來挂壁從高栖，了無芻秣饑不啼。少壯騎汝逮老黧，何曾蹶軼防顛隮。錦韉公子朝金閨，笑我一生蹋牛犂，不知自有木駃騠。

宋　趙蕃《淳熙稿》卷六《二月十日夜雨起書曾移忠〈禾譜〉後》　去年秋旱冬尤劇，一雪不能濡土瘠。立春日雨雖應時，到今闕然又幾日。遊人但欣春物榮，農夫痛心田禾耕。我因於役偶適野，駭見蓬勃煙埃生。我今一官非勸農，為民閔雨常顒顒。如聞春寒雨之候，病骨不憚添衣重。朝來數

□初蔌蔌，勢壓黄昏成霡霂。雖云潤物要無聲，未救田疇龜背暴。眼前市糴雖云賤，復道輸租錢乏見。從來穀賤必傷農，政亦何能堪此旱。天公用意何難為，三日為霖事可知。區區折腰困日糴，苦憶村春宿雨時。屠龍先生曾夫子，著書斤斤良有以。往曾持獻儒林蘇，為歌秧馬附書尾。髯孫知我此書愛，遺我殷勤意何在。世人菽麥或未分，而翁有意除稊稗。我今一官故不堪，此書歸田為指南。便當教兒罷群讀，讀此寧憂飯不足。

宋 趙蕃《淳熙稿》卷一二《曾耆英録先提舉著述及屠龍禾譜與先世誌文見眖副以長句次韻為謝》 試用初如江發源，斯人欠使百其年。有孫鮮保書如束，過我不嫌寒乏氈。郡守舊聞曾奏疏，鄉人今日有經筵。縱云録後有前例，循吏藝文應並編。

宋 陸游《劍南詩稿》卷六七《耒陽令曾君寄〈禾譜〉〈農器譜〉二書求詩》 歐陽公譜西都花，蔡公亦記北苑茶。農功最大置不録，如棄六經崇百家。曾侯奮筆譜多稼，儋州讀罷深咨嗟。一篇秧馬傳海内，農器名數方萌芽。令君繼之筆何健，古今一一辨等差。我今八十歸抱耒，兩編入手喜莫涯。神農之學未可廢，坐使末俗慙浮華。

宋 陸游《劍南詩稿》卷六八《秋懷》其六 曩得治中俸，湖山偶卜居。身嘗著《禾譜》，兒解讀農書。遇事絶欣厭，接人均戚疏。乾坤雖浩浩，等付一蘧廬。

宋 鄒登龍《王氏山居》陳起編《江湖小集》卷六九 聞道山居好，林深逺俗情。茶烟薫壁暗，蘿月射窓明。學稼修《禾譜》，栽花識藥名。無人覺幽隱，為有讀書聲。

清 焦循《雕菰集》卷五《村居漫興五首》其四 髀邊翠影秧連馬，背上秋聲雨擊篷。《禾譜》不呈蘇玉局，《耒經》今讀陸龜蒙。

清 祁寯藻《□亭集》卷五《廬陵》其二 欲從曾叟覓《禾譜》，且聽髯翁《秧馬歌》。農事今年愁小旱，桔槔挽水已無多。

清 成文昭《薈觴詩集·湘西集》卷二《病起雜詩示遺安公錫雲生諸子》其八 姑妄言之姑妄聽，強予説鬼得同儕。持螯有手生堪了，荷臿呼奴死便埋。《禾譜》《蠶經》需較訂，樵裘耕具索安排。秋風買棹歸田去，長嘯山農願已諧。

清 成文昭《薈觴詩集·二集》卷二《次韻荅吴寶崖》 炎風勁力燒長夏，日親茗椀避樽斝。黍民撲去豹脚來，汗喘關門絶迎迓。忽驚客投冰雪詞，乍如河凍聽王霸。詞鏗興公擲地聲，格嚴伯休不二價。湧泉萬斛鬬峩眘，肯步矩為大小謝。廿七疊成索和周，並列繩樞縛茆舍。膏面點唇嬾倣時，粗服亂頭見者罵。顧君胡為苦嗜痂，深爲不如己者下。鷓鴣名成鄭守愚，洞庭句好許文化。一日之長難售人，敢向春風怨不嫁。從今杜口免論文，初識糖霜原出蔗。半肩南去脱軟塵，十畝西疇理秋稼。《禾譜》一篇家舊藏，牸牛一頭鄰許借。縱饒馮婦癢不除，里唱聊容醉飽暇。驥日千里任驕嘶，駑自安駑嬾十駕。

清 陶澍《陶文毅公全集》卷五六《豐豫莊區田詩謝潘功甫惠新米》 東坡詠秧馬，滑汰踔春雨。石湖賦冬春，歲晚閔農苦。耦耕植杖古多賢，豈獨鋤犂事田父。潘子今之汜勝之，手訂農書析《禾譜》。早無宦夢到千鍾，恰有書田耘四部。任卹全輪負郭莊，篝車盡變汙邪土。分畦布畛水深澆，護葉培根糞旁取。因時轉鍤勢則勞，遷地為良力尤普。果然臭腐出神奇，此日膏腴昔斥鹵。冒櫪陳根計已深，嘉穟連塍結成縷。即看籬落富雞豚，不待敦耕命鳩扈。黄棉婦子語斜陽，遥聽聲聲讙臘鼓。一盤持贈比珠璣，喜共村炊滌新釜。因知周田一再易，法本生民履帝武。鹵莽應嗤泥古人，考工未解周官補。小詩待續於蒿於，歌詠豐年腹同鼓。

清 田雯《古歡堂集》卷一一《秋日十首》其二 西村暫憩北村行，《禾譜》新裁手自評。破笠長鑱農父態，晚菘早韭野人情。烏犍一尾纔通券，書屋三間又落成。更快多收十斛黍，天教釀酒醉先生結用東坡語。

清 汪琬《堯峰文鈔·堯峯詩鈔》卷六《又題曳杖圖二首》其一 不著深衣不裹巾，衰年自要齒齊民。《蠶經》《禾譜》裘池了，揀箇山邨置此身。

清 汪學金《婁東詩派》卷一四《久居山村頗識漁樵耕牧之趣各題一首》其三 《禾譜》《蠶經》雜案頭，雞豚社裏醉春秋。老夫自笑爲農晚，倒著綸巾學飯牛。

清 汪學金《靜厓詩稿·後稿》卷五《和蘇秧馬》 秃毛瘦骨酸風淒，十年來往輕燕齊。一朝忽厭錦障泥，投策歸卧雲水畦。那復起舞驚聞雞，壁間有馬瘖不嘶。何須絡首耳可提，金臺難傲平田低。年年伏櫪甘葦圭，焉用千里追風蹄。遠疇泛泛疑汀鷺，始憐重負輸□□。《禾譜》農具誰品題，坡老得之武昌西。今聞南湘急征鼙，丞相流馬渡五溪。但恐青苗畝不栖，何以慰爾年豐啼。吳儂休苦面目黧，連陂雨足歡朝隮。饁婦晨出晝掩閨，湖陰閒煞烏犍犂，晚涼看洗千駃騠。

雜録

宋 周必大《文忠集》卷五四《曾氏農器譜題辭》 紹聖初，元蘇文忠公軾南遷，過太和，邑人宣德郎致仕曾公安止獻所著《禾譜》。文忠美其温雅詳寔，為作《秧馬歌》，又惜不譜農器，時曾公已丧明，不暇為也。後不餘年，其姪孫來陽令之謹，始續成之。凡耒耜、耨鎛、車戽、蓑笠、銍刈、蓧蕢、杵臼、斗斛、釜甑、倉庾，厥類惟十，附以雜記，勒成三卷。皆考之經傳，參合今制，無不備者，是可補伯祖之書，成蘇公之志矣。【略】

宋 徐鹿卿《清正存稿》卷五《文谿曾氏五君圖贊并序》 西昌曾肅温夫，嘉祐進士。山谷宰邑，以清高處士目之。有子四人：長安辭長吉，三舉，與大觀三年特奏名，闢室以居，繪古逸士十人於壁，而徜徉其間，號十一居士。次安上移忠，熙寧中兩中第，仕止彭澤令，號屠龍君，嘗著《禾譜》，東坡所為作《秧馬歌》者。次［安］嶧舜和，元符二年進士，仕止清川丞，號青城山人。次安强南夫，第元和三年一科，仕止湖南常平使者，號秀溪居士。是為文溪曾氏五君子，其曾孫待舉繪為圖求贊。贊曰：超然一翁，四子儀之。孝友之風，見於鬚眉。窮不失義，達不離道。問胡為然，從吾所好。落落難合，皓皓易汙。歲晚松檜，獨不我疎。父子一家，椝矱千古。勗我云仍，祖乃厥祖。

明 陳謨《海桑集》卷六《曾學程應徵序》 曾氏為西昌宦族，宋時有安止兄弟四人，凡領鄉書十，而登賢科五。其一以乙科不足榮，再試，中甲科迺仕。建中靖國間，東坡過焉。為志其所著《禾譜》，且勉以再譜農器，而作《秧馬歌》遺之。一門衣冠之盛，他族罕比。學程，其族子也。亂來旅食四方，氣益張，學益懋，所謂加其膏，而希其光，溉其根，將食其實者。丙午之夏，部使者至韶州咨詢之餘，蒐賢才於大守錢公，必務得其人焉。乃毋敢膺舉者，於時學程方客太守錢公所，衆曰：求璧於山，而横結緑於席上；求珠於淵，而卧明月於窗間。誠公論，不可掩。太守以為然，即舉之，部使者一見，以為然。即身勸之，且命所在禮送焉。學程顧戚於中，慘於色，退，然如有違而不果者。余請壯之，以言傳曰：公侯之子孫，必復其始。昔安止兄弟起家為監司，為名公卿，襲芳繼躅，非子而誰？木之在山也，荊棘荒之，風雪蝕之，不自知其中於梁柱也。匠石見而驚焉。劍之在土也，掩陽文陰縵之奇，蟄倚天衝斗之氣，不自知其斷蛟龍，而剸犀象也，薛燭得而神焉。子烏覩夫所至到與所立，屈信與否？何如邪足乎？已不蘄乎人。安夫素不邇。夫華有介無隨，有廉無垢，古之君子，如是而已。子行矣，夫孰不曰：賢太守真能知人，而部使者果爾為國得賢也。

明 何喬新《椒邱文集》卷一九《跋蘇潁濵帖》 右潁濵先生《答司法廬陵曾君安强書》，一通先生歸自嶺表，道廬陵而北，司法君兄弟見之，且致書求教，此先生之書所為答也。書中稱温夫之清高，并及移忠之《禾譜》。温夫諱肅，嘗舉進士不第，歸而讀書教子，不復仕，司法君之父也。移忠，諱安止，登進士第，為彭澤令，嘗著《禾譜》，東坡先生讀而喜之，司法君之兄也。父兄之賢如此，司法君之賢蓋有自矣。然而三復此書而有感焉。先生見忌於時宰，臺諫乘風排擊，遠竄瘴癘必死之鄉。當是時，門生故吏，皆畏黨禍，無敢通音問者，而司法君迺能欵接無所顧。誠哉！所謂賢者也。世之為士者，勤學好問，為利禄計耳，一登第則視故所業若敝屣，然其習，至今猶然也。司法君登第且有官矣，而知王氏新學之非，猶欲求益於先生，不賢而能如是乎？即是二事，可見其卓乎不可及也。司法君之裔孫望宏為刑部主事，寶藏此書，不啻崇磬離鼎，然間持以示予，請識之。予既感曾氏先世之多賢，又喜其後裔趾美承休，不墜其家聲也。因識而歸之。

明 鄭真《滎陽外史集》卷一二《恒農軒記》 【略】 昔宋廬陵曾公安止著《禾譜》，凡四十五品，内翰蘇公以其不譜農器為缺，作《秧馬歌》以遺之。予以筆代耕者也，於東作之勞夙有意焉。俟存敬致政還里，相與力田，山海煙雨晦冥間，其亦足矣。若乃擊土鼓歌豳雅筆之於書，曰：大有年，則有春秋之法在。

清 葉方靄《葉文敏公集・贈族弟某序》 宋蘇文忠南遷過泰和，邑人曾安止獻所著《禾譜》。文忠美其温雅詳實，為作《秧馬歌》。又惜其不譜農器，時曾已丧明，不克為，後其姪孫之謹續成之。

稻品

傳記

明 凌迪知《萬姓統譜》卷四七 黄省曾，字勉之，吴縣人。舉應天嘉靖辛卯鄉試第四，竟以任達。**跅𧿶**終其身，生少後於昌穀，尤長於學，於書無不覽，而考研鈎審，精思徵辨。於經傳義疏，古今事變，典彝章物，幽遐猥雜，損益變化，無不究通。故其詳聞奥學，近古無比，文亦多為俳儷，引援緝綴，廣喻肆陳，獵前之華，而追琢加之。故鎔冶衡範，操裁具嚴，而所自放恣，滔滌混涵包洞，亦可奮千載於時。喜名之士，咸出其下，詩賦雖云我則未暇，然昌穀外無論也。蓋有意見之行事，故不徒虚文為。子姬水，亦有儁才，雖讀書不逮父，而其所著五七言尤深惬，作者或謂勝之。然逐時趣取流易，僅唐以來不能出六代上，尤工書學，苦嗜古賞識，雍容甚都，謂流風未謝。

清 黄宗羲《明儒學案》卷二五 黄省曾，字勉之，號五岳，蘇州人也。少好古文，解通《爾雅》，為王濟之、楊君謙所知。喬白巖糸贊南都，聘纂《遊山記》。李空同就醫京口，先生問疾，空同以全集授之。嘉靖辛卯，以《春秋》魁鄉榜。母老，遂罷南宫。陽明講道於越，先生執贄為弟子。時四方從學者衆，每晨班坐，次第請疑，問至即答，無不圓中。先生一日徹領，汗浹重襟，謂門人咸隆頌陟聖，而不知公方厘理過，恒視坎途。門人擬滯度迹，而不知公隨新酬應，了無定景。作《會稽問道録》十卷。東廓、南野、心齋、龍谿，皆相視而莫逆也。陽明以先生筆雄見朗，欲以王氏論語屬之，出山不果，未幾母死，先生亦卒。錢牧齋抵轢空同，謂先生傾心北學，識者哂之，先生雖與空同上下其論，然文體竟自成一家，固未嘗承流接響也，豈可謂之傾心哉！《傳習後録》有先生所記數十條，當是採之《問道録》中，往往失陽明之意。然無如儀、秦一條云：『蘇秦、張儀之智也，是聖人之資，後世事業文章，許多豪傑名家，只是學得儀、秦故智。儀、秦學術，善揣摸人情，無一些不中人肯綮，故其説不能窮。儀、秦亦是窺見得良知妙用處，但用之於不善耳。』夫良知為未發之中，本體澄然，而無人偽之雜，其妙用亦是感應之自然，皆天機也。儀、秦打入情識窠臼，一往不返，純以人偽為事，無論用之，於不善即用之，於善亦是襲取於外，生機槁滅，非良知也。安得謂其末異而本同哉？以情識為良知，其失陽明之旨甚矣。

《明史》卷二八七《文苑傳三・黄省曾傳》 黄省曾，字勉之。舉鄉試，從王守仁、湛若水游。又學詩於李夢陽，所著有《五嶽山人集》。

（嘉慶）《清一統志》卷五六 黄省曾，字勉之，吴縣人。甫成童，綜貫百氏。為文恒屈其賢豪。嘉靖舉人。遊喬宇之門，命輯諸山記，又擬作五嶽之遊。宇因呼為五嶽山人。所著有《五嶽山人集》。兄魯曾，字得之。博涉能詩、正德舉人。子姬水，□頴悟，性至孝。省曾出入，必携之，有所題咏，輙令同賦，書法亦工。

著録

明 祁承㸁《澹生堂藏書目》卷八《子類第四・樹藝》 《稻品》一卷，黄省曾。《夷門廣牘》本。

明 徐𤊹《徐氏家藏書目》卷三《農圃類》 《稻品》一卷。

又 《稻品》一卷。

清 錢謙益《絳雲樓書目》卷二 《稻品》。

清 黄虞稷《千頃堂書目》卷一二《農家類》 黄省曾《稻品》一卷。

清 萬斯同《明史》卷一三五《藝文志三》 黄省曾《稻品》一卷。

《明史》卷九八《藝文志三》 黄省曾《稻品》一卷。

清 陸漻《佳趣堂書目》 《稻品》一卷，黄省曾。

清 丁申、丁丙《八千卷樓書目》卷一二《子部・譜録類》 《稻品》一卷，明黄省曾撰，廣百川本

（同治）《蘇州府志》卷一三六《藝文志一》 黄省曾【略】《稻品》一卷。

穀譜（王禎）

綜述

明 高儒《百川書志》卷一〇《子志四・農家》 凡七類，凡八十二條，是書據六經，該群史，旁兼諸子百家，以及殊方異域咸著。首通訣，繼器譜，終諸種。民事通諸上下者，蓋備矣。茲實大關民事，為政之首也。亦用心良矣。

著録

明 高儒《百川書志》卷一〇《子志四・農家》 《穀譜》十一集，王禎編集。

明 焦竑《國史經籍志》卷四《子類》 元王禎《穀譜》十一卷。

明 孫能傳《内閣藏書目録》卷八 元大德間東魯王楨著，内《農桑通訣》六卷，《穀譜》十卷，《農器圖譜》十卷。

清 沈初《浙江採集遺書總録庚集・子部・農家類》 《農桑通訣》六卷，刊本。《農器圖譜》二十卷，刊本。《穀譜》十一卷，刊本。右三書元東魯王禎撰。詳載農桑藝植蔬穀及器具等物，並有圖説。惟《穀譜》内，缺末一卷。

清 陳昌圖《南屏山房集》卷一九 《穀譜》十一卷，元王禎撰。按是譜，穀之屬十有四，蓏之屬十有一，蔬之屬十有九，果之屬十有八，竹木九雜八附以《備荒論》一篇。臣又按《文淵閣書目》曰：王禎《農書》一部十冊。錢曾《讀書敏求記》曰：《農桑通訣》六，《穀譜》四，《農桑圖譜》十二，總名曰《農書》。今大典分爲八卷，割裂綴合，已非其舊。與浙省所進刊本卷數不符，然刊本《穀譜》缺末一卷，今外間農務集，即從是書摘抄者也。

藝文

清 周煌《海山存稿》卷三《恭和御製山卉元韻》 鶗鴂何曾解妒芳，秋來猶自紫兼黃。巖間細共松釵落，洞口低隨石髮香。並作花房應有艷，未登《穀譜》亦饒薌。不須第説仙葩好，蕭艾敷榮露已瀼。

穀譜（王象晉）

清 陳昌圖《南屏山房集》卷一九 《穀譜》一卷，明王象晉撰。按象晉，字藎臣，濟南人。是書凡二冊，所載自麥至喬麥，凡十六種。

飽有十二合説（飯有十二合説）

清 丁申、丁丙《八千卷樓書目・子部・譜録類》卷一二 《飽有十二合説》一卷，國朝張英撰，《昭代叢書》本。

《清史稿》卷一五三《藝文志三》 《飯有十二合説》一卷，張英撰。

釋穀

綜述

清 劉寶楠《釋穀・序》 道光二年，予在都中，館汪孟慈農部家，得讀歙程氏《通藝錄》。其中《九穀考》辨別禾、黍、稷三種，最為精悉。餘姚邵氏《爾雅正義》猶沿舊説，以粢稷、眾秫為今之小米，以秬黑黍為今之高粱。程氏嘗致書先從父丹徒君云：二云《釋草》中言黍稷，與前人相反，其誤顯然。春間作一書奉寄，未蒙裁答，或者以妄言妄聽置之是書程集未載，其手書今存從弟桂榮家。今觀其疏，顯有駁難之處，是不以程説爲然。程、邵同時通儒，而所見各異，學者將何所從乎？予又嘗疑《爾雅・釋草》，九穀俱載，獨於麥不載來牟，而載雀麥、蘧麥，二種皆是荒穀，非日用所食。《九穀考》於麥、豆、麻三穀，亦多闕略。爰於授徒之暇，原本程說，廣引群書，旁推交通，作為《釋穀》。其篇韻以下，及諸方書，字多別體，義亦罕徵，其有與經史相證明者，亦採錄焉。藁本粗就，未及繕謄，近命次子恭冕校寫成帙，釐爲四卷。若夫種植之法，耒耜之利，已見他書，茲不詳述。道光二十年春正月中旬，寶應劉寶楠識於夾耶精舍。

清 劉寶楠《釋穀・丁壽昌後序》

向讀江都汪容甫先生《釋三九》，謂數之少者言三，多者言九。高郵王伯申先生《經傳釋詞》謂，終風且暴，『終』釋爲『既』；如有隱憂，『如』釋爲『而』。歎其精確，發前人所未發。寶應劉楚楨先生，廣陵宿學，著述甚富，所作《釋穀》一書，明辨以晰，其釋蜀黍、戎菽、胡豆、胡麻之類，謂凡物之大者，皆得稱蜀，稱戎，稱胡，而闢齊侯獻戎菽，張騫得胡麻之謬說。證之疋訓，確不可易。因即先生之說，而引申之。凡物之大者，曰王，曰蜀，曰戎，曰胡，曰牛，曰馬，曰龍，曰虎，曰鴻；物之小者，曰童，曰妾，曰婢，曰荊，曰楚，曰鹿，曰羊，曰兔，曰鼠，曰燕，曰雀。皆古人比事屬詞，非有異義於其間也。其見於經傳甚多，先以尒疋經注證之。物之大者，曰王，王蛇《釋蟲》：蟒，王蛇。郭注：蟒蛇最大。邵疏：『王』訓爲『大』也。王雎《釋鳥》：雎鳩，王雎。郭注：雕類，今江東呼之爲鶚。昌按：鶚亦鳥中之大者。是也。曰蜀，蜀葵見下戎葵注。蜀雞《釋畜》：鷄大者蜀，郭注：今蜀雞。是也。曰戎，戎菽《釋草》：戎菽，謂之荏菽。郭注：即胡豆也。邵疏《生民》箋戎菽，大豆也。《釋詁》：戎，壬大也。『壬』通作『任』，又通作『荏』。戎、荏，皆言大也。《詩疏》又引郭氏云《春秋》：齊侯來獻戎捷。《穀梁傳》曰：戎，菽也。《管子》亦云：秋，伐山戎，出冬蔥及戎菽，布之天下。今之胡豆是也。此郭氏音義之文。案：荏菽爲后稷所樹，不應至桓公始布天下。孫炎原本鄭箋，以爲大豆者是也。昌按：邵氏之說可與《釋穀》相發明。戎葵《釋艸》：菺，戎葵。郭注：今蜀葵也。邵疏：戎葵，皆言其大也。《釋詁》云：戎，大也。《釋畜》云：雞大者，蜀。是蜀亦爲大而說《本艸》者，便謂此艸從蜀中來，鑿矣。是也。曰胡，胡豆見上戎菽注。《周書・謚法・廣疋》，《釋詁》俱云：胡，大也。是也。曰牛，牛蘄《釋艸》茭牛蘄，郭注：今馬蘄。昌按：物之大者，牛馬多通稱，亦猶戎、蜀、胡得通稱也。牛藻《釋艸》莙牛藻，郭注：似藻，葉大，江東呼爲馬藻。昌案：牛馬皆言藻之大。陳藏器《本艸》謂：馬藻如馬齒相連。非也。牛蘈《釋艸》蕢牛蘈，郭注：高尺餘許，方根葉長而銳。昌案：蕢、蘈，一聲之轉，蓋即蕢之大者。牛棘《釋木》終牛棘，郭注：即馬棘也，其棘粗而長。邵疏：蓋棘之大者。鄭注《士喪禮》：王棘矺鼠。是也。曰馬，馬蘄、馬藻、馬棘俱見上注。馬藍《釋艸》：葴，馬藍。郭注：今大葉冬藍。馬舄《釋艸》：芣苢，馬舄。郭注：今車前草，大葉長穗。馬蜩《釋蟲》：蝒馬蜩，郭注：蜩中最大者，爲馬蟬。馬□郭注：俗呼馬蠽。邵疏：方言馬蚿，其大者謂之馬蚰。彼註：蚰音逐。是也。曰龍，紅蘢《釋艸》：紅蘢，古其大者蘬。昌案：即詩之游龍，陸疏：一名馬蓼，葉大而赤白色，高丈餘。蘢葛《釋艸》：拔，蘢葛。郭注：似葛，蔓生，江東呼爲龍尾，亦謂之虎葛。昌案：龍虎皆有大義。邵疏皆以為象形，非也。是也。曰虎，虎杖《釋艸》蒤虎杖，郭注：似紅艸二粗大。虎葛見上蘢葛注。是也。曰鴻，鴻薈《釋艸》□鴻薈，郭注：今□菜。昌案：《淮南子》高誘敘：鴻，大也。字又通洪，上文已有葝山薤，此蓋□之大者。是也。物之小者曰童，童梁《釋艸》：稂，童梁。陸機《詩疏》：禾秀為穗而不成，崱嶷然謂之童梁。童牛《釋畜》作僮牛，郭注：今無角牛。昌案：未成小牛也。是也。曰妾，妾魚，是也見下魚婢注。曰婢，魚婢，是也《釋魚》：鱊鮬鱖歸，郭注：小魚也，似鮒子而黑，俗呼爲魚婢，江東呼爲妾魚。曰荊，荊葵《釋艸》：荍，蚍衃。郭注：今荊葵也。似葵，紫色。謝氏云：「小草，多華少葉。」荊桃《釋木》楔荊桃，郭注：櫻櫻桃。昌案：櫻桃似桃而小。是也。曰楚楚葵《釋艸》：『芹楚葵』，郭注：今水中芹菜。昌案：戎胡，古爲大國，故物之大者稱戎胡。荊楚，古爲小國，故物之小者，稱荊楚，文義對待。故《詩》言：『蠢爾荊蠻，大邦為仇』也。是也。曰鹿鹿藿《釋艸》『藺鹿藿』，《釋穀》謂：即穞豆。《農政全書》云：穞似黑豆形極小。鹿梨《釋木》『檖羅』，郭注：實如梨而小。詩陸疏一名『鹿梨』，一名『鼠梨』。是也。曰羊羊棗《釋木》遵羊棗，郭注：實小而圓。羊桃《釋艸》萇楚銚芅，郭注：今羊桃也，或曰鬼桃，葉似桃子如小麥，亦似桃。是也。曰兔，菟荄《釋艸》『菓菟荄』，《說文》：菓或作蘞，詩陸疏：蘞似栝樓，葉盛而細。案：菟即兔俗書，下同。菟蒵《釋艸》顆凍又云菟蒵顆凍，郭注即款冬。昌案：款冬花開甚小。菟瓜《釋艸》黃菟瓜，郭注：菟瓜似土瓜。昌案：蓋似瓜而小。菟葵《釋艸》莃菟葵，郭注：頗似葵而小。菟絲《釋艸》女蘿菟絲，陸機《詩疏》：今合藥菟絲子是也。昌案：兔絲，蔓細如絲，故名。是也。曰鼠，鼠莞《釋艸》□鼠莞，郭注：纖細似龍須，可以爲席。昌案：蓋莞之小者。鼠梓《釋木》『椇鼠梓』，郭注：楸屬也。昌按：蓋楸之小者。鼠梨見上鹿梨注，是也。曰燕燕麥見下雀麥注，是也。曰雀雀麥《釋艸》蘥雀麥，郭注：即燕麥也。《本草》蘇恭注：其葉似小麥而弱，其實似穬而細。是也。由此推之，則《釋穀》中之虎豆、馬豆，皆豆之大者也。燕麥、雀麥，皆麥之小者也。諸家之曲說，不辨而自息，此則《經傳釋詞》之所未及，而與《釋三九》之義有可相發明者也。昌頻年奔走，自愧荒落，蒙先生手書相勖，屬以校訂，因就先生所已及者，舉一反三，坿著卷末以當土壤細流之助云爾。咸豐五年歲在乙卯七月（幾）［既］望年家子山陽丁壽昌識於□□□舍。

傳記

清 戴望《謫麐堂遺集》文二《故三河縣知縣劉君事狀》 君劉氏諱寶楠，字楚楨，江蘇寶應人也。其先明兵部職方司主事永澄。當神宗朝。德望重天下。六傳以至於君，世有聞人。曾祖家晟，祖世詵，皆附貢生。父履恂，乾隆五十一年舉人，國子監典簿。有丈夫子，五人，其季君也。生七月能言，三歲解哦詩，五歲而孤，母喬孺人躬自授經。始，君從父端臨先生治漢儒經學，精深有條理。典簿君及君兄五河君繼之。君從學五河君，長則請業端臨先生，學行聞鄉里。為諸生時，與儀徵劉君文淇齊名，人稱揚州二劉。道光十五年，以優行貢生中式鄉試舉人，二十年成進士，授直隸文安縣知縣。文安地故窪下，隄堰久不修，遇伏，秋水旁溢，為居民害。君視履隄防，詢知疾苦，令甲凡隄工、旗丁及民，均資修理。君如令施行，而旗丁怙勢不出，佽助相為觀望，君執法不阿，工賴以濟。在縣三歲，無水災，再補元氏縣知縣。會歲旱，縣西北境蝗，延袤二十餘里。君禱東郊蠟祠，令邨保設廠購捕，蝗爭投阬井，或抱禾死，歲則大熟。咸豐元年，調三河縣知縣。值東省兵過境，故事，兵車皆出里下。君謂兵多差重，非民所堪。遣往通州雇車應差，給以民價，空車減半，民得不擾。君在官十六年，衣冠樸素如諸生時。勤於聽訟，官文安，日審結積案千四百餘事。每雞初鳴，燭入，㬠食少許，興坐堂皇，兩造既備，當時研鞫。事無鉅細，均令具結口授結狀，或予紙筆，當堂收結。毋許吏胥攙言。凡涉親故族屬訟者，諭以睦婣，槩令解釋。訟獄既簡，吏多去籍歸耕，曹舍晝閉，或賃與人為書肆。於是遠近翕然，著循良稱。咸豐五年九月，寢疾，卒，先沒七日，自撰墓志。春秋六十有五，歸葬寶應城北之黃塍溝。鄉人私謚曰孝獻先生，入祀先正祠。所著書有《釋穀》四卷，《漢石例》六卷，《寶應圖經》六卷，《勝朝殉揚錄》三卷，《文安堤工錄》六卷，《愈愚錄》及詩文若干卷。又裒輯先世遺言，為《清芬集》十卷，《寶應文徵》百餘卷。嘗病《論語》皇、邢疏蕪陋，蒐輯漢儒舊說，益以近世諸家及宋人長義，為《正義》一書，未卒業，命子恭冕成之。君內行嚴整，步立笑言，皆有榘矱。鄉人士望之，以為矜式子弟。或好博及飲菸者，必痛懲之，至禁絕乃已。與人交和，敬以誠，不事詭譎，居恒不為耳語，謂其近知，故險汗之行，其學不堅，持門戶於河漕鹽筴，大政洞悉本末。嘗言河淮當分，河流湍急，足以刷沙，且免灌倒之害。南漕重艘，抵清河止。略仿轉般之法於河北，別雇民船，或用舊存糧艘。數年之後，重艘有朽敗者，不復修治。亦雇民船用之，各船漕丁分年散遣，不致滋事。其策似可行而不敢著其說。君沒十四年，望客金陵，與恭冕朝夕承事書局，始得觀君遺書，慕其世德。恭冕次君行命為傳，望不敢當史任，爰述事狀一通，俾後傳海內先賢者，有所稽考謹狀。

清 桂文燦《經學博採錄》卷七 劉楚楨進士，寶楠，江蘇寶應人，端臨訓導猶子也。少從訓導遊，傳其經學。進士之父，名履恂，字雲陔，以舉人官國子監典簿。著有《秋槎雜記》，刻入皇清經解。進士之兄，名寶樹，字鶴汀，以舉人官安徽五河縣教諭，亦深經學，著有《娛景堂集》，久已刊行。進士博涉羣籍，著書等身，克承家學。道光庚子會試，題為如切如磋者，道學也。進士本《爾雅》《毛傳》：治骨曰切，治象曰磋。立論獲雋，授知縣，歷宰直隸、元氏、三河等縣，可謂膺稽古之榮矣。所著有《論語正義》《釋穀》《愈愚錄》《漢石例》《念樓詩文集》若干卷。《論語正義》者於皇、邢兩疏之外，博採諸儒之說，別撰義疏，雖未寫定，而長編已備。《釋穀》體例，與程易疇《九穀考》相近，而精博過之。《愈愚錄》則猶《日知錄》、《養新錄》也。《漢石例》久已刊行，又嘗編輯《寶應文徵》百數十卷，寫定藏於家。**【略】**

（光緒）《順天府志》卷七四《官師志三》 劉寶楠，字楚楨，江蘇寶應人也。道光二十年進士，授直隸文安知縣。文安地故窪下，隄堰久不修，遇伏，秋水旁溢，爲居民害。寶楠視履隄防，詢知疾苦，令甲凡隄工、旗丁及民均資修理。如令施行，而旗丁怙勢不出，佽助相爲觀望。寶楠執法不阿，工賴以濟。在縣三載，無水災，再補元氏。咸豐元年，調知三河，值東省兵過境。故事，兵車皆出里下。寶楠謂兵多差重，非民所堪，遣往通州雇車應差，給以民價，空車減半，民得不擾。在官，衣冠樸素如諸生時。勤於聽訟，官文安，日審結積案千四百餘事。每雞初鳴，燭入，啜食少許，興坐堂皇，兩造既備，當時研鞫。事無鉅細，均令具結口授結狀。或予紙筆，當堂收結，毋許吏胥譏言。凡涉親故族屬訟者，諭以睦卹，槩令解釋，訟獄既簡，吏多去籍歸耕，曹舍晝閉，於是遠近歙然，著循良稱。五年九月卒於官，先没七日，自譔墓志，祀先正祠。所著書甚夥，有《文安隄工錄》六卷。《戴望劉君事狀》。

《清史稿》卷四八二《儒林傳三・劉寶楠傳》 劉寶楠，字楚楨，寶應人。父履恂，字迪九，乾隆五十一年舉人，國子監典簿，著有《秋槎札記》。

寶楠生五歲而孤，母氏喬教育以成。始寶楠從父臺拱漢學精深，寶楠請業於臺拱，以學行聞鄉里。為諸生時，與儀徵劉文淇齊名，人稱揚州二劉。道光二十年成進士，授直隸文安縣知縣。文安地稱窪下，隄堰不修，遇伏，秋水盛漲，輒為民害。寶楠周履隄防，詢知疾苦，爰檢舊册，依例督旗屯及民同修，而旗屯恆怙勢相觀望，寶楠執法不阿，功遂濟。再補元氏，會歲旱，縣西北境蝗，袤延二十餘里。寶楠禱東郊蠟祠，蝗爭投阬井，或抱禾死，歲則大熟。咸豐元年，調三河，值東省兵過境。故事，兵車皆出里下。寶楠謂兵多差重，非民所堪，雇車應差，給以民價，民得不擾。

寶楠在官十六年，衣冠樸素如諸生時。勤於聽訟，官文安日，審結積案千四百餘事。雞初鳴，坐堂皇，兩造具備，當時研鞫。事無鉅細，均如其意結案，悖者照例治罪。凡涉親故族屬訟者，諭以睦婣，概令解釋。訟獄既簡，吏多去籍歸耕，遠近翕然，著循良稱。咸豐五年，卒，年六十五。

寶楠於經，初治毛氏《詩》、鄭氏《禮》，後與劉文淇及江都梅植之、涇包慎言、丹徒柳興恩、句容陳立約各治一經。寶楠發策得《論語》，病皇、邢《疏》蕪陋，乃蒐輯漢儒舊說，益以宋人長義，及近世諸家，仿焦循《孟子正義》例，先為長編，次乃薈萃而折衷之，著《論語正義》二十四卷。因官事繁，未卒業，命子恭冕續成之。他著有《釋穀》四卷，於豆、麥、麻三種多補正程氏《九穀考》之說。《漢石例》六卷，於碑志體例考證詳博。《寶應圖經》六卷，《勝朝殉揚錄》三卷，《文安隄工錄》六卷。

著録

清 丁申、丁丙《八千卷樓書目》卷一二《子部・譜録類》 《釋穀》四卷，國朝劉寶楠撰，廣雅局本。續經解本。

《清續文獻通考》卷二六〇《經籍考四》 《釋穀》四卷，劉寶楠撰。寶楠見論語類。

《清史稿》卷一四五《藝文志一》 《釋穀》一卷，劉寶楠撰。

藝文

清 陳慶鏞《釋穀・題詞》 楚楨明府，博極群書，實事求是。曩京寓，與余過從甚密。講究六書，亦甚相得。丙午，余南旋，闊別六年。及庚戌來京，念久之而未得見。越年辛亥臘月，明府因公來，握手敘前歡，並出所著《釋穀》四卷質證。余留覽數日，見其辯證精詳，無以復加。以役於年事，未暇細讀，偶因鄙見略籤一二，未悉有當於高明否。咸豐二年穀日晉江陳慶鏞識。

江南催耕課稻篇

綜述

清 李彥章《江南催耕課稻篇・林則徐敘》 居今日而欲民無饑，則任舉一術焉，可以廣施出資補助者，皆不憚講求而嘗試之，冀以收百一之效而況其信而有徵者乎？吳之民困矣，齒繁而歲屢儉，賦且用天下，當官不能蘇民困，誠予之辜矣。抑亦知二鬴之不供由吾民四體之不勤乎？古者於耜舉趾，必以春時令，豈宜有異？而江南之稻，輒以夏至始蓺之，其穫乃不於秋而於冬。是時嚴霜苦霧饕風虐雪之厲，歲所恒有，故有垂成而不得下咽者。古謂收穫如寇盜之至，今需滯若是，侮奚及乎？近者潘功甫舍人，力勸行區田法，曰：深耕、早種、稀種、多收，此誠不刊之論。而從之者蓋寡，非不知區田之利遠且大也，憚目前之多費，以改圖爲弗便，所謂難與慮始耳。夫農民習其事而不明其理，惟以循常蹈故爲安。吾儕讀書稽古，明其理矣，而於事未習，弗躬、弗親，庶民弗信，有難以口舌爭者。余因就官廨前後，賃民田數畝，具耰鋤襏襫，舉所聞樹蓺之法，與穀種之可致者，咸與老農謀所以試之，以示率作興事之義。於是得早稻數種，自四十日秄，至六十日秄，皆於驚蟄後浸種，春分後入土，俟秧苗而分蒔之。此數種者，固吾閩所傳占城之稻，自宋時流布中國，至今兩粵、荊湘、江右、浙東皆蓺之，所穫與晚稻等，歲得兩熟。吾閩早稻，蓺於穀雨之前，小暑而穫，大暑而畢。芒種時早稻猶未刈，而晚稻之秧已茁，即植於早稻之隙，若寄生然，而不相害，及早稻刈則晚稻隨而長，田不必再耕，且早稻之根，即以糞其田，而土愈肥，可謂極人事之巧矣。余嘗按二十四氣而繹其義，竊謂穀雨者蓺早稻時也，芒種者蓺晚稻時也，是皆顧名而可思者。天之於農，固予以再熟之時，而誕降其嘉種矣。吳都賦云：國稅再熟之稻，是早晚兩禾，皆吳中所宜也。吳民縱不欲行區田法，而於兩熟之利，豈獨無動於中乎？然春耕之廢久矣，詰其故，則宿麥在地，不可以播穀也。蓋吳俗以麥予佃農，而稻歸於業田之家，故佃農樂種麥，不樂早稻，而種蓺之法亦以失傳。乃者自去秋以逮今春，雨雪多而田水積，二麥既不能播矣。盍改圖乎？江南故澤國，其穀宜稻，本非如西北土性之宜麥，況下地已無麥，則蓺稻尤亟矣。或曰：閩粵地暖，故早種早刈，江南春寒，未必宜此。然江右、荊湘地亦非盡暖也，且如江北之下河諸邑，無歲不恃早稻爲活，立秋前則皆登矣。其不能兩熟者，以秋汛啓壩，洪澤之水下注故耳。聞三十年前，則兩種而兩刈也。江南地雖不暖，豈尚寒於江北乎？又或曰：早稻秈也，晚稻秔也，江南輸糧，以秔不以秈，雖種之不足供賦，奈何？曰：余固爲民食計也，以晚易早，民或不樂，早晚兼之，又何不宜？或又曰：地力不可盡，兩熟之利，未必勝於一熟。此論固正，然以余所見，閩中早晚二禾，畝可逾十石，其地多山田，不能腴於江南也。且江南一麥一稻，豈非再熟乎？以所不宜之麥，易而爲所宜之稻，非盡地力也，夫地力亦患其遺耳。耘耔不勤，糞種不施，雖再易三易，而未必有穫也。反是而盡力焉？安見地力之憊乎？且即兩熟不能贏於一熟，而早晚皆有秋，民先資以果腹，則號饑之時少矣。況歲功難齊，或早豐晚歉，或早歉晚豐，不得於此，或得於彼，抑亦劭農者所不廢乎。所冀業田之家，貸佃農以秄種，及其穫也，仍以種麥例之，則願從者衆矣。至晚稻當種之時，或如閩中法，或如江右、荊湘法，相時而動可也。余既試其事，復述其理以質同人。適蘭卿同年權三吳廉訪，爲余言其官粵西時，嘗以是課農，著有成效，因博徵廣採，釐爲十條，以證余說。題曰《催耕課稻編》，首紀列聖綸誥，以著朝廷之重本，而時地品類，以及種蓺之法，以次遞詳，且所列江南早稻諸種，皆今之蘇州、松江、太倉府州志，及長洲、吳縣、崑山、常熟、上海諸縣志所詳載者，則誠物土之宜。而此邦父老之所傳習，視他書所紀，尤信而有徵，而非當官者之誑吾民也。先疇畎畝之思，其亦可以勃然興矣。道光甲午春二月日躔降婁之次撫吳使者侯官林則徐敘。

清 李彥章《江南催耕課稻篇・自序》 彥章少而登朝，未嘗學稼。迨以近臣出守，頗得與民相親，嘗在思恩府勸民廣墾水田，試栽早稻。是歲兩種兩熟，民始以爲可行。去郡五年，聞至今蒔插如故，竊嘗深喜邊人之相信，而又自幸身教之易從也。去春來官江南，親見三吳戶口之繁，財賦之重，食者衆而生者寡，已隱隱其可憂。且以水潦頻年，瘡痍未復，民多艱食，心焉廑之。公餘粂考志書，訪詢父老，又知此邦非無早種之稻，再熟之田，而民間習故安常，往往不以爲意。思欲有以提撕而補救之者，而兼司防河榷之役，未暇勸農。回思在粵西時，躬課民耕，日在田間之樂而不可得。蓋早耕再熟之法，固未嘗一日去諸懷也。是冬十一月，以權臬來駐吳門，時蘇、松數郡，恒雨爲災，晚稻損者過半，下田久雪積水，種麥又多不成，宮保督部陶公、撫部中丞林公，曲軫民難，俱以災狀入告。凡減漕議賑諸事，皆已得旨報可，民始稍蘇，彥章從事其間，每懷靡及，因而禁害農之弊，思利農之方，求牧與芻，未知所計。伏讀世宗憲皇帝諭旨，有曰：今課農雖無專官，然自督撫以下，孰不兼此任也。其各督率有司，悉心相勸，量度土宜，課令種植等因。大哉之言，永爲成憲。彥章不敏，亦不敢不兢兢焉。適撫部林公教民力農，日謀所以早種早收之法，彥章既舉向之所知，及在粵親勸早稻之法以對，因又輯取古今早稻品類時地，及一熟再熟之種，彙爲此編。凡於江南種法物宜，尤急採之以資農用。故先述其所以催耕課稻之本意，將欲別爲俗言淺說，勸吾農焉。弗如老農，斯未能信，然於古者多蓺五種以備災害之意，或有合焉。當不曬其論之迂也。道光十四年二月中和節，署江蘇按察使分巡常鎮通海河務兵備道李彥章自敘於臬署之莊敬堂。

傳記

清　梁章鉅《樞垣記略》卷一九　李彥章，字蘭卿，福建侯官人。嘉慶辛未進士。道光二年閏三月，由內閣中書入直，官至山東鹽運使。

清　王家相《清秘述聞續》卷二　內閣中書李彥章，字蘭卿，福建侯官人，辛未進士。

清　吳孝銘《樞垣題名》　李彥章，福建侯官人。道光二年閏三月，由內閣中書，充補官至山東鹽運使。

清　袁翼《邃懷堂全集・駢文補箋》　李彥章，號蘭卿，福建侯官人，嘉慶辛未進士。

著録

《清史稿》卷一四七《藝文志三・農家類》　《江南催耕課稻篇》不分卷，李彥章撰。

甘薯疏

傳記

見《農政全書》條。

著録

明　徐光啟《甘薯疏・序》　方輿之內，山陬海澨，麗土之毛，足以活人者多矣。或隱弗章，卽章矣。近之人習用之，以爲澤居之魚鱉，山居之麋鹿也。遠之人逖聞之，以爲踰汶之貉，踰淮之橘也。坐是兩者弗穫相通焉。余不佞，獨持迂論，以爲能相能者什九，不者什一。人人務相通，卽世可無聚不足，民可無道殣。或嗤笑之，固陋之心，終不能移。每聞他方之產，可以利濟人者，往往欲得而藝之。同志者或不遠千里，而致耕穫菑畬，時時利賴其用，以此持論頗益堅。歲戊申，江以南大無麥禾，欲以樹藝佐其急，且備異日也。有言閩越之利甘藷者，客莆田徐生，爲予三致其種。種之生且蕃，略無異彼土。庶幾哉？橘踰淮弗爲枳矣！余不敢以麋鹿自封也，欲徧布之，恐不可戶說，輒以是疏先焉。

又《甘薯疏・跋》　徐玄扈光啟農學大家，所撰《農政全書》，經始在其暮年，排比成帙，已在身後。洋洋巨構，蔚為農學名著，垂於不朽。顧其蚤歲，家困飢寒，志懷民瘼，究心農田水利之術，視為安邦理國之先。南畝躬耕，田父博諮，胷有經綸，欲續賈太守思勰，王伯善禎徐孺東貞明之宏業，明萬曆三十六年戊申公元一六〇八年里居時，從事甘藷引種栽培，以拯歉荒，旋撰《甘藷疏》一卷，實為徐氏究治農藝經驗之肇端。茍以《全書》【缺】。

種木番薯法

傳記

清　萬斯同《明史》卷三六三《梁廷棟傳》　梁廷棟，鄢陵人。父克從，吏部中太常少卿。廷棟舉萬曆四十七年進士，授南京工部主事，召改禮部，歷儀制中。天啟五年，遷陝西右參議，撫治西寧。七年調永平兵備副使。時督撫以下，咸為魏忠賢建祠，廷棟獨不往，乞終養歸。

崇禎元年八月起故官，分巡口北道。明年加右參政。十一月，大清兵克遵化，巡撫王元雅自縊，即擢廷棟右僉都御史代之。廷棟請賜對，面陳方略，報可。及督師袁崇煥下獄，擢廷棟兵部右侍郎，兼故官總督薊、遼、保定軍務及四方援兵。廷棟有才知兵，奏對明爽，帝心異之。

三年正月，兵部尚書申用懋罷，帝環顧廷臣無可用者，特召廷棟代之。時兵事未解，羽書旁午，廷棟剖決無滯。而廷臣見其驟用，不能無忮。給事中陳良訓首刺之，其同官陶崇道言：『廷棟數月前一監司耳，倏而巡撫，倏而總督，倏而本兵，此非國士之遇哉！乃所報何如也？其在通州時，疏言：遵、永易復，良、固難破，自謂料敵神算。今何以難者轉易，易者轉難。且請躬履行間，隨敵追擊，自謂此報主熱血。今偃然中樞，熱血何遂銷亡也？其謂制敵之策不專在戰，似矣。而伐謀用間，其計安在？』因言叛將黑雲龍、麻登雲家屬宜恤，漕運總兵官不宜增，以刺廷棟。帝既却崇道言，廷棟復疏辨，乞一岩疆自效，且言軍機密臣入告於皇上，出告於諸鎮者，又不敢抄傳，故外廷猜疑日甚。帝優詔慰留。未幾，工部主事李逢甲劾廷棟虚言無實，浮氣未融。崇道又言，頃臨洮兵露宿安定門外，廷棟指以民居可宿，遂爭入致鬨，固原入衛軍乏餉，廷棟謂民間有糧，何得全仰計部？身任中樞，發言激變，宜賜處分。帝皆不納。時徵天下兵恢復永平四城，至五月四城始復。廷棟以調度功加太子少保，世蔭錦衣僉事。

八月，廷棟以兵食不足，將加賦，因言：『今日閭左雖窮，然不窮於遼餉也。一歲陰為加派者，不知幾百千萬，陛下知之乎？夫陛下所用，以安民者守令也。臣不敢言其貪者，第就其名正言順者言之，如朝覲，如考滿，如行取，如推陞，少者費至五六千金，合海内計之，是國家選一番守令，天下加派數百萬也。而曰：民窮於遼餉，何也？陛下所用以察吏者，巡按也。臣不敢論其貪者，亦就其名正言順者言之，如查盤，如訪緝，如餽遺，如謝薦，多者至二三萬金，合天下計之，是國家遣一番巡方，天下加派百餘萬也。而曰：民窮於遼餉，何也？臣考九邊額設兵餉，兵不過五十萬，餉不過千五百三十餘萬，何憂不足。故今日民窮之故，全在官貪，使貪風不除，即不加派，民之愁苦自若也。使貪風一息，即再加派，民之懽忻，猶故也。』疏入，帝俞其言，下户部協議。户部尚書畢自嚴阿廷棟意，即言今日之策，無踰加賦，請畝加釐之外，再加三釐。於是賦增百六十五萬有奇，海内亦咨怨，而部臣乃謂民情樂輸，相與造飾奸言，其欺罔悞國如此。已，陳釐弊五事：曰屯田，曰鹽筴，曰錢法，曰茶馬，曰積粟。其説至為切要。又極陳陜西致寇之由，請重懲將吏貪汙者，以紓軍民之憤，塞叛亂之源。帝皆褒納。

廷棟居中樞歲餘，所陳兵事多中機宜，帝甚倚任之。然任智行私，不為朝所重。明年三月，給事中葛應斗劾御史袁弘勛納參將胡宗明三千金，請囑兵部，廷棟亦發弘勛及錦衣張道濬通賄鬻權狀。兩人遂下獄，兩人為吏部尚書王永光私人。廷棟謀并去之，以己代其位，釋中樞重任，永光果去。御史水佳引者，弘勛郡人，兩疏力攻廷棟，發其所與司官手書，且言縱奸人沈敏交關薊撫劉可訓，納賄營私。廷棟疏辨求去，帝猶慰留。有安國棟者，初以通判主插部撫賞事，廷棟薦其才，特擢職方主事，仍主撫賞。國棟頗為奸利，而廷棟庇之，後佳引坐他事左遷行人司副，復上疏發兩人交通狀，并列其賄鬻將領數事，事頗有狀。廷棟危甚，賴中人左右之，得閒住去。

八年冬，召拜兵部右侍郎，代楊嗣昌總督宣、大、山西軍務。屢陳邊事，咸見嘉納。明年七月，我大清兵由間道踰天壽山，克昌平，都城戒嚴。山後地，廷棟所轄也。命戴罪入援。兵部尚書張鳳翼懼罪，自請督師，兩人恇怯不敢戰。言官交章論劾，兩人益懼。度解嚴後且罹重譴，日服大黄藥取瀉求死。大清兵以八月十九日出塞，兩人遥尾之不敢近。至九月朔，鳳翼果卒，踰數日，廷棟亦卒。已，法司定罪，廷棟果坐大辟，以既死不究云。

廷棟既没，其父克從尚在，後賊破鄢陵，避之開封。及開封被淹，亦被於水。

《明史》卷二五七《梁廷棟傳》　梁廷棟，鄢陵人。父克從，太常少卿。廷棟舉萬曆四十七年進士，授南京兵部主事，召改禮部，歷儀制郎中。天啟五年遷撫治西寧參議。七年調永平兵備副使。督撫以下為魏忠賢建祠，廷棟獨不往，乞終養歸。

崇禎元年起故官，分巡口北道。明年加右參政。十一月，大清兵克遵化，巡撫王元雅自縊，即擢廷棟右僉都御史代之。廷棟請賜對，面陳方略，報可。未幾，督師袁崇焕下獄，復擢廷棟兵部右侍郎兼故官，總督薊、遼、保定軍務及四方援軍。廷棟有才知兵，奏對明爽，帝心異之。

三年正月，兵部尚書申用懋罷，特召廷棟掌部事。時京師雖解嚴，羽書旁午，廷棟剖決無滯。而廷臣見其驟用，心嫉之。給事中陳良訓首刺廷棟，同官陶崇道復言：『廷棟數月前一監司耳，倏而為巡撫、總督、本兵，國士之遇宜何如報。乃在通州時，言遵、永易復，良、固難破，自以為神算。今何以難者易，易者難，且嘗請躬履行間，隨敵追擊，以為此報主熱血。今偃然中樞，熱血何銷亡也？謂制敵不專在戰，似矣。而伐謀用間，其計安在？』帝不聽崇道言。廷棟疏辨，乞一巖疆自效，優詔慰留之。未幾，工部主事李逢甲劾廷棟虚名。崇道又言廷棟輕於發言，致臨洮、固原入衛兵變。

帝皆不納。五月，永平四城復，賞廷棟調度功，加太子少保，世廕錦衣僉事。

其秋，廷棟以兵食不足，將加賦，因言：『今日閭左雖窮，然不窮於遼餉也。一歲中，陰為加派者，不知其數。如朝覲、考滿、行取、推陞，少者費五六千金。合海内計之，國家選一番守令，天下加派數百萬。巡按查盤、訪緝、餽遺、謝薦，多者至二三萬金，合天下計之，國家遣一番巡方，天下加派百餘萬。而曰民窮於遼餉何也？臣考九邊額設兵餉，兵不過五十萬，餉不過千五百三十餘萬，何憂不足。故今日民窮之故，惟在官貪。使貪風不除，即不加派，民愁苦自若。使貪風一息，即再加派，民懽忻亦自若。』疏入，帝俞其言，下户部協議。户部尚書畢自嚴阿廷棟意，即言今日之策，無踰加賦，請畝加九釐之外，再增三釐。於是增賦百六十五萬有奇，海内竝咨怨。已，陳釐弊五事：曰屯田，曰鹽法，曰錢法，曰茶馬，曰積粟。又極陳陝西致寇之由，請重懲將吏貪汙者以紓軍民之憤，塞叛亂之源，帝皆褒納。

廷棟居中樞歲餘，所陳兵事多中機宜，帝甚倚任。然頗挾數行私，不為朝論所重。給事中葛應斗劾御史袁弘勛納參將胡宗明金，請囑兵部。廷棟亦劾弘勛及錦衣張道濬通賄狀。兩人遂下獄。兩人者，吏部尚書王永光私人也。廷棟謀并去永光，以己代之，得釋兵事，永光遂由此去。御史水佳胤者，弘勛郡人也，兩疏力攻廷棟，發其所與司官手書，且言其縱奸人沈敏交關薊撫劉可訓，納賄營私。廷棟疏辯求去，帝猶慰留。有安國棟者，初以通判主察罕撫賞事，廷棟薦其才，特擢職方主事，仍主撫賞，頗為奸利。廷棟庇之。後佳胤坐他事左遷行人司副，復上疏發兩人交通狀，并列其賄鬻將領數事，事俱有迹。廷棟危甚，賴中人左右之，得閒住去，以熊明遇代。

八年冬，召拜兵部右侍郎兼右都御史，代楊嗣昌總督宣、大、山西軍務。明年七月，我大清兵由間道踰天壽山，克昌平，逼京師。山後地，乃廷棟所轄也，命戴罪入援。兵部尚書張鳳翼懼罪，自請督師。兩人恇怯不敢戰，近畿地多殘破，言官交章論劾。兩人益懼，度解嚴後必罹重譴，日服大黄藥求死。八月十九日，大清兵出塞。至九月朔，鳳翼卒。踰旬日，廷棟亦卒。已，法司定罪，廷棟坐大辟，以既死不究云。

廷棟既歿，其父克從尚在。後賊破鄢陵，避開封。及開封被渰，死於水。

著録

明 梁廷棟《種木番薯法・序》 木番薯，粵東稱樹葛，不知來自何方，近日種者頗多。蒼梧出產，歲三萬餘金。冬後商販收買銷流頗暢，亦農家一利也。今條列其種法於左。蒼梧梁廷棟述。

種薯譜

明 徐有榘《種薯譜・序》 數百穀之名者曰：三穀各二十，果蔬各二十，總之為百穀。是故穀不熟曰饑，菜不熟曰饉，菓菜濟人之功與三穀等，如此矣。番薯在菓蓏中最後出，可以賙饑，可以延年，又可以御蝗而彌旱，誠奇種也。始自閩廣殆遍天下，獨我東近始購種於日本，沿海若而邑僅得傳殖，而峽野之民不識薯為何物。非果，風土不宐識，由傳種蒔壅之，不得其方耳。歲甲午余巡按湖南見蘆，嶺南北往往有平疇衍壠，一望汙萊，詢之土人曰：往值己巳，甲戌之饑，佃戶流亾鎡基，不入者久矣噫。天與之時地與之產，皆所以養人也，而特因人工之不逮，抛天之時錮地之產，横計於土地所失者，將不知為幾千萬億暨，計於歲年巧曆，何以窮其數哉。誠使八口之家，凡有荒陂隙地，輒種薯數十百區，則其至死不饑。何渠讓於汶山之蹲鴟而一任呰窳殆，若越人之視秦，瘠彼轉輾溝壑者，何辜也。余寫是惟亟訪薯種，於產薯州郡頒諸列邑，且取皇明徐玄扈《甘薯疏》。我東姜金二氏之《譜彙類編》，纂用聚珍字擺印，廣布以諗其種藝之法焉。嗟乎！蒲亭之菓菜，程現渤海之百本薤，一畦韭彼誠何術哉。仲長子之言曰：叢林之下為倉庾之坻，魚鼈之堀為耕稼之場者，君長所用心也。多方勸相畝鐘，窖收無年代匱，有年儲穀民無歲死，土毋人曠干以仰贊，我聖上裁成輔相之畡化，顧與今日牧民之長，交相勗之上之。三十四年甲午季春，湖南巡察使徐有榘書於觀風軒中。

金薯傳習録

著録

清 陳世元《金薯傳習録·朱仕琇序》 番薯一名地瓜，種出吕宋。明臺使者金公撫閩，得長邑摩生陳經倫所獻種，教民植之。民德其利，目呼其薯為『金薯』云。徑倫五世孫捷光，克承祖志暨三男雲、燮、樹，商鄞攜種以教浙之人，其浚運種往來青豫，流播浸廣，用以濟五穀之不及，豈非事雖瑣，而功博者歟。董生曰：皇之求仁義惟恐不及者，出大夫之行也。捷先乃有是耶，捷先梓其教種書曰《傳習録》，余題其端云。乾隆戊子臘月，賜進士出身翰林院庶吉士兼掌教鼇峯書院朱仕琇撰。

清 陳世元《金薯傳習録·黄世模序》 物産之盛也，原乎治之有法，顧法有古今之殊，彼此之異不得人以指示之。則業不精而利不廣，閩倚山濵海，平衍可耕之地少，自明撫金公導以種薯之法，隨地可行，海邦咸利賴焉。而溯嘉種之所由來者，舉歸功於陳氏今捷先君其後裔也。壯遊青豫間，偶試其法輒有效已，乃捐資載種以行，不十數年而斯物之利，且自東南以暨西北，兹倦遊有年矣。乃復取金之遺帙輯為一編，而枀以耳目所經，自養苗而佈種而採取收藏，倣古以行而又審天時揆地利，寒燠燥濕斟酌而變通之。以若其性，以茂其生，俾習是業者展卷了然，互相傳授，溥美利於無窮。陳子之志專，陳子之功亦鉅矣哉。旹乾隆己丑歲仲冬既望，賜進士出身候選知縣丙戌挑選即用教授黄世模拜書。

清 陳世元《金薯傳習録·穆元春序》 虞書敘六府曰：水、火、金、木、土，穀人非穀不生，侔於水火金木土厥功懋矣。顧穀之為彙甚夥，孟氏述后稷教民曰：樹藝五穀。《周禮·膳夫》所載，曰：食用六穀，天官又稱三農生九穀。《洪範》省休徵總其數曰：百穀用成從未有所謂薯者，薯之種出於西番吕宋國，明萬曆間其種始入閩，巡撫金公因民饑教民種薯，著海外新傳佐穀，不逮荒不為災利民甚。溥遂美其名曰『金薯』，祖猶疑其種宜東南不宜西北，故所及僅閩地。而上我國家府脩事和卷民之政無不備，舉陳君捷先分稼穡之餘，力服賈青豫間見其地廣人稠，於種薯必有裨益，且其先人固已授其法於浙矣。因出金公所刊編，徧示青豫農人，又親自呈官運種，寔勤且慎。夫天地生穀以養人，然尚有旱潦磽確之為患，薯自種至收為曰：無幾無旱潦磽確之虞，力省功倍較穀，猶敏金公既布之，於前陳君喬梓復廣其傳，於後令青豫間業有成效可覩。余嘉其有補於民食，爰綴數言以紀其事。勅授文林郎知江西臨江府新淦縣、事前署高安鉛山進賢豐城四縣篆、江廣兩省鄉試同考官晉安穆元春拜撰。

清 陳世元《金薯傳習録·莊琬序》 閩地環山負海，土瘠民貧，稍旱潦輒饑。明萬曆甲午歲荒，巡撫金公教民種薯當穀食，荒不為災。頒刻海外新傳一編，法至詳備，民沐其利迄於今。賴之聞其種，蓋得自吕宋國，云捷先陳君五世祖諱經綸，金公門下士也，盡得種薯法，康熙初年君之尊人營浙左，述祖傳以教鄞之人輒有效。君往來青豫渡以其法，遍授願來學者，無不悉心指導，於是家習戶傳，地無曠土人饒。蓋藏遂爲救荒第一，是金公創於前，得陳君而其利益溥也。兹又重刊，海外編備載種法廣為流布，綿金公之澤於不朽，行見被野連山享其利者，不獨青豫也，詎閩也哉。旹乾隆三十三年戊子仲夏莊琬拜書。

清 陳世元《金薯傳習録·黄日紀序》 顯而在上澤被萬世者為功，隱而在下善積一身者為德，若能以在下之善陰佐在上之澤，其功與德足董於世，何如耶？明萬曆間閩長樂縣生員陳經綸，以外國薯種獻於金中丞諱學曾，兼傳栽植之法，於民間二百年來遞相傳播，滋息蕃衍實充閩中民食三之一。自今上御極以來，陳氏子孫曰世元、曰雲、曰燮、曰樹、復運種於直隸山東、江浙各省，凡所遊歷之處，自備鋤耙銕器，悉心教導插種收藏之法，今則到處蕃昌美利且徧於海内矣。夫經綸一介之士耳，而所以佐金公捄荒恤民者，既大有裨於當時，而其子孫又能遠紹先志，歷二百餘年之久永矢弗諼，所謂以在下之善，陰佐在上之澤者，非陳氏而誰興歸耶。自古功德及人者，其積愈金久其食報金厚。陳氏自前明迄今，祖若孫勤於為善者，五世其遺澤可謂遠矣，其食報之厚必有驗。吾言於異日辛卯，余將入都，道出三山余友孫月峯，以陳氏《傳習録》索序於余，予於陳氏雖未嘗一晤面，閱是書，樂其好善之誠而心慕焉，遂書而歸之。乾隆歲次辛卯四月望日，兵部武選武庠二司主事兼管督催所前中書科中書舍人、協辦内閣副本房加一級紀録四次龍溪黄日紀拜撰。

清 陳世元《金薯傳習録・陳九齡序》 康熙庚寅仲春，今任邵武司馬武進醒齋黄公伯兄，偕予受學儀封張清恪公，函丈乾隆戊子季冬過莆，謁醒齋公郡署。公以興郡所見示之，其論書院一條曰：讀書固貴舉業之工，然豈可為舉業圖其論，唱戲勸士庶家勿漁此利，公之於其所見為何如也？其於畬薯三致意焉，述其令陝平利兼署石泉，得薯種於石之縣尉閩人某，栽於平署一故有至七八斤者，其於畬薯小偶然也。三山山斗重崖，吳丈高第弟子穆君，雍正癸卯鄉試諗而□其師，司同龕號，論首次三題義云云，予之佩服吳丈始此。今年游，兄寄示家捷先兄所梓《金薯傳習録》二冊，上冊閲穆君所撰序，再三讀之不能出手，又見其詩雒誦如之；下冊序金薯詩賦者又有林君也，林君舉業為世佩服久矣。其序暨金薯歌，上下數千年習如指諸掌，其音頡頏於求予，既竊欲興郡所見之，見其大猥以向所發明正之，而又竊恨未遑以正之司馬公者。其之三山二公其必有以匡正我也，若捷先君之表章先志，益將擴而大之，宜諸公之言之津津矣。乾隆庚寅端陽福清陳九齡序。

清 陳世元《金薯傳習録・魏宸瑞跋》 金薯與煙草種，均出自呂宋。其傳入吾閩也，均以前明。夫烟之為利，不過禦寒疾祛瘴氣而已，薯則可佐穀食；且煙必需沃土栽培，薯則山園沙地皆可蕃滋。不爭地利，每益民生。薯之利，豈特十倍於烟已哉？乃考煙之栽植，自國初已徧中原。金薯直至乾隆之戊辰丁卯，捷先陳君傳之青齊，播之河洛，而後及於都下。薯與煙利濟相懸也。而傳播之遲速，顧相反若此。余閲是錄，未嘗不嘆君子之所謀為大且遠也。輯菴弟魏宸瑞拜題。

清 陳世元《金薯傳習録・陳振芳跋》 金薯之利已遍方州，而長福各屬稻粱、麰麥僅居十之三。民食賴以濟，薯實居其七也。而各屬豐歉秋收必報，併不及薯。夫享其利，而沒其功。揆之，降康率育之意，能無憾乎？陳君捷先偹陳薯利，確而非迂夫呂一介之士，闕心民瘼，有足嘉者。茲《傳習錄》所刻，眞可以信，今傳後，樂利所貽，豈小補哉？爰跋數言於後。弟素堂□振芳拜題。

清 陳世元《金薯傳習録・林龍友跋》 凡物之生，莫不本諸天地而傳於聖人。易曰：天地之大德曰生；聖人之大寶曰位。蓋天地雖生之，而不得有位之聖人，爲之獎勸而利導之，則亦無以蕃其植，而普其功矣。同里陳君捷先，梓有《金薯傳習録》，授余閲之，乃知其五世祖諱經綸，為明撫閩中丞，金公學曾門下士也。覓種夷舶而獻之公，遂教閩人廣種之。然猶未知其宜於西北高燥之壤。迨入本朝，陳君祖孫父子三代，皆商於青豫等省，隨地試栽之，輒有效，斯亦可謂克繩祖武矣。今者又疏其事於當道，謀為金公建祠，事雖未竟，而志誠可嘉。余思時際昇平，人懷樂利，詎無名公鉅鄉追溯其佐穀有功？而採之以入告，則其所以獎勸而利導之者，又豈但一鄉一國已哉？是為跋。年姻家眷會弟林龍友頓首拜。

清 林正煥《金薯傳習録・跋》 士之有志，動曰：建功立業。夫功無濟於生靈，未足以稱功業。不切於日月，未堪以立業。所謂功業焉者，必有效於民間實用，而非高談虛遠也。故無論窮與達，功皆可建。亦無論富與貧，業皆可立。惟在隨事認真□而理之而已。即如陳氏先世賈於呂宋，雖未身都顯要，而乃留心民食，傳金薯種於閩省，獻種法於撫閩使者，金公公行其法於各原。功回殍粟，荒不爲災。近賢裔且廣其傳青豫間，利益所及，良無窮也。其為功業何向生。曩者金公不允陳氏之請，事□止安得有今日之利，則金公之功業偉矣。而陳氏之功業，亦正不可沒也。是為之跋。年家眷會弟林正煥頓首拜。

雜録

清 周廣業《過夏雜録》卷四《陳世元》 十月奉上諭，畢沅奏：閩省監生陳世元赴豫教種番薯，因感受風寒，抵省後旋即病故等語。前因閩省番薯，既可充食，又可耐莫旱。特令富勒渾等採寄河南栽種，陳世元因熟悉樹藝之法，情願赴豫教種。年老遠涉頗急，公今患病身故，殊堪憫惜。陳世元着加賚賞，給國子監學正職銜。俾該生得邀身後之榮，並著畢沅妥為照料，交伊子護送回藉，其子服滿後，願來引見者亦聽。欽此。

甘薯録

傳記

（同治）《蘇州府志》卷一〇六　陸燿，字青來，一字朗夫，廬墟人。父瓚，道光志作廷瓚，字虔實，山西保德州吏目，遊何焯之門，善隸書，以遺産讓弟。燿少貧，立志以古人自期。乾隆十七年，舉順天鄉試。十九年，登會試明通榜，授内閣中書。遭父喪，服闋入軍機，洊歷户部郎中。出知登州，調濟南。請奏留南糧二十萬石預籌積貯。三十七年。薦饑，燿諭令平糶，民免劫掠。擢運河道，上《總河書》：一請濬泉渠，一請開月河牐，一請修《河渠志》。會壽張王倫煽亂，距濟寧二百里，或議閉城。燿曰：『示之弱也，且鄉民入城衆何忍拒之？』乃坐城闉稽察，募鄉兵守禦，賊知有備不敢犯。陞本省按察使，署布政使。陳情歸養，奉母南歸，夜臥不釋衣者六年。遭喪，服闋，授山東布政使，擢湖南巡撫。峻卻鹽務，舊規銀數千兩以半鹽價當。高宗朝，燿以清節為天下第一。時天下巡撫之官，皆有貢獻，争以珍奇自媚。燿所貢尋常土宜而已。上知其廉必受之，以慰其意。和珅方用事，官吏爭重賂以為常。燿未嘗致一物，聞其能為禍，亦不懼也。為山東布政使時，入覲城門，榷税胥吏侈甚，封疆大臣入城必索重資，燿實不能與，置衣被於外，攜一僕前行，既入，從故人借給衾褥，覲已還之而去。嘗曰：『院司貪守，令不能不貪，使上司不貪，州縣不以苛累病民，何待督責、敲撲愁痛之聲入人骨髓哉？今或有抗差毆役，生事變矣，此非百姓之過，有司之過也。亦非有司之過，大吏之過也。』又嘗謂人曰：『君等營營不自立，畏餓死耳。不知能餓死，人已立矣。』篋中藏敝絮襖一襲，既貴，常展視流涕曰『此吾母以己衣中絮，足之衣我，風雪中入塾讀書者也。』燿生平不立講學名，而讀書一歸實用，輯國朝經世之文，曰《切問齋文鈔》。其自為文，亦曰《切問齋文集》。其文原善一首言性善之旨，甚粹。曰：觀於人之慕善恥不善，而知性之本善。性惡性善，惡混之説據後起。陷溺既深者，言之非性之本然也。涉於物，交於事，而情識參焉。始或見善不知慕，見惡不知恥，若相混，繼乃不慕善而慕不善，不恥不善而轉恥善若性惡矣。然其慕不善，直以不善為善而慕之之心，仍一慕善之心也。其不恥不善，亦以不善為善而仍一恥不善之心也。燿卒時，湖南旱，扶病日夕徒步禱雨，總督某閱兵來長沙，至燿署，食僅菜蔬，怪問之。曰：『不雨，禁屠宰久矣。』總督歸，悉撤其供饌。燿遂以病卒於位。其始至長沙也，夢中賦詩云：『能開衡嶽千重雲，但飲湘江一杯水。』卒不愧其言云。

清　彭藴璨《歷代畫史彙傳》卷五八　陸燿，字青來，號朗甫。吳縣籍，居吴江之蘆區。乾隆壬申，舉順天孝廉，旋中明通牓，得官中書，仕至河南巡撫。水墨山水，落落大方，善書，工詩文。敦至行，母病六年，不釋衣律。身嚴正，居官廉，能有守門無私謁，曾爲山東運河道，濬兗泰二府泉渠，得泉四百七十有八，得以灌田，又開月河牐，修《河渠志》。壽張王倫煽辭，河督姚立德統兵往勦，城内空虚或議閉城門，燿曰：『不可示之以弱，且鄉民入城者衆，何忍拒之？』乃自坐城堙彈壓稽查，又募鄉勇守禦。賊偵有備，不敢南向。其惠愛桑梓，如創建江震會館，爲有體有用之學。自經術及星緯輿地名物，靡不研□。乾隆時卒，年六十有三。崇祀名空鄉賢，著《切問齋集》《朗甫詩編》《大學合鈔》《運河備覽》、《濟南信讞》《江震續志稿》《金學詩撰行狀》《墨香居畫識》。

清　錢林《文獻徵存録》卷六　陸燿，字朗夫，號青來，吴江人。乾隆十七年舉人。官湖南巡撫，有《切問齋集》。燿舉京兆補中書，傫直樞垣，任事頗勤，以郎中出守登州。其調濟南也，請截畱南糧爲儲備計。任河道時，請疏泉源增修月河。爲臬使時，以犯徒罪輕請免解司，以省苦累。甲午，壽張王倫作亂，距運河近，有欲閉城者，議不可，曰：『寇未至閉城，是示之怯也。且鄉民入城何忍棄之？』乃練鄉兵拒守，而身自坐城闉彈壓稽察，賊知有備不敢南向。撫楚時，奏官員凡親年七十，雖有次丁，許陳情終養，一時歸養者多矣。會總督閱兵，抵長沙直入廨中，見午食皆菽乳菜蔬，訝之，曰：『天不雨，齋必變，食故如此。』總督素豪侈，聞語瞿然詈其奴曰：『此來傳舍，酒肉如山，何不以祈雨告邪？』返行轅豐腆悉撤。人謂總督特昇額知過，而益歎清德之感人者速也。所輯《切問齋文鈔》自序有曰：『道備於經，既有漢之箋，故唐之義疏，宋之章句，微言大義，已可無憾。而復捋撦細瑣，抉剔幽隱，紛如聚訟，此何爲者也？學案語録之書，日出而不窮異同，宗旨之辨相攻而不已，高明者墮入禪宗，篤實者窘於應務此，又何爲者也？』觀此，則《切問齋》一書，期有裨於實用，其嘉惠後學不淺矣。有句云：苛節删於相熟，後淡懷長似訂交，初可想見其標致。

清　王昶《蒲褐山房詩話》　陸燿，字朗夫，號青來，吴江人。乾隆十七年舉人，官至湖南巡撫。有《切問齋集》。選四首。朗夫癯然而瘦，清操自勵，間涉書史，亦多為樸實有用之學，其文集亦然。著《漕運考》若干卷，皆有益於河渠。及為山東布政，以巡撫貪暴不相能，乞終養歸。再起至湖南巡撫。時總督以閱兵抵長沙，朗夫迎謁畢還署。總督鈕祐禄君特昇額來候，直入廨中，方午食，見所食皆菽乳菜蔬，訝之，曰：『天不雨十數日矣，地方官戒殺清齋，故所食如此。』總督素豪侈，聞語瞿然，詈其奴曰：『吾此來傳舍，酒肉如山，何不以祈雨具告耶？』語畢歸寓舍，悉撤其豐腆。人羡總督之知過，而益歎君之清德感於人者速也。其後卒以勞瘁病瘵而歿。其友徐貢生堅入視含歛，室中別無長物，嘆曰：『一貧至此，即不死亦難度日矣！』今入祀鄉賢祠。

清　吴孝銘《樞垣題名》　陸燿，江南吴江人。乾隆二十三年　月，由内閣中書充補官，至湖南巡撫。

清　張維屏《國朝詩人徵略》卷三四　陸燿，字朗夫，號青來，江南吴江人。乾隆十七年舉人，官湖南巡撫，有《切問齋集》。公舉京兆補中書，入軍機。房公在樞垣僇□至日晡猶不退，有急務立辦，以故大學士傅文忠公屢薦公，以戶部郎中補登州府知府。其守濟南也，上書請截留南糧，為積貯計。任河道時，上書請疏泉源，增修月河。爲臬使時，以徒犯罪輕，請免解司，以省苦累。甲午壽張縣王倫作亂，距運河甚近，有欲閉城者。公不可，曰：『寇未至，先閉城門，是示之怯也。且鄉民爭入城，何忍棄之。』乃募鄉兵拒守，而身自坐城闉彈壓稽察，賊知有備不敢南向。撫楚時，奏官員凡親年七十，雖有次丁，俱許終養。一時，中外官歸養者千餘人。《小倉山房文集》。

朗夫爲湖南巡撫時，總督以閱兵，抵長沙，朗夫迎謁畢還署。總督鈕祐祿君特昇額來候，直入廨中，方午食，見所食皆菽乳菜蔬，訝之。曰：『天不雨，地方官戒殺清齋，故所食如此。』總督素豪侈，聞語瞿然，詈其奴曰：『吾此來傳舍，酒肉如山，何不以祈雨告耶？』歸寓悉撤其豐腆，人羡總督之知過，而益歎君之清德感於人者速也。《湖海詩傳》

朗夫先生所輯《切問齋文鈔》嘉惠後學不淺。其自序有云：『道備於經，既有漢之箋，故唐之義疏，宋之章句，微言大義，已可無憾，而復捋撦細瑣，抉剔幽隱，紛如聚訟，無益毫毛，此何爲者也？道，猶路也。路有實徑，適越者必南轅之，燕者必北轍。今舍而不由閉戶，而談天道高座，而說明心學案語錄之書日出，而不窮異同宗旨之辨，相攻而不已，高明者墮入禪宗，篤實者窘於應務，此又何爲者也？』云云。余深有契乎其言，蓋講考據而入於瑣碎，談心性而墮於虛無，皆無裨於實用也。知此則知《切問齋文鈔》一書，亦期於有用而已聽。《松廬文鈔》

《清史稿》卷三二四《陸燿傳》　陸燿，字青來，江南吴江人。乾隆十七年舉人。十九年，考授内閣中書，充軍機處章京。奉職勤慎，有急務立辦，大學士傅恆深器之。上出巡幸，俱令扈從。累遷戶部郎中。三十五年，出為雲南大理知府，以親老請改補近省，調山東登州府。三十六年，調濟南府。上書巡撫徐績，請留南漕廣積貯。三十七年，授甘肅西寧道。燿乞績代奏，乞假送母居京師，上命改授運河道。上書河道總督姚立德，言：『兖州、泰安二府泉四百七十八，當濬渠導泉，俾由高趨下，其流不絕。』又言：『運河例歲冬閉壩，春挑濬，天寒晷短，民役俱憊。宜修復南旺、濟寧、臨清月河，並於彭口南岸亦開月河。歲九、十月漕艘商船皆從此行，以其時疏濬運河。』皆用其議。又請修《河渠志》，成《運河備考》。

三十九年，壽張民王倫為亂，去濟寧二百里，有欲閉城者，燿不可，曰：『寇未至閉城，示之怯也。且何忍拒吾民，使散逸被賊害且脅誘耶？』乃募鄉兵助守，坐城闉任稽察，事旋定。四十年，擢按察使，燿議以流犯罪輕，請免其解司；四十三年，擢布政使，燿議流外壅積，請停分發：皆從之。燿母老，病狂疾，奏乞解任終養，上許之。四十六年，丁母憂。運河築隄，上以燿習河務，命往山東會運河道沈啓震董其役。四十八年，命署布政使，服闋眞除。

四十九年，擢湖南巡撫。湖南鹽商例有餽，峻卻之，命平鹽價如其數。疏請增嶽麓、城南二書院膏火，又疏請申親老告養例，請敕各督撫不論現任、試用，通飭呈明終養。又奏：『湖南社倉前巡撫劉墉令湘陰等四十五州縣勸捐，得穀十二萬；勒限嚴催，僅耒陽等十五州縣交齊，餘未足數者十七縣，全未交者十三縣。如湘陰、巴陵、武陵諸縣濱臨江湖，地多磽瘠；桂陽、瀘溪、辰谿諸縣介在山僻，民鮮蓋藏；若執前捐數目，責令全完，民間未霑借貸之益，轉受追呼之擾。請凡現在未收者停止催繳。」上允其奏。燿以病請解任。旋卒。

燿自幼立志以古人自期，學兼體用。居官廉儉。入覲，門吏留裝物索貲；燿乃置衣被城外而假於友，覲已還之。初至長沙，總督特昇額以閱兵至，見燿方午食，惟菽乳蔬蓏，訝之。燿曰：「天不雨，方齋，故所食止此。」特昇額怒其奴曰：「吾館舍酒肉臭，何不以祈雨告？」還館舍，命悉撤去。

著録

清 陸燿《甘藷録・引》 甘藷，卽薯蕷之屬，見陳祈暢《異物志》、嵇含《南方草木狀》。中土有此物，其來舊矣，第不甚貴重，栽植者少。明季有閩人陳經綸，復自呂宋移其種歸，巡撫金公學曾勸民樹藝，閩人德之，號爲金薯。然自是長樂謝肇淛、黄州李時珍、新城王象晉，各有論述，皆不及經綸事。而其裔孫世元父子，復爲《金薯傳習録》，盛侈其先世傳自呂宋之功。一似中國素非所産者，此考證之疏也。夫以一物之微，足以備荒療疾，而又不費工力，其爲功於民食，實不淺尠。前任布政使李公渭嘗舉以教山東之民，其性又喜沙土高地，於山海之區，尤屬相宜。今雖閒有種者，而遺利尚多。因復爲條列於篇，冀僚屬中留意民瘼者，廣爲勸導以補稽事所不逮云。

清 沈楙悳《甘藷録・跋》 甘藷之性，宜於沙土高地間。廣山海閒，多植之，以當穀食。而北地則種者尚罕。陸朗夫先生旬宣山左時，輯為此録，以教東省之民。就前人舊說，分疏之曰辨類、曰勸功、曰取種、曰藏實、曰製用、曰衛生，諸法畢備。其康濟實心，槩可想見，閱者勿徒作尋常譜録觀也。辛丑冬日同里沈楙悳識。

清 丁申、丁丙《八千卷樓書目》卷一二《子部・譜録類》 《甘藷録》一卷，國朝陸燿撰。昭代叢書本。賜硯堂本。

（同治）《蘇州府志》卷一三八《藝文志三》 陸燿【略】《甘薯録》一卷。

《清史稿》卷一四七《藝文志三・譜録類》 《甘藷譜》一卷，陸燿撰。

經濟作物類農書

糖霜譜

綜述

宋 陳景沂《全芳備祖・後集》卷四《雜著》 唐大歷間，有僧號鄒和尚，不知所從來，跨白驢登繖山，結茆以居，雖鹽菜薪米之屬，即書於紙，繫錢遣驢負至市區，人知為鄒也。取平直挂物於鞍，負而歸。一日驢喫山下黄氏蔗苗，黄請償於鄒。鄒曰：「汝未知因蔗糖為霜，利當十倍。吾語汝塞責可乎？」試之，果倍，自是流傳其法。至末年，北走通泉縣靈鷲山龕中，其徒追及，但見一文殊石像，始知大士化身，而白驢者乃獅子也。甘柘只生於南方，北人嗜之而不可得。魏太武至彭城，遣人求酒及蔗於武陵王郭汾陽，在汾上代宗賜甘蔗二十條，《子虛賦》所云藷柘也。藷柘者，甘蔗也，蓋相如指言楚雲之物，漢《郊祀歌》『泰尊柘漿』亦謂取甘蔗汁以為飲。容齋又有《糖霜譜》云：『糖霜之名，唐以前無所見，自古食蔗者始為蔗漿，宋玉《招魂賦》所謂臑鼈炰羔有柘漿是也。其後為蔗餳，如孫亮者是也。後又為石蜜。』《南中八郡志》云：『榨甘蔗汁曝成飴，謂之石蜜。』《本草》亦云：煉糖如乳為石蜜是也。後又為蔗酒。唐赤土國用甘蔗作酒。雜以紫王灼譜瓜根是也。唐太宗遣使至磨竭陀國取熬糖法，即詔揚州上諸蔗，榨瀋如其劑，色味愈於西域，然只是今之砂糖，蔗之技盡於此，不言作霜，非古也。歷世詩人模奇寫異，亦無一章一句及此。惟東坡過金山寺作詩送遂寧僧云：『涪江與中泠，共此一味水。冰盤薦琥珀，何似糖霜美。』山谷作頌荅梓州雍熙長老云：『遂寄蔗霜知有味，勝如崔子水晶槃。正宗埽地從誰說，我舌猶能及鼻尖。』糖霜見之文字者實始二公。甘蔗所在皆植，獨福塘、四明、番禺、廣漢、遂寧有糖霜，而遂寧為冠。四郡所産甚微，而棵細色淺味淡，僅比遂之下者，亦皆起於近世。唐大歷中有鄒和尚者始來小溪之繖山，教民黃氏以造霜之法。繖山在縣北二十里，凡前後為蔗田者十之四。蔗有四色，曰杜蔗；曰西蔗；曰芳蔗，本草所謂荻蔗也；曰紅蔗，本草所謂崐崘蔗也。紅蔗止堪生啖。芳蔗可為沙糖。西蔗可作霜，色淺不甚貴。杜蔗緑嫩味厚，專用作霜。凡蔗最因地力，今年為蔗田者，明年改種五穀，以滋息之。器用曰蔗削，曰蔗鐮，曰蔗凳，曰蔗碾，曰榨斗，曰黍甕，各有制度。凡霜，一甕中品級亦自不同，堆疊如假山者為上，團枝次之，甕鑑次之，碎小塊顆又次之，沙脚為下；紫為上，琥珀次之，淺黃又次之，淺白為下。宣和初，王黼創應奉司，遂寧常貢外，歲別進數千斤，是時所産益奇，應奉司罷乃不再見。遂寧王灼作《糖霜譜》七篇，具載其説。予採取之，以廣見聞焉。都蔗雖甘，杖之必折，巧言雖美，用之必滅。挫斯蔗而療渴，若漱醒而含蜜，清滋津於紫梨，流液豐於朱橘。郡蔗釀蜜殊美，絶快渴者，所思銘之佩章。

宋 守元《糖霜譜・跋》 范蔚宗作《香譜》，蔡君謨作《荔支》《茶》兩譜，皆極盡物理，舉世皆以為當。晦叔作《糖霜譜》，餘聞之且久。偶獲七篇，盡讀於大慈之方丈院，將見與范、蔡之文並馳而爭先矣。紹興二十四年甲戌季春初六 臥雲菴守元書。

明 徐應秋《玉芝堂談薈》卷二九 樜漿煎餳，《老學庵筆記》言沙糖中國本無，唐太宗時外國貢至。問其使，云以甘蔗煎。用其法煎成，中國始有沙糖。唐以前書傳及糟者，皆是糖耳。按宋玉《大招》已有柘漿字。《前漢・郊祀歌》『泰尊柘漿析朝醒』注，謂取甘蔗汁以為飴，可以解朝醒也。二禮注飴字，俱云煎米蘗也。一名餳，則是煎餳為糖，已見於漢時。而《說文》及集説並以糖為蔗飴。曰飴曰餳，皆是物也。《學齋佔畢》《容齋五筆》：糖霜之名，唐以前無所見，自古食蔗者始為蔗漿，宋玉《招魂》所謂胹鼈包羔有柘漿是也。其後為蔗餳，孫亮使黃門就中藏吏取交州獻甘蔗餳是也。後又為石蜜，《南中八郡志》云笮甘蔗汁曝成飴，謂之石蜜。《本草》亦云煉糖和乳為石蜜，後又為蔗酒。唐赤玉國用甘蔗作酒，雜以紫瓜根。唐太宗遣使至摩揭陁國取熬糖法，即命揚州上諸蔗，榨瀋如其劑，色味逾於西域遠甚，然只是今之沙糖。蔗之技盡於此，不言榨霜，然則糖霜非古也。歷世詩人惟東坡有『氷盤薦琥珀，何似糖霜美』。黃魯直云：『遠寄蔗霜知有味，勝於崔子水晶鹽』。遂寧糖霜見於文字實始二公。甘蔗所在皆植，獨福唐、四明、番禺、廣漢、遂寧有糖氷，而遂寧為冠。四郡所産甚微，而顆碎色淺味薄，纔比遂之下者。唐大歷中有鄒和尚者，始來小溪之繖山，教民黃氏以造霜之法。蔗有四色，曰杜蔗；曰芳蔗，《本草》所謂荻蔗也；曰紅蔗，《本草》崑崙蔗也。紅蔗止堪生噉。芳蔗可作沙糖。西蔗可作霜，色淺，土人不甚貴。杜蔗紫嫩，味極厚，專用作霜。霜户器用曰蔗削，曰蔗鎌，曰蔗凳，曰蔗碾，曰抬牀，曰榨斗，曰漆甕。曰霜一甕中品色亦自不同，堆叠如假山者為上，團枝次之，甕鑑又次之，少顆塊又次之，淺白為下。宣和初，王黼創應奉司，遂寧常貢外，别進數千斤。遂寧王灼作《糖霜譜》七篇。

《四庫全書總目》卷一一五《子部二五・譜録類》 是編凡分七篇，惟首篇題原委第一，敘唐大歷中鄒和尚始創糖霜之事。自第二篇以下，則皆無標題。今以其文考之第二篇，言以蔗爲糖始末，言蔗漿始見楚詞，而蔗餳始見《三國志》，第三篇言種蔗，第四篇言造糖之器，第五篇言結霜之法，第六篇言糖霜或結或不結，似有運命，因及於宣和中供御諸事。第七篇則糖霜之性味及製食諸法也。蓋宋時，產糖霜者福、唐、四明、番禺、廣漢、遂寧五地，而遂寧爲最。灼生於遂寧，故爲此譜。所考古人題咏，始於蘇黃。案古人謂糟爲糖，《晉書・何曾傳》所云：蟹之將糖躁擾彌，甚是也。《説文》有飴字，無糖字，徐鉉新附字中乃有之。然亦訓爲飴，不言蔗造。鉉，五代宋初人也，尚不知蔗糖事。則灼所徵故實，始於元祐，非疎漏矣。惟灼稱糖霜以紫色爲上，白色爲下，而今日所尚乃貴白而賤紫；灼稱糖霜須一年有半乃結，其結也以自然，今則製之甚易，其法亦不相同。是亦今古異宜，未可執後來以追議前人也。

《四庫全書簡明目録》卷一二 凡七篇，首敘唐代糖霜緣起，次考古來已有糖霜，次種造蔗，次造糖之器，次結霜之法，次糖霜雜事，終以辨糖霜性味及製食之法。

清 周中孚《鄭堂讀書記》卷五一《子部九下・譜録類二》 《四庫全書》著録，《書録解題》《通考》《宋志》及《宋志補》俱不載。錢氏《讀書敏求記》始載之。其書凡分七篇，首爲原委第一第二，以下皆無標目，大約考古第二，種蔗第三，造器第四，結法第五，雜事第六，製湌第七。考糖霜一名糖冰，當時福、唐、四明、番禺、廣漢、遂寧皆有之，獨遂寧為冠。頤堂生長斯地，故言之彌，親切有味焉。末有紹興甲戌臥雲庵僧守元跋，學津討原亦收入之。

傳記

宋 王灼《碧雞漫志・序》 乙丑冬，予客寄成都之碧雞坊妙勝院，自夏涉秋，與王和先、張齊望所居甚近，皆有聲妓，日置酒相樂，予亦往來兩家不厭也。嘗作詩云：『王家二瓊芙蕖妖，張家阿倩海棠魄。露香亭前占秋光，紅雲島邊弄春色。滿城錢癡買娉婷，風卷畫樓絲竹聲。誰似兩家喜看客，新幡歌舞勸飛觥。君不見東州鈍漢發半縞，日日醉踏碧雞三井通。』予每飲歸，不敢徑臥。客舍無與語，因旁緣是日歌曲，出所聞見。仍考曆世習俗，追思平時論說，信筆以記。積百十紙，混群書中，不自收拾。今秋開篋偶得之，殘脱逸散，僅存十七，因次比增廣成五卷，目曰《碧雞漫志》。顧將老矣，方悔少年之非，遊心淡泊，成此亦安用。但一時醉墨，未忍焚棄耳。己巳三月既望，覃思齋序。

宋 洪邁《容齋隨筆・五筆》卷六 遂寧王灼作《糖霜譜》七篇，具載其説，予採取之以廣聞見。

明 曹學佺《蜀中廣記》卷九八 王灼字晦叔，號頤堂，遂寧人。文詞古雅，隱居不仕，復著有《碧鷄漫志》十卷、《糖霜譜》一卷。

清 厲鶚《宋詩紀事》卷四四 王灼，灼字晦叔，遂寧人，嘗佐總幕，有《頤堂先生集》。

（嘉慶）《四川通志》卷三八 王灼，遂寧人，文詞古雅，隱居不仕，所著《糖霜譜》一卷。

《四庫全書總目》卷一一五《子部二五・譜録類》 灼，字晦叔，號頤堂，遂寧人。紹興中，嘗爲幕官。

清 周中孚《鄭堂讀書記》卷五一《子部九下・譜録類二》 灼，字海叔，號頤堂，遂寧人。紹興中，嘗爲幕客。

著録

宋 陳振孫《直齋書録解題》卷一〇《農家類》 《糖霜譜》一卷，遂寧王灼晦叔撰。言四方所産，遂寧為冠。灼自號『頤堂』。

《文獻通考》卷二一八《經籍考四五》 《糖霜譜》一卷，陳氏曰：遂寧王灼晦叔撰。言四方所産，遂寧為冠。灼自號『頤堂』。

明 陳第《世善堂藏書目録》卷下 《糖霜譜》【缺】卷，建寧王灼。

明 慎懋官《華夷花木鳥獸珍玩考》卷五《花木考》 《糖霜譜》一卷。陳氏曰：『遂寧王灼晦叔撰，言四方所産遂寧為冠，灼自號頤堂。』

明 張丑《真蹟日録》卷五 《碧雞漫志》：宋王晦叔名灼所著。灼別號熙堂，尚有《糖霜譜》七篇行世，最為詳悉。

《續通志》卷一六一《藝文略》 《糖霜譜》一卷，宋王灼撰。

又卷一六五 宋王灼《糖霜譜》。

《四庫全書總目》卷一一五《子部二五・譜録類》 《糖霜譜》一卷，内府藏本，宋王灼撰。

《四庫全書簡明目録》卷一二 《糖霜譜》一卷，宋王灼撰。凡七篇，首敘唐代糖霜緣起，次考古來已有糖霜，次種造蔗，次造糖之器，次結霜之法，次糖霜雜事，終以辨糖霜性味及製食之法。

清 鄂泰《八旗通志》卷一二〇《藝文志》卷一二〇《居常飲饌録》 曹寅撰。寅鑲藍旗漢軍，康熙中巡視兩淮鹽政，加通政使銜。是編以前代所傳飲膳之法彙成一编。一曰宋王灼《糖霜譜》，二、三曰宋東谿遯叟《粥品》及《粉麵品》，四曰元倪瓚《泉史》，五曰元海濱逸叟《製脯鮓法》，六曰明王叔承《釀録》，七曰明釋智舷《茗箋》，八、九曰明灌畦老叟《蔬香譜》及《製蔬品法》。中間《糖霜譜》寅已別刻入所輯《楝亭十種》，其他亦頗散見於《説郛》諸書云。

清 錢謙益《絳雲樓書目》卷二《雜藝類》 王灼《糖霜攷》一卷，凡七篇。灼，號頤堂，遂寧人。洪文敏曾採其説，見《容齋五筆》。

清 曹寅《楝亭書目》卷三《子集》 《糖霜譜》，宋遂寧王灼撰，一卷，一冊。

《續通志》卷一六一　《糖霜譜》一卷，宋王灼撰。

清　錢曾《**錢遵王述古堂藏書目録**》**卷六**　王晦叔《糖霜譜》一卷。一本。抄。

清　錢曾《**錢遵王述古堂藏書目録**》**卷六**　王晦叔《糖霜譜》一卷，一本，抄。

清　錢曾《**也是園藏書目**》**卷二**　王晦叔《糖霜譜》一卷。

清　錢曾《**讀書敏求記**》**卷二**　《糖霜譜》一卷，遂寧王灼晦叔撰。書凡七篇，古有柘漿蔗餳，石蜜蔗酒，而無糖霜。唐太宗遣使至摩揭陀國，取熬糖法，亦似今之沙糖，不言作霜也。大曆間有僧號鄒和尚者，登繖山，結茅以居，因取蔗糖爲霜。流傳其法，凡耕種蔗田事宜，及糖霜户器用，瑣碎採掇，悉著於篇。

清　周中孚《**鄭堂讀書記**》**卷五一**《**子部九下・譜録類二**》　《糖霜譜》一卷，楝亭十二種本，宋王灼撰。

清　陳揆《**稽瑞樓書目**》**卷三**　《糖霜譜》一卷，附。

清　丁申、丁丙《**八千卷樓書目**》**卷一二**《**子部・譜録類**》　《糖霜譜》一卷。宋王灼撰。楝亭十二種本。學津討原本。

藝文

明　嚴怡《**嚴石溪詩稿**》**卷二**《**夢遊棲霞**》　香雲繚繞入棲霞，祇樹相將集暝鴉。名刹我曾聞四絶，真詮誰為演三車。中邊懶問《糖霜譜》，苦淡貧嘗穀雨茶。共倚西山瞻王氣，金陵千古屬皇家。

清　潘衍桐《**兩浙輶軒續録**》**卷四〇**《**車兒糖歌**》　清明時節春風香，貨郎叫賣車兒糖。車兒輪轉轉不已，車兒糖來小兒喜。車兒指南行，小兒爭買餳，車兒過東走，小兒開笑口。銅鉦一擊巷三義，隻輪不返斜陽斜。一霎又聞獨轆轆，紅閃玻璃映華燭。車在馬前易以人，老境甘蔗而勞薪。佳名添入《糖霜譜》，冬官亦當考工補。

清　沈大成《**學福齋集・詩集**》**卷一一**《**近遊詩鈔・重五前三日冒雨至南屏訪讓山上人適秋塍先生招同解黍各紀一詩**》　精藍衝雨過，講舍納涼來。已入茶三昧，仍飛酒百杯。松杉竟何所，禾黍亦堪哀。書院在鳳皇山，宋時舊内也。試取《糖霜譜》，重爲角糉開。

雜録

宋　洪邁《**容齋隨筆**》**卷六**《**五筆**》　《糖霜譜》糖霜之名，唐以前無所見。自古食蔗者，始為蔗漿。宋玉《招魂》所謂：『胹鱉炮羔，有蔗漿。』是也。其後為蔗餳，孫亮使黄門就中藏，吏取交州所獻甘蔗餳，是也。後又為石蜜，《南中八郡志》云：榨甘蔗汁，曝成飲。謂之石蜜。《本草》亦：煉糖和乳為石蜜。是也。後又為蔗酒，唐赤土國用甘蔗作酒，雜以紫瓜根，是也。唐太宗遣使至摩揭陀國，取熬糖法，即詔揚州上諸蔗，榨瀋如其劑，色味愈於西域遠甚。然只是今之沙糖，蔗之技盡於此，不言作霜。然則糖霜非古也。歷世詩人模奇寫異，亦無一章一句言之。惟東坡公過金山寺，作詩《送遂寧僧圓寶》云：涪江與中冷，共此一味水。冰盤薦琥珀，何似糖霜美。黄魯直在戎州作《頌答梓州雍熙長老寄糖霜》云：遠寄蔗霜知有味，勝於崔子水晶鹽。正宗掃地從誰説，我舌猶能及鼻尖。則遂寧糖霜見於文字者，實始二公。甘蔗所在皆植，獨福、唐、四明、番禺、廣漢、遂寧有糖冰，而遂寧為冠。四郡所産甚微，而顆碎色淺味薄，比遂之最下者，亦皆起於近世。唐大歷中有鄒和尚者，始來小溪之繖山，教民黄氏以造霜之法。繖山在縣北二十里，山前後為蔗田者十之四，糖霜户十之三。蔗有四色：曰杜蔗；曰西蔗；曰芳蔗，《本草》所謂荻蔗也；曰紅蔗，《本草》所謂崑崙蔗也。紅蔗止堪生噉，芳蔗可作沙糖，西蔗可作霜，色淺土不甚貴。杜蔗緑嫩，味極厚，專用作霜。凡蔗最困地力，今年為蔗田者，明年改種五穀，以息之。霜户器用曰蔗削；曰蔗鎌；曰蔗凳；曰蔗碾；曰榨斗；曰榨牀；曰漆甕，各有制度。凡霜一甕中品色亦自不同，堆疊如假山者，為上團枝。次之甕鑑，次之大顆塊，次之沙脚為下，紫為上，深琥珀次之，淺黄又次之，淺白為下。宣和初，王黼創應奉司，遂寧常貢外，歲別進數千斤。是時所産益奇，牆壁或方寸，應奉司罷，乃不再見。當時因之，大擾敗本業者，居半。久而未復，遂寧王灼作《糖霜譜》，譜篇俱載其説。

棉花圖

傳記

《清史稿》卷三三〇《方觀承傳》 方觀承，字遐穀，安徽桐城人。祖登嶧，官工部主事。父式濟，康熙四十八年進士，官内閣中書。僑居江寧，坐戴名世《南山集》獄，並戍黑龍江。觀承尚少，寄食清涼山寺。歲與兄觀永徒步至塞外營養，往來南北，枵腹重趼。數年，祖與父皆沒，益困。然因是具知南北阨塞及民情土俗所宜，厲志勤學，為平郡王福彭所知。雍正十年，福彭以定邊大將軍率師討準噶爾，奏為記室。世宗召入對，賜中書銜。師還，授内閣中書。乾隆二年，充軍機處章京。累遷吏部郎中。七年，授直隸清河道。署總督史貽直奏劾永定河工，上諭之曰：『方觀承不穿鑿而有條理，可與詳酌。』八年，遷按察使。九年，命大學士訥親勘浙江海塘及山東、江南河道，以觀承從。尋擢布政使。十一年，署山東巡撫。十二年，回布政使任。十三年，遷浙江巡撫。十四年，擢直隸總督，兼理河道。十五年，加太子少保。二十年，加太子太保，署陝甘總督。二十一年，回直隸任。

觀承撫山東時，議以安山湖界民承墾升科，奏言：『湖中尚有積水，但二麥布種於水已涸之後，收穫於水未發之先。故雖有水患，民願承墾升科。升科後，官徵民納，例重秋收。秋禾被水，請蠲、請賑、請豁，徒致紛繁。即如南旺湖，亦經臺臣條奏界民承墾。臣從訥親履勘，見卑處水涸，高處如屋如巖，意謂水不能及。臣至山東，方知夏秋間運河及汶水暴漲，賴以分減，運道得保無虞。凡大川所經，衆水所注，其宜洩瀦蓄之區，恆閱數年、數十年，有若閒置，一旦實得其用，未可以目前忘久遠。安山湖亦運河洩水地，應視南旺湖例，夏麥秋禾，分季收租。除去升科名目，應徵、應免，悉從其宜。國利而民亦不病。』又奏：『義倉與社倉同為積貯，但社倉例惟借種，義倉則借與賑兼行，而尤重在賑。設倉宜在鄉不宜在城，積穀宜在民不宜在官。秋穫告豐，勸導輸納，歲終將穀數奏明，不必開具管收除在。則其數不在官，法可行久。』

撫浙江，海塘引河出中小亹安流，北大亹沙漲成陸。觀承履勘，丈出地三十五萬餘畝，界民承墾。又以引河既出中小亹，民間失地，以附近村地二萬餘畝撥補。復察各地鹹氣未除，民不能即耕，令竈戶以未種地交民承佃，使竈戶得租，貧民得地。分疏以聞，上嘉之。

督直隸二十年，治績彰顯。以兼理河道，治水尤著勞勩。直隸五大河，永定河渾流最難治。觀承初上官，即疏言：『永定河自六工以下，河形高仰，請就舊有北大隄改移下口，庶水行地中，暢下無阻。』上諭以『改移下口不可輕言』。明年春，上臨視永定河隄。御製詩示觀承。大指謂河隄但可培厚，不可加高；略移下口，取易於趨下，亦補偏救弊之策。是夏，永定河南岸三工汙溝奪溜。上以江南河道總督高斌《豆瓣集漫口圖》示觀承，觀承奏：『豆瓣集為中河餘水漫溢，故可於水緩處施工。永定河若但堵月隄，溢水無歸路。仍塞漫口，偪溜入引河，復故道。』上韙之。又明年春，疏言：『永定河下口掣溜出冰窖壩口。請即於坦坡埝尾東北斜穿三角澱，開引河入葉澱，自鳳河轉入大清河。』廷議以時初過凌汛，慮盛漲挾沙淤澱，令觀承覆奏。奏言：『冰窖壩口掣溜，在上七工尾，低於正河丈二三尺。南距南坦坡，北距北大隄，有漫衍而無衝溢，此地勢之順也。水由壩出，非衝決亦非開放，民情不怨，此人事之順也。凌汛改移，經理有暇，此天時之順也。今日必應改移，不復稍存歧見。至慮盛漲挾沙淤澱，渾水至三十里外，水渙沙停，當無此慮。且臣亦嘗計及，故不使東循龍尾直入鳳河，而引入葉澱，迂其途而廣其地，更可經久無患。』上命尚書舒赫德、河東總督顧琮會勘，如觀承議。自是永定河下口出冰窖。

居二年，復疏言：『永定河下口漸淤。請於北岸六工尾開隄放水。至五道口。導歸沙家澱。仍自鳳河入大清河。』廷議以甫改冰窖下口，何以又請於北岸六工開隄放水，令觀承覆奏。奏言：『冰窖改口後，水勢暢順。上年盛漲，下口十里內淤阻。今請於北岸六工放水，循南埝而行，仍以鳳河為尾閭，實於現在情形為便。』自是永定河下口又改自北岸六工入鳳河。旋請以鳳河東隄及韓家埝隸永定河道，又請於下口北埝外更作遙埝，為勻沙散水之用，並加築鳳河東隄，與遙埝相接。觀承治永定河凡再改下口，相時決機，從之輒利。

河決長垣、東明，命觀承往勘。疏言：『二縣以太行隄為衛，其地南高北下。河南陽武諸縣水北注，賴此隄捍之。康熙六十年後，屢被衝決。請於隄西開新引河，導水入舊引河東注，即以所起土別築新隄。』命如所議。觀承疏請治子牙河，自楊家口至閻兒莊，改支河為正河。復於閻兒莊北循隄濬新引河接黑港舊引河，俱於子牙橋北入正河。疏請治滹沱河，自晉州張岔山口改流，南出寧晉入滏陽河，當順新道。疏請治漳河，自臨漳東南改流趨大名，分支：一出城北，一流入河間。當於河口築壩，斷水南流。疏淤濬河，引水歸故道。皆如議行。又疏濬易州安國河，開渠灌田，賜名曰安河。上以河南巡撫胡寶瑔督民間繕治道路溝洫，令觀承仿行。觀承方令諸州縣以工代賑，修隄埝，濬減河，築疊道，凡三十二州縣。既奉命，奏言：『正定、順德、廣平、大名等地民力易集，近年漳、漆、滏、洺諸水疏通。他處亦先後開工。要使瀝水有歸，農田杜患。』逾年，疏報自大興、宛平東至撫寧，西至易、涿，西南至望都，東南至阜城；復循運河自武清至吳橋，凡二十二州縣，築疊道，開溝渠，諸工皆竟。

直隸北境東自熱河，西至宣化，皆接蒙古界，流民出塞耕蒙古地。永定河改道冰窖之歲，土默特貝子哈木噶巴牙斯呼郎圖議驅民收地。觀承疏言：『貧民無家可歸，即甘受驅逐，而數萬男婦，內地亦難於安置，請簡大臣按治。』上遣侍郎劉綸等往勘，議仍用原定年限，語詳《綸傳》。是歲，理藩院尚書納延泰議撤多倫諾爾鋪司，毋占蒙古游牧。觀承奏：『多倫諾爾自設鋪司，文移資送郵，解餉得棲止，行旅亦堪投宿，並無礙於游牧。今於南茶棚、上渡、轉山子、水泉子諸地量留屋宇，如或藏匿匪類，責所司究治。』

觀承復請熱河編立煙戶，令有司稽察。附近敖漢、柰曼、翁牛特、土默特諸部，副都統歲周巡。理藩院議商人領票赴恰克圖、庫倫貿易，不得往喀爾喀各旗私與為市，並禁張家口設肆。觀承疏言：『禁張家口設肆，商人赴恰克圖、庫倫者日少。內地資蒙古馬羊皮革，蒙古亦需內地茶布，有無不能相通，未見其益。請令商人領票赴恰克圖、庫倫，仍許經過喀爾喀各旗相為交易，但不得久居放債，礙蒙古生計。』御史七十五請於多倫諾爾收稅，觀承奏：『內地茶布自張家口往，毋庸重徵。惟恰克圖、庫倫等地互市，及克什克騰木植，當於多倫諾爾徵稅。』

石衛兵移駐張家口，觀承疏言：『歲支米粟不敷一萬四千餘石。請以宣化、懷來、懷安、蔚、西寧五州縣徵豆改粟米出糶，至張家口糴米，可得八千餘石。又以領催、前鋒、馬兵歲米五之一改折加給，俾兵食有資，而轉輸可省。』兵部議以張家口副將隸察哈爾都統，觀承疏請將邊外七汛隸都統，左衛、懷安仍隸宣化鎮。

漕船自清江至通州，天津為南北運河樞鍵。二十二年，漕船遲至，上命觀承督民船起剝。觀承於北倉設席囤貯米，令交兑船泊北倉南，起剝船泊北倉北，皆傍東岸。一幫限二里，同時起米不相妨。西岸行空船，計日畢事。疏請發庫帑給腳價，明歲新漕歸款。二十四年，上以北運河水淺，截先到漕艘留米四十萬石貯北倉。觀承疏言：『前幫截留，後幫繼進，為日無多。請以剝為截，令先到各幫每船剝若干，使得輕便，餘米仍抵通州交兑。應截五六百船全米，匀為千船半米。俟河水漲發，繼進之船，淨送無阻。』諭獎其妥協。上以各省錢貴，用山東布政使李渭議，禁富民積錢，家限五十串。觀承奏：『富民積錢，勢不能按戶而察之。與其限所積不能稽所入，請令交易在三十兩以下者許用錢，過是即用銀，違者收以官價。富民積錢，諭令易銀，違者以十之二入官。至尋常出入，應各從其便。』上問：『成效若何？』觀承言：『富戶錢漸出，市值亦平減。』廷議各省糴米，商人往往藉口昂值，下觀承覈議。觀承疏：『請需米省分具款交產米省分，令有司代購。則牙儈不敢抗地方官教令，操縱自如。』疏並下部議行。

觀承督陝、甘，董理儲糈，送駝馬，運糧茶，上敕以妥速為要。方冬，疏言哈密至巴里坤大坂積雪，遣兵剷除，請日加麪四兩。在陝、甘四閱月，即返直隸。觀承蒞政精密，畿輔事繁重，乘輿歲臨幸，往來供張。值西征師行，具營幕芻糧，未嘗少乏，軍興而於民無擾。尤勤於民事，嘗請以永定河淤灘，隄內外留十丈，備栽柳取土，餘畀守隄貧民領耕輸租。又請以永定河葦地改藝秋禾；又以麥田牧羊，奏請申禁。又舉木棉事十六則，為《圖說》以進，上為題詩。溝渠疊道工竟，又請將欒城、柏鄉、內丘、定興、安肅、望都諸縣改築甎城。涿州拒馬河橋圮，令改建石橋。又重建衡水縣西橋，請賜名安濟。政無鉅細，皆殫心力赴之。

二十八年，上命勘天津等處積水，責觀承玩誤，下部議奪官，命寬之。御史吉夢熊、朱續經交章劾觀承，上諭曰：『觀承在直久，存息事寧人之見。前以天津等處積水未消，予以懲儆，而言者動以為歸過之地。直隸事務殷繁，又值災歉，措置不無竭蹶。言易行難，持論者易地以處，恐未必能如觀承之勉力支持也。』三十年，上南巡，賜詩。三十三年，病瘧，遺醫診視。八月，卒，賜祭葬，謚恪敏。御製《懷舊詩》，入五督臣中。子維甸，自有傳。

著録

清 愛新覺羅・玄燁《木棉賦・序》 木棉之為利，於人溥矣。衣被禦寒，實有賴焉。夫既紡以為布，復擘以為絖。卒歲之謀，出之隴畝，功不在五穀下。嘗稽之載籍，『島夷卉服』，注以為吉貝即其種也。然止以充遠方之貢，而未嘗徧植於中土。故《周禮》『婦功』，惟治蠶、枲；唐徵庸調，但及絲麻。至木棉之種，後世由外蕃始入於關、陝、閩、粵。今則遠邇貴賤，咸資其利。而昔人篇什，罕有及之者，故為之賦。

清 方觀承《棉花圖・呈覽》 太子太保直隸總督臣方觀承謹奏：為恭進《棉花圖冊》，仰祈聖鑒事。竊惟五十非帛不煖，王政首重夫蠶桑，一女不織則寒，婦功莫亟於絲、枲。然民用未能以徧給，斯地利因之而日開，惟棉種別菅、麻，功同菽、粟，根陽和而得氣，苞大素以含章，有質有文，即花即實。先之以耰鉏耔穮，春種夏耘；繼之以紡績組紝，晨機夜杼。蓋一物而兼耕織之務，亦終歲而集婦子之劬，日用尤切於生民，衣被獨周乎天下。仰惟我皇上深仁煦育，久道化成，巡芳甸以勤農，播薰風而阜物，攬此嘉生之蕃殖，同於寶稼之滋昌。臣不揣鄙陋，絛舉棉事十六則，繪圖列說，裝潢成冊，恭呈御覽。夙在深宮之咨度授衣，時詠《豳風》，冀邀睿藻以品題博物，增編《爾雅》，為此恭摺具奏，伏祈聖鑒。乾隆三十年四月十一日奏。奉旨冊留覽，欽此。

臣方觀承謹奏：為恭繳御題《棉花圖冊》，奏謝天恩事。竊臣前於行營繪列《棉花圖說》，恭呈黼座，仰蒙睿鑒品題，特賁天章炳煥，伏承宣示，欣幸難名。欽惟我皇上德備文明，思參造化，虞絃播煦，慶解慍以歌風；豳管迎寒，厪授衣而奏雅。千載補農桑之政，洵稱比穀比絲；九重悉耕織之謀，詎曰問奴問婢。章成十六，義蘊萬千。觸類旁通，秋實春華之並採；仰觀俯察，經天緯地以為文。增神農耒耜之經，古今未有繼。聖祖木棉之賦，先後同揆，臣以弇鄙，竊忝賡颺，兹奉諭旨，準臣將所作詩句，書於每幅之末，圖冊繳進，摹本付刻。念奇温之楨功，益著於表章；顧己細之嗚恩，並承夫觀聽。臣不勝感激榮幸之至。謹奏。乾隆三十年七月十六日，奏奉旨，知道了，欽此。

清 方觀承《木棉賦・跋》 臣謹案：棉古作緜，凡純密者之通稱。今隸從木，以別於絲，而其名乃有專屬，稽之載籍，實曰吉貝，亦稱古貝。《禹貢》：揚州厥篚織貝。傳謂貝即吉貝，木棉之精好者。蓋自草衣卉革，桑土初蠶，其事已與稼穡並興矣。周官典婦功之職，既絲、枲並掌，又別設典枲，掌布、絲、縷、紵之麻草之物。明其為類衆多，所治非一務也。而箋疏者胥略焉。迨齊、梁間，職方始能詳其物土與其名類。迄於唐，而木棉多見歌詠，然大抵言樹高尋丈者耳。今之庳枝弱莖，花如葵而實似桃，春種秋斂者，民間但呼曰棉。故謂布為棉布。唐宋時滄、邢、趙、貝諸州嘗貢之。而明人王象晉謂北土廣樹藝而昧於織，南土精織紝而寡於藝。似亦未為篤論也。洪惟我聖祖仁皇帝省方勤民，幾餘閱覽，謂棉之功不在五穀下，摛揚天藻，著為鴻篇，昭垂萬古。恭逢皇上御治之初，纂緝《授時通考》一書，特以桑餘之利，木棉最廣，詳加採録，以輔農功。其事益與耕桑並重。國家際重熙累洽之會，濊澤涵濡，太和亭育，地不愛寶，厥生益蕃。臣備員畿輔，伏見冀、趙、深、定諸州，屬農之藝棉者什八九，産既富於東南，而其織紝之精，亦遂與松、婁匹。仰賴聖主福佑，頻歲告登，畿民席豐履厚，煦嘔於如春之温，更以其餘，輸溉大河南北憑山負海之區，外至朝鮮，亦仰資貿販，以供楮布之用。蓋其本土所出，疏浮而不韌，不中紝練也。夫西域之屈眴、高昌之白疊、海南之鳥驎、文縟，皆木棉類耳。而前史豔稱之，非以産自遐陬，梯航難致哉。今者聲教四訖，天方大食，自古不賓之人，重譯獻琛。罽錦氷絲，充斥外府，等諸常珎。惟此黄穰青核，含暄抱陽。日滋阜於周原膴膴之間，人習耕鉏，家勤織作，使夫林林總總者，不藺絲而纊，不狐貉而裘，豈非挾輿之瑞産，昌生之靈貺耶。古者樹墻下以桑，而五十可以衣帛，時猶未能徧澤也。今則無老幼貧富，取不窮而求易給，衣被天下之利，博於隆古矣。臣職在宣畝，謹以咨茹所及，自棉之始藝，以至成章受採，列為十六事，各繪為圖，圖系以說。恭録聖祖仁皇帝御製賦於冊首，上呈黼座，以仰承聖主茂時育物，為斯民開衣食之源者，至周悉爾。直隸總督臣觀承恭跋。

《清通志》卷一一三《圖譜略一》　《棉花圖》，謹按是圖乃直隸督臣方觀承所進。昔聖祖御製《木棉賦》，備詳吉貝所自起。及種植流傳，實闡古今之秘。我皇上厪恤民，依藻詠始末，固將與蠶桑浴繭同，衣被萬世也。

（光緒）《重修安徽通志》卷三四一《藝文志·子部二》　《棉花圖說》，方觀承著。

藝文

清　張四科《寶閑堂集》卷三《題宮保方公觀承棉花圖歌同方士庶作》

垂裳而治稽往古，始養蠶桑漚麻苧。棉花或云厠貢篚，未拯天下寒者苦。細纑白疊著蠻方，迦羅婆刧徵梵語。厥種有二木與藤，藤本晚近入中土。四月下種七月收，所望皇天不淫雨。著花燁燁金錢側，結實茸茸鶖毳吐。載彈列肆既抨弓，促織深閨方抱杼。奇温遂不滅毛褐，賤直尤堪覆貧窶。舒州尚書開幕府，風化仰承恭儉主。故使良工寫作圖，枝葉扶疎色鮮嫮。更傳方法勸栽培，欲致黔黎盡陽煦。便同廣厦與大裘，不比《茶經》復花譜。吁嗟乎！蠶桑之利豈不溥？奢僭轉滋莫能沮。衣馬寧惟豪貴流，緑履乃至臧獲伍。安得伐桑滅蠶塞其源，但植棉花徧寰宇。

欽定授衣廣訓

傳記

（嘉慶）《清一統志》卷二八六　董誥，字雅倫，邦達子，乾隆癸未二甲一名。進士，授編修，歷官工、戶二部侍郎，戶部尚書，加太子少保。嘉慶元年，晉東閣大學士、太子太保。母喪服除，授文華殿大學士，晉太子太師，再晉太保。卒，謚文恭，晉贈太傅。誥在樞禁垂四十年，臺灣、廓爾喀平，圖形紫光閣者再，兩朝恩遇之隆罕有倫匹。然其抑然自下，清節不欝，接物以和，處事以慎，固不可及也。善書畫，《石渠寶笈》編目收入盡本甚夥。

清　秦祖永《續桐陰論畫》　董誥，字西京，號蔗林。邦達子，乾隆二十八年癸未傳臚。工詩、古文、詞、畫，稟承家學，雅有名譽。嘉慶時卒，年七十以外。

《清史稿》卷三四六《董誥傳》　董誥，字蔗林，浙江富陽人，尚書邦達子。乾隆二十八年進士，殿試進呈卷列第三，高宗因大臣子，改二甲第一。選庶吉士，即預修國史、《三通》《皇朝禮器圖》。散館，授編修。三十二年，命入懋勤殿寫金字經為皇太后祝嘏。次年，大考翰詹，因寫經未與試，特加一級。尋擢中允，丁父憂。三十六年，服闋，入直南書房。初，邦達善畫，受高宗知。誥承家學，繼為侍從，書畫亦被宸賞，尤以奉職恪勤為上所眷注。累遷內閣學士。四十年，擢工部侍郎，調戶部，歷署吏、刑兩部侍郎，兼管樂部。充四庫館副總裁，接辦《全書薈要》，命輯《滿洲源流考》。四十四年，命為軍機大臣。五十二年，加太子少保，擢戶部尚書。臺灣、廓爾喀先後底定，並列功臣，圖形紫光閣。

嘉慶元年，授受禮成，詔朱珪來京，將畀以閣務，仁宗賀以詩。屬稿未竟，和珅取白高宗曰：『嗣皇帝欲市恩於師傅。』高宗色動，顧誥曰：『汝在軍機、刑部久，是於律意云何？』誥叩頭曰：『聖主無過言。』高宗默然良久，曰：『汝大臣也，善為朕輔導之。』乃以他事罷珪之召。時大學士懸缺久，難其人。高宗謂劉墉、紀昀、彭元瑞三人皆資深，墉遇事模棱，元瑞以不檢獲愆，昀讀書多而不明理，惟誥在直勤勉，超拜東閣大學士，明詔宣示，俾三人加愧勵焉。命總理禮部，仍兼管戶部事。二年，丁生母憂，特賜陀羅經被，遣御前侍衛、額駙豐紳殿德奠醊。

誥既以喪歸，川、楚兵事方亟，高宗欲召之，每見大臣，數問：『董誥何時來？』逾年，葬母畢，詣京師，和珅遏不上聞。會駕出，誥於道旁謝恩，高宗見之，喜甚，命暫署刑部尚書，素服視事，不預典禮，專辦秋讞及軍營紀略，且曰：『誥守制已逾小祥，不得已用人之苦心，衆當共諒。』尋以王三槐就擒，與軍機大臣同被議敘。四年春，高宗崩，和珅伏誅，命誥復直軍機，晉太子太保。既，服闋，授文華殿大學士，兼刑部尚書如故。高宗山陵禮成，命題神主，晉太子太傅。七年，三省教匪平，予騎都尉世職。十二年，《高宗實錄》告成，詔以誥在館八年，始終其事，特加優獎，賜其父邦達入祀賢良祠。十四年，萬壽慶典，晉太子太師。充上書房總師傅。十七年，晉太保。

十八年，扈從秋獮。林清逆黨突入禁城，時回鑾，中途聞變，有議俟調大兵成列而後進者，誥曰：『是滋亂也，獻俘者行至矣！』卽日扈駕進次，人心乃定。窮治邪教，誥謂：『燒香祈福，愚民無知，率所常有。惟從逆者不可貸。』凡論上，皆以是定讞。林清既誅，滑縣逆匪尋平，論功，送被優敍，賜子淳為郎中。二十年，因病請致政，溫詔慰留，改管兵部。未幾，復命管刑部。二十三年，再疏乞休，許致仕食全俸。是年十月，卒，贈太傅。上親奠，入禮賢良祠，賜金治喪，御製詩輓之，嘉其父子歷事三朝，未嘗增置一畝之田、一椽之屋，命刻詩於墓，以彰忠藎。謚文恭。

誥直軍機先後四十年，熟於朝章故事，有以諮者，無不悉。凡所獻納皆面陳，未嘗用奏牘。當和珅用事，與王杰楮柱其間，獨居深念，行處幾失常度，卒贊仁宗殲除大憝。及林清之變，獨持鎭定，尤為時稱云。

著録

清　愛新覺羅・顒琰《欽定授衣廣訓・諭旨》　嘉慶十三年九月二十四日，內閣奉上諭：朕勤求民事，念切授衣編氓禦寒所需，惟棉之用最廣，其種植紝紡務兼耕織。從前聖祖仁皇帝曾製《木棉賦》，迨乾隆年間直隸總督方觀承恭繪《棉花圖》撰說，進呈皇考高宗純皇帝嘉覽之餘，按其圖說十六事，親製詩章，體物抒吟，功用悉備。朕紹衣先烈軫念民依，近於幾暇，敬依皇考聖製原韻，作詩十六首誠以衣被之原，講求宜切生民日用所繫，實與稼穡蠶桑並崇本業。著交文穎館敬謹輯爲一書，命名《授衣廣訓》，首載聖祖仁皇帝聖製賦，次載皇考高宗純皇帝聖製詩，再將朕御製和韻詩載入。其方觀承所進圖幅並發，交如意館仿照鈎摹，同原冊所進圖說等件一併存載。俟書成，呈覽刊刻頒行以垂永久，欽此。

清　陳希曾等《欽定授衣廣訓・呈文》　大學士臣董誥等跪奏，臣等奉敕編輯《授衣廣訓》告成，謹奉表上，進者伏以皇春播煦五絃葉薰阜之風，聖渥覃津彙被曣溫之氣；採古奏於明堂月令，治拱垂裳；課廣生於蔀屋歲功，恩釀挾纊；變陰陽而調五韙，祁寒廑衣褐之咨；教樹藝而兆四秋，重燠佐壓桑之用。俾宜物土，實裨民生。臣等誠懽誠忭，稽首頓首，上言：竊惟貢登卉服，厥篚紀自夏書；種釋木棉，異品疏於蔡傳。草衣乍革，卽彰貝錦之交；桑土既蠶，兼採島蠻之制。細纑紉繭，更傳艸實於高昌；斑布抽絲，爰擷花柎於林邑。呵羅單國，偕具葉以齊來；中大通年，儷藥香而入獻。腰邊橫幅，宋祁載筆於唐編；口外吹緜，張勃纂言於吳録。字區古吉，莫詳繁露之書；種別吳滇，誰唱班枝之曲。鷓鴣飛畔，憶度嶺之年時；䳍鳩鳴餘，值播沙之節序。梵夾分從西域，曾志睒婆；法衣傳自南宗，亦名屈眴。輕逾纖羽，合號鳥驎；軟勝氄茸，特珍鵝毳。唐昌一樹，瓊枝並玉蕊之花；河鼓七襄，白緤勝明光之錦。春風雙袖，著來定是奇溫；冬月複襦，不信猶餘釄冷。是則耘逢鳥緯，程功分東作之餘；貺比龍精，利用在西陵而外。蘭干蒲練，遜此純襛；葛越橦華，慙其麗密。然而白旄紕罽，爻閭祇菉昆侖；黃潤比筒，任土僅聞梁益。是以班書四十五日，但詡績緉；唐代長短中功，不關庸調。此等於一女不織，而或受之寒；將何以九州同貫，而永享其利也。欽惟皇帝陛下化協甄陶，功隆亭育。慶雲溥圜吉，輝騰建木之邱；瑞日龜暾靈，曜燭榑桑之圖。地不愛寶，蕓生胥効其功能；天必因材，百族咸歸於煦嫗。開物成務，乃亦有秋；率事勸功，所其無逸。盡人性斯及物性，一民寒而曰己寒。嘉茲吉貝之名，實冠羣芳之譜。丹毫掞賦三百言，全摛天地之文；瑯管題詩十六章，兼備春秋之氣。圖呈寶鑑，丹青進豳館之篇；歌贊彤廷，珉石勒蠶臣之作。欣際重華纘服，念先烈而蹟炳；金繩繼照敷綸，眷民依而怗繙。翠墨鈎摹粉本，邀乙夜之披吟；番疊瑤牋布辰，猶於題品。枬諸門而授簡，薈全帙以編蒲。攡圖用暢其鈲摫，系說首詳於種植。選來青核，禁烟趁百五之辰；墢徧白沙，泠風帥中央之勢。蓬蓬曉翠，人來方罫畦邊；岸岸春流，樹靜桔槔聲裏。功同除莠，行疏簦笠之間；事等決蕓，影動鉏犁之外。似摘茗而不聞伐鼓，餘椵挺之三椏；類修桑而無俟提筐，膹蓱衢之四布。作花作絮，後先分南北之梭；宜白宜黃，採擷戒霜風之信。景催西顥，披殘萬朵晴雲；曝向南榮，堆作一庭飛雪。抱絲貿得，載從秋水估航；策蹇駝來，歸趁斜陽墟市。軸膏轉處，既左旋而右抽；珠顆拋餘，用取材而落實。蠟絃揚抑，皆引商刻羽之音；緼絮溟濛，有擘柳搖蘆之態。箸簮細卷，乍撚冰條；鬆幾勻排，新挼玉箸。熒熒篝火，蟋蟀入而庭戶寒；軋軋繅星，絡緯鳴而機杼急。南牀北架，觸牽鞲扇之輪；五躡七籆，機引轆轤之緒。支稜絡處，辮稱漿清；盆手繅時，濕宜風戾。受經持緯，縱橫出自鴛梭；挈綫攀花，熨帖平於鳳鑷。彈棋織就剪裁，傳黃媪之遺；鈿粟量來尺幅，準吳淞之様。精曰氎，而纛曰貝。美自含章三入纁，而五入緅白宜受採。此皆執繩抱表，關宵旰之經綸；裁法絜仁，稟宮廷之制度。面審乎人官物曲，半織半耕；酌劑乎佩實銜華，至纖至悉。詠歌勤苦，迎寒息臘之詩；軫恤艱難，被毳荷旃之侶。氣迴陽畹，儷賜褚以章身；候釋凜威，詎澼洸而皸手。密逾五緎，非鬬靡於良裘；燠過八蠶，異徵祥於獨繭。風敦賁素珍，吹綸吹絮之奇物；斥驅華袪，浣火浣灰之製裁。成造化書，豈僅農家者流；茂育羣生術，本是齊民之要。臣等幸忝館局，獲與編摩。欽實思之集大成，竚珍鐫而快先睹。宸章炳煥，淵彝訓以垂訓詞；德產精微，本紹衣以宏衣被。補桑餘於通考，徵名晰草木之蕃；攬芸帙而周知，譜韻挈風謠之細。從此課饒萌隸，徧播琴於麻土絹鄉；志陋梧潯，逾纂組於氷紈雲錦。福原富本，咸思纖纊之遺；崇樸黜奢，遠軼弋綈之儉。曰：安且燠服其服而彌感在躬，惟愛斯臧布似布而漫矜博物。敍攀示式，疇八極於祥風和氣之中，黼袴興歌，躋一世於化宇春臺之上。臣等無任瞻天仰聖，踴躍懽忭之至，謹奉表隨進以聞。嘉慶十三年十二月十二日，大學士臣董誥、協辦大學士臣戴衢亨、工部尚書臣曹振鏞、吏部左侍郎臣潘世恩、戶部左侍郎臣英和、禮部左侍郎臣桂芳、禮部右侍郎臣秀寧、刑部右侍郎臣周兆基、工部左侍郎臣陳希曾等，稽首頓首謹上。

清　董誥等《皇帝御製題棉花圖・序》　衣被繫民生之命，絛桑事重豳圖；諮諏廣物土之宜，服卉制原禹貢。名沿吉貝，植異木而呼棉；譜冠羣芳，莖作花而吐雪。溯自奎文，首煥賦心涵宇宙之春；洎夫畺吏，臚陳繪事絢穠纖之採。荷宸篇於黼座，十六標題；軫民莫於沙區，九重洞矚。貞珉細勒，圖系說以增輝；寶墨珍函，賡載歌而不朽。緬心臧之垂訓，寧一夫或受之寒；匱力作以授時，惟大地不愛其寶。祇繙舊帙宛覯熙臺，舍下隰而就高；邃功每同夫穮蓘，竢取材而期落。實利遂溥於垓埏，若乃選核、培根、種分、晚植、疏畦、汲井、候驗、陰晴，由三耘以逮七耘，似良苗之去莠；許一摘而仍再摘，如佳茗之抽萌。實亦稱花，絮含苞而簇錦；暄還徍曝，場溢箔以堆雲。入市肩頳，販易直參菽粟，踏車子淨，簸揚似絕秕穅。彈木弓而引蠟弦，和鄰舂之相杵；卷花筩而扞竹管，憑食案以搓條。絡緯聲暄，綫隨輪其軋軋；經床影直，縷列架兮紜紜。漿與刷相須湯經幾沸，杼隨機互運緒豈虞。棼縱橫合以文成，依然太素；練染深而質判，美矣含章。綜半耕半織之勞，非一手一足之烈。圖披甲乙，本閭閻襦袴之源；課閱春秋，寓廊廟經綸之用。比絲人之納賦，繭繅皆出自寒閨；匪園客之呈奇，刀尺預謀夫晚歲。麗密數純綿之美，八蠶詎侈江鄉；勤劬類終畝之艱，九扈交資農正。憶昔深憐裋褐窮檐，敷挾纊之仁；撫茲轉厭羅紈前殿，韙焚裘之詔。處細旃廣廈而不忘皸瘃，曰寒燠相彼小民；合近畿遠服而共煦溫暾，維宵旰敦斯本計。拈毫寫韻，陋海隅空羨紫茸；體物摛詞，冀日下同歡黃襖。敬成七字，敢繼元音。嘉慶十三年九月二十五日奉。

清　董誥等《欽定授衣廣訓・跋》　欽惟我皇上知依無逸，丕顯前猷，頃陳耕織之圖，方攄耀奎章，上繼累朝寶翰，聖思愈恢彌廣，以棉事繫民夙垂鴻旨，紹衣載切，宸藻渙揚，日新富有，至矣哉。古者物土宜而布利，有稗乎閭閻，衣食必周諮旁採，博民於生殖之途。故聚斂疏材既用，益三農輔九穀，而縷紵麻草，諸足以佐婦功，職在典枲，曷嘗不豫謀纖悉。然歌詩所勗，未聞偏計，若棉為織貝，姒氏以來，僅陳篚貢，非如絛桑，載績於貉，取貍為廟堂，賦授衣歌卒歲之所徵及者。我聖祖仁皇帝秉開物成務之模，緯文幾暇，體物徵名，而厥種與五穀比崇焉。高宗純皇帝欽若授時，編列桑餘之葉，屬畺吏進繪，寵弁璿題，程功紀緒，而厥課與八蠶並著焉。睿製引伸紬繹，縷其原委，悉其形質，罄其功用，沙土之胼胝，葦箔之拮據，化工肖象，匪繪所及，猗歟民事，靡重於今日矣。夫利開萬世者，必事經數聖。庖犧化蠶為絲，神農耕桑究年，受福軒皇紹之稱，織維以勸蠶稼而後服用，洒臻大備。今聖聖相承，式廣厥訓，經繪之溥，衣被之周，奚啻啟鴻濛神天造哉？《易》曰：束帛戔戔，或謂棉即帛。《廣雅・釋器》以紬訓棉，釋名曰：棉猶湎，湎柔而無文，繄博物諸儒約畧見聞。蔑由折衷，仰稟作述，顯蒙昭曠，夘際重熙，累洽天和，咸受穀雨梅信，序以不愆。惠液所被，瀛還遐均，桃裂絮現者，哇畛一色。黃葵丹茶，珠珣鵝毳，吉貝古終之殊，攀枝娑羅之別，取質於野夫，三緒五維，南牀北架。伽毗梁潯梧之法，鳥驎白氎之文，諳習於紅女，穀人絲人，實兼其利，荷鋤秉杼，何以加茲。伏誦高廟聖製其一六章，有敬纘神堯耕織圖之句，明乎事相表裏也。茲賡和抒吟，適踵耕織，先後之揆，昭然合符，而本計並足豐穰，騈致倉庚，筐筐充牣，蔀屋挾纊嬉娱者，春溫倍增，化日彌永。臣等敬仰纘緒，延洪覘阜，康而慶昌，遂敢罄愚檠燭，以奉揚聖世無疆之庥。臣慶桂、臣董誥、臣載衢亨、臣托津、臣趙秉沖、臣英和拜手稽首恭跋。

清 丁申、丁丙《八千卷樓書目》卷一二《子部·譜録類》 《欽定授（時）［衣］廣訓》二卷，嘉慶十三年董誥等奉敕撰，殿刊本。

《清續文獻通考》卷二七四《經籍考十八》 《欽定授（時）［衣］廣訓》二卷，嘉慶十三年大學士董誥等奉敕撰。誥，字蔗林，浙江富陽人。乾隆癸未傳臚，官至文華殿大學士，謚文恭。

《清史稿》卷一四七《藝文志三·農家類》 《授衣廣訓》二卷。嘉慶十年，董誥等奉敕撰。

木棉譜

綜述

清 周中孚《鄭堂讀書記補逸》卷二一《子部·農家類》 《木棉譜》一卷，《藝海珠塵》本。國朝褚華撰，履貫見史部地理類。木棉爲吾邑地土所宜，其利視稻麥爲溥，其種植較華婁爲多。文洲特考其原始，臚其種收之法，與夫織紝之器，貿易之利，無不講求。其爲桑梓計久遠者，至深切矣。

傳記

清 周中孚《鄭堂讀書記》卷七一《集部一之下》 華字秋萼，號文洲，上海人。

清 孫原湘《天真閣集》卷四九《褚文洲小傳》 嘗問吳下詩人於袁隨園，公曰：長洲吳玉松、上海褚文洲、華亭張子白，客而僑吳者林遠峯、方大章，皆一時眥目也。玉松、大章，余識之。其三君者，轆轤胷中已。而於李味莊備兵席間，識遠峯，由遠峯得交文洲。文洲淵疎落拓，不事生人產，所居老屋，蕭蛸網户，性不近女。入其室，垂簾閉目，如退院老僧。時游酒肆，跌宕於歌裠舞袁之閒，則又酣嬉淋灕，極嘯傲魁壘之致。與予一見傾倒，拉入酒家，予不勝杯杓，君連釂巨觥，酕陶竟醉，朗誦其《已未新春書事》諸作，引所佩刀擊案，且擊且誦，座皆駴爲狂生，有避去者。時備兵主持東南壇坫，士翕然歸之，而吳穀人洪稚存諸先生，亦時時來游。文醼無虚日，文洲韜精沉飲，無蚤莫醉，不一載竟以醉死。君童齔卽以詩受知同縣曹畏壘，爲之延譽，今集中古樂府，及詠史諸什，皆少作也。薄遊吳越，與諸君子濡染鏃礪，詩格益雄放。阨窮連蹇、思慕侘傺、無聊不平、可喜可愕，悉於詩焉發之。其奇崛處似昌黎，其汗漫處似東坡，亦間爲朱絃清汜近大曆十子。蓋其清氣宿心，發於妙指，非以學而能，故無學而不能也。所著有《寶書堂集》《海防輯要》《木棉譜》《水密桃譜》，《硯譜》。殁後無子，書多散佚，其友改七薌謀諸李筍香光祿，爲鍥其詩，僅得八卷。烏虖！文洲可以勿死矣。君名華，字秋萼，文洲其自號，上海諸生也。

著録

清 周中孚《鄭堂讀書記補逸》卷二一《子部·農家類》 《木棉譜》一卷，《藝海珠塵》本。

清 丁申、丁丙《八千卷樓書目》卷一二《子部·譜録類》 《木棉譜》一卷，國朝褚華撰。藝海珠塵本。昭代叢書本。

清 張之洞《書目答問》卷三《子部·農家第五》 《木棉譜》一卷，褚華。珠塵本。

清 劉錦藻《清續文獻通考》卷二七〇《經籍考一四》 《木棉譜》一卷，褚華。

又 卷二七二《經籍考一六》 《木棉譜》，褚華。

又 卷二七四《經籍考一八》 《木棉譜》一卷，褚華撰。華，字文洲，江蘇上海人。

《清史稿·藝文志三》卷一四七 《木棉譜》一卷，褚華撰。

雜録

清 蔣超伯《南漘楛語》卷三《木棉》 種棉之法，以褚華譜為最詳。謝疊山有《謝人惠木棉詩》，詩中言『江東無木棉』，乃角齒不兼與之理，則宋季三吳，猶未植也。

清 農工商部《棉業圖説》卷四 《木棉譜序》徐子先吉貝一疏，載棉之利最詳，今遍宇内，且功力視苧葛甚省，績苧葛，日以錢計，紡棉四日，而得一斤。今北土廣樹藝，而昧於織；南土精織紝，而寡於藝。若以北之棉，學松之織，利當更倍。

種棉實驗説

清 黄宗堅《種棉實驗説·序》 宗堅食力於農，三十年於兹矣。於種棉一事，粗有心得。竊謂精意講求，每畝所穫當較常田贏錢千有奇。考上海有田六千八百五十二頃，棉田居其七。若每年每畝，多收千錢，則歲贏四十七萬九千六百餘千矣，其利固不溥哉。謹就平日閲歷所得，寫公諸世，名之曰《實驗説》，明其非紙上空談也。光緒戊戌上海黄宗堅。

清 黄宗堅《種棉實驗説·羅振玉跋》 右《種棉實驗説》，上海黄君所著。其所紀述，得之目驗，不同肊説。其辨别土宜，尤爲精審。至謂棉田有地蠶，則多下種以妨傷損，與美國種棉述要所述正同。可見農家果能悉心考驗，不必竟遜西人也。節要刻之，俾種棉者取資焉。上虞羅振玉跋。

《清續文獻通考》卷二七四《經籍考一八》 《種棉寔驗説》一卷，黄宗堅撰。

植棉纂要

清 饒敦秩《植棉纂要·跋》 是編爲予四年前，從公農政局時所纂。凡土地之宜忌，種植之利病，種類之優劣，以及古今中外之異同，靡不詳搜博載。植棉者倘能按法求之，當無或失。惜當時爲忌者所尼，未能刊行。徒負方伯許公創興農業利賚川民之善政。今春浪跡成都，見正月十一日振興棉務諭旨，飭農工商部詳細攷查各國棉花種類、種植成法。分別採擇，編集圖説，頒由各省督撫督率。認眞提倡，設法改良，朝廷關心農政，加惠民生之意至矣。恭讀之餘，其心不禁怦怦欲動。攷環球商業中，以棉花一物獨占多數。近來洋布、洋紗進口日增，民間紡織之業，幾盡爲所奪。而川省受禍爲尤巨，緣蜀農素不務棉。内地所需紗布，皆仰給於外。每年輸出數千萬金。小民之脂膏，幾何不將朘削日罄乎？況今煙禁日嚴，土葯之利，又將竭矣。此體念民依者，所欲亟起而挽救也。予近雖以頑拙見擯，而公益公利之心，終不能忘。因將曩日所纂之書，勉力付之手民，冀爲當道壤流之助，川民取法之資云。光緒三十四年四月朔二日，耐叟饒敦秩跋。

棉業圖説

清 農工商部《棉業圖説·奏》 光緒三十四年正月十一日奉上諭：近年來紗布進口日益增多，實為漏卮之第一大宗。民間紡織漸至失業，固由工作之未精，尤因種植之不善。利源外溢，何所底止。查美洲等處棉花種類精良，莖葉高大，花實肥碩，所出之絨細韌，而長織成之布滑澤柔軟，勝於内地所産數倍，皆由外國農業家於辨別種類，審度土性燥濕，考驗精詳，故能地産日精，商利日厚。中國棉花質性較遜於外國，種植又不講求，南北各省間有數處所産較勝，而培植仍多鹵莽，是必須博求外國嘉種，採取培養良法，料美工精，自能廣行各省，保全利權。著農工商部，詳細考查各國棉花種類，種植成法，分別採擇，編集圖說，並優定奬勵，種植章程，頒行各省，由該省督撫等督率，認真提倡，設法改良。其果能改良之棉花紗布，經過各關卡應如何優加體恤，並著稅務處妥籌辦理，以資暢銷。該部未經頒章，以前著各省督撫先行體察該省情形，勸諭商民實力籌辦，或選擇官地試種，或集股設立公司，多方鼓舞，所屬地方官及紳商如有切實創辦，早著成效，應令將所產棉花送部查驗，準其奏請優奬，此乃興利急務，勿得視為具文，致負朝廷振興農務惠利民生之至意。欽此。

通屬種棉述略

清　朱祖榮《通屬種棉述略・序》　棉花為通屬出產一大宗，大布之名，尤馳四遠。自昔商旅聯檣，南北犇湊，歲售銀百數十萬。咸同以來，增開五口，互市通利。西人又購我華棉與美棉、印棉攙用，出布甚佳。而吾通之花市日益盛，歲會棉值增至數百萬，此通花以為最有名也。然惟土鬆宜棉，種之者廣，故出之者多。其實種植之法，尚未盡善。蓋東南一帶稍知疏種，能肥多收，然科間僅六七寸耳。西北一帶惟貪密種，科間二三寸，不能肥，肥則青酣，反致少收。是西北失之，而東南亦未為得也。考《農政全書》，述齊魯及餘姚種法，率二尺三尺一科，畝收二百三百斤，歲以為常。此相傳之古法也。今之歐美等洲，種棉之法相隔尺有二，或尺有八，畝可收二百六七十斤，與我古法相合。然則今之種棉者，苟參用新法，即以復我古法，而收穫必益豐，生息必益廣，更能兼種洋棉與華棉攙用，仿機器以織印花細布，其獲利益可無量，是則祖榮所進望於吾鄉者矣。

《清續文獻通考》卷二七四《經籍考一八》　《勸種洋棉說》一卷，朱祖榮撰。

棉業改良發明書

清　張振勛《種棉譯本・序》　中土嚮無棉產，古所謂綿，擘繭爲之，非今所謂棉也。交州之木棉，林邑之古貝，南詔平緬之娑羅樹，其絮皆可紉織，亦非今所植之棉。《南史》：高昌國有草，實如繭絲，國人取織爲布，甚軟白，交市用焉。此爲西棉入中國之始。《南越志》：桂州出古終藤，實如鵝毳，核如小珠，治去其核，紡如絲綿。《本草》謂此種出南番，宋末流入江南，後乃徧及中州。此爲南棉入中國之始。由此觀之，棉產皆來自異國，從古已然矣。嶺表棉花，大都古終遺種，今謂之土棉，匹婦植之，樹小花稀，收成歉薄。通商以後，洋花盛行內地，民爭購用。歲括金錢以去者日增，而土棉之植日益尠，非特漏巵貽患於民，業亦荒棄也。振勳生長田間，畊植素所講求。竊意吾粵地近溫帶，植棉爲宜。前二十年迭次購種、試種，迄無大效，推原其故，多因種性燥濕未分，或遠來霉壞，或蒔之未得其時，糞之不以其道，或爲蟲所傷，非土宜之失也。環球棉產以美國爲最盛，近年出口棉花，歲獲美金約五百兆。岑宮保督粵電致駐美星使，購大本棉種，寄粵勸種。振勳請若干，分給鄉人，多未之信。獨舍間植之，以歲丁未正月下秧，二月移種，五月逐漸開花，採至十月而止。其幹高二尺許，莖徑五六分，毬大寸餘，一毬之花重二分半、三分不等。瑩白光潔，見者悅目。是歲畝收純花三十餘斤。又明年更種，枝幹高三尺以上，畝收花百斤有奇矣。他處種不如法則又遜此。振勳乃益郵書海外，再購若干種，詳求其培植之方。得周星使寄到美國植棉書十本，伍侍郎寄到書十二本。概付南海趙君志松譯之，芟其繁複，分類編輯，都爲六卷。與黃觀察榜書共訂之。其書首言選種，次土宜，次培壅，次治蟲，以及摘花、碾仁、綑載、發售，諸法皆備。而選種爲尤要，次推言棉仁可以爲油，爲粉，爲食品，爲豢具，爲鹹，爲糞料。下及糠殼枝葉，靡不有用，無一棄者，而棉油爲尤重。其所表列一，伊格地可得純花若干，值美金若干。棉油各種，又值若干。考覈最爲詳盡。中土祇知棉花之利，不知利之大至於如此。且不知花之外，其爲用又如此之廣也。方今內地物產寖以耗減，日用之具，大半販自外洋，閭閻生計日蹙。國家軫念民依，興辦實業，博採各國成書，設學教導，所以爲民謀者備至。振勳謬膺朝命，籌辦閩廣農工商礦諸務，自慚固陋，董勸無方。今得是書，竊喜於農業不無裨益。亟命兒應兆校付手民，并加附考、附記二篇於末，印刷若干，公諸海內。誠使如其法以植棉，以中土之和煖，覆異國之種性，陰陽會合，其發生也，當更盛於原產。且以其選種諸法推之，以耕植舉菽麥稻杭果蓏，凡百植生之屬，亦若是切實而詳求之。吾知收效當更倍蓰也。竊願以是書爲務實業者勸也。

宣統元年歲在己酉秋九月中浣。

欽命頭品頂戴、商部考察商務大臣督辦閩廣農工路礦事宜、侍郎銜裁缺、太僕寺卿、大埔張振勳序。

清　張振勛《種棉譯本・附記》　譯本所言諸法綦詳，茲以近年所試驗者，附錄於此。張振勳並識。

種苧麻法

《清史稿》卷一五三《藝文志三》《種苧麻法》一卷，黃厚裕撰。

栽苧麻法略

清　黃厚裕《栽苧麻法略·柯逢時序》　吾鄉農年來多藝麻，言比稻獲數倍。歲連稱輸漢上利金數十萬，顧用力勤則所獲多，非坐而致也。豫章織績苧布，工緻甲天下，為土產大宗，所種麻無不半由邠運，至費且不貲。婦女勤績者，日僅得數十錢，益以轉運稅厘之費，故其利益薄。適滁州刺史熊鞠生前輩，以是刻見貽，讀竟，為書其後，曰：利之出於己，與貲於人，其厚薄雖至愚能辨也；物之備於己，與取於人，其勞逸雖至愚亦能辨也。不求厚而利豐，不過勞而物阜，為江右民計，其孰便於藝麻哉？嘗稽海關出口貨物之數，夏布歲或少減，而治麻以為繩索，其數日增。若夫義甯之茶，樂平之靛，漸就衰耗，則藝麻其收利之權輿乎？詩曰：『邱中有麻，彼留子嗟。』毛氏以為，邱中，墝埆之處，盡有麻枲，乃留大夫。予嗟之所治此，其所以為賢。鞠生刺史既倡於滁，且有效矣。吾知章貢間，必有聞風興起者，爰付削氏，以資流布。其課督而勸諭之，則良有司之責也。光緒二十七年十月武昌柯逢時。

清　黃厚裕《栽苧麻法略·熊祖詒序》　棉花至元始入中國，古者無是也。所為布皆以麻，上自端冕，下訖草服，咸於是乎資之。故三百篇中一則曰藝麻，再則曰漚麻，蓋其制為詳矣。自木棉之布盛行，而麻遂微，自絲價日昂賈人來以之充贋，而麻漸興。滁之為地多山，其土宜麻，數年來販客麕至，人始知麻之為利。而種植之法未詳，愚民苟安憚改作焉？己亥之秋，詒重蒞斯土，得州人黃君厚裕所著《種麻法》一書，自播種以至制麻，詳著其法，又暢陳利益，冀種罌粟者改而從善，亮哉！仁人之用心哉！方擬籌款，設立官麻局，以為之倡。適奉大憲，垂詢物土之宜，因鏤版以進。近時士大夫風氣，好引西書，往往同是一物，而名目改變，所述農學皆怪幻離奇，耳目為盲，抑知中國自有之利，未及講求者，固尚多哉。如麻者又其顯焉者已。光緒二十有七年仲夏，知滁州事青浦熊祖詒敘。

藝麻輯要

清　汪曾保等《藝麻輯要·董元亮序》　自禁煙詔下，限制各行省種煙。地畝分年遞減，塞源拔本，功令森嚴。浙省縮短年限，遵禁尤力。各屬向種鶯粟之區，今且拔除殆盡。民間驟失此大宗歲產，不爲別籌補苴，則正德無以厚生，非利民保富之全策也。中丞長白增公，惠懷斯民，有鑒及此。通飭籌議，改種麥麻之策。元亮職司勸業，整齊利導，責無可辭。爰思浙省夙饒蠶桑，向亦不乏種麥之處。其栽植藝穫老農能言其法，毋俟斤斤爲計。惟麻則知其利，而種之者尚少。夫麻之爲物，功用甚廣，精之可以織文綺，粗之可以製帆布米袋。近年湖北設有專廠，製麻出品已見成績。其利固不在蠶桑下也。兩浙素號沃土，高原下濕，無地不宜種植。使更樹藝及此，則不惟可補鶯粟已失之利，且足以濟蠶桑人事之窮。近得汪君曾保之《栽麻略法》，周君爲翰之《種麻法》，其說詳明剴切，足資津逮，旋又得日本高橋君《麻栽製法》，立說尤見精審。綜而觀之，汪周二君所言，爲中國舊法，而加以研究。高橋君所言，爲植物新理，而別爲發明。事可參觀，無嫌並載，茲都爲一冊，付之排印，名曰《藝麻輯要》。頒諸各屬，用牖吾民。嘗考日本之製麻事業，近二十年始稱盛。其初分設之處，曰下野製麻會社，曰大坂麻絲會社，曰近江麻絲會社，曰北海製麻會社。嗣以分立競爭，俱形減色，於是將下野、大坂、近江三會社合於北海，曰製麻株式會社。擴其資本，加以織工，業務統一，而後得異常之利益。據該會社考驗各國入口之麻，以支那麻、印度麻、亞麻三種爲佳，而尤以支那稱首。足見中國麻質，實占天然之優勝。果能注意培植，將來成績之優，定非各國所及。惟當此創辦伊始，仍應先從舊法入手，庶幾易知易從，不至畏難中止。由是循序漸進，則日本之新法，蓋可取焉。他日種植益蕃，歲產豐蔗，不難仿武昌織麻廠之成規，設立製麻公司，以期土物暢銷，與日本製麻株式會社，并駕齊驅，或度越焉。此固中丞所殷殷期望，抑亦元亮與地方良有司所當共勉也夫。宣統二年夏五月浙江勸業道閩縣董元亮撰。

嗜好作物類農書

烟草譜

綜述

清　陳琮《烟草譜・序》　陸羽《茶經》、伯仁《酒史》、嵇含之《狀草本》、王灼之《糖霜譜》，自古騷人，不少紀録；於今嘉卉，可無扢揚者乎？爰有烟酒，亦曰淡巴；草既稱仁，火原號聖。產於呂宋，曾傳返魂之香；吟自唐人，猶記相思之句。一自移來閩嶠，遂爾種遍磽田。處處耕煙，家家搆火，製別生熟，色標青黃。食籍浮於百瓻，禹筴準之萬口。雖灼喉熏肺，道非養生；而辟瘴祛寒，功能療疾。信手閒拈玉管，探囊細吸金絲。味美於回，嗜在酸鹹之外；心清聞妙，香生茹吐之間。此固炎帝所未嘗，桐君所未録者也。余本山人，世稱煙客，結前緣之香火，分餘慧於齒牙。品以芳名，原其地產，徧採遺聞脞說，兼搜麗句清詞。若云編入食經，乃登謝諷五十三種外；如或添諸藥譜，當列宋掌千八百名中。嘉慶旃蒙大淵獻涂月陳琮書於繡雪山房。

清　陳琮《烟草譜・序》　煙草盛行於世，自明以前紀載頗尠。向聞浙江汪師韓《金絲録》、倪一擎《烟志》，惜未見其書。是譜之作，祇憑臆說，恐無以取信於人，因追録平日採摭羣籍，廿年中所見聞者，彙爲一編。特家鮮藏書，涉獵未廣，尚冀博雅君子，匡所不逮，是幸。小岑谿陳琮識。

清　丁申、丁丙《八千卷樓書目》卷一二《子部・譜録類》　《煙草譜》八卷，國朝陳琮撰，刊本。

《清續文獻通考》卷二七四《經籍考一八》　《烟草譜》八卷，陳琮撰。

藝文

清　陳琮《烟草譜題詞》

馬德溥心友婁縣

淡巴菰葉茁青青，聖火傳來發異馨。一香生花才子筆，著成《烟譜》配《茶經》。

數典徵名廣見聞，新編奇麗亦煙雲。雖然多識猶餘緒，博洽而今合讓君。

諸聯畮薌青浦

蔫譜新裁訂，熙朝第一篇。舌根能辨草，腕底尚籠烟。韻事搜尋遍，相思滋味全。誰云斷火食，始可學神仙。

湯顯業蓮儂青浦

六籍無茶字，五帝肇酒名。酪奴暨歡伯，旋著史若經。仁草最後出，紀首齊永明。萬口漸同嗜，結侶菸先生。漳泉挺異卉，勝國尤盛稱。造作淡肉果，醉客疑宿醒。好種及時種，上上擇畦町。一碧苗既茁，葉繁花亦榮。採擷夏涉秋，居然等西成。赫曦仗烘炙，燥混蕲均平。筠筒削寒玉，骨節犀通靈。其本穴金鐵，其末嵌瑤瑛。其香取內蘊，其氣主上升。納之如文法，堆垛戒滿盈。吸之如妙語，吞吐爲拒迎。初如束槀熾，蓬鬆然作聲。繼如葭管吹，頃刻飛灰勸。菲菲蘭麝馥，藹藹雲霞蒸。梁肉易屬饜，果蔬起嫌憎。擯此詎飢渴，痂癖偏因仍。華堂集彥會，各似銜蘆鳴。小史執簽侍，散人吹簫行。遂令詞賦家，箋詠加品評。肖物辨厥性，數典信可徵。蒐羅誰最富，續學今陳登。鴻筆繼釋草，部次極研精。詩文佐放鏡，不日付汗青。戰茗力悉敵，飲醇歡得朋。相思我正苦，推窻問柳星。

沈學淵夢塘寶山

海國春生一縷烟，漁梁嶺外碧芊芊。芝房製作尋常事，爭補熙朝瑞草篇。

著述年年揜竹扉，銀囊不捲讀書幃。攜來左右雙筠管，潑墨濃香玉屑霏。

茶力初農酒未醺，檢書屬草染蘭薰。陸家經與蘇家譜，齒頰流芳定讓君。

截竹爲筩暖律吹，終朝伴我撚吟髭。何如小閣明釭畔，呼吸烟雲滿幅時。

陸之棉著山青浦

餐霞有客費搜研，辟瘴消寒得氣先。曾付藥籠推妙手，又添詩料拍吟肩。烟雲吐出攜雙管，甘苦嘗來積十年。一自懺除塵業盡，會從香火結因緣。

劉灝小槎通州

相思滋味問何如，採入名山好著書。丹轉會分爐上火，青雲直上藉吹噓。

何關酒債與茶租，逸韻橫生領得無。展卷已教香氣滿，不須復買黑於菟。

頓看綺室盡氤氳，冉冉如蘭細吐芬。應怕此心容易冷，閒來常把繡腸薰。

小盒輕攜客到時，十年心事此君知。生來自有生花筆，譜出烟雲合一枝。

何其偉書田青浦

食以療飢飲解渴，二者缺一不生活。有非解渴非療飢，竟未須臾離此物。此物於古書無之，烟草詠自唐人詩。產諸呂宋種閩嶠，袪寒辟瘴功兼資。初入中華稱火異，明季童謠驚徧地。相沿逮今風頓移，千萬萬人口同嗜。嗜之尤者韓尚書，魚熊去取深躊躇。後有太鴻亦至好，恨少題詠傳巴菰。陳君夙號餐霞客，兔管䈄筩兩難釋。慨然三嘆菸先生，注：沚溪居士有《菸先生傳》，蓋謂烟筒也。含芬弗揚是誰責。君不見，酒有史，茶有經，醴侯森伯從人評，眾口未知味外味，品題始得流芳名。爾名非古卻宜世，合採新聞翻新製。風流可繼韓萬傳，益人與否姑勿計。

潘倌杍南陔青浦

烟，記得莊嚴經號菸。呼龍種，瑤艸滿磳田《十六字令》。

煙，肇錫嘉名三百年。憑誰譜，典籍共流傳前調。

蔡春雷雲卿青浦

瓊島耕雲，蠻鄉蒔雨，濛濛散含香霧。藝錄新收，苶經繼載，風味從今領取。袪寒辟瘴，甚恁地、欲吞還吐。莫是仙家火食，人間卻教傳去。

幾經蕙風蘭露，向漳汀、載歸吳賈。故事誰徵牘有，風騷宗主。除卻群芳別與，又玉躞、金題採吟句。新話南湖，木棉同譜。注：調寄《天香》，即次碧雲香雨樓詞集韻。《木棉譜》上海褚交淵華著，載入萩海珠塵中。

魏容約莽嘉興

唐陸羽著茶經，宋竇革作酒譜。聖朝瑞草芬芳，留得新編君補。

粵徼香苗初茁，閩山翠卉遙傳。恨余不解此味，人看日日凌烟。注：余素不食烟。

金鳳藻芝生嘉定

石湖不耐喫檳榔，未試金絲絕品香。今日相思拋不得，草經補後要平章。

一種根塵鼻舌連，誰從香火叩因緣。慧珠遍記瑤華勝，好語都教一一穿。

方以臺春颿青浦

小隱岑谿藏瑟居，䈄筩象管日相於。吟安一字然髭後，結想千秋抱膝初。茹栢餐香無俗韻，揚芬摛藻有奇書。《酒經》《茶錄》群芳譜，莫說今人定不如。

張光烈祝泉婁縣

返魂香自淡巴來，勝國時曾徧地栽。却笑前人都艸艸，煙雲世界自君開。

酒罷輕噓解宿醺，茶餘細吸發清芬。恰從《酒譜》《茶經》外，又占千秋翰墨勛。

宋鈞吟於婁縣

瑤島風清長綠荑，移來佳植樹春畦。芳名百種渾難辨，留冀騷人細品題。

香絨小貯滿囊春，萬里雲山慰苦吟。自有相思拋不得，非關思歸憶征人。注：《述異記》載，秦趙間有相思草，出思婦塚上。

鑌鐵輕敲石火明，幽閒書出景昇平。瓊絲人手休狼籍，也是腴田種得成。

揮麈清譚稱靜居，《茶經》《酒譜》恰枓如。一編在手焚香讀，爭似瑯嬛未見書。

陸我嵩硃莊青浦

詩人餘事粲花霏，例信丹經荈錄宜。採入青編皆故實，生憐紅豆是相思。一篇香草風騷續，四座清譚露品奇。料得夜燈紛梭注，樊川榻畔爇蘭絲。

家家湘管碧雲含，瘴嶺風光與細探。組雜酉陽評硯北，歌徵子夜憶江南。盟來桑苧茶星補，隱去通明藥味參。呼吸未諳還自笑，注：嵩生採，未嘗此味。拾君牙慧尚流甘。

金鳳奎東梧嘉定

古人製飲食，茶酒皆有譜。菸草最後出，明季入閩土。其種來淡巴，今則徧寰宇。瘴癘藉以辟，嚴寒藉以去。維天生一物，利用亦云鉅。《爾雅》名未釋，《本草》類難數。何人爲紀載，芳名悉訓詁。吾聞韓元少，雅好日飲茹。題品屬門人，詩歌在何許。又聞汪抒懷，譚書歷寒暑。欲成金絲録，其書猶未覩。今君稱博洽，事事錦囊貯。撏撦盡詞家，搜羅及説部。選義而攷辭，羣分又類聚。齒頰留芳馨，烟霞自沉痼。當與茶酒經，各自成千古。

徐倎蘭吟青浦

天爲熙朝生瑞草，飽可使飢飢使飽。筠管攜來噓吸頻，滿室雲烟看繚繞。舌端滋味妙難傳，一概閒愁能除掃。辟瘴消寒更有靈，種從呂宋能談討。有客搜奇手訂裁，佳話紛紛作新槀。年來吾亦解相思，瀏覽瑤編特傾倒。

張旋吉味閒松江

噓氣成雲嗜欲狂，誰曾舉典費平章。譜行直是空今古，收拾烟華入錦囊。

遇物知名推博洽，況於蔫艸少前聞。腹中不是便便者，難建金絲翰墨勳。

劉廷杓蘭坡通州

搦管興悠然，能生滿紙烟。毫端收不盡，舌底吐青蓮。

嘗遍草中滋味，修成世上神仙。不續《茶經》《酒史》，偏從鼻觀參禪。

搜羅瑤草付瑤編，採藥名山已十年。結得清緣會消受，晚窻微醉曉牕眠。

侯士鷺雪亭上海

管領羣芳已廿年，人間烟火亦神仙。閒來譜出相思草，不數詞人紀木棉。注：吾鄉褚秋岳著《木棉譜》。

高臥元龍百尺樓，揚芬採秀費研搜。奚囊檢點皆詩料，留與騷壇作話頭。

陸德容蕙田青浦

葢露佘糧品最奇，茶餘酒後慰相思。名傳閩嶠絲千縷，味逐湘川竹一枝。騷客倦吟明月夜，美人停繡晚風時。知君本是餐霞侣，譜得新編絕妙辭。

金松夢徵嘉定

熙朝珍瑞草，逸士譜新篇。不異齒牙論，因成香火緣。金絲憑管鏤，肉果得薪傳。爲問芝蘭室，青藜幾度然。

夫子雲閒秀，名山著作師。凌烟虛夙願，香草寄相思。性共巴菰淡，詞緣葢露摛。此中有真味，料得少人知。

許安泰澹雲婁縣

繡閣書堂寂寂時，銷愁何物最相思。攜來三尺湘筠管，呼吸通宵伴詠詩。

草仁火聖總名菸，譜訂於君第一編。典故遍搜徵博雅，茶箋藥録並流傳。

沈朝楷少白華亭

著成譜録繼韓門，玉屑金絲竝討論。禪榻氤氲茶未熟，客寮噴薄酒纔溫。芳蘅不丐騷人韻，斑竹頻招怨女魂。仿佛同心譚一夕，如蘭臭味有霧根。

陳瓏古芸青浦

伯仁作《酒史》，君謨著《茶錄》。多才嘉胄緝《農桑》，博雅嵇含《狀草木》。古來名士半窮經，野乘叢譚佐天祿。方今嗜好重巴菰，昔傳呂宋今爭趨。辟瘴祛寒需葢露，船唇驢背羨於菟。是草神農洵未嘗，相思觸處擾柔腸。茹時味外非無味，咀後香餘別有香。阿兄素負安閒志，話雨嘲風多藻思。占候裁成月令篇，按圖補出名山誌。一燈如豆惜三餘，更復平生喜讀書。點勘奇文分亥豕，校讐逸典註蟲魚。注：兄自詩文集外，有《雲間山史》《二十四節氣解》數種。并註《昭明歸帶書》《夏小正》等書，將刊以行世。頻年況抱餐霞癖，日飼金絲等仙液。出處流傳悉品評，詩文製治俱詮釋。伊予耳食嗟何補，玉牒金函未快覩。欲疏靉隸與蒓鱸，恐誤蹲鴟并杖杜。注：予曾擬作《眼鏡》《蓴萊》《鱸魚》諸志，緣見聞淺猛，故有志未逮云。欣覩此譜精且博，勤搜不羨倪注：一擎。汪注：師韓。作。何須曼倩紀控春，豈並浮邱還相鶴。從今縹帙付雕鐫，吉貝人葠好共傳。注：褚文淵有《木棉譜》，陸梅谷有《人參譜》。尋常著錄休相擬，此是熙朝瑞應編。

陳淵泰上之青浦

吾家大阮筆如椽，著述蕓窻已廿年。意氣肯居樓百尺，文章滿貯卷三千。料量露品添佳話，收拾風騷補舊編。他日茶神當比例，焚香也合奉煙仙。

嗜烟尤至厲樊榭，執管不離韓慕廬。獨惜無由疏草木，有誰還與註蟲魚。今將一種相思草，譜出千秋未見書。雅帙家家應共賞，《蠶經》《蟹畧》定何如。

烟譜

清　楊復吉《烟譜・跋》　食物中最後出者，惟煙草。至今日而其用，幾等於布帛、菽粟，蓋亦有數存於其間矣。先生此譜爲微物寫生，而寓意深遠，要非僅供數典祭獺者取材也。載考姚旅露書，煙草來自呂宋國，而藥地禪師《物理小識》，熊人霖《地緯》，劉廷璣《在園褋志》一曰自漳泉，一曰自大西洋，一曰自高麗，未知孰是。甲午春日，門人瑒復吉識，孫揆嘉肇初校字。

清　丁申、丁丙《八千卷樓書目》卷一二《子部・譜録類》　《煙譜》一卷，國朝陸耀撰，昭代叢書本。

（同治）《蘇州府志・藝文志三》卷一三八　陸燿《煙譜》**【略】**

一卷。

《清史稿》卷一四七《藝文志》　《煙譜》一卷，（張）［陸］燿撰。

烟經

綜述

清　趙古農《烟經・高廷瑶序》　儒者一物不知，引以爲恥，故古人□一名一物之細，一草一木之微，莫不推本而窮究之，此致知尤必格物也。粵考菸之爲物，名號不著於《爾雅》，品格不入於《羣芳》，人皆呼爲『淡巴菰』。蓋從明萬曆間，由呂宋始入中土，自是以來無地不種，無人不食。至我朝直省大行，幾有不可須臾離者。昔陸季疵著《茶經》，傳之永久。若《菸經》，則未有著焉，豈以其物之微而故忽之邪？第茶與菸今已並行，胡得不爲之表彰也？賁隅趙子巢阿，予延在署訓迪兒輩，偶於案頭，見其所著《菸經》。原原委委，極細且詳，然後知博物之譽，巢阿有焉。將不脛而走海內，安見一物之不可以成名也抑？予聞巢阿著述甚富，而此一書則僅出其緒餘，所謂管中窺豹，時見一斑耳。因弁數語，俾付梓焉。時道光五年，歲在乙酉，仲冬朔後，長至日書於五羊郡齋敬慎堂。

清　趙古農《烟經・繆艮序》　今人日用飲食酬酢，往來酒茶與菸三者並重，而菸尤爲先務，無論貴賤男女匪朝伊夕，蓋無時無地不作煙雲供養也。自《酒誥》著於經後之言，酒者夥矣。迨唐陸羽始有《茶經》之著，品茶之士知所考焉。若菸則昉於明季盛於國朝，寖寖乎！充塞宇內乃國初諸老，間有吟詠亦偶及之要皆習焉，若忘未有求端訊，末著爲經者，夫非食而不知其味乎？吾友趙子巢阿爰著《菸經》以配陸羽，且巢阿著述等身，一物不知引以爲恥，故於經經緯史之外，出其緒餘，冠以徵引品題，溯其源區以種植、製作器具、分類土產，適用窮其委秩，秩然稱美備焉。復附鴉片煙以昭炯戒其用心亦良苦哉。夫事之常者，爲經與世之知，有所考聞之，足以警世者均可爲經也。吾知此書一出，非獨可配《茶經》，直堪上繼《酒誥》，豈得謂古今人不相及也。邪巢阿屬予爲序，予故弁數言珍而復之，以付剞劂。時道光五年歲次乙酉孟夏穀旦，武林蓮仙弟繆艮書於羊城一廠山房。

清　趙古農《烟經・自序》　古無所謂煙也，有之，自明代始。按《康熙字典》載：『菸』字，音煙，臭草。『臭』訓『香』義，或即煙草歟。然則『煙』之本字宜寫作『菸』，乃今通作『煙』，毋亦取香煙噴薄吞之吐之，一呼一吸噓氣成雲，有無味之味在邪？第崇禎時，嚴禁之不止，迄國朝盛行於世。其種，得之大西洋，一云出自呂宋，名號不一。延入中夏，男婦老幼，富貴賤貧，無不啖之。有目之爲熙朝瑞草云。前唐桑苧翁曾著《茶經》，未聞有著《煙經》者，今時茶煙二者不可偏廢，因以煙配茶，妄輯《煙經》。經者常也，常故不可須臾離也。續貂之誚，又奚卹哉？因撮煙之顛末於左，使後之覽者有所攷焉。道光五年歲在乙酉春仲，賁隅趙古農巢阿甫自序於仙城抱影吟軒。

清 陳光璧《烟經・跋語》 璧少不解食菸，且并不知菸草爲何物。及長，家大人亦嗜菸，然又嚴禁璧兄弟不許偷食菸，以故壯年猶兢兢慎持此戒，將復以此戒訓□兒也。其實菸有何味而樂此不疲邪？近又思之。此菸已偏城市，則固無害於事，至男女均有不可缺此者，獨不知其所自起，不幾日習焉而茫昧乎？暇時見家大人撮爲《菸經》，於此知菸之爲用甚溥。前不必有所承後之，欲考其確者，固當以此爲嚆矢也。若云鴉片一種，是亦菸類，嗜之無傷，則萬萬不可。雖曰拂人之性宜分別而觀之。大兒光璧敬跋。

藝文

《烟經》題詞

姚祖恩笏園錢塘

多能爲愛子新編，始信金絲口口傳。味向閒中偏易醉，香於淡處却難捐。氤氳篆繞吾從衆，縹緲雲來人欲仙。安得公餘燈火共，一竿長管細論煙。

王衍梅笠舫武林

一枝長管對孤檠，驀見煙雲眼底生。篆繞靜騰風細細，霧橫吹散月明明。美人香草同留種，高士梅花解立名。聞道巢阿才落筆，爲從愁裏著菸經。

繆　艮蓮仙仁和

離騷香草著於篇，仿佛葩經細自研。煙火人間誰不食，底須辟穀學神仙。

老負才華賦子虛，閒編爾雅注蟲魚。者番落紙煙雲吐，纂作人間未見書。

楊如溶秋舫武林

古哲云已遙，事寄千載後。一藝足成名，奚必三不朽。巢阿著《菸經》，喜得未曾有。有之何自來，呂宋出煙酒。溯明入中夏，閩土植殷阜。名以淡巴菰，人多不離口。吐納煙雲生，繚繞左與右。何期樵柯子，一一爲分剖。我聞陸季疵，已著《茶經》久。賴此相後先，追配得其偶。

秦致中菊農白門

蔽隴遮籬葉葉青，吹來氣味比蘭馨。泥人一種相思草，不入先農稼穡經。

朱　鵬南溟湘潭

我生嗜好無所癖，癖在煙常手不釋。起居坐卧吞吐之，幽情惟愛適其適。巢阿雅意多窮搜，一經慰我風雨夕。淡巴菰亦可人意，韵事相傳莫輕擲。

薛　璋東園雉皋

法製誰從火食傳，閒來噓吸盡雲煙。飲香作述眞名士，補入先農草木篇。

蔣　田稻香嘉興

淡巴菰久味留馨，裊裊芬芬口不停。一自巢阿經已著，千秋猶得配《茶經》。

吳履謙太極老人西蜀

無事得心閒，握管亦清賞。云何喚相思，想。

劉彬華樸石賁隅

村前幾稜膏腴田，往時種稻今種菸。種菸利市可三倍，種稻或負催租錢。吁嗟乎，舍本遂末夫何爲，抛却玉粒營金絲。菸田日多稻田少，富家自飽貧民飢。近聞連阡植罌粟，民命何堪更流毒。菸田近或改種罌粟花，採製鴉片，其利尤倍云。手無斧柯當奈何，著書仰屋憐巢阿。

張岳崧翰生定安

幾稜菸田弛禁初，溯來中夏勝於蔬。淡巴菰已家家種，擔不歸還處處鋤。一縷如煙同款客，四時非酒解愁予。近知利市恒三倍，爲藉金絲意自如。

楊廷科餘癡老人潮州

巢阿子，石戶農，德比玉，氣如虹。才繡虎，文雕龍，菸經此作伊誰擬，配古《茶經》桑苧翁。

黄廷彪炳禺南海

從古菸無種，相傳呂宋來。吹煙何意味，流毒此胚胎。久久沿成俗，錚錚騁異才。著書延歲月，游戲亦佳哉。

劉華東三山賁隅

自古窮愁每著書，巢阿坎壈復何如。《菸經》著就知無補，烏有先生賦子虛。

鄧　淳樸菴東莞

昔有《茶經》，陸羽是著。《菸經》云何，趙子馳譽。後先濟美，手不忍去。飲之食之，何思何慮。

楊　麟仁石賁隅

盛朝瑞草今爲烈，四方製作稱謂別。形色臭味皆懸殊，家家都爲酬酢設。童年飫聞父老歎，恒言客至無煙竿。乞諸鄰里亦烏有，曾幾何時世交歡。世交歡兮尚隨俗，雖云亢效莫予毒。更聞眠食與鼻呑，病入膏肓惟罌粟。嗚呼！病入膏肓惟罌粟，生存華屋登鬼録。

樊夢蛟了園漢軍

茶有經，酒有經，復得《菸經》同濟美。陸之著，王之著，不圖趙著亦留馨。

潘定瀾柳塘長寧

賓朋入座總氤氲，恍接蘭言齒頰芬。愧爾無功補飢渴，還誇八九氣吞雲。

荀令熏爐共鬬長，休同韓壽學輕狂。但憑口角爲呼吸，不讓曼歌獨繞梁。

謝嘉猷坡山賁隅

幼時我與君，不解啖煙味。口口相吐吞，聊以作游戲。一吸還一呼，忽覺神已醉。今君著爲經，雅擅過人智。匪煙與菸通，信始識菸義。

方仰周荷蕩賁隅

嫋嫋流芬出絳脣，最相宜稱伴佳人。乍周旋欲伸情愫，忽現雲中霧裏身。

斯亦天壤有用材，不應埋沒並蒿萊。性情藉寫巢阿筆，須信聲華草味開。

腹笥閒披一月圓，閒人消遣得閒緣。南方草木嵇含狀，快得閒人續外篇。

程倬桂香輪廣寧

吹氣如蘭欲化雲，才人出口有餘芬。烹茶細翦西窗燭，博物從茲廣所聞。

黎蘭因心香嘉應

菸類聞孔多，黄煙數嘉應。我本梅州人，嗜此寄幽興。其味洵無窮，似比衆煙勝。先生著此經，用以相質證。即一概其餘，各類品斯定。名將走八方，有若珠無脛。

黄景星焻南岡州

呂宋來菸草，爭傳製作煙。自從入中土，相嗜已多年。不那人知味，翻爲世取憐。一枝難放手，惹我別情牽。

李汝梅雪庵岡州

我生癖好在如思，手不離時口不離。土物移人經可著，巢阿先我味能知。

姚熊光曉谷四會

幾縷煙雲吐，氤氲匝四隅。座中閒領略，愛此淡巴菰。握管時相對，沈思意自娱。一經曾爲著，奕代必傳書。

張岳崑仙山定安

今代何人不吃煙，阿誰能解著新篇。權輿得自巢阿手，從此《菸經》口口傳。

謝光熊星垣賁隅

淡巴菰始見成書，覽此方知味可茹。怪得熙朝稱瑞草，輕煙繚繞樂吹噓。

黎成華篤園南海

從古《茶經》與《酒經》，陸王前已擅才名。《菸經》復得巢阿著，見說揮毫五日成。

李　素滄人端州

著述曾聞已等身，《菸經》傳與後來人。同誇手筆眞燕許，不數《茶經》歎絶倫。

陶克昌綏之貢隅

相思云有草，或比阿芙蓉。一草一芙蓉，不同。

馮景華韶石貢隅

曾記童謠遍地煙，煙雲過眼自年年，難除最是相思草，深結人間火食緣。

馮昕華曉巖貢隅

信手拈來煮字厨，一竿長管稱閒居。煙雲落紙憐巢甫，異火從今有異書。

馮晴華柳橋貢隅

人間煙火食來無，著就《菸經》意自娛。我有相思抛不得，金絲熏與淡巴菰。

莊心亨嘉之貢隅

予生思酒不思煙，煙守高曾禁有年注：予家世禁吃煙。見說《菸經》巢甫著，獨空前古後應傳。

莊心瑔玉泉貢隅

余家守庭訓，煙味不入口。揆自高曾來，那識有煙酒。先生著此經，予欲贊揚久。味因鮮所知，曷敢步其後。嗜好端由人，我寧引其咎。立言豈容沒，先生自不朽。

冼　苞竹朋南海

少隨赤松去，不食人間煙。澹然鮮知味，適口安取憐。吾師著述富，偶作《菸經》傳。不試故多藝，絶後還空前。尙懷桑苧翁，曠世堪比肩。茶菸等不棄，二物相周旋。

劉澤長約齋貢隅

物同過眼若雲煙，果腹無由味索然。一物不知多引恥，從今菸義得師傳。

張婉婉麗春順德

倦繡無聊且暫停，閒擕湘管讀《菸經》。爲呼侍婢來傳火，瞥見煙雲度曲櫺。

王鼠姑妙香順德

曉來簾捲燕飛遲，鬢學堆鴉睡起時。少小便隨阿母教，不曾開口試金絲。

道人李亦仙羅浮

我煙不離口，我管不離手。問我胡爲然，是我煙雲友。

老頭陀去塵海幢

掃地焚香手不停，禪門無事日長扃。相思草豈同凡草，閒把《菸經》當佛經。

方穎廉淸曹貢隅

廉素不嗜菸，故於紀載內，凡涉淡巴菰者，悉屏弗閱。先生戲著《菸經》，屬爲採訪，苦無所得，因得胡靜園前輩《種菸論》一首，緣此，論曾及家靈皋閣學事，又適與鄙性符合。是以弁之篋衍。今爲檢出，竊歎天下之物能爲棄，亦能爲取。竟荷先生之旁搜博考，而付之梨棗也。其循環之理邪。抑格物者，聊備一說，以示充類至義之盡邪，爰附數語而歸之。

雜録

《烟經》例言

煙草故典，寥寥無從考核，緣自明萬歷後，始入中夏，猶嚴禁之。故徵引品題亦無幾也。

是書之成，成於旦夕間，原屬粗率從事，暫付梓人，後當重訂。

煙之土產，近徧寰區，難以悉載。茲僅就目所見，與耳所聞者，錄爲土產門，以備一格，幸毋以挂一漏萬，少之。

成書之例不選今人，以避嫌也。但此書又若破格，因前人煙詩、煙說均不多見。今人亦姑入選，顧又隨見隨選，不分後先，識者鑒諸。

家無藏書，見聞有限，故所收者闕漏，貽譏知所不免。伏祈淹博之士，搜羅見惠，俾得續添，是所厚幸。巢阿子謹白。

種烟葉法

清 徐樹蘭《種烟葉法・提要》 《種烟葉法》一卷，會稽徐樹蘭述。欲製紙煙、雪茄煙，必先講求種植煙葉之法。古巴煙葉為天下第一，雖其土宜使然，而各處之倣製古巴煙者，已占十分之九。即小呂宋煙葉，每年出口，實亦甚夥。中國能種煙葉之處，豈止新昌一隅？果能刻意講求，參用西法培植以備，倣製紙煙、雪茄煙之用，則將來外銷之廣，謂不能駕小呂宋而上之，吾不信也。

又《種烟葉法・引》 煙葉之用甚廣，種之之處亦甚多。而浙江新昌縣所種頗著名，與廣豐相等埒。廣豐葉不善灼，和以新昌葉，則易灼而氣愈香。故煙商爭購之。顧僅銷內地，無有運往外洋者，如揀選佳葉，參酌紙煙、呂宋煙之法，製為洋煙。其銷用不減葡萄酒、咖啡、茶之屬，亦中國一利也。今採其種法，條列於左。

阿芙蓉考

清 羅振玉《阿芙蓉考・序》 有原顏了漪之殊何也，種桑之害少，種煙之害多也。聞近來印度植煙之處，政府令其改植桑、茶、木棉。印度為雅片起點之處，彼已翻改圖，而我仍瞑然，不知變計，而日竭脂膏。於一呼一吸之間腦筋何太頓耶？惟煙田改桑田亦有難焉者？桑之利在三四年後，令民驟改，民將有忽近圖遠之疑，今議民有田三畝者，令二畝植煙一畝樹桑，三年以後桑林既成，亟興蠶利。蚩蚩之民目睹桑利厚於鴉片，且數倍彼植，煙之二畝將不令而自改，但必須官紳協力，先將煙田編籍行三畝改一之法。若象山、徐州等地果實力奉行，三年將有桑數十百萬株於焉，立繭廠學織造其利可勝計哉。茲述此書，而發斯議，起而行之，在賢有司勿負言者之苦心，孤詣斯可矣。丁酉八月上虞羅振玉。

黔蜀種鴉片法

清 佚名《黔蜀種鴉片法・羅振玉跋》 《黔蜀種鴉片法》一卷，不知何人撰。既删潤授之梓，爰書其後曰：鴉片之害，中國人人知之，種煙獲利之厚，亦人人知之，故今倡禁煙者日少，謂宜廣種植者日多，玉竊以爲大惑也。倡廣植鴉片之説者，意謂中國種產日盛，值亦日廉，印土之輸入者將日寡，欲救利，權捨是末。由非不知鴉片之流毒，蓋不得已也。其實廣植以敵外貨之入實非上策，有人於此堂榭樓觀壯麗完固，鄰之無賴者日折其檻以爲薪，主人病之而無如何，於是有進策者謂，盍亦盡摧其戶牖門闥而自爨之，庶免利益之他適。於是廣庭夏屋倏焉俱盡。今欲杜利之外溢而不顧，自賊自斃何以異於是。雖然今欲令民罷植鴉片，民必不從何也，鴉片之利數倍於植穀，今乃勸民捨煙而植穀，是猶奪其千百而與以一與十夫誰從。必擇一物利，埒於鴉片或且過之者，諭令徙業意者。其信我乎。攷種植之利過鴉片者，莫如樹桑，約計地一畝可蓺百八十株，三四年後每株售葉可得錢三百，是每畝獲值百萬餘。若能自蠶，利且倍，每畝之獲將十萬。以視種煙之畝得萬餘錢已沾沾，以爲利莫與京者，相法何遠哉。且以種煙與種桑較桑之利有三，煙之害亦如之，種桑之勞力少種煙之勞力，多種桑如法，無不活者成林，以後歲食其利，不必歲歲種之，一也；種煙逢歉歲多種，桑逢歉歲少種，煙成敗決於割漿之時，雖平日滋長暢茂，割時若值久雨，即無纖毫之獲，二也；種煙之家吸煙者恒過半，自種自吸已去其利之十二三，何如種桑之有利無弊，三也。又以種煙之地與種桑之地較貧富，就江浙兩省言之，若浙之象山、江蘇之徐州，產煙非不富，利亦非薄也。以視湖州其民，則有原顏陶猗之殊，何也？種桑之害少種煙之害多也。聞近來印度植煙之處，政府令其改植桑、茶、木棉，印度爲鴉片起點之處，彼已翻然改圖，而我仍瞑然不知變計，而日竭脂膏於一呼一吸之間，腦筋何太頓耶。惟煙田改桑田亦有難焉者？桑之利在三四年後，令民驟改，民將有忽近圖遠之疑，今議民有田三畝者，令二畝植煙一畝樹桑，三年以後桑林既成，亟興蠶利，蚩蚩之民，目覩桑利厚於鴉片，且數倍彼植煙之二畝，將不令而自改。但必須官紳協力，將煙田編籍行三畝改一之法，若象山、徐州等地果實力奉行，三年將有桑數十百萬株於焉。立繭廠學織造其利可勝計哉。茲述此書而發斯議起而行之，在賢有司勿負言者之苦心孤詣斯可矣。丁酉八月。

淡芭菰栽製法

清　陳壽彭譯《淡芭菰栽製法·農學叢書提要》　《淡芭菰栽製法》一卷，美國農部舊記，官戹斯宅士藏著，侯官陳壽彭譯。淡芭菰即煙草，中國北方之產，關東為最，南方之產福建為最。然以之制雪茄煙、紙煙似尚有未盡合宜者，其亦栽製之法不如外洋乎？外洋紙煙、雪茄輸入日盛，亟宜做造以籌抵制。此書僅三千餘言，而栽諸法頗為詳備，蓋美國栽製煙草一切做自古巴，雖其煙草尚遜古巴一籌，而已駸駸乎日有進步，製煙家不可不知也。

清　陳壽彭《淡芭菰栽製法·序》　淡芭菰，煙草也，中國所產閩為最，其種法與此書大同而小異。初種不遮護，移種不疏葉，聽其自生自長而已。畦旁餘地圍以甘庶，六七月蔗長，淡芭菰已熟而刈矣。兩收利益，地力之厚可想。製法，以細竹織成長方篩，上下兩重，夾淡芭菰葉於中，暴以日或用火薰，無營倉通氣量度之舉，故有時燥濕失調多至毀壞，不如此書節節有程則之善也。此書僅十五節，都三千餘言耳，而淡芭菰之栽製諸法已詳備。末節論因地氣，種類，而判優劣，然僅指緯綫北三十一度上數部落淡芭菰而言，非概論諸地所產，皆不足以製雪茄煙也。雪茄之美者固莫古巴，若今大地所售者，安得盡出於古巴，倣製蓋百之九十矣。其為美國所倣者，不下四五十，此書所言，製葉精美，以備出售，即供為倣製雪茄之用。次者則為紙煙，篇中不發明此說，而以限於地氣、種類為結，殆別有微意歟。製雪茄煙之法亦無難，以煙稈熬濃湯醮葉上，隨醮隨薰，凡五七次，擇葉之精嫩者在外，粗破者在中，中留有通煙之道一縷，而後緊捲封固，銳其頂，乃疊葉時層次平劃其下，乃捲成後切之，往有西人在閩，戲為試製，味濃鬱可喜。又聞有西工師入黔視礦，雪茄煙絕，遂購土種淡芭菰葉如法製之，味亦不惡，雪茄煙之製且然，況紙煙乎。今吾國每年入口之雪茄煙、紙煙，亦一鉅款，倘有能如四川之立公司倣製，微特足塞漏卮，且可運出，不脛而走於寰宇。蓋我之煙稅薄，煙價廉，倘有佳品，必暢銷無疑。此鄙人所深望者也，因詮譯此書而附識鄙意焉。庚子春二月，陳壽彭敘於甬上儲才學堂。

金絲録

綜述

清　陶元藻《全浙詩話》卷四六　師韓，字抒懷，號韓門。錢塘人。雍正癸丑進士，授翰林編修。後至侍講，罷歸。

清　徐世昌《晚晴簃詩匯》卷六八　汪師韓，字抒懷，號韓門，又號上湖。錢塘人。雍正癸丑進士。改庶吉士，授編修，有《上湖紀歲詩編》。

清　汪師韓《金絲録·自序》　煙草之名，若石馬、浦城、衡陽之系以地，黃紫以色，生熟以製。大率市暨賣價之名，傳於牛童馬走之口。以余所聞，曰打姆巴古、曰淡巴菰、曰淡把菇、曰大孖古、曰淡肉果、曰擔不歸、曰醺、曰金絲醺、曰金絲煙、曰芬草、曰煙酒，而總名曰煙。世未悉其名，莫究所始，遂疑起近百年來者。暇日採諸舊聞，附以詞流、題詠，歸之於懲戒，匯為《金絲錄》。昔東皋子述大樂署，史焦革酒法，桑苧翁備言茶之原、之法、之具并尊以為經。以煙草鋪芬，眇睱歷亂，冬春浮食，籍之百甕，準禺策之萬口，茶槍、酒榼時交進焉。著於錄，或者不為文士所鄙笑耶。乾隆二歲年在強圉大荒洛陽月上湖居士自序。

清　丁申、丁丙《八千卷樓書目》卷一二《子部·譜録類》　《金絲録》一卷，國朝汪師韓撰，《汪氏遺書》本。

雜録

清　汪師韓《談書録·烟草》　少時與友人論烟草，因搜羣籍，輯爲一編，曰《金絲録》。必已見刻本者，方錄之。凡四卷：曰原起，曰劇談，曰品題，曰炯戒。引書三十餘種：《庭訓格言》一則，《清文鑑》菰菜類譯文一則，《露書錯篇》二則明莆田姚旅字園客著，《物理小識》一則桐城方以智字密之著，《方中履語》一則中履字素北，乃密之之子，《綏寇紀畧》一則太倉吳偉業字駿公著，《日知錄》一則崑山顧炎武字寧人著，《遲山堂㲚史》一則永年申涵光字和孟著，《蚓庵瑣語》一則檇李王逋字肱枕著，《香祖筆記》一則濟南王士正字貽上著，附錄《鼻烟》一則，《分甘餘話》一則前人著，《黔書》一則德州田雯字山薑著，《燕山閣知新錄》一則豊山王堂字勿翦著，《景岳本草》一則會稽張介賓字會卿著，《本草彙言》二則錢塘倪朱謨字純宇著，《龍沙紀畧》二則桐城方式濟字屋源著，《澳門紀畧澳蕃篇》二則，《澳譯殿於篇》一則寶山印光任宣城張汝霖著，附錄《鼻烟》一則，《畿輔通志·土産》一則，《名宦·王隲》一則，《福建通志》一則龍巖州，《律例》二條紫禁城內，方望溪宗伯條奏并部議條奏刻入文集，部議見邸報刻本，陳榕門中丞江西條奏并部議俱見邸報刻本，其詩詞則盇山集都下竹枝詞二首桐城方文字爾止著，《觚賸引詩》吳江紐琇字田棕著，《蓮龕集·美人飲酒詩》十五首臨川李來泰字石臺著，《鬲津草堂詩》一首德州田崴字子益艷樂閒著，錢良臣《雜詠詩》一首常熟錢擇木有集，《敬業堂集》詩一首海寧查湏行字悔餘著，《樊榭山房集》天香詞一首并序錢塘鴹鶴字大鴻著，四子聯句詩一首山陰劉文楦、錢塘汪沆、秀水萬光泰、宛平查學禮，《無不宜齋未定稿》長律一首仁和翟灝字大川著。所惜韓慕廬宗伯常命其門人輩賦淡巴菰歌，今已無一篇傳者。錄既輯成，復自爲叙之，曰：【略】。附錄少作四首：

移根吕宋始何年，芬草從新拜號烟。匹馬就韁歸漢壘，一軍提鼓入蠻天。漸教禁榷權豐幣，競以噓吹費壯錢。茶苦南中空紀錄，酪奴人久薄春泉。

瑶草耕烟歲取資，黄雲葉葉柳絲絲。茅柴霽景編籬薄，筐篚宵分析縷遲。風俗小函盛滿把，火傳重暈結相思。傾心還有壺公在，鼻觀通參出愈奇。

龍巖石馬外諸餘，於槖於囊聚物殊。食籍數浮黄矮菜，詞林名重淡巴菰。三餐果腹初虚口，五字微吟正惜鬚。攜取及時供絡繹，并申僮約古從無。

偶共香燒性已諳，一枝熺焰手頻擔。方言有底争衡酒，詩境無聊作配藍。噓氣澋依吞篆少，熏心虚美落灰塹。不知通介誰邊得，暇採芸編使筆談。

清　陶元藻《全浙詩話》卷四六　《談書録》【略】。

士那補釋

清　丁申、丁丙《八千卷樓書目》卷一二《子部·譜録類》　《士那補釋》一卷，國朝張義澍撰，刊本。

勇盧閒詰

清　劉錦藻《清續文獻通考》卷二六四《經籍考八》　之謙，字撝叔。浙江山陰人。咸豐己未舉人，江西南城縣知縣。

清　潘衍桐《兩浙輶軒續録》卷四五　趙之謙，字撝叔，會稽人。咸豐己未舉人，著《悲盦居士詩賸》。

清　趙之謙《勇盧閒詰·祁之鐈序》　同治甲子，余歸自灤州，始與撝叔相見京師。晝長無事，往覆辯難，以破岑寂。一日，舉鼻煙難撝叔，撝叔言，二字見典章，實始雍正時。曩涉獵所及，間得一二，羌無故實，久不省憶矣。余幼時，見乾嘉老輩耆此者，說色味氣臭，甲乙品第，辭涉微眇。然未有述作，孰原孰委，不得明也。近世上自士大夫，下逮庸卒持刀兒，皆能蓄之。結習所存，不求甚解。詢厥從來，賢士大夫且懵焉。於何問原委，宜有文字昌之。撝叔退而最錄成數百言，復持示余，凡余所能言者，已盡言之。有余不能言者，亦言之。夫一物不知，儒者以為恥，鼻煙，玩物且尤細者也。於此求知，視讀《通鑒》喪志多矣。余又願撝叔毋道已知，令群不知笑來也。戊辰七月，高平祁之鐈季聞。

清　趙之謙《勇盧閒詰·程秉銛序》　自意大里亞通中國，中國始尚鼻煙。三百年來，靈異競出，其品在吕宋淡巴菰、孟加臘波畢之上。趙子撝叔甚嫉波畢，不茹淡巴菰。獨取鼻煙，以為宜有最錄。乃徵聞考見，成書一編，曰《勇盧閒詰》。閒詰云者，淮南之佚，單文厪存，散見他籍，鼻煙遺事，罕著篇冊。太史公所謂書缺有閒，閒則詰之，儒者之責。勇盧者何？

《龍魚河圖》云《御覽》八百八十一引：鼻神之號，呼之九過，惡鬼自卻者也。氣之為之釋曰：天地之氣，一闢一闔，時其節宣，謹其出內，衆邪無從入。氣之既衰，鬼瞰其室，厥狀如酲如寐。夜臥曶悅，眘如有疾，余則呼神使扱，壹壺引畀，導以齁鮯，曠若發矇，志乃不怯。禿髮烏烏，厥有女妭，游魂幻覃，坿之爲活。是能夭札瘥昏，阻是百衇，余則呼神使塏，塵霏揚揚，是斡是搦，吸引清氣，充於大宅，逐游魂使變，蕩女妭無跡。夫九，陽數也。鼻者，氣息之主也。扶陽抑陰，洞物達臭，其彊中制外，有予斯奪，可一言決。方今聖德遐旉，海邦之氓，既同中國，異物琛賮，不脛而集。惟此鼻煙，最先列方物，瑪竇南游，實兆今茲，中外爲一不有饌述，為之明微，溷溷無意，薰蕕何別？鄭君有言曰：知善深則來善物，知惡深則來惡物。若善若惡，其鑒在識，引而申之，觸類而長之，是即格物之學。非以窮知，對竹子七日，故君子猶樂言此也，釋書意明白。光緒六年七月，績溪程秉銛。

清 趙之謙《勇盧閒詰·自序》　祁子季聞貽余鼻煙斤許，書來徵事。既最錄爲一編，序曰：煙於字從火，許叔重氏解曰：火，氣也。吸煙始西域，釋氏稱山中有草，然而噉之，可以解倦。《毗耶那雜事律》言吸藥煙，兩盌相合，底上穿孔，孔置鐵管，長十二指，是今世吸煙法所自。鼻煙，非煙也。吸煙以口，此受以鼻，火不可然，無煙者也。無煙稱煙，有徵乎？證之《廣雅·釋器》篇：煙，臭也。火氣本義，臭引申義也。《素問·六元正紀大論》曰：草樹浮煙。王冰注：燥氣也。《五常政大論》曰：煙埃蒙鬱。注：土氣也。氣之臭聞，不盡火也。以鼻服煙法，當亦始西域。《根本說》曰：諸苾芻畜歛煙筒，畜灌鼻筒，比物連類，事相因也。或曰：筒引水以灌鼻，疑初灌水，後服氣也。引火吸煙事，明天啟中，始徧中土。崇禎十二年後爲大禁，洪文襄在當時曾奏罷之見楊士聰《玉堂薈記》。國朝崇德六年二月，上諭王、貝勒、大臣曰：不習射之罪，非用煙可比。是亦著爲令也。吸煙之害，鴉片出，而毒遂中於人心世道鴉片煙，《明會典·入貢》曰：『烏香』，西洋語舊曰：『亞榮』，李時珍《本草綱目》曰：『阿芙蓉』，其國人自名『合浦融』，還音曰：『鴉片』，中土人呼曰：『烏煙』。道光十七年，特嚴鴉片之禁，職官兵丁犯者，論如律。迄今未有改也。鼻煙入中土最先，行世稍後，於物不為害，於法不設禁，且珍異之。歲時典禮，入備班錫，蓋自歐羅巴洲，越海九萬里，土物之愛，獻於天府。琢壺盒罐，窮泰極侈，而尚方製器，敷崇宸藻，丹文鏡色，精奇邁倫，尤足以馳域外，而爲觀美。茲事至微，要亦一時風會之所繫也。紀載闕如，無徵不信，爰捃摭見聞，辨物正名，略具解義，題曰《勇盧閒詰》。以坿小說家。異時觀者，或亦舉方畔揭道張存《大博經》之一術也。同治八年己巳正月，會稽趙之謙。

清 趙之謙《勇盧閒詰·董沛孟後序》　會稽趙撝叔作《勇盧閒詰》，以志鼻煙，敘釋淹雅，若詁經，若擬子，非尋常譜錄家言矣。余雅不嗜此，不識其品，顧頗憶乾嘉以來諸老佚事，用綴卷末，以補此書之闕。《宣南隨筆》云：乾隆中，紀文達召對，上所用鼻煙壺，刻『此地有崇山峻嶺，茂林修竹』十一字。舉示之曰：『汝善屬對，能對此乎？』文達應聲曰：『若周之赤刀大訓，天球河圖』。上悅，即賜之一作彭文勤事，或云劉金門事。《洋程紀略》云：李忠毅總統水師，銳意平蔡牽，牽與忠毅故同鄉，浼其戚某，饋安南肉桂十束，西洋鼻煙十匣，哀詞乞緩師。忠毅怒判其後曰：『食汝之肉，劓汝之鼻，萬斧交加，煙銷灰滅。』立斥還之。蓋臣剛介，儒將風流，略可見已。《金壺七墨》云：浙中某觀察，以銜參列坐官廳，忘攜鼻煙，命其僕歸取署中壺。少頃僕至，卻立於後，觀察詰之，敬對曰：『壺在此，恐不雅觀，不敢獻也。』觀察趣出之，探手袴下，而後以獻，一虎子耳。眾大笑，蓋彼誤聞爲合音也。此得之紀載者。某尚書典試事，不閱文字，懷中置二鼻煙壺，一紅色，一黑色，大小相等。積試卷於案，抽其一，輒取一壺視之，紅者中，黑者斥落，如額而止，人稱爲鼻煙壺老師。某相國督劍南，牙前設古董肆，鼻煙壺纍纍。人以大府所好也，咸往售焉。主者曰：『此值五千金，犍為縣所購者；此二千金，萬縣所購者。』其人悟，如數購之，獻諸相國。不旬日，遂涖某任。相國還都，資裝累千乘，屬人為之語曰：『前有獻忠，後有相公。』蔡鱗洲觀察官詞苑，貧甚，而癖耆鼻煙。一日，晤寶文莊，文莊以鼻煙奉蔡，蔡亦以所佩答之。屢出屢易，味益奇，文莊大喜。蔡後簡外任，不能治裝，文莊知之，貸二千金，以資其行。又某公獲罪時，於權貴家搜得其書柬，內一帖云：送上鼻煙一蠟，上層不便用，中層最精。而書蠟作刺，司讞者讀如字，幾陷大辟。兩縣令同官於浙，一吳人起科第，一閩人以資進者，並負才諝，爲上游器重。閩人以鼻煙壺示吳人曰：此壺之紅，可首稱否？吳人曰：『紅則紅矣，惜地子不佳也。』閩人恚，遂成隙，終身不解。此得之傳聞者。凡此諸事，撝叔固稔知之。然不欲以稗官委瑣之語，羼入本書，致乖著述之體，則其慎也。博物君子，就所見聞，益我未備，儻亦有裨於多識乎？光緒六年六月，鄞董沛孟如甫撰。

清 丁申、丁丙《八千卷樓書目》卷一二《子部·譜録類》 《勇盧閒詰》一卷，國朝趙之謙撰，仰視千七百二十九鶴齋本。

《清續文獻通考》卷二七三《經籍考一七》 《勇廬閒話》一卷，趙之（□）[謙]。

清 金武祥《粟香隨筆》卷八《粟香二筆》 鼻烟來自大西洋意大里亞國，漢爲大秦。今通商條約稱義國鼻烟有稅。明萬歷九年，利瑪竇汎海入廣東，旋至京，獻方物，始通中國。本朝雍正三年始，貢鼻烟壺及鼻烟居六十種之六，其品在呂宋淡巴菰、孟加臘波畢之上，近會稽趙撝叔大令作《勇盧閒詰》一卷，以志鼻烟。勇盧者，鼻神之號。閒詰者，謂書缺有閒，閒則詰之云。

清 徐康《前塵夢影録》卷下 鼻煙來自大呂國，用煙葉□治愈細愈陳則更佳，不但解瘴蠚，兼可明目。近人趙撝叔之諶著書一卷，專論鼻煙，曰《勇盧閒詰》，語極精核。

清 程秉銛《清故江西知縣會稽趙君墓表銘》 君諱之謙，字益甫，又字撝叔，故孝子萬全之後，處士守禮第二子也。仍世豐厚，君生而中衰，奮以儒起，弱冠補博士弟子員，舉咸豐九年浙江鄉試，五上禮部，不第，以謄録勞敘官，分發江西知縣。初權鄱陽縣事，繼權奉新南城。年五十有六，光緒十年十月卒官。君有兼人之力，達變之才，邃學精藝，夙成若性，少游諸侯，壯更患難，病末習骫㚖，禍貽國家，恆思督名審實，以匡世厲俗。既頻試不遇，晚就一官，所至精設鉤距，威信甚行，民歌於家，吏弔於室，汔以小效竝列薦剡，殆非君之志也。君學治訓詁，尤好公羊師說，撰《國朝漢學師承續記》如干卷，多明微言大義之學，師法謹嚴，論説精美，在江藩原書之右。他所撰金石目録圖經字説之屬，咸卓有條理。獨不輕言時事，以爲申公之對要在力行，無取辭説，君之志趣畧具於是。徒以早歲食貧，衣食奔走，嘗所習書畫篆刻之技，不能自韜，名滿人口，海内寳其翰迹，卽或未知蘊蒂所在，舉謂隋唐以來藝苑僅見，言豈不諒，要亦非君之志。君娶范、陳，皆前卒，子三：能壽、壽侃、壽佁。能壽，江西勞績補用知縣。壽侃、壽佁皆幼。女子子四，孫五。君既葬二年，能壽奉遺狀三千言，乞程秉銛文表君墓。秉銛辱君交久，不敢辭，則爲芟繁舉要，大書之如是。君貌壯碩強力，善飲啖，疑不僅中壽内行惇竺孝乎。惟孝而急師友之難，類東漢閒士，世顧以雄才瓌瑋奇之，然則君之不獲盡其天者，概可知已。銘曰：士不達乎時，君與時宜，積學寡藝，君藝靡遺，亦弗究厥用。惟數之奇，學猗才猗，閒世所希，猗而倏歸於斯猗，烏乎噫嘻。

清 葉昌熾《趙之謙益甫事實》 趙先生名之謙，字益甫，又字撝叔，自號悲盦，或曰思悲翁。浙之會稽人，與李□伯侍御爲中表，各以文章遨游公卿閒，頗以名相軋。嘗聞潘文勤師言撝叔藏祕册甚富，先後付梓，今叢書僅四集三十一種，知其未刻者尚多也。所輯補《寰宇訪碑録》乃其少作，後深悔之，書畫篆刻妙絶古今。下至飲饌服御游藝之屬，探源溯委，窮析微奧。同治甲子，高平祁季聞在都門舉鼻煙論難，著《勇盧閒詰》一編，吾友程蒲生太史序之。云閒詰者，淮南之佚文也。勇盧者何？《龍魚河圖》云鼻神之號也。屢試春官不第，以江西一縣令終。

又《奇觚廎詩集》卷下《滬行束裝尚未筮日佩鶴前輩先以詩迓再和二律十三四疊前韻》 乘韋十二早輸秦，我似弦高拜下塵。結社更從桑海後，移家還住菊溪濱。卮言遑問儒兼墨，壺隱惟偕勒與辛。（篋中有煙壺數事，趙益甫《勇盧閒詰》云：燒料鼻煙壺，乾隆以來巧匠刻畫千名百種，咸稱曰皮。最著者曰辛家皮、勒家皮。）

烟草譜

綜述

清 陳琮《烟草譜序》 陸羽《茶經》，伯仁《酒吏》，嵇含之狀《草木》，王灼之譜《糖霜》，自古騷人不少紀録，於今蘼卉可無扢揚者乎。爰有烟酒，亦曰淡巴草，既稱仁火，原號聖產於呂宋，曾傳返魂之香，吟自唐人，猶記相思之句。一自移來閩嶠，遂爾種遍磳田，處處耕煙，家家搆火。製別生熟，色標青黃，食籍浮於百瓿，禺筴準之萬口。雖灼喉熏肺，道非養生，而辟瘴祛塞，功能療疾。信手閒拈，玉管探囊，細吸金絲，味美於回，嗜在酸鹹之外；心清聞妙，香生茹吐之間。此固炎帝所未嘗，桐君所未録者也。余本山人，世稱煙客，結前緣之香火，分餘慧於齒牙。品以芳名，原其地產，偏採遺聞，脞說兼搜，麗句清詞。若雲編入《食經》，乃登謝諷五十三種外；如或添諸藥譜，當列宋掌千八百名中。嘉慶旃蒙大淵獻涂月，陳琮書於繡雪山房。

又《烟草譜·小識》　烟草盛行於世，自明以前記載頗尠，向聞浙江汪師韓《金絲録》，倪一擎《烟志》，惜未見其書。是譜之作，祇憑臆說，恐無以取信於人，因追録平日探摭羣籍，廿年中所見聞者，彙爲一編，特家鮮藏書，涉獵未廣，尚冀博雅君子匡所不逮是幸。小岑谿陳琮識。

著録

清　丁申、丁丙《八千卷樓書目》卷十二《子部》　《煙草譜》，八卷。國朝陳琮撰。刊本。

《清續文獻通考》卷二七四　《烟草譜》，八卷。陳琮撰。

藝文

清　馬德溥《烟草譜題詞》　淡巴菰葉茁青青，聖火傳來發異馨。一管生花才子筆，著成《烟譜》配《茶經》。

數典徵名廣見聞，新編奇麗亦煙雲。雖然多識猶餘緒，博洽而今合讓君。

清　諸聯《烟草譜題詞》　舊譜新裁訂，熙朝第一篇。舌根能辨草，腕底尚籠烟。韻事搜尋遍，相思滋味全，誰云斷火食，始可學神仙。

清　湯顯業《烟草譜題詞》　六籍無茶字，五青肇酒名。酪奴暨歡伯，旋著史若經。仁草最後出，祀苜齊永明。萬口漸同嗜，結侶菸先生。漳泉挺異卉，勝國尤盛稱。造作淡肉果，醉客疑宿酲。好種及時種，上上擇畦町。一碧苗既茁，葉繁花亦榮。採擷夏涉秋，居然等西成。赫曦仗烘炙，燥濕蘄均平。筠筒削寒玉，骨節犀通靈。其本穴金鐵，其未嵌瑤瑛。其香取内蘊，其氣主上升。納之如文法，堆垛戒滿盈。吸之如妙語，吞吐爲拒迎。初如東稾熾，蓬鬆然作聲。繼如葭管吹，頃刻飛灰輕。菲菲蘭麝馥，藹藹雲麗蒸。粱肉易屬饜，果蔬起嫌憎。擯此詎飢渴，痂癖偏因仍。華堂集彥會，各似銜蘆鳴。小史執籥侍，散人吹簫行。遂令詞賦家，箋詠加品評。肖物辨厥性，數典信可徵。蒐羅誰最富，績學今陳登。鴻筆繼稡草，部次極研精。詩文佐攷鏡，不日付汗青。戰茗力悉敵，飲醇歡得朋。相思我正苦，推窻問柳星。

清　沈學淵《烟草譜題詞》　海國春生一縷烟，漁梁嶺外碧芊芊。芝房製作尋常事，爭補熙朝瑞草篇。

著述年年搇竹扉，銀囊不捲讀書幃。攜來左右雙筠管，滄墨濃香玉屑霏。

茶力初濃酒未醺，檢書屬草染蘭薰。陸家經與蘇家譜，齒頰流芳定讓君。

截竹爲筩暖律吹，終朝伴我撚吟髭。何如小閣明釭畔，呼吸烟雲滿幅時。

清　陸之榑《烟草譜題詞》　餐霞有客費搜研，辟瘴消寒得氣先。曾付葯籠推妙手，又添詩料拍吟肩。烟雲吐出攜雙管，甘苦嘗來積十年。一自懺除塵業盡，會從香火結因緣。

清　劉灝《烟草譜題詞》　相思滋味問何如，採入名山好著書。丹轉會分爐上火，青雲直上藉吹噓。

何關酒債與茶租，逸韻橫生領得無。展卷巳教香氣滿，不須復買黑於菟。

頓看綺室盡氤氳，冉冉如蘭細吐芬。應怕此心容易冷，閒來常把繡腸薰。

小盒輕攜客到時，十年心事此君知。生來自有生花筆，譜出烟雲合一枝。

清　何其偉《烟草譜題詞》　食以療飢飲解渴，二者缺一不生活。有非解渴非療飢，竟未須臾離此物。此物於古書無之，烟草詠自唐人詩。產諸呂宋種閩嶠，祛寒辟瘴功兼資。初入中華稱火異，明季盡謠驚偏地。相沿逮今風頓移，千萬萬人口同嗜。嗜之尤者韓尚書，魚熊去取深躊躇。後有太鴻亦至好，恨少題詠傳巴菰。陳君夙號餐霞客，免管筠筒兩難釋。慨然三喚菸先生，沚溪居士有菸，先生傳蓋調烟筒也。含芬弗揚是誰責。君不見酒有史茶有經，醴侯森伯從人評。衆口未知味外味，品題始得流芳名。爾名非古却宜世，合採新聞刱新製。風流可繼韓厲傳，益人與否姑勿計。

清　潘信籽《烟草譜題詞》　烟記得莊儼，經號菸呼龍，種瑤艸，滿礵田十六字令煙肇錫嘉名，三百年憑誰，譜典籍，共流傳。前調

清　蔡春雷《調寄天香，即次碧雲香雨樓詞集韻》　瓊島耕雲，蠻鄉蒔雨，濛濛散含香霧。《藥錄》新收，《茶經》繼載，風味從今領取。祛寒辟瘴，甚恁地，欲吞還吐。莫是仙家火食，人間卻都傳去。

幾經蕙風蘭露，向漳汀，載歸吳賈。故事誰徵賸有，風騷宗圭。除群芳別與，玉躞，金題採吟句。新話南湖，木棉同譜。

清　魏容《烟草譜題詞》　唐陸羽著《茶經》，宋竇草作《酒譜》。聖朝瑞草芬芳，留得新編君補。

粵徼香苗初茁，閩山翠卉遙傳。恨余不解此味，看人日日淩烟。余素不食烟。

清　金鳳藻《烟草譜題詞》　石湖不耐喫檳榔，未試金絲絶品香。今日相思抛不得，草經神後要平章。

一種根塵鼻舌連，誰從香火叩因緣。

清　方以臺《烟草譜題詞》　小隱岑谿感瑟居，筠筩象管日相於。吟安一字撚髭後，結想千秋抱膝初。茹栢餐香無俗韻，揚芬摛藻有奇書。酒經茶錄羣芳譜，莫說今人定不如。

清　張光烈《烟草譜題詞》　返魂香自淡巴來，勝國時曾徧地栽。卻笑前人都艸艸，煙雲世界自君開。

酒罷輕噓解宿醺，茶餘細吸發清芬。恰從《酒譜》《茶經》外，又占千秋翰墨勛。

清　宋鈞《烟草譜題詞》　瑤島風清長綠荑，移來佳植樹春畦。芳名百種渾難辨，留與騷人細品題。

香絨小貯滿囊春，萬里雲山慰苦辛。自有相思抛不得，非關思婦憶征人。《述異記》載秦趙間，有相思草出思婦塚上。

鑌鐵輕敲石火明，幽閒畫出景昇平。瓊絲入手休狼籍，也是腴田極得成。

揮麈清譚稱靜居，《茶經》《酒譜》恰相如。一編在手焚香讀，爭似瑯嬛未見書。

清　陸我篙《烟草譜題詞》　詩人餘事粲花霏，例仿丹經莽録宜。採入青編皆故實，生憐紅豆是相思。一篇香草風騷續，四座清譚露品奇。料得夜燈紛校注，樊川榻畔爇蘭絲。

家家湘管碧雲含，瘴嶺風光與細探。組雜酉陽評硯北，歌徵子夜憶江南。盟來桑苧茶星補，隱去通明藥味參。呼吸未諳還自笑嵩生平未嘗此味，拾君牙慧尚流甘。

清　金鳳奎《烟草譜題詞》　古人製飲食，茶酒皆有譜。菸草最後出，明季入閩土。其種來淡巴，今則徧寰宇。瘴厲藉以辟，嚴寒藉以去。維天生一物，利用亦云鉅。《爾雅》名未釋，《本草》類難數。何人爲紀載，芳名悉訓詁。吾聞韓元少，雅好日飲茹。題品屬門人，詩歌在何許。又聞汪抒懷，譚書歷寒暑。欲成金絲錄，其書猶未覩。今君稱博洽，事事錦囊貯。撏撦盡詞家，摉羅及說部。選義而攷辭，羣分又類聚。齒頰留芳馨，烟霞自沉痼。當與茶酒經，各自成千古。

清　徐倎《烟草譜題詞》　天爲熙朝生瑞草，飽可使飢飢使飽。筠管攜來噓吸頻，滿室雲烟看繚繞。舌端滋味妙難傳，一概閒愁能除掃。辟瘴消寒更有靈，種從呂宋能談討。有客搜奇手訂裁，佳話紛紛作新稾。年來吾亦解相思，瀏覽瑤編特傾倒。

清　張旋吉《烟草譜題詞》　噓氣成雲嗜欲狂，誰曾舉典費平章。譜行直是空今古，收拾烟華入錦囊。

遇物知名推博洽，況於蔫艸少前聞。腹中不見便便者，難建金絲翰墨勳。

清　劉廷玓《烟草譜題詞》　搦管興悠然，能生滿紙煙。毫端收不盡，舌底吐青蓮。

嘗遍草中滋味，修成世上神仙。不續《茶經》《酒史》，偏從鼻觀參禪。

搜羅瑤草付瑤編，採藥名山已十年。結得清緣會消受，晚窻微醉曉牕眠。

清　侯士鶚《烟草譜題詞》　管領羣芳已廿年，人間烟火亦神仙。閒來譜出相思草，不數詞人紀木棉。吾鄉褚秋岳著《木棉譜》。

高臥元龍百尺樓，楊芬採秀費研摉。奚囊檢點皆詩料，留與騷壇作

話頭。

清 陸德容《烟草譜題詞》 薔露佘糖品最奇，茶餘酒後慰相思。名傳閩嶠絲千縷，味逐湘川竹一枝。騷客倦吟明月夜，美人停繡晚風時。知君本是餐霞侶，譜得新編絶妙辭。

清 金松《烟草譜題詞》 熙朝珍瑞草，逸斗譜新篇。不惜齒牙論，因成香火緣。金絲憑管鏤，肉果得薪傳。爲問芝蘭室，青藜幾度然。

夫子雲間秀，名山著作師。凌烟虚夙願，香草寄相思。性共巴菰淡，詞緣薔露摛。此中有眞味，料得少人知。

清 許安泰《烟草譜題詞》 繡閣書堂寂寂時，銷愁何物最相思。攜來三尺湘筠管，吁吸通宵伴詠詩。

草仁火聖總名菸，譜訂於君第一編。典故遍搜徵博雅，茶箋藥錄並流傳。

清 沈朝楷《烟草譜題詞》 著成譜録繼韓門，玉屑金絲竝討論。禪榻氤氳茶未熟，客寮噴薄酒纔溫。芳蘅不丐騷人韻，斑竹頻招怨女魂。仿佛同心譚一夕，如蘭臭味有霧根。

清 陳瓏《烟草譜題詞》 伯仁作《酒史》，君謨著《茶錄》。多才嘉胄緝農桑，博雅嵇含狀草本。古來名士半窮經，野乘叢譚佐天祿。方今嗜好重巴菇，昔傳呂宋今爭趨。辟瘴祛寒需薔露，船唇驢背羨於菟。是草神農洵未嘗，相思觸處擾柔腸。茹時味外非無味，咀後香餘別有香。阿兄素負安問志，話雨嘲風多藻思。占候栽成月令篇，按圖補出名山誌。一燈如豆惜三餘，更復平生喜讀書。點勘奇文分亥豕，校讐逸典註蟲魚。兄有《詩文集》外，有《雲間山史》《二十四節氣解》數種，并註《昭明錦帶書》《夏小正》等書，將刊以行世。頻年況抱餐霞癖，日飼金絲等仙液。出處流傳悉品評，詩文製冶俱詮釋。伊予耳食嗟何補，玉牒金函未快覩。欲疏饕餮與蒓鱸，恐誤蹲鴟并杖杜。予曾擬作眼鏡、蓴菜、鱸魚諸志，緣見聞淺猛，故有志未逮云。欣觀此譜精且博，勤摉不羨倪一擎。汪師韓作。何須曼倩紀探春，豈並浮邱還相鶴。從今縹帙付雕鐫，吉貝人葠好共傳。褚文洲有《木棉譜》，陸梅谷有《人參譜》。尋常著録休相擬，此是熙朝瑞應編。

清 陳淵泰《烟草譜題詞》 吾家大阮筆如椽，著述芸窻已廿年。意氣肯居樓百尺，文章滿貯卷三千。料量露品添佳話，收拾風騷補舊編。他日茶神當比例，焚香也合泰煙仙。

嗜烟尤至厲樊榭，執管不離韓慕廬。獨惜無由疏草木，有誰還與註蟲魚。今將一種相思草，譜出千秋未見書。雅帙家家應共賞，蠶經蟹畧定何如。

種藍略法

清 羅振玉《種藍略法》小引 樂平産靛，每歲售價數百十萬，其利甚厚。《工商雜誌》刻有《樂平種靛法》，頗簡明，録之以資採擇。己亥五月上虞羅振玉。

香譜（洪芻）

綜述

宋 洪芻《洪氏香譜序》 《書》稱『至治馨香』、『明德惟馨』。反是則曰『腥聞在上』。《傳》以『芝蘭之室』、『鮑魚之肆』爲善惡之辨。《離騷》以蘭蕙、杜蘅爲君子，糞壤、蕭艾爲小人。君子澡雪其身心，熏祓以道義，有無窮之聞，余之譜香亦是意云。

宋 周紫芝《太倉稊米集》卷六七《書洪駒父〈香譜〉後》 歷陽沈諫議家昔號藏書最多者，今世所傳《香譜》，蓋諫議公所自集也，以謂盡得諸家所載香事矣。以今洪駒父所集觀之，十分未得其一二也。余在富川作妙香寮，永興郭元壽賦長篇，其後貴池丞劉君穎與余凡五賡其韻，往返十篇，所用香事頗多，猶有一二事駒父《譜》中不録者，乃知世間書豈一耳目所能盡知。自昔作類書者，不知其幾家，何嘗有窮。頃年在武林見丹陽陳彦育作類書，自言今三十年矣。如荔枝一門猶有一百二十餘事，嗚呼，博聞洽識之士固足以取重一時，然迷入黑海蕩而不反者，亦可為書淫傳癖之戒云。

宋 滕宬《吴都文粹》卷一〇《吴孫王墓記》 出盤門三里有高塚，

或得其冢磚，有文在側，曰『萬歲永藏』。問其傍老人，曰孫王墓也，又曰孫王長沙王也。或傳其先世之説，盜嘗發取藏金，王未竟敗，獲有碑，已斷缺不全，止辨有『中平年』三字，復掩之。後郡置窑其傍取土為磚殖，號官窑，後有授民田牧其上，前常平使者創叢冢建齊昇院，與孫墓相附近。院甫成，會從他官，將去職一日始得其事，立命其屬表之。為之表者不暇詢攷，題曰『先賢墓』。今使者以為失事實，不可示久遠，即命吳縣主簿劉允武訂其事，乃具條所得冢傍老人之言，以報屬宬記之。按陳壽《志》，長沙王字伯符，始受漢爵，為吳侯，大皇稱帝，追封長沙威王，而其子紹嗣封於吳。此墓當盜伐時，有楊友夔舜韶者作詩弔之，乃以為孫破虜墓。陳壽《志》破虜薨葬曲阿，楊詩固已差謬，則所傳長沙王者幾是。按中平元年，朱儁表破虜為佐軍司馬討張角，楊蓋據碑有『中平年』字，故定以為破虜，而不考其史。《江表傳》載破虜為儁佐軍，留家壽春，長沙王方十餘歲，已能與知名士交，周瑜自舒來壽春，勸王徙舒，則碑之所稱或謂王也。又壽《志》及裴松之所補，孫氏自破虜而下皆出所葬地，獨王不言葬，而王之薨，其將周瑜、吕范皆赴喪於吳，至大皇，始用張紘計，自吳徙秣陵，則王之葬當在吳也。然碑今既不存，故訂而表之，其傳亦曰孫王墓者，從俗稱也。舜韶序其詩，又稱盜所得冢中物有東西，銀杯、金搔頭、握臂、瓦薰壚中灰炭猶存，其物皆歸朱勔家，實政和丙申也。前使者姓詹氏名體仁字元善，今使者姓徐氏字子宜，紹興三年三月日記。

吳孫王墓在盤門外三里，政和間村民發墓磚皆作篆隸，為『萬歲永藏』之文，得金玉瑰異之噐甚多，有東西銀杯初若燦花，良久化為腐土。又得金搔頭十數枚，金握臂二，皆如新，并瓦薰爐一枚。而近世陸墓所燒畧相似，而箱底有灰炭如故，父老相傳云長沙王墓。按長沙王即孫策，又恐是其母若妻，郡守聞之，遽命掩塞，所得古物盡歸朱勔家，洪芻《香譜》亦畧載此事。郡人楊友夔為詩序，其事為詳，但直指以為堅墓，故有高陵之句。按史，堅自葬曲阿，紹熙辛亥提舉常平張體仁始加考訂，以為孫氏疑墓。姑從鄉人謂之孫王墓。又命郡人舉賢良方正滕宬記其事，復以史考之，定為孫策所葬，與世俗長沙王之説稍合，今皆録之。

明 盧熊《吳都文粹續集》卷三七《孫王墓辨》 右漢豫州刺史孫堅、堅妻吳夫人及其子會稽太守策三墓並列盤門外三里，即今齊昇院東南面，勢據古蛇門，正與府治相向。《祥符圖經》云孫堅墩方俗稱為孫王墓。按《吳書》，堅死於初平二年，年三十七；策死於建安五年，年二十六；吳氏死於建安七年，合葬堅墓。黃龍元年，權追尊堅為武烈皇帝，廟曰始祖，墓曰高陵，吳氏為武烈皇后，策為長沙桓王。太元元年八月朔，風拔高陵松柏，石碑蹉動。《晉陽秋》云惠帝元康中，吳令河東謝詢表為孫氏二君置守冢五人，備掃除，有詔從之，其文張悛所作，今載《文選》。陸廣微亦云盤門東北二里有吳武烈皇帝并長沙桓王等三墓。前志云宋政和六年村民發墓，其磚側有『萬歲永藏』四篆字，得金銀簪十數枚，有東西銀梧，初若粲花，良久化為腐土，并金搔頭十數枚、金握臂二，悉皆如新，一瓦熏爐與近世陸墓所制畧似，而箱底灰炭猶存焉。碑石斷缺，僅餘『中平年』三字，州將遽命揜之，所得古物盡歸朱勔家。洪伯芻《香譜》亦畧載此事，即楊友夔所賦孫豫州墓者是也。洪氏《三庚志》云盤門外大冢，紹興二年秋雨隤圮，牧童入其間，得銅器數種，持賣於市。鄉人往視，圮處蓋其隧道，有石刻隸書云『大吳長沙桓王之墓赤烏三年』，凡十二字。知府沈揆亟命揜塞，仍立石表其所，滕宬為記。袁席之謂策死距赤烏三年，已四十載，豈非權稱制之久復改葬乎？所得之器，滕藏一小鏡，其背有銘十四字，一銅小麟鎮紙無欵識，以遺席之。嘉熙中，墓傍土中又得唐孫德琳墓志，云開元十年窆於十四代祖吳武烈皇帝陵東南平地。又按《丹陽圖經》載，高陵在縣西練塘鄉吳陵港，以傳記證之，當是堅葬曲阿後遷於吳，史不及詳載爾。滕宬所記，謂紹熙中提舉常平詹體仁嘗命其屬表之，題曰『先賢墓』。徐誼屬宬考訂，止從俗稱孫王墓。宬蓋據陳壽説破虜葬曲阿，及策之薨，其將周瑜、魯肅皆赴喪，獨指此為伯符之墓，亦未嘗及謝詢所表。不審三墳同域，故論説紛紜，自相牴牾。在政和知為豫州之墓，在紹興知為長沙之墓，皆不能質諸傳記，以求其説。地亦嘗為窑，故舊志不復詳究矣。因備載始末，傳諸好事，仍録古今文詞如左云。

《四庫全書總目》卷一一五《子部二五・譜録類》 周紫芝《太倉稊米集》有《題洪駒父〈香譜〉後》曰：歷陽沈諫議家，昔號藏書最多者。今世所傳《香譜》，蓋諫議公所自集也。以爲盡得諸家所載香事矣。以今洪駒父所集觀之，十分未得其一二也。余在富川，作妙香寮。永興郭元壽賦長篇。其後貴池丞劉君穎，與余凡五賡其韻，往返十篇。所用香事頗多，猶有一二事，駒父譜中不錄者云云。則當時推重芻譜在沈立譜之上。然晁公武《讀書志》稱芻譜集古今香法，有鄭康成漢官香、南史小宗香、眞誥嬰香、戚夫人迫駕香、唐員半千香，所記甚該博。然《通典》載：歷代祀天用水沈香獨遺之云云。此本有水沈香一條，而所稱鄭康成諸條乃俱不載。卷數比《通考》所載芻譜亦多一卷。似非芻作。沈立譜久無傳本。《書錄解題》有侯氏《萱堂香譜》二卷，不知何代人，或卽此書耶。其書凡分四類，曰香之品，香之異，香之事，香之法，亦頗賅備，足以資考證也。

《四庫全書簡明目錄》卷一二　凡四類，曰香之品，香之意，香之事，香之法。

清　周中孚《鄭堂讀書記》卷五〇《子部九上・譜錄類一》　《四庫全書》著錄，作不著撰人名氏。《讀書志》類書類《書錄解題》《通考》俱作一卷，《宋志》農家類作五卷。晁氏稱宋朝洪芻撰，集古今香法，有鄭康成漢宮香、南史小宗香、眞誥嬰香、戚夫人迫駕香、唐員半千香，所記甚該博，然《通典》載歷代祀天用水沈香獨遺之，何耶？今按是書無漢宮香以下四條，而反有水沈香一條，其非駒父所明甚。陳氏稱不知名氏，又載《萱堂香譜》一卷，云稱侯氏萱堂，而不著名，疑卽是書。《宋志》作洪芻撰，且有五卷之多，五，或為一或為二之譌也。其書分香之品十二條，香之異三十八條，香之事四十一條，香之法二十二條，幾一百十三條。所載殊為詳備，所引諸書無宋以後作者，其為北宋舊帙可知矣。前有無名氏香序，《說郛》《唐宋叢書》《學津討原》均收入之。張若雲改香異第三條，辟寒香目為辟邪香，別採述異記一則，為辟寒香補於後。固為不可，又以香事諸條，唯天香傳存目而不載傳。因據丁晉公本集補入。攷書中所載各條，皆無過半頁者，而此獨有五頁之多，則大失原本之體裁矣。況陶、鍾兩家之本，俱一仍左氏之舊則，亦仍其舊可耳，何必臆為竄亂耶？此若雲之失也。今附訂於此，不為另記。

傳記

《四庫全書總目》卷一一五《子部二五・譜錄類》　芻字駒父，南昌人。紹聖元年進士。靖康中，官至諫議大夫，謫沙門島以卒。

清　周中孚《鄭堂讀書記》卷五〇《子部九上・譜錄類一》　芻字駒父，南昌人。紹聖元年進士。靖康中，官至諫議大夫。

清　裘君弘《西江詩話》卷三　洪芻，字駒父，朋弟。紹聖進士。官至諫議大夫，其詩有《老圃集》一卷，詩人派。

宋　晁公武《郡齋讀書志・後志》卷二　《香譜》一卷。右皇朝洪芻駒父撰，集古今香法。有鄭康成漢宮香、南史小宗香、眞誥嬰香、戚夫人迫駕香、唐員半千香，所記甚該博，然《通典》載歷代祀天用水沉香獨遺之，何耶？

著錄

宋　尤袤《遂初堂書目・譜錄類》　洪氏《香譜》。

宋　陳振孫《直齋書錄解題》卷一四《雜藝類》　《香譜》一卷，不知名氏。

宋　趙希弁《郡齋讀書後志》卷二　《香譜》一卷，右皇朝洪芻駒父撰。集古今香法，有鄭康成漢宮香、南史小宗香、真誥嬰香、戚夫人迫駕香、唐員半千香。所記甚該博，然《通典》載歷代祀天用水沉香獨遺之，何耶？

《文獻通考》卷二二九《經籍考五六》　《香譜》一卷，晁氏曰：宋朝洪芻駒父撰。集古今香法，有鄭康成漢宮香、南史小宗香、眞誥嬰香、戚夫人迫駕香、唐員半千香。所記甚該博，然《通典》載歷代祀天用水沉香獨遺之，何邪？

《宋史》卷二〇五《藝文志四》　洪芻《香譜》五卷。

明　晁瑮《晁氏寶文堂書目》卷下《藝譜》　洪芻《香譜》。

明　李時珍《本草綱目》卷一上　洪駒父《香譜》。

明　陶宗儀《說郛》卷一〇下　洪氏《香譜》。

明　楊士奇《文淵閣書目》卷三　《香譜》一部。一冊。

清《御定駢字類編》卷一六九　洪芻《香譜》。一卷。

《續通志》卷一五九《藝文略》　《香譜》二卷，不著撰人名氏。

清　曹寅《**楝亭書目**》**卷三**《香譜》，宋洪芻撰，二卷，一冊。

《**四庫全書總目**》**卷一一五**《**子部二五・譜録類**》　《香譜》二卷，内府藏本，舊本不著撰人名氏。左圭《百川學海》題爲宋洪芻撰。所作《香譜》，《宋史・藝文志》著録。

《**四庫全書簡明目録**》**卷一二**　《香譜》二卷，不著撰人名氏。或題洪芻，與晁公武《讀書志》所説，亦不合。疑即《書録解題》所載侯氏《萱堂香譜》二卷也。凡四類，曰香之品，香之意，香之事，香之法。

清　周中孚《**鄭堂讀書記**》**卷五〇**《**子部九上・譜録類一**》　《香譜》二卷，《百川學海》本，舊題宋洪芻撰。

清　丁丙《**善本書室藏書志**》**卷一八**《**子部九上**》　《香譜》二卷，明華氏刊本。譜分四，曰：香之品，香之異，香之事，香之法。不著撰人。《百川學海》題爲宋洪芻撰。《提要》辨其非沈立所譜，久不傳。《書録解題》有侯氏《萱堂譜》，或即其書耶？

清　丁申、丁丙《**八千卷樓書目**》**卷一二**《**子部・譜録類**》　《香譜》二卷，不著撰人名氏。《説郛》本。《百川》本。《學津討原》本。

又　《香譜》一卷，宋洪芻撰，唐宋叢書本。

清　陸心源《**皕宋樓藏書志**》**卷五三**《**譜録類一**》　《香譜》二卷，宋刊本，宋洪芻撰。

清　沈德壽《**抱經樓藏書志**》**卷四〇**《**譜録類一**》　《香譜》二卷，宋刊本，楊夢羽舊藏。宋洪芻撰。卷首有『海虞楊儀夢羽珍藏圖書記』朱文方印。

又　《香譜》二卷，宋刊本，宋洪芻撰。

藝文

宋　周紫芝《**太倉稊米集**》**卷六七**《**書洪駒父香譜後**》　歷陽沈諫議家，昔號藏書最多者。今世所傳香譜，蓋諫議公所自集也。以謂盡得諸家所載香事矣。以今洪駒父所集觀之，十分未得其一二也。余在富川，作妙香寮，永興郭元壽賦長篇。其後貴池丞劉君穎與余凡五賡其韻，往返十篇。所用香事頗多，猶有一二事駒父譜中不録者，乃知世間書豈一耳目所能盡知？自昔作類書者，不知其幾家，何嘗有窮？頃年在武林見丹陽陳彦育作類書，自言今三十年矣。如荔枝一門，猶有一百二十餘事。嗚呼！博聞洽識之士，固足以取重一時，然迷入黑海，蕩而不反者，亦可為書淫傳癖之戒云。

雜録

清　裘君弘《**西江詩話**》**卷三**　洪芻【**略**】又著《香譜》一卷，集古今香法，有鄭康成漢宮香、南史小宗香、眞誥嬰香、戚夫人返駕香、唐員半千香，所記甚該博。

香譜（陳敬）

綜述

宋　陳敬《**香譜・熊朋來原序**》　香者，五臭之一，而人服媚之。至於為香譜，非世宦博物嘗杭舶浮海者，不能悉也。河南陳氏《香譜》，自子中至浩卿，再世乃脱藁。凡洪、顔、沈、葉諸譜具在，此編集其大成矣。詩書言香，不過『黍、稷、蕭、脂』。故香之為字，從黍作甘。古者從黍稷之外，可焫者蕭，可佩者蘭，可鬯者鬱，名為香草者無幾，此時譜可無作。《楚辭》所録名物漸多，猶未取於遐裔也。漢唐以來，言香者必取南海之産，故不可無譜。浩卿過彭蠡，以其譜視釣者熊朋來，俾為序，釣者驚曰：豈其乏使而及我，子再世成譜，亦不易，宜遴序者，豈無蓬萊玉署懷香握蘭之儷儒？又豈無喬木故家芝蘭芳馥之世卿？豈無烏服夷言誇香詫寶之舶官？又豈無神州赤縣進香受爵之少府？豈無寶梵琳房聞思道韻之高人？又豈無瑶英玉蘂羅襦薌澤之女士？凡知香者，皆使序之。若僕也，灰釘之望既窮，熏習之夢久斷。空有廬山一峯以為鑪，峯頂片雲以為香，子并收入譜矣。每憶劉季和香僻，過鑪熏身，其主簿張坦以為俗，坦可謂直諒之友。季和能笑領其言，亦庶幾善補過者。有士於此，如荀令君，至人家坐席三日香，梅學士每晨袖覆罏，撮袖以出，坐定放香。是富貴自好者所為，未聞聖賢為此，惜其不遇張坦也。按禮經：容臭者，童儒所佩；茝蘭者，婦輩所採。大丈夫則自流芳百世者在，故魏武猶能禁家内不得熏香，謝玄佩香囊則安石患之。然琴牕書室不得此譜，則無以治罏熏。至於自熏，知見抑存乎其人。遂長揖謝客，鼓棹去，客追録為《香譜序》。至治壬戌蘭秋，彭蠡釣徒熊朋來序。

元　李琳《陳氏香譜》　韋應物掃地焚香，燕寢爲之凝清；黄魯直隱幾炷香，靈臺爲之空湛。從來韻人勝士，爐煙清晝，道心純淨，法應如是。汴陳浩卿於清江出其先君子中齋公所輯《香譜》，如銖熏初襚，縹緲顧香。悟韋郎於白傅之香山，識涪翁於黄仙之叱石，是譜之香遠矣。浩卿卓然肯構，能使書香不斷。經傳之雅馥芳韶，騷選之靚馡初曙，方遺家譜可也。袖中后山瓣香，亦當詢龍象法筵，拈起超方迴向。至治壬戌夏五長沙梅花溪道人李琳書。

辛巳歲，諸公助刻此書，工過半矣，時余存友海上歸，則梓人盡斃於疫。板寄他所，復遘祝融成毁，數奇可太息。癸未秋，欲營數椽，苦資不給，甫用拮據。偶展《鶴林玉露》，得徐淵子詩云：『俸餘擬辦買山錢，復買端州古研磚。依舊被渠驅使在，買山之事定何年？』頗嘉淵子之雅尚，乃決意移貲剞劂。因歎時賢著述，朝成暮梓，木與稿隨；余茲纂歷壯逾衰，歲月載更，梨棗重災，何艱易殊人太甚耶？友人慰之曰：『事物之不齊天，定有以齊之者。』脱稿日用書顛末云爾。是歲八月之望。

《四庫全書總目》卷一一五《子部二五・譜録類》　敬字子中，河南人，其仕履未詳。首有至治壬戌熊朋來序，亦不載敬之本末。是書凡集沈立、洪芻以下十一家之香譜，彙爲一書。徵引既繁，不免以博爲長，稍踰限制。若香名、香品，歷代凝和製造之方，載之宜也。至於經傳中字句偶涉，而實非龍涎迷迭之比，如卷首引《左傳》『黍稷馨香』，寥寥數則，以爲溯源經傳，殊爲無謂。此仿《齊民要術》首援經典之例，而失之者也。其實本出經典之事，乃往往挂漏。如鬱金香載《説文》之説，而《周禮》鬱人條下鄭康成之注，乃獨遺之。則又舉遠而略近矣。然十一家之譜，今不盡傳。敬能薈稡羣言，爲之總滙。佚文遺事，多賴以傳，要於考證不爲無益也。

《四庫全書簡明目録》卷一二　是書集沈立、洪芻以下十一家之《香譜》，彙為一書。故所載頗泛濫無律，然可資考證者亦多。

著録

宋　尤袤《遂初堂書目》　沈氏《香譜》。

《通志》卷六六　《香譜》四卷，沈立撰。

《宋史》卷二〇五　沈立《香譜》一卷。

明　楊士奇《文淵閣書目》卷三　《香譜》一部二册。

明　焦竑《國史經籍志・史類》卷三　新纂《香譜》二卷。

清　范邦甸《天一閣書目》卷一之一　《香譜》四卷。

《續通志・藝文略》卷一五九　《香譜》四卷，陳敬撰。

《續通志・圖譜略一》卷一六五　宋陳敬《香譜》。

《續文獻通考・經籍考》卷一八一　陳敬《香譜》四卷。敬字子中，河南人。

《四庫全書簡明目録》卷一二　《陳氏香譜》四卷，宋陳敬撰。

《四庫全書總目》卷一一五《子部二五・譜録類》　《香譜》四卷，江蘇巡撫採進本，宋陳敬撰。

清　錢曾《錢遵王述古堂藏書目録》卷六　陳敬《香譜》四卷四本，内府元人抄本。

清　錢曾《讀書敏求記》卷二　《陳氏香譜》四卷。新纂《香譜》，河南陳敬子中編次，内府元人鈔本。凡古今香品、香異，諸家脩製，印篆、凝和，佩薫塗傳等香，及餅、煤、器、珠、藥、茶，以至事類、傳、序、説、銘、頌、賦、詩，莫不網羅搜討，一一具載。熊朋來序之云：陳氏《香譜》，自子中至浩卿，再世乃脱藁，可謂集大成矣。古人命筆雖小道，不敢聊爾成書。今人偶撮一二零斷香譜，刋入類書中，沾沾誇詡，真不滿鬻香長者之一笑也。書館琴窗，蕭晨良夜，静對此譜，如燒大象藏香一丸，興光網雲，覆甘露味國，爾時鼻觀先条者，爲何如也。

清　錢曾《也是園藏書目》卷二　陳（敖）「敬」《香譜》四卷。

清　錢大昕《元史藝文志》卷三　陳敬《香譜》四卷，字子中，河南人。

清 阮元《文選樓藏書記》卷四 《香譜》四卷，元陳敬編，河南人。抄本。是書博採諸香出處製法，并坿詩文。

清 瞿鏞《鐵琴銅劍樓藏書目録》卷一六《子部四・譜録類》 《新纂香譜》二卷，舊鈔本，宋陳敬撰。原書四卷，此存卷一、卷二，爲香品、香異。修製、印篆、凝和諸類，舊爲文瑞樓藏本。從小玲瓏山館馬氏假得傳鈔者，當時已非全帙矣。是書所採有沈立之、洪駒父《香譜》，武岡公庫《香譜》，張子敬《續香譜》，潛齋《香譜拾遺》，顔持約《香史》，葉庭珪《香録》。是齋舊用，録溫氏雜記各種，今皆不傳。存一書以存衆書，則是本足貴也。有熊朋來序，洪氏香譜序，顔氏香史序，葉氏香譜序。卷首有『文瑞樓藏書記』朱記。

清 魏源《元史新編》卷九三《藝文志三》 陳敬《香譜》四卷，字子中，河南人。

香乘

綜述

明 周嘉胄《香乘・李維楨原序》 吾友周江左為《香乘》，所載天文、地理、人事、物産，囊括古今，殆盡矣。余無復可措一辭。葉石林《燕語》述：章子厚自嶺表還，言神仙昇舉，形滯難脱，臨行須焚名香百餘觔以佐之。廬山有道人積香數斛，一日盡發，命弟子焚於五老峰下，默坐其旁，烟盛不相辯，忽躍起在峰頂。言出子厚，與所謂返魂香之説，皆未可深信。然詩禮所稱，燔柴事天，蕭焫供祭，蒸享苾芬，升香椒馨，達神明、通幽隱，其來久遠矣。佛有衆香國，而養生煉形者，亦必焚香，言豈盡誣哉？古人香臭字通謂之臭。故《大學》言：如惡惡臭，而孟子以鼻之於臭為性。性之所欲不得，而安於命。余老矣，薄命不能得致奇香，展讀此乘，芳菲菲兮襲余。計人性有同好者，案頭各置一册，作如是鼻觀否。夫以香草比君子，屈宋諸君，騷賦纍纍不絶書。則好香，故余楚俗。周君維揚人，實楚産，兩人譬之草木，吾臭味也。萬曆戊午仲秋前二日大泌山人李維楨本寧父譔。

明 周嘉胄《香乘・自序》 余好睡，嗜香，性習成癖。有生之樂在兹，遁世之情彌篤。每謂霜裹佩黄金者，不貴於枕上黑甜；馬首擁紅塵者，不樂於爐中碧篆。香之為用，大矣哉！通天集靈，祀先供聖，禮佛藉以導誠，祈仙因之昇舉，至返魂、祛疫、辟邪、飛氣，功可回天。殊珍異物，纍纍徵奇，豈惟幽窻破寂，繡閣助歡已耶！少時嘗為此書，鳩集一十三卷，時欲命梓，殊歉挂漏，乃復窮搜遍輯，積有年月，通得二十八卷。嗣後，次第獲覩洪、顔、沈、葉四氏《香譜》，每譜卷帙寥寥，似未賅博，然又皆修合香方過半，且四氏所纂互相重複，至如幽蘭、木蘭等賦於譜無關。經余所採，通不多則。而辯論精審，葉氏居優，其脩合諸方，實有資焉。復得晦齋《香譜》一卷，《墨娥小録》《香譜》一卷，并全録之。計余所纂，頗亦浩繁，尚冀海底珊瑚，不辭探討。而異跡無窮，年力有盡，乃授剞劂，布諸藝林。卅載精勤，庶幾不負，更欲纂《睡旨》一書，以副初志。李先生所為序，正在一十三卷之時，今先生下世二十年，惜不得余全書而為之快讀，不勝高山仰止之思焉。崇禎十四年歲次辛巳春三月六日書於鼎足齋周嘉胄。

明 周嘉胄《香乘・跋》 辛巳歲，諸公助刻此書，工過半矣。時余存友，海上歸，則梓人盡斃於疫。板寄他所，復遘祝融，成毀數奇，可勝太息。癸未秋，欲營數椽，苦資不給，甫用拮據。偶展《鶴林玉露》，得徐淵子詩云：『俸餘擬辦買山錢，復買端州古研塼。依舊被渠驅使在，買山之事定何年？』頗嘉淵子之雅，尚乃決意移貲剞劂。因歎時賢著述，朝成暮梓，木與稿隨余兹纂，歷壯逾衰，歲月載更，梨棗重災，何艱易殊人太甚耶？友人慰之曰：事物之不齊，天定有以齊之者。脱稿日，用書顛末云爾。是歲八月之望

明 周嘉胄《香乘・附諸譜序》 河南陳氏曾合四譜為書，後二編乃陳輯者，併為余纂建勳，諸序彙此，以存異代同心之契。

《葉氏香録序》：古者無香，燔柴焫蕭，尚氣臭而已。故香之字雖載於經，而非今之所謂香也。至漢以來，外域入貢，香之名始見於百家傳記。而南蕃之香獨後出，世亦罕能盡知焉。余知泉州職事，實兼舶司，因蕃商之至，詢究本末，録之以廣異聞，亦君子恥一物不知之意。紹興二十一年，左朝請大夫、知泉州軍州事葉廷珪序。

《顔氏香史序》：焚香之法不見於三代，漢唐衣冠之儒稍稍用之，然返

魂飛氣出於道家，旃檀伽羅盛於緇廬。名之奇者，則有燕尾雞舌，龍涎鳳腦；品之異者，則有紅藍赤檀，白茅青桂。其貴重則有水沉雄麝，其幽遠則有石葉木蜜。百濯之珍，罽賓、月支之貴，泛泛如噴珠霧，不可勝計。然多出於尚怪之士，未可皆信其有無。彼欲刳凡剔俗，其合和窨造，自有佳處。惟深得三昧者，乃盡其妙。因採古今熏修之法，厘為六篇，以其敘香之行事，故曰『香史』。不徒為熏潔也。五臟惟脾喜香，以養鼻觀、通神明而去尤疾焉。然黄冠緇衣之師，久習靈壇之供，錦韝紈袴之子，少耽洞房之樂，觀是書也，不為無補。雲龕居士序。

《洪氏香譜序》：《書》稱『至治馨香』，『明德惟馨』，反是則曰『腥聞在上』。《傳》以芝蘭之室、鮑魚之肆爲善惡之辨。《離騷》以蘭蕙杜蘅為君子，糞壤蕭艾為小人。君子澡雪其身心，熏祓以道義，有無窮之聞。余之譜香，亦是意云。

《陳氏香譜序》：香者五臭之一，而人服媚之。至於為香作譜，非世官博物，嘗閱舶浮海者不能悉也。河南陳氏《香譜》，自中齋至浩卿，再世乃獲博採，洪、顔、沈、葉諸譜具在，此編集其大成矣。《詩》《書》言香，不過黍稷蕭脂，故香之為字，從黍從甘。古者自黍稷之外，可焫者蕭，可佩者蘭，可鬯者鬱，名為香草者無幾。此時譜可無作。《楚辭》所錄名物漸多，猶未取於遐裔也。漢唐以來，言香者必南海之產，故不可無譜。

浩卿過彭蠡，以其《譜》視鈞者熊朋來，俾為序，鈞者驚曰：『豈其乏使而及我耶？子再世成《譜》亦不易，宜遴序者。豈無蓬萊玉署懷香握蘭之仙儒？又豈無喬木故家芝芳蘭馥之世卿？豈無島服夷言誇香詫寶之舶官？又豈無神州赤縣進香受爵之少府？豈無賫梵琳房閑思道韻之高人？又豈無瑶英玉蕊羅襦薌澤之女士？凡知香者，皆使序之。若僕也，灰釘之望既窮，熏習之夢久斷，空有廬山一峰以為爐，峰頂片雪以為香。子并收入《譜》矣。每憶劉季和香癖，過爐熏身，其主簿張坦以為俗，坦可謂直諒之友。季和能笑領其言，亦庶幾善浦過者。有士於此，如荀令君至人家，坐席三日香。如梅學士，每晨以袖覆爐，撮袖以出，坐定放香。是富貴自好者所為，未聞聖賢為此。惜其不遇張坦也。按《禮經》，容臭者，童孺所佩，茝蘭者，婦女所採，大丈夫則自有流芳百世者在。故魏武猶能禁家内不得熏香，謝玄佩香囊則安石惡之。然琴窗書室，不得此《譜》則無以治爐熏。至於自熏知見，抑存乎其人。』遂長揖謝客鼓棹去，客追錄為《香譜序》。至治壬戌蘭秋，彭蠡鈞徒熊朋來序。

又

韋應物掃地焚香，燕寢為之凝清。黄魯直隱几炷香，靈臺為之空湛。從來韻人勝士，爐煙清晝，道心純净，法應如是。汴陳浩卿，於清江出其先君子中齋公所輯《香譜》，如銖熏初襚，縹緲頤香。悟韋郎於白傅之香山，識涪翁於黃仙之叱石。是《譜》之香遠矣。浩卿卓然肯構，能使書香不斷，經傳之雅馥芳韶，騷選之靚誹初曙，方遺家譜可也。袖中後山瓣香，亦當詢龍象法筵，拈起超方回向。至治壬戌夏五，長沙梅花溪道人李琳書。

辛巳歲，諸公助刻此書，工過半矣。時余存友自海上歸，則梓人盡斃於疫，板寄他所，復遘祝融。成毁數奇，可勝太息。癸未秋，欲營數椽，苦資不給，甫用拮據。偶展《鶴林玉露》，得徐淵子詩，云：『俸餘擬辦買山錢，復買端州古研磚。依舊被渠驅使在，買山之事定何年。』頗嘉淵子之雅尚，乃決意移貲剞劂。因歎時賢著述，朝成暮梓，木與稿隨。余兹纂歷壯逾衰，歲月載更，梨棗重災，何艱易殊人太甚耶。友人慰之曰：『事物之不齊，天定有以齊之者。』脱稿日用書顛末云爾。是歲八月之望。

《四庫全書總目》卷一一五《子部二五・譜録類》 是書初纂於萬曆戊午。止十三卷，李維楨爲之序。後自病其疎略，續輯此編。以崇禎辛巳刊成，嘉胄自爲前後二序。其書凡香品五卷，佛藏諸香一卷，宫掖諸香一卷，香異一卷，香事分類二卷，香事別錄二卷，香緒餘一卷，法和衆妙香四卷，凝合花香一卷，薰佩之香、塗傅之香共一卷，香屬一卷，印香方一卷，印香圖一卷，晦齋譜一卷，墨娥小錄香譜一卷，獵香新譜一卷，香爐詩香文各一卷。採撫極爲繁富。考宋以來諸家香譜，大抵不過一二卷。惟《書錄解題》載香嚴三昧十卷，篇帙最富。然其本不傳，傳者惟陳敬之譜差爲詳備。嘉胄此編殫二十餘年之力。凡香之名品故實，以及修合賞鑒諸法，無不旁徵博引，一一具有始末，而編次亦頗有條理。談香事者固莫詳備於斯矣。

《四庫全書簡明目録》卷一二 凡香之名品、修製、典故、藝文，一一臚載。考香事者，莫備於是書。

清 周中孚《鄭堂讀書記》卷五〇《子部九之上・譜録類一》 《四庫全書》著錄。江左嗜香成癖。少時嘗為此書，鳩集十有三卷付梓。既又以其掛漏，乃復窮搜徧輯，以成是編。凡分二十類，曰香品隨品附事實，曰佛藏諸香，曰宮掖諸香，曰香異，曰香事分類，曰香事別錄，曰香緒餘，曰法和衆妙香，曰凝合花香，曰薰佩之香，曰塗傅之香，曰香屬，曰印香方，曰印香圖，曰晦齋香譜，曰墨娥小錄香譜，曰獵香新譜，曰香鑪類，曰香詩彙，曰香文彙。每類又合分子目，蓋以葉、顏、洪、陳四家之譜為本，而傅益以羣書，并全錄同時人晦齋、墨娥二譜。計其所纂，頗亦涉繁，故於古今香事，囊括殆書焉。前載萬曆戊午李本寧維楨舊序，及崇禎辛巳自序，末附諸譜及自跋。

傳記

《四庫全書總目》卷一一五《子部二五・譜録類》　嘉胄，字江左，揚州人。

清　周中孚《鄭堂讀書記》卷五〇《子部九之上・譜錄類一》　嘉胄，字江左，揚州人。

著録

清　黄虞稷《千頃堂書目》卷九《食貨類》　周嘉胄《香乘》，三十六卷。

清　萬斯同《明史》卷一三四《藝文志二》　周嘉胄《香乘》，三十六卷。

《欽定續通志》卷一五九《藝文略》　《香乘》二十八卷，明周嘉胄撰。

《欽定續文獻通考》卷一八一《經籍考》　周嘉胄《香乘》二十八卷。嘉胄，揚州人。

清　曹寅《楝亭書目》卷三　《香乘》，明淮海周嘉胄纂輯，二十八卷，六冊。

清　阮元《文選樓藏書記》卷六　《香乘》二十八卷，明周嘉胄著。淮海人。刊本。是書傳採香事并悉名類。

《四庫全書簡明目録》卷一二　《香乘》二十八卷，明周嘉胄撰。

又卷一一五《子部二五・譜録類》　《香乘》二十八卷，浙江鮑士恭家藏本，明周嘉胄撰。

清　周中孚《鄭堂讀書記》卷五〇《子部九之上》　《香乘》二十八卷。明刊袖珍本。明周嘉胄撰。嘉胄，字江左，揚州人。《四庫全書》著錄。江左嗜香成癖，少時嘗爲此書，鳩集十有三卷付梓，既又以其挂漏乃復窮搜，徧輯以成是編。凡分二十類，曰香品，隨品附事實；曰佛藏諸香；曰宮掖諸香；曰香異；曰香事分類；曰香事別録；曰香緒餘；曰法和衆妙香；曰凝合花香；曰薰佩之香。

清　丁申、丁丙《八千卷樓書目》卷一二《子部・譜録類》　《香乘》二十八卷，明周嘉胄撰，明刊本。

《清史稿》卷一四七《藝文志三》　《香乘》二十八卷，周嘉胄撰。

青烟録

綜述

清　王訢《青烟録・馬慧裕序》　人有得其性之所嗜，氤氳融洽於其中，而莫可釋，則雖功名聲望之所在，皆不得一分。其參究考據之功，顧使其所嗜者，不足以見其人之品格性情，則雖極參究之精、考據之確，亦不足筆之於書，而使天下之同好者，咸相賞於風瀟雨晦、齋居一室之時，此其道非可以強致而倖得者也。并州王子以諸生精醫術，尤愛黄老之學，夫儒者功名聲望非無可傳者，乃獨沾之於千晦香林，豈其深有得於清淨無為之旨，所為參鼻觀而證妙諦者，在此而不在彼乎。每當風雨齋居，試披覽其書，覺其人之品格性情，悉從香海中超出於閻浮提界矣。僅賞其參究考據之精且確焉，則藝苑所傳茶之經也，酒之史也，與夫蘭之譜也，菊之疏也。所以艷見聞而資騷雅者，豈少也哉！嘉慶歲次乙丑十一月三韓馬慧裕題於大梁節署澄懷堂。

清　王訢《青烟録・自敘》　余性鈍而懶。自美其名曰：好靜。將誰欺也？然得於天者獨厚，天實故使之鈍，而遂其懶。至於真靜與不真靜，又絕無有計較於其間者。游雲點空，浮漚泛海，將焉往而不得其爲我哉？鈍於學，不工文字，天之不肯以青鐙黄卷，勞勩我也；鈍於才，不諳世情，天之不肯以翻雲覆雨，奈何我也；鈍於帖，括不中試官繩尺，天之不肯以簿書錢穀、馳驅鞅掌之故，困横我也。竊念茫茫幻海中，適然而有我，軀長六七尺，不瞽不聾，不痴啞不躄，又得爲唐虞世間人，爲男子，身爲無疾厄，身蒙先人遺業，又略識字，亦何修而得此？雖然鈍矣懶矣，以不能無所欲，故遂使魔障百出，日摧我之神而搖我精，而藐兹幻軀，尋且疲薾焉，瀕於枯腐，我不且危乎哉？向者鈍於學，而好書籍好硯，凡名磁佳涷楮墨等物，遇佳者必量力購得之，不惜也。鈍於才，而好涉獵書史，興至則隨手作詩文詞曲，大抵皆鷇音，不雕不絢，不激不溢。分而止，少飲輒醉，或掀髯振欒歌鐵掣板詞一二闋，自以爲興會軒舉也。懶於文字與世情而好遊，年三十餘，棄舉子業，游都下，歷津門，既而過東海，登之罘之巔，水天一空，身心萬仞，大呼曰：樂哉！斯游。又由東而南，溯烏江，攬金陵諸勝概，其間惟羈棲於齊魯間，大明湖上，前後十餘年，爲最久。然而老矣，霜髯霧目，黧面蹇趾，日與死迫，然猶壯懷不能自已。癸亥秋，復爲琅琊之游，登長公超然臺，南望五蓮馬耳。諸山浮嵐積翠，與白雲紅葉，盪胸抉眥，横空往來。斯時也，西風千里，掠我衣袂，乃愀然而悲，逌然而返，自顧半肩行李，其中若書、若硯、若詩文稿、酒葫蘆、洞簫、長笛之類，一一皆從我游，使我樂而忘倦，然而老我者，即在此也。惟有香爐一器，香數種，能頤養我志，而不擾擾於神，乃歌曰：香兮香兮，不我戕兮。其媚我於無何有之鄉兮。遂引爲友之，益升幾上，酌劑而焚之。青煙裊裊，坐卧其次，萬念俱寂，靜極而動，乃遣筆札，取平日所讀書涉香事者，條記臚述，間附以論。閱兩月得八卷，命之曰《青煙錄》。書既成，檃栝卷帙，交舉而薰於爐煙之上，曰：我非學問中人，不能闡聖賢精義而典重汝；品流卑賤，不敢持經綸大計而聲價汝。筆則筆，削則削，薈蕞□說，而不能壽汝於名山石室、金題玉躞之間，我之罪也。然能不使汝徵貴賤，權子母，爲駔儈質劑文字；不使汝眩黑白，構雀鼠，爲豪強訟諜文字；又不使汝降心短氣，畏首畏尾，爲乞憐貴要文字；又不使汝順澤而非，聞見雜博，二人相從，白晝見鬼，爲小說家河漢文字。我亦何負於汝哉？且也是書無用而未嘗無可用者，在也用於香，謂數卷中字字皆香可矣。舉香而焚之，謂數卷中字字之香，而煙之亦可矣。夫文字而至於爲煙，是爲化境，勿論其能降真，能引鶴，能格穹蒼而通帝座，爲至神也。擬之於人，當是孤山之琴鶴化身，當是漆園之蝴蝶化身，當是藐姑射之冰雪化身，當是極樂國之蓮花化身。泛虚舟於洪濤巨浪之中，千衝百擊，而窅然無所礙於天下，良足多也。於是青煙對我以意，曰：主人遠哉！胸有武庫而弱之，筆有奇險而夷之。有不言，言必言人之所不屑言；言其善柔而藏者歟。主人遠哉！吾其與之偕隱，乃緘縢而弆之篋，復上單瞑目端坐十旬，如枯木焉。然而神氣充溢，滃然如陰雲之四合，涣然如春冰之自融，颯然如清風之驟至，恍然如晝夢之初覺，沉痾頓除，法輪自轉，所謂服善見王之藥，衆病咸消；奏獅子筋之絃，群音頓絕者，皆此書之力也。回想數十年苦海中流浪，生死不覺，涊然汗出，竊以爲自今以往，庶幾藉一縷青煙，得證天真皇人所謂崑崙五城，玉函紫泥之秘典。爲鈍而懶者，菟裘焉。幸甚幸甚。嘉慶十年歲次乙丑嘉平望後四日，涂陽王訢嘯岩題於大梁客舍之北窗。

雜録

凡例

是書八卷，各有區別。一卷二卷，徵典故也。三卷四卷，備考索也。五卷，類品也。非爇品而香，以類從也。六卷，爇譜也。七卷，餘事也。若爐若匕箸，隔火蓮炭等法。焚香不可不知也。八卷，附雜文考辨，以博焚爇之趣。閱者鑒之。

是書中間有一二條重出者，如石葉香之類。其在一卷爲備典，在四卷爲備名也。從其詳不從其略，餘倣此。

是書以焚爇爲主，若香澤衣香佩香之類，不過連類偶及之。亦有偶入療疾一二方，皆非正文，閱者嗤其未備。

是書以焚香細事，本不欲雕梓問世。因薄遊大梁，謁中丞馬郎山先生，先生問近來所著何書，見《青煙錄》喜之曰：子之性情品格在是矣。不可不授之梓，並賜以序。一時，鄭樸亭明府、竹泉吳子咸慫恿之。竹泉又出資若干，相與參校，閱月而事竣，因並紀之。

是書圈點，皆數年來友人索讀者隨手加之。大抵皆標摘要領，或一言半語，與學問有交涉，或字句略有可採，非美文字也，非出一手。故亦無義例可指。嘯岩並識。

藥用作物類農書

人參譜

傳記

清　彭蘊璨《歷代畫史彙傳》卷五八　陸烜，字子章，號梅谷，又號巢雪，平湖人。作畫超潔，工詩，有《梅谷集》。

《清續文獻通考卷》二七〇《經籍考十四》　烜，字子章，號梅谷，浙江平湖人。

著録

清　陸烜《人參譜·自序》　昔王漁洋欲撰《人參譜》，雜鈔羣籍，散見於《池北偶談》《居易錄》《香祖筆記》《古夫於亭雜錄》《分甘餘話》中，略稱完美，然其書卒不成。頃余偶得怔忡疾，醫者曰：非人參不可。顧近日遼參貴逾珠琲，貧家安所得此。因感是，遂徧憶舊覽，檢書幾百種，披閱手抄，稍加論列，不十日譜成，而病若失。豈人參有靈能陰相耶？於是漁洋之志，遂獲成就。其有闕略，請俟鴻通。時乾隆丙戌重陽前一日梅谷陸烜書。

清　陸烜《人參譜·楊復吉跋》　人參之貴於天下也，久矣。王文簡公欲爲之譜，凡有所見，輒劄記於諸說部中，班班可考，然書究未就。今梅谷陸君，乃於十日之內，襞績成帙，其取材之廣，數典之富，幾於一無遺漏。自序言，因病而製譜，人參有靈，譜成而病若失，然歟？否歟？癸酉小除夕，震澤楊復吉識。

清　丁申、丁丙《八千卷樓書目》卷一二《子部·譜録類》　《人葠譜》一卷，國朝陸烜撰，昭代叢書本。

《清史稿》卷一四七《藝文志三》　《人葠譜》一卷，陸烜撰。

人參考

《清續文獻通考》卷二七五《經籍考一九》　臣謹案：是編於人參產地、種類、眞僞以及收藏辨別之法，極為詳核，日本刻本，江標靈鶼閣叢書本，皆署其子秉鈞名，實則千頃所撰也。

又　《人參考》一卷，唐千頃撰。千頃，字桐園，江蘇嘉定人。

清　唐秉鈞《人參考·石坂宗哲跋》　京師人加藤玄順者，嘗著《治痢經驗》。曰：治痢唯人參，宜隨病而增減。如貧人藥舖稱弦人參者，用以代人參，不真，人參亦有効。雖有不厭參價之貴者，痢之始起，欲用參則俗醫病家俱拒之。故先盡力用弦人參，其功雖不及人參，取効不少也。藥舖稱本須者，其色有黃、有白，潤實肥大有餘味者爲佳。今藥舖通稱朝鮮者，大概上半須也，非真朝鮮藥舖稱碎人參者。數品其稱枝碎、肉碎、大碎、中碎，蘆頭鬚者偽雜，尤多宜辨也。近來參價日貴，故以薩摩小人參煮製者混之，彷彿難以分別，用之無益。唯人參鬚，細小黃潤，難混以薩摩小人參。予數試用於貧人得效。又曰稱朝鮮碎，或先碎者，櫃中細小者。藥舖偽作其形狀賣之，朝鮮渡來之。真也者，近來稀。又曰近年延享年間也，藥舖稱唐大者，此以參蘆片為皮，以糊造作物，而不堪用也。其單股唐大者，種種其名，亦不一價，亦貴其功能，肉碎大碎等遠不及也云云。其書蓋併刻《和漢人參考》前後編，而前編其父謙齋者，與朝鮮聘使筆談人參形狀、所出之地方者。而後編則玄順自繼尾而疊引，瑣說繁復，雖似無益，然於本邦未產人參之前，能辨別店家名色，與清國、朝鮮二品參類偽造者。試諸病者，而分說其勝劣，實開悟後學，使人沛然飽滿者亦不少也。思其書既刊於延享戊辰，何其見地之大相似也？彼我之偶然出於同一揆間，或如此者。今茲宗圭板，清唐秉鈞《人參攷》，因聊録其所記，併書嘗所賦古詩一篇以代跋：竿齋子唱定理豎，尊崇軒岐有限才。宗脉榮衛窮淵源，著書閃傳蠻夏垓蘇臺李少白題於豎源，紅毛人受針法於知要一言。老來不慣御冷然，寸衷猶欲獻瑛瑰。享保以還製參法，神慳鬼瞰秘不開。憶昔豐公征韓日，席券諸道如振埃。先鋒清正陷王都，一庫書籍載將來。偶爾造化洩天真，瑤光熒熒拱三臺。天鑒咫尺命始降，羊角洞睭氣焞焞。色光體圓質肉實，上下熙熙登春臺。人云三韓方物中，人參一絕奈病悝。何識長白萬重山，圖入滿州再不回。猶以瘍糙纔價約，真參三韓無一枚。宏哉德廟神筭遠，靈苗移下日光側。王氣鐘秀土淂宜，三椏五葉益蕃殖。請看我家製造法，取此傚彼悉有式。天地中間無別訣，百世後其儀不忒。竿齋老人石坂宗哲。

清 唐秉鈞《人參考・石坂宗珪跋》 人參市價昂貴，古今彼我同一般。享保以來，我日本多生此物。而猶未知製造法，上藥必求諸高麗，故其價日沸騰，偽造贋作又隨出。其直百五六十換者，猶多非真品。上下人民苦之，幾二百年於今矣。氣運遷轉，通塞有期。寬政中，岳父竿齋先生淂其法，創製之。氣味形狀，偕與高麗參毫無差。文政末，承旨製以進之，廷議貯備御藥之用。天保甲午歲，又諭為大內進御之品。嗟哉此物！雖一草之微，而今既是為上以裨聖體，下以救生黎之用。則亦是我國運盛瑞，而所謂王氣鐘秀地，多生此物語。信也夫。頃嘗讀《鷗北集》記此詩，因併附諸卷末，以知彼邦參價之貿爾。天保乙未春仲上浣日櫟園石坂宗珪再識。

參譜

清 周中孚《鄭堂讀書記》卷五一《子部九之下・譜録類二》 人參一品，自《本草》所載外，惟唐衡銓《文房肆考》中著有論說。然衹得其大略，不能道其詳也。牧村嘗館吳門一鬻參家，論及參之地產、品目，種種不同，眞僞相淆，因著是譜。凡十五篇，其於參之品產、形色、高下、眞僞，一一區別而詳載之。殊較唐氏說為備。中惟論參性生殺酌用勿忽一條，為醫家而設，故不入之醫家類，而入之譜錄類云。乾隆庚寅自序，至嘉慶戊辰張若雲取以刊入叢書，牧村子黃廷鑑為跋其後。

清 黃叔燦《參譜・序》 余於庚寅之歲館郡城，俞氏主人鬻參者也。暇時論及參之地產、品目，種種不同，真偽相淆，未有專書以資考訂。有同里唐君某老，於斯業言余，向見一書論參之產，高下鑒別甚精，鬻參家私為秘術。今不可復見，然猶能記憶其說，苐詞不文，君可稍為潤色之，並以今昔相殊，續有心得可補未備者。口授於余，遂筆之於書曰《參譜》。雖不若陳氏之《菌譜》，韓氏之《橘錄》可稱博雅，而於參之品產、形色、高下、真偽，可以區別，亦不無小補云。海虞黃叔燦書。

清 黃廷鑑《參譜・跋》 人參之品，自《本草》所載外，惟唐氏《文房肆攷》中，著有論說，然秖得其大畧，不能道其詳也。先君館郡城時，著有《參譜》一書，所言得於鬻參者之口。其於參之形狀、色味，一一詳載，較唐氏說爲備。若雲先生搜訪秘書，出以相質，一見欣賞，許付剞劂，惜此本爲鑑童時所録副。中多訛字，原稿歲久失去，無從讐勘。今於其顯誤者，畧加校定，餘則姑仍其舊云，嘉慶戊辰正月男廷鑑謹識。

清 單學傅《海虞詩話》卷五 黃文學叔燦，字金臺，號牧村。《石湖秋晚》云：『澤國蒹葭老，農鄉稌黍秋。僧歸黃葉寺，鷗立白蘋洲。落日寒山迥，飛霞碧漢悠。荒涼文穆墅，湖水到門流。』《和題文境樓韻》云：『文境樓高瞰野岡，勢臨霄漢燭奎光。雲浮畫棟詞生藻，日麗晴窗翰吐香。吟對晚山煙樹遠，嘯臨秋水海天長。懸知雅集多豪興，好句爭傳貴洛陽。』有《籟鳴集》，亦工駢體，惜詩未足選耳。

《清續文獻通考》卷二七四《經籍考一八》 《參譜》一卷，黃叔燦撰。叔燦，字金臺，號牧村，江蘇昭文人，諸生。

清 周中孚《鄭堂讀書記》卷五一《子部九之下・譜録類二》 《參譜》一卷，借月山房彙鈔本，國朝黃叔燦撰。叔燦，號牧村，昭文人。

清 丁申、丁丙《八千卷樓書目》卷一二《子部・譜録類》 《參譜》一卷，國朝（王）［黃］叔燦撰，刊本。

《清史稿》卷一四七《藝文志三》 《參譜》一卷，黃叔燦撰。

園藝類農書部

園藝通論類農書

禁苑實録

《隋書》卷三四《經籍志三》卷三四　《禁苑實録》一卷。

《舊唐書》卷四七《經籍志下》卷四七　《禁苑實録》一卷。

《新唐書》卷五九《藝文志三》卷五九　《禁苑實録》一卷。

《通志》卷六六《藝文略第四》卷六六　《禁苑實録》一卷。

明　焦竑《國史經籍志》卷三《史部·種藝》　《禁苑實録》一卷。

清　沈炳震《唐書合鈔》卷七四《經籍志三》　《禁苑實録》一卷。

清　姚振宗《隋書經籍志考證》卷三一《子部八》　《禁苑實録》一卷，不著撰人。

《唐書·經籍志》：《禁苑實録》一卷。《藝文志》同。

《通志·藝文略》『月令歲時類』：《禁苑實録》一卷，又『食貨種藝類』：《禁苑實録》一卷。

清　佚名《唐書藝文志注》卷三　《禁苑實録》一卷。《隋志》：《禁苑實録》一卷，不著撰人。《通志》入食貨種藝類。

園庭草木疏

傳記

《舊唐書》卷八九《王方慶傳》　王方慶，雍州咸陽人也，周少司空石泉公褒之曾孫也。其先自琅邪南度，居於丹陽，為江左冠族。褒北徙入關，始家咸陽焉。祖肅，隋衛尉丞。伯父弘讓，有美名，貞觀中為中書舍人。父弘直，為漢王元昌友，畋獵無度，乃上書切諫，其略曰：『夫宗子維城之託者，所以固邦家之業也。大王功無任城戰剋之効，行無河間樂善之譽，爵高五等，邑富千室，當思答極施之洪慈，保無疆之永祚。其為計者，在乎修德，冠履詩禮，畋獵史傳。覽古人成敗之所由，鑒既往存亡之異軌，覆前戒後，居安慮危。奈何列騎齊驅，交横壟畝，野有遊客，巷無居人。貽衆庶之憂。逞一情之樂。從禽不息。寔用寒心。』元昌覽書而遽止。漸見疎斥，轉荆王友。龍朔中卒。

方慶年十六，起家越王府參軍。嘗就記室任希古受《史記》、《漢書》。希古遷為太子舍人，方慶隨之卒業。永淳中，累遷太僕少卿。則天臨朝，拜廣州都督。廣州地際南海，每歲有崑崙乘舶以珍物與中國交市。舊都督路元睿冒求其貨，崑崙懷刃殺之。方慶在任數載，秋毫不犯。又管内諸州首領，舊多貪縱，百姓有詣府稱寃者，府官以先受首領參餉，未嘗鞫問。方慶乃集止府僚，絶其交往，首領縱暴者悉繩之，由是境内清肅。當時議者以為有唐以來，治廣州者無出方慶之右。有制褒之曰：『朕以卿歷職著稱，故授此官，既每化遠聞，實副朝寄。令賜卿雜綵六十段并瑞錦等物，以彰善政也。』

證聖元年，召拜洛州長史，尋加銀青光禄大夫，封石泉縣男。萬歲登封元年，轉并州長史，封琅邪縣男。未行，遷鸞臺侍郎、同鳳閣鸞臺平章事。俄轉鳳閣侍郎，依舊知政事。

神功元年七月，清邊道大總管建安王攸宜破契丹凱還，欲以是月詣闕獻俘。内史王及善以為將軍入城，例有軍樂，既今上孝明高皇帝忌月，請備而不奏。方慶奏曰：『臣按禮經，但有忌日，而無忌月。晉穆帝納后，用九月九日，是康帝忌月，於時持疑不定，下太常，禮官荀訥議稱：「禮秖有忌日，無忌月。若有忌月，即有忌時、忌歲，益無理據。」當時從訥所議。軍樂是軍容，與常不等，臣謂振作於事無嫌。』則天從之。則天嘗幸萬安山玉泉寺，以山徑危懸，欲御腰輿而上。方慶諫曰：『昔漢元帝嘗祭廟，出便門，御樓船，光禄勲張猛奏曰：「乘船危，就橋安。」元帝乃從橋，即前代舊事。今山徑危險，石路曲狹，上瞻駭目，下視寒心，比於樓船，安危不等。陛下蒸人父母，奈何踐此畏途？伏望停輿駐蹕。』則天納其言而止。是歲，改封石泉子。

時有制，每月一日於明堂行告朔之禮，司禮博士辟閭仁谞奏議，其略曰：『經史正文，無天子每月告朔之事，唯《禮記·玉藻》云：「天子聽朔於南門之外。」其每月告朔者，諸侯之禮也。臣謹按《禮論》及《三禮義宗》、《江都集禮》、《貞觀禮》、《顯慶禮》及《祠令》，無天子每月告朔之事。若以為無明堂故無告朔之禮，有明堂即合告朔，則周、秦有明堂而無天子每月告朔之事。臣等參求，既無其禮，不可習非，以天子之尊而用諸侯之禮。』方慶又奏議，其略曰：『明堂，天子布政之宮也，謹按《穀梁傳》云：「閏者，附月之餘日，天子不以告朔。」「非禮也。閏以正時，時以作事，事以厚生，生人之道，於是乎在矣。不告閏朔，棄時政也。」臣據此文，則天子閏月亦告朔矣。寧有他月而廢其禮乎？先儒舊説，天子行事，一年十八度入明堂矣。大享不問卜，一入也；每月告朔，十二入也；四時迎氣，四入也；巡狩之年，一入也。今禮官議唯歲首一入耳，與先儒既異，在臣不敢同。宋朝何承天纂集其文，以為《禮論》，雖加編次，事則闕如。梁代崔靈恩撰《三禮義宗》，但捃摭前儒，因循故事而已。隋煬帝命學士撰《江都集禮》，祇抄撮舊禮，更無異文。《貞觀》、《顯慶禮》及《祠令》不言告朔者，蓋為歷代不傳，所以其文乃闕。各有緣由，不足依據。今禮官引為明證，在臣誠實有疑。』則天又令春官廣集衆儒，取方慶、仁谞所奏議，以定得失。時成均博士吳揚善、太學博士郭山惲等奏：『按《周禮》及《三傳》，皆有天子告朔之禮，秦滅《詩》、《書》，由是告朔禮廢。望依方慶議。』有制從之。

則天以方慶家多書籍，嘗訪求右軍遺跡。方慶奏曰：『臣十代從伯祖羲之書，先有四十餘紙，貞觀十二年，太宗購求，先臣並已進之。唯有一卷見今在。又進臣十一代祖導、十代祖洽、九代祖珣、八代祖曇首、七代祖僧綽、六代祖仲寶、五代祖騫、高祖規、曾祖褒，并九代三從伯祖晉中書令獻之已下二十八人書，共十卷。』則天御武成殿示羣臣，仍令中書舍人崔融為《寶章集》，以叙其事，復賜方慶，當時甚以為榮。

方慶又舉：『令文「期喪、大功未葬、不預朝賀；未終喪，不預宴會。」比來朝官不遵禮法，身有哀容，陪預朝會，手舞足蹈，公違憲章，名教既虧，實玷皇化。伏望申明令式，更禁斷。』從之。方慶漸以老疾，乞從閑逸。乃授麟臺監修國史。及中宗立為東宮，方慶兼檢校太子左庶子。

聖曆二年壹月，則天欲季冬講武，有司稽緩，延入孟春。方慶上疏曰：『謹按《禮記·月令》：「孟冬之月，天子命將帥講武，習射禦角力。」此乃三時務農，一時講武，以習射御，角校才力，蓋王者常事，安不忘危之道也。「孟春之月，不可以稱兵。」兵者，甲胄干戈之總名。兵金性，剋木，春盛德在木，而舉金以害盛德，逆生氣。「孟春行冬令，則水潦為敗，雪霜大摯，折陽者也。太陰干時，雨雪而霜，故大傷首種。首種，謂宿麥也。麥以秋種，故謂之首種。入，收也，春為沍寒所傷，故至夏麥不成長也。」今孟春講武，是行冬令，以陰政犯陽氣，害發生之德。臣恐水潦敗物，霜雪損稼，夏麥不登，無所收入也。伏望天恩不違時令，至孟冬教習，以順天道。』手制答曰：『比為久屬太平，多歷年載，人皆廢戰，並悉學文。今者用整兵威，故令教習。卿以春行冬令，則水潦為敗，舉金傷木，則便害發生。循覽所陳，深合典禮，若違此請，乃月令虚行。佇啟直言，用依來表。』

是歲，正授太子左庶子，封石泉公，餘並如故，俸料同職事三品，兼侍皇太子讀書。方慶又上言：『謹按史籍所載，人臣與人主言及上表，未有稱皇太子名者。當為太子皇儲，其名尊重，不敢指斥，所以不言。晉尚書僕射山濤啓事，稱皇太子而不言名。濤中朝名士，必詳典故，其不稱名，應有憑準。朝官尚猶如此，宫臣諱則不疑。今東宫殿及門名，皆有觸犯，臨事論啓，廻避甚難。孝敬皇帝為太子時，改弘教門為崇教門；沛王為皇太子，改崇賢館為崇文館。皆避名諱，以遵典禮。此即成例，足為軌模。伏望天恩因循舊式，付司改換。』制從之。

長安二年五月卒，贈兗州都督，謚曰貞。中宗即位，以宫僚之舊，追贈吏部尚書。方慶博學好著述，所撰雜書凡二百餘卷。尤精《三禮》，好事者多詢訪之。每所酬答，咸有典據，故時人編次，名曰《雜禮答問》。聚書甚多，不減秘閣，至於圖畫，亦多異本。諸子莫能守其業，卒後尋亦散亡。

長子光輔，開元中官至潞州刺史。少子晙，工書知名，尤善琴棋，而性多嚴整，官至殿中侍御史。

《新唐書》卷一一六《王綝傳》 王綝，字方慶，以字顯。其先自丹陽徙雍咸陽。父弘直為漢王元昌友。王好畋游，上書切諫，王稍止，然益疏斥。終荊王友。

方慶起家越王府叅軍，受司馬遷、班固二史於記室任希古，希古它遷，就卒其業。武后時，累遷廣州都督。南海歲有崑崙舶市外區琛琲，前都督路元叡冒取其貨，舶酋不勝忿，殺之。方慶至，秋毫無所索。始，部中首領沓墨，民詣府訴，府曹素相餉謝，未嘗治。方慶約官屬不得與交通，犯者痛論以法，境內清畏。議者謂治廣未有如方慶者，號第一，下詔賜瑞錦、雜綵，以著善政。轉洛州長史，封石泉縣子。遷鸞臺侍郎、同鳳閣鸞臺平章事，進鳳閣侍郎。

神功初，清邊道大總管武攸宜破契丹凱還，且獻俘，內史王及善以孝明帝忌月，請鼓吹備而不作，方慶曰：『晉穆帝納后，當康帝忌月，時以為疑。荀訥謂《禮》有忌日無忌月，自月而推，則忌時忌年，愈無理據。世用其言。臣謂軍方大凱，作樂無嫌。』詔可。武后幸玉泉祠，以山道險，欲御腰輿。方慶奏：『昔張猛諫漢元帝「乘船危，就橋安」。帝乃從橋。今山阿危峭，隥道曲狹，比於樓船，又復甚危，陛下奈何輕踐畏途哉？』后為罷行。方慶嘗以『令，朞及大功喪，未葬，不聽朝賀；未除，弗豫享宴。比羣臣不遵用，頹紊教誼，不可長』。有詔申責，內外畏之。

后嘗就求羲之書，方慶奏：『十世從祖羲之書四十餘番，太宗求之，先臣悉上送，今所存惟一軸。并上十一世祖導、十世祖洽、九世祖珣、八世祖曇首、七世祖僧綽、六世祖仲寶、五世祖騫、高祖規、曾祖褒并九世從祖獻之等凡二十八人書共十篇。』后御武成殿徧示羣臣，詔中書舍人崔融序其代閥，號《寶章集》，復以賜方慶，士人歆其寵。以老乞身，改麟臺監，修國史。中宗復為皇太子，拜方慶檢校左庶子。

后欲季冬講武，有司不時辦，遂用明年孟春。方慶曰：『按《月令》「孟冬，天子命將帥講武，習射御，角力。」此乃三時務農，一時講武，安不忘危之道。孟春不可以稱兵。兵，金也；金勝木。方春木王，而舉金以害盛德，逆生氣。孟春行冬令，則水潦為敗，雪霜大摯，首種不入。今孟春講武，以陰政犯陽氣，害發生之德，臣恐水潦敗物，霜雪損稼，夏麥不登。願陛下不違時令，前及孟冬，以順天道。』手制褒允。

是歲，眞拜左庶子，進封公，奉入同職事三品，兼侍太子讀書。方慶奏：『人臣於天子未有斥太子名者，晉山濤《啓事》稱皇太子不名。孝敬為太子，更「弘」為「崇」；沔王為太子，更「賢」為「文」。今東宮門殿名多嫌觸。請一改之。以協舊典。』制可。長安二年卒，贈兗州都督，謚曰貞。中宗復位，以東宮舊臣，贈吏部尚書。

方慶博學，練朝章，著書二百餘篇，尤精《三禮》。學者有所咨質，酬復淵詣。故門人次為《雜禮答問》。家聚書多，不減祕府，圖畫皆異本。方慶歿後，諸子不能業，隨皆散亡。

孫倩。六世孫璵，別傳。璵曾孫摶。

贊曰：李德裕著書稱：『方慶為相時，子為眉州司士叅軍。武后曰：「君在相位，何子之遠？」對曰：「廬陵是陛下愛子，今尚在遠，臣之子庸敢相近？」以比倉唐悟文侯事。』嗟乎，君子哉！雖造次不忘悟君於善。及建言不斥太子名，以動羣臣，示中興之漸，所謂人難言者，於方慶難乎哉！德裕之稱，謂不誣矣。

（嘉慶）《清一統志》卷二三一《西安府五》 王方慶，名綝，以字行，咸陽人。父宏直為漢王友，王好畋游，上書切諫，遂被疏斥。方慶武后時，累遷廣州都督，以著善政，轉洛州長史，進同鳳閣鸞臺平章事。中宗復為皇太子，拜左庶子，卒。方慶博學，練朝章，著書二百餘篇，尤精《三禮》，家聚書不減秘府。方為相時，子為眉州司士叅軍。武后曰：君在相位，何子之遠？對曰：廬陵陛下愛子，今尚在遠，臣子何敢相近？為庶子嘗奏人臣於天子，未有斥太子名者，今東宮門殿名多嫌觸，請悉改之，皆人所難言者。

著録

《新唐書》卷五九《藝文志三·農家類》 王方慶《園庭草木疏》二十一卷。

《通志》卷六六《藝文略第四》 《園庭草木疏》二十一卷。唐王方慶撰。

明 焦竑《國史經籍志》卷三《史部·種藝》 《園亭草木疏》二十一卷。王方慶。

（雍正）《陝西通志》卷七五《經籍第二》 《園庭草木疏》二十一卷。

清 沈炳震《**唐書合鈔**》**卷七四**《**經籍志三**》　王方慶《園庭草木疏》二十一卷。

清 佚名《**唐書藝文志注**》**卷三**　王方慶《園庭草木疏》二十一卷。

雜録

宋 王應麟《**困學紀聞**》**卷八**　王方慶有《園庭草木疏》，【略】君子所以貴乎多識也。

樹萱録

《**通志·藝文略第四**》**卷六六**　《樹萱録》一卷。

明 焦竑《**國史經籍志**》**卷三**《**史部·種藝**》　《樹萱録》一卷。

清 佚名《**唐書藝文志注**》**卷三**　《樹萱録》一卷。謹案晁氏《讀書志》：《樹萱録》一卷，右序謂纂尚書滎陽公所談。

平泉山居草木記

綜述

唐 李德裕《**李文饒集·別集**》**卷九**《**平泉山居草木記**》　余嘗覽想石泉公家藏書目，有《園庭草木疏》，則知先哲所尚必有意焉。余二十年間，三守吳門，一莅淮服，嘉樹芳草性之所躭，或致自同人，或得於樵客，始則盈尺，今已豐尋。因感學詩者，多識草木之名，為騷者必盡蓀荃之美。乃記所出山澤庶資博聞木之奇者，有天臺之金松琪樹，稽山之海棠、榧檜，剡溪之紅桂、厚朴，海嶠之香檉、木蘭，天目之青神、鳳集，鐘山之月桂、青飀楊，梅曲房之山桂、溫樹，金陵之珠柏、欒荊、杜鵑，茆山之山桃、側柏、南燭，宜春之柳柏、紅頭山櫻，藍田之栗梨、龍柏。其水物之美者，荷有蘋州之重臺蓮，芙蓉湖之白蓮，茅山東溪之芳蓀，複有日觀震澤巫嶺羅浮桂水，嚴湍廬阜漏澤之石在焉。其伊洛名園所有，今並不載。豈若潘賦問居，稱鬱棣之藻麗陶歸衡宇，喜松菊之猶存。爰列嘉名書之於石，己未歲又得番禺之山茶，宛陵之紫丁香，會稽之百葉木芙蓉、百葉薔薇，永嘉之紫桂、簇蝶，天臺之海石、楠桂林之俱；，那衛臺嶺八公之怪石，巫峽之嚴湍，琅琊臺之水，石布於清渠之側，仙人跡、鹿跡之石列於佛榻之前。是歲又得鍾陵之同心木芙蓉，剡中之真紅桂，稽山之四時杜鵑、相思紫苑、貞桐山茗、重臺薔薇、黃槿，東陽之牡桂、紫石楠，九華山藥樹天寥青櫪、黃心栿子、朱山龍骨。【缺】庚申歲複得宜春之筆樹楠稚子、金荊紅筆，密蒙勾栗木，其草藥又得山姜、碧百合。

論説

宋 王應麟《**困學紀聞**》**卷八**　李文饒有《山居草木記》，君子所以貴乎多識也。

著録

宋 歐陽修《**文忠集**》**卷一四二**《**唐李德裕平泉草木記**開成五年》　右《平原草木記》，李德裕撰。余嘗讀鬼谷子書，見其馳説諸侯之國，必視其為人材性賢愚、剛柔、緩急，而因其好惡喜懼憂樂而捭闔之，陽開陰塞，變化無窮，顧天下諸侯無不在其術中者，惟不見其所好者，不可得而説也。以此知君子宜慎其所好。蓋泊然無欲，而禍福不能動，其利害不能誘，此鬼谷之術所不能為者，聖賢之高致也。其次簡其所欲，不溺於所好，斯可矣。若德裕者，處富貴，招權利，而好奇貪得之心不已，至或疲敝精神於草木，斯其所以敗也。其遺戒有雲『壞一草一木者，非吾子孫』，此又近乎愚矣。治平元年七月二十四日，中書東廳後閣書。

宋 葉夢得《**平泉草木記跋**》《説郛》卷六八　李文饒《平泉草木記》云：以吾平泉一草一木與人者，非吾子孫也。歐陽永叔嘗笑之，余謂文饒之惑，何止平泉草木而已哉。後讀《五代史》，至張全義監軍與其孫延古爭醒酒石事，全義殺之。延古可謂克家之子矣，然以與監軍則違其戒，守其戒則或因之以至於殺身。一石亦何足言，使文饒而先悟此，豈直無以累後人，亦當自免其身矣。好石良是一癖，古今文士每見於詩詠者，未必真好也，其好者正不能自解。余紹聖間，春試下第，歸道靈壁縣，世以為出奇石。余時病臥舟中，行橐蕭然，聞茶肆多有求售，公私未乏，貴人亦不甚重，亟得其一，長四尺許，價當八百，取之以歸。探所有僅得七百錢，假之同舍而足。不覺病頓愈，夜抱之以眠，知余之好石不特其言也。自此行鑿刳剔岩洞，與藏於土中者愈得愈奇，今岩洞殆十餘處而奇石林立，左右不可以數計，心猶愛之不已，豈非余之癖哉。賴晚粗知道文饒之病，則無復有客欲得者皆聽其自取，以去未嘗較。嘗戲謂爾輩云：此不但吾無所累，汝亦可以免矣，天下事何嘗不類爾。每以文饒之言觀之，世間安得更有一物也。葉夢得跋。

《崇文總目》卷五《小説家類》 《平泉山居草木記》一卷。

《通志》卷六六《藝文略第四》 《平泉山居草木記》一卷。唐李德裕撰。

宋 趙希弁《郡齋讀書志》卷二《後志》 《平泉草木記》一卷，已載李衛公集中。

《文獻通考》卷二一五《經籍考四二》 《平泉草木記》一卷，鼂氏曰：唐李德裕撰。記其別墅奇花異草樹石名品，仍以歎詠其美者，詩二十餘篇，附於後。平泉即別墅地名。

《宋史》卷二〇八《藝文志七》 李德裕【略】《平泉草木記》一卷。

明 陳第《世善堂藏書目録》卷上 《平泉草木記》一卷。李德裕。

明 焦竑《國史經籍志》卷三《史部·種藝》 《平泉山居草木記》一卷。李德裕。

明 柯維騏《宋史新編》卷五三《藝文志七》 李德裕【略】《平泉草木記》一卷。

藝文

宋 文同《丹淵集》卷四《書〈平泉草木記〉後二首》其一 衛公當國日，力與天地均。平泉植草木，取盡四方春。海嶽欲必得，亦能役鬼神。可笑身未冷，已聞屬他人。

又 其二 公豈不聰明，嗜好乃如此。若非以私餌，是物安至止。彼致者何人，定非端潔士。草木固為塵，醜名終未已。

宋 姜特立《梅山續稿》卷一〇《因觀贊皇〈平泉草木記〉有感》

平泉草木頻移主，西雒園池幾換人。但把風花觀世界，莫將金石認吾身。

清 林佶《樸學齋詩稿》卷七《癸巳秋中九日從巢房山公遊瀑水上公以『一個閑人天地間』屬分賦》其五 一個閑人天地間，不期也到此偷閑。挹嵐翠欲□筇入，聽瀑聲從曳履還。涑水園林稱秀野，平泉草木記清閒。孰如一榻茅亭外，縱目能遊百里山。

清 彭蘊章《松風閣詩鈔》卷九《同里陳子寬司馬同哲屬題重臺桂圖圖係令兄詠齋觀察所作僧童心畫》其二 鉏雲小築葑溪濱，共指君家説遠鄰吾家鉏雲園花木頗盛。惜少童心留畫本，平泉草木記難真。

雜録

宋 陸游《老學庵筆記》卷九 李文饒《平泉山居草木記》有『藍田之龍柏』，宋子京又有《眞珠龍柏詩》，劉子儀、晁以道、朱希眞亦皆有此作。予長於江南，未嘗見也。或云本出鄜坊間。

宋 陸游《渭南文集》卷二一《吴氏書樓記》 予讀唐李衛公文饒《平泉山居記》有曰：鬻平泉者，非吾子孫也。以平泉一木一石與人者，非佳子弟也。平泉特燕遊地，木石之怪奇者，亦奚足道而其言且如此？況義倉與書樓乎？後之人讀吾記，至此將有涣然汗出，霰然涕下者，雖百世之後，常如吴君時有不難者矣。嘉定元年五月甲子記。

宋 朱熹《晦庵集》卷八二《書歐陽文忠公集古録跋尾後》 集古跋尾，以真跡校印本有不同者，韓公論之詳矣。然《平泉草木記》跋後印本，尚有六七十字，深誚文饒處富貴，招權利，而好奇貪得，以取禍敗。語尤緊切，足為世戒，且其文勢至此，乃有歸宿。又鬼谷之術所不能為者，之下印本亦無也字。凡此疑皆當以印本為正云。十一年四月既望朱熹記。

明 焦周《焦氏説楛》卷六 李贊皇自製《平泉草木記》，今悉蕪絕，惟鴈翅檜、珠子栢、蓮房、玉蕊僅有存焉。名品怪石，多爲有力者移取。惟禮星石、師子石，今爲陶學士徙置梁園別墅。嗟乎！嶺外諸侯供語鳥，日南太守進名花，豈知其遽若此哉！

清 錢大昕《潛研堂集》卷三一《跋李衛公集》 右《李衛公文集》二十卷，即《會昌一品集》也。別集十卷，其前二卷雜賦也，後二卷《平泉山居草木記》也，外集三卷，窮愁志也。

清 洪亮吉《北江詩話》卷六 謝靈運《山居賦》、李德裕《平泉草木記》，其川谿之美、卉木之奇，可云極一時之盛矣。然轉眼已不能有，尚不如申屠因樹之屋，泉明種柳之宅，轉得長子孫永年代也。蓋勝地園林，亦如名人書畫，過眼雲煙，未有百年不易主者。是知一賦一記，雖擅美古今，究與昭陵之以法書殉葬，元章之欲抱古帖自沈者，同一不達矣。

四時栽接花果圖

《通志》卷六六《藝文略第四》 《四時栽接記》一卷。

宋 陳振孫《直齋書録解題》卷一〇《農家類》 《四時栽接花果圖》一卷，無名氏。

《文獻通考》卷二一八《經籍考四五》 《四時栽接花果圖》一卷，陳氏曰：無名氏。

明 焦竑《國史經籍志》卷三《史部・種藝》 《四時栽接記》一卷。

明 陳第《世善堂藏書目録》卷下《各家六・農圃》 《四時栽接花果圖》一卷。

花木録

傳記

《宋史》卷二六五《張宗誨傳》 宗誨字習之，齊賢第二子也。少喜學兵法，陰陽、象緯之書無不通究。以父任為秘書省正字，遷至太子中舍，貶海州別駕。嘗通判河陽，徙知富順監。會夷人斗郎春叛，羣獠皆騷動，宗誨將郡兵攻破之。擢開封府判官、三司度支勾院。宗誨在開封日，御史王沿劾其嗜酒廢事，及為河北轉運使，乃發沿居喪假官舟賈販，朝論惡之。會以調發擾民，徙知徐州。累遷太常少卿，後為永興軍兵馬鈐轄，又徙鄜延路兼知鄜州。元昊寇延安，劉平、石元孫敗没，鈐轄黄德和遁還，延州不納，又走鄜州。宗誨曰：『軍奔將無所歸，激之則為亂矣。』乃納之，拘德和以聞。是時鄜城不完，且無備，傳言寇兵至，人心不安。宗誨乃嚴斥候，籍人而禁出，使老幼併力守禦之，敵亦自引去。領興州防禦使，復徙永興鈐轄兼知邠州，以秘書監致仕。

嘗事干謁，其子曰：『昔賀秘監以道士服東歸會稽，明皇賜以鑒湖，以為休老之地。今洛下雖無鑒湖，而嵩、少、伊、瀍天下佳處，雖非朝廷所賜，皆閑逸之人所有爾。大人盍衣羽服以優游，何必更事請謁乎？』宗誨曰：『吾作白頭老監秘書而眠，何以賀老流沙之服爲哉？』時以爲名言。

初，齊賢守代州，宗誨嘗預計畫，其保任親族不問踈近，以年爲先後。然性貪，雖謝事，猶事貨殖，以至於卒。

著録

《崇文總目》卷三《小説類》 《花木録》七卷。

《通志》卷六六《藝文略第四》 《花目録》七卷，宋朝張宗誨撰。

《宋史》卷二〇五《藝文志四》 張宗誨《花木録》七卷。

又 卷二〇六《藝文志五》 張宗誨《花木録》七卷。

明 柯維騏《宋史新編》卷五一《藝文志五》 張宗誨《花木録》七卷。

清 錢大昕《廿二史考異》卷七《宋史》 張宗誨《花木録》七卷，見雜家類，又見小説家類。

洛陽花木記

綜述

清　周中孚《鄭堂讀書記補逸》卷二四《子部・譜録類》　《洛陽花木記》一卷，《說郛》本。宋周師厚撰。《宋志》作『周序《洛陽花木記》一卷』，蓋脱『師』字，而又誤『厚』爲『序』也。其書所記花木名目，凡牡丹一百九種，芍藥雜花等三百餘種，末載栽接之法五則。前有自序，稱元豐四年，予莅官於洛，博求譜録，得李衛公《平泉花木記》、范尚書、歐陽修參政二譜。按名尋討，十見七八，然范公所述五十二品，可攷者纔三十八。歐所録，三篇而已。因以予耳目聞見，及近世所述新花，參校三賢所録，凡百餘品。其亦殫於此乎。今按序文，似專指牡丹而言，故其記是花獨備。至所稱范、歐二譜，今惟存歐譜，范譜佚已久矣。此本卷首，止題鄞江周氏撰，不著其名。然世無別本可據，故即以此本爲志，而補題其名焉。

清　瞿鏞《鐵琴銅劍樓藏書目録》卷一六《子部四・譜録類》　據自序為鄞江人，元豐中宦於洛陽，所作列牡丹百餘品，芍藥四十餘品，雜花三百六十餘品。其敘牡丹名品尤詳，末及栽接之法，意以諸家之譜未備，因即聞見所及增補之。舊為邑中孫氏藏本。卷首有孫從添印慶增二朱記。

傳記

（寶慶）《四明志》卷八　周師厚，鄞人。皇祐五年登進士第。歷荆湖北路農田水利差役事。時朝廷方議役書，本路紛更未定，且有欲為搊甲法者，師厚具論四方風俗、盜賊、婚田、獄訟、簿書繁簡之所以不同，則役有勞逸輕重，宜亦不可以一。朝廷以為是。下其説行之。辰、沅兩州初復版圖，縣官念所以備邊，且欲歲發常平粟。師厚謂：溪獠嘯聚無常，而常平之入有限，不可繼，宜乘事始，擇曠土，使戍卒且耕且守，亦古法也。天子然其策。

（乾道）《四明圖經》卷二《鄞縣》　周師厚，字敦夫，邑人也。皇祐五年及進士第。歷荆湖北路農田水利差役事。時朝廷方議役書，本路特紛更未定，且有欲為搊甲法者。師厚具論四方風俗、盜賊、婚田、獄訟、簿書繁簡之所不同，則役有勞逸輕重，宜亦不可以一。朝廷以為是，下其説行之。辰、沅兩州初復版圖，縣官念所以備邊，且欲歲發常平粟。師厚謂：溪獠嘯聚無常，而常平之入有限，不可繼，宜乘事始，擇曠土，使戍卒且耕以守，亦古法也。天子然其策，至今以為利。

（延祐）《四明志》卷四　周師厚，字敦夫，鄞人。皇祐五年進士。仕至朝散郎、荆湖南路轉運判官。為轉運時，役法方行，師厚言四方風俗不同，役有勞逸輕重，不宜以一概論，朝議是之。章惇開溪峒廣辰、沅二州，議輸常平粟以備邊。師厚持不可曰：溪獠静擾無常，常平歲入有程，當使邊卒廣屯田為便。卒從其議。

明　徐象梅《兩浙名賢録》卷二六《吏治》　周師厚，字敦夫，鄞人。皇祐五年進士。仕至朝散郎、荆湖南路轉運判官。時役法方行，師厚言四方風俗不同，役有勞逸輕重，不宜槩賦，朝議是之。章惇聞溪峒蠻擾辰沅二州，議輸常平粟以備邊，師厚持不可曰：溪獠静擾無常，常平歲入有程，當使邊卒廣屯田為便，卒從其議。

（乾隆）《鄞縣志》卷二　周師厚，字敦夫，皇祐五年進士。仕至朝散郎、荆湖南路轉運判官。時役法方行，師厚言四方風俗不同，役有勞逸輕重，不宜以一概論。朝議是之。章惇開溪峒廣辰沅二州，議輸常平粟以備邊，師厚持不可曰：溪獠靜擾無常，常平歲入有程，當使邊卒廣屯田爲便。卒從其議。娶范氏仲淹女，生子曰鍔。

清　周中孚《鄭堂讀書記補逸》卷二四《子部・譜録類》　師厚，字敦夫。鄞縣人。皇祐五年進士。官至荊湖南路轉運判官。

著録

《通志》卷六六《藝文略第四・食貨類・種藝門》　《洛陽花木記》一卷。周師厚撰。

宋　尤袤《遂初堂書目・譜録類》　《洛陽花木記》。

《宋史》卷二〇五《藝文志四》　周序《洛陽花木記》一卷。

明　趙用賢《趙定宇書目・稗統續編》　《洛陽花木記》。一本，抄。

明　焦竑《國史經籍志》卷三《史部・種藝》　《洛陽花木記》一卷。周師厚。

明　柯維騏《宋史新編》卷五〇《藝文志四》　周序《洛陽花木記》一卷。

（康熙）《延綏鎮志》卷三《官師志》　周氏，宋鄞江人，失其名，著《洛陽花木記》。

清　錢曾《也是園藏書目》卷二《史部・種藝》　周處厚《洛陽花木記》一卷。

清　周中孚《鄭堂讀書記補逸》卷二四《子部・譜録類》　《洛陽花木記》一卷，《說郛》本。宋周師厚撰。

清　瞿鏞《鐵琴銅劍樓藏書目録》卷一六《子部四・譜録類》　《洛陽花木記》一卷，舊鈔本，宋周師厚撰。

清　陳揆《稽瑞樓書目》　《洛陽花木記》一卷，舊鈔，一冊。

（光緒）《湖南通志》卷二五二《藝文志八》　《洛陽花木記》，九溪衛周敘撰。《本草綱目》引書目。增。

郊居草木記

《通志》卷六六《藝文略第四》　《郊居草木記》一卷。

明　焦竑《國史經籍志》卷三《史部・種藝》　《郊居草木記》一卷。

老圃書

清　黃虞稷《千頃堂書目》卷一二《農家類》　《老圃書》一卷。正德十五年，古城山人序。

清　萬斯同《明史》卷一三五《藝文志三》　《老圃書》一卷。正德十五年，古城山人序。

學圃雜疏

綜述

《四庫全書總目》卷一一六《子部二十六・譜録類存目》　茲編皆記其圃中所有暨聞見所及者。分花、果、蔬、瓜、豆、竹六類。各疏其品目及栽植之法。大致以花為主，而草木之類則從略。書止一卷，《續說郛》以花疏、果疏各分為卷者非也。

清　周中孚《鄭堂讀書記補遺》卷二四《子部・譜録類》　《四庫全書》存目。是編凡分花、果、蔬、瓜、豆、竹六類。述其名目，并及於種藝，前有萬歷丁亥自序。《續說郛》所收者，改分花疏、果蔬、瓜疏三門。非其原第矣。

傳記

明　王世貞《弇州山人四部續稿》卷一四〇《亡弟中順大夫太常寺少卿敬美行狀》　亡弟，諱世懋，字敬美。先大司馬公嘗命之曰：吾聞東海有鳳麟洲，爾才庶幾埒而兄乎，署其讀書之室曰麟洲。既甫宦，而以家難，歸奉母鬱太恭人，隱居闤闠中。慕王君公之行，別署號曰牆東生。宦小達思自挹損，更署曰損齋。然而天下故知弟號麟洲，其稱如故。【略】

性嗜佳山水，其登泰岱，觀日出，憩靈岩，謁孔林，入關過華嶽，具行縢布屨，自青柯坪而上。西北臨大漠，稍南眺岷峨積雪，東俯中原，一昔而下。謂平生之觀，毋踰此矣。行部江右，窮匡廬表裏之勝；按閩，縱浪九鯉湖，諸山為幽絶。觀歸，自關中單騎走龍門、砥柱、嵩山少林，神禹之所疏鑿，而菩提達磨之所紹統者，慨然若覿其人。至洞庭兩山、京口三島，固幾案間物也。意與境會，輒為文以紀之，詩亦稱是。獨其於華嶽，謂文不能勝於鱗，於鱗已悉之，我復何道？

尤好栽花果，晚治一圃，悉搆閩嶺奇卉，及牡丹、芍藥、蓮、菊之異名者，萩之，作《學圃雜疏》，謂兒輩吾他無所溺，汝異日日致一花，供我目足矣。嗟乎！使弟不死，假以歲月，縱其所詣，其政術必為成弘良臣，學術必約而窺濂洛之藩，吟詠必肩二李，超何薛，博綜廣識，庶幾宋金華楊新都書秋之名，亦必侵尋文祝抗衡，而一旦併奪之，造物者之於弟，何其酷也。

【略】

所著詩文，不穀為裒而梓之，得五十五卷餘。所著《閩部疏》、《三郡圖說》、《窺天外乘》、《二西委談》、《學圃雜疏》，前已行人間。

明　王兆雲《皇明詞林人物考》卷一〇《王敬美》　公諱世懋，字敬美，號麟洲，別署號曰牆東生。登己未會試，肄事兵部，以父思質公被嚴相害，歸。嚴敗，與其兄元美白父冤，已而除南京禮部儀制司主事南儀曹職，務簡得，以其暇肆力於古文章。而六季之綺麗名勝，觴酒詞筆，靡所不領會。居無何，其長蓑病，攝曹事，爲魏公正名分，立長子邦瑞，都人至今稱之。遷北儀曹，又遷尚寶丞，與故人黎惟敬等，日相逐詩酒之社。又善書，所揮染篇翰，流艷人目，忌者緣飭，有「游閒公子」之稱。而江西叅議之命，命下矣。乃精心訊諜，勤職業，屢遷。督學八閩，品藻甚當，解元李光縉者，困諸生久，皆其所拔鑿。俄進其省左叅政，又進而南京太常少卿。縉紳先生欣得一遘，以爲祥麟威鳳，筆研之請無虛日，尚能應之。已而疾作，請告歸，遂不起，春秋僅五十三耳。公始受大司馬公舉子業，遂精治四子及《周易》，獨會之趣，不專訓詁，晚視學政，傍通諸經。皆能蕞其大要，亦喜讀釋老氏言。初以資翰墨耳，既受曇陽師誨，且多從衲子游，於西來之教，往往有所發明。獨於宗門，似未得機軸，若乃致虛極守靜，篤於老子所云者亦行之，而未能深詣也。既病久，稍見定力，去而恬然，殆有未易窺量者，顧不諱言二氏學，恒謂吾：於兩廡饗亡所貪，苟陰用其實，而陽詆其名，或假竊其似，而自文其陋者，俱耻之。以故躬書曇陽師傳，而所著撰《望崖編》等書，亦皆其中精至語，識者謂不下白香山、晁文元。於詩雖自濟南始，其所涵咏多漢魏晉宋以至盛唐諸大家，然不肯從門入，亦不規規名某氏業，而神詣之境爲勝。七言律，尤其踔絶者。文出入西京韓歐諸大家，間採劉義慶《世說》，自以爲得彼三昧，而於游名山記，尤詳琬有力。善詩論，往往以識勝。少卽工臨池，行草蕭散，小隸疎行，得晉人遺意，晚而彌好之。病甚，已絶意吟咏，然猶爲陸司寇、陰司馬作行楷，葢絶筆也。性嗜佳山水，其登泰岱，觀日出，憩靈岩，謁孔林，入關過墓嶽，具行縢布屨，自青柯坪而上。西北臨大漠，稍南眺岷峨積雪，東俯中原，一昔而下，謂平生之觀無踰此矣。行部江右，窮匡廬表裏之勝；按閩，縱浪九鯉湖諸山，爲幽絶觀。歸自關中，單騎走龍門、砥柱、嵩山少林，神禹之所疏鑿，而菩提達磨之所紹統者，慨然若覩其人。至洞庭兩山、京口三島，固幾案間物也。意與境會，輒爲文以紀之，詩亦稱是。獨其於華嶽，謂文不能勝於鱗，於鱗已悉之，我復何道？尤好栽花果，晚治一圃，悉搆閩嶺奇卉及牡丹、芍藥、蓮、菊，乞異名者，萩之，作《學圃雜疏》。謂兒輩：吾他無所溺，汝異日日致一花供我目足矣。所著《奉常集》若干卷，又《澹思子》、《經子臆解》、《閩部疏》、《三郡圖說》、《窺天外乘》、《二西委談》、《學圃雜疏》諸書，總名曰《日損齋雜著》。

《明史》卷二八七《附王世懋傳》　貞弟世懋，字敬美。嘉靖三十八年成進士即遭父憂，父雪，始選南京禮部主事，歷陝西福建提學副使。再遷太常少卿，先世貞三年卒。好學善詩文，名亞其兄，世貞力推引之，以爲勝己。攀龍、道昆輩，因稱爲少美。

清　朱彝尊《明詩綜》卷五二　世懋，字敬美，太倉州人。世貞弟，嘉靖己未進士。除南京禮部主事，遷尚寶司丞，出為江西參議，歷陝西、福建提學副使。升行太常寺少卿，有《奉常集》。

（雍正）《陝西通志》卷五二《名宦三》　王世懋，字敬美，太倉人。進士。以文望，推為陝西提學副使，士風翕然一變。凡忠孝節義，搜録顯揚，與士相砥礪，試未竣，請告歸。生儒以未竟其學為憾，後遷太常寺卿。《賈志》

（乾隆）《江南通志》卷一六六《人物志・文苑二》　王世懋，字敬美，世貞弟。嘉靖己未進士。才學亞於其兄，人呼為小美。會遭父難，縞素者十年。隆慶初，父冤白，歷官至太常少卿。世懋吏才精敏，署江西臬時，嘗訊牒，一字異，前讞呼取比較，果吏舞文也。

（乾隆）《福建通志》卷二九《名宦一》　王世懋，字敬美，太倉人。尚書忬之子，世貞弟也。嘉靖進士。萬曆間為福建提學副使，學問該博，督閩學，纔七閱月而八郡考校俱遍，手不停披，口皆成誦，所拔士幾無留良。居官清約嚴慎，人不敢干以私。俄進右叅政，分守福興，盈廷之訟，決於片言，老吏莫敢措手。人服其明敏，仕終太常少卿。

清　沈辰垣《歷代詩餘》卷一一〇　王世懋，字敬美，世貞之弟。嘉靖乙未進士，除南京禮部主事，改北禮部主事。遷司賓丞，出江西參議，陝西福建提學副使。終南京太常寺少卿，有《奉常集》。

清　傅維鱗《明書》卷一四八《文學傳三・王世懋傳》　王世懋，字敬美，號麟洲，別號牆東生。登嘉靖十四年進士。未授官，會父忬被嚴嵩害，歸。嵩敗，與其兄世貞白父冤。除南京禮部主事，益肆力於古文章，而六季之綺麗名勝，觴酒詞筆，靡所不領會。居無何，遷北禮部郎，又遷尚寶丞，與故人黎惟敬等日相逐詩酒之社。又善書，所揮染篇翰，流豔人目，忌者緣飾有『游閒公子』之稱。出為江西參議，精心訊諜勤職，業屢遷。福建督學，品藻甚當，進左參政，入爲南京太常少卿。縉紳先生欣得一遘，以爲祥麟威鳳，筆研之請無虚日，尚能應之。已而疾作，請告歸，遂不起。年五十三。公精《周易》，傍通諸經，亦喜讀釋老氏，言恆謂二氏學，吾於兩廡饗亡所貪，茍陰用其實而陽詆其名，或假竊其似而自文其陋者，俱恥之。所著撰《望崖編》等書，皆精至語，識者謂不下白香山、晁文元。於詩雖自濟南始，其所涵咏，多漢魏晉宋以至盛唐諸大家，然不肯從門入，亦不規規名某氏業，而神詣之境為勝。七言律，尤其踔絶者。文出入西京韓歐諸大家，問採劉義慶《世説》，自以為得彼三昧，而於游名山記，尤詳婉有力。善持論，往往以識勝。少卽工臨池，行草蕭散，小隸疏行，得晉人遺意。性嗜佳山水，其登泰岱，觀日出，憩靈岩，謁孔林，入關過華嶽，具行縢布屨，自青柯坪而上。西北臨大漠，稍南眺岷峨積雪，東俯中原，行部江右，窮匡廬表裏之勝；按閩，縱浪九鯉湖，諸山為幽絶觀。歸自關中，軍騎走龍門，砥柱嵩山少林，神禹之所疏鑿，而菩提達磨之所紹統者，慨然若覩其人。至洞庭兩山、京口三島，固幾案間物也。意與境會，輒為文以紀之，詩亦稱是。獨其於華嶽，謂文不能勝攀龍，攀龍已悉之，我復何道?尤好栽花果，晚治一圃，悉搆奇卉栽之，作《學圃雜疏》，謂兒輩：吾無他所溷，汝異日日致一花供我目足矣。所著《奉常集》若干卷，《日損齋雜著》數百卷。

著録

明　王世懋《學圃雜疏・自敘》　余性多嗜好，亦多諳解，然幸無一事足累此心者。晚來以澹為宗，欲一切掃去，獨愛種奇花。常命兒子：吾晚境無所須，汝輩但為我羅致四時花於圃中，令膽瓶内日供一枝足矣。元馭閣老性醇直無他好，獨此癖與予同。近貼書云：旦夕圖歸，為我先致蓮香白家園中以待。余亦多病思歸，暇日輒憶花品應致者，及已致而宜愛護者，録之以示騆、騄二子。病後禁思，作此事弄筆自娛耳。毋謂我髮種種尚作兒態也。萬曆丁亥春日損齋道人王世懋書。

明　祁承㸁《澹生堂藏書目》卷八《子類第四・樹藝》　《學圃雜疏》一卷。廣祕笈本。王奉常雜著本。

明　徐𤊹《徐氏紅雨樓書目》卷三《農圃類》　《學圃雜疏》三卷，王世懋。

明　徐𤊹《徐氏家藏書目》卷三《農圃類》　《學圃雜疏》三卷，王世懋。

清　黃虞稷《千頃堂書目》卷一二《農家類》　王世懋《學圃雜疏》三卷。

清　萬斯同《明史》卷一三五《藝文志三》　王世懋《學圃雜疏》三卷。

《明史》卷九八《藝文志三・子・農家類》　王世懋《學書圃雜疏》三卷。

清　曹寅《楝亭書目》卷三《子集》　《學圃雜疏》，明太倉王世懋著，一卷，一冊。

《續通志》卷一五九《藝文略》　《學圃雜疏》一卷。明王世懋撰。

《續文獻通考》卷一八一《經籍考》　王世懋《學圃雜疏》一卷。

《四庫全書總目》卷一一六《子部二十六・譜録類存目》　《學圃雜疏》一卷，兩江總督採進本，明王世懋撰。

（嘉慶）《直隸太倉州志》卷五三《藝文二》　《學圃雜疏》三卷。

清　周中孚《鄭堂讀書記補遺》卷二四《子部・譜録類》　《學圃雜疏》一卷，廣祕笈本。明王世懋撰，仕履見史部地理類。

清　丁丙《八千卷樓書目》卷一二《子部・譜録類》　《學圃雜疏》一卷，明王世懋撰。廣百川本。

治圃須知

明　晁瑮《晁氏寶文堂書目》卷下《農圃》　《治圃須知》。

明　朱睦㮮《萬卷堂書目》卷三　《治圃須知》一卷，解魯。

明　焦竑《國史經籍志》卷三《史部・種藝》　《治圃須知》一卷。

又　卷四下《子部・農家》　《治圃須知》一卷。

清　黄虞稷《千頃堂書目》卷一二《農家類》　解魯《治圃須知》一卷。

清　萬斯同《明史》卷一三五《藝文志三》　解魯《治圃須知》一卷。

清　陸漻《佳趣堂書目》　《治圃須知》□卷。癸巳。

老圃一得

明　徐𤊹《徐氏紅雨樓書目》卷三《農圃類》　《老圃一得》袁晉。

明　徐𤊹《徐氏家藏書目》卷三《農圃類》　《老圃一得》一卷。

《四庫全書總目》卷一三四《子部四十四・雜家類存目十一》　《張氏藏書》四卷，明張應文撰。凡十種，【略】曰《老圃一得》，【略】，大抵不出明人小品之習氣。

灌園史

綜述

清　周中孚《鄭堂讀書記補遺》卷二四《子部・譜録類》　四可嘗撰《花裏活》三卷，輯古今花卉故實，按代分編，見《四庫全書》存目。是編殆其後取《花裏活》重編而改名者也。凡分古獻、今刑二類。類各爲前後二卷，古獻則集古韻事，按時代爲次。今刑則彙諸家種植遺法，然皆不若所出，不脱明季人習氣。惟較之《花裏活》，以秦宫爲比者，差勝之耳。前有萬歷丙辰自序、凡例，及陳眉公繼儒題詞二篇。

傳記

清　沈季友《檇李詩繫》卷一九　詩教，字四可，一字興公，晚號釀菴，秀水人。啟、禎間文學，有稿自題曰《非業》。

《四庫全書總目》卷一一六《子部二十六・譜録類存目》　詩教，字四可，秀水人。

著録

明　陳詩教《灌園史・智舷序》　四可陳君所撰《灌園史》，大都聚書，多方外異人。山中高逸韻士佳話，名花珎菓樹藝之法，無不精核矣。此恐其家先於陵仲子，亦未之聞也，無論蘇雲卿輩。顧予庵居閒甚，無以送日，嘗擬築一小圃，凡蔬菓、藥物，無論遐方近地，苟有助於人者悉樹之，而未成也。頃披君所書，雖名甚符合，然事若相類。請略疏一二以質之，餘可例推。花不必異，令四時常有，盛每易衰，故菜宜多種，須令食肉者，其味不可不知，色不可不見。故菓宜待熟，人多須速忽遠大。故藥草雖不猒多，宜取對治人於境。風易感，須種防風，人情浮薄宜厚朴，人多憂易乖而寡歡忘憂，合歡不可不種。人溺□巧，往往致渾沌，民卒死而不悟，益智宜黜。福圓人多不喜然不能惜，不能種，又出自遠地，又非一暴十寒可致，不妨百計時培植也，凡於人有益無損宜致，有損無益宜黜。雖實見咲於達觀，似有裨於學者，常聞由卑迫而至高遠，未見巨海而遺細流也。此恐少為《灌園史》之所拾遺云耳。故並書之，君以為何如？

萬曆丙辰七月晦前三日，黃葉庵主智舷書於□西禪寮。

又《自序》 余素有花癖，然家無半畝，又不堪為人灌園，以故詩筒酒杯間，未能鼎足。間嘗覓一枝插膽缾，怡然有得，則掃竹葉，烹苦茗佐之。而山中辟纑婦又能出山果野蔬以供客，因與一二林友談出世法，或商畧今古，間及種樹方。遇有韻事，命童子取落葉記之，每一披覽，覺洛陽金谷都人奚囊，不自知此身之非蝴蝶。古來移春檻護花鈴，祇為多事矣，而客且屬以腐鼠。嗟乎！而不聞我家於陵乎，郤千金謝楚相，寧為人灌園耳。請卿自用卿家法，我自用我家法。於是退而輯《灌園史》。

萬曆歲次丙辰竹醉日，秀水灌園史陳詩教題於小於陵。

明 祁承㸁《澹生堂藏書目》卷八《子類第四・樹藝》 《灌園史》三冊四卷，陳詩教。

清 黃虞稷《千頃堂書目》卷九《食貨類》 陳詩教《灌園史》四卷。

又 卷一二《農家類》 陳詩教《灌園史》四卷。

清 萬斯同《明史》卷一三四《藝文志二》 陳詩教《灌園史》四卷。

（雍正）《浙江通志》卷二四四《經籍四》 《灌園史》四卷，《秀水縣誌》：陳詩教著。

清 王聞遠《孝慈堂書目・樹藝叅養》 《灌園史》四卷，陳繼儒序，二冊。

清 金檀《文瑞樓藏書目録》卷四《子類・種藝》 《灌園史》四卷，明秀水陳詩教編著。

清 陸漻《佳趣堂書目》 《灌園史》二卷，陳詩教編。

清 沈復粲《鳴野山房書目》卷三《子之八・稗乘家一》 《灌園史》共四卷，雲間陳繼儒編。

清 周中孚《鄭堂讀書記補遺》卷二四《子部・譜録類》 《灌園史》四卷，原刊本。明陳詩教編詩教，字四可，修水人。

雜録

明 陳詩教《灌園史・凡例十二則》 一曰纂編，祇及韻事，如投桃懷橘，稚子能言，斫桂爨桐，老儒共識，寧爲漏萬，何得妄參。

一曰裁用，雖掇短章，然洛苑花神，偏稱雜俎，巴邛橘叟，不礙清談，縱匪要言，毋嫌竟聽。

一曰部系，分括古今，庶幽谷難窮，足徵文獻，名花易老，得按典刑，置之右隅，用作左券。

一曰裒銓，悉按世次，故山中隱逸，事埒王侯，方外逃禪，類同仕女，既叨花史，竊比編年。

一曰考證，務遵善本，若風飄桐葉，兼按韻書，雪䨟桃花，半增月令，如有獨得，亦附左方。

一曰闕疑，姑畧偏卉，若土芝拜納，復止蹲鴟，錦帶作美，誤疑吐綬，祇憑道聽，孰若井觀。

一曰附載，欲易較查，故唐棣異支，派宗綠李，斷腸別種，名次海棠，凡屬絲連，何煩縷悉。

一曰補遺，偶書續得，若牙籤萬軸，目力何堪，玉屑千言，舌根難盡，徒窺半豹，深愧全牛。

一曰品題，聊抒鄙見，彼花名菊婢，風度偏妍，果號枝奴，聲名不減，既慚月旦，安語陽秋。

一曰栽培，間叅古法。雖月團就碾，未便令時，雪瓣苦寒，難移北地，寧當玉抵，勿作瓦全。

一曰校讐，偏敦名士，蓋誼同牛耳，堅白莫容，才具鳳毛，雌黃不愧，凡有燕石，悉屬郢斤。

一曰鏤刻，取便臨披，恐字格麼麼，難供鉛《灌園史・凡例》，三槧簡編，汗漫不便，巾箱爰作，大書仍裝。

汝南圃史

綜述

明　周文華《汝南圃史・陳元素序》　光祿君之似公揚，數與余論文，指端舌本，含吐香豔，疑其從眾香國來。乃今讀光祿君《圃史》，天工地能人擁則脩哉。而文詞爛然，固知公揚之才，所發源遠矣。余少則讀嵇襄陽《草木狀》，怪其未該。其所狀者，固止一南方也。至《橘錄》、《荔譜》之屬，僅僅志一物，尤寒儉。乃光祿所載，歲十二月，月有政補不韋之漏；月三十日，日有占通《五行志》之緯。四海內外九州之口產，凡百億種。種有性情，各還其所，喜而無犯其所忌，發《爾雅》、《埤雅》之未發，且於其質味之炎寒燥潤、甘辛平惡，毒可攻、膏可滋者，一一為拈出，以羽翼《神農氏本草》。噫！功偉矣。說者徒以君翔簪紱之林，不忘喟淡之著述，庸知其借樹植之法，微示素儲之經濟，是在公揚識之哉！是在公揚用之哉！公揚聞之葉拱而立曰：使望得史，天下亦如是圃矣。

萬曆庚申端陽前一日，吳郡陳元素題。

又《自序》　余性癖閑嗜淡，每於坳堂隙地，邀漢陰丈人靑門野叟，相與商蒔花、課竹、鋤豆、種瓜之法，綠煙埋檻紅雨沉牕，不使金穀梓裏傲人於千載，是吾迂也。既而染指雞肋，羈身京洛政苦黃塵蔽面，故園清夢時時在鶯巢蝶隊間。適王君仲至，貽我《花史》十卷閱之，乃周允齋先生所輯。一時幽馨異彩，披拂几案，覺塵土腸胃灑然若洗，眞不減沸鼎中清泠泉也。稍恨詮集未該，漫取架頭野牒，幷標耳目覩記若竹木、蔬藜、菜菽之屬，葺為若干卷。使世有豪傑自閟不炫，簪紱而喜，托南山種豆，北郭燒花，怡神養志，以銷烏兔，顧不必乞槖駝之秘藏，而四時牧植調理之妙，一一如視諸掌矣。雖然種植小經綸也，灌溉小雨露也，習得此三昧轉為用世之術，安知非秉化育撫林，總默輔聖王之治，深培造化之功也哉。以故余力慵而中止，意倦而輒廢者，乃命望兒廣採而竟其局，以見不佞誡子之微意，固亦有在乜。然刪者允齊竟者吾父三、署，曰：《汝南圃史》以問後世，複有茂叔再出者，請更廣之。

萬曆庚申花朝，吳郡周文華題於西圃之香蝶寮。

《四庫全書總目》卷一一六《子部二十六・譜録類存目》　前有萬曆庚申陳元素序，稱之曰光祿君，不知為光祿何官也。文華自序，稱因見允齋《花史》，嫌其未備，補葺是書。凡分月令、栽種、花果、木果、水果、木本花、條刺花、草本花、竹木草、蔬菜、瓜豆十二門，皆敍述栽種之法，間以詩詞。大抵就江南所有言之，故河北蘋婆，嶺表荔支之屬，亦不著錄。較他書剽剟陳言，侈陳珍怪者較為切實。惟分部多有未確，如西瓜不入瓜豆而入水果，枸杞不入條刺而入蔬菜，皆非其類。

著録

《欽定續通志》卷一五九《藝文略》　《汝南圃史》十二卷，明周文華撰。

《續文獻通考》卷一八一《經籍考》　周文華《汝南圃史》十二卷，文華字含章，蘇州人。前有萬曆庚申陳元素序，稱為光祿。臣等謹案：是編分月令、栽種、花果、木果、水果、木本花、條刺花、草本花、竹木草、蔬菜、瓜豆十二門，皆敍述栽種之法，間以詩詞。

清　王聞遠《孝慈堂書目・樹藝豢養》　《圃史》十二卷，周文華，二冊。

清　錢曾《也是園藏書目》卷二《史部・種藝》　《汝南圃史》一卷。

《四庫全書總目》卷一一六《子部二六・譜録類存目》　《汝南圃史》十二卷，浙江巡撫採進本，明周文華撰。

清　沈初《浙江採集遺書總録庚集・子部・農家類》　《汝南圃史》十二卷，刊本。右明吳中周文華撰。乃分紀花木蔬果種植之法。

清　阮元《文選樓藏書記》卷二　《汝南圃史》十二卷。明周文華輯。吳人。刊本。是書分列花木、疏果種植之法。

（同治）《蘇州府志》卷一三六《藝文志一》　周文（萃）［華］《汝南圃史》十二卷。

笋梅譜

《四庫全書總目》卷一一六《子部二十六·譜録類存目》 《筍梅譜》二卷，兩淮鹽政採進本，明釋眞一撰。眞一居江南法華山龍歸塢，其地多筍，梅花亦極盛，因各為作譜。書成於天啟七年。

《續文獻通考》卷一八一《經籍考》 釋真一《筍梅譜》二卷。真一居江南法華山龍歸塢，其地多筍，梅花亦極盛，因各為作譜。

灌園草木識

綜述

明 陳正學《灌園草木識·何樾平序》 貞鉉先生海内推為大儒，漳中欽其君子。卜尻東偏，自命灌園。日涉以來，趣非朝琴暮詩，則左圖右史。觀其居，身清淨，托寄玄遠，且不知有漢，何論魏晉。往來問參者，屢蒲戶外，先生虛心四應，有蒙來求，煥若星辰；有疑來質，決若蓍蔡。誦瑰瑋之文，仰卓絕之行，繇鄉國而天下靡不響風。不佞株守章句，佩服有年，日者叩關請罷，歡若素交。信手盡詩詞歌賦，觸目皆琳琅珠玉，握麈對譚，時見叢卉呈芳，群樹獻研。因而起步涉覽，蒼巖則崇山峻嶺，轉折則二灣九曲，變幻則海市蜃樓，餘波則廣乎大陸。隱士泥清，仙人水綠，種種奇觀，窮究不暇。先生語不佞曰：生乎得意處不在多，即此小築，費幾心力家於斯，囿於斯，身所盤桓，目所綢繆，氣候將至，大類鹵疇。門迎活澗，徑作長堤，松林滿庭，水石滿室，花果幾於千株，曲水周於亭下。或呼風弄月，友雲子雨；或坐茂樹以終日，酌清泉以自潔。有客過予，採於園，美可茹；釣於水，鮮可餐。飲無量酒，作有韻語。雖無絲竹管弦之盛，亦可續蘭亭竹林之樂。不佞詳其本末，出《草木識》相示，不減《山海》、《藥性》諸編。再四展讀，知楂梸橘柚，各有其美；嘉種良法，得傳於世。直可當朱草生者也，按節推堪，灌園中草木共種三百六十有奇，合周天小造化，中有人借者不錄。愚聞之，君子勤耘以顯僉德，苾花有養性，樹有無憂，博物君子，必能辨別。動物本諸天，順天為呼吸；植物本諸地，根地為出入。草木可插而活者，胎生類也；以實而產者，外生類也，荷芡濕生也，芝菌化生也。餘則青黃雜糅，綿綿連連，盛名宿孕，難以校數。稽諸《禹貢》，兗則惟繇惟條，徐則草木漸包，楊則惟夭惟喬，三州，東南最下。美哉！《禹貢》記曰：維何以志明德。先生盛德大業，盡心盡物，考之山澤，有畀虞廷；植之場圃，合奉周官。此物此志也，不佞頗曉其旨，為先生誦曰：往來無顯鳳，動靜若游龍。惟此二語，差堪品題。先生光為龍而儀為鳳，疇若之諮，執此以往，若區區草木，無異於醉人田家。公行歌荒野中，則管窺蠡測，其不與草木同，無知者幾希。

甲戌中秋前十日，通家教下弟何樾平子父書於澹園。

又《序》 園公之為園也，二十年所矣。無日不從事鎌鑑，園故多花菓，因益以奇種。每花時命觴集賦，一味之甘，分賞寄興。自以屏居多暇，脩閑攘剔，移置怪石。繚繞衆芳，是灌園者之為政也。古人云十年之得樹木，矧今倍之。宜其抽條擢幹，刺眼娛懷，不能已已者也。第千人所植，今或消靡，今人所植，後或繁滿，高岸深谷，所不可知。因命管城氏錄之，抑亦多識於草木之名。

崇禎甲戌孟夏陳正學撰并書於灌園之岸上住。

著録

明 徐𤊹《徐氏紅雨樓書目·農圃類》卷三 《灌園草木識》六卷，陳正學。

明 徐𤊹《徐氏家藏書目·農圃類》卷三 《灌園草木識》六卷，陳正學。

清 黃虞稷《千頃堂書目·食貨類》卷九 陳正學《灌園草木識》六卷。

清 萬斯同《明史·藝文志二》卷一三四 陳正學《灌園草木識》六卷。

雜録

明　陳正學《灌園草木識・凡例》　識名草木植物兼該，帝曰疇若，予上下草木其名古矣。

識也者，識其名也。因名而識其狀若物簿然，非如疏之多旁引也。

花首桃而殿梅，以從四時之序，攬其英華為菓者，不與焉。

前人品花多摽貴賤，沃沃何知，各一時之秀，豈容強生分別。

彰南花菓，視中原不該不備者夥。茲識園中所有，不敢遠及。

物性陰陽各有所宜，反是則槁。茲記扦插之時，并澆法、護法於各識之下。

高朋過從，園中蔬菓或藁或臘，時出新意，以代盤餐，亦所必錄。

園居雜著不復贅錄，錄其關園政者數首，以見志焉。

凡八則。

老圃良言

傳記

清　陳田《明詩紀事》卷一六《辛籤》　嗚盛，字端明，嘉興人。崇禎丙子舉人，有《永思草堂集》。

清　李元度《國朝先正事略》卷四五　巢鳴盛，字端明，號崆峒。幼孤，事母至孝。崇禎丙子舉於鄉，甲申明亡，母亦殁，即築室於墓，顔其草堂曰永思閣，曰止閣，而自號止園。三十七年跬步不離墓次，康熙十九年卒，年七十。俟齋爲定私謚，曰貞孝先生。

清　盛楓《嘉禾徵獻録》卷四七　巢鳴盛，字端明，嘉興人。年二十，始就塾，塾師嫌其晚，拒之，力請不已，乃授制舉藝一篇，夜則然膏授經，不歲餘，盡通其義。崇禎丙子舉於鄉，是時一登賢書，輒乘輿張蓋，隨俊僕數人。嗚盛敝衣草履，不改平昔，客過之，無應門者。乙酉，郡城失守，覓一蒼頭，偕渡錢塘寓蕭寺中。見江東拒守兵無紀律，度必不支，乃泛海還家。即墓側搆數椽，屏居其中，隔溪築一小閣，可望先人邱壠。屋外植短籬，環栽橘橙百本，親荷鋤種菜自給，妻錢篝燈紡績，一如農婦。友人造之，具雞黍為樂，口不及人間一字。立家訓首以勉忠教，敦廉恥為敎。事兄如父，課子弟，雖成人必嚴垂老，見僕婦、婢子必面赤，終不呼其名。與人交，初不甚歡，久而使人自不忍捨。年七十，卒《檇李往哲續編》有傳。閉户不出者，凡四十年，著《永思草堂集》。

清　温睿臨《南疆逸史》卷四二　巢鳴盛，字端明，嘉興人。丙子舉人。國亡隱居，絶迹城市。時都盜四起，家爲所掠，愈窮空。於繞屋種匏大小，凡十餘種，長如雞頸，纖若蜂腰。杯杓之外，室中所需器血，莫非匏者。遠近爭傚之，今攜李匏樽盛行，使始於孝廉也。時孝廉避世者，猶間賓客，獨鳴盛一不與世接，故其名尤高。

清　徐鼒《小腆紀傳》卷五八　巢鳴盛，字端明，嘉興人。崇禎丙子舉人。事母至孝，亂後母殁，築室於墓，顔其草堂曰永思閣，曰止閣，而自號止園。三十年跬步不離墓次，絶跡城市。念器物皆足誨盜，種匏爲器，遠近效之，謂之檇李尊。有《永思堂集》。海内三高士之一也。卒年六十七，吳中徐枋爲定私謚，曰貞孝先生。

著録

明　巢鳴盛《老圃良言》　生世業緣，芟除殆盡。村居荒僻，祇鄰並一二老圃相與往還，嘗為余言種植之事，大要有十。依法試之，罔有不效，嘉蔬美果，實叨其惠，因述為《老圃良言》，以告世之從事灌園者。

清　丁申、丁丙《八千卷樓書目》卷一〇《子部・農家類》　《老圃良言》一卷，明巢鳴盛撰，學海類編本。

倦圃蒔植記

綜述

清 曹溶《倦圃蒔植記・序》 小圃花木率皆舊栽，年來稍補其缺略，而種植之法素有未諳，實籍場師指授，因一一識之。李贊皇平泉之記，殊覺不達，吾所不效。不過偶爾興趣所寄，涉筆及之，略次其大概，無分品之高下。亦非以所愛者先之，所不愛者後之也。康熙甲子立夏後二日，倦圃老人書。

《四庫全書總目》卷一一六《子部二十六・譜録類存目》 茲編乃溶自山西陽和道歸里，築室范蠡湖上，名曰倦圃，多植花木其間。因記其圃中所有，分花卉二卷，竹樹一卷，各疏其名品故實及種植之法。溶，學本贍博，故引據多有可觀，惟下語頗涉纖仄，尚未脱明季小品積習。前有自序，題康熙甲子。案：溶卒於康熙二十四年乙丑，年八十三，則此書乃其晚年遊戲之筆也。

傳記

（雍正）《浙江通志》卷一七九《文苑二》 曹溶，《檇李詩繫》：字潔躬，號秋嶽，秀水人。崇禎丁丑進士，官御史。國朝順治間，歷副都御史，户部侍郎。出為廣東布政使，左遷山西陽和道。裁缺歸里，卒年八十三。溶肆力於文章，尤工尺牘，長箋小幅，人共寶之。詩與合肥龔鼎孳齊名，人稱龔曹。晚築室范蠡湖，名曰倦圃。多蔵書，勤於誦覽，輯《續獻徵録》六十卷，《崇禎五十輔臣傳》五卷，外有《静惕堂詩文》三十卷。

清 計六奇《明季北略》卷二二 曹溶，字秋岳，浙江嘉興人。崇禎丁丑進士，官御史。予聞公留心著述，欲訪之。

清 秦瀛《己未詞科録》卷四 曹溶，字潔躬，號秋嶽，一號倦圃，浙江秀水人。居邑之金陀坊，晚號金陀老人，又號鋤菜翁。前明崇禎丁丑進士。官監察御史，入國朝官至户部侍郎。出爲廣東布政使，左遷山西陽和道。裁缺補用，保舉簽發四川軍前。著有《崇禎五十宰相傳》一卷，《明漕運志》一卷，《金石表》一卷，《倦圃蒔植記》三卷，《劉豫事蹟》一卷，《粵遊草》一卷，《學海類編・續獻徵録》六十卷，《静惕堂詩集》四十四卷。

（道光）《廣東通志》卷二五六《宦績録二十六》 曹溶，字潔躬，浙江秀水人。崇（正）［禎］丁丑進士。康熙十三年任廣東左布政使，潔己愛民，一介不取，曰：吾奉天子命來此，爲一方表率，苟有虧行，豈獨衾影懷慚已哉。且先人以『潔躬』字我矣，敢以身涉寶玉之地，而遂負君父耶？及其歸也，書囊之外無長物。僉以溶能踐言云。《嶺南文集》。

《清史稿》卷四八四《曹溶傳》 曹溶，字鑒躬，嘉興人。明崇禎十年進士，官御史。清定京師，仍原職。尋授順天學政。疏薦明進士王崇簡等五人，又請旌殉節明大學士范景文、尚書倪元璐等二十八人，孝子徐基、義士王良翰等及節婦十餘人。試竣，擢太僕寺少卿。坐前學政任内失察，降二級。久之，稍遷左通政。【略】擢左副都御使。疏請時御便殿，召大臣入對，賜筆札以辨其才識，有切中利弊者，即飭力行，勿概下部議，帝並嘉納。擢户部侍郎，出為廣東布政使，降山西陽和道。康熙初，裁缺歸里。十八年，舉鴻博，丁憂未赴。學士徐元文薦修《明史》。又數年，卒。有《倦圃詩集》。

著録

《清文獻通考》卷二二八《經籍考十八》 《倦圃蒔植記》三卷，曹溶撰。溶見史類。

《清通志》卷一〇〇《藝文略四》 《倦圃蒔植記》三卷，高士奇撰。

《四庫全書總目》卷一一六《子部二十六・譜録類存目》 《倦圃蒔植記》三卷，浙江巡撫採進本，國朝曹溶撰。

清 沈初《浙江採集遺書總録庚集・子部・農家類》 右國朝侍郎秀水曹溶撰。【略】雜記草木花果。

《清史稿》卷一四七《藝文志三》 《倦圃蒔植記》三卷，曹溶撰。

北墅抱瓮録

綜述

清　高士奇《北墅抱甕録·序》　東坡云：士大夫逢時，遇合跬步，至公卿非難而歸田為難。此雖有激之言，至謂歷官釋肩而去，如大熱遠行，雖未到家，得清涼館舍，解衣漱濯，已足樂矣。此非親履其境意，適於中者不能道，歐陽公之切於釋位歸田也。至欲以得罪去其言，發於至性如饑者之不忘食，益知士非求進之難而乞身之難也。余以陋劣謬直，禁幄十有三年，夙夜惴惴，惟負職是慮，顧君恩深重，未敢言歸。每作草堂諸圖以自況，已巳冬日仰托聖恩放歸田里。急就北墅，薙荒刪穢，修植竹樹，分畦種菜，手自灌溉，雖體有微勞，而心無驚怖，合之東坡大熱遠行，初得解衣漱濯之語，殊是有味。益信歐陽之欲以得罪而去之，非藉口也。因疏墅中花竹、草木、果蔬、藥蔓之屬，為《抱甕録》。昔東坡在南海食蠔而美，貽書叔黨曰：無令中朝士大夫知，恐爭謀南徙以分此味。余亦不顧輦下諸君子見此録，使知退閑之有以樂其樂也。

康熙庚午秋七月，江邨高士奇識。

《四庫全書總目》卷一一六《子部二十六·譜録類存目》　此書前有康熙庚午自序，乃其告歸後所作。北墅者，所居別業之名也。墅中蒔植花木頗多，士奇因取果樹卉竹蔬茹藥蔓之類，各疏其形色品狀，以爲此編，凡二百二十二種，其敘録頗爲詳備。

清　周中孚《鄭堂讀書記》卷五一《子部九之下·譜録類二》　《四庫全書》存目。康熙已巳江村告歸，有別業曰北墅，日處其中，薙荒刪穢，修植竹樹，分畦種菜，手自灌溉。因疏墅中花竹草木，果蔬藥蔓之屬，為是録。凡二百二十一種，大都採摭王藎臣《羣芳譜》，而參以已見，其成書亦易事也。前有康熙庚午自序。

傳記

清　法式善《槐廳載筆》卷三　高士奇，字澹人，號江村，錢塘人。自少好學，能文家固貧。年十九之京師，以諸生就京，闈試不利，落魄羈窮，賣文自給，新歲爲人書春帖子，往往自作聯句，用寫其幽憂牢落之懷。偶爲聖祖皇帝所見，大加擊節，立召見，旬日之間，三試皆第一。於是簡入內廷供奉，旋授內閣中書舍人，擢翰林院侍講，洊陞詹事府少詹事。《詩抄小傳》。

（雍正）《浙江通志》卷一七九《文苑二》　高士奇，《嘉興府志》：字澹人，號江村，由諸生入太學，以書法稱旨注翰林，授詹事府録事，歷陞少詹。歸里，尋召，赴史局，又以養母假歸。晉詹事，復即家，拜禮部侍郎兼學士。士奇性耽書，凡秘府典籍，悉資討論，然性極謹密，侍直數十年，出入扈從，未嘗一語及温室之對。才情敏妙，侍對詩文應聲立就。邑有馮氏舊圃，構江村草堂居焉。卒，謚文恪。子輿，庚辰進士，官翰林院編修。

（嘉慶）《清一統志》卷二八八《嘉興府》　高士奇，字澹人。自錢塘徙平湖，遊京師。聖祖聞其名，召見，試詩文法書皆第一，授中書，改翰林，歷詹事。直內廷二十年，以養母歸，即家拜禮部侍郎兼學士，卒謚文恪。

清　秦瀛《己未詞科録》卷三　高士奇，字淡人，號江邨，浙江錢塘人。監生，以御試鍾王書法，授內閣中書，直南書房，賜同博學鴻儒考試。庚申，授侍講，累官詹事府詹事，加禮部侍郎兼翰林院學士，謚文恪。瀛桉：文恪以能書入直內廷，渥被恩眷，嘗爲都御史郭公琇所劾。相傳文恪嘗屬健庵徐公以扈從東巡，録丐序於先，宮諭未應，徐公乃自爲之。文恪銜先官諭甚，甲子順天科場之獄，皆文恪密爲主之。第其事秘，不著耳。

《清史稿》卷二七一《高士奇傳》　高士奇，字澹人，浙江錢塘人。幼好學能文。貧。以監生就順天鄉試，充書寫序班。工書法，以明珠薦，入內廷供奉，授詹事府録事。遷內閣中書，食六品俸，賜居西安門內。康熙十七年，聖祖降敕，以士奇書寫密諭及纂輯講章、詩文，供奉有年，特賜表裏十四、銀五百。十九年，復諭吏部優叙，授爲額外翰林院侍講。尋補侍讀，充日講起居注官，遷右庶子。累擢詹事府少詹事。【略】三十三年，召來京修書。士奇既至，仍直南書房。三十六年，以養母乞歸，詔允之，特授詹事府詹事。尋擢禮部侍郎，以母老未赴。四十二年，上南巡。士奇迎駕淮安，扈蹕至杭州。及回鑾，復從至京師，屢入對，賜予優渥。上顧侍臣曰：『朕初讀書，内監授以《四子》本經，作時文，得士奇，始知學問門徑。初見士奇得古人詩文，一覽即知其時代，心以爲異，未幾，朕亦能之。士奇無戰陣功，而朕待之厚，以其裨朕學問者大也。』尋遣歸，是年卒於家。上深惜之，命加給全葬，授其子庶吉士輿爲編修。尋謚文恪。

著録

《清文獻通考》卷二二八《經籍考十八》 《北墅抱甕録》一卷，高士奇撰，士奇見經類。

《清通志》卷一〇〇《藝文略四》 《北墅抱瓮録》一卷，高士奇撰。

（雍正）《浙江通志》卷二六四《經籍六》 《北墅抱甕録》一卷，錢塘高士奇澹人著。

《四庫全書總目》卷一一六《子部二六・譜録類存目》 《北墅抱瓮録》一卷，編修程晉芳家藏本，國朝高士奇撰。

清 周中孚《鄭堂讀書記》卷五一《子部九之下・譜録類二》 《北墅抱瓮録》一卷，江村全集本，國朝高士奇撰。

清 丁申、丁丙《八千卷樓書目》卷一二《子部・譜録類》 《北墅抱甕録》一卷，國朝高士奇撰。學海類編本。昭代叢書本。

《清史稿》卷一四七《藝文志三》 《北墅抱甕録》一卷，高士奇撰。

老圃雜説

（光緒）《湖南通志》卷二五一《藝文志》 《老圃雜説》，邵陽車無咎撰。寶慶府志增。

農圃便覽（西石梁農圃便覽）

清 丁宜曾《農圃便覽・歐陽廷珍序》 丙戌仲春，丁君瑞埜與余會於都門，以令叔椒圃先生《農圃便覽》序屬余爲之，且爲余具道先生之爲人。余因喟然曰：農圃之事，固有道也。先生經理天下物土之宜，而布其利；《月令》紀穀登菜秀之文；而於耜舉趾，烹葵食菽，更諄諄於《豳風》諸章。乃知因天時、乘地利、盡人工。其事固非淺鮮，所以賢者猶待問也。特以大聖人之説，世遂謂細業，非儒者所宜道，不知此鄙其志也，非斥其事也。令□果篤志於大人之學，即置身農圃中，豈遂見非於聖人乎哉？且士君子處世顯晦屈伸，亦視乎時耳。其在上，則黼黻皇猷，安民阜物，各得其所。其在下，則優游卒歲，問菓話麻，自樂其天。彼風浴詠歸之賢，更超於兵農禮樂之彦者，道即此而存不待外求也。故農圃之道，其道小；值農圃之地，講農圃之道，其道大也。先生爲閥閱華胄，自少習舉子業，蜚縠藝苑，富於著作。屢滯棘園，晚幽棲於石梁村，伴負之暇，遂成是書。觀其辨別、宜忌、占驗、災祥，間附以詩歌。先生自序謂：殫心咨詢所得。又曰：非石梁者槩不録。可見，平日自足於己，無慕乎外。嗚呼！可不謂素位而行者，與古今來名人畸士不得志於時，輒憤懣抑鬱不可奈何，有所著述率皆牢騷不平，借以發洩其胸臆，有如此之循循日用，俯仰自得者哉？既以示子孫，又不欲自私，付諸剞劂，以廣其傳，其用心可謂至公矣。沂陽距海至三百里，余未獲登先生之堂，然有以知先生之樂道也。故不揣固陋而爲之序。俾世知先生積學工文，有志建立而山林韜晦邇類於田夫園叟之爲者，其道未嘗不在。瑯邪年眷姪歐陽廷珍拜撰。

又《自序》 吾五歲入家塾，先大夫爲吾訓詁，至學稼章，聞聖人不如老農老圃之言，輒詡詡以爲人當事大人之事，安用此瑣瑣者爲？少長，泛宦游，讀書官署，不暇分五穀。迨先大夫效力之後，餘產無幾，遽捐館舍。吾兄弟卜居西石梁村數年後，生齒日繁，家計愈拙，讀書之志易爲謀食，乃躬親農圃之事。自悔少未習慣，因殫心咨詢。凡有所得輒筆之於冊，或採《農經》、《花史》以輔咨詢所未及。先外祖松菴公、外叔祖滄溟公、曾族祖晊鶴公，農書亦併謹録，久而成帙，名之曰《西石梁農圃便覽》，以事皆身歷，非西石梁土所宜及未經驗者，概不録也。客見而悦之，予謝曰：此吾三十歲後，二十年來，拮據卒瘏之暇所記，求田問舍，量晴較雨，瑣瑣事耳，不足爲君道。君雖調和二氣，冶鑄萬有，則盍請之薦大人者。

乾隆二十年歲次乙亥令月丁宜曾樹圃氏書於西石梁之強善齋。

清 丁申、丁丙《八千卷樓書目》卷一二《子部·譜録類》 《農圃（備）［便］覽》一卷，國朝丁宜曾撰，刊本。

《清續文獻通考》卷二七四《經籍考十八》 《農園（備）［便］覽》一卷，丁宜曾撰。

《清史稿》卷一四七《藝文志三》 《農圃（備）［便］覽》一卷，丁宜曾撰。

花木小志

清 謝堃《花木小志·自序》 志者，記也。以記其所記，統之曰志。夫統記一縣之事，曰縣志；記一郡之事，曰府志；記天下古今之事，曰通志。且天文、律曆及禮與樂，皆各有志。余所志者，花木耳。余性嗜花木，雖居陋巷，讀書外必借花木以自娱。祁寒酷暑，亦未嘗以澆灌假它人之手。壯而之四方，凡遇花木稍有所異，必購而攜之。其所不能攜者，圖而記之。自依冶山上公喬梓以來，痼疾猶未能已。惜所居地非衝要，俗尚詩書，其所與言花木者，鮮矣。往往與上公喬梓論詩論文後，偶一言及，並詢及它州外縣所有異於是者，乃以所涉江、浙、閩、粤以及燕、趙、晉、楚所見言之。公悦，覆命以筆志之。余因所志非天文、禮、樂及府、縣有大關系者，故曰小志，故又曰《花木小志》。

枝語

綜述

清 毛奇齡《枝語·序》 自《論語》飭學詩 謂能多識鳥獸草本之名，因之草本與鳥獸，以四物而分兩類。《爾雅》有《釋》，毛公有《傳》，鄭康成有《箋》，陸璣有《疏》，唐孔氏有《正義》，而後之連類而起者，曰狀、曰録、曰志、曰譜、曰品、曰史，紛紛焉。予嘗為友人作《毛詩識名鮮序》而感之，重繙予幼年所著《四物名卷》，僅僅得鳥名三卷留經集間，抱媿久矣。錢塘孫子晴川，以藝文為雞壇領袖，超軼儕輩者越三十年，近始大出其所學於以示世。先録草木篇，合群花、衆卉、異果、珍木而彙為一集，無起訖、無領襋，不設次第，不分別門戶，大有殊於世之為類書者。且不預立名目，初不知其書為何名也，草草寄予。余讀之，一如胷羅林囿，腹有阪隰，隨舉一物，而興情四來，或言根柢，或疏枝葉，或道其形顔色，或我有高意而物隨我引，或任物轉圜而意從物變。有似賦者，有似頌者，有似蒙經寓言者，有似蘊黄諸小品者。然且偶一詳覈，襍舉名目，輒有神農之經，岐伯之志，劉攽之譜，曾端伯諸公之襍録所未備者。嗟乎！觀止矣。康熙壬辰首夏西河弟毛竒齡敬題於書留草堂，時年九十。

《四庫全書總目》卷一二九《子部三九·雜家類存目·枝語提要》 是書取花木蔬果之類，各為銓釋。略於形色性味，而詳於名義。或穿鑿其偏旁，或附會其音聲，偏旁音聲皆不可通，則宛轉假借，牽合故實，以寓議論。大抵以陸佃《埤雅》為鼻祖，然《埤雅》之失在於好引《字説》，而所長在於考據經典，之騄不效其考據，而效其《字説》，亦可謂不善學矣。古來著録之例，草木種植當附農家，名物訓詁當附《小學》，是書皆近之而皆不類，姑附之於雜家焉。

著録

《清文獻通考・經籍考》卷二二七　《枝語》二卷。孫之騄撰。是書大畧仿陸佃《埤雅》一編，詮釋花木蔬果之屬，詳其名義，兼及偏旁形聲，似應入農家，或小學類中。但細核體裁，兩俱不類，故從《四庫》書之例，附□於此。

《清朝通志・藝文略》卷一〇一　《枝語》二卷，孫之騄撰。

清　沈初《浙江採集遺書總録》　《枝語》二卷。

《四庫全書總目》卷一二九《子部・雜家類存目》　《枝語》二卷（浙江巡撫採進本）。國朝孫之騄撰。

《清史稿・藝文志》卷一四七　《枝語》二卷。孫之騄撰。

清　沈初《浙江採集遺書總録・農家類》庚集　《枝語》二卷，右國朝孫之騄撰。

植物名實圖考

綜述

清　耿文光《萬卷樓藏書記》卷八一《子部・醫家類四》　《植物名實圖考》三十八卷，國朝吴其濬撰。原本道光二十八年陸應穀校刊於太原府署，有序，吾鄉人稱為《吳本草》，各種有圖，故曰圖考。陸氏序曰：植物之名昭於《周禮》，其實載在本經。三百六十品，殆非虛列，嗣是別録圖經，代有增益，綱目晚出，稱引尤繁，然旁及五材，兼收十劑，求其專狀草本，成一家言，殊不易得。瀹齋先生有見於茲，思愈民瘼，所讀四部書苟有涉於草木者，靡不緝之名，曰長編。然後出其生平所耳治目驗者，以印證古今。就其形色別其性味，看詳論定，摹繪成書，此圖考所以包孕萬有，獨出冠時，為本草特開生面也。若夫登草木，削昆蟲，仿貞白，千金翼方之作，為微生請命，尤至仁也。予故序刻之，以廣其傳。

清　吴其濬《植物名實圖考・陸應穀敘》　《易》曰：天地變化，草木蕃。明乎剛交柔而生根荄，柔交剛而生枝葉，其蔓衍而林立者，皆天地至仁之氣所隨時而發，不擇地而形也。故先王物土之宜，務封殖以宏民用，豈徒入藥而已哉！衣則麻桑，食則麥菽，茹則蔬果，材則竹木，安身利用之資，咸取給焉。群天下不可一日無，則植物較他物爲特重。其名昉於《周禮》，其實載在《本經》。採其實斯著其名，三百六十品中殆無虛列。嗣是《別録》、《圖經》，代有增益，《綱目》晚出，稱引尤繁。顧其書，類皆旁及五材，兼收十劑，胎卵濕化，紛然并陳。求其專狀草木，成一家言，如賈思勰之《要術》、周憲王之《救荒》，殊不易得。豈其識有所短，而材力有未逮歟？抑拘於其業，囿於其方，未嘗游觀宇宙之曠、品匯之廡，而知其切於民生日用者，至利且便也。瀹齋先生具希世才，宦跡半天下，獨有見於茲，而思以愈民之瘼。所讀四部書，苟有涉於水陸草木者，靡不剬而緝之，名曰《長編》。然後乃出其生平所耳治目驗者，以印證古今，辨其形色，別其性味，看詳論定，摹繪成書。此《植物名實圖攷》所由包孕萬有，獨出冠時，爲本草特開生面也。夫天下名實相副者尠矣，或名同而實異，或實是而名非。先生於是區區者，且決疑究誤，毫髪不少，假等而上之，有關於人治之大，其綜核當何如耶？讀者由此以窺先生之學之全與政之善，將所謂醫國甦民者莫不咸在，僅目爲炎黃之功臣，則猶淺矣。若夫登草木，削昆蟲，仿貞白，《千金翼方》之作，爲微生請命，則尤其發乎至仁，而以天地之心爲心也。然則是書之益，又可量哉？余不敏，嘗傳言焉，頗識其用意所在，故序刻之以廣其傳。

道光二十有八年歲次戊申三月清明後五日蒙自陸應穀題於太原府署之退思齋。

又《曾國荃序》　嘗讀《本草綱目》一書，其於水陸草木，博採盡兼收，各有宜忌。植物之利民用大矣哉。而村閭市井，稍能讀藥性，輒敢懸壺，其所嘗常用，不過數十品，仍不能施用得當，是曰：以仁術殺人，不仁孰甚！

近年山西醫士固陋，較他省爲尤甚，推求其故，蓋由書籍不多，不足以資考核。去年春，余仿各省規模，爲請於朝，在於省會地方設立濬文書局，於刊刻四書子六經之外，購求善本醫書，鏤板以行，亦欲餉文人而甦民命耳。曩者葆芝岑中丞爲言《植物名實圖攷》一書，煞費作者匠心，足補繹自《綱目》，驗《經疏》所未備。板存太原府署，散失板片五十有二，芝岑商於余，從印本葉摹刊如每數，依次補入，工費無幾，庶幾是編得稱全書，使如數千百十板，不致終爲爨下物，誠善舉也。議甫定，適余奉命督師山海關，防禦海疆，朝廷即以芝岑代余撫晉，於是芝岑所商於余所者，遂以專屬之。芝岑攷是編爲吳瀹齋先生手著，未及刊行，而陸稼堂先生刊行之，今書板散失，又得芝岑爲之刊補。吁噫！一書之成，其難如此，況吾輩身任籌疆，因時沿革，欲成一方之務，不盡重賴二三同志，後先共商濟也哉。書成，芝岑屬文於余，竊幸芝岑救世之苦心與余同，即與瀹齋、稼堂兩先生，亦無不同也。時光緒庚辰冬十月湘鄉曾國荃補序。

傳記

《清史稿》卷三八一《吳其濬傳》 吳其濬，字瀹齋，河南固始人。父烜，兄其彦，並由翰林官至侍郎，屢司文柄。其濬初以舉人納貲為內閣中書。嘉慶二十二年，成一甲一名進士，授修撰。二十四年，典試廣東，其彦亦督順天學政，詞林稱盛事。道光初，直南書房，督湖北學政，歷洗馬、鴻臚寺卿、通政司副使，超遷內閣學士。十八年，擢兵部侍郎，督江西學政，調戶部。二十年，偕侍郎麟魁赴湖北按事，總督周天爵嫉惡嚴，用候補知縣楚鏞充督署讞員，製非刑逼供，囚多死，為言官論劾，大冶知縣孔廣義列狀訐之，訊鞫皆實，復得楚鏞榷鹽稅貪酷，及天爵子光岳援引外委韓雲邦為巡捕事，天爵論褫職戍伊犁，革光岳舉人，鏞荷校，期滿發烏魯木齊充苦役，巡撫伍長華以下降黜有差。命其濬署湖廣總督，尋授湖南巡撫。

二十二年，崇陽逆匪鍾人杰作亂，進窺巴陵，其濬偕署提督臺湧赴岳州防剿，檄鎮筸兵分布臨湘、平江諸隘，其濬移駐湘陰，賊襲平江，擊卻之。及人杰就擒，餘黨竄湖南者以次捕誅，被優敘。部議裁冗兵，其濬疏言：『湖南地逼苗疆，人情易擾。裁者無多，徒生驕卒之疑，而啓苗、猺之伺。』總督裕泰尋定議苗疆近地並仍舊額。二十三年，調浙江，未行，武岡匪徒聚衆阻米出境，戕知州，捕治如律。奏請於洪崖洞設巡卡，編保甲，以靖禍萌。尋調雲南巡撫，署雲貴總督。二十五年，調福建，又調山西，兼管鹽政。奏裁公費一萬兩，嚴捕烟販，時稱其清勤。二十六年，乞病歸。尋卒，贈太子太保，照例賜卹。尋復以其濬在山西裁革鹽規，潔己奉公，特加恩子孫以彰清節：子元禧主簿，崇恩知縣，榮禧通判，皆即選；又賜其子承恩、洪恩及孫樽讓舉人。

著録

清 丁丙《八千卷樓書目》卷一二《子部・譜録類》 《植物名實圖考》三十八卷，國朝吳其濬撰，日本刊本。

清 耿文光《萬卷樓藏書記》卷八一《子部・醫家類四》 《植物名實圖考》三十八卷，國朝吳其濬撰。原本。

《清續文獻通考》卷二七四《經籍考十八》 《植物名實圖考》三十八卷，長編二十二卷，吳其濬撰。其濬字瀹齋，河南固始人。嘉慶丁丑狀元，官至山西巡撫。

《清史稿》卷一四七《藝文志三》 《植物名實圖考》三十八卷，吳其濬撰。

箋卉

《四庫全書總目》卷一一六《子部二十六・譜録類存目》 黃山僧雪花嘗以黃山所産諸卉繪為圖，宋犖為題句，菘因各爲作箋，凡三十五條。

清 吳菘《箋卉・張潮題辭》 吾邑黃山，初無寸土，松柏皆生石上。余以爲草木之花，必皆其所不產者也。及讀宋中丞滄浪亭詩，中有《題黃山雪莊上人山花圖》五言斷句二十首，又雲寄自吳子綺園。予始知黃山中又有異卉奇葩如此之富，皆他山之所不產，舉世所未經覩者。予深以未得一見為憾。未幾，綺園以此帙貽予，較之中丞之詠尚溢其八。予又不知雪莊之所圖與綺園之所箋，遂足以盡黃山之所有乎？抑或有所未足乎？其種種嘉名，雪莊之所錫乎？抑亦綺園之所錫乎？中洲上人曾以山蔬寄余，一爲珍珠菜，一爲雲線。比亦古今疏譜所未有。由是觀之，則黃山之所產，其爲世人所遺略者，當亦不少矣。夫幽蘭生於空谷，不以無人而不芳。今此諸卉，幸有雪莊、綺園諸人爲之圖畫箋注，而又有中丞之詩爲詠歌而歎美之。遂足以傳其名於天下，即或不幸而不爲人之所識，亦惟有自安於山澤之間，吸雲霞而滋雨露，斷不因此而憔悴也。歙縣張潮題。

又 南唐時，徐熙善畫花卉，多游園圃以求情狀。雖蔬菜莖苗，皆取入圖，絕有生意。梅堯臣題其夾竹桃花圖有曰：『竹真似竹桃似桃，不待春生書在目。』猶凡卉耳。惜不取黃山花，令熙見之楚州雪莊。師居皮篷，食芳葩，時攜紙筆於幽崖邃壑間，貌形寫照，務得其神。余因爲譜之，命曰《箋卉》，殆稽含之《草木狀》，鄭虔之《本草記》所未嘗載者也。

又《張潮跋》 予嘗謂草本之花，勝於木本。木本者，大抵在人意想之中；草本者，往往出乎意想之外。黃山諸卉，予雖未見，然觀綺園之所箋，誠有足令人愛玩而不忍棄置者也。心齋張潮。

《清文獻通考》卷二二九《經籍考》 《箋卉》一卷，吴菘撰，菘，字綺園，歙縣人。臣等謹按：宋犖嘗題黃山僧雪花所繪黃山諸卉圖，菘取其題詞，各為作箋，故曰《箋卉》。

《清通志》卷一〇〇《藝文略》 《箋卉》一卷，吴崧撰。

《四庫全書總目》卷一一六《子部二十六·譜録類存目》 《箋卉》一卷，安徽巡撫採進本，國朝吴菘撰。菘，字綺園，歙縣人。

清 丁丙《八千卷樓書目》卷一二《子部·譜録類》 《箋卉》一卷，國朝吴崧撰，昭代叢書本。

《清史稿》卷一四七《藝文志三》 《箋卉》一卷，吴崧撰。

果類農書

橘録

綜述

宋 韓彦直《橘録·序》 橘出温郡最多種，柑乃其別種。柑自別為八種，橘又自別為十四種，橙子之屬類。橘者又自別為五種，合二十有七種。而乳柑推第一。故温人謂乳柑為真柑，意謂他種皆若假設者，而獨真柑為柑耳。然橘亦出蘇州、臺州，西出荆州，而南出閩、廣，數十州皆木橘耳。已不敢與温橘齒矧，敢與真柑爭高下耶！且温四邑俱種柑，而出泥山者，又傑然推第一。泥山蓋平陽一孤嶼，大都塊土不過覆釜，其旁地廣袤只三二里許，無連崗陰壑，非有佳風氣之所淫漬鬱烝，出三二里外，其香味輒益遠益不逮。夫物理何可考耶？或曰：温並海，地斥鹵，宜橘與柑，而泥山特斥鹵佳處。物生其中，故獨與他異。予頗不然其説。夫姑蘇丹丘與七閩兩廣之地，往往多並海斥鹵，何獨温而又豈無三二里得斥鹵佳處如泥山者？自屈原、司馬遷、李衡、潘岳、王羲之、謝惠連、韋應物輩，皆嘗言吴楚間出者，而未嘗及温。温最晚出，晚出而羣橘盡廢，物之變化出没，其浩不可攷如此。以予意之，温之學者繇晉唐間未聞有傑然出而與天下敵者，至國朝始盛。至於今日，尤號為文物極盛處，豈亦天地光華秀傑不没之氣來鍾此土。其餘英遺液，猶被草衣，而泥山偶獨得其至美者耶。予北人，平生恨不得見橘著花，然嘗從橘舟市橘，亦未見佳者。又安得所謂泥山者啗之？去年秋，把麾此來，得一親見花而再食其實，以為幸。獨故事太守不得出城從遠遊，無因領客入泥山香林中，泛酒其下。而客乃有遺予泥山者，且曰：橘之美，當不減荔子。荔子今有譜，得與牡丹、芍藥花譜並行，而獨未有譜橘者。子愛橘甚，橘若有待於子，不可以辭。予因為之譜，且妄欲自附於歐陽公、蔡公之後，亦有以表見温之學者足以夸天下，而不獨在夫橘爾。

淳熙五年十月延安韓彦直序。

《四庫全書總目》卷一一五《子部二十五·譜録類》 此譜乃淳熙中知温州時所作。《宋史·藝文志》、焦竑《國史經籍志》俱作《永嘉橘録》，卷數與此本相合。《文獻通考》作一卷，蓋字之誤也。彦直有才畧，而文學亦優。嘗輯宋朝故事名《水心鏡》，凡一百六十餘卷，爲尤袤所稱，今不傳。是録亦頗見條理。上卷載柑品八，橙品一。中卷載橘品十八，以泥山乳柑爲第一。下卷則言種植之法。皆詳贍可觀。陳景沂作《全芳備祖》，引彦直此録，謂其但知乳柑出於泥山，而不知出於天臺之黃巖。出於泥山者固奇，出於黃巖者尤天下之奇云云。蓋景沂家本天臺，故自夸飾土産。不知彦直是録，專記永嘉，不當借材於異地也。其亦昧於著作之體矣。

《四庫全書簡明目録》卷一二　上卷柑品八，橙品一。中卷橘品十八，下卷為種植之法。蓋其知温州時作，故所録皆温州之産。《宋史·藝文志》作《永嘉橘録》，當其舊名。今刻本乃無此二字。考《全芳備祖》論其不知有黄巖、有乳柑，則陳景沂時，已但稱《橘録》，故以永嘉境外之物責以遺漏也。

清　周中孚《鄭堂讀書記》卷五一《子部九之下·譜録類二》　《四庫全書》著録。《書録解題》、《通考》、《宋志》俱載之。馬氏作一卷，字之誤也。《宋志》作《永嘉橘録》，蓋其知温州時作，故所録皆温州之産，《宋志》有『永嘉』二字，尚其舊名。考陳肥遯《全芳備祖》論其不知有黄巖乳柑，則陳氏時已但稱《橘録》，故以永嘉境外之物，責以遺漏也。其書上卷，首為總説，次為柑名八則，橙品一則。中卷首為總説，次為橘品十八則。下卷為種治，始栽，培植，去病，澆灌，採摘，收藏，製治八條九則，皆敘述詳明而有條理。《説郛》亦收入之。

傳記

《宋史》卷三六四《韓彦直傳》　彦直，字子温。生期年，以父任補右承奉郎，尋直祕閣。六歲，從世忠入見高宗，命作大字，即拜命跪書『皇帝萬歲』四字。帝喜之，拊其背曰：『他日，令器也。』親解孝宗丱角之繻傅其首，賜金器、筆研、監書、鞍馬。年十二，賜三品服。【略】

嘗摭宋朝事，分為類目，名《水心鏡》，為書百六十七卷。禮部尚書尤袤修國史，白於朝，下取是書以進，光宗覽之，稱善。進龍圖閣學士、提舉萬壽觀，轉光禄大夫致仕。卒，特贈開府儀同三司，賜銀絹九百，爵至蘄春郡公。

《四庫全書總目》卷一一五《子部二十五·譜録類》　彦直字子温，延安人。蘄忠武王世忠之長子。登紹興十八年進士。官至龍圖閣學士、提舉萬壽觀。以光禄大夫致仕，封蘄春郡公。事蹟附見《宋史·世忠傳》。

（天順）《明一統志》卷三六　韓彦直，世忠子，登進士第。調太社令。累官工部尚書，兼知臨安府。屢進讜言，後以龍圖閣學士、提舉萬壽觀。卒，封蘄春郡公。嘗摭宋朝事，分為類目，名《水心鏡》，凡百六十七卷。

（嘉慶）《清一統志》卷四九《冀州直隸州》　韓彦直，延安人。乾道中總領淮東軍馬錢糧，會大軍倉給糧，徑乘小輿往察之，給米不如數，捕吏置於理初代者，以乏興罷，交承為緡錢僅二十萬，明年奏計乃四倍。

又卷一八二《曹州府》　韓彦直，字子温，世忠子。六歲從世忠入見高宗，令作大字，即跪書『皇帝萬歲』四字。帝喜拊其背曰：他日令器也。登進士，累遷工部郎，使於金，幾罹禍者數，抗節不屈。累遷户部尚書，嘗摭宋朝事，分為類目，名《水心鏡》，百六十七卷。

清　周中孚《鄭堂讀書記》卷五一《子部九之下·譜録類二》　彦直，字子温，延安人。蘄忠武王世忠之長子，登紹興十八年進士。官至龍圖閣直學士，封蘄春郡公。

著録

宋　陳振孫《直齋書録解題》卷一四《雜藝類》　《橘録》三卷，知温州延安韓彦直子温撰，世忠長子也。

《文獻通考》卷二一八《經籍考四五》　《橘録》一卷，陳氏曰：知温州延安韓彦直子温撰，世忠長子也。

《宋史》卷二〇五《藝文志四·農家類》　韓彦直《永嘉橘録》三卷。

明　葉盛《菉竹堂書目》卷五　《橘録》一冊。

《文淵閣書目》卷三　《橘録》一部一冊。

明　高儒《百川書志》卷一〇《子志四·農家》　《橘録》三卷，宋延安韓彦直編，凡二十八種，及種植九法。

明　晁瑮《晁氏寶文堂書目》卷下《農圃》　韓彦直《橘譜》。

明　焦竑《國史經籍志》卷三《史部·種藝》　《橘録》三卷，宋韓彦直。

明　陳第《世善堂藏書目録》卷下《各家六·農圃》　《橘録》一卷，韓子温。

明　祁承㸁《澹生堂藏書目》卷八《子類第四·樹藝》　《橘譜》三卷，韓彦直。百川學海本。山居雜志本。

明 徐𤊹《徐氏家藏書目》卷三《農圃類》 《橘譜》三卷，韓彥直。

明 徐𤊹《徐氏紅雨樓書目》卷三《農圃類》 《橘譜》三卷。

明 柯維騏《宋史新編》卷五〇《藝文志四》 韓彥直《永嘉橘錄》三卷。

清 黃虞稷《千頃堂書目》卷一五《類書類》 《橘錄》上中下。

清 曹寅《楝亭書目》卷三《子集》 《橘錄》，宋延安韓彥直序著，二卷，一冊。

清 錢曾《也是園藏書目》卷二《史部·種藝》 韓彥直《橘錄》二卷。

清 錢曾《錢遵王述古堂藏書目錄》卷六 韓彥直《橘錄》二卷，一本，抄。

清 錢曾《述古堂藏書目》卷四 韓彥直《橘譜》二卷，抄。

清 陸漻《佳趣堂書目》 《橘錄》三卷，韓彥直。

清 嵇璜《續通志》卷一五九《藝文略》 《橘錄》三卷，宋韓彥直撰。

又 卷一六四《校讎略》 《橘錄》三卷，宋韓彥直撰。

（雍正）《浙江通志》卷二五四《經籍》 《永嘉橘錄》一卷，《書錄解題》：知溫州延安韓彥直子溫撰。

（雍正）《陝西通志》卷七五《經籍第二》 《永嘉橘錄》一卷，韓彥直撰。陳氏曰：知溫州韓彥直撰，世忠長子也。

《四庫全書總目》卷一一五《子部二五·譜錄類》 《橘錄》三卷，浙江鮑士恭家藏本，宋韓彥直撰。

《四庫全書簡明目錄》卷一二 《橘錄》三卷，宋韓彥直撰。

清 孫星衍《孫氏祠堂書目·外編》卷二 《橘錄》三卷，宋韓彥直撰。

清 孫詒讓《溫州經籍志·外編下》卷三五 韓氏彥直《永嘉橘錄》，《直齋書錄解題》十，《四庫全書總目》一百十五，並無『永嘉』二字，今從《宋史·藝文志四》，三卷。《直齋書錄解題》十，《宋史·藝文志四》，《四庫全書總目》一百十五，存左圭《百川學海》本。

清 周中孚《鄭堂讀書記》卷五一《子部九之下·譜錄類二》 《橘錄》三卷，《百川學海》本，宋韓彥直撰。

清 丁丙《善本書室藏書志》卷一八《子部六·譜錄類》 《橘錄》三卷，明刊本。前有淳熙十五年十月延安韓彥直自序云【略】。上卷載柑品八，橙品一；中卷載橘品十八，以泥山乳柑為第一；下卷則言種植之法，皆詳贍可觀。彥直，字子溫，蘄忠武王世忠之長子。事蹟具《宋史·世忠傳》。吾杭飛來峰翠微亭有彥直題記。

清 丁申、丁丙《八千卷樓書目》卷一二《子部·譜錄類》 《橘錄》三卷，宋韓彥直撰。明刊本。百川本。

清 陸心源《皕宋樓藏書志》卷五四《譜錄類二》 《橘錄》三卷，宋刊本，宋韓彥直撰。序【略】。

清 沈德壽《抱經樓藏書志》卷四一《譜錄類二》 《橘錄》三卷，宋刊本，宋韓彥直撰。序【略】。

清 陳揆《稽瑞樓書目》 《橘錄》三卷，附。

藝文

清 全祖望《鮚埼亭詩集》卷十《有以魚涑柑來餽者，粵無柑，實即橘也，而冒以為柑，指其小者為橘，詩以正之》 千頭不下洞庭甘，魚涑尤於霜後酣。粵客未通韓氏錄，錯將朱橘喚黃柑。宋韓彥直有《橘錄》。

雜錄

清 孫詒讓《溫州經籍志·外編下》卷三五 勞大與《甌江逸志》：永嘉之土，宜樹橘。韓守彥直之譜，足徵。案：韓知州彥直，《（雍正）浙江通志》《（乾隆）溫州府志》《名宦傳》並有傳。所箸《橘錄》專紀宋時永嘉一郡所產。上卷柑八種：曰眞相、曰生枝柑、曰海紅柑、曰洞庭柑、曰朱柑、曰金柑、曰木柑、曰甜柑，而以橙一種坿焉。中卷橘十四種：曰黃橘、曰塌橘、曰包橘、曰綿橘、曰沙橘、曰荔枝橘、曰軟條穿橘、曰油橘、曰綠橘、曰乳橘、曰金橘、曰自然橘、曰早黃橘、曰凍橘，而坿以朱欒、香欒、香圓、枸橘。《自序》所謂橙子之屬橘者五種是也，朱欒以下並非橘屬。《提要》並數云：橘品十八，誤。下卷述種植製蓄之法九篇：曰種治、曰始栽、曰培植、曰去病、曰澆灌、曰採摘、曰收藏、曰製治、曰入藥，紀述最爲詳備，而文筆簡潔，尤有陸疏、嵇狀之遺。《自序》謂：欲埒歐陽文忠《牡丹記》、蔡忠惠《荔枝譜》之後，殆無愧也。至吾鄉所產橘種類蕃盛，雖尚甲浙中，而自宋迄今，年代浸遠，物産變遷，此録所載諸品，多不能舉其名狀。此尤譚橘官掌故者，所宜稽考矣。

橘譜

論說

清　諸匡鼎《橘譜·題橘譜》　《橘譜》一書，內贍雅潔，考核既極詳盡。隨筆多少，敘次皆有古致。紛披古人《筍譜》、《草木》諸記不足多也。同學毛先舒題。

虎男博極羣書，所著《橘譜》，搜奇抉奧，得所未有。至其敘述橘苑往事，不異余與稚黃及諸氏，大小阮持螯舉杯呼橘奴，狂飲時也。同學沈家恒題。

《橘譜》一書，錢唐諸子虎男之所為作也。考事就班，辭條豐贍，橘苑雖荒，得諸子之書而益彰矣。禮焚先人之廬三日哭，則是編也，以當春露秋霜之感可也。同學弟周禹吉拜題。

傳記

《清文獻通考》卷二二三四《經籍考》　《橘苑詩鈔》十一卷，諸匡鼎撰。匡鼎，字虎男，錢塘人。

清　阮元《兩浙輶軒録》卷三　諸匡鼎，字虎男，錢唐人。九鼎弟，有《説詩堂集》。

清　徐鼒《小腆紀傳·補遺》卷六九　諸匡鼎者，字虎男，錢塘人，與兄九鼎并有文名，時人比之機、雲，軾、轍也。

著録

清　諸匡鼎《橘譜·序》　予家世居古橘園，園在豐樂橋東，蓋故宋之橘苑也。苑廢已久，止有古銀杏兩株。家季叔君簡，曾於戊子己丑間復栽橘成林，每至冬霜初白，銀杏葉落時，獨朱實累累懸於林中，頗堪賞翫。予曩有詩云：『叔氏幽居古橘園，每當風雨便開樽。牕前銀杏有千歲，猶見南朝生意存。』迨癸丑秋杪，忽遭鄰火，苑竟化為灰燼，橘無一存者。丁巳，予偶館鄂渚，聞洞庭產橘甚佳，意欲覓百什株移歸故鄉，植於園中。當寒風初起，霜橘含金，招橘西毛稚黃，東巷沈漢儀，暨家季叔氏來坐樹下，持螯賞酒坐消永日，眞所謂橘中之樂不減商山也。作《橘譜》。西陵諸匡鼎虎男氏題於武昌臙脂山之來青軒。時康熙丁巳孟冬穀旦。

寶山橘話

清　賴蘊山《寶山橘話·序》　本園世讀父書，廉隅自勵。雖軒窗左右橘實離離，亦必待賈而沽，不屑炫耀求售，所以園歷百年而認真。是園內之橘，未嘗攜出外賣。矧肯雜收凡品入園充誑乎？近有無恥者流，以偽亂真，假冒小園圖記，或在本街，或往異地，誑騙不知凡幾。諸君欲購真品，必須屈駕親採始免贋鼎。每沽橘銀壹圓，定送《寶山橘話》一卷，為據。橘香居主人直白。

又《化州李氏園橘記》　國朝阮文達公，以博洽聞於世，考據家咸宗之。然其所記化州橘，則持論未審。余家距州治九十里，少讀阮記，豔稱賴園。而州人士，皆謂李園。致佳後，每過羅江，輒取城內諸橘較之。則李園所產，香味尤烈，賴園莫之或先也。考州城北瀕大江，山脈南來由寶嶺蜿蜒起伏至州署而止。志稱州治多礞石。又稱城內橘皮去痰止嗽，功力尤鉅。李園踞寶嶺之麓，距賴園百餘步。土皮下礞石纍纍如散，金橘樹無老嫩，培根沃本，開花結實，皆礞石氣醞釀而成。物性所稟，有自來矣。余聞阮記始出州城外，野橘價驟長。蓋阮公游園時值深冬，賴園無橘可摘。園主人買野橘髮纏樹梢，以待公至。故記中『白毛戟手』一語，沿訛踵謬，以至於今。余嘗讀望江檀氏《楚庭稗珠》，言粤中烏欖形似杏仁，不覺失笑。蓋彼食欖仁，而誤為烏欖，故有此扣槃捫籥之語。今阮記所云得毋類是。李園主人翰臣茂才，風雅士也。辛卯冬杪，余假旋過園主人欵。余瀹橘花代茗，余愛園林幽邃，淹留半日。主人屬余為記，余名位不顯，文名亦不著，惟里居密邇見聞自確。爰濡筆記之，以質之天下之談橘者。夫橘柚錫貢食品所珍，而化橘以藥品重，凡橘肉皆可口。而州城之橘肉乾而苦澀，特甚精華獨鍾於皮。故人亦遂皮相之，非細審其香味，鮮有能辨真偽者。噫！皮相之無定評久矣，豈第化橘也歟！茂名楊頤撰。

又《周宗濂序》 化州橘甲天下，地道使然也。州署及寶山為城內高阜，土皮下有礞石，淺深不等，光瑩滑澤，碎金攢簇可愛。樹感石氣結實，故色香味均非他處所及。州署內之蘇澤堂多橘，然皆官物歲貢於朝，雖重值不能售。李家園在寶山之陽，寬且百弓，小山主人也瀟灑磊落，種橘外兼蒔花果白涉成趣，非專藉橘為業者比，而得之者如獲拱璧，為遠近所爭羨。余每北上，小山主人必餽數十枚以壯行色。及至都下耳，李園者必問其詳，因送少許若奇珍焉。是園名溢都下久矣。余為州中人，且與主人往來久而密，畧識梗概，以為不知所以甲天下者告。愚弟周宗濂書於石龍書院。

又《林詒熏序》 古稱大隱朝市，小隱山林。李園在朝市山林之間，其主人薪儒先生隱者也。余昔侍先君避地居羅江，每當風日晴和，偕吳卧南董鶴生家子青諸君子造園相訪。先生命酒賦詩，流連終日，箕踞橘林之下，偃卧片石之間，胸次瀟然，幾忘越境播遷，致足樂也。園在辯州城南，横據寶山，扶輿清淑所鍾，下多礞石。先生尊人徵仕翁，因潘園舊址拓地結廬，種橘千樹，故孕育靈秀，味辛而香烈。向之，稱蘇澤者歲貢天家官物誠不易得。而李園之橘，功用殆相敵，故其名亦傳。今別四十寒暑矣，哲嗣翰臣茂才擴而大之，鑿池建亭，雜蒔花木，迴闌曲徑，位置楚楚，日手一卷，咿唔其間，物外翛然，拔去塵俗，殆如《搜神記》所謂橘叟者歟！抑又聞之安邑之棗，燕秦之栗，以及蜀漢江陵之橘，歲收所入，幾與千戶侯等。人皆視為賈利之場，而翰臣顧夷然不屑曰：吾亦自適其適而已。今則地益加廣，樹益加茂，又能修飭雅潔，恒與騷人逸士聯文酒之歡，方春華秋實香滿一山。游斯園者，趾錯於門，肩摩於室，莫不嘖嘖稱羨，謂翰臣能世其家也。翰臣勉旃毋華而侈，毋怠而荒，斯亦善承先志哉。先生往矣，囬首前塵，恍如夢寐，兹因翰臣之請濡筆記之。

光緒壬辰初秋吳川林詒熏書於壺天館。

又《馮星行序》 化州遍城皆橘，以產於寶山者為良，因山有礞石，橘得其氣也。惟礞石山陰少而山陽多。己丑，余再鐸斯土，越明年，重修學署。於橘林深處，鑿山建亭。見礞石分條直貫，作黄金色。是地脉之所鍾歟！李家園與學署鄰，同在山之陽。則其橘之良可知矣。若夫橘紅之功用，藥書備言之，兹不贅述。開平馮星行斗南氏記。

賴園橘記

清 丁丙《八千卷樓書目》卷一二《子部・譜録類》 《賴園橘記》一卷，國朝譚瑩編，刊本。

《清史稿》卷一四七《藝文志三》 《賴園橘記》一卷，譚瑩撰。

荔枝譜（蔡襄）

綜述

《四庫全書總目》卷一一五《子部二十五・譜録類》 《荔枝譜》一卷，浙江鮑士恭家藏本，宋蔡襄撰，是編為閩中荔枝而作，凡七篇。其一原本始，其二標尤異，其三誌賈鬻，其四明服食，其五慎護養，其六時法制，其七別種類。嘗手寫刻之，今尚有墨版傳於世，亦載所著《端明集》中。末有『嘉祐四年歲次己亥秋八月二十日莆陽蔡某述』十九字，而此本無之。案：其年月，蓋自福州移知泉州時也。荔枝之有譜自襄始。敘述特詳，詞亦雅潔，而王世貞《四部稿》乃謂白樂天、蘇子瞻為荔枝傳神，君謨不及。是未知詩歌可極意形容，譜錄則惟求記實。文章有體，詞賦與譜錄殊也。襄詩篇中屢詠及荔枝，劉克莊《後村詩話》謂《四月池上》一首『荔枝纔似小青梅』句，即譜中之火山；《七月二十四日食荔枝》一首『絳衣仙子過中元』句，即譜中之中元紅；《謝宋評事》一首『兵鋒却後知神物』句，即譜中之宋公荔枝。蓋劉亦閩人，故能解其所指，知其體物之工。洪邁《容齋隨筆》又謂方氏有樹結實數千顆，欲重其名，以二百顆送蔡忠惠，紿以常歲所產止此。蔡為目之曰方家紅，著之於譜。自後華實雖極繁茂，逮至成熟，所存未嘗越二百，遂成語讖云云。其事太誕，不近理，殆好事者謬造斯言。然亦足見當時貴重此譜，故有此附會矣。

《四庫全書簡明目録》卷一二　《荔枝譜》一卷，宋蔡襄撰。凡七篇，一原本始，二標尤異，三志賈鬻，四明服食，五慎護養，六時法製，七別種類。襄，本閩人，所記皆閩產也。

清　周中孚《鄭堂讀書記》卷五一《子部九之下・譜録類二》　《荔枝譜》一卷，百川學海本，宋蔡襄撰。《四庫全書》著錄。《讀書志》、《書録解題》、《通考》、《宋志》譜在小說類所載，尚有《荔枝故事》一卷，惟晁氏作無名氏撰。《宋志》注云不知作者。其書蓋久佚矣。荔枝之於天下，惟閩、粵、南粵、巴蜀有之，閩中惟福州、興化、泉、漳四郡有之。君謨家莆陽，歷知福、泉二郡，每得其尤者，命工寫生，稡集既多，因撰是譜。分原本始，標尤異，讀賈鬻，明服食，愼護養，時法制，別種類七篇，凡三十二品。言姓氏，尤其著者也；言州郡，記所出也。不言姓氏、州郡，四郡或皆有也。陳氏稱君謨且書而刻之，與《牡丹記》並行指歐公所撰君謨所書者。閩無佳石以板刊，歲久地又濕，皆蠹朽，至今猶藏其家，而字多不完，可惜也。然是譜又具載所著，《端明集》中尚完善無闕。左氏卽從集本，錄入叢書。陶南村《說郛》，鄧道協《荔枝通譜》均收入之。歐公外集有書後一篇，則僅見於通譜本云。

清　丁丙《善本書室藏書志》卷一八《子部六・譜録類》　是編為閩中荔枝而作，凡七篇，一原本始，二標尤異，三誌賈鬻，四明服食，五慎護養，六時制法，七別種類。蔡襄嘗手寫刻之，今尚有墨版流傳，此則刊之書林耳。

著録

《通志》卷六六《藝文略》　《荔枝新譜》一卷，蔡襄撰，又一卷。

宋　尤袤《遂初堂書目・譜録類》　《荔枝譜》。

宋　晁公武《郡齋讀書志》卷三上《農家類》　《荔支譜》一卷，右皇朝蔡襄撰。記建安荔支味之品第，凡三十餘種，古今故事。

宋　陳振孫《直齋書録解題》卷一〇《農家類》　《荔枝譜》一卷，端明殿學士莆田蔡襄君謨撰，且書而刻之，與《牡丹記》並行。閩無佳石，以板刊，歲久地又濕，皆蠹朽，至今猶藏其家，而字多不完，可惜也。

《文獻通考》卷二一八《經籍考四十五》　《荔枝譜》一卷，鼂氏曰：皇朝蔡襄。記建安荔枝味之品第，凡三十餘種，古今故事。陳氏曰：君謨為此書，且書而刻之，與《牡丹記》並行。閩無佳石，以板刊，歲久地又溼，皆蠹朽，至今猶藏其家，而字多不完，可惜也。

《宋史》卷二〇六《藝文志五》　蔡襄《荔枝譜》一卷。

明　徐𤊹《荔枝譜》跋　蔡端明《荔枝譜》，舊乃棗板所刻，博古賞鑒家重之若木難火齊。此本爲莆人翻鏤者，亦不失筆意，但搨不用墨，而用煙殊乏光彩耳。壬辰季秋徐惟起跋。

明　徐𤊹《徐氏家藏書目》卷三《農圃類》　《荔枝譜》一卷，宋蔡襄。

明　徐𤊹《徐氏紅雨樓書目》卷三《農圃類》　《荔枝譜》一卷，蔡襄。

《文淵閣書目》卷三　《荔支譜》一部一冊。

明　李東陽《濮陽濮汀李先生家藏目録》　《荔枝譜》二套，二冊。

明　高儒《百川書志》卷一〇《子志四・農家》　《荔枝譜》一卷，宋莆陽蔡襄君謨述，七篇。

明　晁瑮《晁氏寶文堂書目》卷下《農圃》　蔡君謨《荔枝譜》。

明　焦竑《國史經籍志》卷三《史部・種藝》　《荔枝新譜》一卷，蔡襄。

明　陳第《世善堂藏書目録》卷下《各家六・農圃》　《荔支譜》一

卷，蔡君謨。

明 祁承㸁《澹生堂藏書目》卷八《子類第四・樹藝》《荔枝譜》二卷，蔡襄。百川學海本。山居雜志本。

明 慎懋官《華夷花木鳥獸珍玩考》卷二《花木考》《荔枝譜》一卷，《荔枝故事》一卷，晁氏曰：皇朝蔡襄記建安荔枝味之品第，凡三十餘種，古今故事。

明 柯維騏《宋史新編》卷五一《藝文志五》蔡襄《荔枝譜》一卷。

清 黄虞稷《千頃堂書目》卷一五《類書類》《荔枝譜》，蔡襄。

清 曹寅《楝亭書目》卷三《子集》《荔枝譜》，宋學士蔡襄撰，一卷。

清 錢曾《也是園藏書目》卷二《史部・種藝》蔡襄《荔枝譜》一卷。

清 錢曾《述古堂藏書目》卷四 蔡襄《荔枝譜》一卷，抄。

清 錢曾《錢遵王述古堂藏書目録》卷六 蔡襄《荔枝譜》一卷，一本，抄。

清 嵇璜《續通志》卷一六八《金石略二》《荔枝譜》，蔡襄撰并書，正書蒲田。

（乾隆）《福建通志》卷六二《石刻》蔡襄《荔枝譜》，凡七篇。嘉祐四年，襄製是譜，明年書於泉山安静堂。

又 卷六八《藝文一》蔡襄【略】《荔枝譜》一卷。

《欽定天琳琅書目》卷九 《荔支譜》三。

《四庫全書總目》卷一一五《子部二十五・譜録類》《荔枝譜》一卷，浙江鮑士恭家藏本，宋蔡襄撰。

《四庫全書簡明目録》卷一二 《荔枝譜》一卷，宋蔡襄撰。

清 孫星衍《孫氏祠堂書目・外編》卷二 《荔枝譜》一卷，宋蔡襄撰。

清 周中孚《鄭堂讀書記》卷五一《子部九之下・譜録類二》《荔枝譜》一卷，《百川學海》本，宋蔡襄撰。

清 丁丙《善本書室藏書志》卷一八《子部六・譜録類》《荔枝譜》一卷，明華氏刊本，莆陽蔡襄述。

清 丁丙藏，丁仁編《八千卷樓書目》卷一二《子部・譜録類》《荔枝譜》一卷，宋蔡襄撰。明刊本。百川本。

清 陸心源《皕宋樓藏書志》卷五四《譜録類二》《荔枝譜》一卷，宋刊本，宋莆陽蔡襄述。

清 沈德壽《抱經樓藏書志》卷四一《譜録類二》《荔枝譜》一卷，宋刊本，宋莆陽蔡襄述。

又 《荔枝譜》一卷，抄本，宋蔡襄述。

清 陳揆《稽瑞樓書目》《荔枝譜》一卷，附。

藝文

宋 劉克莊《後村集》卷二《陳寺丞續荔枝譜》 蔡公絶筆山川歇，荔子蕭條二百年。選貌略如唐進士，慕名幾似晉諸賢。豈無品劣聲虚得，亦有形佳味不然。題徧貴家臺沼後，請君物色到林泉。

宋 謝薖《謝幼槃文集》卷三《李成德復用前韻見貽亦次韻奉和》 蔡家筆法擅今古，楷字尤誇《荔枝譜》。後來誰筆最通神，要與渠伊為伴侣。只今書學貴瘦硬，弟子員闕誰可補。君持此幾要投人，字畫不工那得取。山人俗書如俗馬，骨少肉多今不數。當君此贈恐不堪，大似無功饗塩虎。新詩繼作苦難和，只賞君房妙言語。嗟予老矣亦懶書，留與兒曹寫時雨。

明 陶奭齡《今是堂集》卷一《歐陽公跋〈荔枝譜〉後云：牡丹花絶也而無甘果，荔枝果絶也而無名花，跋翰苑題名記云：宰相有責任之憂，神仙無寵禄之重云云，戲題》 甘果非花信有之，名花無果亦何爲。世間底事楊州宦，牡丹開向荔枝枝。

明 周之夔《棄草詩集》卷二《蒲中雜詩十首》其十 宋時四家書，君謨稱第一。骨肉既相匀，豐神每獨出。自編《荔枝譜》，書以化人筆。文味如荔香，筆光薄麗日。丹實與緑陰，指端相宕軼。按對若可餐，臨摹轉自失。斯人今安在，麟鳳查難匹。囚望荔陰稠，搔首坐空室。

清 揆叙《益戒堂詩集》卷七《謝餉鮮荔枝》 開籠尚趁驕陽候，出塞何煩下水船白樂天《寄荔枝與楊使君詩》：寄去須憑下水船。石貝無憂香未減，金微分餉色逾鮮。按圖欲驗君謨譜蔡君謨有《荔枝譜》，謬賞還嗤白傅篇白太傅有《蜀中荔枝詩》，君謨以夔梓所産，僅比閩之下品，謂公未見眞荔枝。萬里南遊誇得計蘇東坡《荔枝詩》：南來萬里眞良圖，嘗新争似向氷天。

清　祁寯藻《䜣䜣亭集》卷二六《江上阻風因述使槎往還蹤跡得詩二十二首呈樹齋侍郎省之六湖兩比部》其七　第一閩南縣，銅山接瀨谿。人家《荔枝譜》，村落稻花畦。多士孄臺笠，重城静鼓鼙。祇疑江國近，走馬秣陵西。

清　屈大均《翁山詩外》卷一三《題荔枝譜》　情深香艸奈君何，欲補離支入九歌。異日蘭臺諸弟子，招魂休用柘漿多。

清　施閏章《學餘堂集·詩集》卷一八《臨江仲夏有懷荔枝之美因寄吴福州聖水劉使潤宗》　臨江長夏真可憐，熱如釜甑宵無眠。氷漿雪藕那可得，沉瓜浮李都茫然。忽憶往年使粤嶺，荔枝夾道垂江邊。絳襦仙人日滿坐，十年消渴為之捐。又向端江尋石硯，明舊沈朱歡見面沈止岳、朱子暇。沉水香中進羽觴，荔枝園裏開高宴。傾盤旋摘連百顆，驅童上樹將千遍。就中黑葉號無雙，喚取水團良足羡『黑葉』、『水團』俱佳種。客云此種猶未奇，閩為第一蜀次之。福郡人家千萬樹，驛亭官舍子纍纍。陳紫江緑尤奇絶，惜哉遥望空嗟咨。故人今作福州守，為政風流無不有。魁梧劉子氣如雲，相過斗酒常殷懃。此時五月荔枝熟，日啖三百還未足。圖傳白傅絶形容，譜較君謨多品目白香山有《荔枝圖序》，蔡君謨作《荔枝譜》。二君倚樹定狂呼，曾否思予亂心曲。寄聲為語陳使君陳少叅階六，遺民更訪蘆中人莆田余賡之先生自稱蘆中人。平生知己各天末，孤城索處徒酸辛。東南烽火猶未息，出門道路多荆榛。安得憑虚生羽翼，一日飛騰周八垠。

清　彭藴章《松風閣詩鈔》卷一二《荔支全韻詩有序》　庭前荔支初熟，偶閲蔡君謨帖，作斷句三十首。【略】

君謨《荔譜》品無雙，紫號陳家緑號江。今日講堂畱一樹，離離幾顆傍榕窗。

清　王煐《憶雪樓詩集》卷下《離支詞》其二一　莆田荔子貴楓亭，閩客矜誇亦可聽。獨惜君謨脩《荔譜》，不曾著得嶺南經。

清　翁方綱《復初齋外集·詩》卷第一七《石庵餉蜜漬荔枝二首》其二　來禽青李帖雲何，含雨烏雲夢未訛。欲仿君謨書《荔譜》，請將偈子叩維摩。適與石庵論《東坡書蔡詩帖》，而是夕石庵書《楞伽偈》見贈也。

清　陳文述《頤道堂集·詩選》卷二一《題伊墨卿留春草堂詩集》　蔡襄箋《荔譜》，陸羽注《茶經》。俊逸多風味，幽芳出性靈。懷知頻屬草，思舊欲書銘。太息虹橋路，秋蘋滿碧汀。

雜録

宋　歐陽修《文忠集》卷七三《書荔枝譜後》　善為物理之論者曰：天地任物之自然，物生有常理，斯之謂至神。圓方刻畫，不以智造而力給，然千狀萬態，各極其巧以成其形，可謂任之自然矣。而其醜好精麤、壽夭多少，皆有常分，不有尸之，孰為之限數？由是言之，又若有為之者。是皆不可詰於有無之間，故謂之神也。

牡丹花之絶，而無甘實；荔枝果之絶，而非名花。昔樂天有感於二物矣，是孰尸其賦予邪？然斯二者惟一不兼萬物之美，故各得極其精，此於造化不可知，而推之至理，宜如此也。余少遊洛陽，花之盛處也，因為牡丹作記。君謨，閩人也，故能識荔枝而譜之。因念昔人嘗有感於二物，而吾二人者適各得其一之詳，故聊書其所以然，而以附君謨譜之末。嘉祐八年七月十九日，廬陵歐陽修題。

宋　吴曾《能改齋漫録》卷一五《荔枝譜》　蔡君謨守福唐，以閩中荔枝著譜。而鄭熊亦嘗記廣中荔枝，凡二十二種。玉英子荔枝如玉之英，焦核荔枝核少肉多，沈香荔枝以其核似，丁香荔枝以其核似，紅羅荔枝甚細而紅，其紋如羅，透骨荔枝其他者皮皆外白，此内外皆紅，牂牱荔枝形似牂牱帽，僧耆頭荔枝皮皺堅如僧耆國人，首髮皆成業脞，水母子荔枝漿多如水母子，蒺藜荔枝皮上皺紋尖如蒺藜，大將軍荔枝、小將軍荔枝其樹葉俱大小亦然，大蠟荔枝、小蠟荔枝子有大小者，皆熟而黄，松子荔枝像其形也，蛇皮荔枝紋如蛇皮，青荔枝熟而青，銀荔枝熟而白，不憶子荔枝一食而不復思，火山荔枝火山在梧州，既大而早，三月已可食，野山荔枝野山子小而酸澀，人少食，五色荔枝出海南。

明　王世貞《弇州四部稿》卷一三六《蔡端明〈荔枝譜〉》　蔡君謨《荔枝譜》一卷，昔人評其書，嚴正方重，如土偶蒙金。今無乃類之乎？此本棗木刻在閩中，故不能大佳耳。白樂天序稱，荔枝樹形團團如帷蓋，葉如桂冬青，花如橘春榮，實如丹夏熟，朵如葡萄，核如枇杷，殼如紅繒，膜如紫綃，瓤肉瑩白，如冰雪漿液，酸如醴酪，大略如彼。其實過之，離本枝一日而色變，二日而香變，三日而味變，四五日外色香味盡去矣。蘇子瞻詩云：『海山仙人絳羅襦，紅綃中單白玉膚。』此皆為荔枝傳神，君謨不及也。然彼是巴蜀、嶺南荔枝耳，似不足辱二君子語。

明 周瑛《翠渠摘稿》卷四《跋重刻〈荔枝譜〉後》 書法自晉至於宋，凡二變矣。晉尚風韻，唐稍收斂而就規矩，宋則破格書之，而豪縱不拘焉。蓋其乘除之勢然也。甞觀鄉先正蔡忠惠公書，獨與宋人不類。結搆精密，神思凝重，有石經之遺意，豈其心法獨得，不為世俗所推移者乎？予愛公書而不得善本，此譜其再傳者。初，公有真刻為富家子所得，將礱為墓誌，鄉人鄭立久見之，亟搨以歸，而鋟諸梓。莆中所傳，僅有此耳。予知廣德州友人黃仲昭以畀予，予就蘇守丘時雍求良工美石刻之，以教州人云。

清 汪由敦《松泉集》卷一七《跋手臨荔枝譜》 蔡忠惠書，在宋四家中最為端謹有法度。望之如冠裳佩玉，雍容廟堂。米海岳嗤為少年女子多飾鉛華者，非篤論也。所傳《茶録》、《荔枝譜》、《晝錦堂記》諸正書，備極楷法。雍正丁未，曾仿《茶録》一通，貽施子静波。頃趙子書三以絹屬書因縮，臨此卷去。臨《茶録》時，忽忽十有八年。於書法毫無所得，李姑溪謂公至老，以作字為悦，敢竊比焉爾。

清 孫承澤《庚子銷夏記》卷七《蔡君謨〈荔枝譜〉》 《荔枝譜》書法，顔魯公體格相媲，風骨則遜。世代使之然也。然宋季諸公能存晉唐法者，指不多屈也。

荔枝故事

宋 晁公武《郡齋讀書志》卷三上《農家類》 《荔支故事》一卷，右皇朝蔡襄撰。

宋 陳振孫《直齋書録解題》卷一〇《農家類》 《荔枝故事》一卷，無名氏。案：晁公武《讀書志》亦作蔡襄撰。

《文獻通考》卷二一八《經籍考四五》 《荔枝故事》一卷，鼂氏曰：皇朝蔡襄。

《宋史》卷二〇五《藝文志四·農家類》 《荔枝故事》一卷，並不知作者。

明 陳第《世善堂藏書目録》卷下《各家六·農圃》 《荔枝故事》一卷蔡君謨。

明 焦竑《國史經籍志》卷三《史部·種藝》 《荔枝故事》一卷。

明 柯維騏《宋史新編》卷五〇《藝文志四》 《荔枝故事》一卷，竝不知作者。

莆田荔枝譜

《通志》卷六六《藝文略》 《莆田荔枝譜》一卷，徐師閔撰。

明 焦竑《國史經籍志》卷三《史部·種藝》 《莆田荔枝譜》一卷，蔡襄。

增城荔枝譜

《通志》卷六六《藝文略》 《增城荔枝譜》一卷，張宗閔撰。

宋 陳振孫《直齋書録解題》卷一〇《農家類》 《增城荔枝譜》一卷，亦無名氏。其序言福唐人，熙寧九年承乏增城，多植荔枝，蓋非嶠南之『火山』，實類吾鄉之『晚熟』。搜境内所出得百餘種，其初亦得閩中佳種植之，故為是譜。

《文獻通考》卷二一八《經籍考四十五》 《增城荔枝譜》一卷，陳氏曰：無名氏。其序言福唐人，熙寧九年承乏增城，多植荔枝，蓋非嶠南之『火山』，實類吾鄉之『晚熟』。搜境内所出得百餘種，其初亦得閩中佳種植之，故為是譜。

明 焦竑《國史經籍志》卷三《史部·種藝》 《增城荔枝譜》一卷，張宗閔。

明 慎懋官《華夷花木鳥獸珍玩考》卷二《花木考》 《增城荔枝

譜》一卷，陳氏曰：無名氏。

（道光）《廣東通志》卷一九四《藝文略六》　《增城荔枝譜》一卷，宋張宗閔撰。未見，見《通志畧》。

又《增城荔枝譜》一卷，不著撰人，佚。《書錄解題》：無名氏。其序言：福唐人，熙寧九年承乏增城，多植荔枝，蓋非嶠南之『人山』，實吾鄉之『晚熟』，搜境內所出得百餘種，其初亦得閩中佳種植之，故爲是譜。

（光緒）《廣州府志》卷九二《藝文略三》　《增城荔枝譜》一卷，宋□□張宗閔撰。據《通志畧》以下附錄。

又《增城荔枝譜》一卷，不著撰人。據《書錄解題》。謹案《書錄解題》：無名氏。其序言，福唐人，熙甯九年承乏增城，多植荔枝，蓋非嶠南之『火山』，實類吾鄉之『晚熟』雲雲。是此編當爲閩人所撰，惜名氏不可考耳。

荔枝乘（荔枝譜）

明　曹蕃《荔枝譜・序》　閩中果實推荔枝為第一，即巴蜀所產，能挾一騎紅塵博妃子笑者，亦未得與之鴈行。自蔡君謨學士著譜，聲價頓起。時運遞遷，種植蕃衍，品格變幻，月盛日新。閩人士爭哆口而豔談之，即永嘉之柑，洞庭之楊梅，宣州之栗，燕地之蘋婆果，似俱為荔枝壓倒，噲等曾不敢與為伍。余驟聞其說，竊致疑『其然，豈其然乎？』遂於今歲暮春之初，馳入閩中，謂閩人士，不佞素惡負虛聲者，此來將為荔枝定品。迺閩人士之言曰：閩八郡，延、建、汀、邵，地屬高寒，時降霜霰，不堪樹藝，漳不及泉，泉不及福、興，君請自試之。余遂棲遲於二郡間，泛蒲觴，渡鵲橋，踰兩月矣。饔飧稍歇，無非咀嚼此果，津津乎其有味，不敢妄肆譏彈，而品遂定。一日閩人士造余邸而問曰：聞君日啖三百顆，曾與荔枝評月旦乎？余曰：今迺知閩人之譽言，非誇也。綠葉蓬蓬，團圓如蓋，扶踈插天，赫曦若避，吾愛其樹。纍纍丹實，槎頭掛星，晴光掩映，照耀林藪，吾愛其色。絳囊乍剖，蠙珠初薦，瓊漿玉液，絕勝醍醐，吾愛其味。濕帶露華，寒凝絳雪，熏風暗度，疑對檀郎，吾愛其香。幸白長慶之敘事傳神，張曲江之賦語如畫，此果已蒙九錫，產難實非八閩。唯端明蔡學士，興化軍人也，生長於扶荔之鄉，聞見既眞，殿最不爽，一經品題，遂爾增價。但今據譜牒中所載三十二品而索之陳紫、江綠尠矣。即彼稱中駟，十亦不得二三，豈其名號之鼎新，抑或今昔之異態。余如未及大嚼，而漫曰某佳，某佳，幾於耳食，恐寓內爭嘲，吳人迺為閩人左袒，致楊家果便覺無色，餘滋禎矣！遂僅舉曾嘗試其風味者二十餘種列於左，自稱荔枝小乘云。萬曆壬子秋譔。

明　徐𤊹《徐氏家藏書目》卷三《農圃類》　《荔枝乘》一卷，曹蕃。

清　黃虞稷《千頃堂書目》卷九《食貨類》　曹蕃《荔枝乘》一卷。

清　萬斯同《明史》卷一三四《藝文志二》　曹蕃《荔枝乘》一卷。

荔枝譜（徐𤊹）

綜述

明　徐𤊹《荔枝譜・小引》　荔枝自宋蔡忠惠公譜錄，而其名益著。世代既遐，種類日夥，騷人韻士，題品漸廣。然散逸不收，則子墨之失職，而山林之曠典也。惟時朱夏，側生斯出；名題於西川，貢珍於南海；吾閩所產，實冠彼都。可謂盧橘慚香，楊梅避色者矣。爰仿蔡書，別搆茲譜，狀四郡品目之殊，陳生植制用之法。旁羅事蹟，雜採詠題；品則專取吾閩，事乃兼收廣、蜀。物匪舊存，品惟今疏。深媿聞見未殫，筆札荒謬，博雅君子，將塵掛漏之譏，予小子其何敢辭焉！

萬曆丁酉晉安徐𤊹興公記。

著録

明　祁承㸁《澹生堂藏書目》卷八《子類第四・樹藝》　《荔枝通譜二冊》八卷，徐𤊹輯。小板。

明　徐𤊹《徐氏紅雨樓書目》卷三《農圃類》　《荔枝通譜》八卷，徐𤊹。

明　徐𤊹《徐氏家藏書目》卷三《農圃類》　《荔枝通譜》八卷，

徐𤊹。

清　黃虞稷《千頃堂書目》卷九《食貨類》　徐𤊹《荔枝通譜》十六卷。

清　萬斯同《明史》卷一三四《藝文志二》　徐𤊹《荔枝通譜》十六卷，鄧慶寀補。

清　曹寅《楝亭書目》卷三《子集》　《荔枝通譜》，宋蔡君謨一卷，明徐興公八卷，六冊。

清　錢曾《也是園藏書目》卷二《史部·種藝》　《荔枝通譜》十五卷。

又　卷四　《荔枝通譜》六卷五本。

藝文

明　徐𤊹《鼇峰集》卷五《謝在杭買莆田陳家紫一日夜直抵會城同諸子集積芳亭分得送字》　余嘗著荔譜，陳紫盛在宋。異品冠莆陽，古昔修苞貢。厥産因地佳，別土不宜種。聞名未見實，往往勞魂夢。主人好事者，遠致役飛鞚。驛程三百里，日夜紅塵動。筠籠乍入門，香風瞥然送。奇物匪獨餐，折柬召賓從。冰盤浸石泉，嘗鮮客來共。千顆虬珠拋，一丸瓊液凍。爽口恣吞咽，入掌任娛弄。宋香遠避舍，江綠稱伯仲。飽噉俱膨脝，誰人腹空洞。蔡譜互翻閱，曾錄各諷誦。豪飲招高陽，竹葉啟銀甕。持齋約名僧，伊蒲設清供。為樂欣及時，滿堂盡喧閧。祇愛齒頰涼，不患左車痛。香味無能名，擬作陳紫頌。

明　趙世顯《芝園稿》卷二五《徐興公見貽荔譜詩編賦贈二首》其一　絳雪懸蒼幹，珍珠走玉盤。誰將五綵筆，繪取荔枝看。

又　其二　載酒頻看竹，登山欲採薇。怪來炎夏裏，白雪向人飛。

明　費元祿《甲秀園集》卷一五《雪中徐興公過訪出荔枝譜相示賦》　大雪湖山臥病時，苦寒君更咏來思。三峯座背圍藤障，一卷牀頭譜荔枝。驛使冰盤無下品，佳人玉齒有華滋。然燈不寐簷窓下，料是思尋過訪詩。

清　葉觀國《綠筠書屋詩鈔·循陔集下》卷一〇《榕城雜詠一百首》其四十一　蔡譜何如徐譜詳，紅雲社上列筠筐。佳人休怨沙叱利，配與將軍十八娘。徐興公撰有《荔枝通譜》三十卷，又嘗作殘荔會，名紅雲社，將軍十八娘皆荔名。

荔枝通譜（鄧慶寀）

綜述

明　鄧慶寀《荔枝通譜·沈長卿序》　夫物各有止，魚止鮒，菜止蓴，果止荔，極矣。是數者東南異味，天所以私知味之人也。而予鄉頗有憎□□者，安知閩、粤、巴、蜀間人人喜噉荔哉？是人以命酸，故躬逢異味，如同嚼蠟，不使雋永。譬病夫食蜜，衆競云甘，彼獨稱苦，庸非命乎？然蘇學士詩江瑤柱之美，謂雖齋素，人不覺口角流涎，此說是否，以予揣之，食而不知其味者，尚不乏人，必無不食而反知其味者。閩人中日用而不知，知之而歎未曾有者，祇從他人齒頰得之，葢耳之於聽，非口之於味也。四方人宦於閩者，居非其地，或至非其時，有啖有不啖，啖者有喜有不喜，而所啖之荔，有美有不美，所喜啖荔之人，其詩文有嫻有不嫻，以故上下千載，譜寥寥，曾不盈寸，廼耳食之徒，不識方紅江綠為何物；亦附會其美，形諸詩歌，則譜且充棟，此猶盲者譽花，聾者褒笛，十八娘有知不復作笑躄美人哉。予舊嘗令汀，其下邑接壤漳者，荔樹稀如辰星，至建、延、邵三郡，其民老死曾未觀見鮮荔，何況屬厭，而四方人遇閩人概云此貴鄉仙品也。閩中人未經噉荔者，輒妄受四方之謏，而不恧亦大可異哉。嗟乎！斤斤一荔，自妖妃郵置後，以口腹貽累而土著者色驕，風聞者舌妬，總涉有我，實則燕趙蘋果，吳越楊梅，皆遠出荔下，葡萄益懸矣。此不易之評也。雖然，月中躔度千有餘里，仙桂托根幾何，而自下望者，但云月桂已耳，未嘗支離分屬。荔爲天下果，爲人間果，非爾家果，爾邦果，豈閩所得私且阿乎？荔譜剏自宋蔡君謨，至我明徐興公廣之，鄧道協增益之，蒐羅大備，然皆閩人使不知味者，得指爲口實。予也，東西南北之人，論至公也。若云鄭環而僑因護之，予則焉能？皇明崇禎二年夏五吳越逸民沈長卿撰。

又《黃居中序》　荔枝之珍南土也，葢自昔已然。漢王逸、唐張九齡賦之，劉崇龜、白居易圖之，蔡襄譜之，曾鞏錄之，梁克家志之，劉霽、杜甫、鄭谷、曹松、薛能、韓偓、杜牧、歐陽修、黃庭堅、蘇軾、蘇轍、文同、劉攽、曾幾、陶弼、劉子翬、王十朋、陳與義、楊萬里詩辭讚歎之。列俎推以果王，詞林侈為佳話，彼皆產其鄉，或宦遊其地得之，鼻觀口銜，飽饜芳而厭甘液，故言之親切有味，且種隨地異，品以人奇。即生長炎荒，猶不能品嘗，而況素不相習之人，遠莫致之之物，高下任心，雌黄信口者乎！一騎紅塵，長安堆錦，政恐色敗香銷，妃子未免耳食。則方以蒲萄，敵以楊梅，引香櫞湘柑，班荔子上，是皆一隅之畸見，非月旦之公評也。閩、粵、蜀諸品等衰自《本草圖經》，而粵氣未降，且詆君謨，爲維桑長價，是亦未嘗閩中風味者。張子壽云：『物以不知而輕，味以無比而疑，遠不可驗，終然永屈。』則既其文未既實，士所爲歎，知希於皮相耳。君謨，閩人也，又守閩兩郡，其譜閩荔獨詳，如老農說稼，老圃談植，所品第當不虛。然星移物換，名或代庚，事疏詠題，簡多缺佚，於是乎有興公舊譜。余友鄧道協既刻二譜，復增其漏遺，廣以外紀、義例，一準先猶揚榷，間出獨解。至本事詩歌，則余有弋獲，佐以偏師，豈曰角勝徵兵，實以多識畜德，蓋竊比先師王奉常所云，米元章辯顛蘇長公從衆者。茲編出，當令吳兒閣舌，粵客捫心，二國之成，平兩家之難解矣。其爲君謨勞臣，興公益友，功豈渺小哉？蔡譜取正石本，徐譜兼刊疑誤，題之曰《荔支通譜》。則吳啟信、林茂之與有力焉。他如陳廷尉《荔枝考》，余師蔡少參《荔枝嘲》，見有異同，義宜駁正，請於異日，求之補缺。溫陵黄居中明立譔。

又《蔡邦俊序》 荔支古未有譜也，譜自先忠惠公始。非好奇也，忠惠以閩人刺閩郡，至今為閩俎豆。閩中名果，荔得冠軍，生於瀕海，名徹上京，價高外夷。然而族彙雖多，紀乘寥寥。耳所習聞，目所習見，猶不能一發其光采，使得班於江橙盧橘之右，何怪耳食，不肆評隲，故或方於西葡萄，或埒於楊梅，或比於櫻桃，總皆以訛傳訛，迄無定論。又況荔之聚種已自逈別其殊，絕瑰異者，亦復不可多得。魚目混收，夜光含恨，是以無茅不拔，無距不脫，推其道賢退不肖之心。以及於物，不憚詳為甄別，原其州郡，列其姓氏，著其名字，品次三十有二，各以色香味為上下，然後品題所經，甘酸醜好，不得紊酬；蓋以發山林之幽芳，定皮相之同異也，豈徒樹幟維□，僕視濾戎已哉！而或者曰：忠臣愛國憂民之所為也，忠惠蓋若有隱諷焉。荔支自尉佗通中國，歲征上供，十里一置，五里一堠，毒蟲猛獸為災，漢和帝永元中，用唐羌諫而止。厥後又復通貢。萬一天子有貴異物之心，仕宦其方者又復從而獻諛，如曾鞏所上封事，一旦遂可其狀，則供億之艱，驛遞之擾，催科之煩，必不能免。是荔支之生不惟無功於閩，而適貽害於天下。嗚呼！紅塵一騎，四海兵起，雖錦撒江紅，香奏新曲，而卒不救烏啼花落水綠山青之悲。世傳蜀種從此少殺，豈當日劍閣山靈亦應悔其取咲妃子，而後稍示減惜也。與故曰：性畏高寒，道里遼絕，言不可遠致也。又曰：傳置雖速，腐爛之餘，色香味之存無幾，言不可鮮致也。其思深，其慮遠，其辭曲，一譜之中，三致意焉，雖與《上林》、《子虛》並列，千載可也。余友道協鄧君，宦遊之餘，僑居白下，與啟信吳君共訂荔譜而徵諸傳述，集諸詩歌以搜其奇。是二君皆余閩人也，耳所習聞，目所習見，務闡忠惠公遺意，清署晝永，目為廣其說以傳之。

崇禎二年天中日，溫陵蔡邦俊師百甫書於陪畿公署敬民堂。

又《林古度敘》 荔枝一果，有天地以來即有之。乃至漢唐宋諸名賢，始以賦詠譜錄，表著其名品，可見物之遭遇亦自有時也。我明徐興公繼蔡忠惠譜，宋比玉、曹介人復爲小譜，今鄧道協又合吳啟信爲通譜，荔枝可謂有知己矣。夫一果而能名實相稱，使千載後人人爭爲表著若此，豈無故哉？即楊貴妃，一婦人女子，偶甘是物，而名為之益彰。自唐以後之譜荔者，賦詠荔者，又莫不借貴妃以爲故實。道協通譜，尤以漢、唐、宋、明人詞賦詩文為侈觀覽，予得佐其摭採評訂之勤，即戔戔賦詠，亦獲附明人作者之末。抑何厚幸？因嘆士人之知遇，何異荔子之遭逢？第患實不副名耳。士之才華人品，苟能如荔之色香味俱佳，未有不若相如之逢狗監也。倘樹名於外而鮮實於內，徒與草木同腐朽而已，不深媿此木實乎？因序荔譜而並以務實為自勉焉。譜序則諸名公已冠首簡，予不復嚌。閩福清林古度書。

又《序》 殺青甫畢，適比玉自閩至，見而歎曰：此吾志也！今子已先得驪珠，吾無事矣。遂出其所著八篇，以附卷後，與端明、興公成鼎足之國。俾余不佞爲一家之言，因其出遲，故前序不及。戊辰新秋鄧慶寀。

又《序》 予別鄉園十年，夢寐輕紅，不能飽啖。流寓秣陵，覓蔡、徐二譜而續之。戊辰秋日，偶以展墓過家，枝頭荔枝，寥落若晨星矣！又得華亭曹介人小譜，能為此果左袒，乃附比玉譜後，耳目為周，非故殿也！鄧慶寀識。

又《小引》 荔枝一物，種類實繁。君謨摛辭簡古，列品明備，興公採集羣書，爭奇扼勝，合此二譜，誠難贅言。不揣末學，輒爲蛇足者，亦有說焉：一以君謨墨本與印本之頗異也；二以各郡聲稱之不一也；三以興公蒐採之未盡也；四以詩家錫名之未安也；五以嶺南品第之當定也；六以古人比擬之實遠也；七以畫手寫生之失眞也。輒抒所聞，聊爲博笑，其佐議未敢針徐砭蔡，若集錄或可步王踵張云爾。旹崇禎改元夏日，鄧慶寀識。

《四庫全書總目》卷一一六《子部二十六・譜録類存目》　是書以諸家荔支譜輯爲一篇，故曰《通譜》，凡蔡襄譜一卷，徐𤊹譜七卷，慶寀所自爲譜六卷，附宋珏譜一卷，曹蕃譜一卷，蔡譜尙已，徐譜所收，如《十八娘別傳》之類，鄧譜所收，如《鮑山荔支夢》之類，皆近傳奇。宋譜「福業」諸說，不脫明人小品習氣，曹譜差簡，質猶有古格。

清　周中孚《鄭堂讀書記補逸》卷二四《子部・譜録類》　《四庫全書》存目。是編彙次諸家之爲荔支做譜者。卷一即宋蔡君謨襄譜；卷二至卷八，明徐興公𤊹譜。卷九至卷十四，道協自所作譜。卷十五，明宋比玉珏譜，卷十六明曹介人蕃譜。明人四譜多補蔡譜後所出之品，而今昔異名者，亦多所辨析。今以道協既統爲一書，故不逐種分志焉。考《續說郛》亦收此四譜，而興公譜止二卷，此有七卷，道協譜止一卷，此有六卷，足徵彼乃節本，此是完書。惟《續說郛》載有明吳大車載鰲《記荔支》一卷，而此書不載，殆大車與道協爲同時人，故未之及歟。前有崇禎己巳沈長卿、蔡邦俊、黃居中、唐顯悅四序。

傳記

《四庫全書總目》卷一一六《子部二十六・譜録類存目》　慶寀，字道協，福州人。

清　周中孚《鄭堂讀書記補逸》卷二四《子部・譜録類》　慶寀，字道協，福州人。

著録

明　徐𤊹《徐氏紅雨樓書目》卷三《農圃類》　《荔枝譜》一卷，鄧慶（採）［寀］。

明　徐𤊹《徐氏家藏書目》卷三《農圃類》　鄧慶（採）［寀］《荔枝譜》一卷。

清　萬斯同《明史》卷一三四《藝文志二》　徐𤊹《荔枝通譜》十六卷，鄧慶寀補。

《欽定續通志》卷一五九《藝文略》　《荔枝通譜》十六卷，明鄧慶寀撰。

又　卷一六五《圖譜略一》　鄧慶寀《荔枝通譜》。

《續文獻通考》卷一八一《經籍考》　鄧慶寀《荔支通譜》十六卷，慶寀，字道協，福州人。

清　徐乾學《傳是樓書目》　《閩中荔枝通譜》，鄧（虞）［慶］寀，五本。

清　朱彝尊《竹垞行笈書目》　《荔支通譜》五本。

《四庫全書總目》卷一一六《子部二十六・譜録類存目》　《荔支通譜》十六卷，編修汪如藻家藏本，明鄧慶寀撰。

清　周中孚《鄭堂讀書記補逸》卷二四《子部・譜録類》　《荔枝通譜》十六卷，原刊本。明鄧慶寀撰。

閩中荔枝譜

綜述

明　屠本畯《閩中荔枝通譜・序》　荔支者，閩廣巴蜀之佳果也。實號珍腴，樹稱長壽，色味不一，品類繁滋。虞夏商周既不錫於禹，貢曾何圖於王會，豈非生絕徼者，難以充君之庖耶。自尉陀備物，相如作賦以來，貢盛於漢帝。而交趾置堠，名傳於唐妃，而涪州遺騎，其後紅鹽白曬，紛馳於趙宋矣。

明興一切報罷，俾英英仙品，遠跡廟廊之中；妁妁靈根，偃息瘴蠻之地。人固有之，物亦宜然。本畯年在孩提，從先公總憲嶺南，知食而不知味。年在稚齒，從先公左轄閩中，知味而不知品。今年逾知非，每覽君謨子固之書，輒動三山九漈之想。萬曆乙未，移貳閩鹺，越明年，時惟朱明屆節，丹支離柯，翠幄舒張，見絳苞之錯落，瓊瓤剖迸訝甘液之旁，唐齒頰浮香，眉宇兢爽矣。古今人啖之不足故歌詠之，歌詠之不足故從而譜之。於是宋蔡君謨開美於前，明徐興公抉奇於後，色香味品，悉爾無遺。生植採制，粲然大備。使食者可執品以按圖，閱者可披圖而索品矣。自蔡公所傳名序於今十而三四，徐生所增奇名異品十而六七，將五百年間僅二譜焉？摛藻固難，考索未易，不其然歟。伊余不慧，飽啖是宜。客有談楊梅勝於荔支者，又有談龍眼可稱伯仲者，不慧初啖謂客言為然，逓嘗乃知耳，食非眞身，曆為信勸，斯通譜成一家言。

萬曆丁酉八月望書於囦溪三層閣上。

又《黃履康序》 自宋蔡君謨學士簒《荔支譜牒》，迄今五百餘年。閩品謚爲奇絶，古今詞人往往注頰而侈譚之。晉安徐興公先生，更取蔡譜而廣之。其擴摭富，其蒐羅博，其詞採陸離，其人抗志青霞，擷芳秇苑，蓋媚於箋疏者。余取而讀之，覺流膾吻齒間，涎津津不能収。何必箕踞樹下啖三百顆也。甬東屠田叔使君，來爲吾閩農府丞稍爲考訂蔡

著録

明 祁承㸁《澹生堂藏書目》卷八《子類第四・樹藝》 《閩中荔枝譜一冊》八卷，屠本畯。考訂大板。

清 黃虞稷《千頃堂書目》卷九《食貨類》 屠本畯《閩中荔枝譜》八卷。

清 萬斯同《明史》卷一三四《藝文志二》 屠本畯《閩中荔枝譜》八卷。

清 王聞遠《孝慈堂書目・樹藝豢養》 《荔枝譜》八卷，蔡君謨、徐興公，黃履康、屠本畯序。一冊，鈔白，七十五番。

（雍正）《浙江通志》卷二四四《經籍四》 《閩中荔枝通譜》八卷，黃氏書目，屠本畯著。

（乾隆）《鄞縣志》卷二一《藝文三》 屠本畯《荔枝通譜》八卷，《霞爽閣書目》。

清 沈德壽《抱經樓藏書志》卷四一《譜録類二》 《閩中荔支通譜》四卷，明萬曆刊本，明閩司農府丞明州屠本畯田尗考訂。屠本畯序萬曆丁酉。黃履康序。

荔譜

清 陳定國《荔譜・序》 荔支世推閩中第一，古人譜之詳矣。惟是荔支王百果，勝畫王荔支。明王麟洲、顧道行諸先生，雖嘗言之，未有專譜。余勝畫鄉人也，念其品最高、名最晚著。以立秋前後三日熟，處朱夏素秋之交為火，金生剋之。會大火煆煉，眞金鎔化，故朱顏的皪，玉液流澌，味甘香遠，非諸荔所敢同，故特為之譜。譜曰：勝畫出長樂，六都家植園圃，庭除閒土，人仰資為田。三溪古縣各處雖亦閒植，必以六都為最。六都又以前唐李厝後為最，或移植郡城，恒變為山支，其有隱君子不出山之意與。樹高凡荔有至四十丈者，蓋相傳為千餘年物云。熟時火樹插天，綠雲蔭地，紅繒紫綃，與赤日爭光；玉膚瓊漿，共清霜比潔。皮薄肌豐，闊肩短身，圓徑三寸許，一可敵中冠。三四嘗閒歲，或四五歲一大熟，熟則一枝垂垂數百實，眞如北方葡萄連綴可愛。一樹或摘至四五千斤。余當炎暑輒作妄想，何時移一株於西園橋畔，影入橫塘水底，明霞朶朶可摘，又何假十斛明珠哉？明盛時六都滿萬株，鄉村各千百株。會城河口，余家諸名園往往爭植鬬鮮。遷海後，諸鄉之山童矣。名園屯甲眞薪桂矣，亦荔支一大厄運也。近六都三溪，亦僅有存者。今歲癸亥復大熟，當兵火摧殘之後，屬旱魃蒸鬱之時，筠籠照眼，冰雪沁心，邀朋共劈為條六辨，并係以詩謂譜荔也，可謂史荔也亦可。

又《楊復吉跋》 甲集載陳定九《荔譜》，視前人蔡、徐、宋、鄧諸譜爲較詳。茲則專譜，勝畫一種，感慨今昔，俯仰流連，遙情逸致，彷彿遇之。洵足爲佳果寫生也。庚午仲冬震澤楊復吉識。

清 丁丙《八千卷樓書目》卷一二《子部・譜録類》 《荔譜》一卷，國朝陳寶國撰，昭代叢書本。

《清續文獻通考》卷二七二《經籍考十六》　《荔譜》，陳定國。

《清史稿》卷一四七《藝文志三》　《荔譜》一卷，陳寶國撰。

荔枝譜（陳鼎）

綜述

清　陳鼎《荔枝譜・金武祥重刻荔枝譜序》　荔支之有譜，自宋蔡君謨所撰七篇始，特為閩產。而作粵蜀所產者，得名較早，竟未之。及其後徐𤊹、鄧慶寀、宋玨、曹蕃歷有撰述。或近傳奇，或不脫小品習氣，皆不足録。吾鄉陳定九先生，嘗合四省所產而譜之，為方志及數典者所徵引。余宦游嶺南，有坡公『日啖三百』之癖，閲此譜而證荔之品目，且以知閩與蜀之不同。君謨所譜專誇鄉味者，異矣。先生在國初時，著書三十餘種，此譜觸余所嗜，特首梓之，為刻先生遺著嚆矢焉。

光緒十九年十月江陰金武祥。

又《張潮序》　天之於物也，生於春夏，而成於秋冬。月令同，則所生之物宜無不同。然而此之所有，或為彼之所無；彼之所饒，恒為此之所乏。則何也？蓋物之生也，天主其半，地主其半。得天分多者，固莫不相似，得地分多者，往往互相殊絶。良以土壤有剛柔燥濕之分，山川有靈蠢清濁之異。又何怪乎物產之不齊哉！譬之於人，同為一父之子，智愚賢不肖，判若天淵，亦以稟之母性者，有不同耳。予於植物之中，嘗以荔枝為果中尤物，非見而知之也，亦祇聞而知之。所恨天各一方，不能親嘗異味。吾友陳子定九，忽以《荔譜》索序，讀其所記，不禁朵頤。何陳子與予，其口之幸與不幸一至此乎？聖天子宰制萬邦，守臣畢獻方物，年來取荔枝樹，馳送京師，計日而達。斯以知百靈效順，即一物之微，亦欲自靖於廟堂之上。猗歟休哉，何道之隆也！然則人亦顧所樹立者何如耳。果能如荔枝之超軼羣品，安知不有人焉推轂於京師耶？雖然荔有佳有劣，吾願讀是編者，寧為翰墨香，慎毋為墨荔也。心齋張潮撰。

又《張潮跋》　余向以未食鮮荔枝爲虚生此口，既而又思之，此非我口之罪，乃我足之罪耳。使我親歷閩、蜀、甌、越諸地，安知不與陳子定九同其飽餐耶？定九足跡徧天下，不特多嘗異味，亦且多睹異物。勞雙足之力，以博口耳之歡，誠善自娱樂者矣。心齋居士題。

傳記

清　周中孚《鄭堂讀書記》卷二一三《史部九》　鼎，字定九，自號鐵扇道人，江陰人。

著録

《清續文獻通考》卷二七四《經籍考十八》　《荔枝譜》一卷，陳鼎撰。鼎見史部地理類山水。

《藝風藏書續記》卷八《譜録類》　《荔支譜》一卷，傳鈔本，陳鼎撰。此書《四庫存目》未著録，《江陰藝文志》有之。

《清史稿》卷一四七《藝文志三》　《荔支譜》一卷，陳鼎撰。

雜録

清　金武祥《粟香隨筆・粟香五筆》卷四《荔支三條》　余既刻陳定九《荔支譜》，蓋合粵東西、閩、蜀四省所產譜之。嗣見鶴山吴孝廉應逵所著《嶺南荔支譜》，有補正陳譜數條。第一條以『掛緑』爲第一品，其殼上赤如丹砂，下緑如澄波，故名云云。吴譜云：『掛緑』一名『緑蘿』，楊萬里詩註所謂『五羊荔支，上上者爲緑蘿』是也。出增城沙貝蒂旁，一邊突起稍高，謂之龍頭；一邊突起稍低，謂之鳳尾。熟時紅紫相間，一綫綫直貫到底，故名。又云『紅中有緑』，或在於肩，或在於腹，緑十之四，紅十之六。又有一種遠看如丹荔，近觀有細點如點苔，間有小核，諸説最確，無有上紅下緑者。定九雖嘗至粵，實未得見『挂緑』，特燕其名，而爲此臆說耳。嶺右人說端硯得之耳聞，加以臆說，其可笑大率類此。第四條『妃子笑』，吴譜有『尚書懷』一種，產增城白岡沙一帶，又可植盆盎中，結實。余閲至此，適汪憬吾孝廉來，云相傳爲湛甘泉懷核歸植，故名『尚書懷』，可對『妃子笑』也。第十二條云『水晶毬』止一樹，在潮陽云云。吳譜云『水晶丸』俗名『糯米瓷』，出番禺鹿步司之北村，肉厚而韌，香液與『掛緑』絶似，而實大核小，食之令人暢然意滿。吳石華擬之鰣魚無骨，阮云臺宫保云此嶺南第一品也。自此，人以『一品荔』稱之。余按『水晶毬』與『水晶丸』，種類自異，以其名相似，且近時亦常食此種，故附著之。第十三條云『公孫』，產東莞，甘香可並『狀元紅』云云。吳譜云，『狀元紅』最多，亦最賤下品也。余按：『狀元紅』特美其名耳，其出最早，定九誤爲佳品，以比『公孫』，亦未細考。又陳譜廣西止三條，余考劉恂《嶺表録異》云，梧州江前有火山，上有荔支，四月先熟，原注以其地熱故曰火也，核大味酸。《廣東新語》云，凡山枝皆可謂之火山，或云火山自有一種。陳譜云，凡平平無奇者不入譜，故未載火山一種歟？以上各條，以陳譜已刻未及添入，考證特誌於此。

嶺南荔枝譜

綜述

清　吳應逵《嶺南荔枝譜・序》　荔支作譜，始於君謨。後有繼者，要皆閩人自詩鄉土，未爲定論。嶺南舊有《增江荔支譜》，著録《文獻通考》，其書不傳。長夏苦熱，避暑荔支灣上，良朋既集，各徵事實，因纂緝成編。事屬閩蜀者，概從闕如。曰總論，曰種植，曰節候，曰品類，曰襍事，俾後之採風者得以觀覽焉。補其未備，尚俟諸博雅君子。

道光丙戌鶴山吳應逵自識。

又《譚瑩跋》　身未歷於瀘戎，足未抵於泉興，而必欲砭蔡、鍼徐、步王、踵張，雖屬土風之操，終慚鄉曲之見。然自尉佗備物，配鮫魚以作貢；漢武移植，等扶桑而署名。五堠十置，代憶永元；林邑桂陽，事證天寶。荔支之稱於中土，嶺南其最古矣乎！後賢狀南方之草木，志桂海之虞衡，未聞詳考，何況專書。增江紀於馬氏，而僅志其名；廣中譜自鄭熊，而已湮其説。其他零金屑玉，編璫截貝類，不足以導揚閎議，蒐羅令品。斯亦吾鄉之闕典，好事之深憂也。雁山詞丈、坡老詩才、曲紅賦手，結論園之社，停揀樹之航，爰採舊文，撰成斯譜。其分門也當，其紀事也詳，彙此五編，都爲一集。文賦之繁，詩歌之侈，蓋闕如焉。登閩志而悉芟，繪巴圖而已薙。殆洪離之別傳，而粵嶠之奇書已。夫陶穀《清異録》譏其不逮，李肇《國史補》誇其尤勝。徐氏筆精，糾君謨、景綸之誤；浪齋便録，證長安、洛陽之異。誠齋詩註，稱最上其緑蘿；客惠紀聞，謂漸佳惟黑葉。類皆貴耳，賤目，悦甘，忌辛。揄揚標榜，迄無定論。然譜牒既詳，品第斯析，憶往事於六載，賦新詞之百篇。爲日蓋寡，蓄書不多，捃拾靡精，網羅豈遍？今覩是書，殆將覆瓿，權衡卽審，敢沿秀水之談；軒輊所存，又覩陳留之序謂阮賜卿公子。

丙戌六月南海譚瑩跋。

又《伍崇曜跋》　右《嶺南荔支譜》六卷，國朝吳應逵鴻來撰。按：吳丈號雁山，乾隆乙卯舉人，著有《雁山文集》《譜荔軒筆記》，久已刊行。而是譜幾至淪亡，兹從其從姪鶴岑明經假得，重編次讎校，以付梓焉。嶺南荔支甲天下，顧《增江荔支譜》見《文獻通考》，鄭熊《廣中荔支譜》見《廣羣芳譜》，均不存，近人亦無爲之者。則是譜殆嶺南應有之作。自序稱：『事屬閩蜀者，概從闕如』。則所採均嶺南事也，亦頗詳贍。内卷六『坡亭在鶴山縣坡山』一條，據《肇慶府志》，殆卽採自《孝廉詩集》自註者。又荔園見《文苑英華》，有唐曹松南海陪鄭司空游荔園詩。阮賜卿公子謂：卽廣州荔支灣，劉漢昌華苑，因故址爲之，原無確證。是譜獨遺之，或孝廉微旨也。不然賜卿《嶺南荔支詞序》論嶺南貢荔支事，已採二條入卷五，案語中不應獨遺其註也。又『觚賸續編奇嗜』一條，稱粵中荔支必俟五六月紅熟，方以甘鮮擅名。非其候，則攢眉蹙口不可下咽。李孝廉字倩爲，獨嗜純青者，蘸以香山鹽蝦醬，一啖百枚，嘗謂人間至味，無踰於是。又『五山志林荔瑞』一條，稱何經濟年八十，夫妻偕老，一子年過半百，未有孫。順治十五年戊戌正月，屋旁荔支忽開花結實，紅麗如春燈相輝映，嗣後連產六孫云云。則又或以其無關典要而遺之。不然南華非僻書，豈孝廉未及流覽者？

庚戌夏至今節南海伍崇曜謹跋。

傳記

清　陳璞《尺岡草堂遺集》卷四　吳應逵，字鴻來，一字雁山，鶴山人。乾隆乙卯舉人《嶺南耆舊集》。福建知縣，改官教諭，槐炳子也《端人集》。性和易近人，喜詼諧，以古文名嶺外者數十年《茶村詩話》。瓣香魏冰叔，其表揚節義之作，動色驚心，不遺餘力《嶺南文鈔》。著文集四卷，詩集若干卷，《嶺南荔枝譜》五卷，《荔軒筆記》二卷《茶村詩話》。

《清續文獻通考》卷二七四《經籍考十八》　應逵，字鴻來，廣東鶴山人。乾隆乙卯舉人。

著録

清　丁申、丁丙《八千卷樓書目》卷一二《子部・譜録類》　《嶺南荔支譜》一卷，國朝吳應逵撰，嶺南遺事本。

《清續文獻通考》卷二七四《經籍考十八》　《嶺南荔枝譜》一卷，吳應逵撰。

（光緒）《廣州府志》卷一六二《雜録三》　吳應逵《嶺南荔支譜》六卷。

《清史稿》卷一四七《藝文志三》　《嶺南荔枝譜》六卷，吳應逵撰。

藝文

清　譚瑩《樂志堂詩集》卷一《嶺南荔枝詞録六十首・其五十九》

《荔譜》人人説太真，亮功紅寫墨華新。老成今日傷凋謝，砭蔡鍼徐仡粤人。

聞温篔坡先生著有《嶺南荔枝譜》。《老學菴筆記》，余深罷政，居福州第中，有荔枝絶大而美，名曰『亮功紅』。『亮功』，深家御書閣名也。鄧慶寀《荔枝譜序》未敢鍼徐砭蔡。

龍眼譜

綜述

清　趙古農《龍眼譜・高廷瑤序》　予既序《菸經》與《檳榔譜》畢，珍復之趙子又以《龍眼譜》屬予爲序。嘻！予築人也，惡識龍眼之所以生邪？卽欲序之，惡乎序之哉？雖然予嘗聞之矣，昔蔡中郎爲荔支作譜，而龍眼獨闕如，是千古一大憾事。況又目之爲荔奴，不知始自何代，尤爲千古不可解之恨。予亦不無同，慨其不允，因此知物之有幸有不幸如此。今巢阿繼中郎後而譜龍眼，龍眼藉是而傳。然則物固以人傳邪？夫造物之生物，不少顧食者不知其味，遂使棄之如道旁之苦李者何限？若龍眼則補脾益智，功尤勝於側生。乃中郎則略此而著彼，不爲之等類齊觀。吾恐中郎之失，不更甚於太沖邪？東坡之詩曰：異出同父祖。斯言近之，百世下人知有龍眼者，東坡而外，予定以巢阿爲龍眼知己矣。於是乎書。

時道光五年，歲在乙酉仲冬朔越長至後一日書於五羊郡齋敬慎堂。

又《方仰周序》　吾粤龍眼之盛，不下於閩。而廣州一郡，郡之南、番、順三邑，尤其善於樹藝而多獲者也。是故鄉之人家，有龍眼百數十株，得其歲入，則仰事俯畜之計，應酬問餽之需，悉於是乎。賴其視江陵千樹橘，渭濱千畝竹，何多讓邪？以故栽培之法，莫不各殫其心思材力，以冀厚報，亦猶匹夫匹婦之鞠育顧復其兒女，歷久無倦心也。抑吾聞謝傅有言，子弟亦何預人事而正欲使其佳？東騎答曰：譬如芝蘭玉樹，欲使其生於庭階耳。夫芝蘭玉樹，尚春華而無秋實，猶以佳子弟擬之。況龍眼則春華秋實，並美兼收，抑何不若窮簷蔀屋之佳子弟哉？宜夫鄉曲父老，愛惜之不置也。巢阿子曾少居於鄉，鄉之植龍眼以萬計。日耳濡目染於其事，亦備矣。茲作此譜，非衒奇也。盍謂斯亦治生之術之一助，如范少伯之養魚，邵東平之種瓜，陶徵士之種秫。夫復何嫌世有林泉高蹈之徒，解組歸田之老，苟得此譜，而熟覽之，則將善其事，獲其利，既無飢寒困苦之憂，且增林泉逸致之樂，當未嘗不歎巢阿此書之有用也。

道光五年龍集乙酉六月九日愚弟淡人方仰周拜題於韋水之踏破瓮齋。

又《自序》　粵中佳果荔支，與龍眼齊名。古人品題荔支不下十數家，至有爲其作譜者。相傳蔡氏君謨譜荔支爲尤著，獨龍眼則闕然無聞。雖亦間附於荔支譜內，未免詳於此，而略於彼，予甚惜焉。以予生長於粵，且爲童子時，恒釣游於韋水之鄉。韋水故多龍眼，沿岸而種，傍水而栽，迤邐周迴，數百步中無雜樹。陰森茂密，結子離離，鄉人以是爲業。予少目之所見，耳之所聞，日習其間，因悉其種植之法，名號之詳，食味之美。有謂其次於荔支，謂其可敵荔支。又謂其利反倍於荔支，不可不爲譜傳之。而代彼一洩其荔奴之誚者，用著於篇。

時道光五年，歲在乙酉春三月穀旦，貢隅趙古農巢阿自序於抱影吟軒。

藝文

清　趙古農《龍眼譜·題詞》

姚祖恩養重錢塘

人多嗜荔支，我獨龍眼取。坡公有成言，異出同父祖。當其子離離，望若龍目吐。乃其性益脾，心血且爲補。廣南千萬株，種植無曠土。伊賈利倍三，緣作《龍眼譜》。

王衍梅笠舫武林

《荔支譜》後中郎死，千秋龍目失厥美。前雖隨荔入漢宮，荔奴誰與雪茲恥。我來羊石獲見之，始識離離益智子。側生旁挺堪比肩，乃知蒲萄不相似。阿誰刱作斯譜傳，佳果傳來自天水。試從枝頭望金彈，炯炯元精動食指。

楊汝溶秋舫武林

南中佳果勝蒲萄，琱俎盛來慰老饕。更按譜尋多美種，何如十葉價還高。

從古聲聞喚荔奴，巢阿却爲洗名汙。也應珍重傳斯譜，不羨鮫人泣下珠。

繆艮蓮仙仁和

炎方佳果味平和，葉密枝繁結實多。漫誚夫人奴婢學，荔支相較竟如何。

不教魚目混相觀，的皪渾如珠走盤。合喚珠孃纖手剝，堆來顆顆水晶丸。

秦致中子和白門

離枝旁挺原同祖，何物狂傖屈作奴。玉液秋來甘可咽，多君智慧破人愚。

蔣田稻鄉嘉興

浪傳圓眼似龍睛，紛綴灣頭照水明。萬樹齊看精炯炯，早應潭底毒龍驚。

薛璋東園雉皋

參差旁挺五雲端，翠籠猶霑曉露漙，怪道先生好龍目，圓光渾訝賽金丸。

朱鵬南溟湘潭

我聞粵產側生果，夏綴灣頭望如火。又聞益智子離離，熟近秋風枝磊砢。今來羊石當高秋，驚看龍目垂顆顆。却怪中郎譜荔支，如何龍目無許可。不道巢阿譜龍目，千秋識鑒持贈我。

吳履譜太極老人西蜀

龍眼當秋熟，芬香上指尖。剝來渾不厭，甜。

劉彬華樸石貢隅

荔是驪珠爾龍目，旁挺原同側生族。青睛炯炯光照人，我欲擬之徐孝穆。誰歟博物天水翁，作譜獨見爬羅功。由來佳果珍吾土，未必閩中勝粵中。

張岳崧翰山定安

生長南方識荔奴，品題何故遽相汙。由來美種才多掩，自有佳名世所呼。觀我朶頤饕餮甚，可人風骨色香殊。一從京國思鄉土，遠道垂涎得啖無。

劉華東三山貢隅

離支譜自蔡中郎，龍眼何因譜亦詳。此是巢阿游戲筆，可曾美種得先嘗。

黃廷彪炳畏南海

荔奴誰喚此汙名，旁挺由來配側生。底事中郎曾譜荔，不編佳果人公評。

鄧淳樸庵東莞

吾粵多荔支，結子看離離。如何龍眼樹，不與荔爭奇。有譜斯爲美，厥美堪補脾。竊同荔相較，功用或過之。當年譜荔者，中郎知未知。

楊麟仁石賁隅

江北爭馳譽，佳名錫果乾。不知生顆顆。空羨此丸丸。外著黃金色，中藏白玉團。譜成詩粵產，旁挺漫譏彈。

謝嘉猷坡山賁隅

聞君譜龍眼，龍眼實粵產。珍異廣搜羅，物理得精簡。旁挺本太沖，未免增愧赧。阿誰呼荔奴，名似出僞撰。爲展斯譜看，龍目定裂睅。

黎蘭因心香嘉應

龍眼數江鄉，番南順德强。樹多惟近水，果熟漸含霜。似泣鮫人淚，如餐瑞露漿。譜成頻徙倚，白雨過坳塘。

方穎廉淸曹賁隅

離支夙昔本齊名，堪笑爲奴妄品評。今日憑君操鉅筆，芳園依舊二難幷。

潘定瀾柳塘長寧

點睛破壁命名奇，妒煞芳林後荔支。奴婢千頭猶勝橘，扶衰杞菊也相宜。

香推龍腦眼尤妍，結實纍珠盛暑天。松雪揮毫愛圓潤，將軍大樹說齊年。

鄧倈仁山東莞

荔支龍眼竝南方，物理均應仔細詳。訂譜如何留缺陷，不無人議蔡中郎。

李汝梅雪菴岡州

龍目爭傳十葉珍，秋來顆顆綴圓勻。老農生長賁隅地，作譜應詳過俗人。

黃景星熌南岡州

旁挺均爲嶺海珍，品評應與側生鄰。中郎譜後誰堪續，始信巢阿是解人。

莊心亨嘉之賁隅

荔支雖占嶺南紅，龍眼那知大有功。理氣養心惟藉爾，補天手段更無窮。

姚熊光曉谷四會

爲甚呼龍目，溪頭萬樹懸。疑從鮫室取，狀極水晶圓。父祖原同荔，虬珠可結緣。眞堪傳不朽，斯譜訂精研。

張岳崑仙山定安

羣龍昨夜出龍宮，飛上灣頭嚇煞儂。忽訝元精光炯炯，萬千龍眼射波中。

黎成華篤園南海

荔入中郎譜，千秋尙宛然。如何旁挺出，不與側生傳。佳果均同味，嘉名足比肩。只今驚獲見，巢甫著新篇。

李素濟人端州

生長天南龍眼鄉，巢阿作譜細端詳。補脾益智多馳譽，時到秋來顆顆黃。

馮景華韶石賁隅

品題旁挺著新篇，生長南方七月天。老我頻年多益智，胸中留得智珠圓。

馮昕華曉巖賁隅

新譜翻成亞荔支龍眼名，搜將龍眼記依稀。點睛賴有巢阿筆，風雨還看破壁飛。

馮晴華柳橋賁隅

可堪龍目未分明，破壁還須待點睛。不是巢阿游戲筆，荔奴誰爲洗汙名。

謝光熊星垣賁隅

龍眼秋來正上糖，纍纍實結綴江鄉。箇中滋味誰參透，博物淹通數趙郎。

程倬桂香輪廣寧

龍眼生來照眼明，却從何處點龍睛。欲教破壁能飛去，須仗巢阿譜已成。

陶克昌綏之賁隅

荔支與龍目，二物本同族。胡爲呼作奴，晚熟。

張婉婉麗春順德

女兒幼小不出閨，安知龍眼花正齊。離離結子宛在目，千枝沿岸着雨低。焚香檢讀《龍眼譜》，有如龍目爭快覩。誰云質味與荔殊，應知異出同父祖。小樓倦繡倚曲欄，黄金顆顆如彈丸。摘來思欲抵鳷鵲，尚想枝頭仔細看。

王鼠姑妙香順德

旁挺何因據所云，蜀都龍目未前聞。廣南番順由來盛，作賦應商及左芬。

道人李亦仙羅浮

龍眼卽龍目，後於荔支熟。何得呼荔奴，纍纍珠一斛。

老頭陀去塵海幢

水晶丸綴顆顆圓，時與荔熟相後先。及秋摘取薦琱俎，乍疑星隕浥露鮮。頭陀打坐飢腹轉，欲啖未得將垂涎。老僧作此龍眼供，與佛有因還有緣。是誰作譜精且覈，我聞檀越巢阿編。他年若再稽譜系，定以此譜偕流傳。

洪玉璠如虹札賁隅

接讀手教，屬作《菸經》并儐榔龍眼兩譜題詞。敬聞命矣。但弟久業岐黄，幾不知詩爲何物。足下肯容藏拙否？無已弟亦惟知方書內，煙草一名相思草，可治風寒濕痺，滯氣停痰，山嵐瘴氣，其入口頃刻，而周一身令人通體俱快也。若檳榔則破滯散邪，攻堅去脹，消食行痰，見說嶺南多瘴，以檳榔代茶，其功有四，故亦名飢飽子云。至龍眼則益脾長智，保血養心，故歸脾湯用之，行血歸脾，所以名益智子也。三者皆有功於人，予之所知，惟此而是已。草草錄之以應臺命，或卽以是塞責，可乎？

檳榔譜

綜述

清　趙古農《檳榔譜・高廷瑶序》　予向時閲方書，載檳榔爲去痰消食，禦瘴之物，亦名飢飽子。所云飢能使之飽，飽能使之飢者，意其爲物也，祇可入藥，而惡知其功用，尤不止於此者邪。況其形生之異，苟非産於瓊南者，更莫知焉。迨自入粵以來，乃恍然於粵之風土，凡婚嫁與敬賓不離此物。卽排難解紛者，亦皆須此。而地土所出，則又瓊南爲獨。噫！一微物耳，其功用如此播之遠方，又如此信乎。檳榔之爲世用，而不囿於方隅也。惜無有爲之作譜者，惟巢阿能一一以傳之。且就其所生，而形容之，使人如見其樹，如見其形，則檳榔之幸，而亦格物之學也。予暇時，亦或咀嚼之，而究不若粵俗之多所嗜焉。試爲按譜尋繹之，則惡得以物之微而棄之。故因巢阿屬爲序，而表揚之。夫人與物有相得而益彰也如是夫。

時道光五年歲在乙酉仲冬朔後長至日書於五羊郡齋敬愼堂。

又《方仰周序》　天下無必不材之男子，故戚施、籧篨、侏儒、矇瞍、聾聵之屬皆見取於官師。天下亦無必不材之草木，故椶櫚、蒲葵、椰子、菅茅、蘋藻之類悉見用於人世。苟以其不材，而槪棄之，則不材誠不材矣。若因其不材，而酌其材以用之，則不材者亦材矣。檳榔一樹產於南徼，其性不耐霜，其幹中空，尠梁棟之任；其葉聚木端，少婀娜之態；其房礌砢，輸桃杏之色；其實澀口，無棃棗之味。祇蕭條兀傲於蠻風瘴雨之鄉，僅與椶櫚、蒲葵、椰子相伯仲。倘移與楩、楠、杞、梓、桃、李、梅、杏較短量長，比色論味，不猶戚施、侏儒之與魁梧奇偉者媿美哉！故禹貢所不登，廊廟所不享，三代以前，聲稱寂如也。兩漢以來，其名漸綴詞人之筆。六朝而降，啖其實者，始徧中土。功用遂著於醫方，形狀遂詳於俞益期與韓伯雋諸書。夫然後人皆知檳榔之非不材木也。惜述而不詳，猶屬恨事，今巢阿子廣搜博引，輯成此譜，誠有意也。夫粵中山林藪澤不少畸人碩士、嘉卉奇葩，第或則韜光晦跡，或則困瑕掩瑜，故古之人不及搜羅而忽之。後之人因其鄙野而薄之，則不特不材者終於不材，即懷材者亦溷於不材矣。使得人爲之表揚幽滯，安知此邦人物不足見稱於通都大邑賢士大夫之口邪？所慮求其人，而未得耳。巢阿績學既富，以是譜爲嚆矢，將來續纂嶺南人物志，庶彰吾粵人物菁華之盛歟。周本處夫材不材之間者也，尤日望之矣。

道光五年歲在乙酉六月九日愚弟荷蕩舟子方仰周拜題於蠅鬚館。

又《梁上蟠序》　巢阿子示子以所著《檳榔譜》。此物予稚年亦酷嗜之。嗣以其燥肝木善動陽明火，每啖輒目眩頭疼，非食肥濃之後，概不敢入口。雖作客，亦却之宜乎。俗有『飢飽子』之稱也。曾憶與果儈某翁鄰居，細詢檳榔爲物何？居翁曰：其物本一名而異類，尖而瘦者爲檳，短而肥者爲榔。檳，牝也；榔，郎也。類陰陽而同托體一木。故訂婚者義取諸此，猶之取扶留蔓生，不過別家胡麻。得夫婦同種，始得繁茂，非珍其爲土産也。惟狀象雞心者，不良食之，每每頂心閉氣。問：何以有此種？荅云：亦猶果中之有節核者耳。又予嘗赴親串家，食聘酒間，有咀嚼而甘香者，老嫗必援諺云：檳榔甜，郎必賢，迨驗其嫁後往往不爽，味澀者反是，斯亦果品徵應一稀奇事也。巢阿索爲弁言，予因筆其譜內所未逮者而歸之。

時道光五年歲在乙酉秋九月彤庵梁上蟠拜序。

又《自序》　粵爲古蠻區，而海南則處南之極地。氣恒如春夏，物性喜煖易生，故所生之物，與他處異。即如檳榔，惟海南有之，而産於瓊、崖、儋、萬、樂、會，會、同諸州縣爲多。土人以是作貿易，田畝大半種此，因藉以資輸納焉。故生斯土者，人多啖之。且日習其性，堪入藥，而又地氣薰蒸，非此無以祛其瘴癘。一日常啖，竟有至數十口而弗止者，則俗使之然也。予生長於粵，未嘗一見斯樹，惟繁然者與。目遇若纍纍然。凡賓客往來之禮，婚姻配合之緣，皆欲舍此而不得者。則詳其功用而核之，想其形象而考之，循其名，按其實，著其顛，末而臚列之。雖非予之所嗜，不可不爲之譜。往者《南方草木狀》一書，權輿於嵇含假而曰。是譜也，克與爲敵，則豈予之所敢邪？

時道光五年歲在乙酉春三月賁隅趙古農巢阿自序。

又《趙光琊跋》　琊讀書一無所成，日荒於嬉。竊見家大人手不釋卷，適當賦閒，偶著《菸經》，聊以自娛。復作《檳榔譜》以繼之，意謂檳榔生長瓊南，直省皆由吾粵運去，亦一土産物也。前人無有代爲譜者，故亦書之爲譜。譜者，鋪也，鋪敘其生質之異，及其功用所關，皆有裨於世人不淺。特姑存之，以待後之君子相指示焉。琊因校刊餘暇，謹綴數言於後。仲子光琊敬跋。

藝文

清　趙古農《檳榔譜・題詞》

姚祖恩柳衣 錢塘

人惟土物愛，物亦以人傳。輯就成斯譜，閒來著是篇。甘香能禦瘴，咀嚼自流涎。不有巢阿子，安知顆顆圓。

王衍梅笠舫 武林

問俗來南海，仁頻出海南。桄郎同庇蔭，椰子共分甘。名愛呼飢飽，功傳辟瘴嵐。紅潮驚暈頰，□醉助清談。

繆艮蓮仙 仁和

海南風味異他方，少小生來瘴癘鄉。齒黑脣紅緣底事，兒家性愛嚼檳榔。

何物纍纍共款賓，雕盤捧出意相親。遞來一口心先醉，但送檳榔便締姻。

楊如溶秋舫 武林

見說檳榔狀若何，著成斯譜趙巢阿。而今始識檳榔性，瘴雨蠻煙結子多。

我生不解檳榔味，人道檳榔味亦甘。甘苦由他風俗慣，朱丹牙慧笑瓊南。

秦致中恬庵 白門

檳榔舊說能消瘴，不道偏從瘴地生。芻卵雞心間品騭，耐人咀嚼有餘情。

朱鵬季禽 湘潭

週行闤闠觀民風，檳榔載道處處同。笑問旁人此何物，彼云邂逅表恪恭。解紛排難亦需此，更乃婚聘情相通。爾時我正初入粵，不解檳榔有斯說。一從巢甫著爲譜，可佐同儕作談屑。能言人所不盡言，那許狂傖再饒舌。

薛璋東園雉皋

檳榔幾樹海南多，新譜翻成曲揣摩。細嚼一回還細讀，能開腸胃自清和。

蔣田稻鄉嘉興

往時閲方書，略識檳榔性。此物生瓊南，惟粵稱最盛。味澀貌嚴冷，名實互相稱。不解世俗情，用以聯二姓。且并客到初，尤以此爲敬。巢阿品題之，其譜乃斯定。

吴履謙太極老人西蜀

南人愛食檳，北客食多變。霎時眼昏花，眩。

劉彬華樸石賁隅

筐篚纍纍聘彼姝，明珠十斛也輸渠。檳榔豈是尋常品，譜錄何容闕此書。

張岳崧翰生安定

此樹無枝挺作林，偏生瓊島萬山深。實兼椰子甘同嚼，高並桄榔影共陰。有客採風曾過問，如君博物獨搜尋。我慙土著幾忘味，想見陰何苦用心。

黄廷彪炳禺南海

客至捧茶煙，檳榔繼上筵。自來三物備，久已四方傳。數典多忘祖，編書啓後賢。更名飢飽子，入口豈徒然。

劉華東三山賁隅

苦盡甘來味美回，檳榔苦盡沒甘來。巢阿作譜眞相似，似爾無甘苦告衷。

鄧淳樸庵東莞

巢阿著《菸經》，復作《檳榔譜》。曾結煙火緣，忽訝紅潮吐。此物生瓊南，北人畏其苦。咀嚼唇染丹，風俗云已古。盛來薦上賓，嚴冷絶媚嫵。

楊麟仁石賁隅

雅愛檳榔重粵鄉，和灰和葉客分嘗。譜成人識巢阿子，一藝名誇足擅場。

潘定瀾柳塘長寧

天南嘉果説檳榔，餉客尋長禮意將。簫鼓況逢婚嫁鬧，金盤競薦耀新妝。

南椰生就配扶留屈翁山有檳榔，與扶留同，味到咀餘美更收。鳳卵詩傳蘇玉局，巢阿人譜續風流。

謝嘉猷坡山賁隅

童年嚼檳榔，嚼罷面發赤。唇紅齒染丹，味澀阻胸膈。詎意劉穆之，乃有檳榔癖。試爲搜方書，未始無獲益。斯物生瓊南，君譜精考覈。

黄景星煟南岡州

《菸經》曾著物情諳，又譜檳榔作劇談。不是才人傳妙筆，安知奇種出瓊南。

黎蘭因心香嘉應

不到瓊南島，那諳物產奇。檳榔形獨異，瘴癘氣能醫。實結何多子，林高却少枝。嚼來微著齒，味苦我先知。

李汝梅雪庵岡州

粵俗由來重檳榔，聯婚禮客偏蠻鄉。瓊南土產兼椰味，細嚼甘回舌本香。

方穎廉淸曹賁隅

久聞佳種徧瓊南，按譜從今仔細參。兩字仁頻仙藥錄，覺他滋味不全諳。

張岳崑仙山安定

檳榔從古見方書，此物吾鄉徧市閭。誰識土宜功用廣，譜成巢甫實權輿。

莊心亨嘉之賁隅

海南不特口塗脂，果結檳榔用最宜。婚娶壓筐爲聘物，至今猶重表多儀。

黎成華篤園南海

檳榔滋味好者幾，半吐半吞聊復爾。不解南人癖在兹，和葉和灰嚼甘旨。溯從此物生瓊南，高挺無枝萬山裏。樹並桄榔椰子林，瘴雨蠻煙多結子。不道巢阿代作譜，此物於焉識終始。吁嗟乎！世情甘苦恒如斯，苦盡甘來吾所知。

姚熊光曉谷四會

本同一木判陰陽，檳作賓還榔作郎。怪得人呼飢飽子，也曾甘苦我先嘗。

謝光熊星垣貢隅

檳榔聞道出瓊南，味別酸鹹與苦甘。嗜好無多緣澀口，箇中形象有誰諳。

周履蟾秋浦貢隅

我聞檳榔樹，結子高無枝。堅頑一著齒，物久恒相思。嚼時或半吐，苦盡甘自知。我癖方古人，擬以劉穆之。

馮景華韶石貢隅

譜出檳榔口澤鮮，耐人咀嚼是瑤篇。雞心芻卵瓊南產，爭似巢阿字字圓。

馮昕華曉巖貢隅

能飢能飽是仁頻，渾似先生身外身。喚作巢阿無不可，懷才原自寫天眞。

馮晴華柳橋貢隅

紅潮登頰汁初勻，和葉和灰易醉人。譜出瓊南風味好，一回咀嚼一精神。

陶克昌綏之貢隅

少小食檳榔，雅愛檳榔好。誰道檳榔香，多燥。

李素濬人端州

生來味澀是檳榔，我本南人却少嘗。珍重巢阿爲作譜，翻從人棄細端詳。

張婉婉麗春順德

小院評花倦繡初，閒中覓伴且看書。偶然檢閱《檳榔譜》，料得才人戲筆餘。

王鼠姑妙香順德

曉狀才罷姊相邀，笑擲檳榔手自招。檢點唾壺渾欲醉，斗然雙頰暈紅潮。

道人李亦仙羅浮

檳作賓傳喚，榔猶呼作郎。訂婚和款客，珍重已名將。

道人廠廣子

走偏天涯到海南，檳榔曾見樹高參。無花結果眞殊異，著齒生津備苦甘。名以賓門堪辟瘴，產從黎母亦消嵐。巢阿自是嵇含手，按譜尋思玩再三。

老頭陀去塵海幢

嬾僧日對檳榔譜，不解檳榔味若何。飽飯祗憑消食盡，蒲團跏坐誦彌陀。

李仲瑜郎川札貢隅

己丑春初，巢阿過訪，謂近有《菸經》并檳榔、龍眼兩譜之刻，屬予題詞。予時心緒如棼，未暇操筆，顧生平有嗜食檳榔之癖，見獵且爲心動。因僅附檳榔小詩於譜後云：『巢阿作譜譜檳榔，我所思兮那可忘。人道檳榔味羞澀，我謂檳榔散痺濕。飢能使飽飽能飢，如何令我不相思。閒中咀嚼渾不厭，翦刀落翦分片片。不妨長作嶺南人，此物由來嶺表珍。』謹珍復之，朗川再拜。

水蜜桃譜

綜述

清 周中孚《鄭堂讀書記》卷五一《子部九之下·譜録類二》 上海水蜜桃，以甘而多汁，故名水密。其種或云自燕，或云自汴，疑莫能明也。前明時，出顧氏露香園中，今則幾盈一邑。其佳者，以李氏吾園為最；其次產右營游擊署北，與露香園接壤；下者，產西門城壕及諸處散種者。文洲生長於斯，作為是譜，凡二十三則。剖晰種類，體驗生植，簡而有法，質而不俚，洵足以追蹤莆陽之《荔枝譜》矣。文洲歿後，李筍香取以付刊，屬陳伯雲文述為之序，蔣□□超曾為之跋。

清 陳文述《頤道堂集·文鈔》卷四《水蜜桃譜序》 余至青村之次月，蓋滬城卸篆之第四月也。吾園主人光祿李君以園桃見餉，且郵書一冊，曰此亡友褚文學所輯《水蜜桃譜》也，君其序之。余惟柰出華陽，榴產頓遜，細棗以嶗嵃擅奇，文杏以蓬萊名種，莫不疏陸璣、狀嵇含。第七發之林，備三都之賦，是以《橘錄》詳於產直，《荔賦》序於九齡，子建作都蔗之詩，孝威有林檎之啟。若其求種度索，稟精玉衡，晉則華林選植，唐則康居入貢，秣陵以桃葉名江，伊闕以桃林為塞。蕡如之盛，紀載備矣。水蜜一種，志乘未詳，然冀北有肅寧之產，山左有肥城之沃。僕車轍所至，甘芳用饗，江南之美，滬城為最。文學剖晰種類，體驗生植，著述之暇作為斯譜，簡而有法，質而不俚，類《橐駝種樹》之書，有楊泉物理之論，美哉！其虞衡方物流亞歟，光祿珍此秘文，將付剞劂，庶幾《西京雜記》並珍漢苑之縹梨，《北夢瑣言》非止趙家之儒棗云爾。

嘉慶十八年歲次癸酉秋八月，錢唐陳文述序於青村官舍之池西小榭。

清 褚華《水蜜桃譜·蔣超曾跋》 僕來申江三載，吾園主人筍香光祿，屢以園桃相惠。覺色香味俱勝，顧未及究其妙也。丙子秋秋，讀文洲褚君《水蜜桃譜》旨哉！體物之精，此其一斑矣。粵自草木著嵇含之狀，虞衡成範氏之編，種樹傳自橐駝，杜陽作於蘇鶚，載披往冊，具數羣芳。文學以瑰博之才，究心物理；光祿以典墳之暇，搴勝林泉。每當紅雨一蹊，綠雲半塢，景宜春而鶴唳，花夾水以魚噞。浮蟻飛觴，雕龍擊鉢，名葩勝境，如入武陵。洎乎灼灼花闌，離離子實，則又華林嘉植，廬嶺仙株，未足儷比芬芳，方其馨美也。蓋其名標水蜜，種出露香，接也以時，翦之有法。風土說黃泥之產，雷聲催紅暈之斑。異瓜田之注水，殊李下之稀行。蚤無過乎立秋，遲不逾於處暑。色件蘭瓣，質染微黃；潤飫瓊漿，葉鋪嫩綠。文洲補楊泉之論，搜度索之珍，無論磅磄山之樹，百園吐谷渾之實，一甕事同耳食，味豈身嘗？即肥城活於岱東，深州珍於冀北。驅車所歷，志乘會稽，而茲桃遷地弗良。嘉名肇錫，候殊雁熟，小摘秋林，釀奪蜂房，猜分崖蜜，庶幾婆娑嘉蔭，咀嚼寒漿。圖合寫生，不數荔枝之譜；甘能流頰，如披橄欖之唫。則滬瀆之桃，不特爭美於語兒之梨，義塘之瓜，貝邱之蒲萄。而光祿選樓灑翰，橅小啟於林檎；春渚題襟，續新詞於官蔗，將覽斯譜也。更足以藻鏡林瀲，標領芳華云爾。

嘉慶丙子立秋後四日古吳蔣超曾跋於滬瀆講舍。

著錄

清 丁申、丁丙《八千卷樓書目》卷一二《子部·譜錄類》《水蜜桃譜》一卷。國朝褚華撰，刊本。

清 周中孚《鄭堂讀書記》卷五一《子部九之下·譜錄類二》《水蜜桃譜》一卷，慈雲樓刊本，國朝褚華撰。

《清續文獻通考》卷二七四《經籍考一八》《水蜜桃譜》一卷，褚華撰。華見上農家類。

《清史稿》卷一四七《藝文志三》《水蜜桃譜》一卷，褚華撰。

檇李譜

綜述

清 王逢辰《檇李譜·黃燮清序》 瑤星孕實，謫天上之長庚；香雨彌空，現佛門之種子。上方證果，灌此醍醐；遠道貽珍，重於瓊玖。天生尤物，地得嘉名，自來果屬之貴，蓋未有逾於檇李者也。當夫花開二月，子結三春；仗噓指於和風，懼飄零於陰霧。金鈴晝護，先愁鶯燕爭含；銀燭宵籠，未許鼠鼯竊食。及乎回黃轉錄，看碧成朱，枝僂低簷，實肥垂盒：逐韓嫣之金彈，入手為難；乞雲英之瓊漿，流涎特甚。擎來紅玉，豔分廣袖之花；吸盡紫霞，暈奪唾壺之淚。至於眉顰已往，爪印常新；採香之遺跡俱空，偃月之纖痕宛在。笑桃無恙，難忘仙子天臺；淚竹猶斑，尚憶神妃湘水。嬋娟不死，留此精靈，草木有情，戀其香澤，物猶如是，不亦異乎！邇者，劫火屢災，真種日少，考古者或務名而失實，居奇者更雜偽以亂真。王芑亭廣文生長於斯，稽核至悉，為之闡詳條目，發洩精英，使驥材可以按圖，而鼠璞不至混玉，此《檇李譜》之所由作也。嗟乎！西域葡萄，隨斗槎而入貢；南方橘柚，登筐篚以來庭。櫻桃出紫禁之廚，恩頒侍從；荔枝上紅塵之騎，笑溢妃嬪。若檇李者，徒噪虛聲，但高野趣，未列諸侯之方物，幾等盛世之棄材，豈風味之不時，抑遭逢之有命耶？雖然，不登堂廟，終成千古之名；見重山林，非特一時之價。夙根深固，忍昧仙綜，瘠壤崢嶸，恥居塵穢。以視道旁太苦，至見遺於智童；井上餘甘，僅療饑於廉士，其貴賤之相去，何衡量之可計哉？又況皈依初地，早經淨土栽培；投贈良朋，雅合清流臭味。固已伯仲安期之棗，頡頏曼倩之桃。雖墮落於人間，自超越乎物表。所願大椿比壽，樹樹以八千歲為期；小暑嘗新，年年以五六月為約。芑亭聞之，竊恐難為東道，未免抱憾西施矣！

咸豐丁巳餞春日，海鹽韻甫黃燮清序於拙宜園之倚晴樓。

又《總論》 檇李見於春秋，地以果名也。嘉興爲古檇李地，郡邑多産佳李，惟里中淨相寺所産爲眞種子。顧自周迄唐，未嘗有人論及之。至宋張堯同始有淨相佳李詩，明李日華紫桃軒雜綴，載有徐園檇李，於是檇李之名遂顯矣。

藝文

清 王逢辰《檇李譜·題詞》

《芑亭廣文以〈檇李譜〉寄題，因成五古二十韻奉答》 全椒 薛時雨慰農 地借果名傳，春秋載檇李。城圮草木荒，仙根漸還徙。古寺近竹田謂淨相寺，小庵傍梅裡謂東瑤庵。兩處李並多，伯仲本堪比。宋時張堯同，閑吟成詩史。淨相一入詠，盛名從此起。徐園視為奴，潘園喚為婢。子熟黃梅天，輕紅簇霞綺。王郎善體物，著譜悉能紀。仿佛郭案駝，種樹得妙理。橘錄庶足齊，荔賦亦足□。郵箋寄一編，題詞索鄙俚。憶昔宰嘉興，饋我作隆禮。傾筐遞清香，爪痕依然在。遙遙千百年，美人真不死。數口沃瓊漿，芬芳寒沁齒。飲露無比甘，吸泉有如醴。酷暑潤枯腸，狂吟與靡已。今複故熊萌，覓句心獨喜。聊申報玖意，寫滿桃花紙。

《芑亭學博郵寄新著〈檇李譜〉索題，率成二絶以酬之》 福安 李枝青薌園 吳宮花草久荒涼，猶勝西施爪甲香。潘縣嘉禾曾小住，筠籃遠惠飽瓊漿余宰嘉興時，君以檇李見餉。

上應天星下地名，等閒考核最分明。居然一卷荔枝譜，作序重逢黃履庚黃履庚作荔枝譜序，此序為黃韻甫明府所作。

《芑亭外翰以净相寺檇李見贈，并示新著〈檇李譜〉，賦謝》 新城 楊炳子萱 七載分符久，偏誇口福多。傾筐珍檇李，載筆紀嘉禾。孕實垂星彩，吹香護釋迦。瓊漿供一吸，不許手頻搓。自入堯同詠，爭傳淨相名。烏衣留韻事，鴿硯定新評。搖憶青葵絡，分馮翠籠擎。荔枝同注譜，考核快平生。

《芑亭廣文以所著〈檇李譜〉見示，并索題名，成此奉酬》 上元 朱緒曾述之 麟經檇李有名垂，新譜郵箋遠饋遺。結子天時能細考，移根地理亦深知。林檎似讀孝威啟，都蔗如披子建詩。記得爪痕曾把玩，頻勞古寺摘高枝余蒞嘉邑，屢蒙見惠。

《芑亭同譜親家寄所著〈檇李譜〉索題，率成七古一章，聊以奉酬，工拙非所計也》 平湖 朱善張山泉 漢苑有縹梨，《西京雜記》我曾稽；趙家有□棗，《北夢瑣言》我曾考。獨有檇李城雖荒，仙根□移近仍良，禾郡植此本名貴，淨相聲價為尤昂。斗杓玉衡星對照，南國果中推最妙。魯史名可紀，齊民術可求；吳宮變沼西施去，只見爪痕今常留。花開白雪碎，子熟紅雲稠。柰作王祥守，桃防曼倩偷；蒲葵扇掛竹柝□，鸜鵒欲啄空綢繆。金錢爭買輸重費，饋獻須貯筠籃寄。多少寒素土著人，年高不曾知其味。物罕難給秘且珍，僧購他種偽亂真。瓊漿玉液何從別，纖核半菽毫無仁。我友讀書欣得間，條分縷析皆詳辨。譜成豈肯讓荔枝，君謨聞之勞顧盼。屈指宦遊忽十年，家鄉土產夢魂牽。千里路遙惜莫致，開卷解渴免流涎。自負芳情尚未歇，聳肩清吟興發越。倘教青李他年或相投，晴窗好寫一卷來禽帖。

《芑亭仁兄見餉檇李，并示新著〈檇李譜〉索題，因作五六七言詩三首以寄之》 同邑 秦光第次游 檇李城傾圮，荒涼幾樹存。共傳他果美，爪掐尚留痕。

嘉名曾標魯史，要術更著齊民。星落玉衡我手，報瓊愧乏殊珍。

綰築槐花獨坐時，主人物理好尋恩。譜中滋味無窮盡，如讀希文橄欖詩。

《芑亭二兄先生以〈檇李譜〉索詩，因成四絶奉寄》 武陵 余祚馨蓉初 仙種偏宜佛地栽，慈雲法雨沐恩來。吳宮花草都埋沒，勝有靈根護碧苔。

分野星看映玉衡，孕成佳果譽非輕。纖痕留得夷光掐，更使千秋享盛名。

綠陰低覆子盈枝，消息頻探好護持。待試浮沈風味別，瓊漿吸盡露金絲。

漢世朱櫻轉舍重，唐時粉荔逐塵忙。譜成聲價尤堪貴，較勝潘徐品獨芳。

《芑亭廣文先生以檇李贈黄韻甫師，并勝所著〈檇李譜〉。時適過黄氏拙宜園，即蒙分餉數枚，率成三十韻題于譜上，郵寄就正》錢塘 蔣坦藹卿

秀州有佳李，耳食今十年。竭來武原遊，適當小暑前。我師分餉我，著手輕紅鮮。為言王錄事，風雅獨愛賢。歲必遠持贈，不惜金十鍰。兼賸譜卅條，纖細詳一編。開函再三讀，始得本末焉。溯李所自來，謂自周秦沿。當時竟埋沒，雖美無由傳。至宋張堯同，方見諸詩篇。品超桐鄉縣，味勝澉浦山。迨至朱竹垞曹秋嶽起，互證書便便。淨相古教寺，真種出最先。産惟幾本樹，植罕數頃田。外此盡別種，亦無爪痕纖。每年二三月，花白渾如烟。禽語架格，日夕窺其巔。僧窮守護力，系扇逐風顛。年荒實更少，價值貴千錢。往往鄰里翁，霜雪滿鬢旁。而未一沾唇，聞之輒流涎。因恩萬物理，顯晦總關天。其間幸不幸，相距絕相懸。即將此樹論，本是同榛菅。幸而免樵斧，敢望登華筵？一朝盛名至，考證尤精研。青綃難掛齒，紫粉難齊肩。夫豈物有異，聲價使之然。乃歎士君子，伏處身窮顛。華實須自副，榮瘁非吾權。

《芑亭二兄惠净相寺檇李并以〈檇李譜〉索題，成詩答謝》貴州 楊裕深曉東

爪掐纖痕顆顆留，瓊漿吸盡潤詩喉。真才方許真詮出，名果須教名士投。吴越興亡增舊感，春秋筆削記前修。楊梅愧我家園少，報玖題圖未足酬君曾以周未庵進士繪贈報玖圖屬題七古。

《芑亭二兄外翰寄遺净相寺檇李并大箸〈檇李譜〉，賦此答謝》錢塘 戴熙醇士

老桃北杏麟經見，檇李特書吴越戰。得名早在夷光前，雋謂鳥肥取誇炫。醉李就李皆音偽，當以得雋證盲傳。廣文先生安豐裔，鑽核家風今忽變。梵宇施金易珍果，摘鮮藏熟分甘偏。先生嗜古非嗜味，搜採故實乘清宴。辨證玉蕊譜糖霜，體例一洗稽含面。綜以序言冠以圖，大句短章羅碩彥。習苦熙齋名主人例茹苦，俊品何期遞郵傳。包裹封題四十枚，飽啖家人逾飲宴。味餘領取味外味，有似梅花和雪咽。況兼新譜媲君謨，快讀終篇起遙羨。平生奔逐為口忙，南北嗜好各有擅。沙雅爾梨哈密瓜，波蘿蜜與桃榔麪。至今未忘董墓桃，荔支尤勝君遷殿。以彼視此悉衙官，惟新會橙邀天眷道光二十八年，恩賜新會橙一桶。真贋細認筆管印，皮上天生一圓印者出新會，差與爪痕相後先。懸車十載未嘗新，玉箸金盤料難薦。豈知分野共星精，餘潤還叨及鄰縣。此詩無味不妨傳，為君一滌老饕硯。

《芑亭二兄見惠檇李，并示以〈檇李譜〉，率成奉謝》平湖 張金鏞海門

玉衡昨夜夢星移，檇李侵晨忽遠遺。皮嫩臺邊留腿粉，色鮮河畔帶傾脂。細心備考栽培術，厚誼堪賡投報詩。猶憶槐花吟館宿，爪痕相約訪西施曾宿君齋，許訪淨相寺。

《芑亭世□寄贈净相寺檇李，并示〈檇李譜〉，題此歸之》平湖 朱壬林小雲

滿林檇李護晴烟，正值黄梅雨霽天。投贈舊交經兩世令尊鉏園訂交在嘉慶丙寅，紛爭往事閱千年。清香同許留花史，真種猶欣近竹田。歸思蓴鱸貪戀外，馬塇菱熟亦新鮮平湖土産有馬塇菱。

《芑亭廣文屢餉檇李，并寄〈檇李譜〉屬題，因成二絶以報之》長白 明德克庵

沼吴事歷幾滄桑，仙種猶能剩佛堂。惟有風流王錄事，卅條細細載精詳。

一筐珍貴重如嫌，入口輕紅比蜜甜。錯認開通錢上掐，依稀胥後爪痕纖。

《芑亭二兄贈净相寺檇李，并媵〈檇李譜〉索詩，成此答謝》仁和 張詠梅丞

秉鐸嘉禾地，居官檇李城。殘枝分碩果，荒寺得宏名。敢較林檎美，詩爭橄欖清。人生如草木，大造任枯榮。

《芑亭學博以净相寺檇李見餉，并索題〈檇李譜〉，遲逾數月，賦此奉答，時在同治己巳冬至後二日也》諸城 臧均之可園

王郎王郎著作精，檇李本原搜麟經。地名千載留果名，天星分野應玉衡。堯同倡詠開先聲，朱曹繼起加品評。淨相老樹青復青，徐園潘園□無稱。木李投我百感生，曾皙羊棗心怦怦。萱帷嗜食雙淚傾先母愛食佳李，尋常饋遺同君羹。風塵俗吏羞潔楹，鮮民難遂祿養情。憶昔往遊臨畦勝，荒煙落木秋山明。吴越莫問沉與升，恩歸故壟勤躬耕。遲我題詩酬詩朋，古寺為鄰吟寒燈。

《芑亭二兄重刊〈檇李譜〉，屬書册首，并索題句。興之所至，中多

駁辨，不自知其少藴蓄也。兼柬可園大兄，并請即正》 **善化 許瑶光雪門** 君謨閩人譜荔支，但誇閩産無乃私。後來永嘉韓太守，橘録止録溫州宜。賢豪所居考名物，棠陰枌社爭留貽。不比《茶譜》暨《筍譜》，鋪張珍味供朵頤。我守檇李已七載，淨相芳根兵後在。六月炎威晱此消，交梨碧柰浮東海。曾讀頻羅庵主章，筠龍盈咫風露香。一笑金婆换西子二句山舟先生詩中語，遠餉追和丁見堂。幾欲翻書稽越絶，醉李二字增傍徨。有如衛風報瓊玖，刺淫美伯今難詳。茲李名地始盲左，定公乙巳吳王光。夫椒行成歲丁未，浣紗女始來金閶。歌舞三年語溪水，爪痕未免傳荒唐。今古蛾眉生附會，傾脂有河層有廊。名花名果一例視，玉環紅撚牡丹芳。君之此譜究何是，浣誦芬芳漱牙齒。仙液千年柱下君，清風三日於陵子。若將多識祖葩經，必恭敬止同桑梓。壇邊杏子聖人居，門外栗魁高士里。楊梅從此屬君果，儒雅風流問誰比。我未暇譜聊作詩，失卻驪珠割龍耳。所願牽連附驥傳，恰似潘園徐園李『徐園李』見山舟詩。

《西子妝・芑亭廣文先生寄示所作〈檇李譜〉，讀之齒頰生香。爰填一解奉答，蓋冀將來之分甘名果也》 **平湖 賈敦良芝房** 產孕星精，香流玉液，俊味競誇鄉土。祇林劫外數株存，伴招提，貝多羅樹，金鈴靜護。防紅顆，啄殘鸚鵡。認當年，有痕留纖爪，嬌酣如許。筠籃貯，記取分來，價重西施乳。槐花吟客擷芳才，擘瑤片，荔枝同譜，茶瓜逭暑。更難忘，徐園風趣。最相望，得共來禽寄與右軍有青李來禽帖。

《水龍吟第一體・芑亭仁兄先生以〈檇李譜〉寄示，賦此奉題，即請正拍》 **華亭 張鴻卓筱峰** 西施沈醉初醒，纖纖一掐痕留爪。瑤花白綴，瓊漿紅綻，俊逾植棗。勝地分名，遙天應宿，著稱吳早。二千年佳種，流傳風處，偏輸與，招提好。摩詰江鄉細考，譜群芳，響遺不少。舊編廣撿，新詩旁證，僧廬昏曉。餓眼窺禽，饞涎垂客，補圖忒肖。擬明年小暑，嘗新來就，泛鴛湖棹。

《買陂塘・芑亭老兄以〈檇李譜〉寄題，填此就正》 **秀水 孫融次公** 一株株，東風催嫁，紅裙低護鄰女。瓊漿飽綻瑩膚潤，小暑輕雷才做。痕淺露，卻不道，美人指掐留千古，投桃報汝。待緘固筠籠，賦詩作媵，遙寄野航去。憑追溯，名字麟經曾著，托居禪窟深處。吟餘略載生花筆，此果夙根如許。須記取，似還慮，潘徐支派留傳誤，佳珍細數。只一騎塵飛，嶺南仙荔，堪與爾同譜。

《芑亭先生寄〈檇李譜〉一册，因用〈曝書亭集〉朱竹垞太史檇李詩體奉題，即請教正》 **南屏退院 僧達受** 麟經標勝地，鴛水托靈根。俊味誇仙果，清香繞佛門。價高推淨相，品重溯徐園。醉意文堪述，雋聲義尚存。瞻嘗懷往跡，爪掐認新痕。鷾啄驅鳴柝，鶯含護掛幡。林檎同啟讀，橄欖並詩論。譜許荔枝續，精詳著妙言。

《芑亭老世伯先生以〈檇李譜〉寄示家嚴，索序，因得展讀，并題一律》 **海鹽 黄玨佩珩** 認取西施掐，興亡何足論。清修成佛果，淨相託仙根。玉液含肌綻，金絲綴核繁。譜來應入志，魯史許同存。

《芑亭伯兄新箸〈檇李譜〉成，喜爲題句》 **妹 王文瑞秋霞** 吳越紛爭只指彈，城荒草木盡摧殘。美人纖爪空留掐，一撚還堪比牡丹。

懷橘分梨憶小時，俄驚老大鬢成絲。一編可續《荔枝譜》，鎮日合咀手自披。

著録

清 丁申、丁丙《八千卷樓書目》卷一二《子部・譜録類》 《檇李譜》一卷，國朝王逢辰撰，刊本。

《清續文獻通考》卷二七四《經籍考十八》 《檇李譜》一卷，王逢辰撰。

《清史稿》卷一四七《藝文志三》 《檇李譜》一卷，王逢辰撰。

花類農書

吳中花品

宋 陳振孫《直齋書録解題》卷一〇《農家類》 《吳中花品》一卷，慶曆乙酉趙郡李英述。皆出洛陽花品之外者，以今日吳中論之，雖曰植花，未能如承平之盛也。

明 陳第《世善堂藏書目録》卷下《各家六·農圃》 《吳中花品》一卷，李英。

明 慎懋官《華夷花木鳥獸珍玩考》卷六《花木考》 《吳中花品》一卷，陳氏曰：慶□□趙郡李英述。皆出洛陽花品之外者，以今日吳中論之，雖曰植花，未能如承平之盛也。

（同治）《蘇州府志》卷一三九《藝文志四》 李英《吳中花品》一卷，趙郡人。

花譜

《宋史》卷二〇五《藝文志四·農家類》 任璹《彭門花譜》一卷。

明 柯維騏《宋史新編》卷五〇《藝文志四》 任璹《彭門花譜》一卷。

明 慎懋官《華夷花木鳥獸珍玩考》卷六《花木考》 《花譜》二卷，陳氏曰：滎陽張□子堅撰。以花有千葉多葉、黃紅紫白之别，類以為譜。凡千□五十八品，多葉六十二品，又以芍藥附其末，□與其弟□子望同登進士第，□嘗從邵□。

二如亭群芳譜

綜述

明 王象晋《二如亭群芳譜·敘》 尼父有言：吾不如老農，不如老圃。世之耳食者，遂譁然曰：農與圃小人事也。大人者，當劑調二氣，冶鑄萬有，烏用是齪齪者為果爾。則陳豳風者不必聖，愛菊愛蓮者不必賢，稅桑田樹榛栗者不必稱，塞淵侈詠歌哉！予性喜種植，斗室傍羅盆草數事，瓦缽内蓄文魚數頭，薄田百晦足供饘粥。郭門外有園一區，題以涉趣中為亭。顏以二如，雜藝蔬茹數十色，樹松竹棗杏數十株，植雜草野花數十器。種不必奇異，第取其生意鬱勃可覘化機，美實陸離可充口食。較晴雨時，澆灌可助天工，培根核屏，菑翳可驗人事。暇則抽架上農經花史，手錄一二，則以補咨詢之所未備。每花明柳媚，日麗風和，攜斗酒，摘畦蔬，偕一二老友話十餘年前陳事。醉則偃仰於花茵莎榻淺紅濃緑間，聽松濤，疇鳥語。一切升沉寵辱，直付之花開花落。因取平日所涉歷咨詢者，類而著之於編。而又冠以天時歲令，以便從事。歷十餘寒暑，始克就緒，題之曰《二如亭羣芳譜》。與同志者共焉，相與怡情，相與育物，相與阜財，用而厚民生，即不敢謂調二氣冶萬有，其於天地之大生廣生未必無小補云。因思尼父所言，蓋恐石隱者流果於忘世，而非厭薄農圃以為瑣事不足為也。請以質諸世之所謂大人者。好生居士王象晉藎臣甫題。

又《毛鳳苞小序》 譜群芳者何，凡兩間之夭喬，無不卉也，無不芳也。故桐以乳擯，莽以旗蔽，稻麻黍麥落其稃者，稱以穗；榛梗楠梓取其杖者，著以本之。數者孰非含葩吐萼，秀造化之精英也邪。譜之者，敘其類也。客有嘲之，而且詰曰：品物有萬，不出一色一香。小者南，強大者北。勝業已九命而榮辱之奚甚。且寵木爲僊，尊艸為帝，呼花為聖人，奚啻氏錦心而朗繡腹也。段記室之廣植足裨見聞，陸師農之埤雅寔資荒漏。則茲編者弗既贅疣乎？予曰：吁，胡爾見之徑庭也。錦洞之天不設，誰悟蕉迷；紅雲之宴久虛，疇司花禁。是以揚雄之舊菜，增伽小菰非誤；崔融之凡松，作賦昨葉何殊。人第謂草木顯繡，蟠紅而頩青，豈知萑葦乎，性乃霜辛而露酸矣。新城憲伯王公嘗讀《氾氏之書》，深悲無稷，每稽尹君之錄，差可徵葵。稽含僅狀夫南方，張騫略□乎西域，此雖□圃云未能灌園，誠不足也。況徹六合之外，八荒之表乎。是碩世有神瓜，人爲桂父，冥鬱蔭如何之樹翠矣。滄思之米，墮英舞山香之曲，相贈殿婪尾之春。其為書也，顯集幽通，横罄豎窮，鼓吹農皇，臣妾國風，碧杜紅蘅，男紫女青，葳蕤擬貌，穲稏成形，湖目思蓮，䶩面呪桃，引之齊趙，鼻選舌交，至鞞韠之佐，曼殊之沙，可散而可貴者，皆佛國鹿苑之華，又存而不論者也。更若文章之樹瓏璁，科名之草茸茸，調五宜而進百益者，無非九錫吾之王公。謹序。海虞門人毛鳳苞頓首拜譔。

又《陳繼儒序》 今海内推喬木世家，首屈新城王氏。名公卿纍纍，項背相望，家有諸刻，皆聖賢軌正，都世之書，非直花萼集棠棣碑也。今康翁所著《群芳譜》者何？譜花木也。按天文，農丈人一星在斗之西南，與箕杵相近，桑亦箕星之精也。農桑之業，天且弗違，而況人乎？譜蔬佐穀也，譜麻佐桑也，而未聞有譜吉貝木棉以佐桑麻之未及者，蓋自王公始。其次乃譜花木，譜形，譜名，譜占候休咎，譜種植接插收採諸法，譜制用、療治、補麗藻，亦俱自王公始。雖託名農圃，而大人三才之能事畢具矣！夫家有譜，猶國有史也。李九疑之敘《花史》也，以月令為《花編年》，以姚魏牡丹、哀家梨、安石榴為《花世家》、《花列傳》，以東籬孤山為《花隱逸》，以天女散之、如來拈之為《花方外》，似亦濃麗極矣。自王公《群芳譜》出，而覺《花史》盡可廢。公非為農圃設也，洪荒到今，其間正閏興亡，理亂不知歷幾千餘年矣。正如群芳之榮落，悉聽於二十四番花信之風。而究竟本深者末茂，人定者勝天，寧詎委之氣數而已乎？老臣以愛惜人才為主，老宗長以愛惜子弟為主，老農圃以愛惜花木為主，接引生機，此花之初學也；護持香艷，此花之盛年也；茹其英而收其實，此花之晚節末路也；剗腐槁、剔□蠹，□堙滯，此去夫花之敗群圮族而成就為家，幹為國楨者也。若夫養失其性，用違其才，豈花之罪也哉！吾故於王公之是譜也，得收族之義焉，得國家樹人之術焉，富哉！言乎此譜，繇《周禮·薙氏》、《柞氏》、《靈樞本草》以及經史二氏百家之流，無所不裒採而引證之，其辨博可與崔寔、氾勝、陸師農比肩，其以無用而為有用，即何迪功之《花木考》，賈平章之《花蟲艷異經》，方之蔑如矣！雖欲不傳得乎？王之先潁川公，煮糜賑飢，門有槐樹，可十圍，啜粥者掛蓑笠其上，世稱『大槐王』。今公家兄弟父子直追司徒公之世德而栽培之，以道義為雨露，以名節為風霜，以拔茅連茹為連枝同氣，里人過忠勤祠而指之曰：『茲非王氏三槐之報耶？』儒聞聲而不得至，但手《群芳譜》一編，神遊於二如亭中，作吾家灌園於陵子足矣。雲間陳繼儒頓首撰。

又 好生居士《跋語》 回憶甲寅、乙卯間，同鄉二三貴人得時行志，啣憲握爵，念之所向，山嶽動而風雷馳，三事六曹而下，頤指唯命。予時方備員秘省，迂愚戇拙，不能承順意指，用是擯歸林麓。八庚歲菕，未敢以片楮達長安。客有憐予者，造而請曰：『子讀聖賢書，終以巖穴老乎？長安貴人豈盡不可以人理格？子能悔過輸誠，失東隅，收桑榆，亦未可知。河清難俟，子將誰懟？』予曰：『唯唯，否否。人各有能有不能，舍所能則失己強所不能未必得人。且古聖賢亦何嘗戀戀名位也？參讚位育，老安少懷，素位可行，豈異人任？子試觀吾農圃功成，出而郊親圻，入而苑圃，滿月菁蔥，八口溫飽。是亦一小參讚，小安懷也。豈必乞墦登壟，乘高策肥，廼愉快哉！語云「君子固窮」，「達人知命」，予之窮，予之命也。吾行吾素，何怨何援？子休矣！順時安命，深耕疾耰，以旦夕從事於農圃，聊悠遊以卒歲可已。』客驩然長嘯而去。天啟辛酉花朝，好生居士再題於涉。

清 王士禎《分甘餘話》卷一 《群芳譜》一書，先祖前浙江右布政使、今皇贈經筵講官、刑部尚書（臣）象晉所著。萬曆中，先祖官京師，為黨人所忌，借丁巳京察謫官，家居十載，甘農圃以沒齒，作為此書，名亭曰『二如』以見志，後刻於虞山毛氏汲古閣，流傳已久。康熙四十四年六月十二日，奉聖旨開館廣續，命編修（臣）汪灝、張逸少等四人為纂修官，至四十六年二月告成，凡一百卷，賜名《佩文齋廣群芳譜》，禦制序文，冠於編首，仍存先臣自序及每卷小序，亦所不遺。（臣）感荷聖恩，榮施泉壤，謹錄禦制，並述緣起，以彰異數，備家乘雲。原任經筵講官、刑部尚書（臣）王士禎恭紀。

《四庫全書總目》卷一一六《子部二十六·譜録類存目》 是書凡《天譜》三卷，《歲譜》四卷，《穀譜》一卷，《蔬譜》二卷，《果譜》四卷，《茶竹譜》三卷，《桑麻葛苧譜》一卷，《藥譜》三卷，《木譜》三卷，《花譜》三卷，《卉譜》二卷，《鶴魚譜》一卷，略於種植而詳於療治之法，與典故藝文，割裂餖飣，頗無足取。聖祖仁皇帝詔儒臣刪其踳駁，正其舛謬，復為拾遺補闕，成《廣群芳譜》一書，昭示萬世。覆視是編，真已陳之土苴矣。

清 周中孚《鄭堂讀書記》卷五一《子部九之下·譜録類二》 《四庫全書》存目，無『二如亭』三字。《明史·藝文志》農家類所載，亦同是編。分四部，十四譜，元部凡天譜三卷，歲譜四卷；亨部凡《穀譜》一卷，《蔬譜》二卷，《果譜》四卷；利部凡《茶譜》一卷，《竹譜》一卷，《桑葛譜》一卷，《棉譜》一卷，《藥譜》三卷，《木譜》二卷；貞部凡《花譜》四卷，《卉譜》二卷，《鶴魚》一卷。而以《往哲芳蹤》為首，卷前有小序，每譜亦各有小序。及首簡每種，分條標目，以隸事實藝文，大都以俞羨長所編《唐類函》為本，而參以《花鏡》《圃史》諸書。其療治一條，則又採之《本草綱目》，或迷其出處，或舛其姓名，譌漏不可殫數。至《天譜》雜述災祥，《歲譜》泛陳節序，《鶴魚》一譜無關種植，亦無關民用，皆為全書之贅。是以康熙四十七年聖祖仁皇帝有《御定廣羣芳譜》之作也。其書前有自序，義例，及陳繼儒，朱國盛，毛鳳苞，張溥四序。末有天啟辛酉自跋。

傳記

清 朱彝尊《明詩綜》卷六四　王象晉一首　象晉，字子進，濟南新城人。萬歷甲辰進士，授中書舍人，遷禮部主事，謫江西按察知事。稍遷行人司副，轉禮部員外。歷郎中，出為浙江參政官，至浙江右布政使，致仕卒。鄉人私謚『康節先生』。

（雍正）《浙江通志》卷一一八《職官八》　王象晉，字子進。山東新城人。

（雍正）《山東通志》卷一五之一　王象晉，新城人。甲辰進士。

又 卷二八之三　王象晉，字康宇，新城人。萬歷甲辰進士。由中書歷官浙江右布政使。為河南按察使時，宗室蘭陽王起大獄，晉力持之，所全活甚衆。任浙江時，左轄姚永濟以考成不及額，下詔獄。晉攝篆，盡以所徵銀代姚起解，姚以額足得復官。七十引年，優游林下二年，著書數十種，濟人利物，常恐不及，年九十餘卒。

（乾隆）《江南通志》卷一一二《職官志》　王象晉，字康宇。新城人，崇禎時任揚州兵備，平海濱巨盜王虎子。又通州民變，焚劫諸巨室，象晉馳往擒其魁，立置之法。《舊通志》

清 張豫章《御選宋金元明四朝詩》　王象晉，字子進，濟南新城人。萬歷甲辰進士，授中書舍人，遷禮部主事。謫江西按察知事，累遷禮部郎中，出歷浙江右布政使。

清 陳鼎《留溪外傳・隱逸部上》卷五　王象晉，字康宇，山東新城人。前朝萬曆甲辰進士。官至布政。鼎革之後，隱居山中，以詩酒自娛，累徵不起，年九十三而卒。

《四庫全書總目》卷一一六《子部二十六・譜録類存目》　象晉，字蓋臣，山東新城人。萬歷甲辰進士，官至浙江右布政使。

清 周中孚《鄭堂讀書記》卷五一《子部九之下・譜録類二》　象晉，字藝臣，自號好生居士，山東新城人。萬曆甲辰進士，官至浙江布政使。

著録

清 黄虞稷《千頃堂書目》卷九《食貨類》　王象晉《二如亭羣芳譜》二十八卷。

《欽定續通志》卷一五九《藝文略》　《羣芳譜》三十卷，明王象晋撰。

又 卷一六五《圖譜略一》　明王象晋《羣芳譜》。

《欽定續文獻通考》卷一八一《經籍考》　王象晉《羣芳譜》三十卷，象晉見雜品類。

清 萬斯同《明史・藝文志二》卷一三四　王象晉《二如亭群芳譜》二十八卷。

《明史》卷九八《藝文志三・子・農家類》　王象晉《群芳譜》二十八卷。

清 徐乾學《傳是樓書目・子部》　《羣芳譜》二十八卷，明王象晋，十四本。

又一部，十六本。

《四庫全書總目》卷一一六《子部二十六・譜録類存目》　《羣芳譜》三十卷，内府藏本，明王象晉撰。

（雍正）《山東通志》卷三四　王象晉《群芳譜》四〇卷

《續文獻通考・經籍考》卷一八一　王象晉《羣芳譜》三〇卷

清 沈德壽《抱經樓藏書志・譜録類二》卷四一　《二如亭群芳譜》二十四卷，明刊本，金得昌舊藏。濟南王象晉藎臣甫纂輯。王象晉序。毛鳳苞序。義例小序。好生居士跋天啟辛酉。卷首有金印得昌白文方印，禹亭兩字朱文方印。

清 周中孚《鄭堂讀書記》卷五一《子部九之下・譜録類》　明王象晉撰。象晉字藝臣，自號好生居士。山東新城人。萬麻甲辰進士，官至浙江布政使。《四庫全書存目》無『二如亭』三字。《明史・藝文志・農家類》所載亦同。是編分四部，十四譜，元部凡《天譜》三卷，《歲譜》四卷。亨部凡《穀譜》一卷，《蔬譜》二卷，《果譜》四卷；利部凡《茶譜》一卷，《竹譜》一卷，《桑葛譜》一卷，《棉譜》一卷，《藥譜》三卷，《木譜》二卷；貞部凡《花譜》四卷，《卉譜》二卷，《鶴魚》一卷。而以《往哲芳蹤》為首卷。前有小序，每譜亦各有小序，及首簡每種分條標目以隸事實，藝文大都以俞羨長所編《唐類函》為本而參以《花鏡》、《圃史》諸書。其療治一條則又採之《本草綱目》，或迷其出處，或舛其姓名，譌漏不可殫數。至《天譜》雜述災祥，《歲譜》泛陳節序，《鶴魚》一譜無關種植，亦無關民用，皆為全書之贅。是以康熙四十七年聖祖仁皇帝有《御定廣羣芳譜》之作也。其書前有自序義例及陳繼儒、朱國盛、毛鳳苞、張溥四序，末有天啟辛酉自跋。

清　丁丙《八千卷樓書目》卷一二《子部・譜録類》　《群芳譜》三十卷，明王象晉撰。明刊本。漁洋全集本。

清　沈復粲《鳴野山房書目》卷三《子之六・雜家》　《二如亭群芳譜》十四種，新城王象晉輯。

清　馬瀛《唫香僊館書目・子部譜録類》　《群芳譜》二十八卷，明王象晉撰，二十本。

雜録

明　王象晋《二如亭群芳譜・義例》　一聖人作則，因物賦名，裔是而降，漸以龐雜。有一物數名者，有異物同名者，不有標識，誰辨淄澠。於是乎，譜物名。

一名爲實賓，實因形辨，或枝葉之少異，或華實之相彷，不有區別，或致誤用。於是乎，譜物形。

一天垂象，見吉凶，聖人則之。考往古，所以鏡將來也。然惟關種植者，始列之編，其談利害涉怪誕者，寘不錄。於是乎，譜占侯、譜休徵咎徵。

一南北之異地也，陰陽寒燠之異宜也。物之不齊，物之性也。順其性則事半功倍，拂其性則無益反害。聖人不能違時，能不失時而已。於是乎，譜種植、譜接插、譜壅培、灌溉、整頓、收採。

一飲食日用，所以尊生，燥濕溫涼，或至伐性。即一物之微、一七之細，所關於軀命，非渺淺也。於是乎，譜製用、譜療治。

一語云：前事之不忘後事之師也。又曰：君子多識前言往行以畜其德。故往蹟之臚傳，詞鋒之繡錯，凡可以鼓天機、啓性靈者，孰非日用裨益之資？於是乎，譜典故、譜麗藻。

一平居而飽藜藿，珍錯皆唾棄之餘，中流而失楫，維一壺亨千金之用，貴賤美惡皆人之所造，非天之所設也。其有形類近似者皆著之編，亦以見天地之無棄物耳。於是乎，譜附錄。

一音釋標之上層，訓詁列之下格。國朝名公、書名、書號、書地、書官，縷析條分，豈好爲煩哉？庶便簡閱云爾。獨媿管窺之見，無當大方，奚囊所携，有慙鄴架，複蔓掛漏，未足語成書云爾。所冀補逸刪陋，遯稽冥搜，近成一家之言，遠適萬方之用，請以俟博雅之君子。

《續通志・藝文略》卷一七六　玉蘭，取辛夷木本接植之，即成。花師皆云『玉蘭雖有白花而小，且叢條不成樹，欲花朵大而成樹，必須取辛夷接植，而辛夷不以玉蘭接之，則仍紫花』。是辛夷、玉蘭本相近。然《羣芳譜》及詩人率別辛夷、玉蘭若涇渭，而以木筆屬之辛夷。今觀二花尖鋭形態畢同，獨紫白異色耳。若以擬筆，不與白而與紫，吾以為不然。臣等細繹之下，恍悟胡仔以木筆專屬辛夷，尚仍前人之誤，而李時珍認為一物，亦不知玉蘭用辛夷接植而成，皆未深考。又伏讀《御製詠紫白丁香詩》云『辛夷若謂，玉蘭別謂，此分身抑合身』尤為確証。《鄭志》但載辛夷而無玉蘭，殊為疎畧。

清　陸隴其《三漁堂賸言》卷一二　《羣芳譜》係新城王象晉所輯，亦不為無用。然考草木而不甚引《爾雅》及漢唐註□，覺少源委。如指飯黍為稷，及將《鄭風》之荼與《邶風》之荼看作一物，皆是踈處。

清　陸隴其《三魚堂文集・文集》卷二《黍稷辨》　《真定府志》有粟、有黍、有稷。而稷下注云：『土人咸以飯黍為稷。』愚嘗合而觀之，黍貴而稷賤，黍早而稷晚，黍大而稷小，黍穗散而稷穗聚，稷即粟也，今俗所謂小米者，稷也。所謂黃米者，黍也。黍有粘，有不粘。不粘者，飯黍也；粘者，釀酒之黍也。其辨甚明。自土人以飯黍為稷，而黍、稷、粟之辨遂淆。然《本草》已分稷與粟為二種，則其相沿之訛非一日矣。天啟時新城王象晉作《羣芳譜》，近時江右張自烈作《正字通》，亦皆指飯黍為稷。甚矣，俗訛之難辨也！

藝花譜

清 丁日昌《持靜齋書目》卷五 《藝花譜》，明高濂撰。

清 丁申、丁丙《八千卷樓書目》卷一二《子部·譜録類》 《藝花譜》一卷，明高濂撰，廣百川本。

御定廣群芳譜

綜述

《四庫全書總目》卷一一五《子部二十五·譜録類》 《御定廣群芳譜》一百卷，康熙四十七年聖祖仁皇帝御定。蓋因明王象晉《群芳譜》而廣之也。凡改正其門目者三，以《天譜》、《歲譜》並為《天時記》，惟述物候榮枯，而《天譜》之雜述災祥，《歲譜》之泛陳節序者俱刪不錄。其《鶴魚》一譜無關種植，亦無關民用，則竟全刪。改正其體例者四，原本分條標目，前後參差，今每物先釋其名狀，次徵據事實，統標曰『彙考』。詩文題詠，統標曰『集藻』。製用、移植諸法，統標曰『別録』。其『療治』一條，恐參校未精，泥方貽誤，亦竟刊除。至象晉生於明季，不及見太平王會之盛，今則流沙蟠木，盡入版圖，航海梯山，咸通職貢，凡殊方絶域之産，古所未聞者，俱一一詳載，以昭聖朝之隆軌。又象晉以田居閒適，偶爾著書，不能窺天祿、石渠之秘，考證頗疏，其所載者又多稗販於《花鏡》、《圃史》諸書，或迷其出處，或舛其姓名，訛漏不可殫數。今則紬東觀之藏，開西昆之府，並溯委窮源，詳為補正，以成博物之鴻編。賜名《廣群芳譜》，特聖人褒纖芥之善，不沒創始之功耳。實則新輯者十之八九，象晉舊文僅存十之一二也。

清 周中孚《鄭堂讀書記》卷五一《子部九之下·譜録類二》 謹案是書因明王象晉《羣芳譜》而廣之，併其天譜，歲譜為天時譜，而刪其鶴魚一譜，及諸譜中療治一條，并更改其次序，移易其種類。凡天時譜六卷，穀譜四卷，桑麻譜二卷，蔬譜五卷，茶譜四卷，花譜三十二卷，果譜十四卷，木譜十四卷，竹譜五卷，卉譜六卷，藥譜八卷。每一物詳釋名狀，列於其首。次徵據事實，統標曰彙考。傳記、序辨、題跋、雜著、騷賦、詩詞，統標曰集藻。其製用，移植等目，統標曰別録。至若原本，首簡總論雜説中，有可採者，悉行附載。泛者略之，並為之訂其訛，補其漏。從此象晉所作之書，可以庋置高閣矣。冠以御製序文，暨劉灝等進表及凡例，并附録象晉原序

承幹按，灝字文漪，號天泉，康熙進士，官至河南巡撫。

清 愛新覺羅·玄燁《御製佩文齋廣羣芳譜·序》 粵自神農氏嘗草辨穀，民始知樹藝醫藥。伊耆氏命羲和推步定歷以授時，民始知耕穫之不愆，而百工績熙偉哉。開物成務啟牖來，茲聖帝之功與天地並矣。朕聽政之暇披閱典籍，留意農桑繪耕織之圖製永言之什。時巡所至親歷田間，其稼穡之艱難，作勞之辛苦，既周知而洞悉矣。每思究百昌生殖之理，極萬變消長之情，著為成編以佑吾民。嘗謂《爾雅》具其名物，而郭璞、陸佃、孫炎之流疏注埤翼又加詳焉。其明備者莫如本草，自本經以迄陶弘景、蘇頌而下，數十種凡採治之法無不該核他。如《齊民要術》、《月令廣義》諸書其蒔植之宜為更晰矣。遐稽往牘擷其英華，歸於簡括良匪易也。比見近人所纂《羣芳譜》蒐輯衆長，義類可取。但惜尚多踈漏，因命儒臣即祕府藏帙，攟摭薈萃刪其支冗，補其闕遺。上原六經旁據子史，洎夫稗官野乘之言，才士之所歌吟田夫之所傳述，皆著於篇而奇花瑞草之産於名山，貢自遠徼絶塞為前代所未見聞者，亦若列焉。復允廷臣之請益，以朕所賦詠，依賴分載總一百卷，命名曰：《佩文齋廣羣芳譜》冠以天時尊歲令也。次穀、次桑麻崇民事也，次蔬茶。果木、花卉資厚生薄利用也，終以藥物重民命也。其諸天時蚤晚之候，人事種溉之方，地力彼此之殊，物性良楛之異，罔弗條舉縷析燦然可觀焉。是書也，攬品彙之蕃滋，想羣生之率，育一展卷間，化機洋溢於茲，畢呈固不惟矜淹洽侈藻麗也。以是刋布天下垂之久遠，使吾民優游於農圃之中，家室盈寧樂其業而不憚，其勤而大夫士以及民之秀者，因以區別物宜審，其淑慝凜嗜好之常。慎節宣之度於以躋仕壽而享泰平，亦不為無所裨助也哉。康熙四十七年五月初十日。

清 王士禎《分甘餘話》卷四 《廣群芳譜》所載異花凡一百一十六

種，今略録數十種於左：萬年花　金蓮　茈碧　九花樹　金〔艸登〕花　紅綬花　優鉢曇　迎輦花　金步搖　靈壽花　無憂花　那伽花　提羅迦　拘尼陀　系白象樹花　簇蝶花　俱舟阝衛　石蓮　洛如花　太平瑞　勝花　七寶花　娑羅花　鵝毛玉鳳花　蟬花　石蟬花　錦帶花　青囊花　上元紅　泡花

枸那花　水西花　象蹄花　白鶴花　金莖花　白菱花　閩山丹　金鉢盂　纈絲花　笑靨花　紅麥花　龍女花　會城娑羅花　優曇花　金縷梅　瓔珞花　紫雲花　海？花　仙都花　四照花　覆杯花　查葡花　山釵花　鵝群花

海瓊花　寶網花　長樂花　優鉢羅花　燕翁花　玉燭花　杏香花　萬蝶花

鷹爪花　提花　禦帶花　玉手爐花　繭漆花　散水花　孩兒花　練春紅

長十八　波羅花　疊羅花　藍雀花　翠蛾眉

清　王士禎《帶經堂集・蠶尾續文六》卷七八《内府〈廣羣芳譜〉後記》　《羣芳譜》一書，先祖前浙江右布政使、今皇贈經筵講官、刑部尚書臣象晉所著。萬曆中，先祖官京師，爲黨人所忌，借丁巳京察謫官，家居十載。甘農圃以没齒，作爲此書，名亭曰二如，以見志。後刻於虞山毛氏汲古閣，流傳已久。康熙四十四年六月十二日奉聖旨，開館廣續，命編修臣汪灝、張逸少等四人為纂修官，至四十六年二月告成。凡一百卷，賜名《佩文齋廣羣芳譜》，御製序，文冠於編首，臣感荷聖恩，榮施泉壤，謹録禦製，并述緣起，以彰異數備家乘云。

著録

《清文獻通考・經籍考》卷二二八　《御定廣羣芳譜》一百卷，康熙四十七年翰林院編修汪灝等奉敕編。聖祖仁皇帝御製序曰【略】。臣等謹按：明王象晉《二如亭羣芳譜》多有疎漏，我聖祖仁皇帝博綜萬彙，涵育羣英，特詔儒臣，開局廣修，十增六七。凡天時譜六卷，穀譜四卷，桑麻譜二卷，蔬譜五卷，茶譜四卷，花譜三十二卷，果譜、木譜各十四卷，竹譜五卷，卉譜六卷、藥譜八卷。凡遠徼遐陬之産，奇花異草之名，為《爾雅》所未聞，《本草》所未賅者，蕃然並萃。博物之鴻編，實古來著録家所未見也。

《清通志・圖譜略》卷一一三　《廣羣芳譜》。謹按：《羣芳譜》乃明王象晉所編，體例尚有未醇，考證亦多疎漏，我聖祖仁皇帝親加釐定，正訛補闕，凡殊方絶域之産，花鏡圃史之書，徵名覈實，一一詳載，以成博物之鴻編而昭聖朝之隆軌。

清　金檀《文瑞樓藏書目録・子類・種藝》卷四　《御定廣群芳譜》一百卷。

清　周中孚《鄭堂讀書記》卷五一《子部九之下・譜録類二》　《御定佩文齋廣羣芳譜》一百卷，武英殿刊本，康熙四十七年汪灝等奉敕撰。

清　丁丙《八千卷樓書目》卷一二《子部・譜録類》　《御定廣群芳譜》一百卷，康熙四十七年汪灝等奉敕撰，殿刊本。

清　張之洞《書目答問・史部・譜録第一二》　《廣群芳譜》一百卷，康熙四十七年敕撰。殿本。重刻通行本。

《清史稿》卷一四七《藝文志三》　《廣群芳譜》一百卷，康熙四十七年，汪灝奉敕撰。

花編

綜述

明　蔣以化《花編・姚宗儀題〈花編〉後》　何以有《花編》，醝臺老師按淮時編也。醝臺性與花，宜比於愛菊、愛蓮諸客。再闢其先三徑，在望洋門北二里，曰菟園，即左氏菟裘語。園不大，五百弓，而四時花狎至，怒生呼儀輩爲羊求，時時嘯唫花下。使淮滿三歲，而菟園花遞入夢，則竊取架上書，次第諸花事，而綴以古今秀句，恍移菟園淮上，而花光在目也。編甫成，曰：不如唫而對之。竟拂袖歸，問花無恙乎？此吾尊也，則又爲花補亭補臺補架。對一花輙與儀共，且詔儀此花本末如畫。儀竊怪老師何以郭槖駝也？曰：吾有編也，雖有編，苦腹非郝，而廨中架又非鄴，子爲廣之。儀曰：天地大矣，何所不有？編不能盡花，花不能盡句，有編則有不編，奚必廣也？況吳下名花，悉灼於園，而古今勝事，悉蔚於筆，亦既犁然矣。然非授儀意也。稍用補定，醝臺喜而藏諸菟園，以爲菟園書也。儀曰：諸名花不與吳下共乎？而諸勝事又不與名花共乎？請付之梓人。蔣先生曰：吾用以呈

按淮，直指淮有花不如吳之花俗。聊供旅目，倘亦有編花者之思乎。則是編藉青雲而聲施矣。儀敬識其事於末簡。門人姚宗儀鳳來父譔。

傳記

（嘉慶）《清一統志》卷三三九《漢陽府》 蔣以化，常熟人。萬歷問，知孝感縣，政務寬平，常巡行郭外，召父老問民疾苦，給牛種資其匱乏。公暇，進諸生講藝。歲大祲，躬為糜粥餔之，道有胔骼輒斂瘞。

《清續文獻通考》卷一七九《經籍考》 以化，字仲學，常熟人。隆慶舉人，官至監察御史。

《四庫全書總目》卷一四三《子部五十三》 以化，字仲學，常熟人。隆慶丁卯舉人，官至監察御史。

著録

明 祁承㸁《澹生堂藏書目》卷八《子類第四・樹藝》 《花編》二冊六卷，蔣以化。

清 黄虞稷《千頃堂書目》卷九《食貨類》 蔣以化《花編》六卷。

清 萬斯同《明史》卷一三四《藝文志二》 蔣以化《花編》六卷。

清 徐乾學《傳是樓書目・小說家》 《花編》六卷，明蔣以化，二本。

清 金檀《文瑞樓藏書目録・子類・種藝》卷四 《花編》，明海虞蔣以化編次。

花史左編

綜述

明 王路《花史左編・陳繼儒序》 吾家田舍，在十字水中。數重花外，中設土剉竹床，及三教書。除是道人外，皆無益也。獨生負花癖，每當二分前後，日遣平頭長鬚，移花種之。犯風露，廢櫛沐，客笑曰：『眉道人命帶桃花。』余笑曰：『乃花帶驛馬星耳。』幽居無事，欲輯《花史》，傳示子孫，而不意吾友王仲遵先之。其所撰《花史》二十四卷，皆古人韻事，當與《農書》、《種樹書》並傳。讀此史者，老於花中，可以長世；披荊畚礫，灌溉培植，皆有法度，可以經世；謝卿相灌園，又可以避世，可以玩世也。但飛而食肉者不略諳此味耳。陳繼儒題。

又《陳繼儒序》 有野趣而不知樂者，樵牧是也。有果窳而不及嘗者，菜傭牙販是也。有花木而不能享者，達人、貴人是也。古之名賢獨淵明寄興，往往在桑麻、松菊、田野、籬落之間。東坡好種植，能手接花果，此得之性，生不可得而強也。強之，雖授以花史，將艴然擲而去之。若果性近而復好焉，請相與偃曝林間諦，看花開花落，便與千萬年興亡盛衰之轍何異？雖謂二十一史盡在，左編一史中可也，眉道人陳繼儒又題。

又《自識》 丁巳年予《花史》成，冬十一月四日夜夢迅雷從內庭起，轟烈滿天，既覺而異之，曰：此何徵也？予將為實乎？墐戶忍饑者久矣，於世無所求也。予將為賓乎？事皆千萬□陳宿，人人耳而目之，非予之所創也，然則何所餙而何所驚耶？客笑指曰：為此窮年勞頓，殊不解。予曰：偶因一語，自受其累。昔人某愛某花，曰：他年我若修花史，列作人間第一香，予憐萬花無主，遂委身從之耳。然予非花忠臣，亦非花良史，乃花說客也。欲令萬萬世誦花於無窮，花神惡我游說，當必震其霆怒，率領萬花叩闕，奏知天帝，鳴鼓以攻予，且措躬無地，如其不然，當必以我為知己，故不覺歡聲如雷耳。前者之夢意在斯乎？意在斯乎？然未可為癡人說也，閣筆不覺噴飯滿案，因私自識焉。

萬曆四十六年花朝，太原是岸生題。

又《小引》 予《花史》肇自丙辰夏日，歷三季始脫槁。左編花之事蹟，計二十四卷。右編花之辞翰，陸續品輯，約一十二卷。試鏡自驗，瘦削見骨者，凡再心血不知耗去幾斗，迺成此事。又念古人一傾一吐，皆以鳴心，瀟酒風神見於筆墨之外。是可爲譚資者未盡也。不惜因花憔悴，補綴數條，復爲《花塵》。其閏分耳，雖勞頓自私，畧足爲花神生色，世有人焉。寓物寄情以共賞者爲獨賞，復以賞心者賞花，應不虛耳。予落落自負情痴，過憐隙駒，深慙涼德，而鴻駿又不可冀趂。此哀邁未逼輒，復死心蠹魚，食神仙字，做得一事，是我生之一日也。若曰好閒，予方欲偷閒未得，竊慕古人秉燭夜遊者，不勝呼躍也。此閒功夫，又從何處得來？故以我爲閒，固非知己；以我爲非閒，亦非深知予者也。浙人王路書於陳山之萬松臺。

《四庫全書總目》卷一一六《子部二十六·譜録類存目》　此書皆載花之品目故實，分類編輯。屬辭隸事，多涉佻纖，不出明季小品之習。《浙江通志》載：王路《花史》二十四卷，有天啟元年李日華序。今此本二十七卷，無日華序。而前有陳繼儒序與路所作小引，皆稱二十四卷。又此本二十五卷花之友，二十七卷花之器，皆題潭雲宣猷馭雲子補。二十二卷花麈，題百花主人輯。則路書本二十四卷，此三卷乃後人所補入，而刊書者併爲一目耳。又路小序稱此書爲左編，別有右編爲花之辭翰，約一十二卷。蓋有其名而未成書者也。

清　周中孚《鄭堂讀書記》卷五一《子部九之下·譜録類二》　《四庫全書》存目。仲遵生負花癖，故入山經營草堂，翦榛搜石，得隙地，便令童子種花栽竹，因簡諸藝植方，及所藏書中拈其涉花木者，排纘為書。凡花之品，花之寄，花之名，花之辨，花之候，花之瑞，花之妖，花之宜，花之情，花之味，花之榮，花之辱，花之忌，花之運，花之夢，花之事，花之人，花之證，花之妬，花之穴，花之藥，花之毒，花之似，花之變。其二十四類，類各一卷。其所分門類品目以及屬辭，俱不脫當時纖佻之習。大都本丘璿《牡丹榮辱志》而擴充之。其叢雜舛譌，又不待言矣。其曰『左編』，蓋以花之辭翰，別為右編，而未成書也。前有自作小引，及萬曆戊寅陳眉公（繼儒）序。

傳記

《四庫全書總目》卷一一六《子部二十六·譜録類存目》　路字仲遵，嘉興人。

清　沈季友《檇李詩繫》卷一九《王布衣路》　路，字仲遵，平湖人。家虹霓里，僻近海隅，蕭然窮處，集古安貧之士為書，曰《冰檗薈》，又著《花史》。約言并客窗，留三十咏。

著録

明　祁承㸁《澹生堂藏書目》卷八《子類第四·樹藝》　《花史左編》四冊三十四卷，王路。

清　黃虞稷《千頃堂書目》卷九《食貨類》　王路《花史左編》二十四卷。

清　萬斯同《明史》卷一三四《藝文志二》　王路《花史左編》二十四卷。

《續通志》卷一五九《藝文略》　《花史左編》二十七卷，明王路撰。

《續文獻通考》卷一八一《經籍考》　王路《花史左編》二十七卷。路，字仲遵，嘉興人。臣等謹案：是書皆載花之品目故實，分類編輯，前有陳繼儒序與路所作小引，皆稱二十四卷。考是編第二十五卷花之友，二十七卷花之器，皆題潭臣雲宣猷馭雲子補。二十二卷花麈，題百花主人輯。則此三卷乃後人所補入，而刊書者併為一編耳。又路小序稱此書為左編，別有右編為花之辭翰，約一十二卷。蓋有其名而未成書者也。

清　徐乾學《傳是樓書目》　《花史》二十四卷，明王路，四本。

清　王聞遠《孝慈堂書目·樹藝》　《花史左編》二十四卷，王路，四冊。

（雍正）《浙江通志》卷二四四《經籍四》　《花史左編》二十四卷，檇李王路仲遵輯，天啟元年李日華序。

《四庫全書總目》卷一一六《子部二十六·譜録類存目》　《花史左編》二十七卷，江蘇巡撫採進本，明王路撰。

清　金檀《文瑞樓藏書目録·子類·種藝》卷四　《花史左編》二十四卷，明華亭陳繼儒輯。

清　周中孚《鄭堂讀書記》卷五一《子部九之下·譜録類二》　《花史左編》二十四卷，原刊本，明王路撰（路字仲遵，嘉興人）。

清　丁申、丁丙《八千卷樓書目》卷一二《子部·譜録類》　《花史左編》二十七卷，明王路撰，明刊本。

清　沈初《浙江採集遺書總録庚集·子部·農家類》　《花史》二十

七卷，刊本。右明嘉興仲遵撰。分花之品、花之候、花之友、花之器等名色。

清　阮元《文選樓藏書記》卷二　《花史》二十七卷。明仲徵著。嘉興人。刊本。是書詳列諸花品目及出產事蹟，并蒔植諸法。

清　沈復粲《鳴野山房書目》卷三《子之六・雜家》　《花史》二十四卷，檇李王路纂。

清　瞿世瑛《清吟閣書目》卷一　《名花小史》，仲遵，四本。

藝文

清　盧奕春《乍浦紀事詩》《兩浙輶軒續録》卷四六　萬株松樹拂長空，臺畔年年掃落紅。檢取名花成逸史，品題二十四番風。明王路，字仲遵，號澹雲。性喜蒔花，居龍湫萬松臺，輯《花史左编》二十四卷行世。

花史

綜述

明　吳彦匡《花史・小引》　余夙有林園之興，每遇脩竹、喬松、草夭、花蘂輒油然有會於心。蚤登賢書時，少年不解事，芥視一第，而才譾數奇，公車久困，勉就一命，庶幾爲三徑之資。復以賦性骯髒，不慣逢時，遂至罷斥，垂橐而歸。幸先人所遺弊廬，足蔽風雨，稍餘隙地，可蒔花竹。且甌土宜樹植，凡蘭、菊、棠、桂之類，皆不難致。花時哦咏其下，以此窮年，勉畢向平之債。雖至屢空，而引分自安，不甚戚戚也。在苕中有遺花編一册，係海虞蔣養菴所輯，頗當余心。稍嫌太畧，因廣而備之，得百十餘種，定爲神品，妙品，佳品，能品，具品，逸品。復搜遺事及名人詩歌，彙爲一編，僭名《花史》。以花有高下、有開謝、有盛衰，猶之國有治亂，事有巨細，局有成敗，人有賢不肖。一花自爲一類，猶之列傳之體也。書成分爲十卷，每欲就梓而力不能，姑什襲藏之篋中，以倣昔人藏名山之意。每晴窗雨幾，命酌小飲，輒取一册諷覽，而哦其篇章，如對芳姿，晤艷質，亦自陶然，又何必百畝之園，崇臺廣榭，雕闌畫檻。日夕酣讌其中，而後爲百花主人也。盍按五岳之圖者，可以臥遊名山，讀九域之志者，不必遍歷禹服。余輯花史，意亦如此。崇禎己卯長至日葵衷道人吳彦匡題。

清　孫衣言《遜學齋文鈔》卷一〇《跋抄本吳彦匡〈花史〉後》　舊抄本《花史》十卷，凡八册。今年夏得之金陵，卷首自序，第一葉有翰林院印，纂脩四庫書時，經進本也。書爲永嘉吳彦匡葵衷所著。蓋《全芳備祖》《羣芳譜》之類無甚關係。以鄉前輩遺書，見之甚喜，因以重賈取之。前數年，偶讀溧水邢昉孟貞《石臼集》見有《贈永嘉吳葵衷明府》詩云：『年近八旬眉覆面，一生讀書逾萬卷。二十年前綰一綬，驂騑蹀躞龍南縣。』考之《郡志・選舉》有萬厤辛卯舉人吳彦匡，龍南令。始知葵衷即彦匡，以績學享大年，而官終縣令。又云：『著書愛纂《神農經》，不學雕蟲注《爾雅》。』疑其又精於醫，今觀此書，詳及花之入藥，則所謂《神農經》，蓋即指此。葵衷此書，《郡邑志》既不著録，其姓名僅見選舉題名。今觀其自序，則少年領鄉薦久困公車，晚乃沾一命，復以骯髒罷斥，垂橐而歸。其出處略可考見，而氣節亦有過人者。孟貞所云『彭澤罷官歲歲貧』，非諛語也。此書四庫存目，以爲内府本，似當時已入中祕，而竟不得列於册府，不知何故。又其序例自言，勉就一命。又言，甌土宜樹植。又言，甌中去武林不遠，則其爲溫人，而官縣令，灼然無疑。至所謂權輿於蔣養庵之《花編》，曹介人之《花品》者，序例亦具載之。提要掠爲已出，遂没其原文，而於爵里之確有可據者，更不復詳。當時纂脩諸臣，疎易立言，往往如此。郡邑志之疎漏，不考又何足深尤哉！光緒戊寅十二月遜學叟書於瞻園。

又按《（康熙）漳州府志》八《秩官》題名有詔安教諭吳彥匡，然則葵衷，蓋由教職擢宰龍南。《（同治）福建通志》誤匡爲臣，吾溫郡邑志則不復知其嘗爲教諭矣。己卯三月又記。

《四庫全書總目》卷一一六《子部二十六・譜録類存目》　是書蓋本常熟蔣養菴《花編》，松江曹介人《花品》二書推而廣之，得百有餘種。每一花爲一類，各加神品、妙品、佳品、能品、具品、逸品標目。附以前人遺事及咏花詩歌。大都以意爲之，所品第不必皆確也。

傳記

（光緒）《永嘉縣志》卷一一《選舉志一》　吳彦匡，字子範。萬厤四十七年，龍南知縣。工詩，著《花史》。

著録

《續通志》卷一五九《藝文略》　《花史》十卷，明吳彦匡撰。

《續文獻通考》卷一八一《經籍考》　吳彦匡《花史》十卷，彦匡爵里無考。

《四庫全書總目》卷一一六《子部二十六・譜録類存目》　《花史》十卷，内府藏本，明吳彦匡撰。彦匡爵里未詳。

清　孫詒讓《温州經籍志》卷一七《子部》　吳氏彦匡《花史》十卷。《四庫全書總目》一百十六。存。遜學齋臧手稾本。《四庫全書總目》一百十六《花史》十卷，内府藏本。明吳彦匡撰。彦匡爵里未詳。是書蓋本常熟蔣養菴《花編》，松江曹介人《花品》二書，推而廣之，得百有餘種。每一花爲一類，各加神品、妙品、佳品、能品、具品、逸品標目。坿以前人遺事及咏花詩歌。大都以意爲之，所品第不必皆確也。

（光緒）《永嘉縣志》卷二七《藝文志四》　《花史》十卷，遜學齋藏手稾本，明吳彦匡撰。彦匡，字子範，萬厤辛卯舉人，知龍南縣。

花裏活

綜述

明　陳詩教《花裏活・序》　余性愛看花，年來為病魔所困，不能出避小庭。頗饒佳卉紅紫紛敷，日與遊蜂浪蝶相為伴侶，覺此中亦自有真樂，忘其身之委頓也。李昌谷詩有『花裏活』之句，余非秦宮其人，竊喜三字之有契余心，遂以名篇。萬曆丙辰竹醉日，秀水灌園史陳詩教題於小於陵。

《四庫全書總目》卷一一六《子部二十六・譜録類存目》　是編輯古今花卉故實，按代分編，然皆因襲陳言，别無奇僻，考証尢多疎漏。如云五代梁有王彦章，吳亦有王彦章。不知楊行密之將乃王茂章，後歸梁改名景仁，並無所謂王彦章者。其舛謬率皆此類。至《花裏活》之名，葢用李賀詩『秦宮一生花裏活』句。然秦宮何人，而可以自比乎。失考甚矣。

著録

《續通志》卷一五九《藝文略》　《花裡活》三卷，明陳詩教撰。

《四庫全書總目》卷一一六《子部二十六・譜録類存目》　《花裏活》三卷，編修程晉芳家藏本，明陳詩教撰。

《續文獻通考》卷一八一《經籍考》　陳詩教《花裏活》三卷，詩教字四可，秀水人。臣等謹案：是編輯古來花卉故實，書名蓋取張翥詩『蛺蝶一生花裏活』之意，然殊不雅馴。

清　丁申、丁丙《八千卷樓書目》卷一二《子部・譜録類》　《花裏活》三卷，明陳詩教撰，《學海類編》本。

百花藏譜

綜述

明　江之源刻《百花藏譜・小引》　記得大父學山公，嗜詩古文辭外，喜進園翁溪叟叩盆拊瓶，為窮鄙之社談，世事不對，談栽種事津津然味也。舍旁有隙地盈畝，先大父嘗曰：箇中不得作長林，農學觀儘可粧點小世界。迺搆漱芳諸亭於其上，典衣易花木，手自灌溉，歷寒暑風雨，無弗然者。亭之前後左右，不必有膏夏紫芝，而諸所樹藝，弄色飄香，經四時之變而不盡也。則昔人所稱天全，為性得者也。予少時課業其中，習其法倣而行焉。無不蕃碩者，因漸次葺之。久之成帙，名《百花藏譜》，益健忘也。客有欲得者諷曰：花之生意主宣洩，而子之譜藏花神，亦安所願乎？予曰：偶然耳，宣尼氏固不如老圃也，雖然問徑天於脩人，人不去而朱儒以爲近，近者或知之也。然則園翁溪叟知花木，而先大父近之。先大父知灌溉事，予近之。即以公諸世，與有心呵護者，相酹對也。不亦可乎？遂付梓。

萬曆壬子歲季冬，蒼癖居士道宗江之源識。

又《江一桂跋》 種花可以觀天機，花之天機，無人不寄，亦無地不寄。水光山色，月白風清，樓臺亭榭，好香苦茗，詩癖酒豪，園翁溪友，漁郎樵子，歌童舞妓，有花而粧點多少，得趣多少哉！人盡愛花也，未有若家君之成癖者。自曾祖學山暨大父守愚，性嗜花，故所傳藏譜甚悉，參諸名家多未經見者。而家君垂髫時，讀書於漱芳諸亭畔，目擊蒔蔭灌溉之法，而慧識焉。夫人疇不知種花，種花無訣，與妬花蕁。家君遍集名譜，增以心訣，付之剞劂，以正同好。亦不欲戕花之天機，以寄余祖生生之意無窮耳。或有俗子，緣是以議者，余不能爲家君解嘲，更不能為花解嘲。萬曆壬子冬一桂男百拜謹跋。

著録

明 祁承㸁《澹生堂藏書目》卷八《子類第四・樹藝》 《百花藏譜》一冊，二卷，江之源輯。

清 黄虞稷《千頃堂書目》卷九《食貨類》 江之源《百花藏譜》二卷。

清 萬斯同《明史》卷一三四《藝文志二》 江之源《百花藏譜》二卷。

名花譜

綜述

《四庫全書總目》卷一一六《子部二十六・譜録類存目》 不著名氏，亦無序跋。其書裸抄《羣芳譜》之類而成，蓋近人作。所列凡二十九種，而附以瓶花訣、盆種訣、十二月花木訣。所言種植之法，挂漏不詳。間附故實，尤冗襍無緒。觀其開卷敘梅一段，字句凡鄙，引用謬誤。不過粗識文義之人，偶然抄録成冊耳。

著録

《四庫全書總目》卷一一六《子部二十六・譜録類存目》 《名花譜》一卷，兩淮鹽政採進本，舊本題西湖居易主人撰。

《清文獻通考》卷二二八《經籍考十八》 《名花譜》一卷，舊題西湖居易主人撰。不著名氏。

瓶花譜

綜述

明 張謙德《瓶花譜・序》 夢蝶齋徒曰：幽棲逸事，瓶花特難解。解之者，億不得一。厥昔金潤齠年述譜，余亦稚齡，作是數語，其間孰是孰非？何去何從？解者自有定評，不贅焉。乙未中秋前二日書。

《四庫全書總目》卷一一六《子部二十六・譜録類存目》 是書首品瓶，次品花以及折枝插貯等事，而終以護瓶。據書首自序，蓋其稚齡所作也。

清 周中孚《鄭堂讀書記》卷五一《子部九之下・譜録類二》 《四庫全書》存目。前有萬曆乙未小引，蓋其幼時所作。凡分品缾，品花，折枝，插貯，滋養，事宜，花忌，護缾八則，其敘述頗為詳雅，而於孰是孰非，何去何從，俱不自為定評，以俟解者擇焉。《續說郛》亦收入之。

清 丁丙《善本書室藏書志》卷一八《子部六・譜録類》 此亦張氏藏書十種之一，而當時別有刊本。故四庫又收譜録類存目，并謂是書首品瓶，次品花，以及折枝插貯等事，而終以護瓶。據其自序，蓋稺齡所作。

傳記

清 周中孚《鄭堂讀書記》卷五一《子部九之下・譜録類二》 謙德，字叔益，後改名丑，字青父，號米庵，崑山人。

著録

明 祁承㸁《澹生堂藏書目》卷八《子類第四・樹藝》 《瓶花譜》一卷，張德謙。

明 徐𤊹《徐氏紅雨樓書目》卷三《農圃類》 《瓶花譜》一卷，張謙德。

明 徐𤊹《徐氏家藏書目》卷三《農圃類》 《缾花譜》一卷。

《續通志》卷一五九《藝文略》 《瓶花譜》一卷，明張謙德撰。

又卷一六五《圖譜略一》 張謙德《瓶花譜》。

《續文獻通考》卷一八一《經籍考》 張謙德《瓶花譜》一卷。謙德，崑山人。

清 曹寅《楝亭書目》卷三《子集》 《缾花譜》，明崑山張謙德著，一卷，一冊。

《四庫全書總目》卷一一六《子部二十六・譜録類存目》 《瓶花譜》一卷，兩江總督採進本，明張謙德撰。

清 周中孚《鄭堂讀書記》卷五一《子部九之下・譜録類二》 《瓶花譜》一卷，廣祕笈本，明張謙德撰。

清 丁申、丁丙《八千卷樓書目》卷一二《子部・譜録類》 《瓶花譜》一卷，明張謙德撰。明抄本。廣百川本。明刊本。

清 丁丙《善本書室藏書志》卷一八《子部六・譜録類》 《缾花譜》一卷，明鈔本。夢蝶齋徒張謙德著。

清 丁日昌《持靜齋書目》卷五 《瓶花譜》，明張謙德撰。

（同治）《蘇州府志》卷一三七《藝文志二》 張丑【略】《瓶花譜》一卷。

瓶史

傳記

《明史》卷二八八《袁宏道傳》 袁宏道，字中郎，公安人。與兄宗道、弟中道並有才名，時稱『三袁』。宗道字伯修，萬曆十四年會試第一，授庶吉士，進編修，卒官右庶子。泰昌時，追錄光宗講官，贈禮部右侍郎。

宏道年十六爲諸生，即結社城南，爲之長。閒爲詩歌古文，有聲里中。舉萬曆二十年進士。歸家，下帷讀書，詩文主妙悟。選吳縣知縣，聽斷敏決，公庭鮮事。與士大夫談說詩文，以風雅自命。已而解官去。起授順天教授，歷國子助教、禮部主事，謝病歸。久之，起故官。尋以清望擢吏部驗封主事，改文選。尋移考功員外郎，立歲終考察羣吏法，言：『外官三歲一察，京官六歲，武官五歲，此曹安得獨免？』疏上，報可，遂為定制。遷稽勳郎中，後謝病歸，數月卒。

清 錢謙益《列朝詩集・丁集》卷一二『袁稽勛宏道』 宏道，字中郎，萬曆壬辰進士，除吳縣知縣。縣繁難治，能以廉静致理。逾年，稱病，投劾去。遍遊吳、會山水，作《錦帆》、《解脱集》。改京府學官國子博士，遷禮部儀制郎。歸臥柳浪湖上，凡六年。以清望推擇，改吏部，繇文選考功遷稽勛郎中。移病休沐，不數月卒於家。年四十有三。

清 陳田《明詩紀事》庚籤卷五 宏道，字中郎，宗道弟。萬曆壬辰進士，除吳縣知縣，改順天教授。歷國子博士、禮部主事，改吏部歷員外郎中。有《敝篋集》二卷，《錦帆集》四卷，《解脱集》四卷，《瓶花齋集》十卷，《瀟碧堂集》二十卷，《廣陵集》一卷，《破研齋集》三卷，《華嵩遊草》二卷，《桃源詠》一卷。

著録

明 袁宏道《袁中郎全集》卷一五《瓶史并引》 夫幽人韻士，屏絶聲色，其嗜好不得不鍾於山水花竹。夫山水花竹者，名之所不在，奔競之所不至也。天下之人，棲止於囂崖利藪，目眯塵沙，心疲計算，欲有之而有所不暇。故幽人韻士，得以乘間而踞爲一日之有。夫幽人韻士者，處於不爭之地，而以一切讓天下之人者也。惟夫山水花竹，欲以讓人，而人未必樂受，故居之也安，而踞之也無禍。嗟夫，此隱者之事，决烈丈夫之所爲，余生平企羡而不可必得者也。幸而身居隱見之間，世間可趨可爭者既不到，余遂欲欹笠高巖，濯纓流水，又爲卑官所絆，僅有栽花蒔竹一事，可以自樂。而邸居湫隘，遷徙無常，不得已乃以膽瓶貯花，隨時插換。京師人家所有名卉，一旦遂爲余案頭物。無扦剔澆頓之苦，而有味賞之樂，取者不貪，遇者不爭，是可述也。噫，此暫時快心事也，無狃以爲常，而忘山水之大樂，石公記之。凡瓶中所有品目，條列於後，與諸好事而貧者共焉。

明 陳繼儒《陳眉公集》卷一一《書袁石公〈瓶史〉後》 花寄瓶中，與吾曹相對，既不見摧於老雨甚風，又不受侮於鈍漢麄婢。可以駐顔色保令終，豈古之瓶隱者歟？鬱伯承曰：如此，則羅虬《花九錫》亦覺非禮之禮，不如石公之愛花以德也。請梓之。

清 周中孚《鄭堂讀書記》卷五一《子部九之下·譜録類二》 是編乃其居京師所作。上卷三則，曰瓶花之宜，曰瓶花之忌，曰瓶花之法。下卷十二則，一花目，二品第，三器具，四擇水，五宜稱，六屏俗，七花崇，八洗沐，九使令，十好事，十一清賞，十二監戒。前有自序，稱邸居湫隘，遷徙無常，乃以膽瓶置花，隨時插換。人家所有名卉，一旦遂為案頭物，是可述也。蓋與同時張米庵《瓶花譜》同一用意，而此編較詳云。

明 祁承㸁《澹生堂藏書目》卷八《子類第四·樹藝》 《瓶史》一卷，袁宏道。

清 周中孚《鄭堂讀書記》卷五一《子部九之下·譜録類二》 《瓶史》二卷，借月山房彙鈔本，明袁弘道撰。

清 丁申、丁丙《八千卷樓書目》卷一二《子部·譜録類》 《瓶史》一卷，明袁宏道撰，抄本。中郎十集本。寶顔堂本。澤古齋本。廣百川本。

清 丁日昌《持靜齋書目》卷五 《瓶史》，明袁宏道撰。

花傭月令

清 徐石麟《花傭月令·焦循序》 《花傭月令》一卷，吾鄉徐坦庵先生，記栽種花樹果蔬之書也。向未知有此書，嘉慶丁卯六月於表兄謝良材家，借録一通。其書以十二月為經，以移植、分栽、下種、過接、捍壓、滋培、修整、收藏、防忌九事為之緯。蓋其逸居湖上，歲以養花種樹為樂，舉所試而驗者，筆之於楮也。昔子路使子羔為費宰，孔子曰：賊夫人之子，蓋不知治人之道。則刑固傷之，恩亦傷之。猶種樹者，不知治樹之道，則栽培翦伐皆無當也。柳宗元作郭橐駝傳，以為官戒，吾於坦庵之書亦然。江都焦循記。

《明史》卷二七五《徐石麒傳》 徐石麒，字寶摩，嘉興人。天啟二年進士。授工部營繕主事，筦節慎庫。【略】

明年，南都亡。石麒時居郡城外，城將破，石麒曰：『吾大臣也，城亡與亡！』復入居城中，以閏月二十六日朝服自縊死，年六十有八。

秘傳花鏡（花鏡）

清 陳淏子《秘傳花鏡·序》 余生無所好，惟嗜書與花。年來虛度二萬八千日，大半沉酣於斷簡殘編，半馳情於園林花鳥。故貧無長物，只贏筆乘書囊。枕有秘函，所載花經、藥譜，世多笑余花癖，兼號書癡。噫嘻！讀書乃儒家正務，何得云癡？至於鋤園、藝圃，調雀、栽花，聊以息心娛老耳。淵明有云：『富貴非吾願，帝鄉不可期。』余棲息一廛，快讀之暇，即以課花為事，而飲食坐臥，日在錦茵香谷中。時而梅呈人艷，柳破金芽；海棠紅媚，蘭瑞芳誇；梨梢月浸，桃浪風斜。樹頭蜂抱花鬚，香徑（蜨）［蝶］迷林下，一庭新色，遍地繁華，鼑讀腃縱觀，並非三春樂事乎！未幾榴花烘天，葵心傾日，荷蓋搖風，楊花舞雪，喬木鬱蓊，群葩斂實。篁清三徑之涼，槐蔭兩階之粲。紫燕點波，錦鱗躍浪。鼑高臥北牕，聽蛙皷於丱間；散步朗吟，靄熏風於澤畔，誠避炎之樂土也。至於白帝徂秋，金風播爽，雲中桂子，月下梧桐，籬邊叢菊，沼上芙蓉，霞月楓柏，雪泛荻蘆。晚花尚留涷蝀，短砌猶噪寒蟬。鷗暝衰草，雁戾書空。同人雅集，滿園香沁詩脾；餐秀銜杯，隨托足供聯詠，乃清穐佳境也。迄乎冬冥司令，於群芳搖落之旹，而我圃不謝之花尚有，枇杷累玉，蠟瓣舒香，茶苞含五色之葩，月季逞四時之麗。剸曝背看書，猶藉簷前碧艸；登樓遠（睡）［眺］，且喜窻外松筠，怡情適志，樂此忘疲。要知焚香煮茗，摹榻澆花，不過文園館課之逸事，繁劇無聊之良劑耳。癡耶？癖耶？余惟終老於斯矣。堪笑世人鹿鹿，非混跡市廛，即縈情圭組，昧藝植之理，雖對名花，徒供一朝賞玩，轉眼即成槁木耳。客曰：唯唯。既非花癖，何不發翁枕秘，授我《花鏡》一書，以公海內，俾人人盡得種植之方，咸誦翁為花仙可乎！時康熙戊辰桂月，西湖花隱翁陳淏子漫題。

清 王聞遠《孝慈堂書目・樹藝豢養》 《花鏡》六卷，四冊。

徐園秋花譜

清 吳儀一《徐園秋花譜・序》 山陰徐氏時叔，好蒔花草，老而彌篤。戊午庚申間，同予客遼海。歸裝既戒，時叔剖壺實土，栽白花馬蘭一本。云：『南中皆紫花，此是殊種。』修塗鞁馬，手自奉持。畏景當中，側帽遮映，癖可知已。予愈年適越，時叔招過小園。滄桑之餘，畫棟雖黯，一幾一尊，尚有古色。素商始吹，涼月新霽，雜花繞屋，薰馨四來。其間數種，寔未知名，大凡常翫，葩採亦異。故由藝灌有方，窮神知性，樂水得樂，樂花忘勞，此其效也。酒後耳熱，感溯盛年。時叔歷數衆芳，間誇食品。予手不停毫，為之記園卉百餘種。惟是夕見花者，始得闌入，題曰《徐園秋花譜》，餘俟及時續為編次。時叔故善篆刻，願定後期作《園花續譜》。小印增予，極工。壬戌七月望記。

清 丁丙《八千卷樓書目》卷一二《子部・譜録類》 《徐園秋花譜》一卷，國朝吳儀一撰。昭代叢書本。賜硯堂本。

《清續文獻通考》卷二七四《經籍考一八》 《徐園秋花譜》一卷，吳儀一撰。儀一，字瑹符，一字舒鳧，浙江錢塘人。監生。

《清史稿》卷一四七《藝文志三》 《徐園秋花譜》，吳儀一撰。

海棠記

綜述

宋 沈立《海棠記・序》 蜀花稱美者，有海棠焉。然記牒多所不録，蓋恐近代有之。何者古獨棄此而取彼耶？嘗聞真宗皇帝御製《後苑雜花》十題，以海棠為章，賜近臣唱和。則知海棠足與牡丹抗衡，而可獨步於西州矣。因搜前志，惟唐相賈元靖耽著《百花譜》，以海棠為花中神僊，誠不虛美。近世名儒巨賢，發於歌詠，清辭麗句，往往而得。至慶曆中，為縣洪雅，春多暇日，地富海棠，幸得東道主惜其繁艷，為一隅之滯卉，為作《海棠記》，叙其大槩，及編次諸公詩句於右。復率蕪拙作五言百韻詩一章，四韻詩一章，附於卷末。好事者幸無誚焉。

著録

《通志》卷六六《藝文略第四》 《海棠記》一卷。

宋 陳振孫《直齋書録解題・農家類》卷一〇 《海棠記》一卷，吳人沈立撰。

《文獻通考》卷二一八《經籍考四五》 《海棠記》一卷，陳氏曰：吳人沈立撰。

明 焦竑《國史經籍志》卷三《史部・種藝》 《海棠記》一卷。

明 陳第《世善堂藏書目録》卷下《各家六・農圃》 《海棠記》一卷，沈立。

明 慎懋官《華夷花木鳥獸珍玩考》卷四《花木考》 《海棠記》一卷，陳氏曰：吳人沈立撰。

（乾隆）《江南通志》卷一九二《藝文志》 《海棠記》一卷，歷陽沈立。

（光緒）《重修安徽通志》卷三四二《藝文志》　《海棠記》一卷，歷陽沈立著。

雜録

清　吴景旭《歷代詩話》卷五九　吴旦生曰：沈立《海棠記》言，其花五出，初極紅如燕脂，□□然，及開則漸成纈暈，至落則若宿粧淡粉矣。於葉間，或三萼至五萼為叢而生。其蘂如金粟，蘂中有鬚三，如紫絲。陳去非詩『日暮紫綿無數開』，此與魯直同意也。張冕咏蜀中海棠云：『山木瓜開十顆顆，水林檎發一攢攢。』注：謂木瓜、林檎花初發時，與海棠相類。余按：紫綿色者，謂之海棠，豈與木瓜、林檎類耶？心竊非之。後見《漁隱叢話》云：閩中漕宇脩貢堂下，海棠有二十四叢，每春着花，有如紫綿揉色者，亦有不如此者。其種類不同，不可一槩論也。至其花落，則皆若宿粧淡粉矣。大率富沙多此，並是帚子海棠，正與蜀中相類。今江浙間，別有一種柔枝長蔕，顔色淺紅，垂英向下，謂之垂絲海棠，與蜀閩不類。

海棠譜

綜述

宋　陳思《海棠譜・原序》　世之花卉種類不一，或以色而艷，或以香而妍，是皆鍾天地之秀，為人所欽羡也。梅花占於春前，牡丹殿於春後，騷人墨客特注意焉。獨海棠一種風姿艷質，固不在二花下。自杜陵入蜀絶吟於是花，世因以此薄之。其後都官鄭谷已為舉似，（谷詩：『浣花溪上空惆悵，子美無情為發揚。』）本朝列聖品題，雲章奎畫，烜燿千古，此花始得顯聞於時，盛傳於世矣。今採取諸家雜録，及彙次唐以來諸人詩句，以為一編，目曰《海棠譜》。雖纂集未能詳盡，聊預衆譜之列云。開慶改元長至日叙。

《四庫全書總目》卷一一五《子部二五・譜録類》　此書不見於《宋史・藝文志》。惟焦竑《國史・經籍志》載有三卷，與此本合。前有開慶元年思自序。上卷皆録海棠故實，中、下二卷則録唐宋諸家題咏。而栽種之法、品類之别，僅於上卷中散見四五條。蓋數典之書，惟以隸事爲主者。然搜羅不甚賅廣。今以《錦繡萬花谷》、《全芳備祖》諸書所類海棠事相較，其故實似稍加詳，而題咏則多闕略。如唐之劉禹錫、賈島，宋之王珪、楊繪、朱子、張孝祥、王十朋諸家，爲陳景沂所收者，此書皆未録及。然如張洎、程琳、宋祁、李定之類，亦有此書所有而陳氏脱漏者。蓋當時坊本各就所見裒集成書，故互有詳略。以宋人舊帙，姑並存之以資參核云爾。

《四庫全書簡明目録》卷一二　上卷皆録海棠故實，中、下二卷皆題咏。其名品之别，栽植之術，特上卷附見四五條，蓋數典之書，非種樹之書也。

清　周中孚《鄭堂讀書記》卷五一《子部九之下・譜録類二》　《四庫全書》著録。《書録解題》、《宋志》及《宋志補》俱不載。惟焦氏《經籍志》載之，思以海棠一種風姿，豔質固不在梅花、牡丹花下。因採取諸家雜録，及彙次唐以來諸人詩句，以為是編。上卷為敘事，中下二卷為詩。然纂輯未能詳盡，不稱譜之名目。蓋聊以備數典故耳，非可以為種樹之方也。前有開慶己未自序。《説郛》亦收入之。

著録

明　高儒《百川書志》卷一〇《子志四・農家》　《海棠譜》三卷，宋錢塘陳思編。本無種類，採取諸家雜録及彙次唐宋詩句以實之，特備一譜云。

明　晁瑮《晁氏寶文堂書目》卷下《農圃》　陳思《海棠譜》。

明　焦竑《國史經籍志》卷三《史部・種藝》　《海棠譜》三卷，陳思。

明　祁承㸁《澹生堂藏書目》卷八《子類第四・樹藝》　《海棠譜》三卷，陳思。山居雜志本。百川學海本。

明　徐𤊹《徐氏家藏書目》卷三《農圃類》　《海棠譜》三卷，宋陳思。

明　徐𤊹《徐氏紅雨樓書目》卷三《農圃類》　《海棠譜》三卷，陳思。

清　黄虞稷《千頃堂書目》卷一五《類書類》　《海棠譜》陳思。

清　曹寅《楝亭書目》卷三《子集》　《海棠譜》宋錢唐陳思序著，三卷，一冊。

清　錢曾《也是園藏書目》卷二《史部・種藝》　陳思《海棠譜》三卷。

清　錢曾《述古堂藏書目》卷四　陳思《海棠譜》三卷，抄。

清　錢曾《錢遵王述古堂藏書目録》卷六　陳思《海棠譜》三卷，一本，抄。

《續通志》卷一五九《藝文略》　《海棠譜》三卷，宋陳思撰。

又卷一六五《圖譜略一》　陳思《海棠譜》。

《續文獻通考》卷一八一《經籍考》　陳思《海棠譜》三卷。思，臨安人，理宗時書賈也。

（雍正）《浙江通志》卷二四四《經籍四》　《海棠譜》三卷，《百川書目》：宋錢塘陳思編。

清　季振宜《季滄葦藏書目》　《海棠譜》一本。

清　陸漻《佳趣堂書目》　《海棠譜》三卷，陳思。

《四庫全書總目》卷一一五《子部二五・譜録類》　《海棠譜》三卷，浙江鮑士恭家藏本，宋陳思撰。

《四庫全書簡明目録》卷一二　《海棠譜》三卷，宋陳思撰。

清　孫星衍《孫氏祠堂書目》外編卷二　《海棠譜》三卷，宋陳思撰。

清　周中孚《鄭堂讀書記》卷五一《子部九之下・譜録類二》　《海棠譜》三卷，《百川學海》本，宋陳思撰。

清　丁申、丁丙《八千卷樓書目》卷一二《子部・譜録類》　《海棠譜》三卷，宋陳思撰。百川本。刊本。家刊紅印本。

清　陸心源《皕宋樓藏書志》卷五四《譜録類二》　《海棠譜》二卷，宋刊本，宋錢塘陳思撰。

清　沈德壽《抱經樓藏書志》卷四一《譜録類二》　《海棠譜》三卷，宋刊本，葉東卿舊藏，宋錢塘陳思撰。自序曰【略】。卷中有『平安館』白文長印，『葉印志詵』朱文方印，『葉氏東卿藏書』、『朱文長葉恩頤印』白文方印，『竹生林』朱文方印，『漢陽葉氏』朱文長印。

又　《海棠譜》三卷，宋刊本，楊夢羽舊藏。宋錢塘陳思撰。自序。開慶改元。

清　陳揆《稽瑞樓書目》　《海棠譜》三卷，一冊。

牡丹花品

《通志》卷六六《藝文略第四》　《牡丹花品》一卷，越僧仲林撰。

宋　陳振孫《直齋書録解題》卷一〇《農家類》　《越中牡丹花品》二卷，僧仲休撰。其序言：越之所好尚惟牡丹，其絶麗者三十二種，始乎郡齋，豪家名族，梵宇道宫，池臺水榭，植之無間。來賞花者，不問親疎，謂之看花局。澤國此月多有輕雲微雨，謂之養花天。里語曰，彈琴種花，陪酒陪歌。末稱丙戌歲八月十五日移花日序。丙戌者，當是雍熙三年也。越在國初繁富如此，殆不減洛中。今民貧至骨，種花之風遂絶。何今昔之異耶？其故有二：一者鏡湖為田，歲多不登；二者和買土著，數倍常賦。勢不得不貧也。

《文獻通考》卷二一八《經籍考四五》　《越中牡丹花》二卷，陳氏曰：僧仲林撰。其序言：越之所好尚惟牡丹，其絶麗者三十二種，始乎郡齋，豪家名族，梵宇道宫，池臺水榭，植之無間。來賞花者，不問親踈，謂之看花局。澤國此月多有輕雲微雨，謂之養花天。里語曰，彈琴種花，陪酒陪歌。末稱丙戌歲八月十五日移花日序。丙戌者，當是雍熙三年也。越在國初繁富如此，殆不減洛中。今民貧至骨，種花之風遂絶。何今昔之異邪？其故有二：一者鏡湖為田，歲多不登；二者和買白著，數倍常賦。勢不得不貧也。

明　焦竑《國史經籍志》卷三《史部・種藝》　《牡丹花品》一卷，越僧仲林。

明　慎懋官《華夷花木鳥獸珍玩考》卷六《花木考》　《越中牡丹花》二品。陳氏曰：僧仲林撰。越之所好尚唯牡丹，其絕麗者三十二種。始乎郡齋，豪家右族，梵宇道宮，池臺水榭，植之無間。來賞者不問親疏，謂之看花局。澤國此月多輕雲微雨，謂之養花天。

（雍正）《浙江通志》卷二五四《經籍》　《越中牡丹譜》二卷，《書錄解題》：僧仲林撰。其序末稱丙戌歲。丙戌者，當是雍熙三年也。

洛陽牡丹記（歐陽修）

綜述

宋　歐陽修《洛陽牡丹記・序》　牡丹出丹州、延州，東出青州，南亦出越州，而出洛陽者，今為天下第一。洛陽所謂丹州花、延州紅、青州紅者，皆彼土之尤傑者。然來洛陽纔得備眾花之一種，列第不出三已下，不能獨立與洛花敵。而越之花以遠罕識，不見齒，然雖越人，亦不敢自譽，以與洛陽爭高下。是洛陽者，果天下之第一也。洛陽亦有黃芍藥、緋桃、瑞蓮、千葉李、紅鬱李之類，皆不減他出者，而洛陽人不甚惜，謂之果子花，曰某花、某花。至牡丹，則不名，直曰花，其意謂天下真花獨牡丹，其名之著，不假曰牡丹而可知也。其愛重之如此。

說者多言洛陽於三河間，古善地。昔周公以尺寸考日出沒，測知寒暑風雨乖與順於此，此蓋天地之中，草木之華得中氣之和者多，故獨與他方異。予甚以為不然。夫洛陽於周所有之土，四方入貢，道里均，乃九州之中；在天地崑崙旁礴之間，未必中也。又況天地之和氣，宜遍四方上下，不宜限其中以自私。夫中與和者，有常之氣，其推於物也，亦宜為有常之形，物之常者，不甚美亦不甚惡。及元氣之病也，美惡隔并而不相和入，故物有極美與極惡者，皆得於氣之偏也。花之鍾其美，與夫瘿木擁腫之鍾其惡，醜好雖異，而得分氣之偏病則均。洛陽城圍數十里，而諸縣之花莫及城中者，出其境則不可植焉，豈又偏氣之美者獨聚此數十里之地乎？此又天地之大，不可考也已。凡物不常有而為害乎人者曰災，不常有而徒可怪駭不為害者曰妖，語曰：『天反時為災，地反物為妖。』此亦草木之妖而萬物之一怪也。然比夫瘿木擁腫者，竊獨鍾其美而見幸於人焉。

余在洛陽，四見春。天聖九年三月，始至洛，其至也晚，見其晚者。明年，會與友人梅聖俞遊嵩山少室、緱氏嶺、石唐山、紫雲洞，既還，不及見。又明年，有悼亡之戚，不暇見。又明年，以留守推官歲滿解去，只見其早者。是未嘗見其極盛時，然目之所矚，已不勝其麗焉。

余居府中時，嘗謁錢思公於雙桂樓下，見一小屏立坐後，細書字滿其上。思公指之曰：『欲作花品，此是牡丹名，凡九十余種。』余時不暇讀之，然余所經見而今人多稱者纔三十許種，不知思公何從而得之多也。計其餘，雖有名而不著，未必佳也。故今所錄，但取其特著者而次第之。

《四庫全書總目》卷一一五《子部二五・譜録類》　是記凡三篇。一曰花品敘，所列凡二十四種。二曰花釋名，述花名之所自來。三曰風俗記，首略敘遊宴及貢花，餘皆接植栽灌之事。文格古雅有法，蔡襄嘗書而刻之於家。以拓本遺修，修自爲跋，已編入《文忠全集》。此其單行之本也。周必大作《歐集考異》，稱當時士大夫家有修牡丹譜印本，始列花品，敘及名品，與此卷前兩篇頗同。其後則曰敘事、宮禁、貴家、寺觀、府署、元白詩、譏鄙、吳蜀、詩集、記異、襍記、本朝、雙頭花、進花、丁晉公續花譜，凡十六門，萬餘言。後有梅堯臣跋。其妄尤甚，蓋出假托云。據此，是宋時尚別有一本。《宋史・藝文志》以《牡丹譜》著録而不稱《牡丹記》，蓋已誤承其謬矣。

《四庫全書簡明目錄》卷一一　凡三篇，一曰花品敘，所列凡二十四種。二曰花釋名，述得名之由。三曰風俗記，首畧敘游宴及貢花，餘皆種植之事。

清　周中孚《鄭堂讀書記》卷五一《子部九之下・譜録類二》　《四庫全書》著錄。《讀書志》、《書錄解題》、《通考》、《宋志》俱作《牡丹譜》，又無『洛陽』二字，蓋刪。據一本詳見周平園《歐集考異》：此記蔡君謨書之，盛行於世，文忠自為跋尾，編入外集者也。當時牡丹出丹州、延州，東出青州，南亦出越州，而出洛陽者為天下第一。文忠初調洛陽從事，見其俗重牡丹，因作是記。凡花品敘，花釋名，風俗記三篇，皆取其特著者二十四品，述其得名之由，及游賞進御種植諸事。敘述雅馴，似在君謨《荔枝譜》之上。《說郛》、《墨海金壺》均收入之。

清　丁丙《善本書室藏書志》卷一八《子部六・譜録類》　是記凡三

篇，一曰花品敘，所列凡二十四種。二曰花釋名，述花名之所自來。三曰風俗記，首略敘遊宴及貢花，餘皆接植栽灌之事。文格古雅有法，蔡襄嘗書而刻之，以拓本遺修，修自為跋，已編入《文忠全集》。此則單行本也。

著録

《通志》卷六六《藝文略》　《洛陽牡丹記》一卷，歐陽修撰。

宋　晁公武《郡齋讀書志》卷第一二《農家類》　《牡丹譜》一卷，右皇朝歐陽修撰。修初調洛陽從事，見其俗重牡丹，因著花品，凡三篇。

《郡齋讀書後志》卷二　《牡丹記》一卷，已載歐陽公集中。

宋　陳振孫《直齋書録解題》卷一〇《農家類》　《牡丹譜》一卷，歐陽修撰。少年為河南從事，目擊洛花之盛，遂為此譜。蔡君謨書之盛行於世。

《文獻通考》卷二一八《經籍考四五》　《牡丹譜》一卷，鼂氏曰：歐陽修撰。初調洛陽從事，見其俗重牡丹，因著花品，凡三篇。陳氏曰：蔡君謨書之盛行於世。

《宋史》卷二〇五《藝文志四》　歐陽修《牡丹譜》一卷。

《文淵閣書目》卷三　《牡丹譜》一部一冊。

明　高儒《百川書志》卷一〇《子志四・農家》　《洛陽牡丹記》一卷，宋歐陽修述，三篇。

明　晁瑮《晁氏寶文堂書目》卷下《藝譜》　歐公《牡丹記》。

明　焦竑《國史經籍志》卷三《史部・種藝》　《洛陽牡丹記》一卷，歐陽修。

明　陳第《世善堂藏書目録》卷下《各家六・農圃》　《牡丹譜》一卷，歐陽永叔。

明　祁承㸁《澹生堂藏書目》卷八《子類第四・樹藝》　《洛陽牡丹記》一卷，歐陽脩。《山居雜志》本。《百川學海》本。

明　徐𤊹《徐氏家藏書目》卷三《農圃類》　《洛陽牡丹記》一卷，歐陽修。

明　徐𤊹《徐氏紅雨樓書目》卷三《農圃類》　《洛陽牡丹記》一卷，歐陽修。

明　柯維騏《宋史新編》卷五〇《藝文志四》　歐陽脩《牡丹譜》一卷。

明　慎懋官《華夷花木鳥獸珍玩考》卷六《花木考》　《牡丹譜》一卷，晁氏曰：歐陽修撰。陳氏曰：蔡君□書之盛行於世，按歐譜以姚黃魏紫為上品，魏紫者即今之魏紅也。

清　黃虞稷《千頃堂書目》卷一五《類書類》　《牡丹譜》歐陽修。

清　曹寅《楝亭書目》卷三《子集》　《牡丹記》，宋盧陵歐陽修著一卷，附唐盧鴻《草堂圖》一卷，皮日休《七愛詩》一卷。

《清續文獻通考》卷二七一《經籍考一五》　《洛陽牡丹記》一卷，宋歐陽修。

清　錢曾《也是園藏書目》卷二《史部・種藝》　歐陽脩《洛陽牡丹記》一卷。

清　錢曾《述古堂藏書目》卷四《花木》　歐陽修《洛陽牡丹記》一卷，抄。

清　錢曾《錢遵王述古堂藏書目録》卷六　歐陽修《洛陽牡丹記》一卷，一本，抄。

清　陸漻《佳趣堂書目》　《洛陽牡丹記》一卷，歐陽修。

《四庫全書總目》卷一一五《子部二五・譜録類》　《洛陽牡丹記》一卷，浙江鮑士恭家藏本，宋歐陽修撰。

《四庫全書簡明目録》卷一二　《洛陽牡丹記》一卷，宋歐陽修撰。

清　孫星衍《孫氏祠堂書目》外編卷二　《洛陽牡丹記》一卷，宋歐陽修撰。

清　周中孚《鄭堂讀書記》卷五一《子部九之下・譜録類二》　《洛陽牡丹記》一卷，《百川學海》本，宋歐陽修撰。

清　丁丙《善本書室藏書志》卷一八《子部六・譜録類》　《洛陽牡丹記》一卷，明刊本。盧陵歐陽修述。

清　丁申、丁丙《八千卷樓書目》卷一二《子部・譜録類》　《洛陽牡丹記》一卷，宋歐陽修撰。百川本。汪士賢刊本。錢錫之刊本。

清 陸心源《皕宋樓藏書志》卷五四《譜録類二》《洛陽牡丹記》一卷，宋刊本。宋廬陵歐陽修述。

清 沈德壽《抱經樓藏書志》卷四〇《譜録類一》《洛陽牡丹記》一卷，宋刊本，宋廬陵歐陽修述。

清 陳揆《稽瑞樓書目》《洛陽牡丹記》一卷，附。

藝文

清 翁方綱《復初齋詩集·藥洲集七》卷八《題水墨牡丹卷二首用卷中韻·墨紫》 養花天氣杳誰因，霧意纔收雨意新。倒暈臺留深夜照，紫金盞妬淡粧人。三秋傳著根頭接，十日低回葉底親。子母詩家詩潑墨，天彭已隔一層春。陸務觀《天彭牡丹記》云：紫繡毬爲紫花之冠，乾道，紫色稍淡而暈紅出。未十年，潑墨者，新紫花之子也。歐陽永叔《洛陽牡丹記》云：葉底紫，其色如墨，亦謂之墨紫，延十日之久。

清 吴雯《蓮洋詩鈔》卷二《韓周京司馬招集鄭谷山園看牡丹次晨遣力送花報以長句》 廬陵醉翁稱好事，特譔《洛陽牡丹記》。著作仍是五史手，君謨書法益精緻。如何愛重反詆訕，瘦木比擬失倫類。極美苟與極惡同，大聖陽虎皆偏氣。其中惟有釋花名，撮要分疏頗詳備。丹州延州各有種，粗葉細葉總堪識。九蘂真珠態最殊，倒暈檀心格尤異。再三細讀轉增感，瞬息繁花有遷易。宰相園池盛桑麥魏仁溥花，名魏紫，僕射駝馱香銜轡張齊賢花，名青州紅。品目誰辨軍容家唐末有中官為觀軍容使者花，謂之軍容紫，溪山已改龍門寺唐相李藩别墅在龍門，改為潛溪寺謂之潛溪緋。中條之麓多水竹，其間卉木亦妍媚。將軍舊墅君能守，丞相家風儼不墜。穀雨已過花尚開，愛客移樽花下醉。朝來折枝還贈我，鹿胎蓮萼今何愧。却念此花護持好，遂使顔色免顦悴。雨露雖同天地力，剪伐實恐樵牧累。當年此花載《本草》，風俗何知宜與忌。褒斜道中推為薪，豈料山河表祥瑞。歌詠初見賓客詩夢得有《咏魚朝恩宅牡丹》詩，稱述久入康樂議靈運言永嘉竹間水際多牡丹。極盛必待開元後，珍卉難强時未至自唐則天後洛陽牡丹始盛。嗚呼！萬物遭逢無不然，題詩馳謝發長喟。

雜録

宋 黄震《黄氏日抄》卷六一 《洛陽牡丹記》洛陽於牡丹不名，而直曰花。以名之著，不假曰牡丹，而可知也。其品曰姚黄，曰魏紫，曰細葉壽安，曰鞓紅，曰牛家黄，曰潛溪緋，曰左紫，曰獻來紅，曰葉底紫，曰鶴翎紅，曰添色紅，曰倒暈檀心，曰朱砂紅，曰九蘂真珠，曰延州紅，曰多葉紫，曰麤葉壽安，曰丹州紅，曰蓮花萼，曰百兩金，曰鹿胎花，曰甘草黄，曰一擫紅，曰玉板白。洛陽至東京六驛，舊不進花，其進自留守李迪始。花不接不佳，其接以社後重陽前，花木去地五七寸截之，乃接封，以堆蒻葉作菴罩之，南向留小户達氣。至春乃去，此接花法也。種花盡去舊土，以細土用白斂末一片和之，以殺蟲之食根者，此種花法也。澆花用日未出或日西時，九月旬一澆，十月、十一月三二日一澆，正月隔日一澆，二月一日一澆，此澆花法也。花每生每去，其小者止留一二朵，花落即剪其枝勿容結子，春初去蒻菴，即護以棘使氣暖，此養花法也。

宋 吴曾《能改齋漫録》卷一五《牡丹譜》 歐陽文忠公初官洛陽，遂譜牡丹。其後趙郡李述，著《慶歷花品》，以叙吳中之盛，凡四十二品。

洛陽牡丹記（周師厚）

清 周中孚《鄭堂讀書記補逸》卷二四《子部·譜録類》《洛陽牡丹記》一卷，《説郛》本。亦周師厚撰。是編另取洛中牡丹四十四種，詳爲之説，不特補歐陽諸譜之不備。即其自撰《洛陽花木記》中，亦所未及焉。舊亦止題鄞江周氏撰，今爲之補其名。

牡丹榮辱志

綜述

宋 丘璿《牡丹榮辱志・序》 花卉蕃廡於天地間，莫踰牡丹。其貌正心，荏莖節，蔕蘖聳，抑撿曠，有剛克柔克態。遠而視之，疑美丈夫女子儼衣冠當其前也。苟非鍾純淑清粹氣，何以傑全德於三月內？迂愚叟頤造化意，以榮辱志其事。欲姚之黃為王，魏之紅為妃，無所忝冒。何哉？位既尊矣，必授之以九嬪；九嬪佐矣，必隸之以世婦；世婦廣矣，必定之以保傳；保傳任矣，則彤管位；彤管位矣，則命婦立；命婦立，則嬖幸願；嬖幸願，則近屬睦；近屬睦，則疎族親；疎族親，則外屏嚴；外屏嚴，則宮闈壯；宮闈壯，則叢脞革；叢脞革，則君子小人之分達，則亨泰屯難之兆。繼繼之者莫大乎善也。成之者莫大乎性也。稟乎中，根本茂矣；善歸已，色香厚矣。如是則施之以天道，順之以地利，節之以人欲，其栽其接，無竭無滅，其生其成，不縮不盈。非獨為洛陽一時歡賞之盛，將以為天下嗜好之勸也。

《四庫全書總目》卷一四四《子部五四・小説家類存目》 考宋邱璿，字道源，黟縣人。天聖五年進士。官至殿中丞。邵博《聞見後錄》記當時有邱濬者，以易卦推驗歷代，謂元豐正當豐卦。《靖康要錄》記欽宗以郭京爲將，蓋取邱濬詩郭京、楊式、劉無忌，皆在東南臥白雲之讖。其字皆從睿從水。此本亦題曰字道源，蓋卽其人。而名乃作璿，殆傳寫誤歟。尤侗明藝文志乃以是書爲明邱濬作，又誤中之誤矣。厲鶚《宋詩紀事》稱濬有《洛陽貴尚錄》，今未見。此書亦品題牡丹，以姚黃爲王，魏紅爲妃，而以諸花各分等級役屬之。又一一詳其宜忌。其體略如李商隱《雜纂》。非論花品，亦非種植，入之農家爲不倫。今附之小説家焉。

清 周中孚《鄭堂讀書記》卷六七《子部十二之五・小説家類五》

《四庫全書》存目，作舊本題宋邱璿撰。蓋據內府藏本《説郛》所載，亦作邱璩，疑莫能明也。前有自序，以花卉蕃廡於天地間，莫踰牡丹，因測造化意，以榮辱志其事，首列姚黃爲王，魏紅爲妃，次列九嬪，世婦，御妻三目，皆牡丹類也。次列花師傅，花彤史，花命婦，花嬖倖，花近屬，花疏屬，花戚里，花外屏，花宮闈，花叢脞十目，皆諸花之各有等級而役屬之也。又次列花君子，花小人，花亨泰，花屯難四目，皆指牡丹所值之時地人物而類敘之也。大都借牡丹作游戲之談，非花卉之譜也。

著録

明 高儒《百川書志》卷一〇《子志四・農家》 《牡丹榮辱志》一卷，宋迂儒叟邱濬道源著，凡十九品，有序。

明 晁瑮《晁氏寶文堂書目》卷下《藝譜》 《牡丹榮辱譜》。

明 祁承㸁《澹生堂藏書目》卷八《子類第四・樹藝》 《牡丹榮辱志》一卷，丘濬。山林經濟集本。百川學海本。山居雜志本。

明 徐㶿《徐氏紅雨樓書目》卷三《農圃類》 《牡丹榮辱志》一卷，邱濬。

明 徐㶿《徐氏家藏書目》卷三《農圃類》 《牡丹榮辱志》一卷，邱（璩）［濬］。

清 黃虞稷《千頃堂書目》卷一五《類書類》 《牡丹榮辱志》，丘濬。

清 曹寅《楝亭書目》卷三《子集》 《牡丹榮辱志》，宋迂愚叟邱濬序著，一卷。

清 錢曾《也是園藏書目》卷二《史部・種藝》 邱璿《牡丹榮辱志》一卷。

《續通志》卷一六〇《藝文略》 《牡丹榮辱志》一卷，舊本題宋邱璿撰。

《續文獻通考》卷一八〇《經籍考》 邱濬《牡丹榮辱志》一卷，濬字道源，黟縣人。天聖進士，官至殿中丞。

清 錢曾《述古堂藏書目》卷四《花木》 邱濬《牡丹榮辱志》一卷，抄。

清 陸漻《佳趣堂書目》 《牡丹榮辱志》一卷，丘璿。

《四庫全書總目》卷一四四《子部五四・小説家類存目》　《牡丹榮辱志》一卷，内府藏本，舊本題宋邱璿撰。

清 周中孚《鄭堂讀書記》卷六七《子部十二之五・小説家類五》　《牡丹榮辱志》一卷，百川學海本。舊題愚叟邱璩撰，不著時代。《四庫全書》存目，作舊本題宋邱璿撰。葢據内府藏本，《説郛》所載，亦作邱璩，疑莫能明也。

清 陸心源《皕宋樓藏書志》卷五四《譜録類二》　《牡丹榮辱志》一卷，宋刊本。宋迂愚叟邱璿道源撰。

清 沈德壽《抱經樓藏書志》卷四〇《譜録類一》　《牡丹榮辱志》一卷，宋刊本。宋迂愚叟邱璿道源撰。

清 瞿世瑛《清吟閣書目》卷一　《牡丹榮辱志》，一卷。

（光緒）《重修安徽通志》卷三四二《藝文志》　《牡丹榮辱志》一卷，邱濬著。

雜録

宋 吴曾《能改齋漫録》卷一五《牡丹榮辱志》　邱寺丞濬道源，自號為迂愚叟。甞為牡丹著書十卷，號《洛陽貴尚録》，又為《牡丹榮辱志》曰【略】。

洛陽貴尚録

《通志》卷六六《藝文略》　《洛陽貴尚録》十卷，邱濬撰。

宋 陳振孫《直齋書録解題》卷一〇《農家類》　《洛陽貴尚録》一卷，殿中丞新安邱濬道源撰。專為牡丹作也。其書援引該博而迂怪不經。濬，天聖五年進士，通數知未來，壽八十一，及歛衣空，人以為尸解。《新安志》云爾。

《文獻通考》卷二一八《經籍考四五》　《洛陽貴尚録》一卷，陳氏曰：殿中丞新安邱濬道源撰。專為牡丹作也、其書援引該博而迂怪不經。濬，天聖五年進士，通數知未來，壽八十一，及歛衣空，人以為尸解。《新安志》云爾。

明 焦竑《國史經籍志》卷三《史部・種藝》　《洛陽貴尚録》十卷，邱濬。

明 柯維騏《宋史新編》卷五一《藝文志五》　丘濬《洛陽貴尚録》十卷。

明 慎懋官《華夷花木鳥獸珍玩考》卷六《花木考》　《洛陽貴尚録》一卷，陳氏曰：新安丘濬道源撰。

（乾隆）《江南通志》卷一九二《藝文志》　《洛陽貴尚録》一卷，新安邱濬。

花品記

《宋史》卷二〇五《藝文志四・農家類》　僧仲林《花品記》一卷。

明 柯維騏《宋史新編》卷五一《藝文志五》　僧仲休《花品》一卷。

洛陽花譜

《通志》卷六六《藝文略》　《洛陽花譜》三卷，張峋撰。

宋 陳振孫《直齋書録解題》卷一〇《農家類》　《花譜》二卷案：《宋史・藝文志》作一卷，滎陽張峋子堅撰。以花有千葉、多葉、黄、紅、紫、白之别，類以為譜，凡千葉五十八品，多葉六十二品，又以芍藥附其末。峋與其弟嵋子望同登進士第。嵋甞從邵康節學。

《文獻通考》卷二一八《經籍考四五》　《花譜》二卷，陳氏曰：滎陽張峋子堅撰。以花有千葉、多葉、黄、紅、紫、白之别，類以為譜，凡千葉五十八品，多葉六十二品，又以芍藥附其末。峋與其弟嵋子望同登進士第。嵋甞從邵康節學。

《宋史》二〇五《藝文志四・農家類》　張峋《花譜》一卷。

明　焦竑《國史經籍志》卷三《史部・種藝》　《洛陽花譜》三卷，張峋。

明　陳第《世善堂藏書目録》卷下《各家六・農圃》　《花譜》二卷，張峋。

明　柯維騏《宋史新編》卷五〇《藝文志四》　張峋《花譜》一卷。

天彭牡丹譜

綜述

《四庫全書總目》卷一一六《子部二六・譜録類存目》　游有《入蜀記》已著録。是編記蜀天彭花事之盛，已載《渭南文集》第四十二卷。此其別行之本也。

清　周中孚《鄭堂讀書記》卷五一《子部九之下・譜録類二》　《四庫全書》存目。牡丹在中州洛陽為第一，在蜀天彭為第一。放翁因仿歐陽公洛陽記，述為是譜。亦分三篇，一曰花品序，列紅花二十一品，紫花五品，黄花四品，白花三品，碧花一品，未詳三十三品。二曰花釋名，述花名之所自來。三曰風俗記，述其游賞栽植之事。凡洛花見於歐記者，天彭往往有之，此不載，載其著於天彭者。合是二書以觀之，而牡丹之記載備矣。本載《渭南文集》四十二中。故諸家皆不著録，至陶氏始録入《説郛》云。

著録

明　祁承㸁《澹生堂藏書目》卷八《子類第四・樹藝》　《天彭牡丹記》一卷，陸游。陸放翁渭南集本。山居雜志本。

明　徐𤊹《徐氏紅雨樓書目》卷三《農圃類》　《天彭牡丹譜》一卷，陸游。

明　徐𤊹《徐氏家藏書目》卷三《農圃類》　《天彭牡丹譜》一卷，宋陸游。

清　黄虞稷《千頃堂書目》卷一五《類書類》　《天彭牡丹譜》。

《續文獻通考》卷一八一《經籍考》　陸游《天彭牡丹譜》一卷，游字務觀，山陰人。始以蔭補官。孝宗初，召見，賜進士出身，仕至寶章閣待制，封渭南伯。

清　錢曾《述古堂藏書目》卷四《花木》　陸游《天彭牡丹詩》一卷，抄。

清　錢曾《錢遵王述古堂藏書目録》卷六《花木》　陸游《天彭牡丹譜》一卷，一本，抄。

清　錢曾《也是園藏書目》卷二《史部・種藝》　陸游《天彭牡丹譜》一卷。

清　陸漻《佳趣堂書目》　《天彭牡丹譜》一卷，陸游。蜀地名。

《四庫全書總目》卷一一六《子部二六・譜録類存目》　《天彭牡丹譜》一卷，内府藏本，宋陸游撰。

清　周中孚《鄭堂讀書記》卷五一《子部九之下・譜録類二》　《天彭牡丹譜》一卷，説郛本，宋陸游撰游仕履見傳記類。

清　丁申、丁丙《八千卷樓書目》卷一二《子部・譜録類》　《天彭牡丹譜》一卷，宋陸游撰。汪士賢刊本。百川本。

牡丹志

清　黄虞稷《千頃堂書目》卷九《食貨類》　朱統鐼《牡丹志》。

清　萬斯同《明史》卷一三四《藝文志二》　朱統鍇《牡丹志》。

亳州牡丹志

綜述

《四庫全書總目》卷一一六《子部二六·譜録類存目》　《千頃堂書目》列朱統鐼《牡丹志》後，疑亦純鐼作也。亳之牡丹始薛蕙，亳之《牡丹志》始薛鳳翔。此本與鳳翔書不同，而簡畧殊甚。後附牡丹雜事四條。第一條稱神隱者，乃明寧王權之別號。第二條稱上皇召至驪山，當爲唐元宗。第三條稱太祖斷宮嬪腕者，不知爲明爲宋。大抵齊東之語。第四條乃張鎡牡丹會事。皆與亳州無與，不審何以載入也。

著録

明　祁承㸁《澹生堂藏書目》卷八《子類第四·樹藝》　《亳州牡丹志》一卷，王觀。《山居雜志》本。

明　徐𤊹《徐氏紅雨樓書目》卷三《農圃類》　《亳州牡丹志》一卷。

明　徐𤊹《徐氏家藏書目》卷三《農圃類》　《亳州牡丹志》一卷。

清　黃虞稷《千頃堂書目》卷九《食貨類》　《亳州牡丹志》。

清　萬斯同《明史》卷一三四《藝文志二》　《亳州牡丹志》一卷。

清　錢曾《述古堂藏書目》卷四《花木》　《亳州牡丹志》一卷，抄。

清　錢曾《也是園藏書目》卷二《史部·種藝》　《亳州牡丹志》一卷。

《續通志》卷一五九《藝文略》　《亳州牡丹志》一卷，不著撰人名氏。

《續文獻通考》卷一八一《經籍考》　《亳州牡丹志》一卷，不著撰人名氏。臣等謹案：黃虞稷《千頃堂書目》：是編列朱統鐼《牡丹志》後，疑亦統鐼所作。

《四庫全書總目》卷一一六《子部二六·譜録類存目》　《亳州牡丹志》一卷，江蘇巡撫採進本，不著撰人名氏。

清　丁丙《八千卷樓書目》卷一二《子部·譜録類》　《亳州牡丹志》一卷，不著撰人名氏，汪氏刊本。

牡丹史

綜述

明　薛鳳翔《牡丹史·焦竑序》　世人語花，必曰某花某花，至牡丹，直曰花而已，豈不以牡丹尤物，非凡卉可伍，特不名以標實之耶？宋時洛陽最有名，歐公所記纔三十四種，丘道源三十九種，陸務觀譜蜀花，史正志譜浙花，至錢思公所記多至九十餘種，可謂盛矣。熙寧沈杭州《牡丹記》十卷，名品之多，種植之法，無不備具。迨近世北之亳州，南之暨陽為獨著，豈風氣亦有所移易而致然歟？抑花之盛衰，亦以土俗之好尚而實也。余友薛鴻臚公儀，亳人也，承西原先生遺業，績學之暇，以蒔花學圃自娛。一日出所為《牡丹史》示余，觀其所載，殆兼昔人所得而奄有之。即周藩以天潢之重，人力所及，僅僅得四十四種，公儀視之不啻倍蓰而什百。然余讀之，栽接、剔治，各有其法，得其法則日實歲殊，新新無已，豈功力積久即造化不得而擅其權歟？西原先生孤峭不合時宰而乃篤好此花，時人有宋廣平之疑，意以花為浮冶易壞，非正人篤老堅操苦行者之所喜也。然茂叔於蓮，堯夫於牡丹，時或寄意焉，而不以其故貶儒。余知以小物而寘議論於君子者，非通論也。鴻臚君博學多通，遇物成籍，此特其一端云。瑯琊焦竑撰。

又《袁中道序》　天地間之景，與慧人才士之情，歷千百年來，互竭其心力之所至，以呈工角巧，意其無餘蘊矣。然景雖寫而其未寫者，如故也；情雖泄而其未泄者，如故也。有苞含即有開敷，又有苞含前之人以為新矣，而今視之即故；今之人以為新矣，而復視之又故。甚矣！造物之工巧無窮極也。何以知之？以亳州之牡丹之盛於洛陽，其種繁矣，其名夥矣，其色斕矣，歷代之所譜者詳矣。以視今亳之所產，其種其名其色，新故大不相倅也。今且月異而歲不同矣。奇奇怪怪，變變化化，造物者若不能自秘其工巧，以於人之轉移而日獻奇貢，豔於人耳目之前。故者新，新者又故，然則牡丹之變，豈有極乎？吾友薛公儀氏，少世其家，博學洽物間，適之餘方，略見於花事，窮其變態，著而為史，比前輩所譜又新之，新者也。予取而讀之，與公儀晤譚者累日，且歎心業畫師不可思議，至此與造物何與焉？公儀素通禪理，為予首肯者久之。因漫書於史之足，志不忘云。友人袁中道書。

又《張嘉孺序》 凡花可盆可盎，可蓬籬可土牖，隨貯隨宜，韻致俱勝。牡丹獨不爾，盆之盎之則褻，置於蓬籬土牖則陋。故惟芳園勝地，玉砌雕欄，臨以畫閣，瓊樓瑤臺碧樹，暎以珠簾錦箔，繡戶雲廊，幄以綺幕羅幃，華棚彩障，始足壯此花之大觀，暢此花之神色。而對之者非王公鉅人，即鴻生豪俊若也；寒骨詩人，酸風墨士，第可容為花賓，而為花主則非其倫矣。侍之者亦必名姝佳媛，妖娥貴姬若也；村姑市女，粗資薄態之妝，弗與矣。及其賞會，亦必金箏寶瑟，豔舞嬌歌，宴窮僎饍之珍，酒極瓊漿之侈若也；貧廚荒酌，澮寂盤餐，弗與矣。昔人謂牡丹，花之富貴者也，詎不信然？公儀兄海內名家子，有史才，石渠中秘，天藻國華不及史也，而史此花，鑒賞雌黃，工摩肖寫，更複綺語霏霏，精裁有法，其是花之董狐耶？十萬芳葩，霞蒸雲爛，盡公儀筆花哉！何詞之麗也！每一展閱，不繪而色態宛然，不圃而品倫錯植。雖赤暑玄霜，群芳凋後，亦復香豔襲人，不春而春也。分名別類，魚次雁行，若漢宮粉黛三千，按圖可覩，神蕩魂迷，心醉天香府矣。亳守歐公昔敘牡丹，以洛陽為天下第一。夫洛陽比屋皆栽，故花事之富，亦比屋成之耳。公儀家園數十畝，花品以千百計而二三名流相翼，是數區而收比屋之華，且神異之品不一而足。今洛陽在諸君家園，則天下第一今不歸之亳耶？唐人詩有『看到子孫能幾家』者，公儀簪紳，奕暎家園，世守此花，葢亦故家喬木，顧其所以培之者多馨德茂義焉。然則閱若史者，徒華反質，因葩遡本，可也。然此史豈徒以一花侈觀宇內哉！厥旨微矣，品花王而第之，是寓王伯之辨也；而珍重之，是寓尊君義也；而植之灌之而養之，諸法畢備，是寓保傳君德義也。聖人作史，亦託天王之權；公儀作史，亦託東皇之權，而王章國色，均於造化不朽者乎！世嘗有譜芍藥、譜海棠、譜梅、譜菊者，非不貞標逸藻，增韻秫林，較之此史，不星淵迴耶？不佞舟學圃江干，寒老而才盡，品作花奴，辱公儀數十年之愛，敢用一言弁之。顧以草莽賸夫而命序富貴名花，公儀黜華崇素之誼，亦於是乎在。

萬曆歲次癸丑桂月之朔，延陵友弟鄧汝舟撰、張嘉孺書。

又《李胤崒序》 公儀兄蘭心苣質，於古今載籍圖書，無所不綜博；於海內名碩彥俊，無所不結納。英年掛冠，葺先人之舊廬，嘯傲其中。庋書萬架，栽花萬萬本，而牡丹為最盛。公儀之於牡丹，其培之最良，而嗜之也亦最篤。惟培之良而種類繁焉，惟嗜之篤而擬議成焉。一曰紀、二曰表、三曰書、四曰傳、五曰外傳、六曰別傳、七曰花考、八曰神異、九曰方術、十曰藝文志，總曰《牡丹史》，而李子得而觀之曰：嗚呼！盛哉！朱紫綠黃，其色備矣；寒燠晴雨，其候詳矣；神名逸能，其品審矣。今人不能見洛陽牡丹，止侈言永叔《牡丹記》；後人見公儀《牡丹史》，不又侈言亳州有牡丹耶？況亳州為我朝鍾靈毓秀地，地靈則花名，花名由人英，人愈英花愈名，嗚呼！盛哉！

丁巳秋日，瓠庵李胤崒題於長安之銀杏道宮。

又《李猶龍跋》 夫盈天下皆史之物也，則盈天下物不可無史也。聖作明述，非史不彰；嘉言懿行，非史不著。以至草木蟲魚，亦皆有史，《山經》、《本草》其濫觴矣。然詩書亦史也，不曰左史記言，右史記事乎？《書》歷敘九州山川草木，仲尼之説《詩》曰：多識於鳥獸草木之名。且《詩》詠草木之狀則曰：『參差荇菜，左右流之』，『常棣之華，鄂不韡韡』。詠所生則曰：『於以採蘩，於詔於沚。』詠其時則曰：『春曰遲遲，卉草萋萋。』詠其變則曰：『堂堂者華，蕓其華矣。』抑何委宛多致爾！故曰：《詩》亦史也。亳都薛公儀典客文而能詩，其大父西原公往以正始之音，與李何頡頏。於牡丹有深嗜，博訪名種，植之家園，流傳延蔓迄今。百年來亳以牡丹著名。昔靈均遭時窮窘，欲滋蘭九畹以寓言見志耳。公生當文明之會，屏居而來蒔花種樹，以歌詠太平，甚盛事也。何必曰君子堆國香之嗜，不及花之愛哉？典客又能創爲之史，文詞傀麗，較之著牡丹舊譜，詳而有法。一開卷間，居然躋一國於春臺矣。又《禹貢・揚州》『厥草惟夭』，《詩》曰『贈之以芍藥』。余廣陵人也，才不能爲揚州芍藥史。花時對酒，手典客史讀之，不猶之昔人讀雖騷之快耶？或曰：唐人謂木芍藥即牡丹也。然芍藥自有金木二種，《本草》諸書，辯之甚詳，故謂茲史也。出補詩書所不載也，可與

《山經》諸史並傳也可。廣陵友弟李猶龍識。

《四庫全書總目》卷一一六《子部二六・譜録類存目》 明時亳中牡丹最盛，鳳翔家園種藝尤多。因著是編，蓋本歐陽修譜而推廣之。然記一花木之微，至於規倣史例，爲紀、表、書、傳、外傳、別傳、花考、神異、方衛、藝文等目。則明人粉飾之習，不及修譜之簡質有體矣。

傳記

《續文獻通考》卷一八一《經籍考》 鳳翔，字公儀，亳州人。由例貢仕至鴻臚寺少卿。

《四庫全書總目》卷一一六《子部二六・譜録類存目》 鳳翔字公儀，亳州人。由例貢仕至鴻臚寺少卿。

（光緒）《重修安徽通志》卷二六三《人物志》 薛鳳翔，字來儀，亳州人。仕至鴻臚少卿。能詩，尤以善書名，深得二王筆法。所著有《牡丹史》，採摭博洽，焦竑、袁中道為之序。《亳州志》

著録

明　徐𤊹《徐氏紅雨樓書目》卷三《農圃類》 《牡丹史》四卷。

明　徐𤊹《徐氏家藏書目》卷三《農圃類》 《牡丹史》四卷。

清　黃虞稷《千頃堂書目》卷九《食貨類》 薛【缺】《牡丹史》四卷。

清　萬斯同《明史》卷一三四《藝文志二》 薛【缺】《牡丹史》四卷。

《續通志》卷一五九《藝文略》 《牡丹史》四卷，明薛鳳翔撰。

《續文獻通考》卷一八一《經籍考》 薛鳳翔《牡丹史》四卷。

《四庫全書總目》卷一一六《子部二六・譜録類存目》 《牡丹史》四卷，内府藏本，明薛鳳翔撰。

清　沈初《浙江採集遺書總録庚集・子部・農家類》 《牡丹史》四卷，刊本。右明亳州薛鳳翔撰。戲效史體，有紀、表、書、傳、志諸目，故名。

清　阮元《文選樓藏書記》卷二 《牡丹史》四卷。明薛鳳翔著。亳州人。刊本。是書前一卷係列四時栽植諸法，後各分部辨其種類，及古今故實、前人題詠詩文。

清　丁申、丁丙《八千卷樓書目》卷一二《子部・譜録類》 《牡丹史》四卷，明薛鳳翔撰，明刊本。

（光緒）《重修安徽通志》卷三四二《藝文志》 《牡丹史》四卷，亳州薛鳳翔著。

雜録

清　薛鳳翔《牡丹史・凡例》 亳郡昔時牡丹種數不多，即有高下，亦不甚相遠，遂以一色分爲一類。今則奇種繁夥，一色之間，姿態色澤，迥乎殊異。若止以色論，恐未能盡，故品第而臚列其名色，即見於本名下。

花之胎及樹上綠葉均爲詳定，庶覓花者開時辨花，無花有胎葉可辨而尋云。

花品高下既難以色論，非淺深可盡，如紅有梅紅、桃紅、銀紅、水紅、木紅之類。黃則有瓜瓤黃、大黃、小黃、鵝兒黃之類。如紫、如白、如碧、如墨、如藕褐、如青蓮，種種皆然，各於本條下附見。

花雖品第不同，或因名相類，或因色相類，傳中皆總收一處，使按圖者易於稽考。表中仍以品第高下收於各品中。其種養賞鑒之家，俱以姓氏存諸本花之下，即園丁亦與名焉。因名覈實也。

舊譜所載，今無其種，不敢虛列，如御衣黃之類是也。

詩賦檢初盛唐李翰林《清平調》外，僅得王右丞一首，杜拾遺《花底》一詩，其詞類而收之。中晚唐及五代宋元亦不過盡吾家收藏之書，而搜羅編次，其挂一漏萬可知，故俟補訂。

花名之鄙俚，有最可厭者，皆起自花戶。園丁之野談，而花之受辱，於茲爲甚。欲易之，恐物色不便，仍以原名標其目焉。

誠齋牡丹譜

明 高儒《百川書志》卷一〇《子志四・農家》 《誠齋牡丹譜》一卷，皇明宗室錦窠老人著，所載二十種，及栽培之法。

明 祁承爜《澹生堂藏書目》卷八《子類第四・樹藝》 《誠齋牡丹譜并百咏》一冊，一卷。

清 萬斯同《明史》卷一三四《藝文志二》 周憲王橚《誠齋牡丹譜并百咏》一卷。

清 范邦甸《天一閣書目・譜録類》 《誠齋牡丹譜》一卷，藍絲闌鈔本。不著撰人名氏。

亳州牡丹述

綜述

清 鈕琇《亳州牡丹述・自序》 歐陽公《牡丹譜》云：牡丹出洛陽者，天下第一。唐則天以後始盛。然不進御，自李迪爲留守。歲遣校乘驛，一日夜至京師，所進不過姚黄、魏花數朶。又賈耽《花譜》云：牡丹，唐人謂之木芍藥。天寶中，得紅紫淺紅通白四本，移植於興慶池東沈香亭。會花開，明皇引太眞翫賞，李白進《清平調》三章，而牡丹之名於是乎著。然考之雜誌，煬帝開西苑，易州進牡丹二十種。有飛來紅、袁家紅、天外紅、一拂黄、軟條黄、延安黄等名。則花之得名，不始自天寶年也。明皇時，有進牡丹者，貴妃面脂在手，印於花上，詔栽於先春館。來歲，花上有指印迹，名爲一捻紅。則花之繁種，不僅在沈香亭也。錢維演進洛下牡丹，東坡有詩云：『洛陽相公忠孝家，可憐亦進姚黄花。』則花之入貢，不止於李留守也。余官陳之項城，去洛陽不五百里，而遙訪所謂姚魏者，寂焉無聞。鄢陵、通許及山左曹縣，間有異種，惟亳州所産，最稱爛漫。亳之地爲揚豫水陸之衝，豪商富賈比屋而居，高舸大艑連檣而集，花時則錦幄如雲，銀燈不夜，遊人之至者，相與接席攜觴，徵歌啜茗，一椽之僦，一箸之需，無不價踴百倍。浹旬喧譟，歲以爲常。土人以是殫其藝灌之工，用資客賞。每歲仲秋，多植平頭紫，翦截佳本移於其幹，故花易繁。又於秋末，收子布地，越六七年乃花。花能變化初本，往往更得異觀，至一百四十餘種，可謂盛矣。然賞非勝地，蒔不名園，上林無移植之榮，過客無留題之美。周子有言：牡丹之好，宜於衆。嗟乎！豈牡丹之幸也哉？項與亳接攘，余日躓於簿書，不能一往閲。三載復以憂歸，遊覽之懷竟未獲遂。余之不幸甚於花也，而終不忘於余心，友人劉子石、友王子鶴洲艷稱之。因其所言，以類述於左。

又《楊復吉跋》 亳州牡丹甲天下，前明州人薛鳳翔著有《牡丹史》，極其揚詡。玉樵先生牽絲項邑與亳爲鄰，迨以艱歸，尚不能忘情於是花。徵諸友朋作爲此述，儒吏風流宛乎可見。至文筆之雅潔明淨，則如老樹著花，別饒神韻。較諸薛史固自後來居上也。癸酉孟冬同邑楊復吉識。

傳記

《清文獻通考》卷二二八《經籍考》 琇，字玉樵，吳江人。康熙壬子拔貢生。官至陝西知府。《山海經廣注》十八卷。

（雍正）《陝西通志》卷五三《名宦四》 鈕琇，字玉樵，吳江人。拔貢。康熙二十七年，知白水，多惠政。三十一年，歲大祲，奸民乘機刼掠，蒲城尤悍不可制。臺司擇幹員署邑。篆即以屬琇。琇至立，置蠹吏二人於法，得羣盜訊實，取亂首沈諸河邑中股栗。解官後，嘗摺扇單衣，獨行蒲市中，豪強見者猶斂手。琇性坦易，好遊覽，所至輒録其風土。著書名曰《觚賸》，其秦觚則宰白水時筆也。

（道光）《肇慶府志》卷一七《宦績三》 鈕琇，字玉樵，江南吳江人。由選貢初令項城。丁憂。康熙三十七年，補高明縣山界連鹿峒皂幕。諸峰通藥，逕盜所出入。琇以情致諸盜魁，傾巢而出者二十四人，請之。上官人給免死牌一，使守禦贖罪，貧者計口授食，卜室居之。諸盜相戒毋犯，由是邑無警。水界連牂牁，每西江漲，則基圍易決。琇修築維謹，間損金以助之，邑鮮水灾。尤好獎勵孤寒，設義塾，以敎士課。其甲乙皆振拔祀名宦。《郝通志》。

清 李元度《國朝先正事略》卷三八《文苑》 鈕琇，字玉樵，官知縣。博雅多聞，所著《觚賸》能舉見聞，異詞者折衷之，可補正史之闕。詩亦變風之遺，著有《臨野堂集》。

著録

清 丁丙《八千卷樓書目》卷一二《子部·譜録類》 《亳州牡丹述》一卷，國朝鈕琇撰，昭代叢書本。

（同治）《蘇州府志》卷一三八《藝文志三》 鈕琇【略】《竹連枝》《亳州牡丹述》《雜言》《臨野堂詩集》十三卷。

《清續文獻通考》卷二七二《經籍考一六》 《亳州牡丹述》，鈕琇。

《清史稿》卷一四七《藝文志三》 《亳州牡丹述》一卷，鈕琇撰。

曹州牡丹譜

綜述

清 余鵬年《曹州牡丹譜·安奎文序》 曹州牡丹之盛，著於談資久矣。而紀述未有專書，懷甯余伯扶孝廉，博學工詩，主講席於此。壬子春，予以報最北上，及旋役至曹。伯扶為予言，二月杪覃溪閣學師來按試，試竣相見屬以花應作譜。伯扶因攷之往籍，征諸土人，別其名色種族。及夏月而譜成。冬予謁師於省垣，受其譜而讀之，厘然可備典故。師因屬予序，而付諸梓。昔歐陽公於錢思公樓下小屏間，見細書牡丹名九十餘種，及其著於録者，纔二十餘種耳。今曹州鄉人所植，葢知之而不能言，而士大夫博雅稽古者，又或言之而不切時地。伯扶乃能訂今古，證同異，又附以栽接之法，俾後之騷人墨客，皆得有所援據。而予以涖事之餘，得聞師門緒論，復得伯扶名筆，以共傳不朽，實與邑之人士胥厚幸焉。故不辭而序其概如此。

乾隆癸丑春三月，知菏澤縣事，宛平安奎文序。

又《自序》 《素問》：清明次五日，牡丹華，牡丹得名其古矣乎。攷《漢志》有《黃帝内經》，《隋志》乃有《素問》，非出遠也。《廣雅》：白茺，牡丹也。《本草》：芍藥，一名白茺。崔豹《古今注》：芍藥有草木二種，木者花大而色深，俗呼為牡丹。李時珍曰：色丹者為上，雖結子，而根上生苗，故謂之牡丹。昔謝康樂謂永嘉水際竹間多牡丹。又蘇頌謂山牡丹者，二月梗上生苗葉，三月花根長五七尺，近世人多貴重。欲其花之詭異，皆秋冬移接，培以壤土，至春盛開，其狀百變，斯其始盛也歟。唐盛於長安，在《事物紀原》。洛陽分有，其盛自天后時已然。有宋鄞江周氏《洛陽牡丹記》自序，求得唐李衛公《平泉花木記》、范尚書歐陽參政二譜。范所述五十二品，可考者纔三十八。歐述錢思公雙桂樓下小屏中，所録九十餘種，但言其略。因以耳目所聞見，及近世所出新花，參校三賢譜記，凡百餘品，亦殫於此乎。陸放翁在蜀天彭為花品云，皆買自洛中，僧仲林越中花品絕麗者，纔三十二。唯李英《吳中花品》，皆出洛陽花品之外。張邦基作《陳州牡丹記》，則以牛家縷金黃，傲洛陽以所無。薛鳳翔作《亳州牡丹史》，夏之臣作評，上品有天香一品、萬花一品，東坡所云變態百出，務為新奇，以追逐時好者，不可勝紀已。有曹州之有牡丹，未審始於何時，志乘略不載，其散載於它品者。曰曹州狀花紅、喬家西瓜瓤、金玉交輝、飛燕紅妝、花紅平頭、梅州紅、忍濟紅、倚新妝等，由來亦舊。予以辛亥春至曹，其至也春已晚，未及訪花。明年春學使者閣學翁公來試士，謁之，問曰：作花品乎？曰：未也。翁公案試它府，去緘，詩至，曰：洛陽花要訂平生，葢促之矣。乃集弟子之知花事，園丁之老於栽花者，偕之游諸圃，勘視而筆記之。歸而質以前賢之傳述，率成此譜。歐陽子云：但取其特著者，次第之而已。

乾隆五十七年四月十日，懷甯余鵬年自序於重華書院。

清 翁方綱《復初齋外集·文》卷第一《〈曹州牡丹譜〉詩序》甲寅十月望 昔歐陽、陸、張諸家作《牡丹譜》，而皆無著錄之詩。予屬余伯扶撰譜，並為三詩，門人安雲亭亦題詩於卷，一時屬而和者數家。今歲餘矣，而和者又踵至，於是雲亭輯而成編。予惟自昔詠牡丹者矣，若白居易、吳融專賦白牡丹，殷文珪賦紅白牡丹，黨懷英賦粉紅雙頭牡丹，楊萬里賦青綠牡丹。其隨處即事者，若韓琦賦晝錦堂牡丹，宋褧賦朝元宮牡丹，未有一色著稱。而聚成卷帙者即洛花，雖以歐陽得名，然予獨不解歐陽子何以疑地產，而併疑士中之說？則當日未有著賦者，侔色揣稱以為之說，而又無哀集之人為之，既其實也。予初至曹州採風問俗，尚未及詳考物宜，為之疏析其義，而雲亭司牧之暇，值伯扶之能述，與諸家之綺麗，薈萃一時，可不謂盛歟！今雲亭又當之官東郡，彙刊諸作，附於譜帙。海內品藻，名流踵而和之，又當日起而增韻勝焉。豈特補前人所未及而已乎？善俗之方，導民之術，皆於是寓之矣。

清　翁方綱《復初齋文集》卷四《曹州牡丹譜序》　昔歐陽子作洛陽花品序，至於翻駁周官司徒。嘻！亦太甚矣！日至之景，尺有五寸，得地之中，此先後鄭說皆同，而歐陽必不信之，何也？且云天地之和氣，不宜限其中以自私，此尤非也。和氣聚，則鍾美理之常也。豈謂私乎？曹之有牡丹著於天下，蓋亦其土壤物宜有得於和氣所鍾者。吾恐學者信歐陽之說，不以爲美而以爲病，則誣之甚者也。故不憚辨正前賢之論，則或因物以驗性就地宜而勗人材，庶有裨乎？曹花舊無譜，懷寧余孝廉主講席於此，予屬其輯新譜一卷，門人安君録以傳之。曹國之詩曰：其儀一兮，心如結兮，君子之和也。又曰：芃芃黍苗，陰雨膏之，壤物之和也。然則百物阜安，皆和其聲，以頌之宜矣。曹之郡邑士大夫將題詞於後，踵而成編，故爲序以俟焉。

傳記

清　王昶《湖海詩傳》卷四〇　余鵬年，原名鵬飛，字伯扶，懷寧人。乾隆五十一年舉人，有《枳六齋詩稿》。

清　李斗《揚州畫舫録》卷三　余鵬飛，字伯扶，安慶懷寧人。丙午順天舉人。豪飲能詩，善拳勇擊刺之狀。著《曹州牡丹譜》。

著録

清　丁申、丁丙《八千卷樓書目》卷一二《子部・譜録類》　《曹州牡丹志》一卷，國朝余鵬年撰，仰視千七百二十九鶴齋本。

《清續文獻通考》卷二七三《經籍考一七》　《曹州牡丹譜》一卷，余鵬年。

《清史稿》卷一四七《藝文志三》　《曹州牡丹譜》一卷，余鵬年撰。

藝文

清　王芑孫《淵雅堂全集・編年詩藁》卷一二《馮魚山比部以懷寧余伯扶鵬年所作〈曹州牡丹譜〉求題三首》　當時曾得赤霞書吳江史善長，書裏蟬聯說二余。今日題詩《牡丹譜》，思君已是十年餘。

閩中故事徵茶録，吳下新聲唱橘枝。我似樊遲思學圃。《齊民要術》與君咨。

豐臺芍藥絶堪憐，誰與搜羅補鄭箋。吾輩長安空索米，負他花事一年年。

清　翁方綱《復初齋詩集・小石帆亭藁上》卷四三《次荅伯扶兼寄宛白有懷億孫》　暮雲如畫記前盟，珍重廻廊酒再行。單父臺仍留息壤，洛陽花要訂平生時與伯扶約撰《曹州牡丹譜》。桃蹊雨綻新陰合，杏苑春催好鳥聲。江左故人今夕夢，東風軟語颺心旌。

又　卷四四《題余伯扶孝廉〈曹州牡丹譜〉三首》　玉璪如結黍苗陰，壤物深關樹藝心。何事思公樓下客，花評不向土圭尋。細楷憑誰續洛陽，影園空自寫姚黃。挑燈爲爾添詩話，西蜀陳州陸與張。我來偏不值花時，省卻衙齋補謝詩。乞得東州栽接法，根深培護到繁枝。

清　樂鈞《青芝山館詩集》卷四《題余伯扶孝廉鵬年〈曹州牡丹譜〉次覃溪先生韻三首》　錦作晴天繡作陰，滿城蘧蝶盡關心。客窗閒續廬陵譜，花姓花名取次尋。

豔壓天彭妬洛陽，曹南山色借紅黃。家家傳寫花王傳，更費膠東紙萬張。

劇憐風雨誤芳時《譜》云：花時多風雨，卷尾空添懊惱詩。換得養花天一片，衣裳五色門花枝。

清　趙懷玉《亦有生齋集・詩》卷一三《題余孝廉鵬年〈曹州牡丹譜〉》　名種曹州何日移，人間富貴類如斯。洛陽不見尋芳到，便是門庭冷落時。

講堂餘事課園公，小譜居然繼放翁。絶勝長安催窨火，唐花只看試鐙風。

堆盤櫻筍記開筵，孤負江南四月天。縱有吟情對紅藥。品題爭及孝廉船。

雜録

清 文廷式《純常子枝語》卷三六 余鵬年《曹州牡丹譜》自序云：《素問》：清明後五日，牡丹華。《廣雅》：白茮，牡丹也。崔豹《古今注》：芍藥有草木二種，木者花大而色深，俗呼爲牡丹。余按古但有芍藥耳。凡此各書，多非今種。蘇頌謂：山牡丹，二月梗上生苗葉，三月花根長七八尺。近世人多貴重，欲其花詭異，皆秋冬移接，培以壤土，至春盛開，是乃唐後之牡丹也已。

牡丹譜

綜述

清 計楠《牡丹譜・自序》 鶯花風月，本無常主，好者便是主人。牡丹客也，我主也，以我之好也。好之深則來之衆，種之貴賤，花之性情，培植既久，品量乃定，而譜可作矣。嘗考崔豹《古今注》芍藥有草木二種，花大而色深者爲牡丹。謝康樂謂永嘉水際竹閒，多牡丹。唐盛於長安，洛陽分有其盛。宋鄞江周氏有《洛陽牡丹記》，唐李衛公有《平泉花木記》，范尚書、歐陽參政有譜。范述五十二品，歐述於錢思公。樓下小屏閒，細書牡丹名九十餘種，但言其畧。胡元質作《牡丹記》，陸放翁作《天彭記》，張邦基作《陳州牡丹志》，薛鳳翔作《亳州牡丹史》，夏之臣作《牡丹評》，惟王敬美所述種法獨詳。《二如亭羣芳譜》所記有一百八十餘種，鈕玉樵《亳州牡丹述》一百四十三種。近時，懷寧余伯扶有《曹州牡丹譜》五十六種。古今來所好者衆矣，傳述亦多矣。而命名之不同，種法之各異，因地相宜，各由心得。予圃中雖未能按前人譜記而備，植之而已，得百種花時，亦足以觀，則牡丹之客於我家，我爲牡丹之主人者，不可不爲之譜，以傳於後，是重花之意也。

嘉慶十四年穀雨日鴈湖花主自序於一隅草堂。

又 余癖好牡丹二十餘年，求之頗廣。自亳州、曹州、洞庭法華諸地所產，圃中略備。平望程君魯山、嘉定韓君湘仲、趙君滄螺與余同志，花時每以新種投贈，秋時分接。其有花同而名異者，兩存之，以俟博雅者論定焉爰。釋花名於後。

又《楊復吉跋》 聞川計子壽喬癖嗜牡丹，偏求異種，彙植園中。每屆暮春，爛漫如錦，雅人深致，於此可見一斑。今秋辱以全集寄贈，因鈔茲帙，暨《菊說》入叢書，詞文旨遠，蓋亦不亞於蘆陵、渭南諸譜也。癸酉仲秋震澤楊復吉識。

傳記

《清續文獻通考》卷二七四《經籍考十八》 楠，字壽喬，浙江秀水人。諸生，安吉縣訓導。

清 潘衍桐《兩浙輶軒續録》卷一九 計枏，字壽喬，秀水廩貢，官安吉訓導。著《一隅草堂稿》。

著録

清 丁申、丁丙《八千卷樓書目》卷一二《子部・譜録類》 《牡丹譜》一卷，國朝計楠撰，《昭代叢書》本。

《清續文獻通考》卷二七二《經籍考十六》 《牡丹譜》，計（□）[楠]。

又 卷二七四《經籍考十八》 《牡丹譜》一卷，計楠撰。

桑籬園牡丹譜

清　趙孟儉撰，趙世學新增《桑籬園牡丹譜·何迥生序》　『錦里叨看花富貴，俗懷僭問竹平安』，鄗之舊聯也。言雖俚，亦足以略見吾里之概。里處邑之北鄙，距城十里之遙。右臨灉水，左接桂陵。桂陵柿葉，灉水荷花，屬邑之八景，非邑之大觀也。足為大觀者，殆莫如牡丹。蓋牡丹曩稱洛陽甲天下，乃其濃纖、肥瘦、深淺、妍媸，物色變態傾異標新，實有遜山左。是其貴耳賤目歟？抑右若彼，而今若此歟？山左十郡二州語牡丹者，則曹州獨也；曹州十邑一州語牡丹者，則菏澤獨也，菏澤為郡為里者不知其幾，語牡丹之出者，惟有城北之一隅。魯山之陽，範堤之外，連延不斷數十里，而其間為園為圃者更不知其幾。而貫盛一方者，桑籬園也。

桑籬園，同里趙氏花園也。趙氏之族世喜牡丹，而其尤著者，其一為玉田趙昆岳；其一為孟儉趙克勤。克勤與玉田雖雁行而齒相懸。蓋玉田為我老友，而孟儉又以我為老友焉。

孟儉者，即桑籬園主人也。其種桑結籬，代彼版築，以御踐履，園以此得名。園中無所不樹，而要以牡丹為之主。若殿春，若真臘，以及一切花藤卉叢，猶未足當其半。括略算，牡丹株殆以數千，種殆以數百，主人以言者，悉策取而匯之於譜。於是，按《郡芳》所載而有於今者，收入一冊；又於《羣芳》所未載而有於今者，仿其注而變通之，更收入一冊。合甲乙兩冊，共得若干種。冊繁，主人一手一眼，又苦於操作，摒擋拮据，日不暇給，是不能不需時日久而後成也。至於擅名致勝，是不能一一端詳其後。

孟儉為人弱，不好弄於物，無忤庭訓，亦其天性也。然而聰明過人越絕，意氣峭孤，生平雖未當入塾請業，而周之六經，梁之千文，莫不誦了義徹，即自訂花譜一節，亦略見其概矣。乃居恒悒鬱，自嘲為謂『舍本事末則重不如農，射逐蠅頭則清不如士。苟負郭可服，阿堵所不樂道也。』竊嘗喻以抱關擊柝者，人代耕也；移花接森，君代耕也。椿萱臘高，俯仰用寬，顧以賴之者，病之歟？

數歲，會譜成，辱教囑序。知不勝任，而又不果辭者，重拂其意也。良以知之，詳而悉之，審審者莫余若也。舍弁而為之跋者，虛其右以待能者也。初教於前，以啟其端者，文學李君奉庭家司馬蔚章也，繼書其後，以紀其略者，古稀下叟何迴生也。

時值龍飛道光戊子春也。書既，更取名言以殿後，邵曰：自食其力不為貪，賣花為業不為俗也。

又《馬邦舉跋》　余性嗜香草，喜聞園客遺事。來曹數年，游城東北趙樓趙家園。見玉田先生蕭蕭白發，隱於園中，為農為圃之業，乃人生樂事也。余因贈以『似蘭如松』四字以慰其心。今余來問之，既歿七年矣。到桑籬園，孟儉才三十五歲，氣象安靜，亦如玉田當年。余與莘邑孫瑞圃同來，跋比數語，以志於卷尾。余文於曹，時值道光十二年三月十四日。

又《趙世學〈新增桑籬園牡丹譜序〉》　魯山之陽，草木叢生，其種植修平者蓋不知始於何時創自何人也。聞花木之生，古稱洛陽；今也遍植我曹南，而洛陽之花木近無所聞焉。是知世運之變遷，地脈之轉移，人事之改更，不可以一地拘也。故當陽春煙景，萬花開放，玉蘭、海棠同備巧妝之容；碧桃、紅梅各呈粉姿之態；其當陽尤美，望之燦然而富貴者，牡丹是也。牡丹之類，普盛原野，然而純紅、通白、粉、黃、黛、綠，拔其至麗者，宜莫如我趙氏園中為之最盛焉。

牡丹一種，亦名木芍藥，按之舊譜僅百五十餘色，更加以種養類分，其相繼而新生者亦五十餘色，共約二百餘色，不為不多矣。特恐種類既多，沿傳而後，牡丹之色色亦或缺而不全也。余也因素愛花，欲必保其全盛，莫若按類增譜為得計焉。於是，誦讀之暇，故即舊譜幅摺之餘補緝增多，其各色即附於各色之後，各名即加以各名之注，急急手厘定考詳，合新舊而統為一譜也。豈不美哉，豈不快哉！後之覽者，亦將有感於斯譜而因名求全者，即余今日增譜之力也。方今國朝，郅治太平，究尚花木，牡丹一種，馳名四海；賞花諸君子，北至燕冀，南至閩粵，中至蘇杭，言牡丹者，莫不諄諄乎於我曹焉。是為序。

曹南魯山陽師古趙氏自序於鐵梨寨花園學屋窗下。大清宣統元年三月既望日新增。宣統四年春三月訂注。

牡丹芍藥花品

宋 陳振孫《直齋書録解題》卷一〇《農家類》　《牡丹芍藥花品》七卷，不著名氏。録歐公及仲休等諸家《牡丹譜》，孔常甫《芍藥譜》共為一編。

《文獻通考》卷二一八《經籍考四五》　陳氏曰：不著名氏。録歐公及仲林等諸家《牡丹譜》，孔常甫《芍藥譜》共爲一篇。

明 陳第《世善堂藏書目録》卷下《各家六・農圃》　《牡丹芍藥花品》七卷。

明 慎懋官《華夷花木鳥獸珍玩考》卷六《花木考》　《牡丹芍藥花品》七卷，陳氏曰：不著名氏。

芍藥譜（劉攽）

綜述

宋 劉攽《芍藥譜・序》　天下名花，洛陽牡丹、廣陵芍藥，為相侔埒。《禹貢》記：楊州草木夭喬。聖人之言，然未見其夭且喬也。廣陵芍藥有自他方移來種之者，經歲則盛，至有十倍其初，而勝廣陵所出遠甚，地氣所宜，信其為天乎。然則醫書《本草》所載，雖小物方土，所出山川原野氣力不同，或相倍蓰十佰如此花矣，不可不察也。然芍藥之盛衰，環廣陵四五十里之間為然，外是則薄劣不及。洛陽牡丹由人力接種，故歲歲變更日新，而芍藥自以種傳，獨得於天然，非剪剔灌溉以時，亦不能全盛。又有風雨寒暄，氣節不齊，故其名花絶品，有至十四五年得一見者，其間開不能成，或變為他品。此天地尤物不與凡品同。特其地利、人力、天時參併其美，然後一出，意其造物，亦自珍惜之耳。芍藥始開時，可留七八日。自廣陵至姑蘇，北入射陽，東至通州海上，西至滁和州，數百里則人人厭觀矣。廣陵至京師千五百里，駿馬疾走可六七日至也。上不以耳目之玩勤遠人，而富商大賈逐利纖嗇不顧，又無好事有力者招致之。故勺藥不得至京師，而洛陽牡丹獨擅其名。其移根北方者，本年以往則不及初年，自是歲加劣矣。故北方之見勺藥者，皆其下者也。然種芍藥為生者，猶得厚價重利。熙寧六年，其自海陵至廣陵，特正四月花時，會友人傳欽之、孫莘老偕行，相與歷覽人家園圃及佛舍所種。凡三萬餘株勺藥，嫩好及雖好而不至者，盡具矣。扶風馬玠，府大尹給事公子也。博物好奇，為予道勺藥本末，及與廣陵人所第名品示予。予按唐氏藩鎮之盛，揚府號為第一。萬商千賈，珍貨之所叢，及百氏小説尚多説之。而莫有言勺藥之美者，非天地生物之劣於古而特隆於今也。殆一時所好尚不齊，而古人未必能知正色耳。自樂天詩言：牡丹取叢大，花繁者為佳。是最洛中所卑下者，古人之不知芍藥何疑？然當時無記録，故後世莫知其詳。今此後無傳説，使後勝今，猶不足恨。或人情好尚更變，駸駸日久則名花奇品，遂將泯然無傳，來者莫知有此，不亦惜哉？因次序為譜，三十一種皆使畫工圖寫以示。未嘗見者，使知之。其嘗見者，因以吾言為信矣。劉貢父傳譜序。

傳記

宋 王稱《東都事略》卷七六《劉攽傳》　攽，字贛父，少疎俊，與兄敞同學，自刻厲，博讀羣書，遂偕中進士。調江陰簿，為國子監直講。趙槩薦攽可備文館，召試優等，當除直史館。攽與言者有憾，而執政乃擬校勘。

熙寧初，知太常禮院，神宗手詔推求太祖諸孫屬行尊者為王，以奉太祖後。攽曰：『《禮》：諸侯不得祖天子。太祖傳天下於太宗，繼體之君皆太祖子孫，不當別為太祖置後。臣以謂太祖子唯德昭、德芳二人，宜從其後，世世勿降爵，宗廟祭祀，使之在位，則陛下褒揚藝祖，休顯著明矣。』會勸講邇英者，建言講官願得坐講，下太常議。攽曰：『侍臣見天子，應對顧問曰講論，不可安坐自若。避席立語，乃古今常禮，不可許。』或曰：『人臣何嘗不坐上前？今使講官坐，以示人主尊德樂道，何害？』攽曰：『不然。人主命之坐，與人主不命而請之，逆順分矣。』時議者不一，卒如攽言。

考試開封府，進士程文有用小畜字者，王介謂犯神宗嫌名，攽曰：『此六畜之畜，亦嫌名也。』因紛爭，御史劾之。遂出通判泰州，代還，為集賢校理，判登聞鼓院、三司户部判官，知曹州。嘗轉對言：『強盜滅罪流配，多逃還鄉里，復讎殺人，捕得亦死。宜約古制，凡強盜得貸減者，皆以刖代流配。盜不得去鄉里，全性命。』神宗善之，而議者以斷趾駭衆，事不行。

曹素多盜，朝廷立重法而盜不息，攽曰：『民不畏死，奈何以死懼之。』至則尚寬平，務在不撓。視官屬如子姪，歲中盜賊衰息。召為國史院編修官開封府判官。元豐初，出為京東轉運使，坐不按斥部吏，罷知兗州，徙亳州。後轉運使吳居厚以苛刻致財賦豐衍，擢天章閣待制，攽又坐廢弛奪兩官，黜監衡州鹽倉。起知襄州。元祐初，召為祕書少監，以疾求補外，除直龍圖閣、知蔡州。召拜中書舍人，卒，年六十七。

攽為人博學守道，以故流離困躓，然不修威儀，喜諧謔，雜以嘲誚。每自比劉向也。所著文集暨《五代春秋内傳》、《國語經史新議》、《東漢刊誤》、《詩話錄》、《芍藥譜》、《漢官儀》凡百卷。

《宋史》卷三一九《劉攽傳》 攽，字貢父，與敞同登科，仕州縣二十年，始為國子監直講。歐陽脩、趙槩薦試館職，御史中丞王陶有夙憾，率侍御史蘇寀共排之，攽官已員外郎，纔得館閣校勘。熙寧中，判尚書考功、同知太常禮院。

詔封太祖諸孫行尊者為王，奉太祖後。攽言：『禮，諸侯不得祖天子，當自奉其國之祖。宜崇德昭、德芳之後，世世勿降爵，宗廟祭祀，使之在位，則所以褒揚藝祖者著矣。』後二王紹封如攽議。

方更學校貢舉法，攽曰：『本朝選士之制，行之百年，累代將相名卿，皆由此出，而以為未嘗得人，不亦誣哉。顧因舊貫，毋輕議改法。夫士修於家，足以成德，亦何待於學官程課督趣之哉。』

王安石在經筵，乞講者坐。攽曰：『侍臣講論於前，不可安坐，避席立語，乃古今常禮。君使之坐，所以示人主尊德樂道也；若不命而請，則異矣。』禮官皆同其議，至今仍之。考試開封舉人，與同院王介爭詈，為監察御史所劾罷。禮院廷試始用策，初，考官吕惠卿列阿時者在高等，訐直者反居下。攽覆考，悉反之。又嘗貽安石書，論新法不便。安石怒摭前過，斥通判泰州，以集賢校理、判登聞檢院、户部判官知曹州。曹為盜區，重法不能止。攽曰：『民不畏死，奈何以死懼之。』至則治尚寬平，盜亦衰息。為開封府判官，復出為京東轉運使。部吏罷軟不逮者，務全安之。徙知兗、亳二州。吳居厚代為轉運使，能奉行法令，致財賦。迺追坐攽廢弛，黜監衡州鹽倉。

哲宗初，起知襄州。入為祕書少監，以疾求去，加直龍圖閣知蔡州。於是給事中孫覺、胡宗愈，中書舍人蘇軾、范百禄言：『攽博記能文章，政事侔古循吏，身兼數器，守道不回，宜優賜之告，使留京師。』至蔡數月，召拜中書舍人。請復舊制，建紫薇閣於西省。竟以疾不起，年六十七。

攽所著書百卷，尤邃史學。作《漢書刊誤》，為人所稱。預司馬光脩《資治通鑑》，專職漢史。為人疎儁，不脩威儀，喜諧謔，數用以招怨悔，終不能改。

（隆慶）《臨江府志》卷一二《名宦傳》 劉攽，字貢父，與兄敞進士，偕舉。廬州觀察推官。遷國子直講，舘閣校勘。尋召判尚書考功，同知太常禮院。詔封太祖後，攽疏：禮，諸侯不得祖天子，宜崇德昭、德芳二王後，世世勿降爵。會更貢舉法，攽曰：國家名臣多出此選，況百年成法，未易紛更。制皆如攽議。王安石乞經筵坐講，攽曰：君前侍講，古今常禮，人主不命而講官請之，此講官之失。時議者不一，事竟不行。先是，廷策士考官吕惠卿列附時者在高等，訐直者居下命。攽覆考多更定之。嘗貽安石書，論新法不便，安石怒出判泰州，改户部判官，知曹州。曹多盜輕死，攽至，尚寬恤，吏不忍欺，盜亦息。遷東京都轉運使，知兗、亳二州。坐事，監衡州壚倉。元祐初，起爲秘書少監，乞疾，加直龍圖閣知蔡州。侍臣孫覺、蘇軾等進言攽博記能文章，政事侔古循良，身兼數器，守道不回，宜賜告留京，不報。至蔡數月卒。所著有文集五十卷，《五代春秋》十五卷，《内傳國語》二十卷，《經史新議》七卷，《東漢刊誤》四卷，《詩話》二卷，《漢官儀》三卷，《芍藥譜》三卷，并《公非集》行於世。嘗與司馬光修《資治通鑑》，攽專職漢史。兄敞，號公是，攽曰：是其所是易，非其所非難，自號公非。

著録

宋 陳振孫《直齋書録解題》卷一〇《農家類》　《芍藥譜》一卷，中書舍人清江劉攽貢父撰。

《文獻通考》卷二一八《經籍考四五》　《芍藥譜》一卷，陳氏曰：中書舍人清江劉攽貢甫撰。

《宋史》卷二〇五《藝文志四・農家類》　劉攽《芍藥譜》一卷。

明 佚名《近古堂書目》卷上《子譜録類》　劉攽《維揚芍藥譜》。

明 祁承㸁《澹生堂藏書目》卷八《子類第四・樹藝》　《芍藥譜》一卷，劉攽。山居雜志本。

明 柯維騏《宋史新編》卷五〇《藝文志四》　劉攽《芍藥譜》一卷。

清 黄虞稷《千頃堂書目》卷一五《類書類》　《芍藥譜》，劉攽。

清 錢謙益《絳雲樓書目》卷二《雜藝類》　劉攽《維揚芍藥譜》一卷。

（乾隆）《江南通志》卷一九二《藝文志》　《維揚芍藥譜》，一臨江劉攽。

（同治）《清江縣志》卷九《藝文志》　《芍藥譜》三卷，劉攽貢父撰。

芍藥譜（孔武仲）

綜述

宋 孔武仲《揚州芍藥譜並序》《清江三孔集》卷一八　揚州芍藥，名扵天下，非特以多為誇也。其敷腴盛大而纖麗巧密，皆他州不及。至於名品相壓，爭妍鬭奇，故者未厭，而新者已盛。州人相為驚異，交口稱說，傳於四方。名益以遠，價益以重，與洛陽牡丹俱貴於時。四方之人賫攜金幣來市種以歸者多矣。吾見其一歲而小變，三歲而大變，卒與常花無異。由此芍藥之美，益專於揚州。負郭多曠土，種花之家，園舍相望。最盛於朱氏、丁氏、袁氏、徐氏、高氏、張氏，餘不可勝紀。畦分畝列，多者至數萬根。自三月初旬始開，浹旬而甚盛，游觀者相屬於路。幕帟相望，笙歌相聞。又浹旬而衰矣。大抵粗者先開，佳者後發，高至尺餘，廣至盈手，其色以黄為最貴。所謂緋紅千葉乃其中下者，小人負擔以賣，至於棄擲遺落，不甚愛惜。鄭詩引芍藥以明土風，說者曰：香草也。司馬長卿《子虚賦》曰：芍藥之和具而後御之。說者曰：芍藥主和五臟，又辟毒氣也。謝宣城《直中書省詩》曰：『紅藥當堦翻』，說者曰：草色，紅者也。其義皆與今所謂芍藥者合，但未有專言揚州者。唐之詩人最以模寫風物自喜，如盧仝、張祜之徒，皆居揚之日久，亦未有一語及之，是花品未有若今日之盛也。余官於揚，學講習之暇，嘗載而之六氏之園，與凡佛宫道舍有佳花處，頗涉獵矣。懼其久而遺忘也，問之州人，得其粗，又屬秀州滿君方中、丁君時中，各集所聞，得其詳，蓋可紀者三十有三種。世之有力者，或能邀致善工，列之圖畫可揭而游四方。然未若書之可傳於衆，乃具列其名，從而釋之。

傳記

宋 王稱《東都事略》卷九四《孔武仲傳》　武仲字常父。幼力學，舉進士，爲禮部第一。元祐初，爲祕書省正字，遷校書郎、著作郎。論科舉之弊，詆《三經新義》，請復詩賦取士。遷國子司業。頃之，侍講邇英，除起居舍人。數月，拜中書舍人，直學士院。

時議祠北郊，久不決。武仲建用純陰之月親祠，如神州地祇。擢給事中，遷禮部侍郎，以寶文閣待制知洪州。言大中大夫以上知州者，杖以下公坐止劾官屬，獄成，聽大理約讞，庶幾刑不逮貴近，又全朝廷體統之意。遂著爲令。

移宣州，坐元祐黨奪職，居池州。卒，年五十七。所著《詩書論語說》《金華講義》《内外制》《雜文》共百餘卷。

《宋史》卷三四四《孔武仲傳》　武仲字常父。幼力學，舉進士，中甲科。調穀城主簿，選教授齊州，為國子直講。喪二親，毀瘠特甚，右肱為不舉。元祐初，歷祕書省正字、校書，集賢校理，著作郎，國子司業。嘗論科舉之弊，詆王氏學，請復詩賦取士。又欲罷大義，而益以諸經策，御試仍用三題。進起居郎兼侍講邇英殿，除起居舍人，數月，拜中書舍人，直學士院。

初，罷侍從轉對，專責以論思。武仲言：『苟不持之以法，則言與不言，將各從其意。願輪二人次對。』時議祠北郊，久不决。武仲建用純陰之月親祠，如神州地祇。擢給事中，遷禮部侍郎，以寳文閣待制知洪州。請：『從臣為州者，杖以下公坐止劾官屬，俟獄成，聽大理約法，庶幾刑不逮貴近，又全朝廷體貌之意。』遂著為令。

徙宣州，坐元祐黨奪職，居池州。卒，年五十七。元符末，追復之。所著《詩書論語說》《金華講義》《内外制》《雜文》共百餘卷。

（隆慶）《臨江府志》卷一二《名宦傳》 孔武仲，字常父，嘉祐間舉進士，試禮部第一，中甲科，調襄陽穀城簿。丁内外艱，哀毀瘠甚，右肱不舉。服闋，兩爲教授，所至風從。累官國子司業，論科舉之弊，詆王氏之學，進拜中書舍人，直學士院。建北郊議，累遷禮部侍郎，出知洪州。疏言：從臣爲州者，杖以下公坐止劾官屬，俟獄成，聽大理約法，庶幾刑不逮貴近，且全朝廷體貌。著爲令。徙知宣州，坐元祐黨奪職，居池州。元符末，復所奪官，命下而卒。所著有《詩說》、《書說》、《語說》、《金華講議》、《奏議内外制》、《雜文》共百餘卷。

著録

宋 陳振孫《直齋書録解題》卷一〇《農家類》 《芍藥圖序》一卷，待制新淦孔武仲常甫撰。案：孔武仲新淦人，原本誤作新塗，今改正。

《宋史》卷二〇五《藝文志四・農家類》 孔武仲《芍藥譜》一卷。

《文獻通考》卷二一八《經籍考四五》 《芍藥圖序》一卷，陳氏曰：待制新淦孔武仲常甫撰。

（嘉靖）《惟揚志》卷一二《經籍志》 《揚州芍藥圖序》一卷，待制孔武仲撰。按武仲武，字常甫，新淦人。元祐初官揚州教授。

明 柯維騏《宋史新編》卷五〇《藝文志四》 孔武仲《芍藥譜》一卷。

清 孔繼汾《闕里文獻考》卷三一《孔氏著述第十一》 武仲有《芍藥譜》一卷。

雜録

宋 吴曾《能改齋漫録》卷一五《方物・芍藥譜》 孔常甫初官維揚，以維揚芍藥甲天下，因盡取其名，以敍云【略】。

揚州芍藥譜

綜述

宋 王觀《揚州芍藥譜・自序》 天地之功，至大而神，非人力之所能竊勝。惟聖人為能體法其神，以成天下之化，其功蓋出其下。而曾不少加以力，不然天地固亦有間，而可窮其用矣。余嘗論天下之物，悉受天地之氣，以生其小大、短長、辛酸、甘苦與夫顔色之異，計非人力之可容致巧於其間也。今洛陽之牡丹，維揚之芍藥，受天地之氣以生，而小大、淺深一隨人力之工拙，而移其天地所生之性。故奇容異色間出於人間，以人而盜天地之功而成之，良可怪也。然而天地之間，事之紛紜出於其前，不得而曉者，此其一也。洛陽土風之詳，已見於今歐陽公之記，而此不復論。維揚大抵土壤肥膩，於草木為宜。《禹貢》曰：『厥草惟夭』，是也。居人以治花相尚，方九月十月時，悉出其根，滌以甘泉，然後剥削老梗、病腐之處，揉調沙糞以培之。易其故土，凡花大約三年或二年一分，不分則舊根老硬而侵蝕新芽，故花不成。就分之數，則小而不舒不分與分之太數，皆花之病也。花之顔色之深淺，與葉蕋之繁盛，皆出於培壅剥削之力。花既萎落，亟剪去其子，屈盤枝條使不離散，故脉理不上行，而皆歸於根。明年新花繁而色潤雜，花根窠多不能致遠。惟芍藥及時取根，盡取本土，貯以竹席之器，雖數千里之遠，一人可負數百本而不勞。至於他州，則擁以沙糞，雖不及維揚之盛，而顔色亦非他州所有者比也。亦有踰年即變而不成者，此亦係夫土地之宜不宜，而人力之至不至也。《花品》舊傳：龍興寺山子羅漢觀音彌陁之四院冠於此州。其後，民間稍稍厚賂以匄其本，壅培治事，遂過於龍興之四院。今則有朱氏之園，最為冠絶。南北二圃，所種幾於五六萬株，意其自古種花之盛，未之有也。朱氏當其花之盛開，飾亭宇以待來游者，逾月不絶，而朱氏未嘗厭也。揚之人與西洛不異，無貴賤皆喜戴花，故開明橋之間，方春之月，拂旦有花市焉。州宅舊有芍藥廳，在都廳之後，聚一州絶品於其中，不下龍興朱氏之盛。往歲，州將召移新守未至，監護不密，悉為人盜去，易以凡品，自是芍藥廳徒有其名爾。今芍藥有三十四品，舊譜只取三十一種，如緋單葉、白單葉、紅單葉，不入名品之內。其花皆六出，維揚之人甚賤之。余自熙寧八年季冬，守官江都，所見與夫所聞莫不詳熟。又得八品焉，非平日三十一品之比，皆世之所難得。今悉列於左。舊譜三十一品，分上、中、下七等，此前人所定，今更不易。

又《後論》 維揚，東南一都會也，自古號為繁盛。自唐末亂離，羣雄據有，數經戰焚，故遺基廢迹，往往蕪没而不可見。今天下一統，井邑田野，雖不及古之繁盛，而人皆安生樂業，不知有兵革之患。民間及春之月，惟以治花木，飾亭榭，以往來遊樂為事，其幸矣哉。揚之芍藥甲天下，其盛不知起於何代。觀其今日之盛，想古亦不減於此矣。或者以謂自有唐若張祜、杜牧、盧仝、崔涯、章孝標、李嶸、王播，皆一時名士，而工於詩者也。或觀於此，或遊於此，不為不久，而略無一言一句以及芍藥意，其古未有之。始盛於今，未為通論也。海棠之盛，莫甚於西蜀，而杜子美詩名，又重於張祜，諸公在蜀日久，其詩僅數千篇，而未嘗一言及海棠之盛。張祜輩詩之不及芍藥，不足疑也。芍藥三十一品，乃前人之所次，余不敢輒易。後八品乃得於民間，而最佳者，然花之名品，時或變易，又安知止此八品而已哉。後將有出兹八品之外者，余不得而知，當俟來者以補之也。

《四庫全書總目》卷一一五《子部二十五・譜録類》 揚州芍藥，自宋初名於天下。《宋史・藝文志》載爲之譜者三家。其一孔武仲，其一劉攽，其一卽觀此譜。孔、劉所述，世已無傳，僅陳景沂《全芳備祖》載有其略，今與此譜相較，其所謂三十一品前人所定者，實卽本之於劉譜。惟劉譜有『妬裙紅』一品，此譜改作『妬鵞黄』。又略爲移易其次序。其劉譜所無者，新增八種而已。又觀後論稱或者謂唐張祜、杜牧、盧仝之徒居揚日久，無一言及芍藥，意古未有如今之盛云云。亦卽孔譜序中語，觀葢取其義而翻駁之。至孔譜謂可紀者三十有三種，具列其名，比劉譜較多二種。今（嘉靖）《維揚志》尚載其原目，亦頗有異同云。

《四庫全書簡明目録》卷一二 因劉攽《芍藥譜》所列三十一種，改其一種，增以八種，而敘述比劉本較詳。

清 周中孚《鄭堂讀書記》卷五一《子部九之下・譜録類二》 《四庫全書》著録。《書録解題》、《通考》、《宋志》所載，俱無『揚州』二字。又三書所載，尚有劉貢父攽、孔常甫武仲二種，與此種皆述揚州所產芍藥花之盛，亦皆無『揚州』二字也。劉孔二譜久已亡佚，其大略僅見於陳氏《全芳備祖》前集及嘉靖《維揚志》中。是譜卽因劉譜，所列三十一品，改其『妒裙紅』一品為『妒鵞黄』，而增入八品。仍依劉譜分上之上六品，上之下二品，中之上六品，中之下四品，下之上四品，下之中四品，下之下五品。新收者不列等。前為總論，末為後論，敘述比劉譜較詳。至《維揚志》所列孔譜之三十三品，與劉譜閒有不同，大約各以意為更改。今是譜獨存，可援以為定評矣。《說郛》、《墨海金壺》均收入之。

傳記

《四庫全書總目》卷一一五《子部二十五・譜録類》 觀字達叟，如臯人。熙寧中嘗以將仕郎守大理寺丞，知揚州江都縣事。在任爲《揚州賦》上之，大蒙褒賞，賜緋衣銀章。見嘉靖《維揚志》中。汪士賢刻入《山居雜志》，題爲江都人者誤也。

清 厲鶚《宋詩紀事》卷二二 觀，字通叟，高郵人，一作如臯人。嘉祐二年進士，累遷大理丞，知江都縣。嘗著《楊州賦》及《芍藥譜》。

清 周中孚《鄭堂讀書記》卷五一《子部九之下・譜録類二》 觀，字達叟，如臯人。熙寧中，嘗以將仕郎守大理寺丞，知揚州江都縣事。

著録

宋 尤袤《遂初堂書目・譜録類》 《揚州芍藥譜》。

宋 陳振孫《直齋書録解題》卷一〇《農家類》 《芍藥譜》一卷，知江都縣王觀通叟撰。三家皆述維揚所産花之盛。

《宋史》卷二〇五《藝文志四・農家類》 王觀《芍藥譜》一卷。

《文獻通考》卷二一八《經籍考四十五》 《芍藥譜》一卷，陳氏曰：知江都縣王觀通叟撰，三家皆述維揚所産花之盛。

明 高儒《百川書志》卷一〇《子志四・農家》 《揚州芍藥譜》一卷，宋知江都事王觀撰。舊譜三十四品，觀去單葉三品，止存三十一品，分上中下七品，新收八品，合三十九品，前後有序論。

明 晁瑮《晁氏寶文堂書目》卷下《藝譜》 王觀《芍藥譜》。

明 焦竑《國史經籍志》卷三《史部・種藝》 《揚州芍藥譜》，宋王觀。

明 陳第《世善堂藏書目録》卷下《各家六・農圃》 《芍藥譜》一卷，王觀。

明 徐𤊹《徐氏紅雨樓書目・農圃類》卷三 《芍藥譜》一卷，王觀。

明 徐𤊹《徐氏家藏書目・農圃類》卷三 《芍藥譜》四卷，宋王觀。

明 柯維騏《宋史新編・藝文志四》卷五〇 王觀《芍藥譜》一卷。

清 黄虞稷《千頃堂書目・類書類》卷一五 《芍藥譜》，王觀。

《續通志》卷一五九《藝文略》 《揚州芍藥譜》一卷，宋王觀撰。

清 曹寅《楝亭書目》卷三《子集》 《揚州芍藥譜》，宋將仕郎王觀序著，一卷，一冊。

清 錢曾《也是園藏書目》卷二《史部・種藝》 《芍藥譜》四卷。

（乾隆）《江南通志》卷一九二《藝文志》 《維揚芍藥譜》，一如皋王觀。

清 陸漻《佳趣堂書目》 《揚州芍藥譜》一卷，王觀。

《四庫全書總目》卷一一五《子部二五・譜録類》 《揚州芍藥譜》一卷，浙江鮑士恭家藏本，宋王觀撰。

《四庫全書簡明目録》卷一二 《揚州芍藥譜》一卷，宋王觀撰。

清 孫星衍《孫氏祠堂書目》外編卷二 《揚州芍藥譜》一卷，宋王觀撰。

清 周中孚《鄭堂讀書記》卷五一《子部九之下・譜録類二》 《揚州芍藥譜》一卷，百川學海本，宋王觀撰。

清 丁申、丁丙《八千卷樓書目》卷一二《子部・譜録類》 《揚州芍藥譜》一卷，宋王觀撰。百川本。錢錫之刊本。

清 丁丙《善本書室藏書志》卷一八《子部六・譜録類》 《揚州芍藥譜》一卷，明翻宋本。將仕郎守大理寺丞知揚州江都縣事王觀撰。前有自序，後有自論。觀字達叟，如皋人。熙甯中任江都令，上《揚州賦》，蒙賜緋衣銀章。揚州芍藥，宋初名於天下。《宋史・藝文志》載，為之譜者三家，一孔平仲，一劉攽，一即觀。觀因劉譜所列三十一種改其一種，增其八種，敘述較詳。此本翻宋時刊本，不減天木原槧。

清 陸心源《皕宋樓藏書志》卷五三《譜録類一》 《揚州芍藥譜》一卷，宋刊本，宋將仕郎、守大理寺丞、知揚州江都縣事王觀撰。

清 沈德壽《抱經樓藏書志》卷四〇《譜録類一》 《揚州芍藥譜》一卷，宋刊本。宋將仕郎、守大理寺丞、知揚州江都縣事王觀撰。

清 陳揆《稽瑞樓書目》 《揚州芍藥譜》一卷，附。

維揚芍藥譜合纂

明 祁承㸁《澹生堂藏書目》卷八《子類第四・樹藝》 《維揚芍藥譜》一冊，五卷。百川學海本。劉攽譜一卷，王觀譜一卷，孔武仲譜一卷，艾丑譜一卷，附録一卷。

（乾隆）《江南通志》卷一九二《藝文志》 《維揚芍藥譜合纂》，江都曹守真。

劉氏菊譜

綜述

宋 劉蒙《劉氏菊譜·敘》 草木之有花，浮冶而易壞，凡天下輕脆難久之物者，皆以花比之。宜非正人達士堅操篤行之所好也。然余嘗觀屈原之為文，香草、龍鳳以比忠正，而菊與菌、桂、荃、蕙、蘭、芷、江蘺同為所取。又松者，天下歲寒堅正之木也。而陶淵明乃以松名配菊，連語而稱之。夫屈原、淵明，寔皆正人達士堅操篤行之流。至於菊猶貴重之如此。是菊雖以花為名，固與浮冶易壞之物不可同年而語也。且菊有異於物者，凡花皆以春盛，而實者以秋，成其根抵枝葉，無物不然。而菊獨以秋花悅茂於風霜搖落之時，此其得時者異也。有花葉者，花未必可食，而康風子乃以『食菊僊』。又《本草》云：以九月取花，久服輕身耐老，此其花異也。花可食者，根葉未必可食。而陸龜蒙云：春苗恣肥，得以採擷，供左右杯。按又《本草》云：以正月取根，此其根葉異也。夫以一草之微，自本至末，無非可食有功於人者。加以花色香態，纖妙閑雅，可為丘壑燕靜之娛。然則古人取其香以比德，而配之以歲寒之操。夫豈獨然而已哉？洛陽之風俗大抵好花，菊品之數比他州為盛。劉元孫伯紹者，隱居伊水之瀕，萃諸菊而植之，朝夕嘯詠乎其側，蓋有意譜之，而未假也。崇寧甲申九月，余得為龍門之游，得至君居，坐於舒嘯堂上，顧玩而樂之。於是相與訂論，訪其居之未嘗有，因次第焉。夫牡丹、荔枝、香、筍、茶、竹、硯、墨之類，有名數者前人皆譜録。今菊品之盛，至於三十餘種，可以類聚而記之。故隨其名品，論叙於左，以列諸譜之次。

《四庫全書總目》卷一一五《子部二十五·譜録類》 蒙，彭城人，仕履未詳。自序中載崇寧甲申爲龍門之游，訪劉元孫所居，相與訂論，爲此譜。蓋徽宗時人。故王得臣《麈史》中已引其說。焦竑《國史·經籍志》列於《范村菊譜》後者，誤也。其書首譜敘，次說疑，次定品，次列菊名三十五條，各敘其種類形色而評次之，以龍腦爲第一，而以雜記三篇終焉。書中所論諸菊名品，各詳所出之地。自汴梁以及西京、陳州、鄧州、雍州、相州、滑州、鄜州、陽翟諸處，大抵皆中州物產，而萃聚於洛陽園圃中者。與後來史正志、范成大等南渡之後拘於疆域，偏志一隅者不同。然如金鈴、金錢、酴醿諸名，史、范二志亦載。意者本出河北，而傳其種於江左歟。其補遺篇中謂掇接治療之方，栽培灌種之宜，宜觀於方冊而問於老圃，不待余言也。故惟以品花爲主，而他皆不及焉。

《四庫全書簡明目録》卷一二 首譜敘，次說疑，次定品，次列菊名三十五種，各為品第。而終以雜記三篇。其書作於徽宗時，所録皆中原產也。

清 陸心源《儀顧堂題跋》卷九《劉蒙菊譜跋》 《菊譜》一卷，題曰彭城劉蒙，宋刊小字本。案：蒙，山東濱州人，《繫年要録》：政和六年，通判揚州時，江淮諸郡民苦水患，流移四出，泰州高郵至三千人轉徙於楊。蒙曲加周卹，咸得不死，事聞，特遷一官。嘉靖《維揚志》尋以朝奉郎，爲江東轉運副使。建炎元年九月，奏請優恤翁彦國，上以其觀望李綱削一官。蒙以曾奏彦國不法，訴於朝，復其官，移兩浙轉運副使。三年加直祕閣，四年爲兩浙隨軍轉運使。建議於浙西民間，預借秋料苗米，從之。《繫年要録》當卽其人。彭城者，箸郡望也。濱州有兩劉蒙，一字子明，元豐中卒，私謚正思先生，《宋史》有傳；又宜黃人劉蒙，字資深，治平進士，至朝請大夫，見《江西通志》。《清波別志》云：劉蒙賢良，書干司馬溫公，乞以鬻下一婢之資五十萬，以濟其貧。又責公不效韓退之所爲，此又一劉蒙也。

清 周中孚《鄭堂讀書記》卷五一《子部九之下·譜録類二》 《四庫全書》著録。上有『劉氏』二字，乃據浙江鮑氏藏本，《書録解題》所載亦無此二字，蓋據其原書。《通考》不載，豈偶遺之耶？是本首列花十七條，次及白花十五條，終以雜色四條。各敘其種類、形色，而品第之，大抵皆中原產也。然據鮑氏本，首譜敘，次說疑，次定品，然後及菊名三十六條，復以雜記三篇終焉。則此乃刪削之本，非其原書矣。《說郛》所載亦同，前有崇寧甲申自序，蓋卽鮑本所謂譜敘云。

著録

宋 陳振孫《直齋書録解題》卷一〇《農家類》 《菊譜》一卷，彭城劉蒙撰，凡三十五品。

《文淵閣書目》卷三　《菊譜》一部一冊。

明　高儒《百川書志》卷一〇《子志四・農家》　《菊譜》一卷，宋彭城劉蒙著，五篇。

明　晁瑮《晁氏寶文堂書目》卷下《藝譜》　劉蒙《菊譜》。

明　焦竑《國史經籍志》卷三《史部・種藝》　《菊譜》二卷，宋劉蒙。

明　祁承㸁《澹生堂藏書目》卷八《子類第四・樹藝》　《劉氏菊譜》一卷，劉蒙。川本。

明　徐𤊹《徐氏紅雨樓書目》卷三《農圃類》　《菊譜》一卷，劉蒙。

明　徐𤊹《徐氏家藏書目》卷三《農圃類》　《菊譜》一卷，宋劉（家）［蒙］。

明　王圻《續文獻通考》卷一七九《經籍考》　《菊譜》，劉蒙撰。

清　黃虞稷《千頃堂書目》卷一五《類書類》　《菊譜》，劉蒙。

清　曹寅《楝亭書目》卷三《子集》　《菊譜》，宋彭城劉蒙序著，一卷。

清　錢曾《也是園藏書目》卷二《史部・種藝》　劉蒙《菊譜》一卷。

清　錢曾《述古堂藏書目》卷四　劉蒙《菊譜》一卷，抄。

清　陸漻《佳趣堂書目》　《菊譜》一卷，劉蒙。

《續通志》卷一五九《藝文略》　《劉氏菊譜》一卷，宋劉蒙撰。

《續文獻通考》卷一八一《經籍考》　劉蒙《劉氏菊譜》一卷，蒙，彭城人，仕履無考。臣等謹案：是書前有蒙自序，稱崇寧甲申為龍門之游。訪劉元孫所居。相與訂論，為此譜。蓋徽宗時人。

《四庫全書總目》卷一一五《子部二五・譜録類》　《劉氏菊譜》一卷，浙江鮑士恭家藏本，宋劉蒙撰。

《四庫全書簡明目録》卷一二　《劉氏菊譜》一卷，宋劉蒙撰。

清　陸心源《皕宋樓藏書志》卷五四《譜録類二》　《菊譜》一卷，宋刊本，宋彭城劉蒙撰。

清　沈德壽《抱經樓藏書志》卷四〇《譜録類一》　《菊譜》一卷，宋刊本，楊夢日舊藏，宋彭城劉蒙撰。

清　周中孚《鄭堂讀書記》卷五一《子部九之下・譜録類二》　《菊譜》一卷，《百川學海》本，宋劉蒙撰蒙，彭城人，仕履未詳。

清　丁申、丁丙《八千卷樓書目》卷一二《子部・譜録類》　《劉氏菊譜》一卷，宋劉蒙撰。百川本。明刊本。

清　丁丙《善本書室藏書志》卷一八《子部六・譜録類》　《菊譜》一卷，明覆宋本，越城劉蒙。蒙於崇熙甲申為龍門之遊，訪劉元孫所居，相與訂論，為此譜。蓋徽宗時也。

（同治）《徐州府志》卷一九《經籍考》　彭城劉蒙《劉氏菊譜》一卷。《四庫全書總目》案：焦竑《國史經籍志》亦有是書。

史氏菊譜

綜述

宋　史正志《菊譜》　菊，草屬也。以黃為正，所以槩稱黃花。漢俗九日，飲菊酒以祓除不祥。蓋九月律中無射而數九，俗尚九日而用時之草也。南陽酈縣有菊潭，飲其水者皆壽。《神僊傳》有康生服其花而成僊。菊有黃華，北方用以準節令。大畧黃華開時，節候不差。江南地暖，百卉造作無時，而菊獨不然。攷其理，菊性介烈高潔，不與百卉同其盛衰，必待霜降，草木黃落而花始開。嶺南冬至，始有微霜故也。《本草》一名日精，一名周盈，一名傳延年。所宜貴者，苗可以菜，花可以藥，囊可以枕，釀可以飲，所以高人隱士籬落畦圃之間，不可一日無此花也。陶淵明植於三徑，採於東籬，裛露掇英，汎以忘憂。鍾會賦以五美，謂圓華高懸，準天極也；純黃不雜，后土色也；早植晚登，君子德也；冒霜吐穎，象勁直也；杯中體輕，神僊食也。其為所重如此。然品類有數十種，而白菊一二年多有變黃者。余在二水植大白菊百餘株，次年盡變為黃花。今以色之黃、白及雜色品類，可見於吳門者，二十有七種。大小顏色殊異而不同。自昔好事者為牡丹、芍藥、海棠、竹、筍作譜記者多矣，獨菊花未有為之譜者。殆亦菊花之闕文也歟？余姑以所見為之，若夫耳目之未接，品類之未備，更俟博雅君子與我同志者續之。今以所見，具列於後。

又《後序》 菊之開也，既黃白深淺之不同。而花有落者，有不落者，蓋花瓣結密者不落。盛開之後，淺黃者轉白，而白色者漸轉紅，枯於枝上花瓣扶疏者多落。盛開之後，漸覺離披，遇風雨撼之，則飄散滿地矣。王介甫《武夷詩》云：『黃昏風雨打園林，殘菊飄零滿地金。』歐陽永叔見之，戲介甫曰：『秋花不落春花落，為報詩人子細看。』介甫聞之笑曰：歐陽九不學之過也，豈不見楚辭云『夕餐秋菊之落英』？東坡，歐公門人也。其詩亦有『欲伴騷人賦落英』與夫『却繞東籬嗅落英』，亦用楚辭語耳。王彥賓言：古人之言有不必盡循者，如楚辭言『秋菊落英』之語。余謂詩人所以多識草木之名，蓋為是也。歐王二公，文章擅一世，而左右佩紉，彼此相笑。豈非於草木之名猶有未盡識之，而不知有落有不落者耶？王彥賓之徒又從而為之贅疣，蓋益遠矣。若夫可餐者，乃菊之初開，芳馨可愛耳。若夫衰謝而後落，豈復有可餐之味？楚辭之過乃在於此，或云詩之訪落，落訓始也。意落英之落，蓋謂始開之花耳。然則介甫之引證，殆亦未之思歟，或者之說不為無據。余學為老圃，而頗識草木者。因併書於《菊譜》之後。淳熙歲次乙未閏九月望日吳門老圃叙。

《四庫全書總目》卷一一五《子部二十五・譜録類》 此本載入左圭《百川學海》中。《宋史・藝文志》亦著於録。所列凡二十七種。前有自序，稱自昔好事者，爲牡丹、芍藥、海棠、竹、筍作譜記者多矣，獨菊花未有爲之譜者。余姑以所見爲之云云。然劉蒙《菊譜》先已在前，正志殆偶未見也。末有後序一首，辨王安石、歐陽修所爭楚詞落英事。謂菊有落有不落者，譏二人於草木之名未能盡識。其説甚詳，是可以息兩家之爭。至於引詩訪落之語，訓落爲始，雖亦根據《爾雅》，則反爲牽合其文，自生蛇足。上句木蘭之墜露，墜字又作何解乎。英落不可餐，豈露墜尚可飲乎。此所謂以文害詞者也。

《四庫全書簡明目録》卷一二 所録凡二十七種，自序謂菊花昔未有譜，因姑以所見為之。蓋未見劉蒙之譜。然劉所譜者，北地之花。此所譜者，南方之産，不害其並存也。

清 周中孚《鄭堂讀書記》卷五一《子部九之下・譜録類二》 《四庫全書》著録。二有『史氏』二字，仍據浙江鮑氏藏本。《書録解題》《通考》《宋志》所載，俱無此二字，蓋據其原書也。所録黃者十三種，堅貞不白者十種，雜色紅紫者六種，敘述頗略。自序稱菊花昔未有譜，因姑以所見為之，蓋未見劉氏之譜。然劉所譜者，北地之花。此所譜者，南方之産，不害其並存也。《説郛》亦收入之。

傳記

（乾隆）《江南通志》卷一四四《人物志》 史正志，字志道，江都人。紹興進士，薦除樞密院編修，乞築和州城壘，及舒揚防守荆襄事宜。孝宗即位，除員外郎。後忤時相，謫永州。尋復原官，賜文安縣開國男。著有《建康志》十卷。

《四庫全書總目》卷一一五《子部二十五・譜録類》 正志，字志道，江都人。紹興二十一年進士。累除司農丞。孝宗朝歷守廬、揚、建康，官至吏部侍郎。歸老姑蘇，自號『吳門老圃』。所著有《清暉閣詩》、《建康志》、《菊圃集》，諸書今俱失傳。

清 厲鶚《宋詩紀事》卷五〇 正志，字志道，江都人。紹興二十一年進士，累除司農丞。孝宗朝仕至右文殿修撰，知靖江府。歸老姑蘇，號吳門老圃。

清 周中孚《鄭堂讀書記》卷五一《子部九之下・譜録類二》 正志，字志道，江都人。紹興二十一年進士。官至吏部侍郎，歸老姑蘇，自號吳門志圃。

著録

宋 陳振孫《直齋書録解題》卷一〇《農家類》 《菊譜》一卷，史正志志道撰。孝廟朝為發運使者也。

《宋史》卷二〇五《藝文志四》 史正志《菊譜》一卷。

《文獻通考》卷二一八《經籍考四五》 《菊譜》一卷，陳氏曰：史正志志道撰。孝宗朝為發運使者也。

明 高儒《百川書志》卷一〇《子志四・農家》 《老圃菊譜》一

卷，宋吳門老圃史正志撰，凡二十七種。

明　晁瑮《晁氏寶文堂書目》卷下《藝譜》《吳門菊譜》。

明　陳第《世善堂藏書目録》卷下《各家六・農圃》《菊譜》一卷，史正志。

明　祁承㸁《澹生堂藏書目》卷八《子類第四・樹藝》《史老圃菊譜》一卷。《百川學海》本。

明　柯維騏《宋史新編》卷五〇《藝文志四》　史正志《菊譜》一卷。

明　王圻《續文獻通考》卷一七九《經籍考》　史正志、范至能皆有《菊譜》。

清　黄虞稷《千頃堂書目》卷一五《類書類》《菊譜》、史正志。

清　曹寅《楝亭書目》卷三《子集》《菊譜》，宋吳門老圃史正志序著，一卷。

清　錢曾《也是園藏書目》卷二《史部・種藝》　史正志《菊譜》一卷。

清　錢曾《述古堂藏書目》卷四　史正志《菊譜》一卷，抄。

清　陸漻《佳趣堂書目》《菊譜》一卷，史正志。

《續通志》卷一五九《藝文略》《史氏菊譜》一卷，宋史正志撰。

又　卷一六五《圖譜略一》　史正志《菊譜》。

《四庫全書總目》卷一一五《子部二五・譜録類》《史氏菊譜》一卷，浙江鮑士恭家藏本，宋史正志撰。

《四庫全書簡明目録》卷一二　《史氏菊譜》一卷，宋史正志撰。

（乾隆）《江南通志》卷一九二《藝文志》《菊譜》一卷，江都史正志。

清　陸心源《皕宋樓藏書志》卷五四《譜録類二》《菊譜》一卷，宋刊本，宋吳門老圃史正志撰。

清　沈德壽《抱經樓藏書志》卷四〇《譜録類一》《菊譜》一卷，宋刊本，宋吳門老圃史正志撰。

清　周中孚《鄭堂讀書記》卷五一《子部九之下・譜録類二》《菊譜》一卷，《百川學海》本，宋史正志撰。

清　丁丙《八千卷樓書目》卷一二《子部・譜録類》《史氏菊譜》一卷，宋史正志撰。百川本。《說郛》本。

清　陳昌圖《南屏山房集》卷一九《續圖譜畧稿上》《菊譜》一卷，宋史正志撰。按《書錄解題》：正志，字志道，孝宗朝爲發運使。是譜凡二十七種。卷末題淳熙乙未吳門老圃自敘。

（同治）《蘇州府志》卷一三九《藝文志四》　史正（克）〔志〕**【略】**《菊譜》一卷。字志道，江都人，紹興中累官朝議大夫。歸老姑蘇，號吳門老圃。見《吳門補乘》。

范村菊譜

綜述

宋　范成大《范村菊譜》　山林好事者，或以菊比君子，其說以謂歲華婉娩，草木變衰，乃獨爛然秀發，傲睨風露。此幽人逸士之操，雖寂寥荒寒中味道之腴，不改其樂者也。《神農書》以菊為養生上藥，能輕身延年，南陽人飲其潭水，皆壽百歲。使夫人者有為於當世，醫國惠民，亦猶是而已。菊於君子之道，誠有臭味哉。《月令》以動植志氣候，如桃桐華直云始華，至菊獨曰菊有黄華，豈以其正色獨立不伍？衆草變詞而言之歟。故名勝之士，未有不愛菊者。至陶淵明尤甚愛之，而菊名益重。又其花時，秋暑始退，歲事既登，天氣高明，人情舒閑，騷人飲流，亦以菊為時花。移檻列斛，輦致觴詠間，謂之重九節物，此非深知菊者，要亦不可謂不愛菊也。愛者既多，種者日廣，吳下老圃伺春苗尺許時，掇去其顛，數日則歧出兩枝，又掇之，每掇益歧。至秋則一榦所出數千百朵，婆娑團植，如車蓋熏籠矣。人力勤，土又膏沃，花亦為之屢變。頃見東陽人家菊圖，多至七十種。淳熙丙午范村所植，上得三十六種，悉為譜之，明年將益訪求他品，為後譜云。

又《後序》　菊有黄白二種，而以黄為正。人於牡丹，獨曰花而不名。好事者於菊，亦但曰黄花，皆所以珍異之故。余譜先黄而後白，陶隱居謂菊有二種，一種莖紫，氣香，味甘，葉嫩，可食。花微小者，為真菊。青莖，細葉，作蒿艾氣，味苦，花大，名苦薏，非真也。今吳下惟甘菊一種可食。花細碎，品不甚高，餘味皆苦，白花尤甚，花亦大。隱居論藥，既不以此為真。後復云：白菊治風眩。陳藏器之説亦然。《靈寶方》及《抱樸子》丹法，又悉用白菊。蓋與前説相牴牾，今詳此。惟甘菊一種可食，亦入藥餌。餘黄白二花，雖不可餌，皆入藥，而治頭風則尚白者。此論堅定無疑，併著於後。

《四庫全書總目》卷一一五《子部二五·譜録類》 記所居范村之菊，成於淳熙丙午。蓋其以資政殿學士領宫祠家居時作。自序稱所得三十六種，而此本所載凡黄者十六種，白者十五種，雜色四種，實止三十五種，尚闕其一。疑傳寫有所脱佚也。菊之種類至繁，其形色幻化不一，與芍藥牡丹相類，而變態尤多。故成大自序稱東陽人家菊圃多至七十種，將益訪求他品爲後譜也。今以此譜與史正志譜相核，其異同已十之五六，則菊之不能以譜盡，大概可覩。但各據耳目所及以記一時之名品，正不必以挂漏爲嫌矣。至種植之法，《花史》特出芟蕊一條，使一枝之力盡歸一蕊，則開花尤大。成大此譜，乃以一榦所出數千百朵婆娑團植爲貴，幾於俗所謂千頭菊矣。是又古今賞鑒之不同，各隨其時之風尚者也。又案謝採伯《密齋筆記》，稱菊譜范石湖略，胡少瀹詳。今考胡融譜尚載史鑄《百菊集譜》中，其名目亦互有出入。蓋各舉所知，更無庸以詳略分優劣耳。

《四庫全書簡明目録》卷一二 所録范村之菊，據自序凡三十六種，此本闕其一種，蓋傳寫所佚。謝採伯《密齋筆記》，病此譜大畧，不知但記其所有也。惟其以一榦出千百朵者為貴。是南方所謂千頭菊，北方所謂滿天星也。至賤之品，何以重之，為不可解耳。

清 周中孚《鄭堂讀書記》卷五一《子部九之下·譜録類二》 《四庫全書》著録，上有『范村』二字，乃據浙江鮑氏藏本。《書録解題》、《文獻通考》，合《梅譜》作《范村梅菊譜》二卷。其自序亦稱范村所植，止得三十六種，悉為譜之。知是本無『范村』二字者，為左氏之所刪也。其書首列定品一則，綴雲花總數三十有五。以品視之，可以見花之高下；以花視之，可以知品之得失。次自『龍腦』以迄『桃花』凡三十五種，每種各敘其形色出產，而品評之。後附以雜記三則中亦有，遂有三十五種語。益知自序三十六種之『六』字，為『五』字之誤，非所列有佚脱也。謝採伯《密齋筆記》病此譜太略，不知但記其所有也。惟所載一幹出千朵者，南方謂之千頭菊，北方謂之滿天星。此至賤之品，而反以為貴，殊令人莫解耳。末有自作後序。《説郛》亦收入之。

著録

宋 陳振孫《直齋書録解題》卷一〇《農家類》 《范村梅菊譜》二卷，范成大至能撰。有園在居第之側，號范村。

《文獻通考》卷二一八《經籍考四五》 《范村梅菊譜》二卷，陳氏曰：范成大至能撰，有園在居第之側，號范村。

明 高儒《百川書志》卷一〇《子志四·農家》 《石湖菊譜》一卷，宋范成大著，凡三十五色。

明 晁瑮《晁氏寶文堂書目》卷下《藝譜》 《石湖菊譜》。

明 焦竑《國史經籍志》卷三《史部·種藝》 《菊譜》二卷，宋范成大。

明 祁承㸁《澹生堂藏書目》卷八《子類第四·樹藝》 范石湖《菊譜》一卷。百川本。

明 徐𤊹《徐氏紅雨樓書目》卷三《農圃類》 《菊譜》一卷，范成大。

明 徐𤊹《徐氏家藏書目》卷三《農圃類》 《菊譜》一卷，范成大。

明 王圻《續文獻通考》卷一七九《經籍考》 史正志、范至能皆有《菊譜》。

清 錢曾《述古堂藏書目》卷四 范成大《菊譜》一卷，抄。

清 曹寅《楝亭書目》卷三《子集》 《菊譜》，宋石湖范成大著，一卷。

清 錢曾《也是園藏書目》卷二《史部·種藝》 范成大《菊譜》一卷。

清 陸漻《佳趣堂書目》 《菊譜》一卷，范成大。

《四庫全書總目》卷一一五《子部二五·譜録類》 《范村菊譜》一

卷，浙江鮑士恭家藏本，宋范成大撰。

《四庫全書簡明目録》卷一二　《范村菊譜》一卷，宋范成大撰。

（乾隆）《江南通志·藝文志》卷一九二　《宋范村梅菊譜》二卷，吴郡范成大。

清　孫星衍《孫氏祠堂書目》外編卷二　《菊譜》一卷，宋范成大撰。

清　周中孚《鄭堂讀書記》卷五一《子部九之下·譜録類二》　《菊譜》一卷，《百川學海》本，宋范成大撰。

清　丁丙《善本書室藏書志》卷一八《子部六·譜録類》　《范村菊譜》一卷，明翻宋本，石湖范成大。前載自序【略】。蓋其以資政殿學士領宫祠，家居時所作。凡黄者十六種，白者十五種，雜色四種。尚闕其一，疑傳寫者有所脱也。

清　丁申、丁丙《八千卷樓書目》卷一二《子部·譜録類》　《范村菊譜》一卷，宋范成大撰。明刊本。日本刊本。百川本。

清　陸心源《皕宋樓藏書志》卷五四《譜録類二》　《菊譜》一卷，宋刊本，宋石湖范成大撰。

清　沈德壽《抱經樓藏書志》卷四〇《譜録類一》　《菊譜》一卷，宋刊本，宋石湖范成大撰。

清　陳揆《稽瑞樓書目》　《范村菊譜》一卷，附劉氏、史氏《菊譜》，一冊。

清　陳昌圖《南屏山房集》卷一九《續圖譜略稿上》　《菊譜》一卷，宋范成大撰。按是譜分黄色、白色、雜色三種。其序謂是淳熙丙午范村所植得三十六種，將益訪求爲後譜云。

（同治）《蘇州府志·藝文志四》卷一三九　范成大《范村梅菊譜》二卷。

藝文

清　方中發《白鹿山房詩集》卷一〇《我思索題藍菊走筆和之》　藍菊爭傳自石城，《石湖菊譜》未知名。可憐物態逐時異，也遺籬花新樣生。晚節香寒憐翠袖，落英餐飽傲青精。碧空一色開無際，影倒秋池認不清。

雜録

宋　黄震《黄氏日鈔》卷六七《菊譜》　種菊之法，春苗尺許，時掇去其顛，數日則岐出兩枝，又掇之。每掇益岐，至秋則一幹出數百千朵。菊之種七十，范村所植三十六。

百菊集譜

綜述

宋　史鑄《百菊集譜序》《皕宋樓藏書志》卷五四　萬卉蕃廡於大地，惟菊傑立於風霜中。敷華吐芬，出乎其類，所以人皆貴之。至於名公佳士，作為譜者凡數家，可謂討論多矣。鑄晚年亦愛此成癖，且欲多識其品目，未免周詢博採。有如元豐中，鄞江周公師厚所記洛陽之菊，二十有六品即《洛陽花木記》。崇寧中，彭城劉公蒙所譜虢地之菊，三十有五品。淳熙乙未，省郎史公正志所譜吴門之菊，二十有八品。淳熙丙午，大參范公成大所譜石湖之菊，三十有六品。近而嘉定癸酉，吴中沈公□乃摭取諸州之菊，及上至於禁苑所有者，總九十餘品，以著於篇菊名篇第四，亦一譜也。凡此一記，四譜俱行於世此外又有文保雍一譜，求之未見。鑄自端平至於淳祐，凡七年間，始得諸本，且每得一本快覩諦玩，竊有疑焉。如九華一品，此正供淵明所賞者也。在昔先生所植甚多，嘗以是形於九日詩序，今也幾歷千載，其名猶聞於杭越間，流芳不絕，然愚求於記譜中，奈何皆闕之。豈彼四方之廣土，此品未嘗有邪？豈道里限隔，此名或呼之異邪？豈羣賢作譜採訪有所未至邪？胡為品目之未備，吁可怪也。於是，就吾鄉，徧涉秋園，搜拾所有，悉市種而植之。俟其花盛開，乃備述諸形色而紀之。有疑而未辨，則問於好事而質之。夫如是則古稱九華者，於斯復見矣。且至於四十品若濫號假名者，不與其數，是為越譜。至此一記五譜，班班品列，名曰《百菊集譜》今去其重複，凡有百六十三名。今則特加種藝，與夫故事、詩賦之類，畢萃於此。庶幾可以併廣所聞云。時淳祐壬寅夏五既望愚齋史鑄序。

《四庫全書總目》卷一一五《子部二五・譜録類》 是書於淳祐壬寅成五卷。越四年丙午，續得赤城胡融譜，乃移原書第五卷爲第六卷，而摭融譜爲第五卷。又四年庚戌，更爲補遺一卷。觀其自題，作補遺之時，已改名爲《菊史》矣。而此仍題《百菊集譜》，豈當時刊板已成，不能更易耶。首列諸菊名品一百三十一種，附注者三十二種。又一花五名，一花四名者二種。冠於簡端，不入卷帙，第一卷爲周師厚、劉蒙、史正志、范成大四家所譜。第二卷爲沈兢譜及鑄所撰新譜。三卷爲種藝、故事、禖說、方術、辨疑及古今詩話。四卷爲文章詩賦。五卷卽所增胡融譜及栽植事實，附以張栻賦及杜甫詩話一條。六卷爲鑄咏菊及集句詩。補遺一卷則雜採所續得詩文類也。書不成於一時，故編次頗無體例。然其蒐羅可謂博矣。

《四庫全書簡明目録》卷一二 薈稡諸家《菊譜》訂為一編，首列諸菊名品一百三十三種，不入卷數。卷一卷二為諸家舊譜及鑄自撰新譜，卷三雜録菊事，卷四為詩文，卷五為新增胡融譜及栽植事實，卷六為鑄詠菊諸詩，《補遺》一卷皆詩文也。編次頗無體例，而採摭頗博。

清 周中孚《鄭堂讀書記補逸》卷二四《子部・譜録類》 《四庫全書》著録。倪氏《宋志補》史部食貨類所載，《補遺》亦作六卷，字之誤也。其書彙輯諸家專譜，及他書所載菊事，首列諸菊品目，除重複著，凡一百六十三名。故名《百菊集譜》。卷一分四目，曰洛陽品類，即録周師厚《洛陽花木記》所載；曰號地品類，即録劉蒙譜；曰吳中品類，即録史正志譜；曰石湖品類，即録范成大譜。卷二分三目，曰禁苑及諸州品類，則録嘉定癸酉吳中沈兢所作譜也；曰越中品類，則愚齋自撰之新譜，末附列諸譜外之名一則。卷三分種藝、故事、雜說、方術、辨疑、詩話六目。卷四分二目，爲歷代文章及唐宋詩賦。卷五分五目，則摭紹熙辛亥赤城胡融撰《圖形菊譜》二卷之要也。卷六分二目，爲愚齋及其友人新詠，并自爲集句詩，其卷六本爲卷五，後得胡譜，乃置之卷五，而移此爲末卷焉。前有淳祐壬寅自序。書成後，其從父兆偉見之，名之曰《菊史》，故其撰補遺，録諸詩文，即題爲《菊史補遺》。《補遺》前有淳祐庚戌自識。

傳記

《四庫全書總目》卷一一五《子部二五・譜録類》 鑄，字顔甫，號愚齋，山陰人。卽嘉定丁丑注王十朋會稽三賦者也。

清 周中孚《鄭堂讀書記補逸》卷二四《子部・譜録類》 鑄，字顔甫，號愚齋，山陰人。

著録

明 焦竑《國史經籍志》卷三《史部・種藝》 《百菊譜》六卷，宋史鑄。

明 祁承爜《澹生堂藏書目》卷八《子類第四・樹藝》 《百菊集譜》六卷，史鑄。山居雜志本。

明 徐𤊹《徐氏紅雨樓書目》卷三《農圃類》 《百菊集譜》七卷，宋史鑄。

明 徐𤊹《徐氏家藏書目》卷三《農圃類》 《百菊集譜》七卷，宋史鑄。

清 黄虞稷《千頃堂書目》卷九《食貨類》 史鑄《百菊集譜》六卷。

《續通志》卷一五九《藝文略》 《百菊集譜》六卷，宋史鑄撰。

又 卷一六五《圖譜略一》 史鑄《百菊集譜》。

《續文獻通考》卷一八一《經籍考》 史鑄《百菊集譜》六卷，鑄字顔甫，號愚齋，山陰人。

清 徐乾學《傳是樓書目・史部・種藝》 《百菊集譜》十卷，宋史鑄，一本。

清 沈初《浙江採集遺書總録庚集・子部・農家類》 《百菊譜》六卷，刊本。右宋山陰史鑄輯。史正志嘗有《菊譜》一卷。是書採輯仍其舊本，附載題詠。

《四庫全書簡明目録》卷一二 《百菊集譜》六卷，宋史鑄撰。

《四庫全書總目》卷一一五《子部二五·譜録類》 《百菊集譜》六卷，浙江鮑士恭家藏本，宋史鑄撰。

清 倪燦《宋史藝文志補·食貨類》 史鑄《百菊集譜》六卷。《菊史補遺》六卷。

清 阮元《文選樓藏書記》卷六 《百菊譜》六卷。宋史鑄輯。山陰人。刊本。是書輯前人菊譜，附以藝植題詠。

清 周中孚《鄭堂讀書記補逸》卷二四《子部·譜録類》 《百菊集譜》六卷，《菊史補遺》一卷，汪氏山居雜志中本。宋史鑄撰。

清 丁申、丁丙《八千卷樓書目》卷一二《子部·譜録類》 《百集菊譜》六卷，宋史鑄撰。抄本。

清 陸心源《皕宋樓藏書志·譜録類二》卷五四 《百菊集譜》六卷，《補遺》一卷，明刊本，宋山陰史鑄著，《補遺》廣信邢良孚撰。

菊史補遺

綜述

宋 史鑄《百菊集譜補遺序》 前編始成，愚乃標之為《百菊集譜》。因同里判簿兆偉伯見之，乃哀以佳名，曰《菊史續》。又見古人江奎詩有『他年我若修花史』之句，高疎寮有竹史之作，但鑄才疎識淺，所愧不足聯芳於前賢乃者，物色府察盧舜舉諱選録示《黃華傳》，近又蒙同志陸景昭假及《蘜先生傳》，今故併行校正列於補遺卷端。戲表此編，濫有稱史之名耳。旹淳祐庚戌歲季春吉旦愚齋史鑄顔甫識。

著録

明 焦竑《國史經籍志》卷三《史部·種藝》 《菊史補遺》一卷，史鑄。

清 黃虞稷《千頃堂書目》卷九《食貨類》 史鑄《菊史補遺》六卷。

清 曹寅《楝亭書目》卷三《子集》 《菊史》，宋山陰史鑄序校，六卷。

《續通志》卷一五九《藝文略》 《菊史補遺》一卷，宋史鑄撰。

《續文獻通考》卷一八一《經籍考》 《菊史補遺》一卷。

《四庫全書簡明目録》卷一二 《菊史補遺》一卷，宋史鑄撰。

《四庫全書總目》卷一一五《子部二十五·譜録類》 《菊史補遺》一卷，浙江鮑士恭家藏本，宋史鑄撰。

清 倪燦《宋史藝文志補·食貨類》 史鑄《菊史補遺》六卷。

清 周中孚《鄭堂讀書記補逸》卷二四《子部·譜録類》 《菊史補遺》一卷，汪氏山居雜志中本。宋史鑄撰。

清 陸心源《皕宋樓藏書志》卷五四《譜録類二》 《百菊集譜》六卷，《補遺》一卷，明刊本，宋山陰史鑄著，《補遺》廣信邢良孚撰。

清 丁申、丁丙《八千卷樓書目》卷一二《子部·譜録類》 《菊史補遺》一卷，宋史鑄撰。抄本。

菊譜（馬楫）

宋 劉克莊《後村集》卷三一《跋建陽馬揖〈菊譜〉》 菊之名，著於周官，詠於詩騷。植物中可方蘭桂，人中惟靈均淵明似之。後漢胡廣貴壽偶然爾，乃托菊水以自神。糞土之評，萬古不磨。烏乎！非廣之辱，菊之辱也。至忠獻韓公，始有晚香之句，膾炙人口。近有番禺崔公，辭相印不拜，自號菊坡，俱為本朝佳話。嗚呼！非二公之榮，菊之榮也。建陽馬君譜菊得百種，各為之詠。其嗜好清絶可喜，亦幸君未為人爵所縻，林下趣專獲，與菊相周旋如此。未知君他日官達，將為伯始乎？抑為韓為崔乎？將以榮是菊乎？抑以辱為君乎？君其謹之，慎勿以菊以遺憾。

清 錢謙益《絳雲樓書目》卷二《子農家》 《菊譜》，宋末建陽馬楫著。劉後村有跋，范石湖亦有《菊譜》一卷。

藝菊譜

清 丁申、丁丙《八千卷樓書目》卷一二《子部・譜録類》 《藝菊譜》一卷，明高濂撰，廣百川本。

德善齋菊譜

綜述

明 朱有爋《德善齋菊譜・序》 菊之可愛者，於草木消歇之時，風霜摇落之際，能挺然獨秀，花葉芬芳，燦爛如錦，宜飧宜藥。上古神農氏載於《本草》，聖人修禮著於《月令》。至於楚之忠臣，飧其落英；晉之逸士，愛其晚節。其遭遇聖賢之論述，見稱於後世者，昭昭矣。及夫李唐詩人尤重之，若天隨之賦，又長篇短什，皆形容其美。逮乎有宋大儒以之類隱逸，下而蘇黄諸公吟賞，若出一口，花何幸歟。愛之既衆，名色亦多，彭城劉蒙為之作譜，繼而吴門史正志、石湖范至能，皆有品述。考其三家之記，品其香色，載其花之次第，雖頗詳盡，然互有同異。與今之名品，又大牴牾。豈古今之異稱耶？柳花有遇與不遇，故不同於後世耶。或南北風土之不齊，或栽種之法而有異，安得收取四方之種，植於一圃之中，吾為題品之。以為一定之論，豈不為菊譜之一快也？今取中州菊譜，及予圃中所植者六十餘品，與古之名色之異於今者，共一百品。每品圖其形色，并繫小詩一首，輯為一編，目曰《德善齋菊譜》。雖不足追踪前人之著作，姑以為菊花品色高下之公據。若夫晚節清高，幽香頓異，比正人達士，則前人已詳言之矣，今不重贅。是為敘。天順二年秋九月菊節後一日書。

又《嚴性善後序》 昔陶靖節獨愛菊，見諸吟詠。後之高行君子，亦多愛者。品題其香色，傳於世多且久矣。周藩鎮平王殿下，尤篤愛之，取中州所有品色，并圃中見有花名僅百種，圖其形樣，每色作詩一首，其用心實勤矣。敬惟賢王殿下忠孝之心，出乎天性。琴書筆硯，日以自娱，其餘世俗之事一不經心。玉葉金枝日侍左右，談書論道之餘，臨池揮毫，對花覓句，其樂陶陶，共享太平之福，何其高哉！四時花木園圃之中，亦多有之。若夫春之牡丹，夏之蓮，冬之梅，亦各有人愛，愛之各有所適。然其花色，不過二三種。雖牡丹有數色，亦無如菊之各色，如是之多至於百品者，且又傲霜晚節，出乎羣芳遠甚。宜乎！賢王殿下愛之特厚。天順二年，重陽宴賞之。明日出示菊詩，臣性善伏讀再三，竊謂花皆實跡，詩皆俊逸，又興趣幽長，各着其題。視前諸君子之作，可齊驅並駕。此騷人墨客之事，殿下能之。非讀書多，識見廣，不能也。因命臣性善書數語於後，臣性善草茅賤士，又不敢以鄙陋辭，敬書此以復。是日致仕良醫副臣嘉興嚴性善，時年八十，頓首拜書。

傳記

明 焦竑《國朝獻徵録・宗室一》卷一 鎮平恭靖王有爋，周定王第八子也，母周夫人。建文庚辰八月生王於雲南蒙化。文皇帝即位，復定王，封王方數歲，封鎮平王。稍長，嗜學，工吟咏，兼通書畫，凡騎射鞠蹙諸伎藝，靡所不習。嘗讀《中庸》，默有悟，解作《道統論》幾萬言。又採歷代公族賢者，自夏五子迄金元百餘人，作《賢王傳》若干卷。著《德善齋詩集》、《菊圖譜》。壽七十三，薨。子榮莊王子垙嗣。

《明史》卷一一六《鎮平王有爋傳》 鎮平王有爋，定王第八子。嗜學，工詩，作《道統論》數萬言。又采歷代公族賢者，自夏五子迄元太子真金百餘人，作《賢王傳》若干卷。

著録

明 李東陽《濮陽濮汀李先生家藏目録》 《德善齋菊譜》一本。

明 朱睦㮮《萬卷堂書目・農家》卷三 《菊譜》一卷，德善京。

明 祁承㸁《澹生堂藏書目》卷八《子類第四・樹藝》 《德善齋菊

譜》一卷。

明 晁瑮《晁氏寶文堂書目》卷下《藝譜》 《德善齋菊譜》。

清 黄虞稷《千頃堂書目》卷九《食貨類》 鎮平蔡靖王有(炫)[爌]《德善齋菊譜》一卷。

清 黄虞稷《千頃堂書目》卷九《類書類》 《德善齋菊譜》鎮平王。

清 萬斯同《明史》卷一三四《藝文志二》 鎮平恭靖王有(炫)[爌]《德善齋菊譜》一卷。

藝菊書

明 祁承㸁《澹生堂藏書目》卷八《子類第四·樹藝》 《藝菊書》一卷,《錦囊瑣綴》本。

明 徐𤊹《徐氏紅雨樓書目》卷三《農圃類》 《藝菊書》一卷,黄省曾。

明 徐𤊹《徐氏家藏書目》卷三《農圃類》 《藝菊書》一卷,黄省曾。

清 黄虞稷《千頃堂書目》卷九《食貨類》 (王)[黄]省曾《藝菊書》一卷。

清 萬斯同《明史》卷一三四《藝文志二》 黄省曾《藝菊書》一卷。

東籬品彙録

綜述

明 盧壁《東籬品彙録·許穀序》 《東籬品彙録》者,冏卿玉田先生之所著也。先生少稟恬曠之資,自讀書窮理之外,惟喜為園種樹,以暢幽襟。而於菊花一種,尤所酷嗜。顧其時,志在天下,未遑探討。其於品類繁多,即有考焉而未之詳也。中歲自苑寺歸來,閉門養靜,乃疏辟舊圃,廣植霜英,凡有所聞,無不羅致。好事者聞其高風,且自遠而來,各呈以異品。於是圃中彙集繁多,徐數之更僕未盡。每遇秋來芬菲奪目,乃其紅白黄紫之色,殊象而迺芳,巨細高低之狀分行而互挺,觀者神眩莫識其名,先生一一指以示人,令人想像名實儼然不爽。噫嘻!奇哉!端居既久,嘗辨其品類凡二百有餘,參考舊編,增以新得,萃而為録,數年乃成。先生之用心亦獨苦矣。今觀録中所載形象各異,絶無雷同,因物付名,允有證據,且剖析疑似於幾微之間,不欲沿襲苟且以存故事。視前此諸譜,不獨詳略徑庭,其訂舛糾訛有功於昔賢抑又多矣。題詠短什如其種數,大半出先生之所自製,寄興甚遠,造語不誣,皆實録也。録成示余,命引其端,余惟菊,本花之隱逸者也,故與靜士相宜,其幽閒孤寂之操,誠不可與嗜姚魏者同日道也。先生靜中所得如此,無亦有所托而逃焉者乎?昔賢謂菊之愛陶之後無聞若先生者,其殆神交於千載之上,而補彭澤之所未備者哉?謂陶之後一人可也。於時雙梧太學取而梓之,遂行於世,將傳不朽,蓋受知先生而氣味相似者也。嘉靖甲子臘日上元,許穀仲詒譔。

又《序》 菊之有譜,自宋人始也。劉彭城譜作於中州,范石湖譜作於浙,史吴門譜作於吴,各記方名,無所因襲,厥後如德善齋譜,如沈重濵之菊譜,紀名收蓄滋富,然而陰襲三譜之文以為己見者,亦多矣。三譜之中劉頗詳密,范次之,史極鹵莽稽其實,則三君皆未嘗從事於手植也。德善齋沈重濵亦然,沈重濵踈於范,德善齋謬於史,其所襲者,亦三譜之節文爾,三譜之全文已自有得失,而節文又出於類書者之手,任意剪裁,漫無可否,承訛踵誤殆且數家甚者,盡去其注,而獨存其名,如《事文類聚》、《合璧事類》、《事林廣記》所載前後一轍,後來者亦孰從而徵之,至若菊花百詠,秋籬野唱,競出新名,不注一語,則又不過以適一時之興要,未可以譜言也。余自少愛菊,逐年見所未見,聞所未聞,竊恠其稱名之雜惑人,觀聽有無真妄,不可究詰。欲譜之以會於一,而不能且未暇也,爾自投閑以來,遂益得肆力於此,日與林翁野老相接,既盡萃近地之種,而二三知己復自遠方間,以其地之所有者見寄,則於菊之名品,似已得其大半。顧始之所見者,亦止三譜之節文,重之以德善之謬,紀名之踈,入於胸中貭之耳。目之所覩記多不相合，是以積疑而不能決者，七八載晚得三譜之全文於《百川學海》，名公萃言中亦有殘闕錯亂，久之乃得善本，復取二譜及他書反復參較，則疑之釋者，蓋不啻十之一二而稿已數十易矣。欲更有所待，寔恐河清難俟，物態無窮，荏苒因循，終成缺事爾。於是錯綜斟酌，或合或分，或增或損，以類相從，匯為一編，凡二百二十一品名之，曰《東籬品彙録》，傳諸同好。其亦庶幾臥遊之具乎？博聞之士各攄所知以補其闕而正其誤，是所願也。詩一編如菊之數，或取諸前譜，或裒集諸名家之作，或足以迂踈漫興總，名曰《東籬品彙》。詩附於種植之法之後者，懼其遠於事實，且非作譜之初意也，譜未脫稿已為人録去，追之無及，後有見者宜辨之。嘉靖癸亥孟冬二十有八日，金陵盧璧國賢書於萬花草堂。

又《張祥後序》　金陵古稱佳麗，又謂地靈人傑，都城之中近東北隅，窰邇橋門瞻拱宸，極龍峯聳秀，雞嶺排青，千門曉日，五夜漏聲，不近利市，亦遠囂塵，此則耳目之所及而比屋之所同也。玉田子世業於此，舊有園，園有亭，初名芝亭，後為萬花。蓋園亭富有種植，因以名焉。廉憲喬三石嘗記之大司寇，東橋顧公再記之，揭於亭園中所有，凡一草一木一花一竹，多自其童時手植者，夭者、喬者、形形色色，華萼交輝，生香不斷，四時代謝，不啻數百種，菊特數百種之一耳。而菊又至有百數十種，視別種為獨多，較他植者為獨盛，或曰其地使然歟？抑樹藝之有其法歟？何其種種碩茂也，然猶未也。自嘉靖丙午玉田以南司徒尚書郎出守兩郡至為寺卿，迄丙辰逾十載操潔，不偶於時，雅有田園將蕪之思。無何，遂得罷歸，優遊斯園，惟意所適，因畢力於樹藝，使各若其性以全其天，夭、喬形色極其蕃，鮮視昔為愈盛矣。又以菊之雅操清芬出乎其類，尤加意焉，培養之、護持之、歌詠之，區分類別，不相假借其稱名也。雜而不越，而又有品第，有注說，有種植之法，所謂十要、七戒、五防、六忌之目，各臻其妙，間嘗緝之為譜。譜二卷，詩一卷，凡三築焉，將脫稿有欲録而梓之者，初未之許也，強而後可自是譜之出，見則愛，愛則傳，前此雖有作者亦不足觀矣。客有談者曰：玉田子性質雅素，淡然無欲，乃獨於此若不能忘情者，得無玩物喪志乎？予曰：古之名賢，或配之於九畹，或開之以三徑，或謂為花之隱逸，皆是物也，獨玉田乎？況乎誦詩以資多識，詠物以養性情，種植以觀化育之妙，亦君子所不廢也。玉田子養德、養身已得於真，積之久育民、育物既驗於歷試之下矣，斯譜也，斯詠也，非其餘事乎？閑情乎？又可訾乎？噫！牡丹之愛宜乎眾矣，乃盧子有異焉，此其人品可知矣，非地靈之所鍾而間出者乎？客謝曰：有是哉，吾過矣，吾過矣。因並其說而序之。嘉靖甲子季冬之朔，賜進士第中憲大夫陝西按察司副使前馬寺少卿致仕考堂張祥書。

傳記

（乾隆）《江南通志·人物志》卷一六三　盧璧，字國賢，金吾衛籍。嘉靖戊戌進士，仕至苑馬寺少卿。孝友廉介，居官常禄外，秋毫無取。歸，杜門却掃，人罕見其面。

（光緒）《重修安徽通志·人物志》卷二〇一　盧璧，字國賢，盱眙人。嘉靖戊戌進士。二十九年，任福建漳州府，居官廉潔，莅事嚴明，承公私亢濫之後，痛加省約，尤好獎進孤寒，崇尚行誼，葺威恵廟，清侵沒祭，租以供費，繕城隍廟及各祠宇政，暇修郡志，親自編纂焉。《福建通志》新增。

著録

清　黃虞稷《千頃堂書目》卷九《食貨類》　盧璧《東籬品彙録》六卷，字國賢，南京金吾右衛人。嘉靖戊戌進士，苑馬寺少卿。

清　萬斯同《明史》卷一三四《藝文志二》　盧璧《東籬品彙錄》一卷。字國賢，南京金吾右衛人。嘉靖戊戌進士，苑馬寺少卿。

清　徐乾學《傳是樓書目·子部》　《東籬品彙》，明盧璧，一本。

清　曹寅《楝亭書目》卷三《子集》　《東籬品彙錄》，明金陵盧璧類編，一卷，一冊。

（乾隆）《江南通志·藝文志》卷一九二　《東籬品彙録》，上元盧璧。

東籬彙纂

清　佚名《東籬彙纂·自序》　藝菊之□□勝指屈，前代劉、沈、史、范諸君，皆有譜記。但時世遷移，數更兵燹，舊譜多已於煙滅，是以種菊者無處問津。種之麤者，任意栽培，亦可欣茂。他如《學圃餘疏》所云各色剪絨，各色幢，各色西施，各色狼□□得地得□燥濕以□蟲蠹□去方能花少而大葉□扦插、捕蟲、培壅、删蕊、惜花、護葉、傳種、收子、幻弄、催緩、栽種忌、吉日。

澹圃菊譜

傳記

（雍正）《浙江通志》卷一五三《名宦八》　施三捷，《嵊縣志》：字長孺，福清人。由舉人知嵊縣，強毅有為，尤精於律。諸讞決，手自填註，吏書無敢骫法。待士有禮，尤重行誼。有私謁者，謝不受。即豪右，相戒無犯，上官皆敬憚之。建南橋，邑人名以施恩，陞順天府推官。

著録

明　祁承㸁《澹生堂藏書目》卷八《子類第四·樹藝》　《澹圃菊譜》一冊，二卷，施三捷。

清　黄虞稷《千頃堂書目》卷九《食貨類》　施三捷《澹圃菊譜》二卷。

清　萬斯同《明史》卷一三四《藝文志二》　施三捷《澹圃菊譜》二卷。

清　沈復粲《鳴野山房書目》卷三《子之六·雜家》　《澹圃鈔》一卷，晉安施三捷輯。

雜録

（雍正）《浙江通志》卷一〇四《物產》　《嵊縣志》：知縣施三捷，署圃植菊甚盛，人擬之為『河陽花』，因有《菊譜》。其詠詩有『金絲柳玉梅白睡，香毬青心玉牡丹』。

菊譜（周氏菊譜）

傳記

清　朱彝尊《明詩綜》卷七〇　履靖，字逸之，嘉興人，有《梅墟雜稾》。

《四庫全書總目》卷六〇《史部一六·傳記類存目二》　履靖，字逸之，能詩好事，與其妻桑貞白自相唱和，多刊書籍以行。

清　孫岳頒《佩文齋書畫譜》卷四四《書家傳二十三》　周履靖，字逸之，嘉興人。去經生業，專力為古文詩詞。編茅引流，雜植梅竹，讀書其中，自號梅顛道人。工篆隸章草行楷，與文休承、王元美相友善。《嘉興縣志》。

著録

明　祁承㸁《澹生堂藏書目》卷八《子類第四·樹藝》　《周氏菊譜》一卷，周履靖。

明　徐𤊹《徐氏紅雨樓書目》卷三《農圃類》　《菊譜》一卷，周履靖。

明　徐𤊹《徐氏家藏書目》卷三《農圃類》　《菊譜》一卷，周履靖。

清　黄虞稷《千頃堂書目》卷九《食貨類》　周履靖《菊譜》一卷。

清　萬斯同《明史》卷一三四《藝文志二》　周履靖《菊譜》一卷。

（雍正）《浙江通志》卷二四四《經籍四》　《菊譜》一卷，尤氏《藝文志》：周履靖撰。

樂休園菊譜

清　佚名《樂休園菊譜·序》　菊之爲花，冬培根，春藝苗，孟夏分植，中夏而迄。中夏再取其肄又植之，終夏而止，至秋大盛。伐其條肄，以培其花，迄秋而大成，初冬大發其美。既欲其久存，或苫覆之，巾幕之，蓋終一歲之勤焉。其名著於《月令》，飧於靈均，紀於《本草》，潭於南陽。陶潛籬之，杜甫叢焉，幽人騷客，率詩詠，至宋人譜之而大備。色之殊者，或如墨，其崇或及尋丈。色品繁阜，宜隰及圃陳，中者宜原野，下者蔓衍丘陵，皆華而不實。其植以根，枝蔭之，根成而暢，乃見其花白而内苞作筒，外瓣單者，香甘宜釀酒却風，慈養老壽。《本草》：杜甫詩所謂甘菊也。開以伏日，而色紫紺，結子卽種，而不根荄，世號六月菊。今吾郡及鴈門、西河高山多有之，菊之贅也。華之不植而灌栵者，或百數，僅如大小錢，但可釀麯，不足稱也。受培植而藝工者，孑其身，保其葉，翹然上生，其端有微葉，乃參之。而又孑身其枝，保其葉，修然扶搖，其端有微葉，又參其鉅莩，而伐其細苞。參三以應陽九，亦菊性也。率以微葉冒端者爲徵，否卽殺糾，藝者必審於此。故花大及二寸餘，小者猶當十錢，參三之而不可遏者或至再倍。身洪如大小指可仗，卑者猶二三尺，高率及人肩眉，菊之最盛者也。糞必熟薄而亟數均平之，溉以三五日，陽地以涼溉，陰地以溫溉，溫泉洪河之波，溉最良。鳥獸之脛，尤宜溉。骼之陳，油之滓，尤宜糞。分植而未根荄，宜陰，或蓋冒之，樹蔭之。溉以葉舒爲徵，拳卽溉之，或以壺水如針孔者雨之矣。可肄宜移諸陽，皆上品也。其下者亦居陰寒，冬除其雪霰，或曰此北方中原法也。寒甚失陽，上品花或瘖，南方炎洲有雪，乃開或至中冬。大抵菊雖陵霜耐寒，亦稟中和之氣焉。糞生米瀋輒生蟲，腦麝六畜之殘，藝工動作之疏，率能敗菊，於法當禁。或曰悠然而忘物者，菊之宜也。子乃縷析而錯綜之，宜乎哉？余應之曰：方外之流，與孔氏之徒異趨也；《中庸》不云乎：致中和，天地位焉，萬物育焉。曰致曰位育，非率然而已者也。《語》又曰：飽食終日，無所用心，不有博弈者乎？余幼承祖父《詩》、《禮》之業，躬灑掃之賤，以求至乎其遠大，自五歲以及五十，賤士以及大夫，夜思而晝作，以勤職分，不慕於外。幸逢明時，憫其勞勩，賜之閒散，奉母教子之暇，時復誦習舊業。志倦目眵，睹前後隙地，盡樹花卉，而菊間植焉。以鼓舞精神而對斁休澤，使後生子弟，毋怠所事，而各食其力，余庶幾於運甓者乎！若清談虛曠，則夫豈敢，遂志之爲《樂休園菊譜》云，而第其形色之目如左。

又　平涼自載記以來，王道稍衰，卽爲荒塞。當北狄西戎之衝，雖有山川土物之美，人材文武之器，率湮弗聞也，而況於菊乎！菊唯黄紫二品，野生而下者，其名品率於東南内郡致之，而後繁植，以登於譜，可謂難矣。然非其土性之所宜與余之閒暇，則亦不能至是也。嘗稽史籍，質諸父老云：原州自盛唐建都，遭安史吐蕃之禍，而併入渭，或屬涇，金、元迺爲府，統三縣，天造時增州縣七，而府始大，置三衞寺監，以益戎馬，衍宗藩以千百數，而郡之繁麗，殆古所未聞也。菊之盛，不偶然矣。而郡民貧瘠日削，語曰：物盛則衰，倡優巧則耒耜窳，亶其然乎！其人材自皇甫威明之族，以至於今，鮮有聞者；苟有聞焉，非屬邑之良，則流寓之俊也。而余家自元以來，世爲平涼人，其責固有在焉。然以余之亢桑濩落，竊位臺端，一無所效，而獨拳拳於菊。且遭値明聖，塞烽安寧，稽首樂昇平之休，而深感於今昔理亂興衰之故。則余之於菊，不爲無所得，而菊之於余，不爲不遇也。

三徑怡閑録

明　祁承爜《澹生堂藏書目》卷八《子類第四·樹藝》　《三徑怡閒録》二册二卷，高濂輯。

清　黄虞稷《千頃堂書目》卷九《食貨類》　高濂《三徑怡閒録》二卷。

清　萬斯同《明史》卷一三四《藝文志二》　高濂《三徑怡閒録》二卷。

（雍正）《浙江通志》卷二四四《經籍四》　《三徑怡閒録》二卷，黄氏書目：高濂著。

《遵生八箋》卷一六《花竹五譜》　高子曰：花品若牡丹、芍藥、蘭、竹、菊類，俱有全譜。即余所編菊譜，名曰《三徑怡閒録》是也。不能全舉以煩卷帙，聊述諸譜切要，併種花雜説，録為山人園圃日考，不敢云備要，亦不外是也。藝花者，當自取栽。

菊書

明　徐㶿《徐氏家藏書目》卷三《農圃類》　《藝菊書》一卷。

《四庫全書總目》卷一三四《子部四四·雜家類存目一一》　《張氏藏書》四卷，浙江鮑士恭家藏本，明張應文撰。凡十種：【略】曰《菊書》【略】，大抵不出明人小品之習氣。

渡花居東籬集

清　屠承爔《渡花居東籬集·許兆熊序》　宋韓見素詩云：『焚香修《菊譜》，滴露著《茶經》。』菊譜尚矣。觀昔人所述，或古今異好，或南北殊宜，覼縷品目，駿骨難求，樹藝之法，益復難稽。惟明季屠承爔《東籬集》，於細葉、中葉分別較詳，其藝菊十法，洵園官之鴻寶，東籬之計然。余種菊池上，以其言試之悉驗。夫因天時、任地利、致人力，此鴟夷霸强之術，氾勝足國之方。小用之則小利，誰謂植物之微，庭階之玩，可鹵莽從事哉？若夫得之心應之手，則又有純氣之守焉。余既著菊評，欲以其法流播，使好事者不至夭枉物性。然言不必出於己，惟是之從。前人所長，不敢湮沒，因附於卷末云。許兆熊記。

藝菊志（張元玘）

（乾隆）《江南通志》卷一九二《藝文志》　《藝菊志》一卷，上海張元玘。

菊譜（文應魯）

（光緒）《湖南通志》卷二五二《藝文志》　《菊譜》，安鄉文應魯撰，《澧州志》。

藝菊志（陸廷燦）

綜述

清　陸廷燦《藝菊志·王復禮序》　周子云：菊，花之隱逸者也；牡丹，花之富貴者也。菊之愛，陶後鮮有人，牡丹之愛，宜乎衆矣。余獨謂不然，蓋濂溪慨世故云耳。若士君子律身出處無二，道隱逸、富貴因乎時而已，原不可以境遇爲軒輊也。夫子云隱居以求其志，行義以達其道。子思子云：素富貴行乎富貴，素貧賤行乎貧賤。孟子云：窮則獨善其身，達則兼善天下。故莘野躬耕，春雨一犂，商巖版築，秋雲萬杵，以及尚父垂釣於渭濱，伏龍南陽之高臥，三聘與三顧，夢弼與夢熊，何莫非時為之，而可岐視者哉？

崇安明府陸君，江南疁城人也。嘗於槎溪之上，上築讀書，名花異卉，琳琅滿目，而尤喜藝菊，徧覓奇種，羅植階墀，眞可謂繼淵明高躅而不逐時趨者矣。且其於菊也，有五異焉，皆淵明之所不及者。柴桑深隱，採菊自娱，形之嘯歌，對花酬酢，豈似陸君不徒為一己之玩，以此娱親，供色笑，進霞觴，制頹齡，延壽客，其孝思足異也。東籬璀璨，惟有黃花，槎圃購求，諸色畢備，既炫爛於林泉，復標新於耳目，其品類足異也。更有進乎此者，菊比諸花為最久，顧傲霜之餘，不無訾毗，採釀佳醞，焉得久留，乃繪為圖，風雨之所不能侵，冬夏之所不能限，一展卷間，而無時不在，無處不隨，非圖形之足異乎？然而海內名公巨卿，聞之者，無不歌詠盛事，以彰其篤好，欲其永傳。凡所投贈者，積成卷軸，如宋漫堂、朱竹垞、彭南畇諸君，皆予友也，捧讀流連，殊增今昔之感，非紀載之足異乎？抑且廣搜博採，集而成志，自經史子集諸書言菊者，則爲考從來，名種流傳，騷人墨客品題者，則為譜藝植灌溉，因時得宜。養胎、護苗、扶弱、除害，則有良法。其自古迄今，或賦、或詩、或詞、或記，諸體無不窮探，以爲佳友流芳，晚香生色，則有藝文。噫！明府之費編摩勤考訂菊之能事畢矣。淵明雖莫逆，其能有此異乎？

余故謂卽此可以徵其才與志矣。夫初隱槎圃也，事親弦誦，山林經濟，偶寓於菊。及其司鐸松滋也，詩擬鄭虔，教侔安定，如菊之清幽、華麗兼而有之。今擢宰是邑，保赤撫字，同菊之栽培；剔弊厘奸，猶菊之去蠹，媲美清獻琴鶴之芳蹤；恪遵文宣求志達道之懿訓。隱逸富貴，無二無分，豈眞枳棘爲鸞鳳所棲，蛟龍乃池沼所蓄哉？昔陳孺子嘗宰社肉，父老以為善，而孺子云：使平得宰天下，亦如此肉。吾閱斯志而知明府，他日宰天下亦如此菊矣。因不辭所請，而為之序。康熙戊戌中秋，年家同學弟錢塘王復禮拜譔，時年七十有四。

《四庫全書總目》卷一一六《子部二六・譜録類存目》 廷燦有《續茶經》已著錄。廷燦居南翔鎮，在槎溪之上，蓺菊數畒。王翬爲繪蓺菊圖，一時多爲題詠。廷燦因廣徵菊事，以作此志。凡分六類。曰考，曰譜，曰法，曰文，曰詩，曰詞。而以蓺菊圖題詞附之。

清 周中孚《鄭堂讀書記》卷五一《子部九之下・譜録類二》 《四庫全書》存目。扶照家於槎溪之上，名花異卉，琳琅滿目，而尤喜藝菊。偏覓奇種，羅植堦墀，乃屬王石谷翬繪為藝菊圖，一時名流，題詠殆徧已。復廣披博採，集而成志。自經史子集，言菊者則為考從來，名種流傳。騷人墨客，品題者則為譜。藝植灌溉，因時得宜，養胎、護苗、扶弱、除害，則為良法。其自古迄今，或賦或詩，或詞或記，諸體無不窮採。以為佳友流芳，晚香增色，則有藝文。并以藝菊圖題辭附焉。其採輯富博，條理秩如，藝菊之能事畢矣。冠以聖祖仁皇帝御製《菊賦》及《九日對菊》詩，又有康熙戊戌錢塘王復禮序，及其所作凡例。

著録

《清文獻通考》卷二二八《經籍考一八》 《蓺菊志》八卷，陸廷燦撰，廷燦見襍家類。圖《蓺菊志》，凡分六類，以所繪蓺菊圖題詞附之。

《清通志》卷一〇〇《藝文略四》 《藝菊志》八卷，陸廷燦撰。

（嘉慶）《直隸太倉州志》卷五六《藝文五》 《藝菊志》八卷，廷燦居南翔鎮，在槎溪之上，藝菊數畝，王翬爲繪藝菊圖，一時多爲題詠。廷燦因廣徵菊事，以作此志，凡分六類：曰考，曰譜，曰法，曰文，曰詩，曰詞。而以藝菊圖題詞附之。

清 沈初《浙江採集遺書總録庚集・子部・農家類》 《藝菊志》八卷，刊本。右國朝疁城陸廷燦撰。乃博採菊譜、古今賦菊詩文并藝植之法。

《四庫全書總目》卷一一六《子部二六・譜録類存目》 《蓺菊志》八卷，浙江鮑士恭家藏本，國朝陸廷燦撰。

清 阮元《文選樓藏書記》卷六 《藝菊志》八卷。國朝知縣陸廷燦著。疁城人。刊本。是書博採考、譜、古今賦菊詩文并藝植之法。

清 周中孚《鄭堂讀書記》卷五一《子部九之下・譜録類二》 《藝菊志》八卷，原刊本，國朝陸延燦撰。

清 丁申、丁丙《八千卷樓書目》卷一二《子部・譜録類》 《藝菊志》八卷，國朝陸廷燦撰，刊本。

（同治）《蘇州府志》卷一三七《藝文志二》 陸廷燦《藝菊志》八卷。

《清史稿》卷一四七《藝文志三》 《藝菊志》八卷，陸廷燦撰。

雜録

清 陸廷燦《藝菊志・凡例七則》 是志凡七類：一曰考，二曰譜，三曰法，四曰文，五曰詩，六曰詞，而以藝菊圖題辭附焉，共成八卷。

菊之考證，其散見於六經三史，諸子百家。歷代故實者何限今，必首著其書名，恐無徵也。或一事而數書並見，則取其詳確者，如彼此互異，則兼載之。

其有意義刺謬，大相徑庭者，棄短從長，以歸於一。

菊花名品，見於各譜者甚多，要知種類不過數十。而地土不同，肥瘠有別，命名隨意，遂至炫奇好異，日事翻新。有一花而得數名者，一名而互相指是者。殊難備錄，茲就諸家舊譜所載品目，以劉蒙譜爲首，而重見於各譜者以次芟除，不令繁複。其近時見種類，列於補遺，以俟參考。

藝菊之法雖多，今止載五嶽山人暨東佘徵君兩書者。以其專言種菊，其文詳而法備也。其他概言種植而偶及於菊者，摘附於考中。

志中所採詩文自魏晉六朝以至唐宋元明而止。

就耳目覩記之所及也，吾皇上聰明天縱，聖學高深，萬幾之暇，作爲詩歌，邁越千古，恭勒。

清 陸廷燦《南村隨筆》卷六《蓺菊圖》 吾地舊多種菊，即東海少宰師《檀園集序》所云：南翔地多梅竹，亦多種菊之家者也。予園居習靜，蓺菊數百本，亦足供娛親之一事。虞山石谷王先生爲之繪圖，徵君樸村張先生爲之作記，商邱太宰宋夫子時開府江南，首爲題咏，而名公鉅卿，著作盈帙，刻入《蓺菊志》中。自先君見背後，南北奔馳，草荒三徑，無復舊時東籬氣象，撫今追昔，不禁泫然。

菊譜（東園菊譜）

綜述

清 愛新覺羅·弘晈《菊譜·李鍇序》 生物之因於天者，雨生萍，空室生苔，蒸成菌是也。協於地者，山林宜阜物，川澤宜膏物是也。若夫奪天變地，矯揉其氣而順焉，以布之則假權於人。鏡齋殿下雅好菊，購南中種，數十百品，植東園。南中燠與朔氣戾，菊每不滋，乃辨土味水，闓陰辟陽，調其燠寒，節其燥濕，求所以順適其性者多，方菊竟茂。當九十月之交，清霜乍行，天宇如水，芳草報衰，木葉初下，而此君繽紛叢若錯繡。於是開長筵刋廣坐，命客賦詩，引酒酹花。花若有酬，投以澹香，一時都下，傳以為勝。既得厥性，入苦寒能勒其花，踰冬歷春，使與梅杏齊。是非所謂奪天變地，而假權於人者耶。雖然陰陽專一，焦腐立至，奪天者固未始奪夫天，天亦使夫菊自天其天而已。欲永其傳著之譜與表，且命琅邪王延格貌以圖。鷹青山人李鍇頓首謹譔。

又《菊譜小引》 比物而滙釋之，曰譜。考工《爾雅》，譜之權輿也。泝游以來，各譜所愛，於是乎有歐陽永叔《牡丹譜》，戴凱之《竹譜》，陳翥《桐譜》。而譜菊則自范致能、史正志始，菊類繁得，日精土膏，又隨感而變，初不可以十百舉也。乃知天地之化，渾然無方，出妙入微，使其自已。雖然封植，或違易枯於菀，人定勝天又其驗歟。今所滙菊有天穠者，澹逸者，媚者，纖而麗者，傀異而離其本類者，凡百種。庸材舊品，槩置不録，其貌、其色、其態舉狀而出之。而菊之情性與韻與神宛有在矣。涼飆扇秋，疎燈燭水，讀者其會諸。乾隆歲次丙寅秋九月朔秋明主人識。

又《周長發序》 菊為花中逸品，陶處士特愛之。醉卧東籬，輙採之，插諸甕。六朝以後，唐宋人賦黃花者夥矣。怡雲束髮能詩，禀承西林師相庭訓，復從家旭之先生游。揚風扢雅，日無虛晷，所詣日益進。勾山陳京兆及余，時時讀其詩，即驚為不凡。戊寅秋七月，復出詠菊百絕示余。其種為南中佳品，深紅淺紫，粹白微黃，每當舒蕊，五色迷離，幾不可方物。怡雲一一鏤形摹狀，盡態極妍，與秋明主人同抱菊癖，酒酣耳熱時，作為詩歌，異趣奇芬，引人入勝，雖詠物小品，不足盡怡雲蒼茫雄健之才。然人瘦如菊，即此已可見其風標矣。世同學弟周長發。

又《賽爾赫跋》 菊之為花，著於《離騷》，尚於柴桑。蕭然遠寄，不與時競。凌清霜而獨出，誠花中之隱者也。其類繁，其品潔，山邊籬下，佳色融融。逸士幽人，往往留連觴詠於其際，而未嘗聞受目於王公也。今寧王殿下獨愛之，求其尤異者，羅植東園數十百本，第為六品。朝請之餘，吟賞之，且為之譜以表之。菊亦榮幸矣哉。《羣芳譜》列異名者三百，而東園之六品百種，復超乎三百，中之上選矣。梁園桃李，春風管絃之餘，誰復知有寒香逸韻，能忘落葉蕭森之感。而平臺蘭坂，有幽人逸之踪者，殆自東園始也。菊亦榮幸矣哉。塞爾赫謹跋。

又《周日藻弁言》　若夫氣稟靈和，香連根葉。惟黄惟白，可佩可餐。得真意於南山，羡長年於甘谷。名成五美，秀比三花。偏宜處士之家，亦種朱門之下。則有臺階公子，比部郎官，其臭如蘭，奕奕椒房之戚；其人如玉，翩翩槐閣之才。墨潤冰紋，毫拈翠軸，吟成百首之詩，寫盡三秋之景。緣與秋明主人雅愛幽芳，爰攄佳詠，女幾之繁英都擷，石崖之異種俱羅。既隨形以命名，洵登高而工賦。予也，夙侍春風之坐，旋叨西席之賓。一字推敲，千言倚待。久辭東閣，歸高卧於江干；頻藉南鴻，接芳音於日下。乃新詞之是寄，爰弁語以相酹。十八香中，開樊川之笑口；三千里外，思元亮之孤標。乾隆壬午十二月吳門世弟周日藻書。

清　弘曉《明善堂詩文集・文集》卷三《東園菊譜序》　語云：弄花一年，看花十日。此殆不然也。葢花之爲類實繁，而四時之候不一。菊之令於秋，較他花而最壽。善治之者可延之於冬而不衰。吾嘗謂人之壽，本於天而修之者在於己；草木之壽，本於地而保之者在於人。一定不易之理也。吾兄秋明主人性愛菊，凡治畦、擇種、栽藝、補接、芟剔、澆灌、自生、跗結蕚，條理始終，既善且備。而又一聞有異色佳種，多方以購之，每至深秋。東園讌賞，靡不嘖嘖。遠而望之，如明霞之炫被焉，可謂菊之能事畢矣。青女將降，即移盆而入室中，稍近南榮，時勤潤澤。故至隆冬而花之精釆，猶灼然如初。故有匝月而未萎者，豈特十日而已哉。今秋東園之菊，較盛於往年而異種紛呈，目所罕覩。吾兄命工以圖其品目，而第其甲乙，幷輯諸名賢題咏佳什，釐爲六卷，刋之棃棗，將以公諸同好，而屬余以弁其首。余雖雅有此好，而種治之法不逮吾兄之善且備焉。玆當秋【缺】。

藝文

清　愛新覺羅・弘晈《菊譜・鄂容安題辭》　遍閲花房，乍覺春光草草；平臨竹磵，適逢野色叢叢。考月令以知時，步霜臯而永日。山雲薦爽，高人始擷幽芳；谷水流甘，仙客莫名異種。若非雅懷好事，誰能獨愛秋容；不由淡性飛才，詎解窮蒐菊部。則有親賢貴胄，禮樂英藩，裒梁苑之奇葩，護劉山之珍尌。引銀黄於親切，徧愛雅材；辨玉楮於毫芒，獨崇高格。於是遠求南岳，博採東籬，招楚客以問落英，揖韓公而游老圃。金纓絡索，掇盡根苗。粉印玲瓏，拔連茅茹。小則懸鈴百子，細挹香塵；大則列盞重臺，平開寶靨。分玉牌以繫號，環佩珊然；書金券以錫名，丹青炳若。滋培既廣，篇詠愈奇，廼留種於根荄，更傳神於粉繪。可謂闢蕭辰之鉅麗，樹佳節之瑰琦者已。夫菊花宜壽，本非枯槁之姿；高士全真，豈必沈冥是尚。獨高正色，亦是褊心。止惜英光，還同目論。正使多多益善，孤芳元自不孤；但期落落自殊，傲骨由來非傲。是以山中宰相曾琱十賚之文，亦如海岳仙人特絢五芝之採。端在善親標格，斯為盡得風流。恭聞盛事以傳芳，聊紀蕪言以廣意。試看百花齊放，居然能奪春工；豈惟九日登高，乃得頻開笑口也哉！乾隆甲子冬十月下澣鄂容安謹題。

又《陳兆崙題詞》　芳蹊轍滿，多忘籬下西風；朱戟門高，莫把霜天巵酒。是以蟬無見雪，蟪不知秋。狃於喧競之場，遂隔幽清之韻。夫處安樂而不淫者，其慮周；蓄英華而有待者，其光遠。菊耶人也，二而一焉。徒觀其體物之工，摛詞之美，珠玉隨其咳唾，錦繡溢乎肝腸。潘岳腐毫，方玆刻苦；江郎夢筆，儷乃紛披。是豈凡夫所能抗手，然而動關至極，別有會心。溯江左之風流，青氊無恙；思魏公之娬媚，故笏依然。出葉秋花，雖開雙淚；西園夜月，猶照孤根『山果隨風落，秋花出葉開』，文端師西園句也。唯澹泊以相遭，庶芬芳其彌永。將見芙蓉江上，猶難被此籖題，可知松柏山頭，定得攀君塵論。乾隆甲戌重九後十日錢唐世弟陳兆崙具稿。

清　弘曉《明善堂詩文集・詩集》卷二五《題秋明四兄〈菊譜〉後》

大塊錯綺繡，春華與秋英。春華易零落，秋英疇比榮。冉冉霜天菊，秀色東籬呈。東籬饒異種，繁艷著佳名。可以滌塵俗，對之酹百觥。在昔陶彭澤，採摘秋山清。遇物得眞契，亦足寄幽情。悠悠千載後，繼美惟吾兄。

清　查禮《銅鼓書堂遺稿》卷七《寧郡王過津見訪舍南小築敬賦》其三

紫禁朝回麗日長，東園泉石自徜徉。籃輿探蹟乘高嶂王嘗遊上方諸山，花譜牋名及傲霜著有《東園菊譜》。冰雪聰明懸藻鑑，雷霆聲勢屬文章。不煩僚佐稱開府，獨擅才華見老蒼。

雜録

清 昭槤《嘯亭雜録》卷九 京中向無洋菊，籬邊所插黄紫數種，皆薄瓣粗葉，毫無風趣。寧恪王弘晈為怡賢王次子，好與士大夫交，因得南中佳種，以蒿接莖，枝葉茂盛，反有勝於本。植分神品、逸品、幽品、雅品諸名目，凡名類數百種，初無重複者。每當秋塍雨後，五色紛披，王或載酒荒畦，與諸名士酬倡，不減靖節東籬趣也。王又自製精扇，體制雅潔，名『東園扇』，一時士大夫争購之，以為賞鑒云。

洋菊譜

綜述

清 鄒一桂《洋菊譜》 洋菊出乾隆年間，花具五色，圓者如毬，扁者如盤如輪。花瓣皆有筒，或短筒，或長筒，或筒末出瓣如匙，或但有筒而無瓣。丙子閏九月，奉旨召入内殿，各爲之圖，定以佳名，而御題其上。裝成巨冊，入秘苑珠林，乃爲恭譜。序曰：鞠有黄華，《月令》載之，亦越晉室淵明採之。五色茱萸，出自後代，統名曰菊，譜不勝載。近得洋菊花事，一變鋸葉，筒瓣爲圓爲扁。爍如星懸，簇如針攢。如輪如蓋，如鉢如盤。超挖如匙，排插如簪。如笠斯糾，如環無端。心管五出，色態多般。或曰：蒿本人力所接，冒以洋名，實出中國。余既繪圖，賦以長篇。乃爲兹譜，以備考焉。

又《楊復吉跋》 譜菊者，古有范、劉、史三作。至國朝嘐城陸氏《藝菊志》採集略備矣。洋菊種類稍後，前人未及見之。自有此譜始，免缺而不全之憾。矧文筆明潔，不減寫生。讀者非以作小山先生畫菊觀，亦何不可？癸巳初冬震澤楊復吉識。

傳記

《清續文獻通考》卷二七四《經籍考一八》 一桂字元褒，號小山，又號讓卿，江蘇無錫人。雍正丁未進士，官至内閣學士加尙書銜。

清 彭藴璨《歷代畫史彙傳》卷三八 鄒一桂，字原褒，號小山。卿森子，雍正丁未傳臚，入詞林，仕至禮部侍郎加尙書銜。畫筆進呈疊邀，睿題山水法，宋人綴人物亦有可觀。花鳥分枝，布葉條暢自如，惲恪後僅見也。通籍後，勤慎供職，如所陳學政事宜，及恤刑諸條，都蒙俞允。致仕後，賜與香山九老。康熙丙寅生，乾隆丙戌卒，年八十有一。

清 王昶《蒲褐山房詩話》 鄒一桂，字元褒，號小山，無錫人。雍正五年進士，官至禮部侍郎，卒贈尙書。有《小山詩鈔》。

清 周中孚《鄭堂讀書記》卷四八《子部八之上》 一桂，字小山，號讓卿，無錫人。雍正丁未進士。官至内閣學士兼禮部侍郎。

《清史稿》卷三〇五《鄒一桂傳》 鄒一桂，字原褒，江南武進人。祖忠倚，順治九年一甲一名進士，官修撰。一桂，雍正五年二甲一名進士，改庶吉士，授編修。十年，授雲南道監察御史，疏禁官媒蓄婦女為奸利。乾隆七年，轉禮科給事中，疏言：『刑部諸囚已結入北監，未結羈南所。今察視監所，已未結雜收，請如例分禁。』又言：『奉命下部議諸事，科道輒於部議未上之先，攙越瀆陳，請申飭。』上韙其言。湖南巡撫許容坐誣劾糧道謝濟世罷，復命署湖北巡撫。一桂與給事中陳大玠具疏論列，謂：『容狡詐欺公，僅予奪職，已邀寬典。今復任封疆，何以訓天下？乞降旨宣示臣民，俾曉然於黜陟之所以然，斯國法昭而吏治有所率循。』上為罷容。十年，遷太常寺少卿，疏言：『律載獄具全圖，鐵索鈕鐐，俱有定式。獄官以防範為辭，匣床以束其身，鐵籥以直其項，觀音圈以攣其手足。部議禁非刑，日久復創新制，令諸囚排頭仰臥，横穿長木，壓其手足，與匣床無異，請敕嚴禁。』從之。四遷為禮部侍郎。同部侍郎張泰開舉一桂子志伊為國子監學正，又坐徇尙書王安國、左都御史楊錫紱袒其父鄉賢，屢下部議，二十一年，左授内閣學士，二十三年，乞致仕。三十六年，詣京師祝上壽，加禮部侍郎銜，在籍食俸。三十七年，歸，卒於東昌道中。加尙書銜。

一桂畫工花卉，承惲格後為專家。嘗作《百花卷》花題一詩，進上，上深賞之，為題百絕句。晚被薄譴，歸猶賦詩餞之雲。

著録

清 丁申、丁丙《八千卷樓書目》卷一二《子部·譜録類》 《洋菊譜》一卷，國朝鄒桂撰，昭代叢書本。

《清續文獻通考》卷二七四《經籍考一八》 《洋菊譜》一卷，鄒一桂撰。

《清史稿》卷一四七《藝文志三》 《洋菊譜》一卷，鄒一桂撰。

雜録

清 張庚《國朝畫徵續録》 鄒一桂，號小山，無錫人。雍正丁未進士。入翰林，改侍御，今官內閣學士兼禮部侍郎。工花卉，分枝布葉，條暢自如，設色明浄，清古冶艷。惲南田後僅見也。深邀睿賞，題詩榮之，詩載樂善堂集。一桂嘗作百花卷，每種賦詩一絶進呈，皇上亦賜題絶句百篇。一桂復寫一卷，恭録御製於每種之前，而書已作於後，藏於家。少司寇錢香樹嘗偕小山遊盤山。時杏花盛放香樹，出藏紙索寫《盤山杏花圖》。小山即於花下點染，屋宇、垣墉、山嵐、花氣，一一入妙。人皆知其花草之工，不知其山水之佳著之。

菊譜（葉天培）

綜述

清 葉天培《菊譜·自序》 余平生嗜花成癖，無論名葩野卉，一花一葉，一香一色，一瓣一鬚，細諦觀之，皆含天趣，因悟化工之巧不可思議。菊在花中其冣著者，菊之品傲骨淩霜，蕭然自逸；菊之色奇而正，豔而不妖；菊之味清芬鬱烈，氣別酸甜，前人備序而賦之矣。而猶未盡菊之變態也。宅後荒園半畝，每歲手植千餘本，常秋冬之交爛然滿徑，其種類、形狀多有未經見者，人每詫菊之扵余，殆有神助而不知，余之扵菊蓋有獨領之趣焉。憶自藝菊以來，數十載芒鞋竹笠，日從事扵疎籬野圃中。其間審氣候、別雨旸、調燥濕、體性情，相時之宜，因地之利與夫得心應手之妙。神為契而口弗能言，惟方子養菘得余三昧，惜不能邀延壽客，為制頹齡，至其嗣子慎棲及許子蒼懷、王叟奏平、張子辛谷、程子廷罇、張生體元、余子抱潔、王子豈凡、洪子德明、任子香雲、宋子笠薪、江子召思亦頗稱同嗜。西風籬落，把酒持螯，相視莫逆，殆未可為外人道者。荒齋無事，杼軸余懷，聊書數則，公諸好事，未知世之同嗜者，且以為何如也。乾隆丙申九秋槑夫葉天培識。

又《序》 古人種樹有書，藝蘭有訣。至扵果蔬花卉之屬，莫不各舉所知申其說，以俟來者。如《二如亭羣芳譜》，可云集農圃之大成矣。菊載譜中，亦已備詳。栽植之法，其間所已言者，予不猒申其說。以為因其間所未言者，予不妨舉所知，以為刱世有為花之知己，而喜花之幸遇知己，將欲下交予為知己者，當不河漢予言。槑夫又識。

又《張冰跋》 葉子槑夫，花農菊隱，鉏開三徑九華，分陶令之園；種出千般卅種，陋史公之譜。桃月趂催花之雨，纖苗遍點香泥；梅天防偃草之風，弱梗牢支瘦竹。翠葉怕晴霞烘萎殘陽密障，蝦鬚緑莎憎曉露滋生。竟日常攜鴉觜，循枝捕虎，毋令潛蹤，象幹搜蟲，不遺餘力。灌溉則因時之燥濕，壅培則視地之肥墝。拋心力者半年，愛老圃之秋容不豔；賞風光乎九月，重疎籬之晚節偏香。秀映松青，回首眾芳銷歇；甘同杞紫，呈姿五彩紛披。色屢變而出奇，恐丹青之難畫；樣新翻而入妙，非金玉所能名。卓爾不羣，自然大雅，而況人如其淡，所以友必扵端。時時破硯席之工夫，早已諳其情性；歲歲等田家之樹藝，敢辭勞我精神。特發心苗，並傳手法，為是花而增修是譜，譜已極其精詳；依是譜而培養是花，花益高其聲價。生逢其盛，向星羅雲布而圍燈；快把斯編，佐紫蟹黄雞而下酒。在江左頻陪雅集，從教飲泛杯香；彼洛陽不乏名園，將見鈔傳紙貴。乾隆丁酉九秋古井張冰跋。

藝文

清　金兆燕《棕亭詩鈔》卷一六《次曹忍菴韻贈種菊葉梅夫》　世上何人愛隱逸，君章靖節去已久。青州跛子慕榮利，芒鞋慣向洛陽走。豈知真色在城外，吴宫佳麗出畝畝。我昨挂冠歸故山，曲柄笠子復在首。揚州花月尋舊境，乍於僻地遘奇友。荒郊老圃已蕪穢，忽現妙相靡不有。或如淡粉勾笑靨，或似濃朱塗俊口。紫綬一一繞腰身，黄金纍纍懸臂肘。乃知世人重富貴，無異空堂逐五個。對花痛飲賦麗句，只有曹公才八斗。老夫鈍拙强捉筆，閭娵定笑隴廉醜。醉後詩成天欲暮，寒烟漠漠籠高柳。

雜録

清　李斗《揚州畫舫録》卷一〇　六安秀才葉楳夫善種菊，與傍花村種法異，不接艾梗，不植籧篨，先去螻蟻、蚯蚓，薦食諸病根，松青紫杞，都歸自然。著有《將就山房花譜》，以色分類，如銅雀爭輝，老圃秋容，皆異艷絶世。楳夫負性孤寂，酒後耳熱，雖名花價值百縑，持贈自若。若不屑與，雖重值弗顧也。以獨得之奇思，以種遍布天下。歲丁酉來揚寓是園，年餘土人多於其酒酣時，餂得之。至今尚傳其種，然視楳夫所自植，色減其半矣。

東籬品彙

清　鹿文仲《東籬品彙·序》　且夫理道之在宙宇，夫婦之愚可以與知。及其至也，雖聖人亦有所不知者。體之全也，用之分也固也，體其存焉者乎？歷千古而不變者是也。天人性命之學，宋賢有程朱之教，用其發焉者乎？應萬變而不窮者是也。因時制藝，漢儒有董賈之醇，章程俱在，詁訓非遥，寧不彰明較著，詳且盡哉。自其不變者言之，名教綱常是也。而三正三微，文質之不同矣。自其變者言之，升降隆汙是也。而因革損益，時中之義，莫或爽焉。其即存即變，發而不發，不變而變者，固與人以心思智力啓之閉之端也已。今夫天地之大端，莫明乎陰陽。人世之居習，莫親於日夜。日也日也而忽夜，陽往而陰來也。夜亦不能不繼以日，陰消而陽長焉。雖失其夜，日固猶前日之日也。變乎不變乎？幾日夜而春秋，幾春秋而今古。小則一事之成敗，大則一代之興亡。時勢往而是非存，攻苦同而得失異。文章華國，幾不蘵話西風；華表入雲，笑煞當年傀儡。嗟乎！夫以明良事業越時，不無局外之譏。若彼禍患，英雄没世，何堪當場之阨。有如李少卿再北，周子隱天窮海上秀。夫颶風四起汨羅，三閭搔首懷沙。前績既隳，後烈何還。勢去時非，剖丹誠而莫識；適身輕義，重濺項血以何辭已矣。悲夫古人之難進而易退者，非重有見於此耶。顧逌載贊出疆，都門叩角，教高風簷射策金紫，忘情客少。於是窮年遜志，天外風雲入撰；皓首衡經，古今義蘊無遺。咳唾珠璣，垂鴻文於六學；經綸標準，作規範於百王。恢恢游刃，文峰學海以騰輝；燦燦星河，儀祥麟而吐豔。國寶唯賢，百尺天衢宜有路；席珍待聘，巍巍鳳閣豈無梯。德輝將並日月之明，風彩定毓河山之秀。雍雍濟濟，吾道之隆，固君子之本也。而正不可必也。《易》不云乎否泰相因，年不能無秋冬而成歲；棄作無爽，氣何得不屈而嘗伸。是以德位未兼，隆尼山且有浮海之歎；品才不盡，夔優風葚豈乏踶梯之雄。所慮者雲步艱難，志氣空冲霄漢；襟懷抑鬱，辛酸充塞人間。任情負氣，毫端不無激烈之言；耳熱酒酣，英雄亦有欺人之語。悲憤牢騷，世事半沉三耳；輪囷光怪，寰宙到處迷津。不幾於漆書汗簡，資冬烘滿腹之疑；金匱玉函，發迂儒異日之笑也哉。雖然彝紀何奇，造化原不與人以不可知之事；象數雖秘，旨非無可用之思。居與稽相因，唐虞授受，可心印於當前。躁與浮兩釋，世務紛更，何不可獨操於屋漏。迺知夫人心之勞逸明昧，相與為乘除者也。然則霸頑則判，其必有所據而後分；物我離合，豈無所緣而遂會。博學審問，水到渠成，慎思明辯，豁然一貫。繼以引而彌長，機以觸而類析。一寸光明，輝煌宇宙；一朝區別，炳彪千年。知之有功於存發也，顧不重且大哉。然知二則十，重門高第寥寥；掛角負薪，古今名賢落落。以致一朝首鼠，累及終身；一語糊塗，疑團千古。紐於習，拘於量，其不及於理道也，而遂委罪於知焉。嗚呼！知亦何辜哉？且以堯舜孔周之途，不無申韓楊墨之岐；六經三史之文，不禁百家專門之注。湖山自若，而邱壑之裁剪悉聽人心；日月經天，而寒暄之向背一唯萬物。然亦何嘗移易，夫山河日月哉？由之乎，秋香黃葉，一任紛紜；日暮鳴蟬，誰聆疊疊。况夫艸木間情，詎足入博雅之量？風霜細事，何有於格致之功？必也，逐其名而吟，吟而彙，彙而品，何吾子之不憚煩耶？曰吟，豈吟夫菊哉？吟吾數十年之見也，吟吾見之變於菊也。彙，亦彙吾之思也，彙吾思之不憚於變也。前此之見，已不同於前此之聞。其見之變乎？其聞之變乎？吾猶未敢言者，以吾聞之其然耶，豈其然耶？今此之見又不同此於前此之見，前此之見已不可得而見矣。見之不得不變爲思也。或曰菊其有知乎？不然何凡世之所欲者，無不爲之也。吾曰：菊其無知之物也，不然何吾之思於昔者，今皆不可得見也。思之不可得而見之，思之不得不變爲吟也，吟豈能無工拙得失乎？故吟而彙，彙而品者，品吾思之存發已耳。霜晨月夕，偶一展卷，焉不得見於籬下者，得見於篇中乎。變於風霜者，亦將及於筆墨耶。吾思釋矣，吾觀止後。斯有菊其不敢請矣，亦安知其變不變哉。時維乾隆屠維大淵且月。

藝菊簡易

清　徐京《藝菊簡易・自序》　予嗜藝菊，或曰：凡花易植，惟菊最難。予曰：不然，只視負不負耳。如負，不值植矣；不負，何計難易爲。凡花爭豔春城，十日說目；惟菊殿香秋圃，數月愜心，藉非不負其難，則易植者萬紫千紅，胡爲經秋寂寂也？且五美克兼，眾卉具備，尤非凡花所能擬也。我思逸士，獲我心焉；我儀圖之，殆文人焉。文人同得一題，而花樣各出新奇，無一雷同者，是蔡中郎作《郭有道碑》，無溢美云。或又曰：昔人詠荷云：此種風流誰得似，美人名士佛神仙。夫文人固名士矣，而又有美人、佛神仙焉，更推之，一切珍玩器物而立肖之焉，掛漏矣，無溢美云何？予曰：文人之筆或頌贊、或銘箴、或表疏策論、或志跋序記以及詩賦詞曲，炳炳耀耀，無不畢達，猶詩三百篇一言足蔽之也。或曰：唯唯。雖然，菊究難植也。藝幾經年，厄及數月，使無法以培之，如子言菊固不負人矣，人能不負菊歟？予緣出《藝法十三則》、立《菊名詩一百八截》質之。十三則係予遞年增删諸法，參以鄙意所屢經試驗者。詩一百八截係予經植二百餘種，因稱名不同，方言互異，或遵或改，均爲定正。又因園地狹隘，割愛大半，擇其尤佳者所作，俾同心者對花問名卽首肯焉。或又曰：子武人也，無道林癖；寒士也，無阿戎癖；非隱者也，而有菊癖。予曰：予向有詠菊一聯云：『淡到於君纔是逸，癖惟有我更成癡。』時嘉慶四年歲次己未四月下浣定陽武人自序。

菊説

綜述

清　計楠《菊説・自序》　菊花一種，昔人言之詳矣。余之所說，就目所見，手所種者，略表梗概焉。先君子築逸圃以植名花，於菊尤鍾愛。予自髫齡追隨左右，時當溪蘋花白，野樹霜紅，泛舟數百里內，見有幽香逸韻，掩映於短籬曲徑中者，未嘗不造門訪焉。爰乞佳種，不憚煩勞，樂為種植，釋名不必，仍乎古種法。或有宜於今，心領神會，怡然自得也。數年以來，禾中秋圃張君與余最善，從而得交十八里橋徐君、夏君，此三人者皆善種菊者也。臭味相同，性情相合，花時互相投贈青蔬、白酒、紫蟹、黃花，淡然於世味酸鹹之外，殆古所稱隱君子者乎？於是樂得而為之說。嘉慶八年九月甘谷外史作於晚香居。

又　菊花種類甚繁，余好之深。友人相投贈者，近則嘉興、平湖、海鹽、松江、上海、嘉定、湖州，遠則湖北、揚州、江寧。各處皆出異種，惟蘇種至下，俱不留植。今擇其佳者，釋名於後。

又《薏華農原跋》　夫古所謂晚花細葉者，皆佳種也。菊之祖，不外乎翦茸、西施二種。翦茸本色，花頭翎管半翦，一鉤一戟，鉤從內向，戟往外張，而管中又抽細絲，攢碎玲瓏，無單散之瓣。有大小二種，大者次之，小者爲貴，其灑金滿英，尤重焉。西施本色，花頭層疊超拱，徑大可逾數寸，而高持捧簇，上下如一瓣，外叢生芒刺也。此二種者，植數本，必有變種，愈變愈幻，或絨或毬，或幢或甲。曰松子，曰寶相，曰荔支，曰丁香，曰牡丹，曰芙蓉，曰飛燕，曰團瓣等類，皆象形以取義，大約由翦茸而出。

蘂多纍纍若楊梅，由西施而出蘂多，層層若衣夾，此其定概也。賦色有深淺不同，花頭有大小圓長不齊，稱名有今古，各殊土風，各異培植，有各人意巧，各處相宜，無定名，無定法，此可爲知者道，難與俗人言也。今之花市所種者，不過麤種與洋種，取其易植耳。粗種亦有佳色可觀，但不耐久，葉蠢而頸輭。洋種出自海外山中，商舶所帶進而傳種者。予好三十餘年，遇奇必購，至今猶娓娓不倦，由平生癖愛故也。後有同志者，佳種以貽我，妙術以授我，當更書紳而銘帶也夫。嘉慶十六年九月秋蒨秀農跋於餐英詩屋。

又《楊復吉跋》 菊之有譜也，創自宋劉氏、史氏，而范氏繼之。迨史氏《百菊集譜》則薈萃諸家菊譜，訂為一編。國朝陸氏《藝菊志》，則博採菊譜，及古今賦菊詩文，并藝植之法，亦孔備矣。今計子壽喬更為《菊說》，蒐奇攬勝，美俱難并，實足為黃華生色。余雅有同嗜，批閱之下，輒不禁其悠然神往云。癸酉中秋震澤楊復吉識。

著録

清 丁申、丁丙《八千卷樓書目》卷一二《子部・譜録類》 《菊說》一卷，國朝計楠撰，昭代叢書本。

《清續文獻通考》卷二七二《經籍考一六》 計（□）［楠］《菊說》。

《清史稿》卷一四七《藝文志三》 《菊說》一卷，計楠撰。

東籬中正

綜述

清 許兆熊《東籬中正・張佩綸序》 《東籬中正》一卷，吳許舍人先德皃舟贈君所著也。君中年卜居池上邨，蓺菊數畝，擇細葉二十七種，異域種一十三種為之評贊。其友沈欽韓為池上菊賦張之，與明屠承爋《東籬集》並附卷末。自劉蒙譜菊以後，世盛偁史志，道范致能二譜。史、范際宋南渡之世，所載種卉，專志一隅，苦於偏狹，然至是蓺菊之術尚於江南。國初，陸秩昭種菊槎溪，王石谷為繪圖以傳。秩昭國著《蓺菊志》，並題詞刻之，可謂盛矣。君生乾嘉間，當南巡盛典之後，吳中民物殷阜，庶草蕃廡，士大夫家於春秋佳日，爭致奇花異卉以矜誇。坐客鄧尉之梅，天平山之桂，拙政園之山茶，往往見於名人歌詠，而光福徐氏之菊亦並著焉。以君歷十四年之久，彙吳越之佳種，所目接而手疏者奚翅千百，使誇多取足。所譜當睎史、范為繁，而博收約取，品弟卒止於斯。吁！何慎也。抑余觀君所論述，於虚名之士、暴貴之徒，斤斤不少假而終，以士不遇為悲，然則君雖自放於農圃之間，蓋有所託焉。非夫郭璞之《草木贊》、陸璣之《草木疏》比也。咸同之際，蘇州淪於賊者。五年，余嘗遊焉。臺榭鬱荒，林木獮薙，蓋江左之菁華幾竭矣。而所謂池上草堂者，獨無恙。舍人復能抱其遺書重鋟之京師，以永其傳。如君之澹定雅尚，有子宜哉。舍人名賡颺，一名玉瑑，與余善。光緒七年秋九月，豐潤張佩綸序。

又《徐份序》 份與皃舟，聯衡對宇，出入雁行，如親昆弟。皃舟年長於份，其學行藝能，望塵不及。顧性情嗜好，畧無少異。追懽攬勝，自謂二仲，之於蔣卿，不是過也。皃舟於池上，蓋屋數椽，課園丁薅茅種樹。高秋短景，黃菊霜鮮，蟹肥酒熟，時醉其下。因相謂曰：昔者陶（泉）［淵］明之愛菊，聊以寄興，若無弦琴，陳列座右，時一撫弄，翛然自得，於菊之優劣不暇辨也。宋以來，始有名目，順聖紫見賞於上林，則匪徒以黃華著矣。迄今，好事者列為譜序，千名百類，巧歷莫數。然古今語異，南北品殊，按圖索駿，不能盡得，曷若就吳越之地所有者羅而致之，為老圃之能事歸谷之奇觀乎！皃舟欣然多方購募，人有靳不出者，槖金闖其門必得而後已。十餘年來，蓋有千本，自春分苗，夏摘蘖，滋燥滲濕，晝夜偵伺以去螟蟘。秋初擁糞，汰去弟蕊，秋杪花盛，枝弱扶檷，閱三時之勞，乃得五衢四照之觀焉。皃舟好之既深，殫心養殖，如護嬰兒。份以餘暇，亦助其役，舊譜雖列種藝之法，推循物理，更出新意，以是所種比他家為勝。氾勝之術、蔡癸之書，一畝百斛，蓼菜桃李，數以盆鼓，豈虚言哉！今秋冬之際，富家巨賈，持數千錢，花市攏載，為屏為山，酒（月）［肉］召客，居然雅觀。然花品粗俗，貧兒市瓜，屠沽之賞耳。皃舟懲是，固拔萃選奇，存數十種以自娛悅，又著評贊一卷，其褒貶寓意，隱然史法。此書若行，當駕東籬，而桃二如矣。皃舟所著，有印錄若干卷。此特其游戲賸墨，然鑒核之嚴，皮裏陽秋，可以窺其藴矣。嘉慶丁丑冬杪徐份序。

又《自序》　春蘭秋菊，無絶終古。靈均之後，定評尚矣。方伎以供藥餌，窮士以當蔬材，而詞人歌詠但曰黃華，或云叢菊。未有發其光華，振奇耀豔，繼桃杏之夭韶，亞蘭芷之芬烈，豈非種樹之書尚有缺遺，清淑所鍾猶未盡泄歟？自趙宋以來，欝然清玩，擭厥陳根，獨冠園圃。史正志之輩肇為譜序，乃與牡丹、芍藥等寵矣，於是黃、白、紅、紫，其色惟四；大小精粗，其目復數十。而好之彌深，藝之彌勤，天地之秀，舒榮吐英，亦愈出愈奇，於是鑒别土毛，採其名貴，貶彼凡庸，雖曰小道，亦人倫之遺義也。余於西崦之側，棲枳為援，把茅作宇，隙地百弓，列畦植菊，興有所至，事極其精，如傳佳種，不憚間關靳於必得，溽暑淫霖，將護無懈，四體勤矣，偏知得焉。植物有情，敷萼布蕤，不於我靳。十四年來，俶詭異名，幾及藥品，既而思之，贏師數萬，不若疇騎二千。有夸多而見嗤，不如採約而稱善。爰嚴甄綜，略標評贊。夫藻鏡萬流，官人之治政也；旌别百氏，史筆之能事也。竊以散材槁項，混迹田儓，嘲風弄月，以樂餘年。劉劭人物之志，孫盛陽秋之編，非吾事也。端居悒悒，荒飽何心，聊綴讕言，以備花史。沈文起學博題為《東籬中正》，因仍其名云爾。丁丑歲長至節日，許兆熊書於池上之延年樂石寮。

清《許玉瑑跋》　先府君閉門尚志，枕葄圖籍，少從同里徐緦園先生堅游，詩、書、畫、篆刻，親承指授。著有《鼂舟詩稿》三卷、《兩京名賢私印録》各一卷。嘉慶丁卯，營生壙於池上村，築草堂三楹，藝菊其中，成《東籬中正》一書。晚乃究心桐君之録，慮良楛雜糅，詳其土宜，證以載籍，成《藥籠手鏡》若干卷。《東籬中正》與遠祖鑒湖公暨太高祖介亭公所著《巾箱集》同時刊行。咸豐庚申，粵寇肆擾，板與《藥籠手鏡》俱毀，玉瑑等孤窮作客，志力淺薄，痛念手澤，累悔莫追。同治丁卯，將《巾箱集》重刊。光緒戊寅，公授復於山中故家，檢得是書寄都。時去經始之歲，正甲子一周，先府君棄養已四十有五年矣。舊本為先姑夫徐竹堂先生芳苞手書精刻，乃亟求甘泉劉孝廉德麟別録一通，付之剞劂。至辛巳春，始得蒇事。歲月侵尋，詩稿、印録尚未能次第校刊，撫茲遺編，惄焉靡已。男玉瑑謹識，男公授、孫男作梅同校字。

傳記

（同治）《蘇州府志》卷八三《人物十》　許兆熊，字黼周。隱居光福山，壹意著述。與堅孫份保同課繆篆，好收藏。《家述》。

著録

清　丁申、丁丙《八千卷樓書目》卷一二《子部・譜録類》　《東籬中正》一卷，國朝許兆熊撰，刊本。

（同治）《蘇州府志・藝文志一》卷一三六　許兆熊【略】《東籬中正》一卷，言藝菊採灌諸法。

《清續文獻通考》卷二七四《經籍考一八》　《東籬中正》一卷，許兆熊撰。

《清史稿》卷一四七《藝文志三》　《東籬中正》一卷，許兆熊撰。

藝文

清　翁同龢《瓶廬詩稿》卷五《己丑八月訪桂鄧尉宿還元閣許受之以尊甫鼂舟翁〈東籬中正〉圖付諸瞿上人屬書數字既感其意又待月默坐因成三絶》

刻畫西風有畫圖，行間細楷密於珠。洛花閩荔皆無畫，卻憾歐曾用意麤。

六十年前已肇端，莫將洋種溷園官。是書不獨花中正，我作春秋史例看。洋種別爲一卷。

都下十年常閣筆，鶴巢屢以《東籬中正》屬題，未敢落筆。山中一夕忽催詩。桂花未放白魚瘦，記我秋堂待月時。

清　葉昌熾《奇觚廎詩集》卷中《題貝哉安藝鞠圖》其二　青紅高下列成邱，金帶飛龍第一流。金流蘇、飛龍帶，皆花中無上品。淮海種分從遠道，佳種遠方郵致，有自廣陵來者。清江派在卽先疇。陶籬又見新中正，許鼂舟先生善藝鞠，著

《東籬中正》一書，視石湖鞠圃譜爲詳。香國居然小徹侯。待約州來賢令尹，同開三徑作羊求哉。安客吴次竹大令幕賓主甚相得。

菊譜（九華新譜）

綜述

清 吴昇《菊譜·敘》 菊之名，載於《羣芳譜》者，凡三百餘種。見陶集者僅『九華』一種而已。史正志之譜在三水，見者二十七種。劉蒙之譜在伊洛，見者三十五種。范致能之譜，言東陽菊圃，有七十餘種。而范村所植，亦止三十五種。楊維楨作《黄華傳》云：其族凡一百六十三，冒姓名者有六。以視《羣芳譜》所載之數，僅得其半。而聖祖《欽定羣芳譜》菊之類，凡九百餘種。則較舊譜，增至數倍。豈自宋迄今，數百年來，人事增華，即物産亦日獻其奇，爭妍騁態而不能自秘歟？不然，何古今所見之不同如此也。予官蜀二十餘載，蜀之花葵、槿山茶為最，海棠、桃、梅亦佳，蘭、牡丹病其種少，桂則不花者多，即開亦不甚穠密。菊皆凡品，又多用艾本接枝，採色麗雜，無可觀者。近年以來，士大夫官於蜀者，冬春之際，於南中物色佳種，摘其苗插盆土中。久之得活，踰八九千里而移植焉。因其來甚難，多靳而不予。於是，以有易無，以多易寡，始盡得其一苗一幹而插蒔之。積四五年，共得若干種。僦居褊窄，地不及半弓，四面皆屋，無風散露潤之功。全恃人力為之培護，故自治地插秧，以至著花蓄種，幾如農人之終歲勤動焉。人與菊亦良苦矣，然而欲霜之候，來雁之時，莫不麃色揚芬，供詮侑飲菊，亦何負於人哉？苐證之於譜，或名同而實異，或併不得其名，爰就莖葉枝幹與夫花之色，花之形，花之壽，花之性，而一一書之。其名不雅馴者，謬為易之，共得若干種。他日，一棹東歸，盡訪吴中佳種，當自笑此譜如貧人誇富也。

嘉慶丁丑小春錢唐湖酒民述於浣花谿上之寓廬。

藝文

清 吴昇《菊譜·附録·種菊四首》 種菊若稽田，終歲力作苦。儲種在霜月，治糞且蓄土。春深始分秧，如兒乍離乳。插苗并無根，全活十得五。燥濕酌陰晴，籓籬課編補。入夏署氣炎，抱瓮汗如雨。秋霖愁浸淫，潦水決渟聚。畚鍤猶在手，殘立已盈圃。花開博一笑，登盆列堂廡。農家樂秋成，我亦醉村酤。

種菊先捕蟲，蟲類紛麽麽。菊牛毒最熾，菊蟻傷孔多。菊蝨細已甚，菊蠶形易譌似蠶與菊同色名象幹。空中孔匿蝨，損葉涎垂蝸。小蛛纔似米，罥網成繭窩。狡者似逃蚤，蠢者如癡蛾。乘涼夜束緼，犯露晨披簑。眼搜手摘剔，指探脣吹呵。微物亦生命，罪同螟螣科。兩全無善計，盡殺休嫌苛。

種菊難治病，其病變狀百。未秋已焜黄，當夏忽黕黑。或抽柳梢青，或結艾絨白。或先時而蔫，或柔蔓無力。多陰高過頭，久曝短纔尺。糞肥乍拳縮，土瘦乂尪瘠。諸病各有原，十九坐水尅。蓄葉難於花，秃根笑孤特。譬如盧仝婢，安好問顔色。徧揖花中師，衛足豈無策。

種菊如養子，出入顧復之。一一手標識，異種珍所希。方長度尺寸，及大視瘦肥。雨打防濺漬，風顛慮傾攲。遮以黄篾篷，扶以青竹枝。承以松釵股，縛以椶皮絲。飛土逐雀去，持竿驅雞飛。勿踐戒童僕，戲摘嗔嬰兒。愛護亦云至，爛漫秋為期。苗而或不秀，榮悴匪所知。

清 胡敬《崇雅堂詩鈔》卷九《書吴秋漁丈所著〈菊譜〉後》 高人娱晚景，生計付秋霜。遠訂梵村譜，閒斟彭澤觴。小盆堆淨緑，涼月照昏黄。不盡栽培意，陰晴費較量。

雜録

清 吴昇《菊譜·附録·自嘲詩二首》 癡莫癡，治生百事都不知。僦居隙地不盈尺，翻泥掘溝成兩畦。種菜肥可茹，種瓜甘如飴，不蔬不果埶此百本菊，云是羅含之宅陶公籬。拖我穿角履，着我短袖衣，長鑱小剪手自持。老腰彎環苦欲折，蠢奴旁晚相嘲嗤。門前有客拒勿納，公府促召以疾辭。晴雨無間朝夕斯，治生百事都不知。癡莫癡。

癡莫癡，老不歸去將奚為。年年住錦里，歲歲抱空枝。好花不向故園看，好種反向南中移。秋風瑟瑟花滿籬，良朋三五來尋詩。啼飢索飯且莫顧，抱衣倚酒斟酌之。花滿把，酒滿卮，客去獨飲還長思。人生能得幾重九，南山待我湖之湄，老不歸去將奚為。癡莫癡。

藝菊新編

清 蕭清泰《藝菊新編・穆廣嵐序》 世間花品不一，而金英翠葉、佳色幽香足供賞玩者，惟菊爲最。此高人志士所以繼踵於淵明也。顧人知菊之可愛而不知菊令人愛者，由於養之得法。法之不精則凡所以培植之、澆灌之、移徙而保護之，必有未盡其妙者。何以遂其性，暢其天以誌一時快事乎？紫泉慶翁蕭老先生質性豁達，學問淵博，治別業以怡情，養叢菊而適性。和土布畦，物華可資於地產；扶枝除杈，人力更奪夫天工爾。乃攢金疊玉，濃艷繁葩，一時睹其菊者鮮，不謂桃源仙境適會於茲焉。余聞而異之，每以不見是花爲憾。及觀是編之成，而益知先生愛菊之深也，養菊之勤也。培菊本，遂菊生如此，其詳且密也。所謂『一種功夫勞治化，萬金籬落破天霜』者，微公其誰與歸？夫養菊細事也，而反覆乎茲編所言，若寓無窮經濟焉，無限心思焉。凡茲同志諒有可以共者，是爲序。方城穆廣嵐。

又《跋》 是編採諸家之奧旨，參一己之管見，而栽培之法可謂全且備矣。第花之名色未及譜出，非闕疑也，殆有故耳。諸家譜中所載名色，瓣有尖團、整碎、大小之別，色有淺、深、濃、淡變幻之異，以蓓蕾之盛開，注之甚詳。緣彼時有是花，命以是名，按譜推敲，自易得之。近則遺失十之八九，間有一二相同者，名亦屢更。既古今風土之各異，命名之不同，若必泥於成格，按圖索驥，徒勞一番心目，殊非消閒韻事。就今之所存者，頗供珍玩。詳細考之，一花自有一花之色態，一葉自有一葉之形容，大略相同而實不同，然所差者毫釐間耳。苟能目睹而心習之，意會既深，自能了然。即花傭輩，目不識丁，每一詢及，便能指出何色何名，歷歷不爽，此即習慣自然之確據也。茲贅數語，以釋闕譜之疑，凡我同癖，諒不以斯言為河漢也。

海天秋色譜

綜述

清 閔廷楷《海天秋色譜・自序》 《月令》曰：鞠有黃華，黃者菊之正色也。楚辭言『餐秋菊』，而不言其色，然可餐者不過黃白二種，如今之野菊而已。陶淵明詩云『採菊東籬下』，夫言採則亦以供服食之用者乎？陸魯望有《杞菊賦》，蘇子瞻亦言『齋廚蕭然，日食杞菊』，蓋皆啜其枝葉，未嘗翫其華英也。近時菊種月異日新，色有五方正閒之不同，形為巧工雕鏤所難到。雖數典取譏忘祖而巨浸，豈識濫觴？或白如茶，或赤如火，或大如盤，或小如珠，或若虬龍之夭嬌，或似鸞鳳之騫騰，或為美女之妖嬈，或作端人之整飭，千態萬狀莫可究詰。吟詠之所不能傳，摹繪之所不及擬，猗歟盛哉！將天之欲矜其晚成耶？抑憐老圃之辛勤，而故為奇麗繁富以報之耶？余自弱冠，宦游四方，往往留心於藝菊，然未有如此閒之豔冶而賅備者，爭妍鬬奇窮工極巧至數十百種，而猶未厭其所為。整秋容植晚節，區區海南之閒，不特雄長東南，亦且甲於天下矣。種既眾多，品宜區別。而世俗之所稱，謂尤俚鄙而不雅馴，爰與汪子蓉湄家弟一瀛共相審定，得花一百七十餘種。分為九品：一曰神，神化莫測也；二曰仙，一塵不染也；三曰奇，形狀詭異也，四曰妙，豔麗寡儔也；五曰逸，疎野古秀也；六曰韻，風流蘊藉也；七曰雅，莊重不佻也；八曰佳，態度自如，堪以位置也；九曰凡，無所取材，姑備一格也。九品之中花之種類，或仍舊號，或易新名，作竟日之推敲，期名實之相稱，不負化工之翦裁，克副花神之變現夫。而後可以對秋英，而毫髮無遺憾者矣。譜成，汪子蓉湄題之曰《海天秋色》，余更為之志其顛末於卷端云。道光十有八年歲次戊戌十月望日，貢甫氏閔廷楷書於角斜場官舍之養菊軒。

又《趙桂星引》 譜者所以收族也，菊之族唐虞夏商無可考。周有蘜治蘠與卜子夏同時，列諸《爾雅》，豈其鼻祖耶？閱百餘年，有落英者楚產也，受知於三閒大夫靈均。靈均既放英遂之，秦更名黃華。呂不韋置之《秋官》之列，相與參訂《月令七十二候》，各得其所，中衰終漢世鮮有聞。惟孝武帝一為歌詠，究未顯也。三國時，有具五美者魏鍾會，嘗稱之傳。至霜下傑姿貞秀，與彭澤令陶淵明善。淵明去官與之偕歸，卜居於柴桑里東籬下，王宏之酒嘗共飲焉。其苗裔多性傲金粉之地，富貴之場不屑廁足，以故由六朝入李唐，每隱而不見，偶為詩人所稱道而已。歷數十葉，類益蕃炎。宋時在中原者，三十五家。劉氏蒙為之譜；在南方者，二十七家，史氏正志為之譜；在范村者，三十六家，范氏成大為之譜；至史氏鑄又為之薈萃羣英，訂為一編，名稱極繁，而菊之族始大傳世。至今散處四方者，不可勝紀，就揚屬所聚，已不翅倍蓰於前。吳興閔侯慮其久而失考也，為之別其品，表其狀，各繫以小傳。其加德於菊，豈淺鮮哉？余嘗考治藩以來，類皆形小而色黃，宋以後乃日益魁偉奇麗，其小而黃者，率為神仙服食者流，不登於大雅之堂云。道光二十三年歲次癸卯九月十五日，江都後學趙桂星敬題。

又《費熙跋》　菊之有譜尚矣。譜菊者，皆愛菊者也。而濂溪周子獨云菊之愛，陶後罕有聞，此誠藝林之疑案，未見有以決之者。余嘗言淵明之愛菊，超乎菊者也，其飲酒諸詩可證矣。至如後之愛菊者，范村修譜致誚淆訛，彼皆凝滯於菊故耳。凝滯於菊，不啻玩物喪志也，尚得謂之愛菊乎？若閔貢甫先生則不然。猶憶初謁先生時，秋色滿庭，清光炫目。先生笑而謂余曰：此慈親所雅好，即某他日之宦囊也。嗣見當秋季，每招紳士作菊花會，就於燕飲閑審，悉商竈之疾苦，醝政之利弊，以視古名賢出宰一隅，托遊覽以訪民俗，其懇欵，有過之無不及者。然則先生之愛菊其跡與陶異，而其借菊以自適其性情者，今昔如一轍也。豈凝滯於菊者所可同日語耶？今先生著《海天秋色譜》成，友人慫慂鋟板以公世，余以素有同嗜，得與校字之班，僭附數行於卷後，以告世之愛菊者，倘能存心如先生，庶幾無愧於愛菊，而亦可讀斯譜云。時道光癸卯小春月中澣道峰愚弟費熙養知氏拜跋。

又《閔霈曾跋》　客有問於余者曰：君叔貢甫之好菊，好之至矣。求之古人，將誰昉乎？余曰：人之好，各有所寄，好聲色、好貨利、好富貴、好功名，眾矣。其太清不俗者，有若徽之好竹，和靖好梅，茂叔好蓮者。是茂叔之說曰：蓮花之君子者也，菊花之隱逸者也。又曰：菊之愛，陶後鮮有聞，觀其俯仰感慨低徊，不置信乎？人之好，各有所寄，又可緄乎？客曰：君叔好菊，既與陶同，是亦從同同焉耳？余曰：唯唯，不然。客請其說。余曰：陶歸隱者也，叔吏隱者也，當其奉毛義之檄，開單父之堂，撫丁竈如子，事上官必謹。與不為五斗米折腰，棄民而去者，得無異甚？而獨不知菊之於文乎？古文菊皆作鞠記，所稱蘜衣及鞠有黃花者，此其證余於此得三解焉。其事上也，盡鞠躬之義；其奉親也，酬鞠我之恩；其治下也，守鞠人之訓。於陶也惡乎同？客欣然而退曰：子真能以意逆志者，可為菊增色，並可為好菊者表微矣。道光癸卯秋九月下澣蓮莊侄霈曾謹跋。

傳記

清　王定安《兩淮鹽法志》卷一三八《職官門》　閔廷楷，浙江烏程人。道光七年，補角斜場大使。捐廉倡建豐備倉，旱潦無流亡。場境范隄北，故有河潮至齧隄，往往淤阻各亭，積水不能攤曬。廷楷捐廉塞之距，故河北別開一河，由海港口西屬，至鹽馬頭約八九里。復於西濬小溝，引亭水由河入海，旱則引潮注亭塘，以備淋滷竈，民德之稱為閔公河。道光二十八年，調任伍祐，三十年丁母憂，旋里卒。

藝文

清　閔廷楷《海天秋色譜·題辭》

烏程孫燮愈愚

百花有定色，紅白不能移。幾見石榴丹，而可兼梅梨。百花有定形，小大不能齊。幾見牡丹辦，而可雜木樨。惟菊獨不然，難以常見窺。盡奪衆芳艷，全包三春姿。小或如珠琲，大或如盤匜。爛或如雲錦，淡或如僧衣。重或如樓起，散或如毛披。或作繡毬掛，或效胡蝶飛。或肖形金鳳，或取象雪獅。秋高天氣肅，草木多變衰。茲花為後勁，過此無花枝。所以造化巧，盡發無餘遺。譬如博將散，客尚有多餘貲。一擲作孤注，傾囊盡出之。又如樂之亂，衆音會一時。洋洋乎盈耳，聽者神為馳。閔君古靜者，守官東海湄。公餘無所事，手將菊圃治。花開多異種，一一定品題。曰神曰仙品，雅韻逸興奇。佳妙皆可取，惟凡品乃卑。班書表人物，九等同厥規。千里奇示我，邀我賦新詩。我正苦秋寂，無花照酒卮。披君此書讀，不負重陽期。按圖驥可索，按譜笛可吹。明年學種菊，老圃真吾師。抑聞士有品，什伯其等差。君能辨菊品，士品豈難知。汝南評月旦，置我復何居。

歙縣汪均蓉湄

素琴無凡響，靜女無妖姿。花中獨有菊，澹極偏芳菲。我觀水陸華，皆有紛敷時。芙蕖媚夏日，桃李穠春曦。妍麗各相競，冬心非所知。秋高天宇肅，庶卉俱離披。惟此霜下傑，耐冷鬬新奇。豈其稟賦異，羞與群艷齊。風流閔夫子，高躅踵義熙。鳴琴恣清賞，閒情向東籬。編氓被雅化，種植盈海湄。我亦隱於菊，十載相追隨。山僧及野客，佳種追贈遺。物嘗聚所好，精華萃於茲。朝夕必過從，講論不知疲。研究在畱畬，理則探其微。陰陽分向背，大小異磽肥。窮形復盡相，名號無纖疵。有花必有傳，興會何淋灕。神仙與奇妙，九品列等差。此境自公闢，前古無所師。偶緣一時勝，遂永千秋期。更招同心友，賓主迭相為。高談啜茗椀，豪飲飛酒卮。不為古所泥，不為俗所羈。公之養人術，種菊同厥規。培植與愛護，條教若列眉。坐令東海角，載道成口碑。餘緒及秋英，亦被惠澤施。願公偕壽客，想與慶期頤。

丹徒蔣永富書田

草木皆有花，花皆可與娛。獨恨開隨落，悅目只斯須。如彼桃李穠，芳春共紛敷。曾無歲寒心，瞬息辱泥塗。譬彼浮華子，炎熱相附趨。曾無晚節香，危顛孰持扶。我獨愛菊花，迥與群芳殊。春到亦共發，秋老不同枯。昔有彭澤令，所愛實先吾。展卷誦其詩，撫掌狂欲呼。耿耿懷此意，積與歲月俱。安所得同好，雨心合若符。閔侯吏隱者，海國駐飛鳧。鳴琴奏理續，德化洽偏隅。遂邀同志士，共闢海天區。歷今十餘載，美備拓規模。菊形特奇詭，畫師難描摹。菊色復難辨，染工亦模糊。一一錫嘉名，商榷費踟躕。妙緒纂史公，別自具錘鑪。乃開東籬宴，并作雅集圖。迭為賓與主，各各飫郇廚。但取性情適，不以行跡拘。醉向菊花問，足繼淵明無。

儀徵程祖德謙圃

貢甫先生癖愛菊，遙溯泉明或私淑。抱此悠悠千古心，別有經濟胸中蓄。愛花自謂花知己，平章優劣具奧旨。援引典博陋花村，搜羅美富窮酈水。先生愛菊與人殊，栽培豈僅自悅愉。我為先生陳其概，極言贊歎非阿諛。先生愛菊為高堂，釀酒延齡親奉觴。板輿遊賞資此菊，綵衣共舞情更長。先生愛菊及編氓，感彼奢華歸樸誠。弦歌雅化託於菊，令人對之恬澹生。先生愛菊如愛友，朝夕盤桓樂詩酒。文章老去見精神，炎涼閱徧能耐久。先生愛菊如愛子，樹花樹人無二理。大枝小枝俱玉成，扶持信足為觀美。我喻先生愛菊意，先生愛菊實真摯。游心乃在菊之先，雅態幽香猶其次。試將芳菊比先生，嚴操晚節尤崢嶸。天許奇葩發遲暮，不因衆卉始敷榮。我輩前生信有緣，欣逢盛會預華筵。先生作譜壽梨棗，驥尾青雲附不少。

丹徒何金鏞序聲

老圃嘉名錫，秋英寵命膺。君方榮此位，客以壽咸登。仙酒白華釀，冷香彤管徵。北堂終古健，群願頌升恒。

歙縣胡良謨佑文

治藩原蘜始，厥後盡清嘉。望出神農品，名標靖節家。甘芳延上壽，榮曜滿中華。夫子今循吏，居官放早衙。侍輿娛鶴髮，太夫人年九十性愛菊，公之廣植菊者欲以娛親也。續譜笑狼牙。古譜有各色，狼牙種，證之今時，殊不易曉。人澹心如水，才高筆夢花。分班排比棘，公譜分有九品。計畝藝同麻。寫照毫添活，題詩乎不又。掄材皆繡虎，命我亦塗鴉。願與東籬客，年年傷綺筵。

歙縣汪培覺生

高情公自繼柴桑，薄採東籬菊有香。五色文章傳筆墨，百里雲錦想衣裳。託根莫訝空承露，效節偏能獨傲霜。從此案頭佳色滿，不須風雨盼重陽。

此花百種詠難窮，不數霜林□晚楓。金質鍊成君子度，范至能譜序云菊比君子。玉英寫出美人風。逸情澹泊歸陶令，晚節芳香屬魏公。贏得騷壇傳勝事，海天秋色廣陵東。

東臺袁先忠蘭生

座擁霜花一萬枝，一花一葉耐人思。天公作意矜奇巧，詩老圃心別等差。彭澤後先同嘯傲，范堤南北感仁慈。書成酒熟開新宴，許我重來痛飲時。

甘泉趙玉琨佩瑤

海隅一樣隱淵明，三經頻聯舊雨情。漫訝折腰因五斗，應知毛義不求名。

淺碧深紅整復斜，海天秋色倍繁華。知君小試調梅手，先向籬邊學種花。

瘦還似我清癯及，澹到如君傲不妨。庭院秋深任描寫，品題今又過重陽。

玉質金英次第開，磁盆瓦盎荷栽培。西風老圃東籬月，都被先生管領來。

如皋繆為玉石門

九品齊環玳瑁筵，爭妍逞麗曉霜天。海天何幸增秋色，人誦風流令尹賢。

我亦愛花癡入骨，新芽百種乞秋英。明年花發憑君賞，更請騷壇作主盟。

丹徒唐辛味欣

秋瘦花肥，酒濃人澹，風光做出重陽。疎籬芳菊，着意弄新妝。難得多情令尹，隱逸傳，獨愛柴桑。閒容與，高情遠寄，揮灑墨痕香。拈來，皆妙緒，如椽有筆，染紫渲黃。把海天秋色，包括詩囊。試問當時史范，曾不似、品次周詳。私心祝，年年九日，長此泛霞觴。《調寄滿庭芳》

雜録

清　閔霈曾《詠菊有序**》**《兩浙輶軒續録》卷三四　家貢甫叔廷楷，任角斜鹺尹，於公廨後，圃栽菊數畝。譔《海天秋色譜》三卷，内有粉蝶鬚一種，列入神品，甚為矜重。余承乏餘，西偶過季氏花圃，復遇此種感慨係之，歸來爲菊寫生，并系一律。

清　閔廷楷《海天秋色譜·凡例》　《菊譜》創自宋劉蒙，繼起者有史正志、范成大。其書具在，菊名類不雅馴。蓋當時但據土人所稱，不加定耳。嗣後，種愈繁則名愈夥。彙苑所載其名稍雅，頗有流傳至今者。然花與名亦不甚相稱，如紫絲桃一種云，蓓蕾青緑，花茄色，中暈濃而外暈稍淡，辦長而尖，初如勺，後平鋪，辦上有紋，色更紫。今之所謂紫絲桃者，亦如此樣，然此三字，初不連屬。本譜易為紫絲縧，覺勝之遠矣。又有紫綬金章一種云，蓓蕾有頂，開稍遲，初黑紅，漸作鮮紅。既開，仿佛亞腰葫蘆，亞處無辦，黃蕊繞之。果爾則綬與章二字無着，不如本譜移以命紫夔龍者，取其大心黃色如印章，菊辦長垂如綬帶，令人一見曉然。本譜之易新名，非敢自作聰明，不過取其與花相稱，不能移易也。

菊花之命名，當令雅俗共賞。太典，則知者鮮。名菊者本皆象形，形同則別以色，鳳毛本一物，而有金紫與白之分。玉蓮皆同形，而有五色。間色之異，他如紅線老圃酡顏，則兼會意也。各種絨刺，則又指事也。然皆使人易曉，不費推求。本譜有『玉指齊紅袖』一種，一稱名而花之形容已可想見。葉天培命之為『紅袖鸞綃玉笋』長文，士見之尚煩思索，一遇野客便茫然矣。凡若此者，皆本譜之所慎也。

菊花之種，有純管者，有純瓣者，有管瓣中分者，有笨管而末瓣者，或長或短，或尖或圓，或大或細，乃譜菊之第一要義。宋人不言，葉譜言而仍略。本譜一一分疏，純管曰管，純瓣曰瓣，管瓣中分則曰管瓣，其言表裏者，指一管一瓣而分之也；其言中外者，指花之通朵而別之也；其言長短者，外長而内短也；其言尖圓者，末尖而中圓也。餘皆倣此，令人觀譜尋花，不啻迷津寶筏。

本譜所列九品，每品之花以色而分先後。黃列最先，白次之，綠次之，赤次之，紅次之，紫次之，間色不純居後。

是譜始於道光甲午，成於戊戌，遞加修改至癸卯而始敢問世。歷有十年，其訪求異種，講論種植，審定名號。朝夕不倦者，惟汪子蓉湄，終始贊襄之。其參酌文義者，通州唐子銘齋樵、家弟一瀛希濂、家姪蓮莊霈曾而已。其校訂字畫者，丹徒包子哲人良知、柳子梅溪春魁，江都朱子蓮溪鑛、歙縣汪子復齋志圭也。

養菊法

清　閔廷楷《養菊法》　汪子蓉湄謂余曰：《魯論》記樊遲請學爲圃，孔子曰：吾不如老圃。誠以園圃之毓草木，必有其方使之蕃植，非精於此者，不能知也。子欲玩菊，須知養菊，慎於留種之時，護於分苗之日，培於滋長之秋，察其天候，相其土宜，盡其人力夫。而後可以萃九秋之精英，恣數旬之欣賞。若有花時知有菊，無花時不知有菊，則鹵莽滅裂，終於不登，歸罪於菊，菊其任咎乎哉？余應之曰：然。爰與之訂養菊法十條如後。

藝菊須知

清 顧禄《藝菊須知·自序》 曩閲前明屠爾星《東籬集》藝菊十要，自擇地以至護花。目雖備，而法甚略，猶未極藝菊之能事。惟吾友梅花菴主與洞虚子所箸《藝菊説》，盡洩不傳之祕。其培養之方，亦較詳於《東籬集》。予年來閉關，抱瓮躬事畦圃，亦能量雨課晴，蒔紅種碧，爰循屠氏原目十條，討論吾友之説，而損益之，輯爲上卷。復采吾友餘緒，并予所身歷心得者，增入若干條，分爲下卷，顔曰《藝菊須知》。夫菊花之隱逸也，學圃又小人事也。士之盲學，自荒仰孤，培植不克，爲繁林之匠作樹人之計。卒與隱逸者流，結伴東籬，銷聲匿迹，其志益卑，其心益苦矣。道光戊戌孟冬之朔茶磨山人顧禄書於校經精舍之南窗。

清 丁申、丁丙《八千卷樓書目》卷一二《子部·譜録類》 《藝菊須知》一卷，國朝顧禄撰，刊本。

《清史稿》卷一四七《藝文志三》 《藝菊須知》一卷，顧禄撰。

燕門菊譜

傳記

清 黄叔璥《國朝御史題名》『道光十二年』 黄爵滋，號樹齋，江西宜黄縣人。道光癸未進士，由翰林院編修，考選福建道御史兵科、給事中，陞任刑部右侍郎。

《清史稿》卷三七八《黄爵滋傳》 黄爵滋，字樹齋，江西宜黄人。道光三年進士，選庶吉士，授編修，遷御史、給事中。以直諫負時望，遇事鋒發，無所回避，言屢被採納。十五年，特擢鴻臚寺卿。詔以爵滋及科道中馮贊勳、金應麟、曾望顔諸人均敢言，故特加擢任，風勵言官，開忠諫之路，勉其勿因驟得升階，即圖保位，並以誥誡臣工焉。尋疏陳察天道，廣言路，儲將才，制匪民，整飭京城營衛，申嚴外夷防禁六事，又陳漕、河積弊，均下議行。【略】

爵滋為御史時，稽察戶部銀庫，嘗疏言庫丁輕收虧帑之弊。二十三年，銀庫虧空九百萬兩事發，追論管庫、查庫諸臣，罪皆褫職責賠，賠既足，次第予官。爵滋以員外郎候補，病足家居，上猶時問其何在。三十年，至京，會上崩，遂不出。逾三年，卒。

爵滋以詩名，喜交游，每夜閉閣草奏，日騎出，徧視諸故人名士，飲酒賦詩，意氣豪甚。及創議禁烟，始終主戰，一時以為清流眉目。所著《奏議》、《詩文集》行於世。

著録

清 黄爵滋《燕門菊譜·總説》 或問：劉蒙泉定品曷定乎？予曰：定於其物而已。物何定？曰：定於名。夫形色，名也。形形而色色，則物也。雖然，予嘗執市之人而詢之，則懵然矣。嗟夫！以彼日習其事，歲習其功，夫豈若菽麥、金銀之莫辨歟？蓋手習而亂其長短，目習而亂其精麤，口習而亂其甘苦。天下之習於利而爲亂者，殆如是矣！苟不自亂，何能亂人，是故君子之正其亂也。以名而定其名也，以物菊云乎哉？或曰：然。然則今之所定與昔之所定，有以異乎？無以異乎？曰：天地同物，今昔異情，惟聖人不物於物。其次，物物下焉者，則無物古今，人同不同未可知也。咸豐紀元大雪後五日書於京邸之慎言語節飲食齋。

又《王鴻序》 年丈樹齋先生評次菊花，得一百二十一種，既爲之譜，又繫以詩。令子子幹循譜賡之，爲詩九十九首，家庭倡和，風彩煜然，誠盛事也。竊嘗謂樹齋先生之詩，不矜才識，而天下魁偉絶特之士爭奇蓄秀，極其才識，皆在囊括中。讀其詩，渾涵汪洋，不可測識，使人自廢。子幹之爲詩也，匠心獨運，隨物賦形，隆然而高，窪然而深，優柔而愉夷，慷慨而縱横，則又因其才識之所至，而不以一格名。向刻主靜軒稿附樹齋先生詩集以行，淵源所自，識者辨之矣。今閲是詩也，搆思深窅，造語精妍，納須彌於芥子，使人想像乎意言之外，誠不欲與瞿宗吉、謝宗可之徒競尖新於隻字也。因付剞劂，以質同人。咸豐壬子季秋津門王鴻序。

又《孔憲彝跋》　吾師黄樹齋先生，寓宅菊數百本。花時坐對，嘗出所作詩示客。既又著《燕門菊譜》，分爲八品，曰雅，曰仙，曰神，曰瑰，曰麗，曰倩，曰逸，曰異，而以失於培養者，置末品不論。憲彝讀之曰：先生之言遠矣。自范氏譜出，而三十六種遂傳吴下老圃之勝。今燕門所植，種類益繁，形色迭異，市花者率意呼名，雅俗不稱。今得先生手足品第高下，名副其實。如士之懷才負畧，與凡俗伍一經品題，聲價十倍矣。昔王方慶有《園庭草木疏》，李文饒有《山居草木疏》，蔡君謨有《荔枝譜》，先生獨著此以繼美范氏，亦諸公之旨也。顧念先生負東山之望，退居不復爲世用，獨寄情於此，豈初志哉？然先生恬靜之懷，不爲塵俗所累，亦可畧見。韓魏公詩云：不羞老圃秋容淡，猶有寒花晚節香。願以此爲先生壽耳。咸豐元年歲次辛亥仲冬之月受業孔憲彝謹識。

菊圃録

（光緒）《湖南通志》卷二五二《藝文志八》　《菊圃録》，安鄉孔正茂撰。《澧州志》。

菊志（蔬香小圃菊志）

清　何鼎《蔬香小圃菊志·序》　是志作於乙亥冬日，欲以付手民而未暇也。丙子客都門，丁丑還汴，適連年苦旱菊多槁死，種日益少。憬然曰：不亟今志之恐名且不存，何有於種？客見而笑曰：子之菊將止於是乎？余曰：僕方以是志為始事也，烏乎！止客唯而去，遂授手民。時戊寅冬至節貴築何鼎。

又《舊敘》　大梁自軍興以來，蓺菊者絶少。余庚申來豫，所見者不過數種，然皆凡品耳。甲子、乙丑間始識山陰余妙泉大令，知其癖於菊而又精於蓺也。旋以數十本見貽，時余方宰昆陽，俗冗鞅掌，未能得植養之法，僅存根株而已。丁卯，量移中牟，妙泉又自省垣以佳種數十，至戊辰之秋花事甚盛。適黄流破堤，日在昏墊中賑恤災黎，且不暇給尙，未得領其趣也。己巳，解官寓省垣，乃獲築草堂於夷門之外，辟地數畝，盡收諸種，而樹蓄之。當金風始肅，繁霜未零，寒香瘦影，掩暎竹籬。茅舍間，或舉酒自飲，或招客共賞者，凡兩載。壬申之夏，薄遊嵩嶽，至冬始歸。癸酉從事西軍。乙亥七月，始返故園，時妙泉已捐館舍，其所珍藏不以示人，且不遠千里求得者，皆留以遺余。於是種益繁植，亦益善，奇採瑰質亦似門豔爭芳以媚余，之歸者且自余圃。於是而圃之左右前後，無不蓺菊者。蓋中原寇亂之平，又十餘稔矣。爰就所有者，擇其尤而志之。志菊，即以志吾故人妙泉。況余將有都門之游，未知明年花時，又在何處。志菊，並以志余之蹤跡云爾。光緒元年十月之望丹鄰何鼎。

又《何祥芝跋》　家大人辟別墅夷門外蓺菊，為養屙計且十年。祥芝日侍左右，竊見種植之法詳且難；而花之瑰奇絢麗，異採奇葩，爭妍鬥豔，畢陳於主人之前為不易。於是知菊之品高而性潔，其種其色之變幻不測而不與羣芳伍。嘻！盛矣哉！家大人常詔祥芝曰：菊之種無不佳，特風雨不時，灌溉失宜，遂覺此優而彼劣。今試卽一株觀之越歲而有異焉，再越歲而又有異焉，是豈得為菊罪？祥芝謹識，弗敢忘。然家大人之與菊為緣，得逍遙於園中者，僅庚午、辛未兩載耳。壬申遊嵩洛，癸酉客秦中，佐西軍粻臺政，乙亥歸汴，而是秋之花亦最盛。丙子之冬，薄游都門。丁丑歲十二月，復從少司寇袁誠公旋豫辦理賑務，瘡痍載途，案牘鞅掌，更不獲從事於菊。數年來，皆祥芝身率而目親之，雖幸保其種勿隕失適，以連年荒旱，附郭之田禾黍且枯槁，何況於菊。於是昔之爭妍鬥豔者，歲或僅數十種，種或數朵而已，不能全覯也。今歲家大人彙輯舊作《菊志》以付剞劂，祥芝獲預校字之役，謹志巔末如左，其他佳種未暇作詩以紀者，皆命祥芝補之云。時光緒戊寅仲冬月，男祥芝謹跋。

問秋館菊録

清　竹西菊隱翁《問秋館菊録·序》　菊至晉時人始愛之，至宋時人多譜之。其名本不一，或聞於古而今無存者，或後出於今而古有未及見者。老圃家流往往譌以傳譌，具不能悉原委。斯時，卽有素精考據之士，恐亦未能憑空穿鑿，連篇累紙，貽聚訟於將來耳。僕也里居廿載，嘗從事籬東，葢自先君傳吾，下逮吾子業經三世矣。茲就目所親見，略為編次，不敢謬附，亦不敢妄作。竊謂菊與吾同生，今日苟聽其飄零湮沒寂焉弗彰，菊如有知，得毋笑吾孤負秋光耶。至樹蓺諸法，莫詳於六安葉蜾夫先生。附誌於後，其將就山房花譜不欲補刊者，亦以去先生未遠。僅數十年間所手種諸菊，分色類記，已殘缺而莫得其詳云。光緒十四年太歲在戊重陽後五日竹西菊隱翁識。

又《跋》 按先生諸法備矣。吾郡惟恃宿根，知盆植開畦，而不知蓄子布子。城北諸圃復取宿根之芽，接以艾初時，僅供插瓶列屏之用，不能留種。近則將艾紐轉之，就菊頭於盆，覆以新土。花既易大，亦根生而有芽，此套缽之名所由來也。間有一二佳種，艾不易接，卽接而有花，往往開後仍萎，遂不得不從事於扦插，仰給於分芽。流傳以來，尚不下數十種。年年花過就，日而曬，糊屋而藏。如僕性素疏懶，幾無暇日，又安得工夫冬後手挼春初手種耶？以故聞有蓺菊者，必多方轉乞。人每憐而與之，曰：此廣陵菊匄也。附及之，以博諸同嗜一笑。菊隱翁又識。

清 竹西菊隱翁《問秋館菊録・凡例》 凡花以大爲貴，菊固以瘦而能大爲貴。瘦而大，則其瓣必長必細。菊中不恆有，卽有此種養之亦不易。易余二十年來，旋失旋得，殆邀天幸，是不得不著之於編。

葉譜以色分類，余則專論其品。葢品爲身之本色，其外著者也。古有名賢，偶著淡語，歷久如新。華士縱詡多文，經秋先萎，人品之高下，於以見菊品之高下，從可知矣。質諸同志，未卜以余言爲然否。

作譜必合眾類而無遺録。則就偶見所能及，宋人諸譜，或少或多，統計之至百數十種。葉氏將就《山房花譜》言，手種數萬擇其尤者尚百餘種，可謂富矣。余見聞較隘，未獲搜羅備至，亦一憾事。茲編僅列數種，故不敢曰譜而曰録。

自橋西草堂園丁有扣子者，得蜾夫先生養菊法，傍花村遂徧傳之。其時諸種，已不能悉得。迨經兵燹。圃事盡廢。瓣香遠在。東塘於耀廷世丈復鈔葉譜贈余，因與村人互證，不但無此菊，並不聞有此名。葢存者寡矣。茲録於一二偶合必爲註明，餘則人云亦云，雖雅俗參半，恐易之轉誤後來。

葉色深淺與幹之長短，其大較也。葉不深不淺，則概以綠。綠少青多，則統以青。或尖或圓，或闊或稀，種種各別。則不僅定以色幹，有涉於長短以及粗直瘦挺，必兼言幹。若無所表異，則略幹而專言花。花瓣亦分二種，管瓣以四圍計則曰外，曰中，長者其選也。片瓣以兩面計，則曰外，曰內，闊者其最也。至於半管半片，則又貴乎能大以顏色爲之主也。有一色，有兩色，有數色相間而雜出，筆所難達，則藉他種以形之。以故是編多省文、互文別花，人自能領取，幸勿以言之不盡，沾沾責我，則尤僕之所厚望也。

東籬纂要

清 邵承照《東籬纂要・序》 菊，花中之隱逸，山人愛之宜也。乃自陶潛以愛菊傳世之。達官、貴人、富商、大賈以及市廛闤闠之間，當夫重陽將屆，秋花盛開，莫不各購名葩，以爭相誇耀。噫！盡人皆淵明矣。顧手未能親其栽植，目未暇睹其變化，但於花時賞翫之，花謝後棄置弗顧，則愛如毋愛也。然則菊亦惟山人能愛之耳。余自解組後，闢圃數畝悉栽菊，因講求種藝之法，凡前人譜録，今人秘籥，一一手録，而心識之。久乃彙成一編，分門爲十。惟辨名一門，僅録古名，以今人隨地異名，無關於典要也。至詩文詞賦，爲向來作譜者所不遺。而此集以種藝爲主，名篇佳什，收不勝收，他日當別爲一集矣。光緒十五年歲在己丑甜園主人邵承照序。

清 朱寯瀛《金粟山房詩鈔》卷七《邵香聽都轉入都喜晤》其三 堂開雲卧敞幽思，更纂東籬澹雅詞。料得鵲華山色好，佗年駐節即吟詩箸有《雲卧堂稿》、《東籬纂要》。

青在堂菊譜

清 丁申、丁丙《八千卷樓書目・子部・譜録類》卷一二 《青在堂菊譜》一卷，不著撰人名氏，刊本。

《清史稿》卷一四七《藝文志三》 《青在堂菊譜》一卷，不著撰人名氏。

金漳蘭譜

綜述

宋 趙時庚《金漳蘭譜·原序》 予先大父朝議彥，自南康解印還里。卜居築茅，引泉植竹，因以為亭。會宴乎其間，得郡侯博士伯成，名其亭曰筼簹世界。又以其間架數椽，自號趙翁書院。回峰面勢，依山疊石，盡植花木，叢雜其間。繁陰布地，環列蘭花，掩映左右，以為游憩養疴之地。予時尚少，於其中尤好其花之香艷清馥者。目不能捨，手不能釋，即詢其名，默而識之。是以酷愛之，殆幾成癖。粵自嘉定改元以後，又聞數品高出於向時所植者，予喜而求之，故盡得其花之容質。無失封培愛養者之法，而品第之。殆今三十年矣。而未嘗與達者道，暇日有朋友過予，會詩酒琴之後，倏然而問之。予則曰：有是心矣。即縷縷為之詳言。友曰：吁！亦開發後覺一端也，豈如一身可得而私，何不示諸人以廣傳耶？予不得辭，因集為一卷，名曰《金漳蘭譜》，欲以續前人牡丹、荔枝譜之意云爾。時紹定癸巳六月良日澹齋趙時庚撰書。

又《李子謹跋》 余嘗身安寂然一榻之中，置事物之冗來紛至之外度。極長篆香芬馥怡神，默坐峰月，一視不覺，精神自恬然也。種蘭之趣，然之否乎？澹齋趙時庚敬為三卷，以俟知音。余於循修歲之暇，窗前植蘭數盆，蓋別觀其生意也。每日一周旋其側，撫之太息，愛之太勤，非徒悅目，又且悅心怡神。其茅葺，其葉青，青猶綠衣郎，挺節獨立可敬可慕。迨夫開也，凝情瀼露，萬態千妍，薰風自來，四坐芬鬱。豈非真蘭室乎？豈非有國香乎？親朋過訪，遺以《蘭譜》。予按味再三，盡得愛之、養之之法。因其譜想其人，又豈非懷馨陽馥日乎？時己卯歲中和節望日嬾真子李子謹跋。

《四庫全書總目》卷一一五《子部二五·譜録類》 是書亦載於《說郛》中，而佚其下卷。此本三卷皆備，獨爲完帙。其敘述亦頗詳贍。大抵與王貴學《蘭譜》相爲出入。若大張青、蒲統領之類，此書但列其名，及華葉根莖而已。王氏《蘭譜》，則詳其得名之由。曰大張青者，張其姓，讀書巖谷得之。蒲統領者，乃淳熙間蒲統領引兵逐寇，至一所得之。記載互相詳略，亦足見著書之不剿說也。首有紹定癸巳時庚自序，末又有嬾眞子跋語。考嬾眞子乃馬永卿別號。永卿受業劉安世，爲北宋末人，不應紹定時尚在。殆別一人，而號偶同耳。

《四庫全書簡明目録》卷一二 其書不及王貴學譜，然互有詳畧，陶宗儀收入《說郛》，而佚第三卷，此猶完帙也。

清 周中孚《鄭堂讀書記》卷五一《子部九之下·譜録類二》 《四庫全書》著録，作三卷，蓋據浙江范氏天一閣藏本。此本佚其下卷，而併上中二卷為一卷。倪氏《宋志補》史部食貨類作一卷，即據是本載之也。是本凡五篇，一敘蘭容質，一品蘭高下，一天下愛養，一堅性封植，一灌溉得宜。大約不及王進叔之譜，然互有詳略云。前有紹定癸巳自序，據天一閣本末有嬾眞子跋此本，亦佚之。

清 周中孚《鄭堂讀書記補逸》卷二四《子部·譜録類》 《金漳蘭譜》一卷，《說郛》本，宋趙時庚撰。《四庫全書》著録，作三卷，蓋據范氏天一閣藏本。此本併上中二卷爲一卷，而佚其下卷。倪氏《宋志補》史部食貨類作一卷，即據是本也。是本凡五篇，一敘蘭容質，一品蘭高下，一天下愛養，一堅性封植，一灌溉得宜。其書雖不及王進叔之譜，而互有詳略，惜未得范本以補之也。前有紹定癸巳自序，范本末有嬾眞子跋，此本亦佚之。

傳記

《四庫全書總目》卷一一五《子部二五·譜録類》 時庚爲宗室子。其始末未詳。以『時』字聯名推之，蓋魏王廷美之九世孫也。

清 周中孚《鄭堂讀書記》卷五一《子部九之下·譜録類二》 時庚，號澹齋，魏王廷美之九世孫也。

清 周中孚《鄭堂讀書記補逸》卷二四《子部·譜録類》 時庚，號澹齋，魏王廷美之九世孫也。

著録

明 祁承㸁《澹生堂藏書目》卷八《子類第四・樹藝》　《金漳蘭譜》一卷，趙時庚，《説郛》本。

明 徐𤊹《徐氏家藏書目》卷三《農圃類》　《金漳蘭譜》一卷，宋趙時庚。

清 黄虞稷《千頃堂書目》卷九《食貨類》　趙時庚《金漳蘭譜》一卷。

《續通志》卷一五九《藝文略》　《金漳蘭譜》三卷，宋趙時庚撰。

《續文獻通考》卷一八一《經籍考》　趙時庚《金漳蘭譜》三卷。時庚，魏王廷美九世孫。

清 錢曾《也是園藏書目》卷二《史部・種藝》　《金章蘭譜》一卷。

清 錢曾《錢遵王述古堂藏書目録》卷六　《金章蘭譜》一卷，一本，抄。

清 沈初《浙江採集遺書總録庚集・子部・農家類》　《金漳蘭譜》三卷，寫本。右宋趙時庚撰。分列蘭品，兼詳載種澆灌之法。

清 阮元《文選樓藏書記》卷四　《金漳蘭譜》三卷。宋趙時庚著。抄本。是書品列蘭譜，並詳載種植澆灌之法。

《四庫全書簡明目録》卷一二　《金漳蘭譜》三卷，宋趙時庚撰。

《四庫全書總目》卷一一五《子部二五・譜録類》　《金漳蘭譜》三卷，浙江範懋杜家天一閣藏本，宋趙時庚撰。

清 瞿鏞《鐵琴銅劍樓藏書目録》卷一六《子部四・譜録類》　《金漳蘭譜》一卷，舊鈔本。宋趙時庚撰。案自序作於紹定癸巳歲。詳論蘭之容質，品第高下兼及封培愛養之法，意以續牡丹荔枝諸譜。此與《洛陽花木記》均出明人所鈔，合裝一冊。

清 周中孚《鄭堂讀書記》卷五一《子部九之下・譜録類二》　《金漳蘭譜》一卷，《説郛》本，宋趙時庚撰。

清 周中孚《鄭堂讀書記補逸》卷二四《子部・譜録類》　《金漳蘭譜》一卷，《説郛》本，宋趙時庚撰。

清 丁申、丁丙《八千卷樓書目》卷一二《子部・譜録類》　《金漳蘭譜》三卷，宋趙時庚撰，抄本。

清 陳揆《稽瑞樓書目》　《金漳蘭譜》一卷，一冊。

清 倪燦《宋史藝文志補》　趙時庚《金漳蘭譜》一卷。

藝文

清 查慎行《敬業堂詩續集》卷四《窳軒初夏觸景成唫八首》其五

箬葉還同魚子看，箇中臭味品題難。閒來繙盡金漳譜，不愛珠蘭愛米蘭。『箬葉』，亦名『米蘭』，『魚子』亦名『珠蘭』，皆庭中所有。《金漳蘭譜》一卷，宋趙彦著。

雜録

明 王世貞《弇州山人四部續稿》卷四六《國香集序》　閩多蘭，趙時庚、王貴學氏，皆閩人，故後先能譜蘭，諸所以為蘭之事盡矣。

明 徐𤊹《徐氏筆精》卷六《漳州蘭譜》　宋龍溪王貴學著《王氏蘭譜》，趙時庚著《金漳蘭譜》，皆紹定淳祐時人。所紀藝蘭之法，與閩種品目之奇，亦岩谷中清士也。漳州郡志逸其名，即漳州縉紳、學士，亦不知有此人。予近出二書，以質鄭璜思、張紹和二孝廉，行將梓，板以傳。是知古人著作湮沒不稱者多矣。微予藏其譜，微二孝廉闡其幽，不將與草木俱腐耶。

清 陳慶鏞《籒經堂類稿》卷一一《朱雪龕緑筠堂菊花詩序》　古人於一名一物，偶有所嗜，莫不抒懷見志，或著為成書，剬為歌頌，而其物亦往往經品題，而聲價倍增。故歐陽修之於《洛陽牡丹記》，王觀之於《揚州芍藥譜》，趙時庚之於《金漳蘭譜》，陳思之於《海棠譜》，黄大興之於《梅苑》，韓彦直之於《橘録》，戴凱之之於《竹譜》，體物工肖，不遺餘力，各成一家言。

蘭譜（王氏蘭譜）

綜述

宋 王貴學《王氏蘭譜・葉大有序》 窗前有草，濂溪周先生蓋達其生意，是格物而非玩物。予及友龍江王進叔，整暇於六籍書史之餘，品藻百物，封植蘭蕙，設客難而三其譜。擷其於幹莖香色之殊，得韻於耳目口鼻之表。非體蘭之生意不能也。所禀既異，所養又充，進叔資學亦如斯蘭。野而巖谷，家而庭階，國有臺省，隨所置之。其房無斁，夫草可以會仁意，蘭豈一草云乎哉？君子養德於是乎在。淳祐丁未孟春戊戌蒲陽葉大有序。

又《自序》 萬物皆天地委形。其物之形而秀者，又天地之委和也。和氣所鍾，爲聖、爲賢、爲景星、爲鳳凰、爲芝草。草有蘭亦然，世稱三友。挺挺花卉中，竹有節而嗇花，梅有花而嗇葉，松有葉而嗇香。惟蘭獨併有之。蘭君子也，餐霞飲露，孤竹之清標；勁柯端莖，汾陽之清節；清香淑質，靈均之潔操。韵而幽，妍而淡，曾不與西施同其等伍。以天地和氣香之也。予嗜焉成癖，志學之暇，感於心，服於身，復於聲譽之間，搜求五十餘種，而偏植之。客有謂予曰：此身本無物，子何取以自累？予應之曰：天壤間萬物皆寄爾。耳聲之寄，目色之寄，鼻臭之寄，口味之寄，有耳目口鼻而欲絶夫聲色臭味，則天地萬物將無所寓其寄矣。若總其所以寄我者而爲我有，又安知其不我累耶？客曰：然。遂譜之。淳祐丁未龍江王貴學進叔敬書。

《四庫全書總目》卷一一六《子部二六・譜録類存目》 譜凡六則。一曰品第之等；二曰灌溉之候；三曰分析之法；四曰沙泥之宜；五曰愛養之地；六曰蘭品之産。貴學不知何許人。是書諸家書目亦皆不著録。惟見於陶宗儀《説郛》。王世貞嘗云：《蘭譜》惟宋王進叔本爲最善，蓋卽指《説郛》本也。此本爲毛晉所刊，蓋得諸金壇於鏘者。然視《説郛》本尚少三十餘條，則已非完書矣。

清 周中孚《鄭堂讀書記》卷五一《子部九之下・譜録類二》 四庫全書》存目，無『王氏』二字，蓋據毛子晉刊本。倪氏《宋志補》有此二字，卽據是本也。是本凡品第之等，灌溉之候，分析之法，泥沙之宜四篇，後爲紫蘭以下四十條。據毛刊本少第五愛養之地，第六蘭品之産二篇。而紫蘭以下四十條，毛本亦無之，大抵皆非完書矣。前有淳祐丁未自序，及蒲陽葉大有序。

傳記

《續文獻通考・經籍考》卷一八一 貴學，字進叔，臨江人。

《四庫全書總目・子部二六・譜録類存目》卷一一六 貴學，字進叔，臨江人。

清 周中孚《鄭堂讀書記》卷五一《子部九之下・譜録類二》 貴學，字進叔，臨江人。

著録

明 葉盛《菉竹堂書目》卷五 《蘭譜》一冊。

《文淵閣書目》卷三 《蘭譜》一部一冊。

明 晁瑮《晁氏寶文堂書目・藝譜》 《蘭譜》。

明 焦竑《國史經籍志》卷三《史部・種藝》 《蘭譜》一卷。

明 祁承㸁《澹生堂藏書目》卷八《子類第四・樹藝》 《王氏蘭譜》一卷，王貴學。

明 徐𤊹《徐氏紅雨樓書目》卷三《農圃類》 《王氏蘭譜》一卷，宋王貴學。

明 徐𤊹《徐氏家藏書目》卷三《農圃類》 《王氏蘭譜》一卷，宋王貴學。

明 佚名《近古堂書目》卷上《子譜録類》 王貴學《蘭譜》。

清 黄虞稷《千頃堂書目》卷九《食貨類》 王貴學《王氏蘭譜》一卷。

清 錢謙益《絳雲樓書目》卷二 《王氏蘭譜》。

《續通志》卷一五九《藝文略》　《蘭譜》一卷，宋王貴學撰。

《續文獻通考》卷一八一《經籍考》　王貴學《蘭譜》一卷。

清　徐乾學《傳是樓書目・史部・種藝》　《王氏蘭譜》一卷，王貴學，一本。

《四庫全書總目》卷一一六《子部二六・譜録類存目》　《蘭譜》一卷，兩江總督採進本，宋王貴學撰。

清　孫星衍《孫氏祠堂書目・外編》卷二　《蘭譜》一卷，宋王貴學撰。

清　周中孚《鄭堂讀書記》卷五一《子部九之下・譜録類二》　《王氏蘭譜》一卷，《説郛》本，宋王貴學撰。貴學，字進叔，臨江人。

清　陳揆《稽瑞樓書目》　《王氏蘭譜》一卷，一冊。

清　趙宗建《舊山樓書目》　《王氏蘭譜》，抄，一本。

清　倪燦《宋史藝文志補》　王貴學《王氏蘭譜》一卷。

藝文

元　洪希文《續軒渠集》卷五《書家藏〈蘭譜〉後》　華不紛披葉不塵，幽貞閒淡出天成。似凡非俗同標致，入品分流别姓名。南欲迎薰西避照，晚常溉膩蚤澆清。傳君祕訣君牢記，更取吾言質屈平。

雜録

明　梅鼎祚《鹿裘石室集》卷五八《答蕭府君》其二　日伏蓬藋，自遠宫墻，遥挹清輝，切資芳潤，仰承賜問佳蘭之實。固今時所希逢，亦往籍所未載。惟宋淳祐間，龍江王貴學著《蘭譜》一卷，其中有曰：茅蘭花，紫莖二寸，大壯者十六七萼，是蘭能結實，色緑。譜葢言閩蘭，然今閩蘭多種矣。鮮見結實者，大都草木得氣之先，蘭蕙猶品之重。鄭姞夢天賜與己蘭，而生穆公；羅含正位還家庭中，忽自生蘭。别傳曰：含德行幽感之應，是則昭明，較著可徵也。鼎祚記讀疏淺，良媿蘋蕭之對，虚垂菲葑之採。敬具質上，無敢窾言。

蘭譜奥法

明　祁承㸁《澹生堂藏書目》卷八《子類第四・樹藝》　《蘭譜奥論》一卷，周履靖。夷門廣牘本。

明　徐𤊹《徐氏紅雨樓書目》卷三《農圃類》　《蘭譜奥訣》一卷。

明　徐𤊹《徐氏家藏書目》卷三《農圃類》　《蘭譜奥語》一卷。

明　朱睦㮮《近古堂書目》卷上《子農家類》　《蘭譜奥法》。

清　錢謙益《絳雲樓書目・子農家》卷二　《蘭譜奥法》。

藝蘭法

明　趙用賢《趙定宇書目》　《藝蘭法》一本。

羅鍾齋蘭譜

綜述

清　周中孚《鄭堂讀書記》卷五一《子部九之下・譜録類二》　茂實以宋趙時庚、王貴學二譜，尚俱有所未盡，故復作是譜以續之。凡分三類，曰列品，曰封植，曰雜説。每類分條剖析，於修事之理，極為詳備。且其言近而不支，辨而甚審，使蓄蘭者按譜消息，不啻適越而假以兩轅，學刺而度以金針也。前有王弇州世貞序，為《四部正續稾》所不載，葢偶遺之。其書本未板行，至崇禎戊辰莊繼光始以藏本，屬毛子晉付刊，并為之跋。

傳記

清　周中孚《鄭堂讀書記》卷五一《子部九之下・譜録類二》　應文，字茂實，崑山人。

著録

明　徐𤊹《徐氏紅雨樓書目》卷三《農圃類》　《羅鍾齋蘭譜》二卷，張應文。

明　徐𤊹《徐氏家藏書目》卷三《農圃類》　《羅鍾齋蘭譜》二卷，崑山張應文。

清　黄虞稷《千頃堂書目》卷九《食貨類》　張應文《羅蘺齋蘭譜》二卷。

清　萬斯同《明史》卷一三四《藝文志二》　張應文《羅鍾齋蘭譜》二卷。

清　徐乾學《傳是樓書目》　《羅鍾齊蘭譜》，明張應文，一本。

《四庫全書總目》卷一三四《子部四十四・雜家類存目十一》　《張氏藏書》四卷，明張應文撰。凡十種，【略】曰《蘭譜》，【略】，大抵不出明人小品之習氣。

清　周中孚《鄭堂讀書記》卷五一《子部九之下・譜録類二》　《羅鍾齋蘭譜》一卷，巾箱寫本，明張應文撰。

雜録

明　王世貞《弇州山人四部續稿》卷四六《國香集序》　吾老友張應文氏，顧又能為續《蘭譜》。其所以為蘭之事，又大出於二譜之外，而又能為歌詩，古近體幾百篇以侈之。若杲禪師悟後，雋語百出，而百不窮。張君，吾吳人也。酈道元髙陽而注江南水經，歐陽永叔廬陵而譜洛中壯丹，不是過也。余不能從稽含曉南中花木意，亦不大好之。顧獨好蘭，而不甚曉其事與所以滋培之理。友人有見貽者，至冬輒萎，敗亦任之而已。今從張君譜，稍得其事與理，而圜居力不能致今者，似別得策。第手靖節栗里譜與其詩各一編，陸羽、張又新《水譜》各一編，蔡君謨《茶録》一編，以佐張君之二譜。而日與之徜徉於峭蒨青葱之下，間歌陶詩，渴則拈茶水譜，隨意讀之。覺此身如入陽羡，吸中泠已。徐翻張君所纂譜詠，其得意句，鼻觀習習芬馥，兩腋風舉，作天際真人想。又何必左擁陳良紫、右侍魚魫白，而後快哉？或曰蘭之傳，自屈子騷始也。子何以不騷而靖節之是援，且不虞彼鞠忌哉？曰：不然。蘭，君子也，貴而大國賤而幽谷，所為香不改也。屈子才大於蘭而志趣不一，吾故取陶氏焉。今之鞠麗矣，非陶氏鞠也。以故不能與蘭，偕蘭亦不受妬，不爾，寧無東籬數枝以伴我九畹哉。吾取蘭而陶之，取陶而蘭之，即屈子所不能妬而況鞠也。張君善吾言識，而弁於簡端。

明　張應文《羅鍾齋蘭譜・雜説》　趙宋李丹大夫授昌州，以遠改授鄂州。劉淵村聞之，乃吐飯大步往謁李，曰：『昌，佳郡也。奈何棄之？』李驚曰：『供給豐乎？』曰：『非也。』曰：『民訟簡乎？』曰：『非也』曰：『然則何以知其佳？』曰：『梅棠無香，昌州海棠獨香，非佳郡乎？』聞者傳以爲笑。先大夫諱情，字約之。嘉靖戊戌進士。庚申年爲閩憲副，值倭警勞瘁，病劇。應文與弟應武、應忠同趨福州扶侍以歸，道經建寧，宿公署中，蘭花數十本羅列盛開。先慈朱安人，歎曰：『方頭先生無一物爲分，宜公壽，仕至二千石，竟以轉任險惡，得疾棄官，傷哉！貧也！』應文侍側因指庭蘭之盛，述昌故事以對，曰：『他省縱復安當數倍，寧有爾許芳馥充牣署中耶？雖片日過客，亦未易消受，大人方宜自慰所得多，何憾也？』先公爲之莞爾解頤，病良已。自丙寅棄養以迄於今，應文每覩此花，追惟往事，未嘗不愀然切羹牆之慕也。

蘭譜

明　徐𤊹《徐氏紅雨樓書目》卷三《農圃類》　《蘭譜》一卷。

明　徐𤊹《徐氏家藏書目》卷三《農圃類》　《蘭譜》一卷。

清　丁申、丁丙《八千卷樓書目》卷一二《子部・譜録類》　《蘭譜》一卷，明高濂撰，廣百川本。

種蘭書

明　徐𤊹《徐氏家藏書目》卷三《農圃類》　《種蘭書》一卷，吳郡袁晉。

蘭易（蘭易十二翼、蘭史）

綜述

明　蕈溪子《蘭史·序》　野史氏曰：蘭生幽谷，聚族而居。在處成都邑，故國之國則有史矣。作九品，蘭為王者，香雖然一國不兩王，故定一尊而奉之，作本紀。次於王者内則后妃，外則公侯，作世家。其佗則諸大夫士之屬，有德有功可紀者也，作列傳。非蘭而擬於蘭者，蘭外國也，使之隸服於蘭，作外紀。國必有君，有臣外國之君，亦有我外臣焉，作列傳。

《四庫全書總目》卷一一六《子部二十六·譜録類存目》　是書上卷爲《蘭易》，一名《天根易》，題宋鹿亭翁撰。朱彝尊《經義考》載其自序云：蘭易始於復。故曰：『天根』。又載馮京序云：《蘭易》一卷，受之四明山中田父，書稱鹿亭翁著。按郡縣志，四明山有鹿亭，今迷不知處。無問作者姓氏矣。要是宋代隱者云云。此本已無自序，蓋傳寫佚之。其書以復、臨、泰、大壯、夬、乾、姤、遯、否、觀、剥、坤十二月卦，爲蘭消長之機。每卦各綴以詞，其文如象。下又各繫以詞，其文如象傳。備述出納栽培之法，蓋戲仿《周易》爲《蘭譜》耳。又附口訣二條，蘭月令十二章，不知誰作。下卷爲《蘭易十二翼》，述養蘭宜忌十二條，題曰蕈溪子。考《經義考》載馮京序，此本題曰蕈溪子，則蕈溪子卽京也。其序稱鹿亭翁爲宋代隱者，則非宋之馮京，當別一人而同姓名矣。末爲《蘭史》一卷，亦題蕈溪子撰。首列蘭表，依漢書古今人表例，分列九等。而上上、下下二等，闕而不録。次爲蘭本紀，所列凡三種。次爲蘭世家，所列凡十一種。次爲蘭列傳，所列凡二十種。次爲蘭外紀，所列凡九種。次爲蘭外傳，所列凡五種。蓋鹿亭翁戲擬經，京既戲擬傳，又戲擬史也。其《蘭易》爲詞人狡獪之作，與易義本無所涉。朱彝尊列之擬經門中，殊乖體例，今並改列之譜録，庶存其眞焉。

著録

明　祁承㸁《澹生堂藏書目》卷八《子類第四·樹藝》　《蘭史》。

清　曹寅《楝亭書目》卷三《子集》　《蘭易》，宋鹿波翁著，二卷，一冊。

又　《蘭史》抄本一冊，明簟溪馮京第序輯，一卷。

《續通志》卷一五九《藝文略》　《蘭易》一卷，附録《蘭易十二翼》一卷、《蘭史》一卷，《蘭易》舊題宋鹿亭翁撰，附録以下，原題蕈溪子撰。

《續文獻通考》卷一八一《經籍考》　《蘭易》一卷，附録《蘭易十二翼》一卷、《蘭史》一卷，題鹿亭翁撰，不著名氏。

《四庫全書總目》卷一一六《子部二十六·譜録類存目》　《蘭易》一卷，附録《蘭易十二翼》一卷、《蘭史》一卷，浙江巡撫採進本。

清　沈初《浙江採集遺書總録庚集·子部·農家類》　《蘭易》二卷，寫本。右書上一卷題宋鹿亭翁著。下一卷題明簟溪子著。上卷以《易》配蘭，自十一月復蘭起，至十月坤蘭止，名曰《天根易》。下卷以藝蘭之法為傳十二章，以配十翼，並附《蘭史》。

蘭言

明　冒襄《蘭言·張潮小引》　蘭蕙之辯，言人人殊，然而可無辨也。其花同，其葉同，其香同，祗苞之多寡，開之遲早，有微別耳。今世人所重者，唯建蘭一種。此花產於南方，其性畏寒，冬月不可以風。蘭主人多方護惜，始保無恙。意此花古尚無之。左氏所謂『蘭有國香』，孔子所謂『蘭為王者香』，《易》所謂『同心之言，其臭如蘭』，皆指生於幽谷者。今世人藝蘭，《月令》《種植書》所言，則皆指建蘭矣。孔子曰：『幽蘭生於空谷，不以無人而不芳。』較之建蘭之專藉培植者，殊不相侔。則是古之所謂蘭為特立獨行之士，今所謂建蘭為可上可下之資，必得賢人君子為之夾持造就，始克底於有成也。吾里有族兄某善藝蘭，其言曰：蘭生山中，喜與喬松為伍，取松上龍鱗浸廁内若干日，復置清流滌其穢氣，然後屑而為土，以之種蘭，其葉枝肥勁而短，與建蘭相似。苟能盡以此法養蘭，將建蘭可失其貴矣。如皋冒辟疆先生性愛蘭，著《蘭言》一帙，展讀之次，令人齒頰俱芬。惜先生已歿，不能以浸松為土之説相告也。心齋張潮譔。

又《張潮跋》 《離騷》以香草為喻，然於荃蓀之屬，時為君子，時為小人，惟蘭蕙則必屬之。好修之士，言蘭者凡十五見，言蕙者十二見，秋蘭三見，石蘭一見，然則蘭殆香草之冠歟。巢民冒君以朋友為性命，金蘭之契，遍於海宇。九畹馥而百晦芬，宜其敘蘭事如數家珍也。心齋居士題。

清 丁申、丁丙《八千卷樓書目》卷一二《子部·譜録類》 《蘭言》一卷，國朝冒襄撰，昭代叢書本。

《清史稿》卷一四七《藝文志三》 《蘭言》一卷，冒襄撰。

蘭蕙原説

清 丁申、丁丙《八千卷樓書目》卷一二《子部·譜録類》 《蘭蕙原説》一卷，國朝徐蘋湖撰，刊本。

《清史稿》卷一四七《藝文志三》 《蘭蕙原説》一卷，徐蘋湖撰。

第一香筆記

清 朱克柔《第一香筆記·小引》 今春閒居杜門，手植蕙花數十。蕊將舒，忽陰雨釀寒，遲我花信。因思護既切轉多，爬剔褻玩之餘，於是握不律，以諸生墨侯為楳。舉凡見聞所及，憶記所周，條分縷晰之，越三日而裒然可觀。又為之採輯舊聞，以類附入，名曰《第一香筆記》。脱稿不十日，而家花齊放矣。内開入品者一，次品者三，其餘大率可觀。回視問所植之盆蘭，亦復擢茹青葱，隨風宜笑，若為予誌喜也。爰有二三同志過而扣曰：子嗜花而得好花，必有道以處。此幸勿靳不予，願明以教我焉。强之至再，難以言蔽，不得已出示此記，曰：是可略窺半面矣。若充類至盡，神而明之，存乎其人。客欣然補而袖之去。惟覺日光融融。幽香滿室，花如解語然。嘉慶丙辰三月望日之前五日硯漁記。道光乙酉桂月下澣日廣陵愚樵子抄。咸豐壬子上巳後一日愚樵叟高亮亭復抄於晚翠山房之南牕。

清 朱克柔《第一香筆記·例言》 是記之作，興到筆隨，不假徂識，若言花之品相，而以文筆出之。轉浮華失實，且近扵腐。故記中字句，俱唐宋説部體例。

凡採集各書，略載出處，不敢設前人之善，蹈勦説之譏也。前人論花，其説頗有雷同。惟擇其善録之，去取之亦多苦心。

此記本名《祖香小譜》，夫譜足以傳世行遠，方能附寔。是編不過一時遊戲之作，且恐與世之不堪言譜而譜者，混而同之，不免使花受屈矣。故易今名。記内除摘録前人外，其餘入編者，俱係目見耳聞，信而有徵，不參臆説，亦不稍涉無稽。

樹蕙編

清 方時軒《樹蕙編·序》 《爾雅翼》載，一幹一花，而香有餘者蘭；一幹數花，而香不足者。分名別類，本不同科，而世俗槩呼之曰蘭，誤也。屈原《離騷》『余既滋蘭之九畹兮，又樹蕙之百畝。』『此物此志，確乎不易。而昔人聚訟以為非，亦誤也。余雜志已辨之，茲不煩辭。特往者所重，越産曰甌蘭，閩産曰建蘭。建亦蕙也，香亞於甌。若夫閩以北之蕙，則備員承乏，未嘗見重於世。乃近數十年來，世人好之者，大過於甌，建其佳者一莖，以葉論值，竟至數十千或數百千。豈花之顯晦，亦有時耶？蓋其香雖不足，而品類之殊，豐標之異，往往有甌、建所不能及者。斯久屈而大伸也，宜矣。且甌、建易有花者也，易則非奇。蕙則不然，得其性，則有花，不得其性，寧自斃耳，終不苟焉以媚世。是其孤高簡傲，又加一等矣。余既愛蘭，又甚愛蕙，而培植未多，咨訪未廣，不能為之譜。第即所見聞，隨得隨録，以備參考焉。嘉慶癸酉孟夏五日時軒識。

又《羅振常跋》 右《樹蕙編》一卷，前有嘉慶癸酉時軒自序，並有石里花農題辭，稱為方時翁，據此知作者方氏，號時軒，嘉慶時人，其名字爵里，均無可考。然觀編中自序，稱其伯祖萼亭與沈歸愚等唱和，則亦世家名族。凡稗史小說、花譜劇曲諸類之書，著者多隱其名。稗史恐觸時忌得禍。小說劇曲，遊戲筆墨，宜其不欲留名。若蒔花亦雅人深致，乃亦諱之，殆以此為玩物喪志歟。自來藝蘭者多，藝蕙者少，方氏獨尊意養蕙，本其畢生見聞經驗，作為此編。其種類名目，怪怪奇奇，不可殫述。栽培灌溉，本之實驗，皆可取法，非《花鏡》等書之比。《花鏡》養花法，多不適用。故校而印之。原本為舊鈔，乃震澤王氏藏書，有王家璇印及溫甫二記。羅振常校畢并識。

清 方時軒《樹蕙編・石里花農題辭》 蘭為王者香，幽居在空谷。生質既超群，風姿遂拔俗。披榛歌採採，如初崑山玉。惜無真識者，徒入凡庸目。我友方時翁，好蘭久成酷。蒐蘭不憚煩，買蘭罄所蓄。示我《樹蕙編》，見聞皆可讀。栽種固有方，灌溉亦須足。生產分建甌，根葉詳白綠。筒萼卜芬芳，古色辨馥鬱。銜齋一一誦，三復快心腹。君真蘭知己，品蘭蘭亦服。君家東城東，百盆蘭素蓄。終日面蘭生，閉門閒花木。狂歌興忽豪，猗蘭操一曲。須臾明月來，浮白賞高躅。今君既出門，愛蘭心轉軸。熏風扇梅夏，忍使幽蘭獨。我欲同君歸，消此清閒福。

蘭蕙鏡

清 屠用寧《蘭蕙鏡・張驊序》 蘭為國色天香，宜乎人之好之也。好之而至於癖，莫甚於屠君蕓莊。蕓莊善於養蘭，名其室曰『育蘭軒』，軒中羅列群芳，自選擇土宜，以及雨暘寒燠，務俾之各適其性。或與客評花，輒令滿座為之擊節嘆賞，更能於含蕊時即預識其為異品、為凡品，至花放，則所言悉念，可謂精於此矣！吾謂其精也，由於癖也；其癖也，由於專也，專之時，義大矣哉！即如岐黄之道，統計一十三科，其同懷兄漸齋先生，以名士為名醫，集醫學之大成。蕓莊得其一體，壺中常貯空青、朱寶等件，猶之取土、製土諸法也。臨證則審其孰虛孰實，可治不可治，猶之異品、凡品之不爽其鑒也。潛心銀海，普濟矇朧，吾為論蘭若干條，可作寓言讀。然則人心如鏡，亦物之各有一鏡磨者必明，寧獨蕓莊之於蘭蕙也哉。嘉慶歲次重光協洽辜月，上浣之吉。世愚弟竹亭張驊拜題。

又《周儀序》 花之取悅於人，香與色而已矣，林和靖愛梅，謂其為清品花也；唐元宗愛牡丹，謂其為富貴花也；周濂溪愛蓮，謂其為君子花也；陶靖節愛菊，謂其為隱逸花也；而蘭獨為『王者香』，則冠乎群花之上者矣。古人有言曰：『蘭為國香。人服媚之。』是人之服蘭也，媚蘭也，非蘭服媚人也，蘭不綦重哉。

同懷弟蕓莊，幼從余讀，暇即留心山水、花鳥、蟲魚諸韻事，其視功名勢利之徒，則鄙之，而尤嗜蘭成癖。遇佳品，不惜重金購之，又能功於培養，以故所蓄異花最伙。厥後懸壺郡城，交游益廣，多年蘭友自當道縉紳、文人、學士及大賈、巨商造門請謁言者無虛日，得一二語指示，如獲奇珍。著有《蘭蕙鏡》一編，出之心得，足以襄古譜之未備。因訪求抄録者眾，難以遍給，咸慫付梓編成，囑余弁其首。嘉慶十五年，歲在重光協洽陰月同懷兄周儀題。

又《自序》 蘭之為草，自古有之。迨孔子稱蘭為『王者香』，而蘭尚矣。好之者譜其種，類別異同、辯其物土之宜，種養之法已無弗備，又何待嘖有煩言哉？顧種類雖多，而好有時尚。今之所貴者曰蘭、曰蕙，一幹一花者為蘭，一榦數花者為蕙。蘭開於立春前，蕙開於立夏前。花雖二種，其中品類紛紜選擇難定，是則古譜之所無，而嗜蘭之人則茫乎無所考。所謂『鏡』者，試舉其大綱言之：花有素、有蝨，無紅為素，異者為蝨。有文有武，文者略有微異，武者即見蝨形，惟是已開之後，蝨、素已定矣。未開之時，品蘭者各執己見，發言盈庭，迨夫端倪既啟，頭面略呈，往往嗒焉若喪，全非所品之物，悵然者久之。余幼有蘭癖，長而彌篤，此中況味已備嘗矣！古人有言曰：『思之思之，久復思之，思之不得，鬼神將通之。』於是窮極思想，日夕揣摩，偶有心得，即筆於書，久而成帙，聊以自娛而已。無如同志諸君子見而異之，囑余付梓。余不敢以不文謝免，惟望高明有以教我而斧正之，則幸甚。嘉慶十五年，歲在重光協洽陰月，荊溪屠用寧最曜甫蕓莊氏識。

興蘭譜略

清　張光照《興蘭譜略・任安上序》　扶輿清淑之氣，以其全者鍾人，以其偏者予物。物萬有不齊飛潛，動植得其秀靈，亦各能負其異於衆，爲文人學士所珍寶。如吾宜離墨山之茶，蜀山之壺，得其佳品，不脛而走千里。然茶須火焙乃佳，壺必受範而就，均藉人工以善。若香山之蘭，則純任天然，而自饒骨韵，雅人尤珍之。唐人詩云：『處處藝蘭春浦綠』。蘭爲陽羨土産，其來久矣。藝者雖多知其美者，十不得一；知其美而能言其培養之功者，又百不得一；能言其培養但得之於心不能寫之於手者，又千不得一也。蘭雖美，不遇妙筆以傳之，亦如奇材異能不逢知己，則亦長老於空山已耳。豈不重可惜哉？蘭軒張君種之三世，植之五十年，以蘭爲性命者也。與余爲九老友，一日出所著《興蘭譜畧》，乞爲之序，讀其書，眞能得蘭之性情者，能爲蘭傳不言之隱者，不愧蘭友矣。此如掄才者拔茅連茹，以其彙而貞者乎。國香國士亦何以異是是譜也。傳吾友海寧吳免牀先生之《名陶録》，德有其鄰矣。而猶恨離墨山茶無人譜之，是并所望於張君矣。嘉慶丙子四月同社弟任安上序時年七十有四。

又《潘久喆序》　凡人養一物，苟非其性之近與力之專，鮮有能遂其生者。張子廷華之於蘭，其殆少習，心安不見異物而遷者乎。嘉慶丙子春，出示《蘭譜》一卷，蘭之品類與養之云法詳哉。其言之性情之嗜好，用力之精專，莫與倫比。世嘗謂植物之難養，惟菊與蘭，而蘭尤甚。得張子之言，爲法大備，可以不畏難矣。然欲即張子之説，而盡其方法，亦政難乎。其難者，非張子不能爲，是譜非張子不能盡其養也。吾又謂張子過自勞苦，於千萬勞苦之中得少生趣。欲人之效而學之，殆不可得也。雖然能師其意而廣之，父兄之教育弟子，君長之養育賢才，盡如張子之於蘭。護其生，去其病，使得發榮滋長，而香聞遠近。何患英華之品，蕪没空山哉？張子云：吾爲是譜，命契友路申宣抄録之，其勤勞亦不可没也。因爲述其意而歸之。嘉慶丙子重午日同邑弟潘久喆書於壁樓書屋。

又《吴德旋序》　吾邑張子廷華生而愛蘭。家傳種植之法，爲《蘭譜畧》一卷，以示余。予讀之而有慨於中也。其一之産云，宜興香蘭，山東入震澤誌，稱地産香蘭。今崔氏聚族居之，不復産蘭，葢蘭之生，必於窮巖深阻，人跡不徑之所。則今之香蘭山，其不復産蘭也固宜。此非地之性有今昔之異，而實物性之不移也。其四之養雲，蘭性逸，故植之必舒；蘭心孤，故培之必潔；蘭氣靜，故守之必正。惟無戾其性拂其心鬱其氣則善矣。如賢人君子，優逝山林磵谷之間，一旦羅之廟廊，仍當適其幽潔靜正之懷，完其蕭遠間放之趣。此爲三代兩漢之士言之，誠有然者。後世士大率自炫以求售，其有如蘭之性、之心、之氣者，往往潛藏山澤間不可得而迹。則張子之論，不其贅歟。雖然君子之言，亦言其所志而已。推張子之用心，豈不欲士之植品者，以三代兩漢之士自待，而無汲汲於諱世取寵之爲也。又其七之話云，宜興蘭似君子，閩蘭似士大夫。舊譜所用肥膩水，多施於閩蘭。若宜興蘭，則癯瘠其本性也。士夫尚有近墨者，君子介廉，膏粱若浼。余三復其言而悲之。丙子秋七月同邑吴德旋序。

又《劉鏗序》　著書以傳後也。君子就其所居之位而言所能言，則言非夸而有稗於用。是其書奚必不傳？邑之著書多矣，其專著録邑中所有者，如晉周子隱之《風土記》，宋單季隱之《水利書》，明沈克寅之《荆溪外記》，而外不多見。以孝侯之雄才，潛心著述。季隱隱居求志，嘅然有以濟天下，其文採論議，豈不足爲天下言之。顧兢兢不出一邑，《外記》一書，網羅放佚文獻，多所考證。三書或佚或存，而邑之人爭求之不可得。而更嘅慕之由，作者行無越思，故於此良有裨也。廷華張先生手所著《興蘭譜畧》示余，夫蘭之産於興，興之人藝蘭亦舊矣，而未有譜以示後者。將毋以是爲不足爲耶。先生出所有而譜之，盡其性，窮其趣，列平生之所得於蘭者示後人。噫！先生其爲蘭賜耶？其爲後之藝蘭者賜耶？毋亦切於用而無越思耶？夫與茶與茗壺三者，吾邑所擅也。然廟後之茶，而盧仝、杜牧賦之。陽羨之茗壺，而江陰之周高超系之。近則海寧吴騫更録之。而獨於蘭，顧無能有系之録之者。抑亦吾邑之缺憾也。先生是譜出，其爲邑之人一補之矣。彭甫劉鏗書。

又《路同申序》　蘭軒夫子以蘭爲命者也。則蘭其性情，蘭其品格，年逾古稀，人服媚之。與邑中耆宿，結九老會，爲同心之臭矣。近緝《興蘭譜畧》一編，則其性情見，則其品格見，世有識者，因是編而得夫子之爲人，夫子殆以此而傳耶。雖然傳不傳何足論。憶自齔時，侍夫子而顔渥然而髮黝然，今忽忽將五十年，渥者黄，黝者蒼，夫至切者，官骸不能無改，何況其外之名乎？況名之在身後者乎？然而夫子質行端潔，性情淡以和，自少至老，未嘗變也。則雖形蛻質謝，而其不變者自存。吾亦存其不變者，還天地已矣。身之與名，悠悠忽忽，頃刻幻化，又何問焉。夫子不得志於世，而門内熙熙，子若孫繞膝頤和，曾無怫於中。雪霜貿貿，薺麥之有。讀昌黎《猗蘭操》以頌之，則斯譜也，良其寓焉者耳。旹嘉慶廿二年歲在丁丑春仲月受業路同申謹跋。

藝蘭記

《清續文獻通考》卷二五八《經籍考二》 文淇，字孟瞻，江蘇儀徵人。嘉慶己卯優貢。

《清史稿》卷四八二《儒林三・劉文淇傳》 劉文淇，字孟瞻，儀徵人。嘉慶二十四年優貢生。父錫瑜，以醫名世。文淇稍長，即研精古籍，貫串羣經。於毛、鄭、賈、孔之書及宋、元以來通經解誼，博覽冥搜，折衷一是。尤肆力《春秋左氏傳》，嘗謂左氏之義，為杜《注》剥蝕已久，其稍可觀覽者，皆係襲取舊說。爰輯《左傳舊注疏證》一書，先取賈、服、鄭三君之注，疏通證明。凡杜氏所排擊者糾正之，所剿襲者表明之。其沿用韋氏《國語注》者，亦一一疏記。他如《五經異義》所載左氏說，皆本左氏先師；說文所引《左傳》，亦是古文家說；《漢書・五行志》所載劉子駿說，實左氏一家之學；經疏、史注、《御覽》等書所引《左傳注》不載姓名而與《杜注》異者，皆賈、服舊說。凡若此者，皆稱為舊注，而加以疏證。其顧、惠《補注》及近人專釋《左氏》之書，說有可採，咸與登列。末始下以己意，定其從違。上稽先秦諸子，下考唐以前史書，旁及雜家筆記、文集，皆取為證佐。期於實事求是，俾《左氏》之大義炳然著明。草創四十年，長編已具，然後依次排比成書，為《左氏舊注疏證》。又謂：『《左傳義疏》多襲劉光伯《述議》、《隋經籍志》及《孝經疏》，云《述議》者，述其義，疏議之。然則光伯本載舊疏，議其得失，其引舊疏，必當録其姓名。孔穎達《左傳疏序》祇云據以為本，初非故襲其說。至永徽中諸臣詳定，乃將舊注姓氏削去，襲為己語。』因細加剖析，成《左傳舊疏考正》八卷。

又據《史記・秦楚之際月表》，知項羽曾都江都。核其時勢，推見割據之迹，成《楚漢諸侯疆域志》三卷。據《左傳》、《吴越春秋》、《水經注》等書，謂唐、宋以前揚州地勢南高北下，且東西兩岸未設隄防，與今運河形勢迥不相同，成《揚州水道記》四卷。又《讀書隨筆》二十卷，《文集》十卷，《詩》一卷。

文淇事親純孝，父年篤老，目眚，侍起居，朝夕扶掖，寒夜足凍，侍親以溫其足。舅氏淩曙極貧，遺孤毓瑞，文淇收育之，延同里方申為其師，並補諸生。申通虞氏《易》，皆其敎也。卒年六十有六。

蘭蕙同心録

清　劉文淇《藝蘭記》 蘭有方舌、圓舌名留海舌，尖而下垂者最劣。尖而返托者爲『執圭舌』，圓而有尖下垂者爲『滴水舌』，全白者爲『素心舌』，上有淡紅點者名『淺色舌』，墻有紅者名『映腮』，又名『桃腮』，又有心紅而舌白者名『白舌』，此其大凡也。

傳記

清　張鳴珂《寒松閣談藝瑣録》卷三 鼒龢，字羹梅，一字鼎翁，畫筆超曠，能承家學，得倪雲林畫卷極佳，尤喜藝蘭，箸有《蘭蕙同心録》。

《清續文獻通考》卷二七四《經籍考十八》 鼒龢，字羹梅，號(□)[霽]樓，浙江秀水人，諸生。

著録

清　許鼒和《蘭蕙同心録・許應鑅序》 彭澤思歸，靜賞籬邊之菊；襄陽高隱，閑尋雪裏之梅。因詩寓畫，詠摩詰之芭蕉；即景懷人，對靈和之楊柳。天涯本多曠境，或阻於利鎖名韁；海宇豈乏畸人，或躭於琴歌杯酒。性之所近，情不能移。則有霽樓茂才，吾家叔，重當世汝南。系出高陽，家居檇李。好古獨沒，味道得腴。蚤蜚庠序之聲，夙擅丹青之玅。允宜金蓮照院，紅杏題名；又何敢叢生九畹，秏我精神。香愛數枝，煩君灌漑。而乃鶴不思翔，鸞還善嘯。忘懮萱草，博二老之歡娛；相映棣花，繪一門之和藹。雖有軒冕，不能奪孝悌之心。偶涉林泉，足以供嬉遊之趣。此《蘭蕙同心録》所由作也。

夫沈埋有感，品題王者之香；臭味無差，契結善人之室。所最奇者，子猷種竹，茂叔愛蓮，孤山梅樹，寒月水仙，俱幻形於蘭之内而變態於蕙之間也。由是掀髯大笑，狂舞青萍；握管生花，塗成碧玉。紅呼燕尾，寫春風和煦之天；白號魚魫，摹秋水澄清之境。有懷斯暢，非畫不傳。

然而農圃生涯，必問晴而課雨；園林點綴，必按月而培根。細與評量，為《離騷》經所未及；托諸歌詠，較《羣芳譜》而尤詳。山澤時通，而香夢且征燕姞；牆陰暗記，而眉樣並寫烏絲。繪圖未已，翰墨繼之。

卽今兩鬢霜飄，一身雲蕩，杖履自閑，鬚眉皆皓。猶復癡心欲訴，綠章夜奏之情；老眼頻眊，紅穎揚芬之候。相賞無言，而空山何妨獨往；知音難得，而曠世亦訂神交。斯又增佳話於金蘭譜，而傳逸事於蔭清池也。僕足跡滯西泠梅觀東閣。屢栽花於異地，思拄笏以何年。煩襟欲滌，最難忘竹院松關；隱谷倫閒，頻縈繞蘭茗蕙帶。登吳山而長嘯春水雙堤，望粵嶠兮興懷秋風三徑。君如白傅，朗吟蓮社之詩；我愧徐陵，重續玉臺之序。光緒十有六年歲在庚寅孟夏菖蒲生日日，廣州許應鑅序於後樂園紉秋室。

又《文嵍叟敘》

世目不曉事者曰癡，古所謂清狂不慧人也。然使角逐馳騁於翰墨之場，或鞭撻風霆，或鐫雕雲物，下至抱甕園圃間，植一卉、培一莖，往往癡者視不癡者勝，而尤癡者則其技尤精焉。顧長康擅三絶名，一曰癡絶。黃公望自稱『大癡哥』。趙純節之蕉而迷也，陸務觀之海棠而顛也，莫非癡也。

許君羹梅善繪事，而癖之所鍾，性情之孤寄，不在是也。客何好？曰好蘭。客何能？曰能種蘭。家有小園，環以隙地。始而培根荄、濾沙土，若老農之親蕪穢。既而，瘠者腴之，疢者滌之，若瘍醫之療夷傷。花未開則噓寒送暖，審視陰陽，若保姆之護嬰兒。花甫開則高擎上供，屏氣凝神，若墨客之陪貴人。伐同而貴獨，百勞而一償。暇日以其新獲，創為圖譜，將刊以問世。而炫之曰：『奇。』噫！其奇也！其癡也。不然世詎乏好奇之人乎哉。使無羹梅之癡，徒學羹梅之奇，按圖而索之，視若《齊民要術》，編若槖駝《種樹書》，一不見效，輒曰是亦平平無奇焉耳，則是冊徒成方詅癡符矣。

昔米元章在宋，眾謚之曰顛。元章不承，嘗就東坡居士而質正焉。居士曰，吾從眾。今羹梅之為人，奇耶？癡耶？吾無以定之，請質之眾君子。歲在著雍攝提格月在則且嘉興文嵍叟書於魏塘寓廬。

又《沈亮和敘》

『蘭之為物，譬之於人，何許人也？』曰：『君子人也。』『君子於人，以義相合，以道相交。蘭之於人，無美無惡。婦人女子，無適而不愛。其在聖經，謂之「眾好，其鄉愿之流歟？！」』『何謂君子？』曰：否，非爾所知也，斯為君子，其在是乎？故凡人共見為君子，必非君子。

世有伯樂，然後有千里馬。千里馬常有，而伯樂不常有。君子常有，而識君子之巨眼不常有。子烏能知蘭之君子也哉？蘭生深林，人自取之，何有於蘭？其在《周易》曰：『二人同心，其利斷金。同心之言，其臭如蘭。』自古來，君子比德於蘭，非蘭比德於君子，蘭更有貴於君子者矣！而云蘭非君子，嗚呼可？世之盛也，則有危言而危行；及其季也，雖聖人亦嘗危行而言遜。蘭之初心，特不敢見惡於人耳。顧人自好之，非蘭所得而聞也。

吾試為子言之，草木之花，可愛者多。自晉陶淵明愛菊，唐人愛牡丹，宋周濂溪先生愛蓮。蘭之為品，實兼三者之德而各極其長。王者之香，富貴之極者也。容谷則芳，隱逸之極者也。出淤泥而不染，經歲寒而不凋，其清介之節、堅勁之操、香遠之趣、淨植之概，更非蓮之所擬。是以大聖嘗作猗蘭之操，左氏不遺夢蘭之征，楚臣思君，紉蘭為佩。自茲以往，詩人文士有事歌詠，無不及蘭。

惟曹孟德分香賣履，獨不好蘭。曰：『芳蘭當戶，不得不除。』史策所傳，於今可考。是蓋未必『眾好』。自曹魏氏敗，而蘭之名益彰。侯王之貴，林泉之傲，婦豎之愚，商賈之鄙，莫不相尚。服媚之殷，積久靡忘。是又未可一例以『眾好』泥。記有之曰：夫言豈以一端而已，夫各有所當也。詩云：『不忮不求，何用不臧。』其蘭之謂乎。其不識不知，而無求於人者歟。其所以感人之深有如此者。雖然人苟不見用於當時，獨善其身，何嘗不可！

如蘭之無知，優遊進退，必見惡於人耶？烏乎不然。

霽樓先生，性嗜蘭，善寫蘭，能得蘭之精神，宛然如生。為世所重，非其志也。其藝蘭也，輒得善種，蓋有所感而作譜，極寫蘭之品狀，有寓意焉。余嘗於故人姚後塘贊司家得讀，許為之序。三年不成，因録是說，聊以塞責，未知可當意否？光緒六年歲在庚辰暮春之初，愚小弟沈亮和拜手

又《自序》 余於乙丑春作《蘭蕙同心録》，既竟，客有告余曰：『子誠奇人也。』余曰：『噫！天地之奇氣，人得之非常人，物得之非常物。余何修而得此？』客曰：『好色，人所欲，子獨不喜歌妓、舞童。局博，人所歡，子更不識呼盧、喝雉。他如，酒以澆塊壘，子不願為荷插之劉伶；茶以解煩襟，子不欲為著經之陸羽。此皆異乎人也，非奇而何？』余曰：『無欲為剛，而余未尚絶欲，何奇為？』客曰：『子雖有欲，固異乎人也。以言博古，有金石書畫；珍古，有彝鼎敦盤；懷古，有詩詞歌賦；玩古，有嵇之琴、秦之幣、漢之玉、晉之磚。色色皆精，而又各捐所好。獨於花，三致意焉，奇矣。且於花之中，而癖嗜蘭蕙，尤奇矣。蘭蕙重其香，而子不重香而重品，更於品之中分梅、荷、水仙、素等類。發古人不宣之蘊，著一家心得之言，講究頭形，繪描圖様，窺天時、測氣候，栽養有法，位置有方，如老農之熟稼穡經，不爽絲毫，眞大奇事，眞大奇人。』余曰：『余非好奇，實奇花之動我耳。』

道光中年，家大人酷嗜蘭蕙，余隨侍左右，亦得種藝法。咸豐初，有富春聖林張老，虞山畹香葉老，以奇花來。余見之喜曰：『同此香，不同此品。大都物以罕而見珍，設世俱梅、荷、水仙等瓣，當奉雞爪、線條為至寶。』二老笑曰：『否，否，人之見重以品，物亦然。如雞爪、線條者，或翻或卷，無端嚴品。聖人云，君子不重則不威。豈讀書人數典而忘其祖耶。』余奇其說，遂漸染於奇，出奇價，置奇花，不三年而奇種愈備，奇興更濃，賞音無非奇客，晤對無非奇談，偶於嗜奇之暇，獨出奇識，編著奇書，以質諸博雅君子，若不以奇論為無當焉，斯又好奇之幸也。

同治四年百花生日，新塍柿林鄉小蓬萊吟花逸史龔梅許鼐和書於競芳仙館。

又《吴文元跋》 余素喜植蘭蕙，宦游浙水已二十年矣。聽政之餘，唯比養生栽花。為消遣塵俗計，嘗與邵芝岩、高駿甫諸君講求種藝，參究品形。其時，即耳鴛水有許君龔梅者，世守藝蘭，搜羅富有。

乙酉春，余因權榷玉溪，乘暇過訪，縱談藝術，實啟深衷。乃出平生心得，著有《蘭蕙同心録》兩卷，一展玩間，知其癖嗜最深，會心最當，分門別類，圖志詳明。自來著蘭蕙譜者，指不勝數，俱渾言種植，各執偏端。眞所謂好異矜奇，無當眞賞也。如斯録者，以攝影圖形，形無不肖，以按花貽法，法無不精。殫數十年之心血，發諸二萬言中，誠蘭蕙之知己也。苟後之藝蘭者，家置一編，揣摩有得，其有功於蘭蕙，豈淺鮮哉。因慫恿即付石印，以廣其傳。

光緒庚寅春暮，愚弟沅陵吴文元書於虎林之湖墅寓齋。

又《許階蘭跋》 蘭髫齡時，嘗見先大父藝蘭滿庭，老年頤養性靈，惟此最為超逸。家大人稟承先志，於讀書之暇，留心灌溉，且不惜重價購求，以卜堂上歡。每當陽春和煦，空谷幽香，爭誇座右，賞心悅目，無過於是，誠家庭樂事也。

庚申之亂，家遭焚毁，薪木俱空，而蘭蕙亦為蹂躪。迨天河洗甲，幸慶遄歸，適於瓦礫中尋得餘根兩本，如獲奇珍，奉為拱璧。越五年而花芳焉，因謂家大人曰：花種之存不存，自有定數。然逢此洗劫，所有名種林立，十不一存，回憶昔年之異品奇形，不可再得。嗣後當繪圖題注，以便他時索驥。

家大人奉命之餘，撰《蘭蕙同心録》兩卷，並昔所存種、今所新出及友人處種之佳者，索取花樣，用西法逼影，各繪一圖，以存廬山眞面，藏諸行篋，歷有年矣。

今吾家廣州方伯見而愛之，頒賜序文，以極光寵。又蒙沅陵吴太守贈跋，並慫恿付石，以傳不朽。蘭，奉命校字，敬謹對勘，爰志緣起，以見祖述云爾。

光緒十有七年春王正月，男階蘭謹識。嘉興沈石孫監印。

《清續文獻通考》卷二七四《經籍考十八》 《蘭蕙同心録》二卷，許鼐龢撰。

藝文

清　許鼐和《蘭蕙同心録・題贈詩詞》　慷慨其氣，仁慈其心。超逸其品，瀟灑其襟。三絶法古，九畹摹今。一時佳話，千載賞音。霽樓外叔祖大人誨正，孫家楨。

質秀氣清，王者之草。翰墨留香，我賞而寶。丁卯春日為羹梅大兄，湘陰左宗棠。

平生只解寫梅花，索我題蘭興更賒。獨怪孤山三百樹，幻形九畹吐芳葩。乙亥春道出鴛湖為許季（霽）樓明經作於舟次，（彭）玉麟。

未許歸鄉里，耕漁舊侶疏。和章憑鳥去，樂事坐花初。春氣開簾入，清游上巳餘。田園有真趣，何日愛吾廬。霽樓二兄大人囑，弟殷兆鏞。

我家舊住離騷國，滋蘭樹蕙饒春色。中年試吏武林城，金牛湖上清風清。嘉興澤國少山谷，海濱兀兀秦駐横。坐此國香不易致，遠購閩產娛羈情。幸逢宗衮青雲彦，能詩善畫穿古硯。余興栽花誦白華，剔蠹澆泉不知倦。既詩素心與錦邊，又辨蓮瓣和水仙。吳中品花鬥奇種，而君所蓄俱新鮮。朝來飲露滌塵想，夜久抱月同幽眠。花時賞花慶榮達，花畢養根收藏天。此中悟到卷舒理，孤芳奚用要人憐。點豪繪圖索題句，心言終以無言遇。貿貿霜雪援琴歌，中有春風暗來去。羹梅宗衮囑題競芳仙館滋蘭樹蕙圖，光緒丙子仲冬瑤光。

録著同心，羨滋蘭樹蕙，利斷兼金。年時愛花人，少調泠猗琴。自得虞山佳種，賦香祖，紉佩長吟。新塍偏三徑，細賞幽芬，勤護清陰。藝園成四說，愧騷經易讀，鴻寶難尋。似居空谷，今日初聽。跫音娓娓，高談無倦。授良謨，情比春深。為圖寫芳照，願付麻沙，名播雞林。右調《國香慢》，羹梅仁兄大人拍正，弟杜文瀾。

哀豔文章屈宋徒，至今香草勝蘼蕪。卿言亦好同心曲，我見猶憐絶世姝。高樹静調湘水瑟，晴窗閑煞博山爐。笑他吳下修花譜，只道揚州月季殊。

讀罷離騷抱甕便，看花不作海棠顛。羅含隨意巡階下，荀令分明在座前。曲譜谷香追玉茗，詩成昆體號金荃。遥知入室多佳友，丁卯橋頭好纜船。光緒丁丑冬十月上浣，雨窗小霽偶拈二律，奉題羹梅仁兄大人滋蘭樹蕙山房圖，即希呈正，弟吳仰賢初稿。

香風習習硯池春，影入晶屏自寫真。只為撩人情思重，無言描盡個中神。霽樓大兄大人正，弟殷潤霖。

性情相契合，爾我本同心。投報輕桃李，交遊重石金。談詩花助興，把酒月初臨。回憶蓬萊客，挑燈賞蕙林。

霽樓先生，余心交也，嗜蘭蕙。時余適於上海尹氏得名種百有餘盆，惜未喻灌溉之法，倩人栽植，日就萎蕪。曾見先生小蓬萊觴詠之所，名花滿座，焚膏繼晷，逸興遄飛，令人生羨。弟朱瑞瑩。

寫出幽芳説斷金，果然空谷是知音。讀騷飲酒推名士，蕙笑蘭言入素琴。

滿座春風原與化，一庭雅契有同心。畹滋畝樹誰為伴，欲採神芝何處尋？羹梅先生正，元和顧承。

羹梅先生今逸人，修髯古貌迥絶倫。平生獨具愛花癖，為花寫照筆有神。先生愛花尤愛蘭，九畹百畦秀可餐。丹穎紫莖品絶俗，濯濯幽香秋露寒。我聞花品如人品，濃淡清奇各殊稟。姚黄魏紫富貴花，只合朱門伴繡錦。舍人紫薇標奇豔，學士青蓮擅盛名。雖有臺閣矜貴氣，尚少山林閑淡情。

古來惟有和靖梅，淵明菊霜華雪蕊。含清芬幽姿，合傍高人屋，千載流傳德自馨。余事惜未工丹青，不為梅菊開生面，孤負幽葩香滿庭。先生畫筆何婀娜，一幅衍波香百朵。種樹曾嗤郭橐駝，成竹翻同文與可。更聞別館號長春，四時紅紫開繽紛。幽蘭猗猗如處士，月季娟娟如美人。處士美人兩難得，頓覺山居為增色。我擬從君學『灌園』，一枝不乞來香國。戊子中夏之月奉題羹梅仁兄大人滋蘭樹蕙山房圖，即希呈正，又笏，弟朱啟勳。

蘭似美人蕙名士，花箋爾雅草春秋。一經題品千金貴，索驥應從絹本搜。

紫檀架子紫砂盆，渲染丹黄粉黛痕。貌合並求顏色似，不徒虛寫楚騷魂。

好事高陽舊酒徒，平生癖嗜與人殊。循陔欲矢春暉報，滌筆明窗著意摹。

笑我無端學畫蘭，雲腴一片碾螺丸。年來病腕疏慵甚，袖斂姜芽握管難。

霽樓二兄姻長先生酷愛蘭蕙，承先人遺命為家中所蓄各種佳品寫照，名曰《蘭蕙同心録》，偏征題詠。許星臺方伯為制序言，予率成四絶，求教寒柯。弟景修稿。

草木春秋罅漏多，琳琅一卷細編摩。薰陶佳士應如此，漫笑前身郭橐駝。

鳳枝露葉善栽培，精妙都從格致來。名士經綸聊小試，平章香國亦仙才。

只從淡處寫豐神，椾對無言悟夙因。課雨問晴師造化，靈根著手自成春。

騷壇幾輩門吟箋，墨藻淋漓各騁妍。皓首青衫傳慧業，風流不讓海棠顛。

蕭然一室極精嚴，五色花還繞筆尖。管領清芬無俗豔，慧根應與福根兼。

悱紛芳情托素毫，清詞協律奏雲璈。流風獨寫攄幽抱，一瓣心香接楚騷。

陶潛去後又林逋，梅亦清寒菊亦癯。寂寂千秋兩處士，不嫌空谷賞音孤。

手編新譜續群芳，含咀英華字亦香。著意寒溫如保赤，與花長好壽無量。

霽樓先生藝圃優遊，翛然逸致，足概生平。自知枯管不花，玷我芳卉，能無厚顔。時辛卯立夏前三日，題於秀州學舍，子蕓趙琴。

先生愛花異流俗，紅紫繽紛慵入目。只有幽蘭臭味同，芳菲日襲羅含屋。春風點筆倚山屏，一編更續離騷經。知君嗜此亦自況，鴛湖高臥德惟馨。

霽樓仁兄先生囑題《蘭蕙同心録》，即塵呈正。庚寅臘八日，林屋散老秦敏樹，題於之江柏廨之話石山房玉梅花下。

滋蘭樹蕙溯靈均，欣賞無言替寫真。未許經綸付民社，因於花草見精神。循陔隱谷原同調，澧水湘潭好結鄰。香祖平章書一卷，不愁衣缽少傳人。庚寅多寶佛生日，奉霽樓仁丈大人教正，景喬吳松年初本。

汝南月旦殄非誇，客到應教沁齒牙。名士名花原一樣，品題自是囑君家。

平章香國亦經綸，譜出奇姿色色新。展卷無言芳竟體，黄磁門畔最移神。

舊題俚言二絶，光緒辛卯暮春重書，率應鼎翁有道之囑，即希教正，介茲弟吳受福未成草。

一棹春風打槳過，韶華畢究未蹉跎。濃香冷豔詩雙絶，我亦曾消眼福多。

素心曾許結心知，想見生枯筆一枝。兼為好花留小影，畫師不但是花師。

莖紫花青豈絶倫，格高未許可超塵。品評月旦論聲價，轉愛今人薄古人。

泉石經營極有寸，幽棲真個是蓬萊。美人香草相思甚，我欲攜書載酒來。霽樓先生有導正之，新安弟余楙嘯松甫稿。

蘭似高隱倫，跡隱名自著。素心渺三生，清芬達四處。視蘭如命伊何人？吾友霽樓許真君。愛讀騷經感香草，身為蘭主蘭為賓。幽芳攜入善人室，翩翩不與群芳群。雖然吾笑，蓄之不甚得。囿以瓦盆媵以石。胡為不使空谷培靈根？敷榮不讓九畹尊，乃僅一花一葉炫香色。蘭兮、蘭兮何足論。吁嗟乎，蘭中之蘭猶其小，人中之蘭須自好。己卯閏三月題奉，鼎翁仁兄大人滋蘭樹蕙同心録，即請斧正。同學通家小弟沈國淇少石甫草。

蘭蕙本在山，出山非其志。太嶽有賢裔，知風亦知自。讀書不求達，闈儒入幽邃。花圃闊半弓，攜鋤種沉翠。樸素辨芳心，梅荷別種類。挹取花中神，編譜奔篋笥。辛勤三十年，霜鬢漸憔悴。堂堂宗袞賢，開藩作大吏。助以剞劂資，錫以序文字；慰君矢志深，同心合兩地。從茲花譜成，命名有取義；為事豈無功，髧言我曾記。辛卯初夏上旬題應龔梅先生《蘭蕙同心録》即求兩正，磐上韓鴻序，未定稿。

嗜花未能癡，愛蘭卻成癖。癖蘭癖其名，評瓣兼評格。鼎翁癖愛之，識其名逾百。年年種滿庭，相賞邀佳客。詩契各投箋，畫稿自成冊。色相點染工，留芳更護惜。因癖移寫生，畫賴癖之益。舉以示不才，欲乞添鴻跡。但愧久廢吟，恐惹名花責。五字湊俚言，幸勿紅勒帛。己丑中秋後二日，題奉鼎翁二兄大人法家教正，弟郭鳴之初草。

去年風雨話聯床，為識神芝泛水鄉。汪峒歸來圖更詠，輸君百韻興偏長。今歲春和又訪君，蕭齋靜晤寫蘭薰。始知素性耽花癖，曾入山尋踏破雲。辛丑春分即奉羹梅司馬大人雅教，開元宮道士施至善草。

健筆淩雲好寫真，幽蘭時樣更翻新。靈均妙墨誰能繼，只許先生是替人。不辨詩中與畫中，美人香草賞心同。收來和網增身價，莫把奇花悟色空。胸懷高曠迴超塵，字字名言筆底春。妙諦盡參培植法，解人須待素心人。領略春風冠眾芳，漫誇月旦費評量。晴窗手録同心譜，展卷時聞紙上香。光緒十有七年辛卯仲春上浣，霽樓外叔祖大人誨正，翰香孫家楨求是草。

滿地幽香翠葉敷，肯教空谷老泥塗。芬菲流入先生腕，不數當時鄭鷓鴣。

陸離余佩慣紉愁，菌桂申椒結素儔。今日披圖三歎賞，不教散作楚湘秋。

繽紛墨彩淡濃兼，吹得東風到筆尖。明日街頭傳萬本，焜煌並耀鄴侯簽。

雨晴風露各呈姿，笑擲金錢作畫師。天地定長留此卷，閨中慚愧共題詩。羹梅先生雅囑即正，布衣女子馬嚴鈿求是草。

芳草王孫結夙緣，香留金穀自年年。何須八德池中水，洗出君家坐上蓮。辛卯春日題奉鼎翁仁兄大人正之，葉航。

舅氏花中仙，癖蘭心更專。為花寫幽照，相對復相憐。香祖欣有托，象形肖其圓。贈詩録不遺，前列俱高賢。吾儕漫學詩，得句即堆填。匆以敝帚笑，出戶聞歌弦。母舅大人命題，郭以塤呈草。

蘭繪蓬萊第一仙，三湘九畹憶年年。詩歌征到深閨裏，只恐虛名戶外傳。舅翁大人教正，蘊姍女史高佩求是草。

滋蘭樹蕙卅年心，寸草春暉寄慕深。贏得清芬遺澤在，庭階無恙玉森森。

三絶咸欽書畫詩，更兼蕙癖又蘭癡。天施雨露人施力，培養渾如報赤慈。

風枝露葉好豐神，相對含情替寫真。何幸名花得知己，無聲詩妙定千春。

一編壓倒趙高才，卻笑花經品未該。自愧謝家蘭玉譽，春風時雨仗栽培。恭呈伯父大人誨正，丙垣學吟。

王者之香。羹梅二兄誨正，弟景澄。

清 張鳴珂《寒松閣詞》卷三《蝶戀花・題許霽樓鼒龢〈蘭蕙同心録〉》 珍重靈根移楚畹，翠葉離披，颺得春風輭。綺石玲瓏環四面，露華只訝宵來淺。空谷幽香參鼻觀，吮筆調鉛，寫上鵞谿絹。注罷《離騷》經一卷，望湘人隔天涯遠。

雜録

清 許鼒和《蘭蕙同心録・凡例》 蘭之考證，其散見於六經三史、諸子百家，何限所有，前人各譜，載之甚詳，茲不復贅。

古人所論，蘭與蕙不分，且只尚花之多寡。初不辨梅、荷、水仙等品，故《群芳譜》所載、趙時庚《金漳蘭譜》並王貴學《蘭譜》諸色名目，一概不收。

蘭蕙尚品之説，國朝始行，然不過江、浙兩省耳。常州屠氏著有《蘭蕙經》，蘇州朱氏有《第一香筆記》，嘉善陳氏有《王者香集》，宜興惲氏有《興蘭集》，餘姚黃氏有《蘭蕙譜》，楓涇程氏有《蘭蕙論略》。兵燹後，大半淪亡，無從採録。

藝蘭之法雖多，各有偏執。今只就有所心得者録之，以俟高明裁奪。

蕙蕊頭形八法，蕭山沈沛霖前輩論最精確。故一字不易，備載於後。

蘭之名品，有頭貴、二貴、老檀圓、新檀圓、董字、婁梅等種，以樣不存，無從繪圖。

建蘭名目有限，無梅、荷、水仙等樣，斯世盛行，種法備於《群芳譜》，不復齒及。

集中字句，只求明白易曉，不辭俚鄙，閱者諒之。

前人蘭蕙詩、詞、文、賦、題、詠甚繁，從無論及品者，故不採録。

録中為余題圖諸名公，其前在卷幅上者，用雙鉤白文載入斯集；其字行數可以照印入格者，仍用原字照印上石。

余手稍震，未能勾影。倩同里契弟金桂芬，用燈逼影、勾勒其正側處，悉數照原花摹入。

藝蘭四說

清 丁紹儀《國朝詞綜補》卷五〇 杜文瀾，字小舫，秀水人。今官江蘇候補道，有《曼陀羅花閣詞》。

（同治）《蘇州府志》卷二二一《公署二》 杜文瀾，字小舫，浙江秀水人。職員，同治七年正月二十二日署。

清 王定安《兩淮鹽法志》卷一三八《職官門》 杜文瀾，字筱舫，浙江秀水人。幼習刑名家言，咸豐間納貲為運判。歷權海州、通州、泰州運判，淮北監掣，同知洊保江蘇道員。同治二年，曾國藩試行淮鹽，以文瀾習鹺事，召與謀，所定章程，皆文瀾參預。檄赴漢口，督率皖楚鹺務，首發整頓鹽色之議，國藩深倚之。會有人言文瀾漢口奢侈狀，另檄他員代之。比國藩解兵柄回兩江，嘗遣弁持公牘詣文瀾判事，其稿立成，即持還。是時蘇藩司丁日昌白國藩，乞裁刑錢幕友。國藩手批答曰：大江南北，不待幕友而能批判公牘者，惟杜道一人耳。歷攝江甯江蘇布政使、按察使，鹽巡道，蘇松太道。著有《淮鹺紀略》一卷，《淮鹽六弊說》，皆切中利弊，又有《方輿紀略》二卷，《古謠諺》、《粵匪紀略》若干卷。

清 丁申、丁丙《八千卷樓書目》卷一二《子部・譜録類》 《藝蘭四說》一卷，國朝杜文瀾撰，刊本。

《清史稿》卷一四七《藝文志三》 《藝蘭四說》一卷，杜文瀾撰。

培蘭新法

（光緒）《湖南通志》卷二五二《藝文志八》 《培蘭新法》一卷，瀏陽周壽撰。

培蘭要訣

明 祁承㸁《澹生堂藏書目》卷八《子類第四・樹藝》 《培蘭要訣》，《錦囊瑣綴》本。

蘭言述略

清 袁世俊《蘭言述略・自序》 天地間奇花異卉，不啻萬計。或以色勝，或以香勝，是皆造物者萃陰陽之精英，成世界之錦繡。以供騷人韻士之品題，紅粉青衫之賞玩耳。獨蘭之一種，清芬秀逸，挺然拔俗，自來文人學士以及縉紳大賈，靡弗愛玩。

每屆春初，販傭蟻集，藉以謀生。而絕壑深林，掇取殆盡；街南巷北，累百盈千。風雅之途，竟成逐利之藪，殊可歎也。

予素喜蘭蕙，初承友人見貽數本，置斗室自娛，然未得栽培之法，至冬輒萎。道光戊申春，見周君怡亭室中，蘭蕙數本，詢屬奇物，花氣襲人，香凝不散，詢其栽法，愛而慕之。

予歸，即覓諸舊譜，披閱揣摩，稍知蒔植之宜。是年，遂購新葉數本，後每植出山時，必採取植之。

自丙辰計，獲名蘭八種，名蕙四種。愛玩忘饑，情縈寤寐。庚申之變，一枝莫攜，盡遭蹂躪，為之悵然者久之。是冬，避居滬瀆，宿愛難忘。於乙丑春，復購新蕙一種，並在他處獲剩餘小葉老名種，蘭五本、蕙七本。嗣由丙寅至庚午，數年來旁搜博採，指不勝屈，類皆有香無氣，雖美易萎，間有佳種，亦非上品。

甲戌春，客攜蕙一簍來，謂皆劣種，將棄之。予見其中有綠水仙一本，因分其半。蓋亦可遇而不可求也。半生癡願，於此略償。爰將夙昔見聞，彙為一編，所以區別，物宜審其淑慝，或亦有萬一之得乎。願以質諸同好者。

光緒二年歲次丙子仲夏既望，吳門袁世俊憶江甫序。

又《藝蘭總説》 蘭蕙品類甚多，出處不一，其幽雅固不與凡卉同，而佳種亦不多覯。不盡知其種類，則罕能分軒輊；不善為調護，則奚能培美蕊？善養者惜葉如惜玉，擇品如擇人。而培養調護，譬如撫育赤子。必揆夫天時之雨暘，氣候之寒燠，隨時布置，勿使失宜。以每月之調護言之：正月凍熱不一，稍不慎即致萎敗。二月不妨露處，有霜則遮，至於冰雪，更宜移避。三月為翻盆之時。至四月小滿後，天時漸熱，宜遮蘆簾，擇其稀縫者。五月仍宜遮稀縫蘆簾，蓋縫緊，則少見風日，花不生發，天雨則不妨任其淋滴，以梅雨受之更易生發。六月為澆壯之時，天暑日烈，則遮緊縫之蘆簾，簾如無縫，則花害於陰而不發。七月亦可澆壯，仍宜易稀縫之蘆簾。八月則涼風乍動，暑氣全消，可以去蘆簾，任其日曬。九月則一年之培養，生發於此已定，而花之盛敗，亦於此定。十月夜有霜至，則宜避之，如有冰，則移於室。十一月天如融和，不妨仍置檐下，至有冰，則藏之室，蓋冰則根空，蒸則葉爛而剩根，是皆不救之病。十二月與十一月大略性相同，蓋此兩月，最易受病或受凍、受蒸之時，一有不慎，即使萎而莫救，是宜三致意焉。噫！從事於此者始終加意，何至葉不叢而花不茂哉！余嘗謂藝蘭之法，惟余姚法最精。從前，諸家皆不得其法，太矜貴而偏於陰，故不甚茂。然其法秘而不傳，即鄰縣山陰等處，亦皆不知。余今得之，悉心採録，雖語言淺陋，未能詳盡，亦不無小補云。憶江又筆。

清 袁世俊《蘭言述略·例言》 大凡立説著書，貴不泥古。不離古以泥古者，失之拘；而離古者，失之虚也。余謂尤不止此，有宜樸實者，若專尚風華，則失實；有宜風華者，若徒講樸實，則失華。蘭蕙文質得宜，前人因擬以君子，而後人作是書者，每多質而少文。

歷觀嘉慶時吾鄉克柔朱公《第一香筆記》、道光間怡亭周君《名種冊》、咸豐初滬瀆孫公侍洲《心蘭集》，及同治間余姚周君荷亭《栽法》，其立説大同小異，悉宗唐宋説部體例。採集諸書而折衷之，然似有破觚為圓、斫雕為樸之意，以致尚風華者，未免譏其鄙略也。余擇而録之，并參以一己之見聞，以期其洞澈無蔽，而華實能并茂也。無如短於才，不獲如願，所望高明之家，摘訛指謬，進而教之，則幸甚。憶江再識。

嶺海蘭言

清 區金策《嶺海蘭言·序言》 天下之理，一而已。孟子曰：思則得之，不思則不得也。又曰：『求則得之，【略】是求有益於得也。』種蘭雖小道，不思其所以受生之理，與不求其所以發榮之故，灌肥恐其不足，澆水慮其不至，莽鹵滅裂，徒望速成，此則病其太勤。諺云：『花開如寶，花落如草。』陰陽燥濕，略不措意，此又病其太惰。勤與惰交病，蘭之存焉者寡矣。人之有生，未絶愛緣，有一物之嗜，即有一物之累。果能空諸一切，塵襟悉泯，物我兩忘者上也。或致遠恐泥，不屑小道之可觀，亦其次也。以陶淵明之沖澹，林和靖之高致，而東籬之菊，孤山之梅，猶復未能忘情，屢見歌詠。況如策者，墮落以來，無由擺脱，如繭之縛體，如絮之沾泥，有所好榮，獨愛蘭花，而可謂不得其正者哉？園中手植幽蘭數百盆，小窗無事，思其理而求其故，有所得而成《嶺海蘭言》二卷。考察十載，草稿三易，而余年亦既老矣。夫折空虚為粉碎，滚宇宙如彈丸，思之用也；到竿頭而期進步，刻刺端以作沐猴，求之效也。昔郭橐駝種樹，柳子厚以為得養人術。策雖有志，竊所未逮。自茲以往，其有請學為圃者，敢以是編對。南海區金策衡湘自序。

又《緒論》 《嶺海蘭言》二卷，初名《粵蘭百種録》，友人嫌其太質，易以今名。其產自他處久為吾粵傳種者，均皆録入，蓋異域既列《史篇》，流寓亦登《通志》，敬援此例，非私其鄉也。他如江蘇之蕙蘭，粵俗不尚，浙江之甌蘭，粵地不宜。未敢借材，強為解事。故此録盈三萬言，不襲前人一字。後有繼起訂補者，此則大輅之椎輪也。黄山谷謂：『一幹一花為蘭，一幹數花為蕙。』朱子《離騷辨證》謂：『古之蘭，必花葉俱香，然後可紉可佩。』楊用修《丹鉛總録》謂：『世人以如萱如蒲者為蘭，九畹受誣。』諸如此類，聚訟紛紜。愧非王充之《論衡》，難伸蔡邕之《獨斷》。國人皆曰蘭，斯蘭之矣！故一切考據家言，概不掇録。考據無當實情，賦詠徒盈卷帙。自《鄭風·溱洧》、《補亡循陔》，數典難忘，不僅漪蘭一操而已。漢唐以降，雅制如林，必欲參觀，有古今諸名集在。前人蘭譜，首重繪圖。

然他從畫理講求，此録以藝植專門。況種類區分，微芒入細，雙鉤既難恰肖，設色未必精工，不如其已也；又若仿效西法，分別陰陽，不惜黃金，畫師難覓，不如其已也；甚有刻劃錯誤，傳寫模糊，牛鬼蛇神，塗鴉惡劄，非毛延壽即吳道子耳，更不如其已也。人身自頂至踵，處處各有主名；蘭株自葉至根，每節各有定位。其間花情葉意，千里毫釐分剖不詳，形神頓失。故先標《稱謂》，間述方言。蓋粵人談粵事，操其土音，不必循其文責其義也。次《培養》、次《位置》、次《栽種》，藝蘭之法已備，但就粵土所宜者言之。若北方嚴寒，及赤道酷熱之處，離鄉雖貴，遷地弗良矣。然佳種或變，本性不殊，因舉反隅，與規得巧，故以面面通風為第一義。不得已，以刻刻留心為第二義。

天地生物，必生害物之物，此則天地之憾也。故《防護》次之。避火但懷漢印，落水尚抱蘭亭，有奇癡者有奇癖，有奇癖者有奇樂，可知而不可效，可憐而不可笑也。將以蘭之身為我身，并化我之心為蘭心，所欲與之聚，所惡勿施與也。微乎微乎。家所未有，然後購求，眼老無花，每為花誤，故《鑒別》次之。然於愛同性命，自然視作功夫，心與造物者遊，夢有鬼神之告。參以醫理，悟以玄機，僕於此中，頗勞思力。若加以泰西科學，細究精微，特質香王，萬花同笑矣！尚望他山籍匡不逮，故《格理》次之。至於酒罷茶餘，花事可資談助，以《叢談》終焉。然非粵事，亦不闌入也。

蘭類最繁，往往同產一山而種各別，同為一種而品各殊。古今異名，南北異尚。以僕謭陋，謹據所見所聞，編為此録。或著姓名，或詳出處，或録一節，或寫全神。若無可形容，必資取譬。時有褒貶，并無愛憎。故下卷標為二綱，析為四目，其類蘭非蘭亦附焉。花神有靈，諒不以續貂為唐突也。譜録原出《史志》，《四庫》編入雜家，命意雖同，體制已異。或謂：此録筆情纖靡，見誚方家。夫昌黎毛穎語雜詼諧，彭澤閑情詞多濃豔，何況為花寫照，敢不曲盡花容哉！或謂：序次時露坎坷，行間內含笑罵，胸中磊塊，不平謂何？嗟乎！日月逝矣，故我依然，我意愛蘭，蘭羞見我。彼寄懷於香草，消遣牢愁，屈大夫先我為之矣，況此覆瓿者乎？

養蘭說

清 佚名《養蘭說・序》 余性嗜蘭，前時培植，多不得法。近年來，留心體驗，畧知性質，復於前賢花史花譜等書，閱其種法之善者，隨時筆録，分別彙存，共得千餘則，聊備查攷。戚友中同有此癖者，時相索觀，苦難徧及。己酉春，家居無事，重訂一過，付諸手民，以公同好。俾藝蘭者，得有考究焉。苕溪花叟自敍於曉天帆影草廬。

茶花譜

綜述

《四庫全書總目》卷一一六《子部二十六・譜録類存目》 前有康熙己亥自序，蓋其官漳州時所作也。茶花盛於閩南，而以日本洋種爲尤勝。是編上卷爲花品，凡四十三種。其文欲以新雋冷峭學屠隆、陳繼儒之步，而纖佻彌甚。如敘虎班曰，經紅緯白，依稀借機杼於陰陽，非錦之一種而何。不然，騶虞仁獸，血跡安從掩異文。補録雄品，風來樹底，莫教咆哮於芳叢云云。是何等語乎。中卷爲咏花之作，凡七言絶句六十七首。下卷則種植之法也。

清 樸靜子《茶花譜・序》 茶花何必譜，譜花蓋有意焉？窺其秉造化之精英，吐枝頭之旖旎，殊形變態，閒白色紅。近年來，來自重洋，種出日本，與中土之各色名茶後先，含笑容易動人，或有鍾情芳麗耳。名而未見者不以道遠維艱，耗財勞力欲購之以貴。心如前人不無因花而起事，掘種而致擾也。況以此洋茶乎？茶花之性，喜暖畏寒，以氣候限其地，移去輒悴。非注譜繪圖，不得以廣博物之學，亦且負天地生物之心。若玩而好之，則不免喪志，貽譏是慮。弟親政臨民，責有攸歸者，亦何暇及此哉？惟漳地以四時皆夏，一雨成秋，培養洋茶，猶易生活。余奉命蒞茲，不以費財致遠而得之，植之庭院，敢因花以妨政耶？每覽花明春暢，則知農事之將興；辭蒂春殘，以考蒔秧之屆候；葉裹胎芳，則已早冬望稼。枝間剔蕊，又及種蓄秋苗，迨夫大冬將刈，則茶花之含苞豐長，似為田畯報登矣。且其間莽蓁翠葉，過雨則萎黃，過旱則焦卷，不免灌溉培護之勤。幾何不同，桔槔聲裏，識民力之艱難，此固可以借花察農時也。亦何妨政之有？花譜之作，止可云為花報賽耳。至所謂博物之學，是其小者，意欲見此譜者，知花之品類。如此道遠難致，易地則悴。又如此則購花，不如繪譜，以之供常玩，亦省力惜費之一端。不復似因花起事而致擾，則譜花者之大功也。更益以俚句詠各品，並為之序。旹康熙己亥仲秋，樸靜子題於漳暑之天海山堂。

又《跋》 茶花之入畫者，惟山茶、寶珠暨川茶數種而已，其他則曠見於古今。且洋茶至漳郡廿餘年，圖繪品題猶闕焉，恨事眞花之不幸也。今遇我於茲，花皆索笑乃商之，高氏時收以寫生手描來。幅上成不卸之春華，竟有臨風欲顫之意致。因不揣疎庸，注品吟花，□前人之未有發。後此之新機使見者，或以有是花而不遺是譜，或以有是譜則不必求是花置之案頭，非僅作一時之玩好已也。又採培植、灌溉、接種之法，備録譜中，以示窮民無恒業者，亦可於此覓生活。友人見之，請付梓，奈繪事登版不能為花生色，何故茲集不具圖，閱俚詠與花品，亦可知花之概矣。跋。

著録

《清文獻通考》卷二二八《經籍考十八》 《茶花譜》三卷，舊題樸靜子撰，不著姓氏。

《清通志》卷一一四《圖譜略》 樸靜子《茶花譜》。謹按：是編上卷為花品，凡四十三種；中卷為咏花之作；下卷則種植之法。

《四庫全書總目》卷一一六《子部二十六·譜録類存目》 《茶花譜》三卷，兩淮鹽政採進本，舊本題樸靜子撰。不著名氏。

《清史稿》卷一四七《藝文志三》 《茶花譜》三卷，不著撰人名氏。

雜録

清 樸靜子《茶花譜·凡例》 初訂花譜，先原裝成畫冊，今以登版弗能渲染花光，故圖繪不具。

茶花有一種而數名者，如不按名題詠似屬簡略，今詩多於花，味其別名也。

茶花吐艷揚榮，難容優劣，惟以命名之義以著其品。

花既有譜，不問培養諸法，似屬掛漏，因備載各條於後。

漳地氣暖，花開無常，雖各種名茶開放或有定時，實難向漳地稽驗，因不妄註譜中。

漳人好藏佳種，更喜韻事，每多自命花名，譜內但以經知見者載入，或另有遺芳別名，待韻人補之。

茶花未見前人遺譜，殊難攷訂，今則妄創品題，彙刊茲集，不無差謬，見者諒之。

永昌二芳記

綜述

《四庫全書總目》卷一一六《子部二十六·譜録類存目》 是編以永昌所産山茶、杜鵑二花爲一譜。上卷山茶花品三十六種，中卷杜鵑花品二十種，下卷則二花之故實詩文。其論躑躅、山榴、杜鵑之名自唐已無別。謂杜鵑但可名山石榴，不可名躑躅。躑躅爲杜鵑別種，其花攢爲大朵，非若杜鵑小朵各開。俗名映山紅，無所謂黃紫碧者。韓愈、元稹、梅堯臣詩並誤，其考證亦不苟也。

傳記

明　過庭訓《本朝分省人物考》卷一一四　張志淳，字進之，號南園，永昌人。成化庚子鄉薦第一，甲辰登進士。弘治間，授文選主事，後為文選郎中。循部規採輿論，用賢拔滯，門無請謁。與前文選天臺黃元昭齊名。正德初，擢太常少卿，提督四夷館，晉南京户部右侍郎。尋致仕，功名事業，中外著稱。晚年著書自娛，天性聰哲，六藝咸精。嘉靖間，進階通議大夫，十六年詔有司問勞，年八十一而卒。所著有《南園集》、《西銘通》、《南園漫録》、《永昌二芳記》，行於世。長子含，舉人，以詩名；次子合，壬辰進士，仕至參政。

明　雷禮《國朝列卿紀》卷三七　張志淳，字進之，應天府江寧人。以戎籍編雲南永昌衛，舉雲南成化庚子鄉試第一，登甲辰進士二甲第四人，弘治三年授吏部文選司主事。五年，丁外艱。九年，起復，補驗封。十三年，擢稽勳員外郎。十五年，調考功，時以賢明考最。十七年，擢稽勳郎中，旋調考功。十八年，進文選郎中。在文選時，循部規採輿論，用賢拔滯，門無請謁，與前文選天臺黃孔昭齊名。正德元年，擢太常寺少卿，提督四夷館。三年，遷正卿，懲八舘子弟空名之弊，舊習一變。進南京工部右侍郎，改南京户部。未幾，致仕。其功名事業，中外著稱。晚年著書自娛，尤究意詩文、書畫，咸精造名家。嘉靖十二年，進階通議大夫。十六年，詔有司問勞。年八十一而卒。所著有《南園集》、《西銘通》、《南園漫録續録》、《永昌二芳記》數十種。滇南人物登臺階者，肇自志淳云。

（天順）《明一統志》卷八七　本朝張志淳，其先江寧人。洪武中遷金齒司。志淳登成化甲辰進士，由吏部文選司主事起家，仕至南京户部右侍郎。學行兩全，名實並懋。卒，賜葬，祭鄉賢祠祀之。

明　謝肇淛《滇略》卷六　張志淳，字進之，永昌人。天性聰哲，六藝咸通。登成化甲辰進士，為選部郎。用賢拔滯門，無私謁，歷官户部侍郎，謝病歸。功業風節為時崇尚，晚歲著書自娱，有《南園集》、《西銘通》、《南園漫録續録》行世。

（雍正）《雲南通志》卷二一之一《人物》　張志淳，字進之，金齒司人。成化甲辰進士。弘治間，任吏部文選主事。歷陞選郎，用賢拔滯，門無請謁。與天臺黃元昭齊名。正德初，擢太常少卿，提督四譯館。懲入館子弟空名之弊，一變舊習，時論多之。晉南戸部右侍郎，尋致仕。晚年以圖書自娱，所著有《南園集》、《西銘通》、《南園漫録》、《永昌二芳記》諸書，年八十一卒。

（嘉慶）《清一統志》卷四八七《永昌府》　張志淳，字進之，保山人。成化中進士，官至南京戸部右侍郎。嘗言張綵之奸，綵銜之後，竟被劾，歸。兵備道劉節倡復永昌府，以除鎮守之。害志淳多所擘畫，群奸失利，相切齒而終不為浮議所動。所著有《南圖集》、《西銘通》、《南園漫録》、《永昌二芳記》。

《四庫全書總目》卷一一六《子部二六·譜録類存目》　志淳自號南園野人，雲南籍，江寧人。成化甲辰進士。官至戸部侍郎。坐劉瑾黨，勒致仕。其名見《明史·焦芳傳》中。然無事迹可見，疑亦康海、王九思之類也。

著録

明　晁瑮《晁氏寶文堂書目》　《永昌二芳記》

明　焦周《焦氏説楛》卷三　雲南張志淳著《永昌二芳記》，山茶至三十六種，杜鵑至二十種。

清　萬斯同《明史》卷一百三十六《藝文志四》　張志淳《南園集》，又《永昌二芳記》。雲南永昌衛籍，江寧人，成化甲辰進士，南京户部右侍郎。

清　范邦甸《天一閣書目》卷一之一　《永昌二芳記》三卷。

《續通志》卷一五九《藝文略》　《永昌二芳記》三卷，明張志淳撰。

《續文獻通考》卷一八一《經籍考》　張志淳《永昌二芳記》三卷。志淳見雜家類，臣等謹案：是編以永昌所産山茶、杜鵑二花為一譜。

清　徐乾學《傳是樓書目》　《永昌二芳記》，張志淳，一本。

（雍正）《雲南通志》卷二一之一《人物》　《永芳二芳記》。

《四庫全書總目》卷一一六《子部二十六·譜録類存目》　《永昌二

芳記》三卷，浙江鄭大節家藏本，明張志淳撰。

藝文

清 焦循《雕菰集》卷三《先人手植山茶，向時左畔生一小株，二十年高五尺許矣，其右又生一株，越五六年高二尺，今春開花殊可人意》

誰謂難養如其蕃，不惟有子兼見孫。大者高過屋，次者齊牆垣。小者二尺許，髝髝連一根。稱爲兒女花，信手非浮言。今春春寒放花晚，左枝先發隨朝暾。杏花已落柳花白，倏然韎韐堆盈盆。或云此種號鐵殼，兩花僢足聯雙璫。他種花期可人力，惟茲開落皆天恩。永昌二芳記其盛，品題我亦符南園。猩脣犀甲任比例，後凋宜同松柏論。萬物多態卽多媚，此花深厚能久存。初開適丁海棠醉。末後尚及紅藥翻。風雨摧折徧滿地，顔色不涴苔蘚痕。古人愛菊愛蓮不知此，太息對花浮清尊。

梅譜

綜述

《四庫全書總目》卷一一五《子部二十五・譜録類》 此乃記所居范村之梅，凡十二種。前有自序，稱於石湖玉雪坡既有梅數百本。又於舍南買王氏僦舍七十楹，盡折除之，治爲范村，以其地三分之一與梅。吳下栽梅特盛，其品不一，今始盡得之。隨所得爲之譜。蓋記其別業之所有，故以范村爲目也。梅之名雖見經典，然古者不重其花。故離騷徧詠香草，獨不及梅。《說苑》始有越使執一枝梅遺梁王事，其重花之始歟。六朝及唐，遞相賦咏，至宋而遂爲詩家所最貴。然其裒爲譜者，則自成大是編始。其所品評，往往與後來小異。如綠蕚梅今爲常產，而成大以爲極難得。是蓋古今地氣之異，故以少而見珍也。又楊無咎畫梅，後世珍爲絶作，而成大後序乃謂其畫大略皆如吳下之氣條。雖筆法奇峭，去梅實遠，與宋孝宗詆無咎爲村梅者所論相近。至嘉熙淳祐間，趙希鵠作《洞天清録》始稱江西人得無咎一幅梅，價不下百千匹。是又貴遠賤近之證矣。《通考》以此書與所作《菊譜》合爲一編，題曰《范村梅菊譜》二卷。然觀其自序，實別爲書，今故仍分著於録焉。

清 周中孚《鄭堂讀書記》卷五一《子部九之下・譜録類二》 《四庫全書》著録。《書録解題》、《文獻通考》俱合菊譜作二卷，然前有自序，實專為梅譜而作，不得併合為一也。石湖有園在居第之側，號『范村』。所録梅花凡十二種，每種為一則。蓋據吳郡所產，其別業之所植者記之，非謂梅類止於此也。然梅譜則始於是編云。末有其所作後序。《說郛》、《墨海金壺》均收入之。

著録

宋 范成大《范村梅譜・自序》 梅，天下尤物，無問智賢愚不肖，莫敢有異議。學圃之士，必先種梅，且不厭多。他花有無多少，皆不繫重輕。余於石湖玉雪坡，既有梅數百本，比年又於舍南買王氏僦舍七十楹，盡拆除之，治為范村，以其地三分之一與梅。吳下栽梅特盛，其品不一，今始盡得之。隨所得為之譜，以遺好事者。

又《後序》 梅，以韻勝，以格高，故以橫斜踈瘦，與老枝怪奇者為貴。其新接稺木一歲，抽嫩枝直上或三四尺，如酴醾、薔薇輩者，吳下謂之氣條。此直宜取，實知利無所謂韻與格矣。又有一種糞壤力勝者，於條上茁短横枝，狀如棘針花密綴之，亦非高品。近世始畫墨梅，紅西有楊補之者尤有名，其徒倣之者實繁。觀楊氏畫大略皆氣條耳，雖筆法奇峭，去梅實遠。惟廉宣仲所作差有風致，世鮮有評之者。余故附之譜後。

明 葉盛《菉竹堂書目》卷五 《梅譜》二冊。

明 高儒《百川書志》卷一〇《子志四・農家》 《梅譜》一卷，宋石湖范成大至能編。

明 晁瑮《晁氏寶文堂書目》卷下《藝譜》 《石湖梅譜》。

明 焦竑《國史經籍志》卷三《史部・種藝》 《梅花譜》一卷，范成大。

明 陳第《世善堂藏書目録》卷下《各家六・農圃》 《范村梅竹合

譜》二卷，范成大。

明 祁承㸁《澹生堂藏書目》卷八《子類第四・樹藝》 《梅譜》一卷，范成大。百川學海本。山居雜志本。

明 徐𤊹《徐氏紅雨樓書目》卷三《農圃類》 《梅品》一卷，范成大。

明 徐𤊹《徐氏家藏書目》卷之三《農圃類》 《梅譜》一卷，宋范成大。

清 曹寅《楝亭書目》卷三《子集》 《梅譜》，宋石湖范成大著，一卷。

清 錢曾《也是園藏書目》卷二《史部・種藝》 范成大《梅譜》一卷。

清 錢曾《述古堂藏書目》卷四 范成大《梅譜》一卷，抄。

清 陸漻《佳趣堂書目》 《梅譜》一卷，范成大。

《四庫全書總目》卷一一五《子部二五・譜録類》 《范村梅譜》一卷，浙江鮑士恭家藏本，宋范成大撰。

（乾隆）《江南通志・藝文志》卷一九二 《宋范村梅菊譜》二卷，吴郡范成大。

清 周中孚《鄭堂讀書記》卷五一《子部九之下・譜録類二》 《范村梅譜》一卷，《百川學海》本，宋范成大撰，成大仕履見傳記類。

清 丁申、丁丙《八千卷樓書目》卷一二《子部・譜録類》 《范村梅譜》一卷，宋范成大撰。明刊本。百川本。汪士賢刊本。守山閣本。日本刊本。

清 陸心源《皕宋樓藏書志・子部・譜録類二》卷五四 《梅譜》一卷，宋刊本，宋石湖范成大至能撰。

清 沈德壽《抱經樓藏書志》卷四〇《譜録類一》 《梅譜》一卷，宋刊本，宋石湖范成大至能撰。

清 陳揆《稽瑞樓書目》 《范村梅譜》一卷，附。

（同治）《蘇州府志・藝文志四》卷一三九 范成大《范村梅菊譜》二卷。

藝文

元 許有壬《至正集》卷七九《摸魚子》十五 買陂塘，旋栽楊柳，歸農未免多務。一亭四序饒風景，且説夜來春雨。香濕渚，愛新柳、依俙敷影連三嶼。黄鸝不語。怕曲幾團蒲，坐忘未定，驚破静中趣。功名事，却笑平生自許，誰調陽律陰吕。而今且向東君問，舊句豈如新句。開臘酺，要醉喚，石湖重緝寒《梅譜》。榮枯自古。趂九十韶華，六旬餘力，終日醉吾圃。

雜録

宋 黄震《黄氏日鈔》卷六七《梅菊譜》 《菊譜》 種菊之法，春苗尺許，時掇去其顛，數日則岐出兩枝，又掇之。每掇益岐，至秋則一幹出數百千朶。菊之種七十，范村所植三十六。

《梅譜》 梅以韻勝，以格高，以横斜、疎瘦、老枝奇恠為貴，入譜者十二種，紅梅預焉。梅聖俞詩：『認桃無緑葉，辨杏有青枝。』

梅品

傳記

宋 周密《齊東野語》卷二〇 張鎡功甫，號約齋，循忠烈王諸孫，能詩，一時名士大夫莫不交游。其園池聲伎服玩之麗甲天下。嘗於南湖園作駕霄亭於四古松間，以巨鐵絙懸之空半而羈之松身。當風月清夜，與客梯登之，飄搖雲表，真有挾飛仙、遡紫清之意。

王簡卿侍郎嘗赴其牡丹會云：衆賓既集，坐一虚堂，寂無所有。俄問左右云：香已發未？答云：已發。命捲簾，則異香自内出，鬱然滿坐。羣妓以酒肴絲竹，次第而至。別有名姬十輩皆衣白，凡首飾衣領皆牡丹，首帶照殿紅一枝，執板奏歌侑觴，歌罷樂作乃退。復垂簾談論自如，良久，香起，捲簾如前。别十姬，易服與花而出。大抵簪白花則衣紫，紫花則衣鵞黄，黄花則衣紅，如是十杯，衣與花凡十易。所謳者皆前輩牡丹名詞。酒竟，歌者、樂者，無慮數百十人，列行送客。燭光香霧，歌吹雜作，客皆恍然如仙遊也。

功甫於誅韓有力，賞不滿意。又欲以故智去史，事泄，謫象臺而殂。

清 厲鶚《宋詩紀事》卷五七 鎡，字功甫，號約齋，西秦人。居臨安，循王諸孫，官奉議郎、直祕閣，有《南湖集》。

著録

宋 張鎡《梅品·玉照堂梅説》 梅花為天下神奇，而詩人尤所酷好。淳熙歲乙巳，予得曹氏荒圃於南湖之濱，有古梅數十，散綴地十畝，移種成列，增取西湖北山别圃紅梅，合三百餘本。築堂數間以臨之，又挾以兩室，東植千葉緗梅，西植紅梅各一二十章。前為軒楹，如堂之數，花時居宿其中，環潔輝映，夜如對月，因名曰玉照。復開澗環繞，小舟往來，未始半月，捨去。自是客有遊桂隱者，必求觀焉。頃者，太保周益公秉鈞，予嘗造東閣坐定，首顧予曰：一棹徑穿花十里，滿城無此好風光。蓋予舊詩尾句，衆客相與歆豔。於是遊玉照者，又必求觀焉。值春凝寒，又能留花，過孟月始盛，名人才士題詠層委，亦可謂不負此花矣。但花豔並秀，非天時清美不宜，又標韻孤特，若三閭、首陽二子，寧槁山澤，終不肯俯首屏氣，受世俗湔拂，間有身親貌悅，而此心落落不相領會，甚至於汙褻附近畧不自揆者，花雖眷客，然我輩胸中空洞，幾為花呼叫稱寃，不特三歎而足也。因審其性情，思所以為獎護之策，凡數月乃得之，今疏花宜稱、憎嫉、榮寵、屈辱四事，總五十八條，揭之堂上，使來者有所警省。且示人徒知梅花之貴，而不能愛敬也。使與予之言，傳布流誦，亦將有媿色云。

明 祁承㸁《澹生堂藏書目》卷八《子類第四·樹藝》 《玉照堂梅品》一卷，張功甫。《夷門廣牘》本。

明 朱睦㮮《近古堂書目》卷上《子譜録類》 張功甫《梅品》。

明 徐𤊹《徐氏紅雨樓書目》卷三《農圃類》 《梅品》一卷，張功甫。

明 徐𤊹《徐氏家藏書目》卷三《農圃類》 《梅品》一卷，宋張功甫。

清 錢謙益《絳雲樓書目》卷二 張功甫《梅品》一卷。功甫名鎡，號約齋。循王諸孫撰《玉照堂梅品》一編，時紹興甲寅也。功甫將家子，性豪邁，平生奉養，窮極奢侈，《梅品》之作，意必是假手他人門下寒窶書生為之，非本色也。

清 丁申、丁丙《八千卷樓書目》卷一二《子部·譜録類》 《梅品》一卷，宋張鎡撰，百川本。

香雪林集

綜述

明 王圻《香雪林集·序》 夫名花奇卉，品類無慮百千計，而皆不見經傳。獨和美載在商書，標實紀於周什，陘大聖删述，不廢分梅，豈凡卉可例耶？余先王父石泉公性嗜梅，嘗栽數本於庭除，娛弄朝夕。先大夫怡樸公赴承先志，於居第後辟園數畝，栽可二三百本。不數年，蔚然成林。時余方宦遊東西，恨未暇抱甕，日跡其間，兒子思義能以誦讀之暇，稍加培護，而騷人韻侶，倘佯唫嘯。且按集古今聞家題詠，若詩若歌若賦若圖譜，漸次成帙，因授之梓人，以永其傳。庶幾先人手澤，藉以不墜刻成，余復為校讎如四，訂金根之謬，删魯亥之訛，彙而聚，類而分，雖長篇短句，海内其聞睹，無足為異。然以一篇置之几頭，驚時節，茂拈梅，胡數首，暢我幽襟，寧兆心之一助哉。時皇明萬曆歲在乙巳春正月人王圻撰。

又《王思義〈香雪林全集序〉》 予素多病，蚤謝青衫，雅志林壑，蓋煙霞之癖，宿自膏肓矣。園傍舍右，先大父所辟，嘗植梅，梅約千章，大可拱把。予時時鋤灌其間，每當春華清芬掩襲，因命之曰香雪。香取其臭，雪取其澤也。好事者輒為賡和，幾至累牘。雖然何遜庭前，林逋疏影，梅之見賞於世者，非一而寥寥，品評止見辱於二三交（友）生，其道未廣。予為摭獵，往昔凡得稗説若干詩、若干賦、若干長歌短曲單文雙傳，有當於梅者，悉為匯存。總之得若干卷，稍汰其不雅馴者，付之剞劂。試一展卷，白雲莽封，若醉岳陽而橫吹冷冷也，不令松風竹氣，頓築受降哉。夫世法以熏鬱起膻，余竟樸拙自株，不競玄都之豔，相與逊情托跡於庚樓灞岸之間，濃極繁李，竊笑余非矣。嘻，驅夢關山，願甘冷落，若使寒林賦大招，非余素心也。歲寒之銘，固自爾爾。萬曆癸卯春梅花散人王思義撰。

清 丁丙《善本書室藏書志》卷三九　此書前有萬歷乙巳王圻序云：先王父石泉公性嗜梅，嘗栽數本，娛弄朝夕。先大夫怡樸公承先志，於居後闢園數畝，栽可二三百本，蔚然成林。余方宦游未暇，日涉其閒，兒子思義能以誦讀之。暇稍加培護，而騷人韻侶，倘佯吟嘯，且披集古今題詠。若詩、若歌、若賦、若圖譜，漸次成帙，因授之梓，以永其傳。思義亦自有序。按：圻，字元翰，上海人，嘉靖乙丑進士。官至陝西布政司參議。思義始末未詳，《浙江採集遺書總目》曾列其書，是已進之四庫。

著録

明 祁承㸁《澹生堂藏書目・集類第五・餘集》　《香雪林集》十六冊，三十二卷，王思義。

《四庫全書總目》卷一一六《子部二十六・譜録類存目》　是編凡梅圖二卷，詠梅詩詞文賦二十二卷，終以畫梅圖譜二卷。

清 黃虞稷《千頃堂書目》卷九《食貨類》　王□□《香雪林集》二十□卷。

又 卷三一《吴家遺文》　王思敬《香雪林集》二十六卷，上海人王圻子集古今梅花詩文。

清 萬斯同《明史》卷一三七《藝文志五》　王思敬《香雪林集》二十六卷。上海人，王圻子。集古今梅花詩文。

《續通志》卷一五九《藝文略》　《香雪林集》二十六卷，明王思義撰。

《續文獻通考》卷一八一《經籍考》　王思義《香雪林集》二十六卷，臣等謹案：是編凡梅圖二卷，詩詞文賦二十二卷，圖譜二卷。

思義有《宋史纂要》，已著録。

清 丁申、丁丙《八千卷樓書目》卷一九《集部》　《香雪林集》二十六卷，明王思義編，明刊本。

清 丁丙《善本書室藏書志》卷三九　《香雪林集》二十六卷，萬歷刊本，允明王思義集。

鳳仙花譜

清 震鈞《國朝書人輯略》卷七　泳，字立羣，號梅溪，江蘇金匱人。

清 錢泳《鳳仙花譜・序》　泳嘗論天地生物，遞更遞換。唐虞三代之鳥獸草木，與今時所生之鳥獸草木，不知其幾經變改，不可以一律拘也。人自不留心耳，至如鳳仙花，不載於《太平御覽》，然唐何扶《送閬州伎人歸楚》有詩云：『玉蟾露冷梁塵暗，金鳳花開雲葉秋。』則唐時已有之矣。伏讀聖祖仁皇帝《廣羣芳譜》，載之甚詳。大約是花至國朝而極盛耳。昔先君子於乾隆中葉，最愛鳳仙花。繞砌盈階，不下數十百本，來觀者如入萬花谷中，不知世上尚有牡丹、芍藥也。何也？以其有變換無雷同，如六朝詞賦，徐庾鮑謝，各自名家。如今年收紅子，明年可以變白。今年收白子，明年可以變灑金。單葉者忽變而爲千葉，千葉者亦可以變爲單葉。秖須灌溉有法，培植得宜，便生出無窮妙諦。有生平從未經見之奇者，亦如士君子學問文章千變萬化，所以名之曰仙也。是時先君子年五十餘，嘗命酒，花前引壺獨酌。顧謂泳曰：昔宋歐陽永叔有《洛陽牡丹記》，王觀有《芍藥譜》，范石湖有《梅譜》，劉蒙、史正志俱有《菊譜》，趙時庚有《蘭譜》，陳思有《海棠譜》，吾將輯《鳳仙花譜》而未遑也。迨七十以後，灌溉稍疎，花亦漸變，平平無奇。乃嘆曰：開府有言，生意盡矣。然見鄰舍家種此花，猶留連不忍去。嗚呼！是譜也，固先君子之志也。道光癸酉歲，泳卜居尚湖之翁莊，兒輩又種是花，五色陸離，不可名狀。又得江陰陳氏種子，並載其栽培之法，釋其命名之雅，彙而輯之，以補先君子未遂之志云。道光二十四年歲在甲辰七夕梅花溪上老人錢泳書於吉祥花館，時年八十有六。

鳳仙譜

清 趙學敏《鳳仙譜·自序》 予向有《灌園雜志》諸輯，年來衣食奔走，藏稾篋中，未遑繕録成帙，距今幾二十年。客歲歸自里門，檢閱舊作，半為鼠蠹耗盡，所存者僅《蔬藥志》、《絲桃雜編》、《七七秘傳》數種，此外若《秋花》、《盆玩》諸志，已無剩葉，為惋惜竟日，每欲補輯，未果。汪子玉於與予族子容齋，皆素有嗜鳳仙之癖，聞有異種，不惜遠乞遐方，購以繪幣，儲盆列架，悉手自灌植。秋來紅紫紛羅，疊砌盈階，幾無隙地。息轍之暇，輒往就視，見一二佳色，心竊好之，匄其殘苞數粒。戊申，攜赴臨安，齋前有隙地一畦，呼童植之。不數日，茁穎如箭，疏以瓶盎，度以長架。入秋，繁豔盈眸，目不暇接，其趣直不減家庭賞勝時也。爰憶少時與何子蕙交，子蕙喜草花，尤溺秋色，有圃曰『勝春』。曾宿其清景軒中，與予極論鳳仙之雅，指類備法，有老花師所未及知者。比往東甌，又獲交馬繼純昆季，皆善藝此花，具有閫奧，因以子蕙所言於予者質之，無不脗合。今二君墓木已拱，而玉於、容齋又能起而繼其傳，吾不知其法之果有合於三君否耶？然而三君之言，固如昨也。噫！予老矣。三君無成書可傳，所言於予者，或有為玉於、容齋所未盡，知此而不書，不特使三君之孤詣苦心無以垂則於後，即後有繼玉於、容齋而起者，皆得以私智穿鑿，自稱匠心，不致眞品日泯，成法日湮不止。因急起而正之，擇所間於三君者，撮其精要，合予平昔見聞所得，譜為二卷，區以十目，録以示玉於、容齋。吾又不知此書果有合於二子否耶？《秋花志》既亡，得此亦庶幾少補云。庚戌中秋，錢唐趙學敏識於臨安旅舍。

又《楊復吉跋》 鳳仙爲秋庭常卉，羌無故實。錢唐趙恕軒爬羅剔抉，勒成是譜。凡分名義、品類、藝種、灌溉、收採、醫花、除蟲、備藥、總論、雜說十門。不下數萬餘言，而古今人之賦詩辭說尚不與焉。一粒粟化十丈金身，神乎技矣。癸酉孟春震澤楊復吉識。

清 潘衍桐《兩浙輶軒續録》卷七 趙學敏，字恕軒，號依吉。錢塘歲貢，候選訓導。

清 丁申、丁丙《八千卷樓書目》卷一二《子部·譜録類》 《鳳仙譜》一卷，國朝趙學敏撰，昭代叢書本。

《清續文獻通考》卷二七二《經籍考十六》 《鳳仙譜》，趙學敏。

《清史稿》卷一四七《藝文志三》 《鳳仙譜》一卷，趙學敏撰。

清 錢泳《鳳仙花譜·鳳仙譜例》 草花自蘭、菊外，不聞有專譜。即《全芳備祖》、《群芳譜》二書最稱詳贍，然草花多不能悉數種類，於鳳仙尤略。矧其中所言，襲訛承誤，猶有未允當者。今採列數條，仍爲正之。

初夏憑欄，如罌粟、虞美人等花，鮮穠綽約，足以娛情；清秋環砌，雞冠、老少年各種，錦繡參差，自堪悅目。悉皆品色繁夥，不聞前人有究心者，得毋以一則失之期短，一則失之質陋歟？然鳳仙無二者之病，而亦未聞有收録而論議之者。暇日，與同署諸君言及，未嘗不為喟然。因走筆成此，十日稾竣，草率在所不免。訂誤補遺，不能無厚望於博物諸君子。

是譜本無舊說可循，予以所得聞於友人藝客者，撮其要為之，分肌劈理，絡貫條疏，更從種植之暇，心焉三載，靜思默察，稍有鮮知，亦參列附證。

譜中品類必詳，蒔溉必備，旁及醫法以全調護之愛，藥餌以普利用之仁，則爲書所應有。有不盡者，以總論、雜說概之。至於典故詩文，陳編具在，挂一漏萬，夥不勝收。每見前人作一小物譜，正義無多，半皆冗雜，陳言舊典，牽紐作帙。不知著書之義，正貴詳人所畧，方爲有用。若以挹糟粕而爲新醨，轉鈔胥而稱能事，吾竊鄙焉。茲譜所以不入詩文典故者，以此。

宇宙生物無窮，此花尤多變種。地廣則土饒異產，年遠則代出新奇。譜中品類，亦第就所知者録入。或有遐荒僻壤，祕種家珍，形色瑰殊，名稱互別，則又非一人聞見所能盡概。急望四方同志之助，示一未見之品，錫以未逮之言，不啻起我井觀，置之霄漢矣。望切心懸，幸毋虛覽。

既循其名，貴責其實，故首列名義。名義既定，則形色宜詳，故次列品類。花事始於栽植，木德全賴水功，故繼品類而即及。欲繼續則宜善貯藏，慮傷殘必兼資防護，故次第畢舉。至於旁落方藥，明功用亦足及人；終附瑣言，必詳盡始無遺憾。此先後作譜之序。區區苦心，幸祈覽者鑒焉。

瓊花譜

綜述

《四庫全書總目》卷一一六《子部二十六・譜録類存目》是集採摭前人瓊花篇什，彙爲一編，以備故實。首冠杜斿《瓊花記》，故或題曰杜斿《瓊花譜》。考斿，宋人，字叔高。端平初，以布衣召入館閣校讐。此本載及元明，非斿作也。又錢曾《讀書敏求記》載，《瓊花考》一卷。成化丁未楊端木輯，與此本序文年月合。當卽一人一書，錢曾衍一『木』字耳。范欽天一閣所藏別有《揚州瓊花集》以雜文爲一卷，詩爲一卷，詞爲一卷。蓋卽因此本而分析，其卷帙亦題曰楊端，則木字爲誤增審矣。

傳記

《四庫全書總目》卷一一六《子部二十六・譜録類存目》端字惟正，鄞縣人，成化間寓居揚州。

著録

《續通志》卷一五九《藝文略》《瓊花譜》一卷，明楊端撰。

又卷一六五《圖譜略一》楊（綸）［端］《瓊花譜》。

《續文獻通考》卷一八一《經籍考》楊端《瓊花譜》一卷，端字惟正，鄞縣人，家居揚州。

《四庫全書總目》卷一一六《子部二十六・譜録類存目》《瓊花譜》一卷，兩淮鹽政採進本，明楊端撰。

清 丁申、丁丙《八千卷樓書目》卷一二《子部・譜録類》《瓊花譜》一卷，明楊端撰，明刊本。

揚州瓊華集

明 楊端《揚州瓊華集・序》瓊華獨有於揚州，蓋亦兩間之間氣所鍾也。考之《圖經》，地脈由崑崙西來，重岡疊阜，偃而復起。曰：廣陵衍而平者為浮山，其蹟顯著，長淮繞北，大江環南，東駐於海，其間磅礴靈秀，發於人者為才傑，世恒不少與物，則木惟喬草惟夭也。東皐牡丹，竹西芍藥，皆特異焉。瓊華尤植物之蔑與比者。自古有之號為『無雙』，至漢延元因之以封『后土』，宋改『蕃釐』。此花屢枯復榮，今雖不存。觀之道士，以聚八仙補之。或云和氣滋久，復變為瓊。此理殆未可曉，但名香猶在，天下好事君子罔不來遊來觀。碑碣兩燬，譜攸記載弗傳，漫無可考。間有問者，雖故老，猝莫之應。若爲地主缺典三山，楊公立齋以南臺侍御來守是郡。始屬端為之採輯，考之前朝郡乘，旁求傳記，及諸賢文集，詢之鄉老宿儒，得記、序、辯、賦之文，自唐迄今，羣賢之詩如千篇，彙為一集。其間褒夫事實惟多，若枯樹回春，喚醒瓊華之夢也。藁成，公適以疾告歸，端恐復漫為故紙，勉為倩鐫工刻梓。夫瓊華在天地間見知於人，上下餘千載，為之著作者，匪可數計。海内好古君子，欲見有未能至者，求之紀傳間。見於事文，又弗之詳，深為愴怏。斯集前所未有，亦士君子稽古博物之助也。端之用心亦勞矣，惟慮年老，未竟採輯，滄海不能無遺珠爾。儻諸君子，矜我此意，有能廣見而多識者，亟以語我，庶可增入，亦斯文之幸也。因序以告云。成化二十三年丁未歲二月既望，四明楊端書於維揚寓舍。

清 丁丙《善本書室藏書志》卷一八《子部六・譜録類》《揚州瓊華集》一卷，明成化刊本，明楊端撰，字惟正，鄞縣人。成化間寓揚州，採摭前人瓊花篇什，彙為一編，以備故實也。前有自序及瓊華圖。《讀書敏求記》亦徑著録。《四庫存目提要》謂錢遵王衍一『木』字，檢《敏求記》謂楊端採輯當時館臣所見，『採輯』之『採』訛作『木』字，故疑為衍文，校誤之難真如掃葉。《留青日札》云，南宋宦者陳源取瓊花孫枝，接於聚八仙根上，至今流傳杭州瓊花園是也。按嘉靖仁和志忠清里，舊名瓊花街，寒家實居是里。偶一展卷，覺意蕊心花都為舒放。豈僅如遵王之謂如枯樹回春哉。

清　范邦甸《天一閣書目》卷一之一　《楊州瓊華集》二册。

清　沈初《浙江採集遺書總録閏集・別集類》　《楊州瓊花集》二册，刊本。右明四明楊端撰。

清　阮元《文選樓藏書記》卷四　《揚州瓊華集》二册。明楊端輯。四明人。刊本。

瓊花集

綜述

清　曹璿《瓊花集・序》　吾揚瓊花，世傳海內，一本信矣。今花久枯悴，騷人墨士，各以傳聞爲據，或謂卽玉蘂，或謂卽聚八仙，或謂漢前已有茲花，或謂隋煬帝以觀花來幸江都。以余考之，皆非也。葢瓊花形色微類八仙，瓊花異香芬鬱，八仙無香也。若唐人所謂玉蘂，則與之大異矣。矧長安之唐昌觀集賢院，潤州之招隱山，其時皆有玉蘂，惡在其爲一本者乎？宋至道中，王元之守揚州，作《瓊花詩》，其敘云：不詳何木，俗謂瓊花。若卽爲玉蘂，元之何以云『不詳何木耶？』自後，韓魏公、劉原父、鮮於子駿相繼賦咏，歐陽永叔又作《亭花上扁》曰：無雙。由是遐陬絕壤無不知吾揚有瓊花矣。若五代以前花之有無，靡可考見。乃以大業荒游，歸咎茲花，目爲亡國之祥，其誣不已甚乎。且煬帝東巡諸所，詭異之跡，備載《南部烟花記》等書。當時果有茲花，其事尤爲殊絕，師古輩顧肯畧之而弗録耶？葢兵火薦更，郡志散軼，閭巷之談，遞爲口實，遂令絕代之芳，永蒙不根之誚。惜哉！惜哉！成化中，浙人有爲花集者，止據黃冠舊簡，潦畧成編，雖知隨事之誣，而猶踵延元封號之謬。中間所載李衛公、劉夢得詩，俱咏玉蘂花者。餘篇悉用兔園俚語，冒稱唐宋名公之作。予少讀而疑之，然未敢以語人。近里人有購得《寶祐維揚志》者，茲花始末，具在其詩篇。斷自王黃州與隨事，畧不相涉。予乃釋然以喜，遂手自抄録，復命仲兒守貞遍考羣籍，增所未備。舊録贋篇，悉爲芟汰，又刪潤考證諸語，冠於簡端，於是花事粲然可睹。間以質諸太僕蜀岡盛公，公曰：此瓊花實録也。是録出，花之誣不辯而自明矣。嗟夫！昔予遊兩都，四方人士無不問予茲花者，予與花均爲揚產，不能悉其事以對，心甚愧之。茲新集告成，揮麈之餘，藉爲談助，豈非考古之一快哉？或曰集中詩賦諸篇，得失互異，今槩爲收録，靡所銓擇，何耶？曰：考證詳矣，讀考證而諸篇之得失可知矣。作者俱古今名人，烏得而去取之哉？本朝訖於宏治，近者不録。吾郡人作者甚多，盡載之涉於冗，非纂述之體，擬別爲一集云。嘉靖乙未季秋日江繁都玉齋曹璿序。

著録

清　黃虞稷《千頃堂書目》卷八《地理類》　《瓊花集》三卷。

清　萬斯同《明史》卷一三四《藝文志二》　《瓊華集》三卷。

清　錢曾《也是園藏書目》卷二《史部・種藝》　《瓊花集》五卷。

清　錢曾《錢遵王述古堂藏書目録》卷六　《瓊花集》五卷，一本。

清　錢曾《讀書敏求記》卷二《種藝》　《瓊華集》五卷。曹璿得《寶祐維揚志》，知花始末，編成新集，首之以考證遺事繼之以詩文。載張三豐與丘汝乘輩游蕃釐觀，取水噀八仙，變為瓊華，香聞十餘里。三豐卽於是夕遁去。汝乘詩云『不知今夕游何處』，引鶴同棲貫月槎，其事獨見於此。

（乾隆）《江南通志》卷一九二《藝文志》　《瓊花集》五卷，揚州曹璿。

清　丁申、丁丙《八千卷樓書目》卷一九《集部》　《瓊花集》五卷，明曹璿編，別下齋本。

藝文

明　莫止《觀瓊花集》《石倉歷代詩選》卷五〇二　無雙亭下淮南滸，天上人間僅此花。九朶攢來呈玉質，兩廻開處占年華。榮枯與世如相系，雷雨何時却再芽。一去永遺塵土累，瑤臺空鎖舊煙霞。

瓊華考

清　錢謙益《絳雲樓書目》卷一　《瓊花考》。

清　錢曾《也是園藏書目》卷二《史部・種藝》　《瓊花考》一卷。

清　錢曾《錢遵王述古堂藏書目録》卷六　《瓊花考》一卷，一本。

清　錢曾《讀書敏求記》卷二《種藝》　《瓊華考》一卷。成化丁未，四明楊端（木）輯《瓊華考》成。凡古今序記詩賦都為一集。流覽之餘，恍如枯樹回春，喚醒瓊華之夢也。

（雍正）《浙江通志》卷二四四《經籍四》　《瓊花考》一卷，《讀書敏求記》：成化丁未四明楊端（木）輯。

清　錢曾《也是園藏書目》卷二《史部・種藝》　《瓊花詩》一卷。

瓊花志

《清文獻通考・經籍考》卷二一二　顯祖，號雪鴻，江都人，順治丙戌副榜貢生。

《四庫全書總目・史部十九》卷六三　顯祖，號雪鴻，江都人，順治丙戌副榜貢生。

清　劉文淇《青溪舊屋集》卷六《瓊花志序》　揚州蕃釐觀，府志以為即古后土祠，漢成帝元延二年建。自漢至六朝，其名不顯。唐高駢為淮南節度使，始崇大之，羅隱有《揚州后土廟詩》。《九域志》謂：后土祠今改為蕃釐觀。則蕃釐觀，乃宋時所改也。觀中有無雙亭，因瓊花而得名，或以為宋元憲建，或以為歐陽文忠建。然唐王承烈詩，已有『無雙亭下人聚觀』之句，則唐時已有無雙亭矣。歐宋二公，或重修葺耳。觀中瓊花，唐人每詠之。至宋詩歌尤盛，說瓊花者，或以為即玉蕊，或以為即聚八仙，幾成聚訟。然唐宋人之詩具在也。杜悰詩『歲開兩度可人詩』，李文饒詩『一年開兩度，誰不慕高風』，王元之詩『誰移琪樹下仙鄉，二月春冰八月霜』，是詠花之時。杜牧之詩『風香破九苞』，歐陽文忠詩『九朶仙風香粉膩』，王定國詩『九朶齊開小簇球』，是詠花之狀。王承烈詩『綠葉叢中呈一白，萬紫千紅失顏色』，李泰和詩『一白離塵埃』，李文饒詩『色瑩鵝黃淡，香浮翠葉叢』，郝伯常詩『冰蕤膩碧開勾玉，香粟含黃簇蕊珠』，是詠花之色。或言白，或言黃，白言其瓣，黃言其鬚也。至此花之香，則《九域志》所謂香如蓮花，清馥可愛者，可想見之。而或疑瓊為赤玉，名與花不類，此蓋因《說文》而誤。段氏玉裁謂，《說文》本作『瓊，亦玉也』，後人誤『亦』為『赤』，瓊字上下文皆云玉也。則瓊亦當為玉名，倘是赤玉，當厠璊瑕二篆間矣。詩『瓊琚』『瓊瑤』，毛傳云：瓊，玉之美者。按段氏謂《說文》『赤』當作『亦』，雖無依據，然謂瓊非赤玉，則甚確。且自來詠雪者，皆擬諸瓊瑤，則瓊花白色，而非赤色明矣。顧揚州瓊花，甲於天下。前人題詠者亦夥，而未有裒集其詩者。吾友貴君祈年，因明人馬駢《瓊花志》舊本，去其雜亂者，又搜索群書而潤色之，成《瓊花志》十二卷，又別輯《瓊花集》十二卷。祈年為吏部仲符先生喆嗣，吏部碩學鴻才，為遠近推重。祈年幼承家學，淵源有自，故所撰箸，攷核精詳，非僅搜羅之富已也。書成諈諉作序，余因撮舉瓊花之大凡，以諗世之，讀是書者，毋以玉蕊八仙混之也。

清　朱顯祖《瓊花志・朱澐跋》　先君子《亦園筆記》曰：周君式文，工文詞，好奇，兼精秦漢篆籀。余少壯時友也。濶絕日久，忽一日童子持片紙至，依稀數字，邀余至其家，則臥病憊甚矣。呻吟告余曰：某子不才，出無音耗，室中所有皆盡，獨某於瓊花一事搜考，大有苦心。今已刻圖一頁，考證三頁，其他事蹟及宋、元、明、國朝詩、詩餘、賦若干，未授梓，稿在某巷某家，願以歸之我翁，他日爲某廣其傳耳。出枕下已刻者示余，余慰答之。更一日，周君逝，親族紛然，棺衾草具而已。余欷歔久之，問稿與板所在，則茫無知者。因憶某巷某家，辭曰：無有也。稿本零落，其志不竟，耿余懷抱久矣。既念人之相與，事無鉅細，皆當思所以終之。況古蹟所繫，博雅之士所必考究，而訛誤相承，二三其說，卒無確証，奚可哉？且余慮周刻之僅有存者，亦將歸於漫滅而不可久存也。於是取其所授，考訂潤色，旁緝他說，略及前代題咏，編成此帙。雖聞見不廣，亦可備好古者之一助。至於國朝名公卿、詩人、墨客，著述甚多，恐挂一漏萬，俱另行編輯，茲不載是集也。余本之周君式文，熙本之郡人曹君玉齋璿，他日梓而行之。亦猶是廣周君之傳云爾。豈余編纂之力哉？按先君子筆記，藏之巾笥十餘年矣。生平篤交誼，不負然諾於此，略見梗概。吾友張子心齋木山刻昭代叢書丙集，檢以授梓，展讀一過，涕泗泣然。不肖男澐敬識。

清 丁丙《八千卷樓書目》卷一二《子部・譜録類》 《瓊花志》一卷，國朝朱顯祖、周熙同撰。《昭代叢書》本。

瓊英小録

綜述

清 俞樾《瓊英小録・序》 癸巳仲春二十有六日，鎮青中丞訪我於西湖寓樓。劉景韓方伯繼至，兩賓一主促膝草堂。中丞問方伯：『瓊花開未？』對曰：『纔開數朵。』余愯然問：『瓊花安在？』方伯曰：『即在署中。』余曰：『吾歲歲至杭，不知杭有瓊花也。』客去，余入内言之，孫女慶曾曰：『瓊花罕見，何不乞取一二朵乎？』余因以小詩乞之方伯。越二日，瓊花至。視之，聚八仙也。是日，余自湖樓遣於山館。山中聚八仙盛開，山館前後即有二株。折以相比，實無大異。前人於瓊花、聚八仙辨論甚詳，然亦不過花瓣有大小厚薄，葉有光有毛，及有子無子之異而已。聚八仙與瓊花，蓋同類也。因以詩報方伯，其末云：『此花開傍行中書，固宜膺受瓊花號。在山則名聚八仙，伴我山中成九老。』方伯復余書云：山中之花得近高人，存其本色，其開傍行中書者，得毋染於習俗，欺世而盜名乎。讀之爲一笑。時適行詁經精舍望課，即以杭州瓊花歌，命諸生作之。已而，丁君松生攜明人楊端《瓊花譜》見示，則知瓊花九朵而聚八仙八朵，是大區別矣。松生因杭有瓊花知之者鮮，欲重刻楊譜且附刻余詩。余曰：『若然，余當更作一詩。』而在杭，筆墨叢淆，賓朋雜沓，未遑也。既還吳下，校閱詁經卷，瓊花歌作者寥寥，亦無佳者。余因自爲長歌凡八百六十八言，論瓊花有古今之不同，而推究奇偶、陰陽、牝牡之理，以明有子無子之故。嗟乎！古之瓊花不可見矣。今之瓊花，則聚八仙是也。孔子曰：善人不可見，得見有恒者，斯可矣。余於瓊花亦云。鎮青中丞偶然問及，啟發余心，遂又繪古今瓊花兩圖附其後，題曰《瓊英小録》。余詩云：『揚州瓊花不可見，對此敢謂非瓊英。』茲録所以名也。異時，松生見之，或刊附楊譜後，或編入其所刻《武林叢書》中，是亦香國之美談，武林之故事矣。曲園居士記，時年七十有三。

傳記

清 孫雄《道咸同光四朝詩史・甲集》卷二 俞樾，字蔭甫，號曲園，浙江德清人。道光庚戌翰林，有《春在堂詩集》。

清 震鈞《國朝書人輯略》卷一〇 俞樾，字蔭甫，號曲園居士，浙江德清人，道光丁未進士，官編修，著有《俞氏叢書》。

《清史稿》卷四八二《儒林三・俞樾傳》 俞樾，字蔭甫，德清人。道光三十年進士，改庶吉士。咸豐二年，散館授編修。五年，簡放河南學政，奏請以鄭公孫僑從祀文廟，聖兄孟皮配享崇德祠，並邀俞允。七年，以御史曹登庸劾試題割裂罷職。樾歸後，僑居蘇州，主講蘇州紫陽、上海求志各書院，而主杭州詁經精舍三十餘年，最久。課士一依阮元成法，游其門者，若戴望、黃以周、朱一新、施補華、王詒壽、馮一梅、吳慶坻、吳承志、袁昶等，咸有聲於時。東南遭赭寇之亂，典籍蕩然，樾總辦浙江書局，建議江、浙、揚、鄂四書局分刻《二十四史》，又於浙局精刻子書二十二種，海内稱為善本。

生平專意著述，先後著書，卷帙繁富，而《羣經平議》、《諸子平議》、《古書疑義舉例》三書，尤能確守家法，有功經籍。其治經以高郵王念孫、引之父子為宗。謂治經之道，大要在正句讀，審字義，通古文假借，三者之中，通假借為尤要。王氏父子所著《經義述聞》，用漢儒『讀為』、『讀曰』之例者居半，發明故訓，是正文字，至為精審。因著《羣經平議》，以附《述聞》之後。其《諸子平議》，則仿王氏《讀書雜志》而作，校誤文，明古義，所得視《羣經》為多。又取《九經》、諸子舉例八十有八，每一條各舉數事以見例，使讀者習知其例，有所據依，為讀古書之一助。

樾於諸經皆有纂述，而《易》學為深，所著《易貫》，專發明聖人觀象繫辭之義。《玩易》五篇，則自出新意，不拘泥先儒之說。復作《艮宧易說》、《卦氣值日考》、《續考》、《邵易補原》、《易窮通變化論》、《互體方位說》，皆足證一家之學。晚年所著《茶香室經說》，義多精確。古文不拘宗派，淵然有經籍之光。所作詩，溫和典雅，近白居易。工篆、隸。同時如大學士曾國藩、李鴻章，尚書彭玉麟、徐樹銘、潘祖蔭，咸傾心納交。日本文士有來執業門下者。

樾湛深經學，律己尤嚴，篤天性，尚廉直，布衣蔬食，海内翕然稱曲園先生。光緒二十八年，以鄉舉重逢，詔復原官，重赴鹿鳴筵宴。三十二年，卒，年八十有六。著有《羣經平議》三十五卷，《諸子平議》三十五卷及《第一樓叢書》，《曲園雜纂》，《俞樓雜纂》，《賓萌集》，《春在堂雜文》、《詩編》、《詞録》、《隨筆》，《右臺仙館筆記》，《茶香室叢鈔》、《經說》，其餘雜著，稱《春在堂全書》。

藝文

清　俞樾《春在堂詩編》甲丙編《湖樓山館雜詩》　寂寞山齋内，聊堪一事誇。客來憑檻坐，高下盡瓊花。瓊花，即聚八仙。詳見余所著《瓊英小錄》。山中甚多，折以插瓶，羅列滿架。

又《余自杭州移瓊花至蘇寓，植之書室窗前，今春開花甚盛，喜而有作》　《瓊英小録》昔曾編，今歲檳芬滿檻前。海上逢迎盡魑魅，花中聚會有神仙。瓊花，實即聚八仙也，詳余所著《瓊英小録》。移根惜未雙株並，杭州移到兩株，為人乞去其一。吐蕚欣看八朵全。見說奇葩還有子，行教吳下徧流傳。

唐昌玉蘂辨證

綜述

《四庫全書總目》卷一一六《子部二十六・譜録類存目》　唐昌觀玉蘂花，傳自唐時。宋祁疑爲瓊花，黄庭堅以爲瑒花。必大以爲皆非是，故記所目驗者辨証之。原載《平園集》中，此本乃毛晉摘出，刻入津逮秘書者也。

清　周中孚《鄭堂讀書記》卷五一《子部九之下・譜録類二》　《四庫全書》存目。上有唐昌二字，蓋以次行標，曰唐昌玉蘂花而加之也。唐人甚重玉蘂，故唐昌觀有之，集賢院有之，翰林院亦有之，皆非凡境也。朱子京、劉原父、宋次道皆疑為瓊花。平園因作是書，以辨證之。首列『康駢劇談録』一則，次及嚴休復以下各家詩二十三首，附以諸家小說七則，并栘音陣花出處一則。既為之跋，又續添楊巨源詩一首，晁補之詞一闋，及《風俗雜志》『瓊花、玉蘂渾而為一』說一則，又為之跋。本載其全集中，毛子晉録入祕書，復跋其後。

傳記

《宋史》卷三九一《周必大傳》　周必大字子充，一字洪道，其先鄭州管城人。【略】自號平園老叟，著書八十一種，有《平園集》二百卷。嘗建三忠堂於鄉，謂歐陽文忠修、楊忠襄邦乂、胡忠簡銓皆廬陵人，必大平生所敬慕，為文記之，蓋絶筆也。

著録

宋　周必大《玉蘂辨證・跋語》　唐人甚重玉蘂，故唐昌觀有之，集賢院有之，翰林院亦有之，皆非凡境也。予往因親舊自鎮江招隱來，遠致一本，條蔓如荼蘼，種之軒牕，冬凋春茂，柘葉紫莖。再歲始著花，久當成樹。《玉篇》《廣韻》樹字注云：木總名。《禹貢》：厥木惟條。今荼蘼久則根株合抱。玉蘂花苞初甚微，經月漸大，暮春方八出，鬚如水絲上綴金粟，花心復有碧筩狀，類膽瓶。其中別抽一英，出衆鬚上，散爲十餘蘂，猶刻玉然。花名玉蘂，乃在於此，群芳所未有也。宋子京、劉原父、宋次道博洽無比、不知何故疑爲瓊花？王元之知揚州，但言未詳何木俗呼爲『瓊花』，子京何故以誣元之？蔡君又引是晏同叔之言以爲證，甚無謂也。劉夢得『雪蘂瓊絲』之句，最爲中的。何必拘李善『赤玉爲瓊』之注耶？栘音陣，《南史・劉杳傳》所謂栘酒者，予甞得醖法，芳烈異常。山谷似不以杳傳爲據，循俗訛栘作鄭，而江南鄉音，又呼『鄭』爲『瑒』枝梗切，在上聲三十八梗韻中。復疑未安於是，創山礬之名。然二詩并序，初未甞及玉蘂。止因好事者爲作唐人帖，故曾端伯、洪景盧皆信之。其實諸公偶未見花，所謂信耳而不信目也。慶元二年三月二十六日平園老叟周某題。

又《又跋》 以玉蘂為瑒，起於曾端伯。予與段謙叔之子元愷同里巷，往還至熟。其父初無楊汝仕帖，小說難信，類此尚有楊巨源絶句，合作冠篇。至於孫句晁詞，差訛如前說，不必再論，姑附卷末。慶元戊午正月丙午子充題。

又《毛晉跋》 周文益忠公雜著二十餘卷，獨此卷辨證名花，真堪與六一居士《牡丹譜》並傳。第唐昌觀之玉蘂，至唐始著。而揚州后土祠之瓊花，漢延元間祠，祠因花而有封號，則其由來甚遠。何不云瓊花辨證乃云玉蕊，豈避瓊為赤玉耶？其中猶有未詳者，如首載嚴休復詩，實詠長安業安坊仙遊故事，其本集題作揚州唐昌觀，謬哉。劉杳稱為楉汁可作酒，似又一種。端伯呼為瑒何，如容齋呼為米囊，名稍佳也。若山谷所云山礬，意即野人所云鄭樹，土人所云八仙花，故江南野中多有之。安得輕視瓊之無雙，而存疑似之見也。至葛常之謂非玉蕊，則又過為異同矣。庶幾杜斿《瓊花記》、馮子振《瓊花賦》、單安仁《瓊花辯》，可互證云。湖南毛晉識。

明 祁承㸁《澹生堂藏書目》卷七《子類第三・雜筆》 《玉蕋辨證》一卷，周必大。

《續文獻通考》卷一八一《經籍考》 周必大《唐昌玉蕋辨證》一卷。必大見史類。臣等謹案：《唐昌玉蕋辨證》已載入《平園集》中，此乃摘出別行之本。

清 季振宜《季滄葦藏書目》 《玉蕊辨證》，一本。

清 錢曾《述古堂藏書目》卷四《花木》 《玉蘂辨證》一卷，抄。

清 錢曾《也是園藏書目》卷二《史部・種藝》 《玉蘂辨證》一卷。

清 錢曾《讀書敏求記》卷二《種藝》 《玉蘂辨證》一卷。《玉蘂辨證》，舊藏宋刻，後亦歸之泰興季氏，此從宋刻摹寫者。

《四庫全書總目》卷一一六《子部二十六・譜録類存目》 《唐昌玉蘂辨証》一卷，內府藏本，宋周必大撰。

清 孫星衍《孫氏祠堂書目・外編》卷三 《玉蘂考證》一卷，宋周必大撰。

清 周中孚《鄭堂讀書記》卷五一《子部九之下・譜録類二》 《玉蘂辨證》一卷，津逮祕書本，宋周必大撰。

清 丁申、丁丙《八千卷樓書目》卷一九《集部》 《玉蕊辨證》一卷，宋周子充編，汲古閣本。

清 丁日昌《持靜齋書目》卷三《子部四・農家類》 《唐昌玉蘂辨正》一卷，《津逮秘書》刊本。又汲古閣刻本，附在《歲華紀麗》後。宋周必大撰。入《存目》。

瓨荷譜

綜述

清 周中孚《鄭堂讀書記》卷五一《子部九之下・譜録類二》 上海之荷，實備於瓨，隨其器之大小皆宜，不僅陂塘池沼有之也。是諸凡單瓣十大種，重臺一種，千葉九大種，單瓣七小種，千葉六小種。大凡三十三種，每種各為說一則，以發明之。又藝法六條，曰出秧，曰蒔藕，曰位置，曰培養，曰喜忌，曰藏秧。其無遺美，無詼詞，實足為君子之花。侔色揣稱，與同時褚文洲《水密桃譜》，均足為物產之良譜也。前有嘉慶戊辰自序，及吳稷堂省蘭陸秀農慶循二序，楊心香光輔題詞，並校閲姓氏。

傳記

清 周中孚《鄭堂讀書記》卷五一《子部九之下・譜録類二》 鐘寶字瑤水，上海人。

著録

清 楊鐘寶《瓨荷譜・吳省蘭序》 『制芰荷以為衣兮，集芙蓉以為裳。』『其志潔，故其稱物芳。』『濯淖污泥之中，嚼然泥而不滓。』太史公何拳拳於《離騷》哉？良以其人其文與花一也。僕弱冠從古心叔之楚，自安化、沅江、武陵，歷善化、茶陵、芷江，及湘陰、長沙。壬午，通籍後，與司空兄對管華近，既而馳驅四方，老仍視學於楚。河伯之荷蓋，司命之荷衣，湘夫人之荷屋，搴之木末，採之水中，如古歡，如舊雨，與予若相終始。而苔岑之隔，垂五十年，『三十六陂春水，白頭想見江南』，浩然有歸志矣。夫玉井之蓮十丈，博陸侯之蓮鴛鴦三十六；曆城之北湖二十里，平陽峙之百里芳，右軍之所憩焉。鼎湖之步虛千仞，李陽冰之所托足焉。彼群芳之如海，豈一葦之可航？比尚瓨荷，不越几席間，而無美不具。歸與諸君子數晨夕間為避暑之飲，以此為下酒物。瓶盎之大小尺有咫，而莖長於人，天工人巧，合同而化有是夫！楊子瑤水，花董狐也，以其《瓨荷譜》問序於予。蘭，吾知其於幽谷也；菊，吾知其於老圃也；梅，吾知其於大小嶺也。以蓮之莖能辟鼠，藕能辟蟹，葉能治瘍疾，房與實足以安胎而變髪，豈不大有造於斯世乎！乃辱在泥塗，淪於潴涸，參軍之鬣蒙其上，長卿之跽介其旁，然而修潔自好，涅而不緇。設不諒其心之苦，所處之非其地，則其真終不白於天下。蓮哉，蓮哉，我重有感於花之君子哉！屠維大荒落塞且南匯吳省蘭稷堂氏拜序。

又《陸慶循序》 六經而外皆子也，古人學問，各守專門。故自唐以上，撰述具有源流，至宋而體裁雜出。凡一名一物，如器具、飲食、草木、鳥獸、蟲魚之屬，無不勒有成書。今觀四庫所藏，其著録文淵閣者，猶不下數十種。蓋以資利用，以廣記聞，俱足為學問之助，故古人亦不廢焉。瑤水詩狂花癖，與俗殊酸鹹。謂荷之愛，周後鮮有聞，乃著《瓨荷譜》一卷，其源蓋出於歐陽氏《牡丹記》。考荷始見《毛詩》，《楚詞》以降，播之歌詠者，其稱名也繁，其取類也廣。顧自《牡丹記》而外，若揚州之芍藥，金漳之蘭，范村之梅與菊，以及海棠、荔枝，甚至芋、菌、苔、筍之細，多有記録。荷獨無譜，可乎？瑤水補其闕，而寫聲繪影，各極其致，又非長卿、眉公輩諸小品所可同日語也。或謂荷之為花也，宜乎陂塘池沼，而譜荷於瓨，毋乃隘甚？然今之荷，實備於瓨，有非陂塘池沼所宜者，不得泥於古之所無，遂不為今之所有。《說文》：『瓨，從瓦，亦從缶。』許叔重謂土器已燒之總名。《爾雅》：『盎謂之缶。』《方言》：『自關而西謂之盆，小者謂之瓶、甂，陳楚宋魏之間謂之㼜，其大者謂之甌。』瓨之名始見《漢書》，師古注謂「長頸之甕」。《廣韻》有罌瓨。今瓨之形制固不一，古今名號有易，制器勿能盡合，要皆範於土，成於火，而宜於荷。荷，花之隱君子也；瓨，君子之岩棲穀處也；瑤水，花之良史也。以良史而疏巖棲穀處之隱君子，又無待徵諸譜，而知其無遺美無諛詞也已。嘉慶己巳且月上浣，秀農陸慶循書於無求安居。

又《自序》 原夫藕之為花也，濂溪愛之，而不言其色。言其色者，曰紅曰白而已，不聞有輕紅、淡白、淺碧、深紫之紛然也，不聞有重臺、單瓣、千葉、雙頭之犂然也。其為名也，曰蓮、曰荷、曰苓、曰茄、曰水芝、曰澤芝、曰水白、曰水華、曰水日、曰水雲、曰芙蓉、曰芙渠、曰菡萏，然即物而異其名，非判其種於名也。其花也，於江、於湖、於池、於沼，不聞若罌、若盎、若碗、若盞皆花也。花之蒔於缸也，自紅白大種始，然類多習見，人亦不甚珍愛。有賈於揚而歸者，出數小瓷盆示客。翠擎璧月，香泛霞杯，弱態豐容，掩映於筠簾棐幾間。人競以銀錢市鬻，賈又故昂其值，亦時出其值以醉客。顧吝其種，必殘其餘，王戎鑽李，懼人之有我有也。久之，種亦漸廣，賣花傭又爭致其所無。或謂小種皆子出，故不數年，遂得卅餘種。撐夏涉秋，閑庭曲院，粲如流綺。展琉璃之簟，倚水精之枕，露香花韻，沁骨侵肌，不必蕩槳溯流，求清涼世界也。因為之按種徵名，詳品辨色，與夫蒔藕藏秧，燥濕肥瘦之得法得宜，一一次序而譜之，庶與洛陽之牡丹、廣陵之芍藥並萃其美。然稽諸古，則南海有睡蓮，滄洲有金蓮，樂遊有嘉蓮，駁鹿山有飛來蓮，鉤仙池有分香蓮，琳池有分枝荷，儋州有四季荷。證諸今，則越有傲霜蓮，粵有五色蓮，遼海有墨蓮，金川有雪蓮。烏得以耳目之所及，遂以盡天下之奇也耶？他日之修花史者，幸有以廣我所不逮，而並為李九疑、王敬美、王康節之功臣也可。嘉慶十三年歲次戊辰閏五月，上海楊鐘寶識。

清 周中孚《鄭堂讀書記》卷五一《子部九之下・譜録類二》 《瓨荷譜》一卷，寶廉堂刊本，國朝楊鐘寶撰。

藝文

清 楊鐘寶《瓨荷譜・題詞》 蕭晨白社尺書傳，為報盆羅五色蓮。香國品題殊茂叔，文心變幻勝瑤泉。月疑融雪開偏合，露欲成珠散又圓。老我北窗如太華，臥遊玉井藕為船。

紛紛單瓣又重臺，粉白銀紅次第開。疏發前人康節譜，新評老輩子安才。淒涼北渚秋風曲，冷落南村夜雨杯。陶九成清樾堂風致，何減我家鐵崖。三十六陂何處是？碧筒香裏涉江來。

晁蔣空爭宋晏強，漁家六闋盛歐陽。旡咎《新荷葉》，竹山、景文、叔原《蝶戀花》及文忠公之《漁家傲》，皆蓮詞之最著者。《八歸》《八犯》新腔舊，《三疊》《三臺》小合長時以《練香詞稿》下詢。抱月纖腰憐靜婉，愁紅法曲補溫郎。梁羊侃、靜婉《採蓮》二曲至飛卿時已失傳。瓣香浮海星精到，贏得流螢照夜囊。

煙波渺渺許重探，一片紅棠落日酣。鬲指新聲翻白石，『鬧紅一舸』，姜之《湘月》即《念奴嬌》。鬲指聲，萬紅友謂宮調失傳，然聲音之道必不終湮。瑤水精於音律，試一索『鬲指』之解。彈詞舊史唱升庵。《譜》忌盲詞，若《廿一史彈詞》人所共喜，當不厭聽。面爭郎似肩隨六，病愛醫良肱折三。《譜》詳培秧治螃，可稱玉井岐黃。誰為湘累漂初服，佛香空滿百花潭。

心香楊光輔拜題。

雞冠花譜

清　丁日昌《持靜齋書目》卷三《子部四・農家類》　《雞冠花譜》，一作《雲鳳英譜》，抄本。題秋色主人撰。康熙己卯仲秋序。

月季花譜

清　佚名《月季花譜》　月季花先止數種，未爲世貴。考之花譜，種法未明。近得變種之法，愈變愈多，愈出愈妙，始於清淮，延及大江南北。高人雅士，爲之品題，花則盡態，名亦日新。而吳下月季之盛，始超越古今矣。種類之多，幾與菊花方駕。而今之好月季者，更甚於菊。余有月季之癖，栽種之法頗得其精，用將生平歷試之法。著之以供同好。列目爲九，一曰洗灌；二曰培壅；三曰養胎；四曰修剪；五曰避寒；六曰扦插；七曰下子；八曰去蟲；九曰品類。

又　右譜不知何人所著。序中有『吳下月季之盛』語，殆出於吳人也。稿本得之鬱君蓮卿汝鏞，爲刪訂付寫，以廣其傳。己亥五月上虞羅振玉叔蘊父記。

蔬菜類農書

菌譜

綜述

宋　陳仁玉《菌譜・序》　芝、菌，皆氣茁也。靈華三秀，稱瑞尚矣。朝菌晦朔，莊生詘之。至若儔其食品，古則未聞。自商山茹芝，而五臺天花亦甲群彙。仙居介臺栝叢山，入天仙靈所宮，爰產異菌。林居巖棲者，左右芼之。固黎之見至腴，尊葵之上瑞，比或以羞王公，登玉食。自有此山，即有此菌，未有此遇也。遇不遇，無預菌事。繄欲盡菌之性，而究其用，第其品，作《菌譜》。淳祐乙巳秋九月山人陳仁玉序。

《四庫全書總目》卷一一五《子部二十五・譜録類》　是編成於淳祐乙巳。前有自序。案葉夢得《避暑録話》曰：四明、温、臺山谷之間多產菌。又周密《癸辛雜識》曰：天臺所出桐蕈，味極珍，然致遠必漬以麻油，色味未免頓減。諸謝皆臺人，尤嗜此品。乃併舁桐木以致之，旋摘以供饌。是南宋時臺州之菌爲食單所重。故仁玉此譜備述其土產之名品。曰合蕈、曰稠膏蕈、曰栗殼蕈、曰松蕈、曰竹蕈、曰麥蕈、曰玉蕈、曰黃蕈、曰紫蕈、曰四季蕈、曰鵞膏蕈，凡十一種，各詳所生之地，所採之時，與其形狀色味。然不及桐蕈，則未喻其故也。按《爾雅・釋草》曰：中馗菌。郭璞註曰：地蕈也。《呂氏春秋》稱和之美者，越駱之菌。是菌自古入食品。然爲物頗微，類事者多不之及。陳景沂《全芳備祖》僅載二條。存此一編，亦博物之一端也。末附解毒之法，以苦茗白礬勻新水咽之，與張華《博物志》、陶宏景《本草註》以地漿治之者法又不同。可以互相參證，亦有裨於醫療焉。

《四庫全書簡明目録》卷一二 南宋時，以臺州之菌爲上味，故仁玉述其鄉之所産，爲此書。凡十一種，各詳所生之地，所採之時，與其形狀色味。末附以解毒之法。

清 鄭中孚《鄭堂讀書記》卷五一《子部九之下・譜録類二》 《四庫全書》著録。焦氏《經籍志》亦載之。倪氏《宋志補》載，陳仁玉《菌譜》一卷，當即此書，『蘭』乃『菌』之誤也。南宋時，以州之菌為上味，故碧棲述其鄉之所產，為此書。凡合蕈，稠膏蕈，栗殼蕈，松蕈，竹蕈，麥蕈，玉蕈，黄蕈，紫蕈，四季蕈，鵝膏蕈十一種，每種各為敘述一則。皆所以盡蕈性，而究其用，第其品也。末附解毒之法，俾山居者，享其美而違其害云。前有淳祐乙巳自序。《說郛》、《墨海金壺》亦收入之。

傳記

《四庫全書總目》卷一一五《子部二十五・譜録類》 仁玉字碧棲，臺州仙居人。擢進士第。開慶中官禮部郎中，浙東提刑，入直敷文閣。嘉定中重刊《趙清獻集》，其序即仁玉所作。其事迹則無考矣。

清 厲鶚《宋詩記事》卷六八 仁玉，號碧棲，仙居人。第進士，開慶中，禮部郎中，兼崇政殿說書，除直祕閣，浙東提刑，兼知衢州，直敷文閣。

清 周中孚《鄭堂讀書記》卷五一《子部九之下・譜録類二》 仁玉，字碧棲，臺州仙居人。擢進士第。開慶中，官禮部郎中、浙東提刑，入直敷文閣。

著録

明 高儒《百川書志》卷一〇《子志四・農家》 《菌譜》一卷，宋陳（伯）［仁］玉著，二十一品。

明 晁瑮《晁氏寶文堂書目》卷下《藝譜》 陳仁玉《菌譜》。

明 焦竑《國史經籍志》卷三《史部・種藝》 《菌譜》一卷，陳仁玉。

明 祁承㸁《澹生堂藏書目》卷八《子類第四・樹藝》 《菌譜》一卷，陳仁玉。百川學海本。山居雜志本。

明 徐𤊹《徐氏紅雨樓書目》卷三《農圃類》 《菌譜》一卷。

明 徐𤊹《徐氏家藏書目》卷三《農圃類》 《菌譜》一卷，宋陳仁玉。

明 王圻《續文獻通考》卷一七九《經籍考》 《菌譜》，陳仁玉著。

清 黄虞稷《千頃堂書目》卷九《食貨類》 陳仁玉《（蘭）［菌］譜》一卷。

《續通志》卷一五九《藝文略》 《菌譜》一卷，宋陳仁玉撰。

又 卷一六五《圖譜略一》 宋陳仁玉《菌譜》。

《續文獻通考》卷一八一《經籍考》 陳仁玉《菌譜》一卷，仁玉，字碧棲，臺州仙居人。擢進士第，開慶中官禮部郎中，浙東提刑入直敷文閣。臣等謹案：是編備載菌所生之地，所採之時，與其形狀色味，凡十一種。

清 曹寅《楝亭書目》卷三《子集》 《菌譜》，宋陳仁玉撰，一卷，一冊。

清 錢曾《也是園藏書目》卷二《史部・種藝》 陳仁玉《菌譜》一卷。

清 錢曾《錢遵王述古堂藏書目録》卷六《花木》 陳仁玉《菌譜》一卷，一本，抄。

清 錢曾《述古堂藏書目》卷四 《菌譜》一卷，抄。

清 季振宜《季滄葦藏書目》 《竹譜》《筍譜》《菌譜》《酒譜》共一本。

清 陸漻《佳趣堂書目》 《菌譜》一卷，陳仁玉。

（雍正）《浙江通志》卷二五四《經籍》 《菌譜》一卷，《百川書志》：宋陳仁（五）［玉］著。

《四庫全書總目》卷一一五《子部二十五・譜録類》 《菌譜》一

卷，浙江鮑士恭家藏本，宋陳仁玉撰。

《四庫全書簡明目録》卷一二　《菌譜》一卷，宋陳仁玉撰。

清　孫星衍《孫氏祠堂書目・外編》卷二　《菌譜》一卷，宋陳仁玉撰。

清　周中孚《鄭堂讀書記》卷五一《子部九之下・譜録類二》　《菌譜》一卷，百川學海本，宋陳仁玉撰。

清　陳昌圖《南屏山房集》卷二〇　《菌譜》一卷，宋陳仁玉撰。按仁玉，淳祐時人，所載各蕈，凡十一種，曰合，曰稠膏，曰栗殼，曰松，曰竹，曰麥，曰玉，曰黄，曰紫，曰四季，曰鵝膏。

清　丁丙《善本書室藏書志》卷一八《子部六・譜録類》　《菌譜》一卷，明覆宋刊本。前有淳祐乙巳秋九月陳仁玉自序云【略】。凡十一種，各詳其所生之地，所採之時與其形狀色味。仁玉，字碧棲，擢進士，官浙東提舉，入直敷文閣。

清　丁申、丁丙《八千卷樓書目》卷一二《子部・譜録類》　《菌譜》一卷，宋陳仁玉撰。抄本。守山閣本。百川本。

清　陸心源《皕宋樓藏書志》卷五四《譜録類》　《菌譜》一卷，宋刊本，宋陳仁玉撰。

清　沈德壽《抱經樓藏書志》卷四一《譜録類二》　《菌譜》一卷，宋刊本，宋陳仁玉撰。

清　陳揆《稽瑞樓書目》　《菌譜》一卷，附。

清　倪燦《宋史藝文志補》　陳仁玉《（蘭）〔菌〕譜》一卷。

澹圃芋記

論説

《四庫全書總目》卷一一六《子部・譜録類存目・澹圃芋記提要》

其書專紀芋魁典故凡十類，一名、二藝、三食、四忌、五事、六論、七詩、八賦、九謠、十方，採摭頗詳。

傳記

（乾隆）《福建通志》卷二二　楊德周，寧波人。博學長才，著有《玉田識畧》。

《續文獻通考・經籍考》卷一七九　德周，字齊莊，鄞縣人。萬歷舉人，官高唐縣知縣。

《續文獻通考・經籍考》卷一八一　楊德周《澹圃芋紀》一卷。

（雍正）《山東通志》卷一五之三　趙士駿，高密人。德周見小説家類。是編為德周所撰，而趙士駿復增定之。士駿字西星，鄞縣人，與德周同里。

清　黄虞稷《千頃堂書目》卷八　楊德周《延慶寺紀畧》一卷。字孚先，萬歷丁巳修。

清　黄虞稷《千頃堂書目》卷二六　楊德周《六鶴齋詩選》六卷。德周，字南仲，一字浮先，別字齊莊。授古田縣知縣。

《四庫全書總目》卷一一六《子部・譜録類存目・澹圃芋記提要》

德周字齊莊，鄞縣人，萬曆壬子舉人，官高唐縣知縣。士駿字西星，亦鄞縣人。

著録

明　徐𤊹《徐氏紅雨樓書目・子部・農圃類》　《芋記》一卷，楊德周撰。

《續通志》卷一五九《藝文略》　《澹圃芋記》一卷，明楊德周撰。

（雍正）《浙江通志》卷一四〇　楊德周，鄞人，高唐知州。

《續文獻通考》卷一八一《經籍考》　楊德周《澹圃芋紀》一卷。

清　黄虞稷《千頃堂書目》卷一二　楊德周《芋記》一卷。

《四庫全書總目》卷一一六《子部・譜録類存目》卷一三八　《澹圃

芋紀》一卷，兩淮鹽政採進本，明楊德周撰。趙士駿復增定之。

芋經（種芋法）

明　祁承㸁《澹生堂藏書目》卷八《子類第四・樹藝》　《芋經》一卷，黄省曾。《夷門廣牘》本。

清　萬斯同《明史・藝文志三》卷一三五　黄省曾【略】《芋經》一卷。

清　黄虞稷《千頃堂書目・農家類》卷一二　黄省曾【略】《芋經》一卷。

清　錢謙益《絳雲樓書目》卷二　《種芋法》。

（同治）《蘇州府志・藝文志一》卷一三六　黄省曾【略】《芋經》一卷。

茹草編

綜述

明　周履靖《茹草編・彭輅序》　肉食者鄙，藿食者癯，自昔兩病之。然味之匪腴而易供，委山澤田野弗之秘，莫藜藿若也。梁庾杲之善治蔬，錯列為葅，如韭薤淹生雜菜之屬，凡二十有七種，為任昉氏所誚。其高曠之致，去之千載，使人欽挹。今檇李有周子殆庾之流亞也。周子居常習草，旁搜廣索，得草百有餘種。視庾有加，悉為圖而詠之，成一編。又摭古語之疏艸木者附焉，以嗅味前哲。或曰：周子多愛，愛奇也。既奇矣，恐不皆可啖。余意周子負寸猷韜而伏之蚓壤豹霧中，其為是編，姑以標其長往遐遯濩落蕭條之思耳。而辨物多識，有足採者。粤若炎帝所嘗，主於和藥入餌，故高下品之。君臣佐使用之，未暇及口，實奉養也。后稷宅邰，公劉徙豳，以養道教民，所研綜精矣。次者瓜壺苴茶佳者，葵菽鬱薁，僅僅數物而止，特其槩之也。周子摭擷之夥，不藉前聞，其食於野而獲者歟？野人有舉食芹之美語富人者，富人食而螫於口，惡告者為紿已。京師五侯七貴與四方鼎食豪家，窮水陸芻豢之珎，殫滫瀡膳膏之美，嗛焉不饜，曰鉤致所希有，將安事庶草哉？惟詭世不逢谷處巖觀者得之，可以脩厥所須，而移他嗜好焉。姬祚衰而賢智隱，其詩曰：豈其食魚，必河之魴。言自足而無求也。顧魚亦不易辦，周子所録不越乎藻荇笋蒲之間，隨取輒給。即舍魚可矣，食之無魚也，出之無車也。此曳裾彈鋏者，所汲汲而求也。故役役老死，疲精外馳，而魚與車或未之得。知茹艸味者其免夫。故於陵陳仲子辭三公為人灌園，南州徐穉秉耒躬耕，非其力不食，性詎與人殊哉。誠有所藉以自足也。周子者，名履靖，字逸之，別號梅墟，又號梅顛，盍里閒佳士也。後世不識周子，盍視其書。萬曆壬午三月三日前進士刑部尚書郎郡人彭輅譔。

又《皇甫汸跋》　山谷題畫菜有云：可使士大夫知此味，不使吾民有此色。而晦菴亦曰：喫菜根百事可作。美哉！草木之滋，與禁臠競腴也。在位君子能知其味，則閭閻之下菜色，其鮮矣。世之貪饕汚濁攘民而剥其脂髓，皇皇播間之乞隳厥名。行者必持粱嚙肥擊鮮而饌玉者也。其志芳行潔，難進易退，使人景企無窮者，必飯蔬飲水，甘澹泊無他嗜羡者也。周君是編，厥草凡百種，深山人野隨地有之。然則可以療飢者，寧獨煒煒之芝哉？吾其問諸黄綺。萬曆壬午冬日吴門百泉皇甫汸。

又《侯一元跋》　檇李周君逸之撰《茹草編》，裒十物而列之，廼古方書所未具周。一一圖繪其形，而繼以詩咏。讀其詩，蕭然無求於世，而薄珍腴之味爲羶穢不足嗜也。世人於所嗜好有溺而徇，則終歲營營，靡所稅駕。苟灑酒覺悟，則鼴鼠飲河不過滿腹而止。晋何曾日食萬錢，猶云無下箸處。彼湛溺於富貴者，委瑣不足道。至子夏碩賢高弟，且入聞夫子之道而樂，出見紛華而悦，孰能茹草飯糗竟其齒不厭哉？貧居隱約之士，誠有味乎斯編。將含餔帶索，拾穗而行歌，不復知朝市間，別有五鼎食者矣。則彈鋏者奚無魚之嗟，叩角者奚逢堯之羨哉？周君居聖明之世，而其清標沖抱若脫履而高蹈者，吾良有取乎爾。萬曆甲申仲冬望日仙巖二谷侯一元識。

又《仇雲鳳跋》　嗟嗟！世之人有不困於肉食者乎？得則欣，失則戚，困也。亦有不困於藿食者乎？得則戚，失則欣，困也。此豈藿與肉之果能爲困也乎？要亦人自爲欣，人自爲戚，則亦人自爲困焉耳。所以古之達人，拾蕨採薇思蓴偑蒞，逍遥鼎俎之外，厭飫蒿萊之埸。上者瑶島翠微，下者江離野徑，取其適意，妙在賞心。孰戚孰欣，奚得奚失，伊誰我困哉？梅墟周君雅慕斯道，薄視世坌，出則携筐，入則學圃，有聞有見，必簡必編。久之，裒然帙也，命曰《茹草》。其說以爲草生大塊間，不煩種蒔，不煩灌溉，而乃滋蔓，時時長活，栖遲不能爲辱，把玩不能爲榮。王公大人與之交亦可，樵夫牧豎與之交亦可，卽莫與之交而萋萋芊芊於淡漠之鄉亦可。蓋有幽貞之德焉，有獨寤之風焉。周君曰：我茹之，夫亦茹，其似乎？余方求解二困，樂爲識此。萬曆辛卯七夕鹽官三謙仇雲鳳跋。

又《周紹濂跋》　跋《茹草編》曰：服紈袴者，不足與談鶴氅荷衣之風；嗜膏粱者，不足與語草根木實之趣。蓋清苦澹泊，斯志氣高朗，進之而事業宏偉，退之而操持俊潔。甚之長生永年，超越乎庸碌儕輩，奚翅數舍地步。梅墟君雅志書史，遊神筆硯，肉食未始弗甘，蔬食乃其獨味。《茹草》一編，徵諸經典，形諸圖類，開人間世清廓虛明之境。君子哉！非古之遺逸，今之高尚耶。屬予讐校，因殿數語於末。以覺乎懵懵然肥甘口腹徒、血肉軀者。萬曆丙申就李蒼明周紹濂識。

又《吴惟貞跋》　梅墟山人栖遲郊坰，食藿而甘，乃繪圖列牘，本原種性。又取古人文之雋者膏渥之。爲詩餚酒俎，曰：是足以傲鼎食矣。山人固外枯内腴，將茹薇蕨以老。余於世亦泊乎嚼蠟，行礪齒從山人。山人食，雲則食，蓋不敢不飽也。長水鳳山吴惟貞識。

又《跋》　余之是編也，實出余孩心云。蓋圃細人事，世之博碩奇偉者，疑垂涕勿顧。而余獨耽耽嗜之，若有厚味焉者，夫亦各有適也。乘輕策駿，剖鮮割肥，一羅而窮山珍盡海錯，人適其適。裋衣麰帽，出肘露骭，春雨初霽，冬雪未消，扵是提筐遵徑，探萌尋芽，煨煎土釜，以飽我腹，我適其適。夫當其在人也，不知其在我也。其在我也，又不知在人也，人我俱適。豈敢相非藉令以此種，種而次之，羊炮豹炙之間，諸豪貴人，必不顧。以羊炮豹炙而次之。種種之間余亦不敢染指一臠，予蓋甘爲圃人也夫。丁酉長至日梅顛周履靖識。

又《跋》　古之崇於味者，坐擁方丈，日費萬錢，猶悁悁發嘆不已。至於榜吏膳痂烝兒作膾，又瑣猥殘酷，當與肉食獸併殺同驅者也。每讀書至此，輒為廢卷，孰若予庶草葸蒨與芝菌比潔乎？予方寶此如竹花楝實，即有嚇予者，予不顧也。且得古人澹泊明志之旨云。梅墟山人周履靖識。

傳記

（雍正）《浙江通志》卷一七九　周履靖，《嘉興縣志》，字逸之，少羸，去經生業，專力為古文詞。廢箸千金庋古令典籍。編茆引流。雜植梅竹，讀書其中，所著詩盈百卷，手書金石古篆、晉魏行楷及畫，史稱是劉鳳嘗作貧士傳遺之。

清　孫岳頒《佩文齋書畫譜》卷四四《書家傳二十三》　周履靖，字逸之，嘉興人。去經生業，專力為古文、詩詞。編茅引流，雜植梅竹，讀書其中，自號梅癲道人。工篆隸、章草、行楷，與文休承王元美相友善。

清　沈季友《檇李詩系》卷一五　梅顛道人周履靖，履靖字逸之，號梅墟，秀水人。萬歷中，布衣築舍鴛湖之濵，種梅百餘株，時吚唔其下，人呼為『梅顛道人』，自稱『螺冠子』。著述甚富，刻有《梅顛稿》。

著録

明　祁承㸁《澹生堂藏書目》卷八《子類第四・樹藝》　《茹草編》四卷。夷門廣牘本。

明　徐𤊹《徐氏家藏書目》卷三《農圃類》　《茹草編》四卷，周［履靖］。

清　黄虞稷《千頃堂書目》卷一二《雜家類》　周履靖《茹草編》四卷。

清　萬斯同《明史》卷一三五《藝文志三》　周履靖《茹草編》四卷。

《明史》卷九八《藝文志三・子・農家類》　周履靖《茹草編》四卷。

明　朱睦㮮《近古堂書目》卷上《子農家類》　《茹草編》

《四庫全書總目》卷一八〇《集部三十三・別集類存目七》　明周履靖【略】所著有【略】《茹草編》。

（雍正）《浙江通志》卷二四四《經籍四》　《茹草編》四卷，【略】

尤氏藝文志：周履靖撰。

雜録

明 徐㷆《徐氏筆精》卷五 嘉禾周履靖作《茹草編》，亦效西樓而起。編中《詠燕子不來香》云：『新蒲正短，舊壘猶空，繡箔珠簾面面風。粘天芳草，碧玉茸茸。趁呢喃聲杳，曉摘芳叢。昭陽殿裏，妬緑嫌紅，無奈香消一眄中。』清婉可詠。

苔譜

綜述

《四庫全書總目》卷一一六《子部二十六・譜録類存目》 是編雜採苔之文句故實，卷一曰釋名，卷二曰總敘苔，卷三曰諸品苔，卷四、卷五曰苔生處，所卷六曰雜録。

傳記

《清文獻通考》卷二一二《經籍考》 憲，字千陂，錢塘人。乾隆乙丑進士，官至刑部陝西司員外郎。

清 阮元《兩浙輶軒録》卷二三 汪憲，字千波，號魚亭，錢唐人。乾隆乙丑進士，官刑部陝西司員外。著《振綺堂稿》。

著録

清 汪憲《苔譜・序》 僕本散材，性躭幽境。每當春秋佳日，歷攬湖山。見夫被磴芳茵，漾波緑髮，青鞋踏破，素袂搴回。既而燕息花南，養痾硯北。賔階緑滿，圃叟釋鋤，遂使屐齒留痕，坐榻生暈。時有竹溪邵子藻績，能嫻方願，屬以渲毫，俾成圖說，遷延日久，求去蹉跎。今年春仲積雨兼旬，彌碎錦磚，圓錢堆砌，欲抒悶抱，隨檢陳編，雜採事寔詩文，類成苔譜六卷。續有所見，綴為補遺，竊附《花史》之班，聊補《農書》之闕云尔。乾隆乙酉夏至東軒居士汪憲書。

《清文獻通考》卷二二八《經籍考十八》 《苔譜》六卷，汪憲撰。憲見經類。

《清通志》卷一一四《圖譜略》 汪憲《苔譜》，謹按：是編雜録苔之故實、詞句，凡六卷。

清 沈初《浙江採集遺書總録閏集・説家類》 《苔譜》六卷，振綺堂寫本。右國朝汪憲輯。詳苔之種類，并題詠備焉。

《四庫全書總目》卷一一六《子部二十六・譜録類存目》 《苔譜》六卷，浙江巡撫採進本，國朝汪憲撰。

《清史稿》卷一四七《藝文志三》 《苔譜》六卷，汪憲撰。

蒲葵栽製法

清 劉敦煥《蒲葵栽製法》 廣州新會左近百餘里，彌望無際，皆葵田也。制以為扇獨擅其利，他處所産，不能用也。每歲得值，約百余萬金，其販運徧各行省，遠及舊金山等埠。曩客其地，曾與土人考究栽製之法，兹述其厓畧如左。

吴蕈譜

清 吴林《吴蕈譜》 王鏊《姑蘇志》云：蕈即菌，多生西山松林下。二月生者名雷驚蕈，其色赤者，名猪血蕈，味皆鮮美。又岳岱《陽山舊志》曰：蕈者，惟山中有之，蓋草木之脂入土，兼得膏澤則生。驚蟄時生者，山人名曰『雷驚』；莖高白而斑者曰『溪鶩』；紫而青者曰『青紫』；小而實者曰『麸筋青』；赤色損之有汁者曰『朱血』；色黃而味甘者曰『餹蕈」，諸種竝佳。愚按：赤色而損之有汁者，謂之奶汁蕈，非朱血也。「朱」恐「猪」字之訛。又牛若麟《吳縣志》曰：蕈各處皆生，山中獨多。鵞子蕈最佳，其他梅蕈、松蕈、茶蕈、桑蕈、菜花蕈皆可食。吾蘇郡城之西，諸山秀異，産蕈實繁，尤尚黃山者，爲絶勝。何則？以其地邇，而易於上市，爲最新鮮也。他山者，可就其地而食之，宜巖棲之士享厥美焉。當春氣初萌，雪融泥軟，雷欲發聲，蟄猶未動，其時産蕈，所爲「雷驚」者也。一名「戴沙」，村人於石罅沙土中尋而拾之，故又名「石蕈」。東坡又名「雪蕈」；色黑者曰「烏雷驚」；色黃者曰「黃雷驚」；産於梅樹下者曰「梅樹蕈」；菜花時生者曰「菜花蕈」；生穀樹上者曰「穀樹蕈」；茶樹下生者曰「茶棵蕈」；桑園内産者曰「桑樹蕈」；其形如鵞卵者曰「鵞子蕈」；小於鵞子者曰「黃雞卵蕈」；叢生茅柴中者曰「茅柴蕈」；甘而紫糖色者曰「餹蕈」。《肯綮録》云：人面色紫曰「糖」。《丹鉛總録》曰：「紫檀色」訛爲「紫棠色」。斯時天氣未熱，無蛇虺之毒，洎蟲蝕之患，雜以薑芽和筍爲美。陳仁玉所謂羞王公登玉食者也。以上諸蕈，皆與「雷驚」次第而出。故金昌豪右游山舫船爭買獻。新未見，其失食之勿疑，宜列爲上品。其次有面紫者曰「紫面蕈」；斑紋如雉者曰「野雞斑蕈」；楊樹下産者曰「楊樹蕈」；損之有汁者曰「奶汁蕈」；面青者曰「青面子蕈」，更有「白面子」、「紅面子」、「赭面子」，卽俗所謂「黶面子」梅氏：乙減切，音黶，青黑色。竝可食。形如手掌者曰「佛手蕈」；天氣初寒而生者曰「紫花蕈」；色如薑黃者曰「薑黃蕈」；質瘦而高脚者曰「燈臺蕈」，以上諸蕈味俱美。而時令已晏，稍久卽有蟲豸侵蝕，難供染指，宜列爲中品。又次有面縐而蠢者，曰「瘋婆子蕈」；白如玉者曰「粉團蕈」；紅如橘皮而辣者曰「橘皮蕈」；如繖張者曰「傘子蕈」；白而滑者曰「麪脚蕈」；面紫襇出孫樓吳音「奇」字，梅氏作襇。紅者曰「紫血蕈」；紫而或黃者曰「紫富蕈」；面鮮紅而襇白者曰「豬血蕈」，以上諸蕈雖皆可啖，而味自劣於上中品者。或有與毒蕈疑似者，其列爲下品，宜矣。然一交六月，則雜蕈百出，如生於楝樹下者曰「楝樹蕈」；發於椿樹下，面黃襇白論簇而生者曰「椿樹蕈」；生於某樹者，卽指其樹而名。但楝椿二樹，産蕈偶然，非恒有之物，故不列品。其有形如餺飥，味如海蛇者曰「餺飩」。《千金翼》：餺飩麪。蕈長小者曰「烏雞鵞脚」，卽陽山所謂「谿鵞蕈」者是也。又有青紫粉者，卽青紫蕈也。「麩筋蕈」者韌，顔師古注：《急就章》檀，堅韌木也。如麩筋也。皆憑村老以鄉俗語象形立名，亦不必多贅。謹按：林所品諸蕈而食之足矣。其雜而莫識者，可舍之而已。其不堪食者，則有純白色而味苦者曰「石灰蕈」。李實蜀語有「地芝」曰：菌其面上如石灰者殺人，其純白色者爲毒蕈，是處皆然。黑色而質薄傘張者曰「桴炭蕈」；蒼白色者曰「瓦屑蕈」，一名「灰子蕈」，此三種俱塚墓間有石灰露處便生，四時皆有之。雖未至害人，亦木而無味之物也。有灰黃色矮脚，而粘滑無襇作細鍼空者曰「黃饅頭」，漸大如一升器，背面如羊肚，人又呼之曰「牛屎蕈」。此山中人共棄之物，雨後遍山皆是。更有苦而麻者曰「苦麻蕈」、「麩皮蕈」一名「土蕈」。「綿繭蕈」卽綿薑頭，面白有細紋如銀絲。碎之其氣辢辣，孫樓《吳音奇字》音「撮」，捋方言味辣也。食之戟喉者曰「生薑蕈」，大毒。面紅摺白比猪血蕈倍大者，曰「沙枋出王佐《格古要論》蕈」。古墓間下有沙枋，往往生蕈，誤食殺人。余嘗見一人以沙枋、木柹，點火吃烟立斃，厥毒可知矣。以上諸毒蕈，略舉一二，宜在所黜。設有厥狀，異於諸蕈，採者棄之而已。《瑣碎録》云：凡果異常，必根有毒蛇，忌食。竊謂：凡菌異常，亦必其下有蛇虺居焉。《陽山舊志》又曰：凡白摺面紅者，純白與無摺者，採宜棄之。生楓樹者曰「笑蕈」，食之令人笑不止，飲以土漿則愈。又法烹時，以燈草數莖投釜中，燈草黑，有毒不可食。故山中人劚蕈梅氏：竹角切，音捉。吳俗拾菌曰「劚蕈」。必認蕈。蕩如某山出何等蕈，某地出何等蕈，皆有舊。蕩不亂生者，凡菌一處，略出幾莖者佳。如論簇而生，傾筐而得者，必蛇蕈也，蛇涎亦能成蕈。凡蕈有名色可認者採之，無名者棄之。此雖言一鄉之物，而四方賢達之士宦游流寓於吳山者，當知此譜而採之，勿輕食也。然林以醯雞之見，尚多闕漏，俟諸好事者，廣識而續之，亦憫世之一功，此作譜之大意也。今將諸蕈可茹者，謹陳如左。

清 丁申、丁丙《八千卷樓書目·子部·譜録類》卷一二 《吳蕈譜》一卷，國朝吳林撰，昭代叢書本。

（同治）《蘇州府志·藝文志四》卷一三九 吳林《吳蕈譜》一卷，號息園，長洲人。

《清史稿·藝文志三》卷一四七 《吳蕈譜》一卷，吳崧撰。

茶書類農書部

茶經

綜述

唐　皮日休《〈茶中雜咏〉序》《茶乘》卷六　案《周禮》：酒正之職，辨四飲之物。其三曰漿。又漿人之職，供王之六飲：水、漿、醴、涼、醫、酏。入於酒府。鄭司農云：以水和酒也。蓋當時人率以酒醴為飲，謂乎六漿，酒之醨者也，何得姬公製？《爾雅》云：『檟，苦荼。』即不擷而飲之，豈聖人純於用乎？抑草木之濟人，取捨有時也。自周以降及於國朝茶事，竟陵子陸季疵言之詳矣。然季疵以前，稱茗飲者，必渾以烹之，與夫瀹蔬而啜者無異也。季疵之始為經三卷，由是分其源，製其具，教其造，設其器，命其煮，俾飲之者除痟而去癘，雖疾醫之不若也。其為利也，於人豈小哉！余始得季疵書，以為備矣。後又獲其《顧渚山記》二篇，其中多茶事；後又太原溫從雲、武威段碣之各補茶事十數節，並存於方冊。茶之事，由周至於今，竟無纖遺矣。昔晉杜育有《荈賦》，季疵有《茶歌》，余缺然於懷者，謂有其具而不形於詩，亦季疵之餘恨也。遂為十詠，寄天隨子。

宋　陳師道《後山集》卷一六《〈茶經〉序》　陸羽《茶經》家書一卷，畢氏、王氏書三卷，張氏書四卷，內外書十有一卷。其文繁簡不同，王、畢氏書繁雜，意其舊文；張氏書簡明，與家書合，而多脫誤；家書近古，可考正。自七之事其下亡；乃合三書以成之，録為二篇，藏於家。夫茶之著書自羽始，其用於世亦自羽始，羽誠有功於茶者也。上自宮省，下迨邑里，外及戎夷、蠻狄，賓祀燕享，預陳於前，山澤以成市，商賈以起家，又有功於人者也，可謂智矣。經曰：『茶之否臧，存之口訣。』則書之所載，猶其粗也。夫茶之為藝下矣，至其精微，書有不盡，況天下之至理，而欲求之文字紙墨之間，其有得者乎？昔者先王因人而教，因欲而治，凡有益於人者，皆不廢也。世人之說，曰先王《詩》、《書》、《道德》而已，此乃世外執方之論，枯槁自守之行，不可羣天下而居也。史稱羽持具飲李季卿，季卿不為賓主，又著論以毀之。夫藝者，君子有之，德成而後及，乃所以同於民也；不務本而趨末，故業成而下也。學者慎之！

唐　陸羽《茶經・陳文燭序》　先通奉公論吾沔人物，首陸鴻漸，蓋有味乎《茶經》也。夫茗久服，令人有力悅志，見《神農食經》，而曇濟道人與〔王〕子尚設茗八公山中，以為甘露，是茶用於古，羽神而明之耳。人莫不飲食也，鮮能知味也。稷樹藝五穀而天下知食，羽辨水煮茶而天下知飲，羽之功不在稷下，雖與稷並祠可也。及讀自傳，清風隱隱起四座，所著《君臣契》等書，不行於世，豈自悲遇不禹、稷若哉！竊謂禹、稷、陸羽，易地則皆然。昔之刻《茶經》、作郡志者，豈未見茲篇耶？今刻於經首，次《六羨歌》，則羽之品流概見矣。玉山程孟孺善書法，書《茶經》刻焉，王孫貞吉繪茶具，校之者，余與郭次甫。結夏，金山寺飲中泠第一泉。

明　李維楨《〈茶經〉序》《茶書》卷首　徐微休尚論邑之先賢，於唐得陸鴻漸。泉無恙而《茶經》漶滅不可讀，取善本覆校，鍥諸梓，屬余為序。蓋茶名見《爾雅》，而《神農食經》、華佗《食論》、壺居士《食忌》、桐君及陶弘景録、《魏王花木志》胥載之，然不專茶也。晉杜育《荈賦》、唐顧況《茶論》，然不稱經也。韓翃《謝茶啟》云：吳主禮賢置茗，晉人愛客分茶，其時賜已千五百串，常魯使西番，番人以諸方產示之，茶之用已廣，然不居功也。其筆諸書，而尊為經而人又以功歸之，實自鴻漸始。夫揚子雲、王文中一代大儒，《法言》中說，自可鼓吹六經，而以擬經之故，為世詬病。鴻漸品茶小技，與經相提而論，人安得無異議？故溺其好者，謂窮《春秋》，演河圖，不如載茗一車，稱引並於禹、稷，而鄙其事者，使與傭保雜作，不具賓主禮。《汜論訓》曰：伯成子高辭諸侯而耕，天下高之。今之時辭官而隱處鄉邑下，於古為義，於今為笑，豈可同哉。鴻漸混跡牧豎、優伶，不就文學、太祝之拜，自以為高，此難為俗人言也。所著《君臣契》三卷、《源解》三十卷、《江表四姓譜》十卷、《南北人物志》十卷、《占夢》三卷，不盡傳，而獨傳《茶經》，豈以他書人所時有，此為觭長，易於取名，如承蜩、養雞、解牛、飛鳶、弄丸、削鐻之屬驚世駭俗耶？李季卿直技視之，能無辱乎哉！無論季卿，曾明仲《隱逸傳》且不收矣。費袞云：鞏有瓷偶人，號陸鴻漸，市沽茗不利，輒灌注之，以為偏好者戒。李石云：鴻漸為《茶論》並煎炙法，常伯熊廣之，飲茶過度，遂患風氣，北人飲者，多腰疾偏死，是無論儒流，即小人且求多矣！後鴻漸而同姓魯望嗜茶，置園顧渚山下，歲收租，自判品第，不聞以技取辱。鴻漸嘗問張子同：『孰為往來？』子同曰：『太虛為室，明月為燭，與四海諸公共處，未嘗少別，何有往來？兩人皆以隱名，曾無尤悔。僧晝對：『鴻漸使有宣尼博識，胥臣多聞，終日目前，矜道侈義，適足以伐其性，豈若松巖、雲月，禪坐相偶，無言而道合，志靜而性同，吾將入杼山矣。』遂束所著燬之。度鴻漸不勝伎倆磊塊，沾沾自喜，意奮氣揚，體大節疏。彼夫外飾邊幅，內設城府，寧見容耶？聖人無名，得時則澤及天下，不知誰氏；非時則自埋於民，自藏於畔。生無爵，死無謚，有名則愛憎，是非、雌雄，片合紛起。鴻漸殆以名誨妬耶？雖然牧豎、優伶可與浮沉，復何嫌於傭保。古人玩世不恭，不失為聖。鴻漸有執以成名，亦寄傲耳！子京言：放利之徒假隱自名，以詭祿仕。肩摩於道，終南嵩山，成仕途捷徑，如鴻漸輩，各保其素，可貴慕也。太史公曰：富貴而名磨滅，不可勝數，惟俶儻非常之人稱焉。鴻漸窮厄終身，而遺書遺蹟，百世之下寶愛之，以為山川邑里重，其風足以廉頑立懦，胡可少哉！夫酒食禽魚，博塞摴蒱，諸名經者夥矣，茶之有經也，奚怪焉！

明 魯彭《刻〈茶經〉敘》 粵昔己亥，上南狩郢，置荊西道。無何，上以監察御史、青陽柯公來蒞厥職。越明年，百廢修舉，乃觀風竟陵，訪唐處士陸羽故處龍蓋寺。公喟然曰：『昔桑苧翁名於唐，足跡遍天下，誰謂其產茲土耶？』因慨茶井失所在，乃即今井亭而存其故。已復構亭其北，曰茶亭焉。他日公再往，索羽所著《茶經》三篇，僧真清者，業録而謀梓也，獻焉。公曰：『嗟，井亭矣，而經可無刻乎？』遂命刻諸寺。夫茶之為經，要矣，行於世，膾炙千古，乃今見之。《百川學海》集中茲復刻者，便覽爾。刻之竟陵者，表羽之為竟陵人也。按羽生甚異，類令尹子文。人謂子文賢而仕，羽雖賢，卒以不仕。又謂楚之生賢，大類后稷云。今觀《茶經》三篇，其大都曰源、曰具、曰造、曰飲之類，則固具體用之學者。其曰『伊公羹、陸氏茶』，取而比之，實以自況，所謂易地皆然者，非歟？向使羽就文學太祝之召，誰謂其吏不伊且稷也，而卒以不仕，何哉？昔人有自謂不堪流俗、非薄湯武者，羽之意，豈亦以是乎？厥後茗飲之風行於中外，而回紇亦以馬易茶，由宋迄今，大為邊助，則羽之功，固在萬世，仕不仕，奚足論也！或曰酒之用，視茶為要，故《北山》亦有《酒經》三篇，曰酒始諸祀。然而妹也已有酒禍，惟茶不為敗，故其既也，《酒經》不傳焉。羽器業顛末，具見於傳。其水味品鑒優劣之辨，又互見於張、歐、《浮槎》等記，則並附之《經》，故不贅。僧真清，新安之歙人，嘗新其寺，以嗜茶故，業《茶經》云。皇明嘉靖二十一年歲在壬寅秋重九日景陵後學魯彭敘。

明 汪可立《〈茶經〉後序》 侍御青陽柯公雙華蒞荊西道之三年，化行政洽，乃訪先賢遺逸而追崇之。巡行所治郡邑，至景陵之西禪寺，問陸羽《茶經》。時僧真清類寫成冊以進，屬校讎於余。將完，柯公又來命修茶亭。噫，固千載嘉會也！

按陸羽之生也，其事類后稷。稷之於稼穡，羽之於茶，是皆有相之道，存乎我者也。后稷教民稼穡，至周武王有天下，萬世賴粒食者，春之祈，秋之報，至今祀之不衰。夫飲，尤食也；陸之烈，猶稷也。不千餘年，遺跡湮滅，其《茶經》僅存諸殘編斷簡中，是不可慨哉！及考諸經，爲目凡十。其要則品水土之宜，利器用之備，嚴採造之法，酌煮飲之節，務聚其精腴欸美，以致其雋永焉。其味於茶也，不既深乎。矧乃文字，類古拙而實細膩，類質殼而實華腴，蓋得之性成者不誣，是可以弗傳耶？余聞昔之鬻茶者，陶陸羽形，祀之爲茶神，是亦祀稷之遺意耳。何今之不爾也！雖然，道有顯晦，待人而彰，斯理之在人心不死，有如此者。

柯公《茶經》之問，茶亭之樹，夫豈偶然之故哉！今經既壽諸梓，又得儒先之論，名史之贊，群哲之聲詩，彙集而彰厥美焉！要皆好德之彝，有不容默默焉者也。予敢自附同志之末云。

嘉靖壬寅冬十月朔，祁邑芝山汪可立書。

明 童承敘《〈茶經〉跋》 余嘗過竟陵，憩羽故寺，訪雁橋，觀茶井，慨然詳見其爲人。夫羽少厭髡緇，篤嗜墳素，本非忘世者。卒迺寄號桑苧，遁跡苕霅，嘯歌獨行，繼以痛哭，其意必有所在。時迺比之接輿，豈知羽者哉！至其性甘茗荈，味辨淄澠，清風雅趣，膾炙今古。張顛之於酒也，昌黎以爲有所託而逃，羽亦以是夫？

明 張睿卿《〈茶經〉跋》 余嘗讀東坡《汲江煎茶》詩，愛其得鴻漸風味。再讀孫山人太初《夜起煮茶》詩，又愛其得東坡風味。試於二詩三詠之，兩腋風生，雲霞泉石，磊磈胸次矣。要之，不越鴻漸《茶經》中。《經》舊刻入《百川學海》。竟陵龍蓋寺有茶井在焉，寺僧真清嗜茶，復掇張、歐浮槎等記，并唐宋題詠附刻於《經》。但《學海》刻非全本，而竟陵本更煩穢，余故刪次，雕於埒參軒。時於松風竹月，宴坐行吟，眠雲吸花，清譚展卷，興自不見東坡、太初。奚止六腑睡神去，數朝詩思清哉！與茶侶者，當以余言解頤。

明 吴旦《〈茶經〉跋》 予聞陸羽著《茶經》舊矣，惜未之見。客京陵，於龍蓋寺僧真清處見之，三復披閱。甚有益於人，欲刻之而力未逮。乃求同志程子伯容共集諸梓，以公於天下，俾慕之者無遺憾焉。刻完，敬敘數語，紀歲月於末簡。嘉靖壬寅歲一陽月望日新安後學吴旦識。

《四庫全書總目》卷一一五《子部二五·譜録類》 《藝文志》載之小説家，作三卷，與今本同。陳師道《後山集》有《茶經序》曰：陸羽《茶經》，《家書》一卷，畢氏、王氏書三卷，張氏書四卷，內、外書十有一卷，其文繁簡不同。王、畢氏書繁雜，意其舊本。張書簡明，與家書合而多脱誤。家書近古，可考正。曰七之事以下，其文乃合三書以成之，録為二篇，藏於家。此本三卷，其王氏、畢氏之書歟？抑《後山集》傳寫多譌，誤三篇為二篇也。其書分十類。曰一之源，二之具，三之造，四之器，五之煮，六之飲，七之事，八之出，九之略，十之圖。其曰具者，皆採製之用；其曰器者，皆煎飲之用，故二者異部。其曰圖者，乃謂統上九類，寫以絹素張之，非別有圖。其類十，其文實九也。言茶者莫精於羽，其文亦樸雅有古意。七之事所引多古書，如司馬相如凡將篇一條三十八字，為他書所無，亦旁資考辨之一端矣。

《四庫全書簡明目録》卷一二 古來稱善茶者，以羽為首。言茶之書，亦以是書為首。凡分十類曰：一之源，二之具，三之造，四之器，五之煮，六之飲，七之事，八之出，九之略，十之圖。其曰具，皆採製之用；其曰器，皆烹試之用，故二者異部。其曰圖者，即上九事，而圖之名，雖十類實則九也。

清 周中孚《鄭堂讀書記》卷五〇《子部九之上·譜録類一》 《四庫全書》著録，《新唐志》、《崇文目》、《讀書志》、《書録解題》、《通志》、《通考》、《宋志》俱載之。《崇文目》作《茶記》二卷，皆字之誤也。古來稱善茶者，首推鴻漸。而言茶之書，亦莫先於是書。所載產茶之地、造作、器具、古今故事，自一之源迄十之圖，分為十門。其十之圖，稱以絹素寫之，陳諸座隅。則茶之源、之具、之造、之器、之煮、之飲、之事、之出、之略，目擊而存。據此知其非別有圖，名雖十，為實則九也。文詞樸雅，同時陸魯望相近，所引司馬相如《凡將篇》、何德盛《集中興書》、盧綝《晉四王起事》、山謙之《吴興記》諸條，皆久佚之書，亦深有資於攷證。前有皮襲美日休序，《説郛》、《唐宋叢書》、《學津討原》均收入之。至陸漫亭撰《續茶經》，又以是本冠諸卷端，并載陳師道序及唐書本傳，今附載於此，後不另為記焉。

清 丁丙《善本書室藏書志》卷一八《子部九上·譜録類》 羽，字鴻漸，一名疾，字季疵，號桑苧翁，竟陵人。隱於苕溪，徵，不就仕，列《唐書·隱逸傳》。著《茶經》三篇，《藝文志》載之。分十類：曰一之源，二之具，三之造，四之器，五之煮，六之飲，七之事，八之出，九之略，十之圖。其曰具者，皆採製之用，其曰器者，皆煎飲之用，其曰圖者，乃謂統上九類，寫以絹素張之，非別有圖。其類十，其文實九也。有崇福禪寺小木記，寺在吾杭艮山門。

清 徐同氣《〈茶經〉序》 余曾以屈、陸二子之書付諸梓，而毀於燹，計再有事而屈郡人。陸，里人也，故先鐫《茶經》。客曰：『子之於《茶經》奚取？』曰：『取其文而已。陸子之文，奧質奇離，有似《貨殖傳》者，有似《考工記》者，有似《周王傳》者，有似《山海》、《方輿》諸記者。其簡而賅，則《檀弓》也。其辨而織，則《爾雅》也。亦似之而已。如是以為文，而以無取乎？』客曰：『其文遂可為經乎？』曰：『經者，以言乎其常也，水以源之盈竭而變，泉以土脈之甘澀而變，瓷以壤之脆堅、焰之浮燼而變，器以時代之刓削、事工之功利而變，其騖為經者，亦以其文而已。』客曰：『陸子之文，如《君臣契》、《源解》、《南北人物志》及《四悲歌》、《天之未明賦》諸書，而蔽之以《茶經》，何哉？』曰：『諸書或多感憤，列之經傳者，猶有猳冠、傖父氣，《茶經》則雜於方技，迫於物理，肆而不厭，傲而不忤，終古以此顯，足矣。』客曰：『引經以繩茶，可乎？曰：凡經者，可例百世，而不可繩一時者也。孔子作《春秋》，七十子惟口授傳其旨，故《經》曰：「茶之臧否，存之口訣。」則書之所載，猶其粗者也。抑取其文而已。』客曰：『文則美哉，何取於茶乎？』曰：『神農取其悅志，周公取其解醒，華佗取其益意，壺居士取其羽化，巴東人取其不眠，而不可概於經也。陸子之經，陸子之文也。』

清 曾元邁《〈茶經〉序》 人生最切於日用者有二：曰飲，曰食。自炎帝製耒耜，后稷教稼穡，烝民乃粒，萬世永賴，無俟覼縷矣。唯飲之爲道，酒正著於《周禮》，茶事詳於季疵。然禹惡旨酒，先王避酒禍，我皇上萬言諭曰：酒之爲物，能亂人心志，求其所以除痟去癘，風生兩腋者，莫韻於茶。茶之事，其來已舊。而茶之著書，始於吾竟陵陸子；其利用於世，亦始於陸子。由唐迄今，無論賓祀燕饗，宮省邑里，荒陬窮谷，膾炙千古，逮茗飲之風行於中外，而回紇亦以馬易茶，大爲邊助。不有陸子品鑒水味，爲之分其源，製其具，教其造與飲之類，神而明之，筆之於書，而尊爲經，後之人烏從而飲其和哉！

余性嗜茶，喜吾友王子閒園宅枕西湖，其所築儀鴻堂，竹木陰森，與桑苧舊址相望。月夕花晨，余每過從，賞析之餘，常以西塔爲遺懷之地。或把袂偕往，或放舟同濟，汲泉煎茶，與之共酌於茶醉亭之上。憑弔季疵當年披閱所著《茶經》，穆然想見其爲人。昔人謂其功不稷下，其信然歟？邇時，余即欣然相訂有重刻《茶經》之約，而貲斧難辦。厥後予以一官匏繫金臺，今秋奉命典試江南，復蒙恩旨歸籍省覲。得與王子焚香煮茗，共話十餘載離緒。王子因出平昔考訂音韻，正其差譌，親手楷書《茶經》一帙示余，欲重刻以廣其傳，而問序於余。余肅然曰：『《茶經》之刻，嚮來每多脫誤，且漶滅不可讀，余甚憾之。非吾子好學深思，留心風雅韻事，何能周悉詳核至此！亟宜授之梓人，公諸天下後世，豈不使茗飲遠勝於酒而與食並重之，爲最切於日用者哉！同人聞之，應無不樂勸盛世以誌不朽者！』是爲序。

清 吴壽旸《拜經樓藏書題跋記》卷四《〈茶經〉跋》 《茶經》三卷，簡莊先生鈔本校正，見遺先君子。書籤云：善本，簡莊贈。原本作卷上卷中卷下，此作卷之一二三，每卷前有總目。

傳記

唐 李肇《唐國史補・陸羽得姓氏》 竟陵僧有於水濱得嬰兒者，育為子弟，稍長，自筮得蹇之漸，繇曰：『鴻漸於陸，其羽可用為儀。』乃今姓陸名羽，字鴻漸。羽有文學，多意思，恥一物不盡其妙，茶術尤著。鞏縣陶者多瓷偶人，號陸鴻漸，買數十茶器得一鴻漸，市人沽茗不利，輒灌注之。羽於江湖稱竟陵子，於南越稱桑苧翁。與顏魯公厚善，及玄真子張志和為友。和事竟陵禪師智積，異日他處聞禪師去世，哭之甚哀，乃作詩寄情，其略云：『不羨白玉盞，不羨黄金罍。亦不羨朝入省，亦不羨暮入臺。千羨萬羨西江水，竟向竟陵城下來。』貞元末卒。

《文苑英華》卷七九三《陸文學自傳》 陸子，名羽，字鴻漸，不知何許人也。或云字羽，名鴻漸，未知孰是？有仲宣、孟陽之貌陋，而有相如、子雲之口吃，而為人才辯，為性褊躁，多自用意，朋友規諫，豁然不惑。凡與人宴處，意有所適，不言而去。人或疑之，謂生多嗔。又與人為信，縱冰雪千里，虎狼當道，而不僭也。

上元初，結廬於苕溪之湄，閉關讀書，不雜非類，名僧高士，談讌永日。常扁舟往山寺，隨身唯紗巾、藤鞵、短褐、犢鼻。往往獨行野中，誦佛經，吟古詩，杖擊林木，手弄流水，夷猶徘徊，自曙達暮，至日黑興盡，號泣而歸。故楚人相謂，陸子蓋今之接輿也。

始三歲，惸露育於竟陵太師積公之禪院。自九歲學屬文，積公示以佛書出世之業，予答曰：『終鮮兄弟，無復後嗣，染衣削髮，號為釋氏，使儒者聞之，得稱為孝乎？羽將授孔氏之文可乎？』公曰：『善哉！子為孝，殊不知西方染削之道，其名大矣。』公執釋典不屈，予執儒典不屈。公因矯憐撫愛，歷試賤務，掃寺地，潔僧廁，踐泥圬牆，負瓦施屋，牧牛一百二十蹄。

竟陵西湖無紙，學書以竹畫牛背為字。他日，於學者得張衡《南都賦》，不識其字，但於牧所仿青衿小兒，危坐展卷，口動而已。公知之，恐漸漬外典，去道日曠，又束於寺中，令芟剪卉莽，以門人之伯主焉。或時心記文字，懵然若有所遺，灰心木立，過日不作，主者以為慵墮，鞭之，因歎云『恐歲月往矣，不知其書。』嗚呼不自勝。主者以為蓄怒，又鞭其背，折其楚，乃釋。因倦所役，捨主者而去。卷衣詣伶黨，著《謔談》三篇，以身為伶正，弄木人、假吏、藏珠之戲。公追之曰：『念爾道喪，惜哉！吾本師有言：我弟子十二時中，許一時外學，令降伏外道也。以吾門人衆多，今從爾所欲，可捐樂工書。』

天寶中，郢人酺於滄浪，邑吏召予為伶正之師。時河南尹李公齊物黜守，見異，提手撫背，親授詩集，於是漢沔之俗亦異焉。後負書於火門山鄒夫子別墅，屬禮部郎中崔公國輔出守竟陵，因與之遊處，凡三年。贈白驢烏犎牛一頭，文槐書函一枚，云：『白驢犎牛，襄陽太守李愷見遺；文槐函，故盧黄門侍郎所與。此物，皆己之所惜也，宜野人乘蓄，故特以相贈。』

洎至德初，秦人過江，予亦過江，與吴興釋皎然為緇素忘年之交。少好屬文，多所諷諭，見人為善，若己有之；見人不善，若己羞之；忠言逆耳，無所回避，由是俗人多忌之。

自禄山亂中原，為《四悲詩》，劉展窺江淮，作《天之未明賦》，皆見感激當時，行哭涕泗。著《君臣契》三卷，《源解》三十卷，《江表四姓譜》八卷，《南北人物志》十卷，《吴興歷官記》三卷，《湖州刺史記》一卷，《茶經》三卷，《占夢》上、中、下三卷，並貯於褐布囊。

上元辛丑歲子陽秋，二十有九。

宋 歐陽修《集古録跋尾》卷九《唐陸文學傳·咸通十五年》 右《陸文學傳》，鴻漸自撰。茶之見前史，蓋自魏晉以來有之。而後世言茶者必本陸鴻漸，蓋為茶著書自其始也。至今俚俗賣茶肆中，嘗置一甆偶人於竈側，云此號陸鴻漸。鴻漸以茶自名於世久矣，考其傳，著書頗多，曰《君臣契》三卷、《源解》三十卷、《江表四姓譜》十卷、《南北人物志》十卷、《吴興歷官記》三卷、《潮州刺史記》一卷、《茶經》三卷、《占夢》三卷。其多如此，豈止《茶經》而已哉！然其他書皆不傳。

《新唐書》卷一九六《陸羽傳》 陸羽，字鴻漸，一名疾，字季疵，復州竟陵人，不知所生，或言有僧得諸水濱，畜之。既長，以《易》自筮，得『蹇』之『漸』，曰：『鴻漸於陸，其羽可用為儀。』乃以陸為氏，名而字之。

幼時，其師教以旁行書，答曰：『終鮮兄弟，而絶後嗣，得為孝乎？』師怒，使執糞除圬塓以苦之，又使牧牛三十，羽潛以竹畫牛背為字。得張衡《南都賦》，不能讀，危坐效羣兒囁嚅若成誦狀，師拘之，令薙草莽。當其記文字，懵懵若有所遺，過日不作，主者鞭苦，因歎曰：『歲月往矣，奈何不知書！』嗚咽不自勝，因亡去，匿為優人，作詼諧數千言。

天寶中，州人酺，吏署羽伶師，太守李齊物見，異之，授以書，遂廬火門山。貌侻陋，口吃而辯。聞人善，若在己；見有過者，規切至忤人。朋友燕處，意有所行輒去，人疑其多嗔。與人期，雨雪虎狼不避也。上元初，更隱苕溪，自稱桑苧翁，闔門著書。或獨行野中，誦詩擊木，裴回不得意，或慟哭而歸，故時謂今接輿也。久之，詔拜羽太子文學，徙太常寺太祝，不就職。貞元末，卒。羽嗜茶，著經三篇，言茶之原、之法、之具尤備，天下益知飲茶矣。時鬻茶者，至陶羽形置煬突間，祀為茶神。有常伯熊者，因羽論復廣著茶之功。御史大夫李季卿宣慰江南，次臨淮，知伯熊善煮茶，召之，伯熊執器前，季卿為再舉杯。至江南，又有薦羽者，召之，羽衣野服，挈具而入，季卿不為禮，羽愧之，更著《毁茶論》。其後，尚茶成風，時回紇入朝，始驅馬市茶。

宋 謝維新《事類備要·香茶門·外集》卷四二《陸鴻漸小傳》 竟陵僧於水濱得嬰兒，育為弟子。積長，自筮得『蹇』之『漸』繇，曰：『鴻漸於陸，其羽可用為儀。』乃姓陸氏，字鴻漸，名羽。有文章，又嘗精思，著《茶經》。鞏縣有瓷偶人號鴻漸，買十茶器，得一鴻漸，市沽茗不利，輒灌注之。羽於江湖，稱竟陵子；於南越，稱桑苧翁。羽少事竟陵禪師智積，異日羽在它處，聞師去世，哭之甚哀。乃作詩以寄懷，其畧曰：不羨白下杯，不羨黄金罍，不羨朝入省，不羨暮入臺，千羨萬羨西江水，曾向竟陵城下來。至貞元末卒。

元 辛文房《唐才子傳》卷三 羽，字鴻漸，不知所生。初，竟陵禪師智積得嬰兒於水濱，育為弟子。及長，恥從削髮，以《易》自筮，得『蹇』之『漸』曰：『鴻漸於陸，其羽可用為儀。』始為姓名。有學，愧一事不盡其妙。性詼諧。少年匿優人中，撰《談笑》萬言。天寶間，署羽伶師，後遁去。古人謂潔其行而穢其跡者也。上元初，結廬苕溪上，閉門讀書。名僧高士，談讌終日。貌寢，口吃而辯。聞人善，若在己。與人期，雖阻虎狼不避也。自稱桑苧翁，又號東崗子。工古調詩歌，興極閒雅，著書甚多。扁舟往來山寺，唯紗巾、藤鞋、短褐、犢鼻，擊林木，弄流水。或行曠野中，誦古詩，裴回至月黑，興盡慟哭而返。當時以比接輿也。與皎然上人為忘言之交。有詔拜太子文學。羽嗜茶，造妙理，著《茶經》三卷，言茶之原、之法、之具，時號『茶仙』，天下益知飲茶矣。鬻茶家以瓷陶羽形，祀為神，買十茶器，得一『鴻漸』。初，御史大夫李季卿宣慰江南，喜茶，知羽，召之。羽野服挈具而入。李曰：『陸君善茶，天下所知。揚子中泠，水又殊絕。今二妙千載一遇，山人不可輕失也。』茶畢，命奴子與錢。羽愧之，更著《毀茶論》。與皇甫補闕善。時鮑尚書防在越，羽往依焉。冉送以序曰：『君子究孔、釋之名理，窮歌詩之麗則。遠墅孤島，通舟必行；魚梁釣磯，隨意而往。夫越地稱山水之鄉，轅門當節鉞之重。鮑侯知子愛子者，將解衣推食，豈徒嘗鏡水之魚，宿耶溪之月而已！』集並《茶經》，今傳。

明 李維楨《唐處士陸鴻漸祠記》 唐處士陸鴻漸者，邑人也。其生平，具宋子京《唐書·列傳》及所自爲傳中。鴻漸生類子文，收畜於大師積公禪院。禪院故名龍華寺，或曰龍蓋，今邑西湖禪寺，相傳謂其遺址。趙璘《因話録》云：竟陵龍蓋寺僧姓陸，於堤上得一初生兒，收育之，遂以陸爲姓。聰俊多能，學贍詞逸，詼諧縱横，東方曼倩之儔也。鴻漸遺文，獨《茶經》行世。而又嘗爲歌，所深羡者，西江水向竟陵城來而已。以故邑有覆釜洲，有陸子泉，或曰文學泉，皆指目漸所品水、烹茶處。

嘉靖間，邑人魯孝廉刻行《茶經》，而以沔陽童庶子傳附之。其後，沔陽陳廷尉更刻之豫章，爲玉山程光録書。邑人徐茂才復臨刻之。校童傳，更宋傳者十六字，增者十二字，後有童讚而遂以傳。童作或亦《漢書》之用《史記》文耳。

泉久沒湖中，隆慶間，某某以治湖堤得之，搆亭其上，鴻漸之迹日彰顯矣。顧未有爲祠，祠之者，則自邑人周藩伯始。既新其所託迹寺，更計之曰：『寺因鴻漸名，至今而身無地受血食，何耶？聞昔鬻茶者陶鴻漸形，以神事之煬突間。吾當小子，尸祝而俎豆之，爲邑魁杓，奚所不可？』於是，就寺後創祠，爲堂某楹，後有臺，前有某，旁有廡，有庖湢，遂成勝地，既落成，使余記之。

《四庫全書總目》卷一一五《子部二五·譜録類》 羽字鴻漸，一名疾，字季疵，號桑苧翁，復州竟陵人。上元初，隱於苕溪。徵拜太子文學，又徙太常寺太祝，竝不就職。貞元初卒。事迹具《唐書·隱逸傳》。稱羽嗜茶，著經三篇。

著録

《新唐書》卷五九《藝文志》 陸羽《茶經》三卷。

宋 晁公武《郡齋讀書志》卷三《農家類》 《茶經》三卷，右唐太子文學陸羽鴻漸撰。載産茶之地、造作器具、古今故事，分十門。

宋 鄭樵《通志》卷六六《藝文略第四》 《茶經》三卷，唐陸羽撰。

宋 尤袤《遂初堂書目·譜録類》 陸氏《茶經》。

宋 陳振孫《直齋書録解題》卷一四《雜藝類》 《茶經》一卷，

案：《文獻通考》作三卷。唐陸羽鴻漸撰。羽自號竟陵子，又號桑苧翁。

《文獻通考》卷二一八《經籍考四五》 《茶經》三卷。鼂氏曰：唐太子文學陸羽鴻漸撰。載産茶之地、造作器具、古今故事，分十門。

《宋史》卷二〇五《藝文志四》 陸羽《茶經》三卷。

元 辛文房《唐才子傳》卷三 羽嗜茶，造妙理，著《茶經》三卷。

《文淵閣書目》卷三 《茶經》一部一冊。

明 葉盛《菉竹堂書目》卷五 《茶經》一冊。

明 高儒《百川書志》卷一〇《子志四·農家》 《茶經》三卷，唐竟陵陸羽撰，凡十類。

明 晁瑮《晁氏寶文堂書目》卷下《農圃》 陸鴻漸《茶經》。

明 焦竑《國史經籍志》卷三《史部·酒茗》 《茶經》三卷，陸羽。

明 焦竑《焦氏筆乘》卷四 陸羽《茶經》三卷。

明 陳第《世善堂藏書目録》卷下《各家六·農圃》 《茶經》三卷，陸鴻漸。

明 祁承㸁《澹生堂藏書目》卷七《子類第三》 陸鴻漸《茶經》一冊，三卷，《百名家書》本、《百川學海》本。

明 徐𤊹《徐氏家藏書目》卷三《農圃類》 《茶經》三卷，陸羽。

明 徐𤊹《徐氏紅雨樓藏書》卷三《農圃類》 《茶經》三卷，陸羽。

明　柯維騏《**宋史新編**》**卷五〇**《**藝文志四**》　陸羽《茶經》三卷。又《茶記》一卷。

明　慎懋官《**華夷花木鳥獸珍玩考**》**卷二**《**花木考**》　《茶經》三卷，晁氏曰：唐太子文學陸羽鴻漸撰。

清　曹寅《**楝亭書目**》**卷三**《**子集**》　《茶經》，唐竟陵陸羽撰，三卷。

清　王聞遠《**孝慈堂書目·酒茗食品**》　《茶經》三卷，陸羽，崑山葉氏藏書，一冊。

《**欽定續通志**》**卷一六四**《**校讎略**》　陸羽《茶經》三卷。

清　錢曾《**也是園藏書目**》**卷二**《**史部·豢養**》　陸羽《茶經》三卷。

清　徐乾學《**傳是樓書目·史部·酒茗**》　《茶經》三卷，唐陸羽。一本。

又　一部四卷，一本。

《**四庫全書總目**》**卷一一五**《**子部二五·譜録類**》　《茶經》三卷，浙江鮑士恭家藏本，唐陸羽撰。

《**四庫全書簡明目録**》**卷一二**　《茶經》三卷，唐陸羽撰。

清　陸廷燦《**續茶經**》**卷下**　《茶經》三卷，唐太子文學陸羽撰。《茶記》三卷，前人，見《國史經籍志》。《顧渚山記》二卷，前人。

清　陸漻《**佳趣堂書目**》　《陸鴻漸茶經》三卷，唐陸羽。

清　孫星衍《**孫氏祠堂書目·外編**》**卷二**　《茶經》一卷，唐陸羽撰。

清　周中孚《**鄭堂讀書記**》**卷五〇**《**子部九之上·譜録類一**》　《茶經》三卷，《百川學海》本。唐陸羽撰。羽，字鴻漸，一名疾，字季疵，號桑苧翁。復州竟陵人。上元初，隱於苕溪，徵拜太子文學，又徙太常寺太祝，並不就。

清　陸心源《**皕宋樓藏書志**》**卷五三**《**譜録類一**》　《茶經》三卷，宋刊本，唐竟陵陸羽撰。

又　《茶經》二卷，明刊本，唐竟陵陸羽鴻漸撰。宋陳師道序曰【**略**】。陳文燭序萬曆戊子。李維楨序。張睿卿跋。童承敍跋。魯彭序。

清　沈德壽《**抱經樓藏書志**》**卷四〇**《**譜録類一**》　《茶經》三卷，宋刊本。唐竟陵陸羽撰。

又　《茶經》三卷，鈔本。唐竟陵陸羽鴻漸撰。

清　丁申、丁丙《**八千卷樓書目**》**卷一二**《**子部·譜録類**》　《茶經》三卷，唐陸羽撰。明刊本，《百川》本，《説郛》本，《學津討原》本，汪氏刊本，《茶書》本，《唐宋叢書》本。

清　丁丙《**善本書室藏書志**》**卷一八**《**子部九上·譜録類**》　《茶經》三卷，明華氏刊本，崇福寺藏書。竟陵陸羽撰。

又　《茶經》三卷附録一卷，《茶譜》一卷，外集一卷，明刊本。《茶經》唐竟陵陸羽鴻漸著，明新安汪士賢校。《茶譜》明新安汪士賢校。《茶經》前有宋陳師道序，《茶譜》不載撰人姓名，士賢合而刻之，槧印精工，書帕本中之佳刻也。

又　《茶經》三卷附一卷，明刊本，汪魚亭藏書。唐竟陵陸羽鴻漸撰，明新都孫大綬校梓。萬曆戊子十嶽山人王寅序云：吾郡孫伯符者，有茶癖，以為作聖，廼始於羽。檢所藏本，附茶具圖贊，集梓以傳，前列宋陳師道序，唐皮日休《茶中雜詠序》，陸羽傳。附以張又新《茶經水辨》、歐陽修《大明水記》、《浮槎山水記》，外集孫大綬編茶詩。版心有『秋水齋』三字，卷前有風塵俠氣海山仙蹤木印，汪魚亭藏閲書朱印。

清　陳揆《**稽瑞樓書目**》　《茶經》三卷，一冊。

（同治）《**蘇州府志**》**卷一三九**《**藝文志四**》　陸羽《茶經》三卷，《茶記》一卷。

清　張之洞《**書目答問**》**卷二**《**史部·譜録第一二**》　《茶經》三卷，唐陸羽。《學津》本。《百川》本。

清　佚名《**唐書藝文志注**》**卷三**　陸羽《茶經》三卷，今存。

藝文

宋　楊億《**武夷新集**》**卷四**《**北苑焙**》　靈芽呈雀舌，北苑雨前春。入貢先諸夏，分甘及近臣。越甌猶借渌，蒙頂敢争新。鴻漸《茶經》在，區區不遇真陸羽《茶經》不述建溪，蓋未遇真茶也。

又 卷四《陸羽井》 陸羽不到此，標名慕昔賢。金餅垂素綆，石甃湛寒泉。百汲甘寧竭，千金志不遷吳隱之有『一飲懷千金』之句。真茶汎雲液，一歠可延年。

宋 林逋《林和靖集》卷四《茶》 石輾輕飛瑟瑟塵，乳香烹出建溪春。世間絶品人難識，閒對《茶經》憶古人陸羽撰《茶經》而不載建溪者，意其頗有遺落耳。

宋 梅堯臣《宛陵集》卷一二《嘗惠山泉》 吴楚千萬山，山泉莫知數。其以甘味傳，幾何若飴露。大禹書不載，陸生品嘗著。昔惟廬谷亞，久與《茶經》附。相襲好事人，砂餅和月注。持參萬錢鼎，豈足調羹助。彼哉一勺微，唐突爲霖澍。疏濃既不同，物用誠有處。空林癯面僧，安比侯王趣。

又 卷五五《得雷太簡自製蒙頂茶》 陸羽舊《茶經》，一意重蒙頂。比來唯建谿，團片敵金餅。顧渚及陽羡，又復下越茗。近來江國人，鷹爪夸雙井。凡今天下品，非此不覽省。蜀荈久無味，聲名謾馳騁。因雷與改造，帶露摘牙穎。自煮至揉焙，入碾只俄頃。湯嫩乳花浮，香新舌甘永。初分翰林公，豈數博士冷。醉來不知惜，悔許已向醒。重思朋友義，果决在勇猛。倏然乃以贈，蠟囊收細梗。吁嗟茗與鞭，二物誠不幸。我貧事事無，得之似贅瘻。

宋 歐陽修《文忠集》卷一一《夷陵書事寄謝三舍人》 春秋楚國西偏境，陸羽《茶經》第一州。紫籜青林長蔽日，緑叢紅橘最宜秋。道塗處險人多負，邑屋臨江俗善泅。臘市漁鹽朝暫合，淫祠簫鼓歲無休。風鳴燒入空城響，雨惡江崩斷岸流。月出行歌聞調笑，花開啼鳥亂鉤輈。黄牛峽口經新歲，白玉京中夢舊遊。曾是洛陽花下客，欲誇風物向君羞。

宋蘇軾南屏謙師妙於茶事，自云得之於心，應之於手，非可以言傳學到者。十二月二十七日，聞軾遊落星，遠來設茶，作此詩贈之。道人曉出南屏山，來試點茶三昧手。忽驚午盞兔毛斑，打作春甕鵝兒酒。天臺乳花世不見，玉川風腋今安有。先生有意續茶經，會使老謙名不朽。縯玉川子茶歌七椀喫不得也，惟覺兩腋習習清風生。陸羽作《茶經》。

宋 韋驤《和道中詠懷》《全宋詩》卷七三二 酒軼劉伶頌，茶高陸羽經。庶幾延笑語，何事駐長亭。

宋 錢勰《睦州秀亭》《嚴陵集》卷五 秀色四時好，探春來此亭。花初擁檻發，山晚與雲青。得鱠嚴陵瀨，評泉陸羽經。歡餘不盡醉，鼓角限重扃。

宋 張舜民《郴州》《輿地紀勝》卷五七 橘井蘇仙宅，《茶經》陸羽泉。萬峰團雉堞，二水匯城堧。

宋 唐庚《眉山集》卷二《嘲陸羽》 陸子作《茶經》，竟為茶所困。其中無所主，復著《毀茶論》。簡賢傲長者，彼自愚不遜。茶好固自若，於我有所恨。便當脱野服，洗琖為一獻。飲罷挈茶去，譬彼澆畦畹。君看禰正平，意氣真能健。達與不達人，何啻相千萬。

宋 黄公度《知稼翁集》卷上《和宋永兄詠荔支用東坡刑字韻四首其二**》** 蜜甛誰數楚江萍，枉道偷桃是歲星。長夏日烘憐國色，去年霜薄赦秋刑。侯堂舊許祠南海，使驛曾勞走北溟。名種尚堪重品第，未甘陸羽著《茶經》。

宋 周紫芝《太倉稊米集》卷四《和人摘茶陸鴻漸〈茶經〉云葉如梔子花如白薔薇皮日休〈茶塢詩〉云好是初夏時白花滿烟雨乃用〈茶經〉語也蓋茶至着花則晚矣》 結廬聞似輞川家，更趁東風摘露芽。短夢唤回春正好，枯腸搜盡句方嘉。酪奴語陋真堪笑，瑞草名高豈復加。明歲莫教烟雨裏，白薔薇秀小叢花。

宋 陸游《劍南詩稿》卷四二《試茶詩》 强飯年來幸未衰，睡魔百萬要支持。難從陸羽《毀茶論》，寧和陶潛止酒詩。乳井簾泉方偏試，柘羅銅碾雅相宜。山僧剝啄知誰報，正是松風欲動時。

又 卷四四《開東園路北至山脚因治路傍隙地雜植花草其二**》** 魏野林逋久已仙，放翁寄傲鏡湖邊。松根偃蹇支琴石，巖竇潺湲洗藥泉。半禄掃空雖在我，殘年健甚豈非天。遥遥桑苧家風在，重補《茶經》又一編。

又 卷七一《戲書燕兒》 平生萬事付天公，白首山林不厭窮。一枕鳥聲殘夢裏，半窗花影獨吟中。柴荆日晚猶深閉，煙火年來只僅通。《水品》《茶經》常在手，前生疑是竟陵翁。

宋 辛棄疾《六么令用陸氏事，送玉山令陸德隆侍親東歸吴中**》**《稼軒長短句》卷六 酒羣花隊，攀得短轅折。誰憐故山歸夢，千里蓴羹滑。便整松江一棹，點檢能言鴨。故人歡接。醉懷霜橘，墮地金圓醒時覺。長喜劉郎馬上，肯聽詩書說。誰對叔子風流，直把曹劉壓？更看君侯事業，不負平生學。離腸愁怯。送君歸後，細寫《茶經》煮香雪。

宋　周必大《文忠集》卷七《送陸務觀赴七閩提舉常平茶事戊戌八月十九日》　暮年桑苧《毀茶經》，應為征行不到閩。今有雲孫持使節，好因貢焙祀茶神。

宋　趙蕃《乾道稿·淳熙稿》卷一《題白龍洞三首洞在常山負郭有俞叔夜留題·其一**》**　循除初瀰瀰，出谷重潺潺。驟或鳴琴瑟，幽疑雜佩環。《茶經》不載陸，瓢飲合居顔。借問龍君事，異辭紛莫刪。

宋　趙善括《應齋雜著》卷六《柳稍青用萬元亨送冠之韻**》**　愁別欣逢。人間離合，自古難同。寫就《茶經》，注成花譜，何事西東。一樽良夜匆匆。怎忍見，輕帆短蓬。漢水有情，楚雲有意，目斷飛鴻。

宋　曾協《潔泉》《雲莊集》卷二　絕愛泓然一鑑渟，肯教塵土犯清泠。祇緣較德先生似，不爲爭名陸羽經。

宋　鄭清之《安晚堂集》卷六《育王老禪屢惠佳茗比又携日鑄為餉因言久則味失師授以焙藏之法必有以專之笑謂非力所及謾成拙語解嘲録以為謝》　曾讀《茶經》如讀律，一物不備茶不出。未論煮瀹應節度，第一收藏在堅密。摘鮮封裹須焙芳，濕蒸為寇防侵疆。朝屯暮蒙要微火，九轉溫養如丹房。育王老慧老茶事，新授秘訣乃如此。幾番惠我先春芽，竭來細問茶何似。我初謂師茶絕奇，十日之後如飲糜。頗疑緇俗果異撰，良楛輒為居所移。吾言未終師絕叫，為茶傳法恨不早。綺疏應合有司存，料理如前毋草草。對師大笑面欲韡，三年宰相食無鮭。長鬚赤脚供井臼，荒寒正類山人家。㡿庨炊盡瓶笙吼，何曾敲雪春雲走。不如時扣趙州門，侍者可人長摸首。

又　卷一〇《家園即事十三首其十二**》**　客有可人君子竹，書無同至大王風。此風此竹堪誰共，著得《茶經》桑苧翁。

宋　韓淲《澗泉集》卷九《次韻昌甫分遺烏石茶》　《茶經》空爛讀，讀罷出溪頭。竹杖雖流憩，藜牀復倦投。尋思煎以喫，展轉卧而遊。烏石瓶能好，甌犧底用憂。

宋　胡仲弓《葦航漫游稿》卷三《感古十首其十**》**　杜康精酒法，陸羽修《茶經》。標致雖不同，均是勞吾形。採薇及茹芝，亦掇天地英。玄酒非麴蘖，或可通神明。天不生杜陸，人間無醉醒。

宋　于石《紫巖詩選》卷三《次韻楊恂夜興》　漫漫夜氣萬山深，風露高寒天宇清。簷月窺人驚白髮，爐烟凝坐悟黄庭。挑燈看劍心猶壯，欹枕聽泉眼獨醒。毀譽不公隨好惡，試觀陸羽煮《茶經》。

宋　陳巖《九華詩集·煎茶峰原注：昔金地藏招道侶，於峯前汲泉烹茗**》**　緩火烘來活水煎，山頭卓錫取清泉。品茶嬾檢《茶經》看，舌本無非有味禪。

又《金地茶出九華山相傳金地藏自西域攜至者**》**　瘦莖尖葉帶餘馨，細嚼能令困自醒。一段山間奇絕事，會須添入品《茶經》。

宋　白玉蟾《白玉蟾詩集新編》卷二《茶歌》　柳眼偷看梅花飛，百花頭上東風吹。壑源春到不知時，霹靂一聲驚曉枝。枝頭未敢展鎗旗，吐玉綴金先獻奇。雀舌含春不解語，只有曉露晨煙知。帶露和煙摘歸去，蒸來細搗幾千杵。捏作月團三百片，火候調勻文與武。碾邊飛絮捲玉塵，磨下落珠散金縷。首山黄銅鑄小鐺，活火新泉自烹煮。蟹眼已沒魚眼浮，颼颼松聲送風雨。定州紅玉琢花甆，瑞雪滿甌浮白乳。綠雲入口生香風，滿口蘭芷香無窮。兩腋颼颼毛竅通，洗盡枯腸萬事空。君不見孟諫議送茶，驚起盧仝睡。又不見白居易餽茶喚醒禹錫醉。陸羽作《茶經》，曹暉作《茶銘》。文正范公對茶笑，紗帽籠頭煎石銚。素虛見雨如丹砂，點作滿盞菖蒲花。東坡深得煎水法，酒闌往往覓一呷。趙州夢裏見南泉，愛結焚香瀹茗緣。吾儕烹茶有滋味，華池神水先調試。丹田一畝自栽培，金翁姹女採歸來。天爐地鼎依時節，煉作黄芽烹白雪。味如甘露勝醍醐，服之頓覺沉痾甦。身輕便欲登天衢，不知天上有茶無。

宋　文天祥《太白樓其二**》**《全宋詩》卷三五九六　揚子江心第一泉，南金來此鑄文淵。男兒斬却樓蘭首，閑品《茶經》拜羽仙。

宋　汪元量《揚子江》《湖山類稿》卷二　揚子津頭客子愁，孤舟欲渡意綢繆。蛟龍洶洶爭新穴，鷗鷺輕輕下故洲。水捲岸沙連地去，風掀江浪接天流。試披陸羽圖經看，洗鼎煎茶更少留。

宋　張炎《山中白雲詞》卷四《壺中天陸性齋築葫蘆庵，結茅於上，植桃於外，扁曰小蓬壺**》**　海山縹緲，算人間自有，移來蓬島。一粒粟中生倒景，日月光融丹竈。玉洞分春，雪巢不夜，心寂凝虛照。鶴溪遊處，肯將琴劍同調。休問挂樹瓢空，窗前清意，贏得不除草。只恐漁郎曾悮入，翻被桃花一笑。潤色《茶經》，評量山水，如此閒方好。神仙陸地，長房應未知道。

又 卷七《踏莎行詠湯**》** 瑶草收香，琪花採汞，冰輪碾處芳塵動。竹爐湯暖火初紅，玉纖調罷歌聲送。麾去《茶經》，襲藏《酒頌》，一盃清味佳賓共。從來採藥得長生，藍橋休被瓊漿弄。

元 耶律鑄《雙溪醉隱集》卷三《題枕流亭》 竊期摛藻掞天庭，閒作篇章抒下情。殊喜濂溪《愛蓮説》，未甘桑苧著《茶經》。逍遥方外無為業，整頓人間不朽名。緣洗塵囂耳中事，舉家移住枕流亭。

元 程鉅夫《雪樓集》卷二七《十一日涪畚登舟十絶其三**》** 瀨頭流水緑如油，急取春芽試一甌。揚子江心堪伯仲，《茶經》從此合重修。

元 何中《知非堂稿》卷五《庚午上元是年江西大饑**》** 九野淒涼魂不招，又知今夕是何宵。叢祠月黑寒鴟聒，山市烟深臈雪消。遺事誰編傳舊俗，夢華有記録前朝。一枝柏燭熒然處，《香譜》《茶經》共寂寥。

元 黄溍《文獻集》卷二《灤陽邢君隱於藥市製芍藥芽代茗飲號曰瓊芽先朝嘗以進御云其二**》** 芳苗簇簇遍山阿，珠蕾金芽未足多。千載《茶經》有遺恨，吴儂元不過灤河。

元 唐元《筠軒集》卷二《分韻得隔竹敲茶臼》 南薰不作凉，空齋方睡熟。起來四無人，門閒動脩竹。晨酣頮渴羌，嚙雪亦不足。忽聞竹下童，拈槌聲斷續。力微振遺響，誤聽禽啄木。金芽爛若泥，飛磑同清馥。火然枯材薪，水汲深澗瀑。居然捧玉甆，灔灔日出屋。平生剛制酒，《茶經》兼《水録》。誰憐玉川子，白駒在虛谷。

元 陳樵《鹿皮子集》卷四《三泉》 泉眼離離傍石稜，奔流脈脈到軒楹。詩成石面花無數，夢冷池頭草不生。江夏《茶經》有遺譜，南礵水落變新聲。林居漸覺機心斷，渴鹿逢人自不驚。

元 謝應芳《龜巢稿》卷一七《次韻自述其二**》** 雪水煎茶勝惠泉，《茶經》重著兩三年。夜來明月梅花下，又擬濂溪説愛蓮。

元 葉顒《樵雲獨唱》卷二《雲顱天民獨樂歌》 雲顱天民身健武，屈指今年七十五。衰鬢凝霜暖不消，吟眸掣電明堪覩。耳聾尚可聽簫韶，舌在猶能話今古。風標凜凜瘦如松，意氣堂堂獰似虎。生平快活不識愁，祇攢眉作詩苦。得句狂呼笑點頭，論文猛拍忙搔首。栖林玄鶴為驚飛，出岫白雲俄退走。梅邊竹笛半醉吹，石上桐琴一長撫。飯後歡陪夜月遊，飲酣喜對春風舞。常呼晨霧鎖松扃，遠引寒泉環竹户。困尋陸羽寫《茶經》，閑訪陶潛抄菊譜。人間俯仰計捻非，目下恩榮樂寧久。何如丘壑了餘生，渴飲饑餐飽摩肚。兒學躬耕僕飯牛，歸而斗酒謀諸婦。客至從嗔不與言，坐對蓉峰懶開口。不將蹤跡出人前，高眠月嶺烟霞塢。已知身世足優游，唯愧乾坤無報補。呵呵呵真草莽，收拾閑名莫辜負。從教世俗駡痴狂，任彼時人笑愚魯。

元 顧瑛《玉山璞稿・陸羽井》 雪霽春泉碧，苔侵石甃青。如何陸鴻漸，不入品《茶經》。

元 吕誠《來鶴亭集》卷六《有懷來鶴亭》 憶昔題詩坐鶴亭，修篁欲染客衣青。飛花造次沾歌扇，舞鶴留連繞石屏。正擬劉伶為酒頌，莫教陸羽著《茶經》。故人多在青雲上，獨怪江湖老客星。

元 張昱《可閒老人集》卷四《百丈泉為及以中長老賦》 道人手挽銀河水，瀉作空山百丈餘。當晝大聲喧醉枕，長年倒影浸禪居。玉虹挂石看不滅，紅葉秉流畫却如。陸羽《茶經》知此味，可能日給到吾廬。

明 汪廣洋《鳳池吟稿》卷一〇《樵逸詩二首為徐徵士賦其二**》** 石室棋殘鶴夢醒，自添沈水註《茶經》。山中歲晚知無事，還傍松根斫茯苓。

明 張以寧《翠屏集》卷二《陸羽烹茶》 閲罷《茶經》坐石苔，惠山新汲入甆杯。高人慣識人間味，笑看江心取水來。

明 董紀《西郊笑端集》卷一《草堂雜興十首其三**》** 我亦西郊有草堂，野花山卉四時香。小兒學字塗鴉拙，奴子應門抵鶴長。自毁《茶經》高陸羽，不傳琴散陋嵇康。太平朝野無遺佚，獨為才踈得豹藏。

明 胡奎《斗南老人集》卷三《賦惠山泉送張徵君之無錫》 往年曾識惠山人，遺我靈泉一味真。水品評來稱第一，《茶經》著就已千春。也知陸羽曾分汲，信有梁鴻共卜鄰。此去茅齋休煮雪，山缾還許寄來頻。

明 胡奎《斗南老人集》卷三《鄔子茶》 鄔子岡頭紫筍生，寄來蓓蕾見高情。《茶經》漫學盧仝賦，水品長懷陸羽評。雪乳滿甌消午夢，風濤一榻起秋聲。興來便欲逃禪去，繡佛燈前坐到明。

明　龔敩《鵞湖集》卷一《中秋之夕分憲張侯以陸羽泉煎茶分惠》　昔有仙人陸鴻漸，性嗜苦茗心骨清。嶀泉石甃舉品第，好山處處留佳名。建溪顧渚得異品，惠山之外惟中泠。琵琶洲前千越溪，鐫石作竈留山坰。龍涎傾臼古鼎翠，星火迸石寒煙青。蓬萊弱水恍不隔，一啜世累鴻毛輕。靈山之陽東岡麓，井洌寒泉皎如玉。何年鑿破太古心，云是仙人手親掬。乃知往者未足珍，此茗此泉當絶倫。誅茅卜居總爲此，一丘一壑聊栖真。汲清瀹碧匪曾倦，咫尺市廛少相見。高情不免留人間，却著《茶經》二三卷。爾來寂寞千載餘，山荒石老人丘墟。樵夫牧子罕知識，山僧野老空長吁。西江分憲列仙輩，暫屏喧囂駐旌旆。雲闕霧幌豁然開，剩水殘山價增倍。踟躕歸馬來自東，飄如翳鳳乘天風。百年窮達固有異，萬古高義將無同。官舍歸來細烹汲，飛翠浮光兔毫濕，韋布書生例見邀。高牙大纛嗟何及，寒儒未必工文章。三椀浪説搜枯腸，佳期三五夜不寢。起舞皓月回清光，妻孥大醉我獨醒。仰看桂花月中影，欲讀《茶經》且復休，漫寫狂歌發深省，安得相從賦石鼎。

明　王偁《虛舟集》卷四《題嘉禾楊郡守緑野亭》　南藩開别邸，五馬駐仙軿。地接三吴壯，山連百粤青。簪纓延上客，詩酒聚文星。妬舞花當户，傳歌鳥近屏。園丁供核筐，野老獻《茶經》。架展黄封軸，門題墨客銘。白雲隨捲幔，華月似窺櫺。雅趣林泉洽，幽懷海岳冥。徐生高士宅，揚子草玄亭。未足同風調，徒應襲露螢。須知潁川政，鳴鳳下郊坰。

明　王洪《毅齋集》卷四《少師姚公見寄新茗兼示以詩謹奉和答酬二首其二**》**　烟霞曾逐武夷人，摘盡仙岩幾樹春。常笑《茶經》收未遍，每於泉品較來真。雲濤汎曉當窗響，澗月分秋入甕新。此日玉堂勞遠惠，不勝清思挹芳塵。

明　李東陽《懷麓堂集》卷五一《寄題惠山第二泉》　江神夜泣山林嘯，帝遣神工鑿山竅。飛流出地聲灑空，泉水下與中泠通。江邊老弱不知姓，手著《茶經》親鑒定。金山之外更無泉，坐令匡廬瀑布空高懸。地官侍郎心似水，平生品泉如品士。似云江水不同清，此山自得青金精。尋山浚泉發清瀉，元是江南好奇者。山高水絶詩亦奇，鳴金噴玉無停時。我山曾過泉不酌，夢枕峻嶒漱潺㵽。我歌泉和兩知音，吁乎誰哉更識泉齋心。

明　程敏政《篁墩文集》卷七七《追思舊游寄浙江左時翊參政十絶次草庭都尉韻其八**》**
一斛龍井寒，未續《茶經》筆。林外忽聞香，僧房焙茶日。

明　吴寬《家藏集》卷四《愛茶歌》　湯翁愛茶如愛酒，不數三升并五斗。先春堂開無長物，只將茶竈連茶臼。堂中無事長煮茶，終日茶杯不離口。當筵侍立惟茶童，入門來謁惟茶友。謝茶有詩學盧仝，煎茶有賦擬黄九。《茶經》續編不借人，《茶譜》補遺將脱手。平生種茶不辦租，山下茶園知幾畝。世人可向茶鄉游，此中亦有無何有。

又　卷二九《謝馮副郎送惠山泉》　何處泉滿腹，惠山横翠屏。山遠不能移，誰移此泓渟。客從山下來，遺我泉兩瓶。磊磊石子在，中涵數峯青。宛如清曉汲，尚帶魚龍腥。煎茶水有記，陸羽著《茶經》。舌端辨清濁，豈但如渭涇。兹泉列第二，不甘讓中泠。幸蒙蕪子詠，將詩作泉銘。至今山游者，爭仰漪瀾亭。遠餉踰千里，瓿甋載吴舲。後人不好事，此事久已停。大甕封泥頭，所重惟醽醁。一朝俄得此，高屋驚建瓴。陽羨茶適至，新品攢寸莛。雖非龍鳳團，勝出蔡與丁。二物偶相值，活火仍熒熒。蟹眼泡漸起，羊腸車可聽。煎烹既如法，傾瀉散蘭馨。連飲渴頓解，更使塵目醒。缾底有餘瀝，照見髮星星。嗟此一段奇，何意當衰齡。不須茶始飲，飲水心常惺。未足酬雅意，聊用報山靈。

明　邵寶《容春堂集續集》卷一《次王郡公煎茶行》　今之詩伯溪上翁，六年為郡聲隆崇。一清如水比泉德，餘興却慕茶仙風。貪夫見公不自省，公眼白兮心非瞢。詩來遣吏問茶法，茶法酒法將無同。酒成麯糵過乃敝，酒之甘苦茶淡濃。竹爐石鼎文具耳，妙手只在調和中。大才於物無不可，豈以一藝稱詩工。何時鼎鼐入公手，漢室行徵黄次公。惠山泉上節屢駐，甘棠勿伐何叢叢。公雖愛酒不如晉，茶乎誰許唐人仝。二泉山人愛泉者，欲茶每與山僧假。芝歌未已復茶歌，共喜山中得風雅。飲公醇者西坡篤，讀書《茶經》猶不足。烹煎未解吾何言，願乞吴翁為君告。吾泉上人不欲多，西推山瀑東江波。仲尼飲水别無法，此味不知今若何。

又　卷一《惠山雜歌六首其四**》**　漪瀾堂下水長流，暮暮朝朝客未休。縱有《茶經》無陸羽，空教煎白老僧頭。

又　卷三《西庵》　西庵一里路逶迤，乘興行看石上詩。松問栽年無應者，水尋來處有逢時。竹罏故是《茶經》缺，藜杖真於野服宜。珍重前修游賞地，青山應笑我生遲。

明 陸深《儼山集》卷一六《春日雜興二十七首其三**》** 臨池草閣背山堂，乳燕泥融補畫梁。却按《茶經》試江水，自開陽羨閱旗槍。

明 文徵明《莆田集》卷二《詠嗣業》 楚楚璚枝出謝庭，紫芝眉宇玉生稜。《茶經》陸羽曾傳訣，書品陽冰已入能。閒洗碧桐留野客。醉圍紅袖狎山僧。相思不到西軒下，想見清香對榻凝。

明 黄佐《泰泉集》卷六《酌泰泉贈區廣文》 一勺泰泉水，中涵千仞青。遠分舒鶴渚，寒帶聚龍垌。花竹添蕭爽，風雲助杳冥。看君蘇齒頰，為爾續《茶經》。

明 黎民表《瑶石山人稿》卷八《與梁少仲林開先汲古亭夜坐》 歸來無所適，剩有草玄亭。巖溜千絲滴，雲蘿四壁青。燃燈聽佛偈，酌酒試《茶經》。若論浮生理，惟知醉與醒。

明 王立道《具茨集・詩集》卷二《壽陸頤齋七十》 七十健逢迎，知君善養生。笙歌娱晚景，車馬雜春聲。鶴唳聞應慣，《茶經》著始成。漢庭方貴老，章服此時榮。

又《陸節之夫婦七十雙壽》 奕奕金章客，歸來兩鬢星。仰天窺鶴唳，閉户著《茶經》。五柳宜同傳，三休已作亭。使君況有婦，七十共修齡。

明 王世貞《弇州四部稿》卷二八《倦酒》 春山何限青，春酒日冥冥。舊社能相命，清時漸愛醒。高齋親藥裹，鎮日檢《茶經》。縱有劉生頌，睢盱不要聽。

又《弇州四部稿・續稿》卷二二《送陸楚生入陽羡採茶》 由來陸羽是茶神，著得《茶經》字字真。莫道青山無宿業，耳孫仍作採山人。

明 范景文《范文忠集》卷一一《味元堂》 留將何物伴元亭，瘦鶴聊存隱士形。傲骨相看延石丈，閒功好與註《茶經》。蒔花亦欲成經濟，餌术兼能益性靈。道是臥遊嫌多事，從教飾壁畫空青。

明 申佳允《申忠愍詩集》卷三《懷歸其二四**》** 草堂尋舊蹟，結搆水南亭。竊禄三年素，謀生十畝青。秋闌春藥臼，竹院譜《茶經》。携手同心侣，京華悵落星。

清 吴偉業《梅村集》卷一一《壽陸孟鳧七十其二**》** 講授山泉遶户庭，苧翁無事爲中泠。偶支鶴俸分魚俸，閒點《茶經》補《水經》。千里程鄉浮大白，一官勾漏養空青。歸來松菊荒凉甚，買得雙峰縛草亭。

又卷一三《送無錫堵伊令之官歷城》 攬轡朱輪起壯圖，遺民喜得管夷吾。城荒户少三男子，名重人看五大夫。畫就烟雲連泰岱，詩成書札滿江湖。《茶經》水傳平生事，第二泉如趵突無。

又卷一八《讀史偶述其二十**》** 紛紛茗酪鬬如何，點就《茶經》定不磨。移得江南來禁地，回龍小盞潑松蘿。

清 尤侗《西堂詩集・剩稿》卷下《秋懷六首其五**》** 一片青山下晚汀，蕭蕭蒲柳望秋零。十三樓上人吹笛，五丈原前夜落星。漁棹繞殘深淺渡，雁行排過短長亭。閒來行藥無餘事，刪得《茶經》又《酒經》。

清 尤侗《西堂詩集・小草》《水雲僧舍》 閒居愛蕭寺，作客更相宜。佛與除離恨，人能長道思。白雲二梧樹，碧水一楊枝。幾上《茶經》在，常聞說岸師。

清 湯斌《湯子遺書》卷一〇《春日即事次信庵韻**》** 杜門久矣謝繁華，不道春光取次奢。柳市煙籠含宿雨，桃村日照散明霞。舊藏禊帖時開玩，新註《茶經》可共誇。迸笋當階礙杖屨，茅軒小逕不妨斜。

清 魏裔介《兼濟堂文集》卷一九《園居即事》 為園依堞雉，蒼鬱亦羣山。霞帶秋光淨，雲收野鶴還。移花遮曲逕，激水下松關。《酒史》《茶經》外，吾生聊復閒。

清 施閏章《學餘堂文集・詩集》卷三八《穀雨後一日敬亭即事同婁江陳子遜**》** 春風相伴入巖扃，薄霧寒雲半杳冥。為愛松花隨意摘，携將竹葉對山青。題詩幾輩留殘碣，吹笛何人最上亭。小試新茶全勝雪，好更鴻漸舊《茶經》。

又卷四三《穀雨日集太函山房試茶先一日大雨**》** 春風偏愛客，穀雨一朝晴。雀舌看初吐，龍團摘旋成。色涵潭水白，香奪畹蘭清。謖謖松喧坐，娟娟花繞楹。《茶經》翻陸羽，酒伴召公榮。鳥向鏡中語，雲從杯底生。藤深蟠曲磴，樹老出高城。不盡登臨意，重含海嶽情。

清 朱彝尊《曝書亭集》卷一三《寒夜集古藤書屋分賦得火箸》 我昔誦《茶經》，其具得火筴。圓直無葱臺，修長過銅鈴。是物最末微，尋常付竈妾。偶為桑苧詮，詎録香山帖。自來京城居，七度脱林葉。窮陰朔風號，聚沙眯樓堞。南人氣柔脆，土炕意不愜。墐戶類蟄蟲，曲身苦跧摺。握火置甎爐，聊以熨胸脅。燕俗饒栗薪，市者病遠涉。虛傳紅螺產，罕致白炭簏。爆急燎竄須，煙騰淚棲睫。箸也誠要需，取用便指捻。制以偶勝奇，力惟同乃協。出入炎燄中，身手洵趫捷。有若赴敵場，擒馘恣所挾。峙立必雙聳，倒臥亦並接。須臾不相離，無以異鶼鰈。留之載都籃，配以紙黏箑。持喻同心人，歲寒入吟篋。

清 張澍《養素堂詩集》卷一三《入蜀集上·題樊西渠太守吳興遺照》 顔魯公曾刺此州，韻海鏡源百卷留。招得山人陸鴻漸，譙譚無事《茶經》修。花落癸亭風日美，顧渚山崖採纈子。河北藩鎮尚未驕，臣心早監苕霅水。樊侯爲政古龔黃，堤上千株遺甘棠。山東父老扶杖泣，南池白石鐫龍章。一自旌麾領吳興，魚多稻熟年豐登。何山雲暖恣游覽，歸來靜坐天宇澂。手編疑是馬頭易，九師飛遯感遐思。至今人說太守賢，我亦玉皇香案吏。

清 張廷樞《崇素堂詩稿》卷三《送李荆山之任政和》 把酒金臺柳色青，使君乘傳指滄溟。丹山碧水臨花縣，竹塢桃蹊繞幔亭。民樸午衙稀訟事，官閒永日著《茶經》。茲行努力崇清望，會見雙鳧向闕廷。

清 張維屏《松心詩録》卷七《招隱庵陸羽著〈茶經〉處》 此地可招隱，《茶經》昔曾著。有人遊山來，便請喫茶去。

清 張問陶《船山詩草·補遺》卷二《煎茶坪道人以山泉煮茗供客作小詩贈之》 角冠金籙禮寒星，門外峯巒萬古青。手瀹清泉吹古竈，空山誰爲補《茶經》。

清 張祥河《小重山房詩詞全集·詩舲詩録》卷一《慧泉》 品絃戛流水，品詩寫飛瀑。頻年賦近游，夢繞慧山麓。茲來飽泉味，巖竇發奇馥。洌寒風薦秋，液湛露瀓宿。習習清兩腋，涓涓滿一掬。靜中鏡拭匳，動裹羅鄒縠。探源無徑波，鑿竅妙渟蓄。嘗聞慧山脉，宛轉歷天目。來龍峰九起，歕歛領珠伏。成此方圓池，繚以左右竹。居人日攜泉，何止百千斛。半泓驗水痕，總不稍盈縮。芬雖資苦荈，甘亦釀新麴。花枝出酒簾，歷歷面山屋。灌碧引響繁，流殷濯鱗六。我清鑒毛髮，我濁饜粱肉。行尋浣沼蘇，一證《茶經》陸。

又《小重山房詩詞全集·鶴在集·瞿經孳春風啜茗册》 漫推磨盾是英才，鴻漸《茶經》且手裁。魚蟹忽生看忽過，旗槍旋合喜旋開。山僧竈下連筩竹，野老杯中數點梅。第二泉荒烽火外，不堪殘照雨花臺。

清 張雲章《樸村詩集》卷三《桃花泉次和曹鹺使韻》 我行惠山麓，眷此第二泉。屈指蜀岡井，猶列《茶經》先。坡翁念鄉味，愛護非其天。不如此使院，轆轤轉芳鮮。綏山昔分種，光影動修椽。豈謂寒露漿，翻作桃花然。石倉攤書坐，汲古羅前賢。品題如六一，活火時烹煎。

又《霍山廣文陸行庵寄惠梅花片茶賦詩為謝并示令子綸署》 世閒百事判清濁，肉食者流耽壑谷。何人品茶復品泉，擾擾胸中但五欲。靈芽瑞草不絕生，半棄窮岩雜野蔌。中泠一杓不分江，二泉亭畔供盥沐。小團水遞縱多事，終勝權門臭酒肉。行菴吾友冰雪姿，一官廣文寄遐躅。如丘學舍都講餘，終日吟哦霍山麓。偏愛清風兩腋生，七椀呼來猶不足。當春蓓蕾偏山中，一旗一槍鬭淨淥。蕊尖揀選貢天家，雀舌丁香紛標目。梅花小片摘來稀，須趁咸池日未浴。入雲深處得芳叢，衣霧濛濛眩轉矚。青瓊綠髓滿筐篣，浥露含煙貯芬馥。焙處銀盆蒸若嵐，採時銀甲裁如幅。縱經纖指不輕拈，況是銅爐尤憎俗。煬者須知火是文，鮮新不使灸來熟。陽烏飛出署光開，收拾輕籠裹藏速。山下流泉滑且甘，煎烹入鼎菌蠢縮。松風庭院蟹眼生，定州古甆白勝玉。雪花雨脚半浮沉，冷蕊暗香噴案牘。始知開壓百花頭，頗似此茶空百族。蒙君憐我嗅味同，遠寄一瓶緘封肅。開緘為爾滌心源，煎成令我舞茅屋。郎君昨開咏蓼軒，連宵疏瀹煩腸沃。斬新詩句似家尊，數甌頻傾快一讀。許我年年餉雨前，不信此言言可復。玉泉仙掌已悠悠，陽羨月團殊碌碌。為謝山神產最靈，寧慚漢武稱南嶽。吾今珍重過雙轂，不羡步兵三百斛。盤筵羶腥堪洗濯，鴻漸《茶經》君早成，又新《水記》吾還續。更裁雜咏寄天隨，茶事十章酬唱數。

又卷一一《張徽五以茶甌見貽兼有詩紀事報謝二首其二》 類西朝來帶宿酲，渴思陽羨滿甌傾。泥澄勝把金罍重，袖出恍驚月魄成。事補《茶經》顧渚記，詩兼玉佩渭陽情徽五往宜興省其舅氏歸，孟遊廣文得此茶器，來詩有『舅氏憐垂橐』之句。風軒亟埽煙生縷，七椀盧仝手自盛。

清 趙賓《學易庵詩集》卷三《白生餽甘泉水》 繭足勞童子，凌辰餽乳泉。瓴罌分石色，鐺竈煑雲煙。品逸《茶經》外，名尊水註前。虎蹄盈鳥道，好事爾堪憐。

又《宿鄭子眞谷口谷西有響泉**》**　濤聲驚枕簟，三載夢魂清。耳畔嘗如此，心塵自不生。披衣尋水岸，不寐檢《茶經》。何必東海上，旬日始移情。

清　趙德懋《妙香齋詩集》卷二《秋日閒居偶成二首其二**》**　唧唧蛩聲夜未闌，倚牀不寐思無端。偶成詩句羞雞肋，閒著《茶經》笑馬肝。陶徑月明松影靜，梁園日暮柳煙寒。漆園妙諦須潛會，一卷南華子細看。

清　趙希璜《四百三十二峰草堂詩鈔》卷一五《輔岩山行其二**》**　菜花黃間麥青青，十里平岡畫作屏。酌取珍珠泉畔水，好從陸羽品《茶經》。

清　趙翼《甌北集》卷一四《易羅池在永昌九龍山下，池有珍珠泉甚甘**》**　我家住近九龍山，第二泉名播人寰。萬里吟鞭到金齒，誰知山名適相似。山下亦有泉涓涓，風味依稀比甘美。方塘半畝甃四隅，塘底迸出瑟瑟珠。斜飛直濺千萬顆，碎若泡沫無根株。水底安得風捲入，有時晃漾偏縈紆。輕圓粒粒手可捉，將到波面忽又無。是誰倒插花歕壺，應有地軸轉轆轤。不然驪龍睡其下，頷中百琲隨噏呼。可憐游魚尾直竪，爲吸水根皆俯趨。乃知山空乳滿腹，晝夜不斷流清腴。龍泉之亭跨其上，虛窗不用繭紙糊。亭前琉璃三百畝，泉所流出滙作湖。長堤未栽緑楊柳，碧浪已長青菰蒲。迷離烟雨倏廻合，彷佛一幅江邨圖。我來幕府參戎務，官比馬曹聊備數。偶然投罅出城來，拄笏看山輒日暮。閒揀旗槍瀹茗嘗，齒頰清芬似甘露。陸羽《茶經》愧未編，贊皇水遞愁無路。踪跡鴻泥信偶然，故鄉抛却竹爐烟。那知絶域瀾滄外，翻試清泠一酌泉。

清　鄭世元《耕餘居士詩集》卷九《顧渚採茶歌》　清明穀雨百艸蕃，牡丹花笑旗槍動。筠籃處處鬧春雨，香篛包題走飛鞚。東南顧渚尢第一，紫筍緑芹分伯仲。前有陸羽後朱放，遂使品題名愈重。清風樓臨壁鉄色，明月峽寒鶯語哢。中流亂石自飛走，芽茶含精生石縫。山家採擷如採玉，銅碾柘羅歸自用。麥顆針鋒雀舌尖，建州先春驚雷涷。寶雲日鑄徒紛紜，羅嶰白巖佳者峒。色香餙面塗膏油，團餅爭新鬬龍鳳。世人百物好稀奇，水厄酪奴徒聚訟。我就《茶經》《水譜》評，惟有吳興在魂夢。憶昔大曆建中來，茗絲鹽鉄歸惟供。焙院初成三萬工，詔書管榷湖常送。百騎塵飛催急程，銀鞍串串收金甕。從來天子貴遠物，異菓奇花都供奉。惜哉夏王未精密，不同橘柚收職貢。盛朝惠養謝珍異，節儉風淳與民共。山空花落鳥自啼，不見陝陝採茶衆。輸與山人自收直，刺史官閒提舉空。青鞋踏破白雲間，雞犬山村夜無恐。山中茶賈紛紛來，越船吳帆日倥偬。朝來採得溪邊雪，羣唱茶歌作三弄。

清　周長發《賜書堂詩鈔》卷六《七事詩·茶》　亦有清風在，長分八餅茶。經原鈔陸氏，味更類盧家。雀舌煎雷莢，釵頭瀹露芽。坐看魚眼沸，烏帽任欹斜。

又　卷七《歲除雜詠用寶意韻其九**》**　忍寒鍵户注《茶經》，檐角猶多霽雪零。不管髪稀無可白，却憐箱積尚餘青。買來越酒傾三斗，拗得唐花插一瓶。送臘迎新當此夕，故交落落似晨星。

清　周京《無悔齋集》卷三《咏惠山竹爐詩》　好事猶傳舊竹爐，松風吹瀉碧山隅。烟分翠篠巖前屋，響出香泉雪裏厨。詩卷收將編作譜，《茶經》留得畫成圖。不知他日嘗閒味，消盡羈愁似此無。

又　卷八《題湯良耟春山鬻茶圓丁巳**》**　滿帽京塵歸去來，九峰如昨信悠哉。何人愛向溪堂住，一卷《茶經》獨自開。

又　卷一一《四月六日同壽門樊榭竹田飲抱樸竹西舊地分得六言律體限青字》　昨夜兩分疏點，今朝風落微馨。流鶯日暖歌扇，弱柳天晴畫屏。池館多半沈碧，山庭盡入空青。春去幾人酒琖，睡餘一卷《茶經》。

清　祝德麟《悅親樓詩集》卷八《建延雜詩十首其六**》**　《茶經》詳北苑，劍氣識南平。神物終須去，龍團且與烹。人悲張壯武，我笑蔡端明。作事須籌審，那孤佳士名。

清　張英《文瑞集》卷三一《年華二首其一**》**　最宜珍重是年華，只合芳林傍水涯。藥譜茶經誠鄙事，桃蹊李徑即吾家。支分耕穫憑啼鳥，莞鑰門庭付落花。手把劍南詩百卷，蓬壺踪跡豈幽遐。

清　吳雯《連洋詩鈔》卷三《過黃處士齋》　初識墻東路，秉春踏細泥。梅花香雨早，蘭葉蕙風低。雞塒仙翁置，《茶經》處士題。天涯如此日，莫怨草萋萋。

清　田雯《古歡堂集》卷一一《春日十首歷下作。其四**》**　冠蓋交遊事已停，飛鴻聽爾去冥冥。王喬向我詩仙吏，鑿齒無人識半丁。波漲晴湖千頃白，屋藏深柳一燈青。幾爐妥帖當花檻，閒閱《茶經》與《水經》。

又　卷一二《選詩竟置酒自勞命小伶度曲率成四章更擬春日選元明詩

故篇末及之其二》　自憐衰病仗參苓，彊勉編摩腕欠靈。匡氏解頤風自媚，毛精舊壘草還青。歸時重可馱牛背，傳去名須避馬庭。狡獪不將付梨棗，只留繕本伴《茶經》。

又 卷一三《**陸羽祠**》　烟波淼淼月泠泠，雁陣鷗羣散遠汀。鴻漸祠邊浮棹過，閒挑燈火讀《茶經》。

清 查慎行《**敬業堂集**》卷三四《**重酌惠山泉**》　千章老樹蔭渟泓，不忝《茶經》第二名。急借匏尊蠲久渴，旋敲石火試新烹。僧無吝色從多汲，客有餘甘為一清。挈得缾罌須穩載，免教地主累張衡。

又 卷四九《**金縷曲**送盛鶴江入都》

酒罷昏星沒。正春江，揚舲捩柁，曉程催即。十載詩張才人事，香傳《茶經》俱輯。詩草又，新來成集。湖海名流徵欲起，賸唫窗，席冷無人奪。眉子研，且勤滌。

京華不少閒遊客。料紛紛，彈冠結韈，乘車戴笠。同學行藏都在眼，幾箇文章得力。悵生事，逡巡五十。誰信盧溝橋上路。有布衣，障扇騎驢入。定那處，相逢揖。

又《**宴清都**過無錫，風便不及泊，遥望九龍在蒼翠間。向鄰舟分得山泉半瓶，烹茶破睡》　陸羽經猶記。數水品，江南曾占第二。濃翠堆鬟，空青抹黛，濛濛雲氣。好風吹送吴船，甚失卻，登臨勝地。聽杳杳，幾杵疏鐘，煙林正擁山寺。百弓割片茶園，生涯飄泊，談何容易。銀瓶金井，夢中空想，轆轤聲起。五湖者番遊興，賴吹火，烹泉有此。把宜壺，淨洗供春，絶勝吴家買婢。

清 厲鶚《**樊榭山房集**》卷七《**七歲暮自題南湖所居四首**其一》　巢居何地可高騫，近水聊同離垢園。寒淨綠蕪侵巷尾，明涵疎樹照城根。雲帆引我遄歸興，雪履聞誰獨往言。魚計《茶經》無外事，太平時節在衡門。

清 汪由敦《**松泉集**》卷一九《**董東山宗伯於試院樵趙吴興松陰亭子圖佟野園宗伯屬題四首**其三》　白波青嶂杳沈冥，秀石蘩篁帶草亭。別與南宮添故事，不須蟹眼記《茶經》。

清 袁枚《**小倉山房詩集**》卷二四《**山中行樂詞十二首**其九》　何物供閒戲，圍棋亦偶然。買碑爭舊搨，染筆試新箋。食品何曾纂，《茶經》陸羽編。搜奇兼志怪，俱是小游仙。

清 曾燠《**賞雨茅屋詩集**》卷二二《**西穀近患腹疾與僕畧同戲贈以詩**》　秋風日已厲，秋葉日已墜。吾衰固其時，子病何由致。至人唯實腹，不使中客氣。內有寸田耕，外有百門閉。一賊不能入，三彭安足制。嗟吾昧養生，暴氣不持志。塊磊塡心胸，芒角出肝肺。昔當壯盛時，有疾常自諱。及今病日深，盧扁亦難治。平生無他腸，撐拄惟文字。往往苦搜索，澆之以茶味。遂同蚓竅鳴，間作蟬聲嘒。不圖遭水厄，其害等肥脆。行當廢《茶經》，且欲毀茶器。子嘗葆天和，於物無所嗜。乃獨有詩腸，與吾同鼓吹。愁思日九迴，或者失餐衛。吾今與子約，風雅亦當棄。此腹負將軍，將軍且游戲。

清 翟灝《**無不宜齋未定稿**》卷一《**臨平褉咏**其五》　菱花種出幾經年，竹色池光鬪碧鮮。翻盡《茶經》并泉品，僧寮誰試雪甌煎。

清 張鑒《**冬青館集・甲集**》卷三《**玉淵二首**其二》　不嫌清味遜中泠，折足風罏缺口瓶。吾亦苕谿老桑苧，幾時來此注《茶經》。

清 張九鉞《**紫峴山人全集・詩集**》卷二〇《**陸鴻漸祠**文學泉上》　雁橋身不死，名姓豈眞虛。世有《茶經》出，人知水味初。楚材靈氣迴，文學舊家居。當代元眞子，風流未必如。

清 張開東《**白蒓詩集**》卷一四《**苦泉行**有序》　苦泉，泉名即以名鎮，在大荔縣東北四十里一帶。土高而水少，居民鑿井而飲，其味鹹，故稱苦焉。余性燥易渴，不二十里即索茶，至此從者飲之，甘苦弗計也。同行楊子安厭之，終日不飲，而轉訝余之不擇飲。乃作《苦泉行》以廣之：大荔東北多斥鹵，苦泉之水味更苦。渭洛清波何從來，洽陽芳流烏可睹。我自蓬海走長安，到處炊煙烹龍團。手提茶鐺幾萬里，一日百醆清心肝。行至苦泉復長吸，楊翁緘口能不乾。却笑相如渴塵起，不取陸羽《茶經》看。我嘆天地本浩浩，元氣雜糅渾無端。玉露蘭膏盛瓦缶，牛溲馬浡貯金盤。佳人垂綆春欲暮，傖父挈瓶日將殘。大官大俸非吾分，載飢載渴行路難。不歷甘苦并憂樂，那能放懷窮五嶽。

清 詹賢《**詹鐵牛詩文集・詩集**》卷二《**踏青次盧上瑞韻**》　匝月愁霖久閉關，新曈初上積陰刪。《茶經》漫試盧家椗，屐齒隨尋謝氏山。紅絢野花吹酒殢，綠鋪芳草伴碁間。北邙一望哀無限，憑仗春光一解顏。

清 詹應甲《**賜綺堂集・詩**》卷五《**自錢唐放舟携家之蘭陰講院示荔**

香七首其三》 七里灘頭十九泉，紅囊手揀累卿煎。篷窻更比風簾静，日課《茶經》一兩篇。

清 張佩綸《澗于集·詩》卷三《菊畦余以殘茗澆菊，雪中花大如毬，作微綠色》 《茶經》開别派，《菊譜》有專家。已戒陶公酒，應名陸羽花。

又 卷四《健盦以元瓷香鼎明砂茗壺寄余夫婦與閨人各得二截句其二》 半生心得在《茶經》，自汲清泉注石缾。恰喜閨中有同癖，竹深煙細著樵青。

清 允禮《静遠齋詩集·甲午詩集·烟外村》 裊裊煙痕漲野坰，近山茅舍結池亭。此間定有幽人住，静玩《茶經》與《水經》。

清 姚燮《復莊詩問》卷五《課園六絶句其四》 綠荷亭子睡還須，荻檻藤牀近水區。讀厭山中花月令，《茶經》細勘玉川盧。

清 楊鸞《邈雲樓集六種·邈雲三編·謝雨松寄茶》 淵明不佞佛，詩乃得佛理。當其攢眉歸，酒能令公喜。余性不飲酒，敢云佛弟子。維頗讀《茶經》，聊用濯塵累。吾師惠遠流，贈我茸香紫。想當供佛餘，珍重侔蘭芷。億昨涉湘西，招提聊憇止。道行仰堅剛，軟語傾聾耳。肯爲誦新詩，甘露差可擬。曰余愧陳人，鬓絲茶烟裏。常願携陶詩，去浥雙泉水。

雜録

宋 費衮《梁谿漫志》卷一〇《陸鴻漸爲茶所累》 人不可偏有所好，往往爲所嗜好揜其他長。如陸鴻漸，本唐之文人達士，特以好茶，人止稱其能品泉别茶爾。所著書甚多，曰《君臣契》三卷、《源解》三十卷、《江表四姓譜》十卷、《南北人物志》十卷、《吴興歷官記》三卷、《潮州刺史記》一卷、《茶經》三卷、《占夢》三卷。然世所傳者，特《茶經》，他書皆不傳，蓋爲《茶經》所揜也。鞏縣有瓷偶人號陸鴻漸，買十茶器得一鴻漸，市人沽茗不利，輒灌注之。鴻漸嗜茶而終遭困辱，嗜好之弊至此，獨不可笑乎？

宋 朱勝非《紺珠集》卷三《陸羽筮姓》 竟陵僧於水濵得嬰兒，育為弟子。及長，不知姓，自筮，得『蹇』之『漸』。繇曰：『鴻漸於陸，其羽可用為儀。』乃姓陸，名羽，字鴻漸。所作《茶經》行於世，鞏縣造甆偶人號鴻漸，置茶竈間。

宋 曾慥《類説》卷一七《陸鴻漸著書》 陸羽著《君臣契》三卷、《源解》三卷、《江表四姓譜》十卷、《南北人物志》十卷、《吴興歷官記》三卷、《湖州刺史記》三卷、《茶經》三卷、《占夢》三卷。

宋 胡仔《苕溪漁隱叢話·前集》卷四六《東坡九》 唐人於茶，雖有陸羽為之説，而持論未精。

元 吴鎮《梅花道人遺墨》卷下《武水幽瀾在縣東三十七里武水景德教寺西廊幽瀾井泉品第七也》 一甃幽瀾，景德廊西苔蘚合，《茶經》第七品，其泉清洌，有靈源。亭間梁棟書題滿，翠竹瀟森映池館。門前一水接華亭。魏武兩其名。

明 貝瓊《清江文集》卷一六《茶屋記》 昔陸鴻漸著《茶經》三篇，蔡君謨亦著《茶經》上下二篇，而玉川子則有《答孟諫議惠茶》詩，兼善嘗取而讀之乎？彼奴視茶者，未若鴻漸之深於味，惜計口腹之小，而不免御史李季卿之辱。

明 張寧《方洲集》卷二一《題鍊雪齋詩文册》 陸羽《茶經》所載，原法具備，其品第、烹瀹、節候有似神仙家鍛鍊之法。至所辨用水，必地之幽曠、乳石漫流、遠隔渟浸者。是尚與陶穀烹雪意類，雪本和氣嚴凝，不由地力，宛有真味，迨醫所謂上池之水，於茶絶宜。合羽法與穀事，而風致益高。此鍊雪名齋之本意也。

明 楊愼《升庵集》卷六四《荼茶》 至陸羽《茶經》，【略】以後遂以茶易荼。

又 卷六九《茶有九難》 陸羽《茶經》言茶有九難：陰採夜焙非造也；嚼味嗅香非别也；膏薪庖炭非火也；飛湍壅潦非水也；外熟内生非炙也；碧粉縹塵非末也；操艱攪遽非煮也；夏興冬廢非飲也；膩鼎腥甌非器也。

又 卷七二《張陸奇語》 張又新《煎茶水記》『粉槍末旗，蘇蘭薪桂』，陸羽《茶經》『育華救沸』，皆奇俊語。

明 彭大翼《山堂肆考》卷一九三《陸羽〈茶經〉》 唐陸羽字鴻漸，有文學。嗜茶，著《茶經》三篇。言茶之原、之法、之具，尤備天下。益知飲茶矣。又《語林》有常伯熊者，因羽論復廣著茶之功，御史大夫李季卿宣慰江南，次臨淮，知伯熊善煮茶，召之。伯熊執器煎，季卿為再舉杯。至江南，又有薦羽者，召之，羽衣野服持具而入。公心鄙之，茶畢，命奴子取錢三十文，酬煎茶博士羽，愧之，更著《毀茶論》。

清 吴景旭《歷代詩話》卷五三 陸羽是大曆、元和人，創煎茶法，撰《茶經》三卷。至今鬻茶之家，陶為其像，置於煬器之間。云宜茶足利於是，茗粥漸著。

又 卷五五 唐人於茶，雖有陸羽為之説，而持論未精。

清 周煌《琉球國志略》卷一五《中山陪臣真常〈茶亭記〉》 蓋聞茶之珍於天下，雖起於神農氏，惜未見遺書。至李唐時，有陸鴻漸者，論茶之風味，辨水之美惡，著《茶經》三篇，以傳於後世，便於口養。或用祭祀，或通神仙，皆是物也。今上自天朝，下達士庶，暨海外蕃國，未嘗一日可以去茶。茶之為用大矣哉！若無陸羽，則不能顯茶之德；無茶，則羽亦不能得其芳譽。陸羽可謂最得茶之妙，而受益於茶者也。

清 袁棟《書隱叢説》卷一五《飲茶》 《晏子春秋》有茗菜之語，王褒《僮約》有買茶之語，《趙飛燕別傳》有啜茶之語，《吴志·韋曜傳》：『曜不善飲，或賜茶荈以當酒。以爲始於梁天監中者，非也。』《説文》『茶』字註曰：『此即今之茶字。』《爾雅》檟苦茶，郭璞註云：『早採爲茶，晚採爲茗。此茶之始也。』至唐陸羽著《茶經》三篇，天下益尚茶矣。

清 曾國藩《求闕齋讀書録》卷一〇《山谷詩集》 文德殿東，上閤門之東，有井絶佳。陸羽復州竟陵人，著《茶經》三篇，以廬山康王谷水簾爲天下第一，『爭名句』，謂眾人爭名於烈燄之中，東坡則以水沃其焚如之燄也。

顧渚山記

題解

唐 皮日休《松陵集》卷四《〈茶中雜詠〉序》 余始得季疵書，以為備矣。後又獲其《顧渚山記》二篇，其中多茶事。後又太原溫從雲、武威段碣之各補茶事十數節，並存於方冊。茶之事，繇周至於今，竟無纖遺矣。

著録

《崇文總目》卷三《小説類》 《茶記》二卷，陸羽撰。

宋 鄭樵《通志》卷六六《藝文略第四》 《茶記》，三卷。陸羽撰。

宋 陳振孫《直齋書録解題》卷八《地理類》 《顧渚山記》一卷，唐陸羽鴻漸撰。鄉邦不貢茶久矣，遺迹未必存也。

宋 趙希弁《郡齋讀書後志》卷二《子類》 《顧渚山記》二卷，右唐陸羽撰。羽與皎然、朱放輩論茶，以顧渚為第一。顧渚山在湖州，吴王夫差顧望，欲以為都，故以名山。

《文獻通考》卷二〇六《經籍考三三》 《顧渚山記》一卷，陳氏曰：唐陸羽鴻漸撰。鄉邦不貢茶久矣，遺跡未必存也。

又 卷二一八《經籍考四五》 《顧渚山記》二卷，鼂氏曰：陸羽撰，羽與皎然、朱放輩論茶，以顧渚為第一。顧渚山在湖州，吴王夫差顧望欲以為都，故以名山。

《宋史》卷二〇四《藝文志三·地理類》 陸鴻漸《顧渚山記》一卷。

又 卷二〇五《藝文志四·農家類》 陸羽【略】《茶記》一卷。

明 焦竑《國史經籍志》卷三《史部·酒茗》 《茶記》三卷，陸羽。《顧渚山記》一卷，陸羽。

明 柯維騏《宋史新編》卷四九《藝文志三》 陸鴻漸《顧渚山記》一卷。

明 慎懋官《華夷花木鳥獸珍玩考》卷二《花木考》 《顧渚山記》二卷，晁氏曰：陸羽撰。

（雍正）《浙江通志》卷二五三《經籍一三》 《顧渚山記》二卷，《讀書後志》：陸羽撰。

（同治）《蘇州府志》卷一三九《藝文志四》 陸羽【略】《顧渚山記》一卷。

雜録

宋 黄庭堅《山谷外集詩注》卷四 陸鴻漸，名羽，有《顧渚山記》二篇，盛言顧渚茶之美，爲江左第一。

明 董斯張《吴興藝文補》卷九 《顧渚山記》，陸羽。豫章王子尚訪曇濟道人於八公山，道人設茗。子尚味之云：此甘露也，何言茶名也。

茶述

傳記

（嘉泰）《吴興志》卷一四 裴汶元和六年，自澧州刺史授。八年十一月，除常州刺史。

《册府元龜》卷一〇六 元和元年四月戊申，命禮部員外郎裴汶，以米十萬石，賑給於浙東。

《御定佩文齋書畫譜》卷三〇 裴述，唐檢校吏部郎中、持節歙州諸軍事。范陽盧府君碑，裴述書。

論説

宋 羅大經《鶴林玉露》卷一三 陸羽《茶經》，裴汶《茶述》，皆不載建品，唐末然後北苑出焉。

著録

宋 謝維新《古今合璧事類備要·外集》卷四二《裴汶〈茶述〉序》

茶起於東晉，盛於今朝。其性精清，其味浩潔。其用滌煩，其功致和。參百品而不混，越衆飲而獨高。烹之鼎水，和以虎形，過此皆不得。千人服之，永永不厭，與粗食争衡。得之則安，不得則病。彼芝术黄精，徒云上藥，至效在數十年後，且多禁忌，非此倫也。或曰：『多飲令人體虚病風。』余曰：『不然。夫物能祛邪，必能輔正，安有蠲逐藂病而靡保太和哉！今宇内為土貢實衆：而顧渚、蘄陽、蒙山為上，其次則壽陽、義興、碧澗、灉湖、衡山，最下有鄱陽、浮梁。今其精者，無以尚焉。得其麤者，則下里兆庶，瓶盎紛揉。苟未得，則謂百病生矣。人嗜之如此者，兩晉已前無聞焉，至精之味或遺也。』作《茶述》。

清 陸廷燦《續茶經》卷下 《茶述》，裴汶。

采茶録

傳記

《舊唐書》卷一九〇《温庭筠傳》 温庭筠者，太原人，本名岐，字飛卿。大中初，應進士。苦心硯席，尤長於詩賦。初至京師，人士翕然推重。然士行塵雜，不脩邊幅，能逐絃吹之音，為側艷之詞，公卿家無賴子弟裴誠、令狐縞之徒，相與蒱飲，酣醉終日，由是累年不第。徐商鎮襄陽，往依之，署為巡官。咸通中，失意歸江東，路由廣陵，心怨令狐綯在位時不為成名。既至，與新進少年狂遊狹邪，久不刺謁。又乞索於楊子院，醉而犯夜，為虞候所擊，敗面折齒，方還揚州訴之。令狐綯捕虞候治之，極言庭筠狹邪醜迹，乃兩釋之。自是汙行聞於京師。庭筠自至長安，致書公卿間雪冤。屬徐商知政事，頗爲言之。無何，商罷相出鎮，楊收怒之，貶爲方城尉。再遷隋縣尉，卒。【略】庭筠著述頗多，而詩賦韻格清拔，文士稱之。

《新唐書》卷九一《温庭筠傳》 彦博裔孫廷筠，少敏悟，工為辭章，與李商隱皆有名，號『温李』。然薄於行，無檢幅。又多作側辭艷曲，與貴胄裴誠、令狐滈等蒲飲狎昵。數舉進士不中第。思神速，多爲人作文。大中末，試有司，廉視尤謹，廷筠不樂，上書千餘言，然私占授者已八人，執政鄙其爲，授方山尉。徐商鎮襄陽，署巡官，不得志，去歸江東。令狐綯方鎮淮南，廷筠怨居中時不爲助力，過府不肯謁。丐錢揚子院，夜醉，爲邏卒擊折其齒，訴於綯。綯爲劾吏，吏具道其汙行，綯兩置之。事聞京師，廷筠偏見公卿，言爲吏誣染。俄而徐商執政，頗右之，欲白用。會商罷，楊收疾之，遂廢卒。本名岐，字飛卿。

元　辛文房《唐才子傳》卷八　温庭筠，字飛卿，舊名岐，并州人，宰相彦博之孫也。少敏悟，天才雄贍，能走筆成萬言。善鼓琴吹笛，云：『有弦即彈，有孔即吹，何必爨桐與柯亭也。』側詞艷曲，與李商隱齊名，時號『温李』。才情綺麗，尤工律賦。每試，押官韻，燭下未嘗起草，但籠袖憑几，每一韻一吟而已，場中曰『温八吟』。又謂八叉手成八韻，名『温八叉』。多為鄰鋪假手。然薄行無檢幅，與貴胄裴誠、令狐滈等飲博。後，中夜醉詬狹斜間，為邏卒折齒，訴不得理。舉進士，數上又不第。出入令狐相國書館中，待遇甚優。時宣宗喜歌《菩薩蠻》，綯假其新撰進之，戒令勿泄，而遽言於人。綯又嘗問玉條脱事，對以出《南華經》，且曰：『非僻書，相公燮理之暇，亦宜覽古。』又有言曰：『中書省内坐將軍。』譏綯無學，由是漸疎之。自傷云：『因知此恨人多積，悔讀《南華》第二篇。』徐商鎮襄陽，辟巡官，不得志，遊江東。大中末，山北沈侍郎主文，特詔庭筠試於簾下，恐其潛救。是日不樂，逼暮，先請出，仍獻啟千餘言。詢之，已占授八人矣。執政鄙其所為，留長安中待除。宣宗微行，遇於傳舍，庭筠不識，傲然詰之曰：『公非司馬、長史之流乎？』又曰：『得非六參、簿、尉之類？』帝曰：『非也。』後謫方城尉，中書舍人裴坦當制，忸怩含毫久之，詞曰：『孔門以德行居先，文章為末。爾既早隨計吏，宿負雄名，徒誇不羈之才，罕有適時之用。放騷人於湘浦，移賈誼於長沙，尚有前席之期，未爽抽毫之思。』庭筠之官，文士詩人争賦詩祖餞，惟紀唐夫擅場，曰：『鳳凰詔下雖霑命，鸚鵡才高却累身。』唐夫舉進士，有詞名。庭筠仕終國子助教，竟流落而死。今有《漢南真藁》十卷，《握蘭集》三卷，《金筌集》十卷，《詩集》五卷，及《學海》三十卷，又《採茶録》一卷，及著《乾𦠆子》一卷，序云：不爵不觥，非炰非炙，能説諸心，庶乎乾𦠆之義歟？並傳於世。

著録

《新唐書》卷五九《藝文志三》　温廷筠《採茶録》一卷。

《崇文總目》卷三《小説類下》　《採茶録》一卷，温庭筠撰。

宋　鄭樵《通志》卷六六《藝文略第四》　《採茶録》三卷，唐温庭筠撰。

《宋史》卷二〇五《藝文志四》　温庭筠《採茶録》一卷。

元　辛文房《唐才子傳》卷八　《採茶録》一卷。

明　焦竑《國史經籍志》卷三《史部・酒茗》　《採茶録》三卷，温庭筠。

明　焦竑《焦氏筆乘》卷四　温庭筠《採茶録》三卷。

明　柯維騏《宋史新編》卷五〇《藝文志四》　温庭筠《採茶録》一卷。

明　方以智《通雅》卷三九《飲食》　温庭筠《採茶録》三卷。

《續通志》卷一六四《藝文略》　臣等謹案《唐志》著録，仍有温庭筠《採茶録》一卷，應并入《食貨》。

清　陸廷燦《續茶經》卷下　《採茶録》三卷，温庭筠撰。

清　覺羅石麟《山西通志》卷一七五《經籍》　温庭筠《採茶録》一卷。

清　沈炳震《唐書合鈔》卷七四《經籍志三》　温庭筠【略】《採茶録》一卷。

清　佚名《唐書藝文志注》卷三　温庭筠【略】《採茶録》一卷，見《崇文總目》。

茶譜（毛文錫）

傳記

清　李調元《全五代詩》卷五八《毛文錫》　文錫，字平珪，南陽人。唐太僕卿龜範子。年十四登進士第。後事王蜀，為翰林學士承旨。遷禮部尚書、内樞密使。歷文思殿大學士，拜司徒。貶茂州司馬。王衍降唐後，復事孟蜀，為後主狎客。所著有《前蜀紀事》二卷，《茶譜》一卷。

清 沈辰垣《御選歷代詩餘》卷一〇一　毛文錫，字平珪，南陽人。唐太僕卿龜範子。登進士，仕蜀，為翰林學士。遷內樞密使，進文思殿大學士，拜司徒。貶茂州司馬，隨衍降唐，復仕後唐。與歐陽炯等並以詞章供奉內庭，所著有《前蜀紀事》二卷，《茶譜》一卷。

清 吳任臣《十國春秋》卷四一《毛文錫傳》　毛文錫字平珪，高陽人，唐太僕卿龜範子也。年十四，登進士第，已而來成都，從高祖官翰林學士承旨。永平四年，遷禮部尚書，判樞密院事。

先是，峽上有堰，或勸高祖乘江漲決之，以灌江陵。文錫諫曰：『高季昌不服，其民何罪？陛下方以德懷天下，忍以隣國之民為魚鱉食乎！』高祖乃止。通正元年，進文思殿大學士，已又拜司徒、判樞密院如故。

天漢時，宦官唐文扆同宰相張格為表裏，與文錫爭權。會文錫以女適僕射庾傳素子，宴親族於樞密院，用樂不先奏聞，高祖聞鼓吹聲，怪之，文扆因極口摘其短，貶文錫茂州司馬，子詢流維州，籍其家。

及國亡，隨後主降唐。未幾，復事孟氏。與歐陽炯等五人以小辭為後蜀主所賞。文錫有《前蜀紀事》二卷，《茶譜》一卷。尤工豔語，所撰《巫山一段雲》詞，當世傳詠之。

著録

《崇文總目》卷三《小説類下》　《茶譜》一卷，毛文錫撰。

宋 晁公武《郡齋讀書志》卷三　《茶譜》一卷，右魏偽蜀毛文錫撰，記茶故事，其後附以唐人詩文。

宋 鄭樵《通志》卷六六《藝文略第四》　《茶譜》一卷，偽蜀毛文錫撰。

宋 尤袤《遂初堂書目・譜録類》　毛文錫《茶譜》。

宋 陳振孫《直齋書録解題》卷一四《雜藝類》　《茶譜》一卷，後蜀毛文錫撰。

《宋史》卷二〇五《藝文志四》　毛文錫《茶譜》一卷。

《文獻通考》卷二一八《經籍考四五》　《茶譜》一卷，鼂氏曰：偽蜀燕文錫撰，記茶故事，其後附以唐人詩文。

明 焦竑《國史經籍志》卷三《史部・酒茗》　《茶譜》一卷，蜀毛文錫。

明 焦竑《焦氏筆乘》卷四　蜀毛錫《茶譜》一卷。

明 柯維騏《宋史新編》卷五〇《藝文志四》　毛文錫《茶譜》一卷。

明 慎懋官《華夷花木鳥獸珍玩考・花木考》卷二　《茶譜》一卷，晁氏曰：偽蜀（無）［毛］文錫撰。

明 方以智《通雅》卷三九《飲食》　蜀毛［文］錫《茶譜》一卷。

明 顧起元《説略》卷二五《食憲》　蜀毛（主）［文］錫《茶譜》一卷。

清 錢謙益《絳雲樓書目》卷二《子雜藝》　《茶譜》一卷，毛文錫，記茶故事，其後附以唐人詩文。

清 陸廷燦《續茶經》卷下　《茶譜》一卷，偽蜀毛文錫。

清 顧櫰三《補五代史藝文志》　《茶譜》三卷，毛文錫撰。

清 陳鱣《續唐書》卷一九《經籍志》　《茶譜》一卷，蜀文思殿大學士毛文錫譔。

藝文

唐 貫休《禪月集》卷一七《和毛學士舍人早春》　陋巷冬將盡，東風細雜籃。解牽窻夢遠，先是潤梅諳。茶癖金鐺快，松香玉露含。書齋山帚撅，盤饌藥花甘。雅得琴中妙，常挼臉似酣。雪消聞苦蟄，氣候似宜蠶。密勿須清甲，朝歸遶碧潭。丹心空拱北，新作繼周南。竹杖無斑點，紗巾不著簪。大朝名益重，後進力皆覃。至理雖亡一，臣時亦説三。不知門下客，誰上晏嬰驂。

雜録

明 曹學佺《蜀中廣記》卷六五　偽蜀時毛文錫撰《茶譜》，記茶事甚悉，末以唐人為茶詩文附之。

明 楊慎《升庵集》卷三九《和章水部沙坪茶歌跋》 往年在館閣，陸子淵謂予曰：『沙坪茶信絶品矣，何以無稱於古？』余曰：『毛文錫《茶譜》云：玉壘關寶唐山有茶樹，懸崖而生，笋長三寸五寸始得一葉兩葉。晉張景陽《成都白兔樓詩》云：「芳茶冠六清，逸味播九區。」此非沙坪茶之始乎？』

北苑茶録

著録

《崇文總目》卷三《小説類下》 《北苑茶録》三卷，丁謂撰。

宋 鄭樵《通志》卷六六《藝文略第四》 《北苑茶録》三卷，宋朝丁謂撰。

宋 尤袤《遂初堂書目·譜録類》 《北苑茶録》。

宋 陳振孫《直齋書録解題》卷一四《雜藝類》 《北苑茶録》三卷，三司戶部判官丁謂謂之撰。咸平中進。

宋 晁公武《郡齋讀書志》卷三《農家類》 《建安茶録》三卷，右皇朝丁謂撰。建州研膏茶起於南唐，太平興國中始進御。謂咸平中為閩漕，監督州吏，創造規模，精緻嚴謹，録其團焙之數，圖繪器具及叙採製入貢法式。盧仝譏陽羡貢茶有『安知百萬億蒼生，墜在顛崖受辛苦』之句，余於謂亦云。

《文獻通考》卷二一八《經籍考四五》 《建安茶録》三卷。晁氏曰：皇朝丁謂撰。建州研膏茶起於南唐，太平興國中始進御。謂咸平中為閩漕，監督州吏，創造規模，精緻嚴謹，録其團焙之數，圖繪器具及叙採製入貢法式，盧仝譏陽羡貢茶有『安知百萬億蒼生，墜在顛崖受辛苦』之句，余於謂亦云。

《宋史》卷二〇五《藝文志四》 丁謂《北苑茶録》三卷。

明 焦竑《國史經籍志》卷三《史部·酒茗》 《北苑茶録》二卷，丁謂。

明 焦竑《焦氏筆乘》卷四 丁謂《北苑茶録》三卷，又《北苑拾遺》一卷。

明 陳第《世善堂藏書目録》卷下 《建安茶録》一卷，丁謂。

明 柯維騏《宋史新編》卷五〇《藝文志四》 丁謂《北苑茶録》三卷。

明 慎懋官《華夷花木鳥獸珍玩考·花木考》卷二 《建安茶録》三卷，晁氏曰：皇朝丁謂撰。

清 陸廷燦《續茶經》卷下 《建安茶録》三卷，丁謂撰。

（同治）《蘇州府志》卷一三六《藝文志一》 丁謂【略】《建安茶録》三卷。

藝文

宋 丁謂《北苑焙新茶》（古今事文類聚·續集）卷一二 北苑龍茶者，甘鮮的是珍。四方惟數此，萬物更無新。纔吐微茫緑，初沾少許春。散尋縈樹遍，急採上山頻。宿葉寒猶在，芳芽冷未伸。茅茨溪口焙，籃籠雨中民。長疾勾萌并，開齊分兩均。帶煙蒸雀舌，和露叠龍鱗。作貢勝諸道，先嘗祇一人。緘封瞻闕下，郵傳渡江濱。特旨留丹禁，殊恩賜近臣。啜為靈藥助，用與上樽親。頭進英華盡，初烹氣味醇。細香勝却麝，淺色過於筠。顧渚慚投木，宜都媿積薪。年年號供御，天産壯甌閩。

雜録

宋 楊億《楊文公談苑》（新雕皇朝類苑）卷六〇 丁謂《北苑茶録》三卷，備載造茶之法，今行於世。

宋 吴曾《能改齋漫録》卷九 丁晉公有《北苑茶録》三卷。世多指建州茶焙為北苑，故姚寬《叢語》謂：『建州龍焙，面北，遂謂之北苑。』此説非也。以予觀之，宫苑非人主不可稱，何以言之？按，建茶供御，自江南李氏始。故楊文公《談苑》云：『建州，陸羽《茶經》尚未知之。但言

「福建等十二州未詳，往往得之，其味極佳。」」江左近日方有蠟面之號。李氏別令取其乳作片，或號曰京挺的乳及骨子等，每歲不過五六萬斤。迄今歲出三十餘萬斤。以文公之言考之，其曰京挺的乳，則茶以京挺為名。又稱北苑，亦以供奉得名，可知矣。李氏都於建鄴，其苑在北，故得稱北苑。水心有清輝殿，張洎為清輝殿學士。別置一殿於内，謂之澄心堂，故李氏有澄心堂紙。其曰『北苑茶』者，是猶『澄心堂紙』耳。李氏集有翰林學士陳喬作《北苑侍宴賦詩序》曰：『北苑，皇居之勝槩也。掩映丹闕，縈回綠波。珍禽異獸充其中，修竹茂林森其後。北山蒼翠，遥臨複道之陰；南内深嚴，近在帷宫之外。陋周王之平圃，小漢武之上林』云云。而李氏亦有《御製北苑侍宴賦詩序》，其畧云：『偷閒養高，亦有其所。城之北有故苑焉。遇林因藪，未媿於離宫；均樂同歡，尚慚於靈沼。』云云。以二序觀之，因知李氏有北苑。而建州造挺茶又始之，因取此名，無可疑者。

宋 沈括《夢溪筆談》卷上 建茶之美者，號北苑茶。今建州鳳凰山上，人相傳謂之北苑。言江南嘗置官領之，謂之北苑使。予因讀《李後主文集》有北苑詩及文記，知北苑乃江南禁苑，在金陵，非建安也。江南北苑使，正如今之内園使。李氏時有北苑使，善製茶，人競貴之，謂之北苑茶。如今茶器中有學士甌之類，皆因人得名，非地名也。丁晉公為《北苑茶録》云：『北苑，里名也，今曰龍焙。又云苑者，天子園囿之名。』此在列郡之東隅，緣何却名北苑？丁亦自疑之。蓋不知北苑茶，本非地名始，因悮傳，自晉公實之於書，至今遂謂之北苑。

宋 胡仔《苕溪漁隱叢話・後集》卷一一 丁謂爲《北苑茶録》三卷，備載造茶之始末，行於世。

又苕溪漁隱曰：『建安北苑茶，始於太宗朝，太平興國二年，遣使造之，取像於龍鳳，以别庶飲，由此入貢。至道間，仍添造石乳。其後大小龍茶，又起於丁謂而成於蔡君謨。謂之將漕閩中，實董其事，賦《北苑焙新茶詩》，其序云：『天下産茶者，將七十郡半，每歲入貢，皆以社前火前為名，悉無其實；惟建州出茶有焙，焙有三十六，三十六中，惟北苑發早而味尤佳。社前十五日即採其芽，日數千工聚而造之，逼社即入貢，工甚大，造甚精，皆載於所撰《建陽茶録》，仍作詩以大其事。』云：【略】此詩叙貢茶頗為詳盡，亦可見當時之事也。

宋 阮閲《詩話總龜・後集》卷二九 建安北苑茶，始於太宗。太平興國二年，遣使造之，取象於龍鳳，以别庶飲，由此入貢。至道間，仍添造石乳。其後大小龍茶又起於丁謂而成於蔡君謨。謂之轉漕閩中，實董其事，賦北《苑焙新茶詩》其序云：『産茶者將七十郡，每歲入貢，皆以社前、火前爲名，悉無其實。惟建州出茶有焙，焙有三十六。三十六中惟北苑先發而味尤佳。社前十五日即採其芽，日數千工，聚而造之，逼社即入貢。工甚大，造甚精，皆載於所撰《建安茶録》，仍作詩以大其事云。』【略】此詩叙貢茶頗爲詳盡，亦可見當時之事也。

明 郭子章《豫章詩話》卷六 建州團茶始於丁謂，所著有《北苑茶録》三卷，《北苑拾遺》一卷。【略】考丁謂貢茶之始，建州一老人獻此山茶，老人死，遂以爲山神。由宋元入明，每歲府官先祭老人，然後採茶。我明景泰以後，山不產茶，山下茶户百餘家，歲出百金，易延平茶以貢，而老人之祭如故。比予司理建州時，茶户止二十餘家，賠金如故，予憫之以聞於兩院。乃以百金分派建安一縣，毁老人廟，而革其祭，茶戶始蘇。頃之里人鋤田，得一殘碑，詩云：鳳山宛轉青螺曉。數百年之弊始自丁謂，至予始革，此詩殆讖邪？

北苑拾遺

傳記

清 陸心源《宋詩紀事補遺》卷八 劉异，字成季，閩縣人。天聖八年進士。以文學知名，累官將仕郎，大理評事。終屯田員外郎。見《蔡忠惠集》、《劉若虛墓誌》及《八閩通志》。至和三年，秘書丞監濟衆監權武興郡，事見石刻。

著録

宋 鄭樵《通志》卷六六《藝文略第四》 《北苑拾遺》一卷，丁謂撰。

宋 晁公武《郡齋讀書志》卷三 《北苑拾遺》一卷，右皇朝劉异撰。北苑，建安地名，茶為天下最。异慶曆初在吴興，採新聞，附於丁晉公《茶録》之末。其書言滌磨調品之器甚備，以補謂之遺也。

宋 陳振孫《直齋書録解題》卷一四《雜藝類》 《北苑拾遺》一卷，劉异撰。慶曆元年序。

《文獻通考》卷二一八《經籍考四五》 《北苑拾遺》一卷，鼂氏曰：皇朝劉异撰，北苑建安地名，茶為天下最。异慶歷初在吴興，採新聞，附於丁謂《茶録》之末。其書言滌磨調品之器甚備，以補謂之遺也。

《宋史》卷二〇五《藝文志四·農家類》 劉异《北苑拾遺》一卷。

明 焦竑《國史經籍志》卷三《史部·酒茗》 《北苑拾遺》一卷，劉异。

明 柯維騏《宋史新編》卷五〇《藝文志四》 劉异《北苑拾遺》一卷。

明 慎懋官《華夷花木鳥獸珍玩考·花木考》卷二 《北苑拾遺》一卷，鼂氏曰：皇朝劉异撰。

明 方以智《通雅》卷三九《飲食》 丁謂【略】，又《北苑拾遺》一卷。

明 顧起元《説略》卷二五《食憲》 劉异《北苑拾遺》一卷。

清 陸廷燦《續茶經》卷下 《北苑拾遺》一卷，劉异撰。

（乾隆）《福建通志》卷六八《藝文一》 劉异《北苑拾遺》一卷。

又 卷七二 劉異《北苑拾遺》二卷。

補茶經

傳記

（乾隆）《鎮江府志》卷三七 周絳，幼入黄山觀，從道士楊用柔學老子學，法名智進。縣令以視水災至觀，威儀閒雅，因悟所學之非，改業儒行，更名絳。攻苦力學，登太平興國癸卯科進士。自都官員外出守毘陵，遊陽羨靈望洞，有詩云：丹泉長活芙蓉死，會買張山卜築來。一作《泰虚觀作》，見《藝文志》。

（嘉慶）《溧陽縣志》卷一三《文苑》 周絳，幼入黄山觀，從道士楊用柔為老子學，名智進。適縣令視水菑至觀，威儀甚肅，因悟所學之非，改業為儒，更名絳。攻苦問學，登太平興國八年進士第，由都官員外出守毘陵郡。

著録

宋 晁公武《郡齋讀書志》卷三 《補茶經》一卷又一卷，右皇朝周絳撰。絳，祥符初知建州，以陸羽《茶經》不載建安，故補之。又一本有陳龜注。丁謂以為茶佳不假水之助，絳則載諸名水云。

宋 陳振孫《直齋書録解題》卷一四《雜藝類》 《補茶經》一卷，知建州周絳撰，當大中祥符間。

《文獻通考》卷二一八《經籍考四五》 《補茶經》一卷又一卷。鼂氏曰：皇朝周絳撰。絳，祥符初知建州，以陸羽《茶經》不載建安故補之。又一本有陳龜注，丁謂以為茶佳不假水之助，絳則載諸名水云。

《宋史》卷二〇五《藝文志四》 周絳《補茶經》一卷。

明 焦竑《國史經籍志》卷三《史部·酒茗》 《補茶經》一卷，周絳。

明 顧起元《説略》卷二五《食憲》 周絳《補茶經》一卷。

明 柯維騏《宋史新編》卷五〇《藝文志四》 周絳《補（山）[茶]經》一卷。

明 慎懋官《華夷花木鳥獸珍玩考·花木考》卷二 《補茶經》一卷，又一卷。晁氏曰：皇朝周絳撰。

清 陸廷燦《續茶經》卷下 《補茶經》一卷，周絳撰。又一卷，前人。

（嘉慶）《溧陽縣志》卷一五《藝文志》　《補茶經》一卷，周絳撰。

藝文

清　魏燮均《九梅村詩集》卷一六《山齋遣興》　自愛恬吟養性靈，避他俗客戶常扃。多愁未免人皆笑，衆醉何堪我獨醒。細檢鄭遨續《酒譜》，偶繙周絳《補茶經》。閑懷又覺殊無賴，且製山齋十硯銘。

雜録

宋　熊蕃《宣和北苑貢茶録》　景德中，建守周絳為《補茶經》，言：芽茶只作早茶，馳奉萬乘嘗之可矣。如一鎗一旗，可謂奇茶也。

（崇禎）《閩書》卷五五　絳知建州，以陸羽《茶經》不載建安，作《補茶經》，并載諸名水，以可烹茶者。

茶録（蔡襄）

综述

明　彭大翼《山堂肆考》卷一九三《君謨茶録》　宋蔡襄進《龍茶録》，昔陸羽《茶經》不第建安之品，丁謂《茶圖》獨論採造之本。至於烹試曾未有聞，臣輒條數事，簡而易明勒成二篇，名曰《茶録》。伏惟清閒之宴，或賜觀採。按《茶録》二篇，上篇論茶色、茶香、茶味、藏茶、炙茶、碾茶、羅茶、候湯、熁盞、點茶；下篇論茶焙、茶籠、砧椎茶、鈐茶、碾茶、羅茶、盞茶匙、湯瓶。

《四庫全書總目》卷一一五《子部二五・譜録類》　是書，乃其皇祐中爲右正言修起居注時所進。前後皆有襄自序。前序稱：陸羽《茶經》不第建安之品，丁謂《茶圖》獨論採造之本，至於烹試曾未有聞，輒條數事簡而易明。後序則治平元年勒石時作也。分上下二篇，上篇論茶，下篇論茶器，

皆所謂烹試之法。《通考》載之作《試茶録》。然考襄二序，俱自稱《茶録》，石本亦作《茶録》，則『試』字爲誤增，明矣。費衮《梁谿漫志》載有陳東此書跋曰：余聞之先生長者，君謨初爲閩漕，出意造密雲小團爲貢物。富鄭公聞之嘆曰：此僕妾愛其主之事耳，不意君謨亦復爲此。余時爲兒，聞此語亦知感慕，及見《茶録》石本，惜君謨不移此筆書《旅獒》一篇以進云云。案：《北苑貢茶録》稱，太平興國中，特置龍鳳模，造團茶，則團茶乃正供之土貢。《苕溪漁隱叢話》稱，北苑官焙，漕司歲貢爲上，則造茶乃轉運使之職掌。襄特精其製，是亦修舉官政之一端。東所述富弼之言，未免操之已蹙。《羣芳譜》亦載是語，而以爲出歐陽修。觀修所作《龍茶録》後序，即述襄造小團茶事，無一貶詞。知其語出於依托，安知富弼之言不出依托耶？此殆皆因蘇軾詩中有『前丁後蔡』、『致養口體』之語而附會其説，非事實也。況造茶自慶歷中事，進録自皇祐中事。襄本閩人，不過文人好事，夸飾土產之結習，必欲加以深文；則錢惟演之貢姚黄花，亦爲軾詩所譏；歐陽修作《牡丹譜》，將併責以惜不移此筆註《大學》、《中庸》乎？東所云云，所謂言之有故，執之成理，而實非通方之論者也。

《四庫全書簡明目録》卷一二　襄以陸羽《茶經》不載閩產，丁謂《茶圖》又但論採造，不及烹試，乃作此書。上篇論茶，下篇論茶器，皆烹試之法也。

清　周中孚《鄭堂讀書記》卷五〇《子部九之上・譜録類一》　《四庫全書》著録。《讀書志》、《通考》俱作《試茶録》二卷，《宋志》作《茶録》一卷。攷君謨前序，稱『勒成二篇，名曰《茶録》』，後序稱『造《茶録》二篇上進』知晁氏誤增『試』字，而馬氏仍之不革爾。至《宋志》作一卷，葢據併兩篇為一卷之本也。君謨以陸羽《茶經》不載閩產，丁謂《茶圖》又但論採造，不及烹試，乃作此書。上卷為茶論十條，下卷為器論九條。皆烹試之法也。其書於皇祐中撰以進御，治平初書而刻石左氏。葢從石本録入，《説郛》所收作一卷云。

傳記

宋　歐陽修《歐陽文忠公集・居士集》卷三五《端明殿學士蔡公墓志

銘》　公諱襄，字君謨，興化軍仙遊人也。天聖八年，舉進士甲科，爲漳州軍事判官、西京留守推官，改著作佐郎、館閣校勘。慶曆三年，以秘書丞、集賢校理知諫院，兼修起居注。是時天下無事，士大夫弛於久安，一日元昊叛，師久無功。天子慨然厭兵，思正百度以修太平，既已排羣議，進退二三大臣，又詔增置諫官四員，使拾遺補闕，所以遇之甚寵。公以材名在選中，遇事感激，無所回避，權倖畏斂，不敢撓法干政，而上得益與大臣圖議。明年，屢下詔書，勸農桑，興學校，革弊修廢，而天下悚然，知上之求治矣。於此之時，言事之臣無日不進見，而公之補益爲尤多。

四年，以右正言直史館。出知福州，以便親，遂爲福建路轉運使。復古五塘以溉田，民以爲利，爲公立生祠於塘側。又奏減閩人五代時丁口稅之半。

丁父憂，服除，判三司鹽鐵勾院，復修起居注。今參知政事唐公介，時爲御史，以直言忤旨，貶春州別駕。廷臣無敢言者，公獨論其忠，人皆危之，而上悟意解，唐公得改英州，遂復召用。

皇祐四年，遷起居舍人、知制誥，兼判流內銓。御史呂景初、吴中復、馬遵坐論梁丞相適罷臺職，除他官，公還封辭頭，不草制。其後屢有除授非當者，必皆封還之，而上遇公益厚，曰：『有子如此，其母之賢可知。』命特賜冠帔以寵之。至和元年，遷龍圖閣直學士、知開封府。

三年以樞密直學士知泉州，徙知福州。未幾，復知泉州。公爲政精明，而世閩人，知其風俗。至則禮其士之賢者，以勸學興善，而變民之故，除其甚害。往時閩人多好學，而專用賦以應科舉，公得先生周希孟，以經術傳授，學者常至數百人，公爲親至學舍執經講問，爲諸生率。延見處士陳烈，尊以師禮，而陳襄、鄭穆方以德行著稱鄉里，公皆折節下之。閩俗重凶事，其奉浮屠，會賓客，以盡力豐侈爲孝，否則深自愧恨，爲鄉里羞。而姦民、游手、無賴子幸而貪飲食，利錢財，來者無限極，往往至數百千人。至有親亡，秘不舉哭，必破産辦具而後敢發喪者。有力者乘其急時，賤買其田宅，而貧者立券舉債，終身困不能償。公曰：『弊有大於此耶！』即下令禁止。至於巫覡主病蠱毒殺人之類，皆痛斷絶之，然後擇民之聰明者教以醫藥，使治疾病。其子弟有不率教令者，條其事，作五戒以教諭之。久之，閩人大便。公既去，閩人相率詣州，請爲公立德政碑，吏以法不許謝，即退而以公善政私刻於石，曰：『俾我民不忘公之德。』

嘉祐五年，召拜翰林學士、權三司使。三司、開封，世稱省、府，爲難治而易以毁譽，居者不由以遷則由以敗，而敗者十常四五。公居之，皆有能名。其治京師，談笑無留事，尤喜破姦隱，吏不能欺。至商財利，則較天下盈虚出入，量力以制用，必使下完而上給。下暨百司因習蠹弊，切磨劃剔，久之，簿書纖悉紀綱條目皆可法。七年季秋，大享明堂，後數月，仁宗崩，英宗即位，數大賞賚，及作永昭陵，皆猝辦於縣官經費外。公應煩，愈閒暇若有餘，而人不知勞。

遂拜三司使，居二歲，以母老，求知杭州，即拜端明殿學士以往。三年，徙南京留守，未行，丁母夫人憂。明年八月某日，以疾卒於家，享年五十有六。

蔡氏之譜，自曾從事中郎克以來，世有顯聞，其後中衰，隱德不仕。公年十八，以農家子舉進士，爲開封第一，名動京師。後官於閩，典方州，領使一路，二親尚皆無恙。閩人瞻望咨嗟，不榮公之貴，而榮其父母。母夫人尤有壽，年九十餘，飲食起居康彊如少者。歲時為壽，母子鬢髮皆皤然，而命服金紫，煌煌如也。至今閩人之爲子者，必以夫人祝其親，爲父母者，必以公教其子也。

公於朋友重信義，聞其喪則不御酒肉，爲位以哭，盡哀乃止。嘗會飲會靈東園，坐客有射矢誤傷人者，客遽指爲公矢，京師喧然。事既聞，上以問公，公即再拜媿謝，終不自辯，退亦未嘗以語人。

公爲文章，清遒粹美，有文集若干卷。工於書畫，頗自惜，不妄爲人書，故其殘章斷藁，人悉珍藏。而仁宗尤愛稱之，御製《元舅隴西王碑》文，詔公書之。其後，命學士撰《温成皇后碑》文，又勅公書，則辭不肯書，曰：『此待詔職也。』

公累官至禮部侍郎，既卒，翰林學士王珪等十餘人列言公賢，其亡可惜。天子新即位，未及識公，而聞其名久也，爲之惻然，特贈吏部侍郎，官其子旻爲秘書省正字，孫傳及弟之子均皆守將作監主簿，而優以賻卹。以旻尚幼，命守吏助給其喪事。曾祖諱顯皇，不仕。祖諱恭，贈工部員外郎。父諱琇，贈刑部侍郎。母夫人盧氏，長安郡太君。夫人葛氏，永嘉郡君。子男三人：曰匀，將作監主簿；曰旬，大理評事，皆先公卒。幼子，旻也。女三人，一適著作佐郎謝仲規，二尚幼。以某年某月某日，葬公於莆田縣某鄉將軍山。銘曰：誰謂閩遠，而多奇產。產非物寶，惟士之賢。嶷嶷蔡公，其人傑然。奮躬當朝，讜言正色。出入左右，彌縫補益。問歸於閩，有政在人。食不畏蟲，喪不憂貧。疾者有醫，學者有師。問誰使然，孰不公思？有高其墳，有拱其木。凡閩之人，過者必肅。

《宋史》卷三二〇《蔡襄傳》　蔡襄字君謨，興化仙遊人。舉進士，爲西京留守推官、館閣校勘。范仲淹以言事去國，余靖論救之，尹洙請與同貶，歐陽脩移書責司諫高若訥，由是三人者皆坐譴。襄作《四賢一不肖》詩，都人士爭相傳寫，鬻書者市之，得厚利。契丹使適至，買以歸，張於幽州館。

明　陳鳴鶴《東越文苑》卷三　蔡襄，字君謨，仙遊農家子也。天聖八年舉進士，爲開封府第一。景祐三年，襄爲館閣校勘。當此時，范仲淹以言事忤丞相吕夷簡落職，知饒州。集賢校理余靖諫上曰：『陛下自親政以來，屢逐言事者，恐箝天下之口。』於是落職，知筠州酒稅。館閣校理尹洙請與仲淹同貶斥，監處州酒稅。司諫高若訥知上貴幸丞相，遂莫敢言。校理歐陽脩移書責之，若訥怒上其書，脩貶夷陵令。於是襄乃作《四賢一不肖詩》，詩成，都下爭傳寫之。鬻書者手腕幾脫，會契丹使者至，亦購數十本以歸。於是，襄之名聞於夷狄。襄數好切諫，不肯從諛承意以阿主取容。久之，求知福州，以便養母。襄之知福州也，以經術傳授學者，常數百人。師尊處士陳烈平，交陳襄、鄭穆，福州大治。襄爲文章清遒粹美，而詩凜然有生意。尤工於書畫，頗自惜，不妄與人，故其殘箋斷簡，人悉珍藏之。而仁宗最爲賞愛，嘗御製《元舅隴西王碑文》，詔襄書之。其後命學士撰《温成皇后碑文》，又詔襄書，襄則辭不肯書，曰：『此待詔職也。』官終端明殿學士、禮部侍郎。卒謚忠惠。所著詩文三十六卷軼不傳。蔚按：《蔡忠惠集》經王十朋手编，為卷三十六。前明屢經刊刻，未知出自何手，卷數多與十朋所編不合，究不得謂其軼而不傳也。惟《荔枝譜》、《貢茶録》行於世。

《四庫全書總目》卷一一五《子部二五・譜録類》　襄，莆田人。仁宗賜字曰君謨，見集中謝御筆賜字詩序，仕至端明殿學士，謚忠惠。事蹟具《宋史》本傳。

清　周中孚《鄭堂讀書記》卷五〇《子部九之上・譜録類一》　襄，字君謨，興化仙遊人。家於莆田，舉進士，官至端明殿學士，謚忠惠。

紀事

宋　劉克莊《後村集》卷一〇一《蔡端明〈茶録〉》　《茶録》，余凡見數本。此本與《臨真草千字文》、《唐太宗哀册》，頃屢同方孚若借觀，主者出於軸中，卷舒纔畢，急袖之去，其秘惜之如此。後三十年，乃為方君所得。始，君之求之也，不得不止，及既得之也，則又大喜，巾襲扃鐍，若恐有負之而走者。噫，君可謂好之篤矣。余聞異書名蹟，天所靳固，人欲以區區智力擅為己有，自昔及今，未有能久者。蔡邕藏《論衡》於帳，辯才棲《禊帖》於梁，皆為人盜去。是猶曰：『匹夫不足於力爾。』虬鬚帝絶重鍾王筆跡，貯以玉匣石函，入陵中，後為温韜所發，諸帖遂傳人間。甘露宰相捐厚貨或官爵，鈎取名書畫，鑿垣納之，禍作，為人剔取奩軸金玉，而棄書畫於路。此一主一相，以天下之力而不能守，而世之篤好必取者，尚自以為可傳萬世子孫而不失，幾於惑矣。或曰：『守之有道歟？』余曰：『惟得之無愧者，差庶幾。』昭陵諸帖，皆懸金帛而得，惟《禊序》以譎取。然賜蕭翼銀瓶一，金鏤瓶一，瑪瑙枕一，並實以珠，内廐馬二，第一區賜辯才，物三千段，穀三千石，固非虧價矣。刼陵之厄，殆不可曉。王廣津以榷茶致宰輔，以權力聚玩好，身與家且不能庇，惡能庇書畫哉？君有好古博雅之名，無巧偷豪奪之謗，不但廣求以足所好，又能積善以永其傳，然則雖久而不失之矣。

論説

宋　胡仔《苕溪漁隱叢話・前集》卷四六　至本朝蔡君謨《茶録》既行，則持論精矣。以《茶録》而覈前賢之詩，皆未知佳味者也。

宋　劉克莊《後村集》卷一〇二《韓致光帖》　蔡字多矣，小楷以《茶録》為冠。

著録

宋　蔡襄《茶録・序》　朝奉郎、右正言、同修起居注臣蔡襄上：進臣前因奏事，伏蒙陛下諭，臣先任福建轉運使日，所進上品龍茶，最為精好。臣退念草木之，微首辱陛下知鑒。若處之得地則能盡其材。昔陸羽《茶經》不第建安之品。丁謂茶圖獨論採造之本，至於烹試曾未有聞，臣輒條數事，簡而易明，勒成二篇，名曰《茶録》。伏惟清閒之宴或賜觀採，臣不勝惶懼榮幸之至。謹序。

又《後序》　臣皇祐中脩起居注奏事仁宗皇帝屢承天問以建安貢茶并所以試茶之狀。臣謂：論茶雖禁中語，無事於密，造《茶録》二篇，上進。後知福州，為掌書記，竊去藏藁，不復能記。知懷安縣樊紀購得之，遂以刋勒行於好事者，然多舛謬。臣追念先帝顧遇之恩，攬本流涕，輒加正定，書之於石，以永其傳。治平元年五月二十六日，三司使、給事中臣蔡襄謹記。

宋　歐陽修《跋〈茶録〉》　善為書者，以真楷為難，而真楷又以小字為難。羲獻以來，遺跡見於今者多矣，小楷維《樂毅論》一篇而已。今世俗所傳出，故高紳學士家，最為真本。而斷裂之餘，僅存者百餘字爾。此外，吾家率更所書溫彥博墓銘亦為絶筆。率更書，世固不少，而小字亦止此而已。以此見前人於小楷難工，而傳於世者少而難得也。君謨小字新出，而傳者二：《集古録目序》横逸飄發；而《茶録》勁實端嚴。為體雖殊，而各極其妙。蓋學之至者，意之所到，必造其精。予非知書者，以接君謨之論久，故亦粗識其一二焉。治平甲辰。古之善書者，必先楷法，漸而至於行草，亦不離乎楷正。張芝與旭變怪不常，出乎筆墨蹊徑之外。神逸有餘，而與羲獻異矣。襄近年粗知其意，而力已不及。烏足道哉？此蔡忠惠公所題。

宋　李新《跋蔡君謨〈茶録〉》　蔡公是本朝第一等人，非獨字畫也。然玩意草木，開貢獻之門，使遠民被患，議者不能無遺恨於是。宣和五年，仲春既望李某題。

宋　李光《跋蔡君謨〈茶録〉》　蔡公自本朝第一等人，非獨字畫也。然玩意草木，開貢獻之門，使遠民被患，議者不能無遺恨於斯。

宋　楊時《〈茶録〉跋》　端明蔡公《茶録》一篇，歐陽文忠公所題也。二公齊名一時，皆足垂世傳後。端明又以翰墨擅天下，片言寸簡，落筆人爭藏之，以為寶玩。況盈軸之多而兼有二公之手澤乎？覽之彌日不能釋手，用書於其後。政和丙申夏四月延平楊時書。

宋　尤袤《遂初堂書目・譜録類》　蔡氏《茶録》。

宋　晁公武《郡齋讀書志》卷三《農家類》　《試茶録》二卷，右皇朝蔡襄君謨撰。襄，皇祐中修注，仁宗嘗面諭云：『昨卿所進龍茶甚精。』襄退而記其烹試之法，成書二卷，進御。世傳歐公聞君謨進小團茶，驚曰：『君謨士人，何故如此？』

《文獻通考》卷二一八《經籍考四五》　《試茶録》二卷，鼂氏曰：皇朝蔡襄君謨撰。襄皇祐中修注，仁宗嘗面諭云：『昨卿所進龍茶甚精。』襄退而記其烹試之法，成書二卷，進御。世傳歐公聞君謨進小團茶驚曰：『君謨士人，何故如此？』

《宋史》卷二〇五《藝文志四》　蔡襄《茶録》一卷。

《文淵閣書目》卷三　《茶録》一部一冊。

明　葉盛《菉竹堂書目》卷五　《茶録》一冊。

明　高儒《百川書志》卷一〇《子志四・農家》　《茶録》一卷，宋蔡襄進，一篇凡十九條，襄字君謨。

明　焦竑《國史經籍志》卷三《史部・酒茗》　《試茶録》一卷，蔡襄。

明　焦竑《焦氏筆乘》卷四　蔡襄有《進茶録》。

明　陳第《世善堂藏書目録》卷下《各家六・農圃》　《試茶録》三卷，蔡君謨。

明　祁承㸁《澹生堂藏書目》卷七《子類第三》　《蔡君謨茶譜》一卷，《百名家書》本。《後四十家》本。《百川學海》本。

明　徐𤊹《徐氏家藏書目》卷三《農圃類》　《蔡端明茶録》一卷，宋蔡襄。

明　徐𤊹《紅雨樓題跋》卷上《〈茶録〉跋》　蔡君謨《茶銘録》，石刻小楷，爲平生得意書。劉后村去君謨未遠，家有數本，而其一爲方氏得之，不啻重寶。當時珍貴如此，況五百載之後乎？斯刻自君謨時，置之建州治，爲土掩瘞，不知年歲。近重修府藏，掘地得之。守識其古物，洗刷仍置庫舍，後附刻茶詩六首，字稍大於《茶録》，亦頗缺蝕。𤊹聞其石在公署，無從印搨。萬歷丁酉，莆田叔爲閩轉運副使，乃託田叔移書建州守索之，才得此本。守去，今復棄置，無有貴重之者，不亦惜哉。己亥春日三山徐𤊹興公跋。

明　柯維騏《宋史新編》卷五〇《藝文志四》　蔡襄《茶録》一卷。

明　方以智《通雅》卷三九《飲食》　蔡襄有《進茶録》。

明　顧起元《説略》卷二五《食憲》　蔡襄有《進茶録》一卷。

明　慎懋官《華夷花木鳥獸珍玩考・花木考》卷二　《試茶録》二卷，晁氏曰：皇朝蔡襄君謨撰。

明　鄭紀《東園文集》卷一一《題蔡忠惠公茶譜》　是録石刻，原在邑坊張家。予得其摹本，相隨文笥，幾三十年矣。往歲張遭回禄，石刻已灰，而摹本幸存。予恐其紙墨久而腐浥，則先正之手澤自我斬也。故梓以代焉。嗚呼！《四賢一不肖》之詩，傳頌華夷，不書溫成之碑有功，人紀其復塘、減税、造橋、植樹，特緒餘耳。況是録乎！然君謨小楷，朱子嘗稱其宋朝第一。今吾邑所傳，惟《荔枝譜》、《茶録》二者而已。《荔譜》已刻於郡，評者謂《荔譜》，結搆不如《茶録》之精嚴，點畫不如《茶録》之遒勁，亦或然也。重君謨者，不能不重於是録。

清　汪由敦《松泉集・文集》卷一七《跋手臨蔡忠惠茶録》　右蔡端明《茶録》，閩中古香齋搨本也。家退谷中允有臨本行世，而不録前後二序。頃從同年趙朗岑借得，因臨此卷。昔歐陽文忠聞建安進茶，甚不以為然，有『君謨士人，乃亦為此』之歎。然讀序中所云『草木之微首蒙知鑑，若處之得地，則能盡其材。』依類托寓意，蓋有在，豈沾沾致養口腹者哉？

清　黄虞稷《千頃堂書目》卷一五《類書類》　《茶録》，蔡襄。

《欽定續通志》卷一五九《藝文略》　《茶録》二卷，宋蔡襄撰。

清　曹寅《楝亭書目》卷三《子集》　《茶録》，宋學士蔡襄序著，一卷一冊。

（乾隆）《福建通志》卷六三《古蹟二》　《茶録》，蔡襄著。上下篇論並書，嵌甌寧縣學壁間。

又《福建通志》卷六八《藝文一》　蔡襄《茶録》二卷。

《清通志》卷一一二《校讎略》　宋蔡襄《茶録》，《文獻通考》誤題為《試茶録》，今據襄自序校正。

清　陸廷燦《續茶經》卷下　《試茶録》二卷，蔡襄撰，《進茶録》一卷，前人。

《欽定天禄琳瑯書目》卷九　《茶録》。

《四庫全書總目》卷一一五《子部二五・譜録類》　《茶録》二卷，江蘇巡撫採進本。宋蔡襄撰。

《四庫全書簡明目録》卷一二　《茶録》二卷，宋蔡襄撰。

清　錢曾《也是園藏書目》卷二《史部・豢養》　蔡襄《茶録》一卷。

清　錢曾《錢遵王述古堂藏書目録》卷六　蔡襄《茶録》一卷，一本，抄。

清　陸漻《佳趣堂書目》　《茶録》一卷，蔡襄。

清　孫星衍《孫氏祠堂書目・外編》卷二　《茶録》一卷，宋蔡襄撰。

清　瞿鏞《鐵琴銅劍樓藏書目録》卷一六《子部四・譜録類》　《茶録》一卷，舊鈔本，宋蔡襄撰。分上下二篇，自撰前後序。皇祐中進御，治平中刻於石。此書與《茶具圖贊》、《蔬食譜》，皆為錢遵王鈔本，楮墨精絕，疑從宋刻摹寫也。錢氏又附以《觴政》、《段食良方》、《燭夜仙酒法》，以類相次，合為一冊。每卷末一紙欄外左角，有『錢遵王述古堂藏書』八字。

清　周中孚《鄭堂讀書記》卷五〇《子部九之上・譜録類一》　《茶録》二卷，《百川學海》本，宋蔡襄撰。

清　丁丙《善本書室藏書志》卷一八《子部九上・譜録類》　《茶録》一卷，明覆宋本。朝奉郎右正言同修起居注臣蔡襄上進。前有襄自序【略】。上篇論茶，下篇論器，並有治平元年五月襄有後序。

清　丁申、丁丙《八千卷樓書目》卷一二《子部・譜録類》　《茶録》二卷，宋蔡襄撰，《百川》本，《説郛》本，《茶書》本。

清　陸心源《皕宋樓藏書志》卷五三《譜録類一》　《茶録》一卷，

宋刊本。宋朝奉郎右正言同修起居注臣蔡襄上進。

又　《茶録》一卷，明刊本。宋朝奉郎右正言同修起居注臣蔡襄上進。自序，自跋。歐陽修後序，治平。

清　沈德壽《抱經樓藏書志》卷四〇《譜録類一》　《茶録》一卷，宋刊本，楊夢羽萬卷樓舊藏。

又　《茶録》一卷，抄本。宋蔡襄撰。自序，自跋。

清　陳揆《稽瑞樓書目》　《茶録》一卷，附《東溪試茶録》，附。

藝文

宋　劉克莊《後村集》卷四一《次鐵筆堂韻謝朔齋貢餘》　皇朝盡却九州貢，閩荈猶先百草花。正焙頭綱馳御府，斜封三印到山家。祕藏蔡録珍無價蔡公自書《茶録》數本，快覩佺星遠有華。縱使搜腸五千卷，安能視草更操麻。

清　愛新覺羅・弘曆《題蔡襄茶録真蹟詩并序》　駐陳氏安瀾園，陳善慶以此卷進，念為陳氏世傳墨寶，因還之，并題句，以識一時佳話。君謨《茶録》重書定襄自紀，皇祐中奏事，仁宗問建安貢茶并試茶狀。因造《茶録》二篇上進，後治平中，復加正定，書之於石云云。至謂草木之微，處之得地則能盡其材，即小見大，庶幾頌不忘規之意呈覽，因之仍賜回。頌不忘規。應著眼處之得地盡其材即敘中語。

又《再題蔡襄茶録真蹟仍用庚子詩韻》　創書皇祐曾進奏，正定治平經幾。法寶陳家闕世守，屢吟寧為詡詩材。

清　翁方綱《復初齋詩集》卷一六《秘閣集二・筠樓姪以點茶蜜蘭見惠用黄詩韻》　君謨《茶録》久見餉，蜜蘭策勲獨闕書。昨來品茶復品帖，一花夢吐膏露珠。傳家清白即膏腴，饜心之味花不如。訊爾深知滋畹義，娟娟月上小西湖莆田有小西湖。

又　卷五五《嵩緣草三・坡公書天際烏雲帖一稱嵩陽帖而虞柯諸公詩多詠杭州放營妓事略於首章似非題此帖之本義予既辨證所藏真蹟爰爲補作四首其三》　肯借臨摹晉法傳，南陽倚柱笑僧虔。蔡家正有真《茶録》，可要重量陸羽煎。

又　卷六五《石畫軒草八・十二月十九日荷屋筠潭碩士芙初琴南同亭東卿小集蘇齋適荷屋以所得蔡忠惠〈茶録〉宋拓殘本來與天際烏雲帖同觀賦此》　坡書君謨闕茶事，守居閣子屏閒字。蔡書自造《茶録》卷，禁中語寫三司使。恰到筠枝笠屐間，春潮墨擁湖山翠。陳蔡蘇來繼白公，茶煙又颺鬢絲風。丁謂漫教評陸羽，述古惟應對子容。後先賜餅湖船夢，一笑覃溪蘇室中。我齋筍脯貧不具，但有茶甌香一炷。嵩陽帖篋楮半昏，古香齋揭裝兼蠹。驛壁濰州雪沍時，定香橋店無尋處。月上踈簾燭又添，覃溪重補可菴函。道眼憑拈色香外，書髓那必虞顔衾。未須陳家品《茘譜》，且試南屏問老謙。

清　黄鉞《壹齋集》卷一七《書蔡忠惠集後》　有宋慶歷全盛日，賢人君子盈朝端。拔茅連茹以其彙，一日被命三諫官。臣襄抗疏重有請，任諫非難用諫難。更言災異至再四，不憚披腹呈琅玕。公然上斥陛下失，聞者竦立危難安。談兵要立備邊患，二虜形勢胸中刊。當時廟堂計果決，事業何止范與韓。惜哉一載即山守，徒令泉福民騰歡。後生讀書不解事，輒以小節求瑕瘢。前丁後蔡有遺議，更舉彦國譏龍團。那知《茶録》具深意，盡材得地言非謾《茶録序》：臣退念艸木之微，首辱陛下，知鑒若處之得地，則能盡其材，似不僅爲茶言也。即令方物偶錫貢，要非花鳥求羅紈。是時仁宗求治急，朝無朋黨爭傷殘。呂公晏公亦人傑，乃遭彈劾膚無完。同時四賢一不肖，詩章傳寫張契丹。高君羞慙若撻市，面皮雖老非權奸。倘令章蔡生竝世，毒鋒讒刃交相攢。讀公詩文幸公遇，反復諷咏使我心膽寒。

清　劉嗣綰《尚絅堂詩集》卷四五《循陔集下・適荷屋前輩送蔡君謨〈茶録〉至》　坡書君謨夢中句，與鬥茶事相蟬聯。祭書《茶録》乃奉勅，色香分部羅成編。蘇齋一老蓄古癖，日坐禪榻花風顛。松屏自偃有妙理，《茘譜》待擘無新詮。法書一派辨真僞，韻事兩家爭後先。因思東坡判杭日，述古閤子方開筵。侵尋舊事試新墨，要趁試院松濤煎。湖山拂拂生氣逈，瞥有春夢紛迴旋。篆痕裊斷八百載，藥爐經卷隨雲烟。適來蔡卷覩完本，不比陸羽《茶經》傳。詔書上溯治平歲，詩句下證熙寧年。此中鴻爪亦幻耳，一年一祀清齋前。展公笠屐拜公像，雙持墨寶空流連。

清　吴榮光《石雲山人詩集》卷一〇《閩山浙水集・蘭卿舍人以蘇齋圖卷索題因憶十年前拜坡公生日於蘇齋以所得宋拓〈茶録〉與覃溪老人所藏天際烏雲帖同觀未章及之二首其一》　飛鴻容易十年過，回首香烟對榻多。一卷匆匆雲樹影，麓臺之後又孫羅。

憶對烏雲墨迹新，鬭茶原是論茶人。宦途笑我如輪轉，又試頭綱到八閩。

清　葉紹本《白鶴山房詩鈔》卷八《覃溪先生招集蘇齋作東坡生日觀所藏天際烏雲帖真本及吳荷屋前輩所得蔡君謨〈茶録〉初搨敬賦長句》

不見髯翁八百年，蘇齋先生生北燕。鴻文鉅筆照宇宙，叟搜墨妙紛題箋。烏雲紅日夢中語。詩老點筆華光禪。錢塘通守復好事，爲書矮紙花豪妍。後先輝映兩賢筆，至今光採畱山川。鬭茶龍井事韻絕，壑源新焙曾烹煎。莆陽刻石細評品，斷紋久蝕苔花鮮。是何因緣巧作合，武林里塾搨麝煙。楓亭眞本恍復見，卓哉侍御工討研。以儷守居閣三絕，如合遇盎琮璜聯。長帽翁與壺山叟，地下一笑應驩然。我生早學坡公詩。未與蘇齋生日筵。招邀何幸乃及走，玉堂羣彥皆差肩。看詩摹帖味雋旨。如啜奇荈清饞涎。西泠湖水我鄉井，持節况到閩嶺巔。月團風味快領畧，兩腋習習僊乎僊。公今聲名跨二老，八十腰腳猶輕便。眠蠶細字瞑能寫，森森鐵石松枝堅。嘉泰鏤本得故紙，瓣香已慰坡生前。復從百衲補殘字，忠惠願亦償三天。千秋三絕傳藝苑，後有作者誰能先。清泉香餅願供養，天星朗朗明奎躔。

雜録

宋　歐陽修《文忠集》卷六五《〈龍茶録〉後序》　茶為物之至精，而小團又其精者，録敘所謂上品，龍茶者是也。蓋自君謨始造而歲貢焉。仁宗尤所珍惜，雖輔相之臣未嘗輒賜。惟南郊大禮致齋之夕，中書、樞密院各四人共賜一餅，宮人剪金為龍鳳花草貼其上。兩府八家分割以歸，不敢碾試，但家藏以為寶，時有佳客，出而傳玩爾。至嘉祐七年，親享明堂，齋夕，始人賜一餅。余亦忝預，至今藏之。余自以諫官供奉仗內，至登二府，二十餘年，才一獲賜。而丹成龍駕，舐鼎莫及，每一捧玩，清血交零而已。因君謨著録，輒附於後，庶知小團自君謨始，而可貴如此。治平甲辰七月丁丑，廬陵歐陽修書還公期書室。

宋　費衮《梁谿漫志》卷八《陳少陽遺文》　陳少陽遺其家書，南徐刻本以傳，人多知之，而其爲文世所罕見。胡蒼梧嘗得其《跋蔡君謨茶録》。予惜其流落不傳，爲載於此。少陽跋云：『余聞之先生長者，君謨初為閩漕時，出意造密雲小團爲貢物。富鄭公聞之，歎曰：「此僕妾愛其主之事耳，不意君謨亦復爲此。」余時爲兒，聞此語，亦知感慕。及見《茶録》石本，惜君謨不移此筆，書《旅獒》一篇以進。』

宋　羅大經《鶴林玉露》卷一三　陸羽《茶經》、裴汶《茶述》，皆不載建品。唐末然後北苑出焉。宋朝開寶間，始命造龍團，以別庶品。厥後，丁晉公漕閩，乃載之《茶録》。蔡忠惠又造小龍團以進。東坡詩云：『武夷溪邊粟粒芽，前丁後蔡相籠加。吾君所乏豈此物，致養口體何陋耶！』茶之為物，滌昏雪滯，於務學、勤政未必無助。其與進荔枝、桃花者不同。然充類至義，則亦宦官、宮妾之愛君也。忠惠直道高名，與范、歐相亞，而進茶一事，乃儕晉公，君子之舉措可不謹哉？

元　倪瓚《題蔡忠惠公十帖》《真跡日録》卷二　蔡公書法真有六朝唐人風，粹然如琢玉。米老雖追蹤晉人絕軌，其氣象怒張，如子路未見夫子時，難與比倫也。辛亥三月九日，倪瓚題。

清　王士禛《居易録》卷六　蔡君謨《茶録》下篇論茶器，有砧、椎、鈐、碾、匙、缾等目，須銀、鐵、黃金為之。然周密所記，宋時長沙茶具精妙甲天下。每副用白金三百星，或五百星。外又以大縷銀合貯之。趙南仲丞相帥潭，以黃金千兩為之進上。穆陵大喜，不知何以費乃至此？！象箸、玉杯又何足道？所謂奇技淫巧者，此之謂矣。

清　鄭方坤《全閩詩話》卷一二　漕閩乃載之《茶録》，蔡忠惠又造小龍團以進。東坡詩云：武夷溪邊粟粒芽，前丁後蔡相籠加。吾君所乏豈此物，致養口體何陋耶？茶之為物，滌昏雪滯，於務學、勤政未必無助，其與進荔枝、桃花者不同然。充類至義，則亦宦官、宮妾之愛君也。忠惠直道高名，與范歐相亞。而進茶一事，乃儕晉公。君子之舉措，可不謹哉？

東溪試茶録

綜述

《四庫全書總目》卷一一五《子部二五・譜録類》　載左圭《百川學海》中，而晁公武《郡齋讀書志》又作朱子安。未詳孰是。然《百川學海》爲舊刻，且《宋史・藝文志》亦作宋子安，則《讀書志》爲傳寫之訛也。其書蓋補丁謂、蔡襄兩家《茶録》之所遺。曰東溪者，亦建安地名也。凡分八目，曰總敘焙名、曰北苑、曰壑源、曰佛嶺、曰沙溪、曰茶名、曰採茶、曰茶病，大要以品茶宜辨所產之地，或相去咫尺而優劣頓殊，故録中於諸焙道里遠近最爲詳盡。《宋史・藝文志》有呂惠卿《建安茶用記》二卷、章炳文《壑源茶録》一卷、劉异《北苑拾遺》一卷，今俱失傳。所可考見建茶崖略者，惟此與熊蕃、趙汝礪二録爾。

《四庫全書簡明目録》卷一二　晁氏《讀書志》作『朱子安』，蓋字之誤。東溪者，建安地名也。其書補丁謂《茶圖》、蔡襄《茶録》之遺，凡分八目，大旨以品茶宜辨所産之地，或相去咫尺而優劣頓殊，故於諸焙道里遠近言之最詳。

清　周中孚《鄭堂讀書記》卷五〇《子部九之上・譜録類一》　《四庫全書》著録。《讀書志》作『朱子安』，《通考》所載亦同。然左氏本為舊刻，且《宋志》亦作『宋子安』，足證『朱』字乃形近致譌。又《宋志》無『試』字，則偶誤脱也。子安以丁謂、蔡襄兩家《茶録》記建安茶事尚有未盡，因復作是録，以補其遺。首為總論，次分總敘焙名暨北苑、壑源、佛嶺、沙溪、茶名、採茶、採病八目。大要紀土地勝絶之目，具疏園隴百名之異，香味精麤之别，庶知茶於草木為最靈矣。其曰：東溪者，亦建安之地名也。《説郛》亦收入之。

著録

宋　宋子安《東溪試茶録・自序》　隄首七閩，山川特異，峻極迴環，勢絶如甌。其陽多銀、銅，其陰孕鉛、鐵。厥土赤墳，厥植惟茶。會建而上，羣峰益秀，迎抱相向，草木叢條，水多黄金，茶生其間，氣味殊美。豈非山川重複，土地秀粹之氣鍾於是，而物得以宜歟！北苑西距建安之洄溪二十里，而近東至東宫百里而遥。姬名有三十六，東東宫其一也。過洄溪，踰東宫，則僅能成餅耳，獨北苑連屬諸山者最勝。北苑前枕溪流，北涉數里，茶皆氣弇然，色濁，味尤薄惡，况其遠者乎！亦猶橘過淮為枳也。近蔡公作《茶録》亦云：『隔溪諸山雖及時加意製造，色味皆重矣。』今北苑焙風氣亦殊，先春朝隮常雨，霽則霧露昏蒸，晝午猶寒，故茶宜之。茶宜高山之陰，而喜日陽之早。自北苑鳳山南直苦竹園頭東南屬張坑頭，皆高遠先陽處，歲發常早，芽極肥乳，非民間所比。次出壑源嶺，高土沃地，茶味甲於諸焙。丁謂亦云：『鳳山高不百丈，無危峰絶崦，而崗阜環抱，氣勢柔秀，宜乎嘉植靈卉之所發也！又以建安茶品甲於天下，疑山川至靈之卉，天地始和之氣，盡此茶矣。』又論石乳出壑嶺、斷崖、缺石之間，蓋草木之仙骨。丁謂之記，録建溪茶事詳備矣。至於品載，止云北苑、壑源嶺，及總記官私諸焙千三百三十六耳。近蔡公亦云：『惟北苑鳳凰山連屬諸焙所産者味佳，故四方以建茶為首，皆曰北苑。建人以近山所得，故謂之壑源。好者亦取壑源口南諸葉，皆云彌珍絶，傳致之間，識者以色味品第，反以壑源為疑。』今書所異者，從二公紀土地勝絶之目，具疏園隴百名之異，香味精麤之别，庶知茶於草木為靈最矣，去畝步之間，别移其性。又以佛嶺、葉源、沙溪附見，以質二焙之美，故曰《東溪試茶録》。自東宫、西溪、南焙、北苑，皆不足品第，今略而不論。

宋　晁公武《郡齋讀書志》卷三《農家類》　《東谿試茶録》一卷，右皇朝朱子安集，拾丁、蔡之遺。東溪，亦建安地名。其序謂『七閩至國朝，草木之異，則産臈茶、荔子；人物之秀，則產狀頭、宰相，皆前代所未有。以時而顯，可謂美矣。然其草木厚味，不宜多食；其人物雖多知，難於獨任，亦地氣之異』云。

元　馬端臨《文獻通考》卷二一八《經籍考四五》　《東溪試茶録》一卷，鼂氏曰：皇朝朱子安集，拾丁、蔡之遺。東溪，亦建安地名。其序謂：『七閩至國朝，草木之異則産臈茶、茘子；人物之秀則産狀頭、宰相。皆前代所未有，以時而顯可謂美矣。然其草木厚味難多食，其人物多智，難獨任亦地氣之異』云。

《宋史》卷二〇五《藝文志四》　宋子安《東溪茶録》一卷。

明　高儒《百川書志》卷一〇《子志四·農圃》　《東溪試茶録》一卷，宋子安集，八篇。

明　焦竑《國史經籍志》卷三《史部·酒茗》　《東溪試茶録》一卷，宋子安。

明　祁承㸁《澹生堂藏書目》卷七《子類第三》　《東溪試茶録》一卷，《百名家書》本、《百川學海》本。

明　徐𤊹《徐氏紅雨樓書目》卷三《農圃類》　《東溪試茶録》一卷，朱子安。

明　徐𤊹《徐氏家藏書目》卷三《農圃類》　《東溪試茶録》一卷，朱子安。

明　顧起元《説略》卷二五《食憲》　宋子安有《東溪試茶録》一卷。

明　柯維騏《宋史新編》卷五〇《藝文志四》　宋子安《東溪茶録》一卷

明　慎懋官《華夷花木鳥獸珍玩考·花木考》卷二　《東溪試茶録》一卷，晁氏曰：朱子安集，拾丁蔡之遺。

《清通志》卷一一二《校讎略》　《東溪試茶録》，舊本題宋宋子安撰。《讀書志》誤作『朱子安』，今據宋《藝文志》及左圭《百川學海》校正。

《續通志》卷一五九《藝文略》　《東溪試茶録》一卷，宋宋子安撰。

清　曹寅《楝亭書目》卷三《子集》　《東溪試茶録》，宋（宗）[宋]子安集，一卷，共一冊。

清　陸廷燦《續茶經》卷下　《東溪試茶録》，宋子安集，一作朱子安。

《四庫全書簡明目録》卷一二　《東溪試茶録》一卷，宋宋子安撰。

《四庫全書總目》卷一一五《子部二五·譜録類》　《東溪試茶録》一卷，浙江鮑士恭家藏本，原本題宋宋子安撰。

清　陸漻《佳趣堂書目》　《東溪試茶録》一卷，宋朱子安。

清　周中孚《鄭堂讀書記》卷五〇《子部九之上·譜録類一》　《東溪試茶録》一卷，《百川學海》本，宋宋子安撰。子安始末無考。

清　丁申、丁丙《八千卷樓書目》卷一二《子部·譜録類》　《東溪試茶録》一卷，宋朱子安撰。《百川》本。《説郛》本。《茶書》本。

清　丁丙《善本書室藏書志》卷一八《子部九上·譜録類》　《東溪試茶録》一卷，明華氏刊本，宋子安集。晁公武作朱子安，左圭作宋子安，與《宋藝文志》合，《晁志》當傳寫之譌。東溪屬建安地，書分八目：曰總敘名，曰北苑，曰壑源，曰佛嶺，曰沙溪，曰茶名，曰採茶，曰茶病。大要以品茶宜辨所産之地，雖相去咫尺，而優劣頓殊，故録中於諸焙道里遠近最爲詳盡。

清　德壽《抱經樓藏書志》卷四〇《譜録類一》　《東溪試茶録》一卷，宋刊本，楊夢羽舊藏。宋宋子安集。

清　陸心源《皕宋樓藏書志》卷五三《譜録類一》　《東溪試茶録》一卷，宋刊本，宋宋子安集。

又　《東溪試茶録》一卷，明刊本，宋宋子安撰。

品茶要録

綜述

《四庫全書總目》卷一一五《子部二五·譜録類》　此書不載於《宋史·藝文志》，明新安程百二始刊行之。有蘇軾書後一篇，稱儒博學能文，不幸早亡。云其文見閣本《東坡外集》上，元焦竑因録附其後。然《東坡外集》實僞本，説詳集部本條下，則此文亦在疑信間也。書中皆論建茶，分爲十篇。一採造過時，二白合盜葉，三入雜，四蒸不熟，五過熟，六焦釜，七壓葉，八清膏，九傷焙，十辨壑源、沙溪，前後各爲總論一篇，大旨以茶之採製、烹試各有其法，低昂得失，所辨甚微。園民射利售欺，易以淆混，故特詳著其病以示人。與他家《茶録》惟論地產品目及烹試器具者，用意稍別，惟《東溪試茶録》内有茶病一條，所稱烏蔕、白合、蒸芽必熟諸語，亦僅略陳端緒，不及此書之詳明。録存其説，亦可以互資考證也。

《四庫全書簡明目録》卷一二　皆論採造建茶之事。所論惟製茶之疵病與售茶之真僞，與他家但稱建茶之美者，立論各殊。然恐以製不如法，鬻式售欺為建茶累，正以表建茶之真也。

清　周中孚《鄭堂讀書記》卷五〇《子部九之上・譜録類一》　《四庫全書》著録。《書録解題》、《文獻通考》俱載之。道輔以陸羽《茶經》不第建安之品，因於□□之暇，次為十説。曰採造過時，曰白合盗葉，曰入雜，曰蒸不熟，曰過熟，曰焦釜，曰壓黄，曰漬膏，曰傷焙，曰辨壑源河溪。又為前後總論各一篇，所説於製茶之疵病，售茶之欺僞，抉發無遺。不如他家譜録，但稱道其美而已。然果能去此二弊，則深恐建茶之製，不如法鬻或售欺為累，建茶之眞出矣。

傳記

《四庫全書總目》卷一一五《子部二五・譜録類》　儒字道輔，陳振孫《書録解題》作道父者，誤也。建安人，熙寧六年進士。

清　周中孚《鄭堂讀書記》卷五〇《子部九之上・譜録類一》　儒，字道輔，建安人。熙寧六年進士。

著録

宋　黄儒《品茶要録・總論》　説者常怪陸羽《茶經》不第建安之品。蓋前此茶事未甚興，靈芽真笋往往委翳消腐，而人不知惜。自國初已來，士大夫沐浴膏澤，詠歌升平之日久矣。夫身世灑落，神觀沖淡，惟兹茗飲為可喜。園林亦相與摘英誇異，制棬鬻新，而趨時之好。故殊異之品始得自出於蓁莽之間，而其名遂冠天下。借使陸羽復起，閲其金餅，味其雲腴，當爽然自失矣。因念草木之材，一有負瓌偉絶特者，未嘗不遇時而後興，況於人乎？然士大夫間為珍藏精試之具，非尚雅好真，未嘗輒出其好事者。又常論其採製之出入、器用之宜否？較試之湯火，圖於縑素，傳翫於時，獨未有補於賞鑒之明耳。蓋園民射利膏油，其面色品味，易辨而難詳。予因閲收之暇，為原採造之得失，較試之低昂，次為十説，以中其病。題曰《品茶要録》云。

又《後論》　余嘗論茶之精絶者，白合未開，其細如麥，蓋得青陽之輕清者也。又其山多帶砂石，而號嘉品者皆在山南，蓋得朝陽之和者也。余嘗事閒乘晷景之明淨，適軒亭之瀟灑，一取佳品嘗試，既而求水，生於華池，愈甘而清，其有助乎！然建安之茶，散天下者不為少，而得建安之精品不為多，蓋有得之者，亦不能辨；能辨矣，或不善於烹試；善烹試矣，或非其時，猶不善也，況非其賓乎？然未有主賢而賓愚者也。夫惟知此，然後盡茶之事。昔者陸羽號為知茶，然羽之所知者，皆今所謂草茶。何哉？如鴻漸所論『蒸筍並葉，畏流其膏』，蓋草茶味短而淡，故常恐去膏；建茶力厚而甘，故惟欲去膏。又論福建為『未詳，往往得之，其味極佳』，由是觀之，鴻漸未嘗到建安歟？

宋　蘇軾《書黄道輔〈品茶要録〉後》《蘇軾文集》卷六六　物有畛而理無方，窮天下之辯，不足以盡一物之理。達者寓物以發其辯，則一物之變，可以盡南山之竹。學者觀物之極，而游於物之表，則何求而不得？故輪扁行年七十而老於斲輪，庖丁自技而進乎道，由此其選也。黄君道輔，諱儒，建安人，博學能文，淡然精深，有道之士也。作《品茶要録》十篇，委曲微妙，皆陸鴻漸以來論茶者所未及。非至靜無求，虚中不留，烏能察物之情如此其詳哉！昔張機有精理而韻不能高，故卒為名醫。今道輔無所發其辯而寓之於茶，為世外淡泊之好，此以高韻輔精理者。予悲其不幸早亡，獨此書傳於世，故發其篇末云。

宋　陳振孫《直齋書録解題》卷一四《雜藝類》　《品茶要録》一卷，建安黄儒道父撰。元祐中東坡嘗跋其後。

《文獻通考》卷二一八《經籍考四五》　《品茶要録》一卷，陳氏曰：建安黄儒道父撰，元祐中東坡嘗跋其後。

明　吴逵《題〈品茶要録〉》　茶，宜松，宜竹，宜僧，宜銷夏。比者余結夏於天界最深處，松萬株，竹萬杆，手程幼輿所集《茶品》一編，與僧相對，覺腋下生風，口中露滴，恍然身在清涼國也。今人事事不及古人，獨茶政差勝。余每聽高流談茶，其妙旨參入禪玄，不可思議。幼輿從斯搜補之，令茶社與蓮邦共證淨果也。屬鄉人江文炳紀之。南羅居士吴逵題於小萬松庵。

明　焦竑《焦氏澹園續集》卷九《書〈品茶要録〉》　嘗於殘楮中，得《品茶要録》。愛其議論，後借閣本《東坡外集》讀之，有此書題跋，乃知嘗爲高流所賞識，幸余見之偶同也。獨傳寫失真，謬舛過半，合五本校之，乃稍審諦如此。因書一過，并附東坡語於後，世必有賞音如吾兩人者。

明　焦竑《國史經籍志》卷三《史類·食貨》　《品茶要録》一卷，黄儒。

明　焦竑《焦氏筆乘》卷四　黄儒有《品茶要録》。

明　徐𤊹《新輯紅雨樓題記正編·〈品茶要録〉跋》　黄儒，事蹟無考。按《文獻通考》：『陳振孫曰：《品茶要録》一卷，元祐中東坡嘗跋其後。』今蘇集不載此跋，而陳氏之言必有所據，豈蘇文尚有遺耶。然則儒與蘇公同時人也。徐𤊹識。

明　徐𤊹《徐氏紅雨樓書目》卷三《農圃類》　《品茶要録》一卷，黄儒。

明　徐𤊹《徐氏家藏書目》卷三《農圃類》　《品茶要録》一卷，黄儒。

明　祁承㸁《澹生堂藏書目》卷七《子類第三》　《茶品要論》一卷。

明　慎懋官《華夷花木鳥獸珍玩考·花木考》卷二　《品茶要録》一卷，陳氏曰：建安黄儒道父撰。

明　朱睦㮮《近古堂書目》卷上《子譜録類》　宋黄儒《品茶要録》。

清　錢謙益《絳雲樓書目》卷二《子雜藝類》　黄儒《品茶要論》。黄道輔，建安人，博學能文，作《品茶要論》十篇，皆陸鴻漸以來論茶者所未及也。蘇子瞻嘗題其書之後云爾。

《續通志》卷一五九《藝文略》　《品茶要録》一卷，宋黄儒撰。

清　曹寅《楝亭書目》卷三《子集》　《品茶要録》，宋建安黄儒著，一卷。眉山蘇軾序。一冊。

清　陸廷燦《續茶經》卷下　《品茶要録》一卷，建安黄儒撰。

《四庫全書簡明目録》卷一二　《品茶要録》一卷，宋黄儒撰。

《四庫全書總目》卷一一五《子部二五·譜録類》　《品茶要録》一卷，安徽巡撫採進本，宋黄儒撰。

清　陸漻《佳趣堂書目》　《品茶要録》一卷，宋黄儒。

清　丁日昌《持靜齋書目》卷三《子部四·農家類》　《品茶要録》一卷，閣本依鈔。宋黄儒撰。

清　陸心源《皕宋樓藏書志》卷五三《譜録類一》　《品茶要録》一卷，明刊本。宋建安黄儒道父著。徐𤊹跋。

清　周中孚《鄭堂讀書記》卷五〇《子部九之上·譜録類一》　《品茶要録》一卷，《説郛》本，宋黄儒撰。

清　丁申、丁丙《八千卷樓書目》卷一二《子部·譜録類》　《品茶要録》一卷，宋黄儒撰。《説郛》本。《茶書》本。

建安茶記

著録

《郡齋讀書後志》卷二　吕惠卿《建安茶記》一卷，右皇朝吕惠卿撰。

《文獻通考》卷二一八《經籍考四五》　吕惠卿《建安茶記》一卷，鼂氏曰：皇朝吕惠卿撰。

《宋史》卷二〇五《藝文志四》　吕惠卿《建安茶用記》二卷。

明　顧起元《説略》卷二五《食憲》　吕惠卿有《建安茶用記》二卷。

明　柯維騏《宋史新編》卷五〇《藝文志四》　吕惠卿《建安茶用記》二卷。

明　慎懋官《華夷花木鳥獸珍玩考·花木考》卷二　《建安茶記》一

卷，晁氏曰：吕惠卿撰。

清 陸廷燦《續茶經》卷下 《建安茶記》一卷，吕惠卿撰。

聖宋茶論

綜述

清 周中孚《鄭堂讀書記補逸》卷二四《子部・譜録類》 宋初即重茶事，歲修建溪之貢，龍團鳳餅，名滿天下。至大觀時，採擇製造，品第烹點，益精益盛。徽宗因著爲是編，御製序冠其首。凡二十篇，曰地產，曰天時，曰採擇，曰蒸壓，曰製造，曰鑒辨，曰白茶，曰羅碾，曰盞，曰筅，曰缾，曰杓，曰水，曰點，曰味，曰香，曰色，曰藏焙，曰品名，曰外焙。較蔡君謨襄所作《茶録》尤為精細。《説郛》所收諸種多刪節，此猶完本也。

著録

宋 趙佶《大觀茶論・序》 嘗謂首地而倒生，所以供人之求者，其類不一。穀粟之於饑，絲枲之於寒，雖庸人、孺子皆知。常須而日用，不以時歲之舒迫而可以興廢也。至若茶之為物，擅甌閩之秀氣，鍾山川之靈禀，祛襟滌滯，致清導和，則非庸人、孺子可得而知矣。沖澹閒潔，韻高致静，則非遑遽之時可得而好尚矣。

本朝之興，歲修建溪之貢，龍團鳳餅，名冠天下，而壑源之品亦自此而盛。延及於今，百廢俱舉，海内晏然，垂拱密勿，幸致無為。縉紳之士，韋布之流，沐浴膏澤，薰陶德化，咸以雅尚相推，從事茗飲。故近歲以來，採擇之精，製作之工，品第之勝，烹點之妙，莫不盛造其極。且物之興廢，固自有時，然亦繫乎時之汙隆。時或遑遽，人懷勞悴，則向所謂常須而日用，猶且汲汲營求，惟恐不獲，飲茶何暇議哉！世既累洽，人恬物熙，則常須而日用者，固久厭飫狼籍。而天下之士，勵志清白，競為閒暇修索之玩，莫不碎玉鏘金，啜英咀華，較筐篋之精，争鑒裁之別，雖下士於此時，不以蓄茶為羞，可謂盛世之清尚也。嗚呼！至治之世，豈惟人得以盡其材，而草木之靈者，亦得以盡其用矣！偶因暇日，研究精微，所得之妙，後人有不自知為利害者，叙本末，列於二十篇，號曰《茶論》。

《郡齋讀書後志》卷二 《聖宋茶論》一卷，右徽宗御製。

《文獻通考》卷二一八《經籍考四五》 《聖宋茶論》一卷，鼂氏曰：右徽宗御製。

明 祁承㸁《澹生堂藏書目》卷七《子類第三》 《大觀茶論》一卷。

明 慎懋官《華夷花木鳥獸珍玩考・花木考》卷二 《聖宋茶論》一卷，晁氏曰：右徽宗御製。

清 徐乾學《傳是樓書目・史部・酒茗》 宋徽宗《茶論》一本。

清 陸廷燦《續茶經》卷下 《大觀茶論》二十篇，宋徽宗撰。

清 周中孚《鄭堂讀書記補逸》卷二四《子部・譜録類》 《大觀茶論》一卷，《説郛》本。宋徽宗皇帝御撰。《郡齋讀書志》、《文獻通考》俱農家類，俱作《聖宋茶論》。

北苑總録

傳記

（淳熙）《三山志》卷二六《人物類一》 曾伉，字公立，候官人，終朝散郎、左司員外郎。

著録

宋 鄭樵《通志》卷六六《藝文略》 《茶苑總録》十四卷，曾伉撰。

宋 尤袤《遂初堂書目・譜録類》 《茶總録》。

宋 陳振孫《直齋書録解題》卷一四《雜藝類》 《北苑總録》十二

卷，興化軍判官曾伉録《茶經》諸書，而益以詩歌二首。

《文獻通考》卷二一八《經籍考四五》　《北苑總録》十二卷，陳氏曰：興化軍判官曾伉録《茶經》諸書，而益以詩歌二卷。

明　焦竑《國史經籍志》卷三《史部・酒茗》　《茶苑總録》十四卷，曾伉。

明　焦竑《焦氏筆乘》卷四　曾伉《茶苑總録》十四卷。

明　方以智《通雅》卷三九《飲食》　曾伉《茶苑總録》十四卷。

明　顧起元《説略》卷二五《食憲》　曾伉《茶苑總録》十四卷。

明　慎懋官《華夷花木鳥獸珍玩考・花木考》卷二　《北苑總録》十二卷，陳氏曰：曾伉録。

清　陸廷燦《續茶經》卷下　《北苑總録》十二卷，曾伉録。

茶山節對

著録

宋　鄭樵《通志》卷六六《藝文略第四》　《茶山節對》一卷，蔡宗顔撰。

宋　陳振孫《直齋書録解題》卷一四《雜藝類》　《茶山節對》一卷，攝衢州長史蔡宗顔撰。

《文獻通考》卷二一八《經籍考》　《茶山節對》一卷，陳氏曰：攝衢州長史蔡宗顔撰。

明　焦竑《國史經籍志》卷三《史部・酒茗》　《茶山節對》一卷，蔡宗顔。

明　焦竑《焦氏筆乘》卷四　蔡宗顔《茶山（接）［節］對》一卷。

明　顧起元《説略》卷二五《食憲》　蔡宗顔《茶山（接）［節］對》一卷。

明　方以智《通雅》卷三九《飲食》　蔡宗顔《茶山（接）［節］對》一卷。

明　慎懋官《華夷花木鳥獸珍玩考・花木考》卷二　《茶山節對》一卷，陳氏曰：攝衢州長史蔡宗顔撰。

清　陸廷燦《續茶經》卷下　《茶山節對》一卷，攝衢州長史蔡宗顔撰。

茶譜遺事

著録

宋　鄭樵《通志》卷六六《藝文略第四》　《茶譜遺事》一卷，蔡宗顔撰。

明　焦竑《國史經籍志》卷三《史部・酒茗》　《茶譜遺事》一卷，蔡宗顔撰。

明　焦竑《焦氏筆乘》卷四　蔡宗顔《茶譜遺事》一卷。

明　顧起元《説略》卷二五《食憲》　蔡宗顔，【略】又《茶譜遺事》一卷。

明　方以智《通雅》卷三九《飲食》　蔡宗顔，【略】又《茶譜遺事》一卷。

清　陸廷燦《續茶經》卷下　《茶譜遺事》一卷，攝衢州長史蔡宗顔撰。

宣和北苑貢茶録

綜述

《四庫全書總目》卷一一五《子部二五・譜録類》　所述皆建安茶園採焙入貢法式。淳熙中，其子校書郎克，始鋟諸木。凡爲圖三十有八，附以採茶詩十章。陳振孫《書録解題》謂蕃子克益寫其形製而傳之，則圖蓋克所增入也。時福建轉運使主管帳司趙汝礪復作《別録》一卷，以補其未備。所言水數贏縮，火候淹亟，綱次先後，品目多寡，尤極該晰。考茗飲盛於唐，至南唐始立茶官，北苑所由名也。至宋而建茶遂名天下。壑源沙溪以外，北苑獨稱官焙，爲漕司歲貢所自出。文士每紀述其事。然書不盡傳，傳者亦多疎略。惟此二書，於當時任土作貢之制，言之最詳。所載模製器具，頗多新意，亦有可以資故實而供詞翰者。存之亦博物之一端，不可廢也。克有《中興小歷》，已著録。汝礪行事無所見，惟《宋史·宗室世系表》漢王房下，有漢東侯宗楷曾孫汝礪，意者卽其人歟。

《四庫全書簡明目録》卷一二　所論皆建安焙造、貢茶、法式。其圖三十有八，則蕃子克所補。克卽撰《中興小記》者也。

清　周中孚《鄭堂讀書記》卷五〇《子部九之上·譜録類一》　《書録解題》、《通考》、《宋志》俱載之。建安之東三十里，有鳳凰山。其麓名『北苑』，廣二十里。宋太平興國初，遣使卽北苑造團茶，以列庶飲，因是北苑貢茶最盛。自元豐之密雲龍，紹聖之瑞雲龍相繼挺出，至宣和時，始有水芽。故龍圖勝雪與白茶角立，歲充首貢。復自御苑玉芽以下，厥名實繁。叔茂親見時事，乃編成是録，然但具名號而已。其子克，克字子復，孝宗時，官至起居郎兼直學士院，出知臺州，又見編年類。更寫其形製而傳之，凡為圖三十有八。又以其父所作《貢茶歌》十首，讀之可想見異時之事，故併取以附於末。并有紹興戊寅、淳熙壬寅二跋。

論説

清　周中孚《鄭堂讀書記》卷五〇《子部九之上·譜録類一》　其書紀貢事之源委，與製作之更沿，固要且備矣。惟水烽有盈縮，火候有淹亟，綱次有後先，品色有多寡，尚或闕焉。

傳記

（弘治）《八閩通志》卷六六《人物》　熊蕃，字叔茂，善屬文，長於吟詠，宗王安石之學，分章析句極有條貫。築堂名『獨善』，號『獨善先生』。嘗著《茶録》，釐別其品第高下，最為精當，又有製茶十韻，今傳於世。

明　陳鳴鶴《東越文苑》卷三　熊蕃，字叔茂，建陽人。宗王安石之學，善屬文，而長於吟咏，傳世者有製茶十韻，及《茶録》十卷，釐別茶品，號爲精當。

明　凌迪知《萬姓統譜》卷一　熊蕃，字叔茂，善屬文，長於吟詠。宗王安石之學，分章析句極有條貫。築堂名『獨善』，號『獨善先生』。

清　董天工《武夷山志》卷一七《名賢下》　熊蕃，字叔茂，建陽人。能文工詩，不應制舉，築獨善堂於武夷八曲，號『獨善先生』。性嗜茶，著《茶録》數篇，及《製茶十咏》，又有文稿三卷傳世。子克，字子復，弱冠登紹興進士，累官直學士，嘗奏言備邊足兵事，宣帝嘉之。尋出知臺州，奉祠不赴，杜門蕭然。著《帝王經譜》、《諸子精華》等書。

清　厲鶚《宋詩紀事》卷四二　蕃字叔茂，建陽人。宗王安石之學，長於吟詠，嘗作《茶録》。

《四庫全書總目》卷一一五《子部二五·譜録類》　蕃字叔茂，建陽人。宗王安石之學，工於吟咏，見《書録解題》。

清　周中孚《鄭堂讀書記》卷五〇《子部九之上·譜録類一》　宋熊蕃撰蕃，字叔茂，建陽人。

著録

宋　熊克《〈宣和北苑貢茶録〉後序》（《皕宋樓藏書志》卷五三）　先人作《茶録》，當貢茶極盛之時，凡有四十餘色。紹興戊寅歲，克攝事北苑，閲近所貢，皆仍舊，其先後之序亦同，惟躋龍園勝雪於白茶之上，及無興國若小龍、小鳳。蓋建炎南渡，有旨罷貢三之一而省去也。先人但著名號，克今更寫其形製，庶覽之者無遺恨焉。先是，壬子春，漕司再葺茶政，越十三載，乃復舊額。且用政和故事，補種茶二萬株。政和間曾種三萬株。次年益虔貢職，遂創增之目。仍改京鋌為大龍團，由是大龍多於大鳳之數。凡此皆近事，或者猶未知之也。先人又嘗作貢茶歌十首，讀之可想見異時之事，故併取以附於末。三月初吉，男克北苑寓舍書。

北苑貢茶最盛，然前輩所録，止於慶曆以上。自元豐之密雲龍、紹聖之瑞雲龍相繼挺出，製精於舊，而未有好事者記焉，但見於詩人句中。及大觀以來，增創新銙，亦猶用揀芽。蓋水芽至宣和始有，故龍園勝雪與白茶角立，歲充首貢。復自御苑玉芽以下，厥名實繁，先子親見時事，悉能記之，成編具存。今閩中漕臺新刊《茶録》，未備此書，庶幾補其闕云。淳熙九年冬十二月四日，朝散郎、行秘書郎、兼國史編修官、學士院權直熊克謹記。

明　徐𤊹《新輯紅雨樓題記正編·〈宣和北苑貢茶録〉跋》　熊蕃，字叔茂，建陽人，唐建州刺史博九世孫。善屬文，長於吟詠，不復應舉。築堂名獨善，號獨善先生。嘗著《茶録》，釐別品第高下，最為精當。又有《製茶十詠》及文稿三卷行世。徐𤊹書。

清　汪繼壕《〈北苑貢茶録〉跋》《北苑別録》　熊蕃《北苑貢茶録》、趙汝礪《北苑別録》，陶宗儀《説郛》曾載之，而於別録題曰『宋無名氏』。前家君從閔漁仲太史處得四庫寫本《貢茶録》，則有圖有注，《別録》則有汝礪後序，遠勝陶本。然《説郛》於《貢茶録》雖僅存圖目，而諸目之下皆注分寸，又寫本所無。《別録》粗色第六綱内之大鳳茶、小鳳茶二條，寫本亦失去。其餘字句異同，多可是正。因取二本互勘，更取他書之徵引二録，及記北苑可與二録相發明者，並注於下。四庫舊有案語，續注皆稱名以別之。庶覽是書者，得以正其訛謬云爾。嘉慶庚申仲冬蕭山汪繼壕識於環碧山房。

宋　陳振孫《直齋書録解題》卷一四《雜藝類》　《宣和北苑貢茶録》一卷，建陽熊蕃叔茂撰。其子克又益寫其形製而傳之。

《文獻通考》卷二一八《經籍考四五》　《宣和北苑貢茶録》一卷，陳氏曰：建陽熊蕃叔茂撰。其子克義益寫其形製而傳之。

《宋史》卷二〇五《藝文志四·農家類》　熊蕃《宣和北苑貢茶録》一卷。

《文淵閣書目》卷三　《宣和（比）［北］苑貢茶録》一部一冊。

明　葉盛《菉竹堂書目》卷五　《宣和北苑貢茶録》一冊。

明　陳第《世善堂藏書目録》卷下　《建安茶經》一卷，熊（番）［蕃］。

明　祁承㸁《澹生堂藏書目》卷七《子類第三》　《北苑貢茶録》一卷。

明　焦竑《焦氏筆乘》卷四　熊蕃有《宣（化）［和］北苑貢茶録》。

明　徐𤊹《徐氏紅雨樓藏書目》卷三《農圃類》　《北苑貢茶録》一卷，熊蕃。

明　徐𤊹《徐氏家藏書目》卷三《農圃類》　《北苑貢茶録》一卷，熊（番）［藩］。

明　王圻《續文獻通考》卷一七九《經籍考》　《茶録》，熊蕃著。蕃，字叔茂，建安人。宗王安石之學，號獨善先生。所著《茶録》，釐別其品第高下，最為精當。又有《製茶十韻》，今傳於世。

明　顧起元《説略》卷二五《食憲》　熊蕃有《宣和北苑貢茶録》一卷。

明　柯維騏《宋史新編》卷五〇《藝文志四》　熊蕃《宣和北苑貢茶録》一卷。

明　慎懋官《華夷花木鳥獸珍玩考·花木考》卷二　《宣和北苑貢茶録》一卷，陳氏曰：建陽熊蕃叔茂撰。

明　方以智《通雅》卷三九《飲食》　熊蕃有《宣（化）［和］北苑貢茶録》。

《續通志》卷一五九《藝文略》　《宣和北（范）［苑］貢茶録》一卷，附《北苑別録》一卷，《（蔡）［茶］録》，宋熊蕃撰。《別録》，宋趙汝礪撰。

清　陸廷燦《續茶經》卷下　《宣和北苑貢茶録》，建陽熊蕃撰。

《四庫全書簡明目録》卷一二　《宣和北苑貢茶録》一卷，附《北苑別録》一卷。《北苑貢茶録》宋熊蕃撰。

《四庫全書總目》卷一一五《子部二五·譜録類》　《宣和北苑貢茶録》一卷，附《北苑別録》一卷，《永樂大典》本。《宣和北苑貢茶録》，宋熊蕃撰。

清　陸漻《佳趣堂書目》　《北苑貢茶録》一卷，宋熊蕃。

清　周中孚《鄭堂讀書記》卷五〇《子部九之上·譜録類一》　《宣

和北苑貢茶録》一卷，附《北苑别録》一卷，《讀畫齋叢書》本。

清 耿文光《萬卷精華樓藏書記》卷八九《子部九・譜録類》 《宣和北苑貢茶録》一卷，附《北苑别録》一卷，宋熊蕃撰。《讀畫齋》本。是本首提要，次《茶録》，次其子克繪圖三十八，次蕃所作《御苑採茶歌》并自序，次熊克二跋。《别録》一卷，趙汝礪撰，以補《茶録》未備。首有小序，末有自跋。二録有注有按，有繼壕按。不知何人所輯，蓋佚其末後一跋。二録見於《福建通志》并《建安志》，又見於《説郛》，均未若此本之精。熊氏跋曰【略】。熊氏又跋曰【略】。趙氏自跋曰【略】。文光按此本二録皆有注，引證極博，書後尚有一跋，應借别本録之。

《畫墁録》曰：有唐茶品，以陽羨為上供，建溪北苑未著也。貞元中，常衮為建州刺史，始烝焙而研之，謂研膏茶。《方輿紀要》云：鳳凰山之麓名『北苑』，廣二十里。舊經云：偽閩龍啟中，里人張廷暉以所居北苑地宜茶獻之官，其地始著。《西溪叢語》云：建州龍焙面北，謂之『北苑』。《宋志》：建安有北苑茶焙龍焙。《别録》曰【略】宋魏了翁《卭州先茶記》曰：今所謂《韻書》，自二漢以前，上泝六經。凡有韻之語，如平聲魚、模，上聲麌、姥，以至去聲御、暮之同。是音者，本無它訓，乃自音韻分於孫沈。反切盛於西域，然後别為麻、馬等音。於是魚、歌二音，併入於麻，而魚、麻二韻，一字二音，以至上去二聲，亦莫不然。其不可通，則更易字文，以成其説。且茶之始，其字為荼，如《春秋》書『齊荼』，《漢志》書『荼陵』之類。陸顔諸人，雖已轉入茶音，而未敢輒易字文也。若《爾雅》，若《本草》猶從艹從余，而徐鼎臣訓荼猶曰：即今之茶也。惟自陸羽《茶經》，盧仝《茶歌》，趙贊《茶禁》以後，則遂易荼為茶，其字從艸從人從木，謂荼為茅秀，為苦菜，終無有命荼爲茶者矣。

清 丁丙《善本書室藏書志》卷一八《子部九上・譜録類》 《宣和北苑貢茶録》一卷，附《北苑别録》一卷，舊鈔本，蕭山汪氏藏書，宋熊蕃撰。《别録》宋趙汝礪撰。録中所論皆建安茶園採焙入貢法式。湻熙中，其子校書郎克始登之梓，并補圖三十有八，附採茶詩十章。克卽撰《中興小記》者也。時福建轉運使主管帳司趙汝礪後作《别録》，以補未備。嘉慶庚申蕭山汪繼壕後記，云：熊、趙兩録，陶宗儀《説郛》曾載之，於《别録》則題宋無名氏。家君傳四庫寫本，熊録有圖有注，《别録》有汝礪後序，遠勝陶本。然《説郛》貢茶於諸目下皆注，分寸則爲寫本所無。《别録》麤色第六，綱内之大鳳茶、小鳳茶二條，寫本亦失去。因取二本互勘之。繼壕爲龍莊先生之子，家有環碧山房，藏書頗富。

清 丁申、丁丙《八千卷樓書目》卷一二《子部・譜録類》 《宣和北苑貢茶録》一卷，附《北苑别録》一卷。宋熊蕃撰，子克補圖。《别録》趙汝礪撰。抄本。《讀畫齋》本。《茶書》本。

清 陸心源《皕宋樓藏書志》卷五三《譜録類一》 《宣和北苑貢茶録》一卷，明刊本，宋建陽熊蕃叔茂著。【略】徐𤊹跋。

清 沈德壽《抱經樓藏書志》卷四〇《譜録類一》 《宣和北苑貢茶録》一卷，舊抄本，章紫伯舊藏。宋建陽熊蕃叔茂著。

北苑别録

綜述

《四庫全書簡明目録》卷一二 《宣和北苑貢茶録》一卷，附《北苑别録》一卷。蕃書有所未備，趙汝礪又作《别録》一卷，補其所遺。原本並久佚，今從《永樂大典》録出，以其相因而作，故併為一帙。

著録

宋 趙汝礪《北苑别録・序》 建安之東三十里有山，曰鳳凰。其下直北苑，旁聯諸焙，厥土赤壤，厥茶惟上。太平興國中，初爲御焙，歲模龍鳳，以羞貢篚，益表珍異。慶歷中，漕臺益重其事，品數日增，制度日精，厥今茶自北苑上者，獨冠天下，非人間所可得也。方其春蟲震蟄，千夫雷動，一時之盛，誠為偉觀。故建人謂至建安而不詣北苑，與不至者同。僕因攝事，遂得研究其始末，姑摭其大槩，條為十餘類，目之曰《北苑别録》云。

又《跋》 舍人熊公，博古洽聞，嘗於經史之暇，緝其先君所著《北苑貢茶録》，鋟諸木以垂後。漕使、侍講王公得其書而悦之，將命摹勒，以廣其傳。汝礪白之公曰：『是書紀貢事之源委，與制作之更沿，固要且備矣。惟水數有贏縮，火候有淹亟，綱次有後先，品色有多寡，亦不可以或闕。』公曰：『然。』遂摭書肆所刊修貢録，曰幾水、曰火幾宿、曰某綱，曰某品若干云者，條列之。又以其所採擇、製造諸説，併麗於編末，目曰《北苑別録》，俾開卷之頃，盡知其詳，亦不為無補。淳熙丙午孟夏望日，門生從政郎、福建路轉運司主管帳司趙汝礪敬書。

宋 陳振孫《直齋書録解題》卷一四《雜藝類》 《北苑別録》一卷，趙汝礪撰。

《文獻通考》卷二一八《經籍考四五》 《北苑別録》一卷，陳氏曰：趙汝礪撰。

明 祁承㸁《澹生堂藏書目》卷七《子類第三》 《北苑別録》一卷。

明 焦竑《焦氏筆乘》卷四 熊客有《北苑別録》。

明 徐𤊹《徐氏紅雨樓藏書目》卷三《農圃類》 《北苑別録》一卷，熊（容）［克］。

明 徐𤊹《徐氏家藏書目》卷三《農圃類》 《北苑別録》一卷，熊（客）［克］。

（萬曆）《開封府志》卷二六《藝文》 趙汝礪《北苑別録》一卷。

明 顧起元《説略》卷二五《食憲》 熊客有《北苑別録》。

明 方以智《通雅》卷三九《飲食》 熊客有《北苑別録》。

明 慎懋官《華夷花木鳥獸珍玩考·花木考》卷二 《北苑別録》一卷，陳氏曰：趙汝礪撰。

《續通志》卷一五九《藝文略》 《宣和北（範）［苑］貢茶録》一卷，附《北苑別録》一卷。《別録》，宋趙汝礪撰。

《四庫全書總目》卷一一五《子部二五·譜録類》 《宣和北苑貢茶録》一卷，附《北苑別録》一卷，《永樂大典》本。

清 陸漻《佳趣堂書目》 《北苑別録》一卷，宋熊克。

清 周中孚《鄭堂讀書記》卷五〇《子部九之上·譜録類一》 《宣和北苑貢茶録》一卷，附《北苑別録》一卷，《讀畫齋叢書》本。其門生趙汝礪汝礪，宋宗室，官從政郎、福建路轉運使主管帳司因摭書肆所刊修貢録，曰幾水，曰火幾宿，曰某綱，曰某品若干云者，條列之。又以所採擇、製造諸説，併麗於編末，名曰《北苑別録》，俾覽者盡知其詳，亦大有所補云。後有淳熙丙午自跋，是書陳、馬兩家亦俱載之。《宋志》及《宋志補》俱失載，惟《説郛》所收。此書與熊氏書俱有之，而於熊氏書删去子復之圖，又删去卷首總論之注。今館臣以《永樂大典》本校補加，以案語並著録於《四庫全書》，蕭山（注）［汪］繼培從文瀾閣本寫出，復詳加案語，并總跋其後。顧修為之刊入叢書焉。

清 陸心源《皕宋樓藏書志》卷五三《譜録類一》 《北苑別録》一卷，明刊本，宋建陽熊克子復著。自序【略】。徐𤊹跋。

清 沈德壽《抱經樓藏書志》卷四〇《譜録類一》 《北苑別録》一卷，舊抄本，章紫伯舊藏。宋建陽熊克子復著。自序【略】。徐𤊹跋。卷中有『歸安章印綬』白文方印，『紫伯書畫印信』朱文方印，『讀騆如齋』朱文長印。

清 丁申、丁丙《八千卷樓書目》卷一二《子部·譜録類》 《宣和北苑貢茶録》一卷，附《北苑別録》一卷。《別録》趙汝礪撰。抄本。《讀畫齋》本。《茶書》本。

清 繆荃孫《藝風堂文續集》卷四 《宣和北苑貢録》一卷，附《北苑別録》一卷，宋熊蕃撰，趙汝礪作《別録》。

荈茗録

著録

清 丁申、丁丙《八千卷樓書目》卷一二《子部·譜録類》 《荈茗録》一卷，宋陶穀撰。《茶書》本。

婺源茶録

傳記

（天順）《大明一統志》卷二七　章炳文為虞城令，脩舉廢墜，盡力於所當為。採事蹟可行者，刻石紀之，必行而後已。

著録

《宋史》卷二〇五《藝文志四》　章炳文《婺源茶録》一卷。

明　顧起元《説略》卷二五《食憲》　章炳有《婺源茶録》一卷。

明　柯維騏《宋史新編》卷五〇《藝文志四》　章炳文《婺源茶録》一卷。

（雍正）《陝西通志》卷七五　《婺源茶録》一卷，京兆章炳文撰。

清　陸廷燦《續茶經》卷下　《婺源茶録》一卷，章炳文。

茶苑雜録

著録

《宋史》卷二〇五《藝文志四》　《茶苑雜録》一卷，不知作者。

明　顧起元《説略》卷二五《食憲》　《茶苑雜録》一卷，不知名。

明　柯維騏《宋史新編》卷五〇《藝文志四》　《茶苑雜録》一卷，不知作者。

北苑煎茶法

著録

宋　鄭樵《通志》卷六六《藝文略第四》　《北苑煎茶法》一卷。

明　焦竑《國史經籍志》卷三《史部・酒茗》　《北苑煎茶法》一卷。

明　焦竑《焦氏筆乘》卷四　《北苑煎茶法》一卷。

清　陸廷燦《續茶經》卷下　《北苑煎茶法》，呂惠卿。

茶法易覽

傳記

《宋史》卷三三三《沈立傳》　沈立，字立之，歷陽人。舉進士，簽書益州判官，提舉商胡埽。採摭大河事迹、古今利病，爲書曰《河防通議》，治河者悉守爲法。遷兩浙轉運使。蘇、湖水，民艱食，縣戒强豪民發粟以振，立亟命還之，而勸使自稱貸，須歲稔，官爲責償。茶禁害民，山場、榷場多在部内，歲抵罪者輒數萬，而官僅得錢四萬。立著《茶法要覽》，乞行通商法，三司使張方平上其議。後罷榷法，如所請；立召爲户部判官。

奉使契丹，適行册禮，欲令從其國服，不則見於門。立折之曰：『往年北使講見儀，未嘗令北使易冠服，況門見耶？』契丹愧而止。

還京西北轉運使。都水方興六塔河，召與議，立請止修五股等河及漳河，分殺水勢以省役，從之。加集賢修撰。知滄州，進右諫議大夫、判都水監，出爲江、淮發運使。居職辦治，加賜金，數詔嘉之。知越州、杭州、審官西院、江寧府。

初，立在蜀，悉以公粟售書，積卷數萬。神宗問所藏，立上其目及所著《名山水記》三百卷。徙宣州，提舉崇禧觀，卒年七十二。

著録

宋　鄭樵《通志》卷六六《藝文略第四》　《茶法易覽》十卷。

《宋史》卷二〇五《藝文志四》　《茶法易覽》十卷。

明　焦竑《國史經籍志》卷三《史部·酒茗》　《茶法易覽》十卷。

明　焦竑《焦氏筆乘》卷四　《茶法易覽》十卷。

明　柯維騏《宋史新編》卷五〇《藝文志四》　沈立【略】《茶法易覽》十卷。

清　陸廷燦《續茶經》卷下　《茶法易覽》十卷，沈立。

茶具圖贊

著録

明　茅一相《茶具圖贊·茶具引》　余性不能飲酒，間與客對春苑之葩，泛秋湖之月，則客未嘗不飲，飲未嘗不醉，予顧而樂之。一染指，顔且酡矣，兩眸子懵懵然矣。而獨耽味於茗，清泉白石可以濯五臟之污，可以澄心氣之哲，服之不已，覺兩腋習習清風自生，視客之沈酣酩酊，久而忘倦，庶亦可以相當之。嗟呼，吾讀《醉鄉記》，未嘗不神遊焉，而間與陸鴻漸、蔡君謨上下其議，則又爽然自釋矣。乃書此以博十二先生一鼓掌云。庚辰秋七月既望，花溪里芝園主人茅一相撰並書。

明　朱存理《〈茶具圖贊〉後序》《茶具圖贊》　飲之用，必先茶，而茶不見於《禹貢》，蓋全民用而不為利，後世榷茶立為制，非古聖意也。陸鴻漸著《茶經》，蔡君謨著《茶録》，孟諫議寄盧玉川三百月團，後侈至龍鳳之飾，責當備於君謨。製茶必有其具，錫具姓而繫名，寵以爵，加以號，季宋之彌文。然清逸高遠，上通王公，下逮林野，亦雅道也。贊法遷固，經世康國，斯焉攸寓，乃所願與十二先生周旋，嘗山泉極品以終身，此閒富貴也，天豈靳乎哉？野航道人長洲朱存理題。

明　高儒《百川書志》卷一〇《子志四·農家》　《茶具圖贊》一卷，宋人撰。以茶具十二，各為圖贊，假以職官名氏字號。

明　焦竑《國史經籍志》卷三《史部·酒茗》　《茶具圖》一卷。

明　祁承㸁《澹生堂藏書目》卷七《子類第三》　《茶具圖讃》一卷。

明　徐𤊹《徐氏紅雨樓書目》卷三《農圃類》　《茶具圖贊》一卷，宋審安老人。

明　徐𤊹《徐氏家藏書目》卷三《農圃類》　《茶具圖贊》一卷，宋審安老人。

《明史》卷一三四《藝文志二》　顧元慶《茶具圖》一卷。

清　錢曾《也是園藏書目》卷二《史部·豢養》　審安老人《茶具圖》一卷。

清　陸漻《佳趣堂書目》　《茶具圖贊》，茅一相。

清　瞿鏞《鐵琴銅劍樓藏書目録》卷一六《子部四·譜録類》　《茶具圖贊》一卷，舊鈔本，不著撰人。目録後一行，題咸淳己巳五月夏至後五日審安老人書。以茶具十二，各為圖贊，假以職官名氏。

清　周中孚《鄭堂讀書記補逸》卷二四《子部·譜録類》　《茶具圖贊》一卷，綢本。舊題宋審安老人撰。不著名氏。以諸茶具稱為十二先生，繫以姓名字號官職，而爲之圖贊。亦宋林氏洪《文房圖贊》之一流也。其目録後署款稱，咸淳乙巳，似稍後於洪。疑即仿洪書爲之。此本前有茅一相引。後有朱存理跋。

清　丁申、丁丙《八千卷樓書目》卷一二《子部·譜録類》　《茶具圖贊》一卷，明茅一相撰，《茶書》本。

茶譜（朱權）

傳記

明 王世貞《弇山堂別集》卷三二《同姓諸王表》 寧獻王權，太祖第十七子，母妃楊氏。洪武十一年五月初一日生，二十四年四月十三日封，二十七年三月二十三日之國大寧都司，永樂元年三月初二日，移國江西南昌府。王有材略，多智數，博綜技藝。以正統十三年九月十五日薨，在位五十八年，壽七十一，葬南昌府鍾陵。

著録

明 朱權《茶譜·序》 挺然而秀，鬱然而茂，森然而列者，北園之茶也。泠然而清，鏘然而聲，涓然而流者，南澗之水也。塊然而立，晬然而温，鏗然而鳴者，東山之石也。癯然而酸，兀然而傲，擴然而狂者，渠也。渠以東山之石，擊灼然之火，以南澗之水，烹北園之茶，自非喫茶漢，則當握拳布袖，莫敢伸也。本是林下一家生活，傲物玩世之事，豈白丁可共語哉？予嘗舉白眼而望青天，汲清泉而烹活火，自謂與天語以擴心志之大，符水火以副内煉之功，得非遊心於茶竈，又將有裨於修養之道矣。其惟清哉。涵虚子臞仙書。

清 黃虞稷《千頃堂書目》卷九《食貨類》 寧獻王《臞仙茶譜》一卷。

《明史》卷一三四《藝文志二》 寧獻王權《臞仙茶譜》一卷。

友蘭翁茶譜

傳記

明 程文德《程文恭公遺稿》卷一九《恩授承事郎友蘭錢翁墓志銘》 嘗讀《宋史》世家，至吴越武肅王歸國事，慨然嘆曰：一舉而三善備矣。事大，知矣；保民，仁矣；全宗，孝矣。是宜其子孫蕃衍，布濩於大江之南。日靈承顯，休而未艾也。乃今觀於海虞之錢，則尤盛焉。友蘭翁者，遡武肅二十一世矣。自九世祖邁守通州，隨宋南渡，始家奚浦之上。傳五世友義，友義生寬，寬生頤，號晉齋，即翁父也。娶於吴文恪公從女，是為翁母。翁諱椿年，字寘桂。自幼穎敏，晉齋君有子五人，獨鍾愛翁也。考英沈君趣軒有女亦憐愛，見翁遂許諾。寖長，益敦詩書，遭家再燬，繇賦繁苛業日替。翁迺專服勞幹蠱，百用撙縮，門户稍振。至養二親，則不儉於禮，皆以耄耋終。伯兄某無子為之後，□某早卒，育其孤。既家漸饒，首修先人祠墓置祭，曰：立塋規。每月朔，肅儀謁廟，歲時烝嘗，必豐潔，時食未薦，不敢先嘗。修家乘以合族，先代誥勑碑文舊所遺者，咸蒐輯手録增入。每歲饑，設糜粥以食鄉人，或量加賑貸。製藥以療疾，斵窾以斂屍，造浮□濬淤河。凡濟人事，為之悉裕，而自奉則泊如也。即敝衣利器不輕去，見人樂易，雖童稚悉，悉然有質乎者，則侃侃諭之，靡不心服。平居手不釋卷，見奇書必厚直購之，雖殘編不遺。始，族人未有顯者，翁課子姓明經，正德丙子，長子學以太學生領順天鄉薦。嘉靖辛卯，孫兑復繼美順天。自是，科第相望，寔翁之穀詒也。邑大夫榮之，為樹綽楔二，曰『南沙奎秀』，曰『奕世傳芳』云凡鄉飲酒，必延翁上賓。詔賜高年粟帛，必首及翁。自艾年至耄歲，海内名卿之為詩歌若文而祝之者，幾至千首。有蘭堂介壽，編《橋梓榮壽集》，此雖身為名卿者，莫能致焉。是可以觀翁已。翁晚年盡屏家事，植幽蘭數本於堂前，日惟吟詠其間，因自號曰友蘭居士。性嗜茶，謂其清心潤氣，不可一日缺。嘗集《茶譜》，以備陸羽之所未載。好事者聞之，而為之評。曰：夫椿、桂、蘭、茶四者，卉木之靈秀也。翁以為名，以為字，以為號，以為嗜，翁何如人耶？宜其美方於桂，馨比於蘭，清並於茶，而年幾於椿也。庶幾乎知翁者哉？嘉靖丙午元旦，翁諭子若孫，曰：『吾欲續家乘，暨諸賢近作，今不及矣，汝輩成之。』越明日，瞑目而逝，距生景泰丙子九月四日，享年九十有一。子男二，長即學烏程，今致仕；次庠，為伯兄後。孫男七：允，太學生；兑，今為應天節推；兖，克家皆學子。應奇、應瑞、應昌、應隆，皆太學生。庠子孫女五，長適延平守范來賢。曾孫男五，孫女九。嗚呼！其皆武肅仁孝之遺乎！烏程君卜以丁未十一月日，啓太平鄉仁壽里母氏窆，合昔馬哀，翁行實命京兆君乞銘於予。予嗟嘆曰：『以翁斯德，徽銘其詎弗傳乎？』銘曰：『噫吁嘻兮！謂天儉仁賢兮，何善之涼涼也，而翁獨好德而懋兼兮。謂天靳永年兮，何丘之穰穰也，而翁獨耄期以全其天兮。噫吁嘻兮！維德維年，允□二壽之藏也，將並武肅其弗諼兮。』

著録

明　錢椿年《茶譜·序》　茶性通利，天下尚之。古謂茶者，生人之所日用者也，蓋通論也。至後世則品類益繁，嗜好尤篤。是故，王褒有《約》，盧仝有《歌》，陸羽有《經》，李白得仙人掌於玉泉山中，欲長吟以播諸天，皆得趣於深而忘言於揚者也。予在幽居，性不苟慕，惟於茶則嘗屬愛，是故臨風坐月，倚山行水，援琴命奕，茶之助發余興者最多，而余亦未有一遺於茶者。雖然，夫報義之利也，茶每余益而予不少茶著，是茶不棄余而余自棄於茶也多矣。均為乎平哉。是故集《茶譜》一編，使明簡便，可以為好事者共治而宜焉。由真味以求真適，則山無枉枝，江無委泉，余亦可以為少報於茶云耳。茲集也，奚其與趣深言揚者麗諸？嗚呼！蓬萊山下清風之夢，倘來盧石君家，金莖之杯暫輟，惟雅致者胥成。

明　趙之履《茶譜續編·跋》　友蘭錢翁，好古博雅，性嗜茶。年逾大耋，猶精茶事。家居若藏若煎，咸悟三昧，列以品類，彙次成譜，屬伯子奚川先生梓行之。之履閱而歎曰：『夫人珍是物與味，必重其籍而飾之，若夫蘭翁是編，亦一時好事之傳，為當世之所共賞者。其籍而飾之之功，固可取也。古有鬥美林豪，著經傳世，翁其興起而入室者哉。』之履家藏有王舍人孟端《竹爐新詠》故事及昭代名公諸作，凡品類若干。會悉翁譜意，翁見而珍之，屬附輯卷後為《續編》。之履性猶癖茶，是舉也，不亦為翁一時好事之少助乎也。

明　朱睦㮮《近古堂書目》卷上《子譜録類》　《友蘭翁茶譜》。

清　黃虞稷《千頃堂書目·類書類》　《茶譜》，錢椿年。

清　錢曾《也是園藏書目》卷二《史部·豢養》　《友蘭茶譜》一卷。

清　陸廷燦《續茶經》卷下　《茶譜》，錢友蘭翁。

茶譜（顧元慶）

綜述

清　周中孚《鄭堂讀書記補逸》卷二四《子部·譜録類》　是編前分六類：曰茶略，曰茶品，曰藝茶，曰採茶，曰藏茶，曰製茶諸法。次爲煎茶四要：一擇水，二洗茶，三候湯，四擇品。又次爲點茶三要：一滌器，二熁盞，三擇果。末爲茶效一則。前有嘉靖二十年自序，稱『頃見友蘭翁所集《茶譜》，收採古今篇什太繁，甚失譜意。余暇日刪校，仍附王友石竹爐即苦節君像，并分封六事於後。』按友蘭翁、王友石，未詳爲何人。是編蓋取友蘭翁譜而擇其要。明代論茶之書，當爲首屈一指。至其卷末附以苦節君像，及苦節君行省，與茶具分封六事，皆繪圖署名，而繫以説，亦審安老人《茶具圖贊》之類也。《續説郛》所收，乃節本云。

傳記

清　錢謙益《列朝詩集·丁集》卷八《顧元慶》　元慶，字大有，長洲人。家近許市，兄弟多織嗇治産。山人獨以圖書自娛，自經史以至叢説，多所纂述。所居曰『顧家青山』。在大石左麓山中，有勝跡八，自爲之記，名其堂曰『夷白』。藏書萬卷，擇其善本刻之，署曰『陽山顧氏文房』。王伯穀往訪之，年七十五，猶吟對不倦。岳岱曰：『隱居草莽，無局促之憂，好歷名山，盡逍遙之樂，詞貴省潔，意尚真古，雖靖節田家之言，浩然江湖之句，時代雖遠，旨趣相符爾。』

《明史》卷三九六《隱逸傳》　元慶，字天有。家近滸市。其昆弟咸纖嗇治生。元慶獨好詩書。自經史以至叢説，多所纂述。所居在大石山麓，因自號『天石山人』。藏書萬卷，擇其善者刊之，署曰『陽山顧氏文房』。年七十餘，猶吟誦不倦。

（乾隆）《江南通志》卷一六八《人物志》　顧元慶，字大有，長洲人。家近滸墅，所居曰『顧家青山』。藏書萬卷，擇其善本刻之。自經史以至叢説，多所纂述。年七十餘，猶吟誦不輟。岳岱曰：陶潛田家之言，浩然江湖之句。時代雖殊，旨趣相符，時稱為『大石山人』。

著録

明　顧元慶《茶譜·序》　余性嗜茗，弱冠時，識吳心遠於陽羨，識過養拙於琴川。二公極於茗事者也，授余收焙烹點法，頗為簡易。及閱唐宋《茶譜》、《茶録》諸書法，用熟碾細羅為末為餅，所謂小龍圖尤為珍重。故當時有金易得而龍餅不易得之語，嗚呼！豈士人而能為此哉！頃見友蘭翁所集《茶譜》，其法於二公頗合，但收採古今篇什太繁，甚失譜意。余暇日刪校，仍附王友石竹爐，并分封六事於後，重梓於大石山房，當與有玉川之癖者共之也。嘉靖二十年吳郡顧元慶序。

明　茅一相《〈茶譜〉後序》　大石山人顧元慶，不知何許人也。久之，知為吾郡王天雨社中友。王固博雅好古士也，其所交盡當世賢豪，非其人雖軒冕黼黻，不欲掛眉睫間。天雨至晚歲，益厭棄市俗，乃築室於陽山之陰，日惟與顧、岳二山人結泉石之盟。顧即元慶，岳名岱，別號漳餘，尤善繪事，而書法頗出入米南宫，吳之隱君子也，三人者，吾知其二，可以卜其一矣。今觀所述《茶譜》，苟非泥淖一世者，必不能勉強措一詞，吾讀其書，亦可以想見其為人矣，用置案頭以備嘉賞。歸安茅一相撰。

明　姚邦顯《〈茶譜〉序》　嗜，人心也；心，一也。嗜而不失其正，一道心也。是故，曾子嗜羊棗，周子嗜蓮，陶靖節嗜菊，於是乎觀嗜，斯知人矣。常熟友蘭錢先生嗜茶，録茶之品類、烹藏，粵稽古今題詠，裒集戎帙，非至篤好，烏能考詳如是耶。夫茶良以地，味以泉，其清可以滌腴，其潤可以已渴，於是乎幽人尚之，有烹以避鶴、飲以怡神者。子曰：飽食終日，無所用心，難矣是集也。萃三善焉：欲不為貪，貞也；良於用心，賢也；厭膏粱而説游藝，達也。觀是集可以識先生矣。

明　陳第《世善堂藏書目録》卷下《各家六·農圃》　《茶譜》一卷，内有詩文。

明　晁瑮《晁氏寶文堂書目》卷下《藝譜》　《茶譜》。

明　焦竑《國史經籍志》卷三《史部·酒茗》　《茶譜》一卷，顧元慶。

明　朱睦㮮《近古堂書目》卷上《子譜録類》　《茶譜》。

明　徐𤊹《徐氏紅雨樓書目》卷三《農圃類》　《茶譜》二卷，顧元慶。

明　徐𤊹《徐氏家藏書目》卷三《農圃類》　顧元慶《茶譜》一卷。

清　黄虞稷《千頃堂書目》卷九《食貨類》　顧元慶【略】《茶譜》二卷。

又卷一五《類書類》　《茶譜》，顧元慶。

《明史》卷一三四《藝文志二》　顧元慶【略】《茶譜》二卷。

清　王聞遠《孝慈堂書目·酒茗食品》　《茶具贊》、《茶譜》二卷，顧元慶。

清　徐乾學《傳是樓書目·史部·酒茗》　《茶譜》一卷，明顧元慶，一本。

清　陸漻《佳趣堂書目》　《茶譜》一卷，顧元慶。

清　陸廷燦《續茶經》卷下　《茶譜》，顧元慶。

清　周中孚《鄭堂讀書記補逸》卷二四《子部·譜録類》　《茶譜》一卷，顧氏四十家小説本。明顧元慶撰履貫見史部傳記類。

清　丁申、丁丙《八千卷樓書目》卷一二《子部·譜録類》　《茶譜》一卷，明顧元慶撰，《茶書》本。

茶寮記

綜述

《四庫全書總目》卷一一六《子部二六·譜録類存目》 樹聲初入翰林，與嚴嵩不合。罷歸後張居正柄國，欲招致之，亦不肯就。此編即其家居之時與終南山僧明亮同試天池茶而作。分人品、品泉、烹點、嘗茶、茶候、茶侶、茶勲七則。均寥寥數言，姑以寄意而已，不足以資考核也。

清 周中孚《鄭堂讀書記》卷五〇《子部九之上·譜録類一》 《四庫全書》存目。平泉家居時，於園内敞小寮，設茶竈。適終南僧明亮從天池來，餉以天池苦茶，因與明亮暨五臺僧濱鎮同試天池茶於茶寮中。而作是記，雖分七類，僅十一二行，聊以寓意而已，不足以當著書，前有自記。《續説郛》亦收入之。

傳記

明 何喬遠《名山藏》卷八一《臣林記·陸樹聲》 陸樹聲，字與吉，華亭人，陸宣公之後也。其父始孩而孤，鞠於外家，從母姓曰林。嘉靖二十年，會試第一，為林姓。至隆慶初，始改云樹聲。少貧，與其弟德同出為贅壻，登第六十年，立朝不盈數載。每遷一官，輒以病罷。嘉靖數十年間，海内清望，樹聲為第一。自其為吉士，移疾歸里，其後告滿詣闕。相嵩柄國，官無大小，皆有定價，而館職尤重。嵩子世蕃，知樹聲無所挈，第使人索松江綾子二百疋，曰：『當以翰林予陸君。』樹聲謝曰：『翰苑本不敢希，又實無一綾，惟公所置之。』遂不往謁。次相張治，樹聲座主也。為解於嵩，嵩曰：『彼陸生者，何其徑庭？』治曰：『蠢人也，不足與較。』嵩乃令出試，以南宮舉首，不得已授館職，而意終不釋然。治乃為樹聲具錦幣四雙、白金四十，使一翰林介之謁嵩。樹聲往至門，則治所遺持金幣者已在嵩門下。出刺，授樹聲，使自為獻。樹聲大愕，（怡）〔治〕告之故。樹聲不言，懷刺入一揖即出，終不出刺。嵩送二人出，見持金幣者立門左，問為誰，樹聲曰不知。竟出。嵩大恨。樹聲授職未幾，又以告去矣。數告數起，歷南雍、南部。時徐階當國，樹聲同里人也。落落穆穆，萬曆改元，以禮部尚書召。踰年，與内閣居正持前輩禮，甚抗，又以論事不合，復稱疾求去。二十六年，樹聲年九十，守臣以聞，天子遣官存問，加秩一品，為太子太保。久之，卒，謚文定。樹聲居嘗閉門宴坐，焚香啜茗，啓處服御，笑飲在所，休休然其和光綴接。里之執經問道與士大夫東西行禮於其廬者，不擇賢愚少長，皆意滿去。王錫爵稱其道不苦空而禪，不標熾而儒，不垢俗而隱。弟樹德，都御史，以方嚴稱。

明 何三畏《雲間志略》卷一三《陸文定平泉公傳》 陸樹聲，字與吉，號平泉，華亭人也。南畿庚子鄉試第五人，辛丑鄉試第一人。廷試二甲第四人。改翰林院庶吉士。壬寅，歸省覲。庚戌，廷試充掌試卷官。壬子，還里，中途奔太公喪，服除，久之不出。丁巳，即家拜南京國子監司業。未幾，又請告歸。辛酉，起左春坊左諭德掌南院事。旋召同坊，不赴。乙丑，進太常卿，管南京國子監祭酒，旋進吏部右侍郎，復引疾不赴。穆廟初，特旨起原官，復不赴。己巳再起原官，兼翰林院學士、掌詹事府，教習庶吉士。時且赴召矣，至淮又復請告歸。壬申，陪推内閣，即家拜禮部尚書兼學士。上疏請告，不允，辭，乃以是冬詣闕。癸酉，復引疾請告，乃賜乘傳歸。計公登第五十六年。屢起屢歸。其間服官兩都，不及一紀，而優悠林下幾五十年。戊子，公年八十，上詔撫按官存問，加太子少保，歲給廩米輿夫。戊戌，公年九十，上遣中書柴大履存問。壬寅，皇太子立，推恩上遣儀部郎劉憲寵存問。大臣三奉恩詔，亦古昝所稀，誠稱異數。及遣孫景元詣闕謝恩，上爲優詔褒答。廕景元入監讀書，而加公子大行彦章月俸侍養，尤異數也。公生而豐頤廣額，狀貌修長，神襟遒上，而氣骨更自稜稜。獨以家世務農，又食貧無所給資斧，常服田疇，并傭雜作。而公日則帶經而鋤，夜則囊螢而讀，嘗拾紙爲文，警甚，塾師見而奇之，時年已幾三十許。出試即受知於大令方簡肅公，補邑諸生。自是，試輒冠其儕耦，籍甚文章聲。方令曾以鍰金周公，謝不受。蓋當未第時，業以名節自矜重矣。公既魁南宮，例得授館職，而分宜以人望物色公，公待之落落，意不懌，欲以曹郎抑之，而卒得館選，授編修，亦詘於朝論故耳。一日，同館諸吉士謁分宜，稱觴爲壽，皆更緋衣而入公，獨鶴立被青袍，而復有泰山巖巖氣象。分宜目攝之，而公不以爲意也。肅皇帝方事玄修，諸臣競譔青詞進御覽以希寵榮，而公獨否。即收廷試卷時，分宜干鼎魁，意有所屬他人，必且阿其所私，而公獨否。此姑蘇袁安節公爲黄門時，特疏品第詞林，不得不以方正首推公者，即分宜亦且亟稱其人，曰：安得閉戶寡交，如林與吉者乎？時公猶蒙母家姓爲林，既通顯而後復陸姓也。公在南中，持大體去煩苛，先本實而後藝文，揭訓條以挈功令，而又以數數辭召，爲世所高。誠有如濟北於文定所稱：廻瀾倚爲砥柱，平世師爲儀刑者。而當其時，高新鄭在政府，遇事稍不當意，輒謂公弟黄門曰：吾不如平泉。趙文肅公謂黄門：舉朝徯平泉公，正欲主上新政一見風采，知先朝培養有此偉人，語不虛耳。其爲禮書，應召詣闕也。江陵當國擅權，意得引公爲重，而公强起應之。舊例：六曹謁首揆上，席不端坐，言亦誾誾。而公爲館中前輩，且又正人，竟據上席端坐，不少遜也。江陵意殊不懌，談次輒稱平泉公，亦輒稱太岳。江陵銜公，而亦以此心重公，嘗使人致意。不久，且有別命矣。公曰：一史官，去國二十年，纔出山，豈爲桃李樹私門廟堂希揆地耶？始公於坐席應對間，已浩然有歸志，而會明年當會試，江陵欲私其子，上第計挽公以釋物議，公微知之，請去益決。疏凡五上，乃得予告。乘傳歸，瀕行，江陵造公曰：今且別公，公何以教我？公曰：天下大矣，公須還他大大做去。江陵默然，又疏陳十事，上聞，皆關國家大計，而中有觸時忌，江陵所不樂聞者。頃之，江陵又就公邸別，公踞牀見之，抗手稱謝曰：僕病甚，負公推轂，奈何？翌日，出春明門，傾坡餞送，祖道之盛，數十年來所未有也。公嘗舉宜興萬文恭、閩中林文恪，言之江陵，謂兩公皆端人，宜大竟其用。而公歸後，僅用文恭以代公職，於文恪則置之若遺。夫不能用公之言，而安能用公之身乎？乃江陵貽書，猶以不究用。公恐後世不無咎執政者，亦屬詭詞而已。及江陵敗，臺諫奉詔薦列海内舊德三十七人，以公爲舉首。自是薦剡無虛歲，而公之高臥林丘也益堅。時黄門公持大中丞節，亦解官歸，兄弟白首，怡怡相與授經課子，而時亦携尊罍爲郭外山中遊，笑談竟日，何啻司馬公、周益公兩兄弟之饑寒相撫而詩酒相娱也！不幸中丞殁，而公含悲輟食，曰：天乎！天乎！何乃廢我一手足乎？此又公孝友性成，所爲内行醇篤者也。公子彦章，己丑成進士，縉紳閒謂輦轂之下必且以公子。改庶常選，償公未究之施，而公遺之手書，勅以無暱權門，無趨捷徑，守吾家『澹泊寧靜』四字箴，乃吾子也。噫！此何啻王僧虔柳玭之誡其子也？是秋，公子以大行使節歸省，公遂請終養，而公之三賜存問也。公皆服朝服執笏，仙仙然跨馬郊迎而大行，偕其廕君景元輩杖策扶携，觀者夾道，相指目爲眞天人，豈非海内郡中盛事乎？公年已逾耄耋，而加餐健飯，步履如飛，鬢邊復見黑毫，種種而生，皆以爲壽在百歲外。而建己之歲，忽以無疾逝矣。先一日，手書遺言置之几上，自以叨冒國恩，戒無請卹，而尤以致身爲子孫勗，眞大人長者之言。而臨終日光爍爍射人，睆大行作笑態乃瞑。逾時，頂熱如熾，而四體柔和，如黄金色，此非再來人而何？方公之誕降，母氏夢初日投懷，紅光滿室，而公育也。乃公之云亾比舍，見一大星曳自光射公廬，而公殞也。銘所稱夢日公生，墮星公逝，其謂此耶？兩臺以訃聞，上爲驚悼，立詔所司，治公葬，賜祭三壇，贈太子太保，謚文定，眞可謂生榮死哀矣。公自少而老，身遭奇險者至再至三，時而墮水，時而頽垣，皆不能爲之阨。每遇壽誕，或出遊天日必晴朗，即風雨凄其亦無不頓爲開霽，意必有神物護持者，異哉！遡公出處，間大都難進而易退，天下想見公爲神龍威鳳，景星慶雲，可望而不可即。先後二三權相，力能使朝之之吏不脛而走，而寵辱之柄，終不能少加於公。説者謂：公東山不起，如君父何？而公居恒聞朝廷行一善，政進一端，人輒喜動顔色，拳拳愛君憂國之念，至老不衰色。後知宗臣之用心，非徒不愛爵禄而已也。公生平著述甚富，率皆原本六經，而尤邃於易，間涉内典，玄宗每與後輩小生談依忠依孝，旁引曲證，皆儒先所未發者。至乃運炁養生諸家，公雖知其指，而不甚習服，獨飲食坐臥時，皆有常度，不爲伐性勞形。嘗言士大夫於世法中惟廉，取薄享，可續壽命之源，何必更慕長生不死？此亦公壽考得力處矣。遇子姓族屬，無遽色，無惰容，即有過失能自省改，便相對歡然，不復督過。部使長吏干旄過謁者，時以深衣幅巾出見之，去亦無所報謝，曰：老臣以不任朝，謁罷又安事僕僕趨公府乎？惟值歲祲民饑，即首倡鄉紳議蠲議賑，必得請後已。而事關學政、士風，必正色昌言，無所顧忌。有郡守李公賦政三月，而坐爲郎，被察民且閶門乞留監司，目爲倡亂，輒捕，以兵從西郊露刅入，公以大義折之，遂解兵去。松之城以内外不至横罹鋒鏑者，秋毫皆出公賜，語曰：活千人者，後必昌公。所看豈特千人而後之，昌寧有量乎？以此貽子孫，何必數千瓿之把、數萬間之芘也？其書傳世者，有《陸學士雜著》、《善俗毗議》、《鄉會公約》、《陸氏家訓》及詩文若干卷。世稱鄉先生殁，而可祀惟公有焉。今之學有從祀，家有辭祠，烝嘗世世不絕也，庶幾可以報公。

明 雷禮《國朝列卿紀》卷二二　陸樹聲，字與吉，直隸華亭人。嘉靖辛丑會元進士。四十二年，以右諭德署院事。

明 俞汝楫《禮部志稿》卷五四《尚書陸樹聲》　陸樹聲，字與吉，直隸華亭人。嘉靖庚子魁於鄉，明年辛丑舉鄉試第一，廷對二甲第四，選翰林院庶吉士。壬寅，歸省三載，始北上授編脩。庚戌，廷試充掌卷官。壬子，丁父憂服闋，久之不出。丁巳，即家拜南京國子監司業，一就職即請告歸。辛酉，起左春坊左諭德，掌留院篆。旋召還坊，不赴。乙丑，進太常寺卿，管南京國子監祭酒事。立教務持大體，畧去煩苛，先本實而後藝文。其年秋，進吏部右侍郎，引疾不就。穆廟即位，特旨起原官，又屢疏辭。己巳，再起原官兼翰林院學士，掌詹事府，教習庶吉士。赴召，抵淮，復請告返。壬申，即家拜禮部尚書兼學士，疏辭不允。時神廟初嗣位，以碩德清節首膺簡召，中外相賀，遂以是冬詣闕。莅部率正僚屬，引經誼以裁典禮。操持凛凛，無敢干以私。北酋邀增歲幣，樞臣將許之，樹聲以職力争不可，樞臣竟不能奪。時江陵當國，樹聲以先進執禮不少屈，尋抗疏乞歸。温旨勉留，遣中使問賚，及門請去益決。疏五上，乃得賜告乘傳歸，瀕行，疏陳十事，皆關大計，而辨宮府，抑戚倖，斥貂璫，尤觸時忌。江陵敗，臺諫奉詔舉海内耆德三十七人，以之為首。自是薦剡無虚歲，而高卧彌堅，終無世念。戊子，年八十，詔撫按官奉彩幣羊酒及門存問，已復加太子少保，歲給廩米、輿夫。戊戌，年九十。壬寅，皇太子立，凡兩遣官存問，大臣三奉恩詔，亦故事所未覩也。尋卒，享年九十有七。訃聞，上震悼，立詔所司治葬賜祭，贈太子太保，謚文定。樹聲為人脩長峭岸，氣骨稜稜，神襟逌朗，舉止端凝，終日燕居，衣冠危坐，不見跛倚之容。持正深堅，議論皆有根柢，無少唯阿，而寬容樂善。常依長者，不忍有所刻核，登科六十餘年，而家居者十之七，始終一節，士論高之。

清 傅維鱗《明書》卷一三四《陸樹聲陸樹德傳》　陸樹聲，字維吉，別號平泉，華亭人。登嘉靖十九年庚子應天鄉試，魁其經，明年會試第一，廷試御批第四，乃置二甲第四，選入翰林為庶吉士，疏歸省。又三年，入京。故事無它授者，以見嚴嵩無加禮，見世蕃與講敵禮，遂欲議它授。張治，故庚子南畿舉主，夙器樹聲，宣言曰：『林生戇，與臺省，則令之戇矣。』拜部郎，無所容戇，乃以公議不合授編修。惟鍵關孤立，一意謝絕諸賓客。一日，偕詞林入壽嵩，眾服吉，樹聲獨青，衆問故，曰：『不知。』嵩目屬之。又嵩宅九月盆菊繽紛，眾以事至，爭相呈身取色笑。樹聲從後，謂諸人曰：『無壓倒陶彭澤。』聞者解頤。館師初入館閣，大學士手卮酒，其人跪飲。樹聲怒，謫謫不休，高儀笑目之，曰：『乃公性發耶？』肘而立出。是時詞臣多攻青詞爲職業，獨謝不爲。嵩雖恚樹聲，每心折之。同館有爲冢宰不禮者，羣訴嵩所，嵩曰：『公等如林子閉戶寡交，彼横逆者何施？』外艱歸。六年，起補南國子監。辛酉，晉左春坊諭德，署南翰林院篆，改侍讀，不赴。乙丑，起太常卿，掌祭酒事，貞教樹軌，略去繁瑣，所著《汲右叢語》及諸訓條，先定志，歸於慎微，國學奉以為功令，猶存獎惜愛人才。凡人厲夏楚、張劾頤不能感人十一，樹聲感人，人多於精神盼睞中。戊午，晉吏部右侍郎，以病請不起。三年起原職，教習庶吉士者再，又兩疏辭。時高拱捖機務，遇不如意事，輒三歎曰：『平泉鴻飛軒舉，吾甚愧之。』而趙貞吉猶心嚮之，以為得此老成人。左足入朝，上亦為感動。神宗即位，晉禮部尚書，疏辭不允，姑免赴，計去國時二十年矣。陛見卑居正，首謁六卿，於居正多改容，事之樹聲，亦以先輩自處。席必端，言必盡，居正滋不悅，而所署部務絕諸請託，會和虜議增歲幣，樹聲曰：『虜欲無窮，國財有限，以有限填無窮，涯壑恐不繼。』識者偉之，禮闈屆期，詗知居正欲私其子，而以其能塞群望，乃勃然欲歸。時有進語者曰：『今非昔，相公幸稍逝迪，禮闈柄軸在曉夕間，且江陵意固屬與同事。』樹聲心惡其人，而怒曰：『迺翁二十年出山，為門牆鈞軸地耶，行矣。吾家蓽蓴無恙。』遂五疏，乞歸，許之。乃條列十事，奏上曰：『辨宮府，抑戚倖，斥貂璫。』皆觸時忌。居正得之，心動曰：『誰令乃公為此者，擬報。』聞歸臥雲間者三十餘年，弟都御史樹德請歸侍，既而子行人彥章請終養。上嘉其孝，特與常俸，士人高而榮之。又從子考功郎請南侍，芳晨良夕。舁藍輿出遊，豐神矯矯，咸作天際真人想。奉特恩，加少保。夫米又賜，存問者三，樹聲退然穆然。時寓招提，時棲名園，冥心木榻，類苦行陀頭，一號無諍居士，一號長水漁隱，一號適園主人，一號九山山人，一號大歇生。所著有《汲古叢語》、

《適園雜著》、《禪林餘藻》、《清暑筆譚》、《陸學士題跋》、《耄餘雜識》、《長水日鈔》、《病榻寤言》、《善裕毗議》、《公約》、《家訓》。卒，頭溫熱，徧體柔和，作黃金色，里人望巨星從田間及屋角墜者二，贈太保，諡文定。

《明史》卷二一六《陸樹聲傳》 陸樹聲，字與吉，松江華亭人。初冒林姓，及貴乃復。家世業農。樹聲少力田，暇即讀書。舉嘉靖二十年會試第一。選庶吉士，授編修。三十一年請急歸。遭父喪。久之起南京司業。未幾，復請告去。起左諭德，掌南京翰林院。尋召還春坊，不赴。久之，起太常卿，掌南京祭酒事。嚴敕學規，著條教十二以勵諸生。召為吏部右侍郎，引病不拜。隆慶中，再起故官，不就。神宗嗣位，即家拜禮部尚書。

初，樹聲屢辭朝命，中外高其風節。遇要職，必首舉樹聲，唯恐其不至。張居正當國，以得樹聲為重，用後進禮先謁之。樹聲相對穆然，意若不甚接者，居正失望去。一日以公事詣政府。見席稍偏，熟視不就坐，居正趣為正席。其介介如此。北部要增歲幣，兵部將許之，樹聲力爭。歲終，陳四方災異，請帝循舊章，省奏牘，慎賞賚，防壅蔽，納讜言，崇儉德，攬魁柄，别忠邪，詔皆嘉納。

萬曆改元，中官不樂樹聲，屢宣詣會極門受旨，且頻趣之。比趨至，則曹司常事耳。樹聲知其意，連疏乞休。居正語其弟樹德曰：『朝廷行相平泉矣。』平泉者，樹聲别號也。樹聲聞之曰：『一史官，去國二十年，豈復希揆席耶？且虛拘何益。』其冬請愈力，乃命乘傳歸。辭朝，陳時政十事。語多切中，報聞而已。居正就邸舍與别，問誰可代者。舉萬士和、林燫。比出國門，士大夫傾城追送，皆謝不見。

樹聲端介恬雅，翛然物表，難進易退。通籍六十餘年，居官未及一紀。與徐階同里，高拱則同年生。兩人相繼柄國，皆辭疾不出。為居正所推，卒不附也。已，給廩隸如制，加太子少保，再遣存問。【略】樹聲年九十七卒。贈太子太保，諡文定。

又 卷三一七《陸樹聲傳》 陸樹聲，字與吉，松江華亭人。初冒林姓，及貴乃復。少業農，暇即讀書。請於父願得從師，遂舉嘉靖二十年會試第一。選庶吉士，授編修。嚴嵩父子見樹聲伉直無加禮，不悅，座主張治令謁嵩，樹聲不得已入謁，一揖而出。三十一年請急歸，旋遭父喪。久之，起南京司業。未幾，復請告去。起左諭德，掌南京翰林院。尋召還春坊，不赴。四十四年，起太常卿，掌南京祭酒事，嚴勑學規，著教條十二以厲諸生。召為吏部右侍郎，引疾不拜。隆慶中，再起故官，不就。神宗嗣位，即家拜禮部尚書，力辭不得，乃始赴闕。初樹聲屢辭朝命，中外高其風節，遇要職所司，必首舉樹聲，唯恐其不至。及是張居正當國，以得致樹聲為重，亟用後進禮，先謁樹聲，對之穆然，意若不甚接者，居正失望去。一日，以公事詣政府，見客席稍偏，熟視不就坐，居正趣為正席。樹聲雅好靜，不以世務攖懷，及當官則表正僚屬，謝絕請寄，部事井井莫敢欺。迤北要增歲幣，兵部將許之，樹聲力爭，卒不能奪。歲終，陳四方災異，請帝循舊章，省奏牘，慎賞賚，防壅蔽，納讜言，崇儉德，攬魁柄，别忠邪，詔皆嘉納。明年萬曆改元，中官不樂樹聲，屢宣詣會極門受旨，且頻趣之。比趨至，則曹司常事耳。樹聲知其意，連疏乞休，輒慰留不允。居正語其弟樹德曰：『朝廷行相平泉矣，盍少需之。』平泉者，樹聲自號也。樹聲聞之曰：『一史官去國二十年，豈復希揆席耶？且在位貴行其志，虛拘何益？』其冬請愈力，乃命乘傳歸。辭朝，陳時政十事，凡勤學修身，政令士風，邦本財用，宗藩邊防，漕河郊廟，皆悃悃為帝言之。且曰：『用内侍以給掃除，而倒持旁落之漸不可不防；優外戚以示眷異，而非分無厭之求不可不節。』語多規切時弊，居正見之，意不懌，調旨報聞而已。居正就邸舍别樹聲，直踞床見之，曰老病負公推轂。問誰可代者？則舉萬士和、林燫。明日出國門，士大夫傾城追送，皆謝不見。樹聲端介恬雅，備然物表，難進易退，通籍六十餘年，居官未及一紀。周旋兩權相間，雖落落不與合，皆知其和平無猜，亦不甚忤也。與徐階同里，高拱則同年生。兩人相繼柄國，皆辭疾不出，已給廩隸，加太子少保，再遣使存問。子彥章，萬曆十七年進士。樹聲誡毋就館選，隨以行人終養，詔給月俸異數也。年九十七卒，贈太子太保，諡文定。彥章官至南京刑部侍郎，亦以節概聞。

清 朱彝尊《靜志居詩話》卷一二 陸樹聲，字與吉，松江華亭人。嘉靖辛丑會試第一，改庶吉士，授編修，累官禮部尚書。卒，贈太子太保，諡文定，有集。

（乾隆）《江南通志》卷一四一《人物志》 陸樹聲，字與吉，華亭人。嘉靖辛丑進士第一，選庶吉士。歷遷禮部尚書。予告歸，卒年九十七，諡文定。樹聲性恬默而嚴重，有骨氣。張居正當國，欲引以為重，樹聲介然不屑也。嘗陳四方災異，又論時政十事，語甚切，報聞而已。通籍六十四年，先後多請告家，居官於兩都不及一紀，海内皆仰其清德。子彦章，字伯達，萬歷己丑進士，授行人，以父老在職二年，即乞終養，給半俸，異數也。後歷官至南京刑部右侍郎，工詩文，善書法。

清 周中孚《鄭堂讀書記》卷五〇《子部九之上・譜録類一》 樹聲，字與吉，號平泉，華寧人。嘉靖辛丑進士。官至禮部尚書，謚文定。

著録

明 陸樹聲《茶寮記・引言》 園居敞小寮於嘯軒埤垣之西。中設茶竈，凡瓢汲罌注、濯拂之具咸庀。擇一人稍通茗事者主之，一人佐炊汲。客至，則茶煙隱隱起竹外。其禪客過從予者，每與余相對結跏趺坐，啜茗汁，舉無生話。終南僧明亮者，近從天池來，餉余天池苦茶，授余烹點法甚細。余嘗受其法於陽羨，士人大率先火候，其次候湯。所謂蟹眼魚目，參沸沫沉浮以驗生熟者，法皆同。而僧所烹點，絕味清，乳面不黟，是具入清淨味中三昧者。要之，此一味非眠雲跂石人未易領略。余方遠俗，雅意禪棲，安知不因是遂悟入趙洲耶。時杪秋既望，適園無諍居士與五臺僧演鎮、終南僧明亮，同試天池茶於茶寮中。謾記。

明 祁承㸁《澹生堂藏書目》卷七《子類第三》 《茶寮記》一卷，夷門廣牘本。

明 朱睦㮮《近古堂書目》卷上《子譜録類》 《茶寥記》、《水品全帙》。

明 徐𤊹《徐氏紅雨樓書目》卷三《農圃類》 《茶寮記》一卷，陸樹聲。

明 徐𤊹《徐氏家藏書目》卷三《農圃類》 陸樹聲《茶寮記》一卷。

清 黄虞稷《千頃堂書目》卷九《食貨類》 陸樹聲《茶寮記》一卷。

清 錢謙益《絳雲樓書目》卷二《子雜藝類》 《茶寮記》。

清 萬斯同《明史》卷一三四《藝文志二》 陸樹聲《茶寮記》一卷。

《欽定續通志》卷一五九《藝文略》 《茶寮記》一卷，明陸樹聲撰。

《欽定續文獻通考》卷一八一《經籍考》 陸樹聲《茶寮記》一卷。

清 陸廷燦《續茶經》卷下 《茶寮記》，陸樹聲。

《四庫全書總目》卷一一六《子部二六・譜録類存目》 《茶寮記》一卷，内府藏本，明陸樹聲撰。

清 陸漻《佳趣堂書目》 《茶寮》一卷，陸樹聲。

清 周中孚《鄭堂讀書記》卷五〇《子部九之上・譜録類一》 《茶寮記》一卷，並祕笈本，明陸樹聲撰。

清 丁申、丁丙《八千卷樓書目》卷一二《子部・譜録類》 《茶寮記》一卷，明陸樹聲撰，《茶書》本。

藝文

清 馮雲鵬《掃紅亭吟稿》卷九《即事》 斗室幽窗四壁清，井梧葉墮嫩涼生。圓鐺細譜《茶寮記》，方罫閑看奕旦評。（《茶寮記》，雲間陸樹聲作。奕旦評句，章馮元仲作。）眼底無人聯舊雨，枝頭有鵲噪新晴。豆棚開得花黄白，又聽嘈嘈蟋蟀鳴。

茶經（徐渭）

傳記

《明史》卷二八八《徐渭傳》 徐渭，字文長，山陰人。十餘歲倣揚雄《解嘲》作《釋毀》，長師同里季本。為諸生，有盛名。總督胡宗憲招致幕府，與歙余寅、鄞沈明臣同筦書記。宗憲得白鹿，將獻諸朝，令渭草表，并他客草，寄所善學士，擇其尤上之。學士以渭表進，世宗大悦，益寵異宗憲，宗憲以是益重渭。宗憲嘗宴將吏於爛柯山，酒酣樂作，明臣作《鐃歌》十章，中有云『狹巷短兵相接處，殺人如草不聞聲』。宗憲起，捋其鬚曰：『何物沈生，雄快乃爾！』即命刻於石，寵禮與渭埒。督府勢嚴重，將吏莫敢仰視。渭角巾布衣，長揖縱談。幕中有急需，夜深開戟門以待。渭或醉不至，宗憲顧善之。寅、明臣亦頗負崖岸，以侃直見禮。

渭知兵，好奇計，宗憲擒徐海，誘王直，皆預其謀。藉宗憲勢，頗横。及宗憲下獄，渭懼禍，遂發狂，引巨錐剚耳，深數寸，又以椎碎腎囊，皆不死。已，又擊殺繼妻，論死繫獄，里人張元忭力救得免。乃遊金陵，抵宣、遼，縱觀諸邊阨塞，善李成梁諸子。入京師，主元忭。元忭導以禮法，渭不能從，久之怒而去。後元忭卒，白衣往弔，撫棺慟哭，不告姓名去。

渭天才超軼，詩文絶出倫輩。善草書，工寫花草竹石。嘗自言：『吾書第一，詩次之，文次之，畫又次之。』當嘉靖時，王、李倡七子社，謝榛以布衣被擯。渭憤其以軒冕壓韋布，誓不入二人黨。後二十年，公安袁宏道游越中，得渭殘帙以示祭酒陶望齡，相與激賞，刻其集行世。

著録

清 沈初《浙江採集遺書總録庚集・子部・説家類四》 《茶經》一卷，刊本。右明徐渭撰。

清 阮元《文選樓藏書記》卷六 《茶經》一卷，《酒史》六卷。明徐渭，山陰人。刊本。是二書考證典故及名人韻事。

茶説（屠隆）

傳記

明 何三畏《雲間志略》卷四《青浦令赤水屠侯傳》 屠隆，字長卿，更字緯真，別號赤水，浙之鄞人。成萬曆丁丑進士，釋褐，令潁上，以材能，調青浦。自嘉靖二十一年，從按院舒公汀所奏，割華亭西北二鄉、上海西三鄉，立青浦縣於青龍鎮，而以三十二年科臣議廢。至萬曆元年，郡人給諫蔡公汝賢，奏復移治唐行鎮。邑令石公繼芳剙建城池。六年，公爲令，復請割華亭、集賢鄉、上海新江鄉之未盡者，以益之編戶二百二十四里。於是與華、上鼎立而爲三縣矣。然其田終自磽瘠，其水每多汎溢，其民皆鷙悍，而隣壤錯居，無不見難者。夫割難治之田，遺難治之水，雜難治之民，而撫難治之邑，雖趙廣漢之機慧、黄次公之循良，且不可以善治，而況其他乎？侯以健令神君，再當煩劇，其豐標嶽嶽，其議論錚錚，有驂駕伊周、鴻毛管葛之意。譬之神駒，風鬉霧鬣，一日千里，而無難者。既視事則議減賦額，議疏河流，議招流亡，議創奸宄。請之諸臺，使畧見施行，而其拊循勞來，欲起罷民而保全之者，何啻拯溺救焚？公政大都以不察爲明，以不虐爲威，以不矜炫爲聲華，以不擊搏爲治辦，而又寬和，豈弟輔真赤行之，使人見悃誠，而洞底裏陳牒者得情弗喜，卻其無涕泣於楈楊，服賦者如約輸，將欲其無羨奇於升斗，將使堂上無鞭笞之事，庭下無呌號之聲，村落中無勾攝追呼之擾。而侯則肅衣冠，擁符篆，偃仰而踞其上，婆娑而視其成。卽觀風使者之干旄，與他輶軒之使戾止於斯，侯第令不乏侯騎供具而已。時江陵柄國，檄天下郡邑，清丈量田。郡守閻公月川奉行惟謹，每呵詈邑長，侯不以介意，從容應之册成。守復訝，其丈出餘田，仍歸原號。攝掌計吏往侯，肅衣冠先入府堂，叱吏使去，曰：有錯誤，我自承之。郡守怒未平，語刺，刺相讓，侯正色折之，曰：『此官長見謬，非縣令罪也。丈量原田，譬之衣領，挈之始明，丈出餘田，譬之衣帶，帶非衣不附，今可使帶自爲帶，衣自爲衣乎？』郡守語塞，卒如其册以上之。當路竟不能使之易也。公在縣治，士夫有來投謁，暇則接見，不暇則請辭，亦非以某也貴顯尊榮，輒逢迎爲悅也者。惟騷人墨士至，則倒屣而迎，或舍之後齋，或處之別館，日與吟咏倡酬。而其鄉人之窮交者，如沈嘉則士；君子之賢者，如莫廷韓、方衆甫、徐孟孺輩，輒數日欵留，或挐舟泛三泖之濱，或着屐登九山之麓，霽色開而霞光媚，澄波漾而月影開，則舒抱披襟，皓歌劇飲，不知人爲人、我為我、主爲主而賔爲賔也。且有結布衣交盟雲水社者，人人意得以青溪爲外府，以青溪令爲臨卭矣。當是時，文貞公謝政里居，聞之，意若不懌者，曰：『何渠作令乃爾，不令縣事廢弛擔閣耶？』而徐察之事，亦未嘗弗辦，且閱其詞賦，謂此館閣才，宜登玉署金鑾之席，不宜使之爲令僕。僕執手板向人，而諸臺使亦器重其才。每覽侯所上文移，皆手自削牘，牘多古文詞，亦咄咄稱之，以爲漢長卿復出。而時當水旱疾疫，侯有禱祀之文，隨禱隨應。王洪洲學憲，輒亦歎服，以爲古有以檄愈疾，而侯亦以文禦灾，良非虚語。公有

《由拳》、《白榆》諸集，往往膾炙人口，爲士林所推。余爲孝廉時，亦辱侯延攬，在客坐，每見其伸帋揮毫，千萬言頃刻立就，此真扣銅倚馬之才。長吉、靑蓮，恐不是過，未易以格調拘之，簿書窘之也。且其一種意氣，故是不可無一派風流，亦是不可少。侯嘗自言曰：『吾寧爲天地間畸人，不願爲天地間俗士。』夫侯不爲俗吏，而乃爲俗士乎？如侯者差，亦不俗耳。後侯入爲禮曹，旋屬有言免。歸鄉里，而侯終不求仕進，一意嘯傲山林，人以爲達。當予司理紹興時，嘗以事至鄞水，每謁公，而公亦每至稽山報謁。促膝飛觴間，談往事娓娓，未嘗以宦不達有纖介怨尤意。而其家徒壁立，亦未嘗一有所干。余以此益深仰止，乃知侯之令雲間，僅飲青龍杯水，常聞之父老云。然而讀其詩，有『早知白首難爲客，悔殺青溪不要錢』之句，嘆息久之，此侯之實録，亦侯之自道云爾也。

《明史》卷二八八《屠隆傳》　屠隆者，字長卿，明臣同邑人也。生有異才，嘗學詩於明臣，落筆數千言立就。族人大山、里人張時徹方為貴官，共相延譽，名大噪。舉萬曆五年進士，除潁上知縣，調繁青浦。時招名士飲酒賦詩，游九峰、三泖，以仙令自許，然於吏事不廢，士民皆愛戴之。遷禮部主事。

西寧侯宋世恩兄事隆，宴游甚歡。刑部主事俞顯卿者，險人也，嘗為隆所詆，心恨之。訐隆與世恩淫縱，詞連禮部尚書陳經邦。隆等上疏自理，并列顯卿挾仇誣陷狀。所司乃兩黜之，而停世恩俸半歲。隆歸，道青浦，父老為斂田千畝，請徙居。隆不許，歡飲三日，謝去。

歸益縱情詩酒，好賓客，賣文為活。詩文率不經意，一揮數紙。嘗戲命兩人對案拈二題，各賦百韻，咄嗟之間二章並就。又與人對弈，口誦詩文，命人書之，書不逮誦也。

子婦沈氏，修撰懋學女，與隆女瑶瑟並能詩。隆有所作，兩人輒和之。兩家兄弟合刻其詩，曰《留香草》。

清　陳田《明詩紀事・己籤》卷六　隆，字長卿，鄞人。萬曆丁丑進士，除潁上知縣，改青浦。徵授禮部主事，歷員外郎中。有《由拳集》二十三卷、《白榆集》二十卷、《栖真館集》三十卷。

清　董天工《武夷山志》卷一七《名賢下》　屠隆，字長卿，號赤水，鄞縣人。萬曆丁丑進士，宰潁上青浦，擢禮部主事，終郎中。平生好交遊，畜聲伎以詩酒自放，太守阮自華嘗以中秋大會詞客，於烏石山宴集者七十餘人，而推隆爲祭酒，酒闌歌罷，奮袂作漁陽摻撾，鼓聲一作，旁若無人，四座服其豪邁。來遊武夷，題咏甚多，著《白榆》、《採眞》、《南遊》諸集。

清　朱彝尊《靜志居詩話》卷一四　屠隆，字長卿，又字緯眞，鄞縣人。萬歷丁丑進士，除潁上知縣，調青浦，升禮部主事，歷郎中。有《由拳》、《白榆》、《採眞》、《南游》諸集。

清　陶元藻《全浙詩話》卷三四　隆，字長卿，又字緯眞，鄞人。萬歷丁丑進士，知潁上縣，調知青浦。入爲禮部主事，歷郎中。有《由拳》、《白榆》、《採眞》、《南游》諸集。

（乾隆）《江南通志》卷一一四《職官志》　屠隆，字長卿，鄞縣人。萬歷間令青浦邑。故庳下值大水，徒行泥淖中，督吏民治堤，躬禱於神水。不爲災時，有履畝之令，長吏率增餘畝以阿上。隆以丈出餘田，仍繫原號。知府閻邦寧呵之，隆正色曰：『原田譬之衣領，挈之始明；餘田譬之衣帶，非衣不附。豈可使衣自爲衣，帶自爲帶乎？』邦寧語塞。又平反寃獄七十餘事。

（嘉慶）《清一統志》卷二九三　屠隆，字緯眞，鄞人。生有異才，落筆數千言立就。舉萬歷進士，除潁上知縣，調繁青浦。時招名士飲酒賦詩，縱遊九峰、三泖而不廢吏事。遷禮部主事。罷歸，家貧賣文為活。詩文率不經意，一揮數紙，有《由拳》、《白榆》、《採眞》、《南遊》諸集。

著録

明　徐𤊹《徐氏家藏書目》卷三《農圃類》　屠隆《茶説》一卷。

明　徐𤊹《徐氏紅雨樓書目》卷三《農圃類》　《茗説》一卷，屠隆。

清　陸廷燦《續茶經》卷下　《茶牋》，屠隆。

清　丁申、丁丙《八千卷樓書目》卷一二《子部・譜録類》　《茶説》一卷，明屠隆撰，《茶書》本。

茶考

著録

明　徐𤊹《徐氏紅雨樓書目》卷三《農圃類》　《茶考》一卷，陳師。

明　徐𤊹《徐氏家藏書目》卷三《農圃類》　陳師《茶考》一卷。

清　丁申、丁丙《八千卷樓書目》卷一二《子部·譜録類》　《茶考》一卷，明陳師撰，《茶書》本。

茶録（張源）

著録

明　顧大典《〈茶録〉引》《茶録》　洞庭張樵海山人，志甘恬澹，性合幽棲，號稱隱君子。其隱於山谷間，無所事事，日習誦諸子百家言。每博覽之暇，汲泉煮茗，以自愉快，無間寒暑，歷三十年，疲精殫思，不究茶之指歸不已，故所著《茶録》，得茶中三昧。余乞歸十載，夙有茶癖，得君百千言，可謂纖悉具備。其知者以為茶，不知者亦以為茶。山人盍付之剞劂氏，即王濛、盧仝復起不能易也。吴江顧大典題。

明　徐𤊹《徐氏家藏書目》卷三《農圃類》　《張伯淵茶録》一卷，張源。

明　徐𤊹《徐氏紅雨樓書目》卷三《農圃類》　《張伯淵茶録》一卷，張源。

清　黄虞稷《千頃堂書目》卷九《食貨類》　張源，《茶録》一卷，字伯淵。

清　萬斯同《明史》卷一三四《藝文志二》　張源，《茶録》一卷，字伯淵。

清　陸廷燦《續茶經》卷下之五　《茶録》，張源。

清　丁申、丁丙《八千卷樓書目》卷一二《子部·譜録類》　《茶録》一卷，明張源撰，《茶書》本。

茶集（胡文焕）

著録

明　胡文焕《茶集·序》　茶，至清至美物也，世不皆味之，而食煙火者，又不足以語此。此茶視為泛常，不幸固矣。若玉川其人，能幾何哉？余愧未能絶煙火，且愧非玉川倫，然而味茶成癖，殆有過於七碗焉。以故，虎丘、龍井、天池、羅岕、六安、武夷，靡不採而收之，以供焚香揮麈時用也。醫家論茶性寒，能傷人脾，獨予有諸疾，則必藉茶為藥石，每深得其功效。噫！非緣之有自，而何契之若是耶。

余既梓《茶經》、《茶譜》、《茶具圖贊》諸書，兹復於啜茶之餘，凡古今名士之記、賦、歌、詩有涉於茶者，拔其尤而集之，印命名曰《茶集》。固將表茶之清美，而酬其功效於萬一，亦將裨清高之士，置一冊於案頭，聊足為解渴祛塵之一助云耳。倘必欲以是書化之食煙火者，是蓋鼓瑟於齊王之門，奚取哉？付之覆瓿障牖可也。

萬曆癸巳初伏日錢唐全菴道人胡文焕序。

清　陸廷燦《續茶經》卷下　《茶集》一卷，胡文焕。

茶經（張謙德）

傳記

《四庫全書總目》卷一一三　丑，崑山人，原名謙德，字叔益。後改今名，字青父，號米庵。蓋丑於萬歷乙卯得米芾《寶章待訪録》墨蹟，名其書室曰『寶米軒』，故以自號。

著録

明 張謙德《茶經・前言》 古今論茶事者，無慮數十家，要皆大闇小明，近啚遠泥。若鴻漸之《經》，君謨之《録》，可謂盡善盡美矣。第其時，法用熟碾細羅，爲丸爲挺。今世不爾，故烹試之法，不能盡與時合。迺於暇日，折衷諸書，附益新意，勒成三篇，借名《茶經》，授諸棗而就正博雅之士。萬曆丙申春孟哉生魄日蘧覺生張謙德言。

明 徐𤊹《徐氏家藏書目》卷三《農圃類》 《茶經》一卷，崑山張謙德。

明 徐𤊹《徐氏紅雨樓書目》卷三《農圃類》 《茶經》一卷，張謙德。

《四庫全書總目》卷一三四《子部四四・雜家類存目一一》 《張氏藏書》四卷，明張應文撰，凡十種：【略】曰《茶經》【略】。

清 丁申、丁丙《八千卷樓書目》卷一二《子部・譜録類》 《茶經》一卷，明張謙德撰。明抄本。明刊本。

茶疏（許次紓）

綜述

《四庫全書總目》卷一一六《子部二六・譜録類存目》 是書凡三十九則，論採摘、收貯、烹點之法頗詳。中間擇水一條，誤以金山頂上井爲中泠泉，考証殊爲踈舛。

清 周中孚《鄭堂讀書記》卷五〇《子部九之上・譜録類一》 《四庫全書》存目。然明有嗜茶之癖，與長興姚紹憲交，悉以生平習試自祕之訣相授，故得茶理最精，因著是疏。自產茶以至攷本，凡三十則。敘述頗為詳贍，而不免時有疏舛。前有萬曆丁未姚紹憲、許世奇二序，末有自識。《續説郛》止摘其前十，則失其矣。

傳記

清 厲鶚《東城雜記》卷上 許次紓，字然明，號南華方伯，茗山公之幼子。跛而能文，好蓄奇石，好品泉，又好客。性不善飲，講客每徹宵旦。金錯到手隨盡，坐是屢困。出遊閩、楚、燕、齊數千里外，嘗裹金數鎰歸。歸數月又盡，貧自若也。與黃貞父、吳伯霖、張仲初、馮開之諸公善。家東城，近慈雲寺，並城對池，境甚蕭灑。所著詩文甚富。有《小品室》、《蕩櫛齋》二集，今失傳。余曾得其所著《茶疏》一卷，論產茶、採摘、炒焙、烹點諸事凡三十六條，深得茗柯至理，與陸羽《茶經》相表裏。前有吳興姚叔度紹憲、同里許才甫世奇二序。稱然明歿後三年，感夢於才甫，曰：『欲以《茶疏》災木，今以累子。』才甫因授剞劂。文士結習，不能忘情於身後，事亦奇矣。

清 周中孚《鄭堂讀書記》卷五〇《子部九之上・譜録類一》 次紓，字然明，錢唐人。

著録

明 姚紹憲《題然明〈茶疏〉敘》 許次紓《茶疏》 陸羽品茶，以吾鄉顧渚所產為冠，而明月峽尤其所最佳者也。余闢小園其中，歲取茶租自判，童而白首，始得臻其玄詣。武林許公然明，余石交也，亦有嗜茶之癖。每茶期，必命駕造余齋頭，汲金沙、玉竇二泉，細啜而探討品隲之。余罄生平習試自秘之訣，悉以相授，故然明得茶理最精，歸而著《茶疏》一帙，余未之知也。然明化三年所矣。余每持茗椀，不能無期牙之感。丁未春，許才甫携然明《茶疏》見示，且徵於夢。然明存日著述甚富，獨以清事托之故人，豈其神情所注，亦欲自附於《茶經》不朽與？昔鞏氏陶瓷肖鴻漸像，沽茗者必祀而沃之。余亦欲貌然明於篇端，俾讀其書者，并挹其豐神可也。萬曆丁未春日，吳興友弟姚紹憲識於明月峽中。

明 許世奇《〈茶疏〉小引》 許次紓《茶疏》 吾邑許然明，擅聲詞場舊矣。丙申之歲，余與然明遊龍泓，假宿僧舍者浹旬。日品茶嘗水，抵掌道古。僧人以春茗相佐，竹爐沸聲，時與空山松濤響答，致足樂也。然明喟然曰：『阮嗣宗以步兵廚貯酒三百斛，求為步兵校尉，余當削髮為龍泓僧人矣。』嗣此經年，然明以所著《茶疏》示余，余讀一過，香生齒頰，宛然龍泓品茶嘗水之致也。余謂然明曰：『鴻漸《茶經》，寥寥千古，此流堪為鴻漸益友。吾文詞則在漢魏間，鴻漸當北面矣。』然明曰：『聊以志吾嗜痂之癖，寧欲為鴻漸功匠也。』越十年，而然明修文地下，余慨其著述零落，不勝人琴俱亡之感。一夕夢然明謂余曰：『欲以《茶疏》災木，業以累子。』余遽然覺，而思龍泓品茶嘗水時，遂絕千古，山陽在念，淚淫淫濕枕席也。夫然明著述富矣，《茶疏》其九鼎一臠耳，何獨以此見夢，豈然明生平所癖精爽成厲，又以余為臭味也，遂從九京相托耶？因授剞劂以謝然明，其所撰有《小品室》、《蕩櫛齋集》，友人若貞父諸君方謀鋟之。丁未夏日社弟許世奇才甫撰。

明　許次紓《茶疏·跋》　余齋居無事，頗有鴻漸之癖，又桑苧翁所至，必以筆牀茶竈自隨。而友人有同好者，數謂余宜有論著以備一家，貽之好事，故次而論之。倘有同心，尚箴余之闕，葺而補之，用告成書，甚所望也。次紓再識。

明　徐𤊹《徐氏家藏書目》卷三《農圃類》　許然明《茶疏》一卷。

明　徐𤊹《徐氏紅雨樓書目》卷三《農圃類》　《茶疏》一卷，許然明。

清　黃虞稷《千頃堂書目》卷九《食貨類》　許然明《岕茶疏》一卷。

《明史》卷一三四《藝文志二》　許然明《茶疏》一卷。

清　曹寅《楝亭書目》卷三《子集》　《茶疏》，明安次許次紓著，一卷，一冊。

《續文獻通考》卷一八一《經籍考》　許次紓《茶疏》一卷。次紓，字然明，錢塘人。

清　陸廷燦《續茶經》卷下　《茶疏》，許次杼。

《四庫全書總目》卷一一六《子部二六·譜録類存目》　《茶疏》一卷，內府藏本，明許次紓撰。

清　周中孚《鄭堂讀書記》卷五〇《子部九之上·譜録類一》　《茶疏》一卷，普祕笈本，明許次紓撰。

清　丁申、丁丙《八千卷樓書目·子部·譜録類》卷一二　《茶疏》一卷，明許次紓撰。《廣百川》本。《茶書》本。

茶話

傳記

明　陸應陽《廣輿記》卷三　陳繼儒，字仲醇，華亭人。甫壯，棄儒習隱，結茅小崑山之陽，祀二陸。乞四方名花，廣植堂皇之前，爲二先生春秋蘋蘩，名乞花塲。又買舟載書，稱無名釣徒。每日當草簑月冷，鈇笛霜清，覺張志和、陸天隨，去人未遠。

明　朱謀垔《畫史會要》卷四　陳繼儒，字仲醇，一字眉公，華亭徵士。董太史云：仲醇悠悠忽忽，土木形骸，絕似嵇叔夜。求之近代，惟嬾瓚得其半耳。觀仲醇山水用筆疎簡，氣韻空遠，未可以當家律之，而品自貴已。

清　計六奇《明季北略》卷一五　陳繼儒，字仲醇，號眉公，南直華亭人。少英異，好讀書，長於詩歌文辭，頃刻萬言。弱冠補諸生，年二十八，裂其冠，投呈郡長，有云：『住世出世，喧靜各别；祿養色養，潛見則同。揣摩一世，直如對鏡空花；收拾半生，皆作出山小草。』一郡驚其言，當事勉留，卒不聽，退而躬奉菽水，結茅小崑山之陽。修竹白雲，焚香宴坐，豁如也。父殁，哀毁欲死，負土爲壘。弟之子、姊之孤，賴之得存。時顧端文、高忠顯招繼儒入講社，繼儒曰：『願士大夫有此行，不必有此名。』所知交徧天下，四方求文者，履日滿户外。然絕妄漁，愧干請，嘗云：『王公布衣之交，僅存一綫於天壤，甯使訝其不來，毋使厭其不去。』又云：『躑躅公庭，必爲雙鶴所笑。』郡守李三式其廬，謝不見。既李以事去，繼儒送之千里，勞藉如平生歡。而方岳貢尤神交二十年。一時撫按交章奏薦，請照吴與弼例，特行徵聘，屢奉俞旨，固辭不就，性與山水爲緣。每當春秋佳日，月夕花朝，非操舸龍潭，卽卜築曠野。一時名姝騷客，輻輳而至。或匿蒹葭蘋藻間，長歌短笛，鷗鷺驚翔，累日經旬，興盡方止。己卯病卒，得年八十有二。藏無餅金，惟留遺編數卷。未歿前，召子孫賓朋，曰：『汝曹逮死而祭我，不若生前醉我一杯酒。』於是羣從雁行洗爵，次第而獻，如俎豆狀，繼儒仰天大嚼，叱曰：『何不爲哭泣之哀？』左右皆大慟，或爲《薤歌》以佐觴，歌愈悲，酒愈進，繼儒起而喜舞，簪帽以花，婆娑佻達，盡醉乃罷。將瞑目，又暢言無鬼之旨，鼓掌大笑而逝。所著有《秘笈品外文集》幾百卷行世。當啟、禎間，婦人豎子，無不知有眉公者，至飲食器皿，悉以眉公名，比於東坡學士矣。其與董思白交最厚，在前喆中，又比沈石田之於王文恪公云。先是王徵君稺登文章翰墨妙天下，交游在公卿間，差似眉公，而蒲輪不就，爲巖穴光，眉公加人一等矣。

清　萬斯同《明史》卷三九六《陳繼儒傳》　陳繼儒，字仲醇，別字眉公，松江華亭人也。為諸生，與同邑董其昌齊名。年未三十，取衣冠焚棄之，結隱於小崑山。工詩善書，時太倉王世貞、世懋，王錫爵、鼎爵，兄弟咸善繼儒。兩家子姪爭與交懽，而其昌方官翰林，稱繼儒不去口，以故一時名籍甚。其為人重然諾，饒智略，又善結納四方縉紳及山人遊客。過從無虛日，莫不得其懽心。繼儒乃招延吳越寒士，俾刺取古人瑣言僻事，薈萃成書，流傳遠邇，淺學之士，爭購為枕中秘。於是，眉公之名，傾動寰宇，乃至酒樓茶館，野店僧寮，悉懸其畫像，而市中賣餅餌、鬻巾履者，胥被以眉公之名，輒得厚利。崇禎間，廷臣及撫巡大吏屢薦於朝。有請倣吳與弼故事者，雖天子將召之，密遣使廉訪還□，其虛名過實乃已，卒年八十餘。

《明史》卷二九八《陳繼儒傳》　陳繼儒，字仲醇，松江華亭人。幼頴異，能文章，同郡徐階特器重之。長為諸生，與董其昌齊名。太倉王錫爵招與子衡讀書支硎山。王世貞亦雅重繼儒，三吳名下士爭欲得為師友。繼儒通明高邁，年甫二十九，取儒衣冠焚棄之，隱居崑山之陽，構廟祀二陸，草堂數椽，焚香晏坐，意豁如也。時錫山顧憲成講學東林，招之，謝弗往。親亡，葬神山麓，遂築室東佘山，杜門著述，有終焉之志。

工詩善文，短翰小詞，皆極風致，兼能繪事。又博文强識，經史諸子、術技稗官與二氏家言，靡不較覈。或刺取瑣言僻事，詮次成書，遠近競相購寫。徵請詩文者無虛日。性善奬掖士類，屨常滿戶外，片言酬應，莫不當意去。暇則與黃冠老衲窮峯泖之勝，吟嘯忘返，足跡罕入城市。其昌為築來仲樓招之至。黃道周疏稱『志尚高雅，博學多通，不如繼儒』，其推重如此。侍郎沈演及御史、給事中諸朝貴，先後論薦，謂繼儒道高齒茂，宜如聘吳與弼故事。屢奉詔徵用，皆以疾辭。卒年八十二，自為遺令，纖悉畢具。

（乾隆）《江南通志》卷一六六《人物志》　陳繼儒，字仲醇，華亭人。少工文，與董其昌齊名。三吳名下士，爭欲得為師友。未三十棄諸生，築室東佘山，以著述為事。短翰小詞，皆極風致，兼善畫，户外屨常滿，晚年臺垣交薦，屢奉詔徵，皆以疾辭。時青浦施紹莘字子野以諸生隱西佘，工樂府詞曲，以才豔稱。

著録

明　徐𤊹《徐氏紅雨樓書目》卷三《農圃類》　《茶話》一卷，眉公。

明　徐𤊹《徐氏家藏書目》卷三《農圃類》　陳繼儒《茶話》一卷。

清　陸漻《佳趣堂書目》　《茶話》，陳繼儒。

清　丁申、丁丙《八千卷樓書目》卷一二《子部·譜録類》　《茶話》一卷，明陳繼儒撰，《茶書》本。

茶乘

著録

明　高元濬《茶乘·序》　圖按經庶竟陵之湯動不泯，北苑之緒芬具在云爾。癸亥菊月露中高元濬君鼎撰。

明　高元濬《茶乘·跋》　夫達人朗士，其襟期恆寄諸詩酒。而時或闌入，焚香煮茗，埸中詩近憤，酒近豪，香近幽，而總於茶事有合。余性懶，不能效蘇子美之豪，舉讀《漢書》，以斗酒為率。閒置一小齋，粗足容香爐、茶鐺二事，而□為市煙奪去，惟是七碗成癖，在處足舒其逸□。《茶乘》以行，復搜其緒義，以完此一段公案。時在殘菊花際，霏霜雁候，夜靜閒吟，視鼎鏟中雪濤浪翻，乳花正熟，且覺香風馥馥起四座間矣。黄如居士高元濬識。

明 徐𤊹《徐氏家藏書目》卷三《農圃類》 高元濬《茶乘》四卷。

明 徐𤊹《徐氏紅雨樓書目》卷三《農圃類》 《茶乘》四卷，高元濬。

清 黄虞稷《千頃堂書目》卷九《食貨類》 高元濬《茶乘》四卷。

《明史》卷一三四《藝文志二》 高元濬《茶乘》四卷。

茶録

著録

明 祁承㸁《澹生堂藏書目》卷七《子類第三》 《茶録》一册，一卷，程（國）[用]賓。《百名家書》本。

清 曹寅《楝亭書目》卷三《子集》 《茶録》，明新都程用賓編，四卷。

清 錢曾《也是園藏書目》卷二《史部・豢養》 程用賓《茶録》一卷。

羅岕茶記

傳記

《明史》卷二五七《熊明遇傳》 熊明遇，字良孺，進賢人。萬曆二十九年進士。知長興縣。四十三年擢兵科給事中，旋掌科事。上疏極陳時弊言【略】，帝不省。亓詩教等以明遇與東林通，出為福建僉事，遷寧夏參議。

天啟元年，以尚寶少卿進太僕少卿，尋擢南京右僉都御史，提督操江。建營伏虎山，選練蒼頭軍，以資守禦。永樂中，齊王榑以罪廢，其子孫居南京，號齊庶人。有睿爈者，自負異表，與奸人謀不軌，明遇捕獲之，置其黨十餘人於法。魏忠賢黨謀盡逐東林，以明遇嘗救御史游士任，五年三月，給事中薛國觀遂劾其黨庇徇私，忠賢即矯旨革職。未幾，坐汪文言獄，追贓千二百金，謫戍貴州平溪衛。

莊烈帝即位，釋還。崇禎元年，起兵部右侍郎。明年進左，遷南京刑部尚書。四年，召拜兵部尚書，疏陳四司宿弊，悉見採納。楊鶴被逮，明遇言【略】，帝亦納之。

五年正月，山東叛將李九成等陷登州，明遇過信巡撫余大成言，力主撫議，久愈猖獗，萊城被圍幾陷，乃調關外軍討定之。語詳《徐從治傳》。當是時，我大清兵入宣府，巡撫沈棨與中官王坤等遣使議和，饋金帛牢醴，師乃旋。事聞，帝惡棨專擅，召對明遇等於平臺。明遇曲為棨解，帝不悦，逮棨下吏。於是給事中孫三杰力詆明遇、棨交管悮國，同官陳贊化、吕黄鍾，御史趙繼鼎連劾之。明遇再疏乞罷，帝責以疎庸僨事，命解任侯勘。尋以故官致仕。久之，用薦起南京兵部尚書，改工部，引疾歸，國變後卒。

（康熙）《南昌郡乘》卷三八 熊明遇，字良孺，進賢人。萬曆進士，授長興知縣，擢兵科給事。上疏極陳時弊言【略】，又雜引天文書以證時事，凡數千言，皆極危切。亓詩教輩以明遇與東林通，出為福建僉事，遷寧夏參議。天啓初，進太僕少卿，尋提督操江。魏忠賢黨謀盡逐東林，以明遇嘗救御史游士任，給事中薛國觀遂劾其黨庇徇私，忠賢矯旨革職。坐汪文言獄，追贓千二百金，謫戍貴州平溪衛。崇禎初，釋還，起兵部右侍郎，南京刑部尚書，改兵部。疏陳四司宿弊，悉見採納。山東叛將李九成等陷登州，明遇信巡撫余大成言，力主撫議。久不就撫，乃調關外軍討定之。是時宣府兵警甚急，巡撫沈棨與中官王坤等遣使議和，餽金帛酒牢諸物，邊警即解事。聞，帝惡棨專擅，召對明遇等於平臺。明遇力為棨解，帝不悦，逮棨下吏。於是給事中力詆明遇、棨交關誤國，明遇再疏乞罷，命解任候勘。尋以故官致仕，用薦起南京兵部尚書，改工部，引疾歸，卒。所著有《緑雲樓集》、《中樞集》。子人麟，崇禎進士。

著録

清　陸廷燦《續茶經》卷下　《岕山茶記》，熊明遇。

茶解

著録

明　屠本畯《〈茶解〉敘》《茶解》　羅高君性嗜茶，於茶理有具解，讀書中隱山，手著一編，曰《茶解》云。書凡十目：一之原，其茶所自出；二之品，其茶色、味、香；三之程，其藝植高低；四之定，其採摘時候；五之摝，其法製焙炒；六之辨，其收藏涼燥；七之評，其點瀹緩急；八之明，其水泉甘冽；九之禁，其酒果腥穢；十之約，其器皿精粗。為條凡若干，而茶勛於是乎勒銘矣。其論審而確也，其詞簡而覈也。以斯解茶，非眠雲跂石人不能領略。高君自述曰：『山堂夜坐，汲泉烹茗，至水火相戰，儼聽松濤，傾瀉入杯，雲光瀲灩。此時幽趣，未易與俗人言者，其致可挹矣。』初，予得《茶經》、《茶譜》、《茶疏》、《泉品》等書，今於《茶解》而合璧之，讀者口津津，而聽者風習習，渴悶既涓，榮憲斯暢。予友聞隱鱗，性通茶靈，早有季疵之癖，晚悟禪機，正對趙州之鋒，方與裒輯《茗笈》，持此示之，隱鱗印可，曰：『斯足以為政於山林矣。』萬曆己酉歲端陽日友人屠本畯撰。

明　龍膺《〈茶解〉跋》《茶解》　宋孝廉兄有茶圃，在桃花源西巖，幽奇別一天地，琪花珍羽，莫能辨識其名。所產茶，實用蒸法如岕茶，弗知有炒焙、揉挼之法。予理鄣日，始游松蘿山，親見方長老製茶法甚具，予手書茶僧卷贈之，歸而傳其法。故出山中，人弗習也。中歲自祠部出，偕高君訪太和，輒入吾里。偶納涼城西莊稱姜家山者，上有茶數株，翳叢薄中，高君手擷其芽數升，旋沃山莊鐺，炊松茅活火，且炒且揉，得數合，馳獻先計部，餘命童子汲溪流烹之。洗盞細啜，色白而香，彷彿松蘿等。自是吾兄弟每及穀雨前，遣幹僕入山，督製如法，分藏堇堇。邇年，榮邸中益稔茲法，近採諸梁山製之，色味絕佳，乃知物不殊，顧腕法工拙何如耳。

予晚節嗜茶益癖，且益能別澠淄，覺舌根結習未化，於役湟塞，遍品諸水，得城隅北泉，自巖隙中淅瀝如線漸出，輒渫然迸流，嘗之，味甘冽且厚，寒碧沁人，即弗能顏行中泠，亦庶幾昆龍泓而季蒙惠矣。日汲一盎，供博士罏。茗必松蘿，始御弗繼，則以天池、顧渚需次焉。

頃從皋蘭書郵中接高君八行，兼寄《茶解》，自明州至。亟讀之，語語中倫，法法入解，贊皇失其鑒，竟陵褫其衡。風旨泠泠，翛然人外，直將蓮花齒頰，吸盡西江，洗滌根塵，妙證色、香、味三昧，無論紫茸作供，當拉玉版同參耳。予因追憶西莊採啜酣笑時，一彈指十九年矣。予疲暮尚逐戎馬，不耐膻鄉潼酪，賴有此家常生活，顧絕塞名茶不易致，而高君乃用此為政中隱山，足以茹真卻老，予實妬之。更卜何時盤礴相對，倚聽松濤，口津津林壑間事，言之色飛。予近築灑園，作漚息計，饒陽阿爽塏藝茶，歸當手茲編為善知識，亦甘露門不二法也。昔白香山治池園洛下，以所獲潁川釀法，蜀客秋聲，傳陵之琹、弘農之石為快。惜無有以茲解授之者，予歸且習禪，無所事釀，孤桐怪石，夙故畜之。今復得茲，視白公池上物奢矣。率爾書報高君，志蘭息心賞。時萬曆壬子春三月武陵友弟龍膺君御甫書。

明　祁承㸁《澹生堂藏書目》卷七《子類第三》　《茶解》一卷，羅廩。

明　徐𤊹《徐氏家藏書目》卷三《農圃類》　羅廩《茶解》一卷。

明　徐𤊹《徐氏紅雨樓書目》卷三《農圃類》　《茶解》一卷，羅廩。

清　黃虞稷《千頃堂書目》卷九《食貨類》　羅廩《茶解》一卷。

清　萬斯同《明史》卷一三四《藝文志二》　羅廩《茶解》一卷。

清　陸廷燦《續茶經》卷下之五　《茶解》，羅廩。

（雍正）《浙江通志》卷二四四《經籍四》　《茶解》一卷，《續說郛》古鄞羅廩撰。

（光緒）《慈谿縣志》卷四七《藝文志》　《茶解》一卷。

清　丁申、丁丙《八千卷樓書目》卷一二《子部·譜録類》　《茶解》一卷，明羅廩撰。《茶書》本。

茗笈（徐㶿）

著録

清 **黃虞稷《千頃堂書目》卷九《食貨類》** 徐㶿《茗笈》三十卷。

清 **萬斯同《明史》卷一三四《藝文志二》** 徐㶿《茗笈》三十卷。

茗笈（屠本畯）

綜述

明 王嗣奭《茗笈呂藻·品一》 昔人精茗事，自藝而採、而製、而藏、而瀹、而泉，必躬為料理。又得家童潔慎者專司之則可。余家食指繁，不能給養饔餐，赤腳蒼頭，僅供薪水。性雖嗜茶，精則無暇，偶得佳者，又泉品中下，火候多舛，雖胡靴與霜荷等。余貧不足道，即貴顯家力能製佳茗，而委之僮婢，烹瀹不盡如法。故知非幽人閒士、披雲漱石者，未易了此。夫季疵著《茶經》，為開山祖。嗣後競相祖述，屠豳叟先生擷取而評贊之，命曰《茗笈》，於茗事庶幾終條理者。昔人苦名山不能遍涉，託之於臥游。余於茗事效之，日置此笈於棐几上，伊吾之暇，神倦口枯，輒一披玩，不覺習習清風兩腋間矣。

明 范汝梓《茗笈品藻·品二》 予謫歸過，豳叟出《茗笈》相視，凡陸季疵《茶經》、諸家箋疏，暨豳叟所自為評贊，直是一種異書。按《神農食經》：『茗久服，令人有力悅志』。周公《爾雅》：『檟，苦茶。』而伊尹為湯説至味，不及茗。』《周禮》：『漿人供王六飲，不及茗。』厥後杜毓《荈賦》、傅巽《七誨》，間一及之。而原之《騷》、乘之《發》、植之《啟》、統之《契》，草木之佳者，採擷幾盡，竟獨遺茗，何歟？因知古人不盡用茗，盡用茗，自季疵始，一切世味，葷臊甘脆，爭染指垂涎。此物面孔嚴冷，絕無和氣，稍稍霑唇漬口，輒便唾去，疇則嗜之。咄咄豳叟，世有知味，必嗜茗，併嗜此笈。遇俗物，茗不堪與酪為奴，此笈政可覆醬瓿也。

明 陳鍈《茗笈品藻·品三》 夫茗，靈芽真筍，露液霜華，淺之滌煩消渴，妙至換骨輕身。藉非陸氏肇指於前，蔡、宋數家遞闡於後，鮮不犯經所謂『九難』也者。豳叟屠先搜剔諸書，標贊繫評，曰《茗笈》云。嗜茶者持循收藏，按法烹點，不將望先生為丹丘子、黃山君之儔耶？要非畫脂鏤冰、費日損功者可擬耳。予斷除腥穢有年，頗得清淨趣味，比獲受讀，甚愜素心。

明 屠玉衡《茗笈品藻·品四》 豳叟著《茗笈》，自陸季疵《茶經》而外，採輯定品，快人心目，如坐玉壺冰啗哀仲梨也者。豳叟吐納風流，似張緒；終日無鄙言，似溫太真。跡罥區中，心超物外。而余臭味偶同，不覺針水契耳。夫贊皇辨水，積師辨茶，精心奇鑑，足傳千古，豳叟庶乎近之。試相與松間竹下，置烏皮几，焚博山爐，斞惠山泉，挹諸茗荈而飲之，便自羲皇上人不遠。

明 范大遠《〈茗笈〉跋》 外舅屠漢翁，經年著書種種，皆膾炙人口。大遠不佞，無能更僕也。其《茗笈》所彙，若採製、點瀹、品泉、定湯、藏茗、辨器之類，式之可享清供，讀之可悟玄賞矣。請歸殺青，庶展牘間，不待躬執而肘腋風生，齒頰薦爽，覺眠雲跂石人相與晤言。館甥范大遠記。

明 薛岡《天爵堂文集》卷一《〈茗笈〉序》 清士之精華莫如詩，而清士之緒餘，則有掃地、焚香、煮茶三者。焚香、掃地，余不敢讓，而至於茶，則恆推轂吾友聞隱鱗氏，如推轂隱鱗之詩。蓋隱鱗高標幽韻，迥出塵表。於斯二者，吾無間然。其在縉紳，惟豳叟先生與隱鱗同其臭味。隱鱗嗜茶，豳叟之於茶也，不甚嗜，然深能究茶之理、契茶之趣，自陸氏《茶經》而下，有片語及茶者，皆旁蒐博訂，輯為《茗笈》，以傳同好。其間採製之宜、收藏之法、飲啜之方，與夫鑑別品第之精，當可謂陸氏功臣矣。余謂豳叟宦中詩，多取材齊梁，而其林下諸作，無不力追老杜。少陵之後，有稱詩史者，惟豳叟。而季疵之後，稱茶史者，亦惟豳叟。隱鱗有豳叟，似不得專其美矣。兩君皆吾越人，余因謂茶之與泉，猶生才，何地無佳者。第託諸通都要路者，取名易，而僻在一隅者，起名難。吾鄉泉若它山，茶若朱溪，以其産於海隅，知之者遂鮮。世有具贊皇之□，玉川之量，不遠千里可也。庚戌上巳日，社弟薛岡題。

明 徐𤊹《〈茗笈〉序》 屠豳叟先生，昔轉運閩海衙齋中，闃若僧寮。予每過從，輒具茗碗，相對品騭古人文章詞賦，不及其他。茗盡而談未竟，必令童子數燃鼎繼之，率以為常。而先生亦賞予雅通茗事，喜與語且喜與啜。凡天下奇名異品無不烹試，定其優劣，意豁如也。及先生擢守辰陽，掛冠歸隱鑑湖，益以烹點為事。鉛槧之暇，著為《茗笈》十六篇，本陸羽之文為經，採諸家之説為傳，又自為評贊以美之。文典事清，足為山林公案，先生其泉石膏肓者耶？予與先生別十五載，而謝在杭自燕歸，出《茗笈》讀之，清風逸興，宛然在目，乃謀諸守公喻使君梓之郡齋，以廣同好。善夫陸華亭有言曰：『此一味非眠雲跂石人未易領略，可為豳叟實録云。』萬曆辛亥年秋日，晉安徐𤊹興公書。

明 屠本畯《茗笈·序》 不佞生也憨，無所嗜好，獨於茗不能忘情。偶探友人聞隱鱗架上，得諸家論茶書，有會於心，採其雋永者，著於篇，名曰《茗笈》。大都以《茶經》爲經，自《茶譜》迄《茶箋》列爲傳，人各爲政，不相沿襲。彼創一義，而此釋之，甲送一難，而乙駁之，奇奇正正，靡所不有。政如《春秋》爲經而案之，左氏、公穀爲傳而斷之，是非予奪，豁心胸而快志意，間有所評，小子不敏，奚敢多讓矣。然書以筆札簡當爲工，詞華麗則爲尚。而器用之精良，賞鑒之貴重，我則未之或暇也，蓋有含英吐華收奇覓祕者，在書凡二篇，附以贊評。豳叟序。

《四庫全書總目》卷一一六《子部二六·譜録類存目》 是編録論茗事。上卷分溯源、得地、乘時、揆制、藏茗、品泉、候火、定湯八章，下卷分點瀹、辨器、申忌、防濫、戒淆、相宜、衡鑒、元賞八章。每章多引諸書論茶之語，而前引以贊，後系以評，又取陸羽《茶經》分冠各篇，頂格書之。其他諸書，皆亞一格書之。然割裂餖飣，已非《茶經》之全文。點瀹二章，併無《茶經》可引，則竟闕之。核其體例，似疏解《茶經》，又不似疏解《茶經》，似增刪《茶經》，又不似增刪《茶經》，紛紜錯亂，殊不解其何意也。

傳記

清 萬斯同《明史》卷三八八《屠本畯傳》 本畯，字田叔，兵部侍郎大山子。好學有雋才，以父任，歷官福建鹽運同知。持身廉白，不名一錢。時方用師朝鮮，巡撫金學曾需餉急，本畯言閩中鹽引舊歸勢家，勢家昂其直，轉售商人，故商病而公家亦絀。今誠盡給商人，稍減其直，則利歸公家，學曾從之，果贏萬金，自是遂為永制。居三年，移辰州知府，以慈惠得民，會播州皮林遞用兵，饋運無乏，當叙功。而本畯性好客，門外車騎交錯，後堂日置酒，上官聞之不悦。移書，其父執謂：田叔家有園亭絲竹，足娱賓客，此吏事不足煩。遂罷歸。本畯風流蘊藉，工詩文善談笑，至老不廢書。或言：『公何自苦？』答曰：『吾於書，饑以當食，渴以當飲，欠伸以當枕席，愁寂以當鼓吹，無所苦也。』是時，任子以文學行誼著稱者，獨本畯及常熟瞿汝稷，人無間言，著有《太常典録》及詩文稿十餘種。

清 朱彝尊《靜志居詩話》卷一七 屠本畯，字田叔，鄞人。尚書大山之子，承廕，官太常寺典簿，歷南禮部郎中，出爲兩淮運司同知，移福建運使。有《屠田叔詩草》。田叔好詼諧，詩多不拘格律，晚節歸田，愛客益甚，虀豉蒜果，觴客必盡歡。守辰州日，禁民殺牛，有唐生牒言：『家貧，畜一牛，不幸死，請鬻其肉。』本畯度其僞也，判以俸錢買牛葬之，牽至，乃生牛，因命小吏飯之。及解官，衣深衣騎馬出門州，父老泣相送，牽牛隨其後。時人爲作《辰陽留犢圖》。年既老，好學不倦，或曰：『先生老矣，奚自苦爲？』答曰：『吾於書，飢以當食，渴以當飲，欠伸以當枕席，愁寂以當鼓吹，未嘗苦也。』因自稱憨先生，亦曰豳叟。起生壙於甬上，撰狀及表，年八十餘乃卒。至今甬東，言風流儒雅輒首及之。

《四庫全書總目》卷七〇《史部二六·地理類三》 本畯字田叔，鄞縣人。以門蔭入仕，官至福建鹽運司同知。

著録

明 徐𤊹《徐氏家藏書目》卷三《農圃類》 屠本峻《茗笈》三卷。

清 黄虞稷《千頃堂書目》卷九《食貨類》 屠本畯《茗笈》三卷。

《明史》卷一三四《藝文志二》 屠本畯《茗笈》三卷。

《續通志》卷一五九《藝文略》 《茗笈》二卷，明屠本峻撰。

（雍正）《浙江通志》卷二四四《經籍四》 《茗笈》三卷，黄氏書目：屠本畯著。

《續文獻通考》卷一八一《經籍考》 屠本畯《茗笈》二卷。

《四庫全書總目》卷一一六《子部二六・譜録類存目》 《茗笈》二卷，安徽巡撫採進本，明屠本畯撰。

清 沈初《浙江採集遺書總録閏集・説家類》 《茗笈冊》，刊本，右明鄞縣屠本畯輯。皆諸家品茶之書。後附《韋弦佩》一帙：處方一、藥鏡二、艾觀三、郤病四。

清 陸漻《佳趣堂書目》 《茗笈》二卷，屠本峻。

清 孫星衍《孫氏祠堂書目・外編》卷三 《茗笈》二卷，明屠本畯撰。

清 丁申、丁丙《八千卷樓書目》卷一二《子部・譜録類》 《茗笈》二卷，明屠本峻撰，《茶書》本。

茶董

綜述

《四庫全書總目》卷一一六《子部二六・譜録類存目》 是編雜録南北朝至宋金茶事，不及採造煎試之法，但摭詩句故實，然踈漏特甚，舛誤亦多。曰《茶董》者，以《世説》記干寶為鬼之董狐，襲其文也。前有陳繼儒序，卷首又題繼儒補。其氣類如是，則其書不足詰矣。

清 周中孚《鄭堂讀書記補逸》卷二四《子部・譜録類》 《四庫全書》存目。是書採録茶之故事，及詩句餖飣成編。凡九十六則，間有舛誤，而闕漏尤不少。故陳眉公復爲之補。曰《茶董》者，眉公序謂爲茶之董狐也。前又有董思白其昌序，及自序。

傳記

《四庫全書總目》卷六二《史部一八・傳記類存目四》 樹芳，字茂卿，江陰人，萬曆乙酉舉人。

清 周中孚《鄭堂讀書記補逸》卷二四《子部・譜録類》 樹芳，字茂卿，山陰人。

著録

明 馮時可《〈茶董〉序》《茶董》 酒自三王時，天下已尤物視焉，爭腆於茲，致煩候邦誥也。茶最後出，至唐始遇知者。然惟清流素德始相酬酢，而傖父俗物或望之而卻走，則所謂時為帝而遞相雌雄者乎？余嘗著論，酒德為春，茗德為秋；酒類狂，茗類狷；酒為通人，茗為節士，夙以此平章之。而夏茂卿集酒曰《酒顛》，集茶曰《茶董》，蓋因昔人有『酒家南董』之稱，而移其董酒者董茶。其降心折節，固有所獨先與，夫酒有酒禍，波及者大，茶特小損，即稱水阨，亦薄乎云爾。立監佐史之不須，何以董哉？無乃愛茶重茶而虞其辱，故稱董，以董其辱茶者非與？余家姑蘇虎丘之茶，為天下冠。又近長興地，名洞山廟後所產岕，風格亦相絜焉。泉取惠山，甘過楊子，二妙相配，茗事始絕。嘗夫新雷既過，眾壑初晴，余與二三子親採露芽於山址，命僮如法焙製烹點。迨夫素濤翻雪，幽韻生雲，而余嘗之，如餐霞，如挹露，欲習仙舉，則歎夫茂卿之同好，真我枕漱之侶也。夫茶有四宜焉：宜其地，則竹林松澗，蓮沼梅嶺；宜其景，則朗月飛雪，晴晝疏雨；宜其人，則名僧騷客，文士淑姬。否則與茶韻調大不相偕，不亦辱乎？是茶史氏之所必摻霜鉞而砭之者也。有右涯者曰：『是四宜者，酒獨不宜乎？』余曰：

『酒神之性炎如，而茶神之性溫如。是四宜者，得酒則或馳驟而殺景，得茶始馴伏而增趣。夫酒不能為茶弼士，而茶能為酒功臣久矣。姝邦禍流，天下濡首。天地若覆，日月若昏，清之重奠，滌之重明，唯茶之以。昔人所謂不減策勳凌煙，其斯之謂與？故酒有董，而茶尤不可無董。』自茂卿著此書，而余為序，當露花洗天，推窗而望，茶星益熚熚其明，酒星退舍矣。姑蘇馮時可元成甫撰。

明　董其昌《〈茶董〉題詞》《茶董》　荀子曰：『其為人也多暇，其出入也不遠矣。』陶通明曰：『不為無益之事，何以悅有涯之生？』余謂茗碗之事，足當之。蓋幽人高士，蟬脱勢利，藉以耗壯心而送日月。水源之輕重，辦若淄澠；火候之文武，調若丹鼎。非枕漱之侶不親，非文字之飲不比者也。當今此事，惟許夏茂卿，拈出顧渚、陽羨，肉食者往焉，茂卿亦安能禁？壹似強笑不樂，強顏無歡，茶韻故自勝耳。予夙秉幽尚，入山十年，差可不愧茂卿語。今者驅車入閩，念鳳團龍餅，延津為瀹，豈必土思，如廉頗思用趙？惟是絕交書。所謂心不耐煩而宦事鞅掌者，竟有負茶竈耳，茂卿猶能以同味諒我耶？雲間董其昌。

明　陳繼儒《〈茶董〉小序》《茶董》　范希文云：『萬象森羅中，安知無茶星？』余以茶星名館，每與客茗戰，自謂獨飲得茶神，兩三人得茶趣，七八人乃施茶耳。新泉活火，老坡窺見此中三昧；然雲出磨則屑餅作團矣。黃魯直去芎用鹽，去橘用薑，轉於點茶，全無交涉。今旗鎗標格，天然色香映發。岕為冠，他山輔之，恨蘇、黃不及見。若陸季疵復生，忍作《毀茶論》乎？江陰夏茂卿敘酒，其言甚豪。予笑曰：『觴政不綱，曲爵分愬，詆呵監史，倒置章程，擊斗覆觚，幾於腐脅；何如隱囊紗帽，翛然林澗之間，摘露芽，煮雲腴，一洗百年塵土胃耶？醉鄉網禁疏闊，豪士升堂，酒肉傖父，亦往往擁盾排闥而入，茶則反是。周有《酒誥》；漢三人聚飲，罰金有律；五代東都有麴禁，犯者族，而於茶獨無後言。吾朝九大塞著為令，銖兩茶不得出關，正恐濫觴於胡奴耳。蓋茶有不辱之節如此。熱腸如沸，茶不勝酒；幽韻如雲，酒不勝茶。酒類俠，茶類隱；酒固道廣，茶亦德素。茂卿，茶之董狐也，試以我言平章之孰勝？』茂卿曰：『諾。』於是退而作《茶董》。陳繼儒書於素濤軒。

明　夏樹芳《〈茶董〉序》　夫登高丘望遠海，酒固為吾儕張軍濟勝之資，而月團百片，消磨文字五千。或調鶴聽鶯，散髮臥羲皇，則檜雨松風，一甌春雪，亦所亟賞。故斷崖缺石之上，木秀雲腴，往往於此吸靈芽，漱紅玉，瀹氣滌慮，共作高齋清話。自晉唐而下，紛紛邾莒之會，各立勝場，品列淄澠，判若南董，遂以《茶董》名篇。語曰『窮春秋，演河圖，不如載茗一車』，誠重之矣。如謂此君面目嚴冷，而且以為水厄，且以為乳妖，則請效綦毋先生無作此事。冰蓮道人夏樹芳識。

明　徐𤊹《徐氏家藏書目》卷三《農圃類》　《茶董》二卷。

清　黃虞稷《千頃堂書目》卷九《食貨類》　夏樹芳【略】，《茶董》四卷。

清　萬斯同《明史》卷一三四《藝文志二》　夏樹芳【略】《茶董》四卷。

《續通志》卷一五九《藝文略》　《茶董》二卷，明夏樹芳撰。

《續文獻通考》卷一八一《經籍考》　夏樹芳《茶董》二卷。

清　徐乾學《傳是樓書目・史部・酒茗》　《茶董》二卷，夏樹芳，一本。

清　陸廷燦《續茶經》卷下　《茶董》，夏茂卿。

《四庫全書總目》卷一一六《子部二十六・譜録類存目》　《茶董》二卷，浙江汪啟淑家藏本，明夏樹芳撰。

清　沈初《浙江採集遺書總録庚集・子部・説家類四》　《茶董》二卷，刊本。右明江陰夏樹芳撰。論次茶話。自謂品別淄澠，判若南董，故名。

清　阮元《文選樓藏書記》卷一　《茶董》二卷，明夏樹芳著。松江人。刊本。是書論次茶事，自謂品別淄澠，判若南董，遂以名篇。

清　周中孚《鄭堂讀書記補逸》卷二四《子部・譜録類》　《茶董》二卷，原刊本。明夏樹芳輯。

清　丁申、丁丙《八千卷樓書目》卷一二《子部・譜録類》　《茶董》二卷，明夏樹芳撰，明刊本。

清　繆荃孫《藝風藏書續記》卷八《譜録類》　《茶董》一卷，明刻本，夏樹芳撰。

茶董補

綜述

清 周中孚《鄭堂讀書記補逸》卷二四《子部・譜録類》 是編補夏茂卿《茶董》之遺。上卷凡補敘《嗜尚》十八則，補敘《產植》十則，補敘《製造》八則，補敘《焙瀹》六則。下卷則補敘詩文凡三十八篇，皆註明所出於下，實明人罕見者，而於眉公得之，尤爲難得。其著他書，皆若是編，安得來後世之譏耶？然其間遺漏之處，亦不能免去。

著録

清 周中孚《鄭堂讀書記補逸》卷二四《子部・譜録類》 《茶董補》二卷，原刊本。明陳繼儒輯。

清 丁申、丁丙《八千卷樓書目》卷一二《子部・譜録類》 《茶董補》一卷，明陳繼儒撰，《函海》本。

茗譚

傳記

清 愛新覺羅・玄燁《御製佩文齋書畫譜》卷四四 徐𤊹，字惟起，又字興公，閩縣人。博學工文，善草隸書。萬歷間，與曹能始狎，主閩中詞盟，後進皆稱『興公詩派』。

《明史》卷二八六《鄭善夫傳附》 𤊹字興公，閩縣人，兄熥萬歷間舉人。𤊹以布衣終，博聞多識，善草隸書。積書鼇峰書舍至數萬卷。

《四庫全書總目》卷六二 𤊹初字惟起，更字興公，閩縣人。聚書數萬卷，並手自丹黄，以博洽名一時。竟終於布衣。

著録

明 徐𤊹《茗譚・跋》 穀雨乍晴，柳風初暖，齋居燕坐，澹然寡營。適武夷道士寄新茗至，呼童烹點，而鼓山、方廣、九峰，僧各以所產見餉，乃盡試之。又思眠雲跂石人，了不可得，遂筆之於書，以貽同好。萬曆癸丑暮春，徐𤊹興公書於荔奴軒。

明 徐𤊹《徐氏紅雨樓書目》卷三《農圃類》 《茗談》一卷，徐𤊹。

明 徐𤊹《徐氏家藏書目》卷三《農圃類》 徐𤊹《茗譚》一卷。

清 丁申、丁丙《八千卷樓書目》卷一二《子部・譜録類》 《茶譚》一卷，明徐𤊹撰，《茶書》本。

茶集

傳記

（乾隆）《貴州通志》卷二八《人物》 喻政，銅仁府人，字漳瀾。萬曆乙未進士，自部郎出守福州府。清修自勵，愛民如子，稱治才第一。尋乞養歸里，謙和坦易，鄉人化之。

著録

明 徐𤊹《徐氏家藏書目》卷三《農圃類》 喻政《茶集》二卷。

明 徐𤊹《徐氏紅雨樓書目》卷三《農圃類》 《茶集》二卷，喻政。

清 陸漻《佳趣堂書目》 《茶集》二卷，喻政。

茶書（喻政）

綜述

清 丁丙《善本書室藏書志》卷一八《子部九上·譜録類》 《茶書前集》，明刊本。萬歷癸丑鼓山主人洪州喻政自序。謂與徐興公廣羅古今之精於譚茶，若隸事及之者，合十餘種爲《茶書》。西陵周之夫序曰：喻正之不甚嗜茶，而澹【遠】清眞，雅合茶理。方其在留京爲司馬曹郎，握庫筦鑰，盡以其例羨，付之殺青，所刊正諸史志，辨訂魚豕，列在學宮，人士直將尸而祝之。今來福州，復取古人談茶十七種，合爲《茶書》。正之雖非茶癖，抑誠書淫矣？晉安謝肇淛亦爲序，凡彙刻唐陸羽《茶經》；宋蔡襄《茶録》；宋朱子安《東溪試茶録》；宋熊蕃《北院貢茶録》；宋熊克《北苑別録》；宋黃儒《品茶要録》；明顧元慶《茶譜》；茅一相《茶具圖贊》；陸樹聲《茶寮記》；宋陶穀《荈茗録》；唐張又新《煎茶水記》；明徐獻忠《水品》；唐蘇廙《湯品》；明陳繼儒《茶話》；明屠本畯《茗笈》，又《品藻》；田藝蘅《煮泉小品》；明張源《茶録》；明陳師《茶考》；明屠隆《茶説》；明許次紓《茶疏》；明羅廪《茶解》；明龍膺《茶史》；明徐𤊹《別紀茶譚》；明喻政《茶集》；附唐寅《烹茶圖集》，誠茗事之大觀也。

著録

明 謝肇淛《〈茶書〉序》《小草齋集》卷六 夫世競市朝，則煙霞者賞矣；人耽粱肉，則薇蕨者貴矣。飲食者，君子之所不道也。麴蘗沈心，淳母爽口，古之作者，猶或譜之。矧於茶，其色香風味，既迥出塵俗之表，而消壅釋滯，解煩滌燥之功，恃與芝朮頡頏。故自桑苧翁作《經》以來，高人墨客轉相紹述，互有拓充，至於今日，十有七種。其於栽培、製造之法，煎烹取舍之宜，亦既搜括無漏矣。

蓋嘗論之三代之上，民炊藜而羹藿，七十食肉，口腹之欲未侈，故茶之功用隱而弗章。然《谷風》之婦已歌之矣：『誰謂茶苦，其甘如薺。』而堇茶如飴，周原所以紀膴也。近世鼎食之家，效尤淫靡，庖宰之手，窮極滋味。一切膩炙之珍奇，皆伐腸裂胃之斧斤，若非雲鈎露芽之液，沃其炎熾，而滋其清涼，疾癘夭札踵踵相望矣。故茶之晦於古，著於今，非好事也，勢使然也。吾郡侯喻正之先生，自拔火宅，大暢玄風，得唐子畏烹茶卷，動以自隨。入閩期月，既已勒之石矣。復命徐興公裒鴻漸以下《茶經》、《水品》諸編，合而訂之，命曰《茶書》，問以示余。余歎謂使君一舉而得三善焉。存古決疑，則嵇含狀草木，陸機疏蟲魚之旨也；齊民殖圃，則葛潁記種植，贊寧譜竹筍之意也；遠謝世氛，清供自適，則陳思譜海棠，范成大品梅花之致也。昔蔡端明先生治吾郡，風流文採，千古罕儷，而於茶尤惓惓焉。至製龍團以進天子，言者以為遺恨，不知高賢之用意固深且遠也。九重乙夜，前後左右，惟是醍醐膏薌，誰復以清遠之味相加遺者？且也不猶愈於曲江之獻《荔支賦》乎？正之治行高操，絕出倫表，所好與端明合，而是書之傳世，不勞民，不媚上，又高視古人一等矣。正之笑謂余：『吾與若皆水曹也，夫唯知水者，然後可與辨茶，請與子共之。』余謝不敏，遂次其語，以付梓人。

萬曆壬子元旦晉安謝肇淛書於積芳亭。

明 周之夫《〈茶書〉序》喻政《茶書》 余向讀陸鴻漸《茶經》，而少之以為處士出而茗功章徹，一洗酪奴之誚聲，施榮華至今，誠於此道為鼻祖。顧後來好事之彥，羽翼鼓吹，散在羣書，往往而是，而編緝無聞，統紀未一，使人惜碎金而笥片玉。大觀之，謂何夫千金之裘，非一狐之腋；然不索胡獲，不庀胡紉。我實未嘗謀諸野，而徒詫孟嘗之倖。得於秦宮者以為獨貴，非裘難也，所以成裘者則難矣。喻正之不甚嗜茶，而澹遠清真，雅合茶理。方其在留京為司馬曹郎，握庫筦鑰，盡以其例羨，付之殺青。所刊正諸史志，辨魯魚，訂亥豕，列在學宮，彼都人士，直將尸而祝之。今來福州，復取古人談茶十七種，合為《茶書》。正煙雖非茶僻，抑誠書滛矣。其書以《茶經》為宗，譬則泰山之丈人峯乎？餘若徂徠日觀之屬羅列，不啻兒孫脈絡常貫，而峭菁各成洋洋乎。美哉！暢韻士之幽懷，作詞場之佳話，功不在陸處士之下，更何待言。乃余不佞，則充有私賴焉。余素喜茶，初意入閩，啾剔當俱屬佳品，而事大謬不然，所市皆辛澀穢惡。想嘗草之帝，遇七十二毒，必居一於此，彼一時也；畏濕薪之束，遂無敢詰責。買者二三兄弟，偶致斜封，極稱無害。又自思不受魚，始能常得魚；亦惟是不啟視而璧之以成。吾志早晚啜熟水數合，饔飧則恃粥而行，久之良便無所事。彼建州之後，過友人署中，娓娓羅岕烹點之法。余謂空言不如實事，姑取試之。其僮以武夷應客，余亦亟賞其清香，不知有異。蓋疏絕既久，故易喜易眩如此。乃今閲正之之書，幽絕沉快，芳液輒溢，無煮陽羨，歃中泠之跡，而收其功益，復無所事，彼其利賴一。余不佞，棲遲一官，五年不調，留滯約結之慨，豈繄異人，徼天之幸日，侍正之左右，覺名利之心都盡退，而披其所纂集若此書之言。言玄箸無論其凡，即如『不羨朝拜省』、『不羨夕入臺』之二語，謂非吾人之清涼散不可也，其利賴二。於是正之嬲余以為子之言誠辨，但津津感余不置。竊恐編緝統紀之譽，皆一人之臆戴，非實録也。余亦還對使君謂感誠有之，亦未肯忘。觀昔人云：書值會心讀卻易盡，請使君再廣為搜故事。太守與丞倅，李官名為僚，而實無敢以雁行，進常會一茶而退，鄭重不出聲。即不然，亦聊啟口而嘗之。又不然，漫造端而駢之，而使君質任自然心無適，莫合刻《茶書》，以發舒其澹遠清真之意，遂使不受世網如余者，得以闚見微指作寥曠之談，破矜莊之色，無亦非所宜乎，請使君自今引於繩。使君欣然而笑曰：有是哉。廣搜之，請敢不子從，何謂引繩？不敢聞命。我與二三子游於形骸之外，而子索我於形骸之內，子其猶有蓬之心也。夫余而後知使君之澹遠清真，雅合茶理不虛也。壬子孟春西陵周之夫書於妙香齋中。

明　喻政《茶書·自敘》　余既取唐子畏所寫《烹茶圖》而珉繡之，一時寅彥勝流，紛有賦詠，楮墨為色飛矣。而自念幸為三山長，靈源雲英，往往澆燥脾而迴清夢，蓋與桑苧翁千載神狎也。爰與徐興公廣羅古今之精於譚茶若隸事及之者，合十餘種，為《茶書》。茶之表章無稍掛，而桑苧之經則仍經之，諸翊而綴者，亦猶內典金剛之有論與頌耳。方付殺青，而客有過余者，曰：『茶之尚於世誠鉅，而子獨津津焉。若嵇鍛阮屐杜之傳而王之馳。此猶茶癖耳。至剔幽攬隱，為茗苑中一大摠持，無乃煩乎。』余無以難客，已而曰：『潁箕潔蹈瓢響猶厭其聲，洙泗真樂水飲偏歸於適，明有待之未宜而無礙之合漠也。夫啜茗之於飲水，煩矣；品茗之於去瓢，尤煩矣。余則何辭？抑余於嵇、阮諸君子，竊有畸焉。蓋彼之趣，藉物以怡；而余之腸得此而滌，固非勞吾生為所嗜，後津津而不止者也。然則飲食亦在外歟？子其勿以四人者方幅我。雖然，水而茗之，茗而筆之，庶幾乎能知味者乎？尼山復起，未必不以為知言。而若石隱溪剡之捺，姑舍是。』客又難余：『善《易》者不論《易》。吾猶以竟陵之舌為饒也。矧逸少之毫誠懸不能用，廷珪之墨子昂不能研，而規規於之器、之法、之候、之人，詎直記杜而彈疏越且也，日亦不足矣。』余䫀然曰：『幸哉。客之有以振我也。顧使我以俗韻而巇是編則不甘，夫襄陽之於石也，至廢案牘，且衣冠而旦夕拜，彼誠興味曠寥，風流映帶，然微獨嚴密者所弗善，即疏懶如余，亦不願效之也。若茶寧塊石埒，而余又未至為顛米之癡，有所以處此矣。唐史稱，韋翁在郡時，恆掃地焚香，默坐竟日，故其詩沖閒玄穆，迥出塵表，卒不聞以廢事為病也。是時，竟陵《經》當已著，令韋得讀之，當必不以李御史禮待陸先監，且恐水遞接於惠山之茅童於虎丘耳。』余詩格謝此公而茗緣似勝之，客得無謂福州使君漫驕稺蘇州刺史哉。客乃大噱。余呼童子斢龍腰泉，煮鼓山茶，如法進之。客更爽然。起謝謂：『沐浴茲編，恨晚也。』客退，聊次問答語為《茶書》敘云。萬曆癸丑涂月哉生明鼓山主人洪州喻政譔。

明　祁承㸁《澹生堂藏書目》卷七《子類第三》　《茶書全書》五冊，三十卷。《茶經》三卷，附《陸羽傳》一卷，陸羽。《茶録》一卷，蔡襄。《東溪試茶録》一卷，朱子安。《北苑貢茶録》一卷，熊蕃。《北苑別録》一卷，熊克。《品茶要録》一卷，黃儒。《茶譜》一卷，顧元慶。《茶寮記》一卷，陸樹聲。《茶具圖贊》一卷。《荈茗録》一卷，陶穀。《煎茶水記》一卷，張文新。《水品》一卷，徐（忠）[獻]（獻）[忠]。《湯品》一卷，蘇廙。《茗笈》一卷，附《茗笈品藻》一卷，屠本畯。《煮泉小品》一卷，田藝衡。《茶話》一卷，陳繼儒。《序嶰》一卷，鄭圭。《茶考》一卷，陳師。《茶説》一卷，屠隆。《茶論》一卷，許次紓。《茶解》一卷，羅廩。《蒙史》二卷，龍膺。《茶譚》一卷，徐𤊹。《名賢題咏》二卷。附《烹茶圖集》一卷，喻政。

清　丁丙《善本書室藏書志》卷一八《子部九上·譜録類》　《茶書前集》，明刊本。萬歷癸丑鼓山主人洪州喻政自序。

清　丁申、丁丙《八千卷樓書目》卷一二《子部·譜録類》　《茶書》不分卷，明喻政撰，明刊本。

茶箋

（雍正）《浙江通志》卷二四四《經籍四》 《茶箋》一卷，《續説郛》，四明聞龍撰。

清 陸廷燦《續茶經》卷下 《茶箋》，聞龍。

茶説（黄龍德）

明 胡之衍《〈茶説〉序》黄龍德《茶説》 茶為清賞，其來尚矣。自陸羽著《茶經》，文字遂繁，為譜、為録，以及詩、歌、詠、贊，雲連霞舉，奚啻五車。眉山氏有言：『窮一物之理，則可盡南山之竹。』其斯之謂歟。黄子驤溟著《茶説》十章，論國朝茶政；程幼輿搜補逸典，以艷其傳。鬥雅試奇，各臻其選，文葩句麗，秀如春煙，讀之神爽，儼若吸風露而羽化清涼矣。書成，屬予忝訂，付之剞劂。夫鴻漸之《經》也以唐，道輔之《品》也以宋，驤溟之《説》、幼輿之《補》也以明。三代異治，茶政亦差，譬寅丑殊建，烏得無文。噫！君子之立言也，寓事而論其理，後人法之，是謂不朽，豈可以一物而小之哉！歲乙卯天都逸叟胡之衍題於棲霞之試茶亭。

明 黄龍德《茶説・總論》 茶事之興，始於唐而盛於宋。讀陸羽《茶經》及黄儒《品茶要録》，其中時代遞遷，製各有異。唐則熟碾細羅，宋為龍團金餅，鬥巧炫華，窮其製而求耀於世，茶性之真，不無為之穿鑿矣。若夫明興，騷人詞客，賢士大夫，莫不以此相為玄賞。至於曰採造，曰烹點，較之唐宋，大相徑庭。彼以繁難勝，此以簡易勝；昔以蒸碾為工，今以炒製為工。然其色之鮮白，味之雋永，無假於穿鑿，是其製不法唐宋之法，而法更精奇，有古人思慮所不到。而今始精備茶事，至此即陸羽復起，視其巧製，啜其清英，未有不爽然為之舞蹈者。故述國朝《茶説》十章，以補宋黄儒《茶録》之後。

明 徐𤊹《徐氏家藏書目》卷三《農圃類》 黄龍德《茶説》一卷。

明 徐𤊹《徐氏紅雨樓藏書》卷三《農圃類》 《茶説》一卷，黄龍德。

品茶要録補

明 程百二《〈品茶要録補〉引》《程氏業刻・品茶要録補》 是録為宋黄道輔所輯，澹園焦夫子已鑑定之，又何庸於補也。邇者目董玄宰、陳眉公讚夏茂卿為茶之董狐，不揣撮諸致之勝者，以公亟賞，如兀坐高齋，遊心羲皇。時披閲之，不惟清風生兩腋，端可洗盡塵土腸胃矣。鄣郡程百二幼輿氏識。

明 徐𤊹《徐氏紅雨樓書目》卷三《農圃類》 《品茶要録補》一卷，程百二。

明 徐𤊹《徐氏家藏書目》卷三《農圃類》 《品茶要録補》一卷，程百二。

清 黄虞稷《千頃堂書目》卷九《食貨類》 程伯二《品茶要録補》一卷。

清 萬斯同《明史》卷一三四《藝文志二》 程伯二《品茶要録補》一卷。

清 曹寅《楝亭書目》卷三《子集》 《品茶要録補》，明鄣郡程百二輯，一卷。附陸樹聲《茶寮記》一卷，一冊。

茗史

綜述

明 萬邦寧《茗史・小引》 鬚頭陀邦寧，諦觀陸季疵《茶經》、蔡君謨《茶譜》，而採擇收製之法，品泉嗜水之方咸備矣。後之高人韻士相繼而説茗者，更加詳焉，蘇子瞻云『從來佳茗似佳人』，言其媚也。程宣子云

『香咿雪尺，秀起雷車』，美其清也。蘇廙著《十六湯》，造其玄也。然媚不如清，清不如玄，而茗之旨，亦大矣哉。黃庭堅云『不慣腐儒湯餅腸』，則又不可與學究語也。余癖嗜茗，嘗艤舟接它泉，或抱甕貯梅水。二三朋儕，羽客緇流，剝擊竹戶，聚話無生，余必躬治茗碗，以佐幽韻，固有『烟起茶鐺我自炊』之句。時辛酉春，積雨凝寒，偃然無事，偶讀架上殘編一二品，凡及茗事而有奇致者，輒採焉，題曰《茗史》，以紀異也。此亦一種閒情，固成一種閒書。若令世間忙人見之，必攢眉俯首，擲地而去矣。誰知清涼散，止點得熱腸漢子；醍醐汁，止灌得有緣頂門，豈能盡怕河衆而皆度耶？但願蔡、陸兩先生千載有知，起而曰：『此子能閒，此子知茗。』或授我以博士錢三十文，未可知也。復願世間好心人，共證《茗史》，并下三十棒喝，使鬚頭陀無愧。天啟元年閏二月望日，萬邦寧惟咸撰。

明 圓後《〈茗史〉小引》萬邦寧《茗史》卷首 惟咸著《茗史》，羽翼陸《經》，鼓吹蔡《譜》，發揚幽韻，流播異聞，可謂善得水交茗戰之趣矣。浸假而鴻漸再來，必稱千古知己；君謨重遘，詎非一代陽秋乎？點茶僧圓後識。

明 董大晟《〈茗史〉小引》萬邦寧《茗史》卷首 惟咸有茗好，纔涉荈蔎嘉話，輒裒綴成編。腹中無塵，吻中有味，腕中能採，遂足情致。置一部几上，取佐清談，不待乳浮鐺沸，已兩腋習習生風，何復須縹醪酒水晶鹽。崙海董大晟題。

明 李德述《〈茗史〉小引》萬邦寧《茗史》卷首 茗，仙品也，品品者亦自有品。固雲林市朝，品殊不齊，釀鮮清苦，品品政自有別。惟咸鍾傲煙蘿，寄情篇什，饒度世輕，舉志深知茗理，精於點瀹，世外品也。爰製《茗史》，摭其奇而抉其奧，用為枕石漱流者助。余謂即等鴻漸之《經》、君謨之《譜》，奚其軒輊。社弟李德述評。

明 全天駿《〈茗史〉小引》萬邦寧《茗史》卷首 《茗史》之作，千古餘清，不第為鴻漸功臣已也。且韻語正不在多，可無求備，佳敘閒情，逸韻飄然雲霞間，想使史中諸公讀一過，沁發茶腸，當不第七甌而止。全天駿。

明 蔡起白《〈茗史〉小引》萬邦寧《茗史》卷首 茗品代不乏人，茗書家自有製。吾友惟咸，既文既博，亦玄亦史，常令茶煙繞竹，龍團泛甌，一啜清談，以助玄賞，深得茗中三昧者也。因彙古之諸茗家，或精或幻，或癖或奇，彙成一編。俾風人韻士，了然寓目，不逮於今懼濫觴也。君其泠泠仙骨，翩翩俊雅，非品之高，烏為書之潔也哉。屠豳叟著《茗笈》，更不可無《茗史》。披閱並陳，允矣雙璧。友弟蔡起白。

明 李木同、封若甫《〈茗史〉小引》萬邦寧《茗史》卷首 夫史以紀載實事，補綴缺遺。茗何以有史也？蓋惟咸嗜好幽潔，尤愛煮茗，故彙集茗話，靡事不載，靡缺不補，實寫自己沖襟，表前人逸韻耳。名之曰史有以哉。昔仙人掌茶一事，述自青蓮居士，發自中孚衲子，以故得傳，今惟咸著史於茲鼎足矣。社弟李桐、封若甫。

《四庫全書總目》卷一一六《子部二六·譜録類存目》 是書不載焙造煎試諸法，惟雜採古今茗事，多從類書撮録而成，未爲博奧。

傳記

《四庫全書總目》卷一一六《子部二六·譜録類存目》 邦寧，奉節人，天啟壬戌進士。

著録

明 徐𤊹《徐氏紅雨樓書目》卷三《農圃類》 《茗史》二卷，萬邦寧。

明 徐𤊹《徐氏家藏書目》卷三《農圃類》 萬邦寧《茗史》二卷。

清 黃虞稷《千頃堂書目》卷九《食貨類》 萬邦寧《茗史》二卷。

清 萬斯同《明史》卷一三四《藝文志二》 萬邦寧《茗史》二卷。

《續通志》卷一五九《藝文略》 《茗史》二卷，明萬邦寧撰。

《續文獻通考》卷一八一《經籍考》 萬邦寧《茗史》二卷。邦寧，奉節人，天啟進士。

《四庫全書總目》卷一一六《子部二六·譜録類存目》 《茗史》二卷，江蘇巡撫採進本。明萬邦寧撰。

雜録

明　萬邦寧《茗史・贅言》　須頭陀曰：展卷須明窗淨几，心神怡曠，與史中名士宛然相對，勿生怠我慢心，則清趣自饒。得趣

代枕、挾刺、覆瓿、粘窗、指痕、汗跡、墨瘢，最是惡趣。昔司馬温公讀書獨樂園中，翻閱未竟，雖有急務，必待卷束整齊，然後得起，其愛護如此。千函萬軸，至老皆新，若未觸手者。愛護

聞前人平生有三願，以讀盡世間好書為第二願。然此固不敢以好書自居，而游藝之暇，亦可以當鼓吹。靜對

朱紫陽云：漢吴恢欲殺青以寫漢書，晁以道欲得《公穀傳》，遍求無之。後獲一本，方得寫傳。余竊慕之，不敢秘焉。廣傳

奇正幻癖，凡可省目者悉載。鮮韻致者，亦不盡録。削蔓

客有問於余曰：『云何不入詩詞？』恐傷濫也。客又問：『云何不紀點淪？』『懼難盡也。』客曰：『然。』客辯

獨坐竹窗，寒如剥膚。眠食之餘，偶於架上殘編寸楮信手拈來，觸目輒書，因記代無次。隨喜

印必精簾，裝必嚴麗。精嚴

文人韵士，泛賞登眺，必具清供，願以是編共作藥籠之備。資遊

贅言凡九品，題於竹林書屋。甬上萬邦寧惟咸氏。

茶約

《四庫全書總目》卷一一六《子部二六・譜録類存目》　是書成於萬歷己未。略倣陸羽《茶經》之例，分種法、審候、採擷、就製、收貯、擇水、候湯、器具、釃飲九則，後又附《茶九難》一則。

《四庫全書總目》卷一一六《子部二六・譜録類存目》　彬然，字文長，一字寧野，蘄州人。

《續通志》卷一五九《藝文略》　《茶約》一卷，明何彬然撰。

《續文獻通考》卷一八一《經籍考》　何彬然《茶約》一卷。

《四庫全書總目》卷一一六《子部二六・譜録類存目》　《茶約》一卷，兩淮鹽政採進本。明何彬然撰。

岕茶箋

傳記

（雍正）《浙江通志》卷一五一《名宦》　馮可賓，《長興縣志》：字禎卿，山東益州人。天啓壬戌進士，授湖州推官。甲子元旦，盜殺長興知縣。愚民妄疑有屠勦之舉，奔竄出境。時無正官，攝事者寡識，閉城自守，民益驚恐。可賓奉檄安撫，傳諭六門洞開，聽民出入。書榜安輯，蒞縣捕治兇徒，擒獲畧盡，一無株連，招徠流亡。旬日間，熙攘如故。

著録

清　楊復吉《〈岕茶箋〉跋》《岕茶箋》　右《岕茶箋》十一條，雖篇幅無多，而言皆居要。冒巢民《岕茶匯鈔》蓋大半取材於此也。作者為前明天啟壬戌進士，曾任湖郡司理。善畫竹石，嘗刊《廣百川學海》行世，入國朝尚無恙云。乙亥仲秋，震澤楊復吉識。

清　黄虞稷《千頃堂書目》卷九《食貨類》　馮可賔《岕茶箋》一卷。

清　萬斯同《明史》卷一三四《藝文志二》　馮可賔《岕茶箋》一卷。

清　陸廷燦《續茶經》卷下　《岕茶牋》，馮可賔。

清　丁申、丁丙《八千卷樓書目》卷一二《子部・譜録類》　《岕茶箋》一卷，明馮可賓撰。《廣百川》本。《昭代叢書》本。

清　丁日昌《持靜齋書目》卷五　《岕茶箋》，明馮可璸撰。

洞山岕茶系

（光緒）《江陰縣志》卷一六《忠義傳》　周高起，字伯高，博聞强識，工古文辭。早歲餼於庠，與徐遵湯同脩縣志。居由里山，遊兵突至，被執索貲，怒詈，不屈，死。著有《讀書志》。

清　盛宣懷《〈洞山岕茶系〉跋》《洞山岕茶系》　右《陽羨茗壺系》一卷，周高起撰。高起字伯高，江陰人，明諸生，□大兵至不屈，死。《江陰志》稱其博聞強識，工古文詞，著有《讀書志》，今《讀書志》不可見。此《茗壺系》一卷，於粤人叢刻中搜得。考證翔實，敘述爾雅，遂為名泉瑞草，增重藝林。海寧吴兔牀明經著《陽羨名陶録》，全數録入。可見，此系之不苟作。《名陶録》又收伯高《過吴迪美朱萼堂看壺歌》，云：『新夏新晴新綠煥，茶室初開花信亂。羇愁其語賴吴郎，曲巷通人每相喚。伊余眞氣合寄懷，閒中古今資評斷。荊南土俗雅尚陶，茗壺奔走天下半。吴郎鑒器有淵心，曾聽壺工能事判。源流裁别字字矜，收貯將同彝鼎玩。再三請出豁雙眸，今朝乃許花前看。高盤奉列朱萼堂，匣未開時先置贊。卷袖摩挲笑向人，次第標題陳几案。每壺署以古茶星，科使前賢參靜觀。指搖蓋作金石聲，款識稱堪法書按。某為壺祖某雲礽，形製敦龎古光燦。長橋隱肆紛新奇，心眼欷歔多暗換。寂寞無言意其深，人知俗手眞風散。始信黄金瓦價高，作者展也天工竄。技道曾何彼此分，空堂日晚滋三歎。』又《供春大彬諸名壺價高不易辦予但别其眞而旁蒐殘缺於好事家用自怡説詩以解嘲》云：『陽羨名壺集，周郎不棄瑕。尚陶延古意，排悶仰眞茶。燕市曾酬駿，齊師亦載車。也知無用用，攜封欲殘花。』二詩亦可誦，後附《岕茶系》二葉，今仍之。光緒丁酉穀雨，武進盛宣懷跋。

清　曹寅《楝亭書目》卷三《子集》　《壺名二系》，明江陰周高起序著二卷。

清　陸廷燦《續茶經》卷下　《峒山茶系》，周高起伯高。

清　周中孚《鄭堂讀書記補逸》卷二四《子部·譜録類》　《陽羨茗壺系》一卷，附《洞山岕茶系》一卷，知不足齋鮑氏藏舊鈔本。國朝周高起撰高起，字伯高，江陰人。陽羨茗壺之製，著於明代。工是器者，名賴以傳。伯高因爲是編，以記製壺名手。凡分創始、正始、大家、名家、雅流、神品、别派七門，末爲《雜論》十六則，并附以詩歌四篇。其敘述頗爲簡潔。陽羨本出佳茗，故陶壺之爲物，伯高自序謂：『不特取其製，且以本山土砂，能發真茶之色香味也。因復撰《洞山岕茶系》，以記其所出之茶。今以二書本相附著，故不復析志。《檀几叢書》以收入之。』

清　丁申、丁丙《八千卷樓書目》卷一二《子部·譜録類》　《洞山岕茶系》一卷，明周高起撰。粟香室本。舊抄本。《常州先哲遺書》本。

清　丁丙《善本書室藏書志》卷一八《子部九上·譜録類》　《陽羨茗壺系》一卷，《洞山岕茶品》一卷，盧抱經精鈔本，江陰周高起伯高著。前有小引云：壺於茶具，用處一耳。而瑞草名泉，性情攸寄，實仙子之洞天福地，梵王之香海蓮邦，審厥尚焉。非曰好事已也。故茶至明代，不復碾屑和香，藥製團餅，此已遠過古人。近百年中，壺黜銀錫及閩豫甆，而尚宜興陶，又近人遠過前人處也。陶曷取諸，取諸其製，以本山土砂爲之，能發茶之眞色香味。不但杜工部云『倾银注玉惊人眼』，高流务以免俗也。至名手所作，一壶重不踰数两，而价重每一二十金，能使土与黄金争价。世日趋华，抑足慨矣。因考陶工、陶土而为之系。一创始；二正始；三大家；四名家；五雅流；六神品；七别派；附诗四篇。《洞山岕茶品》，凡四品，又不入品，又贡茶，并自序。均为抱经堂钞本，末有卢学士朱笔纪云：蜀山曾一至，入夜望四山，皆火光也。製者多而佳者少矣。甲午十一月四日磯漁書。

《清史稿》卷一四七《藝文志三》　《洞山岕茶系》一卷。周高起撰。

茶事彙輯（茶藪）

傳記

（乾隆）《江南通志》卷一六五《人物志》　盛時泰，字仲交，江寧人。歲貢生。才氣横溢，舐筆伸紙，滚滚不休。嘗擕所著《兩都賦》謁王世貞，和其《擬古七十章》，三日而就，世貞為氣奪。

又 卷一六六《人物志》 朱曰藩，字子价，應登子。嘉靖甲辰進士。歷南京兵、刑二部，知九江府，有惠政。卒於官。曰藩詞翰播海内，風華掩映，輕俊自賞，不以剽割為能。著《山帶閣集》。子爾之，世其家學，著《理學纂要》。孫克簡，為名御史。

（雍正）《浙江通志》卷一五一《名宦六》 朱曰藩，《崇禎烏程縣志》：字子价，寶應人。嘉靖甲辰進士。知烏程縣，政尚簡靜，久之，公廨前酒肆一空。至編審里役，謂小民十年興廢所關，日夜留心，人呼真父母，歷九江太守。

紀事

明 盛時泰《茶藪・後記》 往歲與吴客在蒼潤軒燒枯蘭煎茶，各賦一詩。時廣陵朱子价為主客，次日過官舍，道及子价，笑曰：『事雖戲題，卻甚新也，須直得一詠。』乃出金山瀾公所寄中泠泉，煮之燈下，酌酒載為賦壁上蘭影。一時羣公並傳，以為奇異，云：『比年讀書大城山，山遠近多名泉，如祈澤寺龍池水，上莊宮氏方池水，雲居寺澗中水，凌霄寺祠橋下水及雲穴山流水，龍泉菴石窟水，皆遠勝城市諸名泉。』而予山顛有泉一小泓，曾甃亂石，名以雲瑤。故道藏經中古仙芝之名，自為作記。然以少僻，不時取。獨戊辰年試燈日，同客攜爐一至其下，時磐石上老梅盛開，相與醉卧竟日夕。今年春來讀書，邵生仲高從之游。予與仲高父子修甫有世契，喜仲高俊逸穎敏，因時為講解。暇時，仲高焚香煎茶啜予，予為道曩昔事因次十題，將各賦一詩以紀之。未能也。今日仲高再為敲石火、拾山荊，予從旁觀之，引筆伸紙，次第其事。茶熟而詩成，遂録為一帙，以祈同調者和之。庶知空山中一段閒興，不甚寂寞云爾。盛時泰記。

著録

明 金光初《〈茶藪〉跋》《茶藪》 往仲交詩成，持示予。予心賞之，且謂之曰：『余將過子山中，恐以我非茶賓也。』既而東還，不果往，今年有僧自白下來謁余，曰仲交死山中矣。余驚悼久之，因念大城山故仲交詠茶處，復取讀之，並附數語，以見存亡身世之感云。戊寅冬金光初識。

明 陸典《〈茶藪〉跋》《茶藪》 定所朱君雅嗜茶，嘗裒古今詩文涉茶事者為一編，命曰《茶藪》。暇日出示予，且囑余曰：『世有同好者間有作，為我訪之，來當續入之。』久未遑也，昨集玄予齋中，偶談及之。玄予欣然出盛仲交舊詠茶事六言詩十章並記授予，令貽朱君。因追憶曩時與仲交有山中敲火烹茶之約，今仲交已去人間，為之悲愴不勝。玄予因識感於詩後，予亦並記詩之所由來者，以掛名其上云爾。平原陸典識。

明 徐𤊹《徐氏家藏書目》卷三《農圃類》 《茶事彙輯》四卷，抄本。一名《茶藪》。朱子价、盛仲交較。

明 徐𤊹《徐氏紅雨樓書目》卷三《農圃類》 《茶事類輯》四卷，鈔本。又名《茶藪》。朱子价、盛仲交較。

清 黄虞稷《千頃堂書目》卷九《食貨類》 朱曰藩、盛時泰《茶事彙輯》四卷，一名《茶藪》。

清 萬斯同《明史》卷一三四《藝文志二》 朱曰藩、盛時泰《茶事彙輯》四卷，一名《茶藪》。

茶苑

明 張楫琴《〈茶苑〉序》《茶苑》 張子曰：『凡物之英華卓絶者，必秉至清之質。在天為湛露，在地為醴泉；在人倫為賢哲，在草木為茗荈，皆感造化沖和清粹之氣孕毓而成。故露之能濡，泉之能潤，賢哲之能掄才康濟，茗荈之能蠲渴除煩，是皆有功於造物，非徒生者也。』客曰：『不然。草木之類，動以萬計，毛舉實繁。昔人云：「適口者，莫過於芻豢；果腹者，莫過於稻粱。」今黄子墮口腹而事純瀡，廢甘肥而趨雋永，獨譜茗荈，何哉？』張子曰：『否。夫黄子者，目窮萬卷，氣概千秋，其品流才調，誠可用世匡時。惜其棲遲不偶，落拓善愁，故其胸次牢騷，心懷塊壘，但以飲量不勝蕉葉，日借茗汁澆之。吾知其非所深嗜也；不爾，則干霄壯氣何以消？而《茶苑》之輯，有自來矣。昔者洛花以永叔譜之而傳，建茗以君謨録之而著。二公皆宋高士，勳名碩望，俱足儀型百代，猶復假柔翰以寓閒情，士林傳為佳事。而黃子《茶苑》，亦何不可追蹤先哲耶？」黃子聞之，囅然笑曰：『有是哉！皆非所知也。吾少也賤，病而廢業，抱皇甫之書，滛嬰、相如之消渴。及壯，復耽茗事，名品必搜，左泉右竈，惟日不足。鄉閭誚為漏卮，親朋畏其水厄，尚漫徵求探討，篤嗜不休。及今年逾中境，衰疾日增，襟懷牢落，棲托鮮歡，每聞泉響爐鳴，輒躍躍自喜。又以痂癩作楚，甌蟻懼沾，欲罷未能，徒增抑鬱。偶讀陸子《茶經》，有會於心者，恨其未備，亟取篋中羣籍，輯録一通，聊以寄志。昔呂行甫嗜茶，老而病不飲，烹而把玩。余之譜茶，亦此意也，何敢與歐、蔡較優劣哉！』張子曰：『雖然吾子之志余知之矣，吾子具清流之望，有湛露之濡，醴泉之潤，康濟之用，蠲渴之才，不妨尚友古人，與玉川、桑苧諸公共挹清芬也。凡讀斯編者，宜以薌香薰袂薇露澣手，然後開帙，庶幾不穢斯編耳。』時弘治二年新秋邗江年友弟張楫琴題於蘭陵舟次。

清 繆荃孫《藝風藏書記》卷八《藝術第九》 《茶苑》二十卷，明毘陵黃履道輯，舊抄本。諸家書目未見著録。《武陽志》亦無其人。此書搜採淹博，鈔寫古雅，疑是槀本。前有弘治二年張楫序，收藏有華亭朱氏白文方印，謙牧堂藏書記白文，後有嗛牧堂書畫記朱文兩方印。

別本茶經

綜述

《四庫全書總目》卷一一六 玉茗堂主人，湯顯祖之別號也。顯祖有《五侯鯖》、《字海》已著録。是編取陸羽之書合爲一卷，後附《水辨》、《外集》各一卷，然編次無法，疏舛頗多。如皇甫冉送陸鴻漸山人採茶詩，訛爲皇甫曾。歐陽修《大明水》、《浮槎山水》二記，列東坡《志林》之後，雀舌下材一條出沈括《夢溪筆談》，題下失註書名，連於唐張又新《煎茶水記》之後，遂似又新之作。皮日休《〈茶中雜詠〉序》刪詩存序，以冠篇首，改名《〈茶經〉序》。《陸羽傳》刪去《唐書》舊贊，別加童史氏承敘贊語。冗雜顛倒，毫無體例，顯祖似不至此，殆庸劣坊賈托名歟。

著録

《續通志》卷一五九《藝文略》 《別本茶經》三卷，明湯顯祖撰。

《四庫全書總目》卷一一六 《別本茶經》三卷，浙江鮑士恭家藏本，舊本題曰玉茗堂主人閱。

茗林

明 徐𤊹《徐氏紅雨樓書目》卷三《農圃類》 《茗林》一卷，陳克勤。

明 徐𤊹《徐氏家藏書目》卷三《農圃類》 陳克勤《茗林》一卷。

清 黃虞稷《千頃堂書目》卷九《食貨類》 陳克勤《茗林》一卷。

《明史》卷一三四《藝文志二》 陳克勤《茗林》一卷。

茶筴

明 徐𤊹《徐氏紅雨樓書目》卷三《農圃類》 《茶莢》一卷，郭三辰。

明 徐𤊹《徐氏家藏書目》卷三《農圃類》 郭三辰《茶筴》一卷。

虎丘茶經注補

明 陳鑒《虎丘茶經注補》（《怡情四書·茶經》附） 陳子曰，陸桑苧翁《茶經》漏虎丘，竊有疑焉。陸嘗隱虎丘者也，井焉、泉焉、品水焉，茶何漏？曰：『非漏也，虎丘茶自在《經》中，無人拈出耳。』予乙未遷居虎丘，因注之、補之；其於《茶經》無以別也，仍以注、補別之，而《經》之十品備焉矣。桑苧翁而在，當啞然一笑。

明 陳鑒《〈補陸羽採茶詩〉並序》《怡情四書·茶經》附 陸羽有泉井，在虎丘，其旁產茶。地僅畝許，而品冠乎羅岕、松蘿之上。暇日游觀，憶羽當日必有茶詩，今無傳焉。因為補作云：『物奇必有偶，泉茗一齊生。蟹眼聞煎水，雀芽見鬥萌。石梁苔齒滑，竹院月魂清。後爾風流盡，松濤夜夜聲。』

茶史（劉源長）

綜述

清 張廷玉《〈茶史〉序》 世稱茶之名，起於晉宋以後，而《神農食經》、周公、《爾雅》已先及之。蓋自貢之尚方，下逮眠雲臥石之夫胥，得為茗飲。至若鴻漸、伯熊之品味，玉川子、江湖【散】人之嗜好，紀於傳策者，今古數人而已。而山陽劉介祉先生，博洽羣書，因取《茶經》以後凡詩、賦、論、記及於此者，累為一帙，名曰《茶史》。嗣君大參年伯，每與先大夫論及是書，津津不去口。

康熙乙酉聖祖南巡，大參公曾以是書進御。扈從諸臣，咸購得之，一時紙貴。三十年來，鐫本亦稍蝕。予嘗披覽竟卷，見其搜採精核，覺有至味，浸淫心口間。又聞先生性至孝，弱冠侍親官粵西，及扶櫬歸，山途遇虎，眾駭散，先生伏櫬不去，虎曳尾過。涉洞庭，風作覆舟，先生抱櫬疾呼，風竟息。精行修德，耄而好學，七為鄉大賓；沒崇祀鄉賢。余讀其書，未嘗不想見其為人。蘇文忠公有言：『君子可以寓意於物，而不可以留意於物。』秋於奕，伯倫於酒，嵇康於鍛，阮孚於蠟屐，以及杜征南之癖左，蔡中郎之秘《論衡》，亦各適其意之所寄而已。先生矻矻孜孜，丹鉛不輟，豈於雀舌龍團、香泉碧乳獨有偏嗜？蓋其澡滌心性，和神養氣，一食飲不敢忘親，即是編可以窺尋其微意，以視瑯琊漏巵，蒼頭水厄，曾何足云。書不盈寸，得邀聖祖鑒賞，固臣子之榮耀，而孝思所積，感格天人，益信而有徵矣。今年秋，先生之曾孫乃大，重校是書，修整裝潢，請序於余，余特表其行，以諗世之讀是書者。乃大年少多才，有志繩武，將合前人述作，先後盡付諸梓，且勉於文行，不失其世守，是則余之所望也已。時雍正六年秋七月，桐城張廷玉拜撰。

清 李仙根《〈茶史〉原序》 古文無茶字，《本草》作荼，蓋藥品，非日用之物。自晉唐間有嗜之者，因損文為『茶』，而其用始顯，其種藝遂遍江漢以南。或過頌其德，或深訐其弊，皆非通論。一切物類，精粗不同，要皆利害參半，顧用者何如耳。然古之茶，以製兑堅細為貴，今則以自然元味為佳，是茶之用，又至今日而後為盡致也？吾觀生民之務，莫切於飽煖，乃或終歲不得製衣，併日不得一食，安計不急之茶？至於奔名趨利，淫湎紛華者，雖有名品，不暇啜也。桓譚有云：『天下神人，一曰仙，二曰隱。』吾以為具此二德，而後可以錫茶之福，策茶之勳。

介翁先生，淮右學古君子也，讀書好間靜，年益高，著述益富，有茶嗜，因緝為《茶史》。以其史也，必有因據，雖有私見異聞，不敢溷也。其實茶之事日新，山嶽井泉，氣有變易，先生姑不盡言，以俟圓機之自會耳。若夫茶馬之司起於宋，行於今日，更關國計。然考宋，一蜀隴之間，每歲息人，過今日遠甚，豈晰利者之過歟？抑別有其故歟？今史不載，非遺也。

先生間靜人，希乎仙而全乎隱者也，故亦置而不言。時康熙丁巳仲秋，蜀遂制通家侍生李仙根拜題。

清 陸求可《〈茶史〉序》 予嘗從事茗政，品題有各著述家，其著為《茶經》，言茶之原、之法、之具，始唯吾家鴻漸。鴻漸之前，未有聞也。至於今人，人能知《茶經》，能言茶之原、之法、之具矣。考諸傳紀，鴻漸之生固奇，問諸水濱，既不可得，乃自得之於筮。稱竟陵子，又號桑苧翁，嘗行曠野，誦詩擊木，徘徊不得意，則慟哭而返，繇今思之，豈徒聽松風，候蟹眼，捧定州花瓷以終老者？夫固有宇宙莫容、流俗難伍之意，攄洩無從，姑借是以消磨壘塊，迨夫冥然會心，發為著述，又能窮其旨趣，擷其芳香，是以後之人爭傳之為《茶經》。然則今之人，有所述作，豈皆有所不得志於時，而為是寄託哉！茶之為飲，最宜精行修德之人。白石清泉，神融心醉，有深味而奇賞焉。前輩劉介祉先生，少壯砥行，晚多著述，一經傳世，長君六皆早翱翔於天祿石渠間，家庭頤養，其瀟灑出塵之致，不必規模鴻漸，而往往發鴻漸之所未有。嗜茶之暇，因《茶經》而廣之為《茶史》。世嘗言古今人不相及，若先生者，豈多讓耶。有鴻漸之為人，而《茶經》傳；有介祉先生之為人，而《茶史》著。鴻漸與先生，其先後同符也。披其卷，謬加訂次，輒兩腋風生，使子復見鴻漸之流風。因長君六皆刻其集，俾予分為之序，而先生有功性命之書，不止此也。六皆著言，滿天下人士之被其容，論者如祥麟威鳳，其有得千家學之傳，匪朝伊夕也夫。時康熙乙卯夏月年家姻晚生陸求可咸一父頓首拜撰。

清 劉謙吉《〈茶史〉後序》 史內所載，茶宜精行修德之人，非謂精行修德之人始茶，而精行修德之人，領略有不同，寄興略別也。先君子過四十，即無心仕進；至耄，惟日把一編，各家書史無不覽。倦則熟眠一覺，起呼童子，問苦節君濾水，視候烹點，啜兩三甌，習習清風。又讀書，日如是者再。嘗曰：『人一日不了過，吾過兩日也。』間仿行白香山社事，必攜茶具，諸老父議論風生，先君子則左持冊，右執素瓷，下一榻，且臥且聽之。又嘗謂黃卷、黑甜、清泉是吾三癖。貯水甓滿屋，客有知味者，不憚躬親，煙隱隱從竹外來，輒誦『紗帽籠頭自煎吃』之句。是編也，亦言其大凡而已。山水卉木，時有變化，而臧否因之，即耳目有未逮，寧闕勿疑，此史之所由名也。嗟乎！天下之靈木瑞草、名泉大川，幸而為篤學好古者所賞識；而不幸以堙沒不傳者，又何可勝道哉！不孝世務漸靡，憂從中來，每得先君子一杯茶，則神融氣平，如坐松風竹月之下，亦可以見先君子之蠲煩滌慮，別有得於性情也。手抄廿一史，略古今要言，箋釋《華嚴》、《金剛》各經，每種約尺許，《茶史》特其片臠耳。讀父之書，而手澤存焉，唏噓不能竟篇。偶取其斷簡殘紙，亦皆有關於風化性命之言，又以是知先正之學問不苟如此。同年陸君咸一，每過從論茗政，遂寧夫子，亦稍稍益以所見，因先謀殺青，其他書次第梓行，庶幾使觀覽者想見先君子之為人焉。男謙吉識。

清 劉乃大《〈茶史〉跋》 《茶史》上下二卷，先曾王父介祉先生手輯。先生弱冠時，萬里省親，懷集歸行深山叢箐中，涉洞庭之險，遭虎豹風濤，感以誠孝，皆不為害，故至今人稱為孝子。先生生平篤嗜茗飲，水火烹瀹諸法，評品不遺餘力。更搜討古今茶案，凡一語一事，必掌録之。久乃成帙，遂輯為《史》。朝夕校訂，愈老不輟。先王父刻之家塾，歲久殘蝕，藏者絶少。乃大近南遊黔粵，所過山川林麓，皆先生隻身親歷處。扣之鄉三老，猶有能道及往事者。因出行笈中《茶史》。讀之，覺先生性情嗜好，儼嶽嶽於蒼梧嶺海間。歸理先澤，深懼泯滅，因急修補校刻，俾成完書，以無忘吾先人之美。曾孫乃大敬跋。

日 梅厓居士《〈茶史〉序》 亡友三水世肅素有茶癖，居常好讀劉介祉《茶史》，服其精核。以其同好故，贈所藏之善本於尾裴內田蘭渚，且令翻刻焉。享和壬戌之春，余助祭千長鳴泮宮，歸途訪蘭渚偶，《茶史》刻成矣。目而出其刻本，以視余，請就世肅副本而校之，且命序。余即一諾，攜而歸。此時世肅已沒，墓未有宿草，因逡巡不果，余亦罹疾，遂到於今日。比者，得小閒，於是自就世肅家手校以返，柳茶事之傳與功諸序已艷稱，故不復贅焉。噫！如世肅、蘭渚雅好，固不減劉子，不然何以鄭重翻刻於萬里外而傳之也哉。但寸卷而蒙聖天子之眷遇，斯其異於彼者耶然。然時有遇不遇，亦不可謂必無也，故余拭目以待之。

享和癸亥之春梅厓居士時賜題於浪華清夢軒。

《四庫全書總目》卷一一六《子部二六·譜録類存目》 是編上卷記茶品，下卷記飲茶，共分子目三十，冗碎殊甚。卷端題名，自稱曰八十翁。蓋暮年頤養，姑以寄意而已，不足以言著書也。

傳記

清 毛西齡《西河集》卷九四《敕封文林郎內閣中書舍人劉先生墓志銘》 曩渡淮時，謁劉先生，會先生著《茶史》成。甫就坐，即詢茶鐺之製，且以未見皮襲美所記，太原溫從雲、武威段碣之所補茶事十數節為問。時先生方七十，手輯書千卷，塡一橱，務極根柢。其於經、史、子、集外，復註《首楞嚴經》、《參同契》以及飲食、服飾諸瑣瑣書，《茶史》其一也。是歲解舉人，京師先生之家君六皆以第，三人中禮部試。四方來賀者滿庭下。予於是時，隨衆中賀先生。去越十年，六皆以參軍領從征尺籍，隨撫遠圖大將軍入安西櫟涇原叛帥。既已奏捷，從涼州還，值先生病痺，六皆方草奏，間聞耗，急馳騎歸省，軍諮促奏者踵至。先生笑曰：『吾兒能破賊，吾何憾矣？』遂易簀。時四方會弔，合數千人。予方走巴山，即欲致生芻而未能也。又十年，六皆補都官來京，與予對巷居。相見流涕，自言先生已卜兆，將掩石於幽。而以予受先生教，屬為誌。予惟近代多諛墓，非好為佞，亦以其人無可述，不得不張門閥，鋪官階，夸飾所無有。獨顏光祿誄陶徵士，蔡中郎作郭有道碑文，第約舉大槩。而其人已見先生非其倫與？先生守正學，以篤行勗淮人士。淮人士受教者出而問世，比之房、魏，之於河、汾，皆卓卓有治行。其為舉文方正博大，一如其為人。值先朝光廟間，方尚弔詭相爭，以諸子茁軋襲取富貴，而先生屹然不變，然其門徒亦往往售去。當是時，上頗重儒術，詔舉孝廉，仿漢晉故事，江淮間開藩者，皆得自辟。士以官州邑吏持板到先生門，有司親造請，執羔雁，敦逼再四，先生終不就。然而人士競奮以譽望相矜高，其在道路見有度莊而意沈者，必詢曰：『子從劉先生來耶？』其或佻達，輒引避去，曰：『毋為劉先生見。』其推重如此。先生與高年者為尚齒之會，每禊飲，不輿不蓋，龐眉而修髯，偃然集東湖之濆，人爭觀之。獨與謝先生名古修者尤密。居恒以行誼相礲礪，有擇言必告。時稱好友者，必以二人為之歸，至為語曰：『交道不偷，有謝與劉。』初先生父明暘公，官粤西懷集縣，有賢名，以勞卒於官。貧不能歸，先生方成童，哭愬於兩粤，開府許揭櫝置驛。既而渡湖將抵岸，忽颶風作，同舟者多溺，至有竄他舟以免者。先生抱棺哭請殉，風亦竟息。少侍王母秦安人疾，百治不效，先生閉一室，刻臂肉和糜食之，疾遂愈，人以為孝感云。先生諱源長，字介祉，山陽縣學生。以子貴，封文林郎内閣中書舍人，加一級七為鄉大賓。娶徐封孺人，子三，長謙吉，即六皆也；次履吉；次晉吉。女一，孫六，女孫七，娶嫁皆名族。生於萬歷癸巳六月二日，卒於康熙丙辰十一月一日，年八十四。銘曰：維德可砥身，而行又足以及人。時古之君子也，而世已奉之為人倫。迄於今，讀其書，過其里門，而思其居處服食，猶足以起敬，而況其穸與窀。嗚呼！予所不愧者，惟此文。

（乾隆）《江南通志》卷一五八《人物志》 劉源長，字介祉，山陽諸生。父宗遠，任廣西懷集所吏目，阻兵亂不得歸。源長跋涉，萬里訪父，粤中水陸所由，屢經危險，有風息虎馴之異。咸稱孝感，又祖母病篤，刲股以進而愈。

《四庫全書總目》卷一一六《子部二六·譜録類存目》 源長字介祉，淮安人。

著録

清 曹寅《楝亭書目》卷三《子集》 《茶史》，本朝淮陰劉源長，一卷，附莆陽余懷《茶史補》一卷。

清 徐乾學《傳是樓書目·史部·酒茗》 《茶史》二卷，劉源長，二本。

《清文獻通考》卷二二八《經籍考一八》 《茶史》二卷，劉源長撰，源長字介祉，淮安人。

《清通志》卷一〇〇《藝文略四》 《茶史》二卷，劉元長撰。

《四庫全書總目》卷一一六《子部二六·譜録類存目》 《茶史》二卷，浙江汪啟淑家藏本，國朝劉源長撰。

清 沈初《浙江採集遺書總録庚集·子部·説家類四》 《茶史》二卷，刊本。右國朝淮右八十老人劉源長撰。採陸羽、裴汝以下諸家之説。分産茶、品茶、製茶各類。條記故寔詩歌，視《茶董》為詳。

清 阮元《文選樓藏書記》卷一 《茶史》二卷，國朝劉源長著。刊本。是書採陸羽、裴汝以下諸家之説，分類條記。

《清史稿》卷一四七《藝文志三》 《茶史》二卷，劉源長撰。

岕茶彙鈔

清 沈德潛《清詩別裁集》卷六 冒襄，字辟疆，江南如皋人。南渡時，用爲推官，不就，以貢士終，有《樸巢詩集》。辟疆與宜興陳定生、商丘侯朝宗矜名節，持正論，品核執政，不少寬也。馬、阮當國時，幾罹於禍，後居水繪園，以友朋文酒爲樂，遠近高之。

清 李斗《揚州畫舫録》卷一〇 冒襄，字辟疆，號巢民，如皋人。父宗起，崇禎末以吏部郎出鎮鄖襄，襄以明經用為司李，不就。以氣節尚，與陳定生、方以智、吳次尾善稱『四公子』。家有水繪園，園有逸園、梅塘、湘中閣、洗鉢池、玉帶橋、寒碧堂、小三吾、小浯溪諸勝。乙巳春，文簡有事，如皋與邵潛、陳維崧、許嗣隆、毛師桂脩禊於是。訶兒紫雲捧研於湘中閣，杜濬後至不及會。

（乾隆）《江南通志》卷一五九《人物志》 國朝冒襄，字辟疆，如皋縣人。為諸生有聲，父起宗官荆樊時，流寇充斥，襄往省覲，奉母以歸，不入内寢。或問之，襄曰：『父在殘疆而子安枕席乎？』泣血上書政府，得調寶慶。襄友愛諸弟，一日忽有人入户，將剚刃於襄。襄子丹書以身蔽，被重創，聞於官，辭連其弟。襄痛哭直弟無是事，太守因並寛刺者。鬻産賑饑，日行道殣中，染病死，三日復甦，著《樸巢水繪集》。以隱逸薦以博學宏辭薦，皆不就。

清 震鈞《國朝書人輯略》卷一 冒襄，字辟疆，號巢民，江蘇如皋人。晚年退居祖宅，傍築室數間，雜植花藥。客至，與酌酒賦詩，解音樂時，命小奚度曲，亦以娱客。書法特妙，喜作擘窠大字，人皆藏弆珍之。韓菼《有懷堂集》。

《清史稿》卷五〇六《冒襄傳》 冒襄，字辟疆，別號巢民，如皋人。父起宗，明副使。襄十歲能詩，董其昌為作序。崇禎壬午副榜貢生，當授推官，會亂作，遂不出。與桐城方以智、宜興陳貞慧、商丘侯方域，並稱『四公子』。襄少年負盛氣，才特高，尤能傾動人。嘗置酒桃葉渡，會六君子諸孤，一時名士咸集。酒，輒發狂悲歌，訾詈懷寧阮大鋮。大鋮，故奄黨也。時金陵歌舞諸部，以懷寧為冠，歌詞皆出大鋮。大鋮欲自結諸社人，令歌者來，襄與客且罵且稱善，大鋮聞之益恨。甲申黨獄興，襄賴救僅免。家故有園池亭館之勝，歸益喜客，招致無虚日，家自此中落，怡然不悔也。

襄既隱居不出，名益盛。督撫以監軍薦，御史以人才薦，皆以親老辭。康熙中，復以山林隱逸及博學鴻詞薦，亦不就。著述甚富，行世者，有《先世前徽録》、《六十年師友詩文同人集》、《樸巢詩文集》、《水繪園詩文集》。書法絕妙，喜作擘窠大字，人皆藏弆珍之。康熙三十二年，卒，年八十有三。私謚潛孝先生。

清 張潮《〈岕茶彙鈔〉序》 茶之為類不一，岕茶為最，岕之為類亦不一，廟後為佳。其採擷之宜，烹啜之政，巢民已詳之矣，予復何言。然有所不可解者，不在今之茶，而在古之茶也。古人屑茶為末，蒸而範之成餅，已失其本來之味矣。至其烹也，又復點之以鹽，亦何鄙俗乃爾耶。夫茶之妙在香，苟製而為餅，其香定不復存；茶之妙在淡，點之以鹽，是且與淡相反。吾不知玉川之所歌，鴻漸之所嗜，其妙果安在也？善茗飲者，每度率不過三四甌，徐徐啜之，始盡其妙。玉川子於俄頃之間，頓傾七椀，此其鯨吞虹吸之狀，與壯夫飲酒，夫復何殊？陸氏《茶經》所載與今人異者，不一而足，使陸羽當時茶已如今世之製，吾知其沉酣傾倒於此中者，當更加十百於前矣。昔人謂飲茶為水厄，元魏人至以為恥，甚且謂不堪與酪作奴，苟得羅岕飲之，有不自悔其言之謬耶。吾鄉三天子都，有抹山茶，茶生石間，非人力所能培植，味淡香清足稱仙品，採之甚難，不可多得。惜巢民已歿，不能與之共賞也。心齋張潮撰。

清 張潮《〈岕茶彙鈔〉跋》 吾鄉既富茗柯，復饒泉水。以泉烹茶，其味尤勝。計可與羅岕敵者，唯松蘿耳。子曾以詩寄巢民云：『君為羅岕傳神，我代松蘿叫屈。』同此一樣，清芬忍令獨向隅曲，迄今思之，殊深我以黄公酒壚之戚也。心齋居士題。

清 陸廷燦《續茶經》卷下 《岕茶彙鈔》，冒襄。

清 丁申、丁丙《八千卷樓書目》卷一二《子部·譜録類》 《岕茶彙鈔》一卷，國朝冒襄撰，《昭代叢書》本。

《清史稿》卷一四七《藝文志三》 《岕茶彙鈔》一卷，冒襄撰。

茶史補

清 鄭方坤《全閩詩話》卷九 余懷，余澹心，莆田人。居建康，嘗賦《金陵懷古詩》，不減劉賓客。謝公墩云：『高臥東山四十年，一堂絲竹敗符堅。至今墩下瀟瀟雨，猶唱當時奈何許。』孫楚酒樓云：『江南城西酒樓紅，無數楊柳迎春風。孫楚去後李白醉，千年不見紫髯公。』雨花臺云：『雨花臺上草青青，落日猶銜木末亭。一綫長江三里寺，千年鶴唳九秋螢。』勞勞亭云：『蔓草離離朝送客，驪駒愁唱新亭陌。夜深苦竹啼鷓鴣，空床獨宿頭皆白。』順治辛丑屬嚴子餐寄予廣陵，予答詩云：『千載秦淮水，東流繞舊京。江南戎馬後，愁絶庾蘭成。鐘阜蔣侯祠，青谿江令宅。傳得石城詩，腸斷蕪城客。』《漁洋詩話》

《四庫全書總目》卷一四四　《板橋雜記》三卷，國朝余懷撰。懷字無懷，號澹心，閩縣人。

清　劉謙吉《〈茶史補〉序》　曼叟曰：『余嗜茶成癖，向著有《茶苑》一書，為人竊稾，幾為譚峭化書。今見淮陰劉介祉先生《茶史》，風雅詳贍，迥出《茶譜》、《茶顛》之上。余不揣檮昧，爰取《茶苑》雜紙，刪史中所已載者，存史中所未備者，名曰《茶史補》。亦庶幾褚少孫補《史記》，李肇補《唐史》之意云爾。』不孝讀曼叟之言而有感已。先輩苟有著於當世，必竭其心力所至，而人多率意讀之已耳。有能告以闕失者，則細心以讀其書，而又博聞強識以為助也。使曼叟與先大人少同里閈，壯同遊學，其為《茶史》、《茶苑》合為一書矣。曼叟詩賦古文詞最富，而《茶史補》內有《採茶記》、《沙苑侯傳》及他著録，皆大有闡發。予先刻其摭古者，凡六十有三則。康熙戊午季夏望有六日，山陽劉謙吉訒菴敬題。

清　楊復吉《〈茶史補〉跋》　《茶史補》者，補劉介祉《茶史》所遺也。搜奇抉祕，無能不新，惜茲刻剗削不全，即序中所載傳記二篇，亦闕而未備。客歲余購得《研山草堂文集》殘本，《沙苑侯傳》儼然在焉，因取以著録。而《採茶記》則竟作廣陵散矣。癸酉季秋，震澤楊復吉識。

《清續文獻通考》卷二七四《經籍考一八》　《茶史補》一卷，余懷撰。懷字濬心，福建莆田人。

清　丁申、丁丙《八千卷樓書目》卷一二《子部·譜録類》　《茶史補》一卷，國朝余懷撰。《昭代叢書》本。

《清史稿》卷一四七《藝文志三》　《茶史補》一卷，余懷撰。

茶社便覽

（雍正）《江西通志》卷五六《選舉八》　程作舟，鄱陽人。

清　曾燠《江西詩徵》卷六九　作舟，字仙渡，號希庵，鄱陽人。康熙十一年舉人。官長垣知縣，解組歸，搆別業於東湖之濵，以翰墨自娛，著有《刪後詩》、《焚後書》、《問書》十五種。（歸田録）

清　程作舟《〈茶社便覽〉引》　居士何嗜？嗜酒不能一斗，嗜詩不過百篇，而於茶獨勝。每日以盧玉川為式，早起可以清夢，飯後可以清塵，上午可以濟勝，小晝可以導和，下午可以怯倦，傍晚可以待月，挑燈讀罷可以足睡。其故人過訪，促坐談心，則烹茶細酌不在此數。然個中火候，非樵青所能知也。爰集前人之言，為《社中便覽》：一曰紀茶名，二曰辨茶性，三曰生茶地，四曰採茶時，五曰煮茶水，六曰煎茶火，七曰收茶法，八曰酌茶器，九曰投茶候，十曰飲茶人，十一曰理茶具，十二曰傳茶事。山居岑寂，雖乏佳茗，然按譜遵行，嚴於令甲，倘遇李季卿其人乎，急擲三十文以償夙債，毋使桑苧翁貽愧千古也。

續茶經（陸廷燦）

綜述

《四庫全書總目》卷一一五《子部二五·譜録類》　自唐以來，茶品推武夷，武夷山即在崇安境。故廷燦官是縣時，習知其說，刱為此稾，歸田後訂緝成編，冠以陸羽《茶經》原本，而從其原目，採摭諸書以續之。上卷續其一之源、二之具、三之造，中卷續其四之器，下卷自分三子卷，下之上續其五之煮、六之飲，下之中續其七之事、八之出，下之下續其九之略、十之圖，而以歷代茶法附為末卷，則原目所無廷燦補之也。自唐以來閲數百載，凡產茶之地，製茶之法業已歷代不同，即烹煮器具亦古今多異，故陸羽所述其書雖古而其法多，不可行於今。廷燦一一訂定補葺，頗切實用，其徵引亦頗繁富。觀所作《南村筆記》引李日華紫桃軒又綴五臺涷泉一條，自稱此書失載補録於彼，則其搜葺亦可謂勤矣。録而存之，亦足以資考訂。至於陸羽舊本，廷燦雖用以弁首，而其書久已別行，未可以續補之書掩其原目，故今削去不載，惟録廷燦之書焉。

《四庫全書簡明目録》卷一二　續陸羽《茶經》，仍其十目，其附録一卷，則歷代茶法也。

清　周中孚《鄭堂讀書記》卷五〇《子部九之上·譜録類一》　《四庫全書》著録。陸氏《茶經》著自唐貞元間，迄今千有餘載。不獨製作各殊，而烹飲迥異，即出産之處亦多不同。漫亭適官崇安，係武夷産茶之地，值制府鄭重進獻，乃檢閲諸書，究悉源流於武夷之外。每多見聞，因採集為《續茶經》。仍依陸氏之例，分為十目，以一之源、二之具、三之造為上卷。四之器為中卷。五之煮、六之飲為下之上卷，七之事、八之出為下之中卷，九之略、十之圖為下之下卷。其附録一卷，則歷代茶法也。陸氏所載，皆初唐以前之書。此則自唐、宋、元、明以至本朝，凡有緒論皆採録。有其書在前，而陸氏未録者，亦行補入。其於採摘、蒸焙、試湯、候火之法益得其精，非如陸氏之書不可行於今也。至陸氏《茶經》，雖另列卷首，然自左氏《百川學海》所載以來，久有別行之本。今以其本附載原書後，故於此不另為記焉。前有雍正乙卯黄崑圃叔琳序，及其所作凡例。

傳記

《四庫全書總目》卷一一五《子部二五・譜録類》　廷燦字秩昭，嘉定人，官崇安縣知縣候補主事。

清　周中孚《鄭堂讀書記》卷五〇《子部九之上・譜録類一》　廷燦，字秩照，號漫亭，嘉定人。官崇安縣知縣、候補主事。

清　董天工《武夷山志》卷一六　陸廷燦，字扶照，嘉定人。以明經爲崇安令。潔己愛民，旌別淑慝。嘗仝王草堂，較訂《武夷山志》，表章往哲，刊播各集。每於公事，入山遇景留題，文章、經濟兼而有之。

著録

《清文獻通考》卷二二八《經籍考》　《續茶經》三卷，《附録》一卷，陸廷燦撰。廷燦見襍家類。臣等謹按是編，視陸羽經多至十倍，依原例分：一之源、二之具、三之造、四之器、五之煮、六之飲、七之臣事、八之出、九之略，其十之圖不傳，補以茶具、茶器。

《清通志》卷一〇〇《藝文略四》　《續茶經》三卷，《附録》一卷，陸廷燦撰。

（嘉慶）《直隸太倉州志》卷五六《藝文五》　《續茶經》三卷，附録一卷。陸廷燦撰。廷燦，字秩昭，嘉定人。官崇安知縣候補主事。自唐以來，茶品推武夷，武夷山在崇安境，故廷燦官是縣時，習知其説，創爲草稿。歸田後，訂輯成篇，冠以陸羽《茶經》原本，而從其原目，採摭諸書以續之。上卷續其一之源、二之具、三之造，中卷續其四之器，下卷自分三子卷，下之上續其五之煮、六之飲，下之中續其七之事、八之出，下之下續其九之略，十之圖。而以歷代茶法附爲末卷，則原目所無，廷燦補之也。自唐以來，閲數百載，凡産茶之地、煮茶之法，業已歷代不同，即烹煮器具，亦古今多異。故陸羽所述其書，雖古而其法多不可行於今。廷燦一一訂定補葺，頗切實用。所作《南邨隨筆》引李日華《紫桃軒雜綴》『五臺山凍泉』一條，自稱此書失載，補録於彼，其搜採可謂勤矣。録而存之，亦足以資考訂。至於陸羽舊本，廷燦雖用以弁首，而其書久已別行，未可以續補之書掩其原目，故今刊去不載，雜録廷燦之書焉。

《四庫全書簡明目録》卷一二　《續茶經》三卷，《附録》一卷，國朝陸廷燦撰。

《四庫全書總目》卷一一五《子部二五・譜録類》　《續茶經》三卷，《附録》一卷，江蘇巡撫採進本，國朝陸廷燦撰。

清　周中孚《鄭堂讀書記》卷五〇《子部九之上・譜録類一》　《續茶經》二卷，《附録》一卷，壽椿堂刊本，國朝陸廷燦撰。

清　丁申、丁丙《八千卷樓書目》卷一二《子部・譜録類》　《續茶經》三卷，《附録》一卷，國朝陸廷燦撰，原刊本。抄本。

《清史稿》卷一四七《藝文志三》　《續茶經》三卷，《附録》一卷，陸廷燦撰。

雜録

清　陸廷燦《續茶經・凡例》　《茶經》著自唐桑苧翁，迄今千有餘載，不獨製作各殊，而烹飲迥異，即出産之處，亦多不同。余性嗜茶，承乏崇安，適係武夷産茶之地。值制府滿公鄭重進獻，究悉源流，每以茶事下詢，查閲諸書，於武夷之外，每多見聞，因思採集為《續茶經》之舉。曩以簿書鞅掌，有志未逮。及蒙量移，奉文赴部，以多病家居，翻閲舊稿，不忍委棄，爰為序次第。恐學術久荒，見聞疎漏，為識者所鄙，謹質之高明，幸有以教之，幸甚。

《茶經》之後，有《茶記》及《茶譜》、《茶録》、《茶論》、《茶疏》、《茶解》等書，不可枚舉，而其書亦多湮沒無傳。茲特採所見各書，依《茶經》之例，分之源、之具、之造、之器、之煮、之飲、之事、之出、之畧。至其圖，無傳不敢臆補，以茶具、茶器圖足之。

《茶經》所載，皆初唐以前之書，今自唐、宋、元、明以至本朝，凡有緒論，皆行採録。有其書在前而《茶經》未録者，亦行補入。

《茶經》原本止三卷，恐續者太繁，是以諸書所見，止摘要分録。

各書所引相同者，不取重複。偶有議論各殊者，姑兩存之，以示論定。至歷代詩文暨當代名公鉅卿著述甚多，因訪《茶經》之例，不敢備録，容俟另編以為外集。

原本《茶經》，另列卷首。

歷代茶法附後。

煎茶訣

清 王治本《**〈煎茶訣〉序**》《煎茶訣》 夫一草一木，罔不得山川之氣而生也。唯茶之得氣最精，固能兼色、香、味之美焉。是茶有色、香、味之美，而茶之生氣全矣。然所以保其氣而勿失者，豈茶所能自主哉。蓋採之，採之而後有以藏之。如穫稻然，有秋收者，必有冬藏。藏之先，期其乾脆也。利用焙藏之，須有以蓄貯也。利用器藏而不善，濕氣鬱而色枯，冷氣侵而香敗，原氣洩而味變，氣之失也，豈得咎茶之不美乎？然藏之於平時，以需用之於一時。而用之法，在於煎；張志和所謂『竹裏煎茶』，亦雅人之深致也。磁碗以盛之，竹籠以漉之，明水以調之，文火以沸之；其色清且碧，其香幽且烈，其味醇且和；可以清詩思，可以滌煩渴，斯得其茶之美者矣。是在煎之善。至若水，則別山泉、江泉；火，則詳九沸、九變；器，則取其潔，而不取其貴；湯，則用其新，而不用其陳。是以水之氣助茶之氣，以火之氣發茶之氣，以器之潔不至汙其氣，以湯之新不至敗其氣。氣得而色、香、味之美全矣。吾故曰：『人之氣配義與道，茶之氣配水與火；水火濟而茶之能事盡矣，茶之妙訣得矣。』友人以《煎茶訣》索序，予為詳敘之如斯。光緒戊寅六月穀旦。浙東黍園王治本撰並書。

日 不生道人《**〈煎茶訣〉跋**》《煎茶訣》 山林絕區，清淑之氣，鍾香露芽，發乎雲液，使人恬淡是味。此非事甘脆肥醲者所得識也。夫其參四供，利中腸，破昏除睡，以入禪悅之味，乃所謂四悉檀之，益固可與道流者共已。葉氏之訣，得其精哉，殆纘竟陵氏之緒矣。不生道人跋。

日 木孔恭《**〈煎茶訣〉跋**》《煎茶訣》 《茶訣》一篇，語不多而要眇盡矣。命之剞劂以施四方君子云。時寶曆甲申二月。浪華蒹葭堂木孔恭識。

日 蕉中老衲《**〈煎茶訣〉序**》《煎茶訣》 點茶之法，世有其式。至於煎茶，香味之間，不可不精細用心，非複點茶比。而世率不然。葉氏之《訣》，實得其要。猶有遺漏，頃予乘閒補苴，別為一本，以遺蒹葭氏。如或災木，與好事者共之，亦所不辭。丙辰孟冬蕉中老衲識，森世黃書。

湘皋茶説

論説

清 顧蘅《**湘皋茶説・編余飣餖**》《中國歷代茶書匯編校注本》 知深斯鑒，別精好薦，斯考訂備。湘皋所著《茶説》，自陸季疵《茶經》，諸家茶箋、疏、論、解，兼綜條貫，另成一書，直是一種異書。置此書於排几上，伊唔之暇，神倦口枯，輒一披玩，不覺習習清風兩腋間矣。

著録

清 顧蘅《**湘皋茶説・序**》 吴主禮賢，方聞置茗；晉人愛客，纔有分茶。讀韓翃啟，則知茶之開創，絕不自季疵始，而説者竟以陸羽飲茶，比於后稷樹穀，誤矣。第開創之功，雖不始於桑苧，而製茶自出，實大備於季疵。嗣後，名山所產，靈草漸繁，人巧之功，佳茗日著。羅君有言，茶酒二事，可云前無古人，而我獨怪夫世之卮談名酒者甚多，清談佳茗者實少也。不寧惟是，一切世味，葷羶甘脆，爭染指垂涎，獨此物面孔嚴冷，絕無和氣，稍稍霑唇漬口，輒便唾去，疇則嗜之，非幽人開士，披雲漱石之流，其孰可與語此者乎？予生也憨，口之於味，一無所嗜，獨於茗不忌情。偶閱前賢論茶諸書，有會於心，摘其精當，輯為一編，名曰《茶說》。閱是編者，試於松間竹下，置烏皮几，焚博山爐，爇惠山泉，挹諸茗荈而啜之，便自羲皇上人矣。若夫客乍傾蓋，用偶消煩，賓待解醒，則飲茶防濫，厥戒惟嚴。重賞之外，別有攸司，此皆排當於閫政，請勿弁髦乎《茶說》。時乾隆己未清龢月湘皋老人題於曼寄齋。

雜録

清　顧蘅《湘皋茶說·編余飣餖》《中國歷代茶書匯編校注本》　《湘皋逸史》曰：予自少即嗜啜茗，自藏茶而貯水，而用火，而定湯，而點瀹，以至茶器、茶忌、茶妙，無一不留心講究。凡松蘿、龍井、武夷、徑山，悉購求以待知己談心出而見賞。生平所最愜心者，惟羅岕。在長安，則六安有絕佳者，武夷為最劣。年來奔走四方，僕僕官署，或有佳茶而缺佳水，或得佳泉而無佳茗，湯無定期，點難按法。遇渴則不得不飲，逢茶亦不得不吃。其始也，亦甚覺難堪，漸則相忘，今已安之若素矣。始信清福誠不易享，非眠雲漱石未易了此。偶撿篋中，將此重録，世有丹邱子、黃山君之儔，當出而與之相質正也。

枕山樓茶略

清　陳元輔《枕山樓茶略·序》　昔李白善酒，盧仝善茶，故一斗七碗之風，至今傳為佳話。然或惡旨酒，或著《酒誥》，未聞有議及茶者。亦以其產於高巖深谷間，專感雨露之滋培，不受纖塵之滓穢，為草中極貴之品，與麴生糟粕清濁迥殊耳。世人多言其苦寒，不利中土，及多食發黃消瘦之說，此皆語其粗惡、其苦澀者也。自予論之，竹窗涼雨，能助清談；月夕風晨，堪資覓句，茶非騷人之流亞歟！細嚼輕斟，只許文人入口；濃煎劇飲，不容俗子沾唇；茶又高士也。晉接於揖讓之堂，左右於詩書之室，茶非君子乎？移向妝臺之上，能使脂粉無香；捧入繡幃之中，頓令金釵減色；所稱絕代佳人，茶又庶幾近之。且能逐倦鬼，祛睡魔，招心胸智慧之神，滌臟腑煩愁之祟，亦可謂才全德備者矣。但人莫不飲食，鮮能知味，遂致烹調失宜，反掩其美，予甚惜之。玆特譜為二十則，曰《茶略》。非敢謂足盡其妙也，亦就予所見所聞者，信筆書之。尚有未窮之蘊，請教大方，續當補入。今而後兩腋風生，跂予望之，厭厭夜飲，吾知免矣。

茶務僉載

日　織田完之《茶務僉載·緒言》　聞歐美諸洲不產茶，如紅茶、綠茶，俱仰中國、印度，以故有中印之富源，亦在於茶云。見本年一月自中國廈門港出口美國之茶表，淡水烏龍四百四十七萬三千二百六十斤，廈門烏龍三百五十三萬八千六百三十一斤。一月一國尚且如此，應知全年向歐洲諸國出口之多也。由此觀之，中印之富源，亦在於茶說並非妄言。而『其茶皆山野自生，其製法亦簡易』，這種我邦園圃所栽培之茶，其產額固有限，又有製只循固有之法，其用亦僅止於國內。近年生產的一種本色茶，雖然已稍向美國輸出，但尚未適應歐洲諸國之嗜好。抑四國、九州之地，山野自生之茶尤多，野火燒之，猶長新茶，如蕨薇然。是以稱茶為本邦『天然之富源』亦無不可。官員夙已有見於此，曾從中國雇請吳新林、凌長富等，遣送四國、九州摘取自生之茶，試製紅、綠各色，惜其品位未能適於歐美需用。頃，嶺南人秉樞胡氏，攜自著之《茶務僉載》來稟官，曰：『貴國茶質之佳美，實非敝邦所能及，而不適歐洲人之所好，製法未備也，願為貴邦傳其製法。』官納其言，讓胡氏試製，果得精良之品。自今以後，我山野自生之茶，悉效此法，與固有之傳統製法並存，使其品位益加精良，本邦生產之茶葉亦能適應歐美諸國需用，而使中國、印度不得獨擅其美也。今方開其端者，秉樞胡氏也。此書乃出於其多年實踐經驗之餘者，於各地製茶家，所裨益者不少。此官之所以特刊佈此書云。

明治十年六月織田完之撰。

清 胡秉樞《〈茶務僉載〉敘》《茶務僉載》 夫茶字之義，從草，從木，從人。其初始於漢代，興於有唐，乃熾乃昌，至今為盛。其為物也，如木葉焉。其為用也，能滌除煩惱，解渴而生津，去食積而厚腸胃，消暑而醒眠。其始自中土，而流播外洋，製做則日益其精，種植日用，則日益其廣。而製法、功用等類，雖唐之陸羽曾註《經》焉，其中所言，製法則如磚茶之類；而其為用，則不過略言之矣。若今之洋莊，則自明代而至於今，其製做、功用，亦乏人而考核焉。至於筆之書，則吾未之見也。故於是心有憾焉！而將其種植、採擇、製做、收藏、功用等類，縷析詳言而書之。余本不文，其書中之詞句，務質實而易知，使文學之士，一目了然。而農樵牧子、村婦童孺等輩，苟略識字之人而覽之便曉。故句讀不事繁文典奧，務樸質而剪衍文。其書中所載，凡於洋莊茶務有關者，無不備述而描摹之。自茶之樹本至於人事功用，纖毫畢録，使後學者皆得入門。仰企先達諸君，恕無知而匡不逮，不勝引領感禱焉。時光緒三年杏月嶺南沂生胡秉樞謹識，龍封脩書。

清 胡秉樞《〈茶務僉載〉小引》《茶務僉載》 溯自四洲互易以來，惟五金、煙土、布匹、絲茶為大宗。夫布匹、煙土則來自外洋，獨絲茶為土產。然歐洲以煙土、布匹、煤鐵、器械等類遠越重洋，不避艱險而來貿遷者，其故何歟？亦不過為衣食計耳。然而四洲之大，民生之眾，各逞所長，盡夫人之心思者，力而講求。是苟匹夫匹婦有一技之所長，則必專心致志，無論乎（仕）〔士〕、農、工、商，或書或藝，苟有至善，始則呈於君上，繼則普告國人，既定之以年，亦惡乎取值。故人樂而為之者眾，故物出而日見其精。惟人耽逸樂，士而拘泥，苟有一至州之工，費盡心志，作一歷世無雙之器，苟可效者，眾則聚而謀之，而奪其利；苟不可效者，眾乃聚而羣謗之，必使蹈於奇技淫巧，妄被無辜而後快。雖有聰穎者流，無不專心於八股文詞，以為倖進計，誰暇計及民生工藝哉！夫以四洲之貨殖，而聚匯於一區，以有易無，利恆倍蓰。惜一國之錢財有限，則不可不將土物講求，小益之也。土物大宗，絲、茶為最。姑將茶之貨品，土地之肥磽，培植之法則，製做之所宜，撰而成書，俾公於家。僕不忖鄙撰成，仰望先達哲人，匡其不逮，不勝感禱焉！胡秉樞又識。

整飭皖茶文牘

清 羅振玉《整飭皖茶文牘·序》 東南財賦，甲於他行省，而茶、絲實為出產大宗。顧近年以來，印錫產茶日旺，中茶滯銷；日本蠶絲又駸駸駕中國而上之。利源日涸，憂世者慨焉！程雨亭觀察久官江南，勵精政治，去歲總理皖省茶釐，慨茶務日衰，力圖整頓，冀復利源，茶利轉機，將在於是。爰最録其稟牘文告，泐為一卷，以諷有位，他產茶各省諸大吏，有能踵觀察而起者乎？企予望之矣。光緒戊戌，上虞羅振玉。

茶説（震鈞）

清 震鈞《茶説·序》 大通橋西堧下，舊有茶肆，乃一老卒所闢，並河有廊，頗具臨流之勝。秋日葦花瑟瑟，令人生江湖之思。余數偕友過之，茗話送日。惜其水不及昆明，而茶尤不堪。大抵京師士夫，無知茶者，故茶肆亦鮮措意於此。而都中茶，皆以末麗雜之，茶復極惡。南中龍井，絕不至京，亦無嗜之者。余在南頗留心此事，能自煎茶，曾著《茶説》，今録於此，以貽好事云。

煎茶之法，失傳久矣。士夫風雅自命者，固多嗜茶，然止於以水瀹生茗而飲之。未有解煎茶如《茶經》、《茶録》之所云者。屠緯真《茶箋》，論茶甚詳，亦瀹茶而非煎茶。余少好攻雜藝，而性尤嗜茶，每閲《茶經》，未嘗不三復求之，久之若有所悟。時正侍先君於維揚，固精茶所集也。乃購器具，依法煎之，然後知古人之煎茶，為得茶之至味。後人之瀹茗，何異帶皮食哀家梨者乎！閑居多暇，撰為一編，用貽同嗜。

紅茶製法說略

清 康特璋、王實父《紅茶製法說略》 中國土產出口，茶為一大宗。茶之出口多寡，為商務盛衰所繫，此固夫人而知者也。查光緒十年以前，出口計有一百八十八萬九千餘擔。光緒二十年以後，出口則僅有一百二十八萬四千餘擔。外洋用茶，固已日益加增；中國銷路，則遞年見減，幾有江河日下之勢。其中致衰之故，或由印度、錫蘭產茶日多，產多銷分，實勢□然。或謂華商製法，專藉人工，印錫製茶，全用機器，外洋嗜好機器所製之茶，故華茶不敵印錫茶之暢銷。嘗考印度、錫蘭產茶之處，茶樹皆屬公司，自培養、採摘以及製造、裝箱，無一而非公司之事，自可無一而不用機器。中國則園戶、茶商，截然分為兩途。產茶之園戶，既星散而無統率。業茶之商人，亦湊合而無恒業。園戶草率製成而售於茶商，茶商亦遂倉猝販運，趕急求脫，微特不能仿用機器；即人工製法，亦並未講求。而尤大之病，在多作僞。如綠（葉）［茶］之染色，紅茶之攙土，甚至取雜樹之葉充茶出售，壞華商之名譽，蹙華茶之銷路，莫此為最。華茶至今仍未斷絕於外洋者，幸賴物質之良，實有大過於印錫者。若能改良製造，盡絕其從前之弊，西人自無不爭相購致。若徒恃質美，漫不加察，任窳工之作僞，年復一年，恐不知伊於胡底？今擬邀合同志，籌集資本，先於安徽產茶最優之處，設立製造紅茶公司，並會通各茶商講求製法，選料精工，捨短用長，製成之後，直販出洋，與印錫之茶共相比賽，以期貨良品貴，聲價自增，亦收回固有權利之一道也。謹就愚昧所見製法，條呈於左，伏乞鈞鑒。

茶部彙考

清 周中孚《鄭堂讀書記補逸》卷二四《子部·譜録類》 前四卷，録稅茶之事，自唐建中元年迄國朝康熙二十二年，凡二百五十五則。卷五至卷八，採輯前人《茶譜》，及諸書所載，凡二十二種。首《爾雅·釋木》一條并註疏，載唐陸羽《茶經》，張又新《煎茶水記》，蘇廙《十六湯品》，溫庭筠《採茶録》，宋蔡襄《茶録》，宋子安《東溪試茶録》，徽宗《大觀茶論》，熊蕃《宣和北苑貢茶録》，無名氏《北苑別録》，黃儒《品茶要録》，明陸樹聲《茶寮志》，羅廩《茶譜》，馮時可《茶録》，熊明遇《羅岕茶記》，陳懋仁《泉南雜記》摘其『茶說』一條，許次紓《茶疏》，聞龍《茶箋》，羅廩《茶解》，屠隆《考槃餘事》摘其『茶說』二十五條，李時珍《本草綱目》，摘其茶類一門，高濂《遵生八箋》摘其論茶諸說。卷九爲茶部總論，卷十、卷十一爲茶部紀事。卷十二爲茶部雜録。後四卷爲茶部藝文。其所載前人茶譜或係足本，或屬節本，如熊氏之《北苑貢茶録》，録自《說郛》，故無圖。《北苑別録》亦然，故不題趙汝礪名之類是也。然其書搜羅繁富，可謂茶苑大觀。考《四庫全書存目》，載《酒部彙考》十八卷，亦無撰人名氏，亦康熙間人所輯。每卷之首空行，而以《酒部彙考》爲子目，今此書亦然，乃一人所爲也。此二種蓋其欲輯一類書，而先成此兩門底稿云。

清 周中孚《鄭堂讀書記補逸》卷二四《子部·譜録類》 《茶部彙考》十六卷，舊鈔本。不著編輯者名氏。前後亦無序跋。

煎茶水記

綜述

《四庫全書總目》卷一一五《子部二五·譜録類》 其書前列刑部侍郎劉伯芻所品七水，次列陸羽所品二十水。云元和九年初成名時，在薦福寺得於楚僧。本題曰《煮茶記》，乃代宗時湖州刺史李季卿得於陸羽口授。後有葉清臣《述煮茶泉品》一篇，歐陽修《大明水記》一篇，《浮槎山水記》一篇。考《書録解題》載此書，已稱《大明水記》載卷末，則宋人所附入也。

《四庫全書簡明目録》卷一二 前列劉芻所品七水，後列陸羽所品二十水。末附葉清臣《述煮茶泉品》一篇，歐陽修《大明水記》一篇，《浮槎山水記》一篇，則宋人所附入也。以上《茶録》。

清 周中孚《鄭堂讀書記》卷五〇《子部九之上・譜録類一》 《四庫全書》著録，《新唐志》小説類，《崇文目》小説類，《讀書志》農家類，《書録解題》雜藝類，《通考》農家類，《宋志》農家類，俱載之。其書首列劉伯芻所品七水，次列陸羽所品二十水，各第其味之優劣，而各繫以記。末附葉清臣《述煮茶泉品》及歐陽修《大明水記》、《浮槎山水記》三篇，則宋人所附入也。《大明水記》稱陸羽所品，與其《茶經》皆不合，疑又新妄附益之。今以其説核之《茶經》，確不可易。《説郛》所收，則以葉氏所述一篇，另為一種云。

論説

宋 陳振孫《直齋書録解題》卷一四《雜藝類》 本刑部侍郎劉伯芻稱水之與茶，宜者凡七等。又新復言得李季卿所筆録陸鴻漸《水品》，凡二十。歐公《大明水記》嘗辨之，今亦載卷末。余足跡所至不廣，於《水品》僅嘗三四，若惠山泉甘美，置之第二不忝，特未知康王谷水何如爾。其次，吴淞第四橋水亦不惡。虎丘劍池殊未佳，而在第四，已不可曉。至於雪水，清甘絶佳，而居其末，尤不可曉也。大抵水活而後宜茶，活而不清潔猶不宜，故乳泉、石池、漫流者為上，為其活且潔也。若夫天一生水，烝為雲雨，水之活且潔者，何以過此？余嘗用淨器承雨水，試以烹煎，不減雪水。故知又新之説妄也。

《四庫全書總目》卷一一五《子部二五・譜録類》 清臣所記，稱又新此書爲《水經》。案《太平廣記》三百九十九卷引此書，亦稱《水經》。或初名《水經》，後來改題，以别酈道元之所誌歟。修所記極詆又新之妄，謂與陸羽所説皆不合。今以《茶經》校之，信然。又唐書羽本傳稱，李季卿宣慰江南，有薦羽者，召之。羽野服挈具而入，季卿不爲禮，羽愧之，更著《毁茶論》。則羽與季卿大相齟齬，又安有口授《水經》之理？殆以羽號善茶，當代所重，故又新託名歟。然陸游《入蜀記》曰：史志道餉谷簾水數器，眞絶品也。甘腴清冷，具備諸美。前輩或斥水品以爲不可信，水品固不必盡當。至谷簾泉，卓然非惠山所及，則亦不可誣也。是游亦有取於是書矣。

傳記

《舊唐書》卷一四九《張又新傳》 又新幼工文，善於傅會。長慶中，宰相李逢吉用事，翰林學士李紳深為穆宗所寵，逢吉惡之，求朝臣中兇險敢言者掎摭紳陰事，俾暴揚於搢紳間。又新與拾遺李續之、劉棲楚尤蒙逢吉睠待，指為鷹犬。穆宗崩，昭愍初即位，又新等構紳，貶端州司馬，朝臣表賀，又至中書賀宰相。及門，門者止之曰：『請少留，緣張補闕在齋内與相公談。』俄而又新揮汗而出，旅揖群官曰：『端溪之事又新不敢多讓。』人皆辟易憚之。與續之等七人，時號『八關十六子』。

寶歷三年，逢吉出為山南東道節度使，請又新為副使，李續之為行軍司馬。逢吉為宰相時，用門下省主事田伾，伾犯贓亡命，逢吉保之於外。及罷相，裴度發其事，逢吉坐罰俸。又詔曰：『朕在億兆人之上，不令而人化，不言而人信者，法也。法行則君主重，法廢則朝廷輕。田伾常挂亡命之章，偷請養賢之祿，迹在捜捕，公行人間，而更冒選吏曹，顯擬郡佐。及黄樞覆驗，烏府追擒，證逮皆明，姦狀盡得。三移憲牒，一無申陳。衆狀滿前，羣議溢耳，終則步健不至，琅璫空來。蔑視紀綱，頗同侮謔，顧兹紊畫，負我上臺。閱視連名，伊爾二子，又新可汀州刺史，李續之可涪州刺史。』及逢吉致仕，李訓用事，復召二子為尚書郎。訓敗，復貶而卒。

《新唐書》卷一七五《張又新傳》 張又新字孔昭，工部侍郎薦之子。元和中，及進士高第。歷左右補闕。性傾邪。李逢吉用事，惡李紳，冀得其罪，求中朝凶果敢言者厚之，以危中紳。又新與拾遺李續、劉栖楚等爲逢吉搏吠所憎，故有『八關十六子』之目。

敬宗立，紳貶端州司馬，朝臣過宰相賀，閽者曰：『止，宰相方與補闕語，姑伺之。』及又新出，流汗揖百官曰：『端溪之事，竊不敢讓。』人皆辟易畏之。尋轉祠部員外郎。嘗買婢遷約，爲牙儈捜索陵突，御史劾舉，逢吉庇之，事不窮治。及逢吉罷，領山南東道節度表，又新爲行軍司馬，坐田伾事，貶汀州刺史。李訓有寵，又新復見，用遷刑部郎中，爲申州刺史。訓死，復坐貶。終左司郎中。

又新善文辭，再以諂附敗，喪其家聲云。

元　辛文房《**唐才子傳**》**卷六**　又新，字孔昭，深州人也。初應宏辭第一，又為京兆解頭。元和九年，禮部侍郎韋貫之下狀元及第，時號『張三頭』。應辟為廣陵從事，歷補闕。為性傾斜，讒事宰相李逢吉，為之鷹犬，名在『八關十六子』之目。逢吉領山南節度，表為司馬，坐田伾事貶官。李訓專政，又新復見用，後竟坐事，謫遠州刺史。仕終左司郎中。善為詩，恃才，多轞藉，其淫蕩之行，卒見於篇。嘗曰：『我少年擅美名，意不欲仕宦，惟得美妻，平生足矣。』娶楊虔州女，有德無色，殊怏怏。後過淮南，李紳筵上得一歌姬，與之偕老。其狂斐類此。性嗜茶，恨在陸羽後，自著《煎茶水記》一卷，及詩文等行於世。

《**四庫全書總目**》**卷一一五**《**子部二五・譜録類**》　又新字孔昭，深州陸澤人。司門員外郎鷟之曾孫，工部侍郎薦之子也。元和九年進士第一。案本傳但稱元和中及進士高第，知爲九年者，據此書中所述，知爲第一者，據元人所編《氏族大全》稱其狀元及第也。歷官右補闕。黨附李逢吉，爲八關十六子之一。逢吉出爲山南東道節度使，以又新爲行軍司馬。坐田伾事，貶江州刺史。後又夤緣李訓，遷刑部郎中，爲申州刺史。案新、舊唐書皆云汀州刺史，而書中自稱刺九江，則爲江州無疑，以二字形近而訛也。《書録解題》作涪州，則更誤矣。訓死，復坐貶，終於左司郎中。事蹟具《新唐書》本傳。

清　周中孚《**鄭堂讀書記**》**卷五〇**《**子部九之上・譜録類一**》　又新，字孔昭，深州陸澤人。元和九年進士第一，歷官右補闕，終於左司郎中。

著録

《**新唐書**》**卷五九**《**藝文志三**》　張又新《煎茶水記》一卷。

《**崇文總目**》**卷三**　《煎茶水記》一卷。

宋　鄭樵《**通志**》**卷六六**《**藝文略第四**》　《煎茶水記》一卷，唐張又新撰。

宋　尤袤《**遂初堂書目・譜録類**》　張又新《煎茶水記》。

宋　晁公武《**郡齋讀書志**》**卷三**　《煎茶水記》一卷，右唐張又新撰。其所嘗水凡二十種，因第其味之優劣。

宋　陳振孫《**直齋書録解題**》**卷一四**《**雜藝類**》　《煎茶水記》一卷，唐涪州刺史張又新撰。

《**文獻通考**》**卷二一八**《**經籍考四五**》　《煎茶水記》一卷，鼂氏曰：唐張又新撰。其所嘗水凡二十種，因第其味之優劣。陳氏曰：唐涪州刺史張又新撰。

《**宋史**》**卷二〇五**《**藝文志四・農家類**》　張又新《煎茶水記》一卷。

元　辛文房《**唐才子傳・張又新**》　《煎茶水記》一卷。

明　高儒《**百川書志**》**卷一〇**《**子志四・農圃**》　《煎茶水記》一卷，唐江州刺史張又新撰。評水二十七處，宋歐陽修增《大明水》、《浮槎山水》二記。

明　晁瑮《**晁氏寶文堂書目**》**卷下**《**農圃**》　張文新《煎茶水記》。

明　焦竑《**國史經籍志**》**卷三**《**史部・酒茗**》　《煎茶水記》一卷，唐張又新。

明　焦竑《**焦氏筆乘**》**卷四**　張又新《煎茶水記》一卷。

明　陳第《**世善堂藏書目録**》**卷下**《**各家六・農圃**》　《煎茶水記》一卷，張又新。

明　祁承㸁《**澹生堂藏書目**》**卷七**《**子類第三**》　張又新《煎茶水記》一卷，《百川學海》本。

明　柯維騏《**宋史新編**》**卷五〇**《**藝文志四**》　張又新《煎茶水記》一卷。

明　慎懋官《**華夷花木鳥獸珍玩考・花木考**》**卷二**　《煎茶水記》一卷，晁氏曰：唐張又新撰。

明　方以智《**通雅**》**卷三九**《**飲食**》　張又新《煎茶水記》一卷。

清　錢謙益《**絳雲樓書目**》**卷二**《**雜藝類**》　《煑茶水記》一卷，唐張又新撰。

清　曹寅《**楝亭書目**》**卷三**《**子集**》　《煎茶水記》，唐江州刺史張又新撰，一卷。

《**欽定續通志**》**卷一六四**《**校讎略**》　張又新《煎茶水記》一卷。

清　陸漻《**佳趣堂書目**》　《煎茶水記》，張又新。

又《煎茶水記》唐【張】又新。

《欽定天禄琳琅書目》卷九 《煎茶水記》。

清 陸廷燦《續茶經》卷下 《煎茶水記》一卷，江州刺史張又新撰。

《四庫全書總目》卷一一五《子部二五·譜録類》 《煎茶水記》一卷，内府藏本，唐張又新撰。

《四庫全書簡明目録》卷一二 《煎茶水記》一卷，唐張又新撰。

清 孫星衍《孫氏祠堂書目》外編卷二 《煎茶水記》一卷，唐張又新撰。

清 周中孚《鄭堂讀書記》卷五〇《子部九之上·譜録類一》 《煎茶水記》一卷，《百川學海》本，唐張又新撰。

清 丁申、丁丙《八千卷樓書目》卷一二《子部·譜録類》 《煎茶水記》一卷，唐張又新撰。《百川》本。《説郛》本。《茶書》本。

清 丁丙《善本書室藏書志》卷一八《子部九上·譜録類》 《煎茶水記》一卷，明華氏刊本，江州刺史張又新。又新，字孔昭，深州陸澤人，事蹟具《新唐書》本傳。其書前列刑部侍郎劉伯芻所品七水，次列陸羽所品二十水，後附葉清臣《述煮茶泉品》一篇，歐陽修《大明水記》、《浮槎山水記》各一篇。

清 陸心源《皕宋樓藏書志》卷五三《譜録類一》 《煎茶水記》一卷，宋刊本，唐江州刺史張又新撰。

清 沈德壽《抱經樓藏書志》卷四〇《譜録類一》 《煎茶水記》一卷，舊抄本，章紫伯舊藏。唐江州刺史張又新撰。卷首有『歸安章綬銜字紫伯藏書印』白文方印。

清 陳揆《稽瑞樓書目》 《煎茶水記》一卷，附。

清 沈炳震《唐書合鈔》卷七四《經籍志三》 張又新《煎茶水記》一卷。

清 佚名《唐書藝文志注》卷三 張又新《煎茶水記》一卷，見《崇文總目》，今存。

雜録

明 楊慎《升庵集》卷七二 張又新《煎茶水記》『粉槍末旗蘇蘭薪桂』，陸羽《茶經》『育華救沸』，皆奇俊語。

煮泉小品

综述

明 趙觀《〈煮泉小品〉叙》《煮泉小品》 田子藝抱轥轢江山之氣，吐吞葩藻之才，夙厭塵囂，歷覽名勝，竊慕司馬子長之為人，窮摎遐討。固嘗飲泉覺爽，啜茶忘喧，謂非膏粱紈綺可語。爰著《煮泉小品》，與漱流枕石者商焉。頃於子謙所出以示予，考據該洽，評品允當，實泉茗之信史也。命予叙之，刻燭以竢。予惟贊皇公之鑒水，竟陵子之品茶，躭以成癖，罕有儷者。洎丁公言《茶圖》，顓論採造而未備；蔡君謨《茶録》，詳於烹試而弗精；劉伯芻、李季卿論水之宜茶者，則又互有同異，與陸鴻漸相背馳，甚可疑笑。近雲間徐伯臣氏作《水品》，茶復略矣。粤若子藝所品，蓋兼昔人之所長，得川原之雋味，其器宏以深，其思沖以淡，其才清以越，具可想也。殆與泉茗相渾化者矣，不足以洗塵囂而謝膏綺乎！重違嘉懇，勉綴首簡。第即席摛辭，愧不工耳。嘉靖甲寅冬十月既望，仁和趙觀撰。

明 田藝衡《煮泉小品·引》 昔我田隱翁嘗自委曰『泉石膏肓』。噫！夫以膏肓之病，固神醫之所不治者也，而在於泉石，則其病亦甚奇矣。余少患此病，心已忘之，而人皆咎余之不治，然遍檢方書，苦無對病之藥。偶居山中，遇淡若叟，向余曰：『此病固無恙也。子欲治之，即當煮清泉白石，加以苦茗，服之久久，雖辟穀可也，又何患於膏肓之病邪！』余敬頓首受之，遂依法調飲，自覺其效日著。因廣其意，條輯成編，以付司鼎山童。俾遇有同病之客來，便以此薦之。若有如煎金玉湯者來，慎弗出之，以取彼之鄙笑。時嘉靖甲寅秋孟中元日，錢唐田藝衡序。

明 蔣灼《〈煮泉小品〉跋》《煮泉小品》 子藝作《泉品》，品天下之泉也，予問之曰：『盡乎？』子藝曰：『未也。』夫泉之名有甘、有醴、有冷、有溫、有廉、有讓、有君子焉，皆榮也。在廣有貪，在柳有愚，在狂國有狂，在安豐軍有咄，在日南有淫，雖孔子亦不飲者有盜，皆辱也。子聞之曰：有是哉，亦存乎其人爾。天下之泉一也，惟和士飲之則爲甘；祥士飲之，則爲醴；清士飲之，則爲冷；厚士飲之，則爲溫；飲之於伯夷，則爲廉；飲之於虞舜，則爲讓；飲之於孔門諸賢，則爲君子。使泉雖惡。亦不得而汙之也。惡乎辱？泉遇伯封，可名爲貪；遇宋人，可名爲愚；遇謝奕，可名爲狂；遇楚項羽，可名爲咄；遇鄭衛之俗，可名爲淫，其遇蹠也，又不得不名爲盜。使泉雖美，亦不得而自濯也。惡乎榮？子藝曰：噫！予品泉矣，子將兼品其人乎。予山中泉數種，請附其語於集，且以貽同志者，毋混飲以辱吾泉。餘杭蔣灼題。

《四庫全書總目》卷一一六《子部二六・譜録類存目》 是書凡分十類：一源泉、二石流、三清寒、四甘香、五宜茶、六靈水、七異泉、八江水、九井水、十緒談。大抵原本舊文，未能標異於《水品》《茶經》之外。

清 周中孚《鄭堂讀書記》卷五〇《子部九之上・譜録類一》 《四庫全書》存目，其書為品高下之泉而作。凡分源泉、(不)[石]流、清寒、甘香、宜茶、靈水、異泉、江水、井水、緒談十類。考據該洽，評品允當，實泉茗之信使也。較之徐伯臣獻忠《水品》，約略相同，固可並存不廢云。前有嘉靖甲寅自引，及仁和趙觀序，末有餘杭蔣灼後跋，皆同時人也。《續説郛》亦收入之。

傳記

《明史》卷二八七《田汝成傳附》 子藝蘅，字子蓺，十歲從父過採石，賦詩有警句。性放誕不羈，嗜酒任俠，以歲貢生為徽州訓導，罷歸。作詩有才調，為人所稱。

(雍正)《浙江通志》卷一七八 田藝蘅，《列朝詩集傳》：字子藝，汝成子。年十歲，從其父過採石，賦詩云：『白玉樓成招太白，青山相對憶青蓮。寥寥採石江頭月，曾照仙人宮錦船。』性不羈，任俠，多聞好奇，世以比之成都楊慎。晚歲以貢為新安博士，罷歸。所著有前後正續集數十卷，雜著數十種。

清 周中孚《鄭堂讀書記》卷五〇《子部九之上・譜録類一》 藝衡，字子藝，錢唐人。汝成之子也。歲貢生，官休寧縣訓導。

著録

明 朱睦㮮《近古堂書目》卷上《子譜録類》 《煮泉(水)[小]品》。

明 祁承㸁《澹生堂藏書目》卷七《子類第三》 《煮泉小品》一卷，田藝衡。《續祕笈》本。

明 焦竑《焦氏筆乘》卷四 田秇蘅有《煑茶小品》。

明 徐𤊹《徐氏家藏書目》卷三《農圃類》 田藝(衡)[蘅]《煮泉小品》一卷。

明 徐𤊹《徐氏紅雨樓藏書》卷三《農圃類》 《煑泉小品》一卷，田藝衡。

明 顧起元《説略》卷二五《食憲》 田(秇)[藝]衡有《煮泉小品》一卷。

清 黃虞稷《千頃堂書目》卷九《食貨類》 田藝蘅《煮泉小品》一卷。

清 萬斯同《明史》卷一三四《藝文志二》 田藝蘅《煮泉(冰)[小]品》一卷。

(雍正)《浙江通志》卷二四四《經籍四》 《煮泉小品》一卷，竇顔堂秘笈，田藝蘅撰。

《欽定續文獻通考》卷一八一《經籍考》 田藝(衡)[蘅]《煑泉小品》一卷，藝衡見經類。

《欽定續通志》卷一五九《藝文略》 《煮泉小品》一卷，明田藝蘅撰。

清 曹寅《楝亭書目》卷三《子集》 《煮泉小品》，明武林田藝蘅撰，一卷。

清 徐乾學《傳是樓書目・史部・酒茗》 《煑泉小品》，田藝蘅。一本。

清 陸廷燦《續茶經》卷下 《煮泉小品》，田藝衡。

《四庫全書總目》卷一一六《子部二六・譜録類存目》 《煮泉小

品》一卷，内府藏本，明田藝衡撰。藝衡有《大明同文集》已著録。

清 陸漻《佳趣堂書目》 《煮泉小品》，田藝衡。

清 周中孚《鄭堂讀書記》卷五〇《子部九之上・譜録類一》 《煮泉小品》一卷，《續祕笈》本，明田藝衡撰。

清 丁申、丁丙《八千卷樓書目》卷一二《子部・譜録類》 《煮泉小品》一卷，不著撰人名氏，《茶書》本。

雜録

明 徐𤊹《徐氏筆精》卷七《郎田二先生》 杭州近代博雅君子，仁和郎瑛、錢唐田藝蘅。【略】藝蘅字子藝，號香宇，性放曠不羈。善酒任俠，喜著書，生平所著文集前後數十卷，《老子指元》一卷、《煮泉小品》一卷、《梅花新譜》一卷、《詩女史》二十卷、《留青日札》四十卷。晚歲以貢，為新安博士。歸，常衣絳衣，挾二小鬟遊湖上。或逢友人，則令小鬟進酒，促坐談謔。時時挾内人，遍遊諸山。日暮無驢，覔得其一，乃與内人共跨一驢入城。藝蘅詩文在六朝初唐間，駸駸入作者之室。

明 田藝蘅《留青日札》卷二六 茶，木萌也。山中多產，採葉作飲，一曰茶，二曰檟，三曰蔎，四曰茗，五曰荈，蓋早晚之別名也。驚蟄為上，清明次之，穀雨又次之。其事甚著，陸羽有《茶經》三卷，又《茶記》三卷；唐温庭筠《採茶録》三卷；張又新《煎茶水記》一卷；蜀毛【文】錫《茶譜》一卷；丁謂《北苑茶録》三卷，又《北苑拾遺》一卷；蔡宗顔《茶山節對》一卷，又《茶譜遺事》一卷，《北苑煎茶法》一卷；曾伉《茶苑總録》十四卷；《茶場易覽》十卷；蔡襄有《進茶録》，黄儒有《品茶要録》，熊蕃有《宣化北苑貢茶録》，熊克有《北苑別録》，余亦有《煮泉小品》，論之詳矣。唐德宗時，納户部侍郎趙贊之議，初榷茶漆竹木，十取其一，而茶極盛於宋。我朝洪武二十四年，詔天下產茶之地歲貢茶，以建寧為上，其名曰探春，曰先春，曰次春，曰紫筍，不用碾為龍鳳團，皆芽茶也。而西北茶馬之禁甚重，其利亦甚厚，詳見《茶馬政》。考茶之偽者，宋名盜葉有柹葉，有桴檻葉，今之僞者，雜以苦燈樹、楊柳芽，小民不能辨其所得飲者，名曰：托葉。亦有止飲米湯，而終身不知茶味者。

水品

綜述

《四庫全書總目》卷一一六《子部二六・譜録類存目》 是編皆品煎茶之水。上卷爲總論，一曰源、二曰清、三曰流、四曰甘、五曰寒、六曰品、七曰雜説。下卷詳記諸水，自上池水至金山寒穴泉，目録列三十四名。而書中多噴霧崖瀑、萬縣西山包泉、雲陽縣天師泉、潼川鹽亭縣飛龍泉、遂寧縣靈泉五名。蓋目録偶脱。又麻姑山神功泉，目録在鐵飾泉後而書則居前，亦誤倒也。其上卷第六篇中，駁陸羽所品虎邱石水及二瀑水、吴淞江水、張又新所品淮水；第七篇中駁羽煮水初沸調以鹽味之説，亦自有見，然時有自相矛盾者。如上卷論瀑水不可飲，下卷乃列噴霧崖瀑，引張商英之説以爲偏宜煮茗。下卷濟南諸泉條中，論珍珠泉涌出珠泡爲山氣太盛，不可飲；天臺桐栢宮水條，又謂涌起如珠，甘冽入品。恐亦一時興到之言，不必盡爲典要也。舊本題曰《水品全帙》，立名殊不可解。考田崇衡、蔣灼二跋皆稱《水品》無『全帙』字，疑書僅一冊，藏弆家插架題籤，於《水品》下寫『全帙』字，傳寫者誤連爲書名也。今從舊跋，仍題曰《水品》焉。

清 沈初《浙江採集遺書總録閏集・説家類》 上卷分論源流品味。下卷論列各水，凡三十有四。

傳記

明 王世貞《弇州四部稿》卷八九《文林郎知奉化縣事貞憲徐先生墓志銘》 嘉靖己巳秋八月三日，吴興寓公、前奉化令長谷徐君捐館舍，春秋七十有七。吴郡王世貞以左条政部吴興，稍為經紀其喪。踰四月，而還晉皋歸里。又三月，而其子文果以治命，請曰：『不肖敢為逝者徼惠一言，謝不敏。』則又曰：『唯先子之獲幸公也最晚，而最心念之。』曰：『是公吾所創見也，既易簀，語不肖。』曰：『吾目待王公銘而瞑。』余聞而悲之。按狀，君諱獻忠，字伯臣，其先世有判御藥院者。從宋南渡，至華亭家焉。七傳而為君父某公，娶某孺人，寔生君。君神識茂暢，性操并介，自其髫齔時，雅已慕竹素之事矣。稍長，屬時義，即傾其作者，補博士弟子，試諸生間。褎然為舉首，久之，薦應天，凡六上禮部，不利。君既不獲逞於時義，乃益務為搜獵稗官、百氏、外家之語，逸壁斷戟，摩削亡昏旦，農圃、醫卜，支離覆逆，音聲人伎，往往精探其所繇造，雖專門名家，無以難之。而其為詩，自建安以下至大歷，鮮有不窺。薄神情妙，傳獨在江左與貞徽之際而已。文主爾雅，不離象質，賦頌碑誌，取財東京。然至於論説興革利害，物情時趣，有味乎言之也。華亭故推陸文裕先生博精於古，視君為丈人行。其揚扢風雅，下上今昔，耳語膝坐，忘其為吾汝也。君去禮部，為吏部選人，當得縣令。人或謂君少遲之，一令何足溷徐先生？為君謝曰：『令，易及民耳也，一第亦何足溷徐先生？』竟得浙之奉化以去。奉化夷峻而城，蛇虺雜居，民俗陋而好訟。君不為斤斤三尺濕束之節，用平税蠲役，防水務有以袵席，其長老稍推羨田，學官為膏粥費，興禮揖遜彬如也。君所為植培，務在單赤以下，其政術好近民而遠上，移牒條教，飾儒而不必緣吏，以故良士、大夫、草莽之臣類能誦説之，他不盡爾也。甫二歲，入計，道彭城，有監司者以一籠筴授君致之京，君佯為不悟，抵京以一籠筴報，亡何，君坐殿罷矣。前君為諸生固已精堪輿家言，而會父府君歿，執君手曰：『吾三世不益丁，得無於葬有所恨哉！』是而責也，君拜受教，則日夜偕所厚為堪輿者，相地數百里内，獲吴興之福山而葬焉。君又愛其山水清遠，土風醇嘉，既罷，則斥置墓田，傍構丙舍，為終老計，不竟稱華亭人矣。五柳雙桐，偃蹇枝門，踈櫺淨几，竒書古文，間以金石三代之器。葛巾羽氅，徜徉其間，客至則留，小飲聽去，春容寂寥，隨取而足。時命單舫漁童樵青，於苕霅菰蘆間，不復可蹤跡也。故司空劉公、蔣公，司寇顧公，諸大老為耆英之會於峴首，迫欲得君以重斯社。君不峻拒，一再往後，了不復戀。君燕閒之暑，肆於九經，作《春秋稽傳録》、《洪範或問》、《大易心印》、《四書本義》；分節受鑰，伯陽以破玄扃，作《叅同契》，《亥步心測》；璞算神啟，作《大地圖衍義》、《山房九笈》、《三江水利攷》。狗知郡將冀酬山靈，作《吴興掌故集》。探始中聲，旁極正變，作《樂府原》、《唐詩品》。朱邑既老，不忘桐鄉，作《四明半政録》。其雜著詩文，又數十卷行於世。君雖道在不朽，跡猶方内，而博探外典，遐想冲舉，每自謂刀圭投咽，羽翰立張，投金示報，揖洪崖浮丘，於玉京之上，葛稚川、陶隱居而下所不論也。竟以訪道不諧，邑邑成疾，委蜕之際，神識了然。豈所謂大道隔塵報身斯驗者耶？君孝友天至，内行淳備，性不能晝，而貌其吏部府君遺像如生。某孺人病革，欲有語不得，君跽請曰：毋以仲季産未立耶，趣推已所授遺之。且割橐中之半，而後喜可知也。呼仲季來，微而兄我，不安死矣。君娶陸氏，別室呂氏，生四子為文榦、文核、文果、文檑。女六，孫男某。葬九霞山之陽，去其父墓若干里。按謚法：清白守節曰貞，博聞多能曰憲。不佞竊用二陶處士故事，誌其大者，以為之謚曰：『貞憲先生』。且為銘曰：而始乎華亭，而令乎四明，而終乎吴興。清白守節，慱聞多能。曰憲且貞，請以易而名。庶幾稱為寓公，為鄉先生。

（萬曆）《湖州府志》卷八　徐獻忠，字伯臣，華亭人。孝友天至，博學能文。中應天鄉試，爲奉化令。有聲稱其父病危，執獻忠手，曰：『吾家三世不益丁，得無繫於葬所哉？』於是偕堪輿家，卜地數百里内，得烏程之福山，葬其父，遂家焉。卒年七十七。

明　王兆雲《皇明詞林人物考》卷一〇《徐伯臣》　徐獻忠，字伯臣，號長谷。公學博才高，日讀書盈寸，爲文深厚，典據大類子長，間雜東京。所論詩五言重魏晉，七言止取高岑，而（上）［七］律止於大曆。而自爲詩沉鬱彩秀，出入諸名家，尤長於賦。如《布賦》一篇，憫念松人愁苦，周委詳盡，能令循吏讀之酸鼻。生平無他嗜好，惟著書自娱，有《金石文》、《樂府》、《吴興掌故》、《序唐詩品》、《水品》、《四明半政録》、《洪範或問》、《春秋紀傳録》、《大易心印》、《四書本義》及《分節參同契》、《大地圖衍義》、《山房九笈》、《三江水利考》等。各自爲集，藏於家。眞草書法蘊、趙，爲世所珍。由鄉舉授奉化令，以節氣自持，不能折腰俗吏。時同鄉沈鳳峰愷爲副憲，公與節推楊樞爲屬吏，樞先謁愷，愷命侍坐，適公入趨南坐，不少遜，愷意不懌，公怒曰：『而豈以我不能爲陶彭澤耶？』後公坐誣掛冠，厭松俗侈靡，卜居霅川，郡侯袁重公學行，每歎泖峰佳麗不能容徐公高隱爲恨云。

《明史》卷二八七《徐獻忠傳》　徐獻忠，字伯臣，嘉靖中舉。於鄉官奉化知縣。著書數百卷。卒年七十七，王世貞私謚曰貞憲。

（雍正）**《浙江通志》卷一九四《寓賢上》**　徐獻忠，《萬曆湖州府志》：字伯臣，華亭人。孝友天至，博學能文。中應天鄉試，為奉化令有聲。其父病，執獻忠手曰：『吾家三世不益丁，得無繫於葬所哉？』於是偕堪輿家卜地得烏程之福山，葬其父，遂家焉。

（嘉慶）《清一統志》卷五九《松江府二》　徐獻忠，字伯臣，華亭人。由鄉舉，官奉化知縣。居二年罷歸，愛吳興山水，遂徙居焉。時掉小艇扣舷吟弄，以天隨元真自況。初工時文，後肆力於九經，作《春秋稽傳録》、《洪範或問》、《大易心印》、《四書本義》及《三江水利考》、《山房九笈》、《樂府原》、《唐詩品》，凡數百卷。為人孝友，内外淳備。自著述外，無他嗜好，工真草書，卒，友人王世貞輩私謚之曰『文惠』。

（乾隆）《江南通志》卷一六六《人物志》　徐獻忠，字伯臣，華亭人。嘉靖乙酉舉人。授奉化縣令，尋乞歸。博學高才，日讀書盈寸，詩文兼工，尤長於賦。有《白蓮羽扇》諸篇，為時傳誦。

清　傅維鱗《明書》卷一四八《列傳十》　徐獻忠，字伯臣，華亭人。神識茂暢，性操并介。自其髫齔時，雅已蜚俊，聲擅著作。久之，舉於鄉。凡六上禮部，不利，君既不獲逞於時義，乃益務為搜獵裨官、逷者、外家之語。逸璧斷戟，摩削亡昏旦，農圃、醫卜，支離覆逆，音聲人伎，往往精探其所由造，雖專門名家，無以難之。而其為詩，自建安以下至大歷，鮮有不窺。薄神情妙，傳獨在江左與貞徽之際而已。文主爾雅，不離象質，賦頌碑誌，取材東京。然至於論説興革利害，物情時趣，有味乎言之也。華亭故推陸文裕深，博精於古，視獻忠為父。行其揚扢風雅，下上今昔，耳語膝坐，忘其為吾汝也。獻忠隸選，人當得縣令，人或謂其少遲之，一令何足溷徐先生。爲獻忠曰：『令易及民耳目也，一第亦何足溷某也？』得浙之奉化，奉化夷峻，而城蛇虺雜，居（氏）［民］俗陋而好訟，至不為斤斤三尺溼束之節。用平稅蠲役，防水務有以袵席，其長老稍推羨田，學官爲膏粥費，興禮揖遜彬如也。所為植培，務在單赤以下，其政術好近民而遠上，移牒條教，飭儒而不必緣吏。以故良士大夫、草莽之臣，類能誦説之，他不盡爾也。甫二歲，人計，道彭城，有監司者以一籠筵授獻忠致之京。獻忠佯為不悟，抵京以一籠筴報，亡何坐殿罷。會其父病，執其手，曰：『吾三世不益丁，得無於葬有所（根）［恨］哉？是而責也，獻忠拜受教，前為諸生固精堪輿家言，相地數百里，獲吳興之福山，葬其親，又愛其山水清遠，士風醕嘉，既罷，則斥置墓田，旁搆丙舍為終老計，不竟稱華亭人矣。五柳雙桐，偃蹇技門，疎櫺淨几，奇書古文，間以金石三代之器，葛巾羽氅，徜徉其間，客至則留，小飲聽去，春容寂寥，隨取而足，時命單舫漁童樵青，於苕霅菰蘆間，不復可蹤迹也。故工尚書劉麟、蔣瑤，刑尚書顧應祥，諸大老為耆英會，迫欲得獻忠。獻忠一再往後，了不復戀，肆力九經，作《春秋稽傳録》、《洪範或問》、《大易心印》、《四書本義》；分節受鑰，伯陽以破元扃，作《參同契》、《亥步心測》；璞算神啓，作《大地圖衍義》、《山房九笈》、《三江水利攷》、《吳興掌故集》；探始中聲，旁極正變，作《樂府原》、《唐詩品》；朱邑既老，不忘桐鄉，作《四明半政録》，其雜著詩文又數十卷行於世。

著録

明　田藝蘅《〈水品〉序》《水品全秩》卷首　余嘗著《煮泉小品》，其取裁於鴻漸《茶經》者十有三。每閲一過，則塵吻生津，自謂可以忘渴也。近遊吳興，會徐伯臣示《水品》，其旨契余者，十有三。緬視又新、永叔諸篇，更入神矣。蓋水之美惡，固不待易牙之口而自可辨。若必欲一一第其甲乙，則非盡聚天下之水而品之，亦不能無爽也。況斯地也，茶泉雙絕，且桑苧翁作之於前，長谷翁述之於後，豈偶然耶？攜歸並梓之，以完泉史。嘉靖甲寅秋七月七日錢唐田藝蘅題。

明　蔣灼《〈水品〉跋》《水品全秩》卷末　徐子伯臣，往時曾作唐詩品，今又品水，豈水之與詩，其泠然之聲、沖然之味有同流邪？予嘗語田子曰：『吾三人者，何時登崑崙，探河源，聽奏鈞天之洋洋，還涉三湘，過燕秦諸川，相與飲水賦詩，以盡品咸池、韶濩之樂，徐子能復有以許之乎！』餘杭蔣灼跋。

明　朱睦㮮《近古堂書目》卷上《子譜録類》　《茶寥記》、《水品全帙》。

明　祁承爜《澹生堂藏書目》卷七《子類第三》　《水品》一卷，《夷門廣牘》本。

明　顧起元《説略》卷二五《食憲》　徐獻忠有《水品》二卷。

（乾隆）《江南通志》卷一九二《藝文志》　【略】《水品》，俱華亭徐獻忠。

《續文獻通考》卷一八一《經籍考》 徐獻忠《水品》二卷。

《續通志》卷一五九《藝文略》 《水品》二卷，明徐獻忠撰。

清 陸廷燦《續茶經》卷下 《水品》，徐獻忠。

《四庫全書總目》卷一一六《子部二六・譜録類存目》 《水品》二卷，浙江巡撫採進本，明徐獻忠撰。

清 沈初《浙江採集遺書總録閏集・説家類》 《水品全秩》二卷，右明知華亭徐獻忠撰。上卷分論源流品味。下卷論列各水，凡三十有四。

清 陸漻《佳趣堂書目》 《水品》，徐顯忠。

清 丁申、丁丙《八千卷樓書目》卷一二《子部・譜録類》 《水品》二卷，明徐獻忠撰，《茶書》本。

明 高元濬《茶乘拾遺》 徐獻忠《水品》一書，窮究天下源泉，載福州南臺山泉清冷可愛，而不知東山聖泉、鼓山喝水巖泉、北龍腰泉尤佳。龍腰泉，在北郊城隅，無沙石氣，端明為郡日試茶必汲此泉。側有『苔泉』二字，為公手書。

蒙史

傳記

《續文獻通考》卷一九六《經籍考》 膺，字君御，武陵人。萬歷進士，官至南京太常寺卿。

（光緒）《湖廣通志》卷五〇《鄉賢志》 龍膺，德孚之子，萬歷庚辰進士。陞徽州府推官。有清操，遷祠祭司主事。歷陞甘肅糸政，以宿望召入為太常卿。

《四庫全書總目》卷一七九《集部三二・別集類存目六》 膺，字君御，武陵人。萬歷庚辰進士。官至南京太常寺卿。

著録

明 朱之蕃《〈蒙史〉題辭》《蒙史》 壺觴、茗碗，世俗不啻分道背馳，自知味者，視之則如左右手，兩相為用，缺一不可。頌酒德，贊酒功，著《茶經》，稱《水品》，合之雙美，離之兩傷。從所好而溺焉，孰若因時而迭為政也。吾師龍夫子，與舒州白力士鐺，夙有深契，而於瀹茗品泉，不廢浄緣。頃治兵湟中，夷虜款塞，政有餘閒，縱觀泉石，扶剔幽隱。得北泉，甚甘烈，取所攜松蘿、天池、顧渚、羅岕、龍井、蒙頂諸名茗嘗試之，且著《醒鄉記》，以與王無功。千古競爽，文囿頡頏，破絕塞之顓蒙，增清境之勝事。乃知天地有真味，不在羶酪、薑椒、羶腥、鹽豉間。而雅供清風，且推而與擐甲、關弧、荷氈、披毳者共之矣。不肖蕃曩侍宴歡，輒困憊於師之觴政。所幸量過七碗，不畏水厄耳。恨不能縮地南國，覽勝湟中，聽松風，觀蟹眼，引滿醉茶於函丈之前，以蕩滌塵情，消除雜念也。日奉斯編，用為指南，輒不自諒小巫之索然，敬綴數語，以就正焉。萬曆壬子歲春正月，江左門人朱之蕃書於口椀齋。

明 徐𤊹《徐氏紅雨樓書目》卷三《農圃類》 《蒙史》二卷，龍膺。

明 徐𤊹《徐氏家藏書目》卷三《農圃類》 《蒙史》二卷，武陵龍膺。

清 丁申、丁丙《八千卷樓書目》卷一二《子部・譜録類》 《蒙史》二卷，明龍膺撰，《茶書》本。

運泉約

傳記

《明史》卷二八八《王惟儉傳附》 日華，字君實，嘉興人。萬歷二十年進士。官至太僕少卿。恬澹和易，與物無忤。

（雍正）《江西通志》卷六四《名宦八》 李日華，嘉興人。天啟間任九江府推官。嗜古博洽，飛翰如流，視篆瑞昌，仁而愛民，邑苦支應馬價，條悉具請得減，民甚感之，有《六研堂文集》行世。《瑞昌志》

（雍正）《浙江通志》卷一五九《人物六》 李日華，《列朝詩集傳》：字君實，嘉興人。萬歷壬辰進士。除九江推官，累官太僕寺少卿，告歸。日華和易安雅，恬於仕進，後先家食二十餘年。能書畫，善賞鑒，一時士大夫風流儒雅，好古博物，祥符王惟儉、雲間董其昌為最。日華書畫亞於其昌，博雅亞於惟儉，而微兼二公之長。落落穆穆，韻度穨然，可稱名士。

著録

明 李日華《運泉約・序》 吾輩竹雪神期，松風齒頰，暫隨飲啄人間，終擬消遥物外。名山未即，塵海何辭。然而搜奇煉句，液瀝易枯；滌滯洗蒙，茗泉不廢。月團百片，喜折魚緘。槐火一篝，驚翻蟹眼。陸季疵之著述，既奉典刑；張又新之編摩，能無鼓吹。昔衛公宦達中書，頗煩遞水。杜老潛居夔峽，險叫濕雲。今者環處惠麓，踰二百里而遙；問渡淞陵，不三四日而致。登新捐舊，轉手妙若轆轤；取便費廉，用力省於桔槔。凡吾清士，咸赴嘉盟。竹嬾居士題。

湯品

綜述

《四庫全書總目》卷一一六《子部二六・譜録類存目》 分十六品，首爲煎法，以老嫩言者凡三品；次爲注法，以緩急言者凡三品；次以器標者凡五品；次以薪論者凡五品；大抵餖飣成書，不足以資觀覽。

清 周中孚《鄭堂讀書記》卷五〇《子部九之上・譜録類一》 《四庫全書》存目，作《湯品》，無卷數，不著撰人名氏。其書稱湯者，茶之司命。若名茶而濫湯，則與凡末同調矣。因作煎法、注法各三品，以器標，以薪論者，各五品，凡十六品。大抵餖飣成編，似宋元間人所僞託，斷不出於唐人也。

著録

明 祁承㸁《澹生堂藏書目》卷七《子類第三》 《湯品》一卷，《夷門廣牘》本。

明 顧起元《説略》卷二五《食憲》 不知名氏有《湯品》一卷。

《續通志》卷一五九《藝文略》 《湯品》無卷數，不著撰人名氏。

《續文獻通考》卷一八一《經籍考》 《湯品》無卷數，不著撰人名氏。

《四庫全書總目》卷一一六《子部二六・譜録類存目》 《湯品》無卷數，副都御史黄登賢家藏本，不著撰人名氏。

清 陸漻《佳趣堂書目》 《湯品》，唐蘇廙。

清 周中孚《鄭堂讀書記》卷五〇《子部九之上・譜録類一》 《十六湯品》一卷，《説郛》本，舊題唐蘇廙撰廙始末無考。

雜録

清 蔣超伯《南漘楛語》卷六《品茶二則》 品茶以瓦器為宜，乃蘇廙《十六湯品》云。湯器之不可捨金銀，猶琴之不可捨桐。又云：茶瓶用瓦，如乘折脚駿。蓋唐時，茗飲為費至鉅，豪貴人方能嗜之。一時爭以金銀為湯具，即陸季疵論茶鍑，亦云用銀為之至潔，是其證已。

竹木類農書部

竹譜（戴凱之）

綜述

《四庫全書總目》卷一一五《子部二五·譜録類》 晁公武《郡齋讀書志》云：凱之字慶預，武昌人。又引李淑《邯鄲圖書志》云：謂不知何代人。案：《隋書·經籍志·譜系類》中有《竹譜》一卷，不著名氏。《舊唐書·經籍志》載入農家，始題戴凱之之名，然不著時代。左圭《百川學海》題曰：晉人，而其字則曰慶豫。預、豫字近，未詳孰是。其曰：晉人，亦不知其何所本。然觀其以侖韻年船，以邦韻同功，猶存古讀。註中音訓，皆引三蒼。他所援引如虞豫《會稽典録》、常寬《蜀志》、徐廣《雜記》、沈瑩《臨海水土異物志》、郭璞《山海經註》、《爾雅註》，亦皆晉人之書。而《尚書》條簜既敷，猶用鄭玄筱簜竹簜大竹之註，似在孔傳未盛行以前。雖題為晉人別無顯證，而李善註馬融《長笛賦》已引其『籦籠』一條，段公路《北戶録》引其『篛必六十復亦六年』一條，足證為唐以前書。惟《酉陽雜俎》稱：《竹譜》竹類三十九，今本乃七十餘種，稍為不符。疑《酉陽雜俎》傳寫誤也。其書以四言韻語記竹之種類，而自為之註，文皆古雅。所引黃圖一條，今本無之。與徐廣註《史記》所引黃圖均為今本不載者，其事相類，亦足證作是書時黃圖舊本猶未改修矣。舊本傳刻頗多訛脱。如『蓋竹所生，大抵江東，上密防露，下竦來風，連畝接町，竦散岡潭』六句，『潭』字於韻不協。雖『風』字據《詩·衛風》有『孚金切』一讀，於古音可以協『潭』，而『東』字則萬無協理，似乎『潭岡散竦』四字誤倒其文，以『竦』韻『東』『風』，猶劉琨詩之以『叟』韻『璆』，潘岳詩之以『荷』韻『歌』也。然諸本竝同，難以臆改。凡斯之類，皆姑仍其舊焉。

《四庫全書簡明目録》卷一二 所記竹類七十有餘。皆叙以四言韵語詞，旨古雅，非唐以後人所能。其註中所引晉以前書，多存古義，亦足以資考證。

清 周中孚《鄭堂讀書記》卷五一《子部九之下·譜録類二》 《四庫全書》著録。《隋志》譜系類載《竹譜》一卷，不著撰人。《新舊唐志》農家類所載，始題慶預名氏。《崇文目》小説類、《書録解題》《通考》、《宋志》俱農家類，俱同《宋志》作三卷，字之誤也。是書哀輯竹事，皆四字語，有韻類頌，并自為之注。所記種類，七十有餘。詞既古雅，而注中所引諸書古文，足以資於考證。《百川學海》、《説郛》均收入之。

清 丁丙《善本書室藏書志》卷一八《子部六·譜録類》 所記竹類七十餘種，以四言韻語，記竹之種類，而自為之注，文皆古雅。

著録

清 王謨《〈竹譜〉跋》《竹譜》 右戴凱之《竹譜》一卷，晁公武云：凱之字慶預，武昌人。哀輯竹事，四字一讀，有韻類賦頌，李邯鄲云：『未詳何代人。』按鍾嶸《詩品》以宋參軍戴凱之入中卷，云『人實貧羸而才章富健，聞雖不多，氣調警拔。』又見《宋書·鄧琬傳》，琬遣武昌戴凱之為南康相，與齊王世子戰敗遁走。則凱之本宋人，官爵事跡，多在五嶺左右，亦就所見聞言之耳。其於『篔簹』條下注云，見方志賦。蓋據劉淵林《吴都賦》注引《異物志》，『篔簹生水邊，長數丈，圍一尺五六寸，一節相去六七尺或一丈。廬陵畍有之，與此云大者中甑。』文固有詳略也。又本賦『竹則篔簹箖箊，桂箭射筒。柚梧有篁，篻簩有叢』，以『筒』、『叢』為韻。而此文乃作『射箇』，則傳寫之訛也。此書多有闕文訛字，又原本題晉戴凱之，亦為失考。今並分別改正。汝上王謨識。

《隋書》卷三三《經籍志二》 《竹譜》一卷。

《舊唐書》卷四七《經籍志下》 《竹譜》一卷，戴凱之撰。

《新唐書》卷五九《藝文志三》 戴凱之《竹譜》一卷。

《崇文總目》卷三 《竹譜》一卷，戴凱之撰。

宋　鄭樵《通志》卷六六《藝文略第四》　《竹譜》一卷，戴凱之撰見《隋志》。

宋　尤袤《遂初堂書目・譜録類》　《竹譜》。

宋　趙希弁《郡齋讀書志・後志》卷二　右戴凱之撰，凱之字慶預，武昌人。裒輯竹事，四字一讀，有韻類賦頌。李邯鄲云：『未詳何代人。』

宋　陳振孫《直齋書録解題》卷一〇《農家類》　《竹譜》一卷，武昌戴凱之慶預撰。皆四字語。

《宋史》卷二〇五《藝文志四》　戴凱之《竹譜》三卷。

《文獻通考・經籍考四五》卷二一八　《竹譜》一卷。鼂氏曰：戴凱之撰。凱之字慶預，武昌人。裒輯竹事，四字一讀，有韻類賦頌。李邯鄲云：『未詳何代人。』

明　高儒《百川書志》卷一〇《子志四・農家》　《竹譜》一卷，晉武昌戴凱之慶豫撰。

明　鼂瑮《鼂氏寶文堂書目》卷下《農圃》　戴凱之《竹譜》。

明　焦竑《國史經籍志》卷三《史部・種藝》　《竹譜》一卷，戴凱之。

明　陳第《世善堂藏書目録》卷下《農圃》　《竹譜》一卷，宋僧惠崇。

明　祁承㸁《澹生堂藏書目》卷八《子類第四・樹藝》　《竹譜》一卷，戴凱之。《百川學海》本。《山居雜志》本。

明　徐𤊹《徐氏家藏書目》卷三《農圃類》　《竹譜》一卷，宋戴凱之。

明　徐𤊹《徐氏紅雨樓書目》卷三《農圃類》　《竹譜》一卷。

明　柯維騏《宋史新編》卷五〇《藝文志四》　戴凱之《竹譜》三卷。

明　慎懋官《華夷花木鳥獸珍玩考・花木考》卷五　《竹譜》一卷，鼂氏曰：戴凱之撰。

清　錢曾《也是園藏書目》卷二《史部・種藝》　戴凱之《竹譜》一卷。

清　錢曾《錢遵王述古堂藏書目録》卷六《花木》　戴凱之《竹譜》一卷，一本，抄。

《清文獻通考》卷二二八《經籍考》　《竹譜》一卷。

《四庫全書總目》卷一一五《子部二五・譜録類》　《竹譜》一卷，內府藏本，舊本題晉戴凱之撰。

《四庫全書簡明目録》卷一二　《竹譜》一卷，晉戴凱之撰。

清　季振宜《季滄葦藏書目》　《竹譜》、《筍譜》、《菌譜》、《酒譜》，共一本。

清　陸漻《佳趣堂書目》　《竹譜》一卷，戴凱之。

清　丁日昌《持靜齋書目》卷三《農家類》　《竹譜》一卷，《漢魏叢書》刊本。晉戴凱之撰。

清　孫星衍《孫氏祠堂書目・内編》卷二　《竹譜》一卷，晉戴凱之撰。

清　周中孚《鄭堂讀書記》卷五一《子部九之下・譜録類二》　《竹譜》一卷，《漢魏叢書》本，晉戴凱之撰凱之，字慶預，武昌人。。

清　張金吾《愛日精廬藏書志》卷二五《子部・雜家類》　《續談助》五卷【略】。右鈔，武昌戴凱之所撰《竹譜》，而率爲韻語。舊於《竹譜》下注云：并序，而無之，又其文脱錯，殆不可讀，故鈔之特畧。八月己卯記。

清　丁丙《善本書室藏書志》卷一八《子部六・譜録類》　《竹譜》一卷，明翻宋本。晉武昌戴凱之慶豫撰。所記竹類七十餘種，以四言韻語，記竹之種類，而自為之注，文皆古雅。

清　丁申、丁丙《八千卷樓書目》卷一二《子部・譜録類》　《竹譜》一卷，晉戴凱之撰。明刊本。汪士賢刊本。龍威秘書本。影閣抄本。百川本。

清　陸心源《皕宋樓藏書志》卷五四《譜録類二》　《竹譜》一卷，宋刊本。晉武昌戴凱之慶豫撰。

清　沈德壽《抱經樓藏書志》卷四〇《譜録類一》　《竹譜》一卷，宋刊本，震澤施耐齋舊藏。晉武昌戴凱之慶豫撰。卷首有震澤半塘尌一瓢居施耐齋藏書之印。

又《竹譜》一卷，宋刊本，楊夢羽舊藏。晉武昌戴凱之慶豫撰。卷中有海虞楊儀夢羽藏書印朱文方印。

清 沈炳震《唐書合鈔》卷七四《經籍志三》 《竹譜》一卷，戴凱之撰。

清 章宗源《隋經籍志考證》卷七 《竹譜》一卷，無撰名，今存戴凱之《竹譜》一卷。

清 陳揆《稽瑞樓書目》 《竹譜》二卷，舊鈔，一冊。

清 張之洞《書目答問・史部・譜録第一二》 《竹譜》一卷，六朝宋戴凱之，漢魏叢書本。

清 佚名《唐書藝文志注》卷三 戴凱之《竹譜》一卷，《隋志》『譜系類』：《竹譜》二卷，不著撰人。晁氏《讀書志》：凱之，字慶預，武昌人，四字一讀。謹案《宋書・鄧琬傳》記，武昌戴凱之，即此人，亦見詩品。今存。

又 《竹譜》一卷，戴凱之撰。

雜録

唐 段成式《酉陽雜俎》卷一八 《竹譜》竹類有三十九。

宋 李石《續博物志》卷一〇 《竹譜》曰：竹之品，六十有一。

（萬曆）《紹興府志》卷一一《物産志》 戴凱之《竹譜》，竹之別類有六十一。黄魯直以為竹種類至多，《竹譜》之皆不詳，欲作《竹史》不果成。

竹記

宋 鄭樵《通志》卷六六《藝文略第四》 《竹記》一卷。

明 焦竑《國史經籍志》卷三《史部・種藝》 《竹記》一卷。

竹譜（吴良輔）

《宋史》卷二〇五《藝文志四》 吴良輔《竹譜》二卷。

明 柯維騏《宋史新編》卷五〇《藝文志四》 吴良輔《竹譜》二卷。

筍譜（僧贊寧）

題解

《四庫全書總目》卷一一五《子部・譜録類》 其標題蓋仿陸羽《茶經》。援據奧博，所引古書多今世所不傳，深有資於考證。三之食以前，皆有注，似所自作。

綜述

《四庫全書總目・子部二五・譜録類》卷一一五 晁公武《讀書志》作僧惠崇撰。陳振孫《書録解題》作僧贊寧撰。案：惠崇爲宋初九僧之一，工於吟詠，有《句圖》一卷。又工於畫，《黄庭堅集》有題其所作《蘆雁圖詩》。然不聞曾作是書。考《宋史・藝文志》亦作贊寧，則振孫説是也。贊寧，德清高氏子，出家杭州龍興寺。吴越王錢鏐署爲兩浙僧統。宋太宗嘗召對於滋福殿，詔修《高僧傳》。咸平中，加右街僧録。至道二年卒，謚曰『圓明大師』。所著《物類相感志》，歲久散佚。世所傳者皆贋本，惟此書猶其原帙。書分五類，曰一之名、二之出、三之食、四之事、五之説。其標題蓋仿陸羽《茶經》。援據奧博，所引古書多今世所不傳，深有資於考證。三之食以前，皆有註，似所自作。然『筍汁煮羹』一條，註乃駁正其説，以爲羹不如蒸。又似後人之所附益，不可考矣。王得臣《麈史》曰：僧贊寧爲

《筍譜》甚詳，掎摭古人詩詠，自梁元帝至唐楊師道，皆詩中言及筍者。惟孟蜀時學士徐光溥等二人絕句，案：此數句似有脫文，今姑仍其舊。亦可稱勤篤，然未盡也。如退之《和侯協律詠筍二十六韻》，不收何耶。豈寧忿其排釋氏而私懷去取耶？抑文公集當時未出乎？不可知也云云。今檢譜中果佚是作。然以一人之耳目而採摭歷代之詩歌，一二未周，勢所必有，不足爲是書病也。

《四庫全書簡明目録》卷一二　凡分五類，曰一之名、二之出、三之食、四之事、五之説。援據奥博，所引古書多今所未見。

清　周中孚《鄭堂讀書記》卷五一《子部九之下・譜録類二》　《四庫全書》著録。《讀書志》、《書録解題》、《通考》、《宋志》俱載之。晁氏作僧惠崇撰，馬氏則俱存而不論。考書中有云：愚著《物類相感志》，則是贊寧撰，而非惠崇撰明矣。書分五類，一之名，凡十名。二之出，凡九十八種。三之食，凡十三則。四之事，凡六十事。五之雜説，凡八則。前二類皆有注，以發明之，似是其所自作也。大都引證繁富，所有古書多今所未見，而文筆亦頗雅馴，相其體裁，當在《物類相感志》上也。《説郛》、《唐宋叢書》均收入之。

傳記

《咸淳臨安志》卷七〇　贊寧受業於祥符寺，學南山律，兼通六籍、史書、莊老百氏之學。太平興國三年十月，贊寧奉阿育王塔舍歸朝，見太宗皇帝於滋福殿。一日七召對，賜號『通慧大師』。八年秋，詔撰《大宋高僧傳》三十卷，淳化二年預史館集新書。五年，真宗召對賜坐，以為右街僧録。三年遷左街。崇寧三年，賜號『通慧圓明大師』。王內翰元之與詩，有『詔修僧史浙江濱，萬卷書中老一身』之句。

宋　歐陽修《六一詩話》　吳僧贊寧，國初為僧録。頗讀儒書，博覽強記，亦自能撰述，而辭辯縱横，人莫能屈。時有安鴻漸者，文辭雋敏，尤好嘲詠。嘗街行，遇贊寧與數僧相隨，鴻漸指而嘲曰『鄭都官不愛之徒，時時作隊』，贊寧應聲答曰『秦始皇未坑之輩，往往成羣』。時皆善其捷對。鴻漸所道乃鄭谷詩，云『愛僧不愛紫衣僧』也。

宋　吴自牧《夢粱録》卷一七　贊寧，太平興國奉阿育王舍利朝太宗。賜號『通慧大師』。真宗召對賜坐，以右街陞左街僧録，賜號『通慧圓明大師』。

宋　江少虞《事實類苑》卷一五　僧贊寧，太祖皇帝初幸相國寺，至佛像前燒香。問當拜與不拜。僧録贊寧奏曰『不拜』。問其何故，對曰『見在佛不拜過去佛』。贊寧者頗知書，有口辯。其語雖類俳優，然適會上意，故微笑而頷之，遂以為定制。至今行幸，焚香皆不拜也。議者以為得禮。

又　卷六一　僧録贊寧有文學，洞古博物，著書數百卷。王元之禹偁、徐騎省鉉，疑則就質焉。二公皆拜之，柳仲塗開因曰：『余頃守維陽，郡堂後菜圃纔雨陰則清燄夕起，觸近則散，何耶？』寧曰：『此粦火也。兵戰血或牛羊馬血著地則凝結，遂為此氣。雖千載不散。』柳遽拜之曰：『掘之皆斷鎗折鏃，乃古戰地也。』因贈以詩，中有『空門今日見張華』之句。

明　田汝成《西湖遊覽志餘》卷一四　贊寧者，德清人。出家靈隱寺。讀書强記，辭辯縱横，人莫能屈。宋初徵入汴京，為《僧録》。太祖行香至相國寺，問曰：『朕見佛，拜是？不拜是？』對曰：『現在佛不拜過去佛。』太祖大喜，遂為定禮。時有安鴻漸者，好嘲詠，嘗街行遇贊寧偕數僧。鴻漸指嘲曰：『鄭都官不愛之徒時時作隊。』贊寧應聲曰：『秦始皇未坑之輩往往成羣。』時皆善其捷對。然鄭谷非不愛僧，但不愛僧官耳。故其詩曰『愛僧不愛紫衣僧』，而蘇子瞻之贈慧勤罷僧職也，亦云：『軒軒青田鶴，鬱鬱在樊籠。既為物所縻，遂與吾輩同。今來始謝去，萬事一笑空。』則僧以官名，誠非出世法也。

徐常侍鉉仕江南日，嘗襆被入直澄心堂，至飛虹橋，馬輒不進，裂鞍斷轡，箠之流血，掣韁却立。鉉貽書贊寧，贊寧答曰：『下必有海馬骨，水火俱不能毀，惟漚以腐糟，隨毀者是也。』鉉斸之，去土丈餘，果得巨獸骨。上脛可長五尺，膝而下長三尺，髀骨若段柱然。積薪焚三日不動，以腐糟纔漚之，遂爛焉。徐謂嘗得畫牛一副，晝嚙草欄外，夜則歸卧欄中。持以獻後主煜。煜獻之宋太宗。以示諸臣，無能辯其理者。贊寧曰：『南倭海水或減，灘磧微露，倭人拾方諸蚌臘中，有餘淚和色著物，則晝隱夜見。沃焦山時或風燒飄擊，有石落海岸，滴水碧色，染物則晝見夜隱。此牛二形，殆二物所畫也。』

明 吴之鯨《武林梵志》卷一〇　宋僧統贊寧法師，姓高氏。其先世渤海人。天祐中，師生於吳興郡之德清金鵞別墅。出家杭之祥符。習南山律宗，著述毘尼，時人謂之『律虎』。文學日茂，聲望日隆。武肅諸王公族咸慕重之。署為兩浙僧統。賜號『明義宗文』。興國三年，太宗聞其名，詔對滋福殿，延問彌日。改賜『通慧』。詔修《大宋高僧傳》三十卷，又詔撰《三教聖賢事》一百卷。初補左街，講經首座，知西京教門事。咸平初，加右街僧録。師又著《内典集》一百五十卷、《外學集》四十九卷、内翰王禹偁作《文集序》，極其贊美。又有書稱其文辭，末云：『所謂時雨降矣，日月出矣，灌溉爝火，復何為哉！』至道二年示寂，葬龍井塢。崇寧四年，加謚『圓明』。

明 陶宗儀《説郛》卷八二　吳僧贊寧，國初為僧録，頗讀儒書。博覽强記。亦自能撰述，而辭辯縱橫，人莫能屈。時有安鴻漸者，文詞雋敏，尤好嘲詠。嘗街行遇贊寧與數僧相隨，鴻漸指而嘲曰『鄭都官不愛之徒時時作隊』，贊寧應聲答曰『秦始皇未坑之輩往往成羣』。時皆善其捷對。鴻漸所道，乃鄭谷詩，云『愛僧不愛紫衣僧』也。

明 張昶《吳中人物志》卷一二《方外》　贊寧，吳僧，博物稱於時。柳如京、徐騎省與之游。或就質問難事，楊文公、（毆）［歐］陽公亦皆知名。嘗採經傳物類相感者為書十卷。又撰《笋譜》二卷。時有安鴻漸好嘲謔，遇贊寧與數僧偕行，指而言曰：『鄭都官不愛之徒，時時作隊。』贊寧即應聲曰：『秦始皇未坑之輩，往往成群。』其敏捷如此。

（嘉靖）《惟揚志》卷三八《雜志》　贊寧，有文學，洞古博物，著書數百卷，太祖禮之。王元之輩常就質疑，柳仲塗守惟揚，贈之詩，有『空門今日見張華』之句，《笋譜》其所著之一也。

清 吴任臣《十國春秋》卷八九《贊寧傳》　僧贊寧，本姓高氏，其先渤海人，隋末徙居德清縣。祖瑂，父審，皆隱德不仕。寳正中，捨身杭州靈隱寺為僧，一云出家祥符寺。已而入天臺山受具足戒。習四分律，通南山律，著述毘尼，時人謂之『律虎』。【略】太平興國三年，忠懿王入宋，贊寧奉舍利真身塔以朝。太宗聞其名，召對滋福殿，賜紫方袍，尋賜號曰『通慧』。【略】命充翰林史館編修，纂《高僧傳》三十卷，《内典集》一百五十卷，《外學集》四十九卷。【略】聽歸杭州舊寺居，無何，徵入汴京，住天壽寺。參知政事蘇易簡奉詔撰《三教事迹》，奏贊寧與太乙宫道士韓德純分領其事，制署左街講經首座。至道元年，知西京教門事。咸平元年，充右街僧録，年八十餘卒。謚曰『圓明大師』，葬龍井。贊寧博物多識，辨説縱横。【略】贊寧又著《通論》，有駁董仲舒、難王充、斥顔師古、證蔡邕、非《史通》等説，及《笋譜》、《物類相感志》諸書，王禹偁深嘆服之。【略】

清 厲鶚《宋詩紀事》卷九一　贊寧，德清高氏子。出家杭州龍興寺，吴越武肅王署爲兩浙僧統，賜號『明義』。宋太宗召對滋福殿，詔修《高僧傳》。咸平初，加右街僧録，又著《内典集》、《外學集》。至道二年示寂，謚曰『圓明大師』。

《續文獻通考》卷一八五《經籍考》　釋贊寧《宋高僧傳》三十卷。贊寧，德清人，杭州龍興寺僧。吳越王錢鏐署為兩浙僧統。宋太宗嘗召對於滋福殿，詔修《高僧傳》。咸平中加右階僧録，至道二年卒，謚曰『圓明大師』。

（雍正）《浙江通志》卷一九九　贊寧，《堯山堂外紀》：德清人，姓高氏。出家靈隱寺。宋初，徵入汴京，為僧録。太祖行香至相國寺，問曰：『朕見佛，拜是？不拜是？』對曰：『現在佛不拜過去佛。』太祖喜，遂為定禮。太宗時撰《僧史》十卷。充史館編修，壽八十四。《十國春秋》，贊寧入天臺山，受具足戒，習四分律，通南山律，著述毘尼，時謂之『律虎』。賜號『明義宗文』。太平興國三年，改賜『通慧』，崇寧四年，加謚『圓明』。

清 周中孚《鄭堂讀書記》卷五一《子部九之下・譜録類二》　贊寧，德清高氏子，出家杭州龍興寺。吳越王錢鏐署為兩浙僧統。宋咸平中，加右街僧録。卒謚『圓明大師』。

著録

《崇文總目》卷三　《笋譜》一卷，釋贊甯撰。

宋 鄭樵《通志》卷六六《藝文略第四》　《笋譜》一卷，宋朝僧贊寧撰。

宋 尤袤《遂初堂書目・譜録類》　《笋譜》。

宋 晁公武《郡齋讀書志·後志》卷二《子類》 《筍譜》三卷。右皇朝僧惠崇撰。

宋 趙希弁《郡齋讀書後志》卷二 《筍譜》三卷，右皇朝僧惠崇撰。

宋 陳振孫《直齋書録解題》卷一〇《農家類》 《筍譜》一卷，僧贊寧撰。案：晁公武《讀書志》作『僧惠崇撰』。

宋 江少虞《事實類苑》卷六一 錢昱，獻王長子也。讀書强記。在故國，與贊寧僧録迭舉竹數束，得一事，抽一條。昱得百餘條，寧倍之。昱著《竹譜》三卷，寧著《笋譜》十卷。

《文獻通考》卷二一八《經籍考四五》 《筍譜》二卷，鼂氏曰：皇朝僧惠崇撰。陳氏曰：僧贊寧撰。

《宋史》卷二〇五《藝文志四》 僧贊寧《筍譜》一卷。

明 高儒《百川書志》卷一〇《子志四·農家》 《筍譜》一卷，宋吴僧贊寧著，凡五類。

明 陸樹聲《書筍〈譜〉》《吴興藝文補》卷三五 僧贊寧作《筍譜》，至論食法甚詳。予嘗謂使世人不知食筍，則此君類日繁其。萬竿千畝，沒於齒頰者，何限禿翁老饞。不惜口業，復作此以貽後人，好事者據爲食史，不知此乃淇園渭川之刑書也。

明 焦竑《國史經籍志》卷三《史部·種藝》 《筍譜》一卷，宋僧贊寧。

明 陳第《世善堂藏書目録》卷下 《筍譜》二卷，惠崇。

明 晁瑮《晁氏寶文堂書目》卷下《農圃》 贊寧《筍譜》。

明 祁承㸁《澹生堂藏書目》卷八《子類第四·樹藝》 《筍譜》一卷，僧贊寧。《百川學海》本。《山居雜志》本。

明 徐𤊹《徐氏家藏書目》卷三《農圃類》 《笋譜》二卷，宋僧贊寧。

明 徐𤊹《徐氏紅雨樓書目》卷三《農圃類》 《筍譜》二卷，贊寧。

明 柯維騏《宋史新編》卷五〇《藝文志四》 僧贊寧《筍譜》一卷。

明 慎懋官《華夷花木鳥獸珍玩考·花木考》卷五 《筍譜》二卷，晁氏曰：皇朝僧惠崇撰。陳氏曰：僧贊寧撰。

（崇禎）《吴興備志》卷二二《經籍徵第一八》 宋釋贊寧《筍譜》一卷。

清 黄虞稷《千頃堂書目》卷九《食貨類》 《笋譜》贊寧。

清 曹寅《楝亭書目》卷三《子集》 《筍譜》，吴僧贊寧撰，一卷，一冊。

清 錢曾《也是園藏書目》卷三《史部·種藝》卷二 贊寧《筍譜》一卷。

清 錢曾《錢遵王述古堂藏書目録》卷六《花木》 贊寧《筍譜》一卷，一本，抄。

清 錢曾《述古堂藏書目》卷四 贊甯《筍譜》一卷，抄。

（雍正）《浙江通志》卷二四四《經籍四》 《筍譜》二卷，《文獻通考》：釋贊寧撰。

清 季振宜《季滄葦藏書目》 《筍譜》，一本。

清 陸漻《佳趣堂書目》 《筍譜》一卷，吴僧贊寧。

《清通志》卷一一二《校讎略八》 僧贊寧《筍譜》，《讀書志》誤作僧惠崇撰，今據《書録解題》及王得臣《麈史》校正。

《天禄琳琅書目》卷九 《筍譜》。

《四庫全書簡明目録》卷一二 《筍譜》一卷，宋釋贊寧撰，或作惠崇者誤也。

《四庫全書總目》卷一一五《子部二五·譜録類》 《筍譜》一卷，内府藏本，不著撰人名氏。

清 孫星衍《孫氏祠堂書目·外編》卷二 《筍譜》一卷，宋僧贊寧撰。

清 張金吾《愛日精廬藏書志》卷二五《子部》《續談助》五卷，【略】。右鈔沙門贊甯所作《筍譜》，其僞謬亦多，故鈔之亦略。庚辰陳留淨土院記。

清 周中孚《鄭堂讀書記》卷五《子部九之下·譜録類二》 一 《筍

譜》二卷，《百川學海》本，宋釋贊寧撰。

清 丁丙《善本書室藏書志》卷一八《子部六・譜録類》 《筍譜》一卷，明華氏刊本，吴僧贊甯撰。前有譜目，一之名，二之出，三之食，四之事，五之説。蓋仿陸羽《茶經》也。晁公武作『僧惠崇撰』，然不聞作是譜。陳振孫謂『贊甯撰』與《宋史・藝文志》合。贊甯出家杭州龍興寺，吴越王錢氏署為兩浙僧統，宋至道二年卒，謚曰『圓明大師』。

清 丁申、丁丙《八千卷樓書目》卷一二《子部・譜録類》 《筍譜》一卷，宋釋贊寧撰。百川本。汪士賢刊本。唐宋叢書本。

清 陸心源《皕宋樓藏書志》卷五四《譜録類二》 《筍譜》一卷，宋刊本，宋吴僧贊寧撰。

清 陳揆《稽瑞樓書目》 《筍譜》一卷，一冊。

清 王國維《傳書堂藏書志》卷三 《筍譜》一卷，吴僧贊寧撰。

雜録

宋 王得臣《麈史》卷二 僧贊寧為《筍譜》甚詳，掎摭古人詩詠，自梁元帝至唐楊師道皆詩中言及筍者。惟孟蜀時學士徐光溥等二人絶句，亦可為勤篤，然未盡也。如退之《和侯協律詠筍二十六韻》，不收何耶。豈寧忿其排釋氏而私懷去取與，抑文公集當時未出乎不可知也。

續竹譜

宋 尤袤《遂初堂書目・譜録類》 《續竹譜》。

明 祁承㸁《澹生堂藏書目》卷八《子類第四・樹藝》 《續竹譜》一卷。

清 黄虞稷《千頃堂書目》卷九《食貨類》 劉美之《續竹譜》一卷。

清 倪燦《補遼金元藝文志・史部・食貨類》 劉美之《續竹譜》一卷。

清 錢大昕《元史藝文志》卷三《雜藝術類》 劉美之《續竹譜》一卷。

清 魏源《元史新編》卷九三《藝文三》 劉美之《續竹譜》一卷。

清 曾廉《元書》卷二三《藝文志下》 劉美之《續竹譜》一卷。

清 黄鉞《壹齋集》卷一一《鏡心庵園竹生筍一莖兩歧當楊君筠邨教授之地元劉美之〈續竹譜〉載瑞竹合歡發地尺餘分爲兩竿與此適合筠邨諸郎竝隨侍其科名之兆乎因題其楣曰瑞竹堂仍賀以詩》 琅玕千個翠雲濃，一幹雙竿喜乍逢。籥史徵材應竝截，管城拜爵欲分封。人中麟鳳生同日王應鳳，爲應麟弟，少麟八歲，與麟生同日，科目郊祁慶接蹤。我更吟詩供一粲，老筠猶欲化爲龍。

竹譜（李衎）

綜述

《四庫全書總目》卷一一二《子部二二・藝術類一》 《續宏簡録》曰：李衎少時見人畫竹，從旁窺其筆法，始若可喜，旋覺不類，輒歎息舍去。後從黄華子、澹游學。案：黄華老人，金王庭筠之别號，澹游，庭筠子曼慶之别號。《畫史會要録》稱：庭筠善古木竹石，曼慶亦工墨竹。已觀華所畫墨竹，又迥然不同，乃復棄去。至元初來錢塘，得文同一幅，欣然願慰。自後一意師之，兼善畫竹，法加青緑設色。後使交趾，深入竹鄉，於竹之形色情狀，辨析精到，作畫竹、墨竹二譜。凡黏幀礬絹之法悉備。又鄧文原《履素齋集》有《哭衎詩》二首，詩末註曰：仲賓近刊《竹譜》廿卷，其書世罕傳本。浙江鮑氏所傳鈔者僅有一卷，踈畧殊甚。惟《永樂大典》載其完書，實分四門，曰畫竹譜、墨竹譜與《宏簡録》所言合。又有竹態譜、竹品譜，其竹品譜中又分全德品、異形品、異色品、神異品、似是而非竹品、有名而非竹品六子目，共為十卷。卷各有圖，蓋每二卷併一卷矣。其書廣引繁徵，頗稱淹雅。録而存之，非惟游藝之一端，抑亦博物之一助矣。中有説而無圖者，自序謂與常竹同者則不復圖，非闕帙也。

《四庫全書簡明目録》卷一二 凡分四門：曰畫竹譜、墨竹譜、竹態譜、竹品譜。於畫之程式，竹之種類，無不詳盡。非但游藝之資，抑亦博物之助也。

傳記

元 蘇天爵《滋溪文稿》卷一〇《故集賢大學士光禄大夫李文簡公神道碑》 公翰墨餘暇，善圖古竹、木石，庶幾王維、文同之高致。而達官顯人爭欲得之，求者日踵門，公弗厭也。【略】其孫希閔請於朝，始贈公翰林學士承旨柱國，追封薊國公，謚文簡。公諱衎，字仲賓也，世為燕人。考府君以儒名兼通天文律曆之學。世祖皇帝聞其名召而問之，以非官守不敢言。公少警敏，有俊才。世祖新作都城崇奉宗廟，公起家將仕佐郎、太常太祀兼奉禮郎。尋又命兼檢討。久之遷承務郎、淮東道宣慰使司都事。【略】公操韻高潔，又喜吴越風土所在，興學訓士。暇則自放山水間，蓋隱然承平官府之舊民。亦悅其安靜之化焉。公有吏能，嘗奉詔録囚江南，或疑不能決者，公得其情，多所平反。【略】公性和厚，人不見有喜愠。家居不治生業，子孫皆以清慎聞。初表所居曰息齋，晚號醉車先生，作傳以自適。

元 夏文彦《圖繪寶鑒》卷五 李衎，字仲賓，號息齋道人，薊丘人。官至江浙行省平章政事。致仕封薊國公，謚文簡。善畫竹石枯槎，始學王澹，游後學文湖州，著色者師李，頗馳譽當世。

《明一統志》卷一 李衎，薊邱人，號息齋道人。博學多通，官至浙江行省平章政事。卒謚文簡。衎善竹石窠木，所著《竹譜》今傳。子士行，官至黄巖知州，竹石得家學，尤善山水。

《四庫全書總目》卷一一二《子部二二・藝術類一》 衎，字仲賓，號息齋，薊邱人。皇慶元年為吏部尚書，拜集賢大學士。謚文簡。蘇天爵《滋溪集》有衎墓志，稱其翰墨餘暇，善圖古木、竹石，有王維、文同之高致。

著録

元 李衎《竹譜・原序》 黄太史有言，竹雖有譜記之者，然略而不精。吾欲作竹史，未暇也，太史歿且二百年於兹，豈無嗜好似古人者？而其事果屬之，誰將由竹之為物自足以名世有不待乎？人之發揮抑愛惡之不齊，而知竹者希然。虞周之際取象於易，作貢於書，比德於詩，論紀録之盛信於史也。奚疑使後世從而史之亦孰以為非。予性澹泊，獨草木臭味未能忘情，而自謂於竹粗有知。蓋少壯以來，王事驅馳，登會稽，涉雲夢，汎三湘，觀九疑，南踰交廣，北經渭淇，彼竹之族屬支庶不一而足，咸得徧窺。於是益欲成太史之志，而不敢以臆説私，則為上稽六籍旁訂子史；下暨山經地志、百家衆技、稗官小説、竺乾龍漢之文以至耳目所可及，是諏是咨，序事繪圖，條析類推，俾封植、長養、灌溉、採伐者識其時；製作器用、銓量才品者審其宜；模寫形容、設色染墨者究其微。繇古逮今，博載事辭，積累成編，雅俗兼資，庶幾備方來之傳，補往昔之遺。猶恨學疎而才劣，非畧於鹵莽，則弊於支離，故題曰《竹譜詳録》，而惡可名史，以取譏他日好事者，為此君執南董之筆，或有考於斯。大德三年歲在乙亥端陽日，薊邱李衎仲賓父序。

《文淵閣書目》卷三 《竹譜》一部四冊。

明 王圻《續文獻通考》卷一七九《經籍考》 《竹譜》，李衎著。衎，薊州人，號息齋道人。官至浙江行省平章政事，善畫竹石枯木。

清 錢謙益《絳雲樓書目》卷二《子雜藝類》 李衎《竹譜》。

《續通志》卷一六一《藝術類第九》 《竹譜》十卷，元李衎撰。

又 卷一六五《圖譜略一》 元李衎《竹譜》。

《欽定續文獻通考》卷一八八《經籍考》 李衎《竹譜》十卷，衎字仲賢，號息齋道人，薊邱人。起家將仕郎。皇慶中為吏部尚書，集賢殿大學士。謚文簡。趙孟頫曰：『吾友仲賢為此君，寫真冥搜極討，蓋欲得畫竹之情狀。二百年來，以畫竹稱者，皆未必能精深如仲賢也。』

《四庫全書總目》卷一一二《子部二二・藝術類一》 《竹譜》十卷，《永樂大典》本，元李衎撰。

《四庫全書簡明目録》卷一二 《竹譜》十卷，元李衎撰。原本久佚，今從《永樂大典》録出。

竹譜詳録

綜述

元 李衎《竹譜詳録・序》《全元文》卷四四六 予昔見人畫竹，嘗從旁窺其筆法，始若可喜，旋覺不類，輒歎息捨去，不欲觀之矣。如是者凡數十輩，後得澹游先生所畫，逈然不同，遂願學焉。已而，泝求其源，澹游本學於乃翁黃華老人，老人學文湖州。是時，初聞湖州之名，二老遺墨皆未之見。後從喬仲山秘書觀黃華横幅，一枝數葉，倚石蒼蒼，疑澹游差不逮也。甚欲取以為法，而無自得之。或云：黃華雖宗文，每燈下照竹枝摹影寫真，宜異乎常人之為者。澹游特括讀父書而已，不必學也。予深以為然。又念東坡、山谷二公，洎宋、金兩朝名士讃美文湖州之筆，與造物比，尤以不即快睹為恨。至元乙酉來錢唐，始見十餘本，皆無足起予者。妄謂蘇、黃之評，幾於私其交親，後賢未免隨聲附和，要當以黃華、澹游定優劣耳。邂逅友人王子慶，極談兹事。子慶曰：『君殆未見真蹟，前輩不輕推許也。』予曰：『近屢見之矣，大書題識，寧盡僞耶？』子慶曰：『非僞而何？』予茫然自失，猶疑子慶立論之偏，漫詰之曰：『若嘗見中州黃華老人所作乎？』子慶曰：『黃華之作吾固未見，湖州之作君又未之見也。何能與君决是非？府史某人者藏本甚真，明日借以來，自定其品第，可乎？』越宿，子慶果携過予，則一幅五挺，濃淡相依，枝葉間錯，折旋向背，各具姿態，曲盡生意，如坐渭川淇水間，方以前輩議論為無愧。黃華誠有取乎此，而照影之語未詳。自悔聞見寡陋，若子慶之博識不可及也。屬以善價致之，猶靳用油紙臨摹持歸維揚。明年四月重來，或出此見售，遂酬以二十五券，欣然慰滿平生矣。自是連得三本，悉棄故習，壹意師之。日纍月積，頗似悟解，好事者往往徵索，流播漸廣，謬相肯可。獨鮮于伯機父謂：『以墨寫竹清矣，未若傳其本色之為清且真也。』强予用墨竹法加青緑畫成，雖粗可觀，終非合作。將復討論其說，而俗工咸不足問。追尋近古得王右丞開元石刻，屢經摹勒失真。又得蕭協律《筍竹圖》，絹素糜潰，筆蹤慘淡，方謀對本臨仿。偶故人劉伯常過予，曰：『吾舊藏李頗《叢竹圖》已久，知君酷好，輟以為贈。』二圖俱宣和故物，而頗尤專美，後來無出其右者，於是又得畫竹法。蓋自唐王右丞、蕭協律、僧夢休，南唐李頗，宋黃筌父子、崔白兄弟及吳元瑜，以竹名家者纔數人。右丞妙蹟，世罕其傳，協律雖傳，昏腐莫辨。夢休疏放，流而不反，自屬方外。黃氏神而不似，崔、吳似而不神，惟李頗形神兼足，法度該備。所謂『懸衡衆表，龜鑑將來』者也。墨竹亦起於唐，而源流未審。舊説五代李氏描窓影，衆始效之。黃太史疑出於吳道子。畫評云：寫竹於古無傳，自沙門元靄及唐希雅、董羽輩始為之倡。舊説郭崇韜夫人李氏月夜摹影竹窓，是後往往有效之者，《廣畫集》載孫位松、石、墨、竹。又成都大慈寺灌頂院有張立墨竹畫壁。孫、張皆晚唐人，蜀中皆有墨竹，乃知非元靄輩倡始，亦不始於李夫人也。山谷黃太史云：『墨竹起於近代，不知其所師承。初吳道子作畫，竹加丹青，已極形似。』意墨竹之師，近出於此。此論宜有所據，故敢取以為證云。迨至宋朝，作者寖盛，文湖州最後出，不異杲日昇空，爝火俱息，黃鐘一振，瓦釜失聲，豪雄俊偉如蘇公，猶終身北面。世之人苟欲游心藝圃之妙，可不知所法則乎？畫竹師李，墨竹師文，刻鵠類鶩，予知愧矣。幸際熙朝，文物興起，生輦轂之下，齒薦紳之列，薄宦驅馳，辱徧交賢士大夫，講聞稍詳，且竭餘力求購數年，於墨竹始見黃華老人。又十年，始見文湖州，又三年，於畫竹始見蕭、李，得之如此其難也。彼窮居僻學，當何如耶？退唯嗜好迂疏，久乃彌篤，天成其志，行役萬餘里，登會稽，歷吳楚，踰閩嶠，東南山川林藪，游涉殆盡。所至非此君者，無與寓目。凡其族屬支庶，形色情狀，生聚榮枯，老穉優劣，窮諏熟察，曾不一致。往歲仗國威靈，遠使交趾，深入竹鄉，究觀詭異之産，於焉辨析疑似，區別品彙，不敢盡信紙上語，焦心苦思，參訂比擬，嗒忘予之與竹。自謂畧見古人用意妙處，求一藝之精，信不易矣。詞賦為雕篆，必非壯夫。《爾雅》注蟲魚，安能磊落？區區繪事之末，固應見笑大方之家。以予宿性好之樂之，積習成癖，尚恐世有予同病者，去古寖遠，未得其傳。悉取李頗、文湖州兩家成法，寫予疇昔用力而得之者，與夫命意位置落筆避忌之類，一一詳疏卷端，無所隱秘，庶幾後之君子一覽靡遺憾焉。

《四庫全書總目》卷一一一《四子部二四・藝術類存目》 舊本題元李衎撰。衎《竹譜》十卷，已於《永樂大典》中採輯著録。此鈔其百分之一，乃改題曰《詳録》，傎亦甚矣。

清 耿文光《萬卷精華樓藏書記》卷八七 《竹譜詳録》七卷，元李衎撰，知不足齋本。前有延祐己未天臺柯謙序、大德丁未牟應龍序、大德三年自序，末有鮑廷博跋。柯氏序曰：『集賢大學士息齋李公，產竹之鄉足跡所徧歷，於其族類，靡不識者，於是既精於墨戲，復詳於紀述，而畫與譜兩得之，此君之族可謂千載一遇矣。』牟氏序曰：『李侯喜為墨竹，盡得文湖州不傳之秘，嘗為一書論墨竹之法與病。凡竹之異俗殊名、奇形詭狀莫不譜其所自出。古今詩文有一語及竹者，亦皆摭掎無遺。其好之可謂篤矣。』李氏自序曰：『自謂於竹粗有知，由古逮今，博載事辭，積累成編，雅俗兼資，為此君執南董之筆，或有攷於斯。是書之目，曰畫竹譜、曰墨竹譜、曰竹態譜、曰墨竹態譜、曰竹品譜，一全德品，二異形品上下，三異色品，四神異品，五似是而非竹品，六有名而非竹品，凡竹之名三百七十九，可謂詳矣。』鮑氏跋曰：『是録刻於大德延祐間，歷年既久，舊刊不復可見矣。即摹寫之本亦稀如星鳳，以圖畫為難耳。幸《永樂大典》曾收録，《四庫全書》因著録焉，博覈擬敬詣文瀾閣就鈔，以無能任繪事者因循中輟，然未嘗一日去諸懷也。嘉慶甲子始於故家得明成化間繕本。此君風節宛然，法則具備，為之快慰，惜紙已糜爛，不宜展閲。富君秋鶴見之嗟息，亟為余摹寫一帙，置之案頭，日供清玩，又為縮本。俾刻入叢書，永為遊藝家一助，可謂息齋功臣矣。舊鈔缺久竹一圖並自序一篇，謹從閣本補全，而柯謙、牟應龍序則又閣本所佚也。秋鶴，華亭人，名廉，字谷香、石門、方蘭，如薰入室弟子也。畫能盡其師傳，臨摹古人尤不爽毫髮，於此見一斑云。予昔見人畫竹，旋覺不類，後得澹游先生所畫，迥然不同，遂願學焉。澹游本學於乃翁黃華老人，老人學文湖州。』

著録

明 楊士奇《文淵閣書目》卷三 《竹譜詳録》一部十冊。

明 陳第《世善堂藏書目録》卷下 《續竹譜》一卷，李衎。

明 趙用賢《趙定宇書目》 《竹譜詳録》。

清 黃虞稷《千頃堂書目》卷一五 李衎《竹譜詳輯》一卷。

《四庫全書總目》卷一四四《子部二四·藝術類存目》 舊本題元李衎撰。

《欽定續通志》卷一六一《藝文略》 《竹譜詳録》一卷，舊本題元李衎撰。

筍譜（釋真一）

《四庫全書總目》一一六《子部二六·譜録類存目》卷 眞一居江南法華山龍歸塢，其地多筍，梅花亦極盛，因各爲作譜，書成於天啟七年。

《四庫全書總目》卷一一六《子部二六·譜録類存目》 《筍梅譜》二卷，兩淮鹽政採進本，明釋眞一撰。

《欽定續通志》卷一六五《圖譜略一》 明釋真一《筍譜》。

（雍正）《浙江通志》卷二五四《經籍》 《筍譜》一卷，天啟丁夘法華山釋真一撰。

竹譜（陳鼎）

綜述

《四庫全書總目》卷一一六《子部二六·譜録類存目》 此書記竹之異者，凡六十條。

清 張潮《〈竹譜〉題辭》 儕於植物之中，而超乎草木藤羅之外者，聿惟竹，古人用以比君子焉。其為物也，雖在童稚，翛然有淩霄之姿。是以一歲即與母齊，能屈能伸而不改其節。晉王子猷謂不可一日無此君，每到一處，即令種竹，則甚矣。竹之可貴也，顧其為類也，繁世人耳目，囿於一方，少所見，遂不免多所怪。與之談異物，輒相與目笑之，不知天下之大，何所不有，安得以一人之識，遂謂世無斯物耶？今天子性愛修竹，御製《竹賦》一篇，喬喬皇皇，非臣下所能仿佛，蓋不獨愛其形，兼愛其德也。陳子定九所著《竹譜》，考其名目，約五六十種，無論今古，凡竹之異者悉載焉。予受而讀之，如數頃琅玕森然在目，如渭川千畝坐享侯封，使我得遇此君數輩，便當把臂入林矣。定九具文武才，竹亦具文武才。以之削簡，其文也，以之作箭，其武也。然則定九之譜斯竹也，其殆自為寫照也夫。歙縣張潮題。

清 張潮《〈竹譜〉跋》 先贈公喜畫竹，聞先君言皆屬友人攜去。余嚮藏弆一幀在里中，爲祖龍所劫，今讀此帙，益深我手澤之感矣。心齋張潮。

傳記

《四庫全書總目》卷五八《史部一四·傳記類二》　鼎，字定九，江陰人。

著録

《四庫全書總目》卷一一六《子部二六·譜録類存目》　《竹譜》一卷，兩江總督採進本，國朝陳鼎撰。

《清文獻通考》卷二二八《經籍考一八》　《竹譜》一卷，陳鼎撰，鼎見史類。

《清通志》卷一一四《圖譜略》　陳鼎《竹譜》，謹按是編，記竹之異者凡六十條。

清　丁申、丁丙《八千卷樓書目》卷一二《子部·譜録類》　《竹譜》一卷，國朝陳鼎撰，《昭代叢書》本。

《清史稿》卷一四七《藝文志三·譜録類》　《竹譜》一卷。陳鼎撰。

《藝風藏書續記》卷八《譜録類》　《竹譜》一卷，傳鈔本，陳鼎撰。《蛇譜》一卷，傳鈔本，陳鼎撰。

竹連珠

清　丁申、丁丙《八千卷樓書目》卷一二《子部·譜録類》　《竹連珠》一卷，國朝鈕琇撰，《昭代叢書》本。

桐譜（陳翥）

綜述

清　周中孚《鄭堂讀書記補逸》卷二四《子部·譜録類》　《書録解題》、《通考》、《宋志》俱著録。前有皇祐元年自序，謂茶有經，竹有譜，吾皆略而不具，植桐乎西山之南，乃述其桐之事十篇，作《桐譜》一卷。按是譜，凡分一之敘源、二之類屬、三之種植、四之所宜、五之所出、六之採斫、七之器用、八之雜説、九之記誌、十之詩賦十篇，篇各千言，引據博贍，敘述詳細，可謂盡桐之事。其文詞亦茂鬯條達，真能述前人之所未述矣。陶氏所收之書，往往刪節，而此書乃足帙，且其序目聯合，猶存宋本舊式，《唐宋叢書》亦收入之。

傳記

《明一統志》卷一六《池州府》　陳翥，銅陵人。篤志好學，杜門讀書，家人婦子非時不見，時號閉門先生。

清　厲鶚《宋詩紀事》卷一七　翥，字子翔，號咸聱子，又號銅陵逸民。慶歷閒布衣，好植桐竹，又號桐竹君，作《桐譜》。

清　周中孚《鄭堂讀書記補逸》卷二四《子部·譜録類》　翥字子翔，號咸聱子，又號銅陵逸民。慶曆中布衣，好植桐竹，又號桐竹君。

著録

宋　陳翥《桐譜·序》　古者《氾勝之書》今絕傳者，獨《齊民要術》行於世。雖古今之法小異，然其言亦甚詳矣。雖茶有經，竹有譜，吾皆略而不具。植桐乎西山之南，乃述其桐之事十篇，作《桐譜》一卷。其植桐則有紀誌存焉，聊以示於子孫。庶知吾既不能干祿以代耕，亦有補農之説云耳。

皇祐元年十月七日夜。

宋 尤袤《遂初堂書目·譜録類》 《桐譜》。

宋 陳振孫《直齋書録解題》卷一〇《農家類》 《桐譜》一卷，銅陵逸民陳翥撰，皇祐元年序。

《宋史》卷二〇五《藝文志四》 陳翥《桐譜》一卷。

《文獻通考》卷二一八《經籍考四五》 《桐譜》一卷，陳氏曰：銅陵逸民陳翥撰，皇祐元年序。

明 陳第《世善堂藏書目録》卷下《農圃》 《桐譜》一卷，銅陵陳翥。

明 祁承㸁《澹生堂藏書目》卷八《子類第四·樹藝》 《桐譜》一卷。

明 柯維騏《宋史新編》卷五〇《藝文志四》 陳翥《桐譜》一卷。

清 黄虞稷《千頃堂書目》卷九《食貨類》 陳翥《桐譜》一卷。

清 錢曾《述古堂藏書目》卷四 陳翥《通譜》一卷，抄。

清 錢曾《也是園藏書目》卷二《史部·種藝》 陳翥《桐譜一卷。

清 錢曾《錢遵王述古堂藏書目録》卷六《花木》 陳翥《桐譜》一卷，一本，抄。

（乾隆）《江南通志》卷一九二《藝文志》 《桐譜》一卷，銅陵陳翥。

清 瞿鏞《鐵琴銅劍樓藏書目録》卷一六《子部四·譜録類》 《桐譜》二卷，舊抄本。宋陳翥撰並序。翥，字子翔，自署銅陵逸民，又號咸聱子。《繹書》中載：自作植桐詩文，蓋慶曆間人，未仕而隱者，借桐以見志也。分十類，上卷曰敘原，曰類屬，曰種植，曰所宜，曰所出；下卷曰採斫，曰器用，曰雜説，曰紀誌，曰詩賦。是書惟見陳氏《書録》，餘皆不載，厲樊榭輯《宋詩紀事》，搜羅甚廣，亦未載其詩。舊為邑中魚氏鈔藏本。卷首有魚元傳印虞巖二朱記。

清 周中孚《鄭堂讀書記補逸》卷二四《子部·譜録類》 《桐譜》一卷，《説郛》本，宋陳翥撰。

清 丁申、丁丙《八千卷樓書目》卷一二《子部·譜録類》 《桐譜》一卷，宋陳翥撰，《唐宋叢書》本。

清 陳揆《稽瑞樓書目》 《桐譜》二卷，一册。

藝文

宋 陳翥《桐竹君詠》 高桐淩紫霞，修篁拂碧雲。吾常居其間，自號桐竹君。不解放俗利，所希脱世紛。會友但文學，啓談皆典墳。吁嗟機巧徒，反道胡足云。

桐譜（丁黼）

《宋史》卷四五四《丁黼傳》 丁黼，成都制置使也。嘉熙三年，北兵自新井入，詐豎宋將李顯忠之旗，直趨成都。黼以為潰卒，以旗榜招之，既審知其非，領兵夜出城南迎戰，至石筍街，兵散，黼力戰，死之。方大兵未至，黼先遣妻子南歸，自誓死守。至是，從黼者惟幕客楊大異及所信任數人，大異死而復蘇。黼帥蜀，為政寬大，蜀人思之。事平，賜額立廟。

清 厲鶚《宋詩紀事》卷六四 黼，字文伯，號涎溪，池州人。寶慶初官成都制置使。嘉熙三年，北兵至力戰死之。賜額立廟，謚恭愍。

（乾隆）《江南通志》卷一九二《藝文志》 《桐譜》一卷，石埭丁黼。

種樹書（郭槖駝）

明 朱睦㮮《近古堂書目》卷上《子農家類》 《種樹書》。

明 徐𤊹《徐氏家藏書目》卷三《農圃類》 《種樹書》二卷，郭槖駝。

明 徐𤊹《徐氏紅雨樓書目》卷三《農圃類》 《種樹書》二卷。

《欽定斯四庫全書考證》卷五六《子部》　郭橐駝《種樹書》，按『郭橐駝』《格致鏡原》引此作『俞宗本』，與此異。

清　陸漻《**佳趣堂書目**》　《種樹書》三卷，唐郭橐駞。

《**清史稿**》**卷一四七**《**藝文志三**》　唐郭橐駝《種樹書》一卷。

種樹書（俞宗本）

著録

元　俞宗本《**種樹書·引**》　種，植也；樹，亦種也。《種樹書》世不傳，予嘗欲補種之，未遑也。閒居城南，因採前人之言，參互攷訂，悉併録之。分爲十二月而係其下。其他種之法，則備疏於後。昔者樊子請學圃而聖人小之，蓋欲進於大人之事。先儒爲欲貧而爲老圃，亦未爲過，況逸人、隱士居林下者哉！且畦圃之間，豆、麥、桑、麻，皆所宜種。至若蔬果之可充籩豆，以供祭祀賓客而不可缺；花卉之可留連光景，以娱情寓目而有自家意思。士將習隱而求治生之道，則其於園池之間，凡足以自給而自怡者，皆所宜知也。今吾以無用之質投簪林下，故於弄翰墨之餘，寄興於兹，觀生物之妙。安得如余者，共增修其不及哉！立菴俞宗本識。

明　祁承㸁《**澹生堂藏書目**》**卷八**《**子類第四·樹藝**》　《種樹書一冊》一卷，俞宗本。《餘苑》本。《夷門廣牘》本。《百名家書》本。

明　焦竑《**國史經籍志**》**卷三**《**史部·種藝**》　《種樹書》三卷，俞貞木。

《**明史**》**卷九八**《**藝文志三**》　俞貞木《種樹書》三卷。

清　黄虞稷《**千頃堂書目**》**卷一二**《**農家類**》　俞貞木《種樹書》三卷。

又《**千頃堂書目**》**卷一五**《**類書類**》　《種樹書》，立庵獨叟。

清　錢謙益《**絳雲樓書目**》**卷二**《**子農家**》　《種樹書》二卷，俞楨。

清　錢曾《**也是園藏書目**》**卷二**《**史部·種藝**》　俞貞木《種樹書》一卷。

清　袁昶《**元俞宗本〈種樹書〉叙**》《種樹害》　易氣從下生，善察氣候者，常眎其消長詘信之數，以制動静修養之宜。五日而成一候，其端甚微；三五而成一氣，其象滋著。氣之壹壹根柢，潛而未見者，爲本。木下亦曰本，茍得其本，則生勝之分數可預知，而攝衛之和理乃日濟也。董子《繁露》言：『陰陽之氣澹澹常漸人者，若水之常漸魚也。』特水可見，氣不可見耳。人游是澹澹之中，殽天地之化，天有兩和以成二中，生於仲春，成於仲秋是也。太西農家種植，醫家攝生，爲炭養氣之説，乃胚胎於此。萬物盜天地之氣以生，故曰：天地大果蓏，元氣毓艸木，人得艸木之滋以養，故人家拓楥圃多種樹，則艸木得吸人之炭氣，人得吸艸木之生氣，而交相養。鴻範五行家言，木氣上爲雨，故種樹又可以捄熯旱。燕代土坌山童而常苦旱，嶺海艸椔木翳而易致雨，比其驗矣。郭橐它之法，亦度物性，辨土宜，相天時，乘生氣，而用之耳，豈有他異術哉？弢廬子校元俞氏書，精於天機，暢於物理，農九家百一十四篇，今亡佚多矣。得如一鱗片甲，猶可持以順百昌之機，溉蕓蕓之生乎？且物各有性矣，梏之則閼其天倪，而不得製造之用。彼蠶沙可以蕃桂，貓瘞可以引竹，堅椰以鹽，鑽榕出火，柘不採經年則毒蠶，梓爲舩行海則召蜃，棉北韌而南鬆，櫰宵炕而晝晝聶。物既爾矣，人亦宜然。夫順物之自然者，乃能官陰陽以遂羣生；物梏其性，則其生不遂；人梏其性，則士不樂爲用。吾於種樹得官人術焉，爰校刊以裨世之治植物學者。光緒丙申冬至漸西村人漫書。

清《**安徽撫憲鄧札**》《種樹書》　照得《周禮》任民九職，園圃虞衡，並於三農，廣其養生之道。厥後農書迭作，如後魏賈思勰《齊民要術》，元司農司《農桑輯要》，言藝穀兼及種樹，無曠土，自少遊民。皖省居腹地之中，沃壤千里，乃自兵燹後三十餘年，地廣而荒穢仍多，民貧而饑寒生盜。上虧正賦，下蹙生機，揆厥由來，皆因民情游惰，官意因循，勸相之事不行，而樹藝之法不講也。近歲奉詔墾荒，迭經轉飭遵辦，而汙萊不治，民氣蕭條如前，此非爲事而無功，實皆奉行之不力也。自通商以來，利源外溢，民生日蹙，失業日多，然則未盡之田功，固有之地方，可不亟爲之計哉。本部院顧此時艱，軫懷民瘼，知富國以足民爲本，開源在節流之先，自古理財大經，未有不以生之者衆爲亟亟也。是惟盡因利而利之心，守民勤不匱之訓，所謂墾荒者，豈必合高原下隰而盡樹藝五穀哉。貴能相度土宜，講求各項植物，衆材成而工資造作，物產盛而商賈懋遷，致富之道，莫切於此。泰西各國，廣植樹林，民之嗇者豐，莠者良，地之瘠者肥，荒者熟，舉國共享大利。而其化學之士，又謂樹之本能培土脈，爛沙石，蟠根入地，磽确可變膏腴。樹之陰能生潤澤，吸水氣，衆木成林，旱潦咸資補救。且長林蔚秀，收濁化清，有益人身，其理碻然可信也。牧令與民最近，勸農職有專司，應各督率紳耆，辨明土性，宜於五穀田畝，固當墾闢力耕。此外則分栽樹木，如茶、桑、松、竹、桐、梓、漆、柏、樟、椶、杉、柳等類，次及麻、棉、蔗、靛，暨一切果實瓜菓藥草各物，凡童山曠野，隙地高岡，屋角塍間，隄邊岸側，隨地所宜，聽民自擇。業戶或人工不足，則典地而與人自栽。官荒及無主之區，則減租而任人領種。自接札之日，予限兩個月，由該州縣認眞查勘，切實規畫，將遵辦大概情形稟覆察核。認定可栽何項，能植若干，無論城鄉，一律選購各項秧子，講求種法，依時徧栽。《農桑輯要》一書，福前部院曾經通發，本部院另發《農學報》，册內多新法，皆堪互證參稽。而較之播種稻田，均屬本輕力省，近者一年獲利，遠者數歲成材，務在迎機善導，逐漸擴充，行之十年，地無餘利，民生皆裕，自無逋糧，土物日饒，可敵洋產。此本部院爲民興利之要計，所望賢有司相與有成者也。官能推誠勸導，民必合力奮興，所種各樹，每屬以三十萬株爲率，全在該州縣不憚煩瑣，實力奉行，董戒兼施，振興衆志，俟舉報種植數目，半年之後，本部院當委員覆查，以樹之多寡爲勸懲，以事之虛實定功過。果能踴躍從事，自應據實奏明，擇尤請奬以示鼓勵。至既種以後，應禁毀傷，擅伐一株，責種十株，以資保護而暢生機。除通飭各州縣外，合就行知。

清 錢曾《讀書敏求記》卷二《種藝》 俞貞木《種樹書》一卷。

清 陸漻《佳趣堂書目》 俞貞木《種樹書》一卷，辛丑。

清 丁申、丁丙《八千卷樓書目》卷一二《子部·譜録類》 《種樹書》一卷，明俞宗本撰，《廣百川》本。

雜録

清 錢曾《讀書敏求記》卷二《種藝》 樊遲請學稼學圃，夫子目之為小人。彼隴上輟耕、閒園種菜者，殆何如耶？予樗櫟庸材，為時所吐棄，倦而退耕於野，滌場除地，類老圃所為。瓜塍、豆籬，參錯於牛欄、豚柵之旁。中築室，顏曰『小人齋』。時時偃息其所，白木几上堆《種樹篇》、《探春日記》、《汝南圃史》、《樹藝録》等書，隨意披覽，頗遂息機摧撞之志。間或勤其肢體，輒課督便了。芟繁治穢，探掇嘉疏碩果，與婦子相顧而樂之。更不屑詠南山之萁豆，擊缶而歌呼嗚嗚也。或曰，夫子之稱小人，猶佛家之謂小乘云爾。鑿混沌者，一日鑿一竅，至七日而混沌死。子今蔽影蓬藋，等諸逃虛空者，捲龜殼而食蛤蜊，期與汗漫游於九垓之外，為不可雕之朽木，真混沌所弗如，豈非小人之尤者歟？借以名斯齋，誰曰不宜？予方讀貞木書，聽之欣然笑。推卷而起，據槁梧以仰視雲漢，松濤灑面，不辨天首之為乙為鳧也。聊識其語於卷末，以記歲月云。時乙丑重陽前一日。

《通雅》卷一二 俞宗本有《種樹書》，言接樹法甚詳。

樹藝篇

綜述

此書提要未著録，檢各家藏書志亦無志。據錢天樹跋，知胡古愚名助，元太常博士，□□□者其自號也。《皕宋樓藏書志》載□□□類稿二十卷，抄本，有虞集□□序，蓋亦有元一代聞人，今學者不能舉其名矣。此冊尚是當時稿本，惟江鶴亭□秦峯皮藏，歲晚得此殊可□也。漁洋山人一籤未必可信，然非近人，蹟錢大理為林吉人書，與所寫午亭堯峯漁洋三種，又不疑，姑留之。癸卯十二月廿五日。

著録

清 錢天樹《〈樹藝篇〉跋》《樹藝篇》 元金華胡古愚所撰《樹藝書》三十三卷，惟《稻品》下附有《治田法》一卷，較王氏《農書》尤為詳備。惜當時未及刊刻，各家書目均未著録。曾為漁洋山人池北書庫儲藏題簽，尚是門人林吉人手書。嗣後為邗上江鶴亭欲得足本，尚是胡金華當時手稿本。此版心有純白齋三□可□真秘笈也。余以重值購之邗江氏，秘不示人，□葦汀陳君以元柯博士□□□卷見示，索值甚昂，不能得葦汀□，欲以此書相易，乃可不得已割捨真□者。頗與薛紹彭易研山水書，□蟾蜍滴淚之感，因為志此。嘉慶二十四年□□二月八日，嘉興錢天樹識。

清　錢謙益《絳雲樓書目》卷二《子農家》　《樹藝編》。

清　錢曾《也是園藏書目》卷二《史部·種藝》　《樹藝篇》六卷。

明　朱睦㮮《近古堂書目》卷上《子農家類》　《樹藝編》。

樹藝考

清　胡文學《甬上耆舊詩》卷二七　李光祿德繼，字子同，太僕生時之子也。少工詩，喜從郡中名士游，能傳其家學。以太學官光祿監事。所著有《借樹齋集》、《尚書定說》、《樹藝考》諸書。

清　黃虞稷《千頃堂書目》卷一二《農家類》　李德紹《樹藝攷》，字子問，鄞人，光禄寺監事。

《明史》卷九八《藝文志三》　李德紹《樹藝考》二卷。

（雍正）《浙江通志》卷二四六《農家》　《樹藝考》二卷，《甬上耆舊詩》：李德繼著，字子問。

種烏柏樹圖說

清　丁申、丁丙《八千卷樓書目》卷一二《子部·譜録類》　《種烏柏樹圖說》一卷，國朝吴壽康撰，刊本。

《清史稿》卷一四七《藝文志三》　《種烏柏樹圖說》一卷，吴壽康撰。

廣種柏樹興利除害條陳

《清史稿》卷一四七《藝文志三》　《廣種柏樹興利除害條陳》一卷。徐紹基撰。

桂考

清　張光裕《桂考·序》　水陸草木之生，皆天地自然之氣，其功用足以濟陰陽之偏。《周禮·地官》以土會之法，辨五地之物生，其於山川草木，無不備詳。而以秦獨禁之書，藏隱百年，迨漢始出，而亡其《冬官》一篇。則其所紀載，亦難言之矣。家君少患咯血，得外祖陳侍御雲心公貽玉桂服之，愈不復發。侍御與勞文毅公共年譜。道光季年，文毅公奉命賫勅書封安南王，王敬使者獻遺雙桂。侍御得之文毅公也。家君豔稱桂之功效，余謹記勿忘。光緒丁亥，適有中越勘界之事，余從王灼棠方伯於役邊陲，居東興，近分茅嶺地。公餘，單騎度嶺，遍歷桂山。又周咨土耆、商民，相與辨論，窮究其土色、氣味，及取用製臧各法。耳目聞見，饒有心得，覓得十餘株，洵安邊上品也。夫醫家治病，有非桂不治之症，然往往用之，而反受其害者，則以偽亂眞之咎也。余檢閱藥書，多無考證，因作數則，藉辨物以明志，亦庶幾人世之一助云。張光裕自敍。

清　顧學傳《〈桂考〉跋》《桂考》　南方有桂，猶北地有蔘。其功皆足活人，非他藥借兼用爲良也。顧蔘出邊塞，善辨者恒多。桂產窮荒，能言者絕少。郴州張亮臣通守，沉思好問，博學多能，嫉市販之奸欺，懼衛生之歧悞。乃於從軍越南之暇，廣蒐桂類，切究異同，敘其根源，辨其良窳，形質氣味，縷晰條分，撰成《桂考》一册，於起疴救疾，尤三致意焉。仿桂海之虞衡，收南方之草木，洵足增藥譜之缺，載補醫家所未言。不忍秘之巾箱，亟欲廣爲互證，將質當世，出付手民，初非炫聖藥之奇，大可例人蔘之譜。行見人爭快覩羣欣，耳目一新，家有其書，共信見聞較確。光緒十五年歲在己丑展重陽日前錢塘顧學傳謹跋。

桉譜

紀事

清　吴宗濂《桉譜・奏請移植桉樹片》　再臣駐義以來，凡關繫能有裨益我國者，雖動植之物，亦必研求考察，不厭其詳。今查得羅馬地多森林内，有一種樹名『安加利多』，爲森林最嘉之品。産於澳洲，其樹性質易長，宜於温溼地土。種法則取子散布土中，數月卽自抽條，逾年成樹。發榮之速，質同楊柳，且能驅瘧辟疫。昔義人每多患瘧，因覓得此樹，移植境内，日久遂爲義産。自得此種森林以來，其氣四播，瘧患頓除，採取其子，可造治瘧藥酒，兼製香水。樹之十年，高可參天。性質堅韌，與楛目相類。取材甚廣大者，可備棟梁之選，小者堪應器具之需，利物衛生，輿國脈民生大有裨益。擬請敕下各直省督撫轉飭地方官，若長江一帶土地温溼之處先行試種，除俟採購子種，咨送農工商部轉發外，先附片陳明伏乞聖鑒。謹奏。

宣統二年七月二十四日奉硃批：『該部知道。』欽此。

著録

清　吴宗濂《桉譜・序》　烏乎！中國林政之不修二千年於茲矣。人第知取而用之，旦旦而伐之，孰思所以培養者乎？於是造林之法積久矣。傳山林所産，漸不足供衆所求。洋木因之而浸灌焉，良可慨已。溯昔周設林衡專掌厥事，衛營楚邱以斯是務。種樹、土宜、性質、長養諸法，散見於經史諸子中者，俱可按也。特以漢唐之士棄質尚文，而農惟知穀可使食，桑可使衣，於衣食外無它求也。殊不知宮室器具咸取之於林木者也。幸至今日周命維新。先朝有振興林業之通諭，我後準造林利用之部章，各省聞風興起，如吉林、江西、廣西諸省造林種樹，奏報頻仍，則二千年不修之林業，可復盛於今之世矣。余於己酉冬奉告請敕各疆吏導民藝植，昔漢博望侯使大宛，如西域之石榴、蒲桃等莫不懷歸，傳種後世。況此木材較榴、桃不啻蓓蓰之利乎？然既多利用，研究則不厭精詳，爰取法國植物學家白蘭姆暨恭斯當丹二君所著《植物叢編》，竭數日之力逐條考核，分類譯之。並按法音曰『安加利多』，簡文取義，名其樹曰『桉』。『桉』古文與『案』、『盌』字皆通，取其材堪製器也。又安字有定而無危之義，取其木能治病使民安定無危苦也。譯既畢，業得若干篇，曰名義，曰形體，曰産地，曰歷史，曰生長，曰功用，曰特質，曰明效，曰種法，末附義國購種之址，俾我國人遠求者有所趨嚮也。並繪圖狀彙爲一集，公諸同好。其於利用厚生之道，或有裨於什一焉云爾。

清　馬瑞熙《〈桉譜〉後序》《桉譜》　夫木之爲物也，梗楠良而樗櫟廢，人盡知之。而未知不材之木，猶有不如樗櫟，材木更有愈於梗楠者在焉。何則？良以取材囿於一隅，搜採求其近易，猶當軸者之爲國求賢造士也。卽就其平素知交聲績夙著者，而登進之。然而眞賢豪傑往往伏處於疏遠寂寞之濱，而不求聞達也。故人立大功者隱必深，物之成大器者藏必密，非有誠求者而肯驟應之乎？今古鄮吴公弭皇華之使節，執牛耳於羅馬，得珍木焉，命名曰『桉』。迺屬門下士徐球薈萃西國植物諸書，考得其所産之鄉及夫材之所克堪者，爰覓樹栽，歸遺故國。復躬加校譯，略者詳之，闕者補之，譌者正之，以成完璧。昔人譜荔支於閩粤，志牡丹於洛陽，徒媚世人之嗜玩，奚關利用與厚生？今校閱是編，其分類也當，其記述也詳，蒐羅捃拾，纖芥靡遺，可以爲西學植物之外集，可以爲中國木部之異書。且於以窺公用心之勤篤，卽知爲國求賢造士之熱心，更有倍於求木也夫。宣統二年庚戌秋八月朔，屬下一等書記官馬瑞熙謹拜序於義大利使廨。

清　徐球《〈桉譜〉跋》《桉譜》　桉，澳産也。而其功能利用則發現自歐。非桉之爲物不材於澳，而材於歐也。澳無求大木者，而歐有工師也。夫桉茍不材，歐人何貴乎？澳産，歐人而不愛材，桉亦何厚乎？歐士人擇物，物亦未嘗不擇人。是故爲國者，得此道則近悦遠來，失此道則親離衆叛。桉雖細物，觀乎此亦可以聞是邦之政矣。庚戌夏五球自法國農校假遊羅馬，適夫子方議以桉樹入奏，爰搜行篋，得是編呈諸夫子，詳爲探討，命之曰桉，輯之爲譜。球參譯已竟，用綴數語於篇末，以質諸夫子。門下士徐球謹校并跋。

畜牧獸醫類農書部

相六畜

《漢書》卷三〇《藝文志》　《相六畜》三十八卷。

宋 王應麟《漢藝文志考證》卷一〇《形法》　《相六畜》三十八卷。《隋志》：有伯樂《相馬經》、甯戚《相牛經》。荀子論堅白同異云：『曾不如好相鷄狗之可以為名也。』《莊子》：『徐無鬼見魏武侯，告之相狗馬。』《列子》：『秦穆公謂伯樂曰：「子姓有可使求馬者乎？」曰：「有九方皐。」』《吕氏春秋》：『古之善相馬者，寒風是相口齒，麻朝相頰，子女厲相目，衛忌相髭，許鄙相尻，投伐褐相胸脅，管青相膹肳，陳悲相股脚，秦牙相前，贊君相後。凡此十人者，皆天下之良工也。』又云：『齊有善相狗者，其隣假以買取鼠之狗。』《淮南子》：『伯樂、韓風、秦牙、筦青所相各異，其知馬一也。』《日者傳》褚先生曰：『黃直，丈夫也，陳君夫，婦人也，以相馬立名天下。留長孺以相彘立名，滎陽褚氏以相牛立名。』馬援《上馬式表》：近世有西河子輿，明相法。子輿傳儀長孺，儀長孺傳丁君都，君都傳楊子阿。臣援師事子阿，受相馬骨法。孝武時，善相馬者東門京鑄銅馬法。臣謹依儀氏犄中、帛氏口齒、謝氏脣鬐、丁氏身中，備此數家骨相以為法。洪氏曰：『今時相馬者間有之，相牛者殆絶，所謂相鷄、狗、彘者，不復聞之矣。』

治馬牛駝騾等經（隋書經籍志）

《隋書》卷三四《經籍志》　《治馬牛駝騾等經》目一卷。

清 姚振宗《隋書經籍志考證》卷三七《子部十四》　《治馬牛駝騾等經》三卷，目一卷。不著撰人。

相馬經（伯樂相馬經）

著録

《隋書》卷三四《經籍志三》　《相馬經》一卷。梁有《伯樂相馬經》、《關中銅馬法》、《周穆王八馬圖》、齊侯大夫《甯戚相牛經》、王良《相牛經》、高堂隆《相牛經》、淮南八公《相鵠經》、浮丘公《相鶴書》、《相鴨經》、《相雞經》、《相鵝經》、《相貝經》、祖暅《權衡記》、《稱物重率術》各二卷，劉潛泉《圖記》三卷，亡。

《舊唐書》卷四七《經籍志下》　《相馬經》一卷，伯樂撰。

《新唐書》卷五九《藝文志三》　伯樂《相馬經》一卷。

《通志》卷六六《藝文略第四》　伯樂《相馬經》一卷。

宋 趙希弁《郡齋讀書後志》卷二　《相馬經》二卷，右伯樂撰。

《文獻通考》卷二二〇《經籍考四七》　《相馬經》，鼂氏曰：伯樂撰。

明 陳第《世善堂藏書目録》卷下《各家六・形相風鑑》　《相馬經》一卷，伯樂。

明 焦竑《國史經籍志》卷三《史類・豢養》　伯樂《相馬經》一卷。

（雍正）《山西通志》卷一七五《經籍》　周伯樂《相馬經》二卷。

清 佚名《唐書藝文志注》卷三《農家類》　伯樂《相馬經》一卷。《隋志・五行類》：『梁有伯樂《相馬經》二卷。』謹案：伯樂孫姓，與王良郵無正為一人，趙人。

雜録

清 姚振宗《隋書經籍志考證》卷三七《子部十四》　梁有伯樂《相馬經》二卷，亡。

《唐日本國見在書目》：伯樂《相馬圖》七卷。

《唐書·經籍志·農家》：《相馬經》一卷，伯鑾撰。又二卷。『鑾』爲『樂』之誤。《唐書·藝文志·農家》：《相馬經》三卷，伯樂《相馬經》一卷。案：唐時相傳有兩本。

晁氏《讀書志·雜藝術類》：《相馬經》二卷，伯樂撰。錢氏《三史拾遺》曰：《漢書古今人表》：王良、伯樂、郵無卹一人而並列。此注而誤入正文者。

梁氏《人表考》曰：《人表》第五等郵無卹始見左哀二。王良始見《孟子》、《戰國·秦策》。伯樂始見《晉語》九，亦曰伯樂氏，亦曰郵無正，亦曰子良，亦曰郵良，亦曰尤良，亦曰良樂，亦曰王梁，亦曰孫無正，亦曰孫明，亦曰王子期，亦曰王子於期。冢在濟陰定陶縣東南。案：《通志氏族略四》言：秦穆公子有孫陽伯樂善相馬。考《莊子·馬蹄篇》釋文謂，孫陽是伯樂姓名，蓋又別為孫氏伯樂，乃其號。《莊子》釋文又云：伯樂，星名，主典天馬，孫陽善馭，故以爲名，此指秦之伯樂。而郵無卹之稱伯樂者，緣其善馭，同於孫陽，遂以為號，如后羿、扁鵲之比。且王良亦星名，《史·天官書》：王良策馬，因其字子良，便目為王良。說者謂死而託精於天駟星，蓋郵其氏初名無卹，後改無正。案：當是避趙讓子名，而改字子良，一字子期也。班氏雙注以定其疑傳寫誤為大字耳。

案：此伯樂《相馬經》，不知為秦之伯樂、趙之伯樂。《呂氏春秋·觀表篇》有云：古之善相馬者，若趙之王良，尤盡其妙。則趙之伯樂為多。《御覽·獸部》引伯樂《相馬經》五條，本志醫方家有《伯樂治馬雜病經》一卷。

治馬牛駝騾等經（補遼金元藝文志）

明　焦竑《國史經籍志》卷三《史類·豢養》　《治馬牛駝騾等經》三卷。

清　倪燦《補遼金元藝文志·史部·食貨類》　《治馬牛駝騾等經》三卷，失名。

清　錢大昕《元史藝文志》卷三《子類·醫書類》　《治馬牛駝騾等經》三卷。

清　魏源《元史新編》卷九三《藝文志三》　《治馬牛駝騾等經》三卷。

清　曾廉《元書》卷二三《藝文志》　《治牛馬駝騾等經》三卷。

畜產叢書

清　黃毅《畜産叢書·序》　生存宇宙者，壤壤熙熙，無非爲利。獲利多者曰進化，曰文明；獲利少者曰退化，曰野蠻，理果安在耶？惟利有公私之別耳。謀公利者，公受其利，而國賴以興；謀私利者，公受其害，而國由是弱。其不得已，而欲尋一公私兩得之利以謀之，則今日研究實業，固有因矣。余，楚産也；楚，農國也。故久蓄志於農，查農分牧畜、栽培兩大派，而吾國地廣人衆，均可謀得其利。雖然，徒欲得其利益而不事改良，其可得乎？爰搜舊籍，而參以日本新法，輯成是編，以應同志。於牧畜一科，不無裨益云爾。光緒丁未三月，善化礪生黃毅識。

清　黃毅《畜産叢書·例言》　一本書編輯之宗旨爲改良本國牧畜起見。凡從事理財留心農業者，悉可依法試行。經驗既久，自能發明新理，而農業賴以進化矣。

一本書編輯時所用參考材料如後　本國古書：《本草綱目》、《牛經大全》、《師皇秘集》、《元亨療馬法》、《伯樂遺書》、《畜蜂全書》、《農政全書》、《致富全書》、《齊民要術》。

外國新書：《畜産汎論》、《畜産各論》、《農學大全》、《家禽學》、《養蜂學》、《獸醫學》、《獸醫學汎論》。

一本書編輯時，於調查上多有欠缺。雖經改良增定，而或詳或畧，僅就確實者述之。日後此學科漸精當，隨時增補。

一我國理科未精，一切化學藥品恐難發達。本書初版只載普通用藥，今畧以新藥品增入之。因通都大邑已有專售，當易購買。

芻牧要訣

清 葉景葵《芻牧要訣・跋》 此冊亦於光緒己亥、庚子間草《太康物產表》時，諮詢老農所得，並非泛泛抄錄者。其所言，皆父老口耳相傳，或驗或不驗，必歷試而後定，不可以其簡略而忽之也。辛巳正月，景葵記。

活獸慈舟

清 西原氏《〈活獸慈舟〉敘》（《活獸慈舟》） 嘗聞天地之性人為貴，萬物之生人最靈。貴可以治賤，靈可以馭蠢，此六畜之所以效用於人，而人亦未嘗以其賤且蠢而竟棄之也。故牛、馬、豕、羊、貓、犬，為國家所必需，而畜牧豢養滋生，亦黎庶所有事。

然天時之順逆不常，病患每生於倉猝；畜類之安危靡定，調劑必借乎人為。倘非預備其方，束手何能有策？若果先利其器，曲藝自克稱良。此《活獸慈舟》繼《活命慈舟》垂示以傳無窮者，皆仁民愛物之至意也。

愚捧讀是書，深加敬服，浣手鈔存，視同秘寶。偶晤曉堂劉君、汝沛陳君、岐術夏君、國寶胡君暨仁術朱君、雲山孟君、清溪倪君、復初李君、慄齋田君等，僉謂：私之一己，不若公之眾人；存之一時，不若傳之百世。敬托先生再加厘訂，正其錯訛。愚曰：是何言歟？愚本孤陋，漫云釐定，亦即所見及者而勉為校讎可耳。

事竣，因綴數語於簡端，以請正高明焉，是敘。

龍飛癸酉年季夏月初伏日。會稽西原氏敬志。

相馬經（諸葛穎）

《舊唐書》卷四七《經籍志》 《相馬經》六十卷，諸葛穎等撰。

《新唐書》卷五九《藝文志》 諸葛穎【略】《相馬經》六十卷。

《通志》卷六六《藝文略第四》 《相馬經》六十卷，諸葛穎撰。

明 焦竑《國史經籍志》卷三《史類・豢養》 《相馬經》六十卷，諸葛穎。

清 佚名《唐書藝文志注》卷三《農家類》 諸葛穎【略】《相馬經》六十卷。

療馬方（伯樂療馬方）

《隋書》卷三四《經籍志》 《療馬方》一卷，梁有伯樂《療馬經》一卷，疑與此同。

清 姚振宗《隋書經籍志考證》卷三七《子部十四》 《療馬方》一卷，梁有伯樂《療馬經》一卷，疑與此同。案：梁目伯樂《療馬經》即此《療馬方》，亦即下篇伯樂《治馬雜病經》一卷也。本志注其疑似者，唯此與前《墨子》、《枕內五行紀要》各一條，此亦可知修志者，唯見書目不見本書，故有此疑辭也。

伯樂治馬雜病經

《隋書》卷三四《經籍志》 《伯樂治馬雜病經》一卷。

清 姚振宗《隋書經籍志考證》卷三七《子部十四》 《伯樂治馬雜病經》一卷。

伯樂有《相馬經》二卷，見五行家第三十二類。案：上篇之末載《療馬方》一卷，注云：梁有伯樂《療馬經》一卷，疑與此同。此即前之《療馬方》，亦即《相馬經》之下卷也。

治馬經（俞極）

《隋書》卷三四《經籍志》《治馬經》三卷，俞極撰，亡。

清 姚振宗《隋書經籍志考證》卷三七《子部十四》《治馬經》三卷，俞極撰，亡。此「亡」字衍。俞極始末未詳。

治馬經（隋書經籍志）

《隋書》卷三四《經籍志》《治馬經》四卷。

清 姚振宗《隋書經籍志考證》卷三七《子部十四》《治馬經》四卷。

治馬經目

《隋書》卷三四《經籍志》《治馬經目》一卷。

清 姚振宗《隋書經籍志考證》卷三七《子部十四》《治馬經目》一卷。

治馬經圖

《隋書》卷三四《經籍志》《治馬經圖》二卷。

清 姚振宗《隋書經籍志考證》卷三七《子部十四》《治馬經圖》二卷。

司牧安驥方

《宋史》卷二〇七《藝文志六》李石【略】《司牧安驥方》一卷。

明 柯維騏《宋史新編》卷五二《藝文志六》《司牧安驥方》一卷。

（雍正）《陝西通志》卷七五《經籍第二・子類》《司牧安驥方》一卷，唐宗室司馬李石撰。

辨養馬論

《崇文總目》卷六《藝術類》《辨養良馬論》一卷。

《通志》卷六六《藝文略第四》《辨養良馬論》一卷。

《宋史》卷二〇六《藝文志五・五行類》谷神一作鬼谷子《辨養馬論》一作養良馬論一卷。

明 焦竑《國史經籍志》卷三《史類・豢養》《辨養良馬論》一卷。

明 柯維騏《宋史新編》卷五一《藝文志五・五行類》谷神子《辨養馬論》一卷。

相馬書

清 周中孚《鄭堂讀書記補遺》卷二四《子部・譜録類》按《通考》、《宋志》載諸《相馬經》，不下數種，而此書未載。所述相馬法式凡十，曰三十二相圖，曰旋毛圖，曰口齒圖，曰三十二歲訣，曰寶金篇，曰寶金歌，曰王良百一歌，曰調養法，曰乘習法，曰放牧法，蓋代郡向出名馬，故徐氏爲著此書。然亦皆集古之成說，其云王良，則依託也。其末之三法，此本已佚。故與相鶴、相牛諸經志之，以備一種爾。

清 周中孚《鄭堂讀書記補遺》卷二四《子部・譜録類》 《相馬書》一卷，《說郛》本。宋徐咸撰。咸，代郡人。

皇帝醫相馬經

宋 趙希弁《郡齋讀書後志》卷二 《皇帝醫相馬經》三卷，右唐穆蠡集伯樂、王良等六家書成此編，皇帝斥神農也。

《文獻通考》卷二二三《經籍考五〇》 《皇帝醫相馬經》三卷，晁氏曰：唐穆蠡集伯樂、王良等六家書成此編，皇帝斥神農也。

馬口齒訣

《崇文總目》卷六《藝術類》 《馬齒口訣》一卷。

《通志》卷六六《藝文略第四》 《辨馬口齒訣》一卷。

《宋史》卷二〇七《藝文志六・雜藝術類》 《馬口齒訣》一卷。

明 焦竑《國史經籍志》卷三《史類・豢養》 《辨馬口齒訣》一卷。

明 柯維騏《宋史新編》卷五二《藝文志六・雜藝術類》 《馬口齒訣》一卷。

辨馬圖

《崇文總目》卷六《藝術類》 《辨馬圖》一卷。

《通志》卷六六《藝文略第四》 《辨馬圖》一卷。

《宋史》卷二〇七《藝文志六・雜藝術類》 《辨馬圖》一卷。

明 焦竑《國史經籍志》卷三《史類・豢養》 《辨馬圖》一卷。

明 柯維騏《宋史新編》卷五二《藝文志六・雜藝術類》 《辨馬圖》一卷。

醫馬經

《崇文總目》卷六《藝術類》 《醫馬經》一卷。

《通志》卷六六《藝文略第四》 《醫馬經》一卷。

《宋史》卷二〇七《藝文志六・雜藝術類》 《醫馬經》一卷。

明 焦竑《國史經籍志》卷三《史類・豢養》 《醫馬經》一卷。

明 柯維騏《宋史新編》卷五二《藝文志六・雜藝術類》 《醫馬經》一卷。

馬經（宋史藝文志）

《崇文總目》卷六《藝術類》 《馬經》一卷。

《宋史》卷二〇七《藝文志六・雜藝術類》 《馬經》一卷。

明 柯維騏《宋史新編》卷五二《藝文志六・雜藝術類》 《馬經》一卷。

周穆王相馬經

《崇文總目》卷六《藝術類》 周穆王《相馬經》三卷。

《通志》卷六六《藝文略第四》 周穆王《相馬經》三卷。

明 焦竑《國史經籍志》卷三《史類・豢養》 周穆王《相馬經》三卷。

相馬經（佚名）

著録

宋 趙希弁《郡齋讀書志》卷二《後志》　《相馬經》一卷，右未詳撰人。述相馬法式，并著馬之疾狀及治療之術。李氏書目有之。

《文獻通考》卷二二三《經籍考五〇》　《相馬經》一卷。晁氏曰：未詳撰人。相馬法式，并著馬之疾狀及治療之術。《李氏書目》有之。

安驥集（司牧安驥集）

綜述

明 車霆《重刊〈安驥集〉序》　《安驥集》者，本自黃帝八十一問以來蓋已有之。其訂馬骨相，論馬證治，施鍼用藥，悉有根據，歷千百世之為馬醫者，莫之能違也。洪惟我國家經理疆土，以關陝為西北重地，設寺監以司馬政。苑牧有地，孳息有制，所以為防邊、固國之計者至矣。柰何承平日久，民生不見干戈，視馬政為常事；居是職者，率皆因陋就簡，日積月累，消耗殆盡。

皇上居安思危，欲圖興復，用紓西顧之憂，乃採廷議，以南京太常卿邃菴楊先生文章政事為天下望，遂進都察院左副都御史，督理其事。璽書丁寧，命以提督便宜之權。先生既至，凡百廢典次第盡興舉之。霆始被委清理，既而荷簡命為卿，實任其責焉。先生猶慮監苑久無良醫，馬病則束手待斃，恐難收蕃息之效；於是命霆選取各監苑俊秀可學子弟幾數十名，延請諳曉醫師，以專訓迪。顧《安驥集》板行已久，多漫滅不可讀，且陝西地僻遠，鬻書者不易致，先生乃取善本，稍加校閱，命工鋟梓，遍給監苑暨諸衛所邊堡，俾師以是而教，子弟以是而學。嗚呼！是集也，調養有法，醫療有方，將自是全陝之馬可免橫災，可冀蕃息，是亦吾儒愛物立教之一端也。他日駃牝蔽野，雲錦成群，以無負皇上興復之志，於三邊兵事，大有裨益，不於是而始耶。刻既完，霆僭為之序，用紀歲月云。

弘治十七年甲子夏、六月既望，太中大夫陝西苑馬寺卿、前陝西等處承宣布政使、司右叅政太原車霆序。

《新刊校正〈安驥集〉序》　尚書兵部，阜昌五年十一月二十四日，準內降付下都省奏朝散大夫、尚書戶部郎中兼權侍郎、權兵部侍郎馮長寧等劄子。成忠郎皇城司、準備差遣權大總管府都轄官兼權帳前統領軍馬盧元賓，進呈《司牧安驥集方》四冊。奉齊旨可看詳開印施行。此政令之急務：長靈等嘗觀《周禮・夏官》列校、趣、巫、牧、庾、圉之職，其言乘、皂、廐、校之數，芻、秣、阜、蕃之事，乘治醫養之宜，與夫祭祀之禮，攻執之時，各有條理。《禮記・月令》，又載班馬政：蓋仲夏長養之時，故游牝別羣，縶騰駒，所以班其阜蕃之政；季秋肅殺之時，故教田獵，習五戎，所以班其軍事之政。是知馬者，國之大用，兵之先務也。馬援曰：馬者，甲兵之本。唐史和曰：馬者，兵之必用。徵古馬之息耗，雖因於時，尤在牧養得其法耳。漢初，自天子不能具醇駟，而將相或乘牛車，其役行復卒之令，民有馬運者，復卒三人，又造苑馬以廣用。至武帝初，街市有馬，阡陌成群，乘牸牝者，擯而不得聚會，於時有東門京作銅馬法，詔立於金馬門。厥後，援和松善別名馬，於交趾得駱越銅鼓，鑄為馬式，備數家骨相，詔置宣德殿下。唐初得突厥馬二千疋，又得隋馬三千疋於赤岸澤。及貞觀後，馬七十萬六千疋，置八坊。八坊之馬，為四十八監，由是有監牧使、群牧、閑廐等使。自張萬歲失職，馬政遂廢。及王毛仲領職，馬稍復，始二十四萬；至十三年，乃四十三萬。天寶以後，諸軍戰馬，動以萬計，議者謂：秦漢以來，唐爲最多，豈非息耗雖因時，而尤在牧養得其法歟！國家乘前宋亂亡之後，當黎元塗炭之餘，披榛棘而洗瘡痍，拯水火而屏豺虎，安民和衆，不得已而用兵。強兵之本，以騎為先，故遣官市馬於隴右，綱維繼至，馬數漸廣。尚慮孳育之未蕃，詔脩馬政，始命有司看詳《司牧安驥集方》開印，以廣其傳。庶幾市者驗此，以知駑驥；醫者考此，以用灌針；牧者觀此，以適其水草之齊。救執之宜如此，則司馬之法，不獨稱於《周官》，而牧監監牧之多，匪專美於有唐也。今修寫到板樣繳呈，乞詳酌降下，開印施行。本省尋且奏稟，取進止，奉齊旨並依。

《四庫全書總目》卷一〇五《子部一五·醫家類存目》　《安驥集》三卷，《永樂大典》本，不著撰人名氏。前有僞齊劉豫時刊書序曰：尚書兵部阜昌五年準内降付下都省奏，朝散大夫、尚書户部郎中馮長寧等劄子，成忠郎皇城司準備差遣盧元賓進呈《司牧安驥集方》四册。奉齊旨，可看詳開印施行。長寧等竊謂國家乘宋後，不得已而用兵，故遣官市馬於隴右，詔修馬政。始命有司看詳《司牧安驥集方》，開印以廣其傳云云。詳其序意，則舊有此書，僞齊刊之耳。凡病各有圖，藥方附末。其所載《王良百一歌》及伯樂《畫烙圖》、《十二經絡圖》，馬師皇《五臟論》、《八邪論》。大抵方技依托之言。然其來則已久矣。

清　丁丙《善本書室藏書志》卷一六《子部五·醫家類》　按：《四庫》存目《安驥集》三卷，《永樂大典》本，不著撰人名氏。前有僞齊劉豫時刊書序，凡病有各圖，藥方附末。其所載王良《百一歌》，及伯樂《畫烙圖》《十二經絡圖》，馬師皇《五臟論》《八邪論》，大抵方技依託，然其來已久云云。此則宏治十七年，陝西苑馬寺太原車霆所刊五卷本。霆序云：**【略】**仍刊僞齊阜昌五年，降付劄子，進呈《安驥集方》四册，奉齊旨看詳，開印施行等文，及旋毛口齒諸圖三十六黄病源，黄帝八十一問諸歌，實非方技所依託也。有汪魚亭藏閲書印。

著録

《宋史》卷二〇七《藝文志六》　李石《司牧安驥集》三卷。

《文淵閣書目》卷三　《司牧安驥集》一部一册，《司牧安驥集》一部一册，《司牧安驥集》一部二册。

明　晁瑮《晁氏寶文堂書目》　《安驥集》。

明　焦竑《國史經籍志》卷三《史部·豢養》　《安驥集》八卷。

明　柯維騏《宋史新編》卷五二《藝文志六》　李石《司牧安驥集》三卷。

明　葉盛《菉竹堂書目》卷五《醫書》　《司牧安驥集》二册。

明　孫能傳《内閣藏書目録》卷七《技藝部》　《司牧安驥集》一册，全。元兵部員外張穆仲編馬醫書也。

清　傅維鱗《明書》卷七七《經籍志三》　《司牧安驥集》。

清　黄虞稷《千頃堂書目》卷九《食貨類》　《安驥集》八卷。

又　張穆仲《司牧安驥集》缺卷，兵部員外郎。

清　曹寅《楝亭書目》卷三《子集》　《療馬安驥集》，明承事郎張穆仲編，通直郎秦如麟續補八卷，二册。

清　徐乾學《傳是樓書目·史部·豢養》　《安驥集》八卷，張穆仲，一本。

（雍正）《陝西通志》卷七五《經籍第二》　《司牧安驥集》三卷，唐宗室司馬李石撰。

清　倪燦《補遼金元藝文志·食貨類》　張穆仲《司牧安驥集》，兵部員外郎。

又　《安驥集》八卷，失名。

清　錢大昕《元史藝文志》卷三《子類·醫書類》　《安驥集》八集。

清　丁丙《善本書室藏書志》卷一六《子部五·醫家類》　《重刻安驥集》五卷，明宏治刊本，汪魚亭藏書，古唐洞羊賈誠校勘。

清　丁申、丁丙《八千卷樓書目》卷一一《子部》　《安驥集》三卷，不著撰人名氏，明刊本。

清　魏源《元史新編》卷九三《藝文志三》　《安驥集》八集。

清　繆荃孫《藝風堂文續集》卷四《永樂大典考》　《安驥集》三卷，不著撰人名氏。

清　曾廉《元書》卷二三《藝文志》　《安驥集》八卷。

景祐醫馬方

《通志》卷六六《藝文略第四》　《景祐醫馬方》一卷。

明　焦竑《國史經籍志》卷三《史類·豢養》　《景祐醫馬方》

一卷。

蕃牧纂驗方

明 楊士奇《文淵閣書目》卷四 《蕃牧纂驗方》一部一册。

清 傅維鱗《明書》卷七七 《蕃牧纂驗方》。

騏驥須知

《通志》卷六六《藝文略第四》 《騏驥須知》一卷。

明 焦竑《國史經籍志》卷三《史類·豢養》 《騏驥須知》一卷。

牛馬書

《通志》卷六六《藝文略第四》 《牛馬書》一卷。

明 焦竑《國史經籍志》卷三《史類·豢養》 《牛馬書》一卷。

育駿方

宋 趙希弁《郡齋讀書後志》卷二 《育駿方》三卷，右未詳撰人。相馬術及醫治畜牧之方。

《文獻通考》卷二二三《經籍考五〇》 《育駿方》三卷，晁氏曰：未詳撰人。相馬術及醫治畜牧之方。

明 陳第《世善堂藏書目録》卷下 《育駿方》，馬醫。

相馬經（蕭繹）

著録

《宋史》卷二〇六《藝文志五·五行類》 蕭繹《相馬經》一卷。

明 柯維騏《宋史新編》卷五一《藝文志五·五行類》 蕭繹《相馬經》四卷。

馬經（常知非）

《宋史》卷二〇六《藝文志五·五行類》 常知非《馬經》三卷。

明 柯維騏《宋史新編》卷五一《藝文志五·五行類》 常知非《馬經》四卷。

集馬相書

宋 陳振孫《直齋書録解題》卷一二《形法類》 《集馬相書》一卷，光禄少卿孫珪撰。

《文獻通考》卷二二〇《經籍考四七》 《集馬相書》一卷，（鼂）[陳]氏曰：光禄少卿孫珪撰。

明 陳第《世善堂藏書目録》卷下《各家六·形相風鑑》 《集馬相經》一卷，孫珪。

相馬病經

《宋史》卷二〇六《藝文志五・五行類》《相馬病經》三卷。

明 柯維騏《宋史新編》卷五一《藝文志五・五行類》《相馬病經》三卷。

明堂灸馬經

《宋史》卷二〇五《藝文志四・農家類》《明堂灸馬經》二卷。

明 柯維騏《宋史新編》卷五二《藝文志六・雜藝術類》《明堂灸馬經》二卷。

司牧馬經痊驥通元論（馬經通玄方論）

綜述

《四庫全書總目》卷一〇五《子部一五・醫家類存目》有三十九論，四十六説。於馬之病源治訣，簡明賅備。前有正德元年陝西苑馬寺卿太原車霆序。《明史・藝文志》不著録，惟高儒《百川書志》有之，卷帙與此本合。所謂卞管勾者，其名則不可考矣。

著録

明 高儒《百川書志》卷一〇《子志四・醫家》《司牧馬經痊驥通玄論》六卷，東原獸醫卞管勾集註。内有三十九論，四十六説，方術畢備。馬之病源痊治，無餘藴矣。

明 焦竑《國史經籍志》卷三《史類・豢養》《馬經通玄方論》六卷，卞管勾集。

清 黄虞稷《千頃堂書目》卷九《食貨類》《馬經通玄方論》六卷，卞管勾集。

清 曹寅《楝亭書目》卷三《子集》《馬經》，抄本。東原獸醫卜管勾集註六卷，一函一冊。

《四庫全書總目》卷一〇五《子部一五・醫家類存目》《司牧馬經痊驥通元論》六卷，浙江范懋柱家天一閣藏本，舊本題東原獸醫卞管勾集注。

《續文獻通考》卷一八四《經籍考》《司牧馬經痊驥通元論》六卷，不著撰人名氏。

清 倪燦《補遼金元藝文志・史部・食貨類》《馬經通元方論》六卷，卞管句集。

清 錢大昕《元史藝文志》卷三《子類・醫書類》《馬經通元方論》六卷。

清 魏源《元史新編》卷九三《藝文志三》《馬經通玄方論》六卷。

清 曾廉《元書》卷二三《藝文志》《馬經通玄方論》六卷。

痊驥集（痊驥通玄論）

綜述

明 車霆《重刻〈痊驥通玄論〉序》《痊驥通玄論》 天無私覆，地無私載，曰仁而已。聖人仁覆天下，即天地之無私覆載也。洪惟我太宗文皇帝，永樂四年，開設陝西苑馬寺，統監統苑，任專蕃牧，正欲閒廄蕃息，以資邊用，以省民財，仁覆天下，與天地相為悠久矣。承平之餘，日漸頹廢。我孝宗敬皇帝，因邊防多事，鋭意修復，博採廷議，簡命今總制三邊邃菴楊先生為副都御史，以理其事，付以便宜之權。先生大展所藴，於凡馬政一切事務毫分縷晰，巨細不遺。閱三歲，廢興弊補，赫然改觀，三邊賴焉。先生以近時多疫癘，醫療無方，前歲命霆延請醫師龔錦，以專訓迪。博選各苑俊秀堪訓子弟會集於平涼，建舍數間，以教以學，取《安驥》舊集，親加訂閱，命工鋟梓，以徧給之。命霆時加督責勤惰，多所成就。間又出《痊驥通玄論》示霆。其書內有三十九論、四十六說，方術畢備，馬之病源治訣，明白簡易，雖中醫按而用之，如青錢之選，穿楊之射，百發百中。仍命鋟梓，以廣其傳云。夫醫，仁術也，先生濟物之仁，融蓋充溢，已滿其量，推而行之，澤及三邊，此猶有限也；雄功偉績，霖雨蒼生，天下之民，若物咸被其澤，奚啻馬政而已哉。霆故樂為之序。大明正德元年四月朔旦，陝西苑馬寺卿、前陝西布政司左參政、太原車霆序。

明 龔錦《〈通玄論〉後序》《痊驥通玄論》 余為諸生時，常至大市肆中購藥，見其賤品狼籍於地者，輒掃置屋角中，不復顧。頃之，有村醫來，以粟易之而去。余曰：『彼用此棄藥者何哉？』主人曰：『末而售之，調以蔥酒，以嚾牛馬，療百病。』余曰：『此出何書？』主人曰：『耳口相傳，安有書也？』余曰：『效乎？』主人曰：『彼苟且升合子粟為糊口計，爾惡問其效與不效也？』嗚呼！馬牛醫之陋一至此哉！余初至苑馬，首問《安驥集》一書，則已有刻。又有極稱《通玄論》之善，而惜其板之壞者，且促余重刻之。即召工問其板，亦以壞爛對，固使君檢之，乃出之塵室棄板中，稽其數，尚存者十之九，及洗刷而摹視之，可辨者亦尚十之七八，遂力求善本，得之於滄洲子之家，於是完好者因之，亡失者補之，殘缺者易之，漫漶者搜剔之，蓋所費無幾，而《通玄論》復為全書矣。使畜馬者，能與《安驥集》而並究心焉，豈惟足救之於既病，亦足以保之於未然；豈惟得療馬之方，亦足以諳相馬之法，將不為圉人之一助乎？邇余考牧，試叩一二馬醫，亦有尚知用《安驥集》者，若《通玄論》，則懵然無聞矣，豈不可為太甚乎！二書辭不甚深而恒人為便，先總制邃菴楊先生實刻之，前序已詳，無庸再贅。余恐苑之醫師，未免陰效村醫者之為，則其害物妨政也不淺，故特附著以為戒。且以告夫吾屬，俾擇其聰慧子弟，朝夕而訓誨之，則肄習之久，當必有精者出，雖神聖工巧之妙，可幾及也。豈直不害物妨政已哉，是在吾屬加之馬耳！大明正德元年四月，醫師龔錦序。

明 楊時中《重修〈痊驥通玄論〉跋》《痊驥通玄論》 夫西北之政，莫急於馬，痊馬之要，莫切於藥。予歷任近年，見彼地人病尚乏醫術，其馬之病夭，束手待斃可知之矣。且塞北風寒，塞戍昏魯，率多調養戾節，便無醫藥以完其真，以濟其夭死，尚安望其雲錦成群乎？因公余取《通玄論》而閱之，見其理明義精，殊為簡要，但板鋟諸寺已經四十餘年，其缺失者，或連篇而無存，字蒙昧者，或成段而莫識。承舛聽訛，浸至廢滅，殊為此慮。乃廣詢於人，因得舊本焉。遂捐梓人，補其缺略，正其差謬，脩其蒙昧，使前人牧愛之意不泯，而圉人得覩其全經，亦借此以廣援濟之術矣。故記諸篇末以識歲月云。嘉靖二十六年孟春（中）［上］元，陝西苑馬寺寺丞楚西陵臺楊時中識。

《四庫全書總目》卷一〇五《子部一五・醫家類存目》 前載《通元》三十九論，病分五臟治之，各有方論。復附雜病諸方。今世療馬之劑，其源大略皆本此。

著録

清 范邦甸《天一閣書目》卷一 《痊驥通元論》六卷。

《續文獻通考》卷一八四《經籍考》 《痊驥集》二卷，不著撰人名氏。

清 沈初《浙江採集遺書總録庚集》 《痊驥通元論》六卷，天一閣藏刊本。右明卞寶輯。録醫馬諸法。凡三十九論，四十六記。

《四庫全書總目》卷一〇五《子部一五・醫家類存目》 《痊驥集》二卷，《永樂大典》本，不著撰人名氏。

清 阮元《文選樓藏書記》卷四 《痊驥通元論》六卷。明卞寶輯。刊本。是書採録醫馬諸法，凡三十九論，四十六記。

清 繆荃孫《藝風堂文續集》卷四《永樂大典考》 《痊驥集》二卷，不著撰人名氏。

大元馬政記

元 佚名《大元馬政記》 國朝肇基朔方，地大以遠，橐、駞、馬、牛、羊，莫可以限量而數計。今則牧馬之地，東越耽羅，北踰火里禿麻，西至甘肅，南暨雲南，凡十有四所，又大都、上都以及玉爾伯牙折連怯呆兒，地週迴萬里，無非監牧之野。在朝置太僕寺，典御馬，及供宗廟影堂山陵祭祀，與玉食之挏乳。馬之在民間者，有抽分之制。數及百者取一，及三十者亦取一。殺乎此，則免，牛羊亦然。其抽分之地，凡十有五。或遇征伐及邊圉乏馬，則和市拘括，以應倉卒之用，非常制也。悉類以述於茲。

新編集成馬醫方

明 房士良《新編〈集成馬醫方〉序》《新編集成馬醫方》 馬之於天地間，其用大矣。《周禮》不掌於獸人目，夏官大司馬以總焉，重其用也。蓋國之大事，戎政也。戎非馬無以制敵挫變，奮武威而安邦國也。豈徒曰任重致遠、置郵傳命而已哉！是以甲天下曰萬乘，貳天下曰千乘。乘，乘馬也。天下國家之大小強弱，皆以是第之，其重也為何如！驂服廢矣，自上達下直便於鞍馬之歸，其有功於天下也尤為重。夫良駿之蹄，世所同欲，戎武之備，國不可弛，人之求之也，饑渴不足喻也。噫！亦血氣耳，或勞逸之不中其體。或水草之不適其宜，一有病萌，遂委於無知賤隸之手，其愈也幸耳，非其巧也，便稱之曰獸醫。彼不知經孫絡，敢望其明，窬穴，審藥性，以適其病也耶！嗚呼！誣針妄藥，幾喪奇毛，非徒害命，抑亦傷財。古人譏其不智，有曰，如庸醫之治良馬，信乎！其不智，且不仁也。左政丞平壤伯趙公浚、右政丞上洛伯金公士衡體上至仁，當醫國壽民之餘，推廣是心，以及於物，乃與醴泉伯權公仲和、西原君韓公尚敬等撰集馬醫方。於是，經以伯樂之經，緯以元朝之訣，撮諸書可效之方，採東人已試之術，以成是編，鏤梓周流，樂與三韓，廣開耳目。庶幾隨病得方，因方下手，使有性無言之類，獲免札瘥，以保其生；費錢豢養之家，不失其利，以期其用。始於一時，終之百世，豈不萬萬有利於大東家國也哉！子孟氏云『仁民而愛物』，於我公幸親見之。建文元年蒼龍己卯仲呂既望奉列大夫典醫少監知濟生院事南陽房士良序。

馬政志

綜述

明 陳講《馬政志・序》 序曰：嘉靖改元之朙年，講奉天子命按治陝西馬政，疲駑之力，重任莫勝。犇漢沔，歷洮河，駐秦關，望於汧隴，遠想成周之盛，有餘慨焉。所至，咨惟故老，咸以舊典湮滅，莫可殫述。放於西涼，得敝篋敗紙，啓而視之，皆馬政之故也。於是攷金牌之制，得茶馬；攷靈漳之課，得鹽馬；攷監苑之司，得牧馬；攷騎操之額，得太僕點馬。講因是重有感焉。夫馬之登耗，國之舒蹙係之，故馬政置制大道之世已，弗能亡。然三代而下，莫善於唐之坊監，莫不善於宋之保馬。蓋唐牧於官，宋牧於民。牧於官，人存則政舉；牧於民，馬未肥而民已瘠矣。安石之禍，顧弗可鑒哉。

朙興，酌古創制南北太僕之政，因革不同，然咸未有如陝之制也。牧馬在官，而不在民；鹽馬在商，而不在官；茶馬在夷，而不在中國，僕寺以稽之，憲臣以督之，矩度之宏，綜理之密，此豈前代所有哉。廼於是裒拾舊文，彙而成帙，為《馬政志》，紀實弗飾，用備觀覽云爾。苑卿郭孟威偶得而閱之，謂講曰：『懿哉！國之制乎。用之可以興政哉。』講曰：『未也。昔人有索驥者，按圖以行於天下。驪黃騣褭，匪圖弗録，卒之抱圖終日，驥不可得，為天下咲。蓋志之所載者，跡也。變而通之者，心也。時有推移，政有沿革，伸縮損益，豈不在人哉？詩云：『秉心塞淵，騋牝三千。』又曰：『思無疆，思馬斯臧。』夫澄之以塞淵之本，而復通之以無疆之思，政當弗外，是以興矣。志何為哉？孟威曰：『事不師古，其胡用訓？』吾將刊布之，俾我有位者圖焉。嘉靖三年甲申秋遂寧陳講書。

明　賈啟《書重修〈馬政志〉後》　瀛海郭君來按馬政，留心蕃庶，百廢俱舉。偶閱志文，見其歲久，梓鏤摹滅，顧謂太僕陳子、王子及啓曰：『是不可重修邪？』召匠檢刻，務令如新。斟酌已準，奏議若干篇，各以類附，且屬啓以識歲月。余惟選將練兵，國之大事，步緩於騎，馬政斯行。矧茲胡騎陸梁於西北，車騎恒倚於材官，然則寺監、苑牧之設而豈徒哉？我朝列聖相承明良經理，創制立法，昭乎著矣。久失紀載，始自前侍御遂寧陳君，闡敭國紀，示信工度。漁石唐公敘其首，而厥典益彰。今茲致意，益可永傳。經曰：『監於先王成憲，其求無愆。』又曰：『不愆不忘，率由舊章。』三公之心，所以拳拳。是書者，知所重也。柰何民各有心，志向匪一。『載見辟王，曰求厥章』，守法奉公之臣也。『罔敷求先王，克共明刑』，弗念厥紹之人也。作聰明以亂舊章，必致顛覆，臣子所當戒也。易爲君子謀法，以賢者守否，則聽之而已。嗚呼！繪人物馬牛者，易招訾毀；作牛鬼蛇神者，乃獲敬畏。豈非遵式者逼真之難，無譜者肆情之便邪？貞夫具眼，諒必能知世俗多蒙，或適迷眩，是殆可占也已。余承命，不能以不文辭因贅鄙說於篇末云。是歲龍集嘉靖壬辰陽月望日黃岡後學賈啓書。

《四庫全書總目》卷八四《史部四〇·政書四》　此書乃其嘉靖三年以御史巡視陝西馬政時所作。凡《茶馬》一卷，爲目九，紀以茶易番馬之制。《鹽馬》一卷，爲目七，紀納馬中鹽之制。《牧馬》一卷，爲目八，紀各寺苑監畜牧之制。《點馬》一卷，爲目三，紀行太僕寺各軍衛稽覈馬匹之制。摭叙源委頗詳。《明史·食貨志》載，講嘗以商茶低僞，乃第茶爲上中二品，印烙篦上，書商名而考之，蓋亦勤於爲政者。然明代茶馬之政，至末造而姦商私販，官吏冒支，其弊不可究詰。掣鹽中馬改爲納銀，名在實亡，亦無裨於邊計。志中所列，大抵皆具文而已。

傳記

明　過庭訓《本朝分省人物考》卷一〇九　陳講，遂寧人。嘉靖中，歷直隸山西提學，所至造育人材，卓有成就。歸休，著《茶馬志》及《烏集》等書，海內重之。

（雍正）《四川通志》卷九《人物》　陳講，遂寧人。嘉靖中，歷直隸、山西提學，所至造育人材，卓有成就。歸休，著《茶馬志》、《如烏集》等書，海內重之。

《四庫全書總目》卷八四《史部四〇·政書四》　講字子學，遂寧人。正德辛巳進士，官至山西提學副使。

清　陳田《明詩紀事·戊籤》卷一四　講，字子學，遂寧人。正德辛巳進士，歷官副都御史。有《中川》、《如烏》二集。

著録

明　孫能傳《內閣藏書目録》卷六《志乘部》　《馬政志》二册，嘉靖甲申印馬御史陳講修。

明　朱睦㮮《萬卷堂書目》卷二《雜志》　《馬政志》四卷，陳講。

清　黃虞稷《千頃堂書目》卷九《食貨類》　陳講《茶馬志》四卷，遂寧人，嘉靖缺進士，山西提學副使。

清　范邦甸《天一閣書目》卷二《史部》　《馬政志》一卷，明遂寧陳講撰。其自序云【略】。

清　萬斯同《明史》卷一三四《藝文志二》　陳講《茶馬志》四卷。

《明史》卷九七《藝文志二》　陳講《茶馬志》四卷。

《續通志》卷一五八《藝文略》　《馬政志》四卷，明陳講撰。

《續文獻通考》卷一六八《經籍考》　陳講《馬政志》四卷。講字子學，遂寧人，正德進士，官至山西提學副使。

清　王聞遠《孝慈堂書目·職掌》　《馬政志》四卷，陳講，唐龍等序，二冊綿紙。

清　徐乾學《傳是樓書目》　《馬政志》四卷，陳講，二本，又一部，一本。

《四庫全書總目》卷八四《史部四〇·政書四》　《馬政志》四卷，兩淮鹽政採進本，明陳講撰。

名馬記（蠙衣生馬記）

綜述

《四庫全書總目》卷一一六《子部二六·譜録類存目》　《蠙衣生馬記》一卷，兩江總督採進本，明郭子章撰。子章有《蠙衣生易解》，已著録。是編摭載籍中所記馬事，分上、下二篇。援引頗博，皆著所採書名。較明人他説部，頗有根據。唯以宛馬為晉泰始時所獻，不知漢時已有之。又以果下馬為出於《魏志》，不知亦載於《漢書》，捃拾未免稍略耳。

清　周中孚《鄭堂讀書記補遺》卷二四《子部·譜録類》　《四庫全書》存目。其書凡分上、下二篇。前有自序，稱上卷自伏羲至明，帝王公侯所馭者，得一百六十條。下卷據傳記載者，得四十條。則是此書本作二卷，爲眉公刊時併之耳。其上下二卷，皆採之典籍，具著出處。然上卷所載，則爲人所服御者，下卷所記，乃泛言之也。青螺時當四方多事，既著劍記，復輯是書，其殆壯心所寓歟。

著録

明　郭子章《名馬記·序》　韓退之曰：『千里馬常有，伯樂不常有。』予不謂然。馬之千里，人之聖也。攬轡舒節，凌雲光螭，歷塊過都，瞬息八極者，千里馬也。智籠二儀，才擅萬物，見本知末，覩始睹歸者，聖人也。如曰：千里馬常有，伯樂不常有。是云：聖人常有，識聖人者不常有也。千里一士，百世一聖，聖人果常有乎？知聖人則知馬矣！周穆王時，天子主車，則造父為御，太丙為右；栢夭主車，則參佰為御，奔戎為右，僅得八駿。東漢之末，善相馬者有西河子輿，子輿傳西河儀長孺，長孺傳茂陵丁君都，君都傳成紀楊子阿，子阿傳馬伏波文淵。然猶鼓銅鑄馬，未覩實驥。由是言之，伯樂、千里馬，孰為常有？子曰：『不患人之不已知，患其不能也。』馬何患伯樂不知哉？患不千里耳。於是採古今名馬，爲記二卷，上卷自伏羲至我國朝帝王公侯所馭者，得一百六十條；下卷據傳記所載者，得四十條。泰和郭子章記。

明　李承勳《〈名馬記〉跋》《明馬記》　唐天子東對，以牧馬數萬，別色爲羣，夸之如雲錦。夫唐馬故多良，未必盡鳳臆龍鬐，連錢夾鏡也者。即盡如鳳臆龍鬐，連錢夾鏡，亦厪厪一時駿爾。奈何雲錦夸之？是未睹名馬之全也。泰和郭公，海內博洽名儒，著述甚富，所集《名馬記》二編，上下數千禩，一切龍駒天駟，飛騰於豪楮間，如睹金谷萬花，應接不暇。藉令唐人目此，當什百雲錦之矣。公往品士於蜀，猶伯樂之過冀也，神鑑萬不失一。蜀無留良，行且人秉國鈞，天下士被一顧而增價，何啻於蜀？不佞直駑駘耳。幸公不棄，誤加鞭筴，因請鋟是編，且爲續增八十二條。鋟成。祇命僭跋於後，得附不朽勛也。有厚幸矣，胡敢謝不敏？栝蒼李承勛錫庸甫譔。

明　祁承㸁《澹生堂藏書目》　《名馬記》一卷，一冊，郭子章。

清　曹寅《楝亭書目》卷三《子集》　《馬記》，明泰和郭子章輯，一卷一冊。

清　錢曾《也是園藏書目》卷二《史部·豢養》　郭子章《名馬記》一卷。

清　錢曾《錢遵王述古堂藏書目録》卷六《鳥獸》　郭子章《馬記》一卷一本。

清　徐乾學《傳是樓書目·史部·豢養》　《（石）［名］馬記》二卷，續二卷，明郭子章，一本。

《續通志》卷一五九《藝文略》　《蠙衣生馬記》一卷，明郭子章撰。

《續文獻通考》卷一八一《經籍考》　郭子章《蠙衣生馬記》一卷，子章見經類。

清　王聞遠《孝慈堂書目·樹藝豢養》　《蠙衣生名馬記》二卷，郭子章，自序，一冊鈔白二十六番。

清　周中孚《鄭堂讀書記補遺》卷二四《子部·譜録類》　《蠙衣生馬記》一卷，廣祕笈本。明郭子章撰仕履見前。

清　丁申、丁丙《八千卷樓書目》卷一二《子部·譜録類》　《蠙衣生馬記》一卷，明郭子章撰，秘笈本。

雜録

明 黄克纘《數馬集》卷一九《〈名劍記〉序》 《名劍記》者，括蒼李大將軍所集古昔名劍奇異之事，與泰和郭大夫《名馬記》爭豪於躡景，匹輝於騰空者也。

馬經（圖像馬經全書）

綜述

明 俞彥《馬經·序》 周官圉人之失職，未有甚於我朝者也。冏寺一署金紫盈坐，不過督責州邑之寄養，芻鏹之出納，京邊之俵兌，其他槩不干涉，而兵樞駕司名，曰馬政。僅隨行逐隊，一切毋得過而問焉？安論周官？即如近代唐家雲錦成羣，亦天子之吏自似獻孺，獻孺曰：善亾何量移勳署，旋爲黨人逐出春明矣。山居無事，偶與友人話，及友人請重刻以廣流傳，余嘉□之。書凡數種，相有法，症有圖，療有方，其云師皇、造父、伯樂、王良者，不可究詰，正如《黄帝素問》必非漢以後人所能辨耳。總名曰《馬經》。全書成於憲廟乙未，鏤板禁中爲芻牧。今日雖有百毛仲，焉用之？壬戌夏，余不敏，承乏此役，長日高臥署中，莞然獨笑，題其壁曰：『無事夢蝶去，有時牽馬來。』溧陽宋獻孺見而賞之。獻孺以中秘贊東事，故得闌入樞署，謂余曰：『君之馬政，我之東事也。』余曰：『馬政焉可耳，東事焉可哉！』而是時余方捐微俸，檄營帥謀刻《馬經》，舉世廟尤重政，常一繙刻多所釐補。今刻悉視嘉靖本而較閱精核，尤極毖慎云。天啓甲子夏至，奉議大夫光祿寺少卿、前兵部車駕員外郎提督馬政吴都俞彥書。

清 周中孚《鄭堂讀書記補遺》卷二四《子部·譜録類》 前有明天啟甲子吴郡俞彥重刊書時序。稱書凡數種，相有法，症有圖，療有方。書成於憲廟成化，鏤板禁中。世廟嘉靖尤重馬政，常一繙刻，多所釐補，今刻悉視嘉靖本，而校閱精核，尤極毖慎云。蓋明代官本，彥前嘗官兵部車駕員外郎，提督馬政。至是家居，故復爲之刊此書。其前二卷皆相馬圖論，後八卷則皆醫馬圖訣并方藥也。大約取歷代所傳《馬經》，重加增訂而成。此本即從俞刊鈔云。

傳記

清 陳田《明詩紀事·庚籤》卷二〇 彦，字仲茅，一字容自，上元人，原籍太倉。萬曆辛丑進士。授兵部主事，歷員外，遷光禄少卿，謫夷陵知州。遷南兵部主事。有《近□樂府》。

清 朱彝尊《明詩綜》卷六四 彦，字仲茅，太倉州人。萬歷辛丑進士。除兵部主事，歷員外郎，升光禄少卿，有《擬古樂府》。

著録

清 王聞遠《孝慈堂書目·樹藝豢養》 《馬經》十卷，俞彦，自序，又姚履素序，二冊。

清 周中孚《鄭堂讀書記補遺》卷二四《子部·譜録類》 《馬經》十卷，舊鈔本。不著編輯者名氏。

清 丁申、丁丙《八千卷樓書目》卷一一《子部》 《馬經》十卷，明俞彦撰，明刊本。

類方馬經

綜述

《四庫全書總目》卷一〇五《子部一五·醫家類存目》 首有刑部員外郎姚江舒春序，稱『太監錢公總掌御馬監，命本監中官之善於馬者，取《馬經》舊本，參以群書，日加考訂。究脈絡箴穴之源委，校經方藥石之君臣，極歌訣之周，盡方術之備。又增馬援所進《銅馬銾》、《銅馬相法》及

《騰駒牧養法》諸條。書成，命壽諸梓』云云。考太學題名碑，成化己丑有進士舒春，武功衛人。則所謂太監錢公者，當即憲宗朝之錢能也。

著録

《續文獻通考》卷一八四《經籍考》　《類方馬經》六卷，不著撰人名氏。

《四庫全書總目》卷一〇五《子部一五·醫家類存目》　《類方馬經》六卷，兩江總督採進本，不著撰人名氏。

馬政紀

綜述

《四庫全書總目》卷八二《史部三八·政書二》　明楊時喬撰。時喬有《周易古今文全書》，已著録。是書紀明一代馬政，上起洪武元年，下至萬曆二十三年。分十有二門：一曰戶馬，二曰種馬，三曰俵馬，四曰寄養馬，五曰折糧、貢布鹽、納贖、戰功等馬，六曰兑馬，七曰擠乳、御用、上陵、出府，並附給駟馬，八曰庫藏，九曰蠲恤，十曰政例，十一曰草場，十二曰各邊鎮、行太僕寺、苑馬寺、茶馬司馬。於因革損益，各悉原委。馬政莫詳於明，亦莫弊於明。時喬目擊其艱，身親其事，故雖裒集案牘之文而所言深中時病。其條理悉具自序中。序末自署前太僕寺卿。而考《明史》本傳，惟載嘗為太僕寺丞。是書時喬自刊，不應有誤，疑史或誤書也。

《四庫全書簡明目録》卷八　馬政莫詳於明，亦莫弊於明。時喬此書上溯洪武，下迄萬歷，分十三門，於利病言之最詳，足為鑒戒。

傳記

清　萬斯同《明史》卷三三〇《楊時喬傳》　楊時喬，字宜遷，上饒人。嘉靖四十四年進士。除工部主事。榷税杭州，令商人自署所入，輸之有司，無所預。隆慶元年冬，上時政要務，言：『幾之當慎者三：以日勤朝講為修德之幾，親裁章奏為出令之幾，聽言能斷為圖事之幾。弊之最重者九：曰治體怠弛，曰法令數易，曰賞罰無章，曰用度太繁，曰鬻官太濫，曰莊田擾民，曰習倍侈靡，曰士氣卑弱，曰議論虛浮。勢之偏重者三：宦寺難制也，宗禄難繼也，邊備難振也。』疏入，帝褒納，中外傳誦焉。

擢禮部員外郎，遷南京尚寶丞。萬曆初，以養親去，服除，起南京大僕丞，復還尚寶。移疾歸。時喬雅無意榮進，再起再告。閲十七年始薦起尚寶卿，四遷南京太常卿。疏請議建文帝謚，祠祀死事諸臣，曰：『此文皇帝未竟志也。』聞者韙之。就遷通政使。秩滿，連章乞休，朝議不許。

三十一年冬，召拜吏部左侍郎。時李戴已致仕，時喬至即署部事。絶請謁，謝交遊，止宿公署，苞苴無敢及門。及大計京朝官，首輔沈一貫欲庇其所私，而憚時喬方正，將令兵部尚書蕭大亨主之，次輔沈鯉不可而止。時喬乃與都御史温純力鋤邪佞。政輔私人，若給事中錢夢皋，御史張似渠、於永清輩，咸在察中，又以年例出給事中鍾兆斗於外。於是一貫大愠，密言於帝，留察疏不下。而夢皋亦假楚事再攻郭正域，謂主察者為正域驅除。帝意果動，特留夢皋；已，盡留科道之被察者，而嚴旨責時喬等狥私報復。時喬等惶恐奏辨，請罷斥，帝不問。夢皋既留，遂合兆斗累疏攻純，並侵時喬。時喬求去。已而員外郎賀燦然請斥被察科道，亦詆純挾權鬭捷，顧獨稱時喬。又言『陛下睿斷躬操，非閣臣能竊弄』，意蓋為一貫解。疏出，朝士訝之。時喬以與純共事不可使獨蒙惡聲，又疏請貶黜，不報。及純去，夢皋、兆斗亦引歸。帝復降旨譙讓，謂『祖宗朝亦常留被察科道，何今日揣疑君父，誣詆輔臣』。因責諸臣朋比，令時喬策勵供職，而盡斥燦然及劉元珍、龐時雍輩。時喬嘆曰：『主察者逐，爭察者亦竄矣，尚可靦顔居此乎？』九疏引疾，竟不得請。時中外缺官多不補，而群臣省親養病給假，及建言詿誤被遣者，充滿林下，率不獲召。時喬乃備列三百餘人，三疏請録用。三十四年，皇長孫生，有詔起廢，時喬復列上遷謫鄒元標等九十六人，削籍范儁等一百十人。帝卒不省。

明年大計外吏。時喬已偕副都御史詹沂受事，居數日，帝忽命户部尚書趙世卿代時喬，遂中輟；蓋去冬所批察疏，至是帝誤發之也。輔臣朱賡謂非體，立言於帝。帝亦覺其誤，即日收還。而時喬堅辭不肯任，吏科陳治則劾其怨懟無人臣禮。有旨詰責，時喬乃再受事。永年伯王棟卒，其子明輔請襲。時喬以外戚不當傳世，固争之，弗聽。是時一貫已罷，言路争擊其黨。而李廷機者，一貫教習門生也。閣臣闕，衆多推之。惟給事中曹於汴、宋一韓，御史陳宗契持不可。時喬卒從衆議。未幾，又推黄汝良、全天叙侍郎，諸攻一貫者，益不悅。給事中王元翰、胡忻遂交劾時喬。時喬疏辨，力求罷。

當是時，帝委時喬銓柄。又不置右侍郎，一人獨理部事，銓敘平允。然堂陛扞格，曠官廢事，日甚一日，而中朝議論方囂，動見掣肘。時喬聲望雖重，官位未崇，又自温純去，久不置都御史，益無以鎮壓百僚。由是上下相凌。紀綱日紊。言路得收其柄，時喬於其間亦多委蛇，主調停之。畫議者量其苦心，亦不甚咎也。其秉銓凡五年，最後起故尚書孫丕揚。未至，而時喬已卒。篋餘一敝裘，同列賻襚以殮。詔贈吏部尚書，謚端潔。

時喬受業永豐吕懷，最不喜王守仁之學，闢之甚力，尤惡羅汝芳。官通政時，具疏斥之曰：『佛氏之學，初不溷於儒。乃汝芳假聖賢仁義心性之言，倡為見性成佛之教，謂吾學直捷，不假修為。於是以傳註為支離，以經書為糟粕，以躬行實踐為迂腐，以紀綱法度為桎梏，踰閑蕩檢，反道亂德，莫此為甚。而後學轉相信從，禍將安極？望敕所司明禁，用彰風教。』詔從其言。時喬家食久盛，有著述，學者稱止菴先生。

《明史》卷二二四《楊時喬傳》　楊時喬，字宜遷，上饒人。嘉靖四十四年進士。除工部主事。榷稅杭州，令商人自署所入，輸之有司，無所預。隆慶元年冬，上時政要務，言：『幾之當慎者三：以日勤朝講為修德之幾，親裁章奏為出令之幾，聽言能斷為圖事之幾。弊之最重者九：曰治體怠弛，曰法令數易，曰賞罰無章，曰用度太繁，曰鬻官太濫，曰莊田擾民，曰習俗侈靡，曰士氣卑弱，曰議論虛浮。勢之偏重者三：宦寺難制也，宗禄難繼也，邊備難振也。』疏入，帝褒納，中外傳誦焉。

擢禮部員外郎，遷南京尚寶丞。萬曆初，以養親去，服除，起南京太僕丞，復還尚寶。移疾歸。時喬雅無意榮進，再起再告，閲十七年始薦起尚寶卿，四遷南京太常卿。疏請議建文帝謚，祠祀死節諸臣。就遷通政使。秩滿，連章乞休，不允。

三十一年冬，召拜吏部左侍郎。時李戴已致仕，時喬至即署部事。絶請謁，謝交游，止宿公署，苞苴不及門。及大計京朝官，首輔沈一貫欲庇其所私，憚時喬方正，將令兵部尚書蕭大亨主之，次輔沈鯉不可而止。時喬乃與都御史温純力鋤政府私人。若給事中錢夢皐，御史張似渠、於永清輩，咸在察中，又以年例出給事中鍾兆斗於外。一貫大愠，密言於帝，留察疏不下。夢皐亦假楚王事再攻郭正域，謂主察者為正域驅除。帝意果動，特留夢皐；已，盡留科道之被察者，而嚴旨責時喬等報復。時喬等惶恐奏辨，請罷斥，帝不問。夢皐既留，遂合兆斗累疏攻純，并侵時喬。時喬求去。已而員外郎賀燦然請斥被察科道，亦詆純挾權鬬捷，顧獨稱時喬。又言『陛下睿斷躬操，非閣臣所能竊弄』，意蓋為一貫解。時喬以與純共事，復疏請貶黜，不報。及純去，夢皐、兆斗亦引歸。帝復降肯誚讓，謂『祖宗朝亦常留被察科道，何今日揣疑君父，誣詆輔臣』。因責諸臣朋比，令時喬策勵供職，而盡斥燦然及劉元珍、龐時雍輩。時喬歎曰：『主察者逐，爭察者亦竄矣，尚可覥顔居此乎？』九疏引疾，竟不得請。時中外缺官多不補，而羣臣省親養病給假，及建言詿誤被譴者，充滿林下，率不獲召。時喬乃備列三百餘人，三疏請録用。三十四年，皇長孫生，有詔起廢，時喬復列上遷謫鄒元標等九十六人，削籍範儁等一百十人。帝卒不省。

明年大計外吏。時喬已偕副都御史詹沂受事，居數日，帝忽命户部尚書趙世卿代時喬，遂中輟；蓋去冬所批察疏，至是誤發之也。輔臣朱賡謂非體，立言於帝。帝亦覺其誤，即日收還。時喬堅辭不肯任，吏科陳治則劾其怨懟無人臣禮。有旨詰責，時喬乃再受事。永年伯王棟卒，其子明輔請襲。時喬以外戚不當傳世，固爭之，弗聽。時一貫已罷，言路爭擊其黨。而李廷機者，一貫教習門生也，閣臣闕，衆多推之；惟給事中曾於汴、宋一韓，御史陳宗契持不可。時喬卒從衆議。未幾又。推黄汝良、全天叙為侍郎，諸攻一貫者，益不悅。給事中王元翰、胡忻遂交劾時喬。時喬疏辨，力求罷。

當是時，帝委時喬銓柄，又不置右侍郎，一人獨理部事，銓敘平允。然堂陛扞格，曠官廢事，日甚一日，而中朝議論方囂，動見掣肘。時喬官位未崇，又自温純去，久不置都御史，益無以鎮壓百僚。由是上下相凌。紀綱日紊。言路得收其柄、時喬亦多委蛇，議者諒其苦心，不甚咎也。秉銓凡五年。最後起故尚書孫丕揚。未至，而時喬已卒。篋餘一敝裘，同列賻襚以殮。詔贈吏部尚書，謚端潔。

時喬受業永豐呂懷，最不喜王守仁之學，闢之甚力，尤惡羅汝芳。官通政時具疏斥之曰：『佛氏之學，初不溷於儒。乃汝芳假聖賢仁義心性之言，倡為見性成佛之教，謂吾學直捷，不假修為。於是以傳註為支離，以經書為糟粕，以躬行實踐為迂腐，以綱紀法度為桎梏。踰閑蕩檢，反道亂德，莫此為甚。望敕所司明禁，用彰風教。』詔從其言。

著録

明　鄧鍊《〈皇明馬政紀〉序》（《皇朝馬政記》）　語曰：問國君之富，數馬以對。馬政係軍國，顧不重歟！《詩》美衛文、魯僖牧馬之盛，必推本立心之遠。而周命伯冏意惓惓焉，誠重之也。迨德下衰，馬政寢微，而王毛仲、張萬歲之徒，卒能蓄馬，蕃庶臻富强之效，則在人心不在瀍耳。洪惟聖祖淵識閎謨，干戈甫定，即建置太僕寺領監牧群，督理民間孳牧。兩歲課駒，馬大蕃息。後雖沿革不常，而課駒之法未有稱厲而議變之者。承平既久，官職曠廢，牧地空虛，民間孳息漸微，不得已買俵充種，苟免罪責。然俵者十一，種者十九，俵之私在民，種之法在官，猶有祖宗遺意焉。隆慶初，一變而俵種各半；萬曆初，再變而盡賣種馬，買充俵解，則幾於懲噎廢食，而祖宗良法美意蕩然無存矣。當事者狃於時，平馬無所用，議多徵折色，於是寺帑爲羨，而廐爲虛。邇年東西役興，鑼輪强半。而寺馬奏討請給者，殆無虚日，脫有緩急，召買能給幾何？予爲此廪廪已。前大僕臣楊長卿，深惟職掌，有慨於中，業已條上，便宜奉俞旨，而又以其餘力傁羅遺編，列爲《馬政紀》。凡祖宗之建置，累朝之沿革，諸臣之條畫，與夫今日之更制者，靡不臚列備存，而經國遠猷，時見一班。俾覽者攷登耗之實，究得失之林，若沿流而遡源，測影以尋表，亦猶文武之政布在方册，心存而政舉者也。夫不習爲吏，視已成事。是編雖紀馬政，而徵往係來，因利鑒弊，其於軍國大計，豈小補哉？雖祖宗良法，未可遽復，有其舉之，亦愛禮存芊之意焉。予謭劣竊步後塵，嘉與僚屬共勗之，因漫識其端云。萬曆二十五年五月端陽日，太僕寺卿盱江鄧鍊書於大正公。

明　楊時喬《〈皇朝馬政紀〉序》（《皇朝馬政記》）　太僕，周官也。職主内廐，即後世司乘輿、奉車騎、典閑廐事，不甚貴重。周穆王命伯冏以繩愆糾繆，格其非心，慎簡乃僚，無比暱匪人充耳目之官。迪上以非先王之典，曾以弼直貴重之道望焉。則亦位近職親，所關觀瞻，習染必是，乃為貴重其道。貴重其道，即貴重其官也。漢制，職主内廐，位秩埒於九卿，貴重矣。獨石慶策馬之對，貢禹請減乘輿、服御、廐馬，天子納其忠，下詔減穀食馬，為能貴重内廐之官。唐制，職主外廐，獨張萬歲、王毛仲蕃馬，收一縑易一馬之效，為能貴重外廐之官。此則上而官同職異，下而官同道異，舉有績可紀，顧弼直貴重之道未可言焉。我高皇帝都南京，有南太僕寺。文皇帝都京師，有太僕寺主外廐民牧，有苑馬寺主外廐官牧，始名戶馬。既名種馬，内廐有御馬監，不攝於太僕。既苑馬寺亦報。罷太僕，志曰：苑馬之政不舉，則邊馬不足。太僕不領内廐，則内馬無節，殆識政體之言。邇者種馬又盡罷，令有司徵銀給民買俵。以買俵寄養，俵養不足則官買補。竊謂種馬者，俵寄之本源。絕其本源而為買，買乃市賈逐末窮流之事。行之於官，曾是可以為政乎？或謂方内承平，所需者銀，奚必馬邇？疏恒言使四郊承平無事，恒如一日，則馬可易而銀也，京邊兵可易而農也。乃此自聖世不可取，必或當有事。上欲追本遡源，求復於戶種，難之。次欲逐末竭流求盈於俵寄，難之。一旦倉卒括民間馬不可得，即銀若貫朽、若泉布，不可操而騎也。雖有善者，無能為枯株涸澤計已，亦識政體之言。臣喬蚤歲請假山居不學，未聞繩糾格慎之道。晚起家職南北冏事，居貴重之官，才識庸下，不習政體，愧未能越俎内廐，步貢禹請減穀食馬，又未能祇役外廐，修張、王之業。所守簿領未久且疴，間嘗覩會典寺志，於今日行事宜有未備未合者。自革種馬後，輔部寺省臺諸臣，深感觸於時勢，本源末流之際裁畫覆請，未行。歷覈冊案有存有否，有惡害已而去籍者，喬慨今此尚然。久之，前何攸徵，後何攸據，謹取其存者則紀，不能悉紀者則略。各邊鎮行太僕苑馬、茶馬，均屬馬政，附紀日行事宜，屢更者別紀。是時相臣陳閣輔請修正史，得俞命以此紀，可備典實索之。臣喬方再請假齋居，偕太僕寺臣王長卿考訂授游簿欸，録會南擢存篋中史臣林太史志馬政索之。乃於南署令稚子貢生可中編次，授南京太常寺臣李博、陳簿校刻，今太僕寺臣鄧太卿宣猷牧政，雅意從周，助資成録。臣喬聞，吾學《周禮》今用之，吾從周。夫豈敢如魏弱翁倏隕漢家故事，以此足徵據。夫豈敢惟嘗書報鄧太卿以備冏署案籍，報林太史以俟史局稽採，或敢云然。萬曆二十四年長至日南京太常寺卿前太僕寺卿楊時喬書。

明 祁承㸁《澹生堂藏書目》卷三《史類第一・時務》 《皇明馬政記》十二卷，二冊，楊時喬。

清 黄虞稷《千頃堂書目》卷九《典故類》 楊時喬《明馬政記》十二卷。

清 萬斯同《明史》卷一三四《藝文志二》 楊時喬《皇明馬政記》十二卷。

張廷玉《明史》卷九七《藝文志二》 楊時喬《馬政記》十二卷。

《續通志》卷一五八《藝文略》 《馬政紀》十二卷，明揚時喬撰。

《續文獻通考》卷一六八《經籍考》 楊時喬《馬政紀》十二卷，時喬見經類。

清 徐乾學《傳是樓書目》 《馬政紀》十二卷，楊時喬，二本。

清 王聞遠《孝慈堂書目・職掌》 《馬政記》十二卷，楊時喬，鄧鍊序，二冊。

《四庫全書簡明目録》卷八 《馬政紀》十二卷，明楊時喬撰。

《四庫全書總目》卷八二《史部三八・政書二》 《馬政紀》十二卷，浙江巡撫採進本，明楊時喬撰。

清 阮元《文選樓藏書記》卷二 《馬政記》十二卷，明太僕卿楊時喬著。上饒人。刊本。是書（戰）［載］國（卿）［朝］馬政，自洪武迄萬曆間止。

雜録

明 楊時喬《皇朝馬政紀・凡例》 聖祖馬政成法，深意此紀，於各疏中，特表著之。若戶馬、種馬、俵馬、寄養馬本同，其以戶馬爲種馬，以種馬爲解俵，以解俵爲寄養。不同者，當戶馬時，天下初定，尚取之征伐；不專孳息，故曰戶馬，亦曰廄牧。及種馬時，天下大定，不用征伐，專主孳息，故稱種馬，亦曰孳牧。及解俵、寄養時，復有征伐，調度難以卒辦，乃以種馬徵駒解俵，發之寄養，其種主孳息，其俵養主征伐，始分爲二，均稱之爲備用馬。及以種馬不徵駒而買俵，則種馬始廢，孳息源絶。又自種馬半賣盡賣，則種馬盡廢，孳牧群空。即有寄養存，而官民皆無馬，惟藉於買取諸市貨而已。以國家兵戎大事乃寄之商賈，政事可以見已。

祖制初革，牧監羣苑監戶馬。《會典》、《太僕志》俱未詳，今皆備録於首，是為舊章。

《會典》、《太僕志》備載種馬時條例，今既革矣。今猶詳之者，所以明祖宗朝良法在此。今革之日久，如議之，則所謂無故而發大難之端；不議之，則所謂陰雨而不為戶牖之慮。欲就中善為之所，則有待於繼治同道，更化善治者。

馬數登耗，銀數多少，皆隨時不同，今但紀前時。大凡即後日所增損當否，及國計民生所係何如，皆案卷可推。

實録凡例，凡軍民衙門，官馬，孳生馬，邊境茶馬，買馬之政，牧養之地，有改遷及被人侵占清出者，亦書。每歲有勑免所免欠各項馬匹，悉書。總數今此紀如之，或未備而載在《會典》者，皆紀之。至《實録》、《會典》又未備者，則查兵部及本寺案籍紀之。

兩《太僕志》有丁田數目等制本，皆具種、俵各馬欵，下不另為紀。

《太僕寺志》曰：太僕不領内廄，則内馬無節；不預苑馬，則外馬不蕃。其識治體之言哉！馴至今以不領内廄，所以内監馬虚數徒存。而戶部之草料日增，纔一用之，如上陵等項，輒求太僕寺之寄養馬，此其非獨無節，抑亦病民。以不兼苑馬，所以民間苦於孳牧，而邊鎮有乏，動來内請，此其非獨不蕃，抑亦病國。以故此紀不及内廄者，以未嘗領之故，無從稽之。至於苑馬，僅述北平初制於先，而各邊苑馬寺附書於後，蓋亦不預亦無從稽之。故皆不能詳紀，志又曰：如今邊苑馬皆存，則各鎮馬足不待内請。是也。

洪武初，置北平行太僕寺。永樂間，改為北京行太僕寺，後定為太僕寺。洪武初，置南太僕寺，祇稱太僕寺，後專稱南京太僕寺。今皆如制。永樂間，凡各衙門俱稱行在，獨此稱北平行太僕寺者，以官署在通州也。後從京師，始稱太僕寺。若南京太僕寺，則在滁州。

《會典》、舊志各年題覆更換，為例不同，皆仍舊。尚亦有重復者，俱存之，以備參考。倘有變通者，與今昔不合者，亦存。其不存者尚多，則所謂諸有種馬，地方以此為病，士民皆欲去之。亦諸侯惡其害己，而去其籍意，故也。

《會典》、兩京太僕舊志所録者不同，或多未備。蓋查修《會典》者，與所委司事者，或更代不常，或意議相殊，又或南北異宜，故也。

兩京太僕寺日行事例，不常者不録，以其隨時異宜，未能執一也。

遼、山、陝、甘各太僕寺，洪武初年建，各加行字，各設牧監羣，管府州縣衛所種馬。其後亦革去牧監群，改屬行太僕寺管各府州縣處。所有民者，民牧之。有衛所處，以軍丁牧之，總是民牧。其遼、陝、甘各苑馬寺，亦永樂初年建，設監苑官牧，總是官牧。此二寺至今皆如舊。其間沿革不一，今惟舉其綱領，其詳在各寺自有志，不具悉。若陝西三茶馬司，又若四川茶馬司，雖革去，亦皆並紀之，以其皆為皇朝馬政大凡故也。

舊史自漢而唐、宋，凡馬政皆書於兵制中，以馬為兵制中一事也。我朝馬政專理於太僕寺，而統於兵部，今《會典》皆詳於兵部車駕司欵下，而太僕寺僅載官司，管轄地方而已。此紀今為太僕寺職掌故，獨紀太僕寺云。

此紀萬曆二十三年以前者，以後俟續紀。

馬書（新刻馬書）

綜述

明　楊時喬《新刻馬書·序》　古有河圖者，先儒指其時則天地泰和；世則聖人在上；地則河洛土中，是以陰陽精純之氣鍾於龍馬。而龍馬心稟理數運行臟腑。脈絡、肢節、骨肉形於背之旋毛五十五圈。陽白左旋而順，陰黑右旋而逆，若圖畫然。古以為瑞為靈，羲皇則之畫易，遂作萬世文字之祖。周三聖演易，乾象馬，剛健倡陰；坤象牝馬，柔順從陽，遂別兩儀生成之類。《周禮》馬五物，象五行，五行各一其性。自校人下，牧政隨性而盡。馬盡性，人物可推，遂昭兩間化育之效。《周官》公論道，燮理陰陽，孤弘化寅，亮天地。司馬掌邦政，統六師，平邦國。凡天地間陰陽氣化災祥，鳥獸先得。馬行地承天，施獸中得之更先。能論燮弘亮，即書懋德，罔有天災，鳥獸咸若，而馬咸若更先，則域內順治有徵，茍或方外有警，司馬以師平之，遂顯四方守謐之治。衛文騋牝三千，魯僖駉駉牡馬。《詩》人本於塞淵，無邪心思，遂顯一心孳牧之政。是故心政一而馬豐登。《戴記》罔國君之富，數馬對者以此；心政二而馬虛耗，《五行志》馬大瘦死，天去其備，而危亡隨之者以此。此志一動，氣類感召，不得不然，此非明於天地陰陽之故者弗能與此。後世，惟漢臣丙吉近之，乃獨舉喘牛，而遺民則遍舉失序。歷代世主皆以意智才力為政，以戰伐言馬。心之一二，馬之登耗，隨時而異。而牧制則官民兩者，官牧較民牧誠伋，乃流敝不察其害，亦均難乎其語盛矣。我聖祖作述，以武功定天下，親犁虜庭，察虜俗，占族類，占中國，皆以馬之多寡卜強弱，乃極重種馬，即兩京、畿輔歲征駒備用數十餘萬，以示強於虜，以俾民導□利代賦，且自作武衛，亦若類於民牧，而政善民不擾，馬幾盛於前代。其後，吏恣令繁，牧地為豪貴奪，乃政勞民擾。主事者忽議革而馬數耗矣！

余久山居，讀《周禮·月令》前史，而知馬固有政，惟其人舉先，今執事南北冏寺，嘗預聞其政。思昔之人：有善養者——張萬歲、毛仲，而今則郡邑俵寄事；有善相者——伯樂、九方皐、子輿，而今則僕、苑、寺驗印事；有善馭者——王良、造父，而今則將領練馭事。三事者得人而聖明在位，心政純一，將俾天地呈瑞，陰陽效靈，人物安阜，馬日登豐。自此，治臻寧謐，效在化育，類見生成，極於河復出圖，安得謂古之道而今則不可復睹之哉！

余至嘗以馬事詢署役，無知者。乃取孳牧諸集篋中籍記數章，令兩生匯為《馬書》，用式祗事者顧一時參考未備。又意或易遺忘，亟謀刻於李、程、王三冏卿；余、翟、孫、王諸冏丞；吳諫垣；甘柱史；賈、劉二駕部諸公至成之。孫君即校，語余宜序。且曰：『執此，馬政斯舉，亦可得超識於驪黃牝牡外矣！』余謂：『如其能求諸外也，可以與於天地陰陽之故，明其故者之治於道也，即在於乘馭間矣！其於馬政，不將舉此運之哉？』

萬曆二十二年歲次甲午孟夏望日，太僕寺卿江右信州楊時喬書。

明　王士性《〈馬書〉序》《新刻馬書》　冏伯宜遷楊先生刻《馬經》諸書成，以余佐政，緣冏序焉。蓋先生之拜今官也，慨馬政久墮，首訪所為蕃息之者。會塞磧多故，遼東西尤困虜，乘黃半耗，仰給太僕，先生疏爭之不得，益促劂事，且以詔疆埸之有圉事者。余受之初，謂先生只以牧事事也。比卒業，而於古今治理，有深慨焉。上古之善於理者，不過含和葆真，去智而守一，適而時，順而不戾，柝願禁悍而不伐天地之和，結約籌思而不離性情之德，如此而已矣。昔賢論至誠功用，參化育而終之以盡物之性旨矣哉。世未有不性其性，而能適於理者。故夫食草飲水、交頸跂足，恣喜怒而靡觸，此馬之性也。朝營夕息，同道一德順耕，鑒於食飲，此亦人之性也。羲軒而下，師皇以來，寧渠夫牧人者之不以馬喻耶？又寧渠夫牧馬者之不以人鑒耶？善乎漆園吏之言曰：是聖人與伯樂之過也，牧者思過半矣。晚近世直道澌散，巧偽繁殖。於是操切如束濕，解紛如亂繩，重足易聽，民救過憂生之不暇。吁嗟乎，是獨非天地之性乎哉！夫降三代而論政者與論牧於伯樂之後一也，不得不科以條程，督以明法守焉，此《馬書》之所由作矣。故不在庌涼棧濕以隨其欲，則其情不適；不有騰駒游牝以宣其時，則其孳不息；不有鞭策教駣以畢其技，則其才不盡；不有講馭臧僕以節其力，則其力不畜；不有草木調劑以按其疾，則其害不去。晚近世之所為考牧者良然。世稱，九方臯視馬，不必於驪黃牝牡。夫至於驪黃牝牡之不問，則安所稱天機者？然則，《馬書》其可以不作耶！楊先生蓋為近世之考牧計也，故條分縷析必竭諸書，余得按籍而序之：天閑六種，駑馬三良，執駒攻特，肆祀以方。次《周禮·月令》第一。掉手飛靡，指毛命物，二羸五駑，善相所黜。次伯樂諸經第二。承天行地，馳驟風雨，五氣安和，色脈就理。次師皇諸論第三。血氣含靈，依憑時序，道之與貌，人則胡異。次五運六氣諸書第四。抱陰負陽，包含臟腑，五行清濁，勞傷之府。次八邪十八病第五。三百六節，穴道是藏，針烙剨劃，載在明堂。次針經圖說第六。百邪自心，叢闕末證，中扃就理，色澤表應。次八十一難第七。善敗所由，血氣盛衰，邊關戰陣，蹄裂是災。次三十六黃十六蹄病第八。燕雲遼海，土熱水苦，中黃積發，結滯為楚。次三十六起臥第九。七十二大病第十。洪河西原，朔風高厲，乘風仰秣，燥金覆氣，次三十九論四十六說諸書第十一。大江南北，斥鹵之鄉，水泉噓吸，濕溽互傷。次七十二症圖說第十二。焚牧通淫，架棚剪茨，令節攸宜，輔以藥餌。次四時調養諸方第十三。虜有奇畜，是稱肉鞍，千斤負重，馬一駝三。次駱駝第十四。萬曆二十二年，歲甲午中秋日，提督京營太僕寺少卿，天臺王士性撰。

明　張綰《〈馬書〉序》《新刻馬書》　世嘗疑《周禮》較周制未合，《月令》集古制成篇，乃先王遺制。籍之有征，即《馬政》亦合二書而備。乃巫馬掌養疾馬而乘治之說，蓋有深意。漢後鮮傳者觀之，天地陰陽，氣化災祥，時所恒有。先王以理察之，得其所以然之故，乃製為占測之法，立之占測之人，即授之以節宣和劑，調攝歌舞，起止鼓動之術，名之曰巫。巫者能其事而不能其理，就其所能之事，則謂之神明之跡。不得其所以然之理，則不可以謂神明之德。乃災祥用此占測，節宣和劑，調攝歌舞，起止鼓動，由此暢發，則亦謂之通焉可爾。非若後世專以祈禱祝禳，咒詛邪説當之者也。是故，《周禮·司巫》掌群巫之政，而巫馬乃群巫之一，其間天地氣化，災祥流行，鳥獸先得。馬行地承天，施在獸中，得之最先者，巫馬能於乘治之間占測之，遂相醫藥攻治，復於中正，可無疾病。乃知先巫後醫，相須為用，是為燮理贊助之大政。亦即巫馬可以知巫人，即馬繁生可以知人樂生。乃人物生於王者之世，所生成若此，何其幸也。即自巫法不傳，獨有醫在。醫又不得其理，何能俾人物生成，各得其所。嘗讀《周禮》慨之，即若巫馬乘治之法不傳，而其政則齊飲食，簡六節，日中出入，春除蓐釁廄，夏庌秋駕，冬獻教駣，攻駒攻特，執散講馭，臧僕禁蠶，驅□蕃牧，通淫游牝，騰駒諸法。自來孳牧者得其法，則馬登，否則耗，未有能外之者。然則二書者，其殆盡物性之書，烏容疑哉！

自漢後，馬政日異，大究不出官民二牧。又其後，則市之虜。又其後，則求馬種於夷，登耗亦隨時而異。其概則在隨地孳牧得宜，此篇內所列喂飲、乘習、牧放，皆其事也。乃若馭法，即將兵之法，今悉不講。兵馬不強，以之顧古法無存，而獨舉練馭數語，附之於此，以俟封疆者考焉。時喬書信州貢生蔣文俊、省祭官張綰纂校。

著録

明　焦竑《國史經籍志》卷三《史類·食貨》　《馬書》十四卷，楊時喬。

清　黃虞稷《千頃堂書目》卷九《食貨類》　楊時喬《馬書》十

四卷。

清 萬斯同《明史》卷一三四《藝文志二》 楊時喬《馬書》十二卷。

療馬集（喻氏元亨療馬集）

綜述

明 丁賓《〈喻氏元亨療馬集〉原序》《元亨療馬集》 《易》明夷之六二曰：『夷於左股，用拯馬，壯，吉。』蓋以二為股肱之臣，與國體；國之失政猶己之傷，如治馬之疾，當亟拯救之，必使羸而復壯，乃可云吉也。夫大臣匡國之危，其象乃擬於拯馬者，以馬之為物，強健而剛躁，苟失其調，易於致疾，拯之速或可以生，緩則不可救藥矣。故以喻扶顛定傾，經國之道當如是而庶幾也。六畜之大有功於人，鈎衡駕軛，負重致遠，唯牛馬為最利；田獵戰陣，馬績為良；任載力田，牛勞莫鉅；誠富國之能材，宏家之楨幹也。善牧者，潔其水草，酌其芻菽，慎其寒燠，節其足力，則災疢不生，孳育日盛，軍容壯而國賦充，稼穡豐而財用足。失其宜者反是。雖有王良、造父，不能使之範我馳驅；棄稷、阿衡，弗克任以助吾耕耨。是故圉師列於夏官，醫獸隸乎太僕，先王慮馬牛之患而預為之防，所以重武功、慎農事也。余曩者承乏南滁，備員興牧，歲侵之後，繼以兇疫，官民牛馬，率多物故，虺尵羸瘠者，又強半殞於庸醫不職之愆。余竊懼焉。博求名醫，以塞瘝曠。久之，乃得六安喻氏伯仲本元、本亨，究師皇、歧伯之經，泄伯樂、寧戚之秘，針砭治療，應手而痊，不浹月而馬大蕃息。時出其餘緒以治牛，民賴以有耕者無算。壯國威而成歲功，其為裨益，豈淺鮮哉！二子之隱於醫獸也，不矜其功，不計其利，滋滋樹德而衡泌自怡。孰謂今之時，九方神賞，遂乏孫陽，千頃汪洋，詎無叔度耶！近梓其治療方書、圖經、頌論，以壽於世。余素欽其厚濟民物，啟迪來學之善，遂泚筆弁於其端，於馬牛二集皆冠以元、亨，所以識伯仲之功於無斁也。於戲！孔子為乘田而牛羊茁壯；衛文勤庶政而騋牝三千。《魯頌》曰：思無邪，斯馬斯徂。吾願世之善牧善療者，於此三致思焉，庶可以盡此書之蘊，則拯馬壯吉，變明夷而為泰矣。萬曆著雍涒灘歲清和之吉，嘉善丁賓改亭氏題。

清 許鏘《〈牛馬駝經全集〉序》《牛經駝經全集》 子思子言，盡人盡物之性，子與子言，仁民愛物之理，至矣哉。參天贊地，補兩大之不及者，其惟治療一書乎？蓋六畜之大有功於人者，鈎衡駕軛，負重致遠，惟牛、馬、駝為最。田獵戰陣，馬績為良；任載力田，牛勞莫鉅；萬里千斤，駝功更遠。有之者，賦役充焉，財用足焉。誠富國之能材，宏家之楨幹也。特其治療之術，物不能言，而人功為秘，務窮其理，務究其源，不可以粗淺躁妄試也。方今聖天子景運重新，湛恩累洽，萬彙長養，物不夭傷，以仁心育萬物，固已咸若其性矣。亦何俟斤斤於治療一書，然而善牧者，潔其水草，酌其芻菽，慎其寒燠，節其足力，則災疢不生，孳育日盛。苟一有調馭之失宜，縱師皇、岐伯、伯樂、甯戚復生，不能無待於針疢之精與夫藥餌之當也。有明六安喻氏昆仲本元、本亨，究師皇、岐伯之經，泄伯樂、甯戚之秘，針砭醫療，應手而痊。經其治者，馬大蕃息；時出其緒餘以治牛，民賴以有耕；更精其手法以治駝，國賴以引重。壯軍威而成歲功，利轉輸而濟牧養，裨益豈淺鮮哉！原序為二子隱於醫也，不矜其功，不計其利，滋滋樹德，矜愛及群材而咸盡其性，誠哉九方神賞，不乏孫陽也。其方書已久行於世，近逢李子玉書，重梓其治療圖經、頌論，以壽於世，子從旁竊閱之，欽其利濟民物，啟迪後人之善，因走筆弁其端，所以著喻氏伯仲之功於無盡也。嗚呼！圉師列於夏官，獸醫隸於太僕；衛文勤庶政而騋牝三千；孔子為乘田而牛羊茁壯。蓋亦盡人而盡物者，仁心所寓之一端也。吾願世之善牧善療者，於此三致思焉，庶可以盡此書之蘊。是為序。時大清乾隆元年歲次丙辰孟春之月上元，許鏘賢聲氏題於有秋書屋。

《四庫全書總目》卷一〇五《子部一五・醫家類存目》 仁、傑皆六安州馬醫。其書方論頗簡明。《附錄》一卷，則醫駝方也。

著録

《續文獻通考》卷一八四《經籍考》 喻仁、喻傑同撰《療馬集》四卷，附録一卷，仁、傑，皆六安州馬醫。

《四庫全書總目》卷一〇五《子部一五·醫家類存目》　《療馬集》四卷、《附錄》一卷，內府藏本，明喻仁、喻傑同撰。

相馬記

著録

明　朱睦㮮《近古堂書目》卷上《子譜録類》　郭奎《相馬記》。

清　錢謙益《絳雲樓書目》卷二《子雜藝類》　郭奎《相馬記》。

高堂隆相牛經

著録

《通志》卷六六《藝文略第四》　高堂隆《相牛經》一卷。

明　陳第《世善堂藏書目録》卷下《各家六·形相風鑑》　《相牛經》一卷，高堂生傳漢薛公法。

明　焦竑《國史經籍志》卷三《史類·豢養》　高堂隆《相牛經》一卷。

雜録

清　姚振宗《三國藝文志》卷三《子部·雜藝術類》　高堂隆《相牛經》二卷。隆始末，具史部故事類。《世說·汰侈篇》注《相牛經》曰：《牛經》出甯戚，傳百里奚。漢世河西薛公得其書，以相牛千百不失本，以負重致遠未服輜軿，故文不傳。至魏世高堂生又傳以與晉宣帝，其後王愷得其書焉。

《隋志·五行家》：梁有高堂隆《相牛經》二卷，亡。

按：《世說》注引《相牛經》，亦似其序文中之言，據所云云，則是書特爲高堂生所傳，未必是高堂生所撰。然《七錄》與甯戚、王良二家書，分別著録，則高堂生別有其本可知矣。

清　姚振宗《隋書經籍志考證》卷三六《子部十三》　梁有高堂隆《相牛經》二卷，亡。高堂隆有《雜忌曆》及《張掖郡玄石圖》並見前。《世說·汰侈篇》注《相牛經》曰【略】。

按：《世說》注引《相牛經》，蓋其序文中語與《晁志》同。據所云云，則此《相牛經》特為高堂生所傳錄，亦即前寗戚之本也。或高堂生亦有所論著於其間者。

王良相牛經

清　姚振宗《隋書經籍志考證》卷三六《子部十三》　梁有王良《相牛經》二卷，亡。

案：王良，即伯樂。有《相馬經》見前。諸書但言王良善相馬，不聞又善相牛。《初學記》、《藝文類聚》、《文選注》皆引《相馬經》，亦未見有引王良《相牛經》者，此或非王良，因上文而誤題撰人者。

水牛經

綜述

《四庫全書總目》卷一〇五《子部一五·醫家類存目》　原序有云：唐則天垂拱二年八月，收得水牛有病證。造父奏言，水牛與黃牛形貌相同，治法不等。若依黃牛用藥，誤矣。造父別立醫書共四十五證，有方有論，並無差誤。但其詞俚陋，蓋方技家聞古有善御之造父，誤以爲唐人而託之也。

著録

《四庫全書總目》卷一〇五《子部一五・醫家類存目》 《水牛經》三卷，《永樂大典》本，舊本題唐造父撰。造父未詳何許人。

清 繆荃孫《藝風堂文續集》卷四《永樂大典考》 《水牛經》三卷，舊本題唐造父。

醫牛經

《通志》卷四《藝文略第四》 《醫牛經》一卷。

《宋史》卷二〇五《藝文志四・農家類》 賈躭《醫牛經》，卷亡。

明 焦竑《國史經籍志》卷三《史類・豢養》 《醫牛經》一卷。

明 柯維騏《宋史新編》卷五〇《藝文志四・農家類》 賈躭《醫牛經》，卷亡。

（光緒）《重修天津府志》卷三七《藝文志一》 《醫牛經》，唐賈耽撰。《宋史・藝文志》：耽，字敦詩，滄州南皮人。官終檢校司空左僕射。

寧戚相牛經

論説

清 徐時棟《烟嶼樓讀書志》卷一四《子上》 甯戚飯牛車下世，遂傳甯戚《相牛經》，其荒誕不足詰也。然其文僅二百餘言，而奇古有氣息，較之浮邱公《相鶴經》、朱仲《相貝經》、張華《禽經》，又有上下牀之別矣。

著録

《舊唐書》卷四七《經籍志》 《相牛經》一卷，甯戚撰。

《新唐書》卷五九《藝文志》 甯戚《相牛經》一卷。

《通志》卷六六《藝文略第四》 甯戚《相牛經》一卷。

宋 趙希弁《郡齋讀書志・後志》卷二 《相牛經》一卷，右序曰：甯戚傳之百里奚，漢世河西薛公得其書，以相牛千百，不失其一。至魏世高堂生，又傳晉宣帝，其後秘之。細字，薛公注也。

《文獻通考》卷二二〇《經籍考四七》 《相牛經》一卷，鼂氏曰：序曰【略】。

（嘉靖）《青州府志》卷一七《藝文》 【甯戚】著《相牛經》一卷。序曰【略】。

明 焦竑《國史經籍志》卷三《史類・豢養》 《甯戚相牛經》一卷。

（嘉靖）《山東通志》卷三六《藝文》 《相牛經》一卷。晁氏曰【略】。

清 黄虞稷《千頃堂書目》卷一五《類書類》 《相牛經》，甯戚。

清 周中孚《鄭堂讀書記補遺》卷二四《子部・譜録類》 《相牛經》一卷，《説郛》本。舊題甯戚撰。新舊《唐志》俱農家類、《郡齋讀書志》藝術、《文獻通考》形法俱載之。晁氏云：其序曰【略】。按其書之依託，不辨可知，然亦唐以來相傳之舊帙。此本無其序文，蓋已佚矣。卷末附牧牛説，陸魯望龜蒙祝牛宮辭，及洪景廬邁跋。

清 丁申、丁丙《八千卷樓書目》卷一二《子部・譜録類》 《相牛經》一卷，齊甯戚撰，《百川》本。

清 佚名《唐書藝文志注》卷三《農家類》 甯戚《相牛經》一卷，《隋志・五行類》：梁有齊侯大夫甯戚《相牛經》二卷。戚見《國語》。

又 《相牛經》一卷，甯戚撰。

雜録

清 姚振宗《隋書經籍志考證》卷三六《子部十三》 梁有齊侯大夫寧戚《相牛經》二卷，亡。

《後漢書・蔡邕傳》：邕作《釋誨》曰：寧子有清商之歌，百里有豢牛之事。注《淮南子》曰：寧戚欲干齊桓公，窮困無以自達，於是為商旅，將車以適於齊。暮宿於郭門，飯牛車下望，見桓公，乃擊牛角而商歌。桓公聞之曰：異哉！歌者非常人也。命後車載之。《三齊》記載其歌曰：南山矸，白石爛，生不遭堯與舜禪。短布單衣適至骭，從昏飯牛薄夜半，長夜漫漫何時旦？公悅之，以為大夫。又曰：百里奚，虞大夫也。《史記》：趙良曰：百里奚自鬻於秦，衣褐食牛，期年而後，穆公知之，舉之牛口之下。

《魏志・夏侯玄傳》注：《魏氏春秋》曰：陳長文曰：漢世有《相印》、《相笏經》，又有《鷹經》、《牛經》、《馬經》。

《唐書・經籍志・農家》：《相牛經》一卷，寧戚撰。

《唐書・藝文志・農家》：寧戚《相牛經》一卷。

晁氏《讀書志・雜藝術類》：《相牛經》一卷，題曰【略】。

梁玉繩《人表考》：寧戚，見《人表》第三等。始見《齊語》、《管子》、《小匡》諸篇。衛人亦曰：齊寧葬萊州膠水縣西鳴角阜。

土牛經

《宋史》卷二〇五《藝文志四・農家類》 丁度《土牛經》一卷。

明 楊士奇《文淵閣書目》卷三 《土牛經》一部一冊。

明 柯維騏《宋史新編・藝文志四・農家類》卷五〇 丁度《土牛經》一卷。

明 朱睦㮮《近古堂書目》卷上《子譜録類》 《土牛經》一卷。

清 錢謙益《絳雲樓書目》卷二《子雜藝類》 《土牛經》。

清 錢曾《也是園藏書目》卷二《史部・豢養》 《土牛經》一卷。

辨五音牛欄法

《宋史》卷二〇五《藝文志四・農家類》 《辨五音牛欄法》一卷。

明 柯維騏《宋史新編》卷五〇《藝文志四・農家類》 《辨五音牛欄法》一卷。

牛書（賈樸）

《宋史》卷二〇五《藝文志四・農家類》 賈樸《牛書》一卷。

明 柯維騏《宋史新編》卷五〇《藝文志四・農家類》 賈樸《牛書》一卷。

牛皇經

《宋史》卷二〇五《藝文志四・農家類》 《牛皇經》一卷。

明 柯維騏《宋史新編》卷五〇《藝文志四・農家類》 《牛皇經》一卷。

牛經大全（圖像牛經大全）

《〈牛經大全〉序》 六畜皆藉人以飼者也。於牛爲亟，何也？民爲國本，食乃民天。牛非療無以壽，民非牛無以耕。不耕而食，雖許子不能。力本者，牛可忽乎哉？蓋牛之爲物，上列天星，下開國運，即墨齊城可復，桃林武事能成飼之者，豈特喂養之有其術，而調攝亦不可無其方也。予不敏，學古之餘，從事學稼，雖盛暑嚴寒，必安其處所，適以水草，節其饑飽，冬則溫鐃，夏則涼廡，間值違和，必誠求以療之。然目未覩獸醫之書，身未隸乘田之職，無以獲其奧旨，往往爲之扼腕。己未長夏，金陵得覩六安喻氏少學習牛全刺針砭、按穴藥治省方，不覺喟然嘆曰：牛因省重於人，而人亦不忽於牛也。自有此書，牛則可無殞沒之患矣。天下之力農者，亦可長食牛之力矣。有國有家者，牛可忽乎哉？爰序之以弁其端。康熙庚申桂月學稼子書於金田之半畝方塘。

新編集成牛醫方

明　房士良《〈新編集成牛醫方〉序》《新編集成牛醫方》　嘗觀《周禮》，至牛囿人所掌。有曰：供祭祀則享牛，軍旅則犒牛，以至宴享、射禮皆用牛，而農無及焉。且遂人之治野則有千夫澮、萬夫川，而亦不及牛。是遺其重，而不之書，以示天下與萬世，信周公未成書也。以今觀之，其菑其畬，縱橫其畝，一牛之力，奚啻十夫之力也哉！噫！一牛也，而何其用之博耶？以之祭天則天神格，以之祀廟則人鬼享。斯民朝夕之命，軍國經費之資，皆其力也。其有感於天地，有功於民社大矣！左政丞平壤伯趙公浚，右政丞上洛伯金公士衡體上至懷，已於國初痛禁私宰，不忍之心，著之甲令，可謂仁之至、義之盡也！且念血氣之類，焉能常保，陰陽愆伏，流為疾疫，饑飽勞逸等為病源，苟失醫治，徒善何裨。乃與醴泉伯權公仲和、西原君韓公尚敬等撰集醫方。於是採古摭今，鉤神摘驗，以成是篇，繡梓印頒，以惠中外。噫！我公一念之仁，橫被於時，登民春臺，措國泰華，旁及於牛馬，無知之類，咸浴其好生之澤，如此之曲且盡也。吾知其仁聲仁聞，直與天地相始終云。建文元年，蒼龍己卯，仲呂既望，奉列大夫典醫少監知院濟生院事，南陽房士良序。

牛書（楊時喬）

明　祁承爜《澹生堂藏書目》卷八《子部一·牧養》　《牛書》十二卷，四冊，楊時喬。

清　黃虞稷《千頃堂書目》卷九《食貨類》　楊時喬【略】《牛書》十二卷。

清　萬斯同《明史》卷一三四《藝文志二》　楊時喬【略】《牛書》十二卷。

郭氏

清　郭氏《郭氏·自序》　家世太原，派衍汾陽。幼攻儒業，數不利於場屋，退而獨處，冀有補於世人。因緬想意而醫和，雖皆神靈天授，要亦人所專及也。予縱不獲媲美古人，而時究心於醫獸，蓋見其術之捷而易精也。乃一入其中，而啞科口不能言，其命更繫乎醫師之手。故昔皇帝、師皇暨諸先賢，留方立論，針砭治療之法百端詳盡，後人遵效，濟療始有傳矣。迨至明初，吾州喻氏伯仲，本元、本亨二先生，有愛物之資，精研歧伯、師皇、董氏、寧氏、趙氏、伯樂、王良諸先賢遺篇，廣行治療，手到物安。二先生恐其久而失傳，不辭辛勤，悉將古昔遺篇，追而集之，名曰《元亨療馬集》，誠為仙籍有載矣。竊思濟世道中，人之疾病尚自能言，救療猶易。若啞科這疾病，全在醫者之目力，稍有差錯，啞畜之夭喪橫死者多矣，豈不更可憫哉？予隨查《元亨集》本，伏而讀之，復查歧伯《通元至論》、董氏《淵源塞要》、寧氏《療驥全書》、伯樂《安驥全集》并《黃帝內經》，及諸先賢遺篇簡論，專而精之，試之於用，百不失一。故數十年大行其救療之術，并授門徒多人，屢試輒效，則是以有補於世人，其亦可也。然予竊有懼焉，往歲予在金陵，遍訪書林，廣求名手，所稱率唯喻氏一書。噫！天下之大，古今之遠，唯此一書而已乎！意必更有奇秘，予力求之不得，可為慨也。顧江南之大，唯有是書之所關，豈不重哉？故是書所載，自黃帝以來，如歧伯、師皇、董氏仲先、通微真人、寧戚、王良、遵道、伯樂諸賢，皆有遺篇。至喻氏伯仲，集注先賢痘論，俱各盡善，敦意書成萬曆著雍涒灘歲。至康熙十九年庚申歲，吾州醫獸楊東源翻刻。今乾隆四十年乙未歲，又復翻刻。相沿既久，翻刻屢經，訛謬日增，奧義寖沒，人之得是書者，以訛傳訛，寧不深為啞畜害哉？夫致遠莫如馬，力耕莫如牛，任載莫如駝，雖一鄉一邑之中，三者所關已自不小，況國家大事，其有資於三者更多乎？三者隱受其害，寧不深為惜乎？又是書所載，諸前賢論説歌詩，文理深奥。此由上古醫獸，隸乎太僕，先王慮馬牛之患而預為之防，所以重武功慎農事也。故屬在太僕，皆國士為之，本自無不可解，今則士所不為而人之擇是術者，大都依方療疾，不識陰陽寒暑，為百物受病之源，不解書中奥義，有待人而傳之之妙，以故構得一書，即奉為拱璧，以為醫獸之道即在斯矣。嗚呼！此何堪有一字之訛、一言之舛而致牛馬駝畜於枉死者乎。予故歸自金陵，心滋畏懼，發奮考訂，廣搜互證，并將予五十餘年臨症試驗，有效奥廣良方，悉加參互，爰是書之訛者正之，隱者顯之。如《元亨集》内，注有三十六黄、三十六臥、五療十毒、七十二大病，并牛、駝二經，均未曾分晰注明，後之稍知文字者，不能運用醫療，深為可憫。予念馬、牛、駝三者，上助國家之武功，下利民間之農事，故不辭勞瘁，細撿先賢故籍，要語秘訣，奇針治法，奥義良方，一一注明。其間有未備者詳之，顛倒者順之，殘缺者補之，訛謬者正之，失次者序之。一概作為歌訣，務令人之稍稍識字者，熟讀記之。凡遇馬、牛、駝等疾病，一鑒即知病源在何，經絡在何，臟腑則依方療疾，應手而痊，庶馬牛駝等畜，不致枉死其手。而是書之成，非於《元亨集》内妄有刪改，特增加注釋，務令是書之義燦若列星，而予亦竊附五十餘年所心得，以為世人之小補云爾。故名曰《馬牛駝經大全集》。各症圖經，針藥加減，調理之法，列之於右，俾後之醫者入目了然，救藥有門而苗壯蕃滋之盛，可見於今茲矣。是為序。時大清乾隆五十年歲次乙巳仲春之月朔日，安寧庵郭氏題。

耕牛録

清　錢曾《也是園藏書目》卷二《史部·豢養》　《耕牛錄》一卷。

清　錢曾《錢遵王述古堂藏書目録》卷六《鳥獸》　《耕牛録》一卷，一本。

養耕集

清　傅善萇《養耕集·源流自序》　《養耕集》一書，余奉家君之命而作者也。家君素有良醫之譽，鄉鄰常稱彦焉。夫非種田之廣，蓄牛之多，精通療治之術，而能有此令聞乎？第人既借牛力以廣其收藏，牛亦當資人力以深其保護，二者相需甚切，安敢等於尋常，坐視寒熱之作，癀脹之生，而不救也，可乎哉！我觀家君，無慮此矣，假販牛以為名，過都越國，戴月披星，不避風霜之苦，不辭跋涉之勞，凡屬執鞭之士、牙儈之人，聞有一善其術者，雖千里之遥，猶親往焉，造廬受教，必盡其道而後已。況乎千里而生一聖，百里而生一賢，有出類拔萃之名者，敢畏其道之阻、路之險，而裹足不前也哉！然而世之務虚名而鮮實者盈天下，彼曰神手，此曰名師，皆自夸獸醫之良，及觀其所試，亦不投一古方以塞責耳，而於針法何有哉，是此道之不明於天下也久矣。公乃審所尚而正所趨，知恃藥之效難見，不若恃針之功易成，兼收並蓄，變化無窮，展獨出之心裁，隨機應變，又得聖賢之師以為依歸，受真傳之秘訣，另開捷徑。更兼長兄善藩相爲贊助，接踵而紹衣鉢之傳，鳳毛濟美，可謂箕裘勿替者矣。辛丑仲夏，公年六十有餘，適值長兄病故，家君遂懷東敗之傷，自謂神明之子，宜業其家者不克蒙其澤，又何以爲醫，日夕傷悲，神思困倦，見一冥王冕旒端坐，召而諭之曰：『查汝陽壽冥籙已盡，幸喜心懷公直，且又屢積陰功，從不索人毫髮之利，應增汝算二紀，返陽復宏其教，當享厚報，何苦尋死自安耶？』命判催逼而出，忽然驚醒，乃是一夢。歷歷猶常記憶，冥回以後，而求者愈多，不勝晉接之煩，欲卻其請而不能，思得一徒，以代其勞，實難其人，輾轉憂思，深為扼腕。一旦晝寐，復見冥王曰：『吾嘗教汝，擇一賢者而授之，以救鄉鄰之急，何意忘之？況汝習此技來非容易，求師訪友，歷便天涯，何以至命秘而不宣，而不筆之於書，以壽斯世，乃蹉跎歲月若此哉？』維時公未嘗學問，不能擅操著作之任，對冥王不語。少頃，又曰：『汝尚有四嗣，皆能承敬其業，慰汝厚望，何謂無人？』覺憶所夢，與昔相符，信知醫牛一技，亦人生陰騭之大端也。惜乎年近八旬，長男早以棄世，諸兒未得真傳，此道將來不明不行矣。設有牛圖四十餘穴，雜症四十餘條，屢建奇功者，久未註明指趣，殊堪嘆惜。於是呼予而告曰：『吾兩受冥王之誡，令出胸中技藝，匯成卷帙，垂諸後世，以謝冥王之教。奈予素不聞孔孟之書，未能淹貫，故雖抱此底蘊，口能言，而筆不能宣，亦無如之何也。念汝讀書有年，深通經史，出言自然有章，固可代余草創之任，即醫牛之術，汝亦粗知大義，倘專心致志，入室何難。是在有志者事竟成耳。其因症認穴，因穴下針，因針立法，因法成書，徹始徹終，吾當按穴教之，汝當依言釋之，兄終弟及之任，正可望於今日之汝也。』斯時余聞尊命，乃避席對曰：『萇不才，奚當大任，蒙受趨庭之訓，嘗聞大略，究未深領淵微，恐執筆悠悠，難中肯綮，今聆是言，如夢方覺，如醉初醒，不啻聞所未聞，見所未見也。』因慨然受命曰：『今夫牛之有功於人也，亦大矣哉。』自漢趙過用耕牛之後，賦稅於是乎出，衣食於是乎生，上應天星，下關國運，功同戰馬，澤及生靈。君無牛，無以供粢盛之祭祠；民無牛，無以給父母之饔飧。朝廷建乘田之官，草野設芻牧之豎，牛顧不重乎哉。倘一旦寒熱乍生，疾病頓作，奄奄觳觫，抑亦立而視其死歟？是必伏針砭之力以救拯之也。爰竭數載之深心，以成一家之世法，父作之於前，子述之於後，日臨一症，夜解一題，悉遵家君所言之綱目，順其意而體其情，詳加辯論，某穴綱目之下，針之淺深有度；某病綱目之下，針之多寡有節。必如是，則頃刻而生；不如是，則瞬息而死。講解分明，注釋清晰，毫髮不差，效驗亦確，斯為得耳。又嘗溯厥古人治牛之方，若漢之薛公、晉之高祖，以及六安喻本元所著諸書，當時盛稱獸醫之最，然觀其命意立言，亦只僅載方藥，并未立一針法傳於後世。則比較相形之下，而是書一出，千古不傳之秘，得此傳之，不已遠逸前人，來超後代，有識之士見之，當必奉為至寶也。故因顏之曰《養耕集》，分為上下二集，上集詳著針法，下集備錄方藥；針不能到者，有藥以至之，藥不能及者，有針以挽之。以時制宜，運行不悖，則凡農圃之家，庶幾有茁壯之歡，無夭折之慮耳。而家君之教，自長兄去世之後，幸賴余不肖之萇，復接其傳，不亦長留天壤也哉。由是觀之，公今蘊此妙術，鳴於當代，利己利人，宜乎登遐齡之上壽，應冠帶之寵榮，恭迓『盛典』，享此褒封，皆能一一親食其報，亦分所應耳。余故殫精竭神，依題闡發，非敢自稱著作之善，針法之高，不過襲公已驗之陳跡，作後學之津梁，使庸夫俗子，俱了然於心目之間，即遇險症而掣肘，逢怪病而愁眉，亦當見之恍然而悟者耳。是歲庚申，公年已臻八十有六，目擊此書之告成，公生平之願足矣，余之職亦盡矣。余又恐傳授淵源之自此湮沒，不能詳鑒而此之苦衷，故一一序而明之，弁諸卷首，以俟剞劂費足，付梓就鐫，令彼後學時時珍重，以為後日子孫世守之法，是為序。嘉慶五年歲次庚申七夕前一日吉旦，江西新建縣雙港傅善萇春翹氏題於家塾之素行堂。

相牛心鏡要覽

綜述

清　黃儒谷《相牛心鏡要覽・叙》　懿大牛者，上應列宿，下興地利。岐蹄而戴角者，本乎天；穿藁以服軛者，成於人。《禮》云：諸侯無故不殺牛。《周官》牛人，草國之公牛，以供宗廟祭祀，重其為太牢也。服賈肇牽車牛詳於《尚書》；將相出乘，牛車備於漢代。牛之屬用大矣哉！匪特六畜道中牛為首，耒耜之功牛居一也。至於皮毛之中有相存焉。讀先儒之牛經、牛賦、牛歌、牛詩，旁引曲喻，韻致風雅，總屬文人墨士、才高學富者，作文章為絕妙好辭。若於牛之德，世為宗主，鮮有當矣。愚常稽之上世，考之史傳，而知方圓。《相牛經》一書，始於黃帝之命，成於后稷之教，歷千百年，寧戚祖其書，以飯牛作歌，傳之百里奚，時秦穆公好牛，百里奚以五羖之皮而為秦相。迄漢世，薛公得其書，以相牛，千百不失。遞傳至魏高堂生，以薛公之書傳晉高祖。其後，王愷得之，石崇使人以千金易之，愷不與，竟秘其鈔，因而牛書之無傳於世久矣。後人君子，襲往撫之餘唾，揣度試驗，衍為斷訣；庸人俗夫，口傳心記，偶一獲中，飾為眼法，詢其根據，莫不茫然。往歲遍加訪採，不憚集腋之勞，幾費心神，方成握靈之巧。嘗纂是書，藏之笥中，未敢出以共覽，非秘之也，以古書無傳，不堪取信，才淺詞拙，差質高明。是年春，友人過會，酒闌登地，敘及相牛，愚慨曰：『牛之好歹快慢，知而能決。爰將歌編示焉。』友人舉秩大喜，謂相牛一法，農家必要之書也。是書目明詞達，簡而備，約而賅，井然有度，了於心目，可為全璧。其言雖小，為功甚大，冀公於世，以喻諸人。遂顏顏曰《心鏡要覽》，是為序。時在道光二年，壬午歲之春。

清 黃儒谷《相牛心鏡要覽·記》 從來農人植穀，必需於牛。牛之起先後足，臥先前足。生望前，則子在母前；生望後，則子在母後。齒可定歲，有下無上；耳本無竅，聽之以鼻。此得乎天，從乎陰，一定之相也。而無定之相，紛然雜出焉。《心鏡》一書，集俗傳善本而作也。第諸說顛倒錯亂，各相矛盾，如無數錯錢未能貫一。愚自幾經訪採，分門別類爲歌訣、爲總論，俾讀者一目瞭然，實超出俗傳善本萬萬外。古有云：馬之能蹄齧者必善走。吾謂牛之無性分者多憨疲。故《心鏡》書有清中遺濁，濁中取清之論。何則？牛有全身周正，突於旋中雜一蜈公形，豈非清中之濁乎？又有旋生不佳而眼圓腳輕，蜈公散翅，豈非濁中之清乎？徒以貌取，失之遠矣。雖有已分情性，力大而善走，耐勞而經操，所謂大莊家牛，又在人之善馭爾。志於此者，苟能取是書而熟讀之，細加體認，則毛體蟲不必三告而後定，大頭牲自當一望而即知。是以爲之記。儒谷江夏氏謹選。

雜録

清 不如氏裴半山《〈相牛心鏡要覽〉凡例》（《相牛心鏡要覽》） 神仙難識毛體蟲，走在皮毛，錬在筋骨，卻難全好。或清中有濁，或濁中有清，取清遺濁便爲得之。不可刻舟求劍。開口齬子閉口相，欲觀在心，不可輕言，不宜對牛談論，倘惹聞者嗔恨沒趣。

入廠看牛，先用手搯尾子，從尾根搯下。次看周身旋水俱清白了然。後改繩開盤說價。若預牽牛看口就當齬了。

相經相訣俱屬總言，淆亂心目。茲編分門別類，便於記憶。神而明之，存乎其人，讀者宜細心體認。

水牛黃牛，賦性不同，相亦各異。水牛多怕熱，黃牛多畏冷。相之法都說水牛，而略於黃牛。一能於黃牛之不同於水牛者列爲總論。俾讀者因類而推，有所折衷云。不如氏裴半山謹識。

牛經切要

清 佚名《〈牛經切要〉序》（《牛經切要》） 嘗聞自古流傳以來，人生在世，耕種為本。皇王國土，與民勤耕而食；故所『國以民為本，民以食為先』，焉有不耕之理？其耕種者，人之最苦也，故世人藉養牛畜用力而且耕。其牛者，自天生之，耕種為首，生相其形不一，有貴有賤，能主兇吉之形，堪者宣防，其人多有不識，能識之者易，不識者難，恐悮入其中，受害而已。註明方知，以免受屈爾。

養羊法（卜式）

綜述

清 馬國翰《玉函山房輯佚書目》子編農家類卷六九《〈養羊法〉前言》 《養羊法》一卷，漢卜式撰。式，河南人，以田畜爲事。武帝時，輸家財助邊，召拜中郎官，至御史大夫，左遷太子太傅。事蹟具《漢書》本傳。其人蓋心計之士，殊無足取，獨其論牧羊如治民，以時起居，惡者輒去，毋令敗羣，頗得持要之旨。史稱式不習文章，未必能著書傳世，而梁《七録》有卜式《養羊法》一卷，疑出依託爲之。《隋書·經籍志》注云：亡考。賈思勰《齊民要術》載養羊篇中引卜式，蓋遺法也。茲據補録畜牧而求肥者，或有取於斯焉。歷城馬國翰竹吾甫。

傳記

《漢書》卷五八《卜式傳》 卜式，河南人也。以田畜為事。有少弟，弟壯，式脱身出，獨取畜羊百餘，田宅財物盡與弟。式入山牧十餘年，羊致千餘頭，買田宅。而弟盡破其產，式輒復分與弟者數矣。

時漢方事匈奴，式上書，願輸家財半助邊。上使使問式：『欲為官乎？』式曰：『自小牧羊，不習仕宦，不願也。』使者曰：『家豈有寃，欲言事乎？』式曰：『臣生與人亡所爭，邑人貧者貸之，不善者教之，所居，人皆從式，式何故見寃！』使者曰：『苟，子何欲？』式曰：『天子誅匈奴，愚以為賢者宜死節，有財者宜輸之，如此而匈奴可滅也。』使者以聞。上以語丞相弘。弘曰：『此非人情。不軌之臣不可以為化而亂法，願陛下勿許。』上不報，數歲乃罷式。式歸，復田牧。

歲餘，會渾邪等降，縣官費衆，倉府空，貧民大徙，皆卬給縣官，無以盡贍。式復持錢二十萬與河南太守，以給徙民。河南上富人助貧民者，上識式姓名，曰：『是固前欲輸其家半財助邊。』乃賜式外繇四百人，式又盡復與官。是時富豪皆爭匿財，唯式尤欲助費。上於是以式終長者，乃召拜式為中郎，賜爵左庶長，田十頃，布告天下，尊顯以風百姓。

初式不願為郎，上曰：『吾有羊在上林中，欲令子牧之。』式既為郎，布衣草蹻而牧羊。歲餘，羊肥息。上過其羊所，善之。式曰：『非獨羊也，治民亦猶是矣。以時起居，惡者輒去，毋令敗羣。』上奇其言，欲試使治民。拜式緱氏令，緱氏便之；遷成臯令，將漕最。上以式樸忠，拜為齊王太傅，轉為相。

會呂嘉反，式上書曰：『臣聞主媿臣死，羣臣宜盡死節，其駑下者宜出財以佐軍，如是則彊國不犯之道也。臣願與子男及臨菑習弩、博昌習船者請行，死之以盡臣節。』上賢之，下詔曰：『朕聞報德以德，報怨以直。今天下不幸有事，郡縣諸侯未有奮繇直道者也。齊相雅行躬耕，隨牧畜蕃，輒分昆弟，更造，不為利惑。日者北邊有興，上書助官。往年西河歲惡，率齊人入粟。今又首奮，雖未戰，可謂義形於内矣。』其賜式爵關内侯，黄金四十斤，田十頃，布告天下，使明知之。

元鼎中，徵式代石慶為御史大夫。式既在位，言郡國不便鹽鐵而船有筭，可罷。上由是不説式。明年當封禪，式又不習文章，貶秩為太子太傅，以兒寬代之。式以壽終。

雜録

清　姚振宗《隋書經籍志考證》卷三一《子部八》　梁有卜式《養羊法》、《養猪法》，各一卷，亡。

《漢書・卜式傳》：式，河南人也。以田畜為事，畜羊百餘，入山牧十餘年，羊致千餘頭。買田宅。時漢方事匈奴，式上書願輸家財半助邊，不報。數歲，復持錢二十萬與河南太守，以給徙民，乃賜式外繇四百人，式又盡復與官。是時富豪皆爭匿財，唯式尤欲助費。上於是以式終長者，乃召拜式為中郎，賜爵左庶長，田十頃，布告天下，尊顯以風百姓。初，式不願為郎，上曰：『吾有羊在上林中，欲令子牧之。』式既為郎，布衣草蹻，而牧羊歲餘，羊肥息。上過其羊，所善之。式曰：『非獨羊也，治民亦猶是矣。以時起居，惡者輒去，毋令敗羣。』上奇其言，欲試使治民。拜式緱氏令，緱氏便之遷成臯令，將漕最。上以式樸忠，拜為齊王太傅，轉爲相。曾呂嘉反，式上書願與子男及臨菑習弩博昌習船者請行，死之以盡臣節。上賢之，下詔賜式爵關内侯，黄金四十斤，田十頃，布告天下，使明知。元鼎中，徵式代石慶為御史大夫，式既在位，言郡國不便鹽鐵而船有筭，可罷。上由是不説式，明年當封禪，式又不習文章，貶秩爲太子太傅，以兒寬代之，式以壽終。

《太平御覽》『獸部』十五：《博物志》曰：商邱子有《養豬法》，卜式有《養豬羊法》。馬國翰曰：《養羊法》一卷，卜式撰。式，河南人，以田畜爲事，官至御史大夫，左遷太子太傅。事蹟具《漢書》本傳。其論牧羊如治民，頗得持要之旨。《七錄》有卜式《養羊法》一卷，《隋志》注云：亡。考賈思勰《齊民要術・養羊篇》中引卜式，蓋遺法也。茲據輯錄畜牧，而求肥息者，或有取於斯焉。

猪經大全

清　佚名《猪經大全・序》　溯書之論豚彘，以供養老之用，故二母彘勿失其時，豬雖微物，豈不足重哉。乃有大志者，好高遠，喜尊貴，卑視醫方小道，遑問不倫於人之物哉，故無人學獸醫久矣。一旦有豕白蹢，飲啄不遂，立視其死而不救，將大人愛物之道奚在？又駭懋德而鳥獸咸若，歌化而騶虞致嘆。今之愛物一書，此人生握豢養之術，使物之阜而無災，快何如矣，是為序。

論駞經

《崇文總目》卷七《藝術類》　《論駞經》一卷。

《宋史》卷二〇七《藝文志六》　《論駞經》一卷。

明　焦竑《國史經籍志》卷三《史類・豢養》　《論駞經》一卷。

明　柯維騏《宋史新編》卷五二《藝文志六・雜藝術類》　《論駞經》一卷。

醫駞方

《崇文總目》卷七《藝術類》　《醫駞方》一卷【闕】。

《宋史》卷二〇七《藝文志六》　《醫駞方》一卷。

明　焦竑《國史經籍志》卷三《史類・豢養》　《醫駞方》一卷。

明　柯維騏《宋史新編》卷五二《藝文志六・雜藝術類》　《醫駞方》一卷。

療駝經

《宋史》卷二〇七《藝文志六》　《療駞經》一卷。

明　柯維騏《宋史新編》卷五二《藝文志六・雜藝術類》　《療駞經》一卷。

橐駞醫藥方

明　楊士奇《文淵閣書目》卷三　《橐駞醫藥方》一部一冊。

清　錢曾《也是園藏書目》卷二《史部・豢養》　《橐駞醫藥方》一卷。

橐駞經

綜述

清　童華《橐駞經・序》　余幼讀《史記》，識橐駞字，未覩其形狀也。康熙乙亥年二十有一，遊於亳。始見所謂橐駞者，貌甚不颺，引頸長鳴，則掩耳而走；噴穢載塗，則擁鼻而過，以為是牛馬中之不堪題品者也。望望然去之。自後往來游宧，或遇諸衢巷馬善驚，據鞍引避，惟恐不速。雍正壬子，負愆西來，從諸大夫之後，學理輓輸，乃習見駝，稍稍察識之。而武林楊載揆，酒泉太守之賢嗣也。久辦軍需，尤善相駞，余因詳問而得其梗槩，又於旗亭氊帳間，旁搜博詢，以補其所未及。爽然者久之，《禮》曰：『牛夜鳴則庮，馬黑脊而般臂漏。』古云：君子格物窮理。精詳至此，而余之於駝，覩面失之者，垂四十年，亦足以見其踈漏，而遠於情事如已。因以所聞著《橐駞經》一卷，附諸牛馬鶴經之後，蓋頗悔其知駞也晚，而亟為論次。是書行世，圉人牧豎可與知能焉，其於邊務一畚一鑱之勞也，方諸前烈殆陶公之釘屑與。旹雍正十年壬子嘉平月吉，書於祁連山舍，會稽童華。

傳記

清　李元度《清朝先正事略》卷五二《童心樸太守事略》　童君華，字心樸，浙江山陰人。年十二補諸生，長習名法家言，佐郡邑爲治。雍正初入貲，當得知縣。時方纂《大清律例》，大學士朱文端薦其才，世宗召見，命察賑直隸。時欒亭、盧龍兩縣報饑口不實，君倍增其數，怡賢親王方與文端治營田水利，至永平，問君灤河形勢，君條對甚晰，王器之。尋補平山縣，災不待報，遽出倉粟七千石貸民。擢知眞定府，權按察使事。以前發粟事，部議免官，特詔原之。

五年，怡賢親王奏以君理京南局水利，君度眞定府城外得泉十八，疏爲渠，溉田六百畝，先後營田共三百五十頃。以北人不食稻，請官發錢買水田穀運通倉，省漕費，而民得市稷黍以爲食，王具以聞，從之。

未幾，移知蘇州，其爲治精勤廉幹，發奸擿伏如神事，有不可持之甚力。當是時，有詔清查康熙五十一年以來江蘇負課千二百餘萬，巡撫督責急，逮捕追比無虛日，君固請寬之。巡撫怒曰：『汝敢逆旨耶？』君曰：『華非逆旨，乃遵旨也。皇上知有積欠，不命嚴追命清查者正欲清其來歷，查其委曲，或在官，或在役，或在民，或應徵，或不應徵，使了然分曉，然後奏請以俟聖裁，此詔書意也。今奉行者絶不顧名思義，徒以十五年積欠，竭竭然求完繻於一時，是暴征，非清查也。』曰：『汝欲云何？』曰：『限華三月，當部居別白，分牒以報。』巡撫默然。從其請，乃量釋獄繫者千餘人，次第造册請轉奏。未幾，世宗風聞江南清查不善，下詔嚴飭，如君言。

巡撫嘗訪僧與民婦姦，製一枷，兩人荷以徇。君聞，卽破枷出之，而詣巡撫曰：『犯姦者枷，律也。兩人其荷之，非政體也。且皐薄非尊官所宜問，今縱之矣。』巡撫謝之，而心弗悅。

浙江總督李衛嘗纂人於蘇，無文牒，君不與。李怒爲蜚語以聞，世宗召見，責以沽名干譽。對曰：『臣竭力爲國，近乎沽名，實心爲民，近乎干譽。』命往陝西以知府用。署肅州，佐經略鄂文端屯田肅州，鑿通九家窑五山，引水穿渠，溉田萬畝。復以忤巡撫，被劾罷官歸。數年卒。年六十六。家居嘗建宗祠，置義田二百畝，起屋數所以居族人。又寫義冢二區，費金數千兩。所著書有《請田太湖濱議》、《九家窑屯工記》、《銅政條議》，多切於事實，合詩文集，計共十餘卷。

清 袁枚《小倉山房集·文集》卷七《蘇州府知府童公傳》 公姓童，名華，字心樸，浙之山陰人。年十二入郡庠，屢鄉舉不第，乃習刑名，從事幕府。年四十九，循例入貲，與纂《大清律》，受知於大學士朱文端公，以知縣薦。世宗召見，命查賑直隸。直隸欒亭、盧龍二邑報飢口不實，公倍增之，所全活甚衆。會怡賢親王在直隸，問公灤河形勢，公條對如指掌。王以爲能，奏知平山縣。縣災，公不待報，遽出倉粟七千石貸民，總督某劾奏，世宗心重之，免其罪，擢知正定府，權按察使事，移知蘇州。

當是時，奉旨清查康熙五十一年至雍正四年江蘇負課一千二百餘萬。大府妄測上意，鈎考攤派，民不能堪，狴犴纍纍，無容囚處。公向大府開說甚辨，大府怒曰：『汝沽名，敢逆聖旨耶？』公直前抗聲曰：『華非逆旨，乃遵旨也。皇上明知有積欠而不命嚴追，特命清查者，正欲清其來歷，查其原委，或在官，或在役，或在民，或應徵，或不應徵，使了然分曉，然後奏請上裁，恩從中下，此聖意也。今奉行者絶不顧名思義，而徒以十五年之積欠，竭竭然求完納於一時，是暴征，非清查也。』曰：『於汝云何？』曰：『寬華限三月，當部居別白，分牒申報。』大府嘿然。公出，卽釋所獄繫者千餘人，而造册若列眉，求爲轉奏。未幾，世宗風聞江南清查不善，璽書嚴飭，衆方折伏。

蘇撫某訪僧與民婦姦，製一枷，兩人荷以狗。公聞，卽往破枷縱遣，而自詣轅請罪曰：『犯姦者枷，律也。爲一枷兩荷，以揶揄之，非政體也。且姦罪止杖，府縣所司，非尊官所宜聞。』巡撫敬其強直，面謝之，而心不悅。

浙江總督李衛纂人江南，絶無文牒，他府畏其威，唯唯聽命。至蘇州，公抗不與，曰：『地界各有統轄，毋相儳也。』李深嗛之，爲蜚語聞上，世宗召公見，命往陝西以知府用。署肅州，忤巡撫某，被劾罷官。今上元年，起知福州，再知漳州，又忤巡撫某，被劾罷官。歸數年卒，年六十六。

公精勤廉悍，善治下，不善事上。發姦擿伏如神，而尤長於水利。佐怡賢親王營田直隸，得十八泉於正定府城外，建西南二牐，墾膏腴三百五十頃。佐經略鄂公屯田肅州，鑿通九家窑五山，引水於十五里外，升之於二十丈之高，穿渠築堡，溉田萬畝，民至今利賴之。所著詩文若干卷。其《開太湖水田議》一篇，蓋守蘇時未竟之志也。蘇民德公尤深，論者以比前明知府況鍾云。

論曰：傳稱，天爲剛德，猶不干時。公屢干其長官，隨起隨顛，致不竟其用。豈干將、莫邪缺折亦其性耶？不然，何所遭之不幸也。公歿至今垂四十年，聞其子孫過吳，吳市漿賣餅家猶有質衣履供其斧資者。嗚呼！公得民心久而如此，可知誠能動物，非一時沽名者流。而或謂吳俗輕儇，毀譽多浮其實者，亦非也。

《清史稿》卷四七七《童華傳》　童華，字心樸，浙江山陰人。年未冠爲諸生，長習名法家言，出佐郡邑治。雍正初，入貲為知縣。時方修律例，大學士朱軾薦其才，世宗召見，命察賑直隸。樂亭、盧龍兩縣報饑口不實，華倍增其數。怡賢親王與朱軾治營田水利，至永平，問灤河形勢，華對甚晰，王器之。尋授平山知縣，邑災，不待報，遽出倉粟七千石貸民。擢真定知府，權按察使。以前在平山發粟事，部議免官，特詔原之。

怡賢親王奏以華理京南局水利，華度眞定城外得泉十八，疏爲渠，溉田六百畝，先後營田三百餘頃。滏陽河發源磁州，州民欲獨擅其利。自春徂秋，閉閘蓄水，下游永年、曲周滴涓不得。時改州歸直隸，以便控制。華建議仿唐李泌、明湯紹恩西湖三江兩閘遺規，計板放水，數縣爭水之端永息。華又以北人不食稻，請發錢買水田穀運通倉，省漕費，民得市稷黍以為食，從之。

調江蘇蘇州，會清查康熙五十一年以來江蘇負課千二百餘萬，巡撫督責急，逮捕追比無虛日，華固請寬之。巡撫怒曰：『汝敢逆旨耶？』對曰：『華非逆旨，乃遵旨也。上知有積欠，不命嚴追而命清查，正欲晰其來歷，查其委曲，或在官，或在役，或在民，或應徵，或應免，了然分曉，奏請上裁，乃稱詔書意。今奉行者不顧名思義，徒以十五年積欠立求完納，是暴徵，非清查也。今請寬三月限，當部居別白，分牒以報。』巡撫從其請，乃盡釋獄繫千餘人，次第造冊請奏。時朝廷亦聞江南清查不善，下詔切責，如華言。

浙江總督李衛嘗捕人於蘇，華以無牒不與，衛怒，蜚語上聞。世宗召見，責以沽名干譽，對曰：『臣竭力爲國，近沽名，實心爲民，近干譽。』上意解，命往陝西以知府用。署肅州，佐經略鄂爾泰屯田事，鑿通九家窰五山，引水穿渠，溉田萬頃。以忤巡撫被劾罷官。乾隆元年，起福州知府，調漳州。頗好長生術，招集方士，習丹家言，復劾罷歸。數年卒。

華剛而忤時，屢起屢蹶。在蘇州，民德之尤深，以比明知府況鍾。當世宗治畿輔營田時，所用者多一時賢守令，有黃世發，名與華相媲云。

著録

清　錢曾《錢遵王述古堂藏書目録》卷六《鳥獸》　《橐駝經》一卷，一本。

哺記

傳記

清　李元度《清朝先正事略》卷二七　《黃梨洲先生事略》：子百家，字主一，能世其學。又從梅定九問推步法，著《勾股矩測解源》二卷。

清　阮元《儒林傳稿》卷一《黃百家傳》　子百家，字主一，傳宗羲學。又從梅文鼎問推步法，著《勾股矩測解原》二卷勾股矩解原勿蒼算書目。康熙中，徐乾學延之修《明史》。

《清史稿》卷四八〇《黃百家傳》　百家，字主一。國子監生。傳宗羲學，又從梅文鼎問推步法。著《句股矩測解原》二卷。康熙中，明史館開，宗羲以老病不能行，徐乾學延百家入史館，成史志數種。

著録

清　楊復吉《〈哺記〉跋》《哺記》　自張茂先著《禽經》、《獸經》以後，唐段氏則有《鷹譜》，宋（泰）［秦］氏有《蠶書》，汪氏有《麟書》，傅氏《蝟譜》，明王氏有《虎苑》，郭氏有《馬記》，袁氏有《促織志》，蔣氏有《鸛經》，國朝王氏有《龍經》，張氏有《鴿經》，陳氏有《蛇譜》，可知雕蟲刻鵠，亦博雅君子所不廢也。《哺記》篇幅無多，而神全味別，落落大方，蓋作者爲梨洲先生肖子，淵源不墜於此，略見一斑矣。乙未夏日震澤楊復吉識。

清　丁申、丁丙《八千卷樓書目》卷一二《子部・譜録類》　《哺記》一卷，國朝黄百家撰，《昭代叢書》本。

獸經

論説

清　**周中孚**《**鄭堂讀書記補遺**》**卷二四**《**子部・譜録類**》　是編蓋仿《師曠禽經》而作，引用諸書，自爲之注，徵據淹博，詞旨雋雅，足媲《禽經》。

著録

明　**祁承㸁**《**澹生堂藏書目**》**卷八**《**子部一・農家**》　《獸經一冊一卷，黄【省】曾輯并註。《呂氏十種書》本。《格致叢書》本。《百名家書》本。《夷門廣牘》本。

明　**朱睦㮮**《**近古堂書目**》**卷上**《**子譜録類**》　黄省曾《獸經》。

清　**黄虞稷**《**千頃堂書目**》**卷九**《**食貨類**》　黄省曾《獸經》一卷。

又　**卷一五**《**類書類**》　《獸經》，黄省（魯）［曾］。

清　**萬斯同**《**明史**》**卷一三四**《**藝文志二**》　黄省曾《獸經》一卷，自注。

清　**錢謙益**《**絳雲樓書目**》**卷二**《**子雜藝類**》　黄省曾《獸經》。

清　**錢曾**《**錢遵王述古堂藏書目録**》**卷六**《**鳥獸**》　黄五嶽《獸經》一卷，一本。

清　**孫星衍**《**孫氏祠堂書目外編**》**卷三**　《獸經》一卷，明黄省曾撰。

清　**周中孚**《**鄭堂讀書記補遺**》**卷二四**《**子部・譜録類**》　《獸經》，續説郛本。明黄省曾撰仕履見史部傳記類。

清　**丁申、丁丙**《**八千卷樓書目**》**卷一二**《**子部・譜録類**》　《獸經》一卷，明（王）［黄］省曾撰，《廣百川》本。

清　**瞿世瑛**《**清吟閣書目**》**卷一**　《獸經》，明黄省曾，一本。

（**同治**）《**蘇州府志**》**卷一三六**《**藝文志一**》　黄省曾【略】《獸經》一卷。

禽經

綜述

《**四庫全書總目**》**卷一一五**《**子部二五・譜録類**》　漢、隋、唐諸志及宋《崇文總目》皆不著録。其引用自陸佃《埤雅》始，其稱師曠亦自佃始。其稱張華注則見於左圭《百川學海》所刻。考書中『鷓鴣』一條，稱晉安曰『懷南』，江右曰『逐隱』，春秋時安有是地名？其僞不待辨。張華，晉人，而註引顧野王《瑞應圖》、任昉《述異記》，乃及見梁代之書，則註之僞，亦不待辨。然其中又有僞中之僞。考王楙《野客叢書》，載《埤雅》諸書所引，而楙時之本無之者。如鶴以怨望，鴟以貪顧，雞以嗔睨，鴨以怒瞋，雀以猜懼，燕以狂盰，鶯以喜囀，烏以悲啼，鳶以饑鳴，鶴以潔唳，梟以凶叫，鴟以愁嘯，鵝飛則蜮沈，鵙鳴則蚓結，鵲俯鳴則陰，仰鳴則晴，陸生之鳥味多鋭而善啄，水生之鳥味多圓而善唼，短腳者多伏，長腳者多立，凡數十條。是楙所見者，非北宋之本。又楙書中辨『鶯遷』一條，引《禽經》：『嬰鳴嚶嚶。』辨杜詩『白鷗没浩蕩』一條，引《禽經》：『鳧善没，鷗善浮。』辨葉夢得詞『睡起啼鶯語』一條，引《禽經》：『啼鶯解語，流鶯不解語。』今本又無之。馬驌《繹史》全録此書，而別取《埤雅》、《爾雅翼》所引今本不載者，附録於末，謂之《古禽經》。今考所載楙已稱《禽經》無其文者凡三條。其餘尚有青鳳謂之鶡，赤鳳謂之鶉，黄鳳謂之焉，白鳳謂之鷫，紫鳳謂之鷟。鶴愛陰而惡陽，雁愛陽而惡陰。鶴老則聲下而不能高，近而不能寮。旋目其名鸍，方目其名鳩，交目其名鳽，鳥之小而鷙者皆曰隼，大而鷙者皆曰鳩。烏鳴啞啞，鸞鳴噰噰，鳳鳴喈喈，凰鳴啾啾，雉鳴鷕鷕，雞鳴咿咿，鶯鳴嚶嚶，鵲鳴唶唶，鴨鳴呷呷，鵠鳴咭咭，鵙鳴唄唄，卻近翠者能步，卻近蒲者能擲，朱鳶不攫肉，朱鷺不吞腥。摯好風，鸍好雨，鵝好霜，鷺好露；陸鳥曰棲，水鳥曰宿，獨鳥曰止，眾鳥曰集，鵝見異類差翅鳴，雞見同類拊翼鳴。雔上無尋，鶚上無常，雉上有丈，鷃上有赤；暮鳩鳴即小雨，朝鳶鳴即大風，鶺鴒之信不如鷹，周周之智不如鴻。淘河在岸則魚沒，沸河在岸則魚湧。雕以周之，鷲以就之，鷹以膺之，鶻以搰之，隼以尹之。鴻雁愛力，遇風迅舉；孔雀愛毛，遇雨高止。雁曰翁，雞曰鴜，鶉曰鷹，鷹不擊伏，鶻不擊妊。一鳥曰隹，二鳥曰雔，三鳥曰朋，四鳥曰乘，五鳥曰鳫，六鳥曰鶂，七鳥曰鴋，八鳥曰鸞，九鳥曰鳩，十鳥曰鶾。拙者莫如鳩，巧者莫如鶻，鵲見蛇則噪而賁，孔見蛇則宛而躍，山禽之咮多短，水禽之咮多長，山離之尾多修，水禽之尾多促。衡為雀，虛為燕，火為鷮，亢為鶴，鸛生三子，一為鶴，鳩生三子一為鶚，鷹好跱，隼好翔，鳧好沒，鷗好浮，乾車斷舌則坐歌，孔雀拍尾則立舞，人勝之也。鸞入夜而歌，鳳入朝而舞，天勝之也。霜傅強枝，鳥以武生者少；雪封枯原，鳥以文死者多。雀交不一，雉交不再。冠鳥性勇，帶鳥性仁，纓鳥性樂。鵜鳥不登山，鷸鳥不踏土諸條。其中有兩條為楙所摘引，餘亦不云無其文。則今所見者，又非楙所見之本矣。觀雕以周之諸語，全類《字說》，疑即傳王氏學者所偽作，故陸佃取之。此本為左圭《百川學海》所載，則其偽當在。南宋之末，流傳已數百年。文士往往引用。姑存備考，固亦無不可也。

《四庫全書簡明目録》卷一二　皆依託也。然陸佃《埤雅》以下，所引《禽經》，今本乃皆不載。又僞本中之僞本矣。以左圭《百川學海》所收即是此本，知其偽在南宋之末，既已流為丹青，今亦不能遽廢也。

清　周中孚《鄭堂讀書記》卷五一《子部九之下·譜録類二》　《四庫全書》著録，攷《隋志》五行類，載師曠書三卷，是類雖有《相馬經》一卷，附載其末。然此三卷在三合紀飢穰之下，海中仙人災祥書之上，決其非禽經之書也。新舊《唐志》、《崇文目》、《讀書志》、《書錄解題》、《通考》所載，亦俱無《禽經》。惟《宋志》『小説類』有之。然陸氏《埤雅》、王氏《野客業書》所引《禽經》，今本乃皆不載。又僞本中之僞本矣。其注引及郭景純《爾雅注》、顧野王《符瑞圖》、李膺《蜀志》、崔豹《古今注》、楊承慶《字統》諸書，皆在茂先之後，此又不善於作僞矣。以左氏所收卽是此本，知其僞在南宋之末，既已流為丹青，今亦不能遽廢焉。末附《野客叢書》二十八補禽經説，當屬左氏所附益。《説郛》、《唐宋叢書》均收入之。

著録

《通志》卷六六《藝文略第四》　《禽經》一卷，師曠撰。

宋　尤袤《遂初堂書目·譜録類》　《禽經》。

宋　陳振孫《直齋書録解題》卷一二《形法類》　《師曠禽經》一卷，稱張華注。

《文獻通考》卷二二〇《經籍考四七》　《師曠禽經》一卷，陳氏曰：稱張華注。

《宋史》卷二〇六《藝文志五》　《師曠禽經》一卷，張華注。

明　晁瑮《晁氏寶文堂書目》卷下《藝譜》　《師曠禽經》。

明　陳第《世善堂藏書目録》卷下《各家六·形相風鑑》　《禽經》一卷，師曠作，張華註。

明　高儒《百川書志》卷九《子·格物家》　《師曠禽經》一卷，晉太傅張華著。

明　祁承㸁《澹生堂藏書目》卷八《子類第四·牧養》　《禽經》一卷一册，師曠著，張華註。《百川學海》本。《格致叢書》本。《夷門廣牘》本。《呂氏十種》本。《百名家書》本。

明　焦竑《國史經籍志》卷三《史類》　《禽經》一卷，師曠。

明　柯維騏《宋史新編》卷五一《藝文志五·小説家類》　《師曠禽經》一卷，張華注。

明　佚名《近古堂書目》卷上《子譜録類》　周師曠《禽經》、《龜經》。

清　黄虞稷《千頃堂書目》卷一五《類書類》　《師曠禽經》，張華。

清　錢謙益《絳雲樓書目》卷二《子雜藝類》　《師曠禽經》一卷，此書歷代史《藝文志》皆不載，當是後人作，見《野客叢書》。師曠、張華之名，皆後人僞托也。

清　曹寅《楝亭書目》卷三《子集》　《師曠禽經》，晉太傅張華注，一卷，一册。

清　錢曾《也是園藏書目》卷二《史部・豢養》　《師曠禽經》一卷。

清　錢曾《錢遵王述古堂藏書目録》卷六《鳥獸》　《禽經》一卷，一本，抄。

清　錢曾《讀書敏求記》卷二《史・豢養》　《師曠禽經》一卷，晉張華注。從元鈔録出。流俗本刊於《百川學海》中者，文注混淆，改盡舊觀矣。

《天禄琳瑯書目》　《禽經》十。

《四庫全書簡明目録》卷一二　《禽經》一卷，舊本題師曠撰，晋張華註。

《四庫全書總目》卷一一五《子部二五・譜録類》　《禽經》一卷，内府藏本，舊本題師曠撰，晋張華註。

清　陸漻《佳趣堂書目》　《師曠禽經》一卷，張子華。

清　孫星衍《孫氏祠堂書目・内編》卷四　《禽經》一卷，題晉張華撰。

清　耿文光《萬卷精華樓藏書記》卷八九《子部九・譜録類》　《禽經》一卷，晉張華注，鈔本。從元本録出，舊題《師曠禽經》，未知何據。刊於《百川學海》者，正文與注混淆，改盡舊觀矣。

清　周中孚《鄭堂讀書記》卷五一《子部九之下・譜録類二》　《禽經》一卷，《百川學海》本，舊題師曠撰，晉張華注。師曠，晉樂師。華，字茂先，範陽方城人。官至司空，領著作郎，封壯武郡公。

清　丁丙《善本書室藏書志》卷一八《子部六・譜録類》　《師曠禽經》一卷，明華氏刊本。晉太傅張華注。陸佃《埤雅》始稱師曠所撰，張華注。則左圭所表，其實皆僞託也。南宋之末已經流傳，雖僞亦古矣。

清　丁申、丁丙《八千卷樓書目》卷一二《子部・譜録類》　《禽經》一卷，舊本題師曠撰，晉張華注。《百川》本。《説郛》本。《唐宋叢書》本。

清　陸心源《皕宋樓藏書志》卷五四《子部・譜録類二》　《師曠禽經》一卷，宋刊本，晉太傅張華註。

清　沈德壽《抱經樓藏書志》卷四一《子部・譜録類二》　《師曠禽經》一卷，宋刊本，晉太傅張華註。

清　陳揆《稽瑞樓書目》　《禽經》一卷，附。

清　丁辰《補晉書藝文志・附録》　《師曠禽經注》一卷，張華。謹按見《直齋書録解題》。

（光緒）《順天府志》卷一二三《藝文志二》　《師曠禽經注》一卷，未見。《隋志》未著録，見《宋志》小説類，《世善堂書目》尚有之。

雜録

宋　王楙《野客叢書》卷二八　章茂深嘗得其婦翁石林所書賀新郎詞，首曰『睡起啼鶯語』。章疑其誤，頗詰之。石林曰：『老夫嘗考之矣，流鶯不解語，啼鶯解語，見《禽經》。』僕因求之，《禽經》止一卷，不載所著人名。自漢《七略》、隋《經籍志》、唐《藝文志》、本朝《崇文書目》皆不載。觀其洞究物理，殆非常人所為。觀《埤雅》及諸書述《禽經》所載，而今《禽經》無之尚數十條。如鶴以怨望，鴟以貪顧，雞以嗔睨，鴨以怒瞋，雀以猜瞿，燕以狂盱，鶯以喜囀，烏以悲啼，鳶以饑鳴，鵠以潔唳，梟以凶叫，鴟以愁嘯，鵝飛則蜮沉，鵙鳴則蚓結，鵲俯鳴則陰，仰鳴則晴。陸生之鳥味多鋭而善啄，水生之鳥味多圓而善唼。短脚者多伏，長脚者多立，凡此在今書皆所不聞。疑《禽經》非全本，此語得之鮑夷白。僕又觀之，如鷺目成而受胎，鶴影接而懷卵，鴛鴦交頸，野鵲傳枝，此見《變化論》。鶴以聲交，鵲以意交，鵁鶄以睛交而孕，此見《爾雅疏》。魚瞰雞睨，鳥無肺胃，蜃無臟，見《崇有論》。此類甚多，皆《禽經》所當收者。鮑夷白謂：《禽經》非後人作。僕考古今羣書類目，竝無《禽經》。又觀《三國志》，陳長文引《牛經》、《馬經》、《鷹經》及諸相印、相笏等經，謂皆出於漢世，獨不聞《禽經》之説。今《崇文書目》載《馬經》、《鶴經》、《駝經》、《鷹經》、《龜經》，亦無《禽經》，疑後人所作，《埤雅》謂師曠作。

明　周嬰《卮林》卷三《釋王》　釋曰：余觀世所傳《禽經》一卷，無甚佳談，而首有胡孝轅序云：《隋藝文志》：是書不著撰人名氏。《唐志》始作『師曠』。案：《隋唐志》未有此書，至鄭氏《通志》乃有《師曠禽經》一卷。《宋史·藝文志》：《師曠禽經》一卷，張華注。孝轅論篤者也，何宜踈謬如是？余謂《禽經》，蓋唐宋間好事者作。元豐時，陸佃作《埤雅》。淳熙初，羅願作《爾雅翼》，多所稱引。然所引，皆今書所無，則勉夫疑為殘缺者是也。《埤雅》引《禽經》，曰《師曠禽經》。青鳳謂之鶡，赤鳳謂之鶉，黃鳳謂之鳥，白鳳謂之鷫，紫鳳謂之鷟。又曰：乾臯斷舌則坐歌，孔雀拍尾則立舞，人勝之也。又曰：一鳥曰隹；二鳥曰雔；三鳥曰朋；四鳥曰乘；五鳥曰雇；六鳥曰鶂；七鳥曰鴆；八鳥曰鸞；九鳥曰鳩；十鳥曰鶉。又曰：陸鳥曰棲，水鳥曰宿，獨鳥曰止，衆鳥曰集。又曰：山禽之尾多長，水禽之尾多促。又曰：鷹好跱，隼好翔，鳧好没，鷗好浮。又曰：冠鳥性勇，帶鳥性仁，纓鳥性樂。又曰：山禽之咮多短，水禽之咮多長；又曰：鵰以周之，鷲以就之，鷹以膺之，鶻以搰之，隼以尹之。又：雝上無尋，鸐上無常，雉上有丈，鷃上有赤。又：旋目其名鸛，交目其名鳽，方目其名鴋。又曰：鴈曰翁，鷄曰顯，鶉曰鷹。又曰：霜傅彊枝，鳥以武生者少；雪封枯原，鳥以文死者多。又：鸐鸐之信不如鴈，周周之智不如鴻。又：鴻鴈愛力，遇風迅舉；孔雀愛毛，遇風高止。又曰：鵞見異類差翅鳴，鷄見同類拊翼鳴。又：暮鳩鳴即小雨，朝鳶鳴即大風。又：拙者莫如鳩，巧者莫如鵲。又：鷹不擊伏，鶻不擊妊。又：鵲見蛇則噪而賁，孔見蛇則宛而躍。又曰：火為鷂，亢為鶴。又：鶴愛陰而惡陽，鴈愛陽而惡陰。又曰：烏向啼背栖，燕背飛向宿。又曰：雀交不一，雉交不再。又【闕】者不上桑，櫻活者不下荏。又：鷞鳥不登山，鷸鳥不踏土。又：夏鵲生鶉，楚鳩生鴞。又曰：鷺啄則絲掩，鷹捕則角弭。又曰：淘河在岸，則魚没；沸波在岸，則魚涌。《爾雅翼》引《師曠禽經》曰：鳥之小而鷙者，皆曰隼；大而鷙者，皆曰鷹。又烏鳴啞啞，鸞鳴噰噰，鳳鳴喈喈，凰鳴啾啾，雉鳴鷕鷕，雞鳴咿咿，鸎鳴嚶嚶，鵲鳴唶唶，鴨鳴呷呷，鵠鳴咭咭，鶚鳴嗅嗅。又曰：其足駕謂之跗，雞謂之跖，鷹謂之骹，謂之骭，鵰謂之【闕】。又：卻近翠者能步，卻近蒲者能躑。又曰：鶴生三子，一為鶴；鳩生三子，一為鶚。又曰：鶴老則聲下而不能高，近而不能寮。又曰：鷹鷄多秋生，雉鷄多冬死。又蜀不獨宿，鸝必匹飛，鵙必單栖。又曰：凰以鳴鳴鳳，鳳以儀儀凰。又曰：朱鳶不攖肉，朱鷺不吞腥。又曰：鷙好風，鸍好雨，鵝好霜，鷺好露。又《埤雅》引之則作：鷙好風，鸛惡雨，鷮好霜，鷺惡露。凡此皆今書所闕者。至如鶴以聲交而孕，鵲以音交而孕，鵁鶄以睛交而孕，鵪鴿以趾交而孕。此已出《禽經》，今書有之。勉夫以為見《爾雅疏》，疏何嘗有此語也？又『魚瞰雞睨』出王褒賦中，而傳之《崇有論》。案《埤雅》『蚌類』引裴頠《崇有論》曰：鳥無肺胃，蛤蜃無臟，蛭以空中而生，蠶以無胃而育。又『螢類』引《崇有論》曰：鳥無胃而生，螢無胃而育。今《晉書》逸民論無之，惟《藝文類聚》有引《埤雅》。兩稱詞復參錯，其誤則已審矣。且亦蠕動之類，以為可補於《禽經》，斯不然矣。

清 徐時棟《烟嶼樓讀書志》卷一四《子上》 古傳《師曠禽經》，乃復有《張華禽經》，體物頗有工夫，不解何以必託諸古人也。王楙引鮑夷白語，謂古人引《禽經》，而今本無之者數十條，因爲條列之。不知即《爾雅疏》、《崇有論》諸書所引者，豈眞三代物耶？

禽蟲述

綜述

明 袁達《禽蟲述·序》 佩蘭袁子曰：盈天地之間，唯萬物斡之。以二五照之，以日月經緯之，以星辰變化之。風雨露雷，生生無極也。故名物以萬，萬，盈數也。於所見聞，則常於所未見聞，則恈聖者，無有遠近幽深，遂知來物，賢者多識以畜德，慱學以成名。自終軍識豹鼠，而漢人始讀《爾雅》；自東方生曉畢方，而漢人始讀《山海經》。甚哉！博物之難，自古然也。昔夏后氏鑄鼎象物，俾民知神姦，故入川澤山林，不逢不若周禮，以土宜之法，辨十有二。土之名物以相民宅，而知其利害，以阜人民，以蕃鳥獸，此儒者格物之學，非但以知物，亦以理物也。故曰：智周萬物，而道濟天下。雖然達竊有志焉，而未能也。自甲午渡天塹文，明年，北走燕薊，暇日覩禽蟲諸書不可殫述，廼取諸其類者，而比之作《禽蟲述》，凡若干言，所愧不能如司馬子長博觀天下，考覽古聖賢名蹟以充其識，又不能如黃香得入東觀讀所未嘗見書，徒守區區如醯鷄之微，發其覆也。夫曰：述者述前人之言，物有所於徵而其名可識，非敢自云爾耳，博物君子其幸有以正之。

《四庫全書總目》卷一一六《子部二六・譜録類存目》　徐𤊹《筆精》云：《山居雜卷》中《禽蟲述》一卷，乃閩中袁達撰。達字德修。程榮署曰袁達德。傳之後世，誰能辨其姓名乎。【略】與𤊹語相合。然則此書實出袁達，刊本誤衍德字也。其書述禽蟲名義典故，兼仿《禽經》、《埤雅》之體，聯絡成文。亦或間以排偶，但有章段，不分門目，亦無注釋，不免為餖飣之學。

傳記

《續文獻通考》卷一〇一《經籍考》　達字德修，閩縣人，正德舉人。官貴溪縣知縣，後為湖廣都司經歷。

《四庫全書總目》卷一一六《子部二六・譜録類存目》　案：《千頃堂書目》載此書，亦云袁達字德修，閩縣人。正德癸酉舉人。官貴溪縣知縣，降補湖廣都司經歷。

著録

明　晁瑮《晁氏寶文堂書目》　《禽蟲述》。

明　祁承㸁《澹生堂書目》卷八《子類第四・牧養》　《禽蟲述》一卷，袁達德。《山居雜志》本。

明　焦竑《國史經籍志》卷三《史部・豢養》　《禽蟲述》一卷，袁達德。

明　朱睦㮮《近古堂書目》卷上《子農家類》　《禽蟲述》。

清　黄虞稷《千頃堂書目》卷九《食貨類》　袁達《禽蟲述》二卷。

清　錢謙益《絳雲樓書目》卷二《子農家》　《禽蟲述》，袁述。

清　萬斯同《明史》卷一三四《藝文志二》　袁達《禽蟲述》二卷。字德修，閩縣人。博學強記，性迂不曉事，人謂為痴，為貴溪令。嘉靖間，詣闕獻賦執政，以其無奇也罷之。

清　徐乾學《傳是樓書目》　《禽蟲述》、《酒譜》、《疏食譜》、《菌譜》、《野菜譜》、《蟹譜》，一本。

《續通志》卷一五九《藝文略》　《禽蟲述》一卷，舊本題袁達德撰，不著時代。

《續文獻通考》卷一八一《經籍考》　袁達《禽蟲述》一卷，達字德修，閩縣人，正德舉人。官貴溪縣知縣，後為湖廣都司經歷。

清　錢曾《也是園藏書目》卷二《史部・豢養》　袁德脩《禽蟲述》一卷。

清　錢曾《錢遵王述古堂藏書目録》卷六《鳥獸》　袁德修《禽蟲述》一卷，一本，抄。

《四庫全書總目》卷一一六《子部二六・譜録類存目》　《禽蟲述》一卷，浙江巡撫採進本，舊本題閩中袁達德撰。

鶻譜

明　朱睦㮮《近古堂書目》卷上《子譜録類》　《鶻譜》。

清　錢謙益《絳雲樓書目》卷二《子雜藝類》　《鶻譜》。

清　萬斯同《明史》卷一三四《藝文志二》　蔣德璟《鶻經》十二卷。

《續通志》卷一六六《圖譜略二》　明樗菴居士《鶻譜》。

清　錢曾《讀書敏求記》卷二《史・豢養》　《鶻譜》一卷。樗庵居士，校獵平原，知鷹之性，能搏而不能擊；鶻之性則擊搏皆能。又知鶻類有二：鴉鶻，體小而膽勇，性訓易調習；兔鶻，體大而性剛，為難調，間有能者，則遠勝於鴉鶻。且深悉所以養飼調習，形相美惡，故著《鶻譜》十篇，其十終以『俊鶻擒鵝』。二十圖，圖各有名，系以詩，雖紀一時之興會，亦可見永樂中隆平氣象，奉藩多暇，習騎射於田獵之中，為足樂也。

清　錢曾《錢遵王述古堂藏書目録》卷六《鳥獸》　樗菴居士《鶻譜》一卷，一本，抄。

鵪鶉論

清 金文錦《鵪鶉論・序》 天下有衆人共見之物，一遇賞識，聲價不啻十倍，非物之能自貴也，其鑒真也。昔人有《相鶴經》，淮南賓客於石室中得之，傳其小變、大變、變止、形定之説侈為美談，可知羽族甚繁，而人間所愛玩者百不得一。今俗尚雅好鵪鶉，取其性馴而善鬥，久與人習不待鉤絛樊籠之拘束，或弄諸掌上，或納諸囊中，任其自然，都成韻致。此雖微質，要與凡鳥不同。《記》曰：『田鼠化為鴽。』田鼠有損於人，而化鴽則善變，人轉愛玩之。高人逸士，有時煮茗、焚香、彈棋、酌酒，風花雪月之趣，鼓動生機，自茲豪興有托，豈獨遺一鵪鶉哉！雖然有好有醜，品類之不齊也；有棄有取，審擇之必精也。余讀《葩經》，諸所載魚蟲鳥獸頗詳，每欲一一窮其情狀，而素性尤喜鵪鶉，爰廣輯舊聞，參以時論，匯成一編，以俟博物君子。供閑暇之清鑒，助寂寞之笑談，即以為得《相鶴經》之遺意也可。時康熙乙未仲秋上浣，六庵偶書。

鵪鶉譜（程石鄰）

綜述

清 程石鄰《鵪鶉譜・引》 昔漢世大酺，創爲角抵魚龍之戲。角抵者，兩相犄角，蓋鬬人爲戲也。而於物類，則有鬬犬、鬬羊、鬬雞、鬬雉、鬬畫眉、百勞、黄頭、鵪鶉、促織之戲，亦因其風俗好尚，而以遊戲寄意焉。然諸鬬法，傳記俱不載，而惟雞爲最著。如紀渻子疾視恃氣之喻，季郈氏芥羽金距之爭，傳聞既久，迨唐而更盛。唐賈昌弄雞於雲門，雛未出殼而知其雌雄，遠聞啼聲而辨其勇怯，且能時其飲啄，調其性情，精鑒入神，馴狎如意，何技絕至此乎？余謂馴鬬雞者，妙技如此，則凡畜鬬物類，皆宜然。豈獨於鵪鶉，可略其法而不之求哉？余偶於筆墨之餘，閒搜秘笈，檢得此譜。由昔時抄自内府者，嗣訪諸家，間有藏留。是編率皆傳寫混訛，魯魚莫辨，復字句鄙俚，未足爲法。茲因精爲裁訂，廣爲稽求，文以青黄，正其訛僞，俾好事者暇時繙閲。亦如馴雞精鑒，悉糸其微，知時飲啄而調性情，養勇氣而遠爭妒，則余譜不爲無助云。

又《跋》 譜中所載百法大備。然言究易盡，而理或難窮。凡調養有寒煖之時，而爭鬬有先後之節，又在臨事善其轉變，當局相其權宜。且鵪亦間有上相而轉劣，或無相而反優。此又格可常定，而法難執一者也。惟俟博物君子，充夫法中之意，搜其法外之奇，以補是譜所未及焉。

著録

清 丁申、丁丙《八千卷樓書目》卷一二《子部・譜録類》 《鵪鶉譜》一卷，國朝程石鄰撰，《昭代叢書》本。

《清史稿》卷一四七《藝文志三》 《鵪鶉譜》一卷，陳石麟撰。

鵪鶉譜（富益齋）

綜述

明 勸遠亭氏《〈鵪鶉譜〉序》富益齋《鵪鶉譜》 兵法云：兵貴神速。夫所謂神速者，非徒恃其勇也，必先有以馴其志氣，養其精鋭，而後百發百中，戰無不勝也。是道也，予於鶉鳥得之。夫鶉也，晝伏於草棘之中，夜集於沙邱之上，自以為無患，與人無爭也，人亦安知其好鬥哉？自世有鬥鶉者，而鶉難逃於燴燉矣。雖然，鶉未可以遽言鬥也。予性拙，甘於雌伏。友人送二鶉，狀甚偉，裝之繡袋，飼以穀糧，竊以為神駿矣。乃置於圈，聞聲而驚，使之敵，棄甲而走，是豈鶉之不善哉？亦未有以馴之、養之耳。未有以馴之、養之，而遽欲其戰無不勝，是不教而殺也，則亦焉有不敗者乎？然則鬥鶉也，而用兵法之道寓焉矣。尺圈之內，猶之戰場也。小固不可以敵大，弱固不可以敵強，夫人而知之矣。而小者或有時勝大，弱者或有時勝強，是又何道歟？則必有法以致之。顧求其法而不得。乙酉之冬，晴窗寂寞，富益齋過訪。談次，袖中出自著《鵪鶉譜》一冊，笑曰：『荒於禽，不足為外人道也。』因挑燈披閱，不禁拍案曰：『異哉！』光怪陸離，伐毛洗髓，不惟用心甚細，而且格物入微，不惟知物理之深，而且悟世情之變。今而後，此譜一出，鶉之高下可識矣。世之鬥鶉者，其秘訣矣。夫鶉，其小焉者也，他日者益齊，羽毛豐滿，風翮扶搖，將見鳳翔乎千仞，鶴鳴於九皋，得以展其鴻飛之志也，又豈區區凡鳥所可並哉？是為敘。乙酉年嘉平月朔旦，三韓保勸遠亭氏呵凍拜識。

清　浣花逸士《鵪鶉譜·跋》　吾儕有其性靈，禪家具大智慧。性慧云何不粘滯無呈礙？周萬物之中，而能超乎其上也。予性固執，欲平矜釋躁而未能，每過一物一名，輒往復參詳，求其所以然之理。及體驗之久，覺凡事確有始終，微物亦具本末，雖驟見之為怪怪奇奇，然徐參之，實原原本本。夫乃悟天下之細務，無不可以養性靈，通智慧也。乙酉冬，閒居無可排悶，檢點敗簏，得《鵪鶉譜》一帙，論法甚善，而未能精詳。因思世人之好此戲也久矣，往往得奇才而不能調馴，臨大敵而不能從容，是重可惜也。爰是不揣固陋，參之臆見，稍加更訂，綱舉條目，分析縷定，以備參考。越旬日而告成，而且論其形體而格有不同，辨其性情而法無不當。充斯類也，由一物而推之萬物，凡飛潛動植之殊趣，屈伸變化之會通，又何所不至哉。然則尺圍之圈，鶉之界也；爪喙相擊，敦之鬥也。數粒之穀，互相爭食，鶉之所為竭力而盡智也。觀其鬥狠相持，可以悟人情之攻取；觀其奮聲振羽，可以悟名譽之浮誇；觀其勝者忽負，弱者忽強，則又可以悟世道之變遷無定。嘻！人為萬物之靈，奈何不於性命真實處求其大者、遠者而乃於愛欲場中誇多鬥靡，逐逐相爭，幾何不與鶉之等類而齊觀耶？故予之訂此譜，亦將以觀象者窮理，而以窮理者參禪，詎謂非偶然性靈智慧之所見端乎？倘曰『玩物喪志』也，則吾豈敢。道光五年歲在旃蒙，作噩，幸月重光，大淵獻日協洽，時浣花逸士跋於知遜書屋。

著録

清　丁申、丁丙《八千卷樓書目》卷一二《子部·譜録類》　《鵪鶉譜》一卷，不著撰人名氏，刊本。

相鶴經（浮丘公）

綜述

清　周中孚《鄭堂讀書記補遺》卷二四《子部·譜録類》　新舊《唐志》俱農家類、《崇文總目》藝術類、晁陳書目、《通考》晁藝術，陳、馬形法、《宋志》五行，俱載之。浮邱公附見《列仙傳·王子喬傳》中，即郭景純《遊仙詩》所謂『左挹浮邱袖，右拍洪厓肩』者是也。此書末有宋熙寧十年王介甫安石題識云。此文本浮邱公授王子晉，後崔文子學道於子晉，得其文，藏於嵩山之石室。淮南八公採藥得之，遂傳於世。晁氏引其傳同。雖其事不可究詰，而李善《文選注》卷十四《舞鶴賦》亦著此數語，并引此經之文，其爲古本可知也。

傳記

（雍正）《河南通志》卷七〇　浮丘伯，姓李，居嵩山修道，白日飛昇。嘗作《原道歌》云：『虎伏龍亦藏，龍藏先伏虎。但畢河車功，不用隄防拒。諸子學飛仙，狂迷不得住。左右得君臣，四物相念護。乾坤法象成，自有真人顧。』又著《相鶴經》、《王子喬傳》。

著録

《舊唐書》卷四七《經籍志》　《相鶴經》一卷，浮丘公撰。

《新唐書》卷五九《藝文志》　浮丘公《相鶴經》一卷。

《崇文總目》卷六　《相鶴經》一卷。

《通志》卷六六《藝文略第四》　浮邱公《相鶴經》一卷。

宋　尤袤《遂初堂書目·譜録類》　《相鶴經》。

宋 陳振孫《直齋書録解題》卷一二《形法類》 《相鶴經》一卷，稱浮丘公撰。

宋 趙希弁《郡齋讀書志·後志》卷二 《相鶴經》一卷，右題曰：浮丘公撰。其傳云浮丘公授於王子晉，後崔文子學道於子晉，得其文藏於嵩山之石室，淮南公採藥得之，乃傳於世。

《宋史》卷二〇六《藝文志五》 浮丘公《相鶴經》一卷。

《文獻通考》卷二二〇《經籍考四七》 《相鶴經》一卷，鼂氏曰：題曰：浮邱公撰。其傳云：浮邱公傳於王子晉，後崔文子學道於子晉，得其文藏於嵩山之石室，淮南公採藥得之，乃傳於世。

《文淵閣書目》卷三 《相鶴經》一部一冊。

明 陳第《世善堂藏書目録》卷下《各家六·形相風鑑》 《相鶴經》一卷。

明 祁承㸁《澹生堂藏書目》卷八《子部一·農家》 《相鶴經》一卷。《夷門廣牘》本。

明 朱睦㮮《近古堂書目》卷上《子譜録類》 《相鶴經》。

清 黃虞稷《千頃堂書目》卷一五《類書類》 《相鶴經》。

《續通志》卷一六四《校讎略》 浮邱公《相鶴經》一卷。

清 錢曾《也是園藏書目》卷二《史部·豢養》 浮邱公《相鶴經》一卷。

清 錢曾《錢遵王述古堂藏書目録》卷六《鳥獸》 《相鶴經》一卷，一本，抄。

清 陸漻《佳趣堂書目》 《相鶴經》一卷。

清 周中孚《鄭堂讀書記補遺》卷二四《子部·譜録類》 《相鶴經》一卷，《說郛》本。舊題浮邱公撰。

清 徐時棟《烟嶼樓讀書志》卷一四《子上》 《相鶴經》相傳爲浮邱公授王子晉。崔文子學道於王子晉，因得其文，以藏嵩山少室中。後淮南採藥得之，遂傳於世。又有跋語云：熙甯十年正月一日王安石修。不學之人動筆，可憐可笑如此。

相鶴經（王安石）

宋 黃庭堅《山谷集》卷二五《跋〈相鶴經〉》 王充道得《相鶴經》，飄飄然有乘風御氣於天地間之意。顧所蓄鶴，皆卵出，凡鳥不可鞭策，夢想芝田赤城未得問塗耳。余聞充道之兄道淵治生，得陶朱公猗頓之方，頗游心於《相牛經》，殊不虛用其智畧，以三十年觀之，未知道淵、充道孰得孰失，然今日充道卧白雲，享天爵，已蒙道淵之力多矣。

宋 朱熹《晦庵集》卷八二《跋喻湍石所〈書相鶴經〉》 舊藏碧虚子《相鶴經》石本，意頗愛之。今觀湍石喻公所書，法度謹嚴而意象蕭散，知彼為法縛矣。淳熙壬寅臘月庚申朱熹。

清 丁丙《八千卷樓書目》卷一二《子部·譜録類》 《相鶴經》一卷，宋王安石撰，《百川》本。

相鶴經（周履靖）

明 朱睦㮮《近古堂書目》卷上《子譜録類》 周履靖《相鶴經》。

清 錢謙益《絳雲樓書目》卷二《子雜藝類》 周履靖《相鶴經》。

清 吴景旭《歷代詩話》卷五二 《相鶴經》云：青田之鶴，《永嘉郡記》云：有沐溪野，去青田九里，中有雙白鶴，年年伏子，長大便去，惟餘父母一雙在耳。精白可愛，多云神仙所養。

蠶桑類農書部

蠶書（孫光憲）

傳記

《宋史》卷四八三　孫光憲字孟文，陵州貴平人。世業農畝，惟光憲少好學。游荊渚，高從誨見而重之，署為從事。歷保融及繼沖三世皆在幕府，累官至檢校秘書監兼御史大夫，賜金紫。慕容延釗等救朗州之亂，假道荊南，繼沖開門納延釗，光憲乃勸繼沖獻三州之地。太祖聞之甚悅，授光憲黄州刺史，賜賚加等。在郡亦有治聲。乾德六年，卒。時宰相有薦光憲為學士者，未及召，會卒。

光憲博通經史，尤勤學，聚書數千卷，或自抄寫，孜孜讎校，老而不廢。好著撰，自號葆光子，所著《荊臺集》三十卷，《鞏湖編玩》三卷，《筆傭集》三卷，《橘齋集》二卷，《北夢瑣言》三十卷，《蠶書》二卷。又撰《續通歷》，紀事頗失實，太平興國初，詔毀之。子謂、讜，並進士及第。

《十國春秋》卷一〇二　孫光憲字孟文，貴平人。家世業農，至光憲獨讀書好學。唐時為陵州判官，有聲。天成初，避地江陵，武信王奄有荆土，招致四方之士用梁震薦，入掌書記。王方大治戰艦，欲與楚角，光憲諫曰：『荆南亂離之後，賴公休息，士民始有生意。若又交惡於楚，一旦他國乘吾弊，良足憂也。』王乃止。文獻王立，會梁震乞休，悉以政事委光憲。王居恒羨馬氏豪靡，謂僚佐曰：『如馬王，可謂大丈夫矣！』光憲曰：『天子諸侯，禮有等差。彼乳臭子，徒驕侈僭汰，取快一時，危亡無日，又足慕乎！』王忽悟，曰：『公言是也。』為悔謝者久之。

光憲事南平三世，皆處幕中，累宦荆南節度副使、朝議郎、檢校祕書少監，試御史中丞，賜紫金魚袋。繼沖時，宋使慕容延釗等平湖南，假道於荆，約以兵過城外，大將李景威勸繼沖嚴兵備之，光憲叱之曰：『汝峽江一民爾，安識成敗！中國自周世宗時，已有混一天下之志，況聖宋受命，真主出耶！王師未易當也。』因教繼沖去斥堠，封府庫以待，悉獻三州之地。宋太祖嘉其功，授光憲黄州刺史，賜賚加等，在郡亦稱治。乾德末，卒。

光憲博物稽古。先是，唐元和中，裴宙鎮荆州，掘地得一石，規模悉倣江陵城制，命徙置他所，輒淫雨不止，仍復舊處，天乃霽。一日，文獻王經其地，顧問光憲，光憲曰：『昔伯禹治水，自岷至荆，定彼泉源之穴，慮萬世下或有汎濫，爰以石屋鎮之耳。』王大加嘆賞，益重之。性嗜經籍，聚書凡數千卷，或自鈔寫，孜孜校讎，老而不廢，自號葆光子。所著有《荆臺集》《橘齋集》《玩筆傭集》《鞏湖編玩》、《北夢瑣言》、《蠶書》若干卷。《容齋三筆》載有《貽子録》疑亦光憲輩譔。又譔《續通歷紀事》，頗失實，太平興國初，詔毀之。

光憲素以文學自負，處荆南，怏怏不得志，常慕史氏之作，頗恨居諸侯幕府，不足展其才，力每謂知交曰：『寧知獲麟之筆，反為倚馬之用。』光憲又雅善小詞，蜀人輯《花間集》，採其辭至六十餘篇。子謂孫。光憲常諫保勗曰：『宋有天下，詔書皆合仁義，湯、武之君也。公宜克勤克儉，勿奢勿僭，上以奉朝廷，中以嗣祖宗，下以安百姓。』見《長編》。

論曰：『南平起家僕隸，而能折節下賢。震以謀畧進，光憲以文章顯，卒之保有荆土，善始善終。區區一隅，歷世五主，夫亦得士力哉！』

《蜀中廣記》卷九七　光憲字孟文，陵州人。王衍降唐避地荆南，高從誨辟掌書記。三世皆在幕府。歸宋，授黄州刺史，在郡有聲。乾德中，卒。光憲博通經史，聚書數千卷，或自抄寫，孜孜讎校，老而不廢，好著撰。自號葆光子。所著《荆臺集》《鞏湖編玩》《筆傭集》《橘齋集》《北夢瑣言》《蠶書》。又譔《續通歷紀事》，頗失實，太平興國初，詔毀之。

著録

《崇文總目》卷五　孫氏《蠶書》二卷。

《通志》卷六六　《蠶書》二卷孫光憲撰。

宋 陳振孫《直齋書録解題》卷一〇 《蠶書》二卷。案《宋史·藝文志》作三卷。孫光憲撰，光憲事跡見小説類。

又 《北夢瑣言》三十卷。【略】黄州刺史陵井孫光憲孟文撰。載唐末、五代及諸國雜事，光憲仕荆南高從誨，三世在幕府。北夢者，言在夢澤之北也。後隨繼沖入朝，有薦於太祖者，將用為學士，未及而卒。光憲自號葆光子。

《宋史》卷二〇五《藝文四》 孫光憲《蠶書》三卷。

《文獻通考》卷二一八《經籍考》 《蠶書》二卷。陳氏曰：孫光憲撰。光憲事迹見小説類。

明 焦竑《國史經籍志·子類·農家》卷四 《蠶書》二卷。孫光憲。

明 曹學佺《蜀中廣記》卷九四 《蠶書》三卷，陵陽孫光憲著。

《淵鑑類函》卷一五七 孫氏《蠶書》二卷。

《四庫全書總目》卷一四〇 《北夢瑣言》二十卷，内府藏本。宋孫光憲撰。光憲字孟文，自號葆光子。《十國春秋》作貴平人，而自題乃稱富春。考光憲《自序》言生自岷峨，則當為蜀人。其曰：富春蓋舉郡望也。仕唐為陵州判官，旋依荆南高季興為從事。後勸高繼沖以三州歸。宋太祖嘉之，授黄州刺史以終。《五代史·荆南世家》載之甚明。舊以為五代人者，誤矣。所著有《荆臺集》《橘齋集玩》《筆傭集》《鞏湖編玩》《蠶書》《續通歷》等書，自宋代已散佚。

蠶書（秦觀）

綜述

清 于敏中等《欽定天禄琳琅書目》卷二 《農蠶書》。宋陳旉《農書》三卷。秦觀《蠶書》一卷。附樓璹《耕織圖詩》一函一冊。按：《宋史·藝文志》：陳旉《農書》三卷。陳振孫《書録解題》云：《農書》三卷。稱西山隱居全真子陳旉撰。未詳何人。其書曰田，曰牛，曰蠶。洪慶善為之後序。慶善係洪興祖字。又云秦少游《蠶書》見少游《淮海集》第六卷云云。此本二書合刻係宋江綱守高郵時所編。

又 孫鏞《蠶書》跋云：『高沙之俗，耕而不蠶，郡太守汪公，取秦淮海《蠶書》示余曰：「子謂高沙不可以蠶，此書何為而作乎？」乃命鋟木與農書並傳焉。』二跋俱為嘉定甲戌。按：甲戌為宋寧宗嘉定七年。後附樓璹《耕織圖詩》並録璹孫洪鑄石題識，稱嘉定庚午。蓋汪綱刻書時見此石刻，遂併取之以附於二書之末耳。《宋史》：『汪綱，字仲舉，黟縣人。』淳熙中中銓，試調鎮江司户參軍，歷知平陽、弋陽，蘭溪、太平諸縣，又以選知高郵軍進直焕章閣知紹興府權户部侍郎致仕。綱學有本原，多聞博記，兵、農、醫、卜、陰陽、律歷諸書靡不研究。所著有《恕齋集》《左帑志》《漫存録》。史雖未載此書，而記其知高郵時，嘗增修興化堤堰，以興水利，政績甚多。蓋留心經濟，宜以勸課農桑為急務也。檇李項氏、泰興季氏藏本有印記。

清 耿文光《萬卷精華樓藏書記》 《蠶書》一卷，宋秦觀撰，知不足齋本。是書見於《淮海集》，此乃單行之本。前有秦觀自序，後有嘉定甲戌雙溪孫鏞跋。秦氏自序曰：予閑居，婦善蠶，從婦論蠶作《蠶書》。孫氏跋曰：郡守汪公取秦淮海《蠶書》示予，乃命鋟木俾與《農書》並傳焉。

清 陸心源《皕宋樓藏書志》卷四二 《蠶書》一卷。吴枚菴手抄本。宋秦觀撰。穀粟繭絲之列，一也。高沙之俗，耕而不蠶。雖當有年，穀賤而帛貴，民甚病之。訪諸父老，云：『土薄水淺，不可以蓺桑。』予竊以爲然。一日，郡太守汪公取秦海《蠶書》示予，曰：『子謂高沙不可以蠶，此書何爲而作乎？豈昔可爲而今不可爲耶？豈秦氏之婦獨能之而他人不能耶？』乃命鋟木，俾與《農書》並傳焉。且公以天子命出守邊障。方將修城郭、備器械、訓兵、積穀，以從事功名，其於志可謂大矣。豈區區繭絲之足言哉？而是書之傳所以拳拳爲爾民計者，乃復切至如此。然則爲高沙之民者，蓋亦仰體公之善意，而無愧於淮海之書云。嘉定甲戌臘月下旬三日，寓郡齋雙溪孫鏞謹書。

吴氏手《跋》曰：『陳山人《農書》三卷。秦淮海《蠶書》一卷。乙酉禁煙日得於郡廟書肆後。於友人處假得汲古閣舊抄勘正差誤并補録全真子自序一篇。略成善本，其毛抄本又有於潛、樓璹進《耕織圖詩》四十五首附《蠶書》之後。日當另録一冊。茲不抄附云。七月九日枚庵吴鳳記。丁酉六月六日又校正數字校庵漫士又記。是歲八月三日付館童裝不善殊悶悶也。漫士。』

《四庫全書總目》卷一〇二　《農書》三卷附《蠶書》一卷，江蘇巡撫採進本。末有《蠶書》一卷，宋秦湛撰。湛字處度，高郵人，秦觀之子也。所言蠶事頗詳，《宋志》與専書各著録。不知何人以綴専後合為一編。其説與専書下篇可以互相補苴，今亦仍並録之焉。

清　周廣業《四部寓眼録補遺》　《蠶書》一卷。宋淮海秦觀撰。其書有與吴俗不同者，皆得自兗州人也。此與《農書》皆高沙人所作，今高郵州也。書止數帙。明黄姓曾又有《蠶經》，近表弟崔秋谷所輯《蠶書》，有數十卷，洵大觀也。振常案：崔書名《蠶事統紀》二十卷，附録六卷，題海鹽崔應榴輯，海昌錢廣伯補，曾見沈氏玉函堂抄本。

傳記

《宋史》卷四四四　秦觀，字少游，一字太虚，揚州高郵人。少豪雋，慷慨溢於文詞，舉進士不中。强志盛氣，好大而見奇，讀兵家書與己意合。見蘇軾於徐，為賦黄樓，軾以為有屈、宋才。又介其詩於王安石，安石亦謂清新似鮑、謝。軾勉以應舉為親養，始登第，調定海主簿、蔡州教授。元祐初，軾以賢良方正薦於朝，除太學博士，校正祕書省書籍。遷正字，而復為兼國史院編修官，上日有硯墨器幣之賜。

紹聖初，坐黨籍，出通判杭州。以御史劉拯論其增損實録，貶監處州酒税。使者承風望指，候伺過失，既而無所得，則以謁告寫佛書為罪，削秩徙郴州，繼編管横州，又徙雷州。徽宗立，復宣德郎，放還。至藤州，出游華光亭，為客道夢中長短句，索水欲飲，水至，笑視之而卒。先自作挽詞，其語哀甚，讀者悲傷之。年五十三，有文集四十卷。

觀長於議論，文麗而思深。及死，軾聞之歎曰：『少游不幸死道路，哀哉！世豈復有斯人乎！』弟覿，字少章，覯字少儀，皆能文。

著録

宋　陳振孫《直齋書録解題》卷一〇　秦少游《蠶書》一卷。見少游《淮海集》第六卷，序略曰：『予閒居，婦善蠶，從婦論蠶，作《蠶書》。考之《禹貢》，揚、梁、幽、雍不貢繭物，兗「篚織文」，徐「篚元纖縞」，荆「篚元纁璣組」，豫「篚纖纊」，青「篚檿絲」，皆繭物也。而桑土既蠶，獨言於兗，然則九州蠶事，兗為最乎？子游濟、河之間，見蠶者豫事時作，一婦不蠶，比屋詈之，故知兗人可為蠶師。今予所書，有與吴中蠶家不同者，皆得之兗人也。』

宋　王應麟《困學紀聞》卷二〇　館閣書目：《蠶書》一卷，南唐秦處度撰。以九州蠶事獨兗州爲最，按《蠶書》見秦少游《淮海後集》，少游子湛字初度，以為南塘人誤也。』

《宋史》卷二〇五《藝文志》　秦處度《蠶書》一卷。

《文獻通考》卷二一八《經籍考四十五》　秦少游《蠶書》見少游《淮海集》第六卷。序略曰：予閒居，婦善蠶，從婦論蠶，作《蠶書》。考之《禹貢》，揚、梁、幽、雍不貢繭物，兗『篚織文』，徐『篚元纖縞』，荆『篚元纁璣組』，豫『篚纖纊』，青『篚檿絲』，皆繭物也。而桑土既蠶，獨言於兗，然則九州蠶事，兗為最乎？子游濟、河之間，見蠶者豫事時作，一婦不蠶，比屋詈之，故知兗人可為蠶師。今予所書，有與吴中蠶家不同者，皆得之兗人也。

明　焦竑《國史經籍志》卷《子類・農家》　《蠶書》二卷。秦觀。

清　陸心源《皕宋樓藏書志》卷四二　《蠶書》一卷，吴枚菴手抄本。

穀粟繭絲之列，一也。高沙之俗，耕而不蠶。雖當有年，穀賤而帛貴，民甚病之。訪諸父老，云：『土薄水淺，不可以藝桑。』予竊以爲然。一日，郡太守汪公取秦海《蠶書》示予，曰：『子謂高沙不可以蠶，此書何爲而作乎？豈昔可爲而今不可爲耶？豈秦氏之婦獨能之而他人不能耶？』乃命鋟木，俾與《農書》並傳焉。且公以天子命出守邊障。方將修城郭、備器械、訓兵、積穀，以從事功名，其於志可謂大矣。豈區區繭絲之足言哉？而是書之傳所以拳拳爲爾民計者，乃復切至如此。然則爲高沙之民者，蓋亦仰體公之善意，而無愧於淮海之書云。嘉定甲戌臘月下旬三日，寓郡齋雙溪孫鏞謹書。

清 周中孚《鄭堂讀書記》卷四〇 《蠶書》，宋秦湛撰，舊題秦觀，誤也。《四庫全書總目》附陳旉《農書》后。《書録題解》《通考》俱誤作秦少游《蠶書》。《宋志》則作秦處度《蠶書》，最為有據。

（乾隆）《江南通志》卷一九〇 《蠶書》一卷。淮海秦觀。

藝文

宋 秦觀《淮海集》卷二《田居四首·其二》 入夏桑柘稠，陰陰翳虛落。新麥已登場，餘蠶猶占箔。隆曦破曾陰，霽靄收遠壑。雌蜺卧淪漪，鮮飈泛蘩薄。林深鳥更鳴，水漫魚知樂。嬴老厭煩歊，鮮衣屢槃礴。蔭樹濯涼飈，起行遺帶索。冢婦餉初還，丁男耘有託。倒筒備青錢，鹽茗恐垂橐。明日輸絹租，鄰兒入城郭。

蠶經（養蠶經）

綜述

清 沈嘉轍《南宋雜事詩》卷二 丘陵學山有黄省曾《蠶經》一卷，言杭地蠶事最詳。

傳記

《明史》卷二八七《文苑三》 黄省曾，字勉之，舉鄉試從王守仁湛若水遊，又學詩於李夢陽。所著有《五嶽山人集》。

明 黄宗羲《明儒學案》卷二五《孝廉黄五岳先生省曾》 黄省曾字勉之，號五嶽，蘇州人也。少好古文辭，通《爾雅》，為王濟之、楊君謙所知。喬白岩參贊南都，聘纂《遊山記》。李空同就醫京口，先生問疾，空同以全集授之。嘉靖辛卯，以《春秋》魁鄉榜。母老，遂罷南宮。陽明講道於越，先生執贄為弟子。時四方從學者眾，每晨班坐，次第請疑，問至即答，無不圓中。先生一日徹領，汗洽重襟，謂門人鹹隆頌陟聖，而不知公方廑理過，視坎途；門人擬滯度而不知公隨新酬應，了無定景。作《會稽問道録》十卷。東廓、南野、心齋、龍溪，皆相視而莫逆也。陽明以先生筆雄見朗，欲以王氏《論語》屬之，出山不果，未幾母死，先生亦卒。錢牧齋抵轢，空同謂先生傾心北學，識者哂之。

先生雖與空同上下其論，然文體竟自成一家，固未嘗承流接響也，豈可謂之傾心哉！《傳習後録》有先生所記數十條，當是採之《問道録》中，往往失陽明之意。然無如儀、秦一條云：『蘇秦、張儀之智也，是聖人之資，後世事業文章，許多豪傑名家，只是學得儀、秦故智。儀、秦學術，善揣摸人情，無一些不中人肯綮，故其説不能窮。儀、秦亦是窺見得良知妙用處，但用之於不善耳。』夫良知為未發之中，本體澄然，而無人偽之雜，其妙用亦是感應之自然，皆天機也。儀、秦打入情識窠臼，一往不返，純以人偽為事，無論用之於不善，即用之於善，亦是襲取於外，生機槁滅，非良知也。安得謂其末異而本同哉？以情識為良知，其失陽明之旨甚矣。

（乾隆）《江南通志》卷一九五 黄省曾，名山藏，字勉之，吴人。以《詩經》魁南都，舉進士不第，遂棄去，自號五岳山人。是時王守仁講學越中，省曾遊餘姚，執贄道席，每班坐請疑問，至即答，無不洞中生平，不樂組綬，杜門著書。海内名耆若李夢陽、康海、王廷相、楊一清、霍韜輩，或以翰札見知，或以經濟加器，聲噪一時。

著録

《明史》卷九八《藝文志》 黄省曾《稻品》一卷。《蠶經》一卷。

清 丁申、丁丙《八千卷樓書目》卷一〇 《蠶經》一卷，明黄省曾撰。廣百川本。

清 法式善《陶廬雜録》卷四 《廣百川學海》，馮可賓輯甲集。【略】黄省曾《藝菊譜》《稻品》《蠶經》《魚經》《獸經》。

桑麻葛譜

明 王象晋《桑麻葛譜・小序》 易云：黄帝、堯舜垂衣裳而天下治，而條桑載績刈穫絺綌，詩人不憚詳言之，豈非衣被之利資於含生者要哉！顧衣取諸帛則桑重，衣取諸布則麻葛重，桑有桑之利，麻葛有麻葛之利，則藝爲尤重樹，藝無法將取不時，無怪乎詩人愴怳心憂而致慨於瘼民也。《月令》季春后，妃齋戒享先蠶而躬桑以勸蠶事。《周禮》宅不毛者有里布，重其禮、嚴其罰，此老者得以衣帛，黎民不至號寒而太和在宇宙間也，作《桑麻葛譜》。濟南王象晋藎臣甫題。

蠶訓

綜述

明 金瑤《蠶訓・序》 予家素能蠶，苦無桑。嘉靖庚戌春之任廬陵，邸後有桑數株，因取以蠶，屬下螺川驛驛丞胡綿，浙人也，以浙蠶方獻予，按方治之，得繭如卵。越明年中堂宋十洲先生至，予以告先生，又治之，復然。於是先生命録綿方刻布之。復取穉桑數百株，樹於便民倉後，欣然有課桑之志焉。乃者先生以遷去正，治裝土人劉承四者，學綿而精其業，嘗取綿本附以古方數條，并蠶器圖爲書以進。先生受觀之曰：『是可見蠶學之大成矣。』予不得以迫辭，乃躬訂重刻之語。予曰：『此予二人之志也，子盍弁一言於首？』予惟民生之所資者二，衣與食也。而蠶乃衣之源，蓋衣之出，不止於蠶，而蠶乃其大者。收效於一月之間，而獲利於數倍之外。孟子論王道而首以樹桑爲言，蓋此意也。然今之天下不皆蠶者，何也？以其土之於桑有宜有不宜也，風氣之於蠶有宜有不宜也，土不宜桑，不可以爲蠶，風氣不宜，蠶不可以爲蠶，故其利獨歸於浙人。夫江與浙鄰省也，而江爲中土，廬陵又江之中土，此其土宜桑不宜桑耶？此其土之風氣宜蠶不宜蠶耶？謂其不宜桑，則予之邸舍有舊植也，便民倉有新植也，皆欝然葱菁可採以飼也。安得謂之不宜桑？謂之不宜桑者，不桑者也。謂其不宜蠶，則予與先生嘗治之官舍也，劉承四嘗治之民舍也，皆繹然成繭，可繅以織也。安得謂之不宜蠶？謂之不宜蠶者，不蠶者也。土宜桑矣，風氣宜蠶矣，如是而土之民卒無一人蠶者，以其未得蠶之利也。未得蠶之利，以其不知蠶之方也。不知其方，未得其利，則其不爲蠶也，亦宜是書之刻，蓋示之以方也，得其方而猶不能，緣是以開衣帛之源，而布褐甘焉是守祖父之遺券，而荒其菑畬於弗播弗獲也，此之謂惰民。惰民天所窮也，其誰能亨之？爾民慎毋自流於惰民以負此方也！爾民慎毋自流於惰民，以負此方也！先生名登，定興人，由進士今陞兵部職方司主事，嘗課民植松，行之已有次業，今又有是刻，皆首務也，噫！可以觀先生之政矣。

傳記

（光緒）《重修安徽通志》卷二一九 金瑤字德溫，休甯人。以貢為會稽廬陵丞，與郡守益聶豹為莫逆，專意講學，調桂林衛，經歷不赴。林居三十年，談道闡述，著有《周禮述注》《六爻原意》《十七史摘奇》《蠶訓》《文集》等書。《徽州府志》

（道光）《休寧縣志》卷一三 金瑤，字德温，瑠溪人，蚤有才名。既登選貢，歐陽南野吕仲木與論學，深器之。授會稽丞，歲饑委賑，多方略鄰邑争乞，署篆以外艱歸，服闋，補廬陵丞，兩邑並著能聲一。巡海防五署邑事，多所建立。張陽和學士修《會稽志》，謂其學邃政醇，以講學交鄒文莊、聶貞襄爲莫逆，尋擢廣西衛經歷，念母汪老投檄不赴致仕，林居三十年，絶跡城市，日惟談道著述，慕先哲誘後進，言行必遵矩矱，婚喪定儀禮，鄉人服從之。晚年學益進，晨星夜火，至九十不倦。所著有《周禮述註》《六爻原意》《十七史摘奇》《蠶訓》《文集宗譜》諸書。《萬歷志》

著録

（乾隆）《江南通志》卷一九二《藝文志》 《蠶訓》。休寧金瑤。

（光緒）《重修安徽通志》卷三四一　《蠶訓》，休甯金瑞著。

山蠶説（山東繭志）

傳記

（嘉慶）《清一統志》卷一三六　本朝孫廷銓，字枚先，益都人。順治二年薦授河間推官，擢吏部主事，累遷吏部侍郎，晋兵部尚書，再遷戶部拜大學士。廷銓以銓曹起家，於銓事最久，以慎名器，通淹滯為已任。及入相，勤修庶政，終歲未嘗修沐，以終養歸里，康熙十三年卒，謚文定。

《四庫全書總目》卷七〇《史部二六》　廷銓字伯度，又字枚先，號沚亭，益都人，前明崇禎庚辰進士，入國朝以薦授河間府推官，擢吏部主事，歷官内秘書院大學士，謚文定。

藝文

清　王士禎《帶經堂集》卷二《山蠶詞四首》　大司農益都孫公，作《山蠶説》，其詞最古雅，因廣其意，作《山蠶祠》。

清溪槲葉始濛濛，樹底春蠶葉葉通。曾説蠶叢蜀道險，誰知齊道亦蠶叢。

那問蠶奩更火箱，春山到處是蠶房。槲林正緑椒園碧，閑却猗猗陌上桑。

春繭秋絲各自諳，一年三熟勝江南。柘蠶成後寒蠶續，不道呉王八繭蠶。

尺五竿頭絡色絲，龍梭玉鑷動妍姿。紅閨小女生來慣，中婦流黄定未知。

雜録

清　王士禎《池北偶談》卷二四《水蠶》　吾鄉山蠶食椒、椿、槲、柘諸木葉而成繭，各從其名。故相國益都沚亭孫公廷銓作《山蠶説》，曲盡物性，文多不錄。唐小說載，元和八年，大軫國貢神錦衾，水蠶絲所成，云其國以五色石甃池塘，採大柘葉飼蠶於池中，始生若蚊睫，游泳其間，及長可五六寸。池中有挺荷，蠶經十五日卽跳入荷中成繭，自然五色，亦謂靈泉絲。山蠶、水蠶皆物產之異。

清　王士禎《居易録》卷一〇　故相國孫文定公沚亭作《顔山雜記》，記山蠶、琉璃、窑器、煤井、鐵冶等文筆奇峭亦如此。

（道光）《遵義府志》卷四七　遵地舊多其樹，原無山蠶，先蓋有於山東之安邱、石門諸處，見司農孫公廷銓《山蠶説》及王漁洋『清溪槲葉始濛濛，樹底春蠶葉葉通』之《山蠶詞》。

豳風廣義

綜述

清　楊屾《豳風廣義·弁言》　天生蒸民，畀之食以養之，畀之衣以被之。蓋食出於耕，衣出於桑，二者生民之命，教化之原，缺一不可者也。夫人生一日不再食則飢，終歲不再衣則寒。飢之於食，寒之於衣，得之則生，失之則死，耕桑之所係大矣哉！是以神農爲耒耜，以利天下；堯命四子，敬授民時；舜命后稷，教民稼穡；禹勤溝洫，萬邦作乂。殷周之盛，詩書所述，皆以耕桑爲立國之本。故孔子籌保庶，先富而後教。孟子陳王道，先桑田而後庠序。古者天子躬耕，后親桑，爲天下先重本也。自有生民以來，未有耕桑不舉而可以興道致治者也。而不知者反視耕桑爲鄙事，曰：君子自當爲其遠且大者。嗚呼！此亦弗思之甚也。夫經世大務，總不外教養兩端而養先於教，尤以耕桑爲首務。古聖王之治天下也，養之以農，衛之以兵，節之以禮，和之以樂，生民之道畢矣。吾儒儲學者，即學此農兵禮樂，爲治者即運此農兵禮樂。四者乃天德之實，王道之本，萬古莫之易也。若舍此而求奇索隱，談玄説妙，無非英雄欺人之語，有何遠大之可爲。且世之人，終歲皇皇，經營籌畫，其塗雖殊，其實同歸於衣食。獨不思衣食之源，致富之本，皆出於農。農非一端，耕、桑、樹、畜，四者備而農道全矣。若缺其一，終屬不足。昔聖王之富民也，必全此四者。故宅不毛者罰里布，田不耕者出屋粟，民無職事者出夫家之征。即其歿也，不耕者祭無盛，不蠶者衣無帛，不畜者祭無牲，不樹者無椁，不績者不衰，其加意養道如此。人能遵斯四者，力耕則食足，躬桑則衣備，樹則材有出，畜則肉不乏。自然衣帛食肉，不飢不寒，取之不盡，用之不竭。不出鄉井而俯仰自足，不事機智而諸用俱備。日積月累，馴致富饒，世世守之，則利賴無窮。若棄自然之美利，圖難必之貨財，縱聚珠盈斗，積金如山，飢不可爲食，寒不可爲衣。故諺有之曰：百年無金珠何傷，十日無粟帛身亡。是以寒者不貪尺玉而思祖褐；饑者不顧千金而美一餐。故明王貴粟帛而賤珠玉，重農民而輕商賈。我皇上宵衣旰食，首重農桑。使倉有餘粟，篋有餘帛，登斯民於富壽之域而承流宣化之賢，莫不仰體聖意，留心本務。但秦人自誤於風土不宜之説，知耕而不知桑，是有食而無衣。至於樹畜失法，又乏資助之益，故每歲之中，必賣食以買衣，因衣之費而食已減其半。又兼諸凡之費，莫不取給於一耕，四者缺三，烏得不窮。所以豐凶懼困，衣食兩艱，稍有荒歉，則流亡載道。人但知凶荒始於無食而不知其實胎於無衣。余詳考屢察，深知其故。每思所以治衣之法，試諸木棉、麻苧，厥成維艱，殫思竭慮，未得其善。因誦豳風一詩及孟子陳王道諸章，頓有所悟。夫邠岐俱屬秦地，先世桑蠶，載在篇什可考，豈宜於古而不宜於今與。余因而博訪樹桑養蠶之法，織工繰絲之具，頗得其要。自樹桑數百株，歲在己酉，始爲養蠶。其年蠶成，所繰水絲，光亮如雪，能中紗羅綾緞之用。迄今十有三載，歲歲有成，親經實驗，已獲其益。仰體我皇上加意農桑，愛養斯民之至意，不忍私諸一身，竊願推以及人，因集是編，顔曰《豳風廣義》。若家戶行之，則稼穡之外，復增利一倍。每樹桑一畝，歲可得絲九斤，若樹桑十餘畝，歲可得綫百餘斤，不特五十之老可以衣帛，即賦稅婚喪之費，亦可取給於此。豐衣足食之樂，可立而待矣。然桑蠶既舉，而孕字之事缺焉不講，何以佐農桑之不逮，衣帛之老又何能食肉乎。余特揀採善法，精尋實效，求其切於日用，家家可畜者，猪、羊、雞、鴨之法，俱親經有驗，連類而備載之。能依法牧養，則孳生不窮，不特七十之老足以食肉，即八口之家，亦有餘甘矣。更思秦中，園圃久廢，樹藝失法，追倣素封之意，自制一園，名曰養素，已見實效。附於蠶畜之末，以公同志。是編也，始以桑蠶，補歲計之不足；繼以畜牧，佐農桑之不逮；終以園制，爲士人養高助道之資。此余殫十餘年之苦心，親身經歷而輯成者，非徒抄撮成説，道德耳聞者可比。授之剞劂，用廣同人，敢自附於作者之林乎？亦庶幾利用厚生之一助云爾！乾隆六年季夏上浣，茂陵楊屾雙山氏題於會心齋舍。

清 楊屾《豳風廣義·奏疏》 陝西西安府興平縣監生楊屾謹爲敬陳桑蠶實效，廣開財源，以佐積貯，裕國輔治，以厚民生事。恭惟我朝定鼎以來，皇恩屢沛，厚澤深仁，淪肌浹髓。屾雖跧伏草莽，敢忘雍熙大化？念野人曝背食芹，猶欲上獻，今有桑蠶美政，已獲親經實效，上廣倉廩之儲蓄，下備生民之衣帛，開利之源，莫大於此。實有補於國計民生，豈能隱忍不言。然事雖平常，實係生民重大之務，非三申五令，遂可成功。若非爲天地立心，生民立命，建功立業之賢，忠君愛民之誠，豈能任斯勞苦，以行永久。屾夙懷此願，未敢輕舉，今欣逢憲天大人學宗東魯，德備中和，建伊傳之事業，著周程之文章。特簡撫秦，保赤爲懷，痌瘝在念。想桑蠶美政，久在仁心籌畫之中。屾非爲名，亦非爲利。緣仰體大人愛民至意，採訪之殷，謹攄愚者一得之見，敬陳利弊，願獻芻蕘之言，伏祈俯覽。竊惟經國之大務，無過於農桑。二者乃斯民衣食之源，王政之本。是以古來聖君賢相，莫不以此爲急務。故孟子陳王道，亦必以農桑爲政首。七篇之中，丁寧反復，皆不出此。我聖祖仁皇帝，念切民依，垂訓十六條，倫常而外，首重農桑。嘗刊《耕織圖》，頒行中外，使知務本之至意。蓋未有農桑二政，缺一而可以興道致治者也，而承流宣化之賢莫不欽奉聖諭，留心本務，農桑並舉，固已民安物阜矣。獨是秦人，自誤於風土不宜之説，知農而不知桑，是有食而無衣。二者缺一，則民失一倍之資。至於木棉麻苧，又非秦地所宜，絲帛布葛，通道無出。雖厥土黄壤，厥田上上，自桑蠶一廢，五穀之外，百無所生。究不能全獲地利，常有飢寒之患。夫一女不績，天下必有受其寒者，而況通省之不績乎？雖有數縣木棉之出，然不過一縣中百分之一，不足本地之用，豈能廣布通省。是以秦人歲歲衣被冠履，皆取給於外省而賣穀以易之。穀賣之於遠方，是穀輸於外省矣。絲帛木棉布葛之屬，買之於江浙、兩廣、四川、河南，是銀又輸於外省矣。每歲必賣食買衣，因衣之費而食減其半。其艱於食者，固自不少而缺於衣者抑已良多。夫農一歲之入，能有幾何，貢賦賴之，八口賴之，婚喪賴之，兼之一歲之衣被仍賴之，焉得不豐歉並困而衣食兩艱耶！豐則粟賤金貴而公私並需，一糶無餘；歉則室如懸磬而流亡過半。無衣之害，一至於此，尚望其有餘積乎？古者耕三餘一而秦人之積，無異酌涓水而實漏巵矣。屾生長於斯，深知秦人兩困之原，踵自無衣，且嘗親受其累。每思所以治衣之法，試諸木棉麻苧，厥成維艱。竭思殫慮，十餘年來，考諸詩書傳記，方知蠶桑乃秦人本有之業。但因往代兵燹之後，砍伐殆盡，物易人遷，樹桑養蠶之法，盡失其傳。後世習而不察，誤爲風土不宜之説，因而棄置不講。所以桑蠶之業久廢，女工之事不作。無人焉以倡率開導之。遂棄無窮之地利，委諸土壤，以自有之衣其仰給鄰邦，甚屬可惜。屾因博訪樹桑養蠶之法，織工繰絲之具，無不按其規程，盡其法則。先自樹桑數百株，於己酉年始爲養蠶。鄉人每有笑其迂闊難成者，屾亦弗之顧，惟日夜經營，無少懈怠。既而蠶成，及繰水絲之日，鄉人乃共相環視，見其絲堅韌有色，光亮如雪，覩所未見，莫不驚異。由是鄉鄰之中多有傚之養蠶者，迄今十有三年，歲歲見收。近來鄰邑亦有慕傚者，但欲養蠶者雖多而樹桑者甚少，徒作羨魚之歎而罕結網之思。若能設法勸誘，力加開導，使桑蔭布滿於阡陌，則蠶事自興於民間而秦人之富可立而致也。然秦人多疑南北風氣之殊，天時寒熱之異，以爲桑蠶非北地所宜。又謂即或偶爾有成，不過一隅之地，恐非通省所宜。此亦靡所考稽之故也。屾請以北地桑蠶可舉者，證據有六，其大利於秦者有四。並將桑蠶易舉，及古今教民桑蠶有成效而遺澤後世者，悉爲憲天大人詳陳之。考自伏羲採嶧山之繭，抽絲爲絃以定音律而天下化。黄帝元妃西陵氏始爲室養蠶，責繭繹絲，製衮冕，定儀度，別尊卑，垂衣裳而天下治，是爲衣冠之祖。夫伏羲、黄帝皆都於北而未都於南，則蠶事之興，不始於南而始於北，明矣！此可證據者一也。又嘗考之於《詩》，無處不言桑而咏於北方者居多。以秦論之，《豳風·七月》之篇，言蠶桑者屢屢矣。有曰：『春日載陽，有鳴倉庚，女執懿筐，遵彼微行，爰求柔桑。』又曰：『蠶月條桑，取彼斧斨，以伐遠揚，猗彼女桑。』此治桑也，即所以治蠶。大豳地，即今邠慶、三水等處，地近邊壤，亦云寒矣，其田高燥瘠磽而周先王當日諄諄誥誡，不遑暇逸者，誠以農桑爲王政之本，女工乃衣被之原，男力乎耕，女事乎蠶，男女各勤其職而民以富實，上下雍睦，庶姓休和，載諸經史，班班可考。豳地尚然，而類於豳者，在在皆然。況臨渭一帶，沃壤千餘里，勝於豳者多矣，豈不能樹桑養蠶以興萬世無疆之利？此可證據者二也。又考之孟子言王道諸章，開陳列國，無在言桑。岐與齊、梁，皆屬北地。反復言之，何有南北之分，推而廣之，能行天下，繼續而傳之，可垂萬世。豈有亞聖之識以迂闊難成之術教當時及後世哉！此可證據者三也。又稽之郭子章之蠶論：木各有所宜土，惟桑無不宜，桑無不宜，故蠶無不可事。桑蠶本一氣，蠶即生於桑，有桑之處，便可成蠶。猶農夫之於五穀，非龍堆極寒之處，猶可耕且穫也。此可證據者四也。又察諸天時，陝西出地平三十六度，已在北道之北一十二度半。自春分之日，日行北道，晝漸長，夜漸短；陽漸多，陰漸少。積陽之氣漸盛，至夏之熱，甚於南方。況蠶屬純陽，喜燥惡濕，食而不飲。陽立於三春，三變而後消，陰生而後死。自秋分之日，日行南道，晝漸短，夜漸長；陰漸多，陽漸少。積陰之氣漸盛，至冬之寒，甚於南方。此時織工興而蠶事畢矣。又養蠶之時，各省不同。然不論節氣寒熱，自有一定之候，但看桑上葉如茶匙大，則蠶自生於室內。即古人云，木華於春，粟芽於室。同類相感，有自然之理，何有南北寒熱之可疑？此可證據者五也。又驗之於今，秦中無處不有桑，但只不廣。有桑一株，便可養蠶成繭。近歲以來，屾之鄰境皆有養蠶者，但樹桑稀少，不能大獲利益。然曲箔數筐，亦可得絲，歲歲有成，已獲實效。恐疑書生之見，撫拾浮詞，無足憑信。謹將今歲所繰之絲，並所織之絹帛一並呈驗。再俟養蠶之月，大人委員至家驗試，事若涉虛，治以欺誑之罪。此尤此事之確然，可證據者六也。詳此六證據，則知蠶桑乃天下通宜之物，並知古昔聖王以農桑命名之深義。不惟秦中可行之而無疑，凡北地皆可行之而無疑也。若桑蠶一舉，其大利於秦者有四：夫積貯者，天下之大命也。而秦尤非他省可比，壤接三邊，首稱要地，兼之水路不通，輓運維艱，積貯之道，所當更重。鼂錯曰：非能耕而食之，織而衣之，爲開其資財之道也。開其源，節其流，則財恒足矣。若徒節其流，而不開其源，則財終匱。所以開之之要，在乎務民於農桑。秦人知農棄桑，衣源未開，利缺其半。況今昇平日久，生齒益繁，仍守一耕，治生無增，歲計無加，諸凡之費，皆取給於此，所以衣食兩艱，豐凶並困。然則凶荒雖起於乏食，而其實早胎於無衣。若衣有所出，自不輕糶粟麥，餘一餘三，何慮饑饉。欲爲秦謀積貯之道，農之外無過於桑，若舍桑而言積貯，無非挹彼注此，何能分外加益。誠能因地之利，盡民之力，無論牆下路旁，壠畔田邊，悉皆種植，既不侵地，又不妨農，曠土皆化爲錦繡之資。每家歲能取絲三五斤，便完通省賦稅有餘。且水絲一斤，貨銀一兩四五錢，能買木棉二十斤，足中人闔家一歲之衣。若能取絲數十斤，便爲中人之富矣。況桑無水、旱、風、蟲之災，即歲遇荒歉，五穀不成，桑却無害。養蠶取絲，以補歲計，可必而可久。又桑子熟於青黄不接之月，亦可充飢數旬，其利最溥，功與農配。故曰：農桑是以古聖王籌國計、立民命，首重而不敢忽。若能慇懃開導，不過數年之間，蠶事大興，爲農家更添一倍之利。仰事俯畜，賦稅雜費，皆有所出，自然穀無所費，漸至餘饒。積貯盡在民間，比戶皆樂盈寧；豐歲習於禮義，荒歉免於流亡。以慰大人保赤之素志，以紓上西顧之宸衷。此其大利於秦者一也。夫伏羲生於秦地，始畫八卦，創立文字，爲理學之原。後世賢傑，代不乏人，可謂衣冠文物之地矣。宜乎家絃戶誦，人文蔚起，何其讀書者寥寥，其弊由女廢織於內，男力耕於外，一歲畎畝之入，不足供一歲諸凡之費，因而修脯無資，膏火難繼，往往有造之材，學將明通之候，父兄多有驅之而逐末者，豈其父兄喜子弟初學而惡將成歟！良爲飢寒所逼，不能終其業也。若桑務一舉，男女各有所職，民得衣食不缺，自有暇日，使子弟盡趨於學。耕讀兼營，教養並舉，人人得沐詩書，家家不廢誦讀。文人才士，濟濟輩出，上爲國家儲養人材，下爲秦民廣其教化。此其大利於秦者二也。夫民可使勞，不可使逸，民勞則思，思則善心生，民逸則淫，淫則惡心生。周公無逸之詩，魯母續愆之辟，良有以也。秦人於農忙之外，冬春二季毫無所事，男逸於外，女逸於內，往往相聚嬉戲，奢靡賭賽，久無事事，流入遊惰。良由桑蠶之教不興，男女之職曠廢，有以使之然也。不然何其於農忙之月此風全無乎？若桑蠶一舉，正月理蠶室，二月織箔曲，製什物，三月養蠶，四月繅絲，五六月農忙，七八月績絲織絹，九十月栽桑，冬寒修樹。身有所事，心有所向，則親正務多而遊戲少，勤日長而惰日消，自然衣食足而禮義興，仁讓之風日在民間。養蠶不惟有以厚民生，而兼有以善民俗也。此其大利於秦者三也。秦素無楩楠豫章之材、松杉漆竹之屬，一望蕭然。若桑樹繁滋，則阡陌如雲，壠頭似綺，菁葱蔚茂，不但美觀，兼有八宜。皮可抄紙，材堪爲弓，木造車桌，枝編筐，根皮爲藥，散木作薪，椹可充飢，能救荒歉，豈但葉可飼蠶，衣被無窮。此其大利於秦者四也。請再陳桑蠶易舉之由，樹桑者，不過一夫之力，樹成之後，可享數十年之利。採後復生，不勞更種，又無耕牛子種之費，不慮水旱風蟲之災。所謂一勞永逸，比之棉麻，逸勞十倍。至於養蠶，桑成之時，不待教而自興。飼養得法，不過三眠三起，二十七日而老。功雖一月，其實用力於七日，即獲一歲之利。雖係生民重大之務，舉之並無難事。又將古今教民桑蠶，有成效而遺澤後世者，列陳於後。昔茨允爲桂陽令，俗疑於風土不宜之説，不知種桑，無蠶織之利，類皆以靡臬頭紵衣，民隋窳少粗履，足多剖裂出血，盛冬皆然火燎炙。充始教民種桑、養蠶、織履，數年之間，大獲利益。今江南享蠶織之利者，皆充之教也。蜀王蠶叢都蜀，教人養蠶，鑄金蠶數千，春月集蠶市，將金蠶給之。民間以爲蠶瑞，誘而教之。數年之間，其政大興。至今嘉定、保甯、成都每歲所出之絲，獲利不下數百萬金。明洪武取淮，徐桑子二十石，命種辰、永、寶、衡之間，數年之中，民大獲利。康熙三十二年，漢中府郡守滕天綬教民栽桑，刻爲使民通示一單，後附勸民栽桑歌詞，等差獎賞，力加開導。惟洋縣令鄒溶仰體郡守良法美意，奉行罔懈，遍勸境內，無不栽桑，二年之間，共勸栽桑一萬二千二百餘株。嗣後猶歲歲督勸不已，年年增益。今漢南九署，桑蠶大舉，獨洋縣最盛而民富，皆鄒溶首倡之力也。其事載在《洋縣志》可考。今漢中一歲所出之絲，其利不下數十萬金，豈非哲人開導之力乎？是以未教之先，皆疑風土不宜，亦猶今秦人未對養而自疑其地之與南方異也。後之視今，亦猶今之視昔也。屾既躬親其事，實受其益，不忍私諸一身，遂將樹桑養蠶之法，織工繰絲之具，集爲一書，繪圖詳解，名曰《豳風廣義》。每勸秦人爲之，但人情好逸惡勞者居多，怠惰因循者不少，聞見甚喜，而力行甚稀。其桑樹之未廣，人人罕受其益，若非當事設法勸課，何能利遍秦中。屾不揣愚昧，敢竭鄙誠，謹此上陳，伏乞鈞酌，設法廣布。俾秦中農桑並務，三年可以定規，五載卽獲成效。數歲之間，蠶絲之利，布滿秦中。養元氣於國家，付大造於庶衆，老者衣帛食肉，少者不飢不寒。五袴興歌，人人挾纊。衣食足而禮讓興，共樂昇平，咸遊大化。立萬世不朽之業，成一代郅隆之猷。皆沐大人之恩澤，視功德於無既矣！伏惟電鑒施行。

《四庫全書總目》卷一〇二 《豳風廣義》三卷。江西巡撫採進本。國朝楊屾撰。屾字雙山，西安人。其書述樹桑、養蠶、織紝之法。備繪諸圖，詳説其制，而雞豚畜字之法亦附見焉。考蠶月條桑，《豳風》所述，則其地非不可蠶桑而近代其法久廢，故貧民恒以無衣為虞。屾之所述，蓋秦民之切務。近時頗解織紝，故所作之帛，世稱秦紗，俗曰繭子，四方往往有之，或亦講求之力歟。

《清文獻通考》卷二二八 《豳風廣義》三卷，楊屾撰。屾字雙山，西安人。按：《蠶桑》之法，自明以前秦地久廢。每逢卒歲，恒苦無衣。然條桑採蘩之咏載在《豳風》。其地固非不宜蠶桑者。比屾是書，備陳樹桑養蠶諸法，并詳繪諸圖系以論説，兼及雞豚畜字之法，極為詳明。近時秦紗之織傳售四方，固抑賴聖天子衣被之功，亦足徵屾等講求之力也。

清 楊屾《豳風廣義·劉芳序》 古者先生之制首重農桑，一夫不耕，或受之飢，一婦不織，或受之寒。聖帝肇自北方，耕織載在《豳風》，想其豐亨之景，雍和之象，令人歎慕不已。是農桑起自秦中，漸及南地，故天下後世，莫不羨豳原之風。惜乎桑蠶廢於往代，誤爲風土不宜，遂失其傳，因而缺利一倍。今時際熙皞，生齒日繁，而秦人僅守一耕，治生無增，補救無法，衣被不敷，閭閻漸艱，豐歲尚且多困，歉年其何以堪！凡有識者，莫不爲之寒心。我朝重熙累洽，和氣致祥，凡未舉者皆舉，未復者皆復，想亦是政可興之日也。有雙山楊子，生於吾鄉，賦資聰慧，才略性成，自髫年即拋時文，矢志經濟，博學好問。凡天文音律，醫農政治，靡不備覽，學宗扎孟，以聖賢之心爲心。每勸人以格物窮理，敦本復性爲要，養身治生爲首，人性皆善，接之者莫不歡從。吾鄉有淫祀，自唐迄今，千有餘年，所費不貲，每至其處，輒驟生爭端。先生每集同人講勸，遂罷其祀，至今鄉人安於無事。吾鄉去城邑其遠，貿易不便，先生相地集衆，立爲日中之市，鄉人便之。先生乙巳遊南山，見槲橡滿坡，知其有用，特買沂水繭種，令布其間，至今利之。先生格致之精，洞達醫理，常針里人腸胃之瘡，預診友人三年之死，療久棄之痿症，起數載之沉痼，親目奇驗，難以枚舉而周知多能識見超越。深明秦人荒歉逃亡之弊，胎於無衣，講之極詳且悉，遂有樹桑之舉。然其事無法不成，先生博訪維愨，盡得其法，其種植、灌溉、繰解、織職之務，悉躬親而履蹈之，數年之間，大獲其益。迄今十餘年來，高堂有輕煖之奉，室家有盈箱之積。此間族黨，矜式率由者益衆，來求法學手者無遠近，先生皆親教之。近來吾鄉之童子，皆能繰水絲矣。向之無衣無褐者，今且曳縞而拖繒功有實功，效有實效而先生不欲以衣帛之美私諸一室一鄉，務欲播之當時，垂之奕祺，俾人人均食其報。因著《豳風廣義》一帙，連類備載畜牧、園圃之制，事事親經，其立法極善，取效甚捷，樂從者皆驗，誠致富之良謨也。上爲國家培元氣，下爲斯民立生命，豈小補哉？若人人踵而行之，不過數年之間，共歌五袴，咸慶大有。斯信此書之非夸也，又烏得以小道而目之。余於先生爲比鄰之舍，葭莩之戚，見之習，知之稔，故能詳述始末，以樂告當世之仁人君子，遍曉鄉鄰，共舉此務。使秦中家家樹桑，人人衣帛，穀自可積而富可永保，則幸甚！乾隆五年歲次庚申孟春，劉芳頓首拜題。

清 楊屾《豳風廣義·宮本昂序》 光緒八年，本昂以考績入都，謁大司農閻公，公曾撫山左，問民閒生計甚悉。並手一冊授本昂，曰：此《豳風廣義》三卷，蠶事大備，汝方膺民社，盍法之，以惠小民。本昂唯唯歸而讀之，蓋秦中楊太學屾所編輯也。太學因秦人誤於風土不宜之說，耕而不桑，衣艱於食，博訪栽壓、修接、浴養、飼摘、蒸繰、解緯、紡織之法，躬行獲利，族黨踵而效者亦多豐其家，乃爲圖説集是書以公諸世。嗟乎！太學之意良厚而公去東十餘載，尚殷殷爲民謀室家，如此其深且遠也。夫往籍所載，蠶桑之興，實肇北土。今則齊、魯、燕、趙、秦、晉之民，耕田外罔所事。樂歲猶無餘，荒歉則凍餒轉徙，顛踣乎道途。且自海舶互市，其物多奇巧，啓嗜好，歲耗以千萬計，民益重困而外洋所需中國産，亦惟絲爲多，吴越業之者獲厚利。使齊、魯、燕、趙、秦、晉之民，務本圖事蠶桑，以補歲計之不足，即遇荒歉，亦可無凍餒轉徙顛踣之患而佘何相顧因循，以至於今日也。本昂既獲是書，敢不奉行，用敷公惠。雖然一邑之大，所及幾何，亟付剞劂，以廣其傳，因書端委如此。山東卓異候陞掖縣知縣調署德州知州宮本昂謹序。

清 楊屾《豳風廣義·帥念祖敘》 余家江右，民俗頗勤力田，外無不蠶桑是務者。及渡江而至河北，凡歷都邑、井間，見宅多不毛，婦休其織，問之皆曰：『地不宜蠶。』心亦以為然也。歲丁巳，奉命來陝。陝故周秦漢唐之都，入關以來，地沃野豐，草樹滋植，意其富庶之風今猶之昔矣。乃數年中察民間，蓋藏千不得一二，而至於蠏筐蠶績，毫無有焉。蓋同之乎河北也。豈桑柔候甸，古今亦異宜歟？已而茂陵楊生，手其《豳風廣義》一編，并縷陳蠶桑地，無不宜者，求廣其利民間。余閲之，知楊生已親試而衣被之，今且思衣被其鄉國矣。夫君子之有所為，非徒己有餘而已，亦將以及人也。今楊生甫得其利，而即欲推之於人，其不自私為何如？夫楊生非有衣食斯氏之責者也，而然且如此，則夫儼然民上而為之父母，視斯民之號寒而求，所以衣被之者，其情之切之急，又當何如也？余既頒其書於各邑，因叙其首，以勗其賢令焉。乾隆七年壬戌中和節，豫章帥念祖書於緑澄軒。

清　楊屾《豳風廣義·王章序》　偵思其棄於地也，故利用厚生與正德並重。吾鄉豳岐、豐鎬之盛在周以前，無論已即漢唐之間，關中財賦甲天下。其時，秦民必無耕而不織，肉而不帛之理。宋元民力耗於西夏，亦不至秦俗僅力晨，而於蠶桑之利概懵然也。雙山楊子，茂陵高士也。德性深醇，道氣沈静，絶俗儒之奔競，置帖括於弗問。生平以聖賢為心，即生平以聖賢為事者也。慨秦人知稼穡而昧蠶桑，每視他人之號寒者，若身受焉。讀書之餘，究心於《豳風·七月》之篇，實體乎孟子王道之論。手植墻下之桑，早獲衣帛之利，因知可以被一家者，即可以被一邑，且可以被一國也。於是廣為搜羅，勤於輯訪，樹藝之法，精益求精，繅織之具，密益求密。集成一編，□之梨棗，顔曰《豳風廣義》，蓋為秦人謀衣也。而中參以養素園，俾貧士，不乏助衣也；而中參以養素園，俾貧士，不乏助道之資；末附以《知本録》，使少長皆歸成德之列，衣備而家有餘積，教行而人鮮逸志。盈寧之慶，仁讓之風，舉基諸此矣。乃知□楊子讀聖賢書，即能躬行其事，用以利人利物，視世之沾沾於章句之末、口耳之間者，其相去殆不啻僕伯也。予以椎魯服膺楊子者有年，而是書之作，則高弟、巨子、史子共勸其成，予實未贊一辭焉。然是事也，固經術之見，端有不出家而成教於國之義？故不辭固陋，而樂為之序。時乾隆六年歲次，酉桂月穀旦青門後學王章頓首拜書。

清　楊屾《豳風廣義·題辭》　學貴實用，非徒文辭，故五經、四書，諄切誥誡，無非教養兩端，傳世者以其事功，非以其文字也。即制藝取士之意，原欲人窮經致用，卽筆下以覘其素藴，亦非獨取其詞華。而儒者往往欲以辭章垂名後世，瘁畢生之精力，雕琢字句，著爲淫辭小說。一切虚誕無用之書，汗牛充棟，無非誇富鬬奇，博取虚譽，究何益於治道？至於實在經濟之書，多嫌其無文，輕忽視之。故鮮有著述者卽其名，僅存亦多遺失。予於己酉歲欲開桑蠶之利，徧求專門蠶書，如淮南王《蠶經》，楊泉《蠶論》，《齊民要術》，《士農必用》之類，數年無一得，無售之者，亦無藏之者。不思儒者儲學，原爲治平之用，而農兵禮樂之書，乃治平之本。其講論道理，究察物情，言言着實，字字顯明，平正通達，易晚易從，非比怪誕隱僻之書。原未嘗親歷其事，不得不加以非常之名色，出以玄妙之議論，故爲奇字奇句，艱深其僻，輥來輥去，無迹可求。及實而按之，皆捕風捉影，無一毫實際。讀之者一倡百和，驚爲深奥，實未勘破其藩籬，反自咎識力之不及。爲書所愚，良可慨也。蓋理之在事，如日月經天。原自昭朗，不容一毫夾雜。若粉飾其文，富麗其詞，卽甚工，乃總如彩雲蔽日，其光晦矣。有謂言之不文，行之不遠者，不知文所以載道也，明道之言，原未嘗有意於文，而理明詞揚，自能久遠。故孔子曰：『辭達而已矣。』不以富麗爲工，如謂著述少文，則不足取法，將言天文不用文辭，則儀器測量遂不準乎？著武備不用文辭，則刀鎗弓矢遂不利乎？著醫書不用文辭，則君臣佐使之藥遂不效乎？著農書不用文辭，則五谷絲麻遂不成乎？著樂書不用文辭，則五音遂不成韻乎？凡我學人，莫讀虚華不實之書，須求實落經濟之典。不徒玩味其理，又必身親其事。如果有驗方，可筆之於書，以廣其傳。不然卽讀書之際，留心經濟，而罕所經歷，徒抄撮舊說，其事不明，只得簡畧其文學爲古奥之筆。書雖行世而言之不詳，法欠清晰，試之多無實效。卽以蠶桑諭之，盤桑必露梢尖，而《農書》用倒栽之法，百無一活。桑本六月三伏日接，而《農書》定於春分。千不活一，下蟻必密室避風，包裹温暖，而《農書》用日曬提掇之法，乾枯不生。養蠶自有定期，而《農書》多鋪張無序，難以適從。繅絲必用絲車，綢交方能成線，而《農書》圖軖失車一抽，竟成浸脈。如此之類，難以枚舉。余檢試之，亦有善法，然不善者多。人遂視《農書》爲故紙，不敢信從。非由於好博錄舊，不肯身親經歷之故乎？予之爲此書也，諸法皆已驗過，故言有次第，而圖無差誤。樹桑則種子、盤條、壓枝、栽接、修科六法盡矣。至於養蠶，先製、什物、蠶料、蠶室、擇種，然後將下蟻、養蠶，定爲二十七日之限。每日飼葉各有頓數，無論男婦、童稚，聽

之皆能明白，爲之皆可收效，若嫌其俚俗無文而棄之，其與惡衣貧女之布而自甘寒凍者□□□□

清 楊屾《豳風廣義・巨兆文後敘》 衣食者，生民之二天；耕桑者，衣食之大源。今我秦人力耕而棄桑，是失一天矣。故人事日蹙，衣食兩艱，歷數百年而莫能洞察此弊之由。所以閒堦曠土，道旁宅邊，皆棄爲無用。夫天與人以時，人不知乘地與人以利，人不知因是自誤之而負天地也。不得哲人導之，勢必至終迷誤而不返，今世教休明，時際雍熙，和氣致祥，賢才蔚起，吾師楊子生於茂陵，自少讀書，卽不喜貼括。所習皆實落經濟，學以格物，窮理知本復性爲要。每勸人敦本務實，養身治生爲首。時厪啓廸後學之志。余親炙其門十餘年，每詢及天人之理、事物之賾，一一指示至詳且悉。然教思無窮，著爲天人，會編一書，議論之餘，每道及秦中。素之蓄積，荒歉無備。其弊踵自無衣，遂有樹桑之舉。余見養蠶者，多不易成，亦惑於風土不宜之說而難之。師曰《邠風》王政昭著載籍，古之聖賢豈欺我哉。因並道其蠶無不宜之說，備詳始末。余聞之憬然而悟。先生乃輯訪樹桑養蠶之法，身先率導。己酉夏，余請益其家，見水絲登軒，光亮盈庭。既而織成提花絹帛，燦然奪目，驚異者久之。歎夫秦有自然之寶，人乃委諸土壤，多歷年所，而莫之知。若非先生開之，何能復見於今。夫衣一家者，卽可以衣通省。因請著書，廣布貽澤無窮。師曰：『余懷之久矣。第天時猶未盡驗，古注猶末盡試，新法恐未盡善。於是親身經營，歲歲有成，取其法，擷精撮要，集成卷帙。名曰：《邠風廣義》。取其以廣邠風之遺意耳。至庚申春，稿凡三易。』命尔曰：『我素不習操觚，悉所知者，是書讐較之責，子其任之。』余自念資稟昏庸，經濟未裕，此實用之書，何能拾遺補缺？有吾友史子德溥者，才性過人，讀書喜口章，弱冠入泮。及得解，學『爲巳之學』於先生。以同邑，得時親其德教，習見桑蠶法制，遂與之共勸厥成焉。捧讀之餘，見其論說透快，注窽詳明，何容復贅一辭。惟於字句之間，更加顯亮通俗，而爲先生所許可。欲付梓，有長安朱君，諱資錚，字化宇者。性孝友，多拔能。雖寄跡商賈，而輕財好義。見是書，卽歎賞其與己有同志。因捐貲成美，以慰夙懷。由是感發同人樂善之心，而助刋者甚衆。夫農桑之書，不爲不多，然其法親驗者實少。多抄撮成說，煩亂無主見。或簡畧不詳，傚之者難乎有成。是書也，經十餘年之功苦，尋墜緒於茫然。以己所親歷者，以衣我秦人。實開萬世之財源，培國家之元氣。願吾同儕信之堅，毋爲邪說所惑。行之力，毋以遲效自阻。幸勿以自有之良富，而自棄之，負吾師一片婆心也。倘肯首倡勸導，爲一鄉表帥，將來食和衣德，必併念士君子之力也。以善及人實際有望焉。盩厔受業門人巨兆文敬□。

傳記

清 張元濟《修齊直指評・序》 先生姓楊，名屾，字雙山，興平桑家鎮人。鎮舊名三家鎮，先生務蠶桑，改今名。少出盩厔大儒李二曲之門，二曲許爲命世才，遂潛心聖學，不應科舉。自天人性命之旨，以逮農桑禮樂，靡不洞究精微。桂林陳尚書撫陝時，聘至會城，就館訪道，代爲納粟，入太學，手題堂額楹聯，以旌其居。一時要人顯宦爭慕名來謁，非同契者，概卻不見。然與人和易，不爲矯異之行。化行一鄉，鄉人有事謀焉，有爭決焉，善攝。生年九十，猶童顏，著書之暇，恒鼓琴自娛。每夜深揮弦，輒有雙鶴舞於庭，著《豳風廣義》四卷，言蠶桑要法。躬自植桑數畝，飼蠶抽絲，光亮而紉。上憲嘉納，三秦取以爲法。《知本提綱》十卷，明五倫三序，爲政教敦倫之統宗。經國五政，以農工禮樂與學爲五，而皆本之帝命也。嘗約先儒禮論酌家，尤深於醫，鄰牛誤吞釘，先生開一方藥，僅常品，釘應時下，醫者皆不解。卒於乾隆五十九年，年九十六，疾革時，戒家人勿棺斂，勿穴葬，舁尸於所築之明經洞，極裹甎砌隔，前爲供案，至七世，必有理我葬事者。道光中，陝撫楊名颺下令興蠶桑，見《豳風廣義》，大善之，並所著各書及奏疏二篇，上聞宣宗，手諭褒嘉，命入祀鄉。賢子生洲，亦聰穎好學，嘗遊楊太眞墓，閱石刻詩百首，歸録之，不遺一字。先生著書，其注疏，多生洲與門人長安鄭世鐸、臨潼齊倬之手。光緒二十六年，官紳久欽其學爲實學，業爲實業，於洞前接檐四楹，再前廂廈大廳，又前化園門樓，額曰楊雙山先生祠。於洞上築墓立石，每年四月四日官紳致祭，禮行樂作，以表欽仰之誠。爲之後者，十二家自先生歿，至是，適七世也，咸歎先生有先知之明云。

著録

《清文獻通考》卷二二八 《豳風廣義》三卷。楊屾撰。屾字雙山，西安人。臣等謹按：是書凡分八門，一曰天時，二曰土宜，三曰穀種，四曰功作，五曰勸課，六曰蓄聚，七曰農餘，八曰蠶桑。自土宜以下七門，各冠以彙考一卷，我皇上軫念民依，首殷農政。爰命儒臣刪纂諸書，輯成是帙。斟酌古今之制，調劑天地之宜，凡舊章政典之有裨於日用者，□不臚陳，垂美利於萬年，溥盈寧於六合，聖人之心抑何其詳且盡也！

《通志》卷一〇一《藝文略》 《豳風廣義》三卷，楊屾撰。

桑志

綜述

清 周中孚《鄭堂讀書記》卷四一《子部五之一》 《桑志》十卷。虎谿山房刊本。國朝李聿求撰。聿求，號五峯，海鹽人。五峯居海上，桑麻之鄉，因就羣書所載桑之故實，採摭爲志。凡桑之始、桑之類、桑之事、桑之具、桑所宜、桑所植及取材、祥異、品題、叢話十類。類各一卷，冠以三朝御製詩、賦、論，共八篇。前有《自序》，每類亦各有《小引》，其分目頗近陸鴻漸《茶經》，而體例雅，與釋贊寧《筍譜》、陳翥《桐譜》之屬相類焉。

清 李聿求《桑志・自序》 《志桑》一之始、二之類、三之事、四之具、五所宜、六所植、七取材、八祥異、九品題、十叢話，余家滄海東沃野，千里皆桑麻，是編比之贊寧《筍譜》、陳翥《桐譜》之屬，亦學圃之美譚，老農之清課也。不賢識小古人所稱或者謂爲可補王政之一端，則吾豈敢。

傳記

（光緒）《嘉興府志》卷五七 李聿求，字五峯，諸生。少好學，不事章句，閉户研經。親殁，布衣終身。著《夏小正註》《後漢書儒林傳補》《桑志》等書行世。

著録

清 丁申、丁丙《八千卷樓書目》卷一〇《子部》 《桑志》十卷。國朝李聿求撰。刊本。

（光緒）《嘉興府志》卷八一 李聿求《桑志》十卷。

蠶桑指要

清 朱斌《蠶桑指要・序》 古者蠶桑之事與農事並重，故天子耕籍王后親蠶以唱導之，載於三禮播於風詩甚盛典也。先皇帝勵精圖治，欲興耕織以厚民生，繪圖製序係以詩歌頌示天下至詳至悉。無非欲農不廢耕，女不惰紅，萬民樂利以享太平。乃我虞地稱沃衍民多巧利而蠶桑一事素無從事於此者，桃花水上祓禊人多載，勝膡閒懿筐莫執，此風俗之所以日偷，民財之所以日匱也。今皇帝軫念時艱，特賜明詔令天下務蠶桑，生財有道，朝野歡忭，虞之人亦有意願為而素昧其法相視以嬉，莫知為計，誠見蘇屬之境與嘉湖接壤，土性本同，間有彼處流寄之民頗能循其故俗，則此事本海內可通而惰農未經服習，遂其利遂終古而莫為，用斌不自揣竊本國朝玉山知縣沈景韓在任勸治蠶桑之書，其為之正差謬，補其疎略，更復博採旁求，親為試驗，編緝是篇。分為三十條原始要終用告鄉里，雖不敢忘比氾氏之農書，當草昧初闢之際聊引一燈，未必非仰體衣被萬方之至意云爾。時雍正乙巳四月望後之八日，海虞朱斌編撰；光緒庚子仲春日，晚生師橋氏鴻達手録。

蠶政編

清 帥念祖《蠶政編・序》 畊織者衣食之原，生民本務也。秦撫邠岐柔桑侯甸，古稱殷庶。閱世而後婦休其織蟹筐蠶績胥無聞矣，夫有耕而無織則必購而衣焉。分終歲之所入以分於遠賈，是衣其食之半也。衣其食之半衣不足，衣其食之半食亦不足，衣食不足，吾民生計蹙矣，守土者所爲惄然憂也。茂陵楊子身其利著書曰《豳風廣義》，余既序之行之，顧以卷帙稍煩，購求既艱，不能家喻戶曉。案牘餘暇撮其要者彙刻是編，庶簡帙輕便可以人手一冊矣。昔吴華覈謂戶以一女計，十萬戶則十萬人，人人織一歲以一束，計則十萬束，循是編也。一以豐衣被，一以裕蓋藏地力盡，本計勤風俗端而文章著，春陽桑陌夜月機聲，知不數年間吾與吾民將共慶有成也。乾隆七年壬戌季夏，蘭皋帥念祖書於綠澄軒。

清 帥念祖《蠶政編・朱丙壽跋》 古者農桑並重，夫耕婦織所以勤本業也。近數十年江浙等處最講求蠶政，鄉人生計半在於此。予典潮郡數載，稔潮民殷富得之，遠賈者十之六七得之，力田者僅十之二三，若蠶桑之利則茫乎未聞焉。予心蹙然，愧無術以化之，頻年郵書禾中，戚友捆載桑秧數千本並蠶種十數紙，資雇鄉農之老於斯事者，幾輩來分赴各屬於城外隙地，及遠近各鄉村廣爲栽種而徐導以育蠶之宜忌。惜桑未長成不遑蠶事，尚幸賢有司盡心勸導而潮民亦微有能領畧者，明年思踵而行之。暇日料檢舊籍，得帥中丞所刻《蠶政編》，於栽桑育蠶之法至爲明備且語簡而易曉，因板片久失，書亦叢殘，爰重付手民以廣其傳。潮之民倘有見之而興起者乎？予將與吾民幾其有成也。光緒十二年丙戌仲冬，海鹽朱丙壽跋於郡署之三至堂。

勸論養蠶文

清 韓夢周《養蠶成法・勸論養蠶文》 來安地土荒瘠，俗拙經營，百姓最是貧苦。闔邑算來，不過兩萬餘戶。兩萬戶中，有田種的，不過數千家，其餘都是佃種別人田地。男女老幼，無論風雨寒暑，終歲在田耕作。及至收成時，所分麥稻等糧，不過數擔而止，多者亦不過一二十擔而止。凡一年飲食衣服及一切公事，都在此中取用。遇年歲豐登，尚可支持；一遇兇歉，父母妻子不免流離，言之令人感傷。本縣到任以來，即時刻為爾等百姓算計，所以去歲示論爾等挑塘挑壩，極力催促。這不是好叫爾等勞苦，正是要爾等旱澇有備，可以年年豐收，家室團聚，便是爾等無限之福。近又思得來邑多山，山中多簸籮樹，可以養蠶。此蠶所織之綢，名為山綢。每蠶一畝，可以得五六十斤、七八十斤不等。山東省處處養蠶，俗語：『一畝蠶，十畝田。』可知實是大利。爾等百姓不知將簸籮樹養蠶，都砍伐來做柴薪，甚屬可惜。前已示論爾等，不要砍伐。今本縣又做得《養蠶成法》一本，散給爾等學習。其中養蠶織綢栽種之法，無一不備。爾等有簸籮樹、椿樹的，便學養蠶；無樹的，先學種樹。本縣一面差人往山東去請蠶師來教你們。期之五六年後，遍山皆樹、滿樹皆蠶。昔為荒廢無用之地，今日都成產金之場，豈不是地方上第一件好事？爾等萬勿視之苦難，便不肯勇往去做。大凡勞苦的事，起初最難，都不願意去做，及至後來獲利，曉得於自己有益，自然不肯歇手了。況且養蠶一事，原不比種田的勞苦，爾等何憚不為？本縣是你們的父母，你們是本縣的兒女，時常要使你們有吃有穿；若舍現成的利，不替你們設計生法，便不算做父母了。你們仔細思量，依著本縣的話去做，不要怕辛苦，便是本縣的好兒女；不然好吃懶做，不肯營生，到得涷餓時，都是自己受罪，懊悔已是晚了。千萬勿違！勉之勉之！

清 陳介祺《勸論養蠶文・後記》 右《養蠶成法》一冊，吾邑韓理堂先生令來安時所作也。先生早歲與鄰邑昌樂閻懷庭先生同讀書於邑西南之浮山，為性理之學。在來安多美政，勸民種樹養蠶，募兗沂工教之，至今來人稱山為韓公山、樹為韓公桑焉。同考入闈中，蝗起，上官以撲不力，劾罷之。有文集十卷、詩集四卷、日記八卷，先文愨公刊於都門。懷庭先生質行孝友，少孤，懷痛終身，進士授職時，流涕沾濡，益勵顯揚之志，官考功，以不能行其義，遂歸。嘗求吾邑孝子姜雲一先生為親題主。孝子方耕，候於田間，拱立終日，不敢請也。乾隆戊寅，築草堂於山，名之曰西澗，因以名其集。理堂先生刻之來安。理堂先生后三年至所居曰程符精舍，以山進程符社，又名程符山也。兩先生讀書處今皆在。祺五載之中三歸營葬，每登山仰止，未嘗不流連太息而深鮮民廢學之痛也。茲刻朱子文數首，為善俗鈔。竊欲端本善俗，以為鄉守先導，並附刻是冊於後，因述兩鄉先生之學行，以志後生景仰焉。咸豐癸丑正月二十七日濰縣陳介祺記。

清　李元度《韓公復先生事略》《野蠶録·雜録》　韓公復，名夢周，一字理堂，濰人也。少骨李雪，揭『勿不敬！思無邪！』二語於齋壁，跬步必以禮。乾隆二十二年進士，知來安縣。始至，懲蠶役，斥淫祀，勸農功，訓民節儉，遂黠商之以竊物網民者，創清江書院，已又立恤孤院。地故產椿槲以為薪，先生止之曰：『是益蠶。』手訂育蠶及種樹法，募沂兗工師教其民，民用以饒。嘗欲開黑水河以利圩田，事成當為百世利。會鄉試奉檄為同考官，而縣有蝗災，監司遂以撲蝗不力罷之。歸，講學程符山中，凡二十有六年。嘉慶四年卒，年七十。

樗繭譜（鄭珍）

綜述

清　鄭珍《樗繭譜·平翰敘》　遵義爲黔皆古梁州之域。攷《禹貢》桒土既蠶剻載，兖州若豫、若青、若徐、若揚、若荆，皆有織文絲枲厥篚之貢，而梁與雍冀無聞。蓋非其地所自有也，遵處邉徼其民又烏知其地之宜蠶也？有前太守省菴陳公教蠶而利斯溥矣。丙申冬余出爲遵守，詢其地、其民之利興自陳公，百餘年來居人猶頌其德勿衰。先是請崇祀而未許也。間與雲衢邑宰言，欣然與余復爲遞請，於上游古者有功於民則祀之，是安可使湮沒而弗彰乎？雲衢作吏稱剻達才，因爲蠶之教既可施於遵，則黔中他皆可施，思欲廣其法而傳之而未得盡詳。得鄭君子尹所著《樗繭譜》，言陳公教遵民蠶事始末，甚悉其晝艮澤於古，又得莫君紫香爲之攷證疏通，皆不忘陳公之德教也。亦欲剻其德教垂布於無窮也，雲衢慨焉爲付之梓也。固宜後有欲行其法者知不必擇乎地，地無不可蠶，即民無不可利。曩見程春海少農視學黔中，時撰有《橡繭》一序，適足爲茲謚，弁首中言，當事曾頒令甲勸民種橡亦可蠶之，地居多是狃守土者善教之耳。余涖遵歴半載矣，念一無所利於民，竊有愧前人之所爲而益望。是譜之傳之果不脛而走也夫。道光十有七年歲次丁酉夏，五山陰平翰。

清　鄭珍《樗繭譜·德亨敘》　丙申五月，亨自仁懷移攝遵義。既受事，目其煙戶總總，而田疇甚寥，私有不給之慮。徐察之，其號素封稱足穀翁者，隨在皆是也。即其最下者，徒手漫無憑藉，亦各有奉其身而不至凍餒。始而疑焉，繼而痦焉，則舊太守陳公省菴槲繭之遺惠也。夫自三代還，井田制壞，而各私其畎畝，商各私其壟斷。其富者甯棄於地而不予人，其貧者至求竝日之一食而不可得。可勝歎哉！而遵義自有槲繭來猶不至於是者何也？槲之生也，不必膏腴，雖犖確之區皆可植。繭之成也，不必其自爲，雖行首之人皆有功。無用之地植有用之材，即無業之人而納不費之業，傭之者受小貲，主之者高大利，所謂交易而退，各得其所者也。蠶事畢，絲事起，煮繅道織，需人愈多，雖有痦聾跛躃斷者，亦各得盡所能以餬其口。而貿遷子本之獲，更可不必言矣。夫食爲衣者利一定，衣爲食者利無方。貴州則皆山縣也，皆山縣則皆可使自致此無方之利者也。皆可致此無方之利，何皆莫之致也？豈無師陳公之遺法而爲之者耶？抑頗有行之而法有未盡也耶？案牘之暇，嘗與紫泉莫君緒論及此，屬爲訪種槲食蠶、繅絲、織繭諸成法，艸爲一書，鐫本分致寅好。冀各布之所土，廣陳公之惠。而莫君謂其反，鄭君子尹舊著有《樗繭譜》，最詳悉，可無別起艸，當爲索之。亨亦舊耳鄭君名，知其制行端潔，著作繁富，爲黔中不易覯人物，思一至吾室而渺不可得。幸是時方延主啟秀書院講席，候其來，得領言論風採，諒哉卓然有道之士，渴願於此大副。因乞其《繭譜稿》，而鄭君再三以龘辭，不肯見示。固乞，乃曰：『某之爲此，特紀舊守名蹟以示子弟，使不墜失，非法施書也，且詞亦不便俗。倩莫君摭此別爲之，庶有裨乎？』乃授而讀焉。文辭雅質，古色斑駁，欲施之民間，果難家喻戶曉。乃商之莫君，屬加音釋，疏其不易明，而補所未備。既就緒，付之梓人，乃書數語志其緣起。嗚呼！一槲繭也，得二君譜釋之，言之文，行則遠。發昔賢之潛德，而普美利於無窮，未必不兩得之矣。道光十七年五月廿日，長白德亨。

清　鄭珍《樗繭譜·程春海序》　黔郡州十三，富郡二，曰黎平，曰遵義。黎平以木，遵義以繭。繭不以桑，以橡，然非創於遵義人也，乾隆間陳君實教之。於是食繭利凡數十年，春秋繭成，歌舞祠陳君如生。道光三年冬，澤試遵義，旋過橡林間，風策策然，葉鱗鱗然。記所歷郡皆有橡，不以繭，今過平越、都勻，土益沃，宜橡。因嘆曰：『處處有橡，處處可繭也，富獨遵義乎？』過鎮遠，見方伯吴廉訪宋頒令甲勸民種橡，詞懇懇著街亭，時夕陽爛如，駐馬讀之。過思南，還萬校官世超韡劄出，則方伯廉訪督使巡上下游，購橡子教播種，期三年，成食繭利。嗟乎！居遵官親民，爲謀百世利，思深哉！可謂君子儒矣。黔土瘠，黔民勞，勞無所獲，遂頹廢不自振，曉之曰：『利在某，不信視某地民，蘧然顧牆角畦棱，有美陰皆金錢。』其黠者又慮利與害俱，且権之。曉之曰：『有百世利無一日稅也。』則又慮購繭器織具紛然，貲未入先貸。曉之曰：『如購種，法皆官爲。』夫民驕子弟，官慈父母也。驕乃惰，慈乃周，以周起惰，惰乃勉，皆可學而能也。數歲利必若遵義，富甲西南維矣。

清 鄭珍《樗繭譜・序》 乾隆七年春，太守省庵陳公，始以山東槲繭，蠶於遵義。公山東歷城人，名玉璧，下玉字，字韞璞。由蔭生補光祿寺署正，出同知江西贛州贛，槓去聲。乾隆三年，來守遵義。曰夕思所以利民，事無大小具舉，民歌樂之。郡故多槲樹槲音斛，以不中屋材，薪炭而外，無所於取。公循行往來，見之曰：『此青、萊間樹也，吾得以富吾民矣。』四年冬，遣人歸歷城，售山蠶種，兼以蠶師來。至沅湘間，蛹出，不克就。公志益力。六年冬，復遣歸售種，且以織師來，期歲前到，蛹得不出。明年，布子於郡治側西小丘上，春繭大獲。嘗聞鄉老言，陳公之遣人歸售山蠶種者，凡三往返其再也，既於治側西小丘獲春繭，分之附郭之民為秋種，秋陽烈，民不知避，成繭十無一二。次年烘種，鄉人又不諳薪蒸之宜，火候之微烈，蠶未繭皆病發，意斷種。復遣人之歷城，候繭成多致之。事事親酌之，白其利病，蠶則大熟。乃遣蠶師四人，分教四鄉。收繭既多，又於城東三里許白田壩誅茅築廬，命織師二人，教民繅煮絡導牽織之事。公餘親往視之，有不解，口講指畫，雖風雨不倦。今遺址尚存，邑之人過其地，莫不思念其德，流連不能去。公遂遍諭村里，教以放養繅織之法，令轉相教告，授以種，給以工作之貲、經緯之具，民爭趨若取異寶。八年秋，會報民間所獲繭，至八百萬。是年，蠶師織師之徒，能蠶織者，各數十人，皆能自教其鄉里。而陳公即以冬間致政歸，挽送者出貴州境不絕，莫不泣下也，唯蠶師織師仍留。自是吾郡善養蠶，迄今幾百年矣。紡織之聲相聞，槲林之陰迷道路。鄰叟村媪相遇，惟絮話春絲幾何？秋絲幾何？子弟養織之善否？而土著裨販，走都會十十五五，駢坒而立眙。坒音比，眙音笞，去聲。遵綢之名，竟與吴綾、蜀錦爭價於中州。遠徼界絶不鄰之區。秦晉之商，閩粵之賈，又時以繭成來，㩇鬻稇載以去，與桑絲相攙雜，以為縐越紈縳之屬縳即絹字。使遵義視全黔為獨饒，皆先太守之大造於吾郡也，故譜之作志，遺愛於首。

清 鄭珍《樗繭譜・自序》 戴君者民也，養民者衣食也。出衣食者耕織也，不耕則饑矣，不織則寒矣。饑寒亂之本也，飽暖治之源也。故衣食自古聖人之所盡心也。堯命義和，為此謀天也；禹八年於外，為此謀地也；舜咨九宮十二牧，為此盡利也；湯、武誅放桀、紂，為此去害也；周公夜思繼日，求善此之法也；孔子、孟子老於棲皇，求善此之柄也。無衣食，古今無世道也；舍衣食，聖賢無事功也。自井田廢而食之路隘也。若衣之路則倍於古歟！古麻、絲、葛而已，今則中土之刻絲也，西北之毛也，絨也，其名不可勝數也，而惟富人得是也。天下率衣木棉也，而十五猶僅蔽前也。古之桑麻，婦功也，皆自為自衣也，余始通義也。雖王后亦親蠶織，以供天子冕服也。今則男事也，非為衣也，以謀食也。故古之民，上勸之，而猶惜其力也；今之民不惜力，而惜其無地可施也。故雖堯舜亦無法也。有可衣食，任自為也。今貴州之地，十九山也，田不足食居八也，無吴、楚、齊、秦之利也。槲繭，先郡守遺以民遵民者也，今食者十之八矣，有田者且食之也，皆槲也。但有山也，皆可槲也，槲則食矣。但之蠶也，山人之山，而亦食矣，非以遵義也，非一貴州也，此譜之所以作也。

清 鄭珍《樗繭譜・趙廷璜跋》 柴翁先生所為《樗繭譜》，道光中郡守宰索深山而刻之以傳眾。咸豐之末，板毀於賊，人家所藏板本亦盡以散儀，世遂罕見其書者。當承平時，郡之民自受先太守法，父授子，子授孫，蛾卵蠶繭之宜，繅煮絡道牽織之事，畢郡境靡不耳目。譜之出，人人精能自詡，無俟即茲求法，故於世若無足重輕。即儒雅搢紳之倫或頗見實，亦惟辭古是賞，誰其典要目之者？不數十年而兵戈起，鄉人流離散竄，故虛榛莽，遺老凋喪盡，後生小子歸複舊業，莫從問法。春斑秋縊，舉作輒敗收。於是往往噎而廢食，頹窳不復為，即為焉，而繭者絲者率多病，不良於售。遵綢之命遂以日減，其民亦困貧無聊賴，視曩者利甲全黔，今古縣如矣。物極必反，盛衰者理固然耶？然其法表里精詳，幸具此譜也。數年來輒思舉是以遍授鄉子弟，令都講而群習之，笥藏者故以舊失，而外求又不遽得。去年，兒子忻購得於都門，以歸屬，亟欲授梓，艱於貲，時從裝篋行。頃差次敘永，暇即翻閱。適吾友華君樫塢來。挳燈共讀，喟然道素願。樫塢曰：『吾亦覓此久矣，今則曷容緩？』蓋樫塢為人渴利濟心，進常力勸吾鄉人勤養織，恢故利，咸諉土繭蔑善種，即出重貲令走購齊豫間。甚又慮術疏，恐獲難，方日思所以教。睹是書太快，遂挾去，以刻於瀘州。是刻者再出，余知其見寶當不啻百倍昔日者矣。先生自敘曰：『養民者衣食，自古聖人之所盡心，此譜之所以作也。』當其時，人固習焉不察耳。自今觀之，其利之能不忽焉泯絕，猶可冀以即興者，不賴是譜之存歟？且以見先生之為是譜，若逆料數十年后必有以衰吾遵利者，而猶賴吾譜之可復也，然其可復者獨遵利乎哉？余將與樫塢欒觀斯譜之無遠弗利也已，譜故為子偲先生注，今並列之如舊。光緒七年辛巳八月，受業甥照廷璜謹記。

清 鄭珍《樗繭譜·莫友芝後序》 貴州，府十二，直隸廳州四，屬州縣四十八。而遵義縣為大縣，疆域廣袤三四百里，戶口二十萬零，賦稅幾敵全省半歲，科鄉會人士亦居十二，烏虖盛矣！而其先廣袤者如故也，戶口租賦十無四，五也，歲科鄉會如故也，人士十無二三也，何今之美，昔之陋歟？抑其致此者皆有所自來歟？夫遵義之地，岡率峯阜相攢，舂無一里原，無五里陸。依山為田，皆如梯桄。其土瘠、石瘦不可田，又不可勝計也。以二十萬戶人裒然耕鑿其中，我知各糊口之不給，而何有以輸納租稅，而何暇於陶冶詩書也。而後乃今知陳省庵舊守之詒澤遠矣！夫子之言曰：『富之，教之。』又曰：『不患寡而患不均；不患貧而患不安。』盡縣而山則難均，難均則多貧，多貧則難安，難安則民皆思去，而至於寡，此理勢之必然者。而遵義自有槲繭來，寡者日以衆，貧者日以富，數十萬戶罔不含哺鼓腹，怡然於槲陰絲竈之間。而其秀者，亦得所憑藉，以優游乎文林義府，爭閑雅都麗，以與吳、越、齊、秦人士相軒輊，均無貧，和無寡，既富乃可加教，意在斯乎！陳公去遵幾百年矣，仁聲惠政猶幸嘖嘖人口。而志乘闕如，因陋就簡，再數十年，遺老向盡，一邑之衣而食之，社而稷之者，恐至不能道其姓字。摘果而忘柎，飲羹而忘水，君子有世道人心之患，鄭君《樗繭譜》之作，蓋大懼乎此也！故首之誌惠也，定樹辨物也，定繭正名也。別時地，析利病，詳其烘、覼、眠、食、居守、移下之方，著其炕、煮、繅、净、導、牽之事，白綢品之良否，明易且要之器用形狀，然後以種槲終焉。蠶始即食槲也，終終始始之議也，凡皆陳公以庶富遵民之遺法也。且夫四十八州縣，其十九皆山，猶遵義也；山之宜槲，猶遵義也。而戶口獨少於遵義，賦稅獨少於遵義，歲科鄉會人士，獨少於遵義。論者以為疆域之廣狹，土地之肥磽，習俗之文野，不可彊而同。吾獨謂無有若以槲繭福民之陳公也。不繭則三四百里之州縣，貴州所常有，而遵義一縣，能幾膏腴，能幾材後哉！守土者盡能依其法而行之，則不必陳公而山國皆可遵義也夫！獨山莫友芝。

清 鄭珍《樗繭譜·莫友芝序》 德雲衢明府涖遵義唯民之利病殷殷然耳，熟槲繭之法昉舊守陳公百年來惠澤，滂薄而邑無志乘循蹟就湮曰：思所表彰之而未發適邑人，從祀名宦請大愜所願未洽，旬而詳牘抵上游矣。既又熟慮陳公法施遵義效，如是貴州州縣土地物宜亦遵義也。槲繭何不遵義也，皆法未施也，乃詢友芝種槲、飼蠶、繅絲、織紬之方，矗惝未能覼縷。審我友鄭君子尹艸有《樗繭譜》，聊語應貴而明府，是時方延鄭君主講，時具來亟索稿將授梓，分遺寅好期各行之所土。此其便民之意與陳公同而其觀成也，尤大誠所謂不朽盛事之美也，顧鄭君書文詞雅奧伯仲乎？有宋之陳、秦農蠶二著，間頗無意於規模攷工而筆墨時時與之律，有非過目可了了者。在鄭君不過偶焉，落簡藉以旌紀前賢藏之名山，備異日地志掌故，使他人不嗤陋我邦已耳。朙府而欲偁闡名蹟詡飾山縣，則是書誠卓矣而不然者此斑焉。古色眩於目而棘於口者將覆瓿不暇，而尚欲家喻戶曉不幾於秦人之入越，夏蟲之語冰也哉。因屬友芝加之音釋辭不獲命，暇日逐事咨訪舉鄭君書細校一過，為疏其難明而附未備徵文據典，皆在所署凡三日夜卒業而敘之，如此烏虖。友芝居遵義十五年不能濡翰，傳記共大夫之賢者徽法，注鄭君書而益滋愧矣。道光十七年四月既望，獨山莫友芝。

清 王元綎《野蠶録》 鄭氏《樗繭譜》以遵義之槲繭，即齊之椿繭，斷為《爾雅》之樗繭，並以《樗繭譜》名編，失之矣。

清 俞渭《諸放養山蠶稟》《野蠶録·雜録》 竊查卑府所屬地方，山多田少，地土瘠薄，民苗生計維艱。惟東北近河一帶，栽種杉木，轉售商販，放運出江，藉可獲利，而近年來出產木植亦較前漸少，此外間有栽種木棉及茶油等樹者，亦屬無多，尚不足以供地方之用。卑府自蒞任以後，急欲為民興利，因思民間之利莫重於栽織兩端，查郡屬四鄉橡樹頗多，除作柴薪外並無他用。卑府即擬仿照遵義辦法，令民間放蠶收繭，以盡地利。傳詢地方紳耆，均各稱善，隨稟奉善後局憲發給《樗繭譜》二本以資效法。惟是苗民愚頑，凡事難與圖。始若非官為倡辦，則空言勸諭，未必遽能信從。再四籌思，是以由卑府自行捐廉二百兩購種試辦，先為倡率。原擬赴遵郡購買蠶種，因查該處亦係買自河南，茲特派令文生、謝文謨帶同府役二名，前往河南南陽府購種及置備繅絲、織機等項器具。已於九月初旬起程，計可買獲繭種六七萬，擬於明春距城三十里橡樹較多之黎平寨先行試辦。仍雇令熟習之人來黎教導，以期有成。他處亦飭令趕緊栽種培植，護蓄成林，以便推廣辦理。並於署後空地播種桑秧轉發民間一體栽種，倘天時得宜，能有成效。數年之後，即可徧及一郡。將見耕與織相輔，而行民間之生計不憂，則衣食足而禮義興，民風自可蒸蒸日上矣。除俟辦理如何再行稟報外，所有卑府現在先行捐廉試辦，緣由理合，據實稟陳，伏候俯賜察核示遵。

清　**蔣汝正校正，徐瀾編輯《清安徽勸辦柞蠶案》**　夫野蠶初行時，紡線打線以爲綢，咸以爲不可繅也。惟鄭氏《樗繭譜》始載繅法，而其繅則與家蠶同。今者四海交通爭奇角異，商智漸開，舉向之所謂，遜於家蠶，而不可繅者而繅之，其繅法之敏捷，且數倍於水繅，不可謂非工藝之進步也。而精其業者又復改爲水繅，以仿織甯綢湖縐之屬，不且進而益上哉。

清　**江國璋《教種山蠶譜・序》**　宜賓爲敘州府坿郭首邑，濱臨大江，民物浩穰，其地土不得謂之瘠薄也。然予自光緒十七年補授斯邑，察知閭里生計拮據者多，推求其故，則以生齒日繁，民間食用所需無不較前昂貴，地方除農田外絶無物産可以阜通取贏。因公赴鄉延見父老，詢以物土之宜，率皆茫然莫對，心竊憂之。巡歷所至見四鄉山場多有種青棡樹者，因憶及貴州遵義府初本瘠區，乾隆時郡守陳公教民養放山蠶，由是遵義蠶綢盛行於世。民擅其利，轉成富饒，事距今百數十年矣。因集城局士紳告以予意，衆皆欣然，予又念小民可與樂成難與謀。始事既非其所習，倘使目前費銖兩之貲，以待來年獲倍稱之息，亦將疑信參半，裹足不前，計惟舉創始之艱難，煩費官獨任之。一經得見成效，人人知有塗轍可循獲利，如操左券則民爭趨之，不煩教督而自勸矣。局中諸人深以此議爲然，相與同心協力。予一面出示曉諭民間，一面捐廉籌款，於十九年冬遣人赴遵義雇覓蠶師四人，購蠶種二萬來此，在郡城北岸弔黃樓一帶，擇山有青棡樹者，酌量予值，就樹放蠶，中有不領值者則許之，附近鄉民多來觀法。自立春後烘種，起至四月杪成繭，取絲計得繭近三十萬，惜四月上旬因蠶多樹少，移蠶就樹，多有損傷，否則五十萬繭可坐致也。取絲織綢，光亮細緻，竟與湖縐相彷彿。現留蠶師二人住此間，傳授養蠶取繭諸法，留蠶種六萬於局中，預備鄉民領取。宜民果能爭相倣效，於農田外開此利源，衣食足而後禮義興，風俗亦且蒸蒸日上矣。遵義鄭子尹徵君著有《樗繭譜》，於養蠶取繭諸法條舉件繫，可爲師承，第文詞古奥，筆墨雅近。《考工記》雖得獨山，莫子偲徵君爲之註釋，究難盡人通曉，爰取其書付局中，就原本推明衍繹，雜以方言，冀可通俗，校刊付梓，俾宜民家有其書。《樗繭譜》亦附刻於後，以志不忘。復攷譜首誌惠條內，知陳公倡辦綦難，不若余爲此之易，則以售種，遠近不同，非人力所能强也。至一切雖有蠶師主持，而局中諸人因地制宜，口講指畫，其勤勞有足多者，自今以後其有謂此舉爲土之所不宜，俗之所不習，並諉爲力之所不贍者，當亦幡然易慮，不至騰異説以相阻撓。是則宜民千百年樂利所基，而區區之心，尤所惓念莫釋者也。光緒二十年夏六月知宜賓縣事京江國璋序。

傳記

清　**黎庶昌《拙尊園叢稿》卷二内編《鄭徵君墓表》**　先生諱珍，字子尹，晚號柴翁，姓鄭氏，其先吉水人，七世祖益顯爲劉綎部將，以明萬歷庚子從平播綎班師，被論回衛益顯領舊兵屯防水煙，遂爲遵義人。曾祖某，祖學山縣學生員考文清兩世精醫，衍德於術。妣氏黎余姑也。先生自幼精力之過絶人，寓目輒能記誦，余世父雪樓公以憂歸自桐鄉，多蓄典籍，先生以甥行學於舅家，悉令鼓篋讀之，恆達旦夕，肘不離案，衣不解帶，數年而學以大明。道光五年，選拔貢生，受知於歙縣程侍郎恩澤，侍郎詔之曰：『爲學不先識字，何以讀三代秦漢之書？』先生大感悟，益進求諸聲音、文字之原，與古宫室、冠服、車輿之制。方是時，海内崇尚考據，名曰漢學，從者波靡。先生師承其説，實事求是，不立異，不苟同，即已洞知諸儒者之弊。治經宗漢，析理尊宋。踰二年復從侍郎於湖南，歸而與府教授莫猶人先生游。益得與聞國朝六七鉅儒宗旨，久之經術益大涵肆莫可殫詰。先生之爲學，其孤詣有可得而言者矣。其初實致力於許鄭二家之書，以爲不明傳注則經不能通，不明訓詁則傳注不可得而讀，其於康成叔重信之惟恐不篤，尊寵之惟恐不及，既治三反苟有惑，則發憤潭思，又不合，則羣綜諸儒之説，旁參曲證必求一得，當程朱氏之義理而後已。如是者，積三十餘年而先生之於三禮六書乃始渙然怡然矣。蓋經莫難讀於儀禮，昏喪尤人道之至重，則爲儀禮私箋。古制莫晦《於考工》，則爲輪輿私箋、鳧氏圖説。小學莫尊於《説文》，以段玉裁、嚴可均二家之説綦備，則爲《説文逸字》及《説文新附》，考奇字莫詳於郭忠恕汗，而謬俗實多，則爲《漢簡箋正》，漢學莫盛於康成，則爲《鄭學録》每勘一疑獻一義，刊漏裁誣，卓然俟聖而不惑，斯亦天下之神勇也。先生嘗以謂遵義，漢牂柯地，自郡人尹珍從許慎，應奉授經書圖緯，教授南域，後遂無有。經術發聞者於是毅然以道真自命，故學成而先生褎然爲西南巨儒。以道光十七年丁酉舉於鄉，甲辰大挑二等，凡三爲校官，最後補荔波縣訓導。適卅夷作亂大舉攻城縣，令蔣嘉穀病不能視事，先生募南丹廠工三百人署以軍政，縋城出擊，斬馘甚眾，城賴以完。未幾，遂棄其官以歸。先是，先生自得鄉舉，後卽已厭薄仕進，惟從政於門内，甚謹存則授幾授杖，以至視形聽聲無不致敬，以勉於分所當，爲没則附身附棺以至繼志。述事無不盡慎以達乎心之所安。晚歲經營子午山廬，於墓次將浩然自得，以終不復與聞人閒事。同治二年癸亥，乃用大臣密薦，詔赴江蘇以知縣補用，未行而口疾作，遂以甲子九月十七日終於家，春秋五十有九，配余從姊黎孺人，子一，知同，女子二人，孫男幾人，孫女幾人。先生之學，鴻肆而核，辯經術所不能盡者，益播爲詩古文辭以昌大之，瓌奇孤邈，力闢陳常論者，以爲漢學家所未有。譔著之書已刊行者，《儀禮私箋》八卷，《輪輿私箋》二卷，《説文逸字》二卷，《説文新附考》六卷，《汗簡箋正》八卷，《鄭學録》四卷，《巢經巢經説》一卷，《巢經巢詩鈔》九卷，《樗繭譜》一卷，《母教録》一卷。未刊者有《〈考工〉鳧氏圖説》、《説隸》《親屬記》《老子注世系》《一綫圖》《巢經巢文鈔》《無欲齋詩注》，凡若干卷。而《遵義府志》《播雅》兩書，尤爲邦人文獻所繫往者。吾讀《國史儒林傳》，見高宗純皇帝崇尚儒術，於時顧棟高梁錫璵等皆以經明學粹下詔褒許列於册首，如先生者内而懿行集於身，外而經術顯於眾，以視棟高諸人孰爲優劣，未易遽定，其可與於儒林邪，抑猶未邪，將以俟諸知言君子。

清 張裕釗《濂亭集》文集卷六《莫子偲墓誌銘》 子偲，姓莫氏，諱友芝，自號郘亭，晚號眲叟，世居江南之上元。明宏治中其遠祖曰先者，從征貴州都勻苗，遂留居都勻，至高祖雲衢又遷獨山州，自是爲獨山州人。曾祖嘉能，祖强州學生，皆以君考貴贈如其官，考與儔嘉慶己未進士、翰林院庶吉士，改官爲四川鹽源縣知縣，再改官爲貴州遵義府學教授，曾文正公表其墓曰『教授莫君者』也。教授，故名進士，日以樸學倡其徒教其子弟。子偲獨一意自刻厲追其志而從之。當是時，遵義鄭子尹珍亦從教授，君游與子偲相劘，以許鄭之學積五六年，所詣益邃。黔中官師徒友交口推轂莫子偲、鄭子尹，而兩人名遂冠西南。子偲之學，於蒼雅故訓、六經名物制度，靡所不探討，旁及金石目録家之説，尤究極其奧賾疏導源流，辨析正僞，無銖寸差失。所爲詩及襍文，皆出於人。人而於詩治之益深且久，又工眞行篆隸書，求者肩相摩於門。子偲癯貌玉立，居常好游覽，善談論，遇人無貴賤愚智，一接以和。暇日相與商較古今評騭，術業高下，正論詼嘲閒作，窮朝昏不勌。自通州大邑。至於山陬嶺海，公卿鉅人、學士大夫，咸推子偲，以爲不可及。下逮武夫小吏、閭巷學徒，語君名字無不知，及其他嘗與君晤，無不得其意以去者。然君雖樂易，而中故介然有以自守。自道光辛卯舉於鄉，其後連歲走京師朝士，貴人爭欲與之交，然君必愼擇其可。有權貴介君友求書，辭不應。某相國欲招致授子弟讀，婉謝之。既屢試禮部，不得志。以咸豐八年截取知縣，且選官，顧君意所不樂，棄去不復顧。以其年六月出都門，從胡文忠公於太湖，明年復從曾文正公安慶。越四年，又從至金陵胡文忠。曾文正公皆君嘗所與游，舊知君者也。及今合肥相國李公巡撫江蘇，請州縣吏於朝，而是時中外大臣，嘗密薦學問之士十有四人，詔徵十四人往，君其一也。於是文正公暨李相國及諸朋好爭要君出仕，敦勸甚至，君一辭謝不就，携妻子居金陵。時獨出往來於江淮吴越之交，子偲既好游，而東南故多佳山水，又儒彥勝流往往而聚，廼日從諸人士飲酒談詠，所至忘歸。同治七年冬，余與子偲自金陵偕送文正公於邗上，返過維揚，登焦山，道丹徒至吴門，並舟行者累月，日日接膝談語，十事而合者七八。余尋別子偲，赴杭州，明年復來吴，與子偲益買舟徧覽靈巖石樓石壁之勝，觀梅於鄧尉。越日至天平山，謀且上其巔。子偲苦足力乏，坐寺中待余，余乃獨從一小童攀籐葛，淩怪石，陟絶頂以望太湖。既下，子偲迎余而笑，相詑以爲極一時之樂，距今忽忽四五年。日月夢想，屢欲尋舊游不復果。而子偲則且卒矣。子偲之卒以同治十年九月辛丑，春秋六十有一。生平所爲書曰《黔詩紀畧》

三十三卷，《遵義府志》四十八卷，《聲韻考畧》四卷，《過庭碎録》十二卷，《郘亭詩鈔》六卷，《樗繭譜注》一卷，《唐本説文木部箋異》一卷。其編訂未竟者尚有詩八卷，《郘亭文影山詞》《郘亭經説古刻鈔書》《畫經眼録》《宋元舊本書經眼録》《舊本未見書經眼録》《資治通鑑索隱》《梁石記》各若干卷，藏於家。配夏孺人，子彝孫附貢生，先一歲卒。繩孫，兩淮候補鹽大使。女二人，孫一人，尚幼。子偲兄弟九人，多有名於時。子偲既卒，其季弟祥芝官江甯知縣者，請假於大府，以十一年二月與繩孫載其柩歸於貴州，卜六月壬申葬於遵義縣東八十里青田山先塋之次，且行徵銘於余。余與子偲故相得也，既踰月爲之銘而歸之，其辭曰：

烏乎！子偲迹半天下，名從之馳，卒歸藏於故邱，無所不慊矣，其又何悲。

清 黎庶昌《拙尊園叢稿》卷四外編《莫徵君别傳》 徵君諱友芝，姓莫氏，字子偲，别號郘亭，晚又稱眲叟，貴州獨山州人，父與儔，以翰林院庶吉士再改官爲遵義府學教授，君從來居遵義。爲人默然湛深，與吾里鄭徵君子尹珍同志友善，篤治許鄭之學，因子尹以交余從兄伯庸兆勳三人者至莫逆也。君家貧，嗜古喜聚珍本書，得多與東南藏弆家等讀之，恆徹旦暮不息寢食，並廢身通蒼雅故訓、六藝名物制度，旁及金石目録家言，治詩尤精，又工真行、篆、隸書，久之名重西南，學者交推鄭莫中。道光辛卯鄉試舉人，丁未會試公車，報罷與曾文正公國藩邂逅於琉璃廠書肆，始未相知也。偶舉論漢學門户，文正大驚，叩姓名曰：『黔中固有此宿學邪。』即過語國子監學正劉椒雲傳瑩，爲置酒虎坊橋，造榻訂交而去。咸豐十年，君以截取知縣候選在都，是時端華肅順方擅權，欲收召天下知名士藉助聲譽，介人來求君書不應，又招致授讀子弟，亦辭謝之。居無何且選官，睹東南寇亂，不樂一旦棄去，往客太湖胡文忠公林翼所爲校刻讀史兵略。胡公卒又從曾文正公。安慶黔亂，益無所歸。述影山草堂本末以見志，影山草堂者，君所居獨山舊廬也。自是客文正者踰十年，江南厎定，寓妻子金陵，徧游江淮、吴越閒，盡交其魁儒豪彦，與南匯張嘯山文虎、江甯汪梅村士鐸、儀徵劉伯山毓崧、海甯唐端甫仁壽、武昌張廉裕釗、江山劉彦清履芬數輩尤篤，其名益高。所至求書者屣履逢迎。同治四年今大學士江蘇巡撫李公鴻章請州縣吏於朝，君嘗與子尹爲祁文端公嶲藻密薦，有詔徵用君，卒不就。同治十年往求文宗、文匯兩閣書於揚州裹下河，九月辛丑至興化病卒。縣令甘紹盤視其喪，年六十一。君弟祥芝方官江甯知縣，請解任返葬君遵義青田，與先壠相近，文正公善其所爲，曰：『世不行此久矣。』君生平志存文獻，思爲黔之一書潤色邊裔。道光中與子尹同譔《遵義府志》，博採漢唐以來圖書地志荒經野史，披榛剔陋援證精確，體例矜嚴，成書四十八卷。時論以配《水經注》《華陽國志》，又綜明代黔人詩歌，因詩存人，因人考事，翔實典要，爲《黔詩紀略》三十三卷。貴州文獻始爛然，可述居金陵得唐寫本《説文·木部》百八十八文，君自謂此吾西州漆書也。以舉正《嚴段二家校注譔箋異》一卷，文正公爲校刻以行。又嘗至句容山中搜討梁碑，躬自監拓，惟恐一字見遺。譔《梁石記》一卷，其覈如此。别著之書有《聲韻考略》四卷，《過庭碎録》十二卷，《樗繭譜注》一卷，《郘亭詩鈔》六卷，《郘庭遺詩》八卷，《郘亭遺文》八卷，《宋元舊本書經眼録》三卷附録三卷。編訂未竟者有《郘亭經説》《影山詞書》《畫經眼録》《舊本未見書經眼録》《資治通鑑索隱》各若干卷。配夏孺人，子二，彝孫、繩孫。彝孫附貢生，先没。繩孫知府，銜兩淮候補監掣同知，黎庶昌曰：『徵君於余妻兄也。』光緒中，議續修國史，擬君入《文苑傳》，公論定矣。然事蹟獨據張裕釗所爲墓誌尚有遺軼未盡者，故别爲之傳云。

著録

（道光）《遵義府志》 《樗繭譜》鄭珍。

《清續文獻通考》卷二七四《經籍考一八》 《樗繭譜》一卷。鄭珍撰。珍見《經部·禮類·周禮》。

藝文

清 鄭珍《巢經巢詩文集》詩集卷七《遵義山蠶至黎平歌贈胡生子何》 大利天開亦因人，胡六秀才名長新。作文不動主司聽，作事乃與君相親。當年讀我《樗繭譜》，心知足法黎平民。自恨家無樗樹林，又乏材力先椎輪。逢人即講利且易，金帛滿山那苦貧。事既少見多所怪，譜復棘口難俗論。疑者自疑笑者笑，生也不顧逾津津。黑洞宋氏亦深計，種橡於今及三世。有錢能致遵義繭，無術能行譜中事。胡生大喜得憑藉，牽合遵人負種至。八千蛾走一千里，上己和風與清霽。胡生塍種宋氏迓，男婦爭觀奔且躓。入林下擔發荊筐，茶樹杉林皆失氣。羊鳴豕哭閧一村，五牝作犒牡供祭。蠶師善禱紛拄地，宛窳西陵鑒誠摯。使爾繭如甕與盎，使爾蠶無斑與縊。使爾遵人無癘疫，教使黎人似遵義。胡生此時六國蘇，手執牛耳縱指呼。十年紙談一朝見，不信此中天意無。昨日歸來夜過語，快聽使我張髯鬚。貨惡棄地不必己，衣食在人何異吾。男兒不食四海俎，桐鄉豈無朱畜夫。昔我與婦論蠶事，本期溥利彌黔區。黎播相望幾江水，豈料生能行我書。書行我到兩無意，事會天定非人圖。看生此舉必獲願，己説蠶花香四敷。不須快擬欒公社，謳到他年芻狗芻。

清　莫友芝《郘亭遺詩》卷六《贈何願船秋濤刑部二首》　虛名無當辰安市，流轉渾如不繫船。自笑屠龍成拙計，思看射虎送殘年。荒山樗繭勞遥記，九曰花糕吝近緣。君謂十五年前見余所校《樗繭譜》，即相記。去年重九會獨君未至。滿徑蓬蒿愁養日，相逢欲別意茫然。

山蠶輯略（孫鐘亶）

清　孫鐘亶《山蠶輯略・吴永序》　登萊野蠶，屢詳古史，然列諸符瑞，詫為創聞，語實不經，通人所誚。迨後衣被漸廣，風行五洲，卵育滋蕃，彌山遍谷，省工用博，隨地咸宜，洵生民一大利源也。惟是居守移下之方、烘靚眠食之序，土人類能言之，卒無居其地、親其事，詳稽繁引，彙為一書，以供社會之探討者。余觀察膠海，目擊土貨出口，以繭絲為大宗，輒思廣為提倡，由一隅而推之全國，第以事非素習，語焉不詳，有志未逮也。樓霞孫君伯誠，為吾友文山先生族子，留心經世，著有《山蠶輯略》一書，因文山而請序於余。余公余瀏覽，既喜其用力之勤，尤服其立心之廣。舉凡察陰陽、御鳥鼠、薙草移枝諸法，條分縷析，一目了然。又歷溯年來出產之盛衰、物值之消長，以及沿用器具之變遷，義取簡明，老嫗都解。拓為三十六課，可以教授童蒙，殆致富之奇書，救時之良策乎。昔劉弢子牧寧羌，陳省庵守遵義，皆以購養山蠶，為土人倡導，利賴至今。景仰前徽，心焉嚮往，得是書而傳播之，家喻戶曉，精益求精，野繭推行之效，將有月異而歲不同者。而余愧以庸虛，亦藉以良規而酬夙願，則孫君之匡余不逮，豈淺尠哉。爰此筆而歸之。歲戊午十月，上浣吴永撰。

清　孫鐘亶《山蠶輯略・蔣殿甲序》　《禹貢》曰：『萊夷作牡。厥龍檿絲。』《蔡子訓》曰：『檿，山桑也。』蓋即柞樹之類，其地適在東萊，則山繭發生於吾棲也已不下數千年。蔡子未臨吾地，不知山桑之即柞樹，故以籠統之名義訓之。其時已人正貢，山繭為用大矣。惜乎當日無人提倡，不過自行成繭，人獲其天然之利，以為稀奇之物，故用以作貢。然既能作貢，則年復一年，援以為例，並非事之偶然者也。后之人留心時事，引而伸之，觸類而長之，故至今膠東西一帶，幾乎無山不有。牟平、福山等邑，竟有植柞樹於河岸者，其養蠶成繭，亦與山等。新學界更發明一種柳繭，其繭與柞樹無小異，而絲之細紉稍遜之。奉天等處，其山繭之發達不亞於吾棲，而格電之用無聞焉。惟膠東西及奉天一帶所出山絲，太西人以其格電，機器匠及飛艇非此不可，意者天所以福吾民歟！所可慮者，天以此福吾民，民以此獲大利，而究不知其所以然，年久倘或失傳，未免負上蒼被斯民之心。孫君華亭，有鑒於此，輯成説略，傳之後世，播之遠方，所以有造於吾民者，既遠且深。吾知山繭日見發達，其功德將遍於中外，豈不偉哉！爰弁數言，以饋當世之實業家。民國七年，歲在戊午，霞山蔣殿甲序。

清　孫鐘亶《山蠶輯略・序》　絲、茶二種，固為出口之大宗，發明者代有其人；而北方之山繭，從未聞焉。煙埠近數年來，出口絲綢，歲值甚巨，則山繭發達之原因，不當於此重加意乎？無奈在清中葉，山林樵叟，麓野農夫，傳謂天然之利，不假人事。迨至光緒初年，牙山左右，鮮少土田，居民簇簇，均以養蠶為業，種柞為本，依此山繭以為養生之源也。故養之之術，精益求精；而利源之開，愈推愈廣，至今吾地可謂暢行矣。乃留種育苗之法，蠶夫非不研究討論，而鮮克比之於書，公諸斯世，推行盡利於天下者也。吾公務之暇，於蠶繭之始終，條分縷析，各求切實。願世之業絲蠶者，苟能即吾所言，擴而充之，以補助吾之缺點，吾之幸甚，吾國幸甚，是為序。時民國五年九月下浣日，孫鐘亶題於小隱軒。

清　孫鐘亶《山蠶輯略・後序》　余暇居無事，偶閲《農書・蠶桑》

一節，因有感於山蠶，獨闕如焉。詢諸土人，略為敘之，惜乎未有群書，無可考證。又聞韓公復命夢周，一字理堂，濰人也。進士，知來安縣。手訂育蠶及種樹法。任來安，教民野蠶，手訂《養蠶成法》，余遍訪不可得也。然野蠶之記載，自漢元帝永光四年，東萊郡東牟山始有之。及唐長慶四年，淄、青奏：『登州、蓬萊野蠶，彌山遍谷，約四十里許。』其間山東而外，自東漢後漢光武建武二年，野蠶成繭。以後，而魏、《魏略》：『文帝欲受禪，野繭成絲。』吳，吳大帝黃龍三年夏，有野蠶成繭，大如卵。而宋、《宋書·符瑞志》：『元嘉十六年，宜城宛陵縣野蠶成繭。』又：『大明三年，宛陵縣石亭山生野蠶三百余里，太守張辯以文。』梁，《梁書·五帝本紀》：『天監十一年，新昌、濟陽二郡，野蠶成繭。』而隨、《隋書·禮儀志》：『赤雀、蒼烏、野蠶、赤豆。』唐，《新唐書·高祖本紀》：『武德五年，梁州野蠶成繭。』『太宗貞觀十三年、十四年，滁、濠二州，俱野蠶成繭。』而宋、宋太祖，乾德四年，京兆野蠶成繭，節度使吳廷祚絨絲以獻，纖潤可愛。又仁宗嘉祐五年，深州野蠶成繭。又哲宗元祐六年，野蠶成繭。又元符元年，深澤縣野蠶成繭，織紉成萬匹。又徽宗政和元年，河南府野蠶成繭。又政和四年，相州野蠶成繭。政和五年，南京野蠶成繭，織紬五匹，錦四十兩，聖繭十五兩。又高宗紹興二十二年，容州野蠶成繭。寧宗嘉太二年，臨安府野蠶成繭。金、《金史·章宗本紀》：『明昌四年，邢、洛、深、冀及河北十六謀克之地，野蠶成繭。』元、《元史·世祖本紀》：『至元二十五年，保定路唐縣，野蠶成繭，絲可為帛。』又『元貞二年，隨州野蠶成繭，互數百里，民取為纊。』明、明洪武二十八年，河南汝寧府確山縣野蠶成繭。永樂二年，禮部尚書李至剛奏：『山東郡縣，野蠶成繭，繅絲來進，百官請賀。』上曰：『此常事，不足賀。』永樂十一年，以野蠶絲制衾，命皇太子奉薦太廟。又山東民有獻野蠶絲者，羣臣奏賀瑞應，上曰：『此祖宗所祐也。』特命織帛，染柘黃制衾以薦。又英宗正統十年，真定府所屬州縣，野蠶成繭，知府王，以絲來獻，制幔褥於太廟之神位。又成化二十三年，文昌縣野蠶成繭。歷代不時以瑞奏聞。自漢以至有明，皆自生自育，未嘗須人力也。迨清高宗之上諭姜順龍官四川按察使。之摺奏，莫非依法喂蠶，以收蠶利。陳宏謀字裕門，官陝西巡撫，卒謚文恭，著有《五種遺規》等書。之撫陝也，有廣蠶檄。周人驥撫黔，奏仁懷等處，結繭數萬，各屬仿行。加以撫黔之宋如林字仁囗或有請狀，或有通飭，俱係籌裕民食之示意。至如俞渭字秋囗任黎平知府，前後捐廉銀四百兩，購種河南魯山，三眠成繭，抽絲織絹，滑澤有光，不亞遵郡。請稟，陳瑜字蓑初。黎民放養山蠶，自道光己酉始。咸豐初年，知縣陶履誠，知府胡林翼，先後捐助，以苗亂廢。道光三年，知府袁開第，闢公桑園，論郡人購種河南歸養，頭二眠約三十萬，三眠以雨雹損。說略，大司農孫益都，名廷銓，字沚亭，官至大司農作《山蠶説》，其詞最古雅。王阮亭因廣其意，作《山蠶詞》。張鐘峯偶閱王阮亭《居易録》，言孫益都《彥山雜記》山蠶、琉璃、窰器、煤井、鐵治等，文筆奇峭，曲盡物性，急披而讀之，則諸文咸在，獨無所謂《山蠶説》者，益用耿耿於懷，後見周櫟園《書影節記》載是文，信如阮亭所稱，然猶憾其略也，誦讀暇日，因其説而暢之，作《山蠶譜》之《山蠶説》，文簡公王士禎，字貽上，號阮亭，別號漁洋山人。世為新城右族，官至刑部尚書，卒是謚文簡。所著有《帶經堂集》《漁洋詩話》《黃華紀聞》《池北偶談》《隴蜀余聞》《北征日記》《唐人萬首絕句》《唐詩十選》諸書。之《山蠶詞》，張崧鐘峯之《山繭譜》，鄭珍子引之《樗繭譜》，此皆名臣學士利人利事之苦心。若劉弢子名棨，山東諸城人，字弢子。登進士，出知長沙縣。居官廉惠，遂遷知寧羌州。一日出郭，見山多槲樹，宜蠶，乃募里中善蠶者，載繭種數萬至，教民蠶。繭成，復教之織。州人利之，名曰：『劉公綢。』後擢天津道副使，累遷四川布政使。子統勳，孫墉，官皆至大學士，語在名臣傳。知陝西之寧羌，陳省菴名玉琁，山東歷城人，登進士。乾隆三年，任遵義知府，教民養蠶，獲繭至八百萬，遵綢之名遂與吳陵、蜀錦爭價。守貴州之遵義，足徵實事求是，為民興利。東牟一帶，自青州募人來教民養蠶植柞，自康熙己酉學正王汝嚴始。惜其時民間以為不急之務，十數年後，蠶業大興，始相與歌功頌德於不置。余自慚腹朽，待異日購得群書，互相參考，庶補吾書之缺，聊藉此苟合苟完，以書其後。民國九年，陰曆陬月燈節前一日，孫鐘亶謹志。

試行蠶桑說（高其垣）

綜述

清 高其垣《試行蠶桑說·林紱序》 省堂高君以所上《試行蠶桑說》刋示諸同好，予覽之慨然。夫吾閩之勞於貧也久矣，水轉涓滴山崔嵬而耕其勞也如是。然丈夫事耕作而婦人不知有蠶織，寸絲尺帛資於他郡則財日益匱。高君澍產親知蠶桑之利，以所習見習聞者，條陳周備，循其說可使地無不桑之土，家無不蠶之婦，更數十年食其利者，亦烏有窮耶！夫高君非有牧養之寄與？夫董率之權也，居鹽場職歲額之盈，縮出入即不留意於民瘼。夫誰得議其曠者？而毅然捐數百金市桑本，千里之外購地以蒔，招其鄉之老於蠶桑者，口導指授，為閩民開百世之利，可不謂賢矣哉。然猶曰：『試行之』云爾。夫明知其事之必濟效可旦夕，計而姑託於嘗試之說，若千慮而一得，蓋賢者之用心，其不伐於居功固如此。語曰：『一命之士存心利物，於物必有所濟。』又曰：『仕不必達期於無愧。』嗚呼！世所謂無愧與有濟者奚在也，乃今於高君見之。予於是樂為之。賜進士出身前任湖北按察使治愚弟林紱拜序。

清　高其垣《試行蠶桑説·楊和鳴序》　農桑者，天下之大命也。一夫不耕則民飢，一女不織則民寒，民飢且寒勢必至於禮義亡廉恥喪，此士大夫之憂而亦守土者之責也。閩地二千餘里，山海交錯，地之可耕者少，其未耕之地每種茶蠟、麻苧、藍靛、糖蔗、煙草之屬，而獨不種桑，豈地之有宜有不宜與？抑行之未得其道與？癸卯歲山陰高省堂大使延余課徒以所輯《蠶桑説》見示，且即欲試行於閩。夫桑之利與農並，桑者無終歲之勞，水旱之虞，什一之征其利，又似厚於農。然而欲興其利者，有其志而患無其權。而有其權者，又日鞅掌於簿書、錢穀之中而無暇及此。大使以利民為心，而欲為吾閩造無疆之福也。讀是編當益穆然於三代之隆也。賜進士出身、工部屯田司主事兼都水司事前翰林院庶吉士、武英殿協修，通家治愚弟楊和鳴拜序。

清　高其垣《試行蠶桑説·序》　江浙可樹，其民養藏者眾，利厚可知。想閩地連界，自無不可之理，且見有大株野桑之處，其非不宜蠶桑者甚明。或因歷未教養而民不知利之厚薄，故未為耶？但思事如創，始必須官為之倡，民知有利，始樂為之。卑職因前權南平，與同省後每年採取野桑，均令女工試以養之，無不成繭，惟觀其繭較浙省畧小，而收絲稍薄。

傳記

清　林昌彝《射鷹樓詩話》卷一六　山陰高省堂大令其垣，著有《試行蠶桑説》，有裨民生，法至良也。大令初爲石碼關，批驗以勞績洊升四品銜，優於吏事大府，咸倚重之。常念吾閩地瘠民貧，薄於生計，思爲閭閻開無窮之利。嘗以其説上之大府，復捐貲購地於井樓門外。蒔桑六千餘株，日久蕃衍，任民間採取其桑秧，悉由浙省運至。道光二十六年，陳慈圃中丞慶階開藩吾閩與之同心，爲頒其説於郡縣，飭令省垣設局飼蠶，協紳士向民間勸導，大令又遣人之浙，買運桑秧三千餘萬株，分給民間，布種且募浙之善飼蠶者，來閩傳授。前後捐重貲力，任其事不爲浮議所動。大令不以詩名見，其附刻《勸蠶歌》如家常語。其詩云：『我本浙中人，曾作閩中吏。身自田間來，且説田間事。江南二三月，牀頭蠶種發。家家皆飼蠶，正值清明節。節當春風香，女兒爭採桑。青青柔桑葉，恰恰連宵忙。全家夜來苦，但願蠶絲吐。二眠至大眠，上山猶閉户。作繭方告成，堂前繅車鳴。繅車聲轆轆，賣絲錢滿橐。不畏吏催租，沽酒街頭酌。女兒藏餘絲，留作嫁時衣。一月雖辛苦，一歲休愁饑。浙中利若此，閩中風土似。城外半膏腴，種桑可千株。我今買桑樹，復購繅絲具。蠶師愁無人，家鄉急覓去。轉瞬春風市上譁，徧栽桑樹如栽花。秋燈門巷鳴機杼，富擬湖州百萬家。』讀此詩可以備知蠶桑之利，而民間當無不樂從矣。夫古今之善政，莫難於創始。大令捐重貲試行之，其用心之厚，有古循吏風邇者，都人士建蠶神廟於東郭，外名曰『元姫宫』。知其效已洊著，倘盡人皆能以大令之心爲心，互相勸勉，並按大令諸説悉力行之，十年而後自可家給人足，而吾閩之富庶，當不讓於浙省耳。近黄肖農鹾尹爲補其未盡之説，凡三事：一、閩省舊無機坊，民間屯積蠶絲，難於售賣，必有力者爲之設局，收買議以定價，庶使民知所趨向，而無畏難之心；一、飼蠶本婦女之職，前由浙省募來飼蠶者，係是男人，雖設局傳法，多屬游民往觀，而民間婦女則未能詳悉，若能再至浙，募飼蠶老婦數人來閩傳授，庶於女工易於信從；一、讀《授時通考》全書，飼蠶器具皆有圖形，吾閩婦女未嘗目覩，以爲製器煩重，不免沮其垂成，宜於説中再將蠶具詳繪刊圖，並注明某器，需費若干，使知工省價廉，自能樂於從事矣。以事關民生大計，録其詩，並附存其説。

藝文

清　高其垣《勸蠶歌》《詩鐸》卷七　其垣為閩令，念閩省地瘠民貧薄，於生計思，爲開無窮之利，著《試行蠶桑説》。上之大府，捐貲購地於井樓門外，蒔桑六千餘株，其秧由浙運至。道光末陳中丞慶偕，開藩來頒其説於郡縣，令省垣設局飼蠶勸民。其垣又於浙買運桑秧三千餘萬株，分給布種，且募浙之善飼蠶者至閩傳授。前後捐重貲力任其事，不爲浮議動。作歌紀之：

『我本浙中人，曾作閩中吏。身自田間來，且説田間事。江南二三月，牀頭蠶種發。家家皆飼蠶，正值清明節。節當春風香，女兒爭採桑。青青柔桑葉，恰恰連宵忙。全家夜來苦，但願蠶絲吐。二眠至大眠，上山猶閉户。作繭方告成，堂前繅車鳴。繅車聲轆轆，賣絲錢滿橐。不畏吏催租，沽酒街頭酌。女兒藏餘絲，留作嫁時衣。一月雖辛苦，一歲休愁饑。浙中利若此，閩中風土似。城外半膏腴，種桑可千株。我今買桑樹，復購繅絲具。蠶師愁無人，家鄉急覓去。轉瞬春風市上譁，徧栽桑樹如栽花。秋燈門巷鳴機杼，富擬湖州百萬家。』

橡繭圖説（劉祖憲）

綜述

清　劉祖憲《橡繭圖説·嵩溥序》　聞之民生在勤，勤則不匱。沃土之民不材，瘠土之民，莫不嚮義，以其勞逸殊也。黔中尺寸皆山，絶少沃壤，已甚矣。迺黔之民能辨土宜，勤於樹藝，五穀而外，杉桐茶蠟物産蕃滋而遵義之槲葉育蠶，其利尤美，是殆風氣近古，抑亦勞則思善之所致歟？然非司牧者爲之開其利源，導其先路，不爲功。道光甲申，前撫程公從吴荷屋方伯，請取遵義種橡養蠶之法，遍示通省，俾仿而行之，一時循良吏無不踴躍從事。安平劉令祖憲悃愊無華，實心愛民，用意尤爲勤懇，以貧民苦無蠶種也，捐資市繭，導之試放。丙戌，繭乃大熟，於是制機集匠，教以織絲，又恐蚩氓未能通曉而樂行也，復撰《橡蠶圖説》，各系以詩，俾之咏歌，鼓舞易知易從，是真能勤於民事而導民以義者。余考《齊民要術》《氾勝之書》，言蠶桑事詳矣，而槲櫟之用闕焉。《唐書·南詔傳》稱曲靖至滇池食蠶以柘，亦不及槲櫟。《農政全書》則云：『飼蠶之樹，世人皆知有桑柘矣。』而東萊人育山繭者，於樹無所不用，椒繭最上，桑柘次之，椿次之，樗爲下。然則前遵義陳守之教民以槲育蠶，亦因地制宜耳。苟師其意，則可育蠶之樹尚多也。又按：《南史》載：『高昌國有草實如繭，絲爲細纑，名白疊。』《南越志》云：『桂州出古終藤，結實如鵝毳，昔人謂之吉貝，即今之棉花是也。』不蠶而棉，無採養之勞，不麻而布，免績緝之功，衣被天下，其利大矣。恭讀《欽定授時通考》所載種藝制作之法，綦詳較之育蠶織綢，事半而功倍，其爲用也更廣。爲民父母者，誠講求而勸導之，俾吾民因物土之宜，各盡其力，棉花之利與橡繭并行，庶地無遺利，人無遺力，衣食足而禮義興，於良司牧有厚望焉。是爲序。道光歲，在强圉大淵獻陽月上澣，撫黔使者興堪嵩溥撰。

清　劉祖憲《橡繭圖説·林樾序》　嘗謂以實心行實政者，必當視民事如家事，爲之擘畫周詳，謳吟諷勸，此書所以有無逸之圖，詩明以有《豳風》之咏也。黔中山峻水駛，無平原沃野之利。乾隆初，有遵義陳守教民以種橡、養蠶、繅絲、織綢之法，由是商販雲集，遵郡之民獨稱敫富而他郡鮮有及之者，蓋由官斯土者未能因所利而利之也。安順所屬之安平縣，地狹而土瘠，然多産橡，民間伐之以作薪炭，未知其可以飼蠶也。閩清剴仲矩來宰斯邑，相地之宜，揆物之理，知其利於橡者，必利於蠶。因奉上憲之檄而行之，循陳守之法而試之，知民之窘於謀始也。捐貲以倡之，慮民之多忌畏難也；延工匠教之，且念民之未能家喻户曉也；繪圖以示之，注説以解之而復賫詩以咏之。余忝守郡，嘉其苦心勞思，開此無窮之利，誠恐所費不資，后難爲繼，亦分廬以助之，務使埜無曠土，邑鮮游民。今試觀其地，見橡林之葱欝，數蠶具之參差，繅繭絲於晨昏，輟弄機，軋軋午聲常聞。民生在勤，勤則不匱。又值聖天子在上，豐年屢見，飽食暖衣，樂利之休風不多讓於遵郡矣。顧非仲矩之以實心行實政，視民視如家事，烏能爲之擘畫周詳？惟冀所屬各賢牧令踵而行之，則余亦與有榮施焉。爰披圖而爲之序。時在道光丁亥暢月下澣，長白復林樾庭民撰。

清　劉祖憲《橡繭圖説·何思貴序》　《洪範》之陳八政也，《食貨》次於司徒《周頌》之咏，思文也。陳常先謀率育，此我先師孔子所爲，籌當於教之先，而管子亦云：『倉廩實而禮義興也。』伏讀我聖祖仁皇帝上諭之四條曰：重農桑以足衣食。蓋自古帝王未有不以小民之衣食爲先務者。歲丙戌，貴以安平邑候劉仲矩先生聘纂縣志，寓平署，竊聞安平多橡樹，民只薪炭用之。先生於甲申冬間禁民砍伐，教民種橡育蠶。乙酉十月，貧民苦無蠶種，先生捐廉四百六十金貸之。及貴來署，復孜孜汲汲，續購橡子數十石給民領種，又於署旁隙地種橡秧以分給鄉民。邑無機商，先生復貸蠶民蔡萬春等千余設機房三所，招教織匠三十余人，購機行緯，軋軋乙乙，而城鄉婦孺相率而師之者日無寧晷。冬來又市繭種三十萬，教民烘種，育蛾，并以貸貧民不能買種者。貴戲謂：『先生曰居官如傳舍，斯豈公家予孫世守者乎！』何爲勞心焦思，一至於此？先生曰：安平舊稱瘠邑，余始不之信。自甲申承乏以來，熟察四境，民無積蓄，室少完廬，年豐則僅饜糟糠，歲歉則野有菜色。余聞安邑千樹桑，燕秦千樹栗，渭川千畝竹，其富與千户侯等。方今各上憲刊刻育橡放蠶條教，今各府州縣民種育。余計種山土一幅，得山糧二石，以之種橡，利可十倍。昔遵義亦瘠區也，乾隆初年山東陳守玉璧以其鄉之山蠶教民飼放織繭，數十年后遵義稱富饒。安平瘠土，安知不可轉爲富鄉哉？貴曰：是固然矣。但百姓可與樂成，難與謀始，先生又安能盡教之？先生因出所纂《橡繭圖説》以示余。余讀其書，自辨橡種以至上機成綢，爲條四十有一，條各一説，説各一圖，圖各一詩，條分縷晰，明白顯易，雖村農野老、販夫牧豎，皆能通曉而樂行之，是真可與謀始，可以家喻户曉矣。昔張全義之任河南也，河南地盡砂礫，草木皆稀，全義巡行郊野，勸民種樹種麥，有勤苦者必親至其家勞以酒食。民相語曰：張公不喜聲伎，惟見種樹種麥乃喜耳。由是比户豐美，民少離散。先生其今之張公哉！宋於潛令樓璹言農夫蠶婦之作苦，究訪始末，作耕織二圖，其織圖則自浴蠶以至剪帛，凡二十四事。先生此書有圖有説，每圖之上又作詩以咏歌之，使讀是書者既有所遵循，又有所觀感，興起樂於從事，仰事俯育，共爲聖世良民。然則此書固可媲美前人而大爲斯民衣食之藉也，其利豈不溥哉！謹序。時道光七年五月，水西何思貴天爵書於平壩文儀官舍。

清 劉祖憲《橡繭圖説·跋》 貴州之有橡繭自遵義陳守始也。方今各大憲以前，程中丞鶴樵及方伯吳荷屋廉，訪宋仁圃諸先生之條教，與制憲趙逐樓先生各捐重資，遍飭州縣，教民種育。其事難，因而他郡之民自未經見不知其利，於官之分給橡子，嚴禁砍伐，則驚而疑之，若以爲官之擾已也。及再四曉示，諭民毋出繭税而民始相與從之。然則種橡育蠶事難，因而功實同於創也。憶余在永從時，見能圖貫洞各寨多橡樹中，只供薪炭，甚惜之，乃令校貢生劉元招寨長梁鳳鳴等至前，告以放蠶織繭之利。對曰：『無有能者。』余曰：『何不招匠教之？』則曰：『此固利民之事，然非苗民所宜。』詰之則相與顔盻，不敢言。反復開導之，乃曰：『苗民素儉樸，若招匠入寨，飲酒食肉，賭博侈華，壞苗俗，得不償失矣。』余與諸寨長約，但招遵義匠一二人，教爾蠶，教爾斫橡蓄橡，蠶成又教爾織，匠人不率教，則告於官，逐而易之，何如？梁鳳鳴等首肯，而余即以公事檄調至省，旋即卸事而寢，嗣署丹江、普安、婺川等處，招寨長如永從，告梁鳳鳴語，俱對如前。甲申七月，蒞安平九月，即奉各憲頒發條教五條，諭購橡子，勸民種。仁圃先生復以各憲於春海程學使偶和橡繭十咏示，且命和之。憲益奉命，惟謹不敢忘。乙酉夏間，至縣屬齊伯房過，橡林間樂之，問有幾，則曰柔西地方百里，跬步皆山，山所出炭皆橡也。問何以不飼蠶，則有言地寒不宜者，有言葉薄絲少者，有言飼蠶尚不如薪炭者。問苗民，則又如前梁鳳鳴語。余出示示之，且婉導之，民始唯唯。遲數月，使偵之，無從事者；又詰之，則言曰：『無資本。』余恍然曰：『是矣。是無擔石糧者，安肯出中人産而謀此未見之利哉？』向者永從諸民殆亦猶是也。以水聚蠅，驅之不能，以羶以腥，則不招而自聚矣。冬月，招遵義繭匠數人來教之，又以貧民李芮等數十人之請貸繭種，銀四百六十金，遇雹量免。丙戌五月，繭大熟，民知有利。余思負繭鬻遵義，非民便，且有繭不織，繭利未盡，恒業亦未廣。於是招商開機房，數月無有應者，乃自夏至冬，復貸蠶民蔡萬春、李蓿、董太和等貲本銀九百余兩，益以各憲助銀二百兩，樾亭府憲銀五十兩，設機房三處，集織匠三十余人，以教民導箎織絲。男婦大小有恒業，民喜；綢成得價倍，民又喜。丁亥四月，雨暘時若無雹，繭又熟，獲數倍利，民益喜，曰：『是安得我輩盡傳種育法？』余又忖曰：『種橡育蠶，抽絲織繭，凡數十法。知橡者未必知蠶，知橡與蠶又未必知抽知織，今以平陽初學之民，使之盡知未能也，以百萬之衆，使機工繭客遍爲教導，雖積日累月，舌敝唇焦，亦未能也。』於是推廣前憲條，教及十咏之意，復以八九年間之所見所聞，詢諸匠人，備得其法，因仿樓璹《耕織圖》，纂成《橡繭圖説》。自辨橡種，以至上機成綢，釐爲四十一説，説各一圖，圖有詩以咏歌之，感發之，仍校授梓人而印刷之，俾閲者各自爲口。吾民之富其亦可以朝夕慰予望乎！然是書之作亦欲使前憲及陳守之德，永永遍及於民而已，創云乎哉！因云乎哉！時道光七年丁亥五月，知安順府安平縣事劉祖憲謹記。

清 王元綖《野蠶録圖説》 野蠶産於登萊，萊有檿絲之貢。蘇氏遂以東萊之山繭當之，而後儒多沿其誤。近人詩文集雜著中則或誤以為樗繭，或誤以為柘繭，或誤以為椒繭。此皆不知其所出之樹也。其知者則又柞與櫟莫辨，棡與槲不分。良以野蠶之流行不廣，在作者既未目覩，而道路之傳聞，言人人殊，其膠葛固無足異焉。南皮張孝達尚書《書目答問》中有劉祖憲《橡繭圖説》二卷，今物色之其書，已不存，因仿其意，繪為圖而係之以説。共計蛾圖一，蠶圖一，樹圖九，雖形似麤具，而物類分明，不至混淆，或亦多識者之一助也。至繅織之法，則與家蠶大畧相同，近人蠶書中多有繪圖者，茲不復贅。

（咸豐）《安順府志》卷三二《邑侯劉祖憲傳》　公諱祖憲，字仲矩，福建閩清縣人。乾隆五十九年舉人。以大挑一等分發貴州。歷署永從、婺川、普定，四年補安平縣。公學問淵博，而尤長於史事，賦性仁厚，而不入於姑息。兼精醫理、地理，日以民瘼為念。衣服弊而不易，飲食粗而自安。

公乃勸設便民倉，以救民食，積貯至六千餘石。又念民不知蠶，乃捐廉購橡種，發民栽植。市蠶種，僱善蠶者蔡萬春等教民養蠶。設立機房，招織匠，前後費幾二千金。至今齊伯房有養蠶織繭者，公之所遺也。公清理屯田科糧，見有累窮民者，乃捐置糧田，設糧長，公私兩便。其他諸善政，皆備載《安平志》及今《府志》中，枚舉之不能盡也。公居官不為身家謀，所得廉金即以捐助，辦理地方諸善事。

（道光）《思南府續志》卷四　劉祖憲，福建閩清縣人。舉人。道光二年任。實心愛民，不率教者，諄諄訓諭，倡建義倉，勸民紡織，提學程公恩澤獎以詩。

著録

《清續文獻通考》卷二七四《經籍考一八》　《橡繭圖説》二卷，劉祖震撰。

清　張之洞《書目答問・子部》　《橡繭圖説》二卷，劉祖震。道光七年刻本。

藝文

（道光）《大定府志》卷五六《外篇六賦第一八》　黄宅中《種橡養蠶賦》。

閩人劉祖憲《橡繭圖説》云：『橡，《爾雅》謂之「櫟山」，東關中謂之「槲」。貴州謂之「青㭎」。其木可薪炭，其子可飼豬，其斗可染皂，其葉可養蠶。管子云「十年之計樹木」，而橡則四年便可養蠶。他樹必沃土易長，而橡則瘠土皆宜。』今遵義一郡，橡繭之利甲於黔省，蓋自乾隆間太守陳玉壂教民蠶織，至今賴之。大定界連遵義，種橡亦宜。惜僅供薪炭之用，不知養蠶。因作賦以風焉。

繄黔嶺之荒寒莽童山兮，岌岦地不産乎桑棉。利孰興於鄉邑？彼木有材，維橡可拾。沃沃葉新，森森林立。秋風颯兮，黄殻乾；春雨滋兮，青林濕。屋多依樹，蝸舍頭低。人似採桑，筐手執蟲。食葉以眠，三緒緯絲，而縷十緯絲以十縷為一緒。懿。夫陳太守之治遵義也，惠懷閭里，巡視陌阡。憫胼胝之婦子，殫力作於石田。夏灼膚於烈日，冬裸體於寒天。挾纊忻忻其有幾，綈袍戀戀以誰憐。乃周身之布帛，居奇貨於市。良田青疇，桑柘之林，巖崖不植；是以紅女，機梭之法，里巷罕傳。無衣褐而嗟歲，暮有筐綫而頌宰。賢奠鴻嗷，以綏輯課；蠶織為最，先看他陰。滿槲林富吾民者，惟此物遂爾風行。棠舍志遺愛兮，想當年橡之所植。瘠土偏宜，種和豬血。栽種時，先將橡子用豬血調和，則易發生。名假虎皮，橡種不一，有虎皮、青桐、紅裯、青桐等名。實侔榛栗。薪析柞枝，辨釋名於樸樕。讓佳卉於桐椅。如樗材散，似櫟陰垂。旦旦伐樵，童之斧；朝朝供爨，婦之炊。予取予求，不汝瑕疵也；其菑其翳，時惟作屏之。豈知斯材之利用，羌乃式穀以蕃孳，叢可放蠶；蔽芾不殊樾囗，良能作繭。堅靭還類，壓絲時則野屋春深，山村雨霽。麂眼籬編，馬頭神祭。蛹殻籠承，烘房户閉。調火候之融和，謹昕宵之防衛。蛾乍出頭，蟬如脱蛻。雌有偶而秀分眉，蛾出時，大者為雌，小者為雄。雄者眉麤，雌者眉秀，無論雌雄，盡提入筐，使自相配偶。婦攜籃而花郛。髻革棚竿，影偵鳥雀。以驅除山谷，人聲怕猿猴之傷噬；行來橡林，深處短條綰以長條。食到橡葉，稀時日計，餘於月計爾。乃葦箔曬晴，叢祠撾鼓。煮繭人忙，提絲手數。乙乙千條，庚庚萬縷。絡線導筒，煮繭畢，以所抽之絲套在風車上，引以竹管名導筒。紡身在户。安綜馬而篾撐，綜馬以竹管為之，長二尺二寸，將竹劈開一尺三寸，以小竹篾撐其中，使開口，以穿綜線。綜線以苧為之，所以套經絲者也。聽鳴鷄而燈炷。男繚輥而身嫻，繚絲輥以木為之，長二尺三寸。女抛梭而力努。成章與蜀錦，同誇入市，共吳綾爭估。染五彩之輝煌，走四方之商賈。使非橡山之徧地，能栽橡木之良材。早樹則蠻，烟雨之鄉。乃亂石荒，榛之土繭。種難成蠶，絲莫吐草。衣卉服誰，變椎結於夜郎；保障繭絲，孰追循良於召父也。大定地隸羅施，昔稱盧鹿。與遵郡兮比隣，豈山蠶之艱育。或載績於苧麻，或剥皮於𠔃竹。或貿布而紡綿，或買絲而難穀。弗婁弗曳，幾等誚於樞榆；以薪以蒸，顧載芟夫橡槲。胡不易種於兹邑，樹樹栽培；聿觀成效於他年，家家杼柚。同歌五袴，境内少牛衣夜泣之人；不及十年，水西多繭館春榮之木。

内小註俱出《橡繭圖説》及《遵義府志》。道光甲申，貴州安順府安平縣令劉祖憲，以大府趙篴樓制軍，程鶴樵中丞、吳荷屋方伯飭屬吏。勸民種橡育蠶，乃仿樓璹《耕織圖》意，為《橡繭圖説》。自辨橡、種橡以至上機成綢，釐為四十一説。説各一圖，刊為印本，徧布民間。蓋推遵義陳太守玉壂遺法也。乙巳冬，余守大定山郡，苦寒境内貧民冬月多裸身赤體，走冰雪中，心甚憫焉。聞前署守徐玉章教民紡織，間有從者。而地隣遵義，種橡亦宜。橡俗謂之青棡，樹瘠土荒山皆可種植。諸生羅詩林向余言其家養蠶，可以其法推而行諸境内。萬松書院傅確園院長，又以劉大令《橡繭圖説》印本見示。喜而録之，因出示勸民栽種青棡樹，期為永久之利。夫十年之計樹木，而橡樹則三四年即可成林，放蠶利饒而效速。官斯土與居斯土者，可不汲汲以圖之乎！丁未三月集試郡屬童生，以《種橡養蠶賦》命題擬作一首，以示歆動之意，非敢較工拙於文字也。惺齋黄宅中并識。

西吴蠶略（程岱葊）

清 程岱葊《西吴蠶略·南費烽序》 蠶桑事要，見諸記載者綦繁。其專論養法者，如宋秦少游《蠶書》乃究蠶法。元司農司《農桑輯要》所載《植桑養蠶》二卷，雖極精贍，亦北法多而南法少。明黄省曾《蠶經》始與湖法差近，猶泥古而不宜。今淵雅而弗通俗，惟吾湖沈東甫徵君《蠶桑樂府》摹寫湖蠶始末，盡態極妍，無一字涉虚，無一首不趣。府志已録。余鱗次湖蠶諸法，自慚固陋不文，特録沈詩以快閲者之目。余書以行篋無多，涉獵未廣，間採一二，聊資印證。其古與艱深與吾鄉無涉者，概從割愛，蓋自鳴土音之操，非謂狐腋之集也。星甫識。

（同治）《湖州府志》卷六一 《西吴蠶略》二卷。《自序》。南煇，字星甫，號見山，烏程人。監生。

蠶桑輯要（高銓）

清 高銓《蠶桑輯要·王青蓮序》 管子云：「一夫不耕或受之饑，一女不織或受之寒。」王政以百畝授田，即以五畝定宅。知古者無不治桑之民也。今豈地利或殊哉，特人事之講求未盡耳。青蓮自幼年隨任浙西，習見其民比户蠶忙貿絲取值用，供主伯亞旅田間饁饟之需，則蠶利之佐農不淺矣。吳中如江、震、宜、荆諸邑皆以毗連浙界，熟諳蠶桑，多獲贏利。潤州惟溧陽一縣知習蠶事，而他邑無聞焉。夫以同在一郡之中，風氣攸同山川，無間土宜物性詎有不齊親。故徃還奚難諮訪而顧丁力於田，婦嬉於室東作必竭蹷，以假諸人狄獲始倍稱，以償其息補苴不暇安望，其有贏餘然則耕桑相爲表裏，其不可不講明而傳習也，審矣。青蓮歷權金沙、雲陽縣事，曾見金沙頗有桑林而葉多售諸隣境，勸諭邑民與其種桑出售曷費就地飼蠶，並將申其説於雲陽旋值匆匆，受代而此意縈索心曲也。今者仰蒙恩命擢守是郅，詢知壇民自經諭導已解蠶繅。徒陽則向未栽桑而俗猶勤儉，教之樹藝當無不宜，惟念斯民可與樂成，難與圖始，蠶非素習，則此中培壅之勤，器用之備，**滕**飼之法，眠起之期，燠凉宜忌之攸關，擇葉分筐之貴慎，以及治繭、繅絲，提蛾、護種，自非授以成規，未易家喻而户曉也。訪聞吳興高氏著有《蠶書》，購得寫本一册，其於培土、植桑、育蠶、治絲諸法，靡不終始咸賅，條分縷晰，惜乎！傳抄未廣，亥豕多訛，爰爲校正其書付諸剞劂。顔曰：《蠶桑輯要》期與吾民共相講授，俾素未學習者，藉以勸厥婦功卽粗業蠶桑者，亦由此而益精其藝。若夫語襍方言器從俗制意在使民易曉音釋，悉照原書，不敢妄有增删云爾。道光十一年歲在辛卯季夏月吉，知江南鎮江府事遵義王青蓮序。

清 高銓《〈蠶桑輯要〉原序》 人之生也，衣食爲先，食取給於田，衣則取給於蠶。自西陵氏創始以後，經史所載宇內無不桑之地，亦無不蠶之鄉。迨木棉入中國，人皆樂種植之，便漸不復盡力蠶事，湖州爲禹貢揚州之域，土性不宜於棉，棉宜鹵地。湖州高土苦燥，低土苦濕，故不宜民之謀生者力田之外惟藉蠶爲活計，是以古之所謂蠶叢桑土者今皆鮮繭絲之利，獨吴興絲棉足以衣被天下，此雖人事，亦地氣有以成之也。考自昔論蠶桑者《氾勝之書》爲最古，外此若《齊民要術》《蠶經》《蠶書》以及《農桑輯要》諸書未嘗不詳且備，然皆囿於西北而不習於東南，合之湖俗有大相逕庭者。我聖祖仁皇帝嘗繪《耕織全圖》，高宗純皇帝復定《授時通考》一書，頒示中外。大哉！王言周乎！四海不拘拘於一隅，至若以湖人論湖事，則有華林茅氏之《農桑譜》詳於樹藝而畧於飼養，潯溪張氏之蠶務成規，言其當然而不著，其所以然讀者往往有遺憾焉。余學圃城隅樹桑七八百本，老母精於孳養與家人業蠶者有年，因取生平之所經歷及與農夫紅女所常論説者，條陳件別彙而次之，以爲湖州方言事不厭繁語，不厭俚。昔白太傅之詩老嫗能解，余亦期村夫、村婦之解之而已，當今之世通人輩出，經有考史有論著書立説，以傳世而行遠者指不勝屈也。以余之佇劣豈能爲役，惟是習於蠶則言蠶，言所知庶幾愈於言，其所不知農圃之家或不以之覆瓿也。嘉慶十三年歲次戊辰冬十月，蘋洲高銓記。

蠶桑輯要（鄭文同）

清　鄭文同《蠶桑輯要·白繼良序》　支那蠶桑甲五大洲，浙絲又甲於各行省。金華即浙之枝郡也，民終歲力隴畝無所事桑，家坐是貧，一遇旱潦勢將不支。余眠事暇褎褎阡陌間進民而問，以疾苦知財源之日涸，繇地力之未盡，心輒惄焉。今天子詔書敦竺藉蠶桑以收回利，權畺臣以興辦入告又何可一二數。余滿試之一郡，爰率首邑黄大令秉鉤出其廉泉購秧二萬，有奇拓地栽種由城郭以及鄉閭，年復一年，彌推彌廣，旋下所屬，次第舉行，風氣稍稍開矣。猶慮事當刱始民封，故智未由家喻戶曉，問取各蠶書示都人士，輒苦緐重難讀會蘭谿。蘇大令錦霞以《蠶桑輯要》見寄，書為廣文鄭文同所録，首栽桑，次育蠶，次褋説，後以治繭、繅絲、生種、剝綿坿之法，皆簡使易行，令人開卷了然，無緐重之嘆，其用意勤矣。郡人苟取其書讀之，條分縷析，成規具在，所云家喻戶曉者亦在是矣。第非常之原黎民所愳，兩大令嗹行於金蘭必得，使衆鼓舞懽忻而不能自已。它日長山瀫水間重，重如蓋民得以噓枯瘠，則是書實為之嚆矢也，雖然余所惓惓豈獨金蘭兩邑雲乎哉。光緒二十有四年律中大呂之月，知金華府事長白繼良譔。

清　鄭文同《蠶桑輯要·邵慶辰序》　曩者嘗謂蠶桑之利，惟吾浙嘉湖二郡稱最，外此若杭之海昌、餘杭、富陽，紹之諸暨、嵊縣、新昌，已瞠乎？後他郡他省無論已。自海禁久開蕞爾，印度選秧採子之自華，以去者歲産絲數幾與嘉湖相等，埒然，則嘉湖之利已與海外共之。遑問中國之士之人，更遑問中國同一行省之土之人。癸巳冬子就詮得司訓蘭皋之官數旬，又攝教諭事明年仲冬，殳山鄭君書田來茲司教見，其溫文爾雅，第以為積學士耳。公餘輒娓娓譚植桑飼蠶事，蘆然秩然，更僕不少倦，乃知君於此事固三折肱者。蘭邑地高土墳，時值隆冬苦寒，無數日即轉融和，宜桑必矣。且亦未當無從事於此者，以桑自天生不諳接種，葚緐而葉不肥澤，故絲亦麤劣尠能推廣。君時思自杭嘉移佳種來，以法接種之卒未果。越五年戊戌留林運卿蘇侯來宰是邑，吉人為善惟日不足，適奉朝命謫諭畺吏，整頓農工商務。府尊長白繼公尤以種桑有蠶為第一要義，君乃草種桑，有蠶各十二則，褋説四則，以眎予，予亟慫恿之。大府報可府尊，且以君與余留心農桑之學，登諸剡牘，予以為育蠶當先種桑，必以身先之而後編，民知利出自然，乃有風行草偃之效，惟財用不足心為惄焉。邑侯作而曰：為民興利，固長民者之責也。遂以巨欵自任，並以余於杭嘉人地稔熟，商令攜貲往購秧。余思適衛論治富，然後教婦蠶夫辨，乃及庠序曰教、曰養，本相維繫爰即樸被先。富陽次及餘杭、海昌，得大葉家桑數千本，以歸近城士民知，予所得之種之善也，爭相領取遠鄉來遲者率抱空而返。予與君既詳告以栽植之法，又取數百本囑老於樹執者，就公地栽之君更諭其長君續採若干本，以給四鄉之求。其值仍自邑侯輸之，無一取諸民間。嘗燒燭檢書，凡前輩平陵清渠沈公任績溪成《廣蠶桑説》，近時當湖訪廉黄君任天臺，亦著《蠶桑須知》令得君而三矣。噫，豈斯事必屬之校官歟，雖然，斯事之雔也。使無府尊鋭意提倡又無邑侯大力主持，吾人舌焦管禿終亦託諸空言焉耳。茲者風氣漸開，成效可必邑侯，取君所箸而顔之曰《蠶桑輯要》，既付之剞劂氏，以廣其傳君復述侯意。以余為躬親其事者不可無一言，余亦樂君向之娓娓而談更僕不倦者，今果見諸施行也，敢以不文辭乎哉！爰泚筆而識其緣起如此。時在光緒二十有四年，歲次戊戌，嘉平月，仁和邵慶辰籽雲甫序。

清　鄭文同《蠶桑輯要・敘》　粵稽幽風紀候治蠶，《禹貢》物土宜，桑是誠天地自然之寳，無壤不宜桑，即盡人可治蠶，亦何在不可以利其利。余家昔素養蠶，皆買葉以飼之，獘後於室旁瓦礫場上栽種桑秧，數年成陰，採取稱便，而衣被更有足賴焉。甲午冬季承乏蘭庠園有野桑幾樹，次春即有人顧問採捋以去，知蘭鄉亦有養蠶者，迨春屬來署後自飼蠶，少許園葉不敷所食而向外購求，頗不易得。輒思廣種桑秧以興蠶利，然非得賢有司為之提倡舉行，則民利無自振興，安望其能推廣而持久耶。今秋皖南蘇大令錦霞來宰斯邑，下車伊始德政維新，余心怦然，因即條陳栽桑育蠶各法具稟各大憲，蒙準批飭蘇侯察酌試辦。而蘇侯頗樂為民興利，以養蠶必先樹桑，隨即籌欵採辦桑秧，議將拙擬條陳刊印成本散發鄉民，俾資取法。余深慮管見不足以訓行，旋得鄭君品瑚攜贈《廣蠶桑説》刻本一書，係溧陽沈清渠先生練前在績溪司鐸時所撰。詳審精密，深得此中三昧，而與末議相表裏，竊喜其官同事同昔，今若合符節沈公導其先路，余將步其後塵。爰舉所擬各條復加修飾，敢以質諸同志者，他時戶盡能蠶利溥無窮，即以桑林為甘棠也。可時在光緒戊戌小陽春月，殳山鄭文同書田氏識。

清　鄭文同《蠶桑輯要・魏綸先序》河南蠶桑織務局　夫事有出於因者，因勢利導，人人樂從，事有出於創者，創爲造作人人退縮，豈知蠶桑之利以浙湖爲最盛，流行秦豫亦已有年，近復於新疆南路等處試辦，足見隨地可以樹桑育蠶，並非囿於東南一隅彰彰矣。其畏難而不前者，或諉爲天時，或諉爲土性，致失自然之利而不知振興之道耳。昔子輿氏與魏王推論王政而曰，五畝之宅樹之以桑，是大梁之宜於蠶桑也，又彰彰矣。況豫境連年荒歉窘迫萬狀，幾不堪言，近雖歲值中稔民困稍蘇而欲爲編戶，籌生理計長久莫若率作興事，則地無曠土而利賴更溥。綸先籍本湘楚寄居江南已二十載，於蠶桑之事見聞頗熟，己卯秋捧檄來豫，見民生艱苦，即有是志而未能行。甫匝月而東屏方伯，亦奉命陳臬斯邦旋權藩篆，素知方伯官魯時以民事爲己事，有利必興，無弊不除，東省人民咸感盛德與召父杜母而並稱。今官豫未及三月，果於理財用人課農諸大端外，首先捐廉倡興蠶桑之利，由容縣購買桑秧若干株栽種於宋門外，一面稟請中丞，亦出撫奧西時創辦此舉，有《蠶桑輯要合編》《簡明易知單》謹遵照分刊二種，附補遺及檄説等文，與夫試辦章程分別給發以資。則效仰見我中丞歷官有年，聲績顯於中外如治吾湘也。本勤求民瘼之懷，爲休養生息之計，政教行而風俗懋，豈僅樹某棠於粵西已耶。今幸得侍中州又與蠶桑之事，自願不才惟有竭力勷辦成此盛舉，以副大君子爲豫省興富教之效也。光緒六年歲在庚辰孟夏月，□陽魏綸先溫雲氏序。

清　鄭文同《蠶桑輯要・蘇錦霞序》　養民者，衣食也。出衣食者，耕織也。不耕則無食，不織則無衣，農桑並重，繇來遠矣。蘭邑山題水湊地利未闢，民多服賈農，於蠶桑一事素乏購求，其土俗然也。在昔海集末弛，江西閩皖之貨皆行內地，邑為商賈所輻湊。日用百物取給外來，而不乏猶無事於土貨，自輪船通而商旅出於其路者。尠無土貨，以抵制之，則民將窮且殆。太守長白繼公憂焉。亟亟為民謀生計，因通飭閩屬，興辦蠶桑，而邑學廣文鄭君文同，迺録《蠶桑輯要》一書進，公嘉納之。適余來宰，斯邑奉飭喜甚，謹議舉行，又得學博邵君慶辰襄助之。爰捐廉購秧，分種以教民，復刊布其書。他説有可採者，問亦羼入焉。以期廣其傳。孔子曰：『因民之所利而利之。』孟子曰：『五畝之宅，樹之以桑』，又曰：『匹婦蠶之』。富民之基，起口在是。何以言之？凡物皆須辨土宜，《禹貢》《爾雅》論之詳矣。而桑獨不繫一洲，明桑之不必擇地也。即今江西、湖北等省，靡不以此為急務。況淅之嘉湖，久擅其利。蘭亦屬浙，其土之宜可知，且種桑並不占地，屋角、田膪，隨在可植。嘉湖一帶皆然。即謂蘭邑佃種較嘉湖為早，農桑或難，兼顧不知；種桑要在平時，育蠶本屬婦職，何害於耕？又何妨於蠶？矧其事功半，而利倍。勤劬四旬，即可抵農田一歲所入之數。故曰『富民之基』也。所慮者，民可與樂成，難與圖始。是在有司倡勸之前者。余宰瑞安時，嘗購秧種以教民殖，其有蠶桑於是。始今蘭民之智，不下於瑞，又得鄭、邵二君為先導，願邑之人讀是書，勤是業，以仰副賢。太守為民興利之懷，夫豈徒守土者之幸歟！光緒戊戌季冬月皖南蘇錦霞謹敘。

蠶桑輯要（沈秉成）

綜述

清 沈秉成《蠶桑輯要·序》 世人泥《禹貢》桑土既蠶之説，謂種桑之地必擇土性所宜，以致天下大利輒爲方隅所限，不知五畝之宅可樹桑，匹婦之家可飼蠶，天下有土之地皆可種桑之地，皆可養蠶之地也。文王善養老於西岐，孟子策王政於齊魏，俱以樹桑爲首務，未嘗慮土性不宜，其明證矣。彼斤斤然，謂遷地弗良者皆游惰之民，不善治生，遂使先王良法美意不能徧及於天下，豈不重可惜哉。浙之湖州蠶桑與農事並重，男耕女織寖爲風俗。秉成生長是邦，親見每年所出之絲四方來購者，相望於道。竊謂此利若推之他省更可衣被無窮。私願所存有志未逮。同治己巳夏奉命備兵常鎮，冬初履任後周歷各鄉野，多曠土。詢諸父老知重農而不重桑，迺捐廉爲倡郡之紳富，亦復樂成是舉，踴躍輸將。遂設課桑局於南郊，擇郡人之公正者司其事。集資請人至吾鄉採買桑秧得二十餘萬株，分給各鄉領種並頒示章程導以培植、濯灌溉諸法。餘以來十活八九，高原下隰蔚然成林，此後養蠶繅絲如法教之，亦在不憚勤勞耳。局董吴六符州同來，請將示諭規條彙成一編，付剞劂氏以廣其傳。余謂勸課農桑乃分内事，苟民得其利於願足矣。然不欲重違其意，乃博採諸家之説彙爲一編，名曰《蠶桑輯要》。又於書篋中檢得先高祖所撰『蠶桑樂府』二十首，因並付之。非欲藉以傳先人手澤也，其言簡意明，人人可解，或亦利用厚生之一助歟？江南北壤地沃衍，果推而行之，其美利有不可勝言者。愼毋謂土性不宜，讓苕霅閒人獨專其利也。周治辛未孟夏歸安沈秉成。

清 沈秉成《蠶桑輯要·凡例》 古書育蠶之法，惟《蠶桑輯要》爲最備。故此編所引古法及諸辨證者，皆以《輯要》爲本。

又 《蠶桑輯要》言種葚宜種黍，種䅉遮蔭又宜搭矮棚，蓋覆今湖人皆不用此法。

又 按：《輯要》種桑尚有地桑、壓桑、栽條、栽梢諸法，然湖人僅用種葚一法。蓋諸法俱不若種葚爲易叢茂也，今皆不著。

清 朱壽朋《東華續録》**卷九五** 沈秉成奏：臣抵任後察看廣西，地瘠民多，曠土較廣，胥由民情游惰而不勸，亦由官吏敦勸之不力，遂相謂邊地不宜種桑。臣查閲案卷，前於光緒七年三月初十日奉上諭，詹事府右庶子周德潤奏農桑爲天下大利，而桑之利又倍於農。廣西地方於蠶桑之□□□不講等因。欽此。仰見皇上軫念民依敦崇本業之至惠莫名，欽感臣生長西浙，熟習農桑之事，因即諮訪地利，察度土宜，並詢及前此辦理情形，何以旋興旋廢，未見成效，遂審其作輟之故，抉其利弊之原因，通飭各州縣查察境内何處宜桑，有無曠土，兼飭其查明種植棉花茶樹及各項樹果以廣物產而盡地利，不得稍涉敷衍致成空談。並刊發《蠶桑輯要》及《種桑育蠶譜》等書，飭藩司馬丕瑶、臬司張聯桂、鹽法道秦煥、候補道沈康保在省城設立官蠶局，委派善後局提調候補知府羊復禮，候補知縣梁思溥會同寄籍紳士兵部主事謝光綺，購買廣東、浙江兩省桑秧十數萬株，於去冬就官荒各地先行開墾，栽種五六十畝，今年春夏間雨水調勻，柔條悠揚，綠葉沃若，蔚然可觀。邊徼小民始知荒陬僻壤皆能植藝，不分肥瘠，無害穀疏，乃各相問慰，有踴躍興辦之機，遂多方購置養蠶器具及繅機等物，並雇募浙粤工人教以植桑飼蠶之法、曲植蘧筐之器、煮繭抽絲之事。且官爲買桑收繭給以價值，俾民知有利可圖。官爲設機雇匠紡織綢緞，俾民知有效可覩。旋據各州縣稟報，分别察核檄飭開辦，其請領桑秧，各州縣概由局一律給發，並頒養蠶繅絲器具以爲程式，新出絲綿爲數有限，所有西省沿途關卡釐税暫行豁免，僅收落地税以冀減輕成本，銷路暢通，又慮經費不敷，由藩司籌欵發商生息以資周轉，而圖久遠。從此推行漸廣，成效可期，若能經理破除成見，實心實力，永遠奉行，雖邊省向乏蠶桑，斷無不能興辦之理。茲據善後局司道會詳請奏前來。

清 平步青《霞外攟屑》**卷六** 《湖蠶述》：蠶桑之利，湖州最溥殆過耕田。壬申重修湖志，蠶桑一門亦荔牆所纂，以舊志惟録沈炳震《蠶桑樂府》二十首，未爲該備，集前人蠶桑之書數種合編入志。復以方志未必人人可購，略加增損，别編《湖蠶述》四卷，所集書惟取近時近地，雖《禹貢》《豳風》《月令》經典可稽，賈思勰、陳敷、秦湛完書具在。然古未必宜於今，不復引，在實用不侈典博也。始總論終占驗，分類四十，視沈清渠鍊之

《廣蠶桑説》，沈仲復秉成《蠶桑輯要》，蒐羅較富，蓋提蠶擇葉有目力焉，出滕蠶桑繅絲有手法焉，分刌節度匪可言傳，器具形製亦難摹狀。得是編讀之，風土異宜，所貴變通盡利，不必盡拘於湖州成法可也。

著録

《續文獻通考》卷二七四 《蠶桑輯要》一卷，沈秉成撰。秉成字仲復，浙江歸安人，咸豐丙辰進士，官至安徽巡撫。

藝文

清 沈炳震《蠶桑輯要·樂府二十首》 湖之俗以蠶爲業，甲午蠶月余避囂梅莊丙舍，比鄰育蠶，自始事以觀厥成皆與焉。凡蠶一眠，即率錢賽神相與族飲盡歡，余篝燈夜坐，偶亦見召，間語父老曰：『賽神必有辭，何弗聞也？』父老曰：『唯。訖事賽神則有辭，以述本末，然不文不可聽。子盍譜之？』余僂指得二十事，閱數日，羣聚索之，乃各綴一辭，畀之父老，亦頗色喜，淺陋固不足道，然真率之意，有古風焉。淵明云：『不覺知有我，安知物爲貴。』此之謂乎？

護種 取舊年所布紙上之子，以帕裹之置薰籠一宿，謂之打包。繼取貼於胸前煖則活出。

林閒春鳥喚布穀，穀雨纔過蠶事促。蠶房紙窗照眼明，當户春光快晴燠。堂前老翁負朝陽，室中新婦罷曉妝。旋向牀頭理蠶種，拂拭塵埃手自奉。東家昨夜已打包，西鄰擇吉聞今朝。香羅包裹更重重，束成置之薰籠中。晏温煖氣長融融，阿翁晚睡抱當胸。非關新婦好安眠，哺兒時復開胸前。阿翁慎莫辭辛苦，繅絲織絹先奉父。

下蠶 蠶出率以穀雨爲期，故諺云：穀雨不藏蟲。其初生也，以桃葉火炙之候，其蠕蠕而動，戢戢而食，然後以鵞毛刷於筐中，謂之攤烏。

蠶生戢戢初如髮，隱約難窺出復没。歷頭檢取最吉方，鋪筐疊架作蠶房。鵞毛細意刷更淨，不教紙上猶畱藏。小姑持稱較多少，今年定比去年好。阿翁護持寒煖宜，天公方便温和早。揮刀切葉快如風，細作絲條香氣濃。匀鋪簇面青茸茸，老翁旁觀不復語。惟見眉間長栩栩，瓦盆有酒還可酺，既醉媻跚起獨舞。

採桑 桑之種不一，凡稚桑初種，胥謂之桑秧，種三年則可採矣。然必以家桑枝接之，不接則爲野桑，不中採飼也。蠶有頭蠶、二蠶。故亦目葉曰頭葉，二葉云。二葉，須老農善採者留其條，爲來歲生葉之地。若頭葉則盡採，乃已耳蠶時多禁忌，雖比户不相往來。宋范成大詩云『採桑時節暫相逢』，蓋其風俗由來久矣。

舍南舍北皆栽桑，千株萬株繞屋旁。蠶多葉少行且盡，南塍一棱還蒼蒼。明朝欲眠蠶食急，屋裏空虚已無葉。還須更採早作計，莫待更深歎無繼。盈籠採得負荷來，倏忽牆角青成堆。婦姑飼蠶心手忙，縱橫重疊鋪之筐。忽聞堂前兒作鬧，葉裏悲號正難料，提燈問兒兒不言，但見紫葚盈階翻。

飼蠶 束葉爲砧，剉細葉如縷，而謹飼之。稍飢即謂之斷絲腸。二眠後與完葉過；三眠與連枝葉。凡葉患其溼也，又患其燥也，又患其風而沙，霧而霧也，以此飼蠶猶有傷冷則殭死，傷熱則破囊。鄉人名曰爛。如《掌故集》所云者。

初眠二眠蠶如毛，飼蠶切葉嗟勞勞。辛勤半月蠶出火，蠶三眠曰出火。帶葉連枝亦已可。小時食葉須乾，露中採得當風懸。大眠餉後葉可溼，出火後又眠曰大眠，此第四眠也。清泉細灑明珠圓。葉乾葉溼各有宜，第一難防侵曉時。晚來黑雲忽四布，明朝定是漫天霧。蠶食霧葉則腸腐，飼蠶所最忌。擷蔬芼羹罷晚膳，結伴提燈連夜翦。我儂辛苦自不免，隨人更復勞黄犬。

捉眠 蠶將眠不勤食曰紅嬾思，又有青嬾思，亦曰攬絲，言口中吐絲也，朝見則晚眠矣。自初眠二眠約半月至三眠，爲出火，出火後再眠，曰大眠。其曰食娘者，言他蠶盡眠而此猶食葉也。曰起娘者，言既眠而起也，又有將熟而先欲作繭者，曰繚娘，吴人呼蠶皆曰娘。

朝來新見紅嬾思，蠶眠應在下春時。掃除筐簿教潔淨，料理盤餐供晚炊。已看欲眠還復食，前後參差在一刻。就中一一勞揀擇，蠶眠先後不齊，擇其先眠者，另置一筐，曰捉眠。堆筐層疊密於鱗。此是儂家希世珍，分筐合計逾十分。吴中育蠶以筐計，大約以初下種重八分爲一筐，至出火則得八兩。今年蠶花勝比鄰，室中摒擋還未已，小兒索乳啼不止。小姑作勞一日忙，頻呼不應倒空牀。哺兒未畢鷄鳴廂，獨自攜燈照起娘。

餉蠶 凡蠶眠起初食曰餉。

卷帷看蠶蠶盡起，求食紛紜曲簿裏。青青採得新葉歸，緣枝食葉疾於飛。須臾連筐食更盡，從頭添葉寧令飢。餉蠶粗了到門前，偶值鄰姑採葉還。聞道市頭葉大貴，只論有葉不論錢。東家典衣還去買，西家新婦耳無環。歸來絮語問夫婿，細數儂家蠶葉計。不愁葉少便歡然，留得銀釵長壓髻。

鋪地 蠶既以初下種，重八分爲一筐矣，歷出火、大眠，則蠶欲老而筐不勝盛，於是掃地用碎石灰糝之，藉以蘆蔽置蠶其上，飼以連枝葉，大約六七周時便老不復食，欲上山矣。

大眠蠶身長似指，攢頭一簇壓不起。儂家無簿更無筐，掃地鋪蠶勢難已。獨憐室中如席大，假饒著蠶無可坐。婦姑勃谿屋欲破，逼塞相看嗟無奈。前楹今歲作學堂，抱書來讀鄰家郎。先生據堂日高坐，環列弟子分兩行。若使堂空散學徒，那愁無地可平鋪。蠶多屋少無著處，傳語先生暫歸去。

山棚 室中緣墻架巨木，縱横四五根上縛花格，竹更鋪蘆簾，所以架草作繭，名曰山棚。

春蠶將老先縛棚，蘆簾結束如砥平。迴遭倚牆架巨木，縱横更列花格竹。依屋之廣狹，以細竹結爲方孔，孔各尺許，名曰花格竹不留餘地通往來，儘教大小依儂屋。地下鋪蠶上作山，棚底抱葉嗟彎環。朝來蠶食更攢攢，簾空加葉無餘閒。東鄰蠶早故多暇，隔籬問訊相慰藉。儂蠶明早見繚娘，辛苦還拼是今夜。

架草 截禾桿如帚，長尺餘，倒植於簾上，所以便蠶作繭也。

去年田好多收稻，有米冬春尚餘藁。平頭翦截一例齊，留待今年作蠶草。山棚堅牢已搭就，次第棚間謀結構。不疏不密整復斜，不縱不横還交叉。短長錯綜如犬牙，離披拉雜何紛拏。自從蠶長不復閒，前村後村斷往還。鄰翁杖頭挂青錢，携杖入門笑且言。君家稻堆如屋高，應有留餘待索綯。我家無田那得此，有價豈復論泉刀。阿翁相須竟相取，何必區區分爾女。呼兒負送到翁家，蠶忙未暇留翁茶。

上山 繚娘不眠不食，口中吐絲，繚繞至脰，節間瑩徹無葉色，乃移置山棚上，名曰上山。

吐絲繚繞蠶已熟，羣呼兒女就地捉。男兒上山據巨木，蠶盛於盤運陸續。先周四角後中央，高低分布皆成行。山頭矗矗蠶草密，撲緣已見輪毫芒。今年蠶好十倍過，山棚逼仄可奈何。不愁今日相攢聚，但恐採繭同功多。同功者兩蠶共作一繭，緒亂而不堪爲絲也，棚隘蠶密則同功多矣。上蠶未了日在山，門前人語忽嚚喧。敲鉦擊鼓聲闐闐，轟轟爆竹飛青煙。兒童訢誶齊爭先，出門四望新月懸，弁山白鬣還當天。俗傳弁山有神，能攝取蠶稻，每春秋之際，蠶稻將熟，薄暮有白氣横亙天半，曰『白鬣』。見者減收，里俗鳴鼓噪而逐之，小兒連手詬詈，殊不可解。然亦載鳥程志又可異也。

撩火 蠶喜温和，偶天氣薄寒，用瓦盆然炭置山棚下，使煖氣上山名曰撩火，亦曰灼山。

山頭作繭聲唧唧，棚底瓦盆光烈烈。積薪投炭當風爇，掀騰煖氣如炎熱。抽毫布繭絲不絶，羅列輝輝萬點星。隨風飛焰舞流螢，茅檐打頭絶低小。且爲汲水高建瓴，今年葉貴錢不足。絮被典盡更質褥，三春餘寒風破肉。趁煖還來棚下宿，欠伸睡思未全刪。看火春禽叫屋山，看火春鳥，其鳴曰上山看火。滿山如雪昨夜添，鬖髿一望盡埋尖。

採繭 上山三日而採繭爲落山，一日回山大眠後稱得六斤爲一筐，率收繭一斤爲一分，以十分爲中平，過則得利不及則失利。

山棚白繭重布濩，高下紛紛綴無數。舉頭一望成雪山，下薄仰窺垂玉樹。光明潔淨堅且圓，如珠纍纍相駢聯。漫誇園客繭同甕，但願蠶好還年年。婦姑兒女齊共採，一餉筐閒色皠皠。大筐小簿無弗盈，堆牀疊架環如城。老翁抱孫閒相評，從頭一一計重輕。少焉採盡上權衡，與翁所揣銖兩爭，拍手自詫老眼明。

擇繭 繭之名類不一，有兩蠶共成一繭而緒亂者爲同功繭，繭之被汙而緒裛故擇棄之者爲推出繭，繭垂成而蠶死者爲烏頭繭，蠶口傷而不能爲絲者爲繇繭，又有黄繭緒粗不中織染乃别繅以爲絲縛。

堂前作竈排絲車，室中擇繭煩鄰家。同功推出各裁別，繇繭烏頭喜盡絶。同功兩蠶交錯而成，故緒亂推出，繭被汙而緒裛，故擇棄之，皆止堪爲緜者。繇繭，繭未成而蠶死，烏頭繭既成而蠶不能化蛹，故頭裛，尤繭之不堪者。更留黄繭作絲縛，餘外一色眞如雪。飼蠶哺兒日夜忙，一覺安眠寧可望。今朝擇繭方靜坐，懵騰睡思正初長。不是鄰姑言語妙，那得消閒同一笑。回頭更憶少年時，倏忽風光去若馳。垂髫已有嬌痴女，偷眼還將白繭取，翦虎鏤花過端午。吳中女兒細鏤繭爲花草蛇虎，重午戴之，以鬭巧。

繅絲 先取繭暴日中，三日曰晾繭，然後入鍋，動絲車，有頭蠶絲、二蠶絲，頭蠶爲上細而白者，謂之合羅。稍粗者謂之串五，又粗者謂之肥光，見宋雷《西吴里語》。

汲水然薪將煮繭，繅車搖動風雷轉。轟轟一刻千百迴，旋風莫及奔車緩。絲叉打繭水百沸，提起絲頭正無旣。從教斷卻更續來，萬緒千頭難數計。插秧車水鬧如雲，男兒下田屋無人。小姑添水更加薪，新婦繅絲色勝銀。儂家戲語姑勿嗔，傳聞百兩近良辰。絲成織絹白且長，與姑裁作嫁衣裳。五紋繡刺雙鴛鴦，記儂辛苦毋相忘。

剝蛹 繭中蛹俗謂之蠶女，繅絲未盡之繭曰輭繭，剝去蛹而作緜緜之下者。

繅絲賸繭薄如紙，水面浮沈緒難理。止堪去蛹剝爲緜，留待三冬作絮被。耘田已了夏日長，婦姑綠陰同追涼。還將輭繭紝作線，織成粗帛裁兒裳。可憐農家無長物，天寒屋破風弗弗。賣絲得錢納官租，大緜平準償私逋。獨嫌輭繭質地麤，棄置不要還之吾。

作緜 同功推出不中爲絲者，皆以作緜緜之精者。

繅絲剝蛹事已了，黄繭作緜須及早。黄梅風雨鎮長有，趁此風光正晴昊。作緜須於晴日，陰雨則緜不速乾而縷脆。瓦盆盛水滿漬緜，竹架彎環比月圓。擘頭帶水施架上，潔淨如紙當風懸。門前櫓聲黄犬咋，隔籬知是買絲客。今年蠶好絲倍多，儂絲待價不輕擲。況復高田麥有秋，冬舂未動囷如邱。莫愁糧長多科派，還有同功緜可賣。

生蛾 大眠起，先擇種蠶倍與之食，故作繭亦異於他蠶，繭成貯筐筥中，越五六日乃破繭而出，是爲蛾，兩翅栩栩然。

大眠已過蠶鋪地，揀取種蠶貯筐筥。儘教食葉不少靳，種蠶食葉倍多。珍重特與他蠶異。果然作繭大且厚，白雪作團淨無垢。蠕蠕已知蛹欲化，栩栩又見蛾出口。雌雄對對自成雙，長身窈窕疎眉龐。霏霏翅粉點明釭，孕含但見軀胮肛。細觀物理三太息，同是春蠶何決擇。可憐薄命鼎鑊烹，爛額焦頭更誰惜。

布子 用桑皮紙每方廣尺餘爲一幅，引蛾布子其上，鄉人謂之蠶種紙，生子後小兒將蛾引置水盆，旋轉而遊祝曰阿蛾轉團團，今年去了來明年。

剡藤一幅潔且光，農家亦復勤收藏。引蛾著紙密生子，紛紜瑣碎何可量。眼看粒粒細於粟，咫尺應知千萬屬。莫言此貨稱易得，即使豐年勝珠玉。蛾兒生子旋棄捐，翾飛更引群兒顛。盆中盛水語喧闐，繞盆共祝轉團團。阿蛾去了來明年，拍手一哄水盆翻。

相種 蠶蛾布子參錯不齊，村嫗以相種爲業者，就種之斜整疎密擬其形似撰爲效語，以占吉凶，相欺誑焉。

蛾生蠶子鋪重重，縱横紛錯尋無蹤。誰能於此辨疎密，何況從之定吉凶。前村老嫗口懸河，家家相種工揣摩。强尋形似相髣髴，約略推求多荒忽。斜行如葉復如花，圓轉成錢更成月。就中一幅勢如龍，蜿蜒天矯下碧空。誠哉天造非人工，此圖最吉餘難同。無端蠶紙成卦繇，世俗荒唐那可究。不聞相馬與相士，猶或失之肥與瘦。

賽神 《吳興掌故集》引《蜀郡圖經》曰：九宫仙嬪者，蓋本之列仙通記所稱馬頭娘，今佛寺中亦有塑像婦飾而乘馬，稱馬鳴王菩薩，鄉人多祀之。

今年把蠶值三姑，葉價貴賤相懸殊。俗呼蠶神曰蠶姑，其占爲一姑把蠶則葉賤，二姑把蠶則葉貴，三姑把蠶則倏賤倏貴。儂家幸未食貴葉，唯姑所貺誠難誣。豬頭爛熟粉餌香，新蒭茅柴炊黄粱。高燒樺燭光輝煌，大男小女拜滿堂。酹酒燒錢神喜悦，傴僂送神酒脯撤。團圞共坐享神餘，大肉硬餅堆盤列。老翁醉飽坐春風，小兒快活舞庭中。酒餅已罄盤已空，堂前屏當還悤悤。貍奴不眠勤捕鼠，賸有魚頭卻賚女。

蠶桑圖説合編

清 何石安，魏源《蠶桑圖説合編·張清華序》 吾浙蠶桑之業莫精於嘉湖，婦人女子童而習之，不待教而能也。鄉民服田數畝不足供終歲，事畜之資所賴育蠶之利，得以給公而贍私，為養生計者孰善？於此常州古晉陵郡，民力於農而蠶事或缺而未講。戊辰歲予來涖是邑，晤莊俊甫學博時有協茂園，田五十畝，種桑萬餘株，將以勸興蠶務，復袖出《蠶桑合編》並《蠶桑説畧》示予。予覽其書，見其於栽桑飼蠶之法明切指示至詳，且備亟勸其付梓合刋，以為邑人倡誠如其法而行。行將見蠶桑之業不得專利於吾浙也，此則守土者之所厚望也夫。同治八年歲次己巳嘉禾張清華謹識。

清 何石安，魏源《蠶桑圖説合編·序》 嘗聞古聖王利民之道首重農桑，今吾鄉農事大備，獨於蠶桑之務缺而勿講，豈以木棉之法不蠶而緜耶。抑知蠶桑之制自古爲昭繭絲之利，於今爲最。石自幼至今於蠶桑一事探訪源流，每念大江以南土沃民稠，無處不可種桑，亦無家不可養蠶。一畝之田可植桑百餘株，八年以後可獲葉大約二十石，且養蠶之時不妨農務，養蠶之人卽係内助，洵所謂取自然之利而與世無爭，竭匹婦之勞而盡人各足者也。且蠶喜靜，婦近之可以戒躁妄而言有物，蠶品純，婦習之可以禁淫巧而功有常，况又有利之可取也乎。以之勸人多未見信，欲身試爲之。因於丁酉歲邀友人趙邦彦築南山草堂，平原數畝種桑千株，旋於來歲暮春率內人躬操其事，一切飼養之經明切指示，未幾，數十日而蠶事告成，計其所獲之利大有裨益。昔人之言誠不我欺也，由是每歲必興。桑之所出愈多蠶之所育愈繁，竊以世事人情大率不遠。石坐啚其利卽人人皆可獲自然之利，思以己之所得公諸同人倣而行之，行見大江以南家有蠶桑之利，猶存古聖王之遺意也。因述淺説以勸同志。道光癸卯歲嘉平月朔日，何石安序。

清 何石安、魏源《蠶桑圖説合編·陸瀫恩跋》 昔齊管仲修太公之業，而冠帶衣履天下。逮漢時，猶有齊三服官，知名賢之流澤長矣。秀水張晴江令君爲宰吾邑，乃獨思振興之前政。時已闢荒田爲公桑，植萬餘株，而其利未溥至。君又添植若干本，并購採桑、皮蠶各器具懸於庭，以爲楷式，俾民仿爲之。又欲僱織婦來常，使得所觀摩甚盛意也。

蠶桑合編

清 何石安《蠶桑合編·沈瑞昌序》 吳中山賦之重甲天下，夏秋二税之外加以漕糧之費，民無餘蓄，每用恧焉。吳絲衣被天下，每歲絲市聚於湖州之雙林，近則吳越閩番遠及西洋番舶貿遷百萬，是以田賦雖重而民不至匱。太倉之嘉寶地宜木棉，則漕收折色亦較各邑漕困爲少甦，豈非稼穡之外自有餘利哉。顧木棉必沙地而桑則無壤不宜，何以其種南不逾浙，北不逾淞，西不逾湖，僅行於方千里之間而隔壤卽無桑種，謂土之不宜耶？無論蘇之吳江、震澤桑半於稼，織半於耕，卽常州之宜興、荆溪、鎮江之溧陽，皆有絲市，至丹徒則地不瀕太湖。而近日設局種桑育蠶亦有成效，謂吳中地無遺利耶？則村落、塍圩、墻隅、道畔、隙地甚多，初無妨於蔬穡，謂人力不遑耶，則吳中貧婦往往操鋤耦耕，何如蠶婦女工自修內職而不行於野，且一歲中僅竭三旬之勞，無農四時之苦，無水旱之虞而坐收倍耕之利，謂其事之不習耶？則鄰壤相望止須傭，一蠶婦一種樹之工，教幼丁童女爲之，初無南北風土之隔，是桑利可佐田賦之窮明矣！可行於蘇松并可行於常鎮又明矣！近世陳文恭公撫陝，宋仁圃廉訪治黔，周雲皋太守治襄陽，均以勸興桑蠶著績。何况吳越接壤之地柱藩吳以來，思所以紓吳農之困，佐其養生之資，既檄行各屬剴切示諭，復取近人所著《蠶桑切要》及《丹徒蠶桑局章程》刋布，加以圖説并仿製器具頒行所部。或曰：『陳宋諸公行諸地曠賦輕之地，非其所施於土狹人稠賦重之區，奈何舍穡事談桑事？』答曰：『正惟其土陿人稠賦重，農田所入不足供，上乃必以桑佐穡也。』上田畝米三石春麥石半，大約三石爲常，漕賦之外所餘幾何。今桑地得葉盛者畝蠶十餘筐，次四五筐，最下亦二三筐。米賤絲貴時則蠶一筐卽可當一畝之息，夫婦並作桑盡八畝，給公贍私之外歲餘半資，且葚可爲酒，條可以薪，蠶糞水可飼豕而肥田，旁收菜茹瓜豆之利。是桑八畝當農田百畝之入，爲貧民計，爲土陿人稠計，孰尚於此。語曰：種桑三年採葉一世。管子曰：『一年之計樹穀，十年之計樹木。』勿迂視，勿虛文，無治法有治人是在良有司哉，是在良有司哉。道光二十四年歲在甲辰仲冬月吉，蘇藩使者瑞昌文桂序。

清 何石安《蠶桑合編·陸瀫恩跋》 浙省蠶桑之功衣被天下，吾常故亦隸浙西而此獨缺焉，不講豈民俗之呰窳耶？抑木綿之利俯仰有資可無藉乎此耶不知其贏相什百也。且蠶桑勤於春夏，木綿勤於秋冬，二者相兼而不相厲也。昔齊管仲修太公之業而冠帶衣履天下，逮漢時猶有齊三服官知名賢之流澤長矣。秀水張晴江令君爲宰吾邑，乃獨思振興之，前政時已闢荒田爲公桑，植萬餘株而其利未溥，至君又添植若干本并購採桑皮蠶各器，具懸於庭以爲楷式，俾民仿爲之，又欲僱織婦來常使得所觀摩甚盛意也。廣文莊君俊甫初亦有意於斯，得賢父母爲之提倡，知能相與有成，因出《蠶桑合編》《蠶桑説略》并爲一册，浼張侯序而行之。俾家置一編朝夕諷習，姑誡其媳母勉其女童而習焉，其心安焉。將見十年之後戶贏五，袴鄉貢八，蠶室有奇溫之被，門無號寒之蟲，令後之人額手而頌曰：『吾常蠶桑之功自張令君始，侯其禕而而莊，君勸導之功於是爲不沒也。』余衰茶無能爲役，聊識數語以誌，欣幸之私云。時同治己巳仲春，陽湖陸瀫恩跋。

種桑説（吳烜）

清 吳烜《種桑説·汪坤厚序》 余自丁卯秋奉檄權篆蓉江，周歷四境，地廣人稀，蓋兵燹之後元氣猶未復焉。而土脈肥厚，宜禾黍者固多，宜樹桑者亦復不少，每思吾浙湖郡大半栽桑獲利甚鉅。是邑苟能仿行於民，大有裨益，惜無人相助爲理，欲行不果。吴君孔彰爲邑善士，與余議興是舉，余喜同志有人，購買桑秧給民，試種果見蕃盛。迨已巳秋調署京江，屢以未及推廣爲歉。庚午初秋吴君復來告余曰：『江邑蠶桑年來購栽愈廣。』並示《植桑育蠶》一書編成，次第法極周詳，實能補余所未逮。從此家喻户曉，野無曠土，上以體朝廷敦俗之心，下可驗鄉里富饒之美。皆出吴君一片熱腸，至區區捐俸載及簡端，則適足增余愧赧又何功之敢居耶。爰綴數語以誌緣起。同治九年庚午初，秋漁垞汪坤厚識。

清　吴烜《種桑説·鄭經序》　蓋仁民之術不外教養兩端，前於咸豐五年會合同志稟明，各大憲舉行鄉約遵奉朝廷之意，博採儒先之書刊，立規條編成講案，蘇常兩郡士庶莫不觀感奮興。同治七年，又稟請曾相通飭各屬，一體推行，實於世道人心大有裨益，而養民之道猶有志焉。而未逮數年來歷奉各大憲剴切曉諭勸蠶桑，凡鄰近之區如蘇屬及錫金、武陽、宜荊、溧陽等邑，向有種桑育蠶之處不難轉相，則傚合邑徧行。獨吾江素未講求無從取法，同志諸公非不關心民瘼，亦以素非所習引導爲難。吾徒吴孔彰於克復之初，即殷殷於蠶桑之事，以爲因利而利其利，方大而且久。近更得賢父母捐廉倡率相與有成，茲將所撰《蠶桑諸説》就正於余，其栽種養育之法備極周詳。且次第井然，一見即能了澈，果能廣爲勸導漸推，漸暨大江南北到處仿行，既非同議賑蠲租僅救一時之急。且體義生於富足而於鄉約一事尤易率循，則教與養相輔而行，將見俗美風醕漸臻上理，此則予心之所甚快也。特弁數言於簡端以誌欣幸之私云。時維同治庚午季夏，守庭鄭經序於沙洲旅館。

清　吴烜《種桑説·何栻序》　曩於乙卯仲冬道經於越，顧見兩岸多嘉樹林，其行列極整齊而形狀極奇崛，高不過五六尺，然槎枒叢起，如力士支拳，如藥義探手，生氣遠出若有勒之。使還者少則數畝多則數十畝，了無雜木參錯其間，怪而問其名，舟人曰：桑也。噫嘻，農桑者天下之大利，種樹者致富之奇書，此豈獨宜於越者耶？何吾鄉未見有如此桑也？況乎井田之制，五畝之宅樹牆下以桑，是三代之時未聞有遷地勿良者，豈吾鄉之桑獨不宜如此耶？今閱吴君孔彰種桑之説，乃渙然釋也。植物之性不擇地而生土產之原，必待人而闢宜於越者，未始不宜於吴也，其説不信而可徵耶。吴君少年時與予同受業於鄭守庭師，又吾姊夫之從子也，予故知之甚深，嘗惜其抱經世之畧而不得志於功名，藴利物之懷而不得見於措置。吾邑洊經兵燹失業者多，里無富室，鄉有廢田，君不自恤其窮而恤人之窮，思以蠶桑爲耕者輔爲圃者，導爲治貧之良方，爲救荒之善策，信乎！昔賢所謂家無儋石而以天下爲憂者，此固吾師所嘉予而吾黨所難能也。始則試種於家園，繼則分秧於鄰里，聘蠶婦招繅師，手口經營，孳孳汲汲，雖炊烟不繼，典質相仍未嘗輟也。其説仿於《茶經》，優於《菜譜》，較之秦湛《蠶書》、魯明善《農桑衣食撮要》均爲有益民事者也。邑侯注公漁垞越人也，聞其事而善之，捐廉以爲之倡，三年有成，可大可久，以爲五年之後息金百倍於田租，四境之中貿絲一同於吴產，此非吴君之臆説，其説可信。固已信而有徵者已，異日者推原所自始，方將爲樂公立社與嫘祖合祠，吴君經世利物之心至是可以大慰。且與吾師勸行鄉約之舉誠所謂教養兼施者，果能推而行之，三代富庶之風何難，復見於今日哉。同治九年歲在庚午，同學何栻拜序。

清　吴烜《種桑説·自序》　古來大利，農與蠶桑二者兼營，民多殷富。蓋農之利猶薄而且難，蠶桑之利則厚而且易也。吾江舊俗僅解務農，麥稻之餘毫無生息，終歲勤動寢食不遑，無論水旱蟲災舉家失望。即年歌大有工本之外所餘亦甚無多，一時婦子歡欣，轉眼依然枵腹，此僅恃農業者之難期康阜也。雖四民之家多攻紗布而晝夜勤苦獲利極微，自給其身尚虞不足，若家多數口，即無以爲生，此僅攻紗布者之不能補助也。竊謂救貧之策非蠶桑之利不爲功，種植在廢垮荒基，不妨田稼養育，在暮春初夏不害農功，竭一月之勞即可供一歲之用。果能茨粱告慶，百室固愈見豐盈，即使饑饉薦臻八口亦無憂凍餒，此種桑育蠶之處所以素稱饒裕也。況克復以後絲價之貴桑葉之昂，尤爲歷來所未有，即謂素非所習驟難。育蠶則先論栽桑已能致富，夫種桑一畝，二三年後即可採葉一二千觔，以後年多一年三四千觔、五六千觔不等，湖桑肥大非比土桑，每年蠶季每觔至賤值錢十餘文，貴則二三十文、四五十文皆未可知。以麥稻之息例之，誠覺無從比儗，且麥稻若遇凶年甚至工本盡棄，而桑則止於價賤並無旱潦之災。況麥稻即遇豐收，一經樵割必須復栽，而桑則採葉剪條，本枝仍在來年再發，愈見蕃滋，傳之子孫，世享其利，又況栽培桑樹盡在閒暇之時，於農事毫無所損。且施功甚易，更無霑體塗足水耕火耨之勞，但以栽培一畝麥稻之工本栽培一畝之桑，未有不暢茂條達者。予也久欲爲吾江興利，是以六七年來每遇浙西吴下諸處，熟諳蠶桑之人，無不留心諮訪，考究詳明，又恐江陰土性非宜，因於前年二月中購得接過湖桑數百本試種家園，復勸友人數處分栽，既可驗土性之宜，并可爲各方倡率而桑。葉之盛，小者如掌，大者如蕉，並不似逾淮之橘。去春二月又蒙邑侯汪漁垞公祖捐廉購桑給發貧民，予復與本鎮同志諸公集腋成裘，偕往浙西購歸發種隨高隨下，無不欣欣向榮，則江陰土性宜桑固已信而有徵矣。至育蠶繅絲諸法，予請浙人來家教習數載，予亦加意審察，知之益精。凡養蠶之家最多俗禁，雖親族不相往來，予家則門戶洞開縱人學習，自旦至晚庭前如市。而蠶事極盛並無厭忌繅絲，則純淨光澤不下湖產，良由桑與土宜，是以蠶絲特勝耳，至成功之速，價值之昂，較之紗布之利又何止十倍耶。予因以數年中耳聞目見，躬親試驗，復博採蠶桑諸書，擇其可以取法者彙著於編，以公同志俾得廣爲勸導，果能家喻戶曉於務農之外，益以蠶桑餘時仍攻紗布，則較之浙西吴下諸處，豈不更多一紗布之利。行見轉貧爲富，旱乾水溢不能災，庶幾革薄從忠講讓型仁，所由始語云：倉廩實而知禮節，衣食足而知榮辱。未始非吾師守庭先生舉行鄉約之一助也。同治九年歲次上章敦牂仲夏，吴烜自序。

寧郡蠶桑要言

清　費烈傳《寧郡蠶桑要言·序》　吾鄉地濱大海，生齒既繁，自務農外多以貿易爲生計，鄞東之人沿海捕魚，此外土產不多，謀生維艱。余欲教以蠶桑，使男無曠工，女有常課，實爲救時之良法。向來小溪樟村等處間有種桑之家，土人未能深悉其法。今者余從申江至湖郡一路皆屬水鄉，湖地爲低窪，又自湖至杭，近杭之土地勢漸高，桑性喜高燥，湖地實非宜桑之土。其所以擅利一方者，皆由人工所致。湖郡之田名曰斗田，四邊皆高築塘以衛田。高處植桑數十畝爲一斗，或至二三百畝爲一斗，約計植桑之處不過農田十分之二，詢去歲所入絲銀壹千伍百餘萬緡，查湖府總捐局絲每包捐洋廿六元，共計捐洋八十萬元，是以富甲大江以南。吾鄉土脈勝於湖地，若能效法，幾乎徧地可以栽桑，一二十年後，家家稱富，無求於人矣。

山蠶輯略（孫鍾亶）

清　孫鍾亶《山蠶輯略·田步蟾序》　管子曰：本富爲上，末富次之。太史公曰：善者因之，其次利導之，其次整齊之，其次教誨之。若東省山蠶，非致富之源，而亟待因勢利導，以整齊教誨者哉，何也？山蠶卽柞蠶，又名野蠶，自『萊夷作牧，厥篚檿絲』見諸《禹貢》以來，野蠶記載，史不絕書。惟往昔未假人力，自然生長，故僉以爲瑞。近日山東沿海各縣，遍山彌谷，植柞成林。土人就柞放蠶，所出繭絲每年出口數達巨萬；而由山繭繅絲所織之繭綢銷售歐美、西伯利亞一帶；更因色質佳麗，備受外人歡迎，至以山東綢呼之。足見山蠶乃東省天然之利，與出口收入實有至大之關係也。鄙人勸業來東，每思東省以固有之土產工作改良而擴張之。故對於柞蠶之養育以及繭綢之制造，不憚悉心考查，惜無成書，俾資佐證，每引爲憾！適友人孫介人、牟笑然二先生持孫君鍾亶所編之《山蠶輯略》求序於余，余受而讀之，竟見其考據精確，記載詳明，實先得我心。東省實業界同人果能人手一編，觸類引伸，互相討論；再參照外人漂染之方、織造之法，將所得之技術與學理列入專門以教授之而逐漸改良，將來東省柞蠶之利自可永保盛況，以與世界市場相周旋。則是編之作其增加富力而有造於地方者實大，又豈僅普通之記載而已哉！如是而樂之序。辛酉仲冬，淮陰田步蟾撰。

蠶桑圖説提要（張壽宸）

清　張壽宸《蠶桑圖説提要·序》　浙省蠶桑之業莫精於嘉湖，亦莫盛於嘉湖，而嘉湖得以享其利且專其利者，風行既久，比戶皆習而知之，不待教而能也。吾甯籍隸浙東，此獨缺而弗講，豈服田力穡已足為仰事俯畜計乎，抑知務耕不務織幸而年豐，為不至時形拮據，不幸而年歉則給公不能贍私，贍私不能給公，民之窮也。半由於此或以為甯之土不宜桑也，顧桑性□

高燥，嘉湖之地最為窊下而人功所致，猶得穫蠶桑之利富甲大紅以南，况吾甯地濱大海無水溢之虞，仿而行之，可獲倍利也。明矣！意者不習其事石明其法，遂并大利而棄之年。今年秋友人劉靜香過耐園，袖出常郡刊行《蠶桑合編》並《蠶桑説畧》示予，披讀一過，具其於樹藝飼養之法，縷晰條分至詳且備，予從而彙輯以付梓人。顏之曰：《蠶桑圖説提要》意在勸興蠶務，明切指示，又以明年癸酉築平原十畝，種桑三千株。學圃云：消固所難免，然而得是編者誠能如法而行，將見蠶桑之業不得專利於嘉湖，而既耕且織富有未始，非端本善俗之一助云。至是編讎校則從兄鹿笙力也。同治壬申孟冬月，鄞東張壽宸書於耐園精舍。

清 張壽宸《蠶桑圖説提要·屠正規序》 平生好擊劍讀兵書，酒酣則操銅琵琶，拍鐵綽板，唱大江東去，聲情激越，一座皆傾。弱冠事科第，鬱之不得志，思挾策走燕趙川蜀，英姿颯爽，想見王景畧陳同甫之風。親朋以家有老母勸不果，余以少有肝膽疏而忘機，致蹈復社故轍，幸見幾而作不俟，終日登海舟客異鄉，及弋人簒之而鴻飛已冥冥之矣。厥後事漸寢將歸故里，先過賔笙家，竊以為其人意氣磊落，顧盼自雄，精悍之色不少改，及入其廬則安排筆研閉戶著書，爐香盃茗清氣飄然，余何人耶？乃以氣節自負耶？而栗陸道路往返數千里對之，不覺爽然失也，蛩定責余以文章賈禍，勇而無謀，余詢其所為，方以衣被天下為己任，分薄田數十畝植桑三千本，為邑倡號其廬曰：賽南陽取武侯隱居，有桑八百株之意。蓋昔日志在經綸者，今則志在桑麻，昔日志在戎馬者，今則志在俎豆矣。使一旦得用於時知，必舍桑麻而經綸，易俎豆而戎馬也。余乃益奇其為人咄咄驚詫曰：奇男子、奇男子。同治十一年十月，盟弟屠正規子中甫頓首拜譔并書。

湖蠶述（汪曰楨）

清 汪曰楨《湖蠶述·序》 蠶事之重久矣，而吾鄉尤重，民生利賴殆有過於耕田，是烏可以無述歟？歲壬申重修《湖州府志》，蠶桑一門爲余所專任。以舊志唯録《沈氏樂府》，未爲該備，因集前人蠶桑之書數種，合而編之，已刊入志中矣。既而思之，方志局於一隅，行之不遠，設他處有欲訪求其法者，必購覓全志，大非易事。乃略加增損，別編四卷，名之曰《湖蠶述》，以備單行。所集之書，唯取近時近地，雖《禹貢》《豳風》《月令》經典可稽，賈思勰、陳旉、秦湛完書具在，然宜於古，未必宜於今，宜於彼未必宜於此，不復泛引，志在切實用，不在侈與博也。編甫成，客有誚其繁瑣者，余應之曰：吾湖蠶事人人自幼習聞達於心，不待宜於口視，爲繁瑣宜也。若他方之人恐猶病其缺略耳。至於提蠶擇葉，有目力焉，出繅絲有手法焉，分扐節度，匪可言傳，器具形制，亦難摹狀，且四方風土异宜，必不能盡，拘以湖州之成法，是則變通盡利，存乎其人矣。同治甲戌六月望，烏程汪曰楨撰。

清 汪曰楨《湖蠶述·沈聞岷序》 蠶桑之事我湖最詳，蠶桑之利亦我湖最博。職是業者，已振古如兹矣，是何可無撰述以爲他方之則效乎？《廣蠶桑説》沈氏清渠刊之於前，《蠶桑輯要》沈氏仲復著之於后。且輯要中載：其先大夫東甫徵君所著《蠶桑樂府》二十首，言簡意賅，皆足以信。今傳后是知我湖蠶桑，近惟我宗，已并得推行而盡力矣。烏程汪謝城廣文曰楨前修《湖州府志》，蠶桑一門爲其專任，將東甫樂府益以他書，刊入志中，懼卷帙繁重，難以行遠。刪編《湖蠶述》四卷，始於總論，終於占驗，分類四十事，不厭密法，不厭詳視，清渠仲復之書蒐羅較富。予既序其湖雅，謝城又手此編索序。予謂此書行之我湖，利博我湖；行之异地，利溥异地，國計民生所關更大，我沈氏恐不得專美於前矣。復不辭而序之如右。光緒三年歲次丁丑二月，德清沈聞岷肖嚴父撰。

清 平步青《霞外攟屑》卷六《玉樹廬芮録》 《湖蠶述》：桑之利，湖州最溥，殆過耕田。壬申重修《湖志》。桑一門，亦茘牆所篹以舊《志》。惟録沈炳震《蠶桑樂府》二十首，未爲該備，集前人蠶桑之書數種合編入《志》。復以方志未必人人可購，略加增損，別編《湖蠶述》四卷。所集書惟取近時近地，雖《禹貢》《豳風》《月令》經典可稽，賈思勰、陳敷、秦湛完書具在，然古未必宜於今，不復引在實用，不侈典博也。始《總論》、終《占驗》，分類四十，視沈清渠鍊之《廣蠶桑説》，沈仲復秉成《蠶桑輯要》蒐羅較富。蓋提蠶擇葉，有目力焉，出□繅絲，有手法焉；分扐節度，匪可言傳，器具形製，亦難摹狀。得是編讀之，風土異宜所貴變通，盡利不必盡拘於湖州成法可也。

著録

清 丁申、丁丙《八千卷樓書目》卷一〇《子部》 《湖蠶述》四卷。國朝汪曰楨撰。刊本。

蠶桑説（沈練）

清 沈練《蠶桑説·全慶序》 《禹貢》：揚州貢織貝而所稱桒土，乃在兖州周末獨稱齊紈魯縞，《漢書·本紀》三服官亦皆在齊而東南無聞焉。至《新唐書·地理志》始載潤州貢衫羅水紋等，綾常州貢□紗，蘇州貢緋綾，杭州貢白編綾，越州貢寶花等羅十様花紋等綾。自此以後，吴越絸絲美利遂甲天下，豈古今物土異宜哉，意必有人焉化導於其間，使民知所從事，而地力亦因之以開，固不必拘於土訓也。溧陽沈生劍芙持乃祖清渠先生所著《蠶桑説》丐序於予，讀之而有感焉。夫小民之情，可與樂成，難與圖始，以素不習之事為教，自非以身先之，且委曲詳盡，辭足以達，則弗信弗從而事終。沮先生秉鐸梁安者，十餘年身為名孝廉，文章震一時，其為邑人信從，固自易之而況口講指畫，委曲詳盡化導之神。又如此使得歴仕各省廣推利濟，安知利於東南不復被之西北，而僅得秉鐸是邦致蒙福者，止於一邑惜哉。今天下所患者民貧耳，使撫有斯民者咸如先生之用心，何在不可充杼軸而歌襦袴，乃大率視官守如傳舍興百年之利者，迄無其人，予所為三復是書而慨然也。沈生于癸酉主試順天，所得士能以文章繼家聲，異日服官中外奉，乃祖成書遵而行之，固不翅先生自為之也，生其勉之。光緒紀元歲在旃蒙大淵所燕秋節，那拉氏全慶小汀甫謹敘。

又《牛健亭叙》 績邑多山，地之可耕者少，雖樂歲不足五月糧，其男子大半奔走四方，以貿易爲本務。其婦女富者坐荒，貧者擔負操作類男子，無能以婦功自給者。道光己亥夏子令是邑，問民疾苦，悉其生計之艱，爲之惻然。學博清渠沈公慰予曰：是邑可耕之地少而可桒之地殊不少，教以蠶桒則婦女之富者肴所事事，而貧者亦得以自存，不專以衣食累易子矣。亦因地制宜之一法也。予唯唯請公試之，公亦願以取教，遂種桒飼蠶，使邑之男婦於蠶。時方剛柔曰：人署觀之觀者如堵牆，公知其利之也，爲之口講手畫，諭以利之甚鉅，而得之非難聞者色喜，請於公萬條著説俾家喻而戶曉焉，而蠶事之興也，勃肰矣。書既成，邑人士以貽予而屬爲之序，嗟乎！爲民興利，長民者之職也。予曠厥職方自慚之不暇，其又奚言然予曠厥職得公補救，其間予之幸也，夫固予所樂言也。抑又思之富，然後可教，故夫耕婦蠶子輿氏詳哉，言之而後及庠序，公此舉所以爲養正，所以爲教也。公之書易曉易行，行之十年，歲入貲可數十萬，自是而後愈推愈廣，所人愈無算而績富矣。禮義生於富足，民之秀者有所賴，以爲善而教迺易施，則謂今日之桒即爲他年之桃李也，可後之人知績之，所由富更曲體富之者之初意，所存而勉爲良士焉。公與子皆試目俟之。道光二十年歲在庚子嘉平月，知安徽績溪縣事山右牛健亭陳叙。

又《沈寶青跋》 《蠶桑説》一寫，先王父清渠公所著。道光庚子，公官梁安學博始付梓焉，咸豐辛亥再刋於海陽，同治壬申又刊於章門，近悦遠慕不脛而走，黔江臺嶠索書者歲無虛月，不十數年板又濾滅，光緒丙戌寶青令浙之歸安爰重鋟之，以廣其傳。湖州繭絲之利甲天下，意其藝桑育蠶也。當必別有術焉，以爲獲利之方。閒嘗與田殳野老悉心講求，而言藝言育卒未聞，出乎是説之外，是則兩法九十餘條，實足以括蠶桑之全而無遺。全文恪師所謂委曲詳盡，易信易□者其是之謂歟。吾溧亦桑土也，歲産絲數不過湖十三四耳，而於留種一事最爲經意。雖逢蠶絲薄收之年，不至有傾筐殭腐之患，湖人則不然，育蠶之家往往不自留種，餘杭鬻種之販月輙數至，專取醜繭之不能繅者畜種，求售種既不佳，蠶必易病，一旦猝發，莫可救治，甚至一家一村無一蠶得免者，人咸歸咎於蠶事之不登而烏知鬻種者之禍之烈耶。説有之曰：養蠶必先留種，留種必先擇蠶，吾願湖人之育蠶者三復斯言也。光緒十有四年歲在戊子律中夾鐘之月，寶青謹識。

又《吴學堦跋》 鎮郡鄉民祗知耕稼，不知蠶桑。是以地多曠土，家無蓋藏。兵燹後，尤荒竄不治。同治己巳冬，觀察吴興沈公奉命來鎮是邦，軫念民瘼，周歷原野，遂出俸錢興蠶桑之利。學堦蒙憲諭董正其事，因商諸同志學博張君太生貳尹，張君開淇尚以鎮地彫敝，一時籌欵維難，為慮其時，別駕沈君增司馬魏君昌壽力為慫恿，設法貸資，又得少尉包君履、正郎張君維楨、理問汪君淦、貳尹蔡君慶坊皆觀察同里，素樂善贊成其事，遂設局於城西之南郊，購桑分給鄉民，并選僱湖屬善種之人教以樹藝之法，一時分司其責。如少府汪君玉振、太學王君銘勲、茂才睦君世隆皆黽勉從公，不辭勞瘁。舉行一二年，已有成效。噫！鎮郡數百年來户不知織，今觀察興此萬世之利，其功豈不大哉。觀察著有《蠶桑輯要》一編，並出其光大夫東甫鴻博所著《蠶桑樂府》二十首，言簡意賅，亟請付刊以廣流傳。俾讀是書者知樹桑育蠶之方詳盡於此。於以見觀察之為國為民如此，其周且至也。行見美利普於江南，子子孫孫衣被無窮，非皆觀察之賜乎？謹附數語以見飲水思源，不忘所自爾。同治辛未仲秋之月，丹徒吴學堦謹識。

廣蠶桑説（沈練）

清 沈練《廣蠶桑説·姚繼緒序》 蠶桑之載於經籍者與農事並重，而其法或不盡傳，然繹《禹貢》桑土既蠶一語，則物之宜與地之宜可體驗而得也。近世浙西之嘉湖二郡土最宜桑而湖桑爲尤盛，湖絲之美甲於中土，達於外洋，然止習俗相沿，初非有成書可述而志也。吾邑土産之桑甚多而葉稀，閭閻之飼蠶者尠，乾隆中葉茂林吴公學濂來爲宰，始教民植湖桑，其夫人又嫻蠶事，招婦女之明慧者至後堂授以機要，自是遞相傳習，漸推漸廣，數十年後桑陰遍野，蠶絲之精好娩美吴興，商賈輻輳，言其利者立專祠以祀之，如古人之祀先蠶焉。然吴公亦未嘗著書以傳教也。余執友清渠沈公練，以道光初元辛巳恩科江南鄉試第二，人司鐸績溪多士，以公之闈墨膾炙人口，爭以制舉業就公問學，然公固自有經濟非僅爲文章宗匠也。公之至任也，德配陳孺人偕焉，但見圖書擔囊繅車在後，有忌公者謂援陸清獻公之故事，以博令名而不知公刑於式化一家之中。自孺人以至子婦皆業蠶桑，莅任後見學舍墻外多隙地，遣人赴湖買桑秧來，偏植之，未幾成林。蠶用蕃息績人聞而效之，每至蠶月城鄉士女紛至來觀，公約令分日以進孺人及長公子爲之口講指畫，既各得其意以去。公復於校文之暇諮詢孺人，取育蠶培桑之所宜忌，條舉件繫彙爲一編，名之曰《蠶桑説》以貽績人。俾之鐫板流傳，家喻户曉，由是麥秋之外增一歲收績，人德之會逢計典大吏遂書，公上考以堪膺民社薦，公以年逾六旬不耐簿書請免，送部願就京秩。蓋又懼前之忌者藉口也，公家無恒産，解組後不能具歸裝，乃就近卜居休甯買荒地十餘畝，悉以樹桑兼種蔬，茹以佐盤飧。又以其間應李鐵梅學使選刻試卷之聘者，一年主講涇川書院兼攝涫湖書院者，又二年，咸豐甲寅始以避寇歸課諸孫讀，又購得近人《蠶桑輯要》一書，見其中徵引之詳有足，補前説所未備者，採録而增訂之爲《廣蠶桑説》，將授梓以永其傳。乃甫經脱稾而公以疾作遽捐館舍，兩公子謹守父書珍藏篋笥者八年於兹矣。余與公同里同窗，最稱莫逆，自乙未大挑後宦轍分馳，久不相見。己未秋公之子琪字季美者，由郡庠援例得縣丞分發江西，庚申暮春余自玉山來省，以賊氛梗阻不得歸，遂下榻季美寓中，詢知陳孺人年近八旬尚滯海陽會。是年之秋歙休失守，季美亟求得糧道委札前赴饒州守，催七縣道款希冀就便回休，迎養詎行至樂平諱言寇至，卒不得達，迨十二月初旬而陳孺人罵賊遇害之凶，問至季美痛不欲生。時公之同年夏君嗛甫，方在祁門曾帥慕府乃撰爲事實，由嗛甫以呈請大帥歸入忠義科，彙題請旌焉。辛酉夏季美回休安葬。於書册狼籍中檢得公之手澤，尚存《禹貢彙詮》及《廣蠶桑説》二編，携歸示余將并壽之棗梨以垂久□。余與公相處最久，知其盛年稽經諏史援古證今，務爲有用之學雅，不欲以空言表見，故生平所作詩文隨手散佚，所輯《禹貢彙詮》未遑付梓而《蠶桑説》則既刻於梁安，復於退居海陽時推廣其説思績刻以行世。於是季美仰承先志問序於予，予知季美他日爲肖子爲循吏，而公之力學賁志與孺人之取義捐軀，其食報，豈有艾哉。同治元年歲在壬戌正月上澣，前任江西玉山縣知縣同里姚繼緒拜撰於樂平旅次。

又《廣蠶桑説·夏燮序》 農桑之書莫古於賈思勰之《齊民要術》，而其間名物訓詁，通儒或不盡解，何論耕夫織婦，故便民之事必取通俗之文以曉之。至於蠶桑，則婦人女子之專職，古者后夫人親繅，世婦獻繭及其成也。元紞纮綖以供祭服命士以上皆衣其夫。故漢詔以錦繡纂組爲害女紅，女紅者，女工也。然則四德之一，其無與於百工之事明矣。今則不然，自康熙二十一年，平臺灣開海禁，於是番舶歲至中國貿易於舟山四明之間，率取頭蠶湖絲滿載回國以爲常。至乾隆三十四年，始嚴絲觔出洋之禁，復經兩廣督臣奏請，照東洋銅商搭配之例，每船準買土絲五千觔，二蠶湖絲三千觔著爲額，又不數年而頭蠶湖絲之禁亦弛矣。燮昔撰《中西紀事》一書，參核西人月報計，湖絲近年出口之數歲不下二千餘萬幾，幾乎與茶利相埒，然則竭東南婦人女子之力，其足以給中外恒河無量之求乎。葢自女紅失其職而牟利者干之，乾嘉以後承平既久，晏安成習。蘇湖之間婦人靡不麗服靚裝，粉白黛緑以相夸耀，詢以蠶桑如扣槃捫燭莫識誰，何而至於奇技淫巧踵事增華，則一衣一裙一純緣之費，其足以耗蠶事之杼柚者。方且百人并力幾度抛梭，於是利之所在蟻附蠅營，反使工得之以居奇貨，商操之以利轉輪，而婦人女子逸居思淫，其與乃逸乃諺之男子，不知稼穡之艱難者，何異哉？吾友沈君清渠憂之，自其爲秀才時與德配陳孺人積苦自勵塾中，誦讀之聲與閨中機杼之聲交相和荅無間寒暑，洎道光辛巳恩科與燮同出蕭山文端公門下。是年榜首不祿君，遂以第二人領解赴南宮，一時同譜之彥僉奉君，爲一日之長而燮過從獨久。其後弢甫伯兄司訓婺源與君同舟，又近十年人但知君以文名譟海内，揣摩家奉爲金科而不知君務爲有用之學，生平撰著酌古準今，以卓然可見之施行者爲貴，其初至績也。琴書在前，纅車在後，人鮮不以迂濶誚君，迨數年間見緜蕝之旁桑柘成陰，簻筐盈載，乃稍稍從君講求蠶事不得，則遣其家人入署從陳孺人口講指畫，并刋《蠶桑説》以示之。迨大吏書之上考君顧幡然引退，就近卜居海陽。海陽宜桑之土多於梁安，君益督家人植桑飼蠶，又增輯前説，所未詳以期行遠而傳後，君之卓然見諸施行者多此類也。頃君之季子季美謀刻君《廣蠶桑説》，屬爲校正，以廣其傳，嗚呼！晨星落落，子髮種種，追憶四十年來滄桑變易，讀君之書不禁感慨係之矣。爰序而歸之。同治二年歲次癸亥立秋後一日，當塗同歲生嗛甫夏燮。

又《廣蠶桑説·鄒鐘俊重刻序》　《蠶桑説》一書，溧陽沈清渠孝廉、司訓績溪所著，其為説精切詳明，易知易學。先君子官梅渚巡司時取以教民，深賴其利，曾附刊《人生必讀》書卷末，流傳已廣矣。同治癸酉俊權篆六安公餘巡□，鄉間兵燹後戶口凋殘，田野尚多荒廢，思所以振興之，農桑實為先務，察看北鄉與壽霍毘連處，亦有種桑養蠶者，惜未得良法，利薄而民不勸。夏間楊子湘明府自定遠以清渠先生嗣君季美司馬所刻《廣蠶桑説》寄示，較前書為周備，竊念官如傳舍興利，非旦夕事，惟成説足師，因勢利導以為之創，固有司之責亦以承先志也。子湘回任霍邨，王虎臣剌史新莅壽春，均有志於足民者，壤地相接，同時興辦，較易奏功，爰將是書屬孫作庵大令、梁衡卿司馬、潘筠坪、吳肖傅，兩廣文王水樵少尉同為校訂，重付剞劂以資傳布。近者江安各處多有興辦蠶桑之舉，人之欲善，誰不如我，悉力遵行，其效甚速，下以裕閭□生養之源，上以紓宵旰憂勤之意，豈不美哉。謹誌其緣起，至於籌辦章程勸懲規則，各邑民情不同，是在留心民事者變而通之，以盡其利云。同治十二年秋八月既望，調署六安直隸州事太平縣知縣吳郡鄒鐘俊書。

清　王之春《使俄草》卷七　中國養蠶之法見於《禹貢》，詠於風詩，詳於《月令》諸書，其後如賈思勰《齊民要術》十卷，陳旉《農書》三卷，秦湛《蠶書》一卷，元時官撰《農桑輯要》七卷，魯明善《農桑衣食撮要》二卷，王禎《農書》二十二卷，徐光啟《農政全書》六十卷，沈氏《農書》一卷，楊屾《豳風廣義》三卷，劉祖震《橡繭圖説》二卷，鄭珍《樗繭譜》一卷，鄭之任《農桑易知録》三卷。有兼論者，有專論者，然或宜於古而不宜於今，或宜於南而不宜於北，惟國朝《欽定授時通考》一書，蠶桑一條，分十子目，能集諸家之大成。外此若沈練之《廣蠶桑説》，言種桑法十九條，飼蠶法六十六條，蓋公一家之中，自孺人以至子婦，皆業蠶桑故。能詳盡如此，其大端如留種、醃種、布葉、搭山諸法可謂無微不至。然其擇種，但於蛾出時揀去拳翅、秃眉、赤肚諸病蛾法，人郎都近創育蠶會，則用顯微鏡測視蠶身，凡蠶身之有黑點者，即先去之，如是則食葉同人力同而出絲。較中國恆多三倍，可謂講求精細，大有功效矣。今中土養蠶諸家似亦宜各用顯微鏡一具，察視一切，勿俾西人得以盡奪利權也。

廣蠶桑説輯補

清　沈練撰，仲學輅輯補《廣蠶桑説輯補·宗澗瀚序》　自來言農之書，必兼言蠶，后魏之《齊民要術》，宋元之《農書》，明之《農政全書》，莫不皆然。農桑者，衣食之大本，凡宜五穀之地，無不宜桑，即無不宜蠶。見之前人論説者，屢矣，不獨檿絲桑土著於青、兖，蠶月桑田播於豳、衛已也。近代擅蠶桑之利，莫如江浙。浙之杭嘉湖紹，比户皆嫻蠶事，嚴地與爲接壤，顧獨遜謝弗能耳？食者且以爲其地不宜於桑。予考舊志，宋時嚴有絹税，南齊沈瑀爲建德令，課一丁種十五桑。夫民習有勤惰，物力不能不因之爲盛衰；而土之所宜，亘古弗爲變。兵燹以來，郡圃樹木斬伐殆盡，獨余老桑十數株，披露含烟，亭亭如蓋。乙亥歲，予於署中選僕嫗育蠶，丙子募紹人於府倉開蠶局，招嚴之男婦與共居處講習，得絲皎如霜雪，又於杭境購桑數千種於西郊外思範亭故址，逾年可成林。比聞建之東鄉人頗事蠶桑，且持所繅絲來城相較，自以爲弗如。蓋嚴之人甚有志於此，特未盡得其竅要耳。言蠶專書，自宋秦湛后不乏作者，惟本朝沈清渠《廣蠶桑説》明辨以晰，婦孺皆能通曉。淳安學博仲昂庭志薄華靡，究心本務，其孺人又工蠶事，儼然有沈君之風，乃屬昂庭取沈君之書，疏通證明，採湖人《蠶桑輯要》之言稍稍附益，而昂庭又時伸己意，爲《廣蠶桑説輯補》，條理始末，燦然畢備。予亟刊以貽嚴人，以此爲導師，無地不可蓄桑，無人不能育蠶。夫力田爲農民之先務，而山多田少，旸雨愆時，嚴之農則久困矣。婦女以蠶桑爲職，自飽食而嬉，不衣其夫，嚴之婦工又甚荒矣。誠能以蠶桑濟稼穡之艱，以婦工補丁力之絀，賦事獻功，勞思而不忘養畜教之道，豈遽遠哉？在嚴之人勉之而已矣。光緒三年春正月，浙江補用道嚴州府知府宗澗瀚。

廣蠶桑説輯補校訂

清　沈練撰，仲學輅輯補《廣蠶桑説輯補・凡例》　廣蠶桑説平陵沈公練所著，明白如話，絶不引徵經史，蓋詞繁則意晦，不如掃去陳言，故説桑僅十九條，説蠶僅六十六條，説桑則自桑地説起，説蠶則自留種説起，次序一絲不亂，真善本也。業蠶桑者，當以此爲定盤鍼指南車。

蠶桑為民生之大計，前人本有成書，《農政全書》中亦有圖有説，近日新輯《湖州府志》於蠶桑一門，徵引頗富。惟初學閲之，或覺其繁，或嫌其常。鎮通海道沈公秉成所刊《蠶桑輯要》不簡不繁，有裨實用。惟頭緒與語意亦皆不如《廣蠶桑》之清，兹但摘其要語，分附各條之後。各條有未備，暨未愜之處，復於《蠶桑輯要》外參以平日見聞雜説，及各種經驗法門作為按語，綴於各條之下，使初學者一閲了然。

各條之下所附《蠶桑輯要》及按語，閒有略於此，而詳於彼者，下必註曰詳第幾條，與第幾條下有見於彼而又見於此者，各從其類故也。下必註曰見第幾條與第幾條下，若前後條相去甚近，則註曰詳見某條與某條下，皆取其便於尋覽而已。至於器用圖内器各有式，其可無式者，仍照式註明，註或盡用《蠶桑輯要》或稍改竄，總求醒目。

清　沈練撰，仲學輅輯補，章震福《廣蠶桑説輯補校・序》　是書向止上下兩卷，所立各説原本《湖洲育蠶法輯補》所採，乃《湖洲府志》與歸安沈公秉成所著《蠶桑輯要》等書，又湖蠶法也，即其所自説者亦不離其宗。鄙人生長蠶鄉，於蠶事習聞、習見，前在嘉定縣署曾擬就《湖蠶説》兩卷，欲付梓而未果，今已稿無存矣。偶見是書，覺所説更有條理無少差謬，内就其未著者發明之未及者，補綴之較原書增説幾十之四分，爲四卷，首説蠶，次説桑，次説器具，而以雜説終焉。原書之末有勸商賈之家、仕宦之家，俱宜育蠶兩條説，雖近是恐徒費筆墨，又器具有飼蠶凳、擔桑凳二圖，亦不甚切要，概從删削，要之，是書言湖蠶育法可謂備矣。講求是學者必能辨焉。光緒三十三年九月，歸安章震福識。

蠶桑説（葉向榮）

清　葉向榮《蠶桑説・序》　蠶織迹畧，苦勸不興。可否請章，申詳咨部，用法嚴行，以開財源，使之家給戶誦，而同登夫仁壽也。蓋以西邑地土開廣，涇得由乎人工，種桑播棉，尤為合宜。據地而論，當可稱為富足之地，禮義之邦。豈知足衣足食者十居一二，讀書誦詩者亦然。人之甘於困苦者，其來非無由矣。有土不知生財，有業不知自習。其男而勤者，於正糧外，祇知播種雜糧，入不敷出；其惰者遊手好閒，不務正業；其女而勤者，於炊爨外祇知牧豕為業，殘五穀；其惰者，賭習紙牌，多生事故，而於種桑養蠶，紡紗織布兩行事業，毫不知習。有識者以為此事之非易，不知者以為此事之無裨，積習成風，相沿日久，此蓋由從前失教之所致耳。於光緒九年，蒙前縣主歐陽，愛民念切，有心吏治，採辦桑秧十萬餘株，給發四鄉。先興蠶事，後欲設法教織。奈利源方啟，而任宰地方。迄今已十餘載，得能培植成林，獲利者不過十居一二，餘皆任聽其自然，甚至成林掘棄者不少，是猶水之始達而仍塞其源流。今有戴星之良吏來臨，更有心於民瘼。生居僻壤，不辭艱辛，盡心蠶織，現有百金絲產，紡紗織布，女媳早能有成，已將斯道往往苦勸村鄰，歷有年數，欲為廣傳。無如牢不可破，情言已極，輾轉思維，非法不行。竊查先朝宋時，範純仁任宰襄陽，勸教蠶織，亦牢不可破，已及三年，未能廣行。後以法行之，先行出示，并立蠶織簿本，除犯有情之罪外，餘以此作抵。民多畏懼，均習斯業。至十年後，地方饒富，俗尚禮義，是民所畏者，法也。

又　蠶織之久不興也，惑亦甚焉。有識者以為種桑無地，屋宇褊小；無知者以為男耕女爨，撫兒育子，無暇養蠶。試思嘉、湖等處，其蠶桑之利甲於天下者，亦皆出自己業。屋宇廣大，男不耕耘，女不炊爨，亦不撫兒育子乎？即使設言推委，而平素之間，紡紗織布，亦無暇乎？此由怠惰者，習慣之成自然也。

清　葉向榮《蠶桑說·歐陽烜叙》　古者，天子親耕，后親桑。我聖祖仁皇帝念切民依，嘗刊《耕織圖》頒行中外。誠以民生之源首在衣食，故惰農有誡，即婦事有省，蓋有並重，無畸輕也。西邑四面環山，繚以原田，民樸而勤。雖兵燹後土著流亡強半，招徠自四方，黨類既殊，風氣稍易矣。然盡力田間，類能終歲劬勞，舍我穡事者，蓋亦甚鮮。獨婦女無常職，求所謂執麻枲、治絲繭，竟渺不可得。夫人情恒難於創，而樂於因民俗，宜補其偏而貽以利。士農工商，男有恒業，其室家婦子嘻嘻晏然，無所司事。一絲一縷，皆將貸諸抱布貿絲者流，內職之不修，狃於習俗，特無人起而創，為之補其偏。余兩宰斯土，深病之，且以自病。葉子向榮出所纂《蠶桑輯要》一帙，於接桑、養蠶之法言質而詞淺，易於通曉。且甚言蠶桑之益，深得利導之意，亟序而梓之，俾家喻户曉，庶幾『爰求柔桑』，學女事以共衣服，上副聖朝耕織並重之至意，不其韙與。光緒捌年歲次壬午仲冬知浙江西安縣事南城歐陽烜謹叙。

清　葉向榮《蠶桑說·沈秉成叙》　世人泥《禹貢》『桑土既蠶』之說，謂種桑之地必擇土性所宜，以致天下大利輒為方隅所限。不知五畝之宅可樹桑，匹婦之家可飼蠶，天下有土之地皆可種桑之地，皆可養蠶之地也。文王善養老於西岐，孟子策王政於齊魏，俱以樹桑為首務，未嘗慮土性不宜，其明證矣。彼斤斤然，謂遷地弗良者，皆游惰之民，不善治生，遂使先王良法美意不能偏及於天下，豈不重可惜哉？浙之湖州，蠶桑與農事並重，男耕女織，寖為風俗。秉成生長楚邦，親見每年所出之絲，四方來購者相望於道。竊謂此利若推之他省，更可衣被無窮，私願所存，有志未逮。同治己巳夏，奉命備兵常、鎮。冬初履任後，周歷各鄉，野多曠土，詢諸父老，知重農而不重桑，迺捐廉為倡。郡之紳富亦復樂成是舉，踴躍輸將，遂設課桑局於南郊，擇郡人之公正者司其事。集資倩人至吾鄉採買桑秧，得二千餘萬株，分給各鄉領種，並頒示章程，導以培植、灌溉諸法。年餘以來，十活八九。高原下隰，蔚然成林，此後養蠶繅絲，如法教之，亦在不憚勤勞耳。

桑蠶說（江毓昌）

清　江毓昌《桑蠶說·序》　養蠶之事，自生蟻以至繅絲，婦女勤勞不過四十餘日，以一年三百六十日計之，除去四十餘日，尚餘三百一二十日，皆可各爲本業。又況此四十餘日，所得之利可敵三百一二十日所得之利乎！至於種桑以及修剪、澆灌，爲時有限，小民斷無日夜操作，竟不能分片刻工夫，料理桑樹之理，則荒廢本業之說無庸慮。本府籍隸江南，本地所産五穀不敷食用，全賴蠶桑以佐生計。深知蠶桑之利十倍雜糧。今忝守是邦，何忍不與吾民共此美利，特爲重刻《桑蠶提要》一書，教以種桑、養蠶、繅絲之法。尤恐篇幅太長，難於披閱，又作《桑蠶說》，一同刷印散給。仍由本府捐廉，赴湖州購買桑秧，作爲桑母，並雇湖州匠人，教令栽種、接換。一有成效，再買湖州蠶種發給，並雇蠶師，教習養蠶、繅絲，以期盡美盡善。除將各書扎發各縣轉發外，合行出示，曉諭爲此示，仰紳民人等一體知悉。爾等須知蠶桑爲利最大，且無水旱之慮，四時之勞，又爲婦女職業，不礙男子生計。

蠶桑提要

清　方大湜《桑蠶提要·序》　光緒五年冬，余奉命分守安、襄、鄖、荊四郡，其明年二月興勸蠶桑，既已諄切曉諭，復遣購浙桑四萬株，蠶子五連，分界襄民，教之種飼，而浙人繅絲之車、治桑之刀，若翦亦坿頒焉。以爲之式種美而器良，苟非游惰，余前示所云利十倍於他物者必有徵矣。然事艱剏始民聽尚疑，及今不剗掇淨盡，且怠於繼而隳厥成，蓋嘗爲隱括其端約有三焉，一曰襄陽地近西北土不宜桑也。不知桑無不宜，《方輿勝覽》：成都古蠶叢之國，其民重桑事。《三國志》孔明自言，成都有桑八百株。蘇子由詩序曰：眉之二月望日，鬻蠶器於市，謂之蠶市，則蜀地宜桑，蜀卽今之四川。《豳風・七月》曰：爰求柔桑，曰蠶月條桑，曰猗彼女桑，則豳地宜桑。《大雅・皇矣》曰其檿其柘，檿，山桑也，則岐地宜桑。《桑柔》曰菀彼桑柔。《秦風》曰交交黃鳥止於桑，則豐鎬宜桑，豳岐豐鎬卽今之陝西。《晉書》載，涼州刺史張天錫語謂，桑葚甜甘鴟鴞革響，則涼地宜桑，涼卽今之甘肅，其地皆在襄陽之西，《韓非子》：子産開畝樹桑，則鄭地宜桑，《衛風・氓》之詩，桑之未落，其葉沃若，則衛地宜桑。《列女傳》陳辨女者，陳國採桑之女，則陳地宜桑，鄭衛陳卽今之河南，《魏風》言採其桑，《唐風》集於苞桑，《春秋左氏》宜子田於首山，舍於翳桑，則魏晉宜桑，魏晉卽今之山西。《禹貢》青州厥篚檿絲，《左氏》晉公子重耳在齊從者謀於桑下。《史記・貨殖傳》齊帶山海膏壤千里宜桑麻，則齊地宜桑，《禹貢・兗州》桑土，既蠶魯頌泮水食我桑黮，則魯地宜桑，《曹風》鳴鳩在桑，則曹地宜桑。齊魯曹卽今之山東，後漢張堪拜漁陽太守，百姓歌之曰：桑無附枝漢昭烈，宅在涿州樓桑村，宅有桑層蔭如樓，因曰樓桑，《後燕録》慕容廆求桑種，江南平州之桑悉由吳來，則燕地宜桑。《古今注》邯鄲女秦羅敷採桑陌上，則趙地宜桑，燕趙卽今之直隸，其地皆在襄陽之北，西北且宜桑矣。何獨於近西北者疑之，考襄陽在《禹貢》爲豫州之域，其連界之南漳爲荆州之域，荆豫之貢篚元纁璣組纖纊纁絳色幣組綬屬皆絲，所織纊細綿古無吉貝，所謂綿卽今絲綿也。絲任土貢饒桑可知司馬德操採桑樹上坐，龐士元於樹下共語，事載《蜀志》，韓係伯以桑枝陰妨他地，遷界數尺，事載《南齊書》。又劉邈有《見萬山採桑人詩》，蘇東坡《萬山詩》有『傳云古隆中萬樹桑柘美』之句，司馬德操、韓係伯皆襄陽人，萬山、隆中皆襄陽地，而晉桓宣鎮襄陽勸課農桑見稱於史，凡此皆襄陽有桑之證，何謂不宜？一曰野無曠土也，不知桑隨地可種，《詩・小雅・南山》有桑，則山上可種，《秦風》坂有桑，坂，山脅也。卽崎嶇墝埆之處，則坡地可種。《鄘風》降觀於桑，則平地可種。《小雅》隰桑有阿，則下溼之地可種。《鄭風》無踰我牆，無折我樹桑，孟子曰：樹牆下以桑，則牆下可種。《周禮》載師宅不毛者有里布，宅不毛謂宅不種桑麻也。《史記・食貨志》還廬樹桑，還，繞也。謂繞屋種桑也，則屋之前後左右皆可種。《魏風》十畝之閒兮桑者，閑閑兮十畝之閒，蓋郊外所受場圃之地，則稻場菜圃皆可種。李太白子夜吳歌曰採桑綠水邊，楊萬里桑疇詩曰，夾岸瀕河種稺桑，吳均採桑詩曰婀娜陌上桑，蔭陌復垂塘。則河邊、塘邊、溝邊皆可種。曹子建詩曰採桑歧路閒，鄭震採桑曲曰：晴採桑，雨採桑，田頭陌上家家忙，則田頭、地角、路旁皆可種桑，田見鄘風桑陰相接恐妨禾豆，移桑率十步一樹，見《齊民要術》。治肥田十畝，合種黍子、椹子各三升，見《氾勝之書》。則豆麥、綿花、芝麻之熟地，亦無不可酌種，何謂無土，一曰慮荒本業也，不知婦女業布之利十不敵蠶事之一，因蠶而輟布乃取十利而棄一利耳，況蠶老最速。《淮南子》曰：蠶食而不飲，二十二日而化。高啟《養蠶詞》曰：新婦守箔女執筐，頭髮不梳一月忙。前此余守武昌，令家人效功署中，自初生至結繭歷二十有餘日，由結繭而採繭，而繅絲又歷十有餘日，蓋四十有餘日而蠶事畢。十分一年之三百六十日，蠶事得一分而稍贏耳。業布之日尚八九倍之，何謂荒業？或又曰襄陽境內非盡無蠶，或未繭而殭者半焉，今强合縣以素所未習如前患何？余曰，唯唯，此吾《桑蠶提要》之所爲而作也。古人之成法與夫浙人之所專精，凡可以善事利器者，蓋纖悉畢著於篇。夫綿花未入中國之前，人不知有是物也，花俄而縷縷俄而布，豈天授哉。浙之蠶利甲天下，又豈其人獨巧，然而莫與爭者，彼身命所託而肄習之勤有加焉。爾余惟自古生財之道不越，夫地無餘利，人無餘力，襄民利有可取而不取，力有可爲而不爲，馴至飢寒切身，陷於刑辟而不能止，而爲之上者顧坐視其愚不爲之所，或一再告焉。遂謂吾之責既盡不更，反復曉譬以取必於有成，甚非天子所以慎簡監司愛養元元之意，因復爲之説，以貽此邦人士。士者齊民之倡而國人所矜式勉誦吾言而愛焉，傳焉，相率以聽襄民庶，其有豸而吾曠官之責。亦以少逭也。嗚呼，是則使者之所厚望也。夫安襄鄖荆兵備使者方大湜。

清　方大湜《桑蠶提要・凡例》　養生之計，謀衣與謀食爲先，勸課之方，蠶事與農事並重。然欲興蠶利必自種桑始，故是編首《桑政》，次《蠶事》。柘葉可餇，柘、蠶、橡、槲、柞、櫟、青棡、臭椿，可飼山蠶，桑之餘也。既不翦條，又不接枝，且不澆糞，較種桑尤爲簡便，附《桑政》後。夏蠶、秋蠶與春蠶不同時，柘蠶、山蠶與桑蠶不同類，養法各有所宜，果能旁通其法，卽可兼收其利，附《蠶事》後。

紀事者，不提其要，必不能燦若列眉。是編《桑政》二十三條，爲總論三：曰桑種、曰桑地、曰桑具。分論十四：曰種葚、曰移栽、曰壓條、曰插枝、曰接桑、曰澆水、曰澆糞、曰培壅、曰耘鋤、曰修翦、曰除害、曰採葉、曰桑閒種植、曰蠶外餘利。附録六：曰柘、曰橡、曰櫟、曰槲、曰青棡、曰臭椿。蠶事四十條，爲總論十：曰蠶種、曰蠶性、曰蠶屋、曰蠶食、曰蠶料、曰蠶具、曰蠶母、曰採桑、曰飼葉、曰易器。分論二十二：曰留種、曰浴種、曰生蟻、曰收蟻、曰育蟻、曰頭眠、曰頭眠起後、曰二眠、曰二眠起後、曰三眠、曰三眠起後、曰大眠、曰大眠起後、曰地蠶、曰老蠶、曰紮山、曰上山、曰摘繭、曰殺繭、曰繅絲、曰做綿、曰抽線。附録八：曰夏蠶、曰養夏蠶法、曰秋蠶、曰養秋蠶法、曰柘蠶、曰養柘蠶法、曰山蠶、曰養山蠶法。每條各有子目，少者一二則，多者十餘則。每則之上各標數字，使閲者望而知其大意，然後尋繹下方。

事有首尾，若不一綫穿成，必至顛倒錯亂。編内栽桑，自種葚起，至採葉止；養蠶自留種起，至抽線止，一一挨次編列，雖頭緒紛繁，而首尾仍自一綫。

前人立法，煞費苦心者，不繹其意義，則不知立法之所以然。是編《大學》之下，弓用細書夾註，凡立法之所以然，多列主内，閲者愼勿忽略。

編列桑蠶器具有必不可少者，有可代以他器，不須月製者，所輯前人圖說，皆顯明易見，不難逐一仿照。惟繅絲之車工最多，車内之物亦最夥，差之毫釐，不免窒礙。《農政全書》所載車制，採自王楨《蠶事圖說》有總圖，無分圖，且語意晦澀，閲者茫然。《蠶桑輯要》所載車制，卽浙人現用之式，一車分爲數圖，每圖各繫以說語，較明晰。然仿造者，尙苦其略，而不詳茲從。浙江購來絲車一具，詳加審視，不特材料之或長或短，或窄或寬，或厚或薄，無不位置天然。卽榫頭之或方或圓，或鬆或緊，亦各有意義。據此繪圖列說，既不率略，亦不晦澀，細心人當不難於依式製造也。

種桑養蠶諸法，前後各條不無互見，或略或詳，各從所重如詳於此條，則彼條之下，必註曰『詳某條，第幾則』，以便尋覽。

是編採輯諸書，自《荀子》《韓子》《淮南子》《古今注方言》《說文》《埤雅》《爾雅翼》《種樹書》《羣芳譜》《博物志》《物類相感志》《唐本草》《救荒本草》《本草圖經》《本草衍義》《本草拾遺》《本草綱目》及《毛詩》《戴記》《爾雅》各註疏而外，如《淮南蠶經》，宋元明之《蠶書》《桑蠶直說》《桑事圖譜》《蠶事圖譜》《蓺桑總論》《養蠶總論》，國朝之《蠶桑實要》《蠶桑輯要》《蠶桑簡編》《蠶桑備覽》《蠶桑實際》《桑蠶須知》《種桑詩說》《飼蠶詩說》《廣蠶桑說》《廣蠶桑說》《輯補蠶桑易知録》《廣行山蠶檄》《養山蠶事宜》，皆專言蠶桑之書。前漢之《氾勝之書》，後魏之《齊民要術》，宋元明之陳旉《農書》，陸游《農書》，沈氏《農書》，《務本新書》，《士農必用》，《四時類要》，《博聞録》，《農桑要略》，《農桑輯要》，《農桑通訣》，《農政全書》，國朝之《授時通攷》《豳風廣義》《沈氏農書補》，皆言農事，兼言蠶桑之書，會萃成編。無一字無來歷，但語必鉤元，全録原文者，不過十之一二，衹用原文之意，不用原文之詞，或融會數說爲一則者，十之八九，故不能載明出處，非敢掠美也。

農書今存者以《齊民要術》爲最古，《農政全書》爲最備。《齊民要術》援引史傳雜記，不下百數十種，如《氾勝之書》，崔寔《四民月令》，《雜五行占》等書皆世所不傳，賴此書援引，尙見梗概，惟文詞過於古奥，方言奇字又復錯出。其閒士人讀之，或不能盡曉，何況耕夫織婦。《農政全書》本末兼賅，採輯甚博，惟全録諸家原文，既傷繁複，且仍苦文義難明。是編專用通俗之文，絕不援引經史，閲者庶可一目瞭然。

是編以庚辰三月刻於襄陽桑蠶局。魯魚叢雜，殊不耐觀。會余遷官直隸，公餘博攷古今人言桑蠶書，擇其簡易可行，爲襄陽原本之所未備者，時加纂補，乃寄京師。重刻之視原本稍有增損云。光緒八年壬午三月朔日，新授山西布政使直隸按察使方大湜識。

（光緒）《巴陵縣志》卷三四　方大湜，字守初，一字菊人。鄉賢方鈺出嗣子。巡撫廣西、四川。鄉賢方中丞顯之五世孫。襄陽縣民所歌『方公好海内』所稱北游南方者也。起諸生，從事胡文忠戎幕保訓導，以知縣用，旋權廣濟縣，事文忠。諭以書曰：『廣濟前任，催征不力，又縱容壤種擾民，今以此奉，求足下。足下其剋日馳赴，迅徵錢漕，勤恤民隱，毋令胥役得詐索民錢。吾惟聽循聲之洋洋耳。』大湜一如其教，縣大治，遂爲其縣知縣。

自是至去官之日前後二十餘年。咸豐十一年廣濟任內，同治二年襄陽任內，乞病，均經大府固留。歷官廣濟、襄陽縣知縣，襄陽、宜昌、武昌府知府，荊宜施安襄鄖荊兵備道。直隸按察使布政使，山西布政使，以忤山西巡撫罷歸。中間凡兩署荊宜施道，復前所手定關榷善章。三至襄陽，親見其德政之碑，生祠之主。最後買浙桑，栽十萬株，分給民閒，教之種藝。並設局飼蠶，著有《桑蠶提要》。所至民咸喜其來而悲其去，而襄陽之水利、團防、宜昌之賑務，廣濟、武昌之隄工，其政之犖犖尤著者也。大湜沈默鎮靜，倉卒閒喜愠不形於色。與人交，初若難合者，然久而不渝，以孤寒遇文忠，特知。當大兵之後，湖北百孔千瘡，文忠率寮屬日夕淬厲，惟恐不給。大湜於時惟知有民事，而已接鄉民如其長老。

事上官等於師弟，解去苛嬈，所謂奔走形勢，揣摩以爲迎合者，大湜微特未嘗身試，亦幸不目覩其事。自文忠薨後，他及事文忠者，或以趨時幸速化，而大湜樸拙如故。其知襄陽也，忤學使某書詆之於巡撫。巡撫復某書謂：『此人官場怪物，當爲君除之。』未幾安徽學使朱道出襄陽，襄陽令值郵之役，與學使從僕相毆，朱笑曰：『吾所至州縣多矣，未見有毆吾僕者。』因謂巡撫：『湖北有此州縣官而不即奏遷，顧使久任衝區，設不幸得罪，勢要有所中傷，則負此好官，即上負朝廷，下負百姓矣。』巡撫於是以知府保薦，疏稱大湜：『志節貞廉，才情沈毅，前扗廣濟任內，卓著循猷，士頌民懷。自調署襄陽以來，潔己愛民，事事親理，終日堂皇治事。籤押房不設牀榻，危坐披覽，無玩好之陳，樓臺泉石之游，觀暇則以經籍自課。不設門印之流，不假僕從之手。禁僕從華服及私出署門，然呼召甚簡，終日鈔書而已，不可者遣之，不以訶斥相加。收發公文，梆由內發，審理詞訟，鑼自會鳴。而愛民如子，嫉惡如仇，尤孜孜不倦。本年夏閒飛蝗入境，該員親行田隴，手持竹竿，足穿草履，倡率農夫，實力撲捕，萬民踴躍歡呼。三日之內蝗孽淨盡。任廣濟時，捕蝗如扗，襄陽蝗密附灘中蘆根捕者，無所置力，忽有羣鳥，數千下啄蘆根，蝗書殲焉。著有《捕蝗纂要》。襄陽士民僉謂：「數十年來未見如此好官。」靡不額手稱慶。』事扗同治二年，巡撫爲嚴渭春，蓋朱門下士也。光緒六年兵部右侍郎朱智遵旨秘保人才，疏稱：『其秉性耿介，操守堅定。勤求民隱，視國事如家事，才堪大用。』其罷官歸也，左文襄方督兩江時法夸方擾粵南，疏稱：『大湜素爲胡林翼所器重，以循良稱。前任襄陽時，誠心愛民，大得民和，至今去思弗絕。臣深知其爲人，擬請旨將該員發往沿海各省，以資練習，備他日之用。』其爲諸大臣推重於此然。大湜於京都及各直省達官顯宦，非嘗躬爲其屬者，絕無竿牘之投。衡陽彭尚書雅重大湜，及大湜以毀武昌縣之樊口隄被劾，尚書奉旨履勘，亦誤中人言，不直大湜。然樊口實萬無可隄，理隄則綠湖七八州縣被湖水漲溢之害，今兩廣總督張著有《樊口私議》，亦言口不可塞。大湜卒不以自申於尚書。王侍郎文韶自湖南巡撫入贊機務，以大湜爲襄陽舊交。臨別鄭重屬數致書札，告以外事，大湜箋候外，卒無一語。他及左文襄之入相也，道過直隸，大湜以直隸布政上謁文襄，迎語曰：『吾知子久矣，吾與子伯兄稼軒相過從，京寓甚密，語輒盡日，時子扗側也，竟不復省憶耶？』蓋文襄自督師至封侯，大湜不一相聞問，故文襄云然。李傅相嘗謂其里人孫振銓曰：『如菊人者，豈甘巴結上司。彼乃上司所欲巴結，而惟恐不獲者耳。山西巡撫某以書生驟任封疆，設施多不中程式，大湜顧仍如事胡文忠時，守正不阿，天性使然，是非久而自明，譊譊者，深文巧詆，不足爲毫末病也。』所著書二十餘種，詳《藝文志》。其《平平言》四卷，官所以利病民者，抉發殆盡，蓋亦自道其甘苦云。

大湜居官既久，本所聞於文忠者，又啇其服飾所需，而益廣之爲學，租田三百九十餘石以贍縣諸生，義田三百石以贍族人，義渡田二十石以利行人，事詳《義舉志》。家居四年擁書數萬卷，課桑千餘株，絕迹不履城市。子三人，皆爲諸生。少者早卒，有傳；長朝槩，湖北知縣；朝棨，户部郎中，中光緒丙子順天鄉試，與大湜並稱之北游者，名智開，同時官順德知府。

蠶桑摘要（任蘭生）

清　任蘭生《蠶桑摘要·序》　蠶桑天下大利也，而不知其利者每漠然置之，吁可惜哉。不佞從事皖北十有餘年，髮捻之亂彌望蕭然，蕩平以後亦既開墾田畝各勤耕作，而歷年已久，民氣卒難元復者。良以治生本務未能詳盡，地有遺利，民有遺力，偶值水旱偏灾家鮮，蓋藏不得不轉徙四方另謀衣食，甚或饑寒迫切甘蹈法網，興言及此真堪痛心。夫天之生人，男女皆有恒業，力足自食無待外求，誠於農事之外更勤蠶事，辛苦不過月餘，操作可藉女工且無胼胝之勞，無賦稅之擾，綜歲所入有較之，僅力南畝而利實數倍者。況蠶桑事了然後插田，先後舉行兩無妨礙，即使土性或有不同而苟得，其養無物不長，天下有土之地皆可種桑之地，即皆可養蠶之地。孟子論政，諸葛治家率以樹桑為務，未嘗有遷地弗良之慮，但購桑較遠，獲利稍遲，民間素非熟習，驟令自行興辦，難免疑信相參，仍懷觀望。用為籌欵先於壽州設局試辦，以凌蕢村大令會州牧主其事，而以紳之賢者董之，往嘉湖採買桑種，募業桑之人。並先期示諭，令民各量地畝於冬初赴局呈請，局中誌其姓名里居及所請數，春初桑至如數發給，即令所募之人分途教導主者。時復周歷察其中否如鄰邑之民，有聞風而願興此利者，當歲以九月為率，各以其數上之有司，有司以十月為率彙告局中，同為購運來春赴局請領，即以壽人之習者教之。統俟三年有成酌歸桑本，仍為購備蠶種、繅具及教習之人次第相授，約計五年全功竟而效可見矣。以天地自然之利為閭閻致富之源，織事舉而家道昌，用力少而成功倍，由是互相勸勉推行盡利，實生道之一大助也。爰於種桑、飼蠶、繅絲三事取先輩時賢成法，擇其要者各録若干條，並圖桑式兼及器具付之手民，俾種桑者家置一編，以其暇日按圖攷説詳細講究，庶頌會於心。異日桑成飼蠶繅絲，無俟遠求浙人之教，不亦善乎？區區之意，尤望闗心民瘼者廣為傳播，使蠶桑之利家喻戶曉，衣被無窮，誠斯民之厚幸焉。光緒元年夏四月，吴江任蘭生。

蠶桑摘要（羊復禮）

清 羊復禮《蠶桑摘要·序》 《粵稽書》言桑土，《詩》詠蠶，《月禮》詳躬桑勸蠶之典，是知爲天下之本者。農功而外厥惟蠶桑，孟子備陳王道之始而牆下之桑與百畝之田，言之至於再三。故後世先蠶壇與先農並重，蓋撫世長民者之所必有事也。厥後賈思勰箸《齊民要術》、陳旉作《農書》、秦觀作《蠶書》、元初頒《農桑輯要》於民間，明徐光啟撰《農政全書》，備言農桑之事，至我朝乾隆間奉敕撰《授時通攷》七十八卷，至詳且備，惟邊隅絶徼罕覯其書。迨沈中丞頒《蠶桑輯要》，馬中丞頒《篤勸蠶桑歌》及《教民四法》等書，人始知種桑育蠶之法。現復奉檄辦理蠶桑機坊，誠欲使邊荒瘠壤皆習種藝織紝之勞，與斯民同登樂利也。第鎮屬風土異宜天時地利與浙粵不同，民情質陋耕而不蠶，亦未知寒溫燥濕之宜，曲植籧筐之器。且所植皆粵桑，與浙桑迴異，所育皆粵蠶，卽所謂鄉貢八綿者，每年收四造、五造之利，與《蠶桑輯要》所載者互有異同。因就粵人所習者纂輯其要，加以成法而論次之，以示吾民俾覽者有條而不紊，用者有序而易循，且曉然於委曲纖悉具有良規，朝夕勤勞非可慵惰，而民之利用厚生在乎是，卽民之飲和食德亦在乎是矣！男耕女織，農桑廣興，不將變磽瘠爲富庶哉？若由是推而行之，知尚無不知而作與不適於用之弊焉。爰書數語而爲之序。光緒十有六年歲次庚寅十二月朔日，海昌羊復禮撰於郡廨之寶濬室。

清 羊復禮《蠶桑摘要·跋》 庚寅冬奉檄興辦蠶桑，鎮人未知種桑育蠶之法，問者踵於門，因纂《蠶桑摘要》二十餘則，教之旋以刊本質之。黄兆懷太守、仁濟適安陽中丞馬公索觀，不以爲簡陋不詳，飭加繪圖説以成全帙。復禮懼不勝焉。今歲春夏種桑成陰，育蠶成繭，繅絲之事次第以興，因補纂繅絲十則並繪圖加説，俾家喻戶曉知所取法，且以浙西蠶蔟繅車較粵東價廉功倍前，復禮攝局事會給發臨桂全州等處，行用與否不可知。然蠶事初興，當法乎上，故又飭匠製造頒各器於漢土，各屬使鄉農村婦皆習知，條理觀摩仿傚亦利用厚生之一助也。至織綢各器名目繁多，非良匠教習不爲功，況鄉民之事實止於種桑、育蠶、繅絲三事，故不復殫述。是書掇拾成規加以己意，詳於鎮屬特俚，拙其詞，冀人人共喻，不免重復淩雜，幸閲者諒焉。光緒十七年辛卯夏四月，復禮又跋於鎮安郡廨。

蠶桑摘要（趙淵）

清 趙淵《蠶桑摘要·序》 中國自海禁大開，外洋日出奇技淫巧，炫奪我金錢而中國所恃，以抵塞巵漏者以絲為大宗。近則西人於蠶桒之利講求日精，而中國反大遜於前，夫我自有之利而他人奪之，尚因循苟且坐聽頹廢遑言他務哉。德邑泉甘土肥其性宜桒，而民間養蠶者寥寥，所出之繭亦甚劣薄，詢其種植飼養之法皆瞢然不省，以宜蠶之邦而不克廣蠶之利，甚為吾民惜之。乃購桒秧五千株遍植公地，以為民倡復就大吏所頒《蠶桒萃編》偏節其要者，區為三卷名曰《蠶桒摘要》敘而刋之，以布民間俾人人習知其法，因土之宜盡地之利，於吾民生計庶其少有裨益乎。嘻一令之微彈。凡之壤於大局何補，亦聊盡吾守土之責雲爾。光緒廿八年歲在壬寅上巳後一日，書於德陽署東之退園河曲趙淵。

清 趙淵《蠶桑摘要・郭紹恩後序》 《蠶桑摘要》凡三卷，上卷言桑政，中卷言蠶政，下卷言繅政。我邑侯澧荃夫子援以付梓，而屬紹恩任校讐之役事，既蕆乃再拜言曰：吾蜀古號蠶叢又名錦城，卽以吾綿而論。《舊唐書》載，綿州土貢紅藍蜀錦。《新唐書》：綿州貢紅綾。《太平寰宇記》：綿州貢紋綾，產交梭紗，產綿紬，又產輕容雙紗。《遊蜀記》：左綿郡有水所染緋紅濯後益鮮，德陽屬綿首邑，意謂是邦土宜，必將愈出愈上，乃業蠶桑者，甚尠工亦窳陋不精，豈良法盡失其傳歟？亦無人爲之提倡耳。夫子以庚寅會魁籤掣來蜀，辛卯充鄉試同考官皆得士，紹恩爲對房門生。丁酉攝安岳篆循聲遡聽，庚子六月來涖茲邑甫下車，卽減分糧之浮費，許納者自投耗羨，一無所取，處脂膏而不自潤，民甚德之。培植學校，每月加經史時務課一次，公明算術常揭算題，以課士指畫不勌業算者夥，爰設算學館延一人爲之師。捐廉倡募購經史子集五萬餘卷，建宏道閣，庋書其中，恣人閱看，以增學識而培士林，一如其治安岳創設正蒙精舍，選子弟之穎秀者疑業，其舍捐應得之閒欵，資其束脩膏火不時至。館手授《小學》《近思録》諸書，口講指畫，此殆類程子兒童所讀書，皆爲正句讀也。建自新所一，區犯者教以織布，學成而歸，各有本業，相戒無敢再犯。竟日坐堂皇不憚勞，疾忽作咯血數升，事未訖費退，非誠求保赤留心民瘼者，曷克臻此，遇事擔當有魄力。嘗中文於藩署，傔輩舞法，屢駁夫子直陳，傔輩過失並不憚投鼠之忌，正己率下無敢以苞苴進者。以故令節生辰門庭闃然，每詢民間疾苦，又時出巡行鄉社民或具壺漿以進，夫子卻之惟飲茶一甌而已，食物則自備也。士民相與嘆曰：官自若民自樂。因奉長生位入祀於晉循吏許真君祠中，公署後小築額曰：退園。時人擬之爲魯宗道退思巖雲署內，不設門丁，不暱書役，二堂設桌分數格，每房送卷自陳於上，一以劉簾舫爲法，朞年而政簡刑清。相安無事，購桑種遍植公地，其葉沃若，人稱爲趙公桑。復刻是编，教之以法，冀開蠶利，是編本衛觀察杰《蠶桑萃編》而摘其要者，衛公係蜀人，如欲窺其全，則自有原書在。夫子之言曰：區區一邑，何補於國，雖然天下者一邑，所積夫子之大有造於德者，實可措而爲天下之惠也。涖德甫二十一月，今又檄調攝理威遠，雖還園有日而遷擢，亦意計中事始，嘆吾德人福命之薄。紹恩苜蓿自甘欣沾教育聊綴數言於卷末，以誌不朽，非阿好也。詢緒綿郡士人可知矣。光緒壬寅花朝對房門生郭紹恩謹識。

蠶桑備覽

綜述

清 張修府《蠶桑備覽・序》 自西陵氏以蠶織教民而蠶桑與稼穡竝重。詩歌蠶月書稱桑土，載記詳躬桑之禮，孟子以王道勉齊梁之君，九三致意焉。後世循良吏勸課蠶桑者不勝枚舉，國朝陳文恭公撫陝時設局省城，踵行各屬織成綾綢充貢奉，高宗純皇帝獎諭良足，爲畺臣法式，然而督率在大吏，奉行則在有司，倡始在會城。因時因地相機化導，則在一州一邑，何則地近而情親其勢然也。永州當楚粵之交，山多田少，商販通，農民偶值偏災卽罹轉徙之戹。又其地民猺雜居，往往丁男游閒，婦女負戴，內職不修，而禮教寖廢，風俗之抏敝，葢亦由斯。予自辛未冬下車，每欲爲吾民籌久遠計，會莽戎閒發訟牒紛挐怓，然抱疚於中而未獲一當者，迄今六年矣。憚心耘司馬祖祁毘陵世家夙負幹略，去年秋來攝零陵，慨然以民鮮葢藏爲慮，既清釐、常平、義社諸倉，俾緩急有備，竝講求蠶桑爲民興利，郡紳席硯香、王閬靑、黎亙軒、何子安、唐吟秋諸君協謀殫力相與贊成。今春延請毘陵善治蠶者，置之永善堂徧諭城鄉士民轉相仿效，得絲光潔殊，不亞江浙閒所爲。又以郡中桑樹葉稍薄而性韌，故山鄉閒有飼蠶者其利未溥，頃復偕諸君捐資往購湖州桑秧數萬株，再延善手十許人來郡，予聞而大韙之。又出尊人畹香先生所輯《蠶桑備覽》見示，凡説桑、説蠶、暴繅絲之法，委曲詳盡，纖悉無遺，併輔以圖説，義取通俗，簡而易明。自來蠶桑紀載之書未有周備若此者，予披讀驚歎，亟爲校刊頒行，闔屬例弁數言於簡端。或謂湖桑移植恐其生不蕃，不知桑之爲性遷地皆良，燕遼邊塞之區而北燕，馮跋下書令百姓種桑，慕容廆通晉求種江南，而平川有桑息。況永州泉甘土肥，舊種猶存，新秧廣布，教以壓接灌壅諸法，轉瞬桑陰帀地，尚何不蕃之有？或又慮小民難於謀始，夫熙熙攘攘，爲利來往，郡民向未覩蠶桑之利，安於樸陋而莫之。爲今歲零陵東安成效著矣，更得是編，使家喻户曉，力田務，三時飼蠶僅數月，田有水旱之虞，蠶無凶荒之害，澤霑於衣被而利權乎貿遷，一再稔間必趨之若騖矣。惟購桑制器及延請治蠶教織者，舉不能無所資以成，是在官紳一心因勢利導，毋勞費與始勤終怠耳。管子曰：倉廪實而知禮節，衣食足而知榮辱。恆心與恆產相因，此自然之理也。蠶事既興，婦功毋曠，雖犵獠之俗皆有以專其職業而壹其心志，禮教修明，訟獄衰息，由一邑推之一郡，由一郡徧乎三湘，然則是編也。誠康樂之先聲，循良之芳軌，豈特小補蕞邑云爾哉？予多畹香先生用心之遠，心耘司馬圖治之，殷私幸獲償數年夙願藉手觀成而重爲吾民慶也。謹述其緣起，竝區區屬望之誠，願偕寮屬諸同人與父老子弟共勉之。是爲序。光緒三年歲在彊圉赤奮若十一月望日，賜同進士出身鹽運使銜、湖南補用道署永州府事、前永順府知府翰林院檢討嘉定張修府撰。

蠶桑答問

清 佚名《蠶桑答問·提要》 《蠶桑答問》二卷，續編一卷，如皋朱祖榮輯。書用澄江吴氏烜《蠶桑捷法》本删節，拊益之演爲問答以便學者。上卷論桑，下卷論蠶，續編則收蠶種法也。朱氏謂，中國之蠶當用舊法飼養，惟選驗蠶種當參新法，持論雖稍拘執，然西人嘗有農務家試驗之理與格致家之攷求而得者無異，則飼蠶舊法固亦未可盡棄也。

蠶桑説略

清 宗景藩《蠶桑説略·序》 農桑之利，自古尚矣。獨楚之人不事蠶績。初疑其土之不宜桑也，顧豳詩言蠶事獨詳。諸葛居蜀，種桑八百本。慕容治遼，通晉以求江南之桑。似西北無不宜桑者。今四川産綢，荆州亦織緞。雖物不及東浙美，而川楚之宜桑亦可見矣。蒲邑距荆不遠，山水雄秀，有似江南。惟知耕而不務織，故民多窮。竊為深思詳察。見城鄉之間，間有樹桑，枝槎枒而葉枯瘠。訪畜蠶者，悉詳詢之。蓋桑與蠶之種皆不美，而樹藝飼養胥未得法，故採繭多而獲絲少。且其質硬，其色黄，僅堪作綫，而不能織文受採。獲利既微，銷售亦不廣，業此者遂少。意者，土無不宜，特人功未至，遂并大利而棄之耳。吾浙暮春之月，婦女採桑育蠶，窮一月之力，可獲倍利。民之富也，半由於此。今欲為蒲民興利，赴浙買桑二千株，又桑秧萬餘枝，并購蠶種，載以來蒲，量給鄉民。恐其未解樹畜也，乃作《桑説》五、《蠶説》十，縷晰條分，刊發四鄉，俾獲通曉，誠能先求樹藝，冀多力勤。約計五稔，桑植繁茂而蠶事可以盛行。其效似紆，其利至溥。語有之：民勞則思，思則善；心生逸則淫，淫則忘善，忘善則惡心生。耕耨之事，楚人知之。益以蠶織，則男力於野，婦勤於室。男女有業，邪僻之心無自而生。或亦敦本善俗之一助歟？知蒲圻縣事錢塘宗景藩撰。

（光緒）《武昌縣志》卷一二 宗景藩，字子城，浙江錢塘舉人，學術純粹，以循吏自期。先令蒲圻，即以蠶桑爲首務。湖北故産荆桑，葉薄而不澤，民多耕而不蠶。景藩到任，即捐俸遣人赴浙購魯桑十萬株，分給民間，雇浙人之善蠶者攜器具至，刻《蠶桑説畧》以教導之，數年織爲綢，民稱之曰『宗公綢』。攝武昌亦然，年餘即去任，民甚惜之。景藩令襄陽，以其地不宜桑，爲種茶，有《種茶説畧》并傳於世。

蠶桑織務紀要

清 魏綸先《蠶桑織務紀要·陳寶箴序》 河南蠶桑織務局 自前明中葉以來，海外泰西諸國以巧雄天下，務爲冥搜苦索窮極萬物之變，審其竅會以爲之機括鉤距而捭闔之，其爲用至捷而程效甚鉅斯亦奇矣。然而究其成功，幸皆以一器而擅千百器之用，以一日而竟千百日之工，遂至以一人一家奪千百人千百家之利，而專之此有所嬴則彼有所絀，其勢不能以大同持久而不敝，巧極變窮而無所爲施則競爲奇淫纖靡無用之物，以眩駭耳目罔利於他國，雖足以耀蕩於一時而事久相習爲利日微，其窮可立而待也。聖人之治天下蕩平簡易，以通天絕地之神智剏，而爲愚夫愚婦之所能，爲耕以爲食，蠶以爲衣，行之萬世而無弊，而其寓至巧於至拙，有非泰西諸國所可思議者，尤莫如蠶織焉。今夫飼蠶以爲繭，浴繭而爲絲，此天地之化機也，而其事則婦人女子盡得爲之，其利則匹夫小家皆能有之，何其溥邪。機杼之用實泰西機器之所自昉而山龍藻火以爲黼，黻文章以辨等威而彰軌物，使尊卑有序，貴賤有章，精麤本末粲然大備，用致文物冠裳之盛治，非聖人不能爲也。東周以降，古制漸湮，故孟子言，王政以樹蓄爲王道之始。兩漢帝后皆親有事於蠶桑，逮及東晋建國江左，故家巨族盡室南遷至今江浙，遂獨擅蠶織之利。而中原之杼柚幾空，雖以中州爲自古神聖經營之地，莫之能振異也。今皇上御極之，三年豫晋大飢，朝廷頒粟給糯賑撫，既定詔直省講求休養之政。於是河南巡撫六安涂公區畫溝洫以備旱潦，而廉訪長白豫公權守藩司肇興蠶桑，舉數百千年久廢之典。方伯成公既履斯任，嘉謨協諧貲用具集僉，以魏溫云觀察董司厥事。購致湖州稚桑數十萬本，班藝於諸府州縣地，授之程式而責其成功。買附郭隙地百數十畝，賃民樹植而親督課之，既導以飼蠶繅繭之方，又募杭湖織工以教民子弟，使盡其技，不及二年桑陰蔽隴，與吴越之產無少異，而越綾江錦華藻相宣見者，不知其非南來物也。當始事時，州縣吏召民受桑，率逡巡顧畏若奉徭役，至是而行省附郭之民爭自陳請，又加發粟散緡苦不盡給甚矣，民之可與樂成而難於圖始也久矣。非有至誠惻怛之意，若飢寒之廹於吾身，其能致率興之效若此乎？溫云將有南行之役，迺彙其始事本末見諸文牘者都爲一編，以資考鏡且爲凡有事於蠶桑者導焉。推之以漸，貞之以恒，天下事其曷克罔濟，則是編者殆又爲將來之左券也，抑又聞之，往者泰西歲購浙絲累貲鉅萬，頃年以來彼國亦效其法以事蠶桑，漸致繒纊，又其俗以商爲國，而貴粟重農克敦本計，蓋以信賞必罰所爲必要其成，富强之原或亦以此。然則海外之民尚知取法中夏，務本計以持其末，而今之語富强者顧惟舍其本而末，是圖欲盡棄其學而學焉，抑又何也？卒讀是編爲之三歎。光緒七年秋九月，義甯陳寶箴序。

清　魏綸先《蠶桑織務紀要·序》河南蠶桑織務局　蠶桑之利自古惟昭莫川宅土而後究有漆絲，青有檿絲，徐有纖縞，揚有織貝，荆有纁組，何地無蠶即何地無桑。矧豫貢絺紵篚纖纊在昔固已然也，迨至筐人失職，典絲無官，時殊世異竟置蠶桑於不講，誰普美利於無言者，庚辰春豫東屏廉訪陳臬中州時攝藩事首倡樹桑之議於涂朗軒中丞。中丞曰：善爰撥閑欵三千金，置百莊地百二十畝，開闢草萊創築牆垣屋舍是爲省之桑園，購湖桑分植各州縣屬，以其餘環種之。嗣成子中方伯莅任，更籌經費規模，於是始備司其事者成。方伯豫廉訪及任樂如麟子瑞兩觀察，綸先不敏亦從其後焉。襄辦則余二尹秉鈞暨諸君子矢慎矢勤兢兢業業，以期無負爲民興利之至意。是秋遴員赴湖購得桑秧二十餘萬株，辛巳春各屬分種，入秋報成活者過半，尚節省銀三千五百餘兩，因於老府門西置立機局，招徠浙匠教習幼徒，所織綢縐不亞江浙。各州縣聞風慕義捐資助美，今冬又可再購湖桑三十餘萬株，蠶織並舉，所謂因民之所利而利之者，其在斯乎是舉也。東屏廉訪開於先子，中方伯助於後，而尤賴各寅好踴躍急公，以底於成將使豫州片壤盡布桑陰，梁省游民都成織戶。在昔貢絺紵篚纖纊至是而益大，其觀彼兖之漆絲、青之檿絲、徐之纖縞、揚之織貝、荆之纁組何足數耶。事既定，履新守令有請抄存案者，隣省官紳有詢訪成規者録不暇及，特綜奏摺、稟稿、書札、公牘，擇其緊要，彙爲一編，付諸剞劂。俾觀者知其梗概，世有同志更斟酌損益而進教焉，則幸甚。光緒七年歲次辛巳重九日，衡陽魏綸先溫云氏序。

蠶桑簡明輯説

清　黄世本《蠶桑簡明輯説·序》　靖邑瀕江，地皆沙土，禾麻而外厥宜維桑。余下車以來周諮民俗，雖地方夙稱完善而瘠苦情伏過於江南。蓋近年穀賤傷農，紡織之利所獲甚微，欲爲閭閻籌補救謀富饒，惟有講求蠶桑庶可開利源而裕風俗。攷《禹貢》『桑土既蠶』，兖州卑濕沮洳尚修蠶事，豳岐之域素號苦寒而蠶，月條桑載在風雅，即至五畝之宅匹婦之家，靡不勤樹蓺執懿筐蠶織之利興，而女紅與農事且竝重焉。靖邑土脈既鬆，地亦高燥，以視下濕之地滋長倍易，即下種培壅時日稍稽，而湖郡桑秧購栽甚便，數年之間本根茂而枝葉繁，較之接種子桑尤微捷效。又況大江南北氣候多暄，哺養得宜繭成尤易。大約桑性喜燥而溼，蠶性喜煖而寒，間攷志乘靖邑素饒桑柘兼産綢緜，如果四境之内蕃植成陰，百室之中浴繅不輟，即富饒無難，立致補救之策莫切於茲浙西。余桑梓鄉蠶事向所熟聞，夙夜思維欲與吾民共習之，而家喻戶曉，未得其術。適見澄江吳君孔彰所著《蠶桑捷效》，舊一再披覽，説甚周詳，因復廣事咨詢旁加蒐採，區分門類，彙爲成編，倥傯援梓未遑潤色而栽種之法、哺養之程無不備焉。纂次既畢，以簡明輯説，名其篇并綴數語用誌緣起如左。光緒八年歲在壬午暮春既望，權知縣事錢塘黄世本敘。

蠶桑須知

清　黄壽昌《蠶桑須知・石玉麒序》　《書》曰：『既富方穀。』孟子云：『無恒産者無恒心。』蓋衣食不足則禮義莫興，理有固然，勢所必至，亦在牧民者因勢利導之而已矣。天邑處萬山之中，山多而田少，土瘠而民貧，生齒日繁，生計漸蹙，農事雖勤，方隅限焉，以故糧賦正供任意拖欠，錢債細故動成仇讐。余於壬午春暮捧檄涖茲土，心竊慮之，因思嘉湖各縣地非袤延於此也，而丁漕或相倍蓰踴躍輸將，獄訟衰息者豈天之降才爾，殊或蓋蠶桑之力居多。夫天邑未嘗不講求蠶桑也，而養不得法，種不得宜，終覺絲劣利薄，業此者恒退，然思阻亟欲購求良法，以因勢利導之，而以未得善本為憾。適晤黄訪廉廣文以籍隸嘉郡，細心咨訪，具道種桑養蠶之法甚詳且備，并言曾於辛巳春由梓里携得桒秧數百本，依法植於署側無不欣欣向榮，是地土之宜桑已可概見。爰商請以其法條分縷晰勒為成書，竭數日夜之力而書以成，余得先覩為快，亟謀付梓。顏之曰：《蠶桑須知》俾之家喻戶曉，通禀各大憲報曰：可乃商諸書院董事工厥堂廣文撥欵赴嘉湖購桒秧數千株，如其法於公地試種，以為之倡而令民間各自種植，并就邑中已成桒樹，購覓蠶種，招僱老成婦女教以飼蠶繅絲之法。聞之者無不踴躍争先，不取償工值。噫，民情大可見矣。將來年復一年，由一人教及數人，由一村教及數村，日漸擴充推行，盡利由是而衣食以足，禮義以興，輸將踴躍，獄訟衰息，得與嘉湖均利益焉。於以仰副聖天子惠元元各大憲殷殷求治之至意，則是書之刻未始，非因勢利導之先資，所願與後之官斯土者交相勉焉。將付手民為書其緣起，如此。光緒九年癸未春二月，昭陵石玉麒識於天臺公廨。

清　黄壽昌《蠶桑須知・自序》　蠶桒之事由來尚矣，恆不能共收其利，何也？蓋一格於地土有殊之，見一苦於提撕不得其人。於是視為最途者有之，夫地之不宜於蠶桒者非無其區，如北地苦寒，南域病濕，有礙於植桒，即難以育蠶，外此者而亦不思盡其利，則計出殊左已。且聞外洋印度國境，近年廣興蠶桒，所值桒株悉購自嘉湖二郡，其天時土脈之異不問可知，然亦收成效。則又見蠶桒之無地不宜者，余秉鐸來茲見斯邑之地，高土墳望而知為宜桒之所。孰意其間所樹之桒類皆出自天生，榮枯聽其自為求，所謂接本桒株者從未一見。爰詢其故，咸以斯土恐不宜桑為詞，余聞而疑之，遂於辛巳春由梓里購得接桑數百本，來此依梓里所植之法植之。越一載，見其叢生有過之無不及，乃戚之焉，欲為興其利而以冷官不便越俎，未果行。壬午春暮適邑侯，康侯石君來莅欺土，見其關心民瘼，一以興教興養為懷，因於接晤時略凍其概，邑侯深愜於志。今年春買桑數千本，先於公地倡植之屬，余擬植桑育蠶之法以曉衆，爰就所知議成數則以應命。邑侯復慮事當創始，保無旋興而旋廢，用是通詳，各大憲樹案而以植桑育蠶諸法捐資付梓。顏之為《蠶桑須知》，冀夫家喻戶曉，垂之永久，從此漸推漸廣，共收天地自然之美利，幸勿目為淺鮮之策而忽之也。旹光緒九年癸未三月既望，當湖黄壽昌識於天臺學廨。

蠶桑薈萃

清　何品玉《蠶桑薈萃・序》　龍南僻處邊隅，山多田少，民間生業甚微，每思補助長策而苦無經驗方也。丙申春暮病愈奉檄回任，適明經廖君為桂來謁，謂聚族江東附郭地名設局課蠶試行有效，且袖出二書皆來自粵境，其法詳而善。余曰：此足補王政之遺也，其勉為之倈。考厥成當舉以為闔，邑勸公餘兩詣其局喜見，授徒之暇督工甚勤，其族姪茂才國閱兼董其事，並延其宗弟為幹字友松者為蠶師，亦連平茂才也。照式布置井井有條，局旁桑栽茂密，胥年來所新植者，竊幸取則不遠不至徒託空言。爰撰示徧告吾民並合刻二書，分給以為程式，倘能踴躍倣辦各務本業，漸至家裕戶饒，為政拙者一補過也，則撫衷差自慰矣。光緒丙申六月，知縣事西昌何品玉謹識。

清　何品玉《蠶桑薈萃·廖為柱序》　光緒乙未桂考貢成，均詣祖籍廣東連平，州省墓與族弟友松晤言，其俗大興輪蠶伊入泮後，蓋嘗留心焉，竊以龍邑與連平接壤，物土之宜當必無異，因鈔得《課蠶要録》一書，歸與族中董事者言無不喜躍，於是設局合辦。丙申春族姪國閬往石龍採買桑秧，又購得蠶桑格式刻本，愈有把握，墾土分種計日成林，乃請蠶師來局依法飼養，旬餘而繭成。見功之速，計每年可得六七造，始信二書之言不予欺也。夏何大公祖復，任喜其有利，地方不時臨局加意獎勸，隨即徧示四鄉，倣照辦理，竝合刻二書分給為式命。桂述其原委桂思我邑，自咸同以降民生半多失業，加以習溺朝神糜弗不少詎，知索諸冥冥不如求之昭昭。得公祖此書之刻且曲諭務本，或亦剝極來復之一機也，行見家喻戶曉，地瘠民貧之區，不十年而為沃壤，公之遺澤孔長哉。

清　何品玉《蠶桑薈萃·普善堂序》　古者司徒聚民興教必先興養，賢王立政恆產及有心，未有衣食不充而暇禮義是治也。我莞邑地利所出向以茅蔗為大，宗婦工所勤恒以紡織為生計。自商人圖利，洋貨日增，有火車糖而蔗糖之價值貶矣，有洋紗布而土布之銷運滯矣，耕者既不得食，織者復不得衣，習與相沿弊伊胡底藉非變通有道，何以俯仰無憂？此種桑養蠶之法所當效順邑，講求而設局督辦之規更宜自我輩創立也。庚寅秋偶談及此，都人士咸謂極宜，因博攷羣書精求善法，去煩蕪語存簡要，方易事通功務期有利無弊。捐資給本，毋令因畏生疑，庶幾事圖其始，功懋厥成，統高原下隰以物土宜，合子婦丁男而沾利賴農桑，既勸財用自優優有餘，風俗克敦，治化亦蒸蒸日上，胥由此也，豈不懿哉。爰序其巔末於前並詳其格式於後。光緒拾陸年玖月，石龍普善堂謹識。

清　何品玉《蠶桑薈萃·顏光猷跋》　春誦夏絃端屬文人韻事，男耕女織原為鄉土生涯。古者罰及不毛，防茲遊手，謂四民無不作苦，籌一業亦可資生，不逸不勞非稼非圃，不觀夫禮隆獻繭乎？君夫人必供其典不觀夫政首樹桑乎？彼老者不歎無衣而況易事通功無不可，借茲餬口，便民裕國更無事費爾，多心物阜民康實基於此。地肥土瘠罄無不宜，我州之建也二百餘年矣，地實濱乎？鶴水人未習夫蠶工，生齒多多，計衣食憑誰借箸，勞心亟亟，作啇賈慙我探囊，未有良圖，曷資利賴幸我，星五田公祖三蒞，是邦百思其利，捐鶴俸為創始之謀，大開蠶局，願鳳山作室，家之計思課桑田異雖未兆乎？飛蛾功宜勤求夫作繭飭我濟興之典，專心志以樹先聲權其子母之餘，便鄉閭何妨作市利。非龍斷神祀馬頭，然而飼浴未得心傳，保護亦烏，足恃有靜波廖茂才者，研心得暇着手成。春已備三宮之種，且明八輩之珍，訂蠶譜不下數千言，勸蠶事欲周千百室過目，則條分縷析，賴我良朋銘心。則溯委尋源荷我賢牧僕齒幾頒白口敢雌黃，惟躬逢我州盛事，足知刺史嘉猷何以報德。是用作歌，歌曰：父母之恩不可忘，賢牧之恩水同長。可以為衣兮務蠶織，可以為食兮勸樹桑。有志惠民兮效我賢牧，永日消閒兮盼桑陌以徜徉。光緒壬辰年秋八月既望，顏光猷弼士甫跋。

樹桑養蠶要略

清　佚名《樹桑養蠶要略·序》　經傳所言蠶桑之利多在西北，張堪爲漁陽太守，百姓歌之曰：桑無附枝邯鄲女，秦羅敷採桑陌上。是燕趙之地本宜桑，昔之燕趙，今之直隸也。近時京東如遷安等處徧地皆桑，遷安桑皮紙久著稱，三五年來擷葉養蠶售繭得利，遂專事繅絲，繭不外售，利又倍於售繭。風氣所開，漸及永平灤州，各屬足見北土宜桑，推廣宜亟。茲先購桑於浙，並及絲車、棉矩，以裨補遺闕，至蠶性雖喜溫忌涼。然南方自小蠶初生以至三眠，皆用火盆以溫之，至蠶上山時亦用火盆盛炭以防陰雨，北地養蠶遵用其法，無不順利，此固閭閻勤求本富之一大端也。爰述要略，用資倣效焉。

粤中蠶桑芻言

清　盧燮宸《粤中蠶桑芻言·自序》　凡物之生成，其必兼天時地利人事者，莫如蠶與桑。攷之桑，本星精上應箕宿，蠶屬氣化，號曰天蟲。由來尚矣。溯其利賴，殆歷前古而已彰，逮我朝而尤薄歟？夫以一物兼三才之大，自來經書所載，傳記所詳。已各隱含其義，惜未揭明而推闡之耳，顧天地有不齊之憾，當盡人事以彌之，天地有自然之利，必藉人事以興之。粵地當古南交，天氣溫煖，物產繁殖，其可桑可蠶之處何地蔑有？奚止廣屬諸邑爲宜哉？但未獲人事以爲之鼓舞，則縱得天時，而地利亦無由自闢也。鄙人生長農鄉，素知蠶事，雖非傳家之業，頗廑利衆之懷。曩會詳攷老農透參各法，實具天地人相需之理，爰輯是書原欲刋傳遠近農民，以便依倣，惟慮位望卑微難期行世，且以未經就正常歉於衷。歲壬辰友人鄧君榮幹過訪，偶談各屬創辦蠶桑之利漸有起色，并謂彼處若得此書，斯榜樣添傳，厥利倍堪推廣，遂再三素書鈔送，適黄君天侶備聞其概，卽欣然捐金代付剞劂，以節鈔胥之勞。迺覆加讐校，繕而付之，名曰『芻言』，聊作芻蕘之自効焉。極知僭妄鄙瑣，無足仰補高深，倘蒙大人先達惠正共疵，則又幸矣。光緒癸巳荷月朔越六日，嶺南順德盧燮宸謹序。

清 盧燮宸《粵中蠶桑芻言・鄧榮幹跋》 夫著述之有裨於世者，經史而外，凡百家，衆技亦競，小道可觀。矧農桑爲衣食之源，統古今而並童者哉！吾粵首郡，樹桑養蠶之侶十居其四，每歲所穫利逾稼穡，然操是業者多不知書，故止諳其法，而未克達於詞。若此間之學士文人，又或鄙爲習見，或視爲無關學術，不屑屑以翰墨從事。用是數百年來載籍雖繁，鮮有《蠶桑全書》出而問世，心竊惜之。順德茂才盧君燮宸潛心稽古，於九流之學，多所博涉。去冬榮與晤叙，縱說業蠶之利，君迺出書示榮，披讀一過，喜其法備語詳，允堪信今傳後。遂再三慫恿付梓，而君以未經就正爲辭，展至今春，復往借鈔代傳，始蒙珍授，如穫拱璧。旅値黄從香堂，爲之贊成其美，允將鈔本刋行，益酬鄙願。因附數言於編末，以表黄君聞善樂爲之勇，至於書中要旨，元元本本首序已賅，榮不文無庸再贅也。時光緒十九年季夏之月，粵東肆江鄧榮幹謹跋。

種桑成法

清 湯聘珍《種桑成法・叙》 爲政之道教養而已，孔孟言之詳矣。管氏亦云『衣食足而禮義興』。生逢聖世，久道化成，教已大備，慎守而審行之可已。唯生齒日繁，生計日絀，民無所養，興利宜亟，自古民生根本之圖農桑並重，此邦務農之眾固無不耕之田，而地不宜田，不解樹桑以盡地利。閒知治繭不及二三，偶逢偏災，救贍不暇，使盡以蠶桑輔之所全多矣。矧今海國通市番帛滿廛民率買之，利其賤也。抑思齊魯勝區果無處不桑，無村不織，女紅之利可敵上農行之十年，縑素將與布匹同價，又何取乎瀛環質脆易敗之物哉？利源以廣，漏卮以塞，歲有四秋，恒爲豐國，此《平準書》所謂本富也，小民易與觀成，難與慮始，爰採輯種桑成法著於篇，願賢有司身爲勸焉。光緒十有九年春三月，承宣使者湯聘珍識。

《清縉紳全書》（光緒二十二年秋） 欽加頭品頂戴，賞穿黄馬褂，山東等處承宣布政使司布政使誠勇巴圖魯湯聘珍，幼安，湖南善化縣人，監生。

蠶桑備要

清 曾鉌《蠶桑備要・序》 乾隆初興平楊先生屾篤好經義，深信豳岐之地夙宜蠶桑，竭貲而營其事，克底有成，乃著《豳風廣義》三卷，上之大府，普勸通省農家共沾樂利，用意可謂厚矣。鉌讀其書，義則深切著明，辭亦淺鮮易解事，經閱歷碻鑿可行，濟衆之道莫善於此，惜兵荒之後成法雖具，竟無知而仿行之者。夫陝省稼穡，平原多植麥豆，北山僅賴秫黍，工昂穀賤，豐收亦無贏餘，暘雨稍愆，饑饉立至，若不亟修蠶政，豐年不過一飽，遇歉即轉溝壑，夫豈細事哉？三原劉令青藜安靜吏也，在任十年，專以勸課蠶桑為事，迄今漸覩成效。鉌竊慕之，爰取楊先生所著種桑養蠶、收繭繅絲諸成法，鈔輯成冊，屬劉令以現得省事之法附纂各條之次，題曰《蠶桑備要》鋟板於少墟，書院多印廣布。并於四郊買田若干，區闢為桑園，募樹桑養蠶之戶各居其中，使附近村民耳濡目染，轉相傳習，果能十年之後樹桑遍野，蠶事有成，誠陝民萬世之利，若夫經緯相宜組織染濯，自有機師匠局為之，非茅檐蔀屋所能辦，則概從略焉。時光緒乙未孟春，署陝西布政使者滿洲曾鉌。

清 劉光蕡《蠶桑備要・後序》 我朝耕織並重，超越前古，聖祖既爲織圖二十三幅，題詩如其數，又爲桑賦，至高宗編輯《授時通考》，以蠶桑終篇。豈不以國家建都直北，有耕無織，思深慮遠，蠶桑之事司牧吏尤宜加之意與，是以賢哲大府無不盡心蠶桑，極力勸舉。吾陝則陳文恭公、楊密峰中丞啟其敘者也。近日海禁大開，罌粟毒卉大妨穀土，中國銀錢日漏，外洋者以千百萬數，惟中產茶絲稍能抵補。故才智士談中外消長者於蠶桑之説，亦有取焉。如制軍左文襄、譚文卿、方伯、李菊圃意固在利民，亦隱以禦侮也。然令出而民不從，事行而效不睹者，何也？法令不及於婦女，升遷屢見於官府，憲司尊而不親，人去而政無主，閒以吏虎，民方以領桑種桑爲苦弊。於今誰信其利於古，又何能聞風鼓舞徧於三輔也哉。今懷清方伯知之去歲陳臬，吾陝旋攝方伯搜故牘，得七千餘金，以爲勸辦蠶桑，資不自爲政而擇官紳之賢者主之，官則長安縣丞今升補鎮安知縣，林公子禾涇陽縣丞，許公文峰紳則内閣中書，張彝候選訓導，柏震蕃廩生王典章，官久則情形較悉而易與主持，紳多則與民相習而不難勸導。方伯蓋志在必成，故委曲而出於斯也。時三原令劉公乙觀勸辦蠶桑已有成效，方伯乃取楊氏《豳風廣義》，删而輯其要者，屬乙觀大令續所親試簡法於後，刊而布之，自序於前，又令蕡爲後序，而公已移藩甘肅矣。伏思公以臺司之尊心入蔀屋，而爲之謀久遠又不自爲名，擇有司之賢者俾專其事，而卒其功迹若迂而意何厚也。紳等生長斯土，不能自爲桑梓，謀已滋愧矣，又重以公命其或無成不惟負公，且負國負民自負其心也。實甚蕡承乏味經講席本可無預地方事，然海疆事棘如坐漏舟之中苦匏，不材與人共濟亦其願也，况許仙屏師創立味經書院，其奏章云：農桑水利亦可因之而舉，辱承公命何能置身事外，謹書顛末如是以與同人互相勗云。光緒二十一年乙未春三月，咸陽劉光蕡序。

清　黄叔璥《國朝御史題名》（光緒八年）曾鉌，字和淑，號懷清，正白旗滿洲人。由工部郎中補授河南道御史。現任陝西督糧道。

清　梁章鉅《樞垣記略》卷一八　曾鉌，字懷清，滿洲正白旗人。光緒元年四月由工部員外郎入直。

蠶桑圖説（王世熙）

清　王世熙《蠶桑圖説·黄元芝序》　昔賢有言曰：制其田里。教之樹畜。夫樹畜小道也，而猶待教之者誠以雞彘之微冠昏之需也，瓜壺之末賓祭之資也，上之人務其大者遠者不遺乎？細者、近者王政之全也。矧樹畜之於蠶桑有關乎民生日用之大者哉。審是而教之之術可不周且備與。太倉爲古婁郡地，濱海區俗尚多植木棉，時屆秋令平疇綺陌之交，結英纍纍，一望成茵，故其民勤紡績而於蠶桑獨付闕如。自逆氛寢息，賢刺史相繼戾止，蠲廉廣購桑苗倡置課桑局飭民領植，下逮嘉寶屬邑。於是視縣事者悉蠲廉應之著，爲令年來循行□□不無視爲具，文金君調卿憲臺來臨茲土。凡留嬰義學暨一切有裨於民計者，靡不實力振興，而蠶桑亦力加整飭，守成法而變通盡善。爰得規畫秩如一洗茶靡，虛飾之習時攝鎮邑篆者，爲王君幼賡樂事之實惠及民也。復蠲廉佽助經費贍而規模大備，同心濟美，惟調卿憲臺實提倡之，邑紳王君安止感賢父母爲民造福。董司局務益復悉心裁度，深慮栽桑飼蠶之術未盡周知，爰輯圖説，釐爲八卷，刊布流行，俾蔀屋茅檐家喻戶曉。將來推而俞廣行見柘影成圍，繅聲遍戶，婁水弇山間知不僅木棉之利，擅美於前矣。芝奉檄隨襄厥政濫竽倖列衹隕越之，是虞辱承下問更何敢以不文之辭，弁諸簡首惟仰上臺拳拳恤民之旨與？王君字止孜孜治事之誠，俗重農桑民知務本，風俗人心之繫豈淺尠哉？則是書成亦未始非教養之一助焉。爰樂得而爲之序。時光緒二十一年歲次乙未三月，國子監典簿銜太倉州學正芷澤黄元芝謹序。

清　王世熙《蠶桑圖説·序》　蠶桑爲民間大利，能講求其法世擅其利者，惟浙西之湖郡爲然。其土之肥固宜於桑，又能順桑之性以暢其天，自栽種以及剪伐無不有法，其民則城鄉按戶育蠶，繅絲之際一歲所出計資巨萬，民生所以日厚也。婁江雖近於湖，地處海濱，土雜以沙，俗之所尚，多種木棉而禾麥次之。木棉之產聞於遠近，以外固無所產，道光間錢中丞柏瑜先生創議種桑，遭兵燹而事廢。幸世宇蕩平賢刺史相繼而來，創設課桑局合屬邑之捐廉，採買桑秧給民栽植，官雖屢易，政必踵行，迄今二十餘年，桑林日茂，育蠶漸多，木棉禾麥之外竟有絲之產矣。歲癸巳金太尊調鄉權攝州事，下車遍訪地方利弊而於蠶桑尤加意焉。檢前牘將舊章斟酌而損益之，務求可久之道，鎮邑侯王公幼賡亦捐廉以助。維時王紳安止董司局務有年矣，仰體官憲意益以實心實力行事，更採諸家言作爲《蠶桑圖説》，首辨桑秧之種類，次詳栽植之事宜，治蟲築圃之器具，飼蠶繅絲之良法悉繪於圖，區分八編，合成一書付之手，民以期家喻戶曉，農家一覽而知洵暗室之燈也。語云：官與紳同心共濟，實爲地方造福。其信然與！今而後民遵教令踴躍從事，必有如鼓應桴者，不數十年蘭絲之產不幾與湖郡相頡頏哉。奇職司秉鐸民事非所知，去冬奉太尊檄委會董稽查，見各鄉桑林茂密，培養如法，雖未見民育蠶，而蠶事之日盛可知，茲當圖說之成因，誌數言於簡端。光緒二十一年旃蒙協洽之病月宜興任光奇書。

清 王世熙《蠶桑圖說·自序》 咸豐間錢中丞伯瑜先生解組歸，以婁地鮮生計議舉蠶桑。於是以明相國王文肅公南園藝菊舊址盡其地而樹之以桑，蠶桑之事寔始於此。兵燹後其地稍荒廢，方侯錫慶、蒯侯德模先後來守，吾婁重爲振興。益城南地三十餘畝，繼至者爲吳侯承潞，捐廉爲倡於南園中葺屋數楹設課桑局，其利漸溥。自侯陞任去，吳侯政祥來，侯曾宦錫山，有課桑政，備言錫山蠶桑之利，益欲爲婁地作久遠計，乃以局事屬之，熙熙不獲辭，遂與中翰繆君承乏其事，詎意甫經規畫而吳侯忽捐館舍，議章未定，惜未能竣事也。越六年金侯元烺來攝州篆甫，下車偏查民間利弊，且首重蠶桑，檢案牘具知前事，將舊章斟酌而損益之。計每歲所捐洋五百五十元，以四百元購備桑秧，以百五十元作一歲中開支，特延兩學師專司出入，監採監放，熙則總司局務。自我金侯蒞止各事整飭，罔不實事求是，而於蠶桑尤悉心規畫，杜浮冒歸寔濟金侯之於民事，誠駕前人而上之今鎮，邑尊王侯幼賡亦捐廉洋百五十元，以擴充經費，寔吾婁民之大幸也。既籌久遠復囑熙作圖說，爲百姓勸熙謭陋不文誼，不敢辭，勉採諸家言集成八編，仿《棣香齋叢書》例，按八音爲編，首以誌區別焉。光緒二十一年歲在乙未孟春之吉，婁東王世熙安止氏識於得一廬舍。

清 王世熙《蠶桑圖說·再序》 課桑一局開辦已逾二十載，蠶事不能興起，實緣少發桑秧。光緒二十年金侯蒞吾郡，洞知蠶桑所以未能得力之故重加整頓，以三郡邑原捐廉俸洋五百五十元，悉數交兩學署存儲，以備採買桑秧之用。二十年發秧三萬四千株，廿一年發秧五萬五千株，從此吾鄉植桑愈多而講求蠶事日益密加，以兩學師捐購蠶種廣爲散放，以故育蠶之戶比比皆是。如上年出繭祇萬金，本年已逾十倍，將來出繭之多正不知幾十百千萬億於今日也。特以有限之桑秧應數十萬家之栽植終難爲繼。雖蒙王邑尊幼賡深體民隱挪，捐鶴俸來年得發桑秧七萬株，然以所請核所發不敷，尚鉅所願當道明公其善維之。王世熙再識。

蠶桑圖說（衛杰）

清 衛杰《蠶桑圖說·王文韶序》 光緒二十有一年春，余奉署理直隸總制之命甫視事，而蠶桑局衛道以所撰《蠶桑圖說》寄呈問序，余維蠶桑之利衣被羣生，自國朝康熙三十五年《御製耕織圖》，民賴其利，富庶日增。惟北方地寒，多域蠶利未興，今合肥李傅相於保定創開蠶桑一局，痌念民瘼，籌生計也。檢閱衛道所著蠶桑一編，自桑政辦時治地，蠶政祈神育子，以迄繅絲製車，攀花成錦。凡爲目二十有八分爲三冊，次第節目纖細該備，編戶齊民都可誦解。以視昔人蠶桑各書，於直省時令土宜民情更爲功近，非稔知允蹈烏能簡當若是乎？夫胡棉之利興，其種植紡織功省事便，民賴其用。而蠶桑之産日就耗減，惟江浙川蜀俗尚繭絲，故纂組文繡之奇贏甲諸行省，說者謂天時地利南北異，宜風氣所關靡克補挽。然考諸往代王后親蠶繅，三盆手分田畫井五畝樹桑，曷嘗有畛域之分人事之別哉？是在爲上者教之以法，授之以具，敦勸而勉行之耳。昔方恪敏公督直時繪《棉花圖》以勵木業，至今流播，傳爲美談。今李傅相興辦蠶桑而衛道實理其事，撰此圖說，行將家喻戶曉，積漸推行，因民所利而利之。於以仰副朝廷衣被天下之意，豈不懿歟？余權篆斯土民隱勤求，凡吏治民生之切要者，雖值軍書傍午，靡不盡心籌策，纖細不遺，暇閱此蠶桑一編司事者，其克勤厥聯也。因公餘而爲之序云。光緒乙未年春三月。

清 衛杰《蠶桑圖說·李鴻章序》 國朝畿輔總制歷年最久，善政最多者，首推桐城方恪敏公繪《棉花圖》，以惠閭閻厚民生也。余久忝督篆念畿輔水旱偏災，亟思補救，因辦蠶桑一局命司道綜理其事。今春衛道以所述《蠶桑圖說淺說》問序於余，戎機之暇披閱是書，上冊《種桑圖說》有八，中冊《養蠶圖說》十有二，下冊《繅絲紡織圖說》有八，事有本末，語無枝葉，稚童老嫗猶能解曉，以其心體力行，故言之歷歷如繪也。粤自同治九年移節畿輔，因地瘠民貧即飭官斯土者興蠶桑利，或政事紛繁不遑兼顧，或視爲不急未肯深求，間有究心樹藝，一經遷任，柔桑萌蘖多被踐踏斧戕，及綜核名實，咸以北地苦寒不宜蠶桑對，每聞而疑之。《豳風》農桑並重，釐發粟烈與此地等，且余往年躬履川北各郡，風土氣候略同三輔，歲獲蠶桑重利，是非北地不宜實樹藝，有未講也。迨光緒十八年春以衛道籍隸蜀郡深諳樹藝，俾會同長白裕藩司，皖南周臬司設局提倡，由川揀子種購蠶紙、選工匠來直試辦於保定西關。擇沃壤爲桑田，課晴雨以審天時，辨旱潦以廣地利，勤培養以盡人力，切實講求，冀必有成。十九年得桑百萬有奇，二十年得桑四百萬有奇，各屬紳民領桑蠶者遣教習導之，民間歲益絲繭以數十萬斤，計而所增土産在十萬金以上矣。此傳所謂務材訓農者，與局中工匠率聰慧子弟繅絲、紡絡、織緞、製綢，如式並鄉間開機試織。其大宗絲繭沠員收買出洋銷售，以便民商暢行。此所謂惠工通商者與夫，以目前種桑與恪敏種棉，其爲我國家衣被羣生者。猶是《豳風圖繪》遺意，綜計蠶桑一事，經營十餘年尚未就緒，自壬辰迄乙未閱時未久，種桑、養蠶、織紡三端漸有可觀。司事者其各勉厥職，勿避嫌疑，痌念時艱，集眾思廣忠，益開誠心布公道。務期實惠及民，久久行之，藉補水旱偏災之不逮，是則余之厚望也夫。

光緒二十有一年夏四月。

重刻蠶桑圖説略

清　宗景藩《重刻蠶桑圖説略・序》　國朝恩隆，教養律中姑洗，后必躬桑。農桑並勸，聖訓煌煌，而植桑養蠶之法浙民為善，以故絲帛之利甲天下。楚人耕而不桑，未諳其法耳。或者曰：『蠶桑利東南，不利西北。德安地近西北，故不宜桑。』非也。閒嘗考之，《禹貢》：荆州，厥篚元纁璣組；豫州，厥篚纖纊。《傳》曰：組綬類纊細綿。組綬、細綿，胥絲成之，不桑不蠶，何以有絲？德安當古荆、豫之交，此宜桑一證也。杜君卿《通典》載，唐朝土貢，漢東郡貢綾十疋。唐之漢東，今之隨州也。《德安志》亦稱土絹與皺紗包頭。唐時，合羅綾為漢東郡土貢，此宜桑二證也。或者曰：『德安有木棉，利產應城者。』曰：『梭布行東南諸省，產安陸各屬者。』曰：『棉布行西北，萬里而遥。植棉植桑，利益相當，蠶事加務，功作有妨，是又不然。夫藝木棉，侵菽粟之地，有水旱之虞。桑則宜野宜山，牆下畦稜，道傍場圃，閒隙之處，無不可樹，水旱無慮，一便也。木棉歷芟柞灌溉之勞極，碾彈紡績之力而成。一布值不敵絲帛什一。桑則隨時培養，農隙可治，取斧執筐，子婦之事，始蠶迄登，三旬而已。其功則半，其利數倍，二便也。至若桑下可以種蔬，桑落可以釀酒，桑木可以樵薪，桑皮可以造紙，而蠶沙飼豕，繅湯澆田，猶其餘利也。況棉以秋成，桑以春美，以布以帛，並行不悖。江南蘇、松等郡，絲帛、棉布並為厚産，未見其相妨也。德安既有棉布利矣，益以蠶桑，其所以利民者，不更溥哉？同治朝，先世父朝議公宰蒲圻，撰《蠶桑説略》，倡興蠶桑，著有成效。余忝竊茲衛，四更寒燠，目擊屯黎，生計日蹙，夙有志焉。教以樹畜，今秋奉大府以余、浙人素解蠶桑，責成舉行，因捐貲赴浙採購桑秧，以散諸旗。竝覓善桑者來茲，先自種植，為衆人導。冀以由近及遠，漸推漸廣，鼓舞而振興之。待五年後桑茂，設立蠶局，葉繭絲帛，平值兼收。蓋人有知愚之不齊，家有衆寡之不一，俾織者利其帛，繅者利其絲，飼蠶者利其繭，栽桑者利其葉，固不必人人飼蠶也，不必家家繅而織也。惟種植、飼繅之法，恐不能家喻户曉。爰檢朝議公《蠶桑説略》，倩名手分繪圖説，付諸石印，分給諸屯。讀書之士轉相傳閱，俾習者了然心目，誠能如法講求，勤勞樹畜，則多一桑，即多一桑之利；多一蠶婦，即多一養蠶之利。勤其體而正其心，嫻其藝而世其業，然後地無曠土也，邑無敖民也。衣食由此而足也，廉讓於是乎生也。余其拭目俟之矣。光緒十有六年歲在庚寅辜月，丁丑錢塘宗承烈少棠敘。

蠶桑織紡圖説

清　佚名《蠶桑織紡圖説・序》　自十八年春遵奉相飭勸辦蠶桑，由川揀子種選工匠運機紡來直，試辦種桑養蠶、抽絲織絹，迺勸桑而鄉農未習，試織而商賈難銷，早作夜籌未能得手。其時相諭會同藩臬兩司設局，勸辦種桑五萬株十倍之，竟有以旱潦傷者，有以霜雪裂者，有以遊牧樵採折者，僅成官桑二十五萬株，詢諸野老，僉以北地不宜蠶桑説。進至津復蒙傅相訓誨，諄諄昕夕，以思始將桑政、蠶政、織紡事宜各著爲編，會圖立説，分給鄉民。並著《蠶桑淺説》課晴雨，以審天時，辨旱潦，以廣地利，勤培養以盡人力，十九年得桑百萬有奇，二十及二十一年共得桑千萬。有奇同事王君協力，以謀員司奮勉日益鄉民漸知其利，請領桑樹蠶子陸續不絕，更各屬開機織者，相繼起製巴緞浣花湖縐大綢，如式或織帶絹以發綢行，織薄絹以發扇行，織綾花以發裱行，製緯纓以發帽行，其銷路廣者粗綢大羅最多，而絲綿絲網之作漸起。意再擇嫩桑皮以益紙莊，選冬桑葉以濟藥店，取弱桑條以佐器用，並桑田之外試播稻田，使農民觀感斯。數年後種桑產絲以千萬億兆計利，源日廣土物日增，易瘠苦爲腴饒，無負憲臺富庶畿民美意，或者千慮一得小用小效云。光緒二十一年夏五月，朔衛謹述於勸俗堂。

蠶桑説（趙敬如）

清　趙敬如《蠶桑説・佚名序》　在任候選府特授太平縣正堂黄爲刊發《蠶桑説》，以示成法而廣利源事。照得種桑養蠶爲利甚溥，太邑天時地氣頗與蠶桑相宜，本縣欲爲爾民推廣利源。比年以來，捐廉僱工在仙源書院隙地種成桑秧，節經發給各鄉民領栽，第恐領栽之後於接桑、剪桑、培桑、採桑諸法未盡諳曉，且自護種育蠶以至吐絲作繭，各有條理，亦未可冒昧。以從本縣披覽農桑各書如《齊民要術》《務本新書》《士農必用》《農桑輯要》以及近人《蠶事要略》《蠶桑約編》之類所載成法，皆有可循。然或文辭博奥，非淺人所能盡知，或時地攸殊，非變通無以盡利。爰有邑人趙生敬如者，留心本務，蠶桑之事皆所親歷，本縣常與討論，知其確有心得，因囑撰《蠶桑説》一卷。脱稿後親加裁訂，略爲增減數條，排印既成，合行發給，爲此示仰合邑諸色人等知悉。凡種桑養蠶者各將《蠶桑説》領去閲看，務照書内所載各法行之，如鄉民不識字則請識字人爲之講解，自可了然。爾等須知種桑之利較百物倍加，計自栽桑秧之日起不過三四年便可成林，凡隴畔、牆陰、閒園、廢圃俱可栽植，卽已不飼蠶而桑葉亦可售賣，況飼蠶尤獲利甚豐耶。夫蠶事之興在農功未忙之時，大約二十餘日卽已結繭，由結繭而繅絲又歷十餘日而蠶事畢。無耕耘之勞，無胼胝之苦，無旱潦螟螣之害，且以婦人女子爲之，更可習勤而警惰，天下美利莫大於是。本縣爲爾民興利起見，其各將領栽之桑如法培植、飼蠶、收繭，如法料理，以期推廣利源，是爲至要，切切特示。光緒二十二年月日。

蠶桑要言

清　關鐘衡《蠶桑要言・序》　天下大利必歸農耕，桑者農之本務也，五穀所以養民生，蠶桑所以裕民財，民生遂民財充而後教之，以爲善去惡靡有不翕然。《易》：從者三代下阡陌開而井田廢，上無樹藝之教，下成媮惰之風。於是蠶桑之務竟不能隨地踵行，浙俗惟杭、嘉、湖三府畢力於桑而善蠶，紹興、甯波次之。近日則新昌、嵊縣奮然興起，其勢蒸蒸日上，若臺州府屬則鮮有講究之者。署天臺縣學訓導呂君子□新昌人也，述其鄉俗之美利著爲書，以勸導天臺之民，而又先購桑種數萬株教其栽植，意固良而法亦美也。苟能知所效法則隨在皆可致富。余馳函廣文請得其書，更刪纂而歸於體要，刻刷千本，以貽黄巖之民。黄邑東南境壤土性鬆潤桑爲宜，天氣和暖蠶爲宜，且横街民家素織羅絹，歲出數萬疋，絲則購之異地，使能從事蠶桑，全境化而從之，則黄邑之爲利殆必駕新嵊而上者，民富知禮，豈但化悍盜之俗，悉歸純良者哉。序諸簡端，將冀宜民善俗之苦心，得所感發云爾。光緒二十二年八月中，瀞署黄巖縣事粤西關鐘衡序。

清　關鐘衡《蠶桑要言・江青序》　楊子曰：男子畝，女子桑，習其耳目而定其心思，嫺其道藝而世其家業，無非以道率民也。粤西關公次琛來治吾邑，有利必興，有害必去，始濬河渠以便農。繼築海塘以捍潮，復於塘内隙地策種桑教育蠶，俾婦女習勤以收其利。其有造於我邦者何如乎？昔范純仁知襄城課民種桑，張詠治崇陽拔茶種桑，沈瑀爲建德合一丁種十五桑。冀於畦稜隙地而獲其大利，其用心同也。復慮民不嫺其事，取親昌呂廣文所著《蠶桑要言》删節之，刊佈民間，使人人讀而知之法而行之。盡其地利而杜其滛惰化民仁俗，其用心益客矣。非眞以道率民者哉？修築海塘以予董其事，并委以聚珍版排印《蠶桑要言》千部，爰弁數言於簡端。光緒二十有二年十月既望，黄巖江青謹序。

種山蠶譜

清　江國璋《種山蠶譜·序》　宜賓爲敘州府坿郭首，邑濱臨大江，民物浩穰，其地土不得謂之瘠薄也。然予自光緒十七年補授斯邑，察知閭里生計拮據者，多推求其故，則以生齒。曰：繁民間食用所需無不較前昂貴。地方除農田外絕無物產可以阜通取贏，因公赴鄉延，見父老，詢以物土之宜，率皆茫然莫對，心竊憂之，巡歷所至，見四鄉山場多有種青棡樹者，因憶及貴州遵義府初本瘠區，乾隆時郡守陳公教民養放山蠶，由是遵義蠶綢盛行於世，民擅其利，轉成富饒，事距今百數十年矣。因集城局士紳告以予意，衆皆欣然，予又念小民可與樂成難與謀，始事既非其所習，倘使目前費銖兩之貲，以待來年獲倍稱之息，亦將疑信參半，裹足不前，計惟舉創始之艱難，煩費官獨任之，一經得見成效，人人知有塗轍可循獲利，如操左券則民爭趨之，不煩教督而自勸矣。局中諸人深以此議爲然，相與同心協力。予一面出示曉諭民間，一面捐廉籌款，於十九年冬遣人赴遵義雇覓蠶師四人，購蠶種二萬來此，在郡城北岸弔黃樓一帶擇山有青棡樹者酌量予值就樹放蠶，中有不領値者則□許之。坿近鄉民多來觀法，自立春後烘種起至四月杪成繭，取絲計得繭近三十萬。惜四月上旬因蠶多樹少，移蠶就樹多有損傷，否則五十萬繭可坐致也。取絲織綢光亮細緻竟與湖縐相彷彿，現留蠶師二人住此間傳授養蠶取繭諸法，留蠶種六萬於局中，預備鄉民領取。民果能爭相倣效，於農田外開此利源，衣食足而後禮義興，風俗亦且蒸蒸日上矣。遵義鄭子尹徵君著有《樗繭譜》於養蠶取繭諸法，條舉件繫可爲師承，第文詞古奧，筆墨雅近《考工記》，雖得獨山莫子偲徵君為之註釋，究難盡人通曉。爰取其書付局中，就原本推明洐繹，雜以方言，冀可通俗，校刊付梓，俾宜民家有其書，《樗繭譜》亦坿刻於後，以志不忘，復攷譜首誌惠條內，知陳公倡辦綦難，不若余爲此之易，則以售種，遠近不同，非人力所能强也。至一切雖有蠶師主持而局中諸人因地制宜，口講指畫，其勤勞有足多者，自今以後其有謂此舉爲土之所不宜，俗之所不習，並諉爲力之所不贍者當亦幡然易慮，不至騰異說以相阻撓，是則宜民千百年樂利所基，而區區之心尤所惓念莫釋者也。光緒二十年夏六月，知宜賓縣事京江國璋序。

裨農最要（陳開沚）

清　陳開沚《裨農最要·王龍勳序》　《裨農最要》三卷，吾友宛溪陳君之所作也，君家世清貧，力於農事，耕耘之暇兼及蠶桑。十餘年來舍硯田銳志於斯，頗收其效，葢駸駸乎偁小康矣，里人相與慕之。知必非鹵莽從事者，時進而叩所以，君既不憚詳說，而益慨然思有以公之於人。於是舉生平所心得而行之，獲效者酌古準今，條分縷析，殫歲月之力輯爲是編。其用意甚勸，其宅心甚厚，其立法平正而周愼，其持論剴切而明通。今年秋出以示予，予受而卒讀之，乃不禁重有感也。士君子不得志於時，偃蹇窮廬，舉世莫知。上下既寡所交教養，又非所事縱抱杜陵廣廈之願，亦每以儒生坐論無裨生靈。而君顧軫念民艱，欲溥其利，惟恐不能家諭戶曉，不得已筆之於書。其諸立人達人有翕於聖門求仁之旨與？抑先天下之憂而憂，若范文正公爲秀才時卽以天下爲己任者與？矧今世路艱，虞民財告匱，戶乏餘三之積，人思緩二之征，使非亟求善策，廣營生計，是自困也。其在詩曰：『十畝之間桑者閑閑，十畝之外桑者泄泄。』說者曰，賢者不樂仕於朝而思與其友歸於農圃。以吾觀之，爲是詩者豈第高蹈遠引儉德避難已哉。葢亦自食其力以長育子孫，世世爲奉公循理之良民，《伐檀》詩人之流亞也。予與陳君生既同鄉，性復相近，讀其書不禁怦怦心動焉。南山之南北山之北有先人之敝廬在，行當辭塵離滓呼黃犢招白云。以樹以畜以耕以稼饘粥出其中，王稅出其中，使鄉鄰有識者曰：『此淸白吏，子孫數傳而後猶有勤耕桑者，亦云幸矣。』則陳君是編予當終身佩之，且令子若孫世寶之。時光緒丁酉孟冬三臺星日，鄉人王龍勳蟄庵甫識於潼川草堂書院。

清　趙用賓《裨農最要·序》　丁酉秋予與宛溪棘戰同北，宛溪復亹亹以著書爲事，旋出所著《裨農最要》一書示予。參閱讀畢，適有客問曰：『宛溪少穎敏，壯授生徒，今閱世益深，宜肆力書史。作爲文發揮天地古今之奇以效用國家，整頓當今時務，斯乃士之本願，區區蠶桑奚爲者？』予曰：『蠶桑乃時務之最，方今稼穡維艱，財力虛耗，非植桑育蠶以補其闕，閭里安恃？試觀外洋諸國，囊括中國之利幾欲一網打盡，所賴稍稍收回利權者，絲爲尚，絲可忽乎哉？況吾輩讀書當以治生爲急，不幸墮落窮途，一氈羈絆，覓館索修艱苦萬狀，誠不如宛溪別開蹊徑，進退綽綽，不忮不求，何樂如之。』客曰：『如子言，蠶桑善矣，奈世之育蠶者往往不盛何？』予曰：『蠶不盛非蠶之咎，人之育之者不善用其法之咎。宛溪善用其法獲厚利者歷有年，其所取用皆手試目驗而有心得，故收效獨神，彼鹵莽滅裂安能也？』客曰：『蠶桑諸法古皆有書，宛溪亦讀古書可也，奚別著爲？』予曰：『不然。我輩作文不能不取古人之説，運古人之説而加以陶鑄，使人忘其爲古人之説，斯爲善矣。宛溪之書有會萃古人處，有參酌古人處，有古人已發而疏通變換處，有曲體情理因時制宜處。要皆歷試歷驗，獨出手眼，並無自誤誤人之弊，且勸善惜物別具深心，古書固有未盡言者，顧謂宛溪爲勦襲陳言可乎？』客曰：『宛溪既獲利有年，曷不祕厥傳以授子孫，是編出使人皆效法，後其利將分奈何？』予曰：『宛溪之爲人也素坦直，未嘗較錙銖，此書之刻意亦在公其利而不欲私耳。蘊利生孳，是編已明白言之，今苟傳其法於一鄉一邑，遠及天下，俾人人羨慕倣傚行見，從前虛耗羸弱之氣一舉而變爲富強，世運維持端在於此，非僅一身一家之計已也。』客唯唯退。予因次第是語以弁諸首。光緒二十三年孟冬月，同學弟趙用賓鼇山甫撰

清 萬學先《裨農最要・跋》 余少受知於邵實孚夫子，入邑庠陳君宛溪其冠軍也，相與晤談，欣其純謹老成，遂訂交焉。宛溪故寒士，不屑屑糊口業，率其昆仲躬耕隴畝，尤邃蠶桑之學，數年來家漸豐饒。余聞而羨之，詢其術，出一冊以示閱之，見其首詳種桑，繼以擇種，終以飼蠶。條分縷析而又發明其理，著論以冠其首，約而精，淺而明，愚夫愚婦皆可通曉，是誠治生之一助也。邇來儒士生計日蹙，無行者多藉刀筆以營生而拘守之，人謀一館地譬若登天，得君之術而用之，可無別購，醫貧之藥矣。余夙耽蠶桑，今得此書，珍如拱璧，因勸其付梓而綴數言於後。光緒二十三年季冬月初一日丁酉，科舉有萬學先謹跋

蠶政萃編（吳鴻望校，袁俊德輯）

清 吳鴻望校，袁俊德輯《蠶政萃編・徐樹銘序》 古歌辭蠶桑苦，女功難得新□，故後必寒言，故衣雖敝而女功之重不忍棄也。又以見蠶桑之歲事，日新又新不能已也。是以王符言一□不，竊天下受其寒，言人之寒有受之者，益懍然於功之不可闕而努力以赴之，所以養老而宜其家室也。獨以其功之難苦而怠惰，相安忍焉，已烏乎！可古之聖帝賢妃務之，以勸孝明仁，豈得已哉。今世去三代數千年矣，奮發者富其家，宜其鄉，官樂而國以爲利昭昭然。而或者猶以爲難爲苦不之悟，亦可慨已顧其致力也，勤其用心也專亦豈不謂之苦，不謂之難也者。衛道攟摭古法旁摻羣議，分條析理以詔來者而祛其所惑，其用心之厚，析義之精，使人得以去迷罔而就事功。振數千載欲絶之端緒皎如白日，造福祉於無窮，傾服震勵，慶古義之載。昌世有同心，人舉而措之，以翊邦社增祿祚固將家置一編，以維世局不以爲難不以爲苦，而永遠奉行，以慰宵旰之憂勤也已。光緒二十五年十一月，經筵□□□國史館副總□管□百部三庫事務工部尚書臣徐樹銘謹敘。

清 吳鴻望校，袁俊德輯《桑政萃編・徐樹銘序》 伊耆氏之始爲蠟也，祝辭曰：士反其宅，水歸其壑，昆蟲毋作，草木歸其宅，農政也，而桑政備焉。《禹貢》：九州各篚，所織而絲之織者六，所云桑土既蠶者，九州之土各宜桑宜蠶。故以既蠶告成功也神，禹治水兼治土，既列田賦，復著明桑土，明桑與農皆要政也。土質各殊，既詳辨之，兼著其色，如赤、埴、黑、墳、青、黎之屬，明九穀之種植攸殊，而土化之法亦因之。至《周禮》始詳著。其所宜於司徒、草人二官，后稷教民稼穡，職掌其事，世修其業，至於古公未嘗廢墜。《豳風》言農兼言桑：曰『執懿筐』，曰『伐遠揚』，曰『獻功』，曰『朱黃』。於桑之事尤備明周之，所以王天下之所以歸仁也。漢之循吏如黃霸、龔遂、召信臣、茨充、張堪、王景之屬，皆以務農桑爲政本，自是以來，賢臣哲吏莫不以是爲切於民用之大者。元世祖詔司農司著《農桑輯要》一書，頒行海內，至於特置使者，以綱領之而課其殿，最其用心可謂勤矣。乾隆三十八年武英殿印行以布教各行省。今浙江湖州家勤其業，世習其義，十數州縣歲入二千萬之利，比武昌、保定亦種植有效，浙桑移栽，浙匠導之也。而各省土之剛柔燥溼亦宜區別，以使之各得其利，天時之早晚寒燠尤爲至要。前署清河道員衛杰究心有年，著《蠶桑》一書，其第二卷論天時地利，土化、桑種、培壅、接插之法尤詳，予亟愛之，勸刊之以貽同人。所云土水、昆蟲、草木、應芟、應去之法，卽伊耆氏祝辭之意，古

以歲十二月行之告成功，祈新祉焉。有心者法古以宜民，振數千年之遺緒，開億萬人之樂利，循憲典而光治術。閭閻充實海寓乂安不。其韙歟經筵講官、國史館副總裁、醫理戶部三庫事務、工部尚書臣徐樹銘謹敘。

蠶桑譜（廣東蠶桑譜）

綜述

清　陳啟沅《蠶桑譜·自序》　先父奉政公，號緝齋，晚年歸隱有堂。曰：『樂耕沅僅舞勺時。』稟請其義曰：『耕以爲民之本。孟子曰：「樹藝五穀，五穀熟而民人育。」大舜、伊尹、尚樂於耕而況吾儕乎？且天下大利歸於農，使子孫勤力其中，不獨與凡人齊，卽可以富國而強兵也。有子曰：「百姓足，君孰與不足，汝等勉之。」』沅既長，兩赴童子試，而父沒矣。遂棄此而繼父志，與兩家兄以農桑爲業，實則半農而半儒也。無何家計日繁，棄農學賈，與沅歷遊外國，仍未嘗廢農桑之心也。沅遂於癸酉之秋仿西人繅絲之法歸而教之鄉人，三年間踵其後而學者約千餘人，爲股東者，雖得獲小利而男女工藉此覓食者，已受益良多矣。鄉中既無行乞之婦人而穿金戴銀者亦復不少。但資本較重步者尤艱，再與次兒錦篇變通改製一具器，則少而功。則同近十年間，通府縣屬爲之一變，用此法者不下二萬餘人。以舊法比論新法，會計年中所溢之利何只數百萬金耶。用繭如是也，用工亦如是也，而得絲之好售價之貴，幾過半之。繅絲之法既善而養蠶之法然尤未精，故特悉心攷究，神而明之，幸望植桑養蠶之家人人皆通此理。照法飼之不難，野無惡歲，處處豐年，有心人共爲廣傳，亦於我國未嘗無少補云爾。是爲序。

清　陳啟沅《蠶桑譜·潘衍桐序》　蠶桑之利莫盛於東南，東南之利莫大於浙西。曩嘗乘輶軒過苕霅，見夫柔桑沃若，膩逾羅紈，每當春日載陽，具曲植籧筐，以從事於十畝間者，士伊婦媚樂可知也。吾粵土絲之美不及湖絲，栽桑飼蠶之法亦不若湖之周且備，近則詳求博考，略得其法矣，而出絲終遜於湖者，豈地力之所限歟，抑人事之未盡也。比年風雨不時，疹癘大作，業蠶事者强半折，閱大都膠於成法而罔識變通，昧於時宜而不知審擇寒煖，失其調燥溼，乖其節烏能盡，委咎於天時哉，吾友陳君芷馨心焉憫之，因出所著《蠶桑譜》示其鄉人，仿而行之，屢著成法，傳鈔不已，慫恿付梓。是篇一出，粵人已先受其惠，湖人亦不得專其美，他日由一鄉而行之一國，由一國而行之天下，仁人之言其利溥哉。篇中諸法具備，洪纖靡遺，間或雜以方言，參之僞字，取其明白如話，不尚艱深，閱者庶諒陳君之苦心也。夫光緒二十三年仲春之月，南海潘衍桐謹序。

清　潘衍桐《蠶桑譜·吳葑序》　中原沃壤數千里，爲五洲羣島之所無，使農桑果盡其利，何富如之。乃自《周官·九職》之法，廢萬民日趨於惰，不惟農業失修，甚至以振古。宜蠶之地皆委過於地有未宜，遂使荊、梁、雍、冀、淮、徐、青、兗諸州地多曠，十小民一遭凶歲，流離相繼，深可憫已。邇來通商徧環球，中國之貨以絲茶爲首，而絲利之厚尤以浙爲最。粵東陳氏獨以此倡行嶺南，嘗卽其親所閱歷者製爲譜，俾蠶桑之法，人人可按籍而稽也。壬寅冬葑省侍嚴君天津節署於凌雲臺太守處假得此本，癸卯春携之至豫，念昔隨侍陳州時見豫東屏廉訪採買湖桑，講求紡織，卒以未得培養之法，寖久而廢，爰將此譜重刊以廣其傳。爲兩河士庶勸果能深通其法，則中州沃壤接軫異時，皆可使桑陰比鄰，蠶織興而物利厚，不第偶遇凶荒流亾可免，且見利權不溢，地無游民，以云溥利，孰有溥於此者乎？予以是益爲言富國者望矣。光緒二十九年六月吳葑敘。

傳記

（宣統）《南海縣志》卷二一　陳啟沅，字芷馨，簡村堡簡村鄉人。少孤貧，篤學，凡諸子百家、星學、輿地諸書，靡不涉獵，尤邃於《易》理。性復穎悟，目光絕倫，深夜處暗室中，能辨五色。嘗以一蔴子寫百餘字，一摺扇寫《字彙》全部，均楷法遒勁，行氣整齊。工繪事，尤善作蛺蝶，飛躍傳神，以顯微鏡窺之，則蝶之兩鬚，乃兩絕句綴成，其裙翅皆韻語也。自刻小章，徑僅二分，中容百餘字。見者咸以多才之士許之。方之古之離婁，殆不是過也。而啟沅渾穆謹厚，若不知己之有此特質者。蓋其立志高遠，自以爲雕蟲小技，難能可貴，亦不過手足之烈，不足以餉饋人群也。嘗遊香江，與白人登大平山巔，眺鯉魚門外，遙指往來船舶若何，桅竿若何口式。白人窺以遠鏡，尚不清晰，及船舶駛近始知不爽。白人乃大驚謂：『中國多奇士。』倫敦報界播爲美談。華人之能，以才力傾動白人者，自啟沅之目光始焉。咸豐年間，洪楊發難，中國亂離。啟沅慨然曰：『四方多故，內訌外侮相逼而來，天下非十數年不能大定。民生凋敝，寧忍坐視？然運籌帷幄，決勝疆埸，既非所長，亦非吾志，惟天既生我於中國，覩此干戈擾攘，戰爭未息，豈可跼蹐鄉間，以流離轉徙，了此餘生乎？』於是決計遠遊，冀有所得，以還哺祖國。歲甲寅至南洋，徧遊各埠，考求汽機之學。壬申歲返粵，在簡村鄉創設繅絲廠，名曰：繼昌隆。容女工六七百人，出絲精美，行銷於歐美兩洲，價值之高倍於從前，遂獲厚利。先是，鄉間繅絲，循用舊法，聞啟沅提議，創用汽機，咸非笑之。及工廠已成，果著成效，機房中人又聯群挾制，鼓動風潮，謂此風一開，則工人失業，生計本窮。無知之民相率附和，幾欲將絲廠毀拆。經當道勸諭，其事乃寢。啟沅知汽機之利，實足興起蠶業。勉力提倡，後人必有德我者。當風潮最劇時，親友危之，宗族議之，亦絕不爲動。其魄力之雄毅有如此者。然以事招眾忌，乃改創繅絲小機，以便小資本家經營，功用則與大機無異。而小機之利，尤普卒之。風氣日開，南順各屬，群相仿效。今則全省繅絲，均用機器，多至百數家。婦女之傭是營生者，十數萬人，而前途之發達，猶未可量。華貨之流行於外洋者祇茶絲兩宗，而尤以絲爲大利，土絲出口，現已達四千餘萬，挽回利權，培植國脈，實啟沅提倡之力。時人稱之爲實業大家，而不知其立志高遠，魄力雄毅，幾經艱難險阻，而後得成厥功也。向使啟沅恃其目力，狃於小技，則一名一物使人愛之，而不能使人學之，介葛識牛鳴，處宗知雞語，雖天生特質，亦祇資世俗談柄而已，曷能利國福民，創此莫大之偉業乎？有韶州許炳芳者，與龍馬兩姓爭採銻鑛，搆訟莫解。粵督陶模聘啟沅查勘。啟沅爲陳曲直，兩造俯首，案遂結。陶奇其才，委辦銻鑛，得大利。士大夫耳啟沅名，多與納交，有勸之入仕者。啟沅曰：『我嶺海農夫也。仕非所願，亦行吾素志而已。』尤喜施予辦善舉，解囊資助，略無吝色。有關於振興實業地方公益者，靡不極意提倡，力任其難。簡村先登兩堡吉水竇，爲明代方獻夫創建。歷久圮壞，啟沅倡議重修，捐助鉅金，督飭工役，始終其事。羊城崇正善堂、官山普濟善堂，均捐金甚鉅，其樂善濟眾之懷，蓋與目力同受天賦者也。卒年六十有九。著有《蠶桑譜》一卷，《理氣溯源》七卷，《周易理數會通》八卷，《陳啟沅算學》十三卷，均行於世。據採訪册修。

蠶桑驗要（吴詒善）

清 吴詒善《蠶桑驗要·孫詒讓序》 中國蠶桑之利肇自邃古，顧詩書所紀率在齊衛，自宋元以來，吴越絲繒衣被天下，而兖濮古所稱桑土者，其所產反惡劣，遠不逮南方，蓋物種之進退與人事之精粗，有交相推嬗之故，其由來遠矣。自甌亞交通，中國利權盡奪，惟絲爲我國獨擅之利，而亦日趣於衰敝。蓋法蘭西、意大利、日本諸國皆植桑飼蠶，其儒者以動植物學之理精研而詳察之。又以光熱燥濕求其性質之所宜，其擇種之精、種接繅治之巧皆遠出我上，然則蠶桑之利昔由齊衛而南移於吴越。今迺由亞東而移於歐西，斯亦寰宇一大變局矣。聞之西人論中土地處溫帶，上腴陸海，其壤宜桑而蠶種之良亦甲五洲，徒以士大夫不究茲學，桑農工女又拘守故法，不能通其精理。故桑既不蕃而蠶尤以病爲累。噫！彼異域重譯。於我國蠶桑利病類能精究而質言之，而我乃鹵莽從事，莫能改良以救敝，豈不可痛耶？溫州舊稱八蠶之鄉，鄭緝《永嘉郡記》所紀蚖珍之屬，今儒者率莫能舉，其名往者邑中間有事此者，咸以土桑種劣葉薄，遠遜蘇湖，而蠶尤多病。西人所謂椒末瘟者，往往瀸漬委棄，莫能療治，譯務既盛，泰東西蠶學之書稍稍迻譯入中國，顧吾鄉流傳尚尟多未經見，且其理深奧，淺學亦未能盡窺也。吾友吴君子翼夙嗜農桑之學，數年以來藝桑家園，採葉以飼蠶，漸洞究其理，故比年郡邑事桑蠶者多耗絀，而子翼所養獨善，其獲絲亦甚厚，蓋學與不學，其利害固相倍蓰也。子翼以其數年所研究而試驗者爲書二卷，於桑則自選秧以至擁本，採葉蠶則自選種以至察病，繅絲咸參酌中西之說而發明之，又繫之圖表以宣究其微義信有用之書也。今子翼復以其書刊版以餉學者，俾郡邑從事者有所遵循，則吾鄉蠶桑之學行將大興，遠軼兖濮而近超蘇湖。更由是而進焉，精益求精，以與泰東西專家抗衡，則中國富强之機將在是矣。豈徒吾鄉一隅之利哉？光緒癸卯二月，姻愚弟孫詒讓書。

清 吴詒善《蠶桑驗要·自叙》 嗚呼！談蠶桑之利於今日，蓋僅不絕如縷矣。嘗稽《蠶外紀》云：『家蠶之絲起於中國。』邃古之初我不得而知之。黄帝有熊氏正妃西陵螺祖，於農隙時教民以蠶。孟子曰：『五畝之宅，樹牆下以桑。』載在書史至爲彰著，降及後世，迭盛迭衰往往有其名而無其實，葢未有如今茲之甚者也。中外通商以來，意、法、日本各國攷求蠶桑之學者至精且詳，而中土蠶絲之利見奪於鄰國日甚一日。推其故，皆由於種植失時，飼養無術，其植桑也不辨土壤高下之異宜，其育蠶也不知天時燥濕之異度。故蠶則如西人所云，椒瘟微粒子病者十居其九，桑則鄉農舊植漫不得法，枯朽彫耗十居七八，我中國士大夫祗知輕暖適體文繡章身，獨不思若何種植，若何飼養，始得享其成而收其利，坐令良法，美意日卽淪亡深可慨也。詒善郊居多暇，每憶樊遲稼圃之請，竊有慕焉。購地數區，闢治蔬果、萩藥、種瓜，聊娛永日。繼復思中國固有之利源，以蠶桑爲大宗，乃更栽桑百餘株，督園丁而課之，育蠶數千頭，率家人而哺之。法採中西，事憑實驗，數年以來悧有心得。輙就筆記編述大凢，雖不敢自詡專家，然吾甌爲桑土蠶鄉，誠於種植飼養之法，家喻而戶曉焉。其贏益固有可坐券者，此未始非挽回利權之一術也。光緒癸卯仲春月，瑞安吴詒善識。

蠶桑簡法（陳雪堂）

清　陳雪堂《蠶桑簡法・童祥熊序》　皖省襟江帶淮，地居溫帶，土壤天氣均宜蠶桑而蠶利不能大興者，則飼育培養之無法也。戊申仲夏余奉命勸業是邦，於課農之中尤注重於蠶業，既設柞蠶傳習所於鳳陽，復於省城外設蠶業講習所，委董生大令主任其事，延聘講員，召集各州縣學生，甄録其優者留所實習。今歲春蠶成，繭瑩潔堅厚，不亞杭湖，乃益討求普及之法，於是陳雪堂監學暨呂吉甫、李麓仙、蔣曉舫三教員博採中西養蠶各法並本其經驗所得者，編爲《養蠶撮要》一卷。又彙輯植物學、動物學、土壤學、肥料學、昆蟲學諸書，取其有關於栽桑者編爲《栽桑要法》一卷，合爲一編，名曰《蠶桑簡法》。是書也，不主理想專重實驗，文雖簡約而飼育培養諸法則已備矣。夫泰東西發明蠶事皆後於吾國，今其絲業之盛乃突軼吾前者無他，有官家之提倡，有學校之教育，有社會之研求。故其法日精一日，而進步自速耳，茲講習所既已成立又得是編刋而布之，使民間飼蠶知所取法，不致以失敗而生阻力，將來蠶事之興正未有艾。既爲皖省導富源，亦卽爲挽回利權之一助也。夫二品銜安徽勸業道童祥熊序。

蠶桑簡要録

清　饒敦秩《蠶桑簡要録・序》　南邑瀕大江，平原沃壤，繡塍綺錯，土脈鬆燥，種桑尤宜。民俗狃於成見，禾麥而外惟種蔗爲大宗，桑利則素所未習，間有養蠶者祗知飼柘。余下車以來，諮訪境內情形，比歲不登，民生凋弊，供億頻繁，輸將竭蹶。雖夙稱完善之區而瘠苦情狀，今昔異勢，生利少而分利多，此有心者所以以蠶桑爲補救之要圖也。攷桑土紀於《禹貢》，蠶月載在《豳風》。農桑並重，古有明徵，後世土宜不講，致多遺利。茲爲吾民修桑政而圖富饒，由城廂倡辨，次及公業，曁推民產，從此家桑戶蠶蔚爲風俗，則可以彌偏災者，在此可以資賦稅者，在此補救之策孰急於茲？特農民不諳種植，不知飼養，每惑鄉俗氣運之説，思耗折而咸有戒心。今爲破其陋習，祛其迷罔，導以良法，授以成書，旁搜博採，攟摭近今蠶桑諸説。如歸安姚氏之《易知録》、澄江吴氏之《捷效》、錢塘黄氏之《簡明輯説》及蜀中衛氏之《萃編》等書，詳加選擇分類彙録，語刪枝葉，義取淺近，編戶齊民都可誦解。而栽培之法，餧哺之程，無不備焉。編次卒業，因以《簡要録》名之，並誌緣起，輙於簡端。光緒二十八年仲冬月既望，權知縣事東湖饒敦秩叙。

蠶桑述要（李向庭）

清　李向庭《蠶桑述要・劉毓森序》　蠶桑之利埒於南畝，浙西自古以蠶業名，野人女子知之而不能言，學士大夫欲言之而未嘗習其事。古蠶書多隱晦不甚彰，《農政全書》《蠶桑萃編》各帙紙墨浩繁，究非喬野所能領會。沈仲復中丞《輯要》之刻，簡而明矣。柰自大地交通，西令格致實有足輔吾華所未及者。諸公未丁斯會一二良法，或尚闕如。譯本雖多，其文理既不免詰屈。所載之法，又多與吾舊習小異，不中迎機而導之之用。李君葵軒有心人也，需次來浙，適膺蠶學館差，旦夕研求，大有心得，慨蠶書未有善本，輯此一編取人之長，補我所短。量田家財與力之所及文詞，不求古雅，一以實利及人易知易從為主。余與共事甫數月已深知梗概，會君書成索序，受而讀之，既喜蠶書獲一佳本，又益賢君之立心純實，故能曲體人情如此也。君方將大展所學以福天下，豈從區區一端利濟斯民而已。要其平易切實之旨，讀此編可以覘其概矣。書此為異時之印證云。時光緒二十九年九月武進劉毓森序。

清 李向庭《蠶桑述要·序》 西湖蠶學館爲侯官林公迪臣先生守杭郡時所創建，固欲採西法之長以補中法之短也。成效既已大著，嗣經耆紳樊介軒先生等商諸列憲，加意整頓，迄今規模逾闊。壬寅歲余承方伯崔公、觀察劉公委以館中出納一差。當蒙諭以留心蠶事，詳細上聞，以便推擴而闢利源。伏思法無論中西，養蠶既以圖利，總以款不虛糜、利必能得爲良法。入館後，與諸同事詳加考究。養蠶時並默爲體會。見新法養蠶，飼有定時，葉有定數，固婦孺之皆知，實體會之有得。照法飼養，雖不必有十分把握，而人力既盡，天時卽稍缺欠，亦可借資補救。以視占卜天時以爲豐歉者，其育蠶獲利較可據也。爰録成編，以冀無負列憲振興蠶利之至意。其間偶有參以管見者，仍恐人苦繁難，故於簡便之中更復力求簡便。庶幾易於仿效，不至因難見阻，此區區夙志也。詞之工拙在所不計。光緒癸卯孟秋孤竹李向庭書於蠶學館公廨。

清 李向庭《蠶桑述要·跋》 慨自甲午、庚子而後，賠款浩繁，上下交困，籌國計者智盡能索而度支，終憂不給將謂取民者，廉故用有不足歟！何以庫款既一空如洗，閭閻亦窘迫異常耶？深思其故，中國之財之窘，非取財之術有未精，實生財之道有未盡也。考中國生財，地大物博，難更僕數而舉其大者，則農田而外，厥維邊地之畜牧，內地之蠶桑。加意考求，精其一皆足致富。難者謂畜牧、蠶桑相沿，自古今益之以開礦築路，仿設工藝各廠而仍無濟於貧。遽以爲畜牧、養蠶均可致富，恐託諸空言易而徵諸實事則難焉！第天不兩粟，中外皆同，外洋生利既在人爲，中國生財豈難力致，他不具論如育蠶以新法飼養，較古法利可倍蓰。是嘉湖蠶絲向之生利二千萬元者，以新法則生利可三千萬元矣。桑葉人工均不加多而獲利獨多，若無蠶桑之地更能推廣仿行，獲利之夥當爲巧歷所不能算，此非無稽讕言也。以日本島國輿圖僅中華兩省地，自維新後致意蠶桑，近日出口絲價已百數十兆元，多於中國者二三倍，國之驟强，添兵購械，方駕歐洲，半賴乎此。統中國二十一行省，普能講求蠶桑，富甲全球，亦意中事。賠款用款雖鉅何傷？或謂蠶利固厚，其如除嘉湖外地不宜桑，何噫爲此說者？是未卽《孟子》論王政及《禹貢》《豳風》而深考之，至創爲地氣自北而南之說。尤因見江浙蠶桑盛行大江以北，少植桑者故爲之附會耳，其實北省無桑半因兵燹。觀於遼統和七年禁伐桑，金大定五年申禁伐桑，可得其大凡。加以時未通商，僅江浙蠶絲，已足敷中國之用，而木棉入中國非帛亦可以煖北地，瘠苦人尚儉樸，故蠶桑之事不甚講求。北不宜桑之説實非確論。總之湖桑卽不能遍地栽植，而川桑、魯桑亦可飼蠶。原夫中土卽不甚宜桑之地。其育蠶終較便於外洋，外洋尚能養蠶，中國反不能植桑，無是理也。卽謂蠶喜溫煖，北地寒涼，飼蠶非宜。然日本北海道寒涼甚於北方，何亦植桑偏野？竊以爲中國蠶桑所以較優於外洋者，以養蠶最費人工，而中國則人工甚賤，此爲獨擅勝場。僅以天時地利論外洋之不宜蠶桑，亦難限定。以外洋既不宜茶而茶，安知不又不宜桑而桑乎？雖蠶利普而不厚，故無育蠶之商號，然天下大利在農桑，古人早有定論。以爲國生利貴普不貴專，貴公不貴私，所謂生之者衆，則財恆足者此也。試徵諸美國開闢之初，礦產亦多，英人股本祇以其國於畜牧、耕田，鋭意求新，因之牛乳暢銷於五洲，面粉分售於中國，獲利大夥，近竟富埒英法。其國雖亦講工藝，不過用以輔農牧之不足，使野無曠土，國無游民而已。而生利之厚，則仍以農牧爲本源也。蓋有土此有財原，千古不易之定理，今之生財所以較易於古者，以從前畜牧食肉寢皮，此外無可牟之利。今則骨角、絨毛均可獲利，而牛乳利更不貲。昔時養蠶，鮮繭出售獲利最微，今則繼長增高，幾與售絲相等。況農田尚有機器可代人工，外洋或較勝於中國，畜牧、養蠶則專恃人工，機器無可効力之處。他樣局廠需本甚鉅，畜牧、養蠶則有土有人取之不盡。計蒙古、新疆、西藏各地，導民畜牧不惟致富，並可實邊，此固利之大者。至內地蠶桑尤爲一錢不費，祇要田畔植桑，三五年後便可獲利無窮，至桑不多佔農田，蠶不甚奪農時。編中已經述及，以中國疆土之廣，人民之衆，是天留此畜牧、養蠶二大利藪，以爲中國易貧爲富，易弱爲强之一大轉機。果其提倡，有人不必開礦築路，工藝設廠已可以富。既開礦築路，工藝設廠而益可以富已。世之患貧者扼腕咨嗟，終苦點金之無術，不知美以畜牧富，日以蠶桑富，中國則牧地多於日，桑田優於美，利俯拾而即是，夫何貧之足患！況從前養蠶豐欠不齊，尚虞虧耗，若新法則謹寒煖而慎燥溼，人力頗有勝天之處。足民而即以富國，利益而鉅莫逾乎此。余恐良法之未易流傳，因不揣簡陋，詳叙其事，作蠶戶之臂助並爲未養蠶者勸焉。且學問無窮，今館中所謂新法較勝於古法者，異時考求者衆，安知不更有新法便於蠶事較勝於今之新法者，或不自祕，以輔此編所未及，是則余之厚望也矣。編成謹書於後。

蠶桑紡織圖説（王文韶撰，袁俊德輯）

清　王文韶《蠶桑紡織圖説·序》　光緒二十有一年春，余奉署理直隸總制之命甫視事，而蠶桑局衛道以所撰《蠶桑圖説》寄呈問序。余維蠶桑之利衣被羣生，自國朝康熙三十五年御制《耕織圖》，民賴其利，富民庶日增。惟北方地寒多鹻，蠶利未興，今合肥李傅相於保定創開蠶桑一局，痌念民瘼籌生計也。檢閲衛道所著《蠶桑》一編，自桑政、辨時、治地、蠶政、祈神、育子以迄繅絲、製車、攀花、成錦。次第節目，纖細該備，編戶齊民都可誦解。以視昔人蠶桑各書，於直省時令、土宜、民情更爲切近，非稔知允蹈，烏能簡當若是乎？夫胡棉之利興，其種植紡織功省事便，民賴其用，而蠶桑之產日就耗減。惟江浙川蜀俗尚繭絲，故纂組文繡之奇贏甲諸行省。説者謂：『天時地利南北異，宜風氣所關靡克補挽□。』考□往□王后親蠶，繅三盆手分田晝井，五畝樹桑，曷嘗有畛域之分，人事之別哉？是在爲上者教之，以法授之，以具敦勸而勉行之耳。昔力恪敏公督直時繪《棉花圖》以勵本業，至今流播傳爲美談。今李傅興辦蠶桑而衛道實理其事，撰此圖説，行將家喻戶曉，積漸推廣，因民所利而利之。於以仰副朝廷，衣被天下之意，豈不懿歟！余權篆斯土民隱勤求，凡吏治民生之切要者，雖值軍書傍午靡不盡心籌策，纖細不遺。暇閲此蠶桑一編，司事者其克勤厥職也。因公餘而爲之序云。光緒二十一年乙未冬十月，直隸總督仁和王文韶撰。

蠶務條陳

清　梁啟超《蠶務條陳·序》　《蠶務條陳》一卷，英國康發達撰。發達官浙江關稅務司。初光緒四年巴黎設衒奇會，會中蠶務首領致函我邦，請查華蠶。總署下榷署，榷署通札各關具報，浙者，中國產蠶最盛地也。發達既取杭州、甯波、鄞江之蠶絲、蛾繭寄巴黎。復自請假之日本察日蠶，又派學生學蠶術於法，既歸，乃於光緒十五年請在上海設整頓蠶務總局，此書乃其前後呈榷署各公牘也。書凡八篇，前二篇嘗印入《格致彙編》中，又抽印爲單行本，名《蠶務圖説》，附日本蠶圖四。光緒二十三年張季直殿撰謇，以足本寄《時務報》館，無圖，乃即日上石更名《蠶務條陳》，從其質也。叙曰：土貨出口絲爲大宗，二十年來絲市日減，蠶種將絕。可恥一。既已衰敗，不思所由，法會函詢，始知考察。可恥二。不自加意委權榷署。可恥三。康氏苦口請設蠶局，至今不行。可恥四，此書著成，久不流通，海内志士希見全本。可恥五。嗚呼！其第五恥吾黨之責也。其前四恥非吾黨之責也。嗚呼！丁酉三月梁啟超叙。

喝茫蠶書

清　鄭守箴《喝茫蠶書·序》　法國講求蠶務歷有年，所自巴斯陡創製子法而蠶學大進。其黃蠶一種每韞昔蠶子得繭多至六七十啟羅格，其餘各種雖不及是，而收成之數亦倍於中國。惟其立法善，故收效捷也。夫法絲勝華絲，其收成之數又遠過之，而終不能敵華絲。則因中國工價甚賤故耳。近年法國力籌抵制華絲之法，凡蠶戶出繭一啟羅格，國家津貼六十孫丁。法國絲價始畧與華相埒，而工本太貴，蠶戶尚無大利，出絲仍不敷用。故絲商不得不向亞東購採。我中國之蠶業富甲地球。蠶病不講飼法未精，出絲之數遞年減少，外人又日圖抵制，若不急思整頓，將愈趨愈下。守箴遊學歐洲，便道至法國茫伯理挨蠶桑學堂，延師學習，稍得皮毛，因思中國蠶務所最急者，莫如製子飼蠶之法，因取《喝茫蠶書》急譯之。戊戌春三月，侯官鄭守箴序於紅海舟次。

栽桑養蠶白話（吴宗周、陳幹材、徐謙山）

清　林紹年《栽桑養蠶白話·序》　余在滇試辦蠶桑，見有明效，既開學堂，屬教習編淺要一書，序而刻之，以廣傳布矣。洎權撫黔中，計爲民致富，本輕而事易，利溥而效速者，仍惟此爲最有把握，因復聘浙東陳幹材、徐謙山兩教習來黔設堂教授。學者蒸蒸而滇刻淺要，亦卽寄到，正苦於不敷分贈，且文義有非婦孺所能盡悉者。適湄潭吴大令宗周以《養蠶白話》相質余閲之。喜曰：是誠先得我心者也。爰亟請陳、徐兩教習重爲訂正，並加編《栽桑白話》同付手民，苟閲者知茲事之易爲而共相勸勉。吾黔蠶業之盛何難？拭目期之憶創議時，亦間有以地不相宜爲慮者。余曰：不觀之山絲乎，宜於山東、河南未必宜於遵義也。乃陳公玉力倡成之而遵義遂富甲諸郡，然則宜於遵義，斷不至不宜於他郡邑。而竟寂然莫興者，殆亦提倡之無其人爾，雖然，提倡之難，非必人無是心，亦苦於未知其詳，故不如陳公之果決而愈覺謀始之未易也。黔之桑種之卽生黔之蠶飼而成繭到處皆然，而迄未成市得毋類是耶。今得此卷一目了然，倘盡仿而行之，則機杼萬家涬然日富，如操左券耳。刻既竣因序其緣起，並以爲他日証。光緒三十一年乙巳夏六月下浣，撫黔使者閩縣林紹年贊虞氏序於築垣。

勸放山蠶圖説

清　夏與賡《勸放山蠶圖説·序》　後漢光武紀曰：野蠶成繭被於山阜是山蠶之利。漢代已昭，乃迄今數千百年，僅河南、山東兩省舉辦於前，黔南遵義一府仿行於後，其他則闃然無聞。豈因樹畜成法，未經刊布，致美利囿於方域，毋抑民間狃於創始之難。雖通其法，而猶憚於實行，斯誠守土吏所當董率而激勸之也。予以甲辰季冬來□符陽太息邑，民生計之艱亟思設法以拯之。越明年春輕騎赴鄉，因得就詢民間疾苦而研究其物土之宜。又縱觀於山麓嶺角，則宜蠶之橡樹蔚然彌望，鄉民呼之為青棡樹者是也。乃不以之飼蠶而盡析為薪，遂使葱蘢佳植僅供一爨，自然之利於焉坐失，奈之何民不窮且盜也。予甚惜之。爰將山蠶利益演説白話揭諭城鄉，猶懼實效未彰，雖家置一喙，仍將怠葸遲疑目為具文因。於是秋倡捐廉銀百兩，並籌集公款四百金儲作經費，一面遣人赴黔雇聘蠶師、購買蠶種，在縣試辦以為民倡。適值奉檄設立農務局，當即札委邑紳歸併辦理。未幾而蠶師到縣，勘定橡山十餘處均宜放蠶，隨將一切器具陸續置備，五萬蠶種旋亦購到。本年春又由黔雇來工匠十餘人，烘種放蠶分為七廠，邑民素性勤敏震於斯舉耳目一新。於時赴山學習者不下二十餘人，予亦不時巡行各廠，親身督勸，雖盛暑積潦躡險陟危，未敢稍辭勞劬誠懼上情不屬，而下情亦因之渙散也。幸一轉瞬間繭已告成，約計百萬有奇，繅絲、織綢可穫二百疋之譜。夫本年蠶種僅只五萬，甫逾兩月即獲繭百萬之多，以視喂養家蠶尤力省而效速，竊信利益之匪虛而勸誘擴充之愈不容已也。第放養山蠶之法有大異於家蠶者，苟不如法，必至徒勞無益。予遵義人也，雖未嘗從事於斯，然世居於鄉，見聞較確，適讀國子達大令所著《教種山蠶譜》內載育蠶十一則，衷以己意吻合實多，爰為摘要刊傳，並將應用器具繪圖增説以明之，俾觀者了然於胸。舉而措之，無往不利，斯民殷富之基將於是乎？在惟願我同志蒿目時艱，有擇推行利濟蒼生，則是説是圖或稍有裨補云爾。光緒丙午孟秋之月，遵義夏與賡序。

蠶業叢書

清　黄毅《蠶業叢書·譯旨》　我國爲蠶桑古國，自黄帝植桑教蠶而吾業於四千年前已立。有斟礎季漢諸葛武候植桑八百株，子孫遂足，乃衣食可見此業爲生計之要素而理財家更當有以講求者也。東西互市以來，我國江浙兩省絲產爲出口大宗，西人愛其絲質之良，故視爲奇貨。一時嘉湖杭紹諸府人民爭得其利，繼而日本、法意諸國羣起思奪之，均各悉心研究，竭力改良，故其栽桑之善，養蠶之精，絲質之美皆高出我國。而我國絲商遂折閲矣，萬事聽其天然而不究以人力，終久不能發達，此固天演之公例。而我栽桑育蠶之家猶死守舊章，不加更改，其不惑於鬼神者亦盡歸之於命運。連年出絲既少，餘貨堆積不銷，四千年蠶桑古國之名瞬息間墮敗，而至如此有心斯業者寧不寒心夫。世界文明次第而開，由空言而入實際，由實際而得效，果此人民進化之公例也。時代近三數年科學漸次發達，可稱爲科學時代，由科學而進於實業，由實業而達於富强，此我國前途之大目的也。雖狼狽相因，不可越級以上，而以江河流域數萬里沃饒之土地，興復四千年蠶桑之故業。雖科學程度未達極點，苟能竭力改良，利源必不難，復盍近年我國新政日興，財力日絀，若不早通利源，將必大受困難。故杭州蠶學一立，各省遂相繼而興，皆講求新法以開風氣，雖勢力薄弱，招信爲難，而社會之風亦爲之稍變。從事蠶學者多而苦無良本參考，舊有蠶桑各書亦盡爲古法，較之外洋所考驗者相去天壤，譯者以庸碌之才投身蠶業，經練既未深，文字尤粗淺，然斯業前途重大，不敢不盡其一技之能，以求裨補於萬一。爰譯是書以餉同志，又以此書十二册中惟栽桑爲入門初步，故先從事，其他各册亦將擇其要者陸續譯出以求完備。光緒丙午七月，善化礪生黃毅謹識。

柞蠶雜志

清　增韞《柞蠶雜志·序》　嘗謂璧門論政曰：『因民之利而利之。』叢所謂因者因時之所需，因地之所産，因人之所知，如是而已矣。直隸近年舉辦新政皆須借資民力，元氣未復，亟宜另闢利源。曩在奉天親見種橡蠶，蠶之利極力提倡，十餘年來已收成效，本省近山各州縣亦有此種，惜民不知養蠶，僅作染色燒炭之用，殊屬可惜。因採集種樹養蠶之法，名曰《柞蠶雜誌》，又演爲問答，名曰《柞蠶問答》，並道光間貴州按察宋公勸民告示及養蠶事宜五條後附。此次白話告示另刊成本，發給各州縣，總期人盡通曉傳知所法，至於未盡事宜則必須實驗以漸改良，原不必膠執成見也。前民利用雖不敢居，然當民窮財盡之時，即土産所固有而教其所不知。於至聖因利之説，庶幾無悖焉耳。光緒三十二年月日，直隸布政使增韞序。

蠶桑淺説（黃祖徽）

清　黃祖徽《蠶桑淺説·序》　自來蠶桑書不下數十百種，或文多深奥或法未周備。而於實理實事未盡發明，求能考其性質相厥土宜，若者爲育蠶法，若者爲栽桑法，條分縷晰，訂爲成書，蓋亦鮮矣。余自光緒二十八年接辦湖北高等農業學堂，於茲五載，見夫農學、林學分科教授，均有成績。蠶桑一門以新法試驗多年，尤有實效，屢欲就。耳聞目見下著一編，以爲啓廸鄉民之具。學堂事繁，未遑秉筆，因令蠶學畢業生就歷年所經驗者編集成帙，樸實説理淺顯易解，意在家喻戶曉，婦孺皆知。一以補蠶桑家著書之闕，一以開蠶桑學進化之階，書成，名之曰《蠶桑淺説》並序其緣起，如此。光緒三十三年丁未八月，廬陵黃祖徽。

清　黃祖徽《蠶桑淺説·呂瑞廷跋》　荆州之域古以桑土著聞，今蠶利遠不逮吴越而近亦難與川汴爭先，然則蠶事之極宜改良，正無俟再計矣。溯自海通以來，出口之數以絲茶兩項爲大宗，外人恐利源之見奪，孜孜焉講求蠶學，成書日多，游歷之士覺其新奇可喜，恒轉譯以問世，顧陳義太精反覺解人難索。前鹽督廬陵黃公命廷等將蠶桑利病編輯一書而立説，以淺顯爲主，初由同學楊君用白話體詮次。又或疑其不文，復由廷與楊君稍加潤色，遂成是編，因名之曰《蠶桑淺説》。公之意蓋欲與雅俗共之也。方今朝廷提倡實業，專立農工商部誠以競爭。世界非富不能圖强，而農桑爲衣食之源，即絲茶關富强之計，公今移筦統税仍於吾鄂。蠶桑之業日求進步。由庶而富，而教，雖不一端，然古詩之列《豳風》，本朝之圖耕織，今昔中外無不重視實業，以爲富國之本，吾邦人士其亦可以奮然興矣。書既成，備述公之深意，以告來者。受業呂瑞廷謹跋。

清　衛杰《蠶桑淺説·蠶桑無地不宜》　北方寒而多鹻，樹藝之法，未能講求，故與山東僅隔一壤，而蠶桑之利卒未能興。自同治九年九月，奉中堂示諭，勸民種桑養蠶。順德府任升守於山東周村購桑秧八百，分種城隅，著《蠶桑説》。丁升道種桑靜海，游升牧，種桑深州，行之未久，其事暫輟。嗣蒙中堂飭周升任關道，及幕府汪於天津北倉柳灘試種官桑，濃陰竟畝，樹可如拳，民間倣而行之。高陽南皮漸種葚桑，葚繁葉少，以桑仁作果售市。任邱阜城多種地桑，以桑條作器售市，贊皇、博野、束鹿每種小葉，桑取其葉與皮入藥售市，滿城、完縣多種花桑，謂蠶必不能養，冬則鄰舍窮民伐其條以作薪，種者亦不能禁。易州、山北一帶每種大葉桑，出絲可作線。饒陽、安平桑葉最小，出絲甚粗，織綢未佳。深州多桃柳及桑，憚於養蠶。遷安以桑皮作紙。清苑漸亦有桑以葚售錢，是桑株隨地宜植。實由我中堂督直以來，頒發樹藝良規通飭州縣勸辦，種者日起，惜民間未知養蠶之利，且不諳其法也。上年八月蒙中堂示直省土厚地寒，屢購湖桑來直，栽種難成。川北地高土實，與北方相近，可在川購運桑秧、蠶子，並鄰省就近地方採辦，勸民間種桑養蠶以爲根本至計。春初發散蠶子，民間聞風鼓舞，風氣漸開，事機得手，彼此勸勉。就有桑之家爲養蠶之計，其浴子較南方緩二十多日，食葉較南蠶日少，各處得繭六七十萬斤，相率織窗紗繭綢。局中更收繭抽絲，色澤光亮，條理細勻，可織貢緞、湖縐、巴緞、大綢等項。清苑、南關外水源爲一畝泉，大清河水甜淨，不亞湖水。錦江水土既佳，蠶繭自旺。易州、山北繭黄而粗。贊皇、束鹿繭毛而實。任邱、阜城繭柔而滑。遷安、昌黎繭粗而亮。深州、安平、饒陽繭肥而澤。清苑、滿城、完縣繭大而堅。至條理之粗細，則視工匠之高低，謹就蠶桑局目前所辦者著爲論，若逐漸推廣，力求實效，無論平原、高阜，近山近水皆可栽種，庶美利日興而從前未有之利源可從此開矣。

柳蠶新編（許鵬翊）

清 許鵬翊《柳蠶新編·自序》 戊申夏翊往磐石督工，試放橡蠶，時向民間演説，使皆盡力於蠶事。又素知蒿柳可以放蠶。而橡山下此樹儘多，因擇其旁住民告之以法，使拴蛾柳叢上以爲試驗，至秋果得繭數百枚。今年夏省局旁有去冬新栽之蒿柳，復命工人拴數十蛾，又得繭千餘枚，上山晚而結繭速，且易爲力。上憲知蒿柳之易生活而放蠶之利尤大也，將大爲提倡，使民皆因地栽植，羣起放養，可以利普全省。翊既蒙差委職司勸導，深恐演説不能徧及，因將栽柳放蠶之方法及利益一一著出，使留心蠶事者可以得其大概。其留種出蛾挪蠶窩繭，以及去害防病諸法，《橡蠶新編》已詳之，茲不復贅。宣統元年七月，昌黎許鵬翊識。

清 許鵬翊《柳蠶新編·曹廷杰序》 蠶桑之利始自螺祖，其桑宜於大陸平原，則其蠶亦祇宜於大陸平原，所謂園桑家蠶也。厥後由桑蠶推廣見於《爾雅》者，有樗繭、蕭繭、棘繭、欒繭又載蟓桑繭。李時珍謂蟓卽桑上野蠶見於《禹貢》者，有檿絲見於《唐史》者，有槲菜蠶見於《宋史》者，有苦參蠶見於《齊民要術》及《蠶書》者，有柘蠶見於張文昌桂州詩者，有桂蠶見於詩疏者，有蒿蠶則蠶之作繭雖同，而所食之葉如蕭蒿野草菜。係園蔬苦參、藥品、樗棘、欒檿、槲柘、桂諸木皆資蠶食，是百種不必盡家蠶，養蠶不必盡園桑由來已久。最後山東、河南推廣橡蠶，作蠶楡蠶、椿蠶當卽樗蠶，織爲齊紬、魯紬、椿紬、繭紬，銷售最廣。近時柞橡二蠶，推及遼東，獲利甚鉅。吉林天氣較奉天尤寒，不但家蠶無人講求，卽野蠶亦從未有談及者。昌黎許君鵬翊、湖南傅君毓湘於光緒三十三年投效東來捉倡蠶事，傳君於桑蠶既收明效，許君於柞橡山蠶亦大著成績。宣統二年許君又試養柳蠶，今年遂收繭五十餘千，因於所著《橡蠶新編》外復著《柳蠶新編》一書，梓以行世。綜考古今蠶業，柳蠶實許君所親手試驗而新爲發明者也。查園桑宜於大陸平原以養家蠶，蕭蒿、苦參、槲菜、棘欒、檿桂、樗楡、柞橡，宜於高山林麓。以養野蠶獨茲柳蠶，則凡江湖低下之地，凡可以生此柳者莫不咸宜。從此擴而充之，則山林平衍及江湖澤國皆可養蠶，而柳比各宗草木更易生植，微論地球各國必當聞風興起，卽我國二十二行省亦必有爭先倣效者。第以吉林各江河兩岸枷地計之，果能處處育此柳蠶，每年獲利必不可以數計，許子之功誠偉矣哉。宣統二年十月既望，枝江曹廷杰序於吉林勸業道署。

清 王毓祥《柳蠶新編·序》 山蠶之學素所未諳，自從先生遊，獲讀先生所手著《橡蠶新編》一書，始稍稍知橡蠶梗概，然蒿柳飼蠶實未之前聞。及見先生發明而放養之，不禁詫然，異因進而請曰：橡樹養蠶自古有，然先生因地興利嘉惠吉林，祥知之諗矣。蒿柳飼蠶先生何以知其然？先生曰：蠶工之放蠶習其法，以任其性猶泥於法而鮮所變通。吾人之放蠶悉其性以施其法，故循乎性而可以類及祥。本此宗旨，默體年餘，深信樹類之可以放蠶，不一而足。先生僅於橡蠶外發明及於柳蠶者，以吉產蒿柳甚繁，栽植甚易，亦因地興利之意也祥。幸得橡蠶書奉爲圭臬，藉以研究蠶事，獲益良多，今復讀是書，故不禁樂贅一言以誌顛末書名。《柳蠶新編》踵《橡蠶新編》例也，篇中附以蕪言，則加『謹按』二字示別也。意在説明書中未盡之旨，前署勸業道憲張作柳蠶報告書，先生以是書上之，多蒙採擇早行於世，然散見一斑，猶多以未覩全書爲憾。因請於先生宜付剞劂，與橡蠶書相濟爲用。他日者蠶業普興柳蠶當與橡蠶並盛，因利而利，被服無窮，有是書在俾後之利其利者，知所由來云爾。宣統二年二月初吉受知王毓祥謹識。

柞蠶彙志（董元亮）

清　董元亮《柞蠶彙志・增輯序》　余曩官東省，導民以種柞育蠶之法，行之而效，暨遷直藩，復廣其法於順德、正定等處，行之而亦效。一時各省講實業者聞風興起，遠取成法，歸而試之。又各有效，前此數千餘年，蘩生翳薈於崎嶇山谷間，徒爲樵夫牧豎所摧折，曾無過而問者。今乃一省倡之，各省和之，愛護深至利賴無窮，此豈物之有幸有不幸歟？蓋大利之興固必至其時而後可也，戊申秋奉命撫浙，浙中桑蠶甲天下，歲入恒數千萬，其所爲書種類極夥，精且備矣，顧有被其利號稱富厚者，僅浙西三府及紹之數邑耳。近以墨守舊法，少少不如昔，而浙水以東山嶺綿亘不絕，林木茂美，其中多柞，土人摧之爲薪，無復知育蠶用者大利所在，棄而弗顧，居其上者又不爲倡導，而外人復乘罅抵隙百出，其計以吸我利源，民生至此幾何不窮且盜也！董君季友與余同官東省者也，研求實業勤恤民隱，爰請於朝檄之來浙界以勸業之任，天子可其奏，季友到官掎摭利病庶政具舉，迺以余嚮所爲林蠶雜誌設場試驗於嚴之建德，成效昭然，比又擬聚眾法捜採羣説輯《柞蠶彙誌》一書，將刊示各屬，以爲先河之導，可謂能盡其職者矣。嗚呼！世變岌岌不可終日，民生愁苦，益無聊賴，惟振興實業或可回元氣，於幾希而大者，非數年或十數年不克奏效，又必待巨資而後舉，當此物力凋敝之時，其何能支，若柞蠶者固民間原有之利，隨地而可取，俯拾而即是，其程功也速，其收效也巨，又可家喻而戶曉也，大利之興其在兹乎。至培樹飼蠶諸法具載誌中不復覼縷，惟歷舉往事以詔來者，俾浙之民人可與慮始行，將由一邑以推諸全省，由一端以推諸無窮，此又余與季友之責，所宜交相爲勉者也。宣統紀元嘉平月，撫浙使者增韞撰。

清　董元亮《柞蠶彙志・序》　聞之《呂覽》：『始生之者，天也；養成之者，人也，養之者冀其生也，成之者遂其生也，是天人之合也，天生之而無人以養成之，則物之爲物，不過一天，產之自然，品亦無以神其用而彰厥功。《禹貢》九州所產既詳，紀金石草木之屬而復詳，纁組絲臬之文以見天之生物，必藉人以成之者，其大較也。粵稽浙省爲古揚州之域界，牛女之區瀕海濱而處溫帶蠶桑之利宜，莫與京而墨守舊法近亦稍殺矣。增大中丞於是重刊《柞蠶雜志》以餉浙民，而浙民之喁喁向風陳乞蠶種者，相屬於道。遂乃籌資遣員遠赴安東選種考工，歸試養於嚴之建德而成效大著，民之相率聚觀者罔不歆羨鼓舞，以爲天之生物，其成於人者利固如是其溥也。中丞喜民之可以因利而利也，爰命裒集諸家之説，證以實地經驗之法，抉精袪複縷析條分名之曰《柞蠶彙誌》明不欲竊人之美，而以實驗爲自得也。或曰：是書也，可以闢浙民無窮之利，當久而勿諼也。不知是書之所以利浙民者，固浙民自有之利，但爲之盡物性以成天之所生而已。書云乎哉。宣統紀元歲次己酉冬十一月，試署浙江勸業道董元亮撰。

清　董元亮《柞蠶彙志・增輯弁言》　嘗謂聖門論政，曰：『因民之利而利之。』蓋所謂因者，因時之所需，因地之所產，因人之所知，如是而已矣。直隸近年舉辦新政，皆須借資民力，元氣未復，亟宜另辟利源。曩在奉天，親見種橡蠶之利，極力提倡，十余年來已收成效。本省近山各州縣，亦有此種，惜民不知養蠶，僅作染色燒炭之用，殊屬可惜。因採集種樹養蠶之法，名曰《柞蠶雜誌》，又演爲問答，名曰《柞蠶問答》，并道光間貴州按察宋公《勸民告示》及養蠶事宜五條，后附此次白話告示，另刊成本發給各州縣。總期人盡通曉，俾知所法。至於未盡事宜，則必須實驗，以漸改良，原不必膠執成見也。前民利用，雖不敢居，然當民窮財盡之時，即土產所固有，而教其所不知，於至聖因利之説，庶幾無悖焉耳。

農林蠶説（葉向榮）

清 葉向榮《農林蠶説・崇興序》 自來欲富國先富民，而富民有道不外因民之所利而利之，蚩蚩之氓率皆故步自封，不求進益，而牧民者又復以新法勸導之，期望之。無怪其扞格不入也，夫新法非不善，惟民狃於舊習尚不擴充，又安能進以新法哉？然則欲興民利，非以擴充舊法為基礎，其勢不可。余欲講求久矣，庚戌歲來守衢，每月之三與都人士討論農務。會長葉君向榮者其意見多與余合。葉君以老明經世居東鄉，平日研究農務，實地試驗，確有心得，輯成《農林蠶説》一書。余索而閱之，見其農務、種樹、養蠶諸法近而共曉，淺而易行，所謂擴充舊法者其在是乎？農家者流，得是説以破其愚，則庶幾地利漸興，而因以講求新法不難矣。雖葉君是説為富民富國之基礎焉可也。余故亟書數言，以為牧民者告。宣統二年十二月日，衢州府崇興序。

清 葉向榮《農林蠶説・自序》 孟子云：諸侯耕助以供粢盛，夫人蠶繅以為衣服。又曰：斧斤以時入山林，材木不可勝用，農林蠶三事是王道之始，當今之急務也。今之言農林蠶者甚多矣，觀其書多有渾言，其理而未講明其法者。榮以為必先勤其試驗之法而後考成。其發達之理則理莫不了然於心。榮世居鄉僻耕讀為事，凡農林蠶諸事父兄之動作耳。聞目覩幼習壯為，讀書之暇如此三項親操鍊習歷年試驗，迄今已逾四十年之久，成效頗有無。如家道貧寒，本村地稀田少，不能推廣，各鄉深為隱恨。今當國家振興實業為富國利民之計，將必有研究新法，發明新理為農林蠶開莫大之財源者，為之導其先路也。然農林蠶之事有因時而變，因地而變者，固未可一概論也。榮前刊有《蠶桑圖説》及《蠶桑大畧》等板，至庚子年屋被匪燬，板亦無存。是以不揣謭陋，將農林蠶及牧畜、圃居、家常菜等項親試有效者編就芻言，顔曰《農林蠶説》，公諸同好，以供覽閲。其中語言鄙俚，實足遺笑於大方也。是為序。宣統三年三月日，歲貢生安徽候補州判衢西葉向榮自序。

試驗蠶桑簡要法（陳涍）

清 陳涍《試驗蠶桑簡要法・王樹鼎序》 一命之士苟存心於愛物，於人必有所濟，僕兩任阜宰苦無善政及人。光緒丙申初宰是邑，創立農學堂，工甫竣而篆適卸。嗣因開辦無貲遂自空其名。前任劉公潄琴借兩城端化義塾改建蠶桑學堂，延請陳君志光來司其鐸，迄今六載，成效卓著，四鄉推廣日見發達。陳君乃手訂《蠶桑簡要》一編，法詳詞顯，俾鄉村婦孺一見可知。藉濟教育，所未及意至殷也。命僕作敘，義烏能辭，謹撰數言，望諸君子廣爲傳布，實事求是，勿負陳君利人濟物之至意。幸甚是爲序。宣統三年春仲，再理阜陽縣事山左王樹鼎拜序。

清 陳涍《試驗蠶桑簡要法・喻汝謙序》 自古農桑並重，迨至有元棉花輸入中國，講藝桑者由此少。刻絲業大興，古法外注，列强日競反起而奪吾利源。吾阜人稠地滿，數十年來五穀外借資獲利者，厥維鶯粟。方今朝廷律嚴斷種，進款頓消，上下俱形艱窘。幸蠶桑建立，畢業有人，濬源甯君，猶恐法難徧給。商懇陳君志光檢訂《蠶桑簡要》一編，都人士倘能宏爲傳布，俾由此精益求精，廣益推廣十數年後，大利之獲，視鶯粟豈第千百倍蓰哉？僕喜二君用意之渥，王公期望吾邑之厚，并是編立法之善，再敘數言，敢爲四方君子勸。宣統歲在辛亥季春月，攴吉氏喻汝謙拜撰。

山蠶講義

清 余銑《山蠶講義・自序》 政治原於學術歟？學術原於政治歟？抑政治、學術交相為用而以致富强也？富强豈朝夕故哉？即一材一藝之末，其由來久矣。夫黔省最貧於天下，惟遵義以山蠶較殷寔。宣統三年貴州勸業道王公欲擴事充之，扎辦山蠶講習所，於遵義府治南之勸工廠，通飭各屬資送土徒來就學焉。余以樗櫟庸材謬膺講席，苦鮮成書以資攷證，爰就管見所及彙成六章，或引用舊譜而變通之，或博訪鄉人而參酌之，匆遽指授疎漏所不免也。游藝諸君子若不以其細而棄之，校正發明以匡不逮，則學以積而益深，事以成而愈進，物無棄材，地無曠土，或於政治、學術之前途，萬有一收其效者乎。編者識。

嶺南蠶桑要則（賴逸甫）

清　賴逸甫《嶺南蠶桑要則·陳經善序》　《書》曰：『天降下民，作之君，作之師。唯曰其助上帝，寵之四方。』《記》曰：『人父母生而師教之，師也者，所以□爲君也。』先哲以君親師而參天地論者，謂天地生人而賦以衣食。父母生人而謀以衣食，君師教人而養以衣食，皆有功德於民者也。夫教養責在君師，三代之學修齊治平而外稼圃樹蓺，靡不有教，即靡不有學。所以贍衣食而國無游民，野無曠土也。瀧陽居嶺南之南，壤雲連□錯河出多風景之觀，獨惜民智未開，斯亦先覺之無人。亦固其所。吾師逸甫賴夫子來主經堂講席，見夫地不改辟民不改，聚深歎有土自有財之言。每對人必以勸業蠶桑，剴切痛喻而教以濬開衣食之源，於是乎率同經堂學羣倡設蠶桑義學，廣延善桑善蠶之師來立蠶桑標準，先教經堂學羣而引導四鄉，由邇及遠，推廣而教。每歲甄別學羣兩次，每次掄將學有堪，以勸課鄉鄰程度者，取列二三十名爲傳習員，贊成其回鄉去再立。乃鄉乃族之標準而教乃鄉乃族之親友，如是者各鄉所獲蠶桑之利年年加倍。今數年間各處皆倍而又倍，姑計羅、太兩堡歲沽繭價已得十萬有奇，成勣既著，仍患其教不廣，尤患口教之有流弊。蠶桑雖乃王政大典，因其向無適當書說流傳，世人苦於無所觀摩。爰徵諳練老成蠶師之精言要旨，彙輯成書，名曰《嶺南蠶桑要則》，洋洋數萬言，於種桑、飼蠶、治繭、抽絲之法，縷晰詳明專以堪，供世人取法而達於家喻戶曉爲主義。是書也，旨微而顯，義寬而密，所謂夫婦之愚可以與知焉，夫婦之不肖可以能行焉。以言夫詣造其極，則終身出之而不足，其反覆丁寧示人之意，亦深切矣。昔汪公應軫出守泗州，民惰弗耕桑，公教之樹畜買桑萬株植之，募善治蠶桑者教蠶事。吾師一掌教責耳，而以民生之心爲心。先儒謂，世盛則教在君相，世衰則教在師儒，移風易俗，吾師悲憫之心苦矣。古者天子諸侯必有躬桑蠶，室近布於三宮而築之，大□之朝君皮弁視犢卜，三宮夫人世婦之吉者，風戾以食卒蠶獻繭，夫人副幃受君其非慎重之。謂夫固謂天子躬耕后妃親蠶，而知稼穡艱難，心關民瘼，身爲先導耳。周之興也，穡事開基，周元聖以成王幼冲陳后稷公劉肇祖之王業，使瞽矇朝夕而諷誦之，讀《七月》諸什其於蠶桑者三致意焉。夫民以衣食爲先，衣食者民生之本，王道之原也。天下大利必歸農，故富始耕桑而次工賈，所願有心世教者，覽此書而珍爲家之嚆矢。使先覺覺後，覺則以天地自然之利爲利，斯固生財之大道乎？亦天工人其代之也。史官云，西陵女教民養蠶而天下無皴之患，天下無皴之患而吾師之心慰矣。吾師之功亦溥矣哉。經山人也，見聞粗淺，何敢措辭，因心乎是書慨然有率妻子耕桑治產之計□，不揣固陋而爲之序。

清　賴逸甫《嶺南蠶桑要則·序》　逸甫賴夫子來主經堂講席，見夫地不改辟，民不改聚，深歎『有土自有財』之言。每對人必以勸業蠶桑，剴切痛喻，而教以濬開衣食之源。於是乎率同經堂學羣，倡設蠶桑義學，廣延善桑、善蠶之師來立蠶桑標準。先教經堂學羣，而引導四鄉，由邇及遠，推廣而教。每歲甄別學羣兩次，每次掄將學有堪以勸課鄉鄰程度者，取列二三十名爲傳習員，贊成其回鄉去，再立乃鄉、乃族之標準，而教乃鄉、乃族之親友。如是者，各鄉所獲蠶桑之利，年年加倍，今數年間，各處皆倍而又倍。姑計羅、太兩堡，歲沽繭價，已得十萬有奇，成勣既著，仍患其教不廣，尤患口教之有流弊。蠶桑，雖乃王政大典，因其向無適當書說流傳，世人苦於無所觀摩。爰徵諳練老成蠶師之精言要旨，彙輯成書，名曰《嶺南蠶桑要則》洋洋數萬言，於種桑、飼蠶、治繭、抽絲之法縷晰詳明，專以堪供世人取法，而達於家喻戶曉爲主義。是書也，旨微而顯，義寬而密，所謂夫婦之愚可以與知焉；夫婦之不肖，可以能行焉，以言夫詣造其極，則終身出之而不足。其反覆丁寧示人之意亦深切矣。昔汪公應軫出守泗州，民惰弗耕桑。公教之樹畜，買桑萬株植之，募善治蠶桑者教蠶事。吾師一掌教責耳，而以民生之心爲心，先儒謂『世盛，則教在君相；世衰，則教在師儒』，移風易俗，吾師悲憫之心苦矣。古者天子諸侯必有躬桑蠶室，近布於三宮而築之。大昕之朝，君皮弁視犢，卜三宮夫人世婦之吉者，風戾以食，卒蠶獻繭，夫人副幃受，君其非慎重之謂。夫固謂『天子躬耕，后妃親蠶』而知稼穡艱難，心關民瘼，身爲先導耳。周之興也，穡事開基，周元聖以成王幼冲陳后稷公劉肇祖之王業，使瞽矇朝夕，而諷誦之。讀《七月》，諸什其於蠶桑者三致意焉。夫民以衣食爲先。衣食者，民生之本，王道之原也。天下大利必歸農，故富始耕桑而次工賈。所願有心世教者，覽此書而珍爲家之嚆矢，使先覺覺後覺，則以天地自然之利爲利，斯固生財之大道乎，亦天工人其代之也。史官云：『西陵女教民養蠶，而天下無皺瘃之患。』天下無皺瘃之患，而吾師之心慰矣。

安徽勸辦柞蠶案

清 童祥熊《安徽勸辦柞蠶案·序》 中國山蠶見於唐宋各史，而於養育之法則語焉弗詳。余前屬徐澄園大令輯《柞蠶簡法》嗣增補遺一帙，又以傳習所試育春蠶成蹟訂爲第一次報告書，次第印行，索觀者衆，區區之愚欲更有所貢獻於社會，便蠶業家之研究。爰復薈萃，三者量加修改，並增其所未備都爲一編而弁以言曰：事有以因爲創，既創之，而民即可因之者。皖者之試育柞蠶是也，柞蠶之興自齊之登萊始，而豫之魯山、南召州繼之。今兩省繭絲爲出口大宗，食其利者數十萬戶，比年直隸奉天等處師其法，輒收其效則壤連齊豫，土腴多柞之皖省其宜蠶。可知今之試育蓋因齊豫已成之良法，創皖省近百年之所未有，故曰以因爲創也。然而慮始之難也，無其財則事不舉，有其財無其人則事仍不舉。鳳陽一傳習所成於庫帑支絀之際，及其如法試育也，收繭既多而絲亦堅良，鳳郡鄉民前之疑爲洋蠶，相視而莫敢近者，今且懽忭鼓舞以爲衣被之資在是矣。此不獨余之所厚幸也，夫提倡者官而仿傚者，民傳其法通其意以濬民智而張利權者，則又賴有明多聞毅力宏願之士紳願，自茲以往，皖江南北有柞之地無不有蠶，用可久之法而成可大之利。鳳陽一所其權輿耳。故曰既創之而民即可因之也，區區是編或爲當世所不棄焉，或曰柞蠶者野蠶之一耳，柞之屬若橡若槲若青棡皆宜，蠶茲編以柞蠶名其未備乎？曰：事固有舉一以例其餘者，且齊豫習稱柞蠶，民所易知則仍之云。二品銜安徽勸業道童祥熊序。

養蠶法

清 關維震《養蠶法·序》 蠶絲爲中國物產大宗，惜墨守舊法，不求精進，漸成衰弱。論者莫不謂養蠶之法亟宜改良。然空言改良，若無改良標準，亦復何所適從。近人所出蠶學書皆譯自外籍，雖多經驗之談，惟偏於理論，及譯筆繁蕪者亦屬不少。余於蠶學素喜研究，爰本平日經驗，復參考新出各書，去其空論，摘其精要，注重實用；於養蠶手續先後，依次敍述。逐節皆可按照次第試驗。又因一切方法，必先心通其意，方可隨時體會。故於説理之處，務期明白易曉，庶可一目瞭然。其中蠶室蠶具以及用器檢驗等事，雖皆力求完善而於簡易各法，亦博採兼收。以便無力購置者不致畏難。編竣，就正蠶學專家，復證諸實驗，尚無謬誤。或於從事蠶業者不無小補云爾。

野蠶録

清 王元綎《野蠶録·序》 中國蠶桑之利冠於五洲，以故家有撰述言蠶之書幾充棟，而言野蠶者獨鮮。登萊野蠶自古有之，甯海張仲峯著有《山蠶譜》一書，惜兵燹後稿已散佚，惟州志僅存其序。每思攷其種類詳其飼養，以紀一方物產之盛有志未逮也。戊戌秋分發來皖，晤同鄉於弗航於來安，因詢以史稱滁州野蠶食槲葉成繭大如柰，今滁屬果否宜蠶。弗航言乾隆中濰縣韓公復任來安，嘗募東省蠶工教民野蠶，當時甚蒙其利，公復手訂《養蠶成法》今尚載《來安縣志》中，乃索而讀之。惜其簡畧且其法與今多不合，因不揣固陋，謹就平日所見聞者彙而録之，並搜採雜書以附益之，編次既竟名之曰《野蠶録》。時朝廷以和議成，力求變法以圖自强，竊謂富者强之基也，故泰西各國莫不以商務為重。中國出口之貨以茶絲為大宗，近年以來茶葉敗而絲亦因之議者，以為各國皆產絲且製作尤佳，不復仰給於中國，故出口之數日少。此論似是而實非，中國養蠶之地莫盛，於湖州乃近年所出之絲，除出口外並不足供本地之需。遂越太湖往無錫，購買廲絲攙雜之以為緯，每年多至數百萬斤，而紬緞之屬價且日昂而未有極足徵。中國蠶種受病之日深，實出絲之不旺，非有絲而不售也。野蠶之絲雖不如家蠶，而其工省其利倍，柞櫟等樹隨處有之，緣山彌谷不比栽桑之煩擾。我中國疆土寥闊，誠使逐漸推廣飼養得法，將出口之數日多一日未始不足以補家蠶之缺，而失之東隅者或收之桑榆也。是則區區之意也夫。

山蠶譜

綜述

清　張崧《山蠶譜·序》　登萊山蠶蓋有古有之，特前此未知飼養之法，任其自生自育於林谷之中，故多收輒以為瑞。宋元以來其利漸興，積至於今，人事益修，利賴亦益廣，立場畜蛾之方、紡績織絍之具踵事而增功埒桑麻矣，顧不知者每以《禹貢》之，檿絲當之先儒説部，名賢歌詠往往謬誤，目未親覩堇堇以傳聞之。辭臆而書之論多岐出，無足怪也。每思考其族類，以備一方物產之畧，苦於因陋遲未能，偶閱阮亭《居易録》言，孫益都沚亭《顔山雜記》，山蠶、琉璃窑、煤井、鐵冶等文筆奇峭曲盡，物性急披而讀之，則諸文咸在，獨無所謂山蠶説者。益用耿於懷後見周櫟園書影節記載是文，信如阮亭所稱，然猶憾其畧也，誦讀暇日因其説而暢之，期於族譜分明，使覽者知有蟓蚢之列檿柞之別，不至混淆而已。若云箋註蟲魚貴於典，古則未遑也。

（同治）《重修寧海州志》卷四　山繭，柞蠶繭也。春秋兩作繭，春繭成於五月，秋繭成於八月，俱有繭市。飼蠶有柞、有槲、有棡、有栲，其類甚繁。張鍾峰崧《山蠶譜》辨之極詳。

清　王元綎《野蠶録·序》　中國蠶桑之利冠於五洲，以故家有撰述言蠶之書幾充棟，而言野蠶者獨鮮。登萊野蠶自古有之，甯海張仲峯著有《山蠶譜》一書，惜兵燹後稿已散佚，惟州志僅存其序。

傳記

（光緒）《增修登州府志》卷四〇　張崧，丙午登丁未明通榜，選滑縣知縣。時中州方協濟江賑滑縣，碾穀萬石，自往河干起運，一日而集。滑被水灾，捐米施粥，饑民全活者一萬五千餘人。乾隆十六年，瀛洲書院初成，知府張勤望知崧，碩德博學，敦請主講。著有《幼海風土辨證》《山蠶譜》《白蠟蟲譜》《北菌譜》《旅食賢已録》《眼學堂詩集》《向若新稿》。以子啓愚貴贈文林郎。

著録

（同治）《重修寧海州志》卷二五下　《山蠶譜》二卷。張崧撰。

五畝居桑蠶清課

清　曹笙南《五畝居桑蠶清課·序》　談及鄉里戶鮮不耕，邑有餘粟，非復道光時土陿人稠，樂歲僅支三月糧矣。特陳陳相因，四達旱道，負戴未便，穀賤傷農耳。有識者耕而兼桑，誠地方轉移之善策也。歲壬申，樹桑育蠶者村有其人，苦未嫻其事，往往得失相半。

又　因念兵燹甫平，流離失業，里人欲求一飽而不可得。今耕九餘三，野多曠土，咸欲興此，以佐農事。

又　許文正公有言：『儒者宜以治生為急務。』古者上出於農，我儀圖之，治生之策，惟桑蠶宜。蓋無有沾體塗足之苦，自裕仰事俯畜之資。僅分一月之功，不妨終歲之課。無論備束脩，供膏火，使之無內顧憂，可以掇巍科，衍實學，即釋褐之日亦可藉佐養廉也。

植桑育蠶書

清 吴烜《植桑育蠶書·鄭經序》 凡鄰近之區，如蘇屬及錫金、武陽宜荆，溧陽等邑向有種桑育蠶之處，不難轉相則傚，合邑徧行。獨吾江素未講求，無從取法。同志諸公，非不關心民瘼，亦以素非所習，引導爲難。吾徒吴孔彰於克復之初，即殷殷於蠶桑之事，以爲因利而利，其利方大而且久。近更得賢父母捐廉倡率，相與有成。

清 吴烜《植桑育蠶書·汪坤厚序》 余自丁卯秋奉檄權篆蓉江，周歷四境，地廣人稀，蓋兵燹之後元氣猶未復焉，而土脈肥厚，宜禾黍者固多，宜樹桑者亦復不少。每思吾浙湖郡，大半栽桑，獲利甚鉅，是邑苟能仿行，於民大有裨益。

清 吴烜《植桑育蠶書·何栻序》 曩於乙卯仲冬道經於越，顧見兩岸多嘉樹林，其行列極整齊，而形狀極奇崛，高不過五六尺，然槎枿叢起，如力士支拳，如藥叉探手，生氣遠出。若有勸之使還者，少則數畝，多則數十畝，了無雜木參錯其間。怪而問其名，舟人曰：『桑也。』噫嘻！農桑者，天下之大利；種樹者，致富之奇書，此豈獨宜於越者耶！何吾鄉未見有如此桑也。況乎井田之制，五畝之宅，樹牆下以桑，是三代之時，未聞有遷地勿良者，豈吾鄉之桑獨不宜如此耶？今閱吴君孔彰種桑之説，乃渙然釋也。植物之性，不擇地而生，土產之原必待人而闢。宜於越者，未始不宜於吴也。其説不信而可徵耶！吴君少年時與予同受業於鄭守庭師，又吾姊夫之從子也，予故知之甚深。嘗惜其抱經世之畧而不得志於功名；藴利物之懷而不得見於措置。吾邑洊經兵燹，失業者多，里無富室，鄉有廢田，君不自恤其窮而恤人之窮。思以蠶桑爲耕者，輔爲圃者，導爲治貧之良方，爲救荒之善策。

清 吴烜《植桑育蠶書·自序》 古來大利，農與蠶桑，二者兼營，民多殷富。蓋農之利猶薄而且難，蠶桑之利則厚而且易也。吾江舊俗僅解務農，麥稻之餘毫無生息，終歲勤動，寢食不遑。無論水旱蟲灾，舉家失望，即年歌大有工本之外，所餘亦甚無多，一時婦子懽欣，轉眼依然枵腹，此僅恃農業者之難期康阜也。雖四民之家，多攻紗布，而晝夜勤苦，獲利極微，自給其身尚虞不足，若家多數口，即無以爲生，此僅攻紗布者之不能補助也。竊謂救貧之策，非蠶桑之利不爲功。種植在廢埄、荒基，不妨田稼；養育在暮春、初夏，不害農功。竭一月之勞，即可供一歲之用，果能茨梁告慶，百室固愈見豐盈。即使饑饉薦臻，八口亦無憂凍餒，此種桑、育蠶之處，所以素稱饒裕也。況克復以後，絲價之貴，桑葉之昂，尤爲歷來所未有，即謂素非所習，驟難育蠶，則先論栽桑，已能致富。夫種桑一畝，二三年後即可採葉一二千觔，以後年多一年，三四千觔，五六千觔不等。湖桑肥大，非比土桑，每年蠶季，每觔至賤，值錢十餘文，貴則二三十文，四五十文皆未可知。以麥稻之息例之，誠覺無從比儗。且麥稻若遇凶年，甚至工本盡棄，而桑則止於價賤，並無旱潦之災。況麥稻即遇豐收，一經樵割，必須復栽，而桑則採葉剪條，本枝仍在，來年再發，愈見蕃滋，傳之子孫，世享其利。又況栽培桑樹，盡在閒暇之時，於農事毫無所損，且施功甚易，更無霑體、塗足、水耕、火耨之勞，但以栽培一畝麥稻之工本，栽培一畝之桑，未有不暢茂條達者。予也久欲爲吾江興利，是以六七年來，每遇浙西、吴下諸處熟諳蠶桑之人，無不留心諮訪，考究詳明。又恐江陰土性非宜，因於前年二月中購得接過湖桑數百本，試種家園，復勸友人數處分栽。既可驗土性之宜，并可爲各方倡率，而桑葉之盛，小者如掌，大者如蕉，並不似逾懷之橘。

去春二月，又蒙邑侯汪漁垞公祖捐廉購桑，給發貧民。予復與本鎮同志諸公集腋成裘，偕往浙西，購歸發種，隨高隨下，無不欣欣向榮，則江陰土性宜桑固已信而有徵矣。至育蠶、繅絲諸法，予請浙人來家，教習數載，予亦加意審察，知之益精。凡養蠶之家，最多俗禁，雖親族不相往來。予家則門戶洞開，縱人學習，自旦至晚，庭前如市，而蠶事極盛，並無厭忌。繅絲則純淨光澤，不下湖產，良由桑與土宜，是以蠶絲特勝耳。至成功之速，價值之昂，較之紗布之利又何止十倍耶？予因以數年中耳聞目見躬親試驗，復博採蠶桑諸書，擇其可以取法者，彙著於編，以公同志，俾得廣爲勸導。果能家喻戶曉，於務農之外，益以蠶桑，餘時仍攻紗布，則較之浙西吴下諸處豈不更多一紗布之利？行見轉貧爲富，旱乾水溢不能災，庶幾革薄從忠，講讓型仁所由始。語云：倉廩實而知禮節，衣食足而知榮辱。未始非吾師守庭先生舉行鄉約之一助也。同治九年歲次上章敦牂仲夏吳烜自序。

蠶桑簡編

清 楊名颺《蠶桑簡編・序》 養生之計，衣食爲先。勸課之方，農桑並重。漢南俗勤，耕耨山頭地角，皆種雜糧，亦既不留曠土矣。惟務稼穡者多而務蠶桑者少，境内原出縑綢，養蠶織紡之法固不待教而知之也。祇以樹桑不多，因而飼蠶有限。每桑一株，約採葉三四十觔。有桑五株，可育一觔絲之蠶。每地一畝，種桑四五十株，收絲八九觔，值銀十餘兩。若種麥穀，即收二石，豐年不過值銀一兩有餘。且樹穀必需終歲勤勞，猶有催科之擾；樹桑祇用三農餘隙，兼無賦稅之繁，功孰難而孰易，利孰多而孰寡，必有能辨之者。則欲養蠶，盍先樹桑。莫謂無地，可植路旁、堤畔，盡是良疇；莫謂土性不宜，低隰、高原，豈無佳蔭？更莫謂不習養蠶、種桑何益，試思織女豈盡天生？《蠶經》原可共讀，世無不能耕之匹夫，安有不能織之匹婦？特患未知其利而不爲耳。武侯居西蜀，有桑八百樹，即謂子孫可小康。張詠治崇陽，授茶而種桑，遂使百姓皆富足。誠慮他日無衣，何以卒歲？祇有及時栽樹，乃免號寒。惟是小民可與樂成，難於謀始。要在賢有司乘時因地而利導之也。一邑如栽桑十萬株，每年即出絲二萬觔，十年樹木，獲利其可勝計哉？不但巴也，郭子章謂：『不績則逸，逸則淫，淫則男子爲其所蠹蝕，而風俗日以頹壞，皆蠶教之不興使然。』然則蠶教且有繫於人心矣。余重守漢川，亟與諸同好講求斯事，於漢臺之麓種桑百株。迄今三年，無一不活，種椹一畝，已長八九尺。可見桑本易生之物，合郡已種四十餘萬株，足徵人亦樂從。然而官令所不到，遂不自爲之謀，固由不盡知其利，抑由不盡知其方也。

蠶桑輯要合編（豫山）

清 豫山《蠶桑輯要合編・吳棠序》 天章重本業也，由此廣為流布，俾比户收女紅之利，耆壽得衣帛之樂。清淮蠶桑，安知不嘉湖、齊魯若也。

清 豫山《蠶桑輯要・涂宗瀛序》 曩藩湖湘撫粵西皆嘗輯爲農桑諸説以勸民，比移豫疆遭時大祲不遑爲深遠之務。及今歲事轉豐，適長白、豫東屏廉訪來，陳臬權藩纂出所集《蠶桑輯要》一册見示，將以頒行牧令實先獲我心。且所説較予加詳，亟慫恿刊發並書卷首，以爲之倡夫農桑之業爲治之本。王者興教化厚風俗未有不權輿於此者，顧即爲一時富强計，亦莫此爲先。豫之牧令苟能奉行利導使吾民知所樂，趨十年之間其必有效也。以視違教令種罌粟倖邀末利其賢不肖必有能辨之者矣。光緒庚辰五月，撫豫使者涂宗瀛序。

清 豫山《蠶桑輯要・麟椿子序》 桑之用不盡於蠶，蠶之利端資乎桑。中州地廣土腴，北曰邶南曰鄘。讀《説於桑田》『降觀於桑』諸《詩》知當日所以爲桑計，即爲蠶計者深且遠。洎後世民畏習勞初則置焉。而弗講久，且欲講而罔知所從，坐使古人良法蕩廢無存，卒莫有起而興之者，良可慨矣。豫自前年大祲郊外林木株株伐殆盡，其他流離困窮尤不堪設想，今雖轉歉爲豐而小民元氣未復，爲之上者思欲從而補救之，則維桑與蠶未始非善後之一端。因是朗軒涂中丞孜孜圖維，又得東屏豫廉訪適綰藩條極力講求而椿亦以權臬得參於其間。爰擇同寅中熟習此道者設局，董之刋《蠶桑輯要》一書，俾廣傳布蓋其爲言也，簡而明其爲法也。美而備洵足以家喻戶曉，使人油然生鼓舞之心，誠善舉也。昔孟子在梁，不云乎五畝之宅樹之以桑果，使梁民宜古則今循法力行，將戶有蓋藏野無荒蕪桑，蠶之利用與稼穡共實之而水旱並不得爲災，庶不負大中丞圖治之苦衷而亦椿與東屏之厚望也夫。光緒庚辰仲夏月，長白麟椿子瑞甫識於河南臬署。

泰西育蠶新法

清 張坤德譯《泰西育蠶新法・喇雷原序》 本衙門自奉飭設局以來，凡有關於育蠶諸法靡不博採詳稽，研究其理以冀實事求是，所得新法必於年終具報一次，刋刻成書，是爲第十一部。今求書者實繁，有徒謂非我國育蠶之法精益求精之明徵歟？其初篇幅無多，但取簡明。嗣因育蠶之人函詢細情者益多，頗有應接不暇之勢。爰將本衙門試驗各層親經閱歷者，推廣增輯刊布民間。此書分編十章，良以育蠶之要必先利器，病宜細察，種宜慎選，以及飼養、藏護、繅絲，皆有次序，不得不分門別類，庶易醒目，藉收實效。

蠶書既出，民間育蠶遂多取法於斯，而本衙門刊印無多，未及徧布書肆。有自行翻刻者，此次所輯與舊本無甚懸殊，惟收種出售，自一千八百七十九年巴斯陡新法通行以來，今昔情形迥異，欲收可恃之佳種其法較難，需費亦鉅，民間以無利可圖，不復講究此業，幾廢茲於收種出售之法，姑從闕如。

本衙門具報育蠶情形，估計可獲之利，原憑當時市價核算，此已屢言之矣。絲價與別項貨價相同，時有漲落，本難預計，至飼蠶之葉與收子種之價值以及專設蠶室各事需資甚鉅，平民資本不足，無力備辦。此書既專備平民取法，故皆畧而不詳。而育蠶家以余前言一千八百七十九年可獲之利，至今尚未如所望，遂誚臆度之未中。抑知余估計之時，絲繭兩項價已極賤，初不料其再有跌減，即絲業場中所料亦然，乃一千八百七十九年歐洲繭價每磅售四角七分者，八百八十五年只售三角五分，相懸至此，蓋亦偶然之事也。夫預估繭價，本無把握，不過約畧計之，究竟價之低昂，須視繭之種類何如耳。

絲繭等價漲落過分致與第一部中所估之價不合。今余以法國黃種復估其數，似較前尤爲詳確，試以夫婦二人養蠶爲率表，其用種之分兩、出繭之多寡，以反獲利之厚薄於下黃種之子。每二十五犛蘭姆照一兩核算，就中計三萬七千五百粒，譬如鮮繭每磅約三百至四百箇，已蒸以繭放在銚內用汽蒸之治死其蛹之後重數每百分中減六十六分，其每兩子最多出鮮繭九十三磅至一百二十五磅，每百蠶中最多除去病死之蠶二十六箇，則每兩子種可出鮮繭六十九至九十二磅，即合已蒸之繭二十一磅至三十一磅，然則夫婦二人用種二兩可出鮮繭一百三十八磅至一百八十四磅，即合已蒸之繭四十二磅至六十二磅，今鮮繭一百三十八磅，每磅合三百個，作價二角五分計三十四元五角，一百八十四磅，每合四百個，作三角五分計六十四元四角，又已蒸之繭，每磅作價八角至一元一角五分，共計三十六元八角至七十一元三角。此係夫婦二人育蠶所獲就中核算之數也。然絲業與他業相同，市價漲落無定，育蠶之人慎毋自忽，前數年絲價常跌，去秋稍漲，其所漲之價果能終不改移，則繭價必漸有起色。

第二部中余嘗言收種出售之利，然自巴斯陡選種之法通行以後，歐洲各國每自收種無事外，求我國收以待售之種，銷路必滯。我故曾以少收爲勸，乃言者諄諄而聽者藐藐，致蠶家收種過多，無從銷售，大失所望者不知凡幾。可見收種雖屬緊要，但求敷用足矣，何必過多。按一千八百八十四年法國所收之繭百分中僅取二分半爲種法，係產絲之國收種止此，我國甯不可比照而倣行之乎？夫以繭言，多售一磅固多獲一磅之利，而種則不然，多卽棄置，而轉受虧折矣。總之欲興絲業，以多設絲廠，推廣繭之銷路爲第一要務，若但言收種猶其小焉者也。

養蠶不宜過多，多則成本必大，收成或歉虧折尤鉅，且非專設蠶廠，僱工襄理，勢必照料難周。然此等蠶廠應用之日少而空閉之日多，耗費孰甚？況養蠶愈多，收繭成數愈減，譬育好種一兩可收鮮繭百磅，若種數倍加一兩，則收數轉必遞減一成，育至二十兩者，每兩就中不過收繭二十五磅耳，以上各情法國屢試屢驗，確有把握，幸勿忽視。查意法各國，向多養蠶大廠，今皆蕩然無存，蓋卽坐此病也。一千八百八十四年法國官報是年通國所用蠶種計二十八萬兩，育蠶之家計十四萬戶，照此核算每戶就中不過用種二兩，益可見無取於多也。

本衙門每勸諭民間，若初次試育，用種尤宜從少，不得過一錢二分五釐，誠以工藝非閱歷不爲功，投其所宜，去其所忌，全在隨時審督，故勸使勿多育者，正欲其綽有餘暇，得以周顧而細督也。將來經歷既久，熟能生巧，自可常保厚利，何必欲速。

近來繅絲機器益巧，其法愈精，且另有專門之人經理一切，要必學術有成方能得其奧妙，故蠶戶所收之繭，不宜各自繅絲，若果志在自繅，亦當糾同近處育蠶各戶合開絲廠，如能辦理得法，或尚有利可圖，至上等大件之絲，美國銷路雖廣，然終不如次等小包銷售較易也。

兩年前議院準撥萬五千金爲鼓勵育蠶之用，本年仍如數照撥，意在竭力整頓，務使蠶事蒸蒸日上。其應如何設法鼓勵，仍由農部大臣隨時酌核施行，所有本衙門支領津貼欵項及試辦兩年詳細情形，業於一千八百八十四及八十五等年分別造報，茲不瑣述。

多設絲廠尤必辦理，合宜庶其業振興而實效可收，故鼓勵之欵。用之以驗繅絲者，殆過半焉，然我國之繭尚不能與他國角勝，蓋驗繭之法在能繅絲，專權絲之多寡以定繭之高下，歐洲乾絲三磅八能繅絲一磅，美國乾繭政府派人在鈕奧令司地方試驗者需四磅二有奇方能繅絲一磅，而次等與上等之繭繅絲所費相較懸殊，此中分別非熟悉絲業者不能深知其底蘊。我國如果欲圖絲業之利，尚須著實考究。上年政府所收之繭，皆由新手採購，閱歷未深焉，能冀其選收佳貨？此輩猶以所獲太微，未足償其辛勞，輒歸咎於絲業之無利可圖而不責一己之功淺能薄，不亦慎乎？凡百工藝，非夙習而能臨事奏功者，我未之聞也。他業既如此，絲業豈獨不然？故次等之繭，繅絲既少致有虧折固亦意中事也，雖然，余有説焉，以上所驗各情，皆憑舊式機器而言，所虧尚不甚鉅。若用新式機器未始無所補救。推原此業，美國所以不能與他國比賽者，工價貴也。今以機運動之新式繅車，市上已有出售者，工料俱省，又何患蠶事之不日增月盛哉？况此等繅車，使稍有閱歷者用以繅絲，其絲之精細可與法國媲美，歷試不爽。

或謂絲業之利亦甚微耳，詎知國家致富之道莫穩於育蠶。平民無論如何窮苦，皆能自爲，無慮資本之不足也。美國若能大興蠶事，其利必溥，國中老少無事在家者，不知幾千萬人，但使勤動數月，非甚勞苦而餬口贍家即可取給於斯，孰不樂爲？其婦女之閒居者，尤宜從事於此自不待言，美國南省各處大半宜於育蠶，農家女子每年育蠶數月，雖不及其兄若弟出作入息者所獲之多，亦可藉此自給，豈不聊勝於無？每女每年收繭數磅，所需飼蠶功夫究亦無多，仍可在家操作他事。總之養蠶無取乎多，但須家家飼養，則所收之利已不可限量，聚沙成塔，其斯之謂歟？

美國蠶務署長喇雷識。

清 張坤德譯《泰西育蠶新法・序》 蠶爲衣所從出，而國富亦基之。昔西伯治岐，即有牆下樹桑，匹婦蠶之之政。自是以降，凡天子建邦，諸侯立國，莫不以此爲急務。故深宮親桑，爲天下先，而卿大夫、士庶人之妻，亦相率奮勉，罔敢或怠。顧古稱老者衣帛，少壯不與焉，則其事雖萌芽，而猶未盛行於世。時至今日，揉羅被縠，觸目皆是，雖謂風氣使然，亦由其業盛故也。即就近省而論，如江蘇之蘇常，浙江之嘉湖，蠶戶婦女類皆悉心培養，不遺餘力，又加以寒燠適中之氣候，燥濕得宜之水土，故每歲利益因育蠶而得者不可僂指計。出絲愈多，絲業愈廣，即絲捐一項，亦遂有增無減。説者謂中外互市，迄今數十年，中國之利流入外洋者不知凡幾，於此猶得收回一二者，茶葉而外，絲爲大宗。然則中國之絲不特足衣一國之人，並外洋亦仰給於我，自非蠶務極盛何以至此？雖然，盛則盛矣，而究其所以育之之法，要皆不離乎婦女口授之淺説，祖父遞傳之舊訣，求一能推陳出新、别有心得者，蓋尠甚。且謂面生人不可令蠶見，見則必壞，散髮時不可與蠶近，近則又壞，凡諸俗忌不一而足。然收成間多不足，或因蠶病，致全功盡棄，非歸咎天時之不正，即委諸生命之不辰，從未有即其致病之由，而深究其理者。惟然故叩以病所由起，及其見證，與防之宜用何法，皆不知也。其不知何也，則以不明格致之理，雖有成法，卒不足以濟事也。泰西育蠶新法者，爲病是而作書，凡十章。其間除收種、飼養諸法與中國大致相同外，其專造蠶房、精製各器等事，似非吾華編戶所能然。如除净室、滌蠶具、透空氣、用硫磺熏室、採南面向陽之桑，俟其乾以飼蠶之數事者，爲之亦甚易。至測熱度之寒暑表，察病源之顯微鏡，僻在鄉間，驟難購辦，儉嗇者又念不到此。然但使育蠶得手，則所償奚翅倍蓰，愼勿惜小費而隳大功也。夫中國之蠶，素稱力足，土壤亦最相宜，倘更取法於斯，益加勤勉，則蠶務之盛又當何如耶？是書係强齋主人屬胡君馨吾由美國農部索得者，持以示余。余謂衣被蒼生之業必自是書始，遂以餘暇爲之譯出。既蕆事，强齋稱善，將付石印以廣流傳，其關心時事誠至矣哉。而余則自知筆墨淺陋，恐不足問世，因復請伯史笏裳詳加修飾，今之得以展卷瞭然者，吾伯兄之力居多焉。光緒二十三年歲在丁酉辜月，桐鄉張坤德識。

清 鄭文同《蠶桑輯要・論蠶患椒末瘟病》 此論係蘇邑侯從他書採來。查美國蠶務署所著《泰西育蠶新法》一書，内載巴斯陡所察班勃林病，亦名胡椒瘟。所言病狀即前編，察有病蠶條内之殭病是也。惟巴君能察其受病根源，而不詳治病妙法，未免闕如。茲既得經驗愈病良方，足□見多識廣，益人智慧，無窮已。書田附識。

飼蠶新法（鄭愷）

清 鄭愷《飼蠶新法・何春彬序》 蠶桑為中國固有之利，蓋因天時地利之宜，有非他國所能及。惜在上者，既不加提倡；在下者，復不知講求，狃於故常，不知變計，坐視蠶病日益甚，蠶業日益衰，而口之絲，遂有江河日下之勢。利權旁落，反讓他國以居先。噫！亦可慨已。攷蠶之病要，以椒粒瘟為最烈，軟瘟次之。當道、咸時，法國蠶種幾絕，其受病與中國同，自巴斯陡框製之法行，而蠶業復振。意與日本從而仿之，卒收捷效。比年以來，中國風氣漸開，各省蠶桑公院接踵而起。然鄉曲之氓，猶未能家喻而戶曉也。鄭君枚卿，向肄業於蠶學館，業成而歸，有鑒於此，爰將館課刪緐摘要，輯成《飼蠶新法》一書，將付剞劂，屬為一言。余竊念蠶桑雖農學之一科，然力省而舉易，效速而利溥，開財之源實無逾此。鄭君是書茍能家置一編，仿行西灋，精飼育，調寒煖，察燥濕口，從此精益求精，蠶業之興其即富國之基歟？

清 鄭愷《飼蠶新法・序》 凡仿行《養蠶新法》，必先養框製種為最佳。其他種概不盡善，欲購是種者，須赴杭州西湖蠶學館可也。

東洋蠶事書

清 袁俊德《東洋蠶事書》 同治八年，奧國在格爾子地方設立養蠶公院，爲歐洲中之創首，以期設法除止伯撇靈之病。緣其病將西國蠶務壞盡。適其時法國學士巴斯陡，查得該病情狀，並思有防備之新法。查數年前已知蠶有伯撇靈之病，實係極小一點之巴拉西德，必用顯微鏡方能顯出動物形。一粒諺謂克拍司格，此克拍司格在蠶全體之內生長頗速，迨佈滿蠶體而蠶壞。惟巴斯陡細爲詳查，能知克拍司格之原委及如何生長，如何增多之理。蓋一蠶生有此病，不獨傳染於他蠶，而將來成蛾生子，其子體內亦具此克拍司格，冬季在蠶子體內不長，俟春季卽長。子出爲蟻爲蠶，則與之俱長，此所以爲傳種之病，其害日見加增也。巴斯陡復查明無病之蛾，其生出之子亦無病，由此傳下之種，倘飼養周到，與有病之蠶離開，則此病之根株卽絕。由此以觀，可見欲得無病之蛾，巴斯陡爲創做無病蠶子，而爲蠶子分方法。凡蛾相對時，用小木楇或小竹圈，將每對分置於內，編號爲記，則每雌蛾所生之子各在一處。俟蛾既殭，卽將此蛾用乳鉢靡碎，以顯微鏡查視。如某號蛾體內有克拍司格粒形，其號之子亦必有病，當棄而不用。如某號蛾體內無克拍司格粒形，其子亦必無病，卽留爲傳種之用。此法曰做蠶子分方法。溯同治七年，奧國國家懸賞銀約三千兩之數，以博求整頓蠶務之良法。當時共有三十八人爭獻新法，奧國養蠶公院於同治八九年間將各人之法逐細考校。除巴斯陡之法外，均未妥善。嗣由農部令養蠶公院再行查視，故會同著名廣有蠶事之戶，在數處分試此法，以期歸於至當。試經兩年，乃共知巴斯陡之法，實有裨益。同治十年，遂以懸賞銀兩酬送巴斯陡。夫用顯微鏡細爲查視，剔去有病之蠶子，卽能將伯撇靈之病防止。則以教習多人用顯微鏡之法，爲第一要務。且用此法，以存無病之種，則蠶生有力，他病亦自可消除矣。奧國養蠶公院之設，雖以講求蠶務各事，增長見識爲重。然有應行傳佈之事，亦教導國人，使之學習。其教習所內，專以淺近口授之法相教，如安邦多米謂全體各質也，費意昔訛樂際謂體內各質功用，卽子與蠶，及蛹與蛾，如何變化也。如蠶生各病，卽伯撇靈黃轅等名目，生長原由及防備之法也。如養蠶之理合宜，卽由子生蟻，其時如何餵養及預備桑葉各事；每眠前後，如何將蠶移至新床蠶屋內；如何生煖通風；蠶山如何編造；如何折山收繭，分別擾劣，並將生繭包捆出售，或將繭製乾存而出售；如何將蠶子分方，用顯微鏡檢查種蛾；如何賣繭繅絲；如何種桑及治桑樹之病等事也。其中最要者，惟用顯微鏡查考種蛾分方做子之法。現今各國蠶務之盛皆由此而成。但巴斯陡之法不克詳録，茲僅略爲陳述耳。其實巴斯陡之法不可僅師之於成書，應由人口授，並一面有式可覩。查奧國養蠶公院教習所定章程，衹準務蠶之人入所學習。其人宜年過二十歲，明白識字，否則須由所內特準紳富子弟自願入學學習，或國家學院之人，國家並預存公款，以爲津貼，來所學習貧人之膏。所內學習之人，按次學畢，應由公院考試，是否熟習用顯微鏡分別蠶之各病，及挑選種蛾諸事。凡試可者，給以文憑，或準其做蠶子出售，或派往國家所設檢查蠶子局爲司事。按國家特設檢查蠶子局之意，既欲使人廣知養蠶各理，如法製做佳種，亦預爲養蠶不做子之人代爲做子。且無論何人送子於局檢查，各局司事皆不收其費用。凡奧國南境養蠶盛處，均設有此局。其始，局中養蠶及做子各器具經費，均由國家支給。嗣後蠶務日興，局款日多，至今已無須國家開支經費矣。所設蠶局有數年，每年所查蠶蛾數註逾十萬，其處子既足用，遂多販往他處。自格爾子公院之設，至光緒十三年，計在教習所學成之人，共五百三十三名。内以奥國各省人爲多，餘皆奥屬國之人。此外由他國來學者，計共四十六名，如義國、瑞士國、德國、俄國、日本國，均有也。查教習所内各奥人學成而回，均甚熟習做蠶子分方法。日久廣行，凡務蠶之戸爭欲聘用。查養蠶一事，須極謹慎小心，用顯微鏡之法又極辛勞。惟女工心静易於從事，故公院内初準女工來所學習。不過於做蠶子時，使用顯微鏡檢查種蛾，該女工即頗爲諳練。每日用顯微鏡能查視四五百蛾，易而且妥。於是人爭聘熟習此法之女工，而女工來院稟請學習者亦年多一年。公院遂另建一女教習所，計所内學成女工，至去年有六十四名。今統計格爾子公院内教習所學成之人，查視種蛾，每年數可得五百萬。又渾境司格司特地方，所設養蠶公院，於光緒十三年僅就其一處計，年中所查種蛾爲一百九十一萬餘。自七月開查，至次年三月，其院内所用女工逾四百名之多。故格爾子公院所管之境日漸推廣，而其所著效驗則因做照巴斯陡之良法，做子出絲，較之二十年前所産，實加十倍。格爾子公院開設後，即有義國在巴土呀城倣設，當請格爾子公院之副總管往助。至同治十三年，法國亦設養蠶公院於蒙伯葉城。以上所論各節，似屬事外之論，然實與查勘日本倣用巴斯陡之法頗有關係，蓋日本悉照奥國養蠶公院之法而行也。

養蠶法

清　關維震《養蠶法・序》　蠶絲爲中國物産大宗。惜墨守舊法，不求精進，漸成衰弱。論者莫不謂養蠶之法亟宜改良。然空言改良，若無改良標準，亦復何所適從。近人所出蠶學書皆譯自外籍。雖多經驗之談，惟偏於理論，及譯筆繁蕪者，亦屬不少。余於蠶學素喜研究，爰本平日經驗，復參考新出各書，去其空論，摘其精要，注重實用；於養蠶手續先後依次敍述。逐節皆可按照次第試驗。又因一切方法必先心通其意，方可隨時體會。故於説理之處務期明白易曉，庶可一目瞭然。其中蠶室蠶具以及用器檢驗等事，雖皆力求完善，而於簡易各法亦博採兼收。以便無力購置者，不致畏難。編竣，就正蠶學專家，復證諸實驗，尚無謬誤。或於從事蠶業者，不無小補云爾。

蠶務圖説

清　康發達《蠶務圖説・序》　竊自中外通商以來，彼此以有易無，互相爲市，固勢均而力敵，奈外洋之貨入中國者不但貨色漸廣，即各貨數目，亦年盛一年，中國運出之貨不能與之爭勝，以致洋貨所值，漸易以銀，而利源遂流入外洋，中國本有可以挽回之策，惜無人陳説利害，因循未辦，今試以絲務一項論之。夫絲爲中國民生之大本，通商後，尤爲互市之大宗。其在數十年之前，較之各國最爲興旺，而自近十餘年，以至今日，則日見減色。查泰西各國於各項工作之事，講求其理，不遺餘力，而以格致之學爲最要。有一事必請專門名家，稽查各務，集天下之深知此事本源功之後，必究其何以長茂，何以蕃實，必使業此者毫無遺利而後止。故於蠶桑一事，亦設有公院，凡蠶産情形，必專心考究。此公院設有年所，其於蠶之如何生長，宜食何葉，何以肥壯，何以有病，如何醫治，何以必到其時，不食而眠，每次眠時是何形狀，何以必到其時，乃上山結繭，其繭是何色樣，何以繭有大小，何以必到其時，用者，不厭煩瑣，一一考究詳察，以盡其利。譬如種田，則必究其未種之先，何等種籽宜於何土，燥濕何宜，既種乃出蛾，其蛾是何色樣，有無疾病，何以必到其時，蠶乃生；又何以一年内再生至五六生，如何使其不再生，而留其子使次年始生，所吐之絲，何以有粗、細、脆、韌，何以光潔，何以暗滯，何者爲得天氣之宜，地土之宜，究應如何蓄養，始無遺憾。所種之桑，何桑宜何地土，何以茂密，何以蟲生，如何止蟲，何葉宜何蠶。又有各種野蠶，各種半家半野之蠶，何以爲野，何以爲半家半野，何者産何處，何者生何樹，食何葉，何者可取回蓄養，何者不宜取歸。其蠶及蠶繭、蠶蛾、蠶子，如何收取，如何功用，歴年講究，早得竅奥，隨時薈萃出書，布散天下，使各人增長學問，有所仿效，俾無遺利。故於國計民生，關繫甚大，凡此等費用，皆由各國公款所出，誠重其事也。中國蠶桑之法，講求者原不乏人，特忽略者衆，祗知其當然，而不知其所以然，沿舊蓄養，衰旺委之運氣，年産不能遞增，或且減少，要皆講求，不得其道耳。至各種野蠶，則更無人過問，任其自生自滅，實則亦正有用處。光緒六年，各口海關稅務司奉總稅務司通札，因法國曾充會院蠶務，總考察司里昂城商會首領倪恩，投請將中國蠶務各節查訪，經總稅務司札飭，本稅務司詳加查察，並準將各項費用，入本關經費報銷。光緒十二年，本稅務司復任浙海，見以前所查各法，仍未盡善，無實在裨益之處。緣在浙省，雖查有野蠶兩種，將繭送往法國，察其絲質頗美，恐日後大有用處。而家養各蠶，未曾逐細驗其功用，非在各省查明，不能定其孰優孰劣，因刋布訪求養蠶各節，一書分散浙省產蠶各區，使年終彙將蠶子繭絲，同送來關，以憑查驗，並購買蠶子，雇用熟悉養蠶之人就本關設立小院飼蓄，試照書中各節查記。而將最後之一眠蠶，取十條浸入藥水瓶內，並取各蠶乾繭半斤，絲二錢，雌雄蛾五對，活子五分，包固，送往法國，請其考察，其中總以活子爲最要。各種活子，雖送往法國，其餘剩未送者，留在本關，至次年試養，以便兩相比較，考其利弊。按光緒十二年本關試養家蠶，共二十三種，均送法國，惟惜分散之書，除送到蠶子外，均未如式寄關，想因未明此理，遂不經意，故又經總稅務司準，將所用訪求養蠶各節之書再送各關，照式訪查。至光緒十三年，復將上年所留之子並他處送來之子試養，計有頭蠶子十八種，二蠶子十種，三蠶子六種，三蠶以上各蠶子八種。初養之事，天氣頗宜，出蠶亦佳。至第四眠，蠶病尚未大見，迨上山時，蠶病乃顯，或一種全死，或一種留有一半左右，計存三十二種蠶，內僅有十二種，尚有力作繭，然收成不過十分之五，其餘二十一種，全歸烏有。第二次所養之蠶，不十日間幾已千壞，至第四眠時，所餘之蠶，僅足爲浸入藥水之用。第三次所養之蠶，僅存兩種，嗣遂停養，然可由此驗知其病，以期設法防備，故皆如上年之式包固，並將同時自杭州一帶及甯波、鄞江橋如式送來，蠶絲乾繭及蛾子，計共三十三種，彙送法國，請同十二年所送之子一一考察，當經申明總稅務司，並函致法國，來年本關暫停飼養訪求，俟其考察，明悉究應如何整頓，再行開辦。及十四年五六月間，接倪恩投函，稱送來蠶絲、乾繭、蛾子，均已收到，俟考察明悉，卽行函覆。今先請陳其大略，中國之蠶受病已久，特未深信此理者多，今則可實證之。如甯波之蠶，所見病瘟情形，他要亦復如是，則中國各該處蠶種，必有斷絕之時。查得送來各種蠶身內具微粒，西語曰『克柏司格』。從未見有如此之多，其微粒之病，曰『椒末瘟』。西語曰『伯撇靈』。凡蠶及蛾繭與子，均經沾染此病，且於各種蛾各繭內，並查有他種病狀，譬如黃軟病，西語曰『法拉斯利』。特其一耳。中國各蠶，其病既如是之巨，何以尚不及早料理。然應加何料理，容説於後，大抵宜以印度爲法，中國蠶病雖深，所幸者既明此病，尚可爲防備之計。如送來各種子內有微粒者甚多，倘係西國之蠶，染此病狀，斷難生子，卽生子亦未必能成蠶，而送來之子竟能養出，且能經屢次挑揀得無病之蠶，成蛾成子，至次年養出，比先一年尤佳，可見中國之蠶，其力較他國爲大。其中又查得二理：一、係中國之蠶患此粒瘟，爲時已久，恐有絕種之時，而與昔時西國蠶瘟之患相同。一、係中國蠶種內，有力大者，雖患此粒瘟，醫治尚易，送來之奉天省蠶蛾等，已經查其內有兩樣新種，俟在里昂城考察絲院，考察其絲，卽可知其絲質有何分別，並其優劣如何。然今已經查明者，如在中國溫和之地，一蠶養至數次，未必能佳，因遞次所收之絲，一次不如一次，譬第一次收絲有八分，至第六次則不過五十分。總之，中國所出之絲式可定，其一年不如一年，而日本所出之絲式，則一年佳似一年。日本之絲，不但年年加增，其蠶繭及絲質，驟然稱美，各西國及美國，均樂以重價購之。其故甚易知也，蓋日本國家，曾經講求此事，前有農部尚書，將蠶蛾等件，選擇精美，送至西國考察，復派人往法國及義大利國，學習養蠶各事，故今日本深知養蠶之法，雖用種不過十餘，其繭其子均爲極佳之品，並能明何種宜養於何地。是向來爲日本考察蠶繭之理，其人雖產自法國，至今日獲收養蠶之利則在日本，而不在法人。予觀今日中國蠶務情形，頗與印度相同。溯印度數年以來，蠶亦多病，絲色日減。雖印度國家，千民生各事，向不過問，然因蠶務所關繫於民生甚巨，亦遂改絃更張，由其國家函請，代爲設法挽救，俾印人養蠶無害，並託予聘一熟悉養蠶各事之人往印，須深明巴斯陡選擇無病蠶之法，而願與以重聘，以期易於延覓無如，爲予所深信而不疑者，頗難其人。故印度派養蠶公院之工頭一名來法，該工頭在其國院內，管理已經兩載，明悉養蠶各事，到法後，法國國家準其入蒙伯葉城養蠶公院塾房，在該院內巴姓，及提雨克樂兩人名下學習數月。該工頭回印，遂深知西國養蠶各務，並防備粒瘟之患。嗣印度國家，擬設立養蠶公院數所，專爲挑選佳種，無病蠶子，售與民人。並設立一查考院，令年幼之人來院學習，分往內地教習飼養，每年所出蠶絲繭子，仍送至法國，以備查考。但印度整頓蠶務較中國爲難，其蠶繭甚小，絲力亦弱，其質亦次。而中國地土宜於養蠶，最爲利便，縱蠶有病，予逆料其易於醫治，更能壯蠶之力，成絲使多，將倍佳於現，寄來之絲辦理，如是之易。倘有幹練之人，經理中國養蠶事務，日本國所能爲者，中國亦無不能爲，並無所難，此一定之理也。以上皆倪恩投與本稅務司之函，當於光緒十四年六月十八日，抄呈總稅務司，並具漢文，詳論蠶務情形，及所有整頓之法，兼申明商之本關，監督甯紹臺道，亦甚關心，願爲籌捐襄辦，旋於八月十九日，奉總稅務司札，覆以訪求蠶務各節，既深有關於國計民生，擬呈請。

又 就浙江一省之蠶而言，無不有微粒，患椒末瘟之症，倘不亟行整頓，恐蠶務之壞，與二十五年前法國之害相同。夫蠶漸長，而病因之漸重，別無良法療治，惟有選擇無病蠶子之法，一面防有病之蠶，不使生子。但浙江之蠶，染患椒末瘟，恐他處蠶病大概相同，惟中國蠶病雖深，蠶力本大蠶力究如何大，俟詳於後，較之昔時西國蠶病，設法尚易爲力。故中國苟欲整頓蠶務，惟師各西國近二十年、日本近十年所設各養蠶公院之法而已。若蠶爲何種，歸於何類，在格致家語之甚詳，似無關養蠶之事，然必格致家分蠶爲何種，種有何繭，而後養蠶家始知何種蠶生何種絲，並知養何種蠶，爲有利益，及何種蠶宜養於何地。至巴姓醫治蠶病之法，知之甚易，做之無不見效。法國各處養蠶之人無不知曉。查官册所載，法國每年所出蠶繭之數計，咸豐三年爲二千六百萬吉羅，每吉羅約重一斤十一兩。四年爲二千一百五十萬吉羅，五年爲一千九百八十萬吉羅，六年爲七百五十萬吉羅，以後年減一年，至同治四年，僅歲出四百萬吉羅，皆由蠶患椒末瘟所致也。其時百出其計，遍覓各國蠶子飼養，而日本之子尤多，迄無所效。其年，巴姓得選擇無病蠶子之法，其患始息。其法：將蠶患椒末瘟者去除淨盡，養蠶之人復加意飼養，其患黄輭病者，亦漸自止。方法：國蠶瘟盛傳之時，計子重二十五克蘭每一克蘭，約重六錢餘，生繭二十五吉羅後，則子重二十五克蘭，生繭四、五、六十吉羅不等。光緒四年，法京衙奇會所出官册，載近五年各國約出繭數，當時法國每年出繭九百萬吉羅，是法國自止蠶瘟之後，不十年而所產，已加倍矣。且查此五年之前，即同治四年以後，法國每歲所出繭數，有多至一千四百萬吉羅者，或一千一百萬吉羅者，而此五年中，僅歲出繭九百萬吉羅，非因蠶復有病，實由人工昂貴，外來之絲，價較賤。故光緒十二年，法國所出絲數，雖爲八十萬吉羅，而較之前數年所出之數，已較多。又查中國各口通商貿易總册，所有絲及亂絲頭，由上海運往外國之數，自光緒五年至十四年，此十年中計，惟光緒五、六兩年，自上海出口之絲牽計，每年爲六百四十一萬七千斤，其餘之八年，出口牽計，每年爲四百四十三萬一千七百斤，是後八年，每歲出口絲數減少二百萬斤，約百斤中，少三十斤也。其運往外國亂絲頭之數，此十年中前兩年，牽計每年爲八十九萬二千五百斤，後八年牽計每年則爲二百五十萬一千五百斤，是每年加增一百六十一萬斤，每百斤中，加七十斤也。合上二數以觀，則知中國蠶之病日深，但絲斤減少，而亂絲頭，應隨之俱減，何以反加增？蓋由養蠶日見其多，而成功者少，故亂絲頭日加，而絲斤日減。今就上海、廣東運往美國之絲數，與日本運往美國之絲數而論，中國則年見其少，日本則年見其多，甚至大相懸殊，故合上海、廣東、日本，各出口絲數計之，譬百分中當。光緒四、五兩年，上海出口絲數，約居百分中之五十二分，至六、七兩年，則約居八十四分，嗣後年年見減，至前兩年，則僅居十五分。查前數十年作經之絲，由上海運往美國者，名『七里絲』，即細絲，俱由南潯新市、菱湖湖州、雙林烏鎮而來；大蠶絲，即粗絲，產自該數處之外一帶，產細絲之處在浙之北，其地不大，所種桑樹稠密，近二十年，復年多一年，蠶屋稠疊，過爲擠密，或即因此蠶病盛行，該地之絲遂收成日少。即本處所需絲斤以織絲貨，亦不足用，遂越太湖，往無錫買粗絲之蠶繭，以補其缺，約每年至數百萬斤之多。即上海所設兩繅絲行，亦每年往無錫、溧陽等處購買絲斤備用。產粗絲之處，其數本少，其地甚大，數年來，雖種桑之區日多，較之前時甚廣，而蠶病亦與之俱廣，絲則不能多收。若日本出口之絲數，當光緒四年，不能過一千四百十包，及前兩年已加至一萬四百包，是皆由日本仿用巴姓選擇無病蠶子之法，產絲驟盛，而人皆知其絲質尤佳。故中國蠶務，亟宜整頓，萬不可緩。如以上所擬各法，最爲妥善，其事不過便民興利，並不強民遵從，民之聽信與否，悉隨民意。其聽信者，定獲利，益利益漸廣，信者必衆。按麻里阿寄來飼養中國蠶種情形，書内所載，照須之道，及巴姓選擇之法，飼蓄中國送來之蠶子，其種即本關所養未成者，麻里阿竟能養成，且次年復養，較上年尤佳，請實證之。查所送蠶種，共三十三種，內以十種而論。光緒十三年、十四年所成繭數斤兩，以若干繭成一吉羅計，一種，第一年七百五十繭爲一吉羅，次年七百十四繭卽爲一吉羅；一種，第一年一千六百八十繭爲一吉羅，次年一千二十五繭卽爲一吉羅；一種，第一年一千九十五繭爲一吉羅，次年八百六十九繭卽爲一吉羅；一種，第一年一千六百十八繭爲一吉羅，次年八百三十三繭卽爲一吉羅；一種，第一年一千六百繭爲一吉羅，次年一千二百五十二繭卽爲一吉羅；一種，第一年一千一百繭爲一吉羅，次年九百五十二繭卽爲一吉羅；一種，第一年一千一百繭爲一吉羅，次年八百六十九繭卽爲一吉羅；一種，第一年一千九十繭爲一吉羅，次年七百四十七繭卽爲一吉羅；一種，第一年八百五十五繭爲一吉羅，次年七百六十九繭卽爲一吉羅；一種，第一年八百四十繭爲一吉羅，次年七百十四繭卽爲一吉羅，可見內有一千六百十八繭爲一吉羅之蠶種，其子次年所出之蠶，僅須八百三十三繭，卽爲一吉羅，是每繭較第一年加重一倍，該種蠶不過身體較壯，其病仍未去盡。如以上十種蠶合而計之，則十萬蠶，於第一年成繭，重八千五百三十吉羅，至次年所成之繭，可重一萬一千四百八十吉羅，約每百斤中，加重二十六七斤也。又倪恩投函覆所，擬設立養蠶局章程云：『閱所擬各章，均甚妥當，惟似稍有不合。』夫今日中國欲整頓蠶務，與舊年印度開辦整頓蠶務相同，且印度整頓之法，想亦與中國相宜。如在甯波所查各事，雖有裨益，然不過浙省一地之蠶，他省各種家蠶、半家半野之蠶、及野蠶，除牛莊一口外，尚無實在查出之事，照前訪查各節，宜再從首開辦，而以有人，深知巴姓選擇之法爲第一要義，設一公院，以蓄無病蠶之子，務剔盡有病蠶之子，以免病蠶復生子，並比較各種蠶，有何佳處，其人須熟悉養蠶之事。譬如養蠶房屋，飼蠶之法，以及料理器具各事，何者最宜，始有利益可獲，均須一一明晰。但照巴姓之書，及他書所載之法，猶不足恃。凡飼蠶各工作，亦甚關緊要，蓋西國各樣新巧之法，尚未載於書中也。如以顯微鏡窺視蠶之病狀，人皆知用，然宜細明其理，否則不能查明伯撇靈之病因，鏡面所顯，除伯撇靈之格拍司格外，尚有他狀甚多，如小五方形，如血輪形質、小腐質、小水蟲等質，宜知其分別之處。舊年，印度國家派來之工頭，係在養蠶公院，已經做工二年，其人二、三月間來法，七八月間回印，此數月內，先入法國蒙伯葉城國家養蠶公院內之塾房，後至里昂城考察絲院，學習考察絲質，又往巴土呀城義國國家養蠶公院，並養蠶最盛各處，及選擇蠶子處、繅絲處、造經處閱視。該工頭頗能用心，雖不通法語，藉人傳達，學習亦甚易。故印度現已有人在養蠶公院，深知各法，並知西國所用各器具，何者與印度相宜。今中國亦宜設法聘此一人，是爲設立養蠶公院，最先之事，鄙意莫如速派一二人來法，尚及見本年養蠶各事，否則又須遲誤一年。夫欲整頓蠶務，總以實有裨益爲尚，故中國整頓，祇須就中國之蠶治之，應由中國自行設法，始得長享其利，此策爲最善，而亦最便。故余不勸中國購用外國蠶院之子，雖法、義等國，售賣蠶子之處甚多，其子亦佳而無病，若中國購用，仍不免遲誤。中國之事，余意中國今日最宜先行試辦，仍沿中國舊法飼養，不過房屋、器具、工人，俱須潔淨小心，並設法購齊浙江、江蘇、四川、山東、直隸、山西各省所產蠶子，愈多愈妙，查驗各種優劣，不但養無病之蠶，兼須養佳種之蠶，葢佳蠶費用，仍與他蠶等。余考察絲質之粗細、柔脆、輕重，以定各種蠶之優劣，各器具運用頗易，並宜設一繅絲之處，數年之後，中國人既皆知巴姓之良法，則公院便可裁撤。不過今日先須示以成傚，開以風氣耳。如中國不及早設法除此蠶瘟，則中國何處蠶染此病，其處蠶必盡壞，與昔時法、義、日、斯巴尼亞、葡萄牙各國相同，此定理也。昔時，中國之絲與義國之絲相敵，並可使義絲價賤，今則情形相反，義絲轉能使中國之絲價賤。義、法等國，絲市日興，無非善於講求之道。由上各節，以觀中國今日最急最要之事，一、係選一中國或西國年幼之人，已熟悉中國養蠶各事，派往法國學習，與去歲印度派來之工頭同。二、如前查訪蠶務各事，須再推而廣之，使無遺漏。三、宜購齊各省各種蠶子，一半存在貴處，一半寄來法國，倘於本年養蠶之先到法尤妙。夫法國里昂城，爲西國貿易絲市之巨鎭，該地每年所需絲斤以造絲貨，其數頗巨甚，願他國歲出之絲能旺，則亦與有利益。况法國所出之絲少不足用，其絲質頗佳於中國，何畏中國之絲往銷。余非商賈者，流絲之買賣，尤不與余相涉，但樂考察絲質一事耳。按倪恩投來信之言，與本稅務司所擬章程意見，頗爲相同。然本稅務司已早計，及中國整頓蠶務，欲求實在裨益，必先細爲查驗，並逐漸講求工作功用之道。倪恩投爲本稅務司，深所佩服，除派人前往法國學習一法，則無疑議外。若中國設立蠶務局，應先就近查明，日本如何辦有成效，各節再行仿照開辦，蓋日本與中國最近，情形亦相同也。故仍冀親往日本，查視一切。

蠶桑白話（吴宗周、陳幹材、徐謙山）

清 吴宗周、陳幹材、徐謙山《重刻蠶桑白話・丁振鐸序》 現行蠶學之書不下數十種，其著自中國者理既不明，法亦不密，固不足爲善本矣。其譯自外洋者理精而深法詳而繁，且於中外之風土氣候不能一一切合，是僅足備專門研究之需而不足爲民間實業之用，洵乎蠶學之無善書也。去冬滇省設立蠶桑學堂開辦之初，即刻《蠶桑淺要》一書，斟酌於滇浙變通於中外，理淺而明法密而簡實，足爲蠶桑實業家之圭臬。然以文言道俗情必非婦孺所能盡悉，誠有如福州中丞所云者。頃從貴州蠶桑學堂寄到《蠶桑白話》一本，其理法之透明，足與淺要相發明而以白話出之。則不但筆墨粗通之人一見了然，即使婦人孺子一字不識之流，但得有人讀而聽之，不難心領神會，着手而從事也。風氣之開，利權之操將於此書是賴，夫復何疑而余獨有説者。滇省設立蠶桑學堂已及一年，大利卓著成績蔚然，據教習考察春蠶每蟻一兩收繭二百二十觔，夏蠶每蟻一兩收繭二百六十觔，繭身堅厚潔白，絲質光麗精良，足與江浙等省相頡頏。而收繭之多實有過之而無不及，於此而不力求進步，猛圖推廣豈非坐失大利，自甘貧弱乎？所惜者鄉曲愚蒙見小不見大，見近不見遠，樂成易而謀始艱。畏難而却退者有之，欲爲而無門者有之，是不可不有，以勸導之而引進之也。爰取白話一書，刻而布之，以爲利源之先聲云。光緒三十一年仲冬月中澣，滇黔使者汝南丁振鐸序。

清 陳幹材、徐謙山《栽桑白話・前言》 我們中國的出產，蠶絲業爲大宗，所以養蠶的利息最多。若要十分多得的養蠶利息，必先家家戶戶自己栽桑。我看你們雲南的荒山曠土很多，況且那種山邊河岸田塍路旁，屋角牆下，稍有空的地方，都可以栽桑。這種利息，豈不是意外多出來了？你們得了這個栽桑的法子，快快去做，做成之後，一生一世吃不完了。我們的法子，沒有什麼繁難，所以做這個栽桑的白話，給你們看看。

清 陳幹材、徐謙山《栽桑白話・得利表》 今把養蠶賣絲得利的表，開在後面，你們看了這個表，自然曉得蠶桑的利息了。【略】這表上所説的利，是分内的利，還有一種分外的利，告訴你們。蠶屎可以做肥料，餵壅桑樹，是極合宜的。還有那做絲剩的繭衣與屑絲，亦可以賣錢。在浙江地方，值五錢銀子一斤。倘若生種，更有餘剩的繭殼，可以做絲綿。若賣與人，值七錢銀子一斤。這個都是養蠶家分外的利，更有一種不費的好事。蠶子可以做湯火藥，蠶屎可以做明目藥，煮繭湯可以治惡瘡。均極靈驗。這都是惠而不費的事，你們想蠶身上的好處，多也不多！

蠶桑新論（吴錫璋）

清 吴錫璋《蠶桑新論・自序》 嗚呼！孔教衰微至今而極，禮義廉恥喪滅殆盡。朝野上下暴虐者，微粒病也。因循者，黄軟病也。頑固者，無眠蠶也。委靡不振者，起縮蠶也。剛愎自用者，綠殭白殭蠶也。地球之上，病變百出，況日割臺灣，德踞膠州，法取越南，英窺大連灣，俄占旅順口，西伯利亞鐵路告成，東三省大事急矣。而於蠶桑小道，研焉究焉，恐一杯之水未能救車薪之火，難免不識時務之誚。然則如何而可曰强兵？不知强兵先由富國。日本明治維新三十年前振興之道，基礎於此。難者曰：『我中國自西陵氏嫘妲育蠶以來，素稱巨擘，而何以反效東西洋之法？』不知諸夏失道，求之四裔。我孔子大成至聖，尚問官於郯子，而況未聖未賢者乎？夜郎自大，僕竊鄙之難者，曰：『蠶務婦人女子之事，非丈夫所爲，巾幗婦人之丈夫，不免爲漢孔明所竊笑。不知一物不識，儒者之羞。況蠶桑學中寓化學格致，僕不敏敢效老農，篇中所著飼蠶、製絲、製種皆由實習心得，非同紙上譚兵。書成一編，未敢祕己，敢公於世，鄉僻間得能家喻戶曉，亦挽回利權之一助爾。

清 吴錫璋《蠶桑新論・樊恭煦敘》 古時蠶桑之利，皆在《禹貢》。青、兗、雍、荊之域，未嘗及今之吴越也。迺天道日變，地球日移，人心日巧，故北方田地日荒，而南方艸萊日闢，遂使蠶桑之利利於南，而不利於北，是豈盡天道使然，不關人力之勤惰哉？近年自日本維新，飼蠶樹桑，奪我國之利權，創養蠶之新法，見長於全球各國，豈不賴有人別悟蠶學之新理，而始得其效哉？即如十年以前，西洋各國用華絲者十之六，三年之内，日本絲銷者十之六，意國絲十之三，華絲十之一，則中華豈終自甘頹敝，不復能與日本竝駕齊驅乎？惟吾越蠶學館初創，有吴君琢甫，肄業於日本轟本長及前島次郎，功深月久，其於普通學中化學、物理、動物、地理等學，俱克融會貫通，悉其中之奧妙，而於蠶學一切新法，尤克神明變化，示未有之新奇。鄉條間果能家喻戶曉，安知不可駕地球各國而上之。余查湖絲銷數，近來大減，實以日本絲多之故。中國如洪澤湖、洞庭湖、昆明池以及太湖等處，凡水鄉肥美之區，無不宜養蠶植桑，仿日本製絲製種之新法，是不獨吾越爲然也。苟蠶學日興，出絲多而價自平，行新法而國自富，其利爲日本所奪者，不難漸次收回也。余素慕吴茂才之名，而尤嘉其能習專門之學，今見其心得之新法二十篇，巧妙異常，奚翅諸葛武侯於斜谷口，勸農講武，作木牛流馬。余方深信其力學之專，不愧爲吾浙蠶學館之卒業，蓋中國之貧且弱，患不在不仿西法，而在仿行之不能得其精妙耳。丁今之世，既有茂才，歷年於專門之學，專心致志，不吝以己之祕本公諸今世，是民之幸也，亦國之幸也。異時國日富，民日彊，蠶桑日盛，不可謂非茂才之力也。爰特為之序。

清　吴錫璋《蠶桑新論·章晙敘》　粵自坤球初運，海戶洞開，天塡精英，於是焉洩東西洋，眈眈傑傑，僉以函夏爲利，叢術妙於生金，功成於縮地，生計之上政策，白人已組織靡遺，浸浸焉猛氣橫飛，吸盡亞東之膏髓。嗟我黄人，將同抱葉，寒蟬支絀，乏殖財之計。而猶幸生機未絕，得延殘喘於天演物競界者，厥惟蠶桑。顧蠶桑丁二十載以前，西國未開其風氣，自巴斯陡首創蠶學，凡選種、飼葉、繅絲等項，均立新法。始則盛行於法國，繼則遍被於西瀛，終則波及於日本，其絲業之膨脹力已日新月異，而歲不同，我華反瞠乎其後。蠶非不廣，而繭則歉收，繭非不良，而絲而減價，以取之無盡之利益，不思壟斷之先登，日誤於守舊而不悟。嗚呼。守舊日貧，維新日富，凡諸財政，靡不皆然，矧在蠶務？吾浙自林郡尊創設蠶學館，標新領異，成效彰彰，惜民間故見是拘，未易家喻戶曉。

清　吴錫璋《蠶桑新論·王國賓序》　吴君琢甫，予良友也。浙江蠶學館初創，杭太守林迪臣考試，拔取前茅，既而受業日本轟木長及前島次郎。三年考試，其於普通學中化學、物理、動物、植物、地理一切之學，均能合格。而於專門學中，一切諸法尤爲心得，卒業一道，洵不悪焉。

蠶桑速成捷法（吴作鏌、倪紹雯、劉安欽編述）

清　吴作鏌《蠶桑速成捷法·序》　竊維興養端、資實業而大利，首重農桑。我國氣候溫和，土地肥美，版圖壯廓，人族繁盛，而何以國勢不振，民生疲弊？推其致此之由，皆因實業不興，利源外溢故也。欲厚國力而濟時艱，塞漏卮而保利權者，其惟蠶桑業乎？見效最速，獲利最鉅，苟能廣高教育研究新法，力求改良，日益進步，不數年而國力自充，民困自紓。決必勝之策，奏顗旋之歌，堪於田舍老幼、綠窗婦女之手中，一歲取還數百兆賠款外債而有餘。卽四萬萬之生民衣食亦無不足。夫我國本有蠶桑天然之美利，日本、伊大利、法蘭西三國，得我之傳。雖與竝稱爲世界四大蠶絲國，然伊、法二國，近年來被工食昂貴，出絲漸絀，惟日本蠶桑盛行，已達極點，比年出絲，除其國內消一億萬元左右外，而輸出絲額約達一億六千四百萬以上。若我國版圖十數倍於日本，果能蠶桑發達，以日本輸出外洋絲額爲比例，每年當有一千六百四千萬萬元之鉅額。年年取之於列國，卽年年進步而增加。向之列強收括我無算膏血金錢之罪而責其償，誰能禦之？誰敢違之？是不待兵戎相見，所謂戰捷於世界之和平武器者，非我國其誰屬哉？且邇年歐州各國日尚奢侈，賽富角艷，甚至以緞補壁，衣裏皆綢。各國需絲年增一年，無非仰藉我國與日本而已。由是以思，蠶絲之業可立不敗之地，且我國糧食工銀兩者俱賤，與列國較，無一省不得天惠，占自然之優勝者。誠如日本農學士吉池慶正著《支那蠶業之沿革及現今狀況論》中謂：清政府若用稅務司所傭德人某氏之策，於各省中央設蠶絲業，傳習所教，以新理學之養蠶製絲法分配於各州縣，改良舊習，以盡發達之能事，則挾此雄飛實力，直可以蹂躪世界之社會。外人此語，可爲我國人人之警鐘也。今朝廷既設農工商部，實力振興，爲國民倡，誠能上下同心，猛勇臻進，則十億六百餘兆之新富源不難，確收效果矣。雖然，鄙人以上所論，固非一蹴可幾，如能聞風興起，教育普及，由桑而蠶、而絲、而銀，富强之策非此何求。惟願我國各廳州縣明哲者，迅速提倡，將廢地、荒場、畦畔、屋角，在在皆樹之桑，以畝田之桑育春夏秋三季之蠶，辛苦祇數十天，獲利可百數元之多。絲售異域，以我黃土易彼黃金，非富我而何。若論開礦山，興製造，固屬當今之急，然辦機器，請技師，小則數十萬，大則數百萬，恐無如許金錢，斷難驟辦。轉不若先爲務本，而後圖遠大，是爲得策也。查廣東風氣早開，年來產絲漸增，如順德一縣，每年出絲計至六七千萬元之多，次則吾浙各屬，若湖州嵊縣，出數亦鉅，而四川、江蘇亦漸發達。唯絲質雖優，而繅法不精，價終貶抑，必廣興教育改良新法，斯可駕日本之上。鄙人僑商日本垂三十年，目見耳聞，略有所知，覩鄰國之富强，痛祖國之貧弱，眷念宗邦，誼切桑梓，是以不暇謀家室之安，於光緒三十一年在本籍浙江甯波府慈谿縣北鄉創建錦堂學校。初設兩等小學，繼改初等農蠶，今又擴充辦法，逕升爲中等農業學校，總計先後，用銀二十萬圓，今春又設短期蠶業講習所。

清　倪紹文《蠶桑速成捷法·速成桑園種植法·自序》　自罌粟禁種以來，莫大利源頓被杜絕，朝野人士均汲汲焉謀所以弭補之策。其最知當務之急者極主張振興事易效捷，本輕利大，我國固有特產物之蠶業，上以完國稅之不足，下以濟斯民之窮困，策固至全也。惟蠶業之重要條件首在桑葉，然據從來栽桑方法，自種植以至收穫，最少須經三四年，嗟彼小民資金有限，如此晚成，何能實行。余竊有慨乎此，乃於功課餘暇搜尋日本蠶界諸名家所研究，有得之速成種植法，摘要就簡，彙爲小冊，若蒙我國上下人衆採取之，以見諸實施，即不難挾其雄富之實力，以蹂躪世界社會而有餘，豈僅罌粟禁種後之損失可藉是弭補哉。至措詞務求易曉，而工拙在所不計閱者，諸君幸垂諒焉。

清　劉安欽《蠶桑速成捷法·速成桑園種植法·序》　《說文》：「桑，蠶所食也。」蓋蠶之於桑，猶人之於米麥，人不可一日無米麥，蠶不可一時無桑。欲興蠶事，必首栽桑，伊古以來未之有改。見於古書，或形容其蒼鬱，或辨別其名稱，或定保護之條，或言種植之利，足見栽桑之業固與蠶事並重矣。及至罌粟輸入，蚩蚩者只顧目前之利，而忘其害之所自來，腴畑沃土盡廢栽桑之業而營罌粟。蠶兒唯一之飼料悉仰給於野生桑樹，以致蠶病日劇，種子不良，誰生厲階，至今爲梗。今則奉旨禁烟，竝嚴定年限，民間漸知罌粟爲害，勢不得不棄而他圖。全國實業家之視線屬集於蠶界，吾亦曰微蠶業不足以救目前之急也。雖然，栽桑之業，非先明其學理，熟練其種植之法，其收效必不良。我國朔東各省，栽桑之法猶是古昔遺風，無足稱者。惟江浙拳式稍爲進步，然自播種以至採葉，非經三四年難期有成。夫以我國經濟情形觀之，似此收效緩慢之實業匪獨提倡者，無以模範號召，即從事斯業者，亦將却步不前。同學倪君有鑒於此，特就平日所得，輯成一冊，明晰利弊，詳言種植之法，文章簡明易曉，雖稍識字者亦可了然，洵爲栽桑者之寶典。此書出後，將見各省聞風興起，山澤農民必有剷烟苗而補種桑樹者，羣情趨向，風氣日開，其利益豈罌粟所可比擬，則是書之價值爲何如哉？是爲序。

清　倪紹文《蠶桑速成捷法·速成桑園種植法·緒言》　桑爲蠶兒唯一之食料物，故欲養蠶必先栽桑。然栽桑方法分有二種：一爲普通法，即從來一般所通行者；二爲速成法，即近頃新所賞用者。茲編所述，專就速成法，共十四章，分述於後。

清　劉安欽《蠶桑速成捷法·蠶絲業普及捷法·緒言》　世界蠶絲國中，求其歷史最遠，產額最多，天候最順，土地最饒，人力最富，莫不嘖嘖然曰：「支那尚矣。」飼育便宜，絲質純白，解舒良好，纖度均匀，莫不嘖嘖然曰：「支那尚矣。」備此諸要件，列强三尺童子亦知我有握世界蠶絲業覇權之富力，而乃年復一年，反墮落於極劣敗之地位，爲列强所壓倒。國民窮困，仰屋無術，演出種種不堪見聞之慘狀者，何哉？待數其罪，則罄竹難書，待避其汚，則決海難滌。若於其中指摘最重要者言，則莫如不普及蠶絲業教育一事，而徒從事於空文教育，搜括無算膏血，以供無底之消耗。欲誨子弟，而子弟鮮從，欲開風氣，而風氣愈塞。舍實務而尚粉飾，文明猶緣木而求魚耳。及乎政府，飭各省地方獎勵蠶業，似有轉機。然以現在情形觀之，則邑令承大憲之命，爲蠶業上設一局、一社，委紳士十數輩，美其名曰勸業，曰提調，年終綜核，問其殖桑幾何，養蠶幾何，出繭幾何，製種幾何，繅絲幾何，舉含糊而不能應。且竝無實蹟之可驗，薪水依然，位置自若，　即所謂有名之農蠶學堂者僅師弟數十輩，以講義相傳授，亦無普及蠶業教育之影響。嗚呼，豈誠吾支那人無進化機能之謂乎？非也，現今世紀蠶業上文明，實際之作用未之知耳，今就栽桑、養蠶、製絲三項，避煩就述其捷法如左。

清　江起鯤《蠶桑速成捷法·速成桑園蠶絲捷學法·跋》　《速成桑園種植法》爲慈谿倪韌庵君所編輯，《桑蠶捷學法》爲四川劉安欽君所著述，實吳錦堂君促成之爲出貲付印，以普告我國民，使從事實業者知謀富之有簡策也。夫我國之患貧非一日矣，言興利者亦多端，而近時吾浙諮議局議決案獨提出推廣全省蠶桑議案一條，由巡撫部院劄準公布施行，可知蠶桑爲農家副業已爲吾浙國民所公認。又據議案云，豫蜀滇黔魯普閩粤吉陝湘鄂甯蘇贛皖諸省，多聘浙省蠶學館肄業生以資仿辦，則他省之亟亟於是也。又可知吳君僑居日本神戶，熱心祖國公益，今春方於其故里所設之錦堂學校改辦蠶桑實業，適倪君等創辦中國蠶絲業會報，於日本東京見而韙之，既捐貲刊行。第二期會報復商請倪劉二君另編簡易栽桑育蠶諸書，爲圖富國富民之速效。倪劉二君固深於是學者，爰舉平日所研究有得之《速成桑園種植法》《蠶桑捷學法》以應，誠謂育蠶必先栽桑，桑之效可速成，則蠶之利可普及也。昔子輿氏言樹桑爲王政所關，而曰宅曰牆下則隙地宜桑，固無在不可爲園也。豳詩《七月》詠桑者三，所謂柔桑女桑者，與今拳桑及根刈諸種皆不同。蓋速成種植後所得之桑殆類是歟，蠶桑爲吾國固有特產，今倪劉二君編輯是書，參取日本良法以補吾國所不及，庶幾仿而行之，轉貧爲富猶反手事耳。所望讀是書者具有吳君之熱誠傳播而廣興之，則幸甚矣。時在宣統二年正月，奉化北溟江起鯤跋於慈北錦堂學校之校長室。

蠶業叢書

清　黄毅《栽桑新論・譯旨》《蠶業叢書》第一編　我國爲蠶桑古國，自黄帝植桑教蠶，而吾業於四千年前已立有基礎，季漢諸葛武侯植桑八百株，子孫遂足乃衣食，可見此業爲生計之要素。而理財家更當有以講求者也。東西互市以來，我國江浙兩省絲産爲出口大宗，西人愛其絲質之良，故視爲奇貨。一時嘉湖、杭紹諸府人民爭得其利。繼而日本、法、意諸國羣起思奪之，均各悉心研究，竭力改良，故其栽桑之善，養蠶之精，絲質之美皆高出我國，而我國絲商遂折閱矣。萬事聽其天然，而不究以人力，終久不能發達，此固天演之公例，而我栽桑、育蠶之家猶死守舊章，不加更改，其不惑於鬼神者，亦盡歸之於命運，連年出絲既少，餘貨堆積不銷，四千年蠶桑古國之名瞬息間墮敗而至如此，有心斯業者甯不寒心？夫世界文明次第而開，由空言而入實際，由實際而得效果，此人民進化之公例也。時代近三數年，科學漸次發達，可稱爲科學時代，由科學而進於實業，由實業而達於富强，此我國前途之大目的也。雖狼狽相因，不可越級以上，而以江河流域數萬里沃饒之土地，興復四千年蠶桑之故業。雖科學程度，未達極點，苟能竭力改良，利源必不難復。蓋近年我國新政日興，財力日絀，若不早通利源，將必大受困難。故杭州蠶學一立，各省遂相繼而興，皆講求新法，以開風氣，雖勢力薄弱，招信爲難，而社會之風亦爲之稍變。從事蠶學者多，而苦無良本參考，舊有蠶桑各書，亦盡爲古法，較之外洋所考驗者，相去天壤。譯者以庸碌之才投身蠶業，經練既未深，文字尤粗淺，然斯業前途重大，不敢不盡其一技之能，以求裨補於萬一，爰譯是書，以餉同志。又以此書十二册中，惟栽桑爲入門初步，故先從事，其他各册，亦將擇其要者，陸續譯出，以求完備。

清　黄毅《蠶體解剖論》第一章《總論》《蠶業叢書》第三編。　蠶體解剖一學，在西千六百六十八年，由意大利人馬爾畢克氏所創，當時已能研究個器官之構造與組織矣，後經闊而拿里亞氏、哈畢而蘭多氏、拍司託而氏、馬以尤氏等詳加研究，始有今日發達現象。至於吾國研究此學之始，則在戊戌年，由日人於杭州蠶學教授，現講斯學者，雖不無其人，而能實驗解剖者，未之多見。

清　姚志强《蠶病豫防法・序》《蠶業叢書》第七編。　比年以來，蠶業學堂日益衆，從事於蠶業之人士亦日益多，吾國蠶業似漸入隆盛之域，設循是以往，五年而基礎立，十年而人材輩出，二十年而中國最大、最古、最有名譽之蠶業，將揚其毒焰，以凌駕乎各國，而爲廿世紀中最有名譽之蠶絲國不難焉。詎意一調查，近年出口之蠶絲以及鄉間養蠶家之成績，與夫號爲研究新法之一般蠶業家，則與予近年之所聞者，誠不能相符合。言乎出口則年減一年，而日本已漸有超越吾國之傾向。言乎鄉間之養蠶家，則古□□守，負歉累累。其辛苦一春，而得六七分之收穫者，猶自以爲上乘也。至若一般攷究新法，以改革土法爲任者，又往往徒拾一二葉，餘以爲足，其果能實地興辦，以爲鄉人倡者，百不獲一焉，吁可慨也。予嘗攷日本蠶業，在吾國卅年以前，其程度之劣穉，恒較吾國爲尤甚，而今則何如？然試究其今日之所以有若是之效果之原因，何莫非由二三留學伊、法蠶業家之力行新法，以圖滅却各種病菌之劾乎？蓋一般養蠶家，學力既幼稺，而欲滅却各種病菌，又非有一定之資本，不可是其責，不得不委諸自號攷究新法之一般志士，以爲之倡。惜吾國風氣不開，在一般蠶家，既土法自守，而日益因循，在考究新法者，亦仍坐視其因循，而不悉心提倡，以致新自新，舊自舊，而終無獲效之一日。他省吾不知，即以吾浙言，則自戊戌歲，林迪臣太守創辦蠶學館於杭州西湖以來，迄今已十有餘稔，而百里外之鄉民猶未食其福，他可知矣！嗚呼！予自就學蠶學館以來，已易六寒暑，其間飼育春、夏、秋蠶，凡十餘次，以土法飼育者，凡五六次。嘗謂欲改良土法，以期蠶業之興盛者，必自有一定之調查及比較始，非合今日考究新法之一般蠶業家，合力經營，不爲功徒，以無力實行，因而中止。今退而與姚君勇忱從事編譯，以期補救於萬一。擁爐對坐一燈熒，然事固甚微，而心亦苦矣。今所編之《蠶病豫防法》，僅蠶業中之一分耳。一般蠶家，與研究蠶業之諸先生，倘採而行之，以補我二人能說不能行之，疚而免彼蠶病之猖獗焉。是區區之意也。

清　黄涓西《實驗蠶病消毒法》第一編　第一章《總論》《蠶業叢書》第九編。　舉世界而觀之，蠶絲之國則有四：曰日本，曰法，曰伊大利，曰中國，餘皆不足論焉。而此四國之中，土地之大，出產之富，足以握世界蠶絲業之牛耳者，則又夙推我國焉。所可歎者，民泥其方，士輕其業，政府則不獎勵之，學者則不啟誘之，遂至愈趨愈下，昔日之稱雄海外者，今乃瞠乎人後矣。即近今非無一二熱心家，創設學校，培養教材，欲圖改良而進步之，恢復其天然之實業，挽回其本有之利源。其志其行，非不遠且大也。惜乎所學非用，士異其功，故行之數年，而迄無效果。蓋改良蠶業者，必先有統一之機關，使全國人民凡從事於斯業者，無不互相連絡。且復偵騎四出，調查其作業如何，而爲之指導焉，則庶乎其能普及也。若徒費幾何經費，設幾何學校，收幾何學生，某年某月，卒業者幾何人，給出身者幾何輩，而毫不從根本上着想，計圖斯業之普及於民間，使之知所改良，以養成民力，但計其個人之私利，以此爲改良實業，挽回利權，吾恐行之百年而亦不見其絲毫利益。况乎所教所學者，又皆殘缺不全也，有名無實，不過於學校中多添一代名詞耳，於民力上有何補焉？予非爲此過言也，予亦不欲吾言之中也。特以爲振興實業，挽回利權自命者，返躬自問，其果有當耶否耶！不然，吾足跡歷内地，遍訪民間，所謂産絲之處，首推江浙，次則廣東、四川。而此數省之中，則莫不有創辦蠶業，講求學理，希圖改良者，早則已有十年餘，如浙江之蠶學館，湖北之蠶桑局。次則亦有三、四年不等。且他省之中，若山東、湖南、雲南間亦有聞風繼起者，宜乎影響所及，必有可觀，而不意民間之習俗仍如故，絲繭之惡劣仍如故，收成之失敗仍如故，所謂效果，不獨予未之見未之聞，度司其事者，亦未之見未之聞也。若以爲民間之泥古太甚，雖鞭之長，不及馬腹，此理亦間或有之，然亦不能盡以此推諉也。誠以鄉民雖愚，彼逐年失敗而毫不悔心者，亦以利之所在，人必趨之。我固有實利之可收，熱心指示，彼小民雖至愚，亦何樂而不改良也。特可欲者，一般之搢紳先生，以爲蠶絲一業，本我古有之業，而東西洋之從事於斯者，亦莫不傳自我國，久已駕乎人上，已無可改良矣。其亦思汝之國，亦爲世界上最古之國，何以被人笑罵，受人侵侮，乃亦使後來居上耶，是亦不思之甚矣。復加以一般之立身蠶絲界者，方針既誤，而學力又不足以濟之，以致動輒得咎，爲若輩所口舌，更生阻力，因噎廢食，莫此爲甚，蠶業界之結果，如是我聞，斯亦予輩之罪也。

蠶桑條説（林楊光、王鎮西）

清　金文同《新刊蠶桑條説·序》　興郡處關南，氣候和暖，於蠶事最宜。故漢陰、安康各廳縣風氣早開，久食其利。近年蠶絲為出口大宗，我華産足與進口貨相抵制者，首屈惟此，而茶次之。去歲，玉繭價額增至數倍，利益至鉅，而且至速，安可任其坐失而不共切講求以厚民生？僕蒞任後，疊次愷諭郡民，勸其各就地勢，栽種桑株，勤治蠶業，以濬不竭之源，旋聞平利縣屬多宜桑之地，當即給諭該縣紳耆黄鳳藻、王守文、張立發等亟事勸種，並因平利王學官鎮西赴鄉宣講聖諭、札令。就便喻以種桑之利，溥為民勸。當時白河林令撰呈《蠶桑簡要》七條，王學官述呈《桑蠶説》十九條，詳閱所呈，均於此事討論精詳，足為養蠶家師法。而王説蠶紙耐寒，以牛糞火卻病，各要旨心得之妙，尤為陝民所宜取。則現聞平邑栽桑已有六七十株，民頗知奮且競向學，署索其條説而分抄之，是皆知其説之有當。但地限一隅，恐遐阻尚鈌於見聞，合並付梓印刷，以廣為吾民勸焉。

育蠶要旨

清 董開榮《育蠶要旨·薛時雨序》 黄帝制衣裳之法，而衣被天下。《周禮》因之，親桑作於上，樹桑布於野，典至重，利至溥也。顧古農家，諸子書傳流絶少。魏賈思勰《齊民要術》九十二篇，始有蠶桑之説，而未能詳盡，且不盡與今同。宋陳尃《農書》下卷附論養蠶，秦湛又附《蠶書》一卷，元官譔《農桑輯要》，魯明長又譔《農桑衣食輯要》，世久而漸詳。國朝乾隆初年，欽定《授時通考》，以蠶桑列為一門，崇宏賅博，與《豳風》《無逸》鼎足不祧。按，蠶桑盛於浙西，天下莫與敵。養蠶之月，夫不食，婦不眠，盡力以為之，勤劬六十日而一歲之衣食賴焉，利厚而法密，匹夫匹婦類能與知。庚申之變，中廢五載，數年以來，承弊興作，漸復舊观。絲故產湖州，天下謂之湖絲，然邇歲嘉興所產，遂駸駸與湖角。又江蘇溧陽，舊亦產絲，亞於湖，一縣以為生計，此可知遷地弗良之説不足盡之也。江南兵燹以後，田廬十損其八，曠土至多。今相國湘鄉公秉鉞秣陵，首重民食，出教命各屬，舉廢地，勸民蠶桑。又遴需次官之賢者，分董其事，鎮江、揚州各屬，以次舉行。王君韻石暨路青吾弟膺是選，主金陵局。自夏涉秋，日有興舉，期以歲月，當必蔚然可观。近沈观察仲復譔《蠶桑輯要》，自種桑至收絲，條件分晰，又取諸器具，物物為圖，其詳備殆軼《齊民要術》而上之。昨路青相過，出所輯《育蠶要囗》，則又專取蠶政為專門，備述浙右民閒之法，自浴種迄酬神，凡二十四條，又補《蠶桑輯要》所未備者。二書相輔而行，囗而充之，自此田無曠，民無遊，王政之原起於布帛菽粟，此二書所裨豈淺鮮哉。即以著述而言，列之農家，又可備天祿石渠之選矣。同治辛未十月全椒薛時雨序。

又 《沈秉成序》 同治八年己巳冬，秉成分巡常鎮，見民生凋敝，野多曠土，惻然傷之，遂出俸錢，建課桑局，教民樹桑。逾年而上原下隰，蔚然成林。適湘鄉侯相再督江，南都人士亦請種桑。侯相以秉成首倡課桑之舉，檄令選舉熟習蠶桑之員。秉成以張司馬亦賢、王貳尹良玉薦，侯相胥任之。兩君度地墾田，購桑雇工，克勤其事，郵寄《育蠶要囗》一編請序，秉成受而讀之，由浴種以至藏種，條分縷晰，詳哉言之，與秉成所編《蠶桑輯要》有互相發明者。兩君俱吾同社人，蠶事固童而習之，願由繭絲而保障，後之教養斯民，其更有大於此者乎。同治辛未孟冬之月歸安沈秉成序。

農桑易知録

清 鄭之僑《農桑易知録·序》 孟子對齊君務農，必及樹桑，則知農桑之業，民之本也，國之經也。若謂五穀偏盛南方，絲蠶獨擅浙省，則如《詩》所咏『柔桑苞桑』，《尚書》所傳『桑土是蠶』等事，豈其誣哉？欲謀民命，輙以燥濕、肥瘠之土壤，判人事之豐嗇，而謂宜農不宜農，宜桑不宜桑，人自失其利也。

又 土地一也，勢有高下，而燥濕、肥瘠異；民風一也，力有强弱，而勤惰、豐嗇殊。列子曰：『有形者生於無形，天地人參之爲三才。』天之生物，無弗同也。而土地、民風可知矣。聖人疆理天下，相其土宜，權其人力，缺者補之，塞者通之。而高與下、齊弱與强合，陰陽和而風雨時，剛柔劑而物產出，其農桑之道乎？夫衣食操生人之命，一歲不耕、不織，受之饑寒。山農播種之書，葢可忽乎哉？昔周以農桑開基，《書》陳《無逸詩》，作《豳風》，良以耕於井邑，即可遊於黨庠。士大夫公堂之躋半出於農，此農之所以重也。而蠶事與農並重，天下無不可桑之地。鄭衛界屬河南，桑土桑中業有明指。山東隸於青齊，孟子對齊君務農必及樹桑，則知農桑之業民之本也，國之經也。若謂五穀偏盛南方，絲蠶獨擅浙省，則如詩所咏：『柔桑、苞桑』，《尚書》所傳『桑土是蠶』等事，豈其誣哉？欲謀民命，輙以燥濕、肥瘠之土壤，判人事之豐嗇。而謂宜農不宜農，宜桑不宜桑，人自失其利也。地豈爲之任咎哉？葢地有其宜，人能擇之，人有其巧，地能顯之。何分土分民之有焉？僑生長海濱，農桑素略，講求每就人情之所近，推測物理之自然，參以典籍，訪之老成，謬編一帙，顔之曰《農桑易知録》。葢欲使民易知則易行，足衣食而興禮議。庶可上慰聖天子教養元黎之至意也。程子曰：『一命之士，苟有心於愛物，於物必有所濟。』僑思必有濟，而後用我愛，雖濟而愛，亦僅矣。因不揣固陋，鋟於木而布之。民俾山村僻壤，習之而好，好之而業盛，業盛則天下同風。朱子曰：『教他有飯喫，有衣著，五方各得其所，然後可去教他。』僑亦遵此志也歟。是爲序。乾隆庚辰三月望日韓江鄭之僑書於寶慶官署。

蠶桑要言（呂廣文）

清 呂廣文《蠶桑要言·關鍾衡序》 天下大利必歸農。耕、桑者，農之本務也。五穀所以養民生，蠶桑所以裕民財。民生遂，民財充，而後教之以爲善去惡，靡有不翕然易從者。三代下，阡陌開而井田廢，上無樹藝之教，下成媮惰之風，於是蠶桑之務竟不能隨地踵行。浙俗惟杭、嘉、湖三府畢力於桑而善蠶，紹興、甯波次之。近日則新昌、嵊縣奮然興起，其勢蒸蒸日上。若臺州府屬則鮮有講究之者。署天臺縣學訓導呂君子香，新昌人也，述其鄉俗之美利，著爲書，以勸導天臺之民。而又先購桑種數萬株，教其栽植，意固良而法亦美也。苟能知所效法，則隨在皆可致富。余馳函廣文，請得其書，更刪纂而歸於體要，刻刷千本，以貽黃巖之民。黃邑東南境壤土性鬆潤，桑爲宜，天氣和暖，蠶爲宜。且横街民家素織羅絹，歲出數萬疋，絲則購之異地，使能從事蠶桑，全境化而從之，則黃邑之爲利，殆必駕新、嵊而上者。民富知禮，豈但化悍盜之俗，悉歸純良者哉。序諸簡端，將冀宜民善俗之苦心得所感發雲爾。光緒二十二年八月中澣，署黃巖縣事粵西關鍾衡序。

又《江青序》 楊子曰：『男子畝，女子桑，習其耳目而定其心思，嫻其道藝而世其家業，無非以道率民也。』粵西關公次琛來治吾邑，有利必興，有害必去，始濬河渠以便農，繼築海塘以捍潮，復於塘内隙地策種桑，教育蠶，俾婦女習勤，以收其利。其有造於我邦者，何如乎？昔范純仁知襄城，課民種桑。張詠治崇陽，拔茶種桑。沈瑀爲建德令一丁種十五桑，冀於畦稜隙地，而獲其大利。

蠶事要略

清 張行孚《蠶事要略·總論》 天下之美利，農圃外，莫大於蠶桑。古昔宜蠶之地，唐虞以前，荒邈難稽無論已。自大禹平治水土，兖州之桑土既蠶；由是青州宜蠶，而貢檿絲矣；徐州宜蠶，而貢元纖縞矣；荆州宜蠶，而貢元纁璣組矣；豫州宜蠶，而貢纖纊矣。考之《禹貢》，惟冀、揚、梁、雍四州不貢繭物。然《詩·唐風》云：『言采其桑。』又云：『桑者閑閑。』《孟子·告梁惠王》亦云：『樹之以桑。』而唐、梁為冀州地，則冀州宜蠶也。《豳風》云：『蠶月條桑，言求柔桑。』而豳為雍州地，則雍州宜蠶也。他如《衛風》云：『稅於桑田。』則衛宜蠶。《鄭風》云：『無折我樹桑。』則鄭宜蠶。鄭、衛雖即兖、豫地，然即此可見隨地宜蠶。惟梁州《詩》《書》皆無可考。然諸葛武侯言：『成都有桑八百株。』而成都為梁州地，則梁州之宜蠶可知。或謂《詩》《書》所謂『桑乃柘檿之類』，與今吴地之桑不同。然《衛風》云：『無食桑葚。』《魯頌》云：『食我桑黮。』而《孟子·告齊梁之君》亦云：『五畝之宅，樹之以桑。』則為今吴地之桑無疑矣。且《史記》云：『齊、魯千樹桑，其人與千户侯等。』又云：『燕代田畜而事蠶。』則青、兖、幽、并之閒，漢世猶廣有蠶桑。自漢魏以降，各州始失蠶桑之利。而蠶桑之利遂獨盛。於《禹貢》不言宜蠶，自漢魏以降各州始失蠶桑之利，而蠶桑之利遂獨盛於《禹貢》，不言宜蠶之揚州。推原其故，蓋由五季之亂，中原鼎沸，人民徙於江左，故江左蠶桑之利漸興，而中原蠶桑之利漸失，此非風土有古今之殊，而法度有存亡之變，故愚以為，欲興蠶桑之利者，亦惟上之人導以法度而已。然蠶桑為小民之事，與興學校不同，若僅以書頒之，以法示之，終無所就。此猶種植之事，儒者按書行之，未必暢茂，而老農、老圃，無不應手發生，蓋耳聞與目見殊也。昔虞集議京東水利，謂：『當召三吴農民，以教水田之法。』夫興蠶桑者，亦若是焉已矣。愚故私議蠶桑方略數條，與湖州育蠶之法箸之於篇，以俟留心民事者之採擇焉。

清 張行孚《蠶事要略·凡例》 蠶書傳於世者，無慮十數種，其育蠶之法，皆於今湖俗不盡相同，而近今蠶桑之利，以湖州為最盛，其法當有善於古者。故此編所録不盡遵古法，大半取諸湖俗，蓋蠶桑止求利益，不在徵古也。

蠶桑為小民之事，手口相傳，無藉於書，即初興蠶桑，亦須召募熟手，非文字所能教導。然育蠶之法，古今不同，若無書以證之，則不知蠶桑之人，或反據古法以掣肘熟手。故此編之意，一使知蠶桑者有所參攷，一使不知蠶桑者無所藉口也。

古書育蠶之法，惟《蠶桑輯要》為最備。故此編所引古法及諸辨證者，皆以《輯要》為本。

此編止取適用，若文詞古奥，及注明古書來歷，反滋扞格。故詞意皆明白淺近，並不注明來歷，鄙俚之譏，知所不免。一孚雖生長育蠶之鄉，究未嘗身親其事，此編所箸諸法，皆平日所聞見於鄉里者，略有誤謬，亦未可知。惟明於蠶事者匡其不逮。

清　張行孚《蠶事要略・興蠶桑條議》　興蠶桑當由漸推行也。凡民趨向，惟利是圖，若其地與素有蠶桑之處離隔太遠，則小民未深悉蠶桑之利，其趨事必不勇躍，即買桑秧蠶種及一切育蠶器具，亦多未便。惟其地與素有蠶桑之處繡壤相錯，則有以生其羨慕之心，而諸事亦多便易，待相近之地興立稍有成效，然後由漸推行遠處，則事無不成矣。

興蠶桑當召募熟手也。蠶桑爲小民之事，與興文教不同，必先於素有蠶桑之地召募熟手數十人，若能召募數十家更妙。於近城之邨莊，分立數局，而令本地之人雜處其閒，分任其栽桑育蠶之事。迨數局漸著成效，則邨莊之人見其有利，自然羡慕興起。若僅於城中立一局，而不與鄉人親近，終無益處。

興蠶桑當明立賞格也。小民安土重遷，彼蠶桑熟手，苟非欣於名利，安肯背井離鄉，專心教導？故召募之始，必先籌畫經費，使蠶桑熟手衣食無憂，略勝於本鄉之日。即將來興立，既有成效，尤必明立賞格，略倣古田官之意。如彼熟手果能教導鄉民興立蠶桑之利，或賞頂戴榮身，或賞田畝，令彼作爲永業。庶小民樂事勸功，有喜成懼敗之意，蓋邨莊之中，或有十家八家，栽桑育蠶，則蠶桑之業自能推行漸廣矣。

興蠶桑當責成公正鄉董也。蠶桑爲小民之事，凡督率之人，必與小民雍和親睦，庶無畏懼掣肘之患，若一經官場，則與小民聲氣乖隔，凡塗飾蒙蔽之患，無不作矣。故此事當責成各鄉公正紳董，收放經費，料理事宜，當道官長但當察看紳董公私邪正，有無功效，而上下其賞罰而已。紳董如公正，可取著有成效，亦當保舉，以示鼓厲，必不可干預蠶桑之事，使吏役得以藉口滋擾。

興蠶桑當恒久期限也。凡事可以速成，而育蠶必先栽桑。桑之採葉，須待長大爲期，須八九年，至速亦須六七年。且興立之始，一切不便育蠶，必無利息，不足鼓動人心。若當道吝惜經費，遽責成效，或因初年育蠶無利，半途中止，則前功盡棄也。故興立蠶桑，必須久其歲月，優遊寬展，但不可爲紳董蒙蔽，須每年巡視數回。察其功之勤惰，效之多少而已。竊謂此事創立，誠在當道，定其規模，至於統率經理，莫若委任實缺教官，使教官責成紳董，則庶可恒久已。但教官之賢否，又須當道察核爾。

興蠶桑當因地制宜也。蠶桑誠隨地可興，然或地氣極寒，至三四月猶衣皮裘，而草木不發生者，其地必不能興蠶桑。蓋蠶桑皆喜温和，懼寒溼，若地氣極寒之處，當其天日晴明，猶可無礙，一朝頓冷，則其蠶盡壞矣。故吳地育蠶當三眠，大眠之時，若天氣頓寒，其蠶必不甚利，況西北極寒之地乎？然中原地氣皆寒暖適中，不必慮此，即有地氣稍寒者，其護種生蠶較他處稍遲數日或十數日可爾。

桑織圖

清　張集賢編撰，郝子雅繪圖《桑織圖・序》　桑蠶為秦中故物，歷代皆有，不知何時廢棄，竟有西北不宜之説，是未悉《豳風》為今邠州，岐周為今岐山，皆西北高原地，豈古宜而今不宜耶？歷奉上憲，興辦遵信者，皆著成效。惟慶久失傳，多不知法，不成中止。奉發《蠶桑輯要》《豳風廣義》，或以文繁不能猝識。今奉《蠶桑簡編》，復翻刻，徧散數年勸諭諄讀，躬自試辦，皆繪。遵人指示，已日有起色，務桑養蠶者亦夥，猶慮不及遍諭，不能合法。因取《豳風廣義》諸圖仿之，無者補之，繪圖作畫，刻印廣布。俾鄉民一目了然，以代家喻戶曉，庶人皆知務地利，復其圖有衣食足而禮義生，豳風再見今日，所厚望焉！是舉也，書者為甘肅候補州判邑人張集賢，繪者為候選從九品邑人郝子稚。

養蠶必讀

清　莊景仲《養蠶必讀・序》　今之憂國之士曰：『國貧矣，國貧矣。』國何以貧，民貧也；民何以貧，生利之途隘，分利之人多也。吾悲焉，吾恥焉。吾何悲，吾悲夫路鑛之利非吾有焉，絲茶之利將吾失焉。吾何恥，吾恥夫吾亦國民一分子也，而朝而誦焉，夕而息焉。吾分吾同胞之利者，萬五千七百日矣，而於生利之日，曾不能得其萬一。自今以往，吾其將勉爲生利中人乎？吾且將以吾之生利廣吾同胞之利也。

養蠶歌括

清　劉光蕡《養蠶歌括・序》　蠶桑爲陝民故業，其後失傳，不惟不詳其法，且若初無其事者。蓋由晉宋南渡，中原俶擾，殘毀桑株，民不暇爲久遠謀，故桑盡而蠶事遂廢也。顧元設勸農司，特重蠶桑，其法多宜北土，而北省之蠶終遜江浙。然則陝省蠶利之失，固由兵戈，究不盡由於兵戈也。夫育蠶，婦人事也。婦人終身閨閣，既寡見聞，目不識字，又不能乞靈於簡策。即其夫採之四方，歸而述之，語焉不詳，詳不能記，勉强使爲，鹵莽滅裂，用力多而得利少，不自咎其法之疎，諉爲土性之不宜。《豳風》之詩，《月令》之篇，皆視爲古人欺人之語矣。歲乙未，余命内人學育蠶於三原，歸而自育者二歲，堅守三原蠶婦之簡法，而不肯精進益上。蓋婦性專一，恒德爲貞，先入爲主，不能變於後。内人率仲媳仲女爲蠶，不授以古法，又將囿於簡便，而昧古法之善，恐吾鄉蠶事終不能返於古也。乃取《蠶桑備要》中育蠶之法，編為俗歌，使媳女誦之。心中先有古法之善，從事蠶務必能精益求精，而不至苟焉，一得已也。

蠶桑問答

清　温忠翰《蠶桑問答・序》　耕織二字，爲衣食根源，民生要務，耕種之事，農家無弗習之矣。蠶桑之事，則盛於浙西，而浙東無聞焉。以天地自然之利，舍之不爲，亦良足惜。若牧民者，示以準則，俾家喻戶曉，咸知織之不可偏廢，而美利可興，民風可變，豈非甚善舉哉！温郡時序陽和，土田肥潤，於蠶桑尤宜。甌城南北兩河，鄉溪流環繞萬頃桑田，不難於數年中觀其成。特患人之畏難苟安耳。爰就前人所刊《廣蠶桑説》一書，擇其要者，編成俗語，名曰《蠶桑問答》。必使農夫粗通文義者皆知所解，庶幾互相傳習，各思自贍其家而奮然興起也。

樹桑百益

清　葉世倬《樹桑百益・序》　昔余嘗刻《桑蠶須知》，勸山中樹桑、飼蠶。年來郡縣士民種植日廣矣。顧人知桑之益於蠶，而不知其益於人。止知療病者用桑皮、桑葉、桑枝、桑葚，而不知桑柴之有火，火之有灰。桑之有蟲，蟲之有糞。又桑花、桑汁、桑耳，無一不可用也。余甚惜之，山僻購藥不易，而庸醫率多以草藥應之，往往殺人而人不知，誠大病也。爰檢《本草綱目》，截録桑之修治主治氣味，及附載各方，其有發明者，亦間採録，而柘亦附焉。續刻《桑蠶須知》之後，俾人人知桑之物薄而用重如此。顔曰『樹桑百益』，而其實所益不僅以百計也。屋角田邊，取攜甚便。凡我士民，幸益努力焉。

吴興蠶書

清　高銓《吴興蠶書・序》　農桑者，衣食之本，財用所從生也。男服田力穡，而蠶桑必於女者，何也？《孟子》：『五畝之宅，樹牆下以桑，匹婦蠶之。老者可以衣帛矣。』《禮》：『季夏之月，蠶事畢，后妃獻繭，乃收繭稅，以桑爲均，貴賤、長幼如一，以供郊廟之服。』蓋以人之生也，不能不藉物以養之，有事於物，而後心志有所定。精力有所專，財用有所出，貴賤、老幼有所養。是故，男力田於外，以爲之食；女飼蠶於内以也。冀、梁、雍三州不聞有絲者。冀，帝都不言貢，雖有絲不可知。而梁、雍二州，或其時尚未興蠶桑之利耶！考《魏詩》『彼汾一方，言采其桑』，是冀州宜桑也。《豳詩》『蠶月條桑』，是雍州宜桑也。《蜀志・諸葛傳》『成都有桑八百株』，則梁州之域亦於桑。無不宜。夫以天下無不宜蠶桑之地，無不可蠶桑之婦女，而顧於其利有未興者，彼蓋以農爲亟，以工商賈爲重，而不知蠶桑之利之大矣。吴興者，蠶桑之聖地也。天下莫不宜蠶桑，而吴興獨以蠶桑擅天下，匪蠶桑獨良於吴興。其所以爲蠶桑者，至良且盡，故獲利爲天下最，事宜爾也。同年，融縣宰李君德新以事經長沙，出《吴興蠶書》二卷示余，書爲歸安高銓輯。高，不知何許人，鈔本字多訛脱，爲正而鐫之板。其書於蠶桑之事本末，賅備精確絕倫，高秦觀《蠶書》不啻倍蓰。蓋高君以其地之人言其地之事，故宜其精詳乃爾也。雖然，蠶桑者，天下之利，高君之言，實可行於天下，其爲吴興言之，實爲天下言之也。天下有桑之地，師其法而培桑；無桑之地，師其法而種桑。桑既盛，然後師其法以爲蠶絲，以女工助男事，所不遞衣食充沛，於以阜民成俗。是又區區鐫布，此書之旨也。

御製耕織圖詩

綜述

清　愛新覺羅・玄曄《御製耕織圖詩・序》　朕早夜勤毖，研求治理。念生民之本，以衣食爲天，嘗讀《豳風》《無逸》諸篇，其言稼穡、蠶桑織悉具備，昔人以此被之管絃，列於典誥，有天下國家者，洵不可不流連三復於其際也。西漢詔令冣爲近古，其言曰：『農事傷則飢之本也，女紅害則寒之原也。』又曰：『老者以壽終，幼孤得遂長，欲臻斯理者，舍本務其曷以哉』朕每巡省風謠樂觀農事，於南北土疆之性，黍稌播種之宜，節候早晚之殊，蝗蝻捕治之法，素愛諮詢，知此甚晰。聽政時恒與諸臣工言之於豐澤園之側，治田數畦，環以溪水，阡陌井然在目，桔槔之聲盈耳，歲收嘉禾數十鍾，隴畔樹桑傍列蠶舍，浴繭繅絲，恍然如茆簷蔀屋。因搆知稼軒、秋雲齋，以臨觀之。古人有言：衣帛當思織女之寒，食粟當念農夫之苦。朕惓惓於此，至深且切也。爰《繪耕織圖》各二十三幅，朕於每幅製詩一章，以吟詠其勤苦，而書之於圖。自始事迄終事，農人胼手胝足之勞，蠶女繭絲機杼之瘁，咸備極其情狀。復命鏤板流傳，用以示子孫、臣庶，俾知粒食雜艱，授衣匪易。書曰『惟土物愛厥心臧』，庶於斯圖有所感發焉。且欲令寰宇之内，皆□崇本業，勤以謀之，儉以積之，衣食豐饒以共躋於安和富壽之域。斯則朕嘉惠元元之至意也夫。康熙三十五年春二月社日題并書。

《國朝宫史》卷二四《書籍三》　《御製耕織圖詩》一部。聖祖仁皇帝敦重農桑，命繪《耕織圖》以示勸相之意。臚事系詩各為一册，凡耕圖二十有三：曰浸種，曰耕，曰耙耨，曰耖，曰碌碡，曰布秧，曰初秧，曰淤□，曰□秧，曰插秧，曰一耘，曰二耘，曰三耘，曰灌溉，曰收刈，曰登場，曰持穗，曰舂碓，曰籭，曰簸揚，曰礱，曰入倉，曰祭神。凡織圖二十有三：曰浴蠶，曰二眠，曰三眠，曰大起，曰捉織，曰分箔，曰採桑，曰上簇，曰炙箔，曰下簇，曰擇繭，曰窖繭，曰練絲，曰蠶蛾，曰祀謝，曰緯，曰織，曰絡絲，曰經，曰染色，曰攀華，曰剪帛，曰成衣。每幅七言絶句一首，皇上依次和韻刋刻成書。

清　汪志伊《稼門詩文鈔》詩鈔卷一《恭祝皇上五旬萬壽頌謹序》
臣聞農衣食所從出也，生民之業莫重焉。故聖人爲詩導之使獲共利，教之使知其樂。皇上敦俗劭農稼穡，維寶辛壇肇祀，耤畝教耕，躬先兆民，民胥以勸。伏《讀御製耕織圖詩》四十有六章。凜知艱之訓，豐安富之規，輔相裁成因，天乘地所，謂四時從經，萬姓允誠也。

藝文

清　陳夢雷《松鶴山房詩文集》詩集卷三《同余愓齋讀御製耕織圖詩

恭紀己卯仲冬》　九歌紹帝典，七月續豳風。誰悉艱難事，皆歸宵旰中。憂勞周蔀屋，疾苦繪深宮。聖訓垂千祀，揮絃解愠同。

得一道人曰：『莊重的是初唐。』

清　愛新覺羅・允祥《恭讀御製耕織圖詩敬成二律》《清文穎》卷六六。

歷歷三時況，如陳七月篇。秋雲青甸裏，春雨綠疇邊。聖政先無逸，皇心重有年。孜孜宵旰意，總向畫圖傳。

玉帛梯航遠，山龍繪繡工。豈知寒女事，猶入睿吟中。勤儉昭淳俗，勞思愛古風。垂裳開至治，衣被萬方同。

雜録

《清通志》卷一一六《金石略》　右世宗憲皇帝御書石刻《御製得雪詩》，乾隆元年，七言律一首。

清　陳壽祺《左海文集乙編》卷一《皇上五旬萬壽恭紀九德歌九章謹序》　賦成耕織如繪豳圖十三年六月《御製耕織圖詩》四十六章，題就木綿即稽禹貢。

（光緒）《順天府志》卷一二七《金石志》一《御碑》　《御製畊織圖詩》帖。行書。乾隆四年，按耕織二圖，每圖二十三事，首幅恭刻康熙三十五年聖祖御書序文，乾隆四年高宗御書序文，每帖首列緣起，聖祖御製七言絶句一章，高宗御製七言絶句一章末刻。於敏中等恭跋在大內。

蠶桑輯要略編

清　豫山《蠶桑輯要略編・後序》　憶庚戌歲隨侍先壯敏公於松江任，所習聞蘇常諸郡蠶桑之業尚知講求，而清淮一帶濵河之地，風沙滿目，樹藝之説則概未之聞也。乙丑仲春重至江北，得晤滇南尹運溪觀察，時奉湘鄉相國創立蠶桑局於清江浦上，見其所植之桑條繁而葉大，爲從來所未覩，爰叩其詳，深承指授贈書二册，並取桑葉數十片納行笥中，携歸東海出示同人，頗有歆動而慕效之者，惜未能廣其傳也。客秋八月，豫山仰承恩命秉臬中州，旋攝藩篆，時值大祲之後，憫民生之凋敝，念財賦之艱難，墾荒課農而外兼勸植桑，以興蠶事。庶幾圖匱於豐，爰即稟請涂閬軒中丞設立試辦蠶桑局於禹王臺廟中，並先捐購桑秧若干株，遍植於藉田之右，復蒙中丞頒示《蠶桑輯要》簡明清單，益復有所稟承，更得魏溫雲觀察共相討論，分刊圖籍，暢申其指趣，以供同人之採擇。雖南北之天時寒燠不一，地利之燥濕異，宜家蠶山繭之品類各有不齊，未敢遽謂盡能合法，但事屬經始，合二三同志講明而切究之，所冀中州士庶家喻戶曉，俾天地自然之美利，廣被於嵩山洛水間，不讓大江南北專美於前諒，亦關心民事者所樂爲也。區區愚忱，實有厚望焉。光緒六年四月中澣，長白豫山東屏氏撰。

蠶桑簡易法

清　馬丕瑶《蠶桑簡易法》　《豳風》《孟子》詳論蠶事，其地皆指西北，後世蠶桑之利東南特盛，西北轉少，豈今異於古耶？一由不得其術，一由懶惰成習，兹輯古法參以時宜，命曰簡易，易從易知，俾知西北高原最宜蠶事，苟知其法事半功倍，乘天地自然之利，補耕農不足之財，男女稍勤，手足之勞，室家得免飢寒之苦。語云：十年樹木，桑不待十年而利已溥。家給人足可翹足待也，何難媲美東南乎？爰列其法於左。光緒庚辰秋署山西解州直隸州知州安陽馬丕瑶識。

蠶桑速效編

清　曹倜《蠶桑速效編》　山左風俗，務農之家收穫之餘，毫無生計，無論水旱風災，舉家失望。卽年歌大有，工本以外所剩無多。竊思民情困苦，生計維艱，欲有以振興之，則功效最速者，莫如蠶桑。己亥歲，偶以丁艱旋里，見種桑育蠶之家獲利甚鉅，每年一邑所出之繭，售銀已逾百萬，詢其由，則吳茂才孔彰之力也。孔彰爲江邑善士，因見鄉人性多守舊，風氣未開，於是手自種桑分秧鄰里，並聘蠶婦招繅師講求育蠶作繭之法，手口經營，孜孜不倦，撰蠶桑諸説，實力勸導。俾得家喻戶曉，闔邑仿行，不十年而鄉無廢田，里多富室，洵救荒之善策，治貧之良方也。今者時局艱難，亟圖補救，民爲邦本，培養宜先，況自通商以後，絲價桑葉之昂尤爲歷來所未有，卽謂素非所習驟難，繅絲何如先試種桑以期致富。夫致富之原待人，而闢種桑獲利在二三年後，窮簷計入爲出且乏貲本，遂使致富之術因循坐廢，良可惜也。倜因推廣吴君所著論説，考證東省土性之宜，並附列濰縣陳紳所著《勸興蠶桑説》彙爲一編，名曰《蠶桑速效編》，以公同志倘能廣爲勸導，實力推行，俾東省務農之家益以蠶桑之利。行見地無曠土，野鮮游民，因利而利，其利乃大而且久。將來商舶畢至，鐵軌通行，絲業之盛可跂而待。然則農學之要圖，卽商務之嚆矢，凡爲民牧者豈無意乎？辛丑三月江陰曹倜謹識勸諭種桑章程。

農桑經

綜述

清　蒲松齡《農桑經・自序》　居家要務，外惟農而內惟蠶。昔韓氏有《農訓》，其言井井，可使紈袴子弟、抱卷書生人人皆知稼穡。余讀而善之。中或言不盡道，或行於彼，不能行於此，固妄為增删。又博採古今之論蠶者，集為一書，附諸其後，雖不能化行天下，庶可以貽子孫爾。

康熙四十四年，歲在乙酉，正月念四日，柳泉氏誌。

傳記

清　張元《柳泉蒲先生松齡墓表》　先生諱松齡，字留仙，一字劍臣，別號柳泉。以文章意氣雄一時。學者無問親疏遠邇，識與不識，蓋無不知柳泉先生者。由是先生之名滿天下。

先生初應童子試，即以縣、府、道三第一補博士弟子員，文名籍籍諸生間。然如棘闈輒見斥，慨然曰：『其命也夫！』用是決然舍去，而一肆力於古文。奮力砥淬，與日俱新。而其生平之佗傺失志，濩落鬱塞，俯仰時事，悲憤感慨，又有以激發其志氣。故其文章穎發苕豎，恢詭魁壘，用能絕去町畦，自成一家。而蘊結未盡，則又搜抉奇怪，著有志異一書。雖事涉荒幻，而斷制謹嚴，要歸於警發薄俗，而扶樹道教，則猶是其所以為古文者而已，非漫作也。

先生性樸厚，篤交遊，重名義；而孤介峭直，尤不能與時相俯仰。少年與同邑李希梅及餘從伯父曆友、視旋諸先生，結為郢中詩社，以風雅道義相劘切，始終一節無少間。鄉先生給諫孫公，為時名臣，而風烈所激。其廝役佃屬，或陰為恣肆，鄉里莫敢言。先生獨毅然上書千餘言以諷。公得書驚歎，立飭其下，皆斂戢。新城王司寇先生素奇先生才，屢寓書將一致先生於門下，卒以病謝，辭不往。

嗚呼！學者目不見先生，而但讀其文章，耳其聞望，意其人必雄談博辯，風義激昂，不可一世之士；及進而接乎其人，則恂恂然長者，聽其言則訥訥如不出諸口；而窺其中則蘊藉深遠，要皆可以取諸懷而披諸世。然而扼窮困頓，終老明經，獨其文章意氣猶可以耀當時而垂後世。先生之不幸也，而其足以儘先生哉！

先生祖諱生汭。父諱盤，娶劉氏，增廣生劉公季調女。子四人，孫八人，曾孫四人，五世孫才一人。所著文集四卷、詩集六卷、《聊齋志異》八卷。以康熙五十四年正月二十二日卒，享年七十有六。以本年葬村之東原。又十一年為雍正改元之三年，其孤將為碑以揭其形，而以文屬余，以余之先生為同邑後進，且知先生之深也，乃不辭而為之文以表於墓。銘曰：

『有文不顯，有積不施，蓄久而熾，為後之基，以征以信，視此銘辭。』

同邑後學張元撰。雍正三年歲次乙巳二月清明日立。

附碑陰

父生於崇禎十五年四月十六日戌時，卒於康熙五十四年正月二十二日酉時。母生於崇禎十八年十一月二十六日申時，卒於康熙五十二年九月二十六日未時。

附記雜著五冊：《省身語録》《懷刑録》《曆字文》《日用俗字》《農桑經》各一冊。

清　蒲若《清故顯考歲進士、候選儒學訓導柳泉公行述》　嗚呼！不孝箬安厝我父於村東之佳城也八十餘日矣。日思我父之德行文章，生前名揚海內，沒後泯滅無傳，豈非不孝之罪乎？是宜略陳梗概，丐仁人一言，鐫之碑陰，以垂永久。顧自念荒疏固陋，不克述我父之生平，而寒儉家風，又不足瀆仁人之聽，故日以蹇劣自安，而終未敢也，則不得不即不孝之能記憶者，約略言之。

先父諱松齡，字留仙，號柳泉居士，先祖處士公第三子也。處士公字敏吾，少艱於嗣，四十餘苦無子。得金錢輒散去。值歲凶，裹中貧者輒按日給之食，全活頗眾。後累舉四男：嫡祖妣董出者三，庶祖妣李出者一。先父為嫡出之次，而於行則為三。處士公少肯研讀，文效陶、鄧，雖終困於童子業，然閉戶讀無釋卷，時以故宿儒無其淵博。暮年食指煩，家漸落，不能延師，惟躬自教子。先父天性慧，經史皆過目能了，處士公最鍾愛之。十九歲弁冕童科，大為文宗師施愚山先生之稱賞。然自析箸，薄產不足自給，故歲歲遊學，無暇治舉子業。而耽於詩歌及古文詞，其一時所作，大抵在行旅登眺與寄遠送別，往復酬答之間，而歡愉慘悴之志，意猶未盡形諸篇章也。庚申，我祖母病篤，氣促逆不得眠，無晝夜皆疊枕瞑坐，轉側便溺，事事需人。我父扶持保抱，獨任其勞，四十餘日，衣不一解，目不一瞑；兩伯一叔，惟晨昏定省而已。我祖母亦以獨憐我父。一夕至午漏，燈光熒熒，啟眸見我父獨侍榻前，淚眼婆娑，凝神諦聽，輒嚬呻曰：『累煞爾矣！』自是不起。我父自市巴絹作殉衣，並不令我伯叔知也。自是之後，每歲設帳於縉紳先生家。不孝箬兄弟四人，妹一人，漸次成立，遂為婚嫁所迫促。而居又為先祖農場，荊棘蒿萊中僅存老屋三間，其夏屋閑房與佃戶居宅皆為伯叔分去。自是一子娶一婦，必授一室。歲歲營構，所得幾何，豈堪供土木奩妝費哉？夫以重賴我母，衣儉食貧以佐之也。我母為外祖文學劉公字季調女。天性溫謹，貞靜寡言，而持家則安貧守舊，紀理井井。雅不喜侈靡。衣浣濯，但不至凍；食饘粥，但不至餒。量入為出，助以紡績。我父嘗詠之曰：『浣衣更惜來生福，豐歲時將野菜挑。』蓋謂我母之儉德如此。以故嗷嗷數口，頻渡凶年，尚能覓傭作堵，起屋增田，男婚以期，女嫁以時。嗚呼！夫孰非我母贊襄之力哉？癸亥年，我父食餼。其時慘澹經營，冀博一第，而終困於場屋。至五十餘尚希進取。我母止之曰：『君勿複爾！倘命應通顯，今已臺閣矣。』自是我父灰心場屋，而甄陶一世之意，始托於著述焉。思所及，中人情之膏肓；筆所書，導物理之肯綮。至於蘊藉恢諧，一著紙而解人頤，猶其末也。一時名公巨卿，日以文事相煩，如代漁洋先生作征詩啟，唐豹岩先生屬作生志，與夫壽屏錦幛，敘跋疏表，婚啟等文，凡四百篇。迄於今諷詠詩歌，可想見生平之磊落，而披覽篇章，益以見意氣激昂。如《志異》八卷，漁搜聞見，抒寫襟懷，積數年而成，總以為學士大夫之針砭；而猶恨不如晨鐘暮鼓，可參破村庸之迷，而大醒市媼之夢也，又演為通俗雜曲，使街衢裏巷之中見者歌，而聞者亦泣，其救世婆心，直將使男之雅者、俗者，女之悍者、妒者，盡舉而陶於一編之中。嗚呼！意良苦矣！至於引掖後進，則又不獨於受業門牆者，耳為提，面為命，循循善誘，無倦色，無惰容也；即單寒之士，時以文藝來質，為曲指迷途，俾知進取，從不濫施丹黃，致墮孤窟也。故我父嘗自謂：『余之子若孫其不至因貧廢卷，尚得掇一芹以繼書香者，皆平生曲成後學之報。』惟是天性伉直，引嫌不避怨，不阿貴顯。即平素交情如飴，而苟其情乖骨肉，勢逼裏黨，輒面折而廷爭之，甚至累幅直陳，不復恤受者之難堪，而我父意氣灑如，以為此吾所無愧良朋也者；而友亦諒我父之天真爛然，不以為迕，蓋不以情勝義，而肝鬲傾吐如此。迨夫三十年，放懷詩歌，足跡不踐公門，因而高情逸致，厭見長官。邑侯石年張公，仰慕文名，徵召不出，至親履齋庭，不得已迫而後見。厥後香岩時公亦如之。至喻方伯見詩傾慕，飭周邑侯盡禮敦請，我父倦於奔波，高臥不起。畢刺史載績先生父子勸駕，乃肯一往。邑侯馳驛遣吏，伴送藩署，方伯禮儀有加，館之幕中者數日。此可以知孤介之性情矣。此三十年內，不孝輩以次析炊，歲各謀一館，以自糊其口，父子祖孫分散各方，惟過節歸來，始為團圞之日。自是我父始不累於多口。又加以我母節省冗費，囊中始有餘糧。顧六十餘歲，猶往返百餘裏，時則沖風冒雨於奐山道中，故每當吾父回齋，不孝輩繞騎捉轡執鞭，扶曳以升，目視出村。不孝退至私室，不禁涕零自恨：老親素絲垂領，尚不得安享人子之奉，此豈複以為人？迨撤帳歸來，年七十矣，養老之田五十餘畝，不孝輩別無供奉，惟均輸國課，不使租吏登門，我父得棲遲偃仰，抱卷自適，時邀五老，鬥酒相會，以敘生平，話間闊，差可自娛。凡族中桑棗鵝鴨之事，皆願得一言以判曲直，而我父亦力為剖決，曉以大義，俾各帖然欽服以去。雖有村無賴剛愎不仁，亦不敢自執己見，以相悖謬，蓋義無偏徇，則坦白自足以服眾也。歲己丑，我父食餼二十七年，例應預考，庚寅歲貢，冬十月，一僕一騎，別有伴侶，賓士青州道中，六日歸來，不至憊病。不孝箬心竊喜，謂我父康強，壽未有艾也。癸巳有《老樂詩》十八首，不能盡載，其末八句云：『幸有男兒知紙筆，可無慶吊苦風塵。陶公雅在羲皇上，邵叟真為快活人！沃壤猶堪留種黍，粗衣幸不至懸鶉。世間樂地盈天壤，何用勞勞役此身！』嗚呼！不意昊天不吊，是歲九月，我母先朝露矣。我父有《悼內》六首，不孝箬不惟不忍讀，亦不忍見。其末四句云：『魂若有靈當入夢，涕如不下亦傷神。邇來倍覺無生趣，死者方為快活人。』自是步履起居，常為欷歔太息之聲。越歲，二弟篪、四弟筠所出兩稚侄，又皆以痘殤，入門便聽咿嚘，並無佳況。然寢食左右，必有古史一卷，感則作詩以評騭之，此亦破寂遣懷之一方也。除夕忽有絕句云：『三百餘辰又一周，團圞笑語繞爐頭。朝來不解緣何事，對酒無歡只欲愁。』我父邃於《易》理，元旦自蔔不吉。至正月十五日，為先祖父忌辰。其日陰寒，不孝輩勸勿親往，我父咄之，必躬率兒孫祭奠以返。歸覺不快，似冒風寒，隔日微汗即愈。繼以脅痛，微嗽而喘。不孝箬延醫診視，投以理氣之劑，脅痛頓止。醫者亦謂既無痛苦，徐徐保養，嗽自痊，不須藥也。自是鋑糧盡減。蚤起盥漱，薄粥兩餐，仍按常時。至扶杖遺屙，尚必於院外，荒園距寢猶在一矢之外，兒孫扶曳，尚以牽裾掣肘為嫌。不謂二十二日，竟倚窗危坐而溘焉以逝。嗚呼痛哉！皇天降割，何其奪我父之速耶？不孝箬遵治命，不敢久淹親柩，喪務草草，已於百日之內，合厝於我母之壙矣。謹疏厓略，哀懇仁人君子俯賜不朽之章，以光泉壤，我父歿有餘榮，不孝箬銘刻無既。

孤哀子蒲箬泣血稽顙謹述。

雜録

清　蒲松齡《聊齋文集》卷二《家政內編敘》　竊聞陶朱居室亦資纍黛之人，西伯行仁猶需蠶桑之婦。油蓋而簪華勝，睹醜馬之臨壇，弓鞋而踏春園，見懿筐之在手。蠶政之重所從來矣。然而烹菫調桂，可占中饋之佳；垢面蓬頭，終作奇男之玷。且夫柳絮之堂，閨房鮮賦，書帶之室，婢子能文，誰謂風雅之閒，不情足道脂膏之褻事，無堪傳哉？爰集內政以告鮮人。

又《家政外編敘》　竊以四民之生胥資南畝，八口之計重賴西成今日，而無宵旰之勞則明日遂無寢食之適。人生斯世，雖欲無勞不可得矣。然或貴介之子孫不分菽麥，秀才之莊稼貽笑畊農，日用之事習而不察者寧少乎哉？他如朝饔夕㸑，雲剪夏畦之蔬，乘屋牽蘿實落秋園之樹，為橐駞之弟子，乃農夫之功臣也。下此則釋耒耜而問花竹，亦田舍之高風，去滛賭而耽林泉，猶陶朱之令，嗣又烏知藍蔚之生風月，非敢以慰籍勞人乎？集為外政公之同人。

又《日用俗字・養蠶》　古來皇后也親蠶，朝廷如此況民間。

清　蒲松齡《日用俗字・莊農》　朝廷自古重耕田，生意百行他為先。

清　蒲松齡《示諸兒》　樹無百年屈，人無百年頑。苟能辨菽麥，暴棄寧自安？汝等皆長成，非復繈褓間。縱不惜分陰，亦當解研贊。紅窗尚高臥，懵然無肺肝！我既遠奔波，朝夕教誨難。聽汝歲虛廢，念汝新悲酸！人生各有營，皆必皆貴官？但能事農桑，亦可謀豆簞。游手而游食，安所致兩餐？貧極易流落，指笑十指攢，謂是某人子，貽羞及蓋棺。念此心戚戚，言之涕汍瀾。

放養山蠶法

綜述

清　常恩《放養山蠶法》　丙午之冬，余奉命出守安順，莅任數月，移攝黎郡，居黔之東南隅，距省治八百餘里，界連楚粵，漢夷雜處，余深以禁暴安良，弗克勝任為懼。朞年來，留心體察民情，頗覺馴伏，惟地與鄰省犬牙相錯，姦宄時出沒其間，而境內赤貧無藉者亦往往闌入，案發被獲，鞫訊之下，每惻然傷之。吾民具有知識，豈甘以身試法，而不惜乎哉？蓋有所不得已也。此邦素稱殷實，豈至今凋敝而不可復振乎哉？蓋謀生養而未得其道也。每值公餘，進紳士之曉暢公正者而備詢焉，並據現在切實情形而細揣焉。信乎，安民非除害不可，而除害非興利不可，然欲除大害尤非興大利不可。黎郡山多田少，物產本不甚饒，向恃杉木茶油通商便俗，今則斧斤日甚，四望悉童山矣。行部遍歷屯寨，每見櫟樹成林，民苗徒以供薪炭之用，良可惜也。余商諸紳士，方欲以山蠶之法教民，而郡進士胡君長新謂上年曾約同人自遵義買種試放，頗獲成效，第憾一時未能通行。余曰：此大利也，小民烏能盡知，申明條教，實守土責耳。爰為剴切示諭，勸民種櫟養蠶，又慮鄉僻囿於見聞，茫然莫解，乃□搜舊説，加以新採，著為《放養山蠶法》，語取明白簡易，刊佈民間，俾得家喻户曉，諒無不欣然從事。余非敢自謂盡心於民也，特以救瘠苦之區，使各安其業而樂其生，庶幾衣食之源既裕，姦邪之念不萌，即有誘之為非者，亦不至為所惑於以享太平之福，吾民不重有幸耶。是法也，仿於遵義前守陳公，遵義毗連川蜀，地磽确而民雜聚。由開此利，故自乾隆初富庶至今，尚冀為吾民者實力奉行。須知為爾等身家起見，從此互相勸勉，勿得自圖便安，將大害去而大利興，是尤守土者之所深幸也夫。

論説

清　王沛恂《紀山蠶》《清經世文編》卷三七　吾鄉山中，多不落樹，以其葉經霜雪不墮落得名。一名槲葉，大如掌。其長而尖者名柞。總而名之曰『不落』，皆山桑類，山蠶之所食也。蠶作繭，視家繭較大。《禹貢》：『萊夷作牧，厥篚檿絲。』顔師古註：『檿，山桑也。』作牧，言可畜牧以為生也。蘇氏曰：『惟東萊有此絲，以為繒，堅韌異常。』雖樸質無文，然穿著多歷歲時，故南北人通服之。人食其力，習為業，其勤苦殆有倍於力田者。初春買蛾，下子出蠶。蠶形如蟻，採柞枝之嫩葉，初放不及麥大者，置蠶其上，捆枝成把，植淺水中，不溢不涸，方不為蠶患。看守不問昏曉，謂之養蛾。保護如法，蠶長指許，納筐筥中，肩負上山，計樹置蠶。場大者安放三四十千，次則二十餘千或十餘千不等。狐、狸、狼、鼠、鸚、鴟、鳥、雀、蛙、螟、蟲、蟻，無巨細，皆嗜蠶。防禦疏，則飽無厭之腹。以故晝則持竿張網，夜則執火鳴金。號呼喊叫之聲，殷殷盈山谷。極其力，以與異類爭。如此者兩閲月，鳥獸昆蟲之所餘者，十才四五。顧又有人力不得而争者，旱則蠶枯，澇則蠶濡。雖經歲勤動，而妻啼兒號不免矣。嘻，四民莫苦於農，而蠶夫則又加甚。記之以誌感焉。

著録

（咸豐）《安順府志》卷四五　《養山蠶説》二十六則，常恩。

蠶事統紀

（光緒）《海鹽縣志》卷一七　崔應榴，字秋谷。邑增生，自少潁悟，成童補學官，弟子累試高等，生平究心經史子集，老而彌篤，嘉慶年間分纂《郡志》。工詩、古文、詞，著有《吾亦廬稿》，採入《皇清經解》。又有詩文集，《殷水遺聞》《横山紀略》《歲時藻玉》《廣孝編》《廣慈編》等書。子熙日郡庠生亦有文名。

蠶桑萃編

《清續文獻通考》卷二七四《經籍考十八》　《蠶桑萃編》十五卷，衛杰撰。

清　丁申、丁丙《八千卷樓書目》卷一〇　《蠶桑萃編》十五卷。國朝衛杰撰。浙局刊本。

水産類農書部

養魚經

綜述

清　馬國翰《玉函山房輯佚書目》卷六九・子編農家類《養魚經・輯録序》　《養魚經》一卷，周陶朱公撰。案：陶朱公卽范蠡。《史記・貨殖列傳》：范蠡既雪會稽之恥，乃喟然而歎曰：計然之策七，越用其五而得意，既已施於國，吾欲用之家。乃乘扁舟浮於江湖，變名易姓，適齊為鴟夷子皮，之陶為朱公。書作於居陶之時，故題陶朱公。《括地志》言：陶卽陶山，在齊州平陽縣界，陶與齊近，故齊君聘而問之，書言：威王者，齊威王也。《梁七録》作陶朱公《養魚法》，《唐書・藝文志》作范蠡《養魚經》，今佚，唯《齊民要術》及引之，陶宗儀《説郛》第一百七有此書。蓋亦從要術録出，經首增多朱公居陶句，威王上有齊字，當是以意加之，而《要術》所引又作《魚池法》，失載於經，茲據訂正。思勰謂：如朱公收利，未可頓求，然依法為池養魚，必大豐足，終天靡窮，斯以無貲之利也。余甚韙乎其言，歷城馬國翰竹吾甫。

著録

《隋書》卷三四《經籍志三》　梁有《陶朱公養魚法》《卜式養羊法》《養猪法》《月政》《畜牧》《栽種法》各一卷。亡。

《舊唐書》卷四七《經籍志下》　《養魚經》一卷，范蠡撰。

《新唐書》卷五九《藝文志三》　范蠡《養魚經》一卷。

宋　鄭樵《通志》卷六六《藝文略第四》　范蠡《養魚經》一卷。

宋　尤袤《遂初堂書目・譜録類》　《養魚經》

《宋史》卷二〇五《藝文志四》卷二〇五《農家類》　陶朱公《養魚經》一卷。

明　朱睦㮮《近古堂書目》卷上《子譜録類》　《養魚經》。

明　焦循《國史經籍志》卷三《史部・豢養》　范蠡《養魚經》一卷。

明　祁承㸁《澹生堂藏書目》卷八《子類第四・牧養》　《養魚經》一卷，《錦囊瑣綴》本。

明　徐𤊹《徐氏家藏書目》卷三《農圃類》　《養魚經》一卷。

明　柯維騏《宋史新編》卷五〇《藝文志四》　陶朱公《養魚經》一卷。

清　錢謙益《絳雲樓書目》卷二《子雜藝類》　《養魚經》，范蠡。

清　錢曾《也是園藏書目》卷二《史部・豢養》　《養魚經》一卷。

清　錢曾《錢遵王述古堂藏書目録》卷六《鳥獸》　《養魚經》一卷，一本，抄。

清　錢曾《述古堂藏書目》卷四　《養魚經》一卷，抄。

《續通志》卷一六四《校讎略》　范蠡《養魚經》一卷。

（同治）《蘇州府志》卷一三九《藝文志四》　范蠡《養魚經》一卷。

清　沈炳震《唐書合鈔》卷七四《經籍三》　《養魚經》一卷，范蠡撰。

清　佚名《唐書藝文志注》卷三　范蠡《養魚經》一卷。《隋志》：梁有《陶朱公養魚經》一卷，亡。今有馬國翰輯本。

又　《養魚經》一卷。范蠡撰。

《續文獻通考》卷二七〇《經籍考一四》　周范蠡《養魚經》一卷，周陶朱公。

清　黄虞稷《千頃堂書目》卷九《食貨類》　黄省曾《養魚經》一卷。

清　萬斯同《明史》卷一三四《藝文志二》　黄省曾《養魚經》一卷。

清 丁申、丁丙《八千卷樓書目》卷一二《子部・譜録類》 《養魚經》一卷，明黄省曾撰，廣百川本。

藝文

唐 皮日休《魯望以輪鈎相示緬懷高致因作三篇・其三》 盡日悠然舴艋輕，小輪聲細雨溟溟。三尋絲帶桐江爛，一寸鈎含笠澤腥。用近詹何傳釣法，收和范蠡《養魚經》。孤篷半夜無餘事，應被嚴灘聒酒醒。

宋 陸游《劍南詩稾》卷二二《樊江》 手中一卷《養魚經》，又向樊江上草亭。朝雨染成新漲緑，春煙澹盡遠山青。榜舟不厭頻來往，岸幘常須半醉醒。賦罷新詩自高詠，滿汀鷗鷺欲忘形。

又 卷四二《茅亭》 終日坐茅亭，蕭然倚素屏。兒圓□茶夢，客授《養魚經》。

明 張天復《鳴玉堂稿》卷一二《明農軒為沃洲吕公賦》 元老寄情農畝事，范公手著《養魚經》。都忘舊日提戎馬，且向豐年紀太平。一曲山畬馮水旱，幾家社酒話陰晴。秖應賣却床頭劍，耒傍青莎買犢耕。

明 賈珮《積雨》 塢中積雨蘚痕青，門外流泉枕上聽。漢客年華消渴病，越人生事《養魚經》。居山已識龍蛇氣，灌藥聊資水石形。更喜濕雲能悟道，林間夜護少微星。

清 顧宗泰《月滿樓詩文集・詩集》卷三五吏部集《壽庭又叠直廬韻見眎因再次韻・疊韻》 蟻磨團團汔未停，鬢絲難换舊時青。蘭搴湘水羅含宅，酒載成都揚子亭。甑米略支調鶴料，丸麋細注《養魚經》。詩逋了却無餘事，閒似枯僧鉢與瓶。

清 潘德輿《養一齋集》卷四《歸舟遣興和儉卿韻》 湖天一色似滄溟，況復高秋木葉零。行客自歌窮鳥賦，居人惟識《養魚經》。彊斟邨店新醅酒，嬾上河隄舊驛亭。何似閉身箸書好，山房鐙火二更青。

清 屈大均《翁山詩外》卷六《蘭陔即事》 行行花路斷，橋接水中亭。山色含煙緑，天光入鏡青。黄公採芝詠，范蠡《養魚經》。父子多高逸，朋來亦客星。

又 卷一一《過潘乜丈山亭賦贈》 舊釀黄花酒，新開紫竹亭。千杯浮大白，五嶽佩眞形。晚日明高樹，春雲覆遠汀。家傳射雉賦，客問養魚經。天爵懷高尚，仙衣拂杳冥。稽康悲寡識，阮藉笑長醒。砌下迴溪碧，門前疊嶂青。茫茫此塵世，誰識少微星。

又 卷一四《過定思族翁斫鱠作》 鱠成雙蝶食如流，冬至魚生絶勝秋。明歲方塘思佃取，《養魚經》向範公求。

又 卷一七《買陂塘》 買陂塘、養多魚種，《養魚經好須》讀。魚花浮滿桃花水，魚户一春爭漉。新雨足，放萬箇魚秧，半是西江族。鯰三鰀六。任嫩艸青青，浮萍片片，去果水梭腹。

拖罛好，時用瑯玕嫋竹。魚生飛亂紅玉。誰持鱠具來相訪，兼爲荔支都熟。蕁更緑，蘁豉下，羹魚飯稻隨風俗。量魚論斛。是蛋客生涯，鮫人事業，水國作湯沐魚，一名水梭菜，粤人作鱠，名切魚生。

清 田雯《古歡堂集》卷一五《瓜隱園雜詩九首・其二》 《離騷》句澁何能讀，秋水篇長已久停。攘臂今朝展書卷，《養魚經》與《相牛經》。

清 楊芳燦《芙蓉山館全集・詩鈔》卷七《齋居十首・其四》 繞榻茶烟細，於於午夢醒。時臨乞米帖，別著《養魚經》。祈穀農謡喜，占書鵲語靈。自來疏惰慣，不是慕沈冥。

清 張澍《養素堂詩集・卜居集》卷二四《觀魚詩・其八》 序：『友人言觀魚可以養目，因買色魚三十尾，置之大缸，日數觀之，作詩十二首。』惟清故能明，明實本於清。以清致清氣，明乃自然精。吾目豈魚目，專誠明則生。此理魚不知，吾緐養魚經。

雜録

北魏 賈思勰《齊民要術》卷六《養魚第六十一》 陶朱公《養魚經》曰：『威王聘朱公問之曰：「聞公在湖爲漁父，在齊爲□夷子皮，在西戎爲赤精子，在越爲范蠡，有之乎？」曰：「有之。」曰：「公任足千萬家，累億金，何術乎？」朱公曰：「夫治生之法有五，水畜第一。水畜，所謂魚池也。以六畝地爲池，池中有九洲。求懷子鯉魚長三尺者二十頭，牡鯉魚長三尺者四頭，以二月上庚日内池中令水無聲，魚必生。至四月内一神守，六月内二神守，八月内三神守。神守者，鼈也。所以内鼈者，魚滿三百六十，則蛟龍爲之長，而將魚飛去，內鼈則魚不復去。在池中周遶九洲無窮，自謂江湖也。至來年二月，得鯉魚長一尺者一萬五千枚，三尺者四萬五千枚，二尺者萬枚。枚直五十，得錢一百二十五萬。至明年得長一尺者十萬枚，長二尺者五萬枚，長三尺者五萬枚，長四尺者四萬枚。留長二尺者二千枚作種，所餘皆得錢，五百一十五萬錢。候至明年，不可勝計也。」王乃於後苑治池，一年得錢三十餘萬。池中九洲八谷，谷上立水二尺。又谷中立水六尺，所以養鯉者。鯉不相食，易長又貴也。』如朱公收利未可頓求，然依法為池，養魚必大，豐足終天靡窮，斯亦無貲之利也。

又作魚池法。三赤大鯉，非遠江湖，倉卒難求，若養小魚積年不大，欲令生大魚法。要須載取藪澤陂湖饒大魚之處，近水際，土十數載以布池底，二年之内即生大魚。蓋由土中先有大魚子，得水即生也。

唐 段公路《北户録》卷一《魚種》 按陶朱公《養魚經》曰：朱公謂：威王治生之法有五，水畜第一，水畜，魚池也。以六畝地爲池，池中有九洲，求懷姙鯉魚，長三尺者，任二十頭，牡魚四頭，以二月上庚日內池中，令水無聲，魚必生。至四月內一神守，六月內二神守，八月內三神守，神守者，鼈也。魚滿三百六十，則蛟龍爲之。長而將魚化飛去，內鼈則魚不復去池中。周遶九洲無窮，自謂江湖也。至來年二月，得鯉魚長一尺者，一萬五千枚；三尺者，二十四枚。至明年得長一尺者，十萬枚；長二尺者，五萬枚；長四尺者，二十四枚；留長二尺者，二千枚。作種所養理不相長也。又欲令生魚法。要須載取藪澤陂湖。饒大魚之處。近水際土，土餘載以布池底，三年之中，卽有大魚，此由土中，先有大魚子得水生也。

（嘉泰）《會稽志》卷一〇《諸暨縣》 朱公湖在縣北六十里，昔朱氏浚此湖。鯉湖在縣南二十里，湖多鯉，故名。或云范蠡養魚之地。今世傳范蠡《養魚經》有養鯉魚法甚詳。

清《淵鑑類函》卷三三 《襄陽記》曰：「漢侍中習鬱，於峴山南，依范蠡養魚法作魚池。池邊有高隄，種竹及長楸，芙蓉、菱芡覆水，是遊燕名處也。山簡每臨此池，未嘗不大醉而還，曰：『此是我高陽池也！』」

清 姚振宗《漢書藝文志拾補》卷二《諸子略第二》 《陶朱公養魚法》一卷，范蠡始末，見前陰陽家。

《文選》張景陽《七命》注：陶朱公《養魚經》曰：威王聘朱公，問之曰：公家累億金，何術乎？朱公曰：夫為生之法五，水畜第一。所謂水畜者，魚池也。以六畝地為池，池中有九洲，卽求懷子鯉魚，以二月上旬庚日，內池中養鯉者，鯉不相食，及長又貴也。亦見《太平御覽》九百三十六，引文小異。

《隋志・子部農家》：梁有陶朱《公養魚法》一卷，亡。《唐經籍志》：《養魚經》一卷，范蠡撰。《藝文志》：范蠡《養魚經》一卷。《宋志》：陶朱公《養魚經》一卷。

馬國翰輯本序曰：書言威王者，齊威王也。今惟《齊民要術》引之。陶宗儀《説郛》卷第一百七有此書，蓋亦從《要術》録出。而《要術》所引，又有作《魚池法》，茲據訂正。賈思勰謂：如朱公收利，未可頓求，然依法為池養魚，必大豐足，終天靡窮，斯以無資之利也。余甚韙乎其言。

按《世説・任誕篇》注：《襄陽記》曰：漢侍中習鬱於峴山南依范蠡《養魚法》作魚池。又《藝文類聚》四十九引習鑿齒《襄陽耆舊傳》：習鬱，光武時為侍中，拜大鴻臚，封襄陽侯。是此書為先漢時所有，故鬱得見之，非後人僞託，從可知矣。唐段公路《北户録》亦引之。

清 姚振宗《隋書經籍志考證》卷三一《子部八》 梁有陶朱公《養魚法》一卷，亡。《史記・越世家》：范蠡事越王句踐，既苦身戮力，與句踐深謀二十餘年，竟滅吴，報會稽之恥。北渡兵於淮，以臨齊晉，號令中國，以尊周室。句踐以霸，而范蠡稱上將軍還。反國，范蠡以為大名之下難以久居，且句踐為人可與同患，難與處安，爲書辭。句踐乃裝其輕寶珠玉，自與其私徒屬乘舟浮海以行，終不反。於是，句踐表會稽山，以為范蠡奉邑。范蠡浮海出齊，變姓名，自謂鴟夷子皮。耕於海畔，苦身戮力，父子治產。居無幾何，致產數千萬，齊人聞其賢，以為相。范蠡喟然歎曰：居家則致千金，居官則至卿相，此布衣之極也。久受尊名不祥。乃歸相印，盡散其財，以分與知友鄉黨。而懷其重寶，間行以去。止於陶，以爲此天下之中，交易有無之路通，為生可以致富矣。於是，自謂陶朱公，復約要父子，耕畜廢居，候時轉物，逐什一之利。居無何，則致貲累巨萬。故范蠡三徙，成名於天下，非苟去而已，所止必成名。卒老死於陶，故世傳曰陶朱公。

又《貨殖列傳》：昔者越王句踐困於會稽之上，乃用范蠡計，然遂報彊吴。范蠡既雪會稽之恥，乃喟然而歎曰：計然之策，七越用其五而得意，既已施於國，吾欲用之家。乃乘扁舟浮於江湖，變名易姓，適齊爲鴟夷子皮，之陶爲朱公。朱公以爲陶天下之中，諸侯四通，貨物所交易也。乃治産積居，與時逐而不責於人，故善治生者，能擇人而任時。十九年之中，三致千金，再分散與貧交疏昆弟。此所謂富好行其德者也。後年衰老，而聽子孫，子孫修業而息之，遂至巨萬。故言富者，皆稱陶朱公。《索隱》曰：服虔云：陶，今定陶也。

會稽典録曰：范蠡，字少伯，越之上將軍也。本是楚宛三户人，佯狂倜儻負俗。文種為宛令，遣吏謁奉，後與文種俱入越。

《文選》：張景陽《七命》注：陶朱公《養魚經》曰：威王聘朱公，問之曰：公家累億金，何術乎？朱公曰：夫爲生之法五，水畜第一。所謂水畜者，魚池也。以六畝地為池，池有九洲，即求懷子，鯉魚以二月上旬庚日，內池中養鯉者，鯉不相食，易長又貴也。

《唐書・經籍志》：《養魚經》一卷，范蠡撰。

《唐書・藝文志》：范蠡《養魚經》一卷。

《宋史・藝文志》：陶朱公《養魚經》一卷。

《馬氏玉函山房》輯本序曰：《括地志》言，陶即陶山，在齊州平陽縣界。陶與齊近，故齊君聘而問之。書言威王者，齊威王也。《梁七録》作陶朱公《養魚法》，《唐藝文志》作范蠡《養魚經》，今佚。唯《齊民要術》及引之，陶宗儀《説郛》□第一百七有此書，蓋亦從《要術》録出，而《要術》所引，又有作《魚池法》。茲據訂正思勰，謂如朱公收利，未可頓求，然依法為池養魚，必大豐足，終天靡窮，斯以無貲之利也。余甚韙乎。其言案唐段公路《北户録》亦引之。

魚經

明 祁承㸁《澹生堂藏書目》卷八《子類第四・牧養》 《魚經》一卷，《夷門廣牘》本。

清 陸漻《佳趣堂書目》 《魚經》一卷，黃省曾。

異魚圖贊

綜述

《四庫全書總目》卷一一五《子部二五・譜録類》 慎有《檀弓叢訓》已著録。是書前有嘉靖甲辰自序，稱西州《畫史録》、南朝《異物圖》，將補繪之。予閲其名多踳錯，文不雅馴。乃取萬震、沈懷遠《異物志》，效郭璞、張駿之贊體，或述其成製，或演以新文。句中足徵，言表即見，不必張之粉繪，□之艷彩。凡《魚圖》三卷，贊八十六首，異魚八十七種。附以海錯一卷，贊三十首，贊三十首，海物三十五種，詞旨頗古雋，與宋祁《益部方物略》，可以頡頏。惟詮釋名義，不過形容庢畧。遽云可以代圖，未免自詡之過。且萬震《南州異物志》一卷，沈懷遠《南越志》五卷，僅見於在《唐志》、《宋志》已不著録，慎何從而見之，尤出依託。亦就書論書，取其詞藻淹博而已矣。

《四庫全書簡明目録》卷一二 凡魚圖三卷，共八十七種，為贊八十六首。附海錯疏一卷，共三十五種，為贊三十首詞。旨古雋。自序擬郭璞張駿固未必逮，與宋祁《益部方物畧》實足以頡頏。

清 周中孚《鄭堂讀書記》卷五一《子部九之下・譜録類二》 《四庫全書》著録，焦氏《經籍志》地理類作一卷，蓋誤以冊為卷也。升庵以西州畫史所録，南朝異魚圖名多踳錯，文不雅馴。因效郭景純《山海經圖贊》體，作為贊語，以代其圖。凡異魚三卷，共八十七種，為贊八十六首。附海錯一卷，共三十五種，為贊三十首。詞藻淹博，吐屬雋永。雖不及郭氏諸贊，以方宋子京《益部方物略》，實足以方軌連鑣也。其贊間有自注，多未詳核。故胡菊潭復為之箋云：原書前後俱有序跋。李雨村刊入《函海》，僅存其跋，別為之序。《彙祕笈》《藝海珠塵》均收入之。

清 丁丙《善本書室藏書志》卷一八《子部六・譜録類》 前有自引，凡魚圖三卷，贊八十六首，異魚八十七種。附以海錯一卷，贊三十首，海物三十五種。亦頗古雋，與宋祁《益部方物略》可以頡頏。前有萬曆戊申范允臨題記。此帙尾題乾隆丙戌五月二十九日鈔畢。是日梅雨初晴，池水滿陂，天光倒影，澂澈見底，游魚出沒，三三五五，歷歷可數。又朱印曰『稼芟手鈔并校』，書楷精妙，惜不知姓氏，又有東南山中人一印。

傳記

清 萬斯同《明史》卷三八七《文苑傳二・楊慎傳》 楊慎，字用修，新都人，少師廷和子也。年二十，舉正德二年鄉試，又四年，舉會試第二，殿試第一，授翰林修撰。丁繼母憂，服闋起故官。十二年八月，武宗微行，始出居庸關，慎抗疏切諫。尋移疾歸。

世宗嗣位，起充經筵講官。常講舜典，言：『聖人設贖刑，乃施於小過，俾民自新。若元惡大奸，無可贖之理。』時巨奄張鋭於經既論死，或言進金銀獲宥，故及之。

嘉靖三年，帝納桂蕚、張璁言，召為翰林學士。至六月，二人排廷議益力，慎偕廷列三十六人上言：『臣等與蕚輩學術不同，議論亦異。臣等所執者，程頤、朱熹之説也。蕚輩所執者，冷褒、段猶之餘也。今陛下既超擢蕚輩，不以臣等言為是，臣等不能與之同列，願賜罷斥。』帝怒，切責，停俸有差。踰月，又偕學士豐熙等疏諫。既不得命，則偕廷臣伏左順門力争，帝震怒，命執首事八人下詔獄。於是慎及檢討王元正撼門大哭，衆皆哭聲徹殿庭。帝益怒，悉下詔獄，廷杖之。闕十日，有言前此朝罷，群臣已散，慎、元正及給事中劉（漢）［濟］、安磐、張漢卿、張原，御史王時柯實糾衆伏哭。乃再杖七人於廷。慎、元正、濟並謫戍，餘削籍。慎得雲南永昌衛。先是，廷和當國，盡斥錦衣冒濫官，至是伺諸途，將害慎。慎知而謹備之。至臨清始散去。病馳萬里，憊甚。巡撫黄衷復促之，抵戍所，幾不起。

五年聞廷和疾，匹馬間道至家。廷和喜，疾愈。既還永昌，聞尋甸賊安銓、武定賊鳳朝文作亂，攻掠城堡。慨然曰：『此吾效命之秋也。』乃率僮奴及步騎百餘，馳赴木密所，與副使張峩謀固守。明日，賊來攻，寧州土舍陸紹先援兵亦至，慎促城中出兵夾擊，賊乃敗去。八年，聞廷和訃，奔告。巡撫歐陽重請於朝，獲歸葬。葬訖，復還。自是，或歸蜀，或居雲南會城，或留戍所，大吏咸善視之。及年七十，還蜀，有終焉之意。巡撫王昺聞之，遣四指揮手銀鐺命鎖之以來。至則昺已去官，慎非久，亦卒嘉靖三十八年七月也，年七十有二。

慎幼而警敏，書寓目弗忘。十一歲能詩，十二擬作《古戰場文》《過秦論》，長老驚異。入京，賦黄葉詩，李東陽見而嗟賞，令受業門下。後就督學副使劉丙試，丙大驚曰：『吾不能如歐陽公乃得子如蘇軾。』既居館中，一日武宗下問欽天監及翰林：『星有注張，又作江張，是何星也？』衆不能對。慎曰：『柳星也。』歷援《周禮》《史記》《漢書》以復。預修《武宗實録》，事必直書。總裁蔣冕、費宏曰：『官階雖未及，實堪副總裁。』盡付藁草，俾削定。嘗奉使過鎮江，謁楊一清。閲所藏書，叩以疑義，一清言皆成誦。慎驚異，益肆力古學。既投荒多暇，書無所不覽，嘗語人曰：『資性不足恃。日新德業，當自學問中來。』故好學窮理，老而彌篤。世宗以議禮，故惡其父子特甚，每問慎作何狀，閣臣以老病對，乃稍解。慎聞之，益縱酒自放。嘗以胡粉傅面，作雙丫髻插花，令諸妓擁之游行城市。諸土酋慕其名，用精白綾作裓，畀諸妓服之。酒闌，乞書，醉墨淋漓。諸酋輒購歸，裝潢成卷，慎聞之亦不□也。或乘間規之，答言：『文有仗景生情，詩或託物起興，如崔延伯每臨陣，召田僧超為壯士歌；宋子京修史，使麗豎□如椽燭，或一道也。吾豈能執鞭古人，聊以耗壯心遺餘年，所謂老顛欲裂風景也。』知者聞而傷之。其記誦之博，著作之富，明興推為第一。詩文外，雜著至一百餘種，並行於世。隆慶初，贈光禄少卿。天啓中，進謚文憲。

《明史・楊慎傳》卷一九二 楊慎，字用修，新都人，少師廷和子也。年二十四，舉正德六年殿試第一，授翰林修撰。丁繼母憂，服闋起故官。十二年八月，武宗微行，始出居庸關，慎抗疏切諫。尋移疾歸。

世宗嗣位，起充經筵講官。常講舜典，言：『聖人設贖刑，乃施於小過，俾民自新。若元惡大奸，無可贖之理。』時大璫張鋭、於經論死，或言進金銀獲宥，故及之。

嘉靖三年，帝納桂蕚、張璁言，召為翰林學士。慎偕同列三十六人上言：『臣等與蕚輩學術不同，議論亦異。臣等所執者，程頤、朱熹之説也。蕚等所執者，冷褒、段猶之餘也。今陛下既超擢蕚輩，不以臣等言為是，臣等不能與同列，願賜罷斥。』帝怒，切責，停俸有差。踰月，又偕學士豐熙等疏諫。不得命，偕廷臣伏左順門力諫。帝震怒，命執首事八人下詔獄。於是慎及檢討王元正等撼門大哭，聲徹殿庭。帝益怒，悉下詔獄，廷杖之。閱十日，有言前此朝罷，羣臣已散，慎、元正及給事中劉濟、安磐、張漢卿、張原，御史王時柯實糾衆伏哭。乃再杖七人於廷。慎、元正、濟並謫戍，餘削籍，慎得雲南永昌衛。先是，廷和當國，盡斥錦衣冒濫官。及是伺諸途，將害慎。慎知而謹備之。至臨清始散去。扶病馳萬里，憊甚。抵戍所，幾不起。

五年聞廷和疾，馳至家。廷和喜，疾愈。還永昌，聞尋甸安銓、武定鳳朝文作亂，率僮奴及步卒百餘，馳赴木密所與守臣擊敗賊。八年聞廷和訃，奔告巡撫歐陽重請於朝，獲歸葬，葬訖復還。自是，或歸蜀，或居雲南會城，或留戍所，大吏咸善視之。及年七十，還蜀，巡撫遣四指揮逮之還。嘉靖三十八年七月卒，年七十有二。

慎幼警敏，十一歲能詩。十二擬作《古戰場文》《過秦論》，長老驚異。入京，賦黃葉詩，李東陽見而嗟賞，令受業門下。在翰林時，武宗問欽天監及翰林：『星有注張，又作汪張，是何星也？』衆不能對。慎曰：『柳星也。』歷舉《周禮》《史記》《漢書》以復。預修《武宗實録》，事必直書。總裁蔣冕、費宏盡付稾草，俾削定。嘗奉使過鎮江，謁楊一清，閱所藏書。叩以疑義，一清皆成誦。慎驚異，益肆力古學。既投荒多暇，書無所不覽。嘗語人曰：『資性不足恃。日新德業，當自學問中來。』故好學窮理，老而彌篤。世宗以議禮故，惡其父子特甚，每問慎作何狀。閣臣以老病對，乃稍解。慎聞之，益縱酒自放。明世記誦之博，著作之富，推慎為第一。詩文外，雜著至一百餘種，並行於世。隆慶初，贈光祿少卿。天啟中，追謚文憲。

著録

明　范允臨《刻〈異魚圖讃〉題辭》　昔周公教成王讀《爾雅》，而孔子訓門人學詩，亦曰：多識於鳥獸草木之名。然則博物洽聞，固聖哲所不廢已。用修書破萬卷，學擅五車，乃以其緒搜剔異聞，旁採稗史，譔為《異魚圖讃》。時出新裁，襍以古語，窮極於蚌貝蜃螺，細極於鯤鮞跳鯅，竭江羅海，括怪囊奇，玉屑霏香，雅致可誦，比亦《爾雅》之註腳矣。昔張司空博物，而百歲老狐，千年華表，莫逃精鑑。懼而夜泣，溫嶠然犀，而水府畢獻其狀。用修此讃，毋乃令海藏鮫人，散落珠璣，江淮水族，朝宗學海耶。是書向未鏤板，臨從友人朱汝修氏得鈔本録之，藏為帳中之秘，盍千載於茲矣。滇雲萬里，負笈為難，巾笥偶攜，卿充枵腹，直指周公，見而嘉之曰：子思論道始於夫婦，知能終於鳶飛魚躍，而莊子知濠上之儵魚謂性，天之相契，用修所著，毋乃非道機乎？君子茂對天地，樂育羣生，欲使昆蟲草木並暢，鳥獸魚鼈咸若，其可以細故忽諸詩。紀牧人乃夢而稽諸大人之占曰：衆維魚矣，實維豐年，魚鱗族也，而愛占若此，則周宣中興之盛可想見矣。是用付之剞劂以廣，直指公對育之化，用徵大人之占。刻成於萬歷戊申之旦月，而提學道僉事范允臨謹識歲月於左。

明　楊慎《異魚圖贊·引》　有西州《畫史録》、南朝《異魚圖》將補繪之。予閱其名多踳錯，文不雅訓，乃取萬震、沈懷遠之《物志》，效郭璞、張駿之贊體，或述其成製，或演以新文，其辭質而不文，明而不晦，簡而易盡，韵而易諷，句中足徵，言表即見，不必張之粉繪□之艷彩矣。異鄉素居，枕席罕營，為之猶賢，聊以永日。《魚圖》三卷，《贊》八十六首，《異魚》八十七種，附以《螺貝、蜃蚶、海錯》為第四卷，《贊》三十首，《海物》三十五種，總之凡一百二十二種。嘉靖甲辰十一月望日，升菴楊慎書。

又《異魚圖贊·跋》　予作《異魚圖贊》，間出以示好事者。或獻疑曰：『「《爾雅》注蟲魚，定非磊落人。」子不見韓子之詩乎？』予曰：『韓子有為言之也。跡其焚膏繼晷之際，口吟手披之餘，遇蟲名魚字將刪之乎？老子云：美言不信。而五千之言，未嘗不美。莊子欲絕學，而莊子何嘗不學？蘇子謂：人生識字憂患始。其欲人盡不識字乎？如此之類，古人善戲謔，自掊擊之一機也。雖然，不可以訓，若孔子則豈其然，教小子以學詩，終於多識，則蟲魚固在其中矣。孔子豈非磊落人哉？近之不悅學者，往往拾古人善謔之言以為不肖，□躬之符可笑且悼。充類其說，則伏獵弄麞之侍郎，長鎗大劍之將軍，一一皆磊落人也夫。』

明　孫能傳《內閣藏書目録》卷八《雜部》　《異魚圖贊》一冊全。嘉靖間，楊慎按西州《畫史録》、南朝《異魚圖物》補繪之。慎以其名多踳錯，文不雅馴，乃為是編三卷。《贊》八十六首，《異魚》八十七種，附以《螺貝、蜃蚶、海錯》為第四卷，《贊》三十首，《海物》三十五種。

明　陳第《**世善堂藏書録**》**卷下**《**各家六・雜藝**》　《異魚圖并贊》二卷，楊升菴。

明　徐𤊹《**徐氏家藏書目**》**卷三**《**農圃類**》　《異魚圖贊》二卷，楊慎。

明　王圻《**續文獻通考**》**卷一七七**《**經籍考**》　《異魚圖贊》，楊慎著。

明　朱睦㮮《**近古堂書目**》**卷上**《**子譜録類**》　楊升庵《異魚圖贊》。

清　黄虞稷《**千頃堂書目**》**卷九**《**食貨類**》　楊慎《異魚圖讃》四卷。

清　錢謙益《**絳雲樓書目**》**卷二**《**子雜藝類**》　楊升庵《異魚圖贊》，三卷、四卷。

清　萬斯同《**明史**》**卷一三四**《**藝文志二**》　楊慎《異魚圖讃》四卷。

清　曹寅《**楝亭書目**》**卷三**《**子集**》　《異魚圖讃》，明楊慎著。二卷。吴郡范允臨序。二冊。

清　范邦甸《**天一閣書目**》**卷三之一**《**子部・譜録類**》　《異魚圖贊》四卷，刊本，楊慎撰。范允臨題辭，太守公諱汝梓序云：明稱著述之最富者，無如蜀楊用脩先生。書凡四百餘種，而所存僅十之一二，皆流傳他省，傳於蜀止十餘種而已。家大叔堯卿司馬天一閣中有先生《異魚圖贊》，予雅愛之，入蜀得范長白公訂本，索其版，已亡，因以付剞氏。

《**續通志**》**卷一五九**《**藝文略**》　《異魚圖贊》四卷，明楊慎撰。

《**續通志**》**卷一六五**《**圖譜略一**》　明楊慎《異魚圖贊》。

《**續文獻通考**》**卷一八一**《**經籍考**》　楊慎《異魚圖贊》四卷，慎見經類。臣等謹案：是編凡《魚圖》三卷，《贊》十六首，《海錯》一卷，《贊》三十首，詞頗古雋。

清　沈初《**浙江採集遺書總録庚集・子部・説家類四**》　《異魚圖贊》四卷補三卷，刊本。右明楊慎撰。搜輯水族出産，品味、形質俱著録焉。

《**四庫全書簡明目録**》**卷一二**　《異魚圖贊》四卷，明楊慎撰。

《**四庫全書總目**》**卷一一五**《**子部二五・譜録類**》　《異魚圖贊》四卷，浙江鮑士恭家藏本，明楊慎撰。

清　阮元《**文選樓藏書記**》**卷六**　《異魚圖贊》四卷，《補》三卷。明楊慎著。刊本。是書搜輯水族出處、品味。

清　丁日昌《**持靜齋書目**》**卷三**《**子部四・農家類**》　《異魚圖贊》四卷，函海刊本。有《補》一卷。明楊慎撰。

清　沈德壽《**抱經樓藏書志**》**卷四一**《**子部・譜録類二**》　《異魚圖贊》四卷，抄本。明成都楊慎撰。

清　周中孚《**鄭堂讀書記**》**卷五一**《**子部九之下・譜録類二**》　《異魚圖贊》四卷，函海本，明楊慎撰慎，仕履見禮類。

清　丁申、丁丙《**八千卷樓書目**》**卷一二**《**子部・譜録類**》　《異魚圖贊》四卷，明楊慎撰。抄本。函海本。紛欣閣本。

清　丁丙《**善本書室藏書志**》**卷一八**《**子部六・譜録類**》　《異魚圖贊》四卷，精鈔本。楊慎升庵撰。

清　趙魏《**竹崦盦傳鈔書目・子部農家類**》　《異魚圖贊》四卷，明楊慎撰，三十。

《**清續文獻通考**》**卷二七〇**《**經籍考一四**》　函海第十八函，**【略】**《異魚圖贊》四卷。

雜録

明　沈長卿《**沈氏日旦**》**卷六**　楊升菴著《異魚圖贊》。細按之，鯤、鯉、鯽、鱸、石首、鰕、鰻、鯽，俱民間日用之物，未嘗異也。豈好事者，詭托升菴哉？抑升菴别有見耶？

硃砂魚譜

明　張丑《**硃砂魚譜・序**》　余性沖淡，無他嗜好，獨喜汲清泉養硃砂魚。時時觀其出沒之趣，每至會心處，竟日忘倦。惠施得莊周非魚不知魚之樂，豈知言哉！乃余久而聞見浸多，餌飼益諳，暇日敘其容質與夫愛養之理，輒條數事，作《硃砂魚譜》與同志者共之。丙申夏仲六日序。

清 丁申、丁丙《八千卷樓書目》卷一二《子部・譜録類》 《珠沙魚譜》一卷，明張謙德撰，明抄本。

清 丁丙《善本書室藏書志》卷一八 《硃砂魚譜》一卷，明鈔本。烟波釣徒裔孫謙德撰。前自序云【略】。上篇敘《容質》十條，下篇序《愛養》十條。此又在張氏藏書十種之外，有照四十七世孫當湖鮑氏豐珍藏書畫祕笈之印。

異魚圖贊箋

綜述

《四庫全書總目》卷一一五《子部二五・譜録類》 世安有《大易則通》，已著録。楊慎作《異魚圖贊》，間有自註，僅標所據書名，未暇備引其説。世安既為之補，又於崇禎庚午博採傳記以為之箋。徵引頗極繁富。其名實舛互者，於目録之中各為駁正，亦殊有辨證。惟貪多嗜博，掛漏轉多。或贊中所引而失註。如赤鯉下霧光憤世之類，或自註明云據某書者而亦失註。如魴鯉條下河雒記引諺之類，而前代故實絕無關於名義者。乃支離曼衍，累牘不休。是徵事之書，非復訓詁之體。然其搜採曲籍，實為博贍。故殊形詭狀，一一皆有以考辨其源流。雖不免糅雜之譏，亦未始非識小之一助也。

《四庫全書簡明目録》卷一二 楊慎《異魚圖贊》間有自註，多未詳核，世安因為一一補箋，貪多務得，不免泛濫，而大致終為淹博。

傳記

（雍正）《四川通志》卷九下 胡世安，字處静，别號菊潭，井研人。少有異才，事親孝。前明進士。選庶常分，校禮闈典試兩浙，所得皆名儁。我世祖章皇帝擢為翰林學士，遷禮部侍郎，晉尚書。國初典章文物，以及曆律多所籴定。後官至大學士，及卒，聖祖仁皇帝賜祭葬，廕□有加。

（嘉慶）《清一統志》卷三一二 本朝胡世安，井研人，少負才畧，事親以孝著。前明進士，選庶士。順治初，授翰林學（學又）士，遷禮部侍郎，晉尚書官，至大學士卒。國初典章文物，以及歷律，多所參定。

《四庫全書總目》卷九《經部九・易類存目三》 世安，字處静，號菊潭，井研人。前明崇禎戊辰進士，歷任少詹事，入國朝官至大學士。

清 周中孚《鄭堂讀書記》卷五一《子部九之下・譜録類二》 世安，字處静，號菊潭，井研人。崇禎戊辰進士。官至少詹事，入國朝歷大學士。

著録

明 胡世安《異魚圖贊箋・敘》 客嘗執是編而問曰：用脩豈有託乎？始鯤終鯨，志辨化，信也；志京觀，義也。附始膏以自焚之鼂，志懲賄，智也；終離以著象之蠃，志式度，禮也。余曰：唯唯否否，試類廣之，東方蒼龍之宿，蟲之鱗者屬焉。春令蟲鱗，而大人之占曰：衆維魚矣。實維豐年，豈非天地仁厚之氣，先於在淵見端哉？聖人作則，畜四靈，先厘淰鮪，失情之慮甚深遠矣。其見於易，貫以率類，包不及賔信著中孚，物性應感未可盡誣也。序詩者曰：天保以上治內，採薇以下治外，始於憂勤，終於逸樂。於是萬物盛多能備禮，可告功神明而魚麗詠焉。至魚在，在藻則慶，遂性而德至，淵泉三星在罶則傷，無魚而百物雕耗。魚無當於盛衰，而盛衰之兆繇之。奚翅感陽而陟，食清而游符，於君子出處之道足以引情濠梁上哉。贊圖者偶也，箋補贊者亦偶也，嗣閱箋而有感，未必非偶也，是編亦可以興乎？崇禎庚午仲春望秀巖隱史胡世安書。

《清文獻通考》卷二二八《經籍考一八》 《異魚圖贊箋》四卷，《異魚圖贊補》三卷，《閏集》一卷，胡世安撰。世安見經類。臣等謹按《異魚圖贊》明楊慎所著，間有自注。世安因而箋之，辨證頗悉，又因其闕漏，作為補編，古儁亦略與慎等。

《清通志》卷一四四《圖譜略》 胡世安《異魚圖贊箋》，謹按楊慎《異魚圖贊》間有自注，僅標所據，書名未暇備，引其説世安既為之補，又博採傳記，以為之箋。

清 曹寅《楝亭書目》卷三《子集》 《異魚圖讃箋》，明楊慎序著。四卷，一冊。

《四庫全書簡明目録》卷一二 《異魚圖贊箋》四卷，國朝胡世安撰。

《四庫全書總目》卷一一五《子部二五・譜録類》 《異魚圖贊箋》四卷，浙江巡撫採進本，國朝胡世安撰。

清 丁申、丁丙《八千卷樓書目》卷一二《子部・譜録類》 《異魚圖贊箋》四卷，國朝胡世安撰，抄本。

《清史稿・藝文志三》卷一四七 《異魚圖贊箋》四卷，《異魚圖贊補》三卷，《閏集》一卷。胡世安撰。

異魚圖贊補（閏集）

綜述

《四庫全書總目》卷一一五《子部二五・譜録類》 是書前有自序，題萬曆戊午，乃其未第時所作。以楊慎《異魚圖贊》尚多所闕漏，因摭其遺脱，作為此編。凡魚類補一百五十四種，為贊五十七首。海錯類補三十八種，為贊二十八首。又《閏集》一卷，魚三十餘種。冠以摩竭海多非常之魚，亦各為之贊。而其子璞及其門人雷琯等共加箋釋。《閏集》所載，與目録多不相應，前後舛互。贊文亦往往闕佚，疑當日修改未竟之本也。慎之作贊，雖屬文人游戲之筆，而源出郭璞，要自古雋可觀。世安續加仿傚，其徵據典博，亦不失為馴雅。與慎書相輔以行，於水族品目，亦畧備矣。

《四庫全書簡明目録》卷一二 是書補楊慎所未贊，凡魚類一百五十四種，為贊五十七首。海錯類三十八種，為贊二十八首。《閏集》一卷，則別録非常之魚，恍惚不盡，可憑者，其子謹及門人雷琯等共為之註以上禽魚。

清 周中孚《鄭堂讀書記》卷五一《子部九之下・譜録類二》 《四庫全書》著録。菊潭既箋楊升庵《異魚圖贊》，復以其原書尚有所遺，因類搜其餘補之。凡魚類一百五十四種，為贊五十七首。海錯類三十八種，為贊二十八首。《閏集》一卷，則列録非常之魚，恍惚不盡，可憑者凡二十八種，為贊二十三首。其子璞及門人雷琯等共為之注，其贊徵據富博，詞旨雅馴，亦足與楊氏書並傳於世云。前有萬歷戊午自引，知未登第時所作也。函海亦收入之。

著録

明 胡世安《異魚圖贊箋補・引》 戊午之役，觖望禹門，自分泥蟠，畢此生矣。同社多挾策走長安，而余復負笈入山寺，章句瀋餘、既所慴對，覓話老衲外，惟日披古函散帙，以喻適志耳。偶簡升菴先生《異魚圖贊》，不避疎淺，漫摭見聞，詮次如卷。已而老衲見之，戲謂曰：羨淵不如結網，獲鮮可以忘筌。余服膺其得，斲輪微旨，異日持青脊墨頭十數魚，名暨《山海經》所載珠蟞之類來訊，則又升菴先生所遺者。余因類搜其餘補之，維時陽萌寒谷，氣啓負冰，聊借筆墨，作濡呴緣，以傲簡蟬曰：余將彈鋏衡泌，不欲自爾分飽神仙字也。稿成命，兒子輩較正魯魚，乃亦彷箋如左，凡三卷，又《閏集》一。萬歷戊午長至日，蒲亭胡世安識。

《清通志》卷一四四《圖譜略》 胡世安《異魚圖贊補》，謹按胡世安以楊慎《異魚圖贊》多所闕漏，因摭其遺脱，作為此編。

清 曹寅《楝亭書目》卷三《子集》 《異魚圖讃補》，明浦亭胡安世序述，三卷，一冊。

《四庫全書簡明目録》卷一二 《異魚圖贊補》三卷，《閏集》一卷，國朝胡世安撰。

《四庫全書總目》卷一一五《子部二五・譜録類》 《異魚圖贊補》三卷，《閏集》一卷。浙江巡撫採進本，國朝胡世安撰。

清 周中孚《鄭堂讀書記》卷五一《子部九之下・譜録類二》 《異魚圖贊補》三卷，《閏集》一卷，萬曆戊午刊本，國朝胡世安撰。

清 丁申、丁丙《八千卷樓書目》卷一二《子部・譜録類》 《異魚圖贊補》三卷，《閏集》一卷，國朝胡世安撰，函海本。

朱魚譜

清　蔣在雝《朱魚譜·自序》　朱者何？曰：正色也。魚者何？曰：鱗物也。譜者何？曰：籍録也。朱魚曷為而譜之？曰：以其生於世也。貴賤不同，然而格斯物者猶鮮，雖有知者，亦弗能善也。如事之不遇伯樂，深可惜焉。故予以其入格者，名之於前，分其式樣五十六款，款下各有其附式，而不可紊亂。以其體段入格者列之於後，如嘴、眼、鬚、鱗、鰭、尾、身管之類，列為十八條，條下亦式附者有之，更不可妄收。俾世之所好者，則知有幾許款式名，伴有幾許身段樣子。所以知何者為甲，何者為乙耳。如天下人人知其大也。然無《廣輿》，焉得而知天下有之同之物焉？山海，人人知其廣也，然無其徑注，焉得而知山海有奇異之物焉？故是魚也，名式也多，形容亦廣，豈得無譜乎？無譜則雖有好之，滿道捴捴盲然。余集是譜，雖不及《廣輿》與《山海經注》，亦可以補《爾雅》之未備、《廣輿》之遺失，而為伯昇、京純之功臣，何嘗不可？時康熙歳在己卯桂月之朔日，題於壽光堂之雨窗，紅白秋海棠之花下。

清　蔣在雝《朱魚譜·跋》　余愛朱魚也，三十餘年矣。自康熙丙午歳，得婁東吴瑞徵兄鰭紅四，落花四，畜之十載，生育萬餘，受幻奇異，寓目舒懷，不可勝言。至辛酉年，又得建客異種一，紫眼身條，以及鱗管尾鰭種之妙，所以生育鮮潔，愛之重之，並不輕棄。雖里中愛是魚者甚多，但與予論及，捴無得知其正脈，惟余獨得其秘，故集是譜以示世之迷盲者，而得以辨別全旨，可以掃除前謬耳。時康熙歳在己卯桂月朔日，跋於壽光堂之晴窗花下。

蓄魚雅集

清　鐘鳴《蓄魚雅集·序》　夫盆魚別一種也，質本清奇，形尤古異，其尾也飄飄，其鱗也紝紝，意多平淡色自鮮。妍躍則豔影扶搖，潛則清神定靜。無半點俗塵之氣，具一番幽雅之容，故人愛而喜蓄之，取其清清之意耳。於是或鑿池於園裏，或引水於石間，或養之亭臺，或設之院宇，盈盆燦爛，暎水激鮮。每逢晨氣，一天俯沿窺唼花之趣，午陰滿徑，憑欄歌在藻之篇。日暖天高，印晴光而蔚藍到底；雲籠烟靄，含雨意而虚白生新。吹柳絮於池心，龍睛環抱；戲萍花於水面，鳳尾徐摇。翩翩乎，致本悠然；栩栩焉，態何活也？審魚之游泳，大可悟活潑之機，得澂清之趣，若於風前雨後、月下花間領略賞觀，益人神智、怡人性情處當不少也。昔武侯臨池邊而畫治安之策，莊子觀濠上遺風雅之懷，魚豈非益智怡情之物乎？余生也晚，何敢望諸古人，但性癖於斯，不禁有所鄙論，并集小説淺法數十則，何足為文，聊以供同好者一噱耳。

養魚彙編

清　陳揚《養魚彙編·序》　自世界之海洋以及內地之江湖，其中生殖之物，不可枚舉，有為吾人所急需者，有非吾人所急需者。此急需之物，以人口增殖而食用益增，又以社會進步而採取益巧；若純任天然之繁殖，恐所生之物將次第減少，故保護養育之法，急宜講究者也。養魚法者，即以人工助之者也。一為積極之法，以人工而助其生長，名曰養殖；一為消極之法，即以自然產物而保護之，名曰保護蕃殖。水產生物本有極大蕃殖力，如鯉，一雌魚一年產出之卵多至六七十萬粒。至貝類則更多，蠣之雌貝一年產出卵數一千萬粒至六千萬粒，若悉數發生，恐數代之後，則江海亦不能容矣。然造物自然之陶汰有限制之，使不繁殖者，故卵數至多之種類與僅有二三千粒之種類，其結果大抵相同。蓋生者雖多而育者終少，以生活中有種種障害，而死滅過半也。各種魚類俱得養於池中，但經濟上或有養殖之價值，或無養殖之價值。有價值者，需用大而長成速，一為溫水產魚類，二為冷水產魚類，茲將需用最多，可以悅人之口者，並有悅人之目者，一為鯉魚，一為金魚，分別著之於篇。

金魚飼育法（寶奎）

清 寶奎《金魚飼育法・序》 寶冠軍使奎，字五峰，號文垣。記養魚之法，頗有足採者，録之。桐城姚元之。

清 寶奎《金魚飼育法・羅振玉跋》 右《金魚飼育法》一卷，載《竹葉亭襍記》中。原文隨筆記述，了無倫脊。命弟振常略編第為六章，以便觀審。考飼養金魚，僅供玩好，無裨日用。然若勵精從事，亦一利源也。昔日本人於文祿、元和之間，移植我國金魚於大和州，至今産出甚富，每歲售價至數萬金。説見其邦人竹中邦香所著《水産學》中。記之以勸我民之事殖養者，尚勉旃哉。己亥春，上虞羅振玉記。

金魚圖譜

清 句曲山農《金魚圖譜・序》 《金魚譜》，舊無傳書。近人薛氏有譜，圖詳而説甚略。今參取《本草綱目》《羣芳譜》《格致鏡原》《資生雜誌》《培幼集》《花鏡》諸書薈録為譜，以備譜録之一。薛氏圖列魚五十四種，今附於後。樂間適性，或有取焉。句曲山農識。

（雍正）《浙江通志・經籍四》卷二四四 《異魚贊》秀水縣志：陳懋仁著。

蟹譜

綜述

《四庫全書總目》卷一一五《子部二五・譜録類》 其書分上、下兩篇，前有嘉祐四年自序。而下篇『貪花』一條，又引神宗時大臣趙姓者出鎮近輔事，而諱其名。考《宋史》惟神宗熙寧初樞密使參知政事趙概嘗出知徐州，似即其事。則嘉祐當為元祐之訛。然《書録解題》亦載是序為嘉祐四年，而趙概為北宋名臣，亦不容著貪墨聲。或刊本神宗字誤也。書中所録皆蟹之故事。上篇多採舊文，下篇則其所自記。銓次頗見雅馴。所引《唐韻》十七條，尤足備考證。蓋其時孫愐原本尚存，故肱猶及見之云。

《四庫全書簡明目録》卷一二 所録皆蟹之故實，上卷多採舊文，下篇則肱所自記，詮次頗為雅馴。

清 周中孚《鄭堂讀書記》卷五一《子部九之下・譜録類二》 《四庫全書》著録，《讀書志》《通考》俱載之。自翼以蟹之為物，雖非登俎之貴，然見於經，引於傳，著於子史，志於隱逸，歌詠於詩人，雜出於小説，皆有意謂焉。因益以所見聞，次而譜之。前為總論，冠諸二篇之首。每篇為一卷，上卷自離象以至考證，凡四十二條，多採舊文。而唐韻一條，皆據孫愐原本引入，足有資於攷證。下卷自孝報以至盪浦、搖江，凡二十三條，則自翼所自記。敘述頗為雅飭，後又附以紀賦詠，及皮襲美、陸魯望詩三條。前有嘉祐已亥自序。《説郛》亦收入之。

清 丁丙《善本書室藏書志》卷一八《子部六・譜録類》 陳振孫《書録解題》：怪山乃越之飛來山。肱則會稽人也。前有嘉祐四年自序，并總論二篇。上卷多採舊文，中引唐韻十七條，尤足備考證。下卷則其所自記，首列杭俗鄙食蟹，時有田彥升家於半道紅。幼性孝，其母嗜蟹，彥升慮為比鄰鬬笑，常遠於蘇湖間以布囊負歸。俄而，楊行密將田頵兵暴至，鄉人皆竄避，糧不接，多餒死。獨彥升挈囊負母，竟以解免，時人謂之孝報可為吾鄉掌故矣。

傳記

《四庫全書總目》卷一一五《子部二五・譜録類》 肱字子翼，其自署曰怪山。陳振孫謂怪山乃越州之飛來山，則會稽人也。

清 周中孚《鄭堂讀書記・子部九之下・譜録類二》卷五一 肱，字自翼，會稽人。

著録

宋 傅肱《蟹譜序》 蟹之爲物，雖非登俎之貴，然見於經，引於傳，著於子史，志於隱逸，歌詠於詩人，雜出於小説，皆有意謂焉。故因益以今之所見聞，次而譜之。自總論而列爲上下二篇。又敍其後，聊亦以補博覽者所闕也。神宋嘉祐四年冬序。

宋 傅肱《蟹譜·總論》 蟹，水蟲也。其字從蟲盱鬼反，亦曰魚屬。故古文從魚，作□。以其外骨，則曰介蟲，取其横行，目為螃蟹焉。骨眼蜩蝮，□腦鱟足，其爪抵類拳丁，其螯類執鉞，匡跪又皆外刺，性復多躁，或編諸繩縷，或投諸笭箵，則引聲噀沫，必死方已。類皆□育，生於濟鄆者，其色紺紫；出於江淛者，其色青白此舉其所育多者爾，凡有水之地，不無此味。小者謂之蟛蛆，中者謂之蟹匡，長而鋭者謂之□音截，甚大者謂之蝤蛑。雖皆有佳味，獨蟹參於藥論耳。明越谿澗石穴中，亦出小蟹，其色赤而堅，俗呼為石蟹，與生伊洛者無異。厴圓多腴，而奪之螯，臍長多瘠，而與之蝦。其生於盛夏者，無遺穗以自充，俗呼為蘆根蟹謂其止食茭蘆根。瘠小而味腥，至八月則蜕形已蜕，而形浸大。秋冬之交，稻粱已足，各腹芒走，江俗呼為樂蟹，最號肥美。由江而納其芒，於海中之魁，遇冰雪則自伏淤澱，不可得矣。今人設啗具以按酒者，此特為之先置焉。江淮間尚推重如此，况非所育之地乎何曾食疏，弘君食檄，虞悰飲食，亦未必不珍此味也。虞悰《南史》有傳，但名存而書亡，此為恨耳？曰蟛蛆者，二月三日之盛，出於海塗，吴俗尤所嗜尚。歲或不至，則指為禁烟，謂非佳節也。今之通泰，其類實繁，然有同彭□，差大而毛，好耕穴田畝中，謂之蟛蜞，毒不可食，晉蔡道明誤食之幾死，尤宜慎辨也。又多生於陂塘溝港、穢雜之地，往往因雨，則瀕海之家，列陣而上，填砌緣屋，雖驅掃之不去也。噫！蟹雖微類，至於輪芒以朝其魁，其得自然之禮歟？嗜欲已足，捨陂港而之江海，其得自然之智歟？雖外（則）［剛］躁而内無他腸，其得自然之正歟？豈獨以其滋味飲食，饜世人之口腹哉？故論其畧，而冠諸二篇之首。

宋 陳振孫《直齋書録解題》卷一〇《農家類》 《蟹譜》二卷，稱怪山傅肱子翼撰。嘉祐四年序。怪山者，越之飛來山也。

《文獻通考》卷二一八《經籍考四五》 《蟹譜》二卷，陳氏曰：稱怪山傅肱子翼撰。嘉祐四年序。怪山者，越之飛來山也。

明 高儒《百川書志·子志四·農家》卷一〇 《蟹譜》一卷，宋怪山傅肱子翼集，凡六十六條，有總論。

明 晁瑮《晁氏寶文堂書目·農圃》卷下 《恠山蟹譜》。

明 陳第《世善堂藏書目録·各家六·農圃》卷下 《蟹譜》二卷，怪山傅肱。

明 祁承爜《澹生堂藏書目·子類第四·牧養》卷八 《蟹譜》一卷，傅肱。《百川學海》本。《山居雜志》本。

明 徐𤊹《徐氏家藏書目》卷三《農圃類》 《蟹譜》二卷，宋傅肱。

清 黄虞稷《千頃堂書目》卷一五《類書類》 《蟹譜》，傅肱。

清 錢曾《錢遵王述古堂藏書目録》卷六《鳥獸》 傅肱《蟹譜》一卷，一本。

清 錢曾《述古堂藏書目》卷四 傅肱《蟹譜》一卷。

(雍正)《浙江通志》卷二四四《經籍四》 《蟹譜》二卷，《書録解題》：怪山傅肱子翼撰。

《續通志》卷一五九《藝文略》 《蟹譜》二卷，宋傅肱撰。

清 曹寅《楝亭書目》卷三《子集》 《蟹譜》，宋怪山傅肱序著二卷，一冊。

清 徐乾學《傳是樓書目》 《禽蟲述酒譜□食譜菌譜野菜譜蟹譜》，一本。

《天禄琳瑯書目》卷九 《蟹譜》九。

《四庫全書總目》卷一一五《子部二五·譜録類》 《蟹譜》二卷。浙江鮑士恭家藏本，宋傅肱撰。

《四庫全書簡明目録》卷一二 《蟹譜》二卷，宋傅肱撰。所録皆蟹之故實，上卷多採舊文，下篇則肱所自記，詮次頗為雅馴。

清 陸漻《佳趣堂書目》 《蟹譜》一卷，傅肱。

清 孫星衍《孫氏祠堂書目》外編卷二 《蟹譜》二卷，宋傅肱撰。

清 陸心源《皕宋樓藏書志·譜録類二》卷五四 《蟹譜》二卷，宋刊本。宋怪山傅肱子翼撰。自序曰【略】。

清 瞿鏞《鐵琴銅劍樓藏書目録》卷一六《子部四・譜録類》《蟹略》四卷，舊鈔本。宋高似孫撰并序。嘉靖十年姑蘇柳僉録本。卷首有黄氏如珽之印，臣存恕勿之諸朱記。

清 周中孚《鄭堂讀書記》卷五一《子部九之下・譜録類二》《蟹譜》二卷，《百川學海》本，宋傅肱撰。

清 丁申、丁丙《八千卷樓書目》卷一二《子部・譜録類》《蟹譜》一卷，宋傅肱撰。抄本。《百川》本。《説郛》本。

清 丁丙《善本書室藏書志》卷一八《子部六・譜録類》《蟹譜》一卷，明華氏刊本，怪山傅肱子翼。

清 陳揆《稽瑞樓書目》《蟹譜》二卷，附。

雜録

元 高德基《平江記事》 吴中蟹味甚佳，而太湖之種差，大殼亦脆軟，世稱湖蟹第一。正月上元，漁人所藏看燈蟹，三四隻重一斤，風味殊勝。故陸龜蒙有《蠏志》，傅子翊作《蟹譜》，高似孫撰《蠏畧》，皆發揮蟹族之風致也。

明 唐順之《荊川稗編》卷七七 傅肱《蟹譜》云：『蟹鶻眼，鱟足，□腦，蜩腹。其介類，拳丁其螯，類執鉞。生於濟鄆者，其色紺紫，産於江南者，其色青白。』真如繪蟹焉，宋以後人，豈能爲此等語乎？

明 楊慎《升庵集》卷八一《蟹圖》 吕亢守臺州命工，作《蟹圖》。【略】此可補《蟹譜》之遺，然《蟹譜》亦甚略，首不引《汲冢書》『海陽巨蟹，其殻專車』，何邪？

明 楊慎《秇林伐山》卷八《蟹字義》 古人製字，皆有義，《説文》亦不能盡也。如『蟹』字，從解，《説文》但云：諧聲而已。《蟹譜》云：蟹之類，隨潮解甲，更生新者。故字從解，又蟹名有望潮者，解甲之徵也。

蟹略

綜述

《四庫全書總目》卷一一五《子部二五・譜録類》 似孫有《剡録》，已著録。是編以傅肱《蟹譜》徵事太略，因別加裒集。卷一曰蟹原、蟹象，卷二曰蟹鄉、蟹具、蟹品、蟹占，卷三曰蟹貢、蟹饌、蟹牒，卷四曰蟹雅、蟹志。賦詠每門之下，分條記載。多取蟹字為目，而系以前人詩句。俞文豹《吹劍録》嘗譏其誤以林逋『草泥行郭索，雲木叫鉤輈』一聯為杜甫詩。今檢卷首郭索傳内信然，殊為失於詳核。又《本草圖經》『蟹生伊洛池澤中』一語，『澤蟹』『洛蟹』條下兩引之，亦為復出。又白居易詩『亥日饒蝦蟹』句，為傅肱譜中所原引，而此書『蝦蟹』條下乃反遺之。其餘編次亦小有疏漏。特其採摭繁富，究為博雅。遺編佚句，所載尤多，視傅譜終為勝之云。

《四庫全書簡明目録》卷一二 以補傅肱之遺，分十二門。曰：蟹原、蟹象、蟹鄉、蟹具、蟹品、蟹占、蟹貢、蟹饌、蟹牒、蟹雅、蟹志。賦詠雖偶有疎舛，而較傅譜爲詳備。

傳記

宋 樓鑰《攻媿集》卷三一《除給事中舉高似孫自代狀》 右臣伏見文林郎、紹興府會稽縣主簿高似孫，夙有俊聲，能傳家學，詞章敏贍，吏道通明，臣今舉以自代。

宋 陳思《兩宋名賢小集》卷三一三 高似孫，字續古，餘姚人。文虎子。淳熙十一年進士，歷官校書郎，守處州。有《疎寮小集》。

宋 佚名《南宋館閣續録》卷八 高似孫，字續古，慶元府鄞縣人。淳熙十一年衛涇榜進士出身，治詩賦。五年十月除，六年二月通判徽州。

著録

宋 陳振孫《直齋書録解題》卷一〇《農家類》 《蟹略》四卷，高似孫續古撰。

《文獻通考》卷二一八《經籍考》 《蟹略》四卷，陳氏曰：高似孫續古撰。

明 陳第《世善堂藏書目録》卷下《農圃》 《蟹略》四卷，高似孫。

《續通志》卷一五九《藝文略》 《蟹略》四卷，宋高似孫撰。

（雍正）《浙江通志》卷二四四《經籍四》 《蟹畧》四卷，《書録解題》：高似孫續古撰。

清 沈初《浙江採集遺書總録庚集·子部·説家類四》 《蟹略》四卷，小山堂寫本。右宋高似孫撰。序云：『余讀傅《蟹譜》，惜其徵録太略，爲加集以廣見聞。』

《四庫全書總目》卷一一五《子部二五·譜録類》 《蟹略》四卷，浙江鮑士恭家藏本，宋高似孫撰。

《四庫全書簡明目録》卷一二 《蟹畧》四卷，宋高似孫撰。

（乾隆）《鄞縣志》卷二一《藝文三》 《蟹略》四卷，《書録解題》：似孫自序曰：余讀傅肱《蟹譜》，惜其徵録太略，爲加集以廣見聞。《四庫全書簡明目録》以補傅肱之遺，分十二門：曰蟹原、蟹象、蟹鄉、蟹具、蟹品、蟹占、蟹貢、蟹饌、蟹牒、蟹雅、蟹志、賦咏。雖偶有踳舛，而較傅譜爲詳。

清 阮元《文選樓藏書記》卷六 《蟹略》四卷。宋知處州高似孫著。鄞縣人。抄本。小山堂收藏。是書詳記蟹類故實、詩文。

清 丁申、丁丙《八千卷樓書目》卷一二《子部·譜録類》 《蟹略》四卷，宋高似孫撰，抄本。

清 瞿鏞《鐵琴銅劍樓藏書目録》卷一六《子部四·譜録類》 《蟹略》四卷，舊抄本。宋高似孫撰並序。嘉靖十年姑蘇柳僉録本，卷首有黄氏如斑之印，臣存恕勿之譜朱記。

清 陳揆《稽瑞樓書目》 《蟹略》四卷，舊鈔，一册。

清 孫之騄《晴川蟹録》卷一《後蟹録》 《蟹畧》四卷。高似孫續古。

雜録

元 高德基《平江記事》 故陸龜蒙有《蟹志》，傅子翊作《蟹譜》，高似孫撰《蟹畧》，皆發揮蟹族之風致也。

清 全祖望《鮚埼亭集》卷四 高學士似孫，詩最工，又有《緯略》《騷略》《蟹略》，晚年居姚江。

（乾隆）《鄞縣志》卷二七 高内翰文虎，作《西湖放生池記》，以鳥獸魚鱉，咸若作禹事。其子踈寮作《蟹略》，以林和靖草泥營，郭索作杜詩，父子皆爲博學强記所誤。《吹劍録》

續蟹譜

清 褚人獲《續蟹譜·序》 予性嗜蟹，讀傅肱《蟹譜》，未免朶頤。既作蟹卦，復隷蟹事，以補傅譜之所未備，名曰《續蟹譜》。毛子序始見之，曰：『如此下酒物，盍公之同好乎？』因付剞劂氏。

清 丁丙《善本書室藏書志》卷一九 《説部新書》十册，舊鈔本。海昌許純醇夫氏手輯。一册【略】褚人獲《蟹譜》。

清 丁申、丁丙《八千卷樓書目》卷一二《子部·譜録類》 《續蟹譜》一卷，國朝褚人獲撰。昭代叢書本。賜硯堂本。

（同治）《蘇州府志》卷一三七 褚人穫《讀史隨筆》《退佳瑣録》《續蟹譜》一卷。

《清續文獻通考》卷二七四《經籍考一八》 《續蟹譜》一卷，褚人穫撰。人穫，字稼軒，江蘇長洲人。

晴川蟹録

綜述

《四庫全書總目》卷一一六《子部二六·譜録類存目》 是編搜採蟹之詩文故實，分譜録、事録、文録、詩録四門，後録又分事典、賦詠、食憲、拾遺四門。餖飣掇拾，冗雜無緒，在晴川八識之中，最為下乘，遠不逮傅肱、高似孫二家書也。

清 周中孚《鄭堂讀書記》卷五一《子部九之下·譜録類二》 《四庫全書》存目。其書分譜録、事録、文録、詩録各一卷。後録分事典、賦詠、食憲、拾遺各一卷。皆謂茲物情暢，厥理趣名，雖述古意，由獨造於養生不為無助，非從嗜奇愛博而已也。然較之傅自翼之譜，高續古之略，則有古今之分矣。前有康熙丙申沈繹祖序，後録冠以自作《序蟹》一篇。

傳記

清 阮元《兩浙輶軒録》卷三《補遺》 孫之騄，字子駿，一字晴川，仁和人。官慶元教諭。

清 周中孚《鄭堂讀書記》卷二《經部二·五經總義類》 之騄，字子晉，號晴川，仁和人。雍正間，官慶元縣教諭。

著録

清 沈繹祖《晴川蟹録·序》 余與子晉孫君誼戚交，尤以文字相好。時已有名，諸生間校藝先登者數矣，然非君好也。君所好者，我自讀書耳，杜門却掃，坐擁羣籍，研精纂要，網羅古今，曩緝二申野録，天人之故洞如也。三秋偶暇，復成《蟹録》四卷，竭茲物情，暢厥理趣，名雖述古，意由獨造，調元養生，不爲無助，豈徒嗜奇，姑一試其雕蟲哉？君以博士徵，韜光不出，復能績學著書，令後世知有孫子。余則嘿嘿漁樵農圃之儔，獨叙是録，從其好也。君其以余爲知言否耶？丙申長至，姻弟沈繹祖拜題。

清 孫之騄《序蟹》 太元一六，爲水類，爲介，爲穴，爲膏。蟹本蟲而穴處者，與披甲而介者，與腹腴而膏者，與坎水中有離，火蟹火質而剛者，與剛故不屈有時而折，蟹殼堅而脆者，與火性炎上而就燥蟹又火燥者，與其智不如龜之骨可鑽也，其廉不如蚓之心自一也。文以介士之容，不足稗身也。借託蛇蟺之穴，弗能久居也。實以膏腴之腹，還供人飽也。第其首必東向，執穗朝魁，似明乎君臣之義，貴賤之等，故君子時有取焉。

《清通志》卷一〇〇《藝文畧》 《晴川蟹録》四卷，《後録》四卷，孫之騄撰。

《清文獻通考》卷二二八《經籍考一八》 《晴川蠏録》四卷，《後録》四卷，孫之騄撰。之騄見經類。

清 沈初《浙江採集遺書總録庚集·子部·説家類四》 《晴川蟹録》四卷，《後蟹録》四卷，刊本。右國朝孫之騄撰。前後録皆四門。凡蟹之故寔與夫食蟹之方、詠蟹之作，靡所不綜焉。

《四庫全書總目》卷一一六《子部二六·譜録類存目》 《晴川蟹録》四卷，《後録》四卷，浙江吴玉墀家藏本，國朝孫之騄撰。之騄所輯《尚書大傳》已著録。

清 金檀《文瑞樓藏書目録》卷五 《晴川蟹録》四卷，仁和孫之騄輯。

清 阮元《文選樓藏書記》卷五 《晴川蟹録》四卷，《後蟹録》四卷。國朝孫之騄著。仁和人。抄本。是書詳載蟹族故實詩文。

清 周中孚《鄭堂讀書記》卷五一《子部九之下·譜録類二》 《晴川蟹録》四卷，《後録》四卷，原刊本，國朝孫之録撰。

清 丁申、丁丙《八千卷樓書目》卷一二《子部·譜録類》 《晴川蟹録》四卷，《後録》四卷，國朝孫之騄撰，刊本。

清 吴仰賢《小匏庵詩話》卷二 仁和孫之騄晴川，著《蟹録》四卷，《後録》三卷，搜羅典故甚博，兼及古今人詩詞。

《清史稿·藝文志三》卷一四七 《晴川蟹録》四卷，《後蟹録》四卷。孫之騄撰。

閩中海錯疏

綜述

《四庫全書總目》卷七〇《史部二六・地理類三》 是書詳誌閩海水族，凡鱗部二卷，共一百六十七種。介部一卷，共九十種，又附非閩產而閩所常有者海粉、燕窩二種。後有自跋，稱將入閩時，太常少卿余公君房曰：狀海錯來。吾征閩、越而通之，因疏以復云云。君房者，余寅之字，與本畯同里，為前輩。書中本畯所附案語，多引四明土產以為證。蓋即征閩、越而通之之意。中間又有注『補疏』二字者，則徐□所續也。其書頗與黃衷《海語》相近，而敘述較備，文亦簡核。惟其詞過略，故徵引不能博贍，舛漏亦所未免。如『鯊魚』一條，《海語》謂鯊有二種。而此書列至十二種，固可稱賅具。然《海語》所謂海鯊、虎頭鯊，常以春晦陟於海山，旬日化而為虎者，此書反遺之。又『海鰌』一條，《海語》謂：『其魚長百里，牡蠣聚族其背。曠歲之積，崇十許丈，鰌負以遊，崪屼水面如山。』其形容最為曲盡。而此但以『移若山嶽』一語概之，殊未明晰。然其辨別名類，一覽了然，頗有益於多識。要亦考地產者所不廢也。

《四庫全書簡明目錄》卷七 所誌閩地水族，凡鱗部一百六十七種，介部九十種，又非閩產而閩所常有者二種。

著錄

明 屠本畯《閩中海錯疏・原序》 夫海物惟錯，職貢齊州，魴鱧之珍，悉登周俎，蓋自古記之矣。不佞，南海產也。水族之繁多，所厭屬載。游晉安，則閩中異味，亦既別其品，彙而膾炙之，顧彼此異同形質，難於睹記，未有列其名於毫素而肖其貌於丹青者。四明屠田叔來叅鹺政，司榷之暇，博採周詢，於凡鱗介之登疋者，彙為一□，而授剞劂。屬不佞序之，不佞愧非茂先博物，焉辨龍鮓鵬毛？獨喜茲□草，損益質文，雋永有味，一披閱，而陸海之珍藏，龍宮之怪異，悉具掌中。奚必從淵客問波臣，而後識大海之所化生蠕動者乎？雖然田叔博雅名家，著述甚富，他不具論。若《夏小正》《太常典錄》皆關國家大要，而定古今得失。不佞因敘此編而併及之。庶好事者知田叔不獨《海錯》一□而已也。萬曆丙申仲春朔，南海周裔先書於三山之正誼堂。

明 屠本畯《閩中海錯疏・序》 夫水族之多莫若魚，而名之異亦莫若魚。物之大莫若魚，而味之美亦莫若魚。多而不可筭數窮推，大則難以尋常量度。是惟海客談之，波臣辨之，習者甘之。否則疑而駭，駭而棄矣。禹奠山川，魚鼈咸若；周登俎豆，魴鱧是珍。海鏡江珧，虎頭龜脚，憑蝦寄蟹，變蛤化梟，奇形異質，總總林林。閩故神仙奧區，天府之國也。並海而東，與浙通波；遵海而南，與廣接壤。其間彼有此無，十而二三耳。記目覩十而四五，不有劄記，曷狀厥形？故異物異名之志，《埤雅》《翼雅》之書，咸載不律於輶軒，遑赫蹏於房奧者也。本畯生長明州，蓋波臣之國，而海客與居，海物惟錯，類能談之。榷鹺餘暇，□為《海錯》三卷，猶以雜物撰德，聞見荒唐。有能搜陸海之珍藏，釋龍宮之膾炙，增損醜徒，釐正形似者，予小子憑藉寵靈，庶斯傳遠矣。萬曆丙申春王正月屠本畯田尗撰。

又《閩中海錯疏・小引》 鹺大夫曰：鱗介之品，山海錯雜。先王以是，任土作貢，貿遷有無，乃立冬官。川衡掌巡川澤之禁令，而平其守，辨其品物，腥臊珍異以為祭祀燕享；奠其庶饈，胾臘燔炙以為鼎俎。餽遺所由來遠矣。畯，鹺丞也。何預海錯？第漢唐司農府隸於冬官，山澤之禁亦所當領，作《海錯疏》。

又《閩中海錯疏・跋》 鹺丞本畯將入閩，分陝使者曰：狀海錯來吾徵閩越而通之。丞入閩，疏鱗介二百有奇以復，且酬客問。分陝使者，今太常卿余君君房也。丙申歲嵩溪三層閣上題。

明 祁承爍《澹生堂藏書目》卷三《史類第一・風土》 《閩中海錯疏》一冊，三卷，屠本畯。官本。小本。

明 徐𤊹《徐氏家藏書目》卷三《農圃類》 《閩中海錯疏》三卷，屠本畯。

清 黃虞稷《千頃堂書目》卷九《食貨類》 屠本畯《閩中海錯

疏》三卷。

又《續通志》卷一五九《藝文略》 《閩中海錯疏》三卷，明屠本畯撰。

《續文獻通考》卷一八一《經籍考》 屠本畯《閩中海錯疏》三卷，本畯見雜家類。

（雍正）《浙江通志》卷二四四《經籍四》 《閩中海錯疏》三卷，《黄氏書目》：屠本略著。

清 曹寅《楝亭書目》卷三《子集》 《閩中海錯志》，明屠本畯疏，三卷，一冊。

《四庫全書總目》卷七〇《史部二六・地理類三》 《閩中海錯疏》三卷，浙閩總督採進本，明屠本畯本撰。

《四庫全書簡明目録》卷七 《閩中海錯疏》三卷，明屠本畯撰。

清 沈德壽《抱經樓藏書志》卷二八《地理類五》 《閩中海錯疏》三卷，鈔本。明屠本畯疏并按徐□補疏。屠本畯序，萬曆丙申。

清 丁申、丁丙《八千卷樓書目》卷一二《子部・譜録類》 《閩中海錯疏》三卷，明屠本峻撰，《藝海珠塵》本。

（乾隆）《鄞縣志》卷二一《藝文三》 屠本畯【略】《閩中海錯疏》三卷。《四庫全書簡明目録》誌：閩地水族凡鱗部一百六十七種，介部九十種，又非閩產而閩所常有者二種。

清 陳揆《稽瑞樓書目》 《閩中海錯疏》三卷，屠本畯，一冊。

清 張之洞《書目答問》卷二《史部・地理第十》 《閩中海錯疏》三卷。明屠本畯。珠塵本。學津本。

《清續文獻通考》卷二七〇《經籍考一四》 《閩中海錯疏》三卷，明屠本畯。

雜録

昔東坡以江珧柱為蟹類，論者嘆博洽之難。閩，故海區也。海物惟錯，前明屠田叔以鹺丞宦是邦，類族辨物，作《海錯疏》三卷，《附録》二種，若名，若味，若品，若用。詳哉！其言之也，《周官・識小》《爾雅・博物》二者兼之矣。【略】甲子秋日琴川張海鵬識。

海味索隱

著録

明 屠本畯《海味索隱・序》 張將軍九岐先生者，元戎觀甫之尊公也。博物洽聞，猶嗜著述。嘗游蛟川、滃州、小白華諸境而食海味，隨筆作贊頌銘解十六品。此品傳而睹其品者，足慰名飲；誦其文者，良深雋永。增四明海錯一段，奇事矣。第鰉魚、青鯽、澮菜、黄蛤、鯊，無雄蟹郭索之類，或信訛傳，或未詳考，或評騭稍嚴，或賞譽差隆。不佞因而索隱於條下，政恐失眞，故為訂訛也。然蘇長公以江瑤柱為蟹類，皆信訛傳，則何異張將軍之以黄魚為鰉，青瘠為鯽乎？唐詩云：海味惟甘久住人。不但於味，即其名亦久習，人方得不訛耳。不佞宦游閩中，著《海錯通譜》，今十六品出，而余瞠乎其後矣。

清 黄虞稷《千頃堂書目》卷九《食貨類》 張九岐《海味索隱》一卷。

清 萬斯同《明史》卷一三四《藝文志二》 張九峻《海味索隱》一卷。

（雍正）《浙江通志》卷二五四《經籍》 《海味索隱》一卷。《續説郛》：屠本畯撰。

（乾隆）《鄞縣志》卷二一《藝文三》 屠本畯【略】《海味索隱》一卷，《續説郛》。

雜録

往嘗見《海味索隱》一編，田叔因張九峻所著，贊頌銘解，而訂其訛，如淡菜、黄蛆、鯊，無雄蟹、郭索之類，俱為改正。其即是徧之嚆矢歟！惜集隘不能偏登，以供同嗜，然麟脯龍醢嘗鼎已足，而謂觖望於一臠，其然也耶。甲子秋日琴川張海鵬識。

海錯百一録

《清續文獻通考·經籍考一一》卷二六七　柏蒼，字蒹秋，福建侯官人。道光庚子舉人，官主事。

清　郭柏蒼《海錯百一録·原序》　閩海濱人於海族有終身未見未聞者，飛潛動植，陸之所產，海多有之。稍異其狀而大焉，狀同矣而名異，名與狀皆同而作用又異。蓋水有鹹淡之殊，復有潮汐往來清濁溷雜之別。綱罟弗及，得盡其天年。前後數千載，海族將愈不可量矣。説者遂因而無稽之。蒼海濱人，以數十年所見者，證之老漁。老漁所見者，粗細必記不厭其鄙，又以老漁所聞者，證之諸書。諸書同亦録之。存其名備其説，使音與義合。其因音訛而訓背者，皆從刪。閩惟福州，福甯音同，其他彼此行，越宿則喁喁然，不知所謂。豈但浙粵人不辨閩語，閩人且不辨閩語。故一物恆數名，一物且數志，有見其物不知其名，有詢其名忽悟其物。記載之書如《三山志》《八閩通志》《閩書》，或紀全閩，或紀一郡，焉能獨詳物產？即王世懋《閩部疏》、屠本畯《海錯疏》，非閩人又焉能盡通閩產？且講求筆法，俚鄙之言，不入捃摭。故其為書，亦復有限且習者多同，異者各別。否則，異者愈異，而習者忽矣。古人多識於鳥獸草木之名，曰多識，則不拘細大矣。《周禮》：『覆夭鳥之巢』、『驅水蟲』、『去鼃黽』、『焚牡鞠』，若於政體無關，紀其大不遺其細者，乃備物致用於無極之意也。凡物命名之始，必有取義，義之從同者眾，乃共稱久之。舍其義以葉音，求其雅以免俗，眾人所共知共聞者，書不之載。所不知不聞者，乃鑿鑿焉。就一人口□之好，而稱美之；因其物氣味之偏，而抑置之。援引多端，覽者莫得確據，而於物類之性，烹調之法，則闕焉，閱者復何所取？蒼少壯時，覺海物壓市，近粵人設食館烹鮮，則取其豐腴，而棄其咀嚼，貨者多歸焉。城市不得美品，瀕海各澳，輪舟來往，轟擊不甯，小魚且遠遁，漁利不及昔時十之二三矣。池館深寂，録成五卷。記漁、記魚、記介、記殼石、記蟲、記鹽、記菜，皆以閩語為目而釋之。末附記海鳥、海獸、海草，雖稍違海錯之例，然亦不越閩海以求博異，閒有以他事隨筆附入者，欲以一知半解告人，不免畫蛇添足之誚云爾。光緒丙戌秋日，郭柏蒼序於閩山柳湄小榭。

記海錯

傳記

清　桂文燦《經學博採録》卷八　郝户部懿行，字恂九，號蘭皋，山東棲霞縣人也。嘉慶己未進士，官户部主事。户部爲人恂恂謙退，呐若不出口，然自守廉介，不輕與人晉接。遇非素知者，或相對竟日無一語。談論經義，則喋喋忘倦。所居四壁蕭然，庭院蓬蒿常滿，僮僕不備，户部處之晏如。浮沈郎署，視官之榮悴，若無與於已者，而一肆力於著述。所著書有《爾雅義疏》十九卷，《春秋説略》十二卷，《春秋比》一卷，《山海經箋疏》十八卷，《竹書紀年校正》二卷，《晉宋書故》一卷，《宋瑣語》二十篇，補《宋書》刑法志、食貨志各一篇，《荀子補注》二卷，《雜問》一卷，《記海錯》一卷，《燕子春秋》一卷，《蜂衙小記》一卷，《通俗文疏證》《通姓録》《晉文鈔》《曬書堂雜文》《雜記》各若干卷。户部嘗曰：《爾雅》邵氏正義，蒐輯較廣，然聲音訓詁之原，尚多壅閡，故鮮發明，今余作義疏，於字借聲轉處，詞繁不殺，殆欲明其所以然。然言之既多有所得，必有所失矣。又曰：余田居多載，遇草木蟲魚有弗知者，必詢其名，詳察其形，考之古書，以徵其然否。今茲疏中，其異於舊説者，皆經目驗，非憑胸臆，此余書所以别乎邵氏也。户部之於《爾雅》用力最久，稿凡數易，垂歿而後成。於故訓同異，名物疑似，必詳加辨論，故所造較邵氏為深。文燦嘗聞之，陳先生曰：澧少時，聞林月亭、曾勉士兩學正，並言郝氏《爾雅義疏》原稿，所説通轉，甚爲詳備。道光初，阮太傅曾攜至粵，兩學正并見之。至刊《皇清經解》時，嚴厚民上舍概行刪之。咸豐初，海州陳碩甫明經，别刊郝疏單行之本，仍依《皇清經解》本刻之，惟咸豐六年，揚至堂河帥以增刊，單行郝疏於蘇州，悉依郝氏原文，較嚴氏刪本尚多十之二云。《春秋説略》序例謂：説《春秋》者，不得妄生褒貶，《春秋》直書其事，褒貶自見。又謂，《春秋》

皆以實録，多一字少一字，皆事實如此，非聖人意為增減。蓋亦户部得意之作也。《山海經》《竹書紀年》傳習者希，每為後人羼亂，户部於《山海經》援引各籍，正名辨物，訂其譌謬。於《紀年》，則據唐以前書所引，比附校勘，使秩然就緒，殆昌黎韓氏所謂味於眾人之所不味者。己亥之歲，户部以養疴，輟《爾雅》業，瀏覽晉宋史書，撰書故瑣言補志，又鈔晉文百數十首，謂王右軍虛談廢務，浮文妨要，二語切中當時之弊。所鈔屏黜虛浮，一以切實為主。其自作雜文，亦出入漢魏晉宋之間。雜記數衷，旁徵稗說，間採時事，意主勸戒，似其鄉漁洋山人雜著，其參稽古訓，正荀子楊注之誤。靜觀物態，作《燕子春秋》《蜂衙小記》，皆本《說雅》緒餘。而《記海錯》一册，尤足以補證《禹貢疏》。此户部著作之大凡也。户部淹抑郎署二十七年，貧病相侵，道光乙酉竟卒於官。户部繼配宜人王氏，名照圓，字瑞玉，號婉佺，博涉經史，撰《列女傳補注》《列仙傳校正》《詩經小記》。户部卒後，輯其遺書，以求彰顯於世，是亦可尚異者也。吾粵高要馮展雲學士提學山東，訪户部之遺書，捆載京師，以貽同好。又以户部之文孫，充儒學生，其扶微拯墜，殷殷若恐不及，文燦從學士篋中盡讀户部遺書，而略述之如此。

清　胡培翬《研六室文鈔》卷一〇《郝蘭皋先生墓表》　昔人有云：搢紳道行，祿利然也。自漢迄今，士之騖於學者，多以譁衆取寵已耳。當其射策決科時，六藝且不能究厥旨。矧既入仕途，尚安有矻矻其中者乎？乃若顓意纂述，謝卻寵榮，終其身窮困，老死而不悔，非至篤好，曷爲若此？棲霞郝蘭皋先生，以嘉慶己未成進士，官户部主事。余初至都，聞先生名譪焉。其後遂常往還，時先生方治《爾雅疏》，有所得必以相咨。先生爲人恂恂謙退，呐若不出口，然自守介，不輕與人晉接，遇非素知者，或相對竟日無一語。惟談論經義，則喋喋忘倦。所居四壁蕭然，庭院蓬蒿常滿，僮僕不備，先生處之晏如。浮沈郎署二十七年，視官之榮悴，若無與於己者。而惟一肆其力於著述，所著書有《爾雅義疏》十九卷，《春秋說略》十二卷，《春秋比》一卷，《山海經箋疏》十八卷，《竹書紀年校正》二卷，《晉宋書故》一卷，《宋瑣語》二十篇，補《宋書》刑法志、食貨志各一篇，《荀子補注》二卷，《雜問》一卷，《記海錯》一卷，《燕子春秋》一卷，《蜂衙小記》一卷，《通俗文疏證》若干卷，《通姓録》若干卷，《晉文鈔》若干卷，《曬書堂雜文雜記》若干卷。先生嘗曰：《爾雅》邵氏正義，蒐輯較廣，然聲音訓詁之原，尚多壅閡，故鮮發明。今余作義疏，於字借聲轉處，詞繁不殺，殆欲明其所以然。然言之既多有所得，必有所失矣。又曰：余田居多載，遇草木蟲魚，有弗知者，必詢其名，詳察其形，考之古書，以徵其然否。今茲疏中，其異於舊說者，皆經目驗，非憑胸肊。此余書所以別乎邵氏也。先生之於《爾雅》用力最久，藁凡數易，垂殁而後成。於故訓同異，名物疑似，必詳加辨斷，故所造較邵氏《正義》爲深。《春秋說畧》敘例謂：說《春秋》者不得妄生褒貶，《春秋》直書其事，褒貶自見。又謂：《春秋》皆實録，多一字少一字，皆事實如此，非聖人意爲增減。蓋亦先生得意之作也。《山海經》《竹書紀年》傳習者希，每爲後人羼亂，先生於《山海經》援引各籍，正名辨物，訂其譌謬。於《紀年》，則據唐以前書所引，比附校勘，使秩然就緒，殆昌黎韓氏所謂味於衆人之所不味者。乙亥之歲，先生以養疴輟《爾雅》業，瀏覽晉宋史書，撰《書故》《瑣語》補志，又鈔晉文百數十首，謂王右軍虛談廢務，浮文妨要，二語切中當時之弊。所鈔屏黜虛浮，一以切實爲主，其自作雜文，亦出入漢魏晉宋之間。雜記數衷，旁徵《稗說》，間採時事，意主勸戒，似其鄉漁洋山人雜著。其參稽古訓，正荀子、楊注之誤。靜觀物態，作《燕子春秋》《蜂衙》諸記，皆本《說雅》緒餘。而《記海錯》一冊，尤足補證《禹貢疏》。此先生著作之大凡也。先生淹抑户曹，未遷一官，貧病相侵，尋以徂逝。而其同歲生用，部屬起家，持節鉞於外者比比。人或以是爲先生惜，又或咎先生不習吏事，仰屋著書，以故無表建於世，是殆不然。丈夫之仕也，固宜乘時樹績，俾朝廷收用人之效，然亦視位之得爲與其性情才力何如耳？若不自顧度而冒進，矯拂以爲之必陁。先生勤勤斷簡中，整齊蠹剔，明古義以詔來者，其益於世甚大。設令舍其所業，抱牘以馳，吾未知其建立何如。其官之升沈未可知，而其不能著作繁富以傳於後，則固有斷然者。由是觀之，先生未爲失已。先生諱懿行，字恂九，蘭皋其號也。道光乙酉卒於官。其孤雲鵠歸葬於金鈎山，原友人牟庭誌其墓，今其孤以華表之文來屬余。余交於先生久，頗悉其意趣，如先生者浸淫故訓始之，非以祿利勸。繼之不以仕宦紛其，於書眞性命依之。蓋當世篤學君子所撰著，何可無紀。乃爲撮其大指，詮次如右，使歸而揭諸石。至其生平行事及世系已見牟君誌者，不具録。先生繼配宜人王氏，名圓照，字瑞玉，號婉佺，博涉經史，撰《列女傳補注》《列仙傳校正》《詩經小記》。先生卒後，輯其遺書，以求彰顯於世，是亦不可無傳者，爰附及焉。

著録

清　郝懿行《記海錯・王善實序》　農部郝君恂九，自幼窮經，老而益篤，日屈身於打錯頭小屋，孜孜不輟。有餘閒《記海錯》一冊，舉鄉里之稱名，證以古書，而得其貫通，刻畫其形，亦逼肖也。吾將持此冊以語東海波臣，意必有揚□鼓鬣，喜其徵實，不誣者乎？第恐枯魚過河而泣曰：寧與若相忘於江湖也。甲戌臘日，王善實題於湖南官署。

清　郝懿行《記海錯・序》　海錯者，《禹貢》圖中物也。故書雅記，厥類實繁。古人言矣而不必見，今人見矣而不能言。余家近海，習於海久，所見海族，亦孔之多。遊子思鄉，興言記之。所見不具録，録其資攷證者。庶補《禹貢》疏之闕略焉。時嘉慶丁卯戊辰書。

清　丁申、丁丙《八千卷樓書目》卷一二《子部・譜録類》　《記海錯》一卷，國朝郝懿行撰，《郝氏全書》本。

《清續文獻通考》卷二七四《經籍考一八》　《記海錯》一卷，郝懿行撰。

《清史稿》卷一四七《藝文志三》　《記海錯》一卷，郝懿行撰。

然犀志

傳記

清　丁紹儀《國朝詞綜補》卷一四　李調元，字雨村，綿州人。乾隆二十八年進士，官通永道。有《童山詩文集》附詞。

清　張維屏《國朝詩人徵略》卷四〇　李調元，字雨村，四川緜州人。乾隆二十八年進士，官兵備道。有《童山詩集》。雨村觀察襟懷瀟灑，跌宕不羈，家藏書多至萬卷。嘗輯《函海》一書，卷帙繁富。又愛才若渴，撰《雨村詩話》，人有一聯片語之佳者，輒採而録之。《聽松廬文鈔》

著録

清　李調元《然犀志・序》　水族之適用惟魚，而魚之類不一。江淮河漢之魚，尚可約指，而海中之魚之衆，則尤瑣屑而難名。余視學粵東，遍至其地，如廣、惠、潮、高、雷、廉、瓊，半皆濱海，以故供食饌者惟魚爲先，而其中奇奇怪怪，令人瞠目而不下箸者，指不勝屈。以是博採方言，按諸山海地誌，一一精細備載。每得一物，即誌其形狀，考其出處，即非魚類如介蟲之屬，亦附於魚之族。日久所得，裒然成編。以其皆鱗介之物，故以『然犀』名之，聊以遮掛一漏萬之譏，非如溫嶠之必欲照見幽潛也。余曾有《南越筆記》，靡不收入，而又別爲此編者，以粵中之魚較多他處也云爾。己亥冬十月，羅江李調元雨村撰。

清　丁申、丁丙《八千卷樓書目》卷一二《子部・譜録類》　《然犀志》二卷，國朝李調元撰，《函海》本。

《清續文獻通考》卷二七〇《經籍考一四》　《函海》四十函，八百五十卷。李調元編。調元見《經部・易類》。第二十八函制：《然犀志》二卷。

漁談

清　郭欽華《漁談・序》　不佞居東海之濱，食魚於海國，自當習漁。第漁者志在得魚，魚之外奈何有？談則樵父之問對，牧子之倡和而已。其間上下古今，飜復名理，山澤而俄指廊廟；垂綸而敢於秉鉞。散蔓無倫，放言自恣，要皆自暢其勃勃欲吐之意。總之，無當乎先民之詢。故幼嘗漁於龍門，渤海，壯則漁於丙穴、湘沅，今且老矣，歸而漁於具區、震澤、鴛鴦、明聖之間。興至而鳴其天籟，夢醒而攄其性靈。罷釣而語，撥缶而呼，滄浪之歌，不意人有心之聽。乃有歷歷紀子之談而質之予者，予瞪目眂之曰，惡乎談？惡乎不談？君其問諸水濱，毋更爲乃公饒舌。東海漁人郭欽華、張虛甫書於天竺逕邊釣鰲磯上。

清　郭欽華《漁談·沈楙悳跋》　賴古堂藏書，慧樓先生僅見其半，已採旅書，強聒録冰書，入叢書別編，而《漁談》迄不可得。先生殁後，文孫肇初始於吴門，顧湘舟案頭，覩藏書全本，因得録副。會余商易先生所輯，有與山來丙集相重者數種。肇初遂以此帙與《恒産瑣言》《裨海紀遊》共三種，屬余補入續編，所以承先志也。《漁談》上下古今，翻復名理，奇剏透闢，非復老生常談。快讀數過，眞不啻背癢得爬搔矣。癸巳初夏吴江沈楙悳識。

清　丁申、丁丙《八千卷樓書目》卷一二《子部·雜家類》　《漁談》一卷，國朝郭欽華撰。昭代叢書本。

續天隨子漁具咏

清　劉步蟾《續天隨子漁具咏·序》　《天隨子漁具詠》十五篇備矣。粵濱海，蛋人衣食於魚，其具尤異，載之《廣語》者：罛有『朋』，有『公佬』，有『墻』；釣有『兄弟』、『細釣』；罾有『門』；取鯉以『牌』，□以槍，香魚以『鐙』；摘涂以『涂跳』；白以跳之，箔以塞之，籠以扣之；筐脫其底，艇鑿其艙。多皮、陸所未知也。為十五題續之。

中國漁業史

清　沈同芳《漁業歷史序目》　漁業在中國開化最早，結繩爲網罟，以至歔人設官漁政，漁法燦然以備，此爲一時代。秦皇專制，累代仍之。農工商實業苟且，簡陋衣食，是是亦足矣。士夫之流則且睥睨之，曰：是農也，工也，商也。漁之名號，或僅爲文學士所寄託，佃漁古制不絕蓋如縷。繇秦迄明，數千年間，大都無甚興革，此又一時代。明代海彊有事，談海防者始計及編漁戶之法。國朝因之，瀕海各省，仿設漁團，經始於左文襄任兩江總督時。而劉忠誠奉命督師榆關，亦亟亟以各省籌辦漁團爲請，略言漁戶熟諳風濤紗綫，膂力過人，前明海盜汪直、徐海之黨多出其中。我朝名將李長庚、王得祿之屬亦出其中。一轉移間，利害已判。有詔沿海各督撫，實力籌辦，漁業之干涉政界自明已然，此又一時代。夫中國沿海七省爲水産所饒，江蘇居七省之中，互市又最早。季直同年愳實業之失墜也，剏十數公司以爲農工商所有事，罔非士夫所有事也。而漁業一途更或農工商所弗屑弗潔。季直視之，亦士夫所有事也。

歲乙巳，商部據所條陳者聞於朝，既報可矣。顧以余所聞中國漁業舊歷史，蓋如彼；他日水産校、傳習所之更相研究，且將以得諸實驗者爲新歷史之嚆矢。然則是編又奚爲者？固以見我國漁業開化之早，而中國語言文字不能劃一，語言與語言又不能劃一，則不得不取某書某志，一一條注，其所自出，以見實業界亦非學無以發明，且恐同種異名，紛見沓出，將以資傳習者之考證，非侈博也。

抑余聞日本明治二十二年，東京始設水産會及傳習所，提倡教育水産之學。逾年開會，始有水産館名目，嗣後增築黌舍，擴增教務，又官設水産學習所，農商務省助其費。三十三年，定入學程度，分設學科，三年卒業。又卒業生入現業科練習實業一年，又入研究科學理三年，方畢在學之業。又定遠洋漁業練習所，分科有九，每科分目十餘類以爲課程，亦三年卒業。蓋十數年間，即漁業一端致力已如此。其瘁然則漁業者士夫所有事，而又不僅士夫所有事也。而勿之事也，嗟夫！武進沈同芳。

前代漁史總論第一

漁界總論第二

漁業公司第三

漁會之附屬及章程

漁校商船校之組合

漁業設官第四

漁撈第五

漁具　漁船之種別　漁網之種別　捕撈法之種別　漁時　附甯波漁時海産表　魚産地及名稱　海洋魚産之種別　江湖河池魚産之種別

相貝經

著録

《舊唐書》卷四七《經籍志下》 《相貝經》一卷。

《新唐書》卷五九《藝文志三》 《相貝經》一卷。

《通志》卷六六《藝文略第四》 《相貝經》一卷。

宋 陳振孫《直齋書録解題》卷一二《形法類》 《相貝經》一卷，不知作者。

《文獻通考》二二〇《經籍考四七》 《相貝經》一卷，陳氏曰：不知作者。

《宋史》卷二〇六《藝文志五》 《相貝經》一卷，並不知作者。

明 陳第《世善堂藏書目録》卷下《各家六・形相風鑑》 《相貝經》一卷。

明 焦循《國史經籍志》卷三《史類・貨寶》 《相貝經》一卷，嚴助。

《續通志》卷一六四《校讎略》 《相貝經》一卷。陳振孫曰：唐志著録相牛馬諸書，是猶薄有關於農者，至於《錢譜》《相貝》《鷹鶴》之於農何與焉？焦竑曰：《錢譜》《相貝經》入農非，改食貨。

（雍正）《浙江通志》卷二四四《經籍四》 《相貝經》一卷，《七録》：嚴助撰。

清 沈炳震《唐書合鈔》卷七四《經籍志三》 《相貝經》一卷。

（同治）《蘇州府志》卷一三六《藝文一》 朱仲《相貝經》一卷。

清 羅士琳《舊唐書校勘記》卷二九 《相貝經》一卷，新志亦無撰人姓名。

清 佚名《唐書藝文志注》卷三 《相貝經》一卷，《隋志》五行類：梁有《相貝經》二卷亡，或以為嚴助，或以為朱仲。序見《類聚》，文見宋本《意林》第六卷。

雜録

明 楊慎《升庵集》卷七二《相貝經》 馬總《意林》引《相貝經》，不著作者。讀《初學記》始知為嚴助作。漢有《博物記》，非張華《博物志》也。周公謹云不知誰著。考《後漢書・注》，始知《博物記》為唐蒙作。《水經》引《南中行紀》，亦不出姓氏，考嵇含《南方草木狀》，始知陸賈作《南中行紀》，乃知前人或略，後或有考焉。未可遽付之不知也。

明 胡應麟《少室山房筆叢・甲部丹鉛新録一》（古書不知名考） 馬總《意林》引《相貝經》不著作者。讀《初學記》始知為嚴助作。漢有《博物記》，非張華《博物志》也。周公謹云，不知誰著，考後漢注始知《博物記》為唐蒙作。《水經》引《南中行紀》，亦不出姓氏。考稽含《南方草木狀》，始知陸賈作。《南中行紀》乃知前人或略，後或有考焉。未可遽付之不知也。

按：嚴助、唐蒙、陸賈，俱西京人。楊所引之書，班志並無其目，且其體非西京所有。蓋如《神異經》《十洲記》之屬，大抵六朝贋作者。此種自是一家學問，若阮孝緒、馬端臨諸人，庶得其要領，用修故未了然，難罄論也。隋志有《張公雜記》注云：似《博物志》，而《廣記》引《博物記》有魏宮人事，蓋漢注即引此書。

《相貝經》乃朱仲上嚴助者，諸書罕載，僅見《緯略》云：師曠有《禽經》，浮丘公有《鶴經》，雖相畜亦有《牛經》《馬經》《狗經》，下至蟲魚，有《龜經》《魚經》，唯朱仲所傳《貝經》怪奇，今録於此。朱仲受經於琴高，嚴助為會稽太守，仲遺之以徑尺之貝，并致《貝經》曰：皇帝唐堯夏禹三代之貞瑞，靈奇之秘寶。其有次此者，貝盈尺，狀如赤電黑雲，謂之紫貝；素質紅黑，謂之朱貝；青地緑文，謂之綬貝；黑文黄蓋，謂之霞貝；紫愈疾，朱明目，綬清氣障，霞伏蛆蟲。雖不能延齡增壽，其禦害一也。復又下此者，鷹喙蟬脊以逐温，去水無奇功。貝大者如輪，文王得大秦貝，徑半尋，穆王得其殼，懸於觀，秦穆公以遺燕鼂，可以明目遠察，宜玉宜金。南海貝如珠礫或白駮，其性寒，其味甘，止水毒。浮貝使人寡，無以近婦人，黑白各半是也。濯貝使人善驚，無以親童子，黄脣點齒，有赤駮是也。雖貝使病瘧，黑鼻無支是也。□貝使胎消，勿以示孕婦，赤帶通脊是也。慧貝使人善忘，勿以近人，赤熾内殼赤絡是也。醬貝使童子愚、女人淫，有青脣赤鼻是也。碧貝使童子盜，脊上有縷句脣是也。雨則重，霽則輕委貝，使人志彊夜行伏，迷鬼狼豹百獸，赤中圓是也。雨則輕，霽則重。此文奇甚，故録之。楊以為『嚴』作『繆』矣。

《初學記》『蟲魚類』，無月屬；『寶玉類』，亦無之。考《秇文類聚》，乃有之不列於蟲魚，而列於寶玉。其朱仲一篇，正與《緯略》大同，用修蓋誤憶《秇文》為《初學》也。

明 顧起元《説略》卷一四 陳氏書曰：《相貝經》未詳何書。《緯略》云：師曠有《禽經》，浮丘伯《相鶴經》，雖六畜亦有《牛經》《馬經》《狗經》，下至蟲魚有《龜經》《魚經》，唯朱仲所傳《貝經》怪奇，豈即《相貝經》歟？或迷其名類而謂相也。

清 章學誠《文史通義·内篇一》 他若陸氏《茶經》，張氏《棋經》，酒則有《甘露經》，貨則有《相貝經》，是乃以文為諧，戲本無當於著録之收。譬猶毛穎可以為傳，蟹之可以為志，琴之可以為史，荔枝、牡丹之可以為譜耳。此皆若有若無，不足議也。

清 姚振宗《漢書藝文志拾補·數術略第五》卷五 嚴助《相貝經》二卷。《漢書》本傳：助，會稽吳人，嚴夫子子也。張晏曰：夫子，嚴忌也。或曰：族家子也。郡舉賢良對策，武帝擢為中大夫，後拜為會稽太守。三年計最，因留為侍中，有奇異，輒使為文，及作賦頌數十篇。坐與淮南王交私，棄市。

《藝文類聚》『寶玉部相貝經』曰：《相貝經》，朱仲受之於琴高，琴高乘魚，浮於海，河水產必究，仲學仙於高，而得其法。又獻珠於漢武，去，不知所之。嚴助為會稽太守，仲又出遺助，以徑尺之貝並致此文於助云云。《列仙傳》曰：朱仲稽市販珠人，高后時，募三寸珠，乃詣闕，上之珠好過度，賜五百金。魯元公主私以七百金從仲求珠，仲獻四寸之珠。琴高，趙人，亦見《列仙傳》，此所引《相貝經》，似後人序文，非嚴助手筆也。

《説文》：貝，海介蟲也。居陸名猋，在水名蜬。象形，古者貨貝，而寶龜至。周而有泉，至秦廢貝行錢，《隋志》『子部五行家』：梁有《相貝經》二卷，亡。《唐經籍志》『農家』：《相貝經》一卷，《藝文志》同。

楊慎《丹鉛總録》曰：馬總《意林》引《相貝經》，不著作者。讀《初學記》始知為嚴助作。

按《隋唐志》載：《相貝經》，不著撰人。宋本《意林》第六卷有《相貝經》一卷，題曰：琴高嚴氏。可均校補《意林》闕目，有《貝書》十卷，不著名氏。陶宗儀《説郛》云：《相貝經》，朱仲撰。汪師韓《文選注》引群書目録云：《相貝經》嚴助撰，見《初學記》。今按《初學記》『居處部』引嚴助《相兒經》曰：堯懸貝轂於塢宮，『兒』蓋『貝』之寫誤，貝之為物，上古三代以為貨幣。又以為藥物，為器具，珍飾其用至廣。其書自周秦時有之，不始於嚴助，此特助所校録，亦不出於助。觀《初學記》所引序可知矣。《漢武故事》云：上少好學，招求天下遺書，親自省校，使莊助、司馬相如等以類分別之。則此為助校書時所傳，益信，今姑從《初學記》題嚴助姓名。其佚文選注及《初學記》所引率不過一二語，《御覽》『鱗介部』引二條，《藝文類聚》引凡三百餘言，最為詳悉云。

清 姚振宗《隋書經籍志考證》卷三六《子部一三·五行家》 梁有《相貝經》二卷，亡。

不著撰人。

《説文》：貝，海介蟲也。居陸名猋，在水名蜬，象形，古者貨貝而寶龜。至周而有泉，至秦廢貝行錢。

《宋書·符瑞志》：大貝，王者不貪，財寶則出。

《藝文類聚》『寶玉部·相貝經』曰：《相貝經》朱仲受之於琴高，琴高乘魚浮於海河，水產必究，仲學仙於高，而得其法。又獻珠於漢武，去，不知所之。嚴助爲會稽太守，仲又出遺助以經尺之貝，并致此文於助云云。案：琴高，趙人。朱仲，會稽人，並漢初人。見《列仙傳》，此所引爲《相貝經》之序。

《唐書·經籍志·農家》：《相貝經》一卷，《藝文志》同。

陳氏《書録解題·形法類》：《相貝經》一卷，不知作者。《宋志·五行家》同。

明楊慎《丹鉛總録》曰：馬總《意林》引《相貝經》，不著作者。讀《初學記》始知為嚴助作。案：見《初學記》『居處部』。

按《隋唐志》載《相貝經》不著撰人。宋本《意林》第六卷有《相貝經》一卷，題曰：琴高似孫《子略》鈔《意林》目録作《貝書》十卷，不著名氏。陶宗儀《説郛》云：朱仲撰。汪氏《文選注》引目録云：嚴助撰。按：貝之為物，上古三代以為貨幣。又以為藥物、為器具、為珍飾，其用至廣。其書自周秦時已有之，不始於琴高、朱仲，亦不始於嚴助，特為助所校録。觀《藝文類聚》所引序從，可知矣。《漢武故事》云：上少好學，招求天下遺書，親自省校。使莊助、司馬相如等以類分別之，則此爲助校書時所傳良信，其撰人則終不可考，其佚文《初學記》《文選注》所引，率不過一二語。《御覽》『鱗介部』引凡二條，《藝文類聚》所引凡三百餘言，最為詳悉，《説郛》則有録無書。

鮝經

清　陸心源《皕宋樓藏書志》《鮝經》提要　《鮝經》一卷，《靜觀書舍藏書目》清臨海王克恭撰。亦余重訂，有自序、自跋未梓。經者，常道也，鮝一食物耳，以經系鮝，褻矣，非然也。觀夫鱉、蟹、蠃、蚌，易傳經紀其明文，鮮挺薨商曲，禮經綸其祭品，考口入籩人之掌備口，夫鯉魚（三個魚）薨腒鱔。讀《尚書·禹貢》之篇，細及夫珠魚、糯柚土物心臧，乃供上貢理當然也。敝地居民世守其業，專心致志，用以起家，東經杭紹北貨京都，果時地之無差，自珍饈之足貴，近多簡略率足亂真，蓋自匪徒竄擾，陵穀變遷，地是人非，名存實異，資本既以消亡手法於焉。疏失實多贋鼎俱是假，王觚而不觚睹物於以興嗟，去羊存羊愛禮冀乎？復古恭久病思啓用述斯編，存老成之典型。反舊章於司隸，讀是編者知此爲務本，反經之説而非忘本不經之談也，況一物不知，爲儒者之大恥乎？光緒十二年十月二十九日，東洋王克恭自序。

清　王克恭《鮝經·跋》　余素不嗜鮝即偶用之，亦了不留心，非所好也。丙戌臥病閲月，凡一切嗜好之物悉皆摒除。醫生云：惟薄粥淡鮝可用，因即覓得數片，皆苦（齒咸）硬不可口，非復昔時之甘滑香脆也。詢其故，云：自毛匪擾后，世是業者皆非死則徙，非復昔時章程也。迄今又三十余年矣。噫！一枝之微尚且失傳，弓冶之義究竟安在？慨夫五經之傳也，而樂經亡周官之傳也，而冬官失鉆龜之法無存，占夢之書亦絕欲其存而勿失焉。可闕而不補乎？是亦後人之責也，因綴少壯時之見聞，集漁師之衆注《鮝經》一卷。計若於干則亦欲人之衛，其生而恒業云爾

飲食與加工類農書部

食珍録

綜述

唐 李商隱《李義山文集》卷四《太尉衛公會昌一品集序代桂府滎陽公》 何曾之食既去，虞悰之鮓方嘗。憂其厚味，有爽和氣；肴藪無任，琴鶴有餘。

宋 黄震《古今紀要》卷六 虞悰，以武帝布衣之交，至侍中，家富善滋味，大官不及，上醉不快，獻醒酒鯖鮓一方而已。

宋 葉廷珪《海録碎事》卷六 醒酒鯖：虞悰獻齊武醒酒鯖鮓方。

明 彭大翼《山堂肆考》卷一一六 雜肴獻君：世祖幸芳林園，就侍中虞悰求扁米柵，虞獻柵及雜肴數十。轝大官鼎味不及也。上就虞求諸飲食方，虞秘不肯出。上醉後體不快，虞乃獻醒酒鯖鮓一方而已。

清 胡世安《異魚圖贊補》卷下 八月則蛻而形浸大，秋冬之交，稻粱已足，各腹芒走江俗呼樂蟹，最號肥美。由江而納其芒於海中之魁，遇冰雪則自伏淤溷，不可得矣。今人設蹈具，以按酒者，特先置焉。何曾《食疏》、弘君《食檄》、虞悰《食品》，未必不珍此味也。悰《南史》有傳，但名存而書亡，此為恨耳。

傳記

《南齊書》卷四七 虞悰字景豫，會稽餘姚人也。祖嘯父，晉左民尚書。父秀之，黄門郎。悰少而謹敕，有至性。秀之於都亡，悰東出奔喪，水漿不入口。州辟主簿，建平王參軍，尚書儀曹郎，太子洗馬，領軍長史，正員郎，累至州治中，別駕，黄門郎。初，世祖始從官，家尚貧薄，悰推國士之眷，數相分與，每行，必呼上同載，上甚德之。昇明中，世祖為中軍，引悰為諮議參軍，遣吏部郎江謐持手書謂悰曰：『今因江吏郎有白，以君情顧，意欲相屈。』建元初，轉太子中庶子，遷後軍長史，領步兵校尉，鎮北長史、寧朔將軍、南東海太守。尋為豫章內史，將軍如故。悰治家富殖，奴婢無遊手，雖在南土，而會稽海味無不畢致焉。遷輔國將軍、始興王長史、平蠻校尉、蜀郡太守。轉司徒司馬，將軍如故。悰善為滋味，和齊皆有方法。豫章王嶷盛饌享賓，謂悰曰：『今日肴羞，寧有所遺不？』悰曰：『恨無黄頷臛，何曾食疏所載也。』遷散騎常侍，太子右率。永明八年，大水，百官戎服救太廟，悰朱衣乘車鹵簿，於宣陽門外行馬內驅打人，為有司所奏，見原。上以悰布衣之舊，從容謂悰曰：『我當令卿復祖業。』轉侍中，朝廷鹹驚其美拜。遷祠部尚書。世祖幸芳林園，就悰求扁米。悰獻及雜肴數十轝，太官鼎味不及也。上就悰求諸飲食方，悰秘不肯出，上醉後體不快，悰乃獻醒酒鯖鮓一方而已。出為冠軍將軍，車騎長史，轉度支尚書，領步兵校尉。鬱林立，改領右軍將軍，揚州大中正，兼大匠卿。起休安陵，於陵所受局下牛酒，坐免官。隆昌元年，以白衣領職。鬱林廢，悰竊歎曰：『王、徐遂縛袴廢天子，天下豈有此理邪？』延興元年，復領右軍。明帝立，悰稱疾不陪位。帝使尚書令王晏賫廢立事示悰，以悰舊人引參佐命。悰謂晏曰：『主上聖明，公卿戮力，寧假朽老以匡贊惟新乎？不敢聞命。』朝議欲糾之，僕射徐孝嗣曰：『此亦古之遺直。』衆議乃止。悰稱疾篤還東，上表曰：『臣族陋海區，身微稽土，猥屬興運，荷竊稠私，徒越星紀，終慚報答。衛養乖方，抱疾嬰固，寢瘵以來，倏踰旬朔，頻加醫治，曾未瘳損。惟此朽頓，理難振復，乞解所職，盡療餘辰。』詔賜假百日。轉給事中、光祿大夫，尋加正員常侍。永元元年，卒。時年六十五。悰性敦實，與人知識，必相存訪，親疏皆有終始，世以此稱之。

著録

元 陶宗儀《説郛・第九五冊》 《食珍録》虞悰。

雜録

宋 沈作喆《寓簡》卷七　世有非要而著書者，如何曾《食疏》、崔浩《食經》九篇，虞宗《食珍録》、李林甫《玉食章》、皇甫嵩《醉鄉日月》竇蘋《酒譜》、陸羽《茶經》、段柯古《髻鬟品》、韓渥《北裏志》、溫庭筠《靚妝録》、李習之《五木經》、柳宗直《樗蒲志》《彈棋經》、南卓《羯鼓録》《琵琶録》之類，其數尚多。又如房千里《葉子格》、趙明遠《彩選》，雖戲事，亦可以廣見聞，劉原父以漢官儀為《彩選》，可以溫故使後生識漢家憲令，有益學者。

宋 陶穀《清異録》卷四《麥穗生》　吳門蕭璉，仕至太常博士，家習庖饌，慕虞悰、謝諷之為人，作卷子生止用肥羜包卷成雲樣，然美觀而已，別作散飣，麥穗生滋味殊冠。

食譜

傳記

《舊唐書》卷九二　巨源，周京兆尹總曾孫也。祖匡伯，襲祖爵鄖國公，入隋改封舒國公，官至尚衣奉禦。巨源則天時累遷司賓少卿，轉司府卿、文昌右丞、同鳳閣鸞臺平章事。三年，轉夏官侍郎，依前平章事。有吏才，勾覆省內文案，下符剝徵，雖爲下所怨苦，然亦頗收其利。證聖初，出爲鄜州刺史，尋拜地官尚書、神都留守。長安二年，詔入轉刑部尚書，又加太子賓客，再爲神都留守。神龍初，入拜工部尚書，封同安縣子。又遷吏部尚書、同中書門下三品，進封鄖縣伯。時安石爲中書令，以是巨源近屬，罷知政事。巨源尋遷侍中、中書令，進封舒國公，附入韋后三等親，敘爲兄弟，編在屬籍。是歲，巨源奉制與唐休璟、李懷遠、祝欽明、蘇環等定《垂拱格》及《格後敕》，前後計二十卷，頒下施行。時武三思先有實封數千戶在貝州，時屬大水，刺史宋璟議稱租庸及封丁並合捐免；巨源以爲穀稼雖被湮沉，其蠶桑見在，可勒輸庸調，由是河朔戶口頗多流散。景龍二年，順天翊聖皇后衣箱中裙上有五色雲起，久則方歇，巨源以爲非常佳瑞，請佈告天下，許之。中宗又令畫工圖其狀以示百僚，仍大赦天下，內外五品已上官母妻各加封邑。時中宗即雅信符瑞，巨源又贊成其妖妄。是歲星墜如雷，野雉皆雊，咎徵若此，不聞巨源有言，蓋與韋皇后繼敘源流，佞媚官爵，疑其開導，以踵則天。時有驍衛將軍迦葉志忠、太常少卿鄭愔、兵部尚書宗楚客、右補闕趙延禧等，或相諷諭，或上表章，謬説符祥，朋黨取媚，識者嗟憤。景龍三年，拜尚書左僕射，依舊知政事。未幾，又拜尚書令、同中書門下三品，仍舊監修國史。時國家將有事於南郊，而巨源希韋后之旨，協同祝欽明之議，言皇后合助郊祀，竟以皇后爲亞獻，巨源爲終獻，又以大臣女爲齋娘。及韋庶人之難，家人令巨源逃匿，巨源曰：『吾國之大臣，豈得聞難不赴？』乃出，至都街，爲亂兵所殺，時年八十。睿宗即位，贈特進、荊州大都督。太常博士李處直議巨源謚曰『昭』。戶部員外郎李邕駁之曰：『三思引之爲相，阿韋托之爲親，無功而封，無德而祿，同族則醜正安石，他人則附邪楚客，謚之曰「昭」，良恐不當。』初，巨源與安石疊爲宰相，時人以爲情不相協，故邕以此稱之。處直仍固請依前謚爲定。邕又駁曰：夫古之謚，在乎勸沮，將杜小人之業，冀長君子之風。故爲善者雖存不貴仕，而沒有餘名，此賢達所以砥節也；爲惡者雖生有所幸，死懷所懲，此回邪所以易心也。嗚呼！巨源嚐未斯察，而乃聞義不從，與惡相濟，蓄罔上之志，協群凶之謀，苟容聖朝貪昧厚祿。自以宰臣之貴，不崇朝而賈害者，固鬼得而誅之也。彼則疋夫之微，未受命而行刑者，固人得而誅之也。幽明之憤，斷焉可知，天地之心，自此而見矣。頃者皇運中興，功臣翼政。時序未幾，邪逆執權，奸慝者拜爵於私門，忠正者黜降於藩郡。巨源此際，用事方殷。且於阿韋何親，而結爲昆季；於國家何力，而累忝大官。此則暗通中人，附會武氏，托城社之固，亂皇家之基。其罪一也。又國之大事，在祀與戎，酌於禮經，陳於郊祭。將以對越天地，光颺祖宗，即告成功，以觀海內。惟昔亞獻，不聞婦人，阿韋蓄無君之忱，懷自達之意，潛圖帝位，議啄皇孫，升壇擬儀，拜賜明命，將預家事，無守國章。巨源創蹟於前，悖逆演成於後。時有禮部侍郎徐堅、太常博士唐紹、蔣欽緒、彭景直並言之莫從。其罪二也。又二天不弔，先帝遇毒，悔禍無徵，阿韋將篡。畫計未果，逆心尚搖，周章夷猶，倉卒迷謬。於是太平公主矯爲陳謨，上官昭容紿草遺詔，故得今上輔政，阿韋參謀。將大業垂成，而休命中輟者，職由巨源躡韋溫之足，楚客附巨源之耳，梟聲遽發，狼顧相驚，以阿韋臨朝，以韋溫當國。其罪三也。又人爲邦本，財實聚人，奪其財則人心自離，無其人則國本何恃。巨源屢踐臺輔，專行勾徵，廢越條章，崇尚侵刻，樹怨天下，剝害生靈，兆庶流離，戶口減耗。況以三思食邑，往在貝州，時屬久陰，災逢多雨。租庸捐免，中令昭明，匪今獨然，自古不易。三思慮其封物，巨源啟此異端，以爲稼穡湮沉，雖無菽粟，蠶桑織紝，可輸庸調。致使河朔黎人，海隅士女，去其鄉井，鬻其子孫，饑寒切身，朝夕奔命。其罪四也。但巨源長於華宗，仕於累代，作萬國之相，處具瞻之地，蔽日月之屋輝，負丘山之重責，今乃妄加褒述，安能分謗者哉！當時雖不從邕議，而論者是之。巨源與安石及則天時文昌右相待價，並是五服之親，自餘近屬至大官者數十人。

著録

《五朝小説》第四一册　一卷。

元　陶宗儀《説郛》第九五册　韋巨源《食譜》。

《唐代叢書》第一八册　一卷。

食經

唐　杜寶《大業雜記》　尚食直長謝諷造《淮南王食經》，有四時飲。春有扶芳飲、桂飲、江笙飲、竹葉飲、薺苨飲、桃花飲，夏有酪飲、烏梅飲、加蜜沙糖茶飲、薑飲、加蜜穀葉飲、早李飲、麻飲、麥飲，秋有蓮房飲、瓜飲、香茅飲、加沙糖茶飲、麥門冬飲、葛花飲、檳榔飲，冬有茶飲、白草飲、枸杞飲、人參飲、茗飲、魚荏飲、蘇子飲，並加蜜粫。

元　陶宗儀《説郛》第九五册　謝諷《食經》中略抄五十三種。

膳夫經手録

綜述

清　阮元《四庫未收書提要》卷二《揅經室外集》　《膳夫經》一卷。唐楊煜撰。煜官巢縣令，是書成於大中十年。詳西樓《跋》。《唐書》《宋史》藝文志並作《膳夫經手録》四卷。《通志・藝文畧》同王堯臣《崇文總目》亦作四卷。《手録》則作《手論》，為轉寫之譌。此從舊鈔本依樣過録，書僅六葉，似後人捃拾成編。惟所載茶品甚詳，分所產之地，別優劣之殊，足與《茶録》《茶經》資考證也。

西樓《膳夫經手録跋》　右録唐巢縣令楊曄所撰《膳夫經手録》，大中十年六月成書，迨今二百餘年矣。其間如茶目、食飲、茗粥之類別鈔，皆與今不同。以此知古今之事異宜者多矣。必也井田肉刑籩豆而飲食者，非通論也。臘月八日西樓記。

傳記

清　汪輝祖《九史同姓名略》卷九　楊曄一見《唐書》卷五十八《藝文志》，撰《華夷帝王紀》三十七卷。一見《宋史》卷二百七《藝文志》，撰《膳夫經手録》四卷。一見《明史》卷三百四。汪直傳成化時建寧衛指揮，瘐死獄中。

著録

《新唐書》卷五九《藝文志》　楊曄《膳夫經手録》。四卷。

《宋史》卷二〇七《藝文志》　楊曄《膳夫經手録》。四卷。

《通志》卷六九　《膳夫經手録》四卷。唐楊曄撰。

明　焦竑《國史經籍志》卷三　《膳夫經手録》四卷。唐楊曄。

明 柯維騏《宋史新編》卷五二 《志三八》楊曄《膳夫經手録》四卷。

清 張金吾《愛日精廬藏書志》卷二五 《子部·雜家類》《膳夫經手録》。

《崇文總目》卷七 《膳夫經手録》四卷。

清 錢謙益《絳雲樓書目》卷二 《膳夫經手録》四卷。陽曄此書《唐書·藝文志》編在醫家，又有鄭望《膳夫録》皆記遺家品饌。

清 趙魏《竹崦盦傳鈔書目·子部農家類》 《膳夫經》一卷，唐楊曄撰，七頁。

玉食批

元 陶宗儀《說郛》第九五冊 《玉食批》司膳內人。

食憲鴻秘

清 年希堯《食憲鴻秘·序》 聞之飲食，乃民德所關。治庖不可無法，匕箸尤家政所在，中饋亦須示程。古者六穀六牲，膳夫之掌特重；百羞百醬，食醫之眠維時。製防乎雁翠雞肝，無貪適口；典重乎含桃羞黍，實有權衡。菽水亦貴旨甘，知孝子必以潔養。食膾弗厭精細，即聖人不遠人情。僅啖庾氏之韮，固傷寒儉；漫下何曾之筯，亦太倡狂。珍異相高，郇君夫奇而不法；咄嗟立辦，石季倫多而不經。倘能斟酌得宜，自足勝侯鯖之味；如其滋調失節，即何勞人乳之圖。蓋大德者小物必勤，抑養和者攝生必謹。此竹坨朱先生《食憲譜》之所為作也。

先生相門華胄，慧業文人。書讀等身，不止備甘泉之三篋；詞流倒峽，何啻對青陵之十條。暈碧裁紅，有美皆歌亭壁；批風抹月，無奇不入奚囊。時當昭代之右文，士應搜才之曠典。鄒枚接跡，待詔金馬之門；楊馬連鑣，齊上玉堂之署。當吹藜珥筆之日，藉甚聲華；及歸田解組而還，尤工著述。笑擊鮮之陸賈，日溷諸郎；學分甘之右軍，味沾兒輩。遂以自珍興膳之所得，出其生平才藻之緒餘，用著斯篇，永為成憲。審乎陰陽寒暑之候，而血氣均調；酌乎酸堿甘滑之宜，而性情俱洽。貴師其意，不須費及朱提；善領其神，自可餐同白玉。奇思巧製，實居金陵七妙之先；取多用宏，疑在內則八珍之上。《饌經》《食品》，遜此宏通；《爾雅》《說文》，方茲考據。何必銀罌翠釜，務欲試乎厨娘。直使野蔌山肴，亦可登之天府。余也香名渴飲，秀句時餐。忽披日用之編，愈見規模之遠。雖以鹽梅巨手，未和天上之羹；庶幾膏澤深情，不暴人間之物。梓公同好，肯如異味之獨當；版任流傳，可補齊民之要術。行見悦心悦口，非徒說食之膏肓，養德養身，或亦為功於仁壽云爾。

雍正辛亥仲冬長至後五日，廣寧年希堯書

士大夫食時五觀

宋 陳善《捫虱新話》卷二二 黄山谷五觀：山谷嘗約釋氏法作《士大夫食時五觀》，此古人一飯不忘君，終食不違仁之意。近時士大夫乃多効浮屠家以鉢盂而食之，時謂之衣鉢，無乃好奇之過。

元 柳貫《待制集》卷一九《題山谷書士大夫食時五觀》 禮始諸飲食，而飲食之所由以始又不可以莫之思也。黄太史平生薄滋味，晚歲再竄蜀，蔬食終日至斷葷血，其知厚味臘毒之戒者矣。《食時五觀》用衲僧存觀之法，為君子省察之具，一則曰計功，二則曰忖己，三則曰離過，然則道業之成，應受此食，是為正事。良藥萬鍾九鼎，夫何加於我哉？太史書蘭亭之變，此卷奇正相生，所謂孫吳之兵也。蓋粉紙不受墨，最難作字。太史為之乃更遒密，此吾徒所以望之而再拜也歟？

山家清供

綜述

明 徐𤊹《徐氏筆精》卷六　世傳《山家清供》二卷。宋林洪著。按：本集溫陵鵝黄豆生末云：『僕遊江淮二十秋，每因以起松楸之念。將賦歸以償此一大願，則洪溫陵人也。又按撥霞供雲向遊武夷六曲訪止止師。止止師者白玉蟾也。則洪與玉蟾同時人。今泉州郡志逸洪之名似大闕典。

傳記

宋 韋居安《梅礀詩話》卷中　泉南林洪字龍發，號可山，肄業杭泮，粗有詩名。理宗朝上書言事，自稱和靖七世孫，冒杭貫取鄉薦。刋中興以來諸公詩，號《大雅復古集》，亦以己作附於後。時有無名子作詩嘲之曰：『和靖當年不娶妻，只留一鶴一童兒。可山認作孤山種，正是瓜皮搭李皮。』葢俗語以強認親族者為瓜皮搭李樹云。

宋 葉厘《愛日齋叢鈔》卷三　近時《江湖詩選》有可山林洪詩：『湖邊楊柳色如金，幾日不來成緑陰。』人多傳誦，卻似梅宛陵『不上樓來今幾日，滿城多少柳絲黄。』

宋 林洪《山家清事·寒具》　吾翁和靖先生《山中寒食》詩乃云：『方塘波緑杜蘅青，布穀提壺已足聽。有客初嘗寒具罷，據梧慵復散幽徑。』吾翁讀天下書，和靖先生且服其《和琉璃堂圖》事。信乎，此為寒食具矣！

又《山家清事·種梅養鶴圖説》　先大祖瓚在唐以孝旌，七世祖逋寓孤山，國朝謚和靖先生。高祖卿材、曾祖之召、祖全，皆仕。父惠，號心齋，母氏凌姓。其妻，德真女張與。自曰小可山。

又《山家清供·元修菜》　君子恥一物不知，必遊歷久遠，而後見聞博。讀坡詩二十年，一日得之，喜可知也。

著録

《文淵閣書目》卷三　《山家清供》一部一冊。

（崇禎）《吴興備志》卷二二　林洪，字龍文，德清柯山人，有《山家清供》一卷。説郛。

明 周履靖《夷門廣牘》　《山家清供》。林洪。

明 晁瑮《晁氏寶文堂書目》　《山家清供》。

明 焦竑《國史經籍志》卷三《史類》　《山家清供》二卷。宋林洪。

明 祁承㸁《澹生堂藏書目》　《山家清供》一卷。

《文淵閣書目》卷三　《山家清供》一部一冊。

清 黄虞稷《千頃堂書目》卷一二　林洪《山家清供》二卷。

清 丁申、丁丙《八千卷樓書目》卷一二《子部》　《山家清供》一卷。宋林洪撰，小石山房本。

清 傅維鱗《明書》卷七七志一七　《山家清供》。

清 錢曾《前遵王述古堂藏書目録》卷六　《山家清供》。

清 王太岳《四庫全書考證》卷七四上　《山家清供》傍林鮮條文與可守洋川刊洋訛臨，據宋史改。又想見清貧饞太守。案：想見蘇集作料得皃此粉，刊本，此訛紫據《爾雅》改，進賢菜條『白華細莖蔓生』刊本細訛。似蔓訛尃並，據陸璣《草木疏》疏，河樞粥條魚乾曰：『薨刊本薨訛，苑據禮記改。』

藝文

清 湯右曾《懷清堂集》卷一五　《次韻櫻桃》：塞外熟應晚，枝頭摘尚先。味逾英豆美，色並若榴然。窬綴瓔相似，偷窺鳥作緑。《山家清供》好，況乃近宮壖。山櫻桃名英豆。

清 丁申、丁丙《八千卷樓書目》卷一二　《山家清供》一卷，宋林洪撰。小石山房本。

疏食譜

綜述

宋 陳達叟《疏食譜・序》 本心翁齋居宴坐，玩先天易，對博山爐，紙帳梅花，石鼎茶葉，自奉泊如也。客從方外來，竟日清言，各有饑色，呼山童，供蔬饌，客嘗之，謂無人間煙火氣。問食譜，予口授二十品，每品贊十六字，與味道腴者共之。

又《蔬食譜・跋》 以上二十品，不必求備，得四之一，斯足矣。前五品出經典，列之前筵，尊經也。十五品，有則具，無則止。或樽酒醻酢，暢叙幽情，但勿醺酣，恐俗此會。《詩》詠採蘋，《禮》嚴祭菜。山澗溪沼沚之毛，可羞王公，可薦鬼神。以之待賓，誰曰不宜。第未免貽笑於公膳侯鯖之家。然不笑不足爲道，彼笑吾，吾笑彼。客辭出門大笑，吾歸隱，幾亦一笑。手錄畢，又自笑。目閱過，輒一笑。萬一此譜散在人問，世其傳笑，將無窮也。

宋 何夢桂《潛齋集》卷五《本心先生疏食譜序》 客有問本心先生《疏食譜》於門人何某者，曰：『先生固嘗長丹屏貳黃扉矣。饔人、膳夫宜有致天下滋味以自奉者，而日食若此，毋乃太簡乎？』曰：『子非知先生者也。世固有一食數萬錢猶若不足饜者，此所謂肉食人也。司馬溫國、晏元獻二公，仕至宰相，臞瘠如未仕時，此其志趣，豈直食前方丈而遽易其平生之素者哉？若然則蔬食菜羹，啜菽飲水，固有甘於三牲列鼎者矣。予從師門久暇日，見其焚香燕坐，對客清談，時瀹清泉，美茹丹，溲玉麈，餌青杞，以餉在座者，使當時有飫羊截，嚌乳酪者得借一筯，猶將為之洗滌腸胃。況先生玉雪其人乎？故未嘗一及先生之門而親見其人何如者，固未信《疏食譜》為炮牂淳母也。唐侯舉師善面，受先生録譜，將與世之知味者共之。且徵餘言敬拜手為之序。時柔兆掩茂歲夷，則月望前三日也。

著録

《四庫全書總目》卷一一六 《疏食譜》一卷，內府藏本。明汪士賢《山居雜志》載此書，題曰清漳陳達叟撰，不著時代。《千頃堂書目》亦作達叟，題曰宋人。考左圭《百川學海》載有此書，則宋人無疑。然《百川學海》所刻其序自稱本心翁，而書前標題乃作門人清漳友善書堂陳達叟編，則達叟乃編其師之書，非所自撰也。所載食品二十種，各繫以贊，皆粗糲草具，故曰疏食。《千頃堂書目》加草作蔬失其旨矣。

明 焦竑《國史經籍志》卷三 《史類》本心齋《疏食譜》一卷。宋陳達叟。

清 徐乾學《傳是樓書目》 《疏食譜》一本。

清 瞿鏞《鐵琴銅劍樓藏書目録》卷一六 《蔬食譜》一卷。舊鈔本。《百川書志》云：『本心翁門人清漳陳達善編。今考是書題陳達叟編。不作達善，且其自序云：「本心翁齋居晏坐客。從方外來問食譜，口授二十品與之。」是本心翁者達叟自號非其師也，《百川書志》誤。』

清 陸心源《皕宋樓藏書志》卷五三 本心齋《蔬食譜》一卷。宋刊本。宋門人清漳友善堂陳達叟編。本心翁齋居宴坐，玩先天易，對博山爐。紙賬梅花，石鼎茶葉，自奉泊如也。客從方外來，竟日清言，各有飢色，呼山童，供蔬饌，客嘗之，謂：『無人間煙火氣。』問食譜，予口授二十品，每品贊十六字，與味道腴者共之。

清 錢曾《錢遵王述古堂藏書目録》卷六 陳達叟《蔬食譜》一卷一本。抄。

清 周中孚《鄭堂讀書記》卷五〇 《蔬食譜》一卷。《百川學海》本。宋木心翁撰。不著名氏，其門人陳達叟编。達叟，清漳人。《四庫全書存目》『蔬』作『菽』二字通也。是書所載皆麤糲之具。自啜菽以迄白粲，凡二十品，每品注釋其名并贊之以十六字，前有小引，末有識語，稱二十品不必求備，得四之一斯足矣。前五品出經典，列之前筵，尊經也。後十五品有則具，無剘止，云《說郛》所收作。宋陳達叟撰。殊誤。至《借月山房彙鈔》所收又作『明陳達叟撰』，則并其時代亦誤矣。

清　高儒《百川書志》卷一〇　本心齋《蔬食譜》一卷。宋本。心翁門人清漳陳達善編，凡二十品。

明　晁瑮《晁氏寶文堂書目》卷下　本心《蔬食譜》。

明　祁承爜《澹生堂藏書目》　本心《蔬食譜》一卷。陳達叟。

《續文獻通考》卷一八一　《蔬食譜》一卷。題清漳陳達叟撰，達叟始末無考。臣等謹案：左圭《百川學海》所刻，其序自稱本心翁，而書前標題乃作門人清漳友善書堂陳達叟編，則達叟乃編其師之書，非所自撰也。

清　黄虞稷《千頃堂書目》卷九　陳達叟本心齋《蔬食譜》一卷。

清　曹寅《楝亭書目》卷三　《疏食譜》。宋清漳陳達叟編。一卷。作者姓名不著。陳其門人也。一册。

清　丁申、丁丙《八千卷樓書目》卷一二　《疏食譜》一卷，宋陳達叟撰。百川本。

酒翼

著録

《夷門廣牘》第二〇册　一卷，附一卷。

北山酒經

綜述

《四庫全書總目》卷一一五　《北山酒經》三卷。安徽巡撫採進本。宋朱翼中撰。陳振孫《書録解題》稱大隱翁而不詳其姓氏。考宋李保有《續北山酒經》，與此書並載陶宗儀《説郛》。保自敘云：大隱先生朱翼中，著書釀酒僑居湖上，朝廷大興醫學起為博士，坐書東坡詩貶達州。則大隱固翼中之自號也。是編首卷為總論，二、三卷載制麴造酒之法頗詳。《宋史・藝文誌》作一卷，蓋傳刻之誤，《説郛》所採僅總論一篇，餘皆有目無書，則此固為完本矣。明焦竑原序稱，於田氏《留青日劄》中考得作者姓名，似未見李保序者而程百二又取保序冠於此書之前，標曰《題北山酒經》後亦為乖誤。卷末有袁宏道《觴政》十六則，王績《醉鄉記》一篇，蓋胡之衍所附入。然古來著述言酒事者多矣。附録一明人，一唐人，何所取義？今並刊除焉。

《四庫全書簡明目録》卷一二　《北山酒經》三卷，宋朱翼中撰。第一卷為總論，後二卷論製麴釀酒之法頗詳。《説郛》所載僅有總論一卷，此乃足本也。

宋　李保《題北山酒經後・跋》　大隱先生朱翼中壯年勇退，著書釀酒，僑居西湖上而老焉。屬朝廷大興醫藥，求深於道術者爲之官師，乃起公爲博士，與余爲同寮。明年，翼中坐書東坡詩貶達州；又明年，以宫祠還，未至。余一夕夢翼中相過，且論詩云：『投老南還愧轉蓬，會令淨土變炎風。由來祇許杯中物，萬事從渠醉眼中。』明日理書帙，得翼中《北山酒經》，發而讀之，蓋有『禦魑魅於烟嵐，轉炎荒爲淨土』之語，與夢頗契。余甚異，乃作此詩以志之。

他時見翼中，當以是問之，其果夢乎非耶？政和七年正月二十五也。赤子含德天所鈞，日漸月化滋澆淳。惟帝哀矜憐下民，爲作醪醴發其眞。炊香釀玉爲物春，薰然剛愎皆慈仁。陶冶窮愁孰知貧，誦德不獨有伯倫。先生作經聖賢分，獨醒正似非余身。德全不許世人聞，夢中作詩語罕親。不願萬户誤國恩，乞取醉鄉作封君。朝奉郎行開封府刑曹椽李保跋。

清　周中孚《鄭堂讀書記》卷五〇《子部九之上》　《北山酒經》三卷。知不足齋叢書本。宋朱肱撰。肱字翼中，自號大隱翁，吴興人。元祐三年進士。仕至奉議郎直祕閣，歸寓杭州大隱坊。政和七年起爲醫學博士，旋以書東坡詩貶達州。逾年，以朝奉郎提點洞霄宫召還。《四庫全書》著録，《書録解題》《通考》《宋志》俱載之。《宋志》作《大隱翁酒經》一卷。蓋據併三卷爲一卷之本也。是書蓋成於達州貶所。上卷爲總論，中卷論製麴十三則，下卷論釀酒二十二則，末附《神仙酒法》五則。所敍頗爲詳備，較之竇氏《酒譜》徒摭故實而無裨日用者，讀者宜有華實之辨焉。題曰「北山」者，示不忘西湖舊隱也。前有政和丁酉朝奉郎行開封府刑曹李俊題詞，末有乾隆戊戌漫士翌鳳跋，不著其姓。越八年乙巳鮑淥飲即取翌鳳藏本付梓，并爲之跋。《説郛》所收僅有總論及麴名之目耳。

傳記

宋 朱肱《北山酒經詩序》（《宋史翼》卷三八） 朱肱，字翼中（一作亦中），歸安人（《泊宅編》）。元祐三年進士（《談志》）。喜論醫，尤深於傷寒。在南陽時，太守盛次中疾作，召肱視之。曰：『小柴胡湯證也。』請進三服，至晚乃覺滿。又視之，問所服藥安在，取以視之，乃小柴胡散也。肱曰：『古人制一父咀，謂剉如麻豆大，煮清汁飲之，名曰湯，所以入經絡，攻病取快。今乃爲散，滯在鬲上，所以胃滿而疾如自如也。』因依法旋制，自煮以進二服，是夕遂安。因論經絡之要，盛君力贊成書，蓋潛心二十年，而《活人書》成。肱之爲此書，固精贍矣，嘗過洪州，聞名醫宋道方在焉，因攜以就見。宋留肱款語，坐中指駁數十條，皆有考據，肱惘然自失，即日解舟去（《泊宅編》）。屬朝廷大興醫學，求深於道術者，爲之官師。起肱爲醫學博士，坐書東坡詩貶達州，以官祠還，僑居西湖上。

明 董説《董説集》文集卷二 宋大隱翁朱翼中自釀西湖之上作《北山酒經》。

著録

宋 陳振孫《直齋書録解題》卷一四 《北山酒經》三卷，大隱翁撰。

宋 晁公武《郡齋讀書志》卷三 《酒經》，三卷，右皇朝朱肱撰，記釀酒諸法并麴蘖法。

宋 尤袤《遂初堂書目》 《北山酒經》。

《宋史》卷二〇五《藝文志》 《大隱翁酒經》一卷。

《文獻通考》卷二〇八《經籍考四十五》 《北山酒經》三卷，陳氏曰不知撰人。

明 李日華《六研齋筆記·三筆》卷二 朱翼中著《北山酒經》三卷。

明 陳第《世善堂藏書目録》卷下 《北山酒經》三卷。朱翼中。

（崇禎）《吳興備志》卷二二 《大隱翁酒經》一卷。

明 柯維騏《宋史新編》卷五〇《志三六》 《大隱翁酒經》一卷。

清 丁申、丁丙《八千卷樓書目》卷一二《子部》 《北山酒經》三卷。宋朱翼中撰。知不足齋本。

清 錢曾《錢遵王述古堂藏書目録》卷六 《大隱翁酒經》三卷。一本。抄。

《清續通志》卷一五九 《北山酒經》三卷。宋宋翼中撰。

（光緒）《重修安徽通志》卷三四一 《北山酒經》三卷。歙縣朱翼中著。

雜録

清 錢泰吉《甘泉鄉人稿》餘稿卷一《跋張子簡所鈔汲古閣影宋本酒經》 蔣寅昉從鑪頭鎮沈氏假得汲古閣影宋本《北山酒經》三卷，屬海鹽張子敬脩影寫帀。月而成，并摹毛氏收藏之印，惟妙惟肖。余至五硯齋寅昉出兩本並觀，幾不能辨，但紙色新舊異耳。子爲余舊友受之長子，童年患疽，一足偏廢，遂棄舉子業。傳受之篆刻之學，已能繼美。今見此本，真大隱翁所謂『心手之用，不傳文字』，雖酒人亦不能自知也。三卷之末，附《神仙酒法》，有武陵桃源酒可以蠲除萬病。令人輕健，子倘得而飲之以愈沈痼，則其才足以用世。豈獨一藝之精，壓其曹偶哉？我於是書卜之矣。

續北山酒經

明 顧起元《説略》卷二五 李保《續北山酒經》一卷。

明 焦竑《焦氏筆乘》卷四 宋大隱朱翼中《北山酒經》三卷乃知卸

翼中作，然又有李保《續北山酒經》一卷。

明 田藝蘅《留青日札》卷二五 李保續《北山酒經》一卷。

清 方以智《通雅》卷四〇 李保《續北山酒經》三卷。

酒名記

元 陶宗儀《説郛》卷九四 《酒名記》張能臣。

酒乘

元 陶宗儀《説郛》卷九四 《酒乘》韋孟。

酒經

元 陶宗儀《説郛》卷九四 《酒經》蘇軾。

明 祁承㸁《澹生堂藏書目》 蘇東坡《酒經》一卷。

酒譜（竇蘋）

綜述

《四庫全書總目》卷一一五 《酒譜》一卷。浙江鮑士恭家藏本。宋竇蘋撰。蘋字子野，汶上人。晁公武《讀書志》載蘋有《新唐書音訓》四卷，在吴縝、孫甫之前，當為仁宗時人。公武稱其學問精博，蓋亦好古之士。別本有刻作竇革者，然詳其名字，乃有取於鹿鳴之詩，作蘋字者是也。其書雜敘酒之故事，寥寥數條，似有脱佚，然《宋志》著録，實作一卷。觀其始於酒名，終於酒令，首尾已具，知原本僅止於此。大抵摘取新穎字句，以供採掇，與譜録之體亦稍有不同。其引杜甫『少年行醉倒，終同臥竹根』句，謂以竹根為飲器。考庾信詩有山杯捧竹根句，蘋所説不為杜撰，然核甫詩意，究以醉臥於竹下為是。蘋之所説，姑存以備異聞可也。

《欽定四庫全書簡明目録》卷一二 《酒譜》一卷，宋竇蘋撰。案：蘋或作革，蓋字之誤。其書雜録酒之故實大抵取新顯字句以供採掇，與譜録之體稍殊以上酒譜。

清 周中孚《鄭堂讀書記》卷五〇《子部九之上》 《酒譜》一卷。百川學海本。宋竇蘋撰。蘋字子野，汶上人。《四庫全書》《著録》《書録解題》雜藝類。《通考》農家類。《宋志》農家類。俱載之。是書雜録酒之故實，凡十二篇：一、《酒之源》，二、《酒之名》，三、《酒之事》，四、《酒之功》，五、《溫克》，六、《亂德》，七、《誡失》，八、《神異》，九、《異域》，十、《性味》，十一、《飲器》，十二、《酒令》。大抵字句取其新穎，以供詞章之用。故與譜録之體稍殊。後有《總論》。題『甲子六月』，當是仁宗天聖二年也。《説郛》《唐宋叢書》俱作『竇革撰』，皆字之誤。

著録

宋 晁公武《直齋書録解題》卷一四 《酒譜》一卷。汶上竇蘋叔野撰。其人即著《唐書音訓》者。

《宋史》卷二〇五 竇蘋《酒譜》一卷。

《文獻通考》卷二一八 《酒譜》一卷，陳氏曰汶上竇蘋子野撰，其人即著《唐書音訓》者。

元 陶宗儀《説郛》卷九四下 竇子野《酒譜》一卷。

明 晁瑮《晁氏寶文堂書目》 竇子野《酒譜》。

明 焦竑《焦氏筆乘》卷四 竇子野亦有《酒譜》《酒録》一卷。

明 祁承㸁《澹生堂藏書目》 竇子野《酒譜》一。

清 錢曾《錢遵王述古堂藏書目録》卷六 竇蘋《酒譜》一卷，一本。抄。

清 黃虞稷《千頃堂書目》卷一五 《酒譜》竇子野。

《清續通志》卷一五九 《酒譜》一卷，宋竇革撰。

清 陸心源《皕宋樓藏書志》卷五四《子部》 《酒譜》一卷。宋刊本。宋竇子野。

清 丁丙《善本書室藏書志》卷一八 《酒譜》一卷。明刊本。竇子野。子野，名蘋，汶上人。晁公武稱其學問精博，著有《新書音訓》四卷。其書雜敘酒之故事凡十五條。始於酒名，終於酒令。首尾已具，與《宋志》一卷合。

清 丁申、丁丙《八千卷樓書目》卷一二《子部》 《酒譜》一卷。宋竇蘋撰。百川本。説郛本。依閣抄本。唐宋叢書本。

酒譜（徐炬）

明 徐炬《酒譜·序》 昔漢當陽王琎著《甘露經》，又採儀狄以來善造者為《酒譜》。宋志有《酒録》一卷，《白酒方》一卷，《四時酒要方》一卷，《藏醸方》一卷，王績革醸法別為《酒經》，劉炫有《酒孝經》一卷，《貞元飲略》三卷，李保績著《北山酒經》一卷，胡氏《醉鄉小略》一卷，皇甫崧《醉鄉日月》三卷，又《條刺飲事》三十篇，然敘記稍冗，頗有不章。餘作《酒譜》，大抵因述諸家，芟繁撮要，易其未然，補其未備云耳。

《四庫全書總目》卷一一六 《酒譜》一卷，內府藏本。舊本題臨安徐炬撰，不著時代。所載賜酺條中有『洪武南市十四樓及顧佐奏禁挾妓事』，是明人也。其序自云：採唐汝陽王璡等十三家書而成。然引據每多訛舛，如以梁劉孝標『松子玉漿、衛卿雲液』二句爲『送酒與蘊軾之啟』，以魏武帝『何以解憂、惟有杜康』二句爲『出焦贛易林』，以月泉吟社『村歌聒耳烏鹽角、村酒柔情玉練槌』二句與李白『遙看漢水鴨頭綠、正似葡萄初潑醅』二句皆爲杜甫詩，以《水經注》劉白墮之事爲出《五門先生傳》，以前定録松醪春之名爲東坡詩。如斯之類，幾於條條有之，亦可謂不學無術矣。

著録

元 陶宗儀《説郛》卷九四下 臨安徐炬《酒譜》。

明 顧起元《説略》卷二五 竇蘋子野亦有《酒譜》一卷。

《清續通志》卷一五九 《酒譜》一卷，明徐炬撰。

（雍正）《浙江通志》卷二四四 《酒譜》一卷，韋孟酒乘臨安徐炬撰。

《清續文獻通考》卷一八一 徐炬《酒譜》一卷。

清 黃虞稷《千頃堂書目》卷九 徐炬《酒譜》一卷。

麴本草

元 陶宗儀《説郛》卷九四 《麴本草》，田錫。

新豐酒法

元 陶宗儀《説郛》卷九四 《新豐酒法》，林洪。

酒小史

元 陶宗儀《説郛》卷九四 《酒小史》，宋伯仁。

酒顛

綜述

明 夏樹芳《酒顛・自序》 昔米南宮見石便具袍笏欲拜呼爲丈人，世號米顛。張長史狂來草聖以頭濡墨，極其奔放怒張之態，既醒自吒以爲不可及，世號張顛。夫顛者，去彼黥劓，適我廖天，即頹唐野散之中，真骨自在，甚矣，顛之難也。然吾以爲極顛之勝韻，無如酒矣。溯古遺哲，若東方生海甌武皇霑醉翩仟小遺便殿，蔡中郎橫臥道上，名曰醉龍，畢吏部盜飲被縛，劉伯倫動則挈榼提壺，而以二豪爲蜾蠃。所謂顛於酒者，非耶，七雄之世，若荊卿、高漸離、酈食其並遊於酒人。然易水一歌悲風蕭蕭，聲莽天地，漸離酒酣擊筑，旁若無人。生以高陽酒徒，而談笑下齊，猛於雄兵百萬，豈盡麴糵之托而昏冥之逃者。獨醒人忌渾沌不死，風雅未喪，代有畸人。是故峴山河朔，豪雋之所，馳情竹葉葡萄，風流之所，激賞若阮仲客跨馬傾欹；觀者類乘舩行波浪中，李青蓮騎鯨上天而呼吸通於帝座。賓燕山不辭無歸，夜半揚鞭，而金吾不問；石學士之沉冥，而自品爲鶴飲、鱉飲、囚飲、鬼飲，亦顛之顛者矣。數君子而非顛，誰當顛者？微獨此數君子即老羌一廐圉，醉後善説王者興亡事。曹山普化一水田和尚，而或以顛酒説法，或醉後喜作驢鳴。此其顛愈酣則愈放，愈遠則愈奇，兀騰不可控搏，其真按之有色，而窺之無際者乎？以斯知使酒罵坐，腐脅酣身，餔其糟而啜其漓者。得顛之皮者也，不倫不理，若沉若浮，青山可埋，則鍤可荷，步兵廚熟，則礧磈可澆。天命苟如此，則頭上之巾可漉，機括意白與化爲徒，此所謂得顛之骨者也。昔人謂米顛不可無一，不可有二，今所輯《酒顛》若而人無乃濫觴乎？夫拍浮酒池，六合爲空，何賢何聖，何濁何清，入吾彀者，共遊其顛，即遁爲君臣可也。

論説

明 陳繼儒《酒顛・夏樹芳序》 夏茂卿撰《酒顛》，侈引東方、酈生、畢卓、劉伶諸人，以策酒勛，辯哉無以應矣。予不食酒，即飲，未能勝一蕉葉，然頗諳酒中風味。大約太醉近昏，太醒近散，非醉非醒，如憨嬰兒。胸中浩浩，如太空無纖雲，萬裏無寸草，華胥無國，混沌無譜，夢覺半顛，不顛亦半，此真酒徒也。畢忘盜，未忘甕；劉忘埋，未忘鍤，俗人治生，道人學死，聖人之教，生榮而餐哀。是皆猶有生死在耳。然則將何如？樂天不云乎：吾嘗終日不食、終夜不寢以思，無益不如且飲。

明 董其昌《酒顛・夏樹芳序》 淵明恕醉，與漁父獨醒，正言若反，即復哺糟，啜粒所謂寄大夢於栝棬，而德義之矩自在也，顛何容易。知此則知文武之辟穀面南之愛，誰皆真能顛者。茂卿其酒人之雄乎？若夫醉鄉之天地，騰騰兀兀近於天全，微細枝剝，乃是無記所攝。故丘夫醉於無明，二乘醉於涅槃。惟大聖人能飲酒不及亂。茂卿深於塵喜，故爲下竈，轉語中下之根。欲讀《酒顛》請後《酒誥》入。

著録

清 黃虞稷《千頃堂書目》卷九 夏樹芳《酒顛》，四卷。

清 徐乾學《傳是樓書目・史部・酒茗》 《酒顛》二卷。夏樹芳。一本。

清 萬斯同《明史》卷一三四《志一〇八》 夏樹芳《酒顛》四卷。

酒史

綜述

《四庫全書總目提要》卷一一六 《酒史》六卷。內府藏本。明馮時化撰。前有隆慶庚申趙惟卿序，稱時化字應龍，別號與川，晚自號無懷山人而不著其裏籍。其書分酒系、酒品、酒獻、酒述、酒餘、酒考，皆酒之詩文與故實，然舛陋殊甚。其酒考中一條云，羽觴見王右軍，其《蘭亭序》云，羽觴隨波，則其他可知矣。卷末載吴淑《事類賦》中《酒賦》一篇，以補其遺，題曰燕山居士，亦不知其爲何許人也。又浙江鮑士恭家別本，其文並同而改題曰徐渭撰。案：書中所載有袁宏道《觴政酒評》，渭集雖宏道所編，然宏道實不及見渭，渭何由收宏道作乎？其爲坊賈僞題明矣。

明　趙惟卿《酒史·序》　《酒史》六篇，無懷山人絕筆也。予幼投山人，分把臂論心，真如飲醇醪，至鉛槧相砥，末矣。歲戊辰，予寓都下，山人忽寄書云：區區守株蓬蓽，已稱病，子回首青雲，不啻萬裏，近於寥落中為《酒史》一書，以適憤懷，俟脫稿時，致諸左右。予訝其名之異，又嫌病子寥落之稱，萎然而乖夙抱也，亡何而家僮走報山人訃矣。籲！悲哉！年僅四十又三也。越明年，予之官至弔，首詢山人遺言。其二子泣且拜曰：先君屬纊際，值天大雪，呼兒就榻，書其別親友詩云：開門勞病眼，瑞雪果然稀。落我翻成血，呼兒剪作衣。白頭終是盡，青夢向誰依？歲月慙空度，隨風各自飛。且持手編《酒史》一帙，命兒輩併藏之笥，云：必以示懷堂公。嗚呼！其養正識精，臨終不眩者，與幽冥良友何可負之。廼揮泣而收其書，攜之以東，見其命篇譔次，迴極其趣，有系以逆其源，有品以秩其等，有獻以立之徵，有述以頌其庥，有餘以鬯其音，有考以廣其識，蒐羅貫籍，靡不備具。其味於酒也深矣，而三長攸擅，且覘其辨於史矣。每行役即披之，輿中不覺途次，有拘疾力之勞，甚為塵鞅之一適也。然月白風清，可與話此者，於今安在哉！撫卷有餘戚矣。一日出示博雅君子孫少泉，少泉子習其讀而論其人曰：『《酒史》每一讀，令人有瀟灑絕塵之想，其無懷氏之民予。』雖然山人果無懷歟？予曰：有懷。山人少為文章，即抉藻吐奇，落筆驚人，一時見者謂為瀉囊出物而昂霄自擬，亦分一日千里矣。顧其間別有主張，每出校藝，利不勝鈍，雖賞音者籍籍而竟無收入彀者。山人自挾所懷，梵為齊門之瑟矣。且山人形影孑然，肩家務之重，其間憂勞病苦，日相侵尋，種種可摘諸巔趺岩，豪邁之士，堪此困抑折挫邪？非得史中所載，通融解脫，山人牿於世網久矣。若山人者，幼懷進取，長懷經濟，有懷靡逐，以故無懷，自詭於《酒史》之作，豈得已哉？知之罪之，其惟是乎？少泉子歎曰：有醞籍者別出一種風流，抱曲抑者自立一番機軸。屈騷馬記類於窮愁中得之，山人其謫仙之流亞歟？故文人達士掃口愁之篲者，不可不知酒史知味之鮮。自古慨之，不解文字，飲者真日用而不知也。夫視此可覆杯案矣。予曰：『有是哉。』少泉子能知人且知言也，用書以付諸梓，蓋恐山人之不著於後，無恐著山人者，儷於昏酙遺落之侶也。山人馮姓，名時化，字應龍，別號與川而無懷則山人晚來所自謂云。隆慶庚午秋七月，吉邑人懷堂趙惟卿撰。

清　周中孚《鄭堂讀書記》卷五〇《子部九之上》　《酒史》六卷。普祕笈本。明馮時化撰。時化，字應韓，號與川，自號無懷山人。籍貫未詳。《四庫全書》存目。是編凡分六篇，篇各一卷，有酒系以遡其源，有酒品以秩其等，有酒獻以立之監，有酒述以頌其庥，有酒餘以鬯其音，有酒考以廣其識。其譔次篇第蒐羅　典籍，靡不迴極其趣，而舛漏在所不免。其不曰譜，而曰史者，蓋數典之書，非造酒之書也。前有隆慶庚午趙懷堂惟卿序。

明　趙南星《趙忠毅公詩文集》卷七《酒史序》　余外舅柏鄉馮公，自號無懷山人者，自少而負瑰奇博學，能詩古文詞，欲有所焜耀，震昱於天壤，而運命不偶。傫於縫掖之中，僨於章句之內數千。有司不收，公自負意氣。豐幹長髯，容貌都偉，不類老諸生者。而顧長爲諸生，生今代無他塗可起。家中情鬱，邑遂自霾於酒。每遇酒伴，無不醉者。醉即睡苔茵松幔，無所不可。嘗曰：『睡者小逃世也。』作《四時小逃世詩》。其所常與飲者二人曰：『褚公，公之外舅也。』嘗爲令里居，曰趙公，與公同學者也。三人者相遇不投轄而忘歸，無論晝夜。褚公飲尤異，飲必大觥。酒不欲熱，以指探之。可飲，令人徐傾喉中，湓湓而下，如細泉瀺灂隕石，瀨置菜絲隨之而下，無所鯁也。久之，趙公成進士，爲官去，公益廓落無聊，時與褚公飲。暇中述自古以來釀酒之事及酒人，爲《酒史》六篇傳於世。夫酒星天懸，其來自生民始矣。代有好者，而無如晉人之甚說者。以爲晉衰於清談，清談者皆酒人也。夫晉之時彝倫斁，而國是謬鉏斤。海內之賢者而蕭杌是崇。賢者非惟不用，而且救刃於頸，相率而飲酒。是晉衰而後清談盛，非清談盛而後晉衰也。夫酒人者，皆有絕世之才，昭曠之識，豁達之度，若塵情俗態，一毫未盡，必不可以成酒人。假令庾純、賈充之徒，奪其纓組，而放之酒泉，杯勺必不能入，三日而坐枯耳。蓋此輩解食肉耳，謂之肉人可也。肉人者，濁談者也。晉之多酒人也，則其人才之盛焉，馮公竟入成均。年四十未仕而終，距今四十餘年矣。馮公時天下猶清明，獨以其身之不用而逃之於酒，猶未見今日也。若今日者，誠宜爲酒人，讀《酒史》，此其時哉！余閒居，久見天下之人多矣。未敢輕以酒人許之，安得起公於九幽，而與之飲談《酒史》也？《酒史》乃趙公所刻，其板藏於公家，公孫馮繼之，以其字漸磨滅，將重刻之，而余爲之序。

著録

明 祁承㸁《澹生堂藏書目》 《酒史》一册。馮時化。

清 萬斯同《明史》卷一三四《志一三四》 憑時化，《無懷山人酒史》二卷。

清 黄虞稷《千頃堂書目》卷九 馮時化，《無懷山人酒史》二卷。

清 徐乾學《傳是樓書目》 《酒史》二卷。馮時化。一本。

《清續通志》卷一五九 《酒史》六卷，明馮時化撰。

《欽定駢字類編》卷一七二 《酒史》，國史經籍志，馮時化。

清 丁丙《善本書室藏書志》卷一八 《酒史》六卷。《續》六卷。朱印本。無懷山人編次。續集午橋釣叟編次。此書《四庫》入存目。無懷山人者，乃馮時化別號也。時化，字應龍，號與川，不著其里籍。其書分酒系、酒品、酒獻、酒述、酒餘、酒考，皆酒之詩文故實也。前有隆慶庚申趙惟卿序，而《浙江採遺書録》又稱《酒史》六卷，爲徐渭撰。此本前無趙惟卿序，而有萬歷乙卯趙南星序。稱外舅柏鄉馮公，自號無懷山人，博學能詩古文詞數千，有司不收，遂自霾於酒。作《四時小逃世詩》，常與飲者曰：『褚公，公之外舅也。』曰：『趙公與公同學者也久之，趙公成進士爲官去，公益廓落，時與褚公飲。暇述古來釀酒之事及酒人，爲《酒史》六篇，傳於世。史爲趙公所刻版，藏公家。公之子曰叔開，季壯孫繼之，以其字漸磨滅。將重刻而爲之序。微此序，不能見時化之籍，柏鄉人也。又續編六卷題午橋釣叟次編，爲康熙間人。

《清續文獻通考》卷一八一 馮時化《酒史》六卷。時化，字應龍，里籍無考。

清 丁申、丁丙《八千卷樓書目》卷一二《子部》 《酒史》六卷。明馮時化撰。明刊本。

清 阮元《文選樓藏書記》卷六 《酒史》六卷。明徐渭著。山陰人刊本。是二書考證典故及名人韻事。

清 錢曾《錢遵王述古堂藏書目録》卷六 《無懷山人酒史》二卷。

觴政

綜述

明 袁宏道《觴政·小引》 余飲不能一蕉葉，每聞壚聲，輒踴躍。遇酒客與留連，飲不竟夜不休。非久相狎者，不知余之無酒腸也。社中近饒飲徒，而觴容不習，大覺鹵莽。夫提衡糟丘，而《酒憲》不修，是亦令長者之責也。今採古科之簡正者，附以新條，名曰《觴政》。凡為飲客者，各收一帙，亦醉鄉之甲令也。

明 方文僎《觴政·跋》 袁中郎先生作《觴政》，余持示之江左酒人，無不撫掌愉快。客有問於余曰：『先生量飲幾斗。』子對曰：『子不知其引中自謂『以一蕉葉盡也』。先生無酒腸，知酒味，有酒趣，愛酒客，飲因採古科定新法，寓意深矣。夫士人之善雅謔者，不修酒憲，而酒憲存。昔王阮共飲，不與於劉，劉終日自若，是所以奉酒憲也。間有饒酒之徒，惟知有酒，而不知有酒憲，禮法怠矣。故先生訂新書十六條，名曰《觴政》，意重於刑書。客又曰：『若子之預席何如？』予笑曰：『先生之法能約於禮法之中，而不能約於形骸之外，僕酒人也。先生或以吾爲阮，亦且以吾爲劉，條法章程豈爲阮劉設耶？』客憮然曰：先生寓於酒，足以維持世風。今乃以法飲飲天下。吾必以先生爲酒廷尉也。予善其言。書之末簡。

《四庫全書總目提要》卷一一六 《觴政》一卷。内府藏本。明袁宏道撰。宏道字無學，公安人，萬歷壬辰進士，官至吏部稽勳司郎中。事蹟具《明史·文苑傳》。是書紀《觴政》凡十六則，前有宏道引語，謂採古科之簡正者，附以新條，爲醉鄉甲令。朱國禎《湧幢小品》曰：袁中郎不善飲而好談飲，著有《觴政》一篇，即此書也。

明 李柷《觴政·題詞》 蓋賓宴之詩云，立監佐史而周有酒式、酒官、酒府、酒誥，自公秉行觴政，朱虛侯以軍法從事，杜簣揚觶唐有觥録事而《酒經》《酒箴譜》略傳記種種焉，《觴政》之説所從來矣。劉伶酒德之頌旨，是卓犖豪縱，杜工部言濁醪有妙理，王衛軍言酒政引人著勝地。匪德，奚以稱焉？此孔文舉難曹公禁酒之書有以也。若是觴之可矣，曷為而政之？示約束也，令其飲也。余觀中郎《觴政》十六欵，潤舊益新，詞簡義贍，勒成令甲，型範森然。或曰中郎不崇飲而胡津津侈談之？予曰：昔蘇長公《書東皋子傳後》云，余飲酒日不過五合，然喜人飲酒，見客舉杯徐飲，則胸中浩浩落落，酣適之味乃過於客。往歲，中郎以謁選，僑居真州，時四方譚秇者雲集，而高陽生居十之八九。予幸割公槃之半，尚不了曲蘗事，日從中郎狎遊，每勝地良辰，未嘗不挈尊攜侶，即歌舞紛沓，觥籌錯落而更肅然作文，子飲萄書萄夜無倦色，客各驩然劇飲而散，覺中郎酣適亦過於客，是所謂得酒之趣，傳酒之神者也。有味哉！其言之也乎？雖然，禮法豈盡為我輩而設，請得少寬其條可乎？彼使酒罵坐僞酒責人者，罰無赦。他如嘔丞相車，臥郎舍甕，小遺殿上，臥客懷中，以頭濡墨，巢飲囗飲與國前三騶對飲者，雖皆有幹憲典，然其一段糠秕軒冕脾睨，宇宙神情終不可磨滅，例得未減小郎善貸之否。《觴政》舊已剞劂，方子公欲重梓傳，屬序於余。余素善中郎是編，寧得嘿嘿子公，又出一扇示余，則中郎丁未夏日評論諸君飲量者，余閲畢，歎曰：『一經品題，便作佳量，當附《觴政》之後何疑？』諸君餘未盡識而龍君超、袁小修子公輩，則余石交也。所謂令人欲頃家釀者，非耶。客歲杪子公送中郎之秣，陵江返棹敝裏，與余時時為杯酒之歡，見其神益王飲益雄，月旦評不虛哉！序成，適汪仲嘉、謝少廉、詹叔正、俞羨長、謝於楚、潘稚恭、丁貞白、張伯實、白楡季、參先後駢集江皋，皆酒人也。一卒業，鹹鼓掌曰，有是哉，我輩青山白雲人也，當以醉終。藉子稍弛禁，自此而捲白波傾翠濤，橫行糟丘，呑霸醒泉，何虞捍文罔哉！遂相與盡數石不休。時萬曆戊申上巳日，真州友弟李柷書於青連閣。

明 焦竑《筆乘》續集四 魏文侯與諸大夫飲，使公乘不仁為觴政，殆即今之酒令耳。

傳記

漢 劉向《説苑·善説》 魏文侯與大夫飲酒，使公乘不仁為觴政。曰：『飲不釂者，浮以大白。』

清 袁宏道《與吴敦之書》 袁中郎趣高而不飲酒。

著録

明 祁承㸁《澹生堂藏書目》 《袁中郎觴政》一卷。袁宏道。

清 丁申、丁丙《八千卷樓書目》卷一二 《觴政》一卷。明袁宏道撰。中郎十集本。祕笈本。廣百川本。

《續通志》卷一五九《藝文畧》 《觴政》一卷。明袁宏道撰。

《清續通志》卷一五九 《觴政》一卷，明袁宏道撰。

《清續文獻通考》卷一八一 袁宏道《觴政》一卷。

清 錢曾《錢遵王述古堂藏書目録》卷六 袁宏道《觴政》一卷。一本。抄。

清 徐乾學《傳是樓書目》 《觴政》三卷。明袁宏道。一本。

清 周中孚《鄭堂讀書記》卷五〇《子部九之上》 《觴政》一卷。續説郛本。明袁弘道撰。弘道，字無學，號石山，又號荷葉山樵，公安人。萬歷壬辰進士，官至吏部稽勳司郎中。《四庫全書》存目。石公以社中近饒飲徒，而觴容不習，大覺鹵莽。因採古科之簡正者，附以新條，名曰觴政。凡十六則，一之吏，二之徒，三之容，四之宜，五之遇，六之候，七之戰，八之祭，九之典刑，十之掌故，十一之刑書，十二之品，第十三之杯杓，十四之飲儲，十五之飲飾，十六之歡具，皆醉鄉之甲令也。前有《小引》，後有丘坦《跋》。此本附琅琊周野王京補撰十七之贖刑一則，前後亦俱有引跋。跋稱『戊申長至』，當屬萬厤三十六年云。

酒概

《四庫全書總目》卷一一六　《酒概》四卷。浙江巡撫採進本。明沈沈撰。自題曰：震旦醯民困困父。前有自序一首，則稱曰褐之父。困困沈沈，名號詭譎，不知何許人。每卷所署校正姓氏，皆稱海陵，則刻於泰州者也。其書仿陸羽《茶經》之體，以類酒事。一卷三目，曰酒、名、器。二卷七目，曰釋、法、造、出、稱、量、飲。三卷六目，曰評、僻、寄、緣、事、異。四卷六目，曰功、德、戒、亂、令、文。雜引諸書，體例叢碎，至以孔子為酒聖，阮籍、陶潛、王績、邵雍為四配，尤妄誕矣。

《續文獻通考》卷一八一《經籍考》　沈沈《酒概》四卷。沈自署：震旦醯民困困父。履貫無考。

《清續通志》卷一五九《藝文略》　《酒概》四卷。明沈周撰。

清　阮元《文選樓藏書記》卷二　《酒概》四卷。明沈沈輯。無錫人。刊本。是書採摘酒典分列，源名器、釋法造等二十二門。

酒部彙考

《四庫全書總目》卷一一六　《酒部匯考》一八卷。江蘇巡撫採進本。不著撰人名氏。卷三末載國朝康熙三十年，禁止直隸所屬地方，以蒸酒糜米穀上諭一條，當為近人所著矣。所録自經史以及稗乘詩詞，凡涉於酒者徵採頗富。分為匯考六卷，總論一卷，紀事五卷，雜録、外編各一卷，藝文四卷。然編次錯雜，殊乏體裁，每卷之首，空前二行而以《酒部匯考》為子目。意其欲輯類書而未成，此其一門之賸稿也。

《清文獻通考》卷二二九《經籍考》　《酒部彙考》十八卷。不著撰人名氏。

《清通志》卷一〇〇《藝文略》　《酒部彙考》十八卷。不著撰人名氏。

《續通志》卷一五九《藝文略》　《酒部彙考》十八卷。不著撰人名氏。

六必酒經

清　楊萬樹《六必酒經·自序》　周官酒正掌式法授酒材，鄭注：式法，作酒之法式。作酒既有米麴之數，又有功沽之巧。《月令》曰：乃命大酋，秫稻必齊、曲蘗必時、湛熾必潔、水泉必香、陶器必良、火齊必得，此其法也而後人多不能善用其法。或且違法以釀酒之不美也固已。余業此五十餘年，博求良法於載籍之中，而邑少藏書，見聞未廣。嘉慶丙辰歲抵省垣，得抄讀本朝文淵閣朱翼中《北山酒經》《餐草酒譜》，他若別史、圖注、傳記諸書有關於酒者，無不旁搜而參考之，始豁然會悟。作酒大要不外兼用六物之法，懼是法傳之而失其真。爰於暇日，薈萃諸書奥旨，手為纂輯，間有疑義未析者，以己意設為問答，附記於後。要旨發明月令六必之義，因名之曰《六必酒經》，非敢以精專自詡也。第經平生閱歷，知作酒遵一定之法式而材美工巧，即寓焉。謹以所得，繕付剞劂，願資世之善於酒者，是為序。時在道光歲次壬午，長至日，浙江寧海楊萬樹書於四知家塾。

清　楊萬樹《六必酒經·戚學標序》　世傳有《茶經》《酒經》。《茶經》作於陸羽，《酒經》則見於《藝文志》者，有無求子大隱翁《説郛》。又存有朱翼中《北山酒經·總論》一卷，其二卷《制釀之法》近日始出。竊謂經者，聖人以垂教萬世，其言至要，其名甚尊。揚雄太元擬《易》《法言》擬《論語》，論者猶以僭經罪之，況茶酒為生人日用之物，即能縷述其故，不當以經名其書，或佚或存，不過以備考耳。乃今讀楊子萬樹之作，頌酒而原本於聖言，推闡其意利後世之用，斯真不愧於名經矣。蓋惟古聖人能盡道大之不禦而小之不遺，故雖一物一飲，必推求天時、地利、物性與夫人事之善否。使毋有差貸，其事至纖至悉而莫不有精意之存，後人未能盡識。今如《月令》命大酋秫稻必齊、麴蘗必時、湛熾必潔、水泉必香、陶器必良、火齊必得，六言即古來儀狄、杜康，善作酒者能外之乎？又非言之章章見於經者乎？楊子嗜酒，又嘗業於酒，深有得於其理，故題曰《六必酒經》，以其出於經而所言皆經意校也而進於道。吾知其必傳於後法為經，久而可遵，殆與妄稱為經者，不同日而語矣。乃若沉湎之徒，造作名目，以酒清者為聖人，濁者為賢人而晉安之俗。以酒一瓶為一經，侯鯖録載有饋人五經，束帶出迎，乃五瓶酒耳，斯又無忌憚之甚，楊子所不齒已。道光二年長至日，賜進士出身知河南彰德府涉縣事、改寧波府教授、太平鶴泉戚學標撰。

清　楊萬樹《六必酒經》卷一《酒論》　蓋聞黃帝治疾，以酒爲百藥長，是邃古先已有酒，不自夏儀狄始。第有酒之名，不傳釀法，周官始言之。其後汝陽王璡有《甘露經》，王績追焦革釀法爲《酒經》，又採古來善釀者爲譜，宋有蘓東坡《酒經》，劉炫有《酒孝經》。本朝《四庫全書》，採入《北山酒經》、竇革《酒譜》。此外又若干種法詳且備矣。第諸書間有失傳，其所傳釀法以今覈之，亦有同有不同者。按古語云：空桑穢飯，醞以稷黍，以成醇醪酒之始也。《說文》：『酒白謂之醙，醙者，壞飯也。』醙，老也；飯老則壞，飯不壞則酒。不甜又曰烏梅。女鯮甜醹，九投澄清，百品，酒之終也。《本草》『烏梅性酸澁』；《玉篇》『女鯮，麥麴也』；《集韻》『投,再釀也。所以作辛也』。大隱翁云：『金木間隔，以土爲媒，自酸至甘，自甘至辛，而酒成焉。所謂以土之甘，合水作酸，以木之酸，合土作辛。此其大畧相同也。』顧詳覈其法，古人造酒以漿爲祖。漿不酸，即不可醖酒。故有卧漿法。今人不製卧漿，秫浸半月之久，漉泔和釀其酸漿，已在米汁之中。此用漿之法不同也。夜半蒸炊，昧旦下釀，太陽出則酒多不中，而今人竟日可造。此湛熾之法不同也。又如先浸麴，漉出麴滓，取麴汁於甕中，即投飯，而今人槌粉和釀，或用麥黃，或用白藥，或用紅麴。此用麴之法不同也。三九酒麴，水米各九斗，而今人有長水酒、短水酒，增減不等。此投水之法不同也。喂飯酒酴米。《說文》：『酴，酒毋也。』俗名『脚飯』又名『漿板』。偷酸投醹，喂飯也。偷甜酴米，用漿蘸濕，和入麴蘗同揉。今則酴米用水淋回，先用白藥投醹，方用麥麴。此釀法之不同也。攤飯酒按時開爬。俗云『開泡』，又云『開頭』。今以米久浸者，用爬宜遲，米未久浸者，用爬宜早。此爬法之不同也。煎酒、連罈、封煮，今人用鉄鍋煎酒，或用鑞壺煎酒，有接取酒露，加入酒露。此煎酒之法不同也。大抵古人立法，各有深意，而有同不同，或且不知所守，求其宜古宜今，越千載而無能外者，莫如《禮・月令》。乃命大酋節文孔，疏云：『秫稻一，麴蘗二，湛熾三，水泉四，陶器五，火齊六，以次相承，亘古不易。』余故即是法而爲之推闡其旨，誠由是神而明之，則自漢及唐宋，諸名人《酒經》《酒譜》皆括其要，而周官之法庶得真詮，又何慮作法之同不同，而無所折衷哉？集成本不敢以經名，緣六必之條，載在《戴記》，固經文也雖援古，疏證未足謂以經。註經而以鄙俚之詞，順文解義，竊比於《三字經》《女兒經》之類云爾，言乎僭也，則吾豈敢。

清　陸心源《皕宋樓藏書志》　《六必酒經》三卷。光緒《臺州府志稿》《寧海縣誌》清甯海楊萬樹撰。戚學標序有家刻本，戚學標序萬樹楊君儒而隱者也，既而又隱於酒，始其尊人情軒先生為甯海高才生，試有名，嘗遊杭州萬松岡，師天臺息園齋夫子，與余同門。有縞紵之歡，顧未獲識君，豐可毛君為餘術。君為人博聞力學，初時進取意甚銳，數試不利不欲決榮辱於一人之目，遂決意舉業，惟以書史目娛，性慷慨，率族人修宗祠，設家塾，多為義眾捐田四十畝以助族之貧而不能婚葬者。城內神祠上元節例張燈費出大戶，公捐不以派，貧家亦由君首捐，西山廟田一十畝為倡也。中年更斂豪俠之氣歸於純靜，居市進間把酒吟詩，不知為門外囂且塵土者。留心載籍亦欲有所著述，自見而前人論著已備，無不寄其意家。故善釀，一日家人報酒酸蹙然，曰：吾門無惡犬引必造之不如法，因參閱群書，博求中山制釀之法，以為大旨不出《禮・月令・命大酋》所云六物得乎其意。神而明之，撰《六必酒經》，見古人即一杯酌之物，而其制之也，必上協乎天時溫冷，下品乎水泉清濁，法良而材具，不為其沾而為其工用以盡物性。前民所云，雖小道必有可觀，蓋君儒者，故為書言之有本，如是東坡贈人詩云『酒肆藏名四十春』，君隱於酒即以此著書，豈高陽酒徒與臨印賣酒傭之比哉？東坡亦嘗有《酒經》，而杭之西湖十景，有麴院荷風本。麴院為宋人造酒之所，水多種荷，東坡嘗醉吟其閑，君自號蘇堤，知其心慕東坡之為人云異日至緱城嘗約毛君訪逸人為碧筒飲焉。

飲食須知

綜述

元 華山老人《飲食須知·序》 飲食藉以養生，而不知物性有相反相忌，叢然雜進，輕則五內不和，重則立興禍患，是養生者亦未嘗不害生也。曆觀諸家本草，疏注各物皆損益相半令人莫可適從，茲專選其反忌，匯成一編，俾尊生者日用飲食中便於檢點耳。華山老人識。

《四庫全書總目》卷一一六 《飲食須知》八卷。編修程晉芳家藏本。元賈銘撰。銘，海寧人，自號華山老人。元時嘗官萬戶，入明已百歲，太祖召見問其平日頤養之法。對云：要在慎飲食。因以此書進覽，賜宴禮部而回，至百有六歲乃卒。書中所載，自水火以及蔬果諸物，各疏其反忌，皆從諸家本草中摘敘成書。自序謂：物性有相反相忌，《本草》疏注各物，皆損益相半，令人莫可適從，茲專選其反忌，匯成一編。然別無出於《本草》之外者，不足取也。

著録

清 丁申、丁丙《八千卷樓書目》卷一二 《飲食須知》八卷，元賈銘撰。學海類編本。

《續通志》卷一六一 《飲食須知》八卷，元賈銘撰。

《續文獻通考》卷一八一 賈銘《飲食須知》。八卷。銘海寧人，自號華山老人，元時嘗官萬戶，入明已百歲。太祖召見，問其平日頤養之法，對曰：『要在慎飲食。』因以此書進，賜讌禮部而還。是書所載皆物性之相反相忌者。

清 錢大昕《元史·藝文志》卷三 賈銘《飲食須知》八卷。海寧人。

清 曾廉《元書》卷二三 賈銘《飲食須知》八卷。

飲膳正要

綜述

《四庫全書總目》卷一一六 《飲膳正要》三卷。浙江范懋柱家天一閣藏本。元和斯輝撰。和斯輝原作忽思慧，今改正。和斯輝官飲膳太醫，其始末未詳。是編前有天曆三年進書奏，稱世祖設掌飲膳太醫四人，於《本草》內選無毒，無相反，可久食，補益藥味，與飲食相宜，調和五味。及以每日所造珍品禦膳，所職何人，所用何物，標注於曆，以驗後效。和斯輝自延祐間選充是職，因以進用奇珍異饌，湯膏煎造，及諸家本草名醫方術，並日所必用穀肉果菜，取其性味補益者，集成一書。虞集奉敕為之序。所言皆當時之制，其中如鄒店井水之類，頗足以資考證。惟神仙服食一門，詞多荒誕耳。

元 忽思慧《飲膳正要·序》 撰伏睹國朝，奄有四海，遐邇罔不賓貢。珍味奇品，鹹萃內府，或風土有所未宜，或燥濕不能相濟，倘司庖廚者不能察其性味而概於進獻則食之，恐不免於致疾。欽惟世祖皇帝聖明，按《周禮·天官》有醫師、食醫、疾醫、瘍醫，分職而治。行依典故，設掌飲膳太醫四人。於本草內選無毒、無相反，可久食，補益藥味，與飲食相宜，調和五味，及每日所造珍品，禦膳必須精製。所職何人，所用何物，進酒之時，必用沉香木、沙金、水晶等盞。斟酌適中，執事務合稱職。每日所用，標注於曆，以驗後效。至於湯煎、瓊玉、黃精、天門冬、蒼術等膏，牛髓、枸杞等煎，諸珍異饌，鹹得其宜。以此世祖皇帝聖壽延永無疾。恭惟皇帝陛下自登寶位，國事繁重，萬機之暇，遵依祖宗定制，如補養調護之術，飲食百味之宜，進加日新，則聖躬萬安矣。臣思慧自延祐年間選充飲膳之職，於茲有年，久叨天祿，退思無以補報，敢不竭盡忠誠，以答洪恩之萬一。是以日有餘閑，與趙國公臣普蘭奚，將累朝親侍進用奇珍異饌，湯膏煎造，及諸家本草，名醫方術，並日所必用穀肉果菜，取其性味補益者，集成一書，名曰《飲膳正要》，分為三卷。本草有未收者，今即採摭附寫。伏望陛下恕其狂妄，察其愚忠，以燕閑之際鑒先聖之保攝，順當時之氣候，棄虛取實，期以獲安，則聖壽躋於無疆，而四海鹹蒙其德澤矣。謹獻所述《飲膳正要》一集，以聞，伏乞聖覽下情，不勝戰慄激切屏營之至。天曆三年三月三日。飲膳太醫臣忽思慧進。

上天之所生，地之所養，天地合氣，人以稟天地氣生，並而為三才。三才者，天地人。人而有生，所重乎者心也。心為一身之主宰，萬事之根本，故身安則心能應萬變，主宰萬事，非保養何以能安其身。保養之法，莫若守中，守中則無過與不及之病。調順四時，節慎飲食，起居不妄，使以五味，調和五臟。五臟和平則血氣資榮，精神健爽，心志安定，諸邪自不能入，寒暑不能襲，人乃怡安。夫上古聖人治未病不治已病，故重食輕貨，蓋有所取也。故云：食不厭精，膾不厭細。魚餒肉敗者，色惡者，臭惡者，失飪不時者，皆不可食。然雖食飲，非聖人口腹之欲哉！蓋以養氣養體，不以有傷也。若食氣相惡則傷精，若食味不調則損形。形受五味以成體，是以聖人先用食禁以存性，後制藥以防命。蓋以藥性有大毒，有大毒者治病，十去其六；常毒治病，十去其七；小毒治病，十去其八；無毒治病，十去其九。然後穀肉果菜，十養一僅之，無使過之，是以傷其正。雖飲食百味，要其精粹，審其有補益助養之宜，新陳之異，溫涼寒熱之性，五味偏走之病。若滋味偏嗜，新陳不擇，製造失度，俱皆致疾。可者行之，不可者忌之。如妊婦不慎行，乳母不忌口，則子受患。若貪爽口而忘避忌，則疾病潛生，而中不悟，百年之身，而忘於一時之味，其可惜哉！孫思邈曰：謂其醫者，先曉病源，知其所犯，先以食療，不瘥，然後命藥，十去其九。故善養生者謹先行之。攝生之法，豈不為有裕矣。

元　忽思慧《飲膳正要·虞集序》　臣聞古之君子善修其身者，動息節宣以養生，飲食衣服以養體，威儀行義以養德，是故周公之制禮也。天子之起居、衣服、飲食，各有其官，皆統於塚宰，蓋慎之至也。今上皇帝天縱聖明，文思深遠，禦延閣，閱圖書，旦暮有恆，則尊養德性，以酬酢萬幾，得內聖外王之道焉。於是趙國公臣常普蘭奚，以所領膳醫臣忽思慧所撰《飲膳正要》以進。其言曰：昔世祖皇帝，食飲必稽於本草，動靜必準乎法度，是以身躋上壽，貽子孫無疆之福焉。是書也，當時尚醫之論著者云，噫！進書者可謂能執其藝事，以致其忠愛者矣。是書進上，中宮覽焉。念祖宗衛生之戒，知臣下陳義之勤，思有以助聖上之誠，身而推其仁民之至意。命政院使臣拜住刻梓而廣傳之。茲舉也，蓋欲推一人之安，而使天下之人舉安；推一人之壽，而使天下之人皆壽。恩澤之濃，豈有加於此者哉？書之既成，大都留守臣金界奴傳敕命臣集序其端云。

臣集再拜稽首而言曰：臣聞《易》之《傳》有云：『大哉乾元，萬物資始』，『至哉坤元，萬物資生』；天地之大德，不過生生而已耳。今聖皇正統於上，乾道也；聖後順承於中，坤道也。乾坤道備，於斯為盛，斯民斯物之生於斯時也，何其幸歟！願揚言之，使天下後世有以知。夫高明博濃之可見如此，於戲休哉。

天曆三年五月朔日謹序。奎章閣侍書學士翰林直學士中奉大夫知制誥同修國史臣虞集。

明　朱祁鈺《禦製飲膳正要·序》　朕惟人物皆稟天地之氣以生者也。然物又天地之所以養乎人者，苟用之失其所以養，則至於殘害者有矣。如布帛菽粟雞豚之類，日用所不能無，其為養甚大也。然過則失中，不及則未至，其為殘害一也。其為養甚大者尚然，而況不為養而為害之物焉，可以不致其慎哉！此特其養口體者耳。若夫君子動息威儀，起居出入，皆當有其養焉，又所以養德也。嘗觀前元《飲膳正要》一書，其所以養口體、養德之要，無所不載，蓋當時尚醫所論著。其執藝事，以致忠愛，雖深於聖賢之道者不外是也。夫善莫大於取諸人，取諸人以為善，大舜所先肆。朕嘉是書而用之，以資攝養之助，且鋟諸梓，以廣惠利於人，亦庶幾乎好生之仁。雖然，生稟於天，非人之所能為，若或戕之，與立嚴牆之下者同，有不由於人乎？故此非但攝養之助，而抑順受其正之大助也。景泰七年四月初一日。

清　錢曾《讀書敏求記》卷二《食經》　忽思慧《飲膳正要》三卷。予擬作一室額之曰『養生主』，而列一聯於其旁云：『也飲酒，也啗肉，素心何必素口，自擔柴，自運水，勞力不肯勞神。』或甚之以遠庖廚之戒，不覺失笑。今觀忽思慧此書又興食肉者鄙之慮矣。

傳記

明　陳士元《諸史夷語解義》卷下　思姓任名發其號也，其祖思倫在洪武時稱思侖，發蓋訛，法為發耳。元世祖命大醫忽思慧撰《飲膳正要》三卷，其夷語可解者録之。

著録

明 高儒《百川書志》卷一〇 《飲膳正要》三卷。元飲膳太醫忽思慧撰。二十三類，紀載食物調合避忌之説，並圖像及出產性味諸事爲詳。

明 晁瑮《晁氏寶文堂書目》 《飲膳正要》。

明 祁承㸁《澹生堂藏書目》 《飲膳正要》三卷三冊。

明 朱睦㮮《萬卷堂書目》卷三 《飲膳正要》三卷。忽思慧。

清 丁丙《善本書室藏書志》卷一八 《飲膳正要》三卷。影元鈔本。前有天歷三年三月三日飲膳太醫臣忽思慧進上表文。是年五月朔，奎章閣侍書學士翰林學士中奉大夫知制誥同修國史臣虞集謹序。又編集諸臣銜名，又有無名氏一序。皕宋樓有元刊元印本。此則影寫也。右譜録類食譜之屬。

清 丁申、丁丙《八千卷樓書目》卷一二《子部》 《飲膳正要》三卷。元和斯輝撰。影元抄本。

清 范邦甸《天一閣書目》卷一之一 《飲膳正要》三卷。

清 傅維鱗《明書》卷七七《志一七》 《飲膳正要》一百七十六葉。

清 黃虞稷《千頃堂書目》卷九 常普蘭奚《飲膳正要》三卷。

清 徐乾學《傳是樓書目·史部·食經》 《飲膳正要》三卷。元忽思慧。三本。

清 錢大昕《元史藝文志》卷三 忽思慧《飲膳正要》三卷，天歷三年刊。

清 魏源《元史新編》卷九三《志十之三》 忽思慧《飲膳正要》三卷。天厤三年刊。

清 錢曾《讀書敏求記》卷二 忽思慧《飲膳正要》三卷。予擬作一室額之曰『養生主』。而列一聯於其旁云：『也飲酒，也啖肉，素心何必素口，自擔柴，自運水，勞力不肯勞神。』或甚之以遠庖厨之戒，不覺失笑。今觀忽思慧此書，又與食肉者鄙之慮矣。

清 阮元《文選樓藏書記》卷四 《飲膳正要》三卷。元太醫忽恩慧著。刊本。是書論列養生、服食及物性所宜。

清 倪燦《補遼金元藝文志》 常普蘭奚《飲膳正要》三卷。

清 陸心源《皕宋樓藏書志》卷五四《子部》 《飲膳正要》三卷。元刊元印本。元忽思慧撰。

清 瞿鏞《鐵琴銅劍樓藏書目録》卷一六 《飲膳正要》三卷，明刊本。元忽思慧撰。延祐中，忽思慧官飲膳太醫時撰進，詳列補益氣血、湯膏煎造之法，禽魚草木之類，並繫以圖，此明景泰中内府重刊本，有虞集序及明英宗御製序。

《清續通志》卷一六一 《飲膳正要》三卷，元忽思慧撰。

《清續文獻通考》卷一八一 忽思慧《飲膳正要》三卷。忽思慧官飲膳太醫元世祖時人。

易牙遺意

綜述

元 周履清序《易牙遺意·韓奕》 自放生戒殺之教盛於六代，人主至日舉蔬食，士大夫亦有蟹恰自給者，是時食經乃多至百餘卷，今天下號極靡三吳，龍甚尋常過大小方圓之器，儉者率半百，而食經未有聞焉，可怪也。豈古人約於品而詳於法？今人疏於法而侈於品與？抑品逾繁則法逾重不傳與？及觀世所傳，禁中方醴醢葅果靡非飴也？此石家沃鑒物豈堪代鹽豉耶。善謔者至謂醇酒蜜物可用訊賊快哉，獨韓氏方爲豪家所珍。予效其書，治之釀不輓胃談不槁舌，以食露法法稱善，因梓以公夫世之司刀俎者，且為之解嘲。曰：謂予不知饕餮氏為永戒乎？夫能為不厭精、不厭細、不約醬、不食也者，則口腹豈適為尺寸之膚哉？檇李梅顛道人周履清撰。

《四庫全書總目》卷一一六 《易牙遺意》二卷。副都禦史黃登賢家藏本舊本題元韓奕撰。奕字公望，平江人。生於元文宗時，入明遁跡不仕，終於布衣。是編仿《古食經》之遺，上卷為醞造、脯鮓、蔬菜三類，下卷為籠造、爐造、糕餅、湯餅、齋食、果實、諸湯、諸藥八類。周履靖校刊，稱為當時豪家所珍。考奕與王賓、王履齊名，明初稱吳中三高士，未必營心刀俎若此，或好事者偽撰，托名於奕耶。周氏《夷門廣牘》、胡氏《格致叢書》、曹氏《學海類編》所載古書，十有九偽，大抵不足據也。

《續文獻通考》卷一八一 舊題韓奕撰。奕字公望，平江人，生於元文宗時，入明遁跡不仕，終於布衣。案：是編仿古食經之遺，考奕與王賓、王履齊名，稱『吳中三高士』。未必屑屑於此。疑好事者所偽託也。

清 錢曾《讀書敏求記》卷二 《易牙遺意》二卷。予非知味者，過屠門而大嚼，固未必然，但嘉賓互對促席，行杯肴核方圓食單，似不可不講，此於蔬菜餚饌造法頗精緻，其亦《山家清供》之一慮歟。

傳記

明 張昶《吳中人物志》卷九 韓奕，字公望，郡中人，隱於醫。洪武太守姚善下車聞奕名，將見之，奕避去山中。善追至而泛舟入太湖。善歎曰：『韓先生所謂名可得而聞，身不可得而見也。』尤工於詩，時稱韓山人。有詩集，別著《易牙遺意》。

著録

明 徐應秋《玉芝堂談薈》卷四 韓奕公望有《易牙遺意》。周履靜《續易牙遺意》。

明 顧起元《說略》卷二五 近韓奕公望有《易牙遺意》二卷。

明 祁承㸁《澹生堂藏書目》 《易牙遺意》二卷二冊。黃省曾。

（同治）《蘇州府志》卷一三六 韓奕《易牙遺意》二卷。

清 錢曾《錢遵王述古堂藏書目録》卷六 《易牙遺意》二卷。一本。

清 錢曾《讀書敏求記》卷二 《易牙遺意》二卷。予非知味者，過屠門而大嚼，固未必然。但嘉賓互對，促席行杯，肴核方圓，食單似不可不講此。於蔬菜餚饌造法，頗精緻。其亦《山家清供》之一助歟？

清 萬斯同《明史》卷一三四《志一〇八》 韓奕《易牙遺意》二卷。

清 曾廉《元書》卷二三 韓奕《易牙遺意》二卷。字公望，平江人，入明不仕。

《清續通志》卷一六一 《易牙遺意》二卷，元韓奕撰。

（雍正）《浙江通志》卷二四四 《續易牙遺意》一卷。

清 黃虞稷《千頃堂書目》卷九 韓奕《易牙遺意》二卷。又《續易牙遺意》一卷。

雲林堂飲食制度集

傳記

《明史》卷二九八 倪瓚，字元鎮，無錫人也。家雄於貲，工詩，善書畫。四方名士日至其門。所居有閣曰清閟，幽迥絕塵。藏書數千卷，皆手自勘定。古鼎法書，名琴奇畫，陳列左右。四時卉木，縈繞其外，高木修篁，蔚然深秀，故自號雲林居士。時與客觴詠其中。為人有潔癖，盥濯不離手。俗客造廬，比去，必洗滌其處。求縑素者踵至，瓚亦時應之。至正初，海內無事，忽散其貲給親故，人咸怪之。未幾兵興，富家悉被禍，而瓚扁舟箬笠，往來震澤、三泖間，獨不罹患。張士誠累欲鉤致之，瓚逃漁舟以免。其弟士信以幣乞畫，瓚又斥去。士信恚，他日從賓客遊湖上，聞異香出葭葦間，疑為瓚也，物色漁舟中，果得之。抶幾斃，終無一言。及吳平，瓚年老矣，黃冠野服，混跡編氓。洪武七年卒，年七十四。

著録

清 倪燦《補遼金元藝文志》 《雲林堂飲食製度集》一卷。失名。

清 錢大昕《元史藝文志》卷三 《雲林堂飲食製度集》一卷。

清　魏源《元史新編》卷九三《志十之三》　《雲林堂飲食製度集》一卷。

清　曾廉《元書》卷二三　《雲林堂飲食製度集》一卷。

清　黄虞稷《千頃堂書目》卷九　《雲林堂飲食製度集》一卷。

食物本草（汪穎）

綜述

明　錢允治《食物本草·序》　《食物本草》者，東垣氏所作，而東壁氏志所輯也。東垣韋元名醫，其書已集從前所有，而廣後來所無矣。乃東壁為我明名醫巨擘，升平積苦纂述，具在《本草綱目》一書。其胤子公諸天下，獻之明廷，業已見其學術志大全矣。乃於編摩餘暇，取凡日用飲食品物性味，其可增删於東垣氏原編者，無不留意。搜羅既富，採訪更精，顏其書，猶是《食物本草》也。

著録

明　晁瑮《晁氏寶文堂書目》　《食物本草》。

明　高儒《百川書志》卷一〇　《食物本草》二卷。

明　祁承㸁《澹生堂藏書目》　《食物本草》二卷。一冊。

《本草綱目》卷一　《食物本草》時珍曰：『正德時九江知府江陵汪穎撰。東陽盧和字廉夫，嘗取本草之繫於食品者，編次此書，穎得其稿，釐為二卷，分為水、穀、菜、果、禽、獸、魚、味八類云。』

清　黄虞稷《千頃堂書目》卷九　汪穎《食物本草》二卷。江陵人，正德時官九江知府。本東陽盧和所著成書。

（雍正）《浙江通志》卷二四七　《食物本草》二卷，《本草綱目》：『正德時江陵汪穎撰。東陽盧和字廉夫，嘗取本草之繫於食品者編次此書，穎得其稿，分為水、穀、菜、果、禽、獸、魚、味八類云』。

食品集

明　沈察《食品集·吴禄序》　夫攝生凝古假爾饔飧，頓液暢元尚兹水火。凡民有生，誰則離是，然釡鍘遵度則榮衛，斯諧咀噬愆常則經髓冒䰟。是徵如七箸，而二氣之亢伏匪輕，不越俎樽，而百體之安危攸重。職此以往，可不慎歟？粤若稽古，周官之典列，以食醫屬諸塚宰，順時眂齍，掌皇王之饌，惟處立愛敷，仁訓君子之食，宜放姬公作令，寧無慮哉？蓋順貞於豫也，彌易蠱幹於困也，恆難金石功達於膏肓，孰與菽粟之可久，草木宣淫於脈理，孰與脯羞之孔嘉殆矣，拯溺衣袽捄焚曲突之意云爾。若夫鳥雞入劑，白鳳成膏，犢糜倒倉，羝肝撤翳，鱸腥媾女，於漂波羊，膂裹見於坐草。夫瀕於委頓，尚爾克康，矧毓於所戒，殊名異産，哲人所疑，罔似元達之善嘗，恐貽莊生之真畏。冀殄災害，盍鑒明徵，況夫海南之椰漿，河北之桃實，稽明之石首，閩廣之檳榔，興痳所需，習移士性，痛瘨掫瘵，妙稱上工，物土之宜，又方書所未論者，是故不可不慎也。我邑訓科實竹吴翁手録是編，式弘周憲陰陽燥溼之方，辯而抑揚融化之道，昭甘辛寒熱之性，標而補洩、攻守之法備矣。久藏巾篋，未獲鏤傳，嘉惠糜彰，湮沒是懼，乃詳加究釐，爰付工梓，俾爾流行區合佈告黔黎，相五運以節膏粱，修六府以調口腹，則矇聾不淪於夭劄，鮐鯢永享夫泰和，是編不爲無補於世也。

明　晁瑮《晁氏寶文堂書目》　《食品集》。

明　高儒《百川書志》卷一〇　《食品集》二卷。附録一卷。皇明松陵賓竹吴録輯。七部三百四十七品。附録宜避之目十八條。

明　祁承㸁《澹生堂藏書目》　《食品集》二卷一册。吴禄編。

明　朱睦㮮《萬卷堂書目》卷三　《食品集》二卷。吴禄。

清　萬斯同《明史》卷一三四《志一〇八》　吴禄《食品集》二卷。

清　黄虞稷《千頃堂書目》卷九　吴禄《食品集》，二卷。

清　徐乾學《傳是樓書目·史部·食經》　《食品集》一卷。明吴禄。一本。

清　范邦甸《天一閣書目》卷三　《食品集》二卷。刊本。明吴禄輯。

嘉靖丁酉沈察序。

（同治）《蘇州府志》卷一三八　吴祿《食品集》二卷。

隨園食單

綜述

清　周中孚《鄭堂讀書記》卷五一　《隨園食單》。無卷數。隨圖二十三種本。國朝袁枚撰。枚字子才，號簡齋，錢塘人，乾隆四年進士。選庶吉士，散館爲江南溧水縣，四十後絕意仕宦，世稱隨園先生。簡齋本役志於飲饌，每食於人家而飽，必使家廚往彼竈觚執弟子之禮。四十年來頗集衆美，因問其方，略集而存之，以爲是編：一、《須知單》，二、《戒單》，三、《海鮮單》，四、《江鮮單》，五、《特牲單》，六、《雜牲單》，七、《羽族單》，八、《水族有鱗單》，九、《水族無鱗單》，十、《雜素菜單》，十一、《小菜單》，十二、《點心單》，十三、《飯粥單》，十四、《茶酒單》。每單又各分子目，凡三百二十餘品。雖欲不謂之飲食之人而不可得矣。然考《説郛》所載飲食之書三十餘種，則自昔有之矣，非簡齋之所創也。前有自序。

清　袁枚《隨園食單・序》　詩人美周公而曰『籩豆有踐』，惡凡伯而曰『彼疏斯稗』。古之於飲食也，若是重乎？他若《易》稱鼎烹，《書》稱鹽梅，《鄉黨》《内則》瑣瑣言之，孟子雖賤飲食之人，而又言飢渴未能得飲食之正。可見凡事須求一是處，都非易言。《中庸》曰『人莫不飲食也，鮮能知味也』；《曲論》曰『一世長者知居處，三世長者知服食』。古人進耆離肺，皆有法焉，未嘗苟且。子與人歌而善，必使反之，而後和之。聖人於一藝文之微，其善取於人也如是。

余雅慕此旨，每食於某氏而飽，必使家廚往彼竈觚，執弟子之禮。四十年來，頗集衆美。有學就者有十分中得六七者，有僅得一二者，亦有競失傳者。余都問其方略，集而存之，雖不甚省記，亦載某家某味，以志景行。自覺好學之心理亦如是。雖死法不足以限生廚，名手作書亦多有出入，未可專求之於故紙；然能率由舊章，終無大謬，臨時治具，亦易指名。或曰：『人心不同，各如其面，自能比天下之口皆子之口乎？』曰：『執柯以伐柯，其則不遠。吾雖不能強天下之口與吾同嗜，而姑且推己及物。則飲食雖微，而吾於忠恕之道則已盡矣，吾何憾哉！』夫《説郛》所載飲食之書三十餘種，眉公、笠翁亦有陳言，曾親試之，皆閼於鼻而蜇於口，大半陋儒附會，吾無取焉。子才袁枚。

又《須知單》　學問之道，先知而後行，飲食亦然。作《須知單》。

又　先天須知：凡物各有先天，如人各有資稟。人性下愚，雖孔、孟教之，元益也；物性不良，雖易牙烹之，亦元味也。指其大略：豬宜皮薄，不可腥臊；雞宜騸嫩，不可老稚；鯽魚以扁身白肚為佳，烏背者，必崛強於盤中；鰻魚以湖溪游泳為貴，江生者，必槎枒其骨節；穀喂之鴨，其膘肥而白色；奎土之筍，其節少而甘鮮；同一火腿也，而好醜判若天淵；同一臺鯗也，而美惡分為冰炭；其他雜物，可以類推。大抵一席佳餚，司廚之功居其六，買辦之功居其四。

又《戒單》　為政者興一利，不如除一弊，能除飲食之弊則思過半矣。作《戒單》。

又《補遺》卷一　凡菱筍魚蝦，從水中採得，過半個時辰，則色味俱變；其為菱筍魚蝦之形質，依然尚在，而其天則已失矣。諺云：『死蛟龍不若活老鼠』，可悟作詩文之旨。然人莫不飲食也，鮮能知味也。作者難，知者尤難。

清　夏曾傳《隨園食單補證・序》　吾杭袁子才先生以詩文雄一時。其所著述凡二十餘種，又並且所選定者匯刊之，世所謂《隨園三十種》是也。其中《食單》一書皆載烹調之法，於先生爲極不經意之作。且進人仿爲之，亦不必盡如先生所云。以故譏先生者，亦有如先生譏眉公、笠翁也。然飲食之經自古所重。《禮》云：『衣服在身而不知其名，爲罔。』試思，衣食二者並爲人之最急，則飲饌入口亦不知其名，得不爲之罔乎？顧先生是書僅詳烹調之事，略無徵引，致人以瑣屑鄙之。余偶於武林市肆翻閱是書，意欲爲之箋証，比至吴下，歲暮無聊，爰購諸書廣爲搜輯，爲之一一梳櫛，務述其原。其有相似者，亦比類而書之。又見《王氏飲食譜》一書，所載食性意簡而明，足與此書相輔而行。因逐條附載於後，使嗜味者由烹調而考訂其源委，由源委而講求其實性；則一舉著間，皆有學問之道在，養生之道亦在，又何得以瑣屑鄙之哉！顧先生平生不喜談考據，余之書其與先生刺謬無疑；然其原書具在也。酈道元注《水經》，初不與桑欽相涉，讀者其亦知餘之意否耶！丁丑初夏，醉犀生施於蘆涇舟次。

清 梁章鉅《浪跡叢談·續談》卷四《不食物單》 《隨園食單》所講求烹調之法，率皆常味蔬菜，並無山海奇珍，不失雅人清緻。余由寒儉起家，更何學制食單，徒取老饕之誚，而恰有生平所深戒及所深惡者，列為不食物單，聊示家人，兼飭廚子，以省口舌之煩云。

清 梁章鉅《浪迹三談》卷五 京師酒館中醋溜活鯉亦極佳，然風味尚不及潼關，殆以距黄河稍遠耳。《隨園食單》中獨遺此味，實不可解，潼關固隨園行縢所未到，而京中之活鯉，豈亦不足繫其懷來乎？

又 波稜菜亦呼波菜，菜之至無味者也，而偏入《隨園食單》，亦不可解，以余從不下箸，故家厨中亦鮮購此物。

而隨園食單中於波菜條下謂：杭人名此為金鑲白玉板。自是偶誤以杭人，述語不應如此舛訛也。

清 袁枚《小倉山房尺牘·答相國二》 手論則人者重以周，責己者廉以約。束脩之獻，不許遲遲。枚聞命之下，汗出如漿。第所以徘徊而不敢獻者，有二故焉。一則能進取譬責人者人必責之，鮑老登場，其郎當未必不更甚於郭老。以故願甘纖嗇，知難而退。一則夫子居必行事，刻刻從寬，惟於論詩論味，則谿刻已甚。一吟詠耳，或摘其句中之累，或抉其字外之疵；一飲食耳，或嫌其失火齊之功，或詆耳少水泉之潔。就使安成名高，宏微製美，而往往卷俎而退者多，置虛命徹者少。訑訑之聲音顔色，拒人於千里之外，枚獨何人，能無怖乎？不特此也。諸公廚下執爨之人，男子也。龔定後可以提挈而來，枚廚下治具之人，女子也。登鼎時不能束裝而走，山中草舍，抵列戰軍門，也須臾如炊五門黍許矣。能無一日變臭，二里變色，三里變味乎？詩之不佳，一身失名；味之不佳，一家喪名。傳有之曰，嗛嗛之食，不可狃也。不能為膏而只離咎也，故不敢獻也。

又《小倉山房尺牘·答相國三》 書來敦逼再三，又命群公子環檄而嬲之。枚雖爲石人，亦不得不拾顔淵之塵貢魏昭之粥矣。昨漏下二鼓，聚家人而謀焉。僉以為夫子飽大官之饌，飫天廚之珍，凡堯蒽舜韭，禹糧湯烹，酒號三辰，脯名千里者何一不屬餐於相公之腹。一旦種菜野人想出奇制勝，不亦難乎？然枚獨氣粗膽壯，二奮然治具者，恰別有説焉。每見大富貴人，堂上懸畫一幅，製行樂一圖，往往不畫玉幾金牀，而煩畫白蘋紅蓼竹杖芒鞋者，何哉？蓋味濃則厭，趣淡反佳故耳。枚今所獻，亦倣此意而為之。如平日詩文自出機杼，不屑寄人籬下。伊川先生云：凡事必求一是處，況束修古禮，不敢以苟且將之，以故別人之欲其珍也，冽之欲其清也。調而嘗之，欲其臭香而引津也，羃而急馳之，封碧磁之口，欲其旨蓄而氣不上升也。自以為弟子之於味也，盡心焉耳矣。且飲食之道，不可以隨眾，尤不可以務名。嘗謂燕窩、海參，虛名之士也，盜他味以為己味。雞鴨魚豚，豪傑之材也。卓然有自立之味，各成一家，且如廣大教主，往往以陰德濟人，而己不居其功。枚所獻有雞豚，無海菜，故又作解嘲之説。自文其陋，唯夫子哂之。再有請者，陸氏莊荒三十年。一旦偶有萌芽，倘樵者又從而踐踏之，則從此寸草不生矣。誠恐所獻之味，有不中於口者，還求夫子隱惡而揚善，勿宣佈於眾人爲幸。

清 李光庭《鄉言解頤·人部·食工》 衣工既日就奢華，食工亦愈流而愈下。京師厨役招牌離不了『包辦南席』四字，那知食性不同，地產各別乎？人莫不飲食，鮮能知味，已論定千古世情，《隨園食單》內各條俱有可取，而其顛撲不破之語則惟『有味者使之出，無味者使之入』兩言。喚醒耳食、目食者不少，否則雖盤椀一席，不能容徒暴殄天物耳，亦何益之有哉？

清 吴騫《愚谷文存續編》卷一《寒庖録·序》 往時袁簡齋作《隨園食單》傳於好事，見者未嘗不爲之朵頤，然而以口腹之奉，窮殫物力，僅可爭勝於何曾王石輩，安足與斯編竝論哉？

傳記

清 袁枚《隨園軼事·出遊沿途得餐宿》 交遊遍海內，大江南北，故舊尤多，每以出行，由白下起身，而京口，而毗陵，而錫山，而蘇而松，以抵杭州，沿途訪舊，都以肴蒸相饋贈。雖帶有行廚，虛自備員而已。到杭之後，勾留略久，人之詢問歸期，魚雁日以屬。及歸，而故人已皆相候於道矣。或邀至其家一宿也？或且再宿也，饋贈一如出行時。先生曰：『三年一看西湖雨，累得家家具雞黍。但年已七十餘矣，若問重來與否，則此事茫茫，殊難自主，而未能預定者耳。』

清　徐珂《清稗類鈔・袁子才留伍拉納子小酌》　伍拉納嘗任江寧藩司，一日，其子隨塾師黄望庭遊隨園，袁子才出迎，款待甚周。時年六十餘，康健如少壯，面麻而長，微須已半白，身高五尺餘。園中窗嵌玻璃皆紫藍各色。肴饌精雅，食面四碗而散。乾隆辛亥，伍子年二十歲，以三等侍衛乞假省親於閩督任，再過隨園。子才時往蘇州。比至蘇相見，子才已七十六歲，令女弟子作點心兩盤、醬蔥蒸鴨一盤、鯉乾爛肉一盤為贈，伍子饋以四十金而別。比嘉慶己卯，三過隨園，則荒為茶肆矣。

又《清稗類鈔・尹文端平章肴饌》　尹文端公督兩江時，好平章肴饌之事。嘗命袁子才遍嘗諸家食單，時有所稱引。

又《清稗類鈔・袁子才食秦淮鯉》　乾隆時，秦淮漁者每以二人駕舴艋，一則扳槳，一則張網，順流捕魚。所得者，鯉居其半，得即賣之於畫舫，曰秦淮鯉。汲淮水烹之，殊佳，為袁子才所嗜。

又《清稗類鈔・袁子才食蛙》　袁子才喜食蛙，不去其皮，謂必若是而脂鮮畢具，方不走絲毫元味也。一日，庖丁剝去其皮，以純肉進，子才大罵曰：『劣傖真不曉事，如何將其錦襖剝去，致減鮮味！』

清　儲潤書《壬子仲冬喜隨園先生至邗，過舍小飲》　題糕頓見傳閨媛，先生以蕭美人糕饋奇中丞，各賦一詩，吴穀人太史制序。書餅還邀列食單。家制薄餅，先生賞之，採入《隨園食單》。軼事都堪作佳話，異時傳誦滿騷壇。

清　袁枚《袁枚全集・續同人集・宴飲類》　齋關久失庚申守，食譜開甲乙科。兄著食譜品論席間肴饌。

清　袁枚《小倉山房尺牘・答章觀察招飲》　僕撰《食譜》一書，中有應戒者若干條，須知者若干條，容日呈教。

藝文

清　袁枚《小倉山房詩集》卷三六《雜書十一絶句之一》　吟詩餘閑著《食單》，精微仍當吟詩看。出門事事都如意，只有盤餐合口難。

著録

《清續文獻通考》卷二七四《經籍考一八》　《隨園食單》一卷。袁枚撰。

隨園食單補證

綜述

清　夏曾傳《隨園食單補證・序》　吾杭袁子才先生以詩文雄一時。其所著述凡二十餘種，又并其所選定者匯刊之，世所謂『隨園三十種』是也。其中《食單》一書皆載烹調之法，於先生為極不經意之作。且近人仿為之，亦不必盡如先生所云。以故譏先生者，亦有如先生譏眉公、笠翁也。然飲食之經，自古所重。《禮》云：『衣服在躬而不知其名為罔。』試思衣食二者并為人之最急，則飲饌入口而亦不知其名，得不為之罔乎？顧先生是書僅詳烹調之事，略無徵引，致人以瑣屑鄙之。

余偶於武林市肆翻閱是書，意欲為之箋證，比至吴下，歲暮無聊，爰購諸書，廣爲搜輯，爲之一一梳櫛，務術其原。其有相似者，亦比類而書之。又見王氏《飲食譜》一書，所載食性意簡而明，足與此書相輔而行，因逐條附載於後，使嗜味者由烹調而考訂其源委，由源委而講求其實性，則一舉箸間，皆有學問之道在，養生之道亦在，又何得以瑣屑鄙之哉！顧先生平生不喜談考據，余之書其與先生剌謬無疑，然其原書具在也。酈道元注《水經》，初不與桑欽相涉，讀者其亦知余之意否耶！

丁丑初夏，醉犀生識於蘆涇舟次。

清　夏曾傳《隨園食單補證凡例》

一、是書以《食單》為經，以採輯諸書、證其原委者次之。又據王氏《飲食譜》之說附於後，而以鄙意殿焉。此一書之大較也。

一、是書所載，間有習見之品而為所脱漏者，則補之。亦有知其名而不得其詳者，概從缺如，以俟增補。

一、是書所採書籍半多隨手獺祭，其次序顛倒殊不免焉，亦有從他書採入者，或與原文僞舛，當亦有之。

一、是編所引據者，殊多未備，尚當輯為《續編》，以資詳盡焉。

傳記

清 潘衍桐《兩浙輶軒續録》卷四九 夏曾傳，字笏牀，號薪卿，鳳翔子，錢塘人，江蘇候補通判，著《在兹堂詩》。吴慶坻曰：薪卿，濡染家學，少即工詩，長隨子儀司馬入秦，又還晉陽，車塵馬足中吟諷不輟，南北試不得意，筮仕吴門，方心淡面，弗諧俗好，益頹然自放於酒，偶還里門，入鐵華吟社，未幾，殁於吴中，所著尚有《駢文》《水經注指掌》《音學緒餘》《文選擷腴》諸書。

清 譚獻《復堂日記》卷二 定夏薪卿詩。薪卿，名曾傳，子儀司馬子，子笙光禄從子，亡友陳雲欽弟子也。早慧能詩，趨向甚正，語棄凡近。十年來，隨宦燕秦楚蜀，山川兵火推助其文，後起之秀可畏。

又 卷七 審定夏曾傳《在兹堂詩》六卷畢。薪卿逸才天賦，少學韻語，寓意即工。予以咸豐六年客京師，薪卿父子儀農曹、世父紫笙皆在官。又延吾友陳雲欽為之師。過從談藝，亡間晨夕。薪卿舞象之年，以詩見質，製題結調，有成人風，引為小友。別七八年，故里遘亂，亂定，歸，薪卿間關西安歸娶，已有詩數百篇。予為秀水學官，有書規之。已而，薪卿棄諸生官吴下，仕既連蹇，縱飲疏放，家又中落。比予罷公車，作令皖中，而薪卿遽卒。在吴治《水經注》，亦未卒業。今年，吴子修以予歸里，出薪卿遺稿，丐為删正，著録三百餘篇，引辭高亮，差有合於作者。回憶當年裙屐之游，雲欽死兵，紫笙客死，子儀亦偃蹇需次府同知前没。薪卿名家俠少，才性過人，一官落拓，沈湎以終，垂老故人何忍聞其伉慨之歌哉？為序一首，所感既深，其言絕痛。以示子修，乃曰泓峥蕭瑟，要亦亡愧其言。子修，薪卿中表也。

又 補録二 撰夏薪卿《在兹堂詩叙》，所感既深，其言痛絕。持示吴子修，曰『泓峥蕭瑟』，要亦無愧其言。

清 譚獻《復堂類集》卷二《與夏薪卿書》 薪卿世兄足下：自來秀州，冷齋晝揜，發視詩稿，縱心其間，名章迥句，往往見珤，後來之秀，且誦且憙。抑僕聞之：詩者，持也，持之有故，言之成理，先民有言，厚積薄發。足下冠年踰五，命筆斐然，四卷之書，已踰百什。僕始以為足下十年侍宦，燕秦滇蜀，征衣飄摇，何止萬里；又於其問骨肉多故，出入燧火，創夷在目，齒位雖未也，要當哀樂過人，深湛之思，不廢述作，語言緐多，都關情性，納簡既竟，蕪詞累氣，即又不逮。夫干霄之木，根入九泉；盈尺之綺，不以麻績。昔吾邑有先正，其言明且清，六義遐矣，漢氏以來，樂府古詩不盡可通，言外之旨，恍忽有物。六朝三唐，凡其嬗微皆非苟作。且文章小道，人自小之，著作之林，請循其本，忠孝廉節之士，夙無文譽，偶一發唱，足動鬼神，陳編具在，曷一致思？若夫讀書，匪惟剡藻，天地民物，視乎推燖，百家諸子，各有專門，性質所近，善建不拔，稽古說詩，曰不得已，豈必雅頌皆由窮愁？不得已者，學問既成，身世所值，洞見本末，觸緒起興，稱心而言傳之，其人乃不得已也。兹事體大，牣引其端，所望足下杜門發篋，植心經史之區，托體比興之域，至應世科舉，互得證明，殊不相妨，無待摒絕。張融有言，『不阡不陌，不文不句』，又曰『丈夫當删詩書，定禮樂，何至寄人籬下』，狂狷之言亦云『縣解明月之珠，干將之劍』，要不能多多，亦不貴。又士生今日，文事難倍古人，古者塗徑未闢，清新俊逸，殊轍同歸。鍾生品詩，源流各異，唐初名家，各立門户，雖脈絡可邇，而枝葉歧出，元白李温，盧仝馬異，成名而去，任人褒彈。今則不然，每樹一義，皆非獨創，若論深造，後不如前，百川學海，或者潢潦，自非特立以問學為之根，以變化為其用，殊呻窈吟，百響一寂，夫何為哉！僕學道不堅，結習未盡，竊於此涂自比老馬，足下今日正僕初次入京師之可畏也。足下宿昔芠耆故，敢貢其區區，并世賢達接踵步武，吾喙三尺，幸深祕之。伏承上侍，曼福。獻頓首。

養小録

綜述

清 顧仲《養小録・楊宮建序》 飲食以衛生也，麤率無法，或致損人，誠失於講求耳。苟講求矣，專工滋、味，不審利害，如吴人丁鷺，因食河豚死，而好味者必謂其中風，非因食魚，可笑也。窮極口腹，反覺多累。如穆甯，飽啖珍羞，而猶杖責其子，罪其遲供，尤可鄙也。戰國四公子相尚好客，而孟嘗下客止食菜，苟一往奢侈，何所窮極。蘇易簡對太宗，謂物無定味，適口者珍，夜飲吻燥，咀齏數根，以為仙味。東坡煮菜羹醒酒，以為味含上膏，氣飽霜露，雖粱肉勿過。山谷作《食時五觀》，倪正父極歎其深切。此數公者，豈未嘗閱歷滋味，而寶真示樸，以警侈慾，良有以也。且烹飪燔炙，畢聚辛酸，已失本然之味矣。本然者淡也，淡則真。昔人偶斷殺羞食淡飯，曰：『今日方知其味，向者幾為舌本所瞞。』然則日食萬錢，猶曰無下箸處者，非不足也，亦非味劣也，汩没於五味，而舌本已無主也。齊世祖就侍中虞悰，求諸飲食方，虞秘不出，殆亦防人主之侈慾。及上醉，乃獻醒酒鯖鮓一方，或亦寓諷諫之旨乎？閱《食憲》者，首戒宰割，勿多戕物命；次戒奢費，勿暴殄天物。偶遇物品，按譜依法可耳，勿因譜試法以逞慾，以潔為務，以衛生為本，庶不失編是書者之意乎？且口腹之外，尚有事在，何至沈湎於飲食中也。諺云：『三世作官，才曉著衣吃飯。』豈徒以侈富哉？謂其中節合宜也。孔子『食不厭精，膾不厭細』，不厭云爾，何所庸心焉。

清 顧仲《養小録・自序》 嘗讀《詩》至民之質矣，日用飲食，曰旨哉？飲食之道，所尚在質，無他奇譎也。孟子曰：『飲食之人，則人賤之。』是飲食固不當講求者，乃孔夫子大聖『食不厭精，膾不厭細』。又曰：『人莫不飲食也，鮮能知味也。』夫饐、餲、餒、敗，色惡臭惡，失飪之不食無論已，至不得其醬不食，何競競於味也。而孟子亦嘗曰：『口之於味有同嗜焉，芻豢之悅口，至比於理義之悅心。』是飲食又非苟然者。其在於詩，一曰『曷飲食之』，一曰『飲之食之』，忠愛之心，悉寓於飲食，古人之視食飲綦重矣。至於味，則曰『或燔或炙』，曰『燔之炙之』，曰『炰之燔之』，曰『燔之炰之』。不曰『旨酒』，則曰『佳餚』；不曰『維其佳矣』，則曰『維其旨矣』，不曰『其餚維何』，則曰『其蔌維何』；不曰『有飶其香』，則曰『有椒其馨』；甚而田間饁餉，亦必嘗其旨否，古人之於味重致意矣。

《周禮》、《内則》備載食齊，羹齊，醬齊，飲齊，曰和，曰調、曰膳煎也。各以四時配五味、五穀及諸腥膏。酒正以法式授酒材。辨五齊四飲。籩人掌籩人實，曰形鹽膴炸生魚、鮑大鱶。魚鱐以魚於福室中糗幹之、實脯果及果脯、糗熬大米為粉、餌合蒸為餅、粉豆屑也、餈餅之曰餈。醢人掌豆實，曰醢肉汁、醢肉醬、臡音泥，無骨曰醢，有骨曰臡、菹醃菜、酏食以酒酏為餅。糝餈肉味合餅煎之。誠詳哉其言之也。

余謂飲食之道，關乎性命，至之之要，惟潔惟宜。宜者五味得宜，生熟合節，難以北陳。至於潔乃大綱矣，詩曰：『誰能烹魚，溉之釜鬵。』能者具有能事克宜也，能事具矣。而器不潔，惡乎宜，故願為之潔器者，誠重其能事也。器必潔，斯烹之潔可知，正副其能事也。夫禽獸蟲魚，本腥穢也，潔之非獨味美且宜人。水米蔬果本潔也，滷莽焉則不堪。由斯以談，酒非和旨，肴非嘉旨，奚以『式燕且譽』為？

然則孟子所稱『飲食之人』，即孔子所稱『飽食終日無所用心』之人，故賤之。而非為飲食言也。且夫飲食之人大約有三：一曰『餔餟之人』，秉量甚宏，多多益善，不擇精粗；一曰『滋味之人』，求工烹飪，博及珍奇，又兼好名，不惜多費，損人益人，或不暇計；一曰『養生之人』，務潔清，務熟食，務調和，不侈費，不尚奇。食品本多，忌品不少，有條有節，有益無損，遵生頤養，以和於身，日用飲食，斯為尚矣。

余家世耕讀。無鼎烹之奉，然自祖父以來，蔬食菜羹，必潔且熟，又自出就外傳，謹守色惡臭惡之語，遂成痼癖，管子曰『呰食者不肥體』，余真其食者。宜其為山澤臞也。

嘗著《飲食中庸論》及臆定飲食各條，草槁未竟，浪遊十餘載，傳食於公卿。所遇或豐而不潔，惜其暴殄天物也；潔而不及豐，意念良安耳；極豐且潔，則私計曰，是不當稍稍惜福耶。歲戊寅遊中州，客寶豐館舍，地僻無物產，官庖人樸且拙，余每每呰食，城恐不潔與熟，非不安淡泊也。適廣文揚君子健，河內名族也，有先世所輯《食憲》一書，余乃因千門揚明府，得以借録其間，雜亂者重訂，得復者從刪，訛者改正，集古旁引，無預食經者置弗録，録其十之五，而增以己所見聞十之三，因易其名曰《養小録》，並述夙昔臆見以為序。序成，反復自忖，誠飲食之人也。浙西饕士中村顧仲漫識。

清　顧仲《養小録·朱昆田跋》　《清異録》載，段文昌丞相自編《食經》五十卷，時號《鄒平公食憲章》。是書初名《食憲》本，此文昌精究饌事，第中庖所榜曰『鍊修堂』。在途號『行珍館』。家有老婢掌其法，指授女僕四十年。凡閱百婢，獨九婢可嗣法，乃知飲食之務，亦具有才難之歎也。夫調和鼎鼐，原以比大臣燮理。自古有君必有臣，猶之有飲食之人，必有庖人也。偏閱十七史，精於治庖者，復幾人哉！秀水朱昆田跋。

清　顧仲《養小録》卷下《佳餚篇·綜論》　竹垞朱先生曰：『凡試庖人手段，不須珍異也。只一肉、一菜、一腐庖之，抱蘊立見矣。』蓋三者極平易，極難出色也。又云：『每見薦庖人者，極贊其能省約。夫庖之能，惟省約又焉用庖哉？』愚謂省費，省料，尤之可也。甚而省味，不可言也。省鮮魚，而以餒者供；省鮮肉而以敗者供；省鮮醬、鮮筍蔬而以宿者供，旋而鮮者，且餒且敗且宿矣。況性既好省，則必省水、省洗濯矣，省柴、火候矣。贈以別號：『非省庵』。卽省齋作道學先生去。凡烹調用香料，或以去腥，或以增味，各有所宜，用不得宜，反以拗味。今將庖人口中詩賦，略書於左，蓋操刀而前，亦少不得一隻引子。

著録

清　丁申、丁丙《八千卷樓書目》卷一二　《養小録》一卷。國朝顧仲撰。學海類編本。

粥譜

綜述

清　周中孚《鄭堂讀書記》卷五八《子部十之七》　《老老恒言》五卷。原刊本。國朝曹庭棟撰。庭棟，字六吉，嘉善人。《四庫全書》存目。是書成於乾隆癸巳，時六吉年七十有五。前有自序，稱：『嗣孫年甫弱齡未能老吾之老，吾惟自老其老而已。』間披往籍，凡有涉養生者，隨筆所錄，聚之以類題曰《老老恒言》。今觀其書，前二卷詳晨昏動定之宜，凡十六目；次二卷列居處備用之要，凡十八目；末一卷附《粥譜》并説，凡六目。亦祇就起居、寢食，瑣屑求之。《素問》所謂『適嗜欲於世俗』之常也。然老老之法，亦略具於此矣。卷四、卷五之末俱有自跋，前又有引用書目。

清　黄雲鵠《粥譜·序》　吾鄉人諱食粥，諱貧也。顧都邑豪貴人會飲必繼以粥，索粥不得，主客皆不懌，粥固不獨貧者食矣。自來歲饑，為粥糜活饑者，有喪者啜粥，俾無（識）性。古人云：薄田以供饘粥，薄云者，蓋謙言，無厚產不敢厚餐也。然則粥信便於貧無力者矣。

吾近讀養生書，乃盛稱粥之功，謂於養老最宜，一省費，二味全，三津潤，四利膈，五易消化，試之良然。每晨起，啜三四碗，亦不覺飽悶。予性頗諱老，亦實覺較十年前為壯健，自得食粥方，益複忘老。粥之時用大矣哉！乃輯瀕湖《本草綱目》及高氏《尊生八牋》，凡言粥之事，次以己意，為《粥譜》一卷，既備檢用。且以詒世之養老及自養者，俾知食粥之益如此，或亦推己利人之一端也。光緒七年又七月廿又七日，序於蜀中黄雲閣。

清　黄雲鵠《廣粥譜·序》　予既輯《粥譜》爲養老養生之助，因思儉歲救饑必資糜粥得法則多，全生命不得法，則弊生而饑民轉易死，仁心仁術兩相資不可不豫爲講求也。莘野耕夫尚切不獲子辜之痛，況吾儕曾備位朝列，卽淡泊自甘啜□菽□水，置羣黎饑飽於膜外事，前無少籌畫事至但憑私智浮議苟應故事，嗚呼！民厄於歲厄於天辛死，於長民者之心與法可哀也已，古稱救荒無奇策，能活人卽奇策也。閒居覽《康濟録》《康濟譜》《從政録》諸書，卻憶前守成都時旱荒情事怦怦心動，爰撮鈔賑粥一冊爲《廣粥譜》，其他大者有全書在，有志者自知取法。我寠人也，畏饑甚，知世之寠人亦如我之畏饑甚，故不憚揶揄爲之譜，復爲之序。大清光緒七年歲次辛巳冬十月，黄雲鵠識於蜀中。

清 曹廷棟《粥譜·粥譜説》 粥能益人，老年尤益。前卷屢及之。皆不過略舉其概，未獲明析其方。考之軒岐家與養生家書，煮粥之方甚夥。惟是方不一例，本有輕清重濁之殊。載於書者，未免散見而雜出。竊意粥乃日常用供。借諸方以為調養，專取適口，或偶資治疾。入口違宜，似又未可盡廢。不經匯録而分別之，查檢既嫌便少，亦老年調治之闕書也。爰撰為譜。先擇米，次擇水，次火候，次食候。不倫調養治疾功力深淺之不同，第取氣味輕清香美適口者為上品。少遜者為中品，重濁者為下品。準以成數，共録百種。削其入口違宜之已甚者而已。方本前人，乃已試之良法，註明出自何書，以為征信。更詳兼治，方有定而治無定，治法亦可變通。內有竊據鄙意參入數方，則惟有益而兼適於口。聊備老年之調治。若夫推而廣之，凡食品、藥品中堪加入粥者尚多，酌宜而用。胡不可自我作古耶。更有待夫後之明此理者。

著録

《四庫全書總目》卷一三〇 《粥譜》，一卷。借爲調養之需，蓋廷棟年七十五時作也。

饌史

《四庫全書總目提要》卷一一六 《饌史》一卷。兩淮鹽政採進本。不著撰人名氏，舊本題曰元人，亦臆度之也。其書雜記飲食故事，所採如《酉陽雜俎》《東京夢華録》《武林舊事》之類，大抵習見。又以《饌史》為名而波及食量，已為支蔓，乃並劉邕嗜痂，權長孺嗜爪甲，鮮於叔明嗜臭蟲事，亦並闌入。皆與饌無涉益乖體例矣。

清 丁申、丁丙《八千卷樓書目》卷一二 《饌史》一卷。不著撰人名氏。

《清續通志》卷一六一 《饌史》一卷。不著撰人名氏。

《清續文獻通考》卷一八一《經籍考》 《饌史》一卷。題元人撰。不著名氏。

天厨聚珍妙饌集

《四庫全書總目提要》卷一一六 《天厨聚珍妙饌集》一卷。《永樂大典》本，不著撰人名氏。所言皆製造飲食法度科例，分類編次。有汝陽史維泉序曰：東原鬻書，李順之購得善本，目之曰《天廚聚珍妙饌集》，將鋟梓以廣其傳。蓋舊有其書而李順之刻之，為題此名，當時已不知誰所作矣。

《清續通志》卷一六一 《天廚聚珍妙饌集》一卷，不著撰人名氏。

居常飲饌録

《四庫全書總目提要》卷一一六 《居常飲饌録》一卷。編修程晉芳家藏本，國朝曹寅撰。寅字子清，號楝亭，鑲藍旗漢軍，康熙中巡視兩淮鹽政，加通政司銜。是編以前代所傳飲膳之法，匯成一編。一本曰宋王灼《糖霜譜》，二、三曰宋東谿遯叟《粥品及粉面品》，四曰元倪瓚《泉史》，五曰元海濱逸叟《制脯鮓法》，六曰明王叔承《釀録》，七曰《明釋智舷茗箋》，八、九曰明灌畦老叟《蔬香譜及制蔬品法》，中間《糖霜譜》寅已別刻入所輯《楝亭十種》，其他亦頗散見於《説郛》諸書云。

《清文獻通考》卷二二八 《居常飲饌録》一卷，曹寅撰。寅字子清，號楝亭，鑲藍旗漢軍，人康熙中巡視兩淮鹽政，加通政司銜。

清 鄂爾泰《八旗通志》卷一二〇《藝文志》 《居常飲饌録》一卷。曹寅撰。寅鑲藍旗漢軍。康熙中巡視兩淮鹽政，加通政使銜。是編以前代所傳飲膳之法彙成一編，一曰宋王灼《糖霜譜》；二三曰宋東谿遯叟《粥品及粉麵品》；四曰元倪瓚《泉史》；五曰元海濱逸叟《製脯鮓法》；六曰明王叔承《釀録》；七曰明釋智舷《茗箋》；八九曰明灌畦老叟《蔬香譜》及《製蔬品法》。中間《糖霜譜》寅已別刻入所輯《楝亭十種》，其他亦頗散見於《説郛》諸書云。

《清通志》卷一〇〇《藝文畧》 《居常飲饌録》一卷，曹寅撰。

食物本草（陳繼儒）

明 陳繼儒《食物本草·序》 天地生人，亦甚偶巧矣。兩目兩耳，鼻兩孔，其竅皆耦，正如坤卦之象。口與大小便其竅皆奇，正如乾卦之象。乾宜上而反居下，坤宜下而反居上，此泰卦也。坤惟居上，故濁者變而爲清，食天之氣者，惟鼻。乾惟居下，故清者變而爲濁，食地之形惟口。口下鼻上，是爲人中，故曰天地之生人，亦甚偶巧矣。《易·頤卦》曰：慎言語，節飲食。《中庸》又言：人莫不飲食也，鮮能知味也。世人病五氣七情，五臟六腑之症，有脈可按，有情形可摩。若飲食之病，或以驟而不覺，或以雜而不辨，或以日漸日久而不著不察，若孕婦小兒，蓋冒冒矣。予曾睹婁江雲穀穆君著《食物纂要》，最爲簡明，有補人世。茲復得瀕湖李君參補《東垣食物草本》益加精切鴻鉅。其用心苦，其總覽富，其考辨嚴，使賢者可以尊生，達者可以立命，即予老饕亦且捫舌而懼染指而退矣。以視雲穀氏之《纂要》，則又不啻大官鼎烹之與嘗鼎一臠也。夫醫司命也，以命聽醫，孰若以命聽我。況日用飲食我爲政者也。若知味則自然知節，知節則自然可以身心俱泰。雖謂本草一書，即頤卦、節卦、泰卦注腳可也。故樂爲敘而傳之。崇禎戊寅七月既望雲間陳繼儒撰。

明 陳繼儒《食物本草·李時珍序》 時珍殫心醫業，垂二十年，而《本草綱目》始成。自謂綜天地生成所有，補聖賢著述所無。濟人利物，裔成全書矣。藏諸家笥，未遑廷獻。緣念造物生萬，人靈而貴，故寓內動植潛蜚，鴻纖巨細，罔非大生廣生。而原厥所以生生之意，總以資養生民，俾之津榮掖衛，同登仁壽之域而已。匪弗愛物，仁民孔棘，此上帝好生之心蓋自茹毛飲血以來固已，因萬物之利而保萬民之生繇來久矣。粵及物類混淆，飲食失正，飢渴內政，寒烜外製，而後輓世之民夭劄疵癘，疾病生焉。始有賴乎醫藥之書，是則《食物本草》視諸藥性，本草尤爲先務也。

考古炎帝、軒、岐，創有本草醫經，闡明至理。嗣後姬公定食醫之理，淮南王有《食經》一百二十卷，崔浩《食經》九卷，竺暄《食經》十卷、《膳饈養療》二十卷，孫思邈《古今食治》三十卷，孟詵《食療本草》三卷，陳良士《食性本草》十卷，昝殷《食經心鑑》三卷，婁居中《食經通説》一卷，陳直《奉親養老》二卷，吴瑞《日用本草》八卷，汪穎《食物八類本草》二卷，寧原《食鑑本草》四卷，互明奥妙。時珍悉廣搜而窮攬之。於是羅列諸家，參訂其詳略，是正其舛謁，而又廣以見聞，益以心得，爲書二十二卷，卷分一十五部，部分六十二類。附以治蠱論方，備以《救荒野譜》。繁者削之，闕者增之，溷者別之，岐者合之，疑者釋之，謬者去之。詳其本末，稽其出產，明其性味，悉其制度，具其烹調。俾天下生民於居恆日用飲食之際，披而覽之，無不曉然：何物得以養生，何物得以戕生，何物養生而失其道反可戕生，何物戕生而有其方亦可養生。庶令處常處變，居夏居夷，人無朶頤之累，家多鼓腹之遊。

仲尼有云：『人莫不飲食也，鮮能知味也。』子輿有云：『飲食之人，無有失也，則口腹豈適爲尺寸之膚哉？』夫人稟陰陽五行之氣以成形，而不得不資陰陽五行所化生之物以養其生，不至爲飢渴所害，以遂其所生之性。故上自王公大人，下迨士夫氓庶，雖其間鼎烹釜爨豐約不同，而仰視父母、俯畜妻子、中膳一身，其所以藉爲頤養計者，大要以能知飲食之味，而不失乎飲食之正爲旨。此古昔聖賢迭相著述之仁，千載一轍也。時珍不敏，竊幸私淑孔孟之遺言，遠紹炎黃往聖，暨漢晉以來先賢，濟人利物，一點相承苦心，不斬神慮，無間暑寒，積有年力，而併成是集，別其目曰《食物本草》。一仍前哲之舊，而不敢苟異，以自外於古今著述之林。後之君子，獲我同心，必有進焉，以擴上帝好生之意，則生民幸甚。蘄州李時珍東璧撰。

明 李時珍《食物本草·錢允治序》 《食物本草》者，東垣氏所作，而東壁氏之所輯也。東垣爲元名醫，其書已輯從前所有，而廣後來所無矣。乃東壁爲我明名醫巨擘，生平積苦纂述，具在《本草綱目》一書。其胤子公諸天下，獻之明廷，並已見其學術之大全矣。乃於編摩餘暇，取凡日用飲食品物性味，其可增刪於東垣氏原編者，無不留意。搜羅既富，採訪更精，顏其書猶是《食物本草》也。而疲卷瀏覽，燦若一新，條列部類，種種詳備，大非昔日舊觀。部分水、穀、菜、果、鱗、介、蛇蟲、禽、獸、味、草、木、火、金、玉石、土，共部一十有六；類分水五、穀七、菜五、果六、鱗二、介二、蛇蟲二、禽四、獸四、味四、草八、木五、火一、金一、玉石一、土一，共類五十有八。次附《救荒野譜》《治蠱論方》，書凡二十二卷有寄。不獨飲食所需，一物一品，無不條悉。及其間種產質性，生克忌宜，以及五味所知，四時所調，百病所療之説，亦皆審毖賅陳。大哉！是編也，洵有關乎民生日用者哉！夫日用莫切飲食，飲食貴以養生。第人生古今異質，品物亦古今異生。人性南北異稟，品物亦南北異種。執洪荒之毛血而茹飲於晚近，有戕生焉已爾；操江南之橘柚而栽植於關隴，有變種焉已爾。不佞獲是編而攬之，未嘗不深慨其弘裨蒼生而有以躋斯世於人壽也已。又嘆著述之難，雖古聖聖賢，遞闡迭，不免互有得失。微論亥豕魯魚，僅爲點畫；即黍稷瓜果、禽獸草木之類，間亦依回成説。稽訂失實，誤載籍，即誤民生。不佞雖不習醫，竊用憫焉。因肆力窮探，僭加評註。每類各種，細心駁正，補其闕失，刊其繁紊，至得罪先正，弗顧也。即曰有功先正，不敢也。嗟乎！造食飲以養人生，而或縱食飲以傷人命，可不慎之者哉？可不慎之者哉？顔其書仍是《食物本草》也。而訂正精嚴，繕鍥工致，用以閎布海內。海內之人，鮮不知飲食之味，而嫿生生之化於無窮也。詎日不佞與有力焉，請歸諸東壁氏，請進而歸諸東垣氏。時天啓辛酉重九日八十一翁錢允治功父題。

隨息居飲食譜

綜述

清　王士雄《隨息居飲食譜·前序》　嗚呼！國以民為本，而民失其教，或以亂天下。人以食為養，而飲食失宜，或以害身命。衛國、衛生，理無二致，故聖人疾與戰並慎，而養與教並重也。《中庸》曰：人莫不飲食也，鮮能知味也。夫飲食為日用之常，味即日用之理。勘進一層，善頤生者，必能善教民也，教民極平易，修其孝、悌、忠、信而已。

頤生無元妙，節其飲食而已。食而不知其味，已為素餐；若飽食無教，則近於禽獸。余嘗曰：子、臣、悌、友，聖人之道學也；孝、悌、忠、信，王者之幹城也。聖賢書具在，小子何敢贅焉！惟飲食乃人之大欲所存，易為腹負，故大禹菲飲食，而武侯甘澹泊也。今夏，石米八千，斤硃四十。茫茫浩劫，呼籲無門。呂君慎庵，知我將為餓殍也。招遊梅涇，寓廣川之不窺園。無事可為，無路可走，悠悠長夜，枵腹無聊。丐得枯道人禿筆一枝，畫餅思梅，纂成此稿，題曰《飲食譜》。質諸知味者，或不賤其養小失大，而有以教我也。

清　王士雄《隨息居飲食譜·董耀跋》　昔汪信民先生曰：人嘗咬得菜根，則百事可做。噫！豈為咬菜根者言耶！清朝湯文正公撫吴時，日給惟薺韭。其公子偶市一雞，公知之，立召公子跪庭下，責之曰：惡有士不嚼菜根而能作百事者哉？即遣去。奈何世之肉食者流，竭人脂膏，供其口腹，豢其妻孥，以為分所應爾。及當天下事，則碌碌無所措。暴殄天物，莫此為甚。飲不思源，則為忘本。此夢隱《飲食譜》之所由作也。夢隱名重三江，傳食諸侯數十年。會世有亂征，歸處窮鄉，布素自甘，粹然儒士。門以內，不裷佛，亦不殺生。蓋儉以養廉，澹以寡欲，安貧之道於是，欲疾之方於是。而其立身、養生之有素者，慨然欲與世共，而譜是書。書先水穀。水，食之精也；穀，食之本也；調和為制宜之具也，蔬果亦日用之常也，故曰飲曰食，而考之實，辨之詳。毛羽鱗介不言食，以非人人可常食也。至穀食，以番儲終救荒之功也。至蔬食，以菽乳終薄海之常饌也。義例謹嚴，意寓懲戒，美不勝書。書所管見者，蘇文忠公云：屠殺牛羊，刳臠魚鱉，以為膳羞，食者甚甘，死者甚苦。故無故不殺，聞聲不食。古聖賢於斯三致意也。則是書之微意，實通古今，而酌其宜，豈若愚人裷佛，持戒殺之説，而終不可行者耶？且夢隱嘗處膏脂而潤，今食糠，而充饑，蓋無入而不自得也。是編之纂，直胥天下後世，而飲食之、教悔之，顧可以養生、卻病，一端視之哉！余敢述其微，以告夫世之肉食者。

清　王士雄《隨息居飲食譜·呂大跋》　春秋戰爭七十國，而顏淵、原憲之徒，以陋巷終者。其時，天下尚能容隱君子也。夫隱君子者，或高尚其事而隱，或功成身退而隱，或時不可為而隱，或不堪從政而隱，類皆有地以容其隱者也。否則，托跡於農、工、樵、賈、緇黄、末伎之流，以自食其力而隱。其途雖殊，其歸則同。更或力不能為農、工、樵、賈、緇黄、末伎者，如留侯、鄴侯之隱於白雲鄉，劉、阮、陶、李之隱於醉鄉，司馬長卿以溫柔鄉隱，希夷先生以睡鄉隱，尤為隱中之尤著者也。吾友海昌王君，抱有用之才，無功名之志，操活人之術，而隱於布衣。此海豐張雨農司馬以為奇人，而吾鄉莊芝階中翰稱曰隱君子也。余謂惟奇人斯能隱，王君身雖隱而名望日隆，遨遊公卿數十年，知劫運釀成，莫從挽救，飄然歸籍，貧無立錐，嘗著《歸硯録》以見志。乃不數年，而遍地荊榛，硯田蕪穢，癡無所用，身亦難潛。君號半癡，而顏其室，曰潛齋。今挈眷來此，米珠薪桂，並日而食，因纂《飲食譜》以攄懷，易字曰夢隱。噫！顧仁術猶不能容於擾攘之世，而欲追步希夷，隱於睡鄉，以待承平之日哉！是譜以水始，以蝗終，寓意深矣。夢隱身嘗世味，如辨淄澠，豈治亂之理，果可征之人事歟！初，省垣以重兵自衛，糜餉年餘，秋杪被圍，至六十餘日，升米三千，斤蔬七百，草根掘盡，餓斃者以數萬計；卒以兵潰城陷，死於鋒鏑及自殉者亦以萬許；而被擄與流傳而死者，又不可以數計。千古名城，遂無噍類，蝗飛蔽天之禍，竟至是耶！嗚呼，慘矣！韓子云：食焉而怠其事，必有天殃。殃之及也，生民塗炭，可不痛哉！是書言近而旨遠，吾願後之覽者，無負其苦心焉。爰抒聞見，跋諸卷尾。

傳記

清 王士雄《回春録・周鑅序》 余友王君孟英，少年失怙，其尊人彌留之際，執孟英手而囑曰：人生天地之間，必期有用於世，汝識斯言，吾無憾矣。孟英泣拜而銘諸心腹。然自顧家貧性介，不能為利達之人，將何以為世用耶？聞先哲有『不為良相，則為良醫』之語，因自顏其室曰『潛齋』。而銳志於軒岐之學，潛心研究，遂抉其微。年未冠，遊長山，即納交於余，每見其治病之奇，若有天授，而視疾之暇，恒手一編不輟也。繼瞻其齋頭一聯云，『讀書明理，好學虛心』。可見志苦力學，蘊之胸中者，淵深莫測，乃能窮理書性。出之指下者，神妙難言。二十年來，活人無錯，豈非以用世之才，運其濟世之術，而可垂諸後世者哉？今就余耳目所及之妙法，仿丁長孺刻仲淳案之例，録而付梓，名曰《回春録》。然見聞有限，遺美極多，世之君子，必有如莊斂之華岫云其人者，更為之遠搜博採，以廣其傳，而余糠秕在前，有榮施矣。

清 王士雄《隨息居飲食譜・後序》 嗚呼！《飲食譜》何為而作耶？蓋世味深嘗，不禁有飲水思源之感也。竊謂食毛踐土，二百餘年，歲無奇荒，國無苛政，竟至禽獸食人食，而塗有餓殍，豈非亙古未聞之奇事哉！士雄年十四失怙，賴先慈招拄門戶，而家有七口，廚無宿舂。蒙父執金履思丈念舊憐孤，字余曰孟英，命往金華鹺業，佐司會計。舅氏俞公桂庭，誼篤親親，力肩家事，贈余齋名曰『潛』，囑潛心學問，勿以內顧為憂。乃未十載，金丈、舅氏相繼謝世。余愧無以仰付二公盛意，而潛修英發也。徒以性情疏邁，遇合多奇，同郡周君光遠知我最深。挈舍弟季傑另辟一業，俾資事畜。而余律身極儉，不善居積，或以癡目之，遂自號半癡。迨周君作古，母逝子殤，世景日非，蓋無意人間事矣。乙卯冬，攜眷回籍，息影窮鄉，賃屋而居，堂名歸硯，欲遂首丘之志而終老焉。詎上年春，省垣失事，季傑幸縋城歸，秋仲渟溪遭難，雖不傷人，而坐食無山，癡將安用？今旅濮院，對核充饑。我生不辰，兔爰興歎，華胥學步，神契希夷，因易字曰『夢隱』，並粗述四十年孤露衷情。以志前路悠悠，皆先人所留之餘地；而後路茫茫，惟有不忘溝壑耳！知味者鮮，且藏稿以俟之。

清 楊照藜《溫熱經緯・序》 居數月，複以公事牽率，買舟南下，因得謁孟英於武林，握手言歡，歷敘契闊。而孟英業益精，學益邃，涵養深醇，粹然見於面目，余以行迫，未得深談，惘惘而別。已而孟英來答拜，輿夫負巨簏置舟中，則孟英所贈書也。舟行正苦岑寂，得此奇編，如親良友，遂次第讀之，中得一編，題曰《潛齋叢書》。急閱之蓋孟英數年所搜輯言醫之書也。或表著前徽，或獨攄心得，或採摭奇方如《肘後》，或區別品匯如《圖經》。匡坐篷窗，間回環雒誦，奇情妙緒，層見疊出，滿紙靈光，與嚴陵山色競秀爭奇。噫！技至此乎。夫士君子能成不朽之盛業，而為斯民所托命者，其精神必強固，其志慮必專一，其學問必博洽，其蘊蓄必深濃，而天又必假以寬間之歲月，以成其志。孟英懷才抱奇，隱居不仕，而肆力於醫，故所造如此，豈偶然哉！余行抵玉山，遇賊不能前，仍返武林，就孟英居焉。晨夕過從，相得甚歡，因並讀其《溫熱經緯》，經緯者，蓋以軒岐仲景為經，葉薛諸家為緯，體例一仍《霍亂論》之舊，而理益粹，論益詳。其言則前人之言也，而其意則非前人所及也。余於此事，懷之數年，莫能措手，孟英已奮筆而成此書。洋洋灑灑，數十萬言，無一支字蔓語羼雜其間，是何才之奇而識之精耶？異日由此例而推之各雜証，力辟榛蕪，獨開異境，為斯道集大成，洵千秋快事哉。

《清續文獻通考》卷二七四《經籍考一八》 《隨息居飲食譜》一卷。王士雄撰。士雄，字潛齋，號孟英，亦號夢隱，浙江海甯人。

中饋録

綜述

清 曾懿《中饋録·中饋總論》 竟蘋藻詠於《國風》，羹湯調於新婦。古之賢媛淑女，無有不嫻於中饋者。故女子宜練習於歸之先也。茲將應習食物製造各法筆之於書，庶使學者有所依歸，轉相效倣，實行中饋之職務。《鄉黨》記孔子飲食之事：不厭精細；且於沽酒市脯屏之不食。其有合於此義乎？亦節用衛生之一助也！

傳記

清 曾懿《古歡堂全集·女學篇序》 幼承母訓，夙好金石、詞章之學，與圖畫、針黹、烹飪之術。及笄，攖疾五稔，博覽《內經》《素問》，講求醫學之理與衛生之法。

又 涉大江，越重洋，遨遊東南各行省。

又 我同胞女子有二萬萬之眾，何不以勉力同心，共起競爭之志，以守其天賦之責任乎？有如教育子女，各盡義務，所以培植國民之基礎也；勤儉勞苦，家給人足，所以籌劃家政之根本也；醫學衛生，以保康強，所以強大種族之原理也【略】因思詞章治學之無裨時艱，今隨宦皖北，端居多暇，乃取昔稟承母與姑之教，為懿所身體力行，作《女學篇》。外而愛國，內而齊家，精之及教育衛生之理，淺之在女紅中饋之方，詞不求深，語不求高。以之為家訓也可，以之為女箴也可，以之為女教科書也亦無不可。

醒園録

綜述

清 李調元《醒園録·序》 居家宜儉也，而待客則不可不豐，自食宜淡，地而事親則不可不濃。此先大夫醒園之所由作也。先大夫自諸生時，蔬食菜羹，不求安飽。然事先大父母，必備極甘旨。至於宦遊所到，多吴越南珍之卿。廚人進而甘焉者，隨訪而誌諸册，不假抄胥，手自繕寫，蓋歷數十年如一日矣。

夫《禮》詳《內則》。養老，有淳熬淳母之別；奉親，有飴蜜滫瀡之和。極之蜩、範蚳、蜍之細；芝，栭，蔥，渫之微。棗烝、栗擇，削瓜、鑽梨之事，罔不備舉。寧獨大者軒，細者膾，冬行鱻，夏行腒，委曲詳載爾乎。

夫飲食非細故也。《易》警臘毒，《書》重鹽梅。烹魚，則《詩》羨誰能。胹熊，則《傳》懲口實。是故，箴銘之作，不遺盤盂。知味之喻，更嘆能鮮！誤食蟛蜞者，猶讀《爾雅》不熟；雪桃以黍者，亦未聆《家語》之訓乎！在昔，賈思勰之《要術》遍及齊民。近卽，劉青田之《多能》，豈眞鄙事？《茶經》《酒譜》，足解覊愁。鹿尾、蟹蝑，恨不同載。夫豈好事？蓋亦有意存焉。

是録偶然涉筆，不言著述而著述莫大焉。時一恭展，儼然見先大夫之精神如在，而菽粟之味獨留家風。猶憶『醒園』，不啻隨先大夫後，捧匜進爵，陪色笑於先大父母之側也。不敢久閉笈笥，乃壽諸梓。書法行款，悉依墨妙。點竄塗抹，援刻魯公。爭座位例，各存其舊。亦謂父之書，手澤存焉，猶之母之杯卷口澤存焉耳。然而言及此，已不禁淚涔涔如綆縻矣。

傳記

清　吴省欽《白華前稿》卷二一《順天府北路同知李君傳》　君諱化楠，字廷節，石亭其號也。緜州羅江人。封文林郎。【略】通籍廿年，禄養備至，其銜卹也。會葬者千人於雲龍山，立家祠置田贍族。少時耕且養，據隴上挾書而哦，少惰文林，君投以礫，故君左頷有瘢。羅江入本朝成進士者，蓋自君始云。藏書數萬卷，皆自浙載歸，他生產不復問。所撰《族譜》八卷，《治略》二卷，《石亭詩》八卷。

（嘉慶）《羅江縣志》卷二四　李化楠，弱冠時爲名，諸生試輒高等捷南宫考充咸安宫教習。未就歸。遠近學者多宗之。其官浙也，兩充鄉試房考官，得李祖惠陸熿諸人，皆知名士。平生力於爲善，嘗期積一累萬，故顔其居曰：『萬善堂』。喜藏書，工吟咏，熟韓蘇全集，覆按不失一字。性孝友，通籍後，禄養備至。又於雲龍山側立宗祠，置田以贍族人。築『醒園』，蒔花木，集生徒會文藝，所著有《萬善堂稿》《石亭詩集》《文集》《醒園録》等書行於世。

清　李調元《童山集》文集卷一八《誥封奉政大夫同知順天府北路事石亭府君行述》　府君一言已決，且料事多奇中，然精明中常存渾厚，絕不討人便宜，曾鐫吃虧圖章以自警。處家喜儉約，衣帽但取溫暖，登仕後始脱布袍，然終其身未嘗穿一華服，自供不過腐菜，常曰咬斷草根，百事可做。性極孝，先王父母在日，旨甘必親調，出外必屬宜人烹飪如法，所著有《醒園録》，人皆傳抄。

著録

清　丁申、丁丙《八千卷樓書目》卷一二《子部・譜録類》　《醒園録》一卷，國朝李化楠撰。函海本。

坡仙食飲録

清　徐乾學《傳是樓書目》卷二《史部・食經》　《坡仙食飲録》一卷。明孫鏞，一本。

其他農書部

博物志

綜述

晉 張華《博物志·序》 余視《山海經》及《禹貢》《爾雅》《說文》、地志，雖曰悉備，各有所不載者，作略說。出所不見，粗言遠方，陳山川位象，吉兇有征。諸國境界，犬牙相入。春秋之後，並相侵伐。其土地不可具詳，其山川地澤，略而言之，正國十二。博物之士，覽而鑒焉。

晉 張華《博物志·都穆跋》 張茂先嘗採曆代四方奇物異事，著《博物志》四百，晉武帝以其太繁，俾刪爲十卷，今所傳本是也。茂先讀書三十車，其辨龍鮓，識劍氣，以爲博物所致，是書固君子之不可廢歟？第未知武帝之俾刪者何說？而所存止於是也。夫覆載之間，何所不有？人以耳目之不接，一切疑之而不信非也。《論語》記子不語怪，怪固未嘗無也，聖人特不語以示人耳。予同年賀君志同爲衢州推官，寶愛是書，刻梓以傳。夫仕與學一道，君之好古若是，推之於政，殆必有過人者，而不俟予之言也。弘治乙丑春二月，工部主事姑蘇都穆記。據明弘治十八年賀志同刊本。

晉 張華《博物志·崔世節跋》 余曾見《事文類聚》及諸家注中有引《博物志》者，思欲一見全書以廣見聞者久矣。歲戊子冬，以賀正朝天，朝行至北海，賈以張華、李石兩志來賣者，遂購得之。萬裏行邁，無暇寓目，挈而東歸，居閑處獨，披覽再三。天地之高厚，日月之晦明，四方人物之不同，昆蟲草木之淑妙者，無不備載。其昔物理之難究者盡在胸中，開豁無礙，正如披雲霧睹青天，可樂也。然尚以未獲廣布，未與人共之爲嫌。今年春謬膺朝命，出按湖南。巡行帝方，乃與主伴共論幽頤，語及《博物志》，遂以兩帙囑之，俾鋟諸梓。閱數月功訖，倩工印之。從容蘊繹，前日未盡料理者融會無餘，不知我爲張、李，張、李爲我也。世之博雅君子，如以沈之《筆談》、段之《雜俎》參而考之，則其於研察衆理何多哉。嘉靖辛卯良月下浣，鏡湖居士崔世節介之跋。

晉 唐琳《快閣本博物志·序》 史稱張華讀書三十車，作《博物志》四百，武帝以爲繁，存十卷。今讀其書，雖多奇聞異事，而簡略不成大觀，豈書傳既久，殘缺處多耶？抑或繁非能博，博不在繁耶？辨龍鮓，識劍氣，定有一段不經人見之學問附於書以傳。一讀再讀，令人悔武帝之芟除，而思以睹其全也。新都唐琳玉父識。

《四庫全書·〈博物志〉提要》 《博物志》十卷，內府藏本，舊本題晉張華撰。考王嘉《拾遺記》稱：『華好觀秘異圖緯之部，捃采天下遺逸。自書契之始，考驗神怪及世間閭里所說，造《博物志》四百卷，奏於武帝。帝詔詰問：「卿才綜萬代，博識無倫，然記事采言，亦多浮妄。可更芟截浮疑，分為十卷」』云云。是其書作於武帝時。今第四卷物性類中，稱『武帝泰始中武庫火』，則武帝以後語矣。《書影》有謂：『《藝文類聚》引《博物志》「子貢說社樹」一條，今本不載者。』案此條實在第八卷中，書影蓋偶然未檢。然考裴松之《三國志註·魏志·太祖紀》《文帝紀》《濊傳》《吳志·孫賁傳》引《博物志》四條，今本惟有《太祖紀》所引一條，而佚其前半，餘三條皆無之。又江淹《古銅劍贊》引張華《博物志》曰：『鑄銅之工不可復得，惟蜀地、羌中時有解者。』今本無此語，足證非宋、齊、梁時所見之本。又《唐會要》載：『顯慶三年，太常丞呂才奏：案張華《博物志》曰：「《白雪》是泰帝使素女鼓五弦曲名，以其調高，人遂和寡。」』又張彥遠《歷代名畫記》引張華《博物志》曰：『劉褒，漢桓帝時人，曾畫《雲漢圖》，人見之覺熱；又畫《北風圖》，人見之覺涼。』今本皆無此語。李善註《文選》，引張華《博物志》十二條，見今本者九條，其《西京賦註》引『王孫公子皆古人相推敬之詞』一條，《閒居賦註》引『張騫使大夏得石榴，李廣利為貳師將軍伐大宛得蒲陶』一條，《七命註》引『橙似橘而非，若柚而有芬香』一條，則今本皆無此語。段公路《北戶錄》引《博物志》五條，見今本者三條，其『鵂鶹一名雞鵂』一條，『金魚腦中有麩金出邛婆塞江』一條，則今本皆無此語。足證亦非唐人所見之本。《太平廣記》

引《博物志》『鄭宏沈釀川』一條，趙彦衛《雲麓漫鈔》引《博物志》『黃藍張騫得自西域』一條，今本皆無之。晁公武《讀書志》稱『卷首有理略，後有讚文』，今本卷首第一條為地理，稱『地理略』。自魏氏曰以前云云，無所謂理略，讚文惟地理有之，亦不在卷後。又趙與時《賓退録》稱張華《博物志》卷末載湘夫人事，亦誤以為堯女，今本此條乃在八卷之首，不在卷末。皆相矛盾，則併非宋人所見之本。或原書散佚，好事者掇取諸書所引《博物志》，而雜採他小説以足之。故證以《藝文類聚》《太平御覽》所引，亦往往相符。其餘為他書所未引者，則大抵剽掇《大戴禮》《春秋繁露》《孔子家語》《本草經》《山海經》《拾遺記》《搜神記》《異苑》《西京雜記》《漢武内傳》《列子》諸書，餖飣成帙，不盡華之原文也。又劉昭《續漢志註・律曆志》引《博物記》一條，《輿服志》引《博物記》一條，《五行志》引《博物記》二條，《郡國志》引《博物記》二十九條，《齊東野語》引其中『日南野女』一條，謂『《博物記》當是秦、漢間古書，張華取其名而為《志》』。楊慎《丹鉛録》亦稱：『據《後漢書註》，《博物記》乃唐蒙所作。』今觀裴松之《三國志註》引《博物記》四條，又於《魏志・涼茂傳》中引《博物記》一條，灼然二書，更無疑義。此本惟載『江河水赤』一條，又載『漢末關中女子及范明友奴發冢重生』一條而分爲兩條。又載曰：『南野女』一條，言化『羣行不見夫』句爲『羣行見丈夫』，訛『其狀皛且白』句爲『晶目』，其餘三十一條則悉遺漏，豈非偶於他書見此三條以博物二字相同，不辨爲兩書，而貿貿採入乎？至於『雜記』下所載『豫章衣冠人有數婦』一條，乃『隋書・地理志』之文，唐人所撰，華何自白見之？尤雜合成編之明證矣。書中間有附注或稱盧氏，或稱周日用，案《文獻通考》載周盧注《博物志》十卷，又盧氏註《博物志》六卷。此所載寥寥數條，殆非完本，或亦後人偶為摘附歟？

晉 張華《博物志・汪士漢序》　按：張華字茂先，挺生聰慧之德，好觀秘異圖緯之部，捃采天下遺逸，自書契之始，考驗神怪及世間閭里所説，造《博物志》四百卷。奏於武帝。帝詔詰問：『卿才綜萬代，博識無倫，遠冠羲皇，近次夫子，然記事採言亦多浮妄，宜更刪剪，無以冗長成文。昔仲尼刪《詩》，尚不及鬼神幽昧之事，以言怪力亂神；今卿《博物志》，驚所未聞，異所未見，將恐惑亂於後生，繁蕪於耳目，更芟截浮疑，分爲十卷。』即於禦前賜青鐵硯，此鐵是於闐國所出，獻而鑄爲硯也；賜麟角筆，以麟角爲筆管，此遼西國所獻。側理紙萬番，此南越所獻。後人言陟理與側裏相亂，南人以海苔爲紙，其理縱横邪側，因以爲名。帝常以《博物志》十卷置於函中，暇日覽焉。康熙戊申一陽月望日，新安汪士漢考述。

晉 張華《博物志・郎極序》　是書纂於鈕黃門石溪，其甥商景哲雕之梨棗，蓋距今百五十年矣。予之得其板於襄平蔣氏，乃從匣其亥豕。其卷帙不全者，複證之《津逮》本中而補其一二云。

晉 張華《博物志・黃丕烈序》　予家有汲古閣影鈔宋本《博物志》，末題云『連江葉氏』，與今世所引本夐然不同。嘗取而讀之，乃知茂先此書大略撮取載籍所爲，故自來目録皆入之雜家。其體例之獨創者，則隨所撮取之書分別部居，不相雜廁。此卷首《括地象》畢，方繼以《考靈耀》是也。以下雖不能條舉所出，然《列子》《山海經》《逸周書》等，皆顯然可驗。今本強立門類，割裂遷就，遂使蕩析離居，失其恉趣，致爲巨謬矣。考晁氏《讀書志》及《文獻通考》，皆載周日用注十卷，即是此本。晁云：『首卷《地理略》，後有贊文。』實爲吻合，遂刻之以正今本之失。於中仍不免訛錯，如『時含神霧』三，『時』是『詩』之誤；『毋丘儉遺王領』三，『領』是『欣』之誤；『右詹山帝女化爲詹草』六，『右詹山』是『古𠳋山』之誤，《山海經》作姑媱。『詹草』是『𠳋草』之誤；《山海經》作䔄。『取伏卵叚』七，『叚』是『鰕』之誤；『東阿王《韓詩外傳》無王字勇士有蕃丘訢』八，『東阿』是『東海』之誤，『蕃』是『菑』之誤；『射窮石以爲伏虎』八，『窮』是『寢』之誤；『今見狗襲』八，『襲』是『聾』之誤；《初學記》引作聾。『師雨妻黑色』八，『師雨妻』是『師雨妾』之誤；『樹之於闕聞』十，『聞』是『間』之誤；此《周書》程寤逸文也。又如『莖必沐浴』、『昔夏後莖乘飛龍』、『昔夏啓莖徙九鼎』、『昔舜莖登天爲神』、『桀莖伐唐』、『昔鯀莖注洪水』六，『莖』皆『筮』之誤。『盡似仙人』兩見、『形盡似猿猴』八，『盡』皆『畫』之誤。『西夏云有巢以民』十，『云』『民』二字皆『亡』之誤。又如『始皇陵』一條四，略不可讀，及以宋敏求《長安志》在十五卷引《關中記》訂之，乃得通其闕佚處。附録《關中記》曰：『秦始皇陵在驪山之北，高數十丈，周六里，今在陰盤縣界。此陵雖高大，不足以消六十萬人積年之功，其用功力或隱不見。不見者，驪山水泉本北流，北流者陂障使東西流。又此山無石，於渭北諸山運取大石，故其歌曰：運石甘泉口，渭水爲不流，千人一唱，萬人相鉤。』今陵下餘石大如蘆，土屋其銷功力皆此類也。此等皆不難校正，今悉仍其舊者，恐失真也。略標數端，以待善讀者引伸焉。若夫《通考》所云：『《博物》四百，本非有成書。』而劉昭《郡國志》注、小司馬《索隱》、李崇賢《文選》注及《藝文類聚》《初學記》《太平御覽》所引，多出今本外。《隋志》云：『《博物志》十卷，張華撰。』又云『《張公雜記》一卷，張華撰，梁有五卷，與《博物志》相似，小小不同』。又云『《雜記》十一卷，張華撰』。然則所引或出二書歟？倘好事者搜輯纂録，不妨別存梗概。苟欲執彼以補此，則恐取無事自擾之誚，有所未可也。嘉慶八年正月吴縣黄丕烈書。（據清嘉慶九年士禮居仿連江葉氏刊本）

晉 張華《博物志·黄丕烈跋》 去歲謀刻是書，命兒子玉堂依影宋鈔者録一帙，與粤東賈人往古藥洲開雕。洎成寄歸，複命之用原書纖悉校正，因檢予鼒所刻汲古閣《秘本書目》中有北宋版《博物志》一本，估價四兩云，其次序與南宋版不同，系蜀本大字，真奇物也。影鈔當出於此，自是一重公案。予前序略而不及，謂宜作後序表出之，碌碌未果也。今年修版方畢，而玉堂遽病，病二十許日，以二月七日死矣，子夏號咷漢碑語，千載同痛，擬屬我友顧君千裏爲撰小傳，並搜其篋中一二讀殘之書，倘系秘笈，即付剞劂，用希附驥。乃憶及前事，輒跋是書之尾，從此印行有日，而玉堂竟不逮見也，可悲也夫！時嘉慶九年三月丕烈又書。

晉 張華《博物志·周心如序》 晉司空張華撰《博物志》四百卷，進武帝，以其太繁，令削爲十卷，本傳稱《博物志》十篇是也。宋裴松之注《三國志》多引《博物志》，而陳泰、鍾會傳注又引《博物記》，考其所引與志皆合。梁劉昭注《後漢志》亦採《博物記》，所云河東少有名人及麋畯事，具見志中，似爲一書。後魏酈道元注《水經》，唐太子賢注《後漢書》，李善注《文選》，多述《博物志》，未有稱爲『記』者。宋《太平御覽》摭拾群書至一千六百餘種，引《博物志》最詳，亦無引《博物記》者。宋周草窗稱《博物記》秦漢古書，爲唐蒙所造，茂先增改爲志，又謂爲記，未知何本。案《後漢書·郡國志》魚泣津注：『塹鑿之迹今存，昔唐蒙所造。』下接引《博物記》，或草窗以此誤爲唐蒙所造耶？今世傳《博物志》以明胡文煥校刻本爲最，而字涉陰陶，卷多缺略，絕非完書。余欲讎校伺梓，雜以薄書，未遑卒業。壬午歲來刺裕州，幸俗尚阜和，公餘手輒校録，今秋始得蕆事。以胡氏刊本爲主，諸書徵引，附録於左。又爲《補遺》二卷，凡所徵引互異者，備録原文，間附鄙見，案列於下，不敢竄易，以存其舊。竊嘗論之，形過鏡而照窮，智偏物而識定。鏡亦物也，故雖能物物，而不能以窮物。人則物之靈者也，故不惟不物於物，而且足就見聞所及之物並窮其見聞所不及之物，是所謂格致之學也。茂先建策伐吴，運籌決勝，雖當闇主虐後之朝，而能彌縫補缺，使海内晏然，亦足徵其格致之所得力矣。後之人以成敗論，不能窺其格致之學，並其格致之緒餘而亦束而不觀，何異畫地以自限歟！若徒以其辨龍鮓，識劍氣，競詡爲博物君子，亦淺之乎窺茂先矣。余之窮年矻矻，獨有志於此，以公同好者，蓋欲知茂先之博物有所博乎物者在耳。書成，因識此於端。道光七年七月既望浦江周心如撰。

清 王謨《漢魏叢書本博物志·跋》 右張華《博物志》十卷，《晉書》本傳及《唐志》所載並同。按王子年《拾遺記》載張華『造《博物志》四百卷，奏於武帝，帝詔詰問：「卿才綜萬代，博識無倫，遠冠羲皇，近次夫子。然記事採言，亦多浮妄。宜更删剪，無以冗長爲文。昔仲尼删《詩》，尚不及鬼神幽昧之事，以言怪力亂神；今卿《博物志》，驚所未聞，異所未見，將恐惑亂於後生，繁蕪於耳目，可更芟截浮疑，分爲十卷。」遂即於禦前賜青鐵硯、麟角筆、側理紙，而以《博物志》十卷置於函中，暇日覽焉』。是則此十卷即武帝所删定也。自後行世，惟此十卷。其軼猶時時散見他書，而《後漢書·郡國志》注所行《博物志》遂至有四十六條之多。由張氏鑒省《禹貢》《山海經》、地志而作是志，故於地理特詳，既以地理略冠卷首矣，第六卷又有地理考，如《郡國志》注所引，殆即本卷所删。又裴駰《史記集解》於公冶長、望諸君、趙奢、武涉墓所，亦引張華説。今第六卷猶載有趙鞅、盜跖冢，不知當日又何以不删？其他如裴松之《三國志注》、酈道元《水經注》、李善《文選注》以及唐宋人類書中所引，爲今志所不載者尤多，裒而輯之，尚可數卷，此則王嘉所説未爲虛也。汝上王謨識。

清 錢熙祚《指海本博物志·跋》 今世相傳《博物志十卷》，凡三十八類。分析處都無義理。惟士禮居刻仿宋連江葉氏本，不分門類，段目次序與俗本大異。然以唐宋類書所引校之，脫簡自一二字至數行不等。其他前後複見雜出不倫者甚夥。至太姒夢見商之庭産棘條，掇拾《周書》程寤、大聚、武順、度邑四篇文，連合爲一，尤屬巨謬。竊意宋初原書尚存，故《禦覽》《廣記》引《博物志》往往出今本外。此系葉氏刪節之本，未免移易改竄。逮全帙既亡，後人覺葉本不安，輒以意強析門類，卒不知其愈失愈遠也。黃蕘圃謂此書大略撮取載籍所爲，故自來目録皆入雜家。其説至確。乃遽以葉本爲全書，而疑散見於他所稱引者爲《張公雜記》，亦執持太過矣。予既主葉本，雜採宋以前諸書，補正其脱誤，並輯逸文，附著卷末。惟《太平廣記》引蕭思遇、崔書生、趙平原三事，皆在茂先後，斷非《博物志》文，今置不録云。庚子季夏錫之甫識。

清 薛壽《博物志疏證·序》 吾邑藏書之家，當乾隆時如玲瓏山館馬氏、休園鄭氏，著録宏富，聞於海內。厥後如讀騷樓陳氏，收藏典籍幾與之埒。且世濟其美樓，即穆堂先生幼時所署齋名。先生少承庭訓，長篤交遊，凡碩彦名儒，鹹捧手受教。以故所著書如《竹書紀年集證》《逸周書補注》《穆天子傳補注》，久已風行傳播矣。壽幼聞之而未卒讀。庚子夏，先生介書賈馮賡輝過訪，因得悉曩日藏書之室，今已他售。兼之四方奔走，頗多散失，特所著稿本輒自隨焉。由是往來商榷，不以壽爲不肖，折節引爲忘年。且曰生平用力勤而閱時最久者，惟《博物志疏證》十卷，屬爲撰序。余辭不獲已，因受而讀之。先生嘗謂著書以治經爲要，近今諸儒搜考已無餘藴，故不敢複有撰述。余讀是書而知先生正深於經也。其據《左氏（襄四年）傳》『臧紇侵邾，敗於狐駘』，注：『邾地。魯國番縣東有目臺亭。』又十二年傳『莒圍臺』，注：『琅琊費縣南有臺亭。』辨本書『沔出月臺』爲『目臺』之誤。又據《淮南子》辨『沔』爲『淄』之誤（見《地理》水部）。據《毛詩》『舜華』證本書『薰華』爲『蕣華』之音轉（見《外國》）。據《太平禦覽》《北堂書鈔》《初學記》《文選》注搜輯《連山》《歸藏》之逸文（見《文籍考》）。據服虔《左傳》注謂八佾當從天子八人，諸侯六人，大夫四人，士二人之舊説（見《典籍考》）。據古人深衣白布服蓋純之以採，證本書男子皆衣絲，有故乃素服，云有故者，則純之以素，與純之以麻，與深衣夕服之緣飾不同（見《服飾考》）。據《爾雅》『緒，業也』，證本書王粲族子名『葉』之誤。葉字長緒，定當作『業』爲正。《禦覽》引作『景』，舊本作『葉』，俱非（見《人名考》）。據《玉篇》『鼷鼠今之甘鼠也』，證《釋文》引作『耳鼠』之誤（見《雜説》上）。凡若此類，非深究經訓，未能如此詳核也。況是書原本久佚，其散見於唐末傳記所引者與今本頗多參錯，得先生旁搜博證，參校異同，且不惜煩言以引申者，亦雜説家之例應爾也。末附《補遺》一卷，較金山錢氏新刊《指海》本增多數倍，信惟藏書之多，故著書之博如此。是書行而曩日所藏者特其糟粕耳。彼琅環福地，茂先尚不能久居，是則藏書之亡，不足爲先生惜，而著書之傳，有足爲先生信也。奚綴其説經之略，以爲之序。

傳記

《晉書》卷三六《張華傳》 張華，字茂先，范陽方城人也。父平，魏漁陽郡守。華少孤貧，自牧羊，同郡盧欽見而器之。鄉人劉放亦奇其才，以女妻焉。華學業優博，辭藻溫麗，朗贍多通，圖緯方伎之書莫不詳覽。少自修謹，造次必以禮度。勇於赴義，篤於周急。器識弘曠，時人罕能測之。初未知名，著《鷦鷯賦》以自寄。其詞曰：

何造化之多端，播群形於萬類。惟鷦鷯之微禽，亦攝生而受氣，育翩翾之陋體，無玄黃以自貴；毛無施於器用，肉不登乎俎味。鷹鸇過猶戢翼，尚何懼於罿罻！翳薈蒙籠，是焉游集。飛不飄揚，翔不翕集。其居易容，其求易給；巢林不過一枝，每食不過數粒。棲無所滯，游無所盤；匪陋荊棘，匪榮茝蘭。動翼而逸，投足而安。委命順理，與物無患。伊茲禽之無知，而處身之似智。不懷寶以賈害，不飾表以招累。靜守性而不矜，動因循而簡易。任自然以為資，無誘慕於世偽。雕鶡介其觜距，鵠鷺軼於雲際，鵾雞竄於幽險，孔翠生乎遐裔，彼晨鳧與歸雁，又矯翼而增逝，咸美羽而豐肌，故無罪而皆斃；徒銜蘆以避繳，終為戮於此世。蒼鷹鷙而受紲，鸚鵡慧而入籠，屈猛志以服養，塊幽縶於九重；變音聲以順旨，思摧翮而為庸。戀鍾岱之林野，慕隴坻之高松。雖蒙幸於今日，未若疇昔之從容。海鳥爰居，避風而至；條支巨爵，逾嶺自致；提挈萬里，飄颻逼畏。夫惟體大妨物，而形瑰足偉也。陰陽陶烝，萬品一區。巨細舛錯，種繁類殊。鷦冥巢於蚊睫，大鵬彌乎天隅，將以上方不足而下比有余。普天壤而遐觀，吾又安知大小之所如。

陳留阮籍見之，嘆曰：『王佐之才也！』由是聲名始著。郡守鮮於嗣薦華為太常博士。盧欽言之於文帝，轉河南尹丞，未拜，除佐著作郎。頃之，遷長史，兼中書郎。朝議表奏，多見施用，遂即真。晉受禪，拜黄門侍郎，封關内侯。

華強記默識，四海之内，若指諸掌。武帝嘗問漢宫室制度及建章千門萬戶，華應對如流，聽者忘倦，畫地成圖，左右屬目。帝甚異之，時人比之子產。數歲，拜中書令，後加散騎常侍。遭母憂，哀毁過禮，中詔勉勵，逼令攝事。

初，帝潛與羊祜謀伐吴，而群臣多以為不可，唯華贊成其計。其後，祜疾篤，帝遣華詣祜，問以伐吴之計，語在《祜傳》。及將大舉，以華為度支尚書，乃量計運漕，決定廟算。衆軍既進，而未有克獲，賈充等奏誅華以謝天下。帝曰：『此是吾意，華但與吾同耳。』時大臣皆以為未可輕進，華獨堅執，以為必克。及吴滅，詔曰：『尚書、關内侯張華，前與故太傅羊祜共創大計，遂典掌軍事，部分諸方，算定權略，運籌決勝，有謀謨之勛。其進封為廣武縣侯，增邑萬戶，封子一人為亭侯，千五百戶，賜絹萬匹。』

華名重一世，衆所推服，晉史及儀禮憲章并屬於華，多所損益。當時詔誥皆所草定，聲譽益盛，有臺輔之望焉。而荀勖自以大族，恃帝恩深，憎疾之，每伺間隙，欲出華外鎮。會帝問華：『誰可托寄後事者？』對曰：『明德至親，莫如齊王攸。』既非上意所在，微為忤旨，間言遂行。乃出華為持節、都督幽州諸軍事、領護烏桓校尉、安北將軍。撫納新舊，戎夏懷之。東夷馬韓、新彌諸國依山帶海，去州四千余里，歷世未附者二十余國，并遣使朝獻。於是遠夷賓服，四境無虞，頻歲豐稔，士馬強盛。

朝議欲征華入相，又欲進號儀同。初，華毁征士馮恢於帝，紞即恢之弟也，深有寵於帝。紞嘗侍帝，從容論魏晉事，因曰：『臣竊謂鍾會之釁，頗由太祖。』帝變色曰：『卿何言邪！』紞免冠謝曰：『臣愚冗瞽言，罪應萬死。然臣微意，猶有可申。』帝曰：『何以言之？』紞曰：『臣以為善御者必識六轡盈縮之勢，善政者必審官方控帶之宜。故仲由以兼人被抑，冉求以退弱被進，漢高八王以寵過夷滅，光武諸將由抑損克終。非上有仁暴之殊，下有愚智之異，蓋抑揚與奪使之然耳。鍾會才見有限，而太祖夸獎太過，嘉其謀猷，盛其名器，居以重勢，委以大兵，故使會自謂算無遺策，功在不賞，輈張跋扈，遂構兇逆耳。向令太祖録其小能，節以大禮，抑之以權勢，納之以軌則，則亂心無由而生，亂事無由而成矣。』帝曰：『然。』紞稽首曰：『陛下既已然微臣之言，宜思堅冰之漸，無使如會之徒復致覆喪。』帝曰：『當今豈有如會者乎？』紞曰：『東方朔有言「談何容易」，《易》曰：「臣不密則失身」。』帝乃屏左右曰：『卿極言之。』紞曰：『陛下謀謨之臣，著大功於天下，海内莫不聞知。據方鎮總戎馬之任者，皆在陛下聖慮矣。』帝默然。頃之，征華為太常。以太廟屋棟折，免官。遂終帝之世，以列侯朝見。

惠帝即位，以華為太子少傅，與王戎、裴楷、和嶠俱以德望為楊駿所忌，皆不與朝政。及駿誅後，將廢皇太后，會群臣於朝堂，議者皆承望風旨，以為《春秋》絶文姜，今太后自絶於宗廟，亦宜廢黜。惟華議以為夫婦之道，父不能得之於子，子不能得之於父，皇太后非得罪於先帝者也。今黨其所親，為不母於聖世，宜依漢廢趙太后為孝成后故事，貶太后之號，還稱武皇后，居異宫，以全貴終之恩。不從，遂廢太后為庶人。

楚王瑋受密詔殺太宰汝南王亮、太保衛瓘等，内外兵擾，朝廷大恐，計無所出。華白帝以『瑋矯詔擅害二公，將士倉卒，謂是國家意，故從之耳。今可遣騶虞幡使外軍解嚴，理必風靡』。上從之，瑋兵果敗。及瑋誅，華以首謀有功，拜右光禄大夫、開府儀同三司、侍中、中書監，金章紫綬。固辭開府。

賈謐與后共謀，以華庶族，儒雅有籌略，進無逼上之嫌，退為衆望所依，欲倚以朝綱，訪以政事。疑而未決，以問裴頠，頠素重華，深贊其事。華遂盡忠匡輔，彌縫補闕，雖當暗主虐后之朝，而海内晏然，華之功也。華懼后族之盛，作《女史箴》以為諷。賈后雖兇妒，而知敬重華。久之，論前後忠勛，進封壯武郡公。華十餘讓，中詔敦譬，乃受。數年，代下邳王晃為司空，領著作。

及賈后謀廢太子，左衛率劉卞甚為太子所信遇，每會宴，卞必預焉。屢見賈謐驕傲，太子恨之，形於言色，謐亦不能平。卞以賈后謀問華，華曰：『不聞。』卞曰：『卞以寒悴，自須昌小吏受公成拔，以至今日。士感知己，是以盡言，而公更有疑於卞邪！』華曰：『假令有此，君欲如何？』卞曰：『東宫俊乂如林，四率精兵萬人。公居阿衡之任，若得公命，皇太子因朝入録尚書事，廢賈后於金墉城，兩黄門力耳。』華曰：『今天子當陽，太子，人子也，吾又不受阿衡之命，忽相與行此，是無其君父，而以不孝示天下也。雖能有成，猶不免罪，況權戚滿朝，威柄不一，而可以安乎！』及帝會群臣於式乾殿，出太子手書，遍示群臣，莫敢有言者。惟華諫曰：『此國之大禍。自漢武以來，每廢黜正嫡，恒至喪亂。且國家有天下日淺，願陛下詳之。』尚書左僕射裴頠以為宜先檢校傳書者，又請比校太子手書，不然，恐有詐妄。賈后乃内出太子素啟事十余紙，眾人比視，亦無敢言非者，議至日西不決，后知華等意堅，因表乞免為庶人，帝乃可其奏。

初，趙王倫為鎮西將軍，撓亂關中，氐羌反叛，乃以梁王肜代之。或説華曰：『趙王貪昧，信用孫秀，所在為亂，而秀變詐，奸人之雄。今可遣梁王斬秀，刈趙之半，以謝關右，不亦可乎！』華從之，肜許諾。秀友人辛冉從西來，言於肜曰：『氐羌自反，非秀之為。』故得免死。倫既還，諂事賈后，因求録尚書事，後又求尚書令。華與裴頠皆固執不可，由是致怨，倫、秀疾華如仇。武庫火，華懼因此變作，列兵固守，然後救之，故累代之寶及漢高斬蛇劍、王莽頭、孔子屐等盡焚焉。時華見劍穿屋而飛，莫知所向。

初，華所封壯武郡有桑化為柏，識者以為不詳。又華第舍及監省數有妖怪。少子韙以中臺星坼，勸華遜位。華不從，曰：『天道玄遠，惟修德以應之耳。不如靜以待之，以俟天命。』及倫、秀將廢賈后，秀使司馬雅夜告華曰：『今社稷將危，趙王欲與公共匡朝廷，為霸者之事。』華知秀等必成簒奪，乃距之。雅怒曰：『刃將加頸，而吐言如此！』不顧而出。華方晝臥，忽夢見屋壞，覺而惡之。是夜難作，詐稱詔召華，遂與裴頠俱被收。華將死，謂張林曰：『卿欲害忠臣耶？』林稱詔詰曰：『卿為宰相，任天下事，太子之廢，不能死節，何也？』華曰：『式乾之議，臣諫事具存，非不諫也。』林曰：『諫若不從，何不去位？』華不能答。須臾，使者至曰：『詔斬公。』華曰：『臣先帝老臣，中心如丹。臣不愛死，懼王室之難，禍不可測也。』遂害之於前殿馬道南，夷三族，朝野莫不悲痛之。時年六十九。

華性好人物，誘進不倦，至於窮賤候門之士有一介之善者，便咨嗟稱詠，為之延譽。雅愛書籍，身死之日，家無余財，惟有文史溢於機篋。嘗徙居，載書三十乘。秘書監摯虞撰定官書，皆資華之本以取正焉。天下奇秘，世所希有者，悉在華所。由是博物洽聞，世無與比。

惠帝中，人有得鳥毛三丈，以示華。華見，慘然曰：『此謂海鳧毛也，出則天下亂矣。』陸機嘗餉華鮓，於時賓客滿座，華發器，便曰：『此龍肉也。』眾未之信，華曰：『試以苦酒濯之，必有異。』既而五色光起。機還問鮓主，果云：『園中茅積下得一白魚，質狀殊常，以作鮓，過美，故以相獻。』武庫封閉甚密，其中忽有雉雊。華曰：『此必蛇化為雉也。』開視，雉側果有蛇蛻焉。吴郡臨平岸崩，出一石鼓，槌之無聲。帝以問華，華曰：『可取蜀中桐材，刻為魚形，扣之則鳴矣。』於是如其言，果聲聞數里。

初，吴之未滅也，斗牛之間常有紫氣，道術者皆以吴方強盛，未可圖也，惟華以為不然。及吴平之後，紫氣愈明。華聞豫章人雷煥妙達緯象，乃要煥宿，屏人曰：『可共尋天文，知將來吉兇。』因登樓仰觀，煥曰：『僕察之久矣，惟斗牛之間頗有異氣。』華曰：『是何祥也？』煥曰：『寶劍之精，上徹於天耳。』華曰：『君言得之。吾少時有相者言，吾年出六十，位登三事，當得寶劍佩之。斯言豈效與！』因問曰：『在何郡？』煥曰：『在豫章豐城。』華曰：『欲屈君為宰，密共尋之，可乎？』煥許之。華大喜，即補煥為豐城令。煥到縣，掘獄屋基，入地四丈余，得一石函，光氣非常，中有雙劍，并刻題，一曰龍泉，一曰太阿。其夕，斗牛間氣不復見焉。煥以南昌西山北巖下土以拭劍，光芒艷發。大盆盛水，置劍其上，視之者精芒炫目。遣使送一劍并土與華，留一自佩。或謂煥曰：『得兩送一，張公豈可欺乎？』煥曰：『本朝將亂，張公當受其禍。此劍當系徐君墓樹耳。靈異之物，終當化去，不永為人服也。』華得劍，寶愛之，常置坐側。華以南昌土不如華陰赤土，報煥書曰：『詳觀劍文，乃干將也。莫邪何復不至？雖然，天生神物，終當合耳。』因以華陰土一斤致煥。煥更以拭劍，倍益精明。華誅，失劍所在。煥卒，子華為州從事，持劍行經延平津，劍忽於腰間躍出墮水，使人沒水取之，不見劍，但見兩龍各長數丈，蟠縈有文章，沒者懼而反。須臾光彩照水，波浪驚沸，於是失劍。華嘆曰：『先君化去之言，張公終合之論，此其驗乎！』華之博物多此類，不可詳載焉。

後倫、秀伏誅，齊王冏輔政，摯虞致箋於冏曰：『間於張華沒後入中書省，得華先帝時答詔本草。先帝問華可以輔政持重付以後事者，華答：「明德至親，莫如先王，宜留以為社稷之鎮。」其忠良之謀，款誠之言，信於幽冥，沒而後彰，與苟且隨時者不可同世而論也。議者有責華以愍懷太子之事不抗節廷爭。當此之時，諫者必得違命之死。先聖之教，死而無益者，不以責人。故晏嬰，齊之正卿，不死崔杼之難；季札，吴之宗臣，不爭逆順之理。理盡而無所施者，固聖教之所不責也。』冏於是奏曰：『臣聞興微繼絕，聖王之高政；貶惡嘉善，《春秋》之美義。是以武王封比干之墓，表商容之閭，誠幽明之故有以相通也。孫秀逆亂，滅佐命之國，誅骨鯁之臣，以斫喪王室。肆其虐戾，功臣之後，多見泯滅。張華、裴頠各以見憚取誅於時，解系、解結同以羔羊并被其害，歐陽建等無罪而死，百姓憐之。今陛下更日月之光，布維新之命，然此等諸族未蒙恩理。昔欒郤降在皂隸，而《春秋》傳其違；幽王絕功臣之後，棄賢者子孫，而詩人以為刺。臣備忝在職，思納愚誠。若合聖意，可令群官通議。』議者各有所執，而多稱其冤。壯武國臣竺道又詣長沙王，求復華爵位，依違者久之。

太安二年，詔曰：『夫愛惡相攻，佞邪丑正，自古而有。故司空、壯武公華竭其忠貞，思翼朝政，謀謨之勛，每事賴之。前以華弼濟之功，宜同封建，而華固讓至於八九，深陳大制不可得爾，終有顛敗危辱之慮，辭義懇誠，足勸遠近。華之至心，誓於神明。華以伐吳之勛，受爵於先帝。後封既非國體，又不宜以小功踰前大賞，華之見害，俱以奸逆圖亂，濫被枉賊。其復華侍中、中書監、司空、公、廣武侯及所沒財物與印綬符策，遣使弔祭之。』

初，陸機兄弟志氣高爽，自以吳之名家，初入洛，不推中國人士，見華一面如舊，欽華德範，如師資之禮焉。華誅後，作誄，又為《詠德賦》以悼之。

華著《博物志》十篇，及文章并行於世。二子：褘、韙。

著録

《隋書》卷三四　《博物志》十卷，張華撰。

《舊唐書》卷四七　《博物志》十卷，張華撰。

《新唐書》卷五九　張華《博物志》十卷。

《册府元龜》卷六〇七　晉張華為司空，著《博物志》十篇行於世。

宋　晁公武《郡齋讀書志》卷三　《博物志》十卷，右晉張華茂先撰，周日用注。載歷代四方奇物異事，首卷有理畧，後有讚文。

《通志》卷六八　《博物志》十卷，張華撰。

《崇文總目》卷五　《博物志》十卷。

宋　尤袤《遂初堂書目》　張華《博物志》。

宋　陳振孫《直齋書録解題》卷一〇　《博物志》十卷，（案此書別有注本互見小説家）晉司空范陽張華茂先撰。多奇聞異事。華能辨龍鮓，識劍氣，其學固然也。

宋　王應麟《玉海》卷五七　張華傳著《博物志》十篇。

《宋史》卷二〇五　張華《博物志》十卷。

《文淵閣書目》卷四　張華《博物志》一册。

元　佚名《氏族大全》卷九　張華，字茂先。博物洽聞，著《博物志》千篇。

清　張玉書　陳廷敬等《御定佩文韻府》卷六三　《博物志》，晉書張華傳，華著十篇及文章行世。

《四庫全書簡明目録》卷一四　《博物志》十卷，舊本題晉張華撰。實則原本散佚，後人採其遺文，裒合成編，又雜取他説附益之。故證以諸書所引，或有或無，或合或不合也。

清　周中孚《鄭堂讀書記》卷六七《子部十二之五》　《原本博物志》十卷。吳門黃氏士禮居刊本。晉張華撰。宋周日用等注。華仕履見諸録類。日用始末無考。署曰汝南，舉郡望耳。《隋志》雜家類載《博物志》十卷。新舊《唐志》《崇文目書》《録解題》雜家類，《通志》雜家，《宋志》俱同《讀書志》及《解題》。又載周盧注《博物志》十卷，盧氏注六卷，《通考》同。晁氏稱：『是書載歷代四方奇物異事，兩本，前六卷略同。』其無周氏注者稍多，而無後四卷。是本前有黃蕘圃丕烈刊序，謂：『予家有汲古閣影鈔宋本，末題云「連江葉氏」。與今世所行本夐然不同。嘗取而讀之，乃知茂先此書大略撮取載籍所爲，故自來目錄皆入之雜家。其體例之獨創者，則隨所撮取之書，分別部居，不相雜廁。如卷首《括地象》畢，方繼以《考靈耀》是也。以下雖不能條舉所出，然《列子》於《山海經》《逸周書》等皆顯然可驗。今本強立門類，割裂遷就，遂使蕩析離居，失其指趣，致爲巨謬矣。考《讀書志》及《通考》，皆載周日用注十卷，即是此本。』『遂刻之以正今本之失，於中仍不免譌錯』，『皆不難校正，今悉仍其舊者，恐失眞也。』今覩是本前有茂先原序，與今本同。其載日用注及盧氏注，各繫姓氏以別之，亦與今本同。特所載皆屬寥寥耳。此本當爲張氏原書，後人未見其書，别採遺文，裒合成編，又雜取他書附益之，故不能如此本之詳備也。考《隋志》雜家類，又載張公《雜記》一卷，注云：『張華撰。梁有五卷，與《博物志》相似，小小不同。』又有《雜記》十一卷，注云：『張華撰。新《唐志》雜家類亦載張公《雜記》一卷。』然則《史記索隱》《續漢書注》《三國志注》《文選注》，及《藝文類聚》《初學記》《太平御覽》所引，多有出於此本外者，或即張公《雜記》之文歟。

又《博物志》十卷。漢魏叢書本。舊題『晉張華撰。』《四庫全書》著錄。案：茂先原書，吳門黄蕘圃以影鈔宋本，校刊行世，與是書詳略迥異。是本蓋後人未見原書，惟採掇諸書所引，而附益以他小説，分類成編。故證以諸書所引，或有或無，或合或不合也。其書前有茂先原序，凡分三十八目，頗近類事之書。考《讀書志》《書録解題》皆不言其分類隸事，此則非張氏原書之明證也。且又錄及唐人所撰《隋書》之文，則其編次亦甚無端緒矣。祕書二十一種亦收入之。

神農本草經

綜述

三國魏　吴普《神農本草經·邵晉涵序》　《記》曰：醫不三世，不服其藥。鄭康成曰：慎物齊也。孔衝遠引舊説云：三世者，一曰《黄帝針灸》，二曰《神農本草》，三曰《素女脈訣》。康成《周禮注》亦曰：五藥，草、木、蟲、石、谷也。其治合之齊，則存乎神農子儀之術，是《禮記注》所謂慎物齊者，猶言治合之齊，指本草諸書而言也。衝遠既引舊説，複疑其非鄭義，過矣！《漢書》引本草方術，而《藝文志》闕載。賈公彦引《中經簿》有子儀《本草經》一卷，不言出於神農。至《隋·經籍志》始載《神農本草經》三卷，與今分上中下三品者相合，當屬漢以來舊本。《隋志》又載《雷公本草集注》四卷、《蔡邕本草》七卷，今俱不傳。自《別録》以後，累有損益升降，隨時條記，或傳合本文，不相別白。據陸元朗《經典釋文》所引，則經文與《名醫》所附益者，合並爲一，其來舊矣。孫君伯淵偕其從子因《大觀本草》黑白字書，厘正《神農本經》三卷，又據《太平禦覽》引經云生山谷、生川澤者，定爲本文；其有豫章、朱崖、常山、奉高郡縣名者，定爲後人羼入。釋本草者，以吴普本爲最古。散見於諸書。征引者，綴集之，以補《大觀》本所未備。疏通古義，系以考證，非澹雅之才、沈鬱之思，未易爲此也。古者協陰陽之和，宣贏縮之節，凡夫含聲負氣，以及倒生旁達，蠉飛蠕動之倫，胥盡其性，遇物能名，以達於利用生生之具，儒者宜致思焉。淮南王書曰：地黄主屬骨，而甘草主生肉之藥也；又曰大戟去水，葶藶愈張，用之不節，乃反爲病。《論衡》曰：治風用風，治熱用熱，治邊用蜜丹。《潛夫論》曰：治疾當真人參，反得支羅服；當得麥門冬，反蒸橫麥，已而不識真，合而服之，病以浸劇。斯皆神農之緒言。惟其贍涉者博，故引類比方，悉符藥論。後儒或忽爲方技家言，漁獵所及，又是末師而非往古，甚至經典所載鳥獸草木，亦輾轉而昧其名，不已慎乎！《後漢書·華陀傳》，吴普從陀學，依準陀療，多所全濟，陀以五禽之戲別傳。又載魏明帝使普爲禽戲，普以其法語諸醫，疑其方術相傳，別有奇文異數。今觀普所釋本草，則神農、黄帝、岐伯、雷公、桐君、醫和、扁鵲，以及後代名醫之説，靡不賅載，則其多所全濟，由於稽考之勤，比驗之密，而非必別有其奇文異數，信乎！非讀三世書者，不可服其藥也。世俗所傳黄帝、神農、扁鵲之書，多爲後人竄易，余願得夫閎覽博物者爲之是正也。因孫君伯仲校定《本草》，而發其端，至其書考證精審，則讀者宜自得之。余姚邵晉涵序。

三國魏　吴普《神農本草經·張炯序》　儒者不必以醫名。而知醫之理，則莫過於儒者。春秋時，和與緩，神於醫者也。其通《周易》，辨皿蟲之義，醫也而實儒也。世之言醫者，必首推神農，然使神農非與太乙遊，則其傳不正；非作赭鞭鉤鍘，巡五嶽四瀆，則其識不廣；非以土地所生萬千類，驗其能治與否，則其業不神。傳不正，識不廣，業不神，雖日取玉石草木禽獸蟲魚米谷之屬，曆試之，親嘗之，亦僅與商賈市販等耳，於醫乎何與。吾故曰神農，千古之大儒也。考《崇文總目》，載《食品》一卷、《五髒論》一卷，皆系之神農，其本久不傳。傳之者，《神農本草經》耳，而亦無專本。唐審元裒輯之。《書録解題》謂之《大觀本草》。《讀書志》謂之

《證類本草》。厥後繆雍有疏，盧之頤有《乘雅半偈》，皆以本經爲之主，然或參以臆説，或益以衍斷，解愈紛，義愈晦，未有考核精審卓然有所發明者。則證古難，證古而折衷於至是，爲尤難。孫淵如觀察，偕其從子鳳卿，輯《神農本草經》三卷，於吳普《名醫》外，益以《説文》《爾雅》《廣雅》《淮南子》《抱樸子》諸書。不列古方，不論脈證，而古聖殷殷治世之意，燦然如列眉。孔子曰多識於鳥獸草木之名，又曰致知在格物。則是書也，非徒醫家之書，而實儒家之書也。其遠勝於希雍之諸人也固宜。或以本草之名始見《漢書·平帝紀》《樓護傳》，幾有疑於《本草經》者，然神農始嘗百草，始有醫藥，見於《三皇紀》矣；因三百六十五種注釋爲七卷，見於陶隱居《别録》矣；增一百十四種，廣爲二十卷，《唐本草》宗之；增一百三十三種，孟昶複加釐定，《蜀本草》又宗之；至郡縣本屬後人所附益，經但云生山谷生川澤耳。《洪範》以康甯爲福，《雅》《頌》稱壽考萬年，又何疑於久服輕身延年，爲後世方士之説哉？大抵儒者之嗜學如醫然。淵源，其脈也，覆審，其胗視也，辨邪正，定是非，則温寒平熱之介也。觀察方聞綴學，以鴻儒名，海内求其著述者，如金膏水碧之珍。鳳卿好博聞，研丹吮墨，日以儒爲事。則上溯之羲皇以前，數千年如一日，非嗜之專且久而能然耶。顧吾獨怪是編中，無所謂治書癖者，安得起神農而一問之。嘉慶四年，太歲在己未，冬十月望日，宣城張炯撰於瞻園之灌術莊。

清　孫星衍《校訂神農本草經·序》

《神農本艸經》三卷，所傳白字書，見《大觀本艸》。按：《嘉祐補注》序云：所謂《神農本經》者，以朱字；《名醫》因神農舊條，而有增補者，以墨字間於朱字。《開寶重定》序云：舊經三卷，世所流傳，《名醫别録》，互爲編纂，至梁貞白先生陶宏景，乃以《别録》參其《本經》，朱墨雜書，時謂明白。據此則宋所傳黑白字書，實陶宏景手書之本。自梁以前，神農、黄帝、岐伯、雷公、扁鵲，各有成書，魏吳普見之。故其説藥性主治，各家殊異，後人纂爲一書，然猶有旁注，或朱墨字之别，《本經》之文以是不亂。舊説，本艸之名，僅見《漢書·平帝紀》及《樓護傳》，予按：《藝文志》有《神農黄帝食藥》七卷，今本譌爲《食禁》，賈公彦《周禮醫師疏》引其文，正作《食藥》。宋人不考，遂疑《本艸》非《七略》中書。賈公彦引《中經簿》，又有《子儀本艸經》一卷，疑亦此也。梁《七録》有《神農本艸》三卷。其卷數不同者，古今分合之異。神農之世，書契未作，説者以此疑《經》，如皇甫謐言，則知四卷成於黄帝。陶宏景云，軒轅以前，文字未傳，藥性所主，當以識識相因，至於桐雷，乃著在於編簡，此書當與《素問》同類，其言良是。且《藝文志》，農、兵、五行、雜占、經方、神僊諸家，俱有神農書，大抵述作有本，其傳非妄，是以《博物志》云：『太古書今見存，有《神農經》《春秋傳注》。』賈逵以《三墳》爲三皇之書，神農預其列。《史記》言秦始皇不去醫藥卜筮之書，則此《經》幸與《周易》並存。顔之推《家訓》乃云，《本艸》神農所述，而有豫章、朱崖、趙國、常山、奉高、眞定、臨淄、馮翊等郡縣名，出諸藥物，皆由後人所羼，非本文。陶宏景亦云，所出郡縣，乃後漢時制，疑仲景元化等所記。按薛綜注《張衡賦》引《本艸經》，太一禹餘糧，一名石腦，生山谷，是古本無郡縣名。《太平御覽》，引經上云：生山谷或川澤，下云生某山某郡。明生山谷，《本經》文也。其下郡縣，《名醫》所益。今《大觀本》，俱作黑字，或合其文，云某山川谷，某郡川澤，恐傳寫之誤，古本不若此。仲景、元化後，有吳普、李當之，皆修此經。當之之書，世少行用。《魏志·華佗傳》言普從佗學，隋《經籍志》稱《吳普本艸》梁有六卷。《嘉祐本艸》云：普修《神農本艸》成四百四十一種，唐《經籍志》尚存六卷，今廣内不復存，惟諸書多見引據。其説藥性，寒温五味最爲詳悉，是普書宋時已佚，今其文惟見掌禹錫所引《藝文類聚》《初學記》《後漢書注》《事類賦》諸書。《太平御覽》引據尤多，足補《大觀》所缺。重是别録前書，因採其文附於《本經》，亦略備矣。其普所稱有神農説者，卽是《本經》，《大觀》或誤作黑字，亦據增其藥物，或數浮於三百六十五種，由後人以意分合，難以定之。其藥名有禹餘糧、王不留行、徐長卿、鬼督郵之屬，不類太古時文。按字書以禹爲蟲，不必夏禹，其餘名號，或係後人所增，或聲音傳述，改古舊稱所致。又《經》有云，宜酒漬者，或以酒非神農時物，然《本艸衍義》已據《素問》，首言『以妄爲常，以酒爲漿』，謂酒自黄帝始。又按《文選注》引《博物志》，亦云『杜康作酒』。王著《與杜康絶交書》曰：康字仲寧，或云黄帝時人，則俱不得疑《經》矣。孔子云：述而不作，信而好古。又云：多識於鳥獸艸木之名。今儒家拘泥耳目，未能及遠，不覩醫經本艸之書，方家循守俗書，不察古本藥性異同之説，又見明李時珍作《本艸綱目》，其名已愚，僅取《大觀本》，割裂舊文，妄加增駁，迷誤後學。予與家鳳卿集成是書，庶以輔翼完經，啟蒙方伎，略以所知，加之考證。《本經》云：上藥本上經，中藥本中經，下藥本下經，是古以玉石艸木等上中下品，分卷而序録，別爲一卷。陶序朱書云：《本艸經》卷上，注云：序藥性之源本，論病名之形論。卷中云：玉石、艸木三品。卷下云：蟲、獸、果、菜、米，合三品，此名醫所改，今依古爲次。又《帝王世紀》及陶序稱四卷者，掌禹錫云：按舊本亦作四卷。韓保昇又云：《神農本艸》上、中、下并序録，合四卷。若此，則三四之異，以有序録。則《抱樸子》《養生要略》《太平御覽》所引《神農經》，或云問於太乙子，或引太乙子云云，皆《經》所無。或亦在序録中，後人節去之耳。至其經文或以養爲『癢』、『創』爲『瘡』、『淡』爲『痰』、『注』爲『蛀』、『沙』爲『砂』、『兔』爲『菟』之類，皆由傳寫之誤，據古訂正，勿嫌驚俗也。其辨析物類，引據諸書，本之《毛詩》《爾雅》《說文》《方言》《廣雅》諸子雜家。則鳳卿增補之力居多云。陽湖孫星衍撰。

《四庫全書總目》卷一〇四《子部一四》 此條節選徐大椿《神農本草經百種録》提要。 世傳《神農本草經》三卷載藥三百六十五味，分上中下三品。今單行之本不傳。惟見於唐慎微《本草》所載，其刊本以陰文書者，皆其原文也。

著録

《隋書》卷三四《經籍志》 《神農本草經》三卷。

宋 鄭樵《通志》卷六九 《神農本草經》三卷。

明 焦竑《國史經籍志》卷四《子類》 《神農本草經三卷》。

清 丁申、丁丙《八千卷樓書目》卷一〇《子部》 《神農本草經》三卷。日本狩谷望之輯。日本抄本。

又 《神農本草經》三卷。國朝孫星衍、孫馮翼輯刊本。

藝文

宋 陳起《江湖後集》卷二〇《題贈秋洞周鍊師》 誦熟神農本草經，夜深猿鶴亦潛聽。世間三百來般藥，用著毉人盡有靈。沆瀣壇邊月影寒，朝元多戴薜花冠。俗人或問長生事，教看西風一竈丹。

元 陳基《夷白齋稿》卷一一《寒林讀書圖》 側耳幽泉入窈冥，近人嘉樹蔚空青。掛冠擬事陶貞白，學注神農本草經。

明 藍仁《藍山集》卷四《謝雲松寄惠青藤》 仙藥驅風力最靈，九華山裏老藤青。三更花露調冰椀，一斗松醪倒石缾。博士傳方消痼疾，衰容涉世保餘齡。更煩大筆重題品，續入神農本草經。新詩妙藥兩難酬，令我平生宿疾瘳。弱足便堪扶杖起，閒情先想出門遊。邑中佳句爭傳誦，海上仙方費遠求。强欲追隨成二老，莫將天驥笑羸牛。

明 邊貢《華泉集》卷七《題廷相兄扇頭》 萬里乾坤見此亭，四圍山色繞闌青。何當著我亭中坐，閒校神農本草經。

毛詩草木鳥獸蟲魚疏

綜述

《四庫全書總目》卷一五《經部一五》 《毛詩草木鳥獸蟲魚疏》二卷，通行本。吳陸璣撰。明北監本《詩正義》全部所引，皆作陸機。考《隋書・經籍志》，《毛詩草木蟲魚疏》二卷，注云烏程令吳郡陸璣撰。陸德明《經典釋文・序録》：陸璣，《毛詩草木鳥獸蟲魚疏》二卷，注云字元恪。吳郡人。吳太子中庶子，烏程令。《資暇集》亦辯璣字從玉，則監本爲誤。又毛晉《津逮秘書》所刻，援陳振孫之言，謂其書引《爾雅》郭璞注，當在郭後，未必吳人，因而題曰唐陸璣。夫唐代之書，《隋志》烏能著録？且書中所引《爾雅》注，僅及漢犍爲文學樊光，實無一字涉郭璞，不知陳氏何以云然。姚士粦跋已辨之，或晉未見士粦跋歟？原本久佚，此本不知何人所輯，大抵從《詩正義》中録出。然《正義・衛風・淇澳》篇，引陸璣疏淇澳二水名，今本乃無此條。知由採摭未周，故有所漏，非璣之舊帙矣。又《衛風》『椅桐梓漆』一條。稱今雲南牂牁人績以爲布。考《漢書・地理志》，益州郡有雲南縣，《後漢書・郡國志》，永昌郡有雲南縣，皆一邑之名。

《唐書·地理志》，姚州雲南郡，武德四年以漢雲南縣地置。蓋至是始升爲大郡，而袁滋《雲南記》、竇滂《雲南別録》諸書作焉。璣在三國，卽以雲南配牂牁，似乎諸家傳寫，又有所竄亂，非盡原文。然勘驗諸書所引，一一符合，要非依託之本也。末附四家詩源流四篇，而《毛詩》特詳。考王柏《詩疑》，已詆璣所敍與《經典釋文》不合。王應麟《困學紀聞》亦議其誤以曾申爲申公。則宋本已有之，非後人所附益矣。蟲魚草木，今昔異名，年代迢遙，傳疑彌甚。璣去古未遠，所言猶不甚失眞，《詩正義》全用其說。陳啓源作《毛詩稽古編》，其駁正諸家，亦多以璣說爲據。講多識之學者，固當以此爲最古焉。

三國吳　陸璣《毛詩草木鳥獸蟲魚疏·丁晏敘》

《隋書·經籍志》：《毛詩草木鳥獸蟲魚疏》二卷，烏程令吴郡陸璣撰。《唐書·藝文志》：陸璣《毛詩草木鳥獸蟲魚疏》二卷。宋《崇文總目》云：『世或以璣爲機，非也。』機本不治詩，今應以璣爲正。案《初學記》燭類引陸士衡《毛詩草木疏》，唐人已誤為機，幸有陸氏《釋文》，璣字元恪，爵里甚明。今所傳二卷即璣之原書，後人疑為掇拾之本，非也。《爾雅》邢疏引陸璣義疏，《齊民要術》《太平御覽》竝稱義疏，玆以陸疏之文證之，諸書所引仍以此書為詳。疏引劉歆、張奐諸説皆古義之僅存者，故知其焉原本也。間有遺文，後人傳寫佚脫爾。璣，三國時吴人，釋詩者自毛鄭後以此書為最古，焉可不寶貴而熟翫之乎？其與毛異義者，易蕘子王芻之傳，謂葉竹為一曹，易六駮馬之傳，謂六駮木名，亦不盡依故訓。其下篇敘齊、魯、韓、毛四詩源流，至為賅洽。《釋文》敘録四詩，東漢從略，此疏合班范《儒林傳》，綜貫無遺，其之文鄭譜引孟仲子，毛傳引孟仲子天命之説、禖宮之文，鄭譜引孟仲子於穆不似，謂孟仲子，子思弟子。《漢書》具載經師而不及孟仲、曾申、根牟、荀卿，賴此書以傳之也。唐孔氏正義謂《漢書·儒林傳》毛公言其名，而此疏稱魯國公毛亨為故訓，傳以趙國毛萇，徐堅因之，《初學記》載毛詩授受，悉同此疏。元朗沖遠所未聞，得此疏而始備，惟其去漢不遠，是以述古能詳，尤信其為原書也。蒙年逾六旬，目暝意倦，炳燭之明，手自讎校。考之詩疏釋文及唐宋類書，比堪是正。舊有毛晉《津逮秘書》本，王謨《漢魏叢書》本。王本譌漏殊甚，脫去《鹿鳴》『食野之芩』，疏蒲蒻鶺鴒亦有佚脫。今悉依毛刻本：脫去《木瓜》一條，據《御覽》引補入，訂其譌字，增其闕文，多識正名，勉為小子之學，後之肇求毛故者幸無棄焉。咸豐五年，歲在乙卯，立夏日山陽丁晏敘。

清　周中孚《鄭堂讀書記》卷八《經部五之上》

《毛詩草木鳥獸蟲魚疏》二卷。説郛本。吳陸璣撰。題唐人，誤也。璣，字元〔恪〕，吳郡人，官太子中庶子。烏程人。《四庫全書》著錄。《隋志》所載無『鳥獸』二字。『璣』作『機』，蓋字之誤。新舊《唐志》《通志》《宋志》俱無『毛詩』二字。《釋文》《崇文目》《讀書志》《書錄解題》《通考》俱有之，與今本合。《詩正義》引作《草木疏》，省文耳。其書凡草之類四十八，木之類三十一，鳥之類二十二，獸之類七，魚之類八，蟲之類十六。計共一百四十二則。後有魯、齊、韓、毛四《詩》授受源流四則，與《漢書·儒林傳》相表裏。《崇文目》謂其『但附詩釋義，窘於採獲，似非通儒所為者，將後世失傳不得其眞歟』。竊謂此説誠然。元恪原書久佚，此本多從《詩正義》中採輯成編。然以《詩正義》核之，搜摭尚多遺漏，迄今諸家傳寫不免有所竄亂，又非歐公撰《崇文目》時所見之本矣。然元恪生當吳代，去兩漢尚近，於詩人所詠諸物類，尚能得其梗概。故《詩正義》全據此書。邢氏《爾雅疏》亦採錄之。陳長發《毛詩稽古編》，其注釋名物，亦多以是疏爲主焉。《普祕笈》《鹽邑志林》《唐宋叢書》均收入之，皆就是本展轉相刻，俱未見佳。唯趙鹿泉佑所校正者，方爲善本云。

著録

《隋書》卷三二《經籍志》　《毛詩草木蟲魚疏》二卷，烏程令吴郡陸機撰。

宋　陳振孫《直齋書録解題》卷二　《毛詩鳥獸草木蟲魚疏》二卷。題吳郡庶子陸璣撰。案：《館閣書目》稱：『吳中庶子烏程令，字元恪，吳郡人。』據陸氏《釋文》也。其名從玉，固非晉之士衡，而其書引郭璞注《爾雅》，則當在郭之後，亦未必為吳時人也。孔《疏》、吕《記》多引之。

宋　尤袤《遂初堂書目》　《陸璣草木蟲魚疏》。

《宋史》卷二〇二《藝文志》　陸璣《草木鳥獸蟲魚疏》二卷。

唐　陸德明《經典釋文》卷一　陸璣《毛詩草木鳥獸蟲魚疏》二卷。

《册府元龜》卷六〇五　陸璣，字元恪，吴郡人，為太子中庶子烏程令，作《毛詩草木鳥獸蟲魚疏》二卷。

《崇文總目》卷一　《毛詩草木鳥獸蟲魚疏》二卷，吴太子中庶子、烏程令陸璣撰。世或以璣爲機，非也。機自爲晉人，本不治詩，今應以璣爲正。然書但附詩释义，窘於採獲，似非通儒所爲者，將後世失傳不得其真歟。

《文獻通考》卷一七九　《毛詩草木鳥獸蟲魚疏》二卷，《崇文總目》呉太子中庶子、烏程令陸璣撰，世或以璣爲機，非也。機自爲晉人，本不治詩，今應以璣爲正。然書但附詩釋義，窘於採獲，似非通儒所爲者，將後世失傳不得其真歟。陳氏曰《館閣書目》稱璣字元恪，呉郡人，據陸氏《釋文》非晉之士衡，而其書引郭璞注《爾雅》則當在郭之後，亦未必呉時人也。孔疏吕記多引之。

明　陳第《世善堂藏書目録》卷上　《毛詩草木鳥獸蟲魚疏》二卷。陸璣。

明　柯維騏《宋史新編》卷四　陸璣《草木鳥獸蟲魚疏》二卷。

《四庫全書簡明目録》卷二　《毛詩艸木鳥獸蟲魚疏》二卷，呉陸璣撰。璣生於三國，去古未遠，於詩人所咏諸物今昔異名者尚能得其梗概，故孔潁達《詩正義》全據此書。陳啓源《毛詩稽古編》亦多據以考正諸説。

清　沈炳震《九經辨字瀆蒙》卷一二　陸璣《毛詩草木鳥獸蟲魚疏》二卷。

清　王太岳《欽定四庫全書考證》卷一八《經部》　陸璣《毛詩草木鳥獸蟲魚疏》二卷。

清　丁申、丁丙《八千卷樓書目》卷二《經部》　《毛詩草木鳥獸蟲魚疏》二卷。呉陸璣撰。丁氏校正本。古經解彙函本。唐宋叢書本。鹽邑志林本。

（同治）《蘇州府志》卷一三六　《毛詩草木鳥獸蟲魚疏》二卷。

清　徐乾學《傳是樓書目》　《毛詩草木鳥獸蟲魚疏》，唐陸璣。一本。

離騷草木疏

綜述

宋　吴仁傑《離騷草木疏・後序》　右《離騷草木疏》四卷，仁傑少喜讀《離騷》文，今老矣，猶時時手之，不但覽其昌辭，正以其竭忠盡節，凜然有國士之風。每正冠斂衽，如見其人。凡芳草嘉木，一經品題者，謂皆可敬也。因按《爾雅》《神農書》所載，根莖華葉之相亂，名實之異同，悉本本元元，分別部居，次之於槧，會萃成書，區以別矣。夫椴似椒蕭，艾似虆，與夫紫菊之似蘭，及己之似杜衡。猶夫佞之於忠，鄉原之於德也。得是書，形見色屈或庶幾焉。舉無以亂其眞。昔劉杳爲《草木疏》二卷，見於本傳，其書今亡矣。杳疏凡王逸所集者，皆在焉。而仁傑獨取諸二十五篇之文，故命曰《離騷草木疏》。夫子不云乎：詩可以興，可以觀，可以羣，可以怨。邇之事父，遠之事君，多識於鳥獸草木之名。班固譏三間怨恨懷王，是未知《離騷》之近於詩，而詩之可以怨也。劉勰亦譏三間鴆鳥媒娀女爲迂怪詭異之説，又王逸注鴆媒，謂鴆食蚍羽有毒可以殺人者。按鴆有二焉。瑤碧之山，有鳥如雉，其名曰鴆，郭璞謂此更一種，非食蚍者也。《離騷》之文，多怪怪奇奇，亦非鑿空置辭，實本之《山經》，其言鷖、鸞、皇、鴆鳥與《詩》麟、騶虞、鳳皇何異？勰何足以知之？《離騷》以薌草爲忠正，蕕草爲小人。蓀、芙蓉以下，凡四十又四種，猶靑史氏忠義獨行之有全傳也。薋、菉、葹之類十一種，傳著卷末，猶佞幸姦臣傳也。彼既不能流芳後世，姑使之遺臭萬載云。慶元歲丁巳四月三日通直郎、行國子録河南吴仁傑書。

宋　吴仁傑《離騷草木疏・跋》　國録呉先生以淹該之學，從政之暇，訓釋諸書，誓引後進，不為不多。比以《離騷疏》見屬，刊於羅田縣庠。吁，遠矣哉。慶元庚申中秋日河南方燦識，州學生張師尹校對，羅田縣縣學長杜醇同校正，免解進士、蘄州學正充羅田縣縣學講書吴世傑校正。

《四庫全書總目・卷一四六離騷草木疏》　《離騷草木疏》四卷，安徽巡撫採進本。宋吴仁傑撰。仁傑有《古周易》，已著録。是編末有仁傑慶元丁巳自序，謂梁劉杳有《草木疏》二卷，見於本傳，其書已亡。杳疏凡王逸所集者，皆在焉。仁傑獨取二十五篇疏之。其大旨謂《離騷》之文多本《山海經》，故書中引用，每以《山海經》為斷。若辨『夕攬洲之宿莽』句，引『朝歌之山有莽草焉』為據，駁王逸舊註之非，其説甚辨。然騷人寄興，義不一端，瓊枝若木之屬，固有寓言，澧蘭沅芷之類，亦多即目。必舉其隨時抒望，觸物興懷，悉引之於大荒之外，使靈均所賦，悉出伯益所書，是澤畔行吟，主於侈其博贍，非以寫其哀怨，是亦好奇過矣。以其徵引宏富，考辨典核，實能補王逸訓詁所未及。以視陸璣之疏《毛詩》，羅願之翼《爾雅》，可以方軌並駕，爭騖後先，故博物者恆資焉。迹其賅洽，固亦考證之林也。此本爲影宋舊鈔，末有慶元庚申方燦跋，又有校正姓氏三行，蓋仁傑官國子學録時，屬燦刊於羅田者。舊版散佚，流傳頗罕。寫本僅存，亦可謂藝林之珍笈矣。

清 于敏中《天禄琳琅書目》卷四 《離騷草木疏》一函二冊，宋吳仁傑撰。四卷後，仁傑自記，宋方燦跋。《宋史·藝文志》及鼂公武、陳振孫、馬端臨諸人所纂書目皆不載是書，惟明焦竑《經籍志》有吳仁傑《離騷草木蟲魚疏》二卷。今觀是書，標題為《草木疏》，而書中亦不及蟲魚，且仁傑後記稱離騷以薌草為忠正，蕕莒為小人，蓀芙蓉以下凡四十有四種，猶青史氏忠義獨行之有全傳也。資、菉、葹之類十一種傳著卷末，猶佞幸姦臣傳也云云。是仁傑之疏草木，正以沅湘香草騷之寄托，故作此以逆靈均之意耳。焦竑所載祇二卷，此為四卷，亦不相符。錢曾《讀書敏求記》載此書亦為《草木疏》，其稱《草木蟲魚疏》者，乃甬東屠本畯所撰，則知焦竑所載並未加考也。仁傑，《宋史》無傳，按朱彝尊《曝書亭集》有吳氏《兩漢刋誤補遺》，跋稱仁傑字斗南，別號蠹隱居士，本崐山人，其稱河南者，舉郡望而然。登淳熙進士，歷官國子學録，今書中於結銜下亦署河南，其銜為國子録，俱與彝尊所言相符。惟書末結銜稱免解進士、蘄州學正充羅田縣縣學講書吳仁傑校正，意仁傑是書既成，刋行之日乃在羅田也。方燦亦稱河南人，其始末無考。影鈔字畫結體在歐柳之間，非工書者不能得此。御題：『疏傳草木異劉王，特重離騷廿五章。豈為春園問桃李，獨存古道弔沅湘。辨精魚魯篇篇核，義寓興觀字字芳。雖是羅田版亡矣，步兵從可識中郎。』乙未春月御筆。鈐乾隆雙璽。虞山席鑑鈔本。鑑無考。

著録

宋 晁公武《郡齋讀書志》卷五 《離騷草木疏》四卷，右通直郎、行國子録河南吳仁傑撰，慶元間自序。

《續通志》卷一六二 《離騷草木疏》四卷，宋吳仁傑撰。

《續文獻通考》卷一八九 吳仁傑《離騷草木疏》四卷。仁傑見經類。臣等謹案：仁傑自序謂梁劉杳有《草木疏》二卷，其書已亡，杳疏凡王逸所集者皆在焉。仁傑獨取二十五篇疏之，其大旨謂《離騷》之文多本《山海經》，故書中引用每以《山海經》為斷。

《四庫全書簡明目録》卷一五 《離騷草木疏》四卷，宋吳仁傑撰。取《離騷》所用草木一一詮釋，謂原多本《山海經》，每引以為説，殊為膠滯。然徵引宏富，頗為博物之助。

清 丁申、丁丙《八千卷樓書目》卷一五 《離騷草木疏》四卷，宋吳仁傑撰。知不足齋本。龍威祕書本。崇文局本。

清 范邦甸《天一閣書目》卷一之一 《離騷草木疏》四卷。

《續通志》卷一六二 《離騷草木疏》四卷，宋吳仁傑撰。

清 錢謙益《絳雲樓書目》卷三 吳仁傑《離騷草木疏》。

清 錢曾《讀書敏求記》卷四 劉杳之書不可得而見矣。世傳惟宋吳仁傑斗南所著《草木疏》，復經甬東屠本畯田叔芟其蔓衍而益之，改盡斗南舊觀，且以吳氏闕鳥獸爲非通論。夫美人香草騷之托云，然後人止疏草木者，其意適與靈均合。田叔別撰《昆虫疏》，蓋欲多識鳥獸之名，與失騷人之旨矣。此從曹秋岳先生借録，得觀斗南原書，何其幸也。

清 吳壽暘《拜經樓藏書題跋記》卷四《諸子雜家》 《離騷草木疏》。右舊鈔本，四卷後有仁傑自跋及方粲跋，末列張師尹、杜醇、吳世傑校正銜名。

清 徐乾學《傳是樓書目》 《離騷草本疏》四卷。宋吳仁傑。一本。抄本。

清 楊紹和《宋存書室宋元秘本書目》 宋本《離騷草木疏》四卷。

一册一函。

藝文

清 愛新覺羅·弘曆《御製詩集·四集》卷三一《題影宋鈔吴仁傑離騷草木疏》 疏傳草木異劉王，特重離騷廿五章。豈為春園問桃李，獨存古道弔沅湘。辨精魚魯篇篇核，義寓興觀字字芳。雖是羅田版亡矣，步兵從可識中郎。

鼠璞

綜述

《四庫全書總目》卷一一八《子部二八》 《鼠璞》二卷，內府藏本，宋戴埴撰。埴字仲培，桃源人，仕履無考。書中『楮券源流』一條，歷陳慶元、開禧、嘉定之弊，知為南宋末人。故《書録解題》著録，而《讀書志》不著録也。是書皆考證經史疑義及名物典故之異同，持論多為精審。其論《麟趾》為衰世之語，過泥《序》文；論《性惡》曲解荀子，以為與孟子同功；論『崖蜜』字承惠洪之誤，不知《鬼谷子》實無此文。雖不免小疵，然如論彭祖『房中』、太公陰謀、蘇軾『非武王』，立説皆正大。其他辨正如謂《詩序》絲衣篇引高子靈星之言，知有講師附益之類，率皆確實有據，足裨後學。其曰《鼠璞》者，蓋取周人、宋人同名異物之義。《文獻通考》列之小説家，失其倫矣。

清 戴埴《鼠璞·陸心源跋》 《鼠璞》一卷，題曰『桃源戴埴仲培父』，宋刻小字本。愚案：埴，鄞縣人。祖機，字伯度，紹熙初以特恩補官，為金華主簿。父燧，亦進士，見《攻媿集》戴機墓誌。兄埍，紹定五年進士，官大府卿。埴，嘉熙二年進士，持節將漕，見《寶慶四明志》、王伯厚《戴氏桃源世譜引》。余初疑桃源為埴之原貫，但《世譜引》謂為晉戴逵之後。逵望譙國，後居剡川，與桃源無涉。蓋鄞有桃源鄉，宋張即之居之，著有《桃源志》，戴氏亦世居鄞之桃源鄉，故譜稱桃源戴氏，然則桃源乃鄉名，非縣名也。埴為四明人，故書中多辨正四明事。新修《鄞縣志》採摭甚備，埴附機傳，而不知即著《鼠璞》之戴埴，《進士表》既無其名，《藝文志》亦無此書，亦缺典也。

著録

宋 陳振孫《直齋書録解題》卷一一 《鼠璞》一卷。戴埴撰。

《文淵閣書目》卷二 戴埴《鼠璞》一部一册。

《續通志》卷一六〇 《鼠璞》一卷。宋戴埴撰。

《文獻通考》卷二一七《經籍考四四》 《鼠璞》一卷。陳氏曰戴埴撰。

明 焦竑《國史經籍志》卷四《子類》 《鼠璞》一卷。戴埴。

明 祁承㸁《澹生堂藏書目》 《戴氏鼠璞》一卷。戴埴。

清 黄虞稷《千頃堂書目》卷一二 戴埴《鼠璞》一卷。桃源人。

《四庫全書簡明目録》卷一三 《鼠璞》一卷。宋戴埴撰。《文獻通考》列之小説家，然其辨正經傳、考訂名物訓詁頗有可採，實非小説家。言曰《鼠璞》者，取《戰國策》以鼠為璞之意也。

清 丁申、丁丙《八千卷樓書目》卷一二《子部》 《鼠璞》一卷。宋戴埴撰。舊抄本。學津討原本。唐宋叢書本。百川學海本。

清 周中孚《鄭堂讀書記》卷五四《子部十之三》 《鼠璞》一卷。宋戴埴撰。埴，字仲培，桃源人。蓋南宋末人也。《四庫全書》著録。《書録解題》小説家及焦氏《經籍志》小説家、倪氏《宋志》補，俱載之。其書曰《鼠璞》者，取《戰國·秦策》以鼠爲璞之意，自謙之詞也。凡九十八條，皆考訂經傳及正前人議論之失。一名一物辨之必精，楮券、鹽筴、義役之弊言之亦甚晰。其持論頗正大而精確，實非小説家言也。至論性善惡一條，發端於韓退之《原性》、杜牧之《三子言性辨》，不始於是書也。近儒錢竹汀、凌次仲皆如仲培説以立論云。《説郛》《唐宋叢書》《學津討原》所收，均分爲二卷，則與諸家書目不符矣。

促織經

綜述

宋　賈似道《促織論》　《論》曰：天下之物有見愛於人者，君子必不棄焉。何也？天之生物不齊，而人之所好亦異也。好非外鑠，吾性之情發也。情發而好物焉，殆有可好之實存於中矣。否則匪好也，豈其性之眞哉？況促織之爲物也，煖則在郊，寒則附人。若有識其時者，拂其首則尾應之，拂其尾則首應之，似有解人意者。甚至合類頡頏以決勝負，而英猛之態甚可觀也，豈常物之微者若是班乎？此君子之所以取而愛之者，不爲誣也。愚嘗論之天下有不容盡之物，君子有獨好之理，獨促織曰莎雞，曰絡緯，曰蛬，曰蟋蟀，曰寒蟲之，不一其名，或在壁，或在户，或在宇，或入床下，因時而有感。夫一物之微，而能察乎陰陽動静之宜，備乎戰鬬攻取之義，是能超乎物者也甚矣。促織之可取也遠矣。蓋自唐帝以來以迄於今，於凡王孫公子至於庶人、富足豪傑無不雅愛珍重之也。又嘗考其實矣。每至秋冬生於草土壘石之内，諸蟲變化，隔年遺種於土中，及其時至，方生之時，小能化大也，大亦能化小也。若夫白露漸旺，寒露漸絶，出於草土者，其身則軟生，於磚石者其體則剛，生於淺草瘠土磚石深坑向陽之地者，其性必劣，赤黄其色也。大抵物之可取者，白不如黑，黑不如赤，赤不如黄。赤小黑大，可當乎對敵之勇，而黄大白小，難免夫侵凌之虧。愚又原夫入色之蟲，赤黄色者，更生頭項肥、脚腿長、身背闊者爲首也。黑白色者，生之頭尖項緊、脚瘦腿薄者，何足論哉！或有花蔴頭、水紅花牙、青灰項、白肋、翅闊、翼罩、尾秃、鬚歪、線額、彎尾、翹翅、龜背、蝦脊促織，身相螳螂，狀土狗，形蝴蝶，頭尖夾翅，此數者，又皆爲蟲之異象者也。紫頭偏有勇有敵，艷色定虚華，無情則是銅頭，有準却是棗核，牙長色樣俱佳，未嘗不勇。傷殘獨腿及於欠足之蟲，総爲不全，却有可觀之處者也。惟有四病，若犯其一，切不可托之。何也？仰頭一也，捲鬚二也，練牙三也，踢腿四也。若兩尾高低曾經有失，兩尾垂萎，並是老朽者也。其凶也可立而待。若有熱之倦怠與夫冷之傷惶者，又且不可緩其調養之法也。使調養之法緩情性之欲拂，則物之救死而且恐不贍矣，何暇勇於戰鬬，期於克捷，而能超乎群物者哉？故曰君子之於愛物也知所愛，知所愛則知所養也，知所養則何患乎物之不善哉？是爲論。

宋　賈似道《蟋蟀論》　序屬三秋，時維七月，稟受肅殺之氣，化爲促織之蟲，述其奥妙之玄機，乃作今時之賭賽。千般調養皆遵昔日之規模，數句言辭可教後來之子弟。盆須用古器，必要精，如遇天炎，常把窩兒水浴。若交秋冷，速將盆底泥塡下盆，須食白花草，則泥瀉出，然後必殕黄米飯，可長精神。食不宜多，休要缺水。嚼牙狹食，暫喂帶血蚊蟲；内熱慵鳴，聊食荳芽尖葉；落胎糞結，必吃蝦婆；失脚頭昏，川芎茶浴。如若咬傷，速用童便蚯蚓糞調和，點其瘡口，禁齒須將捧草，用蒼蠅頭血染成，如是良醫。敵疲，休與水鬬。處切傍飢，遊柵沿墻，藏之暗所。隔盆鳴叫，速使相離。每至未申，便當下食，但臨子丑，且聽呼雌。渾身好似一團花紅鈴，難托遍體；却如三叚錦白肋，無成腿長。有勝無輸，身狹少赢多敗，頭粗難壯，何人與我敢争鋒。牙細翅寛，必定知他難受口。麻頭秀項銷金翅，名播他鄉。鰕脊蛾身橄欖形，聲揚别郡。尾短終無力，牙長必有功。看來有妙必藏，莫與他人頻覿矣。黑白多輸，青黄多勝，狹長有失，匾闊迷痴，尾焦便可棄之，毋爲後悔。鈴脱休尋争鬬，免使嗟吁。是蟲也，白露旺生，寒露漸絶，草土中則軟，磚石内則剛，背陰必嬌，向陽必劣，深磚厚石其色青黄，淺草薄泥其顔黑白。若愛其才，必相其色，得之於心，用之於手，雖以微蟲，愼匆輕視。然賭賽有千般之變化，調理有萬種之功夫，未盡片言，再詞於後。

宋　賈似道《又論》　蟋蟀者，秋蟲也，名促織，亦名孫旺，虎丘人曰趱織者。昔曰無名氏曾作《育養蟋蟀調理方》一篇。子弟一生所愛其物，亦作《論生化之原相蟲兒之風鑑》，故作是言也。夫促織者，草土中蟲之變化，或隔數年放子於土中，生小化大，白露旺生，寒露暫絶，草土中必嫩，磚石中必剛，淺草薄土其色黑白，厚磚深坑其色赤黄，背陰必嬌，向陽必劣，白不如黑，黑不如赤，赤不如黄，黄不如青。赤小黑大可對，黄大白小是虧，赤黄色者，更生得頭大項肥腿長身闊者，皆可觀也。黑白更若頭尖項細脚小躰輕，皆不中也。既愛其才，必相其色，作詩一首，斷句三思，形相絶妤者可勝言哉？其餘歹者皆不足觀也。

清 金文錦《促織經序》 昔《葩經》詠昆蟲甚夥，而蟋蟀見於《唐》什，詳於《邠風》，是亦古風雅之士究心所在也。自李唐來宮中為蟋蟀戲，傳至外間，人爭效之，然辨形辨色之說，究未通曉。至宋賈秋壑著《促織經》，所謂形色始詳論焉。迨明季坊刻，多創為歌吟，著其名兼著其象，繪其色亦繪其聲，然錯舛紕繆正複不少。餘值小圃涼生，酒酣夜坐，風飄桐葉，露濕桂花，蛩聲四壁，淒淒切切，因檢舊編挑燈刪定，非敢自附於古之格物君子，亦一時遊戲偶及云爾。時康熙乙未仲秋上浣，六庵偶書。

清 錢曾《讀書敏求記》卷二 《蟋蟀經》二卷。《蟋蟀經》相傳賈秋壑所輯。其於相辨喂養調治之法咸備，文詞頗雅。馴牧翁詩中『更籌帷幄，選將登場』句，採其語也。予昔藏徽藩芸窗道人五綵繪畫本，爲季滄葦豪奪去，茲則絳雲樓舊鈔本也。

傳記

《宋史》卷四七四 賈似道字師憲，臺州人，制置使涉之子也。少落魄，為游博，不事操行。以父蔭補嘉興司倉。會其姊入宮，有寵於理宗，為貴妃，遂詔赴廷對，妃於內中奉湯藥以給之。擢太常丞、軍器監。益恃寵不檢，日縱游諸妓家，至夜即燕游湖上不反。理宗嘗夜憑高，望西湖中燈火異常時，語左右曰：『此必似道也。』明日詢之果然，使京尹史巖之戒敕之。巖之曰：『似道雖有少年氣習，然其材可大用也。』尋出知澧州。

淳祐元年，改湖廣總領。三年，加戶部侍郎。五年，以寶章閣直學士為沿江制置副使、知江州兼江西路安撫使。一歲中，再遷京湖制置使兼知江陵府，調度賞罰，得以便宜施行。九年，加寶文閣學士、京湖安撫制置大使。十年，以端明殿學士移鎮兩淮，年始三十餘。寶祐二年，加同知樞密院事、臨海郡開國公，威權日盛。臺諫嘗論其二部將，即毅然求去，孫子秀新除淮東總領，外人忽傳似道已密奏不可矣，丞相董槐懼，留身請之，帝以為無有，槐終不敢遣子秀，以似道所善陸壑代之，其見憚已如此。四年，加參知政事。五年，加知樞密院事。六年，改兩淮宣撫大使。

自端平初，孟珙帥師會大元兵共滅金，約以陳、蔡為界。師未還而用趙范謀，發兵據殽、函絕河津，取中原地，大元兵擊敗之，范僅以數千人遁歸。追兵至，問曰：「何為而敗盟也？」遂縱攻淮、漢，自是兵端大啟。

開慶初，憲宗皇帝自將征蜀，世祖皇帝時以皇弟攻鄂州，元帥兀良哈解由雲南入交阯，自邕州蹂廣西，破湖南，傳檄數宋背盟之罪。理宗大懼，乃以趙葵軍信州，禦廣兵；以似道軍漢陽，援鄂，即軍中拜右丞相。十月，鄂東南陬破，宋人再築，再破之，賴高達率諸將力戰，似道時自漢陽入督師。十一月，攻城急，城中死傷者至萬三千人。似道乃密遣宋京詣軍中請稱臣，輸歲幣，不從。會憲宗皇帝晏駕於釣魚山，合州守王堅使阮思聰踔急流走報鄂，似道再遣京議歲幣，遂許之。大元兵拔砦而北，留張傑、閻旺以偏師候湖南兵。明年正月，兵至，傑作浮梁新生磯，濟師北歸。似道用劉整計，攻斷浮梁，殺殿兵百七十，遂上表以肅清聞。帝以其有再造功，以少傅、右丞相召入朝，百官郊勞如文彥博故事。

初，似道在漢陽，時丞相吳潛用監察御史饒應子言，移之黃州，而分曹世雄等兵以屬江閫。黃雖下流，實兵衝。似道以為潛欲殺己，銜之。且聞潛事急時，每事先發後奏，帝欲立榮王子孟啟為太子，潛又不可。帝已積怒潛，似道遂陳建儲之策，令沈炎劾潛措置無方，致全、衡、永、桂皆破，大稱旨。乃議立孟啟，貶潛循州，盡逐其黨人。高達在圍中，恃其武勇，殊易似道，每見其督戰，即戲之曰：『巍巾者何能為哉！』每戰，必須勞始出，否即使兵士譁於其門。呂文德諂似道，即使人呵曰：『宣撫在，何敢爾邪！』曹世雄、向士璧在軍中，事皆不關白似道，故似道皆恨之。以覈諸兵費，世雄、士璧皆坐侵盜官錢貶遠州。每言於帝欲誅達，帝知其有功，不從。尋論功，以文德為第一，而達居其次。

明年，大元世祖皇帝登極，遣翰林侍讀學士、國信使郝經等持書申好息兵，且徵歲幣。似道方使廖瑩中輩撰《福華編》頌鄂功，通國皆不知所謂和也。似道乃密令淮東制置司拘經等於真州忠勇軍營。

時理宗在位久，內侍董宋臣、盧允昇為之聚斂以媚之。引薦奔競之士，交通賄賂，置諸通顯。又用外戚子弟為監司、郡守。作芙容閣、香蘭亭宮中，進倡優傀儡，以奉帝為遊燕。竊弄權柄。臺臣有言之者，帝宣諭論去之，謂之『節貼』。

似道入，逐盧、董所薦林光世等，悉罷之，勒外戚不得為監司、郡守，子弟門客斂跡，不敢干朝政。由是權傾中外，進用羣小。取先朝舊法，率意紛更，增吏部七司法。買公田以罷和糴，浙西田畝有直千緡者，似道均以四十緡買之。數稍多，予銀絹；又多，予度牒告身。吏又恣為操切，浙中大擾。有奉行不至者，提領劉良貴劾之。有司爭相迎合，務以買田多為功，皆繆以七八斗為石。其後，田少與磽瘠、虧租與佃人負租而逃者，率取償田主。六郡之民，破家者多。包恢知平江，督買田，至以肉刑從事。復以楮賤作銀關，以一準十八界會之三，自製其印文如『賈』字狀行之，十七界廢不用。銀關行，物價益踴，楮益賤。秋七月，彗出柳，光燭天，長數十丈，自四更見東方，日高始滅。臺諫、布韋皆上書，言此公田不便，民間愁怨所致。似道上書力辯之，且乞罷政。帝勉留之曰：『公田不可行，卿建議之始，朕已沮之矣。今公私兼裕，一歲軍餉，皆仰於此。使因人言而罷之，雖足以快一時之議，如國計何！』有太學生蕭規、葉李等上書，言似道專政。命京尹劉良貴捃摭以罪，悉黥配之。後又行推排法。江南之地，尺寸皆有稅，而民力弊矣。

理宗崩，度宗又其所立，每朝必答拜，稱之曰『師臣』而不名，朝臣皆稱為『周公』。甫葬理宗，即棄官去，使呂文德報北兵攻下沱急，朝中大駭，帝與太后手為詔起之。似道至，欲以經筵拜太師，以典故須建節，授鎮東軍節度使，似道怒曰：『節度使粗人之極致爾！』遂命出節，都人聚觀。節已出，復曰：『時日不利。』亟命返之。宋制：節出，有撤關壞屋，無倒節理，以示不屈。至是，人皆駭歎。然下沱之報實無兵也。三年，又乞歸養。大臣、侍從傳旨留之者日四五至，中使加賜賚者日十數至，夜即交臥第外以守之。除太師、平章軍國重事，一月三赴經筵，三日一朝，赴中書堂治事。賜第葛嶺，使迎養其中。吏抱文書就第署，大小朝政，一切決於館客廖瑩中、堂吏翁應龍，宰執充位署紙尾而已。

似道雖深居，凡臺諫彈劾、諸司薦辟及京尹、畿漕一切事，不關白不敢行。李芾、文天祥、陳文龍、陸達、杜淵、張仲微、謝章輩，小忤意輒斥，重則屏棄之，終身不録。一時正人端士，為似道破壞殆盡。吏爭納賂求美職，其求為帥閫、監司、郡守者，貢獻不可勝計。趙溍輩爭獻寶玉，陳奕至以兄事似道之玉工陳振民以求進，一時貪風大肆。五年，復稱疾求去。帝泣涕留之，不從，令六日一朝，一月兩赴經筵。六年，命入朝不拜。朝退，帝必起避席，目送之出殿廷始坐。繼又令十日一入朝。

時襄陽圍已急，似道日坐葛嶺，起樓閣亭榭，取宮人娼尼有美色者為妾，日淫樂其中。惟故博徒日至縱博，人無敢窺其第者。其妾有兄來，立府門，若將入者，似道見之，縛投火中。嘗與羣妾踞地鬥蟋蟀，所狎客入，戲之曰：『此軍國重事邪？』酷嗜寶玩，建多寶閣，日一登玩。聞余玠有玉帶，求之，已徇葬矣，發其塚取之。人有物，求不予，輒得罪。自是，或累月不朝，帝如景靈宮亦不從駕。八年，明堂禮成，祀景靈宮。天大雨，似道期帝雨止升輅。胡貴嬪之父顯祖為帶御器械，請如開禧故事，卻輅，乘逍遙輦還宮，帝曰平章云云，顯祖紿曰：『平章已允乘逍遙輦矣。』帝遂歸。似道大怒曰：『臣為大禮使，陛下舉動不得預聞，乞罷政。』即日出嘉會門，帝留之不得，乃罷顯祖，涕泣出貴嬪為尼，始還。

似道既專恣日甚，畏人議己，務以權術駕馭，不愛官爵，牢籠一時名士，又加太學餐錢，寬科場恩例，以小利啗之。由是言路斷絕，威福肆行。

自圍襄陽以來，每上書請行邊，而陰使臺諫上章留己。呂文煥以急告，似道復申請之，事下公卿雜議。監察御史陳堅等以為師臣出，顧襄未必能及淮，顧淮未必能及襄，不若居中以運天下為得。乃就中書置機速房以調邊事。時物議多言高達可援襄陽者，監察御史李旺率朝士入言於似道。似道曰：『吾用達，如呂氏何？』旺等出，歎曰：『呂氏安則趙氏危矣。』文煥在襄，聞達且入援，亦不樂，以語其客。客曰：『易耳。今朝廷以襄陽急，故遣達援之，吾以捷聞，則達必不成遣矣。』文煥大以為然。時襄兵出，獲哨騎數人，即繆以大捷奏，然不知朝中實無援襄事也。襄陽降，似道曰：『臣始屢請行邊，先帝皆不之許，向使早聽臣出，當不至此爾。』

十月，其母胡氏薨，詔以天子鹵簿葬之，起墳擬山陵，百官奉襄事，立大雨中，終日無敢易位。尋起復入朝。

度宗崩。大兵破鄂，太學諸生亦羣言非師臣親出不可。似道不得已，始開都督府臨安，然憚劉整，不行。明年正月，整死，似道欣然曰：『吾得天助也。』乃上表出師，抽諸路精兵以行，金帛輜重之舟，舳艫相銜百餘里。至安吉，似道所乘舟膠堰中，劉師勇以千人入水曳之不能動，乃易他舟而去。至蕪湖，遣還軍中所俘曾安撫，以荔子、黃甘遺丞相伯顏，俾宋京如軍中，請輸歲幣稱臣如開慶約，不從。夏貴自合肥以師來會，袖中出編書示似道曰：『宋曆三百二十年。』似道俛首而已。時一軍七萬餘人，盡屬孫虎臣，軍丁家洲。似道與夏貴以少軍軍魯港。二月庚申夜，虎臣以失利報，似道倉皇出，呼曰：『虎臣敗矣！』命召貴與計事。頃之，虎臣至，撫膺而泣曰：『吾兵無一人用命也。』貴微笑曰：『吾嘗血戰當之矣。』似道曰：『計將安出？』貴曰：『諸軍已膽落，吾何以戰？公惟入揚州，招潰兵，迎駕海上，吾特以死守淮西爾。』遂解舟去。似道亦與虎臣以單舸奔揚州。明日，敗兵蔽江而下，似道使人登岸揚旗招之，皆不至，有為惡語慢罵之者。乃檄列郡如海上迎駕，上書請遷都，列郡守於是皆遁，遂入揚州。

陳宜中請誅似道，謝太后曰：『似道勤勞三朝，安忍以一朝之罪，失待大臣之禮。』止罷平章、都督，予祠官。三月，除似道諸不恤民之政，放還諸竄謫人，復吴潛、向士璧等官，誅其幕官翁應龍，廖瑩中、王庭皆自殺。潘文卿、季可、陳堅、徐卿孫皆似道鷹犬，至是交章劾之。四月，高斯得乞誅似道，不從。而似道亦自上表乞保全，乃命削三官，然尚居揚不歸。五月，王爚論似道既不死忠，又不死孝，太皇太后乃詔似道歸終喪。七月，黄鏞、王應麟請移似道鄰州，不從。王爚入見太后曰：『本朝權臣稔禍，未有如似道之烈者。縉紳草茅不知幾疏，陛下皆抑而不行，非惟付人言於不恤，何以謝天下！』始徙似道婺州。婺人聞似道將至，率衆為露布逐之。監察御史孫嶸叟等皆以為罰輕，言之不已。又徙建寧府。翁合奏言：『建寧乃名儒朱熹故里，雖三尺童子粗知向方，聞似道來嘔惡，況見其人！』時國子司業方應發權直舍人院，封還録黄，乞竄似道廣南；中書舍人王應麟、給事中黄鏞亦言之，皆不從。侍御史陳文龍乞俯從衆言，陳景行、徐直方、孫嶸叟及監察御史俞浙併上疏，於是始謫似道為高州團練使，循州安置，籍其家。

福王與芮素恨似道，募有能殺似道者使送之貶所，有縣尉鄭虎臣欣然請行。似道行時，侍妾尚數十人，虎臣悉屏去，奪其寶玉，徹轎蓋，暴行秋日中，令舁轎夫唱杭州歌謔之，每名斥似道，辱之備至。似道至古寺中，壁有吴潛南行所題字，虎臣呼似道曰：『賈團練，吴丞相何以至此？』似道慚不能對。嶸叟、應麟奏似道家畜乘輿服御物，有反狀，乞斬之。詔遣鞫問，未至。八月，似道至漳州木綿菴，虎臣屢諷之自殺，不聽，曰：『太皇許我不死，有詔即死。』虎臣曰：『吾為天下殺似道，雖死何憾？』拉殺之。

藝文

明 吴本泰《吴吏部集・秋舫箋・西湖竹枝詞三十首》 奪得當場半臂綾，艸蟲角翅鬭雞形。半閒亭已荒蕪久，丞相猶傳《促織經》。

著録

明 祁承爜《澹生堂藏書目》 《促織經》一卷。

清 黄虞稷《千頃堂書目》卷九 賈似道《促織經》一卷。

清 丁申、丁丙《八千卷樓書目》卷一二《子部》 《促織經》一卷。不著撰人名氏刊本。

清 倪燦《宋史藝文志補》 賈似道《促織經》一卷。

清 錢謙益《絳雲樓書目》卷二 《促織經》。

清 倪燦《宋史藝文志補》 賈似道《促織經》一卷。

華夷花木鳥獸珍玩考

綜述

《四庫全書總目》卷一三〇《子部四十》 《華夷花木鳥獸珍玩考》十卷，浙江巡撫採進本。明慎懋官撰。懋官字汝學。是書凡花木考六卷，鳥獸考一卷，珍玩考一卷，續考二卷。或剽取舊説，或參以己語，或標出典，或不標出典，真偽雜糅，餖飣無緒。如『楓樹』一條，稱『謨按』云云，似著此書者名謨。又『木蓮樹』一條，稱『元和十四年夏命道士毋邱元志寫，因題絶句』云云，似著此書者在唐代。至『衛懿公好鶴』一條，不引《左傳》而引傳奇俚詞，尤為不考。卷首自序一篇，詞極夸大，過矣。

著録

清　黄虞稷《千頃堂書目》卷一五　慎懋官《華夷花木鳥獸珍玩考》十二卷。

《續通志》卷一六〇　《華夷花木鳥獸珍玩考》十卷。明慎懋官撰。

《清續文獻通考》卷一七七　慎懋官《華夷花木鳥獸珍玩考》十卷。懋官字汝學，湖州人。

清　錢曾《錢遵王述古堂藏書目録》卷六　《華夷花木鳥獸考》十卷。二本。抄。

清　徐乾學《傳是樓書目》　《華夷花木鳥獸玲玩考》十二卷。明慎懋官。五本。

清　周中孚《鄭堂讀書記》卷五八《子部十之七》　《華夷花木鳥獸珍玩考》十二卷。原刊本。明慎懋官撰。懋官，字汝學，歸安人。《四庫全書》存目作十卷。乃少《續考》末一卷、《雜考》一卷。《明史·藝文志》不載。汝學少侍其父山泉蒙宦遊，凡江浙不見之物，耳目不聞之事，悉摘紙以記，後復偏歷閩楚，述其見聞，參以書史，删繁去冗，成是編。卷一至卷六爲花木考，卷七爲鳥獸考，卷八爲珍玩考，卷九至卷十一爲續考，即補前八卷之遺，卷十二爲雜考，皆述花木之品題也。其間異物雖涉不經而亦録者，蓋欲偏中國盡蠻貊，使各方花鳥珍玩俱在此卷帙中也。然掛一漏萬之譏，固所不免，而其冗雜無倫，適以啓觀者之厭耳。前有萬厤辛巳自序，又有杭州李時英序，末附所撰《成趣堂記》一篇，蓋爲其父作也。

神農本草經疏

綜述

明　繆希雍《神農本草經疏·原序》　《神農本草經》者，古《三墳》之一也。其成於黄帝之世乎？觀其嘗藥别味，對病主治，施之百世，無可踰越。其為開天大聖，憫生民疾苦，於飲食衣服之外，復設鍼石藥物，用拯夭札，俾得盡其天年是已。原夫藥之生也，氣稟乎天，味成乎地，性在其間。氣為陽，味為陰，五味四氣，各歸其類，斯親上、親下之義也。既述之以本性，又制之以君臣，合之以佐使，以成其攻邪已疾之能。遂使無情之用，同諸有識，自非生而神靈、冥契萬物者，其孰能與於斯乎！去古滋遠，民性滋灕，心識麤浮，莫能研精殫思，深入玄要，而不察乎即象即理，物物昭然，弭疾延年，功力自著。正以《三墳》之書言大道也，言其然而不言其所以然。言亦象也。予因據經以疏義，緣義以致用，參互以盡其長，簡誤以防其失；而復詳列病忌藥忌，以別其微；條析諸藥，應病分門，以究其用；刊定七方十劑，以定其法；闡發五藏苦欲補瀉，以暢其神。著論三十餘首，以通古今之變。始悉一經之趣，命之曰《神農本草經疏》。讀之者宜因疏以通經，因經以契往，俾炎黄之旨，晦而復明，藥物之生，利而罔害，乃余述疏意也。余生也晚，親年已衰，得於稟者固薄，故少善病。長嗜方技，僻躭藥妙，顧念自昔仙人道士，靡不悉由藥道以濟羣生。加之友生協贊，後先不一，馴届耳順，良友凋喪，百念灰冷。惟茲一事，尚用嬰懷，手所論著，裒然成帙。倘典則可師，幽隱可顯，試用於世，有廣來學，固所願也，不敢必也。採真同好，其相證諸。繆希雍序。

明　繆希雍《神農本草經疏》第一卷《小引》　予之作是疏也，該括經文，義難槩述，求其宗趣，宜有裁節。是以或先經而闡義，或隨文而暢旨，或斷章以相比，或因源以導流，或從末而會本，或根性以知非。凡茲數者，期在發明經旨，適當於用。然懼偏見多遺，難為準的。必欲使纖悉洞了，小大靡遺，開擴來學，臻乎無惑，尚有望於明喆之助焉。

一　本經為《三墳》之書，後增入名醫别録，有朱字、墨字之分，總言藥之主治，從未有發其所以然者。茲疏直接神聖立言之旨。故總題之曰《神農本草經疏》。

一　藥物治療，本經別録業已備悉，間有未盡者，參之以各名家主治。故小字附列於經文之下，或即於疏內敘述，俾採用易稽。

一　藥類一千二百餘種，品類浩繁，今簡治療之必不可缺，暨近地所產，得於覩記者，備為具疏；餘非必用之藥，及罕識難致者，存而不論。

一　種類隨土異形，甚且稱名未覈，矧近來市肆飾偽似真，若令誤服，遺害非淺，故詳辨種類，以正其訛。

一　畏忌制使，物性自然，非可以意求者，俱照本經列之條下。至其製用之宜，古法具在，兹復採入，俾得遵守。

一　《證類本草》所載諸方俱録入，主治叅互，有未當於用者，已為删去。其外諸書所録良方甚多，必詳紀述，以便採取。

一　簡誤以防誤用之失，故有證同而藥不宜同者，每條後詳書其害，至於性淳功良，有益無損，一藥止堪治一病者，悉不復著。

一　目録次序悉從《證類本草》，有部分混襍，如木部之藿香，菜部之假蘇，今為移正。

一　本文悉遵《證類》善本，但是書流傳已久，字畫謬訛頗多。兹逐條參訂，有一二意義難通者，稍為釐正，如傷作瘍，動作痛之類。

一　《證類本草》第三十卷俱載有名未用之藥，今有常用之物，而本經未載，有拾遺載之，而未詳者，兹列為三十卷補遺。

一　本文頂行立欵，其附入之條，有正文者，仍從頂行；原係附入者，低字加圈，以別正文。

一　續序例下卷，俱係病藥忌宜，今總列應忌諸藥於前，以見必不可輕用。

先生殫一生精力，發千古神聖之奥，以利萬世。門人李季虬氏，幾經条録，悉以付新安吴康虞氏，刻之金陵，未竟而遺焉。流傳於知交者，西吴朱氏，集而刻之，不及其半。然且序次弗倫，考覈未審也。先生以醫為司命，一字有訛，遺禍無極。遂命澄先檢其存稿若干卷，按部選類，彙得全帙，細復檢閲，以為定本。凡續序例二卷，藥四百九十味，用識年月，書此凡例云。時天啟五年歲在乙丑六月十有一日松陵通家子顧澄先謹識。

《四庫全書總目卷一〇四》《一四》　《神農本草經疏》三十卷，浙江巡撫採進本。明繆希雍撰。《明史・方技傳》載：希雍嘗謂《本草》出於神農，譬之五經。其後又復增補別録，譬之註疏。惜朱墨錯互，乃沈研剖析，以《本草》為經，別録為緯，著《本草單方》一書行於世，而不及此書，未審即是書否也。其書分《本草》為十部：首玉石，次草，次木，次人，次獸，次禽，次蟲，次魚，次果，次米穀，次菜。皆以《神農本經》為主而發明之，附以名家主治藥味禁忌。次序悉依宋《大觀證類本草》，部分混雜者為之移正。首為序例二卷，論三十餘首，備列九方十劑，及古人用藥之要。自序云『據經以疏義，緣義以致用，參互以盡其長，簡誤以防其失』是也。考王懋竑《白田雜著》有《用石膏辨》一篇，篇末《附記》極論是書多用石膏之非，其説良是。至云繆仲醇以醫名於近世，而其為《經疏》，議論甚多紕繆，前輩云《經疏》出而《本草》亡，非過論也。是則已甚之詞矣。

著録

《續通志》卷一六一　《神農本草經疏》三十卷。明繆希雍撰。

《清續文獻通考》卷一八四　繆希雍《神農本草經疏》三十卷。

《四庫全書簡明目録》卷一〇　《神農本草經疏》三十卷。明繆希雍撰。分本草為十部。每藥皆有發明，故謂之疏，冠以序例二卷，論三十餘首，王懋竑作石膏辨頗詆諆此書，然亦一家之學也。

清　丁申、丁丙《八千卷樓書目》卷一〇《子部》　《神農本草經疏》三十卷。明繆希雍撰。汲古閣本刊。十二卷。

清　范邦甸《天一閣書目》卷三之一子部　《神農本草經疏》五冊。鈔本。明繆希雍撰

清　周中孚《鄭堂讀書記》卷四三《子部五之一》　《神農本草經疏》三十卷。緑君亭刊本。明繆希雍撰。《四庫全書》著録。《明史・藝文志》亦載之。仲醇以本經爲《三墳》之書，後增入《名醫別録》，有朱字、墨字之分，總言藥之主治，從未有發明其所以然者，因從《證類本草》中録出二百六十餘種，而爲之疏。疏後又各列主治參方及簡誤二者以發明之。首爲序例二卷，著論三十首以通古今之變。刊定七方十劑，以定其法，總命之曰《神農本草經疏》。其書繁而無當，甚多紕繆，且誤認《唐本草》爲《神農》本經，自謂兹疏直接神聖立言之旨，乃方技者流，不諳考據，以至於此。然以供業醫者之撏撦，固不害其爲一家之學也。前有天啓乙丑自序，凡例及吴興姚凝之題辭。

譚子雕蟲

綜述

明　陳子龍《譚子雕蟲・序》　昆蟲之用其來尚矣。古之聖人攷形以作書契，督色以助章採，皆有耴焉。當周之盛時，輶軒之使極於車軌，採覽異説，姬公會義正名，爰作《爾雅》，昆蟲之醜亦載之詳矣。肰而一物殊稱微者滋甚，秦、晉、宋、衛命謂詭別，揚子把翰賫油方喜告成，而後粲然以備。士大夫適异方，攬郊物，感旹令，占眚孽遇物能名，亾愧多識，而畊夫桑女與之誦風雅，攷經傳，莫不訢憙有會，所以瞻聞之士必旁通謠俗，博觀名物，孜孜錯綜於小學也。譚子以湛博紘麗之才，端居多暇，寄情蠕動，以審化機，既省督於林澤，復諮諏於士女，又攷證於典籍，自黿黿至青寧凡六十二種，而同類者附見焉。罔不著其形體，抉其情態，窮其變化，推其胤族，上極經義，下至街談，咸所羅綱。又每物賦之，名曰《錭蟲》，蓋自託乎小技，實游意於大雅矣。夫託象連類本出詩人，寓言體物極於騷雅，故嘒嘒寫玄蟬之音，趯趯傳阜螽之狀，蜩螗刺政，青蠅諭讒，凡愉悼感激之褱，皆造端於觸發，比興所以獨長，風流所以不墜也。若夫獨用成篇體、仝詠物權輿荀卿之賦，後世文人各有藻繪，究圖一二，瀏涜可觀。未有旁摎曲貫，悉揭聲容，蚓語螿鳴，皆應金石，如譚子者也。姬公不遜多萟，揚子迺嗤壯夫，其孰爲正論哉？或曰：『譚子有所刺譏，而將以鑾觸睫眎一世之人。』非予所知也。通家社弟華亭陳子龍纂。

明　譚埽《譚子雕蟲・自序》　《譚子雕蟲》竟則一於唐，聞人之為天説者，蓋韓子、柳子、劉子也。韓之言曰：『今人有疾痛、倦辱、饑寒甚者，則呼天而怨，是舉不能知天。夫果蓏飲食既壞，蟲生之；人之血氣敗逆壅底，蟲生之；木朽而蝎中，草腐而螢飛，是豈不以壞而出耶？物壞蟲繇生，元氣陰陽之壞人繇生，蟲之生而食齧之，攻穴之，其禍物也滋甚。人之生而墾田、伐山、鑿泉、窾墓、燧木、革金、攻殘、敗撓，其禍元氣陰陽也亦滋甚。其有能去蟲者，有功於物者也，蕃而息之者物之讐也，天地之於人也，亦若是則已矣。能薄削斯人者，有功於天者也。有功者受賞，禍焉者受罰，而何呼且怨乎？』而柳非之曰：『天地，大果蓏也；元氣，大癰庤也；陰陽，大草木也。假有能去其攻穴者，是物也，其能有報乎？蕃而息之者，其能有怒乎？欲望其賞罰者大謬，呼而怨，欲望其哀且仁者，愈大謬。信仁義以遊其内，生而死爾，烏置存亡得喪於果蓏、癰庤、草木耶？』而劉非之曰：『天，有形之大者也；人，動物之尤者也。天之能，人固不能；人之能，天亦有所不能。植類曰生，動類曰蟲。倮蟲之長，為智最大，能執人理，與天交勝，用天之利，立人之紀。紀綱或壞，復歸其始。堯民知餘，難以神誣；商俗以訛，引天而毆。繇是而言，天何預乎人乎？』噫嘻！三子皆有激之説，相非而實相發，其原本於子夏倮蟲、莊子蟲天之道，以俛印譚子《化書》《小化書》之指歸，是均乳水合也。《傳》曰：『莊子者，子夏之門人也』，然則韓子、柳子、劉子、先後兩譚子，悉莊子之門人也。何以命之？以倮蟲、蟲天之道命之也。崇禎歲在壬午烋八月既望，嘉禾髯進士譚埽。

《四庫全書總目》卷一二八《子部》三八　《譚子雕蟲》二卷　浙江巡撫採進本。明譚貞默撰。貞默有《三經見聖編》，已著録。此書作於崇禎壬午，乃其著作堂集之一種，所録衹《小蟲賦》一篇，又名《小化書》。其命意蓋取《莊子》『惟蟲能蟲，惟蟲能天』及《家語》『倮蟲三百有六十而人爲之長』二語。因即蟲喻人。分爲三十七段。每段自爲之註。亦和香方、禽獸決録之支流也。

傳記

（光緒）《浙江通志》卷一七九　譚貞默，字埽菴，崇禎戊辰進士。任工部假歸，好古文詞，居家十五年，杜門益著書，有《見聖編》《韻史蒐詮》《閱代新詩》，其間集詩、騷、詞、賦、化書數百卷行世。嘉郡稱文學者，自李太僕日華外，唯貞默云。

著録

清《**續通志**》**卷一六〇** 《譚子雕蟲》二卷。明譚貞默撰。

《**清續文獻通考**》**卷一七七** 譚貞默《譚子雕蟲》二卷。

清 曹寅《**楝亭書目**》**卷四** 《譚子雕蟲》。抄本。一函二册。明譚貞默著。三十七段。

小蟲賦

明 王起隆《**小蟲賦·後序**》 髯先生卽顧野王讀書臺起著作堂，嗣景升仙翁《化書》賦《小蟲賦》，成，王子讀之歎，謬系詞曰：造化恢恢，羣物賦生，五蟲俱蟲，洪纖憑語，大晢乎大哉，語小渺乎小哉。跂飛蠕蝡，明爽幽沉，胥應寒燠，含苞陽陰，各正各足，變化流行，同焉囿焉。人蟲蟲人，自小視大不盡，自大視小不精，非夫通神明之德而類萬物之情，疇克繼造化而賦杪忽出其情形者歟？敬循先生之賦，一一臆之賦。肇乎蜘蛛皇初結繩，化始也；訖乎久竹以青寧化而復化人，化終也。衣被天下，聖賢化也；蜂與人中邊皆甜，禪釋化也；蟋蟀徤鬬，武人化也；螳螂當輪，猛士化也；蟬清嘯、蜻點波，高逸化也；螢炤讀、蠹鑽研，儒生化也；蝶以帝姬之裙化南華之夢，化仙化也；螘國以槐化郡以柯，化幻化也。蜣螂以丸化精誠通復也，蛭分形化蜴蜥十二時化，變動不居也。蚊化鷹蠅、化虎、化弔客、化黑衣小人，蝎化美婦，厲化也；蝗化黄衣使者，祟化也。蝨蟣蝍蛆蜒蚰厥類毒化，化之制克也；螺蚶蚌蛤厥類濕化，化之混沌也。蝨蟣垢化、疥膚化、蛔蚘臟腑化，取諸身化也；螻蛄服鬼役化、蚯蚓儷阜螽化、蜾蠃祝螟蛉化，取諸物化也。蝌斗，文字化也；郭索，甲冑化也；蝸粘壁枯，勢利子化也；叩頭血嘔，賤丈夫化也；絡緯促織，勤化也；蛀蛹眠食，惰化也；蜉蝣暮死，促化也；脉望長生，延化也。是諸小蟲，有徒實繁，卵胎濕化則通四生，倮羽毛鱗介則賅五蟲，貪嗔癡則備三毒，情非情想非想則連十二類，能鳴不能鳴則異，爲功爲厲則異，無足有足多足則異，空居隙、居土、居水、居木，后居米穀、居人身，居則異。飛行者，天；攝服氣者，仙；攝知倫者，人；攝毒害者，魔。攝則異棲緣判，側覆之世界變恠。或金火之宫都，鬚視翼鳴，彰六根之互織；同緾合化，呈萬態之淆殊，皆蟲也，皆化也。而本天親上則同，具身首尾則同，含吐納息則同，應序候則同，食焉屎同，戀生怛死則同。同者，蟲共一天地也，敦化也；異者，蟲各一天地也，化育也。原夫諸蟲造形，咸意權輿，業流灣環，穢濁清虛，明則動變，變則化俱。此化彼化，出機入機，先生賦焉。聊比物以醜類，旋咨嗟而寄愴；既探賾以鈎玄，亦窮形而極相。綜新故之方言，恣雅俗之排盪。匪詠詭與蒐瑣，實精詳而諦當。儼陷居之本草，偕眞誥以炳爛，紹姬公之《爾雅》。寧稗襍之，敢望睨起伏與貫穿，埒羣蟲之共器，鼓啾啾之沸騰，盡渺小之。妄計自來人爲物靈，賦物以嬉，觸類引伸，殫巧窮奇，要以明庶物察幾希。舌轉法輪，筆吐彩蜺，揷莖草而刹建，亥棘端以鳶飛。則自有蟲賦以來，必未有若髯之絶倫逸羣也。是賦一名《小蟲》。一名《雕蟲》、一名《小化書賦》也。乎哉，小也乎哉？知其解者，旦暮遇之也，此之謂物化。仝里社弟王起隆拜手識。

明 錢應金《**髯先生雕蟲跋**》 靈均來，玄祕未覩，而鴛水接夫騷壇；漆園後，道玅莫聞，而鵬異傳乎蟲臂。天生作者，地獻神區，萬物一蟲也。誰躍大冶之蟲，萬理一賦也。孰判小言之賦，髯先生者，胸摘圓有，曈閃方光。手左右成文，二王亦無臣法身百千，化現有我。不恨古人佩印詩王，宫奩才子，韻史詮而軸浮鄴架，禪藻茸而葉滿貝林。二學莊騷，豹窺其半，謂詩漢魏鳳覽乎千源。本家仙之化書，堂搆野王之著作，蟲何知而語莫；破技則壯而物可雕。獵山賁海，廣《山海》所不傳。入雅出鳳，詳《爾雅》所未註。引伸觸長，直兼風俗之通觀，變知方足，廢《齊民之術》，洵《玉篇》之再作。喜海皺之可追，咸若昆蟲。偉矣經綸之手，華蟲繪繡；蔚焉黼黻之章，掃空千古。明物具可察倫，譚驚四座，取小庶乎喻大，詎僅栩其蝶夢，遑問姤予蛾眉也哉。春波社晚弟錢應金點雁謹跋。

蟲天志

綜述

明 沈弘正《蟲天志・楊萬里序》 遄不佞，與二三兄弟結社，暘閣人各自詣，而新異獨標名理殊勝者，必沈公路氏也。乃偃蹇名場，近複善病，壯心俠骨，每托之撰述，以寫其牢騷不平之氣。茲出一編，屬余爲引，命曰《蟲天志》。余受而讀之，上極典墳，旁及裨官野史，凡夫蜎飛蠕動之屬，説非涉於荒唐，言可資夫風雅者，靡不綜而輯之。且爲原始敘事，侈之以詩賦，亂之以微言，渢渢乎富矣美矣，卓且詭矣。真天壤之間一種奇書，而《爾雅》《博物》不得專稱於前矣。抑余猶有説焉。夫泰古睢子之世，人而天也。降而道術相尚，意智相矜，狙詐巧力，相淩相競，天之牖人，人之不能違天也。唯至人者，不以人物利害相攖，侗然往來而休乎天鈞，故曰工乎在而佷乎人。公路是編，殆從靜觀後，參透斯言而爲是寓言也耶？雖然，出世入世，總一靈關，彼烹鮮解牛之説，至今爲理者，拱璧奉之，特河上灤園非其時耳。方今聖明在上，羅網畢張，起煙霞之疾而遭遘風雲，自有旂常竹帛，在公路將無泚然汗出，霍然病已而攘袂以從事乎？則余言聊當七叢矣。友弟楊萬里題。

明 錢希言《蟲天志・序》 《蟲天志》何為而作也？余友疁城沈君公路採摭古今鳥獸蟲魚事，以纂組成書，不得志於時而作也。獨稱蟲者何？人與鳥獸蟲魚共游於大化中，一炁而已。人且為倮蟲長矣，則凡鳥獸蟲魚皆可謂之蟲也。何以稱蟲天？一切蠢動含靈之屬，有生則有性焉，有性則有慧焉。性即天也，慧則能天也。故曰『惟蟲能蟲，惟蟲能天』，蓋竊取夫漆園之書之義也。何以稱志？志者史之流也，志與史雖小大詳略之不倫，要其義悉祖於經焉。何也？史不過掌記時事，志則無所不備録也。然古者鳥獸蟲魚之書率稱經，不必稱史，故相鶴有經，辨馬有經，養魚有經，禽有經，牛、駝、雞、鴨有經。其書皆能以人之天參羽毛鱗介之天，而其人各各用技能立名天下，太史公所謂高世紀人者也。今志蟲天者，則合眾家，該諸子，兼總條貫，臚列品分，不取於諸經而自為書者也。徵直講也，《詩》之始《關雎》也，《易》之首『潛龍』也，《山海經》之昉往往也，莊生之權輿鵬鷃也，率是道也。然則志之於蟲天也何居？而鬬、而舞、而能言、而傳書、而識字、而奏技，其為部有六，莫非志也。乃所取必畜於家而恒見於天下者，其他舍旃，懼夫世之人少所見多所怪也。是以雞微賜錦，馬紀登床，凡善鬥舞者志矣，而鄭門蛇鬥、鎬京兔舞之説，見為詭而弗載也。唐宮雪衣，平原黃耳，凡能言與傳書者志矣，而龜山青鳥，扈鳳皇之説，見謂誣而弗收也。雀有知更，蟲能叩頭，凡識字與奏技者志矣，而啄木寫符、蜈蚣列翠之説，見謂龐而弗録也。首之以原始者，何居？次之以敘事者何居？芟夷蘊崇，無非窮諸源而探厥委也。又綴之以詩賦而系夫贊者何居？詠歌之不足，則贊美之義專屬，事格難盡，合宋元而下，繁積兼收，無非含其舊而新是謀也。則又何以名曰非磊落氏也？注《爾雅》蟲魚非磊落人，有感於韓子之言而命以自嘲也。甚哉乎！公路之愛奇也。公路少好為詩，詩多清婉秀逸，有所菀結，一托之詩以自見。而中年善病，病且苦，猶不能忘著書。及《蟲天志》成，問序於錢子，錢子讀而歎曰：若沈君可謂善言蟲天者歟！其原始草創之也，其敘事討論之也，其綴詩賦與贊則潤色之也，一志而三善具焉，其誰曰弗古若也？即毋敢名經，庶幾象史，奚啻其志之哉？奚啻其志之哉？是編出，鳥獸之名燦然大備，多識君子將盡爭之。予言耳管窺耳，豈勝蟲天脛翼而令走且飛，姑述所聞為敘。

明 沈弘正《蟲天志・林有麟序》 余於素園草堂藏書數百函，花午香晴，鍵關靜讀，朱黃比讎，綜討殆遍。然自經史外，佐以僊縢梵笈而於嫏嬛稗野，幽諧志豔之奇，不能盡摎。即摎之，不能盡雅。而吾友沈公路先生以《蟲天志》示予。予讀之，則排纘精玄，頌贊綺遠，以緗囊錦帙襲而秘之，可謂幽通之殊致，麈座之瑋觀矣。公路少挺淵姿，長蜚鴻藻，以此竇清神，兼體文之茂，採曆落嶔崎，弱冠已名，如尊宿盟。交四方材儁，多識異人，見異書，所採咀上自墳汲，下逮朝家掌故，及百家二氏之征，皆貫穿井蠹，洞見顛杪。爲制舉，若詩歌古文詞，澄汰空靈，並垂不朽。茲志其副史之一班爾。然而庀材富，故比類弘；剪煉工，故部置雅；風雅備，托興深。以是藏名山而班於碎金臛玉之林，亦足以傳矣。余嘗謂蠕喙之耑感，草木之芽茁，其恒者，如雲霞現前，谷響相答，耳目慣經，不復著督。而其微者，可以測緯象之精，識陰陽之變，故聖神鑄鼎，述爾雅，作山經地志，若箣成之儀舞，載在典謨，即其他喆人之所唫賦，神仙佛慧之所度脫，皆遾遾譜牒，非駕虛鏤影也。或疑其語言伎解，似有夙曰，事出意表。夫畫晴之龍，悟經之石，飛木之凫，精誠所勑，牆壁瓦礫具有靈知，而況血氣之倫乎？昔子瞻讀史，謂當次第作數通，可得其事物條貫，而吾鄉先達著述，其志記馴雅，無踰陸文裕於淵。今公路觸隱連類，搴薈亡遺，深得端明讀史之法，而撰造之精，幾與文裕雁行，雖使孝標徵事，柯古注豪，無以過矣。余懶，不復事蒐獮第手是編，當日進處宗之玄而悟白公之劔哉。社弟林有麟敘。

明 沈弘正《蟲天志・凡例》

一、是書為卷十，為部六：曰鬬，曰舞，曰能言，曰傳書，曰識字，曰奏技。蓋凡有血氣皆有爭心，天也；百獸率舞，亦天也。能言、傳書、識字、奏技又即爭心舞態之所貿而呈岐、而化一，任天之便也。莊生雲：惟蟲能蟲，惟蟲能天。故以名編；韓生雲：注《爾雅》蟲魚，非磊落人，遂自命以自嘲焉。

一、是書之成，因予嘗談鬬菴之法，乃在袁氏集中，坐客殊怪焉。予悲其少所見也，遂自鬬之類而廣之，以鳥獸蟲魚為次，必見於往冊故牒者，始捋而入，以昭實錄。曰原始，曰敘事，又綴詩賦以侈之揚之，而括以一贊，竊同關雎之亂不辭貂狗之羞。詩賦繁者不能盡載，如鸛與鸚鵡是也。

一、記事、提要、纂言、鉤玄，如雞取賜錦，則長鳴者黜矣，馬取登床，則長駕者黜矣。故黃耳傳書，雪衣持咒，有所取材。若牽黃臂蒼，豢龍馴虎，則故舍是。

一、作書之意，不辭固陋，以廣夏蟲，豈務荒唐而作野狐？故所取必畜於家，怕有於天下者，辟如博弈，猶賢乎己。如鬬有麟鬬、獺鬬、蛇鬬、龍鬬、虎鬬，以至石鬬、水鬬；舞有鸞舞、鳳舞、蛟舞、鼠舞；能言如猩猩、角端，又馬言、魚言；傳書如青鳥、傳信鳥，皆所謂不畜不恆有也。

一、凡引書率錄全文，間有斷取，不為損益，即稗野之言，務存其舊。如傅玄《鬬雞賦》、謝莊《舞馬賦》，已失全文，今於三書中捃摭之，亦不遽為聯合。又如《初學記》載《宋書》大明五年吐谷渾拾寅遣使獻舞馬，今考休文《宋書》復不載此，亦必注明於下，以示有據。

一、先賢之作，止載其書之名，時彥所著，必標其人之名。蓋先使同人賞其實，以俟後死者謹其諱焉。

一、家無二酉，愧惠施之藏；病有三彭，歉侯巴之問。目以鈍而刺不深，心以乏而記不強。自知紕漏既多，雅馴不足，所冀大人先生志在《爾雅》，恕其穉狂，教之誨之，不敢請耳。

吳淞沈弘正識。男穀似校。

《四庫全書總目》卷一一七《子部二七》 《蟲天志》十卷。安徽巡撫採進本。明沈宏正撰。宏正，嘉定人。是書集鳥、獸、蟲、魚異事，分為六部。《莊子》云：『惟蟲能蟲，惟蟲能天。』書之命名，蓋取於此。

清 周中孚《鄭堂讀書記》卷五二《子部十之一》 《蟲天志》十卷。暢閣刊本。明沈宏正撰。宏正，字公路，自號非磊落氏，嘉定人。《四庫全書》存目、《明史・藝文志》小說家類亦載之。是編採摭古今鳥、獸、蟲、魚事，以纂組成書，凡分六部：曰鬬，曰舞，曰能言，曰傳書，曰識字，曰奏技。每部又共分四十九種，每種先之以原始，次之以敍事，中列藝文，則或具或不具，然後終之以贊。上極典墳，下及稗官野史，凡夫蜎飛蠕動之屬，說非涉於荒唐，言可資夫風雅者，靡不綜而輯之，眞博物之奇書也。其曰：『蟲天者，以人爲倮蟲之長，則凡鳥獸蟲魚皆可謂之蟲。故取莊子「惟蟲能蟲，惟蟲能天」語以名之也。』前有同時楊萬里、林有麟、錢希言三序及其自作凡例。

著録

明 祁承㸁《澹生堂藏書目》 《蟲天志》一〇卷。四册。沈弘正。

清 黄虞稷《千頃堂書目》卷九 沈宏正《蟲天志》十卷

清 萬斯同《明史》卷一三五《志一〇九》 沈弘正《蟲天志》十卷。字率祖，嘉定縣人。

清 曹寅《楝亭書目》卷三 《蟲天志》。明沈弘正序著。十卷。一函（脫二字）册。

《明史》卷九八 沈宏正《蟲天志》十卷。

《續通志》卷一五九 《蟲天志》十卷。明沈宏正撰。

（乾隆）《江南通志》卷一九二　《蟲天志》。俱嘉定沈宏正。

《清續文獻通考》卷一八一　沈宏正《蟲天志》十卷。宏正，嘉定人。臣等謹案：是書集鳥、獸、蟲、魚異事，分為六部。

清　丁丙《善本書室藏書志》卷一八　《蟲天志》十卷。明刊本。吴淞非磊落人阮宏正撰。宏正，嘉定人。志分六部：一曰鬬，二曰舞，三曰能言，四曰傳書，五曰識字，六曰奏技。各引鳥、獸、蟲、魚舊事類列之。取莊子『惟蟲能蟲，惟蟲能天』之語名其書，又以韓生注《爾雅》『蟲魚非磊落人』爲己號。前列楊萬里、林有鱗兩序。有巢氏七研齋印、陳寶晉守吾甫記二印。

清　丁申、丁丙《八千卷樓書目》卷一二《子部》　《蟲天志》十卷。明沈宏正撰。明刊本。

清　徐乾學《傳是樓書目》　《蟲天志》十卷。明沈弘正。二本。

（嘉慶）《直隸太倉州志》卷五五《藝文四》　《蟲天志》十卷。

草木子

綜述

《四庫全書總目》卷一二二《子部》三二　《草木子》四卷。兩江總督採進本。明葉子奇撰。子奇有《太元本旨》，已著録。考子奇所著諸書，有《範通元理》二卷，詩十六卷、文二十卷，《本草》《醫書》節要各十卷，《齊東野語》三卷。又餘録若干卷，紀元季明初事最詳。今惟《太元本旨》及此書存。此書黄衷序云二十二篇，鄭善夫序又云二十八篇。正德丙子，其裔孫溥以南京御史出知福州，重刻之，約為八篇：曰管窺，曰觀物，曰原道，曰鉤元，曰克謹，曰雜制，曰談藪，曰雜俎。每二篇為一卷，即此本也。善夫序又云『舊本今纂為四，《野語》今纂為二，併曰《草木子》』，則似此四卷已合《野語》為一書。然四卷、二卷當為六卷，不當為八卷。《野語》今無別本，無由質其異同，莫之詳也。子奇學有淵源，故其書自天文、地紀、人事、物理，一一分析，頗多微義。其論元代故事，亦頗詳核。惟賈魯勸托克托開河北水田，造至正交鈔，求禹河故道，功過各不相掩，子奇乃竟斥之為邪臣，則不若宋濂《元史》之論為平允也。書前有子奇自序，題戊午十一月。乃洪武十一年，即子奇罷巴陵主簿，逮繫之歲。此書蓋其獄中所作云。

明　葉子奇《草木子·自序》　洪武戊午春，有司以令甲於二月望致祭於城隍神。未祭，羣吏於後竊飲豬腦酒。縣學生發其事，吏懼，浼衆為之言，别生復言於分臬。予適至學，亦以株連而就逮，幽憂於獄，恐一旦身先朝露，與草木同腐，實切悲之。因思虞卿以窮愁而著書，左丘以失明，厥有《國語》，馬遷以腐刑，厥有《史記》。是皆因憤難以攄其思志，庶幾託空言存名於天地之間也。囹中獨坐，閒而無事，見有舊籤簿爛碎，遂以瓦研墨，遇有所得，即書之。日積月累，忽然滿卷。然其字畫模糊，略辨而已。及事得釋，歸而續成之，因號曰《草木子》。萬一後之覽者，犧尊而青黄以文之，未可知也。棄而為溝中之斷，亦未可知也。容詎必之乎？故語才識之高下，理義之淺深，雖不敢比倫於數子，出於窮愁疾痛而用心則一也。千慮一得，尚期窮理者擇焉。時洪武十一年歲次戊午冬十一月二十又七日，括蒼龍泉靜齋葉子奇世傑自序。

明　葉子奇《草木子·黄衷序》　言所由以立，學必擇而文，有經苟雠，大道焉斯弊矣。道無弊也，弊必自諸子。老聃弊道德，揚子雲弊易，王通弊經，楊墨弊君父，荀卿弊性。韓退之儒者也，其稱孔墨相用弊。孔子記曰：『君子多識前言往行以畜其德。』涼於德者，肆言愈繁，而雠道愈力。支流蔓説，浸淫軋競，固趨之而固離之。蟲於心者眩其色，大抵然也。龍泉葉先生世傑，營道於古而役志也微，仕為巴陵簿，不以毀觚涉世。棄歸其鄉，著書數萬言。觀天之文與地之法，鬼神屈伸之故，禮樂明備之體，陰陽順逆之度，天人交與之徵，卉木蟲魚之候，器象沿革之制，農圃術技之末，幽幻玄怪之迹，窮檐委巷謠歌之語。冥搜賾擿，區物而辨才，綜百家之棼類，列九域之風習，水堰而木栝之，畢屬夫燦然之道。蓋君子黜浮斂鶩，勤以知服，擇之審而經是程，宜不猥以詞勝。噫！德其可占矣。昔長統憤而昌言作，王符隱而論次成，抑先生自序顧有慕於虞卿之為者，無謂云乎哉。舊篇二十有二，今約為八，凡四卷。先生别號草木子，編因名焉。裔孫溥，以南司諫出牧福州，既卓樹其風聲，將昭厥先美，憲於有永，乃付梓工，而委予序其端。吾聞古之王者，欲知里巷風俗瑣細之言，於是乎有稗官之紀。王充譔《論衡》，蔡邕私為《談助》。富禁之黌，而國盛異人，先生之惠流矣。正德丙子夏四月既望，鐵橋道人南海黄衷序。

明　葉子奇《草木子・林有麟序》　余時緐閱往籍，見稱引《草木子》者，詞簡而理當，旨玄而味雋。知為勝國時人，而不知其姓名里族，又不得盡讀其書，每以為恨。丙午夏日，抱痾園居，龍臺俞丈手是編示余。余喜不寐，據梧讀不休。其為書雖不饒，顧上自璣衡堪輿，下至醫卜農圃、昆蟲卉木，亡不探玄奥，析精微。發前人之所未發，可以證經補史。子產所謂博物之君子，非耶？世之學者，高談性命。至耳目所覩記，反弗得其梗槩，往往以不屑藉口。夫聖門修齊治平，不能外格致，仲尼亦言多識禽獸草木之名。夫禽獸草木，格致中事也。格致即道學也，自夫逃之玄虛而世無實學矣。奈何以此疵《草木子》也。元人以夷狄入中國，其典章文物，亦不足道。第一代正統，旁無可繫。葉公居元之世，為元之人，舍元事其誰談乎？且元事無所考見，一時作史者博採野記以修實録，又可以道元鄙哉。余故敍而刻之，以為博雅者之一助云。茸城後學林有麟撰。

明　鄭善夫《少谷集》卷九《草木子》　葉子奇氏，栝人，博物洽聞，達於古今，生元季詭時，匿德於龍泉之槎溪，立言以昭厥志，人亡識者。所著有《範通玄理》《太玄本旨》各二卷，詩十有六卷，文二十卷，本草醫書節要各十卷，《齊東野語》三卷，《草木子》二卷。《草木子》成於洪武戊午，狴犴中稽上下之儀，星躔之軌，陰陽五行生尅之運，海嶽浸瀆異域希乏之物，神鬼伸屈之理，草之變，魚蟲之尤，律歷推步易衍之大宗，釋老禮制之書，而之於六籍之緒，大歸同焉。野語記時事失得、荒兵災異而文弗避，而義則則乎《春秋》。古稱虞卿，非窮愁不能著書。《草木子》其善窮哉。《草木子》云者草計時木計歲，以況其生而傷乎。其言之立也，或曰《草木子》。劉基、宋濂時人，詳觀《誠意集》未之及者，而濂叙《太玄本旨》似不心贊其能，夫二子者亦蔽賢乎哉。凡人賤近而貴遠，知者相世機則掩其識。昔揚雄譔《太玄》《法言》與《州箴》，以比迹聖人。當時雖劉歆輩號稱知己，亦拙其書，顧乃盛傳於後世，好奇者以為奥於孟軻，然玄實失之滯。《法言》《州箴》亦多迂謬。今觀《草木子》，其義至精，論甚正，使遇賢知者闡而張之，走揚子矣。其與《法言》《太玄》並傳，復何嫌耶。而或者又以惟鯊胎生，無無華之實，胎卵濕化，貴賤之類病之，是惡足以累其成哉。舊本凡二十八篇，今纂為四。《野語》凡三卷，今為二。其七代宗子溥殺青而行之，并曰《草木子》。古語云：傳先之美，仁也。刻成，晉安鄭善夫為序，正德丙子夏日。

清　蘇遇龍《重梓〈草木子〉敘》（光緒）《龍泉縣志》卷一二　世傑葉先生著述甚富。《草木子》四卷，裔孫方伯名溥者，明正德年鏤板行世，黄鐵橋之序，尚矣。庚辰冬，遇龍宰龍泉，既訪無嫡嗣。其《太玄本旨》《本草節要》等書亦不存。久之始得《草木子》殘篇，非朱太史竹垞表之，世烏知有葉子哉。嗚呼！葉子學問極博，功歸主靜，黄、朱二公備述之。愚何贅，三復之下，魚豕未全校正，謹闕以付梓，俟高明焉。獨怪草木子與郁離子同郡，龍門子同時，而顯晦迥別，天將各有位置焉，而非人所能知也。使草木子參贊樞密，新一朝之典制，措施當不讓郁離子。即不然，珥筆翰苑，纂修《元史》，必不至斷爛朝報，又豈亞龍門子乎？天胡然使黯淡空山而徒成一家言也。草木子説理透宗，多發先儒未發之精蘊，至論元時得失，綱舉目張，直追朱子。且其立言更有難者，目擊洪武之嚴刑，及一切授時作樂，深慨於中。而勝國遺規，誰鑒誰因，寓小雅之思於簡端，迄今可覆而按也。竊嘗歎著述之弊有二：非忿世則自矜，其原生於驕吝，雖莊列尚不免，況餘子乎？而草木子曾有是乎？然則天蓋不使其見用於當時而留有用於百世，又非郁離、龍門二子所得專美於浙東也。龍邑夙產名賢，水心、味道二葉子，俱從永嘉。世欲識其山雄水秀，且觀《草木子》，然而《草木子》深遠矣。乾隆二十七年歲在壬午清和月，知龍泉縣事、關中後學蘇遇龍德水敬題。

清　葉子奇《草木子・齊召南序》　《草木子》八篇，明初龍泉葉靜齋先生著。先生事實今載《明史・儒林》。其書博大精深，能括天地人物古今載籍之奥而洞其源。於學術政治制度風規是非得失，確有至理，法戒炳然，為兩漢後成一家言所罕及。先生碩學奇才，固與章三益、葉景淵、胡仲淵、季彥文輩同學，於大儒王綱叔稱高第弟子者也。士每患遇非其時，雖抱負非常，卒不為當世用。又或生非其地，聲名不彰，乃適當明祖開基，風虎雲龍，策力羣萃，用賢惟恐不及。最重曰四先生，括蒼實居其三。同門士聯袂升庸，文武惟其所用，幾與河汾比盛。而先生僅得巴陵一簿，無罪放黜，以終其身，著數萬言，猶自謂與草木同腐。悲夫！天生此碩學奇才於用賢之時，多賢之地，而亦究一無所展，豈非命乎？先生知命自安，以康節觀物，為後學開格物窮理、盡心知性之坦途；以濂溪主靜，為自昔聖功悟一本萬殊、人道天道之根柢。其著書由窮愁起而實不為窮愁囿，真君子儒也。身為君子儒，又何論遇不遇哉。是書刻於正德丙子，有黄鐵橋序。歲久板失，今賢令蘇君德水手校定，序以付梓。後學讀二序則思過半矣。乾隆壬午季秋，天臺齊召南息園甫書。

清 葉子奇《草木子·潘紹詒序》 括蒼環郡皆山，上應少微，其間故多隱君子。郡乘《人物志》採輯藝文，唐以前書缺有間。自宋迄明，著作不下數十百家，刊行海内，識者珍之。第世遠年湮，風霜剝蝕，大率簡斷編殘，近復遭粤匪蹂躪，茫茫墜緒，幾剩劫灰。同治庚午秋，余來守是邦，知各邑代有名賢，而葉氏尤盛。水心、味道兩先生學術，傳播儒林，早為當世所宗。倘名山石室呵護有靈，或得搜羅，藉資探討，未可知也。乃博訪周諮，久之得前明葉子世傑《草木子》四卷。循繹數過，其體裁逼近老莊義理，發揮經傳，蓋本格致之真修，紹關閩之正學。探賾索隱，原始要終，迥非小儒末學所能窺其涯涘。其他著述甚富，如《太玄本旨》《本艸節要》諸書，散佚無存，茲則吉光片羽也。人謂先生負震世絕俗之才，不得大展其用，卒以巴陵一尉深自韜晦。復就非罪之逮，遭際甚不偶矣。然而是書終不磨滅，則其遇既與左遷後先一轍，而《草木子》亦與史國今古流傳，安知非造物以不朽之名厚報之也哉。爰重為鐫板，俾括人士仰先正典型，不忘服習，而窮通顯晦，均不足以介其懷，斯誠君子之為也。同治十三年甲戌仲冬月，知處州府事潘紹詒譔。

傳記

清 朱彝尊《曝書亭集》卷六三《葉子奇傳》 葉子奇，字世傑，龍泉人。用薦授巴陵主簿，嘗作《太玄本旨》究通衍皇極之説，儒者稱之。洪武十一年春，有司祭城隍神，羣吏竊飲豬腦酒，縣學生發其事，子奇適至，以株連就逮獄中。用瓦磨墨，有得輒書，事釋家居，續成之，號《草木子》。其書稽上下之儀，星躔之軌，律歷推步之驗，陰陽五行生尅之運，海嶽浸瀆戎貊希有之物，神鬼伸屈之理，土石之變，魚龍之怪，旁及釋老之書而歸於六籍，兼記時事失得、兵荒菑異。曰《草木子》者，以草計時，以木計歲，以自況其生也。里人王毅者，字剛叔，從許謙游，受理一分殊之旨，子奇學於毅。歎曰：聖賢之學不貴多，聞以静為主，因自號曰『静齋』。

（光緒）《浙江通志》卷一七七 葉子奇，《兩浙名賢録》：字世傑，龍泉人。至正庚寅，以薦試方州中第四人，退隱不仕。明初，浙江行中書省以學行薦，廷試高等，授岳州巴陵簿。尋，致仕卒。子奇少穎悟，壯游王剛叔門，聞理一分殊之旨，乃知聖賢之學不貴多，聞以静為主，因自號曰『静齋』。所著有《範通元理》《草木子》等書。

著録

明 晁瑮《晁氏寶文堂書目》 《草木子》。

明 高儒《百川書志》卷八《子》 《草木子》四卷。皇明括蒼龍泉葉子奇世傑著。雖有體道之言，亦載好奇之失。大概高於小説，次於道統之書也。舊編二十有二，後人定合八篇云。

明 祁承㸁《澹生堂藏書目》 《草木子》八卷。二冊。葉子奇。

明 孫能傳《内閣藏書目録》卷二 《草木子》二冊。國初括蒼葉世傑著。

明 王圻《續文獻通考》卷之一七七《經籍考》 《草木子》，龍泉葉子奇著。

明 朱睦㮮《萬卷堂書目》卷三 《草木子》四卷。葉子奇。

清 黄虞稷《千頃堂書目》卷一二 葉子奇《草木子》八卷。

《明史》卷九八 葉子奇《草木子》八卷。

清 丁丙《善本書室藏書志》卷一九 《草木子》四卷。明刊本。汪季青藏書。括蒼龍泉葉子奇世傑著。自序云：洪武戊午二月望致祭城隍神，郡吏竊飲猪腦酒。縣學生發其事，吏懼，浼衆爲之言，別生復言於分臬。子適至學，亦以株連就逮，幽於獄。恐與草木同腐，圄中見有舊籖簿爛碎，以瓦研墨，遇有所得，卽書之，忽然滿卷。及事釋而續成，號曰《草木子》。前有南海黄衷序，晉安鄭善夫後序。卷心有『嘉靖癸卯重刊』六字。鈐有擿藻堂藏書印，平陽季子收藏圖書諸印。

清 范邦甸《天一閣書目》卷三之一《子部》 《草木子》四卷。刊本。元龍泉葉子奇著并序。明鄭善夫敘云：草木子葉子奇氏，括人。生元季，匿於龍泉之槎溪。所著有《範通元理》《太元本旨》各二卷，有詩十六卷，文二十卷，《本草》《醫書》節要各十卷，《齊東野語》三卷，《草木子》三卷。《草木子》成於洪武戊午幽纍中，稽上下之儀，星躔之軌，陰陽五行生剋之運，海嶽浸瀆戎夷希乏之物，鬼神伸屈之理，草之變，魚蟲之尤，律歷推步易衍之大宗，釋老禮制之書，而之於六籍之要，大歸同焉。《野語》記時事失得，兵荒菑異。《草木子》云者，草記時，木記歲，以況其生，而傷乎其言之立也。舊本凡二十八篇，今纂爲八，《野語》凡三卷，今爲二。其七代宗子溥殺青而行之，弁曰《草木子》。

清 錢謙益《絳雲樓書目》卷二 《草木子》。

清 阮元《文選樓藏書記》卷六 《草木子》四卷。明主簿葉子奇著。龍泉人。刊本。是書八篇，前四篇雜論理氣、名物，後四篇多記元季明初事實。

清 萬斯同《明史》卷一三五《志一〇九》 葉子奇《草木子》八卷。字世傑，龍泉人。洪武初為學教官，坐學吏累，繫獄於獄中。研瓦記所得，迢釋歸，足成之。

清 徐乾學《傳是樓書目》 《草木子》八卷。葉子奇。一本。又一部四卷，二本。又一部八卷，四本。

《續通志》卷一六〇 《草木子》四卷。明葉子竒撰。

《清續文獻通考》卷一七七 葉子竒《草木子》四卷。子竒，字世杰，號静齋，龍泉人。明初以薦官巴陵主簿。

《四庫全書簡明目録》卷一三 《草木子》四卷。明葉子竒撰。凡八篇。自天文、地紀、人事、物理皆一一辨析，頗多微義。其記元代故事亦頗詳核。

（光緒）《浙江通志》卷二四六 《草木子》八卷。龍泉葉子奇世傑著。按《黄氏書目》又有《草木子餘録》三卷。

虎薈

綜述

明 陳繼儒《虎薈·序》 余丁酉六月二十三日始困瘧，垂戊戌之六月二十二日而瘧良已。蓋首尾屈指凡一朞焉。先是百穀王文訪余於寶顔堂，授以《虎苑》，可以辟瘧。讀之而魔鬼始故，然其書所徵不及百事。余乃搜諸逸籍及山林湖海之故聞，薈撮成卷，題曰《虎薈》。昔范文穆膀其軒爲説虎，余嘗笑此老何所專嗜，而獨亹亹好談不休。客曰：『虎不足談而仙釋可以馴虎，循良可以驅虎，孝義可以格虎，猛悍可以殺虎。虎不足談，而其人故多識喜怪者之所不廢也。』乃書而命典籤者藏之。

《四庫全書總目》卷一一六《子部二六》 《虎薈》六卷。內府藏本。明陳繼儒撰。繼儒有《邵康節外紀》，已著録。是編末有黄庭鳳跋，謂繼儒病瘧，王穉登貽以《虎苑》一帙，佩之而瘧愈，遂爲是書。凡所引用，多拉雜無倫。若《周禮》司尊彝，裸用虎彝、蜼彝，《漢書》履虎尾絢履之類，與談虎無涉，亦皆漫爲牽綴，真所謂無關體要者也。

傳記

《明史》卷二九八 陳繼儒，字仲醇，松江華亭人。幼穎異，能文章，同郡徐階特器重之。長為諸生，與董其昌齊名。太倉王錫爵招與子衡讀書支硎山。王世貞亦雅重繼儒，三吳名下士爭欲得為師友。繼儒通明高邁，年甫二十九，取儒衣冠焚棄之。隱居昆山之陽，構廟祀二陸，草堂數椽，焚香晏坐，意豁如也。時錫山顧憲成講學東林，招之，謝弗往。親亡，葬神山麓，遂築室東佘山，杜門著述，有終焉之志。工詩善文，短翰小詞，皆極風致，兼能繪事。又博文強識，經史諸子、術伎稗官與二氏家言，靡不較核。或刺取瑣言僻事，詮次成書，遠近競相購寫。征請詩文者無虚日。性喜獎掖士類，屨常滿戶外，片言酬應，莫不當意去。暇則與黃冠老衲窮峰泖之勝，吟嘯忘返，足跡罕入城市。其昌為築來仲樓招之至。黄道周疏稱『志尚高雅，博學多通，不如繼儒』，其推重如此。侍郎沈演及御史、給事中諸朝貴，先后論薦，謂繼儒道高齒茂，宜如聘吴與弼故事。屢奉詔征用，皆以疾辭。卒年八十二，自為遺令，纖悉畢具。

（**嘉慶**）《**大清一統志**》**卷五九**　陳繼儒，字仲醇，别字眉公，華亭人。少與董其昌齊名，工詩善畫，重然諾，饒智勇。王錫爵、王世貞雅重之，名動一時。四方縉紳及山人遊客過從無虚日，下至野店僧寮悉縣其畫像。崇禎中，公卿交薦，屢奉詔徵用，不赴，年八十餘卒。

著録

清　黄虞稷《**千頃堂書目**》**卷一二**　寶顔堂《虎薈》六卷。

明　祁承爜《**澹生堂藏書目**》　《虎薈》六卷。

清　丁申、丁丙《**八千卷樓書目**》**卷一二**《**子部**》　《虎薈》六卷。明陳繼儒撰。秘笈本。廣百川本。

（**同治**）《**蘇州府志**》**卷一三九**　《虎薈》六卷。

清　萬斯同《**明史稿**》**卷一三五**《**志一〇九**》　陳繼儒寶顔堂《虎薈》六卷。

《**續通志**》**卷一五九**　《虎薈》六卷。明陳繼儒撰。

《**清續文獻通考**》**卷一八一**　陳繼儒《虎薈》六卷。

虎苑

綜述

明　陳繼儒《**虎苑·王穉登序**》　嘉靖癸丑，王子甥於吴郡陸氏。陸氏墓在花山竹塢，塢溪多亂泉怪石，虎渡太湖來踞塢中，食人不去。又數月，聞擒虎過陸丈門外，人皆擁門觀，王子出，稍後，虎已去。從觀者問虎，文甚奇，王子嘆恨不及見虎。他日游山間，尋擒虎處，又觀虎磨牙檜，檜皮如削，心异之，山人競來譚虎。王子憶古書中及人間所聞虎事，往往酬答之。客好事者，命牘箋記，又趣王子梓。王子謂虎猛獸，談者色變，不當梓。客曰：奚害？夫六經聖人之文，皆談虎。談虎奚害？王子迺因類成篇，分爲十四，德政美循良也，孝感勵天親也，貞符奏瑞也，占候驗術也，戴義崇報德也，殛暴明帝罰也，威猛示雄武也，靈怪載妖凶也；豢擾存貽害之旨，搏射垂傷勇之戒，紀神攝以表仙釋之踪，紀人化以抑獸行之慝，紀旁喻以征風譬之規，紀雜襍志以廣見聞之博。篇成，系贊其下。客謂太簡。王子曰：不然。譬諸飲食粱肉取飽，若夫山豆海俎，指多染即厭矣。於是請客命篇，客謂曰《虎苑》云。太原王穉登序。

傳記

《**明史**》**卷二八八**　王穉登，字伯谷，長洲人。四歲能屬對，六歲善擘窠大字，十歲能詩，長益駿發有盛名。嘉靖末，游京師，客大學士袁煒家。煒試諸吉士紫牡丹詩，不稱意。命穉登為之，有警句。煒召數諸吉士曰：『君輩職文章，能得王秀才一句耶？』將薦之朝，不果。隆慶初，復游京師，徐階當國，頗修憾於煒。或勸穉登弗名袁公客，不從，刻《燕市》《客越》二集，備書其事。

吴中自文徵明後，風雅無定屬。穉登嘗及徵明門，遥接其風，主詞翰之席者三十余年。嘉、隆、萬曆間，布衣、山人以詩名者十數，俞允文、王叔承、沈明臣輩尤為世所稱，然聲華烜赫，穉登為最。申時行以元老里居，特相推重。王世貞與同郡友善，顧不甚推之。及世貞殁，其仲子士骕坐事系獄，穉登為傾身救援，人以是重其風義。萬曆中，詔修國史，大學士趙志皋輩薦穉登及其同邑魏學禮、江都陸弼、黄岡王一鳴，有詔征用，未上，而史局罷。卒年七十余。子留，字亦房，亦以詩名。

（**嘉慶**）《**清一統志**》**卷五六**　王穉登，字伯穀，長洲人。六歲善擘窠大字，十歲能詩，長益駿發有盛名。吴自文徵明後，穉登遥接其風。主詞翰之席者三十餘年。

（**乾隆**）《**江南通志**》**卷一六五**　王穉登，字伯穀，吳縣人。十歲為詩，長而駿發，雕香刻翠，名滿吳會間。嘉靖中遊大學士袁煒之門，賦瓶中紫牡丹有『色借相公袍上紫，香分太極殿中烟』之句，一時紙貴。吳門自文徵明歿後，穉登振華啟秀，擅詞翰之席者三十餘年，獎引寒素，敦篤故舊，有古人風義。

著録

清 黄虞稷《千頃堂書目》卷一二 王穉登《虎苑》一卷。

明 祁承㸁《澹生堂藏書目》《虎苑》一卷。

《明史》卷一三五 王穉登《虎苑》一卷。

清 徐乾學《傳是樓書目》《虎苑》二卷。王穉登。二本。

清 丁申、丁丙《八千卷樓書目》卷一二《子部》《虎苑》二卷。明王穉登撰。述古叢鈔本。

（同治）《蘇州府志》卷一三九 《虎苑》二卷。

毛詩名物考

綜述

清 孟廣均《毛詩名物考・序》 詩之為道也，成孝敬、重人倫，教化出焉，物理備焉。故孔子曰：事父，事君，多識於鳥獸草木之名。自漢唐以來，説詩者各本所學，著為論説，釋解紛紜，而詩之詞旨多歧出而反晦，朱子參稽群説，研求辨義，為《集傳》一書，於是詩教始明，世奉為法。其中名物象數，至為繁賾，大而天地山川，小而蟲魚鳥獸，誠欲條釋縷注，戛戛難之。棲霞牟盧坡先生，閑與族兄弟松巖、陌人兩先生講解《毛詩》，互相發明，廬坡兼眾説，引古證今，著為一編，曰《毛詩名物考》。凡詩所載，一名一物，靡不折中異同，晰疑辨似，詳考而備録之。其有功於《集傳》，豈淺鮮哉！余惟詩三百篇多托物言志，先生蓋於賦比興之旨，默有會焉。特即因物寄懷之隱，揭以示人歟。然於詩人詠歌之意，孔子論詩之言，學者講智之方，夫固大有裨云。時道光著雍涒灘小陽上澣之吉，古郕孟廣均雨山氏拜手敘。

清 朱畹枚《毛詩名物考・序後》 牟廬坡，名應震，乾隆癸卯舉人，性孝友，年四十，居濟南，聞其弟歿，鬚尺餘一夜盡白。官禹城訓導，創立書院，修縣誌，啟迪後進，振拔單寒，慷慨多義舉。張南崧學使續《山左詩鈔》，盧坡與畹佐理，顯征闡幽，殫盡心力，陞青州教授，年已八旬，因無子孫，産業散族人始盡。盧坡善畫工詩，生平著作甚豐，如《周易》《夏小正》等書，板已不知所在。所著《詩問》及《毛詩名物考》，板存濟南刻坊，數十年來遺失九十餘頁。盧坡與畹同出滇南劉寄菴先生門下，休戚相關，豈忍膜視？糾集同人為之補刻，庶幾不至淹沒。牟陌人名廷相，晚年改名庭，乾隆乙卯優貢，官觀城訓導，未半年告歸，趙鹿泉學使最器重之，嘗逢篆試，云有能中牟某解元者，可謂巨眼。阮芸臺先生來督學，考優貢，候其文到，方示試期。問以金石文字並勾股法相質證。曆科主考在都，聞其名，見文有精深者，以為陌人，往往誤中他人。嘉慶丁卯，姚秋農先生爲主司，榜發後從畹處得其遺卷，另加評點。東阿令安肅張春巖先生煦見其文，嘆曰觀破題已爲六千卷所無。庚午房攷劉也僑先生東里梓其遺卷，遍示同攷。數科以來，榜發後，卷落某房，每以不薦爲恥。其他房攷，皆以牟某文不在其房爲幸。有贈以關節者，輒力辭不受。其一生行誼，類如此。牟松巖名昌裕，乾隆庚戌進士，以御史終。寄菴先生在都贈以詩，有句云：『羞將善罵爲名士，獨以無爭到古人。』名重烏臺，亦諫垣中之健者。三公皆以棲霞人，俱以經學名。畹與相交有素，故爲之舉其梗概云。道光二十九年歲次己酉夏四月，八十三歲老人歷城朱畹枚人氏謹識於紅蕉山館。

著録

（乾隆）《江南通志》卷一九〇 《毛詩名物考》三卷，常熟毛晉。

（同治）《蘇州府志》卷一三八 《毛詩名物考》。

畫眉筆談

綜述

《四庫全書總目》卷一一六《子部》 《畫眉筆談》一卷，安徽巡撫採進本，國朝陳均撰。均字康疇，歙縣人。此書皆記豢養畫眉鳥之事，本不足道，然養鷹諸法，古人著録。姑存其目，以備博物之一端。

著録

《清文獻通考》卷二二八 《畫眉筆談》一卷。陳均撰。均字康疇，歙縣人。

《續通志》卷一〇〇 《畫眉筆談》一卷，陳均撰。

清 丁申、丁丙《八千卷樓書目》卷一二《子部》 《畫眉筆談》一卷。國朝陳均撰。昭代叢書本。

（光緒）《重修安徽通志》卷三四二 《畫眉筆談》一卷。陳均著。

神農本草經百種録

綜述

《四庫全書總目》卷一〇四《子部》一四 臣等謹案：《神農本草經百種録》一卷，國朝徐大椿撰。大椿字靈胎，號洄溪，吳江人。世傳《神農本草經》三卷，載藥三百六十五味，分上、中、下三品。今單行之本不傳，惟見於唐慎微《本草》所載，其刊本以陰文書者，皆其原文也。大椿以舊註但言其當然，不言其所以然，因於三品之中採掇一百種，備列經文，而推闡主治之義，有常用之藥而反不收入者。其凡例謂辨明藥性，使人不致誤用，非備品以便查閱也。凡所箋釋，多有精意，較李時珍《本草綱目》所載發明諸條，頗為簡要。然《本草》雖稱神農，而所云出産之地，乃時有後漢之郡縣，則後人附益者多。如所稱久服輕身延年之類，率方士之説，不足盡信。大椿尊崇太過，亦一一究其所以然，殊為附會。又大椿所作《藥性專長論》曰：『藥之治病，有可解者，有不可解者。』其説最為圓通。則是書所論猶屬筌蹄之末，要於諸家本草中為有啓發之功者矣。

清 周中孚《鄭堂讀書記》卷四一《子部五之一》 《神農本草經百種録》一卷。半松齋醫書六種本。國朝徐大椿撰。大椿，字靈胎，號洄溪，吳江人。《四庫全書》著録。洄溪以《神農本草經》載有三百六十五種，古今名實互異、地土殊産、氣味不同，且近世醫人所不常用之藥無識别，而收採者。更有殊能異性，義在隱微，一時難以推測。因擇耳目所習見不疑，而理有可測者，共得百種，仍分三品，爲之探溯本原，辨明藥性，各推闡其主治之所以然，使古聖立方治病之心，灼然可見，而其他則闕焉。讀者自可因此悟彼，不致誤用，非備品以便查閱也。在諸家本草中，此爲最簡便易知者矣。前有乾隆丙辰自序及凡例。

清 徐大椿《神農本草經百種録・原序》 百物與人殊體，而人藉以養生却病者何也？蓋天地亦物耳。惟其形體至大，則不能無生。其生人也得其純，其生動物也得其雜，其生植物也得其偏。顧人之所謂純者，其初生之理然耳。及其感風寒暑濕之邪，喜怒憂思之擾，而純者遂漓，漓則氣傷，氣傷則形敗，而物之雜者偏者，反能以其所得之性補之救之。聖人知其然也，思救人必先知物。蓋氣不能違理，形不能違氣。視色别味，察聲辨臭，權輕重，度長短，審形之事也。測時令，詳嗜好，分盛衰，别土宜，求氣之術也。形氣得而性以得。性者物所生之理也。由是而立本草，製湯劑，以之治人，有餘瀉之，不足補之，寒者熱之，熱者寒之，温者清之，清者温之，從者反治，逆者正治。或以類從，或以畏忌，各矯其弊，以復於平。其始則異，其終則同。夫天地生之，聖人保之。造化之能，聖人半之，天地不能專也。漢末張仲景《金匱要畧》及《傷寒論》中諸方，大半皆三代以前遺法，其用藥之義，與本經脗合無間。審病施方，應驗如響。自唐以後，藥性不明，方多自撰。如《千金方》《外臺秘要》之屬，執藥治病，氣性雖不相背，而變化已鮮。沿及宋元，藥品日增，性未研極，師心自用，謬誤相仍，即用本經諸種，其精微妙義，多所遺漏。是以方不成方，藥非其藥，間有效驗，亦偶中而非可取必，良由本經之不講故也。余竊悲焉，欲詳為闡述，其如耳目所及無多，古今名實互異，地土殊産，氣味不同。且近世醫人所不常用之藥，無識别而收採者，更有殊能異性，義在隱微，一時難以推測。若必盡解全經，不免昧心誣聖。是以但擇耳目所習見不疑而理有可測者，共得百種，為之探本溯源，發其所以然之義，使古聖立方治病之心，灼然可見。而其他則闕焉。後之君子或可因之而悟其全，雖荒陋可嗤，而敬慎足矜也。乾隆元年歲在柔兆執徐余月上弦，松陵徐大椿題於揚子江舟次。

著録

《清文獻通考》卷二二九 《神農本草經百種録》一卷。

《清通志》卷一〇二 《神農本草經百種録》一卷。徐大椿撰。

蜂衙小記

綜述

清 郝懿行《〈蜂衙小記〉序》 昔人遇鳥啼花落，欣然有會於心。余蕭齋岑寂，閒涉物情，偶然會意，率爾操觚，不堪持贈，聊以自娱。作《蜂衙小記》十五則。

清 牟廷相《〈蜂衙小記〉跋》 昔人云：『《爾雅》注蟲魚，定非磊落人。』余謂磊落人定不能注蟲魚耳。浩浩落落不辨馬牛，那有此靜中妙悟耶。故願與天下學靜不願學磊落如有解者，示以《蜂衙小記》十五則。牟廷相跋。

傳記

清 桂文燦《經學博採録》卷八 郝户部懿行，字恂九，號蘭皋，山東棲霞縣人也。嘉慶己未進士，官户部主事。户部爲人恂恂謙退，呐若不出口，然自守廉介，不輕與人晉接。遇非素知者，或相對竟日無一語。談論經義，則喋喋忘倦。所居四壁蕭然，庭院蓬蒿常滿，僮僕不備，户部處之晏如。浮沈郎署，視官之榮悴若無與於己者，而一肆力於著述。所著書有：《爾雅義疏》十九卷，《春秋説略》十二卷，《春秋比》一卷，《山海經箋疏》十八卷，《竹書紀年校正》二卷，《晉宋書故》一卷，《宋瑣語》二十篇，《補宋書·刑法志、食貨志》各一篇，《荀子補注》二卷，《雜問》一卷，《記海錯》一卷，《燕子春秋》一卷，《蜂衙小記》一卷，《通俗文疏證》《通姓録》《晉文鈔》《曬書堂雜文雜記》各若干卷。户部嘗曰：『《爾雅》邵氏正義蒐輯較廣，然聲音、訓詁之原，尚多壅閡，故鮮發明。今余作《義疏》於字，借聲轉處，詞繁不殺，殆欲明其所以然。然言之既多，有所得，必有所失矣。』又曰：『余田居多載，遇草木蟲魚，有弗知者必詢其名，詳察其形，考之古書，以徵其然否。今兹《疏》中其異於舊説者，皆經目驗，非憑胸臆。此余書所以别乎邵氏也。』户部之於《爾雅》用力最久，稿凡數易，垂殁而後成。於故訓同異、名物疑似，必詳加辨論。故所造較邵氏為深。文燦嘗聞之，陳先生曰：『澧少時聞林月亭、曾勉士兩學正，並言郝氏《爾雅義疏》原稿所説通轉甚爲詳備。道光初阮太傅曾攜至粤，兩學正并見之。至刊《皇清經解》時，嚴厚民上舍概行删之。咸豐初，海州陳碩轉明經，别刊《郝疏》單行之木。仍依皇清經解本刻之。惟咸豐六年揚至堂河帥以增刊單行《郝疏》於蘇州，悉依郝氏原文，較嚴氏删本尚多十之二云。《春秋説略·序例》謂：『説《春秋》者，不得妄生褒貶。《春秋》直書其事，褒貶自見。』又謂：『《春秋》皆以實録，多一字，少一字，皆事實如此，非聖人意為增減。』蓋亦户部得意之作也。《山海經》《竹書紀年》傳習者希，每為後人羼亂。户部於《山海經》援引各籍，正名辨物，訂其譌謬。於《紀年》則據唐以前書所引，比附校勘，使秩然就緒。殆昌黎韓氏所謂『味於眾人之所不味』者。己亥之歲，户部以養痾輟《爾雅》業，瀏覽晉宋史書，撰《書故》《瑣言》《補志》，又鈔晉文百數十首。謂『王右軍虚談廢務，浮文妨要』，二語切中當時之弊。所鈔屏黜虚浮，一以切實為主。其自作雜文，亦出入漢魏晉宋之間。雜記數表，旁徵稗説，間採時事，意主勸戒，似其鄉漁洋山人雜著。其參稽古訓，正《荀子》楊注之誤；靜觀物態，作《燕子春秋》《蜂衙小記》，皆本《説雅》緒餘，而《記海錯》一册，尤足以補證《禹貢疏》。此户部著作之大凡也。户部淹抑郎署二十七年，貧病相侵。道光乙酉，竟卒於官。户部繼配宜人王氏，名照圓，字瑞玉，號婉佺，博涉經史，撰《列女傳補注》《列仙傳校正》《詩經小記》。户部卒後，輯其遺書，以求彰顯於世，是亦可尚異者也。吾粵高要馮展雲學士，提學山東，訪户部之遺書，捆載京師，以貽同好。又以户部之文孫充儒學生，其扶微拯墜，殷殷若恐不及。文燦從學士篋中盡讀户部遺書，而略述之如此。

清 胡培翬《研六室文鈔》卷十《郝蘭皐先生墓表》 昔人有云：『搢紳道行祿利然也。』自漢迄今，士之鶩於學者，多以譁衆取寵已耳。當其射策決科時，六藝且不能究厥旨，矧既入仕途，尚安有矻矻其中者乎。乃若顓意纂述，謝卻寵榮，終其身窮困老死而不悔，非至篤好，曷爲若此？棲霞郝蘭皐先生，以嘉慶己未成進士，官戸部主事。余初至都，聞先生名，謁焉。其後遂常往還，時先生方治《爾雅》疏，有所得必以相咨。

著録

清 丁申、丁丙《八千卷樓書目》卷一二《子部》 《蜂衙小記》一卷。國朝郝懿行撰。《郝氏全書》本。

清 桂文燦《經學博採録》卷八 《蜂衙小記》一卷。

《清續文獻通考》卷二七四《經籍考一八》 《 蜂衙小記》一卷。郝懿行撰。

春駒小譜

綜述

《四庫全書總目》卷一一六《子部二六・譜録類存目》 《春駒小譜》皆採摭蝶事，分為五門。蓋欲仿宋人《蟹録》之例，以為談助。然蒐羅雖廣，而考核多疏。一時寄興之作，固不暇於精審也。

清 周中孚《鄭堂讀書記》卷五一《子部九之下》 《春駒小譜》分名類、故實、神異、藝文、散藻五門，皆所採蝶事也。於古今燕蝶故實，披羅殆盡，亦堪供詞賦之需。惜其位臻閣部，而僅成此。幺麽著作，不過稍愈於一物，不知者耳。兩書之前，俱有乾隆戊午駢體自序。蓋距其登第時，已三十六年矣。

傳記

《四庫全書總目》卷一一六《子部二六・譜録類存目》 邦彦，字世南。此本題匏廬道人，其自號也，海寧人，康熙癸未進士，官至内閣學士兼禮部侍郎。

清 葛嗣浵《廬書畫補録續録別録》卷四《愛日吟廬書畫別録》 按：邦彦，字世南，海甯人。元龍姪。康熙四十二年癸未進士，官禮部左侍郎。學問淹博，而性極和易，洵承平時大臣風度。書亦如之，安步雅歌，自成名雋。著有《宋史補遺謚法考》、《春暉堂書目》、《讀書志》各若干卷，《烏衣香牒》四卷，《春駒小譜》二卷，《墨廬小稿》一卷，《春暉堂集》，又奉敕編定《歷朝題畫詩》一百二十卷。

清 周中孚《鄭堂讀書記》卷五一《子部九之下》 邦彦，字世南，號匏廬，海寧人。康熙癸未進士。官至内閣學士兼禮部侍郎。

著録

《清通志》卷一一四《圖譜略》 陳邦彦《春駒小譜》。謹按：是編皆採摭蟻事，分為五門。蒐羅甚廣，可供談助。

《清文獻通考》卷二二八《經籍考一七》 《春駒小譜》二卷，陳邦彦撰。邦彦，字世南，海寧人。康熙癸未進士。官至内閣學士兼禮部侍郎。

《四庫全書總目》卷一一六《子部二六・譜録類存目》 《春駒小譜》二卷，浙江巡撫採進本，國朝陳邦彦撰。

清 周中孚《鄭堂讀書記》卷五一《子部九之下》 《春駒小譜》二卷，袖珍本，國朝陳邦彦撰。

《清史稿》卷一四七《藝文志三》 《春駒小譜》二卷，陳邦彦撰。

貓苑

綜述

清　黄漢《貓苑·提要》　貓於故書不多見，或散見於子史羣籍而未有專書。清黄君鶴樓特纂《貓苑》一書，蓋仿昔人《虎薈》《蟹譜》暨《蟋蟀經》之例，廣用搜羅，博採古今貓事而成書。分種類、形相、毛色、靈異、名物、故事、品藻七門，條分縷析，典故詩文各以類從，雖同游戲之作，亦未始非博雅之一助也。

又《黄釗序》　永嘉黄君鶴樓所纂《貓苑》成，出以示余。余見其蒐輯今古寰瀛異域史志簡冊，及雅俗時論，博採兼收，孳孳焉若日不足，甚至摘取余詩中斷句，以附益之，因嘆曰：『君之用心苦矣。』君以東甌詩人薄遊江右，入粤，罕有知者。常就吾邑潘少城明府之聘，課其公子。余爲吾邑殘明殉節林丹九先生作傳，君見之，為致其鄉舉年代出處，寓書於余次子璠元以質所疑，璠元緘書至潮，余詫曰：『是博雅君子也。』因亟言於吴雲帆太守，太守亦雅重之，延至郡齋主書記。方璠元緘書至潮，適鐘君慶瑞卸平鎮營都司事回黄岡。種君倜儻志節士也，權吾邑戎政，號令嚴明，禁暴止姦，邑人甚德之。與君善，為余言君言動形狀如繪，鐘君後殉羅鏡之難，余聞之，與君相對欷歔。夫今日之戎政，不可問矣。貪如狼，狠如羊，驁不用命，其臨陣也縮如猬，其敗走也竄如蛇。安得如君所云，有猛者命之為將，有德者予之以官，不至如鬼而憎之，妖而怯之，精而畏之，而獨異焉者。余因君摘取余詩語，為憶《辛丑漫成》作『奴慵狗敢躭高卧，鼠恣貓應愧素餐』，《壬子人日》作『七種菜供人日饌，千倉粟向鼠年輸』，與君纂《貓苑》之意，將毋同？併序以質之。咸豐三年，歲在癸丑花朝前五日，鎮平宗弟釗作於潮州菘韭舍并書。

又《張應庚序》　聖人云：『多識於鳥獸草木之名』，非徒務於博雅也。蓋以物雖微，其功用著於世，則不以物而忽之，此《爾雅》蟲魚一疏之所以傳也。《禮·郊特牲》一篇曰『迎貓』，夫貓曰迎，非重貓也，重其食田鼠也。陸佃曰：『鼠害苗，貓捕鼠，故字從苗。』然則貓之功，非大有益於人者耶！吾友黄君鶴樓，博雅君子也。多讀書，留心典故，雖自以不獲用世展志為憾，而其濟人利物之念時時不忘。性好山水，壯歲即橐筆走四方，無事則從事於鉛槧，無間寒暑，蓋樂此不疲也。嘗著《甌乘補》一書，雖稗官野史之流，而援古證今，補前人所未備，足為採風之一助，以其所存者大耳。今夏以所新纂《貓苑》寄示，蓋博採古今貓事而成其書，分種類、形相、毛色、靈異、名物、故事、品藻為七，條分縷析，鉅細兼載。噫！何其博也。雖云所纂爲小品，而獨能標新立異。宜乎裘子鶴參軍見其書，稱爲妙趣横生，無義不備，其傳備矣。貓於經書不多見，《詩》稱『有貓有虎』，亦僅爾。間或散見於子史，而亦未有專書，豈以其微而置之耶？然則君之此書，足以補前人之缺漏，而使後之人知貓之有功於世，非特爲博雅之助也。而君之存心利物，不以小而見其大耶！爰書數語以歸之。時咸豐二年壬子季秋月，同里孟仙弟張應庚書於連平官廨。

又《自序》　夫貓之生也，同一獸也，繫人事而結世緣，視他獸有獨異者，何歟？蓋古有迎其神者，以有靈也。呼為仙者，以有清修也。蓄之於佛者，以有覺慧也。或以其猛則命之曰將，或以其德則予之以官，或以其有威制則推之為王，凡此皆貓之異數也。他或鬼而憎之，妖而怯之，精而畏之，抑亦貓之靈異不羣，有以招致之。然而妖由人興，於貓乎何尤！且有呼之為姑，呼之為兄，呼之為奴，又皆憐之喜之至也。若夫妲己之稱，不更以其柔媚而可愛乎！至於公之、婆之、兒之，此又世俗所常稱，更不足為貓異。獨異其禀性乖覺，氣機靈捷，治鼠之餘，非屋角高鳴，即花陰閒卧，銜蟬撲蝶，幽戲堪娱，哺子狎群，天機自適。且於世無重墜之累，於事無牽率之誤，於物殖有守護之益，於家人有依戀不捨之情，功顯趣深，安得不令人愛之重之耶？以故穿柳裹鹽，聘迎不苟，銅鈴金鎖，雅飾可觀，食有鮮魚，眠有暖毯，士夫示紗幮之寵，閨人有懷袖之憐，而其享受所加，較之群獸為何如耶！然則貓之繫結人事世緣，若有至親切而不可離釋者。方有若斯之嘉遇，此貓之所以視群獸有獨異焉者。嗚呼！血肉之微，亦陰陽偏勝之氣所鍾，宜乎補裨物用，締契名賢，貽光毛族多矣，庸非貓之榮幸乎哉！人莫不有好，我獨愛吾貓。蓋愛其有神之靈也，有仙之清修也，有佛之覺慧也。蓋愛其有將之猛也，有官之德也，有王之威制也；且愛其無鬼、無妖、無精之可憎、可怯、可畏之實，而有為鬼、為妖、為精之虛名也；且愛其有姑、有兄、有奴、有妲己之可憐、可喜、可媚之名，而無為姑、為兄、為奴、為妲己之實相也；抑又愛其能為公、為婆、為兒之名實相副也。此余《貓苑》之所由作也。歲咸豐壬子長至日，甌濱逸客黃漢自序。

又《凡例》

一、貓事本無專書，古今典故僅散見於群籍，今仿昔人《虎薈》《蟹譜》暨《蟋蟀經》之例，廣用搜羅，輯成茲集，無論事之巨細雅俗，凡有關於貓者皆一一錄之，以裕見聞。

一、茲集無異為貓作全傳，頭緒紛繁，敘次最易紊亂，今分門為七，曰種類，曰形相，曰毛色，曰靈異，曰名物，曰故事，曰品藻。凡所收典故詩文各以類從，閱者易於醒目。

一、各門中貓事大抵出於經史子集及彙書說部，若或有所引證辯論，皆另列按語於本條之左。

一、貓事凡載群籍者，皆頂格直書於本條下，注明見某書。其本無書所載，而出於前輩筆記、故舊傳聞，人雖作古，其所遺或小簡、或尺牘、或片識，并各於本條下注明，見有來歷，亦頂格直書。

一、凡現今諸公交游有所論列，并另有詩文集可采者，皆隨其事於各門中低二格書之，示有區別。

一、諸交游因予有茲纂，或代徵故實，或代借書籍，大有襄助之益。至為厘訂而鑒定，採輯而商榷，尤足起予故陋，厥功皆不可泯。如潮洲太守錢塘吳公雲帆均、翰林待詔鎮平黃公香鐵釗、連平剌史同里張公孟仙應庚、廣東藩參軍新建裘君子鶴楨、知鹾山陰胡君笛灣秉鈞、番禺孝廉丁君仲文傑、上舍朱君竹阿元撰名銘，暨桐城姚翁百徵齡慶、山陰陶翁蓉軒汝鎮、毗陵張君槐亭集、錫山華君潤庭滋德、壽州余君藍卿士鍈及陶文伯炳文也。文伯爲蓉軒翁哲嗣，英年好學，博涉群書，於予是輯尤為多助。若夫江浦巡尹同里陳君寅東杲，則專任校勘者也。此外凡說一事，獻一義，則其姓氏亦不可遺，已於各門本條上冠列，苔岑夙契，同俾有徵。

一、是編引用書目繁雜，茲不另為標列。惟《雨窗雜錄》係王碧泉先生所纂。先生名朝清，字宸哲，永嘉人。耆年碩德，為枌榆引重。其書記載事物有裨考鏡，余於進士鄭星舟明府署中見之，今得採列諸條，尚係昔日抄存者。為故老留手澤於什一，未始非斯文之幸。

一、古今書籍何限，人世事物無窮。凡耳目之未接，品類之未備，殆亦非少。窒漏貽譏，知所難免，更俟博雅君子與夫同志者續之焉可。

一、全書剞劂將竣，續右所獲故事，不能按門增入，擬列之補遺，附於卷末，未免有遺珠之憾，仍俟積有卷帙，再行付梓。

一、是輯因作客餘閒採錄以成，兩閱暑寒，不過以餖釘為事，深愧瑣瑣筆札，無裨世用。然而結習所在，樂此不疲。昔人云：『聊用著書情，遣此他鄉日。』夫固非予之本志也，識者諒之。黃漢識。

傳記

（光緒）《永嘉縣志》卷一七《人物志五》 黃漢，字秋明，號鶴樓。性孝友，不苟取與，穎悟嗜學。家貧，傭書自給。既而棄舉業，幕游四方，北歷山左、平原，南至江右、廣南、粵東。所在輒搜閱志書，見事涉吾甌者筆記之，久而成帙，名曰《甌乘補》。其在潮州郡幕，一日偕同輩至長潭山亭，弔明季殉節林丹九孝廉，各賦詩歌紀事，又為立祠祀之。咸豐壬子冬，臥病，夢孝廉授以二木，覺而異之，病亦漸愈，次年遂歸。所著有《貓苑》《甕雲草堂詩集》及《甌乘補》二十卷。子玉符，諸生。

清 黃漢《甌乘補·自序》 人生同此賦畀，而嗜好各殊。然專泥詩書，未免性之近於偏也。止談鄉俗，未免見之拘於墟也。漢少習舉子業，緣家貧，嘗效闞澤傭書。既而橐筆四方，聊餬口以自給。第自愧溝瞀無識，蓮幕濫竽，而結習未忘。每於晦明風雨，手一編弗輟，閒嘗見諸書有裁及吾甌輿地、人物、故事，輒為筆之簡端。邇來游地既廣，閱書頗多，而所得筆於簡端者愈夥，積久成帙，因溯古及今，次第編輯而釐訂之，得若干卷，名曰《甌乘補》。蓋以補郡邑乘津逮所未及，且視舊乘中所遺佚者得十之五六，異同者十之二三。餘或類涉鄙瑣怪誕，為先生所不屑取，詎可概以津逮未及論耶？而漢則敬深桑梓，一草一木，弗敢蹂躪，而又廢棄之。故識大識小，所宜兼收而並蓄，以備他日士大夫修志去取，是亦李肇作《國史補》、章悊作《吳事補》之遺意也。後此有所見聞，更當攟拾而續補焉，夫豈止於此哉？雖然，士生斯世，弗克奮志努力，充其學問經濟以補世用，顧乃歷碌風塵，蹉跎歲月，僅僅以剽竊群書為務，為有識者所哂，抑又何取焉？兹不揣冒昧，爰即是編，以質諸博雅君子，未悉許可否也。倘不以在鄉言鄉，囿於淺近者見譏，漢則鄙懷宜何如欣幸耶。時道光二十二年歲在壬寅仲春，小若山人黄漢自序。

又《陶士霖序》 物以棼而易散，事歷久而就湮，古今同此嘅也。然欲一弭其憾，使殘者完，逸者聚，非補不為功。漢儒補《樂記》《考工》，補《冬官》，束廣微補亡《詩》，韓昌黎補《許傳》，補之功鉅矣哉。浙之東甌，開於漢，著於晋，盛於唐宋，自昔號小鄒魯，其山川之奇特，人文之蔚興，生聚之蕃衍，物產之富饒，代有史乘以記之者，所以補史氏之不逮也。雖然，可補者豈惟史策哉？功德施於人，聲名著於世，膾炙衆口，稱道不衰，年即遠，無庸補也。下此善於鄉，賢於族，烈於家，當時盛稱，過而閴寂，縉紳不及知，父老不及舉，留待後人搜而補之，往往然也。甌豈獨不然？戊戌秋仲，余蒞兹土，辨利弊，禦寇盜，勸文學，崇善良，日孜孜焉有求補於風俗人心，而未暇尋章摘句，較訛刊謬，已五稔於斯矣。邑有黄生者，淹雅士也，來修相見禮。坐譚之頃，探懷呈所輯書編，曰《甌乘補》，請序於余。公餘卒閲之，舉多闡發幽光，道揚善類，博採他說，以補郡邑所未載，蓋亦心乎義而勤於學者矣。噫，斯人也，余特不知其能補以言而即能補以行否也？且不知其能補後人之修乘而亦能補余之治甌否也？然觀其書，推其心，可想見其為人。是為序。時道光壬寅嘉平月，甌括觀察使者皖江陶士霖題。

清 孫詒讓《温州經籍志》卷一一《史部》 鶴樓黄漢，永嘉人，生《甌乘補》二十卷，皆記温州舊聞為郡縣志所未收者，按時代先後排次，惟經籍、物產、藝文仍以類聚，其採自他書者，皆節錄元文，閒附評論，至近代軼事，得諸傳聞者，亦注某人述。其採摭尚為不苟，惟考證未精。如永嘉，漢為永寧，遂并魏長孫澄封永寧伯，鄭孝穆封永寧侯亦收入，不知拓跋版圖不及江表也。五代錢鏐改横陽為平陽，遂并梁李彦封平陽伯亦載入，不知唐以前無平陽縣也。他如以宜春劉静春為樂清劉文肅公，以丹陽洪興祖為温州洪慶善。若此之考古疏舛，不可枚舉。惟國初以來軼聞瑣事紀錄頗多，可為續修志乘之資。其詩文七卷，亦多府縣志所未載，雖不盡注出處，體例不無可議，要亦有裨文獻之書也。

清 張棡《張棡日記·閲黄漢甌乘補》 二月四日（農曆辛巳正月初九）看胡宗憲所輯《籌海圖編》，此書專敘平倭事，其圖於廣、閩、浙沿海極詳，惜當時測繪法未甚工耳。又閲黄漢所輯之《甌乘補》六卷，極詳博可玩，惟書系抄本，校又未精，當日傳聲谷亦有補校處，此書較黄所輯之《猫苑》尤精，惜黄溯初未為刊入《敬鄉樓叢書》，亦一缺典。

著録

清 丁申、丁丙《八千卷樓書目》卷一二《子部》 《貓苑》二卷。國朝黄漢撰。刊本。

清 孫詒讓《温州經籍志》卷一七 黄氏漢《貓苑》□卷。

猫乘

清 丁申、丁丙《八千卷樓書目》卷一二《子部》 《貓乘》一卷。國朝王初桐撰。昭代叢書本。

《清續文獻通考》卷二七二《經籍考一六》 《貓乘》。王初桐。

清 王初桐《猫乘·序》 猫之見於經史者寥寥數事而已，其餘則雜出於傳記百家之書，南唐二徐競策猫事，或二十事或七十事，其事皆無可考。我朝錢葆馚舍人制《雪獅兒咏猫詞》，前後和者不一，皆攟摭猫事爲之，極徵幽遞僻之能。余亦有效顰三闋，狡獪伎倆，無當於詞家婉約清空之旨。因復於讐校之余，指授抄胥採録，積久成帙。取而治之，削繁去冗，分門析類，釐爲八卷，名曰《猫乘》。竊附於《相馬經》《相牛經》《麟經》《駞經》《虎苑》《虎薈》之列，雖無關於大道，亦著畧家所不廢也。爰授諸梓人，以貽好事者。或以余爲有爲而作，如李勝之、張明善之譏世。夫譏世則非敢然，然有不勝其自悔而自傷者焉。嘉慶三年冬日，巏嵍山人書於珍珠泉上小樓。

清 王昶《國朝詞綜二集》卷一 王初桐，初名丕烈，字耿仲，嘉定人，監生，官齊河縣縣丞。有《杯湖欸乃》。

清　謝章鋌《賭棋山莊詞話續編》卷四　《巏堥山人詞集》，《杯湖欸乃》三卷《杏花村琴趣》一卷。嘉定王于陽初桐撰。于陽，一字竹所，自序云：『填詞三十年，有詞五百餘闋。雖世所推許，多近甜熟，不存也，三十年僅得三百余闋，而應酬之作亦不存之，排爲四卷，計詞二百余闋，所存十之三，所去十之七。』然則竹所之於詞，可謂勤矣。

其詞於南北宋諸家莫不津逮，述庵雖選入《詞綜》二集，要非浙西宗派所能牢籠也……自劉改之以《沁園春》咏指甲、咏小脚，後詞家刻劃閨秀，輒從其體。竹所最多，髮、唇、舌、頸、胸、腰、心、泪、唾、汗、氣、香、聲、影，凡十四闋。《静志居琴趣》有《洞仙歌》十七闋，竹所繼之，亦有十六闋，詞皆穩帖，是何綺思之深也。

集前有王西莊鳴盛評語，集後有張未軒龍輔跋尾，皆有益於詞境。節録之。王云：『詞之為道最深，以為小技者乃不知，妄談大約只一細字盡之。細者，非必掃盡艷與豪兩派也。北宋詞人原只有艷冶、豪蕩兩派，自姜夔、張炎、周密、王沂孫，方開清空一派，五百年來以此為正宗。然《金荃》《握蘭》本屬國風苗裔，即東坡、稼軒英雄本色語，何嘗不令人欲歌欲泣？文章能感人，便是可傳，何必净洗艷粉香脂與銅琵鐵板乎？』張云：『余最好竹所之詞。甲戌將游括蒼，渡江入山，羈愁大發，奴聾傭蠢，不可告語。孤舟村店，惟竹所詞是親，朝吟夕誦，酒後耳熱，輒擊節嗚嗚。浙東之人無知音律者，聞余歌聲，無不群聚傾聽，爭相贊嘆。』

清　阮元《揅經室集三集》卷五《王竹所詞序》　詞人之作小令，以五代十國為宗。守其派者，有晏氏父子、歐陽公、張先、秦觀、賀鑄、毛滂諸人，慢曲以清真、白石為宗。沿其流者，有吴文英、張炎、盧祖皋、高觀國、王沂孫、周密、蔣捷、陳允衡諸人。自元明以來，傳染《草堂》結習，而《花間集》《樂府雅詞》《絕妙好詞》諸書之遺意，莫或窺尋，無怪乎詞學之不振也。王子竹所深於詞，三十年前即以之名大江南北。兹復手自删訂，埽去骩骳從俗之作。其所存者，小令則寓穠纖於簡厚，慢曲乃如溪流滂風，波紋自行，而冷光翠色，一望演漾不可盡。蓋於四聲二十八調中獨得唐宋人精髓，深於此者，乃知其為必傳也。

蛇譜

綜述

《四庫全書總目·〈蛇譜〉提要》　《蛇譜》一卷　安徽巡撫採進本。國朝陳鼎撰。此書記蛇之異者，凡六十三則，大抵皆蠻荒異怪之談，不足徵信，其五十三則以後，皆録《山海經》之文，尤爲勦説。

清　陳鼎《蛇譜·張潮序》　物之最毒者，莫甚於蛇，予生平最畏之。途中過握蛇乞子，則趨避遠引，去之惟恐不速。陳子定九忽以《蛇譜》屬予序，予逡巡不敢展閲。定九笑謂予：『君畏蛇，一至是耶？吾請言其奇者。』因述一二事，大都出乎意想之外。余乃悟余之一生，固嘗與蛇相遇，歲必數遭其囓，非不欲遣之，奈暱在莩葭，有不可得而遠者。因思造物賦形之初，既已蛇其腹心，蛇其口齒，則屬不并蛇其軀體面目，置之深山大澤之中，其肆毒也或不至於極甚，顧乃計不出此。蛇其性而不蛇其形，俾柔懦者流斂手而恣其啖噬，則甚矣。造物之不仁也。予既屢遭蛇毒，遂怒目而對，斯譜循覽一過，知定九蓋欲效大禹之圖神奸，使魑魅魍魎，世皆莫能逢之。其功亦甚偉矣。予幼時讀《孟子》，至大禹驅蛇龍而放之菹，周公驅虎豹犀象而遠之，以是知大聖人之於若輩亦處於無可如何，既不忍殄滅之，無俾遺種，亦惟有驅之之法，俾不致與斯人相值斯已耳。然則定九此編，其殆猶楚史之有《梼杌》也夫。翕歙縣張潮題。

又《張潮跋》　蛇之毒，夫人而知之矣。至相其體，則文採粲然，斑斕可觀，此殆猶小人能害人者。其才類能肆虐而曲當，吾願有民社之責者，盡用孫叔敖之遺意，則所造於斯世誠不小也。心齋張潮。

著録

《清文獻通考》卷二二八　《蛇譜》一卷，陳鼎撰。

中華大典・農業典

農書分典　引用書目

A

阿芙蓉考　清・羅振玉　《農學報》

愛日經廬藏書志　清・張金吾　齊魯書社，1987 年

愛日堂詩文集　清・孫宗彝　清乾隆三十五年孫仝邵刻本

愛日吟廬書畫補錄　清・葛嗣浵　1912 年葛氏刻本

愛日齋叢鈔　宋・葉　寘　商務印書館 1936 年叢書集成初編

鵪鶉論　清・金文錦　見上海古籍出版社編《禽魚蟲獸編》，上海古籍出版社 1993 年

鵪鶉譜　清・程石鄰　清道光間沈楙悳世楷堂刊光緒二年（1876）重印本

安徽勸辦柞蠶案　清・蔣汝正校正，徐瀾編輯　清宣統二年（1910）勸業道署刻本

安驥集（司牧安驥集）　唐・佚　名　明萬曆二十一年張世則刻本

安晚堂集　宋・鄭清之　清文淵閣四庫全書本

安吴四種　清・包世臣　清同治十一年刻本

安得長者言　明・陳繼儒　明崇禎刻眉公十種藏書本（四庫全書存目叢書本）

安雅堂未刻稿　清・宋琬　清乾隆三十一年刻本（續修四庫全書本）

桉譜　清・吴宗濂　清宣統二年（1910）商務印書館代印

鰲峰集　明・徐　𤊹　續修四庫全書本

B

八旗通志　清・乾隆五十一年奉敕撰　清文淵閣四庫全書本

八千卷樓書目　清・丁　仁　北京圖書館出版社 2008 年

白虎通義　漢・班　固　清文淵閣四庫全書本

白鶴山房詩鈔　清・葉紹本　續修四庫全書本

白華前稿　清・吴省欽　清乾隆刻本（續修四庫全書本）

白鹿山房詩集　清・方中發　清康熙雲松閣刻本（四庫禁毀書叢刊本）

白蒓詩集　清・張開東　北京出版社 2000 年

白茅堂集　清・顧景星　清康熙刻本（四庫存目叢書本）

白玉蟾詩集新編　宋・白玉蟾　社會科學文獻出版社 2013 年

百川書志　明・高　儒　上海古籍出版社 2005 年

百花藏譜	明·江之源	武林油局橋敬客巷木衙藏板
百柱堂全集	清·王柏心	清光緒十九年刻本（續修四庫全書本）
柏梘山房全集	清·梅曾亮	清咸豐六年楊以增楊紹穀等刻民國七年蔣國榜補修本（續修四庫全書本）
拜經堂文集	清·臧　庸	民國十九年宗氏石印本（續修四庫全書本）
拜經樓藏書題跋記	清·吴壽暘	上海古籍出版社 2007 年
半半山莊農言著實	清·楊秀沅撰	清光緒二十三年柏經正堂刻本（續修四庫全書本）
寶坻勸農書	明·袁　黄	明萬曆三十三年（1605）建陽余氏刻了凡雜著本（續修四庫全書本）
（寶慶）四明志	宋·羅　濬	清文淵閣四庫全書本
寶日堂初集	明·張　鼐	明崇禎二年刻本（四庫禁毁書叢刊本）
寶山橘話	清·賴蘊山	李家園清光緒二十年（1894）刻本
寶閑堂集	清·張四科	清乾隆二十四年刻本（四庫禁毁書叢刊本）
抱經樓藏書志	清·沈德壽	上海古籍出版社 2007 年
抱沖齋詩集	清·斌　良	清光緒五年崇福湖南刻本（續修四庫全書本）
北户錄	唐·段公路	清文淵閣四庫全書本
北史	唐·李延壽	中華書局 1974 年版
北河紀	明·謝肇淛	清文淵閣四庫全書本
北河續紀	清·閻廷謨	清順治九年刻本（四庫全書存目叢書本）
北江詩話	清·洪亮吉	清光緒三年授經堂刻洪北江全集本（續修四庫全書本）
北山酒經	宋·朱翼中	夷門廣牘本、清文淵閣四庫全書本
北墅抱甕錄	清·高士奇	清康熙刻本（四庫存目叢書本）
北苑別錄	宋·趙汝礪	清文淵閣四庫全書本、清嘉慶讀畫齋叢書本
本草綱目	明·李時珍	清文淵閣四庫全書本
本朝分省人物考	明·過庭訓	明天啟刻本（續修四庫全書本）
皕宋樓藏書志	清·陸心源	上海古籍出版社 2007 年
汴京遺蹟志	明·李　濂	清文淵閣四庫全書本
別本茶經	明·湯顯祖	明刻本（四庫存目叢書補編本）
豳風廣義	清·楊　屾	清乾隆刻本
檳榔譜	清·趙古農	清道光九年（1829）廣州廠廣山房刻本
博物志	晉·張　華	清嘉慶士禮居本

亳州牡丹述	清・鈕　銹	叢書集成續編本
亳州牡丹志	佚　名	明萬曆新安汪氏刻山居雜志本（四庫存目叢書本）
亳州牡丹史	明・薛鳳翔	明萬曆刻本（四庫存目叢書本）
便民圖纂	明・佚　名	明嘉靖二十三年王貞吉刻藍印本（四庫全書存目叢書本）
博物策會	明・戴　璟	明嘉靖十七年高鳳鳴刻本（四庫未收書輯刊本）
卜歲恒言	清・吳　鵠	清嘉慶八年刻本（續修四庫全書本）
捕除蝗蝻要法三種	清・李　煒	清咸豐八年（1858）長安李煒刻本
捕蝗彙編	清・陳僅編述	清咸豐七年（1857）來鹿堂刻本
捕蝗考	清・陳芳生	清文淵閣四庫全書本
捕蝗圖冊	清・李源繪	中國國家博物館館藏文物研究叢書本上海古籍出版社 2007 年
捕蝗要法	清・楊景仁	清道光十六年刻本
捕蝗要法	清・顧　彥	清光緒十七年（1891）刻本
捕蝗要訣	清・錢炘和	清同治八年（1869）湖北崇文書局刻本
捕蝗要訣	清・佚　名	光緒十七年江蘇書局刻本
哺記	清・黃百家	清代道光昭代叢書本
補晉書藝文志	清・丁國鈞撰，清・丁辰注	清光緒刻常熟丁氏叢書本（續修四庫全書本）
補遼金元藝文志	清・倪　璨	清光緒刻廣雅書局叢書本（續修四庫全書本）
補五代史藝文志	清・顧櫰三	清光緒刻廣雅書局叢書本（續修四庫全書本）

C

蠶經	明・黃省曾	見《百陵學山》（四）上海商務印書館 1938 據明隆慶本影印
蠶桑白話	清・吳宗周	清光緒三十三（1907）開封河南省農工商務局刻本
蠶桑萃編	清・衛　杰	清光緒浙江書局刻本
蠶桑合編	清・何石安、魏默深輯	清同治富文樓刻本
蠶桑輯要	清・高　銓	清道光遵義王青蓮刻本
蠶桑輯要	清・鄭文同	清光緒刻本
蠶桑輯要	清・沈秉成	清同治常鎮通海道署刻本
蠶桑輯要	清・王宗沂	清光緒十四年（1888）蓮池書局刊本
蠶桑輯要合編	清・豫　山	清光緒六年（1880）開封河南蠶桑局刻本

蠶桑輯要合編	清·尹紹烈	清同治間刻本
蠶桑輯要略編	清·豫　山	清光緒六年（1880）刊本
蠶桑簡易法	清·馬丕瑤	清光緒河東道署刻本
蠶桑淺說	清·黄祖薇	清光緒三十三年（1907）本
蠶桑說	清·趙敬如	清光緒桐廬袁氏漸西村舍彙刻本
蠶桑說	清·沈　練	清光緒十四年（1888）歸安縣署刻本
蠶桑說	清·葉向榮	清光緒丙申年刊本
蠶桑速成捷法	清·吴作鎮、倪紹雯、劉安欽	清宣統二年鉛印本
蠶桑速效篇	清·林楊光、王鎮西	清光緒二十七年（1901）江蘇江陰曹氏山東刊本
蠶桑條說	清·曹　倜	光緒三十年金城金文同刻本
蠶桑圖說合編	清·何石安輯	公善堂清同治乙巳年（1896）刻本
蠶桑圖說提要	清·張壽宸匯	清同治十一年（1872）刻本
蠶桑問答	清·溫忠翰	清光緒五年刻本
蠶桑新論	清·吴錫璋	清光緒二十九年刻本
蠶桑要言	清·吕廣文	求志齋清光緒二十二年（1896）刻本
蠶桑摘要	清·羊復禮	清光緒間海昌羊氏傳卷樓粤東刻本
蠶桑摘要	清·任蘭生	清光緒元年（1875）刻本
蠶桑摘要	清·趙　淵	德陽縣署清光緒二十八年（1902）刻本
蠶桑指要	清·朱　斌	清光緒二十六年（1900）抄本
蠶事統紀	清·崔應榴匯纂，錢馥補輯	抄本
蠶事要略	清·張行孚	清光緒漸西村舍本
蠶書	宋·秦　觀	清知不足齋叢書本
蠶務圖說	清·康發達	見清徐建寅《格致叢書》（18）光緒二十六年內（1900）石印本
蠶業叢書	作者不詳	民國上海新學會社印行
蠶政編	清·帥念祖	清光緒十二年（1886）韓江郡廠刻本
藏一話腴	宋·陳　鬱	清文淵閣四庫全書本
漕河圖志	明·王　瓊	明弘治刻本（續修四庫全書本）
漕運則例纂	清·楊錫紱	清乾隆刻本（四庫未收書輯刊本）
曹州牡丹譜	清·余鵬年	清光緒仰視千七百二十九鶴齋叢書本

草木子	明·葉子奇	清乾隆五十一年刻本
册府元龜	宋·王欽若等	清文淵閣四庫全書本
茶花譜	清·樸靜子	清康熙五十八年刻本（四庫存目叢書本）、清蔣氏別下齋抄本（續修四庫全書本）
茶乘	明·高元濬	明刻本（續修四庫全書本）
茶董	明·夏樹芳	明刻本（四庫存目叢書本）
茶箋	明·聞　龍	見《說郛三種》，上海古籍出版社 1988 年
茶解	明·羅　廩	見說郛續
茶經	唐·陸　羽	清文淵閣四庫全書本
茶經	明·張謙德	見《中國古代茶道秘本五十種》（二）　全國圖書館文獻微縮複印中心 2003 年
茶寮記	明·陸樹聲	明萬曆四十一年刻茶書二十種本（四庫存目叢書本）、明萬曆夷門廣牘本
茶錄	宋·蔡　襄	清文淵閣四庫全書本
茶譜	明·顧元慶	明刻本、民國十六年朱啟鈐刻本（續修四庫全書本）
茶史	清·劉源長	清抄本（續修四庫全書本）
茶史補	清·余　懷	清抄本（續修四庫全書本）
茶疏	明·許次紓	明萬曆四十一年刻茶書二十種本（四庫存目叢書本）
禪月集	唐·貫　休	清文淵閣四庫全書本
巢經巢詩文集	清·鄭　珍	上海古籍出版社 2016 年
晁氏寶文堂書目	明·晁　瑮	上海古籍出版社 1995 年
常熟水論	明·薛尚質	涵芬樓影印清道光十一年六安晁氏木活字學海類編本（四庫全書存目叢書本）
（成化）寧波府簡要志	明·黃潤玉	清鈔本（四庫全書存目叢書本）
程文恭公遺稿	明·程文德	明萬曆十二年程光裕刻本（四庫存目叢書本）
尺崗草堂遺集	清·陳　璞	清光緒十五年刻本（續修四庫全書本）
池北偶談	清·王士禛	清文淵閣四庫全書本
持靜齋書目	清·丁日昌	上海古籍出版社 2011 年
蟲天志	明·沈宏正	明暢閣刻本（四庫存目叢書本）
崇素堂詩稿	清·張廷樞	北京出版社 2000 年
崇文總目	宋·王堯臣	清文淵閣四庫全書本
崇雅堂詩鈔	清·胡　敬	清道光二十六年刻本（續修四庫全書本）
（崇禎）閩書		

（崇禎）吳興備志	明・董斯張	清文淵閣四庫全書本
重濬江南水利全書	清・陳　鑾	清道光二十一年刻本（四庫未收書輯刊本）
疇人傳	清・阮　元	清嘉慶道光阮氏瑯嬛仙館刻本（續修四庫全書本）
傳經室文集	清・朱駿聲	民國劉氏刻求恕齋叢書本（續修四庫全書本）
傳書堂藏書志	清・王國維	上海古籍出版社 2014 年版
橻繭譜	清・鄭　珍	清道光刻本
除蝗備考	清・袁青綬	民國三年（1914）重刊咸豐七年（1857）刻本
芻牧要訣	清・葉景葵撰	見顧廷龍編《葉景葵雜著》，上海古籍出版社 1986 年版
船山詩草	清・張問陶	清光緒盛氏刻常州先哲遺書本（續修四庫全書本）
傳是樓書目	清・徐乾學	上海古籍出版社 2011 年
春明夢餘錄	清・孫承澤	清文淵閣四庫全書本
春在堂雜文	清・俞　樾	清光緒二十五年刻春在堂全書本（續修四庫全書本）
春在堂詩編	清・俞　樾	清光緒二十五年刻春在堂全書本（續修四庫全書本）
純常子枝語	清・文廷式	民國三十二年刻本（續修四庫全書本）
淳安荒政紀略	清・王元基	見中國荒政全書第二輯第三卷北京古籍出版社
淳熙稿	宋・趙　蕃	清文淵閣四庫全書本
（淳熙）三山志	宋・梁克家	清文淵閣四庫全書本
詞林典故	清・鄂爾泰、張廷玉	清文淵閣四庫全書本
賜綺堂集	清・詹應甲	選自《清代詩文集彙編》上海古籍出版社 2010 年
賜書堂詩鈔	清・周長發	齊魯書社 1997 年
促織經	宋・賈似道	夷門廣牘本
翠屏集	明・張以寧	清文淵閣四庫全書本
翠渠摘稿	明・周　瑛	清文淵閣四庫全書本
存研樓文集	清・儲大文	清文淵閣四庫全書本

D

大元馬政記	元・佚　名	文殿閣書莊 1937 年
帶經堂集	清・王士禛	清康熙五十年程哲七略書堂刻本（續修四庫全書本）
待制集	元・柳　貫	清文淵閣四庫全書本

丹鉛摘錄	明·楊　慎	清文淵閣四庫全書本
丹淵集	宋·文　同	清文淵閣四庫全書本
淡巴菰栽制法	美·厄斯宅土藏著　清·陳壽彭譯	清光緒二十六年（1900）北洋官報局校印
丹鉛餘錄	明·楊　慎	清文淵閣四庫全書本
澹生堂藏書目	明·祁承㸁	上海古籍出版社 2007 年
（道光）大定府志		
（道光）廣東通志		
（道光）濟南府志		
（道光）思南府續志		
（道光）休寧縣志		
（道光）肇慶府志		
（道光）遵義府志		
道咸同光四朝詩史	清·孫雄輯	清宣統二年刻本（續修四庫全書本）
第一香筆記	清·朱克柔	清咸豐三年（1852）抄本
滇略	明·謝肇淛	清文淵閣四庫全書本
雕菰集	清·焦　循	清道光四年阮福嶺南節署刻本（續修四庫全書本）
訂僞襍錄	清·胡鳴玉	清文淵閣四庫全書本
東南水利	清·沈愷曾	清刻本（四庫全書存目叢書本）
東吴水利考	明·王　圻	明刻本（四庫全書存目叢書本）
東都事略	宋·王稱撰　孫言誠、崔國光點校	齊魯書社 2000 年
東城雜記	清·厲　鶚	清文淵閣四庫全書本
東湖叢記	清·蔣光煦	清光緒九年繆氏刻雲自在龕叢書本（續修四庫全書本）
東華續錄	清·朱壽朋	清宣統元年上海集成圖書公司鉛印本（續修四庫全書本）
東籬品匯	清·鹿文仲	清抄本
東籬中正	清·許兆熊	清光緒七年許玉瑑刻本
東籬纂要	清·邵承照	清光緒十五年（1889）刻本
東林列傳	清·陳　鼎	清文淵閣四庫全書本

東坡全集　宋·蘇軾　清文淵閣四庫全書本
東溪試茶録　宋·宋子安　清文淵閣四庫全書本
東洋蠶事書　清·袁俊德　富強齋叢書續全集　清光緒二十七年（1901）小倉山房石印本
東園文集　明·鄭紀　清文淵閣四庫全書本
東越文苑　明·陳鳴鶴　清同治十二年刻本（續修四庫全書本）
董司寇文集　明·董裕　清雍正十三年宸翰閣刻少保公全集本（四庫未收書輯刊本）
洞山岕茶系　明·周高起　叢書集成續編本
斗南老人集　明·胡奎　清文淵閣四庫全書本
讀書敏求記　清·錢曾　中華書局 2012 年
讀白華草堂詩二集　清·黃釗　清道光十九年刻本（續修四庫全書本）
讀書叢録　清·洪頤煊　清咸豐浮溪精舍刻本（續修四庫全書本）
獨學廬稿　清·石韞玉　清寫刻獨學廬全稿本（續修四庫全書本）
賭棋山莊詞話續編　清·謝章鋌　清光緒十年陳寶琛南昌使廨刻賭棋山莊全集本（續修四庫全書本）
多能鄙事　明·劉基　明嘉靖四十二年範惟一刻本（四庫全書存目叢書本）
多稼集　清·奚子明　見王毓瑚輯《區種十種》，財政經濟出版社 1955 年

E

鵞湖集　明·龔敩　清文淵閣四庫全書本
爾爾書屋詩草　清·史夢蘭　清光緒元年止園刻本（續修四庫全書本）
爾爾書屋文鈔　清·史夢蘭　清光緒十七年止園刻本（續修四庫全書本）
二曲集　清·李顒　清康熙二十三年高爾公刻後印本（續修四庫全書本）
二如亭群芳譜　明·王象晉　海南出版社 2001 年
二知軒文存　清·方濬頤　清光緒四年刻本

F

樊山集　清·樊增祥　清光緒十九年渭南縣署刻本（續修四庫全書本）
樊榭山房集　清·厲鶚　清文淵閣四庫全書本
販書偶記　孫殿起　上海古籍出版社 2001 年版
氾勝之書輯釋　萬國鼎輯釋　中華書局 1957 年版

範子計然	周・範蠡；清・馬國翰輯	清光緒九年（1883）長沙琅嬛館刻本
範村梅譜	宋・範成大	清文淵閣四庫全書本
方洲集	明・張寧	清文淵閣四庫全書本
芳洲文集	明・陳循	明萬曆二十一年陳以躍刻後印本（續修四庫全書本）
放養山蠶法	清・常恩	抄本
分甘餘話	清・王士禛	清文淵閣四庫全書本
蜂衙小記	清・郝懿行	清光緒五年東路廳署刻郝氏遺書本（續修四庫全書本）
豐豫莊本書	清・潘曾沂	清光緒區種五種本
鳳池吟稿	明・汪廣洋	清文淵閣四庫全書本
鳳仙花譜	清・錢泳	清道光二十四年（1844）刻本
鳳仙譜	清・趙學敏	清道光昭代叢書本
福惠全書	清・黃六鴻	清光緒十九年文昌會館刻本（四庫未收書輯刊本）
撫郡農產考略	清・何剛德	清光緒二十九年撫郡學堂活字印本（續修四庫全書本）
甫里集	唐・陸龜蒙	清文淵閣四庫全書本
甫田集	明・文徵明	清文淵閣四庫全書本
復初齋詩集	清・翁方綱	續修四庫全書本
復初齋外集	清・翁方綱	續修四庫全書本
復莊詩問	清・姚燮	續修四庫全書本

G

甘藷錄	清・陸燿	清道光昭代叢書本
甘薯疏	明・徐光啟	上海古籍出版社 1983 年版
紺珠集	宋・朱勝非	清文淵閣四庫全書本
高子遺書	明・高攀龍	清文淵閣四庫全書本
格致鏡原	清・陳元龍	清文淵閣四庫全書本
畊心農話	清・奚誠	清抄本
耕餘居士詩集	清・鄭世元	清康熙江相書帶草堂刻本（續修四庫全書本）
庚子銷夏記	清・孫承澤	清文淵閣四庫全書本
攻媿集	宋・樓鑰	清文淵閣四庫全書本

古歡堂全集　清·田　雯　清文淵閣四庫全書本
古今類傳　清·董穀士、清·董炳文輯　清康熙三十一年未雪齋刻本（四庫全書存目叢書本）
古今書刻　明·周弘祖　上海古籍出版社 2005 年版
古今疏治黄河全書　明·黄克纘　明萬曆三十九年刻本（四庫全書存目叢書本）
古今諺　明·楊　慎　清乾隆刻函海本
古今合璧事類備要　宋·謝維新　清文淵閣四庫全書本
古今紀要　宋·黄　震　清文淵閣四庫全書本
古今事文類聚　宋·祝　穆　清文淵閣四庫全書本
古穰集　明·李　賢　清文淵閣四庫全書本
管子　春秋齊·管　仲　清文淵閣四庫全書本
管子校注　春秋齊·管仲撰，黎翔鳳校注　中華書局 2004 年
灌園草木識　明·陳正學　明崇禎刻本
灌園史　明·陳詩教　明萬曆刻本
（光緒）巴陵縣志
（光緒）保定府志
（光緒）重修安徽通志
（光緒）重修華亭縣志
（光緒）重修天津府志
（光緒）慈溪縣志
（光緒）廣州府志
（光緒）海鹽縣志
（光緒）湖廣通志
（光緒）湖南通志
（光緒）嘉興府志
（光緒）江陰縣志
（光緒）江西通志
（光緒）青浦縣志
（光緒）順天府志
（光緒）松江府續志

（光緒）永嘉縣志		
（光緒）增修登州府志		
（光緒）浙江通志		
（光緒）鎮安府志		
（光緒）直隸絳州志		
廣蠶桑說	清·沈清渠	清同治十二年（1873）安徽六安州署吳郡鄒氏
廣蠶桑說輯補	清·沈練	清光緒漸西村舍本
廣蠶桑說輯補校訂	清·沈練撰，仲昂庭輯補章振福校訂	清光緒三十三年（1907）農工商部印刷科刊印本
廣輿記	明·陸應陽	清康熙五十六年聚錦堂刻本（四庫存目叢書本）
廣種柏樹興利除害條陳	清·徐紹基	光緒間江南農學會石印農學叢書本
廣陽雜記	清·劉獻廷	清同治四年周星詒家抄本（續修四庫全書本）
龜巢稿	元·謝應芳	清文淵閣四庫全書本
桂海虞衡志	宋·範成大	清文淵閣四庫全書本
桂考	清·張光裕；黃任恒續	廣州聚珍印務所民國十四年（1925）鉛印本
國朝詞綜補	清·丁紹儀	清光緒刻本（續修四庫全書本）
國朝詞綜續編	清·黃燮清	續修四庫全書本
國朝宮史	清·鄂爾泰、張廷玉	清文淵閣四庫全書本
國朝畫徵續錄	清·張庚	清乾隆四年刻本（續修四庫全書本）
國朝列卿紀	明·雷禮	明萬曆許鑒刻本（續修四庫全書本）
國朝詩人徵略	清·張維屏	清道光十年刻本（續修四庫全書本）
國朝書人輯略	清·震鈞	清光緒三十四年刻本（續修四庫全書本）
國朝文錄續編	清·李祖陶	清同治七年李氏刻本（續修四庫全書本）
國朝先正事略	清·李元度	清同治八年循陔草堂刻本（續修四庫全書本）
國朝獻徵錄	明·焦竑	明萬曆四十四年徐象橒曼山館刻本（續修四庫全書本）
國朝御史題名	清·黃叔璥	清光緒刻本（續修四庫全書本）
國琛集	明·唐樞	中華書局 1985 年
國史經籍志	明·焦竑	中華書局 1985 年
過夏雜錄	清·周廣業	清種松書塾抄本（續修四庫全書本）

H

海錯百一錄	清·郭柏蒼	清光緒刻本
海錄碎事	宋·葉廷珪	清文淵閣四庫全書本
海桑集	明·陳　謨	清文淵閣四庫全書本
海山存稿	清·周　煌	清乾隆五十八年周氏葆素家塾刻後印本（四庫未收書輯刊本）
海棠譜	宋·陳　思	商務印書館叢書集成本
海塘錄	清·翟均廉	清文淵閣四庫全書本
海天秋色譜	清·閔廷楷	道光二十四年刻本
海虞詩話	清·單學傅	民國四年銅華館鉛印本（續修四庫全書本）
海虞農家占驗	清·鄧琳輯	清光緒三十一年（1905）鉛印本
海虞物產志	清·龐鴻文輯	清光緒三十一年（1905）鉛印本
寒瘦山房鬻存善本書目	清·鄧邦述	上海古籍出版社 2014 年版
寒松閣詞	清·張鳴珂	清光緒十年江西書局刻本（續修四庫全書本）
寒松閣談藝瑣錄	清·張鳴珂	清宣統二年上海聚珍仿宋印書局鉛印本（續修四庫全書本）
漢書	漢·班　固	中華書局 1962 年
漢書藝文志拾補	清·姚振宗	民國浙江省立圖書館鉛印師石山房叢書本（續修四庫全書本）
漢書藝文志條理	清·姚振宗	民國浙江省立圖書館鉛印師石山房叢書本（續修四庫全書本）
漢藝文志考證	宋·王應麟	清文淵閣四庫全書本
蒿庵閒話	清·張爾岐	清康熙徐氏真合齋磁版印本（續修四庫全書本）
河干問答	清·陳　法	民國黔南叢書本
河漕通考	明·黃承玄	清鈔本（四庫全書存目叢書本）
河防通議	元·沙克什	清文淵閣四庫全書本
河防芻議	清·崔維雅	清康熙刻本、清鈔本（四庫全書存目叢書本）
河防一覽	明·潘季馴	清文淵閣四庫全書本
河紀	清·孫承澤	清初鈔本（四庫全書存目叢書本）、清康熙刻本（續修四庫全書本）
河工器具圖說	清·麟　慶	上海商務印書館民國二十六年（1937）版
禾譜校釋	宋·曾安止撰；曹樹基校釋	中國農史 1985 年第 3 期
鶴林玉露	宋·羅大經撰，王瑞來點校	中華書局 1983 年

紅豆樹館書畫記	清·陶　樑	清嘉慶刻本（續修四庫全書本）
（弘治）八閩通志		
後村集	宋·劉克莊	清文淵閣四庫全書本
後山集	宋·陳師道	清文淵閣四庫全書本
湖蠶述	清·汪日楨	清光緒汪氏刻本
湖廣通志	清·徐國相	清文淵閣四庫全書本
湖海詩傳	清·王　昶	清嘉慶八年三泖漁莊刻本（續修四庫全書本）
湖山類稿	宋·汪元量	清文淵閣四庫全書本
湖南方物志	清·黃本驥	嶽麓書社 1985 年版
胡氏書畫考三種	清·胡　敬	清嘉慶刻本（續修四庫全書本）
虎薈	明·陳繼儒	明萬曆繡水沈氏刻寶顏堂秘笈本（四庫存目叢書本）
虎苑	明·王穉登	明萬曆十二年吳氏蕭疏齋刻本（續修四庫全書本）
花編	明·蔣以化	明萬曆刻本（四庫未收書輯刊本）
花甲閒談	清·張維屏	清道光廣州西湖街富文齋刻本（四庫未收書輯刊本）
花裏活	明·陳詩教	涵芬樓影印清道光十一年六安晁氏木活字學海類編本（四庫存目叢書本）
花木小志	清·謝　堃	清道光春草堂集本
花史左編	明·王　路	明萬曆四十六年綠綺軒刻本（四庫存目叢書本）
花傭月令	明·徐石麒	清光緒傳硯齋叢書本
華泉集	明·邊　貢	清文淵閣四庫全書本
華夷花木鳥獸珍玩考	明·慎懋官	明萬曆九年刻本（續修四庫全書本）
華延年室題跋	清·傅以禮	上海古籍出版社 2009 年版
畫眉筆談	清·陳　均	清道光二十九年沈氏世楷堂刻昭代叢書別集本（續修四庫全書本）
淮海集	宋·秦　觀	清文淵閣四庫全書本
懷爐堂集	明·李東陽	清文淵閣四庫全書本
懷清堂集	清·湯右曾	清文淵閣四庫全書本
淮海英靈集	清·阮元輯	清嘉慶三年小瑯嬛僊館刻本（續修四庫全書本）
皇都水利	明·袁　黄	明萬曆三十三年建陽余氏刻了凡雜著本（四庫全書存目叢書本）
皇明詞林人物考	明·王兆雲	明萬曆刻本（續修四庫全書本）
皇清文穎	清·張廷玉	清文淵閣四庫全書本

黄氏日鈔	宋·黄　震	清文淵閣四庫全書本
黄河圖　黄河舊險工圖　黄河新險工圖　衆水歸淮圖　運河圖　淮南諸河圖　五水濟運圖	清·靳輔撰、清·崔應階刪補	清鈔本（四庫未收書輯刊本）
黄運河口古今圖説	清·麟　慶	清道光二十一年雲蔭堂刻本（四庫未收書輯刊本）
荒箸略	明·劉世教	叢書集成初編本
荒政叢書	元·俞　森	清文淵閣四庫全書本、清宣統三年文盛書局石印本
荒政叢言	明·林希元	叢書集成初編本
荒政要覽	明·俞汝為	明萬曆三十五年刻本（續修四庫全書本）
篁墩文集	明·程敏政	清文淵閣四庫全書本
槐廳載筆	清·法式善	清光緒十四年刻本（續修四庫全書本）
晦庵集	宋·朱　熹	清文淵閣四庫全書本
惠氏春秋左傳補註	清·惠　棟	清文淵閣四庫全書本
活獸慈舟校注	四川省獸醫研究所校注	四川人民出版社 1980 年

J

積學齋藏書記	清·徐乃昌	上海古籍出版社 2014 年版
畿輔水利輯覽	清·吴邦慶	畿輔河道水利叢書本
畿輔水利議	清·林則徐	清光緒二年林氏刻本（續修四庫全書本）
畿輔人物志	清·孫承澤	清初刻本（續修四庫全書本）
畿輔通志	清·於成龍	清文淵閣四庫全書本
畿輔義倉圖	清·方觀承	乾隆十八年刊本
汲古閣珍藏秘本書目	清·毛　扆	中華書局 1985 年
集古錄	宋·歐陽修	清文淵閣四庫全書本
稽瑞樓書目	清·陳　揆	中華書局 1985 年
己未詞科錄	清·秦　瀛	清嘉慶刻本（續修四庫全書本）
季滄葦藏書目	清·季振宜	中華書局 1985 年
記海錯	清·郝懿行	郝氏遺書本

（嘉靖）青州府志
（嘉靖）壽州志
（嘉靖）惟揚志
（嘉慶）大清一統志
（嘉慶）松江府志
（嘉慶）東昌府志
（嘉慶）溧陽縣志
（嘉慶）羅江縣志
（嘉慶）四川通志
（嘉慶）維揚志
（嘉慶）直隸太倉州志
（嘉泰）會稽志
（嘉泰）吳興志

家政法	佚名撰、清·馬國翰輯	清光緒九年（1883）長沙琅嬛館刻本
家藏集	明·吴寬	清文淵閣四庫全書本
甲秀園集	明·費元祿	明萬曆刻本（四庫禁毀書叢刊本）
煎茶水記	唐·張又新	清文淵閣四庫全書本
兼濟堂文集	清·魏裔介	清文淵閣四庫全書本
箋卉	清·吴菘	清道光吴江沈氏世楷堂刻昭代叢書本（四庫存目叢書本）
劍南詩稿	宋·陸游	清文淵閣四庫全書本
見聞隨筆	清·齊學裘	清同治十年天空海闊之居刻本（續修四庫全書本）
澗泉集	宋·韓淲	清文淵閣四庫全書本
澗泉日記	宋·韓淲	清文淵閣四庫全書本
澗於集	清·張珮綸	民國十五年張氏澗於草堂刻本（續修四庫全書本）
江湖長翁集	宋·陳造	清文淵閣四庫全書本
江湖後集	宋·陳起	清文淵閣四庫全書本
江湖小集	宋·陳起	清文淵閣四庫全書本
江南催耕課稻篇	清·李彥章	清刻榕園全集本（續修四庫全書本）
江西考古錄	清·往謨	清乾隆三十二年問松園刻本（四庫未收書輯刊本）

江西詩徵	清・曾　燠	清嘉慶九年賞雨茅屋刻本（續修四庫全書本）
絳雲樓書目	清・錢謙益	中華書局 1985 年
教稼書	清・孫宅揆	清光緒區種五種本
椒邱文集	明・何喬新	清文淵閣四庫全書本
蕉廊脞録	清・吴慶坻	民國十七年劉氏求恕齋刻求恕齋叢書本（續修四庫全書本）
蕉軒隨録	清・方濬師	清同治十一年刻本（續修四庫全書本）
焦氏澹園續集	明・焦　竑	明萬曆三十九年朱汝鰲刻本（續修四庫全書本）
焦氏説楛	明・焦　周	明萬曆刻本（續修四庫全書本）
校讎通義	清・章學誠	民國刻章氏遺書本（續修四庫全書本）
鮚埼亭詩集	清・全祖望	清抄本（續修四庫全書本）
節序同風録	清・孔尚任	清鈔本（四庫全書存目叢書本）
介石堂水鑑	清・郭起元	清刻本（四庫全書存目叢書本）
岕茶彙鈔	清・冒　襄	清道光昭代叢書本
今是堂集	明・陶奭齡	明崇禎刻本（四庫禁毀書叢刊本）
今白華堂詩録	清・童　槐	清同治八年童華刻本（續修四庫全書本）
金薯傳習録	清・陳世元	清乾隆三十三年刻本（續修四庫全書本）
金絲録	清・汪師韓	選自楊國安編著《中國煙業史匯典》，光明日報出版社 2002 年
金粟山房詩鈔	清・朱寯瀛	清光緒二十七年刻本（續修四庫全書本）
金魚飼育法	清・寶　奎	清光緒間江南總農會農學叢書石印本
金魚圖譜	清・句　曲	山農輯（續修四庫全書本）
金漳蘭譜	宋・趙時庚	清文淵閣四庫全書本
晉書	唐・房玄齡等	中華書局 1974 年版
經義考	清・朱彝尊	清文淵閣四庫全書本
京口耆舊傳	佚　名	清文淵閣四庫全書本
荆楚歲時記	南朝梁・宗　懔	日本大阪古本屋櫻町天皇元文二年（1737）刊行本，山西人民出版社 1987 年
荆川稗編	明・唐順之	清文淵閣四庫全書本
荆川集	明・唐順之	清文淵閣四庫全書本
（景定）建康志	宋・周應合	清文淵閣四庫全書本
靖康緗素雜記	宋・黄朝英，吴企明點校	中華書局 2014 年版

敬止集	明·陳應芳	清文淵閣四庫全書本
靜厓詩稿	清·汪學金	清乾隆刻嘉慶增修本（續修四庫全書本）
靜遠齋詩集	清·允禮	清刻本（四庫未收書輯刊本）
靜志居詩話	清·朱彝尊	清嘉慶二十四年扶荔山房刻本（續修四庫全書本）
經學博採錄	清·桂文燦	民國三十一年刻敬躋堂叢書本（續修四庫全書本）
敬業堂集	清·查慎行	清文淵閣四庫全書本
敬業堂詩續集	清·查慎行	清乾隆查學等刻本
酒概	明·沈沈	明刻本（四庫存目叢書本）、清康熙劉謙吉刻雍正六年劉乃大補修本（續修四庫全書本）
酒史	明·馮時化輯	明隆慶四年（1570）獨醒居士刻本（四庫存目叢書本）
九華詩集	宋·陳巖	清文淵閣四庫全書本
九經今義	清·成本璞	清末長沙刻本（四庫未收書輯刊本）
九靈山房集	元·戴良	清文淵閣四庫全書本
九梅村詩集	清·魏燮均	清光緒元年紅杏山莊刻本（續修四庫全書本）
九史同姓名略	清·汪輝祖	清乾隆刻本（四庫未收書輯刊本）
救荒本草	明·朱櫹	清文淵閣四庫全書本
救荒策會	明·陳龍正	崇禎十五年潔梁堂刻本（四庫存目叢書本）
就荒活民補遺書	宋·董煟撰、元·張光大增 明·朱熊補遺	明常在刻本（四庫存目叢書本）
救荒活民類要	元·張光大	明刻本（續修四庫全書本）
救荒活民書	宋·董煟	清文淵閣四庫全書本、清嘉慶墨海金壺本
救荒輯要初編	清·馮煦	選自《民國賑災史料初編》北京圖書館出版社 2008 年
救荒簡易書	清·郭雲陞	清光緒二十二年郭氏刻本（續修四庫全書本）
救荒六十策	清·寄湘漁父	清光緒十一年刻本
救荒事宜	明·周孔教	明萬曆刻周中丞疏稿附（四庫存目叢書本）
救荒事宜	明·張陛	涵芬樓影印清道光十一年六安晁氏木活字學海類編本（四庫存目叢書本）
救荒野譜	明·姚可成	清嘉慶虞山張氏刻借月山房彙鈔本（續修四庫全書本）
救貧捷法	清·馮祖繩	見《中國荒政全書》北京古籍出版社 2002 年
舊山樓書目	清·趙宗建	上海古籍出版社 2005 年
舊唐書	後晉·劉昫	中華書局 1975 年

舊唐書校勘記	清・劉文淇等	清道光二十六年揚州岑氏懼盈齋刻本（續修四庫全書本）
居濟一得	清・張伯行	清文淵閣四庫全書本
居易錄	清・王士禛	清文淵閣四庫全書本
橘錄	宋・韓彥直	宋咸淳百川學海本、清文淵閣四庫全書本
橘譜	清・諸匡鼎	清康熙刻本
菊譜（東園菊譜）	清・弘皎	清乾隆二十二年（1757）北京春暉堂刻本
菊譜	清・葉天培	清乾隆刻本（續修四庫全書本）
菊譜（九華新譜）	清・吴昇	華南農學院圖書館藏1958年抄本
菊說	清・計楠	叢書集成續編本
菊志（蔬香小圃菊志）	清・何鼎	清光緒五年（1879）蔬香小圃刻本
具茨集	明・王立道	清文淵閣四庫全書本
具區志	清・翁澍	清康熙湘雲閣刻本（四庫全書存目叢書本）
倦圃蒔植記	清・曹溶	清抄本（四庫存目叢書本）
菌譜	宋・陳仁玉	清文淵閣四庫全書本
郡縣農政	清・包世臣	農業出版社1962年版
郡齋讀書志校證	孫猛校證	上海古籍出版社1990年

K

（康熙）福建通志		
（康熙）江西通志		
（康熙）南昌郡乘		
（康熙）太平府志		
（康熙）延綏鎮志		
可閒老人集	元・張昱	清文淵閣四庫全書本
珂雪齋集	明・袁中道	上海古籍出版社1989年
困學紀聞	宋・王應麟	清文淵閣四庫全書本
孔子改制考	清・康有為	中華書局1958年

L

來鶴亭集	元・呂　誠	清文淵閣四庫全書本
蘭蕙鏡	清・屠用寧	見莫磊選編《蘭花古籍擷萃》中國林業出版社 2006 年
蘭蕙同心録	清・許霽龢	福建科技出版社 2006 年
蘭譜	宋・王貴學	清宣統香艷叢書本
蘭言述略	清・袁世俊	吴門袁氏清光緒二年（1876）刻本
蘭易（蘭易十二翼、蘭史）	明・馮京第	清光緒七年許玉瑑刻本（續修四庫全書本）
藍山集	明・藍　仁	清文淵閣四庫全書本
浪語集	宋・薛季宣	清文淵閣四庫全書本
老圃良言	明・巢鳴盛	清道光學海類編本
老學庵筆記	宋・陸　游	中華書局 1979 年
樂休園菊譜	佚　名	見清吴其濬撰《植物名實圖考長編》卷七　隰草　商務印書館 1959 年
樂志堂詩集	清・譚　瑩	清咸豐九年吏隱園刻本（續修四庫全書本）
耒耜經	唐・陸龜蒙	清文淵閣四庫全書本
類説	宋・曾　慥	清文淵閣四庫全書本
離騷草木疏	宋・吴仁傑	清文淵閣四庫全書本
禮部志稿	明・俞汝楫	清文淵閣四庫全書本
禮説	清・惠士奇	清文淵閣四庫全書本
李義山文集	唐・李商隱	清文淵閣四庫全書本
歷代畫史彙傳	清・彭藴燦	清道光五年吴門尚志堂彭氏刻本（續修四庫全書本）
歷代名臣奏議	明・楊士奇、黄淮	清文淵閣四庫全書本
歷代詩話	清・吴景旭	清文淵閣四庫全書本
歷代詩餘	清・沈辰垣	清文淵閣四庫全書本
荔譜	清・陳定國	叢書集成續編第 79 册
荔枝譜	宋・蔡　襄	宋咸淳百川學海本、清文淵閣四庫全書本
荔枝譜	明・曹　蕃	商務印書館 1959 年
荔枝譜	清・陳　鼎	清道光昭代叢書本
荔枝通譜	明・鄧慶寀	明崇禎刻本

蓮洋詩鈔	清・吳　雯	清文淵閣四庫全書本
濂亭集	清・張裕釗	清光緒八年查氏木漸齋蘇州刻本（續修四庫全書本）
楝亭書目	清・曹　寅	
梁書	唐・姚思廉	中華書局 1973 年版
梁谿漫志	宋・費　袞	清文淵閣四庫全書本
兩河清彙	清・薛鳳祚	清文淵閣四庫全書本
兩淮鹽法志	清・王定安	清光緒三十一年刻本（續修四庫全書本）
兩宋名賢小集	宋・陳　思	清文淵閣四庫全書本
兩浙海塘通志	清・方觀承等修　清查詳等纂	清乾隆刻本（續修四庫全書本）
兩浙名賢錄	明・徐象梅	明天啟徐氏光碧堂刻本（四庫存目叢書本）
兩浙輶軒錄	清・阮　元	清嘉慶仁和朱氏碧溪艸堂錢塘陳氏種榆僊館刻本（續修四庫全書本）
兩浙輶軒續錄	清・潘衍桐	清光緒十七年浙江書局刻本（續修四庫全書本）
療馬集（喻氏元亨療馬集）	明・喻本元、明・喻本亨	清乾隆元年李玉書刻本（續修四庫全書本）
列朝詩集	清・錢謙益	清順治九年毛氏汲古閣刻本（續修四庫全書本）
林次崖文集	明・林希元	清乾隆十八年陳臚聲詒燕堂刻本（四庫存目叢書本）
林和靖集	宋・林　逋	清文淵閣四庫全書本
嶺海蘭言	清・區金策	廣東人民出版社 1992 年
嶺南蠶桑要則	清・賴逸甫	清宣統三年（1911）佛山同文堂承印『瀧陽蠶桑義學』刻本
嶺南荔枝譜	清・吳應逵	清道光三十年南海伍氏粵雅堂刻嶺南遺書本（續修四庫全書本）
劉賓客文集	唐・劉禹錫	清文淵閣四庫全書本
劉氏菊譜	宋・劉　蒙	清文淵閣四庫全書本
劉子	北齊・劉　晝	清文淵閣四庫全書本
留青日札	明・田藝蘅	明萬曆三十七年徐懋升重刻本（四庫存目叢書本）
留溪外傳	清・陳　鼎	清康熙三十七年自刻本（四庫存目叢書本）
柳蠶新編	清・許鵬翊	清宣統安徽勸業道署鉛印本
六一詩話	宋・歐陽修	清文淵閣四庫全書本
六必酒經	清・楊萬樹	明刻本（續修四庫全書本）
六藝之一錄	清・倪　濤	清文淵閣四庫全書本

（隆慶）臨江府志		
龍眼譜	清·趙古農	清道光九年（1829）廣州廠廣山房刻本
婁東詩派	清·汪學金	清嘉慶九年詩志齋刻本（四庫未收書輯刊本）
婁江志	清·顧士璉	清康熙五年序刻吳中開江書本（四庫全書存目叢書本）
路史	宋·羅　泌	清文淵閣四庫全書本
潞水客談	明·徐貞明	明萬曆刻本（四庫全書存目叢書本）
鹿皮子集	元·陳　樵	清文淵閣四庫全書本
鹿裘石室集	明·梅鼎祚	明天啟三年玄白堂刻本（續修四庫全書本）
鹿洲初集	清·藍鼎元	清文淵閣四庫全書本
論衡	漢·王　充	上海人民出版社 1974 年
籙竹堂書目	明·葉　盛	選自《萬有文庫》第二集
洛陽牡丹記	宋·歐陽修	選自《博雅經典》中州古籍出版社 2016 年
呂氏春秋	秦·呂不韋	清文淵閣四庫全書本

M

馬首農言	清·祁寯藻	清咸豐五年刻本（續修四庫全書本）
馬書（新刻馬書）	明·楊時喬等撰	農業出版社 1984 年
馬政紀	明·楊時喬	清文淵閣四庫全書本
馬政志	明·陳　講	明嘉靖三年刻本（續修四庫全書本）
𧯄𧮫亭集	清·祁寯藻	清咸豐刻本（續修四庫全書本）
毛詩類釋	清·顧棟高	清文淵閣四庫全書本
貓乘	清·王初桐	清嘉慶三年刻本（續修四庫全書本）
貓苑	清·黄　漢	清咸豐二年甕雲草堂刻本（四庫未收書輯刊本）
梅村集	清·吴偉業	清文淵閣四庫全書本
梅花道人遺墨	元·吴　鎮	清文淵閣四庫全書本
梅譜	宋·範成大	清文淵閣四庫全書本
梅山續稿	宋·姜特立	清文淵閣四庫全書本
眉山集	宋·唐　庚	清文淵閣四庫全書本
捫虱新話	宋·陳　善	明崇禎毛氏汲古閣刻津逮秘書本（續修四庫全書本）

夢粱録	宋·吴自牧	清文淵閣四庫全書本
夢溪筆談	宋·沈括撰，金良年點校	中華書局 2015 年
秘傳花鏡	清·陳淏子	清刻本（續修四庫全書本）
棉花圖	清·方觀承	清乾隆石刻拓印本
棉業改良發明書	清·趙志松譯、張振勛編輯	清宣統元年（1909）廣州總商會報鉛印本
棉業圖説	清·農工商部	清宣統三年農工商部鉛印本（續修四庫全書本）
閩產録異	清·郭柏蒼	嶽麓書社 1986 年版
閩中海錯疏	明·屠本畯	清嘉慶學津討原本
閩中荔枝通譜	明·屠本畯	明萬曆二十五年（1597）刻本
名臣經濟録	明·黄訓	清文淵閣四庫全書本
名花譜	清·佚名	清刻本（四庫存目叢書本）
名馬記	明·郭子章	明李成勛刻本
名山藏	明·何喬遠	明崇禎刻本（續修四庫全書本）
明朝小史	明·呂毖	舊鈔本（四庫禁毀書叢刊本）
明代河渠考	清·萬斯同	清鈔本（四庫全書存目叢書本）
明季北略	清·計六奇	清都城琉璃廠半松居士活字印本（續修四庫全書本）
明江南治水記	清·陳士鑛	涵芬樓影印清道光十一年六安晁氏木活字學海類編本（四庫全書存目叢書本）
明儒言行録、明儒言行録續編	清·沈佳	清文淵閣四庫全書本
明儒學案	清·黄宗羲	清文淵閣四庫全書本
明善堂詩文集	清·弘曉	清乾隆四十二年刻本（續修四庫全書本）
明詩紀事	清·陳田	清貴陽陳氏聽詩齋刻本（續修四庫全書本）
明詩綜	清·朱彝尊	清文淵閣四庫全書本
明史	清·萬斯同	清抄本（續修四庫全書本）
明史	清·張廷玉	中華書局 1974 年
明書	清·傅維鱗	清康熙三十四年本誠堂刻本（四庫存目叢書本）
明文海	清·黄宗羲	清文淵閣四庫全書本
明一統志	明·李賢	清文淵閣四庫全書本
茗笈	明·屠本畯	明萬曆四十一年刻茶書二十種本（四庫存目叢書本）
茗史	明·萬邦寧	明天啟刻本（續修四庫全書本）、清鈔本（四庫存目叢書本）

牡丹譜	清·計楠	清道光七年（1803）沈楙悳世楷堂刊光緒二年（1876）重印本
牡丹榮辱志	宋·丘璿	民國武進陶氏影刻宋咸淳刻百川學海本（四庫存目叢書本）
牡丹史	明·薛鳳翔	明萬曆刻本（續修四庫全書本）
牧令書輯要	清·徐棟原輯 清·丁日昌選評	清同治七年江蘇書局刻本（續修四庫全書本）
木棉譜	清·褚華	清嘉慶聽彝堂刻藝海珠塵本（續修四庫全書本）

N

南漘楛語	清·蔣超伯	清同治十年兩廬山房刻本（續修四庫全書本）
南村草堂文鈔	清·鄧顯鶴	清咸豐元年刻本（續修四庫全書本）
南村隨筆	清·陸廷燦	清雍正十三年陸氏壽椿堂刻本（續修四庫全書本）
南方草木狀	晉·嵇含	宋咸淳百川學海本、清文淵閣四庫全書本
南豐風俗物產志	清·魯琪光	清光緒年間（1875—1908）上海著易堂鉛印王錫祺小方壺輿地叢鈔本
南河志	明·朱國盛	明刻本（四庫全書存目叢書本）
南疆逸史	清·溫睿臨	清傅氏長恩閣鈔本（續修四庫全書本）
南屏山房集	清·陳昌圖	清乾隆五十六年陳寶元刻本（四庫未收書輯刊本）
南齊書	梁·蕭子顯	中華書局 1972 版
南廱志	明·黃佐	清文淵閣四庫全書本
內閣藏書目錄	明·孫能傳	清遲雲樓抄本（續修四庫全書本）
能改齋漫錄	宋·吴曾	上海古籍出版社 1980 年
廿二史考異	清·錢大昕	清乾隆四十五年刻本（續修四庫全書本）
鳥鼠山人小集	明·胡纘宗	明嘉靖刻本（四庫全書存目叢書本）
寧郡蠶桑要言	清·費烈傳口述	清汲綆齋刻本
農候雜占	清·梁章鉅	清同治二年梁恭辰刻二思堂叢書本（續修四庫全書本）
農具記	清·陳玉璂	清康熙三十四年新安張氏霞舉堂刻檀幾叢書本（續修四庫全書本）
農圃便覽	清·丁宜曾	清乾隆二十年丁氏強善齋刻本（續修四庫全書本）
農圃六書	明·周之璵輯	日本抄本
農工商部農事實驗	選自《全國民國檔案通覽》	中國檔案出版社 2005 年
農林蠶說	清·葉向榮	清宣統三年（1911）衢城正新書局石印本

農桑輯要	元·司農司	元後至元五年刻明修本（續修四庫全書本）、清文淵閣四庫全書本
農桑衣食撮要	元·魯明善	文淵閣四庫全書本
農桑經校注	清·蒲松齡撰，李長年校注	農業出版社 1982 年
農桑易知錄	清·鄭之僑	清乾隆鄭氏刻本
農桑易知錄	清·汪　憲	清乾隆二十五年刻本（續修四庫全書本）
農書	宋·陳　旉	清乾隆道光間知不足齋叢書本、清文淵閣四庫全書本
農説	明·馬一龍輯	叢書集成初編據明萬曆寶顏堂秘笈本
農田餘話	明·長谷真逸	明萬曆繡水沈氏刻寶顏堂秘笈本（四庫全書存目叢書本）
農學報	清·羅振玉	
農學纂要	清·陳恢吾	清光緒刻本
農政發明	清·奚　誠	清抄本（續修四庫全書本）
農政全書	明·徐光啟	清文淵閣四庫全書本
O		
甌北集	清·趙　翼	上海古籍出版社 1997 年
P		
盤洲文集	宋·洪　適	清文淵閣四庫全書本
品茶要録	宋·黄　儒	清文淵閣四庫全書本
評鑒闡要	清·高宗撰 清·劉統勛等編	清文淵閣四庫全書本
平津館鑒藏書籍記	清·孫星衍	清道光二十年陳宗彝獨抱廬刻本（續修四庫全書本）
瓶花譜	明·張謙德	明萬曆繡水沈氏刻寶顏堂秘笈本（四庫存目叢書本）
瓶廬詩稿	清·翁同龢	民國八年邵松年等刻本（續修四庫全書本）
評鑑闡要	清·劉統勳	清文淵閣四庫全書本
蒲葵載製法	清·劉敦煥述、清·羅振玉編	清光緒間江南農學會石印農學叢書本
樸學齋詩稿	清·林　佶	清乾隆九年家刻本（四庫存書叢書本）
浦泖農咨	清·姜　皋	清道光刻本
曝書亭集	清·朱彝尊	清文淵閣四庫全書本

Q

齊東野語　宋·周密　中華書局 1983 年

齊民要術　北魏·賈思勰　四部叢刊景明刊本、清文淵閣四庫全書本

奇觚廎詩集　清·葉昌熾　民國十五年刻本（續修四庫全書本）

棄草詩集　明·周之夔　明崇禎木樨館刻本（四庫禁毀書叢刊本）

七十二候考　清·曹仁虎　清嘉慶吳氏聽彝堂刻藝海珠塵本（續修四庫全書本）

千頃堂書目　清·黃虞稷　清文淵閣四庫全書本

前塵夢影錄　清·徐康　清光緒二十三年江標刻本（續修四庫全書本）

潛菴先生擬明史稿　清·湯斌　清康熙二十七年刻後印本（四庫未收書輯刊本）

乾道稿　淳熙稿　宋·趙蕃　清文淵閣四庫全書本

（乾道）四明圖經

（乾隆）福建通志

（乾隆）貴州通志

（乾隆）江南通志

（乾隆）婁縣志

（乾隆）任丘縣志

（乾隆）吳江縣志

（乾隆）鄞縣志

（乾隆）鎮江府志

錢遵王述古堂藏書目錄　清·錢曾　齊魯書社 1996 年

潛邱劄記　清·閻若璩　清文淵閣四庫全書本

潛研堂集　清·錢大昕　上海古籍出版社 2009 年

潛齋集　宋·何夢桂　清文淵閣四庫全書本

樵雲獨唱　元·葉顒　清文淵閣四庫全書本

切問齋集　清·陸燿　清乾隆五十七年暉吉堂刻本（四庫未收書輯刊本）

欽定南巡盛典　清·高晉　清文淵閣四庫全書本

欽定八旗通志　清·福隆安　清文淵閣四庫全書本

欽定康濟錄　清·倪國璉　清文淵閣四庫全書本

欽定日下舊聞考	清·英　廉	清文淵閣四庫全書本
欽定盛京通志	清·劉謹之	清文淵閣四庫全書本
欽定授時通考	清·鄂爾泰	清文淵閣四庫全書本
欽定授衣廣訓	清·董　誥	清嘉慶武英殿刻本（續修四庫全書本）
欽定天祿琳琅書目	清·於敏中	中華書局 1996 年
琴隱園詩集	清·湯貽汾	清同治十三年曹士虎刻本（續修四庫全書本）
勤餘文牘	清·陳　錦	清光緒四年刻本（續修四庫全書本）
禽蟲述	明·袁　達	明萬曆新安汪氏刻山居雜志本（四庫存目叢書本）、明抄本（續修四庫全書本）
禽經	周·師曠撰，晉·張華注	清文淵閣四庫全書本
清稗類鈔	清·徐　珂	中華書局 2010 年版
清國子監志	清·梁國治	清文淵閣四庫全書本
清河風俗物產志	清·魯一同	清光緒年間（1875—1908）上海著易堂鉛印王錫祺小方壺輿地叢鈔本
青溪舊屋集	清·劉文淇	光緒九年刻本（續修四庫全書本）
清秘述聞續	清·王家相	清光緒十四年刻本（續修四庫全書本）
清江文集	明·貝　瓊	清文淵閣四庫全書本
清經世文編（上中下）		中華書局 1992 年
清容居士集	元·袁　桷	清文淵閣四庫全書本
清詩別裁集	清·沈德潛輯評	清乾隆二十五年教忠堂刻本（四庫禁毀書叢刊本）
清史稿	民國·趙爾巽	中華書局 1977 年
清代詩文集匯編		上海古籍出版社 2010 年
清通志		清文淵閣四庫全書本
清文獻通考	清·張廷玉	清文淵閣四庫全書本
清文穎	清·陳廷敬等奉敕編	清文淵閣四庫全書本
	清·張廷玉等奉敕續編	
清續文獻通考	清·劉錦藻	民國商務印書館影印十通本
清異錄	宋·陶　穀	上海古籍出版社，2012 年
清正存稿	宋·徐鹿卿	清文淵閣四庫全書本
青煙錄	清·王　訢	清嘉慶十年刻本（四庫未收書輯刊本）
青芝山館詩集	清·欒　鈞	清嘉慶二十二年刻後印本（續修四庫全書本）

晴川蟹録	清・孫之騄輯	清雍正刻晴川八識本
瓊花集	明・曹　璿	叢書集成初編本
瓊花志	清・朱顯祖、周熙同	清道光七年（1827）沈懋德世楷堂刊光緒二年（1876）重印本
秋澗集	元・王　惲	清文淵閣四庫全書本
訄書	清・章炳麟	清光緒三十一年日本印本（續修四庫全書本）
區田編	清・趙夢齡	清光緒四年（1878）蓮花池刻本《區種五種》本
區田編	清・帥念祖	清光緒四年（1878）蓮花池刻本《區種五種》本
區田編加註	清・李廷樟	清同治五年涿州署刻本
區田法	清・陸我嵩編	清光緒三年（1877）荻訓堂據道光十二年（1832）陸氏刻本重刊本
區田法	清・王心敬	道光二十八年（1848）楚興國李煒校刻本、清同治牧令全書本
渠陽水利	清・程　璿	中國農業出版社 2000 年版
泉河史	明・胡　瓚	明萬曆二十七年刻清順治四年增修本（四庫全書存目叢書本）
全上古三代秦漢三國六朝文	清・嚴可均輯	民國十九年影印清光緒二十年黄岡王氏刻本（續修四庫全書本）
全芳備祖	宋・陳景沂	清文淵閣四庫全書本
全閩詩話	清・鄭方坤	清文淵閣四庫全書本
全宋詩	北京大學古文獻研究所編	北京大學出版社 1991 年
全浙詩話	清・陶元藻	清嘉慶元年怡雲閣刻本（續修四庫全書本）
痊驥通玄論注釋	元・卞管勾集註　中國農科院中獸醫所校訂	甘肅人民出版社 1959 年
勸學篇	清・張之洞	清光緒二十四年中江書院刻本（續修四庫全書本）
闕里文獻考	清・孔繼汾	清乾隆二十七年刻本（續修四庫全書本）
確庵文稿	清・陳　瑚	清康熙毛氏汲古閣刻本（四庫禁毀書叢刊本）
群書考索	宋・章如愚	清文淵閣四庫全書本

R

然犀志	清・李調元	中華書局 1985 年
人蓡譜	清・陸　烜	昭代叢書辛集世楷堂板
人參考	清・唐秉鈞	日本早稻田大學藏書
日涉編	明・陳　堦	明萬曆徐養量刻本（四庫全書存目叢書本）

容春堂集	明·邵　寳	清文淵閣四庫全書本
容臺集	明·董其昌	明崇禎三年董庭刻本（四庫禁毀書叢刊本）
容齋隨筆	宋·洪　邁	中華書局年 2015 年
茹草編	明·周履靖	夷門廣牘本
儒林傳稿	清·阮　元	清嘉慶刻本（續修四庫全書本）
汝南圃史	明·周文華	明萬歷書帶齋刻本

S

三國志	晉·陳壽撰，宋·裴松之注	中華書局 1964 年
三農紀	清·張宗法	清刻本
三長物齋詩略	清·黃本驥	清道光刻三長物齋叢書本（續修四庫全書本）
三吴水利論	明·伍餘福	明嘉靖吴郡袁氏嘉趣堂刻金聲玉振集本（四庫全書存目叢書本）
三吴水考	明·張內蘊、周大韶	清文淵閣四庫全書本
三吴水利錄	明·歸有光	清文淵閣四庫全書本
三魚堂賸言	清·陸隴其	清文淵閣四庫全書本
三魚堂文集	清·陸隴其	清文淵閣四庫全書本
桑蠶說	清·江毓昌	東陽縣署清刻本
桑麻葛譜	明·王象晉輯	明天啟元年（1621）刻本
桑園圍總志	清·明之綱輯	清同治九年羊城西湖街富文齋刻本（四庫未收書輯刊本）
桑織圖	清·張集賢撰，郝子雅繪	清光緒間木刻本　選自王潮生主編《中國古代耕織圖》中國農業出版社 1995 年
桑志	清·李聿求	清虎溪山房刻本
掃紅亭吟稿	清·馮雲鵬	清道光十年寫刻本（續修四庫全書本）
山蠶輯略	清·孫鐘亶	見《柞蠶三書》楊洪江、華德公校注，農業出版社 1983 年
山蠶講義	清·余　銑	清宣統三年（1911）遵義藝徒堂書石印本
山蠶說	清·孫廷銓	清刻本
山東全河備考	清·葉方恒	清康熙十九年平冶山堂刻本（四庫全書存目叢書本）
山東水利管窺略	清·李方膺	清抄本（續修四庫全書本）
山谷外集詩注	宋·黃庭堅	清文淵閣四庫全書本
山家清供	宋·林　洪	說郛三種本　上海古籍出版社 1988 年

山居四要	元・汪汝懋	胡文焕刻本
山居瑣言	清・王晉之	清光緒七年（1880）刻本
山堂肆考	明・彭大翼	清文淵閣四庫全書本
山陽風俗物產志	清・吳昆田	清光緒年間（1875—1908）上海著易堂鉛印王錫祺小方壺輿地叢鈔本
山中白雲詞	宋・張　炎	清文淵閣四庫全書本
善本書室藏書志	清・丁　丙	浙江古籍出版社 2016 年
膳夫經手錄	唐・楊　曄	清初毛氏汲古閣鈔本
商君書新校正	清・嚴萬里	清嚴可均抄本（續修四庫全書本）
賞雨茅屋詩集	清・曾　燠	清嘉慶二十四年刻增修本（續修四庫全書本）
觴政	明・袁宏道	明萬曆三十八年刻本（四庫存目叢書刊本）
尚書古文疏證	清・閻若璩	上海古籍出版社 2010 年
少室山房筆叢	明・胡應麟	清文淵閣四庫全書本
蛇譜	清・陳　鼎	清道光吳江沈氏世楷堂刻昭代叢書本（四庫存目叢書本）
射鷹樓詩話	清・林昌彝	清咸豐元年刻本（續修四庫全書本）
參譜	清・黃叔燦	清嘉慶借月山房彙鈔本
神農本草經		《中國科學持術典籍通滙・醫學卷一》景光緒刻本
神農本草經百種錄	清・徐大椿	清文淵閣四庫全書本
神農本草經疏	明・繆希雍	清文淵閣四庫全書本
神農書	清・馬國翰輯	玉函山房輯佚書子編農家類　清光緒九年（1883）長沙瑯嬛館刻本
沈氏農書	明・沈氏撰 清・張履洋輯補	清乾隆四十七年楊園先生全集本（四庫全書存目叢書補編本）
沈氏日旦	明・沈長卿	明崇禎七年刻本（續修四庫全書本）
申忠愍詩集	明・申佳允	清文淵閣四庫全書本
升庵集	明・楊　慎	清文淵閣四庫全書本
聖宋茶論（大觀茶論）	宋・趙　佶	清文淵閣四庫全書本
詩話總龜	宋・阮閱編著，周本淳校點	人民文學出版社 1987 年
石倉歷代詩選	明・曹學佺	清文淵閣四庫全書本
十國春秋	清・吳任臣	清文淵閣四庫全書本
十五家詞	清・孫　默	清文淵閣四庫全書本

食物本草	明·姚可成匯輯	人民衛生出版社 1994 年點校本
石匱書	清·張岱	稿本（續修四庫全書本）
石隱園藏稿	明·畢自嚴	清文淵閣四庫全書本
石雲山人詩集	清·吳榮光	清道光二十一年吳氏筠清館刻本（續修四庫全書本）
石雲山人文集	清·吳榮光	清道光二十一年吳氏筠清館刻本（續修四庫全書本）
實驗蠶桑簡要法	清·陳浡	上海親撑會社 1913
實賓錄	宋·馬永易	清文淵閣四庫全書本
史記	漢·司馬遷	中華書局 1959 年
史氏菊譜	宋·史正志	清文淵閣四庫全書本
史傳三編	清·朱軾	清文淵閣四庫全書本
史通	唐·劉知幾	清文淵閣四庫全書本
事實類苑	宋·江少虞	清文淵閣四庫全書本
事物紀原	宋·高承	清文淵閣四庫全書本
釋穀	清·劉寶楠	清咸豐五年刻本（續修四庫全書本）
士大夫食時五觀	宋·黃庭堅	夷門廣牘本
士那補釋	清·張義澍	美術叢書初集　神州國光社 1936 年
世善堂藏書目錄	明·陳第	中華書局 1985 年
試行蠶桑說	清·高其垣	清道光二十三年（1843）刻本
授經圖義例	明·朱睦㮮	清文淵閣四庫全書本
蔬菜栽培法	日·福羽逸人著、清·林壬譯、清·羅振玉編	清光緒間江南農學會石印農學叢書本
蔬食譜	宋·陳達叟	明萬曆山居雜志本
書畫題跋記	明·郁逢慶	清文淵閣四庫全書本
書目答問	清·張之洞	清光緒十年刻咫進齋叢書第三集本（續修四庫全書本）
書史會要	明·朱謀垔	清文淵閣四庫全書本
書隱叢說	清·袁棟	清乾隆刻本（續修四庫全書本）
鼠璞	宋·戴埴	清文淵閣四庫全書本
數馬集	明·黃克纘	清刻本（四庫禁毀書叢刊本）
蜀中廣記	明·曹學佺	清文淵閣四庫全書本

楅垣記略　清·梁章鉅　清光緒鉛印本（續修四庫全書本）

楅垣題名　清·吴孝銘　清道光十八年七峰別墅刻增刻本（續修四庫全書本）

樹桑百益　清·葉世倬輯　全國圖書館文獻微縮複製中心《中國古代醫方真本秘本全集·清代卷》影清嘉慶辛未年刊本

雙溪類稿　宋·王　炎　清文淵閣四庫全書本

雙溪醉隱集　元·耶律鑄　清文淵閣四庫全書本

水道提綱　清·齊召南　清文淵閣四庫全書本

水利營田册説補圖　清·陳儀撰　清·吴邦慶補圖　畿輔水利河道叢書 1942 年

水蜜桃譜　清·褚　華　清嘉慶刻本

水品　明·徐獻忠　明萬曆四十一年刻茶書二十種本（四庫存目叢書本）

説郛　明·陶宗儀　清文淵閣四庫全書本

説略　明·顧起元　清文淵閣四庫全書本

司牧馬經痊驥通元論（馬經通玄方論）

思辨録輯要　清·陸世儀　清文淵閣四庫全書本

思適齋集　清·顧廣圻　清道光二十九年徐渭仁刻本（續修四庫全書本）

四民月令　漢·崔　寔　清文淵閣四庫全書本

四明它山水利備覽　宋·魏　峴　清文淵閣四庫全書本

四時氣候集解　明·李　泰　明景泰六年胡廷璨刻本（續修四庫全書本）

四時宜忌　明·瞿　佑　明刻居家必備本（四庫全書存目叢書本）

四時纂要　唐·韓　鄂　明萬曆十八年朝鮮刻本（續修四庫全書本）

四庫全書簡明目録　清·永v瑢　上海古籍出版社 1985 年

四庫全書考證　清·王太岳　清文淵閣四庫全書本

四庫全書總目　清·永　瑢　中華書局 1965 年

四知堂文集　清·楊錫紱　清嘉慶十一年楊有涵等刻本（四庫未收書輯刊本）

飼蠶新法　清·鄭　愷　清光緒二十八年（1902）刻本

松風閣詩鈔　清·彭藴章　清同治刻彭文敬公全集本（續修四庫全書本）

松鶴山房詩文集　清·陳夢雷　清康熙銅活字印本（續修四庫全書本）

松陵集　唐·皮日休　清文淵閣四庫全書本

松泉集　清·汪由敦　清文淵閣四庫全書本

松心詩錄	清・張維屏	清咸豐四年趙惟濂羊城鉛印本（續修四庫全書本）
宋存書室宋元秘本書目	清・楊紹和	清楊氏海源閣抄本（續修四庫全書本）
宋會要輯稿	清・徐松輯	中華書局 2014 年版
宋元學案	清・黄宗羲	文淵閣四庫全書本
宋詩鈔	清・吴之振編	清道光二十六年何紹基刻本（續修四庫全書本）
宋詩紀事	清・厲　鶚	清文淵閣四庫全書本
宋詩紀事補遺	清・陸心源	清文淵閣四庫全書本
宋史	元・脱　脱	中華書局 1977 年
宋史翼	清・陸心源	清光緒刻潛園總集本（續修四庫全書本）
宋史新編	明・柯維騏	明嘉靖四十三杜晴江刻本（續修四庫全書本）
宋史藝文志補	清・倪　璨	清光緒刻廣雅書局叢書本
粟香隨筆	清・金武祥	清光緒刻本（續修四庫全書本）
隋書	唐・魏　徵	中華書局 1973 年
隋書經籍志考證	清・姚振宗	開明書局鉛印師石山房叢書本（續修四庫全書本）
遂初堂書目	宋・尤　袤	清文淵閣四庫全書本
邃懷堂全集	清・袁　翼	清光緒十四年袁鎮嵩刻本
歲華紀麗	唐・韓　鄂	明萬曆刻祕冊彙函本（四庫全書存目叢書本）
歲時廣記	宋・陳元靚	清文淵閣四庫全書本、清光緒十萬卷樓叢書本（續修四庫全書本）
歲時雜記（呂氏雜記）	宋・呂希哲	清文淵閣四庫全書本
孫氏祠堂書目	清・孫星衍	上海古籍出版社 2008 年
筍譜	宋・釋贊寧	宋咸淳百川學海本
梭山農譜	清・劉應棠	清同治皖城刊本

T

苔譜	清・汪　憲	清稿本（四庫存目叢書本）
太倉稊米集	宋・周紫芝	清文淵閣四庫全書本
太常續考	明・佚　名	清文淵閣四庫全書本
太平御覽	宋・李　昉	清文淵閣四庫全書本
太平廣記	宋・李　昉	中華書局 1961 年

太乙舟文集　清·陳用光　清道光二十三孝友堂刻本（續修四庫全書本）

太湖備考　清·金友理　清乾隆十五年藝蘭圃刻本（四庫全書存目叢書本）

泰泉集　明·黄　佐　清文淵閣四庫全書本

泰西水法　明·熊三拔　清文淵閣四庫全書本

泰西育蠶新法　清·張坤德譯　清光緒二十四年強齋石印本

檀幾叢書　清·王　晫　康熙三十四年（1695）霞舉堂刻本

談書錄　清·汪師韓　清乾隆刻上湖遺集本（續修四庫全書本）

譚子雕蟲　明·譚貞默　民國二十四年嘉興譚氏承啟堂刻嘉興譚氏遺書本（續修四庫全書本）

唐國史補　唐·李　肇　清文淵閣四庫全書本

唐詩紀事　宋·計有功　中華書局 2007 年

唐書合鈔　清·沈炳震　清嘉慶十八年海寧查世倓刻本（續修四庫全書本）

唐書藝文志注　清·佚　名　清藕香簃鈔本（四庫未收書輯刊本）

糖霜譜　宋·王　灼　清文淵閣四庫全書本

陶朱公致富奇書　明·陳繼儒輯　清乾隆刻本

陶樓文鈔　清·黄彭年　民國十二年章鈺等刻本（續修四庫全書本）

陶廬雜錄　清·法式善　清嘉慶二十二年陳預刻本（續修四庫全書本）

陶山文錄　清·唐仲冕　清道光二年刻本（續修四庫全書本）

陶文毅公全集　清·陶　澍　清道光二十年兩淮淮北士民刻本（續修四庫全書本）

田家五行　明·婁元禮　明刻遞修本（續修四庫全書本）

田家五行志（吴下田家志）　宋·陸　泳　清文淵閣四庫全書本

天爵堂文集　明·薛　岡　明崇禎刻本（四庫未收書輯刊本）

天工開物　明·宋應星　明崇禎十一年刻本（續修四庫全書本）

（天順）大明一統志

天文占驗　明·周履靖　上海涵芬樓影印明萬曆夷門廣牘本

天一閣書目　清·範邦甸　上海古籍出版社 2010 年

天岳山館文鈔　清·李元度　清光緒六年刻本（續修四庫全書本）

天真閣集　清·孫原湘　清嘉慶五年刻增修本（續修四庫全書本）

苕溪漁隱叢話　宋·胡仔纂集，廖德明校點　人民文學出版社 1962 年

鐵廬集　清·潘天成　清文淵閣四庫全書本

鐵橋漫稿	清·嚴可均	清道光十八年四錄堂刻本
聽秋聲館詞話	清·丁紹儀	清同治八年刻本（續修四庫全書本）
聽雨叢談	清·福　格	中華書局 1984 年版
聽雨樓隨筆	清·王培荀	清道光二十五年刻本（續修四庫全書本）
通典	唐·杜　佑	清文淵閣四庫全書本
通惠河志	明·吴　仲	明嘉靖刻隆慶增修本（續修四庫全書本）
通屬種棉述略	清·朱祖榮	清光緒排印本（續修四庫全書本）
通雅	明·方以智	清文淵閣四庫全書本
通志	宋·鄭　樵	中華書局 1987 年
銅鼓書堂遺稿	清·查　禮	清乾隆查淳刻本（續修四庫全書本）
桐譜	宋·陳　翥	叢書集成初編據唐宋叢書本排印
童山集	清·李調元	清乾隆刻函海道光五年增修本（續修四庫全書本）
（同治）重修寧海州志		
（同治）豐城縣志		
（同治）奉新縣志		
（同治）湖州府志		
（同治）清江縣志		
（同治）上海縣志		
（同治）蘇州府志		
（同治）泰和縣志		
（同治）徐州府志		
圖繪寶鑒	元·夏文彦	清文淵閣四庫全書本
圖民録	清·袁守定	見《官箴書集成》，黄山書社 1997 年
圖像水黄牛經合併大全	清·喻　仁	清乾隆李玉書刻本
退庵隨筆	清·梁章鉅	清道光刻本（續修四庫全書本）
退補齋詩文存二編	清·胡鳳丹	清光緒七年退補齋刻本（續修四庫全書本）

W

宛陵集	宋·梅堯臣	清文淵閣四庫全書本

萬曆野獲編　明・沈德符　中華書局 1989 年版
萬卷精華樓藏書記　清・耿文光　中華書局 1993 年版
（萬曆）湖州府志
（萬曆）開封府志
（萬曆）紹興府志
萬姓統譜　明・凌迪知　清文淵閣四庫全書本
王氏家藏集　明・王廷相　明嘉靖刻清順治十二年修補本（四庫全書存目叢書本）
王氏蘭譜　宋・王貴學　清宣統香艷叢書本
王氏農書　元・王　禎　文淵閣四庫全書本
王忠文集　明・王　褘　清文淵閣四庫全書本
忘山廬日記　清・孫寶瑄　清光緒二十四年刻本（續修四庫全書本）
葦航漫遊稿　宋・胡仲弓　清文淵閣四庫全書本
渭南文集　宋・陸　游　清文淵閣四庫全書本
溫恭毅集　明・溫　純　清文淵閣四庫全書本
溫州經籍志　清・孫詒讓　民國十年浙江公立圖書館刻本（續修四庫全書本）
文瑞樓藏書目錄　清・金　檀　中華書局 1985 年
文史通義　清・章學誠　1923 年劉氏嘉業堂刻張氏遺書本（續修四庫全書本）
文獻集　元・黃　溍　清文淵閣四庫全書本
文獻通考　元・馬端臨　中華書局 2011 年
文獻徵存錄　清・錢　林　清咸豐八年有嘉樹軒刻本（續修四庫全書本）
文憲集　明・宋　濂　清文淵閣四庫全書本
文心雕龍　南朝梁・劉　勰　清文淵閣四庫全書本
文襄奏議　清・靳　輔　清文淵閣四庫全書本
文選樓藏書記　清・阮　元　上海古籍出版社 2009 年
文淵閣書目　明・楊士奇　清文淵閣四庫全書本
文苑英華　宋・李昉等編　清文淵閣四庫全書本
文忠集　宋・歐陽修　清文淵閣四庫全書本
文忠集　宋・周必大　清文淵閣四庫全書本
問秋館菊錄　清・竹西菊隱翁　清光緒十四年（1888）刻本

問水集	明·劉天和	明刻本（四庫全書存目叢書本）
翁山詩外	清·屈大均	清康熙刻凌鳳翔補修本（四庫禁毀書叢刊本）
無不宜齋未定稿	清·翟　灝	清乾隆刻本（續修四庫全書本）
無悔齋集	清·周　京	清乾隆刻本（四庫存目叢書本）
無為集	宋·楊　傑	清文淵閣四庫全書本
吴江水考	明·沈（户+文+山）	清乾隆五年沈守義刻本（四庫全書存目叢書本）
吴都文萃	宋·鄭虎臣	清文淵閣四庫全書本
吴都文萃續集	明·錢　穀	清文淵閣四庫全書本
吴吏部集	明·吴本泰	清順治刻本（四庫禁毀書叢刊本）
吴郡志	宋·範成大	清文淵閣四庫全書本
吴興蠶書	清·高　銓	清光緒十六年（1890）新繁沈氏家塾刻本
吴興藝文補	明·董斯張輯	明崇禎六年刻本（續修四庫全書本）
吴蕈譜	清·吴　林	清道光十三年沈氏世楷堂刻昭代叢書本（續修四庫全書本）
吴詩集覽	清·吴偉業撰 清·靳榮藩注	清乾隆四十年凌雲亭刻本（續修四庫全書本）
吴中水利通志	明·佚　名	明嘉靖三年錫山安國銅活字本（四庫全書存目叢書本）
吴中人物志	明·張　昶	明隆慶四年張鳳翼張燕翼刻本（續修四庫全書本）
吴中水利全書	明·張國維	清文淵閣四庫全書本
吴中水利書	宋·單　鍔	清嘉慶墨海金壺本
五禮通考	清·秦蕙田	清文淵閣四庫全書本
五省溝洫圖說	清·沈夢蘭	農業出版社 1963 年版
武林梵志	明·吴之鯨	清文淵閣四庫全書本
五畝居桑蠶清課	清·曹笙男輯	抄本
武夷山志	清·董天工	清乾隆刻本（續修四庫全書本）
武夷新集	宋·楊　億	清文淵閣四庫全書本
勿軒集	宋·熊　禾	清文淵閣四庫全書本

X

西瀆大河志	明·張光孝	明萬曆三十八年刻本（四庫全書存目叢書本）

西河集　清·毛奇齡　清文淵閣四庫全書本

西湖遊覽志、西湖遊覽志餘　明·田汝成　清文淵閣四庫全書本

西江詩話　清·裘君弘　清康熙裘氏妙貫堂刻本（續修四庫全書本）

西郊笑端集　明·董　紀　清文淵閣四庫全書本

西堂詩集　清·尤　侗　清康熙刻本（續修四庫全書本）

西吴蠶略　清·程岱葊　清刻本（續修四庫全書本）

霞外攟屑　清·平步青　民國六年刻香雪崦叢書本（續修四庫全書本）

咸淳臨安志　宋·潛說友　清文淵閣四庫全書本

（咸豐）安順府志

（咸豐）青州府志

閑居叢稿　元·蒲道源　清文淵閣四庫全書本

顯志堂稾　清·馮桂芬　清光緒二年馮氏校邠廬刻本（續修四庫全書本）

香乘　明·周嘉胄　清文淵閣四庫全書本

香譜　宋·洪　芻　清文淵閣四庫全書本

香譜　宋·陳　敬　清文淵閣四庫全書本

香蘇山館詩集　清·吴嵩梁　清木犀軒刻本（續修四庫全書本）

香雪林集　明·王思義　明萬曆三十三年自刻本（四庫存目叢書本）

香祖筆記　清·王士禛　上海古籍出版社 1982 年

巩荷譜　清·楊鐘寶　民國藝海一勺本

橡繭圖說　清·劉祖憲　清道光七年自刻本

小倉山房詩集　清·袁　枚　上海古籍出版社 1988 年

小草齋集　明·謝肇淛　明萬曆刻本（續修四庫全書本）

小腆紀傳　清·徐　鼒　清光緒十三年金陵刻本

小倦遊閣集　清·包世臣　清包氏小倦遊閣抄本（續修四庫全書本）

小匏庵詩話　清·吴仰賢　清光緒刻本（續修四庫全書本）

孝慈堂書目　清·王聞遠　叢書集成續編五

嘯亭雜録　清·昭　槤　清抄本（續修四庫全書本）

蟹譜　宋·傅　肱　宋咸淳百川學海本、清文淵閣四庫全書本、叢書集成初編本

新編集成馬醫方　牛醫方校釋　郭光紀等校釋　農業出版社 1985 年

新輯紅雨樓題記正編	明・徐𤊹	上海古籍出版社 2014 年
新刊纂圖類方馬經	明・周繡梓	1957 年據北京圖書館藏明抄本（朝鮮鈔本）縮微膠卷摹鈔本
新劉河志	清・顧士璉	清康熙五年序刻吳中開江書本（四庫全書存目叢書本）
新唐書	宋・歐陽修、宋祁	中華書局 1975 年
興蘭譜略	清・張光照	清嘉慶二十三年（1818）仁壽堂木活字本
行水金鑑	清・傅澤洪	清文淵閣四庫全書本
續行水金鑑	清・黎世序、清・潘錫恩	清道光十二年刻本（四庫未收書輯刊本）
滎陽外史集	明・鄭真	清文淵閣四庫全書本
醒園錄	清・李化楠	叢書集成初編
虛齋集	明・蔡清	清文淵閣四庫全書本
虛舟集	明・王偁	清文淵閣四庫全書本
徐氏筆精	明・徐𤊹	清文淵閣四庫全書本
徐氏紅雨樓書目	明・徐𤊹	上海古籍出版社 2014 年
徐氏家藏書目	明・徐𤊹	上海古籍出版社 2014 年
續博物志	宋・李石	清文淵閣四庫全書本
續茶經	清・陸廷燦	清文淵閣四庫全書本
續唐書	清・陳鱣	清道光四年士鄉堂刻本（四庫未收書輯刊本）
續天隨子漁具詠	清・劉步蟾	見陳奮主編三水歷代詩詞選 1999 年
續桐陰論畫	清・秦祖永	清同治三年可朱墨套印本（續修四庫全書本）
續通志	清・嵇璜	清文淵閣四庫全書本
續文獻通考	清・張廷玉	清文淵閣四庫全書本
續文獻通考	明・王圻	明萬曆三十年松江府刻本（續修四庫全書本）
續蟹譜	清・褚人獲編	清道光七年（1803）沈楙德世楷堂刊光緒二年（1876）重印本
續軒渠集	元・洪希文	清文淵閣四庫全書本
續竹譜	元・劉美之	清文淵閣四庫全書本
畜產叢書	清・黃穀輯	清宣統元年（1908）上海新學會社刻印本
蓄魚雅集	清・鐘鳴	稿本
宣和北苑貢茶錄	宋・熊蕃	清文淵閣四庫全書本、清嘉慶讀畫齋叢書本
學案小識	清・唐鑑	清道光二十六年四砭齋刻本（續修四庫全書本）

學福齋集　清·沈大成　清乾隆三十九年刻本（續修四庫全書本）
學圃雜疏　明·王世懋　明萬曆繡水沈氏刻寶顔堂秘笈本
學林　宋·王觀國　清文淵閣四庫全書本
學仕錄　清·戴肇辰　清同治六年刻本（四庫未收書輯刊本）
學易庵詩集　清·趙　賓　清康熙二十四年劉植等刻本（四庫未收書輯刊本）
學餘堂文集　清·施閏章　清文淵閣四庫全書本
雪樓集　元·程鉅夫　清文淵閣四庫全書本
遜學齋文鈔　清·孫衣言　清同治十二年刻增修本（續修四庫全書本）
遜志齋集　明·方孝孺　清文淵閣四庫全書本

Y

言行龜鑒　元·張光祖　清文淵閣四庫全書本
堯山堂外紀　明·蔣一葵　明刻本（續修四庫全書本）
煙嶼樓文集　清·徐時棟　清光緒元年葛氏松竹居刻本（續修四庫全書本）
煙草譜　清·陳　琮　清嘉慶刻本（續修四庫全書本）
菸經　清·趙古農　清道光九年（1829）廣州廠廣山房刊本
煙譜　清·陸　燿　清道光十三年沈氏世楷堂刻昭代叢書本（續修四庫全書本）
煙嶼樓讀書志　清·徐時棟　民國十七年鉛印本（續修四庫全書本）
研寶齋遺稿　明·劉世教　明天啟六年劉祖鐸等刻本（四庫未收書輯刊本）
揅經室集　清·阮　元　清道光阮氏文選樓刻本（續修四庫全書本）
研六室文鈔　清·胡培翬　清道光十七年涇川書院刻本（續修四庫全書本）
嚴陵集　宋·董棻編　清文淵閣四庫全書本
鹽鐵論　漢·桓　寬　清文淵閣四庫全書本
（延祐）四明志　元·袁　桷　清文淵閣四庫全書本
燕門菊譜　清·黃爵滋　選自《仙屏書屋詩集》，清道光二十七年（1847年）涇縣翟金生泥活字印本
儼山集　明·陸　深　清文淵閣四庫全書本
弇山堂別集　明·王世貞　清文淵閣四庫全書本
弇州四部續稿　明·王世貞　清文淵閣四庫全書本
弇州四部稿　明·王世貞　清文淵閣四庫全書本

仰節堂集	明·曹於汴	清文淵閣四庫全書本
洋菊譜	清·鄒一桂	道光七年（1803）沈楙德世楷堂刊光緒二年（1876）重印本
揚州瓊華集	明·楊　端	明成化二十三年刻本（四庫存目叢書本）
揚州芍藥譜	宋·王　觀	清文淵閣四庫全書本
養蠶法	清·關維震	王雲五主編《萬有文庫》商務印書館 1919 年排印本
養蠶歌括	清·劉光蕡	刻本·浙江省圖書館藏
養羊法	漢·卜　式	清光緒九年（1883）長沙瑯嬛館刻本
養菊法	清·閔廷楷	見趙詒琛編《藝海一勺》1987 年
養蘭說	清·苕溪花叟	清宣統元年（1909）年刻本
養素堂詩集	清·張　澍	清道光二十二年棗華書屋刻本（續修四庫全書本）
瑤石山人稿	明·黎民表	清文淵閣四庫全書本
野菜譜	明·王　磐	明嘉靖張守中刻本、明刻本（四庫全書存目叢書本）
野菜博錄	明·鮑　山	清文淵閣四庫全書本
野菜箋	明·屠本畯	清刻說郛續本
野菜贊	清·顧景星	清道光世楷堂刻昭代叢書丁集本（續修四庫全書本）
野蠶錄	清·王元綎	清光緒進呈寫本
野客叢書	宋·王　楙	中華書局 1987 年
野老書	清·馬國翰輯	清光緒九年（1883）長沙琅嬛館刻本
葉文敏公集	清·葉方藹	清抄本（續修四庫全書本）
壹齋集	清·黃　鉞	清咸豐九年許文深刻本（續修四庫全書本）
頤堂先生糖霜譜	宋·王　灼	清康熙楝亭十二種本
頤彩堂文集	清·沈叔埏	清嘉慶二十三年沈維鐈刻本（續修四庫全書本）
伊江筆錄	清·吳熊光	清廣雅書局刻本（續修四庫全書本）
抑庵文集_抑庵文後集	明·王　直	清文淵閣四庫全書本
儀顧堂題跋	清·陸心源	清刻潛園總集本（續修四庫全書本）
益戒唐詩集	清·揆　敘	清雍正元年揆永壽謙牧堂刻本（四庫未收書輯刊本）
藝風藏書續集	清·繆荃孫	清宣統二年刻民國二年印本（續修四庫全書本）
藝菊簡易	清·徐　京	民國藝海一勺本
藝菊須知	清·顧　祿	民國藝海一勺本

藝菊志	清・陸廷燦	清康熙五十七年棣華書屋刻本（續修四庫全書本）
藝蘭四說	清・杜文瀾	莫磊選編《蘭花古籍擷萃》本
藝麻輯要	清・汪曾保	清宣統二年浙江勸業公所鉛印本（續修四庫全書本）
藝舟雙楫	清・包世臣	清道光刻本（續修四庫全書本）
秇林伐山	明・楊　慎	明嘉靖三十五年王詢肯本（續修四庫全書本）
亦有生齋集	清・趙懷玉	清道光元年刻本（續修四庫全書本）
異魚圖贊	明・楊　慎	清文淵閣四庫全書本
異魚圖贊補	明・胡世安	清文淵閣四庫全書本
異魚圖贊箋	明・胡世安	清文淵閣四庫全書本
憶雪樓詩集	清・王　煐	清康熙三十五年王氏貞久堂刻本（四庫禁毀書叢刊本）
毅齋集	明・王　洪	清文淵閣四庫全書本
繹史	清・馬　驌	清文淵閣四庫全書本
益部方物略記	宋・宋　祁	清文淵閣四庫全書本
意林	唐・馬　總	清文淵閣四庫全書本
藝文類聚	唐・歐陽詢	清文淵閣四庫全書本
亦玉堂稿	明・沈　鯉	清文淵閣四庫全書本
頤彩堂詩鈔	清・沈叔埏	清道光二十八年沈維鐈刻本（續修四庫全書本）
尹都尉書	漢・尹氏撰、清・馬國翰輯	清光緒九年（1883）長沙琅嬛館刻本
唫香僊館書目	清・馬　瀛	古典文學出版社 1958 年
營田輯要	清・黄輔辰	清同治成都刻本
營田四局摘要	清・陳　儀	清道光間刻本（四庫未收書輯刊本）
應齋雜著	宋・趙善括	清文淵閣四庫全書本
庸閒齋筆記	清・陳其元	清同治十三年刻本（續修四庫全書本）
甬上耆舊詩	清・胡文學	清文淵閣四庫全書本
勇廬閒詰	清・趙之謙	仰視千七百二十九鶴齋從書本（叢書集成初編本）
（雍正）江西通志		
（雍正）陝西通志		
（雍正）山東通志		
（雍正）四川通志		

（雍正）雲南通志		
（雍正）浙江通志		
友蘭翁茶譜（製茶新譜）	明·錢椿年	見《中國古代茶道秘本五十種》全國圖書館文獻微縮複印中心2003年
酉陽雜俎	唐·段成式	清文淵閣四庫全書本
輿地紀勝	宋·王象之	清影宋抄本清抄本配補（續修四庫全書本）
禹貢錐指	清·胡　渭	上海古籍出版社2006年
育蠶要旨	清·董開榮	抄本
愚谷文存	清·吳　騫	清嘉慶十二年刻本（續修四庫全書本）
御定月令輯要	清·李光地	清文淵閣四庫全書本
御定廣群芳譜	清·汪　灝 清·張逸少等奉敕撰	清文淵閣四庫全書本
御定佩文韻府	清·張玉書 清·陳廷敬等奉敕撰	清文淵閣四庫全書本
御定駢字類編	清·吳士玉 清·沈宗敬等奉敕撰	清文淵閣四庫全書本
御定淵鑑類函	清·張　英 清·王士禛等奉敕纂	清文淵閣四庫全書本
御選宋金元明四朝詩	清·聖祖御定 清·張豫章等奉敕編	清文淵閣四庫全書本
御製耕織圖詩	清·愛新覺羅·玄燁	清康熙內府刻本
御製詩集	清·愛新覺羅·弘曆	清文淵閣四庫全書本
寓簡	宋·沈作喆	清文淵閣四庫全書本
豫章詩話	明·郭子章	齊魯書社1997年
漁談	清·郭欽華	昭代叢書丙集　清道光十三年（1833）世楷堂刻本
玉海	宋·王應麟	清文淵閣四庫全書本
玉山璞稿	元·顧　瑛	清文淵閣四庫全書本
玉芝堂談薈	明·徐應秋	清文淵閣四庫全書本
淵雅堂全集	清·王芑孫	清嘉慶刻本（續修四庫全書本）
袁宏道集箋校	明·袁宏道著　錢伯城箋校	上海古籍出版社1981年

袁中郎全集	明·袁宏道	明崇禎二年武林佩蘭居刻本（四庫存目叢書本）
緣督廬日記抄	清·葉昌熾	民國二十二年上海蟫隱廬石印本（續修四庫全書本）
沅湘耆舊集	清·鄧顯鶴	清道光二十四年鄧氏南邨艸堂刻本（續修四庫全書本）
元文類	元·蘇天爵	清文淵閣四庫全書本
元明事類鈔	清·姚之駰	清文淵閣四庫全書本
元史新編	清·魏　源	清光緒三十一年邵陽魏氏慎微堂刻本（續修四庫全書本）
元史藝文志	清·錢大昕	清潛研堂全書本（續修四庫全書本）
元書	清·曾　廉	清宣統三年層漪堂刻本（四庫未收書輯刊本）
月季花譜	不著輯者	清康熙刻本（續修四庫全書本）、清光緒農學叢書本
悦親樓詩集	清·祝德麟	清嘉慶二年姑蘇刻本（續修四庫全書本）
粤西詩載_粤西文載	清·汪　森	清文淵閣四庫全書本
雲間志略	明·何三畏	明天啟刻本（四庫禁毁書叢刊本）
雲間韓氏藏書題識彙録	鄒百耐	上海古籍出版社 2013 年版
雲莊集	宋·曾　協	清文淵閣四庫全書本
筠軒集	元·唐　元	清文淵閣四庫全書本
筠軒文鈔	清·洪頤煊	民國二十三年邃雅齋叢書本（續修四庫全書本）
玉照亭詩鈔	清·陳大章	清乾隆九年陳師晉刻本（四庫未收書輯刊本）

Z

災賑全書	明·楊西明	清道光三年也宜別墅刻本（四庫未收書輯刊本）
栽苧麻法略	清·黄厚裕	清光緒二十七年刻本（續修四庫全書本）
澤農要録	清·吴邦慶	清道光刻本（四庫未收書輯刊本）
張忠敏公遺集	明·張國維	清咸豐刻本（四庫未收書輯刊本）
趙忠毅公詩文集	明·趙南星	明崇禎十一年範景文等刻本（四庫禁毁書叢刊本）
趙定宇書目	明·趙用賢	上海古籍出版社 2005 年
浙江採集遺書總録	清·沈　初	上海古籍出版社 2010 年
浙西水利書	明·姚文灝	清文淵閣四庫全書本
謫麐堂遺集	清·戴　望	清宣統三年鄧氏鉛印風雨樓叢書本（續修四庫全書本）
真蹟日録	玥·張　丑	清文淵閣四庫全書本

真州救荒錄	清·王檢心	抄本
珍執宧文鈔	清·莊述祖	清刻本（續修四庫全書本）
賑紀	清·方觀承	清乾隆刻本（四庫未收書輯刊本）
震川集	明·歸有光	清文淵閣四庫全書本
整飭皖茶文牘	清·程慶霖	見羅振玉編《農學叢書》第1集第20册，清光緒間江南農學會石印本
拯荒事略	元·歐陽玄	涵芬樓影印清道光十一年六安晁氏木活字學海類編本（四庫存目叢書本）
鄭開陽雜著	清·鄭若曾	清文淵閣四庫全書本
鄭堂讀書記	清·周中孚	上海書店出版社2009年
鄭堂讀書記補逸	清·周中孚	上海書店出版社2009年
知非堂稿	元·何　中	清文淵閣四庫全書本
知稼翁集	宋·黄公度	清文淵閣四庫全書本
枝語	清·孫之騄	清刻晴川八識本（四庫全書存目叢書本　卮林　明·周嬰　清文淵閣四庫全書本）
直隸河渠志	清·陳　儀	清文淵閣四庫全書本
植棉纂要	清·饒敦秩	中華書局1957年
植桑育蠶書	清·吴　烜	清同治九年刻本（華南農業大學農史室藏）
植物名實圖考	清·吴其濬	清道光山西太原府署刻本
直齋書錄解題	宋·陳振孫	上海古籍出版社2015年
止齋集	宋·陳傅良	清文淵閣四庫全書本
治河奏績書	清·靳　輔	清文淵閣四庫全書本
至正集	元·許有壬	清文淵閣四庫全書本
致富奇書	明·陳眉公鐘山逸叟著 孫芝齋校勘點注	河南科學技術出版社1987年版
治河管見	明·潘鳳梧	明萬曆刻本（四庫全書存目叢書補編本）
治河方略	清·靳　輔	清嘉慶四年（1779）靳文鈞刻本（重刊）
治河前策	清·馮祚泰	清鈔本（四庫全書存目叢書本）
治河通考	明·吴　山	明嘉靖刻本（四庫全書存目叢書本）
治河圖略	元·王　喜	清文淵閣四庫全書本
治河總考	明·車　璽	明正德十一年刻本（四庫全書存目叢書本）
中國歷代書目題跋叢書1—4輯		上海古籍出版社

中國歷代茶書匯編　鄭培凱、朱自振主編　商務印書館（香港）有限公司

中國農學書錄　王毓瑚編著　中華書局 2006 年

中國農業古籍目錄　張芳、王思明主編　北京圖書館出版社 2003 年

中國漁業史　清・沈同芳編　上海小說林活版部 1906 年

中衢一勺　清・包世臣　黄山書社 1993 年

中外農學合編　清・楊鞏　清光緒三十四年刻本（四庫未收書輯刊本）

中吳紀聞　宋・龔明之　上海古籍出版社 2012 年

種藍略法　清・羅振玉　農學叢書　清光緒二十六年（1900）上海江南總農會石印本

種棉實驗說　清・黄宗堅　清光緒二十六年上海總農會石印本（續修四庫全書本）

種木番薯法　明・梁廷棟　清光緒農學叢書本

種桑說　清・吴烜　清同治九年刻本（續修四庫全書本）

種薯譜　明・徐有榘　農業出版社 1982 年

種樹書　唐・郭橐駝　明萬曆夷門廣牘本

種樹書　元・俞宗本　叢書集成初編據漸西村舍叢書本排印

種煙葉法　清・徐樹蘭　清光緒二十六年（1900）北洋官報局校印

種芋法　明・黄省曾　明萬曆刻百陵學山本（續修四庫全書本）

周書　唐・令狐德棻　中華書局 1971 年版

粥譜　清・黄雲鵠　清光緒七年刻本影印（續修四庫全書本）

籀經堂類稿　清・陳慶鏞　清咸豐刻本（續修四庫全書本）

豬經大全　佚名　清鈔本

硃砂魚譜　明・張謙德　民國美術叢書本

朱魚譜　清・蔣在雝　清抄本（續修四庫全書本）

朱子語類　宋・黎靖德編　中華書局 1986 年

竹垞行笈書目　清・朱彝尊　上海古籍出版社 2010 年

竹譜　晉・戴凱之撰　宋咸淳百川學海本、清文淵閣四庫全書本

竹譜　元・李衎　清文淵閣四庫全書本

竹譜　清・陳鼎　清道光昭代叢書本

竹譜詳錄　元・李衎　清文淵閣四庫全書本

竹崦盦傳鈔書目　清・趙魏　叢書集成續編 5 總類　新文豐出版公司

竹溪鬳齋十一藁續集	宋·林希逸	清文淵閣四庫全書本
煮泉小品	明·田藝蘅	明萬曆四十一年刻茶書二十種本（四庫存目叢書本）
塵史	宋·王得臣	清文淵閣四庫全書本
著老書堂集	清·張世進	清乾隆刻本（四庫禁毀書叢刊本）
莊子集釋	清·郭慶藩撰、王孝魚點校	中華書局 2006 年版
酌中志	明·劉若愚	清道光二十五年潘氏刻海山仙館叢書本（續修四庫全書本）
罪惟錄	清·查繼佐	民國二十五年四部叢刊三編影印稿本
饌史	佚名	清道光十一年六安晁氏木活字學海類編本（四庫存目叢書本）
拙尊園叢稿	清·黎庶昌	清光緒二十一年金陵狀元閣刻本（續修四庫全書本）
滋溪文稿	元·蘇天爵	清文淵閣四庫全書本
紫巖詩選	宋·於右	清文淵閣四庫全書本
棕亭詩鈔	清·金兆燕	清嘉慶十二年贈雲軒刻本（續修四庫全書本）
檇李譜	清·王逢辰	清光緒農學叢書本
檇李詩繫	清·沈季友	清文淵閣四庫全書本
遵生八牋	明·高濂	清文淵閣四庫全書本
左海文集	清·陳壽祺	清刻本（續修四庫全書本）
柞蠶彙誌	清·董元亮	清宣統二年（1910）浙江官紙局刻本
柞蠶雜誌	清·增韞	清光緒浙江書局刻本
子略	宋·高似孫	清文淵閣四庫全書本
紫山大全集	元·胡祇遹	清文淵閣四庫全書本
紫峴山人全集	清·張九鉞	清咸豐九年張氏賜錦樓刻本（續修四庫全書本）
紫巖詩選	宋·於右	清文淵閣四庫全書本

《中華大典》辦公室

主　任：于永湛

副主任：伍　傑

姜學中

編　審：趙含坤

崔望雲

馮寶志

宋志英

谷笑鵬

裝幀設計：章耀達

《中華大典·農業典》編輯組

負 責 人：陳廣勝　靳宇峰

編輯人員：袁喜生　劉小敏

王　慧　龍玉明

何　新　胡玲霞

孫增科　解遠文

展文婕　范　昕

技術指導：李玉玲　葛　强

劉　春

技術編輯：郭　林　李雪艷

馬　龍　陳盛傑

李艷潔

圖書在版編目（CIP）數據

中華大典．農業典．農書分典／寧智鋒，鄭鵬主編．-- 鄭州：河南大學出版社，2017.12
ISBN978-7-5649-3125-4

Ⅰ．①中… Ⅱ．①寧…②鄭… Ⅲ．①百科全書－中國②農業科學－古籍－中國Ⅳ．①Z227 ②S-092.2

中國版本圖書館 CIP 數據核字（2017）第 326161 號

中華大典·農業典·農書分典

編　　纂	《中華大典》工作委員會
	《中華大典》編纂委員會
出版發行	河南大學出版社有限責任公司
出版社地址	鄭州市鄭東新區商務外環中華大廈 2401 號
	郵編：450046
出版社網址	www.hupress.com
排　　版	河南新華印刷集團有限公司
	書翰設計
印　　刷	河南瑞之光印刷股份有限公司
開　　本	787×1092　1/16
印　　張	67.5
字　　數	2210 千字
版　　次	2017 年 12 月第 1 版　2017 年 12 月第 1 次印刷
標準書號	ISBN 978-7-5649-3125-4
定　　價	740.00 圓

ISBN 978-7-5649-3125-4
9 787564 931254 >
定價：740.00 圓